OEUVRES COMPLÈTES

DE

J. J. ROUSSEAU

TOME IV

Paris — Imp. Bénard et Cie, rue Damiette, 2.

OEUVRES COMPLÈTES

DE

J. J. ROUSSEAU

AVEC DES NOTES HISTORIQUES

ET UNE TABLE ANALYTIQUE DES MATIÈRES

Nouvelle Edition Ornée de 25 Gravures

TOME QUATRIÈME
DIALOGUES. — CORRESPONDANCE. — TABLE.

PARIS,
CHEZ ALEXANDRE HOUSSIAUX, LIBRAIRE
RUE DU JARDINET-S.-ANDRÉ-DES-ARTS, 3.

M DCCC LIII

A Motiers le 14 8bre 1762.

Oui Monsieur, j'accepte encore mon second portrait. Vous savez que j'ai fait du premier un usage aussi honorable à vous qu'à moi, et bien précieux à mon coeur. Monsieur le Mareschal de Luxembourg daigna l'accepter. Madame la Mareschale a daigné le recueillir. Ce monument de votre amitié, de votre générosité, de vos rares talens occupe une place digne de la main dont il est sorti. J'en destine au second une plus humble, mais dont le même sentiment a fait choix. Il ne me quittera point, Monsieur, cet admirable portrait qui me rend en quelque façon l'original respectable: Il sera sous mes yeux chaque jour de ma vie: il parlera sans cesse à mon coeur: il sera transmis après moi dans ma famille, et ce qui me flatte le plus dans cette idée est qu'on s'y souviendra toujours de nôtre amitié.

Rousseau

ROUSSEAU

JUGE

DE JEAN-JACQUES,

DIALOGUES.

Barbarus hic ego sum quia non intelligor illis.
Ovid., *Trist.* v. *Eleg.* 10, v. 37.

DU SUJET
ET
DE LA FORME DE CET ÉCRIT.

J'ai souvent dit que, si l'on m'eût donné d'un autre homme les idées qu'on a données de moi à mes contemporains, je ne me serois pas conduit avec lui comme ils font avec moi. Cette assertion a laissé tout le monde fort indifférent sur ce point, et je n'ai vu chez personne la moindre curiosité de savoir en quoi ma conduite eût différé de celle des autres, et quelles eussent été mes raisons. J'ai conclu de là que le public, parfaitement sûr de l'impossibilité d'en user plus justement ni plus honnêtement qu'il ne fait à mon égard, l'étoit par conséquent que, dans ma supposition, j'aurois eu tort de ne pas l'imiter. J'ai cru même apercevoir dans sa confiance une hauteur dédaigneuse qui ne pouvoit venir que d'une grande opinion de la vertu de ses guides et de la sienne dans cette affaire. Tout cela, couvert pour moi d'un mystère impénétrable, ne pouvant s'accorder avec mes raisons, m'a engagé à les dire, pour les soumettre aux réponses de quiconque auroit la charité de me détromper; car mon erreur, si elle existe, n'est pas ici sans conséquence : elle me force à mal penser de tous ceux qui m'entourent; et, comme rien n'est plus éloigné de ma volonté que d'être injuste et ingrat envers eux,

ceux qui me désabuseroient, en me ramenant à de meilleurs jugemens, substitueroient dans mon cœur la gratitude à l'indignation, et me rendroient sensible et reconnoissant en me montrant mon devoir à l'être. Ce n'est pas là cependant le seul motif qui m'ait mis la plume à la main : un autre encore, plus fort et non moins légitime, se fera sentir dans cet écrit. Mais je proteste qu'il n'entre plus dans ces motifs l'espoir ni presque le désir d'obtenir enfin de ceux qui m'ont jugé la justice qu'ils me refusent, et qu'ils sont bien déterminés à me refuser toujours.

En voulant exécuter cette entreprise, je me suis vu dans un bien singulier embarras : ce n'étoit pas de trouver des raisons en faveur de mon sentiment, c'étoit d'en imaginer de contraires; c'étoit d'établir sur quelque apparence d'équité des procédés où je n'en apercevois aucune. Voyant cependant tout Paris, toute la France, toute l'Europe se conduire à mon égard avec la plus grande confiance sur des maximes si nouvelles, si peu concevables pour moi, je ne pouvois supposer que cet accord unanime n'eût aucun fondement raisonnable, ou du moins apparent, et que toute une génération s'accordât à vouloir éteindre à plaisir toutes les lumières naturelles, violer toutes les lois de la justice, toutes les règles du bon sens, sans objet, sans profit, sans prétexte, uniquement pour satisfaire une fantaisie dont je ne pouvois pas même apercevoir le but et l'occasion. Le silence profond, universel, non moins inconcevable que le mystère qu'il couvre, mystère que depuis quinze ans on me cache avec un soin que je m'abstiens de qualifier, et avec un succès qui tient du prodige; ce silence effrayant et terrible ne m'a pas laissé saisir la moindre idée qui pût m'éclairer sur ces étranges dispositions. Livré pour toute lumière à mes conjectures, je n'en ai su former aucune qui pût expliquer ce qui m'arrive, de manière à pouvoir croire avoir démêlé la vérité. Quand de forts indices m'ont fait penser quelquefois avoir découvert avec le fond de l'intrigue son objet et ses auteurs, les absurdités sans nombre que j'ai vues naître de ces suppositions m'ont bientôt contraint de les abandonner, et toutes celles que mon imagination s'est tourmentée à leur substituer n'ont pas mieux soutenu le moindre examen.

Cependant, pour ne pas combattre une chimère, pour ne pas outrager toute une génération, il falloit bien supposer des raisons dans le parti approuvé et suivi par tout le monde. Je n'ai rien épargné pour en chercher, pour en imaginer de propres à séduire la multitude; et, si je n'ai rien trouvé qui dût avoir produit cet effet, le ciel m'est témoin que ce n'est faute ni de volonté ni d'efforts, et que j'ai rassemblé soigneusement toutes les idées que mon entendement m'a pu fournir pour cela. Tous mes soins n'aboutissant à rien qui pût me satisfaire, j'ai pris le seul parti qui me restoit à prendre pour m'expliquer : c'étoit, ne pouvant raisonner sur des motifs particuliers qui m'étoient inconnus et incompréhensibles, de raisonner sur une hypothèse générale qui pût tous les rassembler : c'étoit, entre toutes les suppositions possibles, de choisir la pire pour moi, la meilleure pour mes adversaires; et, dans cette position, ajustée, autant qu'il m'étoit possible, aux manœuvres dont je me suis vu l'objet, aux allures que j'ai entrevues, aux propos mystérieux que j'ai pu saisir çà et là, d'examiner quelle conduite de leur part eût été la plus raisonnable et la plus juste. Épuiser tout ce qui se pouvoit dire en leur faveur étoit le seul moyen que j'eusse de trouver ce qu'ils disent en effet, et c'est ce que j'ai tâché de faire, en mettant de leur côté tout ce que j'y ai pu mettre de motifs plausibles et d'argumens spécieux, et cumulant contre moi toutes les charges imaginables. Malgré tout cela, j'ai souvent rougi, je l'avoue, des raisons que j'étois forcé de leur prêter. Si j'en avois trouvé de meilleures, je les aurois employées de tout mon cœur et de toute ma force, et cela avec d'autant moins de peine, qu'il me paroît certain qu'aucune n'auroit pu tenir contre mes réponses; parce que celles-ci dérivent immédiatement des premiers principes de la justice, des premiers élémens du bon sens, et qu'elles sont applicables à tous les cas possibles d'une situation pareille à celle où je suis.

La forme du dialogue m'ayant paru la plus propre à discuter le pour et le contre, je l'ai choisie pour cette raison. J'ai pris la liberté de reprendre dans ces entretiens mon nom de famille que le public a jugé à propos de m'ôter, et je me suis désigné en tiers, à son exemple, par celui de baptême, auquel il lui a plu de me réduire. En prenant un François pour mon autre interlocuteur, je n'ai rien fait que d'honnête et d'obligeant pour le nom qu'il porte, puisque je me suis abstenu de le rendre complice d'une conduite que je désapprouve, et je n'aurois rien fait d'injuste en lui donnant ici le personnage que toute sa nation s'empresse de faire à mon égard. J'ai même eu l'attention de le ramener à des sentimens plus raisonnables que je n'en ai trouvé dans aucun de ses compatriotes; et celui que j'ai mis en scène est tel, qu'il seroit aussi heureux pour moi qu'honorable à son pays qu'il s'y en trouvât beaucoup qui l'imitassent. Que si quelquefois je l'engage en des raisonnemens absurdes, je proteste derechef, en sincérité de cœur, que c'est toujours malgré moi, et je crois pouvoir défier toute la France d'en trouver de plus solides pour autoriser les singulières pratiques dont je suis l'objet, et dont elle paroit se glorifier si fort.

Ce que j'avois à dire étoit si clair, et j'en étois si pénétré, que je ne puis assez m'étonner des longueurs, des redites, du verbiage, et du désordre de cet écrit. Ce qui l'eût rendu vif et véhément sous la plume d'un autre est précisément ce qui l'a rendu tiède et languissant sous la mienne. C'étoit de moi qu'il s'agissoit; et je n'ai plus trouvé pour mon propre intérêt ce zèle et cette vigueur de courage qui ne peut exalter une âme généreuse que pour la cause d'autrui. Le rôle humiliant de ma propre défense est trop au-dessous de moi, trop peu digne des sentimens qui m'animent, pour que j'aime à m'en charger : ce n'est pas non plus, on le sentira bientôt, celui que j'ai voulu remplir ici; mais je ne pouvois examiner la conduite du public à mon égard sans me contempler moi-même dans la position du monde la plus déplorable et la plus cruelle. Il falloit m'occuper d'idées tristes et déchirantes, de souvenirs amers et révoltans, de sentimens les moins faits pour mon cœur; et c'est en cet état de douleur et de détresse qu'il a fallu me remettre chaque fois que quelque nouvel outrage, forçant ma répugnance, m'a fait faire un nouvel effort pour reprendre cet écrit, si souvent abandonné. Ne pouvant souffrir la continuité d'une occupation si douloureuse, je ne m'y suis livré que durant des momens très-courts, écrivant chaque idée quand elle me venoit, et m'en tenant là; écrivant dix fois la même quand elle m'est venue dix fois, sans me rappeler jamais ce que j'avois précédemment écrit, et ne m'en apercevant qu'à la lecture du tout, trop tard pour pouvoir rien corriger, comme je le dirai tout à l'heure. La colère anime quelquefois le talent, mais le dégoût et le serrement de cœur l'étouffent ; et l'on sentira mieux, après m'avoir lu, que c'étoient là les dispositions constantes où j'ai dû me trouver durant ce pénible travail.

Une autre difficulté me l'a rendu fatigant : c'étoit, forcé de parler de moi sans cesse, d'en parler avec justice et vérité, sans louange et sans dépression. Cela n'est pas difficile à un homme à qui le public rend l'honneur qui lui est dû : il est par là dispensé d'en prendre le soin lui-même. Il peut également et se taire sans s'avilir, et s'attribuer avec franchise les qualités que tout le monde reconnoît en lui. Mais *celui qui se sent digne d'honneur et d'estime*, et que le public défigure et diffame à plaisir, de quel ton se rendra-t-il seul la justice qui lui est due ? Doit-il se parler de lui-même avec des éloges mérités, mais généralement démentis ? Doit-il se vanter des qualités qu'il sent en lui, mais que tout le monde refuse d'y voir ? Il y auroit moins d'orgueil que de bassesse à prostituer ainsi la vérité. Se louer alors, même avec la plus rigoureuse justice, seroit plutôt se dégrader que s'honorer ; et ce seroit bien mal connoître les hommes que de croire les ramener d'une erreur dans laquelle ils se complaisent, par de telles protestations. Un silence fier et dédaigneux est en pareil cas plus à sa place, et eût été bien plus de mon goût, mais il n'auroit pas rempli mon objet ; et, pour le remplir, il falloit nécessairement que je disse de quel œil, si j'étois un autre, je verrois un homme tel que je suis. J'ai tâché de m'acquitter équitablement et impartialement d'un si difficile devoir, sans insulter à l'incroyable aveuglement du public, sans me vanter fièrement des vertus qu'il me refuse, sans m'accuser non plus des vices que je n'ai pas, et dont il lui plaît de me charger, mais en expliquant simplement ce que j'aurois déduit d'une constitution semblable à la mienne, étudiée avec soin dans un autre homme. Que si l'on trouve dans mes descriptions de la retenue et de la modération, qu'on n'aille pas m'en faire un mérite. Je déclare qu'il ne m'a manqué qu'un peu plus de modestie pour parler de moi beaucoup plus honorablement.

Voyant l'excessive longueur de ces Dialogues, j'ai tenté plusieurs fois de les élaguer, d'en ôter les fréquentes répétitions, d'y mettre un peu d'ordre et de suite ; jamais je n'ai pu soutenir ce nouveau tourment : le vif sentiment de mes malheurs, ranimé par cette lecture, étouffe toute l'attention qu'elle exige. Il m'est impossible de rien retenir, de rapprocher deux phrases, et de comparer deux idées. Tandis que je force mes yeux à suivre les lignes, mon cœur serré gémit et soupire. Après de fréquens et vains efforts, je renonce à ce travail, dont je me sens incapable ; et, faute de pouvoir faire mieux, je me borne à transcrire ces informes essais, que je suis hors d'état de corriger. Si, tels qu'ils sont, l'entreprise en étoit encore à faire, je ne la ferois pas, quand tous les biens de l'univers y seroient attachés ; je suis même forcé d'abandonner des multitudes d'idées meilleures et mieux rendues que ce qui tient ici leur place, et que j'avois jetées sur des papiers détachés, dans l'espoir de les encadrer aisément ; mais l'abattement m'a gagné, au point de me rendre même impossible ce léger travail. Après tout, j'ai dit à peu près ce que j'avois à dire : il est noyé dans un chaos de désordre et de redites, mais il y est ; les bons esprits sauront l'y trouver. Quant à ceux qui ne veulent qu'une lecture agréable et rapide, ceux qui n'ont cherché, qui n'ont trouvé que cela dans mes *Confessions*, ceux qui ne peuvent souffrir un peu de fatigue, ni soutenir une attention suivie pour l'intérêt de la justice et de la vérité, ils feront bien de s'épargner l'ennui de cette lecture, ce n'est pas à eux que j'ai voulu parler ; et, loin de chercher à leur plaire, j'éviterai du moins cette dernière indignité, que le tableau des misères de ma vie soit pour personne un objet d'amusement.

Que deviendra cet écrit ? Quel usage en pourrai-je faire ? Je l'ignore, et cette incertitude a beaucoup augmenté le découragement qui ne m'a point quitté en y travaillant. Ceux qui disposent de moi en ont eu connoissance aussitôt qu'il a été commencé, et je ne vois dans ma situation aucun moyen possible d'empêcher qu'il ne tombe entre leurs mains tôt ou tard [1]. Ainsi, selon le cours naturel des choses, toute la peine que j'ai prise est à pure perte. Je ne sais quel parti le ciel me suggérera, mais j'espérerai jusqu'à la fin qu'il n'abandonnera point la cause juste. Dans quelques mains qu'il fasse tomber ces feuilles, si parmi ceux qui les liront peut-être il est encore un cœur d'homme, cela me suffit, et je ne mépriserai jamais assez l'espèce humaine pour ne trouver dans cette idée aucun sujet de confiance et d'espoir.

[1] On trouvera à la fin de ces Dialogues, dans l'histoire malheureuse de cet Écrit, comment cette prédiction s'est vérifiée.

ROUSSEAU
JUGE
DE JEAN-JACQUES.

PREMIER DIALOGUE.

Du système de conduite envers Jean-Jacques, adopté par l'Administration, avec l'approbation du public.

Rousseau. Quelles incroyables choses je viens d'apprendre ! je n'en reviens pas : non, je n'en reviendrai jamais. Juste ciel ! quel abominable homme ! qu'il m'a fait de mal ! que je le vais détester !

Un François. Et notez bien que c'est ce même homme dont les pompeuses productions vous ont si charmé, si ravi, par les beaux préceptes de vertu qu'il y étale avec tant de faste.

Rouss. Dites, de force. Soyons justes, même avec les méchans. Le faste n'excite tout au plus qu'une admiration froide et stérile, et sûrement ne me charmera jamais. Des écrits qui élèvent l'âme et enflamment le cœur méritent un autre mot.

Le Fr. Faste ou force, qu'importe le mot si l'idée est toujours la même, si ce sublime jargon tiré par l'hypocrisie d'une tête exaltée n'en est pas moins dicté par une âme de boue ?

Rouss. Ce choix du mot me paroît moins indifférent qu'à vous. Il change pour moi beaucoup les idées ; et s'il n'y avoit que du faste et du jargon dans les écrits de l'auteur que vous m'avez peint, il m'inspireroit moins d'horreur. Tel homme pervers s'endurcit à la sécheresse des sermons et des prônes, qui rentreroit peut-être en lui-même et deviendroit honnête homme si l'on savoit chercher et ranimer dans son cœur ces sentimens de droiture et d'humanité que la nature y mit en réserve et que les passions étouffent. Mais celui qui peut contempler de sang-froid la vertu dans toute sa beauté, celui qui sait la peindre avec ses charmes les plus touchans, sans en être ému, sans se sentir épris d'aucun amour pour elle, un tel être, s'il peut exister, est un méchant sans ressource : c'est un cadavre moral.

Le Fr. Comment ! s'il peut exister ? Sur l'effet qu'ont produit en vous les écrits de ce misérable, qu'entendez-vous par ce doute, après les entretiens que nous venons d'avoir ? Expliquez-vous.

Rouss. Je m'expliquerai : mais ce sera prendre le soin le plus inutile ou le plus superflu ; car tout ce que je vous dirai ne sauroit être entendu que par ceux à qui l'on n'a pas besoin de le dire.

Figurez-vous donc un monde idéal semblable au nôtre, et néanmoins tout différent. La nature y est la même que sur notre terre, mais l'économie en est plus sensible, l'ordre en est plus marqué, le spectacle plus admirable, les formes sont plus élégantes, les couleurs plus vives, les odeurs plus suaves, tous les objets plus intéressans. Toute la nature y est si belle, que sa contemplation, enflammant les âmes d'amour pour un si touchant tableau, leur inspire, avec le désir de concourir à ce beau système, la crainte d'en troubler l'harmonie, et de là naît une exquise sensibilité qui donne à ceux qui en sont doués des jouissances immédiates, inconnues aux cœurs que les mêmes contemplations n'ont point avivés.

Les passions y sont, comme ici, le mobile de toute action ; mais plus vives, plus ardentes, ou seulement plus simples et plus pures, elles prennent par cela seul un caractère tout différent. Tous les premiers mouvemens de la nature sont bons et droits. Ils tendent, le plus directement qu'il est possible, à notre conservation et à notre bonheur ; mais bientôt manquant de force pour suivre à travers tant de résistance leur première direction, ils se laissent défléchir par mille obstacles qui, les détournant du vrai but, leur font prendre des routes obliques où l'homme oublie sa première destination. L'erreur du jugement, la force des préjugés, aident beaucoup à nous faire prendre ainsi le change ; mais cet effet vient principalement de la foiblesse de l'âme, qui, suivant mollement l'impulsion de la nature, se détourne au choc d'un obstacle, comme une boule prend l'angle de réflexion ; au lieu que celle qui suit plus vigoureusement sa course ne se détourne point, mais, comme un boulet de canon, force l'obstacle, ou s'amortit et tombe à sa rencontre.

Les habitans du monde idéal dont je parle ont le bonheur d'être maintenus par la nature, à laquelle ils sont plus attachés, dans cet heureux point de vue où elle nous a placés tous, et par cela seul leur âme garde toujours son caractère original. Les passions primitives, qui toutes tendent directement à notre bonheur, ne nous occupent que des objets qui s'y rapportent, et, n'ayant que l'amour de soi pour principe, sont toutes aimantes et douces par leur essence; mais quand, détournées de leur objet par des obstacles, elles s'occupent plus de l'obstacle pour l'écarter que de l'objet pour l'atteindre, alors elles changent de nature et deviennent irascibles et haineuses; et voilà comment l'amour de soi, qui est un sentiment bon et absolu, devient amour-propre, c'est-à-dire un sentiment relatif par lequel on se compare, qui demande des préférences, dont la jouissance est purement négative, et qui ne cherche plus à se satisfaire par notre propre bien, mais seulement par le mal d'autrui.

Dans la société humaine, sitôt que la foule des passions et des préjugés qu'elle engendre a fait prendre le change à l'homme, et que les obstacles qu'elle entasse l'ont détourné du vrai but de notre vie, tout ce que peut faire le sage, battu du choc continuel des passions d'autrui et des siennes, et, parmi tant de directions qui l'égarent, ne pouvant plus démêler celle qui le conduiroit bien, c'est de se tirer de la foule autant qu'il lui est possible, et de se tenir sans impatience à la place où le hasard l'a posé, bien sûr qu'en n'agissant point il évite au moins de courir à sa perte et d'aller chercher de nouvelles erreurs. Comme il ne voit dans l'agitation des hommes que la folie qu'il veut éviter, il plaint leur aveuglement encore plus qu'il ne hait leur malice; il ne se tourmente point à leur rendre le mal pour le mal, outrage pour outrage; et, si quelquefois il cherche à repousser les atteintes de ses ennemis, c'est sans chercher à les leur rendre, sans se passionner contre eux, sans sortir ni de sa place ni du calme où il veut rester.

Nos habitans, suivant des vues moins profondes, arrivent presque au même but par la route contraire, et c'est leur ardeur même qui les tient dans l'inaction. L'état céleste auquel ils aspirent et qui fait leur premier besoin par la force avec laquelle il s'offre à leurs cœurs, leur fait rassembler et tendre sans cesse toutes les puissances de leur âme pour y parvenir. Les obstacles qui les retiennent ne sauroient les occuper au point de le leur faire oublier un moment; et de là ce mortel dégoût pour tout le reste, et cette inaction totale quand ils désespèrent d'atteindre au seul objet de tous leurs vœux.

Cette différence ne vient pas seulement du genre des passions, mais aussi de leur force; car les passions fortes ne se laissent pas dévoyer comme les autres. Deux amans, l'un très-épris, l'autre assez tiède, souffriroient néanmoins un rival avec la même impatience, l'un à cause de son amour, l'autre à cause de son amour-propre. Mais il peut très-bien arriver que la haine du second, devenue sa passion principale, survive à son amour et même s'accroisse après qu'il est éteint; au lieu que le premier, qui ne hait qu'à cause qu'il aime, cesse de haïr son rival sitôt qu'il ne le craint plus. Or si les âmes foibles et tièdes sont plus sujettes aux passions haineuses qui ne sont que des passions secondaires et défléchies, et si les âmes grandes et fortes, se tenant dans leur première direction, conservent mieux les passions douces et primitives qui naissent directement de l'amour de soi, vous voyez comment, d'une plus grande énergie dans les facultés et d'un premier rapport mieux senti, dérivent dans les habitans de cet autre monde des passions bien différentes de celles qui déchirent ici-bas les malheureux humains. Peut-être n'est-on pas dans ces contrées plus vertueux qu'on ne l'est autour de nous, mais on y sait mieux aimer la vertu. Les vrais penchans de la nature étant tous bons, en s'y livrant ils sont bons eux-mêmes; mais la vertu parmi nous oblige souvent à combattre et vaincre la nature, et rarement sont-ils capables de pareils efforts. La longue inhabitude de résister peut même amollir leurs âmes au point de faire le mal par foiblesse, par crainte, par nécessité. Ils ne sont exempts ni de fautes ni de vices; le crime même ne leur est pas étranger, puisqu'il est des situations déplorables où la plus haute vertu suffit à peine pour s'en défendre, et qui forcent au mal l'homme foible, malgré son cœur: mais l'expresse volonté de nuire, la haine envenimée, l'envie, la noirceur, la trahison, la fourberie, y sont inconnues; trop souvent on y voit des coupables, jamais on n'y vit un méchant. Enfin s'ils ne sont pas plus vertueux qu'on ne l'est ici, du moins, par cela seul qu'ils savent mieux s'aimer eux-mêmes, ils sont moins malveillans pour autrui.

Ils sont aussi moins actifs, ou, pour mieux dire, moins remuans. Leurs efforts pour atteindre à l'objet qu'ils contemplent consistent en des élans vigoureux; mais, sitôt qu'ils en sentent l'impuissance, ils s'arrêtent, sans chercher à leur portée des équivalens à cet objet unique, lequel seul peut les tenter.

Comme ils ne cherchent pas leur bonheur dans l'apparence, mais dans le sentiment intime, en quelque rang que les ait placés la fortune, ils s'agitent peu pour en sortir; ils ne cherchent guère à s'élever, et descendroient sans répugnance à des relations plus de leur goût, sachant bien que l'état le plus heureux n'est pas le plus honoré de la foule, mais celui qui rend le cœur plus content. Les préjugés ont sur eux très-peu de prise, l'opinion ne les mène point; et, quand ils en sentent l'effet, ce n'est pas eux qu'elle subjugue, mais ceux qui influent sur leur sort.

Quoique sensuels et voluptueux, ils font peu de cas de l'opulence, et ne font rien pour y parvenir : connoissant trop bien l'art de jouir pour ignorer que ce n'est pas à prix d'argent que le vrai plaisir s'achète; et, quant au bien que peut faire un riche, sachant aussi que ce n'est pas lui qui le fait, mais sa richesse, qu'elle le feroit sans lui mieux encore, répartie entre plus de mains, ou plutôt anéantie par ce partage, et que tout ce bien qu'il croit faire par elle équivaut rarement au mal réel qu'il faut faire pour l'acquérir. D'ailleurs aimant encore plus leur liberté que leurs aises, ils craindroient de les acheter par la fortune, ne fût-ce qu'à cause de la dépendance et des embarras attachés au soin de la conserver. Le cortége inséparable de l'opulence leur seroit cent fois plus à charge que les biens qu'elle procure ne leur seroient doux. Le tourment de la possession empoisonneroit pour eux tout le plaisir de la jouissance.

Ainsi bornés de toutes parts par la nature et par la raison, ils s'arrêtent, et passent la vie à en jouir en faisant chaque jour ce qui leur paroît bon pour eux et bien pour autrui, sans égard à l'estimation des hommes et aux caprices de l'opinion.

LE FR. Je cherche inutilement dans ma tête ce qu'il peut y avoir de commun entre les êtres fantastiques que vous décrivez et le monstre dont nous parlions tout à l'heure.

ROUSS. Rien, sans doute, et je le crois ainsi : mais permettez que j'achève.

Des êtres si singulièrement constitués doivent nécessairement s'exprimer autrement que les hommes ordinaires. Il est impossible qu'avec des âmes si différemment modifiées ils ne portent pas dans l'expression de leurs sentimens et de leurs idées l'empreinte de ces modifications. Si cette empreinte échappe à ceux qui n'ont aucune notion de cette manière d'être, elle ne peut échapper à ceux qui la connoissent et qui en sont affectés eux-mêmes. C'est un signe caractéristique auquel les initiés se reconnoissent entre eux; et ce qui donne un grand prix à ce signe, si peu connu et encore moins employé, est qu'il ne peut se contrefaire, que jamais il n'agit qu'au niveau de sa source, et que, quand il ne part pas du cœur de ceux qui l'imitent, il n'arrive pas non plus aux cœurs faits pour le distinguer; mais sitôt qu'il y parvient, on ne sauroit s'y méprendre; il est vrai dès qu'il est senti. C'est dans toute la conduite de la vie, plutôt que dans quelques actions éparses, qu'il se manifeste le plus sûrement. Mais dans des situations vives où l'âme s'exalte involontairement, l'initié distingue bientôt son frère de celui qui, sans l'être, veut seulement en prendre l'accent, et cette distinction se fait sentir également dans les écrits. Les habitans du monde enchanté font généralement peu de livres, et ne s'arrangent point pour en faire; ce n'est jamais un métier pour eux. Quand ils en font, il faut qu'ils y soient forcés par un stimulant plus fort que l'intérêt et même que la gloire. Ce stimulant, difficile à contenir, impossible à contrefaire, se fait sentir dans tout ce qu'il produit. Quelque heureuse découverte à publier, quelque belle et grande vérité à répandre, quelque erreur générale et pernicieuse à combattre, enfin quelque point d'utilité publique à établir; voilà les seuls motifs qui puissent leur mettre la plume à la main : encore faut-il que les idées en soient assez neuves, assez belles, assez frappantes, pour mettre leur zèle en effervescence et le forcer à s'exhaler. Il n'y a point pour cela chez eux de temps ni d'âge propre. Comme écrire n'est point pour eux un métier, ils commenceront ou cesseront de bonne heure ou tard selon que le stimulant les poussera. Quand chacun aura dit ce qu'il avoit à dire, il restera tranquille comme auparavant, sans s'aller fourrant dans le tripot littéraire, sans sentir cette ridicule démangeaison de rabâcher et barbouiller éternellement du papier, qu'on dit être attachée au métier d'auteur; et tel, né peut-être avec du génie, ne s'en doutera pas *lui-même et mourra sans être connu* de personne, si nul objet ne vient animer son zèle au point de le contraindre à se montrer.

LE FR. Mon cher monsieur Rousseau, vous m'avez bien l'air d'être un des habitans de ce monde-là.

ROUSS. J'en reconnois un du moins, sans le moindre doute, dans l'auteur d'*Émile* et d'*Héloïse*.

LE FR. J'ai vu venir cette conclusion; mais pour vous passer toutes ces fictions peu claires, il faudroit premièrement pouvoir vous accorder avec vous-même : mais après avoir paru convaincu des abominations de cet homme, vous voilà maintenant le plaçant dans les astres parce qu'il a fait des romans. Pour moi, je n'entends rien à ces énigmes. De grâce, dites-moi donc une fois votre vrai sentiment sur son compte.

ROUSS. Je vous l'ai dit sans mystère, et je vous le répéterai sans détour. La force de vos preuves ne me laisse pas douter un moment des crimes qu'elles attestent, et là-dessus je pense exactement comme vous; mais vous unissez des choses que je sépare. L'auteur des livres et celui des crimes vous paroît la même personne; je me crois fondé à en faire deux. Voilà, monsieur, le mot de l'énigme.

LE FR. Comment cela? je vous prie. Voici qui me paroît tout nouveau.

ROUSS. A tort, selon moi; car ne m'avez-vous pas dit qu'il n'est pas l'auteur du *Devin du village* ?

LE FR. Il est vrai, et c'est un fait dont personne ne doute plus; mais, quant à ses autres ouvrages, je n'ai point encore ouï les lui disputer.

ROUSS. Le second dépouillement me paroît pourtant une conséquence assez prochaine de l'autre. Mais, pour mieux juger de leur liaison, il faudroit connoître la preuve qu'on a qu'il n'est pas l'auteur du *Devin*.

LE FR. La preuve! il y en a cent, toutes péremptoires.

ROUSS. C'est beaucoup. Je me contente d'une; mais je la veux, et pour cause, indépendante du témoignage d'autrui.

LE FR. Ah! très-volontiers. Sans vous parler donc des pillages bien attestés dont on a prouvé d'abord que cette pièce étoit composée, sans même insister sur le doute s'il sait faire des vers, et par conséquent s'il a pu faire ceux du *Devin du village*, je me tiens à une chose plus positive et plus sûre, c'est qu'il ne sait pas la musique; d'où l'on peut, à mon avis, conclure avec certitude qu'il n'a pas fait celle de cet opéra.

ROUSS. Il ne sait pas la musique? Voilà encore une de ces découvertes auxquelles je ne me serois pas attendu.

LE FR. N'en croyez là-dessus ni moi ni personne, mais vérifiez par vous-même.

ROUSS. Si j'avois à surmonter l'horreur d'approcher du personnage que vous venez de peindre, ce ne seroit assurément pas pour vérifier s'il sait la musique; la question n'est pas assez intéressante lorsqu'il s'agit d'un pareil scélérat.

LE FR. Il faut qu'elle ait paru moins indifférente à nos messieurs qu'à vous; car les peines incroyables qu'ils ont prises et prennent encore tous les jours pour établir de mieux en mieux dans le public cette preuve, passent encore ce qu'ils ont fait pour mettre en évidence celle de ses crimes.

ROUSS. Cela me paroît assez bizarre; car quand on a si bien prouvé le plus, d'ordinaire on ne s'agite pas si fort pour prouver le moins.

LE FR. Oh! vis-à-vis d'un tel homme, on ne doit négliger ni le plus ni le moins. A l'horreur du vice se joint l'amour de la vérité, pour détruire dans toutes ses branches une réputation usurpée; et ceux qui se sont empressés de montrer en lui un monstre exécrable ne doivent pas moins s'empresser aujourd'hui de le montrer un petit pillard sans talent.

ROUSS. Il faut avouer que la destinée de cet

homme a des singularités bien frappantes : sa vie est coupée en deux parties qui semblent appartenir à deux individus différens, dont l'époque qui les sépare, c'est-à-dire le temps où il a publié des livres, marque la mort de l'un et la naissance de l'autre.

Le premier, homme paisible et doux, fut bien voulu de tous ceux qui le connurent, et ses amis lui restèrent toujours. Peu propre aux grandes sociétés par son humeur timide et son naturel tranquille, il aima la retraite, non pour y vivre seul, mais pour y joindre les douceurs de l'étude aux charmes de l'intimité. Il consacra sa jeunesse à la culture des belles connoissances et des talens agréables, et, quand il se vit forcé de faire usage de cet acquis pour subsister, ce fut avec si peu d'ostentation et de prétention, que les personnes auprès desquelles il vivoit le plus n'imaginoient pas même qu'il eût assez d'esprit pour faire des livres. Son cœur, fait pour s'attacher, se donnoit sans réserve; complaisant pour ses amis jusqu'à la foiblesse, il se laissoit subjuguer par eux au point de ne pouvoir plus secouer ce joug impunément. Le second, homme dur, farouche et noir, se fait abhorrer de tout le monde qu'il fuit; et, dans son affreuse misanthropie, ne se plaît qu'à marquer sa haine pour le genre humain. Le premier, seul, sans étude et sans maître, vainquit toutes les difficultés à force de zèle, et consacra ses loisirs, non à l'oisiveté, encore moins à des travaux nuisibles, mais à remplir sa tête d'idées charmantes, son cœur de sentimens délicieux, et à former des projets, chimériques peut-être à force d'être utiles, mais dont l'exécution, si elle eût été possible, eût fait le bonheur du genre humain. Le second, tout occupé de ses odieuses trames, n'a su rien donner de son temps ni de son esprit à d'agréables occupations, encore moins à des vues utiles. Plongé dans les plus brutales débauches, il a passé sa vie dans les tavernes et les mauvais lieux, chargé de tous les vices qu'on y porte ou qu'on y contracte, n'ayant nourri que les goûts crapuleux et bas qui en sont inséparables; il fait ridiculement contraster ses inclinations rampantes avec les altières productions qu'il a l'audace de s'attribuer. En vain a-t-il paru feuilleter des livres et s'occuper de recherches philosophiques, il n'a rien saisi, rien conçu, que ses horribles systèmes; et, après de prétendus essais, qui n'avoient pour but que d'en imposer au genre humain, il a fini comme il avoit commencé, par ne rien savoir que mal faire.

Enfin, sans vouloir suivre cette opposition dans toutes ses branches, et pour m'arrêter à celle qui m'y a conduit, le premier, d'une timidité qui alloit jusqu'à la bêtise, osoit à peine montrer à ses amis les productions de ses loisirs; le second, d'une impudence encore plus bête, s'approprioit fièrement et publiquement les productions d'autrui sur les choses qu'il entendoit le moins. Le premier aima passionnément la musique, en fit son occupation favorite, et avec assez de succès pour y faire des découvertes, trouver les défauts, indiquer les corrections; il passa une grande partie de sa vie parmi les artistes et les amateurs, tantôt composant de la musique dans tous les genres, en diverses occasions, tantôt écrivant sur cet art, proposant des vues nouvelles, donnant des leçons de composition, constatant par des épreuves l'avantage des méthodes qu'il proposoit, et toujours se montrant instruit dans toutes les parties de l'art plus que la plupart de ses contemporains, dont plusieurs étoient à la vérité plus versés que lui dans quelque partie, mais dont aucun n'en avoit si bien saisi l'ensemble et suivi la liaison. Le second, inepte au point de s'être occupé de musique pendant quarante ans sans pouvoir l'apprendre, s'est réduit à l'occupation d'en copier faute d'en savoir faire; encore lui-même ne se trouve-t-il pas assez savant pour le métier qu'il a choisi; ce qui ne l'empêche pas de se donner avec la plus stupide effronterie pour l'auteur de choses qu'il ne peut exécuter. Vous m'avouerez que voilà des contradictions difficiles à concilier.

LE FR. Moins que vous ne croyez; et si vos autres énigmes ne m'étoient pas plus obscures que celle-là, vous me tiendriez moins en haleine.

ROUSS. Vous m'éclaircirez donc celle-ci quand il vous plaira; car, pour moi, je déclare que je n'y comprends rien.

LE FR. De tout mon cœur, et très-facilement; mais commencez vous-même par m'éclaircir votre question.

ROUSS. Il n'y a plus de question sur le fait que vous venez d'exposer. A cet égard nous sommes parfaitement d'accord, et j'adopte pleinement votre conséquence; mais je la porte plus loin. Vous dites qu'un homme qui ne sait faire ni musique ni vers n'a pas fait le *Devin du village*, et cela est incontestable : moi j'ajoute que celui qui se donne faussement pour l'auteur de cet opéra n'est pas même l'auteur des autres écrits qui portent son nom, et cela n'est guère moins évident; car s'il n'a pas fait les paroles du *Devin* puisqu'il ne sait pas faire des vers, il n'a pas fait non plus l'*Allée de Sylvie*, qui difficilement en effet peut être l'ouvrage d'un scélérat; et, s'il n'en a pas fait la musique puisqu'il ne sait pas la musique, il n'a pas fait non plus la *Lettre sur la musique françoise*, encore moins le *Dictionnaire de musique*, qui ne peut être que l'ouvrage d'un homme versé dans cet art et sachant la composition.

LE FR. Je ne suis pas là-dessus de votre sentiment non plus que le public, et nous avons pour surcroît celui d'un grand musicien étranger venu depuis peu dans ce pays.

ROUSS. Et, je vous prie, le connoissez-vous bien ce grand musicien étranger? Savez-vous par qui et pourquoi il a été appelé en France, quels motifs l'ont porté tout d'un coup à ne faire que de la musique françoise, et à venir s'établir à Paris?

LE FR. Je soupçonne quelque chose de tout cela; mais il n'en est pas moins vrai que Jean-Jacques étant plus que personne son admirateur, donne lui-même du poids à son suffrage.

ROUSS. Admirateur de son talent, d'accord; je le suis aussi; mais quant à son suffrage, il faudroit premièrement être au fait de bien des choses avant de savoir quelle autorité l'on doit lui donner.

LE FR. Je veux bien, puisqu'il vous est suspect, ne m'en pas étayer ici, ni même de celui d'aucun musicien; mais je n'en dirai pas moins de moi-même que pour composer de la musique il faut la savoir sans doute; mais qu'on peut bavarder tant qu'on veut sur cet art sans y rien entendre, et que tel qui se mêle d'écrire fort doctement sur la musique seroit bien embarrassé de faire une bonne basse sous un menuet, et même de le noter.

ROUSS. Je me doute bien aussi de cela. Mais votre intention est-elle d'appliquer cette idée au *Dictionnaire* et à son auteur?

LE FR. Je conviens que j'y pensois.

ROUSS. Vous y pensiez! Cela étant, permettez-moi, de grâce, encore une question. Avez-vous lu ce livre?

LE FR. Je serois bien fâché d'en avoir lu jamais une seule ligne, non plus que d'aucun de ceux qui portent cet odieux nom.

ROUSS. En ce cas, je suis moins surpris que nous pensions, vous et moi, si différemment sur les points qui s'y rapportent. Ici, par exemple, vous ne confondriez pas ce livre avec ceux dont vous parlez, et qui, ne roulant que sur des principes généraux, ne contiennent que des idées vagues ou des notions élémentaires tirées peut-être d'autres écrits, et qu'ont tous ceux qui savent un peu de musique; au lieu que le *Dictionnaire* entre dans le détail des règles pour en montrer la raison, l'application, l'exception, et tout ce qui doit guider le compositeur dans leur emploi. L'auteur s'attache même à éclaircir de certaines parties qui jusqu'alors étoient restées confuses dans la tête des musiciens, et presque inintelligibles dans leurs écrits. L'article *Enharmonique*, par exemple, explique ce genre avec une si grande clarté, qu'on est étonné de l'obscurité avec laquelle en avoient parlé tous ceux qui jusqu'alors avoient écrit sur cette matière. On ne me persuadera jamais que cet article, ceux d'*Expression*, *Fugue*, *Harmonie*, *Licence*, *Mode*, *Modulation*, *Préparation*, *Récitatif*, *Trio* [1] et grand nombre d'autres répandus dans ce *Dictionnaire*, et qui sûrement ne sont pillés de personne, soient l'ouvrage d'un ignorant en musique qui parle de ce qu'il n'entend point, ni qu'un livre dans lequel on peut apprendre la composition soit l'ouvrage de quelqu'un qui ne la savoit pas.

Il est vrai que plusieurs autres articles éga-

---

[1] Tous les articles de musique que j'avois promis pour l'*Encyclopédie* furent faits dès l'année 1749, et remis par M. Diderot, l'année suivante, à M. d'Alembert, comme entrant dans la partie *Mathématiques*, dont il étoit chargé. Quelque temps après parurent ses *Élémens de Musique*, qu'il n'eut pas beaucoup de peine à faire. En 1768 parut mon *Dictionnaire*, et quelque temps après une nouvelle édition de ses *Élémens* avec des augmentations. Dans l'intervalle avoit aussi paru un *Dictionnaire des Beaux-Arts*, où je reconnus plusieurs des articles que j'avois faits pour l'*Encyclopédie*. M. d'Alembert avoit des bontés si tendres pour mon *Dictionnaire* encore manuscrit, qu'il offrit obligeamment au sieur Guy d'en revoir les épreuves; faveur que, sur l'avis que celui-ci m'en donna, je le priai de ne pas accepter.

lement importans sont restés seulement indiqués pour ne pas laisser le vocabulaire imparfait, comme il en avertit dans sa préface ; mais seroit-il raisonnable de le juger sur les articles qu'il n'a pas eu le temps de faire plutôt que sur ceux où il a mis la dernière main, et qui demandoient assurément autant de savoir que les autres ? L'auteur convient, il avertit même, de ce qui manque à son livre, et il dit la raison de ce défaut. Mais tel qu'il est, il seroit cent fois plus croyable encore qu'un homme qui ne sait pas la musique eût fait le *Devin* que le *Dictionnaire* : car combien ne voit-on pas, surtout en Suisse et en Allemagne, de gens qui, ne sachant pas une note de musique, et guidés uniquement par leur oreille et leur goût, ne laissent pas de composer des choses très-agréables et même très-régulières, quoiqu'ils n'aient nulle connoissance des règles, et qu'ils ne puissent déposer leurs compositions que dans leur mémoire! Mais il est absurde de penser qu'un homme puisse enseigner et même éclaircir dans un livre une science qu'il n'entend point; et bien plus encore, dans un art dont la seule langue exige une étude de plusieurs années avant qu'on puisse l'entendre et la parler. Je conclus donc qu'un homme qui n'a pu faire le *Devin du village*, parce qu'il ne savoit pas la musique, n'a pu faire à plus forte raison le *Dictionnaire*, qui demandoit beaucoup plus de savoir.

LE FR. Ne connoissant ni l'un ni l'autre ouvrage, je ne puis par moi-même juger de votre raisonnement. Je sais seulement qu'il y a une différence extrême à cet égard dans l'estimation du public, que le *Dictionnaire* passe pour un ramassis de phrases sonores et inintelligibles, qu'on en cite un article *Génie* que tout le monde prône et qui ne dit rien sur la musique. Quant à votre article *Enharmonique*, et aux autres qui, selon vous, traitent pertinemment de l'art, je n'en ai jamais ouï parler à personne, si ce n'est à quelques musiciens ou amateurs étrangers qui paroissoient en faire cas avant qu'on les eût mieux instruits; mais les nôtres disent et ont toujours dit ne rien entendre au jargon de ce livre.

Pour le *Devin*, vous avez vu les transports d'admiration excités par la dernière reprise; l'enthousiasme du public poussé jusqu'au délire fait foi de la sublimité de cet ouvrage. C'étoit le divin Jean-Jacques, c'étoit le moderne Orphée; cet opéra étoit le chef-d'œuvre de l'art et de l'esprit humain, et jamais cet enthousiasme ne fut si vif que lorsqu'on sut que le divin Jean-Jacques ne savoit pas la musique. Or, quoi que vous en puissiez dire, de ce qu'un homme qui ne sait pas la musique n'a pu faire un prodige de l'art universellement admiré, il ne s'ensuit pas, selon moi, qu'il n'a pu faire un livre peu lu, peu entendu et encore moins estimé.

ROUSS. Dans les choses dont je peux juger par moi-même, je ne prendrai jamais pour règle de mes jugemens ceux du public, et surtout quand il s'engoue comme il a fait tout d'un coup pour le *Devin du village*, après l'avoir entendu pendant vingt ans avec un plaisir plus modéré. Cet engouement subit, quelle qu'en ait été la cause au moment où le soi-disant auteur étoit l'objet de la dérision publique, n'a rien eu d'assez naturel pour faire autorité chez les gens sensés. Je vous ai dit ce que je pensois du *Dictionnaire*, et cela, non pas sur l'opinion publique, ni sur ce célèbre article *Génie*, qui, n'ayant nulle application particulière à l'art, n'est là que pour la plaisanterie, mais après avoir lu attentivement l'ouvrage entier, dont la plupart des articles feront faire de meilleure musique quand les artistes en sauront profiter.

Quant au *Devin*, quoique je sois bien sûr que personne ne sent mieux que moi les véritables beautés de cet ouvrage, je suis fort éloigné de voir ces beautés où le public engoué les place. Ce ne sont point de celles que l'étude et le savoir produisent, mais de celles qu'inspirent le goût et la sensibilité; et l'on prouveroit beaucoup mieux qu'un savant compositeur n'a point fait cette pièce, si la partie du beau chant et de l'invention lui manque, qu'on ne prouveroit qu'un ignorant ne l'a pu faire, parce qu'il n'a pas cet acquis qui supplée au génie et ne fait rien qu'à force de travail. Il n'y a rien dans le *Devin du village* qui passe, quant à la partie scientifique, les principes élémentaires de la composition; et non-seulement il n'y a point d'écolier de trois mois qui, dans ce sens, ne fût en état d'en faire autant, mais on peut bien douter qu'un savant compositeur pût se résoudre à être aussi simple. Il est vrai que l'auteur de cet ouvrage y a suivi un principe caché qui se fait sentir sans qu'on le remarque, et qui donne à ses chants un effet qu'on ne sent dans aucune autre musique françoise. Mais ce principe, ignoré de tous nos compositeurs, dédaigné de ceux qui en ont entendu parler, posé seulement par l'auteur de la *Lettre sur la musique françoise*, qui en a fait ensuite un article du *Dictionnaire*, et suivi seulement par l'auteur du *Devin*, est une grande preuve de plus que ces deux auteurs sont le même. Mais tout cela montre l'invention d'un amateur qui a réfléchi sur l'art, plutôt que la routine d'un professeur qui le possède supérieurement. Ce qui peut faire honneur au musicien dans cette pièce est le récitatif : il est bien modulé, bien ponctué, bien accentué, autant que du récitatif françois peut l'être. Le tour en est neuf, du moins il l'étoit alors à tel point qu'on ne voulut point hasarder ce récitatif à la cour, quoique adapté à la langue plus qu'aucun autre. J'ai peine à concevoir comment du récitatif peut être pillé, à moins qu'on ne pille aussi les paroles; et, quand il n'y auroit que cela de la main de l'auteur de la pièce, j'aimerois mieux, quant à moi, avoir fait le récitatif sans les airs, que les airs sans le récitatif; mais je sens trop bien la même main dans le tout pour pouvoir le partager à différens auteurs. Ce qui rend même cet opéra prisable pour les gens de goût, c'est le parfait accord des paroles et de la musique, c'est l'étroite liaison des parties qui le composent, c'est l'ensemble exact du tout qui en fait l'ouvrage le plus nu que je connoisse en ce genre. Le musicien a partout pensé, senti, parlé comme le poëte; l'expression de l'un répond toujours si fidèlement à celle de l'autre qu'on voit qu'ils sont toujours animés du même esprit; et l'on me dit que cet accord si juste et si rare résulte d'un tas de pillages fortuitement rassemblés ! Monsieur, il y auroit cent fois plus d'art à composer un pareil *tout de morceaux* épars et décousus qu'à le créer soi-même d'un bout à l'autre.

LE FR. Votre objection ne m'est pas nouvelle; elle paroît même si solide à beaucoup de gens, que, revenus des vols partiels, quoique tous si bien prouvés, ils sont maintenant persuadés que la pièce entière, paroles et musique, est d'une autre main, et que le charlatan a eu l'adresse de s'en emparer et l'impudence de se l'attribuer. Cela paroît même si bien établi, que l'on n'en doute plus guère; car enfin il faut bien nécessairement recourir à quelque explication semblable; il faut bien que cet ouvrage, qu'il est incontestablement hors d'état d'avoir fait, ait été fait par quelqu'un. On prétend même en avoir découvert le véritable auteur.

ROUSS. J'entends : après avoir d'abord découvert et très-bien prouvé les vols partiels dont le *Devin du village* étoit composé, on prouve aujourd'hui non moins victorieusement qu'il n'y a point eu de vols partiels; que cette pièce, toute de la même main, a été volée en entier par celui qui se l'attribue. Soit donc, car l'une et l'autre de ces vérités contradictoires est égale pour mon objet. Mais enfin quel est-il donc, ce véritable auteur? Est-il François, Suisse, Italien, Chinois?

LE FR. C'est ce que j'ignore; car on ne peut guère attribuer cet ouvrage à Pergolèse, comme un *Salve Regina*....

ROUSS. Oui, j'en connois un de cet auteur, et qui même a été gravé....

LE FR. Ce n'est pas celui-là. Le *Salve* dont vous parlez, Pergolèse l'a fait de son vivant, et celui dont je parle en est un autre qu'il a fait vingt ans après sa mort, et que Jean-Jacques s'approprioit en disant l'avoir fait pour mademoiselle Fel, comme beaucoup d'autres motets que le même Jean-Jacques dit ou dira de même avoir faits depuis lors, et qui par autant de miracles de M. d'Alembert sont et seront toujours tous de Pergolèse, dont il évoque l'ombre quand il lui plaît.

ROUSS. Voilà qui est vraiment admirable ! Oh ! je me doutois depuis long-temps que ce M. d'Alembert devroit être un saint à miracles, et je parierois bien qu'il ne s'en tient pas à ceux-là. Mais comme vous dites, il lui sera néanmoins difficile, tout saint qu'il est, d'avoir aussi fait faire le *Devin du village* à Pergolèse; et il ne faudroit pas multiplier les auteurs sans nécessité.

LE FR. Pourquoi non? Qu'un pillard prenne à droite et à gauche, rien au monde n'est plus naturel.

ROUSS. D'accord; mais dans toutes ces musiques ainsi pillées on sent les coutures et les pièces de rapport, et il me semble que celle qui porte le nom de Jean-Jacques n'a pas cet air-là. On n'y trouve même aucune physionomie naturelle : ce n'est pas plus de la musique italienne que de la musique françoise. Elle a le ton de la chose, et rien de plus.

Le Fr. Tout le monde convient de cela. Comment l'auteur du *Devin* a-t-il pris dans cette pièce un accent alors si neuf qu'il n'ait employé que là? et si c'est son unique ouvrage, comment en a-t-il tranquillement cédé la gloire à un autre, sans tenter de la revendiquer, ou du moins de la partager par un second opéra semblable? On m'a promis de m'expliquer clairement tout cela; car j'avoue de bonne foi y avoir trouvé jusqu'ici quelque obscurité.

Rouss. Bon! vous voilà bien embarrassé! le pillard auroit fait accointance avec l'auteur; il se sera fait confier sa pièce, la lui aura volée, et puis il l'aura empoisonné. Cela est tout simple.

Le Fr. Vraiment, vous avez là de jolies idées!

Rouss. Ah! ne me faites pas honneur de votre bien. Ces idées vous appartiennent; elles sont l'effet naturel de tout ce que vous m'avez appris. Au reste, et quoi qu'il en soit du véritable auteur de la pièce, il me suffit que celui qui s'est dit l'être soit, par son ignorance et son incapacité, hors d'état de l'avoir faite, pour que j'en conclue, à plus forte raison, qu'il n'a fait ni le *Dictionnaire* qu'il s'attribue aussi, ni la *Lettre sur la musique françoise*, ni aucun des autres livres qui portent son nom et dans lesquels il est impossible de ne pas sentir qu'ils partent tous de la même main. D'ailleurs concevez-vous qu'un homme doué d'assez de talens pour faire de pareils ouvrages aille, au fort même de son effervescence, piller et s'attribuer ceux d'autrui dans un genre qui non-seulement n'est pas le sien, mais auquel il n'entend absolument rien; qu'un homme qui, selon vous, eut assez de courage, d'orgueil, de fierté, de force, pour résister à la démangeaison d'écrire, si naturelle aux jeunes gens qui se sentent quelque talent, pour laisser mûrir vingt ans sa tête dans le silence, afin de donner plus de profondeur et de poids à ses productions longtemps méditées; que ce même homme, l'âme toute remplie de ses grandes et sublimes vues, aille en interrompre le développement, pour chercher par des manœuvres aussi lâches que puériles une réputation usurpée et très-inférieure à celle qu'il peut obtenir légitimement? Ce sont des gens pourvus de bien petits talens par eux-mêmes qui se parent ainsi de ceux d'autrui; et quiconque, avec une tête active et pensante, a senti le délire et l'attrait du travail d'esprit ne va pas servilement sur la trace d'un autre pour se parer ainsi des productions étrangères par préférence à celles qu'il peut tirer de son propre fonds. Allez, monsieur, celui qui a pu être assez vil et assez sot pour s'attribuer le *Devin du village* sans l'avoir fait, et même sans savoir la musique, n'a jamais fait une ligne du *Discours sur l'Inégalité*, ni de l'*Émile*, ni du *Contrat social*. Tant d'audace et de vigueur d'un côté, tant d'ineptie et de lâcheté de l'autre, ne s'associeront jamais dans la même âme.

Voilà une preuve qui parle à tout homme sensé. Que d'autres qui ne sont pas moins fortes ne parlent qu'à moi, j'en suis fâché pour mon espèce; elles devroient parler à toute âme sensible et douée de l'instinct moral. Vous me dites que tous ces écrits qui m'échauffent, me touchent, m'attendrissent, me donnent la volonté sincère d'être meilleur, sont uniquement des productions d'une tête exaltée conduite par un cœur hypocrite et fourbe. La figure de mes êtres surlunaires vous aura déjà fait entendre que je n'étois pas là-dessus de votre avis. Ce qui me confirme encore dans le mien est le nombre et l'étendue de ces mêmes écrits, où je sens toujours et partout la même véhémence d'un cœur échauffé des mêmes sentimens. Quoi! ce fléau du genre humain, cet ennemi de toute droiture, de toute justice, de toute bonté, s'est captivé dix à douze ans dans le cours de quinze volumes à parler toujours le plus doux, le plus pur, le plus énergique langage de la vertu, à plaindre les misères humaines, à en montrer la source dans les erreurs, dans les préjugés des hommes, à leur tracer la route du vrai bonheur, à leur apprendre à rentrer dans leurs propres cœurs pour y retrouver le germe des vertus sociales qu'ils étouffent sous un faux simulacre dans le progrès mal entendu des sociétés, à consulter toujours leur conscience pour redresser les erreurs de leur raison, et à écouter dans le silence des passions cette voix intérieure que tous nos philosophes ont tant à cœur d'étouffer, et qu'ils traitent de chimère parce qu'elle ne leur dit plus rien : il s'est fait siffler d'eux et de tout son siècle pour avoir toujours soutenu que l'homme étoit bon quoique les hommes fussent méchans, que ses vertus lui venoient de lui-même, que ses vices lui venoient d'ailleurs : il a consacré son plus grand et meilleur ouvrage à montrer comment s'introduisent dans notre âme les passions nuisibles, à montrer que la bonne éducation doit être purement négative, qu'elle doit consister, non à guérir les vices du cœur humain, puisqu'il n'y en a point naturellement, mais à les empêcher de naître, et à tenir exactement fermées les portes par lesquelles ils s'introduisent : enfin, il a établi tout cela avec une clarté si lumineuse, avec un charme si touchant, avec une vérité si persuasive, qu'une âme non dépravée ne peut résister à l'attrait de ses images et à la force de ses raisons; et vous voulez que cette longue suite d'écrits où respirent toujours les mêmes maximes, où le même langage se soutient toujours avec la même chaleur, soit l'ouvrage d'un fourbe qui parle toujours, non-seulement contre sa pensée, mais aussi contre son intérêt, puisque, mettant tout son bonheur à remplir le monde de malheurs et de crimes, il devoit conséquemment chercher à multiplier les scélérats pour se donner des aides et des complices dans l'exécution de ses horribles projets; au lieu qu'il n'a travaillé réellement qu'à se susciter des obstacles et des adversaires dans tous les prosélytes que ses livres feroient à la vertu.

Autres raisons non moins fortes dans mon esprit. Cet auteur putatif, reconnu, par toutes les preuves que vous m'avez fournies, le plus crapuleux, le plus vil débauché qui puisse exister, a passé sa vie avec les traînées des rues dans les plus infâmes réduits, il est hébété de débauche, *il est pourri de vérole*; et vous voulez qu'il ait écrit ces inimitables lettres pleines de cet amour si brûlant et si pur qui ne germa jamais que dans des cœurs aussi chastes que tendres? Ignorez-vous que rien n'est moins tendre qu'un débauché, que l'amour n'est pas plus connu des libertins que des femmes de mauvaise vie, que la crapule endurcit le cœur, rend ceux qui s'y livrent impudens, grossiers, brutaux, cruels; que leur sang appauvri, dépouillé de cet esprit de vie qui du cœur porte au cerveau ces charmantes images d'où naît l'ivresse de l'amour, ne leur donne par l'habitude que les âcres picotemens du besoin, sans y joindre ces douces impressions qui rendent la sensualité aussi tendre que vive? Qu'on me montre une lettre d'amour d'une main inconnue, je suis assuré de connoître à sa lecture si celui qui l'écrit a des mœurs. Ce n'est qu'aux yeux de ceux qui en ont que les femmes peuvent briller de ces charmes touchans et chastes qui seuls font le délire des cœurs vraiment amoureux. Les débauchés ne voient en elles que des instrumens de plaisir qui leur sont aussi méprisables que nécessaires, comme ces vases dont on se sert tous les jours pour les plus indispensables besoins. J'aurois défié tous les coureurs de filles de Paris d'écrire jamais une seule des lettres de l'*Héloïse*; et le livre entier, ce livre dont la lecture me jette dans les plus angéliques extases, seroit l'ouvrage d'un vil débauché! Comptez, monsieur, qu'il n'en est rien; ce n'est pas avec de l'esprit et du jargon que ces choses-là se trouvent. Vous voulez qu'un hypocrite adroit, qui ne marche à ses fins qu'à force de ruses et d'astuce, aille étourdiment se livrer à l'impétuosité de l'indignation contre tous les états, contre tous les partis sans exception, et dire également les plus dures vérités aux uns et aux autres? Papistes, huguenots, grands, petits, hommes, femmes, robins, soldats, moines, prêtres, dévots, médecins, philosophes, *Tros Rutulusve fuat*, tout est peint, tout est démasqué sans jamais un mot d'aigreur ni de personnalité contre qui que ce soit, mais sans ménagement pour aucun parti. Vous voulez qu'il ait toujours suivi sa fougue au point d'avoir tout soulevé contre lui, tout réuni pour l'accabler dans sa disgrâce; et tout cela sans se ménager ni défenseur ni appui, sans s'embarrasser même du succès de ses livres, sans s'informer au moins de l'effet qu'ils produisoient et de l'orage qu'ils attiroient sur sa tête, et sans en concevoir le moindre souci quand le bruit commença d'en arriver jusqu'à lui? Cette intrépidité, cette imprudence, cette incurie, est-elle de l'homme faux et fin que vous m'avez peint? Enfin vous voulez qu'un misérable à qui l'on a ôté le nom de *scélérat*, qu'on ne trouvoit pas encore assez abject, pour lui donner celui de *coquin*, comme exprimant mieux la bassesse et l'indignité de son âme ; vous voulez que ce reptile ait pris et soutenu pendant quinze volumes le langage intrépide et fier d'un écrivain qui, consacrant sa plume à la vérité, ne quête point les suffrages du public, et que le témoignage de son cœur met au-dessus des jugemens des hommes? Vous voulez que parmi tant de si beaux livres modernes, les seuls qui pénètrent jusqu'à mon cœur, qui l'enflamment d'amour pour la vertu, qui l'attendrissent sur les misères humaines, soient précisément les jeux d'un détestable fourbe qui se moque de ses lecteurs et ne croit pas un mot de ce qu'il leur dit avec tant de chaleur et de force; tandis que tous les autres, écrits, à ce que vous m'assurez, par de vrais sages dans de si pures intentions, me glacent le cœur, le resserrent, et ne m'inspirent, avec des sentimens d'aigreur, de peine, et de haine, que le plus intolérant esprit de parti? Tenez, monsieur, s'il n'est pas impossible que tout cela soit, il l'est du moins que jamais je le croie, fût-il mille fois démontré. Encore un coup, je ne résiste point à vos preuves ; elles m'ont pleinement convaincu : mais ce que je ne crois ni ne croirai de ma vie, c'est que l'*Émile*, et surtout l'article du goût dans le quatrième livre, soit l'ouvrage d'un cœur dépravé ; que l'*Héloïse*, et surtout la lettre sur la mort de Julie, ait été écrite par un scélérat ; que celle à M. d'Alembert sur les spectacles soit la production d'une âme double ; que le sommaire du *Projet de paix perpétuelle* soit celle d'un ennemi du genre humain ; que le recueil entier des écrits du même auteur soit sorti d'une âme hypocrite et d'une mauvaise tête, non du pur zèle d'un cœur brûlant d'amour pour la vertu. Non, monsieur, non, monsieur ; le mien ne se prêtera jamais à cette absurde et fausse persuasion. Mais je dis et je soutiendrai toujours qu'il faut qu'il y ait deux Jean-Jacques, et que l'auteur des livres et celui des crimes ne sont pas le même homme. Voilà un sentiment si bien enraciné dans le fond de mon cœur que rien ne me l'ôtera jamais.

Le Fr. C'est pourtant une erreur, sans le moindre doute, et une autre preuve qu'il a fait des livres, est qu'il en fait encore tous les jours.

Rouss. Voilà ce que j'ignorois, et l'on m'avoit dit au contraire qu'il s'occupoit uniquement, depuis quelques années, à copier de la musique.

Le Fr. Bon, copier? il en fait le semblant pour faire le pauvre, quoiqu'il soit riche, et couvrir sa rage de faire des livres et de barbouiller du papier. Mais personne ici n'en est la dupe, et il faut que vous veniez de bien loin pour l'avoir été.

Rouss. Sur quoi, je vous prie, roulent ces nouveaux livres dont il se cache si bien, si à propos, et avec tant de succès?

Le Fr. Ce sont des fadaises de toute espèce ; des leçons d'athéisme, des éloges de la philosophie moderne, des oraisons funèbres, des traductions, des satires....

Rouss. Contre ses ennemis, sans doute?

Le Fr. Non, contre les ennemis de ses ennemis.

Rouss. Voilà de quoi je ne me serois pas douté.

Le Fr. Oh! vous ne connoissez pas la ruse du drôle ! Il fait tout cela pour se mieux déguiser. Il fait de violentes sorties contre la présente administration (en 1782) dont il n'a point à se plaindre, en faveur du Parlement qui l'a si indignement traité, et de l'auteur de toutes ses misères, qu'il devroit avoir en horreur. Mais à chaque instant sa vanité se décèle par les plus ineptes louanges de lui-même. Par exemple, il a fait dernièrement un livre fort plat, intitulé *l'An deux mille deux cent quarante*, dans lequel il consacre avec soin tous ses écrits à la postérité, sans même excepter *Narcisse*, et sans qu'il en manque une seule ligne.

Rouss. C'est en effet une bien étonnante balourdise. Dans les livres qui portent son nom je ne vois pas un orgueil aussi bête.

Le Fr. En se nommant il se contraignoit ; à présent qu'il se croit bien caché, il ne se gêne plus.

Rouss. Il a raison, cela lui réussit si bien ! Mais, monsieur, quel est donc le vrai but de ses livres que cet homme si fin publie avec tant de mystère en faveur des gens qu'il devroit haïr, et de la doctrine à laquelle il a paru si contraire?

Le Fr. En doutez-vous? C'est de se jouer du public et de faire parade de son éloquence, en prouvant successivement le pour et le contre, en promenant ses lecteurs du blanc au noir pour se moquer de leur crédulité.

Rouss. Par ma foi! voilà, pour la détresse où il se trouve, un homme de bien bonne humeur, et qui, pour être aussi haineux que vous le faites, n'est guère occupé de ses ennemis! Pour moi, sans être vain ni vindicatif, je vous déclare que si j'étois à sa place et que je voulusse encore faire des livres, ce ne seroit pas pour faire triompher mes persécuteurs et leur doctrine aux dépens de ma réputation et de mes propres écrits. S'il est réellement l'auteur de ceux qu'il n'avoue pas, c'est une forte et nouvelle preuve qu'il ne l'est pas de ceux qu'il avoue. Car assurément il faudroit le supposer bien stupide et bien ennemi de lui-même pour chanter la palinodie si mal à propos.

Le Fr. Il faut avouer que vous êtes un homme bien obstiné, bien tenace dans vos opinions; au peu d'autorité qu'ont sur vous celles du public, on voit bien que vous n'êtes pas François. Parmi tous nos sages si vertueux, si justes, si supérieurs à toute partialité, parmi toutes nos dames si sensibles, si favorables à un auteur qui peint si bien l'amour, il ne s'est trouvé personne qui ait fait la moindre résistance aux argumens triomphans de nos messieurs, personne qui ne se soit rendu avec empressement, avec joie, aux preuves que ce même auteur qu'on disoit tant aimer, que ce même Jean-Jacques si fêté, mais si rogue et si haïssable, étoit la honte et l'opprobre du genre humain; et maintenant qu'on s'est si bien passionné pour cette idée qu'on n'en voudroit pas changer quand la chose seroit possible, vous seul, plus difficile que tout le monde, venez ici nous proposer une distinction neuve et imprévue, qui ne le seroit pas si elle avoit la moindre solidité. Je conviens pourtant qu'à travers tout ce pathos, qui selon moi ne dit pas grand'-chose, vous ouvrez de nouvelles vues qui pourroient avoir leur usage, communiquées à nos messieurs. Il est certain que si l'on pouvoit prouver que Jean-Jacques n'a fait aucun des livres qu'il s'attribue, comme on prouve qu'il n'a pas fait le *Devin*, on ôteroit une difficulté qui ne laisse pas d'arrêter ou du moins d'embarrasser encore bien des gens, malgré les preuves convaincantes des forfaits de ce misérable. Mais je serois aussi fort surpris, pour peu qu'on pût appuyer cette idée, qu'on se fût avisé si tard de la proposer. Je vois qu'on s'attachant à le couvrir de tout l'opprobre qu'il mérite, nos messieurs ne laissent pas de s'inquiéter quelquefois de ces livres qu'ils détestent, qu'ils tournent même en ridicule de toute leur force, mais qui leur attirent souvent des objections incommodes, qu'on lèveroit tout d'un coup en affirmant qu'il n'a pas écrit un seul mot de tout cela, et qu'il en est incapable comme d'avoir fait le *Devin*. Mais je vois qu'on a pris ici une route contraire qui ne peut guère ramener à celle-là; et l'on croit si bien que ces écrits sont de lui que nos messieurs s'occupent depuis long-temps à les éplucher pour en extraire le poison.

Rouss. Le poison!

Le Fr. Sans doute. Ces beaux livres vous ont séduit comme bien d'autres, et je suis peu surpris qu'à travers toute cette ostentation de belle morale vous n'ayez pas senti les doctrines pernicieuses qu'il y répand; mais je le serois fort qu'elles n'y fussent pas. Comment un tel serpent n'infecteroit-il pas de son venin tout ce qu'il touche?

Rouss. Eh bien! monsieur, ce venin! en a-t-on déjà beaucoup extrait de ces livres?

Le Fr. Beaucoup, à ce qu'on m'a dit, et même il s'y met tout à découvert dans nombre de passages horribles que l'extrême prévention qu'on avoit pour ces livres empêcha d'abord de remarquer, mais qui frappent maintenant de surprise et d'effroi tous ceux qui, mieux instruits, les lisent comme il convient.

Rouss. Des passages horribles! J'ai lu ces livres avec grand soin, mais je n'y en ai point trouvé de tels, je vous jure. Vous m'obligeriez de m'en indiquer quelqu'un.

Le Fr. Ne les ayant pas lus, c'est ce que je ne saurois faire : mais j'en demanderai la liste à nos messieurs qui les ont recueillis, et je vous la communiquerai. Je me rappelle seulement qu'on cite une note de l'*Émile* où il enseigne ouvertement l'assassinat.

Rouss. Comment, monsieur, il enseigne ouvertement l'assassinat, et cela n'a pas été remarqué dès la première lecture! Il falloit qu'il eût en effet des lecteurs bien prévenus ou bien distraits. Et où donc avoient les yeux les auteurs de ces sages et graves réquisitoires sur lesquels on l'a si régulièrement décrété? Quelle trouvaille pour eux! quel regret de l'avoir manquée!

Le Fr. Ah! c'est que ces livres étoient trop pleins de choses à reprendre pour qu'on pût tout relever.

Rouss. Il est vrai que le bon, le judicieux Joli de Fleuri, tout plein de l'horreur que lui inspiroit *le Système criminel de la Religion naturelle,* ne pouvoit guère s'arrêter à des bagatelles comme des leçons d'assassinat; ou peut-être, comme vous dites, son extrême prévention pour le livre l'empêchoit-elle de les remarquer. Dites, dites, monsieur, que vos chercheurs de poison sont bien plutôt ceux qui l'y mettent, et qu'il n'y en a point pour ceux qui n'en cherchent pas. J'ai lu vingt fois la note dont vous parlez, sans y voir autre chose qu'une vive indignation contre un préjugé gothique non moins extravagant que funeste, et je ne me serois jamais douté du sens que vos messieurs lui donnent, si je n'avois vu par hasard une lettre insidieuse qu'on a fait écrire à l'auteur à ce sujet, et la réponse qu'il a eu la foiblesse d'y faire, et où il explique le sens de cette note qui n'avoit pas besoin d'autre explication que d'être lue à sa place par d'honnêtes gens. Un auteur qui écrit d'après son cœur est sujet, en se passionnant, à des fougues qui l'entraînent au-delà du but, et à des écarts où ne tombent jamais ces écrivains subtils et méthodistes qui, sans s'animer sur rien au monde, ne disent jamais que ce qu'il leur est avantageux de dire et qu'ils savent tourner sans se commettre, pour produire l'effet qui convient à leur intérêt. Ce sont les imprudences d'un homme confiant en lui-même, et dont l'âme généreuse ne suppose pas même que l'on puisse douter de lui. Soyez sûr que jamais hypocrite ni fourbe n'ira s'exposer à découvert. Nos philosophes ont bien ce qu'ils appellent leur doctrine intérieure, mais ils ne l'enseignent au public qu'en se cachant, et à leurs amis qu'en secret. En prenant toujours tout à la lettre on trouveroit peut-être en effet moins à reprendre dans les livres les plus dangereux que dans ceux dont nous parlons ici, et en général que dans tous ceux où l'auteur, sûr de lui-même et parlant d'abondance de cœur, s'abandonne à toute sa véhémence sans songer aux prises qu'il peut laisser au méchant qui le guette de sang-froid, et qui ne cherche dans tout ce qu'il offre de bon et d'utile qu'un côté mal gardé par lequel il puisse enfoncer le poignard. Mais lisez tous ces passages dans le sens qu'ils présentent naturellement à l'esprit du lecteur et qu'ils avoient dans celui de l'auteur en les écrivant, lisez-les à leur place avec ce qui précède et ce qui suit, consultez la disposition du cœur où ces lectures vous mettent; c'est cette disposition qui vous éclairera sur leur véritable sens. Pour toute réponse à ces sinistres interprétateurs et pour leur juste peine, je ne voudrois que leur faire lire à haute voix l'ouvrage entier qu'ils déchirent ainsi par lambeaux pour les teindre de leur venin; je doute qu'en finissant cette lecture il s'en trouvât un seul assez impudent pour oser renouveler son accusation.

Le Fr. Je sais qu'on blâme en général cette manière d'isoler et défigurer les passages d'un auteur pour les interpréter au gré de la passion d'un censeur injuste; mais, par vos propres principes, nos messieurs vous mettront ici loin de votre compte, car c'est encore moins dans des traits épars que dans toute la substance des livres dont il s'agit qu'ils trouvent le poison que l'auteur a pris soin d'y répandre : mais il y est fondu avec tant d'art, que ce n'est que par les plus subtiles analyses qu'on vient à bout de le découvrir.

Rouss. En ce cas, il étoit fort inutile de l'y mettre : car, encore un coup, s'il faut chercher ce venin pour le sentir, il n'y est que pour ceux qui l'y cherchent, ou plutôt qui l'y mettent. Pour moi, par exemple, qui ne me suis point avisé d'y en chercher, je puis bien jurer n'y en avoir point trouvé.

Le Fr. Eh! qu'importe, s'il fait son effet sans être aperçu? effet qui ne résulte pas d'un tel ou d'un tel passage en particulier, mais de la lecture entière du livre. Qu'avez-vous à dire à cela?

Rouss. Rien, sinon qu'ayant lu plusieurs fois en entier les écrits que Jean-Jacques s'attribue, l'effet total qu'il en a résulté dans mon âme a toujours été de me rendre plus humain, plus juste, meilleur que je n'étois auparavant; jamais je ne me suis occupé de ces livres sans profit pour la vertu.

Le Fr. Oh! je vous certifie que ce n'est pas là l'effet que leur lecture a produit sur nos messieurs.

Rouss. Ah! je le crois; mais ce n'est pas la

faute des livres : car pour moi plus j'y ai livré mon cœur, moins j'y ai senti ce qu'ils y trouvent de pernicieux ; et je suis sûr que cet effet qu'ils ont produit sur moi sera le même sur tout honnête homme qui les lira avec la même impartialité.

Le Fr. Dites avec la même prévention ; car ceux qui ont senti l'effet contraire, et qui s'occupent pour le bien public de ces utiles recherches, sont tous des hommes de la plus sublime vertu, et de grands philosophes qui ne se trompent jamais.

Rouss. Je n'ai rien encore à dire à cela. Mais faites une chose ; imbu des principes de ces grands philosophes qui ne se trompent jamais, mais sincère dans l'amour de la vérité, mettez-vous en état de prononcer comme eux avec connoissance de cause, et de décider sur cet article entre eux, d'un côté, escortés de tous leurs disciples, qui ne jurent que par les maîtres, et, de l'autre, tout le public avant qu'ils l'eussent si bien endoctriné. Pour cela lisez vous-même les livres dont il s'agit ; et sur les dispositions où vous laissera leur lecture, jugez de celle où étoit l'auteur en les écrivant, et de l'effet naturel qu'ils doivent produire quand rien n'agira pour les détourner. C'est, je crois, le moyen le plus sûr de porter sur ce point un jugement équitable.

Le Fr. Quoi ! vous voulez m'imposer le supplice de lire une immense compilation de préceptes de vertu rédigés par un coquin ?

Rouss. Non, monsieur, je veux que vous lisiez le vrai système du cœur humain rédigé par un honnête homme et publié sous un autre nom. Je veux que vous ne vous préveniez point contre des livres bons et utiles, uniquement parce qu'un homme indigne de les lire a l'audace de s'en dire l'auteur.

Le Fr. Sous ce point de vue on pourroit se résoudre à lire ces livres, si ceux qui les ont mieux examinés ne s'accordoient tous, excepté vous seul, à les trouver nuisibles et dangereux ; ce qui prouve assez que ces livres ont été composés, non, comme vous dites, par un honnête homme dans des intentions louables, mais par un fourbe adroit, plein de mauvais sentimens masqués d'un extérieur hypocrite, à la faveur duquel ils surprennent, séduisent et trompent les gens.

Rouss. Tant que vous continuerez de la sorte à mettre en fait sur l'autorité d'autrui l'opinion contraire à la mienne, nous ne saurions être d'accord. Quand vous voudrez juger par vous-même, nous pourrons alors comparer nos raisons, et choisir l'opinion la mieux fondée ; mais dans une question de fait comme celle-ci, je ne vois point pourquoi je serois obligé de croire sans aucune raison probante que d'autres ont ici mieux vu que moi.

Le Fr. Comptez-vous pour rien le calcul des voix, quand vous êtes seul à voir autrement que tout le monde ?

Rouss. Pour faire ce calcul avec justesse, il faudroit auparavant savoir combien de gens dans cette affaire ne voient, comme vous, que par les yeux d'autrui. Si du nombre de ces bruyantes voix on ôtoit les échos qui ne font que répéter celle des autres, et que l'on comptât celles qui restent dans le silence, faute d'oser se faire entendre, il y auroit peut-être moins de disproportion que vous ne pensez. En réduisant toute cette multitude au petit nombre de gens qui mènent les autres, il me resteroit encore une forte raison de ne pas préférer leur avis au mien : car je suis ici parfaitement sûr de ma bonne foi, et je n'en puis dire autant, avec la même assurance, d'aucun de ceux qui, sur cet article, disent penser autrement que moi. En un mot, je juge ici par moi-même. Nous ne pouvons donc raisonner au pair, vous et moi, que vous ne vous mettiez en état de juger par vous-même aussi.

Le Fr. J'aime mieux, pour vous complaire, faire plus que vous ne demandez, en adoptant votre opinion préférablement à l'opinion publique ; car je vous avoue que le seul doute si ces livres ont été faits par ce misérable m'empêcheroit d'en supporter la lecture aisément.

Rouss. Faites mieux encore. Ne songez point à l'auteur en les lisant ; et sans vous prévenir ni pour ni contre, livrez votre âme aux impressions qu'elle en recevra. Vous vous assurerez ainsi par vous-même de l'intention dans laquelle ont été écrits ces livres, et s'ils peuvent être l'ouvrage d'un scélérat qui couvoit de mauvais desseins.

Le Fr. Si je fais pour vous cet effort, n'espérez pas du moins que ce soit gratuitement. Pour m'engager à lire ces livres malgré ma répugnance, il faut, malgré la vôtre, vous engager vous-même à voir l'auteur, ou, selon vous, celui qui se donne pour tel, à l'examiner avec soin, et à démêler, à travers son hypocrisie, le fourbe adroit qu'elle a masqué si long-temps.

Rouss. Que m'osez-vous proposer! Moi, que j'aille chercher un pareil homme! que je le voie! que je le hante! Moi qui m'indigne de respirer l'air qu'il respire, moi qui voudrois mettre le diamètre de la terre entre lui et moi, et m'en trouverois trop près encore! Rousseau vous a-t-il donc paru si facile en liaisons au point d'aller chercher la fréquentation des méchans? Si jamais j'avois le malheur de trouver celui-ci sur mes pas, je ne m'en consolerois qu'en le chargeant des noms qu'il mérite, en confondant sa morgue hypocrite par les plus cruels reproches, en l'accablant de l'affreuse liste de ses forfaits.

Le Fr. Que dites-vous là? Que vous m'effrayez! Avez-vous oublié l'engagement sacré que vous avez pris de garder avec lui le plus profond silence, et de ne lui jamais laisser connoître que vous ayez même aucun soupçon de tout ce que je vous ai dévoilé?

Rouss. Comment? Vous m'étonnez. Cet engagement regardoit uniquement, du moins je l'ai cru, le temps qu'il a fallu mettre à m'expliquer les secrets affreux que vous m'avez révélés. De peur d'en brouiller le fil, il falloit ne pas l'interrompre jusqu'au bout, et vous ne vouliez pas que je m'exposasse à des discussions avec un fourbe, avant d'avoir toutes les instructions nécessaires pour le confondre pleinement. Voilà ce que j'ai compris de vos motifs dans le silence que vous m'avez imposé, et je n'ai pu supposer que l'obligation de ce silence allât plus loin que ne le permettent la justice et la loi.

Le Fr. Ne vous y trompez donc plus. Votre engagement, auquel vous ne pouvez manquer sans violer votre foi, n'a, quant à sa durée, d'autres bornes que celles de la vie. Vous pouvez, vous devez même répandre, publier partout l'affreux détail de ses vices et de ses crimes, travailler avec zèle à étendre et accroître de plus en plus sa diffamation, le rendre, autant qu'il est possible, odieux, méprisable, exécrable à tout le monde. Mais il faut toujours mettre à cette bonne œuvre un air de mystère et de commisération qui en augmente l'effet; et, loin de lui donner jamais aucune explication qui le mette à portée de répondre et de se défendre, vous devez concourir avec tout le monde à lui faire ignorer toujours ce qu'on sait, et comment on le sait.

Rouss. Voilà des devoirs que j'étois bien éloigné de comprendre quand vous me les avez imposés; et maintenant qu'il vous plaît de me les expliquer, vous ne pouvez douter qu'ils ne me surprennent et que je ne sois curieux d'apprendre sur quels principes vous les fondez. Expliquez-vous donc, je vous prie, et comptez sur toute mon attention.

Le Fr. O mon bon ami! qu'avec plaisir votre cœur, navré du déshonneur que fait à l'humanité cet homme qui n'auroit jamais dû naître, va s'ouvrir à des sentimens qui en font la gloire dans les nobles âmes de ceux qui ont démasqué ce malheureux! Ils étoient ses amis, ils faisoient profession de l'être. Séduits par un extérieur honnête et simple, par une humeur crue alors facile et douce, par la mesure de talens qu'il falloit pour sentir les leurs sans prétendre à la concurrence, ils le recherchèrent, se l'attachèrent et l'eurent bientôt subjugué, car il est certain que cela n'étoit pas difficile. Mais quand ils virent que cet homme si simple et si doux, prenant tout d'un coup l'essor, s'élevoit d'un vol rapide à une réputation à laquelle ils ne pouvoient atteindre, eux qui avoient tant de hautes prétentions si bien fondées, ils se doutèrent bientôt qu'il y avoit là-dessous quelque chose qui n'alloit pas bien, que cet esprit bouillant n'avoit pas si long-temps contenu son ardeur sans mystère, et, dès lors, persuadés que cette apparente simplicité n'étoit qu'un voile qui cachoit quelques projets dangereux, ils formèrent la ferme résolution de trouver ce qu'ils cherchoient, et prirent à loisir les mesures les plus sûres pour ne pas perdre leurs peines.

Ils se concertèrent donc pour éclairer toutes ses allures de manière que rien ne leur pût échapper. Il les avoit mis lui-même sur la voie par la déclaration d'une faute grave qu'il avoit commise et dont il leur confia le secret sans nécessité, sans utilité, non, comme disoit l'hypocrite, pour ne rien cacher à l'amitié et ne pas paroître à leurs yeux meilleur qu'il n'étoit, mais plutôt, comme ils disent très-sensément eux-mêmes, pour leur donner le change, occuper ainsi leur attention, et les détourner de vouloir pénétrer plus avant dans le mystère obscur de son caractère. Cette étourderie de sa part fut sans doute un coup du ciel qui voulut forcer le fourbe à se démasquer lui-même, ou du moins à leur fournir la prise dont ils avoient besoin pour cela. Profitant habilement de cette ouverture pour tendre leurs pièges autour de lui, ils passèrent aisément de sa confidence à celle des complices de sa faute, desquels ils se firent bientôt autant d'instrumens pour l'exécution de leur projet. Avec beaucoup d'adresse, un peu d'argent, et de grandes promesses, ils gagnèrent tout ce qui l'entouroit, et parvinrent ainsi par degrés à être instruits de ce qui le regardoit aussi bien et mieux que lui-même. Le fruit de tous ces soins fut la découverte et la preuve de ce qu'ils avoient pressenti sitôt que ses livres firent du bruit; savoir, que ce grand prêcheur de vertu n'étoit qu'un monstre chargé de crimes cachés, qui, depuis quarante ans, masquoit l'âme d'un scélérat sous le dehors d'un honnête homme.

Rouss. Continuez, de grâce. Voilà vraiment des choses surprenantes que vous me racontez là.

Le Fr. Vous avez vu en quoi consistoient ces découvertes. Vous pouvez juger de l'embarras de ceux qui les avoient faites. Elles n'étoient pas de nature à pouvoir être tues, et l'on n'avoit pas pris tant de peines pour rien; cependant, quand il n'y auroit eu à les publier d'autre inconvénient que d'attirer au coupable les peines qu'il avoit méritées, c'en étoit assez pour empêcher ces hommes généreux de l'y vouloir exposer. Ils devoient, ils vouloient le démasquer, mais ils ne vouloient pas le perdre, et l'un sembloit pourtant suivre nécessairement de l'autre. Comment le confondre sans le punir? Comment l'épargner sans se rendre responsable de la *continuation de ses crimes*? car pour du repentir, ils savoient bien qu'ils n'en devoient point attendre de lui. Ils savoient ce qu'ils devoient à la justice, à la vérité, à la sûreté publique, mais ils ne savoient pas moins ce qu'ils se devoient à eux-mêmes. Après avoir eu le malheur de vivre avec ce scélérat dans l'intimité, ils ne pouvoient le livrer à la vindicte publique sans s'exposer à quelque blâme, et leurs honnêtes âmes, pleines encore de commisération pour lui, vouloient surtout éviter le scandale, et faire qu'aux yeux de toute la terre il leur dût son bien-être et sa conservation. Ils concertèrent donc soigneusement leurs démarches, et résolurent de graduer si bien le développement de leurs découvertes, que la connoissance ne s'en répandît dans le public qu'à mesure qu'on y reviendroit des préjugés qu'on avoit en sa faveur, car son hypocrisie avoit alors le plus grand succès. La route nouvelle qu'il s'étoit frayée, et qu'il paroissoit suivre avec assez de courage pour mettre sa conduite d'accord avec ses principes, son audacieuse morale qu'il sembloit prêcher par son exemple encore plus que par ses livres, et surtout son désintéressement apparent dont tout le monde alors étoit la dupe; toutes ces singularités, qui supposoient du moins une âme ferme, excitoient l'admiration de ceux mêmes qui les désapprouvoient. On applaudissoit à ses maximes sans les admettre, et à son exemple sans vouloir le suivre.

Comme ces dispositions du public auroient pu l'empêcher de se rendre aisément à ce qu'on lui vouloit apprendre, il fallut commencer par les changer. Ses fautes, mises dans le jour le plus odieux, commencèrent l'ouvrage; son imprudence à les déclarer auroit pu paroître franchise; il la fallut déguiser. Cela paroissoit difficile; car on m'a dit qu'il en avoit fait dans l'*Émile* un aveu presque formel avec des regrets qui devoient naturellement lui épargner les reproches des honnêtes gens. Heureusement le public, qu'on animoit alors contre lui et qui ne voit rien que ce qu'on veut qu'il voie, n'a perçu point tout cela, et bientôt, avec les renseignemens suffisans pour l'accuser et le convaincre sans qu'il parût que ce fût lui qui les eût fournis, on eut la prise nécessaire pour consommer l'œuvre de sa diffamation. Tout se trouvoit merveilleusement disposé pour cela. Dans ses brutales déclamations, il avoit, comme vous le remarquez vous-même, attaqué tous les états; tous ne demandoient pas mieux que de concourir à cette œuvre qu'aucun n'osoit entamer de peur de paroître écouter uniquement la vengeance. Mais à la faveur de ce premier fait, bien établi et suffisamment aggravé, tout le reste devint facile. On put, sans soupçon d'animosité, se rendre l'écho de ses amis, qui même ne le chargeoient qu'en le plaignant et seulement pour l'acquit de leur conscience; et voilà comment, dirigé par des gens instruits du caractère affreux de ce monstre, le public, revenu peu à peu des jugemens favorables qu'il en avoit portés si long-temps, ne vit plus que du faste où il avoit vu du courage, de la bassesse où il avoit vu de la simplicité, de la forfanterie où il avoit vu du désintéressement, et du ridicule où il avoit vu de la singularité.

Voilà l'état où il fallut amener les choses pour rendre croyables, même avec toutes leurs preuves, les noirs mystères qu'on avoit à révéler, et pour le laisser vivre dans une liberté du moins apparente, et dans une absolue impunité : car, une fois bien connu, l'on n'avoit plus à craindre qu'il pût ni tromper ni séduire personne; et, ne pouvant plus se donner des complices, il étoit hors d'état, surveillé comme il l'étoit par ses amis et par leurs amis, de suivre ses projets exécrables et de faire aucun mal dans la société. Dans cette situation, avant de révéler les découvertes qu'on avoit faites, on capitula qu'elles ne porteroient aucun préjudice à sa personne, et que, pour le laisser même jouir d'une parfaite sécurité, on ne lui laisseroit jamais connoître qu'on l'eût démasqué. Cet engagement, contracté avec toute la force possible, a été rempli jusqu'ici avec une fidélité qui tient du prodige. Voulez-vous être le premier à l'enfreindre, tandis que le public entier, sans distinction de rang, d'âge, de sexe, de caractère, et sans aucune exception, pénétré d'admiration pour la générosité de ceux qui ont conduit cette affaire, s'est empressé d'entrer dans leurs nobles vues, et de les favoriser par pitié pour ce malheureux? car vous devez sentir que là-dessus sa sûreté tient à son ignorance, et que, s'il pouvoit jamais croire que ses crimes sont connus, il se prévaudroit infailliblement de l'indulgence dont on les couvre pour en tramer de nouveaux avec la même impunité; que cette impunité seroit alors d'un trop dangereux exemple, et que ces crimes sont de ceux qu'il faut ou punir sévèrement ou laisser dans l'obscurité.

Rouss. Tout ce que vous venez de me dire m'est si nouveau qu'il faut que j'y rêve long-temps pour arranger là-dessus mes idées. Il y a même quelques points sur lesquels j'aurois besoin de plus grande explication. Vous dites, par exemple, qu'il n'est pas à craindre que cet homme, une fois bien connu, séduise personne, qu'il se donne des complices, qu'il fasse aucun complot dangereux. Cela s'accorde mal avec ce que vous m'avez raconté vous-même de la continuation de ses crimes, et je craindrois fort, au contraire, qu'affiché de la sorte il ne servît d'enseigne aux méchans pour former leurs associations criminelles et pour employer ses funestes talens à les affermir. Le plus grand mal et la plus grande honte de l'état social est que le crime y fasse des liens plus indissolubles que n'en fait la vertu. Les méchans se lient entre eux plus fortement que les bons, et leurs liaisons sont bien plus durables, parce qu'ils ne peuvent les rompre impunément; que de la durée de ces liaisons dépend le secret de leurs trames, l'impunité de leurs crimes, et qu'ils ont le plus grand intérêt à se ménager toujours réciproquement. Au lieu que les bons, unis seulement par des affections libres qui peuvent changer sans conséquence, rompent et se séparent sans crainte et sans risque dès qu'ils cessent de se convenir. Cet homme, tel que vous me l'avez décrit, intrigant, actif, dangereux, doit être le foyer des complots de tous les scélérats. Sa liberté, son impunité, dont vous faites un si grand mérite aux gens de bien qui le ménagent, est un très-grand malheur public : ils sont responsables de tous les maux qui peuvent en arriver, et qui même en arrivent journellement selon vos propres récits. Est-il donc louable à des hommes justes de favoriser ainsi les méchans aux dépens des bons?

Le Fr. Votre objection pourroit avoir de la force s'il s'agissoit ici d'un méchant d'une catégorie ordinaire. Mais songez toujours qu'il s'agit d'un monstre, l'horreur du genre humain, auquel personne au monde ne peut se fier en aucune sorte, et qui n'est pas même capable du pacte que les scélérats font entre eux. C'est sous cet aspect qu'également connu de tous il ne peut être à craindre à qui que ce soit par ses trames. Détesté des bons pour ses œuvres, il l'est encore plus des méchans pour ses livres : par un juste châtiment de sa damnable hypocrisie, les fripons qu'il démasque pour se masquer ont tous pour lui la plus invincible antipathie. S'ils cherchent à l'approcher, c'est seulement pour le surprendre et le trahir; mais comptez qu'aucun d'eux ne tentera jamais de l'associer à quelque mauvaise entreprise.

Rouss. C'est en effet un méchant d'une espèce bien particulière que celui qui se rend encore plus odieux aux méchans qu'aux bons, et à qui personne au monde n'oseroit proposer une injustice.

Le Fr. Oui, sans doute, d'une espèce particulière, et si particulière que la nature n'en a jamais produit et, j'espère, n'en reproduira plus un semblable. Ne croyez pourtant pas qu'on se repose avec une aveugle confiance sur cette horreur universelle. Elle est un des principaux moyens employés par les sages qui l'ont excitée, pour l'empêcher d'abuser par des pratiques pernicieuses de la liberté qu'on vouloit lui laisser, mais elle n'est pas le seul. Ils ont pris des précautions non moins efficaces en le surveillant à tel point qu'il ne puisse dire un mot qui ne soit écrit, ni faire un pas qui ne soit marqué, ni former un projet qu'on ne pénètre à l'instant qu'il est conçu. Ils ont fait en sorte que, libre en apparence au milieu des hommes, il n'eût avec eux aucune société réelle, qu'il vécût seul dans la foule, qu'il ne sût rien de ce qui se fait, rien de ce qui se dit autour de lui, rien surtout de ce qui le regarde et l'intéresse le plus; qu'il se sentît partout chargé de chaînes dont il ne pût ni montrer ni voir le moindre vestige. Ils ont élevé autour de lui des murs de ténèbres impénétrables à ses regards; ils l'ont enterré vif parmi les vivans. Voilà peut-être la plus singulière, la plus étonnante entreprise qui jamais ait été faite. Son plein succès atteste la force du génie qui l'a conçue et de ceux qui en ont dirigé l'exécution; et ce qui n'est pas moins étonnant encore, est le zèle avec lequel le public entier s'y prête, *sans apercevoir lui-même la grandeur, la beauté du plan dont il est l'aveugle et fidèle exécuteur.*

Vous sentez bien néanmoins qu'un projet de cette espèce, quelque bien concerté qu'il pût être, n'auroit pu s'exécuter sans le concours du gouvernement : mais on eut d'autant moins de peine à l'y faire entrer, qu'il s'agissoit d'un homme odieux à ceux qui en tenoient les rênes, d'un auteur dont les séditieux écrits respiroient l'austérité républicaine, et qui, dit-on, haïssoit le visirat, méprisoit les visirs, vouloit qu'un roi gouvernât par lui-même, que les princes fussent justes, que les peuples fussent libres, et que tout obéît à la loi. L'administration se prêta donc aux manœuvres nécessaires pour l'enlacer et le surveiller; entrant dans toutes les vues de l'auteur du projet, elle pourvut à la sûreté du coupable autant qu'à son avilissement, et, sous un air bruyant de protection, rendant sa diffamation plus solennelle, parvint par degrés à lui ôter, avec toute espèce de crédit, de considération, d'estime, tout moyen d'abuser de ses pernicieux talens pour le malheur du genre humain.

Afin de le démasquer plus complètement on n'a épargné ni soins, ni temps, ni dépense, pour éclairer tous les momens de sa vie depuis sa naissance jusqu'à ce jour. Tous ceux dont les cajoleries l'ont attiré dans leurs piéges; tous ceux qui, l'ayant connu dans sa jeunesse, ont fourni quelque nouveau fait contre lui, quelque nouveau trait à sa charge; tous ceux, en un mot, qui ont contribué à le peindre comme on vouloit, ont été récompensés de manière ou d'autre, et plusieurs ont été avancés eux ou leurs proches, pour être entrés de bonne grâce dans toutes les vues de nos messieurs. On a envoyé des gens de confiance, chargés de bonnes instructions et de beaucoup d'argent, à Venise, à Turin, en Savoie, en Suisse, à Genève, partout où il a demeuré. On a largement récompensé tous ceux qui, travaillant avec succès, ont laissé de lui dans ces pays les idées qu'on en vouloit donner et en ont rapporté les anecdotes qu'on vouloit avoir. Beaucoup même de personnes de tous les états, pour faire de nouvelles découvertes et contribuer à l'œuvre commune, ont entrepris à leurs propres frais et de leur propre mouvement de grands voyages pour bien constater la scélératesse de Jean-Jacques avec un zèle...

Rouss. Qu'ils n'auroient sûrement pas eu dans le cas contraire pour le constater honnête homme : tant l'aversion pour les méchans a plus de force dans les belles âmes que l'attachement pour les bons!

Voilà, comme vous le dites, un projet non moins admirable qu'admirablement exécuté. Il seroit bien curieux, bien intéressant, de suivre dans leur détail toutes les manœuvres qu'il a fallu mettre en usage pour en amener le succès à ce point. Comme c'est ici un cas unique depuis que le monde existe et d'où naît une loi toute nouvelle dans le code du genre humain, il importeroit qu'on connût à fond toutes les circonstances qui s'y rapportent. L'interdiction du feu et de l'eau chez les Romains tomboit sur les choses nécessaires à la vie, celle-ci tombe sur tout ce qui peut la rendre supportable et douce, l'honneur, la justice, la vérité, la société, l'attachement, l'estime. L'interdiction romaine menoit à la mort; celle-ci sans la donner la rend désirable, et ne laisse la vie que pour en faire un supplice affreux. Mais cette interdiction romaine étoit décernée dans une forme légale par laquelle le criminel étoit juridiquement condamné. Je ne vois rien de pareil dans celle-ci. J'attends de savoir pourquoi cette omission, ou comment on y a suppléé.

LE FR. J'avoue que, dans les formes ordinaires, l'accusation formelle et l'audition du coupable sont nécessaires pour le punir : mais au fond qu'importent ces formes quand le délit est bien prouvé? La négation de l'accusé (car il nie toujours pour échapper au supplice) ne fait rien contre les preuves et n'empêche point sa condamnation. Ainsi cette formalité souvent inutile, l'est surtout dans le cas présent où tous les flambeaux de l'évidence éclairent des forfaits inouïs.

Remarquez d'ailleurs que, quand ces formalités seroient toujours nécessaires pour punir, elles ne le sont pas du moins pour faire grâce, la seule chose dont il s'agit ici. Si, n'écoutant que la justice, on eût voulu traiter le misérable comme il le méritoit, il ne falloit que le saisir, le punir, et tout étoit fait. On se fût épargné des embarras, des soins, des frais immenses, et ce tissu de piéges et d'artifices dont on le tient enveloppé. Mais la générosité de ceux qui l'ont démasqué, leur tendre commisération pour lui, ne leur permettant aucun procédé violent, il a bien fallu s'assurer de lui sans attenter à sa liberté, et le rendre l'horreur de l'univers afin qu'il n'en fût pas le fléau.

Quel tort lui fait-on, et de quoi pourroit-il se plaindre? Pour le laisser vivre parmi les hommes il a bien fallu le peindre à eux tel qu'il étoit. Nos messieurs savent mieux que vous que les méchans cherchent et trouvent toujours leurs semblables pour comploter avec eux leurs mauvais desseins; mais on les empêche de se lier avec celui-ci, en le leur rendant odieux à tel point qu'ils n'y puissent prendre aucune confiance. Ne vous y fiez pas, leur dit-on; il vous trahira pour le seul plaisir de nuire; n'espérez pas le tenir par un intérêt commun. C'est très-gratuitement qu'il se plaît au crime; ce n'est point son intérêt qu'il y cherche; il ne connoît d'autre bien pour lui que le mal d'autrui : il préférera toujours le mal plus grand ou plus prompt de ses camarades, au mal moindre ou plus éloigné qu'il pourroit faire avec eux. Pour prouver tout cela, il ne faut qu'exposer sa vie. En faisant son histoire on éloigne de lui les plus scélérats par la terreur. L'effet de cette méthode est si grand et si sûr que, depuis qu'on le surveille et qu'on éclaire tous ses secrets, pas un mortel n'a encore eu l'audace de tenter sur lui l'appât d'une mauvaise action, et ce n'est jamais qu'au leurre de quelque bonne œuvre qu'on parvient à le surprendre.

Rouss. Voyez comme quelquefois les extrêmes se touchent! Qui croiroit qu'un excès de scélératesse pût ainsi rapprocher la vertu? Il n'y avoit que vos messieurs au monde qui pussent trouver un si bel art.

LE FR. Ce qui rend l'exécution de ce plan plus admirable, c'est le mystère dont il a fallu le couvrir. Il falloit peindre le personnage à tout le monde, sans que jamais ce portrait passât sous ses yeux. Il falloit instruire l'univers de ses crimes, mais de telle façon que ce fût un mystère ignoré de lui seul. Il falloit que chacun le montrât au doigt, sans qu'il crût être vu de personne. En un mot, c'étoit un secret dont le public entier devoit être dépositaire, sans qu'il parvînt jamais à celui qui en étoit le sujet. Cela eût été difficile, peut-être impossible à exécuter avec tout autre : mais les projets fondés sur des principes généraux échouent souvent. En les appropriant tellement à l'individu qu'ils ne conviennent qu'à lui, on en rend l'exécution bien plus sûre. C'est ce qu'on a fait, aussi habilement qu'heureusement, avec notre homme. On savoit qu'étranger et seul il étoit sans appui, sans parens, sans assistance; qu'il ne tenoit à aucun parti, et que son humeur sauvage tendoit elle-même à l'isoler : on n'a fait, pour l'isoler tout-à-fait, que suivre sa pente naturelle, y faire tout concourir, et dès lors tout a été facile. En le séquestrant tout-à-fait du commerce des hommes, qu'il fuit, quel mal lui fait-on ? En poussant la bonté jusqu'à lui laisser une liberté du moins apparente, ne falloit-il pas l'empêcher d'en pouvoir abuser ? Ne falloit-il pas, en le laissant au milieu des citoyens, s'attacher à le leur bien faire connoître ? Peut-on voir un serpent se glisser dans la place publique, sans crier à chacun de se garder du serpent ? N'étoit-ce pas surtout une obligation particulière pour les sages qui ont eu l'adresse d'écarter le masque dont il se couvroit depuis quarante ans, et de le voir les premiers, à travers ses déguisemens, tel qu'ils le montrent depuis lors à tout le monde ? Ce grand devoir de le faire abhorrer pour l'empêcher de nuire, combiné avec le tendre intérêt qu'il inspire à ces hommes sublimes, est le vrai motif des soins infinis qu'ils prennent, des dépenses immenses qu'ils font pour l'entourer de tant de pièges, pour le livrer à tant de mains, pour l'enlacer de tant de façons, qu'au milieu de cette liberté feinte, il ne puisse ni dire un mot, ni faire un pas, ni mouvoir un doigt, qu'ils ne le sachent et ne le veuillent. Au fond, tout ce qu'on en fait n'est que pour son bien, pour éviter le mal qu'on seroit contraint de lui faire, et dont on ne peut le garantir autrement. Il falloit commencer par l'éloigner de ses anciennes connoissances pour avoir le temps de les bien endoctriner. On l'a fait décréter à Paris : quel mal lui a-t-on fait ? Il falloit, pour la même raison, l'empêcher de s'établir à Genève. On l'y a fait décréter aussi : quel mal lui a-t-on fait ? On la fait lapider à Motiers ; mais les cailloux qui cassoient ses fenêtres et ses portes ne l'ont point atteint : quel mal donc lui ont-ils fait ? On l'a fait chasser, à l'entrée de l'hiver, de l'île solitaire où il s'étoit réfugié, et de toute la Suisse ; mais c'étoit pour le forcer charitablement d'aller en Angleterre (¹) chercher l'asile qu'on lui préparoit à son insu depuis longtemps, et bien meilleur que celui qu'il s'étoit obstiné de choisir, quoiqu'il ne pût de là faire aucun mal à personne. Mais quel mal lui a-t-on fait à lui-même ? et de quoi se plaint-il aujourd'hui ? Ne le laisse-t-on pas tranquille dans son opprobre ? Il peut se vautrer à son aise dans la fange où l'on le tient embourbé. On l'accable d'indignités, il est vrai ; mais qu'importe ? quelles blessures lui font-elles ? n'est-il pas fait pour les souffrir ? Et quand chaque passant lui cracheroit au visage, quel mal, après tout, cela lui feroit-il ? Mais ce monstre d'ingratitude ne sent rien, ne sait gré de rien ; et tous les ménagemens qu'on a pour lui, loin de le toucher, ne font qu'irriter sa férocité. En prenant le plus grand soin de lui ôter tous ses amis, on ne leur a rien tant recommandé que d'en garder toujours l'apparence et le titre, et de prendre pour le tromper le même ton qu'ils avoient auparavant pour l'accueillir. C'est sa coupable défiance qui seule le rend misérable. Sans elle il seroit un peu plus dupe, mais il vivroit tout aussi content qu'autrefois. Devenu l'objet de l'horreur publique, il s'est vu par là celui des attentions de tout le monde. C'étoit à qui le fêteroit, à qui l'auroit à dîner, à qui lui offriroit des retraites, à qui renchériroit d'empressement pour obtenir la préférence. On eût dit, à l'ardeur qu'on avoit pour l'attirer, que rien n'étoit plus honorable, plus glorieux, que de l'avoir pour hôte, et cela dans tous les états, sans en excepter les grands et les princes, et mon ours n'étoit pas content.

Rouss. Il avoit tort ; mais il devoit être bien surpris ! Ces grands-là ne pensoient pas, sans doute, comme ce seigneur espagnol dont vous savez la réponse à Charles-Quint qui lui demandoit un de ses châteaux pour y loger le connétable de Bourbon (¹).

---

(1) Choisir un Anglois pour mon dépositaire et mon confident seroit, ce me semble, réparer d'une manière bien authentique le mal que j'ai pu penser et dire de sa nation. On l'a trop abusée sur mon compte pour que j'aie pu ne pas m'abuser quelquefois sur le sien (*).

(¹) On a, dit-on, rendu inhabitable le château de Trye depuis que j'y ai logé. Si cette opération a rapport à moi, elle n'est pas conséquente à l'empressement qui m'y avoit attiré, ni à celui avec lequel on engageoit M. le prince de Ligne à m'offrir dans le même temps un asile charmant dans ses terres, par une belle lettre qu'on eut même grand soin de faire courir dans tout Paris.

(*) C'est en effet un Anglois (M. Brooke-Boothby) que Rousseau choisit pour dépositaire de ce premier Dialogue, et qui l'a fait imprimer en 1780, à Lichtfield en Angleterre (in-8° de 150 pages). Le manuscrit autographe a été déposé dans le Muséum britannique.

Le Fr. Le cas est bien différent : vous oubliez qu'ici c'est une bonne œuvre.

Rouss. Pourquoi ne voulez-vous pas que l'hospitalité envers le connétable fût une aussi bonne œuvre que l'asile offert à un scélérat?

Le Fr. Eh! vous ne voulez pas m'entendre. Le connétable savoit bien qu'il étoit rebelle à son prince.

Rouss. Jean-Jacques ne sait donc pas qu'il est un scélérat?

Le Fr. La fin du projet est d'en user extérieurement avec lui comme s'il n'en savoit rien, ou comme si on l'ignoroit soi-même. De cette sorte, on évite avec lui le danger des explications; et, feignant de le prendre pour un honnête homme, on l'obsède si bien, sous un air d'empressement pour son mérite, que rien de ce qui se rapporte à lui, ni lui-même, ne peut échapper à la vigilance de ceux qui l'approchent. Dès qu'il s'établit quelque part, ce qu'on sait toujours d'avance, les murs, les planchers, les serrures, tout est disposé autour de lui pour la fin qu'on se propose, et l'on n'oublie pas de l'envoisiner convenablement, c'est-à-dire de mouches venimeuses, de fourbes adroits, et de filles accortes à qui l'on a bien fait leur leçon. C'est une chose assez plaisante de voir les barboteuses de nos messieurs prendre des airs de vierges pour tâcher d'aborder cet ours. Mais ce ne sont pas apparemment des vierges qu'il lui faut; car, ni les lettres pathétiques qu'on dicte à celles-là, ni les dolentes histoires qu'on leur fait apprendre, ni tout l'étalage de leurs malheurs et de leurs vertus, ni celui de leurs charmes flétris, n'ont pu l'attendrir. Ce pourceau d'Épicure est devenu tout d'un coup un Xénocrate pour nos messieurs.

Rouss. N'en fut-il point un pour vos dames? Si ce n'étoit pas là le plus bruyant de ses forfaits, c'en seroit sûrement le plus irrémissible.

Le Fr. Ah! monsieur Rousseau, il faut toujours être galant; et, de quelque façon qu'en use une femme, on ne doit jamais toucher cet article-là. Je n'ai pas besoin de vous dire que toutes ses lettres sont ouvertes, qu'on retient soigneusement toutes celles dont il pourroit tirer quelque instruction, et qu'on lui en fait écrire de toutes les façons par différentes mains, tant pour sonder ses dispositions par ses réponses, que pour lui supposer, dans celles qu'il rebute et qu'on garde, des correspondances dont on puisse un jour tirer parti contre lui. On a trouvé l'art de lui faire de Paris une solitude plus affreuse que les cavernes et les bois, où il ne trouve au milieu des hommes ni communication, ni consolation, ni conseil, ni lumières, ni rien de tout ce qui pourroit lui aider à se conduire, un labyrinthe immense où l'on ne lui laisse apercevoir dans les ténèbres que de fausses routes qui l'égarent de plus en plus. Nul ne l'aborde qui n'ait déjà sa leçon toute faite sur ce qu'il doit lui dire, et sur le ton qu'il doit prendre en lui parlant. On tient note de ceux qui demandent à le voir[1], et on ne le leur permet qu'après avoir reçu à son égard les instructions que j'ai moi-même été chargé de vous donner au premier désir que vous avez marqué de le connoître. S'il entre en quelque lieu public, il y est remarqué et traité comme un pestiféré : tout le monde l'entoure et le fixe, mais en s'écartant de lui et sans lui parler, seulement pour lui servir de barrière; et s'il ose parler lui-même et qu'on daigne lui répondre, c'est toujours ou par un mensonge ou en éludant ses questions d'un ton si rude et si méprisant, qu'il perde l'envie d'en faire. Au parterre on a grand soin de le recommander à ceux qui l'entourent, et de placer toujours à ses côtés une garde ou un sergent qui parle ainsi fort clairement de lui sans rien dire. On l'a montré, signalé, recommandé partout aux facteurs, aux commis, aux gardes, aux mouches, aux savoyards, dans tous les spectacles, dans tous les cafés, aux barbiers, aux marchands, aux colporteurs, aux libraires. S'il cherchoit un livre, un almanach, un roman, il n'y en auroit plus dans tout Paris; le seul désir manifesté de trouver une chose telle qu'elle soit, est pour lui l'infaillible moyen de la faire disparoître. A son arrivée à Paris il cherchoit douze chansonnettes italiennes qu'il y fit graver il y a une vingtaine d'années, et qui étoient de lui comme le *Devin du village;* mais le recueil, les airs, les planches, tout disparut, tout fut anéanti dès l'instant sans qu'il en ait pu recouvrer jamais un seul exemplaire. On

---

[1] On a mis pour cela dans la rue un marchand de tableaux tout vis-à-vis de ma porte, et à cette porte, qu'on tient fermée, un secret, afin que tous ceux qui voudront entrer chez moi soient forcés de s'adresser aux voisins, qui ont leurs instructions et leurs ordres.

est parvenu à force de petites attentions multipliées à le tenir, dans cette ville immense, toujours sous les yeux de la populace qui le voit avec horreur. Veut-il passer l'eau vis-à-vis les Quatre-Nations ; on ne passera point pour lui, même en payant la voiture entière. Veut-il se faire décrotter ; les décrotteurs, surtout ceux du Temple et du Palais-Royal, lui refuseront avec mépris leurs services. Entre-t-il aux Tuileries ou au Luxembourg ; ceux qui distribuent des billets imprimés à la porte ont ordre de le passer avec la plus outrageante affectation, et même de lui en refuser net, s'il se présente pour en avoir, et tout cela, non pour l'importance de la chose, mais pour le faire remarquer, connoître et abhorrer de plus en plus.

Une de leurs plus jolies inventions est le parti qu'ils ont su tirer pour leur objet de l'usage annuel de brûler en cérémonie un Suisse de paille dans la rue aux Ours. Cette fête populaire paroissoit si barbare et si ridicule en ce siècle philosophe, que, déjà négligée, on alloit la supprimer tout-à-fait, si nos messieurs ne se fussent avisés de la renouveler bien précieusement pour Jean-Jacques. A cet effet, ils ont fait donner sa figure et son vêtement à l'homme de paille, ils lui ont armé la main d'un couteau bien luisant, et, en le faisant promener en pompe dans les rues de Paris, ils ont eu soin qu'on le mît en station directement sous les fenêtres de Jean-Jacques, tournant et retournant la figure de tous côtés pour la bien montrer au peuple, à qui cependant de charitables interprètes font faire l'application qu'on désire, et l'excitent à brûler Jean-Jacques en effigie, en attendant mieux ([1]). Enfin l'un de nos messieurs m'a même assuré avoir eu le sensible plaisir de voir des mendians lui rejeter au nez son aumône, et vous comprenez bien...

Rouss. Qu'ils n'y ont rien perdu. Ah ! quelle douceur d'âme ! quelle charité ! le zèle de vos messieurs *n'oublie rien*.

Le Fr. Outre toutes ces précautions, on a mis en œuvre un moyen très-ingénieux pour découvrir s'il lui reste par malheur quelque personne de confiance qui n'ait pas encore les instructions et les sentimens nécessaires pour suivre à son égard le plan généralement admis. On lui fait écrire par des gens qui, se feignant dans la détresse, implorent son secours ou ses conseils pour s'en tirer. Il cause avec eux, il les console ; il les recommande aux personnes sur lesquelles il compte. De cette manière on parvient à les connoître, et de là facilement à les convertir. Vous ne sauriez croire combien par cette manœuvre on a découvert de gens qui l'estimoient encore et qu'il continuoit de tromper. Connus de nos messieurs, ils sont bientôt détachés de lui, et l'on parvient, par un art tout particulier, mais infaillible, à le leur rendre aussi odieux qu'il leur fut cher auparavant. Mais soit qu'il pénètre enfin ce manége, soit qu'en effet il ne lui reste plus personne, ces tentatives sont sans succès depuis quelque temps. Il refuse constamment de s'employer pour les gens qu'il ne connoît pas, et même de leur répondre, et cela va toujours aux fins qu'on se propose en le faisant passer pour un homme insensible et dur. Car encore une fois rien n'est mieux pour éluder ses pernicieux desseins que de le rendre tellement haïssable à tous, que dès qu'il désire une chose, c'en soit assez pour qu'il ne la puisse obtenir, et que dès qu'il s'intéresse en faveur de quelqu'un, ce quelqu'un ne trouve plus ni patron ni assistance.

Rouss. En effet, tous ces moyens que vous m'avez détaillés me paroissent ne pouvoir manquer de faire de ce Jean-Jacques la risée, le jouet du genre humain, et de le rendre le plus abhorré des mortels.

Le Fr. Eh ! sans doute. Voilà le grand, le vrai but des soins généreux de nos messieurs. Et, grâces à leur plein succès, je puis vous assurer que, depuis que le monde existe, jamais mortel n'a vécu dans une pareille dépression.

Rouss. Mais ne me disiez-vous pas au contraire que le tendre soin de son bien-être entroit pour beaucoup dans ceux qu'ils prennent à son égard ?

Le Fr. Oui, vraiment, et c'est là surtout ce qu'il y a de grand, de généreux, d'admirable dans le plan de nos messieurs, qu'en l'empêchant

---

([1]) Il y auroit à me brûler en personne deux grands inconvéniens qui peuvent forcer ces messieurs à se priver de ce plaisir : le premier est qu'étant une fois mort et brûlé je ne serois plus en leur pouvoir, et ils perdroient le plaisir plus grand de me tourmenter vif ; le second, bien plus grave, est qu'avant de me brûler il faudroit m'entendre, au moins pour la forme : et je doute que, malgré vingt ans de précautions et de trames, ils osent encore en courir le risque.

de suivre ses volontés et d'accomplir ses mauvais desseins, on cherche cependant à lui procurer les douceurs de la vie, de façon qu'il trouve partout ce qui lui est nécessaire, et nulle part ce dont il peut abuser. On veut qu'il soit rassasié du pain de l'ignominie et de la coupe de l'opprobre. On affecte même pour lui des attentions moqueuses et dérisoires (1), des respects comme ceux qu'on prodiguoit à Sancho dans son île, et qui le rendent encore plus ridicule aux yeux de la populace. Enfin, puisqu'il aime tant les distinctions, il a lieu d'être content; on a soin qu'elles ne lui manquent pas, et on le sert de son goût en le faisant partout montrer au doigt. Oui, monsieur, on veut qu'il vive, et même agréablement, autant qu'il est possible à un méchant sans mal faire : on voudroit qu'il ne manquât à son bonheur que les moyens de troubler celui des autres. Mais c'est un ours qu'il faut enchaîner de peur qu'il ne dévore les passans. On craint surtout le poison de sa plume, et l'on n'épargne aucune précaution pour l'empêcher de l'exhaler; on ne lui laisse aucun moyen de défendre son honneur, parce que cela lui seroit inutile, que, sous ce prétexte, il ne manqueroit pas d'attaquer celui d'autrui, et qu'il n'appartient pas à un homme livré à la diffamation d'oser diffamer personne. Vous concevez que, parmi les gens dont on s'est assuré, l'on n'a pas oublié les libraires, surtout ceux dont il s'est autrefois servi. L'on en a même tenu un très-longtemps à la Bastille sous d'autres prétextes, mais en effet pour l'endoctriner plus longtemps à loisir sur le compte de Jean-Jacques (2) On a recommandé à tout ce qui l'entoure de veiller particulièrement à ce qu'il peut écrire. On a même tâché de lui en ôter les moyens, et l'on étoit parvenu, dans la retraite où on l'avoit attiré en Dauphiné, à écarter de lui toute encre lisible, en sorte qu'il ne pût trouver sous ce nom que de l'eau légèrement teinte, qui même en peu de temps perdoit toute sa couleur. Malgré toutes ces précautions, le drôle est encore parvenu à écrire ses Mémoires, qu'il appelle ses Confessions, et que nous appelons ses mensonges, avec de l'encre de la Chine, à laquelle on n'avoit pas songé : mais, si l'on ne peut l'empêcher de barbouiller du papier à son aise, on l'empêche au moins de faire circuler son venin : car aucun chiffon, ni petit, ni grand, pas un billet de deux lignes ne peut sortir de ses mains sans tomber, à l'instant même, dans celles des gens établis pour tout recueillir. A l'égard de ses discours, rien n'en est perdu. Le premier soin de ceux qui l'entourent est de s'attacher à le faire jaser; ce qui n'est pas difficile, ni même de lui faire dire à peu près ce qu'on veut, ou du moins comme on le veut pour en tirer avantage, tantôt en lui débitant de fausses nouvelles, tantôt en l'animant par d'adroites contradictions, et tantôt au contraire en paroissant acquiescer à tout ce qu'il dit. C'est alors surtout qu'on tient un registre exact des indiscrètes vivacités qui lui échappent, et qu'on amplifie et commente de sang-froid. Ils prennent en même temps toutes les précautions possibles pour qu'il ne puisse tirer d'eux aucune lumière, ni par rapport à lui, ni par rapport à qui que ce soit. On ne prononce jamais devant lui le nom de ses premiers délateurs, et l'on ne parle qu'avec la plus grande réserve de ceux qui influent sur son sort; de sorte qu'il lui est impossible de parvenir à savoir ni ce qu'ils disent, ni ce qu'ils font, s'ils sont à Paris ou absens, ni même s'ils sont morts ou en vie. On ne lui parle jamais de nouvelles, ou on ne lui en dit que de fausses ou de dangereuses, qui seroient de sa part de nouveaux crimes s'il s'avisoit de les répéter. En province, on empêchoit aisément qu'il ne lût aucune gazette. A Paris, où il y auroit trop d'affectation, l'on empêche au moins qu'il n'en voie aucune dont il puisse tirer quelque instruction qui le regarde, et surtout celles où nos messieurs font parler de lui. S'il s'enquiert de quelque chose, personne n'en sait rien; s'il s'informe de quelqu'un, per-

---

(1) Comme quand on vouloit à toute force m'envoyer le vin d'honneur à Amiens, qu'à Londres les tambours des gardes devoient venir battre à ma porte, et qu'au Temple M. le prince de Conti m'envoya sa musique à mon lever.

(2) On y a détenu de même, en même temps, et pour le même effet, un Genevois de mes amis, lequel, aigri par d'anciens griefs contre les magistrats de Genève, excitoit les citoyens contre eux à mon occasion. Je pensois bien différemment, et jamais, en écrivant soit à eux soit à lui, je ne cessai de les presser d'abandonner toute ma cause, et de remettre à de meilleurs temps la défense de leurs droits. Cela n'empêcha pas qu'on ne publiât avoir trouvé tout le contraire dans les lettres que je lui écrivois, et que c'étoit moi qui étois le boute-feu. Que peuvent désormais attendre des gens puissans de la justice, la vérité, l'innocence, quand une fois ils en sont venus jusque-là?

sonne ne le connoît; s'il demandoit avec un peu d'empressement le temps qu'il fait, on ne le lui diroit pas. Mais on s'applique, en revanche, à lui faire trouver les denrées, sinon à meilleur marché, du moins de meilleure qualité qu'il ne les auroit au même prix, ses bienfaiteurs suppléant généreusement de leur bourse à ce qu'il en coûte de plus pour satisfaire la délicatesse qu'ils lui supposent, et qu'ils tâchent même d'exciter en lui par l'occasion et le bon marché, pour avoir le plaisir d'en tenir note. De cette manière, mettant adroitement le menu peuple dans leur confidence, ils lui font l'aumône publiquement malgré lui, de façon qu'il lui soit impossible de s'y dérober, et cette charité, qu'on s'attache à rendre bruyante, a peut-être contribué plus que toute autre chose à le déprimer autant que le désiroient ses amis.

Rouss. Comment, ses amis?

Le Fr. Oui, c'est un nom qu'aiment à prendre toujours nos messieurs, pour exprimer toute leur bienveillance envers lui, toute leur sollicitude pour son bonheur, et, ce qui est très-bien trouvé, pour le faire accuser d'ingratitude en se montrant si peu sensible à tant de bonté.

Rouss. Il y a là quelque chose que je n'entends pas bien. Expliquez-moi mieux tout cela, je vous prie.

Le Fr. Il importoit, comme je vous l'ai dit, pour qu'on pût le laisser libre sans danger, que sa diffamation fût universelle (¹). Il ne suffisoit pas de la répandre dans les cercles et parmi la bonne compagnie, ce qui n'étoit pas difficile et fut bientôt fait; il falloit qu'elle s'étendît parmi tout le peuple et dans les plus bas étages aussi bien que dans les plus élevés; et cela présentoit plus de difficulté; non-seulement parce que l'affectation de le tympaniser ainsi à son insu

(¹) Je n'ai point voulu parler ici de ce qui se fait au théâtre (*) et de ce qui s'imprime journellement en Hollande et ailleurs, parce que cela passe toute croyance, et qu'en le voyant, et en ressentant continuellement les tristes effets, j'ai peine encore à le croire moi-même. Il y a quinze ans que tout cela dure, toujours avec l'approbation publique et l'aveu du gouvernement. Et moi je vieillis ainsi seul parmi tous ces forcenés, sans aucune consolation de personne, sans néanmoins perdre ni courage ni patience, et dans l'ignorance où l'on me tient, élevant au ciel, pour toute défense, un cœur exempt de fraude, et des mains pures de tout mal.

(*) Allusion à la manière dont le traita l'Académie royale de musique, qui s'empara du *Devin du village*, refusa la porte de la salle du spectacle à l'auteur, et fit pendre celui-ci en effigie. M. P.

pouvoit scandaliser les simples, mais surtout à cause de l'inviolable loi de lui cacher tout ce qui le regarde, pour éloigner à jamais de lui tout éclaircissement, toute instruction, tout moyen de défense et de justification, toute occasion de faire expliquer personne, de remonter à la source des lumières qu'on a sur son compte; et qu'il étoit moins sûr pour cet effet de compter sur la discrétion de la populace que sur celle des honnêtes gens. Or, pour l'intéresser, cette populace, à ce mystère, sans paroître avoir cet objet, ils ont admirablement tiré parti d'une ridicule arrogance de notre homme, qui est de faire le fier sur les dons, et de ne vouloir pas qu'on lui fasse l'aumône.

Rouss. Mais je crois que vous et moi serions assez capables d'une pareille arrogance; qu'en pensez-vous?

Le Fr. Cette délicatesse est permise à d'honnêtes gens. Mais un drôle comme cela qui fait le gueux quoiqu'il soit riche, de quel droit ose-t-il rejeter les menues charités de nos messieurs?

Rouss. Du même droit, peut-être, que les mendians rejettent les siennes. Quoi qu'il en soit, s'il fait le gueux, il reçoit donc ou demande l'aumône? car voilà tout ce qui distingue le gueux du pauvre, qui n'est pas plus riche que lui, mais qui se contente de ce qu'il a, et ne demande rien à personne.

Le Fr. Eh non! celui-ci ne la demande pas directement. Au contraire, il la rejette insolemment d'abord; mais il cède à la fin tout doucement quand on s'obstine.

Rouss. Il n'est donc pas si arrogant que vous disiez d'abord; et, retournant votre question, je demande à mon tour pourquoi ils s'obstinent à lui faire l'aumône comme à un gueux, puisqu'ils savent si bien qu'il est riche.

Le Fr. Le pourquoi, je vous l'ai déjà dit. Ce seroit, j'en conviens, outrager un honnête homme : mais c'est le sort que mérite un pareil scélérat d'être avili par tous les moyens possibles; et c'est une occasion de mieux manifester son ingratitude, par celle qu'il témoigne à ses bienfaiteurs.

Rouss. Trouvez-vous que l'intention de l'avilir mérite une grande reconnoissance?

Le Fr. Non, mais c'est l'aumône qui la mérite. Car, comme disent très-bien nos messieurs, l'argent rachète tout, et rien ne le rachète. Quelle que soit l'intention de celui qui donne, même par force, il reste toujours bienfaiteur, et mérite toujours comme tel la plus vive reconnoissance. Pour éluder donc la brutale rusticité de notre homme, on a imaginé de lui faire en détail, à son insu, beaucoup de petits dons bruyans qui demandent le concours de beaucoup de gens, et surtout du menu peuple, qu'on fait entrer ainsi sans affectation dans la grande confidence, afin qu'à l'horreur pour ses forfaits se joigne le mépris pour sa misère, et le respect pour ses bienfaiteurs. On s'informe des lieux où il se pourvoit des denrées nécessaires à sa subsistance, et l'on a soin qu'au même prix on les lui fournisse de meilleure qualité, et par conséquent plus chères. Au fond, cela ne lui fait aucune économie, et il n'en a pas besoin, puisqu'il est riche : mais pour le même argent il est mieux servi ; sa bassesse et la générosité de nos messieurs circulent ainsi parmi le peuple, et l'on parvient de cette manière à l'y rendre abject et méprisable en paroissant ne songer qu'à son bien-être et à le rendre heureux malgré lui. Il est difficile que le misérable ne s'aperçoive pas de ce petit manége, et tant mieux : car s'il se fâche, cela prouve de plus en plus son ingratitude ; et s'il change de marchands, on répète aussitôt la même manœuvre ; la réputation qu'on veut lui donner se répand encore plus rapidement. Ainsi plus il se débat dans ses lacs, et plus il les resserre.

Rouss. Voilà, je vous l'avoue, ce que je ne comprenois pas bien d'abord. Mais, monsieur, vous en qui j'ai connu toujours un cœur si droit, se peut-il que vous approuviez de pareilles manœuvres ?

Le Fr. Je les blâmerois fort pour tout autre ; mais ici je les admire par le motif de bonté qui les dicte, sans pourtant avoir voulu jamais y tremper. Je hais Jean-Jacques, nos messieurs l'aiment ; ils veulent le conserver à tout prix ; il est naturel qu'eux et moi ne nous accordions pas sur la conduite à tenir avec un pareil homme. Leur système, injuste peut-être en lui-même, est rectifié par l'intention.

Rouss. Je crois qu'il me la rendroit suspecte : car on ne va point au bien par le mal, ni à la vertu par la fraude. Mais, puisque vous m'assurez que Jean-Jacques est riche, comment le public accorde-t-il ces choses-là ? Car enfin rien ne doit lui sembler plus bizarre et moins méritoire qu'une aumône faite par force à un riche scélérat.

Le Fr. Oh ! le public ne rapproche pas ainsi les idées qu'on a l'adresse de lui montrer séparément. Il le voit riche pour lui reprocher de faire le pauvre, ou pour le frustrer du produit de son labeur en se disant qu'il n'en a pas besoin. Il le voit pauvre pour insulter à sa misère et le traiter comme un mendiant. Il ne le voit jamais que par le côté qui pour l'instant le montre plus odieux ou plus méprisable, quoique incompatible avec les autres aspects sous lesquels il le voit en d'autres temps.

Rouss. Il est certain qu'à moins d'être de la plus brute insensibilité il doit être aussi pénétré que surpris de cette association d'attentions et d'outrages dont il sent à chaque instant les effets. Mais quand, pour l'unique plaisir de rendre sa diffamation plus complète, on lui passe journellement tous ses crimes, qui peut être surpris s'il profite de cette coupable indulgence pour en commettre incessamment de nouveaux ? C'est une objection que je vous ai déjà faite, et que je répète parce que vous l'avez éludée sans y répondre. Par tout ce que vous m'avez raconté, je vois que, malgré toutes les mesures qu'on a prises, il va toujours son train comme auparavant, sans s'embarrasser en aucune sorte des surveillans dont il se voit entouré. Lui qui prit jadis là-dessus tant de précautions que, pendant quarante ans, trompant exactement tout le monde, il passa pour un honnête homme, je vois qu'il n'use de la liberté qu'on lui laisse que pour assouvir sans gêne sa méchanceté, pour commettre chaque jour de nouveaux forfaits dont il est bien sûr qu'aucun n'échappe à ses surveillans, et qu'on lui laisse tranquillement consommer. Est-ce donc une vertu si méritoire à vos messieurs d'abandonner ainsi les honnêtes gens à la furie d'un scélérat, pour l'unique plaisir de compter tranquillement ses crimes, qu'il leur seroit si aisé d'empêcher ?

Le Fr. Ils ont leurs raisons pour cela.

Rouss. Je n'en doute point : mais ceux mêmes qui commettent les crimes ont sans doute aussi leurs raisons : cela suffit-il pour les justifier ?

Singulière bonté, convenez-en, que celle qui, pour rendre le coupable odieux, refuse d'empêcher le crime et s'occupe à choyer le scélérat aux dépens des innocents dont il fait sa proie! Laisser commettre les crimes qu'on peut empêcher n'est pas seulement en être témoin, c'est en être complice. D'ailleurs, si on lui laisse toujours faire tout ce que vous dites qu'il fait, que sert donc de l'espionner de si près avec tant de vigilance et d'activité? Que sert d'avoir découvert ses œuvres, pour les lui laisser continuer comme si l'on n'en savoit rien? que sert de gêner si fort sa volonté dans les choses indifférentes, pour la laisser en toute liberté dès qu'il s'agit de malfaire? On diroit que vos messieurs ne cherchent qu'à lui ôter tout moyen de faire autre chose que des crimes. Cette indulgence vous paroît-elle donc si raisonnable, si bien entendue, et digne de personnages si vertueux?

Le Fr. Il y a dans tout cela, je dois l'avouer, des choses que je n'entends pas fort bien moi-même; mais on m'a promis de m'expliquer tout à mon entière satisfaction. Peut-être pour le rendre plus exécrable a-t-on cru devoir charger un peu le tableau de ses crimes, sans se faire un grand scrupule de cette charge, qui dans le fond importe assez peu; car, puisqu'un homme coupable d'un crime est capable de cent, tous ceux dont on l'accuse sont tout au moins dans sa volonté, et l'on peut à peine donner le nom d'impostures à de pareilles accusations.

Je vois que la base du système que l'on suit à son égard est le devoir qu'on s'est imposé qu'il fût bien démasqué, bien connu de tout le monde, et néanmoins de n'avoir jamais avec lui aucune explication, de lui ôter toute connoissance de ses accusateurs et toute lumière certaine des choses dont il est accusé. Cette double nécessité est fondée sur la nature des crimes qui rendroit leur déclaration publique trop *scandaleuse, et qui ne souffrent pas qu'il soit convaincu sans être puni*. Or voulez-vous qu'on le punisse sans le convaincre? Nos formes judiciaires ne le permettroient pas, et ce seroit aller directement contre les maximes d'indulgence et de commisération qu'on veut suivre à son égard. Tout ce qu'on peut donc faire pour la sûreté publique est premièrement de le surveiller si bien, qu'il n'entreprenne rien qu'on ne le sache, qu'il n'exécute rien d'important qu'on ne le veuille; et, sur le reste, d'avertir tout le monde du danger qu'il y a d'écouter et fréquenter un pareil scélérat. Il est clair qu'ainsi bien avertis ceux qui s'exposent à ses attentats ne doivent, s'ils y succombent, s'en prendre qu'à eux-mêmes. C'est un malheur qu'il n'a tenu qu'à eux d'éviter, puisque, fuyant comme il fait les hommes, ce n'est pas lui qui va les chercher.

Rouss. Autant en peut-on dire à ceux qui passent dans un bois où l'on sait qu'il y a des voleurs, sans que cela fasse une raison valable pour laisser ceux-ci en toute liberté d'aller leur train; surtout quand, pour les contenir, il suffit de le vouloir. Mais quelle excuse peuvent avoir vos messieurs, qui ont soin de fournir eux-mêmes des proies à la cruauté du barbare par les émissaires dont vous m'avez dit qu'ils l'entourent, qui tâchent à toute force de se familiariser avec lui, et dont sans doute il a soin de faire ses premières victimes?

Le Fr. Point du tout. Quelque familièrement qu'ils vivent chez lui, tâchant même d'y manger et boire sans s'embarrasser des risques, il ne leur en arrive aucun mal. Les personnes sur lesquelles il aime à assouvir sa furie sont celles pour lesquelles il a de l'estime et du penchant, celles auxquelles il voudroit donner sa confiance pour peu que leurs cœurs s'ouvrissent au sien, d'anciens amis qu'il regrette, et dans lesquels il semble encore chercher les consolations qui lui manquent. C'est ceux-là qu'il choisit pour les expédier par préférence; le lien de l'amitié lui pèse, il ne voit avec plaisir que ses ennemis.

Rouss. On ne doit pas disputer contre les faits; mais convenez que vous me peignez là un bien singulier personnage, qui n'empoisonne que ses amis, qui ne fait des livres qu'en faveur de ses ennemis, et qui fuit les hommes pour leur faire du mal.

Ce qui me paroît encore bien étonnant en tout ceci, c'est comment il se trouve d'honnêtes gens qui veuillent rechercher, hanter un pareil monstre, dont l'abord seul devroit leur faire horreur. Que la canaille envoyée par vos messieurs et faite pour l'espionnage s'empare de lui, voilà ce que je comprends sans peine. Je comprends encore que, trop heureux de trouver quelqu'un qui veuille le souffrir, il ne doit pas, lui, misanthrope avec les honnêtes gens, mais à charge à lui-même, se rendre difficile sur les liaisons; qu'il doit voir, accueillir, rechercher avec grand empressement les coquins qui lui ressemblent, pour les engager dans ses damnables complots. Eux, de leur côté, dans l'espoir de trouver en lui un bon camarade bien endurci, peuvent, malgré l'effroi qu'on leur a donné de lui, s'exposer, par l'avantage qu'ils en espèrent, au risque de le fréquenter. Mais que des gens d'honneur cherchent à se faufiler avec lui, voilà, monsieur, ce qui me passe. Que lui disent-ils donc? quel ton peuvent-ils prendre avec un pareil personnage? Un aussi grand scélérat peut très-bien être un homme vil qui pour aller à ses fins souffre toutes sortes d'outrages, et, pourvu qu'on lui donne à dîner, boit les affronts comme l'eau, sans les sentir ou sans en faire semblant; mais vous m'avouerez qu'un commerce d'insulte et de mépris d'une part, de bassesse et de mensonge de l'autre, ne doit pas être fort attrayant pour d'honnêtes gens.

Le Fr. Ils en sont plus estimables de se sacrifier ainsi pour le bien public. Approcher de ce misérable est une œuvre méritoire, quand elle mène à quelque nouvelle découverte sur son caractère affreux. Un tel caractère tient du prodige et ne sauroit être assez attesté. Vous comprenez que personne ne l'approche pour avoir avec lui quelque société réelle, mais seulement pour tâcher de le surprendre, d'en tirer quelque nouveau trait pour son portrait, quelque nouveau fait pour son histoire, quelque indiscrétion dont on puisse faire usage pour le rendre toujours plus odieux. D'ailleurs, comptez-vous pour rien le plaisir de le persifler, de lui donner à mots couverts les noms injurieux qu'il mérite, sans qu'il ose ou puisse répondre, de peur de déceler l'application qu'on le force à s'en faire! C'est un plaisir qu'on peut savourer sans risque; car, s'il se fâche, il s'accuse lui-même; et, s'il ne se fâche pas, en lui disant ainsi ses vérités indirectement, on se dédommage de la contrainte où l'on est forcé de vivre avec lui en feignant de le prendre pour un honnête homme.

Rouss. Je ne sais si ces plaisirs-là sont fort doux; pour moi je ne les trouve pas fort notables, et je vous crois assez du même avis, puisque vous les avez toujours dédaignés. Mais, monsieur, à ce compte, cet homme chargé de tant de crimes n'a donc jamais été convaincu d'aucun?

Le Fr. Eh! non vraiment. C'est encore un acte de l'extrême bonté dont on use à son égard, de lui épargner la honte d'être confondu. Sur tant d'invincibles preuves, n'est-il pas complètement jugé sans qu'il soit besoin de l'entendre? Où règne l'évidence du délit, la conviction du coupable n'est-elle pas superflue? Elle ne seroit pour lui qu'une peine de plus. En lui ôtant l'inutile liberté de se défendre, on ne fait que lui ôter celle de mentir et de calomnier.

Rouss. Ah! grâces au ciel, je respire! vous délivrez mon cœur d'un grand poids.

Le Fr. Qu'avez-vous donc? d'où vous naît cet épanouissement subit après l'air morne et pensif qui ne vous a point quitté durant tout cet entretien, et si différent de l'air jovial et gai qu'ont tous nos messieurs quand ils parlent de Jean-Jacques et de ses crimes?

Rouss. Je vous l'expliquerai, si vous avez la patience de m'entendre; car ceci demande encore des digressions.

Vous connoissez assez ma destinée pour savoir qu'elle ne m'a guère laissé goûter les prospérités de la vie : je n'y ai trouvé ni les biens dont les hommes font cas, ni ceux dont j'aurois fait cas moi-même; vous savez à quel prix elle m'a vendu cette fumée dont ils sont si avides, et qui, même eût-elle été plus pure, n'étoit pas l'aliment qu'il falloit à mon cœur. Tant que la fortune ne m'a fait que pauvre, je n'ai pas vécu malheureux. J'ai goûté quelquefois de vrais plaisirs dans l'obscurité : mais je n'en suis sorti que pour tomber dans un gouffre de calamités, et ceux qui m'y ont plongé se sont appliqués à me rendre insupportables les maux qu'ils feignoient de plaindre, et que je n'aurois pas connus sans eux. Revenu de cette douce chimère de l'amitié, dont la vaine recherche a fait tous les malheurs de ma vie, bien plus revenu des erreurs de l'opinion dont je suis la victime, ne trouvant plus parmi les hommes ni droiture, ni vérité, ni aucun de ces sentimens que je crus innés dans leurs âmes, parce qu'ils l'étoient dans la mienne, et sans lesquels toute société n'est que tromperie et mensonge, je me suis retiré au dedans de moi; et, vivant entre moi et la nature, je goûtois une douceur infinie à penser que je n'étois pas seul, que je ne conversois pas avec un être insensible et mort, que mes maux étoient comptés, que ma patience étoit mesurée, et que toutes les misères de ma vie n'étoient que des provisions de dédommagemens et de jouissances pour un meilleur état. Je n'ai jamais adopté la philosophie des heureux du siècle; elle n'est pas faite pour moi; j'en cherchois une plus appropriée à mon cœur, plus consolante dans l'adversité, plus encourageante pour la vertu. Je la trouvois dans les livres de Jean-Jacques. J'y puisois des sentimens si conformes à ceux qui m'étoient naturels, j'y sentois tant de rapports avec mes propres dispositions, que, seul parmi tous les auteurs que j'ai lus, il étoit pour moi le peintre de la nature et l'historien du cœur humain. Je reconnoissois dans ses écrits l'homme que je retrouvois en moi, et leur méditation m'apprenoit à tirer de moi-même la jouissance et le bonheur que tous les autres vont chercher si loin d'eux.

Son exemple m'étoit surtout utile pour nourrir ma confiance dans les sentimens que j'avois conservés seul parmi mes contemporains. J'étois croyant, je l'ai toujours été, quoique non pas comme les gens à symboles et à formules. Les hautes idées que j'avois de la Divinité me faisoient prendre en dégoût les institutions des hommes et les religions factices. Je ne voyois personne penser comme moi; je me trouvois seul au milieu de la multitude autant par mes idées que par mes sentimens. Cet état solitaire étoit triste; Jean-Jacques vint m'en tirer. Ses livres me fortifièrent contre la dérision des esprits forts. Je trouvai ses principes si conformes à mes sentimens, je les voyois naître de méditations si profondes, je les voyois appuyés de si fortes raisons, que je cessai de craindre, comme on me le croit sans cesse, qu'ils ne fussent l'ouvrage des préjugés et de l'éducation. Je vis que, dans ce siècle où la philosophie ne fait que détruire, cet auteur seul édifioit avec solidité. Dans tous les autres livres, je démêlois d'abord la passion qui les avoit dictés, et le but personnel que l'auteur avoit eu en vue. Le seul Jean-Jacques me parut chercher la vérité avec droiture et simplicité de cœur. Lui seul me parut montrer aux hommes la route du vrai bonheur en leur apprenant à distinguer la réalité de l'apparence, et l'homme de la nature de l'homme factice et fantastique que nos institutions et nos préjugés lui ont substitué : lui seul en un mot me parut, dans sa véhémence, inspiré par le seul amour du bien public sans vue secrète et sans intérêt personnel. Je trouvois d'ailleurs sa vie et ses maximes si bien d'accord, que je me confirmois dans les miennes, et j'y prenois plus de confiance par l'exemple d'un penseur qui les médita si long-temps, d'un écrivain qui, méprisant l'esprit de parti et ne voulant former ni suivre aucune secte, ne pouvoit avoir dans ses recherches d'autre intérêt que l'intérêt public et celui de la vérité. Sur toutes ces idées, je me faisois un plan de vie dont son commerce auroit fait le charme; et moi, à qui la société des hommes n'offre depuis long-temps qu'une fausse apparence sans réalité, sans vérité, sans attachement, sans aucun véritable accord de sentimens ni d'idées, et plus digne de mon mépris que de mon empressement, je me livrois à l'espoir de retrouver en lui tout ce que j'avois perdu, de goûter encore les douceurs d'une amitié sincère, et de me nourrir encore avec lui de ces grandes et ravissantes contemplations qui font la meilleure jouissance de cette vie, et la seule consolation solide qu'on trouve dans l'adversité.

J'étois plein de ces sentimens, et vous l'avez pu connoître, quand avec vos cruelles confidences vous êtes venu resserrer mon cœur et en chasser les douces illusions auxquelles il étoit prêt à s'ouvrir encore. Non, vous ne connoîtrez jamais à quel point vous l'avez déchiré; il faudroit pour cela sentir à combien de célestes idées tenoient celles que vous avez détruites. Je touchois au moment d'être heureux en dépit du sort et des hommes, et vous me replongez pour jamais dans toute ma misère; vous m'ôtez toutes les espérances qui me la faisoient supporter. Un seul homme pensant comme moi nourrissoit ma confiance, un seul homme vraiment vertueux me faisoit croire à la vertu, m'animoit à la chérir, à l'idolâtrer, à tout espérer d'elle; et voilà qu'en m'ôtant cet appui vous me laissez seul sur la terre englouti dans un gouffre de maux, sans qu'il me reste la moindre lueur d'espoir dans cette vie, et prêt à perdre encore celui de retrouver dans un meilleur ordre de choses le dédommagement de tout ce que j'ai souffert dans celui-ci.

Vos premières déclarations me bouleversèrent. L'appui de vos preuves me les rendit plus accablantes, et vous navrâtes mon âme des plus amères douleurs que j'aie jamais senties. Lorsque, entrant ensuite dans le détail des manœuvres systématiques dont ce malheureux homme est l'objet, vous m'avez développé le plan de conduite à son égard, tracé par l'auteur de ces découvertes, et fidèlement suivi par tout le monde, mon attention partagée a rendu ma surprise plus grande et mon affliction moins vive. J'ai trouvé toutes ces manœuvres si cauteleuses, si pleines de ruses et d'astuce, que je n'ai pu prendre de ceux qui s'en font un système la haute opinion que vous vouliez m'en donner; et, lorsque vous les combliez d'éloges, je sentois mon cœur en murmurer malgré moi. J'admirois comment d'aussi nobles motifs pouvoient dicter des pratiques aussi basses, comment la fausseté, la trahison, le mensonge, pouvoient être devenus des instrumens de bienfaisance et de charité; comment enfin tant de marches obliques pouvoient s'allier avec la droiture. Avois-je tort? Voyez vous-même, et rappelez-vous tout ce que vous m'avez dit. Ah! convenez du moins que tant d'enveloppes ténébreuses sont un manteau bien étrange pour la vertu!

La force de vos preuves l'emportoit néanmoins sur tous les soupçons que ces machinations pouvoient m'inspirer. Je voyois qu'après tout cette bizarre conduite, toute choquante qu'elle me paroissoit, n'en étoit pas moins une œuvre de miséricorde, et que, voulant épargner à un scélérat les traitemens qu'il avoit mérités, il falloit bien prendre des précautions extraordinaires pour prévenir le scandale de cette indulgence, et la mettre à un prix qui ne tentât ni d'autres d'en désirer une pareille, ni lui-même d'en abuser. Voyant ainsi tout le monde s'empresser à l'envi de le rassasier d'opprobres et d'indignités, loin de le plaindre, je le méprisois davantage d'acheter si lâchement l'impunité au prix d'un pareil destin.

Vous m'avez répété tout cela bien des fois, et je me le disois après vous en gémissant. L'angoisse de mon cœur n'empêchoit pas ma raison d'être subjugée, et de cet assentiment que j'étois forcé de vous donner résultoit la situation d'âme la plus cruelle pour un honnête homme infortuné, auquel on arrache impitoyablement toutes les consolations, toutes les ressources, toutes les espérances qui lui rendoient ses maux supportables.

Un trait de lumière est venu me rendre tout cela dans un instant. Quand j'ai pensé, quand vous m'avez confirmé vous-même que cet homme si indignement traité pour tant de crimes atroces n'avoit été convaincu d'aucun, vous avez d'un seul mot renversé toutes vos preuves; et si je n'ai pas vu l'imposture où vous prétendez voir l'évidence, cette évidence au moins a tellement disparu à mes yeux, que dans tout ce que vous m'aviez démontré je ne vois plus qu'un problème insoluble, un mystère effrayant, impénétrable, que la seule conviction du coupable peut éclaircir à mes yeux.

Nous pensons bien différemment, monsieur, vous et moi sur cet article. Selon vous, l'évidence des crimes supplée à cette conviction; et, selon moi, cette évidence consiste si essentiellement dans cette conviction même, qu'elle ne peut exister sans elle. Tant qu'on n'a pas entendu l'accusé, les preuves qui le condamnent, quelque fortes qu'elles soient, quelque convaincantes qu'elles paroissent, manquent du sceau qui peut les montrer telles même lorsqu'il n'a pas été possible d'entendre l'accusé, comme lorsqu'on fait le procès à la mémoire d'un mort; car, en présumant qu'il n'auroit rien eu à répondre, on peut avoir raison, mais on a tort de changer cette présomption en certitude pour le condamner, et il n'est permis de punir le crime que quand il ne reste aucun moyen d'en douter. Mais quand on vient jusqu'à refuser d'entendre l'accusé vivant et présent, bien que la chose soit possible et facile, quand on prend des mesures extraordinaires pour l'empêcher de parler, quand on lui cache avec le plus grand soin l'accusation, l'accusateur, les preuves, dès lors toutes ces preuves devenues suspectes perdent toute leur force sur mon esprit. N'oser les soumettre à l'épreuve, qui les confirme, c'est me faire présumer qu'elles ne la soutiendroient pas. Ce grand principe, base et sceau de toute justice, sans lequel la société humaine crouleroit par ses fondemens, est si sacré, si inviolable dans la pratique, que, quand toute la ville auroit vu un homme en assassiner un autre dans la place publique, encore ne puniroit-on point l'assassin sans l'avoir préalablement entendu.

LE FR. Hé quoi! des formalités judiciaires qui doivent être générales et sans exception dans les tribunaux, quoique souvent superflues, font-elles loi dans des cas de grâce et de bénignité comme celui-ci? D'ailleurs, l'omission de ces formalités peut-elle changer la nature des choses, faire que ce qui est démontré cesse de l'être, rendre obscur ce qui est évident, et, dans l'exemple que vous venez de proposer, le délit seroit-il moins avéré, le prévenu seroit-il moins coupable quand on négligeroit de l'entendre; et, quand sur la seule notoriété du fait, on l'auroit roué sans tous ces interrogatoires d'usage, en seroit-on moins sûr d'avoir puni justement un assassin? Enfin toutes ces formes établies pour constater les délits ordinaires sont-elles nécessaires à l'égard d'un monstre dont la vie n'est qu'un tissu de crimes, et reconnu de toute la terre pour être la honte et l'opprobre de l'humanité? Celui qui n'a rien d'humain mérite-t-il qu'on le traite en homme?

Rouss. Vous me faites frémir. Est-ce vous qui parlez ainsi? Si je le croyois, je fuirois, au lieu de répondre. Mais non, je vous connois trop bien. Discutons de sang-froid avec vos messieurs ces questions importantes d'où dépend, avec le maintien de l'ordre social, la conservation du genre humain. D'après eux, vous parlez toujours de clémence et de grâce; mais avant d'examiner quelle est cette grâce, il faudroit voir d'abord si c'en est ici le cas, et comment elle y peut avoir lieu. Le droit de faire grâce suppose celui de punir, et par conséquent la préalable conviction du coupable. Voilà premièrement de quoi il s'agit.

Vous prétendez que cette conviction devient superflue où règne l'évidence: et moi je pense au contraire qu'en fait de délit l'évidence ne peut résulter que de la conviction du coupable, et qu'on ne peut prononcer sur la force des preuves qui le condamnent, qu'après l'avoir entendu. La raison en est que, pour faire sortir aux yeux des hommes la vérité du sein des passions, il faut que ces passions s'entre-choquent, se combattent, et que celle qui accuse trouve un contre-poids égal dans celle qui défend, afin que la raison seule et la justice rompent l'équilibre et fassent pencher la balance. Quand un homme se fait le délateur d'un autre, il est probable, il est presque sûr qu'il est mû par quelque passion secrète qu'il a grand soin de déguiser. Mais quelque raison qui le détermine, et fût-ce même un motif de pure vertu, toujours est-il certain que, du moment qu'il accuse, il est animé du vif désir de montrer l'accusé coupable, ne fût-ce qu'afin de ne pas passer pour calomniateur; et comme d'ailleurs il a pris à loisir toutes ses mesures, qu'il s'est donné tout le temps d'arranger ses machines et de concerter ses moyens et ses preuves, le moins qu'on puisse faire pour se garantir de surprise est de les exposer à l'examen et aux réponses de l'accusé, qui seul a un intérêt suffisant pour les examiner avec toute l'attention possible, et qui seul encore peut donner tous les éclaircissemens nécessaires pour en bien juger. C'est par une semblable raison que la déposition des témoins, en quelque nombre qu'ils puissent être, n'a de poids qu'après la confrontation. De cette action et réaction et du choc de ces intérêts opposés doit naturellement sortir aux yeux du juge la lumière de la vérité: c'en est du moins le meilleur moyen qui soit en sa puissance. Mais si l'un de ces intérêts agit seul avec toute sa force, et que le contre-poids de l'autre manque, comment l'équilibre restera-t-il dans la balance? Le juge, que je veux supposer tranquille, impartial, uniquement animé de l'amour de la justice, qui communément n'inspire pas de grands efforts pour l'intérêt d'autrui, comment s'assurera-t-il d'avoir bien pesé le pour et le contre, d'avoir bien pénétré par lui seul tous les artifices de l'accusateur, d'avoir bien démêlé des faits exactement vrais ceux qu'il controuve, qu'il altère, qu'il colore à sa fantaisie, d'avoir même deviné ceux qu'il tait et qui changent l'effet de ceux qu'il expose? Quel est l'homme audacieux qui, non moins sûr de sa pénétration que de sa vertu, s'ose donner pour ce juge-là? Il faut, pour remplir avec tant de confiance un devoir si téméraire, qu'il se sente l'infaillibilité d'un Dieu.

Que seroit-ce si, au lieu de supposer ici un juge parfaitement intègre et sans passion, je le supposois animé d'un désir secret de trouver l'accusé coupable, et ne cherchant que des moyens plausibles de justifier sa partialité à ses propres yeux?

Cette seconde supposition pourroit avoir plus d'une application dans le cas particulier qui nous occupe; mais n'en cherchons point d'autre que la célébrité d'un auteur dont les succès passés blessent l'amour-propre de ceux qui n'en peuvent obtenir de pareils. Tel applaudit à la gloire d'un homme qu'il n'a nul espoir d'offusquer, qui travailleroit bien vite à lui faire payer cher l'éclat qu'il peut avoir de plus que lui, pour peu qu'il vît de jour à y réussir. Dès qu'un homme a eu le malheur de se distinguer à certain point, à moins qu'il ne se fasse craindre où qu'il ne tienne à quelque parti, il ne doit plus compter sur l'équité des autres à son égard; et ce sera beaucoup si ceux mêmes qui sont plus célèbres que lui lui pardonnent la petite portion qu'il a du bruit qu'ils voudroient faire tout seuls.

Je n'ajouterai rien de plus. Je ne veux parler ici qu'à votre raison. Cherchez à ce que je viens de vous dire une réponse dont elle soit contente, et je me tais. En attendant voici ma conclusion : il est toujours injuste et téméraire de juger un accusé, tel qu'il soit, sans vouloir l'entendre : mais quiconque jugeant un homme qui a fait du bruit dans le monde, non-seulement le juge sans l'entendre, mais se cache de lui pour le juger, quelque prétexte spécieux qu'il allègue, et fût-il vraiment juste et vertueux, fût-il un ange sur la terre, qu'il rentre bien en lui-même, l'iniquité, sans qu'il s'en doute, est cachée au fond de son cœur.

Étranger, sans parens, sans appui, seul, abandonné de tous, trahi du plus grand nombre, Jean-Jacques est dans la pire position où l'on puisse être pour être jugé équitablement. Cependant, dans les jugemens sans appel qui le condamnent à l'infamie, qui est-ce qui a pris sa défense et parlé pour lui? qui est-ce qui s'est donné la peine d'examiner l'accusation, les accusateurs, les preuves, avec ce zèle et ce soin que peut seul inspirer l'intérêt de soi-même ou de son plus intime ami?

Le Fr. Mais vous-même, qui vouliez si fort être le sien, n'avez-vous pas été réduit au silence par les preuves dont j'étois armé?

Rouss. Avois-je les lumières nécessaires pour les apprécier, et distinguer à travers tant de trames obscures les fausses couleurs qu'on a pu leur donner? suis-je au fait des détails qu'il faudroit connoître? puis-je deviner les éclaircissemens, les objections, les solutions que pourroit donner l'accusé sur des faits dont lui seul est assez instruit? D'un mot peut-être il eût levé des voiles impénétrables aux yeux de tout autre, et jeté du jour sur des manœuvres que nul mortel ne débrouillera jamais. Je me suis rendu, non parce que j'étois réduit au silence, mais parce que je l'y croyois réduit lui-même. Je n'ai rien, je l'avoue, à répondre à vos preuves. Mais si vous étiez isolé sur la terre, sans défense et sans défenseur, et depuis vingt ans en proie à vos ennemis comme Jean-Jacques, on pourroit sans peine me prouver de vous en secret ce que vous m'avez prouvé de lui, sans que j'eusse rien non plus à répondre. En seroit-ce assez pour vous juger sans appel et sans vouloir vous écouter?

Monsieur, c'est ici, depuis que le monde existe, la première fois qu'on a violé si ouvertement, si publiquement, la première et la plus sainte des lois sociales, celle sans laquelle il n'y a plus de sûreté pour l'innocence parmi les hommes. Quoi qu'on en puisse dire, il est faux qu'une violation si criminelle puisse avoir jamais pour motif l'intérêt de l'accusé; il n'y a que celui des accusateurs, et même un intérêt très-pressant, qui puisse les y déterminer, et il n'y a que la passion des juges qui puisse les faire passer outre malgré l'infraction de cette loi. Jamais ils ne souffriroient cette infraction, s'ils redoutoient d'être injustes. Non, il n'y a point, je ne dis pas de juge éclairé, mais d'homme de bon sens, qui, sur les mesures prises avec tant d'inquiétude et de soin pour cacher à l'accusé l'accusation, les témoins, les preuves, sente que tout cela ne peut dans aucun cas possible s'expliquer raisonnablement que par l'imposture de l'accusateur.

Vous demandez néanmoins quel inconvénient il y auroit, quand le crime est évident, à rouer l'accusé sans l'entendre. Et moi je vous demande en réponse quel est l'homme, quel est le juge assez hardi pour oser condamner à mort un accusé convaincu selon toutes les formes judiciaires, après tant d'exemples funestes d'innocens bien interrogés, bien entendus, bien confrontés, bien jugés selon toutes les formes, et, sur une évidence prétendue, mis à mort avec la plus grande confiance pour des crimes qu'ils n'avoient point commis. Vous demandez quel inconvénient il y auroit, quand le crime est évident, à rouer l'accusé sans l'entendre. Je réponds que votre supposition est impossible et contradictoire dans les termes, parce que l'évidence du crime consiste essentiellement dans la conviction de l'accusé, et que toute autre évidence ou notoriété peut être fausse, illusoire, et causer le supplice d'un innocent. En faut-il confirmer les raisons par des exemples? Par malheur ils ne nous manqueront pas. En voici un tout récent, tiré de la gazette de Leyde, et qui mérite d'être cité. Un homme accusé dans un tribunal d'Angleterre d'un délit notoire, attesté par un témoignage public et unanime, se défendit par un *alibi* bien singulier. Il soutint et prouva que le même jour et à la même heure où on l'avoit vu commettre le crime, il étoit en personne occupé à se défendre devant un autre tribunal, et dans une autre ville, d'une accusation toute semblable. Ce fait, non moins parfaitement attesté, mit les juges dans un étrange embarras. A force de recherches et d'enquêtes, dont assurément on ne se seroit pas avisé sans cela, on découvrit enfin que les délits attribués à cet accusé avoient été commis par un autre homme moins connu, mais si semblable au premier, de taille, de figure et de traits, qu'on avoit constamment pris l'un pour l'autre. Voilà ce qu'on n'eût point découvert si, sur cette prétendue notoriété, on se fût pressé d'expédier cet homme sans daigner l'écouter; et vous voyez comment, cet usage une fois admis, il pourroit aller de la vie à mettre un habit d'une couleur plutôt que d'une autre.

Autre article encore *plus récent tiré de la gazette de France du 51 octobre 1774*. « Un malheureux, disent les lettres de Londres, alloit subir le dernier supplice, et il étoit déjà sur l'échafaud, quand un spectateur, perçant la foule, cria de suspendre l'exécution, et se déclara l'auteur du crime pour lequel cet infortuné avoit été condamné, ajoutant que sa conscience troublée (cet homme apparemment n'étoit pas philosophe) ne lui permettoit pas en ce moment de sauver sa vie aux dépens de l'innocent. Après une nouvelle instruction de l'affaire, le condamné, continue l'article, a été renvoyé absous, et le roi a cru devoir faire grâce au coupable en faveur de sa générosité. » Vous n'avez pas besoin, je crois, de mes réflexions sur cette nouvelle instruction de l'affaire, et sur la première, en vertu de laquelle l'innocent avoit été condamné à mort.

Vous avez sans doute ouï parler de cet autre jugement où, sur la prétendue évidence d crime, onze pairs ayant condamné l'accusé, le douzième aima mieux s'exposer à mourir de faim avec ses collègues, que de joindre sa voix aux leurs, et cela, comme il l'avoua dans la suite, parce qu'il avoit lui-même commis le crime dont l'autre paroissoit évidemment coupable. Ces exemples sont plus fréquens en Angleterre, où les procédures criminelles se font publiquement; au lieu qu'en France, où tout se passe dans le plus effrayant mystère, les foibles sont livrés sans scandale aux vengeances des puissans; et les procédures, toujours ignorées du public, ou falsifiées pour le tromper, restent, ainsi que l'erreur ou l'iniquité des juges, dans un secret éternel, à moins que quelque événement extraordinaire ne les en tire.

C'en est un de cette espèce qui me rappelle chaque jour ces idées à mon réveil. Tous les matins avant le jour, la messe de la pie, que j'entends sonner à Saint-Eustache (*), me semble un avertissement bien solennel aux juges et à tous les hommes, d'avoir une confiance moins téméraire en leurs lumières, d'opprimer et mépriser moins la foiblesse, de croire un peu plus à l'innocence, d'y prendre un peu plus d'intérêt, de ménager un peu plus la vie et l'honneur de leurs semblables, et enfin de craindre quelquefois que trop d'ardeur à punir les crimes ne leur en fasse commettre à eux-mêmes de bien

---

(*) On désignoit sous ce nom une messe qui se disoit chaque jour dans cette église, en mémoire d'une malheureuse servante qui fut pendue comme convaincue d'avoir volé quelques pièces d'argenterie. C'est à Palaiseau que le prétendu vol avoit été commis; peu de temps après, ces pièces furent retrouvées dans le clocher de l'église de Palaiseau, avec beaucoup d'autres objets appartenant à différentes personnes, et il fut prouvé qu'une pie les avoit tous portés là par l'effet d'une habitude naturelle à cet animal. G. P.

affreux. Que la singularité des cas que je viens de citer les rende uniques chacun dans son espèce, qu'on les dispute, qu'on les nie enfin si l'on veut, combien d'autres cas non moins imprévus, non moins possibles, peuvent être aussi singuliers dans la leur! Où est celui qui sait déterminer avec certitude tous les cas où les hommes, abusés par de fausses apparences, peuvent prendre l'imposture pour l'évidence, et l'erreur pour la vérité? Quel est l'audacieux qui, lorsqu'il s'agit de juger capitalement un homme, passe en avant, et le condamne sans avoir pris toutes les précautions possibles pour se garantir des pièges du mensonge et des illusions de l'erreur? Quel est le juge barbare qui, refusant à l'accusé la déclaration de son crime, le dépouille du droit sacré d'être entendu dans sa défense, droit qui, loin de le garantir d'être convaincu, si l'évidence est telle qu'on la suppose, très-souvent ne suffit pas même pour empêcher le juge de voir cette évidence dans l'imposture, et de verser le sang innocent même après avoir entendu l'accusé? Osez-vous croire que les tribunaux abondent en précautions superflues pour la sûreté de l'innocence? Eh! qui ne sait, au contraire, que loin de s'y soucier de savoir si un accusé est innocent et de chercher à le trouver tel, on ne s'y occupe au contraire qu'à tâcher de le trouver coupable à tout prix, et qu'à lui ôter pour sa défense tous les moyens qui ne lui sont pas formellement accordés par la loi, tellement que si, dans quelques cas singuliers, il se trouve une circonstance essentielle qu'elle n'ait pas prévue, c'est au prévenu d'expier, quoique innocent, cet oubli par son supplice? Ignorez-vous que ce qui flatte le plus les juges est d'avoir des victimes à tourmenter, qu'ils aimeroient mieux faire périr cent innocens que de laisser échapper un coupable; et que, s'ils pouvoient trouver de quoi condamner un homme dans toutes les formes, quoique persuadés de son innocence, ils se hâteroient de le faire périr en l'honneur de la loi? Ils s'affligent de la justification d'un accusé comme d'une perte réelle; avides de sang à répandre, ils voient à regret échapper de leurs mains la proie qu'ils s'étoient promise, et n'épargnent rien de ce qu'ils peuvent faire impunément pour que ce malheur ne leur arrive pas. Grandier, Calas, Langlade et cent autres ont fait du bruit par des circonstances fortuites; mais quelle foule d'infortunés sont les victimes de l'erreur ou de la cruauté des juges, sans que l'innocence étouffée sous des monceaux de procédures vienne jamais au grand jour, ou n'y vienne que par hasard, long-temps après la mort des accusés, et lorsque personne ne prend plus d'intérêt à leur sort? Tout nous montre ou nous fait sentir l'insuffisance des lois et l'indifférence des juges pour la protection des innocens accusés, déjà punis avant le jugement par les rigueurs du cachot et des fers, et à qui souvent on arrache à force de tourmens l'aveu des crimes qu'ils n'ont pas commis. Et vous, comme si les formes établies et trop souvent inutiles étoient encore superflues, vous demandez quel inconvénient il y auroit, quand le crime est évident, à rouer l'accusé sans l'entendre! Allez, monsieur, cette question n'avoit besoin de ma part d'aucune réponse; et si, quand vous la faisiez, elle eût été sérieuse, les murmures de votre cœur y auroient assez répondu.

Mais si jamais cette forme si sacrée et si nécessaire pouvoit être omise à l'égard de quelque scélérat reconnu tel de tous les temps, et jugé par la voix publique avant qu'on lui imputât aucun fait particulier dont il eût à se défendre, que puis-je penser de la voir écartée avec tant de sollicitude et de vigilance du jugement du monde, où elle étoit le plus indispensable, de celui d'un homme accusé tout d'un coup d'être un monstre abominable, après avoir joui quarante ans de l'estime publique et de la bienveillance de tous ceux qui l'ont connu? Est-il naturel, est-il raisonnable, est-il juste de choisir seul, pour refuser de l'entendre, celui qu'il faudroit entendre par préférence quand on se permettroit de négliger pour d'autres une aussi sainte formalité? Je ne puis vous cacher qu'une sécurité si cruelle et si téméraire me déplaît et me choque dans ceux qui s'y livrent avec tant de confiance, pour ne pas dire avec tant de plaisir. Si, dans l'année 1751, quelqu'un eût prédit cette légère et dédaigneuse façon de juger un homme alors si universellement estimé, personne ne l'eût pu croire; et si le public regardoit de sang-froid le chemin qu'on lui a fait faire pour l'amener par degrés à cette étrange persuasion, il seroit étonné lui-même de voir les sentiers tortueux et ténébreux par lesquels on l'a conduit insensiblement jusque-là sans qu'il s'en soit aperçu.

Vous dites que les précautions prescrites par le bon sens et l'équité avec les hommes ordinaires sont superflues avec un pareil monstre; qu'ayant foulé aux pieds toute justice et toute humanité, il est indigne qu'on s'assujettisse en sa faveur aux règles qu'elles inspirent; que la multitude et l'énormité de ses crimes est telle, que la conviction de chacun en particulier entraîneroit dans des discussions immenses, que l'évidence de tous rend superflues.

Quoi ! parce que vous me forgez un monstre tel qu'il n'en exista jamais, vous voulez vous dispenser de la preuve qui met le sceau à toutes les autres ! Mais qui jamais a prétendu que l'absurdité d'un fait lui servît de preuve, et qu'il suffit pour en établir la vérité de montrer qu'il est incroyable ? Quelle porte large et facile vous ouvrez à la calomnie et à l'imposture, si, pour avoir droit de juger définitivement un homme à son insu et en se cachant de lui, il suffit de multiplier, de charger les accusations, de les rendre noires jusqu'à faire horreur, en sorte que moins elles seront vraisemblables, et plus on devra leur ajouter de foi ! Je ne doute point qu'un homme coupable d'un crime ne soit capable de cent; mais ce que je sais mieux encore, c'est qu'un homme accusé de cent crimes peut n'être coupable d'aucun. Entasser les accusations n'est pas convaincre et n'en sauroit dispenser. La même raison qui, selon vous, rend sa conviction superflue en est une de plus, selon moi, pour la rendre indispensable. Pour sauver l'embarras de tant de preuves, je n'en demande qu'une, mais je la veux authentique, invincible, et dans toutes les formes; c'est celle du premier délit qui a rendu tous les autres croyables. Celui-là bien prouvé, je crois tous les autres sans preuves; mais jamais l'accusation de cent mille autres ne suppléera dans mon esprit à la preuve juridique de celui-là.

Le Fr. Vous avez raison : mais prenez mieux ma pensée et celle de nos messieurs. Ce n'est pas tant à la multitude des crimes de Jean-Jacques qu'ils ont fait attention, qu'à son caractère affreux découvert enfin, quoique tard, et maintenant généralement reconnu. Tous ceux qui l'ont vu, suivi, examiné avec le plus de soin, s'accordent sur cet article, et le reconnoissent unanimement pour être, comme disoit très-bien son vertueux patron M. Hume, la honte de l'espèce humaine et un monstre de méchanceté. L'exacte et régulière discussion des faits devient superflue quand il n'en résulte que ce qu'on sait déjà sans eux. Quand Jean-Jacques n'auroit commis aucun crime, il n'en seroit pas moins capable de tous. On ne le punit ni d'un délit ni d'un autre, mais on l'abhorre comme les couvant tous dans son cœur. Je ne vois rien là que de juste. L'horreur et l'aversion des hommes est due au méchant qu'ils laissent vivre quand leur clémence les porte à l'épargner.

Rouss. Après nos précédens entretiens, je ne m'attendois pas à cette distinction nouvelle. Pour le juger par son caractère, indépendamment des faits, il faudroit que je comprisse comment, indépendamment de ces mêmes faits, on a si subitement et si sûrement reconnu ce caractère. Quand je songe que ce monstre a vécu quarante ans généralement estimé et bien voulu, sans qu'on se soit douté de son mauvais naturel, sans que personne ait eu le moindre soupçon de ses crimes, je ne puis comprendre comment tout à coup ces deux choses ont pu devenir si évidentes, et je comprends encore moins que l'une ait pu l'être sans l'autre. Ajoutons que ces découvertes ayant été faites conjointement et tout d'un coup par la même personne, elle a dû nécessairement commencer par articuler des faits pour fonder des jugemens si nouveaux, si contraires à ceux qu'on avoit portés jusqu'alors; et quelle confiance pourrois-je autrement prendre à des apparences vagues, incertaines, souvent trompeuses, qui n'auroient rien de précis que l'on pût articuler ? Si vous voyez la possibilité qu'il ait passé quarante ans pour honnête homme sans l'être, je vois bien mieux encore celle qu'il passe depuis dix ans, à tort, pour un scélérat : car il y a dans ces deux opinions cette différence essentielle, que jadis on le jugeoit équitablement et sans partialité, et qu'on ne le juge plus qu'avec passion et prévention.

Le Fr. Et c'est pour cela justement qu'on s'y trompoit jadis et qu'on ne s'y trompe plus aujourd'hui, qu'on y regarde avec moins d'indifférence. Vous me rappelez ce que j'avois à répondre à ces deux êtres si différens, si contradictoires, dans lesquels vous l'avez ci-devant divisé. Son hypocrisie a long-temps abusé les hommes, parce qu'ils s'en tenoient aux apparences et n'y regardoient pas de si près; mais, depuis qu'on s'est mis à l'épier avec plus de soin et à le mieux examiner, on a bientôt découvert la forfanterie : tout son faste moral a disparu, son affreux caractère a percé de toutes parts. Les gens mêmes qui l'ont connu jadis, qui l'aimoient, qui l'estimoient, parce qu'ils étoient ses dupes, rougissent aujourd'hui de leur ancienne bêtise, et ne comprennent pas comment d'aussi grossiers artifices ont pu les abuser si long-temps. On voit avec la dernière clarté que, différent de ce qu'il parut alors parce que l'illusion s'est dissipée, il est le même qu'il fut toujours.

Rouss. Voilà de quoi je ne doute point. Mais qu'autrefois on fût dans l'erreur sur son compte et qu'on n'y soit plus aujourd'hui, c'est ce qui ne me paroît pas aussi clair qu'à vous. Il est plus difficile que vous ne semblez le croire de voir exactement tel qu'il est un homme dont on a d'avance une opinion décidée, soit en bien, soit en mal. On applique à tout ce qu'il fait, à tout ce qu'il dit, l'idée qu'on s'est formée de lui. Chacun voit et admet tout ce qui confirme son jugement, rejette ou explique à sa mode tout ce qui le contrarie. Tous ses mouvemens, ses regards, ses gestes sont interprétés selon cette idée : on y rapporte ce qui s'y rapporte le moins. Les mêmes choses que mille autres disent ou font, et qu'on dit ou fait soi-même indifféremment, prennent un sens mystérieux dès qu'elles viennent de lui. On veut deviner, on veut être pénétrant; c'est le jeu naturel de l'amour-propre : on voit ce qu'on croit et non pas ce qu'on voit. On explique tout selon le préjugé qu'on a, et l'on ne se console de l'erreur où l'on pense avoir été qu'en se persuadant que c'est faute d'attention, non de pénétration, qu'on y est tombé. Tout cela est si vrai, que si deux hommes ont d'un troisième des opinions opposées, cette même opposition régnera dans les observations qu'ils feront sur lui. L'un verra blanc et l'autre noir; l'un trouvera des vertus, l'autre des vices, dans les actes les plus indifférens qui viendront de lui; et chacun, à force d'interprétations subtiles, prouvera que c'est lui qui a bien vu. Le même objet regardé en différens temps, avec des yeux différemment affectés, nous fait des impressions très-différentes, et même en convenant que l'erreur vient de notre organe, on peut s'abuser encore en concluant qu'on se trompoit autrefois, tandis que c'est peut-être aujourd'hui qu'on se trompe. Tout ceci seroit vrai, quand on n'auroit que l'erreur des préjugés à craindre. Que seroit-ce si le prestige des passions s'y joignoit encore; si de charitables interprètes, toujours alertes, alloient sans cesse au-devant de toutes les idées favorables qu'on pourroit tirer de ses propres observations pour tout défigurer, tout noircir, tout empoisonner? On sait à quel point la haine fascine les yeux. Qui est-ce qui sait voir des vertus dans l'objet de son aversion? qui est-ce qui ne voit pas le mal dans tout ce qui part d'un homme odieux? On cherche toujours à se justifier ses propres sentimens; c'est encore une disposition très-naturelle. On s'efforce à trouver haïssable ce qu'on hait; et s'il est vrai que l'homme prévenu voit ce qu'il croit, il l'est bien plus encore que l'homme passionné voit ce qu'il désire. La différence est donc ici que, voyant jadis Jean-Jacques sans intérêt, on le jugeoit sans partialité; et qu'aujourd'hui la prévention et la haine ne permettent plus de voir en lui ce qu'on peut y trouver. Auxquels donc, à votre avis, des anciens ou des nouveaux jugemens, le préjugé de la raison doit-il donner plus d'autorité?

S'il est impossible, comme je crois vous l'avoir prouvé, que la connoissance certaine de la vérité, et beaucoup moins l'évidence, résulte de la méthode qu'on a prise pour juger Jean-Jacques; si l'on a évité à dessein les vrais moyens de porter sur son compte un jugement impartial, infaillible, éclairé, il s'ensuit que sa condamnation, si hautement, si fièrement prononcée, est non-seulement arrogante et téméraire, mais violemment suspecte de la plus noire iniquité; d'où je conclus que, n'ayant nul droit de le juger clandestinement comme on a fait, on n'a pas non plus celui de lui faire grâce, puisque la grâce d'un criminel n'est que l'exemption d'une peine encourue et juridiquement infligée. Ainsi la clémence dont vos messieurs se vantent à son égard, quand même ils useroient envers lui d'une bienfaisance réelle, est trompeuse et fausse; et quand ils comptent pour un bienfait le mal mérité dont ils disent exempter sa personne, ils en imposent et mentent, puisqu'ils ne l'ont convaincu d'aucun acte punissable; qu'un innocent ne méritant aucun châtiment n'a pas besoin de grâce, et qu'un pareil mot n'est qu'un outrage pour lui. Ils sont donc doublement injustes, en ce qu'ils se font un mérite envers lui d'une générosité qu'ils n'ont point, et en ce qu'ils ne feignent d'épargner sa personne qu'afin d'outrager impunément son honneur.

Venons, pour le sentir, à cette grâce sur laquelle vous insistez si fort, et voyons en quoi donc elle consiste. A traîner celui qui la reçoit d'opprobre en opprobre et de misère en misère, sans lui laisser aucun moyen possible de s'en garantir. Connoissez-vous, pour un cœur d'homme, de peine aussi cruelle qu'une pareille grâce? Je m'en rapporte au tableau tracé par vous-même. Quoi! c'est par bonté, par commisération, par bienveillance, qu'on rend cet infortuné le jouet du public, la risée de la canaille, l'horreur de l'univers; qu'on le prive de toute société humaine, qu'on l'étouffe à plaisir dans la fange, qu'on s'amuse à l'enterrer tout vivant! S'il se pouvoit que nous eussions à subir, vous ou moi, le dernier supplice, voudrions-nous l'éviter au prix d'une pareille grâce? voudrions-nous de la vie à condition de la passer ainsi? Non, sans doute; il n'y a point de tourment, point de supplice que nous ne préférassions à celui-là, et la plus douloureuse fin de nos maux nous paroîtroit désirable et douce plutôt que de les prolonger dans de pareilles angoisses. Eh! quelle idée ont donc vos messieurs de l'honneur, s'ils ne comptent pas l'infamie pour un supplice? Non, non, quoi qu'ils en puissent dire, ce n'est point accorder la vie que de la rendre pire que la mort.

LE FR. Vous voyez que notre homme n'en pense pas ainsi, puisqu'au milieu de tout son opprobre il ne laisse pas de vivre et de se porter mieux qu'il n'a jamais fait. Il ne faut pas juger des sentimens d'un scélérat par ceux qu'un honnête homme auroit à sa place. L'infamie n'est douloureuse qu'à proportion de l'honneur qu'un homme a dans le cœur. Les âmes viles, insensibles à la honte, y sont dans leur élément. Le mépris n'affecte guère celui qui s'en sent digne: c'est un jugement auquel son propre cœur l'a déjà tout accoutumé.

ROUSS. L'interprétation de cette tranquillité stoïque au milieu des outrages dépend du jugement déjà porté sur celui qui les endure. Ainsi ce n'est pas sur ce sang-froid qu'il convient de juger l'homme, mais c'est par l'homme, au contraire, qu'il faut apprécier le sang-froid. Pour moi, je ne vois point comment l'impénétrable dissimulation, la profonde hypocrisie que vous avez prêtée à celui-ci s'accorde avec cette abjection presque incroyable dont vous faites ici son élément naturel. Comment, monsieur, un homme si haut, si fier, si orgueilleux, qui, plein de génie et de feu, a pu, selon vous, se contenir et garder quarante ans le silence pour étonner l'Europe de la vigueur de sa plume; un homme qui met à un si haut prix l'opinion des autres, qu'il a tout sacrifié à une fausse affectation de vertu; un homme dont l'ambitieux amour-propre vouloit remplir tout l'univers de sa gloire, éblouir tous ses contemporains de l'éclat de ses talens et de ses vertus, fouler à ses pieds tous les préjugés, braver toutes les puissances et se faire admirer par son intrépidité: ce même homme, à présent insensible à tant d'indignités, s'abreuve à longs traits d'ignominie et se repose mollement dans la fange comme dans son élément naturel! De grâce, mettez plus d'accord dans vos idées, ou veuillez m'expliquer comment cette brute insensibilité peut exister dans une âme capable d'une telle effervescence. Les outrages affectent tous les hommes, mais beaucoup plus ceux qui les méritent et qui n'ont point d'asile en eux-mêmes pour s'y dérober. Pour en être ému le moins qu'il est possible, il faut les sentir injustes, et s'être fait de l'honneur et de l'innocence un rempart autour de son cœur, inaccessible à l'opprobre. Alors on peut se consoler de l'erreur ou de l'injustice des hommes: car dans le premier cas les outrages, dans l'intention de ceux qui les font, ne sont pas *pour celui qui les reçoit*; et dans le second, ils ne les lui font pas dans l'opinion qu'il est vil et qu'il les mérite, mais au contraire parce qu'étant vils et méchans eux-mêmes, ils haïssent ceux qui ne le sont pas.

Mais la force qu'une âme saine emploie à supporter des traitemens indignes d'elle ne rend pas ces traitemens moins barbares de la part de ceux qui les lui font essuyer. On auroit tort de leur tenir compte des ressources qu'ils n'ont pu lui ôter et qu'ils n'ont pas même prévues, parce que, à sa place, ils ne les trouveroient pas en eux. Vous avez beau me faire sonner ces mots de bienveillance et de grâce; dans le ténébreux système auquel vous donnez ces noms, je ne vois qu'un raffinement de cruauté pour accabler un infortuné de misères pires que la mort, pour donner aux plus noires perfidies un air de générosité, et taxer encore d'ingratitude celui qu'on diffame, parce qu'il n'est pas pénétré de reconnoissance des soins qu'on prend pour l'accabler et le livrer sans aucune défense aux lâches assassins qui le poignardent sans risque, en se cachant à ses regards.

Voilà donc en quoi consiste cette grâce prétendue dont vos messieurs font tant de bruit. Cette grâce n'en seroit pas une, même pour un coupable, à moins qu'il ne fût en même temps le plus vil des mortels. Qu'elle en soit une pour cet homme audacieux qui, malgré tant de résistance et d'effrayantes menaces, est venu fièrement à Paris provoquer par sa présence l'inique tribunal qui l'avoit décrété connoissant parfaitement son innocence; qu'elle en soit une pour cet homme dédaigneux qui cache si peu son mépris aux traîtres cajoleurs qui l'obsèdent et tiennent sa destinée en leurs mains : voilà, monsieur, ce que je ne comprendrai jamais; et quand il seroit tel qu'ils le disent, encore falloit-il savoir de lui s'il consentoit à conserver sa vie et sa liberté à cet indigne prix; car une grâce, ainsi que tout autre don, n'est légitime qu'avec le consentement, du moins présumé, de celui qui la reçoit; et je vous demande si la conduite et les discours de Jean-Jacques laissent présumer de lui ce consentement. Or tout don fait par force n'est pas un don, c'est un vol; il n'y a point de plus maligne tyrannie que de forcer un homme de nous être obligé malgré lui, et c'est indignement abuser du nom de grâce que de le donner à un traitement forcé, plus cruel que le châtiment. Je suppose ici l'accusé coupable; que seroit cette grâce si je le supposois innocent, comme je le puis et le dois tant qu'on craint de le convaincre? Mais, dites-vous, il est coupable; on en est certain puisqu'il est méchant. Voyez comment vous me ballottez! Vous m'avez ci-devant donné ses crimes pour preuve de sa méchanceté, et vous me donnez à présent sa méchanceté pour preuve de ses crimes. C'est par les faits qu'on a découvert son caractère, et vous m'alléguez son caractère pour éluder la régulière discussion des faits. Un tel monstre, me dites-vous, ne mérite pas qu'on respecte avec lui les formes établies pour la conviction d'un criminel ordinaire : on n'a pas besoin d'entendre un scélérat aussi détestable; ses œuvres parlent pour lui. J'accorderai que le monstre que vous m'avez peint ne mérite, s'il existe, aucune des précautions établies autant pour la sûreté des innocens que pour la conviction des coupables. Mais il les falloit toutes et plus encore pour bien constater son existence, pour s'assurer parfaitement que ce que vous appelez ses œuvres sont bien ses œuvres. C'étoit par là qu'il falloit commencer, et c'est précisément ce qu'ont oublié vos messieurs : car enfin quand le traitement qu'on lui faisoit souffrir seroit doux pour un coupable, il est affreux pour un innocent. Alléguer la douceur de ce traitement pour éluder la conviction de celui qui le souffre est donc un sophisme aussi cruel qu'insensé. Convenez de plus que ce monstre, tel qu'il leur a plu de nous le forger, est un personnage bien étrange, bien nouveau, bien contradictoire, un être d'imagination tel qu'en peut enfanter le délire de la fièvre, confusément formé de parties hétérogènes, qui, par leur nombre, leur disproportion, leur incompatibilité, ne sauroient former un seul tout; et l'extravagance de cet assemblage, qui seul est une raison d'en nier l'existence, en est une pour vous de l'admettre sans daigner la constater. Cet homme est trop coupable pour mériter d'être entendu; il est trop hors de la nature pour qu'on puisse douter qu'il existe. Que pensez-vous de ce raisonnement? C'est pourtant le vôtre, ou du moins celui de vos messieurs.

Vous m'assurez que c'est par leur grande bonté, par leur excessive bienveillance, qu'ils lui épargnent la honte de se voir démasqué. Mais une pareille générosité ressemble fort à la bravoure des fanfarons, qu'ils ne montrent que loin du péril. Il me semble qu'à leur place, et malgré toute ma pitié, j'aimerois mieux encore être ouvertement juste et sévère que trompeur et fourbe par charité, et je vous répéterai toujours que c'est une trop bizarre bienveillance que celle qui, faisant porter à son malheureux objet, avec tout le poids de la haine, tout l'opprobre de la dérision, ne s'exerce qu'à lui ôter, innocent ou coupable, tout moyen de s'y dérober. J'ajouterai que toutes ces vertus que vous me vantez dans les arbitres de sa destinée sont telles, que non-seulement, grâce au ciel, je m'en sens incapable, mais que même je ne les conçois pas. Comment peut-on aimer un monstre qui fait horreur? comment peut-on se pénétrer d'une pitié si tendre pour un être aussi malfaisant, aussi cruel, aussi sanguinaire? comment peut-on choyer avec tant de sollicitude le fléau du genre humain, le ménager aux dépens des victimes de sa furie, et de peur de le chagriner, lui aider presque à faire du monde un vaste tombeau?... Comment, monsieur, un traître, un voleur, un empoisonneur, un assassin !... J'ignore s'il peut exister un sentiment de bienveillance pour un tel être parmi les démons; mais, parmi les hommes, un tel sentiment me paroîtroit un goût punissable et criminel bien plutôt qu'une vertu. Non, il n'y a que son semblable qui le puisse aimer.

Le Fr. Ce seroit, quoi que vous en puissiez dire, une vertu de l'épargner, si dans cet acte de clémence on se proposoit un devoir à remplir plutôt qu'un penchant à suivre.

Rouss. Vous changez encore ici l'état de la question, et ce n'est pas là ce que vous disiez ci-devant; mais voyons.

Le Fr. Supposons que le premier qui a découvert les crimes de ce misérable et son caractère affreux se soit cru obligé, comme il l'étoit sans contredit, non-seulement à le démasquer aux yeux du public, mais à le dénoncer au gouvernement, et que cependant son respect pour d'anciennes liaisons ne lui ait pas permis de vouloir être l'instrument de sa perte; n'a-t-il pas dû, cela posé, se conduire exactement comme il l'a fait, mettre à sa dénonciation la condition de la grâce du scélérat, et le ménager tellement, en le démasquant, qu'en lui donnant la réputation d'un coquin, on lui conservât la liberté d'un honnête homme ?

Rouss. Votre supposition renferme des choses contradictoires sur lesquelles j'aurois beaucoup à dire. Dans cette supposition même, je me serois conduit, et vous aussi, j'en suis très-sûr, et tout autre homme d'honneur, d'une façon très-différente. D'abord, à quelque prix que ce fût, je n'aurois jamais voulu dénoncer le scélérat sans me montrer et le confondre, vu surtout les liaisons antérieures que vous supposez, et qui obligeoient encore plus étroitement l'accusateur de prévenir préalablement le coupable de ce que son devoir l'obligeoit à faire à son égard. Encore moins aurois-je voulu prendre des mesures extraordinaires pour empêcher que mon nom, mes accusations, mes preuves ne parvinssent à ses oreilles, parce qu'en tout état de cause un dénonciateur qui se cache joue un rôle odieux, bas, lâche, justement suspect d'imposture, et qu'il n'y a nulle raison suffisante qui puisse obliger un honnête homme à faire un acte injuste et flétrissant. Dès que vous supposez l'obligation de dénoncer le malfaiteur, vous supposez aussi celle de le convaincre, parce que la première de ces deux obligations emporte nécessairement l'autre, et qu'il faut ou se montrer et confondre l'accusé, ou, si l'on veut se cacher de lui, se taire avec tout le monde : il n'y a point de milieu. Cette conviction de celui qu'on accuse n'est pas seulement l'épreuve indispensable de la vérité qu'on se croit obligé de déclarer; elle est encore un devoir du dénonciateur envers lui-même dont rien ne peut le dispenser, surtout dans le cas que vous posez; car il n'y a point de contradiction dans la vertu, et jamais, pour punir un fourbe, elle ne permettra de l'imiter.

Le Fr. Vous ne pensez pas là-dessus comme Jean-Jacques.

C'est en le trahissant qu'il faut punir un traître.

Voilà une de ses maximes; qu'y répondez-vous?

Rouss. Ce que votre cœur y répond lui-même. Il n'est pas étonnant qu'un homme qui ne se fait scrupule de rien ne s'en fasse aucun de la trahison; mais il le seroit fort que d'honnêtes gens se crussent autorisés par son exemple à l'imiter.

Le Fr. L'imiter! non pas généralement; mais quel tort lui fait-on en suivant avec lui ses propres maximes, pour l'empêcher d'en abuser?

Rouss. Suivre avec lui ses propres maximes! Y pensez-vous? Quels principes! quelle morale! Si l'on peut, si l'on doit suivre avec les gens leurs propres maximes, il faudra donc mentir aux menteurs, voler les fripons, empoisonner les empoisonneurs, assassiner les assassins, être scélérat à l'envi avec ceux qui le sont; et si l'on n'est plus obligé d'être honnête homme qu'avec les honnêtes gens, ce devoir ne mettra personne en grands frais de vertu dans le siècle où nous sommes. Il est digne du scélérat que vous m'avez peint de donner des leçons de fourberie et de trahison; mais je suis fâché pour vos messieurs que, parmi tant meilleures leçons qu'il a données et qu'il eût mieux valu suivre, il n'aient profité que de celle-là.

Au reste, je ne me souviens pas d'avoir rien trouvé de pareil dans les livres de Jean-Jacques. Où donc a-t-il établi ce nouveau précepte si contraire à tous les autres?

LE FR. Dans un vers d'une comédie.

ROUSS. Quand est-ce qu'il a fait jouer cette comédie?

LE FR. Jamais.

ROUSS. Où est-ce qu'il l'a fait imprimer?

LE FR. Nulle part.

ROUSS. Ma foi, je ne vous entends point.

LE FR. C'est une espèce de farce qu'il écrivit jadis à la hâte et presque impromptu à la campagne, dans un moment de gaîté, qu'il n'a pas même daigné corriger, et que nos messieurs lui ont volée comme beaucoup d'autres choses qu'ils ajustent ensuite à leur façon pour l'édification publique.

ROUSS. Mais comment ce vers est-il employé dans cette pièce? est-ce lui-même qui le prononce?

LE FR. Non; c'est une jeune fille qui, se croyant trahie par son amant, le dit dans un moment de dépit pour s'encourager à intercepter, ouvrir et garder une lettre écrite par cet amant à sa rivale.

ROUSS. Quoi! monsieur, un mot dit par une jeune fille amoureuse et piquée, dans l'intrigue galante d'une farce écrite autrefois à la hâte, et qui n'a été ni corrigée, ni imprimée, ni représentée; ce mot en l'air dont elle appuie, dans sa colère, un acte qui de sa part n'est pas même une trahison; ce mot, dont il vous plaît de faire une maxime de Jean-Jacques, est l'unique autorité sur laquelle vos messieurs ont ourdi l'affreux tissu de trahisons dont il est enveloppé? Voudriez-vous que je répondisse à cela sérieusement? Me l'avez-vous dit sérieusement vous-même? Non; votre air seul, en le prononçant, me dispensoit d'y répondre. Eh! qu'on lui doive ou non de ne pas le trahir, tout homme d'honneur ne se doit-il pas à lui-même de n'être un traître envers personne? Nos devoirs envers les autres auroient beau varier selon les temps, les gens, les occasions, ceux envers nous-mêmes ne varient point; et je ne puis penser que celui qui ne se croit pas obligé d'être honnête homme avec tout le monde le soit jamais avec qui que ce soit.

Mais, sans insister sur ce point davantage, allons plus loin. Passons au dénonciateur d'être un lâche et un traître sans néanmoins être un imposteur, et aux juges d'être menteurs et dissimulés sans néanmoins être iniques: quand cette manière de procéder seroit aussi juste et permise qu'elle est insidieuse et perfide, quelle en seroit l'utilité dans cette occasion pour la fin que vous alléguez? Où donc est la nécessité, pour faire grâce à un criminel, de ne pas l'entendre? pourquoi lui cacher à lui seul, avec tant de machines et d'artifices, ses crimes qu'il doit savoir mieux que personne, s'il est vrai qu'il les ait commis? Pourquoi fuir, pourquoi rejeter avec tant d'effroi la manière la plus sûre, la plus juste, la plus raisonnable et la plus naturelle, de s'assurer de lui sans lui infliger d'autre peine que celle d'un hypocrite qui se voit confondu? C'est la punition qui naît le mieux de la chose, qui s'accorde le mieux avec la grâce qu'on veut lui faire, avec les sûretés qu'on doit prendre pour l'avenir, et qui seule prévient deux grands scandales, savoir: celui de la publication des crimes et celui de leur impunité. Vos messieurs allèguent néanmoins pour raison de leurs procédés frauduleux le soin d'éviter le scandale. Mais si le scandale consiste essentiellement dans la publicité, je ne vois point celui qu'on évite en cachant le crime au coupable qui ne peut l'ignorer, et en le divulguant parmi tout le reste des hommes qui n'en savoient rien. L'air de mystère et de réserve qu'on met à cette publication ne sert qu'à l'accélérer. Sans doute le public est toujours fidèle aux secrets qu'on lui confie: ils ne sortent jamais de son sein; mais il est risible qu'en disant ce secret à l'oreille à tout le monde, et le cachant très-soigneusement au seul qui, s'il est coupable, le sait nécessairement avant tout autre, on veuille éviter par là le scandale, et faire de ce badin mystère un acte de bienfaisance et de générosité. Pour moi, avec une si tendre bienveillance pour le coupable, j'aurois choisi de le confondre sans le diffamer, plutôt que de le diffamer sans le confondre; et il faut certainement, pour avoir pris le parti contraire, avoir eu d'autres raisons que vous ne m'avez pas dites, et que cette bienveillance ne comporte pas.

Supposons qu'au lieu d'aller creusant sous ses pas tous ces tortueux souterrains, au lieu des triples murs de ténèbres qu'on élève avec tant d'efforts autour de lui, au lieu de rendre le public et l'Europe entière complices et témoins du scandale qu'on feint de vouloir éviter, au lieu de lui laisser tranquillement continuer et consommer ses crimes, en se contentant de les voir et de les compter sans en empêcher aucun; supposons, dis-je, qu'au lieu de tout ce tortillage, on se fût ouvertement et directement adressé à lui-même et à lui seul; qu'en lui présentant en face son accusateur armé de toutes ses preuves on lui eût dit : « Misérable, qui fais » l'honnête homme et qui n'es qu'un scélérat, » te voilà démasqué, te voilà connu ; voilà » tes faits, en voilà les preuves, qu'as-tu à » répondre? » Il eût nié, direz-vous. Et qu'importe? Que font les négations contre les démonstrations? Il fût resté convaincu et confondu. Alors on eût ajouté en montrant son dénonciateur : « Remercie cet homme généreux » que sa conscience a forcé de t'accuser, et que » sa bonté porte à te protéger. Par son inter- » cession l'on veut bien te laisser vivre et te » laisser libre, tu ne seras même démasqué » aux yeux du public qu'autant que ta conduite » rendra ce soin nécessaire pour prévenir la » continuation de tes forfaits. Songe que des » yeux perçans sont sans cesse ouverts sur » toi, que le glaive punisseur pend sur ta » tête, et qu'à ton premier crime tu ne lui » peux échapper. » Y avoit-il, à votre avis, une conduite plus simple, plus sûre et plus droite, pour allier à son égard la justice, la prudence et la charité? Pour moi, je trouve qu'en s'y prenant ainsi, l'on se fût assuré de lui par la crainte beaucoup mieux qu'on n'a fait par tout cet immense appareil de machines qui ne l'empêche pas d'aller toujours son train. On n'eût point eu besoin de le traîner si barbarement, ou, selon vous, si bénignement, dans le bourbier; on n'eût point habillé la justice et la vertu des honteuses livrées de la perfidie et du mensonge; ses délateurs et ses juges n'eussent point été réduits à se tenir sans cesse enfoncés devant lui dans leurs tanières, comme fuyant en coupables les regards de leur victime et redoutant la lumière du jour : enfin l'on eût prévenu avec le double scandale des crimes et de leur impunité, celui d'une maxime aussi funeste qu'insensée que vos messieurs semblent vouloir établir par son exemple, savoir que, pourvu qu'on ait de l'esprit et qu'on fasse de beaux livres, on peut se livrer à toutes sortes de crimes impunément.

Voilà le seul vrai parti qu'on avoit à prendre, si l'on vouloit absolument ménager un pareil misérable. Mais pour moi, je vous déclare que je suis aussi loin d'approuver que de comprendre cette prétendue clémence de laisser libre, nonobstant le péril, je ne dis pas un monstre affreux tel qu'on nous le représente, mais un malfaiteur tel qu'il soit. Je ne trouve dans cette espèce de grâce ni raison, ni humanité, ni sûreté, et j'y trouve beaucoup moins cette douceur et cette bienveillance dont se vantent vos messieurs avec tant de bruit. Rendre un homme le jouet du public et de la canaille; le faire chasser successivement de tous les asiles les plus reculés, les plus solitaires, où il s'étoit de lui-même emprisonné et d'où certainement il n'étoit à portée de faire aucun mal; le faire lapider par la populace; le promener par dérision de lieu en lieu, toujours chargé de nouveaux outrages; lui ôter même les ressources les plus indispensables de la société; lui voler sa subsistance pour lui faire l'aumône; le dépayser sur toute la face de la terre; faire de tout ce qu'il lui importe le plus de savoir autant pour lui de mystères impénétrables; le rendre tellement étranger, odieux, méprisable aux hommes, qu'au lieu des lumières, de l'assistance et des conseils, que chacun doit trouver au besoin parmi ses frères, il ne trouve partout qu'embûches, mensonges, trahisons, insultes; le livrer en un mot sans appui, sans protection, sans défense, à l'adroite animosité de ses ennemis : c'est le traiter beaucoup plus cruellement que si l'on se fût une bonne fois assuré de sa personne par une détention, dans laquelle, avec la sûreté de tout le monde, on lui eût fait trouver la sienne, ou du moins la tranquillité. Vous m'avez appris qu'il désira, qu'il demanda lui-même cette détention, et que, loin de la lui accorder, on lui fit de cette demande un nouveau crime et un nouveau ridicule. Je crois voir à la fois la raison de la demande et celle du refus. Ne pouvant trouver de refuge dans les plus solitaires retraites, chassé successivement du sein des montagnes et du milieu des lacs, forcé de fuir de lieu en lieu et d'errer sans cesse avec des peines et des dépenses excessives au milieu des dangers et des outrages, réduit, à l'entrée de l'hiver, à courir l'Europe pour y chercher un asile sans plus savoir où, et sûr d'avance de n'être laissé tranquille nulle part; il étoit naturel que, battu, fatigué de tant d'orages, il désirât de finir ses malheureux jours dans une paisible captivité, plutôt que de se voir dans sa vieillesse poursuivi, chassé, ballotté sans relâche de tous côtés, privé d'une pierre pour y poser sa tête, et d'un asile où il pût respirer, jusqu'à ce qu'à force de courses et de dépenses, on l'eût réduit à périr de misère, ou à vivre, toujours errant, des dures aumônes de ses persécuteurs, ardents à en venir là pour le rassasier enfin d'ignominie à leur aise. Pourquoi n'a-t-on pas consenti à cet expédient si sûr, si court, si facile, qu'il proposoit lui-même, et qu'il demandoit comme une faveur? N'est-ce point qu'on ne vouloit pas le traiter avec tant de douceur, ni lui laisser jamais trouver cette tranquillité si désirée? N'est-ce point qu'on ne vouloit lui laisser aucun relâche, ni le mettre dans un état où l'on n'eût pu lui attribuer chaque jour de nouveaux crimes et de nouveaux livres, et où peut-être, à force de douceur et de patience, eût-il fait perdre aux gens chargés de sa garde les fausses idées qu'on vouloit donner de lui? N'est-ce point enfin que dans le projet si chéri, si suivi, si bien concerté, de l'envoyer en Angleterre, il entroit des vues dont son séjour dans ce pays-là, et les effets qu'il y a produits semblent développer assez l'objet? Si l'on peut donner à ce refus d'autres motifs, qu'on me les dise, et je promets d'en montrer la fausseté.

Monsieur, tout ce que vous m'avez appris, tout ce que vous m'avez prouvé, est à mes yeux plein de choses inconcevables, contradictoires, absurdes, qui, pour être admises, demanderoient encore d'autres genres de preuves que celles qui suffisent pour les plus complètes démonstrations; et c'est précisément ces mêmes choses absurdes que vous dépouillez de l'épreuve la plus nécessaire et qui met le sceau à toutes les autres. Vous m'avez fabriqué tout à votre aise un être tel qu'il n'en exista jamais, un monstre hors de la nature, hors de la vraisemblance, hors de la possibilité, et formé de parties inalliables, incompatibles, qui s'excluent mutuellement. Vous avez donné pour principe à tous ces crimes le plus furieux, le plus intolérant, le plus extravagant amour-propre, qu'il n'a pas laissé de déguiser si bien depuis sa naissance jusqu'au déclin de ses ans, qu'il n'en a paru nulle trace pendant tant d'années, et qu'encore aujourd'hui depuis ses malheurs il étouffe ou contient si bien qu'on n'en voit pas le moindre signe. Malgré tout cet indomptable orgueil, vous m'avez fait voir dans le même être un petit menteur, un petit fripon, un petit coureur de cabarets et de mauvais lieux, un vil et crapuleux débauché pourri de vérole, et qui passoit sa vie à aller escroquant dans les tavernes quelques écus à droite et à gauche aux manans qui les fréquentent. Vous avez prétendu que ce même personnage étoit le même homme qui pendant quarante ans a vécu estimé, bien voulu de tout le monde, l'auteur des seuls écrits, dans ce siècle, qui portent dans l'âme des lecteurs la persuasion qui les a dictés, et dont on sent en les lisant que l'amour de la vertu et le zèle de la vérité font l'inimitable éloquence. Vous dites que ces livres qui m'émeuvent ainsi le cœur sont les jeux d'un scélérat qui ne sentoit rien de ce qu'il disoit avec tant d'ardeur et de véhémence, et qui cachoit sous un air de probité le venin dont il vouloit infecter ses lecteurs. Vous me forcez même de croire que ces écrits à la fois si fiers, si touchans, si modestes, ont été composés parmi les pots et les pintes, et chez les filles de joie où l'auteur passoit sa vie, et vous me transformez enfin cet orgueil irascible et diabolique en l'abjection d'un cœur insensible et vil qui se rassasie sans peine de l'ignominie dont l'abreuve à plaisir la charité du public.

Vous m'avez figuré vos messieurs qui disposent à leur gré de sa réputation, de sa personne, et de toute sa destinée, comme des modèles de vertu, des prodiges de générosité, des anges pour lui de douceur et de bienfaisance ; et vous m'avez appris en même temps que l'objet de tous leurs tendres soins avoit été de le rendre l'horreur de l'univers, le plus méprisé des êtres, de le traîner d'opprobre en opprobre et de misère en misère, et de lui faire sentir à loisir dans les calamités de la plus malheureuse vie tous les déchiremens que peut éprouver une âme fière en se voyant le jouet et le rebut du genre humain. Vous m'avez appris que par pitié, par grâce, tous ces hommes vertueux avoient bien voulu lui ôter tout moyen d'être instruit des raisons de tant d'outrages, s'abaisser en sa faveur au rôle de cajoleurs et de traîtres, faire adroitement le plongeon à chaque éclaircissement qu'il cherchoit, l'environner de souterrains et de pièges tellement tendus, que chacun de ses pas fût nécessairement une chute ; enfin le circonvenir avec tant d'adresse, qu'en butte aux insultes de tout le monde il ne pût jamais savoir la raison de rien, apprendre un seul mot de vérité, repousser aucun outrage, obtenir aucune explication, trouver, saisir aucun agresseur, et qu'à chaque instant, atteint des plus cruelles morsures, il sentît dans ceux qui l'entourent la flexibilité des serpens aussi bien que leur venin.

Vous avez fondé le système qu'on suit à son égard sur des devoirs dont je n'ai nulle idée, sur des vertus qui me font horreur, sur des principes qui renversent dans mon esprit tous ceux de la justice et de la morale. Figurez-vous des gens qui commencent par se mettre chacun un bon masque bien attaché, qui s'arment de fer *jusqu'aux dents*, qui surprennent ensuite leur ennemi, le saisissent par *derrière*, le mettent nu, lui lient le corps, les bras, les mains, les pieds, la tête, de façon qu'il ne puisse remuer, lui mettent un bâillon dans la bouche, lui crèvent les yeux, l'étendent à terre, et passent enfin leur noble vie à le massacrer doucement de peur que, mourant de ses blessures, il ne cesse trop tôt de les sentir. Voilà les gens que vous voulez que j'admire. Rappelez, monsieur, votre équité, votre droiture, et sentez en votre conscience quelle sorte d'admiration je puis avoir pour eux. Vous m'avez prouvé, j'en conviens, autant que cela se pouvoit par la méthode que vous avez suivie, que l'homme ainsi terrassé est un monstre abominable ; mais, quand cela seroit aussi vrai que difficile à croire, l'auteur et les directeurs du projet qui s'exécute à son égard seroient à mes yeux, je le déclare, encore plus abominables que lui.

Certainement vos preuves sont d'une grande force ; mais il est faux que cette force aille pour moi jusqu'à l'évidence, puisqu'en fait de délits et de crimes, cette évidence dépend essentiellement d'une épreuve qu'on écarte ici avec trop de soin pour qu'il n'y ait pas à cette omission quelque puissant motif qu'on nous cache et qu'il importeroit de savoir. J'avoue pourtant, et je ne puis trop le répéter, que ces preuves m'étonnent, et m'ébranleroient peut-être encore, si je ne leur trouvois d'autres défauts non moins dirimans selon moi.

Le premier est dans leur force même et dans leur grand nombre de la part dont elles viennent. Tout cela me paroîtroit fort bien dans des procédures juridiques faites par le ministère public : mais pour que des particuliers, et qui pis est, des amis, aient pris tant de peine, aient fait tant de dépenses, aient mis tant de temps à faire tant d'informations, à rassembler tant de preuves, à leur donner tant de force, sans y être obligés par aucun devoir, il faut qu'ils aient été animés pour cela par quelque passion bien vive qui, tant qu'ils s'obstineront à la cacher, me rendra suspect tout ce qu'elle aura produit.

Un autre défaut que je trouve à ces invincibles preuves, c'est qu'elles prouvent trop, c'est qu'elles prouvent des choses qui naturellement ne sauroient exister. Autant vaudroit me prouver des miracles, et vous savez que je n'y crois pas. Il y a dans tout cela des multitudes d'absurdités auxquelles avec toutes leurs preuves il ne dépend pas de mon esprit d'acquiescer. Les explications qu'on leur donne, et que tout le monde, à ce que vous m'assurez, trouve si claires, ne sont à mes yeux guère moins absurdes, et ont le ridicule de plus. Vos messieurs semblent avoir chargé Jean-Jacques de crimes, comme vos théologiens ont chargé leur doctrine d'articles de foi ; l'avantage de persuader en affirmant, la facilité de faire tout croire, les ont séduits. Aveuglés par leur passion, ils ont entassé faits sur faits, crimes sur crimes, sans précaution, sans mesure. Et quand enfin ils ont aperçu l'incompatibilité de tout cela, ils n'ont plus été à temps d'y remédier; le grand soin qu'ils avoient pris de tout prouver également les forçant de tout admettre sous peine de tout rejeter. Il a donc fallu chercher mille subtilités pour tâcher d'accorder tant de contradictions, et tout ce travail a produit, sous le nom de Jean-Jacques, l'être le plus chimérique et le plus extravagant que le délire de la fièvre puisse faire imaginer.

Un troisième défaut de ces invincibles preuves est dans la manière de les administrer avec tant de mystère et de précautions. Pourquoi tout cela? La vérité ne cherche pas ainsi les ténèbres et ne marche pas si timidement. C'est une maxime en jurisprudence [1], qu'on présume le dol dans celui qui suit, au lieu de la droite route, des voies obliques et clandestines. C'en est une autre [2], que celui qui décline un jugement régulier et cache ses preuves est présumé soutenir une mauvaise cause. Ces deux maximes conviennent si bien au système de vos messieurs, qu'on les croiroit faites exprès pour lui, si je ne citois pas mon auteur. Si ce qu'on prouve d'un accusé en son absence n'est jamais régulièrement prouvé, ce qu'on en prouve, en se cachant si soigneusement de lui, prouve plus contre l'accusateur que contre l'accusé, et, par cela seul, l'accusation revêtue de toutes ses preuves clandestines doit être présumée une imposture.

Enfin le grand vice de tout ce système est que, fondé sur le mensonge ou sur la vérité, le succès n'en seroit pas moins assuré d'une façon que de l'autre. Supposez, au lieu de votre Jean-Jacques, un véritablement honnête homme, isolé, trompé, trahi, seul sur la terre, entouré d'ennemis puissans, rusés, masqués, implacables, qui, sans obstacle de la part de personne, dressent à loisir leurs machines autour de lui, et vous verrez que tout ce qui lui arrive, méchant et coupable, ne lui arriveroit pas moins innocent et vertueux. Tant par le fond que par la forme des preuves, tout cela ne prouve donc rien, précisément parce qu'il prouve trop.

Monsieur, quand les géomètres, marchant de démonstration en démonstration, parviennent à quelque absurdité, au lieu de l'admettre, quoique démontrée, ils reviennent sur leurs pas, et, sûrs qu'il s'est glissé dans leurs principes ou dans leurs raisonnemens quelque paralogisme qu'ils n'ont pas aperçu, ils ne s'arrêtent pas qu'ils ne le trouvent; et, s'ils ne peuvent le découvrir, laissant là leur démonstration prétendue, ils prennent une autre route pour trouver la vérité qu'ils cherchent, sûrs qu'elle n'admet point d'absurdités.

LE FR. N'apercevez-vous point que, pour éviter de prétendues absurdités, vous tombez dans une autre, sinon plus forte, au moins plus choquante? Vous justifiez un seul homme dont la condamnation vous déplaît, aux dépens de toute une nation, que dis-je? de toute une génération dont vous faites une génération de fourbes: car enfin tout est d'accord; tout le public, tout le monde sans exception a donné son assentiment au plan qui vous paroît si répréhensible; tout se prête avec zèle à son exécution : personne ne l'a désapprouvé, personne n'a commis la moindre indiscrétion qui pût le faire échouer, personne n'a donné le moindre indice, la moindre lumière à l'accusé qui pût le mettre en état de se défendre; il n'a pu tirer d'aucune bouche un seul mot d'éclaircissement sur les charges atroces dont on l'accable à l'envi; tout s'empresse à renforcer les ténèbres dont on l'environne, et l'on ne sait à quoi chacun se livre avec plus d'ardeur, de le diffamer absent, ou de le persifler présent. Il faudroit donc conclure de vos raisonnemens, qu'il ne se trouve pas dans toute la génération présente un seul honnête homme, pas un seul ami de la vérité. Admettez-vous cette conséquence?

ROUSS. A Dieu ne plaise! Si j'étois tenté de l'admettre, ce ne seroit pas auprès de vous, dont je connois la droiture invariable et la sincère équité. Mais je connois aussi ce que peuvent sur les meilleurs cœurs les préjugés et les passions, et combien leurs illusions sont quelquefois inévitables. Votre objection me paroît solide et forte. Elle s'est présentée à mon esprit long-temps avant que vous me la fissiez; elle me

---

[1] « Dolus præsumitur in eo qui rectâ viâ non incedit, sed per anfractus et diverticula. » MENOCH., *in Præsump.*
[2] « Judicium subterfugiens et probationes occultans malam causam fovere præsumitur. » MENOCH., *in Præsump.*

paroît plus facile à rétorquer qu'à résoudre, et vous doit embarrasser du moins autant que moi : car enfin, si le public n'est pas tout composé de méchans et de fourbes, tous d'accord pour trahir un seul homme, il est encore moins composé sans exception d'hommes bienfaisans, généreux, francs de jalousie, d'envie, de haine, de malignité. Ces vices sont-ils donc tellement éteints sur la terre qu'il n'en reste pas le moindre germe dans le cœur d'aucun individu? C'est pourtant ce qu'il faudroit admettre, si ce système de secret et de ténèbres, qu'on suit si fidèlement envers Jean-Jacques, n'étoit qu'une œuvre de bienfaisance et de charité. Laissons à part vos messieurs, qui sont des âmes divines, et dont vous admirez la tendre bienveillance pour lui. Il a dans tous les états, vous me l'avez dit vous-même, un grand nombre d'ennemis très-ardens qui ne cherchent assurément pas à lui rendre la vie agréable et douce. Concevez-vous que, dans cette multitude de gens, tous d'accord pour épargner de l'inquiétude à un scélérat qu'ils abhorrent et de la honte à un hypocrite qu'ils détestent, il ne s'en trouve pas un seul qui, pour jouir au moins de sa confusion, soit tenté de lui dire tout ce qu'on sait de lui? Tout s'accorde avec une patience plus qu'angélique à l'entendre provoquer au milieu de Paris ses persécuteurs, donner des noms assez durs à ceux qui l'obsèdent, leur dire insolemment : *Parlez haut, traîtres que vous êtes; me voilà. Qu'avez-vous à dire?* A ces stimulantes apostrophes, la plus incroyable patience n'abandonne pas un instant un seul homme dans toute cette multitude. Tous, insensibles à ses reproches, les endurent uniquement pour son bien ; et, de peur de lui faire la moindre peine, ils se laissent traiter par lui avec un mépris que leur silence autorise de plus en plus. Qu'une douceur si grande, qu'une si sublime vertu, anime généralement tous ses ennemis, sans qu'un seul démente un moment cette universelle mansuétude ; convenez que, dans une génération qui naturellement n'est pas trop aimante, ce concours de patience et de générosité est du moins aussi étonnant que celui de malignité dont vous rejetez la supposition.

La solution de ces difficultés doit se chercher selon moi dans quelque intermédiaire qui ne suppose, dans toute une génération, ni des vertus angéliques, ni la noirceur des démons, mais quelque disposition naturelle au cœur humain, qui produit un effet uniforme par des moyens adroitement disposés à cette fin. Mais en attendant que mes propres observations me fournissent là-dessus quelque explication raisonnable, permettez-moi de vous faire une question qui s'y rapporte. Supposant un moment qu'après d'attentives et impartiales recherches Jean-Jacques, au lieu d'être l'âme infernale et le monstre que vous voyez en lui, se trouvât au contraire un homme simple, sensible et bon ; que son innocence universellement reconnue par ceux mêmes qui l'ont traité avec tant d'indignité vous forçât de lui rendre votre estime, et de vous reprocher les durs jugemens que vous avez portés de lui ; rentrez au fond de votre âme, et dites-moi comment vous seriez affecté de ce changement?

Le Fr. Cruellement, soyez-en sûr. Je sens qu'en l'estimant et lui rendant justice je le haïrois alors plus peut-être encore pour mes torts, que je ne le hais maintenant pour ses crimes : je ne lui pardonnerois jamais mon injustice envers lui. Je me reproche cette disposition, j'en rougis ; mais je la sens dans mon cœur malgré moi.

Rouss. Homme véridique et franc, je n'en veux pas davantage, et je prends acte de cet aveu pour vous le rappeler en temps et lieu ; il me suffit pour le moment de vous y laisser réfléchir. Au reste, consolez-vous de cette disposition qui n'est qu'un développement des plus naturels de l'amour-propre. Elle vous est commune avec tous les juges de Jean-Jacques, avec cette différence que vous serez le seul peut-être qui ait le courage et la franchise de l'avouer.

Quant à moi, pour lever tant de difficultés et déterminer mon propre jugement, j'ai besoin d'éclaircissemens et d'observations faites par moi même. Alors seulement je pourrai vous proposer ma pensée avec confiance. Il faut, avant tout, commencer par voir Jean-Jacques, et c'est à quoi je suis tout déterminé.

Le Fr. Ah! ah! vous voilà donc enfin revenu à ma proposition que vous avez si dédaigneusement rejetée? Vous voilà donc disposé à vous rapprocher de cet homme entre lequel et vous le diamètre de la terre étoit encore une distance trop courte à votre gré?

Rouss. M'en rapprocher! Non, jamais du scélérat que vous m'avez peint, mais bien de l'homme défiguré que j'imagine à sa place. Que j'aille chercher un scélérat détestable, pour le hanter, l'épier et le tromper, c'est une indignité qui jamais n'approchera de mon cœur ; mais que, dans le doute si ce prétendu scélérat n'est point peut-être un honnête homme infortuné, victime du plus noir complot, j'aille examiner par moi-même ce qu'il faut que j'en pense, c'est un des plus beaux devoirs que se puisse imposer un cœur juste ; et je me livre à cette noble recherche avec autant d'estime et de contentement de moi-même, que j'aurois de regret et de honte à m'y livrer avec un motif opposé.

Le Fr. Fort bien ; mais avec le doute qu'il vous plaît de conserver au milieu de tant de preuves, comment vous y prendrez-vous pour apprivoiser cet ours presque inabordable ? Il faudra bien que vous commenciez par ces cajoleries que vous avez en si grande aversion. Encore sera-ce un bonheur si elles vous réussissent mieux qu'à beaucoup de gens qui les lui prodiguent sans mesure et sans scrupule, et à qui elles n'attirent de sa part que des brusqueries et des mépris.

Rouss. Est-ce à tort ? Parlons franchement. Si cet homme étoit facile à prendre de cette manière, il seroit par cela seul à demi jugé. Après tout ce que vous m'avez appris du système qu'on suit avec lui, je suis peu *surpris* qu'il repousse avec dédain la plupart de ceux qui l'abordent, et qui pour cela l'accusent bien à tort d'être défiant ; car la défiance suppose un doute, et il n'en sauroit avoir à leur égard : et que peut-il penser de ces patelins flagorneurs dont, vu l'œil dont il est regardé dans le monde, et qui ne peut échapper au sien, il doit pénétrer aisément les motifs dans l'empressement qu'ils lui marquent ? Il doit voir clairement que leur dessein n'est ni de se lier avec lui de bonne foi, ni même de l'étudier et de le connoître, mais seulement de le circonvenir. Pour moi, qui n'ai besoin, ni dessein de le tromper, je ne veux point prendre les allures cauteleuses de ceux qui l'approchent dans cette intention. Je ne lui cacherai point la mienne : s'il en étoit alarmé, ma recherche seroit finie, et je n'aurois plus rien à faire auprès de lui.

Le Fr. Il vous sera moins aisé, peut-être, que vous ne pensez de vous faire distinguer de ceux qui l'abordent à mauvaise intention. Vous n'avez point la ressource de lui parler à cœur ouvert, et de lui déclarer vos vrais motifs. Si vous me gardez la foi que vous m'avez donnée, il doit ignorer à jamais ce que vous savez de ses œuvres criminelles et de son caractère atroce. C'est un secret inviolable qui, près de lui, doit rester à jamais caché dans votre cœur. Il apercevra votre réserve, il l'imitera, et, par cela seul, se tenant en garde contre vous, il ne se laissera voir que comme il veut qu'on le voie, et non comme il est en effet.

Rouss. Et pourquoi voulez-vous me supposer seul aveugle parmi tous ceux qui l'abordent journellement, et qui, sans lui inspirer plus de confiance, l'ont vu tous, et si clairement, à ce qu'ils vous disent, exactement tel que vous me l'avez peint ? S'il est si facile à connoître et à pénétrer quand on y regarde, malgré sa défiance et son hypocrisie, malgré ses efforts pour se cacher, pourquoi, plein du désir de l'apprécier, serai-je le seul à n'y pouvoir parvenir, surtout avec une disposition si favorable à la vérité, et n'ayant d'autre intérêt que de la connoître ? Est-il étonnant que, l'ayant si décidément jugé d'avance, et n'apportant aucun doute à cet examen, ils l'aient vu tel qu'ils le vouloient voir ? Mes doutes ne me rendront pas moins attentif, et me rendront plus circonspect. Je ne cherche point à le voir tel que je me le figure, je cherche à le voir tel qu'il est.

Le Fr. Bon ! n'avez-vous pas aussi vos idées ? Vous le désirez innocent, j'en suis très-sûr. Vous ferez comme eux dans le sens contraire : vous verrez en lui ce que vous y cherchez.

Rouss. Le cas est fort différent. Oui, je le désire innocent, et de tout mon cœur ; sans doute je serois heureux de trouver en lui ce que j'y cherche : mais ce seroit pour moi le plus grand des malheurs d'y trouver ce qui n'y seroit pas, de le croire honnête homme et me tromper. Vos messieurs ne sont pas dans des dispositions si favorables à la vérité. Je vois que leur projet est une ancienne et grande entreprise qu'ils ne veulent pas abandonner, et qu'ils n'abandonneroient pas impunément. L'ignominie dont ils l'ont couvert rejailliroit sur eux tout entière, et ils ne seroient pas même à l'abri de la vindicte publique. Ainsi, soit pour la sûreté de leurs personnes, soit pour le repos de leurs consciences, il leur importe trop de ne voir en lui qu'un scélérat, pour qu'eux et les leurs y voient jamais autre chose.

LE FR. Mais, enfin, pouvez-vous concevoir, imaginer quelque solide réponse aux preuves dont vous avez été si frappé? Tout ce que vous verrez, ou croirez voir, pourra-t-il jamais les détruire? Supposons que vous trouviez un honnête homme, où la raison, le bon sens, et tout le monde, vous montrent un scélérat, que s'ensuivra-t-il? Que vos yeux vous trompent; ou que le genre humain tout entier, excepté vous seul, est dépourvu de tout sens? Laquelle de ces deux suppositions vous paroît la plus naturelle, et à laquelle enfin vous en tiendrez-vous?

ROUSS. A aucune des deux, et cette alternative ne me paroît pas si nécessaire qu'à vous. Il est une autre explication plus naturelle, qui lève bien des difficultés. C'est de supposer une ligue dont l'objet est la diffamation de Jean-Jacques, qu'elle a pris soin d'isoler pour cet effet. Et que dis-je, supposer? par quelque motif que cette ligue se soit formée, elle existe. Sur votre propre rapport, elle sembleroit universelle. Elle est du moins grande, puissante, nombreuse; elle agit de concert et dans le plus profond secret pour tout ce qui n'y entre pas, et surtout pour l'infortuné qui en est l'objet. Pour s'en défendre il n'a ni secours, ni ami, ni appui, ni conseil, ni lumières; tout n'est autour de lui que piéges, mensonges, trahisons, ténèbres. Il est absolument seul, et n'a que lui seul pour ressource; il ne doit attendre ni aide ni assistance de qui que ce soit sur la terre. Une position si singulière est unique depuis l'existence du genre humain. Pour juger sainement de celui qui s'y trouve et de tout ce qui se rapporte à lui, les formes ordinaires sur lesquelles s'établissent les *jugemens humains* ne peuvent plus suffire. Il me faudroit, quand même l'accusé pourroit parler et se défendre, des sûretés extraordinaires pour croire qu'en lui rendant cette liberté on lui donne en même temps les connoissances, les instrumens et les moyens nécessaires pour pouvoir se justifier s'il est innocent. Car enfin, si, quoique faussement accusé, il ignore toutes les trames dont il est enlacé, tous les piéges dont on l'entoure, si les seuls défenseurs qu'il pourra trouver, et qui feindront pour lui du zèle, sont choisis pour le trahir, si les témoins qui pourroient déposer pour lui se taisent, si ceux qui parlent sont gagnés pour le charger, si l'on fabrique de fausses pièces pour le noircir, si l'on cache ou détruit celles qui le justifient, il aura beau dire, *non*, contre cent faux témoignages à qui l'on fera dire, *oui*; sa négation sera sans effet contre tant d'affirmations unanimes, et il n'en sera pas moins convaincu, aux yeux des hommes, de délits qu'il n'aura pas commis. Dans l'ordre ordinaire des choses, cette objection n'a point la même force, parce qu'on laisse à l'accusé tous les moyens possibles de se défendre, de confondre les faux témoins, de manifester l'imposture, et qu'on ne présume pas cette odieuse ligue de plusieurs hommes pour en perdre un. Mais ici cette ligue existe, rien n'est plus constant, vous me l'avez appris vous-même; et par cela seul, non-seulement tous les avantages qu'ont les accusés pour leur défense sont ôtés à celui-ci, mais les accusateurs, en les lui ôtant, peuvent les tourner tous contre lui-même; il est pleinement à leur discrétion; maîtres absolus d'établir les faits comme il leur plaît, sans avoir aucune contradiction à craindre, ils sont seuls juges de la validité de leurs propres pièces; leurs témoins, certains de n'être ni confrontés, ni confondus, ni punis, ne craignent rien de leurs mensonges : ils sont sûrs, en le chargeant, de la protection des grands, de l'appui des médecins, de l'approbation des gens de lettres, et de la faveur publique; ils sont sûrs, en le défendant, d'être perdus. Voilà, monsieur, pourquoi tous les témoignages portés contre lui sous les chefs de la ligue, c'est-à-dire depuis qu'elle s'est formée, n'ont aucune autorité pour moi, et s'il en est d'antérieurs, de quoi je doute, je ne les admettrai qu'après avoir bien examiné s'il n'y a ni fraude, ni antidate, et surtout après avoir entendu les réponses de l'accusé.

Par exemple, pour juger de sa conduite à Venise, je n'irai pas consulter sottement ce qu'on en dit, et, si vous voulez, ce qu'on en prouve aujourd'hui, et puis m'en tenir là; mais bien ce qui a été prouvé et reconnu à Venise, à la cour, chez les ministres du roi, et parmi tous ceux qui ont eu connoissance de cette atfaire avant le ministère du duc de Choiseul, avant l'ambassade de l'abbé de Bernis à Venise, et avant le voyage du consul Le Blond à Paris. Plus ce qu'on en a pensé depuis est différent de ce qu'on en pensoit alors, et mieux je rechercherai les causes d'un changement si tardif et si extraordinaire. De même pour me décider sur ses pillages en musique, ce ne sera ni à M. d'Alembert, ni à ses suppôts, ni à tous vos messieurs, que je m'adresserai ; mais je ferai rechercher sur les lieux, par des personnes non suspectes, c'est-à-dire qui ne soient pas de leur connoissance, s'il y a des preuves authentiques que ces ouvrages ont existé avant que Jean-Jacques les ait donnés pour être de lui.

Voilà la marche que le bon sens m'oblige de suivre pour vérifier les délits, les pillages, et les imputations de toute espèce dont on n'a cessé de le charger depuis la formation du complot, et dont je n'aperçois pas auparavant le moindre vestige. Tant que cette vérification ne me sera pas possible, rien ne sera si aisé que de me fournir tant de preuves qu'on voudra auxquelles je n'aurai rien à répondre, mais qui n'opéreront sur mon esprit aucune persuasion.

Pour savoir exactement quelle foi je puis donner à votre prétendue évidence, il faudroit que je connusse bien tout ce qu'une génération entière liguée contre un seul homme totalement isolé peut faire pour se prouver à elle-même de cet homme-là tout ce qu'il lui plaît, et, par surcroît de précaution, en se cachant de lui très-soigneusement. A force de temps, d'intrigue et d'argent, de quoi la puissance et la ruse ne viennent-elles point à bout, quand personne ne s'oppose à leurs manœuvres, quand rien n'arrête et ne contre-mine leurs sourdes opérations ? A quel point ne pourroit-on point tromper le public, si tous ceux qui le dirigent, soit par la force, soit par l'autorité, soit par l'opinion, s'accordoient pour l'abuser par de sourdes menées dont il seroit hors d'état de pénétrer le secret ? Qui est-ce qui a déterminé jusqu'où des conjurés puissans, nombreux, et bien unis, comme ils le sont toujours pour le crime, peuvent fasciner les yeux, quand des gens qu'on ne croit pas se connoître se concerteront bien entre eux ; quand, aux deux bouts de l'Europe, des imposteurs d'intelligence et dirigés par quelque adroit et puissant intrigant se conduiront sur le même plan, tiendront le même langage, présenteront sous le même aspect un homme à qui l'on a ôté la voix, les yeux, les mains, et qu'on livre pieds et poings liés à la merci de ses ennemis ? Que vos messieurs au lieu d'être tels soient ses amis comme ils le crient à tout le monde, qu'étouffant leur protégé dans la fange ils n'agissent ainsi que par bonté, par générosité, par compassion pour lui, soit ; je n'entends point leur disputer ici ces nouvelles vertus : mais il résulte toujours de vos propres récits qu'il y a une ligue, et de mon raisonnement que, sitôt qu'une ligue existe, on ne doit pas pour juger des preuves qu'elle apporte s'en tenir aux règles ordinaires, mais en établir de plus rigoureuses pour s'assurer que cette ligue n'abuse pas de l'avantage immense de se concerter, et par là d'en imposer comme elle peut certainement le faire. Ici je vois, au contraire, que tout se passe entre gens qui se prouvent entre eux, sans résistance et sans contradiction, ce qu'ils sont bien aises de croire ; que donnant ensuite leur unanimité pour nouvelle preuve à ceux qu'ils désirent amener à leur sentiment, loin d'admettre au moins l'épreuve indispensable des réponses de l'accusé, on lui dérobe avec le plus grand soin la connoissance de l'accusation, de l'accusateur, des preuves et même de la ligue. C'est faire cent fois pis qu'à l'inquisition : car si l'on y force le prévenu de s'accuser lui-même, du moins on ne refuse pas de l'entendre, du moins on ne l'empêche pas de parler, on ne lui cache pas qu'il est accusé, et on ne le juge qu'après l'avoir entendu. L'inquisition veut bien que l'accusé se défende s'il peut, mais ici l'on ne veut pas qu'il le puisse.

Cette explication, qui dérive des faits que vous m'avez exposés vous-même, doit vous faire sentir comment le public, sans être dépourvu de bon sens, mais séduit par mille prestiges, peut tomber dans une erreur involontaire et presque excusable à l'égard d'un homme auquel il prend dans le fond très-peu d'intérêt, dont la singularité révolte son amour-propre, et qu'il désire généralement de trouver coupable plutôt qu'innocent ; et comment aussi, avec un intérêt plus sincère à ce même homme et plus de soin à l'étudier soi-même, on pourroit le voir autrement que ne fait tout le monde, sans être obligé d'en conclure que le public est dans le délire ou qu'on est trompé pas ses propres yeux. Quand le pauvre Lazarille de Tormes, attaché dans le fond d'une cuve, la tête seule hors de l'eau, couronné de roseaux et d'algue, étoit promené de ville en ville comme un monstre marin, les spectateurs extravaguoient-ils de le prendre pour tel, ignorant qu'on l'empêchoit de parler, et que, s'il vouloit crier qu'il n'étoit pas un monstre marin, une corde tirée en cachette le forçoit de faire à l'instant le plongeon? Supposons qu'un d'entre eux plus attentif, apercevant cette manœuvre et par là devinant le reste, leur eût crié : *L'on vous trompe, ce prétendu monstre est un homme*, n'y eût-il pas eu plus que de l'humeur à s'offenser de cette exclamation, comme d'un reproche qu'ils étoient tous des insensés? Le public, qui ne voit des choses que l'apparence, trompé par elle, est excusable; mais ceux qui se disent plus sages que lui en adoptant son erreur ne le sont pas.

Quoi qu'il en soit des raisons que je vous expose, je me sens digne, même indépendamment d'elles, de douter de ce qui n'a paru douteux à personne. J'ai dans le cœur des témoignages, plus forts que toutes vos preuves, que l'homme que vous m'avez peint n'existe point, ou n'est pas du moins où vous le voyez. La seule patrie de Jean-Jacques, qui est la mienne, suffiroit pour m'assurer qu'il n'est point cet homme-là. Jamais elle n'a produit des êtres de cette espèce; ce n'est ni chez les protestans ni dans les républiques qu'ils sont connus. Les crimes dont il est accusé sont des crimes d'esclaves, qui n'approchèrent jamais des âmes libres; dans nos contrées on n'en connoît point de pareils; et il me faudroit plus de preuves encore que celles que vous m'avez fournies pour me persuader seulement que Genève a pu produire un empoisonneur.

Après vous avoir dit pourquoi vos preuves, toutes évidentes qu'elles vous paroissent, ne sauroient être convaincantes pour moi, qui n'ai ni ne puis avoir les instructions nécessaires pour uger à quel point ces preuves peuvent être illusoires et m'en imposer par une fausse apparence de vérité, je vous avoue pourtant derechef que, sans me convaincre, elles m'inquiètent, m'ébranlent, et que j'ai quelquefois peine à leur résister. Je désirerois sans doute, et de tout mon cœur, qu'elles fussent fausses, et que l'homme dont elles me font un monstre n'en fût pas un : mais je désire beaucoup davantage encore de ne pas m'égarer dans cette recherche et de ne pas me laisser séduire par mon penchant. Que puis-je faire dans une pareille situation (¹) pour parvenir, s'il est possible, à démêler la vérité? C'est de rejeter dans cette affaire toute autorité humaine, toute preuve qui dépend du témoignage d'autrui, et de me déterminer uniquement sur ce que je puis voir de mes yeux et connoître par moi-même. Si Jean-Jacques est tel que l'ont peint vos messieurs, et s'il a été si aisément reconnu tel par tous ceux qui l'ont approché, je ne serai pas plus malheureux qu'eux, car je ne porterai pas à cet examen moins d'attention, de zèle et de bonne foi; et un être aussi méchant, aussi difforme, aussi dépravé, doit en effet être très-facile à pénétrer pour peu qu'on y regarde. Je m'en tiens donc à la résolution de l'examiner par moi-même et de le juger en tout ce que je verrai de lui, non par les secrets désirs de mon cœur, encore moins par les interprétations d'autrui, mais par la mesure de bon sens et de jugement que je puis avoir reçue, sans me rapporter sur ce point à l'autorité de personne. Je pourrai me tromper sans doute, parce que je suis homme; mais après avoir fait tous mes efforts pour éviter ce malheur, je me rendrai, si néanmoins il m'arrive, le consolant témoignage que mes passions ni ma volonté ne sont point complices de mon erreur, et qu'il n'a pas dépendu de moi de m'en garantir. Voilà ma résolution. Donnez-moi maintenant les moyens de l'accomplir et d'arriver à notre homme, car, à ce que vous m'avez fait entendre, son accès n'est pas aisé.

Le Fr. Surtout pour vous qui dédaignez les seuls qui pourroient vous l'ouvrir. Ces moyens sont, je le répète, de s'insinuer à force d'adresse, de patelinage, d'opiniâtre importunité, de le cajoler sans cesse, de lui parler avec

---

(¹) Pour excuser le public autant qu'il se peut, je suppose partout son erreur presque invincible; mais moi, qui sais dans ma conscience qu'aucun crime jamais n'approcha de mon cœur, je suis sûr que tout homme vraiment attentif, vraiment juste, découvriroit l'imposture à travers tout l'art d'un complot, parce qu'enfin je ne crois pas possible que jamais le mensonge usurpe et s'approprie tous les caractères de la vérité.

transport de ses talens, de ses livres et même de ses vertus; car ici le mensonge et la fausseté sont des œuvres piés. Le mot d'*admiration* surtout, d'un effet admirable auprès de lui, exprime assez bien dans un autre sens l'idée des sentimens qu'un pareil monstre inspire, et ces doubles ententes jésuitiques, si recherchées de nos messieurs, leur rendent l'usage de ce mot très-familier avec Jean-Jacques, et très-commode en lui parlant (¹). Si tout cela ne réussit pas, on ne se rebute point de son froid accueil, on compte pour rien ses rebuffades; passant tout de suite à l'autre extrémité, on le tance, on le gourmande, et, prenant le ton le plus arrogant qu'il est possible, on tâche de le subjuguer de haute lutte. S'il vous fait des grossièretés, on les endure comme venant d'un misérable dont on s'embarrasse fort peu d'être méprisé. S'il vous chasse de chez lui, on y revient ; s'il vous ferme la porte, on y reste jusqu'à ce qu'elle se rouvre, on tâche de s'y fourrer. Une fois entré dans son repaire, on s'y établit, on s'y maintient bon gré mal gré. S'il osoit vous en chasser de force, tant mieux : on feroit beau bruit, et l'on iroit crier par toute la terre qu'il assassine les gens qui lui font l'honneur de l'aller voir. Il n'y a point, à ce qu'on m'assure, d'autre voie pour s'insinuer auprès de lui. Êtes-vous homme à prendre celle-là ?

Rouss. Mais, vous-même, pourquoi ne l'avez-vous jamais voulu prendre ?

Le Fr. Oh! moi, je n'avois pas besoin de le voir pour le connoître. Je le connois par ses œuvres; c'en est assez et même trop.

Rouss. Que pensez-vous de ceux qui, tout aussi décidés que vous sur son compte, ne laissent pas de le fréquenter, de l'obséder, et de vouloir s'introduire à toute force dans sa plus intime familiarité ?

Le Fr. Je vois que vous n'êtes pas content de la réponse que j'ai déjà faite à cette question.

Rouss. Ni vous non plus, je le vois aussi. J'ai donc mes raisons pour y revenir. Presque tout ce que vous m'avez dit dans cet entretien me prouve que vous n'y parliez pas de vous-même. Après avoir appris de vous les sentimens d'autrui, n'apprendrai-je jamais les vôtres ? Je le vois, vous feignez d'établir des maximes que vous seriez au désespoir d'adopter. Parlez-moi donc enfin plus franchement.

Le Fr. Écoutez : je n'aime pas Jean-Jacques, mais je hais encore plus l'injustice, encore plus la trahison. Vous m'avez dit des choses qui me frappent et auxquelles je veux réfléchir. Vous refusiez de voir cet infortuné ; vous vous y déterminez seulement. J'ai refusé de lire ses livres ; je me ravise ainsi que vous, et pour cause. Voyez l'homme, je lirai les livres; après quoi nous nous reverrons.

SECOND DIALOGUE.

Du naturel de Jean-Jacques et de ses habitudes.

Le François. Hé bien, monsieur, vous l'avez vu ?

Rousseau. Hé bien, monsieur, vous l'avez lu ?

Le Fr. Allons par ordre, je vous prie, et permettez que nous commencions par vous, qui fûtes le plus pressé. Je vous ai laissé tout le temps de bien étudier notre homme. Je sais que vous l'avez vu par vous-même, et tout à votre aise. Ainsi vous êtes maintenant en état de le juger, ou vous n'y serez jamais. Dites-moi donc enfin ce qu'il faut penser de cet étrange personnage.

Rouss. Non ; dire ce qu'il en faut penser n'est pas de ma compétence ; mais vous dire, quant à moi, ce que j'en pense, c'est ce que je ferai volontiers, si cela vous suffit.

Le Fr. Je ne vous en demande pas davantage. Voyons donc.

Rouss. Pour vous parler selon ma croyance, je vous dirai donc tout franchememt que, selon moi, ce n'est pas un homme vertueux.

Le Fr. Ah ! vous voilà donc enfin pensant comme tout le monde !

Rouss. Pas tout-à-fait, peut-être : car, toujours selon moi, c'est beaucoup moins encore un détestable scélérat.

Le Fr. Mais enfin qu'est-ce donc ? Car vous êtes désolant avec vos éternelles énigmes.

(¹) En m'écrivant, c'est la même franchise. « J'ai l'honneur » d'être, avec tous les sentimens qui vous sont dus, avec les » sentimens les plus distingués, avec une considération très- » particulière, avec autant d'estime que de respect, etc. » Ces messieurs sont-ils donc, avec ces tournures amphibologiques, moins menteurs que ceux qui mentent tout rondement? Non. Ils sont seulement plus faux et plus doubles, ils mentent seulement plus traîtreusement.

Rouss. Il n'y a point là d'énigme que celle que vous y mettez vous-même. C'est un homme sans malice plutôt que bon, une âme saine, mais foible, qui adore la vertu sans la pratiquer, qui aime ardemment le bien et qui n'en fait guère. Pour le crime, je suis persuadé comme de mon existence qu'il n'approcha jamais de son cœur, non plus que la haine. Voilà le sommaire de mes observations sur son caractère moral. Le reste ne peut se dire en abrégé; car cet homme ne ressemble à nul autre que je connoisse; il demande une analyse à part et faite uniquement pour lui.

Le Fr. Oh! faites-la-moi donc cette unique analyse, et montrez-nous comment vous vous y êtes pris pour trouver cet homme sans malice, cet être si nouveau pour tout le reste du monde, et que personne avant vous n'a su voir en lui.

Rouss. Vous vous trompez; c'est au contraire votre Jean-Jacques qui est cet homme nouveau. Le mien est l'ancien, celui que je m'étois figuré avant que vous m'eussiez parlé de lui, celui que tout le monde voyoit en lui avant qu'il eût fait des livres, c'est-à-dire jusqu'à l'âge de quarante ans. Jusque-là tous ceux qui l'ont connu, sans en excepter vos messieurs eux-mêmes, l'ont vu tel que je le vois maintenant. C'est, si vous voulez, un homme que je ressuscite, mais que je ne crée assurément pas.

Le Fr. Craignez de vous abuser encore en cela, et de ressusciter seulement une erreur trop tard détruite. Cet homme a pu, comme je vous l'ai déjà dit, tromper long-temps ceux qui l'ont jugé sur les apparences; et la preuve qu'il les trompoit est qu'eux-mêmes, quand on le leur a fait mieux connoître, ont abjuré leur ancienne erreur. En revenant sur ce qu'ils avoient vu jadis, ils en ont jugé tout différemment.

Rouss. Ce changement d'opinion me paroît très-naturel, sans fournir la preuve que vous en tirez. Ils le voyoient alors par leurs propres yeux, ils l'ont vu depuis par ceux des autres. Vous pensez qu'ils se trompoient autrefois; moi je crois que c'est aujourd'hui qu'ils se trompent. Je ne vois point à votre opinion de raison solide, et j'en vois à la mienne une d'un très-grand poids; c'est qu'alors il n'y avoit point de ligue, et qu'il en existe une aujourd'hui; c'est qu'alors personne n'avoit intérêt à déguiser la vérité, et à voir ce qui n'étoit pas; qu'aujourd'hui quiconque oseroit dire hautement de Jean-Jacques le bien qu'il en pourroit savoir seroit un homme perdu; que, pour faire sa cour et parvenir, il n'y a point de moyen plus sûr et plus prompt que de renchérir sur les charges dont on l'accable à l'envi; et qu'enfin tous ceux qui l'ont vu dans sa jeunesse sont sûrs de s'avancer eux et les leurs en tenant sur son compte le langage qui convient à vos messieurs. D'où je conclus que qui cherche en sincérité de cœur la vérité doit remonter, pour la connoître, au temps où personne n'avoit intérêt à la déguiser. Voilà pourquoi les jugemens qu'on portoit jadis sur cet homme font autorité pour moi, et pourquoi ceux que les mêmes gens en peuvent porter aujourd'hui n'en font plus. Si vous avez à cela quelque bonne réponse, vous m'obligerez de m'en faire part; car je n'entreprends point de soutenir ici mon sentiment, ni de vous le faire adopter, et je serai toujours prêt à l'abandonner, quoique à regret, quand je croirai voir la vérité dans le sentiment contraire. Quoi qu'il en soit, il ne s'agit point ici de ce que d'autres ont vu, mais de ce que j'ai vu moi-même ou cru voir. C'est ce que vous demandez, et c'est tout ce que j'ai à vous dire; sauf à vous d'admettre ou rejeter mon opinion quand vous saurez sur quoi je la fonde.

Commençons par le premier abord. Je crus, sur les difficultés auxquelles vous m'aviez préparé, devoir premièrement lui écrire. Voici ma lettre, et voici sa réponse.

Le Fr. Comment! il vous a répondu?

Rouss. Dans l'instant même.

Le Fr. Voilà qui est particulier! Voyons donc cette lettre qui lui a fait faire un si grand effort.

Rouss. Elle n'est pas bien recherchée, comme vous allez voir.

(*Il lit.*) « J'ai besoin de vous voir, de vous
» connoître, et ce besoin est fondé sur l'amour
» de la justice et de la vérité. On dit que vous
» rebutez les nouveaux visages. Je ne dirai pas
» si vous avez tort ou raison; mais, si vous
» êtes l'homme de vos livres, ouvrez-moi votre
» porte avec confiance; je vous en conjure pour

» moi, je vous le conseille pour vous : si vous
» ne l'êtes pas, vous pouvez encore m'admettre
» sans crainte, je ne vous importunerai pas
» long-temps. »

Réponse. « Vous êtes le premier que le motif
» qui vous amène ait conduit ici : car de tant
» de gens qui ont la curiosité de me voir, pas
» un n'a celle de me connoître ; tous croient
» me connoître assez. Venez donc pour la rareté
» du fait. Mais que me voulez-vous, et pour-
» quoi me parler de mes livres ? si, les ayant
» lus, ils ont pu vous laisser en doute sur les
» sentiments de l'auteur, ne venez pas ; en ce
» cas je ne suis pas votre homme, car vous ne
» sauriez être le mien. »

La conformité de cette réponse avec mes
idées ne ralentit pas mon zèle. Je vole à lui, je
le vois.... Je vous l'avoue, avant même que je
l'abordasse, en le voyant, j'augurai bien de
mon projet.

Sur ces portraits de lui, si vantés, qu'on
étale de toutes parts, et qu'on prônoit comme
des chefs-d'œuvre de ressemblance avant qu'il
revînt à Paris, je m'attendois à voir la figure
d'un cyclope affreux, comme celui d'Angleterre, ou d'un petit Crispin grimacier, comme
celui de Fiquet ; et, croyant trouver sur son
visage les traits du caractère que tout le monde
lui donne, je m'avertissois de me tenir en garde
contre une première impression si puissante
toujours sur moi, et de suspendre, malgré
ma répugnance, le préjugé qu'elle alloit m'inspirer.

Je n'ai pas eu cette peine : au lieu du féroce
ou doucereux aspect auquel je m'étois attendu,
je n'ai vu qu'une physionomie ouverte et simple, qui promettoit et inspiroit de la confiance
et de la sensibilité.

LE FR. Il faut donc qu'il n'ait cette physionomie que pour vous ; car généralement tous
ceux qui l'abordent se plaignent de son air
froid et de son accueil repoussant, dont heureusement ils ne s'embarrassent guère.

ROUSS. Il est vrai que personne au monde ne
cache moins que lui l'éloignement et le dédain
pour ceux qui lui en inspirent ; mais ce n'est
point là son abord naturel, quoique aujourd'-
hui très-fréquent ; et cet accueil dédaigneux
que vous lui reprochez est pour moi la preuve
qu'il ne se contrefait pas comme ceux qui
l'abordent, et qu'il n'y a point de fausseté sur
son visage non plus que dans son cœur.

Jean-Jacques n'est assurément pas un bel
homme ; il est petit, et s'apetisse encore en
baissant la tête. Il a la vue courte, de petits
yeux enfoncés, des dents horribles ; ses traits,
altérés par l'âge, n'ont rien de fort régulier :
mais tout dément en lui l'idée que vous m'en
aviez donnée ; ni le regard, ni le son de la voix,
ni l'accent, ni le maintien, ne sont du monstre
que vous m'avez peint.

LE FR. Bon ! n'allez-vous pas le dépouiller
de ses traits comme de ses livres ?

ROUSS. Mais tout cela va très-bien ensemble,
et me paroîtroit assez appartenir au même
homme. Je lui trouve aujourd'hui les traits du
mentor d'Émile ; peut-être dans sa jeunesse lui
aurois-je trouvé ceux de Saint-Preux. Enfin,
je pense que si sous sa physionomie la nature
a caché l'âme d'un scélérat, elle ne pouvoit en
effet mieux la cacher.

LE FR. J'entends ; vous voilà livré en sa faveur au même préjugé contre lequel vous vous
étiez si bien armé s'il lui eût été contraire.

ROUSS. Non ; le seul préjugé auquel je me
livre ici, parce qu'il me paroît raisonnable,
est bien moins pour lui que contre ses bruyans
protecteurs. Ils ont eux-mêmes fait faire ces
portraits avec beaucoup de dépense et de soin ;
ils les ont annoncés avec pompe dans les journaux, dans les gazettes, ils les ont prônés
partout : mais s'ils n'en peignent pas mieux
l'original au moral qu'au physique, on le connoîtra sûrement fort mal d'après eux. Voici
un quatrain que Jean-Jacques mit au-dessous
d'un de ces portraits :

> Hommes savans dans l'art de feindre,
> Qui me prêtez des traits si doux,
> Vous aurez beau vouloir me peindre,
> Vous ne peindrez jamais que vous.

LE FR. Il faut que ce quatrain soit tout nouveau ; car il est assez joli, et je n'en avois point
entendu parler.

ROUSS. Il y a plus de six ans qu'il est fait :
l'auteur l'a donné ou récité à plus de cinquante
personnes, qui toutes lui en ont très-fidèlement
gardé le secret, qu'il ne leur demandoit pas ;
et je ne crois pas que vous vous attendiez à
trouver ce quatrain dans le *Mercure*. J'ai cru
voir dans toute cette histoire de portraits des

singularités qui m'ont porté à la suivre, et j'y ai trouvé, surtout pour celui d'Angleterre, des circonstances bien extraordinaires. David Hume, étroitement lié à Paris avec vos messieurs, sans oublier les dames, devient, on ne sait comment, le patron, le zélé protecteur, le bienfaiteur à toute outrance de Jean-Jacques, et fait tant, de concert avec eux, qu'il parvient enfin, malgré toute la répugnance de celui-ci, à l'emmener en Angleterre. Là, le premier et le plus important de ses soins est de faire faire par Ramsay, son ami particulier, le portrait de son ami public Jean-Jacques. Il désiroit ce portrait aussi ardemment qu'un amant bien épris désire celui de sa maîtresse. A force d'importunités il arrache le consentement de Jean-Jacques. On lui fait mettre un bonnet bien noir, un vêtement bien brun, on le place dans un lieu bien sombre, et là, pour le peindre assis, on le fait tenir debout, courbé, appuyé d'une de ses mains sur une table bien basse, dans une attitude où ses muscles, fortement tendus, altèrent les traits de son visage. De toutes ces précautions devoit résulter un portrait peu flatté, quand il eût été fidèle. Vous avez vu ce terrible portrait : vous jugerez de la ressemblance si jamais vous voyez l'original. Pendant le séjour de Jean-Jacques en Angleterre, ce portrait y a été gravé, publié, vendu partout, sans qu'il lui ait été possible de voir cette gravure. Il revient en France, et il y apprend que son portrait d'Angleterre est annoncé, célébré, vanté comme un chef-d'œuvre de peinture, de gravure, et surtout de ressemblance. Il parvient enfin, non sans peine, à le voir ; il frémit, et dit ce qu'il en pense : tout le monde se moque de lui ; tout le détail qu'il fait paroît la chose la plus naturelle ; et loin d'y voir rien qui puisse faire suspecter la droiture du généreux David Hume, on n'aperçoit que les *soins de l'amitié la plus tendre* dans ceux qu'il a pris pour donner à son ami Jean-Jacques la figure d'un cyclope affreux. Pensez-vous comme le public à cet égard ?

LE FR. Le moyen, sur un pareil exposé ! J'avoue, au contraire, que ce fait seul, bien avéré, me paroîtroit déceler bien des choses ; mais qui m'assurera qu'il est vrai ?

ROUSS. La figure du portrait. Sur la question présente, cette figure ne mentira pas.

LE FR. Mais ne donnez-vous point aussi trop d'importance à des bagatelles ? Qu'un portrait soit difforme ou peu ressemblant, c'est la chose du monde la moins extraordinaire : tous les jours on grave, on contrefait, on défigure des hommes célèbres, sans que de ces grossières gravures on tire aucune conséquence pareille à la vôtre.

ROUSS. J'en conviens ; mais ces copies défigurées sont l'ouvrage de mauvais ouvriers avides, et non les productions d'artistes distingués, ni le fruit du zèle et de l'amitié. On ne les prône pas avec bruit dans toute l'Europe, on ne les annonce pas dans les papiers publics, on ne les étale pas dans les appartemens, ornés de glaces et de cadres ; on les laisse pourrir sur les quais, ou parer les chambres des cabarets et les boutiques des barbiers.

Je ne prétends pas vous donner pour des réalités toutes les idées inquiétantes que fournit à Jean-Jacques l'obscurité profonde dont on s'applique à l'entourer. Les mystères qu'on lui fait de tout ont un aspect si noir, qu'il n'est pas surprenant qu'ils affectent de la même teinte son imagination effarouchée. Mais parmi les idées outrées et fantastiques que cela peut lui donner, il en est qui, vu la manière extraordinaire dont on procède avec lui, méritent un examen sérieux avant d'être rejetées. Il croit, par exemple, que tous les désastres de sa destinée, depuis sa funeste célébrité, sont les fruits d'un complot formé de longue main, dans un grand secret, entre peu de personnes, qui ont trouvé le moyen d'y faire entrer successivement toutes celles dont ils avoient besoin pour son exécution ; les grands, les auteurs, les médecins (cela n'étoit pas difficile), tous les hommes puissans, toutes les femmes galantes, tous les corps accrédités, tous ceux qui disposent de l'administration, tous ceux qui gouvernent les opinions publiques. Il prétend que tous *les événemens relatifs à lui*, qui paroissent accidentels et fortuits, ne sont que de successifs développemens concertés d'avance, et tellement ordonnés, que tout ce qui lui doit arriver dans la suite a déjà sa place dans le tableau, et ne doit avoir son effet qu'au moment marqué. Tout cela se rapporte assez à ce que vous m'avez dit vous-même, et à ce que j'ai cru voir sous des noms différens. Selon vous, c'est un système de bienfaisance envers un scélérat ; selon lui, c'est un complot d'imposture contre un innocent ; selon moi, c'est une ligue dont je ne détermine pas l'objet, mais dont vous ne pouvez nier l'existence, puisque vous-même y êtes entré.

Il pense que du moment qu'on entreprit l'œuvre complète de sa diffamation, pour faciliter le succès de cette entreprise, alors difficile, on résolut de la graduer, de commencer par le rendre odieux et noir, et de finir par le rendre abject, ridicule et méprisable. Vos messieurs, qui n'oublient rien, n'oublièrent pas sa figure, et, après l'avoir éloigné de Paris, travaillèrent à lui en donner une aux yeux du public, conforme au caractère dont ils vouloient le gratifier. Il fallut d'abord faire disparoître la gravure qui avoit été faite sur le portrait fait par La Tour : cela fut bientôt fait. Après son départ pour l'Angleterre, sur un modèle qu'on avoit fait faire par Le Moine, on fit faire une gravure telle qu'on la désiroit ; mais la figure en étoit hideuse à tel point, que, pour ne pas se découvrir trop ou trop tôt, on fut contraint de supprimer la gravure. On fit faire à Londres, par les bons offices de l'ami Hume, le portrait dont je viens de parler ; et, n'épargnant aucun soin de l'art pour en faire valoir la gravure, on la rendit moins difforme que la précédente, mais plus terrible et plus noire mille fois. Ce portrait a fait long-temps, à l'aide de vos messieurs, l'admiration de Paris et de Londres, jusqu'à ce qu'ayant gagné pleinement le premier point, et rendu aux yeux du public l'original aussi noir que la gravure, on en vint au second article, et, dégradant habilement cet affreux coloris, de l'homme terrible et vigoureux qu'on avoit d'abord peint on fit peu à peu un petit fourbe, un petit menteur, un petit escroc, un coureur de tavernes et de mauvais lieux. C'est alors que parut le portrait grimacier de Fiquet, qu'on avoit tenu long-temps en réserve, jusqu'à ce que le moment de le publier fût venu, afin que la mine basse et risible de la figure répondît à l'idée qu'on vouloit donner de l'original. C'est encore alors que parut un petit médaillon en plâtre sur le costume de la gravure angloise, mais dont on avoit eu soin de changer l'air terrible et fier en un souris traître et sardonique comme celui de Panurge achetant les moutons de Dindenaut, ou comme celui des gens qui rencontrent Jean-Jacques dans les rues ; et il est certain que depuis lors vos messieurs se sont moins attachés à faire de lui un objet d'horreur qu'un objet de dérision ; ce qui toutefois ne paroît pas aller à la fin qu'ils disent avoir de mettre tout le monde en garde contre lui ; car on se tient en garde contre les gens qu'on redoute, mais non pas contre ceux qu'on méprise.

Voilà l'idée que l'histoire de ces différens portraits a fait naître à Jean-Jacques : mais toutes ces graduations préparées de si loin ont bien l'air d'être des conjectures chimériques, fruits assez naturels d'une imagination frappée par tant de mystères et de malheurs. Sans donc adopter ni rejeter à présent ces idées, laissons tous ces étranges portraits, et revenons à l'original.

J'avois percé jusqu'à lui ; mais que de difficultés me restoient à vaincre dans la manière dont je me proposois de l'examiner ! Après avoir étudié l'homme toute ma vie, j'avois cru connoître les hommes ; je m'étois trompé. Je ne parvins jamais à en connoître un seul : non qu'en effet ils soient difficiles à connoître ; mais je m'y prenois mal, et, toujours interprétant d'après mon cœur ce que je voyois faire aux autres, je leur prêtois les motifs qui m'auroient fait agir à leur place, et je m'abusois toujours. Donnant trop d'attention à leurs discours, et pas assez à leurs œuvres, je les écoutois parler plutôt que je ne les regardois agir ; ce qui, dans ce siècle de philosophie et de beaux discours, me les faisoit prendre pour autant de sages, et juger de leurs vertus par leurs sentences. Que si quelquefois leurs actions attiroient mes regards, c'étoient celles qu'ils destinoient à cette fin, lorsqu'ils montoient sur le théâtre pour y faire une œuvre d'éclat qui s'y fît admirer, sans songer, dans ma bêtise, que souvent ils mettoient en avant cette œuvre brillante pour masquer, dans le cours de leur vie, un tissu de bassesses et d'iniquités. Je voyois presque tous ceux qui se piquent de finesse et de pénétration s'abuser en sens contraire par le même principe de juger du cœur d'autrui par le sien. Je les voyois saisir avidement en l'air un trait, un geste, un mot inconsidéré, et, l'interprétant à leur mode, s'applaudir de leur sagacité en prêtant à chaque mouvement fortuit d'un homme un sens subtil qui n'existoit souvent que dans leur esprit. Eh! quel est l'homme d'esprit qui ne dit jamais de sottise? quel est l'honnête homme auquel il n'échappe jamais un propos répréhensible que son cœur n'a point dicté? Si l'on tenoit un registre exact de toutes les fautes que l'homme le plus parfait a commises, et qu'on supprimât soigneusement tout le reste, quelle opinion donneroit-on de cet homme-là? Que dis-je, les fautes! non, les actions les plus innocentes, les gestes les plus indifférens, les discours les plus sensés, tout, dans un observateur qui se passionne, augmente et nourrit le préjugé dans lequel il se complaît quand il détache chaque mot ou chaque fait de sa place pour le mettre dans le jour qui lui convient.

Je voulois m'y prendre autrement pour étudier à part-moi un homme si cruellement, si légèrement, si universellement jugé. Sans m'arrêter à de vains discours, qui peuvent tromper, ou à des signes passagers plus incertains encore, mais si commodes à la légèreté et à la malignité, je résolus de l'étudier par ses inclinations, ses mœurs, ses goûts, ses penchans, ses habitudes; de suivre les détails de sa vie, le cours de son humeur, la pente de ses affections, de le voir agir en l'entendant parler, de le pénétrer, s'il étoit possible, en dedans de lui-même; en un mot, de l'observer moins par des signes équivoques et rapides, que par sa constante manière d'être; seule règle infaillible de bien juger du vrai caractère d'un homme, et des passions qu'il peut cacher au fond de son cœur. Mon embarras étoit d'écarter des obstacles que, prévenu par vous, je prévoyois dans l'exécution de ce projet.

Je savois qu'irrité des perfides empressemens de ceux qui l'abordent, il ne cherchoit qu'à repousser tous les *nouveaux venus*; je savois qu'il jugeoit, et, ce me semble, avec assez de raison, de l'intention des gens par l'air ouvert ou réservé qu'ils prenoient avec lui; et, mes engagemens m'ôtant le pouvoir de lui rien dire, je devois m'attendre que ces mystères ne le disposeroient pas à la familiarité dont j'avois besoin pour mon dessein. Je ne vis de remède à cela que de lui laisser voir mon projet autant que cela pouvoit s'accorder avec le silence qui m'étoit imposé, et cela même pouvoit me fournir un premier préjugé pour ou contre lui: car si, bien convaincu par ma conduite et par mon langage de la droiture de mes intentions, il s'alarmoit néanmoins de mon dessein, s'inquiétoit de mes regards, cherchoit à donner le change à ma curiosité, et commençoit par se mettre en garde, c'étoit dans mon esprit un homme à demi jugé. Loin de rien voir de semblable, je fus aussi touché que surpris, non de l'accueil que cette idée m'attira de sa part, car il n'y mit aucun empressement ostensible, mais de la joie qu'elle me parut exciter dans son cœur. Ses regards attendris m'en dirent plus que n'auroient fait des caresses. Je le vis à son aise avec moi; c'étoit le meilleur moyen de m'y mettre avec lui. A la manière dont il me distingua, dès le premier abord, de tous ceux qui l'obsédoient, je compris qu'il n'avoit pas un instant pris le change sur mes motifs. Car quoique, cherchant tous également à l'observer, ce dessein commun dût donner à tous une allure assez semblable, nos recherches étoient trop différentes par leur objet, pour que la distinction n'en fût pas facile à faire. Il vit que tous les autres ne cherchoient, ne vouloient voir que le mal; que j'étois le seul qui, cherchant le bien, ne voulût que la vérité, et ce motif, qu'il démêla sans peine, m'attira sa confiance.

Entre tous les exemples qu'il m'a donnés de l'intention de ceux qui l'approchent, je ne vous en citerai qu'un. L'un d'eux s'étoit tellement distingué des autres par de plus affectueuses démonstrations et par un attendrissement poussé jusqu'aux larmes, qu'il crut pouvoir s'ouvrir à lui sans réserve, et lui lire ses *Confessions*. Il lui permit même de l'arrêter dans sa lecture pour prendre note de tout ce qu'il voudroit retenir par préférence. Il remarqua durant cette longue lecture, que, n'écrivant presque jamais dans les endroits favorables et honorables, il ne manqua point d'écrire avec soin dans tous ceux où la vérité le forçoit à s'accuser et se charger lui-même. Voilà comment se font les remarques de ces messieurs. Et moi aussi, j'ai fait celle-là; mais je n'ai pas, comme eux, omis les autres, et le tout m'a donné des résultats bien différens des leurs.

Par l'heureux effet de ma franchise, j'avois

l'occasion la plus rare et la plus sûre de bien connoître un homme, qui est de l'étudier à loisir dans sa vie privée, et vivant pour ainsi dire avec lui-même; car il se livra sans réserve, et me rendit aussi maître chez lui que chez moi.

Une fois admis dans sa retraite, mon premier soin fut de m'informer des raisons qui l'y tenoient confiné. Je savois qu'il avoit toujours fui le grand monde et aimé la solitude, mais je savois aussi que, dans les sociétés peu nombreuses, il avoit jadis joui des douceurs de l'intimité en homme dont le cœur étoit fait pour elle. Je voulus apprendre pourquoi maintenant, détaché de tout, il s'étoit tellement concentré dans sa retraite que ce n'étoit plus que par force qu'on parvenoit à l'aborder.

Le Fr. Cela n'étoit-il pas tout clair? Il se gênoit autrefois parce qu'on ne le connoissoit pas encore. Aujourd'hui que, bien connu de tous, il ne gagneroit plus rien à se contraindre, il se livre tout-à-fait à son horrible misanthropie. Il fuit les hommes parce qu'il les déteste; il vit en loup-garou parce qu'il n'y a rien d'humain dans son cœur.

Rouss. Non, cela ne me paroît pas aussi clair qu'à vous; et ce discours, que j'entends tenir à tout le monde, me prouve bien que les hommes le haïssent, mais non pas que c'est lui qui les hait.

Le Fr. Quoi! ne l'avez-vous pas vu, ne le voyez-vous pas tous les jours, recherché de beaucoup de gens, se refuser durement à leurs avances? Comment donc expliquez-vous cela?

Rouss. Beaucoup plus naturellement que vous, car la fuite est un effet bien plus naturel de la crainte que de la haine. Il ne fuit point les hommes parce qu'il les hait, mais parce qu'il en a peur. Il ne les fuit pas pour leur faire du mal, mais pour tâcher d'échapper à celui qu'ils lui veulent. Eux au contraire ne le recherchent pas par amitié, mais par haine. Ils le cherchent et il les fuit; comme dans les sables d'Afrique, où sont peu d'hommes et beaucoup de tigres, les hommes fuient les tigres et les tigres cherchent les hommes : s'ensuit-il de là que les hommes sont méchans, farouches, et que les tigres sont sociables et humains? Même, quelque opinion que doive avoir Jean-Jacques de ceux qui, malgré celle qu'on a de lui, ne laissent pas de le rechercher, il ne ferme point sa porte à tout le monde; il reçoit honnêtement ses anciennes connoissances, quelquefois même les nouveaux venus, quand ils ne montrent ni patelinage ni arrogance. Je ne l'ai jamais vu se refuser durement qu'à des avances tyranniques, insolentes et malhonnêtes, qui déceloient clairement l'intention de ceux qui les faisoient. Cette manière ouverte et généreuse de repousser la perfidie et la trahison ne fut jamais l'allure des méchans. S'il ressembloit à ceux qui le recherchent, au lieu de se dérober à leurs avances, il y répondroit pour tâcher de les payer en même monnoie, et leur rendant fourberie pour fourberie, trahison pour trahison, il se serviroit de leurs propres armes pour se défendre et se venger d'eux; mais, loin qu'on l'ait jamais accusé d'avoir tracassé dans les sociétés où il a vécu, ni brouillé ses amis entre eux, ni desservi personne avec qui il fût en liaison, le seul reproche qu'aient pu lui faire ses soi-disant amis a été de les avoir quittés ouvertement, comme il a dû faire, sitôt que, les trouvant faux et perfides, il a cessé de les estimer.

Non, monsieur, le vrai misanthrope, si un être aussi contradictoire pouvoit exister (¹), ne fuiroit point dans la solitude : quel mal peut et veut faire aux hommes celui qui vit seul? *Celui qui les hait veut leur nuire, et pour leur nuire il ne faut pas les fuir* Les méchans ne sont point dans les déserts, ils sont dans le monde. C'est là qu'ils intriguent et travaillent pour satisfaire leur passion et tourmenter les objets de leur haine. De quelque motif que soit animé celui qui veut s'engager dans la foule et s'y faire jour, il doit s'armer de vigueur pour repousser ceux qui le poussent, pour écarter ceux qui sont devant lui, pour fendre la presse et faire son chemin, l'homme débonaire et doux, l'homme timide et foible qui n'a point ce courage, et qui tâche de se tirer à l'écart de peur d'être abattu et foulé aux pieds, est donc un méchant; à votre compte, les autres, plus forts, plus durs, plus ardens à percer, sont les bons? J'ai vu pour la première fois cette nouvelle doctrine dans un discours

---

(¹) Timon n'étoit point naturellement misanthrope, et même ne méritoit pas ce nom. Il y avoit dans son fait plus de dépit et d'enfantillage que de véritable méchanceté; c'étoit un fou mécontent qui boudoit contre le genre humain.

publié par le philosophe Diderot, précisément dans le temps que son ami Jean-Jacques s'étoit retiré dans la solitude. *Il n'y a que le méchant, dit-il, qui soit seul.* Jusqu'alors on avoit regardé l'amour de la retraite comme un des signes les moins équivoques d'une âme paisible et saine, exempte d'ambition, d'envie et de toutes les ardentes passions, filles de l'amour-propre, qui naissent et fermentent dans la société. Au lieu de cela, voici, par un coup de plume inattendu, ce goût paisible et doux, jadis si universellement admiré, transformé tout d'un coup en une rage infernale; voilà tant de sages respectés, et Descartes lui-même, changés dans un instant en autant de misanthropes affreux et de scélérats. Le philosophe Diderot étoit seul, peut-être, en écrivant cette sentence, mais je doute qu'il eût été seul à la méditer, et il prit grand soin de la faire circuler dans le monde. Eh! plût à Dieu que le méchant fût toujours seul, il ne se feroit guère de mal.

Je crois bien que les solitaires qui le sont par force peuvent, rongés de dépit et de regrets dans la retraite où ils sont détenus, devenir inhumains, féroces, et prendre en haine avec leur chaîne tout ce qui n'en est pas chargé comme eux. Mais les solitaires par goût et par choix sont naturellement humains, hospitaliers, caressans. Ce n'est pas parce qu'ils haïssent les hommes, mais parce qu'ils aiment le repos et la paix, qu'ils fuient le tumulte et le bruit. La longue privation de la société la leur rend même agréable et douce, quand elle s'offre à eux sans contrainte. Ils en jouissent alors délicieusement, et cela se voit. Elle est pour eux ce qu'est le commerce des femmes pour ceux qui ne passent pas leur vie avec elles, mais qui dans les courts moments qu'ils y passent y trouvent des charmes ignorés des galans de profession.

Je ne comprends pas comment un homme de bon sens peut adopter un seul moment la sentence du philosophe Diderot; elle a beau être hautaine et tranchante, elle n'en est pas moins absurde et fausse. Eh! qui ne voit au contraire qu'il n'est pas possible que le méchant aime à vivre seul et vis-à-vis de lui-même? Il s'y sentiroit en trop mauvaise compagnie, il y seroit trop mal à son aise, il ne s'y supporteroit pas long-temps, ou bien, sa passion dominante y restant toujours oisive, il faudroit qu'elle s'éteignît et qu'il y redevînt bon. L'amour-propre, principe de toute méchanceté, s'avive et s'exalte dans la société qui l'a fait naître, et où l'on est à chaque instant forcé de se comparer; il languit et meurt faute d'aliment dans la solitude. *Quiconque se suffit à lui-même ne veut nuire à qui que ce soit.* Cette maxime est moins éclatante et moins arrogante, mais plus sensée et plus juste que celle du philosophe Diderot; et préférable au moins, en ce qu'elle ne tend à outrager personne. Ne nous laissons pas éblouir par l'éclat sentencieux dont souvent l'erreur et le mensonge se couvrent : ce n'est pas la foule qui fait la société, et c'est en vain que les corps se rapprochent lorsque les cœurs se repoussent. L'homme vraiment sociable est plus difficile en liaisons qu'un autre; celles qui ne consistent qu'en fausses apparences ne sauroient lui convenir. Il aime mieux vivre loin des méchans sans penser à eux, que de les voir et de les haïr; il aime mieux fuir son ennemi que de le rechercher pour lui nuire. Celui qui ne connoît d'autre société que celle des cœurs n'ira pas chercher la sienne dans vos cercles. Voilà comment Jean-Jacques a dû penser et se conduire avant la ligue dont il est l'objet; jugez si, maintenant qu'elle existe et qu'elle tend de toutes parts ses pièges autour de lui, il doit trouver du plaisir à vivre avec ses persécuteurs, à se voir l'objet de leur dérision, le jouet de leur haine, la dupe de leurs perfides caresses, à travers lesquelles ils font malignement percer l'air insultant et moqueur qui doit les lui rendre odieuses. Le mépris, l'indignation, la colère, ne sauroient le quitter au milieu de tous ces gens-là. Il les fuit pour s'épargner des sentimens si pénibles; il les fuit parce qu'ils méritent sa haine et qu'il étoit fait pour les aimer.

LE FR. Je ne puis apprécier vos préjugés en sa faveur, avant d'avoir appris sur quoi vous les fondez. Quant à ce que vous dites à l'avantage des solitaires, cela peut être vrai de quelques hommes singuliers qui s'étoient fait de fausses idées de la sagesse; mais au moins ils donnoient des signes non équivoques du louable emploi de leur temps. Les méditations profondes et les immortels ouvrages dont les philosophes que vous citez ont illustré leur solitude, prouvent assez qu'ils s'y occupoient d'une manière utile et glorieuse, et qu'ils n'y passoient pas uniquement leur temps comme votre homme à tramer des crimes et des noirceurs.

Rouss. C'est à quoi, ce me semble, il n'y passa pas non plus uniquement le sien. La *Lettre à M. d'Alembert sur les spectacles*, *Héloïse*, *Émile*, le *Contrat social*, les *Essais sur la Paix perpétuelle* et *sur l'Imitation théâtrale*, et d'autres écrits non moins estimables qui n'ont point paru, sont des fruits de la retraite de Jean-Jacques. Je doute qu'aucun philosophe ait médité plus profondément, plus utilement peut-être, et plus écrit en si peu de temps. Appelez-vous tout cela des noirceurs et des crimes?

Le Fr. Je connois des gens aux yeux de qui c'en pourroit bien être : vous savez ce que pensent ou ce que disent nos messieurs de ces livres; mais avez-vous oublié qu'ils ne sont pas de lui, et que c'est vous-même qui me l'avez persuadé.

Rouss. Je vous ai dit ce que j'imaginois pour expliquer des contradictions que je voyois alors, et que je ne vois plus. Mais, si nous continuons à passer ainsi d'un sujet à l'autre, nous perdrons notre objet de vue, et nous ne l'atteindrons jamais. Reprenons avec un peu plus de suite le fil de mes observations, avant de passer aux conclusions que j'en ai tirées.

Ma première attention, après m'être introduit dans la familiarité de Jean-Jacques, fut d'examiner si nos liaisons ne lui faisoient rien changer dans sa manière de vivre; et j'eus bientôt toute la certitude possible, que non-seulement il n'y changeoit rien pour moi, mais que de tout temps elle avoit toujours été la même et parfaitement uniforme, quand, maître de la choisir, il avoit pu suivre en liberté son penchant. Il y avoit cinq ans que, de retour à Paris, il avoit recommencé d'y vivre. D'abord, ne voulant se cacher en aucune manière, il avoit fréquenté quelques maisons dans l'intention d'y reprendre ses plus anciennes liaisons, et même d'en former de nouvelles. Mais, au bout d'un an, il cessa de faire des visites, et reprenant dans la capitale la vie solitaire qu'il menoit depuis tant d'années à la campagne, il partagea son temps entre l'occupation journalière dont il s'étoit fait une ressource, et les promenades champêtres dont il faisoit son unique amusement. Je lui demandai la raison de cette conduite. Il me dit qu'ayant vu toute la génération présente concourir à l'œuvre de ténèbres dont il étoit l'objet, il avoit d'abord mis tous ses soins à chercher quelqu'un qui ne partageât pas l'iniquité publique; qu'après de vaines recherches dans les provinces il étoit venu les continuer à Paris, espérant qu'au moins parmi ses anciennes connoissances il se trouveroit quelqu'un moins dissimulé, moins faux, qui lui donneroit les lumières dont il avoit besoin pour percer cette obscurité : qu'après bien des soins inutiles il n'avoit trouvé, même parmi les plus honnêtes gens, que trahisons, duplicité, mensonge, et que tous en s'empressant à le recevoir, à le prévenir, à l'attirer, paroissoient si contens de sa diffamation, y contribuoient de si bon cœur, lui faisoient des caresses si fardées, le louoient d'un ton si peu sensible à son cœur, lui prodiguoient l'admiration la plus outrée avec si peu d'estime et de considération, qu'ennuyé de ces démonstrations moqueuses et mensongères, et indigné d'être ainsi le jouet de ses prétendus amis, il cessa de les voir, se retira sans leur cacher son dédain; et, après avoir cherché long-temps sans succès un homme, éteignit sa lanterne et se renferma tout-à-fait au-dedans de lui.

C'est dans cet état de retraite absolue que je le trouvai, et que j'entrepris de le connoître. Attentif à tout ce qui pouvoit manifester à mes yeux son intérieur, en garde contre tout jugement précipité, résolu de le juger, non sur quelques mots épars ni sur quelques circonstances particulières, mais sur le concours de ses discours, de ses actions, de ses habitudes, et sur cette constante manière d'être, qui seule décèle infailliblement un caractère, mais qui demande, pour être aperçue, plus de suite, plus de persévérance et moins de confiance au premier coup d'œil, que le tiède amour de la justice, dépouillé de tout autre intérêt et combattu par les tranchantes décisions de l'amour-propre, n'en inspire au commun des hommes. Il fallut, par conséquent, commencer par tout voir, par tout entendre, par tenir note de tout, avant de prononcer sur rien, jusqu'à ce que j'eusse assemblé des matériaux suffisans pour fonder un jugement solide qui ne fût l'ouvrage ni de la passion ni du préjugé.

Je ne fus pas surpris de le voir tranquille : vous m'aviez prévenu qu'il l'étoit ; mais vous attribuiez cette tranquillité à bassesse d'âme ; elle pouvoit venir d'une cause toute contraire; j'avois à déterminer la véritable. Cela n'étoit pas difficile ; car, à moins que cette tranquillité ne fût toujours inaltérable, il ne falloit, pour en découvrir la cause, que remarquer ce qui pouvoit la troubler. Si c'étoit la crainte, vous aviez raison ; si c'étoit l'indignation, vous aviez tort. Cette vérification ne fut pas longue, et je sus bientôt à quoi m'en tenir.

Je le trouvai s'occupant à copier de la musique à tant la page. Cette occupation m'avoit paru, comme à vous, ridicule et affectée. Je m'appliquai d'abord à connoître s'il s'y livroit sérieusement ou par jeu, et puis à savoir au juste quel motif la lui avoit fait reprendre, et ceci demandoit plus de recherche et de soin. Il falloit connoître exactement ses ressources et l'état de sa fortune, vérifier ce que vous m'aviez dit de son aisance, examiner sa manière de vivre, entrer dans le détail de son petit ménage, comparer sa dépense et son revenu, en un mot connoître sa situation présente autrement que par son dire, et le dire contradictoire de vos messieurs. C'est à quoi je donnai la plus grande attention. Je crus m'apercevoir que cette occupation lui plaisoit, quoiqu'il n'y réussît pas trop bien. Je cherchai la cause de ce bizarre plaisir, et je trouvai qu'elle tenoit au fond de son naturel et de son humeur, dont je n'avois encore aucune idée, et qu'à cette occasion je commençai à pénétrer. Il associoit ce travail à un amusement dans lequel je le suivis avec une égale attention. Ses longs séjours à la campagne lui avoient donné du goût pour l'étude des plantes : il continuoit de se livrer à cette étude avec plus d'ardeur que de succès ; soit que sa mémoire défaillante commençât à lui refuser tout service ; soit, *comme je crus le remarquer*, qu'il se fît de cette occupation plutôt un jeu d'enfant qu'une étude véritable. Il s'attachoit plus à faire de jolis herbiers qu'à classer et caractériser les genres et les espèces. Il employoit un temps et des soins incroyables à dessécher et aplatir des rameaux, à étendre et déployer de petits feuillages, à conserver aux fleurs leurs couleurs naturelles : de sorte que, collant avec soin ces fragments sur des papiers qu'il ornoit de petits cadres, à toute la vérité de la nature il joignoit l'éclat de la miniature et le charme de l'imitation.

Je l'ai vu s'attiédir enfin sur cet amusement, devenu trop fatigant pour son âge, trop coûteux pour sa bourse, et qui lui prenoit un temps nécessaire dont il ne le dédommageoit pas. Peut-être nos liaisons ont-elles contribué à l'en détacher. On voit que la contemplation de la nature eut toujours un grand attrait pour son cœur : il y trouvoit un supplément aux attachemens dont il avoit besoin ; mais il eût laissé le supplément pour la chose, s'il en avoit eu le choix ; et il ne se réduisit à converser avec les plantes qu'après de vains efforts pour converser avec les humains. Je quitterai volontiers, m'a-t-il dit, la société des végétaux pour celle des hommes, au premier espoir d'en retrouver.

Mes premières recherches m'ayant jeté dans les détails de sa vie domestique, je m'y suis particulièrement attaché, persuadé que j'en tirerois pour mon objet des lumières plus sûres que de tout ce qu'il pouvoit avoir dit ou fait en public, et que d'ailleurs je n'avois pas vu moi-même. C'est dans la familiarité d'un commerce intime, dans la continuité de la vie privée qu'un homme à la longue se laisse voir tel qu'il est, quand le ressort de l'attention sur soi se relâche, et qu'oubliant le reste du monde on se livre à l'impulsion du moment. Cette méthode est sûre, mais longue et pénible : elle demande une patience et une assiduité que peut soutenir le seul vrai zèle de la justice et de la vérité, et dont on se dispense aisément en substituant quelque remarque fortuite et rapide aux observations lentes, mais solides, que donne un examen égal et suivi.

J'ai donc regardé s'il régnoit chez lui du désordre ou de la règle, de la gêne ou de la liberté ; s'il étoit sobre ou dissolu, sensuel ou grossier, si ses goûts étoient dépravés ou sains ; s'il étoit sombre ou gai dans ses repas, dominé par l'habitude ou sujet aux fantaisies, chiche ou prodigue dans son ménage, entier, impérieux, tyran dans sa petite sphère d'autorité, ou trop doux peut-être au contraire et trop mou, craignant les dissensions encore plus qu'il n'aime l'ordre, et souffrant pour la paix les choses les plus contraires à son goût et à sa volonté : comment il supporte l'adversité, le mépris, la haine publique; quelles sortes d'affections lui sont habituelles; quels genres de peine ou de plaisir altèrent le plus son humeur. Je l'ai suivi dans sa plus constante manière d'être, dans ces petites inégalités, non moins inévitables, non moins utiles peut-être dans le calme de la vie privée, que de légères variations de l'air et du vent dans celui des beaux jours. J'ai voulu voir comment il se fâche et comment il s'apaise, s'il exhale ou contient sa colère; s'il est rancunier ou emporté, facile ou difficile à apaiser; s'il aggrave ou répare ses torts; s'il sait endurer et pardonner ceux des autres; s'il est doux et facile à vivre, ou dur et fâcheux dans le commerce familier; s'il aime à s'épancher au dehors ou à se concentrer en lui-même; si son cœur s'ouvre aisément ou se ferme aux caresses; s'il est toujours prudent, circonspect, maître de lui-même, ou si, se laissant dominer par ses mouvemens, il montre indiscrètement chaque sentiment dont il est ému. Je l'ai pris dans les situations d'esprit les plus diverses, les plus contraires qu'il m'a été possible de saisir; tantôt calme et tantôt agité, dans un transport de colère, et dans une effusion d'attendrissement; dans la tristesse et l'abattement de cœur: dans ces courts, mais doux momens de joie que la nature lui fournit encore, et que les hommes n'ont pu lui ôter; dans la gaieté d'un repas un peu prolongé; dans ces circonstances imprévues, où un homme ardent n'a pas le temps de se déguiser, et où le premier mouvement de la nature prévient toute réflexion. En suivant tous les détails de sa vie, je n'ai point négligé ses discours, ses maximes, ses opinions, je n'ai rien omis pour bien connoître ses vrais sentimens sur les matières qu'il traite dans ses écrits. Je l'ai sondé sur la nature de l'âme, sur l'existence de Dieu, sur la moralité de la vie humaine, sur le vrai bonheur, sur ce qu'il pense de la doctrine à la mode et de ses auteurs, enfin sur tout ce qui peut faire connoître avec les vrais sentimens d'un homme sur l'usage de cette vie et sur sa destination ses vrais principes de conduite. J'ai soigneusement comparé tout ce qu'il m'a dit avec ce que j'ai vu de lui dans la pratique, n'admettant jamais pour vrai que ce que cette épreuve a confirmé.

Je l'ai particulièrement étudié par les côtés qui tiennent à l'amour-propre, bien sûr qu'un orgueil irascible au point d'en avoir fait un monstre doit avoir de fortes et fréquentes explosions difficiles à contenir, et impossibles à déguiser aux yeux d'un homme attentif à l'examiner par ce côté-là, surtout dans la position cruelle où je le trouvois.

Par les idées dont un homme pétri d'amour-propre s'occupe le plus souvent, par les sujets favoris de ses entretiens, par l'effet inopiné des nouvelles imprévues, par la manière de s'affecter des propos qu'on lui tient, par les impressions qu'il reçoit de la contenance et du ton des gens qui l'approchent, par l'air dont il entend louer ou décrier ses ennemis ou ses rivaux, par la façon dont il en parle lui-même, par le degré de joie ou de tristesse dont l'affectent leurs prospérités ou leurs revers, on peut à la longue le pénétrer et lire dans son âme, surtout lorsqu'un tempérament ardent lui ôte le pouvoir de réprimer ses premiers mouvemens, si tant est néanmoins qu'un tempérament ardent et un violent amour-propre puissent compatir ensemble dans un même cœur. Mais c'est surtout en parlant des talens et des livres que les auteurs se contiennent le moins et se décèlent le mieux: c'est aussi par là que je n'ai pas manqué d'examiner celui-ci. Je l'ai mis souvent et vu mettre par d'autres sur ce chapitre en divers temps et à diverses occasions, j'ai sondé ce qu'il pensoit de la gloire littéraire, quel prix il donnoit à sa jouissance, et ce qu'il estimoit le plus en fait de réputation, de celle qui brille par les talens, ou de celle moins éclatante que donne un caractère estimable. J'ai voulu voir s'il étoit curieux de l'histoire des réputations naissantes ou déclinantes, s'il épluchoit malignement celles qui faisoient le plus de bruit, comment il s'affectoit des succès ou des chutes des livres et des auteurs, et comment il supportoit pour sa part les dures censures des critiques, les malignes louanges des rivaux, et le mépris affecté des brillans écrivains de ce siècle. Enfin, je l'ai examiné par tous les sens où mes regards ont pu pénétrer, et sans chercher à rien interpréter selon mon désir, mais éclairant mes observations les unes par les autres pour découvrir la vérité; je n'ai pas un instant oublié dans mes recherches qu'il y alloit du destin de ma vie à ne pas me tromper dans ma conclusion.

Le Fr. Je vois que vous avez regardé à beaucoup de choses : apprendrai-je enfin ce que vous avez vu?

Rouss. Ce que j'ai vu est meilleur à voir qu'à dire. Ce que j'ai vu me suffit, à moi qui l'ai vu, pour déterminer mon jugement, mais non pas à vous pour déterminer le vôtre sur mon rapport ; car il a besoin d'être vu pour être cru, et, après la façon dont vous m'aviez prévenu, je ne l'aurois pas cru moi-même sur le rapport d'autrui. Ce que j'ai vu ne sont que des choses bien communes en apparence, mais très-rares en effet. Ce sont des récits qui d'ailleurs conviendroient mal dans ma bouche ; et, pour le faire avec bienséance, il faudroit être un autre que moi.

Le Fr. Comment, monsieur! espérez-vous me donner ainsi le change? Remplissez-vous ainsi vos engagemens, et ne tirerai-je aucun fruit du conseil que je vous ai donné? Les lumières qu'il vous a procurées ne doivent-elles pas nous être communes? et, après avoir ébranlé la persuasion où j'étois, vous croyez-vous permis de me laisser les doutes que vous avez fait naître, si vous avez de quoi m'en tirer?

Rouss. Il vous est aisé d'en sortir à mon exemple, en prenant pour vous-même ce conseil que vous dites m'avoir donné. Il est malheureux pour Jean-Jacques, que Rousseau ne puisse dire tout ce qu'il sait de lui. Ces déclarations sont désormais impossibles, parce qu'elles seroient inutiles, et que le courage de les faire ne m'attireroit que l'humiliation de n'être pas cru.

Voulez-vous, par exemple, avoir une idée sommaire de mes observations? Prenez directement et en tout, tant en bien qu'en mal, le contre-pied du Jean-Jacques de vos messieurs, vous aurez très-exactement celui que j'ai trouvé. Le leur est cruel, féroce et dur, jusqu'à la dépravation ; *le mien est doux et compatissant jusqu'à la foiblesse*. Le leur est intraitable, inflexible, et toujours repoussant; le mien est facile et mou, ne pouvant résister aux caresses qu'il croit sincères, et se laissant subjuguer, quand on sait s'y prendre, par les gens mêmes qu'il n'estime pas. Le leur, misanthrope, farouche, déteste les hommes; le mien, humain jusqu'à l'excès, et trop sensible à leurs peines, s'affecte autant des maux qu'ils se font entre eux, que de ceux qu'ils lui font à lui-même. Le leur ne songe qu'à faire du bruit dans le monde aux dépens du repos d'autrui et du sien ; le mien préfère le repos à tout, et voudroit être ignoré de toute la terre, pourvu qu'on le laissât en paix dans son coin. Le leur, dévoré d'orgueil et du plus intolérant amour-propre, est tourmenté de l'existence de ses semblables, et voudroit voir tout le genre humain s'anéantir devant lui; le mien, s'aimant sans se comparer, n'est pas plus susceptible de vanité que de modestie; content de sentir ce qu'il est, il ne cherche point quelle est sa place parmi les hommes, et je suis sûr que de sa vie il ne lui entra dans l'esprit de se mesurer avec un autre pour savoir lequel étoit le plus grand ou le plus petit. Le leur, plein de ruse et d'art pour en imposer, voile ses vices avec la plus grande adresse, et cache sa méchanceté sous une candeur apparente ; le mien, emporté, violent même dans ses premiers momens plus rapides que l'éclair, passe sa vie à faire de grandes et courtes fautes, et à les expier par de vifs et longs repentirs : au surplus, sans prudence, sans présence d'esprit, et d'une balourdise incroyable, il offense quand il veut plaire, et dans sa naïveté, plutôt étourdie que franche, dit également ce qui lui sert et qui lui nuit, sans même en sentir la différence. Enfin, le leur est un esprit diabolique, aigu, pénétrant; le mien, ne pensant qu'avec beaucoup de lenteur et d'efforts, en craint la fatigue, et, souvent n'entendant les choses les plus communes qu'en y rêvant à son aise et seul, peut à peine passer pour un homme d'esprit.

N'est-il pas vrai que, si je multipliois ces oppositions, comme je le pourrois faire, vous les prendriez pour des jeux d'imagination qui n'auroient aucune réalité? Et cependant je ne vous dirois rien qui ne fût, non comme à vous, affirmé par d'autres, mais attesté par ma propre conscience. Cette manière simple, mais peu croyable, de démentir les assertions bruyantes des gens passionnés par les observations paisibles, mais sûres, d'un homme impartial, seroit donc inutile et ne produiroit aucun effet. D'ailleurs, la situation de Jean-Jacques à certains égards est même trop incroyable pour pouvoir être bien dévoilée. Cependant, pour le bien connoître à fond, il faudroit connoître et ce qu'il endure et ce qui le lui fait supporter. Or, tout cela ne peut bien se dire, pour le croire il faut l'avoir vu.

Mais essayons s'il n'y auroit point quelque autre route aussi droite et moins traversée pour arriver au même but; s'il n'y auroit point quelque moyen de vous faire sentir tout d'un coup, par une impression simple et immédiate, ce que, dans les opinions où vous êtes, je ne saurois vous persuader en procédant graduellement, sans attaquer sans cesse, par des négations dures, les tranchantes assertions de vos messieurs. Je voudrois tâcher pour cela de vous esquisser ici le portrait de mon Jean-Jacques, tel qu'après un long examen de l'original l'idée s'en est empreinte dans mon esprit. D'abord, vous pourrez comparer ce portrait à celui qu'ils en ont tracé, juger lequel des deux est le plus lié dans ses parties, et paroît former le mieux un seul tout; lequel explique le plus naturellement et le plus clairement la conduite de celui qu'il représente, ses goûts, ses habitudes, et tout ce qu'on connoît de lui, non-seulement depuis qu'il a fait des livres, mais dès son enfance, et de tous les temps; après quoi, il ne tiendra qu'à vous de vérifier par vous-même si j'ai bien ou mal vu.

Le Fr. Rien de mieux que tout cela. Parlez donc; je vous écoute.

Rouss. De tous les hommes que j'ai connus, celui dont le caractère dérive le plus pleinement de son seul tempérament est Jean-Jacques. Il est ce que l'a fait la nature; l'éducation ne l'a que bien peu modifié. Si, dès sa naissance, ses facultés et ses forces s'étoient tout-à-coup développées, dès lors on l'eût trouvé tel à peu près qu'il fut dans son âge mûr; et maintenant, après soixante ans de peines et de misères, le temps, l'adversité, les hommes l'ont encore très-peu changé. Tandis que son corps vieillit et se casse, son cœur reste jeune toujours; il garde encore les mêmes goûts, les mêmes passions de son jeune âge, et jusqu'à la fin de sa vie il ne cessera d'être un vieux enfant.

Mais ce tempérament, qui lui a donné sa forme morale, a des singularités qui, pour être démêlées, demandent une attention plus suivie que le coup d'œil suffisant qu'on jette sur un homme qu'on croit connoître et qu'on a déjà jugé. Je puis même dire que c'est par son extérieur vulgaire et par ce qu'il a de plus commun, qu'en y regardant mieux je l'ai trouvé le plus singulier. Ce paradoxe s'éclaircira de lui-même à mesure que vous m'écouterez.

Si, comme je vous l'ai dit, je fus surpris au premier abord de le trouver si différent de ce que je me l'étois figuré dans vos récits, je le fus bien plus du peu d'éclat, pour ne pas dire de la bêtise, de ses entretiens : moi qui, ayant eu à vivre avec des gens de lettres, les ai toujours trouvés brillans, élancés, sentencieux comme des oracles, subjuguant tout par leur docte faconde et par la hauteur de leurs décisions. Celui-ci ne disant guère que des choses communes, et les disant sans précision, sans finesse, et sans force, paroît toujours fatigué de parler, même en parlant peu, soit de la peine d'entendre, souvent même n'entendant point, sitôt qu'on dit des choses un peu fines, et n'y répondant jamais à propos. Que, s'il lui vient par hasard quelque mot heureusement trouvé, il en est si aise, que, pour avoir quelque chose à dire, il le répète éternellement. On le prendroit dans la conversation, non pour un penseur plein d'idées vives et neuves, pensant avec force et s'exprimant avec justesse, mais pour un écolier embarrassé du choix de ses termes, et subjugué par la suffisance des gens qui en savent plus que lui. Je n'avois jamais vu ce maintien timide et gêné dans nos moindres barbouilleurs de brochures; comment le concevoir dans un auteur qui, foulant aux pieds les opinions de son siècle, sembloit en toute chose moins disposé à recevoir la loi qu'à la faire? S'il n'eût fait que dire des choses triviales et plates, j'aurois pu croire qu'il faisoit l'imbécile pour dépayser les espions dont il se sent entouré; mais, quels que soient les gens qui l'écoutent, loin d'user avec eux de la moindre précaution, il lâche étourdiment cent propos inconsidérés, qui donnent sur lui de grandes prises: non qu'au fond ces propos soient répréhensibles, mais parce qu'il est possible de leur donner un mauvais sens, qui, sans lui être venu dans l'esprit, ne manque pas de se présenter par préférence à celui des gens qui l'écoutent, et qui ne cherchent que cela. En un mot, je l'ai presque toujours trouvé pesant à penser, maladroit à dire, se fatiguant sans cesse à chercher le mot propre qui ne lui venoit jamais, et embrouillant des idées déjà peu claires par une mauvaise manière de les exprimer. J'ajoute en passant que si, dans nos premiers entretiens, j'avois pu deviner cet extrême embarras de parler, j'en aurois tiré, sur vos propres argumens, une preuve nouvelle qu'il n'avoit pas fait ses livres : car si, selon vous, déchiffrant si mal la musique, il n'en avoit pu composer, à plus forte raison, sachant si mal parler, il n'avoit pu si bien écrire.

Une pareille ineptie étoit déjà fort étonnante dans un homme assez adroit pour avoir trompé quarante ans, par de fausses apparences, tous ceux qui l'ont approché; mais ce n'est pas tout. Ce même homme, dont l'œil terne et la physionomie effacée semblent, dans les entretiens indifférens, n'annoncer que de la stupidité, change tout à coup d'air et de maintien sitôt qu'une matière intéressante pour lui le tire de sa léthargie. On voit sa physionomie éteinte s'animer, se vivifier, devenir parlante, expressive, et promettre de l'esprit. A juger par l'éclat qu'ont encore alors ses yeux à son âge, dans sa jeunesse ils ont dû lancer des éclairs. A son geste impétueux, à sa contenance agitée, on voit que son sang bouillonne, on croiroit que des traits de feu vont partir de sa bouche : et point du tout; toute cette effervescence ne produit que des propos communs, confus, mal ordonnés, qui, sans être plus expressifs qu'à l'ordinaire, sont seulement plus inconsidérés. Il élève beaucoup la voix; mais ce qu'il dit devient plus bruyant sans être plus vigoureux. Quelquefois cependant je lui ai trouvé de l'énergie dans l'expression; mais ce n'étoit jamais au moment d'une explosion subite : c'étoit seulement lorsque cette explosion, ayant précédé, avoit déjà produit son premier effet. Alors cette émotion prolongée, agissant avec plus de règle, sembloit agir avec plus de force, et lui suggéroit des expressions vigoureuses, pleines du sentiment dont il étoit encore agité. J'ai compris par là comment cet homme pouvoit, *quand son sujet échauffoit son cœur*, écrire avec force, quoiqu'il parlât foiblement, et comment sa plume devoit mieux que sa langue parler le langage des passions.

Le Fr. Tout cela n'est pas si contraire que vous pensez aux idées qu'on m'a données de son caractère. Cet embarras d'abord et cette timidité que vous lui attribuez sont reconnus maintenant dans le monde pour être les plus sûres enseignes de l'amour-propre et de l'orgueil.

Rouss. D'où il suit que nos petits pâtres et nos pauvres villageoises regorgent d'amour-propre, et que nos brillans académiciens, nos jeunes abbés et nos dames du grand air, sont des prodiges de modestie et d'humilité. Ô malheureuse nation! où toutes les idées de l'aimable et du bon sont renversées et où l'arrogant amour-propre des gens du monde transforme en orgueil et en vices les vertus qu'ils foulent aux pieds !

Le Fr. Ne vous échauffez pas. Laissons ce nouveau paradoxe, sur lequel on peut disputer, et revenons à la sensibilité de notre homme, dont vous convenez vous-même, et qui se déduit de vos observations. D'une profonde indifférence sur tout ce qui ne touche pas son petit individu, il ne s'anime jamais que pour son propre intérêt; mais toutes les fois qu'il s'agit de lui, la violente intensité de son amour-propre doit en effet l'agiter jusqu'au transport; et ce n'est que quand cette agitation se modère qu'il commence d'exhaler sa bile et sa rage, qui, dans les premiers momens, se concentre avec force autour de son cœur.

Rouss. Mes observations, dont vous tirez ce résultat, m'en fournissent un tout contraire. Il est certain qu'il ne s'affecte pas généralement, comme tous nos auteurs, de toutes les questions un peu fines qui se présentent, et qu'il ne suffit pas, pour qu'une discussion l'intéresse, que l'esprit puisse y briller. J'ai toujours vu, j'en conviens, que pour vaincre sa paresse à parler, et l'émouvoir dans la conversation, il falloit un autre intérêt que celui de la vanité du babil; mais je n'ai guère vu que cet intérêt, capable de l'animer, fût son intérêt propre, celui de son *individu*. Au contraire, quand il s'agit de lui, soit qu'on le cajole par des flatteries, soit qu'on cherche à l'outrager à mots couverts, je lui ai toujours trouvé un air nonchalant et dédaigneux, qui ne montroit pas qu'il fît un grand cas de tous ces discours, ni de ceux qui les lui tenoient, ni de leurs opinions sur son compte; mais l'intérêt plus grand, plus noble qui l'anime et le passionne, est celui de la justice et de la vérité; et je ne l'ai jamais vu écouter de sang-froid toute doctrine qu'il crût nuisible au bien public. Son embarras de parler peut souvent l'empêcher de se commettre, lui et la bonne cause, vis-à-vis ces brillans péroreurs qui savent habiller en termes séduisans et magnifiques leur cruelle philosophie ; mais il est aisé de voir alors l'effort qu'il fait pour se taire, et combien son cœur souffre à laisser propager des erreurs qu'il croit funestes au genre humain. Défenseur indiscret du foible et de l'opprimé qu'il ne connoît même pas, je l'ai vu souvent rompre impétueusement en visière au puissant oppresseur qui, sans paroître offensé de son audace, s'apprêtoit, sous l'air de la modération, à lui faire payer cher un jour cette incartade : de sorte que, tandis qu'au zèle emporté de l'un on le prend pour un furieux ; l'autre, en méditant en secret des noirceurs, paroît un sage qui se possède ; et voilà comment, jugeant toujours sur les apparences, les hommes le plus souvent prennent le contre-pied de la vérité.

Je l'ai vu se passionner de même, et souvent jusqu'aux larmes, pour les choses bonnes et belles dont il étoit frappé dans les merveilles de la nature, dans les œuvres des hommes, dans les vertus, dans les talens, dans les beaux-arts, et généralement dans tout ce qui porte un caractère de force, de grâce ou de vérité, digne d'émouvoir une âme sensible. Mais surtout ce que je n'ai vu qu'en lui seul au monde, c'est un égal attachement pour les productions de ses plus cruels ennemis, et même pour celles qui déposoient contre ses propres idées, lorsqu'il y trouvoit les beautés faites pour toucher son cœur, les goûtant avec le même plaisir, les louant avec le même zèle que si son amour-propre n'en eût point reçu d'atteinte, que si l'auteur eût été son meilleur ami, et s'indignant avec le même feu des cabales faites pour leur ôter, avec les suffrages du public, le prix qui leur étoit dû. Son grand malheur est que tout cela n'est jamais réglé par la prudence, et qu'il se livre impétueusement au mouvement dont il est agité, sans en prévoir l'effet et les suites, ou sans s'en soucier. S'animer modérément n'est pas une chose en sa puissance ; il faut qu'il soit de flamme ou de glace : quand il est tiède, il est nul.

Enfin j'ai remarqué que l'activité de son âme duroit peu, qu'elle étoit courte à proportion qu'elle étoit vive, que l'ardeur de ses passions les consumoit, les dévoroit elles-mêmes, et qu'après de fortes et rapides explosions elles s'anéantissoient aussitôt, et le laissoient retomber dans ce premier engourdissement qui le livre au seul empire de l'habitude, et me paroît être son état permanent et naturel.

Voilà le précis des observations d'où j'ai tiré la connoissance de sa constitution physique, et par des conséquences nécessaires, confirmées par sa conduite en toute chose, celle de son vrai caractère. Ces observations, et les autres qui s'y rapportent, offrent pour résultat un tempérament mixte, formé d'élémens qui paroissent contraires : un cœur sensible, ardent, ou très-inflammable ; un cerveau compacte et lourd, dont les parties solides et massives ne peuvent être ébranlées que par une agitation du sang vive et prolongée. Je ne cherche point à lever en physicien ces apparentes contradictions ; et que m'importe ? Ce qui m'importoit étoit de m'assurer de leur réalité, et c'est aussi tout ce que j'ai fait. Mais ce résultat, pour paroître à vos yeux dans tout son jour, a besoin des explications que je vais tâcher d'y joindre.

J'ai souvent ouï reprocher à Jean-Jacques, comme vous venez de faire, un excès de sensibilité, et tirer de là l'évidente conséquence qu'il étoit un monstre. C'est surtout le but d'un nouveau livre anglois intitulé *Recherches sur l'âme*, où, à la faveur de je ne sais combien de beaux détails anatomiques et tout-à-fait concluans, on prouve qu'il n'y a point d'âme, puisque l'auteur n'en a point vu à l'origine des nerfs ; et l'on établit en principe que la sensibilité dans l'homme est la seule cause de ses vices et de ses crimes, et qu'il est méchant en raison de cette sensibilité, quoique, par une exception à la règle, l'auteur accorde que cette même sensibilité peut quelquefois engendrer des vertus. Sans disputer sur la doctrine impartiale du philosophe chirurgien, tâchons de commencer par bien entendre ce mot de *sensibilité*, auquel, faute de notions exactes, on applique à chaque instant des idées si vagues et souvent contradictoires.

La sensibilité est le principe de toute action. Un être, quoique animé, qui ne sentiroit rien, n'agiroit point : car où seroit pour lui le motif d'agir? Dieu lui-même est sensible, puisqu'il agit. Tous les hommes sont donc sensibles, et peut-être au même degré, mais non pas de la même manière. Il y a une sensibilité physique et organique qui, purement passive, paroît n'avoir pour fin que la conservation de notre corps et celle de notre espèce, par les directions du plaisir et de la douleur. Il y a une autre sensibilité, que j'appelle active et morale, qui n'est autre chose que la faculté d'attacher nos affections à des êtres qui nous sont étrangers. Celle-ci, dont l'étude des paires de nerfs ne donne pas la connoissance, semble offrir dans les âmes une analogie assez claire avec la faculté attractive des corps. Sa force est en raison des rapports que nous sentons entre nous et les autres êtres; et, selon la nature de ces rapports, elle agit tantôt positivement par attraction, tantôt négativement par répulsion, comme un aimant par ses pôles. L'action positive ou attirante est l'œuvre simple de la nature, qui cherche à étendre et renforcer le sentiment de notre être; la négative ou repoussante, qui comprime et rétrécit celui d'autrui, est une combinaison que la réflexion produit. De la première naissent toutes les passions aimantes et douces; de la seconde, toutes les passions haineuses et cruelles. Veuillez, monsieur, vous rappeler ici, avec les distinctions faites dans nos premiers entretiens entre l'amour de soi-même et l'amour-propre, la manière dont l'un et l'autre agissent sur le cœur humain. La sensibilité positive dérive immédiatement de l'amour de soi. Il est très-naturel que celui qui s'aime cherche à étendre son être et ses jouissances, et à s'approprier par l'attachement ce qu'il sent devoir être un bien pour lui; ceci est une pure affaire de sentiment, où la réflexion n'entre pour rien. Mais sitôt que cet amour absolu dégénère en amour-propre et comparatif, il produit la sensibilité négative, parce qu'aussitôt qu'on prend l'habitude de se mesurer avec d'autres, et de se transporter hors de soi, pour s'assigner la première et meilleure place, il est impossible de ne pas prendre en aversion tout ce qui nous surpasse, tout ce qui nous rabaisse, tout ce qui nous comprime, tout ce qui, étant quelque chose, nous empêche d'être tout. L'amour-propre est toujours irrité ou mécontent, parce qu'il voudroit que chacun nous préférât à tout et à lui-même; ce qui ne se peut; il s'irrite des préférences qu'il sent que d'autres méritent, quand même ils ne les obtiendroient pas; il s'irrite des avantages qu'un autre a sur nous, sans s'apaiser par ceux dont il se sent dédommagé. Le sentiment de l'infériorité à un seul égard empoisonne alors celui de la supériorité à mille autres, et l'on oublie ce qu'on a de plus, pour s'occuper uniquement de ce qu'on a de moins. Vous sentez qu'il n'y a pas à tout cela de quoi disposer l'âme à la bienveillance.

Si vous me demandez d'où naît cette disposition à se comparer, qui change une passion naturelle et bonne en une autre passion factice et mauvaise, je vous répondrai qu'elle vient des relations sociales, du progrès des idées, et de la culture de l'esprit. Tant qu'occupé des seuls besoins absolus on se borne à rechercher ce qui nous est vraiment utile, on ne jette guère sur d'autres un regard oiseux; mais à mesure que la société se resserre par le lien des besoins mutuels, à mesure que l'esprit s'étend, s'exerce et s'éclaire, il prend plus d'activité, il embrasse plus d'objets, saisit plus de rapports, examine, compare; dans ses fréquentes comparaisons, il n'oublie ni lui-même, ni ses semblables, ni la place à laquelle il prétend parmi eux. Dès qu'on a commencé de se mesurer ainsi l'on ne cesse plus, et le cœur ne sait plus s'occuper désormais qu'à mettre tout le monde au-dessous de nous. Aussi remarque-t-on généralement, en confirmation de cette théorie, que les gens d'esprit, et surtout les gens de lettres, sont de tous les hommes ceux qui ont une plus grande intensité d'amour-propre, les moins portés à aimer, les plus portés à haïr.

Vous me direz peut-être que rien n'est plus commun que des sots pétris d'amour-propre. Cela n'est vrai qu'en distinguant. Fort souvent les sots sont vains, mais rarement ils sont jaloux, parce que, se croyant bonnement à la première place, ils sont toujours très-contens de leur lot. Un homme d'esprit n'a guère le même bonheur; il sent parfaitement et ce qui lui manque et l'avantage qu'en fait de mérite ou de talens un autre peut avoir sur lui. Il n'avoue cela qu'à lui-même, mais il le sent en dépit de lui, et voilà ce que l'amour-propre ne pardonne point.

Ces éclaircissemens m'ont paru nécessaires pour jeter du jour sur ces imputations de sensibilité, tournées par les uns en éloges, et par les autres en reproches, sans que les uns ni les autres sachent trop ce qu'ils veulent dire par là, faute d'avoir conçu qu'il est des genres de sensibilité de natures différentes et même contraires, qui ne sauroient s'allier ensemble dans un même individu. Passons maintenant à l'application.

Jean-Jacques m'a paru doué de la sensibilité physique à un assez haut degré. Il dépend beaucoup de ses sens, et il en dépendroit bien davantage si la sensibilité morale n'y faisoit souvent diversion; et c'est même encore souvent par celle-ci que l'autre l'affecte si vivement. De beaux sons, un beau ciel, un beau paysage, un beau lac, des fleurs, des parfums, de beaux yeux, un doux regard; tout cela ne réagit si fort sur ses sens qu'après avoir percé par quelque côté jusqu'à son cœur. Je l'ai vu faire deux lieues par jour, durant presque tout un printemps, pour aller écouter à Berci le rossignol à son aise; il falloit l'eau, la verdure, la solitude et les bois pour rendre le chant de cet oiseau touchant à son oreille; et la campagne elle-même auroit moins de charmes à ses yeux s'il n'y voyoit les soins de la mère commune qui se plaît à parer le séjour de ses enfans. Ce qu'il y a de mixte dans la plupart de ses sensations les tempère, et, ôtant à celles qui sont purement matérielles l'attrait séducteur des autres, fait que toutes agissent sur lui plus modérément. Ainsi sa sensualité, quoique vive, n'est jamais fougueuse, et, sentant moins les privations que les jouissances, il pourroit se dire en un sens plutôt tempérant que sobre. Cependant l'abstinence totale peut lui coûter quand l'imagination le tourmente, au lieu que la modération ne lui coûte plus rien dans ce qu'il possède, parce qu'alors l'imagination n'agit plus. S'il aime à jouir, c'est seulement après avoir désiré, et il n'attend pas pour cesser que le désir cesse, il suffit qu'il soit attiédi. Ses goûts sont sains, délicats même, mais non pas raffinés. Le bon vin, les bons mets, lui plaisent fort; mais il aime par préférence ceux qui sont simples, communs, sans apprêt, mais choisis dans leur espèce, et ne fait aucun cas en aucune chose du prix que donne uniquement la rareté. Il hait les mets fins et la chère trop recherchée. Il entre bien rarement chez lui du gibier, et il n'y en entreroit jamais s'il y étoit mieux le maître. Ses repas, ses festins, sont d'un plat unique et toujours le même jusqu'à ce qu'il soit achevé. En un mot, il est sensuel plus qu'il ne faudroit peut-être, mais pas assez pour n'être que cela. On dit du mal de ceux qui le sont, cependant ils suivent dans toute sa simplicité l'instinct de la nature, qui nous porte à rechercher ce qui nous flatte et à fuir ce qui nous répugne : je ne vois pas quel mal produit un pareil penchant. L'homme sensuel est l'homme de la nature; l'homme réfléchi est celui de l'opinion; c'est celui-ci qui est dangereux. L'autre ne peut jamais l'être, quand même il tomberoit dans l'excès. Il est vrai qu'il faut borner ce mot de sensualité à l'acception que je lui donne, et ne pas l'étendre à ces voluptueux de parade qui se font une vanité de l'être, ou qui, pour vouloir passer les limites du plaisir, tombent dans la dépravation, ou qui, dans les raffinemens du luxe, cherchant moins les charmes de la jouissance que ceux de l'exclusion, dédaignent les plaisirs dont tout homme a le choix, et se bornent à ceux qui font envie au peuple.

Jean-Jacques, esclave de ses sens, ne s'affecte pas néanmoins de toutes les sensations; et pour qu'un objet lui fasse impression, il faut qu'à la simple sensation se joigne un sentiment distinct de plaisir ou de peine qui l'attire ou qui le repousse. Il en est de même des idées qui peuvent frapper son cerveau : si l'impression n'en pénètre jusqu'à son cœur, elle est nulle. Rien d'indifférent pour lui ne peut rester dans sa mémoire, et à peine peut-on dire qu'il aperçoive ce qu'il ne fait qu'apercevoir. Tout cela fait qu'il n'y eut jamais sur la terre d'homme moins curieux des affaires d'autrui, et de ce qui ne le touche en aucune sorte, ni de plus mauvais observateur, quoiqu'il ait cru long-temps en être un très-bon, parce qu'il croyoit toujours bien voir quand il ne faisoit que sentir vivement. Mais celui qui ne sait voir que les objets qui le touchent en détermine mal les rapports, et, quelque délicat que soit le toucher d'un aveugle, il ne lui tiendra jamais lieu de deux bons yeux. En un mot, tout ce qui n'est que de pure curiosité, soit dans les arts, soit dans le monde, soit dans la nature, ne tente ni ne flatte Jean-Jacques en aucune sorte, et jamais on ne le verra s'en occuper volontairement un seul moment. Tout cela tient encore à cette paresse de penser qui, déjà trop contrariée pour son propre compte, l'empêche d'être affecté des objets indifférens. C'est aussi par là qu'il faut expliquer ces distractions continuelles qui dans les conversations ordinaires l'empêchent d'entendre presque rien de ce qui se dit, et vont quelquefois jusqu'à la stupidité. Ces distractions ne viennent pas de ce qu'il pense à autre chose, mais de ce qu'il ne pense à rien, et qu'il ne peut supporter la fatigue d'écouter ce qu'il lui importe peu de savoir : il paroît distrait, sans l'être, et n'est exactement qu'engourdi.

De là les imprudences et les balourdises qui lui échappent à tout moment, et qui lui ont fait plus de mal que ne lui en auroient fait les vices les plus odieux : car ces vices l'auroient forcé d'être attentif sur lui-même pour les déguiser aux yeux d'autrui. Les gens adroits, faux, malfaisans, sont toujours en garde et ne donnent aucune prise sur eux par leurs discours. On est bien moins soigneux de cacher le mal quand on sent le bien qui le rachète, et qu'on ne risque rien à se montrer tel qu'on est. Quel est l'honnête homme qui n'ait ni vice ni défaut, et qui, se mettant toujours à découvert, ne dise et ne fasse jamais des choses répréhensibles ? L'homme rusé qui ne se montre que tel qu'il veut qu'on le voie n'en paroît point faire et n'en dit jamais, du moins en public ; mais défions-nous des gens parfaits. Même indépendamment des imposteurs qui le défigurent, Jean-Jacques eût toujours difficilement paru ce qu'il vaut, parce qu'il ne sait pas mettre son prix en montre, et que sa maladresse y met incessamment ses défauts. Tels sont en lui les effets bons et mauvais de la sensibilité physique.

Quant à la sensibilité morale, je n'ai connu aucun homme qui en fût autant subjugué ; mais c'est ici qu'il faut s'entendre : car je n'ai trouvé en lui que celle qui agit positivement, qui vient de la nature et que j'ai ci-devant décrite. Le besoin d'attacher son cœur, satisfait avec plus d'empressement que de choix, a causé tous les malheurs de sa vie ; mais, quoiqu'il s'anime assez fréquemment et souvent très-vivement, je ne lui ai jamais vu de ces démonstrations affectées et convulsives, de ces singeries à la mode dont on nous fait des maladies de nerfs. Ses émotions s'aperçoivent, quoiqu'il ne s'agite pas : elles sont naturelles et simples comme son caractère ; il est parmi tous ces énergumènes de sensibilité comme une belle femme sans rouge, qui, n'ayant que les couleurs de la nature, paroît pâle au milieu des visages fardés. Pour la sensibilité répulsive qui s'exalte dans la société, et dont je distingue l'impression vive et rapide du premier moment qui produit la colère et non pas la haine, je ne lui en ai trouvé des vestiges que par le côté qui tient à l'instinct moral, c'est-à-dire que la haine de l'injustice et de la méchanceté peut bien lui rendre odieux l'homme injuste et le méchant, mais sans qu'il se mêle à cette aversion rien de personnel qui tienne à l'amour-propre. Rien de celui d'auteur et d'homme de lettres ne se fait sentir en lui. Jamais sentiment de haine et de jalousie contre aucun homme ne prit racine au fond de son cœur ; jamais on ne l'ouït dépriser ni rabaisser les hommes célèbres pour nuire à leur réputation. De sa vie il n'a tenté, même dans ses courts succès, de se faire ni parti, ni prosélytes, ni de primer nulle part. Dans toutes les sociétés où il a vécu, il a toujours laissé donner le ton par d'autres, s'attachant lui-même des premiers à leur char, parce qu'il leur trouvoit du mérite, et que leur esprit épargnoit de la peine au sien ; tellement que, dans aucune de ces sociétés, on ne s'est jamais douté des talens prodigieux dont le public le gratifie aujourd'hui pour en faire les instrumens de ses crimes ; et maintenant encore, s'il vivoit parmi des gens non prévenus, qui ne sussent point qu'il a fait des livres, je suis sûr que, loin de l'en croire capable, tous s'accorderoient à ne lui trouver ni goût ni vocation pour ce métier.

Ce même naturel ardent et doux se fait constamment sentir dans tous ses écrits comme dans ses discours. Il ne cherche ni n'évite de parler de ses ennemis. Quand il en parle, c'est avec une fierté sans dédain, avec une plaisanterie sans fiel, avec des reproches sans amertume, avec une franchise sans malignité. Et de même il ne parle de ses rivaux de gloire qu'avec des éloges mérités sous lesquels aucun venin ne se cache; ce qu'on ne dira sûrement pas de ceux qu'ils font quelquefois de lui. Mais ce que j'ai trouvé en lui de plus rare pour un auteur, et même pour tout homme sensible, c'est la tolérance la plus parfaite en faits de sentimens et d'opinions, et l'éloignement de tout esprit de parti, même en sa faveur; voulant dire en liberté son avis et ses raisons quand la chose le demande, et même, quand son cœur s'échauffe, y mettant de la passion; mais ne blâmant pas plus qu'on n'adopte pas son sentiment, qu'il ne souffre qu'on le lui veuille ôter, et laissant à chacun la même liberté de penser qu'il réclame pour lui-même. J'entends tout le monde parler de tolérance, mais je n'ai connu de vrai tolérant que lui seul.

Enfin l'espèce de sensibilité que j'ai trouvée en lui peut rendre peu sages et très-malheureux ceux qu'elle gouverne; mais elle n'en fait ni des cerveaux brûlés ni des monstres : elle en fait seulement des hommes inconséquens et souvent en contradiction avec eux-mêmes, quand unissant, comme celui-ci, un cœur vif et un esprit lent, ils commencent par ne suivre que leurs penchans, et finissent par vouloir rétrograder, mais trop tard, quand leur raison plus tardive les avertit enfin qu'ils s'égarent.

Cette opposition entre les premiers élémens de sa constitution se fait sentir dans la plupart des qualités qui en dérivent et dans toute sa conduite. Il y a peu de suite dans ses actions, parce que ses mouvemens naturels et ses projets réfléchis ne le menant jamais sur la même ligne, les premiers le détournent à chaque instant de la route qu'il s'est tracée, et qu'en agissant beaucoup il n'avance point. Il n'y a rien de grand, de beau, de généreux dont par élans il ne soit capable; mais il se lasse bien vite, et retombe aussitôt dans son inertie : c'est en vain que les actions nobles et belles sont quelques instans dans son courage, la paresse et la timidité qui succèdent bientôt le retiennent, l'anéantissent, et voilà comment, avec des sentimens quelquefois élevés et grands, il fut toujours petit et nul par sa conduite.

Voulez-vous donc connoître à fond sa conduite et ses mœurs, étudiez bien ses inclinations et ses goûts; cette connoissance vous donnera l'autre parfaitement; car jamais homme ne se conduisit moins sur des principes et des règles, et ne suivit plus aveuglément ses penchans. Prudence, raison, précaution, prévoyance, tout cela ne sont pour lui que des mots sans effet. Quand il est tenté, il succombe; quand il ne l'est pas, il reste dans sa langueur. Par là vous voyez que sa conduite doit être inégale et sautillante, quelques instans impétueuse, et presque toujours molle ou nulle. Il ne marche pas; il fait des bonds, et retombe à la même place; son activité même ne tend qu'à le ramener à celle dont la force des choses le tire; et, s'il n'étoit poussé que par son plus constant désir, il resteroit toujours immobile. Enfin, jamais il n'exista d'être plus sensible à l'émotion et moins formé pour l'action.

Jean-Jacques n'a pas toujours fui les hommes; mais il a toujours aimé la solitude. Il se plaisoit avec les amis qu'il croyoit avoir; mais il se plaisoit encore plus avec lui-même. Il chérissoit leur société; mais il avoit quelquefois besoin de se recueillir, et peut-être eût-il encore mieux aimé vivre toujours seul que toujours avec eux. Son affection pour le roman de *Robinson* m'a fait juger qu'il ne se fût pas cru si malheureux que lui, confiné dans son île déserte. Pour un homme sensible, sans ambition et sans vanité, il est moins cruel et moins difficile de vivre seul dans un désert que seul parmi ses semblables. Du reste, quoique cette inclination pour la vie retirée et solitaire n'ait certainement rien de méchant et de misanthrope, elle est néanmoins si singulière, que je ne l'ai jamais trouvée à ce point qu'en lui seul, et qu'il en falloit absolument démêler la cause précise, ou renoncer à bien connoître l'homme dans lequel je la remarquois.

J'ai bien vu d'abord que la mesure des sociétés ordinaires, où règne une familiarité apparente et une réserve réelle, ne pouvoit lui convenir. L'impossibilité de flatter son langage et de cacher les mouvemens de son cœur mettoit de son côté un désavantage énorme vis-à-vis du reste des hommes, qui, sachant cacher ce qu'ils sentent et ce qu'ils sont, se montrent uniquement comme il leur convient qu'on les voie. Il n'y avoit qu'une intimité parfaite qui pût entre eux et lui rétablir l'égalité. Mais, quand il l'y a mise, ils n'en ont mis, eux, que l'apparence : elle étoit de sa part une imprudence, et de la leur une embûche; et cette tromperie, dont il fut la victime, une fois sentie, a dû pour jamais le tenir éloigné d'eux.

Mais enfin, perdant les douceurs de la société humaine, qu'a-t-il substitué qui pût l'en dédommager et lui faire préférer ce nouvel état à l'autre malgré ses inconvéniens? Je sais que le bruit du monde effarouche les cœurs aimans et tendres; qu'ils se resserrent et se compriment dans la foule, qu'ils se dilatent et s'épanchent entre eux, qu'il n'y a de véritable effusion que dans le tête-à-tête; qu'enfin cette intimité délicieuse qui fait la véritable jouissance de l'amitié ne peut guère se former et se nourrir que dans la retraite; mais je sais aussi qu'une solitude absolue est un état triste et contraire à la nature; les sentimens affectueux nourrissent l'âme, la communication des idées avive l'esprit. Notre plus douce existence est relative et collective, et notre vrai *moi* n'est pas tout entier en nous. Enfin, telle est la constitution de l'homme en cette vie, qu'on n'y parvient jamais à bien jouir de soi sans le concours d'autrui. Le solitaire Jean-Jacques devroit donc être sombre, taciturne, et vivre toujours mécontent. C'est en effet ainsi qu'il paroît dans tous ses portraits, et c'est ainsi qu'on me l'a toujours dépeint depuis ses malheurs; même on lui fait dire dans une lettre imprimée, qu'il n'a ri dans toute sa vie que deux fois qu'il cite, et toutes deux d'un rire de méchanceté. Mais on me parloit jadis de lui tout autrement, et je l'ai vu tout autre lui-même sitôt qu'il s'est mis à son aise avec moi. J'ai surtout été frappé de ne lui trouver jamais l'esprit si gai, si serein, que quand on l'avoit laissé seul et tranquille, ou au retour de sa promenade solitaire, pourvu que ce ne fût pas un flagorneur qui l'accostât. Sa conversation étoit alors encore plus ouverte et douce qu'à l'ordinaire, comme seroit celle d'un homme qui sort d'avoir du plaisir. De quoi s'occupoit-il donc ainsi seul, lui qui, *devenu la risée et l'horreur de ses contemporains, ne voit dans sa triste destinée que des sujets de larmes et de désespoir?*

O Providence! ô nature! trésor du pauvre, ressource de l'infortuné; celui qui sent, qui connoît vos saintes lois et s'y confie, celui dont le cœur est en paix et dont le corps ne souffre pas, grâces à vous, n'est point tout entier en proie à l'adversité. Malgré tous les complots des hommes, tous les succès des méchans, il ne peut être absolument misérable. Dépouillé par des mains cruelles de tous les biens de cette vie, l'espérance l'en dédommage dans l'avenir, l'imagination les lui rend dans l'instant même; d'heureuses fictions lui tiennent lieu d'un bonheur réel; et, que dis-je? lui seul est solidement heureux, puisque les biens terrestres peuvent à chaque instant échapper en mille manières à celui qui croit les tenir : mais rien ne peut ôter ceux de l'imagination à quiconque sait en jouir. Il les possède sans risque et sans crainte; la fortune et les hommes ne sauroient l'en dépouiller.

Foible ressource, allez-vous dire, que des visions contre une grande adversité! Eh! monsieur, ces visions ont plus de réalité peut-être que tous les biens apparens dont les hommes font tant de cas, puisqu'ils ne portent jamais dans l'âme un vrai sentiment de bonheur, et que ceux qui les possèdent sont également forcés de se jeter dans l'avenir, faute de trouver dans le présent des jouissances qui les satisfassent.

Si l'on vous disoit qu'un mortel, d'ailleurs très-infortuné, passe régulièrement cinq ou six heures par jour dans des sociétés délicieuses, composées d'hommes justes, vrais, gais, aimables, simples avec de grandes lumières, doux avec de grandes vertus; de femmes charmantes et sages, pleines de sentiment et de grâces, modestes sans grimace, badines sans étourderie, n'usant de l'ascendant de leur sexe et de l'empire de leurs charmes que pour nourrir entre les hommes l'émulation des grandes choses et le zèle de la vertu; que ce mortel, connu, estimé, chéri dans ces sociétés d'élite, y vit, avec tout ce qui les compose, dans un commerce de confiance, d'attachement, de familiarité; qu'il y trouve à son choix des amis sûrs, des maîtresses *fidèles, de tendres et solides amies,* qui valent peut-être encore mieux : pensez-vous que la moitié de chaque jour ainsi passée ne rachèteroit pas bien les peines de l'autre moitié? Le souvenir toujours présent d'une si douce vie et l'espoir assuré de son prochain retour n'adouciroient-ils pas bien encore l'amertume du reste du temps? et croyez-vous qu'à tout prendre l'homme le plus heureux de la terre compte dans le même espace plus de momens aussi doux? Pour moi, je pense, et vous penserez, je m'assure, que cet homme pourroit se flatter, malgré ses peines, de passer de cette manière une vie aussi pleine de bonheur et de jouissances que tel autre mortel que ce soit. Hé bien! monsieur, tel est l'état de Jean-Jacques au milieu de ses afflictions et de ses fictions, de ce Jean-Jacques si cruellement, si obstinément, si indignement noirci, flétri, diffamé, et qu'avec des soucis, des soins, des frais énormes, ses adroits, ses puissans persécuteurs travaillent depuis si long-temps sans relâche à rendre le plus malheureux des êtres. Au milieu de tous leurs succès, il leur échappe; et, se réfugiant dans les régions éthérées, il vit heureux en dépit d'eux : jamais, avec toutes leurs machines, ils ne le poursuivront jusque-là.

Les hommes, livrés à l'amour-propre et à son triste cortège, ne connoissent plus le charme et l'effet de l'imagination. Ils pervertissent l'usage de cette faculté consolatrice : au lieu de s'en servir pour adoucir le sentiment de leurs maux, ils ne s'en servent que pour l'irriter. Plus occupés des objets qui les blessent que de ceux qui les flattent, ils voient partout quelque sujet de peine, ils gardent toujours quelque souvenir attristant; et, quand ensuite ils méditent dans la solitude sur ce qui les a le plus affectés, leurs cœurs ulcérés remplissent leur imagination de mille objets funestes. Les concurrences, les préférences, les jalousies, les rivalités, les offenses, les vengeances, les mécontentemens de toute espèce, l'ambition, les désirs, les projets, les moyens, les obstacles, remplissent de pensées inquiétantes les heures de leurs courts loisirs; et, si quelque image agréable ose y paroître avec l'espérance, elle en est effacée ou obscurcie par cent images pénibles que le doute du succès vient bientôt y substituer.

Mais celui qui, franchissant l'étroite prison de l'intérêt personnel et des petites passions terrestres, s'élève sur les ailes de l'imagination au-dessus des vapeurs de notre atmosphère; celui qui, sans épuiser sa force et ses facultés à lutter contre la fortune et la destinée, sait s'élancer dans les régions éthérées, y planer, et s'y soutenir par de sublimes contemplations, peut de là braver les coups du sort et des insensés jugemens des hommes. Il est au-dessus de leurs atteintes, il n'a pas besoin de leur suffrage pour être sage, ni de leur faveur pour être heureux. Enfin tel est en nous l'empire de l'imagination, et telle en est l'influence, que d'elle naissent, non-seulement les vertus et les vices, mais les biens et les maux de la vie humaine; et que c'est principalement la manière dont on s'y livre qui rend les hommes bons ou méchans, heureux ou malheureux ici-bas.

Un cœur actif et un naturel paresseux doivent inspirer le goût de la rêverie. Ce goût perce et devient une passion très-vive, pour peu qu'il soit secondé par l'imagination. C'est ce qui arrive très-fréquemment aux Orientaux; c'est ce qui est arrivé à Jean-Jacques, qui leur ressemble à bien des égards. Trop soumis à ses sens pour pouvoir, dans les jeux de la sienne, en secouer le joug, il ne s'élèveroit pas sans peine à des méditations purement abstraites, et ne s'y soutiendroit pas long-temps. Mais cette foiblesse d'entendement lui est peut-être plus avantageuse que ne seroit une tête plus philosophique. Le concours des objets sensibles rend ses méditations moins sèches, plus douces, plus illusoires, plus appropriées à lui tout entier. La nature s'habille pour lui des formes les plus charmantes, se peint à ses yeux des couleurs les plus vives, se peuple pour son usage d'êtres selon son cœur : et lequel est le plus consolant, dans l'infortune, de profondes conceptions qui fatiguent, ou de riantes fictions qui ravissent, et transportent celui qui s'y livre au sein de la félicité? il raisonne moins, il est vrai, mais il jouit davantage : *il ne perd pas un moment pour la jouissance; et, sitôt qu'il est seul, il est heureux.*

La rêverie, quelque douce qu'elle soit, épuise et fatigue à la longue, elle a besoin de délassement. On le trouve en laissant reposer sa tête et livrant uniquement ses sens à l'impression des objets extérieurs. Le plus indifférent spectacle a sa douceur par le relâche qu'il nous procure; et, pour peu que l'impression ne soit pas tout-à-fait nulle, le mouvement léger dont elle nous agite suffit pour nous préserver d'un engourdissement léthargique, et nourrir en nous le plaisir d'exister, sans donner de l'exercice à nos facultés. Le contemplatif Jean-Jacques, en tout autre temps si peu attentif aux objets qui l'entourent, a souvent grand besoin de ce repos, et le goûte alors avec une sensualité d'enfant, dont nos sages ne se doutent guère. Il n'aperçoit rien, sinon quelque mouvement à son oreille ou devant ses yeux ; mais c'en est assez pour lui. Non-seulement une parade de foire, une revue, un exercice, une procession, l'amuse ; mais la grue, le cabestan, le mouton, le jeu d'une machine quelconque, un bateau qui passe, un moulin qui tourne, un bouvier qui laboure, des joueurs de boule ou de battoir, la rivière qui court, l'oiseau qui vole, attachent ses regards. Il s'arrête même à des spectacles sans mouvement, pour peu que la variété y supplée. Des colifichets en étalage, des bouquins ouverts sur les quais, et dont il ne lit que les titres, des images contre les murs, qu'il parcourt d'un œil stupide, tout cela l'arrête et l'amuse quand son imagination fatiguée a besoin de repos. Mais nos modernes sages, qui le suivent et l'épient dans tout ce badaudage, en tirent des conséquences à leur mode sur les motifs de son attention, et toujours dans l'aimable caractère dont ils l'ont obligeamment gratifié. Je le vis un jour assez long-temps arrêté devant une gravure. Des jeunes gens inquiets de savoir ce qui l'occupoit si fort, mais assez polis, contre l'ordinaire, pour ne pas s'aller interposer entre l'objet et lui, attendirent avec une risible impatience. Sitôt qu'il partit, ils coururent à la gravure, et trouvèrent que c'étoit le plan des attaques du fort de Kehl. Je les vis ensuite long-temps et vivement occupés d'un entretien fort animé, dans lequel je compris qu'ils fatiguoient leur Minerve à chercher quel crime on pouvoit méditer en regardant le plan des attaques du fort de Kehl.

Voilà, monsieur, une grande découverte, et dont je me suis beaucoup félicité, car je la regarde comme la clef des autres singularités de cet homme. De cette pente aux douces rêveries j'ai vu dériver *tous les goûts, tous les penchans, toutes les habitudes* de Jean-Jacques, ses vices même, et les vertus qu'il peut avoir. Il n'a guère assez de suite dans ses idées pour former de vrais projets ; mais, enflammé par la longue contemplation d'un objet, il fait parfois dans sa chambre de fortes et promptes résolutions, qu'il oublie ou qu'il abandonne avant d'être arrivé dans la rue. Toute la vigueur de sa volonté s'épuise à résoudre ; il n'en a plus pour exécuter. Tout suit en lui d'une première inconséquence. La même opposition qu'offrent les élémens de sa constitution se retrouve dans ses inclinations, dans ses mœurs, et dans sa conduite. Il est actif, ardent, laborieux, infatigable ; il est indolent, paresseux, sans vigueur ; il est fier, audacieux, téméraire ; il est craintif, timide, embarrassé ; il est froid, dédaigneux, rebutant jusqu'à la dureté ; il est doux, caressant, facile jusqu'à la foiblesse, et ne sait pas se défendre de faire ou souffrir ce qui lui plaît le moins. En un mot, il passe d'une extrémité à l'autre avec une incroyable rapidité, sans même remarquer ce passage, ni se souvenir de ce qu'il étoit l'instant auparavant ; et, pour rapporter ces effets divers à leurs causes primitives, il est lâche et mou tant que la seule raison l'excite, il devient tout de feu sitôt qu'il est animé par quelque passion. Vous me direz que c'est comme cela que sont tous les hommes. Je pense tout le contraire, et vous ne penseriez pas ainsi vous-même, si j'avois mis le mot *intérêt* à la place du mot *raison*, qui dans le fond signifie ici la même chose ; car qu'est-ce que la raison pratique, si ce n'est le sacrifice d'un bien présent et passager aux moyens de s'en procurer un jour de plus grands ou de plus solides ; et qu'est-ce que l'intérêt, si ce n'est l'augmentation et l'extension continuelle de ces mêmes moyens ? L'homme intéressé songe moins à jouir qu'à multiplier pour lui l'instrument des jouissances. Il n'a point proprement de passions, non plus que l'avare, ou il les surmonte et travaille uniquement, par un excès de prévoyance, à se mettre en état de satisfaire à son aise celles qui pourront lui venir un jour. Les véritables passions, plus rares qu'on ne pense parmi les hommes, le deviennent de jour en jour davantage ; l'intérêt les élime, les atténue, les engloutit toutes, et la vanité, qui n'est qu'une bêtise de l'amour-propre, aide encore à les étouffer. *La devise du baron de Feneste* se lit en gros caractères sur toutes les actions des hommes de nos jours, *c'est pour paroître*. Ces dispositions habituelles ne sont guère propres à laisser agir les vrais mouvemens du cœur.

Pour Jean-Jacques, incapable d'une prévoyance un peu suivie, et tout entier à chaque sentiment qui l'agite, il ne conçoit pas même, pendant sa durée, qu'il puisse jamais cesser d'en être affecté. Il ne pense à son intérêt, c'est-à-dire à l'avenir, que dans un calme absolu; mais il tombe alors dans un tel engourdissement, qu'autant vaudroit qu'il n'y pensât point du tout. Il peut bien dire, au contraire de ces gens de l'Évangile et de ceux de nos jours, qu'où est le cœur là est aussi son trésor. En un mot, son âme est forte ou foible à l'excès, selon les rapports sous lesquels on l'envisage. Sa force n'est pas dans l'action, mais dans la résistance ; toutes les puissances de l'univers ne feroient pas fléchir un instant les directions de sa volonté. L'amitié seule eût eu le pouvoir de l'égarer, il est à l'épreuve de tout le reste. Sa foiblesse ne consiste pas à se laisser détourner de son but, mais à manquer de vigueur pour l'atteindre, et à se laisser arrêter tout court par le premier obstacle qu'elle rencontre, quoique facile à surmonter. Jugez si ces dispositions le rendroient propre à faire son chemin dans le monde, où l'on ne marche que par zig-zag.

Tout a concouru dès ses premières années à détacher son âme des lieux qu'habitoit son corps, pour l'élever et la fixer dans ces régions éthérées dont je vous parlois ci-devant. Les hommes illustres de Plutarque furent sa première lecture, dans un âge où rarement les enfans savent lire. Les traces de ces hommes antiques firent en lui des impressions qui jamais n'ont pu s'effacer. A ces lectures succéda celle de *Cassandre* et des vieux romans, qui, tempérant sa fierté romaine, ouvrirent ce cœur naissant à tous les sentimens expansifs et tendres auxquels il n'étoit déjà que trop disposé. Dès lors il se fit des hommes et de la société des idées romanesques et fausses, dont tant d'expériences funestes n'ont jamais bien pu le guérir. Ne trouvant rien autour de lui qui réalisât ses idées, il quitta sa patrie, encore jeune adolescent, et se lança dans le monde avec confiance, y cherchant les Aristides, les Lycurgues, et les Astrées, dont il le croyoit rempli. Il passa sa vie à jeter son cœur dans ceux qu'il crut s'ouvrir pour le recevoir, à croire avoir trouvé ce qu'il cherchoit, et à se désabuser. Durant sa jeunesse, il trouva des âmes bonnes et simples, mais sans chaleur et sans énergie. Dans son âge mûr, il trouva des esprits vifs, éclairés et fins, mais faux, doubles et méchans, qui parurent l'aimer tant qu'ils eurent la première place; mais qui, dès qu'ils s'en crurent offusqués, n'usèrent de sa confiance que pour l'accabler d'opprobres et de malheurs. Enfin, se voyant devenu la risée et le jouet de son siècle, sans savoir comment ni pourquoi, il comprit que, vieillissant dans la haine publique, il n'avoit plus rien à espérer des hommes ; et, se détrompant trop tard des illusions qui l'avoient abusé si long-temps, il se livra tout entier à celles qu'il pouvoit réaliser tous les jours, et finit par nourrir de ses seules chimères son cœur, que le besoin d'aimer avoit toujours dévoré. Tous ses goûts, toutes ses passions ont ainsi leurs objets dans une autre sphère. Cet homme tient moins à celle-ci, qu'aucun autre mortel qui me soit connu. Ce n'est pas de quoi se faire aimer de ceux qui l'habitent, et qui, se sentant dépendre de tout le monde, veulent aussi que tout le monde dépende d'eux.

Ces causes, tirées des événemens de sa vie, auroient pu seules lui faire fuir la foule et rechercher la solitude. Les causes naturelles, tirées de sa constitution, auroient dû seules produire aussi le même effet. Jugez s'il pouvoit échapper au concours de ces différentes causes pour le rendre ce qu'il est aujourd'hui. Pour mieux sentir cette nécessité, écartons un moment tous les faits, ne supposons connu que le tempérament que je vous ai décrit, et voyons ce qui devroit naturellement en résulter, dans un être fictif, dont nous n'aurions aucune autre idée.

Doué d'un cœur très-sensible, et d'une imagination très-vive, mais lent à penser, arrangeant difficilement ses pensées, et plus difficilement ses paroles, il fuira les situations qui lui sont pénibles, et recherchera celles qui lui sont commodes ; il se complaira dans le sentiment de ses avantages, il en jouira tout à son aise dans des rêveries délicieuses; mais il aura la plus forte répugnance à étaler sa gaucherie dans les assemblées; et l'inutile effort d'être toujours attentif à ce qui se dit, et d'avoir toujours l'esprit présent et tendu pour y répondre, lui rendra les sociétés indifférentes aussi fatigantes que déplaisantes. La mémoire et la réflexion renforceront encore cette répugnance, en lui faisant entendre, après coup, des multitudes de choses qu'il n'a pu d'abord entendre, et auxquelles, forcé de répondre à l'instant, il a répondu de travers, faute d'avoir le temps d'y penser. Mais, né pour de vrais attachemens, la société des cœurs et l'intimité lui seront très-précieuses; et il se sentira d'autant plus à son aise avec ses amis, que, bien connu d'eux ou croyant l'être, il n'aura pas peur qu'ils le jugent sur les sottises qui peuvent lui échapper dans le rapide bavardage de la conversation. Aussi le plaisir de vivre avec eux exclusivement se marquera-t-il sensiblement dans ses yeux et dans ses manières; mais l'arrivée d'un survenant fera disparoître à l'instant sa confiance et sa gaîté.

Sentant ce qu'il vaut en dedans, le sentiment de son invincible ineptie au dehors pourra lui donner souvent du dépit contre lui-même, et quelquefois contre ceux qui le forceront de la montrer. Il devra prendre en aversion tout ce flux de complimens, qui ne sont qu'un art de s'en attirer à soi-même, et de provoquer une escrime en paroles; art surtout employé par les femmes et chéri d'elles, sûres de l'avantage qui doit leur en revenir. Par conséquent, quelque penchant qu'ait notre homme à la tendresse, quelque goût qu'il ait naturellement pour les femmes, il n'en pourra souffrir le commerce ordinaire, où il faut fournir un perpétuel tribut de gentillesses qu'il se sent hors d'état de payer. Il parlera peut-être aussi bien qu'un autre le langage de l'amour dans le tête-à-tête, mais plus mal que qui que ce soit celui de la galanterie dans un cercle.

Les hommes qui ne peuvent juger d'autrui que par ce qu'ils en aperçoivent, ne trouvant rien en lui que de médiocre et de commun tout au plus, l'estimeront au-dessous de son prix. Ses yeux, animés par intervalles, promettroient en vain ce qu'il seroit hors d'état de tenir. Ils brilleroient en vain quelquefois d'un feu bien différent de celui de l'esprit: ceux qui ne connoissent que celui-ci, ne le trouvant point en lui, n'iroient pas plus loin; et, jugeant de lui sur cette apparence, ils diroient: C'est un homme d'esprit en peinture, c'est un sot en original. Ses amis mêmes pourroient se tromper comme les autres sur sa mesure; et, si quelque événement imprévu les forçoit enfin de reconnoître en lui plus de talent et d'esprit qu'ils ne lui en avoient d'abord accordé, leur amour-propre ne lui pardonneroit point leur première erreur sur son compte, et ils pourroient le haïr toute leur vie, uniquement pour n'avoir pas su d'abord l'apprécier.

Cet homme, enivré par ses contemplations des charmes de la nature, l'imagination pleine de types de vertus, de beautés, de perfections de toute espèce, chercheroit long-temps dans le monde des sujets où il trouvât tout cela. A force de désirer, il croiroit souvent trouver ce qu'il cherche; les moindres apparences lui paroîtroient des qualités réelles; les moindres protestations lui tiendroient lieu de preuves; dans tous ses attachemens il croiroit toujours trouver le sentiment qu'il y porteroit lui-même; toujours trompé dans son attente, et toujours caressant son erreur, il passeroit sa jeunesse à croire avoir réalisé ses fictions; à peine l'âge mûr et l'expérience les lui montreroient enfin pour ce qu'elles sont; et malgré les erreurs, les fautes et les expiations d'une longue vie, il n'y auroit peut-être que le concours des plus cruels malheurs qui pût détruire son illusion chérie, et lui faire sentir que ce qu'il cherche ne se trouve point sur la terre, ou ne s'y trouve que dans un ordre de choses bien différent de celui où il l'a cherché.

La vie contemplative dégoûte de l'action. Il n'y a point d'attrait plus séducteur que celui des fictions d'un cœur aimant et tendre, qui, dans l'univers qu'il se crée à son gré, se dilate, s'étend à son aise, délivré des dures entraves qui le compriment dans celui-ci. La réflexion, la prévoyance, mère des soucis et des peines, n'approchent guère d'une âme enivrée des charmes de la contemplation. Tous les soins fatigans de la vie active lui deviennent insupportables, et lui semblent superflus; et pourquoi se donner tant de peines, dans l'espoir éloigné d'un succès si pauvre, si incertain, tandis qu'on peut dès l'instant même, dans une délicieuse rêverie, jouir à son aise de toute la félicité dont on sent en soi la puissance et le besoin? Il deviendroit donc indolent, paresseux, par goût, par raison même, quand il ne le seroit pas par tempérament. Que si, par intervalle, quelque projet de gloire ou d'ambition pouvoit l'émouvoir, il le suivroit d'abord avec ardeur, avec impétuosité; mais la moindre difficulté, le moindre obstacle l'arrêteroit, le rebuteroit, le rejetteroit dans l'inaction. La seule incertitude du succès le détacheroit de toute entreprise douteuse. Sa nonchalance lui montreroit de la folie à compter sur quelque chose ici-bas, à se tourmenter pour un avenir si précaire, et de la sagesse à renoncer à la prévoyance, pour s'attacher uniquement au présent, qui seul est en notre pouvoir.

Ainsi livré par système à sa douce oisiveté, il rempliroit ses loisirs de jouissances à sa mode, et négligeant ces foules de prétendus devoirs que la sagesse humaine prescrit comme indispensables, il passeroit pour fouler aux pieds les bienséances, parce qu'il dédaigneroit les simagrées. Enfin, loin de cultiver sa raison pour apprendre à se conduire prudemment parmi les hommes, il n'y chercheroit en effet que de nouveaux motifs de vivre éloigné d'eux, et de se livrer tout entier à ses fictions.

Cette humeur indolente et voluptueuse se fixant toujours sur des objets rians, le détourneroit par conséquent des idées pénibles et déplaisantes. Les souvenirs douloureux s'efface-roient très-promptement de son esprit ; les auteurs de ses maux n'y tiendroient pas plus de place que ces maux mêmes ; et tout cela, parfaitement oublié dans très-peu de temps, seroit bientôt pour lui comme nul, à moins que le mal ou l'ennemi qu'il auroit encore à craindre ne lui rappelât ce qu'il en auroit déjà souffert. Alors il pourroit être extrêmement effarouché des maux à venir, moins précisément à cause de ces maux que par le trouble du repos, la privation du loisir, la nécessité d'agir de manière ou d'autre, qui s'ensuivroient inévitablement, et qui alarmeroient plus sa paresse, que la crainte du mal n'épouvanteroit son courage. Mais tout cet effroi subit et momentané seroit sans suite et stérile en effet. Il craindroit moins la souffrance que l'action. Il aimeroit mieux voir augmenter ses maux et rester tranquille, que de se tourmenter pour les adoucir ; disposition qui donneroit beau jeu aux ennemis qu'il pourroit avoir.

J'ai dit que Jean-Jacques n'étoit pas vertueux : notre homme ne le seroit pas non plus ; et comment, foible et subjugué par ses penchans, pourroit-il l'être, n'ayant toujours pour guide que son propre cœur, jamais son devoir ni sa raison ? Comment la vertu, qui n'est que travail et combat, règneroit-elle au sein de la mollesse et des doux loisirs ? Il seroit bon, parce que la nature l'auroit fait tel ; il feroit du bien, parce qu'il lui seroit doux d'en faire : mais, s'il s'agissoit de combattre ses plus chers désirs et de déchirer son cœur pour remplir son devoir, le feroit-il aussi ? J'en doute. La loi de la nature, sa voix, du moins, ne s'étend pas jusque-là. Il en faut une autre alors qui commande, et que la nature se taise.

Mais se mettroit-il aussi dans ces situations violentes d'où naissent des devoirs si cruels ? J'en doute encore plus. Du tumulte des sociétés naissent des multitudes de rapports nouveaux et souvent opposés, qui tiraillent en sens contraires ceux qui marchent avec ardeur dans la route sociale. A peine ont-ils alors d'autre bonne règle de justice, que de résister à tous leurs penchans, et de faire toujours le contraire de ce qu'ils désirent, par cela seul qu'ils le désirent. Mais celui qui se tient à l'écart, et fuit ces dangereux combats, n'a pas besoin d'adopter cette morale cruelle, n'étant point entraîné par le torrent, ni forcé de céder à sa fougue impétueuse, ou de se roidir pour y résister ; il se trouve naturellement soumis à ce grand précepte de morale, mais destructif de tout l'ordre social, de ne se mettre jamais en situation à pouvoir trouver son avantage dans le mal d'autrui. Celui qui veut suivre ce précepte à la rigueur n'a point d'autre moyen pour cela que de se retirer tout-à-fait de la société, et celui qui en vit séparé suit par cela seul ce précepte sans avoir besoin d'y songer.

Notre homme ne sera donc pas vertueux, parce qu'il n'aura pas besoin de l'être ; et, par la même raison, il ne sera ni vicieux, ni méchant ; car l'indolence et l'oisiveté, qui dans la société sont un si grand vice, n'en sont plus un dans quiconque a su renoncer à ses avantages pour n'en pas supporter les travaux. Le méchant n'est méchant qu'à cause du besoin qu'il a des autres, que ceux-ci ne le favorisent pas assez, que ceux-là lui font obstacle, et qu'il ne peut ni les employer ni les écarter à son gré. Le solitaire n'a besoin que de sa subsistance, qu'il aime mieux se procurer par son travail dans la retraite, que par ses intrigues dans le monde, qui seroient un bien plus grand travail pour lui. Du reste, il n'a besoin d'autrui que parce que son cœur a besoin d'attachement; il se donne des amis imaginaires, pour n'en avoir pu trouver de réels; il ne fuit les hommes qu'après avoir vainement cherché parmi eux ce qu'il doit aimer.

Notre homme ne sera pas vertueux, parce qu'il sera foible, et que la vertu n'appartient qu'aux âmes fortes. Mais cette vertu à laquelle il ne peut atteindre, qui est-ce qui l'admirera, la chérira, l'adorera plus que lui? qui est-ce qui, avec une imagination plus vive, s'en peindra mieux le divin simulacre? qui est-ce qui, avec un cœur plus tendre, s'enivrera plus d'amour pour elle? Ordre, harmonie, beauté, perfection, sont les objets de ses plus douces méditations. Idolâtre du beau dans tous les genres, resteroit-il froid uniquement pour la suprême beauté? Non, elle ornera de ses charmes immortels toutes ces images chéries qui remplissent son âme, qui repaissent son cœur. Tous ses premiers mouvemens seront vifs et purs; les seconds auront sur lui peu d'empire. Il voudra toujours ce qui est bien, il le fera quelquefois; et, si souvent il laisse éteindre sa volonté par sa foiblesse, ce sera pour retomber dans sa langueur. Il cessera de bien faire, il ne commencera pas même lorsque la grandeur de l'effort épouvantera sa paresse : mais jamais il ne fera volontairement ce qui est mal. En un mot, s'il agit rarement comme il doit, plus rarement encore il agira comme il ne doit pas, et toutes ses fautes, même les plus graves, ne seront que des péchés d'omission : mais c'est par là précisément qu'il sera le plus en scandale aux hommes, qui, ayant mis toute la morale en petites formules, comptent pour rien le mal dont on s'abstient, pour tout l'étiquette des petits procédés, et sont bien plus attentifs à remarquer les devoirs auxquels on manque, qu'à tenir compte de ceux qu'on remplit.

Tel sera l'homme doué du tempérament dont j'ai parlé, tel j'ai trouvé celui que je viens d'étudier. Son âme, forte en ce qu'elle ne se laisse point détourner de son objet, mais foible pour surmonter les obstacles, ne prend guère de mauvaises directions, mais suit lâchement la bonne. Quand il est quelque chose, il est bon, mais plus souvent il est nul : et c'est pour cela même que, sans être persévérant, il est ferme; que les traits de l'adversité ont moins de prise sur lui qu'ils n'auroient sur tout autre homme; et que, malgré tous ses malheurs, ses sentimens sont encore plus affectueux que douloureux. Son cœur, avide de bonheur et de joie, ne peut garder nulle impression pénible. La douleur peut le déchirer un moment, sans pouvoir y prendre racine. Jamais idée affligeante n'a pu long-temps l'occuper. Je l'ai vu, dans les plus grandes calamités de sa malheureuse vie, passer rapidement de la plus profonde affliction à la plus pure joie, et cela sans qu'il restât pour le moment dans son âme aucune trace des douleurs qui venoient de la déchirer, qui l'alloient déchirer encore, et qui constituoient pour lors son état habituel.

Les affections auxquelles il a le plus de pente se distinguent même par des signes physiques. Pour peu qu'il soit ému, ses yeux se mouillent à l'instant. Cependant jamais la seule douleur ne lui fit verser une larme; mais tout sentiment tendre et doux, grand et noble, dont la vérité passe à son cœur, lui en arrache infailliblement. Il ne sauroit pleurer que d'attendrissement ou d'admiration; la tendresse et la générosité sont les deux seules cordes sensibles par lesquelles on peut vraiment l'affecter. Il peut voir ses malheurs d'un œil sec, mais il pleure en pensant à son innocence et au prix qu'avoit mérité son cœur.

Il est des malheurs auxquels il n'est pas même permis à un honnête homme d'être préparé. Tels sont ceux qu'on lui destinoit. En le prenant au dépourvu, ils ont commencé par l'abattre : cela devoit être; mais ils n'ont pu le changer. Il a pu quelques instans se laisser dégrader jusqu'à la bassesse, jusqu'à la lâcheté, jamais jusqu'à l'injustice, jusqu'à la fausseté, jusqu'à la trahison. Revenu de cette première surprise, il s'est relevé, et vraisemblablement ne se laissera plus abattre, parce que son naturel a repris le dessus; que connoissant enfin les gens auxquels il a affaire, il est préparé à tout, et qu'après avoir épuisé sur lui tous les traits de leur rage, ils se sont mis hors d'état de lui faire pis.

Je l'ai vu dans une position unique et presque incroyable, plus seul au milieu de Paris que Robinson dans son île, et séquestré du commerce des hommes par la foule même empressée à l'entourer, pour empêcher qu'il ne se lie avec personne. Je l'ai vu concourir volontairement avec ses persécuteurs à se rendre sans cesse plus isolé; et, tandis qu'ils travailloient sans relâche à le tenir séparé des autres hommes, s'éloigner des autres et d'eux-mêmes de plus en plus. Ils veulent rester pour lui servir de barrière, pour veiller à tous ceux qui pourroient l'approcher, pour les tromper, les gagner ou les écarter, pour observer ses discours, sa contenance, pour jouir à longs traits du doux aspect de sa misère, pour chercher d'un œil curieux s'il reste quelque place en son cœur déchiré, où ils puissent porter encore quelque atteinte. De son côté, il voudroit les éloigner, ou plutôt s'en éloigner, parce que leur malignité, leur duplicité, leurs vues cruelles, blessent ses yeux de toutes parts, et que le spectacle de la haine l'afflige et le déchire encore plus que ses effets. Ses sens le subjuguent alors; et, sitôt qu'ils sont frappés d'un objet de peine, il n'est plus maître de lui. La présence d'un malveillant le trouble au point de ne pouvoir déguiser son angoisse. S'il voit un traître le cajoler pour le surprendre, l'indignation le saisit, perce de toutes parts dans son accent, dans son regard, dans son geste. Que le traître disparoisse, à l'instant il est oublié; et l'idée des noirceurs que l'un va brasser ne sauroit occuper l'autre une minute à chercher les moyens de s'en défendre. C'est pour écarter de lui cet objet de peine, dont l'aspect le tourmente, qu'il voudroit être seul: il voudroit être seul, pour vivre à son aise avec les amis qu'il s'est créés; mais tout cela n'est qu'une raison de plus à ceux qui en prennent le masque pour l'obséder plus étroitement. Ils ne voudroient pas même, s'il leur étoit possible, lui laisser dans cette vie la ressource des fictions.

Je l'ai vu, serré dans leurs lacs, se débattre très-peu pour en sortir, entouré de mensonges ou de ténèbres, attendre sans murmure la lumière et la vérité; enfermé vif dans un cercueil, s'y tenir assez tranquille, sans même invoquer la mort. Je l'ai vu pauvre, passant pour riche; vieux, passant pour jeune; doux, passant pour féroce; complaisant et foible, passant pour inflexible et dur; gai, passant pour sombre; simple enfin jusqu'à la bêtise, passant pour rusé jusqu'à la noirceur. Je l'ai vu livré par vos messieurs à la dérision publique, flagorné, persiflé, moqué des honnêtes gens, servir de jouet à la canaille; le voir, le sentir, en gémir, déplorer la misère humaine, et supporter patiemment son état.

Dans cet état, devoit-il se manquer à lui-même, au point d'aller chercher dans la société des indignités peu déguisées dont on se plaisoit à l'y charger? Devoit-il s'aller donner en spectacle à ces barbares qui, se faisant de ses peines un objet d'amusement, ne cherchoient qu'à lui serrer le cœur par toutes les étreintes de la détresse et de la douleur, qui pouvoient lui être les plus sensibles? Voilà ce qui lui rendit indispensable la manière de vivre à laquelle il s'est réduit, ou, pour mieux dire, à laquelle on l'a réduit; car c'est à quoi l'on en vouloit venir, et l'on s'est attaché à lui rendre si cruelle et si déchirante la fréquentation des hommes, qu'il fut forcé d'y renoncer enfin tout-à-fait. *Vous me demandez*, disoit-il, *pourquoi je fuis les hommes; demandez-le à eux-mêmes, ils le savent encore mieux que moi.* Mais une âme expansive change-t-elle ainsi de nature, et se détache-t-elle ainsi de tout? Tous ses malheurs ne viennent que de ce besoin d'aimer qui dévora son cœur dès son enfance, et qui l'inquiète et le trouble encore au point que, resté seul sur la terre, il attend le moment d'en sortir pour voir réaliser enfin ses visions favorites, et retrouver dans un meilleur ordre de choses, une patrie et des amis.

Il atteignit et passa l'âge mûr, sans songer à faire des livres, et sans sentir un instant le besoin de cette célébrité fatale qui n'étoit pas faite pour lui, dont il n'a goûté que les amertumes, et qu'on lui a fait payer si cher. Ses visions chéries lui tenoient lieu de tout, et, dans le feu de la jeunesse, sa vive imagination surchargée, accablée d'objets charmans qui venoient incessamment la remplir, tenoit son cœur dans une ivresse continuelle qui ne lui laissoit ni le pouvoir d'arranger ses idées, ni celui de les fixer, ni le temps de les écrire, ni le désir de les communiquer. Ce ne fut que quand ces grands mouvemens commencèrent à s'apaiser, quand ses idées, prenant une marche plus réglée et plus lente, il en put suivre assez la trace pour la marquer; ce fut, dis-je, alors seulement que l'usage de la plume lui devint possible, et qu'à l'exemple et à l'instigation des gens de lettres avec lesquels il vivoit alors, il lui vint en fantaisie de communiquer au public ces mêmes idées dont il s'étoit long-temps nourri lui-même, et qu'il crut être utiles au genre humain. Ce fut même en quelque façon par surprise, et sans en avoir formé le projet, qu'il se trouva jeté dans cette funeste carrière, où dès lors peut-être on creusoit déjà sous ses pas ces gouffres de malheurs dans lesquels on l'a précipité.

Dès sa jeunesse, il s'étoit souvent demandé pourquoi il ne trouvoit pas tous les hommes bons, sages, heureux, comme ils lui sembloient faits pour l'être; il cherchoit dans son cœur l'obstacle qui les en empêchoit, et ne le trouvoit pas. Si tous les hommes, se disoit-il, me ressembloient, il régneroit sans doute une extrême langueur dans leur industrie, ils auroient peu d'activité, et n'en auroient que par brusques et rares secousses : mais ils vivroient entre eux dans une très-douce société. Pourquoi n'y vivent-ils pas ainsi? pourquoi, toujours accusant le ciel de leurs misères, travaillent-ils sans cesse à les augmenter? En admirant les progrès de l'esprit humain, il s'étonnoit de voir croître en même proportion les calamités publiques. Il entrevoyoit une secrète opposition entre la constitution de l'homme et celle de nos sociétés; mais c'étoit plutôt un sentiment sourd, une notion confuse qu'un jugement clair et développé. L'opinion publique l'avoit trop subjugué lui-même, pour qu'il osât réclamer contre de si unanimes décisions.

Une malheureuse question d'académie, qu'il lut dans un *Mercure*, vint tout à coup dessiller ses yeux, débrouiller ce chaos dans sa tête, lui montrer un autre univers, un véritable âge d'or, des sociétés d'hommes simples, sages, heureux, et réaliser en espérance toutes ses visions par la destruction des préjugés qui l'avoient subjugué lui-même, *mais dont il crut en ce moment voir découler les vices et les misères du genre humain.* De la vive effervescence qui se fit alors dans son âme sortirent des étincelles de génie, qu'on a vues briller dans ses écrits durant dix ans de délire et de fièvre, mais dont aucun vestige n'auroit paru jusqu'alors, et qui vraisemblablement n'auroient plus brillé dans la suite, si, cet accès passé, il eût voulu continuer d'écrire. Enflammé par la contemplation de ces grands objets, il les avoit toujours présens à sa pensée; et, les comparant à l'état réel des choses, il les voyoit chaque jour sous des rapports tout nouveaux pour lui. Bercé du ridicule espoir de faire enfin triompher des préjugés et du mensonge la raison, la vérité, et de rendre les hommes sages en leur montrant leur véritable intérêt, son cœur, échauffé par l'idée du bonheur futur du genre humain et par l'honneur d'y contribuer, lui dictoit un langage digne d'une si grande entreprise. Contraint par là de s'occuper fortement et long-temps du même sujet, il assujettit sa tête à la fatigue de la réflexion : il apprit à méditer profondément; et, pour un moment, il étonna l'Europe par des productions dans lesquelles les âmes vulgaires ne virent que de l'éloquence et de l'esprit, mais où celles qui habitent nos régions éthérées reconnurent avec joie une des leurs.

Le Fr. Je vous ai laissé parler sans vous interrompre; mais permettez qu'ici je vous arrête un moment...

Rouss. Je devine.......... une contradiction n'est-ce pas?

Le Fr. Non; j'en ai vu l'apparence. On dit que cette apparence est un piége que Jean-Jacques s'amuse à tendre aux lecteurs étourdis.

Rouss. Si cela est, il en est bien puni par les lecteurs de mauvaise foi, qui font semblant de s'y prendre, pour l'accuser de ne savoir ce qu'il dit.

Le Fr. Je ne suis point de cette dernière classe, et je tâche de ne pas être de l'autre. Ce n'est donc point une contradiction qu'ici je vous reproche; mais c'est un éclaircissement que je vous demande. Vous étiez ci-devant persuadé que les livres qui portent le nom de Jean-Jacques n'étoient pas plus de lui que cette traduction du Tasse si fidèle et si coulante qu'on répand avec tant d'affectation sous son nom (*); maintenant vous paroissez croire le contraire. Si vous avez en effet changé d'opinion, veuillez m'apprendre sur quoi ce changement est fondé.

(*) Cette traduction, qui parut en 1774, sans nom de traducteur, et qui en effet fut pendant quelque temps attribuée à Rousseau est celle de M. le prince Lebrun. G. P.

Rouss. Cette recherche fut le premier objet de mes soins. Certain que l'auteur de ces livres et le monstre que vous m'avez peint ne pouvoient être le même homme, je me bornois, pour lever mes doutes, à résoudre cette question. Cependant je suis, sans y songer, parvenu à la résoudre par la méthode contraire. Je voulois premièrement connoître l'auteur pour me décider sur l'homme, et c'est par la connoissance de l'homme que je me suis décidé sur l'auteur.

Pour vous faire sentir comment une de ces deux recherches m'a dispensé de l'autre, il faut reprendre les détails dans lesquels je suis entré pour cet effet; vous déduirez de vous-même et très-aisément les conséquences que j'en ai tirées.

Je vous ai dit que je l'avois trouvé copiant de la musique à dix sous la page: occupation peu sortable à la dignité de l'auteur, et qui ne ressembloit guère à celles qui lui ont acquis tant de réputation tant en bien qu'en mal. Ce premier article m'offroit déjà deux recherches à faire: l'une, s'il se livroit à ce travail tout de bon ou seulement pour donner le change au public sur ses véritables occupations; l'autre, s'il avoit réellement besoin de ce métier pour vivre, ou si c'étoit une affectation de simplicité ou de pauvreté pour faire l'Épictète et le Diogène, comme l'assurent vos messieurs.

J'ai commencé par examiner son ouvrage, bien sûr que, s'il n'y vaquoit que par manière d'acquit, j'y verrois des traces de l'ennui qu'il doit lui donner depuis si long-temps. Sa note mal formée m'a paru faite pesamment, lentement, sans facilité, sans grâce, mais avec exactitude. On voit qu'il tâche de suppléer aux dispositions qui lui manquent, à force de travail et de soins. Mais ceux qu'il y met ne s'apercevant que par l'examen, et n'ayant leur effet que dans l'exécution, sur quoi les musiciens, qui ne l'aiment pas, ne sont pas toujours sincères, ne compensent pas aux yeux du public les défauts qui d'abord sautent à la vue.

N'ayant l'esprit présent à rien, il ne l'a pas non plus à son travail, surtout forcé, par l'affluence des survenans, de l'associer avec le babil. Il fait beaucoup de fautes, et il les corrige ensuite en grattant son papier avec une perte de temps et des peines incroyables. J'ai vu des pages presque entières qu'il avoit mieux aimé gratter ainsi que de recommencer la feuille, ce qui auroit été bien plus tôt fait; mais il entre dans son tour d'esprit, laborieusement paresseux, de ne pouvoir se résoudre à refaire à neuf ce qu'il a fait une fois quoique mal. Il met à le corriger une opiniâtreté qu'il ne peut satisfaire qu'à force de peine et de temps. Du reste le plus long, le plus ennuyeux travail ne sauroit lasser sa patience, et souvent, faisant faute sur faute, je l'ai vu gratter et regratter jusqu'à percer le papier, sur lequel ensuite il colloit des pièces. Rien ne m'a fait juger que ce travail l'ennuyât; et il paroît, au bout de six ans, s'y livrer avec le même goût et le même zèle que s'il ne faisoit que de commencer.

J'ai su qu'il tenoit registre de son travail, j'ai désiré de voir ce registre; il me l'a communiqué. J'y ai vu que dans ces six ans il avoit écrit en simple copie plus de six mille pages de musique, dont une partie, musique de harpe et de clavecin, ou solo et concerto de violon, très-chargée et en plus grand papier, demande une grande attention et prend un temps considérable. Il a inventé, outre sa note par chiffres, une nouvelle manière de copier la musique ordinaire, qui la rend plus commode à lire; et, pour prévenir et résoudre toutes les difficultés, il a écrit de cette manière une grande quantité de pièces de toute espèce, tant en partition qu'en parties séparées (*).

Outre ce travail et son opéra de *Daphnis et Chloé*, dont un acte entier est fait, et une bonne partie du reste bien avancée, et le *Devin du village*, sur lequel il a refait à neuf une seconde musique presque en entier, il a, dans le même intervalle, composé plus de cent morceaux de musique en divers genres, la plupart vocale avec des accompagnemens, tant pour obliger les personnes qui lui ont fourni les paroles que pour son propre amusement. Il a fait et distribué des copies de cette musique tant en partition qu'en parties séparées, transcrites sur les originaux qu'il a gardés. Qu'il ait composé ou

---

(*) Cette nouvelle manière de copier la musique est exposée assez en détail dans sa *Lettre au docteur Burney* (tome III de cette édition, page 556). D'ailleurs, quoiqu'il annonce avoir écrit de cette manière *une grande quantité de pièces*, on n'en trouve point dans le recueil de sa musique manuscrite déposée à la Bibliothèque royale. G. P.

pillé toute cette musique, ce n'est pas de quoi il s'agit ici. S'il ne l'a pas composée, toujours est-il certain qu'il l'a écrite et notée plusieurs fois de sa main. S'il ne l'a pas composée, que de temps ne lui a-t-il pas fallu pour chercher, pour choisir dans les musiques déjà toutes faites celle qui convenoit aux paroles qu'on lui fournissoit, ou pour l'y ajuster si bien qu'elle y fût parfaitement appropriée, mérite qu'a particulièrement la musique qu'il donne pour sienne! Dans un pareil pillage il y a moins d'invention sans doute, mais il y a plus d'art, de travail, surtout de consommation de temps; et c'étoit là pour lors l'objet unique de ma recherche.

Tout ce travail qu'il a mis sous mes yeux, soit en nature, soit par articles exactement détaillés, fait ensemble plus de huit mille pages de musique, toute écrite de sa main depuis son retour à Paris.

Ces occupations ne l'ont pas empêché de se livrer à l'amusement de la botanique, à laquelle il a donné pendant plusieurs années la meilleure partie de son temps. Dans de grandes et fréquentes herborisations il a fait une immense collection de plantes; il les a desséchées avec des soins infinis; il les a collées avec une grande propreté sur des papiers qu'il ornoit de cadres rouges. Il s'est appliqué à conserver la figure et la couleur des fleurs et des feuilles, au point de faire de ces herbiers ainsi préparés des recueils de miniatures. Il en a donné, envoyé à diverses personnes, et ce qui lui reste (¹) suffiroit pour persuader à ceux qui savent combien ce travail exige de temps et de patience, qu'il en fait son unique occupation.

LE FR. Ajoutez le temps qu'il lui a fallu pour étudier à fond les propriétés de toutes ces plantes, pour les piler, les extraire, les distiller, les préparer de manière à en tirer les usages auxquels il les destine; car enfin, quelque prévenu pour lui que vous puissiez être, vous comprenez bien, je pense, qu'on n'étudie pas la botanique pour rien.

ROUSS. Sans doute. Je comprends que le charme de l'étude de la nature est quelque chose pour toute âme sensible, et beaucoup pour un solitaire. Quant aux préparations dont vous parlez et qui n'ont nul rapport à la botanique, je n'en ai pas vu chez lui le moindre vestige; je ne me suis point aperçu qu'il eût fait aucune étude des propriétés des plantes, ni même qu'il y crût beaucoup. « Je connois, » m'a-t-il dit, l'organisation végétale et la » structure des plantes sur le rapport de mes » yeux, sur la foi de la nature, qui me la montre » et ne ment point; mais je ne connois leurs » vertus que sur la foi des hommes, qui sont » ignorans et menteurs: leur autorité a géné- » ralement sur moi trop peu d'empire pour que » je lui en donne beaucoup en cela. D'ailleurs » cette étude, vraie ou fausse, ne se fait pas en » plein champ comme celle de la botanique, » mais dans des laboratoires et chez les ma- » lades; elle demande une vie appliquée et sé- » dentaire qui ne me plaît ni ne me convient. » En effet, je n'ai rien vu chez lui qui montrât ce goût de pharmacie. J'y ai vu seulement des cartons remplis de rameaux de plantes dont je viens de vous parler, et des graines distribuées dans de petites boîtes classées, comme les plantes qui les fournissent, selon le système de Linnæus.

LE FR. Ah! de petites boîtes! Eh bien! monsieur, ces petites boîtes, à quoi servent-elles? qu'en dites-vous?

ROUSS. Belle demande! A empoisonner les gens, à qui il fait avaler en bol toutes ces graines. Par exemple, vous avalerez par mégarde une once ou deux de graines de pavots, qui vous endormira pour toujours, et du reste comme cela. C'est encore la même chose à peu près dans les plantes; il vous les fait brouter comme du fourrage, ou bien il vous en fait boire le jus dans des sauces.

LE FR. Eh! non, monsieur; on sait bien que ce n'est pas de la sorte que la chose peut se faire, et nos médecins qui l'ont voulu décider ainsi se sont fait tort chez les gens instruits. Une écuellée de jus de ciguë ne suffit pas à *Socrate*; il en fallut une seconde; il faudroit donc que Jean-Jacques fît boire à son monde des bassins de jus d'herbe ou manger des litrons de graines. Oh! que ce n'est pas ainsi qu'il s'y prend! Il sait, à force d'opérations, de manipulations, concentrer tellement les poisons des plantes, qu'ils agissent plus fortement que ceux mêmes des minéraux. Il les escamote, et vous les fait avaler sans qu'on s'en aperçoive;

(¹) Ce reste a été donné presqu'en entier à M. Malthus, qui a acheté mes livres de botanique.

T. IV.

il les fait même agir de loin comme la poudre de sympathie; et, comme le basilic, il sait empoisonner les gens en les regardant. Il a suivi jadis un cours de chimie, rien n'est plus certain. Or vous comprenez bien ce que c'est, ce que ce peut être qu'un homme qui n'est ni médecin ni apothicaire, et qui néanmoins suit les cours de chimie et cultive la botanique. Vous dites cependant n'avoir vu chez lui nuls vestiges de préparations chimiques. Quoi! point d'alambics, de fourneaux, de chapiteaux, de cornues? rien qui ait rapport à un laboratoire?

Rouss. Pardonnez-moi, vraiment, j'ai vu dans sa petite cuisine un réchaud, des cafetières de fer-blanc, des plats, des pots, des écuelles de terre.

Le Fr. Des plats, des pots, des écuelles! Eh! mais vraiment! voilà l'affaire. Il n'en faut pas davantage pour empoisonner tout le genre humain.

Rouss. Témoin Mignot et ses successeurs.

Le Fr. Vous me direz que les poisons qu'on prépare dans des écuelles doivent se manger à la cuiller, et que les potages ne s'escamotent pas...

Rouss. Oh! non, je ne vous dirai point tout cela, je vous jure, ni rien de semblable; je me contenterai d'admirer. O la savante, la méthodique marche que d'apprendre la botanique pour se faire empoisonneur! C'est comme si l'on apprenoit la géométrie pour se faire assassin.

Le Fr. Je vous vois sourire bien dédaigneusement. Vous passionnerez-vous toujours pour cet homme-là?

Rouss. Me passionner! moi! rendez-moi plus de justice, et soyez même assuré que jamais Rousseau ne défendra Jean-Jacques accusé d'être un empoisonneur.

Le Fr. Laissons donc tous ces persiflages, et reprenez vos récits. J'y prête une oreille attentive. Ils m'intéressent de plus en plus.

Rouss. Ils vous intéresseroient davantage encore, j'en suis très-sûr, s'il m'étoit possible ou permis ici de tout dire. Ce seroit abuser de votre attention que de l'occuper à tous les soins que j'ai pris pour m'assurer du véritable emploi de son temps, de la nature de ses occupations et de l'esprit dans lequel il s'y livre. Il vaut mieux me borner à des résultats, et vous laisser le soin de tout vérifier par vous-même, si ces recherches vous intéressent assez pour cela.

Je dois pourtant ajouter aux détails dans lesquels je viens d'entrer que Jean-Jacques, au milieu de tout ce travail manuel, a encore employé six mois dans le même intervalle tant à l'examen de la constitution d'une nation malheureuse, qu'à proposer ses idées sur les corrections à faire à cette constitution, et cela sur les instances réitérées jusqu'à l'opiniâtreté d'un des premiers patriotes de cette nation, qui lui faisoit un devoir d'humanité des soins qu'il lui imposoit.

Enfin, malgré la résolution qu'il avoit prise en arrivant à Paris de ne plus s'occuper de ses malheurs, ni de reprendre la plume à ce sujet, les indignités continuelles qu'il y a souffertes, les harcèlemens sans relâche que la crainte qu'il n'écrivît lui a fait essuyer, l'impudence avec laquelle on lui attribuoit incessamment de nouveaux livres, et la stupide ou maligne crédulité du public à cet égard, ayant lassé sa patience, et lui faisant sentir qu'il ne gagneroit rien pour son repos à se taire, il a fait encore un effort; et, s'occupant derechef, malgré lui, de sa destinée et de ses persécuteurs, il a écrit en forme de dialogue une espèce de jugement d'eux et de lui assez semblable à celui qui pourra résulter de nos entretiens. Il m'a souvent protesté que cet écrit étoit de tous ceux qu'il a faits en sa vie celui qu'il avoit entrepris avec le plus de répugnance et exécuté avec le plus d'ennui. Il l'eût cent fois abandonné si les outrages augmentant sans cesse et poussés enfin aux derniers excès ne l'avoient forcé, malgré lui, de le poursuivre. Mais loin qu'il ait jamais pu s'en occuper long-temps de suite, il n'en eût pas même enduré l'angoisse, si son travail journalier ne fût venu l'interrompre et la lui faire oublier : de sorte qu'il y a rarement donné plus d'un quart d'heure par jour, et cette manière d'écrire coupée et interrompue est une des causes du peu de suite et des répétitions continuelles qui règnent dans cet écrit.

Après m'être assuré que cette copie de musique n'étoit point un jeu, il me restoit à savoir si en effet elle étoit nécessaire à sa subsistance, et pourquoi ayant d'autres talens qu'il pouvoit employer plus utilement pour lui-même et pour le public, il s'étoit attaché de préférence à celui-là. Pour abréger ces recherches sans manquer à mes engagemens envers vous, je lui marquai naturellement ma curiosité, et, sans lui dire tout ce que vous m'aviez appris de son opulence, je me contentai de lui répéter ce que j'avois ouï dire mille fois, que du seul produit de ses livres, et sans avoir rançonné ses libraires, il devoit être assez riche pour vivre à son aise de son revenu.

Vous avez raison, me dit-il, *si vous ne voulez dire en cela que ce qui pouvoit être ; mais si vous prétendez en conclure que la chose est réellement ainsi, et que je suis riche en effet, vous avez tort, tout au moins ; car un sophisme bien cruel pourroit se cacher sous cette erreur.*

Alors il entra dans le détail articulé de ce qu'il avoit reçu de ses libraires pour chacun de ses livres, de toutes les ressources qu'il avoit pu avoir d'ailleurs, des dépenses auxquelles il avoit été forcé, pendant huit ans qu'on s'est amusé à le faire voyager à grands frais, lui et sa compagne, aujourd'hui sa femme ; et, de tout cela bien calculé et bien prouvé, il résulta, qu'avec quelque argent comptant, provenant, tant de son accord avec l'Opéra, que de la vente de ses livres de botanique, et du reste d'un fonds de mille écus qu'il avoit à Lyon, et qu'il retira pour s'établir à Paris, toute sa fortune présente consiste en huit cents francs de rente viagère incertaine, et dont il n'a aucun titre, et trois cents francs de rente aussi viagère, mais assurée, du moins autant que la personne qui doit la payer sera solvable (*).

« Voilà très-fidèlement, me dit-il, à quoi se
» borne toute mon opulence. Si quelqu'un dit
» me savoir aucun autre fonds ou revenu, de
» quelque espèce que ce puisse être, je dis
» qu'il ment, et je me montre ; et si quelqu'un
» dit en avoir à moi, qu'il m'en donne le quart,
» et je lui fais quittance du tout.

» Vous pourriez, continua-t-il, dire comme
» tant d'autres, que, pour un philosophe aus-
» tère onze cents francs de rente devroient, au
» moins tandis que je les ai, suffire à ma sub-
» sistance, sans avoir besoin d'y joindre un tra-
» vail auquel je suis peu propre, et que je fais
» avec plus d'ostentation que de nécessité. A
» cela je réponds, premièrement, que je ne suis
» ni philosophe, ni austère, et que cette vie
» dure, dont il plaît à vos messieurs de me faire
» un devoir, n'a jamais été ni de mon goût, ni
» dans mes principes, tant que, par des
» moyens justes et honnêtes, j'ai pu éviter de
» m'y réduire ; en me faisant copiste de musi-
» que, je n'ai point prétendu prendre un état
» austère et de mortification, mais choisir au
» contraire une occupation de mon goût, qui
» ne fatiguât pas mon esprit paresseux, et qui
» pût me fournir les commodités de la vie que
» mon mince revenu ne pouvoit me procurer
» sans ce supplément En renonçant, et de
» grand cœur, à tout ce qui est de luxe et de
» vanité, je n'ai point renoncé aux plaisirs réels,
» et c'est même pour les goûter dans toute leur
» pureté, que j'en ai détaché tout ce qui ne
» tient qu'à l'opinion. Les dissolutions ni les
» excès n'ont jamais été de mon goût ; mais,
» sans avoir jamais été riche, j'ai toujours vécu
» commodément ; et il m'est de toute impossi-
» bilité de vivre commodément dans mon petit
» ménage avec onze cents francs de rente,
» quand même ils seroient assurés, bien moins
» encore avec trois cents, auxquels d'un jour à
» l'autre je puis être réduit. Mais écartons cette
» prévoyance. Pourquoi voulez-vous que, sur
» mes vieux jours, je fasse sans nécessité le dur
» apprentissage d'une vie plus que frugale, à
» laquelle mon corps n'est point accoutumé ;
» tandis qu'un travail qui n'est pour moi qu'un
» plaisir me procure la continuation de ces
» mêmes commodités, dont l'habitude m'a fait
» un besoin, et qui de toute autre manière se-
» roient moins à ma portée ou me coûteroient
» *beaucoup plus cher ?* Vos messieurs, qui
» n'ont pas pris pour eux cette austérité qu'ils
» me prescrivent, font bien d'intriguer ou em-
» prunter, plutôt que de s'assujettir à un tra-
» vail manuel qui leur paraît ignoble, usurier,
» insupportable, et ne procure pas tout d'un
» coup des rafles de cinquante mille francs.
» Mais moi qui ne pense pas comme eux sur la
» véritable dignité ; moi qui trouve une jouis-

(*) Il a fait plus particulièrement connoître de quoi se compose ce petit revenu dans sa Lettre à M. Lenoir, du 15 janvier 1772 ; mais ce revenu reçut depuis une augmentation qui le porta à 1440 liv. Voy. l'*Appendice aux Confessions*, tome I, p. 560.

» sance très-douce dans le passage alternatif
» du travail à la récréation ; par une occupation
» de mon goût, que je mesure à ma volonté,
» j'ajoute ce qui manque à ma petite fortune,
» pour me procurer une subsistance aisée, et je
» jouis des douceurs d'une vie égale et simple
» autant qu'il dépend de moi. Un désœuvrement
» absolu m'assujettiroit à l'ennui, me forceroit
» peut-être à chercher des amusemens toujours
» coûteux, souvent pénibles, rarement inno-
» cens ; au lieu qu'après le travail le simple re-
» pos a son charme, et suffit avec la prome-
» nade, pour l'amusement dont j'ai besoin.
» Enfin, c'est peut-être un soin que je me dois
» dans une situation aussi triste, d'y jeter du
» moins tous les agrémens qui restent à ma
» portée, pour tâcher d'en adoucir l'amertume,
» de peur que le sentiment de mes peines, aigri
» par une vie austère, ne fermentât dans mon
» âme, et n'y produisît des dispositions haineu-
» ses et vindicatives, propres à me rendre mé-
» chant et plus malheureux. Je me suis toujours
» bien trouvé d'armer mon cœur contre la haine
» par toutes les jouissances que j'ai pu me pro-
» curer. Le succès de cette méthode me la ren-
» dra toujours chère, et plus ma destinée est
» déplorable, plus je m'efforce à la parsemer
» de douceurs, pour me maintenir toujours bon.

» Mais, disent-ils, parmi tant d'occupations
» dont il a le choix, pourquoi choisir par pré-
» férence celle à laquelle il paroît le moins
» propre, et qui doit lui rendre le moins ?
» Pourquoi copier de la musique au lieu de faire
» des livres ? Il y gagneroit davantage et ne se
» dégraderoit pas. Je répondrois volontiers à
» cette question en la renversant. Pourquoi
» faire des livres au lieu de copier de la musi-
» que, puisque ce travail me plaît et me con-
» vient plus que tout autre, et que son produit
» est un gain juste, honnête et qui me suffit ?
» Penser est un travail pour moi très-pénible,
» qui me fatigue, me tourmente et me déplaît;
» travailler de la main et laisser ma tête en re-
» pos me récrée et m'amuse. Si j'aime quelque-
» fois à penser, c'est librement et sans gêne,
» en laissant aller à leur gré mes idées, sans
» les assujettir à rien. Mais penser à ceci ou à
» cela par devoir, par métier, mettre à mes pro-
» ductions de la correction, de la méthode, est
» pour moi le travail d'un galérien; et penser

» pour vivre me paroît la plus pénible ainsi
» que la plus ridicule de toutes les occupations.
» Que d'autres usent de leurs talens comme il
» leur plaît, je ne les en blâme pas ; mais pour
» moi je n'ai jamais voulu prostituer les miens
» tels quels, en les mettant à prix, sûr que
» cette vénalité même les auroit anéantis. Je
» vends le travail de mes mains, mais les pro-
» ductions de mon âme ne sont point à vendre;
» c'est leur désintéressement qui peut seul leur
» donner de la force et de l'élévation. Celles que
» je ferois pour de l'argent n'en vaudroient
» guère et m'en rendroient encore moins.

» Pourquoi vouloir que je fasse encore des
» livres, quand j'ai dit tout ce que j'avois à dire,
» et qu'il ne me resteroit que la ressource, trop
» chétive à mes yeux, de retourner et répéter
» les mêmes idées ? A quoi bon redire une se-
» conde fois et mal ce que j'ai dit une fois de
» mon mieux ? Ceux qui ont la démangeaison
» de parler toujours trouvent toujours quelque
» chose à dire ; cela est aisé pour qui ne veut
» qu'agencer des mots : mais je n'ai jamais été
» tenté de prendre la plume que pour dire des
» choses grandes, neuves, et nécessaires, et
» non pas pour rabâcher. J'ai fait des livres, il
» est vrai, mais jamais je ne fus un livrier.
» Pourquoi faire semblant de vouloir que je
» fasse encore des livres, quand en effet on
» craint tant que je n'en fasse, et qu'on mettant
» de vigilance à m'en ôter tous les moyens ? On
» me ferme l'abord de toutes les maisons, hors
» celle des fauteurs de la ligue. On me cache
» avec le plus grand soin la demeure et l'a-
» dresse de tout le monde. Les suisses et les
» portiers ont tous pour moi des ordres secrets,
» autres que ceux de leurs maîtres ; on ne
» me laisse plus de communication avec les
» humains, même pour parler : me permettroit-
» on d'écrire? On me laisseroit peut-être expri-
» mer ma pensée afin de la savoir, mais très-
» certainement on m'empêcheroit bien de la
» dire au public.

» Dans la position où je suis, si j'avois à faire
» des livres, je n'en devrois et n'en voudrois faire
» que pour la défense de mon honneur, pour
» confondre et démasquer les imposteurs qui le
» diffament : il ne m'est plus permis, sans me
» manquer à moi-même, de traiter aucun autre
» sujet. Quand j'aurois les lumières nécessaires

» pour percer cet abîme de ténèbres où l'on
» m'a plongé, et pour éclairer toutes ces tra-
» mes souterraines, y a-t-il du bon sens à sup-
» poser qu'on me laisseroit faire, et que les gens
» qui disposent de moi souffriroient que j'in-
» struisisse le public de leurs manœuvres et de
» mon sort? A qui m'adresserois-je pour me
» faire imprimer, qui ne fût un de leurs émis-
» saires, ou qui ne le devînt aussitôt? M'ont-ils
» laissé quelqu'un à qui je puisse me confier?
» Ne sait-on pas tous les jours, à toutes les
» heures, à qui j'ai parlé, ce que j'ai dit; et,
» doutez-vous que, depuis nos entrevues, vous-
» même ne soyez aussi surveillé que moi? Quel-
» qu'un peut-il ne pas voir qu'investi de toutes
» parts, gardé à vue comme je le suis, il m'est
» impossible de faire entendre nulle part la voix
» de la justice et de la vérité? Si l'on paroissoit
» m'en laisser le moyen, ce seroit un piège.
» Quand j'aurois dit *blanc*, on me feroit dire
» *noir*, sans même que j'en susse rien (¹); et
» puisqu'on falsifie tout ouvertement mes an-
» ciens écrits qui sont dans les mains de tout le
» monde, manqueroit-on de falsifier ceux qui
» n'auroient point encore paru, et dont rien ne
» pourroit constater la falsification, puisque
» mes protestations sont comptées pour rien?
» Eh! monsieur, pouvez-vous ne pas voir que
» le grand, le seul crime qu'ils redoutent de
» moi, crime affreux dont l'effroi les tient dans
» des transes continuelles, est ma justification?

» Faire des livres pour subsister eût été me
» mettre dans la dépendance du public. Il eût
» été dès lors question, non d'instruire et de
» corriger, mais de plaire et de réussir. Cela ne
» pouvoit plus se faire en suivant la route que
» j'avois prise; les temps étoient trop changés,
» et le public avoit trop changé pour moi.
» Quand je publiai mes premiers écrits, encore
» livré à lui-même, il n'avoit point en total
» adopté de secte, et pouvoit écouter la voix de
» la vérité et de la raison. Mais aujourd'hui
» subjugué tout entier il ne pense plus, il ne
» raisonne plus, il n'est plus rien par lui-même,
» et ne suit que les impressions que lui donnent
» ses guides. L'unique doctrine qu'il peut goû-
» ter désormais est celle qui met ses passions à
» leur aise, et couvre d'un vernis de sagesse le
» déréglement de ses mœurs. Il ne reste plus
» qu'une route pour quiconque aspire à lui
» plaire: c'est de suivre à la piste les brillans
» auteurs de ce siècle, et de prêcher comme
» eux, dans une morale hypocrite, l'amour des
» vertus et la haine du vice, mais après avoir
» commencé par prononcer comme eux que
» tout cela sont des mots vides de sens, faits
» pour amuser le peuple; qu'il n'y a ni vice ni
» vertu dans le cœur de l'homme, puisqu'il n'y
» a ni liberté dans sa volonté, ni moralité dans
» ses actions; que tout, jusqu'à cette volonté
» même, est l'ouvrage d'une aveugle nécessité;
» qu'enfin la conscience et les remords ne sont
» que préjugés et chimères, puisqu'on ne peut,
» ni s'applaudir d'une bonne action qu'on a été
» forcé de faire, ni se reprocher un crime dont
» on n'a pas eu le courage de s'abstenir (¹). Et
» quelle chaleur, quelle véhémence, quel ton de
» persuasion et de vérité pourrois-je mettre,
» quand je le voudrois, dans ces cruelles doc-
» trines, qui, flattant les heureux et les riches,
» accablent les infortunés et les pauvres, en
» ôtant aux uns tout frein, toute crainte, toute
» retenue; aux autres, toute espérance, toute
» consolation? et comment enfin les accorde-
» rois-je avec mes propres écrits, pleins de la
» réfutation de tous ces sophismes? Non, j'ai
» dit ce que je savois, ce que je croyois du moins
» être vrai, bon, consolant, utile. J'en ai dit
» assez pour qui voudra m'écouter en sincérité
» de cœur, et beaucoup trop pour le siècle où
» j'ai eu le malheur de vivre. Ce que je dirois de
» plus ne feroit aucun effet; et je le dirois mal,
» n'étant animé, ni par l'espoir du succès comme
» les auteurs à la mode, ni comme autrefois par
» cette hauteur de courage qui met au-dessus,
» et qu'inspire le seul amour de la vérité, sans
» mélange d'aucun intérêt personnel. »

Voyant l'indignation dont il s'enflammoit à ces idées, je me gardai de lui parler de tous ces fatras de livres et de brochures qu'on lui fait barbouiller et publier tous les jours avec autant

---

(¹) Comme on fera certainement du contenu de cet écrit, si son existence est connue du public, et qu'il tombe entre les mains de ces messieurs; ce qui paroît naturellement inévitable.

(¹) Voilà ce qu'ils ont ouvertement enseigné et publié jusqu'ici, sans qu'on ait songé à les décréter pour cette doctrine. Cette peine étoit réservée au *Système impie de la religion naturelle*. A présent c'est à Jean-Jacques qu'ils font dire tout cela; eux se taisent ou crient à l'impie, et le public avec eux. *Risum teneatis, amici.*

de secret que de bon sens. Par quelle inconcevable bêtise pourroit-il espérer, surveillé comme il est, de pouvoir garder un seul moment l'anonyme? et lui à qui l'on reproche tant de se défier à tort de tout le monde, comment auroit-il une confiance aussi stupide en ceux qu'il chargeroit de la publication de ses manuscrits? et s'il avoit en quelqu'un cette inepte confiance, est-il croyable qu'il ne s'en serviroit, dans la position terrible où il est, que pour publier d'arides traductions et de frivoles brochures ([1])? Enfin peut-on penser que, se voyant ainsi journellement découvert, il ne laissât pas d'aller toujours son train avec le même mystère, avec le même secret si bien gardé, soit en continuant de se confier aux mêmes traîtres, soit en choisissant de nouveaux confidens tout aussi fidèles?

J'entends insister. Pourquoi, sans reprendre ce métier d'auteur qui lui déplaît tant, ne pas choisir au moins pour ressource quelque talent plus honorable ou plus lucratif? Au lieu de copier de la musique, s'il étoit vrai qu'il la sût, que n'en faisoit-il ou que ne l'enseignoit-il? S'il ne la savoit pas, il avoit ou passoit pour avoir d'autres connoissances dont il pouvoit donner leçon. L'italien, la géographie, l'arithmétique; que sais-je, moi? Tout, puisqu'on a tant de facilité à Paris pour enseigner ce qu'on ne sait pas soi-même; les plus médiocres talens valoient mieux à cultiver pour s'aider à vivre que le moindre de tous, qu'il possédoit mal, et dont il tiroit si peu de profit, même en taxant si haut son ouvrage. Il ne se fût point mis, comme il a fait, dans la dépendance de quiconque vient, armé d'un chiffon de musique, lui débiter son amphigouri, ni des valets insolens qui viennent, dans leur arrogant maintien, lui déceler les sentimens cachés des maîtres. Il n'eût point perdu si souvent le salaire de son travail, ne se fût point fait mépriser du peuple, et traiter de juif par le philosophe Diderot pour ce travail même. Tous ces profits mesquins sont méprisés des grandes âmes. L'illustre Diderot, qui ne souille point ses mains d'un travail mercenaire, et dédaigne les petits gains usuriers, est aux yeux de l'Europe entière un sage aussi vertueux que désintéressé; et le copiste Jean-Jacques, prenant dix sous par page de son travail pour s'aider à vivre, est un juif que son avidité fait universellement mépriser. Mais, en dépit de son âpreté, la fortune paroît avoir ici tout remis dans l'ordre, et je ne vois point que les usures du juif Jean-Jacques l'aient rendu fort riche, ni que le désintéressement du philosophe Diderot l'ait appauvri. Eh! comment peut-on ne pas sentir que si Jean-Jacques eût pris cette occupation de copier de la musique uniquement pour donner le change au public, ou par affectation, il n'eût pas manqué, pour ôter cette arme à ses ennemis et se faire un mérite de son métier, de le faire au prix des autres, ou même au-dessous?

Le Fr. L'avidité ne raisonne pas toujours bien.

Rouss. L'animosité raisonne souvent plus mal encore. Cela se sent à merveille quand on examine les allures de vos messieurs, et leurs singuliers raisonnemens qui les décèleroient bien vite aux yeux de quiconque y voudroit regarder et ne partageroit pas leur passion.

Toutes ces objections m'étoient présentes quand j'ai commencé d'observer notre homme; mais en le voyant familièrement, j'ai senti bientôt et je sens mieux chaque jour que les vrais motifs qui le déterminent dans toute sa conduite se trouvent rarement dans son plus grand intérêt, et jamais dans les opinions de la multitude. Il les faut chercher plus près de lui si l'on ne veut s'abuser sans cesse.

D'abord, comment ne sent-on pas que pour tirer parti de tous ces petits talens dont on parle, il en faudroit un qui lui manque, savoir, celui de les faire valoir. Il faudroit intriguer, courir à son âge de maison en maison, faire sa cour aux grands, aux riches, aux femmes, aux artistes, à tous ceux dont on le laisseroit approcher; car on mettroit le même choix aux gens dont on lui permettroit l'accès qu'on met à ceux à qui l'on permet le sien, et parmi lesquels je ne serois pas sans vous.

Il a fait assez d'expériences de la façon dont le traiteroient les musiciens, s'il se mettoit à leur merci pour l'exécution de ses ouvrages, comme il y seroit forcé pour en pouvoir tirer parti. J'ajoute que quand même, à force de manége, il pourroit réussir, il devroit toujours

---

[1] Aujourd'hui ce sont des livres en forme; mais il y a dans l'œuvre qui me regarde un progrès qu'il n'étoit pas aisé de prévoir.

trouver trop chers des succès achetés à ce prix. Pour moi, du moins, pensant autrement que le public sur le véritable honneur, j'en trouve beaucoup plus à copier chez soi de la musique à tant la page, qu'à courir de porte en porte pour y souffrir les rebuffades des valets, les caprices des maîtres, et faire partout le métier de cajoleur et de complaisant. Voilà ce que tout esprit judicieux devroit sentir lui-même ; mais l'étude particulière de l'homme ajoute un nouveau poids à tout cela.

Jean-Jacques est indolent, paresseux, comme tous les contemplatifs : mais cette paresse n'est que dans sa tête. Il ne pense qu'avec effort, il se fatigue à penser, il s'effraie de tout ce qui l'y force, à quelque foible degré que ce soit, et s'il faut qu'il réponde à un bonjour dit avec quelque tournure, il en sera tourmenté. Cependant il est vif, laborieux à sa manière. Il ne peut souffrir une oisiveté absolue : il faut que ses mains, que ses pieds, que ses doigts agissent, que son corps soit en exercice, et que sa tête reste en repos. Voilà d'où vient sa passion pour la promenade ; il y est en mouvement sans être obligé de penser. Dans la rêverie on n'est point actif. Les images se tracent dans le cerveau, s'y combinent comme dans le sommeil, sans le concours de la volonté : on laisse à tout cela suivre sa marche, et l'on jouit sans agir. Mais quand on veut arrêter, fixer les objets, les ordonner, les arranger, c'est autre chose ; on y met du sien. Sitôt que le raisonnement et la réflexion s'en mêlent, la méditation n'est plus un repos, elle est une action très-pénible ; et voilà la peine qui fait l'effroi de Jean-Jacques, et dont la seule idée l'accable et le rend paresseux. Je ne l'ai jamais trouvé tel, que dans toute œuvre où il faut que l'esprit agisse, quelque peu que ce puisse être. Il n'est avare, ni de son temps, ni de sa peine ; il ne peut rester oisif sans souffrir ; il passeroit volontiers sa vie à bêcher dans un jardin pour y rêver à son aise : mais ce seroit pour lui le plus cruel supplice de la passer dans un fauteuil, en fatiguant sa cervelle à chercher des riens pour amuser des femmes.

De plus, il déteste la gêne autant qu'il aime l'occupation. Le travail ne lui coûteroit rien, pourvu qu'il le fasse à son heure, et non pas à celle d'autrui. Il porte sans peine le joug de la nécessité des choses, mais non celui de la volonté des hommes. Il aimera mieux faire une tâche double en prenant son temps, qu'une simple au moment prescrit.

A-t-il une affaire, une visite, un voyage à faire, il ira sur-le-champ, si rien ne le presse ; s'il faut aller à l'instant, il regimbera. Le moment où, renonçant à tout projet de fortune pour vivre au jour la journée, il se défit de sa montre, fut un des plus doux de sa vie. Grâces au ciel, s'écria-t-il dans un transport de joie, je n'aurai plus besoin de savoir l'heure qu'il est !

S'il se plie avec peine aux fantaisies des autres, ce n'est pas qu'il en ait beaucoup de son chef. Jamais homme ne fut moins imitateur, et cependant moins capricieux. Ce n'est pas sa raison qui l'empêche de l'être, c'est sa paresse ; car les caprices sont des secousses de la volonté dont il craindroit la fatigue. Rebelle à toute autre volonté, il ne sait pas même obéir à la sienne, ou plutôt il trouve si fatigant même de vouloir, qu'il aime mieux, dans le courant de la vie, suivre une impression purement machinale qui l'entraîne sans qu'il ait la peine de la diriger. Jamais homme ne porta plus pleinement, et dès sa jeunesse, le joug propre des âmes foibles et des vieillards ; savoir celui de l'habitude. C'est par elle qu'il aime à faire encore aujourd'hui ce qu'il fit hier, sans autre motif, si ce n'est qu'il le fit hier. La route étant déjà frayée, il a moins de peine à la suivre, qu'à l'effort d'une nouvelle direction. Il est incroyable à quel point cette paresse de vouloir le subjugue. Cela se voit jusque dans ses promenades. Il répétera toujours la même, jusqu'à ce que quelque motif le force absolument d'en changer : ses pieds le reportent d'eux-mêmes où ils l'ont déjà porté. Il aime à marcher toujours devant lui, parce que *cela se fait sans avoir besoin d'y penser.* Il iroit de cette façon toujours rêvant jusqu'à la Chine, sans s'en apercevoir ou sans s'ennuyer. Voilà pourquoi les longues promenades lui plaisent ; mais il n'aime pas les jardins où à chaque bout d'allée une petite direction est nécessaire pour tourner et revenir sur ses pas, et en compagnie il se met, sans y penser, à la suite des autres pour n'avoir pas besoin de penser à son chemin ; aussi n'en a-t-il jamais retenu aucun qu'il ne l'eût fait seul.

Tous les hommes sont naturellement paresseux, leur intérêt même ne les anime pas, et les plus pressans besoins ne les font agir que par secousses ; mais à mesure que l'amour-propre s'éveille, il les excite, les pousse, les tient sans cesse en haleine, parce qu'il est la seule passion qui leur parle toujours : c'est ainsi qu'on les voit tous dans le monde. L'homme en qui l'amour-propre ne domine pas, et qui ne va point chercher son bonheur loin de lui, est le seul qui connoisse l'incurie et les doux loisirs; et Jean-Jacques est cet homme-là, autant que je puis m'y connoître. Rien n'est plus uniforme que sa manière de vivre : il se lève, se couche, mange, travaille, sort et rentre aux mêmes heures, sans le vouloir et sans le savoir. Tous les jours sont jetés au même moule, c'est le même jour toujours répété; sa routine lui tient lieu de toute autre règle; il la suit très-exactement, sans y manquer et sans y songer. Cette molle inertie n'influe pas seulement sur ses actions indifférentes, mais sur toute sa conduite, sur les affections mêmes de son cœur ; et, lorsqu'il cherchoit si passionnément des liaisons qui lui convinssent, il n'en forma réellement jamais d'autres que celles que le hasard lui présenta. L'indolence et le besoin d'aimer ont donné sur lui un ascendant aveugle, à tout ce qui l'approchoit. Une rencontre fortuite, l'occasion, le besoin du moment, l'habitude trop rapidement prise, ont déterminé tous ses attachemens, et par eux toute sa destinée. En vain son cœur lui demandoit un choix, son humeur trop facile ne lui en laissa point faire. Il est peut-être le seul homme au monde des liaisons duquel on ne peut rien conclure, parce que son propre goût n'en forma jamais aucune, et qu'il se trouva toujours subjugué avant d'avoir eu le temps de choisir. Du reste, l'habitude ne finit point en lui par l'ennui. Il vivroit éternellement du même mets, répéteroit sans cesse le même air, reliroit toujours le même livre, ne verroit toujours que la même personne. Enfin, je ne l'ai jamais vu se dégoûter d'aucune chose qui une fois lui eût fait plaisir.

C'est par ces observations et d'autres qui s'y rapportent, c'est par l'étude attentive du naturel et des goûts de l'individu, qu'on apprend à expliquer les singularités de sa conduite, et non par des fureurs d'amour-propre, qui rongent les cœurs de ceux qui le jugent sans avoir jamais approché du sien. C'est par paresse, par nonchalance, par aversion de la dépendance et de la gêne, que Jean-Jacques copie de la musique. Il fait sa tâche quand et comment il lui plaît ; il ne doit compte de sa journée, de son temps, de son travail, de son loisir à personne. Il n'a besoin de rien arranger, de rien prévoir, de prendre aucun souci de rien, il n'a nulle dépense d'esprit à faire, il est lui et à lui tous les jours, tout le jour ; et le soir, quand il se délasse et se promène, son âme ne sort du calme que pour se livrer à des émotions délicieuses, sans qu'il ait à payer de sa personne, et à soutenir le faix de la célébrité par de brillantes ou savantes conversations, qui feroient le tourment de sa vie sans flatter sa vanité.

Il travaille lentement, pesamment, fait beaucoup de fautes, efface ou recommence sans cesse ; cela l'a forcé de taxer haut son ouvrage, quoiqu'il en sente mieux que personne l'imperfection. Il n'épargne cependant ni frais ni soins pour lui faire valoir son prix, et il y met des attentions qui ne sont pas sans effet, et qu'on attendroit en vain des autres copistes. Ce prix même, quelque fort qu'il soit, seroit peut-être au-dessous du leur, si l'on en déduisoit ce qu'on s'amuse à lui faire perdre, soit en ne retirant ou en ne payant point l'ouvrage qu'on lui fait faire, soit en le détournant de son travail en mille manières dont les autres copistes sont exempts. S'il abuse en cela de sa célébrité, il le sent et s'en afflige ; mais c'est un bien petit avantage contre tant de maux qu'elle lui attire, et il ne sauroit faire autrement sans s'exposer à des inconvéniens qu'il n'a pas le courage de supporter : au lieu qu'avec ce modique supplément, acheté par son travail, sa situation présente est, du côté de l'aisance, telle précisément qu'il la faut à son humeur. Libre des chaînes de la fortune, il jouit avec modération de tous les biens réels qu'elle donne ; il a retranché ceux de l'opinion, qui ne sont qu'apparens, et qui sont les plus coûteux. Plus pauvre, il sentiroit des privations, des souffrances; plus riche, il auroit l'embarras des richesses, des soucis, des affaires ; il faudroit renoncer à l'incurie, pour lui la plus douce des voluptés : en possédant davantage, il jouiroit beaucoup moins.

Il est vrai qu'avancé déjà dans la vieillesse il ne peut espérer de vaquer long-temps encore à son travail ; sa main déjà tremblotante lui refuse un service aisé, sa note se déforme, son activité diminue ; il fait moins d'ouvrage et moins bien dans plus de temps ; un moment viendra (1), s'il vieillit beaucoup, qui, lui ôtant les ressources qu'il s'est ménagées, le forcera de faire un tardif et dur apprentissage d'une frugalité bien austère. Il ne doute pas même que vos messieurs n'aient déjà pour ce temps qui s'approche, et qu'ils sauront peut-être accélérer, un nouveau plan de bénéficence, c'est-à-dire de nouveaux moyens de lui faire manger le pain d'amertume et boire la coupe d'humiliation. Il sent et prévoit très-bien tout cela ; mais, si près du terme de la vie, il n'y voit plus un fort grand inconvénient. D'ailleurs, comme cet inconvénient est inévitable, c'est folie de s'en tourmenter, et ce seroit s'y précipiter d'avance que de chercher à le prévenir. Il pourvoit au présent en ce qui dépend de lui, et laisse le soin de l'avenir à la Providence.

J'ai donc vu Jean-Jacques livré tout entier aux occupations que je viens de vous décrire, se promenant toujours seul, pensant peu, rêvant beaucoup, travaillant presque machinalement, sans cesse occupé des mêmes choses sans s'en rebuter jamais ; enfin plus gai, plus content, se portant mieux, en menant cette vie presque automate, qu'il ne fit tout le temps qu'il consacra si cruellement pour lui, et si peu utilement pour les autres, au triste métier d'auteur.

Mais n'apprécions pas cette conduite au-dessus de sa valeur. Dès que cette vie simple et laborieuse n'est pas jouée, elle seroit sublime dans un célèbre écrivain qui pourroit s'y réduire. Dans Jean-Jacques elle n'est que naturelle, parce qu'elle n'est l'ouvrage d'aucun effort, ni celui de la raison, mais une simple *impulsion de tempérament déterminée par la nécessité*. Le seul mérite de celui qui s'y livre est d'avoir cédé sans résistance au penchant de la nature, et de ne s'être pas laissé détourner par une mauvaise honte, ni par une sotte vanité. Plus j'examine cet homme dans le détail de l'emploi de ses journées, dans l'uniformité de cette vie machinale, dans le goût qu'il paroît y prendre, dans le contentement qu'il y trouve, dans l'avantage qu'il en tire pour son humeur et pour sa santé ; plus je vois que cette manière de vivre étoit celle pour laquelle il étoit né. Les hommes, le figurant toujours à leur mode, en ont fait, tantôt un profond génie, tantôt un petit charlatan : d'abord un prodige de vertu, puis un monstre de scélératesse ; toujours l'être du monde le plus étrange et le plus bizarre. La nature n'en a fait qu'un bon artisan, sensible, il est vrai, jusqu'au transport, idolâtre du beau, passionné pour la justice ; dans de courts momens d'effervescence capable de vigueur et d'élévation, mais dont l'état habituel fut et sera toujours l'inertie d'esprit et l'activité machinale, et, pour tout dire en un mot, qui n'est rare que parce qu'il est simple. Une des choses dont il se félicite est de se retrouver dans sa vieillesse à peu près au même rang où il est né, sans avoir jamais beaucoup ni monté ni descendu dans le cours de sa vie. Le sort l'a remis où l'avoit placé la nature ; il s'applaudit chaque jour de ce concours.

Ces solutions si simples, et pour moi si claires, de mes premiers doutes, m'ont fait sentir de plus en plus que j'avois pris la seule bonne route pour aller à la source des singularités de cet homme tant jugé et si peu connu. Le grand tort de ceux qui le jugent n'est pas de n'avoir point deviné les vrais motifs de sa conduite ; des gens si fins ne s'en douteront jamais (1) ; mais c'est de n'avoir pas voulu les apprendre, d'avoir concouru de tout leur cœur aux moyens pris pour empêcher, lui de les dire, et eux de les savoir. Les gens même les plus équitables sont portés à chercher des causes bizarres à une

---

(1) Un autre inconvénient très-grave me forcera d'abandonner enfin ce travail, que d'ailleurs la mauvaise volonté du public me rend plus onéreux qu'utile ; c'est d'abord fréquent de quidams étrangers ou inconnus qui s'introduisent chez moi sous ce prétexte, et qui savent ensuite s'y cramponner malgré moi, sans que je puisse pénétrer leur dessein.

(1) Les gens si fins, totalement transformés par l'amour-propre, n'ont plus la moindre idée des vrais mouvemens de la nature, et ne connoîtront jamais rien aux âmes honnêtes, parce qu'ils ne voient partout que le mal, excepté dans ceux qu'ils ont intérêt de flatter. Aussi les observations des gens fins, ne s'accordant avec la vérité que par hasard, ne font point autorité chez les sages.

Je ne connois pas deux François qui pussent parvenir à me connoître, quand même ils le désireroient de tout leur cœur : la nature primitive de l'homme est trop loin de toutes leurs idées. Je ne dis pas néanmoins qu'il n'y en a point, je dis seulement que je n'en connois pas deux.

conduite extraordinaire; et au contraire, c'est à force d'être naturelle que celle de Jean-Jacques est peu commune, mais c'est ce qu'on ne peut sentir qu'après avoir fait une étude attentive de son tempérament, de son humeur, de ses goûts, de toute sa constitution. Les hommes n'y font pas tant de façon pour se juger entre eux. Ils s'attribuent réciproquement les motifs qui pourroient faire agir le jugeant comme fait le jugé, s'il étoit à sa place, et souvent ils rencontrent juste, parce qu'ils sont tous conduits par l'opinion, par les préjugés, par l'amour-propre, par toutes les passions factices qui en sont le cortége, et surtout par ce vif intérêt, prévoyant et pourvoyant, qui les jette toujours loin du présent, et qui n'est rien pour l'homme de la nature.

Mais ils sont si loin de remonter aux pures impulsions de cette nature et de les connoître, que, s'ils parvenoient à comprendre enfin que ce n'est point par ostentation que Jean-Jacques se conduit si différemment qu'ils ne font, le plus grand nombre en concluroit aussitôt que c'est donc par bassesse d'âme, quelques-uns peut-être, que c'est par une héroïque vertu, et tous se tromperoient également. Il y a de la bassesse à choisir volontairement un emploi digne de mépris, ou à recevoir par aumône ce qu'on peut gagner par son travail; mais il n'y en a point à vivre d'un travail honnête plutôt que d'aumônes, ou plutôt que d'intriguer pour parvenir. Il y a de la vertu à vaincre ses penchans pour faire son devoir, mais il n'y en a point à les suivre pour se livrer à des occupations de son goût, quoique ignobles aux yeux des hommes.

La cause des faux jugemens portés sur Jean-Jacques est qu'on suppose toujours qu'il lui a fallu de grands efforts pour être autrement que les autres hommes, au lieu que, constitué comme il est, il lui en eût fallu de très-grands pour être comme eux. Une de mes observations les plus certaines, et dont le public se doute le moins, est qu'impatient, emporté, sujet aux plus vives colères, il ne connoît pas néanmoins la haine, et que jamais désir de vengeance n'entra dans son cœur. Si quelqu'un pouvoit admettre un fait si contraire aux idées qu'on a de l'homme, on lui donneroit aussitôt pour cause un effet sublime, la pénible victoire sur l'amour-propre, la grande mais difficile vertu du pardon des ennemis, et c'est simplement un effet naturel du tempérament que je vous ai décrit. Toujours occupé de lui-même ou pour lui-même, et trop avide de son propre bien pour avoir le temps de songer au mal d'un autre, il ne s'avise point de ces jalouses comparaisons d'amour-propre, d'où naissent les passions haineuses dont j'ai parlé. J'ose même dire qu'il n'y a point de constitution plus éloignée que la sienne de la méchanceté; car son vice dominant est de s'occuper de lui plus que des autres, et celui des méchans, au contraire, est de s'occuper plus des autres que d'eux; et c'est précisément pour cela qu'à prendre le mot d'*égoïsme* dans son vrai sens ils sont tous égoïstes, et qu'il ne l'est point, parce qu'il ne se met, ni à côté, ni au-dessus, ni au-dessous de personne, et que le déplacement de personne n'est nécessaire à son bonheur. Toutes ses méditations sont douces, parce qu'il aime à jouir. Dans les situations pénibles, il n'y pense que quand elles l'y forcent; tous les momens qu'il peut leur dérober sont donnés à ses rêveries, il sait se soustraire aux idées déplaisantes, et se transporter ailleurs qu'où il est mal. Occupé si peu de ses peines, comment le seroit-il beaucoup de ceux qui les lui font souffrir? il s'en venge en n'y pensant point, non par esprit de vengeance, mais pour se délivrer d'un tourment. Paresseux et voluptueux, comment seroit-il haineux et vindicatif? Voudroit-il changer en supplices ses consolations, ses jouissances, et les seuls plaisirs qu'on lui laisse ici-bas? Les hommes bilieux et méchans ne cherchent la retraite que quand ils sont tristes; et la retraite les attriste encore plus. Le levain de la vengeance fermente dans la solitude par le plaisir qu'on prend à s'y livrer; mais ce triste et cruel plaisir dévore et consume celui qui s'y livre; il le rend inquiet, actif, intrigant; la solitude qu'il cherchoit fait bientôt le supplice de son cœur haineux et tourmenté; il n'y goûte point cette aimable incurie, cette douce nonchalance qui fait le charme des vrais solitaires; sa passion, animée par ses chagrines réflexions, cherche à se satisfaire; et, bientôt quittant sa sombre retraite, il court attiser dans le monde le feu dont il veut consumer son ennemi. S'il sort des écrits de la main d'un tel solitaire, ils ne ressembleront, sûrement, ni à l'*Émile* ni à l'*Héloïse*; ils porteront quelque art qu'emploie l'auteur à se déguiser, la teinte de la bile amère qui les dicta. Pour Jean-Jacques, les fruits de sa solitude attestent les sentimens dont il s'y nourrit; il eut de l'humeur tant qu'il vécut dans le monde, il n'en eut plus aussitôt qu'il vécut seul.

Cette répugnance à se nourrir d'idées noires et déplaisantes se fait sentir dans ses écrits comme dans sa conversation, et surtout dans ceux de longue haleine, où l'auteur avoit plus le temps d'être lui, et où son cœur s'est mis, pour ainsi dire, plus à son aise. Dans ses premiers ouvrages, entraîné par son sujet, indigné par le spectacle des mœurs publiques, excité par les gens qui vivoient avec lui, et qui dès lors peut-être avoient déjà leurs vues, il s'est permis quelquefois de peindre les méchans et les vices en traits vifs et poignans, mais toujours prompts et rapides; et l'on voit qu'il ne se complaisoit que dans les images riantes, dont il aima de tout temps à s'occuper. Il se félicite à la fin de l'*Héloïse* d'en avoir soutenu l'intérêt durant six volumes, sans le concours d'aucun personnage méchant, ni d'aucune mauvaise action. C'est là, ce me semble, le témoignage le moins équivoque des véritables goûts d'un auteur.

Le Fr. Eh! comme vous vous abusez! Les bons peignent les méchans sans crainte; ils n'ont pas peur d'être reconnus dans leurs portraits; mais un méchant n'ose peindre son semblable, il redoute l'application.

Rouss. Monsieur, cette interprétation si naturelle est-elle de votre façon?

Le Fr. Non, elle est de nos messieurs. Oh! moi, je n'aurois jamais eu l'esprit de la trouver!

Rouss. Du moins, l'admettez-vous sérieusement pour bonne?

Le Fr. Mais, je vous avoue que je n'aime point à vivre avec les méchans, et je ne crois pas qu'il s'ensuive de là que je sois un méchant moi-même.

Rouss. Il s'ensuit tout le contraire, et non-seulement les méchans aiment à vivre entre eux, mais leurs écrits comme leurs discours sont remplis de peintures effroyables de toutes sortes de méchancetés. Quelquefois les bons s'attachent de même à les peindre, mais seulement pour les rendre odieuses : au lieu que les méchans ne se servent des mêmes peintures que pour rendre odieux moins les vices que les personnages qu'ils ont en vue. Ces différences se font bien sentir à la lecture, et les censures vives mais générales des uns s'y distinguent facilement des satires personnelles des autres. Rien n'est plus naturel à un auteur que de s'occuper par préférence des matières qui sont le plus de son goût. Celui de Jean-Jacques, en l'attachant à la solitude, atteste, par les productions dont il s'y est occupé, quelle espèce de charme a pu l'y attirer et l'y retenir. Dans sa jeunesse, et durant ses courtes prospérités, n'ayant encore à se plaindre de personne, il n'aima pas moins la retraite qu'il l'aime dans sa misère. Il se partageoit alors avec délices entre les amis qu'il croyoit avoir et la douceur du recueillement. Maintenant si cruellement désabusé, il se livre à son goût dominant sans partage. Ce goût ne le tourmente ni ne le ronge; il ne le rend ni triste ni sombre; jamais il ne fut plus satisfait de lui-même, moins soucieux des affaires d'autrui, moins occupé de ses persécuteurs, plus content ni plus heureux, autant qu'on peut l'être de son propre fait, vivant dans l'adversité. S'il étoit tel qu'on nous le représente, la prospérité de ses ennemis, l'opprobre dont ils l'accablent, l'impuissance de s'en venger, l'auroient déjà fait périr de rage. Il n'eût trouvé, dans la solitude qu'il cherche, que le désespoir et la mort. Il y trouve le repos d'esprit, la douceur d'âme, la santé, la vie. Tous les mystérieux argumens de vos messieurs n'ébranleront jamais la certitude qu'opère celui-là dans mon esprit.

Mais y a-t-il quelque vertu dans cette douceur? aucune. Il n'y a que la pente d'un naturel aimant et tendre, qui, nourri de visions délicieuses, ne peut s'en détacher pour s'occuper d'idées funestes et de sentimens déchirans. Pourquoi s'affliger quand on peut jouir? pourquoi noyer son cœur de fiel et de bile, quand on peut l'abreuver de bienveillance et d'amour? Ce choix si raisonnable n'est pourtant fait ni par la raison, ni par la volonté; il est l'ouvrage d'un pur instinct. Il n'a pas le mérite de la vertu sans doute, mais il n'en a pas non plus l'instabilité. Celui qui durant soixante ans s'est livré aux seules impressions de la nature est bien sûr de n'y résister jamais.

Si ces impulsions ne le mènent pas toujours dans la bonne route, rarement elles le mènent dans la mauvaise. Le peu de vertus qu'il a n'ont jamais fait de grands biens aux autres, mais ses vices bien plus nombreux ne font de mal qu'à lui seul. Sa morale est moins une morale d'action que d'abstinence : sa paresse la lui a donnée, et sa raison l'y a souvent confirmé : ne jamais faire de mal lui paroît une maxime plus utile, plus sublime, et beaucoup plus difficile que celle même de faire du bien ; car souvent le bien qu'on fait sous un rapport devient un mal sous mille autres ; mais dans l'ordre de la nature, il n'y a de vrai mal que le mal positif. Souvent il n'y a d'autre moyen de s'abstenir de nuire, que de s'abstenir tout-à-fait d'agir ; et, selon lui, le meilleur régime, tant moral que physique, est un régime purement négatif. Mais ce n'est pas celui qui convient à une philosophie ostentatrice, qui ne veut que des œuvres d'éclat, et n'apprend rien tant à ses sectateurs qu'à beaucoup se montrer. Cette maxime de ne point faire de mal tient de bien près à une autre qu'il doit encore à sa paresse, mais qui se change en vertu pour quiconque s'en fait un devoir. C'est de ne se mettre jamais dans une situation qui lui fasse trouver son avantage dans le préjudice d'autrui. Nul homme ne redoute une situation pareille. Ils sont tous trop forts, trop vertueux pour craindre jamais que leur intérêt ne les tente contre leur devoir ; et dans leur fière confiance, ils provoquent sans crainte les tentations auxquelles ils se sentent si supérieurs. Félicitons-les de leurs forces, mais ne blâmons pas le foible Jean-Jacques de n'oser se fier à la sienne, et d'aimer mieux fuir les tentations que d'avoir à les vaincre, trop peu sûr du succès d'un pareil combat.

Cette seule indolence l'eût perdu dans la société, quand il n'y eût pas apporté d'autres vices. Les petits devoirs à remplir la lui ont rendue insupportable ; et ces petits devoirs négligés lui ont fait cent fois plus de tort que des actions injustes ne lui en auroient pu faire. La morale du monde a été mise comme celle des dévots en menues pratiques, en petites formules, en étiquettes de procédés qui dispensent du reste. Quiconque s'attache avec scrupule à tous ces petits détails, peut au surplus être noir, faux, fourbe, traître et méchant, peu importe ; pourvu qu'il soit exact aux règles des procédés, il est toujours assez honnête homme. L'amour-propre de ceux qu'on néglige en pareil cas leur peint cette omission comme un cruel outrage, ou comme une monstrueuse ingratitude ; et tel qui donneroit pour un autre sa bourse et son sang n'en sera jamais pardonné pour avoir omis dans quelque rencontre une attention de civilité. Jean-Jacques, en dédaignant tout ce qui est de pure formule, et que font également bons et mauvais, amis et indifférens, pour ne s'attacher qu'aux solides devoirs, qui n'ont rien de l'usage ordinaire et font peu de sensation, a fourni les prétextes que vos messieurs ont si habilement employés. Il eût pu remplir sans bruit de grands devoirs dont jamais personne n'auroit rien dit : mais la négligence des petits soins inutiles a causé sa perte. Ces petits soins sont aussi quelquefois des devoirs qu'il n'est pas permis d'enfreindre, et je ne prétends pas en cela l'excuser. Je dis seulement que ce mal même, qui n'en est pas un dans sa source, et qui n'est tombé que sur lui, vient encore de cette indolence de caractère qui le domine, et ne lui fait pas moins négliger ses intérêts que ses devoirs.

Jean-Jacques paroît n'avoir jamais convoité fort ardemment les biens de la fortune, non par une modération dont on puisse lui faire honneur, mais parce que ces biens, loin de procurer ceux dont il est avide, en ôtent la jouissance et le goût. Les pertes réelles, ni les espérances frustrées, ne l'ont jamais fort affecté. Il a trop désiré le bonheur pour désirer beaucoup la richesse ; et, s'il eut quelques momens d'ambition, ses désirs comme ses efforts ont été vifs et courts. Au premier obstacle qu'il n'a pu vaincre du premier choc, il s'est rebuté ; et, retombant aussitôt dans sa langueur, il a oublié ce qu'il ne pouvoit atteindre. Il fut toujours si peu agissant, si peu propre au manège nécessaire pour réussir en toute entreprise, que les choses les plus faciles pour d'autres devenant toujours difficiles pour lui, sa paresse les lui rendoit impossibles pour lui épargner les efforts indispensables pour les obtenir. Un autre oreiller de paresse, dans toute affaire un peu longue quoique aisée, étoit pour lui l'incertitude que le temps jette sur les succès qui, dans l'avenir, semblent les plus assurés, mille empêchemens imprévus pouvant à chaque instant faire avorter les desseins les mieux concertés. La seule instabilité de la vie réduit pour nous tous les événemens futurs à de simples probabilités. La peine qu'il faut prendre est certaine, le prix en est toujours douteux, et les projets éloignés ne peuvent paroître que des leurres de dupes à quiconque a plus d'indolence que d'ambition. Tel est et fut toujours Jean-Jacques : ardent et vif par tempérament, il n'a pu dans sa jeunesse être exempt de toute espèce de convoitise ; et c'est beaucoup s'il l'est toujours, même aujourd'hui. Mais quelque désir qu'il ait pu former, et quel qu'en ait pu être l'objet, si du premier effort il n'a pu l'atteindre, il fut toujours incapable d'une longue persévérance à y aspirer.

Maintenant il paroît ne plus rien désirer. Indifférent sur le reste de sa carrière, il en voit avec plaisir approcher le terme, mais sans l'accélérer même par ses souhaits. Je doute que jamais mortel ait mieux et plus sincèrement dit à Dieu, *que ta volonté soit faite ;* et ce n'est pas, sans doute, une résignation fort méritoire à qui ne voit plus rien sur la terre qui puisse flatter son cœur. Mais dans sa jeunesse, où le feu du tempérament et de l'âge dut souvent enflammer ses désirs, il en put former d'assez vifs, mais rarement d'assez durables pour vaincre les obstacles, quelquefois très-surmontables, qui l'arrêtoient. En désirant beaucoup, il dut obtenir fort peu, parce que ce ne sont pas les seuls élans du cœur qui font atteindre à l'objet, et qu'il y faut d'autres moyens qu'il n'a jamais su mettre en œuvre. La plus incroyable timidité, la plus excessive indolence, auroient cédé quelquefois peut-être à la force du désir, s'il n'eût trouvé dans cette force même l'art d'éluder les soins qu'elle sembloit exiger, et c'est encore ici des clefs de son caractère celle qui en découvre le mieux les ressorts. A force de s'occuper de l'objet qu'il convoite, à force d'y tendre par ses désirs, sa bienfaisante imagination arrive au terme, en sautant par-dessus les obstacles qui l'arrêtent ou l'effarouchent. Elle fait plus ; écartant de l'objet tout ce qu'il a d'étranger à sa convoitise, elle ne le lui présente qu'approprié de tout point à son désir. Par là ses fictions lui deviennent plus douces que des réalités mêmes ; elles en écartent les défauts avec les difficultés, elles les lui livrent préparées tout exprès pour lui, et font que désirer et jouir ne sont pour lui qu'une même chose. Est-il étonnant qu'un homme ainsi constitué soit sans goût pour la vie active ? Pour lui pourchasser au loin quelques jouissances imparfaites et douteuses, elle lui ôteroit celles qui valent cent fois mieux, et sont toujours en son pouvoir. Il est plus heureux et plus riche par la possession des biens imaginaires qu'il crée, qu'il ne le seroit par celle des biens plus réels si l'on veut, mais moins désirables, qui existent réellement.

Mais cette même imagination, si riche en tableaux rians et remplis de charmes, rejette obstinément les objets de douleur et de peine, ou du moins elle ne les lui peint jamais si vivement que sa volonté ne les puisse effacer. L'incertitude de l'avenir, et l'expérience de tant de malheurs, peuvent l'effaroucher à l'excès des maux qui le menacent, en occupant son esprit des moyens de les éviter. Mais ces maux sont-ils arrivés, il les sent vivement un moment, et puis les oublie. En mettant tout au pis dans l'avenir, il se soulage et se tranquillise. Quand une fois le malheur est arrivé, il faut le souffrir sans doute, mais on n'est plus forcé d'y penser pour s'en garantir ; c'est un grand tourment de moins dans son âme. En comptant d'avance sur le mal qu'il craint, il en ôte la plus grande amertume ; ce mal arrivant le trouve tout prêt à le supporter ; et s'il n'arrive pas, c'est un bien qu'il goûte avec d'autant plus de joie, qu'il n'y comptoit point du tout. Comme il aime mieux jouir que souffrir, il se refuse aux souvenirs tristes et déplaisans, qui sont inutiles, pour livrer son cœur tout entier à ceux qui le flattent ; quand sa destinée s'est trouvée telle qu'il n'y voyoit plus rien d'agréable à se rappeler, il en a perdu toute la mémoire, et rétrogradant vers les temps heureux de son enfance et de sa jeunesse, il les a souvent recommencés dans ses souvenirs. Quelquefois s'élançant dans l'avenir qu'il espère et qu'il sent lui être dû, il tâche de s'en figurer les douceurs en les proportionnant aux maux qu'on lui fait souffrir injustement en ce monde. Plus souvent, laissant concourir ses sens à ses fictions, il se forme des êtres selon son cœur ; et vivant avec eux dans une société dont il se sent digne, il planc dans l'empirée, au milieu des objets charmans et presque angéliques dont il s'est entouré. Concevez-vous que dans une âme tendre ainsi disposée les levains haineux fermentent facilement? Non, non, monsieur; comptez que celui qui peut sentir un moment les délices habituelles de Jean-Jacques ne méditera jamais de noirceurs.

La plus sublime des vertus, celle qui demande le plus de grandeur, de courage et de force d'âme, est le pardon des injures, et l'amour de ses ennemis. Le foible Jean-Jacques, qui n'atteint pas même aux vertus médiocres, iroit-il jusqu'à celle-là? Je suis aussi loin de le croire que de l'affirmer. Mais qu'importe, si son naturel aimant et paisible le mène où l'auroit mené la vertu? Qu'eût pu faire en lui la haine s'il l'avoit connue? je l'ignore; il l'ignore lui-même. Comment sauroit-il où l'eût conduit un sentiment qui jamais n'approcha de son cœur? Il n'a point eu là-dessus de combat à rendre, parce qu'il n'a point eu de tentation. Celle d'ôter ses facultés à ses jouissances, pour les livrer aux passions irascibles et déchirantes, n'en est pas même une pour lui. C'est le tourment des cœurs dévorés d'amour-propre, et qui ne connoissent point d'autre amour. Ils n'ont pas cette passion par choix, elle les tyrannise, et n'en laisse point d'autre en leur pouvoir.

Lorsqu'il entreprit ses *Confessions*, cette œuvre unique parmi les hommes, dont il a profané la lecture, en la prodiguant aux oreilles les moins faites pour l'entendre, il avoit déjà passé la maturité de l'âge, et ignoroit encore l'adversité. Il a dignement exécuté ce projet jusqu'au temps des malheurs de sa vie; dès lors il s'est vu forcé d'y renoncer. Accoutumé à ses douces rêveries, il ne trouva ni courage ni force pour soutenir la méditation de tant d'horreurs; il n'auroit même pu s'en rappeler l'effroyable tissu, quand il s'y seroit obstiné. Sa mémoire a refusé de se souiller de ces affreux souvenirs; il ne peut se rappeler l'image que des temps qu'il verroit renaître avec plaisir : ceux où il fut la proie des méchans en seroient pour jamais effacés avec les cruels qui les ont rendus si funestes, si les maux qu'ils continuent à lui faire ne réveilloient quelquefois, malgré lui, l'idée de ceux qu'ils lui ont déjà fait souffrir. En un mo.... naturel aimant et tendre,

une langueur d'âme qui le porte aux plus douces voluptés, lui faisant rejeter tout sentiment douloureux, écarte de son souvenir tout objet désagréable. Il n'a pas le mérite de pardonner les offenses, parce qu'il les oublie; il n'aime pas ses ennemis, mais il ne pense point à eux. Cela met tout l'avantage de leur côté, en ce que ne le perdant jamais de vue, sans cesse occupés de lui, pour l'enlacer de plus en plus dans leurs pièges, et ne le trouvant ni assez attentif pour les voir, ni assez actif pour s'en défendre, ils sont toujours sûrs de le prendre au dépourvu, quand et comme il leur plaît, sans crainte de représailles. Tandis qu'il s'occupe avec lui-même, eux s'occupent aussi de lui. Il s'aime, et ils le haïssent; voilà l'occupation des uns et des autres; il est tout pour lui-même; il est aussi tout pour eux : car, quant à eux, ils ne sont rien, ni pour lui, ni pour eux-mêmes; et pourvu que Jean-Jacques soit misérable, ils n'ont pas besoin d'autre bonheur. Ainsi ils ont, eux et lui, chacun de leur côté, deux grandes expériences à faire : eux, de toutes les peines qu'il est possible aux hommes d'accumuler dans l'âme d'un innocent, et lui, de toutes les ressources que l'innocence peut tirer d'elle seule pour les supporter. Ce qu'il y a d'impayable dans tout cela est d'entendre vos bénins messieurs se lamenter, au milieu de leurs horribles trames, du mal que fait la haine à celui qui s'y livre, et plaindre tendrement leur ami Jean-Jacques d'être la proie d'un sentiment aussi tourmentant.

Il faudroit qu'il fût insensible ou stupide pour ne pas voir et sentir son état; mais il s'occupe trop peu de ses peines pour s'en affecter beaucoup. Il se console avec lui-même des injustices des hommes; en rentrant dans son cœur, il y trouve des dédommagemens bien doux. Tant qu'il est seul, il est heureux; et, quand le spectacle de la haine le navre, ou quand le mépris et la dérision l'indignent, c'est un mouvement passager qui cesse aussitôt que l'objet qui l'excite a disparu. Ses émotions sont promptes et vives, mais rapides et peu durables, et cela se voit. Son cœur, transparent comme le cristal, ne peut rien cacher de ce qui s'y passe; chaque mouvement qu'il éprouve se transmet à ses yeux et sur son visage. On voit quand et comment il s'agite ou se calme, quand et comment il s'irrite ou s'attendrit; et, sitôt que ce qu'il voit ou ce qu'il entend l'affecte, il lui est impossible d'en retenir ou dissimuler un moment l'impression. J'ignore comment il put s'y prendre pour tromper quarante ans tout le monde sur son caractère; mais pour peu qu'on le tire de sa chère inertie, ce qui par malheur n'est que trop aisé, je le défie de cacher à personne ce qui se passe au fond de son cœur, et c'est néanmoins de ce même naturel aussi ardent qu'indiscret qu'on a tiré, par un prestige admirable, le plus habile hypocrite et le plus rusé fourbe qui puisse exister.

Cette remarque étoit importante, et j'y ai porté la plus grande attention. Le premier art de tous les méchans est la prudence, c'est-à-dire la dissimulation. Ayant tant de desseins et de sentimens à cacher, ils savent composer leur extérieur, gouverner leurs regards, leur air, leur maintien, se rendre maîtres des apparences. Ils savent prendre leurs avantages et couvrir d'un vernis de sagesse les noires passions dont ils sont rongés. Les cœurs vifs sont bouillans, emportés, mais tout s'évapore au dehors; les méchans sont froids, posés, le venin se dépose et se cache au fond de leurs cœurs pour n'agir qu'en temps et lieu : jusqu'alors rien ne s'exhale; et, pour rendre l'effet plus grand ou plus sûr, ils le retardent à leur volonté. Ces différences ne viennent pas seulement des tempéramens, mais aussi de la nature des passions. Celles des cœurs ardens et sensibles étant l'ouvrage de la nature, se montrent en dépit de celui qui les a ; leur première explosion, purement machinale, est indépendante de sa volonté. Tout ce qu'il peut faire à force de résistance est d'en arrêter le cours avant qu'elle ait produit son effet, mais non pas avant qu'elle se soit manifestée ou dans ses yeux, ou par sa rougeur, ou par sa voix, ou par son maintien, ou par quelque autre signe sensible.

Mais l'amour-propre et les mouvemens qui en dérivent n'étant que des passions secondaires produites par la réflexion, n'agissent pas si sensiblement sur la machine. Voilà pourquoi ceux que ces sortes de passions gouvernent sont plus maîtres des apparences que ceux qui se livrent aux impulsions directes de la nature. En général, si les naturels ardens et vifs sont plus aimans, ils sont aussi plus emportés, moins endurans, plus colères; mais ces emportemens bruyans sont sans conséquence; et, sitôt que le signe de la colère s'efface sur le visage, elle est éteinte aussi dans le cœur. Au contraire les gens flegmatiques et froids, si doux, si patiens, si modérés à l'extérieur, en dedans sont haineux, vindicatifs, implacables; ils savent conserver, déguiser, nourrir leur rancune jusqu'à ce que le moment de l'assouvir se présente. En général, les premiers aiment plus qu'ils ne haïssent; les seconds haïssent beaucoup plus qu'ils n'aiment, si tant est qu'ils sachent aimer. Les âmes d'une haute trempe sont néanmoins très-souvent de celle-ci, comme supérieures aux passions. Les vrais sages sont des hommes froids, je n'en doute pas; mais dans la classe des hommes vulgaires, sans le contre-poids de la sensibilité, l'amour-propre emportera toujours la balance; et, s'ils ne restent nuls, il les rendra méchans.

Vous me direz qu'il y a des hommes vifs et sensibles qui ne laissent pas d'être méchans, haineux et rancuniers. Je n'en crois rien; mais il faut s'entendre. Il y a deux sortes de vivacité, celle des sentimens et celle des idées. Les âmes sensibles s'affectent fortement et rapidement. Le sang enflammé par une agitation subite porte à l'œil, à la voix, au visage, ces mouvemens impétueux qui marquent la passion. Il est au contraire des esprits vifs qui s'associent avec des cœurs glacés, et qui ne tirent que du cerveau l'agitation qui paroît aussi dans les yeux, dans le geste, et accompagne la parole, mais par des signes tout différens, pantomimes et comédiens plutôt qu'animés et passionnés. Ceux-ci, riches d'idées, les produisent avec une facilité extrême : ils ont la parole à commandement; leur esprit, toujours présent et pénétrant, leur fournit sans cesse des pensées neuves, des saillies, des réponses heureuses; quelque force et quelque finesse qu'on mette à ce qu'on peut leur dire, ils étonnent par la promptitude et le sel de leurs reparties, et ne restent jamais courts. Dans les choses même de sentiment, ils ont un petit babil si bien agencé, qu'on les croiroit émus jusqu'au fond du cœur, si cette justesse même d'expression n'attestoit que c'est leur esprit seul qui travaille. Les autres, tout occupés de ce qu'ils sentent, soignent trop peu leurs paroles pour les arranger avec tant d'art. La pesante succession du discours leur est insupportable; ils se dépitent contre la lenteur de sa marche; il leur semble, dans la rapidité des mouvemens qu'ils éprouvent, que ce qu'ils sentent devroit se faire jour et pénétrer d'un cœur à l'autre sans le froid ministère de la parole. Les idées se présentent d'ordinaire aux gens d'esprit en phrases tout arrangées. Il n'en est pas ainsi des sentimens; il faut chercher, combiner, choisir un langage propre à rendre ceux qu'on éprouve; et quel est l'homme sensible qui aura la patience de suspendre le cours des affections qui l'agitent pour s'occuper à chaque instant de ce triage? Une violente émotion peut suggérer quelquefois des expressions énergiques et vigoureuses; mais ce sont d'heureux hasards que les mêmes situations ne fournissent pas toujours. D'ailleurs, un homme vivement ému est-il en état de prêter une attention minutieuse à tout ce qu'on peut lui dire, à tout ce qui se passe autour de lui, pour y approprier sa réponse ou son propos? Je ne dis pas que tous seront aussi distraits, aussi étourdis, aussi stupides que Jean-Jacques; mais je doute que quiconque a reçu du ciel un naturel vraiment ardent, vif, sensible et tendre, soit jamais un homme bien preste à la riposte.

N'allons donc pas prendre, comme on fait dans le monde, pour des cœurs sensibles des cerveaux brûlés dont le seul désir de briller anime les discours, les actions, les écrits, et qui, pour être applaudis des jeunes gens et des femmes, jouent de leur mieux la sensibilité qu'ils n'ont point. Tout entiers à leur unique objet, c'est-à-dire à la célébrité, ils ne s'échauffent sur rien au monde, ne prennent un véritable intérêt à rien; leurs têtes, agitées d'idées rapides, laissent leurs cœurs vides de tout sentiment, excepté celui de l'amour-propre, qui, leur étant habituel, ne leur donne aucun mouvement sensible et remarquable au dehors. Ainsi, tranquilles et de sang-froid sur toutes choses, ils ne songent qu'aux avantages relatifs à leur petit individu, et, ne laissant jamais échapper aucune occasion, s'occupent sans cesse, avec un succès qui n'a rien d'étonnant, à rabaisser leurs rivaux, à écarter leurs concurrens, à briller dans le monde, à primer dans les lettres, et à déprimer tout ce qui n'est pas attaché à leur char. Que de tels hommes soient méchans ou malfaisans, ce n'est pas une merveille; mais qu'ils éprouvent d'autre passion que l'égoïsme qui les domine, qu'ils aient une véritable sensibilité, qu'ils soient capables d'attachement, d'amitié, même d'amour, c'est ce que je nie. Ils ne savent pas seulement s'aimer eux-mêmes; ils ne savent que haïr ce qui n'est pas eux.

Celui qui sait régner sur son propre cœur, tenir toutes ses passions sous le joug, sur qui l'intérêt personnel et les désirs sensuels n'ont aucune puissance, et qui, soit en public, soit tout seul et sans témoin, ne fait en toute occasion que ce qui est juste et honnête, sans égard aux vœux secrets de son cœur; celui-là seul est homme vertueux. S'il existe, je m'en réjouis pour l'honneur de l'espèce humaine. Je sais que des foules d'hommes vertueux ont jadis existé sur la terre; je sais que Fénelon, Catinat, d'autres moins connus, ont honoré les siècles modernes, et parmi nous j'ai vu Georges Keith suivre encore leurs sublimes vestiges. A cela près, je n'ai vu dans les apparentes vertus des hommes que forfanterie, hypocrisie et vanité. Mais ce qui se rapproche un peu plus de nous, ce qui est du moins beaucoup plus dans l'ordre de la nature, c'est un mortel bien né qui n'a reçu du ciel que des passions expansives et douces, que des penchans aimans et aimables, qu'un cœur ardent à désirer, mais sensible, affectueux dans ses désirs, qui n'a que faire de gloire ni de trésors, mais de jouissances réelles, de véritables attachemens, et qui, comptant pour rien l'apparence des choses et pour peu l'opinion des hommes, cherche son bonheur en dedans sans égard aux usages suivis et aux préjugés reçus. Cet homme ne sera pas vertueux, puisqu'il ne vaincra pas ses penchans; mais, en les suivant, il ne fera rien de contraire à ce que feroit, en surmontant les siens, celui qui n'écoute que la vertu. La bonté, la commisération, la générosité, ces premières inclinations de la nature, qui ne sont que des émanations de l'amour de soi, ne s'érigeront point dans sa tête en d'austères devoirs, mais elles seront des besoins de son cœur qu'il satisfera plus pour son propre bonheur que par un principe d'humanité qu'il ne songera guère à réduire en règles. L'instinct de la nature est moins pur peut-être, mais certainement plus sûr que la loi de la vertu: car on se met souvent en contradiction avec son devoir, jamais avec son penchant, pour malfaire.

L'homme de la nature, éclairé par la raison, a des appétits plus délicats, mais non moins simples que dans sa première grossièreté. Les fantaisies d'autorité, de célébrité, de prééminence, ne sont rien pour lui; il ne veut être connu que pour être aimé; il ne veut être loué que de ce qui est vraiment louable et qu'il possède en effet. L'esprit, les talens ne sont pour lui que des ornemens du mérite et ne le constituent pas. Ils sont des développemens nécessaires dans le progrès des choses, et qui ont leurs avantages pour les agrémens de la vie, mais subordonnés aux facultés plus précieuses qui rendent l'homme vraiment sociable et bon, et qui lui font priser l'ordre, la justice, la droiture et l'innocence au-dessus de tous les autres biens. L'homme de la nature apprend à porter en toute chose le joug de la nécessité et à s'y soumettre, à ne murmurer jamais contre la Providence, qui commença par le combler de dons précieux, qui promet à son cœur des biens plus précieux encore, mais qui, pour réparer les injustices de la fortune et des hommes, choisit son heure et non pas la nôtre, et dont les vues sont trop au-dessus de nous pour qu'elle nous doive compte de ses moyens. L'homme de la nature est assujetti par elle et pour sa propre conservation à des transports irascibles et momentanés, à la colère, à l'emportement, à l'indignation, jamais à des sentimens haineux et durables, nuisibles à celui qui en est l'objet, et qui ne mènent qu'au mal et à la destruction sans servir au bien ni à la conservation de personne. Enfin l'homme de la nature, sans épuiser ses débiles forces à se construire ici-bas des tabernacles, des machines énormes de bonheur ou de plaisir, jouit de lui-même et de son existence, sans grand souci de ce qu'en pensent les hommes, et sans grand soin de l'avenir.

Tel j'ai vu l'indolent Jean-Jacques, sans affectation, sans apprêt, livré par goût à ses douces rêveries, pensant profondément quelquefois, mais toujours avec plus de fatigue que de plaisir, et aimant mieux se laisser gouverner par une imagination riante, que de gouverner avec effort sa tête par la raison. Je l'ai vu mener par goût une vie égale, simple et routinière, sans s'en rebuter jamais. L'uniformité de cette vie et la douceur qu'il y trouve montrent que son âme est en paix. S'il étoit mal avec lui-même, il se lasseroit enfin d'y vivre; il lui faudroit des diversions que je ne lui vois point chercher; et si, par un tour d'esprit difficile à concevoir, il s'obstinoit à s'imposer ce genre de supplice, on verroit à la longue l'effet de cette contrainte sur son humeur, sur son teint, sur sa santé. Il jauniroit, il languiroit, il deviendroit triste et sombre, il dépériroit. Au contraire, il se porte mieux qu'il ne fit jamais (¹). Il n'a plus ces souffrances habituelles, cette maigreur, ce teint pâle, cet air mourant qu'il eut constamment dix ans de sa vie, c'est-à-dire pendant tout le temps qu'il se mêla d'écrire, métier aussi funeste à sa constitution que contraire à son goût, et qui l'eût enfin mis au tombeau s'il l'eût continué plus long-temps. Depuis qu'il a repris les doux loisirs de sa jeunesse il en a repris la sérénité; il occupe son corps et repose sa tête; il s'en trouve bien à tous égards. En un mot, comme j'ai trouvé dans ses livres l'homme de la nature, j'ai trouvé dans lui l'homme de ses livres, sans avoir eu besoin de chercher expressément s'il étoit vrai qu'il en fût l'auteur.

Je n'ai eu qu'une seule curiosité que j'ai voulu satisfaire; c'est au sujet du *Devin du village*. Ce que vous m'aviez dit là-dessus m'avoit tellement frappé que je n'aurois pas été tranquille, si je ne m'en fusse particulièrement éclairci. On ne conçoit guère comment un homme doué de quelque génie et de talens, par lesquels il pourroit aspirer à une gloire méritée, pour se parer effrontément d'un talent qu'il n'auroit pas, iroit se fourrer sans nécessité dans toutes les occasions de montrer là-dessus son ineptie. Mais qu'au milieu de Paris et des artistes les moins disposés pour lui à l'indulgence, un tel homme se donne sans façon pour l'auteur d'un ouvrage qu'il est incapable de faire; qu'un homme aussi timide, aussi peu suffisant, s'érige parmi les maîtres en précepteur d'un art auquel il n'entend rien, et qu'il les accuse de ne pas entendre, c'est assurément une chose des plus incroyables que l'on puisse avancer.

(¹) Tout a son terme ici-bas. Si ma santé décline, et succombe enfin sous tant d'afflictions sans relâche, il restera toujours étonnant qu'elle ait résisté si longtemps.

D'ailleurs il y a tant de bassesse à se parer ainsi des dépouilles d'autrui ; cette manœuvre suppose tant de pauvreté d'esprit, une vanité si puérile, un jugement si borné, que quiconque peut s'y résoudre ne fera jamais rien de grand, d'élevé, de beau dans aucun genre, et que, malgré toutes mes observations, il seroit toujours resté impossible à mes yeux que Jean-Jacques, se donnant faussement pour l'auteur du *Devin du village*, eût fait aucun des autres écrits qu'il s'attribue, et qui certainement ont trop de force et d'élévation pour avoir pu sortir de la petite tête d'un petit pillard impudent. Tout cela me sembloit tellement incompatible que j'en revenois toujours à ma première conséquence de *tout ou rien*.

Une chose encore animoit le zèle de mes recherches. L'auteur du *Devin du village* n'est pas, quel qu'il soit, un auteur ordinaire, non plus que celui des autres ouvrages qui portent le même nom. Il y a dans cette pièce une douceur, un charme, une simplicité surtout, qui la distinguent sensiblement de toute autre production du même genre. Il n'y a dans les paroles ni situations vives, ni belles sentences, ni pompeuse morale : il n'y a dans la musique ni traits savans, ni morceaux de travail, ni chants tournés, ni harmonie pathétique. Le sujet en est plus comique qu'attendrissant, et cependant la pièce touche, remue, attendrit jusqu'aux larmes : on se sent ému sans savoir pourquoi. D'où ce charme secret qui coule ainsi dans les cœurs tire-t-il sa source? Cette source unique où nul autre n'a puisé n'est pas celle de l'Hippocrène : elle vient d'ailleurs. L'auteur doit être aussi singulier que la pièce est originale. Si, connoissant déjà Jean-Jacques, j'avois vu pour la première fois le *Devin du village* sans qu'on m'en nommât l'auteur, j'aurois dit sans balancer, c'est celui de la *Nouvelle Héloïse*, c'est Jean-Jacques, et ce ne peut être que lui. Colette intéresse et touche comme Julie, sans magie de situations, sans apprêts d'événemens romanesques ; même naturel, même douceur, même accent : elles sont sœurs, ou je serois bien trompé. Voilà ce que j'aurois dit ou pensé. Maintenant on m'assure au contraire que Jean-Jacques se donne faussement pour l'auteur de cette pièce, et qu'elle est d'un autre : qu'on me le montre donc cet autre-là, que je voie comment il est fait. Si ce n'est pas Jean-Jacques, il doit du moins lui ressembler beaucoup, puisque leurs productions, si originales, si caractérisées, se ressemblent si fort. Il est vrai que je ne puis avoir vu des productions de Jean-Jacques en musique, puisqu'il n'en sait pas faire ; mais je suis sûr que, s'il en savoit faire, elles auroient un caractère très-approchant de celui-là. A m'en rapporter à mon propre jugement, cette musique est de lui ; par les preuves que l'on me donne, elle n'en est pas : que dois-je croire? Je résolus de m'éclaircir si bien par moi-même sur cet article qu'il ne me pût rester là-dessus aucun doute, et je m'y suis pris de la façon la plus courte, la plus sûre pour y parvenir.

Le Fr. Rien n'est plus simple. Vous avez fait comme tout le monde ; vous lui avez présenté de la musique à lire ; et, voyant qu'il ne faisoit que barbouiller, vous avez tiré la conséquence, et vous vous en êtes tenu là.

Rouss. Ce n'est point là ce que j'ai fait, et ce n'étoit point de cela non plus qu'il s'agissoit ; car il ne s'est pas donné, que je sache, pour un croque-sol, ni pour un chantre de cathédrale. Mais en donnant de la musique pour être de lui, il s'est donné pour en savoir faire. Voilà ce que j'avois à vérifier. Je lui ai donc proposé de la musique, non à lire, mais à faire. C'étoit aller, ce me semble, aussi directement qu'il étoit possible au vrai point de la question. Je l'ai prié de composer cette musique en ma présence sur des paroles qui lui étoient inconnues et que je lui ai fournies sur-le-champ.

Le Fr. Vous avez bien de la bonté ; car enfin vous assurer qu'il ne savoit pas lire la musique, n'étoit-ce pas vous assurer de reste qu'il n'en savoit pas composer?

Rouss. Je n'en sais rien ; je ne vois nulle impossibilité qu'un homme trop plein de ses propres idées ne sache ni saisir, ni rendre celles des autres ; et puisque ce n'est pas faute d'esprit qu'il sait si mal parler, ce peut aussi n'être pas par ignorance qu'il lit si mal la musique. Mais ce que je sais bien, c'est que, si de l'acte au possible la conséquence est valable, lui voir sous mes yeux composer de la musique étoit n'assurer qu'il en savoit composer.

Le Fr. D'honneur, voici qui est curieux ! Eh bien ! monsieur, de quelle défaite vous paya-t-il ? Il fit le fier, sans doute, et rejeta la proposition avec hauteur ?

Rouss. Non, il voyoit trop bien mon motif pour pouvoir s'en offenser, et me parut même plus reconnoissant qu'humilié de ma proposition. Mais il me pria de comparer les situations et les âges. « Considérez, me dit-il, quelle diffé-
» rence vingt-cinq ans d'intervalle, de longs
» serremens de cœur, les ennuis, le découra-
» gement, la vieillesse, doivent mettre dans
» les productions du même homme. Ajoutez
» à cela la contrainte que vous m'imposez, et
» qui me plaît parce que j'en vois la raison,
» mais qui n'en met pas moins des entraves aux
» idées d'un homme qui n'a jamais su les assu-
» jettir, ni rien produire qu'à son heure, à
» son aise et à sa volonté. »

Le Fr. Somme toute, avec de telles paroles il refusa l'épreuve proposée ?

Rouss. Au contraire, après ce petit préambule il s'y soumit de tout son cœur, et s'en tira mieux qu'il n'avoit espéré lui-même. Il me fit, avec un peu de lenteur, mais moi toujours présent, de la musique aussi fraîche, aussi chantante, aussi bien traitée que celle du *Devin*, et dont le style, assez semblable à celui de cette pièce, mais moins nouveau qu'il n'étoit alors, est tout aussi naturel, tout aussi expressif, et tout aussi agréable. Il fut surpris lui-même de son succès. « Le désir, me dit-il, que je vous
» ai vu de me voir réussir m'a fait réussir da-
» vantage. La défiance m'étourdit, m'appesan-
» tit et me resserre le cerveau comme le cœur ;
» la confiance m'anime, m'épanouit, et me
» fait planer sur des ailes. Le ciel m'avoit fait
» pour l'amitié : elle eût donné un nouveau res-
» sort à mes facultés, et j'aurois doublé de prix
» par elle. »

Voilà, monsieur, ce que j'ai voulu vérifier par moi-même. Si cette expérience ne suffit pas pour prouver qu'il a fait le *Devin du village*, elle suffit au moins pour détruire celle des preuves qu'il ne l'a pas fait à laquelle vous vous en êtes tenu. Vous savez pourquoi toutes les autres ne font point autorité pour moi : mais voici une autre observation qui achève de détruire mes doutes, et me confirme ou me ramène dans mon ancienne persuasion.

Après cette épreuve, j'ai examiné toute la musique qu'il a composée depuis son retour à Paris, et qui ne laisse pas de faire un recueil considérable, et j'y ai trouvé une uniformité de style et de faire qui tomberoit quelquefois dans la monotonie si elle n'étoit autorisée ou excusée par le grand rapport des paroles dont il a fait choix le plus souvent. Jean-Jacques, avec un cœur trop porté à la tendresse, eut toujours un goût vif pour la vie champêtre. Toute sa musique, quoique variée selon les sujets, porte une empreinte de ce goût. On croit entendre l'accent pastoral des pipeaux, et cet accent se fait partout sentir le même que dans le *Devin du village*. Un connoisseur ne peut pas plus s'y tromper qu'on ne se trompe au faire des peintres. Toute cette musique a d'ailleurs une simplicité, j'oserois dire une vérité, que n'a parmi nous nulle autre musique moderne. Non-seulement elle n'a besoin ni de trilles, ni de petites notes, ni d'agrémens ou de fleurtis (*) d'aucune espèce, mais elle ne peut même rien supporter de tout cela. Toute son expression est dans les seules nuances du fort et du doux, vrai caractère d'une bonne mélodie ; cette mélodie y est toujours une et bien marquée ; les accompagnemens l'animent sans l'offusquer. On n'a pas besoin de crier sans cesse aux accompagnateurs, *doux*, *plus doux*. Tout cela ne convient encore qu'au seul *Devin du village*. S'il n'a pas fait cette pièce, il faut donc qu'il en ait l'auteur toujours à ses ordres pour lui composer de nouvelle musique toutes les fois qu'il lui plaît d'en produire sous son nom, car il n'y a que lui seul qui en fasse comme celle-là. Je ne dis pas qu'en épluchant bien toute cette musique on n'y trouvera ni ressemblances, ni réminiscences, ni traits pris ou imités d'autres auteurs ; cela n'est vrai d'aucune musique que je connoisse. Mais, soit que ces imitations soient des rencontres fortuites ou de vrais pillages, je dis que la manière dont l'auteur les emploie les lui approprie ; je dis que l'abondance des idées dont il est plein, et qu'il associe à celles-là, ne peut laisser supposer que ce soit par stérilité de son propre fonds, qu'il se les attribue ; c'est

(*) Il donne dans son Dictionnaire l'explication de ce mot qui a deux significations en musique, en ajoutant qu'*il a vieilli en tous sens*. G. P.

paresse ou précipitation, mais ce n'est pas pauvreté : il lui est trop aisé de produire pour avoir jamais besoin de piller (¹).

Je lui ai conseillé de rassembler toute cette musique et de chercher à s'en défaire pour s'aider à vivre quand il ne pourra plus continuer son travail, mais de tâcher sur toute chose que ce recueil ne tombe qu'en des mains fidèles et sûres qui ne le laissent ni détruire, ni diviser : car quand la passion cessera de dicter les jugemens qui le regardent, ce recueil fournira, ce me semble, une forte preuve que toute la musique qui le compose est d'un seul et même auteur (²).

Tout ce qui est sorti de la plume de Jean-Jacques durant son effervescence, porte une empreinte impossible à méconnoître, et plus impossible à imiter. Sa musique, sa prose, ses vers, tout, dans ces dix ans, est d'un coloris, d'une teinte, qu'un autre ne trouvera jamais. Oui, je le répète, si j'ignorois quel est l'auteur du *Devin du village*, je le sentirois à cette conformité. Mon doute levé sur cette pièce achève de lever ceux qui pouvoient me rester sur son auteur. La force des preuves qu'on a qu'elle n'est pas de lui ne sert plus qu'à détruire dans mon esprit celle des crimes dont on l'accuse, et tout cela ne me laisse plus qu'une surprise ; c'est comment tant de mensonges peuvent être si bien prouvés.

Jean-Jacques étoit né pour la musique, non pour y payer de sa personne dans l'exécution, mais pour en hâter les progrès et y faire des découvertes. Ses idées dans l'art et sur l'art sont fécondes, intarissables. Il a trouvé des méthodes plus claires, plus commodes, plus simples, qui facilitent, les unes la composition, les autres l'exécution, et auxquelles il ne manque, pour être admises, que d'être proposées par un autre que lui. Il a fait dans l'harmonie une découverte qu'il ne daigne pas même annoncer, sûr d'avance qu'elle seroit rebutée, ou ne lui attireroit, comme le *Devin du village*, que l'imputation de s'emparer du bien d'autrui. Il fera dix airs sur les mêmes paroles sans que cette abondance lui coûte ou l'épuise. Je l'ai vu lire aussi fort bien la musique, mieux que plusieurs de ceux qui la professent. Il y aura même en cet art l'*impromptu* de l'exécution qui lui manque en toute autre chose, quand rien ne l'intimidera, quand rien ne troublera cette présence d'esprit qu'il a si rarement, qu'il perd si aisément, et qu'il ne peut plus rappeler dès qu'il l'a perdue. Il y a trente ans qu'on l'a vu dans Paris chanter tout à livre ouvert. Pourquoi ne le peut-il plus aujourd'hui ? C'est qu'alors personne ne doutoit du talent qu'aujourd'hui tout le monde lui refuse, et qu'un seul spectateur malveillant suffit pour troubler sa tête et ses yeux. Qu'un homme auquel il aura confiance lui présente de la musique qu'il ne connoisse point, je parie, à moins qu'elle ne soit baroque ou qu'elle ne dise rien, qu'il la déchiffre encore à la première vue et la chante passablement. Mais si, lisant dans le cœur de cet homme, il le voit malin-

---

(¹) Il y a trois seuls morceaux dans le *Devin du village* qui ne sont pas uniquement de moi, comme, dès le commencement, je l'ai dit sans cesse à tout le monde ; tous trois dans le divertissement : 1° les paroles de la chanson, qui sont en partie, et du moins l'idée et le refrain, de M. Collé ; 2° les paroles de l'ariette, qui sont de M. Cahusac, lequel m'engagea à faire, après coup, cette ariette, pour complaire à mademoiselle Fel, qui se plaignoit qu'il n'y avoit rien de brillant pour sa voix dans son rôle ; 3° et l'entrée des bergères que, sur les vives instances de M. d'Holbach, j'arrangeai sur une pièce de clavecin d'un recueil qu'il me présenta. Je ne dirai pas quelle étoit l'intention de M. d'Holbach ; mais il me pressa si fort d'employer quelque chose de ce recueil, que je ne pus, dans cette bagatelle, résister obstinément à son désir. Pour la romance, qu'on m'a fait tirer, tantôt de Suisse, tantôt de Languedoc, tantôt de nos psaumes, et tantôt de je ne sais où, je ne l'ai tirée que de ma tête, ainsi que toute la pièce. Je la composai, revenu depuis peu d'Italie, passionné pour la musique que j'y avois entendue, et dont on n'avoit encore aucune connoissance à Paris. Quand cette connoissance commença de s'y répandre, on auroit bientôt découvert mes pillages, si j'avois fait comme font les compositeurs françois, parce qu'ils sont si pauvres d'idées, qu'ils ne connoissent pas même le vrai chant, et que leurs accompagnemens ne sont que du barbouillage. On a eu l'impudence de mettre en grande pompe, dans le recueil de mes écrits, la romance de M. Vernes, pour faire croire au public que je me l'attribuois. Toute ma réponse a été de faire à cette romance deux autres airs meilleurs que celui-là. Mon argument est simple : celui qui a fait les deux meilleurs airs n'avoit pas besoin de s'attribuer faussement le moindre.

(²) J'ai mis fidèlement dans ce recueil toute la musique de toute espèce que j'ai composée depuis mon retour à Paris et dont j'aurois beaucoup retranché si je n'y avois laissé que ce qui me paroît bon ; mais j'ai voulu ne rien omettre de ce que j'ai réellement fait, afin qu'on en pût discerner tout ce qu'on m'attribue, aussi faussement qu'impudemment même, en ce genre, dans le public, dans les journaux, et jusque dans les recueils de mes propres écrits. Pourvu que les paroles soient grossières et malhonnêtes, pourvu que les airs soient maussades, plats, on m'accordera volontiers le talent de composer cette musique-là. On affectera même de m'attribuer des airs d'un bon chant faits par d'autres, pour faire croire que je me les attribue moi-même, et que je m'approprie les ouvrages d'autrui. M'ôter mes productions et m'attribuer les leurs a été depuis vingt ans la manœuvre la plus constante de ces messieurs, et la plus sûre pour me décrier.

tentionné, il n'en dira pas une note; et voilà parmi les spectateurs la conclusion tirée sans autre examen. Jean-Jacques est sur la musique et sur les choses qu'il sait le mieux comme il étoit jadis aux échecs. Jouoit-il avec un plus fort que lui qu'il croyoit plus foible, il le battoit le plus souvent; avec un plus foible qu'il croyoit plus fort, il étoit battu : la suffisance des autres l'intimide et le démonte infailliblement. En ceci l'opinion l'a toujours subjugué, ou plutôt, en toute chose, comme il le dit lui-même, c'est au degré de sa confiance que se monte celui de ses facultés. Le plus grand mal est ici que, sentant en lui sa capacité, pour désabuser ceux qui en doutent, il se livre sans crainte aux occasions de la montrer, comptant toujours pour cette fois rester maître de lui-même, et, toujours intimidé, quoi qu'il fasse, il ne montre que son ineptie. L'expérience là-dessus a beau l'instruire, elle ne l'a jamais corrigé.

Les dispositions d'ordinaire annoncent l'inclination, et réciproquement. Cela est encore vrai chez Jean-Jacques. Je n'ai vu nul homme aussi passionné que lui pour la musique, mais seulement pour celle qui parle à son cœur; c'est pourquoi il aime mieux en faire qu'en entendre, surtout à Paris, parce qu'il n'y en a point d'aussi bien appropriée à lui que la sienne. Il la chante avec une voix foible et cassée, mais encore animée et douce; il l'accompagne, non sans peine, avec des doigts tremblans, moins par l'effet des ans que d'une invincible timidité. Il se livre à cet amusement depuis quelques années avec plus d'ardeur que jamais, et il est aisé de voir qu'il s'en fait une aimable diversion à ses peines. Quand des sentimens douloureux affligent son cœur, il cherche sur son clavier les consolations que les hommes lui refusent. Sa douleur perd ainsi sa sécheresse, et lui fournit à la fois des chants et des larmes. Dans les rues, il se distrait des regards insultans des passans en cherchant des airs dans sa tête; plusieurs romances de sa façon d'un chant triste et languissant, mais tendre et doux, n'ont point eu d'autre origine. Tout ce qui porte le même caractère lui plaît et le charme. Il est passionné pour le chant du rossignol; il aime les gémissemens de la tourterelle, et les a parfaitement imités dans l'accompagnement d'un de ses airs:

les regrets qui tiennent à l'attachement l'intéressent. Sa passion la plus vive et la plus vaine étoit d'être aimé; il croyoit se sentir fait pour l'être; il satisfait du moins cette fantaisie avec les animaux. Toujours il prodigua son temps et ses soins à les attirer, à les caresser; il étoit l'ami, presque l'esclave de son chien, de sa chatte, de ses serins : il avoit des pigeons qui le suivoient partout, qui lui voloient sur les bras, sur la tête, jusqu'à l'importunité : il apprivoisoit les oiseaux, les poissons, avec une patience incroyable, et il est parvenu à Monquin à faire nicher des hirondelles dans sa chambre avec tant de confiance, qu'elles s'y laissoient même enfermer sans s'effaroucher. En un mot, ses amusemens, ses plaisirs sont innocens et doux comme ses travaux, comme ses penchans. Il n'y a pas dans son âme un goût qui soit hors de la nature, ni coûteux ou criminel à satisfaire; et, pour être heureux autant qu'il est possible ici-bas, la fortune lui eût été inutile, encore plus la célébrité; il ne lui falloit que la santé, le nécessaire, le repos et l'amitié.

Je vous ai décrit les principaux traits de l'homme que j'ai vu, et je me suis borné dans mes descriptions non-seulement à ce qui peut de même être vu de tout autre, s'il porte à cet examen un œil attentif et non prévenu, mais à ce qui n'étant ni bien, ni mal en soi, ne peut être affecté long-temps par hypocrisie. Quant à ce qui, quoique vrai, n'est pas vraisemblable, tout ce qui n'est connu que du ciel et de moi, mais eût pu mériter de l'être des hommes, ou ce qui, même connu d'autrui, ne peut être dit de soi-même avec bienséance, n'espérez pas que je vous en parle, non plus que ceux dont il est connu : si tout son prix est dans les suffrages des hommes, c'est à jamais autant de perdu. Je ne vous parlerai pas non plus de ses vices, non qu'il n'en ait de très-grands, mais parce qu'ils n'ont jamais fait de mal qu'à lui, et qu'il n'en doit aucun compte aux autres : le mal qui ne nuit point à autrui peut se taire quand on tait le bien qui le rachète. Il n'a pas été si discret dans ses *Confessions*, et peut-être n'en a-t-il pas mieux fait. A cela près, tous les détails que je pourrois ajouter aux précédens n'en sont que des conséquences qu'en raisonnant bien chacun peut aisément suppléer. Ils suffisent pour connoître à fond le naturel de l'homme et son caractère. Je ne saurois aller plus loin sans manquer aux engagemens par lesquels vous m'aviez lié. Tant qu'ils dureront, tout ce que je puis exiger et attendre de Jean-Jacques est qu'il me donne, comme il a fait, une explication naturelle et raisonnée de sa conduite en toute occasion ; car il seroit injuste et absurde d'exiger qu'il répondît aux charges qu'il ignore, et qu'on ne permet pas de lui déclarer ; et tout ce que je puis ajouter du mien à cela, est de m'assurer que cette explication qu'il me donne s'accorde avec tout ce que j'ai vu de lui par moi-même, en y donnant toute mon attention. Voilà ce que j'ai dit : ainsi je m'arrête. Ou faites-moi sentir en quoi je m'abuse, ou montrez-moi comment mon Jean-Jacques peut s'accorder avec celui de vos messieurs, ou convenez enfin que deux êtres si différens ne furent jamais le même homme.

LE FR. Je vous ai écouté avec une attention dont vous devez être content. Au lieu de vous croiser par mes idées, je vous ai suivi dans les vôtres, et si quelquefois je vous ai machinalement interrompu, c'étoit lorsque étant moi-même de votre avis je voulois avoir votre réponse à des objections souvent rebattues que je craignois d'oublier. Maintenant je vous demande en retour un peu de l'attention que je vous ai donnée. J'éviterai d'être diffus ; évitez, si vous pouvez, d'être impatient.

Je commence par vous accorder pleinement votre conséquence, et je conviens franchement que votre Jean-Jacques et celui de nos messieurs ne sauroient être le même homme. L'un, j'en conviens encore, semble avoir été fait à plaisir, pour le mettre en opposition avec l'autre. Je vois même entre eux des incompatibilités qui ne frapperoient peut-être nul autre que moi. L'empire de l'habitude et le goût du travail annuel sont, par exemple, à mes yeux des choses inalliables avec les noires et fougueuses passions des méchans ; et je réponds que jamais un déterminé scélérat ne fera de jolis herbiers en miniature, et n'écrira dans six ans huit mille pages de musique (¹). Ainsi, dès la première esquisse, nos messieurs et vous ne pouvez vous accorder. Il y a certainement erreur ou mensonge d'une des deux parts ; le mensonge n'est pas de la vôtre, j'en suis très-sûr, mais l'erreur y peut être. Qui m'assurera qu'elle n'y est pas en effet ? Vous accusez nos messieurs d'être prévenus quand ils le décrient, n'est-ce point vous qui l'êtes quand vous l'honorez ? Votre penchant pour lui rend ce doute très-raisonnable. Il faudroit, pour démêler sûrement la vérité, des observations impartiales ; et, quelques précautions que vous ayez prises, les vôtres ne le sont pas plus que les leurs. Tout le monde, quoi que vous en puissiez dire, n'est pas entré dans le complot. Je connois d'honnêtes gens qui ne haïssent point Jean-Jacques, c'est-à-dire qui ne professent point pour lui cette bienveillance traîtresse qui, selon vous, n'est qu'une haine plus meurtrière. Ils estiment ses talens sans aimer ni haïr sa personne, et n'ont pas une grande confiance en toute cette générosité si bruyante qu'on admire dans nos messieurs. Cependant, sur bien des points, ces personnes équitables s'accordent à penser comme le public à son égard. Ce qu'elles ont vu par elles-mêmes, ce qu'elles ont appris les unes des autres, donne une idée peu favorable de ses mœurs, de sa droiture, de sa douceur, de son humanité, de son désintéressement, de toutes les vertus qu'il étaloit avec tant de faste. Il faut lui passer des défauts, même des vices, puisqu'il est homme, mais il en est de trop bas pour pouvoir germer dans un cœur honnête. Je ne cherche point un homme parfait, mais je méprise un homme abject, et ne croirai jamais que les heureux penchans que vous trouvez dans Jean-Jacques puissent compatir avec des vices tels que ceux dont il est chargé. Vous voyez que je n'insiste pas sur des faits aussi prouvés qu'il y en ait au monde, mais dont l'omission affectée d'une seule formalité énerve, selon vous, toutes les preuves. Je ne dis rien des créatures qu'il s'amuse à violer, quoique rien ne soit moins nécessaire ; des écus qu'il escroque aux passans dans les tavernes, et qu'il nie ensuite d'avoir empruntés ; des copies qu'il fait payer deux fois, de celles où il fait de faux comptes, de l'argent qu'il escamote dans les payemens qu'on lui fait, de mille autres imputations pareilles. Je veux que tous ces faits,

---

(¹) Ayant fait une partie de ce calcul d'avance, et seulement par comparaison, j'ai mis tout trop au rabais, et c'est ce que je découvre bien sensiblement à mesure que j'avance dans mon registre, puisqu'au bout de cinq ans et demi seulement j'ai déjà plus de neuf mille pages bien articulées, et sur lesquelles on ne peut contester.

quoique prouvés, soient sujets à chicane comme les autres ; mais ce qui est généralement vu par tout le monde ne sauroit l'être. Cet homme, en qui vous trouvez une modestie, une timidité de vierge, est si bien connu pour un satyre plein d'impudence, que, dans les maisons même où l'on tâchoit de l'attirer à son arrivée à Paris, on faisoit, dès qu'il paroissoit, retirer la fille de la maison, pour ne pas l'exposer à la brutalité de ses propos et de ses manières. Cet homme, qui vous paroît si doux, si sociable, fuit tout le monde sans distinction, dédaigne toutes les caresses, rebute toutes les avances, et vit seul comme un loup-garou. Il se nourrit de visions, selon vous, et s'extasie avec des chimères. Mais s'il méprise et repousse les humains, si son cœur se ferme à leur société, que leur importe celle que vous lui prêtez avec des êtres imaginaires? Depuis qu'on s'est avisé de l'éplucher avec plus de soin, on l'a trouvé, non-seulement différent de ce qu'on le croyoit, mais contraire à tout ce qu'il prétendoit être. Il se disoit honnête, modeste; on l'a trouvé cynique et débauché; il se vantoit de bonnes mœurs, et il est pourri de vérole; il se disoit désintéressé, et il est de la plus basse avidité ; il se disoit humain, compatissant, il repousse durement tout ce qui lui demande assistance; il se disoit pitoyable et doux, il est cruel et sanguinaire ; il se disoit charitable, et il ne donne rien à personne ; il se disoit liant, facile à subjuguer, et il rejette arrogamment toutes les honnêtetés dont on le comble. Plus on le recherche, plus on en est dédaigné. On a beau prendre en l'accostant un air béat, un ton patelin, dolent, lamentable, lui écrire des lettres à faire pleurer, lui signifier net qu'on va se tuer à l'instant si l'on n'est admis, il n'est ému de rien; il seroit homme à laisser faire ceux qui seroient assez sots pour cela ; et les plaignans, qui affluent à sa porte, s'en *retournent tous sans consolation*. Dans une situation pareille à la sienne, se voyant observé de si près, ne devroit-il pas s'attacher à rendre contens de lui tous ceux qui l'abordent, à leur faire perdre, à force de douceur et de bonnes manières, les noires impressions qu'ils ont sur son compte, à substituer dans leurs âmes la bienveillance à l'estime qu'il a perdue, et à les forcer au moins à le plaindre, ne pouvant plus l'honorer? Au lieu de cela, il concourt, par son humeur sauvage et par ses rudes manières, à nourrir, comme à plaisir, la mauvaise opinion qu'ils ont de lui. En le trouvant si dur, si repoussant, si peu traitable, ils reconnoissent aisément l'homme féroce qu'on leur peint; et ils s'en retournent convaincus par eux-mêmes qu'on n'a point exagéré son caractère, et qu'il est aussi noir que son portrait.

Vous me répéterez sans doute que ce n'est point là l'homme que vous avez vu : mais c'est l'homme qu'a vu tout le monde, excepté vous seul. Vous ne parlez, dites-vous, que d'après vos propres observations. La plupart de ceux que vous démentez ne parlent non plus que d'après les leurs. Ils ont vu noir où vous voyez blanc ; mais ils sont tous d'accord sur cette couleur noire ; la blanche ne frappe nuls autres yeux que les vôtres ; vous êtes seul contre tous ; la vraisemblance est-elle pour vous ? La raison permet-elle de donner plus de force à votre unique suffrage qu'aux suffrages unanimes de tout le public? Tout est d'accord sur le compte de cet homme que vous vous obstinez seul à croire innocent, malgré tant de preuves auxquelles vous-même ne trouvez rien à répondre. Si ces preuves sont autant d'impostures et de sophismes, que faut-il donc penser du genre humain? Quoi! toute une génération s'accorde à calomnier un innocent, à le couvrir de fange, à le suffoquer, pour ainsi dire, dans le bourbier de la diffamation, tandis qu'il ne faut, selon vous, qu'ouvrir les yeux sur lui pour se convaincre de son innocence, et de la noirceur de ses ennemis! Prenez garde, monsieur Rousseau ; c'est vous-même qui prouvez trop. Si Jean-Jacques étoit tel que vous l'avez vu, seroit-il possible que vous fussiez le premier et le seul à l'avoir vu sous cet aspect? Ne reste-t-il donc que vous seul d'homme juste et sensé sur la terre? S'il en reste un autre qui ne pense pas ici comme vous, toutes vos observations sont anéanties, et vous restez seul chargé de l'accusation que vous intentez à tout le monde, d'avoir vu ce que vous désiriez de voir, et non ce qui étoit en effet. Répondez à cette seule objection, mais répondez juste, et je me rends sur tout le reste.

Rouss. Pour vous rendre ici franchise pour franchise, je commence par vous déclarer que cette seule objection, à laquelle vous me sommez de répondre, est à mes yeux un abîme de ténèbres où mon entendement se perd. Jean-Jacques lui-même n'y comprend rien non plus que moi. Il s'avoue incapable d'expliquer, d'entendre la conduite publique à son égard. Ce concert, avec lequel toute une génération s'empresse d'adopter un plan si exécrable, la lui rend incompréhensible. Il n'y voit ni des bons, ni des méchans, ni des hommes : il y voit des êtres dont il n'a nulle idée. Il ne les honore, ni ne les méprise, ni ne les conçoit ; il ne sait pas ce que c'est. Son âme incapable de haine aime mieux se reposer dans cette entière ignorance, que de se livrer, par des interprétations cruelles, à des sentimens toujours pénibles à celui qui les éprouve, quand ils ont pour objet des êtres qu'il ne peut estimer. J'approuve cette disposition, et je l'adopte autant que je puis, pour m'épargner un sentiment de mépris pour mes contemporains. Mais au fond je me surprends souvent à les juger malgré moi : ma raison fait son office en dépit de ma volonté, et je prends le ciel à témoin que ce n'est pas ma faute si ce jugement leur est si désavantageux.

Si donc vous faites dépendre votre assentiment au résultat de mes recherches de la solution de votre objection, il y a grande apparence que, me laissant dans mon opinion, vous resterez dans la vôtre : car j'avoue que cette solution m'est impossible, sans néanmoins que cette impossibilité puisse détruire en moi la persuasion commencée par la marche clandestine et tortueuse de vos messieurs, et confirmée ensuite par la connoissance immédiate de l'homme. Toutes vos preuves contraires tirées de plus loin se brisent contre cet axiome qui m'entraîne irrésistiblement, que la même chose ne sauroit être et n'être pas ; et tout ce que disent avoir vu vos messieurs est, de votre propre aveu, entièrement incompatible avec ce que je suis certain d'avoir vu moi-même.

J'en use dans mon jugement sur cet homme comme dans ma croyance en matière de foi. Je cède à la conviction directe sans m'arrêter aux objections que je ne puis résoudre ; tant parce que ces objections sont fondées sur des principes moins clairs, moins solides dans mon esprit, que ceux qui opèrent ma persuasion, que parce qu'en cédant à ces objections, je tomberois dans d'autres encore plus invincibles. Je perdrois donc à ce changement la force de l'évidence, sans éviter l'embarras des difficultés. Vous dites que ma raison choisit le sentiment que mon cœur préfère, et je ne m'en défends pas. C'est ce qui arrive dans toute délibération où le jugement n'a pas assez de lumières pour se décider sans le concours de la volonté. Croyez-vous qu'en prenant avec tant d'ardeur le parti contraire, vos messieurs soient déterminés par un motif plus impartial ?

Ne cherchant pas à vous surprendre, je vous devois d'abord cette déclaration. A présent, jetons un coup d'œil sur vos difficultés, si ce n'est pour les résoudre, au moins pour y chercher, s'il est possible, quelque sorte d'explication.

La principale et qui fait la base de toutes les autres est celle que vous m'avez ci-devant proposée sur le concours unanime de toute la génération présente à un complot d'impostures et d'iniquité, contre lequel il seroit, ou trop injurieux au genre humain de supposer qu'aucun mortel ne réclame s'il en voyoit l'injustice, ou, cette injustice étant aussi évidente qu'elle me paroît, trop orgueilleux à moi, trop humiliant pour le sens commun, de croire qu'elle n'est aperçue par personne autre.

Faisons pour un moment cette supposition triviale, que tous les hommes ont la jaunisse, et que vous seul ne l'avez pas.... Je préviens l'interruption que vous me préparez.... *Quelle plate comparaison ! Qu'est-ce que c'est que cette jaunisse ?... Comment tous les hommes l'ont-ils gagnée excepté vous seul ? C'est poser la même question en d'autres termes, mais ce n'est pas la résoudre ; ce n'est pas même l'éclaircir.* Vouliez-vous dire autre chose en m'interrompant ?

Le Fr. Non, poursuivez.

Rouss. Je réponds donc. Je crois l'éclaircir, quoi que vous en puissiez dire, lorsque je fais entendre qu'il est, pour ainsi dire, des épidémies d'esprit qui gagnent les hommes de proche en proche, comme une espèce de contagion ; parce que l'esprit humain, naturellement paresseux, aime à s'épargner de la peine en pensant d'après les autres, surtout en ce qui flatte ses propres penchans. Cette pente à se laisser entraîner ainsi s'étend encore aux inclinations, aux goûts, aux passions des hommes ; l'engouement général, maladie si commune dans votre nation, n'a point d'autre source, et vous ne m'en dédirez pas quand je vous citerai pour exemple à vous-même. Rappelez-vous l'aveu que vous m'avez fait ci-devant, dans la supposition de l'innocence de Jean-Jacques, que vous ne lui pardonneriez point votre injustice envers lui. Ainsi, par la peine que vous donneroit son souvenir, vous aimeriez mieux l'aggraver que la réparer. Ce sentiment, naturel aux cœurs dévorés d'amour-propre, peut-il l'être au vôtre, où règne l'amour de la justice et de la raison? Si vous eussiez réfléchi là-dessus, pour chercher en vous-même la cause d'un sentiment si injuste, et qui vous est si étranger, vous auriez bientôt trouvé que vous haïssiez, dans Jean-Jacques, non-seulement le scélérat qu'on vous avoit peint, mais Jean-Jacques lui-même; que cette haine, excitée d'abord par ses vices, en étoit devenue indépendante, s'étoit attachée à sa personne, et qu'innocent ou coupable il étoit devenu, sans que vous vous en aperçussiez vous-même, l'objet de votre aversion. Aujourd'hui que vous me prêtez une attention plus impartiale, si je vous rappelois vos raisonnemens dans nos premiers entretiens, vous sentiriez qu'ils n'étoient point en vous l'ouvrage du jugement, mais celui d'une passion fougueuse qui vous dominoit à votre insu. Voilà, monsieur, cette cause étrangère qui séduisoit votre cœur si juste, et fascinoit votre jugement si sain dans leur état naturel. Vous trouviez une mauvaise face à tout ce qui venoit de cet infortuné, et une bonne à tout ce qui tendoit à le diffamer; les perfidies, les trahisons, les mensonges, perdoient à vos yeux toute leur noirceur, lorsqu'il en étoit l'objet, et, pourvu que vous n'y trempassiez pas vous-même, vous vous étiez accoutumé à les voir sans horreur dans autrui : mais ce qui n'étoit en vous qu'un égarement passager est devenu pour le public un délire habituel, un principe constant de conduite, une jaunisse universelle, fruit d'une bile âcre et répandue, qui n'altère pas seulement le sens de la vue, mais corrompt toutes les humeurs, et tue enfin tout-à-fait l'homme moral qui seroit demeuré bien constitué sans elle. Si Jean-Jacques n'eût point existé, peut-être la plupart d'entre eux n'auroient-ils rien à se reprocher. Otez ce seul objet d'une passion qui les transporte, à tout autre égard ils sont honnêtes gens, comme tout le monde.

Cette animosité, plus vive, plus agissante que la simple aversion, me paroît, à l'égard de Jean-Jacques, la disposition générale de toute la génération présente. L'air seul dont il est regardé passant dans les rues montre évidemment cette disposition qui se gêne et se contraint quelquefois dans ceux qui le rencontrent, mais qui perce et se laisse apercevoir malgré eux. A l'empressement grossier et badaud de s'arrêter, de se retourner, de le fixer, de le suivre, au chuchotement ricaneur qui dirige sur lui le concours de leurs impudens regards, on les prendroit moins pour d'honnêtes gens qui ont le malheur de rencontrer un monstre effrayant, que pour des tas de bandits, tout joyeux de tenir leur proie, et qui se font un amusement digne d'eux, d'insulter à son malheur. Voyez-le entrant au spectacle, entouré à l'instant d'une étroite enceinte de bras tendus et de cannes, dans laquelle vous pouvez penser comme il est à son aise! A quoi sert cette barrière? S'il veut la forcer, résistera-t-elle? Non, sans doute. A quoi sert-elle donc? Uniquement à se donner l'amusement de le voir enfermé dans cette cage, et à lui bien faire sentir que tous ceux qui l'entourent se font un plaisir d'être, à son égard, autant d'argousins et d'archers. Est-ce aussi par bonté qu'on ne manque pas de cracher sur lui, toutes les fois qu'il passe à portée, et qu'on le peut sans être aperçu de lui? Envoyer le vin d'honneur au même homme sur qui l'on crache, c'est rendre l'honneur encore plus cruel que l'outrage. Tous les signes de haine, de mépris, de fureur même, qu'on peut tacitement donner à un homme, sans y joindre une insulte ouverte et directe, lui sont prodigués de toutes parts; et tout en l'accablant des plus fades complimens, en affectant pour lui les petits soins mielleux qu'on rend aux jolies femmes, s'il avoit besoin d'une assistance réelle, on le verroit périr avec joie, sans lui donner le moindre secours. Je l'ai vu, dans la rue Saint-Honoré, faire presque sous un carrosse une chute très-périlleuse; on court à lui, mais sitôt qu'on reconnoît Jean-Jacques, tout se disperse, les passans reprennent leur chemin, les marchands rentrent dans leurs boutiques, et il seroit resté seul dans cet état, si un pauvre mercier, rustre et mal instruit, ne l'eût fait asseoir sur son petit banc, et si une servante, tout aussi peu philosophe, ne lui eût apporté un verre d'eau. Tel est en réalité l'intérêt si vif et si tendre dont l'heureux Jean-Jacques est l'objet. Une animosité de cette espèce ne suit pas, quand elle est forte et durable, la route la plus courte, mais la plus sûre pour s'assouvir. Or, cette route étant déjà toute tracée dans le plan de vos messieurs, le public, qu'ils ont mis avec art dans leur confidence, n'a plus eu qu'à suivre cette route ; et tous, avec le même secret entre eux, ont concouru de concert à l'exécution de ce plan. C'est là ce qui s'est fait; mais comment cela s'est-il pu faire? Voilà votre difficulté qui revient toujours. Que cette animosité, une fois excitée, ait altéré les facultés de ceux qui s'y sont livrés, au point de leur faire voir la bonté, la générosité, la clémence dans toutes les manœuvres de la plus noire perfidie; rien n'est plus facile à concevoir. Chacun sait trop que les passions violentes, commençant toujours par égarer la raison, peuvent rendre l'homme injuste et méchant dans le fait, et, pour ainsi dire, à l'insu de lui-même, sans avoir cessé d'être juste et bon dans l'âme, ou du moins d'aimer la justice et la vertu.

Mais cette haine envenimée, comment est-on venu à bout de l'allumer? Comment a-t-on pu rendre odieux à ce point l'homme du monde le moins fait pour la haine, qui n'eut jamais ni intérêt, ni désir de nuire à autrui; qui ne fit, ne voulut, ne rendit jamais de mal à personne ; qui, sans jalousie, sans concurrence, n'aspirant à rien, et marchant toujours seul dans sa route, ne fut un obstacle à nul autre, et qui, au lieu des avantages attachés à la célébrité, n'a trouvé dans la sienne qu'outrages, insultes, misère et diffamation? J'entrevois bien dans tout cela la cause secrète qui a mis en fureur les auteurs du complot. La route que Jean-Jacques avoit prise étoit trop contraire à la leur, pour qu'ils lui pardonnassent de donner un exemple qu'ils ne vouloient pas suivre, et d'occasionner des comparaisons qu'il ne leur convenoit pas de souffrir. Outre ces causes générales, et celles que vous-même avez assignées, cette haine primitive et radicale de vos dames et de vos messieurs en a d'autres particulières et relatives à chaque individu, qu'il n'est ni convenable de dire, ni facile à croire, et dont je m'abstiendrai de parler, mais que la force de leurs effets rend trop sensibles pour qu'on puisse douter de leur réalité ; et l'on peut juger de la violence de cette même haine par l'art qu'on met à la cacher en l'assouvissant. Mais plus cette haine individuelle se décèle, moins on comprend comment on est parvenu à y faire participer tout le monde, et ceux même sur qui nul des motifs qui l'ont fait naître ne pouvoit agir. Malgré l'adresse des chefs du complot, la passion qui les dirigeoit étoit trop visible pour ne pas mettre à cet égard le public en garde contre tout ce qui venoit de leur part. Comment, écartant des soupçons si légitimes, l'ont-ils fait entrer si aisément, si pleinement dans toutes leurs vues, jusqu'à le rendre aussi ardent qu'eux-mêmes à les remplir? Voilà ce qui n'est pas facile à comprendre et à expliquer.

Leurs marches souterraines sont trop ténébreuses pour qu'il soit possible de les y suivre. Je crois seulement apercevoir, d'espace en espace, au dessus de ces gouffres, quelques soupiraux qui peuvent en indiquer les détours. Vous m'avez décrit vous-même, dans notre premier entretien, plusieurs de ces manœuvres que vous supposiez légitimes, comme ayant pour objet de démasquer un méchant; destinées au contraire à faire paroître tel un homme qui n'est rien moins, elles auront également leur effet. Il sera nécessairement haï, soit qu'il mérite ou non de l'être, parce qu'on aura pris des mesures certaines pour parvenir à le rendre odieux. Jusque-là ceci se comprend encore; mais ici l'effet va plus loin : il ne s'agit pas seulement de haine, il s'agit d'animosité; il s'agit d'un concours très-actif de tous à l'exécution du projet concerté par un petit nombre, qui seul doit y prendre assez d'intérêt pour agir aussi vivement.

L'idée de la méchanceté est effrayante par elle-même. L'impression naturelle qu'on reçoit d'un méchant dont on n'a pas personnellement à se plaindre, est de le craindre et de le fuir. Content de n'être pas sa victime, personne ne s'avise de vouloir être son bourreau. Un méchant en place, qui peut et veut faire beaucoup de mal, peut exciter l'animosité par la crainte, et le mal qu'on en redoute peut inspirer des efforts pour le prévenir; mais l'impuissance jointe à la méchanceté ne peut produire que le mépris et l'éloignement; un méchant sans pouvoir peut donner de l'horreur, mais point d'animosité. On frémit à sa vue; loin de le poursuivre on le fuit, et rien n'est plus éloigné de l'effet que produit sa rencontre, qu'un souris insolent et moqueur. Laissant au ministère public le soin du châtiment qu'il mérite, un honnête homme ne s'avilit pas jusqu'à vouloir y concourir. Quand il n'y auroit même dans ce châtiment d'autre peine afflictive que l'ignominie, et d'être exposé à la risée publique, quel est l'homme d'honneur qui voudroit prêter la main à cette œuvre de justice, et attacher le coupable au carcan? Il est si vrai qu'on n'a point généralement d'animosité contre les malfaiteurs, que si l'on en voit un poursuivi par la justice et près d'être pris, le plus grand nombre, loin de le livrer, le fera sauver s'il peut, son péril faisant oublier qu'il est criminel, pour se souvenir qu'il est homme.

Voilà tout ce qu'opère la haine que les bons ont pour les méchans; c'est une haine de répugnance et d'éloignement, d'horreur même et d'effroi, mais non pas d'animosité. Elle fuit son objet, en détourne les yeux, dédaigne de s'en occuper : mais la haine contre Jean-Jacques est active, ardente, infatigable; loin de fuir son objet, elle le cherche avec empressement pour en faire à son plaisir. Le tissu de ses malheurs, l'œuvre combinée de sa diffamation, montre une ligue très-étroite et très-agissante, où tout le monde s'empresse d'entrer. Chacun concourt avec la plus vive émulation à le circonvenir, à l'environner de trahisons et de piéges, à empêcher qu'aucun avis utile ne lui parvienne, à lui ôter tout moyen de justification, toute possibilité de repousser les atteintes qu'on lui porte, de défendre son honneur et sa réputation; à lui cacher tous ses ennemis, tous ses accusateurs, tous leurs complices. On tremble qu'il n'écrive pour sa défense, on s'inquiète de ce qu'il dit, de tout ce qu'il fait, de tout ce qu'il peut faire; chacun paroît agité de l'effroi de voir paroître de lui quelque apologie. On l'observe, on l'épie avec le plus grand soin pour tâcher d'éviter ce malheur. On veille exactement à tout ce qui l'entoure, à tout ce qui l'approche, à quiconque lui dit un seul mot. Sa santé, sa vie, sont de nouveaux sujets d'inquiétude pour le public : on craint qu'une vieillesse aussi fraîche ne démente l'idée des maux honteux dont on se flattoit de le voir périr; on craint qu'à la longue les précautions qu'on entasse ne suffisent plus pour l'empêcher de parler. Si la voix de l'innocence alloit enfin se faire entendre à travers les huées, quel malheur affreux ne seroit-ce point pour le corps des gens de lettres, pour celui des médecins, pour les grands, pour les magistrats, pour tout le monde? Oui, si forçant ses contemporains à le reconnoître honnête homme, il parvenoit à confondre enfin ses accusateurs, sa pleine justification seroit une désolation publique.

Tout cela prouve invinciblement que la haine dont Jean-Jacques est l'objet n'est point la haine du vice et de la méchanceté, mais celle de l'individu. Méchant ou bon, il n'importe; consacré à la haine publique, il ne lui peut plus échapper; et, pour peu qu'on connoisse les routes du cœur humain, l'on voit que son innocence reconnue ne serviroit qu'à le rendre plus odieux encore, et à transformer en rage l'animosité dont il est l'objet. On ne lui pardonne pas maintenant de secouer le pesant joug dont chacun voudroit l'accabler, on lui pardonneroit bien moins les torts qu'on se reprocheroit envers lui; et, puisque vous-même avez un moment éprouvé un sentiment si injuste, ces gens si pétris d'amour-propre supporteroient-ils sans aigreur l'idée de leur propre bassesse, comparée à sa patience et à sa douceur? Eh! soyez certain que si c'étoit en effet un monstre, on le fuiroit davantage, mais on le haïroit beaucoup moins.

Quant à moi, pour expliquer de pareilles dispositions, je ne puis penser autre chose, sinon qu'on s'est servi, pour exciter dans le public cette violente animosité, des motifs semblables à ceux qui l'avoient fait naître dans l'âme des auteurs du complot. Ils avoient vu cet homme, adoptant des principes tout contraires aux leurs, ne vouloir, ne suivre ni parti ni secte; ne dire que ce qui lui sembloit vrai, bon, utile aux hommes, sans consulter en cela son propre avantage, ni celui de personne en particulier. Cette marche, et la supériorité qu'elle lui donnoit sur eux, furent la grande source de leur haine. Ils ne purent lui pardonner de ne pas plier, comme eux, sa morale à son profit, de tenir si peu à son intérêt et au leur, et de montrer tout franchement l'abus des lettres et la forfanterie du métier d'auteur, sans se soucier de l'application qu'on ne manqueroit pas de lui faire à lui-même des maximes qu'il établissoit, ni de la fureur qu'il alloit inspirer à ceux qui se vantent d'être les arbitres de la renommée, les distributeurs de la gloire et de la réputation des actions des hommes, mais qui ne se vantent pas, que je sache, de faire cette distribution avec justice et désintéressement. Abhorrant la satire autant qu'il aimoit la vérité, on le vit toujours distinguer honorablement les particuliers et les combler de sincères éloges, lorsqu'il avançoit des vérités générales dont ils auroient pu s'offenser. Il faisoit sentir que le mal tenoit à la nature des choses, et le bien aux vertus des individus. Il faisoit, et pour ses amis et pour les auteurs qu'il jugeoit estimables, les mêmes exceptions qu'il croyoit mériter; et l'on sent, en lisant ses ouvrages, le plaisir que prenoit son cœur à ces honorables exceptions. Mais ceux qui s'en sentoient moins dignes qu'il ne les avoit crus, et dont la conscience repoussoit en secret ces éloges, s'en irritant à mesure qu'ils les méritoient moins, ne lui pardonnèrent jamais d'avoir si bien démêlé les abus d'un métier qu'ils tâchoient de faire admirer au vulgaire, ni d'avoir, par sa conduite, déprisé tacitement, quoique involontairement, la leur. La haine envenimée que ces réflexions firent naître dans leurs cœurs leur suggéra le moyen d'en exciter une semblable dans les cœurs des autres hommes.

Ils commencèrent par dénaturer tous ses principes, par travestir un républicain sévère en un brouillon séditieux, son amour pour la liberté légale en une licence effrénée, et son respect pour les lois en aversion pour les princes. Ils l'accusèrent de vouloir renverser en tout l'ordre de la société, parce qu'il s'indignoit qu'osant consacrer sous ce nom les plus funestes désordres, on insultât aux misères du genre humain en donnant les plus criminels abus pour les lois dont ils sont la ruine. Sa colère contre les brigandages publics, sa haine contre les puissans fripons qui les soutiennent, son intrépide audace à dire des vérités dures à tous les états, furent autant de moyens employés à les irriter tous contre lui. Pour le rendre odieux à ceux qui les remplissent, on l'accusa de les mépriser personnellement. Les reproches durs, mais généraux, qu'il faisoit à tous furent tournés en autant de satires particulières dont on fit avec art les plus malignes applications.

Rien n'inspire tant de courage que le témoignage d'un cœur droit, qui tire de la pureté de ses intentions l'audace de prononcer hautement et sans crainte des jugemens dictés par le seul amour de la justice et de la vérité : mais rien n'expose en même temps à tant de dangers et de risques de la part d'ennemis adroits que cette même audace, qui précipite un homme ardent dans tous les piéges qu'ils lui tendent; et, le livrant à une impétuosité sans règle, lui fait faire contre la prudence mille fautes où ne tomba qu'une âme franche et généreuse, mais qu'ils savent transformer en autant de crimes affreux. Les hommes vulgaires, incapables de sentimens élevés et nobles, n'en supposent jamais que d'intéressés dans ceux qui se passionnent; et, ne pouvant croire que l'amour de la justice et du bien public puisse exciter un pareil zèle, ils leur controuvent toujours des motifs personnels, semblables à ceux qu'ils cachent eux-mêmes sous des noms pompeux, et sans lesquels on ne les verroit jamais s'échauffer sur rien.

La chose qui se pardonne le moins est un mépris mérité. Celui que Jean-Jacques avoit marqué pour tout cet ordre social prétendu, qui couvre en effet les plus cruels désordres, tomboit bien plus sur la constitution des différens états que sur les sujets qui les remplissent, et qui, par cette constitution même, sont nécessités à être ce qu'ils sont. Il avoit toujours fait une distinction très-judicieuse entre les personnes et les conditions, estimant souvent les premières, quoique livrées à l'esprit de leur état, lorsque le naturel reprenoit de temps à autre quelque ascendant sur leur intérêt, comme il arrive assez fréquemment à ceux qui sont bien nés. L'art de vos messieurs fut de présenter les choses sous un tout autre point de vue, et de montrer en lui comme haine des hommes celle que, pour l'amour d'eux, il porte aux maux qu'ils se font. Il paroît qu'ils ne s'en sont pas tenus à ces imputations générales; mais que, lui prêtant des discours, des écrits, des œuvres conformes à leurs vues, ils n'ont épargné ni fictions, ni mensonges, pour irriter contre lui l'amour-propre, et dans tous les états, et chez tous les individus.

Jean-Jacques a même une opinion qui, si elle est juste, peut aider à expliquer cette animosité générale. Il est persuadé que, dans les écrits qu'on fait passer sous son nom, l'on a pris un soin particulier de lui faire insulter brutalement tous les états de la société, et de changer en odieuses personnalités les reproches francs et forts qu'il leur fait quelquefois. Ce soupçon lui est venu (¹) sur ce que, dans plusieurs lettres, anonymes et autres, on lui rappelle des choses, comme étant de ses écrits, qu'il n'a jamais songé à y mettre. Dans l'une, il a, dit-on, mis *fort plaisamment en question si les marins étoient des hommes?* Dans une autre, un officier lui avoue modestement que, selon l'expression de lui, Jean-Jacques, lui militaire, *radote de bonne foi comme la plupart de ses camarades.* Tous les jours il reçoit ainsi des citations de passages qu'on lui attribue faussement, avec la plus grande confiance, et qui sont toujours outrageans pour quelqu'un. Il apprit il y a peu de temps qu'un homme de lettres de sa plus ancienne connoissance, et pour lequel il avoit conservé de l'estime, ayant trop marqué peut-être un reste d'affection pour lui, on l'en guérit en lui persuadant que Jean-Jacques travailloit à une critique amère de ses écrits.

Tels sont à peu près les ressorts qu'on a pu mettre en jeu pour allumer et fomenter cette animosité si vive et si générale dont il est l'objet, et qui, s'attachant particulièrement à sa diffamation, couvre d'un faux intérêt pour sa personne le soin de l'avilir encore par cet air de faveur et de *commisération*. Pour moi, je n'imagine que ce moyen d'expliquer les différens degrés de la haine qu'on lui porte, à proportion que ceux qui s'y livrent sont plus dans le cas de s'appliquer les reproches qu'il fait à son siècle et à ses contemporains. Les fripons publics, les intrigans, les ambitieux, dont il dévoile les manœuvres, les passionnés destructeurs de toute religion, de toute conscience, de toute liberté, de toute morale, atteints plus au vif par ses censures, doivent le haïr et le haïssent en effet encore plus que ne font les honnêtes gens trompés. En l'entendant seulement nommer, les premiers ont peine à se contenir, et la modération qu'ils tâchent d'affecter se dément bien vite, s'ils n'ont pas besoin de masque pour assouvir leur passion. Si la haine de l'homme n'étoit que celle du vice, la proportion se renverseroit; la haine des gens de bien seroit plus marquée, les méchans seroient plus indifférens. L'observation contraire est générale, frappante, incontestable, et pourroit fournir bien des conséquences: contentons-nous ici de la confirmation que j'en tire de la justesse de mon explication.

Cette aversion, une fois inspirée s'étend, se communique de proche en proche dans les familles, dans les sociétés, et devient en quelque sorte un sentiment inné qui s'affermit dans les enfans par l'éducation, et dans les jeunes gens par l'opinion publique. C'est encore une remarque à faire, qu'excepté la confédération secrète de vos dames et de vos messieurs, ce qui reste de la génération dans laquelle il a vécu n'a pas pour lui une haine aussi envenimée que celle qui se propage dans la génération qui suit. Toute la jeunesse est nourrie dans ce sentiment par un soin particulier de vos messieurs, dont les plus adroits se sont chargés de ce département. C'est d'eux que tous les apprentis philosophes prennent l'attache; c'est de leurs mains que sont placés les gouverneurs des enfans, les secrétaires des pères, les confidens des mères; rien dans l'intérieur des familles ne se fait que par leur direction, sans qu'ils paroissent se mêler de rien; ils ont trouvé l'art de faire circuler leur doctrine et leur animosité dans les séminaires, dans les collèges, et toute la génération naissante leur est dévouée dès le berceau. Grands imitateurs de la marche des jésuites, ils furent leurs plus ardens ennemis, sans doute par jalousie de métier; et maintenant gouvernant les esprits avec le même empire, avec la même dextérité que les autres gouvernoient les consciences, plus fins qu'eux en ce qu'ils savent mieux se cacher en agissant, et substituant peu à peu l'intolérance philosophique à l'autre, ils deviennent, sans qu'on

---

(¹) C'est ce qu'il m'est impossible de vérifier, parce que ces messieurs ne laissent parvenir jusqu'à moi aucun exemplaire des écrits qu'ils fabriquent ou font fabriquer sous mon nom.

s'en aperçoive, aussi dangereux que leurs prédécesseurs. C'est par eux que cette génération nouvelle qui doit certainement à Jean-Jacques d'être moins tourmentée dans son enfance, plus saine et mieux constituée dans tous les âges, loin de lui en savoir gré, est nourrie dans les plus odieux préjugés et dans les plus cruels sentimens à son égard. Le venin d'animosité qu'elle a sucé presque avec le lait lui fait chercher à l'avilir et le déprimer avec plus de zèle encore que ceux mêmes qui l'ont élevée dans ces dispositions haineuses. Voyez dans les rues et aux promenades l'infortuné Jean-Jacques entouré de gens qui, moins par curiosité que par dérision, puisque la plupart l'ont déjà vu cent fois, se détournent, s'arrêtent pour le fixer d'un œil qui n'a rien assurément de l'urbanité françoise : vous trouverez toujours que les plus insultans, les plus moqueurs, les plus acharnés sont de jeunes gens qui, d'un air ironiquement poli, s'amusent à lui donner tous les signes d'outrage et de haine qui peuvent l'affliger, sans les compromettre.

Tout cela eût été moins facile à faire dans tout autre siècle. Mais celui-ci est particulièrement un siècle haineux et malveillant par caractère (¹). Cet esprit cruel et méchant se fait sentir dans toutes les sociétés, dans toutes les affaires publiques; *il suffit seul pour mettre à la mode et faire briller dans le monde ceux qui se distinguent par là*. L'orgueilleux despotisme de la philosophie moderne a porté l'égoïsme de l'amour-propre à son dernier terme. Le goût qu'a pris toute la jeunesse pour une doctrine si commode la lui a fait adopter avec fureur et prêcher avec la plus vive intolérance. Ils se sont accoutumés à porter dans la société ce même ton de maître sur lequel ils prononcent les oracles de leur secte, et à traiter avec un mépris apparent, qui n'est qu'une haine plus insolente, tout ce qui ose hésiter à se soumettre à leurs décisions. Ce goût de domination n'a pu manquer d'animer toutes les passions irascibles qui tiennent à l'amour-propre. Le même fiel qui coule avec l'encre dans les écrits des maîtres abreuve les cœurs des disciples. Devenus esclaves pour être tyrans, ils ont fini par prescrire, en leur propre nom, les lois que ceux-là leur avoient dictées, et à voir dans toute résistance la plus coupable rébellion. Une génération de despotes ne peut être ni fort douce ni fort paisible, et une doctrine si hautaine, qui d'ailleurs n'admet ni vice ni vertu dans le cœur de l'homme, n'est pas propre à contenir, par une morale indulgente pour les autres et réprimante pour soi, l'orgueil de ses sectateurs. De là les inclinations haineuses qui distinguent cette génération. Il n'y a plus ni modération dans les âmes, ni vérité dans les attachemens. Chacun hait tout ce qui n'est pas lui plutôt qu'il ne s'aime lui-même. On s'occupe trop d'autrui pour savoir s'occuper de soi; on ne sait plus que haïr, et l'on ne tient point à son propre parti par attachement, encore moins par estime, mais uniquement par haine du parti contraire. Voilà les dispositions générales dans lesquelles vos messieurs ont trouvé ou mis leurs contemporains, et qu'ils n'ont eu qu'à tourner ensuite contre Jean-Jacques (¹), qui, tout aussi peu propre à recevoir la loi qu'à la faire, ne pouvoit par cela seul manquer dans ce nouveau système d'être l'objet de la haine des chefs et du dépit des disciples : la foule, empressée à suivre une route qui l'égare, ne voit pas avec plaisir ceux qui, prenant une route contraire, semblent par là lui reprocher son erreur (²).

Qui connoîtroit bien toutes les causes concourantes, tous les différens ressorts mis en œuvre pour exciter dans tous les états cet engourdissement haineux, seroit moins surpris

---

(¹) Fréron vient de mourir (*). On demandoit qui feroit son épitaphe. « Le premier qui crachera sur sa tombe, » répondit à l'instant M. M***. Quand on ne m'auroit pas nommé l'auteur de ce mot, j'aurois deviné qu'il partoit d'une bouche philosophique, et qu'il étoit de ce siècle-ci.

(*) Le 10 mars 1776. G. P.

(¹) Dans cette génération, nourrie de philosophie et de fiel, rien n'est si facile aux intrigans que de faire tomber sur qui il leur plaît cet appétit général de haïr. Leurs succès prodigieux en ce point prouvent encore moins leurs talens que la disposition du public, dont les apparens témoignages d'estime et d'attachement pour les uns ne sont en effet que des actes de haine pour d'autres.

(²) J'aurois dû peut-être insister ici sur la ruse favorite de mes persécuteurs, qui est de satisfaire à mes dépens leurs passions haineuses, de faire le mal par leurs satellites, et de faire en sorte qu'il me soit imputé. C'est ainsi qu'ils m'ont successivement attribué le *Système de la Nature*, la *Philosophie de la Nature*, la note du roman de madame d'Ormoy (*), etc. C'est ainsi qu'ils tâchent de faire croire au peuple que c'étoit moi qui amenoit les bandits qu'ils tenoient à leur solde lors de la cherté du pain.

(*) Il est parlé de cette dame et de son roman dans les *Rêveries*. Voyez la deuxième Promenade, tome 1ᵉʳ, page 406. G. P.

de le voir de proche en proche devenir une contagion générale. Quand une fois le branle est donné, chacun suivant le torrent en augmente l'impulsion. Comment se défier de son sentiment quand on le voit être celui de tout le monde? Comment douter que l'objet d'une haine aussi universelle soit réellement un homme odieux? alors plus les choses qu'on lui attribue sont absurdes et incroyables, plus on est prêt à les admettre. Tout fait qui le rend odieux ou ridicule est par cela seul assez prouvé. S'il s'agissoit d'une bonne action qu'il eût faite, nul n'en croiroit à ses propres yeux, ou bientôt une interprétation subite la changeroit du blanc au noir. Les méchans ne croient ni à la vertu, ni même à la bonté; il faut être déjà bon soi-même pour croire d'autres hommes meilleurs que soi, et il est presque impossible qu'un homme réellement bon demeure ou soit reconnu tel dans une génération méchante.

Les cœurs ainsi disposés, tout le reste devient facile. Dès lors vos messieurs auroient pu, sans aucun détour, persécuter ouvertement Jean-Jacques avec l'approbation publique, mais ils n'auroient assouvi qu'à demi leur vengeance; et se compromettre vis-à-vis de lui étoit risquer d'être découverts. Le système qu'ils ont adopté remplit mieux toutes leurs vues et prévient tous les inconvéniens. Le chef-d'œuvre de leur art a été de transformer en ménagemens pour leur victime les précautions qu'ils ont prises pour leur sûreté. Un vernis d'humanité, couvrant la noirceur du complot, acheva de séduire le public, et chacun s'empressa de concourir à cette bonne œuvre: il est si doux d'assouvir saintement une passion et de joindre au venin de l'animosité le mérite de la vertu! Chacun se glorifiant en lui-même de trahir un infortuné se disoit avec complaisance: « Ah! » que je suis généreux! C'est pour son bien » que je le diffame, c'est pour le protéger que » je l'avilis; et l'ingrat, loin de sentir mon » bienfait, s'en offense! mais cela ne m'empê- » chera pas d'aller mon train et de le servir de » la sorte en dépit de lui. » Voilà comment, sous le prétexte de pourvoir à sa sûreté, tous, en s'admirant eux-mêmes, se font contre lui les satellites de vos messieurs, et, comme écrivoit Jean-Jacques à M***, *sont si fiers d'être des traîtres.* Concevez-vous qu'avec une pareille disposition d'esprit on puisse être équitable et voir les choses comme elles sont? On verroit Socrate, Aristide, on verroit un ange, on verroit Dieu même avec des yeux ainsi fascinés qu'on croiroit toujours voir un monstre infernal.

Mais quelque facile que soit cette pente, il est toujours bien étonnant, dites-vous, qu'elle soit universelle, que tous la suivent sans exception, que pas un seul n'y résiste et ne proteste, que la même passion entraîne en aveugle une génération tout entière, et que le consentement soit unanime dans un tel renversement du droit de la nature et des gens.

Je conviens que le fait est très-extraordinaire; mais, en le supposant très-certain, je le trouverois bien plus extraordinaire encore, s'il avoit la vertu pour principe, car il faudroit que toute la génération présente se fût élevée par cette unique vertu à une sublimité qu'elle ne montre assurément en nulle autre chose, et que, parmi tant d'ennemis qu'a Jean-Jacques, il ne s'en trouvât pas un seul qui eût la maligne franchise de gâter la merveilleuse œuvre de tous les autres. Dans mon explication, un petit nombre de gens adroits, puissans, intrigans, concertés de longue main, abusant les uns par de fausses apparences, et animant les autres par des passions auxquelles ils n'ont déjà que trop de pente, fait tout concourir contre un innocent qu'on a pris soin de charger de crimes, en lui ôtant tout moyen de s'en laver. Dans l'autre explication, il faut que de toutes les générations la plus haineuse se transforme tout d'un coup tout entière, et sans aucune exception, en autant d'anges célestes en faveur du dernier des scélérats qu'on s'obstine à protéger et à laisser libre, malgré les attentats et les crimes qu'il continue de commettre tout à son aise, sans que personne au monde ose, tant on craint de lui déplaire, songer à l'en empêcher, ni même à les lui reprocher. Laquelle de ces deux suppositions vous paroît la plus raisonnable et la plus admissible?

Au reste, cette objection, tirée du concours unanime de tout le monde à l'exécution d'un complot abominable, a peut-être plus d'apparence que de réalité. Premièrement, l'art des moteurs de toute la trame a été de ne la pas dévoiler également à tous les yeux. Ils en ont gardé le principal secret entre un petit nombre de conjurés; ils n'ont laissé voir au reste des hommes que ce qu'il falloit pour les y faire concourir. Chacun n'a vu l'objet que par le côté qui pouvoit l'émouvoir, et n'a été initié dans le complot qu'autant que l'exigeoit la partie de l'exécution qui lui étoit confiée. Il n'y a peut-être pas dix personnes qui sachent à quoi tient le fond de la trame; et, de ces dix, il n'y en a peut-être pas trois qui connoissent assez leur victime pour être sûrs qu'ils noircissent un innocent. Le secret du premier complot est concentré entre deux hommes qui n'iront pas le révéler. Tout le reste des complices, plus ou moins coupables, se fait illusion sur des manœuvres qui, selon eux, tendent moins à persécuter l'innocence qu'à s'assurer d'un méchant. On a pris chacun par son caractère particulier, par sa passion favorite. S'il étoit possible que cette multitude de coopérateurs se rassemblât et s'éclairât par des confidences réciproques, ils seroient frappés eux-mêmes des contradictions absurdes qu'ils trouveroient dans les faits qu'on a prouvés à chacun d'eux, et des motifs non-seulement différens, mais souvent contraires, par lesquels on les a fait concourir tous à l'œuvre commune, sans qu'aucun d'eux en vît le vrai but. Jean-Jacques lui-même sait bien distinguer d'avec la canaille à laquelle il a été livré à Motiers, à Trye, à Monquin, des personnes d'un vrai mérite, qui, trompées plutôt que séduites, et, sans être exemptes de blâme, à plaindre dans leur erreur, n'ont pas laissé, malgré l'opinion qu'elles avoient de lui, de le rechercher avec le même empressement que les autres, quoique dans de moins cruelles intentions. Les trois quarts peut-être de ceux qu'on a fait entrer dans le complot n'y restent que parce qu'ils n'en ont pas vu toute la noirceur. Il y a même plus de bassesse que de malice dans les indignités dont le grand nombre l'accable; et l'on voit à leur air, à leur ton, dans leurs manières, qu'ils l'ont bien moins en horreur comme objet de haine, qu'en dérision comme infortuné.

De plus, quoique personne ne combatte ouvertement l'opinion générale, ce qui seroit se compromettre à pure perte, pensez-vous que tout le monde y acquiesce réellement? Combien de particuliers peut-être, voyant tant de manœuvres et de mines souterraines, s'en indignent, refusent d'y concourir, et gémissent en secret sur l'innocence opprimée! combien d'autres, ne sachant à quoi s'en tenir sur le compte d'un homme enlacé dans tant de pièges, refusent de le juger sans l'avoir entendu; et, jugeant seulement ses adroits persécuteurs, pensent que des gens à qui la ruse, la fausseté, la trahison, coûtent si peu, pourroient bien n'être pas plus scrupuleux sur l'imposture! Suspendus entre la force des preuves qu'on leur allègue, et celles de la malignité des accusateurs, ils ne peuvent accorder tant de zèle pour la vérité, avec tant d'aversion pour la justice, ni tant de générosité pour celui qu'ils accusent, avec tant d'art à gauchir devant lui et se soustraire à ses défenses. On peut s'abstenir de l'iniquité, sans avoir le courage de la combattre. On peut refuser d'être complice d'une trahison, sans oser démasquer les traîtres. Un homme juste, mais foible, se retire alors de la foule, reste dans son coin; et, n'osant s'exposer, plaint tout bas l'opprimé, craint l'oppresseur, et se tait. Qui peut savoir combien d'honnêtes gens sont dans ce cas? Ils ne se font ni voir ni sentir : ils laissent le champ libre à vos messieurs jusqu'à ce que le moment de parler sans danger arrive. Fondé sur l'opinion que j'eus toujours de la droiture naturelle du cœur humain, je crois que cela doit être. Sur quel fondement raisonnable peut-on soutenir que cela n'est pas? Voilà, monsieur, tout ce que je puis répondre à l'unique objection à laquelle vous vous réduisez, et qu'au reste je ne me chargé pas de résoudre à votre gré, ni même au mien, quoiqu'elle ne puisse ébranler la persuasion directe qu'ont produite en moi mes recherches.

Je vous ai vu prêt à m'interrompre, et j'ai compris que c'étoit pour me reprocher le soin superflu de vous établir un fait dont vous convenez si bien vous-même que vous le tournez en objection contre moi, savoir qu'il n'est pas vrai que tout le monde soit entré dans le complot. Mais remarquez qu'en paroissant nous accorder sur ce point nous sommes néanmoins de sentimens tout contraires, en ce que, selon vous, ceux qui ne sont pas du complot pensent sur Jean-Jacques tout comme ceux qui en sont, et que, selon moi, ils doivent penser tout autrement. Ainsi votre exception, que je n'admets pas, et la mienne, que vous n'admettez pas non plus, tombant sur des personnes différentes, s'excluent mutuellement, ou du moins ne s'accordent pas. Je viens de vous dire sur quoi je fonde la mienne; examinons la vôtre à présent.

D'honnêtes gens, que vous dites ne pas entrer dans le complot et ne pas haïr Jean-Jacques, voient cependant en lui tout ce que disent y voir ses plus mortels ennemis; comme s'il en avoit qui convinssent de l'être et ne se vantassent pas de l'aimer! En me faisant cette objection, vous ne vous êtes pas rappelé celle-ci qui la prévient et la détruit. S'il y a complot, tout par son effet devient facile à prouver à ceux même qui ne sont pas du complot; et, quand ils croient voir par leurs yeux, ils voient, sans s'en douter, par les yeux d'autrui.

Si ces personnes dont vous parlez ne sont pas de mauvaise foi, du moins elles sont certainement prévenues comme tout le public, et doivent par cela seul voir et juger comme lui. Et comment vos messieurs, ayant une fois la facilité de faire tout croire, auroient-ils négligé de porter cet avantage aussi loin qu'il pouvoit aller? Ceux qui, dans cette persuasion générale, ont écarté la plus sûre épreuve pour distinguer le vrai du faux, ont beau n'être pas à vos yeux du complot, par cela seul ils en sont aux miens; et moi, qui sens dans ma conscience qu'où ils croient voir la certitude et la vérité, il n'y a qu'erreur, mensonge, imposture, puis-je douter qu'il n'y ait de leur faute dans leur persuasion, et que, s'ils avoient aimé sincèrement la vérité, ils ne l'eussent bientôt démêlée à travers les artifices des fourbes qui les ont abusés? Mais ceux qui ont d'avance irrévocablement jugé l'objet de leur haine, et qui n'en veulent pas démordre, ne voyant en lui que ce qu'ils y veulent voir, tordent et détournent tout au gré de leur passion, et, à force de *subtilités*, donnent aux choses les plus contraires à leurs idées l'interprétation qui les y peut ramener. Les personnes que vous croyez impartiales ont-elles pris les précautions nécessaires pour surmonter ces illusions?

Le Fr. Mais, monsieur Rousseau, y pensez-vous, et qu'exigez-vous là du public? Avez-vous pu croire qu'il examineroit la chose aussi scrupuleusement que vous?

Rouss. Il en eût été dispensé sans doute, s'il se fût abstenu d'une décision si cruelle. Mais en prononçant souverainement sur l'honneur et sur la destinée d'un homme, il n'a pu sans crime négliger aucun des moyens essentiels et possibles de s'assurer qu'il prononçoit justement.

Vous méprisez, dites-vous, un homme abject, et ne croirez jamais que les heureux penchans que j'ai cru voir dans Jean-Jacques puissent compatir avec des vices aussi bas que ceux dont il est accusé. Je pense exactement comme vous sur cet article; mais je suis aussi certain que d'aucune vérité qui me soit connue que cette abjection, que vous lui reprochez, est de tous les vices le plus éloigné de son naturel. Bien plus près de l'extrémité contraire, il a trop de hauteur dans l'âme pour pouvoir tendre à l'abjection. Jean-Jacques est foible, sans doute, et peu capable de vaincre ses passions; mais il ne peut avoir que les passions relatives à son caractère, et des tentations basses ne sauroient approcher de son cœur. La source de toutes ses consolations est dans l'estime de lui-même. Il seroit le plus vertueux des hommes si sa force répondoit à sa volonté. Mais avec toute sa foiblesse il ne peut être un homme vil, parce qu'il n'y a pas dans son âme un penchant ignoble auquel il fût honteux de céder. Le seul qui l'eût pu mener au mal est la mauvaise honte, contre laquelle il a lutté toute sa vie avec des efforts aussi grands qu'inutiles, parce qu'elle tient à son humeur timide qui présente un obstacle invincible aux ardens désirs de son cœur, et le force à leur donner le change en mille façons souvent blâmables. Voilà l'unique source de tout le mal qu'il a pu faire, mais dont rien ne peut sortir de semblable aux indignités dont vous l'accusez. Eh! comment ne voyez-vous pas combien vos messieurs eux-mêmes sont éloignés de ce *mépris* qu'ils veulent vous inspirer pour lui? Comment ne voyez-vous pas que ce mépris qu'ils affectent n'est point réel, qu'il n'est que le voile bien transparent d'une estime qui les déchire, et d'une rage qu'ils cachent très-mal? La preuve en est manifeste. On ne s'inquiète point ainsi des gens qu'on méprise. On en détourne les yeux, on les laisse pour ce qu'ils sont, on fait à leur égard, non pas ce que font vos messieurs à l'égard de Jean-Jacques, mais ce que lui-même fait au leur. Il n'est pas étonnant qu'après l'avoir chargé de pierres ils le couvrent aussi de boue : tous ces procédés sont très-concordans de leur part; mais ceux qu'ils lui imputent ne le sont guère de la sienne, et ces indignités auxquelles vous revenez sont-elles mieux prouvées que les crimes sur lesquels vous n'insistez plus? Non, monsieur; après nos discussions précédentes je ne vois plus de milieu possible entre tout admettre et tout rejeter.

Des témoignages que vous supposez impartiaux, les uns portent sur des faits absurdes et faux, mais rendus croyables à force de prévention, tels que le viol, la brutalité, la débauche, la cynique impudence, les basses friponneries; les autres, sur des faits vrais, mais faussement interprétés, tels que sa dureté, son dédain, son humeur colère et repoussante, l'obstination de fermer sa porte aux nouveaux visages, surtout aux quidams cajoleurs et pleureux, et aux arrogans mal appris.

Comme je ne défendrai jamais Jean-Jacques accusé d'assassinat et d'empoisonnement, je n'entends pas non plus le justifier d'être un violateur de filles, un monstre de débauche, un petit filou. Si vous pouvez adopter sérieusement de pareilles opinions sur son compte, je ne puis que le plaindre, et vous plaindre aussi, vous qui caressez des idées dont vous rougiriez comme ami de la justice, en y regardant de plus près, et faisant ce que j'ai fait. Lui débauché, brutal, impudent, cynique auprès du sexe! Eh! j'ai grand'peur que ce ne soit l'excès contraire qui l'a perdu, et que, s'il eût été ce que vous dites, il ne fût aujourd'hui bien moins malheureux. Il est bien aisé de faire, à son arrivée, retirer les filles de la maison; mais qu'est-ce que cela prouve, sinon la maligne disposition des parens envers lui?

A-t-on l'exemple de quelque fait qui ait rendu nécessaire une précaution si bizarre et si affectée? et qu'en dut-il penser à son arrivée à Paris, lui qui venoit de vivre à Lyon très-familièrement dans une maison très-estimable, où la mère et trois filles charmantes, toutes trois dans la fleur de l'âge et de la beauté, l'accabloient à l'envi d'amitiés et de caresses? Est-ce en abusant de cette familiarité près de ces jeunes personnes, est-ce par des manières ou des propos libres avec elles qu'il mérita l'indigne et nouvel accueil qui l'attendoit à Paris en les quittant? et même encore aujourd'hui, des mères très-sages craignent-elles de mener leurs filles chez ce terrible satyre, devant lequel ces autres-là n'osent laisser un moment les leurs, chez elles, et en leur présence? En vérité, que des farces aussi grossières puissent abuser un moment des gens sensés, il faut en être témoin pour le croire.

Supposons un moment qu'on eût osé publier tout cela dix ans plus tôt, et lorsque l'estime des honnêtes gens, qu'il eut toujours dès sa jeunesse, étoit montée au plus haut degré : ces opinions, quoique soutenues des mêmes preuves, auroient-elles acquis le même crédit chez ceux qui maintenant s'empressent de les adopter?

Non, sans doute, ils les auroient rejetées avec indignation. Ils auroient tous dit : « Quand un » homme est parvenu jusqu'à cet âge avec l'es- » time publique, quand sans patrie, sans fortune » et sans asile, dans une situation gênée, et » forcé, pour subsister, de recourir sans cesse » aux expédiens, on n'en a jamais employé que » d'honorables, et qu'on s'est fait toujours » considérer et bien vouloir dans sa détresse, » on ne commence pas après l'âge mûr, et » quand tous les yeux sont ouverts sur nous, » à se dévoyer de la droite route, pour s'en- » foncer dans les sentiers bourbeux du vice; » on n'associe point la bassesse des plus vils » fripons avec le *courage* et l'*élévation* des » âmes fières, ni l'amour de la gloire aux » manœuvres des filous; et si quarante ans » d'honneur permettoient à quelqu'un de se » démentir si tard à ce point, il perdroit bientôt » cette vigueur de sentiment, ce ressort, cette » franchise intrépide qu'on n'a point avec des » passions basses, et qui jamais ne survit à » l'honneur. Un fripon peut être lâche, un mé- » chant peut être arrogant; mais la douceur de » l'innocence, et la fierté de la vertu, ne peu- » vent s'unir que dans une belle âme. »

Voilà ce qu'ils auroient tous dit ou pensé, et ils auroient certainement refusé de le croire atteint de vices aussi bas, à moins qu'il n'en eût été convaincu sous leurs yeux. Ils auroient du moins voulu l'étudier eux-mêmes avant de le juger si décidément et si cruellement. Ils auroient fait ce que j'ai fait; et, avec l'impartialité que vous leur supposez, ils auroient tiré de leurs recherches la même conclusion que je tire des miennes. Ils n'ont rien fait de tout cela; les preuves les plus ténébreuses, les témoignages les plus suspects, leur ont suffi pour se décider en mal sans autre vérification, et ils ont soigneusement évité tout éclaircissement qui pouvoit leur montrer leur erreur. Donc, quoi que vous en puissiez dire, ils sont du complot; car ce que j'appelle en être n'est pas seulement être dans le secret de vos messieurs, je présume que peu de gens y sont admis; mais c'est adopter leur unique principe, c'est se faire, comme eux, une loi de dire à tout le monde, et de cacher au seul accusé le mal qu'on pense ou qu'on feint de penser de lui, et les raisons sur lesquelles on fonde ce jugement, afin de le mettre hors d'état d'y répondre, et de faire entendre les siennes; car, sitôt qu'on s'est laissé persuader qu'il faut le juger, non-seulement sans l'entendre, mais sans en être entendu, tout le reste est forcé, et il n'est pas possible qu'on résiste à tant de témoignages si bien arrangés, et mis à l'abri de l'inquiétante épreuve des réponses de l'accusé. Comme tout le succès de la trame dépendoit de cette importante précaution, son auteur aura mis toute la sagacité de son esprit à donner à cette injustice le tour le plus spécieux, et à la couvrir même d'un vernis de bénéficence et de générosité, qui n'eût ébloui nul esprit impartial, mais qu'on s'est empressé d'admirer, à l'égard d'un homme qu'on n'estimoit que par force, et dont les singularités n'étoient vues de bon œil par qui que ce fût.

Tout tient à la première accusation qui l'a fait déchoir, tout d'un coup, du titre d'honnête homme qu'il avoit porté jusqu'alors, pour y substituer celui du plus affreux scélérat. Quiconque a l'âme saine et croit vraiment à la probité ne se départ pas aisément de l'estime fondée qu'il a conçue pour un homme de bien. Je verrois commettre un crime, s'il étoit possible, ou faire une action basse à mylord-maréchal (*), que je n'en croirois pas à mes yeux. Quand j'ai cru de Jean-Jacques tout ce que vous m'avez prouvé, c'étoit en le supposant convaincu. Changer à ce point, sur le compte d'un homme estimé durant toute sa vie, n'est pas une chose facile. Mais aussi ce premier pas fait, tout le reste va de lui-même. De crime en crime, un homme coupable d'un seul devient, comme vous l'avez dit, capable de tous. Rien n'est moins surprenant que le passage de la méchanceté à l'abjection, et ce n'est pas la peine de mesurer si soigneusement l'intervalle qui peut quelquefois séparer un scélérat d'un fripon. On peut donc avilir tout à son aise l'homme qu'on a commencé par noircir. Quand on croit qu'il n'y a dans lui que du mal, on n'y voit plus que cela; ses actions bonnes ou indifférentes changent bientôt d'apparence avec beaucoup de préjugés et un peu d'interprétation, et l'on rétracte alors ses jugemens avec autant d'assurance que si ceux qu'on leur substitue étoient mieux fondés. L'amour-propre fait qu'on veut toujours avoir vu soi-même ce qu'on sait, ou qu'on croit savoir d'ailleurs. Rien n'est si manifeste aussitôt qu'on y regarde, on a honte de ne l'avoir pas aperçu plus tôt: mais c'est qu'on étoit si distrait ou si prévenu qu'on ne portoit pas son attention de ce côté; c'est qu'on est si bon soi-même qu'on ne peut supposer la méchanceté dans autrui.

Quand enfin l'engouement, devenu général, parvient à l'excès, on ne se contente plus de tout croire; chacun, pour prendre part à la fête, cherche à renchérir, et tout le monde, s'affectionnant à ce système, se pique d'y apporter du sien pour l'orner ou pour l'affermir. Les uns ne sont pas plus empressés d'inventer que les autres de croire. Toute imputation passe en preuve invincible; et si l'on apprenoit aujourd'hui qu'il s'est commis un crime dans la lune, il seroit prouvé demain, plus clair que le jour, à tout le monde, que c'est Jean-Jacques qui en est l'auteur.

La réputation qu'on lui a donnée, une fois bien établie, il est donc très-naturel qu'il en résulte, même chez les gens de bonne foi, les effets que vous m'avez détaillés. S'il fait une erreur de compte, ce sera toujours à dessein;

(*) Il est vrai que mylord-maréchal est d'une illustre naissance, et Jean-Jacques un homme du peuple; mais il faut penser que Rousseau, qui parle ici, n'a pas, en général, une opinion bien sublime de la haute vertu des gens de qualité, et que l'histoire de Jean-Jacques ne doit pas beaucoup agrandir cette opinion.

est-elle à son avantage, c'est une friponnerie : est-elle à son préjudice, c'est une ruse. Un homme ainsi vu, quelque sujet qu'il soit aux oublis, aux distractions, aux balourdises, ne peut plus rien avoir de tout cela : tout ce qu'il fait par inadvertance est toujours vu comme fait exprès. Au contraire, les oublis, les omissions, les bévues des autres à son égard, ne trouvent plus créance dans l'esprit de personne; s'il les relève, il ment; s'il les endure, c'est à pure perte. Des femmes étourdies, de jeunes gens évaporés, feront des quiproquo dont il restera chargé; et ce sera beaucoup si des laquais gagnés ou peu fidèles, trop instruits des sentimens des maîtres à son égard, ne sont pas quelquefois tentés d'en tirer avantage à ses dépens, bien sûrs que l'affaire ne s'éclaircira pas en sa présence, et que, quand cela arriveroit, un peu d'effronterie, aidée des préjugés des maîtres, les tireroit d'affaire aisément.

J'ai supposé, comme vous, ceux qui traitent avec lui, tous sincères et de bonne foi; mais si l'on cherchoit à le tromper pour le prendre en faute, quelle facilité sa vivacité, son étourderie, ses distractions, sa mauvaise mémoire, ne donneroient-elles pas pour cela!

D'autres causes encore ont pu concourir à ces faux jugemens. Cet homme a donné à vos messieurs, par ses *Confessions*, qu'ils appellent ses Mémoires, une prise sur lui qu'ils n'ont eu garde de négliger. Cette lecture qu'il a prodiguée à tant de gens, mais dont si peu d'hommes étoient capables, et dont bien moins encore étoient dignes, a initié le public dans toutes ses foiblesses, dans toutes ses fautes les plus secrètes. L'espoir que ces *Confessions* ne seroient vues qu'après sa mort lui avoit donné le courage de tout dire et de se traiter avec une justice souvent même trop rigoureuse. Quand il se vit défiguré parmi les hommes, au point d'y passer pour un monstre, la conscience, qui lui faisoit sentir en lui plus de bien que de mal, lui donna le courage que lui seul peut-être eut, et aura jamais, de se montrer tel qu'il étoit; il crut qu'en manifestant à plein l'intérieur de son âme, et révélant ses *Confessions*, l'explication si franche, si simple, si naturelle, de tout ce qu'on a pu trouver de bizarre dans sa conduite, portant avec elle son propre témoignage, feroit sentir la vérité de ses déclarations, et la fausseté des idées horribles et fantastiques qu'il voyoit répandre de lui, sans en pouvoir découvrir la source. Bien loin de soupçonner alors vos messieurs, la confiance en eux de cet homme si défiant alla, non-seulement jusqu'à leur lire cette histoire de son âme, mais jusqu'à leur en laisser le dépôt assez long-temps. L'usage qu'ils ont fait de cette imprudence a été d'en tirer parti pour diffamer celui qui l'avoit commise; et le plus sacré dépôt de l'amitié est devenu, dans leurs mains, l'instrument de la trahison. Ils ont traversi ses défauts en vices, ses fautes en crimes, les foiblesses de sa jeunesse en noirceurs de son âge mûr; ils ont dénaturé les effets, quelquefois ridicules, de tout ce que la nature a mis d'aimable et de bon dans son âme, et ce qui n'est que des singularités d'un tempérament ardent, retenu par un naturel timide, est devenu par leurs soins une horrible dépravation de cœur et de goût. Enfin, toutes leurs manières de procéder à son égard, et des allures dont le vent m'est parvenu, me portent à croire que pour décrier ses *Confessions*, après en avoir tiré contre lui tous les avantages possibles, ils ont intrigué, manœuvré, dans tous les lieux où il a vécu, et dont il leur a fourni les renseignemens, pour défigurer toute sa vie, pour fabriquer avec art des mensonges, qui en donnent l'air à ses *Confessions*, et pour lui ôter le mérite de la franchise, même dans les aveux qu'il fait contre lui. Eh! puisqu'ils savent empoisonner ses écrits, qui sont sous les yeux de tout le monde, comment n'empoisonneroient-ils pas sa vie, que le public ne connoît que sur leur rapport?

L'*Héloïse* avoit tourné sur lui les regards des femmes; elles avoient des droits assez naturels sur un homme qui décrivoit ainsi l'amour; mais n'en connoissant guère que le physique, elles crurent qu'il n'y avoit que des sens très-vifs qui pussent inspirer des sentimens si tendres, et cela put leur donner de celui qui les exprimoit plus grande opinion qu'il ne la méritoit peut-être. Supposez cette opinion, portée chez quelques-unes jusqu'à la curiosité, et que cette curiosité ne fût pas assez tôt devinée ou satisfaite par celui qui en étoit l'objet, vous concevrez aisément dans sa destinée les conséquences de cette balourdise.

Quant à l'accueil sec et dur qu'il fait aux quidams arrogans ou pleureux qui viennent à lui, j'en ai souvent été le témoin moi-même, et je conviens qu'en pareille situation cette conduite seroit fort imprudente dans un hypocrite démasqué, qui, trop heureux qu'on voulût bien feindre de prendre le change, devroit se prêter, avec une dissimulation pareille, à cette feinte, et aux apparens ménagemens qu'on feroit semblant d'avoir pour lui. Mais osez-vous reprocher à un homme d'honneur outragé de ne pas se conduire en coupable, et de n'avoir pas, dans ses infortunes, la lâcheté d'un vil scélérat? De quel œil voulez-vous qu'il envisage les perfides empressemens des traîtres qui l'obsèdent, et qui, tout en affectant le plus pur zèle, n'ont en effet d'autre but que de l'enlacer de plus en plus dans les piéges de ceux qui les emploient? Il faudroit, pour les accueillir, qu'il fût en effet tel qu'ils le supposent ; il faudroit, qu'aussi fourbe qu'eux, et feignant de ne les pas pénétrer, il leur rendît trahison pour trahison. Tout son crime est d'être aussi franc qu'ils sont faux : mais après tout, que leur importe qu'il les reçoive bien ou mal? Les signes les plus manifestes de son impatience ou de son dédain n'ont rien qui les rebute. Il les outrageroit ouvertement qu'ils ne s'en iroient pas pour cela. Tous de concert laissant à sa porte les sentimens d'honneur qu'ils peuvent avoir, ne lui montrent qu'insensibilité, duplicité, lâcheté, perfidie, et sont auprès de lui comme il devroit être auprès d'eux, s'il étoit tel qu'ils le représentent ; et comment voulez-vous qu'il leur montre une estime qu'ils ont pris si grand soin de ne lui pas laisser? Je conviens que le mépris d'un homme qu'on méprise soi-même est facile à supporter : mais encore n'est-ce pas chez lui qu'il faut aller en chercher les marques. Malgré tout ce patelinage insidieux, pour peu qu'il croie apercevoir, au fond des âmes, des sentimens *naturellement honnêtes*, et quelques bonnes dispositions, il se laisse encore subjuguer. Je ris de sa simplicité, et je l'en fais rire lui-même. Il espère toujours qu'en le voyant tel qu'il est quelques-uns du moins n'auront plus le courage de le haïr, et croit, à force de franchise, toucher enfin ces cœurs de bronze. Vous concevez comment cela lui réussit ; il le voit lui-même, et, après tant de tristes expériences, il doit enfin savoir à quoi s'en tenir.

Si vous eussiez fait une fois les réflexions que la raison suggère, et les perquisitions que la justice exige, avant de juger si sévèrement un infortuné, vous auriez senti que dans une situation pareille à la sienne, et victime d'aussi détestables complots, il ne peut plus, il ne doit plus du moins se livrer, pour ce qui l'entoure, à ses penchans naturels, dont vos messieurs se sont servis si long-temps et avec tant de succès pour le prendre dans leurs filets. Il ne peut plus, sans s'y précipiter lui-même, agir en rien dans la simplicité de son cœur. Ainsi ce n'est plus sur ses œuvres présentes qu'il faut le juger, même quand on pourroit en avoir le narré fidèle. Il faut rétrograder vers le temps où rien ne l'empêchoit d'être lui-même, ou bien le pénétrer plus intimement, *intus et in cute*, pour y lire immédiatement les véritables dispositions de son âme, que tant de malheurs n'ont pu aigrir. En le suivant dans les temps heureux de sa vie, et dans ceux même où, déjà la proie de vos messieurs, il ne s'en doutoit pas encore, vous eussiez trouvé l'homme bienfaisant et doux qu'il étoit et passoit pour être avant qu'on l'eût défiguré. Dans tous les lieux où il a vécu jadis, dans les habitations où on lui a laissé faire assez de séjour pour y laisser des traces de son caractère, les regrets des habitans l'ont toujours suivi dans sa retraite ; et seul peut-être de tous les étrangers qui jamais vécurent en Angleterre, il a vu le peuple de Wootton pleurer à son départ. Mais vos dames et vos messieurs ont pris un tel soin d'effacer toutes ces traces, que c'est seulement tandis qu'elles étoient encore fraîches qu'on a pu les distinguer. Montmorency, plus près de nous, offre un exemple frappant de ces différences. Grâce à des personnes que je ne veux pas nommer, et aux oratoriens devenus, je ne sais comment, les plus ardens satellites de la ligue, vous n'y retrouverez plus aucun *vestige* de l'attachement, et j'ose dire de la vénération qu'on y eut jadis pour Jean-Jacques, et tant qu'il y vécut, et après qu'il en fut parti : mais les traditions du moins en restent encore dans la mémoire des honnêtes gens qui fréquentoient alors ce pays-là.

Dans ces épanchemens auxquels il aime encore à se livrer, et souvent avec plus de plaisir que de prudence, il m'a quelquefois confié ses peines, et j'ai vu que la patience avec laquelle il les supporte n'ôtoit rien à l'impression qu'elles font sur son cœur. Celles que le temps adoucit le moins se réduisent à deux principales, qu'il compte pour les seuls vrais maux que lui aient faits ses ennemis. La première est de lui avoir ôté la douceur d'être utile aux hommes, et secourable aux malheureux, soit en lui en ôtant les moyens, soit en ne laissant plus approcher de lui, sous ce passe-port, que des fourbes qui ne cherchent à l'intéresser pour eux qu'afin de s'insinuer dans sa confiance, l'épier et le trahir. La façon dont ils se présentent, le ton qu'ils prennent en lui parlant, les fades louanges qu'ils lui donnent, le patelinage qu'ils y joignent, le fiel qu'ils ne peuvent s'abstenir d'y mêler, tout décèle en eux de petits histrions grimaciers qui ne savent ou ne daignent pas mieux jouer leur rôle. Les lettres qu'il reçoit ne sont, avec des lieux communs de collège, et des leçons bien magistrales sur ses devoirs envers ceux qui les écrivent, que de sottes déclamations contre les grands et les riches, par lesquelles on croit bien le leurrer; d'amers sarcasmes sur tous les états; d'aigres reproches à la fortune, de priver un grand homme comme l'auteur de la lettre, et, par compagnie, l'autre grand homme à qui elle s'adresse, des honneurs et des biens qui leur étoient dus, pour les prodiguer aux indignes; des preuves tirées de là, qu'il n'existe point de Providence; de pathétiques déclarations de la prompte assistance dont on a besoin, suivies de fières protestations de n'en vouloir néanmoins aucune. Le tout finit d'ordinaire par la confidence de la ferme résolution où l'on est de se tuer, et par l'avis que cette résolution sera mise en exécution *sonica* si l'on ne reçoit bien vite une réponse satisfaisante à la lettre.

Après avoir été plusieurs fois très-sottement la dupe de ces menaçans suicides, il a fini par se moquer, et d'eux, et de sa propre bêtise. Mais quand ils n'ont plus trouvé la facilité de s'introduire avec ce pathos, ils ont bientôt repris leur allure naturelle, et substitué, pour forcer sa porte, la férocité des tigres à la flexibilité des serpens. Il faut avoir vu les assauts que sa femme est forcée de soutenir sans cesse, les injures et les outrages qu'elle essuie journellement de tous ces humbles admirateurs, de tous ces vertueux infortunés, à la moindre résistance qu'ils trouvent, pour juger du motif qui les amène, et des gens qui les envoient. Croyez-vous qu'il ait tort d'éconduire toute cette canaille, et de ne vouloir pas s'en laisser subjuguer? Il lui faudroit vingt ans d'application pour lire seulement tous les manuscrits qu'on le vient prier de revoir, de corriger, de refondre, car son temps et sa peine ne coûtent rien à vos messieurs ([1]); il lui faudroit dix mains et dix secrétaires pour écrire les requêtes, placets, lettres, mémoires, complimens, vers, bouquets, dont on vient à l'envi le charger, vu la grande éloquence de sa plume, et la grande bonté de son cœur; car c'est toujours là l'ordinaire refrain de ces personnages sincères. Au mot d'humanité, qu'ont appris à bourdonner autour de lui des essaims de guêpes, elles prétendent le cribler de leurs aiguillons bien à leur aise, sans qu'il ose s'y dérober, et tout ce qui lui peut arriver de plus heureux est de s'en délivrer avec de l'argent, dont ils le remercient ensuite par des injures.

Après avoir tant réchauffé de serpens dans son sein, il s'est enfin déterminé, par une réflexion très-simple, à se conduire comme il fait avec tous ces nouveaux venus. A force de bontés et de soins généreux, vos messieurs, parvenus à le rendre exécrable à tout le monde, ne lui ont plus laissé l'estime de personne. Tout homme ayant de la droiture et de l'honneur ne peut plus qu'abhorrer et fuir un être aussi défiguré; nul homme sensé n'en peut rien espérer de bon. Dans cet état, que peut-il donc penser de ceux qui s'adressent à lui par préférence, le recherchent, le comblent d'éloges, lui demandent, ou des services, ou son amitié; qui, dans l'opinion qu'ils ont de lui, désirent néanmoins d'être liés ou redevables au dernier des scélérats? Peuvent-ils même ignorer que, loin qu'il ait ni crédit, ni pouvoir, ni faveur auprès de personne, l'intérêt qu'il pourroit prendre à eux

---

([1]) Je dois pourtant rendre justice à ceux qui m'offrent de payer mes peines, et qui sont en assez grand nombre. Au moment même où j'écris ceci, une dame de province vient de me proposer douze francs, en attendant mieux, pour lui écrire une belle lettre à un prince. C'est dommage que je ne me sois pas avisé de lever boutique sous les charniers des Innocens; j'y aurois pu faire assez bien mes affaires.

ne feroit que leur nuire aussi bien qu'à lui, que tout l'effet de sa recommandation seroit, ou de les perdre s'ils avoient eu recours à lui de bonne foi, ou d'en faire de nouveaux traîtres destinés à l'enlacer par ses propres bienfaits? En toute supposition possible, avec les jugemens portés de lui dans le monde, quiconque ne laisse pas de recourir à lui, n'est-il pas lui-même un homme jugé? et quel honnête homme peut prendre intérêt à de pareils misérables? S'ils n'étoient pas des fourbes, ne seroient-ils pas toujours des infâmes? et qui peut implorer des bienfaits d'un homme qu'il méprise n'est-il pas lui-même encore plus méprisable que lui?

Si tous ces empressés ne venoient que pour voir et chercher ce qui est, sans doute il auroit tort de les éconduire; mais pas un seul n'a cet objet, et il faudroit bien peu connoître les hommes et la situation de Jean-Jacques pour espérer de tous ces gens-là ni vérité ni fidélité. Ceux qui sont payés veulent gagner leur argent, et ils savent bien qu'ils n'ont qu'un seul moyen pour cela, qui est de dire, non ce qui est, mais ce qui plaît, et qu'ils seroient mal venus à dire du bien de lui. Ceux qui l'épient de leur propre mouvement, mus par leur passion, ne verront jamais que ce qui la flatte; aucun ne vient pour voir ce qu'il voit, mais pour l'interpréter à sa mode. Le blanc et le noir, le pour et le contre, leur servent également. Donne-t-il l'aumône, ah! le caffard! La refuse-t-il, voilà cet homme si charitable! S'il s'enflamme en parlant de la vertu, c'est un tartufe; s'il s'anime en parlant de l'amour, c'est un satyre; s'il lit la gazette (¹), il médite une conspiration; s'il cueille une rose, on cherche quel poison la rose contient. Trouvez à un homme ainsi vu quelque propos qui soit innocent, quelque action qui ne soit pas un crime, je vous en défie.

Si l'administration publique elle-même eût été moins prévenue ou de bonne foi, la constante uniformité de sa vie, égale et simple, l'eût bientôt désabusée; elle *auroit compris qu'elle ne verroit jamais que les mêmes choses, et que* c'étoit bien perdre son argent, son temps et ses peines, que d'espionner un homme qui vivoit ainsi. Mais comme ce n'est pas la vérité qu'on cherche, qu'on ne veut que noircir la victime, et qu'au lieu d'étudier son caractère on ne veut que le diffamer, peu importe qu'il se conduise bien ou mal, et qu'il soit innocent ou coupable. Tout ce qui importe est d'être assez au fait de sa conduite pour avoir des points fixes sur lesquels on puisse appuyer le système d'imposture dont il est l'objet, sans s'exposer à être convaincu de mensonge, et voilà à quoi l'espionnage est uniquement destiné. Si vous me reprochez ici de rendre à ses accusateurs les imputations dont ils le chargent, j'en conviendrai sans peine, mais avec cette différence qu'en parlant d'eux Rousseau ne s'en cache pas. Je ne pense même, et ne dis tout ceci qu'avec la plus grande répugnance. Je voudrois de tout mon cœur pouvoir croire que le gouvernement est à son égard dans l'erreur de bonne foi, mais c'est ce qui m'est impossible. Quand je n'aurois nulle autre preuve du contraire, la méthode qu'on suit avec lui m'en fourniroit une invincible. Ce n'est point aux méchans qu'on fait toutes ces choses-là, ce sont eux qui les font aux autres.

Pesez la conséquence qui suit de là. Si l'administration, si la police elle-même trempe dans le complot pour abuser le public sur le compte de Jean-Jacques, quel homme au monde, quelque sage qu'il puisse être, pourra se garantir de l'erreur à son égard?

Que de raisons nous font sentir que, dans l'étrange position de cet homme infortuné, personne ne peut plus juger de lui avec certitude, ni sur le rapport d'autrui, ni sur aucune espèce de preuve! Il ne suffit pas même de voir, il faut vérifier, comparer, approfondir tout par soi-même, ou s'abstenir de juger. Ici, par exemple, il est clair comme le jour qu'à s'en tenir au témoignage des autres le reproche de dureté et d'incommisération, mérité ou non, lui seroit toujours également inévitable : car, supposé un moment qu'il remplît de toutes ses forces les devoirs d'humanité, de charité, de bienfaisance, dont tout homme est sans cesse entouré, qui est-ce qui lui rendroit dans le public la justice de les avoir remplis? Ce ne seroit pas lui-même ; à moins qu'il n'y mît cette os-

---

(¹) A la grande satisfaction de mes très-inquiets patrons, je renonce à cette triste lecture, devenue indifférente à un homme qu'on a rendu tout-à-fait étranger sur la terre. Je n'y ai plus ni patrie, ni frères. Habitée par des êtres qui ne me sont rien, elle est pour moi comme une autre sphère ; et je suis aussi peu curieux désormais d'apprendre ce qui se fait dans le monde que ce qui se passe à Bicêtre ou aux Petites-Maisons.

tentation philosophique qui gâte l'œuvre par le motif. Ce ne seroit pas ceux envers qui il les auroit remplis, qui deviennent, sitôt qu'ils l'approchent, ministres et créatures de vos messieurs; ce seroit encore moins vos messieurs eux-mêmes, non moins zélés à cacher le bien qu'il pourroit chercher à faire, qu'à publier à grand bruit celui qu'ils disent lui faire en secret. En lui faisant des devoirs à leur mode pour le blâmer de ne les pas remplir, ils tairoient les véritables qu'il auroit remplis de tout son cœur, et lui feroient le même reproche avec le même succès; ce reproche ne prouve donc rien. Je remarque seulement qu'il étoit bienfaisant et bon, quand, livré sans gêne à son naturel, il suivoit en toute liberté ses penchans; et maintenant qu'il se sent entravé de mille pièges, entouré d'espions, de mouches, de surveillans; maintenant qu'il sait ne pas dire un mot qui ne soit recueilli, ne pas faire un mouvement qui ne soit noté, c'est ce temps qu'il choisit pour lever le masque de l'hypocrisie, et se livrer à cette dureté tardive, à tous ces petits larcins de bandits dont l'accuse aujourd'hui le public! Convenez que voilà un hypocrite bien bête, et un trompeur bien maladroit. Quand je n'aurois rien vu par moi-même, cette seule réflexion me rendroit suspecte la réputation qu'on lui donne à présent. Il en est de tout ceci comme des revenus qu'on lui prodigue avec tant de magnificence. Ne faudroit-il pas dans sa position qu'il fût plus qu'imbécile, pour tenter, s'ils étoient réels, d'en dérober un moment la connoissance au public?

Ces réflexions sur les friponneries qu'il s'est mis à faire, et sur les bonnes œuvres qu'il ne fait plus, peuvent s'étendre aux livres qu'il fait et publie encore, et dont il se cache si heureusement, que tout le monde, aussitôt qu'ils paroissent, est instruit qu'il en est l'auteur. Quoi! monsieur, ce mortel si ombrageux, si farouche, qui voit à peine approcher de lui un seul homme qu'il ne sache ou ne croie être un traître; qui sait ou qui croit que le vigilant magistrat chargé des deux départemens de la police et de la librairie le tient enlacé dans d'inextricables filets, ne laisse pas d'aller barbouillant éternellement des livres à la douzaine, et de les confier sans crainte au tiers et au quart pour les faire imprimer en grand secret? Ces livres s'impriment, se publient, se débitent hautement sous son nom, même avec une affectation ridicule, comme s'il avoit peur de n'être pas connu; et mon butor, sans voir, sans soupçonner même cette manœuvre si publique, sans jamais croire être découvert, va toujours prudemment son train, toujours barbouillant, toujours imprimant, toujours se confiant à des confidens si discrets, et toujours ignorant qu'ils se moquent de lui! Que de stupidité pour tant de finesse! que de confiance pour un homme aussi soupçonneux! Tout cela vous paroît-il donc si bien arrangé, si naturel, si croyable? Pour moi je n'ai vu dans Jean-Jacques aucun de ces deux extrêmes. Il n'est pas aussi fin que vos messieurs, mais il n'est pas non plus aussi bête que le public, et ne se paieroit pas comme lui de pareilles bourdes. Quand un libraire vient en grand appareil s'établir à sa porte, que d'autres lui écrivent des lettres bien amicales, lui proposent de belles éditions, affectent d'avoir avec lui des relations bien étroites, il n'ignore pas que ce voisinage, ces visites, ces lettres lui viennent de plus loin; et tandis que tant de gens se tourmentent à lui faire des livres dont le dernier cuistre rougiroit d'être l'auteur, il pleure amèrement les dix ans de sa vie employés à en faire d'un peu moins plats.

Voilà, monsieur, les raisons qui l'ont forcé de changer de conduite avec ceux qui l'approchent, et de résister aux penchans de son cœur, pour ne pas s'enlacer lui-même dans les pièges tendus autour de lui. J'ajoute à cela que son naturel timide et son goût éloigné de toute ostentation ne sont pas propres à mettre en évidence son penchant à faire du bien, et peuvent même, dans une situation si triste, l'arrêter quand il auroit l'air de se mettre en scène. Je l'ai vu, dans un quartier très-vivant de Paris, s'abstenir malgré lui d'une bonne œuvre qui se présentoit, ne pouvant se résoudre à fixer sur lui les regards malveillans de deux cents personnes; et, dans un quartier peu éloigné, mais moins fréquenté, je l'ai vu se conduire différemment dans une occasion pareille. Cette mauvaise honte ou cette blâmable fierté me semble bien naturelle à un infortuné sûr d'avance que tout ce qu'il pourra faire de bien sera mal interprété. Il vaudroit mieux sans doute braver l'injustice du public: mais avec une âme haute et un naturel timide, qui peut se résoudre, en faisant une bonne action qu'on accusera d'hypocrisie, de lire dans les yeux des spectateurs l'indigne jugement qu'ils en portent? Dans une pareille situation, celui qui voudroit faire encore du bien s'en cacheroit comme d'une mauvaise œuvre, et ce ne seroit pas ce secret-là qu'on iroit épiant pour le publier.

Quant à la seconde et à la plus sensible des peines que lui ont faites les barbares qui le tourmentent, il la dévore en secret, elle reste en réserve au fond de son cœur, il ne s'en est ouvert à personne, et je ne la saurois pas moi-même s'il eût pu me la cacher. C'est par elle que, lui ôtant toutes les consolations qui restoient à sa portée, ils lui ont rendu la vie à charge, autant qu'elle peut l'être à un innocent. A juger du vrai but de vos messieurs pour toute leur conduite à son égard, ce but paroît être de l'amener par degrés, et toujours sans qu'il y paroisse, jusqu'au plus violent désespoir, et, sous l'air de l'intérêt et de la commisération, de le contraindre, à force de secrètes angoisses, à finir par les délivrer de lui. Jamais, tant qu'il vivra, ils ne seront, malgré toute leur vigilance, sans inquiétude de se voir découverts. Malgré la triple enceinte de ténèbres qu'ils renforcent sans cesse autour de lui, toujours ils trembleront qu'un trait de lumière ne perce par quelque fissure, et n'éclaire leurs travaux souterrains. Ils espèrent, quand il n'y sera plus, jouir plus tranquillement de leur œuvre; mais ils se sont abstenus jusqu'ici de disposer tout-à-fait de lui, soit qu'ils craignent de ne pouvoir tenir cet attentat aussi caché que les autres, soit qu'ils se fassent encore un scrupule d'opérer par eux-mêmes l'acte auquel ils ne s'en font aucun de le forcer, soit enfin qu'attachés au plaisir de le tourmenter encore ils aiment mieux attendre de sa main la preuve complète de sa misère. Quel que soit leur vrai motif, ils ont pris tous les moyens possibles pour le rendre, à force de déchiremens, le ministre de la haine dont il est l'objet. Ils se sont singulièrement appliqués à le navrer de profondes et continuelles blessures, par tous les endroits sensibles de son cœur. Ils savoient combien il étoit ardent et sincère dans tous ses attachemens; ils se sont appliqués sans relâche à ne lui pas laisser un seul ami. Ils savoient que, sensible à l'honneur et à l'estime des honnêtes gens, il faisoit un cas très-médiocre de la réputation qu'on n'acquiert que par des talens; ils ont affecté de prôner les siens, en couvrant d'opprobre son caractère. Ils ont vanté son esprit pour déshonorer son cœur. Ils le connoissoient ouvert et franc jusqu'à l'imprudence, détestant le mystère et la fausseté; ils l'ont entouré de trahisons, de mensonges, de ténèbres, de duplicité. Ils savoient combien il chérissoit sa patrie; ils n'ont rien épargné pour l'y rendre méprisable, et pour l'y faire haïr. Ils connoissoient son dédain pour le métier d'auteur, combien il déploroit le court temps de sa vie qu'il perdit à ce triste métier, et parmi les brigands qui l'exercent; ils lui font incessamment barbouiller des livres, et ils ont grand soin que ces livres, très-dignes des plumes dont ils sortent, déshonorent le nom qu'ils leur font porter. Ils l'ont fait abhorrer du peuple dont il déplore la misère, des bons dont il honora les vertus, des femmes dont il fut idolâtre, de tous ceux dont la haine pouvoit le plus l'affliger. A force d'outrages sanglans, mais tacites, à force d'attroupemens, de chuchotemens, de ricanemens, de regards cruels et farouches, ou insultans et moqueurs, ils sont parvenus à le chasser de toute assemblée, de tout spectacle, des cafés, des promenades publiques: leur projet est de le chasser enfin des rues, de le renfermer chez lui, de l'y tenir investi par leurs satellites, et de lui rendre enfin la vie si douloureuse qu'il ne la puisse plus endurer. En un mot, en lui portant à la fois toutes les atteintes qu'ils savoient lui être les plus sensibles, sans qu'il puisse en parer aucune, et ne lui laissant qu'un seul moyen de s'y dérober, il est clair qu'ils l'ont voulu forcer à le prendre. Mais ils ont tout calculé sans doute, hors la ressource de l'innocence et de la résignation. Malgré l'âge et l'adversité, sa santé s'est raffermie et se maintient: le calme de son âme semble le rajeunir; et, quoiqu'il ne lui reste plus d'espérance parmi les hommes, il ne fut jamais plus loin du désespoir.

J'ai jeté sur vos objections et vos doutes l'éclaircissement qui dépendoit de moi. Cet éclaircissement, je le répète, n'en peut dissiper l'obscurité, même à mes yeux; car la réunion de toutes ces causes est trop au-dessous de l'effet, pour qu'il n'ait pas quelque autre cause encore plus puissante, qu'il m'est impossible d'imaginer. Mais je ne trouverois rien du tout à vous répondre, que je n'en resterois pas moins dans mon sentiment, non par un entêtement ridicule, mais parce que j'y vois moins d'intermédiaires entre moi et le personnage jugé, et que, de tous les yeux auxquels il faut que je m'en rapporte, ceux dont j'ai le moins à me défier sont les miens. On nous prouve, j'en conviens, des choses que je n'ai pu vérifier, et qui me tiendroient peut-être encore en doute, si l'on me prouvoit, tout aussi bien, beaucoup d'autres choses que je sais très-certainement être fausses; et quelle autorité peut rester pour être crus en aucune chose à ceux qui savent donner au mensonge tous les signes de la vérité? Au reste, souvenez-vous que je ne prétends point ici que mon jugement fasse autorité pour vous; mais après les détails dans lesquels je viens d'entrer, vous ne sauriez blâmer qu'il la fasse pour moi, et quelque appareil de preuves qu'on m'étale en se cachant de l'accusé, tant qu'il ne sera pas convaincu en personne, et moi présent, d'être tel que l'ont peint vos messieurs, je me croirai bien fondé à le juger tel que je l'ai vu moi-même.

A présent que j'ai fait ce que vous avez désiré, il est temps de vous expliquer à votre tour, et de m'apprendre, d'après vos lectures, comment vous l'avez vu dans ses écrits.

Le Fr. Il est tard pour aujourd'hui; je pars demain pour la campagne : nous nous verrons à mon retour.

―――――

TROISIÈME DIALOGUE.

De l'esprit de ses livres. Conclusion.

Rousseau. Vous avez fait un long séjour en campagne.

Le François. Le temps ne m'y duroit pas. Je le passois avec votre ami.

Rouss. Oh! s'il se pouvoit qu'un jour il devînt le vôtre!

Le Fr. Vous jugerez de cette possibilité par l'effet de votre conseil. Je les ai lus enfin, ces livres si justement détestés.

Rouss. Monsieur!...

Le Fr. Je les ai lus, non pas assez encore pour les bien entendre, mais assez pour y avoir trouvé, nombré, recueilli, des crimes irrémissibles, qui n'ont pu manquer de faire de leur auteur le plus odieux de tous les monstres, et l'horreur du genre humain.

Rouss. Que dites-vous? Est-ce bien vous qui parlez, et faites-vous à votre tour des énigmes? De grâce, expliquez-vous promptement.

Le Fr. La liste que je vous présente vous servira de réponse et d'explication. En la lisant nul homme raisonnable ne sera surpris de la destinée de l'auteur.

Rouss. Voyons donc cette étrange liste.

Le Fr. La voilà. J'aurois pu la rendre aisément dix fois plus ample, surtout si j'y avois fait entrer les nombreux articles qui regardent le métier d'auteur et le corps des gens de lettres; mais ils sont si connus qu'il suffit d'en donner un ou deux pour exemple. Dans ceux de toute espèce auxquels je me suis borné, et que j'ai notés sans ordre comme ils se sont présentés, je n'ai fait qu'extraire et transcrire fidèlement les passages. Vous jugerez vous-même des effets qu'ils ont dû produire, et des qualifications que dut espérer leur auteur sitôt qu'on put l'en charger impunément.

―――――

EXTRAITS.

LES GENS DE LETTRES.

1. « Qui est-ce qui nie que les savans sachent
» mille choses vraies, que les ignorans ne sau-
» ront jamais? Les savans sont-ils pour cela plus
» près de la vérité? Tout au contraire, ils s'en
» éloignent en avançant, parce que, la vanité
» de juger faisant encore plus de progrès que
» les lumières, chaque vérité qu'ils apprennent
» ne vient qu'avec cent jugemens faux. Il est
» de la dernière évidence que les compagnies
» savantes de l'Europe ne sont que des écoles
» publiques de mensonge; et très-sûrement il
» y a plus d'erreurs dans l'Académie des Scien-
» ces, que dans tout un peuple de Hurons. »
(*Émile*, Liv. III.)

2. « Tel fait aujourd'hui l'esprit fort et le
» philosophe, qui, par la même raison, n'eût
» été qu'un fanatique du temps de la ligue. »
(*Préface du Discours sur les Sciences.*)

3. « Les hommes ne doivent point être ins-
» truits à demi. S'ils doivent rester dans l'er-
» reur, que ne les laissez-vous dans l'ignorance?
» A quoi bon tant d'écoles et d'universités pour
» ne leur apprendre rien de ce qui leur importe
» à savoir? Quel est donc l'objet de vos colléges,
» de vos académies, de toutes vos fondations
» savantes? Est-ce de donner le change au
» peuple, d'altérer sa raison d'avance, et de
» l'empêcher d'aller au vrai? Professeurs de
» mensonge, c'est pour l'égarer que vous fei-
» gnez de l'instruire, et, comme ces brigands
» qui mettent des fanaux sur les écueils, vous
» l'éclairez pour le perdre. » (*Lettre à M. de
Beaumont.*)

4. « On lisoit ces mots gravés sur un marbre
» aux Thermopyles : *Passant, va dire à Sparte
» que nous sommes morts ici pour obéir à ses
» saintes lois.* On voit bien que ce n'est pas l'A-
» cadémie des Inscriptions qui a composé celle-
» là. » (*Émile*, Liv. IV.)

LES MÉDECINS.

5. « Un corps débile affoiblit l'âme. De là
» l'empire de la médecine; art plus pernicieux
» aux hommes que tous les maux qu'il prétend
» guérir. Je ne sais pour moi de quelle maladie
» nous guérissent les médecins; mais je sais
» qu'ils nous en donnent de bien funestes : la
» lâcheté, la pusillanimité, la terreur de la
» mort; s'ils guérissent le corps, ils tuent le
» courage. Que nous importe qu'ils fassent
» marcher des cadavres? Ce sont des hommes
» qu'il nous faut, et l'on n'en voit point sortir
» de leurs mains.

» La médecine est à la mode parmi nous ; elle
» *doit l'être. C'est l'amusement des gens oisifs et
» désœuvrés, qui, ne sachant que faire de leur
» temps, le passent à se conserver. S'ils avoient
» eu le malheur de naître immortels, ils seroient
» les plus misérables des êtres. Une vie qu'ils
» n'auroient jamais peur de perdre ne seroit
» pour eux d'aucun prix. Il faut à ces gens-là
» des médecins qui les menacent pour les flat-
» ter, et qui leur donnent chaque jour le seul

» plaisir dont ils soient susceptibles, celui de
» n'être pas morts.

» Je n'ai nul dessein de m'étendre ici sur la
» vanité de la médecine. Mon objet n'est que
» de la considérer par le côté moral. Je ne puis
» pourtant m'empêcher d'observer que les
» hommes font sur son usage les mêmes sophis-
» mes que sur la recherche de la vérité : ils
» supposent toujours qu'en traitant un malade
» on le guérit, et qu'en cherchant une vérité
» on la trouve. Ils ne voient pas qu'il faut ba-
» lancer l'avantage d'une guérison que le mé-
» decin opère par la mort de cent malades qu'il
» a tués, et l'utilité d'une vérité découverte par
» le tort que font les erreurs qui passent en
» même temps. La science qui instruit, et la
» médecine qui guérit, sont fort bonnes sans
» doute; mais la science qui trompe, et la mé-
» decine qui tue, sont mauvaises. Apprenez-
» nous donc à les distinguer. Voilà le nœud de
» la question. Si nous savions ignorer la vérité,
» nous ne serions jamais les dupes du men-
» songe; si nous savions ne vouloir pas guérir
» malgré la nature, nous ne mourrions jamais
» par la main du médecin. Ces deux absti-
» nences seroient sages ; on gagneroit évidem-
» ment à s'y soumettre. Je ne dispute donc pas
» que la médecine ne soit utile à quelques hom-
» mes, mais je dis qu'elle est funeste au genre
» humain.

» On me dira, comme on fait sans cesse,
» que les fautes sont du médecin, mais que la
» médecine en elle-même est infaillible. A la
» bonne heure; mais qu'elle vienne donc sans le
» médecin ; car, tant qu'ils viendront ensem-
» ble, il y aura cent fois plus à craindre des er-
» reurs de l'artiste, qu'à espérer du secours de
» l'art. » (*Émile*, Liv. I.)

6. « Vis selon la nature, sois patient, et
» chasse les médecins. Tu n'éviteras pas la
» mort, mais tu ne la sentiras qu'une fois, au
» lieu qu'ils la portent chaque jour dans ton
» imagination troublée, et que leur art men-
» songer, au lieu de prolonger tes jours, t'en
» ôte la jouissance. Je demanderai toujours
» quel vrai bien cet art a fait aux hommes.
» Quelques-uns de ceux qu'il guérit mour-
» roient, il est vrai, mais des millions qu'il tue
» resteroient en vie. Homme sensé, ne mets
» point à cette loterie, où trop de chances sont

» contre toi. Souffre, meurs ou guéris, mais
» surtout vis jusqu'à ta dernière heure. »
(*Émile*, Liv. II.)

7. « Inoculerons-nous notre élève ? Oui et
» non, selon l'occasion, les temps, les lieux,
» les circonstances. Si on lui donne la petite-
» vérole, on aura l'avantage de prévoir et con-
» noître son mal d'avance ; c'est quelque chose ;
» mais s'il la prend naturellement, nous l'au-
» rons préservé du médecin ; c'est encore plus. »
(*Émile*, Liv. II.)

8. « S'agit-il de chercher une nourrice, on
» la fait choisir par l'accoucheur. Qu'arrive-
» t-il de là ? que la meilleure est toujours celle
» qui l'a le mieux payé. Je n'irai donc point
» consulter un accoucheur pour celle d'Émile ;
» j'aurai soin de la choisir moi-même. Je ne
» raisonnerai pas là-dessus si discrètement qu'un
» chirurgien, mais à coup sûr je serai de meil-
» leure foi, et mon zèle me trompera moins
» que son avarice. » (*Émile*, Liv. I.)

LES ROIS, LES GRANDS, LES RICHES.

9. « Nous étions faits pour être hommes,
» les lois et la société nous ont replongés dans
» l'enfance. Les riches, les grands, les rois,
» sont tous des enfans, qui, voyant qu'on s'em-
» presse à soulager leur misère, tirent de cela
» même une vanité puérile, et sont tout fiers
» de soins qu'on ne leur rendroit pas s'ils
» étoient hommes faits. (*Émile*, Liv. II.)

10. « C'est ainsi qu'il dut venir un temps où
» les yeux du peuple furent fascinés à tel point,
» que ses conducteurs n'avoient qu'à dire au
» plus petit des hommes, sois grand, toi et
» toute ta race ; aussitôt il paroissoit grand à
» tout le monde ainsi qu'à ses propres yeux,
» et ses descendans s'élevoient encore à mesure
» qu'ils s'éloignoient de lui ; plus la cause étoit
» reculée et incertaine, plus l'effet l'augmen-
» toit ; plus on pouvoit compter de fainéans
» dans une famille, et plus elle devenoit illus-
» tre. » (*Disc. sur l'Inégalité.*)

11. « Les peuples une fois accoutumés à des
» maîtres ne sont plus en état de s'en passer.
» S'ils tentent de secouer le joug, ils s'éloi-
» gnent d'autant plus de la liberté, que, pre-
» nant pour elle une licence effrénée qui lui est
» opposée, leurs révolutions les livrent presque
» toujours à des séducteurs qui ne font qu'ag-
» graver leurs chaînes. » (*Épître dédic. du Disc.
» sur l'Inégalité.*)

12. « *Ce petit garçon que vous voyez là*, di-
» soit Thémistocle à ses amis, *est l'arbitre de
» la Grèce : car il gouverne sa mère, sa mère
» me gouverne, je gouverne les Athéniens, et
» les Athéniens gouvernent les Grecs*. Oh !
» quels petits conducteurs on trouveroit sou-
» vent aux plus grands empires, si du prince
» on descendoit par degré jusqu'à la première
» main qui donne le branle en secret ! » (*Émile*,
Liv. II.)

13. « Je me suppose riche. Il me faut donc
» des plaisirs exclusifs, des plaisirs destructifs ;
» voici de tout autres affaires. Il me faut des
» terres, des bois, des gardes, des redevances,
» des honneurs seigneuriaux, surtout de l'en-
» cens et de l'eau bénite.

» Fort bien ; mais cette terre aura des voisins
» jaloux de leurs droits, et désireux d'usurper
» ceux des autres ; nos gardes se chamailleront,
» et peut-être les maîtres ; voilà des alterca-
» tions, des querelles, des haines, des procès
» tout au moins ; cela n'est déjà pas fort agréa-
» ble. Mes vassaux ne verront point avec plai-
» sir labourer leurs blés par mes lièvres, et
» leurs fèves par mes sangliers : chacun n'osant
» tuer l'ennemi qui détruit son travail voudra
» du moins le chasser de son champ : après
» avoir passé le jour à cultiver leurs terres, il
» faudra qu'ils passent la nuit à les garder, ils
» auront des mâtins, des tambours, des cor-
» nets, des sonnettes. Avec tout ce tintamarre
» ils troubleront mon sommeil. Je songerai
» malgré moi à la misère de ces pauvres gens,
» et ne pourrai m'empêcher de me la repro-
» cher. Si j'avois l'honneur d'être prince, tout
» cela ne me toucheroit guère ; mais moi, nou-
» veau parvenu, nouveau riche, j'aurai le cœur
» encore un peu roturier.

» Ce n'est pas tout : l'abondance du gibier
» tentera les chasseurs ; j'aurai bientôt des
» braconniers à punir ; il me faudra des pri-
» sons, des geôliers, des archers, des galères.
» Tout cela me paroît assez cruel. Les femmes
» de ces malheureux viendront assiéger ma
» porte et m'importuner de leurs cris, ou bien
» il faudra qu'on les chasse, qu'on les mal-
» traite. Les pauvres gens qui n'auront point
» braconné, et dont mon gibier aura fourragé

» la récolte, viendront se plaindre de leur
» côté. Les uns seront punis pour avoir tué le
» gibier, les autres ruinés pour l'avoir épar-
» gné : quelle triste alternative ! Je ne verrai
» de tous côtés qu'objets de misère, je n'en-
» tendrai que gémissemens : cela doit troubler
» beaucoup, ce me semble, le plaisir de mas-
» sacrer à son aise des foules de perdrix et de
» lièvres presque sous ses pieds.

» Voulez-vous dégager les plaisirs de leurs
» peines, ôtez-en l'exclusion...... Le plaisir
» n'est donc pas moindre, et l'inconvénient
» est ôté quand on n'a ni terre à garder, ni
» braconnier à punir, ni misérable à tourmen-
» ter. Voilà donc une solide raison de pré-
» férence. Quoi qu'on fasse, on ne tourmente
» point sans fin les hommes qu'on n'en reçoive
» aussi quelque malaise, et les longues malé-
» dictions du peuple rendent tôt ou tard le gi-
» bier amer. » (*Émile*, Liv. IV.)

14. « Tous les avantages de la société ne
» sont-ils pas pour les puissans et les riches?
» Tous les emplois lucratifs ne sont-ils pas rem-
» plis par eux seuls? Toutes les grâces, toutes
» les exemptions ne leur sont-elles pas réser-
» vées, et l'autorité publique n'est-elle pas
» toute en leur faveur? Qu'un homme de con-
» sidération vole ses créanciers ou fasse d'au-
» tres friponneries, n'est-il pas toujours sûr de
» l'impunité? Les coups de bâton qu'il distri-
» bue, les violences qu'il commet, les meurtres
» même et les assassinats dont il se rend coupa-
» ble, ne sont-ce pas des affaires qu'on assoupit
» et dont au bout de six mois il n'est plus ques-
» tion? Que ce même homme soit volé, toute
» la police est aussitôt en mouvement ; et mal-
» heur aux innocens qu'il soupçonne ! Passe-
» t-il dans un lieu dangereux, voilà les escortes
» en campagne ; l'essieu de sa chaise vient-il à
» rompre, tout vole à son secours ; fait-on du
» *bruit à sa porte, il dit un mot, et tout se
» tait*; la foule l'incommode-t-elle, il fait un
» signe et tout se range. Un charretier se
» trouve-t-il sur son passage, ses gens sont
» prêts à l'assommer ; et cinquante honnêtes
» piétons, allant à leurs affaires, seroient plutôt
» écrasés qu'un faquin oisif retardé dans son
» équipage. Tous ces égards ne lui coûtent pas
» un sou ; ils sont le droit de l'homme riche,
» et non le prix de la richesse. Que le tableau

» du pauvre est différent) plus l'humanité lui
» doit, plus la société lui refuse. Toutes les
» portes lui sont fermées, même quand il a le
» droit de les faire ouvrir ; et, si quelquefois il
» obtient justice, c'est avec plus de peine qu'un
» autre n'obtiendroit grâce. S'il y a des cor-
» vées à faire, une milice à tirer, c'est à lui
» qu'on donne la préférence. Il porte toujours,
» outre sa charge, celle dont son voisin plus
» riche a le crédit de se faire exempter. Au
» moindre accident qui lui arrive, chacun s'é-
» loigne de lui. Si sa pauvre charrette verse,
» loin d'être aidé par personne, je le tiens
» heureux s'il évite en passant les avanies des
» gens lestes d'un jeune duc. En un mot, toute
» assistance gratuite le fuit au besoin, préci-
» sément parce qu'il n'a pas de quoi la payer ;
» mais je le tiens pour un homme perdu s'il a
» le malheur d'avoir l'âme honnête, une fille
» aimable et un puissant voisin. » (*De l'Économie politique*.)

LES FEMMES.

15. « Femmes de Paris et de Londres, par-
» donnez-le-moi ; mais si une seule de vous a
» l'âme vraiment honnête, je n'entends rien à
» nos institutions. » (*Émile*, Liv. V.)

16. « Il jouit de l'estime publique, il la mé-
» rite. Avec cela, fût-il le dernier des hom-
» mes, encore ne faudroit-il pas balancer ; car
» il vaut mieux déroger à la noblesse qu'à la
» vertu ; et la femme d'un charbonnier est
» plus respectable que la maîtresse d'un prince. »
(*Nouvelle Héloïse*, Part. V, Lettre XIII.)

LES ANGLOIS.

17. « Les choses ont changé depuis que
» j'écrivois ceci (en 1756), mais mon principe
» sera toujours vrai. Il est par exemple très-
» aisé de prévoir que dans vingt ans d'ici (¹)
» l'Angleterre avec toute sa *gloire sera ruinée*,
» et de plus aura perdu le reste de sa liberté.
» Tout le monde assure que l'agriculture fleu-
» rit dans cette île, et moi je parie qu'elle y
» dépérit. Londres s'agrandit tous les jours,

(¹) Il est bon de remarquer que ceci fut écrit et publié en 1760, l'époque de la plus grande prospérité de l'Angleterre durant le ministère de M. Pitt, aujourd'hui lord Chatam.

» donc le royaume se dépeuple. Les Anglois
» veulent être conquérans, donc ils ne tarde-
» ront pas d'être esclaves. » (*Projet de paix
perpétuelle*. Note.)

18. « Je sais que les Anglois vantent beau-
» coup leur humanité et le bon naturel de leur
» nation, qu'ils appellent *good natured people*.
» Mais ils ont beau crier cela tant qu'ils peu-
» vent, personne ne le répète après eux. »
(*Émile*, Liv. II. Note.)

Vous auriez trop à faire s'il falloit achever, et vous voyez que cela n'est pas nécessaire. Je savois que tous les états étoient maltraités dans les écrits de Jean-Jacques; mais les voyant tous s'intéresser néanmoins si tendrement pour lui, j'étois fort éloigné de comprendre à quel point son crime envers chacun d'eux étoit irrémissible. Je l'ai compris durant ma lecture, et seulement en lisant ces articles vous devez sentir, comme moi, qu'un homme isolé et sans appui, qui, dans le siècle où nous sommes, ose ainsi parler de la médecine et des médecins, ne peut manquer d'être un empoisonneur; que celui qui traite ainsi la philosophie moderne ne peut être qu'un abominable impie; que celui qui paroît estimer si peu les femmes galantes et les maîtresses des princes, ne peut être qu'un monstre de débauche; que celui qui ne croit pas à l'infaillibilité des livres à la mode, doit voir brûler les siens par la main du bourreau; que celui qui, rebelle aux nouveaux oracles, ose continuer de croire en Dieu, doit être brûlé lui-même à l'inquisition philosophique, comme un hypocrite et un scélérat; que celui qui ose réclamer les droits roturiers de la nature, pour ces canailles de paysans contre de si respectables droits de chasse, doit être traité des princes comme les bêtes fauves, qu'ils ne protégent que pour les tuer à leur aise et à leur mode. A l'égard de l'Angleterre, les deux derniers passages expliquent trop bien l'ardeur des bons amis de Jean-Jacques à l'y envoyer, et celle de David Hume à l'y conduire, pour qu'on puisse douter de la bénignité des protecteurs, et de l'ingratitude du protégé dans toute cette affaire. Tous ces crimes irrémissibles, encore aggravés par les circonstances des temps et des lieux, prouvent qu'il n'y a rien d'étonnant dans le sort du coupable, et qu'il ne se soit bien attiré. Molière, je le sais, plaisantoit les médecins; mais outre qu'il ne faisoit que plaisanter, il ne les craignoit point. Il avoit de bons appuis : il étoit aimé de Louis XIV, et les médecins, qui n'avoient pas encore succédé aux directeurs dans le gouvernement des femmes, n'étoient pas alors versés, comme aujourd'hui, dans l'art des secrètes intrigues. Tout a bien changé pour eux; et depuis vingt ans ils ont trop d'influence dans les affaires privées et publiques pour qu'il fût prudent, même à des gens en crédit, d'oser parler d'eux librement : jugez comme un Jean-Jacques y dut être bien venu! Mais sans nous embarquer ici dans d'inutiles et dangereux détails, lisez seulement le dernier article de cette liste, il surpasse seul tous les autres.

19. « Mais s'il est difficile qu'un grand état
» soit bien gouverné, il l'est beaucoup plus
» qu'il soit bien gouverné par un seul homme;
» et chacun sait ce qui arrive quand le roi se
» donne des substituts.

» Un défaut essentiel et inévitable qui met-
» tra toujours le gouvernement monarchique
» au-dessous du républicain, est que dans ce-
» lui-ci la voix publique n'élève presque jamais
» aux premières places que des hommes éclai-
» rés et capables qui les remplissent avec hon-
» neur; au lieu que ceux qui parviennent dans
» les monarchies ne sont le plus souvent que de
» petits brouillons, de petits fripons, de petits
» intrigans à qui les petits talens, qui font par-
» venir dans les cours aux grandes places, ne
» servent qu'à montrer au public leur ineptie
» aussitôt qu'ils y sont parvenus. Le peuple se
» trompe bien moins sur ce choix que le prince;
» et un homme d'un vrai mérite est presque
» aussi rare dans le ministère qu'un sot à la
» tête d'un gouvernement républicain. Aussi,
» quand, par quelque heureux hasard, un de
» ces hommes nés pour gouverner prend le ti-
» mon des affaires dans une monarchie presque
» abîmée par ce tas de jolis régisseurs, on est
» tout surpris des ressources qu'il trouve; et
» cela fait époque dans un pays. » (*Contrat social*, Liv. III, Ch. VI.)

Je n'ajouterai rien sur ce dernier article : sa seule lecture vous a tout dit. Tenez, monsieur, il n'y a dans tout ceci qu'une chose qui m'étonne; c'est qu'un étranger isolé, sans parens, sans appui, ne tenant à rien sur la terre, et voulant dire toutes ces choses-là, ait cru les pouvoir dire impunément.

Rouss. Voilà ce qu'il n'a point cru, je vous assure. Il a dû s'attendre aux cruelles vengeances de tous ceux qu'offense la vérité, et il s'y est attendu. Il savoit que les grands, les visirs, les robins, les financiers, les médecins, les prêtres, les philosophes, et tous les gens de parti qui font de la société un vrai brigandage, ne lui pardonneroient jamais de les avoir vus et montrés tels qu'ils sont. Il a dû s'attendre à la haine, aux persécutions de toute espèce, non au déshonneur, à l'opprobre, à la diffamation. Il a dû s'attendre à vivre accablé de misères et d'infortunes, mais non d'infamie et de mépris. Il est, je le répète, des genres de malheurs auxquels il n'est pas même permis à un honnête homme d'être préparé, et ce sont ceux-là précisément qu'on a choisis pour l'en accabler. Comme ils l'ont pris au dépourvu, du premier choc il s'est laissé abattre, et ne s'est pas relevé sans peine, il lui a fallu du temps pour reprendre son courage et sa tranquillité. Pour les conserver toujours, il eût eu besoin d'une prévoyance qui n'étoit pas dans l'ordre des choses, non plus que le sort qu'on lui préparoit. Non, monsieur, ne croyez point que la destinée dans laquelle il est enseveli soit le fruit naturel de son zèle à dire sans crainte tout ce qu'il crut être vrai, bon, salutaire, utile; elle a d'autres causes plus secrètes, plus fortuites, plus ridicules, qui ne tiennent en aucune sorte à ses écrits. C'est un plan médité de longue main, et même avant sa célébrité; c'est l'œuvre d'un génie infernal, mais profond, à l'école duquel le persécuteur de Job auroit pu beaucoup apprendre dans l'art de rendre un mortel malheureux. Si cet homme ne fût point né, Jean-Jacques, malgré l'audace de ses censures, eût vécu dans l'infortune et dans la gloire; et les maux dont on n'eût pas manqué de l'accabler, loin de l'avilir l'auroient illustré davantage. Non, jamais un projet aussi exécrable n'eût été inventé par ceux mêmes qui se sont livrés avec le plus d'ardeur à son exécution : c'est une justice que Jean-Jacques aime encore à rendre à la nation qui s'empresse à le couvrir d'opprobres. Le complot s'est formé dans le sein de cette nation, mais il n'est pas venu d'elle. Les François en sont les ardens exécuteurs. C'est trop, sans doute, mais du moins ils n'en sont pas les auteurs. Il a fallu pour l'être une noirceur méditée et réfléchie dont ils ne sont pas capables; au lieu qu'il ne faut pour en être les ministres qu'une animosité qui n'est qu'un effet fortuit de certaines circonstances et de leur penchant à s'engouer tant en mal qu'en bien.

Le Fr. Quoi qu'il en soit de la cause et des auteurs du complot, l'effet n'en est plus étonnant pour quiconque a lu les écrits de Jean-Jacques. Les dures vérités qu'il a dites, quoique générales, sont de ces traits dont la blessure ne se ferme jamais dans les cœurs qui s'en sentent atteints. De tous ceux qui se font avec tant d'ostentation ses patrons et ses protecteurs, il n'y en a pas un sur qui quelqu'un de ces traits n'ait porté jusqu'au vif. De quelle trempe sont donc ces divines âmes dont les poignantes atteintes n'ont fait qu'exciter la bienveillance et l'amour, et, par le plus frappant de tous les prodiges, d'un scélérat, qu'elles devoient abhorrer, ont fait l'objet de leur plus tendre sollicitude?

Si c'est là de la vertu, elle est bizarre, mais elle est magnanime, et ne peut appartenir qu'à des âmes fort au-dessus des petites passions vulgaires; mais comment accorder des motifs si sublimes avec les indignes moyens employés par ceux qui s'en disent animés? Vous le savez, quelque prévenu, quelque irrité que je fusse contre Jean-Jacques, quelque mauvaise opinion que j'eusse de son caractère et de ses mœurs, je n'ai jamais pu goûter le système de nos messieurs, ni me résoudre à pratiquer leurs maximes. J'ai toujours trouvé autant de bassesse que de fausseté dans cette maligne ostentation de bienfaisance, qui n'avoit pour but que d'en avilir l'objet. Il est vrai que, ne concevant aucun défaut à tant de preuves si claires, je ne doutois pas un moment que Jean-Jacques ne fût un détestable hypocrite et un monstre qui n'eût jamais dû naître; et, cela bien accordé, j'avoue qu'avec tant de facilité qu'ils disoient avoir à le confondre, j'admirois leur patience et leur douceur à se laisser provoquer par ses clameurs sans jamais s'en émouvoir, et sans autre effet que de l'enlacer de plus en plus dans leurs rets pour toute réponse. Pouvant le convaincre si aisément, je voyois une héroïque modération à n'en rien faire, et même, en blâmant la méthode qu'ils vouloient suivre, je ne pouvois qu'admirer leur flegme stoïque à s'y tenir.

Vous ébranlâtes, dans nos premiers entretiens, la confiance que j'avois dans des preuves si fortes, quoique administrées avec tant de mystère. En y repensant depuis, je fus plus frappé de l'extrême soin qu'on prenoit de les cacher à l'accusé que je ne l'avois été de leur force ; et je commençois à trouver sophistiques et foibles les motifs qu'on alléguoit de cette conduite. Ces doutes étoient augmentés par mes réflexions sur cette affectation d'intérêt et de bienveillance pour un pareil scélérat. La vertu peut ne faire haïr que le vice, mais il est impossible qu'elle fasse aimer le vicieux, et, pour s'obstiner à le laisser en liberté malgré les crimes qu'on le voit continuer de commettre, il faut certainement avoir quelque motif plus fort que la commisération naturelle et l'humanité, qui demanderoient même une conduite contraire. Vous m'aviez dit cela, je le sentois ; et le zèle très-singulier de nos messieurs pour l'impunité du coupable, ainsi que pour sa diffamation, me présentoit des foules de contradictions et d'inconséquences qui commençoient à troubler ma première sécurité.

J'étois dans ces dispositions quand, sur les exhortations que vous m'aviez faites, commençant à parcourir les livres de Jean-Jacques, je tombai successivement sur les passages que j'ai transcrits, et dont je n'avois auparavant nulle idée ; car, en me parlant de ses durs sarcasmes, nos messieurs m'avoient fait un secret de ceux qui les regardoient, et, à la manière dont ils s'intéressoient à l'auteur, je n'aurois jamais pensé qu'ils eussent des griefs particuliers contre lui. Cette découverte et le mystère qu'ils m'avoient fait, achevèrent de m'éclaircir sur leurs vrais motifs ; toute ma confiance en eux s'évanouit, et je ne doutai plus que ce que sur leur parole j'avois pris pour bienfaisance et générosité ne fût l'ouvrage d'une animosité cruelle, masquée avec art par un extérieur de bonté.

Une autre réflexion renforçoit les précédentes. De si sublimes vertus ne vont point seules. Elles ne sont que des branches de la vertu : je cherchois le tronc et ne le trouvois point. Comment nos messieurs, d'ailleurs si vains, si haineux, si rancuniers, s'avisoient-ils une seule fois en leur vie d'être humains, généreux, débonnaires, autrement qu'en paroles, et cela précisément pour le mortel, selon eux, le moins digne de cette commisération qu'ils lui prodiguoient malgré lui ? Cette vertu si nouvelle et si déplacée eût dû m'être suspecte quand elle eût agi tout à découvert, sans déguisement, sans ténèbres : qu'en devois-je penser en la voyant s'enfoncer avec tant de soin dans des routes obscures et tortueuses, et surprendre en trahison celui qui en étoit l'objet, pour le charger malgré lui de leurs ignominieux bienfaits ?

Plus, ajoutant ainsi mes propres observations aux réflexions que vous m'aviez fait faire, je méditois sur ce même sujet, plus je m'étonnois de l'aveuglement où j'avois été jusqu'alors sur le compte de nos messieurs ; et ma confiance en eux s'évanouit au point de ne plus douter de leur fausseté. Mais la duplicité de leur manœuvre et l'adresse avec laquelle ils cachoient leurs vrais motifs n'ébranlèrent pas à mes yeux la certitude de leurs preuves. Je jugeai qu'ils exerçoient dans des vues injustes un acte de justice, et tout ce que je concluois de l'art avec lequel ils enlaçoient leur victime étoit qu'un méchant étoit en proie à d'autres méchans.

Ce qui m'avoit confirmé dans cette opinion étoit celle où je vous avois vu vous-même que Jean-Jacques n'étoit point l'auteur des écrits qui portent son nom. La seule chose qui pût me faire bien penser de lui étoit ces mêmes écrits dont vous m'aviez fait un si bel éloge, et dont j'avois ouï quelquefois parler avantageusement par d'autres. Mais dès qu'il n'en étoit pas l'auteur il ne me restoit aucune idée favorable qui pût balancer les horribles impressions que j'avois reçues sur son compte, et il n'étoit pas étonnant qu'un homme aussi abominable en toute chose fût assez impudent et assez vil pour s'attribuer les ouvrages d'autrui.

Telles furent à peu près les réflexions que je fis sur notre premier entretien, et sur la lecture éparse et rapide qui me désabusa sur le compte de nos messieurs. Je n'avois commencé cette lecture que par une espèce de complaisance pour l'intérêt que vous paroissiez y prendre. L'opinion où je continuois d'être que ces livres étoient d'un autre auteur ne me laissoit guère pour leur lecture qu'un intérêt de curiosité.

Je n'allai pas loin sans y joindre un autre motif qui répondoit mieux à vos vues. Je ne tardai pas à sentir en lisant ces livres qu'on m'avoit trompé sur leur contenu, et que ce qu'on m'avoit donné pour de fastueuses déclamations, ornées de beau langage, mais décousues et pleines de contradictions, étoient des choses profondément pensées et formant un système lié qui pouvoit n'être pas vrai, mais qui n'offroit rien de contradictoire. Pour juger du vrai but de ces livres, je ne m'attachai pas à éplucher çà et là quelques phrases éparses et séparées; mais, me consultant moi-même et durant ces lectures et en les achevant, j'examinois, comme vous l'aviez désiré, dans quelles dispositions d'âme elles me mettoient et me laissoient, jugeant, comme vous, que c'étoit le meilleur moyen de pénétrer celle où étoit l'auteur en les écrivant, et l'effet qu'il s'étoit proposé de produire. Je n'ai pas besoin de vous dire qu'au lieu des mauvaises intentions qu'on lui avoit prêtées, je n'y trouvai qu'une doctrine aussi saine que simple, qui, sans épicuréisme, et sans cafardage, ne tendoit qu'au bonheur du genre humain. Je sentis qu'un homme bien plein de ces sentimens devoit donner peu d'importance à la fortune et aux affaires de cette vie : j'aurois craint moi-même, en m'y livrant trop, de tomber bien plutôt dans l'incurie et le quiétisme, que de devenir factieux, turbulent et brouillon, comme on prétendoit qu'étoit l'auteur et qu'il vouloit rendre ses disciples.

S'il ne se fût agi que de cet auteur, j'aurois dès lors été désabusé sur le compte de Jean-Jacques; mais cette lecture, en me pénétrant pour l'un de l'estime la plus sincère, me laissoit pour l'autre dans la même situation qu'auparavant, puisqu'en paroissant voir en eux deux hommes différens vous m'aviez inspiré autant de vénération pour l'un que je me sentois d'aversion pour l'autre. La seule chose qui résultât pour moi de cette lecture, comparée à ce que nos messieurs m'en avoient dit, étoit que, persuadés que ces livres étoient de Jean-Jacques, et les interprétant dans un tout autre esprit que celui dans lequel ils étoient écrits, ils m'en avoient imposé sur leur contenu. Ma lecture ne fit donc qu'achever ce qu'avoit commencé notre entretien, savoir de m'ôter toute l'estime et la confiance qui m'avoient fait livrer aux impressions de la ligue, mais sans changer de sentiment sur l'homme qu'elle avoit diffamé. Les livres qu'on m'avoit dits être si dangereux n'étoient rien moins : ils inspiroient des sentimens tout contraires à ceux qu'on prêtoit à leur auteur; mais si Jean-Jacques ne l'étoit pas, de quoi servoient-ils à sa justification? Le soin que vous m'aviez fait prendre étoit inutile pour me faire changer d'opinion sur son compte; et, restant dans celle que vous m'aviez donnée que ces livres étoient l'ouvrage d'un homme d'un tout autre caractère, je ne pouvois assez m'étonner que jusque-là vous eussiez été le premier et le seul à sentir qu'un cerveau nourri de pareilles idées étoit inalliable avec un cœur plein de noirceurs.

J'attendois avec empressement l'histoire de vos observations pour savoir à quoi m'en tenir sur le compte de notre homme; car, déjà flottant sur le jugement que, fondé sur tant de preuves, j'en portois auparavant, inquiet depuis notre entretien, je l'étois devenu davantage encore depuis que mes lectures m'avoient convaincu de la mauvaise foi de nos messieurs. Ne pouvant plus les estimer, falloit-il donc n'estimer personne et ne trouver partout que des méchans? Je sentois peu à peu germer en moi le désir que Jean-Jacques n'en fût pas un. Se sentir seul plein de bons sentimens et ne trouver personne qui les partage est un état trop cruel. On est alors tenté de se croire la dupe de son propre cœur, et de prendre la vertu pour une chimère.

Le récit de ce que vous aviez vu me frappa. J'y trouvai si peu de rapport avec les relations des autres, que, forcé d'opter pour l'exclusion, je penchois à la donner tout-à-fait à ceux pour qui j'avois déjà perdu toute estime. La force même de leurs preuves me retenoit moins. Les ayant trouvés trompeurs en tant de choses, je *commençai de croire qu'ils pouvoient bien l'être en tout*, et à me familiariser avec l'idée qui m'avoit paru jusqu'alors si ridicule de Jean-Jacques innocent et persécuté. Il falloit, il est vrai, supposer dans un pareil tissu d'impostures un art et des prestiges qui me sembloient inconcevables. Mais je trouvois encore plus d'absurdités entassées dans l'obstination de mon premier sentiment.

Avant néanmoins de me décider tout-à-fait, je résolus de relire ses écrits avec plus de suite et d'attention que je n'avois fait jusqu'alors. J'y avois trouvé des idées et des maximes très-paradoxes, d'autres que je n'avois pu bien entendre. J'y croyois avoir senti des inégalités, même des contradictions. Je n'en avois pas saisi l'ensemble assez pour juger solidairement d'un système aussi nouveau pour moi. Ces livres-là ne sont pas, comme ceux d'aujourd'hui, des agrégations de pensées détachées, sur chacune desquelles l'esprit du lecteur puisse se reposer. Ce sont les méditations d'un solitaire; elles demandent une attention suivie qui n'est pas trop du goût de notre nation. Quand on s'obstine à vouloir bien en suivre le fil, il y faut revenir avec effort et plus d'une fois. Je l'avois trouvé passionné pour la vertu, pour la liberté, pour l'ordre, mais d'une véhémence qui souvent l'entraînoit au-delà du but. En tout, je sentois en lui un homme très-ardent, très-extraordinaire, mais dont le caractère et les principes ne m'étoient pas encore assez développés. Je crus qu'en méditant très-attentivement ses ouvrages, et comparant soigneusement l'auteur avec l'homme que vous m'aviez peint, je parviendrois à éclairer ces deux objets l'un par l'autre, et à m'assurer si tout étoit bien d'accord et appartenoit incontestablement au même individu. Cette question décidée me parut devoir me tirer tout-à-fait de mon irrésolution sur son compte, et prenant un plus vif intérêt à ses recherches que je n'avois fait jusqu'alors, je me fis un devoir, à votre exemple, de parvenir, en joignant mes réflexions aux lumières que je tenois de vous, à me délivrer enfin du doute où vous m'aviez jeté, et à juger l'accusé par moi-même après avoir jugé ses accusateurs. Pour faire cette recherche avec plus de suite et de recueillement, j'allai passer quelques mois à la campagne, et j'y portai les écrits de Jean-Jacques autant que j'en pus faire le discernement parmi les recueils frauduleux publiés sous son nom. J'avois senti dès ma première lecture que ces écrits marchoient dans un certain ordre qu'il falloit trouver pour suivre la chaîne de leur contenu. J'avois cru voir que cet ordre étoit rétrograde à celui de leur publication, et que l'auteur, remontant de principes en principes, n'avoit atteint les premiers que dans ses derniers écrits. Il falloit donc, pour marcher par synthèse, commencer par ceux-ci, et c'est ce que je fis en m'attachant d'abord à l'*Émile*, par lequel il a fini, les deux autres écrits qu'il a publiés depuis ne faisant plus partie de son système, et n'étant destinés qu'à la défense personnelle de sa patrie et de son honneur.

Rouss. Vous ne lui attribuez donc plus ces autres livres qu'on publie journellement sous son nom, et dont on a soin de farcir les recueils de ses écrits pour qu'on ne puisse plus discerner les véritables?

Le Fr. J'ai pu m'y tromper tant que j'en jugeai sur la parole d'autrui; mais, après l'avoir lu moi-même, j'ai su bientôt à quoi m'en tenir. Après avoir suivi les manœuvres de nos messieurs, je suis surpris, à la facilité qu'ils ont de lui attribuer des livres, qu'ils ne lui en attribuent pas davantage: car, dans la disposition où ils ont mis le public à son égard, il ne s'imprimera plus rien de si plat et de si punissable qu'on ne s'empresse à croire être de lui, sitôt qu'ils voudront l'affirmer.

Pour moi, quand même j'ignorerois que depuis douze ans il a quitté la plume, un coup d'œil sur les écrits qu'ils lui prêtent me suffiroit pour sentir qu'ils ne sauroient être de l'auteur des autres: non que je me croie un juge infaillible en matière de style; je sais que fort peu de gens le sont, et j'ignore jusqu'à quel point un auteur adroit peut imiter le style d'un autre, comme Boileau a imité Voiture et Balzac (*). Mais c'est sur les choses mêmes que je crois ne pouvoir être trompé. J'ai trouvé les écrits de Jean-Jacques pleins d'affections d'âme qui ont pénétré la mienne. J'y ai trouvé des manières de sentir et de voir qui le distinguent aisément de tous les écrivains de son temps, et de la plupart de ceux qui l'ont précédé: c'est, comme vous le disiez, un habitant d'une autre sphère, où rien ne ressemble à celle-ci. Son système peut être faux; mais en le développant il s'est peint lui-même au vrai, d'une façon si caractéristique et si sûre, qu'il m'est impossible de m'y tromper. Je ne suis pas à la seconde page de ses sots et malins imitateurs que je sens la

---

(*) Notre auteur a donné lui-même un exemple très-remarquable de ce talent d'imitation, en faisant parler Voltaire dans les *Lettres de la montagne*. Voyez la Lettre cinquième.
G. P.

singerie (¹), et combien, croyant dire comme lui, ils sont loin de sentir et penser comme lui; en le copiant même, ils le dénaturent par la manière de l'encadrer. Il est bien aisé de contrefaire le tour de ses phrases; ce qui est difficile à tout autre est de saisir ses idées, et d'exprimer ses sentimens. Rien n'est si contraire à l'esprit philosophique de ce siècle, dans lequel ses faux imitateurs retombent toujours.

Dans cette seconde lecture, mieux ordonnée et plus réfléchie que la première, suivant de mon mieux le fil de ses méditations, j'y vis partout le développement de son grand principe, que la nature a fait l'homme heureux et bon, mais que la société le déprave et le rend misérable. L'*Émile*, en particulier, ce livre tant lu, si peu entendu, et si mal apprécié, n'est qu'un traité de la bonté originelle de l'homme, destiné à montrer comment le vice et l'erreur, étrangers à sa constitution, s'y introduisent du dehors, et l'altèrent insensiblement. Dans ses premiers écrits, il s'attache davantage à détruire ce prestige d'illusion qui nous donne une admiration stupide pour les instrumens de nos misères, et à corriger cette estimation trompeuse qui nous fait honorer des talens pernicieux, et mépriser des vertus utiles. Partout il nous fait voir l'espèce humaine meilleure, plus sage et plus heureuse dans sa constitution primitive; aveugle, misérable et méchante, à mesure qu'elle s'en éloigne. Son but est de redresser l'erreur de nos jugemens, pour retarder le progrès de nos vices, et de nous montrer que, là où nous cherchons la gloire et l'éclat, nous ne trouvons en effet qu'erreurs et misères.

Mais la nature humaine ne rétrograde pas, et jamais on ne remonte vers les temps d'innocence et d'égalité quand une fois on s'en est éloigné; c'est encore un des principes sur lesquels il a le plus insisté. Ainsi son objet ne pouvoit être de ramener les peuples nombreux, ni les grands états à leur première simplicité, mais seulement d'arrêter, s'il étoit possible, le progrès de ceux dont la petitesse et la situation les ont préservés d'une marche aussi rapide vers la perfection de la société, et vers la détérioration de l'espèce. Ces distinctions méritoient d'être faites et ne l'ont point été. On s'est obstiné à l'accuser de vouloir détruire les sciences, les arts, les théâtres, les académies, et replonger l'univers dans sa première barbarie, et il a toujours insisté, au contraire, sur la conservation des institutions existantes, soutenant que leur destruction ne feroit qu'ôter les palliatifs en laissant les vices, et substituer le brigandage à la corruption. Il avoit travaillé pour sa patrie et pour les petits états constitués comme elle. Si sa doctrine pouvoit être aux autres de quelque utilité, c'étoit en changeant les objets de leur estime, et retardant peut-être ainsi leur décadence qu'ils accélèrent par leurs fausses appréciations. Mais malgré ces distinctions si souvent et si fortement répétées, la mauvaise foi des gens de lettres, et la sottise de l'amour-propre, qui persuade à chacun que c'est toujours de lui qu'on s'occupe, lors même qu'on n'y pense pas, ont fait que les grandes nations ont pris pour elles ce qui n'avoit pour objet que les petites républiques; et l'on s'est obstiné à voir un promoteur de bouleversement et de troubles dans l'homme du monde qui porte un plus vrai respect aux lois et aux constitutions nationales, et qui a le plus d'aversion pour les révolutions et pour les ligueurs de toute espèce, qui la lui rendent bien.

En saisissant peu à peu ce système par toutes ses branches dans une lecture plus réfléchie, je m'arrêtai pourtant moins d'abord à l'examen direct de cette doctrine, qu'à son rapport avec le caractère de celui dont elle portoit le nom; et, sur le portrait que vous m'aviez fait de lui, ce rapport me parut si frappant, que je ne pus refuser mon assentiment à son évidence. D'où le peintre et l'apologiste de la nature, aujourd'hui si défigurée et si calomniée, peut-il avoir

---

(¹) Voyez, par exemple, la *Philosophie de la Nature* (*), qu'on a brûlée au Châtelet, livre exécrable, et couteau à deux tranchans, fait tout exprès pour me l'attribuer, du moins en province et chez l'étranger, pour agir en conséquence, et propager, à mes dépens, la doctrine de ces messieurs sous le masque de la mienne. Je n'ai point vu ce livre, et, j'espère, ne le verrai jamais; mais j'ai lu tout cela dans le réquisitoire trop clairement pour pouvoir m'y tromper, et je suis certain qu'il ne peut y avoir aucune vraie ressemblance entre ce livre et les miens, parce qu'il n'y en a aucune entre les âmes qui les ont dictés. Notez que, depuis qu'on a su que j'avois vu ce réquisitoire, on a pris de nouvelles mesures pour qu'il ne me parvînt rien de pareil à l'avenir.

(*) Ouvrage de Delisle de Sales, traduit en plusieurs langues, et dont la septième édition (*Paris*, 1804) est en dix volumes in-8°. G. B.

tiré son modèle, si ce n'est de son propre cœur? Il l'a décrite comme il se sentoit lui-même. Les préjugés dont il n'étoit pas subjugué, les passions factices dont il n'étoit pas la proie, n'offusquoient point à ses yeux comme à ceux des autres, ces premiers traits si généralement oubliés ou méconnus. Ces traits si nouveaux pour nous et si vrais, une fois tracés, trouvoient bien encore au fond des cœurs l'attestation de leur justesse, mais jamais ils ne s'y seroient remontrés d'eux-mêmes, si l'historien de la nature n'eût commencé par ôter la rouille qui les cachoit. Une vie retirée et solitaire, un goût vif de rêverie et de contemplation, l'habitude de rentrer en soi, et d'y rechercher dans le calme des passions ces premiers traits disparus chez la multitude, pouvoient seuls les lui faire retrouver. En un mot, il falloit qu'un homme se fût peint lui-même pour nous montrer ainsi l'homme primitif, et si l'auteur n'eût été tout aussi singulier que ses livres, jamais il ne les eût écrits. Mais où est-il cet homme de la nature qui vit vraiment de la vie humaine, qui, comptant pour rien l'opinion d'autrui, se conduit uniquement d'après ses penchans et sa raison, sans égard à ce que le public approuve ou blâme? On le chercheroit en vain parmi nous. Tous, avec un beau vernis de paroles, tâchent en vain de donner le change sur leur vrai but; aucun ne s'y trompe, et pas un n'est la dupe des autres, quoique tous parlent comme lui. Tous cherchent leur bonheur dans l'apparence, nul ne se soucie de la réalité. Tous mettent leur être dans le paroître : tous, esclaves et dupes de l'amour-propre, ne vivent point pour vivre, mais pour faire croire qu'ils ont vécu. Si vous ne m'eussiez dépeint votre Jean-Jacques, j'aurois cru que l'homme naturel n'existoit plus; mais le rapport frappant de celui que vous m'avez peint avec l'auteur dont j'ai lu les livres ne me laisseroit pas douter que l'un ne fût l'autre, quand je n'aurois nulle autre raison de le croire. Ce rapport marqué me décide, et sans m'embarrasser du Jean-Jacques de nos messieurs, plus monstrueux encore par son éloignement de la nature que le vôtre n'est singulier pour en être resté si près, j'adopte pleinement les idées que vous m'en avez données; et si votre Jean-Jacques n'est pas tout-à-fait devenu le mien, il a l'honneur de plus d'avoir arraché mon estime sans que mon penchant ait rien fait pour lui. Je ne l'aimerai peut-être jamais, parce que cela ne dépend pas de moi : mais je l'honore, parce que je veux être juste, que je le crois innocent et que je le vois opprimé. Le tort que je lui ai fait, en pensant si mal de lui, étoit l'effet d'une erreur presque invincible, dont je n'ai nul reproche à faire à ma volonté. Quand l'aversion que j'eus pour lui durcroit dans toute sa force, je n'en serois pas moins disposé à l'estimer et à le plaindre. Sa destinée est un exemple peut-être unique de toutes les humiliations possibles, et d'une patience presque invincible à les supporter. Enfin le souvenir de l'illusion dont je sors sur son compte me laisse un grand préservatif contre une orgueilleuse confiance en mes lumières, et contre la suffisance du faux savoir.

Rouss. C'est vraiment mettre à profit l'expérience, et rendre utile l'erreur même, que d'apprendre ainsi, de celle où l'on a pu tomber, à compter moins sur les oracles de nos jugemens, et à ne négliger jamais, quand on veut disposer arbitrairement de l'honneur et du sort d'un homme, aucun des moyens prescrits par la justice et par la raison pour constater la vérité. Si, malgré toutes ces précautions, nous nous trompons encore, c'est un effet de la misère humaine, et nous n'aurons pas du moins à nous reprocher d'avoir failli par notre faute. Mais rien peut-il excuser ceux qui, rejetant obstinément et sans raison les formes les plus inviolables, et tout fiers de partager avec des grands et des princes une œuvre d'iniquité, condamnent sans crainte un accusé, et disposent en maîtres de sa destinée et de sa réputation, uniquement parce qu'ils aiment à le trouver coupable, et qu'il leur plaît de voir la justice et l'évidence, où la fraude et l'imposture sauteroient à des yeux non prévenus!

Je n'aurai point un pareil reproche à me faire à l'égard de Jean-Jacques; et si je m'abuse en le jugeant innocent, ce n'est du moins qu'après avoir pris toutes les mesures qui étoient en ma puissance pour me garantir de l'erreur. Vous n'en pouvez pas tout-à-fait dire autant encore, puisque vous ne l'avez ni vu, ni étudié par vous-même, et qu'au milieu de tant de prestiges, d'illusions, de préjugés, de mensonges et de faux témoignages, ce soit, selon moi, le seul moyen sûr de le connoître. Ce moyen en amène un autre non moins indispensable, et qui devroit être le premier s'il étoit permis de suivre ici l'ordre naturel ; c'est la discussion contradictoire des faits par les parties elles-mêmes, en sorte que les accusateurs et l'accusé soient mis en confrontation, et qu'on l'entende dans ses réponses. L'effroi que cette forme si sacrée paroît faire aux premiers, et leur obstination à s'y refuser, font contre eux, je l'avoue, un préjugé très-fort, très-raisonnable, et qui suffiroit seul pour leur condamnation, si la foule et la force de leurs preuves si frappantes, si éblouissantes, n'arrêtoit en quelque sorte l'effet de ce refus. On ne conçoit pas ce que l'accusé peut répondre ; mais enfin jusqu'à ce qu'il ait donné ou refusé ses réponses, nul n'a droit de prononcer pour lui qu'il n'a rien à répondre, ni, se supposant parfaitement instruit de ce qu'il peut ou ne peut pas dire, de le tenir, ou pour convaincu tant qu'il ne l'a pas été, ou pour tout-à-fait justifié tant qu'il n'a pas confondu ses accusateurs.

Voilà, monsieur, ce qui manque encore à la certitude de nos jugemens sur cette affaire. Hommes et sujets à l'erreur, nous pouvons nous tromper en jugeant innocent un coupable, comme en jugeant coupable un innocent. La première erreur semble, il est vrai, plus excusable ; mais peut-on l'être dans une erreur qui peut nuire, et dont on s'est pu garantir? Non, tant qu'il reste un moyen possible d'éclaircir la vérité, et qu'on le néglige, l'erreur n'est point involontaire, et doit être imputée à celui qui veut y rester. Si donc vous prenez assez d'intérêt aux livres que vous avez lus pour vouloir vous décider sur l'auteur, et si vous haïssez assez l'injustice pour vouloir réparer celle que, d'une façon si cruelle, vous avez pu commettre à son égard, je vous propose premièrement de voir l'homme : venez, je vous introduirai chez lui sans peine. Il est déjà prévenu; je lui ai dit tout ce que j'ai pu dire à votre égard sans blesser mes engagemens. Il sait d'avance que si jamais vous vous présentez à sa porte, ce sera pour le connoître, et non pas pour le tromper. Après avoir refusé de le voir, tant que vous l'avez jugé, comme a fait tout le monde, votre première visite sera pour lui la consolante preuve que vous ne désespérez plus de lui devoir votre estime, et d'avoir des torts à réparer envers lui.

Sitôt que, cessant de le voir par les yeux de vos messieurs, vous le verrez par les vôtres, je ne doute point que vos jugemens ne confirment les miens, et que, retrouvant en lui l'auteur de ses livres, vous ne restiez persuadé, comme moi, qu'il est l'homme de la nature, et point du tout le monstre qu'on vous a peint sous son nom. Mais enfin, pouvant nous abuser l'un et l'autre dans des jugemens destitués de preuves positives et régulières, il nous restera toujours une juste crainte fondée sur la possibilité d'être dans l'erreur, et sur la difficulté d'expliquer d'une manière satisfaisante les faits allégués contre lui. Un pas seul alors nous reste à faire pour constater la vérité, pour lui rendre hommage et la manifester à tous les yeux : c'est de nous réunir pour forcer enfin vos messieurs à s'expliquer hautement en sa présence, et à confondre un coupable aussi impudent, ou du moins à nous dégager du secret qu'ils ont exigé de nous, en nous permettant de le confondre nous-mêmes. Une instance aussi légitime sera le premier pas..

Le Fr. Arrêtez... Je frémis seulement à vous entendre. Je vous ai fait, sans détour, l'aveu que j'ai cru devoir à la justice et à la vérité. Je veux être juste, mais sans témérité. Je ne veux point me perdre inutilement, sans sauver l'innocent auquel je me sacrifie ; et c'est ce que je ferois en suivant votre conseil : c'est ce que vous feriez vous-même en voulant le pratiquer. Apprenez ce que je puis et veux faire et n'attendez de moi rien au-delà.

Vous prétendez que je dois aller voir Jean-Jacques pour vérifier, par mes yeux, ce que vous m'en avez dit et ce que j'infère moi-même de la lecture de ses écrits. Cette confirmation m'est superflue, et sans y recourir, je sais d'avance à quoi m'en tenir sur ce point. Il est singulier que je sois maintenant plus décidé que vous sur les sentimens que vous avez eu tant de peine à me faire adopter ; mais cela est fondé en raison. Vous insistez encore sur la force des preuves alléguées contre lui par nos messieurs. Cette force est désormais nulle pour moi, qui en ai démêlé tout l'artifice depuis que j'y ai regardé de plus près. J'ai là-dessus tant de faits que vous ignorez ; j'ai lu si clairement dans les cœurs, avec la plus vive inquiétude sur ce que peut dire l'accusé, le désir le plus ardent de lui ôter tout moyen de se défendre ; j'ai vu tant de concert, de soin, d'activité, de chaleur, dans les mesures prises pour cet effet, que des preuves administrées de cette manière, par des gens si passionnés, perdent toute autorité dans mon esprit vis-à-vis de vos observations. Le public est trompé, je le vois, je le sais ; mais il se plaît à l'être, et n'aimeroit pas à se voir désabuser. J'ai moi-même été dans ce cas et ne m'en suis pas tiré sans peine. Nos messieurs avoient ma confiance, parce qu'ils flattoient le penchant qu'ils m'avoient donné, mais jamais ils n'ont eu pleinement mon estime ; et, quand je vous vantois leurs vertus, je n'ai pu me résoudre à les imiter. Je n'ai voulu jamais approcher de leur proie pour la cajoler, la tromper, la circonvenir, à leur exemple ; et la même répugnance que je voyois dans votre cœur étoit dans le mien quand je cherchois à la combattre. J'approuvois leurs manœuvres sans vouloir les adopter. Leur fausseté, qu'ils appeloient bienveillance, ne pouvoit me séduire, parce qu'au lieu de cette bienveillance dont ils se vantoient, je ne sentois pour celui qui en étoit l'objet qu'antipathie, répugnance, aversion. J'étois bien aise de les voir nourrir pour lui une sorte d'affection méprisante et dérisoire, qui avoit tous les effets de la plus mortelle haine : mais je ne pouvois ainsi me donner le change à moi-même, et ils me l'avoient rendu si odieux, que je le haïssois de tout mon cœur, sans feinte et tout à découvert. J'aurois craint d'approcher de lui comme d'un monstre effroyable, et j'aimois mieux n'avoir pas le plaisir de lui nuire, pour n'avoir pas l'horreur de le voir.

En me ramenant par degrés à la raison, vous m'avez inspiré autant d'estime pour sa patience et sa douceur que de compassion pour ses infortunes. Ses livres ont achevé l'ouvrage que vous aviez commencé. J'ai senti, en les lisant, que la passion donnoit tant d'énergie à son âme et de véhémence à sa diction. Ce n'est pas une explosion passagère, c'est un sentiment dominant et permanent qui peut se soutenir ainsi durant dix ans, et produire douze volumes toujours pleins du même zèle, toujours arrachés par la même persuasion. Oui, je le sens, et le soutiens comme vous, dès qu'il est auteur des écrits qui portent son nom, il ne peut avoir que le cœur d'un homme de bien.

Cette lecture attentive et réfléchie a pleinement achevé dans mon esprit la révolution que vous aviez commencée. C'est en faisant cette lecture avec le soin qu'elle exige que j'ai senti toute la malignité, toute la détestable adresse de ses amers commentateurs. Dans tout ce que je lisois de l'original, je sentois la sincérité, la droiture d'une âme haute et fière, mais franche et sans fiel, qui se montre sans précaution, sans crainte, qui censure à découvert, qui loue sans réticence, et qui n'a point de sentiment à cacher. Au contraire, tout ce que je lisois dans les réponses montroit une brutalité féroce, ou une politesse insidieuse, traîtresse, et couvroit du miel des éloges le fiel de la satire et le poison de la calomnie. Qu'on lise avec soin la lettre honnête, mais franche, à M. d'Alembert sur les spectacles, et qu'on la compare avec la réponse de celui-ci, cette réponse si soigneusement mesurée, si pleine de circonspection affectée, de complimens aigre-doux, si propre à faire penser le mal, en feignant de ne le pas dire ; qu'on cherche ensuite sur ces lectures à découvrir lequel des deux auteurs est le méchant. Croyez-vous qu'il se trouve dans l'univers un mortel assez impudent pour dire que c'est Jean-Jacques ?

Cette différence s'annonce dès l'abord par leurs épigraphes. Celle de votre ami, tirée de l'*Énéide*, est une prière au Ciel de garantir les bons d'une erreur si funeste, et de la laisser aux ennemis. Voici celle de M. d'Alembert, tirée de La Fontaine :

Quittez-moi votre serpe, instrument de dommage.

L'un ne songe qu'à prévenir un mal ; l'autre, dès l'abord, oublie la question pour ne songer qu'à nuire à son adversaire ; et, dans l'examen de l'utilité des théâtres, adresse très à propos à Jean-Jacques ce même vers que, dans La Fontaine, le serpent adresse à l'homme (*).

Ah ! subtil et rusé d'Alembert ! si vous n'a-

(*) Rousseau fait ici une méprise. Il n'est pas question de serpent dans la fable (Livre xii, fable 20) d'où ce vers est tiré.
G. P.

vez pas une serpe, instrument très-utile, quoi qu'en dise le serpent, vous avez en revanche un stylet bien affilé, qui n'est guère, surtout dans vos mains, un outil de bienfaisance.

Vous voyez que je suis plus avancé que vous dans votre propre recherche, puisqu'il vous reste à cet égard des scrupules que je n'ai plus. Non, monsieur, je n'ai pas même besoin de voir Jean-Jacques pour savoir à quoi m'en tenir sur son compte. J'ai vu de trop près les manœuvres dont il est la victime pour laisser dans mon esprit la moindre autorité à tout ce qui peut en résulter. Ce qu'il étoit aux yeux du public lors de la publication de son premier ouvrage, il le redevient aux miens, parce que le prestige de tout ce qu'on a fait dès lors pour le défigurer est détruit, et que je ne vois plus dans toutes les preuves qui vous frappent encore, que fraude, mensonge, illusion.

Vous demandiez s'il existoit un complot. Oui, sans doute, il en existe un, et tel qu'il n'y en eut et n'y en aura jamais de semblable. Cela n'étoit-il pas clair, dès l'année du décret, par la brusque et incroyable sortie de tous les imprimés, de tous les journaux, de toutes les gazettes, de toutes les brochures, contre cet infortuné? Ce décret fut le tocsin de toutes ces fureurs. Pouvez-vous croire que les auteurs de tout cela, quelque jaloux, quelque méchans, quelque vils qu'ils puissent être, se fussent ainsi déchaînés de concert en loups enragés contre un homme alors et dès lors en proie aux plus cruelles adversités? Pouvez-vous croire qu'on eût insolemment farci les recueils de ses propres écrits de tous ces noirs libelles, si ceux qui les écrivoient et ceux qui les employoient n'eussent été inspirés par cette ligue, qui, depuis long-temps, graduoit sa marche en silence, et prit alors en public son premier essor. La lecture des écrits de Jean-Jacques m'a fait faire en même temps celle de ces venimeuses productions qu'on a pris grand soin d'y mêler. Si j'avois fait plus tôt ces lectures, j'aurois compris dès lors tout le reste. Cela n'est pas difficile à qui peut les parcourir de sang-froid. Les ligueurs eux-mêmes l'ont senti, et bientôt ils ont pris une autre méthode qui leur a beaucoup mieux réussi; c'est de n'attaquer Jean-Jacques en public qu'à mots couverts, et le plus souvent sans nommer ni lui ni ses livres; mais de faire en sorte que l'application de ce qu'on en diroit fût si claire, que chacun la fît sur-le-champ. Depuis dix ans que l'on suit cette méthode, elle a produit plus d'effet que des outrages trop grossiers, qui, par cela seul, peuvent déplaire au public ou lui devenir suspects. C'est dans les entretiens particuliers, dans les cercles, dans les petits comités secrets, dans tous ces petits tribunaux littéraires dont les femmes sont les présidens, que s'affilent les poignards dont on le crible sous le manteau.

On ne conçoit pas comment la diffamation d'un particulier sans emploi, sans projet, sans parti, sans crédit, a pu faire une affaire aussi importante et aussi universelle. On conçoit beaucoup moins comment une pareille entreprise a pu paroître assez belle pour que tous les rangs, sans exception, se soient empressés d'y concourir *per fas et nefas*, comme à l'œuvre la plus glorieuse. Si les auteurs de cet étonnant complot, si les chefs qui en ont pris la direction, avoient mis à quelque honorable entreprise la moitié des soins, des peines, du travail, du temps, de la dépense, qu'ils ont prodigués à l'exécution de ce beau projet, ils auroient pu se couronner d'une gloire immortelle à beaucoup moins de frais [1] qu'il ne leur en a coûté pour accomplir cette œuvre de ténèbres, dont il ne peut résulter pour eux ni bien ni honneur, mais seulement le plaisir d'assouvir en secret la plus lâche de toutes les passions, et dont encore la patience et la douceur de leur victime ne les laissera jamais jouir pleinement.

Il est impossible que vous ayez une juste idée de la position de votre Jean-Jacques ni de la manière dont il est enlacé. Tout est si bien concerté à son égard, qu'un ange descendroit du ciel pour le défendre sans y pouvoir parvenir. Le complot dont il est le sujet n'est pas de ces impostures jetées au hasard qui font un effet rapide, mais passager, et qu'un instant découvre et détruit. C'est, comme il l'a senti lui-même, un projet médité de longue main, dont l'exécution lente et graduée ne s'opère qu'avec autant de précaution que de méthode, effaçant

---
[1] On me reprochera, j'en suis très-sûr, de me donner une importance prodigieuse. Ah! si je n'en avois pas plus aux yeux d'autrui qu'aux miens, que mon sort seroit moins à plaindre!

à mesure qu'elle avance et les traces des routes qu'elle a suivies et les vestiges de la vérité qu'elle a fait disparoître. Pouvez-vous croire qu'évitant avec tant de soin toute espèce d'explication, les auteurs et les chefs de ce complot négligent de détruire et dénaturer tout ce qui pourroit un jour servir à les confondre? et, depuis plus de quinze ans qu'il est en pleine exécution, n'ont-ils pas eu tout le temps qu'il leur falloit pour y réussir? Plus ils avancent dans l'avenir, plus il leur est facile d'oblitérer le passé, ou de lui donner la tournure qui leur convient. Le moment doit venir où, tous les témoignages étant à leur disposition, ils pourroient sans risque lever le voile impénétrable qu'ils ont mis sur les yeux de leur victime. Qui sait si ce moment n'est pas déjà venu? si, par les mesures qu'ils ont eu tout le temps de prendre, ils ne pourroient pas dès à présent s'exposer à des confrontations qui confondroient l'innocence et feroient triompher l'imposture? Peut-être ne les évitent-ils encore que pour ne pas paroître changer de maximes, et, si vous voulez, par un reste de crainte attachée au mensonge de n'avoir jamais assez tout prévu. Je vous le répète, ils ont travaillé sans relâche à disposer toutes choses pour n'avoir rien à craindre d'une discussion régulière, si jamais ils étoient forcés d'y acquiescer; et il me paroît qu'ils ont eu tout le temps et tous les moyens de mettre le succès de leur entreprise à l'abri de tout événement imprévu. Eh! quelles seroient désormais les ressources de Jean-Jacques et de ses défenseurs, s'il s'en osoit présenter? Où trouveroit-il des juges qui ne fussent pas du complot, des témoins qui ne fussent pas subornés, des conseils fidèles qui ne l'égarassent pas? Seul, contre toute une génération liguée, d'où réclameroit-il la vérité que le mensonge ne répondît à sa place? Quelle protection, quel appui trouveroit-il pour résister à cette conspiration générale? Existe-t-il, peut-il même exister, parmi les gens en place, un seul homme assez intègre pour se condamner lui-même, assez courageux pour oser défendre un opprimé dévoué depuis si long-temps à la haine publique, assez généreux pour s'animer d'un pareil zèle, sans autre intérêt que celui de l'équité? Soyez sûr que, quelque crédit, quelque autorité que pût avoir celui qui oseroit élever la voix en sa faveur, et réclamer pour lui les premières lois de la justice, il se perdroit sans sauver son client, et que toute la ligue, réunie contre ce protecteur téméraire, commençant par l'écarter de manière ou d'autre, finiroit par tenir, comme auparavant, sa victime à sa merci. Rien ne peut plus la soustraire à sa destinée, et tout ce que peut faire un homme sage qui s'intéresse à son sort, est de rechercher en silence les vestiges de la vérité pour diriger son propre jugement, mais jamais pour le faire adopter par la multitude, incapable de renoncer par raison au parti que la passion lui a fait prendre.

Pour moi, je veux vous faire ici ma confession sans détour. Je crois Jean-Jacques innocent et vertueux; et cette croyance est telle au fond de mon âme, qu'elle n'a pas besoin d'autre confirmation. Bien persuadé de son innocence, je n'aurai jamais l'indignité de parler là-dessus contre ma pensée, ni de joindre contre lui ma voix à la voix publique, comme j'ai fait jusqu'ici dans une autre opinion. Mais ne vous attendez pas non plus que j'aille étourdiment me porter à découvert pour son défenseur, et forcer ses délateurs à quitter leur masque pour l'accuser hautement en face. Je ferois en cela une démarche aussi imprudente qu'inutile, à laquelle je ne veux point m'exposer. J'ai un état, des amis à conserver, une famille à soutenir, des patrons à ménager. Je ne veux point faire ici le don Quichotte, et lutter contre les puissances, pour faire un moment parler de moi, et me perdre pour le reste de ma vie. Si je puis réparer mes torts envers l'infortuné Jean-Jacques, et lui être utile sans m'exposer, à la bonne heure; je le ferai de tout mon cœur. Mais si vous attendez de moi quelque démarche d'éclat qui me compromette, et m'expose au blâme des miens, détrompez-vous, je n'irai jamais jusques-là. Vous ne pouvez vous-même aller plus loin que vous n'avez fait, sans manquer à votre parole, et me mettre avec vous dans un embarras dont nous ne sortirions ni l'un ni l'autre aussi aisément que vous l'avez présumé.

Rouss. Rassurez-vous, je vous prie, je veux bien plutôt me conformer moi-même à vos résolutions, que d'exiger de vous rien qui vous déplaise. Dans la démarche que j'aurois désiré de faire, j'avois plus pour objet notre entière et commune satisfaction, que de ramener ni le public, ni vos messieurs, aux sentimens de la justice et au chemin de la vérité. Quoique intérieurement aussi persuadé que vous de l'innocence de Jean-Jacques, je n'en suis pas régulièrement convaincu, puisque, n'ayant pû l'instruire des choses qu'on lui impute, je n'ai pu ni le confondre par son silence, ni l'absoudre par ses réponses. A cet égard, je me tiens au jugement immédiat que j'ai porté sur l'homme, sans prononcer sur les faits qui combattent ce jugement, puisqu'ils manquent du caractère qui peut seul les constater ou les détruire à mes yeux. Je n'ai pas assez de confiance en mes propres lumières pour croire qu'elles ne peuvent me tromper; et je resterois peut-être encore ici dans le doute, si le plus légitime et le plus fort des préjugés ne venoit à l'appui de mes propres remarques, et ne me montroit le mensonge du côté qui se refuse à l'épreuve de la vérité. Loin de craindre une discussion contradictoire, Jean-Jacques n'a cessé de la rechercher, de provoquer à grands cris ses accusateurs, et de dire hautement ce qu'il avoit à dire. Eux, au contraire, ont toujours esquivé, fait le plongeon, parlé toujours entre eux à voix basse, lui cachant avec le plus grand soin leurs accusations, leurs témoins, leurs preuves, surtout leurs personnes, et fuyant avec le plus évident effroi toute espèce de confrontation. Donc ils ont de fortes raisons pour la craindre, celles qu'ils allèguent pour cela étant ineptes au point d'être même outrageantes pour ceux qu'ils en veulent payer, et qui, je ne sais comment, ne laissent pas de s'en contenter : mais pour moi je ne m'en contenterai jamais, et dès là toutes leurs preuves clandestines sont sans autorité pour moi. Vous voilà dans le même cas où je suis, mais avec un moindre degré de certitude sur l'innocence de l'accusé, puisque, ne l'ayant point examiné par vos propres yeux, vous ne jugez de lui que par ses écrits et sur mon témoignage. Donc, vos scrupules devroient être plus grands que les miens, si les manœuvres de ses persécuteurs, que vous avez mieux suivies, ne faisoient pour vous une espèce de compensation. Dans cette position, j'ai pensé que ce que nous avions de mieux à faire pour nous assurer de la vérité, étoit de la mettre à sa dernière et plus sûre épreuve, celle précisément qu'éludent si soigneusement vos messieurs. Il me sembloit que, sans trop nous compromettre, nous aurions pu leur dire : « Nous ne saurions approuver qu'aux dépens » de la justice et de la sûreté publique vous fas- » siez à un scélérat une grâce tacite qu'il n'ac- » cepte point, et qu'il dit n'être qu'une hor- » rible barbarie que vous couvrez d'un beau » nom. Quand cette grâce en seroit réellement » une, étant faite par force, elle change de na- » ture; au lieu d'être un bienfait, elle devient » un cruel outrage; et rien n'est plus injuste et » plus tyrannique que de forcer un homme à » nous être obligé malgré lui. C'est sans doute » un des crimes de Jean-Jacques de n'avoir, au » lieu de la reconnoissance qu'il vous doit, » qu'un dédain plus que méprisant pour vous » et pour vos manœuvres. Cette impudence de » sa part mérite en particulier une punition » sortable, et cette punition que vous lui devez » et à vous-mêmes, est de le confondre, afin » que, forcé de reconnoître enfin votre indul- » gence, il ne jette plus des nuages sur les mo- » tifs qui vous font agir. Que la confusion d'un » hypocrite aussi arrogant soit, si vous vou- » lez, sa seule peine, mais qu'il la sente pour » l'édification, pour la sûreté publique, et pour » l'honneur de la génération présente qu'il pa- » roît dédaigner si fort. Alors seulement on » pourra, sans risque, le laisser errer parmi » nous avec honte, quand il sera bien authenti- » quement convaincu et démasqué. Jusques à » quand souffrirez-vous cet odieux scandale, » qu'avec la sécurité de l'innocence le crime ose » insolemment provoquer la vertu, qui gauchit » devant lui et se cache dans l'obscurité? C'est » lui qu'il faut réduire à cet indigne silence que » vous gardez, lui présent : sans quoi l'avenir » ne voudra jamais croire que celui qui se » montre seul et sans crainte est le coupable, » et que celui qui, bien escorté, n'ose l'attendre » est l'innocent. »

En leur parlant ainsi, nous les aurions forcés à s'expliquer ouvertement, ou à convenir tacitement de leur imposture, et, par la discussion contradictoire des faits, nous aurions pu porter un jugement certain sur les accusateurs et sur l'accusé, et prononcer définitivement entre eux et lui. Vous dites que les juges et les témoins entrant tous dans la ligue auroient rendu la prévarication très-facile à exécuter, très-difficile à découvrir, et cela doit être : mais il n'est pas impossible aussi que l'accusé n'eût trouvé quelque réponse imprévue et péremptoire qui eût démonté toutes leurs batteries, et manifesté le complot. Tout est contre lui, je le sais, le pouvoir, la ruse, l'argent, l'intrigue, le temps, les préjugés, son ineptie, ses distractions, son défaut de mémoire, son embarras de s'énoncer, tout enfin, hors l'innocence et la vérité, qui seules lui ont donné l'assurance de rechercher, de demander, de provoquer avec ardeur ces explications qu'il auroit tant de raisons de craindre si sa conscience déposoit contre lui. Mais ses désirs attiédis ne sont plus animés, ni par l'espoir d'un succès qu'il ne peut plus attendre que d'un miracle, ni par l'idée d'une réparation qui pût flatter son cœur. Mettez-vous un moment à sa place et sentez ce qu'il doit penser de la génération présente et de sa conduite à son égard. Après le plaisir qu'elle a pris à le diffamer en le cajolant, quel cas pourroit-il faire du retour de son estime, et de quel prix pourroient être à ses yeux les caresses sincères des mêmes gens qui lui en prodiguèrent de si fausses, avec des cœurs pleins d'aversion pour lui ? Leur duplicité, leur trahison, leur perfidie, ont-elles pu lui laisser pour eux le moindre sentiment favorable ? et ne seroit-il pas plus indigné que flatté de s'en voir fêté sincèrement avec les mêmes démonstrations qu'ils employèrent si long-temps en dérision à faire de lui le jouet de la canaille.

Non, monsieur, quand ses contemporains, aussi repentans et vrais qu'ils ont été jusqu'ici faux et cruels à son égard, reviendroient enfin de leur erreur, ou plutôt de leur haine, et que, réparant leur longue injustice, ils tâcheroient, à force d'honneurs, de lui faire oublier leurs outrages, pourroit-il oublier la bassesse et l'indignité de leur conduite? pourroit-il cesser de se dire que, quand même il eût été le scélérat qu'ils se plaisent à voir en lui, leur manière de procéder avec ce prétendu scélérat, moins inique, n'en seroit que plus abjecte, et que s'avilir autour d'un monstre à tant de manéges insidieux étoit se mettre soi-même au-dessous de lui ? Non, il n'est plus au pouvoir de ses contemporains de lui ôter le dédain qu'ils ont tant pris de peine à lui inspirer. Devenu même insensible à leurs insultes, comment pourroit-il être touché de leurs éloges? Comment pourroit-il agréer le retour tardif et forcé de leur estime, ne pouvant plus lui-même en avoir pour eux? Non, ce retour de la part d'un public si méprisable ne pourroit plus lui donner aucun plaisir, ni lui rendre aucun honneur. Il en seroit plus importuné sans en être plus satisfait. Ainsi l'explication juridique et décisive qu'il n'a pu jamais obtenir, et qu'il a cessé de désirer, étoit plus pour nous que pour lui. Elle ne pourroit plus même avec la plus éclatante justification, jeter aucune véritable douceur dans sa vieillesse. Il est désormais trop étranger ici-bas pour prendre à ce qui s'y fait aucun intérêt qui lui soit personnel. N'ayant plus de suffisante raison pour agir, il reste tranquille, en attendant avec la mort la fin de ses peines, et ne voit plus qu'avec indifférence le sort du peu de jours qui lui restent à passer sur la terre.

Quelque consolation néanmoins est encore à sa portée ; je consacre ma vie à la lui donner, et je vous exhorte d'y concourir. Nous ne sommes entrés ni l'un ni l'autre dans les secrets de la ligue dont il est l'objet; nous n'avons point partagé la fausseté de ceux qui la composent; nous n'avons point cherché à le surprendre par des caresses perfides. Tant que vous l'avez haï, vous l'avez fui, et moi je ne l'ai recherché que dans l'espoir de le trouver digne de mon amitié ; et l'épreuve nécessaire pour porter un jugement éclairé sur son compte, ayant été long-temps autant recherchée par lui qu'écartée par vos messieurs, forme un préjugé qui supplée, autant qu'il se peut, à cette épreuve, et confirme ce que j'ai pensé de lui après un examen aussi long qu'impartial. Il m'a dit cent fois qu'il seroit consolé de l'injustice publique, s'il eût trouvé un seul cœur d'homme qui s'ouvrît au sien, qui sentît ses peines, et qui les plaignît ; l'estime franche et pleine d'un seul l'eût dédommagé du mépris de tous les autres. Je puis lui donner ce dédommagement, et je le lui voue. Si vous vous joignez à moi pour cette bonne œuvre, nous pouvons lui rendre dans ses vieux jours la douceur d'une société véritable qu'il a perdue depuis si long-temps, et qu'il n'espéroit plus retrouver ici-bas. Laissons le public dans l'erreur où il se complaît, et dont il est digne, et montrons seulement à celui qui en est la victime que nous ne la partageons pas. Il ne s'y trompe déjà plus à mon égard, il ne s'y trompera point au vôtre; et, si vous venez à lui avec les sentimens qui lui sont dus, vous le trouverez prêt à vous les rendre. Les nôtres lui seront d'autant plus sensibles, qu'il ne les attendoit plus de personne; et, avec le cœur que je lui connois, il n'avoit pas besoin d'une si longue privation pour lui en faire sentir le prix. Que ses persécuteurs continuent de triompher, il verra leur prospérité sans peine; le désir de la vengeance ne le tourmenta jamais. Au milieu de tous leurs succès, il les plaint encore, et les croit bien plus malheureux que lui. En effet, quand la triste jouissance des maux qu'ils lui ont faits pourroit remplir leurs cœurs d'un contentement véritable, peut-elle jamais les garantir de la crainte d'être un jour découverts et démasqués? Tant de soins qu'ils se donnent, tant de mesures qu'ils prennent sans relâche depuis tant d'années, ne marquent-ils pas la frayeur de n'en avoir jamais pris assez? Ils ont beau renfermer la vérité dans de triples murs de mensonges et d'impostures qu'ils renforcent continuellement, ils tremblent toujours qu'elle ne s'échappe par quelque fissure. L'immense édifice de ténèbres qu'ils ont élevé autour de lui ne suffit pas pour les rassurer. Tant qu'il vit, un accident imprévu peut lui dévoiler leur mystère et les exposer à se voir confondus. Sa mort même, loin de les tranquilliser, doit augmenter leurs alarmes. Qui sait s'il n'a point trouvé quelque confident discret qui, lorsque l'animosité du public cessera d'être attisée par la présence du condamné, saisira pour se faire écouter le moment où les yeux commenceront à s'ouvrir? Qui sait si quelque dépositaire fidèle ne produira pas en temps et lieu de telles preuves de son innocence que le public, forcé de s'y rendre, sente et déplore sa longue erreur? Qui sait si, dans le nombre infini de leurs complices, il ne s'en trouvera pas quelqu'un que le repentir, que le remords fasse parler? On a beau prévoir ou arranger toutes les combinaisons imaginables, on craint toujours qu'il n'en reste quelqu'une qu'on n'a pas prévue, et qui fasse découvrir la vérité quand on y pensera le moins. La prévoyance a beau travailler, la crainte est encore plus active; et les auteurs d'un pareil projet ont, sans y penser, sacrifié à leur haine le repos du reste de leurs jours.

Si leurs accusations étoient véritables, et que Jean-Jacques fût tel qu'ils l'ont peint, l'ayant une fois démasqué pour l'acquit de leur conscience, et déposé leur secret chez ceux qui doivent veiller à l'ordre public, ils se reposeroient sur eux du reste, cesseroient de s'occuper du coupable, et ne penseroient plus à lui. Mais l'œil inquiet et vigilant qu'ils ont sans cesse attaché sur lui, les émissaires dont ils l'entourent, les mesures qu'ils ne cessent de prendre pour lui fermer toute voie à toute explication, pour qu'il ne puisse leur échapper en aucune sorte, décèlent avec leurs alarmes la cause qui les entretient et les perpétue: elles ne peuvent plus cesser, quoi qu'ils fassent; vivant ou mort, il les inquiétera toujours; et s'il aimoit la vengeance, il en auroit une bien assurée dans la frayeur dont, malgré tant de précautions entassées, ils ne cesseront plus d'être agités.

Voilà le contre-poids de leurs succès et de toutes leurs prospérités. Ils ont employé toutes les ressources de leur art pour faire de lui le plus malheureux des êtres; à force d'ajouter moyens sur moyens, ils les ont tous épuisés; et, loin de parvenir à leurs fins, ils ont produit l'effet contraire. Ils ont fait trouver à Jean-Jacques des ressources en lui-même, qu'il ne connoîtroit pas sans eux. Après lui avoir fait le pis qu'ils pouvoient lui faire, ils l'ont mis en état de n'avoir plus rien à craindre, ni d'eux, ni de personne, et de voir avec la plus profonde indifférence tous les événemens humains. Il n'y a point d'atteinte sensible à son âme qu'ils ne lui aient portée; mais, en lui faisant tout le mal qu'ils lui pouvoient faire, l'ont forcé de se réfugier dans des asiles où il n'est plus en leur pouvoir de pénétrer. Il peut maintenant les défier et se moquer de leur impuissance. Hors d'état de le rendre plus malheureux, ils le deviennent chaque jour davantage, en voyant que tant d'efforts n'ont abouti qu'à empirer leur situation et adoucir la sienne. Leur rage, devenue impuissante, n'a fait que s'irriter en voulant s'assouvir.

Au reste, il ne doute point que, malgré tant d'efforts, le temps ne lève enfin le voile de l'imposture, et ne découvre son innocence. La certitude qu'un jour on sentira le prix de sa patience contribue à la soutenir ; et, en lui tout ôtant, ses persécuteurs n'ont pu lui ôter la confiance et l'espoir. « Si ma mémoire devoit, dit-il, s'éteindre avec moi, je me consolerois d'avoir été si mal connu des hommes, dont je serois bientôt oublié ; mais puisque mon existence doit être connue après moi par mes livres, et bien plus par mes malheurs, je ne me trouve point, je l'avoue, assez de résignation pour penser sans impatience, moi qui me sens meilleur et plus juste qu'aucun homme qui me soit connu, qu'on ne se souviendra de moi que comme d'un monstre, et que mes écrits, où le cœur qui les dicta est empreint à chaque page, passeront pour les déclamations d'un tartufe qui ne cherchoit qu'à tromper le public. Qu'auront donc servi mon courage et mon zèle, si leurs monumens, loin d'être utiles aux bons(¹), ne font qu'aigrir et fomenter l'animosité des méchans, si tout ce que l'amour de la vertu m'a fait dire sans crainte et sans intérêt ne fait à l'avenir, comme aujourd'hui, qu'exciter contre moi la prévention et la haine, et ne produit jamais aucun bien ; si, au lieu des bénédictions qui m'étoient dues, mon nom, que tout devoit rendre honorable, n'est prononcé dans l'avenir qu'avec imprécation ! Non, je ne supporterois jamais une si cruelle idée ; elle absorberoit tout ce qui m'est resté de courage et de constance. Je consentirois sans peine à ne point exister dans la mémoire des hommes, mais je ne puis consentir, je l'avoue, à y rester diffamé ; non, le Ciel ne le permettra point, et, dans quelque état que m'ait réduit la destinée, je ne désespérerai jamais de la Providence, sachant bien qu'elle choisit son heure et non pas la nôtre, et qu'elle aime à frapper son coup au moment qu'on ne l'attend plus. Ce n'est pas que je donne encore aucune importance, et surtout par rapport à moi, au peu de jours qui me restent à vivre, quand même j'y pourrois voir renaître pour moi toutes les douceurs dont on a pris peine à tarir le cours. J'ai trop connu la misère des prospérités humaines, pour être sensible, à mon âge, à leur tardif et vain retour ; et quelque peu croyable qu'il soit, il leur seroit encore plus aisé de revenir, qu'à moi d'en reprendre le goût. Je n'espère plus, et je désire très-peu de voir de mon vivant la révolution qui doit désabuser le public sur mon compte. Que mes persécuteurs jouissent en paix, s'ils peuvent, toute leur vie, du bonheur qu'ils se sont fait des misères de la mienne. Je ne désire de les voir ni confondus ni punis ; et pourvu qu'enfin la vérité soit connue, je ne demande point que ce soit à leurs dépens : mais je ne puis regarder comme une chose indifférente aux hommes le rétablissement de ma mémoire, et le retour de l'estime publique qui m'étoit due. Ce seroit un trop grand malheur pour le genre humain que la manière dont on a procédé à mon égard servît de modèle et d'exemple, que l'honneur des particuliers dépendît de tout imposteur adroit, et que la société, foulant aux pieds les plus saintes lois de la justice, ne fût plus qu'un ténébreux brigandage de trahisons secrètes et d'impostures adoptées sans confrontation, sans contradiction, sans vérificatoin, et sans aucune défense laissée aux accusés. Bientôt les hommes, à la merci les uns des autres, n'auroient de force et d'action que pour s'entredéchirer entre eux, sans en avoir aucune pour la résistance ; les bons, livrés tout-à-fait aux méchans, deviendroient d'abord leur proie, enfin leurs disciples ; l'innocence n'auroit plus d'asile, et la terre, devenue un enfer, ne seroit couverte que de démons occupés à se tourmenter les uns et les autres. Non, le Ciel ne laissera point un exemple aussi funeste ouvrir au crime une route nouvelle, inconnue jusqu'à ce jour ; il découvrira la noirceur d'une trame aussi cruelle. Un jour viendra, j'en ai la juste confiance, que les honnêtes gens béniront ma mémoire, et pleureront sur mon sort. Je suis sûr de la chose, quoique j'en ignore le temps. Voilà le fondement de ma patience et de mes consolations. L'ordre sera rétabli tôt ou tard, même sur la terre, je n'en doute pas. Mes oppresseurs peuvent reculer le moment de

---

(¹) Jamais les discours d'un homme qu'on croit parler contre sa pensée ne toucheront ceux qui ont cette opinion. Tous ceux qui, pensant mal de moi, disent avoir profité dans la vertu par la lecture de mes livres, mentent, et même très-sottement. Ce sont ceux-là qui sont vraiment des tartufes.

» ma justification, mais ils ne sauroient empêcher qu'il ne vienne. Cela me sufit pour être tranquille au milieu de leurs œuvres : qu'ils continuent à disposer de moi durant ma vie, mais qu'ils se pressent; je vais bientôt leur échapper. »

Tels sont sur ce point les sentimens de Jean-Jacques, et tels sont aussi les miens. Par un décret dont il ne m'appartient pas de sonder la profondeur, il doit passer le reste de ses jours dans le mépris et l'humiliation : mais j'ai le plus vif pressentiment qu'après sa mort et celle de ses persécuteurs, leurs trames seront découvertes, et sa mémoire justifiée. Ce sentiment me paroît si bien fondé, que, pour peu qu'on y réfléchisse, je ne vois pas qu'on puisse en douter. C'est un axiome généralement admis, que tôt ou tard la vérité se découvre; et tant d'exemples l'ont confirmé, que l'expérience ne permet plus qu'on en doute. Ici du moins il n'est pas concevable qu'une trame aussi compliquée reste cachée aux âges futurs; il n'est pas même à présumer qu'elle le soit long-temps dans le nôtre. Trop de signes la décèlent pour qu'elle échappe au premier qui voudra bien y regarder, et cette volonté viendra sûrement à plusieurs sitôt que Jean-Jacques aura cessé de vivre. De tant de gens employés à fasciner les yeux du public, il n'est pas possible qu'un grand nombre n'aperçoive la mauvaise foi de ceux qui les dirigent, et qu'ils ne sentent que, si cet homme étoit réellement tel qu'ils le font, il seroit superflu d'en imposer au public sur son compte, et d'employer tant d'impostures pour le charger de choses qu'il ne fait pas, et déguiser celles qu'il fait. Si l'intérêt, l'animosité, la crainte, les font concourir aujourd'hui sans peine à ces manœuvres, un temps peut venir où leur passion calmée, et leur intérêt changé, leur feront voir sous un jour bien différent les œuvres sourdes dont ils sont aujourd'hui témoins et complices. Est-il croyable alors qu'aucun de ces coopérateurs subalternes ne parlera confidemment à personne de ce qu'il a vu, de ce qu'on lui a fait faire, et de l'effet de tout cela pour abuser le public? que, trouvant d'honnêtes gens empressés à la recherche de la vérité défigurée, ils ne seront point tentés de se rendre encore nécessaires en la découvrant, comme ils le sont maintenant pour la cacher, de se donner quelque importance en montrant qu'ils furent admis dans la confidence des grands, et qu'ils savent des anecdotes ignorées du public? Et pourquoi ne croirois-je pas que le regret d'avoir contribué à noircir un innocent en rendra quelques-uns indiscrets ou véridiques, surtout à l'heure où, prêts à sortir de cette vie, ils seront sollicités par leur conscience à ne pas emporter leur coulpe avec eux? Enfin, pourquoi les réflexions que vous et moi faisions aujourd'hui ne viendront-elles pas alors dans l'esprit de plusieurs personnes, quand elles examineront de sang-froid la conduite qu'on a tenue, et la facilité qu'on eut par elle de peindre cet homme comme on a voulu? On sentira qu'il est beaucoup plus incroyable qu'un pareil homme ait existé réellement, qu'il ne l'est que la crédulité publique enhardissant les imposteurs, les ait portés à le peindre ainsi successivement, et en enchérissant toujours, sans s'apercevoir qu'ils passoient même la mesure du possible. Cette marche, très-naturelle à la passion, est un piége qui la décèle, et dont elle se garantit rarement. Celui qui voudroit tenir un registre exact de ce que, selon vos messieurs, il a fait, dit, écrit, imprimé, depuis qu'ils se sont emparés de sa personne, joint à tout ce qu'il a fait réellement, trouveroit qu'en cent ans il n'auroit pu suffire à tant de choses. Tous les livres qu'on lui attribue, tous les propos qu'on lui fait tenir, sont aussi concordans et aussi naturels que les faits qu'on lui impute, et tout cela toujours si bien prouvé, qu'en admettant un seul de ces faits on n'a plus droit d'en rejeter aucun autre.

Cependant, avec un peu de calcul et de bon sens, on verra que tant de choses sont incompatibles, que jamais il n'a pu faire tout cela, ni se trouver en tant de lieux différens en si peu de temps; qu'il y a par conséquent plus de fictions que de vérités dans toutes ces anecdotes entassées, et qu'enfin les mêmes preuves qui n'empêchent pas les unes d'être des mensonges ne sauroient établir que les autres sont des vérités. La force même et le nombre de toutes ces preuves suffiront pour faire soupçonner le complot : et dès-lors toutes celles qui n'auront pas subi l'épreuve légale perdront leur force, tous les témoins qui n'auront pas été confrontés à l'accusé perdront leur autorité, et il ne restera contre lui de charges solides que celles qui lui auront été connues, et dont il n'aura pu se justifier ; c'est-à-dire, qu'aux fautes près qu'il a déclarées le premier, et dont vos messieurs ont tiré un si grand parti, on n'aura rien du tout à lui reprocher.

C'est dans cette persuasion qu'il me paroît raisonnable qu'il se console des outrages de ses contemporains et de leur injustice. Quoi qu'ils puissent faire, ses livres, transmis à la postérité, montreront que leur auteur ne fut point tel qu'on s'efforce de le peindre ; et sa vie réglée, simple, uniforme, et la même depuis tant d'années, ne s'accordera jamais avec le caractère affreux qu'on veut lui donner. Il en sera de ce ténébreux complot, formé dans un si profond secret, développé avec de si grandes précautions, et suivi avec tant de zèle, comme de tous les ouvrages des passions des hommes, qui sont passagers et périssables comme eux. Un temps viendra qu'on aura pour le siècle où vécut Jean-Jacques la même horreur que ce siècle marque pour lui, et que ce complot, immortalisant son auteur, comme Erostrate, passera pour un chef-d'œuvre de génie, et plus encore de méchanceté.

LE FR. Je joins de bon cœur mes vœux aux vôtres pour l'accomplissement de cette prédiction, mais j'avoue que je n'y ai pas autant de confiance ; et à voir le tour qu'a pris cette affaire, je jugerois que des multitudes de caractères et d'événemens décrits dans l'histoire n'ont peut-être d'autre fondement que l'invention de ceux qui se sont avisés de les affirmer. Que le temps fasse triompher la vérité, c'est ce qui doit arriver très-souvent ; mais que cela arrive toujours, comment le sait-on, et sur quelle preuve peut-on l'assurer ? Des vérités long-temps cachées se découvrent enfin par quelques circonstances fortuites. Cent mille autres peut-être resteront à jamais offusquées par le mensonge, sans que nous ayons aucun moyen de les reconnoître et de les manifester ; car, tant qu'elles restent cachées, elles sont pour nous comme n'existant pas. Otez le hasard qui en fait découvrir quelqu'une, elle continueroit d'être cachée ; et qui sait combien il en reste pour qui ce hasard ne viendra jamais ? Ne disons donc pas que le temps fait toujours triompher la vérité, car c'est ce qu'il nous est impossible de savoir, et il est bien plus croyable qu'effaçant pas à pas toutes ses traces, il fait plus souvent triompher le mensonge, surtout quand les hommes ont intérêt à le soutenir. Les conjectures sur lesquelles vous croyez que le mystère de ce complot sera dévoilé, me paroissent, à moi qui l'ai vu de plus près, beaucoup moins plausibles qu'à vous. La ligue est trop forte, trop nombreuse, trop bien liée, pour pouvoir se dissoudre aisément ; et, tant qu'elle durera comme elle est, il est trop périlleux de s'en détacher, pour que personne s'y hasarde sans autre intérêt que celui de la justice. De tant de fils divers qui composent cette trame, chacun de ceux qui la conduisent ne voit que celui qu'il doit gouverner, et tout au plus ceux qui l'avoisinent. Le concours général du tout n'est aperçu que des directeurs, qui travaillent sans relâche à démêler ce qui s'embrouille, à ôter les tiraillemens, les contradictions, et à faire jouer le tout d'une manière uniforme. La multitude des choses incompatibles entre elles, qu'on fait dire et faire à Jean-Jacques, n'est, pour ainsi dire, que le magasin des matériaux dans lequel les entrepreneurs, faisant un triage, choisiront à loisir les choses assortissantes qui peuvent s'accorder, et rejetant celles qui tranchent, répugnent, et se contredisent, parviendront bientôt à les faire oublier, après qu'elles auront produit leur effet. *Inventez toujours*, disent-ils aux ligueurs subalternes, *nous nous chargeons de choisir et d'arranger après*. Leur projet est, comme je vous l'ai dit, de faire une refonte générale de toutes les anecdotes recueillies ou fabriquées par leurs satellites, et de les arranger en un corps d'histoire disposée avec tant d'art, et travaillée avec tant de soin, que tout ce qui est absurde et contradictoire, loin de paroître un tissu de fables grossières, paroîtra l'effet de l'inconséquence de l'homme, qui, avec des passions diverses et monstrueuses, vouloit le blanc et le noir, et passoit sa vie à faire et défaire, faute de pouvoir accomplir ses mauvais desseins.

Cet ouvrage, qu'on prépare de longue main, pour le publier d'abord après sa mort, doit, par les pièces et les preuves dont il sera muni, fixer si bien le jugement du public sur sa mémoire, que personne ne s'avise même de former là-dessus le moindre doute. On y affectera pour lui le même intérêt, la même affection dont l'apparence bien ménagée a eu tant d'effet de son vivant; et pour marquer plus d'impartialité, pour lui donner, comme à regret, un caractère affreux, on y joindra les éloges les plus outrés de sa plume et de ses talens, mais tournés de façon à le rendre odieux encore par là, comme si dire et prouver également le pour et le contre, tout persuader et ne rien croire, eût été le jeu favori de son esprit. En un mot, l'écrivain de cette vie, admirablement choisi pour cela, saura, comme l'*Aletès* du Tasse,

....Menteur adroit, savant dans l'art de nuire,
Sous la forme d'éloge habiller la satire.

Ses livres, dites-vous, transmis à la postérité déposeront en faveur de leur auteur. Ce sera, je l'avoue, un argument bien fort pour ceux qui penseront comme vous et moi sur ces livres. Mais savez-vous à quel point on peut les défigurer? et tout ce qui a déjà été fait pour cela avec le plus grand succès ne prouve-t-il pas qu'on peut tout faire sans que le public le croie ou le trouve mauvais? Cet argument tiré de ses livres a toujours inquiété nos messieurs. Ne pouvant les anéantir, et leurs plus malignes interprétations ne suffisant pas encore pour les décrier à leur gré, ils en ont entrepris la falsification; et cette entreprise, qui sembloit d'abord presque impossible, est devenue, par la connivence du public, de la plus facile exécution. L'auteur n'a fait qu'une seule édition de chaque pièce. Ces impressions éparses ont disparu depuis long-temps, et le peu d'exemplaires qui peuvent rester, cachés dans quelques cabinets, n'ont excité la curiosité de personne pour les comparer avec les recueils dont on affecte d'inonder le public. Tous ces recueils, grossis de critiques outrageantes, de libelles venimeux, et faits avec l'unique projet de défigurer les productions de l'auteur, d'en altérer les maximes, et d'en changer peu à peu l'esprit, ont été, dans cette vue, arrangés et falsifiés avec beaucoup d'art, d'abord seulement par des retranchemens, qui, supprimant les éclaircissemens nécessaires, altéroient le sens de ce qu'on laissoit, puis par d'apparentes négligences qu'on pouvoit faire passer pour des fautes d'impression, mais qui produisoient des contre-sens terribles, et qui, fidèlement transcrites à chaque impression nouvelle, ont enfin substitué, par tradition, ces fausses leçons aux véritables. Pour mieux réussir dans ce projet, on a imaginé de faire de belles éditions, qui, par leur perfection typographique, fissent tomber les précédentes et restassent dans les bibliothèques; et, pour leur donner un plus grand crédit, on a tâché d'y intéresser l'auteur même par l'appât du gain, et on lui a fait pour cela, par le libraire chargé de ces manœuvres, des propositions assez magnifiques pour devoir naturellement le tenter. Le projet étoit d'établir ainsi la confiance du public, de ne faire passer sous les yeux de l'auteur que des épreuves correctes, et de tirer à son insu les feuilles destinées pour le public, et où le texte eût été accommodé selon les vues de nos messieurs. Rien n'eût été si facile par la manière dont il est enlacé, que de lui cacher ce petit manége, et de le faire ainsi servir lui-même à autoriser la fraude dont il devoit être la victime, et qu'il eût ignorée, croyant transmettre à la postérité une édition fidèle de ses écrits. Mais, soit dégoût, soit paresse, soit qu'il ait eu quelque vent du projet, non content de s'être refusé à la proposition, il a désavoué dans une protestation signée tout ce qui s'imprimeroit désormais sous son nom. L'on a donc pris le parti de se passer de lui, et d'aller en avant comme s'il participoit à l'entreprise. L'édition se fait par souscription et s'imprime, dit-on, à Bruxelles, en beau papier, beau caractère, belles estampes. On n'épargnera rien pour la prôner dans toute l'Europe, et pour en vanter surtout l'exactitude et la fidélité, dont on ne doutera pas plus que de la ressemblance du portrait oublié par l'ami Hume. Comme elle *contiendra beaucoup de nouvelles pièces refondues* ou fabriquées par nos messieurs, on aura grand soin de les munir de titres plus que suffisans auprès d'un public qui ne demande pas mieux que de tout croire, et qui ne s'avisera pas si tard de faire le difficile sur leur authenticité.

Rouss. Mais, comment? cette déclaration de Jean-Jacques, dont vous venez de parler, ne lui servira donc de rien pour se garantir de toutes ces fraudes? et, quoi qu'il puisse dire, vos messieurs feront passer sans obstacle tout ce qu'il leur plaira d'imprimer sous son nom?

Le Fr. Bien plus; ils ont su tourner contre lui jusqu'à son désaveu. En le faisant imprimer eux-mêmes, ils en ont tiré pour eux un nouvel avantage, en publiant que, voyant ses mauvais principes mis à découvert et consignés dans ses écrits, il tâchoit de se disculper en rendant leur fidélité suspecte. Passant habilement sous silence les falsifications réelles, ils ont fait entendre qu'il accusoit d'être falsifiés des passages que tout le monde sait bien ne l'être pas; et, fixant toute l'attention du public sur ces passages, ils l'ont ainsi détourné de vérifier leurs infidélités. Supposez qu'un homme vous dise : Jean-Jacques dit qu'on lui a volé des poires, et il ment, car il a son compte de pommes : donc on ne lui a point volé de poires. Ils ont exactement raisonné comme cet homme-là, et c'est sur ce raisonnement qu'ils ont persiflé sa déclaration. Ils étoient si sûrs de son peu d'effet qu'en même temps qu'ils la faisoient imprimer, ils imprimoient aussi cette prétendue traduction du Tasse tout exprès pour la lui attribuer, et qu'ils lui ont en effet attribuée, sans la moindre objection de la part du public; comme si cette manière d'écrire aride et sautillante, sans liaison, sans harmonie et sans grâce, étoit en effet la sienne. De sorte que, selon eux, tout en protestant contre tout ce qui paroîtroit désormais sous son nom, et qui lui seroit attribué, il publioit néanmoins ce barbouillage, non-seulement sans s'en cacher, mais ayant grand'peur de n'en être pas cru l'auteur, comme il paroît par la préface singeresse qu'ils ont mise à la tête du livre.

Vous croyez qu'une balourdise aussi grossière, une aussi extravagante contradiction devoit ouvrir les yeux à tout le monde et révolter contre l'impudence de nos messieurs, poussée ici jusqu'à la bêtise? Point du tout : en réglant leurs manœuvres sur la disposition où ils ont mis le public, sur la crédulité qu'ils lui ont donnée, ils sont bien plus sûrs de réussir que s'ils agissoient avec plus de finesse. Dès qu'il s'agit de Jean-Jacques, il n'est besoin de mettre ni bon sens, ni vraisemblance, dans les choses qu'on en débite; plus elles sont absurdes et ridicules, plus on s'empresse à n'en pas douter. Si d'Alembert ou Diderot s'avisoient d'affirmer aujourd'hui qu'il a deux têtes, en le voyant passer demain dans la rue, tout le monde lui verroit deux têtes très-distinctement, et chacun seroit très-surpris de n'avoir pas aperçu plus tôt cette monstruosité.

Nos messieurs sentent si bien cet avantage et savent si bien s'en prévaloir, qu'il entre dans leurs plus efficaces ruses d'employer des manœuvres pleines d'audace et d'impudence au point d'en être incroyables, afin que, s'il les apprend et s'en plaint, personne n'y veuille ajouter foi. Quand, par exemple, un honnête imprimeur, Simon, dira publiquement à tout le monde que Jean-Jacques vient souvent chez lui voir et corriger les épreuves de ces éditions frauduleuses qu'ils font de ses écrits, qui est-ce qui croira que Jean-Jacques ne connoît pas l'imprimeur Simon, et n'avoit pas même ouï parler de ces éditions quand ce discours lui revint? Quand encore on verra son nom pompeusement étalé dans les listes des souscripteurs de livres de prix, qui est-ce qui, dès à présent et dans l'avenir, ira s'imaginer que toutes ces souscriptions prétendues sont là mises à son insu, ou malgré lui, seulement pour lui donner un air d'opulence et de prétention qui démente le ton qu'il a pris. Et cependant...

Rouss. Je sais ce qu'il en est, car il m'a protesté n'avoir fait en sa vie qu'une seule souscription, savoir celle pour la statue de M. de Voltaire (*).

Le Fr. Hé bien, monsieur, cette seule souscription qu'il a faite est la seule dont on ne sait rien; car le discret d'Alembert, qui l'a reçue, n'en a pas fait beaucoup de bruit. Je comprends bien que cette souscription est moins une générosité qu'une vengeance; mais c'est une vengeance à la Jean-Jacques que Voltaire ne lui rendra pas.

Vous devez sentir, par ces exemples, que, de quelque façon qu'il s'y prenne, et dans aucun temps, il ne peut raisonnablement espérer que la vérité perce à son égard à travers les filets tendus autour de lui, et dans lesquels, en s'y débattant, il ne fait que s'enlacer davan-

---

(*) Voyez dans l'*Appendice aux Confessions* (tome 1, page 558), la Lettre de Rousseau à M. de la Tourette, du 2 juin 1776. G. P.

tage. Tout ce qui lui arrive est trop hors de l'ordre commun des choses pour pouvoir jamais être cru; et ses protestations mêmes ne feront qu'attirer sur lui les reproches d'impudence et de mensonge que méritent ses ennemis.

Donnez à Jean-Jacques un conseil, le meilleur peut-être qui lui reste à suivre, environné comme il est d'embûches et de piéges où chaque pas ne peut manquer de l'attirer : c'est de rester, s'il se peut, immobile, de ne point agir du tout (¹), de n'acquiescer à rien de ce qu'on lui propose, sous quelque prétexte que ce soit, et de résister même à ses propres mouvemens tant qu'il peut s'abstenir de les suivre. Sous quelque face avantageuse qu'une chose à faire ou à dire se présente à son esprit, il doit compter que dès qu'on lui laisse le pouvoir de l'exécuter, c'est qu'on est sûr d'en tourner l'effet contre lui, et de la lui rendre funeste. Par exemple, pour tenir le public en garde contre la falsification de ses livres, et contre tous les écrits pseudonymes qu'on fait courir journellement sous son nom, qu'y avoit-il de meilleur en apparence et dont on pût moins abuser pour lui nuire que la déclaration dont nous venons de parler? Et cependant vous seriez étonné du parti qu'on a tiré de cette déclaration pour un effet tout contraire, et il a dû sentir cela de lui-même par le soin qu'on a pris de la faire imprimer à son insu : car il n'a sûrement pas pu croire qu'on ait pris ce soin pour lui faire plaisir. L'écrit sur le gouvernement de Pologne (²), qu'il n'a fait que sur les plus touchantes instances, avec le plus parfait désintéressement, et par les seuls motifs de la plus pure vertu, sembloit ne pouvoir qu'honorer son auteur et le rendre respectable, quand même cet écrit n'eût été qu'un tissu d'erreurs. Si vous saviez par qui, pour qui, pourquoi cet écrit étoit sollicité, l'usage qu'on s'est empressé d'en faire, et le tour qu'on a su lui donner, vous sentiriez parfaitement combien il eût été à désirer pour l'auteur que, résistant à toute cajolerie, il se refusât à l'appât de cette bonne œuvre, qui, de la part de ceux qui la sollicitoient avec tant d'instance, n'avoit pour but que de la rendre pernicieuse pour lui. En un mot, s'il connoît sa situation, il doit comprendre, pour peu qu'il y réfléchisse, que toute proposition qu'on lui fait, et quelque couleur qu'on y donne, a toujours un but qu'on lui cache, et qui l'empêcheroit d'y consentir si ce but lui étoit connu. Il doit sentir surtout que le motif de faire du bien ne peut être qu'un piége pour lui de la part de ceux qui le lui proposent, et pour eux un moyen réel de faire du mal à lui ou par lui, pour le lui imputer dans la suite; qu'après l'avoir mis hors d'état de rien faire d'utile aux autres ni à lui-même, on ne peut plus lui présenter un pareil motif que pour le tromper; qu'enfin, n'étant plus, dans sa position, en puissance de faire aucun bien, tout ce qu'il peut désormais faire de mieux est de s'abstenir tout-à-fait d'agir, de peur de malfaire, sans le savoir ni le vouloir, comme cela lui arrivera infailliblement chaque fois qu'il cédera aux instances des gens qui l'environnent, et qui ont toujours leur leçon toute faite sur les choses qu'ils doivent lui proposer. Surtout qu'il ne se laisse point émouvoir par le reproche de se refuser à quelque bonne œuvre; sûr au contraire que si c'étoit réellement une bonne œuvre, loin de l'exhorter à y concourir, tout se réuniroit pour l'en empêcher, de peur qu'il n'en eût le mérite, et qu'il n'en résultât quelque effet en sa faveur.

(¹) Il ne m'est pas permis de suivre ce conseil en ce qui regarde la juste défense de mon honneur. Je dois, jusqu'à la fin, faire tout ce qui dépend de moi, sinon pour ouvrir les yeux à cette aveugle génération, du moins pour en éclairer une plus équitable. Tous les moyens pour cela me sont ôtés, je le sais; mais, sans aucun espoir de succès, tous les efforts possibles, quoique inutiles, n'en sont pas moins mon devoir, et je ne cesserai de les faire jusqu'à mon dernier soupir. *Fay ce que doy, arrive que pourra.*

(²) Cet écrit est tombé dans les mains de M. d'Alembert, peut-être aussitôt qu'il est sorti des miennes, et Dieu sait quel usage il en a su faire. M. le comte Wielhorski m'apprit, en venant me dire adieu, à son départ de Paris, qu'on avoit mis des horreurs de lui dans la gazette de Hollande. A l'air dont il me dit cela, j'ai jugé, en y repensant, qu'il me croyoit l'auteur de l'article, et je ne doute pas qu'il n'y ait du d'Alembert dans cette affaire, aussi bien que dans celle d'un certain comte Zanowisch, Dalmate, et d'un prêtre aventurier, Polonois, qui a fait mille efforts pour pénétrer chez moi. Les manœuvres de ce M. d'Alembert ne me surprennent plus : j'y suis tout accoutumé. Je ne puis assurément approuver la conduite du comte Wielhorski à mon égard. Mais, cet article à part, que je n'entreprends pas d'expliquer, j'ai toujours regardé et je regarde encore ce seigneur polonois comme un honnête homme et un bon patriote; et, si j'avois la fantaisie et les moyens de faire insérer des articles dans les gazettes, j'aurois assurément des choses plus pressées à dire, et plus importantes pour moi, que des satires du comte Wielhorski. Le succès de toutes ces menées est un effet nécessaire du système de conduite que l'on suit à mon égard. Qu'est-ce qui pourroit empêcher de réussir tout ce qu'on entreprend contre moi, dont je ne sais rien, à quoi je ne peux rien, et que tout le monde favorise?

Par les mesures extraordinaires qu'on prend pour altérer et défigurer ses écrits et pour lui en attribuer auxquels il n'a jamais songé, vous devez juger que l'objet de la ligue ne se borne pas à la génération présente, pour qui ces soins ne sont plus nécessaires; et puisque ayant sous les yeux ses livres, tels à peu près qu'il les a composés, on n'en a pas tiré l'objection qui nous paroît si forte à l'un et à l'autre contre l'affreux caractère qu'on prête à l'auteur, puisqu'au contraire on les a su mettre au rang de ses crimes, que la Profession de foi du Vicaire est devenue un écrit impie, l'*Héloïse* un roman obscène, le *Contrat social* un livre séditieux; puisqu'on vient de mettre à Paris *Pygmalion* (*), malgré lui, sur la scène, tout exprès pour exciter ce risible scandale qui n'a fait rire personne, et dont nul n'a senti la comique absurdité; puisqu'enfin ces écrits tels qu'ils existent n'ont pas garanti leur auteur de la diffamation de son vivant, l'en garantiront-ils mieux après sa mort, quand on les aura mis dans l'état projeté pour rendre sa mémoire odieuse, et quand les auteurs du complot auront en tout le temps d'effacer toutes les traces de son innocence et de leur imposture? Ayant pris toutes leurs mesures en gens prévoyans et pourvoyans qui songent à tout, auront-ils oublié la supposition que vous faites du repentir de quelque complice, du moins à l'heure de la mort, et les déclarations incommodes qui pourroient en résulter s'ils n'y mettoient ordre?

Non, monsieur, comptez que toutes leurs mesures sont si bien prises, qu'il leur reste peu de chose à craindre de ce côté-là.

Parmi les singularités qui distinguent le siècle où nous vivons de tous les autres, est l'esprit méthodique et conséquent qui, depuis vingt ans, dirige les opinions publiques. Jusqu'ici ces opinions erroient sans suite et sans règle au gré des passions des hommes, et ces passions, s'entrechoquant sans cesse, faisoient flotter le public de l'une à l'autre sans aucune direction constante. Il n'en est plus de même aujourd'hui. Les préjugés eux-mêmes ont leur marche et leurs règles, et ces règles, auxquelles le public est asservi sans qu'il s'en doute, s'établissent uniquement sur les vues de ceux qui le dirigent. Depuis que la secte philosophique s'est réunie en un corps sous des chefs, ces chefs, par l'art de l'intrigue auquel ils se sont appliqués, devenus les arbitres de l'opinion publique, le sont par elle de la réputation, même de la destinée des particuliers, et, par eux, de celle de l'état. Leur essai fut fait sur Jean-Jacques, et la grandeur du succès qui dut les étonner eux-mêmes leur fit sentir jusqu'où leur crédit pouvoit s'étendre. Alors ils songèrent à s'associer des hommes puissans, pour devenir avec eux les arbitres de la société, ceux surtout qui, disposés comme eux aux secrètes intrigues et aux mines souterraines, ne pouvoient manquer de rencontrer et d'éventer souvent les leurs. Ils leur firent sentir que, travaillant de concert, ils pouvoient étendre tellement leurs rameaux sous les pas des hommes, que nul ne trouvât plus d'assiette solide et ne pût marcher que sur des terrains contreminés. Ils se donnèrent des chefs principaux qui, de leur côté, dirigeant sourdement toutes les forces publiques sur les plans convenus entre eux, rendent infaillible l'exécution de tous leurs projets. Ces chefs de la ligue philosophique la méprisent et n'en sont pas estimés, mais l'intérêt commun les tient étroitement unis les uns aux autres, parce que la haine ardente et cachée est la grande passion de tous, et que, par une rencontre assez naturelle, cette haine commune est tombée sur les mêmes objets. Voilà comment le siècle où nous vivons est devenu le siècle de la haine et des complots, siècle où tout agit de concert sans affection pour personne; où nul ne tient à son parti par attachement, mais par aversion pour le parti contraire; où, pourvu qu'on fasse le mal d'autrui, nul ne se soucie de son propre bien.

Rouss. C'étoit pourtant chez tous ces gens si haineux que vous trouviez pour Jean-Jacques une affection si tendre.

Le Fr. Ne me rappelez pas mes torts; ils étoient moins réels qu'apparens. Quoique tous ces ligueurs m'eussent fasciné l'esprit par un certain jargon papilloté, toutes ces ridicules vertus, si pompeusement étalées, étoient presque aussi choquantes à mes yeux qu'aux vôtres. J'y sentois une forfanterie que je ne savois pas démêler; et mon jugement, subjugué mais non satisfait, cherchoit les éclaircissemens que

---

(*) Le 30 octobre 1775. Voy. l'*Appendice aux Confessions*, tome 1, page 362. G. P.

vous m'avez donnés, sans savoir les trouver de lui-même.

Les complots ainsi arrangés, rien n'a été plus facile que de les mettre à exécution par des moyens assortis à cet effet. Les oracles des grands ont toujours un grand crédit sur le peuple. On n'a fait qu'y ajouter un air de mystère pour les faire mieux circuler. Les philosophes, pour conserver une certaine gravité, se sont donné, en se faisant chefs de parti, des multitudes de petits élèves qu'ils ont initiés aux secrets de la secte, et dont ils ont fait autant d'émissaires et d'opérateurs de sourdes iniquités; et, répandant par eux les noirceurs qu'ils inventoient et qu'ils feignoient eux de vouloir cacher, ils étendoient ainsi leur cruelle influence dans tous les rangs, sans excepter les plus élevés. Pour s'attacher inviolablement leurs créatures, les chefs ont commencé par les employer à malfaire, comme Catilina fit boire à ses conjurés le sang d'un homme, sûrs que, par ce mal où ils les avoient fait tremper, ils les tenoient liés pour le reste de leur vie. Vous avez dit que la vertu n'unit les hommes que par des liens fragiles, au lieu que les chaînes du crime sont impossibles à rompre. L'expérience en est sensible dans l'histoire de Jean-Jacques. Tout ce qui tenoit à lui par l'estime et la bienveillance, que sa droiture et la douceur de son commerce devoient naturellement inspirer, s'est éparpillé, sans retour, à la première épreuve, ou n'est resté que pour le trahir. Mais les complices de nos messieurs n'oseront jamais ni les démasquer, quoi qu'il arrive, de peur d'être démasqués eux-mêmes; ni se détacher d'eux, de peur de leur vengeance, trop bien instruits de ce qu'ils savent faire pour l'exercer. Demeurant ainsi tous unis par la crainte plus que les bons ne le sont par l'amour, ils forment un corps indissoluble dont chaque membre ne peut plus être séparé.

Dans l'objet de disposer, par leurs *disciples*, de l'opinion publique et de la réputation des hommes, ils ont assorti leur doctrine à leurs vues : ils ont fait adopter à leurs sectateurs les principes les plus propres à se les tenir inviolablement attachés, quelque usage qu'ils en veuillent faire; et, pour empêcher que les directions d'une importune morale ne vinssent contrarier les leurs, ils l'ont sapée par la base en détruisant toute religion, tout libre-arbitre, par conséquent tout remords, d'abord avec quelque précaution, par la secrète prédication de leur doctrine, et ensuite tout ouvertement, lorsqu'ils n'ont plus eu de puissance réprimante à craindre. En paroissant prendre le contre-pied des jésuites, ils ont tendu néanmoins au même but par des routes détournées, en se faisant comme eux chefs de parti. Les jésuites se rendoient tout-puissants en exerçant l'autorité divine sur les consciences, et se faisant, au nom de Dieu, les arbitres du bien et du mal. Les philosophes, ne pouvant usurper la même autorité, se sont appliqués à la détruire; et puis, en paroissant expliquer la nature (¹) à leurs dociles sectateurs, et s'en faisant les suprêmes interprètes, ils se sont établis en son nom une autorité non moins absolue que celle de leurs ennemis, quoiqu'elle paroisse libre et ne régner sur les volontés que par la raison. Cette haine mutuelle étoit au fond une rivalité de puissance comme celle de Carthage et de Rome. Ces deux corps, tous deux impérieux, tous deux intolérans, étoient par conséquent incompatibles, puisque le système fondamental de l'un et de l'autre étoit de régner despotiquement. Chacun voulant régner seul, ils ne pouvoient partager l'empire et régner ensemble; ils s'excluoient mutuellement. Le nouveau, suivant plus adroitement les erremens de l'autre, l'a supplanté en lui débauchant ses appuis, et, par eux, est venu à bout de le détruire. Mais on le voit déjà marcher sur ses traces avec autant d'audace et plus de succès, puisque l'autre a toujours éprouvé de la résistance, et que celui-ci n'en éprouve plus. Son intolérance, plus cachée et non moins cruelle, ne paroît pas exercer la même rigueur, parce qu'elle n'éprouve plus de rebelles; mais, s'il renaissoit quelques vrais défenseurs du théisme, de la tolérance et de la morale, on *verroit bientôt s'élever contre eux les plus terribles persécutions*; bientôt une inquisition philosophique, plus cauteleuse et non moins sanguinaire que l'autre, feroit brûler sans miséricorde quiconque oseroit croire en Dieu.

(¹) Nos philosophes ne manquent pas d'étaler pompeusement ce mot de *nature* à la tête de tous leurs écrits. Mais ouvrez le livre, vous verrez quel jargon métaphysique ils ont décoré de ce beau nom.

Je ne vous déguiserai point qu'au fond du cœur je suis resté croyant moi-même aussi bien que vous. Je pense là-dessus, ainsi que Jean-Jacques, que chacun est porté naturellement à croire ce qu'il désire, et que celui qui se sent digne du prix des âmes justes ne peut s'empêcher de l'espérer. Mais, sur ce point comme sur Jean-Jacques lui-même, je ne veux point professer hautement et inutilement des sentimens qui me perdroient. Je veux tâcher d'allier la prudence avec la droiture, et ne faire ma véritable profession de foi que quand j'y serai forcé sous peine de mensonge.

Or cette doctrine de matérialisme et d'athéisme, prêchée et propagée avec toute l'ardeur des plus zélés missionnaires, n'a pas seulement pour objet de faire dominer les chefs sur leurs prosélytes, mais, dans les mystères secrets où ils les emploient, de n'en craindre aucune indiscrétion durant leur vie, ni aucune repentance à leur mort. Leurs trames, après le succès, meurent avec leurs complices, auxquels ils n'ont rien tant appris qu'à ne pas craindre dans l'autre vie ce *Poul-Serrho* des Persans, objecté par Jean-Jacques à ceux qui disent que la religion ne fait aucun bien. Le dogme de l'ordre moral, rétabli dans l'autre vie, a fait jadis réparer bien des torts dans celle-ci; et les imposteurs ont eu, dans les derniers momens de leurs complices, un danger à courir qui souvent leur servit de frein. Mais notre philosophie, en délivrant ses prédicateurs de cette crainte, et leurs disciples de cette obligation, a détruit pour jamais tout retour au repentir. A quoi bon des révélations non moins dangereuses qu'inutiles? Si l'on meurt, on ne risque rien, selon eux, à se taire; et l'on risque tout à parler, si l'on en revient. Ne voyez-vous pas que, depuis long-temps, on n'entend plus parler de restitutions, de réparations, de réconciliations au lit de la mort; que tous les mourans, sans repentir, sans remords, emportent sans effroi dans leur conscience le bien d'autrui, le mensonge et la fraude dont ils la chargèrent pendant leur vie? Et que serviroit même à Jean-Jacques ce repentir supposé d'un mourant dont les tardives déclarations, étouffées par ceux qui l'entourent, ne transpireroient jamais au dehors, et ne parviendroient à la connoissance de personne? Ignorez-vous que tous les ligueurs, surveillans les uns des autres, forcent et sont forcés de rester fidèles au complot, et qu'entourés, surtout à leur mort, aucun d'eux ne trouveroit pour recevoir sa confession, au moins à l'égard de Jean-Jacques, que de faux dépositaires qui ne s'en chargeroient que pour l'ensevelir dans un secret éternel? Ainsi toutes les bouches sont ouvertes au mensonge, sans que parmi les vivans et les mourans il s'en trouve désormais aucune qui s'ouvre à la vérité. Dites-moi donc quelle ressource lui reste pour triompher, même à force de temps, de l'imposture, et se manifester au public, quand tous les intérêts concourent à la tenir cachée, et qu'aucun ne porte à la révéler?

Rouss. Non, ce n'est pas à moi à vous dire cela; c'est à vous-même, et ma réponse est écrite dans votre cœur. Eh! dites-moi donc à votre tour quel intérêt, quel motif vous ramène de l'aversion, de l'animosité même qu'on vous inspira pour Jean-Jacques, à des sentimens si différens? Après l'avoir si cruellement haï quand vous l'avez cru méchant et coupable, pourquoi le plaignez-vous si sincèrement aujourd'hui que vous le jugez innocent? Croyez-vous donc être le seul homme au cœur duquel parle encore la justice indépendamment de tout autre intérêt? Non, monsieur, il en est encore, et peut-être plus qu'on ne pense, qui sont plutôt abusés que séduits, qui font aujourd'hui par foiblesse et par imitation ce qu'ils voient faire à tout le monde, mais qui, rendus à eux-mêmes, agiroient tout différemment. Jean-Jacques lui-même pense plus favorablement que vous de plusieurs de ceux qui l'approchent; il les voit, trompés par ses soi-disant patrons, suivre sans le savoir les impressions de la haine, croyant de bonne foi suivre celles de la pitié. Il y a dans la disposition publique un prestige entretenu par les chefs de la ligue. S'ils se relâchoient un moment de leur vigilance, les idées dévoyées par leurs artifices ne tarderoient pas à reprendre leur cours naturel, et la tourbe elle-même, ouvrant enfin les yeux, et voyant où l'on l'a conduite, s'étonneroit de son propre égarement. Cela, quoi que vous en disiez, arrivera tôt ou tard. La question, si cavalièrement décidée dans notre siècle, sera mieux discutée dans un autre, quand la haine dans laquelle on entretient le public cessera d'être fomentée ; et quand dans des générations meilleures celle-ci aura été mise à son prix, ses jugemens formeront des préjugés contraires ; ce sera une honte d'en avoir été loué, et une gloire d'en avoir été haï. Dans cette génération même il faut distinguer encore et les auteurs du complot, et ses directeurs des deux sexes, et leurs confidens en très-petit nombre initiés peut-être dans le secret de l'imposture, d'avec le public, qui, trompé par eux, et le croyant réellement coupable, se prête sans scrupule à tout ce qu'ils inventent pour le rendre plus odieux de jour en jour. La conscience éteinte dans les premiers n'y laisse plus de prise au repentir ; mais l'égarement des autres est l'effet d'un prestige qui peut s'évanouir, et leur conscience rendue à elle-même peut leur faire sentir cette vérité si pure et si simple, que la méchanceté qu'on emploie à diffamer un homme prouve que ce n'est point pour sa méchanceté qu'il est diffamé. Sitôt que la passion et la prévention cesseront d'être entretenues, mille choses qu'on ne remarque pas aujourd'hui frapperont tous les yeux. Ces éditions frauduleuses de ses écrits, dont vos messieurs attendent un si grand effet, en produiront alors un tout contraire, et serviront à les déceler, en manifestant aux plus stupides les perfides intentions des éditeurs. Sa vie, écrite de son vivant par des traîtres, en se cachant très-soigneusement de lui, portera tous les caractères des plus noirs libelles ; enfin, tous les manéges dont il est l'objet paroîtront alors ce qu'ils sont ; c'est tout dire.

Que les nouveaux philosophes aient voulu prévenir les remords des mourans par une doctrine qui mît leur conscience à son aise, de quelque poids qu'ils aient pu la charger, c'est de quoi je ne doute pas plus que vous, remarquant surtout que *la prédication* passionnée de cette doctrine a commencé précisément avec l'exécution du complot, et paroît tenir à d'autres complots dont celui-ci ne fait que partie. Mais cet engouement d'athéisme est un fanatisme, éphémère ouvrage de la mode, et qui se détruira par elle ; et l'on voit, par l'emportement avec lequel le peuple s'y livre, que ce n'est qu'une mutinerie contre sa conscience, dont il sent le murmure avec dépit. Cette commode philosophie des heureux et des riches, qui font leur paradis en ce monde, ne sauroit être long-temps celle de la multitude victime de leurs passions, et qui, faute de bonheur en cette vie, a besoin d'y trouver au moins l'espérance et les consolations que cette barbare doctrine leur ôte. Des hommes nourris dès l'enfance dans une intolérante impiété poussée jusqu'au fanatisme, dans un libertinage sans crainte et sans honte ; une jeunesse sans discipline, des femmes sans mœurs (¹), des peuples sans foi, des rois sans loi, sans supérieur qu'ils craignent, et délivrés de toute espèce de frein ; tous les devoirs de la conscience anéantis, l'amour de la patrie et l'attachement au prince éteints dans tous les cœurs ; enfin, nul autre lien social que la force : on peut prévoir aisément, ce me semble, ce qui doit bientôt résulter de tout cela. L'Europe, en proie à des maîtres instruits, par leurs instituteurs même, à n'avoir d'autres guides que leur intérêt, ni d'autre dieu que leurs passions ; tantôt sourdement affamée, tantôt ouvertement dévastée, partout inondée de soldats (²), de comédiens, de filles publiques, de livres corrupteurs et de vices destructeurs, voyant naître et périr dans son sein des races indignes de vivre, sentira tôt ou tard, dans ses calamités, le fruit des nouvelles instructions ; et jugeant d'elles par leurs funestes effets, prendra dans la même horreur et les professeurs et les disciples, et toutes ces doctrines cruelles qui, laissant l'empire absolu de l'homme à ses sens, et bornant tout à la jouissance de cette courte vie, rendent le siècle où elles règnent aussi méprisable que malheureux.

Ces sentimens innés, que la nature a gravés dans tous les cœurs pour consoler l'homme dans ses misères et l'encourager à la vertu,

---

(¹) Je viens d'apprendre que la génération présente se vante *singulièrement* de bonnes mœurs. J'aurois dû deviner cela. Je ne doute pas qu'elle ne se vante aussi de désintéressement, de droiture, de franchise et de loyauté. C'est être aussi loin des vertus qu'il est possible, que d'en perdre l'idée au point de prendre pour elles les vices contraires. Au reste, il est très-naturel qu'à force de sourdes intrigues et de noirs complots, à force de se nourrir de bile et de fiel, on perde enfin le goût des vrais plaisirs. Celui de nuire, une fois goûté, rend insensible à tous les autres : c'est une des punitions des méchans.

(²) Si j'ai le bonheur de trouver enfin un lecteur équitable quoique François, j'espère qu'il pourra comprendre, au moins cette fois, qu'*Europe* et *France* ne sont pas pour moi des mots synonymes.

peuvent bien, à force d'art, d'intrigues et de sophismes, être étouffés dans les individus; mais, prompts à renaître dans les générations suivantes, ils ramèneront toujours l'homme à ses dispositions primitives, comme la semence d'un arbre greffé redonne toujours le sauvageon. Ce sentiment intérieur, que nos philosophes admettent quand il leur est commode et rejettent quand il leur est importun, perce à travers les écarts de la raison, et crie à tous les cœurs que la justice a une autre base que l'intérêt de cette vie, et que l'ordre moral, dont rien ici-bas ne nous donne l'idée, a son siége dans un système différent, qu'on cherche en vain sur la terre, mais où tout doit être un jour ramené (¹). La voix de la conscience ne peut pas plus être étouffée dans le cœur humain, que celle de la raison dans l'entendement; et l'insensibilité morale est tout aussi peu naturelle que la folie.

Ne croyez donc pas que tous les complices d'une trame exécrable puissent vivre et mourir toujours en repos dans leur crime. Quand ceux qui les dirigent n'attiseront plus la passion qui les anima, quand cette passion se sera suffisamment assouvie, quand ils en auront fait périr l'objet dans les ennuis, la nature insensiblement reprendra son empire : ceux qui commirent l'iniquité en sentiront l'insupportable poids, quand son souvenir ne sera plus accompagné d'aucune jouissance. Ceux qui en furent les témoins sans y tremper, mais sans la connoître, revenus de l'illusion qui les abuse, attesteront ce qu'ils ont vu, ce qu'ils ont entendu, ce qu'ils savent, et rendront hommage à la vérité. Tout a été mis en œuvre pour prévenir et empêcher ce retour : mais on a beau faire, l'ordre naturel se rétablit tôt ou tard, et le premier qui soupçonnera que Jean-Jacques pourroit bien n'avoir pas été coupable, sera bien près de s'en convaincre, et d'en convaincre, s'il veut, ses contemporains, qui, le complot et ses auteurs n'existant plus, n'auront d'autre intérêt que celui d'être justes, et de connoître la vérité. C'est alors que tous ces monumens seront précieux, et que tel fait qui peut n'être aujourd'hui qu'un indice incertain, conduira peut-être jusqu'à l'évidence.

Voilà, monsieur, à quoi tout ami de la justice et de la vérité peut, sans se compromettre, et doit consacrer tous les soins qui sont en son pouvoir. Transmettre à la postérité des éclaircissemens sur ce point, c'est préparer et remplir peut-être l'œuvre de la Providence. Le ciel bénira, n'en doutez pas, une si juste entreprise. Il en résultera pour le public deux grandes leçons, et dont il avoit grand besoin ; l'une, d'avoir, et surtout aux dépens d'autrui, une confiance moins téméraire dans l'orgueil du savoir humain; l'autre, d'apprendre, par un exemple aussi mémorable, à respecter en tout et toujours le droit naturel, et à sentir que toute vertu qui se fonde sur une violation de ce droit est une vertu fausse, qui couvre infailliblement quelque iniquité. Je me dévoue donc à cette œuvre de justice en tout ce qui dépend de moi, et je vous exhorte à y concourir, puisque vous le pouvez faire sans risque, et que vous avez vu de plus près des multitudes de faits qui peuvent éclairer ceux qui voudront un jour examiner cette affaire. Nous pouvons, à loisir et sans bruit, faire nos recherches, les recueillir, y joindre nos réflexions; et, reprenant autant qu'il se peut la trace de toutes ces manœuvres, dont nous découvrons déjà les vestiges, fournir à ceux qui viendront après nous un fil qui les guide dans ce labyrinthe. Si nous pouvions conférer avec Jean-Jacques sur tout cela, je ne doute point que nous ne tirassions de lui beaucoup de lumières qui resteront à jamais éteintes, et que nous ne fussions surpris nous-même de la facilité avec laquelle quelques mots de sa part expliqueroient des énigmes qui, sans cela, demeureront peut-être impénétrables par l'adresse de ses ennemis. Souvent, dans mes entretiens avec lui, j'en ai reçu de son propre mouvement des éclaircissemens inattendus sur des objets que j'avois vus bien différens, faute d'une circonstance que je n'avois pu deviner, et qui leur donnoit un tout autre aspect. Mais, gêné par mes engagemens, et forcé de supprimer mes objections, je me suis souvent refusé malgré moi aux solutions

---

(¹) *De l'utilité de la Religion*. Titre d'un beau livre à faire et bien nécessaire. Mais ce titre ne peut être dignement rempli ni par un homme d'église, ni par un auteur de profession. Il faudroit un homme tel qu'il n'en existe plus de nos jours, et qu'il n'en renaîtra de longtemps (²).

(²) Ce vœu de Rousseau n'est-il pas maintenant rempli par le *Cours de morale religieuse*, le dernier des ouvrages de Necker, celui dont on a le moins parlé, et peut-être le meilleur de tous.   G. P.

qu'il sembloit m'offrir, pour ne pas paroître instruit de ce que j'étois contraint de lui taire.

Si nous nous unissons pour former avec lui une société sincère et sans fraude, une fois sûr de notre droiture et d'être estimé de nous, il nous ouvrira son cœur sans peine, et, recevant dans les nôtres les épanchemens auxquels il est naturellement si disposé, nous en pourrons tirer de quoi former de précieux mémoires dont d'autres générations sentiront la valeur, et qui du moins les mettront à portée de discuter contradictoirement des questions aujourd'hui décidées sur le seul rapport de ses ennemis. Le moment viendra, mon cœur me l'assure, où sa défense, aussi périlleuse aujourd'hui qu'inutile, honorera ceux qui s'en voudront charger, et les couvrira, sans aucun risque, d'une gloire aussi belle, aussi pure, que la vertu généreuse en puisse obtenir ici-bas.

Le Fr. Cette proposition est tout-à-fait de mon goût, et j'y consens avec d'autant plus de plaisir que c'est peut-être le seul moyen qui soit en mon pouvoir de réparer mes torts envers un innocent persécuté, sans risque de m'en faire à moi-même. Ce n'est pas que la société que vous me proposez soit tout-à-fait sans péril. L'extrême attention qu'on a sur tous ceux qui lui parlent, même une seule fois, ne s'oubliera pas pour nous. Nos messieurs ont trop vu ma répugnance à suivre leurs erremens et à circonvenir comme eux un homme dont ils m'avoient fait de si affreux portraits, pour qu'ils ne soupçonnent pas tout au moins qu'ayant changé de langage à son égard, j'ai vraisemblablement aussi changé d'opinion. Depuis long-temps déjà, malgré vos précautions et les siennes, vous êtes inscrit comme suspect sur leurs registres, et je vous préviens que, de manière ou d'autre, vous ne tarderez pas à sentir qu'ils se sont occupés de vous : ils sont trop attentifs à tout ce qui approche de Jean-Jacques, pour que personne leur puisse échapper; moi surtout qu'ils ont admis dans leur demi-confidence, je suis sûr de ne pouvoir approcher de celui qui en fut l'objet, sans les inquiéter beaucoup. Mais je tâcherai de me conduire sans fausseté, de manière à leur donner le moins d'ombrage qu'il sera possible. S'ils ont quelque sujet de me craindre, ils en ont aussi de me ménager, et je me flatte qu'ils me connoissent trop d'honneur pour craindre des trahisons d'un homme qui n'a jamais voulu tremper dans les leurs.

Je ne refuse donc pas de le voir quelquefois avec prudence et précaution : il ne tiendra qu'à lui de connoître que je partage vos sentimens à son égard, et que si je ne puis lui révéler les mystères de ses ennemis, il verra du moins que, forcé de me taire, je ne cherche pas à le tromper. Je concourrai de bon cœur avec vous pour dérober à leur vigilance, et transmettre à de meilleurs temps les faits qu'on travaille à faire disparoître, et qui fourniront un jour de puissans indices pour parvenir à la connoissance de la vérité. Je sais que ses papiers, déposés en divers temps avec plus de confiance que de choix en des mains qu'il crut fidèles, sont tous passés dans celles de ses persécuteurs, qui n'ont pas manqué d'anéantir ceux qui pouvoient ne leur pas convenir, et d'accommoder à leur gré les autres; ce qu'ils ont pu faire à discrétion, ne craignant ni examen, ni vérification de la part de qui que ce fût, ni surtout de gens intéressés à découvrir et manifester leur fraude. Si, depuis lors, il lui reste quelques papiers encore, on les guette pour s'en emparer au plus tard à sa mort; et, par les mesures prises, il est bien difficile qu'il en échappe aucun aux mains commises pour tout saisir. Le seul moyen qu'il ait de les conserver est de les déposer secrètement, s'il est possible, en des mains vraiment fidèles et sûres. Je m'offre à partager avec vous les risques de ce dépôt, et je m'engage à n'épargner aucun soin pour qu'il paroisse un jour aux yeux du public tel que je l'aurai reçu, augmenté de toutes les observations que j'aurai pu recueillir, tendantes à dévoiler la vérité. Voilà tout ce que la prudence me permet de faire pour l'acquit de ma conscience, pour l'intérêt de la justice, et pour le service de la vérité.

Rouss. Et c'est aussi tout ce qu'il désire lui-même. L'espoir que sa mémoire soit rétablie un jour dans l'honneur qu'elle mérite, et que ses livres deviennent utiles pour l'estime due à leur auteur, est désormais le seul qui peut le flatter en ce monde. Ajoutons-y de plus la douceur de voir encore deux cœurs honnêtes et vrais s'ouvrir au sien. Tempérons ainsi l'horreur de cette solitude, où l'on le force de vivre au milieu du genre humain. Enfin, sans faire en sa faveur d'inutiles efforts, qui pourroient causer de grands désordres, et dont le succès même ne le toucheroit plus, ménageons-lui cette consolation, pour sa dernière heure, que des mains amies lui ferment les yeux.

HISTOIRE
DU
PRÉCÉDENT ÉCRIT.

Je ne parlerai point ici du sujet, ni de l'objet, ni de la forme de cet écrit. C'est ce que j'ai fait dans l'avant-propos qui le précède. Mais je dirai quelle étoit sa destination, quelle a été sa destinée, et pourquoi cette copie se trouve ici.

Je m'étois occupé, durant quatre ans, de ces dialogues, malgré le serrement de cœur qui ne me quittoit point en y travaillant; et je touchois à la fin de cette douloureuse tâche, sans savoir, sans imaginer comment en pouvoir faire usage, et sans me résoudre sur ce que je tenterois du moins pour cela. Vingt ans d'expérience m'avoient appris quelle droiture et quelle fidélité je pouvois attendre de ceux qui m'entouroient sous le nom d'amis. Frappé surtout de l'insigne duplicité de Duclos, que j'avois estimé au point de lui confier mes Confessions, et qui, du plus sacré dépôt de l'amitié, n'avoit fait qu'un instrument d'imposture et de trahison, que pouvois-je attendre des gens qu'on avoit mis autour de moi depuis ce temps-là, et dont toutes les manœuvres m'annonçoient si clairement les intentions? Leur confier mon manuscrit n'étoit autre chose que vouloir le remettre moi-même à mes persécuteurs; et la manière dont j'étois enlacé ne me laissoit plus le moyen d'aborder personne autre.

Dans cette situation, trompé dans tous mes choix, et ne trouvant plus que perfidie et fausseté parmi les hommes, mon âme, exaltée par le sentiment de son innocence et par celui de leur iniquité, s'éleva par un élan jusqu'au siège de tout ordre et de toute vérité, pour y chercher les ressources que je n'avois plus ici-bas. Ne pouvant plus me confier à aucun homme qui ne me trahît, je résolus de me confier uniquement à la Providence, et de remettre à elle seule l'entière disposition du dépôt que je désirois laisser en de sûres mains.

J'imaginai pour cela de faire une copie au net de cet écrit, et de la déposer dans une église sur un autel; et, pour rendre cette démarche aussi solennelle qu'il étoit possible, je choisis le grand autel de l'église de Notre-Dame, jugeant que partout ailleurs mon dépôt seroit plus aisément caché ou détourné par les curés ou par les moines, et tomberoit infailliblement dans les mains de mes ennemis; au lieu qu'il pouvoit arriver que le bruit de cette action fît parvenir mon manuscrit jusque sous les yeux du roi; ce qui étoit tout ce que j'avois à désirer de plus favorable, et qui ne pouvoit jamais arriver en m'y prenant de toute autre façon.

Tandis que je travaillois à transcrire au net mon écrit, je méditois sur les moyens d'exécuter mon projet, ce qui n'étoit pas fort facile, et surtout pour un homme aussi timide que moi. Je pensai qu'un samedi, jour auquel toutes les semaines on va chanter devant l'autel de Notre-Dame un motet, durant lequel le chœur reste vide, seroit le jour où j'aurois le plus de facilité d'y entrer, d'arriver jusqu'à l'autel et d'y placer mon dépôt. Pour combiner plus sûrement ma démarche, j'allai plusieurs fois de loin en loin examiner l'état des choses, et la disposition du chœur et de ses avenues; car ce que j'avois à redouter, c'étoit d'être retenu au passage, sûr que dès lors mon projet étoit manqué. Enfin, mon manuscrit étant prêt, je l'enveloppai, et j'y mis la suscription suivante:

DÉPÔT REMIS A LA PROVIDENCE.

« Protecteur des opprimés, Dieu de justice
» et de vérité, reçois ce dépôt que remet sur
» ton autel et confie à ta providence un étran-
» ger infortuné, seul, sans appui, sans défen-
» seur sur la terre, outragé, moqué, diffamé,
» trahi de toute une génération, chargé depuis
» quinze ans, à l'envi, de traitemens pires que
» la mort, et d'indignités inouïes jusqu'ici par-
» mi les humains, sans avoir pu jamais en ap-

» prendre au moins la cause. Toute explication
» m'est refusée, toute communication m'est
» ôtée ; je n'attends plus des hommes aigris
» par leur propre injustice qu'affronts, men-
» songes et trahisons. Providence éternelle,
» mon seul espoir est en toi ; daigne prendre
» mon dépôt sous ta garde, et le faire tomber
» dans des mains jeunes et fidèles, qui le trans-
» mettent exempt de fraude à une meilleure
» génération ; qu'elle apprenne, en déplorant
» mon sort, comment fut traité par celle-ci un
» homme sans fiel et sans fard, ennemi de
» l'injustice, mais patient à l'endurer, et qui
» jamais n'a fait, ni voulu, ni rendu de mal à
» personne. Nul n'a droit, je le sais, d'espérer
» un miracle, pas même l'innocence opprimée
» et méconnue. Puisque tout doit rentrer dans
» l'ordre un jour, il suffit d'attendre. Si donc
» mon travail est perdu, s'il doit être livré à
» mes ennemis, et par eux détruit ou défiguré,
» comme cela paroît inévitable, je n'en comp-
» terai pas moins sur ton œuvre, quoique j'en
» ignore l'heure et les moyens ; et après avoir
» fait, comme je l'ai dû, mes efforts pour y
» concourir, j'attends avec confiance, je me
» repose sur ta justice, et me résigne à ta vo-
» lonté. »

Au verso du titre, et avant la première page, étoit écrit ce qui suit :

« Qui que vous soyez, que le ciel a fait l'ar-
» bitre de cet écrit, quelque usage que vous
» ayez résolu d'en faire, et quelque opinion
» que vous ayez de l'auteur, cet auteur infor-
» tuné vous conjure, par vos entrailles hu-
» maines et par les angoisses qu'il a souffertes
» en l'écrivant, de n'en disposer qu'après l'a-
» voir lu tout entier. Songez que cette grâce,
» que vous demande un cœur brisé de dou-
» leur, est un devoir d'équité que le ciel vous
» impose. »

Tout cela fait, je pris sur moi mon paquet, et je me rendis, le samedi 24 février 1776, sur les deux heures, à Notre-Dame, dans l'intention d'y présenter le même jour mon offrande.

Je voulus entrer par une des portes latérales, par laquelle je comptois pénétrer dans le chœur. Surpris de la trouver fermée, j'allois passer plus bas par l'autre porte latérale qui donne dans la nef. En entrant, mes yeux furent frappés d'une grille que je n'avois jamais remar-
quée, et qui séparoit de la nef la partie des bas-côtés qui entoure le chœur. Les portes de cette grille étoient fermées, de sorte que cette partie des bas-côtés, dont je viens de parler, étoit vide, et qu'il m'étoit impossible d'y pénétrer. Au moment où j'aperçus cette grille, je fus saisi d'un vertige comme un homme qui tombe en apoplexie, et ce vertige fut suivi d'un bouleversement dans tout mon être, tel que je ne me souviens pas d'en avoir éprouvé jamais un pareil. L'église me parut tellement avoir changé de face, que doutant si j'étois bien dans Notre-Dame, je cherchois avec effort à me reconnoître et à mieux discerner ce que je voyois. Depuis trente-six ans que je suis à Paris, j'étois venu fort souvent et en divers temps à Notre-Dame ; j'avois toujours vu le passage autour du chœur ouvert et libre, et je n'y avois même jamais remarqué ni grille, ni porte, autant qu'il put m'en souvenir. D'autant plus frappé de cet obstacle imprévu, que je n'avois dit mon projet à personne, je crus, dans mon premier transport, voir concourir le ciel même à l'œuvre d'iniquité des hommes ; et le murmure d'indignation qui m'échappa ne peut être conçu que par celui qui sauroit se mettre à ma place, ni excusé que par celui qui sait lire au fond des cœurs.

Je sortis rapidement de l'église, résolu de n'y rentrer de mes jours ; et, me livrant à toute mon agitation, je courus tout le reste du jour, errant de toutes parts, sans savoir ni où j'étois, ni où j'allois, jusqu'à ce que, n'en pouvant plus, la lassitude et la nuit me forcèrent de rentrer chez moi, rendu de fatigue et presque hébété de douleur.

Revenu peu à peu de ce premier saisissement, je recommençai à réfléchir plus posément à ce qui m'étoit arrivé ; et par ce tour d'esprit qui m'est propre, aussi prompt à me consoler d'un malheur arrivé qu'à m'effrayer d'un malheur à craindre, je ne tardai pas d'envisager d'un autre œil le mauvais succès de ma tentative. J'avois dit dans ma suscription que je n'attendois pas un miracle, et il étoit clair néanmoins qu'il en auroit fallu un pour faire réussir mon projet : car l'idée que mon manuscrit parviendroit directement au roi, et que ce jeune prince prendroit lui-même la peine de lire ce long écrit ; cette idée, dis-je, étoit si folle, que je m'étonnois moi-même d'avoir pu m'en bercer un moment. Avois-je pu douter que, quand même l'éclat de cette démarche auroit fait arriver mon dépôt jusqu'à la cour, ce n'eût été que pour y tomber, non dans les mains du roi, mais dans celles de mes plus malins persécuteurs ou de leurs amis, et par conséquent pour être tout-à-fait supprimé, ou défiguré selon leurs vues, pour le rendre funeste à ma mémoire? Enfin le mauvais succès de mon projet, dont je m'étois si fort affecté, me parut, à force d'y réfléchir, un bienfait du ciel, qui m'avoit empêché d'accomplir un dessein si contraire à mes intérêts; je trouvai que c'étoit un grand avantage que mon manuscrit me fût resté pour en disposer plus sagement; et voici l'usage que je résolus d'en faire.

Je venois d'apprendre qu'un homme de lettres de ma plus ancienne connoissance, avec lequel j'avois eu quelque liaison, que je n'avois point cessé d'estimer et qui passoit une grande partie de l'année à la campagne, étoit à Paris depuis peu de jours. Je regardai la nouvelle de son retour comme une direction de la Providence, qui m'indiquoit le vrai dépositaire de mon manuscrit. Cet homme étoit, il est vrai, philosophe, auteur, académicien, et d'une province dont les habitans n'ont pas une grande réputation de droiture [1]: mais que faisoient tous ces préjugés contre un point aussi bien établi que sa probité l'étoit dans mon esprit? L'exception, d'autant plus honorable qu'elle étoit rare, ne faisoit qu'augmenter ma confiance en lui; et quel plus digne instrument le ciel pouvoit-il choisir pour son œuvre que la main d'un homme vertueux?

Je me détermine donc; je cherche sa demeure: enfin je la trouve, et non sans peine. Je lui porte mon manuscrit, et je le lui remets avec un transport de joie, avec un battement de cœur, qui fut peut-être le plus digne hommage qu'un mortel ait pu rendre à la vertu. Sans savoir encore de quoi il s'agissoit, il me dit en le recevant qu'il ne feroit qu'un bon et honnête usage de mon dépôt. L'opinion que j'avois de lui me rendoit cette assurance très-superflue.

Quinze jours après je retourne chez lui, fortement persuadé que le moment étoit venu où le voile des ténèbres qu'on tient depuis vingt ans sur mes yeux alloit tomber, et que, de manière ou d'autre, j'aurois de mon dépositaire des éclaircissemens qui me paroissoient devoir nécessairement suivre de la lecture de mon manuscrit. Rien de ce que j'avois prévu n'arriva. Il me parla de cet écrit, comme il m'auroit parlé d'un ouvrage de littérature que je l'aurois prié d'examiner pour m'en dire son sentiment. Il me parla de transpositions à faire pour donner un meilleur ordre à mes matières; mais il ne me dit rien de l'effet qu'avoit fait sur lui mon écrit, ni de ce qu'il pensoit de l'auteur. Il me proposa seulement de faire une édition correcte de mes œuvres, en me demandant pour cela mes directions. Cette même proposition qui m'avoit été faite, et même avec opiniâtreté, par tous ceux qui m'ont entouré, me fit penser que leurs dispositions et les siennes étoient les mêmes. Voyant ensuite que sa proposition ne me plaisoit point, il offrit de me rendre mon dépôt. Sans accepter cette offre, je le priai seulement de le remettre à quelqu'un plus jeune que lui, qui pût survivre assez, et à moi et à mes persécuteurs, pour pouvoir le publier un jour sans crainte d'offenser personne. Il s'attacha singulièrement à cette dernière idée; et il m'a paru par la suscription qu'il a faite pour l'enveloppe du paquet, et qu'il m'a communiquée, qu'il portoit tous ses soins à faire en sorte, comme je l'en ai prié, que le manuscrit ne fût point imprimé ni connu avant la fin du siècle présent. Quant à l'autre partie de mon intention, qui étoit qu'après ce terme l'écrit fût fidèlement imprimé et publié, j'ignore ce qu'il a fait pour la remplir.

Depuis lors j'ai cessé d'aller chez lui. Il m'a fait deux ou trois visites, que nous avons eu bien de la peine à remplir de quelques mots indifférens, moi n'ayant plus rien à lui dire, et lui ne voulant me rien dire du tout.

Sans porter un jugement décisif sur mon dépositaire, je sentis que j'avois manqué mon

---

[1] M. de Musset dit ici dans une note (édition in-12, tome III) que cet homme de lettres étoit *Saint-Lambert*, né en *Lorraine*; mais du Peyrou, dans le Discours préliminaire de son édition des *Confessions*, nous apprend que c'est à l'abbé de Condillac que le manuscrit fut remis. Condillac en effet étoit Dauphinois, étant né à Grenoble. On sait quelle idée Rousseau avoit des habitans de cette province, et toutes les autres circonstances qu'il énonce se rapportent beaucoup mieux à Condillac qu'à Saint-Lambert [*].

[*] La note de M. de Musset ne se trouve pas dans l'édition in-8°.

but, et que vraisemblablement j'avois perdu mes peines et mon dépôt : mais je ne perdis point encore courage. Je me dis que mon mauvais succès venoit de mon mauvais choix; qu'il falloit être bien aveugle et bien prévenu pour me confier à un François, trop jaloux de l'honneur de sa nation pour en manifester l'iniquité; à un homme âgé, trop prudent, trop circonspect, pour s'échauffer pour la justice et pour la défense d'un opprimé. Quand j'aurois cherché tout exprès le dépositaire le moins propre à remplir mes vues, je n'aurois pas pu mieux choisir. C'est donc ma faute si j'ai mal réussi; mon succès ne dépend que d'un meilleur choix.

Bercé de cette nouvelle espérance, je me remis à transcrire et mettre au net avec une nouvelle ardeur : tandis que je vaquois à ce travail, un jeune Anglois, que j'avois eu pour voisin à Wootton (*), passa par Paris, revenant d'Italie, et me vint voir. Je fis comme tous les malheureux, qui croient voir dans tout ce qui leur arrive une expresse direction du sort. Je me dis : Voilà le dépositaire que la Providence m'a choisi; c'est elle qui me l'envoie; elle n'a rebuté mon choix que pour m'amener au sien. Comment avois-je pu ne pas voir que c'étoit un jeune homme, un étranger qu'il me falloit, hors du tripot des auteurs, loin des intrigans de ce pays, sans intérêt de me nuire, et sans passion contre moi? Tout cela me parut si clair que, croyant voir le doigt de Dieu dans cette occasion fortuite, je me pressai de la saisir. Malheureusement ma nouvelle copie n'étoit pas avancée, mais je me hâtai de lui remettre ce qui étoit fait, renvoyant à l'année prochaine à lui remettre le reste, si, comme je n'en doutois pas, l'amour de la vérité lui donnoit le zèle de revenir le chercher.

Depuis son départ, de nouvelles réflexions ont jeté dans mon esprit des doutes sur la sagesse de tous ces choix; je ne pouvois ignorer que depuis long-temps nul ne m'approche qui ne me soit expressément envoyé, et que me confier aux gens qui m'entourent c'est me livrer à mes ennemis. Pour trouver un confident fidèle, il auroit fallu l'aller chercher loin de moi parmi ceux dont je ne pouvois approcher. Mon espérance étoit donc vaine, toutes mes mesures étoient fausses, tout mes soins étoient inutiles, et je devois être sûr que l'usage le moins criminel que feroient de mon dépôt ceux à qui je l'allois ainsi confiant, seroit de l'anéantir.

Cette idée me suggéra une nouvelle tentative, dont j'attendis plus d'effet. Ce fut d'écrire une espèce de billet circulaire adressé à la nation françoise, d'en faire plusieurs copies, et de les distribuer, aux promenades et dans les rues, aux inconnus dont la physionomie me plairoit le plus (¹). Je ne manquai pas d'argumenter à ma manière ordinaire en faveur de cette nouvelle résolution. On ne me laisse de communication, me disois-je, qu'avec des gens apostés par mes persécuteurs. Me confier à quelqu'un qui m'approche n'est autre chose que me confier à eux. Du moins parmi les inconnus il s'en peut trouver qui soient de bonne foi : mais quiconque vient chez moi n'y vient qu'à mauvaise intention; je dois être sûr de cela.

Je fis donc mon petit écrit en forme de billet, et j'eus la patience d'en tirer un grand nombre de copies. Mais, pour en faire la distribution, j'éprouvai un obstacle que je n'avois pas prévu, dans le refus de la recevoir par ceux à qui je le présentois. La suscription étoit : *A tout François aimant encore la justice et la vérité.* Je n'imaginois pas que, sur cette adresse, aucun l'osât refuser; presque aucun ne l'accepta. Tous, après avoir lu l'adresse, me déclarèrent, avec une ingénuité qui me fit rire au milieu de ma douleur, qu'il ne s'adressoit pas à eux. Vous avez raison, leur disois-je en le reprenant, je vois bien que je m'étois trompé. Voilà la seule parole franche que depuis quinze ans j'aie obtenue d'aucune bouche françoise.

Éconduit aussi par ce côté, je ne me rebutai pas encore. J'envoyai des copies de ce billet en réponse à quelques lettres d'inconnus qui vouloient à toute force venir chez moi, et je crus faire merveille en mettant au prix d'une réponse décisive à ce même billet l'acquiescement à leur fantaisie. J'en remis deux ou trois autres aux personnes qui m'accostoient ou qui me venoient voir. Mais tout cela ne produisit que des réponses amphigouriques et normandes qui

---

(*) M. Brooke Boothby.   G. P.

(¹) Voyez cet écrit circulaire, tome I, page 457 de cette édition.   G. P.

m'attestoient dans leurs auteurs une fausseté à toute épreuve.

Ce dernier mauvais succès, qui devoit mettre le comble à mon désespoir, ne m'affecta point comme les précédens. En m'apprenant que mon sort étoit sans ressource, il m'apprit à ne plus lutter contre la nécessité. Un passage de l'*Emile*, que je me rappelai, me fit rentrer en moi-même et m'y fit trouver ce que j'avois cherché vainement au dehors. Quel mal t'a fait ce complot? que t'a-t-il ôté de toi? quel membre t'a-t-il mutilé? quel crime t'a-t-il fait commettre? Tant que les hommes n'arracheront pas de ma poitrine le cœur qu'elle renferme, pour y substituer, moi vivant, celui d'un malhonnête homme, en quoi pourront-ils altérer, changer, détériorer mon être? Ils auront beau faire un Jean-Jacques à leur mode, Rousseau restera toujours le même en dépit d'eux.

N'ai-je donc connu la vanité de l'opinion que pour me mettre sous son joug aux dépens de la paix de mon âme et du repos de mon cœur? Si les hommes veulent me voir autre que je ne suis, que m'importe? L'essence de mon être est-elle dans leurs regards? S'ils abusent et trompent sur mon compte les générations suivantes, que m'importe encore? Je n'y serai plus pour être victime de leur erreur. S'ils empoisonnent et tournent à mal tout ce que le désir de leur bonheur m'a fait dire et faire d'utile, c'est à leur dam et non pas au mien. Emportant avec moi le témoignage de ma conscience je trouverai, en dépit d'eux, le dédommagement de toutes leurs indignités. S'ils étoient dans l'erreur de bonne foi, je pourrois en me plaignant les plaindre encore et gémir sur eux et sur moi; mais quelle erreur peut excuser un système aussi exécrable que celui qu'ils suivent à mon égard avec un zèle impossible à qualifier? Quelle erreur peut faire traiter publiquement en scélérat convaincu le même homme qu'on empêche avec tant de soin d'apprendre au moins de quoi on l'accuse? Dans le raffinement de leur barbarie, ils ont trouvé l'art de me faire souffrir une longue mort en me tenant enterré tout vif. S'ils trouvent ce traitement doux, il faut qu'ils aient des âmes de fange; s'ils le trouvent aussi cruel qu'il l'est, les Phalaris, les Agathocles, ont été plus débonnaires qu'eux. J'ai donc eu tort d'espérer les ramener en leur montrant qu'ils se trompent : ce n'est pas de cela qu'il s'agit : et, quand ils se tromperoient sur mon compte, ils ne peuvent ignorer leur propre iniquité. Ils ne sont pas injustes et méchans envers moi par erreur, mais par volonté : ils le sont parce qu'ils veulent l'être; et ce n'est pas à leur raison qu'il faudroit parler, c'est à leurs cœurs dépravés par la haine. Toutes les preuves de leur injustice ne feront que l'augmenter; elle est un grief de plus qu'ils ne me pardonneront jamais.

Mais c'est encore plus à tort que je me suis affecté de leurs outrages au point d'en tomber dans l'abattement et presque dans le désespoir. Comme s'il étoit au pouvoir des hommes de changer la nature des choses, et de m'ôter les consolations dont rien ne peut dépouiller l'innocent! Et pourquoi donc est-il nécessaire à mon bonheur éternel qu'ils me connoissent et me rendent justice? Le Ciel n'a-t-il donc nul autre moyen de rendre mon âme heureuse et de la dédommager des maux qu'ils m'ont fait souffrir injustement? Quand la mort m'aura tiré de leurs mains, saurai-je et m'inquiéterai-je de savoir ce qui se passe encore à mon égard sur la terre? A l'instant que la barrière de l'éternité s'ouvrira devant moi, tout ce qui est en deçà disparoîtra pour jamais, et si je me souviens alors de l'existence du genre humain, il ne sera pour moi dès cet instant même que comme n'existant déjà plus.

J'ai donc pris enfin mon parti tout-à-fait; détaché de tout ce qui tient à la terre et des insensés jugemens des hommes, je me résigne à être à jamais défiguré parmi eux, sans en moins compter sur le prix de mon innocence et de ma souffrance. Ma félicité doit être d'un autre ordre; ce n'est plus chez eux que je dois la chercher, et il n'est pas plus en leur pouvoir de l'empêcher que de la connoître. Destiné à être dans cette vie la proie de l'erreur et du mensonge, j'attends l'heure de ma délivrance et le triomphe de la vérité sans les plus chercher parmi les mortels. Détaché de toute affection terrestre, et délivré même de l'inquiétude de l'espérance ici-bas, je ne vois plus de prise par laquelle ils puissent encore troubler le repos de mon cœur. Je ne réprimerai jamais le premier mouvement d'indignation, d'emportement, de colère, et même je n'y tâche plus; mais le calme qui succède à cette agitation passagère est un état permanent dont rien ne peut plus me tirer.

L'espérance éteinte étouffe bien le désir, mais elle n'anéantit pas le devoir, et je veux jusqu'à la fin remplir le mien dans ma conduite avec les hommes. Je suis dispensé désormais de vains efforts pour leur faire connoître la vérité, qu'ils sont déterminés à rejeter toujours; mais je ne le suis pas de leur laisser les moyens d'y revenir autant qu'il dépend de moi, et c'est le dernier usage qui me reste à faire de cet écrit. En multiplier incessamment les copies, pour les déposer ainsi çà et là dans les mains des gens qui m'approchent, seroit excéder inutilement mes forces; et je ne puis raisonnablement espérer que de toutes ces copies ainsi dispersées une seule parvienne entière à sa destination. Je vais donc me borner à une, dont j'offrirai la lecture à ceux de ma connoissance que je croirai les moins injustes, les moins prévenus, ou qui, quoique liés avec mes persécuteurs, me paroîtront avoir néanmoins encore du ressort dans l'âme et pouvoir être quelque chose par eux-mêmes. Tous, je n'en doute pas, resteront sourds à mes raisons, insensibles à ma destinée, aussi cachés et faux qu'auparavant. C'est un parti pris universellement et sans retour, surtout par ceux qui m'approchent. Je sais tout cela d'avance, et je ne m'en tiens pas moins à cette dernière résolution, parce qu'elle est le seul moyen qui reste en mon pouvoir de concourir à l'œuvre de la Providence, et d'y mettre la possibilité qui dépend de moi. Nul ne m'écoutera, l'expérience m'en avertit; mais il n'est pas impossible qu'il s'en trouve un qui m'écoute, et il est désormais impossible que les yeux des hommes s'ouvrent d'eux-mêmes à la vérité. C'en est assez pour m'imposer *l'obligation de la tentative*, sans en espérer aucun succès. Si je me contente de laisser cet écrit après moi, cette proie n'échappera pas aux mains de rapine qui n'attendent que ma dernière heure pour tout saisir et brûler, ou falsifier. Mais, si parmi ceux qui m'auront lu il se trouvoit un seul cœur d'homme, ou seulement un esprit vraiment sensé, mes persécuteurs auroient perdu leur peine, et bientôt la vérité perceroit aux yeux du public.

La certitude, si ce bonheur inespéré m'arrive, de ne pouvoir m'y tromper un moment, m'encourage à ce nouvel essai. Je sais d'avance quel ton tous prendront après m'avoir lu. Ce ton sera le même qu'auparavant, ingénu, patelin, bénévole; ils me plaindront beaucoup de voir si noir ce qui est si blanc, car ils ont tous la candeur des cygnes; mais ils ne comprendront rien à tout ce que j'ai dit là. Ceux-là, jugés à l'instant, ne me surprendront point du tout, et me fâcheront très-peu. Mais si, contre toute attente, il s'en trouve un que mes raisons frappent et qui commence à soupçonner la vérité, je ne resterai pas un moment en doute sur cet effet, et j'ai le signe assuré pour le distinguer des autres, quand même il ne voudroit pas s'ouvrir à moi. C'est de celui-là que je ferai mon dépositaire, sans même examiner si je dois compter sur sa probité; car je n'ai besoin que de son jugement pour l'intéresser à m'être fidèle. Il sentira qu'en supprimant mon dépôt il n'en tire aucun avantage; qu'en le livrant à mes ennemis il ne leur livre que ce qu'ils ont déjà; qu'il ne peut par conséquent donner un grand prix à cette trahison, ni éviter, tôt ou tard, par elle le juste reproche d'avoir fait une vilaine action: au lieu qu'en gardant mon dépôt il reste toujours le maître de le supprimer quand il voudra, et peut un jour, si des révolutions assez naturelles changent les dispositions du public, se faire un honneur infini, et tirer de ce même dépôt un grand avantage dont il se prive en le sacrifiant. S'il sait prévoir et s'il peut attendre, il doit, en raisonnant bien, m'être fidèle. Je dis plus: quand même le public persisteroit dans les mêmes dispositions où il est à mon égard, encore un mouvement très-naturel le portera-t-il, tôt ou tard, à désirer de savoir au moins ce que Jean-Jacques auroit pu dire si on lui eût laissé la liberté de parler. Que mon dépositaire se montrant leur dise alors: Vous voulez donc savoir ce qu'il auroit dit? Eh bien! le voilà. Sans prendre mon parti, sans vouloir défendre ma cause ni ma mémoire, il peut, en se faisant mon simple rapporteur, et restant au surplus, s'il peut, dans l'opinion de tout le monde, jeter cependant un nouveau jour sur le caractère de l'homme jugé: car c'est toujours un trait de plus à son portrait de savoir comment un pareil homme osa parler de lui-même.

Si parmi mes lecteurs je trouve cet homme sensé disposé, pour son propre avantage, à m'être fidèle; je suis déterminé à lui remettre non-seulement cet écrit, mais aussi tous les papiers qui restent entre mes mains, et desquels on peut tirer un jour de grandes lumières sur ma destinée, puisqu'ils contiennent des anecdotes, des explications et des faits que nul autre que moi ne peut donner, et qui sont les seules clefs de beaucoup d'énigmes qui, sans cela, resteront à jamais inexplicables.

Si cet homme ne se trouve point, il est possible au moins que la mémoire de cette lecture, restée dans l'esprit de ceux qui l'auront faite, réveille un jour en quelqu'un d'eux quelque sentiment de justice et de commisération, quand, long-temps après ma mort, le délire public commencera à s'affoiblir. Alors ce souvenir peut produire en son âme quelque heureux effet que la passion qui les anime arrête de mon vivant, et il n'en faut pas davantage pour commencer l'œuvre de la Providence. Je profiterai donc des occasions de faire connoître cet écrit, si je les trouve, sans en attendre aucun succès. Si je trouve un dépositaire que j'en puisse raisonnablement charger, je le ferai, regardant néaumoins mon dépôt comme perdu et m'en consolant d'avance. Si je n'en trouve point, comme je m'y attends, je continuerai de garder ce que je lui aurois remis, jusqu'à ce qu'à ma mort, si ce n'est plus tôt, mes persécuteurs s'en saisissent. Ce destin de mes papiers, que je vois inévitable, ne m'alarme plus. Quoi que fassent les hommes, le ciel à son tour fera son œuvre. J'en ignore le temps, les moyens, l'espèce. Ce que je sais, c'est que l'arbitre suprême est puissant et juste, que mon âme est innocente, et que je n'ai pas mérité mon sort. Cela me suffit. Céder désormais à ma destinée, ne plus m'obstiner à lutter contre elle, laisser mes persécuteurs disposer à leur gré de leur proie, rester leur jouet sans aucune résistance durant le reste de mes vieux et tristes jours, leur abandonner même l'honneur de mon nom et ma réputation dans l'avenir, s'il plaît au ciel qu'ils en disposent, sans plus m'affecter de rien, quoi qu'il arrive; c'est ma dernière résolution. Que les hommes fassent désormais tout ce qu'ils voudront; après avoir fait, moi, ce que j'ai dû, ils auront beau tourmenter ma vie, ils ne m'empêcheront pas de mourir en paix.

CORRESPONDANCE.

N. B. Nous avons presque généralement suivi, pour la correspondance, l'ordre adopté par M. Mussey-Pathay; on verra, dans les notes, pourquoi nous nous en sommes écarté quelquefois; on remarquera aussi que nous ne devions pas y comprendre, comme il l'a fait pour *grossir* cette correspondance, les lettres déjà insérées dans les *Confessions*, et celles que nous avons imprimées à la suite des écrits sur la Botanique et sur la Musique.

Toutes ces lettres sont authentiques; la bibliothèque de la ville de Neufchâtel possède la plupart des originaux.

CORRESPONDANCE.

A SON PÈRE.

... 1732.

Mon cher père,

Malgré les tristes assurances que vous m'avez données que vous ne me regardiez plus pour votre fils, j'ose encore recourir à vous comme au meilleur de tous les pères, et, quels que soient les justes sujets de haine que vous devez avoir contre moi, le titre de fils malheureux et repentant les efface dans votre cœur, et la douleur vive et sincère que je ressens d'avoir si mal usé de votre tendresse paternelle me remet dans les droits que le sang me donne auprès de vous : vous êtes toujours mon cher père, et, quand je ne ressentirois que le seul poids de mes fautes, je suis assez puni dès que je suis criminel. Mais, hélas! il est bien encore d'autres motifs qui feroient changer votre colère en une compassion légitime, si vous en étiez pleinement instruit. Les infortunes qui m'accablent depuis long-temps n'expient que trop les fautes dont je me sens coupable; et s'il est vrai qu'elles sont énormes, la pénitence les surpasse encore. Triste sort que celui d'avoir le cœur plein d'amertume, et de n'oser même exhaler sa douleur par quelques soupirs! triste sort d'être abandonné d'un père dont on auroit pu faire les délices et la consolation; mais plus triste sort de se voir forcé d'être à jamais ingrat et malheureux en même temps, et d'être obligé de traîner par toute la terre sa misère et ses remords! Vos yeux se chargeroient de larmes si vous connoissiez à fond ma véritable situation; l'indignation feroit bientôt place à la pitié, et vous ne pourriez vous empêcher de ressentir quelque peine des malheurs dont je me vois accablé. Je n'aurois osé me donner la liberté de vous écrire, si je n'y avois été forcé par une nécessité indispensable. J'ai long-temps balancé, dans la crainte de vous offenser encore davantage ; mais enfin j'ai cru que, dans la triste situation où je me trouve, j'aurois été doublement coupable si je n'avois fait tous mes efforts pour obtenir de vous des secours qui me sont absolument nécessaires. Quoique j'aie à craindre un refus, je ne m'en flatte pas moins de quelque espérance; je n'ai point oublié que vous êtes bon père, et je sais que vous êtes assez généreux pour faire du bien aux malheureux indépendamment des lois du sang et de la nature, qui ne s'effacent jamais dans les grandes âmes. Enfin, mon cher père, il faut vous l'avouer, je suis à Neufchâtel, dans une misère à laquelle mon imprudence a donné lieu (*). Comme je n'avois d'autre talent que la musique qui pût me tirer d'affaire, je crus que je ferois bien de le mettre en usage si je le pouvois; et voyant bien que je n'en savois pas encore assez pour l'exercer dans des pays catholiques, je m'arrêtai à Lausanne, où j'ai enseigné pendant quelques

(*) Rousseau passa l'hiver de 1732 à Neufchâtel.

mois; d'où étant venu à Neufchâtel, je me vis dans peu de temps, par des gains assez considérables joints à une conduite fort réglée, en état d'acquitter quelques dettes que j'avois à Lausanne; mais étant sorti d'ici inconsidérément, après une longue suite d'aventures que je me réserve l'honneur de vous détailler de bouche, si vous voulez bien le permettre, je suis revenu; mais le chagrin que je puis dire sans vanité que mes écolières conçurent de mon départ a bien été payé à mon retour par les témoignages que j'en reçois qu'elles ne veulent plus recommencer; de façon que, privé des secours nécessaires, j'ai contracté ici quelques dettes qui m'empêchent d'en sortir avec honneur et qui m'obligent de recourir à vous.

Que ferois-je, si vous me refusiez? de quelle confusion ne serois-je pas couvert? Faudra-t-il, après avoir si long-temps vécu sans reproche malgré les vicissitudes d'une fortune inconstante, que je déshonore aujourd'hui mon nom par une indignité? Non, mon cher père, j'en suis sûr, vous ne le permettrez pas. Ne craignez pas que je vous fasse jamais une semblable prière; je puis enfin, par le moyen d'une science que je cultive incessamment, vivre sans le secours d'autrui; je sens combien il pèse d'avoir obligation aux étrangers, et je me vois enfin en état, après des soucis continuels, de subsister par moi-même : je ne ramperai plus; ce métier est indigne de moi : si j'ai refusé plusieurs fois une fortune éclatante, c'est que j'estime mieux une obscure liberté qu'un esclavage brillant : mes souhaits vont être accomplis, et j'espère que je vais bientôt jouir d'un sort doux et tranquille, sans dépendre que de moi-même, et d'un père dont je veux toujours respecter et suivre les ordres.

Pour me voir en cet état, il ne me manque que d'être hors d'ici, où je me suis témérairement engagé; j'attends ce dernier bienfait de votre main : avec une entière confiance.

Honorez-moi, mon cher père, d'une réponse de votre main : ce sera la première lettre que j'aurai reçue de vous depuis ma sortie de Genève : accordez-moi le plaisir de baiser au moins ces chers caractères; faites-moi la grâce de vous hâter, car je suis dans une crise très-pressante. Mon adresse est ici jointe : vous devinerez aisément les raisons qui m'ont fait prendre un nom supposé; votre prudente discrétion ne vous permettra pas de rendre publique cette lettre, ni de la montrer à personne qu'à ma chère mère, que j'assure de mes très-humbles respects, et que je supplie, les larmes aux yeux, de vouloir bien me pardonner mes fautes et me rendre sa chère tendresse. Pour vous, mon cher père, je n'aurai jamais de repos que je n'aie mérité le retour de la vôtre, et je me flatte que ce jour viendra encore où vous vous ferez un vrai plaisir de m'avouer pour,

Mon cher père,

Votre très-humble et très-obéissant
serviteur et fils.

A MADEMOISELLE DE GRAFFENRIED.

... 1732.

Je suis très-sensible à la bonté que veut bien avoir madame de Warens de se ressouvenir encore de moi. Cette nouvelle m'a donné une consolation que je ne saurois vous exprimer; et je vous proteste que jamais rien ne m'a plus violemment affligé que d'avoir encouru sa disgrâce. J'ai eu déjà l'honneur de vous dire, mademoiselle, que j'ignorois les fautes qui avoient pu me rendre coupable à ses yeux; mais jusqu'ici la crainte de lui déplaire m'a empêché de prendre la liberté de lui écrire pour me justifier, ou du moins pour obtenir, par mes soumissions, un pardon qui seroit dû à ma profonde douleur, quand même j'aurois commis les plus grands crimes. Aujourd'hui, mademoiselle, si vous voulez bien vous employer pour moi l'occasion est favorable, et à votre sollicitation elle m'accordera sans doute la permission de lui écrire; car c'est une hardiesse que je n'oserois prendre de moi-même. C'étoit me faire injure que demander si je voulois qu'elle sût mon adresse; puis-je avoir rien de caché pour la personne à qui je dois tout? Je ne mange pas un morceau de pain que je ne reçoive d'elle; sans les soins de cette charitable dame, je serois peut-être déjà mort de faim; et si j'ai vécu jusqu'à présent, c'est aux dépens d'une science qu'elle m'a procurée. Hâtez-vous donc, mademoiselle, je vous en supplie; intercédez pour moi, et tâchez de m'obtenir la permission de me justifier.

J'ai bien reçu votre lettre datée du 21 novembre, adressée à Lausanne. J'avois donné de bons ordres, et elle me fut envoyée sur-le-champ. L'aimable demoiselle de Galley est toujours dans mon cœur, et je brûle d'impatience de recevoir de ses nouvelles; faites-moi le plaisir de lui demander, au cas qu'elle soit encore à Annecy, si elle agréeroit une lettre de ma main. Comme j'ai ordre de m'informer de M. Venture, je serois fort aise d'apprendre où il est actuellement; il a eu grand tort de ne point écrire à M. son père, qui est fort en peine de lui; j'ai promis de donner de ses nouvelles dès que j'en saurois moi-même. Si cela ne vous fait pas de peine, accordez-moi la grâce de me dire s'il est toujours à Annecy, et son adresse à peu près. Comme j'ai beaucoup travaillé depuis mon départ d'auprès de vous, si vous agréez, pour vous désennuyer, que je vous envoie quelques-unes de mes pièces, je le ferai avec joie, toutefois sous le sceau du secret, car je n'ai pas encore assez de vanité pour vouloir porter le nom d'auteur; il faut auparavant que je sois parvenu à un degré qui puisse me faire soutenir ce titre avec honneur. Ce que je vous offre, c'est pour vous dédommager en quelque sorte de la compote, qui n'est pas encore mangeable. Passons à votre dernier article, qui est le plus important. Je commencerai par vous dire qu'il n'étoit point nécessaire de préambule pour me faire agréer vos sages avis; je les recevrai toujours de bonne part et avec beaucoup de respect, et je tâcherai d'en profiter. Quant à celui-ci que vous me donnez, soyez persuadée, mademoiselle, que ma religion est profondément gravée dans mon âme et que rien n'est capable de l'en effacer. Je ne veux pas ici me donner beaucoup de gloire de la constance avec laquelle j'ai refusé de retourner chez moi. Je n'aime pas prôner des dehors de piété, qui souvent trompent les yeux, et ont de *tout autres motifs que ceux qui se montrent en apparence.* Enfin, mademoiselle, ce n'est pas par divertissement que j'ai changé de nom et de patrie, et que je risque à chaque instant d'être regardé comme un fourbe et peut-être un espion. Finissons une trop longue lettre; c'est assez vous ennuyer : je vous prie de vouloir bien m'honorer d'une prompte réponse, parce que je ne ferai peut-être pas long séjour ici. Mes affaires y sont dans une fort mauvaise crise. Je suis déjà fort endetté, et je n'ai qu'une seule écolière. Tout est en campagne, je ne sais comment sortir; je ne sais comment rester, parce que je ne sais point faire de bassesses. Gardez-vous de rien dire de ceci à madame de Warens. J'aimerois mieux la mort qu'elle crût que je suis dans la moindre indigence; et vous-même tâchez de l'oublier, car je me repens de vous l'avoir dit. Adieu, mademoiselle; je suis toujours avec autant d'estime que de reconnoissance.

A MADAME LA BARONNE DE WARENS.

A Cluses, le 31 août 1735.

Madame,

L'on dit bien vrai que brebis galeuse, le loup la mange. J'étois à Genève, gai comme un pinson, pensant terminer quelque chose avec mon père, et, d'ici, avoir maintes occasions de vous assurer de mes profonds respects; mais, madame, l'imagination court bien vite, tandis que la réalité ne la suit pas toujours. Mon père n'est point venu, et m'a écrit, comme le dit le révérend père, une lettre de vrai gascon; et, qui pis est, c'est que c'est bien moi qu'il gasconne; vous en verrez l'original dans peu : ainsi rien de fait ni à faire pour le présent, suivant toutes les apparences. L'autre cas est que je n'ai pu avoir l'honneur de vous écrire aussitôt que je l'aurois voulu, manque d'occasions qui sont bien claires dans ce pays-ci, et seulement une fois la semaine.

Si je voulois, madame, vous marquer en détail toutes les honnêtetés que j'ai reçues du révérend père, et que j'en reçois actuellement tous les jours, j'aurois pour long-temps à dire; ce qui, rangé sur le papier par une main aussi mauvaise que la mienne, ennuie quelquefois le bénévole lecteur. Mais, madame, j'espère me bien dédommager de ce silence gênant la première fois que j'aurai l'honneur de vous faire la révérence.

Tout cela est parfaitement bien jusques ici; mais sa révérence, ne vous en déplaise, me retient ici un peu plus long-temps qu'il ne faudroit, par une espèce de force, un peu de sa part, un peu de la mienne : de sa part, par les manières obligeantes et les caresses avec lesquelles il a la bonté de m'arrêter ; et de la mienne, parce que j'ai de la peine à me détacher d'une personne qui me témoigne tant de bontés. Enfin, madame, je suis ici le mieux du monde ; et le révérend père m'a dit résolument qu'il ne prétend que je m'en aille que quand il lui plaira, et que je serai bien et dûment lactifié.

Je fais, madame, bien des vœux pour la conservation de votre santé. Dieu veuille vous la rendre aussi bonne que je le souhaite et que je l'en prie ! J'ai l'honneur d'être avec un profond respect, etc.

Le frère Montant (qui n'a pas le temps de vous écrire, parce que le courrier est pressé de partir) dit comme ça qu'il vous prie de croire qu'il est toujours votre très-humble serviteur.

A SON PÈRE.

... 1735.

Monsieur et très-cher père,

Souffrez que je vous demande pardon de la longueur de mon silence. Je sens bien que rien ne peut raisonnablement le justifier, et je n'ai recours qu'à votre bonté pour me relever de ma faute. On les pardonne ces sortes de fautes, quand elles ne viennent ni d'oubli ni de manque de respect, et je crois que vous me rendez bien assez de justice pour être persuadé que la mienne est de ce nombre : voyez à votre tour, mon cher père, si vous n'avez point de reproche à vous faire, je ne dis pas par rapport à moi, mais à l'égard de madame de Warens, qui a pris la peine de vous écrire d'une manière à vous ôter toute matière d'excuse, pour avoir manqué à lui répondre. Faisons abstraction, mon très-cher père, de tout ce qu'il y a de dur et d'offensant pour moi dans le silence que vous avez gardé dans cette conjoncture ; mais considérez comment madame de Warens doit juger de votre procédé. N'est-il pas bien surprenant, bien bizarre ? pardonnez-moi ce terme. Depuis six mois, que vous ai-je demandé autre chose que de marquer un peu de sensibilité à madame de Warens pour tant de grâces, de bienfaits, dont sa bonté m'accable continuellement ? Qu'avez-vous fait ? au lieu de cela, vous avez négligé auprès d'elle jusqu'aux premiers devoirs de politesse et de bienséance. Le faisiez-vous donc uniquement pour m'affliger ? Vous vous êtes en cela fait un tort infini. vous aviez affaire à une dame aimable par mille endroits, et respectable par mille vertus ; joint à ce qu'elle n'est ni d'un rang ni d'une passe à mépriser, et j'ai toujours vu que toutes les fois qu'elle a eu l'honneur d'écrire aux plus grands seigneurs de la cour, et même au roi, ses lettres ont été répondues avec la dernière exactitude. De quelles raisons pouvez-vous donc autoriser votre silence ? Rien n'est plus éloigné de votre goût que la prude bigoterie ; vous méprisez souverainement, et avec grande raison, ce tas de fanatiques et de pédans chez qui un faux zèle de religion étouffe tous sentimens d'honneur et d'équité, et qui placent honnêtement avec les Cartouchiens tous ceux qui ont le malheur de n'être pas de leur sentiment dans la manière de servir Dieu.

Pardon, mon cher père, si ma vivacité m'emporte un peu trop ; c'est mon devoir, d'un côté, qui me fait excéder d'autre part les bornes de mon devoir ; mon zèle ne se démentira jamais pour toutes les personnes à qui je dois de l'attachement et du respect, et vous devez tirer de là une conclusion bien naturelle sur mes sentimens à votre égard.

Je suis très-impatient, mon cher père, d'apprendre l'état de votre santé et de celle de ma chère mère. Pour la mienne, je ne sais s'il vaut la peine de vous dire que je suis tombé, depuis le commencement de l'année, dans une langueur extraordinaire ; ma poitrine est affectée, et il y a apparence que cela dégénérera bientôt en phthisie : ce sont les soins et les bontés de madame de Warens qui me soutiennent, et qui peuvent prolonger mes jours ; j'ai tout à espérer de sa charité et de sa compassion, et bien m'en prend.

AU MÊME.

Du 26 juin 1735.

Mon cher père,

Plus les fautes sont courtes, et plus elles sont pardonnables. Si cet axiome a lieu, jamais homme ne fut plus digne de pardon que moi; il est vrai que je suis entièrement redevable aux bontés de madame de Warens de mon retour au bon sens et à la raison; c'est encore sa sagesse et sa générosité qui m'ont ramené de cet égarement-ci: j'espère que, par ce nouveau bienfait, l'augmentation de ma reconnoissance, et mon attachement respectueux pour cette dame, lui seront de forts garans de la sagesse de ma conduite à l'avenir; je vous prie, mon cher père, de vouloir bien y compter aussi; et quoique je comprenne bien que vous n'avez pas lieu de faire grand fond sur la solidité de mes réflexions après ma nouvelle démarche, il est juste pourtant que vous sachiez que je n'avois point pris mon parti si étourdiment que je n'eusse eu soin d'observer quelques-unes des bienséances nécessaires en pareilles occasions. J'écrivis à madame de Warens dès le jour de mon départ, pour prévenir toute inquiétude de sa part; je réitérai peu de jours après; j'étois aussi dans les dispositions de vous écrire, mais mon voyage a été de courte durée, et j'aime mieux pour mon honneur et pour mon avantage que ma lettre soit datée d'ici que nulle part ailleurs.

Je vous fais mes sincères remercîmens, mon cher père, de l'intérêt que vous paroissez prendre encore à moi: j'ai été infiniment sensible à la manière tendre dont vous vous êtes exprimé sur mon compte dans la lettre que vous avez écrite à madame de Warens: il est certain que si tous les sentimens les plus vifs d'attachement et de respect d'un fils peuvent mériter quelque retour de la part d'un père, vous m'avez toujours été redevable à cet égard.

Madame de Warens vous fait bien des complimens, et vous remercie de la peine que vous avez prise de lui répondre: il est vrai, mon cher père, que cela ne vous est pas ordinaire. Je ne devrois pas être obligé de vous supplier de ne donner plus lieu à cette dame de vous faire de pareils remercîmens dans le sens de celui-ci: j'ai vu que toutes les fois qu'elle a eu l'honneur d'écrire au roi et aux plus grands seigneurs de la cour, ses lettres ont été répondues avec la dernière exactitude. S'il est vrai que vous m'aimiez, et que vous ayez toujours pour le vrai mérite l'estime et l'attention qui lui sont dues, il est de votre devoir, si j'ose parler ainsi, de ne vous pas laisser prévenir.

Je suis inquiet sur l'état de ma chère mère; j'ai lieu de juger, par votre lettre, que sa santé se trouve altérée; je vous prie de lui en témoigner ma sensibilité. Dieu veuille prendre soin de la vôtre, et la conserver pour ma satisfaction long-temps au-delà de ma propre vie!

J'ai l'honneur d'être, etc.

A SA TANTE (*).

... 1735.

J'ai reçu avant-hier la visite de mademoiselle F..... F......, dont le triste sort me surprit d'autant plus que je n'avois rien su jusqu'ici de tout ce qui la regardoit. Quoique je n'aie appris son histoire que de sa bouche, je ne doute pas, ma chère tante, que sa mauvaise conduite ne l'ait plongée dans l'état déplorable où elle se trouve. Cependant il convient d'empêcher, si l'on le peut, qu'elle n'achève de déshonorer sa famille et son nom; et c'est un soin qui vous regarde aussi en qualité de belle-mère. J'ai écrit à M. Jean F... son frère, pour l'engager à venir ici, et tâcher de la retirer des horreurs où la misère ne manquera pas de la jeter. Je crois, ma chère tante, que vous ferez bien, et conformément aux sentimens que la charité, l'honneur et la religion doivent vous inspirer, de joindre vos sollicitations aux miennes; et même, sans vouloir m'aviser de vous donner des leçons, je vous prie de le faire pour l'amour de moi; je crois que Dieu ne peut manquer de jeter un œil de faveur et de bonté sur de pareilles actions. Pour moi, dans l'état où je suis moi-même, je n'ai pu rien faire que la soutenir par les consolations et les conseils d'un honnête homme, et je l'ai présentée à madame de Warens, qui s'est intéressée pour elle à ma considération, et qui a approuvé que je vous en écrivisse.

J'ai appris avec un vrai regret la mort de mon oncle Bernard. Dieu veuille lui donner dans l'autre monde les biens qu'il n'a pu trouver en celui-ci, et lui pardonner le peu de soin qu'il a eu de ses pupilles. Je vous prie d'en faire mes condoléances à ma tante Bernard, à qui j'en écrirois volontiers; mais en vérité je

(*) Madame Gonceru, née Rousseau.

suis pardonnable, dans l'abattement et la langueur où je suis, de ne pas remplir tous mes devoirs. S'il lui reste quelques manuscrits de feu mon oncle Bernard, qu'elle ne se soucie pas de conserver, elle peut me les envoyer ou me les garder ; je tâcherai de trouver de quoi les payer ce qu'ils vaudront. Donnez-moi, s'il vous plaît, des nouvelles de mon pauvre père ; j'en suis dans une véritable peine : il y a long-temps qu'il ne m'a écrit ; je vous prie de l'assurer, dans l'occasion, que le plus grand de mes regrets est de n'avoir pu jouir d'une santé qui m'eût permis de mettre à profit le peu de talens que je puis avoir ; assurément il auroit connu que je suis un bon et tendre fils. Dieu m'est témoin que je le dis du fond de mon cœur. Je suis redevable à madame de Warens d'avoir toujours cultivé en moi avec soin les sentimens d'attachement et de respect qu'elle m'a toujours trouvés pour mon père, et pour toute ma vie. Je serois bien aise que vous eussiez pour cette dame les sentimens dus à ses hautes vertus et à son caractère excellent, et que vous lui sussiez quelque gré d'avoir été dans tous les temps ma bienfaitrice et ma mère.

Je vous prie aussi, ma chère tante, de vouloir assurer de mes respects et de mon sincère attachement ma tante Gonceru, quand vous serez à portée de la voir ; mes salutations aussi à mon oncle David. Ayez la bonté de me donner de vos nouvelles et de m'instruire de l'état de votre santé et du succès de vos démarches auprès de M. F....

A MADAME LA BARONNE DE WARENS.

A Besançon, le 29 juin 1735.

Madame,

J'ai l'honneur de vous écrire dès le lendemain de mon arrivée à Besançon : j'y ai trouvé bien des nouvelles auxquelles je ne m'étois pas attendu, et qui m'ont fait plaisir en quelque façon. Je suis allé ce matin faire ma révérence à M. l'abbé Blanchard, qui nous a donné à dîner, à M. le comte de Saint-Rieux et à moi. Il m'a dit qu'il partiroit dans un mois pour Paris, où il va remplir le quartier de M. Campra, qui est malade ; et comme il est fort âgé, M. Blanchard se flatte de lui succéder en la charge d'intendant, premier maître de quartier de la musique de la chambre du roi, et conseiller de sa majesté en ses conseils. Il m'a donné sa parole d'honneur qu'au cas que ce projet lui réussisse, il me procurera un appointement dans la chapelle ou dans la chambre du roi, au bout du terme de deux ans le plus tard. Ce sont là des postes brillans et lucratifs, qu'on ne peut assez ménager : aussi l'ai-je très-fort remercié, avec assurance que je n'épargnerai rien pour m'avancer de plus en plus dans la composition, pour laquelle il m'a trouvé un talent merveilleux. Je lui rends à souper ce soir, avec deux ou trois officiers du régiment du roi, avec qui j'ai fait connoissance au concert. M. l'abbé Blanchard m'a prié d'y chanter un récit de basse-taille, que ces messieurs ont eu la complaisance d'applaudir, aussi bien qu'un duo de *Pyrame et Thisbé*, que j'ai chanté avec M. Duroncel, fameux haute-contre de l'ancien opéra de Lyon : c'est beaucoup faire pour un lendemain d'arrivée.

J'ai donc résolu de retourner dans quelques jours à Chambéri, où je m'amuserai à enseigner pendant le terme de deux années, ce qui m'aidera toujours à me fortifier, ne voulant pas m'arrêter ici, ni y passer pour un simple musicien, ce qui me feroit quelque jour un tort considérable. Ayez la bonté de m'écrire, madame, si j'y serai reçu avec plaisir, et si l'on m'y donnera des écoliers ; je me suis fourni de quantité de papiers et de pièces nouvelles d'un goût charmant, et qui sûrement ne sont pas connus à Chambéri ; mais je vous avoue que je ne me soucie guère de partir que je ne sache au vrai si l'on se réjouira de m'avoir : j'ai trop de délicatesse pour y aller autrement. Ce seroit un trésor et en même temps un miracle, de voir un musicien en Savoie ; je n'ose ni ne puis me flatter d'être de ce nombre ; mais, en ce cas, je me vante toujours de produire en autrui ce que je ne suis pas moi-même. D'ailleurs, tous ceux qui se serviront de mes principes auront lieu de s'en louer, et vous en particulier, madame, si vous voulez bien encore prendre la peine de les pratiquer quelquefois. Faites-moi l'honneur de me répondre par le premier ordinaire ; et au cas que vous voyiez qu'il n'y ait pas de *débouché* pour moi à Chambéri, vous aurez, s'il vous plaît, la bonté de me le marquer ; et, comme il me reste encore deux partis à choisir, je prendrai la liberté de consulter le secours de vos sages avis sur l'option d'aller à Paris en droiture avec M. l'abbé Blanchard, ou à Soleure auprès de M. l'ambassadeur (*). Cependant, comme ce sont là de ces coups de partie qu'il n'est pas bon de précipiter, je serai bien aise de ne rien presser encore.

Tout bien examiné, je ne me repens point d'avoir fait ce petit voyage, qui pourra dans la suite m'être d'une grande utilité. J'attends, madame, avec soumission, l'honneur de vos ordres, et suis avec une respectueuse considération, etc.

A SON PÈRE.
... 1736.

Monsieur et très-cher père,

Dans la dernière lettre que vous avez eu la bonté de m'écrire le 5 du courant, vous m'exhortez à vous communiquer mes vues au sujet d'un établissement. Je vous prie de m'excuser si j'ai tardé de vous répondre ; la matière est importante, il m'a fallu quelques jours pour faire mes réflexions, et pour les rédiger clairement, afin de vous en faire part.

Je conviens avec vous, mon très-cher père, de la nécessité de faire de bonne heure le choix d'un établissement, et de s'occuper à suivre utilement ce choix ; j'avois déjà compris cela, mais je me suis toujours vu jusqu'ici hors de la supposition absolument nécessaire en pareil cas, et sans laquelle l'homme ne peut agir, qui est la possibilité.

Supposons, par exemple, que mon génie eût tourné naturellement du côté de l'étude, soit pour l'église, soit pour le barreau ; il est clair qu'il m'eût fallu des secours d'argent, soit pour ma nourriture, soit pour mon habillement, soit encore pour fournir aux frais de l'étude. Mettons le cas aussi que le commerce eût été mon but ; outre mon entretien, il eût fallu payer un apprentissage, et enfin trouver un fonds convenable pour m'établir honnêtement : les frais n'eussent pas été beaucoup moindres pour le choix d'un métier ; il est vrai que je savois déjà quelque chose de celui de graveur ; mais, outre qu'il n'a jamais été de mon goût, il est certain que je n'en savois pas à beaucoup près assez pour pouvoir me soutenir, et qu'aucun maître ne m'eût reçu sans payer les frais d'un assujettissement.

Voilà, suivant mon sentiment, les cas de tous les différens établissemens dont je pouvois raisonnablement faire choix : je vous laisse juger à vous-même, mon cher père, s'il a dépendu de moi d'en remplir les conditions.

Ce que je viens de dire ne peut regarder que le passé. A l'âge où je suis, il est trop tard pour penser à tout cela ; et telle est ma misérable condition que, quand j'aurois pu prendre un parti solide, tous les secours nécessaires m'ont manqué ; et, quand j'ai lieu d'espérer de me voir quelque avance, le temps de l'enfance, ce temps précieux d'apprendre, se trouve écoulé sans retour.

Voyons donc à présent ce qu'il conviendroit de faire dans la situation où je me trouve : en premier lieu je puis pratiquer la musique, que je sais assez passablement pour cela : secondement, un peu de talent que j'ai pour l'écriture (je parle du style) pourroit m'aider à trouver un emploi de secrétaire chez quelque grand seigneur ; enfin je pourrois, dans quelques années, et avec un peu plus d'expérience, servir de gouverneur à des jeunes gens de qualité.

Quant au premier article, je me suis toujours assez applaudi du bonheur que j'ai eu de faire quelques progrès dans la musique, pour laquelle on me flatte d'un goût assez délicat ; et voici, mon cher père, comme j'ai raisonné.

La musique est un art de peu de difficulté dans la pratique, c'est-à-dire par tous pays on trouve facilement à l'exercer ; les hommes sont faits de manière qu'ils préfèrent assez souvent l'agréable à l'utile ; il faut les prendre par leur foible, et en profiter quand on le peut faire sans injustice : or qu'y a-t-il de plus juste que de tirer une rétribution honnête de son travail ? La musique est donc de tous les talens que je puis avoir, non pas peut-être à la vérité celui qui me fait le plus d'honneur, mais au moins le plus sûr quant à la facilité ; car vous conviendrez qu'on ne s'ouvre pas toujours aisément l'entrée des maisons considérables ; pendant qu'on cherche et qu'on se donne des mouvemens, il faut vivre, et la musique peut toujours servir d'expectative.

(*) Le marquis de Bonac.

Voilà la manière dont j'ai considéré que la musique pourroit m'être utile : voici pour le second article, qui regarde le poste de secrétaire.

Comme je me suis déjà trouvé dans le cas, je connois à peu près les divers talens qui sont nécessaires dans cet emploi : un style clair et bien intelligible, beaucoup d'exactitude et de fidélité, de la prudence à manier les affaires qui peuvent être de notre ressort ; et, par-dessus tout, un secret inviolable : avec ces qualités on peut faire un bon secrétaire. Je puis me flatter d'en posséder quelques-unes ; je travaille chaque jour à l'acquisition des autres, et je n'épargnerai rien pour y réussir.

Enfin, quant au poste de gouverneur d'un jeune seigneur, je vous avoue naturellement que c'est l'état pour lequel je me sens un peu de prédilection : vous allez d'abord être surpris ; différez, s'il vous plaît, un instant de décider.

Il ne faut pas que vous pensiez, mon cher père, que je me sois adonné si parfaitement à la musique, que j'aie négligé toute autre espèce de travail ; la bonté qu'a eue madame de Warens de m'accorder chez elle un asile, m'a procuré l'avantage de pouvoir employer mon temps utilement, et c'est ce que j'ai fait avec assez de soin jusqu'ici.

D'abord, je me suis fait un système d'étude que j'ai divisé en deux chefs principaux : le premier comprend tout ce qui sert à éclairer l'esprit, et l'orner de connoissances utiles et agréables : l'autre renferme les moyens de former le cœur à la sagesse et à la vertu. Madame de Warens a la bonté de me fournir des livres, et j'ai tâché de faire le plus de progrès qu'il étoit possible, et de diviser mon temps de manière que rien n'en restât inutile.

De plus, tout le monde peut me rendre justice sur ma conduite ; je chéris les bonnes mœurs, et je ne crois pas que personne ait rien à me reprocher de considérable contre leur pureté ; j'ai de la religion, et je crains Dieu : d'ailleurs, sujet à d'extrêmes foiblesses, et rempli de défauts plus qu'aucun autre homme au monde, je sens combien il y a de vices à corriger chez moi. Mais enfin les jeunes gens seroient heureux s'ils tomboient toujours entre les mains de personnes qui eussent autant que moi de haine pour le vice et d'amour pour la vertu.

Ainsi, pour ce qui regarde les sciences et les belles-lettres, je crois en savoir autant qu'il en faut pour l'instruction d'un gentilhomme, outre que ce n'est point précisément l'office d'un gouverneur de donner des leçons, mais seulement d'avoir attention qu'elles se prennent avec fruit ; et effectivement il est nécessaire qu'il sache sur toutes les matières plus que son élève ne doit apprendre.

Je n'ai rien à répondre à l'objection qu'on me peut faire sur l'irrégularité de ma conduite passée ; comme elle n'est pas excusable, je ne prétends pas l'excuser : aussi, mon cher père, je vous ai dit d'abord que ce ne seroit que dans quelques années et avec plus d'expérience que j'oserois entreprendre de me charger de la conduite de quelqu'un. C'est que j'ai dessein de me corriger entièrement, et que j'espère d'y réussir.

Sur tout ce que je viens de dire, vous pourrez encore m'opposer que ce ne sont point des établissemens solides, principalement quant aux premier et troisième articles ; là-dessus je vous prie de considérer que je ne vous les propose point comme tels, mais seulement comme les uniques ressources où je puisse recourir dans la situation où je me trouve, en cas que les secours présens vinssent à me manquer ; mais il est temps de vous développer mes véritables idées et d'en venir à la conclusion.

Vous n'ignorez pas, mon cher père, les obligations infinies que j'ai à madame de Warens ; c'est sa charité qui m'a tiré plusieurs fois de la misère, et qui s'est constamment attachée depuis huit ans à pourvoir à tous mes besoins, et même bien au-delà du nécessaire. La bonté qu'elle a eue de me retirer dans sa maison, de me fournir des livres, de me payer des maîtres, et, par-dessus tout, ses excellentes instructions et son exemple édifiant, m'ont procuré les moyens d'une heureuse éducation, et de tourner au bien mes mœurs alors encore indécises. Il n'est pas besoin que je relève ici la grandeur de tous ces bienfaits ; la simple exposition que j'en fais à vos yeux suffit pour vous en faire sentir tout le prix au premier coup d'œil : jugez, mon cher père, de tout ce qui doit se passer dans un cœur bien fait, en reconnoissance de tout cela; la mienne est sans bornes; voyez jusqu'où s'étend mon bonheur, je n'ai de moyen pour la manifester que le seul qui peut me rendre parfaitement heureux.

J'ai donc dessein de supplier madame de Warens de vouloir bien agréer que je passe le reste de mes jours auprès d'elle, et que je lui rende jusqu'à la fin de ma vie tous les services qui seront en mon pouvoir; je veux lui faire goûter autant qu'il dépendra de moi, par mon attachement à elle et par la sagesse et la régularité de ma conduite, les fruits des soins et des peines qu'elle s'est donnés pour moi : ce n'est point une manière frivole de lui témoigner ma reconnoissance; cette sage et aimable dame a des sentimens assez beaux pour trouver de quoi se payer de ses bienfaits par ses bienfaits mêmes, et par l'hommage continuel d'un cœur plein de zèle, d'estime, d'attachement et de respect pour elle.

J'ai lieu d'espérer, mon cher père, que vous approuverez ma résolution et que vous la seconderez de tout votre pouvoir. Par là, toutes difficultés sont levées; l'établissement est tout fait, et assurément le plus solide et le plus heureux qui puisse être au monde, puisque, outre les avantages qui en résultent en ma faveur, il est fondé de part et d'autre sur la bonté du cœur et sur la vertu.

Au reste, je ne prétends pas trouver par là un prétexte honnête de vivre dans la fainéantise et dans l'oisiveté : il est vrai que le vide de mes occupations journalières est grand; mais je l'ai entièrement consacré à l'étude, et madame de Warens pourra me rendre la justice que j'ai suivi assez régulièrement ce plan : jusqu'à présent elle ne s'est plainte que de l'excès. Il n'est pas à craindre que mon goût change; l'étude a un charme qui fait que, quand on l'a une fois goûtée, on ne peut plus s'en détacher; et d'autre part l'objet en est si beau, qu'il n'y a personne qui *puisse blâmer ceux qui sont assez heureux pour y trouver du goût et pour s'en occuper.*

Voilà, mon cher père, l'exposition de mes vues : je vous supplie très-humblement d'y donner votre approbation, d'écrire à madame de Warens, et de vous employer auprès d'elle pour les faire réussir; j'ai lieu d'espérer que vos démarches ne seront pas infructueuses, et qu'elles tourneront à notre commune satisfaction.

Je suis, etc.

A M.....

... 1737.

Monsieur,

Daignerez-vous bien encore me recevoir en grâce, après une aussi indigne négligence que la mienne? J'en sens toute la turpitude, et je vous en demande pardon de tout mon cœur. A le bien prendre, cependant, quand je vous offense par mes retards déplacés, je vous trouve encore le plus heureux des deux. Vous exercez à mon égard la plus douce de toutes les vertus de l'amitié, l'indulgence; et vous goûtez le plaisir de remplir les devoirs d'un parfait ami, tandis que je n'ai que de la honte et des reproches à me faire sur l'irrégularité de mes procédés envers vous. Vous devez du moins comprendre par là que je ne cherche point de détour pour me disculper. J'aime mieux devoir uniquement mon pardon à votre bonté que de chercher à m'excuser par de mauvais subterfuges. Ordonnez ce que le cœur vous dictera du coupable et du châtiment; vous serez obéi. Je n'excepte qu'un seul genre de peine, qu'il me seroit impossible de supporter : c'est le refroidissement de votre amitié. Conservez-la-moi tout entière, je vous en prie; et souvenez-vous que je serai toujours votre tendre ami, quand même je me rendrois indigne que vous fussiez le mien.

Vous trouverez ici incluse la lettre de remercîment que vous fait la très-chère maman. Si elle a tardé trop à vous répondre, comptez qu'elle ne vous en dit pas la véritable raison. Je sais qu'elle avoit des vues dont sa situation présente la contraint de renvoyer l'effet à un meilleur temps; ce que je ne vous dirois pas si je n'avois lieu de craindre que vous n'attribuassiez à l'impolitesse un retardement qui, de sa part, avoit assurément bien une autre source.

Il faut maintenant vous parler de votre charmante pièce. Si vous faites de pareils essais, que devons-nous attendre de vos ouvrages? Continuez, mon cher ami, la carrière brillante que vous venez d'ouvrir; cultivez toujours l'élégance de votre goût par la connoissance des bonnes règles : vous ne sauriez manquer d'aller loin avec de pareilles dispositions. Vous voulez, moi, que je vous corrige! croyez-moi, il me conviendroit mieux de faire encore sous vous quelques thèmes, que de vous donner des leçons. Non que je veuille vous assurer que votre cantate soit entièrement sans défauts ; mon amitié abhorre une basse flatterie, jusqu'à tel point que j'aime mieux donner dans l'excès opposé que d'affoiblir le moins du monde la rigueur de la sincérité ; quoique peut-être j'aie aussi de ma part quelque chose à vous pardonner à cet égard. Nous avons le regret de ne pouvoir mettre cette cantate en exécution faute de violoncelle, et maman a même eu celui de ne pouvoir chanter autant qu'elle l'auroit souhaité, à cause de ses incommodités continuelles : actuellement elle a une fièvre habituelle, des vomissemens fréquens, et une enflure dans les jambes qui s'opiniâtre à ne nous rien présager de bon.

Maman m'a engagé de copier la mienne pour vous l'envoyer, puisque vous avez paru en avoir quelque envie ; mais, ayant égaré l'adresse que vous m'aviez donnée pour les paquets à envoyer, je suis contraint d'attendre que vous me l'ayez indiquée une seconde fois ; ce que je vous prie de faire au plus tôt. La cantate étant prête à partir, j'y joindrai volontiers deux ou trois exemplaires du Verger, qui me restent encore, si vous êtes à portée d'en faire cadeau à quelque ami.

Je vous prie de vouloir faire mes complimens à M. l'abbé Borlin. Vous pourrez aussi le faire ressouvenir, si vous le jugez bon, qu'il a une cantate et un autre chiffon de musique à moi. L'aventure de la Châronne me fait craindre que le bon monsieur ne soit sujet à égarer ce qu'on lui remet. S'il vous les rend, je vous prie de ne me les renvoyer qu'après en avoir fait usage aussi long-temps qu'il vous plaira.

Vous savez sans doute que les affaires vont très-mal en Hongrie, mais vous ignorez peut-être que M. Bouvier le fils y a été tué ; nous ne le savons que d'hier.

A MADAME LA BARONNE DE WARENS.

... 1757.

Madame,

J'eus l'honneur de vous écrire jeudi passé, et M. Genevois se chargea de ma lettre ; depuis ce temps je n'ai point vu M. Barillot, et j'ai resté enfermé dans mon auberge comme un vrai prisonnier. Hier, impatient de savoir l'état de mes affaires, j'écrivis à M. Barillot et lui témoignai mon inquiétude en termes assez forts. Il me répondit ceci.

« Tranquillisez-vous, mon cher monsieur, » tout va bien. Je crois que lundi ou mardi tout » finira. Je ne suis point en état de sortir. Je » vous irai voir le plus tôt que je pourrai. »

Voilà donc, madame, à quoi j'en suis ; aussi peu instruit de mes affaires que si j'étois à cent lieues d'ici, car il m'est défendu de paroître en ville. Avec cela, toujours seul, et grande défense ; puis les frais qui se font d'un autre côté pour tirer ce misérable argent, et puis ceux qu'il a fallu faire pour consulter ce médecin, et lui payer quelques remèdes qu'il m'a remis. Vous pouvez bien juger qu'il y a long-temps que ma bourse est à sec, quoique je sois déjà assez joliment endetté dans ce cabaret : ainsi je ne mène point la vie la plus agréable du monde ; et pour surcroît de malheur, je n'ai, madame, point de nouvelles de votre part. Cependant je fais bon courage autant que je le puis ; et j'espère qu'avant que vous receviez ma lettre je saurai la définition de toutes choses ; car, en vérité, si cela duroit plus long-temps, je croirois que l'on se moque de moi, et que l'on ne me réserve que la coquille de l'huître.

Vous voyez, madame, que le voyage que j'avois entrepris comme une espèce de partie de plaisir a pris une tournure bien opposée : aussi le charme d'être tout le jour seul dans une chambre, à promener ma mélancolie, dans des transes continuelles, ne contribue pas, comme vous pouvez bien croire, à l'amélioration de ma santé. Je soupire après l'instant de mon retour, et je prierai bien Dieu désormais qu'il me préserve d'un voyage aussi déplaisant.

J'en étois là de ma lettre quand M. Barillot m'est venu voir. Il m'a fort assuré que mon affaire ne souffroit plus de difficultés. M. le résident est intervenu, et a la bonté de prendre cette affaire-là à cœur. Comme il y a un intervalle de deux jours entre le commencement de ma lettre et la fin, j'ai, pendant ce temps-là, été rendre mes devoirs à M. le résident, qui m'a reçu le plus gracieusement, et, j'ose dire, le plus familièrement du monde. Je suis sûr à présent que mon affaire finira totalement dans moins de trois jours d'ici, et que ma portion me sera comptée sans difficulté, sauf les frais qui, à la vérité, seront un peu forts, de même que la partie de M. Barillot, laquelle monte bien plus haut que je n'aurois cru.

Je n'ai, madame, reçu aucune nouvelle de votre part ces deux ordinaires ici, j'en suis mortellement inquiet. Si je n'en reçois pas l'ordinaire prochain, je ne sais ce que je deviendrai. J'ai reçu une *lettre* de l'oncle avec une autre pour le curé son ami. Je ferai le voyage jusque-là ; mais je sais qu'il n'y a rien à faire, et que ce pré est perdu pour moi.

Je n'ai point encore écrit à mon père, ni vu aucun de mes parens, et j'ai ordre d'observer le même incognito jusqu'au déboursement. J'ai une furieuse démangeaison de tourner la feuille, car j'ai encore bien des choses à dire. Je n'en ferai rien cependant, et je me réserve à l'ordinaire prochain pour vous donner de bonnes nouvelles. J'ai l'honneur d'être avec un profond respect, etc.

A LA MÊME.

Grenoble, 15 septembre 1737.

Madame,

Je suis ici depuis deux jours : on ne peut être plus satisfait d'une ville que je le suis de celle-ci. On m'y a marqué tant d'amitiés et d'empressemens que je croyois, en sortant de Chambéri, me trouver dans un nouveau monde. Hier, M. Micoud me donna à dîner avec plusieurs de ses amis ; et le soir, après la comédie, j'allai souper avec le bonhomme Lagère.

Je n'ai vu ni madame la présidente, ni madame d'Eybens, ni M. le président de Tencin : ce seigneur est en campagne. Je n'ai pas laissé de remettre la lettre à ses gens. Pour madame de Bardonanche, je me suis présenté plusieurs fois, sans pouvoir lui faire la révérence ; j'ai fait remettre la lettre ; et j'y dois dîner ce matin, où j'apprendrai des nouvelles de madame d'Eybens.

Il faut parler de M. de l'Orme. J'ai eu l'honneur, madame, de lui remettre votre lettre en main propre. Ce monsieur, s'excusant sur l'absence de M. l'évêque, m'offrit un écu de six francs ; je l'acceptai par timidité, mais je crus devoir en faire présent au portier. Je ne sais si j'ai bien fait ; mais il faudra que mon âme change de moule avant que de me résoudre à faire autrement. J'ose croire que la vôtre ne m'en démentira pas.

J'ai eu le bonheur de trouver pour Montpellier, en droiture, une chaise de retour : j'en profiterai (*). Le marché s'est fait par l'entremise d'un ami, et il ne m'en coûte pour la voiture qu'un louis de vingt-quatre francs : je partirai demain matin. Je suis mortifié, madame, que ce soit sans recevoir ici de vos nouvelles ; mais ce n'est pas une occasion à négliger.

Si vous avez, madame, des lettres à m'envoyer, je crois qu'on pourroit les faire tenir ici à M. Micoud, qui les feroit partir ensuite pour Montpellier, à l'adresse de M. Lazerme. Vous pouvez aussi les envoyer de Chambéri en droiture : ayez la bonté de voir ce qui convient le mieux ; pour moi, je n'en sais rien du tout.

Il me fâche extrêmement d'avoir été contraint de partir sans faire la révérence à M. le marquis d'Antremont, et lui présenter mes très-humbles actions de grâces : oserois-je, madame, vous prier de vouloir suppléer à cela ?

Comme je compte de pouvoir être à Montpellier mercredi au soir, le 18 courant, je pourrois donc, madame, recevoir de vos précieuses nouvelles dans le cours de la semaine prochaine, si vous preniez la peine d'écrire dimanche ou lundi matin. Vous m'accorderez, s'il vous plaît, la faveur de croire que mon empressement jusqu'à ce temps-là ira jusqu'à l'inquiétude.

Permettez encore, madame, que je prenne la liberté de vous recommander le soin de votre santé. N'êtes-vous pas ma chère maman, n'ai-je pas droit d'y prendre le plus vif intérêt ? et n'avez-vous pas besoin qu'on vous excite à tout moment à y donner plus d'attention.

La mienne fut fort dérangée hier au spectacle. On représenta *Alzire*, mal à la vérité, mais je ne laissai pas d'y être ému jusqu'à perdre la respiration ; mes palpitations augmentèrent étonnamment, et je crains de m'en sentir quelque temps.

(*) Voyez dans les *Confessions*, livre VI, le récit de ce voyage.

Pourquoi, madame, y a-t-il des cœurs si sensibles au grand, au sublime, au pathétique, pendant que d'autres ne semblent faits que pour ramper dans la bassesse de leurs sentimens? La fortune semble faire à tout cela une espèce de compensation; à force d'élever ceux-ci, elle cherche à les mettre de niveau avec la grandeur des autres : y réussit-elle ou non? Le public et vous, madame, ne serez pas de même avis. Cet accident m'a forcé de renoncer désormais au tragique jusqu'au rétablissement de ma santé. Me voilà privé d'un plaisir qui m'a bien coûté des larmes en ma vie. J'ai l'honneur d'être avec un profond respect, etc.

A LA MÊME.

Montpellier, 25 octobre 1757.

Madame,

Je ne me sers point de la voie indiquée de M. Barillot, parce que c'est faire le tour de l'école. Vos lettres et les miennes passant toutes par Lyon, il faudroit avoir une adresse à Lyon.

Voici un mois passé de mon arrivée à Montpellier, sans avoir pu recevoir aucune nouvelle de votre part, quoique j'aie écrit plusieurs fois et par différentes voies. Vous pouvez croire que je ne suis pas fort tranquille, et que ma situation n'est pas des plus gracieuses; je vous proteste cependant, madame, avec la plus parfaite sincérité, que ma plus grande inquiétude vient de la crainte qu'il ne vous soit arrivé quelque accident. Je vous écris cet ordinaire-ci par trois différentes voies, savoir par MM. Vépres, M. Micoud, et en droiture; il est impossible qu'une de ces trois lettres ne vous parvienne : ainsi, j'en attends la réponse dans trois semaines au plus tard; passé ce temps-là, si je n'ai point de nouvelles, je serai contraint de partir dans le dernier désordre et de me rendre à Chambéri comme je pourrai. Ce soir la poste doit arriver, et il se peut qu'il y aura quelque lettre pour moi; peut-être n'avez-vous pas fait mettre les vôtres à la poste les jours qu'il falloit; car j'aurois réponse depuis quinze jours, si les lettres avoient fait chemin dans leur temps. Vos lettres doivent passer par Lyon pour venir ici; ainsi c'est les mercredi et samedi de bon matin qu'elles doivent être mises à la poste. Je vous avois donné précédemment l'adresse de ma pension : il vaudroit peut-être mieux les adresser en droiture où je suis logé, parce que je suis sûr de les y recevoir exactement. C'est chez M. Barcellon, huissier de la Bourse, en rue Basse, proche du Palais.

J'ai l'honneur d'être avec un profond respect, etc.

P. S. Si vous avez quelque chose à m'envoyer par la voie des marchands de Lyon, et que vous écriviez, par exemple, à MM. Vépres par le même ordinaire qu'à moi, je dois, s'ils sont exacts, recevoir leur lettre en même temps que la vôtre.

J'allois fermer ma lettre quand j'ai reçu la vôtre, madame, du 12 du courant. Je crois n'avoir pas mérité les reproches que vous m'y faites sur mon peu d'exactitude. Depuis mon départ de Chambéri, je n'ai point passé de semaine sans vous écrire. Du reste, je me rends justice; et quoique peut-être il dût me paroître un peu dur que la première lettre que j'ai l'honneur de recevoir de vous ne soit pleine que de reproches, je conviens que je les mérite tous. Que voulez-vous, madame, que je vous dise? Quand j'agis, je crois faire les plus belles choses du monde, et puis il se trouve au bout que ce ne sont que des sottises; je le reconnois parfaitement bien moi-même. Il faudra tâcher de se roidir contre sa bêtise à l'avenir, et faire plus d'attention sur sa conduite : c'est ce que je vous promets avec une forte envie de l'exécuter. Après cela, si quelque retour d'amour-propre vouloit encore m'engager à tenter quelque voie de justification, je réserve à traiter cela de bouche avec vous, madame, non pas, s'il vous plait, à la Saint-Jean, mais à la fin de mois de janvier ou au commencement du suivant.

Quant à la lettre de M. Arnauld, vous savez, madame, mieux que moi-même, ce qui me convient en fait de recommandation. Je vois bien que vous vous imaginez que, parce que je suis à Montpellier, je puis voir les choses de plus près et juger de ce qu'il y a à faire; mais, madame, je vous prie d'être bien persuadée que hors ma pension et l'hôte de ma chambre, il m'est impossible de faire aucune liaison, ni de connoître le terrain le moins du monde à Montpellier, jusqu'à ce qu'on m'ait procuré quelque arme pour forcer les barricades que l'humeur inaccessible des particuliers et de toute la nation en général met à l'entrée de leurs maisons. Oh! qu'on a une idée bien fausse du caractère languedocien, et surtout des habitans de Montpellier à l'égard de l'étranger! Mais pour revenir, les recommandations dont j'aurois besoin sont de toutes les espèces. Premièrement, pour la noblesse et les gens en place : il me seroit très-avantageux d'être présenté à quelqu'un de cette classe, pour tâcher à me faire connoître et à faire quelque usage du peu de talens que j'ai, ou du moins à me donner quelque ouverture qui pût m'être utile dans la suite, en temps et lieu : en second lieu, pour les commerçans, afin de trouver quelque voie de communication plus courte et plus facile, et pour mille autres avantages que vous savez que l'on tire de ces connoissances-là : troisièmement, parmi les gens de lettres, savans, professeurs, par les lumières qu'on peut acquérir avec eux et les progrès qu'on y pourroit faire ; enfin, généralement pour toutes les personnes de mérite avec lesquelles on peut du moins lier une honnête société, apprendre quelque chose, et couler quelques heures prises sur la plus rude et la plus ennuyeuse solitude du monde. J'ai l'honneur de vous écrire cela, madame, et non à M. l'abbé Arnauld, parce qu'ayant la lettre vous verrez mieux ce qu'il y aura à répondre, et que si vous voulez bien vous donner cette peine vous-même, cela fera encore un meilleur effet en ma faveur.

Vous faites, madame, un détail si riant de ma situation à Montpellier, qu'en vérité je ne saurois mieux rectifier ce qui peut n'être pas conforme au vrai, qu'en vous priant de prendre tout le contre-pied. Je m'étendrai plus au long, dans ma prochaine, sur l'espèce de vie que je mène ici. Quant à vous, madame, plût à Dieu que le récit de votre situation fût moins véridique : hélas ! je ne puis, pour le présent, faire que des vœux ardens pour l'adoucissement de votre sort : il seroit trop envié s'il étoit conforme à celui que vous méritez. Je n'ose espérer le rétablissement de ma santé, car elle est encore plus en désordre que quand je suis parti de Chambéri ; mais, madame, si Dieu daignoit me la rendre, il est sûr que je n'en ferois d'autre usage qu'à tâcher de vous soulager de vos soins, et à vous seconder en bon et tendre fils, et en élève reconnoissant. Vous m'exhortez, madame, à rester ici jusqu'à la Saint-Jean : je ne le ferois pas quand on m'y couvriroit d'or. Je ne sache pas d'avoir vu, de ma vie, un pays plus antipathique à mon goût, que celui-ci, ni de séjour plus ennuyeux, plus maussade que celui de Montpellier. Je sais bien que vous ne me croirez point ; vous êtes encore remplie des belles idées que ceux qui y ont été attrapés en ont répandues au dehors pour attraper les autres. Cependant, madame, je vous réserve une relation de Montpellier, qui vous fera toucher les choses au doigt et à l'œil ; je vous attends là pour vous étonner. Pour ma santé, il n'est pas étonnant qu'elle ne s'y remette pas. Premièrement, les alimens n'y valent rien, mais rien ; je dis rien, et je ne badine point. Le vin y est trop violent et incommode toujours ; le pain y est passable, à la vérité, mais il n'y a ni bœuf, ni vache, ni beurre ; on n'y mange que de mauvais mouton, et du poisson de mer en abondance, le tout toujours apprêté à l'huile puante. Il vous seroit impossible de goûter de la soupe ou des ragoûts qu'on nous sert à ma pension, sans vomir. Je ne veux pas m'arrêter davantage là-dessus, car si je vous disois les choses précisément comme elles sont, vous seriez en peine de moi, bien plus que je ne le mérite. En second lieu, l'air ne me convient pas ; autre paradoxe, encore plus incroyable que les précédens : c'est pourtant la vérité. On ne sauroit disconvenir que l'air de Montpellier ne soit fort pur et en hiver assez doux. Cependant le voisinage de la mer le rend à craindre pour tous ceux qui sont attaqués de la poitrine : aussi y voit-on beaucoup de phthisiques. Un certain vent, qu'on appelle ici le marin, amène de temps en temps des brouillards épais et froids, chargés de particules salines et âcres, qui sont fort dangereuses : aussi, j'ai ici des rhumes, des maux de gorge et des esquinancies, plus souvent qu'à Chambéri. Ne parlons plus de cela quant à présent ; car si j'en disois davantage vous n'en croiriez pas un mot. Je puis pourtant protester que je n'ai dit que la vérité. Enfin, un troisième article, c'est la cherté : pour celui-là je ne m'y arrêterai pas, parce que je vous en ai parlé précédemment, et que je me prépare à parler de tout cela plus au long en traitant de Montpellier. Il suffit de vous dire qu'avec l'argent comptant que j'ai apporté, et les deux cents livres que vous avez eu la bonté de me promettre, il s'en faudroit beaucoup qu'il m'en restât actuellement autant devant moi, pour prendre l'avance, comme vous dites, qu'il en faudroit laisser en arrière pour boucher les trous. Je n'ai encore pu donner un sou à la maîtresse de la pension, ni pour le louage de ma chambre; jugez, madame, comment me voilà joli garçon; et, pour achever de me peindre, si je suis contraint de mettre quelque chose à la presse, ces honnêtes gens-ci ont la charité de ne prendre que douze sous par écus de six francs, tous les mois. A la vérité j'aimerois mieux tout vendre que d'avoir recours à un tel moyen. Cependant, madame, je suis si heureux, que personne ne s'est encore avisé de me demander de l'argent, sauf celui qu'il faut donner tous les jours pour les eaux, bouillons de poulet, purgatifs, bains; encore ai-je trouvé le secret d'en emprunter pour cela, sans gage et sans usure, et cela du premier cancre de la terre. Cela ne pourra pas durer pourtant, d'autant plus que le deuxième mois est commencé depuis hier; mais je suis tranquille depuis que j'ai reçu de vos nouvelles, et je suis assuré d'être secouru à temps. Pour les commodités, elles sont en abondance. Il n'y a point de bon marchand à Lyon qui ne tire une lettre de change sur Montpellier. Si vous en parlez à M. C. il lui sera de la dernière facilité de faire cela : en tous cas, voici l'adresse d'un qui paie un de nos messieurs de Bellay, et de la voie duquel on peut se servir : *M. Parent, marchand drapier, à Lyon, au Change.* Quant à mes lettres, il vaut mieux les adresser chez M. Barcellon, ou plutôt Marcellon, comme l'adresse est à la première page; on sera plus exact à me les rendre. Il est deux heures après minuit; la plume me tombe des mains. Cependant je n'ai pas écrit la moitié de ce que j'avois à écrire. La suite de la relation et le reste, etc., sera renvoyé pour lundi prochain. C'est que je ne puis faire mieux; sans quoi, madame, je ne vous imiterois certainement pas à cet égard. En attendant, je m'en rapporte aux précédentes, et présente mes respectueuses salutations aux révérends pères jésuites, le révérend père Hemet, et le révérend père Coppier. Je vous prie bien humblement de leur présenter une tasse de chocolat, que vous boirez ensemble, s'il vous plaît, à ma santé. Pour moi, je me contente du fumet, car il ne m'en reste pas un misérable morceau.

J'ai oublié de finir, en parlant de Montpellier et de vous dire que j'ai résolu d'en partir vers la fin de décembre, et d'aller prendre le lait d'ânesse en Provence, dans un petit endroit fort joli, à deux lieues du Saint-Esprit(*). C'est un air excellent; il y aura bonne compagnie, avec laquelle j'ai fait connoissance en chemin, et j'espère de n'y être pas tout-à-fait si chèrement qu'à Montpellier. Je demande votre avis là-dessus. Il faut encore ajouter que c'est faire d'une pierre deux coups, car je me rapproche de deux journées.

Je vois, madame, qu'on épargneroit des embarras et des frais si l'on faisoit écrire par un marchand de Lyon à son correspondant d'ici, de me compter de l'argent, quand j'en aurois besoin, jusqu'à la concurrence de la somme destinée; car ces retards me mettent dans de fâcheux embarras, et ne vous sont d'aucun avantage.

A M. MICOUD.

Montpellier, 23 octobre 1737.

Monsieur,

J'eus l'honneur de vous écrire il y a environ trois semaines; je vous priois, par ma lettre, de vouloir bien donner cours à celle que j'y avois incluse pour M. Charbonnel; j'avois écrit, l'ordinaire précédent, en droiture à madame de Warens, et huit jours après je pris la liberté de vous adresser encore une lettre pour elle : cependant je n'ai reçu de réponse nulle part. Je ne puis croire, monsieur, de vous avoir déplu en usant un peu trop familièrement de la liberté que vous m'aviez accordée; tout ce que je crains, c'est que quelque contre-temps fâcheux n'ait retardé mes lettres ou les réponses : quoi qu'il en soit, il m'est si essentiel d'être bientôt tiré de peine, que je n'ai point balancé, monsieur, de vous adresser encore l'incluse, et de vous prier de vouloir bien donner vos soins pour qu'elle parvienne à son adresse; j'ose même vous inviter à me donner des nouvelles de madame de Warens; je tremble qu'elle ne soit

(*) Au bourg de Saint-Andiol, chez madame de Larnage. M. P.

malade. J'espère, monsieur, que vous ne dédaignerez pas de m'honorer d'un mot de réponse par le premier ordinaire; et, afin que la lettre me parvienne plus directement, vous aurez, s'il vous plait, la bonté de me l'adresser chez M. Barcellon, huissier de la Bourse, en rue Basse, proche du Palais; c'est là que je suis logé. Vous ferez une œuvre de charité de m'accorder cette grâce; et si vous pouvez me donner des nouvelles de M. Charbonnel, je vous en aurai d'autant plus d'obligation. Je suis avec une respectueuse considération, etc.

A M.....

Montpellier, 4 novembre 1737.

Monsieur,

Lequel des deux doit demander pardon à l'autre, ou le pauvre voyageur qui n'a jamais passé de semaine, depuis son départ, sans écrire à un ami de cœur, ou cet ingrat ami, qui pousse la négligence jusqu'à passer deux grands mois et davantage sans donner au pauvre pèlerin le moindre signe de vie? oui, monsieur, deux grands mois. Je sais bien que j'ai reçu de vous une lettre datée du 6 octobre, mais je sais bien aussi que je ne l'ai reçue que la veille de la Toussaint; et, quelque effort que fasse ma raison pour être d'accord avec mes désirs, j'ai peine à croire que la date n'ait été mise après coup. Pour moi, monsieur, je vous ai écrit de Grenoble, je vous ai écrit le lendemain de mon arrivée à Montpellier, je vous ai écrit par la voie de M. Micoud, je vous ai écrit en droiture; en un mot, j'ai poussé l'exactitude jusqu'à céder presque à tout l'empressement que j'avois de m'entretenir avec vous. Quant à M. de Trianon, Dieu et lui savent si l'on peut avec vérité m'accuser de négligence à cet égard. Quelle différence, grand Dieu! il semble que la Savoie est éloignée d'ici de sept ou huit cents lieues, et nous avons à Montpellier des compatriotes du doyen de Killerine (dites cela à mon oncle) qui ont reçu deux fois des réponses de chez eux, tandis que je n'ai pu en recevoir de Chambéri. Il y a trois semaines que j'en reçus une d'attente, après laquelle rien n'a paru. Quelque dure que soit ma situation actuelle, je la supporterois volontiers si du moins on daignoit me donner la moindre marque de souvenir; mais rien : je suis si oublié, qu'à peine crois-je moi-même d'être encore en vie. Puisque les relations sont devenues impossibles depuis Chambéri et Lyon ici, je ne demande plus qu'on me tienne les promesses sur lesquelles je m'étois arrangé. Quelques mots de consolation me suffiront, et serviront à répandre de la douceur sur un état qui a ses désagrémens.

J'ai eu le malheur, dans ces circonstances gênantes, de perdre mon hôtesse, madame Mazet, de manière qu'il a fallu solder mon compte avec ses héritiers. Un honnête homme irlandois, avec qui j'avois fait connoissance, a eu la générosité de me prêter soixante livres sur ma parole, qui ont servi à payer le mois passé et le courant de ma pension; mais je me vois extrêmement reculé par plusieurs autres menues dettes, et j'ai été contraint d'abandonner, depuis quinze jours, les remèdes que j'avois commencés, faute de moyens pour continuer. Voici maintenant quels sont mes projets. Si dans quinze jours, qui font le reste du second mois, je ne reçois aucune nouvelle, j'ai résolu de hasarder un coup : je ferai quelque argent de mes petits meubles, c'est-à-dire de ceux qui sont le moins chers, car j'en ai dont je ne me déferai jamais; et, comme cet argent ne suffiroit point pour payer mes dettes et me tirer de Montpellier, j'oserai l'exposer au jeu, non par goût, car j'ai mieux aimé me condamner à la solitude que de m'introduire par cette voie, quoiqu'il n'y en ait point d'autre à Montpellier, et qu'il n'ait tenu qu'à moi de me faire des connoissances assez brillantes par ce moyen. Si je perds, ma situation ne sera presque pas pire qu'auparavant : mais si je gagne, je me tirerai du plus fâcheux de tous les pas. C'est un grand hasard, à la vérité; mais j'ose croire qu'il est nécessaire de le tenter dans le cas où je m'trouve. Je ne prendrai ce parti qu'à l'extrémité, et quand je ne verrai plus jour ailleurs. Si je reçois de bonnes nouvelles d'ici à ce temps-là, je n'aurai certainement pas l'imprudence de tenter la mer orageuse et de m'exposer à un naufrage : je prendrai un autre parti. J'acquitterai mes dettes ici, et je me rendrai en diligence à un petit endroit proche du Saint-Esprit, où, à moindres frais et dans un meilleur air, je pourrai commencer mes petits remèdes avec plus de tranquillité, d'agrément et de succès, comme j'espère, que je n'ai fait à Montpellier, dont le séjour m'est d'une mortelle antipathie. Je trouverai là bonne compagnie d'honnêtes gens, qui ne chercheront point à écorcher le pauvre étranger, et qui contribueront à lui procurer un peu de gaîté, dont il a, je vous assure, très-grand besoin.

Je vous fais toutes ces confidences, mon cher monsieur, comme à un bon ami qui veut bien s'intéresser à moi et prendre part à mes petits soucis. Je vous prierai aussi d'en vouloir bien faire part à qui de droit, afin que si mes lettres ont le malheur de se perdre de quelque côté, l'on puisse de l'autre en récapituler le contenu. J'écris aujourd'hui à M. Trianon; et comme la poste de Paris, qui est la vôtre, ne part d'ici qu'une fois la semaine, à savoir le lundi, il se trouve que, depuis mon arrivée à Montpellier, je n'ai pas manqué d'écrire un seul ordinaire, tant il y a de négligence dans mon fait, comme vous dites fort bien et à votre aise.

Il vous reviendroit une description de la charmante ville de Montpellier, ce paradis terrestre, ce centre des délices de la France; mais, en vérité, il y a si peu de bien et tant de mal à en dire, que je me ferois scrupule d'en charger encore le portrait de quelque saillie de mauvaise humeur; j'attends qu'un esprit plus reposé me permette de n'en dire que le moins de mal que la vérité me pourra permettre. Voici en gros ce que vous pouvez en penser en attendant.

Montpellier est une grande ville fort peuplée, coupée par un immense labyrinthe de rues sales, tortueuses et larges de six pieds. Ces rues sont bordées alternativement de superbes hôtels et de misérables chaumières, pleines de boue et de fumier. Les habitans y sont moitié très-riches, et l'autre moitié misérables à l'excès : mais ils sont tous également gueux par leur manière de vivre, la plus vile et la plus crasseuse qu'on puisse imaginer. Les femmes sont divisées en deux classes; les dames, qui passent a matinée à s'enluminer, l'après-midi au pharaon, et la nuit à la débauche : à la différence des bourgeoises, qui n'ont d'occupation que la dernière. Du reste, ni les unes ni les autres n'entendent le françois; et elles ont tant de goût et d'esprit, qu'elles ne doutent point que la Comédie et l'Opéra ne soient des assemblées de sorciers. Aussi on n'a jamais vu de femmes au spectacle de Montpellier, excepté peut-être quelques misérables étrangères qui auront eu l'imprudence de braver la délicatesse et la modestie des dames de Montpellier. Vous savez sans doute quels égards on a en Italie pour les huguenots, et pour les juifs en Espagne; c'est comme on traite les étrangers ici : on les regarde précisément comme une espèce d'animaux faits exprès pour être pillés, volés et assommés au bout, s'ils avoient l'impertinence de le trouver mauvais. Voilà ce que j'ai pu rassembler de meilleur du caractère des habitans de Montpellier. Quant au pays en général, il produit de bon vin, un peu de blé, de l'huile abominable, point de viande, point de beurre, point de laitage, point de fruit, et point de bois. Adieu, mon cher ami.

A MADAME LA BARONNE DE WARENS.

Montpellier, 14 décembre 1737.

Madame,

Je viens de recevoir votre troisième lettre; vous ne la datez point, et vous n'accusez point la réception des miennes : cela fait que je ne sais à quoi m'en tenir. Vous me mandez que vous avez fait compter, entre les mains de M. Bouvier, les deux cents livres en question; je vous en réitère mes humbles actions de grâces. Cependant, pour m'avoir écrit cela trop tôt, vous m'avez fait faire une fausse démarche, car j'ai tiré une lettre de change sur M. Bouvier, qu'il a refusée, et qu'on m'a renvoyée; je l'ai fait partir derechef : il y a apparence qu'elle sera payée présentement. Quant aux autres deux cents livres, je n'aurai besoin que de la moitié, parce que je ne veux pas faire ici un plus long séjour que jusqu'à la fin de février; ainsi, vous aurez cent livres de moins à compter; mais je vous supplie de faire en sorte que cet argent soit sûrement entre les mains de M. Bouvier pour ce temps-là. Je n'ai pu faire les remèdes qui m'étoient prescrits, faute d'argent. Vous m'avez écrit que vous m'enverriez de l'argent pour pouvoir m'arranger avant la tenue des États, et voilà la clôture des États qui se fait demain, après avoir siégé deux mois entiers. Dès que j'aurai reçu réponse de Lyon, je partirai pour le Saint-Esprit, et je ferai l'essai des remèdes qui m'ont été ordonnés : remèdes bien inutiles à ce que je prévois. Il faut périr malgré tout, et ma santé est en pire état que jamais.

Je ne puis aujourd'hui vous donner une suite de ma relation ; cela demande plus de tranquillité que je ne m'en sens aujourd'hui. Je vous dirai, en passant, que j'ai tâché de ne pas perdre entièrement mon temps à Montpellier ; j'ai fait quelques progrès dans les mathématiques ; pour le divertissement, je n'en ai eu d'autre que d'entendre des musiques charmantes. J'ai été trois fois à l'Opéra, qui n'est pas beau ici, mais où il y a d'excellentes voix. Je suis endetté ici de cent huit livres ; le reste servira, avec un peu d'économie, à passer les deux mois prochains. J'espère les couler plus agréablement qu'à Montpellier : voilà tout. Vous pouvez cependant, madame, m'écrire toujours ici à l'adresse ordinaire ; au cas que je sois parti, les lettres me seront renvoyées. J'offre mes très-humbles respects aux révérends pères jésuites. Quand j'aurai reçu de l'argent, et que je n'aurai pas l'esprit si chagrin, j'aurai l'honneur de leur écrire. Je suis, madame, avec un très-profond respect, etc.

P. S. Vous devez avoir reçu ma réponse, par rapport à M. de Lautrec. O ma chère maman ! j'aime mieux être auprès de D., et être employé aux plus rudes travaux de la terre, que de posséder la plus grande fortune dans tout autre cas ; il est inutile de penser que je puisse vivre autrement : il y a long-temps que je vous l'ai dit, et je le sens plus ardemment que jamais. Pourvu que j'aie cet avantage, dans quelque état que je sois, tout m'est indifférent. Quand on pense comme moi, je vois qu'il n'est pas difficile d'éluder les raisons importantes que vous ne voulez pas me dire. Au nom de Dieu, rangez les choses de sorte que je ne meure pas de désespoir. J'approuve tout, je me soumets à tout, excepté ce seul article, auquel je me sens hors d'état de consentir, dussé-je être la proie du plus misérable sort. Ah ! ma chère maman, n'êtes-vous donc plus ma chère maman ? ai-je vécu quelques mois de trop ?

Vous savez qu'il y a un cas où j'accepterois la chose dans toute la joie de mon cœur, mais ce cas est unique. Vous m'entendez.

A M. DE GONZIÉ.

14 mars 1738.

Monsieur,

Nous reçûmes hier au soir, fort tard, une lettre de votre part, adressée à madame de Warens, mais que nous avons bien supposé être pour moi. J'envoie cette réponse aujourd'hui de bon matin, et cette exactitude doit suppléer à la brièveté de ma lettre et à la médiocrité des vers qui y sont joints. D'ailleurs, maman n'a pas voulu que je les fisse meilleurs, disant qu'il n'est pas bon que les malades aient tant d'esprit. Nous avons été très-alarmés d'apprendre votre maladie ; et, quelque effort que vous fassiez pour nous rassurer, nous conservons un fond d'inquiétude sur votre rétablissement, qui ne pourra être bien dissipé que par votre présence.

J'ai l'honneur d'être, avec un respect et un attachement infini, etc.

A FANIE.

Malgré l'art d'Esculape et ses tristes secours,
La fièvre impitoyable alloit trancher mes jours ;
Il n'étoit dû qu'à vous, adorable Fanie,
   De me rappeler à la vie.
Dieux ! je ne puis encore y penser sans effroi :
Les horreurs du Tartare ont paru devant moi ;
La mort à mes regards a voilé la nature,
J'ai du Cocyte affreux entendu le murmure.
Hélas ! j'étois perdu ; le nocher redouté
M'avoit déjà conduit sur les bords du Léthé ;
Là, m'offrant une coupe, et, d'un regard sévère,
Me pressant aussitôt d'avaler l'onde amère :
Viens, dit-il, éprouver ces secourables eaux.
Viens déposer ici les erreurs et les maux
Qui des foibles mortels remplissent la carrière :
Le secours de ce fleuve à tous est salutaire ;
Sans regretter le jour par des cris superflus,
Leur cœur, en l'oubliant, ne le désire plus.
  Ah ! pourquoi cet oubli leur est-il nécessaire ?
S'ils connoissoient la vie, ils craindroient sa misère.
Voilà, lui dis-je alors, un fort sot sermon ;
Mais osez-vous penser, mon bon seigneur Caron,
Qu'après avoir aimé la divine Fanie,
Jamais de cet amour la mémoire s'oublie ?
Ne vous en flattez point ; non, malgré vos efforts,
Mon cœur l'adorera jusque parmi les morts :
C'est pourquoi supprimez, s'il vous plaît, votre eau noire ;
Toute l'encre du monde et tout l'affreux grimoire
Ne m'en ôteroient pas le charmant souvenir.
Sur un si beau sujet j'avois beaucoup à dire :

Et n'étois pas prêt à finir,
Quand tout à coup vers nous je vis venir
Le dieu de l'infernal empire.
Calme-toi, me dit-il, je connois ton martyre.
La constance a son prix, même parmi les morts :
Ce que je fis jadis pour quelques vains accords,
Je l'accorde en ce jour à ta tendresse extrême.
Va parmi les mortels, pour la seconde fois
Témoigner que sur Pluton même
Un si tendre amour a des droits.
C'est ainsi, charmante Fanie,
Que mon ardeur pour vous m'empêcha de périr ;
Mais quand le dieu des morts veut me rendre à la vie,
N'allez pas me faire mourir.

A MADAME LA BARONNE DE WARENS.

5 mars 1739.

Ma très-chère et très-bonne maman,

Je vous envoie ci-joint le brouillard du mémoire que vous trouverez après celui de la lettre à M. Arnauld. Si j'étois capable de faire un chef-d'œuvre, ce mémoire à mon goût seroit le mien, non qu'il soit travaillé avec beaucoup d'art, mais parce qu'il est écrit avec les sentimens qui conviennent à un homme que vous honorez du nom de fils. Assurément une ridicule fierté ne me conviendroit guère dans l'état où je suis : mais aussi j'ai toujours cru qu'on pouvoit sans arrogance, et cependant sans s'avilir, conserver dans la mauvaise fortune et dans les supplications une certaine dignité plus propre à obtenir des grâces d'un honnête homme que les plus basses lâchetés. Au reste, je souhaite plus que je n'espère de ce mémoire, à moins que votre zèle et votre habileté ordinaires ne lui donnent un puissant véhicule ; car je sais, par une vieille expérience, que tous les hommes n'entendent et ne parlent pas le même langage. Je plains les âmes à qui le mien est inconnu ; il y a une maman au monde qui, à leur place, l'entendroit très-bien ; mais, me direz-vous, pourquoi ne pas parler le leur? C'est ce que je me suis assez représenté. Après tout, pour quatre misérables jours de vie, vaut-il la peine de se faire faquin?

Il n'y a pas tant de mal, cependant ; et j'espère que vous trouverez, par la lecture du mémoire, que je n'ai pas fait le rodomont hors de propos, et que je me suis raisonnablement humanisé. Je sais bien, Dieu merci, à quoi que, sans cela, Petit auroit couru grand risque de mourir de faim en pareille occasion. Preuve que je ne suis pas propre à ramper indignement dans les malheurs de la vie, c'est que je n'ai jamais fait le rogue ni le fendant dans la prospérité : mais qu'est-ce que je vous lanterne là, sans me souvenir, chère maman, que je parle à qui me connoît mieux que moi-même? Baste! un peu d'effusion de cœur dans l'occasion ne nuit jamais à l'amitié.

Le mémoire est tout dressé sur le plan que nous avons plus d'une fois digéré ensemble. Je vois le tout assez lié, et propre à se soutenir. Il y a ce maudit voyage de Besançon, dont, pour mon honneur, j'ai jugé à propos de déguiser un peu le motif. Voyage éternel et malencontreux, s'il en fut au monde, et qui s'est déjà présenté à moi bien des fois et sous des faces bien différentes. Ce sont des images où ma vanité ne triomphe pas. Quoi qu'il en soit, j'ai mis à cela un emplâtre, Dieu sait comment! En tous cas, si l'on vient me faire subir l'interrogatoire aux Charmettes, j'espère bien ne pas rester court. Comme vous n'êtes pas au fait comme moi, il sera bon, en présentant le mémoire, de glisser légèrement sur le détail des circonstances, crainte de *quiproquos*, à moins que je n'aie l'honneur de vous voir avant ce temps-là.

A propos de cela. Depuis que vous voilà établie en ville, ne vous prend-il point fantaisie, ma chère maman, d'entreprendre un jour quelque petit voyage à la campagne? Si mon bon génie vous l'inspire, vous m'obligerez de me faire avertir quelques trois ou quatre mois à l'avance, afin que je me prépare à vous recevoir, et à vous faire dûment les honneurs de chez moi.

Je prends la liberté de faire ici mes honneurs à M. le Curcu, et mes amitiés à mon frère. Ayez la bonté de dire au premier, que comme Proserpine (ah ! la belle chose que de placer là Proserpine!)

Peste! où prend mon esprit toutes ces gentillesses !

comme Proserpine donc passoit autrefois six mois sur la terre et six mois aux enfers, il faut de même qu'il se résolve de partager son temps entre vous et moi : mais aussi les enfers, où les mettrons-nous? Placez-les en ville, si vous le jugez à propos, car pour ici, ne vous déplaise, *n'en voli pas gés*. J'ai l'honneur d'être, du plus profond de mon cœur, ma très-chère et très-bonne maman, etc.

P. S. Je m'aperçois que ma lettre vous pourra servir d'apologie, quand il vous arrivera d'en écrire quelqu'une un peu longue : mais aussi il faudra que ce soit à quelque maman bien chère et bien aimée, sans quoi la mienne ne prouve rien.

A LA MÊME.

Charmettes, 18 mars 1739.

Ma très-chère maman,

J'ai reçu comme je le devois le billet que vous m'écrivîtes dimanche dernier, et j'ai convenu sincèrement avec moi-même que, puisque vous trouviez que j'avois tort, il falloit que je l'eusse effectivement ; ainsi, sans chercher à chicaner, j'ai fait mes excuses de bon cœur à mon frère (*), et je vous fais de même ici les miennes très-humbles. Je vous assure aussi que j'ai résolu de tourner toujours du bon côté les corrections que vous jugerez à propos de me faire, sur quelque ton qu'il vous plaise de les tourner.

Vous m'avez fait dire qu'à l'occasion de vos pâques vous voulez bien me pardonner. Je n'ai garde de prendre la chose au pied de la lettre, et je suis sûr que quand un cœur comme le vôtre a autant aimé quelqu'un que je me souviens de l'avoir été de vous, il lui est impossible d'en venir jamais à un tel point d'aigreur qu'il faille des motifs de religion pour le réconcilier. Je reçois cela comme une petite mortification que vous m'imposez en me pardonnant, et dont vous savez bien qu'une parfaite connoissance de vos vrais sentimens adoucira l'amertume.

Je vous remercie, ma très-chère maman, de l'avis que vous m'avez fait donner d'écrire à mon père. Rendez-moi cependant la justice de croire que ce n'est ni par négligence, ni par oubli que j'avois retardé jusqu'à présent. Je pensois qu'il auroit convenu d'attendre la réponse de M. l'abbé Arnauld, afin que si le sujet du mémoire n'avoit eu nulle apparence de réussir, comme il est à craindre, je lui eusse passé sous silence ce projet évanoui. Cependant vous m'avez fait faire réflexion que mon délai étoit appuyé sur une raison trop frivole, et, pour réparer la chose le plus tôt qu'il est possible, je vous envoie ma lettre, que je vous prie de prendre la peine de lire, de fermer, et de faire partir si vous le jugez à propos.

Il n'est pas nécessaire, je crois, de vous assurer que je languis depuis long-temps dans l'impatience de vous revoir. Songez, ma très-chère maman, qu'il y a un mois, et peut-être au-delà, que je suis privé de ce bonheur. Je suis du plus profond de mon cœur, et avec les sentimens du fils le plus tendre, etc.

M. D'EYBENS.

Mars ou avril 1740.

Madame de Warens m'a fait l'honneur de me communiquer la réponse que vous avez pris la peine de lui faire, et celle que vous avez reçue de M. de Mably à mon sujet. J'ai admiré, avec une vive reconnoissance, les marques de cet empressement de votre part à faire du bien, qui caractérise les cœurs vraiment généreux ; ma sensibilité n'a pas sans doute de quoi mériter beaucoup votre attention, mais vous voudrez du moins bien permettre à mon zèle de vous assurer que vous ne sauriez, monsieur, porter vos bontés à mon égard au-delà de ma reconnoissance, et je vous en dois beaucoup, monsieur, pour le bien que l'excès de votre indulgence vous a fait avancer en ma faveur. Il est vrai que j'ai tâché de répondre aux soins que madame de Warens, ma très-chère maman, a bien voulu prendre pour me pousser dans les belles connoissances ; mais les principes dont je fais profession m'ont souvent fait négliger la culture des talens de l'esprit en faveur de celle des sentimens du cœur, et j'ai bien plus ambitionné de penser juste que de savoir beaucoup. Je ferai cependant, monsieur, même à cet égard, les plus puissans efforts pour soutenir l'opinion avantageuse que vous avez voulu donner de moi ; et c'est en ce sens que je regarde *tout le bien* que vous avez dit comme une exhortation polie de remplir de mon mieux l'engagement honorable que vous avez daigné contracter en mon nom.

M. de Mably demande les conditions sous lesquelles je pourrai me charger de l'éducation de ses fils : permettez-moi, monsieur, de vous rappeler, à cet égard, ce que j'ai eu l'honneur

---

(*) C'est ce Vintzenried, perruquier, qui prit le nom de Courtilles et supplanta Rousseau. M. P.

de vous dire de vive voix. Je suis peu sensible à l'intérêt, mais je le suis beaucoup aux attentions : un honnête homme, maltraité de la fortune, et qui se fait un amour de ses devoirs, peut raisonnablement l'espérer, et je me tiendrai toujours dédommagé selon mon goût quand on voudra suppléer par des égards à la médiocrité des appointemens. Cependant, monsieur, comme le désintéressement ne doit pas être imprudent, vous sentez qu'un homme qui veut s'appliquer à l'éducation des jeunes gens avec tout le goût et toute l'attention nécessaires, pour avoir lieu d'espérer un heureux succès, ne doit pas être distrait par l'inquiétude des besoins. Généralement il seroit ridicule de penser qu'un homme dont le cœur est flétri par la misère ou par des traitemens très-durs, puisse inspirer à ses élèves des sentimens de noblesse et de générosité. C'est l'intérêt des pères que les précepteurs ou les gouverneurs de leurs enfans ne soient pas dans une pareille situation : et, de leur part, les enfans n'auroient garde de respecter un maître que son mauvais équipage ou une vile sujétion rendroient méprisable à leurs yeux. Pardon, monsieur ; les longueurs de mes détails vont jusqu'à l'indiscrétion. Mais comme je me propose de remplir mes devoirs avec toute l'attention, tout le zèle et toute la probité dont je suis capable, j'ai droit d'espérer aussi qu'on ne me refusera pas un peu de considération et une honnête liberté, comme je souhaite aussi qu'on m'en accorde les priviléges. Quant à l'appointement, je vous supplie, monsieur, de vouloir régler cela vous-même, et je vous proteste d'avance que je m'en tiendrai avec joie à tout ce que vous aurez conclu. Si vous ne le voulez point, je m'en rapporterai volontiers à M. de Mably lui-même ; et je n'ai point de répugnance à me laisser éprouver pendant quelque temps. M. de Mably pourra même, s'il le juge à propos, renvoyer le discours de cet article, jusqu'à ce que j'aie l'honneur d'être assez connu de lui pour être assuré que ses bontés ne seront pas mal employées ; ce qui me fait quelque peine, c'est que le nombre des élèves pourroit nuire. Il seroit à souhaiter que je ne fusse pas contraint de partager mes soins entre un si grand nombre d'élèves ; l'homme le plus attentif a peine à en suivre un seul dans tous les détails où il importe d'entrer, pour s'assurer d'une belle éducation : j'admire l'heureuse facilité de ceux qui peuvent en former beaucoup plus à la fois, sans oser m'en promettre autant de ma part. Ce qu'il y a de certain, c'est que je n'épargnerai rien pour y réussir. A l'égard de l'aîné, puisqu'on lui connoît déjà de si favorables dispositions, j'ose me flatter d'avance qu'il ne sortira point de mes mains sans m'égaler en sentimens et me surpasser en lumières. Ce n'est pas beaucoup promettre ; mais je ne puis mesurer mes engagemens qu'à mes forces ; le surplus dépendra de lui.

Il est temps de cesser de vous fatiguer. Daignez, monsieur, continuer de m'honorer de vos bontés, et agréer le profond respect avec lequel j'ai l'honneur d'être, etc.

A MADAME LA BARONNE DE WARENS.

Lyon, 1ᵉʳ mai 1740.

Madame ma très-chère maman,

Me voici enfin arrivé chez M. de Mably ; je ne vous dirai point encore précisément quelle y sera ma situation, mais ce qu'il m'en paroît déjà n'a rien de rebutant. M. de Mably est un très-honnête homme à qui un grand usage du monde, de la cour et des plaisirs, ont appris à philosopher de bonne heure, et qui n'a pas été fâché de me trouver des sentimens assez concordans aux siens. Jusqu'ici je n'ai qu'à me louer des égards qu'il m'a témoignés. Il entend que j'en agisse chez lui sans façon, et que je ne sois gêné en rien. Vous devez juger qu'étant ainsi livré à ma discrétion, je m'en accorderai en effet d'autant moins de libertés ; les bonnes manières peuvent tout sur moi ; et, si M. de Mably ne se dément point, il peut être assuré que mon cœur lui sera sincèrement attaché : mais vous m'avez appris à ne pas courir à l'extrême sur de premières apparences, et à ne jamais compter plus qu'il ne faut sur ce qui dépend de la fantaisie des hommes.

Savoir, à présent, comment on pense sur mon compte, c'est ce qui n'est pas entièrement à mon pouvoir. Ma timidité ordinaire m'a fait jouer le premier jour un assez sot personnage ; et si M. de Mably avoit été Savoyard, il auroit porté là-dessus son redoutable jugement, sans espérance d'appel. Je ne sais si au travers de cet air embarrassé il a démêlé en moi quelque chose de bon ; ce qu'il y a de sûr, c'est que ses manières polies et engageantes m'ont entièrement rassuré, et qu'il ne tient plus qu'à moi de me montrer à lui tel que je suis. Il écrit au R. P. de la Coste, qui ne manquera point de vous communiquer sa lettre : vous pourrez juger là-dessus de ce qu'il pense sur mon compte.

J'ose vous prier, ma très-chère maman, de vouloir bien faire agréer mes très-humbles respects aux RR. PP. jésuites. Quant à mon petit élève, on ne sauroit lui refuser d'être très-aimable, mais je ne saurois encore vous dire s'il aura le cœur également bon, parce que souvent ce qui paroît à cet âge des signes de méchanceté n'en sont en effet que de vivacité et d'étourderie. J'ai rempli ma lettre de minuties ; mais daignez, ma très-chère maman, m'éclaircir au plus tôt de ce qui m'est uniquement important, je veux dire de votre santé et de la prospérité de vos affaires. Que font les Charmettes, les Kiki, et tout ce qui m'intéresse tant ? Mon adresse est chez M. de Mably, prévôt-général du Lyonnois, rue Saint-Dominique.

J'ai l'honneur d'être avec une vive reconnoissance et un profond respect, madame, votre très-humble et très-obéissant serviteur et fils.

A MADEMOISELLE.... (*)

... 1741.

Je me suis exposé au danger de vous revoir, et votre vue a trop justifié mes craintes, en rouvrant toutes les plaies de mon cœur. J'ai achevé de perdre auprès de vous le peu de raison qui me restoit, et je sens que, dans l'état où vous m'avez réduit, je ne suis plus bon à rien qu'à vous adorer. Mon mal est d'autant plus triste, que je n'ai ni l'espérance ni la volonté d'en guérir, et qu'au risque de tout ce qu'il peut en arriver, il faut vous aimer éternellement. Je comprends, mademoiselle, qu'il n'y a de votre part à espérer aucun retour ; je suis un jeune homme sans fortune ; je n'ai qu'un cœur à vous offrir, et ce cœur, tout plein de feu, de sentimens et de délicatesse qu'il puisse être, n'est pas sans doute un présent digne d'être reçu de vous. Je sens cependant, dans un fonds inépuisable de tendresse, dans un caractère toujours vif et toujours constant, des ressources pour le bonheur, qui devroient, auprès d'une maîtresse un peu sensible, être comptées pour quelque chose en dédommagement des biens et de la figure qui me manquent. Mais quoi ! vous m'avez traité avec une dureté incroyable, et s'il vous est arrivé d'avoir pour moi quelque espèce de complaisance, vous me l'avez ensuite fait acheter si cher, que je jurerois bien que vous n'avez eu d'autres vues que de me tourmenter. Tout cela me désespère sans m'étonner, et je trouve assez dans tous mes défauts de quoi justifier votre insensibilité pour moi : mais ne croyez pas que je vous taxe d'être insensible en effet. Non, votre cœur n'est pas moins fait pour l'amour que votre visage. Mon désespoir est que ce n'est pas moi qui devois le toucher. Je sais de science certaine que vous avez eu des liaisons, je sais même le nom de cet heureux mortel qui trouva l'art de se faire écouter ; et, pour vous donner une idée de ma façon de penser, c'est que, l'ayant appris par

---

(*) Voici une lettre d'amour, et telle que peut l'inspirer la passion la plus violente, et le lecteur doit être vivement curieux de savoir à qui elle peut avoir été adressée. La place qu'elle occupe dans toutes les précédentes éditions l'a fait rapporter à l'année 1735 ; or les *Confessions* de Rousseau ne nous donnent l'idée d'aucune jeune personne, qui vers cette époque ait fait une aussi vive impression sur son cœur ; et certes il n'eût pas manqué d'en dire au moins quelque chose. Mais voici de quoi fixer à cet égard l'opinion du lecteur.

Au livre IV de ses *Confessions* (tome I, page 88), qui se rapporte à l'année 1732, Rousseau nous apprend qu'il a fait à Lyon, au couvent des Chazottes, la connoissance, entre autres pensionnaires, d'une demoiselle *Serre*, à laquelle *il ne fit pas alors une grande attention, mais dont il se passionna huit ou neuf ans après, et avec raison.*

Au livre VII (tome I, page 144), à l'occasion d'un nouveau voyage à Lyon, il reparle de mademoiselle Serre. « A ce « voyage, dit-il, je la vis davantage ; mon cœur se prit et très « vivement. » Or tout autorise à penser que c'est à cette jeune personne qu'a été écrite dans Lyon même et adressée la lettre dont il s'agit. Le contenu se rapporte parfaitement à ce que Rousseau dit d'elle-même dans ses *Confessions*, et il n'y a pas même lieu d'en douter, puisqu'il existe réellement à Lyon une rue *Genti*, indiquée à la fin de la lettre comme celle où Rousseau logeoit alors. Or dans ce même cas, cette lettre ne seroit pas en 1735 que la lettre auroit été écrite, mais au moins six ans plus tard, vers 1741. Dès lors aussi il faudroit croire que ce n'est pas *huit ou neuf ans* après avoir connu mademoiselle Serre qu'il s'est passionné pour elle, mais seulement cinq ou six ans après cette connoissance faite, erreur facile à supposer. G. P.

L'authenticité de cette lettre ne peut être mise en doute ; l'original, écrit en entier de la main de Rousseau, a été déposé à la bibliothèque de Neufchâtel.

hasard, sans le chercher, mon respect pour vous ne me permettra jamais de vouloir savoir autre chose de votre conduite que ce qu'il vous plaira de m'en apprendre vous-même. En un mot, si je vous ai dit que vous ne seriez jamais religieuse, c'est que je connoissois que vous n'étiez en aucun sens faite pour l'être ; et si, comme amant passionné, je regarde avec horreur cette pernicieuse résolution, comme ami sincère et comme honnête homme, je ne vous conseillerai jamais de prêter votre consentement aux vues qu'on a sur vous à cet égard ; parce qu'ayant certainement une vocation tout opposée, vous ne feriez que vous préparer des regrets superflus et de longs repentirs. Je vous le dis, comme je le pense au fond de mon âme et sans écouter mes propres intérêts. Si je pensois autrement, je vous le dirois de même ; et, voyant que je ne puis être heureux personnellement, je trouverois du moins mon bonheur dans le vôtre. J'ose vous assurer que vous me trouverez en tout la même droiture et la même délicatesse ; et, quelque tendre et quelque passionné que je sois, j'ose vous assurer que je fais profession d'être encore plus honnête homme. Hélas ! si vous vouliez m'écouter, j'ose dire que je vous ferois connoître la véritable félicité ; personne ne sauroit mieux la sentir que moi, et j'ose croire que personne ne la sauroit mieux faire éprouver. Dieux ! si j'avois pu parvenir à cette charmante possession, j'en serois mort assurément ; et comment trouver assez de ressources dans l'âme pour résister à ce torrent de plaisirs ? Mais si l'amour avoit fait un miracle et qu'il m'eût conservé la vie, quelque ardeur qui soit dans mon cœur, je sens qu'il l'auroit encore redoublée ; et, pour m'empêcher d'expirer au milieu de mon bonheur, il auroit à chaque instant porté de nouveaux feux dans mon sang : cette seule pensée le fait bouillonner ; je ne puis résister aux pièges d'une chimère séduisante ; votre charmante image me suit partout ; je ne puis m'en défaire même en m'y livrant ; elle me poursuit jusques pendant mon sommeil, elle agite mon cœur et mes esprits ; elle consume mon tempérament, et je sens, en un mot, que vous me tuez malgré vous-même, et que, quelque cruauté que vous ayez pour moi, mon sort est de mourir d'amour pour vous. Soit cruauté réelle, soit bonté imaginaire, le sort de mon amour est toujours de me faire mourir. Mais, hélas ! en me plaignant de mes tourmens je m'en prépare de nouveaux ; je ne puis penser à mon amour sans que mon cœur et mon imagination s'échauffent, et quelque résolution que je fasse de vous obéir en commençant mes lettres, je me sens ensuite emporté au-delà de ce que vous exigez de moi. Auriez-vous la dureté de m'en punir ? Le Ciel pardonne les fautes involontaires ; ne soyez pas plus sévère que lui, et comptez pour quelque chose l'excès d'un penchant invincible, qui me conduit malgré moi bien plus loin que je ne veux, si loin même que, s'il étoit en mon pouvoir de posséder une minute mon adorable reine, sous la condition d'être pendu un quart d'heure après, j'accepterois cette offre avec plus de joie que celle du trône de l'univers. Après cela, je n'ai plus rien à vous dire ; il faudroit que vous fussiez un monstre de barbarie pour me refuser au moins un peu de pitié.

L'ambition ni la fumée ne touchent point un cœur comme le mien ; j'avois résolu de passer le reste de mes jours en philosophe, dans une retraite qui s'offroit à moi ; vous avez détruit tous ces beaux projets ; j'ai senti qu'il m'étoit impossible de vivre éloigné de vous, et, pour me procurer les moyens de m'en rapprocher, je tente un voyage et des projets que mon malheur ordinaire empêchera sans doute de réussir. Mais puisque je suis destiné à me bercer de chimères, il faut du moins me livrer aux plus agréables, c'est-à-dire à celles qui vous ont pour objet : daignez, mademoiselle, donner quelque marque de bonté à un amant passionné, qui n'a commis d'autre crime envers vous que de vous trouver trop aimable ; donnez-moi une adresse, et permettez que je vous en donne une pour les lettres que j'aurai l'honneur de vous écrire et pour les réponses que vous voudrez bien me faire ; en un mot, laissez-moi par pitié quelque rayon d'espérance, quand ce ne seroit que pour calmer les folies dont je suis capable.

Ne me condamnez plus pendant mon séjour ici à vous voir si rarement ; je n'y saurois tenir ; accordez-moi du moins, dans les intervalles, la consolation de vous écrire et de recevoir de vos nouvelles ; autrement, je viendrai plus souvent, au risque de tout ce qui en pourra arriver. Je suis logé chez la veuve Petit, en rue Genti, à l'Épée royale.

A MADAME DE SOURGEL (*).

1741.

Je suis fâché, madame, d'être obligé de relever les irrégularités de la lettre que vous avez écrite à M. Favre (**) à l'égard de madame la baronne de Warens. Quoique j'eusse prévu à peu près les suites de sa facilité à votre égard, je n'avois point à la vérité soupçonné que les choses en vinssent au point où vous les avez amenées, par une conduite qui ne prévient pas en faveur de votre caractère. Vous avez très-raison, madame, de dire qu'il a été mal à madame de Warens d'en agir comme elle a fait avec vous et M. votre époux. Si son procédé fait honneur à son cœur, il est sûr qu'il n'est pas également digne de ses lumières, puisque avec beaucoup moins de pénétration et d'usage du monde je ne laissai pas de percer mieux qu'elle dans l'avenir, et de lui prédire assez juste une partie du retour dont vous payez son amitié et ses bons offices. Vous le sentîtes parfaitement, madame; et, si je m'en souviens bien, la crainte que mes conseils ne fussent écoutés vous engagea, aussi bien que mademoiselle votre fille, à faire à mon égard certaines démarches un peu rampantes, qui, dans un cœur comme le mien, n'étoient guère propres à jeter de meilleurs préjugés que ceux que j'avois conçus; à l'occasion de quoi vous rappelez fort noblement le présent que vous voulûtes me faire de ce précieux justaucorps, qui tient, aussi bien que moi, une place si honorable dans votre lettre. Mais j'aurai l'honneur de vous dire, madame, avec tout le respect que je vous dois, que je n'ai jamais songé à recevoir votre présent, dans quelque état d'abaissement qu'il ait plu à la fortune de me placer. J'y regarde de plus près que cela dans le choix de mes bienfaiteurs. J'aurois, en vérité, belle matière à railler, en faisant la description de ce superbe habit retourné, rempli de graisse, en tel état, en un mot, que toute ma modestie auroit eu bien de la peine d'obtenir de moi d'en porter un semblable. Je suis en pouvoir de prouver ce que j'avance, de manifester ce trophée de votre générosité; il est encore en existence dans le même garde-meuble qui renferme tous ces précieux effets dont vous faites un si pompeux étalage. Heureusement madame la baronne eut la judicieuse précaution, sans présumer cependant que ce soin pût devenir utile, de faire ainsi enfermer le tout sans y toucher, avec toutes les attentions nécessaires en pareil cas. Je crois, madame, que l'inventaire de tous ces débris, comparé avec votre magnifique catalogue, ne laissera pas que de donner lieu à un fort joli contraste, surtout la belle cave à tabac. Pour les flambeaux, vous les aviez destinés à M. Perrin, vicaire de police, dont votre situation en ce pays-ci vous avoit rendu la protection indispensablement nécessaire. Mais, les ayant refusés, ils sont ici tout prêts aussi à faire un des ornemens de votre triomphe.

Je ne saurois, madame, continuer sur le ton plaisant. Je suis véritablement indigné, et je crois qu'il seroit impossible à tout honnête homme, à ma place, d'éviter de l'être autant. Rentrez, madame, en vous même : rappelez-vous les circonstances déplorables où vous vous êtes trouvés ici, vous, monsieur votre époux, et toute votre famille : sans argent, sans amis, sans connoissances, sans ressources; qu'eussiez-vous fait sans l'assistance de madame de Warens? Ma foi, madame, je vous le dis franchement, vous auriez jeté un fort vilain coton. Il y avoit long-temps que vous en étiez plus loin qu'à votre dernière pièce; le nom que vous aviez jugé à propos de prendre, et le coup d'œil sous lequel vous vous montriez, n'avoient garde d'exciter les sentimens en votre faveur, et vous n'aviez pas, que je sache, de grands témoignages avantageux qui parlassent de votre rang et de votre mérite. Cependant ma bonne marraine, pleine de compassion pour vos maux et pour votre misère actuelle (pardonnez-moi ce mot, madame), n'hésita point à vous secourir; et la manière prompte et hasardée dont

---

(*) Il est probable que cette lettre fut écrite en 1741, peu de temps après le retour de J.-J. à Chambéri; madame de Sourgel, qui changeoit de nom suivant les circonstances, étoit une aventurière. M. P.

(**) M. Favre étoit oncle de M. de Conzié; madame de Sourgel vouloit brouiller ce dernier avec madame de Warens, c'est dans ce but qu'elle avoit écrit contre elle à M. Favre. M. P.

elle le fit prouvoit assez, je crois, que son cœur étoit bien éloigné des sentimens pleins de bassesse et d'indignités que vous ne rougissez point de lui attribuer. Il y paroît aujourd'hui, et même ce soin mystérieux de vous cacher en est encore une preuve, qui véritablement ne dépose guère avantageusement pour vous.

Mais, madame, que sert de tergiverser? Le fait même est votre juge. Il est clair comme le soleil que vous cherchez à noircir bassement une dame qui s'est sacrifiée sans ménagement pour vous tirer d'embarras. L'intérêt de quelques pistoles vous porte à payer d'une noire ingratitude un des bienfaits les plus importans que vous pussiez recevoir; et quand toutes vos calomnies seroient aussi vraies qu'elles sont fausses, il n'y a point cependant de cœur bien fait qui ne rejetât avec horreur les détours d'une conduite aussi messéante que la vôtre.

Mais, grâces à Dieu, il n'est pas à craindre que vos discours fassent de mauvaises impressions sur ceux qui ont l'honneur de connoître madame la baronne, ma marraine; son caractère et ses sentimens se sont jusqu'ici soutenus avec assez de dignité pour n'avoir pas beaucoup à redouter des traits de la calomnie; et sans doute, si jamais rien n'a été opposé à son goût, c'est l'avarice et le vil intérêt. Ces vices sont bons pour ceux qui n'osent se montrer au grand jour; mais, pour elle, ses démarches se font à la face du ciel; et, comme elle n'a rien à cacher dans sa conduite, elle ne craint rien des discours de ses ennemis. Au reste, madame, vous avez inséré dans votre lettre certains termes grossiers, au sujet d'un collier de grenats, très-indignes d'une personne qui se dit de condition, à l'égard d'une autre qui l'est de même, et à qui elle a obligation. On peut les pardonner au chagrin que vous avez de lâcher quelques pistoles, et d'être privée de votre cher argent; et c'est le parti que prendra madame de Warens, en redressant cependant la fausseté de votre exposé.

Quant à moi, madame, quoique vous affectiez de parler de moi sur un ton équivoque, j'aurai, s'il vous plaît, l'honneur de vous dire que, quoique je n'aie pas celui d'être connu de vous, je ne laisse pas de l'être de grand nombre de personnes de mérite et de distinction, qui toutes savent que j'ai l'honneur d'être le filleul de madame la baronne de Warens, qui a eu la bonté de m'élever et de m'inspirer des sentimens de droiture et de probité dignes d'elle. Je tâcherai de les conserver pour lui en rendre bon compte, tant qu'il me restera un souffle de vie: et je suis fort trompé si tous les exemples de dureté et d'ingratitude qui me tomberont sous les yeux ne sont pour moi autant de bonnes leçons qui m'apprendront à les éviter avec horreur.

J'ai l'honneur d'être avec respect, etc.

A M. . . . .

Écrite à l'occasion de la critique que l'abbé Desfontaines avoit faite de sa *Dissertation sur la musique moderne* (*).

Février, 1743.

Je me disposois, monsieur, à vous envoyer un extrait de mon ouvrage; mais j'en ai trouvé un dans les *Observations sur les écrits modernes*, qui me dispensera de ce soin, et auquel vos lecteurs pourront recourir. M. L. D. (l'abbé Desfontaines) dit que cet extrait est d'un de ses amis très-versé dans la musique. Il est en effet écrit en homme du métier: je suis fâché seulement que l'auteur n'ait pas partout saisi ma pensée, ni même entendu mon ouvrage, d'autant plus que j'avois tâché d'y mettre toute la clarté dont mon sujet étoit susceptible. L'observateur dit, par exemple, que dans mon système les notes changent de nom selon les occasions: il me le fait dire à moi-même : cependant rien n'est moins vrai, puisque les mêmes notes y portent toujours invariablement les mêmes noms: 1 est toujours *ut*, 2 toujours *re*, etc. Il a encore mal entendu les changemens de ton; et faute d'avoir consulté les exemples que j'ai mis dans mon ouvrage, il a confondu la première note du chant qui suit le changement de ton, avec la première note du ton. Du reste, excepté quelques autres erreurs plus légères, je n'ai rien à reprendre dans cet extrait. Il seroit à souhaiter que les réflexions que l'observateur y a ajoutées allassent un peu mieux au fait. Peu importe à mon système qu'*Arétin* ait le premier exprimé les sons de l'octave par les syllabes usitées:

(*) Cette critique était insérée dans l'ouvrage périodique intitulé *Observations sur les écrits modernes*, dont l'abbé Desfontaines était le principal rédacteur.   M. P.

je veux, sur la foi de *Denys d'Halicarnasse*, qu'on fasse honneur aux anciens Égyptiens de cette invention, et même, s'il le faut, de *l'Hymne de saint Jean*, d'où ces syllabes sont tirées. Je consens, si tel est le bon plaisir de l'observateur, qu'on jette au feu toutes les traductions, excepté peut-être celle de M. l'abbé son ami ; que nos chiffres ne soient que des lettres grecques corrompues ; mais enfin je ne vois pas ce que font toutes ces remarques au système que j'ai proposé. Une dame d'esprit peut, même sans être grande musicienne, dire en badinant que si je change en chiffres les notes de la musique, peut-être substituerai-je en revanche des notes aux chiffres de l'accompagnement ; mais le bon mot, tout joli qu'il est, n'a pas, je pense, assez de solidité pour engager un journaliste à le citer à propos de rien. Quoi qu'il en soit, je déclare à l'observateur que je ne prétends point me brouiller avec les dames, et que je passe condamnation dès à présent sur tout ce qu'elles blâmeront.

A l'égard des incorrections de mon langage, j'en tombe d'accord aisément. Un Suisse n'auroit pas, je crois, trop bonne grâce à faire le puriste ; et M. Desfontaines, qui n'ignore pas ma patrie, auroit pu engager monsieur son ami à avoir sur ce point quelque indulgence pour moi en qualité d'étranger. L'académie même des sciences en a donné l'exemple, et on n'a pas dédaigné de m'y faire compliment sur mon style. Je sais cependant comment je dois recevoir des éloges dont on honore plutôt mon zèle que mes talens, et je suis réellement obligé à l'observateur d'avoir peint aux yeux, par quelques caractères italiques (*), le ridicule d'une période dont je ne puis moi-même soutenir la lecture depuis ce temps-là. Je ne crois pas qu'il m'arrive jamais d'en écrire une seconde de semblable construction, et tel est l'usage que je prétends faire de mes fautes, toutes les fois qu'on voudra bien m'en faire apercevoir.

Je ne crois point, au reste, que ce mot d'*académie* réveille la critique de l'observateur, et je suis persuadé que le trait qu'il a ajouté, après une réflexion assez naturelle de ma part, n'est qu'un pur badinage, qu'il sent bien lui-même n'avoir pas de sens. Pour se convaincre qu'il faut souvent parler au public autrement qu'à une académie, il n'a qu'à demander en conscience à M. Desfontaines s'il ne feroit pas quelques changemens à ses écrits, au cas qu'il n'eût que des académiciens pour lecteurs.

La reconnoissance ne me permet point de finir cette lettre sans remercier l'observateur des éloges dont il m'honore. Je les crois sincères sans me flatter de les mériter ; car si d'un côté il les accompagne d'adoucissemens propres à les rendre moins suspects, de l'autre il passe sous silence plusieurs défauts non moins importans que ceux qu'il a relevés. En citant, par exemple, le passage de Lucrèce que j'ai mis en tête de mon livre, il copie la faute que j'ai faite par inattention, en écrivant le mot *animus* au lieu du mot *sensus*, dont ce poète s'est servi (*). Or, comme on ne sauroit soupçonner un observateur aussi attentif sur les fautes de n'avoir point aperçu celle-là, il est bien évident que ce n'est que par indulgence qu'il ne l'a point marquée, ne voulant pas, sans doute, me dégrader tout-à-fait de la qualité d'homme de lettres, dont il me favorise en partie. Ce qui me paroît étrange, c'est qu'il explique cette épigraphe dans un sens auquel, dit-il, je n'ai pas pensé, et auquel néanmoins j'ai si bien pensé, qu'il me paroît le seul raisonnable qu'on puisse lui donner dans la place où il est.

A M. DUPONT,

Secrétaire de M. Joinville, envoyé extraordinaire de France à Gênes.

A Venise, 25 juillet 1743.

Je commence ma lettre, mon cher confrère, par les instructions que vous me demandez dans la vôtre du 18, de la part de monsieur l'Envoyé ; après quoi nous aurons ensemble quelque petite explication sur les hussards du prince de Lobkowitz, et sur ce bon curé de Foligno, dont vous parlez avec une irrévérence qui sent extrêmement le fagot.

Les ambassadeurs ont deux voies de négociation avec le gouvernement. La première, et la plus commune, est celle des mémoires, et celle-là plaît fort au Sénat ; car, outre qu'il évite par-là les liaisons particulières entre les

(*) Voyez cette période, tome 3, page 489, 2ᵉ §.

(*) Voici cette épigraphe : *Immutat* animus *ad pristina*.

ambassadeurs et certains membres de l'état, il y trouve encore l'avantage de mieux préparer ce qu'il veut dire, et de s'engager, par la tournure équivoque et vague de ses réponses, beaucoup moins qu'il n'est forcé de faire dans ses conférences où l'ambassadeur est plus le maître d'aller au degré de clarté dont il a besoin.

Mais comme cette manière de traiter par écrit est sujette à bien des inconvéniens, soit par les longueurs qui en sont inséparables, soit par la difficulté du secret, plus grande dans un corps composé de plusieurs têtes; quand les ambassadeurs sont chargés par leurs principaux de quelque négociation particulière et d'une certaine importance auprès de la république, on leur nomme, à leur réquisition, un sénateur pour conférer tête à tête avec eux; et ce sénateur est toujours un homme qui a passé par des ambassades, un procurateur de Saint-Marc, un chevalier de l'Étole d'Or, un sage grand, en un mot, une des premières têtes de l'état par le rang et le génie.

Il y a des exemples, et même assez récens, que la république a refusé des conférens aux ambassadeurs de princes dont elle n'étoit pas contente, ou dont elle ne croyoit pas les négociations de nature à en mériter. C'est pourtant ce qui n'arrive guère, parce que, suivant une maxime générale, même à Venise, on ne risque rien à écouter les propositions d'autrui.

Quand le conférent est nommé, il en fait donner avis à l'ambassadeur, en y joignant un compliment, et lui propose en même temps un couvent ou autre lieu neutre, pour leurs entrevues. En indiquant le lieu, les conférens ont pour l'ordinaire beaucoup d'attention à la commodité des ambassadeurs. Ainsi, par exemple, le rendez-vous de M. le comte de Montaigu est presque à la porte de son palais, quoiqu'il ait eu là-dessus des disputes de politesse avec son conférent, qui en est à plus d'une lieue, et qui n'en a voulu jamais établir un autre où le chemin fût mieux partagé. Les meubles et le feu en hiver sont fournis aux dépens de la république : et je pense qu'il en est de même des rafraîchissemens, que l'honnêteté du conférent ne néglige pas dans l'occasion. A l'égard du temps des séances, celui des deux qui a quelque chose à communiquer à l'autre lui envoie proposer la conférence par un secrétaire ou par un gentilhomme ; et cela forme encore une dispute de civilité, chacun voulant laisser à l'autre le choix de l'heure : sur quoi je me souviens qu'étant un jour allé au sénat pour appointer la conférence, je fus obligé de prendre sur moi de marquer l'heure au conférent, M. l'ambassadeur m'ayant chargé de prendre la sienne, et lui n'ayant jamais voulu la donner. Le conférent arrive ordinairement le premier, parce que le logement appartenant à la république, il est convenable qu'il en fasse les honneurs. Voilà, mon cher, tout ce que j'ai à vous dire sur cette matière. A présent que nous avons mis en règle les chicanes des potentats, reprenons les nôtres, etc.

A M. LE COMTE DES CHARMETTES (*).

A Venise, ce 2f septembre 1743.

Je connois si bien, monsieur, votre générosité naturelle, que je ne doute point que vous ne preniez part à mon désespoir, et que vous ne me fassiez la grâce de me tirer de l'état affreux d'incertitude où je suis. Je compte pour rien les infirmités qui me rendent mourant, au prix de la douleur de n'avoir aucune nouvelle de madame de Warens, quoique je lui aie écrit depuis que je suis ici par une infinité de voies différentes. Vous connoissez les liens de reconnoissance et d'amour filial qui m'attachent à elle, jugez du regret que j'aurois à mourir sans recevoir de ses nouvelles. Ce n'est pas sans doute vous faire un grand éloge que de vous avouer, monsieur, que je n'ai trouvé que vous seul, à Chambéri, capable de rendre un service par pure générosité ; mais c'est du moins vous parler suivant mes vrais sentimens, que de vous dire que vous êtes l'homme du monde de qui j'aimerois mieux en recevoir. Rendez-moi, monsieur, celui de me donner des nouvelles de ma pauvre maman ; ne me déguisez rien, monsieur, je vous en supplie ; je m'attends à tout, je souffre déjà tous les maux que je peux prévoir, et la pire de toutes les nouvelles pour moi, c'est de n'en recevoir aucune. Vous aurez la bonté, monsieur, de m'adresser votre lettre sous le pli de quelque correspondant de Ge-

(*) M. de Conzié, qui possédoit la terre des Charmettes. M. P.

nève, pour qu'il me la fasse parvenir, car elle ne viendroit pas en droiture.

Je passai en poste à Milan, ce qui me priva du plaisir de rendre moi-même votre lettre, que j'ai fait parvenir depuis. J'ai appris que votre aimable marquise s'est remariée il y a quelque temps. Adieu, monsieur; puisqu'il faut mourir tout de bon, c'est à présent qu'il faut être philosophe. Je vous dirai une autre fois quel est le genre de philosophie que je pratique. J'ai l'honneur d'être avec le plus sincère et le plus parfait attachement, monsieur, etc.

P. S. Faites-moi la grâce, monsieur, de faire parvenir sûrement l'incluse que je confie à votre générosité.

Monsieur,

J'avoue que je m'étois attendu au consentement que vous avez donné à ma proposition; mais, quelque idée que j'eusse de la délicatesse de vos sentimens, je ne m'attendois point absolument à une réponse aussi gracieuse.

A M. . . . .

... 1743.

Monsieur,

Il faut convenir que vous avez bien du talent pour obliger d'une manière à doubler le prix des services que vous rendez : je m'étois véritablement attendu à une réponse polie et spirituelle autant qu'il se peut, mais j'ai trouvé dans la vôtre des choses qui sont pour moi d'un tout autre mérite : des sentimens d'affection, de bonté, d'épanchement, si j'ose ainsi parler, que la sincérité et la voix du cœur caractérisent. Le mien n'est pas muet pour tout cela; mais il voudroit trouver des termes énergiques à son gré, qui, sans blesser le respect, pussent exprimer assez bien l'amitié. Nulle des expressions qui se présentent ne me satisfont sur cet article. Je n'ai pas comme vous l'heureux talent d'allier dignement le langage de la plume avec celui du cœur; mais, monsieur, continuez de me parler quelquefois sur ce tou-là, et vous verrez que je profiterai de vos leçons.

J'ai choisi les livres dont la liste est ci-jointe. Quant au Dictionnaire de Bayle, je le trouve cher excessivement. Je ne vous cacherai point que j'ai une extrême passion de l'avoir; mais je ne comptois point qu'il revînt à plus de soixante livres. Si celui dont vous me parlez, qui a des ratures en marge, n'excède pas de beaucoup ce prix, je m'en accommoderai. En ce cas, monsieur, j'aurois peine à obtenir la permission de l'introduire. Vous pourriez, si vous le jugez à propos, vous servir de M***, qui le peut, et le voudroit sans doute, quand vous l'en prieriez. Je crois qu'il me conviendroit moins d'en faire la proposition. Je n'ai pas l'honneur d'être assez connu de lui pour cela. Je laisse tout à votre judicieuse conduite.

C'est l'édition in-4° de Cicéron que je cherche; vous devez l'avoir : si vous ne l'avez pas, j'attendrai. Je croyois aussi que la géométrie de Manesson Mallet étoit in-4°. Si vous l'avez en cette forme, je la prendrai; sinon je m'en passerai encore quelque temps, n'ayant d'ailleurs pas encore les instrumens nécessaires, et vous m'enverrez à la place les Récréations mathématiques d'Ozanam.

Vous savez qu'il nous manque le neuvième tome de l'Histoire ancienne, et le dernier de Cleveland, c'est-à-dire celui qui a été ajouté d'une autre main. Nous n'avons aussi que les vingt premières parties de Marianne (*). Vous joindrez, s'il vous plaît, tout cela à votre envoi, afin que nos livres ne restent pas imparfaits.

Hoffmanni Lexicon.
Newton Arithmetica.
Ciceronis opera omnia.
Usserii Annales.
Géométrie pratique de Manesson Mallet.
Élémens de mathématiques du P. Lami.
Dictionnaire de Bayle.

Si vous jugez que les œuvres de Despréaux, de l'édition in-4°, puissent passer sur tout cela, vous aurez la bonté de les y joindre.

Vous m'enverrez, s'il vous plaît, le tout le plus tôt qu'il sera possible, et je ferai mon billet à M. Conti de la somme, suivant l'avis que vous lui en donnerez ou à moi.

A MADAME LA BARONNE DE WARENS.

Venise, 5 octobre 1743.

Quoi ! ma bonne maman, il y a mille ans

(*) Il y a ici évidemment une faute d'impression, puisque *Marianne* n'a que douze parties. M. P.

que je soupire sans recevoir de vos nouvelles, et vous souffrez que je reçoive des lettres de Chambéri qui ne soient pas de vous! J'avois eu l'honneur de vous écrire à mon arrivée à Venise; mais dès que notre ambassadeur et notre directeur des postes seront partis pour Turin, je ne saurai plus par où vous écrire, car il faudra faire trois ou quatre entrepôts assez difficiles; cependant, les lettres dussent-elles voler par l'air, il faut que les miennes vous parviennent, et surtout que je reçoive des vôtres, sans quoi je suis tout-à-fait mort. Je vous ferai parvenir cette lettre, par la voie de M. l'ambassadeur d'Espagne, qui, j'espère, ne me refusera pas la grâce de la mettre dans son paquet. Je vous supplie, maman, de faire dire à M. Dupont que j'ai reçu sa lettre, et que je ferai avec plaisir tout ce qu'il me demande aussitôt que j'aurai l'adresse du marchand qu'il m'indique. Adieu, ma très-bonne et très-chère maman. J'écris aujourd'hui à M. de Lautrec exprès pour lui parler de vous. Je tâcherai de faire qu'on vous envoie, avec cette lettre, une adresse pour me faire parvenir les vôtres: vous ne la donnerez à personne; mais vous prendrez seulement les lettres de ceux qui voudront m'écrire, pourvu qu'elles ne soient pas volumineuses, afin que M. l'ambassadeur d'Espagne n'ait pas à se plaindre de mon indiscrétion à en charger ses courriers. Adieu derechef, très-chère maman; je me porte bien, et vous aime plus que jamais. Permettez que je fasse mille amitiés à tous vos amis, sans oublier Zizi et Taleralatalera, et tous mes oncles.

Si vous m'écrivez par Genève, en recommandant votre lettre à quelqu'un, l'adresse sera simplement à M. Rousseau, secrétaire d'ambassade de France à Venise.

Comme il y auroit toujours de l'embarras à m'envoyer vos lettres par les courriers de M. de La Mina, je crois, toute réflexion faite, que vous ferez mieux de les adresser à quelque correspondant à Genève qui me les fera parvenir aisément. Je vous prie de prendre la peine de fermer l'incluse, et de la faire remettre à son adresse. Oh! mille fois chère maman, il me semble qu'il y a déjà un siècle que je ne vous ai vue! en vérité, je ne puis vivre loin de vous.

A MADAME DE MONTAIGU.

Venise, 25 novembre 1743.

Madame,

Je craindrois que votre excellence n'eût lieu de m'accuser d'avoir oublié ses ordres si je différois plus long-temps d'avoir l'honneur de lui écrire, quoique l'exactitude de M. l'ambassadeur ne me donne pas lieu de rien suppléer pour lui; sa santé est telle qu'il n'y en a que la continuation à désirer. S. E. prend le sel de Glauber, dont elle se trouve fort bien: elle vit toujours fort liée avec M. l'ambassadeur d'Espagne: et moi, pour imiter son goût autant que mon état le permet, je me suis pris d'amitié si intimement avec le secrétaire, que nous sommes inséparables: de façon qu'on ne voit rien à Venise de si uni que les deux maisons de France et d'Espagne. J'ai un peu dérangé ma philosophie pour me mettre comme les autres; de sorte que je cours la place et les spectacles en masque et en bahutte, tout aussi fièrement que si j'avois passé toute ma vie dans cet équipage; je m'aperçois que je fais à V. E. des détails qui l'intéressent fort peu; je voudrois, madame, pouvoir vous en faire d'assez séduisans de ce pays pour vous engager à hâter votre voyage, et à satisfaire en cela les vœux de toute votre maison de Venise, à la tête de laquelle j'ose me *compter* encore plus par l'empressement et le zèle que par le rang.

J'envoie à un ami un mémoire assez considérable de plusieurs emplettes à faire à Paris, pour moi et pour mes amis de Venise. S. E. m'a permis, madame, de vous prier de vouloir bien recevoir le tout, et l'envoyer sur le même vaisseau et sous les mêmes passeports que votre équipage; votre excellence aura aussi la bonté, je l'en supplie, de satisfaire au montant du mémoire qui lui sera remis avec la marchandise, conformément à ce que lui en marquera M. l'ambassadeur.

S. E. vous prie, madame, de vouloir bien lui envoyer, par le premier courrier, une demi-douzaine de colombats proprement reliés pour faire des présens; j'ai calculé qu'en les expédiant tout de suite, ils arriveront justement ici le pénultième jour de l'année. Pour l'Almanach royal, je ne serois pas d'avis que votre excellence l'envoyât par la poste, à cause de sa grosseur, mais qu'elle prît la peine de l'envoyer à Lyon par la diligence, à quelqu'un qui l'expédieroit à Marseille, et de là à Gênes, à M. Dupont, chargé des affaires de France, qui nous le feroit parvenir facilement. J'ai l'honneur d'être avec le plus profond respect, de votre excellence, le très-humble, etc.

A M. DU THEIL.

Venise, le 8 août 1744.

Monsieur,

Je sens combien la liberté que je prends seroit déplacée pour un homme à qui il resteroit quelque autre ressource, mais la situation où je suis rend ma témérité pardonnable.

J'ose porter jusqu'à vous mes justes et très-respectueuses plaintes contre un ambassadeur du roi, et contre un maître dont j'ai mangé le pain. Un homme raisonnable ne fait pas de pareilles démarches sans nécessité, et un homme aussi exercé que moi à la résignation et à la patience ne s'y résoudroit pas si son devoir même ne l'y contraignoit pas. Je rougis, monsieur, de distraire votre attention, destinée aux plus grandes affaires, sur des objets qui, je l'avoue, ne sont pas dignes par eux-mêmes de vous occuper un instant, mais qui, cependant, font le malheur de la vie et le désespoir d'un honnête homme, et qui par là deviennent intéressans pour un cœur aussi généreux que le vôtre.

Il y a quatorze mois que je suis entré au service de M. le comte de Montaigu en qualité de secrétaire. Ce n'est pas à moi d'examiner si j'étois capable ou non de cet emploi; il est certain que j'ai toujours plus compté sur mon zèle que sur mes talens pour le bien remplir, et il est certain, de plus, que des dépêches telles que celles qui depuis près d'un an paroissent à la cour écrites de ma main ne sont pas propres à donner fort bonne opinion de ma capacité, puisqu'il est naturel de mettre du moins sur mon compte les fautes et les incorrections dont elles sont remplies; mais c'est sur quoi il me seroit plus aisé que bienséant de me justifier. Je ne relèverai pas non plus les duretés continuelles et les désagrémens infinis que j'ai soufferts, tant parce qu'un excès de délicatesse peut m'y avoir rendu trop sensible, que parce qu'il m'en coûteroit en les exténuant assez pour les rendre croyables, et qu'enfin je ne dois point abuser de votre bonté par des détails qui ne vont point au fait.

Les mécontentemens étoient réciproques, et il est aisé de juger que chacun n'a reconnu que les siens pour légitimes : M. l'ambassadeur a enfin pris le parti de me congédier : je comptois que la chose se passeroit avec l'honnêteté accoutumée entre un maître qui a de la dignité et un domestique honorable à qui quelques défauts particuliers ne doivent point ôter les égards dus à son état, à son zèle et à sa probité. Je me suis trompé : M. l'ambassadeur, qui s'est fait des maximes de confondre tous ceux qui sont à son service sous le vil titre de valets, et de traiter tous les gens qui sortent de sa maison comme autant de coquins dignes de la potence, a jugé à propos d'exercer avec moi cette étrange politique. Après des procédés inouïs, après avoir manqué à la plupart de ses engagemens, M. l'ambassadeur voulut avant-hier me faire ce qu'il appeloit mon compte. Ce fut d'un ton à faire trembler que ce compte fut commencé; les termes dont il se servit, les épithètes odieuses dont il m'accabla, furent autant de préparatifs pour m'intimider et me rendre docile aux injustes réductions qu'il me faisoit. Après plusieurs représentations inutiles, me voyant lésé d'une manière si criante, je demandai respectueusement à S. E. si elle souhaitoit de régler avec moi ce compte suivant l'équité, ou si elle étoit déterminée à ne consulter que sa volonté seule, parce que en ce dernier cas ma présence lui étoit inutile. Alors S. E. s'emporta horriblement, supposant que j'avois dit que sa volonté et l'équité n'étoient pas toujours la même chose, et véritablement je ne récusai pas l'explication, d'autant plus que les injures dont j'étois accablé ne me laissoient pas le loisir de placer un seul mot. Enfin S. E., ne pouvant m'obliger à consentir à passer ce compte comme elle le vouloit, me proposa en termes très-nets d'y souscrire ou de sauter par la fenêtre, jurant de m'y faire jeter sur-le-champ; et je vis le moment qu'elle se mettoit en devoir d'exécuter sa menace elle-même : mais voulant éviter une aussi cruelle alternative, et ne pouvant, d'ailleurs, supporter plus long-temps les horreurs dont ma mémoire est encore souillée, je sortis en me félicitant de ce que l'émotion que m'avoient causée de tels traitemens ne m'avoit pas assez transporté pour imiter M. l'ambassadeur en perdant le profond respect dû à l'auguste caractère dont il est revêtu (*). Il m'ordonna, en me voyant sortir, de quitter son palais sur-le-champ et de n'y remettre jamais les pieds; ce que je fis, bien résolu de ne m'exposer de ma vie à reparoître en sa présence, non que je craignisse beaucoup la mort dont il me menace, mais par une juste défiance de moi-même, et pour ne plus m'exposer à avoir tort avec l'ambassadeur du plus grand roi du monde.

Me voici cependant sur le pavé, languissant, infirme, sans secours, sans bien, sans patrie, à quatre cents lieues de toutes mes connoissances, surchargé de dettes que j'ai été contraint de faire, faute, de la part de M. l'ambassadeur, d'avoir rempli ses conditions avec moi, et n'ayant d'autre ressource que quelques médiocres talens qui ne me mettent pas à couvert de l'injustice de ceux qui les emploient; dans une telle situation, pardonnez, monsieur, la liberté que je prends d'employer votre protection contre les cruels traitemens que M. l'ambassadeur exerce sur le plus zélé et le plus fidèle domestique qu'il aura jamais. Je ne puis porter mes justes plaintes à aucun tribunal : ce n'est qu'au pied du trône de sa majesté qu'il m'est permis d'implorer justice. Je la demande très-respectueusement et dans l'amertume de mon âme; et je ne me serois jamais déterminé à faire cette démarche si j'avois cru pouvoir trouver quelque ressource pour acquitter mes dettes et retourner en France, autre que le paiement de mes appointemens et de mon voyage, et celui des frais que je suis contraint de faire ici en attendant qu'il vous plaise de me faire parvenir vos ordres.

Je sais, monsieur, combien de préjugés sont contre moi; je sais que dans les démêlés entre le maître et le domestique c'est toujours le dernier qui a tort; je sais, d'ailleurs, qu'étant entièrement inconnu, je n'ai personne qui s'intéresse pour moi : votre générosité et mon bon droit sont mes seuls protecteurs; mais je me confie également en l'un et en l'autre. Peut-être même les préjugés ne me sont-ils pas tous contraires : celui, par exemple, de la voix publique. Il n'est pas, monsieur, que vous ne soyez instruit de ce qui se passe en ce pays-ci et de la manière dont on y pense : c'est tout ce que je puis dire en ma faveur, aimant mieux négliger quelques moyens de défense que d'exercer contre un maître que j'ai servi l'odieuse fonction de délateur. Il me sera permis du moins de réclamer le témoignage de toutes les personnes avec qui j'ai vécu jusqu'ici, sur le caractère et les sentimens dont je fais profession.

Au reste, s'il se trouve que j'aie ajouté un seul mot à la vérité dans l'exposé que j'ai l'honneur de vous faire, et cela ne sera pas difficile à vérifier, je consens de payer de ma tête ma calomnie et mon insolence.

P. S. Si vous daignez, monsieur, m'honorer de vos ordres, M. Le Blond est à portée de me les communiquer.

AU MÊME.

A Venise, le 15 août 1744.

Monsieur,

Depuis la lettre que j'eus l'honneur de vous écrire le 8 de ce mois, M. l'ambassadeur a continué de m'accabler de traitemens dont il n'y a d'exemples que contre les derniers des scélérats : il m'a fait poursuivre de maison en maison, compromettant son autorité jusqu'à défendre aux propriétaires de me loger. Il a chargé successivement plusieurs de ses

---

(*) Il est très-singulier qu'en rendant un compte aussi détaillé à M. du Theil de sa conduite envers l'ambassadeur dans ce moment critique, Rousseau passe entièrement sous silence le trait de fermeté et de présence d'esprit par lequel, en ce même moment, il calma sa colère et même l'intimida à son tour, trait qu'il rapporte avec toutes ses particularités dans le livre VII de ses *Confessions* (tome I, page 460), et sur lequel nous le verrons plus tard revenir encore avec complaisance et même avec de nouveaux détails, à l'occasion d'une lettre de Voltaire. (Voyez dans la suite de cette Correspondance les *Réponses aux questions de M. de Chauvel*, année 1766.) Ce trait, où d'ailleurs aucune convenance n'avoit été blessée, lui faisoit cependant assez d'honneur pour qu'il le fît valoir dans une occasion aussi importante, et qu'il complétât ainsi sa justification envers M. du Theil. Or ce qu'il dit dans la présente lettre ne rappelle pas ce trait, n'en donne pas la moindre idée. Il sembleroit même, par les expressions dont il se sert ici, donner de la conduite qu'il a tenue une idée toute contraire. Peut-être la chose s'étant passée entre l'ambassadeur et lui, a-t-il cru plus prudent d'en agir ainsi, pour ne pas s'exposer, de la part de M. de Montaigu, à un démenti dont celui-ci auroit pu tirer avantage, et achever ainsi de l'accabler.

G. P.

gens de prendre des hommes avec eux, et de me faire périr sous le bâton; et comme il n'a trouvé personne d'assez lâche pour accepter un semblable emploi, il m'a envoyé sept ou huit fois son gentilhomme avec le solde d'un compte le plus injuste qu'un maître ait jamais fait avec son domestique, et que je produirai écrit de sa propre main, lequel compte il m'a voulu faire accepter par force, m'intimant l'ordre de partir sur-le-champ de Venise, sous peine d'être assommé de coups, matin et soir, aussi long-temps que j'y séjournerois. J'obéirai donc pour éviter des traitemens infâmes auxquels un homme d'honneur ne survit pas, et pour témoigner jusqu'au bout ma déférence et mon respect pour les ordres de M. l'ambassadeur. Ainsi, quoique S. E. me retienne ce qu'elle me doit légitimement; que, de plus, on me retienne encore mes hardes dans sa maison sous des prétextes non moins odieux ni moins injustes, je ne laisserai pas de me mettre en route dans deux ou trois jours, que je vais employer à tâcher de rassembler quelque argent pour mon voyage. Je me rendrai à Paris, accablé, il est vrai, d'opprobres et d'ignominie par M. le comte de Montaigu, mais soutenu par les témoignages d'un bonne conscience et par l'estime des honnêtes gens. C'est là, monsieur, que j'oserai prendre la liberté d'implorer de nouveau votre protection et la justice du roi, ne demandant que d'être puni si je suis coupable: mais si je suis innocent, si je me suis toujours comporté conformément au devoir d'un bon et fidèle serviteur, je ne cesserai de recourir à l'équité et à la clémence de sa majesté pour obtenir la satisfaction qui m'est due sur les injustices criantes et les outrages sanglans par lesquels M. l'ambassadeur a prétendu signaler contre moi son autorité, en diffamant un homme d'honneur qui n'a de faute à se reprocher à *son sujet que celle d'être entré dans sa maison.*

AU MÊME.

Septembre 1744.

Monsieur,

J'apprends que M. le comte de Montaigu, pour couvrir ses torts envers moi, m'ose imputer des crimes; et qu'après avoir donné un mémoire au sénat de Venise pour me faire arrêter, il porte jusqu'à vous ses plaintes pour prévenir celles auxquelles il a donné lieu. Le sénat me rend justice; M. le consul de France a été chargé de m'en assurer. Vous me la rendrez, monsieur, j'en suis très-sûr, sitôt que vous m'aurez entendu. Pour cet effet, au lieu de m'arrêter à Genève comme je l'avais résolu, je vais en diligence continuer mon voyage; j'aspire avec ardeur au moment d'être admis à votre audience. Je porte ma tête à la justice du roi, si je suis coupable; mais, si c'est M. de Montaigu qui l'est, je porte ma plainte au pied du trône; je demande la justice qui m'est due; et, si elle m'étoit refusée, je la réclamerois jusqu'à mon dernier soupir. En attendant, permettez-moi, monsieur, de vous représenter combien la plainte de M. l'ambassadeur est frivole, et combien ses accusations sont absurdes. Il m'accuse, dit-on, d'avoir vendu ses chiffres à M. le prince Pio. Vous savez mieux que personne de quelle importance sont les affaires dont est chargé M. le comte de Montaigu. M. le prince Pio n'est sûrement pas assez dupe pour donner un écu de tous ses chiffres; et moi, quand j'aurois été assez fripon pour vouloir les lui vendre, je n'aurois pas été du moins assez bête pour l'espérer. L'impudence, j'ose le dire, et l'ineptie d'une pareille accusation vous sauteront aux yeux, si vous daignez lui donner un moment d'examen. Vous verrez qu'elle est faite sans raison, sans fondement, contre toute vraisemblance, et avec aussi peu d'esprit que de vérité, par quelqu'un qui, sentant ses injustices, croit les effacer en décriant celui qui en est victime, et prétend, à l'abri de son titre, déshonorer impunément son inférieur. Cependant, monsieur, cet inférieur, tel qu'il est, emporte, au milieu des outrages de M. l'ambassadeur, l'estime publique. J'ai vu toute la nation françoise m'accueillir, me consoler dans mon malheur. J'ai logé chez le chancelier du consulat; j'ai été invité dans toutes les maisons; toutes les bourses m'ont été ouvertes; et en attendant qu'il plaise à M. l'ambassadeur de me payer mes appointemens, j'ai trouvé dans celle de M. le consul l'argent qui m'est nécessaire, puisqu'il ne plaît pas à M. l'ambassadeur de me payer mes appointemens. Vous conviendrez, monsieur, qu'un pareil traitement seroit fort extraordinaire, de la part des sujets du roi les plus fidèles, envers un pauvre étranger qu'ils soupçonneroient d'être un traître et un fripon. Je ne vous offre ces préjugés légitimes qu'en attendant de plus solides raisons. Vous connoîtrez dans peu s'ils sont fondés. Le soin de mon honneur, et la réparation qui m'est due, sont, au reste, l'unique objet de mon voyage. Aux preuves de la fidélité et de l'utilité de mes services je ne joindrai point de sollicitations pour avoir de l'emploi ; je m'en tiens à l'épreuve que je viens de faire, et ne la réitérerai plus. J'aime mieux vivre libre et pauvre jusqu'à la fin, que de faire mon chemin dans une route aussi dangereuse.

AU MÊME.

Paris, 11 octobre 1744.

Monsieur,

Voici la dernière fois que je prendrai la liberté de vous écrire, jusqu'à ce qu'il vous ait plu de me faire parvenir vos ordres. Je sens combien mes lettres doivent vous importuner, et ce n'est qu'avec beaucoup de regret que je me vois réduit à un métier si contraire à mon caractère ; mais, monsieur, je ne pouvois, en conséquence de ce que j'ai eu l'honneur de vous écrire précédemment, me dispenser de vous informer de mon arrivée à Paris, et, de plus, je reconnois que le ton de mes lettres demanderoit bien des explications, que la discrétion m'oblige cependant d'abandonner en partie, et que je réduirai à une simple exposition du motif qui me les a fait écrire.

Si vous daignez, monsieur, faire prendre quelques informations sur ma conduite et sur mon caractère, soit à Venise, soit à Gênes, où j'ai l'honneur d'être connu de M. de Jonville, soit à Lyon, soit à Genève ma patrie, j'espère que vous n'apprendrez rien qui n'aggrave l'injustice des violences dont M. le comte de Montaigu a jugé à propos de m'accabler. Les traitemens qu'il m'a faits sont de ceux contre lesquels un honnête homme ne se précautionne point. Avec les devoirs que je me suis imposés et les sentimens dont je me suis nourri, je m'étois cru assez supérieur à de semblables accidens pour n'avoir point à chercher dans mes principes des règles de conduite en de pareils cas. Le zèle et l'exactitude avec lesquels je me suis acquitté de l'emploi que S. E. m'avait confié n'ont pas dû m'inspirer plus de défiance : peut-être serai-je assez heureux pour que vous en puissiez entendre parler par quelqu'un qui soit en état d'en juger, et qui n'ait point d'intérêt à me calomnier. S'il m'est donc arrivé, monsieur, de vous écrire quelque chose d'irrégulier, je vous supplie de le pardonner au trouble affreux et au désespoir où m'ont jeté de si étranges traitemens. Connoît-on rien de plus triste pour un honnête homme que de se voir indignement diffamer aux yeux du public, et en péril de sa propre vie, sans ombre de prétexte, et seulement pour de misérables discussions d'intérêt, sans qu'il lui soit permis de se défendre, ni possible de se justifier ? Inutilement ai-je senti que je m'allois donner du ridicule, et que l'inférieur auroit toujours tort vis-à-vis de son supérieur, puisque je n'ai point vu d'autre voie que de justes et respectueuses représentations pour soutenir mon honneur outragé. Ce ne sont point les traitemens de M. le comte de Montaigu qui me touchent en eux-mêmes ; j'ai lieu de ne le pas croire assez connoisseur en mérite pour faire un cas infini de son estime : mais, monsieur, que pensera le public, qui, content de juger sur les apparences, se donne rarement la peine d'examiner si celui qu'on maltraite l'a mérité ? C'est aux personnes qui aiment l'équité, et qui sont en droit d'approfondir les choses, de réparer en cela l'injustice du public, et d'y rétablir l'honneur d'un honnête homme qui compte sa vie pour rien quand il a perdu sa réputation. Rien n'est si simple que cette discussion à mon égard : s'agit-il de l'intérêt ? le compte que j'aurai l'honneur de vous remettre, écrit de la propre main de M. le comte de Montaigu, est un témoignage sans réplique qui ne fera pas honneur à sa bonne foi ; s'agit-il de l'honneur ? tout Venise a vu avec indignation les traitemens honteux dont il m'a accablé. Je suis déjà instruit de quelles couleurs S. E. sait peindre les personnes qu'elle a prises en haine : si donc on l'en croit sur parole, je ne doute point, à la vérité, que je ne sois perdu et déshonoré ; mais qu'on daigne prendre quelques informations et vérifier les choses, et j'ose croire que M. le comte de Montaigu m'aura, sans y penser, rendu service en me faisant connoître.

Je ne prétends point, monsieur, exiger de satisfaction de M. l'ambassadeur ; je n'ignore pas, quelque juste qu'elle fût, les raisons qui doivent s'y opposer : je ne demande que d'être puni rigoureusement si je suis coupable ; mais si je ne le suis point, et que vous trouviez mon caractère digne de quelque estime et mon sort de quelque pitié, j'ose implorer, monsieur, votre protection et quelque marque de bonté de votre part qui puisse me réhabiliter aux yeux du public. Peût-être y regagnerai-je plus que je n'aurai perdu ; mais je sens que le zèle qui me porteroit à m'en rendre digne laisseroit un jour en doute si vous avez exercé envers moi plus de générosité que de justice.

A MADAME LA BARONNE DE WARENS.

A Paris, le 25 février 1745.

J'ai reçu, ma très-bonne maman, avec les deux lettres que vous m'avez écrites, les présens que vous y avez joints, tant en savon qu'en chocolat ; je n'ai point jugé à propos de me frotter les moustaches du premier, parce que je le réserve pour m'en servir plus utilement dans l'occasion. Mais commençons par le plus pressant, qui est votre santé, et l'état présent de vos affaires, c'est-à-dire des nôtres. Je suis plus affligé qu'étonné de vos souffrances continuelles. La sagesse de Dieu n'aime point à faire des présens inutiles ; vous êtes, en faveur des vertus que vous en avez reçues, condamnée à en faire un exercice continuel. Quand vous êtes malade, c'est la patience ; quand vous servez ceux qui le sont, c'est l'humanité. Puisque vos peines tournent toutes à votre gloire, ou au soulagement d'autrui, elles entrent dans le bien général, et nous n'en devons pas murmurer. J'ai été très-touché de la maladie de mon pauvre frère, j'espère d'en apprendre incessamment de meilleures nouvelles. M. d'Arras m'en a parlé avec une affection qui m'a charmé : c'étoit me faire la cour mieux qu'il ne le pensoit lui-même. Dites-lui, je vous supplie, qu'il prenne courage, car je le compte échappé de cette affaire, et je lui prépare des magistères qui le rendront immortel.

Quant à moi, je me suis toujours assez bien porté depuis mon arrivée à Paris, et bien m'en a pris, car j'aurois été, aussi bien que vous, un malade de mauvais rapport pour les chirurgiens et les apothicaires. Au reste, je n'ai pas été exempt des mêmes embarras que vous, puisque l'ami chez lequel je suis logé a été attaqué, cet hiver, d'une maladie de poitrine dont il s'est enfin tiré contre toute espérance de ma part. Ce bon et généreux ami est un gentilhomme espagnol, assez à son aise, qui me presse d'accepter un asile dans sa maison, pour y philosopher ensemble le reste de nos jours. Quelque conformité de goûts et de sentimens qui me lie à lui, je ne le prends point au mot, et je vous laisse à deviner pourquoi.

Je ne puis rien vous dire de particulier sur le voyage que vous méditez, parce que l'approbation qu'on peut lui donner dépend des secours que vous trouverez pour en supporter les frais, et des moyens sur lesquels vous appuyez l'espoir du succès de ce que vous y allez entreprendre.

Quant à vos autres projets, je n'y vois rien que lui, et je n'attends pas là-dessus d'autres lumières que celles de vos yeux et des miens. Ainsi vous êtes mieux en état que moi de juger de la solidité des projets que nous pourrions faire de ce côté. Je trouve mademoiselle sa fille assez aimable, je pense pourtant que vous me faites plus d'honneur que de justice en me comparant à elle, car il faudra, tout au moins, qu'il m'en coûte mon cher nom de petit né. Je n'ajouterai rien sur ce que vous m'en dites de plus, car je ne saurois répondre à ce que je ne comprends pas. Je ne saurois finir cet article sans vous demander comment vous vous trouvez de cet archi-âne de Keister. Je pardonne à un sot d'être la dupe d'un autre, il est fait pour cela ; mais quand on a vos lumières, on n'a bonne grâce à se laisser tromper par un tel animal qu'après s'être crevé les yeux. Plus j'acquiers de lumières en chimie, plus tous ces maîtres chercheurs de secrets et de magistères me paroissent cruches et butors. Je voyois, il y a deux jours, un de ces idiots qui, soupesant de l'huile de vitriol dans un laboratoire où j'étois, n'étoit pas étonné de sa grande pesanteur, parce, disoit-il, qu'elle contient beaucoup de mercure, et le même homme se vantoit de savoir parfaitement l'analyse et la composition des corps. Si de pareils bavards savoient que je daigne écrire leurs impertinences, ils en seroient trop fiers.

Me demanderez-vous ce que je fais? Hélas! maman, je vous aime, je pense à vous, je me plains de mon cheval d'ambassadeur: on me plaint, on m'estime, et l'on ne me rend point d'autre justice. Ce n'est pas que je n'espère m'en venger un jour en lui faisant voir non-seulement que je vaux mieux, mais que je suis plus estimé que lui. Du reste, beaucoup de projets, peu d'espérances, mais toujours n'établissant pour mon point de vue que le bonheur de finir mes jours avec vous.

J'ai eu le malheur de n'être bon à rien à M. Deville, car il a fini ses affaires fort heureusement, et il ne lui manque que de l'argent, sorte de marchandise dont mes mains ne se souillent plus. Je ne sais comment réussira cette lettre, car on m'a dit que M. Deville devoit partir demain; et comme je ne le vois point venir aujourd'hui, je crains bien d'être regardé de lui comme un homme inutile, qui ne vaut pas la peine qu'on s'en souvienne. Adieu, maman; souvenez-vous de m'écrire souvent et de me donner une adresse sûre.

A M. DANIEL ROGUIN.

Paris, le 9 juillet 1745.

Je ne sais, monsieur, quel jugement vous portez de moi et de ma conduite; mais les apparences me sont si contraires, que je n'aurois pas à me plaindre quand vous en penseriez peu favorablement. Vous n'en jugeriez pas de même si vous lisiez au fond de mon âme: l'amertume et l'affliction que vous y verriez n'y sont pas les sentimens d'un homme capable d'oublier son devoir.

Vous connoissez à peu près ma situation. La première fois que j'aurai l'honneur de vous voir en particulier, je vous expliquerai la nature de mes ressources: vous jugerez des secours qu'elles peuvent me produire, et de la confiance que j'y dois donner. Je n'ai plus reçu de réponse de mon coquin, et je commence à désespérer tout-à-fait d'en tirer raison. Cependant une impuissance, que je n'ai pu prévoir, me met dans la triste nécessité de payer de délais, vous le premier, vous mon bon et généreux ami et bienfaiteur, et les autres honnêtes gens qui, comme vous, ont bien voulu s'incommoder pour soulager mes besoins et fonder sur ma probité des sûretés qu'ils ne pouvoient attendre de ma fortune. Le juge des cœurs lit dans le mien: si leur espérance a été trompée, mon impuissance actuelle doit d'autant moins m'être imputée à crime, que, selon toutes les règles de la prudence humaine, je n'ai pas dû la prévoir dans le temps que j'ai si malheureusement abusé de votre confiance et de votre amitié, à moins qu'on ne veuille que mes malheurs passés n'eussent dû me servir de leçon, pour me préparer à d'autres encore moins vraisemblables. Ainsi, privé de toutes ressources et réduit à des espérances vagues et éloignées, je lutte contre la pauvreté depuis mon arrivée à Paris; et mes démarches sont si droites qu'à la moindre lueur de quelque avantage je vous avois prié, même avant de le pouvoir, de trouver bon que je fisse par partie ce que je ne pouvois faire tout à la fois: mais mon infortune ordinaire m'a encore ôté jusqu'ici les moyens de satisfaire mon empressement à cet égard. Vous savez que j'ai entrepris un ouvrage (*) sur lequel je fondois des ressources suffisantes pour m'acquitter: il traînoit si fort en longueur, que je me suis déterminé à venir m'emprisonner à l'hôtel Saint-Quentin, sans me permettre d'en sortir que je ne l'eusse achevé; c'est ce que je viens de faire. Je ne vous dirai point s'il est bon ou mauvais; vous en jugerez. Il n'est guère possible que les dispositions d'un esprit affligé et mélancolique n'influent sur ses productions; mais je prévois déjà tant d'obstacles à le faire valoir, qu'il pourroit être bon à pure perte, et que je suis bien trompé s'il n'a le succès ordinaire à tout ce que j'entreprends. Quoi qu'il en soit, je n'épargnerai ni peines ni soins pour vaincre les difficultés, soit de ce côté, soit de tout autre, qui pourroient produire le même effet pour ce qui vous regarde. Je vous dirai même plus: je suis si dégoûté de la société et du commerce des hommes, que ce n'est que la seule loi de l'honneur qui me retient ici, et que si jamais je parviens au comble de mes vœux, c'est-à-dire à ne devoir plus rien, on ne me reverra pas à Paris vingt-quatre heures après.

(*) L'opéra des *Muses galantes*.

Telles sont, mon cher monsieur, les dispositions de mon âme. Je suis fort à plaindre, sans doute; mais je me sens toujours digne de votre estime, et je vous supplie de ne me l'ôter que quand vous me verrez oublier mon devoir et mon immortelle reconnoissance : c'est vous la demander pour toujours. Je vous avoue ingénument que, sur le point de vous aller voir, je n'ai pas osé reparoître devant vous sans m'assurer, en quelque manière, de vos dispositions à mon égard, par une justification que mes malheurs seuls, et non mes sentimens, rendent nécessaire.

Je vous supplie de savoir si l'on ne pourroit pas engager le marchand à reprendre la veste, en y perdant ce qu'il voudra. J'ai aussi, encore neufs, plusieurs des autres effets; mais, comme je me flatte que le payement en est moins éloigné que la restitution ne vous en seroit onéreuse, je ne vous en parle point.

Mes respects, je vous supplie, à madame Duplessis et à mademoiselle. J'ai l'honneur d'être avec le plus tendre et le plus immortel attachement, monsieur, etc.

A M. DE VOLTAIRE.

Paris, 11 décembre 1745.

Monsieur,

Il y a quinze ans que je travaille pour me rendre digne de vos regards, et des soins dont vous favorisez les jeunes muses en qui vous découvrez quelque talent. Mais, pour avoir fait la musique d'un opéra, je me trouve, je ne sais comment, métamorphosé en musicien. C'est, monsieur, en cette qualité que M. le duc de Richelieu m'a chargé des scènes dont vous avez lié les divertissemens de la *Princesse de Navarre*; il a même exigé que je fisse, dans les canevas, les changemens nécessaires pour les rendre convenables à votre *nouveau sujet*. J'ai fait mes respectueuses représentations; M. le duc a insisté, j'ai obéi. C'est le seul parti qui convienne à l'état de ma fortune. M. Ballot s'est chargé de vous communiquer ces changemens, je me suis attaché à les rendre en moins de mots qu'il étoit possible : c'est le seul mérite que je puis leur donner. Je vous supplie, monsieur, de les examiner, ou plutôt d'en substituer de plus dignes de la place qu'ils doivent occuper.

Quant au récitatif, j'espère aussi, monsieur, que vous voudrez bien le juger avant l'exécution, et m'indiquer les endroits où je me serois écarté du beau et du vrai, c'est-à-dire de votre pensée. Quel que soit pour moi le succès de ces foibles essais, ils me seront toujours glorieux, s'ils me procurent l'honneur d'être connu de vous, et de vous montrer l'admiration et le profond respect avec lesquels j'ai l'honneur d'être, monsieur, votre très-humble, etc. (*)

A MADAME LA BARONNE DE WARENS.

... 1745.

Je dois, ma très-chère maman, vous donner avis que, contre toute espérance, j'ai trouvé le moyen de faire recommander votre affaire à M. le comte de Castellane de la manière la plus avantageuse : c'est par le ministre même qu'il en sera chargé, de manière que, ceci devenant une affaire de dépêches, vous pouvez vous assurer d'y avoir tous les avantages que la faveur peut prêter à l'équité. J'ai été contraint de dresser, sur les pièces que vous m'avez envoyées, un mémoire dont je joins ici la copie, afin que vous voyiez si j'ai pris le sens qu'il falloit : j'aurai le temps, si vous vous hâtez de me répondre, d'y faire les corrections convenables avant que de le faire donner; car la cour ne reviendra de Fontainebleau que dans quelques jours. Il faut d'ailleurs que vous vous hâtiez de prendre sur cette affaire les instructions qui vous manquent; et il est, par exemple, fort étrange de ne savoir pas même le nom de baptême des personnes dont on répète la succession. Vous savez aussi que rien ne peut être décidé dans des cas de cette nature sans de bons extraits baptistaires et du testateur et de l'héritier, légalisés par les magistrats du lieu, et par les ministres du roi qui y résident. Je vous avertis de tout cela afin que vous vous munissiez de toutes ces pièces, dont l'envoi de temps à autre servira de mémoratif, qui ne sera pas inutile. Adieu, ma chère maman;

(*) Rousseau a transcrit dans ses *Confessions* la réponse de Voltaire à cette lettre. Voyez tome I page 173.   G. P.

je me propose de vous écrire bien au long sur mes propres affaires, mais j'ai des choses si peu réjouissantes à vous apprendre, que ce n'est pas la peine de se hâter.

MÉMOIRE.

N. N. De La Tour, gentilhomme du pays de Vaud, étant mort à Constantinople, et ayant établi le sieur Honoré Pelico, marchand françois, pour son exécuteur (¹) testamentaire, à la charge de faire parvenir ses biens à ses plus proches parens; Françoise de La Tour, baronne de Warens, qui se trouve dans le cas (²), souhaiteroit qu'on pût agir auprès dudit sieur Pelico, pour l'engager à se dessaisir desdits biens en sa faveur, en lui démontrant son droit. Sans vouloir révoquer en doute la bonne volonté dudit sieur Pelico, il semble, par le silence qu'il a observé jusqu'à présent envers la famille du défunt, qu'il n'est pas pressé d'exécuter ses volontés. C'est pourquoi il seroit à désirer que M. l'ambassadeur voulût interposer son autorité pour l'examen et la décision de cette affaire. Ladite baronne de Warens ayant eu ses biens confisqués pour cause de la religion catholique qu'elle a embrassée, et n'étant pas payée des pensions que le roi de Sardaigne, et ensuite sa majesté catholique lui ont assignées sur la Savoie, ne doute point que la dure nécessité où elle se trouve ne soit un motif de plus pour intéresser en sa faveur la religion de Son Excellence.

A LA MÊME.

Février 1747.

Le départ de M. Deville se trouvant prolongé de quelques jours, cela me donne, chère maman, le loisir de m'entretenir encore avec vous.

Comme je n'ai nulle relation à la cour de l'infant, je ne saurois que vous exhorter à vous servir des connoissances que vos amis peuvent vous procurer de ce côté-là : je puis avoir quelque facilité de plus du côté de la cour d'Espagne, ayant plusieurs amis qui pourroient nous servir de ce côté. J'ai, entreautres, ici M. le marquis de Turrieta, qui est assez ami de mon ami, peut-être un peu le mien : je me propose à son départ pour Madrid, où il doit retourner ce printemps, de lui remettre un mémoire relatif à votre pension, qui auroit pour objet de vous la faire établir pour toujours à la pouvoir manger où il vous plairoit; car mon opinion est que c'est une affaire désespérée du côté de la cour de Turin, où les Savoyards auront toujours assez de crédit pour vous faire tout le mal qu'ils voudront, c'est-à-dire tout celui qu'ils pourront. Il n'en sera pas de même en Espagne, où nous trouverons toujours autant, et, comme je crois, plus d'amis qu'eux. Au reste, je suis bien éloigné de vouloir vous flatter du succès de ma démarche ; mais que risquons-nous de tenter ? Quant à M. le marquis Scotti, je savois déjà tout ce que vous m'en dites, et je ne manquerai pas d'insinuer cette voie à celui à qui je remettrai le mémoire; mais comme cela dépend de plusieurs circonstances, soit de l'accès qu'on peut trouver auprès de lui, soit de la répugnance que pourroient avoir mes correspondans à lui faire leur cour, soit enfin de la vie du roi d'Espagne, il ne sera peut-être pas si mauvais que vous le pensez, de suivre la voie ordinaire des ministres : les affaires qui ont passé par les bureaux se trouvent à la longue toujours plus solides que celles qui ne sont faites que par faveur.

Quelque peu d'intérêt que je prenne aux fêtes publiques, je ne me pardonnerois pas de ne vous rien dire du tout de celles qui se font ici pour le mariage de M. le Dauphin : elles sont telles qu'après les merveilles que saint Paul a vues, l'esprit humain ne peut rien concevoir de plus brillant. Je vous ferois un détail de tout cela, si je ne pensois que M. Deville sera à portée de vous en entretenir : je puis en deux mots vous donner une idée de la cour, soit par le nombre, soit par la magnificence, en vous disant, premièrement, qu'il y avoit quinze mille masques au bal masqué qui s'est donné à Versailles, et que la richesse des habits au bal paré, au ballet et aux grands ap-

---

(¹) M. Miol avoit mis *procureur*, sans faire réflexion que le pouvoir du procureur cesse à la mort du commettant.

(²) Il ne reste de toute la maison de La Tour que madame de Warens, et une sienne nièce qui se trouve par conséquent d'un degré au moins plus éloignée, et qui, d'ailleurs, n'ayant pas quitté sa religion ni ses biens, n'est pas assujettie aux mêmes besoins.

partemens, étoit telle que mon Espagnol, saisi d'un enthousiasme poétique de son pays, s'écria que madame la dauphine étoit un soleil dont la présence avoit liquéfié tout l'or du royaume, dont s'étoit fait un fleuve immense au milieu duquel nageoit toute la cour.

Je n'ai pas eu pour ma part le spectacle le moins agréable; car j'ai vu danser et sauter toute la canaille de Paris dans ces salles superbes et magnifiquement illuminées, qui ont été construites dans toutes les places pour le divertissement du peuple. Jamais ils ne s'étoient trouvés à pareille fête : ils ont tant secoué leurs guenilles, ils ont tellement bu, et se sont si pleinement piffrés, que la plupart en ont été malades. Adieu, maman.

A LA MÊME.

Février 1747.

Madame,

J'ai lu et copié le nouveau mémoire que vous avez pris la peine de m'envoyer : j'approuve fort le retranchement que vous avez fait, puisque outre que c'étoit un assez mauvais verbiage, c'est que les circonstances n'en étant pas conformes à la vérité, je me faisois une violente peine de les avancer; mais aussi il ne falloit pas me faire dire au commencement que j'avois abandonné tous mes droits et prétentions, puisque, rien n'étant plus manifestement faux, c'est toujours mensonge pour mensonge, et, de plus, que celui-là est bien plus aisé à vérifier.

Quant aux autres changemens, je vous dirai là-dessus, madame, ce que Socrate répondit autrefois à un certain Lysias. Ce Lysias étoit le plus habile orateur de son temps, et, dans l'accusation où Socrate fut condamné, il lui apporta un discours qu'il avoit travaillé avec grand soin, où il mettoit ses raisons et les moyens de Socrate dans tout leur jour : Socrate le lut avec plaisir et le trouva fort bien fait; mais il lui dit franchement qu'il ne lui étoit pas propre. Sur quoi Lysias lui ayant demandé comment il étoit possible que ce discours fût bien fait s'il ne lui étoit pas propre; de même, dit-il, en se servant, selon sa coutume, de comparaisons vulgaires, qu'un excellent ouvrier pourroit m'apporter des habits ou des souliers magnifiques, brodés d'or, et auxquels il ne manqueroit rien, mais qui ne me conviendroient pas. Pour moi, plus docile que Socrate, j'ai laissé le tout comme vous avez jugé à propos de le changer, excepté deux ou trois expressions de style seulement, qui m'ont paru s'être glissées par mégarde.

J'ai été plus hardi à la fin : je ne sais quelles pouvoient être vos vues en faisant passer la pension par les mains de Son Excellence; mais l'inconvénient en saute aux yeux, car il est clair que si j'avois le malheur, par quelque accident imprévu, de lui survivre, ou qu'il tombât malade, adieu la pension. En coûtera-t-il davantage pour l'établir le plus solidement qu'on pourra? c'est chercher des détours qui vous égarent, pendant qu'il n'y a aucun inconvénient à suivre le droit chemin. Si ma fidélité étoit équivoque, et qu'on pût me soupçonner d'être homme à détourner cet argent ou à en faire un mauvais usage, je me serois bien gardé de changer l'endroit aussi librement que je l'ai fait; et ce qui m'a engagé à parler de moi, c'est que j'ai cru pénétrer que votre délicatesse se faisoit quelque peine qu'on pût penser que cet argent tournât à votre profit; idée qui ne peut tomber que dans l'esprit d'un enragé. Quoi qu'il en soit, j'espère bien n'en jamais souiller mes mains.

Vous avez, sans doute par mégarde, joint au mémoire une feuille séparée que je ne suppose pas qui fût à copier : en effet, ne pourroit-on pas me demander de quoi je me mêle là? et moi, qui assure être séquestré de toute affaire civile, me siéroit-il de paroître si bien instruit de choses qui ne sont pas de ma compétence?

Quant à ce qu'on me fait dire que je souhaiterois n'être pas nommé, c'est une fausse délicatesse que je n'ai point : la honte ne consiste pas à dire qu'on reçoit, mais à être obligé de recevoir; je méprise les détours d'une vanité mal entendue autant que je fais cas des sentimens élevés. Je sens pourtant le prix d'un pareil ménagement de votre part et de celle de mon oncle; mais je vous en dispense l'un et l'autre. D'ailleurs, sous quel nom, dites-moi, feriez-vous enregistrer la pension?

Je fais mille remercîmens au très-cher oncle;

je connois tous les jours mieux quelle est sa bonté pour moi ; s'il a obligé tant d'ingrats en sa vie, il peut s'assurer d'avoir au moins trouvé un cœur reconnoissant ; car, comme dit Sénèque,

« Multa perdenda sunt, ut semel ponas benè. »

Ce latin-là, c'est pour l'oncle : en voici pour vous la traduction françoise :

Perdez force bienfaits pour en bien placer un.

Il y a long-temps que vous pratiquez cette sentence, sans, je gage, l'avoir jamais lue dans Sénèque.

Je suis, dans la plus grande vivacité de tous mes sentimens, etc.

A LA MÊME.

Paris, le 17 décembre 1747.

Il n'y a que six jours, ma très-chère maman, que je suis de retour de Chenonceaux (*). En arrivant, j'ai reçu votre lettre du 2 de ce mois, dans laquelle vous me reprochez mon silence, et avec raison, puisque j'y vois que vous n'avez point reçu celle que je vous avois écrite de là, sous l'enveloppe de l'abbé Giloz. J'en viens de recevoir une de lui-même, dans laquelle il me fait les mêmes reproches. Ainsi je suis certain qu'il n'a point reçu son paquet, ni vous votre lettre ; mais ce dont il semble m'accuser est justement ce qui me justifie. Car, dans l'éloignement où j'étois de tout bureau pour affranchir, je hasardai ma double lettre sans affranchissement, vous marquant à tous les deux combien je craignois qu'elle n'arrivât pas, et que j'attendois votre réponse pour me rassurer : je ne l'ai point reçue cette réponse, et j'ai bien compris par là que vous n'aviez rien reçu, et qu'il falloit nécessairement attendre mon retour à Paris pour écrire de nouveau. Ce qui m'avoit encore enhardi à hasarder cette lettre, c'est que l'année dernière il vous en étoit parvenu une par je ne sais quel bonheur, que j'avois hasardée de la même manière, dans l'impossibilité de faire autrement. Pour la preuve de ce que je dis, prenez la peine de faire chercher au bureau du Pont un paquet endossé de mon écriture à l'adresse de M. l'abbé Giloz, etc. Vous pourrez l'ouvrir, prendre votre lettre, et lui envoyer la sienne : aussi bien contiennent-elles des détails qui me coûtent trop pour me résoudre à les recommencer.

M. Descreux vint me voir le lendemain de mon arrivée ; il me dit qu'il avoit de l'argent à votre service et qu'il avoit un voyage à faire, sans lequel il comptoit vous voir en passant et vous offrir sa bourse. Il a beau dire, je ne la crois guère en meilleur état que la mienne. J'ai toujours regardé vos lettres de change qu'il a acceptées comme un véritable badinage. Il en acceptera bien pour autant de millions qu'il vous plaira, au même prix ; je vous assure que cela lui est fort égal. Il est fort sur le zéro, aussi bien que M. Baqueret, et je ne doute pas qu'il n'aille achever ses projets au même lieu. Du reste, je le crois fort bon homme, et qui même allie deux choses rares à trouver ensemble, la folie et l'intérêt.

Par rapport à moi, je ne vous dis rien ; c'est tout dire. Malgré les injustices que vous me faites intérieurement, il ne tiendroit qu'à moi de changer en estime et en compassion vos perpétuelles défiances envers moi. Quelques explications suffiroient pour cela : mais votre cœur n'a que trop de ses propres maux, sans avoir encore à porter ceux d'autrui ; j'espère toujours qu'un jour vous me connoîtrez mieux, et vous m'en aimerez davantage.

Je remercie tendrement le frère de sa bonne amitié, et l'assure de toute la mienne. Adieu, trop chère et trop bonne maman ; je suis de nouveau à l'hôtel du Saint-Esprit, rue Plâtrière.

J'ai différé quelques jours à faire partir cette lettre, sur l'espérance que m'avoit donnée M. Descreux de me venir voir avant son départ; mais je l'ai attendu inutilement, et je le tiens parti ou perdu.

A M. ALTUNA (*).

Paris, le 30 juin 1748.

A quelle rude épreuve mettez-vous ma vertu en me rappelant sans cesse un projet qui faisoit

---

(*) Château bâti sur le Cher. Il appartient aujourd'hui à M. Valet de Villeneuve, petit-fils de madame Dupin. M. P.

(*) Cette lettre a été trouvée chez les pères de l'Oratoire de Montmorency ; elle étoit jointe au billet suivant, adressé par

l'espoir de ma vie (*)! J'aurois besoin, plus que jamais, de son exécution pour la consolation de mon pauvre cœur accablé d'amertume, et pour le repos que demanderoient mes infirmités; mais, quoi qu'il en puisse arriver, je n'achèterai pas une félicité par un lâche déguisement envers mon ami : vous connoissez mes sentimens sur un certain point; ils sont invariables; car ils sont fondés sur l'évidence et sur la démonstration, qui sont, quelque doctrine que l'on embrasse, les seules armes que l'on ait pour l'établir. En effet, quoique ma foi m'apprenne bien des choses qui sont au-dessus de ma raison, c'est, premièrement, ma raison qui m'a forcé de me soumettre à ma foi. Mais n'entrons point dans ces discussions. Vous pouvez parler, et je ne le puis pas : cela met trop d'avantage de votre côté. D'ailleurs vous cherchez, par zèle, à me tirer de mon état, et je me fais un devoir de vous laisser dans le vôtre, comme avantageux pour la paix de votre esprit, et également bon pour votre félicité future, si vous y êtes de bonne foi, et si vous vous conduisez selon les *divins et sublimes préceptes du christianisme*. Vous voyez donc que, de toute manière, la dispute sur ce point-là est interdite entre nous. Du reste, ayez assez bonne opinion du cœur et de l'esprit de votre ami pour croire qu'il a réfléchi plus d'une fois sur les *lieux communs* que vous lui alléguez, et que sa morale, de principes, si ce n'est celle de sa conduite, n'est pas inférieure à la vôtre, ni moins agréable à Dieu. Je suis donc invariable sur ce point. Les plus affreuses douleurs, ni les approches de la mort, n'ont rien qui ne m'affermisse, rien qui ne me console, dans l'espérance d'un bonheur éternel que j'espère partager avec vous dans le sein de mon Créateur.

A MADAME LA BARONNE DE WARENS.

Paris, le 26 août 1748.

Je n'espérois plus, ma très-bonne maman,

Rousseau, le 29 mai 1762, aux supérieurs de cette maison, en leur envoyant un exemplaire de son *Émile* :
« J. J. Rousseau prie messieurs de l'Oratoire de Montmorency de vouloir bien accorder à ses derniers écrits une place dans leur bibliothèque. Comme accepter le livre d'un auteur n'est point adopter ses principes, il a cru pouvoir, sans témérité, leur demander cette faveur. » G. P.

(*) Rousseau et M. Altuna avaient formé le projet de passer ensemble le reste de leurs jours. G. P.

d'avoir le plaisir de vous écrire; l'intervalle de ma dernière lettre a été rempli coup sur coup de deux maladies affreuses. J'ai d'abord eu une attaque de colique néphrétique, fièvre, ardeur, et rétention d'urine; la douleur s'est calmée à force de bains, de nitre, et d'autres diurétiques; mais la difficulté d'uriner subsiste toujours, et la pierre qui du rein est descendue dans la vessie, ne peut en sortir que par l'opération : mais, ma santé ni ma bourse ne me laissant pas en état d'y songer, il ne me reste plus de ce côté-là que la patience et la résignation, remèdes qu'on a toujours sous la main, mais qui ne guérissent pas de grand'chose.

En dernier lieu, je viens d'être attaqué de violentes coliques d'estomac, accompagnées de vomissemens continuels et d'un flux de ventre excessif. J'ai fait mille remèdes inutiles, j'ai pris l'émétique, et en dernier lieu le simarouba; le vomissement est calmé, mais je ne digère plus du tout. Les alimens sortent tels que je les ai pris; il a fallu renoncer même au riz, qui m'avoit été prescrit, et je suis réduit à me priver presque de toute nourriture, et par-dessus tout cela d'une foiblesse inconcevable.

Cependant le besoin me chasse de la chambre, et je me propose de faire demain ma première sortie; peut-être que le grand air et un peu de promenade me rendront quelque chose de mes forces perdues. On m'a conseillé l'usage de l'extrait de genièvre, mais il est ici bien moins bon et beaucoup plus cher que dans nos montagnes.

Et vous, ma chère maman, comment êtes-vous à présent? Vos peines ne sont-elles point calmées? n'êtes-vous point apaisée au sujet d'un malheureux fils, qui n'a prévu vos peines que de trop loin, sans jamais les pouvoir soulager? Vous n'avez connu ni mon cœur ni ma situation. Permettez-moi de vous répondre ce que vous m'avez dit si souvent, vous ne me connoîtrez que quand il n'en sera plus temps.

M. Léonard a envoyé savoir de mes nouvelles il y a quelque temps. Je promis de lui écrire, et je l'aurois fait si je n'étois retombé malade précisément dans ce temps-là. Si vous jugiez à propos, nous nous écririons à l'ordinaire par cette voie. Ce seroit quelques ports de lettres, quelques affranchissemens épargnés dans un temps où cette lésine est presque de nécessité. J'espère toujours que ce temps n'est pas pour durer éternellement. Je voudrois bien avoir quelque voie sûre pour m'ouvrir à vous sur ma véritable situation. J'aurois le plus grand besoin de vos conseils. J'use mon esprit et ma santé pour tâcher de me conduire avec sagesse dans ces circonstances difficiles, pour sortir, s'il est possible, de cet état d'opprobre et de misère; et je crois m'apercevoir chaque jour que c'est le hasard seul qui règle ma destinée, et que la prudence la plus consommée n'y peut rien faire du tout. Adieu, mon aimable maman; écrivez-moi toujours à l'hôtel du Saint-Esprit, rue Plâtrière.

A LA MÊME.

Paris, le 17 janvier 1749.

Un travail extraordinaire qui m'est survenu, et une très-mauvaise santé, m'ont empêché, ma très-bonne maman, de remplir mon devoir envers vous depuis un mois. Je me suis chargé de quelques articles pour le grand *Dictionnaire des arts et des sciences*, qu'on va mettre sous presse. La besogne croît sous ma main, et il faut la rendre à jour nommé; de façon que, surchargé de ce travail, sans préjudice de mes occupations ordinaires, je suis contraint de prendre mon temps sur les heures de mon sommeil. Je suis sur les dents; mais j'ai promis, il faut tenir parole : d'ailleurs je tiens au cul et aux chausses des gens qui m'ont fait du mal; la bile me donne des forces, et même de l'esprit et de la science :

La colère suffit et vaut un Apollon.

Je bouquine, j'apprends le grec. Chacun à ses armes : au lieu de faire des chansons à mes ennemis, je leur fais des articles de dictionnaires : l'un vaudra bien l'autre, et durera plus long-temps.

Voilà, ma chère maman, quelle seroit l'excuse de ma négligence, si j'en avois quelqu'une de recevable auprès de vous : mais je sens bien que ce seroit un nouveau tort de prétendre me justifier. J'avoue le mien en vous demandant pardon. Si l'ardeur de la haine l'a emporté quelques instans dans mes occupations sur celle de l'amitié, croyez qu'elle n'est pas faite pour avoir long-temps la préférence dans un cœur qui vous appartient. Je quitte tout pour vous écrire : c'est là véritablement mon état naturel.

En vous envoyant une réponse à la dernière de vos lettres, celle que j'avois reçue de Genève, je n'y ajoutai rien de ma main; mais je pense que ce que je vous adressai étoit décisif et pouvoit me dispenser d'autre réponse, d'autant plus que j'aurois eu trop à dire.

Je vous supplie de vouloir bien vous charger de mes tendres remercîmens pour le frère; de lui dire que j'entre parfaitement dans ses vues et dans ses raisons, et qu'il ne me manque que les moyens d'y concourir plus réellement. Il faut espérer qu'un temps plus favorable nous rapprochera de séjour, comme la même façon de penser nous rapproche de sentiment.

Adieu, ma bonne maman; n'imitez pas mon mauvais exemple; donnez-moi plus souvent des nouvelles de votre santé, et plaignez un homme qui succombe sous un travail ingrat.

A M. . . . .

... 1749.

Vous voilà donc, monsieur, déserteur du monde et de ses plaisirs; c'est, à votre âge et dans votre situation, une métamorphose bien étonnante. Quand un homme de vingt-deux ans, galant, aimable, poli, spirituel comme vous l'êtes, et d'ailleurs point rebuté de la fortune, se détermine à la retraite, par simple goût, et sans y être excité par quelque mauvais succès dans ses affaires ou dans ses plaisirs, on peut s'assurer qu'un fruit si précieux du bon sens et de la réflexion n'amènera point après lui de dégoût ni de repentir. Fondé sur cette assurance, j'ose vous faire, sur votre retraite, un compliment qui ne vous sera pas répété par bien des gens; je vous en félicite. Sans vouloir trop relever ce qu'il y a de grand et peut-être d'héroïque dans votre résolution, je vous dirai franchement que j'ai souvent regretté qu'un esprit aussi juste et une âme aussi belle que la vôtre, ne fussent faits que pour la galanterie, les cartes et le vin de Champagne; vous étiez né, mon très-cher monsieur, pour une meilleure occupation; le goût passionné, mais délicat, qui vous entraîne vers les plaisirs vous a bientôt fait démêler la fadeur des plus brillans; vous éprouverez avec étonnement que les plus simples et les plus modestes n'en ont ni moins d'attraits ni moins de vivacité. Vous connoissez désormais les hommes; vous n'avez plus besoin de les tant voir pour apprendre à les mépriser: il sera bon maintenant que vous vous consultiez un peu pour savoir à votre tour quelle opinion vous devez avoir de vous-même. Ainsi, en même temps que vous essaierez d'un autre genre de vie, vous ferez sur votre intérieur un petit examen, dont le fruit ne sera pas inutile à votre tranquillité.

Monsieur, que vous donnassiez dans l'excès, c'est ce que je ne voudrois pas sans ménagement. Vous n'avez pas sans doute absolument renoncé à la société, ni au commerce des hommes; comme vous vous êtes déterminé de pur choix, et sans qu'aucun fâcheux revers vous y ait contraint, vous n'aurez garde d'épouser les fureurs atrabilaires des misanthropes, ennemis mortels du genre humain; permis à vous de le mépriser, à la bonne heure, vous ne serez pas le seul; mais vous devez l'aimer toujours: les hommes, quoi qu'on dise, sont nos frères, en dépit de nous et d'eux; frères fort durs à la vérité, mais nous n'en sommes pas moins obligés de remplir à leur égard tous les devoirs qui nous sont imposés. A cela près, il faut avouer qu'on ne peut se dispenser de porter la lanterne dans la quantité pour s'établir un commerce et les liaisons; et, quand malheureusement la lanterne ne montre rien, c'est bien une nécessité de traiter avec soi-même, et de se prendre, faute d'autre, pour ami et pour confident. Mais ce confident et cet ami, il faut aussi un peu le connoître et savoir comment et jusqu'à quel point on peut se fier à lui; car souvent l'apparence nous trompe, même jusque sur nous-mêmes: or, le tumulte des villes, et le fracas du grand monde, ne sont guère propres à cet examen. Les distractions des objets extérieurs y sont trop longues et trop fréquentes; on ne peut y jouir d'un peu de solitude et de tranquillité. Sauvons-nous à la campagne; allons-y chercher un repos et un contentement que nous n'avons pu trouver au milieu des assemblées et des divertissemens; essayons de ce nouveau genre de vie; goûtons un peu de ces plaisirs paisibles, douceurs dont Horace, fin connoisseur s'il en fut, faisoit un si grand cas. Voilà, monsieur, comment je soupçonne que vous avez raisonné.

A M. DE VOLTAIRE [1].

Paris, le 30 janvier 1750.

Un Rousseau se déclara autrefois votre ennemi, de peur de se reconnoître votre inférieur; un autre Rousseau, ne pouvant approcher du premier par le génie, veut imiter ses mauvais procédés. Je porte le même nom qu'eux; mais n'ayant ni les talens de l'un ni la suffisance de l'autre, je suis encore moins capable d'avoir leurs torts envers vous. Je consens bien de vivre inconnu, mais non déshonoré, et je croirois l'être si j'avois manqué au respect que vous doivent tous les gens de lettres, et qu'ont pour vous tous ceux qui en méritent eux-mêmes.

Je ne veux point m'étendre sur ce sujet, ni enfreindre, même avec vous, la loi que je me suis imposée de ne jamais louer personne en face; mais, monsieur, je prendrai la liberté de vous dire que vous avez mal jugé d'un homme de bien en le croyant capable de payer d'ingratitude et d'arrogance la bonté et l'honnêteté dont vous avez usé envers lui au sujet des *Fêtes de Ramire* (*). Je n'ai point oublié la lettre dont vous m'honorâtes dans cette occasion. Elle a achevé de me convaincre que, malgré de vaines calomnies, vous êtes véritablement le protecteur des talens naissans qui en ont besoin. C'est en faveur de ceux dont je faisois l'essai que vous daignâtes me promettre de l'amitié: leur sort fut malheureux, et j'aurois dû m'y attendre. Un solitaire qui ne sait point parler, un homme timide, découragé, n'osa se présenter à vous. Quel eût été mon titre? Ce ne fut point *le zèle qui me manqua, mais l'orgueil*; et, n'osant m'offrir à vos yeux, j'attendis du temps quelque occasion favorable pour vous témoigner mon respect et ma reconnoissance.

Depuis ce jour, j'ai renoncé aux lettres et à la fantaisie d'acquérir de la réputation; et, désespérant d'y arriver comme vous à force de

---

(*) *La Princesse de Navarre.* Voyez les *Confessions*, tome I, page 173.

génie, j'ai dédaigné de tenter, comme les hommes vulgaires, d'y parvenir à force de manége; mais je ne renoncerai jamais à mon admiration pour vos ouvrages. Vous avez peint l'amitié et toutes les vertus en homme qui les connoît et les aime. J'ai entendu murmurer l'envie, j'ai méprisé ses clameurs, et j'ai dit, sans crainte de me tromper : ces écrits, qui m'élèvent l'âme et m'enflamment le courage, ne sont point les productions d'un homme indifférent pour la vertu.

Vous n'avez pas non plus bien jugé d'un républicain, puisque j'étois connu de vous pour tel. J'adore la liberté; je déteste également la domination et la servitude, et ne veux en imposer à personne. De tels sentimens sympathisent mal avec l'insolence; elle est plus propre à des esclaves, ou à des hommes plus vils encore, à de petits auteurs jaloux des grands.

Je vous proteste donc, monsieur, que non-seulement Rousseau de Genève n'a point tenu les discours que vous lui avez attribués, mais qu'il est incapable d'en tenir de pareils. Je ne me flatte pas de l'honneur d'être connu de vous; mais, si jamais ce bonheur m'arrive, ce ne sera, j'espère, que par des endroits dignes de votre estime.

J'ai l'honneur d'être avec un profond respect, monsieur, votre très-humble, etc.

A MM. DE L'ACADÉMIE DE DIJON.

Paris, le 18 juillet 1750.

Messieurs,

Vous m'honorez d'un prix auquel j'ai concouru sans y prétendre, et qui m'est d'autant plus cher que je l'attendois moins. Préférant votre estime à vos récompenses, j'ai osé soutenir, devant vous, contre vos propres intérêts, le parti que j'ai cru celui de la vérité, et vous avez couronné mon courage. Messieurs, ce que vous avez fait pour ma gloire ajoute à la vôtre. Assez d'autres jugemens honoreront vos lumières; c'est à celui-ci qu'il appartient d'honorer votre intégrité.

Je suis, avec un profond respect, etc.

A M. L'ABBÉ RAYNAL,

ALORS AUTEUR DU MERCURE DE FRANCE.

Paris, le 25 juillet 1750.

Vous le voulez, monsieur, je ne résiste plus; il faut vous ouvrir un porte-feuille qui n'étoit pas destiné à voir le jour, et qui en est très-peu digne. Les plaintes du public sur ce déluge de mauvais écrits dont on l'inonde journellement m'ont assez appris qu'il n'a que faire des miens; et, de mon côté, la réputation d'auteur médiocre, à laquelle seule j'aurois pu aspirer, a peu flatté mon ambition. N'ayant pu vaincre mon penchant pour les lettres, j'ai presque toujours écrit pour moi seul; et le public, ni mes amis n'auront pas à se plaindre que j'aie été pour eux *recitator acerbus*. Or, on est toujours indulgent à soi-même, et des écrits ainsi destinés à l'obscurité, l'auteur même eût-il du talent, manqueront toujours de ce feu que donne l'émulation, et de cette correction dont le seul désir de plaire peut surmonter le dégoût.

Une chose singulière, c'est qu'ayant autrefois publié un seul ouvrage (*), où certainement il n'est point question de poésie, on me fasse aujourd'hui poète malgré moi. On vient tous les jours me faire compliment sur des comédies et d'autres pièces de vers que je n'ai point faites, et que je ne suis pas capable de faire. C'est l'identité du nom de l'auteur et du mien qui m'attire cet honneur. J'en serois flatté, sans doute, si l'on pouvoit l'être des éloges que l'on dérobe à autrui; mais louer un homme de choses qui sont au-dessus de ses forces, c'est le faire songer à sa foiblesse.

Je m'étois essayé, je l'avoue, dans le genre lyrique par un ouvrage loué des amateurs, décrié des artistes, et que la réunion de deux arts difficiles a fait exclure, par ces derniers, avec autant de chaleur que si en effet il eût été excellent.

Je m'étois imaginé, en vrai Suisse, que pour réussir il ne falloit que bien faire; mais ayant vu, par l'expérience d'autrui, que bien faire n'est pas le premier et le plus grand obstacle qu'on trouve à surmonter dans cette carrière, et ayant éprouvé moi-même qu'il y faut d'autres talens que je ne puis ni ne veux avoir, je me suis hâté de rentrer dans l'obscurité qui con-

(*) *Dissertation sur la Musique moderne.*   G. P.

vient également à mes talens et à mon caractère, et où vous devriez me laisser pour l'honneur de votre journal. Je suis, etc.

A M. PETIT.

Paris, 19 janvier 1751.

Monsieur,

Une longue et cruelle maladie, dont je ne suis pas encore délivré, ayant considérablement retardé l'impression de mon discours, m'a encore empêché de vous en envoyer les premiers exemplaires selon mon devoir et mon intention. Je vous supplie, monsieur, de vouloir bien en faire mes très-humbles excuses à l'académie, et en particulier à M. Lantin, à qui je dois des remercîmens, et duquel je vous prie aussi de vouloir bien me donner l'adresse. Ayez encore la bonté de me marquer le nombre d'exemplaires que je dois envoyer, et de m'indiquer une voie pour vous les faire parvenir. J'ai l'honneur, etc.

A MADAME DE FRANCUEIL (*).

Paris, le 20 avril 1751.

Oui, madame, j'ai mis mes enfans aux Enfans-Trouvés. J'ai chargé de leur entretien l'établissement fait pour cela. Si ma misère et mes maux m'ôtent le pouvoir de remplir un soin si cher, c'est un malheur dont il faut me plaindre, et non pas un crime à me reprocher. Je leur dois la subsistance ; je la leur ai procurée meilleure ou plus sûre au moins que je n'aurois pu la leur donner moi-même. Cet article est avant tout. Ensuite vient la considération de leur mère, qu'il ne faut pas déshonorer.

Vous connoissez ma situation : je gagne au jour la journée mon pain avec assez de peine. Comment nourrirois-je encore une famille ? Et si j'étois contraint de recourir au métier d'auteur, comment les soucis domestiques et le tracas des enfans me laisseroient-ils, dans mon grenier, la tranquillité d'esprit nécessaire pour faire un travail lucratif ? Les écrits que dicte la faim ne rapportent guère, et cette ressource est bientôt épuisée. Il faudroit donc recourir aux protections, à l'intrigue, au manége ; briguer quelque vil emploi ; le faire valoir par les moyens ordinaires, autrement il ne me nourrira pas, et me sera bientôt ôté ; enfin me livrer moi-même à toutes les infamies pour lesquelles je suis pénétré d'une si juste horreur. Nourrir moi, mes enfans et leur mère, du sang des misérables ! Non, madame, il vaut mieux qu'ils soient orphelins que d'avoir pour père un fripon.

Accablé d'une maladie douloureuse et mortelle, je ne puis espérer encore une longue vie ; quand je pourrois entretenir, de mon vivant, ces infortunés destinés à souffrir un jour, ils paieroient chèrement l'avantage d'avoir été tenus un peu plus délicatement qu'ils ne pourront l'être où ils sont. Leur mère, victime de mon zèle indiscret, chargée de sa propre honte et de ses propres besoins, presque aussi valétudinaire, et encore moins en état de les nourrir que moi, sera forcée de les abandonner à eux-mêmes ; et je ne vois pour eux que l'alternative de se faire décroteurs ou bandits, ce qui revient bientôt au même. Si du moins leur état étoit légitime, ils pourroient trouver plus aisément des ressources. Ayant à porter à la fois le déshonneur de leur naissance, et celui de leur misère, que deviendront-ils ?

Que ne me suis-je marié, me direz-vous ? Demandez-le à vos injustes lois, madame. Il ne me convenoit pas de contracter un engagement éternel, et jamais on ne me prouvera qu'aucun devoir m'y oblige. Ce qu'il y a de certain, c'est que je n'en ai rien fait, et que je n'en veux rien faire. Il ne faut pas faire des enfans quand on ne peut pas les nourrir ? Pardonnez-moi, madame ; la nature veut qu'on en fasse, puisque la terre produit de quoi nourrir tout le monde : mais c'est l'état des riches, c'est votre état, qui vole au mien le pain de mes enfans. La nature veut aussi qu'on pourvoie à leur subsistance : voilà ce que j'ai fait ; s'il n'existoit pas pour eux un asile, je ferois mon devoir, et me résoudrois à mourir de faim moi-même, plutôt que de ne les pas nourrir.

(*) Dans toutes les éditions, antérieures à 1849, cette lettre est imprimée comme adressée à *Madame de Chenonceaux* ; ce qui est évidemment une erreur. Le passage suivant ne laisse aucun doute sur ce point :

« Madame de Francueil sut que j'avois mis mes enfans aux Enfans-Trouvés ; elle m'en parla ; cela m'engagea à lui écrire, à ce sujet, une lettre dans laquelle j'expose celles de mes raisons que je pouvois dire sans compromettre madame Levasseur et sa famille, car les plus déterminantes venoient de là, et je les tus. » (*Confessions*, livre VIII.)

Ce mot d'Enfans-Trouvés vous en imposeroit-il, comme si l'on trouvoit ces enfans dans les rues, exposés à périr si le hasard ne les sauve? Soyez sûre que vous n'auriez pas plus d'horreur que moi pour l'indigne père qui pourroit se résoudre à cette barbarie : elle est trop loin de mon cœur pour que je daigne m'en justifier. Il y a des règles établies ; informez-vous de ce qu'elles sont, et vous saurez que les enfans ne sortent des mains de la sage-femme que pour passer dans celles d'une nourrice. Je sais que ces enfans ne sont pas élevés délicatement : tant mieux pour eux, ils en deviennent plus robustes; on ne leur donne rien de superflu, mais ils ont le nécessaire. On n'en fait pas des messieurs, mais des paysans, ou des ouvriers. Je ne vois rien dans cette manière de les élever dont je ne fisse choix pour les miens. Quand j'en serois le maître, je ne les préparerois point, par la mollesse, aux maladies que donnent la fatigue et les intempéries de l'air à ceux qui n'y sont pas faits. Ils ne sauroient ni danser ni monter à cheval ; mais ils auroient de bonnes jambes infatigables. Je n'en ferois ni des auteurs, ni des gens de bureau ; je ne les exercerois point à manier la plume, mais la charrue, la lime ou le rabot, instrumens qui font mener une vie saine, laborieuse, innocente, dont on n'abuse jamais pour mal faire, et qui n'attirent point d'ennemis en faisant bien. C'est à cela qu'ils sont destinés; par la rustique éducation qu'on leur donne, ils seront plus heureux que leur père.

Je suis privé du plaisir de les voir, et je n'ai jamais savouré la douceur des embrassemens paternels. Hélas! je vous l'ai déjà dit, je ne vois là que de quoi me plaindre, et je les délivre de la misère à mes dépens. Ainsi vouloit Platon que tous les enfans fussent élevés dans sa république ; que chacun restât inconnu à son père, et que tous fussent les enfans de l'état. Mais cette éducation est vile et basse! Voilà le grand crime ; il vous en impose comme aux autres ; et vous ne voyez pas que, suivant toujours les préjugés du monde, vous prenez pour le déshonneur du vice ce qui n'est que celui de la pauvreté.

A MADAME DE CRÉQUI.

Paris, 9 octobre 1751.

Je me flattois, madame, d'avoir une âme à l'épreuve des louanges ; la lettre dont vous m'avez honoré m'apprend à compter moins sur moi-même ; et, s'il faut que je vous voie, voilà d'autres raisons d'y compter beaucoup moins encore. J'obéirai toutefois ; car c'est à vous qu'il appartient d'apprivoiser les monstres.

Je me rendrai donc à vos ordres, madame, le jour qu'il vous plaira de me prescrire. Je sais que M. d'Alembert a l'honneur de vous faire sa cour ; sa présence ne me chassera point ; mais ne trouvez pas mauvais, je vous supplie, que tout autre tiers me fasse disparoître.

Je suis avec un profond respect, madame, etc.

A LA MÊME.

Ce mardi 16 octobre 1751.

Je vous remercie, madame, des injustices que vous me faites ; elles marquent au moins un intérêt qui m'honore et auquel je suis sensible. J'ai un ami dangereusement malade, et tous mes soins lui sont dus : avec une telle excuse, je ne me croirois point coupable d'avoir manqué à ma parole, quelque scrupuleux que je sois sur ce point. Mais, madame, j'ai promis que vous verriez, avant le public, ma lettre sur M. Gautier, et c'est ce que j'exécuterai ; j'ai promis aussi de vous porter mon opéra, et je le ferai encore : nous n'avons point parlé du temps ; et pour avoir différé de quelques jours, je ne crois pas être hors de règle à cet égard.

Si vous vous repentez de la confiance dont vous m'avez honoré, ce ne peut être que pour ne m'en avoir pas trouvé digne. A l'égard de la défiance dont vous me taxez sur mes manuscrits, je vous supplie de croire que j'en suis peu capable, et que je vous rends surtout beaucoup plus de justice que vous ne paroissez m'en rendre à moi-même. En un mot, je vous supplie de croire que, de quelque manière que ce puisse être, ce ne sera jamais volontairement que j'aurai tort avec vous.

Je suis avec un profond respect, madame, votre, etc.

A LA MÊME.
Ce lundi 22 décembre 1751.

Non, madame, je ne dirai point, *Qu'est-ce que cela me fait?* je serai, comme je l'ai toujours été, touché, pénétré de vos bontés pour moi; mes sentimens n'ont jamais eu de part à mes mauvais procédés, et je veux travailler à vous en convaincre.

Le discours de M. Bordes, tout bien pesé, restera sans réponse; je le trouve, quant à moi, fort au-dessous du premier; car il vaut encore mieux se montrer bon rhéteur de collége que mauvais logicien. J'aurai peut-être occasion de mieux développer mes idées sans répondre directement.

Voici, madame, le livre que vous demandez. Je ne sais s'il sera facile d'en recouvrer quelque exemplaire; mais vous m'obligerez sensiblement de ne me rendre celui-là que quand je vous en aurai trouvé un autre.

Adieu, madame: je n'ose plus vous parler de mes résolutions; mais vous aggravez si fort le poids de mes torts envers vous, que je sens bien qu'il ne m'est plus possible de les supporter.

A LA MÊME.
Ce mercredi matin, 1752.

Je ne vais point vous voir, madame, parce que j'ai tort avec vous, et que je n'aime pas à faire mauvaise contenance; je sens pourtant qu'après avoir eu l'honneur de vous connoître, je ne pourrai me passer long-temps de celui de vous voir; et quand je vous aurai fait oublier mes mauvais procédés, je compte bien de ne me plus mettre dans le cas d'en avoir d'autres à réparer.

Je commençai la traduction immédiatement en sortant de chez vous; je l'ai suspendue parce que je souffre beaucoup, et ne suis point en état de travailler: je l'achèverai durant le premier calme, et m'en servirai de passe-port pour me présenter à vous.

A LA MÊME.
Ce dimanche matin, 1752.

Je sens, madame, après de vains efforts, que traduire m'est impossible; tout ce que je puis faire pour vous obéir, c'est de vous donner une idée de l'épître désignée, en l'écrivant à peu près comme j'imagine qu'Horace auroit fait s'il avoit voulu la mettre en prose françoise, à la différence près de l'infériorité du talent et de la servitude de l'imitation. Si vous montrez ce barbouillage à M. l'ambassadeur (*), il s'en *moquera avec raison*, et j'en ferois de bon cœur autant; mais je ne sais pas dire mieux d'après un autre, ni beaucoup mieux de moi-même.

A LA MÊME.
Ce samedi matin, 1752.

J'ai regret, madame, de ne pouvoir profiter lundi de l'honneur que vous me faites: j'ai pour ce jour-là l'abbé Raynal et M. Grimm à dîner chez moi. J'aurai sûrement l'honneur de vous voir dans le cours de la semaine, et je tâcherai de vous convaincre que vous ne sauriez avoir tant de bonté pour moi que je n'aie encore plus de désir de la mériter.

Je suis avec un profond respect, madame, votre, etc.

A LA MÊME.
Ce dimanche matin, 1752.

Non, madame, je n'ai point usé de défaite avec vous; quant au mensonge, je tâche de n'en user avec personne. Le dîner dont je vous ai parlé est arrêté depuis plus de huit jours; et, si j'avois cherché à éluder pour lundi votre invitation, il n'y a pas de raison pourquoi je l'eusse acceptée le jeudi ou le vendredi. J'aurai l'honneur de dîner avec vous le jour que vous me prescrirez, et là nous discuterons nos griefs; car j'ai les miens aussi, et je trouve dans vos lettres un ton de louange beaucoup pire que celui de cérémonie que vous me reprochez, et dont je n'ai peut-être que trop de facilité à me corriger.

Ce n'est pas sérieusement sans doute que vous parlez de venir dans mon galetas; non

---

(*) Le bailli de Froulay, ambassadeur de France à Malte, et frère du comte de Froulay, qui avoit précédé M. de Montaigu dans l'ambassade de Venise. Le comte étoit père de madame de Créqui.   M. P.

que je ne vous croie assez de philosophie pour me faire cet honneur, mais parce que n'en ayant pas assez moi-même pour vous y recevoir sans quelque embarras, je ne vous suppose pas la malice d'en vouloir jouir. Au surplus, je dois vous avertir qu'à l'heure dont vous parlez, vous pourriez trouver encore mes convives; qu'ils ne manqueroient pas de soupçonner quelque intelligence entre vous et moi; et que, s'ils me pressoient de leur dire la vérité sur ce point, je n'aurois jamais la force de la leur cacher. Il falloit vous prévenir là-dessus pour être tranquille sur l'événement. A vendredi donc, madame; car j'envisage ce point de vue avec plaisir.

A LA MÊME.

Ce samedi 6..... 1752.

Je viens, madame, de relire votre dernière lettre, et je me sens pénétré de vos bontés. Je vois que je joue un rôle très-ridicule, et cependant je puis vous protester qu'il n'y a point de ma faute: mon malheur veut que j'aie l'air de chercher des défaites dans le temps que je voudrois beaucoup faire pour cultiver l'amitié que vous daignez m'offrir. Si vous n'êtes point rebutée de mes torts apparens, donnez-moi vos ordres pour jeudi ou vendredi prochain, ou pour pareils jours de l'autre semaine, qui sont les seuls où je sois sûr de pouvoir disposer de moi. J'espère qu'une conférence entre nous éclaircira bien des choses, et surtout qu'elle vous désabusera sur la mauvaise volonté que vous avez droit de me supposer. Je finis, madame, sans cérémonie, pour vous marquer d'avance combien je suis disposé à vous obéir en tout.

A LA MÊME.

Ce mercredi matin, 23..... 1752.

Je compte les jours, madame, et je sens mes torts. Je voudrois que vous le sentissiez aussi; je voudrois vous les faire oublier. On est bien en peine quand on est coupable et qu'on veut cesser de l'être. Ne me félicitez donc point de ma fortune, car jamais je ne fus si misérable que depuis que je suis riche (*).

(*) Rousseau étoit alors caissier chez M. de Francueil.

A LA MÊME.

.... 1752.

Le meilleur moyen, madame, de me faire rougir de mes torts et de me contraindre à les réparer, c'est de rester telle que vous êtes. Je ne pourrai, madame, avoir l'honneur de dîner dimanche avec vous; mais ce ne sont point mes richesses qui sont cause de ce refus, puisqu'on prétend qu'elles ne sont bonnes qu'à nous procurer ce que nous désirons. J'espère avoir l'honneur de vous voir la semaine prochaine; et s'il ne faut, pour mériter le retour de votre estime et de vos bontés, que jeter mon trésor par les fenêtres, cela sera bientôt fait, et je croirai pour le coup être devenu usurier.

A LA MÊME.

Ce vendredi... 1752.

Il est vrai, madame, que je me présentai hier à votre porte. L'inconvénient de vous trouver en compagnie, ou, ce qui est encore pire, de ne vous pas trouver chez vous, me fait hasarder de vous demander la permission de me présenter dans la matinée au lieu de l'après-midi, trop redoutable pour moi, à cause des visites qui peuvent survenir.

Il est vrai aussi que je suis libre (*): c'est un bonheur dont j'ai voulu goûter avant que de mourir. Quant à la fortune, ce n'eût pas été la peine de philosopher pour ne pas apprendre à m'en passer. Je gagnerai ma vie et je serai homme: il n'y a point de fortune au-dessus de cela.

Je ne puis, madame, profiter demain de l'honneur que vous me faites; et, pour vous prouver que ce n'est point M. Saurin qui m'en détourne, je suis prêt à accepter un dîner avec lui tout autre jour qu'il vous plaira de me prescrire.

J'ai l'honneur d'être avec un profond respect, madame, votre, etc.

A LA MÊME.

Ce samedi... 1752.

J'ai travaillé huit jours, madame, c'est-à-

(*) Il venoit de donner sa démission de caissier: place qu'il n'occupa que six semaines.

dire, huit matinées. Pour vivre, il faut que je gagne quarante sous par jour : ce sont donc seize francs qui me sont dus, et dont je prie votre exactitude de différer le payement jusqu'à mon retour de la campagne. Je n'ai point oublié votre ordre; mais M. l'ambassadeur étoit pressé, et vous m'avez dit vous-même que je pouvois également faire à loisir ma traduction sur la copie. A mon retour de Passy (*), j'aurai l'honneur de vous voir : le copiste recevra son payement; Jean-Jacques recevra, puisqu'il le faut, les complimens que vous lui destinez; et nous ferons, sur l'honneur que veut me faire M. l'ambassadeur, tout ce qu'il plaira à lui et à vous.

A LA MÊME.

Ce mercredi matin... 1752.

Vous me forcez, madame, de vous faire un refus pour la première fois de ma vie. Je me suis bien étudié, et j'ai toujours senti que la reconnoissance et l'amitié ne sauroient compatir dans mon cœur. Permettez donc que je le conserve tout entier pour un sentiment qui peut faire le bonheur de ma vie, et dont tous vos biens ni ceux de personne ne pourroient jamais me dédommager.

J'étois allé hier à Passy, et ne revins que le soir : ce qui m'empêcha de vous aller voir. Demain, madame, je dînerai chez vous avec d'autant plus de plaisir, que vous voulez bien vous passer d'un troisième.

A LA MÊME.

Ce mardi matin... 1752.

Ma besogne n'est point encore faite, madame; le temps qui me presse, et le travail qui me gagne, m'empêcheront de pouvoir vous la montrer avant la semaine prochaine. Puisque vous sortez le matin, nous prendrons l'après-midi qu'il vous plaira, pourvu que ce ne soit pas plus tôt que de demain en huit, ni jour d'opéra italien. Comme la lecture sera un peu longue, si

---

(*) Il alloit à Passy chez M. Mussard, sur lequel il donne des renseignemens intéressans dans ses *Confessions*. (LIVRE VIII) C'est chez ce Genevois qu'il composa le *Devin du village*. M. P.

nous la voulons faire sans interruption, il faudra que vous ayez la bonté de faire fermer votre porte. J'ai tant de torts avec vous, madame, que je n'ose pas me justifier, même quand j'ai raison; cependant je sais bien que, sans mon travail, je n'aurois pas mis cette fois si long-temps à vous aller voir.

A M. DE FRANCUEIL.

(Fragment.)

Janvier 1753.

Vous êtes en peine de M. de Jully (*); il est constant que sa douleur est excessive; on ne peut être rassuré sur ses effets qu'en pensant au peu d'apparence qu'il y avoit, il y a deux mois, par la vie qu'il menoit, que la mort de sa femme pût laisser dans son âme des traces bien profondes de douleur. D'ailleurs il l'a modelée sur ses goûts, et cela lui donne les moyens de la conserver plus long-temps, sans nous alarmer sur sa santé. Il ne s'est pas contenté de faire placer partout le portrait de sa femme; il vient de bâtir un cabinet qu'il fait décorer d'un superbe mausolée de marbre avec le buste de madame de Jully et une inscription en vers latins qui sont, ma foi, très-pathétiques et très-beaux. Savez-vous, monsieur, qu'un habile artiste en pareil cas seroit peut-être désolé que sa femme revînt ? L'empire des arts est peut-être le plus puissant de tous. Je ne serois pas étonné qu'un homme, même très-honnête, mais très-éloquent, souhaitât quelquefois un beau malheur à peindre. Si cela vous paroît fou, réfléchissez-y, et cela vous le paroîtra moins : en attendant je suis bien sûr qu'il n'y a aucun poète tragique qui ne fût très-fâché qu'il ne se fût jamais commis de grands crimes, et qui ne dît au fond de son cœur, en lisant l'histoire de Néron, de Sémiramis, d'Œdipe, de Phèdre, de Mahomet, etc., la belle scène que je n'aurois pas faite, si tous ces brigands

---

(*) Madame de Jully, sœur de madame d'Épinay, avoit pour amant déclaré le chanteur Jélyotte, et la conduite de son mari n'annonçoit pas qu'il en fût péniblement affecté, lorsque tout à coup elle mourut de la petite-vérole. La douleur que M. de Jully montra de cette perte fut poussée jusqu'au délire, et cette douleur paroissoit d'autant plus étrange que la dissipation à laquelle il s'étoit livré jusques au dernier moment y avoit moins préparé. G. P.

n'eussent pas fait parler d'eux! Eh! messieurs nos amis des beaux-arts, vous voulez me faire aimer une chose qui conduit les hommes à sentir ainsi.....! Eh bien! oui, j'y suis tout résolu, mais c'est à condition que vous me prouverez qu'une belle statue vaut mieux qu'une belle action; qu'une belle scène écrite vaut mieux qu'un sentiment honnête; enfin qu'un morceau de toile peinte par Vanloo vaut mieux que de la vertu..... Tant y a que M. de Jully est dévot, et que, tout incompréhensible que nous est sa douleur, elle excite notre compassion. Il a marqué un grand désir de votre retour.....

A MADAME LA BARONNE DE WARENS.

Paris, le 13 février 1753.

Vous trouverez ci-joint, ma chère maman, une lettre de 240 livres. Mon cœur s'afflige également de la petitesse de la somme et du besoin que vous en avez : tâchez de pourvoir aux besoins les plus pressans; cela est plus aisé où vous êtes qu'ici, où toutes choses, et surtout le pain, sont d'une cherté horrible. Je ne veux pas, ma bonne maman, entrer avec vous dans le détail des choses dont vous me parlez, parce que ce n'est pas le temps de vous rappeler quel a toujours été mon sentiment sur vos entreprises : je vous dirai seulement qu'au milieu de toutes vos infortunes, votre raison et votre vertu sont des biens qu'on ne peut vous ôter, et dont le principal usage se trouve dans les afflictions.

Votre fils s'avance à grands pas vers sa dernière demeure : le mal a fait un si grand progrès cet hiver, que je ne dois plus m'attendre à en voir un autre. J'irai donc à ma destination avec le seul regret de vous laisser malheureuse.

On donnera, le premier de mars, la première représentation du *Devin* à l'Opéra de Paris : je me ménage jusqu'à ce temps-là avec un soin extrême, afin d'avoir le plaisir de le voir. Il sera joué aussi, le lundi gras, au château de Bellevue, en présence du roi; et madame la marquise de Pompadour y fera un rôle. Comme tout cela sera exécuté par des seigneurs et dames de la cour, je m'attends à être chanté faux et estropié; ainsi je n'irai point. D'ailleurs, n'ayant pas voulu être présenté au roi, je ne veux rien faire de ce qui auroit l'air d'en chercher de nouveau l'occasion : avec toute cette gloire, je continue à vivre de mon métier de copiste qui me rend indépendant, et qui me rendroit heureux si mon bonheur pouvoit se faire sans le vôtre et sans la santé.

J'ai quelques nouveaux ouvrages à vous envoyer, et je me servirai pour cela de la voie de M. Léonard ou de celle de l'abbé Giloz, faute d'en trouver de plus directes.

Adieu, ma très-bonne maman, aimez toujours un fils qui voudroit vivre plus pour vous que pour lui-même.

A MADAME LA MARQUISE DE POMPADOUR,

Qui m'avoit envoyé cinquante louis pour une représentation du *Devin du village*, qu'elle avoit donnée au château de Bellevue, et où elle avoit fait un rôle.

Paris, le 7 mars 1753.

Madame,

En acceptant le présent qui m'a été remis de votre part, je crois avoir témoigné mon respect pour la main dont il vient; et j'ose ajouter, sur l'honneur que vous avez fait à mon ouvrage, que des deux épreuves où vous mettez ma modération, l'intérêt n'est pas la plus dangereuse.

Je suis avec respect, etc.

A M. FRÉRON ([1]).

Paris, le 24 juillet 1753.

Puisque vous jugez à propos, monsieur, de faire cause commune avec l'auteur de la lettre d'un hermite à J. J. Rousseau, vous trouverez fort bon, sans doute, que cette réponse vous soit aussi commune à tous deux. Quant à lui, si une pareille association l'offense, il ne doit s'en prendre qu'à lui-même, et son procédé peu honnête a bien mérité cette humiliation.

Vous avez raison de dire que le faux hermite a pris le masque : il l'a pris en effet de plus d'une manière; mais j'ai peine à concevoir comment cet artifice l'a mis en droit de me parler avec plus de franchise : car je vous

([1]) Cette lettre n'a été ni imprimée ni envoyée.

avoue que cela lui donne à mes yeux beaucoup moins l'air d'un homme franc que celui d'un fourbe et d'un lâche, qui cherche à se mettre à couvert pour faire du mal impunément. Mais il s'est trompé : le mépris public a suffi pour ma vengeance, et je n'ai perdu à tout cela qu'un sentiment fort doux, qui est l'estime que je croyois devoir à un honnête homme (¹).

Je n'ai pas dessein d'entreprendre contre lui la défense du *Devin du village*. Il doit être permis à un hermite plus qu'à tout autre de mal parler d'opéra; et je ne m'attends pas que ce soit vous qui trouviez mauvais qu'on décide le plus hautement des choses que l'on connoît le moins.

La comparaison de J.-J. Rousseau avec une jolie femme me paroît tout-à-fait plaisante; elle m'a mis de si bonne humeur, que je veux prendre, pour cette fois, le parti des dames, et je vous demanderai d'abord de quel droit vous concluez contre celle-ci, que se laisser voir à la promenade soit une preuve qu'elle a envie de plaire, si elle ne donne d'ailleurs aucune marque de ce désir. La jolie femme seroit encore bien mieux justifiée, si, dans le goût supposé de se plaire à elle-même, il lui étoit impossible de se voir sans se montrer, et que l'unique miroir fût, par exemple, dans la place publique : car alors il est évident que, pour satisfaire sa propre curiosité, il faudroit bien qu'elle livrât son visage à celle des autres, sans qu'on pût l'accuser d'avoir cherché à leur plaire, à moins qu'un air de coquetterie, et toutes les minauderies des femmes à prétentions, n'en montrassent le dessein. Il vous reste donc, à l'hermite et à vous, monsieur, de nous dire les démarches qu'a faites J.-J. Rousseau pour captiver la bienveillance des spectateurs, les cabales qu'il a formées, ses flatteries envers le public, la cour qu'il a faite aux grands et aux femmes, les soins qu'il s'est donnés pour gagner *des prôneurs et des partisans* : ou bien il faudra que vous expliquiez quel moyen pouvoit employer un particulier pour voir son ouvrage au théâtre, sans le laisser voir en même temps au public; car je ne pouvois pas, comme Lulli, faire jouer l'opéra pour moi seul, à portes fermées (¹). Je trouve cette différence dans le parallèle, qu'on ne se pare point pour soi tout seul, et que la plus belle femme, reléguée pour toujours seule dans un désert, n'y songeroit pas même à sa toilette; au lieu qu'un amateur de musique pourroit être seul au monde, et ne pas laisser de se plaire beaucoup à la représentation d'un opéra. Voilà, monsieur, ce que j'ai à vous répondre, à vous et à votre camarade, au nom de la jolie femme et au mien. Au reste, un hermite qui ne parle que des femmes, de toilette et d'opéra, ne donne guère meilleure opinion de sa vertu que les procédés du vôtre n'en donnent de son caractère, et sa lettre de son esprit.

Vous me reprochez, monsieur, un crime dont je fais gloire, et que je tâche d'aggraver de jour en jour. Il ne vous est pas, sans doute, aisé de concevoir comment on peut jouir de sa propre estime : mais afin que vous ne vous fassiez pas faute, ni l'hermite ni vous, de donner à un tel sentiment ces qualifications si menaçantes que vous n'osez même les nommer, je vous déclare derechef très-publiquement que je m'estime beaucoup, et que je ne désespère pas de venir à bout de m'estimer beaucoup davantage. Quant aux éloges qu'on voudroit me donner, et dont vous me faites d'avance un crime, pourquoi n'y consentirois-je pas? Je consens bien à vos injures, et vous voyez assez qu'il n'y a guère plus de modestie à l'un de ces consentemens qu'à l'autre. En me reprochant mon orgueil, vous me forcez d'en avoir; car, fût-on d'ailleurs le plus modeste de tous les hommes, comment ne pas un peu s'en faire accroire, en recevant les mêmes honneurs que les Voltaire, les Montesquieu et tous les hommes illustres du siècle, dont vos satires font l'éloge presque autant que leurs propres écrits? Aussi crois-je vous devoir des remercîmens, et non des reproches, pour avoir acquiescé à ma prière, quand, persuadé avec *tout le public* que vos louanges déshonorent un homme de lettres, je vous fis demander, par un de vos amis, de m'épargner sur ce point, vous laissant toute liberté sur les injures. Si vous vous y fussiez borné selon votre

---

(¹) L'hermite prétendu étoit un M. de Bonneval, assez bon homme et qui ne manquoit pas d'érudition. J'avois eu avec lui quelques liaisons, et jamais aucun démêlé.

(¹) C'est ainsi que Lulli fit jouer une fois son opéra d'*Armide*: voyant qu'il ne réussissoit pas, il s'applaudit lui-même à haute voix en sortant ; tout fut plein à la représentation suivante.

coutume, je ne vous aurois jamais répondu; mais en repoussant la petite et nouvelle attaque que vous portez aux vérités que j'ai démontrées, on peut relever charitablement vos invectives, comme on met du foin à la corne d'un méchant bœuf.

Tout ce qui me fâche de nos petits démêlés est le mal qu'ils vont faire à mes ennemis. Jeunes barbouilleurs, qui n'espérez vous faire un nom qu'aux dépens du mien, toutes les offenses que vous me ferez sont oubliées d'avance, et je les pardonne à l'étourderie de votre âge; mais l'exemple de l'hermite m'assure de ma vengeance : elle sera cruelle sans que j'y trempe, et je vous livre aux éloges de M. Fréron.

Je reviens à vous, monsieur; et, puisque vous le voulez, je vais tâcher d'éclaircir avec vous quelques idées relatives à une question pendante depuis long-temps devant le public. Vous vous plaignez que cette question est devenue ennuyeuse et trop rebattue : vous devez le croire; car nul n'a plus travaillé que vous à faire que cela fût vrai.

Quant à moi, sans revenir sur des vérités démontrées, je me contenterai d'examiner l'ingénieux et nouveau problème que vous avez imaginé sur ce sujet; c'est d'engager quelque académie à proposer cette question intéressante : *Si le jour a contribué à épurer les mœurs?* Après quoi, prenant la négative, vous direz de fort belles choses en faveur des ténèbres et de l'aveuglement; vous louerez la méthode de courir, les yeux fermés, dans le pays le plus inconnu; de renoncer à toute lumière pour considérer les objets; en un mot, comme le renard écourté, qui vouloit que chacun se coupât la queue, vous exhorterez tout le monde à s'ôter, au propre, l'organe qui vous manque au figuré.

Sur le ton qu'on me dit qui règne dans vos petites feuilles, je juge que vous avez dû vous applaudir beaucoup d'avoir pu tourner en ridicule une des plus graves questions qu'on puisse agiter : mais vous avez déjà fait vos preuves; et après avoir si agréablement plaisanté sur l'*Esprit des Lois*, il n'est pas difficile d'en faire autant sur quelque sujet que ce soit. Dans cette occasion, j'ai trouvé votre plaisanterie assez bonne, et je pense, en général, que si c'est la seule arme que vous osiez manier, vous vous en servez quelquefois avec assez d'adresse pour blesser le mérite et la vérité; mais trouvez bon qu'en vous laissant les rieurs, je réclame les amis de la raison; aussi bien, que feriez-vous de ces gens-là dans votre parti?

Vous trouvez donc, monsieur, que la science est à l'esprit ce que la lumière est au corps. Cependant, en prenant ces mots dans votre propre sens, j'y vois cette différence que, sans l'usage des yeux, les hommes ne pourroient se conduire ni vivre; au lieu qu'avec le secours de la seule raison, et les plus simples observations des sens, ils peuvent aisément se passer de toute étude. La terre s'est peuplée, et le genre humain a subsisté, avant qu'il fût question d'aucune de ces belles connoissances : croyez-vous qu'il subsisteroit dans une éternelle obscurité? C'est la raison, mais non la science, qui est à l'esprit ce que la vue est au corps.

Une autre différence non moins importante est que, quoique la lumière soit une condition nécessaire sans laquelle les choses dont vous parlez ne se feroient pas, on ne peut dire, en aucune manière, que le jour soit la cause de ces choses-là; au lieu que j'ai fait voir comment les sciences sont la cause des maux que je leur attribue. Quoique le feu brûle un corps combustible qu'il touche, il ne s'ensuit pas que la lumière brûle un corps combustible qu'elle éclaire : voilà pourtant la conclusion que vous tirez.

Si vous aviez pris la peine de lire les écrits que vous me faites l'honneur de mépriser, et que vous devez du moins fort haïr, car ils sont d'un ennemi des méchans, vous y auriez vu une distinction perpétuelle entre les nombreuses sottises que nous honorons du nom de science, celles, par exemple, dont vos recueils sont pleins, et la connoissance réelle de la vérité; vous y auriez vu, par l'énumération des maux causés par la première, combien la culture en est dangereuse; et, par l'examen de l'esprit de l'homme, combien il est incapable de la seconde, si ce n'est dans les choses immédiatement nécessaires à sa conservation, et sur lesquelles le plus grossier paysan en sait du moins autant que le meilleur philosophe. De sorte que, pour mettre quelque apparence de parité dans les deux questions, vous deviez supposer non-seulement un jour illusoire et trompeur, qui ne montre les choses que sous une fausse apparence, mais encore un vice dans l'organe visuel, qui altère la sensation de la lumière, des figures et des couleurs; et alors vous eussiez trouvé qu'en effet il vaudroit encore mieux rester dans une éternelle obscurité que de ne voir à se conduire que pour s'aller casser le nez contre des rochers, ou se vautrer dans la fange, ou mordre et déchirer tous les honnêtes gens qu'on pourroit atteindre. La comparaison du jour convient à la raison naturelle, dont la pure et bienfaisante lumière éclaire et guide les hommes : la science peut mieux se comparer à ces feux follets qui, dit-on, ne semblent éclairer les passans que pour les mener à des précipices.

Pénétré d'une sincère admiration pour ces rares génies dont les écrits immortels et les mœurs pures et honnêtes éclairent et instruisent l'univers, j'aperçois chaque jour davantage le danger qu'il y a de tolérer ce tas de grimauds, qui ne déshonorent pas moins la littérature par les louanges qu'ils lui donnent, que par la manière dont ils la cultivent. Si tous les hommes étoient des Montesquieu, des Buffon, des Duclos, etc., je désirerois ardemment qu'ils cultivassent toutes les sciences, afin que le genre humain ne fût qu'une société de sages ; mais vous, monsieur, qui sans doute êtes si modeste, puisque vous me reprochez tant mon orgueil, vous conviendrez volontiers, je m'assure, qui si tous les hommes étoient des Frérons, leurs livres n'offriroient pas des instructions fort utiles, ni leur caractère une société fort aimable.

Ne manquez pas, monsieur, je vous prie, quand votre pièce aura remporté le prix, de faire entrer ces petits éclaircissemens dans la préface. En attendant, je vous souhaite bien des lauriers ; mais si, dans la carrière que vous allez courir, le succès ne répond pas à votre attente, gardez-vous de prendre, comme vous dites, le parti de vous envelopper dans votre propre estime; car vous auriez là un méchant manteau.

A M. L'ABBÉ RAYNAL,

Sur l'usage dangereux des ustensiles de cuivre.

Juillet 1753.

Je crois, monsieur, que vous verrez avec plaisir l'extrait ci-joint d'une lettre de Stockholm, que la personne à qui elle est adressée me charge de vous prier d'insérer dans le *Mercure*. L'objet en est de la dernière importance pour la vie des hommes ; et plus la négligence du public est excessive à cet égard, plus les citoyens éclairés doivent redoubler de zèle et d'activité pour la vaincre.

Tous les chimistes de l'Europe nous avertissent depuis long-temps des mortelles qualités du cuivre, et des dangers auxquels on s'expose en faisant usage de ce pernicieux métal dans les batteries de cuisine. M. Rouelle, de l'Académie des Sciences, est celui qui en a démontré plus sensiblement les funestes effets, et qui s'en est plaint avec le plus de véhémence. M. Thierri, docteur en médecine, a réuni dans une savante thèse qu'il soutint en 1749, sous la présidence de M. Falconnet, une multitude de preuves capables d'effrayer tout homme raisonnable qui fait quelque cas de sa vie et de celle de ses concitoyens. Ces physiciens ont fait voir que le vert-de-gris, ou le cuivre dissous, est un poison violent dont l'effet est toujours accompagné de symptômes affreux ; que la vapeur même de ce métal est dangereuse, puisque les ouvriers qui le travaillent sont sujets à diverses maladies mortelles ou habituelles; que toutes les menstrues, les graisses, les sels, et l'eau même, dissolvent le cuivre, et en font du vert-de-gris ; que l'étamage le plus exact ne fait que diminuer cette dissolution ; que l'étain qu'on emploie dans cet étamage n'est pas lui-même exempt de danger, malgré l'usage indiscret qu'on a fait jusqu'à présent de ce métal, et que ce danger est plus grand ou moindre, selon les différens étains qu'on emploie, en raison de l'arsenic qui entre dans leur composition, ou du plomb qui entre dans leur alliage (¹) ; que même en supposant à

(¹) Que le plomb dissous soit un poison, les accidens funestes que causent tous les jours les vins falsifiés avec de la litharge ne le prouvent que trop. Ainsi, pour employer ce métal avec sûreté, il est important de bien connoître les dissolvans qui l'attaquent.

l'étamage une précaution suffisante, c'est une imprudence impardonnable de faire dépendre la vie et la santé des hommes d'une lame d'étain très-déliée, qui s'use très-promptement (¹), et de l'exactitude des domestiques et des cuisiniers qui rejettent ordinairement les vaisseaux récemment étamés, à cause du mauvais goût que donnent les matières employées à l'étamage : ils ont fait voir combien d'accidens affreux, produits par le cuivre, sont attribués tous les jours à des causes toutes différentes ; ils ont prouvé qu'une multitude de gens périssent, et qu'un plus grand nombre encore sont attaqués de mille différentes maladies, par l'usage de ce métal dans nos cuisines et dans nos fontaines, sans se douter eux-mêmes de la véritable cause de leurs maux. Cependant, quoique la manufacture d'ustensiles de fer battu et étamé, qui est établie au faubourg Saint-Antoine, offre des moyens faciles de substituer dans les cuisines une batterie moins dispendieuse, aussi commode que celle de cuivre, et parfaitement saine, au moins quant au métal principal, l'indolence ordinaire aux hommes sur les choses qui leur sont véritablement utiles, et les petites maximes que la paresse invente sur les usages établis, surtout quand ils sont mauvais, n'ont encore laissé que peu de progrès aux sages avis des chimistes, et n'ont proscrit le cuivre que de peu de cuisines. La répugnance des cuisiniers à employer d'autres vaisseaux que ceux qu'ils connoissent est un obstacle dont on ne sent toute la force que quand on connoît la paresse et la gourmandise des maîtres. Chacun sait que la société abonde en gens qui préfèrent l'indolence au repos, et le plaisir au bonheur ; mais on a bien de la peine à concevoir qu'il y en ait qui aiment mieux s'exposer à périr, eux et toute leur famille, dans des tourmens affreux, qu'à manger un ragoût brûlé.

Il faut raisonner avec les sages, et jamais avec le public. Il y a long-temps qu'on a comparé la multitude à un troupeau de moutons ; il faut des exemples au lieu de raisons ; car chacun craint beaucoup plus d'être ridicule que d'être fou et méchant. D'ailleurs dans toutes les choses qui concernent l'intérêt commun, presque tous, jugeant d'après leurs propres maximes, s'attachent moins à examiner la force des preuves qu'à pénétrer les motifs secrets de celui qui les propose ; par exemple, beaucoup d'honnêtes lecteurs soupçonneroient volontiers qu'avec de l'argent le chef de la fabrique de fer battu, ou l'auteur des fontaines domestiques, excite mon zèle en cette occasion ; défiance assez naturelle dans un siècle de charlatanerie, où les plus grands fripons ont toujours l'intérêt public dans la bouche. L'exemple est en ceci plus persuasif que le raisonnement, parce que, la même défiance ayant vraisemblablement dû naître aussi dans l'esprit des autres, on est porté à croire que ceux qu'elle n'a point empêchés d'adopter ce que l'on propose, ont trouvé pour cela des raisons décisives. Ainsi, au lieu de m'arrêter à montrer combien il est absurde, même dans le doute, de laisser dans la cuisine des ustensiles suspects de poison, il vaut mieux dire que M. Duverney vient d'ordonner une batterie de fer pour l'école militaire ; que M. le prince de Conti a banni tout le cuivre de la sienne ; que M. le duc de Duras, ambassadeur en Espagne, en a fait autant ; et que son cuisinier, qu'il consulta là-dessus, lui dit nettement que tous ceux de son métier qui ne s'accommodoient pas de la batterie de fer, tout aussi bien que de celle de cuivre, étoient des ignorans ou des gens de mauvaise volonté. Plusieurs particuliers ont suivi cet exemple, que les personnes éclairées, qui m'ont remis l'extrait ci-joint, ont donné depuis long-temps, sans que leur table se ressente le moins du monde de ce changement, que par la confiance avec laquelle on peut manger d'excellens ragoûts, très-bien préparés dans des vaisseaux de fer.

Mais que peut-on mettre sous les yeux du public de plus frappant que cet extrait même ? S'il y avoit au monde une nation qui dût s'opposer à l'expulsion du cuivre, c'est certainement la Suède, dont les mines de ce métal font la principale richesse, et dont les peuples, en général, idolâtrent leurs anciens usages. C'est pourtant ce royaume, si riche en cuivre, qui donne l'exemple aux autres d'ôter à ce métal

---

(¹) Il est aisé de démontrer que, de quelque manière qu'on s'y prenne, on ne sauroit, dans les usages des vaisseaux de cuisine, s'assurer pour un seul jour l'étamage le plus solide ; car, comme l'étain entre en fusion à un degré de feu fort inférieur à celui de la graisse bouillante, toutes les fois qu'un cuisinier fait roussir du beurre, il ne lui est pas possible de garantir de la fusion quelque partie de l'étamage, ni par conséquent le ragoût du contact du cuivre.

tous les emplois qui le rendent dangereux, et qui intéressent la vie des citoyens ; ce sont ces peuples, si attachés à leurs vieilles pratiques, qui renoncent sans peine à une multitude de commodités qu'ils retiroient de leurs mines, dès que la raison et l'autorité des sages leur montrent le risque que l'usage indiscret de ce métal leur fait courir. Je voudrois pouvoir espérer qu'un si salutaire exemple sera suivi dans le reste de l'Europe, où l'on ne doit pas avoir la même répugnance à proscrire, au moins dans les cuisines, un métal que l'on tire de dehors. Je voudrois que les avertissemens publics des philosophes et des gens de lettres réveillassent les peuples sur les dangers de toute espèce auxquels leur imprudence les expose, et rappelassent plus souvent à tous les souverains que le soin de la conservation des hommes n'est pas seulement leur premier devoir, mais aussi leur plus grand intérêt.

Je suis, etc.

A M. LE COMTE D'ARGENSON,

Ministre et secrétaire d'état (¹).

Paris, le 6 mars 1754.

Monsieur,

Ayant donné, l'année dernière, à l'Opéra, un intermède intitulé le *Devin du village*, sous des conditions que les directeurs de ce théâtre ont enfreintes, je vous supplie d'ordonner que la partition de cet ouvrage me soit rendue, et que les représentations leur en soient à jamais interdites, comme d'un bien qui ne leur appartient pas ; restitution à laquelle ils doivent avoir d'autant moins de répugnance, qu'après quatre-vingts représentations en doubles il ne leur reste aucun parti à tirer de la pièce, ni aucun tort à faire à l'auteur. Le mémoire ci-joint (*) contient les justes raisons sur lesquelles cette demande est fondée. On oppose à ces raisons des règlemens qui n'existent pas, et qui, quand ils existeroient, ne sauroient les détruire, puisque le marché par lequel j'ai cédé mon ouvrage étant rompu, cet ouvrage me revient en toute justice. Permettez, monsieur le comte, que j'aie recours à la vôtre en cette occasion, et que j'implore celle qui m'est due (¹).

Je suis avec un profond respect, etc.

A M. LE COMTE DE TURPIN,

Qui m'avoit adressé une épitre à la tête des *Amusemens philosophiques et littéraires des deux amis*

Paris, le 12 mai 1754.

En vous faisant mes remercîmens, monsieur, du recueil que vous m'avez envoyé, j'en ajouterois pour l'épitre qui est à la tête, et qu'on prétend m'être adressée (²), si la leçon qu'elle contient n'étoit gâtée par l'éloge qui l'accompagne, et que je veux me hâter d'oublier, pour n'avoir point de reproches à vous faire.

Quant à la leçon, j'en trouve les maximes très-sensées ; il ne leur manque, ce me semble, qu'une plus juste application. Il faudroit que je changeasse étrangement d'humeur et de caractère, si jamais les devoirs de l'humanité cessoient de m'être chers, sous prétexte que les hommes sont méchans. Je ne punis ni moi, ni personne, en me refusant à une société trop nombreuse. Je délivre les autres du triste spectacle d'un homme qui souffre, ou d'un observateur importun, et je me délivre moi-même de la gêne où me mettroit le commerce de beaucoup de gens dont heureusement je ne connoitrois que les noms. Je ne suis point sujet à l'ennui que vous me reprochez ; et si j'en sens quelquefois, c'est seulement dans les belles assemblées, où j'ai l'honneur de me trouver fort déplacé de toutes façons. La seule société qui m'ait paru désirable est celle qu'on entretient avec ses amis, et j'en jouis avec trop de bonheur pour regretter celle du grand monde. Au reste, quand je haïrois les hommes autant que je les aime et que je les plains, j'ai peur que les voir de plus près ne fût un mauvais moyen de me raccommoder avec eux ; et, quelque heureux que je puisse être dans mes liaisons, il me

---

(¹) L'Académie royale de musique étoit de son département.
(*) Ce mémoire étoit à peu près le même que celui que l'on trouvera ci-après, à la suite de la lettre de M. de Saint-Florentin, 11 février 1759. G. P.

(¹) « Je joignis à ma lettre à M. d'Argenson un mémoire qui étoit sans réplique et qui demeura sans réponse et sans effet, ainsi que ma lettre. Le silence de cet homme injuste me resta sur le cœur, et ne contribua pas à augmenter l'estime très-médiocre que j'eus toujours pour son caractère et pour ses talens »
(*Confessions*, livre VIII.)
(²) Il n'y a que les lettres initiales de mon nom.

seroit difficile de me trouver jamais avec personne aussi bien que je suis avec moi-même.

J'ai pensé que me justifier devant vous étoit la meilleure preuve que je pouvois vous donner que vos avis ne m'ont pas déplu, et que je fais cas de votre estime. Venons à vous, monsieur, par qui j'aurois dû commencer; j'ai déjà lu une partie de votre ouvrage, et j'y vois avec plaisir l'usage aimable et honnête que vous et votre ami faites de vos loisirs et de vos talens. Votre recueil n'est pas assez mauvais pour devoir vous rebuter du travail, ni assez bon pour vous ôter l'espoir d'en faire un meilleur dans la suite. Travaillez donc sous vos divins maîtres à étendre leurs droits et votre gloire. Vaincre, comme vous avez commencé, les préjugés de votre naissance et de votre état, c'est se mettre fort au-dessus de l'une et de l'autre. Mais joindre l'exemple aux leçons de la vertu, c'est ce qu'on a droit d'attendre de quiconque la prêche dans ses écrits. Tel est l'honorable engagement que vous venez de prendre, et que vous travaillez à remplir.

Je suis de tout mon cœur, etc.

A M. D'ALEMBERT.

Ce 26 juin 1754.

Je vous renvoie, monsieur, la lettre C, que je n'ai pu relire plus tôt, ayant toujours été malade. Je ne sais point comment on résiste à la manière dont vous m'avez fait l'honneur de m'écrire, et je serois bien fâché de le savoir. Ainsi j'entre dans toutes vos vues et j'approuve les changemens que vous avez jugé à propos de faire : j'ai pourtant rétabli un ou deux morceaux que vous aviez supprimés, parce qu'en me réglant sur le principe que vous avez établi vous-même il m'a semblé que ces morceaux faisoient à la chose, ne marquoient point d'humeur, et ne disoient point d'injures. Cependant je veux que vous soyez absolument le maître, et je soumets le tout à votre équité et à vos lumières.

Je ne puis assez vous remercier de votre discours préliminaire. J'ai peine à croire que vous ayez eu beaucoup plus de plaisir à le faire que moi à le lire. La chaîne encyclopédique, surtout, m'a instruit et éclairé, et je me propose de la relire plus d'une fois. Pour ce qui concerne ma partie, je trouve votre idée sur l'imitation musicale très-juste et très-neuve. En effet, à un très-petit nombre de choses près, l'art du musicien ne consiste point à peindre immédiatement les objets, mais à mettre l'âme dans une disposition semblable à celle où la mettroit leur présence. Tout le monde sentira cela en vous lisant ; et, sans vous, personne peut-être ne se fût avisé de le penser. C'est là, comme dit La Mothe :

> De ce vrai dont tous les esprits
> Ont en eux-mêmes la semence ;
> Que l'on sent, mais qu'on est surpris
> De trouver vrai, quand on y pense.

Il y a très-peu d'éloges auxquels je sois sensible ; mais je le suis beaucoup à ceux qu'il vous a plu de me donner. Je ne puis m'empêcher de penser avec plaisir que la postérité verra, dans un tel monument, que vous avez bien pensé de moi.

Je vous honore du fond de mon âme, et suis de la même manière, monsieur, votre très-humble, etc.

A MADAME GONCERU,
née Rousseau.

Genève, le 11 juillet 1754.

Il y a quinze jours, ma très-bonne et très-chère tante, que je me propose, chaque matin, de partir pour aller vous voir, vous embrasser et mettre à vos pieds un neveu qui se souvient, avec la plus tendre reconnoissance, des soins que vous avez pris de lui pendant son enfance, et de l'amitié que vous lui avez toujours témoignée. Des soins indispensables m'ont empêché jusqu'ici de suivre le penchant de mon cœur, et me retiendront encore quelques jours; mais rien ne m'empêchera de satisfaire mon empressement à cet égard le plus tôt qu'il me sera possible ; et j'aime encore mieux un retard, qui me laissera le loisir de passer quelque temps près de vous, que d'être obligé d'aller et revenir le même jour. Je ne puis vous dire quelle fête je me fais de vous revoir, et de retrouver en vous cette chère et bonne tante, que je pouvois appeler ma mère, par les bontés qu'elle avoit pour moi, et à laquelle je ne pense jamais sans un véritable attendrissement. Je vous prie de témoigner à M. Gonceru le plaisir que j'aurai aussi de le revoir et d'être reçu de lui avec un peu de la même bonté que vous avez toujours eue pour moi. Je vous embrasse de tout mon cœur l'un et l'autre, et suis avec le plus tendre et plus respectueux attachement, etc.

A M. VERNES.

Paris, le 15 octobre 1754.

Il faut vous tenir parole, monsieur, et satisfaire en même temps mon cœur et ma conscience; car, estime, amitié, souvenir, reconnoissance, tout vous est dû, et je m'acquitterai de tout cela sans songer que je vous le dois. Aimons-nous donc bien tous deux, et hâtons-nous d'en venir au point de n'avoir plus besoin de nous le dire.

J'ai fait mon voyage très-heureusement et plus promptement encore que je n'espérois. Je remarque que mon retour a surpris bien des gens, qui vouloient faire entendre que la rentrée dans le royaume m'étoit interdite, et que j'étois relégué à Genève; ce qui seroit pour moi comme pour un évêque françois, être relégué à la cour. Enfin m'y voici, malgré eux et leurs dents, en attendant que le cœur me ramène où vous êtes, ce qui se feroit dès à présent, si je ne consultois que lui. Je n'ai trouvé ici aucun de mes amis. Diderot est à Langres, Duclos en Bretagne, Grimm en Provence, d'Alembert même est en campagne; de sorte qu'il ne me reste ici que des connoissances dont je ne me soucie pas assez pour déranger ma solitude en leur faveur. Le quatrième volume de l'*Encyclopédie* paroît depuis hier; on le dit supérieur encore au troisième. Je n'ai pas encore le mien; ainsi je n'en puis juger par moi-même. Des nouvelles littéraires ou politiques, je n'en sais pas, Dieu merci, et *ne suis pas plus curieux des sottises qui se font dans ce monde que de celles qu'on imprime dans les livres.*

J'oubliai de vous laisser, en partant, les *canzoni* que vous m'aviez demandées : c'est une étourderie que je réparerai ce printemps, avec usure, en y joignant quelques chansons françoises, qui seront mieux du goût de vos dames, et qu'elles chanteront moins mal.

Mille respects, je vous supplie, à monsieur votre père et à madame votre mère, et ne m'oubliez pas non plus auprès de madame votre sœur, quand vous lui écrirez; je vous prie de me donner particulièrement de ses nouvelles; je me recommande encore à vous pour faire une ample mention de moi dans vos voyages de Sécheron, au cas qu'on y soit encore. *Item*, à monsieur, madame et mademoiselle Mussard, à Châtelaine : votre éloquence aura de quoi briller à faire l'apologie d'un homme qui, après tant d'honnêtetés reçues, part et emporte le chat.

J'ai voulu faire un article à part pour M. Abauzit. Dédommagez-moi, en mon absence, de la gêne que m'a causée sa modestie, toutes les fois que j'ai voulu lui témoigner ma profonde et sincère vénération. Déclarez-lui sans quartier tous les sentiments dont vous me savez pénétré pour lui, et n'oubliez pas de vous dire à vous-même quelque chose des miens pour vous.

P. S. Mademoiselle Le Vasseur vous prie d'agréer ses très-humbles respects. Je me proposois d'écrire à M. de Rochemont; mais cette maudite paresse....... Que votre amitié fasse pour la mienne auprès de lui, je vous en supplie.

A M. PERDRIAU, A GENÈVE.

Paris, le 28 novembre 1754.

En répondant avec franchise à votre dernière lettre, en déposant mon cœur et mon sort entre vos mains, je crois, monsieur, vous donner une marque d'estime et de confiance moins équivoque que des louanges et des complimens, prodigués par la flatterie plus souvent que par l'amitié.

Oui, monsieur, frappé des conformités que je trouve entre la constitution de gouvernement *qui découle de mes principes et celle qui existe réellement dans notre république*, je me suis proposé de lui dédier mon *Discours sur l'origine et les fondemens de l'inégalité* : et j'ai saisi cette occasion, comme un heureux moyen d'honorer ma patrie et ses chefs par de justes éloges; d'y porter, s'il se peut, dans le fond des cœurs, l'olive que je ne vois encore que sur des médailles, et d'exciter en même temps les hommes à se rendre heureux par l'exemple d'un peuple qui l'est ou qui pourroit l'être sans rien changer à son institution. Je cherche, en cela, selon ma coutume, moins à plaire qu'à me rendre utile; je ne compte pas en particulier sur le suffrage de quiconque est de quelque parti; car, n'adoptant pour moi que celui de la justice et de la raison, je ne dois guère espérer que tout homme qui suit d'autres règles puisse être l'approbateur des miennes; et si cette considération ne m'a point retenu, c'est qu'en toute chose le blâme de l'univers entier me touche beaucoup moins que l'aveu de ma conscience. Mais, dites-vous, dédier un livre à la république, cela ne s'est jamais fait. Tant mieux, monsieur; dans les choses louables, il vaut mieux donner l'exemple que le recevoir, et je crois n'avoir que de trop justes raisons pour n'être l'imitateur de personne : ainsi votre objection n'est, au fond, qu'un préjugé de plus en ma faveur, car depuis longtemps il ne reste plus de mauvaise action à tenter; et, quoi qu'on en pût dire, il s'agiroit moins de savoir si la chose s'est faite ou non, que si elle est bien ou mal en soi, de quoi je vous laisse le juge. Quant à ce que vous ajoutez, qu'après ce qui s'est passé, de telles nouveautés peuvent être dangereuses, c'est là une grande vérité à d'autres égards; mais à celui-ci, je trouve, au contraire, ma démarche d'autant plus à sa place, après ce qui s'est passé, que mes éloges étant pour les magistrats, et mes exhortations pour les citoyens, il convient que le tout s'adresse à la république, pour avoir occasion de parler à ses divers membres, et pour ôter à ma dédicace toute apparence de partialité. Je sais qu'il y a des choses qu'il ne faut point rappeler; et j'espère que vous me croyez assez de jugement pour n'en user, à cet égard, qu'avec une réserve dans laquelle j'ai plus consulté le goût des autres que le mien; car je ne pense pas qu'il soit d'une adroite politique de pousser cette maxime jusqu'au scrupule. La mémoire d'Érostrate nous apprend que c'est un mauvais moyen de faire oublier les choses que d'ôter la liberté d'en parler; mais si vous faites qu'on n'en parle qu'avec douleur, vous ferez bientôt qu'on n'en parlera plus. Il y a je ne sais quelle circonspection pusillanime fort goûtée en ce siècle, et qui, voyant partout des inconvéniens, se borne, par sagesse, à ne faire ni bien ni mal : j'aime mieux une hardiesse généreuse qui, pour bien faire, secoue quelquefois le puéril joug de la bienséance.

Qu'un zèle indiscret m'abuse peut-être; que, prenant mes erreurs pour des vérités utiles, avec les meilleures intentions du monde, je puisse faire plus de mal que de bien; je n'ai rien à répondre à cela, si ce n'est qu'une semblable raison devroit retenir tout homme droit, et laisser l'univers à la discrétion du méchant et de l'étourdi, parce que les objections tirées de la seule foiblesse de la nature ont force contre quelque homme que ce soit, et qu'il n'y a personne qui ne dût être suspect à soi-même, s'il ne se reposoit de la justesse de ses lumières sur la droiture de son cœur : c'est ce que je dois pouvoir faire sans témérité, parce que, isolé parmi les hommes, ne tenant à rien dans la société, dépouillé de toute espèce de prétention, et ne cherchant mon bonheur même que dans celui des autres, je crois du moins être exempt de ces préjugés d'état qui font plier le jugement des plus sages aux maximes qui leur sont avantageuses. Je pourrois, il est vrai, consulter des gens plus habiles que moi, et je le ferois volontiers, si je ne savois que leur intérêt me conseillera toujours avant leur raison. En un mot, pour parler ici sans détour, je me fie encore plus à mon désintéressement qu'aux lumières de qui que ce puisse être.

Quoique en général je fasse très-peu de cas des étiquettes de procédés, et que j'en aie depuis long-temps secoué le joug plus pesant qu'utile, je pense avec vous qu'il auroit convenu d'obtenir l'agrément de la république ou du Conseil, comme c'est assez l'usage en pareil cas; et j'étois si bien de cet avis, que mon voyage fut fait en partie dans l'intention de solliciter cet agrément; mais il me fallut peu de temps et d'observations pour reconnoître l'impossibilité de l'obtenir; je sentis que, demander une telle permission, c'étoit vouloir un refus, et qu'alors ma démarche, qui pèche tout au plus contre une certaine bienséance dont plusieurs se sont dispensés, seroit par là devenue une désobéissance condamnable si j'avois persisté, ou l'étourderie d'un sot, si j'eusse abandonné mon dessein; car ayant appris que dès le mois de mai dernier il s'étoit fait, à mon insu, des copies de l'ouvrage et de la dédicace, dont je n'étois plus le maître de prévenir l'abus, je vis que je ne l'étois pas non plus de renoncer à mon projet, sans m'exposer à le voir exécuter par d'autres.

Votre lettre m'apprend elle-même que vous ne sentez pas moins que moi toutes les difficultés que j'avois prévues; or, vous savez qu'à force de se rendre difficile sur les permissions indifférentes, on invite les hommes à s'en passer. C'est ainsi que l'excessive circonspection du feu chancelier, sur l'impression des meilleurs livres, fit enfin qu'on ne lui présentoit plus de manuscrit, et que les livres ne s'imprimoient pas moins, quoique cette impression, faite contre les lois, fût réellement criminelle, au lieu qu'une dédicace non communiquée n'est tout au plus qu'une impolitesse; et loin qu'un tel procédé soit blâmable par sa nature, il est, au fond, plus conforme à l'honnêteté que l'usage établi; car il y a je ne sais quoi de lâche à demander aux gens la permission de les louer, et d'indécent à l'accorder. Ne croyez pas, non plus, qu'une telle conduite soit sans exemple : je puis vous faire voir des livres dédiés à la nation françoise, d'autres au peuple anglois, sans qu'on ait fait un crime aux auteurs de n'avoir eu pour cela ni le consentement de la nation, ni celui du prince, qui sûrement leur eût été refusé, parce que, dans toute monarchie, le roi veut être l'état, lui tout seul, et ne prétend pas que le peuple soit quelque chose.

Au reste, si j'avois eu à m'ouvrir à quelqu'un sur cette affaire, ç'auroit été à M. le Premier moins qu'à qui que ce soit au monde. J'honore et j'aime trop ce digne et respectable magistrat pour avoir voulu le compromettre en la moindre chose, et l'exposer au chagrin de déplaire peut-être à beaucoup de gens, en favorisant mon projet, ou d'être forcé peut-être à le blâmer contre son propre sentiment. Vous pouvez croire qu'ayant réfléchi long-temps sur les matières de gouvernement je n'ignore pas la force de ces petites maximes d'état qu'un sage magistrat est obligé de suivre, quoiqu'il en sente lui-même toute la frivolité.

Vous conviendrez que je ne pouvois obtenir l'aveu du Conseil sans que mon ouvrage fût examiné; or, pensez-vous que j'ignore ce que c'est que ces examens, et combien l'amour-propre des censeurs les mieux intentionnés, et les préjugés des plus éclairés, leur font mettre d'opiniâtreté et de hauteur à la place de la raison, et leur font rayer d'excellentes choses, uniquement parce qu'elles ne sont pas dans leur manière de penser, et qu'ils ne les ont pas méditées aussi profondément que l'auteur? N'ai-je pas eu ici mille altercations avec les miens? Quoique gens d'esprit et d'honneur, ils m'ont toujours désolé par de misérables chicanes, qui n'avoient pas le sens commun, ni d'autre cause qu'une vile pusillanimité, ou la vanité de vouloir tout savoir mieux qu'un autre. Je n'ai jamais cédé, parce que je ne cède qu'à la raison; le magistrat a été notre juge, et il s'est toujours trouvé que les censeurs avoient tort. Quand je répondis au roi de Pologne, je devois, selon eux, lui envoyer mon manuscrit, et ne le publier qu'avec son agrément; c'étoit, prétendoient-ils, manquer de respect au père de la reine que de l'attaquer publiquement, surtout avec la fierté qu'ils trouvoient dans ma réponse, et ils ajoutoient même que ma sûreté exigeoit des précautions; je n'en ai pris aucune; je n'ai point envoyé mon manuscrit au prince; je me suis fié à l'honnêteté publique, comme je fais encore aujourd'hui; et l'événement a prouvé que j'avois raison. Mais, à Genève, il n'en iroit pas comme ici; la décision de mes censeurs seroit sans appel : je me verrois réduit à me taire, ou à donner sous mon nom le sentiment d'autrui; et je ne veux faire ni l'un ni l'autre. Mon expérience m'a donc fait prendre la ferme résolution d'être désormais mon unique censeur; je n'en aurois jamais de plus sévère, et mes principes n'en ont pas besoin d'autre, non plus que mes mœurs; puisque tous ces gens-là regardent toujours à mille choses étrangères dont je ne me soucie point, j'aime mieux m'en rapporter à ce juge intérieur et incorruptible qui ne passe rien de mauvais, et ne condamne rien de bon, et qui ne trompe jamais quand on le consulte de bonne foi. J'espère que vous trouverez qu'il n'a pas mal fait son devoir dans l'ouvrage en question, dont tout le monde sera content, et qui n'auroit point obtenu l'approbation de personne.

Vous devez sentir encore que l'irrégularité

qu'on peut trouver dans mon procédé est toute à mon préjudice et à l'avantage du gouvernement. S'il y a quelque chose de bon dans mon ouvrage, on pourra s'en prévaloir ; s'il y a quelque chose de mauvais on pourra le désavouer : on pourra m'approuver ou me blâmer selon les intérêts particuliers, ou le jugement du public ; on pourroit même proscrire mon livre, si l'auteur et l'état avoient ce malheur que le Conseil n'en fût pas content : toutes choses qu'on ne pourroit plus faire, après en avoir approuvé la dédicace. En un mot, si j'ai bien dit en l'honneur de ma patrie, la gloire en sera pour elle ; si j'ai mal dit, le blâme en retombera sur moi seul. Un bon citoyen peut-il se faire un scrupule d'avoir à courir de tels risques ?

Je supprime toutes les considérations personnelles qui peuvent me regarder, parce qu'elles ne doivent jamais entrer dans les motifs d'un homme de bien, qui travaille pour l'utilité publique. Si le détachement d'un cœur qui ne tient ni à la gloire, ni à la fortune, ni même à la vie, peut le rendre digne d'annoncer la vérité, j'ose me croire appelé à cette vocation sublime : c'est pour faire aux hommes du bien selon mon pouvoir que je m'abstiens d'en recevoir d'eux, et que je chéris ma pauvreté et mon indépendance. Je ne veux point supposer que de tels sentimens puissent jamais me nuire auprès de mes concitoyens ; et c'est sans le prévoir ni le craindre que je prépare mon âme à cette dernière épreuve, la seule à laquelle je puisse être sensible ; croyez que je veux être, jusqu'au tombeau, honnête, vrai, et citoyen zélé, et que s'il falloit me priver, à cette occasion, du doux séjour de la patrie, je couronnerois ainsi les sacrifices que j'ai faits à l'amour des hommes et de la vérité par celui de tous qui coûte le plus à mon cœur, et qui par conséquent m'honore le plus.

Vous comprendrez aisément que cette lettre est pour vous seul : j'aurois pu vous en écrire une, pour être vue, dans un style fort différent ; mais, outre que ces petites adresses répugnent à mon caractère, elles ne répugneroient pas moins à ce que je connois du vôtre, et je me saurai gré, toute ma vie, d'avoir profité de cette occasion de m'ouvrir à vous sans réserve, et de me confier à la discrétion d'un homme de bien qui a de l'amitié pour moi. Bonjour, monsieur : je vous embrasse de tout mon cœur avec attendrissement et respect [*].

A MADAME LA MARQUISE DE MENARS.

Paris, le 20 décembre 1754.

Madame,

Si vous prenez la peine de lire l'incluse, vous verrez pourquoi j'ai l'honneur de vous l'adresser. Il s'agit d'un paquet que vous avez refusé de recevoir, parce qu'il n'étoit pas pour vous, raison qui n'a pas paru si bonne à monsieur votre gendre. En confiant la lettre à votre prudence, pour en faire l'usage que vous trouverez à propos, je ne puis m'empêcher, madame, de vous faire réfléchir au hasard qui fait que cette affaire parvient à vos oreilles. Combien d'injustices se font tous les jours à l'abri du rang et de la puissance, et qui restent ignorées, parce que le cri des opprimés n'a pas la force de se faire entendre ! C'est surtout, madame, dans votre condition qu'on doit apprendre à écouter la plainte du pauvre, et la voix de l'humanité, de la commisération, ou du moins celle de la justice.

Vous n'avez pas besoin, sans doute, de ces réflexions, et ce n'est pas à moi qu'il conviendroit de vous les proposer ; mais ce sont des avis qui, de votre part, ne sont peut-être pas inutiles à vos enfans.

Je suis avec respect, etc.

A M. LE COMTE DE LASTIC.

(Incluse dans la précédente.)

Paris, le 20 décembre 1754.

Sans avoir l'honneur, monsieur, d'être connu de vous, j'espère qu'ayant à vous offrir des excuses et de l'argent, ma lettre ne sauroit être mal reçue.

J'apprends que mademoiselle de Cléry a envoyé de Blois un panier à une bonne vieille femme, nommée madame Le Vasseur, et si

---

(*) Voyez la lettre du 6 juillet 1753, adressée à M. Vernes.
M. P.

pauvre qu'elle demeure chez moi ; que ce panier contenoit, entre autres choses, un pot de vingt livres de beurre; que le tout est parvenu, je ne sais comment, dans votre cuisine ; que la bonne vieille, l'ayant appris, a eu la simplicité de vous envoyer sa fille, avec la lettre d'avis, vous redemander son beurre, ou le prix qu'il a coûté; et qu'après vous être moqués d'elle, selon l'usage, vous et madame votre épouse, vous avez, pour toute réponse, ordonné à vos gens de la chasser.

J'ai tâché de consoler la bonne femme affligée, en lui expliquant les règles du grand monde et de la grande éducation ; je lui ai prouvé que ce ne seroit pas la peine d'avoir des gens, s'ils ne servoient à chasser le pauvre, quand il vient réclamer son bien ; et, en lui montrant combien *justice* et *humanité* sont des mots roturiers, je lui ai fait comprendre, à la fin, qu'elle est trop honorée qu'un comte ait mangé son beurre. Elle me charge donc, monsieur, de vous témoigner sa reconnoissance de l'honneur que vous lui avez fait, son regret de l'importunité qu'elle vous a causée, et le désir qu'elle auroit que son beurre vous eût paru bon.

Que si par hasard il vous en a coûté quelque chose pour le port du paquet à elle adressé, elle offre de vous le rembourser, comme il est juste. Je n'attends là-dessus que vos ordres pour exécuter ses intentions, et vous supplie d'agréer les sentimens avec lesquels j'ai l'honneur d'être, etc. (*).

A MADAME D'ÉPINAY (**).

Ce jeudi matin (20 décembre 1754).

Il faut faire, madame, ce que vous voulez.

Les lettres ne seront point envoyées, et M. le comte de Lastic peut désormais voler le beurre de toutes les bonnes femmes de Paris sans que je m'en fâche. Laissons donc là M. le comte, et parlons de votre santé, qu'il ne faut pas mettre en jeu pour si peu de chose ; je ne sais que vous dire des ordonnances de M. Tronchin : votre expérience me les rend furieusement suspectes ; il a tant de réputation, qu'il pourroit bien n'être qu'un charlatan. Cependant je vous avoue que j'y tiens encore, et que j'attribue le malentendu, s'il y en a, à l'inconvénient de l'éloignement. Quoi qu'il en soit, j'approuve beaucoup le parti que vous avez pris de vous en tenir à son régime, et de laisser ses drogues : c'est en général tout l'usage que vous devriez faire de la médecine ; mais il faut choisir un régime et s'y tenir. Donnez-moi de vos nouvelles et de celles de madame d'Esclavelles. Bonjour, madame.

A M. VERNES.

Paris, le 2 avril 1755.

Pour le coup, monsieur, voici bien du retard ; mais, outre que je ne vous ai point caché mes défauts, vous devez songer qu'un ouvrier et un malade ne disposent pas de leur temps

---

(*) Cette lettre et la précédente pourront expliquer une petite note de l'*Héloïse*, adressée à l'*Homme au beurre*. (Note de Du Peyrou.) — Voyez la cinquième partie, lettre VII vers la fin.

(**) Les éditions de Rousseau les plus complètes ne contiennent que deux de ses lettres à madame d'Épinay, indépendamment de celles qui ont été insérées par lui-même dans ses *Confessions*. La publication des Mémoires de cette dame en a fait connoître beaucoup d'autres, qui toutes ont été insérées dans cette Correspondance. Nous avions sans doute tout lieu de craindre que ces dernières n'eussent été altérées soit par madame d'Épinay elle-même, soit par Grimm, qui après elle resta dépositaire de ses manuscrits. Mais nos doutes à cet égard ont bientôt été levés par l'éditeur des Mémoires (M. Brunet), qui a eu la complaisance de nous communiquer tous les originaux qui sont entre ses mains, en nous permettant de les examiner à loisir. Nous nous sommes assurés qu'en tout point l'imprimé y est conforme. A la vérité les lettres antérieurement publiées, ainsi que la longue lettre à Grimm, du 29 octobre 1757, telles qu'on les trouve dans les Mémoires de madame d'Épinay, si on les compare avec les mêmes lettres telles qu'on les a lues jusqu'à présent dans les *Confessions* ou dans la *Correspondance*, offrent des différences même assez nombreuses, et là Rousseau pourroit peut-être à son tour être soupçonné d'altération : mais ce soupçon seroit injuste, au moins dans ses conséquences, en ce que ces altérations ne peuvent avoir été faites dans un dessein digne de blâme. Nous pouvons affirmer qu'en général les différences à observer d'un texte à l'autre ne sont que dans l'expression ou dans l'arrangement des mots et dans la disposition des phrases, le fond des idées restant toujours à peu près le même. La seule manière raisonnable d'expliquer ces différences est donc de dire qu'ayant fait un premier brouillon de ces mêmes lettres, brouillon qui a servi aux premiers éditeurs, Rousseau dans sa mise au net a fait, comme il arrive souvent, mais sans aucune arrière-pensée, les changements et additions qu'il a cru convenables. Or c'est pour nous un motif de nous en tenir, pour ces lettres particulièrement, au texte tel qu'il existe dans les originaux que possède M. Brunet. Au surplus, quand les lettres imprimées antérieurement offriront des variantes qui paroîtront à quelque égard mériter d'être remarquées, nous aurons soin de les faire connoître. G. P.

comme ils aimeroient le mieux. D'ailleurs, l'amitié se plaît à pardonner, et l'on n'y met guère la sévérité qu'à la place du sentiment. Ainsi je crois pouvoir compter sur votre indulgence.

Vous voilà donc, messieurs, devenus auteurs périodiques. Je vous avoue que ce projet ne me rit pas autant qu'à vous : j'ai du regret de voir des hommes faits pour élever des monumens se contenter de porter des matériaux, et, d'architectes, se faire manœuvres. Qu'est-ce qu'un livre périodique? un ouvrage éphémère, sans mérite et sans utilité, dont la lecture, négligée et méprisée par les gens de lettres, ne sert qu'à donner aux femmes et aux sots de la vanité sans instruction, et dont le sort, après avoir brillé le matin sur la toilette, est de mourir le soir dans la garde-robe. D'ailleurs, pouvez-vous vous résoudre à prendre des pièces dans les journaux, et jusque dans le *Mercure* et à compiler des compilations? S'il n'est pas impossible qu'il s'y trouve quelque bon morceau, il est impossible que, pour le déterrer, vous n'ayez le dégoût d'en lire toujours une multitude de détestables. La philosophie du cœur coûtera cher à l'esprit, s'il faut le remplir de tous ces fatras. Enfin, quand vous auriez assez de zèle pour soutenir l'ennui de toutes ces lectures, qui vous répondra que votre choix sera fait comme il doit l'être, que l'attrait de vos vues particulières ne l'emportera pas souvent sur l'utilité publique, ou que, si vous ne songez qu'à cette utilité, l'agrément n'en souffrira point? Vous n'ignorez pas qu'un bon choix littéraire est le fruit du goût le plus exquis; et qu'avec tout l'esprit et toutes les connoissances imaginables, le goût ne peut assez se perfectionner dans une petite ville, pour y acquérir cette sûreté nécessaire à la formation d'un recueil. Si le vôtre est excellent, qui le sentira? S'il est médiocre, et par conséquent détestable, aussi ridicule que le *Mercure suisse*, il mourra de sa mort naturelle, après avoir amusé pendant quelques mois les caillettes du pays de Vaud. Croyez-moi, monsieur, ce n'est point cette espèce d'ouvrage qui nous convient. Des ouvrages graves et profonds peuvent nous honorer; tout le colifichet de cette petite philosophie à la mode nous va fort mal. Les grands objets, tels que la vertu et la liberté, étendent et fortifient l'esprit; les petits, tels que la poésie et les beaux-arts, lui donnent plus de délicatesse et de subtilité. Il faut un télescope pour les uns et un microscope pour les autres ; et les hommes accoutumés à mesurer le ciel ne sauroient disséquer des mouches : voilà pourquoi Genève est le pays de la sagesse et de la raison, et Paris le siége du goût. Laissons-en donc les raffinemens à ces myopes de la littérature, qui passent leur vie à regarder des cirons au bout de leur nez; sachons être plus fiers du goût qui nous manque, qu'eux de celui qu'ils ont; et, tandis qu'ils feront des journaux et des brochures pour les ruelles, tâchons de faire des livres utiles et dignes de l'immortalité.

Après vous avoir tenu le langage de l'amitié, je n'en oublierai pas les procédés; et, si vous persistez dans votre projet, je ferai de mon mieux un morceau tel que vous le souhaiterez pour y remplir un vide tant bien que mal.

A MADAME D'ÉPINAY.

...... 1755.

Pour Dieu ! madame, ne m'envoyez plus M. Malouin. Je ne me porte pas assez bien pour l'entendre bavarder avec plaisir. J'ai tremblé hier toute la journée de le voir arriver ; délivrez-moi de la crainte d'en être réduit, peut-être, à brusquer un honnête homme que j'aime, et qui me vient de votre part; et ne vous joignez pas à ces importuns amis qui, pour me faire vivre à leur mode, me feront mourir de chagrin. En vérité, je voudrois être au fond d'un désert quand je suis malade.

Autre chose : accablé de visites importunes et de gens incommodes, je respirois en voyant arriver M. de Saint-Lambert, et je lui contois mes peines par cette sorte de confiance que j'ai d'abord pour tous les gens que j'estime et respecte ; n'a-t-il pas été prendre cela pour lui? Du moins, je dois le croire par ce qu'il me dit en me quittant, et par ce qu'il m'a fait dire par son laquais. Ainsi, j'ai le bonheur de rassembler autour de moi tout ce que je voudrois fuir, et d'écarter tout ce que je voudrois voir : cela n'est assurément ni fort heureux ni fort adroit. Au reste, je n'ai pas même entendu parler de

Diderot. Que de vocation pour ma solitude et pour ne plus voir que vous! Bonjour, madame. J'envoie savoir des nouvelles de la santé de Grimm et de la vôtre. J'ai peur que vous ne deviniez trop l'état de la mienne par le ton de ce billet. J'ai passé une mauvaise nuit, durant laquelle la bile a fomenté, comme vous voyez. Je suis mieux ce matin. Je vous écris, et tout se calme insensiblement.

A LA MÊME.
..... 1755 (*).

J'ai lu avec grande attention, madame, vos lettres à monsieur votre fils; elles sont bonnes, excellentes, mais elles ne valent rien pour lui. Permettez-moi de vous le dire avec la franchise que je vous dois. Malgré la douceur et l'onction dont vous croyez parer vos avis, le ton de ces lettres, en général, est trop sérieux; il annonce votre projet, et, comme vous l'avez dit vous-même, si vous voulez qu'il réussisse, il ne faut pas que l'enfant puisse s'en douter; s'il avoit vingt ans, elles ne seroient peut-être pas trop fortes, mais peut-être seroient-elles encore trop sèches. Je crois que l'idée de lui écrire est très-heureusement trouvée, et peut lui former le cœur et l'esprit, mais il faut deux conditions : c'est qu'il puisse vous entendre et qu'il puisse vous répondre. Il faut que ces lettres ne soient faites que pour lui, et les deux que vous m'avez envoyées seroient bonnes pour tout le monde, excepté pour lui. Croyez-moi, gardez-les pour un âge plus avancé : faites-lui des contes, faites-lui des fables dont il puisse lui-même tirer la morale, et surtout qu'il puisse se les appliquer. Gardez-vous des généralités; on ne fait rien que de commun et d'inutile en mettant des maximes à la place des faits; c'est de tout ce qu'il aura remarqué, en bien ou en mal, qu'il faut partir. A mesure que ses idées commenceront à se *développer*, et que *vous* lui aurez appris à réfléchir, à comparer, vous proportionnerez le ton de vos lettres à ses progrès et aux facultés de son esprit. Mais si vous dites à monsieur votre fils que vous vous appliquez à former son cœur et son esprit; que c'est en l'amusant que vous lui montrerez la vérité et ses devoirs, il va être en garde contre tout ce que vous lui direz; il croira toujours voir sortir une leçon de votre bouche; tout, jusqu'à sa toupie, lui deviendra suspect. Agissez ainsi, mais gardez-en bien le secret.

A quoi sert-il, par exemple, de l'instruire des devoirs de votre état de mère? Pourquoi lui faire retentir toujours à l'oreille les mots : soumission, devoirs, vigilance, raison? Tout cela a un son effrayant à son âge. C'est avec les actions qui résultent de ces termes qu'il faut l'apprivoiser; laissez-lui ignorer leurs qualifications jusqu'à ce que vous puissiez les lui apprendre par la conduite qu'il aura tenue; et encore faites-lui bien sentir, avant tout, l'avantage et l'agrément qu'il en aura recueilli, afin de lui montrer qu'un acte de soumission et de devoir n'est pas une chose si effrayante qu'il pourroit se l'imaginer.

Quant à la seconde lettre, si elle ne renferme pas des choses si contraires à votre but, elle est au moins remplie d'idées et d'images trop fortes, non-seulement pour l'âge de monsieur votre fils, mais même pour un âge beaucoup au-dessus du sien. Votre définition de la politesse est juste et délicate, mais il faut y penser à deux fois pour en sentir toute la finesse (*). Sait-il ce que c'est que l'estime, que la bienveillance? Est-il en état de distinguer l'expression volontaire ou involontaire d'un cœur sensible? Comment lui ferez-vous entendre que le corps ne doit point courir après l'ombre, et que l'ombre ne peut exister sans le corps qui la produit?

Prenez garde, madame, qu'en présentant de trop bonne heure aux enfans des idées fortes et compliquées, ils sont obligés de recourir à la définition de chaque mot. Cette définition est presque toujours plus compliquée, plus vague que la pensée même; ils en font une mauvaise *application*, et il ne leur reste que des idées fausses dans la tête. Il en résulte un autre inconvénient, c'est qu'ils répètent en perro-

---

(*) Madame d'Épinay avoit formé le projet d'écrire à son fils, âgé de douze à treize ans, une suite de lettres propres à le diriger dans ses sentimens et dans sa conduite sous tous les rapports. Déjà elle avoit, dans cette idée, écrit deux lettres qu'elle communiqua à Rousseau pour qu'il lui en donnât son avis. G. P.

(*) Voici quelle étoit cette définition : « La politesse est dans » un cœur sensible une expression douce, vraie et volontaire » du sentiment de l'estime et de la bienveillance. » Plus loin madame d'Épinay disoit à son fils : « La louange suit la vertu » comme l'ombre suit le corps; mais le corps ne doit point » courir après l'ombre, et l'ombre ne peut exister sans le corps » qui la produit. » G. P.

quets de grands mots auxquels ils n'attachent point de sens, et qu'à vingt ans ils ne sont que de grands enfans ou de plats importans.

Vous m'avez demandé mon avis par écrit : madame, le voilà. Je désire que vous vous en accommodiez, mais il ne m'est pas possible de vous en donner un autre. Si je ne me suis pas trompé sur votre compte, vous me pardonnerez ma brutalité, et vous recommencerez votre besogne avec plus de courage et de succès que jamais.

A M. VERNES.

Paris, le 6 juillet 1755.

Voici, monsieur, une longue interruption ; mais comme je n'ignore pas mes torts, et que vous n'ignorez pas notre traité, je n'ai rien de nouveau à vous dire pour mon excuse, et j'aime mieux reprendre notre correspondance tout uniment, que de recommencer à chaque fois mon apologie ou mes inutiles excuses.

Je suppose que vous avez vu actuellement l'écrit pour lequel vous aviez marqué de l'empressement. Il y en a des exemplaires entre les mains de M. Chappuis. J'ai reçu à Genève tant d'honnêtetés de tout le monde, que je ne saurois là-dessus donner des préférences, sans donner en même temps des exclusions offensantes ; mais il y auroit à voler M. Chappuis une honnêteté dont l'amitié seule est capable, et que j'ai quelque droit d'attendre de ceux qui m'en ont témoigné autant que vous. Je ne puis exprimer la joie avec laquelle j'ai appris que le Conseil avoit agréé, au nom de la république, la dédicace de cet ouvrage, et je sens parfaitement tout ce qu'il y a d'indulgence et de grâce dans cet aveu (*). J'ai toujours espéré qu'on ne pourroit méconnoître, dans cette épître, les sentimens qui l'ont dictée, et qu'elle seroit approuvée de tous ceux qui les partagent ; je compte donc sur votre suffrage, sur celui de votre respectable père, et de tous mes bons concitoyens. Je me soucie très-peu de ce qu'en pourra penser le reste de l'Europe. Au reste,

(*) Dans la lettre du 28 novembre 1754, adressée à M. Perdriau, on a vu que Rousseau rendoit compte des motifs qu'il avoit de dédier son discours à la république de Genève, mais qu'il avoit peu d'espoir de voir sa dédicace agréée. G. P.

on avoit affecté de répandre des bruits terribles sur la violence de cet ouvrage, et il n'avoit pas tenu à mes ennemis de me faire des affaires avec le gouvernement ; heureusement, l'on ne m'a point condamné sans me lire, et, après l'examen, l'entrée a été permise sans difficulté.

Donnez-moi des nouvelles de votre journal.

Je n'ai point oublié ma promesse : ma copie me presse si fort depuis quelque temps, qu'elle ne me donne pas le loisir de travailler. D'ailleurs, je ne veux rien vous donner que j'aie pu faire mieux : mais je vous tiendrai parole, comptez-y, et le pis aller sera de vous porter moi-même, le printemps prochain, ce que je n'aurai pu vous envoyer plus tôt : si je connois bien votre cœur, je crois qu'à ce prix vous ne serez pas fâché du retard.

Bonjour, monsieur ; préparez-vous à m'aimer plus que jamais, car j'ai bien résolu de vous y forcer à mon retour.

A MADAME LA MARQUISE DE CRÉQUI.

Epinay, 8 septembre 1755.

Je vois, madame, que la bienveillance dont vous m'honorez vous cause de l'inquiétude sur le sort dont quelques gens, tout au moins fort indiscrets, aiment à me menacer. De grâce, que ma tranquillité ne vous alarme point, quand on vous annonceroit ma détention comme prochaine. Si je ne fais rien pour la prévenir, c'est que, n'ayant rien fait pour la mériter, je croirois offenser l'hospitalité de la nation françoise, et l'équité du prince qui la gouverne, en me précautionnant contre une injustice.

Si j'ai écrit, comme on le prétend, sur une question de droit politique proposée par l'académie de Dijon, j'y étois autorisé par le programme ; et puisqu'on n'a point fait un crime à cette académie de proposer cette question, je ne vois pas pourquoi l'on m'en feroit un de la résoudre. Il est vrai que j'ai dû me contenir dans les bornes d'une discussion générale et purement philosophique, sans personnalités et sans application ; mais pourriez-vous croire, madame, vous, dont j'ai l'honneur d'être connu, que j'aie été capable de m'oublier un moment là-dessus ? Quand la prudence la plus commune ne m'auroit point interdit toute licence à cet égard, j'aime trop la franchise et la vérité pour ne pas abhorrer les libelles et la satire; et si je mets si peu de précaution dans ma conduite, c'est que mon cœur me répond toujours que je n'en ai pas besoin. Soyez donc bien assurée, je vous supplie, qu'il n'est jamais rien sorti et ne sortira jamais rien de ma plume qui puisse m'exposer au moindre danger sous un gouvernement juste.

Quand je serois dans l'erreur sur l'utilité de mes maximes, n'a-t-on pas, en France, des formes prescrites pour la publication des ouvrages qu'on y fait paroître? et quand je pourrois m'écarter impunément de ces formes, mon seul respect pour les lois ne suffiroit-il pas pour m'en empêcher? Vous savez, madame, à quel point j'ai toujours porté le scrupule à cet égard; vous n'ignorez pas que mes écrits les plus hardis, sans excepter cette effroyable Lettre sur la musique, n'ont jamais vu le jour qu'avec approbation et permission. C'est ainsi que je continuerai d'en user toute ma vie; et jamais durant mon séjour en France, aucun de mes ouvrages n'y paroîtra de mon aveu qu'avec celui du magistrat.

Mais, si je sais quels sont mes devoirs, je n'ignore pas non plus quels sont mes droits : je n'ignore pas qu'en obéissant fidèlement aux lois du pays où je vis, je ne dois compte à personne de ma religion ni de mes sentimens qu'aux magistrats de l'état dont j'ai l'honneur d'être membre. Ce seroit établir une loi bien nouvelle, de vouloir qu'à chaque fois qu'on met le pied dans un état, on fût obligé d'en adopter toutes les maximes, et qu'en voyageant d'un pays à l'autre, il fallût changer d'inclinations et de principes, comme de langage et de logement. Partout où l'on est, on doit respecter le prince et se soumettre à la loi; mais on ne leur doit rien de plus, et le cœur doit toujours être pour la patrie. Quand donc il seroit vrai qu'ayant en vue le bonheur de la mienne j'eusse avancé, hors du royaume, des principes plus convenables au gouvernement républicain qu'au monarchique, où seroit mon crime?

Qui jamais ouït dire que le droit des gens, qu'on se vante si fort de respecter en France, permît de punir un étranger pour avoir osé préférer, en pays étranger, le gouvernement de son pays à tout autre?

On dit, il est vrai, que cette occasion ne sera qu'un prétexte, à la faveur duquel on me punira de mon mépris pour la musique françoise. Comment, madame, punir un homme de son mépris pour la musique! Ouïtes-vous jamais rien de pareil? Une injustice s'excuse-t-elle par une injustice encore plus criante? et dans le temps de cette horrible fermentation, digne de la plume de Tacite, n'eût-il pas été moins odieux de m'opprimer sur ce grave sujet que d'y revenir, après coup, sur un sujet encore moins raisonnable?

Quant à ce que vous me dites, madame, qu'il n'est pas question du bien ou du mal qu'on fait, mais seulement des amis ou des ennemis qu'on a, malgré la mauvaise opinion que j'ai de mon siècle je ne puis croire que les choses en soient encore tout-à-fait à ce point. Mais, quand cela seroit, quels ennemis puis-je avoir? Content de ma situation, je ne cours ni les pensions, ni les emplois, ni les honneurs littéraires. Loin de vouloir du mal à personne, je ne cherche pas même à me venger de celui qu'on me fait. Je ne refuse point mes services aux autres, et ne leur en demande jamais. Je ne suis point flatteur, il est vrai; mais aussi je ne suis pas trompeur, et ma franchise n'est point satirique : toutes personnalités odieuses sont bannies de ma bouche et de mes écrits, et si je maltraite les vices, c'est en respectant les hommes.

Ne craignez donc rien pour moi, madame, puisque je ne crains rien et que je ne dois rien craindre. Si l'on jugeoit mon ouvrage sur les bruits répandus par la calomnie, je serois, je l'avoue, en fort grand danger; mais, dans un gouvernement sage, on ne dispose pas si légèrement du sort des hommes; et je sais bien que je n'ai rien à craindre, si l'on ne me juge qu'après m'avoir lu. Mes sentimens, ma conduite et la justice du roi sont la sauvegarde en qui je me fie : je demeure au milieu de Paris, dans la sécurité qui convient à l'innocence, et sous la protection des lois que je n'offensai jamais. Les cris des bateleurs ne seront pas plus écoutés qu'ils ne l'ont été. Si j'ai tort, on me réfutera peut-être; peut-être même, si j'ai raison : mais un homme irréprochable ne sera point traité comme un scélérat pour avoir honoré sa patrie, et pour avoir dit que les François ne chantoient pas bien. Enfin, quand même il pourroit m'arriver un malheur que l'honnêteté ne me permet pas de prévoir, j'aurois peine à me repentir d'avoir jugé plus favorablement du gouvernement sous lequel j'avois à vivre, que les gens qui cherchent à m'effrayer.

Je suis avec respect, etc.

LETTRE DE VOLTAIRE [1].

Aux Délices près de Genève, 1755.

J'ai reçu, monsieur, votre nouveau livre contre le genre humain; je vous en remercie. Vous plairez aux hommes à qui vous dites leurs vérités, et vous ne les corrigerez pas. On ne peut peindre avec des couleurs plus fortes les horreurs de la société humaine, dont notre ignorance et notre foiblesse se promettent tant de douceurs. On n'a jamais employé tant d'esprit à vouloir nous rendre bêtes : il prend envie de marcher à quatre pattes quand on lit votre ouvrage. Cependant comme il y a plus de soixante ans que j'en ai perdu l'habitude, je sens malheureusement qu'il est impossible de la reprendre, et je laisse cette allure naturelle à ceux qui en sont plus dignes que vous et moi. Je ne peux non plus m'embarquer pour aller trouver les sauvages du Canada; premièrement, parce que les maladies auxquelles je suis condamné me rendent un médecin d'Europe nécessaire; secondement, parce que la guerre est portée dans ce pays-là, et que les exemples de nos nations ont rendu les sauvages presque aussi méchans que nous. Je me borne à être un sauvage paisible dans la solitude que j'ai choisie auprès de votre patrie, où vous devriez être.

J'avoue avec vous que les belles-lettres et les sciences ont causé quelquefois beaucoup de mal.

Les ennemis du Tasse firent de sa vie un tissu de malheurs; ceux de Galilée le firent gémir dans les prisons à soixante-dix ans, pour avoir connu le mouvement de la terre : et ce qu'il y a de plus honteux, c'est qu'ils l'obligèrent à se rétracter.

Dès que vos amis eurent commencé le Dictionnaire encyclopédique, ceux qui osoient être leurs rivaux, les traitèrent de déistes, d'athées, et même de jansénistes. Si j'osois me compter parmi ceux dont les travaux n'ont eu que la persécution pour récompense, je vous ferois voir une troupe de misérables acharnés à me perdre, du jour que je donnai la tragédie d'*Œdipe;* une bibliothèque de calomnies ridicules imprimées contre moi ; un prêtre ex-jésuite que j'avois sauvé du dernier supplice, me payant par des libelles diffamatoires du service que je lui avois rendu; un homme plus coupable encore faisant imprimer mon propre ouvrage du *Siècle de Louis XIV*, avec des notes où la plus crasse ignorance débite les calomnies les plus effrontées; un autre, qui vend à un libraire une prétendue histoire universelle sous mon nom, et le libraire assez avide ou assez sot pour imprimer ce tissu informe de bévues, de fausses dates, de faits et de noms estropiés; et enfin des hommes assez lâches et assez méchans pour m'imputer cette rapsodie. Je vous ferois voir la société infectée de ce genre d'hommes, inconnu à *toute* l'antiquité, qui, ne pouvant embrasser une profession honnête, soit de laquais, soit de manœuvres, et sachant malheureusement lire et écrire, se font courtiers de la littérature, volent des manuscrits, les défigurent et les vendent. Je pourrois me plaindre qu'une plaisanterie, faite il y a plus de trente ans, sur le même sujet que Chapelain eut la bêtise de traiter sérieusement, court aujourd'hui le monde, par l'infidélité et l'infâme avarice de ces malheureux qui l'ont défigurée avec autant de sottise que de malice, et qui, au bout de trente ans, vendent partout cet ouvrage, lequel certainement n'est plus le mien, et qui est devenu le leur. J'ajouterois qu'en dernier lieu on a osé fouiller dans les archives les plus respectables, et y voler une partie des mémoires que j'y avois mis en dépôt, lorsque j'étois historiographe de France, et qu'on a vendu à un libraire de Paris le fruit de mes travaux. Je vous peindrois l'ingratitude, l'imposture et la rapine me poursuivant jusqu'au pied des Alpes, et jusqu'au bord de mon tombeau.

Mais, monsieur, avouez aussi que ces épines

---

[1] L'auteur de cette lettre la fit imprimer un peu changée et augmentée : la voici telle qu'il me l'écrivit.

attachées à la littérature et à la réputation, ne sont que des fleurs en comparaison des autres maux qui ont de tout temps inondé la terre. Avouez que ni Cicéron, ni Lucrèce, ni Virgile, ni Horace, ne furent les auteurs des proscriptions de Marius, de Sylla, de ce débauché d'Antoine, de cet imbécile Lépide, de ce tyran sans courage, Octave Cépias, surnommé si lâchement Auguste.

Avouez que le badinage de Marot n'a pas produit la Saint-Barthélemi, et que la tragédie du *Cid* ne causa pas les guerres de la Fronde; les grands crimes n'ont été commis que par de célèbres ignorans. Ce qui fait et fera toujours de ce monde une vallée de larmes, c'est l'insatiable cupidité et l'indomptable orgueil des hommes depuis Thamas Koulikan, qui ne savoit pas lire, jusqu'à un commis de la douane, qui ne sait que chiffrer. Les lettres nourrissent l'âme, la rectifient, la consolent, et elles font même votre gloire dans le temps que vous écrivez contre elles. Vous êtes comme Achille qui s'emporte contre la gloire; et comme le père Malebranche, dont l'imagination brillante écrivoit contre l'imagination.

Monsieur Chappuis m'apprend que votre santé est bien mauvaise : il faudroit la venir rétablir dans l'air natal, jouir de la liberté, boire avec moi du lait de nos vaches, et brouter nos herbes.

Je suis très-philosophiquement, et avec la plus tendre estime, monsieur, votre, etc.

A M. DE VOLTAIRE.

En réponse à la précédente.

Paris, le 10 septembre 1755.

C'est à moi, monsieur, de vous remercier à tous égards. En vous offrant l'ébauche de mes tristes rêveries, je n'ai point cru vous faire un présent digne de vous, mais m'acquitter d'un devoir et vous rendre un hommage que nous vous devons tous comme à notre chef. Sensible, d'ailleurs, à l'honneur que vous faites à ma patrie, je partage la reconnoissance de mes concitoyens, et j'espère qu'elle ne fera qu'augmenter encore, lorsqu'ils auront profité des instructions que vous pouvez leur donner. Embellissez l'asile que vous avez choisi : éclairez un peuple digne de vos leçons; et, vous qui savez si bien peindre les vertus et la liberté, apprenez-nous à les chérir dans nos murs comme dans vos écrits. Tout ce qui vous approche doit apprendre de vous le chemin de la gloire.

Vous voyez que je n'aspire pas à nous rétablir dans notre bêtise, quoique je regrette beaucoup, pour ma part, le peu que j'en ai perdu. A votre égard, monsieur, ce retour seroit un miracle si grand à la fois et si nuisible, qu'il n'appartiendroit qu'à Dieu de le faire, et qu'au diable de le vouloir. Ne tentez donc pas de retomber à quatre pattes; personne au monde n'y réussiroit moins que vous. Vous nous redressez trop bien sur nos deux pieds, pour cesser de vous tenir sur les vôtres.

Je conviens de toutes les disgrâces qui poursuivent les hommes célèbres dans les lettres; je conviens même de tous les maux attachés à l'humanité, et qui semblent indépendans de nos vaines connoissances. Les hommes ont ouvert sur eux-mêmes tant de sources de misères, que quand le hasard en détourne quelqu'une, ils n'en sont guère moins inondés. D'ailleurs, il y a, dans le progrès des choses, des liaisons cachées que le vulgaire n'aperçoit pas, mais qui n'échapperont point à l'œil du sage, quand il y voudra réfléchir. Ce n'est ni Térence, ni Cicéron, ni Virgile, ni Sénèque, ni Tacite; ce ne sont ni les savans, ni les poëtes, qui ont produit les malheurs de Rome et les crimes des Romains : mais sans le poison lent et secret qui corrompit peu à peu le plus vigoureux gouvernement dont l'histoire ait fait mention, Cicéron, ni Lucrèce, ni Salluste, n'eussent point existé, ou n'eussent point écrit. Le siècle aimable de Lélius et de Térence amenoit de loin le siècle brillant d'Auguste et d'Horace, et enfin les siècles horribles de Sénèque et de Néron, de Domitien et de Martial. Le goût des lettres et des arts naît chez un peuple d'un vice intérieur qu'il augmente; et s'il est vrai que tous les progrès humains sont pernicieux à l'espèce, ceux de l'esprit et des connoissances qui augmentent notre orgueil et multiplient nos égaremens, accélèrent bientôt nos malheurs. Mais il vient un temps où le mal est tel que les causes mêmes qui l'ont fait naître sont nécessaires pour l'empêcher d'augmenter; c'est le fer qu'il faut laisser dans la plaie, de peur que le blessé n'expire en l'arrachant.

Quant à moi, si j'avois suivi ma première vocation, et que je n'eusse lu ni écrit, j'en aurois sans doute été plus heureux. Cependant, si les lettres étoient maintenant anéanties, je serois privé du seul plaisir qui me reste. C'est dans leur sein que je me console de tous mes maux : c'est parmi ceux qui les cultivent que je goûte les douceurs de l'amitié, et que j'apprends à jouir de la vie sans craindre la mort. Je leur dois le peu que je suis ; je leur dois même l'honneur d'être connu de vous. Mais consultons l'intérêt dans nos affaires et la vérité dans nos écrits. Quoiqu'il faille des philosophes, des historiens, des savans, pour éclairer le monde et conduire ses aveugles habitans, si le sage Memnon m'a dit vrai, je ne connois rien de si fou qu'un peuple de sages.

Convenez-en, monsieur, s'il est bon que les grands génies instruisent les hommes, il faut que le vulgaire reçoive leurs instructions : si chacun se mêle d'en donner, qui les voudra recevoir ? « Les boiteux, dit Montaigne, sont mal propres » aux exercices du corps, et aux exercices de » l'esprit, les âmes boiteuses. » Mais en ce siècle savant, on ne voit que boiteux vouloir apprendre à marcher aux autres.

Le peuple reçoit les écrits des sages pour les juger, non pour s'instruire. Jamais on ne vit tant de Dandins. Le théâtre en fourmille, les cafés retentissent de leurs sentences, ils les affichent dans les journaux, les quais sont couverts de leurs écrits, et j'entends critiquer l'*Orphelin*, parce qu'on l'applaudit, à tel grimaud si peu capable d'en voir les défauts, qu'à peine en sent-il les beautés.

Recherchons la première source des désordres de la société, nous trouverons que tous les maux des hommes leur viennent de l'erreur bien plus que de l'ignorance, et que ce que nous ne savons point nous nuit beaucoup moins que ce que nous croyons savoir. Or, quel plus sûr moyen de courir d'erreurs en erreurs que la fureur de savoir tout ? Si l'on n'eût prétendu savoir que la terre ne tournoit pas, on n'eût point puni Galilée pour avoir dit qu'elle tournoit. Si les seuls philosophes en eussent réclamé le titre, l'*Encyclopédie* n'eût point eu de persécuteurs. Si cent mirmidons n'aspiroient à la gloire, vous jouiriez en paix de la vôtre, ou du moins vous n'auriez que des rivaux dignes de vous.

Ne soyez donc pas surpris de sentir quelques épines inséparables des fleurs qui couronnent les grands talens. Les injures de vos ennemis sont les acclamations satiriques qui suivent le cortége des triomphateurs : c'est l'empressement du public pour tous vos écrits qui produit les vols dont vous vous plaignez : mais les falsifications n'y sont pas faciles, car ni le fer ni le plomb ne s'allient pas avec l'or. Permettez-moi de vous le dire, par l'intérêt que je prends à votre repos et à notre instruction : méprisez de vaines clameurs par lesquelles on cherche moins à vous faire du mal qu'à vous détourner de bien faire. Plus on vous critiquera, plus vous devez vous faire admirer. Un bon livre est une terrible réponse à des injures imprimées ; et qui vous oseroit attribuer des écrits que vous n'aurez point faits, tant que vous n'en ferez que d'inimitables ?

Je suis sensible à votre invitation ; et si cet hiver me laisse en état d'aller, au printemps, habiter ma patrie, j'y profiterai de vos bontés. Mais j'aimerois mieux boire de l'eau de votre fontaine que du lait de vos vaches, et quant aux herbes de votre verger, je crains bien de n'y en trouver d'autres que le lotos, qui n'est pas la pâture des bêtes, et le moly, qui empêche les hommes de le devenir (*).

Je suis de tout mon cœur et avec respect, etc.

BILLET DE VOLTAIRE.

Monsieur Rousseau a dû recevoir de moi une lettre de remercîment. Je lui ai parlé dans cette lettre des dangers attachés à la littérature. Je suis dans le cas d'essuyer ces dangers. On fait courir dans Paris des ouvrages sous mon nom. Je dois saisir l'occasion la plus favorable de les désavouer. On m'a conseillé de faire imprimer la lettre que j'ai écrite à M. Rousseau, et de m'étendre un peu sur l'injustice qu'on me fait, et qui peut m'être très-pré-

---

(*) Le *lotos* et le *moly* sont célébrés par Homère dans l'*Odyssée*. Le premier offroit une nourriture digne des dieux et qui parut si délicieuse aux compagnons d'Ulysse, qu'il fallut user de violence pour les faire rentrer dans leurs vaisseaux. Mentor donna le second à Ulysse comme propre à le préserver des enchantemens de la magicienne Circé. G. P.

judiciable. Je lui en demande la permission. Je ne peux mieux m'adresser, en parlant des injustices des hommes, qu'à celui qui les connoît si bien.

A M. DE VOLTAIRE.

En réponse au billet précédent.

Paris, le 20 septembre 1755.

En arrivant, monsieur, de la campagne où j'ai passé cinq ou six jours, je trouve votre billet qui me tire d'une grande perplexité; car ayant communiqué à M. de Gauffecourt, notre ami commun, votre lettre et ma réponse, j'apprends à l'instant qu'il les a lui-même communiquées à d'autres, et qu'elles sont tombées entre les mains de quelqu'un qui travaille à me réfuter, et qui se propose, dit-on, de les insérer à la fin de sa critique. M. Bouchaud, agrégé en droit, qui vient de m'apprendre cela, n'a pas voulu m'en dire davantage; de sorte que je suis hors d'état de prévenir les suites d'une indiscrétion que, vu le contenu de votre lettre, je n'avois eue que pour une bonne fin. Heureusement, monsieur, je vois par votre projet que le mal est moins grand que je ne l'avois craint. En approuvant une publication qui me fait honneur et qui peut vous être utile, il me reste une excuse à vous faire sur ce qu'il peut y avoir eu de ma faute dans la promptitude avec laquelle ces lettres ont couru sans votre consentement ni le mien.

Je suis avec les sentimens du plus sincère de vos admirateurs, monsieur, etc.

P. S. Je suppose que vous avez reçu ma réponse du 10 de ce mois.

A MADAME D'ÉPINAY.

... 1755.

Il s'en faut bien que mon affaire avec M. Tronchin ne soit faite, et votre amitié pour moi y met un obstacle qui me paroît plus que jamais difficile à surmonter. Mais vous avez plus consulté votre cœur que votre fortune et mon humeur dans l'arrangement que vous me proposez; cette proposition m'a glacé l'âme. Que vous entendez mal vos intérêts de vouloir faire un valet d'un ami, et que vous me pénétrez mal si vous croyez que de pareilles raisons puissent me déterminer! Je ne suis point en peine de vivre ni de mourir : mais le doute qui m'agite cruellement, c'est celui du parti qui durant ce qui me reste à vivre peut m'assurer la plus parfaite indépendance. Après avoir tout fait pour elle, je n'ai pu la trouver à Paris. Je la cherche avec plus d'ardeur que jamais; et ce qui m'afflige cruellement depuis plus d'un an, est de ne pouvoir démêler où je la trouverai le plus assurée. Cependant les plus grandes probabilités sont pour mon pays, mais je vous avoue que je la trouverois plus douce auprès de vous. La violente perplexité où je me trouve ne peut encore durer long-temps; mon parti sera pris dans sept ou huit jours; mais soyez bien sûre que ce ne seront pas des raisons d'intérêt qui me détermineront, parce que je n'ai jamais craint que le pain vînt à me manquer, et qu'au pis aller, je sais comment on s'en passe.

Je ne refuse pas, au reste, d'écouter ce que vous avez à me dire, pourvu que vous vous souveniez que je ne suis pas à vendre, et que mes sentimens, au-dessus maintenant de tout le prix qu'on y peut mettre, se trouveroient bientôt au-dessous de celui qu'on y auroit mis. Oublions donc l'un et l'autre qu'il ait même été question de cet article.

Quant à ce qui vous regarde personnellement, je ne doute pas que votre cœur ne sente le prix de l'amitié; mais j'ai lieu de croire que la vôtre m'est bien plus nécessaire qu'à vous la mienne, car vous avez des dédommagemens qui me manquent et auxquels j'ai renoncé pour jamais.

Bonjour, madame; voilà encore un livre à vendre. Envoyez-moi mon opéra (*).

(*) Tronchin, alors à Paris, et d'accord avec quelques membres du Conseil à Genève, avoit proposé à Rousseau la place de bibliothécaire, avec un traitement de douze cents francs. C'étoit un bienfait déguisé ; le traitement ordinaire affecté à cette place étoit bien inférieur à cette somme. Rousseau avoit consulté sur cela madame d'Épinay; et, soupçonnant un but caché dans la proposition qui lui étoit faite, montroit une incertitude dont il étoit fort tourmenté.

Témoin de ses inquiétudes, madame d'Épinay lui avoit écrit qu'elle se chargeroit de la mère Le Vasseur et de sa fille, dans le cas où il se décideroit pour Genève, jusqu'à ce qu'il eût vu s'il pouvoit s'y accoutumer et s'y fixer. Dans la même lettre, elle lui renouveloit la proposition d'habiter l'Hermitage; et se rappelant lui avoir entendu dire que s'il avoit cent pistoles de rente il ne choisiroit pas d'autre habitation, elle lui offroit d'ajouter à la vente de son dernier ouvrage ce qui lui manquoit de fonds pour compléter ce revenu. La lettre à madame d'Épinay est la réponse à cette proposition. G. P.

BILLET DE MADAME D'ÉPINAY.

En réponse à la lettre précédente.

Votre lettre m'avoit fait rire d'abord, tant je la trouve extravagante, ensuite elle m'a affligée pour vous. Car il faut avoir l'esprit bien gauche pour se fâcher de propositions dictées par une amitié qui doit vous être connue, et pour supposer que j'aie le sot orgueil de vouloir me faire des créatures. Je ne sais ce que c'est non plus que ces dédommagemens que vous trouvez à mon sort, si vous en exceptez l'amitié.

Je ne vous conseille pas de prendre une détermination présentement, car vous ne me paroissez pas en état de juger sainement de ce qui peut vous convenir. Bonjour, mon cher Rousseau.

A MADAME D'ÉPINAY.

... 1755.

Je me hâte de vous écrire deux mots, parce que je ne puis souffrir que vous me croyiez fâché, ni que vous preniez le change sur mes expressions.

Je n'ai pris le mot de valet que pour l'avilissement où l'abandon de mes principes jetteroit nécessairement mon âme; j'ai cru que nous nous entendions mieux que nous ne faisons : est-ce entre gens qui pensent et sentent comme vous et moi qu'il faut expliquer ces choses-là? L'indépendance que j'entends n'est pas celle du travail; je veux bien gagner mon pain, j'y trouve du plaisir; mais je ne veux être assujetti à aucun autre devoir, si je puis.

J'entendrai volontiers vos propositions, mais attendez-vous d'avance à mon refus; car ou elles sont gratuites, ou elles ont des conditions, et je ne veux ni de l'une, ni de l'autre. Je n'engagerai jamais aucune portion de ma liberté, ni pour ma subsistance, ni pour celle de personne. Je veux travailler, mais à ma fantaisie, et même ne rien faire, quand il me plaira, sans que personne le trouve mauvais, hors mon estomac.

Je n'ai plus rien à dire sur les dédommagemens; tout s'éteint une fois, mais la véritable amitié reste, et c'est alors qu'elle a des douceurs sans amertume et sans fin. Apprenez mieux mon dictionnaire, ma bonne amie, si vous voulez que nous nous entendions. Croyez que mes termes ont rarement le sens ordinaire; c'est toujours mon cœur qui s'entretient avec vous, et peut-être connoîtrez-vous quelque jour qu'il ne parle pas comme un autre. A demain.

A M. DE BOISSI, DE L'ACADÉMIE FRANÇOISE,

Auteur du MERCURE DE FRANCE.

Paris, le 4 novembre 1755.

Quand je vis, monsieur, paroître dans le *Mercure*, sous le nom de M. de Voltaire, la lettre que j'avois reçue de lui, je supposai que vous aviez obtenu pour cela son consentement; et comme il avoit bien voulu me demander le mien pour la faire imprimer, je n'avois qu'à me louer de son procédé, sans avoir à me plaindre du vôtre. Mais que puis-je penser du galimatias que vous avez inséré dans le *Mercure* suivant, sous le titre de ma réponse? Si vous me dites que votre copie étoit incorrecte, je vous demanderai qui vous forçoit d'employer une lettre visiblement incorrecte, qui n'est remarquable que par son absurdité. Vous abstenir d'insérer dans votre ouvrage des écrits ridicules est un égard que vous devez sinon aux auteurs, du moins au public.

Si vous avez cru, monsieur, que je consentirois à la publication de cette lettre, pourquoi ne pas me communiquer votre copie pour la revoir? Si vous ne l'avez pas cru, pourquoi l'imprimer sous mon nom? S'il est peu convenable d'imprimer les lettres d'autrui sans l'aveu des auteurs, il l'est beaucoup moins de les leur attribuer sans être sûr qu'ils les avouent, ou même qu'elles soient d'eux, et bien moins encore lorsqu'il est à croire qu'ils ne les ont pas écrites telles qu'on les a. Le libraire de M. de Voltaire, qui avoit à cet égard plus de droit que personne, a mieux aimé s'abstenir d'imprimer la mienne, que de l'imprimer sans mon consentement, qu'il avoit eu l'honnêteté de me demander. Il me semble qu'un homme aussi justement estimé que vous ne voudroit pas recevoir d'un libraire des leçons de procédés. J'ai d'autant plus, monsieur, à me plaindre du vôtre en cette occasion, que, dans le même volume où vous avez mis, sous mon nom, un écrit aussi mutilé, vous craignez, avec raison, d'imputer à M. de Voltaire des vers qui ne soient pas de lui. Si un tel égard n'étoit dû qu'à la considération, je me garderois d'y prétendre; mais il est un acte de justice, et vous la devez à tout le monde.

Comme il est bien plus naturel de m'attribuer une sotte lettre qu'à vous un procédé peu régulier, et que par conséquent je resterois chargé du tort de cette affaire si je négligeois de m'en justifier, je vous supplie de vouloir bien insérer ce désaveu dans le prochain *Mercure*, et d'agréer, monsieur, mon respect et mes salutations.

A M. VERNES.

Paris, le 25 novembre 1755.

Que je suis touché de vos tendres inquiétudes! je ne vois rien de vous qui ne me prouve de plus en plus votre amitié pour moi, et qui ne vous rende de plus en plus digne de la mienne. Vous avez quelque raison de me croire mort en ne recevant de moi nul signe de vie; car je sens bien que ce ne sera qu'avec elle que je perdrai les sentimens que je vous dois. Mais, toujours aussi négligent que ci-devant, je ne vaux pas mieux que je ne faisois, si ce n'est que je vous aime encore davantage; et, si vous saviez combien il est difficile d'aimer les gens avec qui on a tort, vous sentiriez que mon attachement pour vous n'est pas tout-à-fait sans prix.

Vous avez été malade et je n'en ai rien su: mais je savois que vous étiez surchargé de travail; je crains que la fatigue n'ait épuisé votre santé, et que vous ne soyez encore prêt à la reperdre de même : ménagez-la, je vous prie, comme un bien qui n'est pas à vous seul, et qui peut contribuer à la consolation d'un ami qui a pour jamais perdu la sienne. J'ai eu cet été une rechute assez vive ; l'automne a été très-bien ; mais les approches de l'hiver me sont cruelles : j'ignore ce que je pourrai vous dire de celles du printemps.

Le cinquième volume de l'*Encyclopédie* paroît depuis quinze jours; comme la lettre E n'y est pas même achevée, votre article n'y a pu être employé, j'ai même prié M. Diderot de n'en faire usage qu'autant qu'il en sera content lui-même. Car, dans un ouvrage fait avec autant de soin que celui-là, il ne faut pas mettre un article foible, quand on n'en met qu'un. L'article *Encyclopédie*, qui est de Diderot, fait l'admiration de tout Paris; et ce qui augmentera la vôtre, quand vous le lirez, c'est qu'il l'a fait étant malade.

Je viens de recevoir d'un noble Vénitien une épître italienne où j'ai lu avec plaisir ces trois vers en l'honneur de ma patrie :

> Deh! cittadino di Città ben retta
> E compagno e fratel d'ottime genti
> Ch'amor del giusto ha ragunate insieme, etc.

Cet éloge me paroît simple et sublime, et ce n'est pas d'Italie que je l'aurois attendu. Puissions-nous le mériter!

Bonjour, monsieur ; il faut nous quitter, car la copie me presse. Mes amitiés, je vous prie, à toute votre aimable famille ; je vous embrasse de tout mon cœur.

A UN ANONYME.

Par la voie du MERCURE DE FRANCE.

Paris, le 29 novembre 1755.

J'ai reçu, le 26 de ce mois, une lettre anonyme, datée du 28 octobre dernier, qui, mal adressée, après avoir été à Genève, m'est revenue à Paris franche de port. A cette lettre étoit joint un écrit pour ma défense, que je ne puis donner au *Mercure*, comme l'auteur le désire, par des raisons qu'il doit sentir, s'il a réellement pour moi l'estime qu'il m'y témoigne. Il peut donc le faire retirer de mes mains, au moyen d'un billet de la même écriture; sans quoi sa pièce restera supprimée.

L'auteur ne devoit pas croire si facilement que celui qu'il réfute fût citoyen de Genève, quoiqu'il se donne pour tel ; car il est aisé de dater de ce pays-là : mais tel se vante d'en être qui dit le contraire sans y penser. Je n'ai ni la vanité ni la consolation de croire que tous mes concitoyens pensent comme moi; mais je connois la candeur de leurs procédés ; si quelqu'un d'eux m'attaque, ce sera hautement et sans se cacher ; ils m'estimeront assez en me combattant, ou du moins s'estimeront assez eux-mêmes pour me rendre la franchise dont j'use envers tout le monde. D'ailleurs eux, pour qui cet ouvrage est écrit, eux à qui il est dédié, eux qui l'ont honoré de leur approbation, ne me demanderont point à quoi il est utile : ils ne m'objecteront point, avec beaucoup d'autres, que, quand tout cela seroit vrai, je n'aurois pas dû le dire ; comme si le bonheur de la société étoit fondé sur les erreurs des hommes. Ils y verront, j'ose le croire, de fortes raisons d'aimer leur gouvernement, des moyens de le conserver ; et, s'ils y trouvent les maximes qui conviennent au bon citoyen, ils ne mépriseront point un écrit qui respire partout l'humanité, la liberté, l'amour de la patrie, et l'obéissance aux lois.

Quant aux habitans des autres pays, s'ils ne trouvent dans cet ouvrage rien d'utile ni d'amusant, il seroit mieux, ce me semble, de leur demander pourquoi ils le lisent, que de leur expliquer pourquoi il est écrit. Qu'un bel esprit de Bordeaux m'exhorte gravement à laisser les discussions politiques pour faire des opéra, attendu que lui, bel esprit, s'amuse beaucoup plus à la représentation du *Devin du village* qu'à la lecture du *Discours sur l'Inégalité*, il a raison sans doute, s'il est vrai qu'en écrivant aux citoyens de Genève je sois obligé d'amuser les bourgeois de Bordeaux (*).

Quoi qu'il en soit, en témoignant ma reconnoissance à mon défenseur, je le prie de laisser le champ libre à mes adversaires, et j'ai bien du regret moi-même au temps que je perdois autrefois à leur répondre. Quand la recherche de la vérité dégénère en disputes et querelles personnelles, elle ne tarde pas à prendre les formes du mensonge ; craignons de l'avilir encore ; et à quelque prix que soit la science, la paix de l'âme vaut encore mieux. Je ne veux point d'autre défense pour mes écrits que la raison et la vérité, ni pour ma personne que ma conduite et mes mœurs : si ces appuis me manquent rien ne me soutiendra ; s'ils me soutiennent qu'ai-je à craindre ?

A M. LE COMTE DE TRESSAN.

Paris, le 26 décembre 1755.

Je vous honorois, monsieur, comme nous faisons tous ; il m'est doux de joindre la reconnoissance à l'estime, et je remercierois volontiers M. Palissot de m'avoir procuré, sans y songer, des témoignages de vos bontés, qui me permettent de vous en donner de mon respect. Si cet auteur a manqué à celui qu'il devoit, et que doit toute la terre au prince qu'il vouloit amuser, qui plus que moi doit le trouver inexcusable ? Mais si tout son crime est d'avoir exposé mes ridicules, c'est le droit du théâtre ; je ne vois rien en cela de répréhensible pour l'honnête homme, et j'y vois pour l'auteur le mérite d'avoir su choisir un sujet très-riche. Je vous prie donc, monsieur, de ne pas écouter là-dessus le zèle que l'amitié et la générosité inspirent à M. d'Alembert, et de ne point chagriner, pour cette bagatelle, un homme de mérite qui ne m'a fait aucune peine, et qui porteroit avec douleur la disgrâce du roi de Pologne et la vôtre.

Mon cœur est ému des éloges dont vous honorez ceux de mes concitoyens qui sont sous vos ordres. Effectivement le Genevois est naturellement bon, il a l'âme honnête, il ne manque pas de sens, et il ne lui faut que de bons exemples pour se tourner tout-à-fait au bien. Permettez-moi, monsieur, d'exhorter ces jeunes officiers à profiter du vôtre, à se rendre dignes de vos bontés, et à perfectionner sous vos yeux les qualités qu'ils vous doivent peut-être, et que vous attribuez à leur éducation. Je prendrai volontiers pour moi, quand vous viendrez à Paris, le conseil que je leur donne. Ils étudieront l'homme de guerre ; moi, le philosophe ; notre étude commune sera l'homme de bien, et vous serez toujours notre maître.

Je suis avec respect, etc.

A M. D'ALEMBERT.

Ce 27 décembre.

Je suis sensible, mon cher monsieur, à l'intérêt que vous prenez à moi ; mais je ne puis

---

(*) Voyez ci-après la lettre à M. de Boissi, du 24 janvier 1760. G. P.

approuver le zèle qui vous fait poursuivre ce pauvre M. Palissot, et j'aurois grand regret aux momens que tout cela vous a fait perdre, sans le témoignage d'amitié qui en résulte en ma faveur. Laissez donc là cette affaire, je vous en prie derechef; je vous en suis aussi obligé que si elle étoit terminée, et je vous assure que l'expulsion de Palissot, pour l'amour de moi, me feroit plus de peine que de plaisir. A l'égard de Fréron, je n'ai rien à dire de mon chef, parce que la cause est commune; mais ce qu'il y a de bien certain, c'est que votre mépris l'eût plus mortifié que vos poursuites, et que, quel qu'en soit le succès, elles lui feront toujours plus d'honneur que de mal.

J'ai écrit à M. de Tressan pour le remercier et le prier d'en rester là. Je vous montrerai ma réponse avec sa lettre à notre première entrevue. Je ne puis douter que je ne vous doive tous les témoignages d'estime dont elle est remplie. Tout compté, tout rabattu, il se trouve que je gagne à tous égards dans cette affaire. Pourquoi rendrons-nous du mal à ce pauvre homme pour le bien réel qu'il m'a fait? Je vous remercie et vous embrasse de tout mon cœur.

A M. LE COMTE DE TRESSAN.

Paris, le 7 janvier 1756.

Quelque danger, monsieur, qu'il y ait de me rendre importun, je ne puis m'empêcher de joindre aux remercîmens que je vous dois, des remarques sur l'enregistrement de l'affaire de M. Palissot; et je prendrai d'abord la liberté de vous dire que mon admiration même pour les vertus du roi de Pologne ne me permet d'accepter le témoignage de bonté dont sa majesté m'honore en cette occasion, qu'à condition que tout soit oublié. J'ose dire qu'il ne lui convient pas d'accorder une grâce incomplète, et qu'il n'y a qu'un pardon sans réserve qui soit digne de sa grande âme. D'ailleurs, est-ce faire grâce que d'éterniser la punition? et les registres d'une académie ne doivent-ils pas plutôt pallier que relever les petites fautes de ses membres? Enfin, quelque peu d'estime que je fasse de nos contemporains, à Dieu ne plaise que nous les avilissions à ce point, d'inscrire, comme un acte de vertu, ce qui n'est qu'un procédé des plus simples que tout homme de lettres n'eût pas manqué d'avoir à ma place.

Achevez donc, monsieur, la bonne œuvre que vous avez si bien commencée, afin de la rendre digne de vous. Qu'il ne soit plus question d'une bagatelle qui a déjà fait plus de bruit et donné plus de chagrin à M. Palissot, que l'affaire ne le méritoit. Qu'aurons-nous fait pour lui, si le pardon lui coûte aussi cher que la peine?

Permettez-moi de ne point répondre aux extrêmes louanges dont vous m'honorez; ce sont des leçons sévères dont je ferai mon profit : car je n'ignore pas, et cette lettre en fait foi, qu'on loue avec sobriété ceux qu'on estime parfaitement. Mais, monsieur, il faut renvoyer ces éclaircissemens à nos entrevues; j'attends avec empressement le plaisir que vous me promettez, et vous verrez que, de manière ou d'autre, vous ne me louerez plus lorsque nous nous connoîtrons.

Je suis avec respect, etc.

AU MÊME.

Paris, le 25 janvier 1756.

J'apprends, monsieur, avec une vive satisfaction que vous avez entièrement terminé l'affaire de M. Palissot, et je vous en remercie de tout mon cœur. Je ne vous dirai rien du petit déplaisir qu'elle a pu vous occasionner; car ceux de cette espèce ne sont guère sensibles à l'homme sage, et d'ailleurs vous savez mieux que moi que, dans les chagrins qui peuvent suivre une bonne action, le prix en efface toujours la peine. Après avoir heureusement achevé celle-ci, il ne nous reste plus rien à désirer, à vous et à moi, que de n'en plus entendre parler.

Je suis avec respect, etc.

A M. DE BOISSI,

En lui renvoyant la Lettre d'un Bourgeois de Bordeaux, qu'il n'avoit voulu imprimer dans le MERCURE qu'avec mon consentement, et après les retranchemens que je jugerois à propos d'y faire.

Paris, le 24 janvier 1756.

Je remercie très-humblement M. de Boissi

de la bonté qu'il a eue de me communiquer cette pièce. Elle me paroît agréablement écrite, assaisonnée de cette ironie fine et plaisante qu'on appelle, je crois, *de la politesse*, et je ne m'y trouve nullement offensé. Non-seulement je consens à sa publication, mais je désire même qu'elle soit imprimée dans l'état où elle est, pour l'instruction du public et pour la mienne. Si la morale de l'auteur paroît plus saine que sa logique, et si ses avis sont meilleurs que ses raisonnemens, ne seroit-ce point que les défauts de ma personne se voient bien mieux que les erreurs de mon livre? Au reste, toutes les horribles choses qu'il y trouve lui montrent plus que jamais qu'il ne devoit pas perdre son temps à le lire.

A MADAME D'ÉPINAY.

Mars 1756.

Enfin, madame, j'ai pris mon parti, et vous vous doutez bien que vous l'emportez; j'irai donc passer les fêtes de Pâques à l'Hermitage, et j'y resterai tant que je m'y trouverai bien et que vous voudrez m'y souffrir (*); mes projets ne vont pas plus loin que cela. Je vous irai voir demain, et nous en causerons; mais toujours le secret, je vous en prie. Voilà maintenant un déménagement et des embarras qui me font trembler. Oh! qu'on est malheureux d'être si riche! Il faudra que je laisse la moitié de moi-même à Paris, même quand vous n'y serez plus; cette moitié sera des chaises, des tables, des armoires, et tout ce qu'il ne faudra pas ajouter à ce que vous aurez mis à mon château. A demain.

A LA MÊME.

... 1756.

Voilà mon maître et consolateur Plutarque; gardez-le sans scrupule aussi long-temps que vous le lirez (**); mais ne le gardez pas pour n'en rien faire, et surtout ne le prêtez à personne; car je ne veux m'en passer que pour vous. Si vous pouvez faire donner à mademoiselle Le Vasseur l'argent de sa robe, vous lui ferez plaisir; car elle a de petites emplètes à faire avant notre départ. Faites-moi dire si vous êtes délivrée de votre colique et de vos tracas domestiques, et comment vous avez passé la nuit. Bonjour, madame et amie.

A M. VERNES.

Paris, le 28 mars 1756.

Recevez, mon cher concitoyen, une lettre très-courte, mais écrite avec la tendre amitié que j'ai pour vous; c'est à regret que je vois prolonger le temps qui doit nous rapprocher; mais je désespère de pouvoir m'arracher d'ici cette année : quoi qu'il en soit, ou je ne serai plus en vie, ou vous m'embrasserez au printemps 57. Voilà une résolution inébranlable.

Vous êtes content de l'article *Économie* : je le crois bien : mon cœur me l'a dicté et le vôtre l'a lu. M. Labat m'a dit que vous aviez dessein de l'employer dans votre *Choix littéraire*: n'oubliez pas de consulter l'*errata*. J'avois fait quelque chose que je vous destinois (*); mais, ce qui vous surprendra fort, c'est que cela s'est trouvé si gai et si fou, qu'il n'y a nul moyen de l'employer, et qu'il faut le réserver pour le lire le long de l'Arve avec son ami. Ma copie m'occupe tellement à Paris qu'il m'est impossible de méditer; il faut voir si le séjour de la campagne ne m'inspirera rien pendant les beaux jours.

Il est difficile de se brouiller avec quelqu'un que l'on ne connoît pas; ainsi il n'y a nulle brouillerie entre M. Palissot et moi. On prétendoit cet hiver qu'il m'avoit joué à Nanci devant le roi de Pologne, et je n'en fis que rire (**); on ajoutoit qu'il avoit aussi joué feu madame la marquise du Châtelet, femme considérable par son mérite personnel et par sa grande naissance, considérée principalement en Lorraine comme étant de l'une des grandes maisons de ce pays-là, et à la cour du roi de Pologne, où elle avoit beaucoup d'amis, à commencer par le roi même.

(*) Ce fut jusqu'au mois de décembre 1757, que madame d'Épinay lui écrivit une lettre qui le fit déguerpir par la neige et le froid.   M. P.
(**) Madame d'Épinay l'avoit prié de lui prêter le quatrième volume des *Hommes illustres*.   G. P.

(*) *La Reine fantasque.*
(**) Voyez la lettre au comte de Tressan, en date du 7 janvier 1756.   M. P.

Il me parut que tout le monde étoit choqué de cette imprudence, que l'on appeloit impudence. Voilà ce que j'en savois quand je reçus une lettre du comte de Tressan, qui en occasionna d'autres dont je n'ai jamais parlé à personne, mais dont je crois vous devoir envoyer copie sous le secret, ainsi que de mes réponses; car, quelque indifférence que j'aie pour les jugemens du public, je ne veux pas qu'ils abusent mes vrais amis. Je n'ai jamais eu sur le cœur la moindre chose contre M. Palissot; mais je doute qu'il me pardonne aisément le service que je lui ai rendu.

Bonjour, mon bon et cher concitoyen; soyons toujours gens de bien, et laissons bavarder les hommes. Si nous voulons vivre en paix, il faut que cette paix vienne de nous-mêmes.

MADAME D'ÉPINAY.

Ce jeudi 1755.

J'avois oublié que j'allois dîner aujourd'hui chez le baron (*) et que par conséquent je ne puis m'aller promener avec vous cette après-midi.

Occupé des moyens de vivre tranquillement dans ma solitude, je cherche à convertir en argent tout ce qui m'est inutile, et ma musique me l'est encore plus que mes livres, de sorte que si vous n'êtes pas excédée des embarras que je vous donne, j'ai envie de vous l'envoyer toute. Vous y choisirez tout ce dont vous pourrez me défaire, et je tâcherai de mon côté de me défaire du reste. Je ne puis vous dire avec combien de plaisir je m'occupe de l'idée de ne plus voir que vous.

A LA MÊME.

Ce samedi 1756.

J'ai passé hier au soir chez vous; vous étiez déjà sortie : vous m'aviez promis de m'envoyer dire de vos nouvelles, et je n'ai vu personne : cela m'inquiète, et je vous prie de me tirer de peine. Ayez la bonté de me renvoyer aussi ce qui vous reste de livres et de musique à moi. Bonjour, madame; je ne puis vous en dire davantage pour

(*) Le baron d'Holbach.

ce matin, car je suis horriblement occupé de mon déménagement : ce qui n'arriveroit pas, s'il étoit composé d'objets plus considérables, et que soixante bras s'en occupassent pour moi. Soit dit en réponse à votre étonnement.

A LA MÊME.

Mars 1756.

J'ai vu M. Deleyre, et nous sommes convenus qu'il achèveroit le mois commencé, et qu'il vous prieroit de remercier M. de Saint-Lambert pour la suite; au surplus, je pense qu'il n'y a que la présence de Conti qui l'ait empêché de profiter de votre offre, et qu'il en profitera si vous la renouvelez.

Quoique mon parti soit bien pris, je suis jusqu'à mon délogement dans un état de crise qui me tourmente; je désire passionnément de pouvoir aller m'établir de samedi en huit. Si cette accélération demande des frais, trouvez bon que je les supporte; je n'en ai jamais fait de meilleur cœur, ni de plus utiles à mon repos.

Faites-moi donner des nouvelles de votre santé. J'irai vous voir ce soir ou demain.

A LA MÊME.

Mars 1756.

Voici de la musique que j'ai retrouvée encore. Ne vous fatiguez pas cependant pour chercher à me défaire de tout cela, car je trouverai à débiter de mon côté tout ce qui vous sera resté en livres et en musique que j'enverrai chercher pour cela dans une huitaine de jours. Faites-moi dire comment vous vous trouvez de vos fatigues d'hier. Je sais que l'amitié vous *les rendoit douces*; mais je crains bien que le corps ne paie un peu les plaisirs du cœur, et que l'un ne fasse quelquefois souffrir l'autre. Pour moi, je suis déjà, par la pensée, établi dans mon château, pour n'en plus sortir que quand vous habiterez le vôtre. Bonjour, ma bonne amie. Ne croyez pas pourtant que je veuille employer ce mot en formule; il ne faut pas qu'il soit écrit, mais gravé, et vous y donnez tous les jours quelque coup de burin qui rendra bientôt la plume inutile ou plutôt superflue.

A LA MÊME (*).

Quoique le temps me contrarie depuis mon arrivée ici, je viens de passer les trois jours les plus tranquilles et les plus doux de ma vie; ils le seront encore plus quand les ouvriers qu'occupe mon luxe ou votre sollicitude seront partis. Ainsi je ne serai proprement dans ma solitude que d'ici à deux ou trois jours; en attendant, je m'arrange, non selon la morale turque, qui veut qu'on ne s'établisse ici-bas aucun domicile durable, mais selon la mienne, qui me porte à ne jamais quitter celui que j'occupe. Vous me trouverez rangé délicieusement, à la magnificence près que vous y avez mise, et qui, toutes les fois que j'entre dans ma chambre, me fait chercher respectueusement l'habitant d'un lieu si bien meublé. Au surplus, je ne vous conseille pas beaucoup de compter sur des complimens à notre première entrevue; je vous réserve, au contraire, une censure grière d'être venue malade et souffrante m'installer ici sans égard pour vous ni pour moi. Hâtez-vous de me rassurer sur les suites de cette indiscrétion, et souvenez-vous, une fois pour toutes, que je ne vous pardonnerai jamais d'oublier ainsi mes intérêts en songeant aux vôtres.

J'ai trouvé deux erreurs dans le compte joint à l'argent que vous m'avez remis : toutes deux sont à votre préjudice et me font soupçonner que vous pourriez bien en avoir fait d'autres de même nature, ce qui ne vous réussiroit pas long-temps; l'une est de quatorze livres, en ce que vous payez sept mains de papier de Hollande à cinq livres cinq sous, au lieu de trois livres cinq sous qu'il m'a coûté, et que je vous ai marquées; l'autre est de six livres, pour un Racine que je n'ai jamais eu, et que par conséquent vous ne pouvez avoir vendu à mon profit; ce sont donc vingt francs dont vous êtes créditée sur ma caisse. Soit dit sur l'argent, et revenons à nous.

Je n'ai songé qu'à moi ces jours-ci; je savourois les beautés de mon habitation et les charmes d'une entière liberté; mais en me promenant ce matin dans un lieu délicieux, j'y ai mis mon ancien ami Diderot à côté de moi, et en lui faisant remarquer les agrémens de la promenade, je me suis aperçu qu'ils s'augmentoient pour moi-même. Je ne sais si je pourrai jamais jouir réellement de cette augmentation; si cela peut se faire un jour, ce ne sera guère que par le crédit de mon ancien ami Grimm : peut-être pourra-t-il et voudra-t-il bien me procurer une visite de l'ami que je lui ai procuré, et partager avec moi le plaisir que j'aurai de le recevoir. Ce n'est pas encore le temps de parler de tout cela; mais vous, quand vous verra-t-on, vous en santé, et votre sauveur (*) sans affaire? Il m'a promis de venir, et le fera sans doute. Quant à vous, ma bonne amie, quelque envie que j'aie de vous voir, si vous venez sans lui, ne venez pas du moins sans sa permission. Bonjour; malgré la barbe de l'hermite et la fourrure de l'ours, trouvez bon que je vous embrasse; et portez aux pieds du seigneur de la case les hommages de son très-dévoué sujet et fontainier honoraire (**).

Les gouverneuses veulent que je vous supplie d'agréer leurs très-humbles respects; elles s'accoutument ici presque aussi bien que moi, et beaucoup mieux que mon chat.

A LA MÊME.

L'Hermitage, mai 1756.

Je commence à être bien inquiet de vous, madame; voici la quatrième fois de suite que je vous écris sans réponse, et moi qui n'ai jamais manqué de vous répondre depuis votre retour à Paris, je ne mérite ni cette négligence de votre part, ni le reproche que vous m'avez fait de la mienne. Tranquillisez-moi, je vous en prie, et faites-moi dire, au moins, que vous vous portez bien, afin que je ne sois pas alarmé, et que je me contente d'être en colère.

Je rouvre ma lettre écrite et cachetée, en re-

(*) Cette lettre n'est point datée : mais comme elle fut écrite trois jours après son arrivée à l'Hermitage, elle doit être du 12 avril 1756.   M. P.

(*) Il désigne par cette expression Tronchin, alors à Paris, et que madame d'Épinay consultoit sur l'état de sa santé. G. P.
(**) Le réservoir des eaux du parc de la Chevrette étoit à l'Hermitage.   G. P.

cevant la vôtre et le moulin. Vous m'apaisez aux dépens de ma tranquillité. J'aurois bien des choses à vous dire, mais vos exprès m'obligent de renvoyer tout cela à un autre temps.

Je vous jure que je vous ferois volontiers mettre à la Bastille, si j'étois sûr d'y pouvoir passer six mois avec vous tête à tête; je suis persuadé que nous en sortirions tous deux plus vertueux et plus heureux.

Ne comptez pas sur moi pour le dîner de mardi; si Diderot me tient parole, je ne pourrois vous la tenir. Je ne suis pas non plus décidé sur le voyage de Genève. Si vous couchez à la Chevrette, j'irai sûrement vous y voir le lendemain pour peu que le temps soit supportable; là nous causerons; sinon je vous écrirai plus amplement.

Voilà une lettre de Tronchin au commencement de laquelle je ne comprends rien, parce que je ne suis point au fait. Lisez-la, et faites-la remettre ensuite à Deleyre, ou copie de ce qui regarde son ami. Ne vous tracassez point l'esprit de chimères. Livrez-vous aux sentimens honnêtes de votre bon cœur, et en dépit de vos systèmes vous serez heureuse. Les maladies mêmes ne vous en empêcheront pas. Adieu.

Voilà encore une lettre de Romilly (*). Je ne connois point M. de Silhouette; peut-être que si Grimm vouloit se mêler de cette affaire, ou vous dire ce qu'il faut faire, vous pourriez servir cet honnête homme et obliger votre ami.

A LA MÊME.

L'Hermitage, mai 1756.

Je voulois vous aller voir jeudi, mais le temps qu'il fait gâta tellement les chemins qu'ils ne sont pas encore essuyés; je compte pourtant, s'il fait beau, tenter demain le voyage. En attendant, faites-moi donner de vos nouvelles, car je suis inquiet de votre situation de corps et d'esprit. Bonjour, madame et amie, j'aspire à ces momens de tranquillité où vous aurez le temps de m'aimer un peu.

Voilà vos deux livres dont je vous remercie.

(*) Célèbre horloger de Genève qui s'établit à Paris. Il est auteur des articles de l'Encyclopédie relatifs à son art. M. de Corancez devint son gendre.   M. P.

A LA MÊME.

L'Hermitage, mai 1756.

Vous serez bien aise, madame, d'apprendre que mon séjour me charme de plus en plus; vous et moi nous changerons beaucoup, ou je n'en sortirai jamais. Vous goûterez, conjointement avec M. d'Épinay, le plaisir d'avoir fait un homme heureux. C'est de quoi n'avoir pas regret à l'échange de manteau dont vous m'offrez la moitié (*).

Il me reste une petite épine à tirer, c'est le reste de mon délogement. Il faudra, madame, que vous acheviez, s'il vous plaît, de me tirer de cet embarras. Pour cela je voudrois..... mais allons un peu par ordre, car je voudrois tant de choses qu'il me faut des *primo* et des *secundo*.

1° Payer à madame Sabi 59 liv. 16 s. pour loyer et capitation, selon la note que j'en ai faite sur le petit livre ci-joint.

2° Recevoir quittance de l'un et de l'autre sur ledit livre.

3° Donner congé pour la fin de ce terme.

4° Faire aujourd'hui démonter le lit et la tapisserie de l'alcôve, si cela se peut.

5° Charger l'un et l'autre sur la voiture du jardinier, avec les matelas et ce qu'on y pourra joindre de poterie et menus ustensiles.

6° Il faudroit, pour cela, envoyer quelqu'un d'entendu avec le garçon jardinier, qui pût démonter et emballer le tout sans rien gâter.

7° Il restera pour un autre voyage, un lit de camp qui est dans le grenier; une quarantaine de bouteilles qui sont encore à la cave; et l'armoire, avec les brochures et paperasses qu'elle contient, et pour le transport desquelles j'enverrai d'ici une malle, avec une lettre pour prier M. Deleyre de présider à ce dépaperassement.

Il faut ajouter à cela la petite précaution de commencer par payer madame Sabi, afin qu'elle ne s'effarouche pas de voir achever de vider mon appartement sans faire mention du terme commencé, et par conséquent dû.

Tout ceci suppose que le déménagement de

(*) Allusion à ce que lui avoit dit madame d'Épinay dans une conversation précédente. « Faites comme moi, mon ami. Si » ceux que j'ai crus mes amis sont faux, méchans et injustes, » je les laisse, je les plains, et je m'enveloppe de mon manteau. » En voulez-vous la moitié? »   G. P.

madame d'Esclavelles est achevé, et afin que la voiture du jardinier ne revienne pas à vide tant qu'il y a des choses à rapporter. Au surplus, ma grande prudence, qui a fait tous ces arrangemens avec beaucoup d'effort, ne laisse pas de s'en remettre à la vôtre sur les changemens qu'il pourroit être à propos de faire à ce projet.

Recevez les très-humbles remercîmens de mademoiselle Le Vasseur. Vous aviez donc deviné que la bouteille à l'encre avoit été très-exactement répandue de la Chevrette ici sur tout le linge des bonnes gens, dont à peine une seule pièce est restée intacte? Il semble que vous ayez, ainsi que les dieux, une providence prévoyante et bienfaisante; c'est à peu près ce qui a été dit en recevant votre présent. Le temps ne se raccommode point encore, et votre maison ne s'achève point. Ce n'est pas de quoi se rapprocher sitôt. Ce que vous avez à faire pour mettre cet intervalle à profit, c'est de continuer à raffermir tellement votre santé, que quand vous serez à la Chevrette, vous puissiez venir fréquemment à l'Hermitage chercher un ami et la solitude. Je vous montrerai des promenades délicieuses que j'en aimerai davantage encore quand une fois vous les aimerez.

Votre conseil est bon, et j'en userai désormais. J'aimerai mes amis sans inquiétude, mais sans froideur ; je les verrai avec transport, mais je saurai me passer d'eux. Je sens qu'ils ne cesseront jamais de m'être également chers, et je n'ai perdu pour eux que cette délicatesse excessive qui me rendoit quelquefois incommode et presque toujours mécontent. Au surplus, je n'ai jamais douté des bonnes résolutions de Diderot ; mais il y a loin de sa porte à la mienne, et bien des gens à gratter en chemin. Je suis perdu s'il s'arrange pour me venir voir ; cent fois il en fera le projet, et je ne le verrai pas une. C'est un homme qu'il faudroit enlever de chez lui, et le prendre par force pour lui faire faire ce qu'il veut.

Bonjour, ma bonne amie, et non pas madame, quoique je l'aie mis deux fois par inadvertance au commencement de ce griffonnage. Mais pourquoi ce correctif, et que fait la différence des mots quand le cœur leur donne à tous le même sens ?

A LA MÊME.

Ce jeudi (*).

Vous verrez, madame, par le billet ci-joint, que madame de Chenonceaux voudroit avoir pour une heure ou deux le poëme de la *Religion naturelle* ; et comme, dans l'affliction de cette pauvre femme, les moindres services sont des actes d'humanité, j'espère que vous m'aiderez avec plaisir dans celui-ci, en me prêtant le poëme en question, que je me charge de remettre ce soir ou demain matin à votre laquais si vous voulez bien me l'envoyer. J'ai déjà marqué à madame de Chenonceaux que quant aux vers sur le tremblement de terre, je ne savois où les trouver.

Voici votre air ; je vous prie de vouloir bien rembourser à M. Linant ce que je lui dois, jusqu'à ce que je puisse vous rembourser moi-même, ce que je crains bien de ne pouvoir faire samedi, car je ne me sens pas en état de sortir.

Faites-moi dire de vos nouvelles, je vous supplie, et recevez avec la révérence de l'ours les respects de l'amitié.

A LA MÊME.

... 1756.

Je suis inquiet, madame, de l'état où je vous ai laissée hier ; faites-moi donner des nouvelles de votre santé. Efforcez-vous de la rétablir pour l'amour de vous et de moi, et croyez, malgré toute la maussaderie de votre sauvage, que vous trouverez difficilement un plus véritable ami que lui.

A M. DE SCHEYB,

Secrétaire des états de la Basse-Autriche.

A l'Hermitage, le 15 juillet 1756.

Vous me demandez, monsieur, des louanges pour vos augustes souverains et pour les lettres qu'ils font fleurir dans leurs états. Trouvez bon que je commence par louer eu vous

(*) Le poëme de la *Religion naturelle*, de Voltaire, dont il est question, sert à donner une date à cette lettre ; il parut en 1756.

un zélé sujet de l'impératrice et un bon citoyen de la république des lettres. Sans avoir l'honneur de vous connoître, je dois juger, à la ferveur qui vous anime, que vous vous acquittez parfaitement vous-même des devoirs que vous imposez aux autres, et que vous exercez à la fois les fonctions d'homme d'état au gré de leurs majestés, et celles d'auteur au gré du public.

A l'égard des soins donc vous me chargez, je sais bien, monsieur, que je ne serois pas le premier républicain qui auroit encensé le trône, ni le premier ignorant qui chanteroit les arts; mais je suis si peu propre à remplir dignement vos intentions, que mon insuffisance est mon excuse, et je ne sais comment les grands noms que vous citez vous ont laissé songer au mien. Je vois d'ailleurs, au ton dont la flatterie usa de tout temps avec les princes vulgaires, que c'est honorer ceux qu'on estime que de les louer sobrement; car on sait que les princes loués avec le plus d'excès sont rarement ceux qui méritent le mieux de l'être. Or, il ne convient à personne de se mettre sur les rangs avec le projet de faire moins que les autres, surtout quand on doit craindre de faire moins bien. Permettez-moi donc de croire qu'il n'y a pas plus de vrai respect pour l'empereur et l'impératrice-reine dans les écrits des auteurs célèbres dont vous me parlez, que dans mon silence, et que ce seroit une témérité de le rompre à leur exemple, à moins que d'avoir leurs talens.

Vous me pressez aussi de vous dire si leurs majestés impériales ont bien fait de consacrer de magnifiques établissemens et des sommes immenses à des leçons publiques dans leur capitale; et, après la réponse affirmative de tant d'illustres auteurs, vous exigez encore la mienne. Quant à moi, monsieur, je n'ai pas les lumières nécessaires pour me déterminer aussi promptement; et je ne connois pas assez les mœurs et les talens de vos compatriotes, pour en faire une application sûre à votre question. Mais voici là-dessus le précis de mon sentiment, sur lequel vous pourrez, mieux que moi, tirer la conclusion.

Par rapport aux mœurs. Quand les hommes sont corrompus, il vaut mieux qu'ils soient savans qu'ignorans; quand ils sont bons, il est à craindre que les sciences ne les corrompent.

Par rapport aux talens. Quand on en a, le savoir les perfectionne et les fortifie; quand on en manque, l'étude ôte encore la raison, et fait un pédant et un sot d'un homme de bon sens et de peu d'esprit.

Je pourrois ajouter à ceci quelques réflexions. Qu'on cultive ou non les sciences, dans quelque siècle que naisse un grand homme, il est toujours un grand homme; car la source de son mérite n'est pas dans les livres, mais dans sa tête, et souvent les obstacles qu'il trouve et qu'il surmonte ne font que l'élever et l'agrandir encore. On peut acheter la science et même les savans; mais le génie, qui rend le savoir utile, ne s'achète point; il ne connoît ni l'argent, ni l'ordre des princes; il ne leur appartient point de le faire naître, mais seulement de l'honorer; il vit et s'immortalise avec la liberté qui lui est naturelle, et votre illustre Métastase lui-même étoit déjà la gloire de l'Italie avant d'être accueilli par Charles VI. Tâchons donc de ne pas confondre le vrai progrès des talens avec la protection que les souverains peuvent leur accorder. Les sciences règnent pour ainsi dire à la Chine depuis deux mille ans, et n'y peuvent sortir de l'enfance, tandis qu'elles sont dans leur vigueur en Angleterre, où le gouvernement ne fait rien pour elles. L'Europe est vainement inondée de gens de lettres, les gens de mérite y sont toujours rares; les écrits durables le sont encore plus, et la postérité croira qu'on fit bien peu de livres dans ce même siècle où l'on en fait tant.

Quant à votre patrie en particulier, il se présente, monsieur, une observation bien simple. L'impératrice et ses augustes ancêtres n'ont pas eu besoin de gager des historiens et des poètes pour célébrer les grandes choses qu'ils vouloient faire; mais ils ont fait de grandes choses, et elles ont été consacrées à l'immortalité comme celles de cet ancien peuple qui savoit agir et n'écrivoit point. Peut-être manquoit-il à leurs travaux le plus digne de les couronner, parce qu'il est le plus difficile : c'est de soutenir, à l'aide des lettres, tant de gloire acquise sans elles.

Quoi qu'il en soit, monsieur, assez d'autres donneront aux protecteurs des sciences et des arts des éloges que leurs majestés impériales partageront avec la plupart des rois : pour moi, ce que j'admire en elles, et qui leur est plus véritablement propre, c'est leur amour constant pour la vertu et pour tout ce qui est honnête. Je ne nie pas que votre pays n'ait été longtemps barbare ; mais je dis qu'il étoit plus aisé d'établir les beaux-arts chez les Huns, que de faire de la plus grande cour de l'Europe une école de bonnes mœurs.

Au reste, je dois vous dire que, votre lettre ayant été adressée à Genève avant de venir à Paris, elle a resté près de six semaines en route; ce qui m'a privé du plaisir d'y répondre aussitôt que je l'aurois voulu.

Je suis, autant qu'un honnête homme peut l'être d'un autre, monsieur, etc. (*).

A MADAME D'ÉPINAY.

L'Hermitage, août 1756.

Je suis arrivé saucé, et à une heure de nuit ; mais du reste sans accident, et je vous remercie de votre inquiétude.

Votre jardinier a encore emporté ce matin des pêches au marché de Montmorency; on ne peut rien ajouter à l'effronterie qu'il met dans ses vols ; et bien loin que ma présence ici le retienne, je vois très-évidemment qu'elle lui sert de raison pour porter chez vous encore moins de fruits qu'à l'ordinaire. Il n'y aura de longtemps rien à faire à votre jardin ; vous épargneriez les restes de votre fruit si vous lui donniez congé plus tôt que plus tard : bien entendu que vous m'aurez fait avertir d'avance, et que vous vous ferez rendre en même temps la clef de la maison. A l'égard du lit et de ce qui est dans sa chambre, comme j'ignore ce qui est à vous ou à lui, je ne lui laisserai rien emporter sans un ordre de votre part. Il est inutile que personne couche ici, et si cela est nécessaire, je pourrai y faire coucher quelqu'un du voisinage sur qui je compte, et à qui d'ailleurs je ne confierai pas la clef : en attendant vous aurez le temps de faire chercher un jardinier. La seule précaution dont j'aurois besoin pour le repos des gouverneuses, ce seroit un fusil ou des pistolets pour cet hiver ; mais je ne trouve personne qui m'en veuille prêter, et il ne seroit pas raisonnable d'en acheter. Au fond, je vois que nous sommes ici en parfaite sûreté et sous la protection des voisins. Je suis obligé de vous écrire tout ceci, car il est difficile d'avoir de conversation tranquille dans les courts intervalles que j'ai à passer près de vous. Bonjour, madame ; on va d'abord se mettre à votre ouvrage, et il se fera sans interruption. Mes respects à madame d'Esclavelles, et mes amitiés au tyran (*) et à vos enfans. Mon pied va mieux, malgré la fatigue.

A M. DE VOLTAIRE.

Le 18 août 1756.

Vos deux derniers poèmes, monsieur (¹), me sont parvenus dans ma solitude ; et, quoique tous mes amis connoissent l'amour que j'ai pour vos écrits, je ne sais de quelle part ceux-ci me pourroient venir, à moins que ce ne soit de la vôtre. Ainsi je crois devoir vous remercier à la fois de l'exemplaire et de l'ouvrage. J'y ai trouvé le plaisir avec l'instruction, et reconnu la main du maître. Je ne vous dirai pas que tout m'en paroisse également bon ; mais les choses qui m'y déplaisent ne font que m'inspirer plus de confiance pour celles qui me transportent : ce n'est pas sans peine que je défends quelquefois ma raison contre les charmes de votre poésie ; mais c'est pour rendre mon admiration plus digne de vos ouvrages que je m'efforce de n'y pas tout admirer (**).

Je ferai plus, monsieur, je vous dirai sans détour non les beautés que j'ai cru sentir dans ces deux poèmes, la tâche effraieroit ma paresse, ni même les défauts qu'y remarqueront peut-être de plus habiles gens que moi, mais les déplaisirs qui troublent en cet instant le goût que je prenois à vos leçons ; et je vous les dirai, encore attendri d'une première lecture où mon cœur écoutoit avidement le vôtre, vous

---

(*) Dans cette Lettre, qu'un mélange de persiflage et de philosophie rend très-remarquable, Rousseau résume son opinion sur la querelle littéraire élevée à l'occasion de son premier discours. Quand il dit qu'il *vaut mieux que les hommes corrompus soient savans qu'ignorans*, il fait voir combien on avoit dénaturé cette opinion. En demandant si naïvement des louanges pour ses souverains, M. Scheyb s'adressoit à quelqu'un qui n'en étoit pas prodigue. M. P.

(¹) Grimm.
(¹) Celui sur le Désastre de Lisbonne, et celui sur la Loi naturelle.
(**) M. de La Harpe trouva ce langage peu respectueux. M. P.

aimant comme mon frère, vous honorant comme mon maître, me flattant enfin que vous reconnoîtrez dans mes intentions la franchise d'une âme droite, et dans mes discours le ton d'un ami de la vérité qui parle à un philosophe. D'ailleurs, plus votre second poème m'enchante, plus je prends librement parti contre le premier; car, si vous n'avez pas craint de vous opposer à vous-même, pourquoi craindrois-je d'être de votre avis? Je dois croire que vous ne tenez pas beaucoup à des sentimens que vous réfutez si bien.

Tous mes griefs sont donc contre votre *Poème sur le Désastre de Lisbonne*, parce que j'en attendois des effets plus dignes de l'humanité qui paroît vous l'avoir inspiré. Vous reprochez à Pope et à Leibnitz d'insulter à nos maux en soutenant que tout est bien, et vous chargez tellement le tableau de nos misères, que vous en aggravez le sentiment : au lieu des consolations que j'espérois, vous ne faites que m'affliger; on diroit que vous craignez que je ne voie pas assez combien je suis malheureux, et vous croiriez, ce semble, me tranquilliser beaucoup en me prouvant que tout est mal.

Ne vous y trompez pas, monsieur, il arrive tout le contraire de ce que vous vous proposez. Cet optimisme, que vous trouvez si cruel, me console pourtant dans les mêmes douleurs que vous me peignez comme insupportables. Le poème de Pope adoucit mes maux et me porte à la patience; le vôtre aigrit mes peines, m'excite aux murmures, et m'ôtant tout, hors une espérance ébranlée, il me réduit au désespoir. Dans cette étrange opposition qui règne entre ce que vous prouvez et ce que j'éprouve, calmez la perplexité qui m'agite, et dites-moi qui s'abuse du sentiment ou de la raison.

« Homme, prends patience, me disent Pope
» et Leibnitz, les maux sont un effet nécessaire
» de la nature et de la constitution de cet uni-
» vers. L'être éternel et bienfaisant qui le gou-
» verne eût voulu t'en garantir : de toutes les
» économies possibles, il a choisi celle qui réu-
» nissoit le moins de mal et le plus de bien, ou,
» pour dire la même chose encore plus crû-
» ment, s'il le faut, s'il n'a pas mieux fait, c'est
» qu'il ne pouvoit mieux faire. »

Que me dit maintenant votre poème? « Souf-
» fre à jamais, malheureux. S'il est un Dieu
» qui t'ait créé, sans doute il est tout-puissant
» il pouvoit prévenir tous tes maux; n'espère
» donc jamais qu'ils finissent; car on ne sauroit
» voir pourquoi tu existes, si ce n'est pour souf-
» frir et mourir. » Je ne sais ce qu'une pareille doctrine peut avoir de plus consolant que l'optimisme et que la fatalité même; pour moi, j'avoue qu'elle me paroît plus cruelle encore que le manichéisme. Si l'embarras de l'origine du mal vous forçoit d'altérer quelqu'une des perfections de Dieu, pourquoi vouloir justifier sa puissance aux dépens de sa bonté? S'il faut choisir entre deux erreurs, j'aime encore mieux la première.

Vous ne voulez pas, monsieur, qu'on regarde votre ouvrage comme un poème contre la Providence; et je me garderai bien de lui donner ce nom, quoique vous ayez qualifié de livre contre le genre humain un écrit (¹) où je plaidois la cause du genre humain contre lui-même. Je sais la distinction qu'il faut faire entre les intentions d'un auteur et les conséquences qui peuvent se tirer de sa doctrine. La juste défense de moi-même m'oblige seulement à vous faire observer qu'en peignant les misères humaines, mon but étoit excusable et même louable, à ce que je crois : car je montrois aux hommes comment ils faisoient leurs malheurs eux-mêmes, et par conséquent comment ils les pouvoient éviter.

Je ne vois pas qu'on puisse chercher la source du mal moral ailleurs que dans l'homme libre, perfectionné, partant corrompu; et quant aux maux physiques, si la matière sensible et impassible est une contradiction, comme il me le semble, ils sont inévitables dans tout système dont l'homme fait partie; et alors la question n'est point pourquoi l'homme n'est pas parfaitement heureux, mais pourquoi il existe. De plus, je crois avoir montré qu'excepté la mort, qui n'est presque un mal que par les préparatifs dont on la fait précéder, la plupart de nos maux physiques sont encore notre ouvrage. Sans quitter votre sujet de Lisbonne, convenez, par exemple, que la nature n'avoit point rassemblé là vingt mille maisons de six à sept étages; et que, si les habitans de cette grande ville eussent été dispersés plus

(¹) Le discours sur l'origine de l'inégalité.

également et plus légèrement logés, le dégât eût été beaucoup moindre, et peut-être nul. Tout eût fui au premier ébranlement, et on les eût vus le lendemain à vingt lieues de là, tout aussi gais que s'il n'étoit rien arrivé. Mais il faut rester, s'opiniâtrer autour des masures, s'exposer à de nouvelles secousses, parce que ce qu'on laisse vaut mieux que ce qu'on peut emporter. Combien de malheureux ont péri dans ce désastre pour vouloir prendre, l'un ses habits, l'autre ses papiers, l'autre son argent! Ne sait-on pas que la personne de chaque homme est devenue la moindre partie de lui-même, et que ce n'est presque pas la peine de la sauver quand on a perdu tout le reste?

Vous auriez voulu que le tremblement se fût fait au fond d'un désert plutôt qu'à Lisbonne. Peut-on douter qu'il ne s'en forme aussi dans les déserts? Mais nous n'en parlons point, parce qu'ils ne font aucun mal aux messieurs des villes, les seuls hommes dont nous tenions compte. Ils en font peu même aux animaux et aux sauvages qui habitent épars ces lieux retirés, et qui ne craignent ni la chute des toits ni l'embrasement des maisons. Mais que signifieroit un pareil privilège? Seroit-ce donc à dire que l'ordre du monde doit changer selon nos caprices, que la nature doit être soumise à nos lois, et que pour lui interdire un tremblement de terre en quelque lieu, nous n'avons qu'à y bâtir une ville?

Il y a des événemens qui nous frappent souvent plus ou moins, selon les faces par lesquelles on les considère, et qui perdent beaucoup de l'horreur qu'ils inspirent au premier aspect, quand on veut les examiner de près. J'ai appris dans *Zadig*, et la nature me confirme de jour en jour, qu'une mort accélérée n'est pas toujours un mal réel, et qu'elle peut quelquefois passer pour un bien relatif. De tant d'hommes écrasés sous les ruines de Lisbonne, plusieurs, sans doute, ont évité de plus grands malheurs; et malgré ce qu'une pareille description a de touchant et fournit à la poésie, il n'est pas sûr qu'un seul de ces infortunés ait plus souffert que si, selon le cours ordinaire des choses, il eût attendu dans de longues angoisses la mort qui l'est venu surprendre. Est-il une fin plus triste que celle d'un mourant qu'on accable de soins inutiles, qu'un notaire et des héritiers ne laissent pas respirer, que les médecins assassinent dans son lit à leur aise, et à qui des prêtres barbares font avec art savourer la mort? Pour moi, je vois partout que les maux auxquels nous assujettit la nature sont moins cruels que ceux que nous y ajoutons.

Mais, quelque ingénieux que nous puissions être à fomenter nos misères à force de belles institutions, nous n'avons pu jusqu'à présent nous perfectionner au point de nous rendre généralement la vie à charge, et de préférer le néant à notre existence, sans quoi le découragement et le désespoir se seroient bientôt emparés du plus grand nombre, et le genre humain n'eût pu subsister long-temps. Or, s'il est mieux pour nous d'être que de n'être pas, c'en seroit assez pour justifier notre existence, quand même nous n'aurions aucun dédommagement à attendre des maux que nous avons à souffrir, et que ces maux seroient aussi grands que vous les dépeignez. Mais il est difficile de trouver sur ce point de la bonne foi chez les hommes, et de bons calculs chez les philosophes, parce que ceux-ci, dans la comparaison des biens et des maux, oublient toujours le doux sentiment de l'existence indépendant de toute autre sensation, et que la vanité de mépriser la mort engage les autres à calomnier la vie, à peu près comme ces femmes qui, avec une robe tachée et des ciseaux, prétendent aimer mieux des trous que des taches.

Vous pensez, avec Érasme, que peu de gens voudroient renaître aux mêmes conditions qu'ils ont vécu; mais tel tient sa marchandise fort haut, qui en rabattroit beaucoup s'il avoit quelque espoir de conclure le marché. D'ailleurs, qui dois-je croire que vous avez consulté sur cela? Des riches, peut-être, rassasiés de faux plaisirs, mais ignorant les véritables, toujours ennuyés de la vie, et toujours tremblant de la perdre. Peut-être des gens de lettres, de tous les ordres d'hommes le plus sédentaire, le plus malsain, le plus réfléchissant, et par conséquent le plus malheureux. Voulez-vous trouver des hommes de meilleure composition, ou du moins, communément plus sincères, et qui, formant le plus grand nombre, doivent au moins pour cela être écoutés par préférence; consultez un honnête bourgeois qui aura passé une vie obscure et tranquille, sans projets et sans ambition; un bon artisan qui vit commodément de son métier; un paysan même, non de France, où l'on prétend qu'il faut les faire mourir de misère afin qu'ils nous fassent vivre, mais du pays, par exemple, où vous êtes, et généralement de tout pays libre. J'ose poser en fait qu'il n'y a peut-être pas dans le Haut-Valais un seul montagnard mécontent de sa vie presque automate, et qui n'acceptât volontiers, au lieu même du paradis qu'il attend et qui lui est dû, le marché de renaître sans cesse pour végéter ainsi perpétuellement. Ces différences me font croire que c'est souvent l'abus que nous faisons de la vie qui nous la rend à charge; et j'ai bien moins bonne opinion de ceux qui sont fâchés d'avoir vécu, que de celui qui peut dire avec Caton : *Nec me vixisse pœnitet, quoniàm ità vixi, ut frustrà me natum non existimem.* Cela n'empêche pas que le sage ne puisse quelquefois déloger volontairement, sans murmure et sans désespoir, quand la nature ou la fortune lui porte bien distinctement l'ordre de mourir. Mais, selon le cours ordinaire des choses, de quelques maux que soit semée la vie humaine, elle n'est pas, à tout prendre, un mauvais présent; et si ce n'est pas toujours un mal de mourir, c'en est fort rarement un de vivre.

Nos différentes manières de penser sur tous ces points m'apprennent pourquoi plusieurs de vos preuves sont peu concluantes pour moi : car je n'ignore pas combien la raison humaine prend plus facilement le moule de nos opinions que celui de la vérité, et qu'entre deux hommes d'avis contraires, ce que l'un croit démontré n'est souvent qu'un sophisme pour l'autre.

Quand vous attaquez, par exemple, la chaîne des êtres si bien décrite par Pope, vous dites qu'il n'est pas vrai que si l'on ôtoit un atome du monde, le monde ne pourroit subsister. Vous citez là-dessus M. de Crousaz (*); puis vous ajoutez que la nature n'est asservie à aucune mesure précise ni à aucune *forme précise*; que nulle planète ne se meut dans une courbe absolument régulière; que nul être connu n'est d'une figure précisément mathématique; que nulle quantité précise n'est requise pour nulle opération; que la nature n'agit jamais rigoureusement; qu'ainsi on n'a aucune raison d'assurer qu'un atome de moins sur la terre seroit la cause de la destruction de la terre. Je vous avoue que sur tout cela, monsieur, je suis plus frappé de la force de l'assertion que de celle du raisonnement, et qu'en cette occasion je céderois avec plus de confiance à votre autorité qu'à vos preuves.

A l'égard de M. de Crousaz, je n'ai point lu son écrit contre Pope, et ne suis peut-être pas en état de l'entendre; mais ce qu'il y a de très-certain, c'est que je ne lui céderai pas ce que je vous aurai disputé, et que j'ai tout aussi peu de foi à ses preuves qu'à son autorité. Loin de penser que la nature ne soit point asservie à la précision des quantités et des figures, je croirois, tout au contraire, qu'elle seule suit à la rigueur cette précision, parce qu'elle seule sait comparer exactement les fins et les moyens, et mesurer la force à la résistance. Quant à ses irrégularités prétendues, peut-on douter qu'elles n'aient toute leur cause physique; et suffit-il de ne la pas apercevoir pour nier qu'elle existe ? Ces apparentes irrégularités viennent sans doute de quelques lois que nous ignorons, et que la nature suit tout aussi fidèlement que celles qui nous sont connues; de quelque agent que nous n'apercevons pas, et dont l'obstacle ou le concours a des mesures fixes dans toutes ses opérations; autrement il faudroit dire nettement qu'il y a des actions sans principe et des effets sans cause, ce qui répugne à toute philosophie.

Supposons deux poids en équilibre et pourtant inégaux; qu'on ajoute au plus petit la quantité dont ils diffèrent : ou les deux poids resteront encore en équilibre, et l'on aura une cause sans effet, ou l'équilibre sera rompu, et l'on aura un effet sans cause : mais si les poids étoient de fer, et qu'il y eût un grain d'aimant caché sous l'un des deux, la précision de la nature lui ôteroit alors l'apparence de la précision, et à force d'exactitude elle paroîtroit en manquer. Il n'y a pas une figure, pas une opération, pas une loi dans le monde physique à laquelle on ne puisse appliquer quelque exemple semblable à celui que je viens de proposer sur la pesanteur (¹).

(*) *Examen de l'Essai sur l'Homme,* par Crousaz. Lausanne, 1737, in-12.   G. P.

(¹) M. de Voltaire ayant avancé que la nature n'agit jamais rigoureusement, que nulle quantité précise n'est requise pour nulle opération, il s'agissoit de combattre cette doctrine, et d'éclaircir mon raisonnement par un exemple. Dans celui de

Vous dites que nul être connu n'est d'une figure précisément mathématique ; je vous demande, monsieur, s'il y a quelque figure qui ne le soit pas, et si la courbe la plus bizarre n'est pas aussi régulière aux yeux de la nature qu'un cercle parfait aux nôtres. J'imagine, au reste, que, si quelque corps pouvoit avoir cette apparente régularité, ce ne seroit que l'univers même en le supposant plein et borné; car les figures mathématiques, n'étant que des abstractions, n'ont de rapport qu'à elles-mêmes, au lieu que toutes celles des corps naturels sont relatives à d'autres corps et à des mouvemens qui les modifient; ainsi, cela ne prouveroit encore rien contre la précision de la nature, quand même nous serions d'accord sur ce que vous entendez par ce mot de *précision*.

Vous distinguez les événemens qui ont des effets de ceux qui n'en ont point : je doute que cette distinction soit solide. Tout événement me semble avoir nécessairement quelque effet, ou moral, ou physique, ou composé des deux, mais qu'on n'aperçoit pas toujours, parce que la filiation des événemens est encore plus difficile à suivre que celle des hommes. Comme en général on ne doit pas chercher des effets plus considérables que les événemens qui les produisent, la petitesse des causes rend souvent l'examen ridicule, quoique les effets soient certains, et souvent aussi plusieurs effets presque imperceptibles se réunissent pour produire un événement considérable. Ajoutez que tel effet ne laisse pas d'avoir lieu, quoiqu'il agisse hors du corps qui l'a produit. Ainsi, la poussière qu'élève un carrosse peut ne rien faire à la marche de la voiture, et influer sur celle du monde : mais comme il n'y a rien d'étranger à l'univers, tout ce qui s'y fait agit nécessairement sur l'univers même.

Ainsi, monsieur, vos exemples me paroissent plus ingénieux que convaincans. Je vois mille raisons plausibles pourquoi il n'étoit peut-être pas indifférent à l'Europe qu'un certain jour l'héritière de Bourgogne fût bien ou mal coiffée, ni au destin de Rome que César tournât les yeux à droite ou à gauche, et crachât de l'un ou de l'autre côté, en allant au sénat le jour qu'il y fut puni. En un mot, en me rappelant le grain de sable cité par Pascal, je suis, à quelques égards, de l'avis de votre bramine : et, de quelque manière qu'on envisage les choses, si tous les événemens n'ont pas des effets sensibles, il me paroît incontestable que tous en ont de réels, dont l'esprit humain perd aisément le fil, mais qui ne sont jamais confondus par la nature.

Vous dites qu'il est démontré que les corps célestes font leur révolution dans l'espace non résistant : c'étoit assurément une belle chose à démontrer ; mais, selon la coutume des ignorans, j'ai très-peu de foi aux démonstrations qui passent ma portée. J'imaginerois que, pour bâtir celle-ci, l'on auroit à peu près raisonné de cette manière. Telle force agissant selon telle loi, doit donner aux astres tel mouvement dans un milieu non résistant ; or, les astres ont exactement le mouvement calculé, donc il n'y a point de résistance. Mais qui peut savoir s'il n'y a pas, peut-être, un million d'autres lois possibles, sans compter la véritable, selon lesquelles les mêmes mouvemens s'expliqueroient mieux encore dans un fluide que dans le vide par celle-ci? L'horreur du vide n'a-t-elle pas long-temps expliqué la plupart des effets qu'on a depuis attribués à l'action de l'air? D'autres expériences ayant ensuite détruit l'horreur du vide, tout ne s'est-il pas trouvé plein ? N'a-t-on pas rétabli le vide sur de nouveaux calculs? Qui nous répondra qu'un système encore plus exact ne le détruira pas derechef? Laissons les difficultés sans nombre qu'un physicien feroit peut-être sur la nature de la lumière et des espaces éclairés; mais croyez-vous de bonne foi que Bayle, dont j'admire avec vous la sagesse et la retenue en matière d'opinions, eût trouvé la vôtre si démontrée? En général, il semble que les sceptiques s'oublient un peu sitôt qu'ils prennent le ton dogmatique, et qu'ils devroient user plus sobrement que personne du terme de *démontrer*. Le moyen d'être cru quand on se vante de ne rien savoir, en affirmant tant de choses! Au reste, vous avez fait un correctif

---

l'équilibre entre deux poids, il n'est pas nécessaire, selon M. de Voltaire, que ces deux poids soient rigoureusement égaux pour que cet équilibre ait lieu. Or, je lui fais voir que, dans cette supposition, il y a nécessairement effet sans cause, ou cause sans effet. Puis ajoutant la seconde supposition des deux poids de fer et du grain d'aimant, je lui fais voir que, quand on feroit dans la nature quelque observation semblable à l'exemple supposé, cela ne prouveroit encore rien en sa faveur, parce qu'il ne sauroit s'assurer que quelque cause naturelle ou secrète ne produit pas en cette occasion l'apparente irrégularité dont il accuse la nature.

très-juste au système de Pope, en observant qu'il n'y a aucune gradation proportionnelle entre les créatures et le Créateur, et que si la chaîne des êtres créés aboutit à Dieu, c'est parce qu'il la tient, et non parce qu'il la termine.

Sur le bien du tout préférable à celui de sa partie, vous faites dire à l'homme : Je dois être aussi cher à mon maître, moi être pensant et sentant, que les planètes, qui probablement ne sentent point. Sans doute cet univers matériel ne doit pas être plus cher à son auteur qu'un seul être pensant et sentant ; mais le système de cet univers, qui produit, conserve et perpétue tous les êtres pensans et sentans, lui doit être plus cher qu'un seul de ces êtres ; il peut donc, malgré sa bonté, ou plutôt par sa bonté même, sacrifier quelque chose du bonheur des individus à la conservation du tout. Je crois, j'espère valoir mieux aux yeux de Dieu que la terre d'une planète ; mais si les planètes sont habitées, comme il est probable, pourquoi vaudrois-je mieux à ses yeux que tous les habitans de Saturne ? On a beau tourner ces idées en ridicule, il est certain que toutes les analogies sont pour cette population, et qu'il n'y a que l'orgueil humain qui soit contre. Or, cette population supposée, la conservation de l'univers semble avoir pour Dieu même une moralité qui se multiplie par le nombre des mondes habités.

Que le cadavre d'un homme nourrisse des vers, des loups, ou des plantes, ce n'est pas, je l'avoue, un dédommagement de la mort de cet homme ; mais si, dans le système de cet univers, il est nécessaire à la conservation du genre humain qu'il y ait une circulation de substance entre les hommes, les animaux et les végétaux, alors le mal particulier d'un individu contribue au bien général. Je meurs, je suis mangé des vers ; mais mes enfans, mes frères, vivront comme j'ai vécu ; mon cadavre engraisse la terre dont ils mangeront les productions ; et je fais, par l'ordre de la nature et pour tous les hommes, ce que firent volontairement Codrus, Curtius, les Décies, les Philènes, et mille autres, pour une petite partie des hommes,

Pour revenir, monsieur, au système que vous attaquez, je crois qu'on ne peut l'examiner convenablement sans distinguer avec soin le mal particulier, dont aucun philosophe n'a jamais nié l'existence, du mal général que nie l'optimisme. Il n'est pas question de savoir si chacun de nous souffre ou non, mais s'il étoit bon que l'univers fût, et si nos maux étoient inévitables dans sa constitution. Ainsi, l'addition d'un article rendroit, ce semble, la proposition plus exacte ; et, au lieu de *tout est bien*, il vaudroit peut-être mieux dire, *le tout est bien*, ou *tout est bien pour le tout*. Alors il est très-évident qu'aucun homme ne sauroit donner de preuves directes ni pour ni contre ; car ces preuves dépendent d'une connoissance parfaite de la constitution du monde et du but de son auteur, et cette connoissance est incontestablement au-dessus de l'intelligence humaine. Les vrais principes de l'optimisme ne peuvent se tirer ni des propriétés de la matière, ni de la mécanique de l'univers, mais seulement par induction des perfections de Dieu qui préside à tout : de sorte qu'on ne prouve pas l'existence de Dieu par le système de Pope, mais le système de Pope par l'existence de Dieu, et c'est, sans contredit, de la question de la Providence qu'est dérivée celle de l'origine du mal ; que si ces deux questions n'ont pas été mieux traitées l'une que l'autre, c'est qu'on a toujours si mal raisonné sur la Providence, que ce qu'on en a dit d'absurde a fort embrouillé tous les corollaires qu'on pouvoit tirer de ce grand et consolant dogme.

Les premiers qui ont gâté la cause de Dieu sont les prêtres et les dévots, qui ne souffrent pas que rien se fasse selon l'ordre établi, mais font toujours intervenir la justice divine à des événemens purement naturels ; et, pour être sûrs de leur fait, punissent et châtient les méchans, éprouvent ou récompensent les bons indifféremment avec des biens ou des maux, selon l'événement. Je ne sais, pour moi, si c'est une bonne théologie, mais je trouve que c'est une mauvaise manière de raisonner de fonder indifféremment sur le pour et le contre *les preuves de la Providence*, et de lui attribuer, sans choix, tout ce qui se feroit également sans elle.

Les philosophes, à leur tour, ne me paroissent guère plus raisonnables, quand je les vois s'en prendre au ciel de ce qu'ils ne sont pas impassibles, crier que tout est perdu quand ils ont mal aux dents, ou qu'ils sont pauvres, ou qu'on les vole, et charger Dieu, comme dit Sénèque, de la garde de leur valise. Si quelque accident tragique eût fait périr Cartouche ou César dans leur enfance, on auroit dit : Quels crimes avoient-ils commis? Ces deux brigands ont vécu, et nous disons : Pourquoi les avoir laissé vivre? Au contraire, un dévot dira, dans le premier cas, Dieu vouloit punir le père en lui ôtant son enfant; et dans le second, Dieu conservoit l'enfant pour le châtiment du peuple. Ainsi, quelque parti qu'ait pris la nature, la Providence a toujours raison chez les dévots, et toujours tort chez les philosophes. Peut-être dans l'ordre des choses humaines n'a-t-elle ni tort ni raison, parce que tout tient à la loi commune, et qu'il n'y a d'exception pour personne. Il est à croire que les événemens particuliers ne sont rien aux yeux du maître de l'univers; que sa providence est seulement universelle; qu'il se contente de conserver les genres et les espèces, et de présider au tout, sans s'inquiéter de la manière dont chaque individu passe cette courte vie. Un roi sage, qui veut que chacun vive heureux dans ses états, a-t-il besoin de s'informer si les cabarets y sont bons? Le passant murmure une nuit quand ils sont mauvais, et vit tout le reste de ses jours d'une impatience aussi déplacée. *Commorandi enim natura diversorium nobis, non habitandi dedit.*

Pour penser juste à cet égard, il semble que les choses devroient être considérées relativement dans l'ordre physique et absolument dans l'ordre moral : la plus grande idée que je puis me faire de la Providence est que chaque être matériel soit disposé le mieux qu'il est possible par rapport au tout, et chaque être intelligent et sensible le mieux qu'il est possible par rapport à lui-même; en sorte que, pour qui sent son existence, il vaille mieux exister que ne pas exister. Mais il faut appliquer cette règle à la durée totale de chaque être sensible, et non à quelque instant particulier de sa durée tel que la vie humaine; ce qui montre combien la question de la Providence tient à celle de l'immortalité de l'âme, que j'ai le bonheur de croire, sans ignorer que la raison peut en douter, et à celle de l'éternité des peines, que ni vous, ni moi, ni jamais homme pensant bien de Dieu, ne croirons jamais.

Si je ramène ces questions diverses à leur principe commun, il me semble qu'elles se rapportent toutes à celle de l'existence de Dieu. Si Dieu existe, il est parfait; s'il est parfait, il est sage, puissant, et juste; s'il est sage et puissant, tout est bien; s'il est juste et puissant, mon âme est immortelle; si mon âme est immortelle, trente ans de vie ne sont rien pour moi, et sont peut-être nécessaires au maintien de l'univers. Si l'on m'accorde la première proposition, jamais on n'ébranlera les suivantes; si on la nie, il ne faut point discuter sur ses conséquences.

Nous ne sommes ni l'un ni l'autre dans ce dernier cas. Bien loin, du moins, que je puisse rien présumer de semblable de votre part en lisant le recueil de vos œuvres, la plupart m'offrent les idées les plus grandes, les plus douces, les plus consolantes de la divinité ; et j'aime bien mieux un chrétien de votre façon que de celle de la Sorbonne.

Quant à moi, je vous avouerai naïvement que ni le pour ni le contre ne me paroissent démontrés sur ce point par les seules lumières de la raison, et que si le théiste ne fonde son sentiment que sur des probabilités, l'athée, moins précis encore, ne me paroît fonder le sien que sur des possibilités contraires. De plus, les objections de part et d'autre sont toujours insolubles, parce qu'elles roulent sur des choses dont les hommes n'ont point de véritable idée. Je conviens de tout cela, et pourtant je crois en Dieu tout aussi fortement que je crois une autre vérité, parce que croire et ne pas croire sont les choses du monde qui dépendent le moins de moi; que l'état de doute est un état trop violent pour mon âme; que, quand ma raison flotte, ma foi ne peut rester long-temps en suspens, et se détermine sans elle; qu'enfin mille sujets de préférence m'attirent du côté le plus consolant, et joignent le poids de l'espérance à l'équilibre de la raison.

Voilà donc une vérité dont nous partons tous deux, à l'appui de laquelle vous sentez combien l'optimisme est facile à défendre et la Providence à justifier, et ce n'est pas à vous qu'il faut répéter les raisonnemens rebattus, mais solides, qui ont été faits si souvent à ce sujet. A l'égard des philosophes qui ne conviennent pas du principe, il ne faut point disputer avec eux sur ces matières, parce que ce qui n'est qu'une preuve de sentiment pour nous ne peut devenir pour eux une démonstration, et que ce n'est pas un discours raisonnable de dire à un homme : *Vous devez croire ceci parce que je le crois.* Eux, de leur côté, ne doivent point non plus disputer avec nous sur ces mêmes matières, parce qu'elles ne sont que des corollaires de la proposition principale qu'un adversaire honnête ose à peine leur opposer, et qu'à leur tour ils auroient tort d'exiger qu'on leur prouvât le corollaire indépendamment de la proposition qui lui sert de base. Je pense qu'ils ne le doivent pas encore par une autre raison : c'est qu'il y a de l'inhumanité à troubler des âmes paisibles et à désoler les hommes à pure perte, quand ce qu'on veut leur apprendre n'est ni certain ni utile. Je pense, en un mot, qu'à votre exemple on ne sauroit attaquer trop fortement la superstition qui trouble la société, ni trop respecter la religion qui la soutient.

Mais je suis indigné, comme vous, que la foi de chacun ne soit pas dans la plus parfaite liberté, et que l'homme ose contrôler l'intérieur des consciences où il ne sauroit pénétrer, comme s'il dépendoit de nous de croire ou de ne pas croire dans des matières où la démonstration n'a point lieu, et qu'on pût jamais asservir la raison à l'autorité. Les rois de ce monde ont-ils donc quelque inspection dans l'autre, et sont-ils en droit de tourmenter leurs sujets ici-bas pour les forcer d'aller en paradis ? Non, tout gouvernement humain se borne, par sa nature, aux devoirs civils ; et, quoi qu'en ait pu dire le sophiste Hobbes, quand un homme sert bien l'état, il ne doit compte à personne de la manière dont il sert Dieu.

J'ignore si cet être juste ne punira point un jour toute tyrannie exercée en son nom ; je suis bien sûr au moins qu'il ne la partagera pas, et ne refusera le bonheur éternel à nul incrédule vertueux et de bonne foi. Puis-je, sans offenser sa bonté, et même sa justice, douter qu'un cœur droit ne rachète une erreur involontaire, et que des mœurs irréprochables ne vaillent bien mille cultes bizarres prescrits par les hommes et rejetés par la raison ? Je dirai plus : si je pouvois, à mon choix, acheter les œuvres aux dépens de ma foi, et compenser, à force de vertu, mon incrédulité supposée, je ne balancerois pas un instant, et j'aimerois mieux pouvoir dire à Dieu : *J'ai fait, sans songer à toi, le bien qui t'est agréable, et mon cœur suivoit ta volonté sans la connoître,* que de lui dire, comme il faudra que je le fasse un jour, *Je t'aimois, et je n'ai cessé de t'offenser ; je t'ai connu, et n'ai rien fait pour te plaire.*

Il y a, je l'avoue, une sorte de profession de foi que les lois peuvent imposer ; mais hors les principes de la morale et du droit naturel, elle doit être purement négative, parce qu'il peut exister des religions qui attaquent les fondemens de la société, et qu'il faut commencer par exterminer ces religions pour assurer la paix de l'état. De ces dogmes à proscrire, l'intolérance est sans difficulté le plus odieux ; mais il faut la prendre à sa source ; car les fanatiques les plus sanguinaires changent de langage selon la fortune, et ne prêchent que patience et douceur quand ils ne sont pas les plus forts. Ainsi j'appelle intolérant par principe tout homme qui s'imagine qu'on ne peut être homme de bien sans croire tout ce qu'il croit, et damne impitoyablement ceux qui ne pensent point comme lui. En effet, les fidèles sont rarement d'humeur à laisser les réprouvés en paix dans ce monde, et un saint qui croit vivre avec des damnés anticipe volontiers sur le métier du diable. Quant aux incrédules intolérans qui voudroient forcer le peuple à ne rien croire, je ne les bannirois pas moins sévèrement que ceux qui le veulent forcer à croire tout ce qu'il leur plaît ; car on voit, au zèle de leurs décisions, à l'amertume de leurs satires, qu'il ne leur manque que d'être les maîtres pour persécuter tout aussi cruellement les croyans qu'ils sont eux-mêmes persécutés par les fanatiques. Où est l'homme paisible et doux qui trouve bon qu'on ne pense pas comme lui ? Cet homme ne se trouvera sûrement jamais parmi les dévots, et il est encore à trouver chez les philosophes.

Je voudrois donc qu'on eût dans chaque état un code moral, ou une espèce de profession de foi civile qui contînt positivement les maximes sociales que chacun seroit tenu d'admettre, et négativement les maximes intolérantes qu'on seroit tenu de rejeter, non comme impies, mais comme séditieuses. Ainsi, toute religion qui pourroit s'accorder avec le code seroit admise ; toute religion qui ne s'y accorderoit pas seroit proscrite, et chacun seroit libre de n'en avoir point d'autre que le code même. Cet ouvrage, fait avec soin, seroit, ce me semble, le livre le plus utile qui jamais ait été composé, et peut-être le seul nécessaire aux hommes. Voilà, monsieur, un sujet pour vous ; je souhaiterois passionnément que vous voulussiez entreprendre cet ouvrage, et l'embellir de votre poésie, afin que chacun pouvant l'apprendre aisément, il portât dès l'enfance, dans tous les cœurs, ces sentimens de douceur et d'humanité qui brillent dans vos écrits, et qui manquent à tout le monde dans la pratique. Je vous exhorte à méditer ce projet, qui doit plaire à l'auteur d'*Alzire*. Vous nous avez donné, dans votre poëme sur la religion naturelle, le catéchisme de l'homme ; donnez-nous maintenant, dans celui que je vous propose, le catéchisme du citoyen. C'est une matière à méditer long-temps, et peut-être à réserver pour le dernier de vos ouvrages, afin d'achever, par un bienfait au genre humain, la plus brillante carrière que jamais homme de lettres ait parcourue.

Je ne puis m'empêcher, monsieur, de remarquer à ce propos une opposition bien singulière entre vous et moi dans le sujet de cette lettre. Rassasié de gloire, et désabusé des vaines grandeurs, vous vivez libre au sein de l'abondance ; bien sûr de votre immortalité, vous philosophez paisiblement sur la nature de l'âme ; et, si le corps ou le cœur souffre, vous avez Tronchin pour médecin et pour ami : vous ne trouvez pourtant que mal sur la terre. Et moi, homme obscur, pauvre, et tourmenté d'un mal sans remède, je médite avec plaisir dans ma retraite, et trouve que tout est bien. D'où viennent ces contradictions apparentes ? Vous l'avez vous-même expliqué : vous jouissez, mais j'espère ; et l'espérance embellit tout.

J'ai autant de peine à quitter cette ennuyeuse lettre que vous en aurez à l'achever. Pardonnez-moi, grand homme, un zèle peut-être indiscret, mais qui ne s'épancheroit pas avec vous si je vous estimois moins. A Dieu ne plaise que je veuille offenser celui de mes contemporains dont j'honore le plus les talens, et dont les écrits parlent le mieux à mon cœur ; mais il s'agit de la cause de la Providence, dont j'attends tout. Après avoir si long-temps puisé dans vos leçons des consolations et du courage, il m'est dur que vous m'ôtiez maintenant tout cela pour ne m'offrir qu'une espérance incertaine et vague, plutôt comme un palliatif actuel que comme un dédommagement à venir. Non, j'ai trop souffert en cette vie pour n'en pas attendre une autre. Toutes les subtilités de la métaphysique ne me feront pas douter un moment de l'immortalité de l'âme, et d'une Providence bienfaisante. Je la sens, je la crois, je la veux, je l'espère, je la défendrai jusqu'à mon dernier soupir ; et ce sera, de toutes les disputes que j'aurai soutenues, la seule où mon intérêt ne sera pas oublié. Je suis avec respect, monsieur, etc.

LETTRE DE VOLTAIRE.

(En réponse à la précédente.)

Aux Délices, 12 septembre 1756.

Mon cher philosophe, nous pouvons vous et moi, dans les intervalles de nos maux, raisonner en vers et en prose. Mais dans le moment présent, vous me pardonnerez de laisser là toutes ces discussions philosophiques qui ne sont que des amusemens. Votre lettre est très-belle, mais j'ai chez moi une de mes nièces, qui, depuis trois semaines, est dans un assez grand danger : je suis garde-malade et très-malade moi-même. J'attendrai que je me porte mieux, et que ma nièce soit guérie, pour penser avec vous. M. Tronchin m'a dit que vous viendriez enfin dans votre patrie : M. d'Alembert vous dira quelle vie philosophique on mène dans ma petite retraite. Elle mériteroit le nom qu'elle porte, si elle pouvoit vous posséder quelquefois. On dit que vous haïssez le séjour des villes ; j'ai cela de commun avec vous ; je voudrois vous ressembler en tant de choses, que cette conformité pût vous déterminer à venir nous voir. L'état où je suis ne me permet pas de vous en dire davantage. Comptez que de tous ceux qui vous ont lu, personne ne vous estime mieux que moi, malgré mes mauvaises plaisanteries, et que de tous ceux qui vous verront, personne n'est plus disposé à vous aimer tendrement. Je commence par supprimer toute cérémonie (*).

(*) Cette lettre, avec celle du 17 juin 1760 rapportée dans

A M. MONIER, PEINTRE D'AVIGNON,

Qui m'avoit envoyé trois fois la même pièce de vers, demandant instamment une réponse.

A l'Hermitage, le 14 septembre 1756.

Ainsi, monsieur, votre épître et vos louanges sont un expédient que la curiosité vous inspire, pour voir une lettre de ma façon ; d'où j'infère à quoi j'aurois dû m'attendre si des moyens contraires vous eussent conduit à la même fin.

Pour moi je trouve qu'on ne doit jamais répondre aux injures, et moins encore aux louanges ; car, si la vérité les dicte, elle en fait l'excuse ou la récompense ; et, si c'est le mensonge, il les faut également mépriser.

D'ailleurs, monsieur, que dire à quelqu'un qu'on ne connoît point? Il y a de l'esprit dans vos vers ; vous m'y donnez beaucoup d'éloges, et peut-être en méritez-vous à plus juste titre ; mais ce sont deux foibles recommandations près de moi que de l'esprit et de l'encens.

Je vois que vous aimez à écrire, en cela je ne vous blâme pas : mais, moi, je n'aime point à répondre, surtout à des complimens, et il n'est pas juste que je sois tyrannisé pour votre plaisir : non que mon temps soit précieux, comme vous dites ; il se passe à souffrir, ou se perd dans l'oisiveté, et j'avoue qu'on ne peut guère en faire un moindre usage ; mais quand je ne puis l'employer utilement pour personne, je ne veux pas qu'on m'empêche de le perdre comme il me plaît. Une seule minute usurpée est un bien que tous les rois de l'univers ne me sauroient rendre, et c'est pour disposer de moi que je fuis les oisifs des villes, gens aussi ennuyés qu'ennuyeux, qui, ne sachant que faire de leur temps, abusent de celui des autres. Je suis très-parfaitement, etc.

A MADAME D'ÉPINAY.

... 1756.

Je commence par vous dire que je suis résolu, déterminé, quoi qu'il arrive, à passer l'hiver à l'Hermitage ; que rien ne me fera changer de résolution, et que vous n'en avez pas le droit vous-même, parce que telles ont été nos conventions quand je suis venu ; ainsi n'en parlons plus, que pour vous dire en deux mots mes raisons.

Il m'est essentiel d'avoir du loisir, de la tranquillité, et toutes mes commodités pour travailler cet hiver ; il s'agit en cela de tout pour moi. Il y a cinq mois que je travaille à pourvoir à tout, afin que nul soin ne vienne me détourner. Je me suis pourvu de bois ; j'ai fait mes provisions ; j'ai rassemblé, rangé des papiers et des livres pour être commodément sous ma main. J'ai pourvu de loin à toutes mes aises en cas de maladie : je ne puis avoir de loisir qu'en suivant ce projet ; et il faudra nécessairement que je donne à m'arranger le temps que je ne puis me dispenser de donner à mon travail. Un déménagement, je le sais par expérience, ne peut se faire, malgré vous-même, sans perte, dégâts et frais de ma part, que je ne puis supporter une seconde fois. Si j'emporte tout, voilà des embarras terribles ; si je laisse quelque chose, il me fera faute, ou l'on viendra le voler ici cet hiver ; enfin, dans la position où je suis, mon temps et mes commodités me sont plus précieux que ma vie. Mais ne vous imaginez pas que je coure ici aucun risque ; je me défendrai toujours aisément de l'ennemi du dehors ; c'est au-dedans qu'il étoit dangereux. Je vous promets de ne jamais m'éloigner sans précaution. Je ne compte pas même me promener de tout l'hiver ailleurs que dans le jardin : il faudroit faire un siége pour m'attaquer ici. Pour sur-

---

les *Confessions* (tome I, page 285), et sauf un billet en termes fort durs, que Rousseau, cinq ans après, crut devoir adresser à Voltaire, termine la correspondance de ces deux hommes illustres. Que n'a-t-elle continué en conservant son premier caractère! En lisant sur ce sujet les observations de Ginguené (notes II, III et IV de son ouvrage), tout homme impartial décidera facilement auquel des deux la faute doit en être imputée. — Au reste, on sait que jusqu'à la fin de sa vie Rousseau n'a cessé de rendre justice à Voltaire. Il en parla toujours en homme pénétré de ses grands talens, même de ses qualités morales, et de tous ses titres à l'admiration et à la reconnoissance publiques. Nous en avons rapporté un trait dans l'*Appendice aux Confessions* (tome I, page 558). L'éditeur du recueil des romances de Rousseau, gravé en 1781, nous en fournit un autre dont il n'importe pas moins de conserver la mémoire, et qui peut trouver ici sa place.

« M. Rousseau n'ignoroit pas que M. de Voltaire avoit fait
» ses efforts pour l'avilir aux yeux de ses contemporains et de la
» postérité. Malgré cela toutes les fois qu'il étoit question, en
» sa présence, de l'auteur de *la Henriade*, il se plaisoit à lui
» donner des éloges... Quelques jours avant la première re-
» présentation d'*Irène* (mars 1778), il s'intéressoit si vérita-
» blement au succès de cette pièce, qu'il disoit que, *dans la
» supposition qu'elle se ressentît de la vieillesse de son
» auteur, il y auroit autant d'inhumanité que d'ingrati-
» tude au public à en témoigner son mécontentement.*
Avertissement, page 3. G. P.

croît de précaution, je ferai toujours coucher un voisin dans la maison. Enfin, sitôt que vous m'aurez envoyé des armes, je ne sortirai jamais sans un pistolet en vue, même autour de la maison; d'ailleurs je compte faire parler à notre homme par M. Matta. Ne m'en parlez donc plus, ma bonne amie; vous ne feriez que me désoler, et n'obtiendriez rien; car la contradiction m'est mortelle, et je suis entêté avec raison.

Je vois, par votre billet, que c'est lundi et non pas dimanche, que vous congédiez notre homme (¹); ce que je remarque, parce qu'il n'est pas indifférent que je sois instruit exactement du jour. N'oubliez pas de lui donner la note de ce que vous consentez qu'il emporte de la chambre; sans quoi, ne sachant pas ce qui est à lui, je ne laisserai rien sortir. Je suis touché de vos alarmes et des inquiétudes que je vous donne; mais comme elles ne sont pas raisonnables, je vous prie de les calmer. Aimez-moi toujours et tout ira bien. Bonjour (*).

A LA MÊME.

Le lundi, septembre 1756.

Il y a un mot dans votre lettre qui me fait beaucoup de peine, et je vois bien que vos chagrins ne sont pas finis (**); j'irai le plus tôt qu'il me sera possible savoir de quoi il s'agit.

J'ai mieux aimé donner congé à votre jardinier que de vous en laisser le tracas. Cependant cela ne vous l'évite pas; il prétend avoir un autre compte avec vous. Je n'ignore pas ce que vous faites pour moi sans m'en rien dire, et je vous laisse faire, parce que je vous aime et qu'il ne m'en coûte pas de vous devoir ce que je ne peux tenir de moi-même, au moins quant à présent. Il prétend aussi que tous les outils du

(¹) Le jardinier.
(*) Voici le commencement des persécutions dont Rousseau parle dans ses *Confessions*. On vouloit qu'il rentrât à Paris. La mère de Thérèse s'ennuyoit à l'Hermitage, où sa seule société consistoit dans Thérèse, et dans Jean-Jacques, qu'elle ne comprenoit pas. Comme elle se faisoit faire des cadeaux à l'insu de Rousseau par les amis de celui-ci, l'on sent combien elle étoit contrariée d'être dans une solitude où, pendant l'hiver, on ne voyoit personne. M. P.
(**) D'après les Mémoires de madame d'Épinay, l'on sait qu'elle avoit des chagrins de deux sortes. Les uns lui venoient de son mari, qui mangeoit sa fortune avec des actrices; et les autres d'elle-même. Elle aima tour à tour Francueil et Grimm, et vit deux fois sa passion survivre à celle qu'elle avoit inspirée. M. P.

jardin, de vieux échalas, et les graines, sont à lui; j'ai du penchant à le croire, mais dans l'incertitude, je ne laisserai rien sortir sans votre ordre.

Je ne sais si le jour de Diderot est changé : ils ne m'ont rien fait dire, et je les attends. Bonjour, ma bonne amie. J'ai reçu hier une lettre obligeante de Voltaire (*).

Comme je connois le jardinier pour un insolent, je dois vous prévenir que si j'ai, quant à moi, lieu d'être content de ses services, il ne l'a pas moins de l'être de ma reconnoissance.

A LA MÊME.

Dimanche matin, l'Hermitage, octobre 1756.

J'apprends avec plaisir, ma bonne amie, que vous êtes mieux, et madame votre mère aussi; je ne saurois vous en dire autant de moi. Je commence à craindre d'avoir porté mes projets plus loin que mes forces, et si l'état où je suis continue, je doute que je revoie le printemps ni mon pays; au surplus, l'âme est assez tranquille, surtout depuis que j'ai revu mon ami (**).

Je voulois vous aller voir aujourd'hui, mais il faut remettre à demain; encore ne puis-je m'assurer de rien. Ce sera sûrement le premier moment où je me sentirai du courage. Je n'ai point vu mon menaçant compatriote; je vous remercie de votre avis, mais je ne puis m'empêcher de rire de vos alarmes. A demain.

A LA MÊME.

L'Hermitage, octobre 1756.

Quelque impatience que j'aie de sortir pour aller vous quereller, il faut, madame, que je garde encore la chambre malgré moi pour une maudite fluxion sur les dents, qui me désole. Faites-moi donc dire de vos nouvelles, puisque je n'en saurois encore aller savoir moi-même; mais croyez que je ne laisserai pas échapper pour cela le premier jour de relâche. J'espère vous voir tout-à-fait rétablie et vous retrouver cet air et ces yeux qui mettent M. de Saint-J. et bien d'autres si mal à leur aise.

(*) C'est la lettre du 12 septembre, pag. 246.
(**) Diderot, qui fit dans ce mois une visite à l'Hermitage. M. P

A LA MÊME.

L'Hermitage, novembre 1756.

Je suis beaucoup mieux aujourd'hui; mais je ne pourrai cependant vous voir que la semaine prochaine, et j'irai fièrement à pied; car cet appareil de carrosse me fait mal à l'imagination, comme si je pouvois manquer de jambes pour vous aller voir. Vous ne m'avez rien dit de vous; j'espère que mademoiselle Le Vasseur m'en rapportera de bonnes nouvelles. Bonjour, madame.

A LA MÊME.

L'Hermitage, ce mardi au soir 1756.

J'envoie, ma bonne amie, savoir de vos nouvelles par Damour, qui va à Paris se présenter pour une bonne condition, qui, j'espère, ne lui fera pas quitter la vôtre; et quand elle la lui feroit quitter, vos principes et les miens sont qu'il ne faut nuire à personne pour notre intérêt; ainsi je lui ai donné un certificat en votre nom, tel que le peut comporter le peu de temps qu'il y a qu'il est à votre service.

Je vous prie de lui donner l'adresse de M. de Gauffecourt, afin qu'il aille de ma part en savoir des nouvelles, car j'en suis fort en peine: faites-moi dire des vôtres et de tout ce qui vous intéresse. Je ne puis vous écrire plus au long; madame de Chenonceaux a passé ici la journée; elle vient de partir au flambeau. Il est tard à l'Hermitage, je vais me coucher. Adieu.

Je ne sais toujours point ce que signifient les douze francs de M. Grimm.

A LA MÊME.

L'Hermitage, décembre 1756.

Les chemins sont si mauvais, que je prends le parti de vous écrire par la poste, et vous pourrez en faire de même; car on m'apporte mes lettres de Montmorency jusqu'ici, et je suis à cet égard comme au milieu de Paris.

Il fait ici un froid rigoureux qui vient altérer un peu de bonne heure ma provision de bois, mais qui me montre, par l'image prématurée de l'hiver, que, quoi qu'on en dise, cette saison n'est plus terrible ici qu'ailleurs que par l'absence des amis; mais on se console par l'espoir de les retrouver au printemps, ou du moins de les revoir; car il y a long-temps que vous me faites connoître qu'on les retrouve au besoin dans toutes les saisons.

Pour Dieu, gardez bien cette chère imbécillité, trésor inattendu dont le ciel vous favorise et dont vous avez grand besoin; car si c'est un rhumatisme pour l'esprit, c'est au corps un très-bon emplâtre pour la santé; il vous faudroit bien de pareils rhumatismes pour vous rendre impotente; et j'aimerois mieux que vous ne pussiez remuer ni pied ni patte, c'est-à-dire n'écrire ni vers ni comédie, que de vous savoir la migraine.

Je dois une réponse à M. de Gauffecourt; mais je compte toujours qu'il viendra la recevoir. En attendant les bouts-rimés, il peut prier M. Chappuis d'envoyer un double du mémoire que je lui ai laissé. Si tout ceci vous paroît clair, le rhumatisme vous tient bien fort.

A propos de M. de Gauffecourt, et son manuscrit, quand voulez-vous me le renvoyer? Savez-vous qu'il y a quatre ans que je travaille à pouvoir le lire, sans avoir pu en venir à bout? Bonjour, madame; touchez pour moi la patte à toute la société (*).

A LA MÊME.

Le 13 décembre 1756.

Ma chère amie, il faudra que j'étouffe, si je ne verse pas mes peines dans le sein de l'amitié. Diderot m'a écrit une lettre qui me perce l'âme. Il me fait entendre que c'est par grâce qu'il ne me regarde pas comme un scélérat, et *qu'il y auroit bien à dire là-dessus*, ce sont ses termes; et cela, savez-vous pourquoi? parce que madame Le Vasseur est avec moi. Eh! bon Dieu! que diroit-il de plus si elle n'y étoit pas? je les ai recueillis dans la rue, elle et son mari, dans un âge où ils n'étoient plus en état de gagner leur vie. Elle ne m'a jamais rendu que trois mois de service. Depuis dix ans je m'ôte pour elle le pain de la bouche; je la mène dans un bon air,

---

(*) Madame d'Épinay appeloit ses *ours* plusieurs personnes de sa société: il y avoit déjà long-temps qu'elle donnoit ce nom à Rousseau. G. P.

où rien ne lui manque; je renonce pour elle au séjour de ma patrie; elle est sa maîtresse absolue; va, vient sans compte rendre; j'en ai autant de soin que de ma propre mère; tout cela n'est rien, et je ne suis qu'un scélérat si je ne lui sacrifie encore mon bonheur et ma vie, et si je ne vais mourir de désespoir à Paris pour son amusement. Hélas! la pauvre femme ne le désire point; elle ne se plaint point; elle est très-contente. Mais je vois ce que c'est; M. Grimm ne sera pas content lui-même qu'il ne m'ait ôté tous les amis que je lui ai donnés. Philosophes des villes, si ce sont là vos vertus, vous me consolez bien de n'être qu'un méchant! J'étois heureux dans ma retraite, la solitude ne m'est point à charge; je crains peu la misère; l'oubli du monde m'est indifférent; je porte mes maux avec patience : mais aimer, et ne trouver que des cœurs ingrats, ah! voilà le seul qui me soit insupportable! Pardon, ma chère amie; j'ai le cœur surchargé d'ennuis, et les yeux gonflés de larmes qui ne peuvent sortir. Si je pouvois vous voir un moment et pleurer, que je serois soulagé! Mais je ne remettrai de ma vie les pieds à Paris; pour le coup, je l'ai juré.

J'oubliois de vous dire qu'il y a même de la plaisanterie dans la lettre du philosophe; il devient barbare avec légèreté : on voit qu'il se civilise.

A LA MÊME.

Janvier 1757.

Tenez, madame, voilà les lettres de Diderot et ma dernière réponse; lisez et jugez-nous, car pour moi je suis trop aigri, trop violemment indigné, pour avoir de la raison.

Je viens de déclarer à madame Le Vasseur que, quelque plaisir que nous eussions tous deux à vivre ensemble, mes amis jugeoient qu'elle étoit trop mal ici pour une femme de son âge; qu'il falloit qu'elle allât à Paris vivre avec ses enfans, et que je leur donnerois tout ce que j'avois au monde, à elle et à sa fille. Là-dessus la fille s'est mise à pleurer, et malgré la douleur de se séparer de sa mère, elle a protesté qu'elle ne me quitteroit point, et en vérité les philosophes auront beau dire, je ne l'y contraindrai pas. Il faut donc que je me réserve quelque chose pour la nourrir, aussi bien que moi. J'ai donc dit à madame Le Vasseur que je lui ferois une pension qui lui seroit payée aussi long-temps que je vivrois, et c'est ce qui sera exécuté. Je lui ai dit encore que je vous prierois d'en régler la somme, et je vous en prie, ne craignez point de la faire trop forte, j'y gagnerai toujours beaucoup, ne fût-ce que ma liberté personnelle.

Ce qu'il y a de plus affreux pour moi, c'est que la bonne femme s'est mis en tête que tout cela est un jeu joué entre Diderot, moi et sa fille, et que c'est un moyen que j'ai imaginé pour me défaire d'elle. Elle m'a représenté là-dessus une chose très-juste, savoir, qu'ayant passé une partie de l'hiver ici, il lui est bien dur d'en partir à l'approche du printemps; je lui ai dit qu'elle avoit raison, mais que s'il venoit à lui arriver le moindre malheur durant l'été, on ne manqueroit pas de m'en rendre responsable. Ce ne sera pas le public, ai-je ajouté, qui dira cela; ce seront mes amis, et je n'ai pas le courage de m'exposer à passer chez eux pour un assassin.

Il y a quinze jours que nous vivions paisiblement ici, et dans une concorde parfaite. Maintenant nous voilà tous alarmés, agités, pleurant, forcés de nous séparer. Je vous assure que cet exemple m'apprendra à ne me mêler jamais qu'avec connoissance de cause et beaucoup de circonspection des affaires domestiques de mes amis, et je suis très-incertain même si je dois écrire à M. d'Épinay en faveur de ce pauvre Cahouet (*).

Comme Diderot me marque qu'il viendra samedi, il est important de lui envoyer sur-le-champ sa lettre. S'il vient, il sera reçu avec honnêteté, mais mon cœur se fermera devant lui, et je sens que nous ne nous reverrons jamais. Peu lui importe, ce ne sera pour lui qu'un ami de moins. Mais moi, je perdrai tout, je serai tourmenté le reste de ma vie. Un autre exemple m'a trop appris que je n'ai point un cœur qui sache oublier ce qui lui fut cher. Évitons, s'il se peut, une rupture irréconciliable. Je suis si cruellement tourmenté, que j'ai jugé à propos de vous envoyer cet exprès, afin d'avoir réponse à point nommé. Servez-vous-en pour l'envoyer porter la lettre à Diderot, et me répondez

(*) Secrétaire de M. d'Épinay. M. P.

sur-le-champ, si vous avez quelque pitié de moi.

P. S. Il faut que je vous ajoute que madame Le Vasseur me fait à présent de violens reproches; elle me les fait durement, avec hauteur, et du ton de quelqu'un qui se sent bien appuyé. Je ne réponds rien non plus que sa fille; nous nous contentons de gémir en silence : je vois que les vieillards sont durs, sans pitié, sans entrailles, et n'aiment plus rien qu'eux-mêmes. Vous voyez que je ne peux plus éviter d'être un monstre. J'en suis un aux yeux de M. Diderot, si madame Le Vasseur reste ici; j'en suis un à ses yeux, si elle n'y reste pas. Quelque parti que je prenne, me voilà méchant malgré moi.

A LA MÊME.

... 1757.

Je reçois votre lettre, ma bonne amie, une heure après que je vous ai envoyé un exprès avec celle que vous me demandez. Je ne suis pas homme à précautions, et surtout avec mes amis, et je n'ai gardé aucune copie de mes lettres. Vous avez bien prévu que la vôtre m'attendriroit. Je vous jure, ma bonne amie, que votre amitié m'est plus chère que la vie, et qu'elle me console de tout.

Je n'ai rien à répondre à ce que vous me marquez des bonnes intentions de Diderot, qu'une seule chose; mais pesez-la bien. Il connoît mon caractère emporté et la sensibilité de mon âme. Posons que j'aie eu tort, certainement il étoit l'agresseur; c'étoit donc à lui à me ramener par les voies qu'il y savoit propres; un mot, un seul mot de douceur me faisoit tomber la plume de la main, les larmes des yeux, et j'étois aux pieds de mon ami. Au lieu de cela, voyez le ton de sa seconde lettre, voyez comment il raccommode la dureté de la première; s'il *avoit formé le projet de rompre avec moi, comment s'y seroit-il pris autrement?* Croyez-moi, ma bonne amie, Diderot est maintenant un *homme du monde.* Il fut un temps où nous étions tous deux pauvres et ignorés, et nous étions amis. J'en puis dire autant de Grimm; mais ils sont devenus tous deux des gens importans..... J'ai continué d'être ce que j'étois, et nous ne nous convenons plus.

Au reste, je suis porté à croire que j'ai fait injustice à ce dernier, et même que ce n'est pas la seule; mais si vous voulez connoître quelles ont été toujours pour lui mes dispositions intérieures, je vous renvoie à un mot du billet que vous avez dû recevoir aujourd'hui et qui ne vous aura pas échappé. Mais tous ce gens-là sont si hauts, si maniérés, si secs; le moyen d'oser les aimer encore? Non, ma bonne amie, mon temps est passé. Hélas! je suis réduit à désirer pour eux que nous ne redevenions jamais amis. Il n'y a plus que l'adversité qui puisse leur rendre la tendresse qu'ils ont eue pour moi! Jugez si votre amitié m'est chère, à vous qui n'avez pas eu besoin de ce moyen cruel d'en connoître le prix.

Surtout que Diderot ne vienne pas..... Mais je devrois me rassurer, il a promis de venir.

A LA MÊME.

... 1757.

Madame Le Vasseur doit vous écrire, ma bonne amie; je l'ai priée de vous dire sincèrement ce qu'elle pense. Pour la mettre bien à son aise, je lui ai déclaré que je ne voulois pas voir sa lettre, et je vous prie de ne me rien dire de ce qu'elle contient.

Je n'enverrai pas la mienne à Diderot, puisque vous vous y opposez. Mais me sentant très-grièvement offensé, il y auroit à convenir d'un tort que je n'ai pas une bassesse et une fausseté que je ne saurois me permettre, et que vous blâmeriez vous-même sur ce qui se passe au fond de mon cœur. L'Évangile ordonne bien à celui qui reçoit un soufflet d'offrir l'autre joue, mais non pas de demander pardon. Vous rappelez-vous cet homme de comédie qui crie au meurtre en donnant des coups de bâton? Voilà le rôle du philosophe.

N'espérez pas l'empêcher de venir par le temps qu'il fait : il seroit très-fâché qu'il fût plus beau. La colère lui donnera le loisir et les forces que l'amitié lui refuse : il s'excédera pour venir à pied me répéter les injures qu'il me dit dans ses lettres. Je ne les endurerai rien moins que patiemment; il s'en retournera être malade à Paris, et moi, je paroîtrai à tout le monde un homme fort odieux. Patience!

il faut souffrir. N'admirez-vous pas la raison de cet homme qui me vouloit venir prendre à Saint-Denis, en fiacre, y dîner, et me remmener en fiacre, et à qui, huit jours après, sa fortune ne permet plus d'aller à l'Hermitage autrement qu'à pied? Pour parler son langage, il n'est pas absolument impossible que ce soit là le ton de la bonne foi; mais, dans ce cas, il faut qu'en huit jours il soit arrivé d'étranges révolutions dans sa fortune. O la philosophie!

Je prends part au chagrin que vous donne la maladie de madame votre mère; mais croyez que votre peine ne sauroit approcher de la mienne; on souffre moins encore de voir malades les personnes qu'on aime, qu'injustes et cruelles.

Adieu, ma bonne amie; voici la dernière fois que je vous parlerai de cette malheureuse affaire.

Vous me parlez d'aller à Paris avec un sang-froid qui me réjouiroit dans tout autre temps. Je me tiens pour bien dites toutes les belles choses qu'il y auroit à dire là-dessus; mais avec tout cela, je n'irai de ma vie à Paris, et je bénis le ciel de m'avoir fait ours, hermite, et têtu, plutôt que philosophe (*).

A LA MÊME.

De l'Hermitage, à dix heures du matin, 1757.

Quand j'avois un almanach et point de pendule, je datois du quantième; maintenant que j'ai une pendule et point d'almanach, je date de l'heure. Je suis obligé de vous dire, à cause du rhumatisme, que c'est une manière de vous demander un almanach pour mes étrennes.

Le lieutenant criminel (**) vous supplie d'agréer ses respects. La maman n'en peut faire autant, attendu qu'elle est à Paris et malade d'un gros rhume; elle compte pourtant revenir lundi, et j'espère qu'elle me rapportera de vos nouvelles.

Je reçois à l'instant votre lettre et vos paquets. Je n'ai pas bien entendu les géans du Nord, et la glacière, et les lutins, et les tasses à la crême, etc., ce qui me fait comprendre que vous m'avez avec tout cela inoculé de votre rhumatisme; ainsi vous faites bien de m'envoyer en même temps votre cotillon pour m'en guérir (*); j'ai pourtant quelque peur qu'il ne me tienne un peu trop chaud, car je n'ai pas accoutumé d'être si bien fourré.

A LA MÊME.

Passe pour le cotillon, mais le sel! jamais femme donna-t-elle à la fois de la chaleur et de la prudence? A la fin vous me ferez mettre mon bonnet de travers, et je ne le redresserai plus. N'avez-vous pas assez fait pour vous? Faites maintenant quelque chose pour moi, et laissez-vous aimer à ma guise.

Oh! que vous êtes bonne avec vos explications! Ah! ce cher rhumatisme! Maintenant que vous m'avez expliqué votre billet, expliquez-moi le commentaire; car cette glacière où je ne comprends rien y revient encore, et, pour moi, je ne vous connois pas d'autre glacière qu'un recueil de musique françoise.

Enfin vous avez vu l'homme (**). C'est toujours autant de pris, car je suis de votre avis, et je crois que c'est tout ce que vous en aurez. Je me doute pourtant bien de ce qu'un ours musqué (***) devroit vous dire sur l'effet de ce premier entretien; mais quant à moi, je pense que le Diderot du matin voudra toujours vous

---

(*) Voyez les *Confessions*, livre IX, page 228 du tome I.
(**) C'étoit Diderot, dont Grimm n'avoit pu vaincre les préventions contre madame d'Épinay, et qui se refusoit absolument à la voir. — Pour la parfaite intelligence de cette lettre, il faut rapporter ici un passage de la lettre de madame d'Épinay à laquelle celle-ci sert de réponse.

« J'ai vu M. Diderot, et si je n'étois pas une imbécille, il auroit certainement dîné chez moi; mais je crois que le pauvre Gauffecourt m'avoit inoculé sa goutte ou son rhumatisme sur l'esprit; et puis, je ne sais point tirailler ni violenter les gens; au moyen de quoi je suis très-persuadée que je ne le reverrai pas malgré toutes les assurances qu'il m'a données de venir me voir. Mais encore faut-il vous dire comment cette entrevue s'est passée. J'étois en peine de notre ami que j'avois laissé en mauvais état hier au soir; je me levai ce matin de bonne heure et je me rendis chez lui avant neuf heures. Le baron d'Holbach et M. Diderot y étoient. Celui-ci voulut sortir dès qu'il me vit: je l'arrêtai par le bras: Ah! lui dis-je, le hasard ne me servira pas si bien sans que j'en profite. Il rentra, et je puis assurer que je n'ai de ma vie eu deux heures plus agréables.

» Il y a sans doute dans ce billet bien des fautes d'orthographe, mais vous en trouverez davantage encore dans les plans que je vous fais passer. » G. P.

(***) Grimm, qui se parfumoit, est l'*ours musqué*. M. P.

(*) Cette lettre se lit déjà dans les *Confessions*, tome Ier, page 240; nous la reproduisons ici, parce que le texte diffère de la copie qu'avoit conservée Rousseau.
(**) Mademoiselle Le Vasseur. G. P.

aller voir, et que le Diderot du soir ne vous aura jamais vue. Vous savez bien que le rhumatisme le tient aussi quelquefois, et quand il ne plane pas sur ses deux grandes ailes auprès du soleil, on le trouve sur un tas d'herbes, perclus de ses quatre pattes. Croyez-moi, si vous avez encore un cotillon de reste, vous ferez bien de le lui envoyer. Je ne savois pas que le papa Gauffecourt fût malade, et l'on m'a même flatté de le voir aujourd'hui; ce que vous m'avez marqué fera que s'il ne vient pas, j'en serai fort en peine.

Encore de nouveaux plans? Diable soit fait des plans, et plan plan relantanplan! C'est sans doute une fort belle chose qu'un plan, mais faites des détails et des scènes théâtrales; il ne faut que cela pour le succès d'une pièce à la lecture, et même quelquefois à la représentation. Que Dieu vous préserve d'en faire une assez bonne pour cela!

J'ai relu votre lettre pour y chercher les fautes d'orthographe, et n'y en ai pas su trouver une, quoique je ne doute pas qu'elles n'y soient. Je ne vous sais pas mauvais gré de les avoir faites, mais bien de les avoir remarquées. Moi, j'en voulois faire exprès pour vous faire honte, et n'y ai plus songé en vous écrivant.

Bonjour, mon amie du temps présent, et bien plus encore du temps à venir. Vous ne me dites rien de votre santé, ce qui me fait augurer qu'elle est bonne.

A propos de santé, je ne sais s'il y a de l'orthographe dans ce chiffon, mais je trouve qu'il n'y a pas grand sens; ce qui me fait croire que je n'aurois pas mal fait de me faire de votre cotillon une bonne calotte bien épaisse, au lieu d'un gilet, car je sens que le rhumatisme ne me tient pas au cœur, mais à la cervelle.

Je vous prie de vouloir bien demander au tyran (*) ce que signifie un paquet qu'il m'a fait adresser, *contenant deux écus de six francs*: cela me paroît un à-compte un peu fort sur les parties d'échecs qu'il doit perdre avec moi.

Diderot sort d'ici; je lui ai montré votre lettre et la mienne. Je vous l'ai dit, il a conçu une grande estime pour vous, et ne vous verra point. Vous en avez assez fait, même pour lui.

(*) Sobriquet donné à Grimm. G. P.

Croyez-moi, laissez-le aller. La maman Le Vasseur se porte un peu mieux.

A LA MÊME.

Voilà, madame, un emploi vacant à Grenoble, comme vous verrez ci-derrière; mais j'ignore et dans quel département, et si l'emploi n'est point trop important; ce que je sais, c'est que le gendre de madame Sabi, mon hôtesse, qui est dans le pays, donneroit une pension à madame Le Vasseur, si elle pouvoit le lui faire obtenir; que le père du prétendant est très-solvable, et que les cautions ne lui manqueroient pas. Consultez donc là-dessus M. d'Épinay, si vous le jugez à propos; puisque vous avez donné à madame Le Vasseur la commission de vous informer des emplois vacans, nous vous parlons de celui-ci à tout hasard, sauf à retirer bien vite notre proposition, si elle est indiscrète, comme j'en ai peur.

Faites-moi dire comment vous êtes aujourd'hui. Je vous recommande toujours le ménagement; car je trouve qu'en général on prend trop de précautions dans les autres temps, et jamais assez dans les convalescences. Pour moi, je ne vaux pas la peine qu'on en parle; quand j'aurai de meilleures nouvelles, soyez sûre que j'irai vous le dire moi-même. Bonjour, madame et bonne amie.

A LA MÊME (*).

A l'Hermitage, janvier 1757.

Nous sommes ici trois malades, dont je ne suis pas celui qui auroit le moins besoin d'être gardé. Je laisse en plein hiver, au milieu des bois, les personnes que j'y ai amenées sous promesse de ne les y point abandonner. Les chemins sont affreux, et l'on enfonce de toutes parts jusqu'au jarret. De plus de deux cents amis qu'avoit M. de Gauffecourt à Paris, il est étrange qu'un pauvre infirme, accablé de ses propres maux,

(*) Dans une lettre précédente, elle avoit fait part à Rousseau du désir que témoignoit Gauffecourt malade qu'il vînt passer quelques jours avec lui, soupçonnant, ajoutoit-elle, que Gauffecourt avoit quelques affaires à arranger, et qu'il ne vouloit les confier qu'à lui. G. P.

soit le seul dont il ait besoin. Je vous laisse réfléchir sur tout cela ; je vais donner encore ces deux jours à ma santé et aux chemins pour se raffermir. Je compte partir vendredi s'il ne pleut ni ne neige ; mais je suis tout-à-fait hors d'état d'aller à pied jusqu'à Paris, ni même jusqu'à Saint-Denis, et le pis est que le carrosse ne peut manquer de me faire beaucoup de mal dans l'état où je suis. Cependant si le vôtre se trouve, en cas de temps passable, vendredi à onze heures précises devant la grille de M. de Luxembourg (*), j'en profiterai, sinon je continuerai ma route comme je pourrai, et j'arriverai quand il plaira à Dieu. Au reste, je veux que mon voyage me soit payé ; je demande une épingle (**) pour ma récompense ; si vous ne me la faites pas avoir, vous qui pouvez tout, je ne vous le pardonnerai jamais.

Je choisis d'aller dîner avec vous, et coucher chez Diderot. Je sens aussi, parmi tous mes chagrins, une certaine consolation à passer encore quelques soirées paisibles avec notre pauvre ami. Quant aux affaires, je n'y entends du tout rien ; je n'en veux entendre parler d'aucune espèce, à quelque prix que ce soit ; arrangez-vous là-dessus. Voilà un paquet et une lettre que je vous prie de faire porter chez Diderot. Bonjour, ma bonne amie ; tout en vous querellant, je vous plains, vous estime, et ne songe point sans attendrissement au zèle et à la constance dont vous avez besoin, toujours environnée d'amis malades ou chagrins qui ne tirent leur courage et leur consolation que de vous.

A M. DIDEROT.

Ce mercredi soir, 1757.

Quand vous prenez des engagemens, vous n'ignorez pas que vous avez femme, enfant, domestique, etc.; cependant vous ne laissez pas de les prendre comme si rien ne vous forçoit d'y manquer : j'ai donc raison d'admirer votre courage. Il est vrai que, quand vous avez promis de venir, je murmure de vous attendre toujours vainement ; et quand vous me donnez des rendez-vous, de vous voir manquer à tous sans exception : voilà, je pense, le plus grand des maux que je vous ai faits en ma vie.

Vous n'avez pas changé. Ne vous flattez pas de cela. Si vous eussiez toujours été ce que vous êtes, j'ai bien de la peine à croire que je fusse devenu votre ami ; je suis bien sûr au moins que vous ne seriez pas devenu le mien.

Vous voulez venir à l'Hermitage samedi ? Je vous prie de n'en rien faire ; je vous en prie instamment. Dans la disposition où nous sommes tous deux, il ne convient pas de se voir si tôt ; car il y a bien de l'apparence que ce seroit notre dernière entrevue, et je ne veux pas exposer une amitié qui m'est chère à cette crise. Il n'est pas question de mon ouvrage, et je ne suis plus en état d'en parler, ni d'y penser. Mais peut-être serez-vous bien aise de gagner une maladie, pour avoir le plaisir de me la reprocher, et de me chagriner doublement. Dans nos altercations, vous avez toujours été l'agresseur. Je suis très-sûr de ne vous avoir jamais fait d'autre mal que de ne pas endurer assez patiemment celui que vous aimez à me faire, et en cela je conviens que j'avois tort. J'étois heureux dans ma solitude ; vous avez pris à tâche d'y troubler mon bonheur, et vous la remplissez fort bien. D'ailleurs, vous avez dit qu'il n'y a que le méchant qui soit seul ; et, pour justifier votre sentence, il faut bien, à quelque prix que ce soit, faire en sorte que je le devienne. Philosophes ! philosophes !

Non, je ne reprocherai point au ciel de m'avoir donné des amis ; mais sans madame d'Épinay, j'ai bien peur que je n'eusse à lui reprocher de ne m'en avoir point donné. Au reste, je ne conviens pas de leur inutilité ; ils servoient ci-devant à me rendre la vie agréable, et servent maintenant à m'en détacher.

Quant au sophisme inhumain que vous me reprochez, vous avez raison d'en parler bien bas ; vous ne sauriez en parler assez bas pour votre honneur. Que Dieu vous préserve d'avoir un cœur qui voie ainsi ceux de vos amis ! Je commence à être de votre avis sur madame Le Vasseur ; elle sera mieux à Paris : malheureusement je ne puis l'y tenir dans l'aisance ; mais je lui donnerai tout ce que j'ai, je vendrai tout ; si je puis gagner quelque chose, le produit sera

---

(*) Au château de Montmorency.

(**) Cette épingle étoit un emploi dans les fermes, demandé par un jeune homme qui devoit faire à madame Le Vasseur une pension dans le cas où cette bonne femme le lui feroit obtenir. Voir la lettre précédente.

pour elle. Elle a des enfans à Paris qui peuvent la soigner : s'ils ne suffisent pas, sa fille la suivra. En tout cela je ne ferai pas trop pour mon cœur, ni assez pour mes amis. Mais, quoi qu'il en puisse arriver, je ne veux pas aliéner la liberté de ma personne, ni devenir son esclave, la philosopie dût-elle me démontrer que je le dois. Je resterai seul ici; je mangerai du pain, je boirai de l'eau; je serai heureux et tranquille : vous aurez madame Le Vasseur, et je serai bientôt oublié.

Je crois avoir répondu au Lettré (*), c'est-à-dire au fils d'un fermier général, que je ne plaignois pas les pauvres qu'il avoit aperçus sur le rempart, attendant mon liard; qu'apparemment il les en avoit amplement dédommagés; que je l'établissois mon substitut; que les pauvres de Paris n'auroient pas à se plaindre de cet échange; mais que je ne trouverois pas aisément un si bon substitut pour ceux de Montmorency, qui en avoient beaucoup plus de besoin. Il y a ici un bon vieillard respectable qui a passé sa vie à travailler, et qui, ne le pouvant plus, meurt de faim sur ses vieux jours. Ma conscience est plus contente des deux sous que je lui donne tous les lundis, que de cent liards que j'aurois distribués à tous les gueux du rempart. Vous êtes plaisans, vous autres philosophes, quand vous regardez les habitans des villes comme les seuls hommes auxquels vos devoirs vous lient. C'est à la campagne qu'on apprend à aimer et servir l'humanité; on n'apprend qu'à la mépriser dans les villes. J'ai des devoirs dont je suis l'esclave; et c'est pour cela que je ne veux pas m'en imposer d'autres qui m'ôtent le pouvoir de remplir ceux-là.

Je remarque une chose qu'il est important que je vous dise. Je ne vous ai jamais écrit sans attendrissement, et je mouillai de mes larmes ma précédente lettre; mais enfin la sécheresse des vôtres s'étend jusqu'à moi. Mes yeux sont secs, et mon cœur se resserre en vous écrivant. Je ne suis pas en état de vous voir : ne venez pas, je vous en conjure. Je n'ai jamais consulté le temps, ni compté mes pas, quand mes amis ont eu besoin de ma présence. Je puis attendre d'eux le même zèle; mais ce n'est pas ici le cas de l'employer. Si vous avez quelque

(*) Nom de plaisanterie donné par Grimm au fils de madame d'Épinay. M. P.

respect pour une ancienne amitié, ne venez pas l'exposer à une rupture infaillible et sans retour. Je vous envoie cette lettre par un exprès auquel vous pourrez remettre mes papiers cachetés.

AU MÊME.

Janvier 1757.

J'ai envie de reprendre en peu de mots l'histoire de nos démêlés. Vous m'envoyâtes votre livre. Je vous écrivis là-dessus un billet le plus tendre et le plus honnête que j'aie écrit de ma vie, et dans lequel je me plaignois, avec toute la douceur de l'amitié, d'une maxime très-louche, et dont on pourroit me faire une application bien injurieuse. Je reçus en réponse une lettre très-sèche, dans laquelle vous prétendez me faire grâce en ne me regardant pas comme un malhonnête homme; et cela, uniquement parce que j'ai chez moi une femme de quatre-vingts ans : comme si la campagne étoit mortelle à cet âge, et qu'il n'y eût de femme de quatre-vingts ans qu'à Paris. Ma réplique avoit toute la vivacité d'un honnête homme insulté par son ami : vous repartîtes par une lettre abominable. Je me défendis encore, et très-fortement; mais, me défiant de la fureur où vous m'aviez mis, et, dans cet état même, redoutant d'avoir tort avec un ami, j'envoyai ma lettre à madame d'Épinay, que je fis juge de notre différend. Elle me renvoya cette même lettre, en me conjurant de la supprimer, et je la supprimai. Vous m'en écrivez maintenant une autre dans laquelle vous m'appelez méchant, injuste, cruel, féroce. Voilà le précis de ce qui s'est passé dans cette occasion.

Je voudrois vous faire deux ou trois questions très-simples. Quel est l'agresseur dans cette affaire? Si vous voulez vous en rapporter à un tiers, montrez mon premier billet; je montrerai le vôtre.

En supposant que j'eusse mal reçu vos reproches, et que j'eusse tort, dans le fond, qui de nous deux étoit le plus obligé de prendre le ton de la raison pour y ramener l'autre? Je n'ai jamais résisté à un mot de douceur. Vous pouvez l'ignorer, mais vous pouvez savoir que je ne cède pas volontiers aux outrages. Si votre dessein, dans toute cette affaire, eût été de m'irriter, qu'eussiez-vous fait de plus?

Vous vous plaignez beaucoup des maux que je vous ai faits. Quels sont-ils donc enfin ces maux? Seroit-ce de ne pas endurer assez patiemment ceux que vous aimez à me faire; de ne pas me laisser tyranniser à votre gré; de murmurer quand vous affectez de me manquer de parole, et de ne jamais venir lorsque vous l'avez promis? Si jamais je vous ai fait d'autres maux, articulez-les. Moi, faire du mal à mon ami! Tout cruel, tout méchant, tout féroce que je suis, je mourrois de douleur si je croyois jamais en avoir fait à mon plus cruel ennemi autant que vous m'en faites depuis six semaines.

Vous me parlez de vos services; je ne les avois point oubliés; mais ne vous y trompez pas : beaucoup de gens m'en ont rendu, qui n'étoient point mes amis. Un honnête homme, qui ne sent rien, rend service, et croit être ami; il se trompe; il n'est qu'honnête homme. Tout votre empressement, tout votre zèle pour me procurer des choses dont je n'ai que faire, me touchent peu. Je ne veux que de l'amitié; et c'est la seule chose qu'on me refuse. Ingrat, je ne t'ai point rendu de services, mais je t'ai aimé; et tu ne me paieras de ta vie ce que j'ai senti pour toi durant trois mois. Montre cet article à ta femme, plus équitable que toi, et demande-lui si, quand ma présence étoit douce à ton cœur affligé, je comptois mes pas et regardois au temps qu'il faisoit, pour aller à Vincennes consoler mon ami. Homme insensible et dur! deux larmes versées dans mon sein m'eussent mieux valu que le trône du monde; mais tu me les refuses, et te contentes de m'en arracher. Hé bien! garde tout le reste, je ne veux plus rien de toi.

Il est vrai que j'ai engagé madame d'Épinay à vous empêcher de venir samedi dernier. Nous étions tous deux irrités : je ne sais point mesurer mes paroles; et vous, vous êtes défiant, ombrageux, pesant à la rigueur les mots lâchés inconsidérément, et sujet à donner à mille choses simples un sens subtil auquel on n'a pas songé. Il étoit dangereux en cet état de nous voir. De plus, vous vouliez venir à pied, vous risquiez de vous faire malade, et n'en auriez pas, peut-être, été trop fâché. Je ne me sentois pas le courage de courir tous les dangers de cette entrevue. Cette frayeur ne méritoit assurément pas vos reproches; car, quoi que vous puissiez faire, ce sera toujours un lien sacré pour mon cœur, que celui de notre ancienne amitié; et dussiez-vous m'insulter encore, je vous verrai toujours avec plaisir, quand la colère ne m'aveuglera pas.

A l'égard de madame d'Épinay, je lui ai envoyé vos lettres et les miennes, je serois étouffé de douleur sans cette communication; et, n'ayant plus de raison, j'avois besoin de conseils. Vous paroissez toujours si fier de vos procédés dans cette affaire, que vous devez être fort content d'avoir un témoin qui les puisse admirer. Il est vrai qu'elle vous sert bien; et si je ne connoissois son motif, je la croirois aussi injuste que vous.

Pour moi, plus j'y pense, moins je puis vous comprendre. Comment! parce qu'à propos je ne sais pas trop de quoi, vous avez dit que le méchant est seul, faut-il absolument me rendre méchant, et sacrifier votre ami à votre sentence? Pour d'autres auteurs, l'alternative seroit dangereuse : mais vous! D'ailleurs, cette alternative n'est point nécessaire; votre sentence, quoique obscure et louche, est très-vraie en un sens, et dans ce sens elle ne me fait qu'honneur : car, quoi que vous en disiez, je suis beaucoup moins seul ici, que vous au milieu de Paris. Diderot! Diderot! je le vois avec une douleur amère : sans cesse au milieu des méchans, vous apprenez à leur ressembler; votre bon cœur se corrompt parmi eux, et vous forcez le mien de se détacher insensiblement de vous.

A MADAME D'ÉPINAY.

A l'Hermitage, ce jeudi 1757.

PREMIÈRE RÉDACTION (*).

Diderot m'a écrit une troisième lettre, en me renvoyant mes papiers. Ma réponse étoit faite quand j'ai reçu la vôtre; il y a trop long-temps que cette tracasserie dure; il faut qu'elle finisse : ainsi n'en parlons plus. Mais où avez-vous pris que je me plaindrai de vous aussi, parce que vous me querellez? Eh! vraiment, vous faites fort bien : j'en ai souvent grand besoin quand

(*) Voyez la note de la page 219.

j'ai tort; et même à présent que vous me querellez quand j'ai raison, je ne laisse pas de vous en savoir gré; car je vois vos motifs; et tout ce que vous me dites, pour être franc et sincère, n'en a que mieux le ton de l'estime et de l'amitié. Mais vous ne me ferez jamais entendre que vous croyez me faire grâce en parlant bien de moi : vous ne direz jamais : *Encore y auroit-il bien à dire là-dessus.* Vous m'offenseriez vivement; et vous vous outrageriez vous-même; car il ne convient point à d'honnêtes gens d'avoir des amis dont ils pensent mal. Comment, madame, appelez-vous cela une forme, un extérieur?

En qualité de solitaire, je suis plus sensible qu'un autre; en qualité de malade, j'ai droit aux ménagemens que l'humanité doit à la foiblesse et à l'humeur d'un homme qui souffre. Je suis pauvre, et il me semble que cet état mérite encore des égards. Que je vous fasse donc ma déclaration sur ce que j'exige de l'amitié, et sur ce que j'y veux mettre. Reprenez librement ce que vous trouverez à blâmer dans mes règles; mais attendez-vous à ne m'en pas voir départir aisément; car elles sont tirées de mon caractère, que je ne puis changer.

Premièrement, je veux que mes amis soient mes amis, et non pas mes maîtres; qu'ils me conseillent, et non pas qu'ils me gouvernent : je veux bien leur aliéner mon cœur, mais non pas ma liberté.

Qu'ils me parlent toujours librement et franchement. Ils peuvent me tout dire : hors le mépris, je leur permets tout. Le mépris des indifférens m'est indifférent; mais si je le souffrois de mes amis j'en serois digne. S'ils ont le malheur de me mépriser, qu'ils ne me le disent pas; car à quoi cela sert-il? Qu'ils me quittent, c'est leur devoir envers eux-mêmes. A cela près, quand ils me font leurs représentations, de quelque ton qu'ils les fassent, ils usent de leur droit; quand, après les avoir écoutés, je fais ma volonté, j'use du mien : et je ne veux plus que, quand j'ai pris une fois mon parti, ils y trouvent sans cesse à redire, en m'accablant de criailleries éternelles et tout-à-fait inutiles.

Leurs grands empressemens à me rendre mille services dont je ne me soucie point, me sont à charge; j'y trouve un certain air de supériorité qui me déplaît. D'ailleurs tout le monde en peut faire autant. J'aime mieux qu'ils m'aiment et se laissent aimer; voilà ce que les amis seuls savent faire. Je m'indigne, surtout, quand le premier venu les dédommage de moi, tandis que je ne peux souffrir qu'eux seuls au monde. Il n'y a que leurs caresses qui puissent me faire endurer leurs bienfaits; et, quand je fais tant que d'en recevoir d'eux, je veux qu'ils consultent mon goût, et non pas le leur : car nous pensons si différemment sur tant de choses, que souvent ce qu'ils jugent bon me paroît mauvais.

S'il survient une querelle, je dirois bien que c'est à celui qui a tort de revenir le premier; mais c'est ne rien dire, car chacun croit toujours avoir raison. Tort ou raison, c'est à celui qui a commencé la querelle à la finir. Si je reçois mal sa censure, si je m'aigris sans sujet, si je me mets en colère mal à propos, je ne veux point qu'il s'y mette à son tour. Je veux qu'il me caresse bien, qu'il me baise bien, entendez-vous, madame? en un mot, qu'il commence par m'apaiser, ce qui ne sera pas long; car il n'y a point d'incendie au fond de mon cœur qu'une larme ne puisse éteindre. Alors, quand je serai attendri, calmé, honteux, confus, qu'il me gourmande bien, qu'il me dise bien mon fait; et sûrement il sera content de moi. Voilà ce que je veux que mon ami fasse envers moi quand j'ai tort, et ce que je suis toujours prêt à faire envers lui dans le même cas. S'il est question d'une minutie, qu'on la laisse tomber et qu'on ne se fasse point un sot point d'honneur d'avoir toujours l'avantage.

Je puis vous citer là-dessus une espèce de petit exemple dont vous ne vous doutez pas, quoiqu'il vous regarde. C'est à l'occasion de ce billet où je vous parlois de la Bastille (*) dans un sens bien différent de celui où vous le prîtes, et que vous n'entendîtes assurément pas comme je vous l'avois écrit. Vous m'écrivîtes une lettre bien éloignée d'être injurieuse et désobligeante (vous n'en savez point écrire de telles à vos amis), mais où je voyois que vous étiez mécontente de la mienne. J'étois persuadé, comme je le suis encore, qu'en cela vous aviez tort; je vous répliquai : vous aviez établi certaines maximes qu'il faut aimer les hommes indifféremment; qu'il faut être content des autres, pour l'être

(*) Voyez ci devant page 234.

de soi; que nous sommes faits pour la société, pour supporter mutuellement nos défauts, pour avoir entre nous une intimité de frères, etc. Vous m'aviez mis précisément sur mon terrain. Ma lettre étoit bonne, du moins je la crus telle, et sûrement vous auriez pris du temps pour y répondre. Prêt à la fermer, je la relus avec plaisir; elle avoit, n'en doutez pas, le ton de l'amitié, mais une certaine chaleur dont je ne puis me défendre. Je sentis que vous n'en seriez pas plus contente que de la première, et qu'il s'élèveroit entre nous un nuage d'altercations dont je serois la cause. A l'instant je jetai ma lettre au feu, résolu d'en demeurer là. Je ne saurois vous dire avec quel contentement de cœur je vis brûler mon éloquence; et vous savez que je ne vous en ai plus parlé. Ma chère et bonne amie, Pythagore disoit qu'il ne faut jamais attiser le feu avec une épée; cette sentence me paroît être la plus importante et la plus sacrée des lois de l'amitié.

J'ai bien d'autres prétentions encore avec mes amis, et elles augmentent à mesure qu'ils me sont chers. Aussi serai-je de jour en jour plus difficile avec vous; mais, pour le coup, il faut finir cette lettre.

Je vois, en relisant la vôtre, que vous m'annoncez le paquet de Diderot. L'un et l'autre ne me sont pourtant pas parvenus ensemble, et j'ai reçu le paquet long-temps avant la lettre. Ne vous étonnez pas si je prends Paris toujours plus en haine; il ne m'en vient rien que de chagrinant, hormis vos lettres. Je n'irai jamais. Si vous voulez me faire vos représentations là-dessus, et même aussi vivement qu'il vous plaira, vous en avez le droit. Elles seront bien reçues et inutiles. Après cela vous ne m'en ferez plus.

Faites ce que vous jugerez à propos au sujet du livre de M. d'Holbach; mais je n'approuve point qu'on se charge d'une édition, et surtout une femme. C'est une manière de faire acheter un livre par force, et de mettre à contribution ses amis; et je ne veux point de cela. Bonjour, ma bonne amie.

SECONDE RÉDACTION.

Diderot m'a écrit une troisième lettre en me renvoyant mes papiers. Quoique vous me marquiez par la vôtre que vous m'envoyez ce paquet, elle m'est parvenue plus tard et par une autre voie; de sorte que quand je l'ai reçue, ma réponse à Diderot étoit déjà faite. Vous devez être aussi ennuyée de cette longue tracasserie que j'en suis excédé. Ainsi n'en parlons plus, je vous en supplie.

Mais où avez-vous pris que je me plaindrai de vous aussi? Si j'avois à m'en plaindre, ce seroit parce que vous usez de trop de ménagement avec moi et me traitez trop doucement. J'ai souvent besoin d'être plus gourmandé que cela; un ton de gronderie me plaît fort quand je le mérite; je crois que je serois homme à le regarder quelquefois comme une sorte de cajolerie de l'amitié. Mais on querelle son ami sans le mépriser; on lui dira fort bien qu'il est une bête; on ne lui dira pas qu'il est un coquin. Vous ne me ferez jamais entendre *que vous me croyez faire grâce en pensant bien de moi*. Vous ne m'insinuerez jamais *qu'en y regardant de près, il y auroit beaucoup d'estime à rabattre*. Vous ne me direz pas: *Encore y auroit-il bien à dire là-dessus*. Ce ne seroit pas seulement m'offenser, ce seroit vous offenser vous-même; car il ne convient pas à d'honnêtes gens d'avoir des amis dont ils pensent mal; que s'il m'étoit arrivé de mal interpréter sur ce point un discours de votre part, vous vous hâteriez assurément de m'expliquer votre idée, et vous garderiez de soutenir durement et sèchement ce même propos dans le mauvais sens où je l'aurois entendu. Comment, madame, appelez-vous cela une forme, un extérieur?

J'ai envie, puisque nous traitons ce sujet, de vous faire ma déclaration sur ce que j'exige de l'amitié, et sur ce que j'y veux mettre à mon tour. Reprenez librement ce que vous trouverez à blâmer dans mes règles, mais attendez-vous à ne m'en pas voir départir aisément; car elles sont tirées de mon caractère, que je ne puis changer.

Premièrement, je veux que mes amis soient mes amis, et non pas mes maîtres, qu'ils me conseillent sans prétendre me gouverner, qu'ils aient toutes sortes de droits sur mon cœur, aucun sur ma liberté. Je trouve très-singuliers les gens qui, sous ce nom, prétendent toujours se mêler de mes affaires sans me rien dire des leurs.

Qu'ils me parlent toujours librement et franchement : ils peuvent me tout dire : hors le mépris, je leur permets tout. Le mépris d'un indifférent m'est indifférent; mais si je le souffrois d'un ami, j'en serois digne. S'il a le malheur de me mépriser, qu'il ne me le dise pas, qu'il me quitte ; c'est son devoir envers lui-même. A cela près, quand il me fait ses représentations, de quelque ton qu'il les fasse, il use de son droit ; quand, après l'avoir écouté, je fais ma volonté, j'use du mien : et je trouve mauvais qu'on me rabâche éternellement sur une chose faite.

Leurs grands empressemens à me rendre mille services dont je ne me soucie point me sont à charge ; j'y trouve un certain air de supériorité qui me déplaît ; d'ailleurs tout le monde en peut faire autant : j'aime mieux qu'ils m'aiment et se laissent aimer ; voilà ce que les amis seuls peuvent faire. Je m'indigne surtout quand le premier venu les dédommage de moi, tandis que je ne puis souffrir qu'eux seuls au monde. Il n'y a que leurs caresses qui puissent me faire supporter leurs bienfaits ; mais quand je fais tant que d'en recevoir d'eux, je veux qu'ils consultent mon goût et non pas le leur ; car nous pensons si différemment sur tant de choses, que souvent ce qu'ils estiment bon me paroît mauvais.

S'il survient une querelle, je dirois bien que c'est à celui qui a tort de revenir le premier ; mais c'est ne rien dire, car chacun croit toujours avoir raison : tort ou raison, c'est à celui qui a commencé la querelle à la finir. Si je reçois mal sa censure, si je m'aigris sans sujet, si je me mets en colère mal à propos, il ne doit pas s'y mettre à mon exemple, ou bien il ne m'aime pas. Au contraire, je veux qu'il me caresse bien, qu'il me baise bien, entendez-vous, madame ? en un mot, qu'il commence par m'apaiser, ce qui sûrement ne sera pas long ; car il n'y eut jamais d'incendie au fond de mon cœur qu'une larme ne pût éteindre. Alors, quand je serai attendri, calmé, honteux, confus, qu'il me gourmande bien, qu'il me dise bien mon fait, et sûrement il sera content de moi. S'il est question d'une minutie qui ne vaille pas l'éclaircissement, qu'on la laisse tomber : que l'agresseur se taise le premier, et ne se fasse point un sot point d'honneur d'avoir toujours l'avantage. Voilà ce que je veux que mon ami fasse envers moi, et que je suis toujours prêt à faire envers lui dans le même cas.

Je pourrois vous citer là-dessus une espèce de petit exemple dont vous ne vous doutez pas, quoiqu'il vous regarde ; c'est au sujet d'un billet que je reçus de vous il y a quelque temps en réponse à un autre dont je vis que vous n'étiez pas contente, et où vous n'aviez pas, ce me semble, bien entendu ma pensée. Je fis une réplique assez bonne, ou du moins elle me parut telle ; elle avoit sûrement le ton de la véritable amitié ; mais en même temps une certaine vivacité dont je ne puis me défendre, et je craignis, en la relisant, que vous n'en fussiez pas plus contente que de la première ; à l'instant je jetai ma lettre au feu ; je ne puis vous dire avec quel contentement de cœur je vis brûler mon éloquence ; je ne vous en ai plus parlé, et je crois avoir acquis l'honneur d'être battu : il ne faut quelquefois qu'une étincelle pour allumer un incendie. Ma chère et bonne amie, Pythagore disoit qu'on ne devoit jamais attiser le feu avec une épée ; cette sentence me paroît la plus importante et la plus sacrée des lois de l'amitié.

J'exige d'un ami bien plus encore que tout ce que je viens de vous dire ; plus même qu'il ne doit exiger de moi, et que je n'exigerois de lui s'il étoit à ma place, et que je fusse à la sienne. En qualité de solitaire, je suis plus sensible qu'un autre ; si j'ai quelque tort avec un ami qui vive dans le monde, il y songe un moment, et mille distractions le lui font oublier le reste de la journée ; mais rien ne me distrait sur les siens ; privé du sommeil, je m'en occupe durant la nuit entière ; seul à la promenade, je m'en occupe depuis que le soleil se lève jusqu'à ce qu'il se couche ; mon cœur n'a pas un instant de relâche, et les duretés d'un ami me donnent dans un seul jour des années de douleur. En qualité de malade, j'ai droit aux ménagemens que l'humanité doit à la foiblesse et à l'humeur d'un homme qui souffre. Quel est l'ami, quel est l'honnête homme qui ne doit pas craindre d'affliger un malheureux tourmenté d'une maladie incurable et douloureuse ? Je suis pauvre, et il me semble que cet état mérite encore des égards. Tous ces ménagemens que j'exige, vous les avez eus sans que je vous en parlasse, et sûrement jamais un véritable ami n'aura besoin que je les lui demande. Mais, ma chère amie, parlons sincèrement; me connoissez-vous des amis? Ma foi, bien m'en a pris d'apprendre à m'en passer; je connois force gens qui ne seroient pas fâchés que je leur eusse obligation, et beaucoup à qui j'en ai en effet; mais des cœurs dignes de répondre au mien, ah! c'est bien assez d'en connoître un!

Ne vous étonnez donc pas si je prends Paris toujours plus en haine; il ne m'en vient rien que de chagrinant, hormis vos lettres. On ne m'y reverra jamais. Si vous voulez me faire vos représentations là-dessus, et même aussi vivement qu'il vous plaira, vous en avez le droit : elles seront bien reçues et inutiles; après cela, vous n'en ferez plus.

Faites tout ce que vous jugerez à propos au sujet du livre de M. d'Holbach, excepté de vous charger de l'édition; c'est une manière de faire acheter un livre par force, et de mettre à contribution ses amis; je ne veux point de cela.

Je vous remercie du *Voyage d'Anson*; je vous le renverrai la semaine prochaine.

Pardonnez les ratures; je vous écris au coin de mon feu, où nous sommes tous rassemblés. Les gouverneuses épuisent avec le jardinier les histoires de tous les pendus du pays, et la gazette d'aujourd'hui est si abondante que je ne sais plus du tout ce que je dis. Bonjour, ma bonne amie.

A LA MÊME.

Ce mardi au soir, l'Hermitage, janvier 1757.

Sans madame d'Houdetot, j'aurois été fort en peine de M. de Gauffecourt, parce que vous m'en aviez promis des nouvelles tous les jours, et que je n'en ai point reçu jusqu'à ce moment. Me voilà rassuré et consolé, puisqu'elles sont bonnes et les vôtres aussi. En attendant que les remèdes de M. Tronchin vous soient utiles, vous ne perdez pas votre temps à les prendre, puisqu'ils sont agréables à prendre : c'est un tour d'ami dont les médecins ne s'avisent guère.

Madame Le Vasseur est mieux, et vous remercie très-humblement, ainsi que sa fille. Moi, je n'ai que mes indispositions coutumières, un peu rengrégées par l'hiver comme tous les ans; par-dessus tout cela un mal de dents me désole depuis deux jours. Je vous tiendrai au besoin ce que je vous ai promis; je vous le tiendrois quand je ne vous aurois rien promis; l'amitié que vous me témoignez est digne de cette confiance : mais je ne suis point dans le cas, et j'espère de n'y jamais être. Bonjour, ma bonne amie.

Voilà deux paires de bas en attendant.

Je vous prie de vouloir bien remercier madame d'Houdetot de son billet; j'en avois besoin pour me rassurer sur les suites des fatigues excessives qu'elle avoit essuyées en venant.

A LA MÊME.

L'Hermitage, février 1757.

Il y a si long-temps que je n'ai reçu de vos nouvelles par vous-même, que je serois fort inquiet de votre santé si je ne savois d'ailleurs qu'à votre fluxion près elle a été passable; je n'ai jamais aimé entre amis la règle de s'écrire exactement, car l'amitié elle-même est ennemie des petites formules; mais la circonstance de ma dernière lettre me donne quelque inquiétude sur l'effet qu'elle aura produit sur vous, et si je n'étois rassuré par mes intentions, je craindrois qu'elle ne vous eût déplu en quelque chose. Soyez bien sûre qu'en pareil cas j'aurois mal expliqué, ou vous auriez mal interprété mes sentimens; voulant être estimé de vous, je n'ai prétendu y *faire que mon apologie vis-à-vis mon ami Diderot* et des autres personnes qui ont autrefois porté ce nom; et qu'hors les témoignages de mon attachement pour vous, il n'y avoit rien dans cette lettre dont j'aie prétendu vous faire la moindre application. Ce qui me rassure aussi bien que mon cœur, c'est le vôtre qui n'est rien moins que défiant; et je ne puis m'empêcher de croire que si vous eussiez été mécontente de moi, vous me l'auriez dit; mais, je vous en prie, pour me tranquilliser tout-à-fait, dites-moi que vous ne l'êtes pas. Bonjour, ma bonne amie.

Vous aviez bien raison de vouloir que je visse Diderot, il a passé hier la journée ici. Il y a long-temps que je n'en ai passé d'aussi délicieuse. Il n'y a point de dépit qui tienne contre la présence d'un ami (*).

A LA MÊME.

Février 1757.

Vous ne m'avez pas marqué si l'on avoit congédié les médecins. Qui pourroit tenir au supplice de voir assassiner chaque jour son ami (**) sans y pouvoir porter remède? Eh! pour l'amour de Dieu, balayez-moi tout cela, et les comtes et les abbés, et les belles dames, et le diable qui les emporte tous. Alors écrivez-moi, et s'il est nécessaire, je m'offre de ne le plus quitter; mais ne me faites pas venir inutilement. Je veux bien donner ma vie et ma santé, mais je voudrois au moins que ce sacrifice fût bon à quelque chose; car, quant à moi, je suis très-persuadé que je ne retournerai jamais à Paris que pour y mourir. Bonjour, ma bonne amie.

A LA MÊME.

De l'Hermitage, ce je ne sais pas quantième, printemps 1757.

Je voudrois bien, ma bonne amie, que vous eussiez été quitte de votre fluxion aussi facilement que moi de mon rhume : il prenoit un train assez vif, mais il s'en est allé tout d'un coup, sans que je sache ce qu'il est devenu. Que Dieu donne une bonne fois le même caprice à vos migraines!

Je vous remercie, je ne me souviens pas de quoi. Ah! du dinde, dont je ne vous remercie pourtant pas, puisqu'il n'étoit pas pour moi, mais dont j'ai mangé ou mangerai comme si c'étoit à moi d'en remercier.

Ce que vous me recommandez étoit tout-à-fait superflu. Les échos de mes bois sont discrets; j'ai pour l'ordinaire peu de choses à leur dire, et de ce peu je ne leur en dis rien du tout. Le nom de Julie et le vôtre sont les seules choses qu'il sache répéter.

Je vous recommande votre santé, votre gaîté, et vos comédies. Je vous prie de faire ma cour à la parfaite (*), d'embrasser pour moi toute votre famille, et même les ours embrassables : je m'imagine qu'ils le sont tous, hors moi.

J'assure en particulier sa tyrannie (**) de mes respects.

A LA MÊME.

Ce jeudi, printemps de 1757.

Je comptois, madame, vous aller voir au commencement de cette semaine; mais le mauvais temps et le doute si vous ne seriez pas retournée à Paris m'ont retenu, outre que l'ours ne quitte pas volontiers les bois. J'irai demain dîner avec vous s'il ne pleut pas dans l'intervalle, et que vous me fassiez dire que vous y serez et que vous n'aurez point d'étrangers. Bonjour, ma bonne amie; je vous aime dans ma solitude où je n'ai que cela à faire, et où tout m'avertit que c'est bien fait; mais vous, au milieu de tant de distractions, songez-vous un peu à moi?

A LA MÊME.

Ce dimanche matin, avril 1757.

Voilà, madame, les prémices de votre Hermitage, à ce que dit le jardinier. Faites-moi dire, je vous supplie, des nouvelles de votre santé et de vos affaires, en attendant que les fêtes se passent, que les chemins s'essuient et me permettent de vous aller voir. Je fus, mardi, dîner à Eaubonne, et pris, en revenant, de la pluie et d'un dérangement qui l'un et l'autre n'ont pas cessé jusqu'ici. Bonjour, madame; aimez-moi hermite, comme vous m'aimiez ours; autrement je quitte mon froc et reprends ma peau.

A M. VERNES.

A l'Hermitage, le 4 avril 1757.

Votre lettre, mon cher concitoyen, est venue me consoler dans un moment où je croyois

---

(*) Madame d'Épinay a répondu par une même lettre à celle-ci et à celle du jeudi 1757, p. 256, et sa réponse, qui mérite d'être lue, est dans ses Mémoires (tome 2, page 559). G. P.
(**) M. de Gauffecourt.

(*) Madame d'Houdetot. — (**) Grimm.

avoir à me plaindre de l'amitié, et je n'ai jamais mieux senti combien la vôtre m'étoit chère. Je me suis dit : Je gagne un jeune ami ; je me survivrai dans lui, il aimera ma mémoire après moi ; et j'ai senti de la douceur à m'attendrir dans cette idée.

J'ai lu avec plaisir les vers de M. Roustan ; il y en a de très-beaux parmi d'autres fort mauvais ; mais ces disparates sont ordinaires au génie qui commence. J'y trouve beaucoup de bonnes pensées et de la vigueur dans l'expression ; j'ai grand'peur que ce jeune homme devienne assez bon poëte pour être un mauvais prédicateur ; et le métier qu'un honnête homme doit le mieux faire, c'est toujours le sien. Sa pièce peut devenir fort bonne, mais elle a besoin d'être retouchée ; et à moins que M. de Voltaire n'en voulût bien prendre la peine, cela ne peut pas se faire ailleurs qu'à Paris ; car il y a une certaine pureté de goût, et une correction de style qu'on n'atteint jamais dans la province, quelque effort qu'on fasse pour cela. Je chercherai volontiers quelque ami qui corrige la pièce et ne la gâte pas ; c'est la manière la plus honnête et la plus convenable dont je puisse remercier l'auteur : mais son consentement est préalablement nécessaire.

Il est vrai, mon ami, que j'espérois vous embrasser ce printemps, et que je compte avec impatience les minutes qui s'écoulent jusques à ma retraite dans ma patrie, ou du moins à son voisinage. Mais j'ai ici une espèce de petit ménage, une vieille gouvernante de quatre-vingts ans, qu'il m'est impossible d'emmener, et que je ne puis abandonner jusqu'à ce qu'elle ait un asile, ou que Dieu veuille disposer d'elle ; je ne vois aucun moyen de satisfaire mon empressement et le vôtre tant que cet obstacle subsistera.

Vous ne me parlez ni de votre santé ni de votre famille, voilà ce que je ne vous pardonne point ; je vous prie de croire que vous m'êtes cher et que j'aime tout ce qui vous appartient. Pour moi, je traîne et souffre plus patiemment dans ma solitude, que quand j'étois obligé de grimacer devant les importuns ; cependant je vais toujours, je me promène, je ne manque pas de vigueur, et voici le temps que je vais me dédommager du rude hiver que j'ai passé dans les bois.

Je vous prie instamment de ne point m'adresser de lettre chez madame d'Épinay ; cela lui donne des embarras, et multiplie les frais ; il faut écrire, envoyer des exprès, et l'on évite tout cela en m'écrivant tout bonnement à *l'Hermitage, sous Montmorency, par Paris;* les lettres me sont plus promptement, aussi fidèlement rendues, et à moindres frais pour madame d'Épinay et pour moi. A la vérité quand il est question de paquets un peu gros, comme le précédent, on peut mettre une enveloppe avec cette adresse : à *M. de Lalive d'Épinay, fermier-général du roi, à l'hôtel des Fermes, à Paris.* Car, ce que je vois qu'on ne sait pas à Genève, c'est que les fermiers-généraux ont bien leur port franc à l'hôtel des Fermes, mais non pas chez eux. Encore faut-il bien prendre garde qu'il ne paroisse pas que leurs paquets contiennent des lettres à d'autres adresses ; il y a dans cette économie une petite manœuvre que je n'aime point.

Adieu, mon cher concitoyen ; quand viendra le temps où nous irons ensemble profiter des utiles délassemens de ce médecin du corps et de l'âme, de ce Chrysippe moderne, que j'estime plus que l'ancien, que j'aime comme mon ami, et que je respecte comme mon maître ?

P. S. Je vous envoie, ouverte, ma réponse à M. Roustan, pour que vous en jugiez, et que vous la supprimiez si vous la croyez capable de lui déplaire ; car assurément ce n'est pas mon intention.

A MADAME D'ÉPINAY.

Ce 4 mai 1757.

Bonjour, ma bonne amie. On dit que vous vous portez bien ; et comme je pense que si cela n'étoit pas, vous m'en auriez fait dire quelque chose, je me fie à cette bonne nouvelle ; on dit aussi que j'aurai bientôt le plaisir de vous revoir, et c'est alors que les beaux jours seront tout-à-fait revenus, surtout s'il est vrai, comme j'ai lieu de l'espérer, que vous viendrez ici goûter quelques-uns de ceux de l'Hermitage. Bonjour derechef. M. Cahouet, pressé de repartir, me presse, et je finis.

Apportez de l'eau-de-vie, et une bouteille qui ait le goulot assez large pour y passer des noix.

À LA MÊME.

Juin 1757.

Votre fièvre m'inquiète, car, foible comme vous êtes, vous n'êtes guère en état de la supporter long-temps. J'imagine que, si elle continue, M. Tronchin vous ordonnera le quinquina, car, à quelque prix que ce soit, il faut vous débarrasser de ce mauvais hôte. Moi, j'ai fait heureusement mon voyage, mais j'ai actuellement une forte migraine.

Vous ne me dites point si notre ami est enfin décidé sur son départ (*). J'ai la consolation de l'avoir laissé très en état de faire le voyage; il n'y a que des gens mal intentionnés qui puissent l'en détourner. Donnez-moi, je vous prie, exactement de ses nouvelles et des vôtres. Voici le billet pour M. Tronchin; je vous prie de le joindre à la consultation, et de la lui envoyer. Je vous demande excuse de vous l'avoir remise ouverte, mais je ne savois pas ce qu'elle contenoit. Bonjour, madame.

À LA MÊME

Ce vendredi au soir, l'Hermitage, été de 1757.

J'envoie, madame, savoir de vos nouvelles et de celles de madame d'Esclavelles, par Damour le fils, qui va à Paris. Pour moi, j'ai été incommodé ces deux jours-ci; j'y ai beaucoup gagné; car j'ai toujours remarqué que les maux du corps calment les agitations de l'âme. J'aurois besoin du *Voyage de l'amiral Anson* (**); si vous saviez où trouver ce livre, vous me feriez plaisir de l'emprunter pour une quinzaine de jours, et de me l'envoyer. Je crois que M. d'Holbach l'a, et il se fera sûrement un plaisir de le prêter. Si vous pouviez me l'envoyer par le retour de Damour, j'en serois fort aise; cependant cela ne presse pas absolument. Bonjour, ma bonne amie; je suis touché de vos soins pour me rendre le repos; le malheur est que personne n'en dira à Diderot autant que vous m'en avez dit, et qu'en vérité il est bien dur de porter en toute occasion les torts de nos amis et les nôtres.

Si vous ne trouvez pas aisément le livre, ne vous en tourmentez pas; je le ferai demander à la Bibliothèque du roi.

À SOPHIE

(Madame d'Houdetot).

L'Hermitage, juin 1757.

Viens, Sophie, que j'afflige ton cœur injuste; que je sois, à mon tour, sans pitié comme toi. Pourquoi t'épargnerois-je, tandis que tu m'ôtes la raison, l'honneur et la vie? Pourquoi te laisserois-je couler de paisibles jours, à toi qui me rends les miens insupportables? Ah! combien tu m'aurois été moins cruelle si tu m'avois plongé dans le cœur un poignard au lieu du trait fatal qui me tue! Vois ce que j'étois et ce que je suis devenu : vois à quel point tu m'avois élevé et jusqu'où tu m'as avili. Quand tu daignois m'écouter, j'étois plus qu'un homme; depuis que tu me rebutes, je suis le dernier des mortels : j'ai perdu le sens, l'esprit et le courage; d'un mot tu m'as tout ôté. Comment peux-tu te résoudre à détruire ainsi ton propre ouvrage? Comment oses-tu rendre indigne de ton estime celui qui fut honoré de tes bontés? Ah! Sophie, je t'en conjure, ne te fais point rougir de l'ami que tu as cherché. C'est pour ta propre gloire que je te demande compte de moi. Ne suis-je pas ton bien? N'en as-tu pas pris possession? tu ne peux plus t'en dédire, et, puisque je t'appartiens, malgré moi-même et malgré toi, laisse-moi du moins mériter de t'appartenir Rappelle-toi ces temps de félicité qui, pour mon tourment, ne sortiront jamais de ma mémoire. Cette flamme invisible, dont je reçus une seconde vie plus précieuse que la première, rendoit à mon âme, ainsi qu'à mes sens, toute la vigueur de la jeunesse. L'ardeur de mes sentimens m'élevoit jusqu'à toi. Combien de fois ton cœur plein d'un autre amour fut-il ému des transports du mien? Combien de fois m'as-tu dit dans le bosquet de la cascade : *Vous êtes l'amant le plus tendre dont j'eusse l'idée*, non,

---

(*) Comme, d'après les Mémoires de madame d'Épinay, Grimm fut en 1757 nommé secrétaire du général d'Estrées, qui se rendit à l'armée d'Allemagne, il est probable que c'est de lui qu'il est question. M. P.

(**) C'étoit pour la *Nouvelle Héloïse*, dans laquelle il fait embarquer Saint-Preux avec cet amiral, dont la relation avoit été traduite en françois par l'abbé Gua de Malver, et publiée en 1750, in-4°. M. P.

jamais homme n'aima comme vous (*). Quel triomphe pour moi que cet aveu dans ta bouche! assurément il n'étoit pas suspect ; il étoit digne des feux dont je brûlois, de t'y rendre sensible en dépit des tiens, et de t'arracher une pitié que tu te reprochois si vivement. Eh! pourquoi te la reprocher? En quoi donc étois-tu coupable? En quoi la fidélité étoit-elle offensée par des bontés qui laissoient ton cœur et tes sens tranquilles? Si j'eusse été plus aimable et plus jeune, l'épreuve eût été plus dangereuse : mais puisque tu l'as soutenue, pourquoi t'en repentir? Pourquoi changer de conduite avec tant de raisons d'être contente de toi? Ah! que ton amant même seroit fier de ta constance s'il savoit ce qu'elle a surmonté! Si ton cœur et moi sommes seuls témoins de la force, c'est à moi seul à m'en humilier. Étois-je digne de t'inspirer des désirs? Mais quelquefois ils s'éveillent malgré qu'on en ait, et tu sus toujours triompher des tiens. Où est le crime d'écouter un autre amour, si ce n'est le danger de le partager? Loin d'éteindre tes premiers feux, les miens sembloient les irriter encore. Ah! si jamais tu fus tendre et fidèle, n'est-ce pas dans ces momens délicieux où mes pleurs t'en arrachoient quelquefois; où les épanchemens de nos cœurs s'excitoient mutuellement; où, sans se répondre, ils savoient s'entendre ; où ton amour s'animoit aux expressions du mien, et où l'amant qui t'est cher recueilloit au fond de ton âme tous les transports exprimés par celui qui t'adore? L'amour a tout perdu par ce changement bizarre que tu couvres de si vains prétextes. Il a perdu ce divin enthousiasme qui t'élevoit à mes yeux au-dessus de toi-même ; qui te montroit à la fois charmante par tes faveurs, sublime par ta résistance, et redoubloit par tes bontés mon respect et mes adorations. Il a perdu, chez toi, cette confiance aimable qui te faisoit verser dans ce cœur qui t'aime tous les sentimens du tien. Nos conversations étoient touchantes : un attendrissement continuel les remplissoit de son charme. Mes transports, que tu ne pouvois partager, ne laissoient pas de te plaire, et j'aimois à t'entendre exprimer les tiens pour un autre objet qui leur étoit cher, tant l'épanchement et la sensibilité ont de prix, même sans celui du retour! Non, quand j'aurois été aimé, à peine aurois-je pu vivre dans un état plus doux, et je te défie de jamais dire à ton amant même rien de plus touchant que ce que tu me disois de lui, mille fois le jour. Qu'est devenu ce temps, cet heureux temps? la sécheresse et la gêne, la tristesse ou le silence remplissent désormais nos entretiens. Deux ennemis, deux indifférens, vivroient entre eux avec moins de réserve que ne font deux cœurs faits pour s'aimer. Le mien, resserré par la crainte, n'ose plus donner l'essor aux feux dont il est dévoré. Mon âme intimidée se concentre et s'affaisse sur elle-même ; tous mes sentimens sont comprimés par la douleur. Cette lettre, que j'arrose de froides larmes, n'a plus rien de ce feu sacré qui couloit de ma plume en de plus doux instans. Si nous sommes un moment sans témoins, à peine ma bouche ose-t-elle exprimer un sentiment qui m'oppresse, qu'un air triste et mécontent le resserre au fond de mon cœur. Le vôtre, à son tour, n'a plus rien à me dire. Hélas! n'est-ce pas me dire assez combien vous vous déplaisez avec moi, que ne me plus parler de ce que vous aimez? Ah! parlez-moi de lui sans cesse, afin que ma présence ne soit pas pour vous sans plaisir.

Il vous est plus aisé de changer, ô Sophie! que de cacher ce changement à mes yeux. N'alléguez plus de fausses excuses qui ne peuvent m'en imposer. Les événemens ont pu vous forcer à une circonspection dont je ne me suis jamais plaint : mais tant que le cœur ne change pas, les circonstances ont beau changer, son langage est toujours le même; et si la prudence vous force à me voir plus rarement, qui vous force de perdre avec moi le langage du sentiment pour prendre celui de l'indifférence? Ah! Sophie, Sophie! ose me dire que ton amant t'est plus cher aujourd'hui que quand tu daignois m'écouter et me plaindre, et que tu m'attendrissois à mon tour aux expressions de ta passion pour lui! Tu l'adorois et te laissois adorer; tu soupirois pour un autre, mais ma bouche et mon cœur recueilloient tes soupirs. Tu ne te faisois point un vain scrupule de lui cacher des

---

(*) Rousseau, dans ses *Confessions*, rapporte ces paroles; mais il leur a donné plus d'élégance et plus d'énergie. Son imagination embellissoit alors ses souvenirs. On en peut juger en confrontant les deux versions. Voici celle des *Confessions*: « Non, jamais homme ne fut si aimable et jamais amant n'aima » comme vous! mais votre ami Saint-Lambert nous écoute, et » mon cœur ne sauroit aimer deux fois. » M. P.

entretiens qui tournoient au profit de ton amour. Le charme de cet amour croissoit sous celui de l'amitié; ta fidélité s'honoroit du sacrifice des plaisirs non partagés. Tes refus, tes scrupules étoient moins pour lui que pour moi. Quand les transports de la plus violente passion qui fut jamais t'excitoient à la pitié, tes yeux inquiets cherchoient dans les miens si cette pitié ne t'ôteroit point mon estime, et la seule condition que tu mettois aux preuves de ton amitié étoit que je ne cesserois point d'être ton ami.

Cesser d'être ton ami! chère et charmante Sophie, vivre et ne plus t'aimer est-il pour mon âme un état possible? Eh! comment mon cœur se fût-il détaché de toi, quand aux chaînes de l'amour tu joignois les doux nœuds de la reconnoissance? J'en appelle à ta sincérité. Toi qui vis, qui causas ce délire, ces pleurs, ces ravissemens, ces extases, ces transports qui n'étoient pas faits pour un mortel, dis, ai-je goûté tes faveurs de manière à mériter de les perdre? Ah! non, tu t'es barbarement prévalue, pour me les ôter, des tendres craintes qu'elles m'ont inspirées. J'en suis devenu plus épris mille fois, il est vrai; mais plus respectueux, plus soumis, plus attentif à ne jamais t'offenser. Comment ton bon cœur a-t-il pu se résoudre, en me voyant tremblant devant toi, à s'armer de ma passion contre moi-même, et à me rendre misérable pour avoir mérité d'être heureux?

Le premier prix de tes bontés fut de m'apprendre à vaincre mon amour par lui-même, de sacrifier mes plus ardens désirs à celle qui les faisoit naître, et mon bonheur à ton repos. Je ne rappellerai point ce qui s'est passé ni dans ton parc ni dans ta chambre; mais pour sentir jusqu'où l'impression de tes charmes inspire à mes sens l'ardeur de te posséder, ressouviens-toi du Mont-Olympe, ressouviens-toi de ces mots écrits au crayon sur un chêne. J'aurois pu les tracer du plus pur de mon sang, et je ne saurois te voir ni penser à toi qu'il ne s'épuise et ne renaisse sans cesse. Depuis ces momens délicieux où tu m'as fait éprouver tout ce qu'un amour plaint, et non partagé, peut donner de plaisir au monde, tu m'es devenue si chère que je n'ai plus osé désirer d'être heureux à tes dépens, et qu'un seul refus de ta part eût fait taire un délire insensé. Je m'en serois livré plus innocemment aux douceurs de l'état où tu m'avois mis; l'épreuve de ta force m'eût rendu plus circonspect à t'exposer à des combats que j'avois trop peu su te rendre pénibles. J'avois tant de titres pour mériter que tes faveurs et ta pitié même ne me fussent point ôtées; hélas! que faut-il que je me dise pour me consoler de les avoir perdues, si ce n'est que j'aimai trop pour les savoir conserver! J'ai tout fait pour remplir les dures conditions que tu m'avois imposées; je leur ai conformé toutes mes actions, et, si je n'ai pu contenir de même mes discours, mes regards, mes ardens désirs, de quoi peux-tu m'accuser, si ce n'est de m'être engagé, pour te plaire, à plus que la force humaine ne peut tenir! Sophie! j'aimai trente ans la vertu, ah! crois-tu que j'aie déjà le cœur endurci au crime? Non; mes remords égalent mes transports; c'est tout dire: mais pourquoi ce cœur se livroit-il aux légères faveurs que tu daignois m'accorder, tandis que son murmure effrayant me détournoit si fortement d'un attentat plus téméraire? Tu le sais, toi qui vis mes égaremens, si, même alors, ta personne me fut sacrée! Jamais mes ardens désirs, jamais mes tendres supplications n'osèrent un instant solliciter le bonheur suprême que je ne me sentisse arrêté par les cris intérieurs d'une âme épouvantée. Cette voix terrible qui ne trompe point, me faisoit frémir à la seule idée de souiller de parjure et d'infidélité celle que j'aime, celle que je voudrois voir aussi parfaite que l'image que j'en porte au fond de mon cœur; celle qui doit m'être inviolable à tant de titres. J'aurois donné l'univers pour un moment de félicité; mais t'avilir, Sophie! ah! non, il n'est pas possible, et, quand j'en serois le maître, je t'aime trop pour te posséder jamais.

Rends donc à celui qui n'est pas moins jaloux que toi de ta propre gloire des bontés qui ne sauroient la blesser. Je ne prétends m'excuser ni envers toi, ni envers moi-même: je me reproche tout ce que tu me fais désirer. S'il n'eût fallu triompher que de moi, peut-être l'honneur de vaincre m'en eût-il donné le pouvoir; mais devoir au dégoût de ce qu'on aime, des privations qu'on eût dû s'imposer, ah! c'est ce qu'un cœur sensible ne peut supporter sans désespoir. Tout le prix de la victoire est perdu dès qu'elle n'est pas volontaire. Si ton cœur ne m'ôtoit rien, qu'il seroit digne du mien de tout refuser! Si jamais je puis me guérir, ce sera quand je n'aurai que ma passion seule à combattre. Je suis coupable, je le sens trop, mais je m'en console en songeant que tu ne l'es pas. Une complaisance insipide à ton cœur, qu'est-elle pour toi, qu'un acte de pitié dangereux à la première épreuve, indifférent pour qui l'a pu supporter une fois? O Sophie! après des momens si doux, l'idée d'une éternelle privation est trop affreuse à celui qui gémit de ne pouvoir s'identifier avec toi. Quoi! tes yeux attendris ne se baisseroient plus avec cette douce pudeur qui m'enivre de volupté? Quoi! mes lèvres brûlantes ne déposeroient plus sur ton cœur mon âme avec mes baisers? Quoi! je n'éprouverois plus ce frémissement céleste, ce feu rapide et dévorant qui, plus prompt que l'éclair... moment! moment inexprimable! quel cœur, quel homme, quel dieu peut t'avoir ressenti et renoncer à toi!

Souvenirs amers et délicieux! laisserez-vous jamais mes sens et mon cœur en paix? et toutefois les plaisirs que vous me rappelez ne sont point ceux qu'il regrette le plus. Ah! non, Sophie, il en fut pour moi de plus doux encore, et dont ceux-là tirent leur plus grand prix, parce qu'ils en étoient le gage. Il fut, il fut un temps où mon amitié t'étoit chère et où tu savois me le témoigner. Ne m'eusses-tu rien dit, ne m'eusses-tu fait aucune caresse, un sentiment plus touchant et plus sûr m'avertissoit que j'étois bien avec toi. Mon cœur te cherchoit, et le tien ne me repoussoit pas. L'expression du plus tendre amour qui fut jamais n'avoit rien de rebutant pour toi. On eût dit à ton empressement à me voir que je te manquois quand tu ne m'avois pas vu: tes yeux ne fuyoient pas les miens, et leurs regards n'étoient pas ceux de la froideur: tu cherchois mon bras à la promenade; tu n'étois pas si soigneuse à me dérober l'aspect de tes charmes, et quand ma bouche osoit presser la tienne, quelquefois, au moins, je la sentois résister. Tu ne m'aimois pas, Sophie, mais tu te laissois aimer, et j'étois heureux. Tout est fini: je ne suis plus rien, et me sentant étranger, à charge, importun près de toi, je ne suis pas moins misérable de mon bonheur passé que de mes peines présentes. Ah! si je ne t'avois jamais vue attendrie, je me consolerois de ton indifférence et me contenterois de t'adorer en secret; mais me voir déchirer le cœur par la main qui me rendit heureux, et être oublié de celle qui m'appeloit son doux ami! O toi qui peux tout sur mon être, apprends-moi à supporter cet état affreux, ou le change, ou me fais mourir. Je voyois les douleurs que m'apprêtoit la fortune, et je m'en consolois en y voyant tes plaisirs; j'ai appris à braver les outrages du sort, mais les tiens! qui me les fera supporter? La vallée que tu fuis pour me fuir, le prochain retour de ton amant, les intrigues de ton indigne sœur, l'hiver qui nous sépare, mes maux qui s'accroissent, ma jeunesse qui fuit de plus en plus, tandis que la tienne est dans sa fleur, tout se réunit pour m'ôter tout espoir; mais rien n'est au-dessus de mon courage que tes mépris. Avec la consolation du cœur, je dédaignerois les plaisirs des sens, je m'en passerois au moins : si tu me plaignois, je ne serois plus à plaindre. Aide-moi, de grâce, à m'abuser moi-même : mon cœur affligé ne demande pas mieux; je cherche moi-même sans cesse à te supposer pour moi le tendre intérêt que tu n'as plus. Je force tout ce que tu me dis pour l'interpréter en ma faveur: je m'applaudis de mes propres douleurs quand elles semblent t'avoir touchée: dans l'impossibilité de tirer de toi de vrais signes d'attachement, un rien suffit pour m'en créer de chimériques. A notre dernière entrevue, où tu déployois de nouveaux charmes pour m'enflammer de nouveaux feux, deux fois tu me regardas en dansant. Tous tes mouvemens s'imprimoient au fond de mon âme; mes avides regards traçoient tous tes pas : pas un de tes gestes n'échappoit à mon cœur, et dans l'éclat de ton triomphe, ce foible cœur avoit la simplicité de croire que tu daignois t'occuper de moi. Cruelle, rends-moi l'amitié qui m'est si chère, tu me l'as offerte; je l'ai reçue; tu n'as plus droit de me l'ôter. Ah! si jamais je te voyois un vrai signe de pitié, que ma douleur ne te fût point importune, qu'un regard attendri se tournât sur moi, que ton bras se jetât autour de mon cou, qu'il me pressât contre ton sein, que ta douce voix me dît avec un soupir : *Infortuné, que je te plains!* oui, tu m'aurois consolé de tout : mon âme reprendroit sa vigueur, et je redeviendrois digne encore d'avoir été bien voulu de toi...

A MADAME D'ÉPINAY.

Ce dimanche, l'Hermitage, juin 1757.

Je reçus votre lettre, madame, qui me fit un sensible plaisir; je n'y répondis pas, parce qu'elle étoit elle-même une réponse, que je ne voulois pas vous donner occasion de vous fatiguer par trop écrire, et que j'étois paresseux moi-même. Comme j'espère vous aller voir dans la semaine, j'aurai bientôt la consolation d'achever avec vous cet entretien. Au reste, vous savez que le philosophe m'est venu voir; autant en a fait hier soir M. d'Épinay. Voici deux copies du *Salve* (*) dont une est pour lui et l'autre pour vous. Je vous les envoie avant qu'elles soient davantage enfumées; ne m'en envoyez pas l'argent, attendu que vous avez oublié de faire la déduction du café sur les manchettes, et que ceci fera, je pense, à peu près l'équivalent. Vous prenez continuellement les eaux; il me semble qu'il seroit bientôt temps de changer de régime pour reprendre un peu de forces, mais

Je ne suis qu'un soldat, et je n'ai que du zèle ;

et je sens bien que mes ordonnances de médecine ne doivent pas avoir plus d'autorité que mes livres de morale. Adieu, madame; aimez un peu votre pauvre ours, qui sait mieux ce qu'il sent que ce qu'il dit.

A LA MÊME.

A l'Hermitage, ce vendredi, août 1757.

Je suis, ma chère amie, toujours malade et chagrin : on dit que la philosophie guérit ce dernier; pour moi je sens que c'est elle qui le donne, et je n'avois pas besoin de cette découverte pour la mépriser. Quant aux maux, on les supporte avec de la patience, mais je n'en ai qu'en me promenant, et malheureusement voilà le temps tout-à-fait à la pluie. Sans le

(*) Au nombre des œuvres de musique composées par Jean-Jacques est un *Salve regina*, qu'il avoit fait en 1752. M. P.

souvenir des *amis*, je ne connoîtrois plus de remède à rien : c'est *votre* billet qui m'a rappelé celui-ci; de sorte que les biens qui me viennent de vous sont à peu près les seuls qui me restent.

Je voudrois bien que madame d'Holbach fût promptement et heureusement accouchée, afin qu'elle, son mari, vous et tous ses amis fussions tirés d'inquiétude, et qu'on vous revît bientôt à la Chevrette.

Je serai bien aise de voir le théologien La Tour, mais il n'y a que vous qui m'avez tant fait accepter de choses, qui puissiez me faire accepter mon portrait, pour l'échanger avec le vôtre, comme étant de la main d'un meilleur peintre, par forme de compensation.

Prenez bien vite le livre de M. de Buchelai, pourvu cependant que, vu ma lenteur, il me laisse un temps raisonnable pour le copier; mais il faut le prier d'envoyer aussi du papier, car je n'en ai pas ici. Je serai trop heureux d'avoir à copier dans un temps où je ne saurois faire autre chose.

Bonjour, madame; revenez vite à la Chevrette, sitôt que vous aurez fait ce petit garçon; c'est une chose terrible que, depuis que les femmes se mêlent de faire des enfans, elles ne savent pas encore accoucher toutes seules.

A LA MÊME.

Ce mardi 16 août 1757. A l'Hermitage.

Voilà, madame, de la musique de malade, c'est tout dire. Je vous prie de donner, le plus tôt qu'il se pourra, cette partition à M. d'Épinay, afin que je me sois acquitté au moins de ce qui a dépendu de moi.

Vous m'aviez dit que vous reviendriez le lendemain de la Notre-Dame, c'est-à-dire aujourd'hui. Mais je me suis bien douté que vous seriez forcée à différer votre retour. Donnez-moi des nouvelles de madame d'Holbach et des vôtres, et dites-moi quand vous comptez être à la Chevrette. Au pis aller, vous ne sauriez tarder plus long-temps que de demain en huit, dussiez-vous ensuite retourner à Paris. Je voudrois vous parler de moi; mais je suis aussi ennuyé de vous en dire toujours la même chose, que vous devez l'être de l'entendre. Je ne suis pas aussi heureux que la pauvre Waldstoerchel, et même en faisant de la musique, je brûle encore de l'huile de navette. J'étois pourtant mieux depuis quelques jours, mais je me suis échauffé hier pour éviter l'orage, et mes douleurs m'ont repris aujourd'hui. Bonjour, la mère aux ours; vous avez grand tort de n'être pas ici, car j'ai le museau tout frais tondu.

A LA MÊME.

Ce jeudi matin, l'Hermitage, août 1757.

Je suis en si mauvais état, que je ne me sentois pas le courage de vous aller voir aujourd'hui, et la pluie de cette nuit m'en avoit tout-à-fait ôté l'idée. Cependant, puisque votre ami est avec vous, et que je ne sais combien de temps il y demeurera, si le temps se ressuie dans la journée, et laisse un peu sécher les chemins, je vous irai voir ce soir; car je suis trop foible ce matin, et les chemins sont trop mauvais pour tenter l'aventure, après une aussi mauvaise nuit. A ce soir donc, ma chère amie; vous connoissez trop mon cœur pour me soupçonner d'être en reste envers ceux qui m'aiment, et qu'il m'est si naturel d'aimer.

A LA MÊME.

Ce jeudi, l'Hermitage, août 1757.

Que signifient ces chagrins pour un enfant de six ans, dont il est impossible de connoître le caractère? Tout ce que font les enfans, tant qu'ils sont au pouvoir d'autrui, ne prouve rien; car on ne peut jamais savoir à qui en est la faute : c'est quand ils n'ont plus ni nourrices, ni gouvernantes, ni précepteurs, qu'on voit ce que les a faits la nature, et c'est alors que leur véritable éducation commence. Au reste, je ne sais si vous faites bien d'éloigner de vos yeux votre fille (*); mais je sais qu'il importe, en pareil cas, qu'elle ne soit pas aussi agréablement qu'auprès de vous, et je ne vois pas comment vous pourrez jamais vous assurer de cela. Songez-y; cette précaution est importante pour l'avenir, encore plus que pour le présent.

Je vous plains d'être à Paris, et j'envisage avec plaisir le moment qui doit vous ramener à mon voisinage; non que je ne vive fort bien ici tout seul, mais si après Diderot j'ai envie de voir quelqu'un au monde, c'est vous. J'ai eu ces jours-ci de grands maux d'estomac, pour avoir eu la présomption de vivre en paysan, et manger des choux au lard plus qu'à moi n'appartenoit.

Mademoiselle Le Vasseur est au désespoir de vous servir si lentement, mais le soin de sa pauvre nièce lui prend presque tout son temps; et je vous assure que le peu qui lui en reste n'est employé que pour vous.

Bonjour, ma chère et aimable amie; je voudrois bien que vous fussiez ici au coin de mon feu; nous causerions doucement ensemble, et il me semble que le cœur seroit de la partie. En me donnant de vos nouvelles, n'oubliez pas de m'en donner du papa Gauffecourt.

A LA MÊME.

L'Hermitage, été de 1757.

Quoique je ne craigne pas la chaleur, elle est si terrible aujourd'hui, que je n'ai pas eu le courage d'entreprendre le voyage au fort du soleil. Je n'ai fait que me promener à l'ombre autour de la maison, et je suis tout en nage. Ainsi, je vous prie de témoigner mon regret à mes prétendus confrères, et comme depuis qu'ils sont ours je me suis fait galant, trouvez bon que je vous baise très-respectueusement la main.

Puisqu'on ne peut vous voir demain, ce sera pour vendredi, s'il fait beau, et je partirai de bonne heure (*).

A LA MÊME.

L'Hermitage, été de 1757.

Je vous remercie de votre souvenir. Je ne

(*) Depuis madame de Belsunce.   M. P.

(*) Après cette lettre viennent les trois billets que Jean-Jacques écrivit le même jour à madame d'Épinay, et qu'il a textuellement insérés dans ses *Confessions*, livre IX, p. 236.

souffris jamais tant de mes maux que je fais depuis quelques jours : tout le monde, à commencer par moi-même, m'est insupportable. Je porte dans le corps toutes les douleurs qu'on peut sentir, et dans l'âme les angoisses de la mort. J'allai hier à Eaubonne, espérant quelque soulagement de la marche et quelque plaisir de la gaîté de madame d'Houdetot. Je l'ai trouvée malade, et j'en suis revenu encore plus malade moi-même que je n'étois allé. Il faut absolument que je me séquestre de la société et vive seul jusqu'à ce que ceci finisse de manière ou d'autre. Soyez sûre qu'au premier jour de trêve je ne manquerai pas de vous aller voir. Mille respects, s'il vous plaît, à madame d'Esclavelles, et amitiés à ces messieurs. Je vous conjure tous de me pardonner mes maussaderies; croyez qu'à ma place chacun de vous seroit dans son lit et penseroit n'en point relever.

A LA MÊME.

L'Hermitage, automne de 1757.

Soyez sûre que, sans le temps qu'il a fait, vous m'auriez vu dès hier. Je suis sur votre état dans des inquiétudes mortelles. Au reste, je juge que vous prenez le bon parti (*). Adieu, ma chère amie; quoique je me porte fort mal moi-même, vous me verrez demain matin au plus tard.

A LA MÊME.

Ce vendredi, septembre 1757.

J'apprends que vous continuez de souffrir, et j'ai à ressentir vos maux et les miens. Si je sors aujourd'hui, je crains de ne le pouvoir pas demain; faites-moi donc dire si cela est nécessaire, car Barré ne s'est pas bien expliqué. Je comptois toujours aller dîner avec vous demain, comme vous me l'avez ordonné, et mon projet est d'y aller avant tout le monde. Que si vous avez quelque chose de pressé à me dire, j'irai vous voir aujourd'hui sur les quatre heures; ou bien si cela peut se communiquer, vous pouvez me le faire dire par mademoiselle Le Vasseur.

Faites-moi donner en même temps des nouvelles de mademoiselle d'Épinay. Bonjour, madame. Nous souffrons tous deux, et je suis triste; avec tout cela, je sens, en pensant à vous, combien c'est une douce consolation d'avoir un véritable ami; il n'y a plus que cela qui m'attache à la vie.

A M. DE SAINT-LAMBERT.

A l'Hermitage, le 4 septembre 1757.

En commençant de vous connoître, je désirai de vous aimer. Je n'ai rien vu de vous qui n'augmentât ce désir. Au moment où j'étois abandonné de tout ce qui me fut cher, je vous dus une amie qui me consoloit de tout, et à laquelle je m'attachois à mesure qu'elle me parloit de vous. Voyez, mon cher Saint-Lambert, si j'ai de quoi vous aimer tous deux, et croyez que mon cœur n'est pas de ceux qui demeurent en reste. Pourquoi faut-il donc que vous m'ayez affligé l'un et l'autre? Laissez-moi promptement délivrer mon âme du poids de vos torts. Comme je me suis plaint de vous à elle, je viens me plaindre d'elle à vous. Elle m'a bien entendu : j'espère que vous m'entendrez de même; et peut-être une explication dictée par l'estime et la confiance produira-t-elle entre de nouveaux amis l'effet de l'habitude et des ans.

Je songeois à vous, sans songer guère à elle, quand elle est venue me voir et qu'elle a commencé de me rechercher. Connoissant mon penchant à m'attacher, et les chagrins qu'il me donne, j'ai toujours fui les liaisons nouvelles; et il y avoit quatre ans qu'elle m'offroit l'entrée de sa maison, sans que jamais j'y eusse *mis le pied*. Je n'ai pu la fuir; je l'ai vue; j'ai pris la douce habitude de la voir. J'étois solitaire et triste; mon cœur affligé ne cherchoit que des consolations; je les trouvois auprès d'elle; elle en avoit besoin à son tour; elle trouvoit un ami sensible à ses peines. Nous parlions de vous, du bon et trop facile Diderot, de l'ingrat Grimm, et d'autres encore. Les jours se passoient dans cet épanchement

---

(*) Celui d'aller à Genève consulter Tronchin. G. P.

mutuel. Je m'attachois en solitaire, en homme affligé : elle conçut aussi de l'amitié pour moi ; elle m'en promit du moins. Nous faisions des projets pour le temps où nous pourrions lier entre nous trois une société charmante, dans laquelle j'osois attendre de vous, il est vrai, du respect pour elle et des égards pour moi.

Tout est changé, hormis mon cœur. Depuis votre départ elle me reçoit froidement ; elle me parle à peine, même de vous : elle trouve cent prétextes pour m'éviter ; un homme dont on veut se défaire n'est pas autrement traité que je le suis d'elle ; du moins autant que j'en puis juger, car je n'ai encore été congédié de personne. Je ne sais ce que signifie ce changement. Si je l'ai mérité, qu'on me le dise, et je me tiens pour chassé ; si c'est légèreté, qu'on me le dise encore ; je me retire aujourd'hui, et serai consolé demain. Mais après avoir répondu aux avances qui m'ont été faites, après avoir goûté le charme d'une société qui m'est devenue nécessaire, je crois, par l'amitié qu'on m'a demandée, avoir acquis quelque droit à celle qui m'étoit offerte ; je crois, par l'état de langueur où je suis réduit dans ma retraite, mériter au moins quelques égards ; et, quand je vous demande compte de l'amie que vous m'avez donnée, je crois vous inviter à remplir un devoir de l'humanité.

Oui, c'est à vous que je demande compte d'elle. N'est-ce pas de vous que lui viennent tous ses sentimens ? Qui le sait mieux que moi ? Je le sais mieux que vous, peut-être, et je puis bien lui reprocher ce que je reprochois avec moins de justice à feu madame d'Holbach (¹), qu'elle ne m'aime que par l'impulsion de celui qu'elle aime. Dites-moi donc d'où vient son refroidissement. Auriez-vous pu craindre que je ne cherchasse à vous nuire auprès d'elle, et qu'une vertu mal entendue ne me rendît perfide et trompeur ? L'article d'une de vos lettres qui me regarde m'a fait entrevoir ce soupçon. Non, non, Saint-Lambert, la poitrine de J.-J. Rousseau n'enferma jamais le cœur d'un traître, et je me mépriserois bien plus que vous ne pensez, si jamais j'avois essayé de vous ôter le sien.

Ne croyez pas m'avoir séduit par vos raisons ; j'y vois l'honnêteté de votre âme, et non votre justification. Je blâme vos liens : vous ne sauriez les approuver vous-même ; et tant que vous me serez chers l'un et l'autre, je ne vous laisserai jamais la sécurité de l'innocence dans votre état. Mais un amour tel que le vôtre mérite aussi des égards, et le bien qu'il produit le rend moins coupable. Après avoir connu tout ce qu'elle sent pour vous, pourrois-je vouloir vous rendre malheureux l'un par l'autre ? Non, je me sens du respect pour une union si tendre, et ne la puis mener à la vertu par le chemin du désespoir. Un mot surtout qu'elle me dit il y a deux mois, et que je vous rapporterai quelque jour, m'a touché au point que, de confident de sa passion, j'en suis presque devenu le complice ; et il est certain que, si vous pouviez jamais abandonner une pareille amante, je ne saurois m'empêcher de vous mépriser. Je me suis abstenu d'attaquer vos raisons, que je pouvois mettre en poudre ; j'ai laissé goûter à son tendre cœur le charme de s'y complaire ; et sans lui cacher mon sentiment, j'ai laissé le voile sur cette égide redoutable, dont ses yeux et les vôtres se seroient détournés. Je le répète, je ne veux point vous ôter l'un à l'autre. Bien loin de là : si jamais, entre vous deux, j'ai le bonheur de faire parler la vérité, sans vous déplaire, et d'adoucir sa voix dans la bouche d'un ami, je ne veux que prévenir l'infaillible terme de l'amour, en vous unissant d'un lien plus durable, à l'épreuve du ravage des ans, dont vous puissiez tous deux vous honorer à la face des hommes, et qui vous soit doux encore au dernier moment de la vie. Mais soyez sûrs que je ne tiendrai jamais ces discours à aucun des deux séparément.

Un excès de délicatesse vous auroit-il fait croire aussi que l'amitié fait tort à l'amour, et que les sentimens que j'obtiendrois nuiroient à ceux qui vous sont dus ? Mais, dites-moi, qui est-ce qui sait aimer, si ce n'est un cœur sensible ? Les cœurs sensibles ne le sont-ils pas à toutes les sortes d'affections ? et peut-il y naître un seul sentiment qui ne tourne au profit de celui qui les domine ? Où est l'amant qui n'en de-

---

(¹) Quand j'écrivois cette lettre, M. d'Holbach avoit déjà sa seconde femme, sœur de la première.

vient pas plus tendre en parlant de celle qu'il aime à son ami? Où est le cœur, plein d'un sentiment qui déborde, qui n'a pas besoin, dans l'absence, d'un autre cœur pour s'épancher? Je fus jeune une fois, et je connus l'âme la plus aimante qui ait existé. Tous les attachemens imaginables étoient réunis dans cette âme tendre; chacun n'en étoit que plus délicieux par le concours de tous les autres : et celui qui l'emportoit tiroit de tous un nouveau prix. Quoi! ne vous est-il point doux, dans l'éloignement, qu'il se trouve un être sensible, à qui votre amie aime à parler de vous, et qui se plaise à l'entendre? Je suis persuadé que vous goûteriez ce plaisir aujourd'hui, si vous m'eussiez donné la journée que vous m'aviez promise, et que vous fussiez venu recevoir à l'Hermitage l'effusion d'un cœur dont sûrement le vôtre eût été content.

Il est fait, j'en suis sûr, pour m'entendre et répondre au mien. Consultez-le; il vous redemandera pour moi l'amie que je tiens de vous, qui m'est devenue nécessaire, et que je n'ai point mérité de perdre. Si son changement vient d'elle, dites-lui ce qu'il convient : s'il vient de vous, dites-le à vous-même. Sachez au moins que, de quelque manière que vous en usiez, vous serez, elle et vous, mes derniers attachemens. Mes maux me gagnent, et m'éloignent chaque jour davantage de la société. La vôtre étoit la seule de mon goût qui restât à ma portée. Si vous cherchez tous deux à vous éloigner de moi, je retirerai mon âme au-dedans d'elle-même; je mourrai seul et abandonné dans ma solitude, et vous ne penserez jamais à moi sans regret. Si vous vous rapprochez, vous trouverez un cœur qui ne laisse jamais faire la moitié du chemin à ceux qui lui conviennent.

A M. GRIMM (¹).

Le lundi 19 octobre 1757.

Dites-moi, Grimm, pourquoi tous mes amis prétendent que je dois suivre madame d'Épinay? Ai-je tort, ou seroient-ils tous séduits? auroient-ils tous cette basse partialité toujours prête à prononcer en faveur du riche, et à surcharger la misère de cent devoirs inutiles qui la rendent plus inévitable et plus dure? Je ne veux m'en rapporter là-dessus qu'à vous seul. Quoique sans doute prévenu comme les autres, je vous crois assez équitable pour vous mettre à ma place, et pour juger de mes vrais devoirs. Écoutez donc mes raisons, mon ami, et décidez du parti que je dois prendre; car, quel que soit votre avis, je vous déclare qu'il sera suivi sur-le-champ.

Qu'est-ce qui peut m'obliger à suivre madame d'Épinay? L'amitié, la reconnoissance, l'utilité qu'elle peut retirer de moi. Examinons tous ces points.

Si madame d'Épinay m'a témoigné de l'amitié, je lui en ai témoigné davantage. Les soins ont été mutuels, et du moins aussi grands de ma part que de la sienne. Tous deux malades, je ne lui dois plus qu'elle ne me doit, qu'au cas que le plus souffrant soit obligé de garder l'autre. [Parce que mes maux sont sans remède, est-ce une raison de les compter pour rien (*)?] Je n'ajouterai qu'un mot : elle a des amis moins malades, moins pauvres, moins jaloux de leur liberté [moins pressés de leur temps], et qui lui sont du moins aussi chers que moi. Je ne vois pas qu'aucun d'eux se fasse un devoir de la suivre. Par quelle bizarrerie en sera-ce un pour moi seul, qui suis le moins en état de le remplir? Si madame d'Épinay m'étoit chère au point de renoncer à moi pour l'amuser, comment lui serois-je assez peu cher moi-même pour qu'elle achetât aux dépens de ma santé, de ma vie, de ma peine, de mon repos et de toutes mes ressources, les soins d'un complai-

---

(¹) Notez, sur la lettre suivante, que le secret de ce voyage de madame d'Épinay, qu'elle me croyoit bien caché, m'étoit bien connu, de même qu'à toute sa maison; mais, comme il ne me convenoit pas d'en paroître instruit, j'étois forcé de motiver mon refus sur d'autres causes; et ce fut par-là que je donnai si beau jeu à leur vengeance, d'autant plus cruelle qu'elle étoit plus injuste. Je savois les secrets de madame d'Épinay, sans qu'elle me les eût dits, et sans avoir pris le moindre soin pour les apprendre. Jamais je n'en ai révélé aucun, même après ma rupture avec elle. Elle et d'autres savoient les miens par ma pleine et libre confiance, parce que la réserve avec les amis me paroît un crime; et qu'on ne doit pas vouloir passer, à leurs yeux pour meilleur qu'on n'est. C'est de ces aveux, faits d'une manière qui devoit les leur rendre si sacrés, qu'ils ont tiré contre moi le parti que chacun sait. Quel honnête homme n'aimeroit pas cent fois mieux être coupable de mes fautes que de leur trahison?

(*) Ce qui est imprimé ici entre deux crochets, et ce qui le sera de même dans le cours de cette lettre, ne se trouve pas dans l'édition de Du Peyron. Voyez ci-devant la seconde note de la page 249.

G. P.

sant aussi maladroit? Je ne sais si je devois offrir de la suivre ; mais je sais bien qu'à moins d'avoir cette dureté d'âme que donne l'opulence, et dont elle m'a toujours paru loin, elle ne devoit jamais l'accepter.

Quant aux bienfaits, premièrement, je ne les aime point, je n'en veux point, et je ne sais aucun gré de ceux qu'on me fait supporter par force. J'ai dit cela nettement à madame d'Épinay avant d'en recevoir aucun d'elle; ce n'est pas que je n'aime à me laisser entraîner comme un autre à des liens si chers, quand l'amitié les forme ; mais dès qu'on veut trop tirer la chaîne, elle rompt et je suis libre. Qu'a fait pour moi madame d'Épinay? Vous le savez tous mieux que personne, et j'en puis parler librement avec vous : elle a fait bâtir à mon occasion une petite maison à l'Hermitage, m'a engagé d'y loger, et j'ajoute avec plaisir qu'elle a pris soin d'en rendre l'habitation agréable et sûre.

Qu'ai-je fait de mon côté pour madame d'Épinay? Dans le temps que j'étois prêt à me retirer dans ma patrie, que je le désirois vivement, et que je l'aurois dû, elle remua ciel et terre pour me retenir. A force de sollicitations, et même d'intrigues, elle vainquit ma trop juste et longue résistance : mes vœux, mon goût, mon penchant, l'improbation de mes amis, tout céda dans mon cœur à la voix de l'amitié; je me laissai entraîner à l'Hermitage (a). Dès ce moment j'ai toujours senti que j'étois chez autrui, et cet instant de complaisance m'a déjà donné de cuisans repentirs. Mes tendres amis, attentifs à m'y désoler sans relâche, ne m'ont pas laissé un moment de paix, et m'ont fait souvent pleurer de douleur de n'être pas à cinq cents lieues d'eux. [Cependant, loin de me livrer aux charmes de la solitude, seule consolation d'un infortuné accablé de maux, et que tout le monde cherche à tourmenter, je vis que je n'étois plus à moi.] Madame d'Épinay, souvent seule à la campagne, souhaitoit que je lui tinsse compagnie : [c'étoit pour cela qu'elle m'avoit retenu.] Après avoir fait un sacrifice à l'amitié, il en fallut faire un autre à la reconnoissance. Il faut être pauvre, sans valet, haïr la gêne, et avoir mon âme, pour savoir ce que c'est pour moi que de vivre dans la maison d'autrui. J'ai pourtant vécu deux ans dans la sienne, assujetti sans relâche avec les plus beaux discours de liberté, servi par vingt domestiques, et nettoyant tous les matins mes souliers, surchargé de tristes indigestions, et soupirant sans cesse après ma gamelle. Vous savez aussi qu'il m'est impossible de travailler à de certaines heures, qu'il me faut la solitude, les bois et le recueillement; mais je ne parle point du temps perdu, j'en serai quitte pour mourir de faim quelques mois plus tôt. Cependant cherchez combien d'argent vaut une heure de la vie et du temps d'un homme ; comparez les bienfaits de madame d'Épinay avec mon pays sacrifié et deux ans d'esclavage, et dites-moi qui d'elle ou de moi a le plus d'obligation à l'autre.

Venons à l'article de l'utilité. Madame d'Épinay part dans une bonne chaise de poste, accompagnée de son mari, du gouverneur de son fils, et de cinq ou six domestiques. Elle va dans une ville peuplée et pleine de société, où elle n'aura que l'embarras du choix ; elle va chez M. Tronchin, son médecin, homme d'esprit, homme considéré, recherché; elle va dans une famille de mérite, où elle trouvera des ressources de toute espèce pour sa santé, pour l'amitié, pour l'amusement. Considérez mon état, mes maux, mon humeur, mes moyens, [mon goût, ma manière de vivre, plus forte désormais que les hommes et la raison même ;] voyez, je vous prie, en quoi je puis servir madame d'Épinay dans ce voyage [et quelles peines il faut que je *souffre sans lui* être jamais bon à rien]. Soutiendrai-je une chaise de poste? Puis-je espérer d'achever si rapidement une si longue route sans accident? Ferai-je à chaque instant arrêter pour descendre, ou accélérerai-je mes tourmens et ma dernière heure pour m'être contraint? Que Diderot fasse bon marché tant qu'il voudra de ma vie et de ma santé, mon état est connu, les célèbres chirurgiens de Paris peuvent l'attester ; et soyez sûr qu'avec tout ce que je souffre je ne suis guère moins ennuyé que les autres de me voir vivre si long-temps. Madame d'Épinay doit donc s'attendre à de continuels désagrémens, à un spectacle assez triste, et peut-être à quelques malheurs dans la route. Elle n'i-

---

(a) VAR. D'après l'édition de Du Peyrou : « Elle vainquit ma
» longue résistance : mes vœux, mon goût, l'improbation......
» etc. ; je me laissai conduire à l'Hermitage. »

gnore pas qu'en pareil cas j'irois plutôt expirer secrètement au coin d'un buisson que de causer les moindres frais et retenir un seul domestique ; et moi je connois trop son bon cœur pour ignorer combien il lui seroit pénible de me laisser dans cet état. Je pourrois suivre la voiture à pied comme le veut Diderot ; mais la boue, la pluie, la neige, me retarderont beaucoup dans cette saison. Quelque fort que je coure, comment faire vingt-cinq lieues par jour; et si je laisse aller la chaise, de quelle utilité serai-je à la personne qui va dedans ? Arrivé à Genève, je passerai les jours enfermé avec madame d'Épinay ; mais, quelque zèle que j'aie pour tâcher de l'amuser, il est impossible qu'une vie si casanière et si contraire à mon tempérament n'achève de m'ôter la santé, et ne me plonge au moins dans une mélancolie dont je ne serai pas le maître.

[Quoi qu'on fasse, un malade n'est guère propre à en garder un autre, et celui qui n'accepte aucun soin quand il souffre, est dispensé d'en rendre aux dépens de sa santé.] Quand nous sommes seuls et contens, madame d'Épinay ne parle point, ni moi non plus ; que sera-ce quand je serai triste et gêné ? [je ne vois point encore là beaucoup d'amusement pour elle.] Si elle tombe des nues à Genève, j'y en tomberai beaucoup plus, car avec de l'argent on est bien partout ; mais le pauvre n'est chez lui nulle part. Les connoissances que j'y ai ne peuvent lui convenir, celles qu'elle y fera me conviendront encore moins. J'aurai des devoirs à remplir qui m'éloigneront d'elle, ou bien l'on me demandera quels soins si pressans me les font négliger et me retiennent sans cesse dans sa maison ; mieux mis, j'y pourrois passer pour son valet de chambre. Quoi donc ! un malheureux accablé de maux, qui se voit à peine des souliers à ses pieds, sans habits, sans argent, sans ressources, qui ne demande à ses chers amis que de le laisser misérable et libre, seroit nécessaire à madame d'Épinay, environnée de toutes les commodités de la vie, et qui traîne dix personnes après elle ! Fortune ! [vile et méprisable fortune !] si dans ton sein l'on ne peut se passer du pauvre, je suis plus heureux que ceux qui te possèdent, car je puis me passer d'eux.

C'est qu'elle m'aime, dira-t-on ; c'est son ami dont elle a besoin (a). Oh ! que je connois bien tous les sens de ce mot d'amitié ! C'est un beau nom qui sert souvent de salaire à la servitude ; [mais où commence l'esclavage, l'amitié finit à l'instant.] J'aimerai toujours à servir mon ami, pourvu qu'il soit aussi pauvre que moi ; s'il est plus riche, soyons libres tous deux, ou qu'il me serve lui-même, car son pain est tout gagné, et il a plus de temps à donner à ses plaisirs.

Il me reste à vous dire deux mots de moi. S'il est des devoirs qui m'appellent à la suite de madame d'Épinay, n'en est-il pas de plus indispensables qui me retiennent, et ne dois-je rien qu'à la seule madame d'Épinay sur la terre ? Assurez-vous qu'à peine serois-je en route, que Diderot, qui trouve si mauvais que je reste, trouvera bien plus mauvais que je sois parti, et y sera beaucoup mieux fondé. Il suit, dira-t-il, une femme riche, bien accompagnée, qui n'a pas le moindre besoin de lui, et à laquelle, après tout, il doit peu de chose, pour laisser ici dans la misère et l'abandon des personnes qui ont passé leur vie à son service, et que son départ met au désespoir. Si je me laisse défrayer par madame d'Épinay, Diderot m'en fera aussitôt une nouvelle obligation [qui m'enchaînera pour le reste de mes jours.] Si jamais j'ose un moment disposer de moi : Voyez cet ingrat, dira-t-on ; elle a eu la bonté de le conduire dans son pays, et puis il l'a quittée. [Tout ce que je ferai pour m'acquitter avec elle augmentera la reconnoissance que je lui devrai, tant c'est une belle chose d'être riche pour dominer et changer en bienfaits les fers qu'on nous donne.] Si, comme je le dois, je paie une part des frais, d'où rassembler si promptement tant d'argent ? à qui vendre le peu d'effets et le peu de livres qui me restent ? [Il ne s'agit plus de m'envelopper tout l'hiver dans une vieille robe de chambre. Toutes mes hardes sont usées ; il faut le temps de les raccommoder ou d'en racheter d'autres ; mais quand on a dix habits de rechange, on ne songe guère à cela.] Pendant ce voyage, dont je ne sais pas la durée, je laisserai ici un ménage qu'il faut entretenir. [Si je laisse ces femmes à l'Hermitage, il

(a) VAR. « Ah ! me direz-vous, c'est qu'elle vous aime ; elle » ne peut se passer de son ami. Mais, mon cher Grimm, elle » se passera bien de vous, à qui je ne serai sûrement pas pré- » féré. Oh ! que je connais bien ..... etc. »

faut, outre les gages du jardinier, payer un homme qui les garde, car il n'y a pas d'humanité à les laisser seules au milieu des bois. Si je les emmène à Paris, il leur faut un logement; et que deviendront les meubles et papiers que je laisse ici?] Il me faut, à moi, de l'argent dans ma poche; car qu'est-ce que c'est que d'être défrayé dans la maison d'autrui, où tout va toujours bien pourvu que les maîtres soient servis? C'est dépenser beaucoup plus que chez soi pour être contrarié toute la journée, pour manquer de tout ce qu'on désire, pour ne rien faire de ce qu'on veut, et se trouver ensuite fort obligé à ceux chez qui l'on a mangé son argent. Ajoutez à cela l'indolence d'un malade paresseux, accoutumé à tout laisser traîner (a) et à ne rien perdre, à trouver autour de lui ses besoins, ses commodités sans les demander, et dont l'équipage, la fortune et le silence invitent également à le négliger. [Si le voyage est long et que mon argent s'épuise, mes souliers s'usent, mes bas se percent; s'il faut blanchir son linge, se faire la barbe, accommoder sa perruque, etc., etc., il est triste d'être sans un sou; et s'il faut que j'en demande à madame d'Épinay à mesure que j'en aurai besoin, mon parti est pris; qu'elle garde bien ses meubles, car, pour moi, je vous déclare que j'aime mieux être voleur que mendiant.]

Je crois voir d'où viennent tous les bizarres devoirs qu'on m'impose; c'est que tous les gens (b) avec qui je vis me jugent toujours sur leur sort, jamais sur le mien, et veulent qu'un homme qui n'a rien vive comme s'il avoit six mille livres de rente et du loisir de reste.

Personne ne sait se mettre à ma place, et ne veut voir que je suis un être à part, qui n'a point le caractère, les maximes, les ressources des autres, et qu'il ne faut point juger sur leurs règles. [Si l'on fait attention à ma pauvreté, ce n'est pas pour respecter son dédommagement, qui est la liberté, mais pour m'en rendre le poids plus insupportable.] C'est ainsi que le philosophe Diderot, dans son cabinet, au coin d'un bon feu, dans une bonne robe de chambre bien fourrée, veut que je fasse vingt-cinq lieues par jour, en hiver, à pied, dans les boues, pour courir après une chaise de poste, parce qu'après tout, courir et se crotter est le métier d'un pauvre. [Mais, en vérité, madame d'Épinay, quoique riche, mérite bien que J.-J. Rousseau ne lui fasse pas un pareil affront.] Ne pensez pas que le philosophe Diderot, quoi qu'il en dise, s'il ne pouvoit supporter la chaise, courût de sa vie après celle de personne; cependant il y auroit du moins cette différence qu'il auroit de bons bas drapés, de bons souliers, une bonne camisole; qu'il auroit bien soupé la veille, et se seroit bien chauffé en partant, au moyen de quoi l'on est plus fort pour courir que celui qui n'a pas de quoi payer ni le souper, ni la fourrure, ni les fagots. Ma foi, si la philosophie ne sert pas à faire ces distinctions, je ne vois pas trop à quoi elle est bonne.

Pesez mes raisons, mon cher ami, et dites-moi ce que je dois faire. Je veux remplir mon devoir; mais, dans l'état où je suis, qu'ose-t-on exiger de plus? Si vous jugez que je doive partir, prévenez-en madame d'Épinay (a), puis envoyez-moi un exprès, et soyez sûr que, sans balancer, je pars à l'instant pour Paris en recevant votre réponse.

Quant au séjour de l'Hermitage, je sens fort bien que je n'y dois plus demeurer, même en continuant de payer le jardinier, car ce n'est pas un loyer suffisant; mais je crois devoir à madame d'Épinay de ne pas quitter l'Hermitage d'un air de mécontentement, qui supposeroit de la brouillerie entre nous. J'avoue qu'il me seroit dur de déloger aussi dans cette saison, qui me fait déjà sentir aussi cruellement ses approches; il vaut mieux attendre au printemps, où mon départ sera plus naturel, et où je suis résolu d'aller chercher une retraite inconnue à tous ces barbares tyrans qu'on appelle amis.

A MADAME D'ÉPINAY.

L'Hermitage, octobre 1757.

J'apprends, madame, que votre départ est

(a) VAR. « Dans l'usage de tout laisser.... etc. » Il paroît que Rousseau évitoit autant que possible les hiatus que produit souvent la préposition *à* à la suite de certains verbes, ce qui le portoit à substituer, même contre l'usage, la préposition *de*. *Je l'exhortai de partir; ils m'engagent d'y faire*, et beaucoup d'autres exemples semblables. G. P.

(b) VAR. « C'est parce que j'ai des sociétés hors de mon état; « c'est parce que tous les gens... »

(a) VAR. « Prévenez-en madame d'Épinay, prenez quelques » mesures pour ne pas laisser ces pauvres femmes seules cet » hiver au milieu des bois, puis envoyez-moi... »

différé et votre fils malade (*). Je vous prie de me donner de ses nouvelles et des vôtres. Je voudrois bien que votre voyage fût rompu, mais par le rétablissement de votre santé, et non par le dérangement de la sienne.

Madame d'Houdetot me parla mardi beaucoup de ce voyage, et m'exhorta à vous accompagner, presque aussi vivement qu'avoit fait Diderot. Cet empressement à me faire partir, sans considération pour mon état (*a*), me fit soupçonner une espèce de ligue dont vous étiez le mobile. Je n'ai ni l'art, ni la patience de vérifier les choses, et ne suis pas sur les lieux ; mais j'ai le tact assez sûr, et je suis très-certain que le billet de Diderot ne vient pas de lui. Je ne disconviens pas que ce désir de m'avoir avec vous ne soit obligeant et ne m'honore ; mais outre que vous m'aviez témoigné ce désir avec si peu de chaleur, que vos arrangemens de voiture étoient déjà pris, je ne puis souffrir qu'une amie emploie l'autorité d'autrui pour obtenir ce que personne n'eût mieux obtenu qu'elle. Je trouve à tout cela un air de tyrannie et d'intrigue qui m'a donné de l'humeur (*b*), et je ne l'ai peut-être que trop exhalée, mais seulement avec votre ami et le mien. Je n'ai pas oublié ma promesse, mais on n'est pas le maître de ses pensées, et tout ce que je puis faire est de vous dire la mienne en cette occasion, pour être désabusé si j'ai tort. Soyez sûre qu'au lieu de tous ces détours (*c*), si vous eussiez insisté avec amitié, que vous m'eussiez dit que vous le désiriez fort et que je vous serois utile, j'aurois passé par-dessus toute autre considération, et je serois parti.

J'ignore comment tout ceci finira ; mais, quoi qu'il arrive, soyez sûre que je n'oublierai jamais vos bontés pour moi, et que, quand vous ne voudrez plus m'avoir pour esclave (*d*), vous m'aurez toujours pour ami.

[Toutes mes inégalités viennent de ce que j'étois fait pour vous aimer du fond de mon cœur ; qu'ensuite ayant eu pour suspect votre caractère, et jugeant qu'insensiblement vous cherchiez à me réduire en servitude, ou à m'employer selon vos secrètes vues, je flotte depuis long-temps entre mon penchant pour vous et les soupçons qui le contrarient. Les indiscrétions de Diderot, son ton impérieux et pédagogue avec un homme plus âgé que lui, tout cela a changé le trouble de mon âme en une indignation qu'heureusement je n'ai laissé exhaler qu'avec votre meilleur ami. Avant de savoir quels en seront les effets et les suites, je me hâte de vous déclarer que le plus ardent de mes vœux est de pouvoir vous honorer toute ma vie, et continuer à nourrir pour vous autant d'amitié que je vous dois de reconnoissance (*).]

A MADAME D'HOUDETOT.

Octobre 1757.

Madame d'Épinay ne part que demain dans la matinée : cela m'empêchera, chère comtesse, de pouvoir me rendre de bonne heure à Eaubonne, à moins que vous n'ayez la bonté d'envoyer votre carrosse entre onze heures et midi, m'attendre à la croix de Deuil. Quoi qu'il en soit, j'irai dîner avec vous ; je vous porterai un cœur tout nouveau, dont vous serez contente ; j'ai dans ma poche une égide invincible qui me garantira de vous (**). Il n'en falloit pas moins pour me rendre à moi-même ; mais j'y suis rendu, cela est sûr, ou plutôt je suis tout à l'amitié que vous me devez, que vous m'avez jurée, et dont je suis digne dès ce moment-ci.

A M. DE SAINT-LAMBERT.

A l'Hermitage, le 28 octobre 1757.

Que de joie et de tristesse me viennent de

(*) Voyez la première réponse de Grimm à la longue lettre de Rousseau (*Confessions*, livre IX, page 233). G. P.

(*a*) VAR. D'après l'édition de Du Peyrou : « .... A me faire » partir, qui devroit être si peu naturel à ceux qui ont de l'hu- » manité et qui connoissent mon état, me fit... etc. »

(*b*) VAR. « Qui m'a donné une indignation contre vous que » je n'ai peut-être que trop.... etc. »

(*c*) VAR. « Au lieu de tous ces mensonges détournés. »

(*d*) VAR. « Que quand vous ne voudrez pas m'avoir pour va- » let, vous... etc. »

(*) Tout cet alinéa si important aujourd'hui par les lumières qu'il nous donne pour expliquer la conduite de Rousseau, tant envers madame d'Épinay qu'envers Diderot, n'est point rapporté dans les Mémoires de cette dame, et nous nous sommes assurés qu'en effet il n'existe pas dans l'original que M. Brunet a entre les mains. Rousseau l'ayant écrit du premier jet dans son brouillon, l'aura supprimé sans doute comme trop offensant pour madame d'Épinay, avec laquelle il ne se croyoit pas encore obligé de rompre tout-à-fait, et surtout dans l'intention où il étoit de lui écrire, comme il le dit dans ses *Confessions* (livre IX, page 254), *une lettre aussi honnête qu'elle pouvoit l'être*. G. P.

(**) « J'avois la lettre de Saint-Lambert dans ma poche ; je la relus plusieurs fois en marchant. Cette lettre me servit d'égide contre ma foiblesse. » (*Confessions*, livre XI.) M. P.

vous, mon cher ami! A peine l'amitié est-elle commencée entre nous que vous m'en faites sentir en même temps tous les tourmens et tous les plaisirs. Je ne vous parlerai point de l'impression que m'a faite la nouvelle de votre accident. Madame d'Épinay en a été témoin. Je ne vous peindrai point non plus les agitations de notre amie; votre cœur est fait pour les imaginer : et moi, la voyant hors d'elle-même, j'avois à la fois le sentiment de votre état et le spectacle du sien : jugez de celui de votre ami. On voit bien à vos lettres que vous êtes de nous tous le moins sensible à vos maux. Mais, pour exciter le zèle et les soins que vous devez à votre guérison, songez, je vous en conjure, que vous avez en dépôt l'espoir de tout ce qui vous est cher. Au reste, quel que soit l'effet des eaux, dont j'attends tout, le bonheur ne réside point dans le sentiment d'une jambe et d'un bras. Tant que votre cœur sera sensible, soyez sûr, mon cher et digne ami, qu'il pourra faire des heureux et l'être.

Notre amie vint mardi faire ses adieux à la vallée; j'y passai une demi-journée triste et délicieuse. Nos cœurs vous plaçoient entre eux, et nos yeux n'étoient point secs en parlant de vous. Je lui dis que son attachement pour vous étoit désormais une vertu; elle en fut si touchée, qu'elle voulut que je vous l'écrivisse, et je lui obéis volontiers. Oui, mes enfans, soyez à jamais unis, il n'est plus d'âmes comme les vôtres, et vous méritez de vous aimer jusqu'au tombeau. Il m'est doux d'être en tiers dans une amitié si tendre. Je vous remercie du cœur que vous m'avez rendu, et dont le mien n'est pas indigne. L'estime que vous lui devez, et celle dont elle m'honore, vous feront sentir toute votre vie l'injustice de vos soupçons.

Vous savez mon raccommodement avec Grimm (*): j'ai cette obligation de plus à madame d'Épinay, et l'honneur d'avoir fait toutes les avances. J'en fis autant avec Diderot, et j'eus cette obligation à notre amie. Qu'on ait tort ou qu'on ait raison, je trouve qu'il est toujours doux de revenir à son ami; et le plaisir d'aimer me semble plus cher à un cœur sensible que les petites vanités de l'amour-propre.

Vous savez aussi le prochain départ de madame d'Épinay pour Genève. Elle m'a proposé de l'accompagner, sans me montrer là-dessus beaucoup d'empressement. Moi, la voyant escortée de son mari, du gouverneur de son fils, de cinq ou six domestiques, aller chez son médecin et son ami, et par conséquent mon cortége lui étant fort inutile, sentant d'ailleurs qu'il me seroit impossible de supporter, avec mon mal, et dans la saison où nous entrons, une chaise de poste jusqu'à Genève, et, joignant aux obstacles tirés de ma situation présente la gêne insurmontable que j'éprouve toujours à vivre chez autrui, je n'ai pas accepté le voyage, et elle s'est contentée de mes raisons. Là-dessus Diderot m'écrit un billet extravagant dans lequel, me disant *surchargé du poids des obligations que j'ai à madame d'Épinay*, il me représente ce voyage comme indispensable, en quelque état que soit ma santé, jusqu'à vouloir que je suive plutôt à pied la chaise de poste. Mais ce qui m'a surtout percé le cœur, c'est de voir que votre amie est du même avis, et m'ose donner les conseils de la servitude. On diroit qu'il y a une ligue entre tous mes amis, pour abuser de mon état précaire et me livrer à la merci de madame d'Épinay. Laissant ici des gens qu'il faut entretenir, partant sans argent, sans habits, sans linge, je serai forcé de tout recevoir d'elle, et peut-être de lui tout demander. L'amitié peut confondre les biens ainsi que les cœurs; mais dès qu'il sera question de devoirs et d'obligations, étant encore à ses gages, je ne serai plus chez elle comme son ami, mais comme son valet; et, quoi qu'il arrive, je ne veux pas l'être, ni m'aller étaler, dans mon pays, à la suite d'une fermière générale. Cependant j'ai écrit à Grimm une longue lettre, dans laquelle je lui dis mes raisons, et le laisse le maître de décider si je dois partir ou non, résolu de suivre à l'instant son avis; mais j'espère qu'il ne m'avilira pas. Jusqu'ici je n'ai point de réponse positive, et j'apprends que madame d'Épinay part demain. Je me sens, en écrivant cet article, dans une agitation qui me le feroit indiscrètement prolonger; il faut finir. Mon ami, que n'êtes-vous ici! Je verserois mes peines dans votre âme, elle entendroit la mienne, et ne donneroit point à ma juste fierté le vil nom d'ingratitude. Quoi qu'il en soit, on ne m'enchaînera jamais par certains bienfaits, je m'en suis toujours défendu; je méprise l'argent; je ne

---

(*) *Confessions*, livre IX, page 248.

sais point mettre à prix ma liberté; et si le sort me réduit à choisir entre les deux vices que j'abhorre le plus, mon parti est pris, et j'aime encore mieux être un ingrat qu'un lâche.

Je ne dois point finir cette lettre sans vous donner un avis qui nous importe à tous. La santé de notre amie se délabre sensiblement. Elle est maigrie; son estomac va mal; elle ne digère point, elle n'a plus d'appétit; et, ce qu'il y a de pis, est que le peu qu'elle mange ne sont que des choses malsaines. Elle étoit déjà changée avant votre accident: jugez de ce qu'elle est, et de ce qu'elle va devenir. Elle confie à des quidams la direction de sa santé: on lui a conseillé les eaux de Passy; mais ce qui importe beaucoup plus à lui conseiller est le choix d'un médecin qui sache l'examiner et la conduire, et d'un régime qui n'augmente pas le désordre de son estomac. J'ai dit là-dessus tout ce que j'ai pu, mais inutilement. C'est à vous d'obtenir d'elle ce qu'elle refuse à mon amitié. C'est surtout par le soin que vous prendrez de vous, que vous l'engagerez à en prendre d'elle. Adieu, mon ami.

A MADAME D'HOUDETOT.

L'Hermitage, 8 novembre 1757.

Je viens de recevoir de Grimm une lettre qui m'a fait frémir, et que je lui ai renvoyée à l'instant, de peur de la lire une seconde fois. Madame, tous ceux que j'aimois me haïssent, et vous connoissez mon cœur; c'est vous en dire assez. Tout ce que j'avois appris de madame d'Épinay n'est que trop vrai, et j'en sais davantage encore. Je ne trouve de toute part que sujet de désespoir. Il me reste une seule espérance: elle peut me consoler de tout et me rendre le courage. Hâtez-vous de la confirmer ou de la détruire. Ai-je encore une amie et un ami? Un mot, un seul mot, et je puis vivre.

Je vais déloger de l'Hermitage. Mon dessein est de chercher un asile éloigné et inconnu; mais il faut passer l'hiver, et vos défenses m'empêchent de l'aller passer à Paris. Je vais donc m'établir à Montmorency comme je pourrai, en attendant le printemps. Ma respectable amie, je ne vous reverrai jamais; je le sens à la tristesse qui me serre le cœur, mais je m'occuperai de vous dans ma retraite. Je songerai que j'ai deux amis au monde, et j'oublierai que j'y suis seul.

A LA MÊME.

L'Hermitage, novembre 1757.

Voici la quatrième lettre que je vous écris sans réponse: ah! si vous continuez de vous taire, je vous aurai trop entendue. Songez à l'état où je suis, et consultez votre bon cœur. Je puis supporter d'être abandonné de tout le monde. Mais vous!... Vous qui me connoissez si bien! Grand Dieu! Suis-je un scélérat? un scélérat, moi! je l'apprends bien tard. C'est M. Grimm, c'est mon ancien ami, c'est celui qui me doit tous les amis qu'il m'ôte, qui a fait cette belle découverte et qui la publie. Hélas! il est l'honnête homme, et moi l'ingrat. Il jouit des honneurs de la vertu, pour avoir perdu son ami, et moi je suis dans l'opprobre, pour n'avoir pu flatter une femme perfide, ni m'asservir à celle que j'étois forcé de haïr. Ah! si je suis un méchant, que toute la race humaine est vile! Cruelle, falloit-il céder aux séductions de la fausseté, et faire mourir de douleur celui qui ne vivoit que pour aimer!

Adieu. Je ne vous parlerai plus de moi: mais si je ne puis vous oublier, je vous défie d'oublier à votre tour ce cœur que vous méprisez, ni d'en trouver jamais un semblable.

A LA MÊME.

Mont-Louis, janvier 1758.

Votre barbarie est inconcevable; elle n'est pas de vous. Ce silence est un raffinement de cruauté qui n'a rien d'égal. On vous dira l'état où je suis depuis huit jours. Et vous aussi! et *vous aussi, Sophie, vous me croyez un méchant* ([1])! Ah Dieu! si vous le croyez, à qui

---

([1]) Notez que toutes les horribles noirceurs dont on m'accusoit se réduisoient à n'avoir pas voulu suivre à Genève madame d'Épinay. C'étoit uniquement pour cela que j'étois un monstre d'ingratitude, un homme abominable. Il est vrai qu'on m'accusoit de plus du crime horrible d'être amoureux de madame d'Houdetot, et de ne pouvoir me résoudre à m'éloigner d'elle. Que cela fût ou non, il est certain que j'avois une autre puis-

donc en appellerai-je?... Mais pourtant comment se fait-il que la vertu me soit si chère?... que je sente en moi le cœur d'un homme de bien? Non : quand je tourne les yeux sur le passé, et que je vois quarante ans d'honneur à côté d'une mauvaise lettre, je ne puis désespérer de moi.

Je n'affecterai point une fermeté dont je suis bien loin ; je me sens accablé de mes maux. Mon âme est épuisée de douleurs et d'ennuis. Je porte dans un cœur innocent toutes les horreurs du crime ; je ne fuis point des humiliations qui conviennent à mon infortune ; et, si j'espérois vous fléchir, j'irois, ne pouvant arriver jusqu'à vous, vous attendre à votre sortie, me prosterner au-devant de vous, trop heureux d'être foulé aux pieds des chevaux, écrasé sous votre carrosse, et de vous arracher au moins un regret à ma mort. N'en parlons plus : la pitié n'efface point le mépris ; et si vous me croyez digne du vôtre, il faut ne me regarder jamais.

Ah! méprisez-moi si vous le pouvez ; il me sera plus cruel de vous savoir injuste que moi déshonoré, et j'implore de la vertu la force de supporter le plus douloureux des opprobres. Mais pour m'avoir ôté votre estime, faut-il renoncer à l'humanité? Méchant ou bon, quel bien attendez-vous de mettre un homme au désespoir? Voyez ce que je vous demande ; et, si vous n'êtes pire que moi, osez me refuser. Je ne vous verrai plus ; les regards de Sophie ne doivent tomber que sur un homme estimé d'elle, et l'œil du mépris n'a jamais souillé ma personne. Mais vous fûtes, après Saint-Lambert, le dernier attachement de mon cœur : ni lui, ni vous, n'en sortirez jamais ; il faut que je m'occupe de vous sans cesse, et je ne puis me détacher de vous qu'en renonçant à la vie. Je ne vous demande aucun témoignage de souvenir ; ne parlez plus de moi ; ne m'écrivez plus ; oubliez que vous m'avez honoré du nom de votre ami, et que j'en fus digne. Mais ayant à vous parler de vous, ayant à vous tenir le sacré langage de la vérité, que vous n'entendrez peut-être que de moi seul, que je sois sûr au moins que vous daignerez recevoir mes lettres, qu'elles ne seront point jetées au feu sans les lire, et que je ne perdrai pas ainsi les chers et derniers travaux auxquels je consacre le reste infortuné de ma vie. Si vous craignez d'y trouver le venin d'une âme noire, je consens qu'avant de les lire vous les fassiez examiner, pourvu que ce ne soit pas cet honnête homme (*) qui se complaît si fort à faire un scélérat de son ami. Que la première où l'on trouvera la moindre chose à blâmer fasse à jamais révoquer la permission que je vous demande. Ne soyez pas surprise de cette étrange prière ; il y a si longtemps que j'apprends à aimer sans retour, que mon cœur y est tout accoutumé.

A M. VERNES.

Montmorency, le 18 février 1758.

Oui, mon cher concitoyen, je vous aime toujours, et, ce me semble, plus que jamais ; mais je suis accablé de mes maux, j'ai bien de la peine à vivre, dans ma retraite, d'un travail peu lucratif ; je n'ai que le temps qu'il me faut pour gagner mon pain, et le peu qui m'en reste est employé pour souffrir et me reposer. Ma maladie a fait un tel progrès cet hiver, j'ai senti tant de douleurs de toute espèce, et je me trouve tellement affoibli, que je commence à craindre que la force et les moyens ne me manquent pour exécuter mon projet : je me console de cette impuissance par la considération de l'état où je suis. Que me serviroit d'aller mourir parmi vous? Hélas! il falloit y vivre. Qu'importe où l'on laisse son cadavre? Je n'aurois pas besoin qu'on reportât mon cœur dans ma patrie : il n'en est jamais sorti.

Je n'ai point eu occasion d'exécuter votre commission auprès de M. d'Alembert. Comme nous ne nous sommes jamais beaucoup vus, nous ne nous écrivons point ; et, confiné dans ma solitude, je n'ai conservé nulle espèce de relation avec Paris ; j'en suis comme à l'au-

---

sante raison pour ne pas suivre madame d'Épinay, qui m'en eût empêché quand je n'aurois eu que celle-là (*). Je ne pouvois, sans lui manquer, dire cette raison, qui n'avoit de rapport qu'à elle. Ainsi réduit à taire les deux véritables raisons que j'avois pour rester, j'étois forcé, pour m'excuser, de battre la campagne, et de me laisser accuser, par madame d'Épinay et par ses amis, de l'ingratitude la plus noire, précisément parce que je ne voulois pas être ingrat ni la compromettre.

(*) C'étoit la grossesse de madame d'Épinay qu'il falloit cacher à son mari. G. P.

(*) Grimm.

tre bout de la terre, et ne sais pas plus ce qui s'y passe qu'à Pékin. Au reste, si l'article dont vous me parlez est indiscret et répréhensible, il n'est assurément pas offensant (*). Cependant, s'il peut nuire à votre corps, peut-être fera-t-on bien d'y répondre, quoiqu'à vous dire le vrai j'aie un peu d'aversion pour les détails où cela peut entraîner, et qu'en général je n'aime guère qu'en matière de foi l'on assujettisse la conscience à des formules. J'ai de la religion, mon ami, et bien m'en prend ; je ne crois pas qu'homme au monde en ait autant besoin que moi. J'ai passé ma vie parmi les incrédules, sans me laisser ébranler ; les aimant, les estimant beaucoup, sans pouvoir souffrir leur doctrine. Je leur ai toujours dit que je ne les savois pas combattre, mais que je ne voulois pas les croire ; la philosophie n'ayant sur ces matières ni fond ni rive, manquant d'idées primitives et de principes élémentaires, n'est qu'une mer d'incertitudes et de doutes, dont le métaphysicien ne se tire jamais. J'ai donc laissé là la raison, et j'ai consulté la nature, c'est-à-dire le sentiment intérieur qui dirige ma croyance, indépendamment de ma raison. Je leur ai laissé arranger leurs chances, leurs sorts, leur mouvement nécessaire ; et, tandis qu'ils bâtissoient le monde à coups de dés, j'y voyois, moi, cette unité d'intentions qui me faisoit voir, en dépit d'eux, un principe unique ; tout comme s'ils m'avoient dit que l'Iliade avoit été formée par un jet fortuit de caractères, je leur aurois dit très-résolûment : cela peut être, mais cela n'est pas vrai ; et je n'ai point d'autre raison pour n'en rien croire, si ce n'est que je n'en crois rien. Préjugé que cela ! disent-ils. Soit ; mais que peut faire cette raison si vague contre un préjugé plus persuasif qu'elle ? Autre argumentation sans fin contre la distinction des deux substances ; autre persuasion de ma part qu'il n'y a rien de commun entre un arbre et ma pensée ; et ce qui m'a paru plaisant en ceci, c'est de les voir s'acculer eux-mêmes par leurs propres sophismes, au point d'aimer mieux donner le sentiment aux pierres que d'accorder une âme à l'homme.

Mon ami, je crois en Dieu, et Dieu ne seroit pas juste si mon âme n'étoit immortelle. Voilà, ce me semble, ce que la religion a d'essentiel et d'utile ; laissons le reste aux disputeurs. A l'égard de l'éternité des peines, elles ne s'accordent ni avec la foiblesse de l'homme ni avec la justice de Dieu. Il est vrai qu'il y a des âmes si noires, que je ne puis concevoir qu'elles puissent jamais goûter cette éternelle béatitude dont il me semble que le plus doux sentiment doit être le contentement de soi-même. Cela me fait soupçonner qu'il se pourroit bien que les âmes des méchans fussent anéanties à leur mort, et qu'être et sentir fût le premier prix d'une bonne vie. Quoi qu'il en soit, que m'importe ce que seront les méchans ? Il me suffit qu'en approchant du terme de ma vie je n'y voie point celui de mes espérances, et que j'en attende une plus heureuse après avoir tant souffert dans celle-ci. Quand je me tromperois dans cet espoir, il est lui-même un bien qui m'aura fait supporter tous mes maux. J'attends paisiblement l'éclaircissement de ces grandes vérités qui me sont cachées, bien convaincu cependant qu'en tout état de cause si la vertu ne rend pas toujours l'homme heureux, il ne sauroit au moins être heureux sans elle ; que les afflictions du juste ne sont point sans quelque dédommagement ; et que les larmes mêmes de l'innocence sont plus douces au cœur que la prospérité du méchant.

Il est naturel, mon cher Vernes, qu'un solitaire souffrant et privé de toute société épanche son âme dans le sein de l'amitié, et je ne crains pas que mes confidences vous déplaisent ; j'aurois dû commencer par votre projet sur l'histoire de Genève ; mais il est des temps de peines et de maux où l'on est forcé de s'occuper de soi et vous savez bien que je n'ai pas un cœur qui veuille se déguiser. Tout ce que je puis vous dire sur votre entreprise, avec tous les ménagemens que vous y voulez mettre, c'est qu'elle est d'un sage intrépide ou d'un jeune homme. Embrassez bien pour moi l'ami Roustan. Adieu, mon cher concitoyen ; je vous écris avec une aussi grande effusion de cœur que si je me séparois de vous pour jamais, parce que je me trouve dans un état qui peut me mener très-loin encore, mais qui me laisse douter pourtant si chaque lettre que j'écris ne sera point la dernière.

(*) Il s'agit ici de l'article *Genève*, dans l'Encyclopédie ; ce fut probablement la lettre de M. Vernes qui donna à Rousseau l'idée de répondre à cet article.

A UN JEUNE HOMME

Qui demandoit à s'établir à Montmorency (où Rousseau demeuroit alors), pour profiter de ses leçons.

Vous ignorez, monsieur, que vous écrivez à un pauvre homme accablé de maux, et de plus fort occupé, qui n'est guère en état de vous répondre et qui le seroit encore moins d'établir avec vous la société que vous lui proposez. Vous m'honorez en pensant que je pourrois vous être utile, et vous êtes louable du motif qui vous la fait désirer; mais, sur le motif même, je ne vois rien de moins nécessaire que de venir vous établir à Montmorency. Vous n'avez pas besoin d'aller chercher si loin les principes de la morale : rentrez dans votre cœur, et vous les y trouverez; et je ne pourrai vous rien dire à ce sujet que ne vous dise encore mieux votre conscience quand vous voudrez la consulter. La vertu, monsieur, n'est pas une science qui s'apprenne avec tant d'appareil. Pour être vertueux, il suffit de vouloir l'être ; et, si vous avez bien cette volonté, tout est fait, votre bonheur est décidé. S'il m'appartenoit de vous donner des conseils, le premier que je voudrois vous donner seroit de ne point vous livrer à ce goût que vous dites avoir pour la vie contemplative, et qui n'est qu'une paresse de l'âme condamnable à tout âge, et surtout au vôtre. L'homme n'est point fait pour méditer, mais pour agir : la vie laborieuse que Dieu nous impose n'a rien que de doux au cœur de l'homme de bien qui s'y livre en vue de remplir son devoir, et la vigueur de la jeunesse ne vous a pas été donnée pour la perdre à d'oisives contemplations. Travaillez donc, monsieur, *dans l'état où vous ont placé vos parens et la Providence* : voilà le premier précepte de la vertu que vous voulez suivre ; et si le séjour de Paris, joint à l'emploi que vous remplissez, vous paroît d'un trop difficile alliage avec elle, faites mieux, monsieur, retournez dans votre province ; allez vivre dans le sein de votre famille; servez, soignez vos vertueux parens : c'est là que vous remplirez véritablement les soins que la vertu vous impose. Une vie dure est plus facile à supporter en province que la fortune à poursuivre à Paris, surtout quand on sait, comme vous ne l'ignorez pas, que les plus indignes manéges y font plus de fripons gueux que de parvenus. Vous ne devez point vous estimer malheureux de vivre comme fait M. votre père, et il n'y a point de sort que le travail, la vigilance, l'innocence et le contentement de soi, ne rendent supportable, quand on s'y soumet en vue de remplir son devoir. Voilà, monsieur, des conseils qui valent tous ceux que vous pourriez venir prendre à Montmorency : peut-être ne seront-ils pas de votre goût, et je crains que vous ne preniez pas le parti de les suivre ; mais je suis sûr que vous vous en repentirez un jour. Je vous souhaite un sort qui ne vous force jamais à vous en souvenir. Je vous prie, monsieur, d'agréer mes salutations très-humbles.

A MADAME D'ÉPINAY.

Mont-Louis, 27 février 1758.

Je vois, madame, que mes lettres ont toujours le malheur de vous arriver fort tard. Ce qu'il y a de sûr, c'est que la vôtre du 17 janvier ne m'a été remise que le 17 de ce mois par M. Cahouet ; apparemment que votre correspondant l'a retenue durant tout cet intervalle. Je n'entreprendrai pas d'expliquer ce que vous avez résolu de ne pas entendre, et j'admire comment avec tant d'esprit on réunit si peu d'intelligence ; mais je n'en devrois plus être surpris, il y a long-temps que vous vous vantez à moi du même défaut (*).

Mon dessein n'ayant jamais été de recevoir le remboursement des gages de votre jardinier, il n'y a guère d'apparence que je change à présent de sentiment là-dessus. Le consentement que vous objectez étoit de ces consentemens vagues qu'on donne pour éviter des disputes, ou les remettre à d'autres temps, et valent au fond des refus. Il est vrai que *vous* envoyâtes au mois de septembre 1756 payer par votre cocher le précédent jardinier, et que ce fut moi qui réglai son compte.

Il est vrai aussi que j'ai toujours payé son successeur de mon argent. Quant aux premiers quartiers de ses gages que vous dites m'avoir été remis, il me semble, madame, que vous devriez savoir le contraire : ce qu'il y a de très-sûr, c'est qu'ils ne m'ont pas même été offerts. A l'égard des quinze jours qui restoient jusqu'à la fin de l'année quand je sortis de

---

(*) Madame d'Épinay, qui rapporte cette lettre dans ses Mémoires, la trouva très-impertinente. M. P.

l'Hermitage, vous conviendrez que ce n'étoit pas la peine de les déduire. A Dieu ne plaise que je prétende être quitte pour cela de mon séjour à l'Hermitage! Mon cœur ne sait pas mettre à si bas prix les soins de l'amitié; mais quand vous avez taxé ce prix vous-même, jamais loyer ne fut vendu si cher.

J'apprends les étranges discours que tiennent à Paris vos correspondans sur mon compte, et je juge par là de ceux que vous tenez un peu plus honnêtement à Genève. Il y a donc bien du plaisir à nuire? à nuire aux gens qu'on eut pour amis? soit. Pour moi je ne pourrai jamais goûter ce plaisir-là, même pour ma propre défense. Faites, dites tout à votre aise; je n'ai d'autre réponse à vous opposer que le silence, la patience et une vie intègre. Au reste, si vous me destinez quelque nouveau tourment, dépêchez-vous; car je sens que vous pourriez bien n'en avoir pas long-temps le plaisir.

A M. DIDEROT.

Mont-Louis, 2 mars 1758.

Il faut, mon cher Diderot, que je vous écrive encore une fois en ma vie : vous ne m'en avez que trop dispensé; mais le plus grand crime de cet homme que vous noircissez d'une si étrange manière est de ne pouvoir se détacher de vous.

Mon dessein n'est point d'entrer en explication, pour ce moment-ci, sur les horreurs que vous m'imputez. Je vois que cette explication seroit à présent inutile; car, quoique né bon et avec une âme franche, vous avez pourtant un malheureux penchant à mésinterpréter les discours et les actions de vos amis. Prévenu contre moi comme vous l'êtes, vous tourneriez en mal tout ce que je pourrois dire pour me justifier, et mes plus ingénues explications ne feroient que fournir, à votre esprit subtil, de nouvelles interprétations à ma charge. Non, Diderot, je sens que ce n'est pas par là qu'il faut commencer. Je veux d'abord proposer à votre bon sens des préjugés plus simples, plus vrais, mieux fondés que les vôtres, et dans lesquels je ne pense pas, au moins, que vous puissiez trouver de nouveaux crimes.

Je suis un méchant homme, n'est-ce pas? vous en avez les témoignages les plus sûrs; cela vous est bien attesté. Quand vous avez commencé de l'apprendre, il y avoit seize ans que j'étois pour vous un homme de bien, et quarante ans que je l'étois pour tout le monde. En pouvez-vous dire autant de ceux qui vous ont communiqué cette belle découverte? Si l'on peut porter à faux si long-temps le masque d'un honnête homme, quelle preuve avez-vous que ce masque ne couvre pas leur visage aussi bien que le mien? Est-ce un moyen bien propre à donner du poids à leur autorité, que de charger en secret un homme absent, hors d'état de se défendre? Mais ce n'est pas de cela qu'il s'agit.

Je suis un méchant : mais pourquoi le suis-je? Prenez bien garde, mon cher Diderot; ceci mérite votre attention. On n'est pas malfaisant pour rien. S'il y avoit quelque monstre ainsi fait, il n'attendroit pas quarante ans à satisfaire ses inclinations dépravées. Considérez donc ma vie, mes passions, mes goûts, mes penchans; cherchez, si je suis méchant, quel intérêt m'a pu porter à l'être. Moi qui, pour mon malheur, portai toujours un cœur trop sensible, que gagnerois-je à rompre avec ceux qui m'étoient chers? A quelle place ai-je aspiré? à quelles pensions, à quels honneurs m'a-t-on vu prétendre? quels concurrens ai-je à écarter? Que m'en peut-il revenir de malfaire? Moi qui ne cherche que la solitude et la paix, moi dont le souverain bien consiste dans la paresse et l'oisiveté, moi dont l'indolence et les maux me laissent à peine le temps de pourvoir à ma subsistance, à quel propos, à quoi bon m'irois-je plonger dans les agitations du crime, et m'embarquer dans l'éternel manège des scélérats? Quoi que vous en disiez, on ne fuit point les hommes quand on cherche à leur nuire; le méchant peut méditer ses coups dans la solitude, mais c'est dans la société qu'il les porte. Un fourbe a de l'adresse et du sang-froid; un perfide se possède et ne s'emporte point : reconnoissez-vous en moi quelque chose de tout cela? Je suis emporté dans la colère, et souvent étourdi de sang-froid. Ces défauts font-ils le méchant? Non, sans doute; mais le méchant en profite pour perdre celui qui les a.

Je voudrois que vous pussiez aussi réfléchir un peu sur vous-même. Vous vous fiez à votre bonté naturelle; mais savez-vous à quel point l'exemple et l'erreur peuvent la corrompre? N'avez-vous jamais craint d'être entouré d'adulateurs adroits qui n'évitent de louer grossièrement en face que pour s'emparer plus adroitement de vous sous l'appât d'une feinte sincérité? Quel sort pour le meilleur des hommes d'être égaré par sa candeur même, et d'être innocemment, dans la main des méchans, l'instrument de leur perfidie! Je sais que l'amour-propre se révolte à cette idée, mais elle mérite l'examen de la raison.

Voilà des considérations que je vous prie de bien peser : pensez-y long-temps avant que de me répondre. Si elles ne vous touchent pas, nous n'avons plus rien à nous dire; mais, si elles font quelque impression sur vous, alors nous entrerons en éclaircissement; vous retrouverez un ami digne de vous, et qui peut-être ne vous aura pas été inutile. J'ai, pour vous exhorter à cet examen, un motif de grand poids, et ce motif le voici.

Vous pouvez avoir été séduit et trompé. Cependant votre ami gémit dans la solitude, oublié de tout ce qui lui étoit cher. Il peut y tomber dans le désespoir, y mourir enfin, maudissant l'ingrat dont l'adversité lui fit tant verser de larmes, et qui l'accable indignement dans la sienne; il se peut que les preuves de son innocence vous parviennent enfin, que vous soyez forcé d'honorer sa mémoire (¹), et que l'image de votre ami mourant ne vous laisse pas des nuits tranquilles. Diderot, pensez-y. Je ne vous en parlerai plus.

A M. COINDET,

à Paris.

Montmorency, mars 1759.

J'avois cent choses à vous écrire; un tracas est survenu, j'ai tout oublié; ma pauvre tête affoiblie ne peut suffire à deux objets. Voilà, très à la hâte, le commencement de la note que vous m'avez demandée : nous ferons le reste à loisir; le prudent M. Rey n'est pas un homme avec lequel on ait besoin de précipitation. Cher Coindet, je suis sensible à votre zèle; il me semble que vous m'aimez, et cela me touche. Je donnerois tout au monde pour que vous me connussiez tout-à-fait, car je n'imagine d'autre vrai bonheur dans la vie qu'une intimité sans réserve; mais il faut vous donner la sienne et n'en point espérer de vous, cela n'est pas possible. Je sens que je vous aime l'hiver, parce que vous venez seul, et que je vous hais l'été parce que vous allez ramassant des cortéges d'importuns qui me désolent. Vous savez nos conventions dès le premier de l'année prochaine; songez-y, et songez-y sérieusement, car, malgré mon attachement pour vous, la première explication sera la dernière. Il me semble que si nous pouvions former entre le cher Carrion, vous et moi, une petite société exclusive où nul autre mortel au monde ne fût admis, cela seroit trop délicieux. Mais je ne puis me corriger de mes châteaux en Espagne. J'ai beau vieillir, je n'en suis que plus enfant. Oh! quand serai-je ignoré de la tourbe et aimé de deux amis....! Mais je serois trop heureux, et je ne suis pas fait pour l'être.

Cher Coindet, je cherche à vous aimer. Pour Dieu, ne gâtez pas cette fantaisie. Je me dis cent fois le jour que c'est une folie de chercher des convenances parfaites, et je suis bien loin de les trouver entre nous. Mais tâchons de nous accommoder l'un de l'autre tels que nous sommes; car en changeant, nous risquons d'être plus mal. C'est à vous, comme le plus jeune, à me supporter, et ne pas choquer mes fantaisies : je vous dirai peut-être, quelquefois, des vérités dures, et il y a de quoi; vous pouvez m'en rendre de plus dures aussi justement, et je ne m'en fâcherai jamais. Du reste, gardez votre liberté, et laissez-moi la mienne. Honorez nos liaisons par une probité inviolable, et si vous aimez tant à cacher vos affaires, faites au moins que vous n'ayez jamais raison de me rien cacher. Adieu, je vous embrasse (*).

(¹) Voyez, lecteurs, les notes insérées dans la *Vie de Sénèque* (*). (Note de l'édition de Genève.)

(*) La rupture de ces deux hommes célèbres fut pendant quelque temps l'unique sujet de tous les entretiens dans la haute société de Paris. Chamfort nous apprend que M. de Castries en témoignoit un jour son étonnement en ces termes: « Mon Dieu! partout où je vais, je n'entends » parler que de ce Rousseau et de ce Diderot. Conçoit-on cela? des gens » de rien, qui n'ont pas de maison, qui sont logés à un troisième étage! En » vérité, on ne peut pas se faire à ces choses-là. »   G. P.

(*) A la suite de la lettre se trouve cette note.

Code de la police, page 46.

« Si un spectacle n'a pour attrait qu'un mauvais principe, il

A MADAME D'HOUDETOT.

Ce samedi, 25 mars 1758.

En attendant votre courrier, je commence par répondre à votre lettre de vendredi, venue par la poste.

Je crois avoir à m'en plaindre, et j'ai peine à comprendre que vous l'ayez écrite avec l'intention que j'en fusse content. Expliquons-nous, et si j'ai tort, dites-le-moi sans détour.

Vous me dites que j'ai été le plus grand obstacle aux progrès de votre amitié. D'abord, j'ai à vous dire que je n'exigeois point que votre amitié fît du progrès, mais seulement qu'elle ne diminuât pas, et certainement je n'ai point été la cause de cette diminution. En nous séparant, à notre dernière entrevue d'Eaubonne, j'aurois juré que nous étions les deux personnes de l'univers qui avoient le plus d'estime et d'amitié l'une pour l'autre, et qui s'honoroient le plus réciproquement. C'est, ce me semble, avec les assurances de ce mutuel sentiment que nous nous séparâmes, et c'est encore sur ce même ton que vous m'écrivîtes quatre jours après. Insensiblement vos lettres ont changé de style ; vos témoignages d'amitié sont devenus plus réservés, plus circonspects, plus conditionnels ; au bout d'un mois, il s'est trouvé, je ne sais comment, que votre ami n'étoit plus votre ami. Je vous ai demandé plusieurs fois la raison de ce changement, et vous m'obligez de vous la demander encore : je ne vous demande pas pourquoi votre amitié n'a point augmenté, mais pourquoi elle s'est éteinte. Ne m'alléguez pas ma rupture avec votre belle-sœur et son digne ami. Vous savez ce qui s'est passé, et, de tout temps, vous avez dû savoir qu'il ne sauroit y avoir de paix entre J.-J. Rousseau et les méchans.

Vous me parlez de fautes, de foiblesses, d'un ton de reproche. Je suis foible, il est vrai ; ma vie est pleine de fautes, car je suis homme. Mais voici ce qui me distingue des hommes que je connois ; c'est qu'au milieu de mes fautes je me les suis toujours reprochées ; c'est qu'elles ne m'ont jamais fait mépriser mon devoir, ni fouler aux pieds la vertu ; c'est qu'enfin j'ai combattu et vaincu pour elle, dans les momens où tous les autres l'oublient. Puissiez-vous ne trouver jamais que des hommes aussi criminels !

Vous me dites que votre amitié, telle qu'elle est, subsistera toujours pour moi, tel que je sois, excepté le crime et l'indignité, dont vous ne me croirez jamais capable. A cela, je vous réponds que j'ignore quel prix je dois donner à votre amitié, telle qu'elle est ; que, quant à moi, je serai toujours ce que je suis depuis quarante ans ; qu'on ne commence pas si tard à changer ; et quant au crime et à l'indignité, dont vous ne me croirez jamais capable, je vous apprends que ce compliment est dur pour un honnête homme, et insultant pour un ami.

Vous me dites que vous m'avez toujours vu beaucoup meilleur que je ne me suis montré. D'autres, trompés par les apparences, m'estiment moins que je ne vaux, et sont excusables ; mais pour vous, vous devez me connoître : je ne vous demande que de me juger sur ce que vous avez vu de moi.

Mettez-vous un moment à ma place. Que voulez-vous que je pense de vous et de vos lettres ? On diroit que vous avez peur que je ne sois paisible dans ma retraite, et que vous êtes bien aise de m'y donner, de temps en temps, des témoignages de peu d'estime, que, quoique vous en puissiez dire, votre cœur démentira toujours. Rentrez en vous-même, je vous en conjure. Vous m'avez demandé quelquefois les sentimens d'un père : je les sens en vous parlant, même aujourd'hui que vous ne me les demandez plus. Je n'ai point changé d'opinion sur votre bon cœur, mais je vois que vous ne savez plus ni penser, ni parler, ni agir par vous-même. Voyez au moins quel rôle on vous fait jouer. Imaginez ma situation. Pourquoi venez-vous contrister encore, par vos lettres, une âme que vous devez croire assez affligée de ses propres ennuis ? Est-il si néces-

---

» est pernicieux pour les spectateurs, de même que pour les
» acteurs, il attire et entretient dans un genre de vie frivole et
» condamnable les jeunes gens dont les talents pourroient être
» très-utiles à la société ; et en général on peut dire que si,
» dans les grandes villes, les spectacles sont un amusement
» peut-être nécessaire pour éviter un plus grand mal, à l'é-
» gard des petites villes, on ne voit pas qu'il y ait une appa-
» rence d'utilité ou de mérite suffisante pour compenser le mal
» qui en résulte. »

Nous ignorons l'usage et le motif de la note jointe à cette lettre, qui paroît avoir quelque rapport avec la *Lettre à d'Alembert* sur les spectacles. M. P.

saire à votre repos de troubler le mien? Ne sauriez-vous concevoir que j'ai plus besoin de consolations que de reproches? Épargnez-moi donc ceux que vous savez que je ne mérite pas, et portez quelque respect à mes malheurs. Je vous demande de trois choses l'une : ou changez de style, ou justifiez le vôtre, ou cessez de m'écrire ; j'aime mieux renoncer à vos lettres que d'en recevoir d'injurieuses. Je puis me passer que vous m'estimiez; mais j'ai besoin de vous estimer vous-même, et c'est ce que je ne saurois faire si vous manquez à votre ami.

Quant à la Julie, ne vous gênez point pour elle. Soit que vous m'écriviez ou non, vos copies ne se feront pas moins; et si je les ai suspendues après un silence de trois semaines, c'est que j'ai cru que, m'ayant tout-à-fait oublié, vous ne vous souciiez plus de rien qui vînt de moi. Adieu : je ne suis ni changeant ni subjugué comme vous ; l'amitié que vous m'avez demandée et que je vous ai promise, je vous la garderai jusqu'au tombeau. Mais si vous continuez à m'écrire de ce ton équivoque et soupçonneux que vous affectez avec moi, trouvez bon que je cesse de vous répondre ; rien n'est moins regrettable qu'un commerce d'outrages : mon cœur et ma plume s'y refuseront toujours avec vous.

A M. VERNES.

Montmorency, le 25 mars 1758.

Oui, mon cher Vernes, j'aime à croire que nous sommes tous deux bien aimés l'un de l'autre, et dignes de l'être. Voilà ce qui fait plus au soulagement de mes peines que tous les trésors du monde. Ah! mon ami! mon concitoyen! sache m'aimer, et laisse là tes inutiles offres; en me donnant ton cœur, ne m'as-tu pas enrichi? Que fait tout le reste aux maux du corps et aux soucis de l'âme? Ce dont j'ai faim, c'est d'un ami : je ne connois point d'autre besoin auquel je ne suffise moi-même. La pauvreté ne m'a jamais fait de mal, soit dit pour vous tranquilliser là-dessus une fois pour toutes.

Nous sommes d'accord sur tant de choses, que ce n'est pas la peine de nous disputer sur le reste. Je vous l'ai dit bien des fois, nul homme au monde ne respecte plus que moi l'Évangile ; c'est, à mon gré, le plus sublime de tous les livres ; quand tous les autres m'ennuient, je reprends toujours celui-là avec un nouveau plaisir, et, quand toutes les consolations humaines m'ont manqué, jamais je n'ai recouru vainement aux siennes. Mais enfin c'est un livre, un livre ignoré des trois quarts du monde; croirois-je qu'un Scythe ou un Africain soient moins chers au Père commun que vous et moi ? et pourquoi croirois-je qu'il leur ait ôté, plutôt qu'à nous, les ressources pour le connoître ? Non, mon digne ami, ce n'est point sur quelques feuilles éparses qu'il faut aller chercher la loi de Dieu, mais dans le cœur de l'homme, où sa main daigna l'écrire. O homme, qui que tu sois, rentre en toi-même, apprends à consulter ta conscience et tes facultés naturelles ; tu seras juste, bon, vertueux, tu t'inclineras devant ton maître, et tu participeras dans son ciel à un bonheur éternel. Je ne me fie là-dessus ni à ma raison ni à celle d'autrui ; mais je sens, à la paix de mon âme, et au plaisir que je sens à vivre et penser sous les yeux du grand Être, que je ne m'abuse point dans les jugemens que je fais de lui, ni dans l'espoir que je fonde sur sa justice. Au reste, mon cher concitoyen, j'ai voulu verser mon cœur dans votre sein, et non pas entrer en lice avec vous ; ainsi restons-en là, s'il vous plaît, d'autant plus que ces sujets ne se peuvent traiter guère commodément par lettres.

J'étois un peu mieux ; je retombe. Je compte pourtant un peu sur le retour du printemps, mais je n'espère plus recouvrer des forces suffisantes pour retourner dans la patrie. Sans avoir lu votre *Déclaration*, je la respecte d'avance, et me félicite d'avoir le premier donné à votre respectable corps des éloges qu'il justifie si bien aux yeux de toute l'Europe.

Adieu, mon ami.

AU MÊME.

Montmorency, le 25 mai 1758.

Je ne vous écris pas exactement, mon cher Vernes, mais je pense à vous tous les jours

Les maux, les langueurs, les peines augmentent sans cesse ma paresse ; je n'ai plus rien d'actif que le cœur ; encore, hors Dieu, ma patrie, et le genre humain, n'y reste-t-il d'attachement que pour vous ; et j'ai connu les hommes par de si tristes expériences, que si vous me trompiez comme les autres j'en serois affligé, sans doute, mais je n'en serois plus surpris. Heureusement je ne présume rien de semblable de votre part ; et je suis persuadé que, si vous faites le voyage que vous me promettez, l'habitude de nous voir et de nous mieux connoître affermira pour jamais cette amitié véritable que j'ai tant de penchant à contracter avec vous. S'il est donc vrai que votre fortune et vos affaires vous permettent ce voyage, et que votre cœur le désire, annoncez-le-moi d'avance, afin que je me prépare au plaisir de presser, du moins une fois en ma vie, un honnête homme et un ami contre ma poitrine.

Par rapport à ma croyance, j'ai examiné vos objections, et je vous dirai naturellement qu'elles ne me persuadent pas. Je trouve que, pour un homme convaincu de l'immortalité de l'âme, vous donnez trop de prix aux biens et aux maux de cette vie. J'ai connu les derniers mieux que vous, et mieux peut-être qu'homme qui existe ; je n'en adore pas moins l'équité de la Providence, et me croirois aussi ridicule de murmurer de mes maux durant cette courte vie, que de crier à l'infortune pour avoir passé une nuit dans un mauvais cabaret. Tout ce que vous dites sur l'impuissance de la conscience se peut rétorquer plus vivement encore contre la révélation ; car que voulez-vous qu'on pense de l'auteur d'un remède qui ne guérit rien ? Ne diroit-on pas que tous ceux qui connoissent l'Évangile sont de fort saints personnages, et qu'un Sicilien sanguinaire et perfide vaut beaucoup mieux qu'un Hottentot stupide et grossier ?

Voulez-vous que je croie que Dieu n'a donné sa loi aux hommes que pour *avoir une double raison de les punir*? Prenez garde, mon ami ; vous voulez le justifier d'un tort chimérique, et vous aggravez l'accusation. Souvenez-vous, surtout, que, dans cette dispute, c'est vous qui attaquez mon sentiment, et que je ne fais que le défendre ; car, d'ailleurs, je suis très-éloigné de désapprouver le vôtre, tant que vous ne voudrez contraindre personne à l'embrasser.

Quoi ! cette aimable et chère parente est toujours dans son lit ! que ne suis-je auprès d'elle ! nous nous consolerions mutuellement de nos maux, et j'apprendrois d'elle à souffrir les miens avec constance ; mais je n'espère plus faire un voyage si désiré ; je me sens de jour en jour moins en état de le soutenir. Ce n'est pas que la belle saison ne m'ait rendu de la vigueur et du courage, mais le mal local n'en fait pas moins de progrès ; il commence même à se rendre intérieurement très-sensible ; une enflure, qui croît quand je marche, m'ôte presque le plaisir de la promenade, le seul qui m'étoit resté, et je ne reprends des forces que pour souffrir. La volonté de Dieu soit faite ! Cela ne m'empêchera pas, j'espère, de vous faire voir les environs de ma solitude, auxquels il ne manque que d'être autour de Genève pour me paroître délicieux. J'embrasse le cher Roustan, mon prétendu disciple ; j'ai lu avec plaisir son *Examen des quatre beaux siècles* (*), et je m'en tiens, avec plus de confiance, à mon sentiment, en voyant que c'est aussi le sien. La seule chose que je voudrois lui demander seroit de ne pas s'exercer à la vertu à mes dépens, et de ne pas se montrer modeste en flattant ma vanité. Adieu, mon cher Vernes ; je trouve de jour en jour plus de plaisir à nous aimer.

A M. ROMILLY (**).

... 1758.

On ne sauroit aimer les pères sans aimer des enfans qui leur sont chers : ainsi, monsieur, je vous aimois sans vous connoître, et vous croyez bien que ce que je reçois de vous n'est pas propre à relâcher cet attachement. J'ai lu votre ode ; j'y ai trouvé de l'énergie, des images nobles, et quelquefois des vers heureux : mais votre poésie paroît gênée ; elle sent la lampe, et n'a pas acquis la correction. Vos rimes, quelquefois riches, sont rarement élégantes, et le mot propre ne vous vient pas toujours. Mon cher Romilly, quand je paie les compli-

---

(*) Examen historique des quatre beaux siècles de M. de Voltaire, par Jacques-Antoine Roustan, 1 vol. in-8. Genève, 1763.

(**) Jean-Edme, fils de l'horloger. Il fut ministre de la religion réformée, et mourut long-temps avant son père. M. P.

mens par des vérités, je rends mieux que ce qu'on me donne.

Je vous crois du talent, et je ne doute pas que vous ne vous fassiez honneur dans la carrière où vous entrez. J'aimerois pourtant mieux, pour votre bonheur, que vous eussiez suivi la profession de votre digne père, surtout si vous aviez pu vous y distinguer comme lui. Un travail modéré, une vie égale et simple, la paix de l'âme et la santé du corps, qui sont le fruit de tout cela, valent mieux pour vivre heureux que le savoir et la gloire : du moins en cultivant les talens des gens de lettres, n'en prenez pas les préjugés; n'estimez votre état que ce qu'il vaut, et vous en vaudrez davantage. Je vous dirai que je n'aime pas la fin de votre lettre : vous me paroissez juger trop sévèrement les riches; vous ne songez pas qu'ayant contracté dès leur enfance mille besoins que nous n'avons point, les réduire à l'état des pauvres, ce seroit les rendre plus misérables qu'eux. Il faut être juste envers tout le monde, même envers ceux qui ne le sont pas pour nous. Eh ! monsieur, si nous avions les vertus contraires aux vices que nous leur reprochons, nous ne songerions pas même qu'ils sont au monde, et bientôt ils auroient plus besoin de nous que nous d'eux. Encore un mot, et je finis. Pour avoir droit de mépriser les riches, il faut être économe et prudent soi-même, afin de n'avoir jamais besoin de richesses.

Adieu, mon cher Romilly ; je vous embrasse de tout mon cœur.

M. D'ALEMBERT.

Montmorency, le 25 juin 1758.

J'ai dû, monsieur, répondre à votre article *Genève* : je l'ai fait, et je vous ai même adressé cet écrit. Je suis sensible aux témoignages de votre souvenir, et à l'honneur que j'ai reçu de vous en plus d'une occasion; mais vous nous donnez un conseil pernicieux, et si mon père en avoit fait autant, je n'aurois pu ni dû me taire. J'ai tâché d'accorder ce que je vous dois avec ce que je dois à ma patrie; quand il a fallu choisir, j'aurois fait un crime de balancer. Si ma témérité vous offense, vous n'en serez que trop vengé par la foiblesse de l'ouvrage. Vous y chercherez en vain les restes d'un talent qui n'est plus, et qui ne se nourrissoit peut-être que de mon mépris pour mes adversaires. Si je n'avois consulté que ma réputation, j'aurois certainement supprimé cet écrit; mais il n'est pas ici question de ce qui peut vous plaire ou m'honorer; en faisant mon devoir, je serai toujours assez content de moi et assez justifié près de vous.

A M. VERNES.

Montmorency, le 14 juillet 1758.

Je me hâte, mon cher Vernes, de vous rassurer sur le sens que vous avez donné à ma dernière lettre, et qui sûrement n'étoit pas le mien. Soyez sûr que j'ai pour vous toute l'estime et toute la confiance qu'un ami doit à son ami; il est vrai que j'ai eu les mêmes sentimens pour d'autres qui m'ont trompé, et que, plein d'une amertume en secret dévorée, il s'en est répandu quelque chose sur mon papier ; mais, mon ami, cela vous regardoit si peu, que, dans la même lettre, je vous ai, ce me semble, assez témoigné l'ardent désir que j'ai de vous voir et de vous embrasser. Vous me connoissez mal : si je vous croyois capable de me tromper, je n'aurois plus rien à vous dire.

J'ai reçu l'exemplaire de M. Duvillard (*), je vous prie de l'en remercier. S'il veut bien m'en adresser deux autres, non pas par la même voie dont il s'est servi, mais à l'adresse de *M. Coindet, chez MM. Thélusson, Necker et compagnie, rue Michel-le-Comte*, je lui en serai obligé. Il a eu tort d'imprimer cet article sans m'en rien dire; il a laissé des fautes que j'aurois ôtées, et il n'a pas fait des corrections et additions que je lui aurois données.

J'ai sous presse un petit écrit (**) sur l'article *Genève* de M. d'Alembert. Le conseil qu'il nous donne d'établir une comédie m'a paru pernicieux; il a réveillé mon zèle, et m'a d'autant plus indigné que j'ai vu clairement qu'il ne se

---

(*) M. Duvillard, libraire à Genève, avoit, sans l'aveu de l'auteur, fait imprimer l'article *Économie politique* de l'Encyclopédie, qu'il publia sous le titre de *Discours sur l'Économie politique*.   M. P.

(**) Cet écrit ne parut que le 2 octobre suivant. La date en est constatée dans la lettre du 22 octobre, à M. Vernes. M. P.

faisoit pas un scrupule de faire sa cour à M. de Voltaire à nos dépens. Voilà les auteurs et les philosophes ! Toujours pour motif quelque intérêt particulier, et toujours le bien public pour prétexte. Cher Vernes, soyons hommes et citoyens jusqu'au dernier soupir. Osons toujours parler pour le bien de tous, fût-il préjudiciable à nos amis et à nous-mêmes. Quoi qu'il en soit, j'ai dit mes raisons ; ce sera à nos compatriotes à les peser. Ce qui me fâche, c'est que cet écrit est de la dernière foiblesse ; il se sent de l'état de langueur où je suis, et où j'étois bien plus encore quand je l'ai composé. Vous n'y reconnoîtrez plus rien que mon cœur ; mais je me flatte que c'en est assez pour me conserver le vôtre. Voulez-vous bien passer de ma part chez M. Marc Chappuis, lui faire mes tendres amitiés, et lui demander s'il veut bien que je lui fasse adresser les exemplaires de cet écrit que je me suis réservés, afin de les distribuer à ceux à qui je les destine, suivant la note que je lui enverrai ?

Vous m'avez parlé ci-devant de madame d'Épinay ; l'ami Roustan, que j'embrasse et remercie, m'en parle, et d'autres m'en parlent encore. Cela me fait juger qu'elle vous laisse dans une erreur dont il faut que je vous tire. Si madame d'Épinay vous dit que je suis de ses amis, elle vous trompe ; si elle vous dit qu'elle est des miens, elle vous trompe encore plus : voilà tout ce que j'ai à vous dire d'elle.

Loin que l'ouvrage dont vous me parlez soit un roman philosophique, c'est au contraire un commerce de bonnes gens (*). Si vous venez, je vous montrerai cet ouvrage ; et si vous jugez qu'il vous convienne de vous en mêler, je l'abandonne avec plaisir à votre discrétion. Adieu, mon ami ; songez, non pas, grâces au ciel, aux ides de mars, mais aux calendes de septembre ; c'est ce jour-là que je vous attends.

A SOPHIE (**).

Le 15 juillet 1758.

Je commence une correspondance qui n'a point d'exemple et ne sera guère imitée : mais, votre cœur n'ayant plus rien à dire au mien, j'aime mieux faire seul les frais d'un commerce qui ne seroit qu'onéreux pour vous, et où vous n'auriez à mettre que des paroles. C'est une fausseté méprisable de substituer des procédés à la place des sentimens, et de n'être honnête qu'à l'extérieur. Quiconque a le courage de paroître toujours ce qu'il est deviendra tôt ou tard ce qu'il doit être ; mais il n'y a plus rien à espérer de ceux qui se font un caractère de parade. Si je vous pardonne de n'avoir plus d'amitié pour moi, c'est parce que vous ne m'en montrez plus. Je vous aime cent fois mieux ainsi qu'avec ces lettres froides qui vouloient être obligeantes, et montroient, malgré vous, que vous songiez à autre chose en les écrivant. De la franchise, ô Sophie ! il n'y a qu'elle qui élève l'âme et soutienne, par l'estime de soi-même, le droit à celle d'autrui.

Mon dessein n'est pas de vous ennuyer de fréquentes et longues lettres. Je n'espère pas même, avec toute ma discrétion, que vous lisiez toutes celles que je vous écrirai ; mais du moins aurai-je eu le plaisir de les écrire, et peut-être est-il bon, pour vous et pour moi, que vous ayez la complaisance de les recevoir. Je vous crois un bon naturel ; c'est cette opinion qui m'attache encore à vous : mais une grande fortune sans adversités a dû vous endurcir l'âme ; vous avez trop peu connu de maux pour être fort sensible à ceux des autres. Ainsi les douceurs de la commisération vous sont encore inconnues. N'ayant su partager les peines d'autrui, vous serez moins en état d'en supporter vous-même, si jamais il en vient ; et il est toujours à craindre qu'il n'en vienne, car vous n'ignorez pas que la fortune même n'en garantit pas toujours ; et, quand elle nous attaque au milieu de ses faveurs, quelles ressources lui reste-t-il pour les guérir ?

Non fidarti della sorte,
Ancor a me già fù grata,
E tu ancor abandonata
Sospirar potresti un di.

Veuille le ciel tromper ma prévoyance ! en ce cas, mes soins n'auront été qu'inutiles, et il n'y aura point de mal au moins à les avoir pris : mais si jamais votre cœur affligé se sent besoin de ressources qu'il ne trouvera pas en

---

(*) *La Nouvelle Héloïse.*
(**) Sophie étoit un des prénoms de madame d'Houdetot ; cette circonstance, et plusieurs autres relatives à la liaison qui avoit existé entre Jean-Jacques et cette dame, font présumer que cette lettre lui est adressée.

lui-même, si peut-être un jour d'autres manières de penser vous dégoûtent de celles qui n'ont pu vous rendre heureuse, revenez à moi, si je vis encore, et vous saurez quel ami vous avez méprisé. Si je ne vis plus, relisez mes lettres ; peut-être le souvenir de mon attachement adoucira-t-il vos peines ; peut-être trouverez-vous dans mes maximes des consolations que vous n'imaginez pas aujourd'hui.

A M. JACOB VERNET.

Montmorency, le 18 septembre 1758.

J'ai lu, monsieur, avec d'autant plus de joie la dernière lettre dont vous m'avez honoré, que j'étois toujours dans quelque inquiétude sur l'effet de la mienne à M. d'Alembert, par rapport à ses imputations indiscrètes ; car, pour bien traiter des matières aussi délicates, rien n'est moins suffisant que la bonne intention, et rien n'est plus commun que de tout gâter en pensant bien faire. L'assurance que vous me donnez que je ne suis pas dans le cas, m'ôte un grand poids de dessus le cœur, et ce n'est pas peu d'ajouter au plaisir que m'auroit fait votre lettre dans tous les temps. Vous avez raison, monsieur, de croire que j'ai été content de votre déclaration (*), mais *content* n'est pas assez dire. La modération, la sagesse, la fermeté, tout s'y trouve : je regarde cette pièce comme un modèle qui, malheureusement, ne sera pas imité par beaucoup de théologiens. Tout ce qu'il falloit étant fait de part et d'autre, j'espère que cette dangereuse tracasserie n'aura point de suites ; et, quand elle en auroit, je pense que le silence est le meilleur moyen de la faire finir : du moins par rapport à moi, c'est le parti que je crois devoir prendre dans les critiques qui me pleuvent sur ce point et sur tous les autres. Il m'est d'autant moins difficile de n'y pas répondre que je me suis imposé de n'en lire aucune. Il a pourtant fallu faire exception pour celle de l'abbé de La Porte, parce qu'il me l'a envoyée avec une lettre, et qu'il a bien fallu faire réponse à cette lettre ; mais ce qui ne fait que s'écrire est bien différent de ce qui s'imprime. Voici tout ce que je lui ai dit à ce sujet : *Quant aux mots de* CONSUBSTANTIEL, *de* TRINITÉ, *d'*INCARNATION, *que vous me dites être clair-semés dans nos livres, ils y sont tout aussi fréquens que dans l'Écriture, et nous nous consolons d'être hérétiques avec les apôtres de Jésus-Christ.*

Il est incontestable, monsieur, par le reste de votre lettre, que vous avez vu le fond de la question plus nettement et plus clairement que moi (*) ; d'ailleurs connoissant mieux le local, vous faites des distinctions plus justes ; et je ne doute pas que si j'avois eu quelque conversation avec vous sur cette matière avant que d'écrire mon livre, il n'en fût devenu meilleur. Si j'avois le bonheur de me retirer dans ma patrie, et que je me sentisse encore en état de travailler, je vous demanderois la permission de vous voir et de vous consulter quelquefois. Je n'aurois pas seulement besoin du secours de vos lumières, mais aussi de celui de votre sagesse ; car je me sens emporté par un caractère ardent qui auroit souvent besoin d'être retenu. Je m'aperçois du bien que me font vos lettres, et je ne doute pas que votre conversation ne m'en fît encore davantage. Ce seroit satisfaire un besoin en me procurant un plaisir. Recevez, monsieur, les assurances de mon véritable et profond respect.

A M. DELEYRE.

Montmorency, le 5 octobre 1758.

Enfin, mon cher Deleyre, j'ai de vos nouvelles. Vous attendiez plus tôt des miennes, et vous n'aviez pas tort ; mais, pour vous en donner, il falloit savoir où vous prendre, et je ne voyois personne qui pût me dire ce que vous étiez devenu ; n'ayant et ne voulant avoir désormais pas plus de relation avec Paris qu'avec Pékin, il étoit difficile que je pusse être mieux

---

(*) La *Déclaration* des ministres de Genève, à l'occasion de l'article *Genève* de l'Encyclopédie. G. P.

(*) Rousseau, dans sa lettre à d'Alembert, s'étoit plus particulièrement occupé des spectacles, de leur danger, et du conseil que l'auteur de l'article *Genève* donnoit, d'établir dans cette ville une salle de spectacle. Il avoit négligé le socinianisme dont Genève étoit accusé. J. Vernet, professeur de théologie, auroit désiré que Rousseau eût réfuté cette accusation. Dans la suite on le verra (lettre à M. Moulton, du 8 octobre 1762) exiger de Jean-Jacques une rétractation de la *Profession de foi du Vicaire savoyard*, ce qui fut cause de leur rupture. M. P.

instruit. Cependant, jeudi dernier, un pensionnaire des Vertus, qui vint me voir avec le père Curé, m'apprit que vous étiez à Liége; mais ce que j'aurois dû faire il y a deux mois étoit à présent hors de propos, et ce n'étoit plus le cas de vous prévenir; car je vous avoue que je suis et serai toujours de tous les hommes le moins propre à retenir les gens qui se détachent de moi.

J'ai d'autant plus senti le coup que vous avez reçu, que j'étois bien plus content de votre nouvelle carrière que de celle où vous êtes en train de rentrer. Je vous crois assez de probité pour vous conduire toujours en homme de bien dans les affaires, mais non pas assez de vertu pour préférer toujours le bien public à votre gloire, et ne dire jamais aux hommes que ce qu'il leur est bon de savoir. Je me complaisois à vous imaginer d'avance dans le cas de relancer quelquefois les fripons, au lieu que je tremble de vous voir contrister les âmes simples dans vos écrits. Cher Deleyre, défiez-vous de votre esprit satirique; surtout apprenez à respecter la religion : l'humanité seule exige ce respect. Les grands, les riches, les heureux du siècle seroient charmés qu'il n'y eût point de Dieu; mais l'attente d'une autre vie console de celle-ci le peuple et le misérable. Quelle cruauté de leur ôter encore cet espoir!

Je suis attendri, touché de tout ce que vous me dites de M. G...; quoique je susse déjà tout cela, je l'apprends de vous avec un nouveau plaisir; c'est bien plus votre éloge que le sien que vous faites : la mort n'est pas un malheur pour un homme de bien, et je me réjouis presque de la sienne, puisqu'elle m'est une occasion de vous estimer davantage. Ah! Deleyre, puissé-je m'être trompé, et goûter le plaisir de me reprocher cent fois le jour de vous avoir été juge trop sévère!

Il est vrai que je ne vous parlai point de mon écrit sur les spectacles; car comme je vous l'ai dit plus d'une fois, je ne me fiois pas à vous. Cet écrit est bien loin de la prétendue méchanceté dont vous parlez; il est lâche et foible; les méchans n'y sont plus gourmandés; vous ne m'y reconnoîtrez plus; cependant je l'aime plus que tous les autres, parce qu'il m'a sauvé la vie, et qu'il me servit de distraction dans des momens de douleur, où, sans lui, je serois mort de désespoir. Il n'a pas dépendu de moi de mieux faire; j'ai fait mon devoir, c'est assez pour moi. Au surplus, je livre l'ouvrage à votre juste critique. Honorez la vérité; je vous abandonne tout le reste. Il est vrai, M. Helvétius a fait un livre dangereux et des rétractations humiliantes. Mais il a quitté la place de fermier-général; il a fait la fortune d'une honnête fille; il s'attache à la rendre heureuse; il a dans plus d'une occasion soulagé les malheureux; ses actions valent mieux que ses écrits. Mon cher Deleyre, tâchons d'en faire dire autant de nous. Adieu, je vous embrasse de tout mon cœur.

A MADAME DE CRÉQUI.

Montmorency, 13 octobre 1758.

Quoi! madame, vous pouviez me soupçonner d'avoir perdu le souvenir de vos bontés! C'étoit ne rendre justice ni à vous ni à moi : les témoignages de votre estime ne s'oublient pas, et je n'ai pas un cœur fait pour les oublier. J'en puis dire autant de l'honneur que me fait M. l'ambassadeur; c'est un grand encouragement pour m'en rendre digne : l'approbation des gens de bien est la seconde récompense de la vertu sur la terre.

Je comprends, par le commencement de votre lettre, que vous voilà tout-à-fait dans la dévotion. Je ne sais s'il faut vous en féliciter ou vous en plaindre : la dévotion est un état très-doux, mais il faut des dispositions pour le goûter. Je ne vous crois pas l'âme assez tendre pour être dévote avec extase, et vous devez vous ennuyer durant l'oraison. Pour moi, j'aimerois encore mieux être dévot que philosophe; mais je m'en tiens à croire en Dieu, et à trouver dans l'espoir d'une autre vie ma seule consolation dans celle-ci.

Il est vrai, madame, que l'amitié me fait payer chèrement ses charmes, et je vois que vous n'en avez pas eu meilleur marché. Ne nous plaignons en cela que de nous-mêmes. Nous sommes justement punis des attachemens exclusifs qui nous rendent aveugles, injustes, et bornent l'univers pour nous aux personnes que nous aimons. Toutes les préférences de l'amitié sont des vols faits au genre humain, à la patrie. Les hommes sont tous nos frères; ils doivent tous être nos amis.

Je conçois les inquiétudes que vous donne le dangereux métier de M. votre fils, et tout ce que votre tendresse vous porte à faire pour lui donner un état digne de son nom : mais j'espère que vous ne vous serez point ruinée pour le faire tuer; au contraire, vous le verrez vivre, prospérer, honorer vos soins, et vous payer au centuple de tous les soucis qu'il vous a coûtés. Voilà ce que son âge, le vôtre, et l'éducation qu'il a reçue de vous, doivent vous faire attendre le plus naturellement. Au reste, pardonnez si je ne puis voir les périls qui vous effraient du même œil que les voit une mère. Eh! madame, est-ce un si grand mal de mourir? Hélas! c'en est souvent un bien plus grand de vivre.

Plus je reste enfermé dans ma solitude, moins je suis tenté de l'interrompre par un voyage de Paris : cependant je n'ai point pris là-dessus de résolution. Quand le désir m'en viendra, je serai prompt à le satisfaire; mais il n'est point encore venu. Tout ce que je puis vous dire sur l'avenir, c'est que si jamais je fais ce voyage, ce ne sera point sans me présenter chez vous; et que dans mon système actuel, j'aurai peut-être quelque reproche à me faire du motif qui m'y conduira.

Recevez, madame, les assurances de mon respect.

A M. VERNES.

Montmorency, le 22 octobre 1758.

Je reçois à l'instant, mon ami, votre dernière lettre sans date, dans laquelle vous m'en annoncez une autre sous le pli de M. de Chenonceaux, que je n'ai point reçue : c'est une négligence de ses commis, j'en suis sûr; car il vint me voir il y a peu de jours, et ne m'en parla point. Quoi qu'il en soit, ne nous exposons plus au même inconvénient; écrivez-moi directement et n'affranchissez plus vos lettres, car je ne suis pas à portée ici d'en faire de même. Quoique ce paquet soit assez gros pour en valoir la peine, je ne crois pas que mon ami regrette l'argent qu'il lui coûtera, et je ne lui ai pas donné le droit, que je sache, de penser moins favorablement de moi. Soyez aussi plus exact aux dates, que vous êtes sujet à oublier.

L'écrit à M. d'Alembert paroît en effet à Paris depuis le 2 de ce mois; je ne l'ai appris que le 7. Le lundi 8, je reçus le petit nombre d'exemplaires que mon libraire avoit joints pour moi à cet envoi; je les ai fait distribuer le même jour et les suivans; en sorte que le débit de cet ouvrage ayant été assez rapide, tous ceux à qui j'en ai envoyé l'avoient déjà : et voilà un des désagrémens auxquels m'assujettit l'inconcevable négligence de ce libraire. Pour que vous jugiez s'il y a de ma faute dans les retards de l'envoi pour Genève, je vous envoie une de ses lettres à demi déchirée, et que j'ai heureusement retrouvée. Si vous avez des relations en Hollande, vous m'obligerez de vous en faire informer à lui-même. Selon mon compte, j'espère enfin que vous aurez reçu et distribué ceux qui vous sont adressés. Je vous dirai sur celui de M. Labat, que nous ne nous sommes jamais écrit, et que nous ne sommes par conséquent en aucune espèce de relation; cependant je serai bien aise de lui donner ce léger témoignage que je n'ai point oublié ses honnêtetés. Mais, mon cher Vernes, Roustan est moins en état d'en acheter un; je voudrois bien aussi lui donner cette petite marque de souvenir; et dans la balance entre le riche et le pauvre, je penche toujours pour le dernier. Je vous laisse le maître du choix. A l'égard de l'autre exemplaire, il faut, s'il vous plaît, le faire agréer à M. Soubeyran, avec lequel j'ai de grands torts de négligence, et non pas d'oubli; tâchez, je vous prie, de l'engager à les oublier.

Je n'ignorois pas que l'article *Genève* étoit en partie de M. de Voltaire; quoique j'aie eu la discrétion de n'en rien dire, il vous sera aisé de voir, par la lecture de l'ouvrage, que je savois, en l'écrivant, à quoi m'en tenir. Mais je trouverois bizarre que M. de Voltaire crût, pour cela, que je manquerois de lui rendre un hommage que je lui offre de très-bon cœur. Au fond, si quelqu'un devoit se tenir offensé, ce seroit M. d'Alembert; car, après tout, il est au moins le père putatif de l'article. Vous verrez, dans sa lettre ci-jointe, comment il a reçu la déclaration que je lui fis, dans le temps de ma résolution. Que maudit soit tout respect humain qui offense la droiture et la vérité!

J'espère avoir secoué pour jamais cet indigne joug.

Je n'ai rien à vous dire sur la réimpression de *l'Économie politique*, parce que je n'ai pas reçu la lettre où vous m'en parlez ; mais je vous avoue que, sur l'offre de M. Duvillard, j'ai cru que l'auteur pouvoit lui en demander deux exemplaires, et s'attendre à les recevoir. S'il ne tient qu'à les payer, je vous prie d'en prendre le soin, et je vous ferai rembourser cette avance avec celles que vous aurez pu faire au sujet de mon dernier écrit, et dont je vous prie de m'envoyer la note.

Je n'ai point lu le livre *de l'Esprit* ; mais j'en aime et estime l'auteur. Cependant j'entends de si terribles choses de l'ouvrage, que je vous prie de l'examiner avec bien du soin avant d'en hasarder un jugement ou un extrait dans votre recueil.

Adieu, mon cher Vernes, je vous aime trop pour répondre à vos amitiés ; ce langage doit être proscrit entre amis.

A M. LEROY.

Montmorency, le 4 novembre 1758.

Je vous remercie, monsieur, de la bonté que vous avez de m'avertir de ma bévue au sujet du théâtre de Sparte, et de l'honnêteté avec laquelle vous voulez bien me donner cet avis (*). Je suis si sensible à ce procédé, que je vous demande la permission de faire usage de votre lettre dans une autre édition de la mienne. Il s'en faut peu que je ne me félicite d'une erreur qui m'attire de votre part cette marque d'estime, et je me sens moins honteux de ma faute que fier de votre correction.

Voilà, monsieur, ce que c'est que de se fier aux auteurs célèbres. Ce n'est guère impunément que je les consulte ; et, de manière ou d'autre, ils manquent rarement de me punir de ma confiance. Le savant Cragius, si versé dans l'antiquité, avoit dit la chose avant moi, et Plutarque lui-même affirme que les Lacédémoniens n'alloient point à la comédie, de peur d'entendre des choses contre les lois, soit sérieusement, soit par jeu. Il est vrai que le même Plutarque dit ailleurs le contraire ; et il lui arrive si souvent de se contredire, qu'on ne devroit jamais rien avancer d'après lui sans l'avoir lu tout entier. Quoi qu'il en soit, je ne puis ni ne veux récuser votre témoignage ; et quand ces auteurs ne seroient pas démentis par les restes du théâtre de Sparte encore existans, ils le seroient par Pausanias, Eustathe, Suidas, Athénée, et d'autres anciens. Il paroît seulement que ce théâtre étoit consacré plutôt à des jeux, des danses, des prix de musique, qu'à des représentations régulières, et que les pièces qu'on y jouoit quelquefois étoient moins de véritables drames que des farces grossières, convenables à la simplicité des spectateurs ; ce qui n'empêchoit pas que Sosybius Lacon n'eût fait un traité de ces sortes de parades. C'est La Guilletière qui m'apprend tout cela ; car je n'ai point de livres pour le vérifier. Ainsi rien ne manque à ma faute, en cette occasion, que la vanité de la méconnoître.

Au reste, loin de souhaiter que cette faute reste cachée à mes lecteurs, je serai fort aise qu'on la publie, et qu'ils en soient instruits ; ce sera toujours une erreur de moins. D'ailleurs, comme elle ne fait tort qu'à moi seul, et que mon sentiment n'en est pas moins bien établi, j'espère qu'elle pourra servir d'amusement aux critiques : j'aime mieux qu'ils triomphent de mon ignorance que de mes maximes ; et je serai toujours très-content que les vérités utiles que j'ai soutenues soient épargnées à mes dépens.

Recevez, monsieur, les assurances de ma reconnoissance, de mon estime et de mon respect.

(*) Voyez la *Lettre à d'Alembert*, tome III de cette édition, page 149. — La lettre de Leroy à laquelle celle de Rousseau sert de réponse se trouve dans l'édition de Genève. « Non-seulement, dit-il à Rousseau, il y avoit un théâtre à Sparte, » absolument semblable à celui de Bacchus à Athènes, mais il » étoit le plus bel ornement de cette ville... Il subsiste même » encore en grande partie, et Pausanias et Plutarque en par-» lent : c'est d'après ce que ces deux auteurs en disent que » j'en ai fait l'histoire que je vous envoie dans l'ouvrage que je » viens de mettre au jour. » Cet ouvrage a pour titre : *Ruines des plus beaux monuments de la Grèce*, publié en effet en 1758, un volume grand in-folio, fig., et réimprimé en 1770. — Leroy (Jean-David), membre de l'Académie des inscriptions, se livra à l'architecture qu'il a professée à Paris pendant quarante ans, après en avoir été étudier en Grèce les plus beaux modèles. Il a surtout étudié et approfondi tout ce qui regarde l'architecture navale et la marine des anciens. Il est mort en 1803. G. P.

A M. VERNES.

Montmorency, le 21 novembre 1758.

Cher Vernes, plaignez-moi. Les approches de l'hiver se font sentir. Je souffre, et ce n'est pas le pire pour ma paresse. Je suis accablé de travail, et jamais mon dernier écrit ne m'a coûté la moitié de la peine et du temps à faire que me coûteront à répondre les lettres qu'il m'attire. Je voudrois donner la préférence à mes concitoyens; mais cela ne se peut sans m'exposer; car, parmi les autres lettres, il y en a de très-dangereuses, dans lesquelles on me tend visiblement des piéges, auxquelles il faut pourtant répondre, et répondre promptement, de peur que mon silence même ne soit imputé à crime. Faites donc en sorte, mon ami, qu'un retard de nécessité ne soit pas attribué à négligence, et que mes compatriotes aient pour moi plus d'indulgence que je n'ai lieu d'en attendre des étrangers. J'aurai soin de répondre à tout le monde; je désire seulement qu'un délai forcé ne déplaise à personne.

Vous me parlez des critiques. Je n'en lirai jamais aucune : c'est le parti que j'ai pris dès mon précédent ouvrage, et je m'en suis très-bien trouvé. Après avoir dit mon avis, mon devoir est rempli. Errer est d'un mortel, et surtout d'un ignorant comme moi; mais je n'ai pas l'entêtement de l'ignorance. Si j'ai fait des fautes, qu'on les censure : c'est fort bien fait. Pour moi, je veux rester tranquille; et si la vérité m'importe, la paix m'importe encore plus.

Cher Vernes, qu'avons-nous fait? Nous avons oublié M. Abauzit. Ah! dites, méchant ami, cet homme respectable, qui passe sa vie à s'oublier soi-même, doit-il être oublié des autres? Il falloit oublier tout le monde avant lui. Que ne m'avez-vous dit un mot! Je ne m'en consolerai jamais. Adieu.

Je n'oublie pas ce que vous m'avez demandé pour votre recueil; mais... du temps! du temps! Hélas! je n'en fais cas que pour le perdre. Ne trouvez-vous pas qu'avec cela mes comptes seront bien rendus!

A M. LE DOCTEUR TRONCHIN.

A Montmorency, le 27 novembre 1758.

Votre lettre, monsieur, m'auroit fait grand plaisir en tout temps et m'en fait surtout aujourd'hui; car j'y vois qu'ayant jugé l'absent sans l'entendre, vous ne l'avez pas jugé tout-à-fait aussi sévèrement qu'on me l'avoit dit. Plus je suis indifférent sur les jugemens du public, moins je le suis sur ceux des hommes de votre ordre; mais, quoique j'aspire à mériter l'estime des honnêtes gens, je ne sais mendier celle de personne, et j'avoue que c'est la chose du monde la moins importante que d'être juste ou injuste envers moi.

Je ne doutois pas que vous ne fussiez de mon avis, ou plutôt que je ne fusse du vôtre, sur la proposition de M. d'Alembert, et je suis charmé que vous ayez bien voulu confirmer vous-même cette opinion. Il y aura du malheur si votre sagesse et votre crédit n'empêchent pas la comédie de s'établir à Genève, et de se maintenir à nos portes.

A l'égard des cercles, je conviens de leurs abus, et je n'en doutois pas; c'est le sort des choses humaines; mais je crois qu'aux cercles détruits succéderont de plus grands abus encore. Vous faites une distinction très-judicieuse sur la différence des républiques grecques à la nôtre, par rapport à l'éducation publique : mais cela n'empêche pas que cette éducation ne puisse avoir lieu parmi nous, et qu'elle ne l'ait même par la seule force des choses, soit qu'on le veuille, soit qu'on ne le veuille pas. Considérez qu'il y a une grande différence entre nos artisans et ceux des autres pays. Un horloger de Genève est un homme à présenter partout; un horloger de Paris n'est bon qu'à parler de montres. L'éducation d'un ouvrier tend à former ses doigts, rien de plus. Cependant le citoyen reste. Bien ou mal, la tête et le cœur se forment; on trouve toujours du temps pour cela, et voilà à quoi l'institution doit pourvoir. Ici, monsieur, j'ai sur vous, dans le particulier, l'avantage que vous avez sur moi dans les observations générales : cet état des artisans est le mien, celui dans lequel je suis né, dans lequel j'aurois dû vivre, et que je n'ai quitté que pour mon malheur. J'y ai reçu cette éducation publique, non par une institution formelle, mais par des traditions et des maximes qui, se transmettant d'âge en âge, donnoient de bonne heure à la jeunesse les lumières qui lui conviennent et les sentimens qu'elle doit avoir. A douze ans, j'étois un Romain; à vingt, j'avois couru le monde, et n'étois plus qu'un polisson. Les temps sont changés, je ne l'ignore pas; mais c'est une injustice de rejeter sur les artisans la corruption publique; on sait trop que ce n'est pas par eux qu'elle a commencé. Partout le riche est toujours le premier corrompu, le pauvre suit, l'état médiocre est atteint le dernier. Or, chez nous, l'état médiocre est l'horlogerie.

Tant pis si les enfans restent abandonnés à eux-mêmes. Mais pourquoi le sont-ils? Ce n'est pas la faute des cercles; au contraire, c'est là qu'ils doivent être élevés, les filles par les mères, les garçons par les pères. Voilà précisément l'éducation moyenne qui nous convient, entre l'éducation publique des républiques grecques, et l'éducation domestique des monarchies, où tous les sujets doivent rester isolés, et n'avoir rien de commun que l'obéissance.

Il ne faut pas non plus confondre les exercices que je conseille avec ceux de l'ancienne gymnastique. Ceux-ci formoient une véritable occupation, presque un métier; les autres ne doivent être qu'un délassement, des fêtes, et je ne les ai proposés qu'en ce sens. Puisqu'il faut des amusemens, voilà ceux qu'on nous doit offrir. C'est une observation qu'on faisoit de mon temps, que les plus habiles ouvriers de Genève étoient précisément ceux qui brilloient le plus dans ces sortes d'exercices, alors en honneur parmi nous : preuve que ces diversions ne nuisent point l'une à l'autre, mais au contraire s'entr'aident mutuellement; le temps qu'on leur donne en laisse moins à la crapule, et empêche les citoyens de s'abrutir.

Adieu, monsieur; je vous embrasse de tout mon cœur. Puissiez-vous long-temps honorer votre patrie, et faire du bien au genre humain!

A M. MOULTOU.

Montmorency, le 15 décembre 1758.

Quoique je sois incommodé et accablé d'occupations désagréables, je ne puis, monsieur, différer plus long-temps à vous remercier de votre excellente lettre. Je ne puis vous dire à quel point elle m'a touché et charmé. Je l'ai relue et la relirai plus d'une fois : j'y trouve des traits dignes du sens de Tacite et du zèle de Caton. Il ne faut pas deux lettres comme celle-là pour faire connoître un homme; et c'est d'après cette connoissance que je m'honore de votre suffrage. O cher Moultou ! nouveau Genevois, vous montrez pour la patrie toute la ferveur que les nouveaux chrétiens avoient pour la foi. Puissiez-vous l'étendre, la communiquer à tout ce qui vous environne! Puissiez-vous réchauffer la tiédeur de nos vieux citoyens, et puissions-nous en acquérir beaucoup qui vous ressemblent! car malheureusement il nous en reste peu.

Ne sachant si M. Vernes vous avoit remis un exemplaire de mon dernier écrit, j'ai prié M. Coindet de vous en envoyer un par la poste, et il m'a promis de le faire contre-signer. Si par hasard vous aviez reçu les deux, et que vous n'en eussiez pas disposé, vous m'obligeriez d'en rendre un à M. Vernes; car j'apprends qu'il a distribué pour moi tous ceux que je lui avois fait adresser, et qu'il ne lui en reste pas un seul. Si vous n'en avez qu'un, vous m'offenseriez de songer à le rendre : si vous n'en avez point, vous m'affligeriez de ne m'en pas avertir.

Quoi! monsieur, le respectable Abauzit daigne me lire, il daigne m'approuver! Je puis donc me consoler de l'improbation de ceux qui me blâment; car il est bien à craindre que, si j'obtenois leur approbation, je ne méritasse guère la sienne. Adieu, mon cher monsieur. Quand vous aurez un moment à perdre, je vous prie de me le donner, il me semble qu'il ne sera pas perdu pour moi.

M. VERNES.

Montmorency, le 6 janvier 1759.

Le mariage est un état de discorde et de trouble pour les gens corrompus, mais pour les gens de bien il est le paradis sur la terre. Cher Vernes, vous allez être heureux, peut-être l'êtes-vous déjà. Votre mariage n'est point secret; il ne doit point l'être; il a l'approbation de tout le monde, et ne pouvoit manquer de l'avoir. Je me fais honneur de penser que votre épouse, quoique étrangère, ne le sera point parmi nous. Le mérite et la vertu ne sont étrangers que parmi les méchans ; ajoutez une figure qui n'est commune nulle part, mais qui sait bien se naturaliser partout, et vous verrez que mademoiselle C... étoit Genevoise avant de le devenir. Je m'attendris, en songeant au bonheur de deux époux si bien unis, à penser que c'est le sort qui vous attend. Cher ami, quand pourrai-je en être témoin ? quand verserai-je des larmes de joie en embrassant vos chers enfans ? quand me dirai-je, en abordant votre chère épouse : « Voilà la mère de famille que » j'ai dépeinte ; voilà la femme qu'il faut ho- » norer ? »

Je ne suis point étonné de ce que vous avez fait pour M. Abauzit, je ne vous en remercie pas même ; c'est insulter ses amis que de les remercier de quelque chose. Mais cependant vous avez donné votre exemplaire ; et il ne suffit pas que vous en ayez un, il faut que vous l'ayez de ma main. Si donc il ne vous en reste aucun des miens, marquez-le-moi ; je vous enverrai celui que je m'étois réservé, et que je n'espérois pas employer si bien. Vous serez le maître de me le payer par un exemplaire de l'*Economie politique*, car je n'en ai point reçu.

M. de Voltaire ne m'a point écrit. Il me met tout-à-fait à mon aise, et je n'en suis pas fâché. La lettre de M. Tronchin rouloit uniquement sur mon ouvrage et contenoit plusieurs objections très-judicieuses, sur lesquelles pourtant je ne suis pas de son avis.

Je n'ai point oublié ce que vous voulez bien désirer sur le *Choix littéraire*. Mais, mon ami, mettez-vous à ma place, je n'ai pas le loisir ordinaire aux gens de lettres. Je suis si près de mes pièces, que si je veux dîner il faut que je le gagne ; si je me repose, il faut que je jeûne, et je n'ai, pour le métier d'auteur, que mes courtes récréations. Les foibles honoraires que m'ont rapportés mes écrits m'ont laissé le loisir d'être malade, et de mettre un peu plus de graisse dans ma soupe ; mais tout cela est épuisé, et je suis plus près de mes pièces que je ne l'ai jamais été. Avec cela, il faut encore répondre à cinquante mille lettres, recevoir mille importuns, et leur offrir l'hospitalité. Le temps s'en va et les besoins restent. Cher ami, laissons passer ces temps durs de maux, de besoins, d'importunités, et croyez que je ne ferai rien si promptement et avec tant de plaisir que d'achever le petit morceau que je vous destine, et qui malheureusement ne sera guère au goût de vos lecteurs ni de vos philosophes, car il est tiré de Platon (*).

Adieu, mon bon ami. Nous sommes tous deux occupés ; vous, de votre bonheur, moi de mes peines : mais l'amitié partage tout. Mes maux s'allègent quand je songe que vous les plaignez ; ils s'effacent presque par le plaisir de vous croire heureux. Ne montrez cette lettre à personne, au moins le dernier article. Adieu derechef.

A MADAME DE CRÉQUI.

Montmorency, le 15 janvier 1759.

En vérité, madame, s'il ne falloit pas vous remercier de votre souvenir, je crois que je ne vous remercierois point de vos poulardes. Que pouvois-je faire de quatre poulardes ? J'ai commencé par en envoyer deux à gens dont je ne me souciois guère. Cela m'a fait penser combien il y a de différence entre un présent et un témoignage d'amitié. Le premier ne trouvera jamais en moi qu'un cœur ingrat ; le second... O madame ! si vous m'aviez fait donner de vos nouvelles sans rien m'envoyer de plus, que vous m'auriez fait riche et reconnoissant ! au lieu qu'à présent que les poulardes sont mangées, tout ce que je puis faire de mieux c'est de les oublier : n'en parlons donc plus. Voilà ce qu'on gagne à me faire des présens.

J'aime et j'approuve la tendresse maternelle qui vous fait parler avec tant d'émotion de l'armée où est monsieur votre fils ; mais je ne vois pas, madame, pourquoi il faut absolument que vous vous ruiniez pour lui : est-ce qu'avec le nom qu'il porte, et l'éducation qu'il a reçue, il a besoin, pour se distinguer, de ces ridicules équipages, qui font battre vos armées et mépriser vos officiers ? Quand le luxe est universel, c'est par la simplicité qu'on se distingue ; et cette distinction, qui laisseroit un homme obscur dans la boue, ne peut qu'honorer un

---

(*) Ce morceau est l'*Essai sur l'imitation théâtrale* (tome III, page 185), tiré des Dialogues de Platon. Rousseau le fit à l'occasion de sa lettre à M. d'Alembert, dans laquelle il ne put l'insérer.   M. P.

homme de qualité. Il ne faut pas que monsieur votre fils souffre, mais il faut qu'il n'ait rien de trop : quand il ne brillera pas par son équipage, il voudra briller par son mérite, et c'est ainsi qu'il peut honorer et payer vos soins.

A propos d'éducation, j'aurois quelques idées sur ce sujet que je serois bien tenté de jeter sur le papier si j'avois un peu d'aide ; mais il faudroit avoir là-dessus les observations qui me manquent. Vous êtes mère, madame, et philosophe, quoique dévote ; vous avez élevé un fils : il n'en falloit pas tant pour vous faire penser. Si vous vouliez jeter sur le papier, à vos momens perdus, quelques réflexions sur cette matière, et me les communiquer, vous seriez bien payée de votre peine si elles m'aidoient à faire un ouvrage utile : et c'est de tels dons que je serois vraiment sensible : bien entendu pourtant que je ne m'approprierois que ce que vous me feriez penser, et non pas ce que vous auriez pensé vous-même.

Votre lettre m'a laissé sur votre santé des inquiétudes que vous m'obligeriez de vouloir lever : il ne faut pour cela qu'un mot par la poste. Votre âme se porte trop bien, elle vous use ; vous n'aurez jamais un corps sain. Je hais ces santés robustes, ces gens qui ont tant de force et si peu de vie ; il me semble que je n'ai vécu moi-même que depuis que je me sens demi-mort. Bonjour, madame. Il faut finir par régime ; car sûrement, si ma règle est bonne, je ne guérirai pas en vous écrivant.

A M. LE COMTE DE SAINT-FLORENTIN (¹).

Montmorency, le 11 février 1759.

Monseigneur,

J'apprends qu'on s'apprête à admettre à l'Opéra de Paris une pièce de ma composition, intitulée le *Devin du village*. Si vous daignez jeter les yeux sur le mémoire *ci-joint*, vous verrez, monseigneur, que cet ouvrage n'appartient point à l'Académie royale de Musique. Je vous supplie donc de vouloir bien lui défendre de le représenter, et ordonner que la partition m'en soit restituée. Il y a trois ans que j'avois écrit à M. le comte d'Argenson

pour lui demander cette restitution. Il ne fit aucune attention à ma lettre ni à mon mémoire. J'espère, monseigneur, être plus heureux aujourd'hui ; car je ne demande rien que de juste, et vous ne refusez la justice à personne.

Je suis avec un profond respect, etc.

MÉMOIRE.

Au commencement de l'année 1753, je présentai à l'Opéra un petit ouvrage intitulé le *Devin du village*, qui avait été représenté devant le roi à Fontainebleau l'automne précédent. Je déclarai aux sieurs Rebel et Francœur, alors inspecteurs de l'Académie royale de Musique, en présence de M. Duclos de l'Académie Françoise, historiographe de France, que je ne demandois aucun argent de ce petit opéra ; que je me contentois pour son prix de mes entrées franches à perpétuité, mais que je les stipulois expressément ; à quoi il me fut répondu par ledit sieur Rebel, en présence du même M. Duclos, que cela étoit de droit, conforme à l'usage, et que de plus il m'étoit dû des honoraires qu'on auroit soin de me faire payer.

Le *Devin du village* fut joué ; et quoique j'eusse aussi exigé que les quatre premières représentations seroient faites par les bons acteurs, ce qui fut accordé, il fut mis en double dès la troisième ; et la pièce eut trente et une représentations de suite avant Pâques, sans compter les trois capitations où elle fut aussi donnée.

Pour les honoraires qui m'étoient dus et que je n'avois point demandés, on m'apporta chez moi douze cents francs, dont je signai la quittance, telle qu'elle me fut présentée.

Le *Devin du village* fut repris après Pâques, et continué, toute l'année, et même le carnaval suivant, presque sans interruption, mais dans un état qui, ne me laissant pas le courage d'en soutenir le spectacle, m'a toujours forcé de m'en absenter ; et c'est une année de non jouissance de mon droit, dont je ne serois que trop fondé à demander compte.

Enfin, dans le temps que, délivré de ce chagrin, je croyois pouvoir profiter sans dégoût du privilége de mes entrées, le sieur Neuville me déclara, à la porte de l'Opéra, qu'il avoit ordre du Bureau de la Ville (¹) de me les refuser,

---

(¹) Cette lettre et le mémoire qui suit furent remis par M. Sellon, résident de Genève, à M. de Saint-Florentin, qui promit une réponse et qui n'en fit point.

(¹) La ville de Paris tenoit alors l'Opéra.

convenant en même temps qu'un tel procédé étoit sans exemple. Et en effet, si telle est la distinction que réserve le Bureau de la Ville à ceux qui font à la fois les paroles et la musique d'un opéra, et aux auteurs des ouvrages qu'on joue cent fois de suite, il n'est pas étonnant qu'elle soit rare.

Sur cet exposé simple et fidèle, je me crois en droit de demander la restitution de mon manuscrit, et qu'il soit défendu à l'Académie royale de Musique de jamais représenter le *Devin du village*, sur lequel elle a perdu son droit en violant le traité par lequel je le lui avois cédé; car m'en ôtant le prix convenu c'est m'en rendre la propriété; cela est incontestable en toute justice.

1° Ce ne seroit pas répondre que de m'opposer un règlement prétendu qui, dit-on, borne à une année le droit d'entrée pour les auteurs d'opéra en un acte : règlement qu'on allègue sans le montrer, qui n'est connu de personne, et n'a jamais eu d'exécution contre aucun auteur avant moi; règlement enfin qui, après une soigneuse vérification, se trouve n'avoir point existé quand mon accord fut fait, et qui, quand on l'auroit établi depuis, ne peut avoir un effet rétroactif.

2° Quand ce règlement existeroit, quand il seroit en vigueur, il ne peut avoir aucune force vis-à-vis de moi étranger, qui ne le connoissois point, et à qui on ne l'a point opposé dans le temps que, maître de mon ouvrage, je ne le cédois qu'en stipulant une condition contraire. N'a-t-on pas dérogé à ce règlement en traitant avec moi? C'étoit alors qu'il falloit m'en parler. Qui a jamais ouï dire qu'on annule une convention expresse par l'intention secrète de ne la pas tenir?

3° Pourquoi l'Académie royale de Musique se prévaudroit-elle contre moi d'un règlement qu'elle-même viole à mon préjudice? Si l'auteur des paroles et celui de la musique d'un opéra d'un acte ont chacun leurs entrées pour un an, celui qui est à la fois l'un et l'autre doit les avoir pour deux, à moins que la réunion des talens qui concourt à leur perfection ne soit un titre contre celui qui les rassemble.

4° Si l'intention du Bureau de la Ville étoit d'en user à toute rigueur avec moi, il falloit donc commencer par me payer à la rigueur ce qui m'étoit dû. Le produit d'un grand opéra, pour chacun des deux auteurs, est de deux mille livres lorsqu'il soutient trente représentations consécutives, savoir, cent francs pour chacune des dix premières représentations, et cinquante francs pour chacune des vingt autres. Or, le tiers de quatre mille francs est de plus de douze cents francs. Si je n'ai pas réclamé le surplus, ce n'étoit point par ignorance de mon droit, mais c'est qu'ayant stipulé un autre prix pour mon ouvrage, je ne voulois pas marchander sur celui-là.

Si l'on ajoute à ces raisons que, contre ce qu'on m'avoit promis, mon ouvrage a été mis en double dès la troisième représentation, l'on trouvera que la direction de l'Opéra, n'ayant observé avec moi ni les conditions que j'avois stipulées ni ses propres règlemens, s'est dépouillée comme à plaisir de toute espèce de droit sur ma pièce. Il est vrai que j'ai reçu douze cents francs que je suis prêt à rendre en recevant ma partition, espérant qu'à son tour l'Académie royale de Musique voudra bien me rendre compte de cent représentations (¹) qu'elle a faites d'un ouvrage qu'elle savoit n'être pas à elle, puisqu'elle n'en vouloit pas payer le prix convenu.

Que si cette Académie a des plaintes à faire contre moi, elle peut les faire par-devant les tribunaux, et non pas s'établir juge dans sa propre cause ni se croire en droit pour cela de s'emparer de mon bien. Sitôt qu'on est mécontent d'un homme, il ne s'ensuit pas qu'il soit permis de le voler.

A M. LE NIEPS.

Montmorency, le 3 avril 1759.

Eh! vive Dieu! mon bon ami; que votre lettre est réjouissante! des cinquante louis! des cent louis! des deux cents louis, des quatre mille huit cents livres! où prendrai-je des coffres pour mettre tout cela? Vraiment je suis tout émerveillé de la générosité de ces messieurs de l'Opéra. Qu'ils ont changé! Oh! les honnêtes gens! Il me semble que je vois déjà les mon-

---

(¹) Il faut ajouter toutes celles de cette dernière reprise et des suivantes, où, pour le coup, les directeurs, qui eux-mêmes avoient contracté avec moi, ne pouvoient ignorer qu'ils disposoient d'un bien qui ne leur appartenoit pas.

ceaux d'or étalés sur ma table. Malheureusement un pied cloche; mais je le ferai recloûer, de peur que tant d'or ne vienne à rouler par les trous du plancher dans la cave, au lieu d'y entrer par la porte en bons tonneaux bien reliés, digne et vrai coffre-fort, non pas tout-à-fait d'un Genevois, mais d'un Suisse. Jusqu'ici M. Duclos m'a gardé le secret sur ces brillantes offres; mais, puisqu'il est chargé de me les faire, il me les fera; je le connois bien, il ne gardera sûrement pas l'argent pour lui. Oh! quand je serai riche, venez, venez avec vos monstres de l'Escalade; je vous ferai manger un brochet long comme ma chambre.

Oh çà, notre ami, c'est assez rire, mais que l'argent vienne. Revenons aux faits. Vous verrez par le mémoire ci-joint, et par les deux lettres qui l'accompagnent, l'état de la question. Ces lettres ont resté toutes deux sans réponse. Vous me dites qu'on me blâme dans cette affaire; je serois bien curieux de savoir comment et de quoi. Seroit-ce d'être assez insolent pour demander justice, et assez fou pour espérer que l'on me la rendra? Dans cette dernière affaire j'ai envoyé un double de mon mémoire à M. Duclos, qui, dans le temps, ayant pris un grand intérêt à l'ouvrage, fut le médiateur et le témoin du traité. Encore échauffé d'un entretien qui ressembloit à ceux dont vous me parlez, je marquois un peu de colère et d'indignation dans ma lettre contre les procédés des directeurs de l'Opéra. Un peu calmé, je lui récrivis pour le prier de supprimer ma première lettre. Il répondit à cette première qu'il m'approuvoit fort de réclamer tous mes droits; qu'il m'étoit assurément bien permis d'être jaloux du peu que je m'étois réservé, et que je ne devois pas douter qu'il ne fît tout ce qui dépendroit de lui pour me procurer la justice qui m'étoit due. Il répondit à la seconde qu'il n'avoit rien aperçu dans l'autre que je pusse regretter d'avoir écrit; qu'au surplus MM. Rebel et Francœur ne faisoient aucune difficulté de me rendre mes entrées, et que, comme ils n'étoient pas les maîtres de l'Opéra lorsque l'on me les refusa, ce refus n'étoit pas de leur fait. Pendant ces petites négociations, j'appris qu'ils alloient toujours leur train, sans s'embarrasser non plus de moi que si je n'avois pas existé; qu'ils avoient remis *le Devin du village*... vous savez comment! sans m'écrire, sans me rien faire dire, sans m'envoyer même les billets qui m'avoient été promis en pareil cas quand on m'ôta mes entrées; de sorte que tout ce qu'avoient fait à cet égard les nouveaux directeurs avoit été de renchérir sur la malhonnêteté des autres. Outré de tant d'insultes, je rejetai, dans ma troisième lettre à M. Duclos, l'offre tardive et forcée de me redonner les entrées, et je persistai à redemander la restitution de ma pièce. M. Duclos ne m'a pas répondu : voilà exactement à quoi l'affaire en est restée.

Or, mon ami, voyons donc, selon la rigueur du droit, en quoi je suis à blâmer. Je dis selon la rigueur du droit, à moins que les directeurs de l'Opéra ne se fassent des insultes et des affronts qu'ils m'ont faits, un titre pour exiger de ma part des honnêtetés et des grâces.

Du moment que le traité est rompu, mon ouvrage m'appartient de nouveau. Les faits sont prouvés dans le mémoire. Ai-je tort de redemander mon bien?

Mais, disent les nouveaux directeurs, l'infraction n'est pas de notre fait. Je le suppose un moment; qu'importe? le traité en est-il moins rompu? je n'ai point traité avec les directeurs, mais avec la direction. Ne tiendroit-il donc qu'à des changemens simulés de directeurs pour faire impunément banqueroute tous les huit jours? Je ne connois ni ne veux connoître les sieurs Rebel et Francœur. Que Gautier ou Garguille dirigent l'Opéra, que me fait cela? J'ai cédé mon ouvrage à l'Opéra sous des conditions qui ont été violées, je l'ai vendu pour un prix qui n'a point été payé; mon ouvrage n'est donc pas à l'Opéra, mais à moi : je le redemande; en le retenant, on le vole. Tout cela me paroît clair.

Il y a plus; en ne réparant pas le tort que m'avoient fait les anciens directeurs, les nouveaux l'ont confirmé; en cela d'autant plus inexcusables qu'ils ne pouvoient pas ignorer les articles d'un traité fait avec eux-mêmes en personne. Étois-je donc obligé de savoir que l'Opéra, où je n'allois plus, changeoit de directeurs? pouvois-je deviner si les derniers étoient moins iniques? pour l'apprendre, falloit-il m'exposer à de nouveaux affronts, aller leur faire ma cour à leur porte, et leur demander humblement en grâce de vouloir bien ne me plus voler? S'ils vouloient garder mon ouvrage, c'étoit à eux de faire ce qu'il falloit pour qu'il leur appartînt; mais en ne désavouant pas l'iniquité de leurs prédécesseurs, ils l'ont partagée; en ne me rendant pas les entrées qu'ils savoient m'être dues, ils me les ont ôtées une seconde fois. S'ils disent qu'ils ne savoient pas où me prendre, ils mentent; car ils étoient environnés de gens de ma connoissance, dont ils n'ignoroient pas qu'ils pouvoient apprendre où j'étois. S'ils disent qu'ils n'y ont pas songé, ils mentent encore; car au moins, en préparant une reprise du *Devin du village*, ils ne pouvoient pas ne pas penser à ce qu'ils devoient à l'auteur. Mais ils n'ont parlé de ne plus me refuser les entrées que quand ils y ont été forcés par le cri public : il est donc faux que la violation du traité ne soit pas de leur fait. Ils ont fait davantage, ils ont renchéri sur la malhonnêteté de leurs prédécesseurs; car, en me refusant l'entrée, le sieur de Neuville me déclara, de la part de ceux-ci, que, quand on joueroit le *Devin du village*, on auroit soin de m'envoyer des billets. Or, non-seulement les nouveaux ne m'ont parlé, ni écrit, ni fait écrire; mais quand ils ont remis le *Devin du village*, ils n'ont pas même envoyé les billets que les autres avoient promis. On voit que ces gens-là, tout fiers de pouvoir être iniques impunément, se croiroient déshonorés s'ils faisoient un acte de justice.

En recommençant à ne me plus refuser les entrées, ils appellent cela me les rendre. Voilà qui est plaisant! Qu'ils me rendent donc les cinq années écoulées depuis qu'ils me les ont ôtées; la jouissance de ces cinq années ne m'étoit-elle pas due? n'entroit-elle pas dans le traité? Ces messieurs penseroient-ils donc être quittes avec moi en me donnant les entrées le dernier jour de ma vie? Mon ouvrage ne sauroit être à eux qu'ils ne m'en payent le prix en entier. Ils ne peuvent, me dira-t-on, me rendre le temps passé : pourquoi me l'ont-ils ôté? c'est leur faute; me le doivent-ils moins pour cela? C'étoit à eux, par la représentation de cette impossibilité, et par de bonnes manières, d'obtenir que je voulusse bien me relâcher en cela de mon droit ou en accepter une compensation. Mais, bon! je vaux bien la peine qu'on daigne être juste avec moi! soit. Voyons donc enfin de mon côté à quel titre je suis obligé de leur faire grâce. Ma foi, puisqu'ils sont si rogues, si vains, si dédaigneux de toute justice, je demande, moi, la justice en toute rigueur; je veux tout le prix stipulé, ou que le marché soit nul. Que si l'on me refuse la justice qui m'est due, comment ce refus fait-il mon tort? et qui est-ce qui m'ôtera le droit de me plaindre? Qu'y a-t-il d'équitable, de raisonnable à répondre à cela? Ne devrois-je point peut-être un remercîment à ces messieurs, lorsqu'à regret, et en rechignant, ils veulent bien ne me voler qu'une partie de ce qui m'est dû?

De nos plaideurs manceaux les maximes m'étonnent ;
Ce qu'ils ne prennent pas, ils disent qu'ils le donnent.

Passons aux raisons de convenance. Après m'avoir ôté les entrées tandis que j'étois à Paris, me les rendre quand je n'y suis plus, n'est-ce pas joindre la raillerie à l'insulte? ne savent-ils pas bien que je n'ai ni le moyen ni l'intention de profiter de leur offre! Eh! pourquoi diable irois-je si loin chercher leur Opéra? n'ai-je pas tout à ma porte les chouettes de la forêt de Montmorency?

Ils ne refusent pas, dit M. Duclos, de me rendre mes entrées. J'entends bien : ils me les rendront volontiers aujourd'hui pour avoir le plaisir de me les ôter demain, et de me faire ainsi un second affront. Puisque ces gens-là n'ont ni foi ni parole, qui est-ce qui me répondra d'eux et de leurs intentions? Ne me sera-t-il pas bien agréable de ne me jamais présenter à la porte que dans l'attente de me la voir fermer une seconde fois? Ils n'en auront plus, direz-vous, le prétexte. Eh! pardonnez-moi, monsieur, ils l'auront toujours; car sitôt qu'il faudra trouver leur Opéra beau, qu'on me remène aux Carrières! Que n'ont-ils proposé cette admirable condition dans leur marché! jamais ils n'auroient massacré mon pauvre *Devin*. Quand ils voudront me chicaner, manqueront-ils de prétextes? Avec des mensonges, on n'en manque jamais. N'ont-ils pas dit que je faisois du bruit au spectacle, et que mon exclusion étoit une affaire de police?

Premièrement, ils mentent : j'en prends à

témoin tout le parterre et l'amphithéâtre de ce temps-là. De ma vie je n'ai crié ni battu des mains aux bouffons; et je ne pouvois ni rire ni bâiller à l'Opéra françois, puisque je n'y restois jamais, et qu'aussitôt que j'entendois commencer la lugubre psalmodie, je me sauvois dans les corridors. S'ils avoient pu me prendre en faute au spectacle, ils se seroient bien gardés de m'en éloigner. Tout le monde a su avec quel soin j'étois consigné, recommandé aux sentinelles; partout on n'attendoit qu'un mot, qu'un geste pour m'arrêter; et sitôt que j'allois au parterre, j'étois environné de mouches qui cherchoient à m'exciter. Imaginez-vous s'il fallut user de prudence pour ne donner aucune prise sur moi. Tous leurs efforts furent vains; car il y a long-temps que je me suis dit : *Jean-Jacques, puisque tu prends le dangereux emploi de défenseur de la vérité, sois sans cesse attentif sur toi-même, soumis en tout aux lois et aux règles, afin que, quand on voudra te maltraiter, on ait toujours tort.* Plaise à Dieu que j'observe aussi bien ce précepte jusqu'à la fin de ma vie que je crois l'avoir observé jusqu'ici ! Aussi, mon bon ami, je parle ferme, et n'ai peur de rien. Je sens qu'il n'y a homme sur la terre qui puisse me faire du mal justement; et quant à l'injustice, personne au monde n'en est à l'abri. Je suis le plus foible des êtres; tout le monde peut me faire du mal impunément. J'éprouve qu'on le sait bien, et les insultes des directeurs de l'Opéra sont pour moi le coup de pied de l'âne. Rien de tout cela ne dépend de moi; qu'y ferois-je? Mais c'est mon affaire que quiconque me fera du mal, fasse mal, et voilà de quoi je réponds.

Premièrement donc, ils mentent; et en second lieu, quand ils ne mentiroient pas, ils ont tort : car, quelque mal que j'eusse pu dire, écrire ou faire, il ne falloit point m'ôter les entrées, attendu que l'Opéra n'en étant pas moins possesseur de mon ouvrage, n'en devoit pas moins payer le prix convenu. Que falloit-il donc faire? m'arrêter, me traduire devant les tribunaux, me faire mon procès, me faire pendre, écarteler, brûler, jeter ma cendre au vent, si je l'avois mérité; mais il ne falloit pas m'ôter les entrées. Aussi bien, comment, étant prisonnier ou pendu, serois-je allé faire du bruit à l'Opéra? Ils disent encore : Puisqu'il se déplaît à notre théâtre, quel mal lui a-t-on fait de lui en ôter l'entrée? Je réponds qu'on m'a fait tort, violence, injustice, affront; et c'est du mal que cela. De ce que mon voisin ne veut pas employer son argent, est-ce à dire que je sois en droit d'aller lui couper la bourse?

De quelque manière que je tourne la chose, quelque règle de justice que j'y puisse appliquer, je vois toujours qu'en jugement contradictoire, par-devant tous les tribunaux de la terre, les directeurs de l'Opéra seroient à l'instant condamnés à la restitution de ma pièce, à réparation, à dommages et intérêts. Mais il est clair que j'ai tort, parce que je ne puis obtenir justice; et qu'ils ont raison, parce qu'ils sont les plus forts. Je défie qui que ce soit au monde de pouvoir alléguer en leur faveur autre chose que cela.

Il faut à présent vous parler de mes libraires, et je commencerai par M. Pissot. J'ignore s'il a gagné ou perdu avec moi. Toutes les fois que je lui demandois si la vente alloit bien, il me répondoit, *passablement*, sans que jamais j'en aie pu tirer autre chose. Il ne m'a pas donné un sou de mon premier discours ni aucune espèce de présent, sinon quelques exemplaires pour mes amis. J'ai traité avec lui pour la gravure du *Devin du village*, sur le pied de cinq cents francs, moitié en livres et moitié en argent, qu'il s'obligea de me payer en plusieurs fois et à certains termes; il ne tint parole à aucun, et j'ai été obligé de courir long-temps après mes deux cent cinquante livres.

Par rapport à mon libraire de Hollande, je l'ai trouvé en toutes choses exact, attentif, honnête; je lui demandai vingt-cinq louis de mon *Discours sur l'Inégalité*, il me les donna sur-le-champ, et il envoya de plus une robe à ma gouvernante. Je lui ai demandé trente louis de ma *Lettre à M. d'Alembert*, il me les donna sur-le-champ : il n'a fait, à cette occasion, aucun présent, ni à moi ni à ma gouvernante ([1]), et il ne le devoit pas; mais il m'a fait un plaisir que je n'ai jamais reçu de M. Pissot,

---

([1]) Depuis lors il lui a fait une pension viagère de trois cents livres, et je me fais un sensible plaisir de rendre public un acte aussi rare de reconnoissance et de générosité.

en me déclarant de bon cœur qu'il faisoit bien ses affaires avec moi. Voilà, mon ami, les faits dans leur exactitude. Si quelqu'un vous dit quelque chose de contraire à cela, il ne dit pas vrai.

Si ceux qui m'accusent de manquer de désintéressement entendent par là que je ne me verrois pas ôter avec plaisir le peu que je gagne pour vivre, ils ont raison, et il est clair qu'il n'y a pour moi d'autre moyen de leur paroître désintéressé que de me laisser mourir de faim. S'ils entendent que toutes ressources me sont également bonnes, et que pourvu que l'argent vienne, je m'embarrasse peu comment il vient, je crois qu'ils ont tort. Si j'étois plus facile sur les moyens d'acquérir, il me seroit moins douloureux de perdre, et l'on sait bien qu'il n'y a personne de si prodigue que les voleurs. Mais quand on me dépouille injustement de ce qui m'appartient, quand on m'ôte le modique produit de mon travail, on me fait un tort qu'il ne m'est pas aisé de réparer ; il m'est bien dur de n'avoir pas même la liberté de m'en plaindre. Il y a long-temps que le public de Paris se fait un Jean-Jacques à sa mode, et lui prodigue d'une main libérale des dons dont le Jean-Jacques de Montmorency ne voit jamais rien. Infirme et malade les trois quarts de l'année, il faut que je trouve sur le travail de l'autre quart, de quoi pourvoir à tout. Ceux qui ne gagnent leur pain que par des voies honnêtes connoissent le prix de ce pain, et ne seront pas surpris que je ne puisse faire du mien de grandes largesses.

Ne vous chargez point, croyez-moi, de me défendre des discours publics, vous auriez trop à faire : il suffit qu'ils ne vous abusent pas, et que votre estime et votre amitié me restent. J'ai à Paris et ailleurs des ennemis cachés qui n'oublieront point les maux qu'ils m'ont faits ; car quelquefois l'offensé pardonne, mais l'offenseur ne pardonne jamais. Vous devez sentir combien la partie est inégale entre eux et moi. Répandus dans le monde, ils y font passer tout ce qu'il leur plaît, sans que je puisse ni le savoir ni m'en défendre : ne sait-on pas que l'absent a toujours tort ? D'ailleurs, avec mon étourdie franchise, je commence par rompre ouvertement avec les gens qui m'ont trompé. En déclarant haut et clair que celui qui se dit mon ami ne l'est point, et que je ne suis plus le sien, j'avertis le public de se tenir en garde contre le mal que j'en pourrois dire. Pour eux, ils ne sont pas si maladroits que cela. C'est une si belle chose que le vernis des procédés et le ménagement de la bienséance ! La haine en tire un si commode parti ! On satisfait sa vengeance à son aise en faisant admirer sa générosité : on cache doucement le poignard sous le manteau de l'amitié, et l'on sait égorger en feignant de plaindre. Ce pauvre citoyen ! dans le fond il n'est pas méchant ; mais il a une mauvaise tête qui le conduit aussi mal que le feroit un mauvais cœur. On lâche mystérieusement quelque mot obscur, qui est bientôt relevé, commenté, répandu par les apprentis philosophes ; on prépare dans d'obscurs conciliabules le poison qu'ils se chargent de répandre dans le public. Tel a la grandeur d'âme de dire mille biens de moi, après avoir pris ses mesures pour que personne n'en puisse rien croire. Tel me défend du mal dont on m'accuse, après avoir fait en sorte qu'on n'en puisse douter. Voilà ce qui s'appelle de l'habileté ! Que voulez-vous que je fasse à cela ? Entends-je de ma retraite les discours que l'on tient dans les cercles ? Quand je les entendrois, irois-je, pour les démentir, révéler les secrets de l'amitié, même après qu'elle est éteinte ? Non, cher Le Nieps : on peut repousser les coups portés par des mains ennemies ; mais quand on voit parmi les assassins son ami le poignard à la main, il ne reste qu'à s'envelopper la tête.

Voilà les éclaircissemens que vous m'avez demandés : je suis épouvanté de leur longueur ; mais je n'ai pu les faire en moins de paroles, et je m'y suis étendu pour n'y plus revenir.

Adieu, mon bon et digne ami ; que de choses j'avois à vous dire ! Mais votre cœur vous parlera pour le mien. Je me sens l'âme émue, il faut quitter la plume

---

A M. LE MARÉCHAL DE LUXEMBOURG.

Montmorency, le 30 avril 1759.

Monsieur,

Je n'ai oublié ni les grâces dont vous m'avez comblé, ni l'engagement auquel le respect et la reconnoissance ne m'ont pas permis de me refuser. Je n'ai perdu ni la volonté de tenir ma parole, ni le sentiment avec lequel il me convient d'accepter l'honneur que vous m'avez fait. Mais, monsieur le maréchal, cet engagement ne pouvoit être que conditionnel; et, dans l'extrême distance qu'il y a de vous à moi, ce seroit de ma part une témérité inexcusable d'oser habiter votre maison, sans savoir si j'y serois vu de vous et de madame la maréchale avec la même bienveillance qui vous a porté à me l'offrir.

Vos bontés m'ont mis dans une perplexité qu'augmente le désir de n'en pas être indigne. Je conçois comment on rejette avec un respect froid et repoussant les avances des grands qu'on n'estime pas : mais comment, sans m'oublier, en userois-je avec vous, monsieur, que mon cœur honore, avec vous que je rechercherois si vous étiez mon égal ? N'ayant jamais voulu vivre qu'avec mes amis, je n'ai qu'un langage, celui de l'amitié, de la familiarité. Je n'ignore pas combien de mon état au vôtre il faut modifier ce langage; je sais que mon respect pour votre personne ne me dispense pas de celui que je dois à votre rang; mais je sais mieux encore que la pauvreté qui s'avilit devient bientôt méprisable; je sais qu'elle a aussi sa dignité, que l'amour même de la vertu l'oblige de conserver. Je suis ainsi toujours dans le doute de manquer à vous ou à moi, d'être familier ou rampant; et ce danger même qui me préoccupe m'empêche de rien faire ou de rien dire à propos. Déjà, sans le vouloir, je puis avoir commis quelque faute, et cette crainte est bien raisonnable à un homme qui ne sait point comment on doit se conduire avec les grands, qui ne s'est point soucié de l'apprendre, et qui n'aura qu'une fois en sa vie regretté de ne le pas savoir.

Pardonnez donc, monsieur le maréchal, la timidité qui me fait hésiter à me prévaloir d'une grâce à laquelle je devois si peu m'attendre, et dont je voudrois ne pas abuser. Je n'ai point, quant à moi, changé de résolution; mais je crains de vous avoir donné lieu de changer de sentiment sur mon compte. Si M. Chassot m'apprend, de votre part et de celle de madame la maréchale, que je suis toujours le bienvenu, vous verrez, par mon empressement à profiter de vos grâces, que ce n'est pas la crainte d'être ingrat qui m'a fait balancer.

Soit que j'habite votre maison et que je sois admis quelquefois auprès de vous, soit que je reste dans la distance qui me convient, les bontés dont vous m'avez honoré et la manière dont j'ai tâché d'y répondre, ont mis désormais un intérêt commun entre nous. L'estime réciproque rapproche tous les états ; quelque élevé que vous soyez, quelque obscur que je puisse être, la gloire de chacun des deux ne doit plus être indifférente à l'autre. Je me dirai tous les jours de ma vie : Souviens-toi que si M. le maréchal duc de Luxembourg t'honora de sa visite, et vint s'asseoir sur ta chaise de paille, au milieu de tes pots cassés, ce ne fut ni pour ton nom ni pour ta fortune, mais pour quelque réputation de probité que tu t'es acquise; ne le fais jamais rougir de l'honneur qu'il t'a fait. Daignez, monsieur le maréchal, vous dire aussi quelquefois : Il est dans le patrimoine de mes pères un solitaire qui s'intéresse à moi, qui s'attendrit au bruit de ma bénéficence, qui joint les bénédictions de son cœur à celles des malheureux que je soulage, et qui m'honore, non parce que je suis grand, mais parce que je suis bon.

Recevez, monsieur le maréchal, les humbles témoignages de ma reconnoissance et de mon profond respect.

A MADAME LA MARÉCHALE DE LUXEMBOURG.

Au petit château de Montmorency, le 13 mai 1759.

Madame,

Toute ma lettre est déjà dans sa date. Que cette date m'honore! que je l'écris de bon cœur! je ne vous loue point, madame, je ne vous remercie point; mais j'habite votre maison. Chacun a son langage, j'ai tout dit dans le mien.

Daignez, madame la maréchale, agréer mon profond respect.

A M. LE CHEVALIER DE LORENZI.

Au petit château, le 21 mai 1759.

J'ai fort prudemment fait, monsieur, de

supprimer avec vous les remercîmens ; vous m'auriez donné trop d'affaires. Tant de livres me sont venus de votre part, que je ne sais par lequel commencer. D'ailleurs, le séjour enchanté que j'habite ne me laisse guère le courage de lire, pas même d'écrire, au moins pour le besoin. Dans les charmantes promenades dont je me vois environné, mes pieds me font perdre l'usage de mes mains, et le métier n'en va pas mieux. Si la campagne a besoin de pluie, j'en ai grand besoin aussi. Madame la maréchale m'a marqué qu'elle craignoit que je ne fusse pas bien. Elle a raison, l'on n'est jamais bien quand on n'est pas à sa place ; et, dès qu'on en sort, on ne sait plus comment y rentrer. Toutefois je ne saurois me repentir de la faute que je puis avoir commise ; et, dussé-je m'accoutumer à un bien-être pour lequel je n'étois pas fait, je ne voudrois pas, pour le repos de ma vie, avoir reçu d'une autre manière l'honneur et les grâces dont m'ont comblé monsieur et madame de Luxembourg. Je suis fâché qu'il y ait si loin d'eux à moi. Je ne fais ni ne veux faire ma cour à personne ; pas même à eux. J'ai mes règles, mon ton, mes manières, dont je ne saurois changer ; mais toute la sensibilité que les témoignages d'estime et de bienveillance peuvent exciter dans une âme honnête, ils la trouveront dans la mienne. Je vois qu'ils s'efforcent de me faire oublier leur rang : s'ils réussissent, je réponds qu'ils seront contens de moi.

Pour vous, monsieur, je ne vous dis rien ; j'ai trop à vous dire. Il faut se voir. Ou venez, ou je vais vous chercher. Bonjour.

M. d'Alembert m'a envoyé son recueil, où j'ai vu sa réponse. Je m'étois tenu à l'examen de la question, j'avois oublié l'adversaire. Il n'a pas fait de même ; il a plus parlé de moi que je n'avois parlé de lui ; il a donc tort.

A M. LE MARÉCHAL DE LUXEMBOURG.

Au petit château, le 27 mai 1759.

Monsieur,

Votre maison est charmante ; le séjour en est délicieux. Il le seroit plus encore si la magnificence que j'y trouve et les attentions qui m'y suivent me laissoient un peu moins apercevoir que je ne suis pas chez moi. A cela près, il ne manque au plaisir avec lequel je l'habite que celui de vous en voir le témoin.

Vous savez, monsieur le maréchal, que les solitaires ont tous l'esprit romanesque. Je suis plein de cet esprit ; je le sens et ne m'en afflige point. Pourquoi chercherois-je à guérir d'une si douce folie, puisqu'elle contribue à me rendre heureux ? Gens du monde et de la cour, n'allez pas vous croire plus sages que moi ; nous ne différons que par nos chimères.

Voici donc la mienne en cette occasion. Je pense que, si nous sommes tous deux tels que j'aime à le croire, nous pouvons former un spectacle rare, et peut-être unique, dans un commerce d'estime et d'amitié (vous m'avez dicté ce mot) entre deux hommes d'états si divers, qu'ils ne sembloient pas faits pour avoir la moindre relation entre eux. Mais pour cela, monsieur, il faut rester tel que vous êtes, et me laisser tel que je suis. Ne veuillez point être mon patron ; je vous promets, moi, de ne point être votre panégyriste ; je vous promets de plus que nous aurons fait tous deux une très-belle chose, et que notre société, si j'ose employer ce mot, sera, pour l'un et pour l'autre, un sujet d'éloge préférable à tous ceux que l'adulation prodigue. Au contraire, si vous voulez me protéger, me faire des dons, obtenir pour moi des grâces, me tirer de mon état, et que j'acquiesce à vos bienfaits, vous n'aurez recherché qu'un faiseur de phrases, et vous ne serez plus qu'un grand à mes yeux. J'espère que ce n'est pas à cette opinion réciproque qu'aboutiront les bontés dont vous m'honorez.

Mais, monsieur, il faut vous avouer tout mon embarras. Je n'imagine point la possibilité de ne voir que vous et madame la maréchale, au milieu de la foule inséparable de votre rang, et dont vous êtes sans cesse environnés. C'est pourtant une condition dont j'aurois peine à me départir. Je ne veux ni complaire aux curieux, ni voir, pas même un moment, d'autres hommes que ceux qui me conviennent ; et si j'avois cru faire pour vous une exception, je ne l'aurois jamais faite. Mon humeur qui ne souffre aucune gêne, mes incommodités qui ne la sauroient supporter, mes maximes sur lesquelles je ne veux point me contraindre, et qui sûrement offenseroient tout autre que vous, la paix surtout et le repos de ma vie, tout m'impose la douce loi de finir comme j'ai commencé. Monsieur le maréchal, je souhaite de vous voir, de cultiver votre estime, d'apprendre de vous à la mériter; mais je ne puis vous sacrifier ma retraite. Faites que je puisse vous voir seul, et trouvez bon que je ne vous voie que de cette manière.

Je ne me pardonnerois jamais d'avoir ainsi capitulé avec vous avant d'accepter l'honneur de vos offres, et c'est encore un hommage que je crois devoir à votre générosité, de ne vous dire mes fantaisies qu'après m'être mis en votre pouvoir : car, en sentant quels devoirs j'allois contracter, j'en ai pris l'engagement sans crainte. Je n'ignore pas que mon séjour ici, qui n'est rien pour vous, est pour moi d'une extrême conséquence. Je sais que, quand je n'y aurois couché qu'une nuit, le public, la postérité peut-être, me demanderoient compte de cette seule nuit. Sans doute ils me le demanderont du reste de ma vie; je ne suis pas en peine de la réponse. Monsieur, ce n'est pas à moi de la faire. En vous nommant, il faut que je sois justifié, ou jamais je ne saurois l'être.

Je ne crois pas avoir besoin d'excuse pour le ton que je prends avec vous. Il me semble que vous devez m'entendre. Monsieur le maréchal, je pourrois, il est vrai, vous parler en termes plus respectueux, mais non pas plus honorables.

A MADAME LA MARÉCHALE DE LUXEMBOURG.

Au petit château, le 3 juin 1759.

Madame,

J'apprends que votre santé est parfaitement rétablie, et je compte au nombre de vos bienfaits de m'en réjouir et de vous le dire. Si chacun doit veiller sur la sienne à proportion de *ceux qu'elle intéresse*, songez quelquefois, je vous supplie, aux nouvelles raisons que vous avez de vous conserver. L'air de votre parc est si bon pour les malades, qu'il ne doit pas l'être moins pour les convalescens ; et quant à moi, je m'en trouve trop bien pour ne pas vous le conseiller. Agréez, madame la maréchale, les assurances de mon profond respect.

A M. VERNES.

Montmorency, le 14 juin 1759.

Je suis négligent, cher Vernes, vous le savez bien ; mais vous savez aussi que je n'oublie pas mes amis. Jamais je ne m'avise de compter leurs lettres ni les miennes, et quelque exacts qu'ils puissent être, je pense à eux plus souvent qu'ils ne m'écrivent. En rien de ce monde je ne m'inquiète de mes torts apparens, pourvu que je n'en aie pas de véritables, et j'espère bien n'en avoir jamais à me reprocher avec vous. Quand M. Tronchin vous a dit que j'avois pris le parti de ne plus aller à Genève, il a, lui, pris la chose au pis. Il y a bien de la différence entre n'avoir pas pris, quant à présent, la résolution d'aller à Genève, ou avoir pris celle de n'y aller plus. J'ai si peu pris cette dernière, que, si je savois y pouvoir être de la moindre utilité à quelqu'un, ou seulement y être vu avec plaisir de tout le monde, je partirois dès demain ; mais, mon bon ami, ne vous y trompez pas, tous les Genevois n'ont pas pour moi le cœur de mon ami Vernes; tout ami de la vérité trouvera des ennemis partout; et il m'est moins dur d'en trouver partout ailleurs que dans ma patrie. D'ailleurs, mes chers Genevois, on travaille à vous mettre tous sur un si bon ton, et l'on y réussit si bien, que je vous trouve trop avancés pour moi. Vous voilà tous si élégans, si brillans, si agréables; que feriez-vous de ma bizarre figure et de mes maximes gothiques? Que deviendrois-je au milieu de vous, à présent que vous avez un maître (*) en plaisanteries qui vous instruit si bien? Vous me trouveriez fort ridicule, et moi je vous trouverois fort jolis; nous aurions grand'-peine à nous accorder ensemble. Je ne veux point vous répéter mes vieilles rabâcheries, ni aller chercher de l'humeur parmi vous. Il vaut mieux rester en des lieux où, si je vois des choses qui me déplaisent, l'intérêt que j'y prends n'est pas assez grand pour me tourmenter. Voilà, quant à présent, la disposition où je me trouve, et mes raisons pour n'en pas changer, tant que, ne convenant pas au pays où vous êtes, je ne serai pas dans ce pays-ci un hôte très-insupportable, et jusqu'ici je n'y suis pas traité comme tel. Que s'il m'arrivoit jamais

(*) Voltaire.

d'être obligé d'en sortir, j'espère que je ne rendrois pas si peu d'honneur à ma patrie que de la prendre pour un pis-aller.

Adieu, cher Vernes. Je n'ai pas oublié le temps où vous m'offrîtes de me venir voir, et où, quand je vous eus pris au mot, vous ne m'en parlâtes plus. Je n'ai rien dit quand vous êtes resté garçon; et si, maintenant que vous voilà marié et que la chose est impossible, je vous en parle, c'est pour vous dire que je ne désespère point d'avoir le plaisir de vous embrasser, non pas à Montmorency, mais à Genève. Adieu de tout mon cœur.

A M. CARTIER.

Montmorency, le 10 juillet 1759.

Je te remercie de tout mon cœur, mon bon patriote, et de l'intérêt que tu veux bien prendre à ma santé, et des offres humaines et généreuses que cet intérêt t'engage à me faire pour la rétablir. Crois que, si la chose étoit faisable, j'accepterois ces offres avec autant et plus de plaisir de toi que de personne au monde; mais mon cher, on t'a mal exposé l'état de la maladie; le mal est plus grave et moins mérité, et un vice de conformation, apporté dès ma naissance, achève de le rendre absolument incurable. Tout ce qu'il y aura donc de réel dans l'effet de tes offres, c'est la reconnoissance qu'elles m'inspirent, et le plaisir de connoître et d'estimer un de mes concitoyens de plus.

Quant à ton style, il est bon et honorable : pourquoi veux-tu l'excuser, puisqu'il est celui de l'amitié? Je ne peux mieux te montrer que je l'approuve qu'en m'efforçant de l'imiter, et il ne tient qu'à toi de voir que c'est de bon cœur. Ne serois-tu point par hasard un de nos frères les quakers? si cela est, je m'en réjouis, car je les aime beaucoup; et à cela près que je ne tutoie pas tout le monde, je me crois plus quaker que toi. Cependant peut-être n'est-ce pas là ce que nous faisons de mieux l'un et l'autre; car c'est encore une autre folie que d'être sage parmi les fous. Quoi qu'il en soit, je suis très-content de toi et de ta lettre, excepté la fin, où tu te dis encore plus à moi qu'à toi; car tu mens, et ce n'est pas la peine de se mettre à tutoyer les gens pour leur dire aussi des mensonges.

Adieu, cher patriote, je te salue et t'embrasse de tout mon cœur. Tu peux compter que je ne mens pas en cela.

A M. LE MARÉCHAL DE LUXEMBOURG.

Août 1759.

Assez d'autres vous feront des complimens. Je sais combien le roi vous est cher, et vous venez d'en recevoir un nouveau témoignage d'estime (*). Je sais combien vous êtes bon père, et ce témoignage est une grâce pour votre fils. Vous voyez que mon cœur entend le vôtre, et qu'il sait quelle sorte de plaisir vous touche le plus; il le sait, il le sent, il s'en félicite. Ah! monsieur le maréchal, vous ne savez pas combien il m'est doux de voir que l'inégalité n'est pas incompatible avec l'amitié, et qu'on peut avoir plus grand que soi pour ami.

A MADAME LA MARÉCHALE DE LUXEMBOURG

Montmorency, le 31 août 1759.

Non, madame la maréchale, vous ne me faites point de présens, vous n'en faites qu'à ma gouvernante. Quel détour! Est-il digne de vous, et me méprisez-vous assez pour croire me donner ainsi le change? En vérité, madame, vous me faites bien souvenir de moi. J'allois tout oublier hormis mon devoir; et, comme si j'étois votre égal, mon cœur eût osé s'élever jusqu'à l'amitié; mais vous ne voulez que de la reconnoissance, il faut bien tâcher de vous obéir.

A LA MÊME.

Montmorency, le 29 octobre 1759.

Où êtes-vous à présent, madame la maréchale? à Paris? à l'Ile-Adam? à Versailles? car je sais que vous avez fait ce mois-ci tous ces voyages. Vous me trouverez curieux; mais puisque cette curiosité m'intéresse, elle est dans l'ordre. A Versailles, vous parlez de moi

(*) La survivance de sa charge de capitaine des gardes accordée au duc de Montmorency. G. P.

avec M. le maréchal, à l'Ile-Adam, vous en parlez avec le chevalier de Lorenzi; mais à Paris, avec qui en parlez-vous? Je m'imagine que c'est à Paris qu'on va oublier les gens qu'on aime; et, comme je le hais, je l'accuse de tous les maux que je crains. De grâce, madame la maréchale, songez quelquefois qu'il existe à Montmorency un pauvre hermite à qui vous avez rendu votre souvenir nécessaire, et qui ne va point à Paris. Mais, en vérité, je ne sais de quoi je m'inquiète; après les bontés dont vous m'avez honoré, dois-je craindre d'être oublié dans vos courses? et dans quelque lieu que vous puissiez être, n'en sais-je pas un duquel vous ne sortez point?

Vos copies ne sont pas encore commencées, mais elles vont l'être. En toutes choses, il faut suivre l'ordre et la justice. Quelqu'un, vous le savez, est en date avant vous; ce quelqu'un me presse, et il faut bien tenir ma parole, puisque vous ne voulez pas que je dise les raisons que j'aurois de la retirer. Je vais finir la cinquième partie; et, avant de commencer la sixième, je ferai en sorte de vous envoyer la première : mais, madame la maréchale, quoique vous soyez sûrement une bonne pratique, je me fais quelque peine de prendre de votre argent : régulièrement ce seroit à moi de payer le plaisir que j'aurai de travailler pour vous.

Grondez un peu M. le maréchal, je vous supplie, de ce que dans l'embarras où il est, il prend la peine de m'écrire lui-même. J'ai désiré d'avoir souvent de ses nouvelles et des vôtres, mais non pas que ce fût lui qui m'en donnât; ne sait-il pas que je n'ai plus besoin qu'il m'écrive? S'il m'écrit encore une fois de tout le quartier, je croirai lui avoir déplu. Pour vous, madame, il n'en est pas tout-à-fait de même. Je crois que j'ai encore besoin de quelques mots d'amitié; et puis, quand je serai sûr également de tous deux, vous pourrez ne jamais m'écrire ni l'un ni l'autre que je n'en serai pas moins content, pourvu que mademoiselle Gertrude ou M. Dubertier m'apprennent de temps en temps que vous vous portez bien.

A M. LE MARÉCHAL DE LUXEMBOURG.

Novembre 1759.

Quelle vie triste et pénible! que je pressens d'ici vos ennuis, et que je les partage! O monsieur le maréchal! quand viendrez-vous reprendre ici, dans la simplicité de nos promenades champêtres, le contentement, la gaîté, la sérénité d'esprit? Je me sais presque mauvais gré de la tranquillité dont je jouis ici sans vous : elle n'est plus parfaite quand vous ne la partagez pas.

Depuis ma dernière lettre, je n'ai point eu de rechute, et je suis aussi bien que je puisse être pour la saison. Mais vous, monsieur, faites-moi dire un mot de vous, je vous supplie. Je voudrois bien aussi savoir où est M. le duc de Montmorency, et si vous ne l'attendez pas cet hiver.

A M. DELEYRE.

Montmorency, le 10 novembre 1759.

Vous voilà donc, mon cher Deleyre, bien décidément fou; car il n'y a plus de doute sur votre dernière lettre: heureusement ce sont de ces folies qui ont leur terme, qui ne laissent après leur guérison qu'un peu de honte pour cicatrice, et que bien peu d'hommes ont droit de ne pas pardonner. Pour moi, vous jugez bien que je vous la pardonne de tout mon cœur; je souhaite seulement qu'elle ne vous fasse pas faire de sottises.

Puisque vous aimez, vous n'aimez qu'un objet parfait; cela est clair, et ce n'est assurément pas de quoi je dispute : mais il faut m'excuser d'avoir profané je ne dis pas l'idole, mais la divinité de votre cœur. Il faut d'abord vous dire que je crus qu'à votre départ tout étoit fini, et que vous ne vous souveniez plus de vos anciennes adorations que pour vous moquer de vous-même et de votre simplicité. Naturellement vous conviendrez que cette opinion n'étoit pas sans vraisemblance, et que des amours de Paris ne doivent guère durer plus long-temps que cela. J'avois donc pris le ton que j'imaginois que vous prendriez vous-même, ou que du moins vous écouteriez volontiers : mais non; l'absence, le sort cruel, vous voilà toujours dans les sentimens héroïques. A présent que je le sais, je changerai le ton : assurément je n'ai pas dessein de vous offenser, et je conviens que celui qui laisse mal parler de ce qu'il aime, ou n'aime point, ou n'est qu'un lâche.

Mais quelle insulte affreuse lui ai-je donc faite, pour vous plonger dans le désespoir où vous semblez être? Ai-je outragé ses mœurs, sa vertu, son honnêteté? car c'est sur tout cela que vous vous épuisez en apologie; et, sans mentir, j'aimerois autant que vous ne vous fussiez pas tant gendarmé là-dessus, puisqu'il n'en étoit pas question : c'est, mon cher Deleyre, une maxime de guerre, qu'il faut toujours attaquer les places du côté le mieux fortifié. Je l'ai traitée de commère, il est vrai; j'ai eu tort sans doute, et je l'aurois bien plus aujourd'hui, que je vous sais toujours sous le charme, si je confirmois une épithète aussi peu respectueuse. Mais mettez-vous un moment à ma place; je me disois: Les commères sont importunes, babillardes, curieuses; pour contenter leur curiosité, peu leur importe de troubler le repos d'autrui. Je me disois qu'une personne discrète et modeste telle que vous m'aviez peint votre maîtresse, loin de vous exciter à me l'amener, vous en auroit détourné; elle vous auroit dit (me figurois-je) : Pourquoi voulez-vous inquiéter ce pauvre solitaire? Laissons-le dans sa retraite, puisqu'il veut y rester; je n'aime point à contenter mes fantaisies aux dépens d'autrui. Au lieu de cela, on vient, on se met au guet, on me poursuit, on s'embarrasse fort peu de me chasser de chez moi; on questionne ma gouvernante: pourquoi ceci? pourquoi cela? on s'amuse à me faire faire un fort sot personnage, et à vous-même un autre, ne vous déplaise, qui ne valoit guère mieux. Excusez, mon pauvre Deleyre, si, dans la grossièreté de ma nomenclature, j'ai osé appeler cela du commérage : pareille expression ne m'échappera plus. Mais permettez-moi de vous dire, pour la dernière fois, que, bien que foible autant qu'un autre, jamais femme ni fille à pareils procédés n'aura l'honneur de me rendre amoureux d'elle.

Quant à la femme dont vous me parlez, et qui s'est, dites-vous, vantée de dîner avec moi, j'espère qu'elle n'a pas tenu parole; et quant à moi, je n'en ai entendu parler que par vous, non plus que de votre maîtresse, dont je ne sais pas même le nom. Oh! pour celle-là, puisque vous ne la protégez pas, je vais me venger sur elle, et en faire une véritable commère; car, voyez-vous, il m'en faut une absolument, et je vois bien que vous m'abandonnez celle-ci, comme le chasseur jette à l'épervier un morceau de chair pour lui faire lâcher sa proie.

Enfin donc vous vous êtes choisi une maîtresse tendre et vertueuse! Cela n'est pas étonnant; toutes les maîtresses le sont. Vous vous l'êtes choisie à Paris! Trouver à Paris une maîtresse tendre et vertueuse, c'est n'être pas malheureux. Vous lui avez fait une promesse de mariage! Cher Deleyre, vous avez fait une sottise; car si vous continuez d'aimer, la promesse est superflue; si vous cessez, elle est inutile, et vous peut donner de grands embarras. Mais peut-être cette promesse a-t-elle été payée comptant : en ce cas je n'ai plus rien à dire. Vous l'avez signée de votre sang? cela est presque tragique; mais je ne sais si le choix de l'encre dont on écrit fait quelque chose à la foi de celui qui signe. Je vois bien que l'amour rend enfans les philosophes, tout aussi bien que nous autres. Cher Deleyre, sans être votre ami, j'ai de l'amitié pour vous, et je suis alarmé de l'état où vous êtes. Ah! de grâce, songez que l'amour n'est qu'illusion, qu'on ne voit rien tel qu'il est tant qu'on aime; et, s'il vous reste une étincelle de raison, ne faites rien sans l'avis de vos parens.

A MADAME LA MARÉCHALE DE LUXEMBOURG.

Montmorency, le 15 novembre 1759.

Vous ne me répondez point, madame la maréchale, votre silence m'effraie. Il faut que j'aie avec vous quelque tort que j'ignore, ou que j'aie eu trop raison, peut-être, de craindre d'être oublié. Daignez vous mettre à ma place, et soyez équitable. Comblé de tant de caresses, n'ai-je pas dû prévoir la fin de l'illusion qui m'en faisoit trouver digne? Mais où est ma faute? Qu'ai-je fait pour causer cette illusion? qu'ai-je fait pour la détruire? Elle devoit ne point commencer, ou ne point finir... Quoi! si tôt... C'eût été toujours trop tôt. Si mes alarmes vous ont offensée, étoit-ce en les justifiant qu'il falloit m'en punir?

En vérité, dame la maréchale, j'ai le regret de ne savoir de quoi m'accuser; car, dans la distance qui nous sépare, il vaudroit mieux que le tort fût à moi qu'à vous. Craignant d'avoir commis quelque faute par ignorance, si vous étiez une moins grande dame, j'irois me jeter à vos pieds, et je n'épargnerois ni soumissions ni prière pour effacer vos mécontentemens, bien ou mal fondés; mais dans le rang où vous êtes, ne vous attendez pas que je fasse tout ce que mon cœur me demande; je dois bien plutôt me punir de l'avoir trop écouté. Si cette lettre reste encore sans réponse, je me dirai qu'il n'en faut plus espérer.

A LA MÊME (*).

Ce mercredi soir, 1759.

J'ai beau relire le passage que vous avez transcrit, il faut, madame, que je vous avoue ma bêtise; je n'y vois point ce qui peut vous offenser : je n'y vois qu'une plaisanterie, mauvaise à la vérité, mais non pas criminelle, puisque la seule volonté fait le crime : je n'y trouve à blâmer que de vous avoir déplu; et sans ce malheur je la pourrois faire encore, et ne me la reprocherois pas plus qu'auparavant. Daignez donc vous expliquer davantage; dites-moi précisément de quoi il faut que je me repente, et tenez-le déjà rétracté.

Vous voulez savoir des nouvelles de ma santé : je me proposois de répondre aujourd'hui là-dessus au petit billet que M. le maréchal me fit écrire mercredi dernier pour s'en informer. Trouvez donc bon que cette réponse vous soit commune, ainsi que tous les sentimens de mon cœur. Je me porte moins bien depuis quelque temps; les approches de l'hiver ne sont point pour moi sans conséquences : les premières gelées se sont fait sentir si vivement que je me suis cru tout-à-fait arrêté. Cependant je suis mieux depuis deux ou trois jours : le relâchement de l'air m'a beaucoup soulagé; et si cet état continue, je n'aurai pas plus à me plaindre de ma santé depuis l'été dernier qu'elle étoit si bonne, que de mon sort depuis que je suis aimé de vous.

(*) En rapprochant cette lettre d'un passage des *Confessions* (livre X, tome 1, page 276), on voit qu'elle a dû être écrite vers la fin de 1759. C'est donc à tort que M. Musset-Pathay l'a classée parmi les lettres de 1761.

A M. VERNES.

Montmorency, le 10 novembre 1759.

Je savois, mon cher Vernes, la bonne réception que vous aviez faite à l'abbé de Saint-Non, que vous l'aviez fêté, que vous l'aviez présenté à M. de Voltaire, en un mot que vous l'aviez reçu comme recommandé par un ami : il est parti le cœur plein de vous, et sa reconnoissance a débordé dans le mien. Mais pourquoi vous dire cela? n'avez-vous pas eu le plaisir de m'obliger? ne me devez-vous pas aussi de la reconnoissance? n'est-ce pas à vous désormais de vous acquitter envers moi?

Il n'y a rien de moi sous la presse; ceux qui vous l'ont dit vous ont trompé. Quand j'aurai quelque écrit prêt à paroître, vous n'en serez pas instruit le dernier. J'ai traduit, tant bien que mal, un livre de Tacite, et j'en reste là. Je ne sais pas assez le latin pour l'entendre, et n'ai pas assez de talent pour le rendre. Je m'en tiens à cet essai : je ne sais même si j'aurai jamais l'effronterie de le faire paroître; j'aurois grand besoin de vous pour l'en rendre digne. Mais parlons de l'histoire de Genève. Vous savez mon sentiment sur cette entreprise; je n'en ai pas changé : tout ce qui me reste à vous dire, c'est que je souhaite que vous fassiez un ouvrage assez vrai, assez beau et assez utile pour qu'il soit impossible de l'imprimer; alors, quoi qu'il arrive, votre manuscrit deviendra un monument précieux qui fera bénir à jamais votre mémoire par tous les vrais citoyens, si tant est qu'il en reste après vous. Je crois que vous ne doutez pas de mon empressement à lire cet ouvrage; mais si vous trouvez quelque occasion pour me le faire parvenir, à la bonne heure; car, pour moi, dans ma retraite, je ne suis point à portée d'en trouver les occasions. Je sais qu'il va et vient beaucoup de gens de Genève à Paris, et de Paris à Genève; mais je connois peu tous ces voyageurs, et n'ai nul dessein d'en beaucoup connoître. J'aime encore mieux ne pas vous lire.

Vous me demandez de la musique : eh Dieu, cher Vernes! de quoi me parlez-vous? Je ne connois plus d'autre musique que celle des rossignols; et les chouettes de la forêt m'ont dédommagé de l'Opéra de Paris. Revenu au seul goût des plaisirs de la nature, je méprise l'apprêt des amusemens des villes. Redevenu presque enfant, je m'attendris en rappelant les vieilles chansons de Genève ; je les chante d'une voix éteinte, et je finis par pleurer sur ma patrie en songeant que je lui ai survécu. Adieu.

A M. DE BASTIDE.

Montmorency, 5 décembre 1759.

J'aurois voulu, monsieur, pouvoir répondre à l'honnêteté de vos sollicitations, en concourant plus utilement à votre entreprise; mais vous savez ma résolution, et, faute de mieux, je suis réduit, pour vous complaire, à tirer de mes anciens barbouillages le morceau ci-joint, comme le moins indigne des regards du public. Il y a six ans que M. le comte de Saint-Pierre m'ayant confié les manuscrits de feu M. l'abbé son oncle, j'avois commencé d'abréger ses écrits, afin de les rendre plus commodes à lire, et que ce qu'ils ont d'utile fût plus connu. Mon dessein étoit de publier cet abrégé en deux volumes, l'un desquels eût contenu les extraits des ouvrages, et l'autre un jugement raisonné sur chaque projet : mais après quelque essai de ce travail, je vis qu'il ne m'étoit pas propre, et que je n'y réussirois point. J'abandonnai donc ce dessein, après l'avoir seulement exécuté sur la *Paix perpétuelle* et sur la *Polysynodie*. Je vous envoie, monsieur, le premier de ces extraits, comme un sujet inaugural pour vous qui aimez la paix, et dont les écrits la respirent. Puissions-nous la voir bientôt rétablie entre les puissances ! car entre les auteurs on ne l'a jamais vue, et ce n'est pas aujourd'hui qu'on doit l'espérer. Je vous salue, monsieur, de tout mon cœur (*).

(*) Rousseau avoit cédé pour 12 louis à Bastide son extrait de la *Paix perpétuelle*, mais il paroît que celui-ci eut défense de faire imprimer cet écrit dans son journal ; il se décida à le faire imprimer à part avec quelques retranchemens que le censeur exigea. Bastide avoit trouvé le titre trop simple; il auroit voulu le remplacer par un autre ; mais Rousseau s'y refusa par une lettre dont Bastide a publié l'extrait que voici : « A l'égard du titre, je ne puis consentir qu'il soit changé contre un autre qui m'approprieroit davantage un projet qui ne m'appartient point. Il est vrai que j'ai vu l'objet sous un autre point de vue que l'abbé de Saint-Pierre, et que j'ai quelquefois donné d'antres raisons que les siennes. Rien n'empêche que vous ne puissiez, si vous voulez, en dire un mot dans l'*Avertissement*, pourvu que le principal honneur demeure toujours à cet homme respectable.... Si vous mettez mon nom, n'allez pas, je

A M. LE MARÉCHAL DE LUXEMBOURG.

Montmorency, le 26 décembre 1759.

J'apprends, monsieur le maréchal, la perte que vous venez de faire (*), et ce moment est un de ceux où j'ai le plus de regret de n'être pas auprès de vous ; car la joie se suffit à elle-même, mais la tristesse a besoin de s'épancher, et l'amitié est bien plus précieuse dans la peine que dans le plaisir. Que les mortels sont à plaindre de se faire entre eux des attachemens durables ! Ah ! puisqu'il faut passer sa vie à pleurer ceux qui nous sont chers, à pleurer les uns morts, les autres peu dignes de vivre, que je la trouve peu regrettable à tous égards ! Ceux qui s'en vont sont plus heureux que ceux qui restent ; ils n'ont plus rien à pleurer. Ces réflexions sont communes : qu'importe ? en sont-elles moins naturelles ? Elles sont d'un homme plus propre à s'affliger avec ses amis qu'à les consoler, et qui sent aigrir ses propres peines en s'attendrissant sur les leurs.

A MADAME LA MARÉCHALE DE LUXEMBOURG.

15 janvier 1760.

Je vous oublie donc, madame la maréchale? Si vous le pensiez, vous ne daigneriez pas me le faire dire ; et, si cela étoit, je ne vaudrois pas la peine que vous vous en aperçussiez. Taxez-moi de lenteur, mais non pas de négligence. L'exactitude dépend de moi, la diligence n'en dépend pas. Jugez-moi sur les faits. Vous savez que je fais pour madame d'Houdetot une copie pareille à la vôtre. Elle avoit grande envie d'avoir cette copie, et moi grande envie de lui faire plaisir. Cependant il y a trois ans que cette copie est commencée, et elle n'est pas finie : il n'y a pas encore deux mois que la vôtre est commencée, et vous aurez la première partie dans huit jours. En continuant de la même manière, vous aurez le tout en moins d'un an. Comparez, et concluez. Quand j'aurai eu le temps de vous expliquer comment je travaille et comment je puis travailler, vous jugerez-vous même s'il dépend de moi d'aller plus

vous supplie, mettre poliment M. *Rousseau*; mais *J. J. Rousseau, citoyen de Genève*, ni plus ni moins. »   G. P.

(*) De la duchesse de Villeroi, sa sœur.   G. P.

vite. En attendant, j'ai un peu sur le cœur le reproche que vous m'avez fait faire. Je ne croyois pas que vous me jugeassiez sans m'entendre, et que vous me jugeassiez si sévèrement. Je n'oublierai de long-temps que vous m'accusez de vous oublier. Consultez un peu là-dessus M. le maréchal, je vous en supplie. Il y a un temps infini que je ne lui ai écrit. Demandez-lui s'il croit pour cela que je l'oublie. Madame, il faut être lent à donner son estime, afin de n'être pas si prompt à la retirer.

A M. MOULTOU.

Montmorency, 29 janvier 1760.

Si j'ai des torts avec vous, monsieur, je n'ai pas celui de ne les pas sentir et de ne me les pas reprocher. Mon silence est bien plus contre moi que contre vous, car comment répondre à une lettre qui m'honore si fort et où je me reconnois si peu? Je laisserai de votre lettre ce qui ne me convient pas; je ne vous rendrai point les éloges que vous me donnez; je suppose que vous n'aimeriez pas à les entendre, et je tâcherai de mériter dans la suite que vous en pensiez autant de moi.

Il y a un peu de la faute de M. Favre (*) si je vous réponds si tard. Il m'avoit promis de me revenir voir, et je m'étois promis, après avoir causé un peu de temps avec lui, de lui remettre une lettre pour vous; je l'ai attendu, et il n'est point revenu. Je l'ai reçu avec simplicité, mais avec joie. Je n'imagine pas qu'une pareille réception puisse rebuter un Genevois et un ami de M. Moultou. Si cela pouvoit être, mon intention seroit bien mal remplie, et j'en serois véritablement affligé.

M. Favre avoit un extrait de votre sermon sur le luxe : il me l'a lu, et je l'ai prié de me le prêter pour le copier. M'entendez-vous, monsieur?

Au reste vous êtes le premier, que je sache, qui ait montré que la feinte charité du riche n'est en lui qu'un luxe de plus; il nourrit les pauvres comme des chiens et des chevaux. Le mal est que les chiens et les chevaux servent à ses plaisirs, et qu'à la fin les pauvres l'ennuient ; à la fin, c'est un air de les laisser périr, comme c'en fut d'abord un de les assister.

J'ai peur qu'en montrant l'incompatibilité du luxe et de l'égalité, vous n'ayez fait le contraire de ce que vous vouliez : vous ne pouvez ignorer que les partisans du luxe sont tous ennemis de l'égalité. En leur montrant comment il la détruit, vous ne ferez que le leur faire aimer davantage. Il falloit faire voir, au contraire, que l'opinion tournée en faveur de la richesse et du luxe anéantit l'inégalité des rangs, et que tout crédit gagné par les riches est perdu pour les magistrats. Il me semble qu'il y auroit là-dessus un autre sermon bien plus utile à faire, plus profond, plus politique encore, et dans lequel, en faisant votre cour, vous diriez des vérités très-importantes et dont tout le monde seroit frappé.

Vous me parlez de ce Voltaire! Pourquoi le nom de ce baladin souille-t-il vos lettres? Le malheureux a perdu ma patrie; je le haïrois davantage si je le méprisois moins. Je ne vois dans ses grands talens qu'un opprobre de plus qui le déshonore par l'indigne usage qu'il en fait. Ses talens ne lui servent, ainsi que ses richesses, qu'à nourrir la dépravation de son cœur. O Genevois! il vous paye bien de l'asile que vous lui avez donné. Il ne savoit plus où aller faire du mal ; vous serez ses dernières victimes. Je ne crois pas que beaucoup d'autres hommes sages soient tentés d'avoir un tel hôte après vous.

Ne nous faisons plus illusion, monsieur : je me suis trompé dans ma lettre à M. d'Alembert : je ne croyois pas nos progrès si grands, ni nos mœurs si avancées. Nos maux sont désormais sans remède ; il ne vous faut plus que des palliatifs, et la comédie en est un. Homme de bien, ne perdez pas votre ardente éloquence à nous prêcher l'égalité, vous ne seriez plus entendu. Nous ne sommes encore que des esclaves ; apprenez-nous, s'il se peut, à n'être pas des méchans, *non ad vetera instituta, quæ jam pridem, corruptis moribus, ludibrio sunt, revocans*, mais en retardant le progrès du mal, par des raisons d'intérêt, qui seules peuvent toucher des hommes corrompus. Adieu, monsieur : je vous embrasse.

P. S. J'allois faire partir ma lettre quand M. Favre est entré. J'ai été charmé de voir

(*) Premier syndic de la république de Genève. M. P.

qu'il n'étoit pas mécontent de moi. J'ai passé avec lui une demi-journée agréable; nous avons parlé de vous. Il m'a dit que vous méditiez un second sermon sur la même matière; j'en suis fort aise. Bonjour.

A M. LE MARÉCHAL DE LUXEMBOURG.

Montmorency, le 2 février 1760.

Comptez-vous les mois, monsieur le maréchal? Pour moi, je compte les jours, et il me semble que je trouve cet hiver plus long que les autres. J'attends avec impatience le voyage de Pâques pour célébrer un anniversaire qui me sera toujours cher. J'ai donc oublié d'user du présent, puisque je désire l'avenir, et voilà de quoi vous êtes cause. La vie n'est plus égale quand le cœur a des besoins; alors le temps passe trop lentement ou trop vite; il n'a sa mesure fixe que pour le sage. Mais où est le sage? Que je le plains! il est égal, parce qu'il est insensible; ses heures ont toutes la même longueur, parce qu'il ne jouit d'aucune. Je ne voudrois pas, pour tout au monde, un ami dont la montre iroit toujours bien. M. le maréchal, vous avez fort dérangé la mienne; elle retarde tous les jours davantage, elle est prête à s'arrêter. Je voudrois aller la remonter près de vous, mais cela m'est impossible; mon état et la saison me condamnent à vous attendre.

A M. VERNES.

Montmorency, le 9 février 1760.

Il y a une quinzaine de jours, mon cher Vernes, que j'ai appris par M. Favre votre infortune; il n'y en a guère moins que je suis tombé malade, et je ne suis pas rétabli. Je ne compare point mon état au vôtre; mes maux actuels ne sont que physiques; et moi, dont la vie n'est qu'une alternative des uns et des autres, je ne sais que trop que ce n'est pas les premiers qui transpercent le cœur le plus vivement. Le mien est fait pour partager vos douleurs, et non pour vous en consoler. Je sais trop bien, par expérience, que rien ne console que le temps, et que souvent ce n'est encore qu'une affliction de plus de songer que le temps nous consolera. Cher Vernes, on n'a pas tout perdu quand on pleure encore; le regret du bonheur passé en est un reste. Heureux qui porte encore au fond de son cœur ce qui lui fut cher! Oh! croyez-moi, vous ne connoissez pas la manière la plus cruelle de le perdre; c'est d'avoir à le pleurer vivant. Mon bon ami, vos peines me font songer aux miennes; c'est un retour naturel aux malheureux. D'autres pourront montrer à vos douleurs une sensibilité plus désintéressée, mais personne, j'en suis bien sûr, ne les partagera plus sincèrement.

A MADAME LA COMTESSE D'HOUDETOT.

Montmorency, 1760.

Je suis sensible à l'intérêt que vous prenez à mon état. S'il pouvoit être soulagé, il le seroit par les témoignages de votre amitié. Je me dis tout ce qu'il me faut dire sur mes injustices: ce seront les dernières, et vous ne recevrez plus de moi des plaintes que vous n'avez jamais méritées. Je ne suis pas mieux, c'est tout ce que je puis vous dire. Je n'ai de consolation et de témoignage d'amitié que de vous seule, et c'est bien assez pour moi: mais il n'est pas étonnant que j'en désire de fréquens retours dans un temps où j'ignore si chaque lettre que je reçois de vous, et chaque lettre que je vous écris, ne *sera* pas la dernière. Adieu. Voilà la *Julie*: je travaille à la première partie, mais lentement, selon mes forces. Quoi qu'il arrive, souvenez-vous, je vous en conjure, que vous n'avez jamais eu et n'aurez jamais d'ami qui vous soit aussi sincèrement et aussi purement attaché que moi. Croyez encore qu'il n'y a pas un bon sentiment dans une âme humaine qui ne soit au fond de la mienne et que je n'y nourrisse avec plaisir. Il me seroit doux, si j'avois à ne plus vous revoir, de vous laisser au moins une impression de moi qui vous fît quelquefois rappeler mon souvenir avec plaisir.

Ne donnez point la *Julie* à relier, je vous prie, jusqu'à nouvel avis, car je voudrois bien, de quelque manière que ce soit, qu'elle ne sortît point de vos mains.

Il faut que vous soyez non-seulement mon amie, mais mon commissionnaire ; car je n'ai plus de relation qu'avec vous. Je vous prie donc de vouloir bien vous faire informer à la poste s'il faut affranchir les lettres pour le canton de Berne. J'ai oublié de vous recommander le secret sur l'ouvrage commencé dont je vous ai parlé. Si vous en avez parlé à quelqu'un, il n'y a point de votre faute. Je vous prie de me le dire naturellement, mais de n'en plus reparler. Adieu, encore un coup. J'attends de vos nouvelles, c'est mon seul plaisir en ce monde.

A MADAME LA MARÉCHALE DE LUXEMBOURG.

Montmorency, 5 mars 1760.

Je vous sers lentement et mal, madame la maréchale : il ne faut pas me le reprocher, il faut m'en plaindre. Je n'aurai jamais de tort envers vous qui ne soit un tourment pour moi : c'est vous dire assez que mon tort est involontaire. Si je ne suis pas plus diligent à l'avenir, croyez que je n'aurai pas pu l'être. En vérité je suis la dupe de l'état que j'ai choisi. J'ai tout sacrifié à l'indépendance, et j'ai tous les tracas de la fortune : je supporterois patiemment tout le reste, mais je murmure contre les occupations désagréables qui m'arrachent au plaisir de travailler pour vous.

Je viens de recevoir, par un exprès que vous avez eu la bonté de m'envoyer, une lettre de mon libraire de Hollande, sans que je sache comment elle vous est parvenue. Je suppose que c'est par M. de Malesherbes ; mais j'aurois besoin d'en être sûr.

Vous savez que je ne vous remercie plus de rien, ni vous, madame, ni M. le maréchal. Vous méritez l'un et l'autre que je ne vous dise rien de plus, et que je vous laisse interpréter ce silence.

Les beaux jours approchent, mais ils viennent bien lentement. J'ai beau compter, ils n'en viennent pas plus vite ; ils ne seront venus que quand vous serez ici. Je suis forcé de finir ; j'ai vingt lettres indispensables à écrire, dont pas une ne m'intéresse ; et, ce qui vous fera juger de mon sort mieux que tout ce que je pourrois dire, je n'en puis faire de plus courte que celle-ci.

A LA MÊME.

Ce jeudi matin.

J'apprends les plus tristes nouvelles, ou plutôt elles se confirment, car madame de Verdelin m'avoit fait donner avis de la maladie de M. le duc de Montmorency ; mais n'en sachant rien de personne de votre maison, je croyois la nouvelle fausse, et j'avois déjà envoyé chez votre jardinier une lettre où je parlois à M. le maréchal de ces bruits et de mon inquiétude, lettre que celle de M. Dubertier me fait retirer. Il me marque qu'on attend aujourd'hui des nouvelles décisives, et me promet de m'en faire part. Je vous supplie, madame la maréchale, de lui rappeler sa promesse, et de me faire instruire exactement de l'état des choses tant qu'il y aura le moindre danger. Je suis dans un trouble qui me permet à peine d'écrire : je ne vous dis rien de mon état ; vous en pouvez juger puisque vous ne me voyez pas.

A M. DE MALESHERBES.

Montmorency, le 6 mars 1760.

Comblé depuis long-temps, monsieur, de vos bontés, j'en profitois en silence, bien sûr que vous n'auriez pu m'en croire digne si vous m'y eussiez cru peu sensible, et bien plus sûr encore que vous aimiez mieux mériter des remercîmens que d'en recevoir. Je n'ai donc point été surpris de la permission que vous avez donnée à M. Rey, mon libraire, de vous adresser les épreuves du fade recueil qu'enfin je fais imprimer ; je suis même tout disposé à croire, et à m'en glorifier, que cette grâce est plus accordée à moi qu'à lui. Mais, monsieur, il n'a pu vous la demander, et je ne puis m'en prévaloir qu'en supposant qu'elle ne vous est pas onéreuse ; et c'est sur quoi il ne m'a point éclairci. J'attendois cet éclaircissement d'une de ses lettres, dont il fait mention dans une autre, et qui ne m'est pas parvenue ; ce qui m'a fait prendre la liberté de vous le demander à vous-même.

Je suis trop jaloux de votre estime pour ne pas souffrir à penser que ce long recueil passera tout entier sous vos yeux. Mon ridicule attachement pour ces lettres ne m'aveugle point sur le jugement que vous en porterez sans doute, et qui doit être confirmé par le public; je souhaiterois seulement que ce jugement se bornât au livre, et ne s'étendît pas jusqu'à l'éditeur. Je tâcherai, monsieur, de justifier cette indulgence par quelque production plus digne de l'approbation dont vous avez honoré les précédentes.

Les épreuves lues, refermées à mon adresse, et mises à la poste, me parviendront exactement. Si les paquets étoient fort gros, nous avons un messager qui va quatre fois la semaine à Paris, et dont l'entrepôt est à l'*Hôtel de Grammont, rue Saint-Germain-l'Auxerrois*. Tous les paquets qu'on y porte à mon adresse me parviennent fidèlement aussi, et même quelquefois plus tôt que par la poste, parce que le messager retourne le même jour. Recevez, monsieur, avec mes très-humbles excuses, les assurances de ma reconnoissance et de mon profond respect.

AU MÊME.

Montmorency, le 18 mai 1760.

M. Rey me marque, monsieur, qu'il a mis à la poste, le 8 de ce mois, un paquet contenant l'épreuve H et la bonne feuille D de la première partie du recueil qu'il imprime. Je n'ai point reçu ce paquet, et il ne m'est rien parvenu l'ordinaire précédent. Permettez-moi donc, monsieur, de vous demander si vous avez reçu ce même paquet; car, comme son retard suspend tout, il m'importeroit de savoir où il faut le réclamer. Le contre-seing, votre cachet, votre nom, sont trop respectés pour que je puisse imaginer qu'un tel paquet se perde à la poste; et je connois trop vos attentions, votre exactitude, pour supposer qu'il vous soit resté. Mais, monsieur, est-il bien sûr que les envois ne passent point par quelque autre main, en sortant des vôtres, et que peut-être ces misérables feuilles n'ont pas quelque lecteur à votre insu? Il y a quinze jours que je reçus deux paquets consécutivement, l'un le lundi, l'autre le lendemain; et je conjecturai que vous n'aviez pas arrangé ainsi cet envoi. Si cela étoit, il seroit à croire qu'un paquet pût se perdre où les autres se retardent.

C'est à regret, monsieur, que je fais passer sous vos yeux ces minuties; mais j'y suis forcé par la chose même, et il est très-sûr que l'importunité que je vous cause me fait beaucoup plus de peine que mon propre embarras.

Agréez, monsieur, les assurances de mon profond respect.

A M. DE BASTIDE.

Le 16 juin 1760.

M. Duclos vous aura dit, monsieur, qu'il m'envoya la semaine dernière l'argent que vous lui aviez remis pour moi; et j'ai aussi reçu, avant-hier, le premier cahier de votre nouvel ouvrage périodique, dont je vous fais mes remercîmens(*). Je l'ai lu avec plaisir; cependant je crains que le style n'en soit un peu trop soigné. S'il étoit un peu plus simple, ne pensez-vous pas qu'il seroit un peu plus clair? Une longue lecture me paroît difficile à soutenir sur le ton que vous avez pris. Je crains aussi que les petites lettres dont vous coupez les matières ne disent pas grand'chose. Deux ou trois sujets variés, mais suivis, feroient peut-être un tout plus agréable. Si je ne sais ce que je dis, comme il est probable, acte de mon zèle, et puis jetez mon papier au feu.

Quand vous ferez imprimer la *Paix perpétuelle*, vous voudrez bien, monsieur, ne pas oublier de m'envoyer les épreuves. J'approuve fort le changement de M. Duclos. Il est très-apparent que le public ne prendroit pas le mot de *secte* dans le sens que je l'avois écrit; au reste ce sens peut être contre la bonne acception du mot, mais il n'est pas contre mes principes.

Il y a une note où je dis que, dans vingt ans, les Anglois auront perdu leur liberté : je crois qu'il faut mettre *le reste de leur liberté*; car il y en a d'assez sots pour croire qu'ils l'ont encore.

Quand vous me demandez de vous ouvrir mon portefeuille, voulez-vous, monsieur, in-

---

(*) J. F. de Bastide, mort en 1798, est auteur et éditeur de près de trente ouvrages, recueils, journaux, romans, comédies, etc., tous maintenant oubliés. L'ouvrage périodique dont il s'agit ici avoit pour titre : *Le Monde comme il est*; il n'a duré que deux ans, et forme 4 volumes in-12.   G P.

suiter à ma misère? Non; mais vous oubliez que vous avez vu le fond du sac. Je vous salue de tout mon cœur.

A MADAME LA MARÉCHALE DE LUXEMBOURG.

Le 20 juin 1760.

Voici, madame, la troisième partie des Lettres. Je tâcherai que vous les ayez toutes au mois de juillet, et, puisque vous ne dédaignez pas de les faire relier, je me propose de donner à cette copie le seul mérite que puisse avoir un manuscrit de cette espèce, en y insérant une petite addition qui ne sera pas dans l'imprimé (*). Vous voyez, madame la maréchale, que je ne vous rends pas le mal pour le mal; car je cherche à trouver quelque chose qui vous amuse, vous et M. le maréchal; au lieu que vous ne cessez de vous occuper ici, l'un et l'autre, à me rendre ma solitude ennuyeuse quand vous n'y êtes plus.

A LA MÊME.

Ce lundi 20 juillet 1760.

Vous savez mes regrets, et vous me les pardonnez: je ne me les reproche donc plus, et l'intérêt que vous y prenez me console de ma folie. Mon pauvre Turc n'étoit qu'un chien, mais il m'aimoit; il étoit sensible, désintéressé, d'un bon naturel. Hélas! comme vous le dites, combien d'amis prétendus ne le valoient pas! Heureux même si je retrouvois ces avantages dans la recherche dont vous voulez bien vous occuper; mais, quel qu'en soit le succès, j'y verrai toujours les soins de l'amitié la plus précieuse qui jamais ait flatté mon cœur; et cela seul dédommage de tout. J'ai été plus malade ces temps derniers, j'ai eu des vomissemens; mais je suis mieux, et il me reste plus de découragement et d'ennui que de mal. Je ne puis m'occuper à rien: les romans même finissent par m'ennuyer. J'ai voulu prendre Childéric; il y faut renoncer. C'en est fait, je ne redonnerai de ma vie un seul coup de plume; mes vains efforts ne feroient qu'exciter votre pitié. Il ne me reste qu'une occupation, qu'une consolation dans la vie, mais elle est douce, c'est de m'attendrir en pensant à vous.

A LA MÊME.

Le lundi 28 juillet 1760.

Votre lettre, madame la maréchale, m'a tiré de la peine où me tenoient mille bruits populaires, qui tous tendoient à m'alarmer. Il me paroîtra toujours bizarre que je me sois donné des attachemens qui m'intéressent aux nouvelles publiques; mais, quoi qu'il arrive, ces nouvelles ne m'intéresseront jamais guère par elles-mêmes, et je me soucierai toujours fort peu du sort de la Normandie, quand M. le maréchal n'y sera pas. Tant qu'il y est, rien de ce qui s'y passe ne peut m'être indifférent (*). Sa santé, sa sûreté, son repos, sa gloire, me rendent attentif à tout ce qui s'y rapporte. C'est un des inconvéniens inévitables dans les attachemens inégaux, qu'on n'évite l'ingratitude que par l'indiscrétion; et je n'ai pas peur d'être jamais tenté de délibérer sur cette alternative, lorsqu'il sera question de vous. Je n'ai offert ni de suivre M. le maréchal, ni de vous aller voir. Vous avez, là-dessus, très-bien dit à madame du Deffand que je ne me déplaçois pas ainsi. Vous avez bien raison; ce seroit beaucoup me déplacer que de me croire quelque chose en pareilles circonstances. En vous rappelant la lettre que je vous écrivis à l'occasion de Saint-Martin, je vous ai parlé pour toute ma vie, et je vous la rappelle pour la dernière fois. Si jamais l'attachement d'un homme qui n'a que du zèle pouvoit vous être de la moindre utilité, c'est à vous de vous en souvenir.

J'espère, madame, par ce que vous me marquez, que le voyage de M. le maréchal ne sera pas de longue durée, et que vous n'irez pas à Rouen. Puisque, dans le fort de vos inquiétu-

(*) C'étoient les *Aventures de mylord Édouard Bomston* dont il remit le manuscrit à madame de Luxembourg. M. P.

(*) En 1756, le maréchal de Luxembourg, gouverneur de Normandie, s'étoit rendu, par ordre de Louis XV, à Rouen, pour faire rayer quelques arrêts du parlement de cette ville, qui contrarioient les volontés royales, et pour présider à l'enregistrement des lettres patentes portant cassation de ces arrêts. Ces missions étoient toujours désagréables. Il paroît que Rousseau craignoit que le maréchal n'en eût encore une de cette nature. M. P.

des, vous avez bien voulu penser à l'abbé Morellet, j'espère aussi que, quand elles seront calmées, vous voudrez bien ne pas l'oublier, et que vous acheverez la bonne œuvre que vous avez si bien commencée. Si vous receviez quelque nouvelle favorable, je vous supplierois d'en faire immédiatement part à M. d'Alembert, afin que le pauvre abbé en fût instruit plus promptement. Deux heures de peine de plus ou de moins ne sont pas une petite affaire pour un prisonnier, et, à juger de son cœur par le mien, le sentiment de vos bienfaits lui doit être trop cher pour ne pas le lui donner le plus tôt qu'il est possible.

A LA MÊME.

Ce mercredi 6 août.

Je suis chargé, madame, par l'abbé Morellet de vous témoigner sa reconnoissance, et pour les soins que vous avez bien voulu prendre en sa faveur, et pour la bonté avec laquelle vous l'avez reçu. Il m'a écrit de la campagne où il est, et il m'a marqué qu'après avoir eu l'honneur de vous voir, il n'étoit plus surpris que vous fussiez exceptée de mon renoncement au monde et à ses pompes : ce sont ses termes ; de sorte que, si l'on accuse encore ma conduite d'être en contradiction avec mes principes, j'aurai toujours une réponse assurée quand il vous plaira d'en faire les frais, très-sûr d'avoir autant réfuté de gens que vous aurez bien voulu recevoir de visites. M. d'Alembert me prie aussi d'être son interprète envers vous (*). Mais moi, qui ai tant de choses à dire, qui sera le mien ? mon silence.

Je n'entends point parler du retour de M. le maréchal ; je vois bien qu'il faut renoncer à l'espoir de vous voir cet été. Voilà donc déjà l'hiver venu, et malheureusement le printemps n'en est pas plus rapproché de nous. Vos voyages en ce pays m'ont fait perdre la montre d'Émile ; le temps ne coule plus également pour moi.

(*) L'abbé Morellet fait un tout autre récit dans ses mémoires. C'est d'Alembert qui le fit sortir, et c'est d'Alembert qui remercia, etc. On ne répond à cela que par un fait ; c'est qu'on tient la lettre à la maréchale, d'elle-même. M. P.

A M. . . . .

Montmorency, le 6 septembre 1760.

Il y a long-temps, monsieur, que je vous dois une réponse et un remercîment. Ce n'est ni par oubli, ni par négligence, que je ne me suis pas plus tôt acquitté de ce devoir. Mais vous souhaitiez que j'entrasse avec vous dans des discussions qui demandent plus de temps que mes occupations et la saison où nous sommes ne m'en ont laissé jusqu'ici. Il faut donc que vous me permettiez de renvoyer à un moment de loisir la réponse raisonnée que vous exigez de moi, et que vous vous contentiez, quant à présent, de mon remercîment très-humble à l'attention dont vous m'avez honoré.

Quoique je sois fort éloigné de faire cause commune avec les philosophes dont vous parlez, je ne suis pas en tout de votre avis ; mais bien loin de trouver mauvais que vous ne soyez pas du mien, je ne puis qu'être sensible à la manière obligeante et honnête dont vous le combattez. Vous pensez trop bien ou trop mal de moi, monsieur ; vous me croyez philosophe, et je ne le suis pas ; vous me croyez entêté de mes sentimens, et je le suis encore moins. Je ne puis pas faire que je croie ce que je ne crois pas, et que je ne croie pas ce que je crois ; mais ce que je puis, c'est de n'être point fâché contre quiconque n'étant pas de mon sentiment, dit le sien sans détour et avec franchise.

Au surplus, je doute que personne au monde aime et respecte plus sincèrement la religion que moi, ce qui n'empêche pas que je ne déteste et méprise ce que les hommes y ont ajouté de barbare, d'injuste et de pernicieux à la société. Je ne renonce pas au plaisir de discuter plus au long ce sujet avec vous. En attendant, trouvez bon, monsieur, qu'avec la simplicité dont j'use avec tout le monde, je vous assure de ma reconnoissance et de mon respect.

A MADAME LA MARÉCHALE DE LUXEMBOURG.

Montmorency, le 6 octobre 1760.

Vous savez, madame, que je ne vous remercie plus de rien. Je me contenterois donc de vous parler de ma santé si elle n'étoit assez bonne pour n'en rien dire. Vous me faites tort de croire que je ne me soucie pas assez de me conserver. Vous et M. le maréchal m'avez rendu l'amour de la vie ; elle me sera chère tant que vous y prendrez intérêt. M. le prince de Conti est venu ici avec madame de Boufflers, et je n'ignore pas à qui s'adressoit cette visite. Je ne suis point surpris que l'honneur de votre bienveillance m'en attire d'autre ; mais en voyant la considération qu'on me témoigne, je suis effrayé des dettes que je vous fais contracter. Les perdreaux que j'ai reçus me confirment que M. le maréchal se porte bien, et que vous ne m'oubliez ni l'un ni l'autre. Pour moi, je ne sais si je dois être bien aise ou fâché d'avoir si peu de mérite à penser continuellement à vous ; mais je sais bien qu'il ne se passe pas une heure dans la journée où votre nom ne soit prononcé dans ma retraite avec attendrissement et respect.

Votre copie n'est pas encore achevée ; vous ne sauriez croire combien je suis détourné dans cette saison. Mais cependant, madame, vous aurez la sixième partie avant le 15, ou j'aurai manqué de parole à madame d'Houdetot, et je tâche de n'en manquer à personne.

A M. LE MARÉCHAL DE LUXEMBOURG.

Le 7 octobre 1760.

Si j'avois à me fâcher contre vous, monsieur le maréchal, ce seroit de la trop grande exactitude à répondre à laquelle vous m'avez accoutumé, et qui fait que je m'alarme aussitôt que vous en manquez. J'étois inquiet, et je n'avois que trop raison de l'être. Madame la maréchale étoit malade, et je n'en savois rien ! La maladie de madame la princesse de Robeck vous tenoit en peine, et je n'en savois rien ! Après cela, pensez-vous que je puisse être tranquille toutes les fois que vous tarderez à me répondre? Comment puis-je alors éviter de me dire que, si tout alloit bien, vous auriez déjà répondu ?

Madame la maréchale est quitte de sa fièvre : mais ce n'est pas assez ; je voudrois bien apprendre aussi qu'elle est quitte de son rhume et n'a plus besoin de garder le lit. Sans écrire vous-même, faites-moi marquer, je vous prie, par quelqu'un de vos gens, comment elle se trouve. Il faut bien que mon attachement vous coûte un peu de peine, quand il ne me laisse pas non plus sans souci.

La nouvelle perte dont vous êtes menacé, ou plutôt que vous avez déjà faite, vous affligera sans vous surprendre ; vous n'avez que trop eu le temps de la pressentir et de vous y préparer. Après l'avoir pleurée vivante, vous devez voir avec quelque sorte de consolation le moment qui terminera ses langueurs. Vivre pour souffrir n'est pas un sort désirable ; mais ce qui est désirable et rare est de porter jusqu'à la fin de ses peines la sécurité qui les adoucit ; elle cessera de souffrir sans avoir eu l'effroi de cesser de vivre. Tandis qu'elle est dans cet état paisible, mais sans ressource, le meilleur souhait qui me reste à faire pour vous et pour elle est de vous savoir bientôt délivré du sentiment de ses maux.

A M. DELALIVE.

Le 7 octobre 1760.

J'étois occupé, monsieur, au moment que je reçus votre présent (*), à un travail qui ne pouvoit se remettre, et qui m'empêcha de vous en remercier sur-le-champ. Je l'ai reçu avec le plaisir et la reconnoissance que me donnent tous les témoignages de votre souvenir.

Venez, monsieur, quand il vous plaira, voir ma retraite ornée de vos bienfaits ; ce sera les augmenter, et les momens que vous aurez à perdre ne seront point perdus pour moi. Quant au scrupule de me distraire, n'en ayez point. Grâces au ciel, j'ai quitté la plume pour ne la plus reprendre ; du moins l'unique emploi que j'en fais désormais craint peu les distractions. Que n'ai-je été toujours aussi sage ! je serois aimé des bonnes gens, et ne serois point connu des autres. Rentré dans l'obscurité qui me convient, je la trouverai toujours honorable et douce, si je n'y suis point oublié de vous.

A MADAME DE BOUFFLERS.

Montmorency, le 7 octobre 1760.

Recevez mes justes plaintes, madame : j'ai reçu de la part de monsieur le prince de Conti

(*) Une collection de gravures.

un second présent de gibier, dont sûrement vous êtes complice, quoique vous sussiez qu'après avoir reçu le premier j'avois résolu de n'en plus accepter d'autre. Mais S. A. S. a fait ajouter dans la lettre que ce gibier avoit été tué de sa main; et j'ai cru ne pouvoir refuser ce second acte de respect à une attention si flatteuse. Deux fois je n'ai songé qu'à ce que je devois au prince; il sera juste, à la troisième, que je songe à ce que je me dois.

Je suis vivement touché des témoignages d'estime et de bonté dont m'a honoré S. A., et auxquels j'aurois le moins dû m'attendre. Je sais respecter le mérite jusque dans les princes, d'autant plus que, quand ils en ont, il faut qu'ils en aient plus que les autres hommes. Je n'ai rien vu de lui qui ne soit selon mon cœur, excepté son titre; encore sa personne m'attire-t-elle plus que son rang ne me repousse. Mais, madame, avec tout cela, je n'enfreindrai plus mes maximes, même pour lui. Je leur dois peut-être en partie l'honneur qu'il m'a fait; c'est encore une raison pour qu'elles me soient toujours chères. Si je pensois comme un autre, eût-il daigné me venir voir? Hé bien! J'aime mieux sa conversation que ses dons.

Ces dons ne sont que du gibier, j'en conviens; mais qu'importe? ils n'en sont que d'un plus grand prix, et je n'y vois que mieux la contrainte dont on use pour me les faire accepter. Selon moi, rien de ce que l'on reçoit n'est sans conséquence. Quand on commence par accepter quelque chose, bientôt on ne refuse plus rien. Sitôt qu'on reçoit tout, bientôt on demande, et quiconque en vient à demander fait bientôt tout ce qu'il faut pour obtenir. La gradation me paroît inévitable. Or, madame, quoi qu'il arrive, je n'en veux pas venir là.

Il est vrai que M. le maréchal de Luxembourg m'envoie du gibier de sa chasse, et que je l'accepte. Je suis bien heureux qu'il ne m'envoie rien de plus, car j'aurois honte de rien refuser de sa main. Mais je suis très-sûr qu'il m'aime trop pour abuser de ses droits sur mon cœur, et pour avilir toute la pureté de mon attachement pour lui. M. le maréchal de Luxembourg est avec moi dans un cas unique. Madame, je suis à lui; il peut disposer comme il lui plaît de son bien.

Voilà une bien grande lettre employée à ne vous parler que de moi : mais je crois que vous ne vous tromperez pas à ce langage; et si je vous fais mon apologie avec tant d'inquiétude, vous en verrez aisément la raison (*).

A M. LE CHEVALIER DE LORENZI.

Montmorency, le 31 octobre 1760.

Je prévis bien, cher chevalier, que le mauvais temps vous empêcheroit de venir lundi dernier, comme vous me l'aviez marqué, et je fus plus fâché qu'alarmé de ne vous pas voir arriver. Je n'aurois même goûté qu'à demi le plaisir de passer une heure ou deux avec vous; car j'étois malade et insociable. Je suis rétabli, ou à peu près; mais je ne sais si l'hiver, qui s'avance en manteau fourré de neige, me laissera recouvrer le plaisir perdu aussitôt que la santé. Quoi qu'il en soit, que je vous revoie ou non, je pourrai passer des momens moins agréables; mais je n'en penserai pas moins à vous, et ne vous en aimerai pas moins. Je sens que je me suis attaché à vous sûrement plus que vous ne pensez et plus que je n'ai d'abord pensé moi-même. J'en juge par le plaisir sensible et vrai que j'éprouve quand je vous vois. Je ne suis pas recherchant, il est vrai; et mon cœur est usé pour l'amitié : je laisse venir ceux qui viennent, et s'en aller ceux qui s'en vont; mais j'aime encore à être aimé. Quand on me convient autant que vous, je ne demeure guère en reste; et si je ne suis pas le premier à mettre ma mise, je ne le suis pas non plus à la retirer.

Je vous remercierois davantage d'avoir fait ma commission avec tant d'exactitude, si vous

---

(*) N'oublions pas que dans ses *Confessions* (livre x, p. 287) Rousseau se reproche vivement d'avoir écrit cette lettre, comme annonçant *moins la délicatesse d'un homme fier qui veut conserver son indépendance, que la rusticité d'un mal appris qui se méconnoît.* — A l'occasion de la visite que le prince de Conti lui fit à Mont-Louis, et dont le récit est terminé par ce passage des *Confessions*, nous eussions pu rappeler un trait de notre auteur rapporté par Chamfort, et assez caractéristique pour mériter d'être conservé. Ne l'ayant pas fait, nous pouvons au moins lui donner place ici.

« On disoit à J.-J. Rousseau qui avoit gagné plusieurs parties d'échecs au prince de Conti, qu'il ne lui avoit pas fait sa cour, et qu'il falloit lui en laisser gagner quelques-unes. Comment ! dit-il, je lui donne la tour. » (CHAMFORT (*Caractères et Anecdotes.*)

G. P.

ne l'aviez faite aussi avec une magnificence qui m'effraie. Je soupçonne, par cet essai, que vous n'êtes pas fort propre à être un commissionnaire de copiste. Dépêchez-vous bien vite de m'envoyer mon mémoire, afin que je sache à quoi m'en tenir, et que je m'arrange pour écorcher les pratiques de manière à me payer bientôt de toute cette profusion.

La *Julie* s'avance, et je commence à espérer que, si les glaces ne ferment pas les canaux de bonne heure, elle pourra paroître ici cet hiver. Vous avez pris tant d'intérêt aux sujets d'estampes, que vous apprendrez avec plaisir qu'ils seront exécutés; j'ai vu les premiers dessins : j'en suis très-content, et l'on en grave actuellement les planches. Ce n'est pas mon libraire qui a fait cette entreprise; c'est un M. Coindet, mon compatriote, homme de goût, qui aime les arts, et qui s'y connoît. Il a choisi d'excellens artistes, et l'ouvrage sera fait avec le plus grand soin : cela fera, ce me semble, un des plus agréables recueils d'estampes qu'on ait vus depuis long-temps; et je ne doute pas que, s'il y avoit quelque succès à espérer pour le livre, elles n'y pussent contribuer beaucoup : le malheur est qu'elles se débiteront séparément. Adieu, cher chevalier. Je vous parle de mes affaires parce que je pense à moi premièrement : mais c'est à vous que j'en parle; voyez quelle conclusion vous devez tirer de là.

A M. ***

Montmorency.... 1760.

Le mot propre me vient rarement, et je ne le regrette guère en écrivant à des lecteurs aussi clairvoyans que vous. La préface (*) est imprimée, ainsi je n'y puis plus rien changer. Je l'ai déjà cousue à la première partie; je l'en détacherai pour vous l'envoyer, si vous voulez; mais elle ne contient rien dont je ne vous aie déjà dit ou écrit la substance; et j'espère que vous ne tarderez pas à l'avoir avec le livre même; car il est en route. Malheureusement mes exemplaires ne viennent qu'avec ceux du libraire. J'espère pourtant faire en sorte que vous ayez le vôtre avant que le livre soit public.

(*) Celle de la *Nouvelle Héloïse*. G. P.

Comme cette préface n'est que l'abrégé de celle dont je vous ai parlé, je persiste dans la pensée de donner celle-ci à part; mais j'y dis trop de bien et trop de mal du livre pour la donner d'avance; il faut lui laisser faire son effet, bon ou mauvais, de lui-même, et puis la donner après.

Quant aux aventures d'Édouard, il seroit trop tard, puisque le livre est imprimé : d'ailleurs, craignant de succomber à la tentation, j'en ai jeté les cahiers au feu, et il n'en reste qu'un court extrait que j'en ai fait pour madame la maréchale de Luxembourg, et qui est entre ses mains.

A l'égard de ce que vous me dites de Wolmar, et du danger qu'il peut faire courir à l'éditeur, cela ne m'effraie point; je suis sûr qu'on ne m'inquiétera jamais justement, et c'est une folie de vouloir se précautionner contre l'injustice. Il reste là-dessus d'importantes vérités à dire, et qui doivent être dites par un croyant. Je serai ce croyant-là; et si je n'ai pas le talent nécessaire, j'aurai du moins l'intrépidité. A Dieu ne plaise que je veuille ébranler cet arbre sacré que je respecte, et que je voudrois cimenter de mon sang! Mais j'en voudrois bien ôter les branches qu'on y a greffées, et qui portent de si mauvais fruits.

Quoique je n'aie plus reçu de nouvelles de mon libraire depuis la dernière feuille, je crois son envoi en route, et j'estime qu'il arrivera à Paris vers Noël. Au reste, si vous n'êtes pas honteux d'aimer cet ouvrage, je ne vois pas pourquoi vous vous abstiendriez de dire que vous l'avez lu, puisque cela ne peut que favoriser le débit. Pour moi, j'ai gardé le secret que nous nous sommes promis mutuellement; mais si vous me permettez de le rompre, j'aurai grand soin de me vanter de votre approbation (*).

Un jeune Genevois (**), qui a du goût pour les beaux-arts, a entrepris de faire graver, pour ce livre, un recueil d'estampes dont je lui ai donné les sujets : comme elles ne peuvent être prêtes à temps pour paroître avec le livre, elles se débiteront à part.

(*) On croit que cette lettre étoit adressée à Duclos.
(**) M. Coindet, qui étoit commis chez MM. Thélusson et Necker.

A M. LE CHEVALIER DE LORENZI.

Montmorency, le 5 novembre 1760.

Vous allez à Versailles, mon cher chevalier; j'en suis charmé, et je ne me croirai pas tout-à-fait absent des personnes que vous allez voir, tant que vous serez auprès d'elles. Je vous envierois de semblables voyages en pareille occasion, s'il ne falloit vous envier en même temps votre état, qui vous les rend convenables; et chacun doit être content du sien. Allez donc, cher chevalier; faites un bon voyage : parlez de moi, parlez pour moi. Vous connoissez mes sentimens, vous direz mieux que je ne dirois; un ami vaut mieux que soi-même en mille occasions, et surtout en celle-là. Ne manquez pas, à votre retour, de me donner amplement des nouvelles; il y a très-long-temps que je n'en ai aucune d'aucun côté; la voiture aux provisions est venue (*) que j'étois malade, et je n'en ai rien su. J'ai envoyé, le 16 du mois dernier, un paquet à madame la maréchale; je n'ai aucun avis de la réception.

Vous ne me soupçonnez pas, je pense, d'être insensible au souvenir de madame de Boufflers; ou je me trompe fort, ou vous êtes bien sûr que je ne pécherai jamais envers elle par ce côté-là : mais quand vous voulez que je lui écrive, nous sommes loin de compte : j'ai bien de la peine à répondre à ceux qui m'écrivent, ce n'est pas pour écrire à ceux qui ne me répondent point. D'ailleurs je trouve bien mieux mon compte à penser à elle qu'à lui écrire; car en moi-même je lui dis tout ce qu'il me plaît; et, en lui écrivant, il ne faut lui dire que ce qui convient. Considérez encore que les devoirs et les soins changent selon les états. Vous autres gens du monde, qui ne savez que faire de votre temps, êtes trop heureux d'avoir des lettres à écrire pour vous amuser; mais quand un pauvre copiste a passé la journée à son travail, il ne s'en délasse point à écrire des lettres; il faut qu'il quitte la plume et le papier. En général, je suis convaincu qu'un homme sage ne doit jamais former de liaisons dans des conditions fort au-dessus de la sienne; car, quelque convenance d'humeur et de caractère, quelque sincérité d'attachement qu'il y trouve, il en résulte toujours dans sa manière de vivre une multitude d'inconvéniens secrets qu'il sent tous les jours, qu'il ne peut dire à personne, et que personne ne peut deviner. Pour moi, à Dieu ne plaise que je veuille jamais rompre des attachemens qui font le bonheur de ma vie, et qui me deviennent plus chers de jour en jour. Mais j'ai bien résolu d'en retrancher tout ce qui me rapproche d'une société générale pour laquelle je ne suis point fait. Je vivrai pour ceux qui m'aiment, et ne vivrai que pour eux. Je ne veux plus que les indifférens me volent un seul moment de ma vie; je sais bien à quoi l'employer sans eux.

L'explication que vous m'avez donnée au sujet du papier ne vous justifie pas tout-à-fait de la profusion dont je vous accuse : mais comme j'aurai peu d'argent à débourser, grâce à l'attention de M. le prince de Conti, je ne me plains pas beaucoup d'une dépense que je ne dois payer qu'en chansons. Afin donc de n'être pas chargé d'un dépôt, je prendrai le papier pour mon compte; au moyen de quoi je taxerai ma copie comme si j'avois fourni le papier, et nous déduirons sur le paiememt trente-trois livres avancées par son altesse. Quant à vous, je consens à ne vous rembourser les neuf francs qu'à notre première entrevue; mais je voudrois bien ne pas *les garder trop long-temps*. Je dois vous dire encore que le grand papier destiné à la copie du manuscrit a été un peu limé par le dos dans la voiture; ce qui peut rendre la reliure plus difficile et moins solide : d'ailleurs la forme m'en paroît bien grande pour être employée dans toute sa grandeur. Ne conviendroit-il pas de le plier en deux pour lui donner un format in-4°, à peu près comme celui du manuscrit? De cette manière la limure ne seroit plus au dos, mais sur la tranche, et cela s'en iroit en le reliant. Vous pourrez là-dessus savoir à loisir les intentions du prince; car j'ai commencé par la musique, et je ne prendrai le manuscrit que quand elle sera faite. Adieu, cher chevalier. Je ne vous dirai plus que je vous aime de tout mon cœur; mais si jamais je cesse, *quod absit*, alors je vous le dirai.

(*) *Le mot* PENDANT *est vraisemblablement omis.* — C'est l'observation qu'ont faite sur ce passage tous les précédents éditeurs, comme pour relever sans doute une erreur de Rousseau dans cette omission. Mais cette omission ne l'a-t-il pas plutôt faite à dessein, faisant ainsi passer dans le style épistolaire cette locution d'usage dans la conversation : *vous viendrez que je n'y serai pas?* G. P.

P. S. Je connois un traité de l'éducation médicinale des enfans, et j'ai trouvé ce titre si bête, que je n'ai pas daigné lire l'ouvrage : mais que celui dont vous parlez soit celui-là ou un autre, s'il vous tomboit aisément sous la main, je ne serois pas fâché de le parcourir, sinon, nous pouvons le laisser là. Adieu : le reste pour une autre fois.

« Scriptus et in tergo, necdùm finitus, Orestes. »

A M. DE MALESHERBES.

Montmorency, le 17 novembre 1760.

Je vois, monsieur, par la réponse dont vous m'avez honoré, que j'ai commis, sans le savoir, une indiscrétion pour laquelle je vous dois, avec mes humbles excuses, ma justification, autant qu'il est possible. Prenant donc la discussion dans laquelle vous voulez bien entrer avec moi comme une permission d'y entrer à mon tour, j'userai de cette liberté pour vous exposer les raisons de mon sentiment, que j'estimerois être aussi le vôtre, sur l'affaire en question.

Je remarquerai d'abord qu'il y a sur le droit des gens beaucoup de maximes incontestées, lesquelles sont pourtant et seront toujours vaines et sans effet dans la pratique, parce qu'elles portent sur une égalité supposée entre les états comme entre les hommes ; principe qui n'est vrai, pour les premiers, ni de leur grandeur, ni de leur forme, ni par conséquent du droit relatif des sujets, qui dérive de l'une et de l'autre. Le droit naturel est le même pour tous les hommes, qui tous ont reçu de la nature une mesure commune, et des bornes qu'ils ne peuvent passer ; mais le droit des gens, tenant à des mesures d'institutions humaines et qui n'ont point de terme absolu, varie et doit varier de *nation à nation*. Les grands états en imposent aux petits et s'en font respecter ; cependant ils ont besoin d'eux et plus besoin peut-être que les petits n'ont des grands. Il faut donc qu'ils leur cèdent quelque chose en équivalent de ce qu'ils en exigent. Les avantages pris en détail ne sont pas égaux, mais ils se compensent ; et de là naît le vrai droit des gens, établi non dans les livres, mais entre les hommes. Les uns ont pour eux les honneurs, le rang, la puissance ; les autres, le profit ignoble, et la petite utilité. Quand les grands états voudront avoir à eux seuls leurs avantages, et partager ceux des petits, ils voudront une chose impossible ; et, quoi qu'ils fassent, ils ne parviendront jamais à établir dans les petites choses cette parité qu'ils ne souffrent pas dans les grandes.

Les différences qui naissent de la nature du gouvernement ne modifient pas moins nécessairement les droits respectifs des sujets. La liberté de la presse, établie en Hollande, exige dans la police de la librairie des règlemens différens de ceux qu'on lui donne en France, où cette liberté n'a ni ne peut avoir lieu. Et si l'on vouloit, par des traités de puissance à puissance, établir une police uniforme et les mêmes règlemens sur cette matière entre les deux états, ces traités seroient bientôt sans effet, ou l'un des deux gouvernemens changeroit de forme, attendu que dans tout pays il n'y a jamais de lois observées que celles qui tiennent à la nature du gouvernement.

Le débit de la librairie est prodigieux en France, presque aussi grand que dans le reste de l'Europe entière. En Hollande, il est presque nul. Au contraire, il s'imprime proportionnellement plus de livres en Hollande qu'en France. Ainsi l'on pourroit dire, à quelque égard, que la consommation est en France, et la fabrication en Hollande, quand même la France enverroit en Hollande plus de livres qu'elle n'en reçoit du même pays ; parce que, où le François est consommateur, le Hollandois n'est que facteur ; la France reçoit pour elle seule ; la Hollande reçoit pour autrui. Tel est, entre les deux puissances, l'état relatif de cette partie du commerce ; et cet état, forcé par les deux constitutions, reviendra toujours, malgré qu'on en ait. J'entends bien que le gouvernement de France voudroit que la fabrique fût où est la *consommation :* mais cela ne se peut, et c'est lui-même qui l'empêche par la rigueur de la censure. Il ne sauroit, quand il le voudroit, adoucir cette rigueur ; car un gouvernement qui peut tout ne peut pas s'ôter à lui-même les chaînes qu'il est forcé de se donner pour continuer de tout pouvoir. Si les avantages de la puissance arbitraire sont grands, un pouvoir modéré a aussi les siens, qui ne sont pas moindres : c'est de faire, sans inconvénient, tout ce qui est utile à la nation.

Suivant une des maximes du gouvernement de France, il y a beaucoup de choses qu'on ne doit pas permettre, et qu'il convient de tolérer : d'où il suit qu'on peut et qu'on doit souffrir l'entrée d'un tel livre dont on ne doit pas souffrir l'impression. Et, en effet, sans cela, la France, réduite presque à sa seule littérature, feroit scission avec le corps de la république des lettres, retomberoit bientôt dans la barbarie, et perdroit même d'autres branches de commerce auxquelles celle-là sert de contrepoids. Mais quand un livre imprimé en Hollande parce qu'il n'a pu ni dû être imprimé en France, y est pourtant réimprimé, le gouvernement pèche alors contre ses propres maximes, et se met en contradiction avec lui-même. J'ajoute que la parité dont il s'autorise est illusoire ; et la conséquence qu'il en tire, quoique juste, n'est pas équitable ; car, comme on imprime en France pour la France, et en Hollande encore pour la France, et comme on ne laisse pas entrer dans le royaume les éditions contrefaites sur celles du pays, la réimpression, faite en Hollande, d'un livre imprimé en France fait peu de tort au libraire françois ; et la réimpression, faite en France, d'un livre imprimé en Hollande, ruine le libraire hollandois. Si cette considération ne touche pas le gouvernement de France, elle touche le gouvernement de Hollande, et il saura bien la faire valoir, si jamais le premier lui propose de mettre la chose au pair.

Je sais trop bien, monsieur, à qui je parle pour entrer avec vous dans un détail de conséquences et d'applications. Le magistrat et l'homme d'état versé dans ces matières n'a pas besoin des éclaircissemens qui seroient nécessaires à un homme privé. Mais voici une observation plus directe, et qui me rapproche du cas particulier. Lorsqu'un libraire hollandois commerce avec un libraire françois, comme ils disent, en change, c'est-à-dire lorsqu'il reçoit le paiement de ses livres en livres, alors le profit est double et commun entre eux ; et, aux frais du transport près, l'effet est absolument le même que si les livres qu'ils s'envoient réciproquement étoient imprimés dans les lieux où ils se débitent. C'est ainsi que Rey a traité ci-devant avec Pissot et avec Durand de ce qu'il a imprimé pour moi jusqu'ici. De plus, le libraire hollandois, qui craint la contrefaction, se met à couvert, et traite avec le libraire françois de manière que celui-ci se charge, à ses périls et risques, du débit des exemplaires qu'il reçoit, et dont le nombre est convenu entre eux. C'est encore ainsi que Rey a négocié pour la *Julie*. Il met son correspondant françois en son lieu et place ; et suivant, sans le savoir, le conseil que vous avez bien voulu me donner pour lui, il lui envoie à la fois la moitié de son édition. Par ce moyen, la contrefaction, si elle a lieu, ne nuira point au libraire d'Amsterdam, mais au libraire de Paris, qui lui est substitué. Ce sera un libraire françois qui en ruinera un autre ; ou ce seront deux libraires françois qui s'entre-ruineront mutuellement.

De tout ceci se déduisent seulement les raisons qui me portoient à croire que vous ne permettiez point qu'on réimprimât en France, contre le gré du premier éditeur, un livre imprimé d'abord en Hollande. Il me reste à vous exposer celles qui m'empêchent et de consentir à cette réimpression et d'en accepter aucun bénéfice, si elle se fait malgré moi. Vous dites, monsieur, que je ne dois point me croire lié par l'engagement que j'ai pris avec le libraire hollandois, parce que je n'ai pu lui céder que ce que j'avois, et que je n'avois pas le droit d'empêcher les libraires de Paris de copier ou contrefaire son édition. Mais équitablement je ne puis tirer de là qu'une conséquence à ma charge ; car j'ai traité avec le libraire sur le pied de la valeur que je donnois à ce que je lui ai cédé. Or, il se trouve qu'au lieu de lui vendre un droit que j'avois réellement, je lui ai vendu seulement un droit que je croyois avoir. Si donc ce droit se trouve moindre que je n'avois cru, il est clair que, loin de tirer du profit de mon erreur, je lui dois le dédommagement du préjudice qu'il en peut souffrir.

Si je recevois derechef d'un libraire de Paris le bénéfice que j'ai déjà reçu de celui d'Amsterdam, j'aurois vendu mon manuscrit deux fois ; et comment aurois-je ce droit de l'aveu de celui avec qui j'ai traité, puisqu'il m'a disputé même le droit de faire une édition générale et unique de mes écrits, revus et augmentés de nouvelles pièces ? Il est vrai que, n'ayant jamais pensé m'ôter ce droit en lui cédant mes manuscrits, je crois pouvoir en ceci passer par-dessus son opposition, dont il m'a fait le juge, et cela par le même principe qui m'empêche, monsieur, d'acquiescer en cette occasion à votre avis. Comme je me sens tenu à tout ce que j'ai ou énoncé ou entendu mettre dans mes marchés, je ne me crois tenu à rien au-delà.

Soit donc que vous jugiez à propos de permettre ou d'empêcher la contrefaction ou réimpression du livre dont il s'agit, je ne puis, en ma qualité d'éditeur, ni choisir un libraire françois pour cette réimpression, ni beaucoup moins en recevoir aucune sorte de bénéfice en repos de conscience. Mais un avantage qui m'est plus précieux, et dont je profite avec le contentement de moi-même, est de recevoir en cette occasion de nouveaux témoignages de vos bontés pour moi, et de pouvoir vous réitérer, monsieur, ceux de ma reconnoissance et de mon profond respect, etc.

P.-S. Je vous demande pardon, monsieur, d'avoir troublé vos délassemens par ma précédente lettre. J'attendrai pour faire partir celle-ci votre retour de la campagne. Je n'ai point non plus remis encore à M. Guérin mon petit manuscrit. Je trouve une lâcheté qui me répugne à vouloir excuser d'avance en public un livre frivole. Il vaut mieux laisser d'abord paroître et juger le livre; et puis je dirai mes raisons.

Rey me paroît fort en peine de n'avoir point reçu, monsieur, la permission qu'il vous a demandée. Je lui ai marqué qu'il ne devoit point être inquiet de ce retard; que le livre, par son espèce, ne pouvoit souffrir de difficulté, et que, sur toute matière suspecte, il étoit le plus circonspect de tous les écrits que j'avois publiés jusqu'ici. J'espère qu'il ne s'est rien trouvé dans les feuilles qui vous en ait fait penser autrement.

AU MÊME.

Novembre 1760.

Lorsque je reçus, monsieur, la première feuille que vous eûtes la bonté de m'envoyer, je n'imaginai point que vous vous fussiez fait le moindre scrupule d'ouvrir le paquet; et ni la lettre que je vous avois écrite, ni la réponse dont vous m'aviez honoré, ne me donnoient lieu de concevoir cette idée. Je jugeai simplement que, n'ayant pas eu le loisir ou la curiosité d'ouvrir cette feuille, vous n'aviez point pris la peine inutile d'ouvrir le paquet. Cependant, voyant que vous n'aviez pas moins eu l'intention d'y faire ajouter une enveloppe contresignée, je jugeai que celles de Rey étoient inutiles, et je lui écrivis d'envoyer désormais les feuilles sous une seule enveloppe à votre adresse, jugeant que vous connoîtriez suffisamment, au contenu, qu'il m'étoit destiné. En voyant le billet que vous avez fait joindre à la seconde feuille, je me suis félicité de ma précaution par une autre raison à laquelle je n'avois pas songé, et dont je prends la liberté de me plaindre. Si malgré nos conventions vous vous faites un scrupule d'ouvrir les paquets, comment puis-je, monsieur, ne m'en pas faire un de permettre qu'ils vous soient adressés? Quand Rey vous a demandé cette permission, nous avons songé lui et moi, que, puisqu'il falloit toujours que le livre passât sous vos yeux comme magistrat, vous vous feriez un plaisir, comme ami et protecteur des lettres, d'en rendre l'envoi utile au libraire, et commode à l'éditeur. Si vous avez résolu de ne point lire l'ouvrage, peut-être en dois-je être charmé; mais, si vous croyez devoir le parcourir avant d'en permettre l'entrée, je vous prie, monsieur, de donner la préférence aux envois qui me sont destinés, afin que je me reproche moins l'embarras que je vous cause, et que je vous en sois obligé de meilleur cœur. J'ai trouvé la première épreuve si fautive, que j'ai chargé Rey de renvoyer la bonne feuille, afin de voir s'il n'y reste rien qui puisse exiger des cartons. En continuant ainsi, vous pourriez lire l'ouvrage moins désagréablement sur la *feuille* que sur *l'épreuve*; mais comme cela doubleroit la grosseur des paquets, et que la feuille ne presse pas comme l'épreuve, si vous ne vous souciez pas de la lire, je la ferai venir à loisir par d'autres occasions. C'est de quoi je jugerai par moi-même, s'il m'arrive encore des paquets fermés, ou que la feuille ne soit pas coupée. C'est un embarras très-importun que celui de tous ces envois et renvois de feuilles et d'épreuves. Je ne le sentis jamais mieux que depuis que vous daignâtes vous en charger; et il me seroit très-agréable de l'épargner dans la suite à vous et à moi. Je sais aussi, par ma propre expérience et par des témoignages plus récens, que je pourrois en pareil cas espérer de vous toute la faveur qu'un ami de la vérité peut attendre d'un magistrat éclairé et judicieux : mais, monsieur, je voudrois bien n'être pas gêné dans la liberté de dire ce que je pense, ni m'exposer à me repentir d'avoir dit ce que je pensois.

Soyez bien persuadé, monsieur, qu'on ne peut être plus reconnoissant de vos bontés, plus touché de votre estime que je le suis, ni vous honorer plus respectueusement que je le fais.

AU MÊME.

Montmorency, le 17 novembre 1760.

Parfaitement sûr, monsieur, que le volume que vous avez eu la bonté de m'envoyer n'est pas pour moi, je prends la liberté de vous le renvoyer, jugeant qu'il fait partie de l'exemplaire que vous voulez bien agréer. M. Rey l'aura trouvé trop gros pour être envoyé tout à la fois; et, avec son étourderie ordinaire, il aura manqué de s'expliquer en vous l'adressant. Comme il m'a envoyé les feuilles en détail, et que mes exemplaires viennent avec les siens, il n'est pas croyable qu'il eût l'indiscrétion d'en envoyer un par la poste sans que je le lui eusse commandé.

Je n'ai jamais pensé ni désiré même que vous eussiez la patience de lire ce recueil tout entier; mais je souhaite extrêmement que vous ayez, monsieur, celle de le parcourir assez pour juger de ce qu'il contient. Je n'ai point la témérité de porter mon jugement devant vous sur un livre que je publie; j'en appelois au vôtre, supposant que vous l'aviez lu. En tout autre cas, je me rétracte, et vous supplie d'ordonner du livre comme si je n'en avois rien dit. Mes jeunes correspondans sont des protestans et des républicains. Il est très-simple qu'ils parlent selon les maximes qu'ils doivent avoir, et très-sûr qu'ils n'en parlent qu'en honnêtes gens; mais cela ne suffit pas toujours. Au reste, je pense que tout ce qui peut être sujet à examen dans ce livre ne sera guère que dans les deux ou trois derniers volumes; et j'avoue que je ne les crois pas indignes d'être lus. Ce sera toujours quelque chose que de vous avoir sauvé l'ennui des premiers.

Je n'ai rien à répliquer aux éclaircissemens qu'il vous a plu de me donner sur la question ci-devant agitée, au moins quant à la considération économique et politique. Il seroit également contre le respect et contre la bonne foi de disputer avec vous sur ce point. J'attends seulement et je désire de tout mon cœur l'occasion de recevoir de vous les lumières dont j'ai besoin pour débrouiller de vieilles idées qui me plaisent, mais dont au surplus je ne ferai jamais usage. Quant à ce qui me regarde, je pourrai être convaincu sans être persuadé; et je sens que ma conscience argumente là-dessus mieux que ma raison. Je vous salue, monsieur, avec un profond respect.

A M. DUCLOS.

Ce mercredi 19 novembre 1760.

En vous envoyant la cinquième partie je commence par vous dire ce qui me presse le plus; c'est que je m'aperçois que nous avons plus de goûts communs que je n'avois cru, et que nous aurions dû nous aimer *tout autrement* que nous n'avons fait. Mais votre philosophie m'a fait peur; ma misanthropie vous a donné le change. Nous avons eu des amis intermédiaires qui ne nous ont connus ni l'un ni l'autre, et nous ont empêchés de nous bien connoître. Je suis fort content de sentir enfin cette erreur, et je le serois bien plus si j'étois plus près de vous.

Je lis avec délices le bien que vous me dites de la *Julie*; mais vous ne m'avez point fait de critique dans le dernier billet; et, puisque l'ouvrage est bon, plus de gens m'en diront le bien que le mal.

Je persiste, malgré vos sentimens, à croire cette lecture très-dangereuse aux filles. Je pense même que Richardson s'est lourdement trompé en voulant les instruire par des romans; c'est mettre le feu à la maison pour faire jouer les pompes.

A la quatrième partie vous trouverez que le style n'est pas *feuillet* (*) : tant mieux. Je trouve la même chose ; mais celui qui l'a jugé tel n'avoit lu que la première partie ; et j'ai peur qu'il n'eût raison aussi. Je crois la quatrième partie la meilleure de tout le recueil, et j'ai été tenté de supprimer les deux suivantes : mais peut-être compensent-elles l'agrément par l'utilité ; et c'est dans cette opinion que je les ai laissées. Si Wolmar pouvoit ne pas déplaire aux dévots, et que sa femme plût aux philosophes, j'aurois peut-être publié le livres le plus salutaire qu'on pût lire dans ce temps-ci.

A M. JACOB VERNET.

Montmorency, le 29 novembre 1760.

Si j'avois reçu, monsieur, quinze jours plus tôt la lettre dont vous m'avez honoré le 4 de ce mois, j'aurois pu faire mention assez heureusement de l'affaire dont vous avez la bonté de m'instruire ; et cela d'autant plus à propos que le livre dans lequel j'en aurois parlé n'étant point fait pour être vu de vous, j'aurois pu vous y rendre honneur plus à mon aise que dans les écrits qui doivent passer sous vos yeux. C'est une espèce de fade et plat roman dont je suis l'éditeur, et dont quiconque en aura le courage pourra me croire l'auteur s'il veut. J'ai semé par-ci par-là dans ce recueil de lettres, quelques notes sur différens sujets, et celle sur le *préservatif* y seroit venue à merveille ; mais il est trop tard, et je n'aurois pu faire arriver cette addition en Hollande avant que le livre y fût achevé d'imprimer. La vie solitaire que je mène ici, surtout en hiver, ne me donne aucune ressource pour suppléer à cela dans la conversation ; et ce qu'il vient de monde à mon voisinage en été prend si peu de part aux affaires littéraires, que je n'espère pas être à portée de transmettre sur celle-ci la juste indignation dont j'ai été saisi à la lecture de votre lettre. Je n'en négligerai point l'occasion si je la trouve. En attendant, je me réjouis de tout mon cœur que l'évidence de votre justification ait confondu la calomnie, et fait retomber sur ses auteurs l'opprobre dont ils voudroient couvrir tous les défenseurs de la foi, des mœurs et de la vertu.

Ainsi donc la satire, le noir mensonge et les libelles sont devenus les armes des philosophes et de leurs partisans ! Ainsi paie M. de Voltaire l'hospitalité dont, par une funeste indulgence, Genève use envers lui ! Ce fanfaron d'impiété, ce beau génie et cette âme basse, cet homme si grand par ses talens, et si vil par leur usage, nous laissera de longs et cruels souvenirs de son séjour parmi nous. La ruine des mœurs, la perte de la liberté, qui en est la suite inévitable, seront chez nos neveux les monumens de sa gloire et de sa reconnoissance. S'il reste dans leur cœur quelque amour pour la patrie, ils détesteront sa mémoire, et il en sera plus souvent maudit qu'admiré.

Ce n'est pas, monsieur, que j'aie aussi mauvaise opinion de l'état actuel de notre ville que vous paroissez le croire. Je sais qu'il y reste beaucoup de vrais citoyens qui ont du sens et de la vertu, qui respectent les lois, les magistrats, qui aiment les mœurs et la liberté. Mais ceux-là diminuent tous les jours ; les autres augmentent, *mox daturos progeniem vitiosiorem*. La pente donnée, rien ne peut désormais arrêter les progrès du mal : la génération présente l'a commencé ; celle qui vient l'achèvera ; la jeunesse qui s'élève tarira bientôt les restes du sang patriotique qui circule encore parmi nous ; chaque citoyen qui meurt est remplacé par quelque agréable. Le ridicule, ce poison du bon sens et de l'honnêteté, la satire, ennemie de la paix publique, la mollesse, le faste arrogant, le luxe, ne nous forment dans l'avenir qu'un peuple de petits plaisans, de bouffons, de baladins, de philosophes de ruelle et de beaux-esprits de comptoir, qui, de la considération qu'avoient ci-devant nos gens de lettres, les élèveront à la gloire des académies de Marseille ou d'Angers ; qui trouveront bien plus beau d'être courtisans que libres, comédiens que citoyens, et qui n'auroient jamais voulu sortir de leur lit à l'escalade, moins par lâcheté que par

---

(*) Expression familière à Diderot. Voyez les *Confessions*, livre IX. — On lit dans quelques éditions, *feuillus* au lieu de *feuillet*. M. P.

crainte de s'enrhumer. Je vous avoue, monsieur, que tout cela n'est guère attrayant pour un homme qui a encore la simplicité, peut-être la folie, de se passionner pour sa patrie, et auquel il ne reste d'autre ressource que de détourner les yeux des maux qu'il ne peut guérir.

J'aime le repos, la paix; la haine du tracas et des soins fait toute ma modération, et un tempérament paresseux m'a jusqu'ici tenu lieu de vertu. Moins enivré que suffoqué de je ne sais quelle petite fumée, j'en ai senti cruellement l'amertume sans en pouvoir contracter le goût; et j'aspire au retour de cette heureuse obscurité qui permet de jouir de soi. Voyant les gens de lettres s'entre-déchirer comme des loups, et sentant tout-à-fait éteints les restes de chaleur qui, à près de quarante ans, m'avoient mis la plume à la main, je l'ai posée avant cinquante pour ne la plus reprendre (¹). Il me reste à publier une espèce de traité d'éducation, plein de mes rêveries accoutumées, et dernier fruit de mes promenades champêtres; après quoi, loin du public et livré tout entier à mes amis et moi, j'attendrai paisiblement la fin d'une carrière déjà trop longue pour mes ennuis, et dont il est indifférent pour tout le monde et pour moi en quels lieux les restes s'achèvent.

Je suis charmé du voyage chez les montagnons; cela montre quelque souvenir de leur panégyriste chez des personnes qu'il aime et qu'il respecte : il se réjouit de n'avoir pas été trouvé menteur (*). Le luxe a fait du progrès parmi ces bonnes gens. C'est la pente générale, c'est le gouffre où tout périt tôt ou tard. Mais ce progrès s'accélère quelquefois par des causes particulières, et voilà ce qui avance notre perte de deux cents ans. Je ne puis vous quitter, monsieur, comme vous voyez, à moins que le papier ne m'y force. Tirez de cela, je vous prie, la conclusion naturelle, et recevez les assurances de mon profond respect.

A MADAME LA MARÉCHALE DE LUXEMBOURG.

Montmorency, le 12 décembre 1760.

Il y a mille ans, madame, que je n'ai écrit à vous ni à M. le maréchal. Mille riens m'occupent journellement, et jusqu'à prendre sur ma santé, sans qu'il me soit possible, comme que je fasse, de me délivrer de cet importun tracas. Mais une autre raison bien plus agréable de mon silence est la confiance de pouvoir le garder sans risque. Si j'avois peur d'être oublié, les tracas auroient beau venir, je trouverois bien le moment d'écrire.

Il se présente plusieurs occasions de disposer de mon *Traité de l'Éducation*, et même avec avantage. Je respecte trop l'engagement que vous m'avez fait prendre pour traiter de rien sans votre consentement. Je vous le demande, madame, parce que la diligence m'importe beaucoup dans cette affaire, et que j'y mettrai un nouveau zèle pour mon intérêt que celui que vous voulez bien y prendre. D'ailleurs vous serez instruite des conditions, et rien ne sera conclu que sous votre bon plaisir. Mon libraire doit arriver dans peu de jours à Paris: si, comme je le désire, il a la préférence, permettez-vous qu'il aille vous porter notre accord et vous en demander la ratification?

J'ai appris la perte qu'a faite madame la duchesse de Montmorency trop tard pour lui en écrire; car, quoique le chevalier de Lorenzi m'ait marqué qu'elle étoit fort affligée, j'ai jugé qu'en pareil cas une grande affliction étoit trop peu fondée pour être durable, surtout quand on en est si bien consolé par ce qui nous reste, et même par ce qu'on a droit d'espérer.

Je vois s'avancer avec bien de l'impatience le moment qui vous rapprochera d'un pas de Montmorency, en attendant celui qui doit vous y ramener. J'aspire tous les matins à l'heure que je passe à causer avec M. le maréchal près de votre lit; et, tant que mon cœur sera sur ma langue, je n'ai pas peur que mon babil ta-

---

(¹) Les deux écrits que j'ai publiés depuis *Émile* ont tous deux été faits par force : l'un pour la défense de mon honneur, l'autre pour l'acquit de mon devoir. (*Note de Rousseau, qui se trouve dans l'édition donnée par Du Peyrou en 1790, et qui a été omise dans presque toutes les éditions postérieures.*)

(*) Dans l'édition de Du Peyrou, cette phrase est autrement conçue. « Je suis charmé... Cela montre que mon témoignage a quelque autorité près des personnes pour qui j'ai tant de respect, et je me réjouis pour elles, pour moi, et surtout pour les montagnons, de n'avoir pas été menteur. Je ne suis point étonné que le luxe ait fait..... »   G. P.

risse auprès de vous; mais pour vos soupers, je n'aspire point à l'honneur d'en être, à moins que vous n'ayez la charité de m'y recevoir gratis; car je me sens moins en état que jamais d'y payer mon écot, et, qui pis est, fort peu affligé de cette misère.

Je dois vous dire que j'ai fait lire la *Julie* à l'auteur des *Confessions;* et ce qui m'a confondu est qu'il en a été enchanté : il a plus fait, il a eu l'intrépidité de le dire en pleine Académie et dans des lieux tout aussi secrets que cela. Ce n'est pas son courage qui m'étonne : mais concevez-vous M. Duclos, aimant cette longue traînerie de paroles emmiellées et de fade galimatias ? Pour moi, je ne serois pas trop fâché que le livre se trouvât détestable, après que vous l'auriez jugé bon; car, comme on ne vous accuse pas d'avoir un goût qui se trompe, je saurois bien tirer parti de cette erreur.

Avant de parler de payer les copies, il faut, madame, que vous ayez la bonté de me renvoyer la cinquième partie pour la corriger; après cela vous me donnerez beaucoup d'empressement pour être payé, si vous me promettez mon salaire la première fois que j'aurai l'honneur de vous voir.

A M. GUERIN, LIBRAIRE.

Montmorency, le 21 décembre 1760.

Si j'avois pu sortir, monsieur, tous ces temps-ci, je vous aurois sûrement prévenu dans la visite que vous vouliez me faire; j'aurois été vous remercier, vous embrasser, vous faire mes adieux jusqu'à l'année prochaine. Mais il y a six semaines que je suis réduit à garder la chambre, et cela même augmente mes incommodités par *la privation de tout exercice*; mais c'est une folie d'enfant de regimber contre la nécessité.

Je me rapporte à ce que je vous ai déjà marqué sur les projets que les bontés de M. le président de Malesherbes et votre amitié pour moi vous font faire en ma faveur. Il m'est impossible d'empêcher la réimpression du roman, lorsque M. de Malesherbes y donne son consentement. Mais je n'y saurois accéder à moins que Rey n'y consente aussi. Son consentement supposé, alors c'est autre chose, et je donnerai volontiers pour cette seconde édition les corrections dont la première a grand besoin. A l'égard des planches et dessins, je vous enverrai M. Coindet, mon compatriote, jeune homme de mérite, à qui je voudrois bien que son entreprise ne fût pas onéreuse, et elle le seroit sûrement, s'il ne pouvoit vendre sa collection que trois livres, sans compter que les soins infinis qu'il se donne pour la perfection de l'exécution, méritent bien qu'il n'ait pas perdu son temps. Je lui marquerai de vous aller voir. Quant à la préface en dialogue, aussitôt que l'ouvrage aura paru, je vous la ferai tenir avec le morceau que nous avons conclu d'y joindre, pour en disposer comme il vous plaira.

Comme je ne veux faire qu'une seule édition de la collection de mes écrits, je souhaite qu'elle soit complète, et pour cela il faut qu'elle contienne ce qui me reste en manuscrit. Entre autres mon *Traité de l'Éducation* doit, ce me semble, être donné à part. Or, je n'imagine pas qu'il puisse être imprimé dans le royaume, au moins pour la première fois, sans une mutilation à laquelle je ne consentirai jamais, attendu que ce qu'il faudroit ôter est précisément ce que le livre a de plus utile. Je ne vois d'autre remède à cet inconvénient que de faire imprimer d'abord le livre en pays étranger; après quoi, quand il aura fait son premier effet, je ne crois pas que la réimpression en France souffre les mêmes difficultés. Quant au choix du libraire et aux conditions du traité, je ne demande pas mieux que de m'en remettre aux personnes qui veulent bien s'intéresser à moi. Cette difficulté levée, je n'en vois nulle autre de ma part qui puisse empêcher l'exécution de votre obligeant projet. Je doute même que le sieur Pissot poussât l'impudence jusqu'à réclamer quelques droits sur les écrits que j'ai eu la bêtise de lui *laisser imprimer*. Au reste, je ne m'oppose pas à ce qu'il entre dans la société projetée, pourvu que, quant à moi, je n'aie rien à démêler avec lui, ni en bien ni en mal, ni de près ni de loin.

Lorsqu'il sera question de faire cette collection, je vous enverrai ou je vous porterai, si vous êtes à Saint-Brice, la note des pièces qui doivent y entrer, afin que vous puissiez vous décider sur le format et le nombre des volumes, après quoi, nous tâcherons de distribuer les pièces dans l'ordre le plus avantageux. Le papier me manque pour vous parler de mes belles plantations qui ne sont pas encore faites, et auxquelles j'espère que vous et mademoiselle Guérin voudrez bien venir l'année prochaine donner votre bénédiction.

A M. MOULTOU.

Montmorency, le 18 janvier 1761.

J'ai voulu, monsieur, attendre, pour répondre à votre lettre du 26 décembre, de pouvoir vous donner des nouvelles précises de mon état et de mon livre (*).

Quant à mon état, il est de jour en jour plus déplorable, sans pourtant que les accidens aient assez changé de nature pour que je puisse les attribuer aux suites de celui dont je vous ai parlé. Mes douleurs ne sont pas fort vives, mais elles sont sans relâche, et je ne suis ni jour ni nuit, un seul instant sans souffrir, ce qui m'aliène tout-à-fait la tête, et, de toutes les situations imaginables, me met dans celle où la patience est le plus difficile : cependant elle ne m'a pas manqué jusqu'ici, et j'espère qu'elle ne me manquera pas jusqu'à la fin. Le progrès est continuel, mais lent, et je crains que ceci ne soit encore long.

Mon livre s'imprime, quoique lentement. Il s'imprime enfin ; et je suis persuadé que j'ai fait tort au libraire en lui prêtant de mauvaises intentions, contraires à ses propres intérêts. Je le crois honnête homme, mais peu entendu. Je vois qu'il ne sait pas son métier, et c'est ce qui m'a trompé sur ses intentions. Quant à M. Guérin, mes soupçons sur son compte sont encore plus impardonnables, puisqu'ils empoisonnoient des soins pleins de bienfaisance et d'amitié, et tout-à-fait désintéressés. M. Guérin est un homme irréprochable, qui jouit de l'estime universelle, et qui la mérite ; et quand on a vécu cinquante ans homme de bien, on ne commence pas si tard à cesser de l'être. Je sens amèrement mes torts et la bassesse de mes soupçons ; mais, si quelque chose peut m'excuser, c'est mon triste état, c'est ma solitude, c'est le silence de mes amis, c'est la négligence de mon libraire, qui me laissant dans une ignorance profonde de tout ce qui se faisoit, me livroit sans défense à l'inquiétude de mon imagination effarouchée par mille indices trompeurs, qui me paroissoient autant de preuves. Que mon injustice et mes torts soient donc, mon cher Moultou, ensevelis, par votre discrétion, dans un éternel silence : mon honneur y est plus intéressé que celui des offensés.

Durant mes longues inquiétudes je suis enfin venu à bout de transcrire le morceau principal ; et quoique je n'aie plus les mêmes raisons de le mettre en sûreté, je suis pourtant déterminé à vous l'envoyer, non-seulement pour réjouir mon cœur, en vous donnant cette marque d'estime et de confiance, mais aussi pour profiter de vos lumières, et vous consulter sur ce morceau-là tandis qu'il en est temps. Quant au fond des sentimens, je n'y veux rien changer, parce que ce sont les miens ; mais les raisonnemens et les preuves ont grand besoin d'un Aristarque tel que vous. Lisez-le avec attention, je vous prie ; et ce que vous trouverez à y corriger, changer, ajouter ou retrancher, marquez-le-moi le plus vite qu'il vous sera possible, car l'imprimeur en sera là dans peu de jours ; et pour peu que vos corrections tardent, je ne serai plus à temps d'en profiter, ce qui pourroit être un très-grand mal pour la chose ; et la chose est importante dans ce temps-ci. Ne m'indiquez pas des corrections, faites-les vous-même : je me réserve seulement le droit de les admettre ou de ne pas les admettre ; car, pour moi, je n'en ai jamais su faire ; et maintenant, épuisé, fatigué, accablé de travail et de maux, je me sens hors d'état de changer une seule ligne. J'ai eu soin de coter sur mon brouillon les pages de votre copie ; ainsi, vous n'aurez qu'à marquer la page et transcrire en deux colonnes, sur l'une le texte, et sur l'autre vos corrections : cela me suffira pour trouver l'endroit indiqué. Mercredi 20, le paquet sera mis ici à la poste : ainsi vous devez le recevoir trois ou quatre jours après cette lettre. N'en parlez, je vous supplie, à personne au monde : je n'en excepte que le seul Roustan, avec lequel vous pouvez le lire et le consulter, si vous jugez à propos, et qui, j'espère, sera fidèle au secret ainsi que vous.

Je suis sensiblement touché de l'honneur que

(*) *L'Émile.*

vous voulez rendre à ma mémoire. L'estime et les regrets des hommes tels que vous me suffisent; il ne faut point d'autre éloge. Cependant les témoignages publics de votre bon cœur flatteroient le mien, si les événemens de ma vie qui sont propres à me faire connoître pouvoient être exposés au public dans tout leur jour. Mais comme ce que j'ai eu de plus estimable a été un cœur très-aimant, tout ce qui peut m'honorer dans les actions de ma vie est enseveli dans des liaisons très-intimes, et n'en peut être tiré sans révéler les secrets de l'amitié, qu'on doit respecter même après qu'elle est éteinte, et sans divulguer des faits que le public ne doit jamais savoir. J'espère pouvoir un peu causer avec vous de tout cela dans nos bois, si vous avez le courage de venir ce printemps, comme vous m'en avez donné l'espérance. Parlez-moi franchement sur cela, afin que je sache à quoi je dois m'attendre. Je diffère jusqu'à votre réponse à vous envoyer le morceau dont je vous ai parlé, parce qu'il est écrit fort au large, et ne vaut pas, en vérité, les frais de la poste.

Quant à ma lettre imprimée à M. de Voltaire, les démarches dont vous parlez ont été déjà faites auprès de lui par d'autres et par moi-même, toujours inutilement; ainsi je ne pense point du tout qu'il convienne d'y revenir.

Je dois vous dire que je fais imprimer en Hollande un petit ouvrage qui a pour titre *du Contrat social*, ou *Principes du Droit politique*, lequel est extrait d'un plus grand ouvrage, intitulé: *Institutions politiques*, entrepris il y a dix ans, et abandonné en quittant la plume, entreprise qui, d'ailleurs, étoit certainement au-dessus de mes forces. Ce petit ouvrage n'est point encore connu du public, ni même de mes amis; vous êtes le premier à qui j'en parle. Comme je revois aussi les épreuves, jugez si je suis occupé, et si j'en ai assez dans l'état où je suis. Adieu, n'affranchissez plus vos lettres.

A M. DE MALESHERBES.

Montmorency, le 28 janvier 1761.

Permettez-moi, monsieur, de vous représenter que la seconde édition s'étant faite à mon insu, je ne dois point ménager à mes dépens les libraires qui l'ont faite, lorsqu'ils ont eu eux-mêmes assez peu d'égards pour moi; qu'aux fautes de la première édition ils ont ajouté des multitudes de contre-sens, qu'ils auroient évités si j'avois été instruit à temps de leur entreprise et revu leurs épreuves : ce qui étoit sans difficulté de ma part, cette seconde édition se faisant par votre ordre, et du consentement de Rey. J'aurois pu en même temps coudre quelques liaisons, et laisser des lacunes moins choquantes dans les endroits retranchés. Cependant je n'ai pas dit un mot jusqu'ici, si ce n'est au seul M. Coindet, qui est au fait de toute cette affaire; je me tairai encore par respect pour vous. Mais je vous avoue, monsieur, qu'il est cruel de sacrifier en silence sa propre réputation à des gens à qui l'on ne doit rien.

Le sieur Robin a grand tort d'oser vous dire que je lui ai promis de garder chez moi les exemplaires qu'il devoit m'envoyer. Cette promesse eût été absurde; car de quoi m'eût servi de les avoir pour n'en faire aucun usage? Je lui ai promis d'en distribuer le moins qu'il étoit possible, et de manière que cela ne lui nuisît pas. Il n'y a eu que six exemplaires distribués, des douze qu'a reçus pour moi M. Coindet. Je lui marque aujourd'hui de faire tous ses efforts pour les retirer. Quant aux six autres, ils sont chez moi, et n'en sortiront point sans votre permission. Voilà tout ce que je puis faire. Recevez, monsieur, les assurances de mon profond respect, etc.

A MADAME DE CRÉQUI.

A Montmorency, le 30 janvier 1761.

Madame, votre lettre me plaît, me touche, et m'alarme. On fait des complimens aux gens *indifférens*; mais aux personnes qu'on aime on leur parle de soi. *Je vous parlerai de moi* aussi dans un autre temps; mais pour le présent parlez-moi de M. l'ambassadeur (*), je vous supplie : vous savez qu'il a depuis long-temps tous les respects de mon cœur, et votre attachement pour lui me rend sa vie et sa santé encore plus chères. Vous pleurez la mort d'un ami; je vous plains : mais je connois des gens

(*) M. de Froulay, oncle de madame de Créqui. M. P.

plus malheureux que vous. Eh! madame, c'est une perte bien plus cruelle d'avoir à pleurer son ami vivant.

A LA MÊME.
A Montmorency, le 5 février 1761.

Je suis, madame, pénétré de reconnoissance et de respect pour vous; mais je ne puis accepter un présent de l'espèce de celui que vous m'avez envoyé. Je ne vends pas mes livres; et si je les vendois, je ne les vendrois pas si cher. Si vous avez retiré vos anciennes bontés pour moi au point de dédaigner un exemplaire des écrits que je publie, vous pouvez me renvoyer celui-là; je le recevrai avec douleur, mais en silence.

Vous me marquez qu'on trouve ce livre dangereux: je le crois en effet dangereux aux fripons, car il fait aimer les choses honnêtes. Vous devez concevoir là-dessus combien il doit être décrié, et vous ne devez point être fâchée pour moi de ce décri; il me seroit bien plus humiliant d'être approuvé de ceux qui me blâment. Au reste, si vous voulez en juger par vous-même, je crois que vous pouvez hasarder de lire ou parcourir les trois derniers volumes: le pis aller sera de suspendre votre lecture aussitôt qu'elle vous scandalisera.

Vous n'ignorez pas, madame, que je n'ai jamais fait grand cas de la philosophie, et que je me suis absolument détaché du parti des philosophes. Je n'aime point qu'on prêche l'impiété: voilà déjà de ce côté-là un crime qu'on ne me pardonnera pas. D'un autre côté, je blâme l'intolérance, et je veux qu'on laisse en paix les incrédules; or, le parti dévot n'est pas plus endurant que l'autre. Jugez en quelles mains me voilà tombé.

Par-dessus cela il faut vous dire qu'une équivoque plaisante de M. de Marmontel m'en a fait un ennemi personnel, furieux et implacable, attendu que la vanité blessée ne pardonne point. Quand ma Lettre contre les spectacles parut, je lui en adressai un exemplaire avec ces mots: *Non pas à l'auteur du Mercure, mais à M. de Marmontel.* J'entendois par-là que j'envoyois le livre à sa personne, et non pas pour qu'il en parlât dans son journal; de plus, je voulois dire que M. de Marmontel étoit capable de mieux que de faire le *Mercure de France.* C'étoit un compliment que je lui faisois; il y a trouvé une injure; et d'après cela vous pouvez bien croire que tous mes livres sont dangereux tout au moins.

Tels sont les dignes défenseurs des mœurs et de la vérité. Je me suis rendu justice en m'éloignant de leur vertueuse troupe; il ne falloit pas qu'un aussi méchant homme déshonorât tant d'honnêtes gens. Je les laisse dire, et je vis en paix; je doute qu'aucun d'eux en fît autant à ma place.

Je me flatte que le bon Saint-Louis m'a trouvé le même que j'étois quand vous m'honoriez de votre estime. Il me seroit cruel de la perdre, madame; mais il me seroit encore plus cruel de l'avoir mérité. Quelque malheureux qu'on puisse être, il est toujours quelques maux qu'on peut éviter. Bonjour, madame. Vous avez raison de me renvoyer à ma devise; je continue à me servir de mon cachet sans honte, parce qu'il est empreint dans mon cœur.

J'apprends avec grand plaisir l'entier rétablissement de M. l'ambassadeur; mais vous me parlez de votre santé d'un ton qui m'inquiète; cependant Saint-Louis me dit que vous êtes assez bien. Pour moi, la solitude m'ôte sinon mes maux, du moins mes soucis, et cela fait que j'engraisse: voilà tout le changement qui s'est fait en moi.

A MADAME D'AZ***,
Qui m'avoit envoyé l'estampe encadrée de son portrait, avec des vers de son mari au-dessous.
Le 10 février 1761.

Vous m'avez fait, madame, un présent bien précieux; mais j'ose dire que le sentiment avec lequel je le reçois ne m'en rend pas indigne. Votre portrait annonce les charmes de votre caractère: les vers qui l'accompagnent achèvent de le rendre inestimable. Il semble dire: Je fais le bonheur d'un tendre époux; je suis la muse qui l'inspire, et je suis la bergère qu'il chante. En vérité, madame, ce n'est qu'avec un peu de scrupule que je l'admets dans ma retraite, et je crains qu'il ne m'y laisse plus aussi solitaire qu'auparavant. J'apprends aussi que vous avez payé le port et même à très-haut prix: quant à cette dernière générosité, trouvez bon qu'elle ne soit point acceptée, et qu'à la première occasion je prenne la liberté de vous rembourser vos avances (¹).

Agréez, madame, toute ma reconnoissance, et tout mon respect.

À M. DE MALESHERBES.
Montmorency, le 10 février 1761.

J'ai fait, monsieur, tout ce que vous avez voulu; et le consentement du sieur Rey ayant levé mes scrupules, je me trouve riche de vos bienfaits. L'intérêt que vous daignez prendre à moi est au-dessus de mes remercîmens; ainsi je ne vous en ferai plus : mais M. le maréchal de Luxembourg sait ce que je pense et ce que je sens; il pourra vous en parler. N'aurai-je point, monsieur, la satisfaction de vous voir chez lui à Montmorency au prochain voyage de Pâques, ou au mois de juillet, qu'il y fait une plus longue station et que le pays est plus agréable? Si je n'ai nul autre moyen de satisfaire mon empressement et que vous vouliez bien, dans la belle saison, me donner chez vous une heure d'audience particulière, j'en profiterai pour aller vous rendre mes devoirs.

A MADAME C***.
Montmorency, le 12 février 1761.

Vous avez beaucoup d'esprit, madame, et vous l'aviez avant la lecture de la *Julie*; cependant je n'ai trouvé que cela dans votre lettre : d'où je conclus que cette lecture ne vous est pas propre puisqu'elle ne vous a rien inspiré. Je ne vous en estime pas moins, madame; les âmes tendres sont souvent foibles, et c'est toujours un crime à une femme de l'être. Ce n'est point de mon aveu que ce livre a pénétré jusqu'à Genève, je n'y en ai pas envoyé un seul exemplaire; et, quoique je ne pense pas trop bien de nos mœurs actuelles, je ne *les crois pas* encore assez mauvaises pour qu'elles gagnassent de remonter à l'amour.

Recevez, madame, mes très-humbles remercîmens et les assurances de mon respect.

A M. ***
Montmorency, le 13 février 1761.

Je n'ai reçu qu'hier, monsieur, la lettre que

(¹) Elle avoit donné un baiser au porteur.

vous m'avez écrite le 5 de ce mois. Vous avez raison de croire que l'harmonie de l'âme a aussi ses dissonances, qui ne gâtent point l'effet du tout : chacun ne sait que trop comment elles se préparent; mais elles sont difficiles à sauver. C'est dans les ravissans concerts des sphères célestes qu'on apprend ces savantes successions d'accords. Heureux, dans ce siècle de cacophonie et de discordance, qui peut se conserver une oreille assez pure pour entendre ces divins concerts!

Au reste, je persiste à croire, quoi qu'on en puisse dire, que quiconque, après avoir lu *la Nouvelle Héloïse*, la peut regarder comme un livre de mauvaises mœurs, n'est pas fait pour aimer les bonnes. Je me réjouis, monsieur, que vous ne soyez pas au nombre de ces infortunés, et je vous salue de tout mon cœur.

A M. D'ALEMBERT.
Montmorency, le 15 février 1761.

Je suis charmé, monsieur, de la lettre que vous venez de m'écrire; et, bien loin de me plaindre de votre louange, je vous en remercie, parce qu'elle est jointe à une critique franche et judicieuse qui me fait aimer l'une et l'autre comme le langage de l'amitié. Quant à ceux qui trouvent ou feignent de trouver de l'opposition entre ma *Lettre sur les spectacles* et la *Nouvelle Héloïse*, je suis bien sûr qu'ils ne vous en imposent pas. Vous savez que la vérité, quoiqu'elle soit une, change de forme selon les temps et les lieux, et qu'on peut dire à Paris ce qu'en des jours plus heureux on n'eût pas dû dire à Genève. Mais à présent les scrupules ne sont plus de saison; et partout où séjournera long-temps M. de Voltaire, on pourra jouer après lui la comédie et lire des romans sans danger. Bonjour, monsieur; je vous embrasse, et vous remercie derechef de votre lettre : elle me plaît beaucoup.

A M. PANCKOUCKE.
Montmorency, le 15 février 1761.

J'ai reçu le 12 de ce mois, par la poste, une lettre anonyme, sans date, timbrée de Lille, et franche de port. Faute d'y pouvoir répondre par une autre voie, je déclare publiquement à l'auteur de cette lettre que je l'ai lue et relue avec émotion, avec attendrissement; qu'elle m'inspire pour lui la plus tendre estime, le plus grand désir de le connoître et de l'aimer; qu'en me parlant de ses larmes, il m'en a fait répandre; qu'enfin, jusqu'aux éloges outrés dont il me comble, tout me plaît dans cette lettre, excepté la modeste raison qui le porte à se cacher.

A MADAME LA MARÉCHALE DE LUXEMBOURG.

Montmorency, le 16 février 1761.

Je vous dois un remercîment, madame la maréchale, pour le beurre que vous m'avez envoyé; mais vous savez bien que je suis de ces ingrats qui ne remercient guère. D'ailleurs ce petit panier m'inquiète : je m'attendois à un petit pot. J'ai peur que vous ne m'ayez puni d'avoir dit étourdiment mon goût, en le contentant aux dépens du vôtre. En ce cas, on ne sauroit donner plus poliment une leçon plus cruelle. J'ai reçu de bon cœur votre présent, madame : mais je ne puis me résoudre à y toucher; je croirois faire une communion indigne, je croirois manger ma condamnation.

La publication de la *Julie* m'a jeté dans un trouble que ne me donna jamais aucun de mes écrits. J'y prends un intérêt d'enfant qui me désole; et je reçois là-dessus des lettres si différentes, que je ne saurois encore à quoi m'en tenir sur son succès, si M. le maréchal n'avoit eu la bonté de me rassurer. La préface est unanimement décriée; et cependant telle est ma prévention, que plus je la relis, plus elle me plaît. Si elle ne vaut rien, il faut que j'aie tout-à-fait la tête à l'envers. Il faudra voir ce qu'on dira de la grande. Il s'en faut bien, à mon gré, qu'elle vaille l'autre. Je la suppose actuellement entre vos mains : pour moi, je ne l'ai pas encore. Elle devoit paroître aujourd'hui, et je n'en ai point de nouvelles.

Vous savez sans doute que madame de Boufflers est venue me voir. Elle ne m'a point dit que vous lui aviez parlé; mais je ne me suis pas trompé sur cette visite, et elle m'a fait d'autant plus de plaisir. Le chevalier de Lorenzi m'a écrit deux fois, et je n'ai pas encore trouvé le moment de pouvoir lui répondre; mais il doit savoir que j'aime plus que je n'écris : pour lui, je crois qu'il fait le contraire.

Il souffle un grand vent qui me fait beaucoup de plaisir, parce que les vents de cette espèce sont les précurseurs du printemps. Cette saison commence, madame, le jour de votre arrivée; il me semble que le vent me porte à pleines voiles au 12 de mars.

A M. DE ***.

Montmorency, le 19 février 1761.

Voilà, monsieur, ma réponse aux observations que vous avez eu la bonté de m'envoyer sur *la Nouvelle Héloïse*. Vous l'avez élevée à l'honneur auquel elle ne s'attendoit guère, d'occuper des théologiens : c'est peut-être un sort attaché à ce nom et à celles qui le portent d'avoir toujours à passer par les mains de ces messieurs-là. Je vois qu'ils ont travaillé à la conversion de celle-ci avec un grand zèle, et je ne doute point que leurs soins pieux n'en aient fait une personne très-orthodoxe; mais je trouve qu'ils l'ont traitée avec un peu de rudesse : ils ont flétri ses charmes; et j'avoue qu'elle me plaisoit plus, aimable quoique hérétique, que bigote et maussade comme la voilà. Je demande qu'on me la rende comme je l'ai donnée, ou je l'abandonnerai à ses directeurs.

A MADAME LA DUCHESSE DE MONTMORENCY.

Montmorency, le 21 février 1761.

J'étois bien sûr, madame, que vous aimeriez la *Julie* malgré ses défauts, le bon naturel les efface dans les cœurs faits pour les sentir. J'ai pensé que vous accepteriez des mains de madame la maréchale de Luxembourg ce léger hommage que je n'osois vous offrir moi-même. Mais en m'en faisant des remercîmens, madame, vous prévenez les miens, et vous augmentez l'obligation. J'attends avec empressement le moment de vous faire ma cour à Montmorency, et de vous renouveler, madame la duchesse, les assurances de mon profond respect.

A MADAME DE CRÉQUI.

Montmorency, le 25 février 1761.

Madame,

Je vous dois bien des réponses; j'aime à recevoir de vos lettres; j'ai du plaisir à vous écrire; je voudrois vous écrire long-temps; il me semble que j'ai mille choses à vous dire, mais il m'est impossible de vous écrire à mon aise quant à présent; les tracas m'absorbent, me tuent; je suis excédé. Permettez que je renvoie à un temps plus tranquille le plaisir de m'entretenir avec vous. Je prends part à tous vos soucis : les miens ne sont pas si graves, mais ils me touchent d'aussi près. Si vous effectuez jamais le projet d'aller vivre à la campagne, ne me laissez pas ignorer votre retraite; car, fussiez-vous au bout du royaume, si vous ne rebutez pas ma visite, j'irai, de mon pied, faire un pèlerinage auprès de vous.

A MADAME BOURETTE,

Qui m'avoit écrit deux lettres consécutives avec des vers, et qui m'invitoit à prendre du café chez elle dans une tasse incrustée d'or, que M. de Voltaire lui avoit donnée.

Montmorency, le 12 mars 1761.

Je n'avois pas oublié, madame, que je vous devois une réponse et un remercîment; je serois plus exact si l'on me laissoit plus libre; mais il faut malgré moi disposer de mon temps, bien plus comme il plaît à autrui que comme je le devrois et le voudrois. Puisque l'anonyme vous avoit prévenue, il étoit naturel que sa réponse précédât aussi la vôtre; et d'ailleurs, je ne vous dissimulerai pas qu'il avoit parlé de plus près à mon cœur que ne font des complimens et des vers.

Je voudrois, madame, pouvoir répondre à l'honneur que vous me faites de me demander un exemplaire de la *Julie;* mais tant de gens vous ont encore ici prévenue, que les exemplaires qui m'avoient été envoyés de Hollande par mon libraire sont donnés ou destinés, et je n'ai nulle espèce de relation avec ceux qui les débitent à Paris. Il faudroit donc en acheter un pour vous l'offrir; et c'est, vu l'état de ma fortune, ce que vous n'approuveriez pas vous-même : de plus, je ne sais point payer les louanges; et si je faisois tant que de payer les vôtres, j'y voudrois mettre un plus haut prix.

Si jamais l'occasion se présente de profiter de votre invitation, j'irai, madame, avec grand plaisir vous rendre visite et prendre du café chez vous; mais ce ne sera pas, s'il vous plaît, dans la tasse dorée de M. de Voltaire, car je ne bois point dans la coupe de cet homme-là.

Agréez, madame, que je vous réitère mes très-humbles remercîmens et les assurances de mon respect.

A M. MOULTOU.

Montmorency, mars 1761.

Il faudroit être le dernier des hommes pour ne pas s'intéresser à l'infortunée Louison. La pitié, la bienveillance que son honnête historien m'inspire pour elle, ne me laissent pas douter que son zèle à lui-même ne puisse être aussi pur que le mien; et cela supposé, il doit compter sur toute l'estime d'un homme qui ne la prodigue pas. Grâces au ciel, il se trouve, dans un rang plus élevé, des cœurs aussi sensibles, et qui ont à la fois le pouvoir et la volonté de protéger la malheureuse mais estimable victime de l'infamie d'un brutal. M. le maréchal de Luxembourg, et madame la maréchale, à qui j'ai communiqué votre lettre, ont été émus, ainsi que moi, à sa lecture; ils sont disposés, monsieur, à vous entendre et à consulter avec vous ce qu'on peut et ce qu'il convient de faire pour tirer la jeune personne de la détresse où elle est. Ils retournent à Paris après Pâques. Allez, monsieur, voir ces dignes et respectables seigneurs; parlez-leur avec cette simplicité touchante qu'ils aiment dans votre lettre; soyez avec eux sincère en tout, et croyez que leurs *cœurs bienfaisans s'ouvriront à la candeur du vôtre. Louison sera protégée si elle mérite de l'être;* et vous, monsieur, vous serez estimé comme le mérite votre bonne action. Que si dans cette attente, quoique assez courte, la situation de la jeune personne étoit trop dure, vous devez savoir que, quant à présent, je puis payer, modiquement à la vérité, le tribut dû, par quiconque a son nécessaire, aux indigens honnêtes qui ne l'ont pas.

A MADAME LA MARÉCHALE DE LUXEMBOURG.

Ce jeudi 26.

Vous comptez par les jours, madame, et moi par les heures; cela fait que l'intervalle me paroît vingt-quatre fois plus long qu'à vous, et les quinze jours qui restent jusqu'à votre voyage font, selon mon calcul, encore un an tout entier.

Je ne vous croyois pas si vindicative : pour avoir osé disputer un moment sur un panier de beurre, je m'en vois continuellement jeter des pots par la tête. Si la vengeance n'est pas dure, elle est obstinée, et je l'endure avec tant de patience, qu'elle doit me valoir enfin mon pardon.

Je crois que M. Coindet m'aime beaucoup, il met tous ses soins à me le prouver : et moi je l'aime encore plus de ce que vous approuvez mon attachement pour lui, et de ce qu'il m'apporte souvent de vos nouvelles. Mais il m'a fait, de votre part, un reproche qui me confond, sur le premier exemplaire de la *Julie*. En vous le promettant, ne l'ai-je pas promis à M. le maréchal? En le lui donnant, ne vous l'ai-je pas donné? Vous auriez beau vouloir être deux, je n'admettrai jamais ce partage ; mon attachement, mon respect, ne vous distinguent plus l'un de l'autre ; vous n'êtes qu'un dans le fond de mon cœur. Comme une copie étoit déjà dans vos mains, je mis l'exemplaire dans les siennes ; j'en aurois pu faire autant dans tout autre cas ; et toutes les fois que je tiendrai à l'un ce que j'aurai promis à l'autre, je croirai toujours avoir bien rempli ma foi.

Les Ximénès et les Voltaire peuvent critiquer la *Julie* à leur aise (*) : ce n'est pas à eux qu'elle est curieuse de plaire ; et tout ce qui fâche à l'éditeur, de leurs critiques, c'est qu'ils les fassent de si loin. Bonjour, madame la maréchale : il faut absolument que vous embrassiez M. le maréchal de ma part. Pour vous, il faut se mettre à genoux en lisant la fin de vos lettres, les baiser, soupirer, et dire : Que n'est-elle ici?

(*) Allusion à la brochure qui fut attribuée au marquis de Ximénès, et intitulée *Lettres sur la Nouvelle Héloïse de J. J. Rousseau*, 1761, in-8° de 27 pages. M. Barbier, bibliothécaire au conseil d'état, nous a dit en avoir vu le manuscrit autographe chargé de corrections et d'additions de la main même de Voltaire. G. P.

A M. MOULTOU.

Montmorency, le 29 mai 1761.

Vous pardonneriez aisément mon silence, cher Moultou, si vous connoissiez mon état ; mais, sans vous écrire, je ne laisse pas de penser à vous, et j'ai une proposition à vous faire. Ayant quitté la plume et ce tumultueux métier d'auteur, pour lequel je n'étois point né, je m'étois proposé, après la publication de mes rêveries sur l'éducation, de finir par une édition générale de mes écrits, dans laquelle il en seroit entré quelques-uns qui sont encore en manuscrit. Si peut-être le mal qui me consume ne me laissoit pas le temps de faire cette édition moi-même, seriez-vous homme à faire le voyage de Paris, à venir examiner mes papiers dans les mains où ils seront laissés, et à mettre en état de paroître ceux que vous jugerez bons à cela? Il faut vous prévenir que vous trouverez des sentimens sur la religion qui ne sont pas les vôtres, et que peut-être vous n'approuverez pas, quoique les dogmes essentiels à l'ordre moral s'y trouvent tous. Or je ne veux pas qu'il soit touché à cet article : il s'agit donc de savoir s'il vous convient de vous prêter à cette édition avec cette réserve qui, ce me semble, ne peut vous compromettre en rien, quand on saura qu'elle vous est formellement imposée, sauf à vous de réfuter en votre nom, et dans l'ouvrage même, si vous le jugez à propos, ce qui vous paroîtra mériter réfutation, pourvu que vous ne changiez ni supprimiez rien sur ce point ; sur tout autre vous serez le maître.

J'ai besoin, monsieur, d'une réponse sur cette proposition, avant de prendre les derniers arrangemens que mon état rend nécessaires. Si votre situation, vos affaires, ou d'autres raisons vous empêchent d'acquiescer, je ne vois que M. Roustan, qui m'appelle son maître, lui qui pourroit être le mien, auquel je pusse donner la même confiance, et qui, je crois, rendroit volontiers cet honneur à ma mémoire. En pareil cas, comme sa situation est moins aisée que la vôtre, on prendroit des mesures pour que ces soins ne lui fussent pas onéreux. Si cela ne vous convient ni à l'un ni à l'autre, tout restera comme il est ; car je suis bien déterminé à ne confier les mêmes soins à nul homme de lettres de ce pays. Réponse précise et directe, je vous supplie; le plus tôt qu'il se pourra, sans vous servir de la voie de M. Coindet. Sur pareille matière le secret convient, et je vous le demande. Adieu, vertueux Moultou : je ne vous fais pas des complimens, mais il ne tient qu'à vous de voir si je vous estime.

Vous comprenez bien que *la Nouvelle Héloïse* ne doit pas entrer dans le recueil de mes écrits.

A MADAME LA MARÉCHALE DE LUXEMBOURG (*).

Montmorency, le 12 juin 1761.

Que de choses j'aurois à vous dire avant que de vous quitter! Mais le temps me presse, il faut abréger ma confession, et verser dans votre cœur bienfaisant mon dernier secret. Vous saurez donc que depuis seize ans j'ai vécu dans la plus grande intimité avec cette pauvre fille qui demeure avec moi, excepté depuis ma retraite à Montmorency, que mon état m'a forcé de vivre avec elle comme avec ma sœur; mais ma tendresse pour elle n'a point diminué, et, sans vous, l'idée de la laisser sans ressource empoisonneroit mes derniers instans.

De ces liaisons sont provenus cinq enfans, qui tous ont été mis aux Enfans-Trouvés, avec si peu de précaution pour les reconnoître un jour, que je n'ai pas même gardé la date de leur naissance. Depuis plusieurs années le remords de cette négligence trouble mon repos, et je meurs sans pouvoir la réparer, au grand regret de la mère et au mien. Je fis mettre seulement dans les langes de l'aîné une marque dont j'ai gardé le double; il doit être né, ce me semble, dans l'hiver de 1746 à 47, ou à peu près. Voilà tout ce que je me rappelle. S'il y avoit le moyen de retrouver cet enfant, ce seroit faire le bonheur de sa tendre mère; mais j'en désespère, et je n'emporte point avec moi cette consolation. Les idées dont ma faute a rempli mon esprit ont contribué en grande partie à me faire méditer le *Traité de l'Education*; et vous y trouverez, dans le livre I*er*, un passage qui peut vous indiquer cette disposition (*). Je n'ai point épousé la mère; et je n'y étois point obligé, puisque avant de me lier avec elle je lui ai déclaré que je ne l'épouserois jamais; et même un mariage public nous eût été impossible à cause de la différence de religion : mais du reste je l'ai toujours aimée et honorée comme ma femme, à cause de son bon cœur, de sa sincère affection, de son désintéressement sans exemple, et de sa fidélité sans tache, sur laquelle elle ne m'a pas même occasionné le moindre soupçon.

Voilà, madame la maréchale, la trop juste raison de ma sollicitude sur le sort de cette pauvre fille après qu'elle m'aura perdu, tellement que, si j'avois moins de confiance en votre amitié pour moi et en celle de M. le maréchal, je partirois pénétré de douleur de l'abandon où je la laisse; mais je vous la confie, et je meurs en paix à cet égard. Il me reste à vous dire ce que je pense qui conviendroit le mieux à sa situation et à son caractère, et qui donneroit le moins de prise à ses défauts.

Ma première idée étoit de vous prier de lui donner asile dans votre maison, ou auprès de l'enfant qui en est l'espoir, jusqu'à ce qu'il sortît des mains des femmes : mais infailliblement cela ne réussiroit point; il y auroit trop d'intermédiaire entre vous et elle, et elle a, dans votre maison, des malveillans qu'elle ne s'est assurément point attirés par sa faute, et qui trouveroient infailliblement l'art de la disgracier tôt ou tard auprès de vous ou de M. le maréchal. Elle n'a pas assez de souplesse et de prudence pour se maintenir avec tant d'esprits différens, et se prêter aux petits manéges avec lesquels on gagne la confiance des maîtres, quelque éclairés qu'ils soient. Encore une fois cela ne réussiroit point; ainsi je vous prie de n'y pas songer.

Je ne voudrois pas non plus qu'elle demeurât à Paris de quelque manière que ce fût; bien sûr que, craintive et facile à subjuguer, elle y deviendroit la proie et la victime de sa nombreuse famille, gens d'une avidité et d'une méchanceté sans bornes, auxquels j'ai eu moi-même bien de la peine à l'arracher, et qui sont cause en grande partie de ma retraite en campagne. Si jamais elle demeure à Paris, elle est

---

(*) Cette lettre a été imprimée pour la première fois dans le deuxième volume du *Conservateur*, publié par M. François de Neufchâteau en l'an VIII. G. P.

(*) Voyez *Émile*, liv. 1. Voyez aussi les *Confessions*, livre XII, tome I*er*, page 294, dans cette édition. G. P.

perdue; car, leur fût-elle cachée, comme elle est d'un bon naturel, elle ne pourra jamais s'abstenir de les voir, et en peu de temps ils lui suceront le sang jusqu'à la dernière goutte, et puis la feront mourir de mauvais traitemens.

Je n'ai pas de moins fortes raisons pour souhaiter qu'elle n'aille point demeurer avec sa mère, livrée à mes plus cruels ennemis, nourrie par eux à mauvaise intention, et qui ne cherchent que l'occasion de punir cette pauvre fille de n'avoir point voulu se prêter à leurs complots contre moi. Elle est la seule qui n'ait rien eu de sa mère, et la seule qui l'ait nourrie et soignée dans sa misère; et si j'ai donné, durant douze ans, asile à cette femme, vous comprenez bien que c'est pour la fille que je l'ai fait. J'ai mille raisons, trop longues à détailler, pour désirer qu'elle ne retourne point avec elle. Ainsi, je vous prie d'interposer même, s'il le faut, votre autorité pour l'en empêcher.

Je ne vois que deux partis qui lui conviennent: l'un, de continuer d'occuper mon logement (¹), et de vivre en paix à Montmorency; ce qu'elle peut faire à peu de frais avec votre assistance et protection, tant du produit de mes écrits que de celui de son travail, car elle coud très-bien, et il ne lui manque que de l'occupation, que vous voudrez bien lui donner ou lui procurer, souhaitant seulement qu'elle ne soit point à la discrétion des femmes de chambre, car leur tyrannie et leur monopole me sont connus.

L'autre parti est d'être placée dans quelque communauté de province où l'on vit à bon marché, et où elle pourroit très-bien gagner sa vie par son travail. J'aimerois moins ce parti que l'autre, parce qu'elle seroit ainsi trop loin de vous, et pour d'autres raisons encore. Vous choisirez pour le mieux, madame la maréchale; mais, quelque choix que vous fassiez, je vous supplie de faire en sorte qu'elle ait toujours sa liberté, et qu'elle soit la maîtresse de changer de demeure sitôt qu'elle ne se trouvera pas bien. Je vous supplie enfin de ne pas dédaigner de prendre soin de ses petites affaires, en sorte que, quoi qu'il arrive, elle ait du pain jusqu'à la fin de ses jours.

J'ai prié M. le maréchal de vous consulter sur le choix de la personne qu'il chargeroit de veiller aux intérêts de la pauvre fille, après mon décès. Vous n'ignorez pas l'injuste partialité que marque contre elle celui qui naturellement seroit choisi pour cela. Quelque estime que j'aie conçue pour sa probité, je ne voudrois pas qu'elle restât à la merci d'un homme que je dois croire honnête, mais que je vois livré, par un aveuglement inconcevable, aux intérêts et aux passions d'un fripon.

Vous voyez, madame la maréchale, avec quelle simplicité, avec quelle confiance j'épanche mon cœur devant vous. Tout le reste de l'univers n'est déjà plus rien à mes yeux. Ce cœur qui vous aima sincèrement ne vit déjà plus que pour vous, pour M. le maréchal, et pour la pauvre fille. Adieu, amis tendres et chéris; aimez un peu ma mémoire; pour moi, j'espère vous aimer encore dans l'autre vie; mais, quoi qu'il en soit de cet obscur et redoutable mystère, en quelque heure que la mort me surprenne, je suis sûr qu'elle me trouvera pensant à vous.

A M. VERNES.

Montmorency, le 24 juin 1761.

J'étois presque à l'extrémité, cher concitoyen, quand j'ai reçu votre lettre, et, maintenant que j'y réponds, je suis dans un état de souffrances continuelles qui, selon toute apparence, ne me quitteront qu'avec la vie. Ma plus grande consolation, dans l'état où je suis, est de recevoir des témoignages d'intérêt de mes compatriotes, et surtout de vous, cher Vernes, que j'ai toujours aimé et que j'aimerai toujours. Le cœur me rit, et il me semble que je me ranime au projet d'aller partager avec vous cette retraite charmante qui me tente encore plus par son habitant que par elle-même. Oh! si Dieu raffermissoit assez ma santé pour me mettre en état d'entreprendre ce voyage, je ne mourrois point sans vous embrasser encore une fois.

Je n'ai jamais prétendu justifier les innombrables défauts de *la Nouvelle Héloïse;* je trouve que l'on l'a reçue trop favorablement; et dans

---

(¹) Je ne vous propose point de lui en donner un vous-même à Montmorency, à cause de Chassot et de sa famille, qui le lui feroit cruellement payer. Mon loyer n'étant que de cinquante livres, ne lui sera pas plus onéreux qu'une chambre à Paris.

les jugemens du public, j'ai bien moins à me plaindre de sa rigueur qu'à me louer de son indulgence; mais vos griefs contre *Wolmar* me prouvent que j'ai mal rempli l'objet du livre, ou que vous ne l'avez pas bien saisi. Cet objet étoit de rapprocher les partis opposés, par une estime réciproque; d'apprendre aux *philosophes* qu'on peut croire en Dieu sans être hypocrite, et aux *croyans* qu'on peut être incrédule sans être un coquin. *Julie*, dévote, est une leçon pour les philosophes, et *Wolmar*, athée, en est une pour les intolérans. Voilà le vrai but du livre. C'est à vous de voir si je m'en suis écarté (*). Vous me reprochez de n'avoir pas fait changer de système à *Wolmar* sur la fin du *roman* : mais, mon cher Vernes, vous n'avez pas lu cette fin; car sa conversion y est indiquée avec une clarté qui ne pouvoit souffrir un plus grand développement sans vouloir faire une capucinade.

Adieu, cher Vernes : je saisis un intervalle de mieux pour vous écrire. Je vous prie d'informer de ce mieux ceux de vos amis qui pensent à moi, et entre autres, messieurs Moultou et Roustan, que j'embrasse de tout mon cœur ainsi que vous.

A M. MOLLET,

En réponse à une lettre qui contenoit la description d'une fête militaire célébrée à Genève le 5 juin 1764.

A Montmorency, le 26 juin 1764.

Je vous remercie, monsieur, de tout mon cœur, de la charmante relation que vous m'avez envoyée de la fête du 5 de ce mois. Je l'ai lue et relue avec intérêt, avec attendrissement, avec un sincère regret de n'en avoir pas été témoin. De tels amusemens ne sont point frivoles, ils réveillent dans les cœurs des sentimens que tout tend à éteindre dans notre siècle, et même dans notre patrie; puissiez-vous, monsieur, vous et tous les bons citoyens qui vous ressemblent, ramener parmi nous ces goûts, ces jeux, ces fêtes patriotiques qui s'allient avec les mœurs, avec la vertu, qu'on goûte avec transport, qu'on se rappelle avec délices, et que le cœur assaisonne d'un charme que n'auront jamais tous ces criminels amusemens si vantés des gens à la mode !

J'étois très-mal, monsieur, quand je reçus votre lettre; c'est ce qui m'a empêché de vous en remercier plus tôt. Quoique je continue à souffrir beaucoup, je ne puis me refuser long-temps à la douce et salutaire distraction de m'occuper de la patrie et de vous. J'ai lu déjà bien des fois votre lettre ; je la lirai bien des fois encore : si ce n'est pas un remède à mes maux, c'est du moins une consolation. Heureux si j'y pouvois ajouter l'espoir de vous embrasser quelque jour à Genève, et d'y voir encore une fois en ma vie une fête pareille à celle que vous décrivez si bien ! Je vous salue de tout mon cœur (*).

A JACQUELINE DANET,

sa nourrice.

Montmorency, le 22 juillet 1764.

Votre lettre, ma chère Jacqueline, est venue réjouir mon cœur dans un moment où je n'étois guère en état d'y répondre. Je saisis un temps de relâche pour vous remercier de votre souvenir et de votre amitié, qui me sera toujours chère. Pour moi je n'ai point cessé de penser à vous et de vous aimer. Souvent je me suis dit dans mes souffrances que si ma bonne Jacqueline n'eût pas tant pris de peine à me conserver étant petit, je n'aurois pas souffert tant de maux étant grand. Soyez persuadée que je ne cesserai jamais de prendre le plus tendre intérêt à votre santé et à votre bonheur, et que ce sera toujours un vrai plaisir pour moi de recevoir de vos nouvelles. Adieu, ma chère et bonne Jacqueline. Je ne vous parle pas de ma santé,

---

(*) Il est revenu depuis sur cette idée en écrivant ses *Confessions.* Voyez au livre IX, tome I, page 228. G. P.

(*) Cette lettre, que celui à qui elle étoit adressée s'empressa de faire imprimer à Genève à la suite de la sienne, et qui, au rapport de l'historien Picot (*Histoire de Genève*, tome III, page 309), *y produisit la plus vive sensation*, a jusqu'à présent échappé à tous les éditeurs des Œuvres complètes. Leur attention à cet égard auroit cependant être excitée par un passage d'une lettre à Moultou qu'on verra ci-après, où Rousseau se plaint fortement de cette publication pour laquelle il n'avoit pas été consulté. — Nous devons la découverte de la lettre de M. Mollet et de la réponse de Rousseau (Brochure in-12 de douze pages d'impression sans indication de libraire ni de lieu) à M. P. Prévost, professeur à Genève. Quant à la fête de milice bourgeoise dont il s'agit ici, elle eut lieu à l'occasion d'un perfectionnement dans les manœuvres militaires, dû au roi de Prusse, et que les Genevois avoient adopté.

G. P.

pour ne pas vous affliger; que le bon Dieu conserve la vôtre, et vous comble de tous les biens que vous désirez.

Votre pauvre Jean-Jacques, qui vous embrasse de tout son cœur.

A M. MOULTOU.

Montmorency, le 24 juillet 1761.

Je ne doutois pas, monsieur, que vous n'acceptassiez avec plaisir les soins que je prenois la liberté de confier à votre amitié, et votre consentement m'a plus touché que surpris. Je puis donc, en quelque temps que je cesse de souffrir, compter que si mon recueil n'est pas encore en état de voir le jour, vous ne dédaignerez pas de l'y mettre; et cette confiance m'ôte absolument l'inquiétude qu'il est difficile de n'avoir pas en pareil cas pour le sort de ses ouvrages. Quant aux soins qui regardent l'impression, comme il ne faut que de l'amitié pour les prendre, ils seront remplis en ce pays-ci par les amis auxquels je suis attaché, et que je laisserai dépositaires de mes papiers pour en disposer selon leur prudence et vos conseils. S'il s'y trouve en manuscrit quelque chose qui mérite d'entrer dans votre cabinet, de quoi je doute, je m'estimerai plus honoré qu'il soit dans vos mains que dans celles du public; et mes amis penseront comme moi! Vous voyez qu'en pareils cas un voyage à Paris seroit indispensable; mais vous seriez toujours le maître de choisir le temps de votre commodité; et, dans votre façon de penser, vous ne tiendriez pas ce voyage pour perdu, non-seulement par le service que vous rendriez à ma mémoire, mais encore par le plaisir de connoître des personnes estimables et respectables, les seuls vrais amis que j'aie jamais eus, et qui sûrement deviendroient aussi les vôtres. En attendant, je n'épargne rien pour vous abréger du travail. Le peu de momens où mon état me permet de m'occuper sont uniquement employés à mettre au net mes chiffons; et, depuis ma lettre (*), je n'ai pas laissé d'avancer assez la besogne pour espérer de l'achever, à moins de nouveaux accidens.

Connoissez-vous un M. Mollet, dont je n'ai jamais entendu parler? Il m'écrivit, il y a quelque temps, une espèce de relation de fête militaire, laquelle me fit grand plaisir, et je l'en remerciai. Il est parti de là pour faire imprimer, sans m'en parler, non-seulement sa lettre, mais ma réponse, qui n'étoit sûrement pas faite pour paroître en public (*). J'ai quelquefois essuyé de pareilles malhonnêtetés; mais ce qui me fâche est que celle-ci vienne de Genève. Cela m'apprendra une fois pour toutes à ne plus écrire à des gens que je ne connois point.

Voici, monsieur, deux lettres dont je grossis à regret celle-ci: l'une est pour M. Roustan, dont vous avez bien voulu m'en faire parvenir une, et l'autre pour une bonne femme qui m'a élevé, et pour laquelle je crois que vous ne regretterez pas l'augmentation d'un port de lettre, que je ne veux pas lui faire coûter, et que je ne puis affranchir avec sûreté à Montmorency. Lisez dans mon cœur, cher Moultou, le principe de la familiarité dont j'use avec vous, et qui seroit indiscrétion pour un autre; le vôtre ne lui donnera pas ce nom-là. Mille choses pour moi à l'ami Vernes. Adieu: je vous embrasse tendrement.

A MADAME LA MARÉCHALE DE LUXEMBOURG.

Lundi, 10 août.

Je vois avec peine, madame la maréchale, combien vous vous *en donnez pour réparer mes fautes*; mais je sens qu'il est trop tard, et que mes mesures ont été mal prises. Il est juste que je porte la peine de ma négligence, et le succès même de vos recherches ne pourroit plus me donner une satisfaction pure et sans inquiétude; il est trop tard, il est trop tard: ne vous opposez point à l'effet de vos premiers soins, mais je vous supplie de ne pas y en donner davantage. J'ai reçu dans cette occasion la preuve la plus chère et la plus touchante de votre amitié: ce précieux souvenir me tiendra lieu de tout; et mon cœur est trop plein de vous pour sentir le vide de ce qui me manque. Dans l'état où je suis, cette recherche m'intéressoit encore plus pour autrui que pour moi; et, vu le carac-

---

(*) Celle du 29 mai. Voyez ci-devant, page 532. G. P.

(*) Voyez cette réponse ci-devant, page 535, et la note qui s'y rapporte. G. P.

tère trop facile à subjuguer de la personne en question, il n'est pas sûr que ce qu'elle eût trouvé déjà tout formé, soit en bien, soit en mal, ne fût pas devenu pour elle un présent funeste. Il eût été bien cruel pour moi de la laisser victime d'un bourreau.

Vous voulez que je vous parle de mon état ; n'est-il pas convenu que je ne vous en donnerai des nouvelles que quand il y en aura, et il n'y en a pas jusqu'ici ? Si je puis parvenir à rebuter enfin les importuns consolateurs, et à jouir tout-à-fait de la solitude que mon état exige, j'aurai du moins le repos, et c'est, avec le petit nombre d'attachemens qui me sont chers, le seul bien qui me reste à goûter dans la vie.

A LA MÊME.

Ce lundi 18, été de 1761.

J'avois espéré, madame la maréchale, de vous porter hier moi-même de mes nouvelles à votre passage à Saint-Brice ; mais vos relais n'étant point venus, l'heure étant incertaine, et le temps menaçant de pluie, je n'osai, n'étant point encore bien remis, hasarder cette course sans être sûr de vous rencontrer. Vous êtes trop en peine de mon état ; il n'est pas si mauvais qu'on vous l'a fait : j'ai plus d'inquiétude que de douleurs, et les alternatives qui se succèdent me font croire que, pour cette fois, il n'empirera pas considérablement. Si vous étiez actuellement au château, je vous irois voir à l'ordinaire, et je ne serai pas assez malheureux pour ne le pouvoir pas quand vous y serez. Ce voyage, dont j'espère profiter, fait mon espoir le plus doux, et je puis vous répondre que mon cœur n'est point malade. Quant à mon corps, s'il n'est pas bien, c'est une espèce de soulagement pour moi de savoir qu'il ne peut être mieux, *ou du moins que cela ne dépend pas des hommes* ; par là j'évite la peine et la gêne attachées à la crédulité des malades et à la charlatanerie des médecins. Je ne veux plus ajouter la dépendance de ces messieurs-là à celle de la nécessité, dont ils ne dispensent pas, quoi qu'ils fassent : comme j'ai pris mon parti là-dessus depuis long-temps, j'attends de l'amitié dont vous m'honorez que vous voudrez bien ne m'en plus parler. Bonjour, madame la maréchale ; conservez votre santé, et venez m'aider à rétablir la mienne. Si votre présence et celle de monsieur le maréchal ne guérit pas mes souffrances, elle me les fera oublier.

A LA MÊME.

Ce vendredi 28, été de 1761.

Voilà, madame la maréchale, la *Julie angloise*. Si madame la comtesse de Boufflers prend la peine de la parcourir et d'y faire des observations, je lui serai fort obligé de vouloir bien me les communiquer : le libraire anglois m'en demande pour une nouvelle édition, et je n'entends pas assez la langue pour me fier aux miennes.

Je ne vous dirai point que j'ai le cœur plein de votre voyage, de tous vos soins, de toutes vos bontés : en ceci plus on sent, moins on peut dire. Je ne sais si vous n'appelez tout cela qu'une omelette, mais je sais qu'il faut un estomac bien chaud pour la digérer. En vérité, madame, il faut toute la plénitude des sentimens que vous m'avez inspirés pour suffire à la reconnoissance sans rien ôter à l'amitié.

A LA MÊME.

A Montmorency, le 1er septembre 1761.

Il est vrai, madame la maréchale, que j'avois grand besoin de votre dernière lettre pour me tranquilliser, d'autant plus que, par une fatalité qui me poursuit en toutes choses, celle de M. le maréchal, qui auroit fait le même effet, s'est égarée en route, et ne m'est parvenue que depuis quelques jours. Depuis que vous avez daigné me rassurer, je n'ai plus besoin de réponse ; je saurai des nouvelles de votre santé ; et d'ailleurs, puisque vos bontés pour moi sont toujours les mêmes, il ne me faut plus de nouvelles sur ce point-là. J'ai pourtant un peu votre dernier mot sur le cœur ; vous me reprochez de l'avoir moins tendre que vous. Madame la maréchale, à cela je n'ai qu'un mot à dire : à Dieu ne plaise que je vous cause jamais le quart des inquiétudes et des peines que vous m'avez fait souffrir depuis deux mois !

A MADAME LATOUR.

Montmorency, le 29 septembre 1761.

J'espère, madame, malgré le début de votre lettre, que vous n'êtes point auteur, que vous n'eûtes jamais intention de l'être, et que ce n'est point un combat d'esprit auquel vous me provoquez, genre d'escrime pour lequel j'ai autant d'aversion que d'incapacité. Cependant vous vous êtes promis, dites-vous, de n'écrire de vos jours; je me suis promis la même chose, madame, et sûrement je le tiendrai. Mais cet engagement n'est relatif qu'au public; il ne s'étend point jusqu'aux commerces de lettres, et bien m'en prend sans doute; car il seroit fort à craindre que la vôtre ne me coûtât une infidélité. A l'éditeur d'une Julie vous en annoncez une autre, une réellement existante, dont vous êtes la Claire. J'en suis charmé pour votre sexe, et même pour le mien; car, quoi qu'en disc votre amie, sitôt qu'il y aura des Julies et des Claires, les Saint-Preux ne manqueront pas; avertissez-la de cela, je vous supplie, afin qu'elle se tienne sur ses gardes; et vous-même, fussiez-vous (ce que je ne présume pas) aussi folle que votre modèle, n'allez pas croire, à son exemple, que cela suffit pour être à l'abri des folies. Peut-être ce que je vous dis ici vous paroîtra-t-il fort inconsidéré; mais c'est votre faute. Que dire à des personnes qu'on aime à croire très-aimables et très-vertueuses, mais qu'on ne connoît point du tout? Charmantes amies! si vous êtes telles que mon cœur le suppose, puissiez-vous, pour l'honneur de votre sexe, et pour le bonheur de votre vie, ne trouver jamais de Saint-Preux! Mais si vous êtes comme les autres, puissiez-vous ne trouver que des Saint-Preux.

Vous parlez de faire connoissance avec moi; vous ignorez sans doute que l'homme à qui vous écrivez, affligé d'une maladie incurable et cruelle, lutte tous les jours de sa vie entre la douleur et la mort, et que la lettre même qu'il vous écrit est souvent interrompue par des distractions d'un genre bien différent. Toutefois je ne puis vous cacher que votre lettre me donne un désir secret de vous connoître toutes deux; et que si notre commerce finit là, il ne me laissera pas sans quelque inquiétude. Si ma curiosité étoit satisfaite, ce seroit peut-être bien pis encore. Malgré les ans, les maux, la raison, l'expérience, un solitaire ne doit point s'exposer à voir des Julies et des Claires quand il veut garder sa tranquillité.

Je vous écris, madame, comme vous me l'avez prescrit, sans m'informer de ce que vous ne voulez pas que je sache. Si j'étois indiscret, il ne me seroit peut-être pas impossible de vous connoître; mais fussiez-vous madame de Solar elle-même, je ne saurai jamais de votre secret que ce que j'en apprendrai de vous. Si votre intention est que je le devine, vous me trouverez fort bête; mais vous n'avez pas dû vous attendre à me trouver plus d'esprit.

A M. D'OFFREVILLE, A DOUAI.

Sur cette question : S'IL Y A UNE MORALE DÉMONTRÉE, OU S'IL N'Y EN A POINT.

Montmorency, le 4 octobre 1761.

La question que vous me proposez, monsieur, dans votre lettre du 15 septembre, est importante et grave; c'est de sa solution qu'il dépend de savoir s'il y a une morale démontrée ou s'il n'y en a point.

Votre adversaire soutient que tout homme n'agit, quoi qu'il fasse, que relativement à lui-même, et que, jusqu'aux actes de vertu les plus sublimes, jusqu'aux œuvres de charité les plus pures, chacun rapporte tout à soi.

Vous, monsieur, vous pensez qu'on doit faire le bien pour le bien, même sans aucun retour d'intérêt personnel; que les bonnes œuvres qu'on rapporte à soi ne sont plus des actes de vertu, mais d'amour-propre : vous ajoutez que nos aumônes sont sans mérite si nous ne les faisons que par vanité ou dans la vue d'écarter de notre esprit l'idée des misères de la vie humaine; et en cela vous avez raison.

Mais, sur le fond de la question, je dois vous avouer que je suis de l'avis de votre adversaire: car, quand nous agissons, il faut que nous ayons un motif pour agir, et ce motif ne peut être étranger à nous, puisque c'est nous qu'il met en œuvre; il est absurde d'imaginer qu'étant moi, j'agirai comme si j'étois un autre. N'est-il pas vrai que si l'on vous disoit qu'un corps est poussé sans que rien le touche, vous diriez que cela n'est pas concevable? C'est la même chose en morale, quand on croit agir sans nul intérêt.

Mais il faut expliquer ce mot d'*intérêt*, car vous pourriez lui donner tel sens, vous et votre adversaire, que vous seriez d'accord sans vous entendre, et lui-même pourroit lui en donner un si grossier, qu'alors ce seroit vous qui auriez raison.

Il y a un intérêt sensuel et palpable qui se rapporte uniquement à notre bien-être matériel, à la fortune, à la considération, aux biens physiques qui peuvent résulter pour nous de la bonne opinion d'autrui. Tout ce qu'on fait pour un tel intérêt ne produit qu'un bien du même ordre, comme un marchand fait son bien en vendant sa marchandise le mieux qu'il peut. Si j'oblige un autre homme en vue de m'acquérir des droits sur sa reconnoissance, je ne suis en cela qu'un marchand qui fait le commerce, et même qui ruse avec l'acheteur. Si je fais l'aumône pour me faire estimer charitable et jouir des avantages attachés à cette estime, je ne suis encore qu'un marchand qui achète de la réputation. Il en est à peu près de même si je ne fais cette aumône que pour me délivrer de l'importunité d'un gueux ou du spectacle de sa misère. Tous les actes de cette espèce qui ont en vue un avantage extérieur ne peuvent porter le nom de bonnes actions; et l'on ne dit pas d'un marchand qui a bien fait ses affaires qu'il s'y est comporté vertueusement.

Il y a un autre intérêt qui ne tient point aux avantages de la société, qui n'est relatif qu'à nous-mêmes, au bien de notre âme, à notre bien-être absolu, et que pour cela j'appelle intérêt spirituel ou moral, par opposition au premier; intérêt qui, pour n'avoir pas des objets sensibles, matériels, n'en est pas moins vrai, pas moins grand, pas moins solide, et, pour tout dire en un mot, le seul qui, tenant intimement à notre nature, tende à notre véritable bonheur. Voilà, monsieur, l'intérêt que la vertu se propose, et qu'elle doit se proposer, sans rien ôter au mérite, à la pureté, à la bonté morale des actions qu'elle inspire.

Premièrement, dans le système de la religion, c'est-à-dire des peines et des récompenses de l'autre vie, vous voyez que l'intérêt de plaire à l'auteur de notre être et au juge suprême de nos actions est d'une importance qui l'emporte sur les plus grands maux, qui fait voler au martyre les vrais croyans, et en même temps d'une pureté qui peut ennoblir les plus sublimes devoirs. La loi de bien faire est tirée de la raison même; et le chrétien n'a besoin que de logique pour avoir de la vertu.

Mais outre cet intérêt, qu'on peut regarder en quelque façon comme étranger à la chose, comme n'y tenant que par une expresse volonté de Dieu, vous me demanderez peut-être s'il y a quelque autre intérêt lié plus immédiatement, plus nécessairement à la vertu par sa nature, et qui doive nous la faire aimer uniquement pour elle-même. Ceci tient à d'autres questions dont la discussion passe les bornes d'une lettre, et dont, par cette raison, je ne tenterai pas ici l'examen; comme, si nous avons un amour naturel pour l'ordre, pour le beau moral; si cet amour peut être assez vif par lui-même pour primer sur toutes nos passions; si la conscience est innée dans le cœur de l'homme, ou si elle n'est que l'ouvrage des préjugés et de l'éducation : car en ce dernier cas il est clair que nul n'ayant en soi-même aucun intérêt à bien faire ne peut faire aucun bien que par le profit qu'il en attend d'autrui; qu'il n'y a par conséquent que des sots qui croient à la vertu, et des dupes qui la pratiquent. Telle est la nouvelle philosophie.

Sans m'embarquer ici dans cette métaphysique, qui nous mèneroit trop loin, je me contenterai de vous proposer un fait que vous pourrez mettre en question avec votre adversaire, et qui, bien discuté, vous instruira peut-être mieux de ses vrais sentimens que vous ne pourriez vous en instruire en restant dans la généralité de votre thèse.

En Angleterre, quand un homme est accusé criminellement, douze jurés enfermés dans une chambre pour opiner, sur l'examen de la procédure, s'il est coupable ou s'il ne l'est pas, ne sortent plus de cette chambre, et n'y reçoivent point à manger qu'ils ne soient tous d'accord; en sorte que leur jugement est toujours unanime et décisif sur le sort de l'accusé.

Dans une de ces délibérations, les preuves paroissant convaincantes, onze des jurés le condamnèrent sans balancer; mais le douzième s'obstina tellement à l'absoudre, sans vouloir alléguer d'autre raison, sinon qu'il le croyoit innocent, que, voyant ce juré déterminé à mourir de faim plutôt que d'être de leur avis, tous les autres, pour ne pas s'exposer au même sort, revinrent au sien, et l'accusé fut renvoyé absous.

L'affaire finie, quelques-uns des jurés pressèrent en secret leur collègue de leur dire la raison de son obstination ; et ils surent enfin que c'étoit lui-même qui avoit fait le coup dont l'autre étoit accusé, et qu'il avoit eu moins d'horreur de la mort que de faire périr l'innocent chargé de son propre crime.

Proposez le cas à votre homme, et ne manquez pas d'examiner avec lui l'état de ce juré dans toutes ses circonstances. Ce n'étoit point un homme juste, puisqu'il avoit commis un crime ; et, dans cette affaire, l'enthousiasme de la vertu ne pouvoit point lui élever le cœur et lui faire mépriser la vie. Il avoit l'intérêt le plus réel à condamner l'accusé pour ensevelir avec lui l'imputation du forfait ; il devoit craindre que son invincible obstination n'en fît soupçonner la véritable cause, et ne fût un commencement d'indice contre lui : la prudence et le soin de sa sûreté demandoient, ce semble, qu'il fît ce qu'il ne fit pas ; et l'on ne voit aucun intérêt sensible qui dût le porter à faire ce qu'il fit. Il n'y avoit cependant qu'un intérêt très-puissant qui pût le déterminer ainsi dans le secret de son cœur à toute sorte de risque : quel étoit donc cet intérêt auquel il sacrifioit sa vie même ?

S'inscrire en faux contre le fait seroit prendre une mauvaise défaite ; car on peut toujours l'établir par supposition, et chercher, tout intérêt étranger mis à part, ce que feroit en pareil cas, pour l'intérêt de lui-même, tout homme de bon sens qui ne seroit ni vertueux ni scélérat.

Posant successivement les deux cas : l'un, que le juré ait prononcé la condamnation de l'accusé et l'ait fait périr pour se mettre en sûreté ; l'autre, qu'il l'ait absous, comme il fit, à ses propres risques ; puis, suivant dans les deux cas le reste de la vie du juré et la probabilité du sort qu'il se seroit préparé, pressez votre homme de prononcer décisivement sur cette conduite, et d'exposer nettement, de part et d'autre, l'intérêt et les motifs du parti qu'il auroit choisi ; alors, si votre dispute n'est pas finie, vous connoîtrez du moins si vous vous entendez l'un l'autre, ou si vous ne vous entendez pas.

Que s'il distingue entre l'intérêt d'un crime à commettre ou à ne pas commettre, et celui d'une bonne action à faire ou à ne pas faire, vous lui ferez voir aisément que, dans l'hypothèse, la raison de s'abstenir d'un crime avantageux qu'on peut commettre impunément est du même genre que celle de faire, entre le ciel et soi, une bonne action onéreuse ; car outre que, quelque bien que nous puissions faire, en cela nous ne sommes que justes, on ne peut avoir nul intérêt en soi-même à ne pas faire le mal qu'on n'ait un intérêt semblable à faire le bien ; l'un et l'autre dérivent de la même source et ne peuvent être séparés.

Surtout, monsieur, songez qu'il ne faut point outrer les choses au-delà de la vérité, ni confondre, comme faisoient les stoïciens, le bonheur avec la vertu. Il est certain que faire le bien pour le bien c'est le faire pour soi, pour notre propre intérêt, puisqu'il donne à l'âme une satisfaction intérieure, un contentement d'elle-même sans lequel il n'y a point de vrai bonheur. Il est sûr encore que les méchans sont tous misérables, quel que soit leur sort apparent ; parce que le bonheur s'empoisonne dans une âme corrompue comme le plaisir des sens dans un corps malsain. Mais il est faux que les bons soient tous heureux dès ce monde ; et comme il ne suffit pas au corps d'être en santé pour avoir de quoi se nourrir, il ne suffit pas non plus à l'âme d'être saine pour obtenir tous les biens dont elle a besoin. Quoiqu'il n'y ait que les gens de bien qui puissent vivre contens, ce n'est pas à dire que tout homme de bien vive content. La vertu ne donne pas le bonheur, mais elle seule apprend à en jouir quand on l'a : la vertu ne garantit pas des maux de cette vie et n'en procure pas les biens ; c'est ce que ne fait pas non plus le vice avec toutes ses ruses ; mais la vertu fait porter plus patiemment les uns et goûter plus délicieusement les autres. Nous avons donc, en tout état de cause, un véritable intérêt à la cultiver, et nous faisons bien de travailler pour cet intérêt, quoiqu'il y ait des cas où il seroit insuffisant par lui-même sans l'attente d'une vie à venir. Voilà mon sentiment sur la question que vous m'avez proposée.

En vous remerciant du bien que vous pensez de moi, je vous conseille pourtant, monsieur, de ne plus perdre votre temps à me défendre ou à me louer. Tout le bien ou le mal qu'on dit d'un homme qu'on ne connoît point ne signifie pas grand'chose. Si ceux qui m'accusent ont tort, c'est à ma conduite à me justifier; toute autre apologie est inutile ou superflue. J'aurois dû vous répondre plus tôt; mais le triste état où je vis doit excuser ce retard. Dans le peu d'intervalle que mes maux me laissent, mes occupations ne sont pas de mon choix; et je vous avoue que quand elles en seroient, ce choix ne seroit pas d'écrire des lettres. Je ne réponds point à celles de complimens, et je ne répondrois pas non plus à la vôtre, si la question que vous m'y proposez ne me faisoit un devoir de vous en dire mon avis. Je vous salue, monsieur, de tout mon cœur.

A MADAME LA MARÉCHALE DE LUXEMBOURG

Ce mercredi 18.

Voici, madame, une quatrième partie que vous devriez avoir depuis long-temps; mais mon libraire et d'autres tracas dont je vous rendrai compte ne me laissent pas le temps d'aller plus vite, quelque effort que je fasse pour cela. Tous les tracas du monde ne justifieroient pourtant pas mon silence, et ne m'auroient pas empêché d'écrire à M. le maréchal et à vous. Mon excuse est d'une autre espèce, et plus propre à me faire trouver grâce auprès de vous. Dans le commencement de mes attachemens, j'écris fréquemment pour les serrer, pour établir la confiance; quand elle est acquise, je n'écris plus que pour le besoin; il me semble qu'alors on s'entend assez sans se rien dire. Si vous trouvez cette raison valable, voici, madame la maréchale, comment vous me le ferez connoître; c'est en vous faisant, pour répondre, la même règle que je me fais pour écrire. Quand un honnête homme indifférent a l'honneur d'écrire à madame la maréchale de Luxembourg, sa politesse peut lui faire un devoir de répondre; mais quand elle ne répondra pas exactement à celui qu'elle honore d'une estime particulière, ce silence ne sera pas équivoque et vaudra bien une lettre. Je n'aime pas tout ce qui se fait par règle, si ce n'est n'en point avoir d'autre que son cœur; et je suis bien sûr que, sans me dicter de fréquentes lettres, le mien ne se taira jamais pour vous. J'apprends à l'instant la désertion de ce malheureux Saint-Martin : la plume m'en tombe des mains. Oh! si vous avez des fripons à votre service, qui jamais aura d'honnêtes gens? Que je vous plains! que je gémis de ce qui fait l'admiration des autres! Que la Providence, en vous rendant si bons, si aimables, si estimables, vous a tous deux déplacés! Ah! vous méritiez d'être nés obscurs et libres, de n'avoir ni maîtres ni valets, de vivre pour vous et pour vos amis : vous les auriez rendus heureux, et vous l'auriez été vous-mêmes.

A MADAME DE LATOUR.

Montmorency, le 19 octobre 1761.

Le plaisir que j'ai, madame, de recevoir de vous une seconde lettre, seroit tempéré ou peut-être augmenté par vos reproches, si je pouvois les concevoir; mais c'est à quoi je fais de vains efforts. Vous me parlez d'une lettre de votre amie; je n'en ai point reçu d'autre que celle qui accompagnoit la vôtre du 16, et qui est de même date; et cette lettre, ne vous déplaise, n'est point d'une femme, mais seulement d'un homme ou *d'un ange*, ce qui est tout un pour mon dépit. Vous semblez vous plaindre de ma négligence à répondre, et plus je mérite ce reproche de toute autre part, plus votre ingratitude en augmente, puisque j'ai répondu à votre première lettre le surlendemain de sa réception, et que, par un progrès de diligence dont je me passerois bien, voilà que dès le lendemain je réponds à la seconde.

Le grand mal est qu'en vous donnant un homme pour ami, vous êtes restée femme; et la tromperie est d'autant plus cruelle que vous ne m'avez trompé qu'à demi. Deux hommes me feroient mille pareils tours que je n'en ferois que rire; mais je ne sais pourquoi je ne puis vous imaginer tête à tête avec *monsieur* Julie, concertant vos lettres et tout le persifflage adressé à la pauvre dupe, sans des mouvemens de colère, et, je crois, de quelque chose de pis : si, pour me venger, je voulois vous imaginer horrible, vous vous doutez bien que cela me réussiroit mal; je me venge donc au contraire en vous imaginant si charmante que, comme que vous puissiez être, j'ai de quoi vous rendre jalouse de vous. Tout ce qui me déplaît dans cette vengeance est la peur de la prendre à mes dépens.

Nouvelle folie qu'il vous faut avouer. En lisant cette lettre désolante, en l'examinant par tous les recoins, pour y chercher cette chimérique Julie, que je ne puis m'empêcher de regretter presque jusqu'aux larmes, j'ai été découvrir que le timbre de la petite poste avoit fait impression au papier, à travers l'enveloppe, d'où j'ai conclu que l'auteur de cette lettre ne l'avoit point écrite dans votre chambre. Cette découverte a sur-le-champ désarmé ma furie; et j'ai compris par là que je vous pardonnois plutôt le complot de me tromper, que le tête-à-tête de l'exécution. Pour Dieu, madame, vous qui devez faire des miracles, tolérez l'indiscrétion de ma prière; je vous demande à genoux de rechanger ce monsieur en femme. Abusez-moi, mentez-moi, mais, de grâce, refaites-en, comme vous pourrez, une autre Julie, et je vous donnerai à toutes deux les cœurs de mille Saint-Preux dans un seul.

Quant aux lettres que vous dites m'avoir été précédemment écrites, et qu'il est, ajoutez-vous, impossible de supposer ne m'être pas parvenues, il ne faut pas, madame, le supposer, il faut en être persuadée. Je n'ai point reçu ces lettres : si je les avois reçues, j'aurois pu n'y pas répondre, du moins si tôt, car je suis paresseux, souffrant, triste, occupé, et de ma vie je n'ai pu avoir d'exactitude dans les correspondances qui m'intéressoient le plus; mais je n'en aurois point nié la réception, et je n'aurois point désavoué mon tort. Je juge par le tour de vos reproches qu'il étoit question du soin de ma santé, et je suis touché de l'intérêt que vous voulez bien y prendre. Loin que mon dessein soit de mourir, c'est pour vivre jusqu'à ma dernière heure que j'ai renoncé aux impostures des médecins. Vingt ans de tourmens et d'expérience m'ont suffisamment instruit sur la nature de mon mal et sur l'insuffisance de leur art. Ma vie, quoique triste et douloureuse, ne m'est point à charge; elle n'est point sans douceurs, tant que des personnes telles que vous me paroissez être daignent y prendre intérêt; mais lutter en vain pour la prolonger, c'est l'user et l'accourcir; le peu qu'il m'en reste m'est encore assez cher pour en vouloir jouir en paix. Mon parti est pris, je n'aime pas la dispute, et je n'en veux point soutenir contre vous; mais je ne changerai pas de résolution. Adieu, madame, ici finira probablement notre courte correspondance; jouissez du triomphe aisé de me laisser du regret à la finir. Je suis sensible, facile, et naturellement fort aimant; je ne sais point résister aux caresses. D'une seule lettre vous m'avez déjà subjugué, j'avoue aussi que votre feinte Julie ajoutoit beaucoup à votre empire; et maintenant encore que je sais qu'elle n'existe pas, son idée augmente le serrement de cœur qui me reste, en songeant au tour que vous m'avez joué.

AUX INSÉPARABLES, HOMMES OU FEMMES.

Ce lundi soir.

Il faut l'avouer, messieurs ou mesdames, me voilà tout aussi fou que vous l'avez voulu. Votre commerce me devient plus intéressant qu'il ne convient à mon âge, à mon état, à mes principes. Malgré cela, mes soupçons mal guéris ne me permettent plus de continuer sans défiance. Voilà pourquoi je n'écris point nommément à Julie, parce qu'en effet si elle est ce que vous dites, ce que je désire, ou plutôt ce que je dois craindre, l'offense est moindre de ne lui point écrire, que de lui écrire autrement qu'il ne faudroit. Si elle est femme, elle est plus qu'un ange, il lui faut des adorations; si elle est homme, cet homme a beaucoup d'esprit; mais l'esprit est comme la puissance, on en abuse toujours quand on en a trop. Encore un coup, ceci devient trop vif pour continuer l'anonyme. Faites-vous connoître, ou je me tais; c'est mon dernier mot.

A MADAME LA MARÉCHALE DE LUXEMBOURG.

Montmorency, 22 octobre 1761.

J'ai reçu, madame la maréchale, une très-énergique réponse de M. le maréchal (*), et j'aime à me flatter que cette réponse vous est commune avec lui, d'autant plus que vous m'en faites quelques-unes de ce ton-là, au papier vous que vous n'y mettez pas. Il est vrai qu'une réponse que vous écrivez parle pour dix que vous n'écrivez point, et, si j'étois moins insatiable, une seule de vos lettres suffiroit pour alimenter mon cœur pour toute ma vie : mais c'est précisément leur prix qui me rend avide, et je trouve que vous n'avez jamais assez dit ce que je me plais tant à entendre et à lire. Au moyen de la correspondance nouvellement établie, j'espère que vous me dispenserez plus libéralement des grâces qui me sont chères ; il ne vous en coûtera qu'une feuille de papier et une adresse de votre main ; car il me faut, s'il vous plaît, quelques mots que vous ayez tracés, et qui me donneront la confiance de supposer dans la lettre tous ceux qui n'y seront point, mais que vos bontés pour moi et mon attachement pour vous m'y feront supposer. Nous gagnerons tous deux à cet arrangement, madame la maréchale : vous aurez la peine d'écrire de moins, et moi j'aurai le plaisir de lire des lettres, moins agréables peut-être que vous ne les auriez écrites, mais, en revanche, aussi tendres qu'il me plaira.

A M. R...

Montmorency, le 24 octobre 1761.

Votre lettre, monsieur, du 30 septembre, ayant passé par Genève, c'est-à-dire ayant traversé deux fois la France, ne m'est parvenue qu'avant-hier. J'y ai vu, avec une douleur mêlée d'indignation, les traitemens affreux que souffrent nos malheureux frères dans le pays où vous êtes, et qui m'étonnent d'autant plus que l'*intérêt du gouvernement* seroit, ce me semble, de les laisser en repos, *du moins quant à présent*. Je comprends bien que les furieux qui les oppriment consultent bien plus leur humeur sanguinaire que l'intérêt du gouvernement ; mais j'ai pourtant quelque peine à croire qu'ils se portassent à ce point de cruauté si la conduite de nos frères n'y donnoit pas quelque prétexte. Je sens combien il est dur de se voir sans cesse à la merci d'un peuple cruel, sans appui, sans ressource, et sans avoir même la consolation d'entendre en paix la parole de Dieu. Mais cependant, monsieur, cette même parole de Dieu est formelle sur le devoir d'obéir aux lois des princes. La défense de s'assembler est incontestablement dans leurs droits ; et, après tout, ces assemblées n'étant pas de l'essence du christianisme, on peut s'en abstenir sans renoncer à sa foi. L'entreprise d'enlever un homme des mains de la justice ou de ses ministres, fût-il même injustement détenu, est encore une rébellion qu'on ne peut justifier, et que les puissances sont toujours en droit de punir. Je comprends qu'il y a des vexations si dures qu'elles lassent même la patience des justes. Cependant qui veut être chrétien doit apprendre à souffrir, et tout homme doit avoir une conduite conséquente à sa doctrine. Ces objections peuvent être mauvaises, mais toutefois si on me les faisoit, je ne vois pas trop ce que j'aurois à répliquer.

Malheureusement je ne suis pas dans le cas d'en courir le risque. Je suis très-peu connu de M...., et je ne le suis même que par quelque tort qu'il a eu jadis avec moi, ce qui ne le disposeroit pas favorablement pour ce que j'aurois à lui dire ; car, comme vous devez savoir, quelquefois l'offensé pardonne, mais l'offenseur ne pardonne jamais. Je ne suis pas en meilleur prédicament auprès des ministres ; et quand j'ai eu à demander à quelqu'un d'eux non des grâces, je n'en demande point, mais la justice la plus claire et la plus due, je n'ai pas même obtenu de réponse. Je ne ferois, par un zèle indiscret, que gâter la cause pour laquelle je voudrois m'intéresser. Les amis de la vérité ne sont pas bien venus dans les cours, et ne doivent pas s'attendre à l'être. Chacun a sa vocation sur la terre, la mienne est de dire au public des vérités dures, mais utiles ; je tâche de la remplir sans m'embarrasser du mal que m'en veulent les méchans, et qu'ils me font quand ils peuvent. J'ai prêché l'humanité, la douceur, la tolérance, autant qu'il a dépendu de moi ; ce n'est pas ma faute si l'on ne m'a pas écouté : du

---

(*) Le maréchal de Luxembourg n'avoit envoyé à Rousseau qu'une feuille de papier blanc. Il paroît qu'il étoit convenu entre eux que cet envoi tiendroit lieu de réponse de la part du maréchal, lorsqu'il n'auroit pas le temps d'écrire et n'auroit rien de nouveau à communiquer. G. P.

reste, je me suis fait une loi de m'en tenir toujours aux vérités générales : je ne fais ni libelles ni satires ; je n'attaque point un homme, mais les hommes ; ni une action, mais un vice. Je ne saurois, monsieur, aller au-delà.

Vous avez pris un meilleur expédient en écrivant à M... Il est fort ami de..., et se feroit certainement écouter s'il lui parloit pour nos frères ; mais je doute qu'il mette un grand zèle à sa recommandation : mon cher monsieur, la volonté lui manque, à moi le pouvoir ; et cependant le juste pâtit. Je vois par votre lettre que vous avez, ainsi que moi, appris à souffrir à l'école de la pauvreté. Hélas ! elle nous fait compatir aux malheurs des autres ; mais elle nous met hors d'état de les soulager. Bonjour, monsieur, je vous salue de tout mon cœur.

A MADAME LA MARÉCHALE DE LUXEMBOURG.

Ce dimanche 26 octobre.

Permettez, madame la maréchale, que je vous envoie le bulletin de ma journée d'hier. J'appris le matin que vous deviez passer à Saint-Brice, entre midi et une heure. Je dînai à onze heures et demie, et de peur d'arriver trop tard, voulant gagner le temps du relai, j'allai couper le grand chemin au barrage de Pierre-Fite ; de là je remontai au petit pas jusqu'à la vue de Saint-Brice. Là, les premières gouttes de pluie m'ayant surpris, je fus me réfugier chez le curé de Groslay, d'où, voyant que la pluie ne faisoit qu'augmenter, je pris enfin le parti de me remettre en route, et j'arrivai chez moi mouillé jusqu'aux os, crotté jusqu'au dos, et qui pis est, ne vous ayant point vue. Je voudrois bien, madame la maréchale, que tous ces maux excitassent votre pitié, et me valussent un petit emplâtre de papier blanc.

A LA MÊME.

Ce mardi matin.

Bon Dieu ! madame, quelle lettre ! quel style ! Est-ce bien à moi que vous écrivez ? est-ce une plaisanterie, et vous moquez-vous de mes frayeurs ? J'aurois ce soupçon, peut-être, s'il ne faisoit que m'humilier ; mais il vous outrage, et je l'étouffe. Non, non, plus d'alarmes, plus d'inquiétudes ; cet état est trop cruel, et sans doute il est trop injuste ; j'y renonce pour la vie : je me livre dans la simplicité de mon cœur à toute la bonté du vôtre ; et je suis bien sûr, quelque ton que vous puissiez prendre, que je ne mériterai jamais que vous quittiez celui de l'amitié.

Mais quoi, toujours des torts ? Vous m'en reprochez d'autres au sujet du livre. Qu'ai-je donc fait ? Que vous m'affligez ! Oui, madame la maréchale, si je vous ai promis quelque chose que j'aie oublié, il faut que je sois un monstre : je ne sens pas en moi que je sois fait pour l'être ; en vérité je croyois être en règle. Je vais tout quitter à l'instant pour me mettre à vos copies, et je vous promets, et je m'en souviendrai, que je ne les suspendrai point sans votre congé.

J'écris ces mots à la hâte pour vous renvoyer plus tôt votre exprès ; je voudrois qu'il eût des ailes pour vous porter ce témoignage de ma reconnoissance et de mon repentir. Mais pourtant je ne puis avoir regret au souci que m'a donné ma mauvaise tête, puisqu'il m'attire un soin si obligeant de votre part.

A JULIE.

Je joindrois une épithète si j'en savois quelqu'une qui pût ajouter à ce mot.

30 octobre 1761.

Oui, madame, vous êtes femme, j'en suis persuadé ; si, sur les indices contraires que je vous dirai quand il vous plaira, je m'obstinois après vos protestations à en douter encore, je ne ferois plus de tort qu'à moi. Cela posé, je sens que j'ai à réparer près de vous toutes les offenses qu'on peut faire à quelqu'un qu'on ne connoît que par son esprit ; mais ce devoir ne m'effraie point, et il faudra que vous soyez bien inexorable, si la disposition où je suis de m'humilier devant vous ne vous apaise pas. D'ailleurs, vous vous trompez fort quand vous regardez votre amour-propre comme offensé par mes doutes ; la frayeur que j'avois qu'ils ne fussent fondés vous en venge assez ; et pensez-vous que ce ne fût rien, quand vous avez osé prendre ce nom de Julie, de n'avoir pu vous le disputer?

La condition sur laquelle vous daignez satisfaire l'empressement que j'ai de savoir qui vous êtes me confirme qu'il vous est bien dû. Je vous rends donc justice; mais vous ne me la rendez pas, quand vous me supposez plus curieux que sensible. Non, madame, ce que je n'aurois pas fait pour vous complaire, je ne le ferois pas pour vous connoître, et je ne vous vendrois pas un bien que vous voulez me faire, pour en arracher un *plus grand* malgré vous. Je suppose que l'homme que vous voulez que je voie est le frère Côme, dont vous m'avez parlé précédemment; si la chose étoit à faire, je vous obéirois, et vous resteriez inconnue : mais l'amitié a prévenu l'humanité. M. le maréchal de Luxembourg exigea l'été dernier que je le visse; j'obéis, et il l'a fait venir deux fois. Le frère Côme a fait ce que n'avoit pu faire avant lui nul homme de l'art; je n'ai rien vu de lui qui ne soit très-conforme à sa réputation et au jugement que vous en portez; enfin, il m'a délivré d'une erreur fâcheuse, en vérifiant que mon mal n'étoit point celui que je croyois avoir. Mais celui que j'ai n'en est ni moins inconnu, ni moins incurable qu'auparavant, et je n'en souffre pas moins depuis ses visites; ainsi, tous les soins humains ne servent plus qu'à me tourmenter. Ce n'est sûrement pas votre intention qu'ils aient cet usage.

Vous me reprochez l'abus de l'esprit qu'en vous supposant homme j'avois cru voir dans vos lettres. J'ignore si cette imputation est fondée, mais je n'ai jamais cru avoir assez d'esprit pour en pouvoir abuser, et je n'en fais pas assez de cas pour le vouloir. Mais il est vrai que dans l'espèce de correspondance qu'il vous a plu d'établir avec moi, l'embarras de savoir que dire a pu me faire recourir à de mauvaises plaisanteries qui ne me vont point, et dont je me tire toujours gauchement. Il ne tiendra qu'à vous, madame, et à votre aimable amie, de connoître que mon cœur et ma plume ont un autre langage, et que celui de l'estime et de la confiance ne m'est pas absolument étranger. Mais vous qui parlez, il s'en faut beaucoup que vous soyez disculpée auprès de moi sur ce chapitre; et je vous avertis que ce grief n'est pas si léger à mon opinion qu'il ne vaille la peine d'être d'abord discuté, et puis tout-à-fait ôté d'une correspondance continuée.

Après ma lettre pliée, je m'aperçois qu'on peut lire l'écriture à travers le papier, ainsi je mets une enveloppe.

A M. LE MARÉCHAL DE LUXEMBOURG.

Montmorency, le 3 novembre 1761.

Monsieur le maréchal, je ne suis point un sinistre interprète; j'ai donné à votre lettre blanche le sens qu'elle devoit avoir : mais je vous avoue que l'invincible silence de madame la maréchale m'épouvante, et me fait craindre d'avoir été trop confiant. Je ne comprends rien à cet effrayant mystère, et n'en suis que plus alarmé. De grâce, faites cesser un silence aussi cruel. Quelle douleur seroit la mienne s'il duroit au point de me forcer de l'entendre! C'est ce que je n'ose même imaginer.

A JULIE.

Montmorency, le 10 novembre 1761.

Je crois, madame, que vous avez deviné juste, et que je me serois moins avancé, à l'égard de l'homme en question, si, malgré ce que m'avoit écrit votre amie, j'avois cru que ce ne fût pas le frère Côme. Non, ce me semble, par le désir de me faire honneur d'une déférence que je ne voulois pas avoir, mais parce que avant d'avoir vu le frère Côme, il me restoit à faire un dernier sacrifice, que vous eussiez sans doute obtenu, quoique j'en susse le désagrément et l'inutilité. Maintenant qu'il est fait, ce sacrifice a mis le terme à ma complaisance, et je ne veux plus rien faire, à cet égard, que ce que j'ai promis. Je ne me souviens pas de ma lettre, mais soyez vous-même juge de cet engagement : si je ne *suis* tenu à rien, je ne veux rien accorder; si vous me croyez lié par ma parole, envoyez M. Sarbourg, il sera content de ma docilité. Mais, au reste, de quelque manière que se passe cette entrevue, elle ne peut aboutir de sa part qu'à un examen de pure curiosité; car, s'il osoit entreprendre ma guérison, je ne serois pas assez fou pour me livrer à cette entreprise, et je suis très-sûr de n'avoir rien promis de pareil. J'ai senti dès l'enfance les premières atteintes du mal qui me consume; il a sa source dans quelque vice de conformation né avec moi; les plus crédules dupes de la médecine ne le furent jamais au point de penser qu'elle pût guérir de ceux-là. Elle a son utilité, j'en conviens; elle sert à leurrer l'esprit d'une vaine espérance; mais les emplâtres de cette espèce ne mordent plus sur le mien.

A l'égard de la promesse conditionnelle de vous faire connoître, je vous en remercie; mais je vous en relève, quelque parti que vous preniez au sujet de M. Sarbourg. En y mieux pensant, j'ai changé de sentiment sur ce point; si, selon votre manière d'interpréter, vous trouvez encore là une indifférence désobligeante, ce ne sera pas en cette occasion que je vous reprocherai trop d'esprit. Mon empressement de savoir qui vous êtes venoit de ma défiance sur votre sexe, elle n'existe plus; je vous crois femme, je n'en doute point, et c'est pour cela que je ne veux plus vous connoître; vous ne sauriez plus y gagner, et moi j'y pourrois trop perdre.

Ne croyez pas, au reste, que jamais j'aie pu vous prendre pour un homme; il n'y a rien de moins alliable que les deux idées qui me tourmentoient : j'ai seulement cru vos lettres de la main d'un homme; je l'ai cru, fondé sur l'écriture, aussi liée, aussi formée que celle d'un homme; sur la grande régularité de l'orthographe; sur la ponctuation plus exacte que celle d'un prote d'imprimerie; sur un ordre que les femmes ne mettent pas communément dans leurs lettres, et qui m'empêchoit de me fier à la délicatesse qu'elles y mettent, mais que quelques hommes y mettent aussi; enfin sur les citations italiennes, qui me déroutoient le plus. Le temps est passé des Bouillon, des La Suze, des La Fayette, des dames françoises qui lisoient et aimoient la poésie italienne. Aujourd'hui leurs oreilles racornies à votre Opéra ont perdu toute finesse, toute sensibilité; ce goût est éteint pour jamais parmi elles.

Nè più il vestiglo appar; nè dir si può
Egli qui fue.

Ajoutez à tout cela certain petit trait accolé de deux points, qui finit toutes vos lettres, et qui me fournissoit un indice décisif au gré de ma pointilleuse défiance. Où diantre avez-vous aussi pêché ce maudit trait qu'on ne fit jamais que dans des bureaux, et qui m'a tant désolé? Charmante Claire, examinez bien la jolie main de votre amie; je parie que ses petits doigts ne sauroient faire un pareil trait sans contracter un durillon. Mais, ce n'est pas tout; vous voulez savoir sur quoi portoit aussi ma frayeur que cette lettre ne fût de la main d'un homme : *c'est que votre Claire vous avoit donné la vie, et que cet homme-là vous tuoit.*

Il est vrai, madame, que je n'ai pas répondu à vos six pages, et que je n'y répondrois pas en cent. Mais, soit que vous comptiez les pages, les choses, les lettres, je serai toujours en reste; et, si vous exigez autant que vous donnez, je n'accepte point un marché qui passe mes forces. Je ne sais par quel prodige j'ai été jusqu'ici plus exact avec vous, que je ne connois point, que je ne le fus de ma vie avec mes amis les plus intimes. Je veux conserver ma liberté jusque dans mes attachemens; je veux qu'une correspondance me soit un plaisir et non pas un devoir; je porte cette indépendance dans l'amitié même : je veux aimer librement mes amis pour le plaisir que j'y prends; mais, sitôt qu'ils mettent les services à la place des sentimens, et que la reconnoissance m'est imposée, l'attachement en souffre, et je ne fais plus avec plaisir ce que je suis forcé de faire. Tenez-vous cela pour dit, quand vous m'aurez envoyé votre M. Sarbourg. Je comprends que vous n'exigerez rien, c'est pour cela même que je vous devrai davantage, et que je m'acquitterai d'autant plus mal. Ces dispositions me font peu d'honneur, sans doute; mais les ayant malgré moi, tout ce que je puis faire, est de les déclarer : je ne vaux pas mieux que cela. Revenant donc à nos lettres, soyez persuadée que je recevrai toujours les vôtres et celles de votre amie *avec quelque chose de plus que du plaisir,* qu'elles peuvent charmer mes maux et parer ma solitude; mais, quand j'en recevrois dix de suite sans faire une réponse, et que vous écrivant enfin, au lieu de répondre article par article, je suivrois seulement le sentiment qui me fait prendre la plume, je ne ferois rien que j'aie promis de ne pas faire, et à quoi vous ne deviez vous attendre.

C'est encore à peu près la même chose à l'égard du ton de mes lettres. Je ne suis pas poli, madame ; je sens dans mon cœur de quoi me passer de l'être, et il y *surviendra bien du changement, si jamais je suis tenté de l'être avec vous.* Voyez encore quelle interprétation votre bénignité veut donner à cela, car pour moi je ne puis m'expliquer mieux. D'ailleurs, j'écris très-difficilement quand je veux châtier mon style : j'ai par-dessus la tête du métier d'auteur ; la gêne qu'il impose est une des raisons qui m'y font renoncer. A force de peine et de soin, je puis trouver enfin le tour convenable et le mot propre ; mais je ne veux mettre ni peine ni soin dans mes lettres ; j'y cherche le délassement d'être incessamment vis-à-vis du public ; et quand j'écris avec plaisir, je veux écrire à mon aise. Si je ne dis ni ce qu'il faut, ni comme il faut, qu'importe ? Ne sais-je pas que mes amis m'entendront toujours ; qu'ils expliqueront mes discours par mon caractère, non mon caractère par mes discours, et que si j'avois le malheur de leur écrire des choses malhonnêtes, ils seroient sûrs de ne m'avoir entendu qu'en y trouvant un sens qui ne le fût pas ? Vous me direz que tous ceux à qui j'écris ne sont ni mes amis, ni obligés de me connoître. Pardonnez-moi, madame ; je n'ai ni ne veux avoir de simples connoissances ; je ne sais, ni ne veux savoir comment on leur écrit. Il se peut que je mette mon commerce à trop haut prix, mais je n'en veux rien rabattre, *surtout avec vous, quoique je ne vous connoisse pas*, car je présume qu'il m'est plus aisé de vous aimer sans vous connoître, que de vous connoître sans vous aimer. Quoi qu'il en soit, c'est ici une affaire de convention : n'attendez de moi nulle exactitude, et n'allez plus épiloguant sur mes mots. Si je ne vous écris ni régulièrement ni convenablement, je vous écris pourtant : cela dit tout, et corrige tout le reste. Voilà mes *explications, mes conditions*; acceptez ou refusez, mais ne marchandez pas ; cela seroit inutile.

Je vois par ce que vous me marquez, et par la couleur de votre cachet, que vous avez fait quelque perte, et je sais par votre amie que vous n'êtes pas heureuse : c'est peut-être à cela que je dois votre commisération et l'intérêt que vous daignez prendre à moi. L'infortune attendrit l'âme ; les gens heureux sont toujours durs. Madame, *plus le cas que je fais de votre bienveillance augmente ; plus je la trouve trop chère à ce prix.*

Je vous dirai une autre fois ce que je pense de l'affranchissement de votre lettre, et de la mauvaise raison que vous m'en donnez. En attendant, je vous prie, par cette raison même, de ne plus continuer d'affranchir, c'est le vrai moyen de faire perdre les lettres. Je suis à présent fort riche, et le serai, j'espère, long-temps *pour cela ;* tout ce que j'ôte à la vanité dans ma dépense, *c'est pour le donner au vrai plaisir.*

A MADAME LATOUR.

Lundi 16.

Ah ! ces maudits médecins, ils me la tueront avec leurs saignées (*). Madame, j'ai été très-sujet aux esquinancies, et toujours par les saignées elles sont devenues pour moi des maladies terribles. Quand, au lieu de me faire saigner, je me suis contenté de me gargariser, et de tenir les pieds dans l'eau chaude, le mal de gorge s'est en allé (**) dès le lendemain : mais malheureusement il étoit trop tard ; quand on a commencé de saigner, alors il faut continuer, de peur d'étouffer. Des nouvelles, et très-promptement, je vous en supplie ; je ne puis, quant à présent, répondre à votre lettre ; et moi-même aussi je suis encore moins bien qu'à mon ordinaire. J'ajouterai seulement, sur votre anonyme, qu'il n'est guère étonnant que vous ne puissiez deviner ce que je veux ; car, en vérité, je ne le sais pas trop moi-même. J'avoue pourtant que toutes ces enveloppes et adresses me semblent assez incommodes, et que je ne vois pas l'inconvénient qu'il y auroit à s'en délivrer.

Je n'ai montré vos lettres à personne au monde. Si vous prenez le parti de vous nommer, j'approuve très-fort que nous continuions à garder l'*incognito* dans notre correspondance.

(*) Jean-Jacques avoit horreur de la saignée ; il la refusa obstinément dans sa chute de 1776.   M. P.
(**) On doit dire *s'en est allé*, et non *s'est en allé*.   M. P.

A L'ABBÉ DE JODELH.

Montmorency, le 16 novembre 1761.

Est-il bien naturel, monsieur, que, pour avoir des éclaircissemens sur un écrit des pasteurs de Genève, vous vous adressiez à un homme qui n'a pas l'honneur d'être de leur nombre? et ne seroit-ce pas matière à scandale de voir un ecclésiastique dans un séminaire demander à un hérétique des instructions sur la foi, si l'on ne présumoit que c'est une ruse polie de votre zèle pour me faire accepter les vôtres? Mais, monsieur, quelque disposé que je puisse être à les recevoir dans tout autre temps, les maux dont je suis accablé me forcent de vaquer à d'autres soins que cette petite escrime de controverse, bonne seulement pour amuser les gens oisifs qui se portent bien. Recevez donc, monsieur, mes remercîmens de votre soin pastoral, et les assurances de mon respect.

A JULIE.

Montmorency, 24 novembre 1761.

Vous serez peu surprise, madame, et peut-être encore moins flattée, quand je vous dirai que la relation de votre amie m'a touché jusqu'aux larmes. Vous êtes faite pour en faire verser, et pour les rendre délicieuses; il n'y a rien là de nouveau ni de bien piquant pour vous. Mais ce qui sans doute est un peu plus rare, est que votre esprit et votre âme ont tout fait, sans que votre figure s'en soit mêlée; et, en vérité, je suis bien aise de vous connoître sans vous avoir vue, afin de lui dérober un cœur qui vous appartienne, et de vous aimer autrement que tous ceux qui vous approchent. Providence immortelle! il y a donc encore de la vertu sur la terre! il y en a chez des femmes; il y en a en France, à Paris, dans le quartier du Palais-Royal! Assurément, ce n'est pas là que j'aurois été la chercher. Madame, il n'y a rien de plus intéressant que vous : mais, malgré tous vos malheurs, je ne vous trouve point à plaindre. Une âme honnête et noble peut avoir des afflictions; mais elle a des dédommagemens ignorés de tous les autres, et je suis tous les jours plus persuadé qu'il n'y a point de jouissance plus délicieuse que celle de soi-même, quand on porte un cœur content de lui.

Pardonnez-moi ce moment d'enthousiasme. Vous êtes au-dessus des louanges; elles profanent le vrai mérite, et je vous promets que vous n'en recevrez plus de moi. Mais, en revanche, attendez-vous à de fréquens reproches; vous ne savez peut-être pas que plus vous m'inspirez d'estime, plus vous me rendez exigeant et difficile. Oh! je vous avertis que vous faites tout ce qu'il faut, vous et votre amie, pour que je ne sois jamais content de vous. Par exemple, qu'est-ce que c'est que ce caprice, après que vous avez été rétablie, de ne pas m'écrire, parce que je ne vous avois pas écrit? Eh! mon Dieu, c'est précisément pour cela qu'il falloit écrire, de peur que le commerce ne languît des deux côtés. Avez-vous donc oublié notre traité, ou est-ce ainsi que vous en remplissez les conditions? Quoi! madame, vous allez donc compter mes lettres par numéros, un, deux, trois, pour savoir quand vous devez m'écrire, et quand vous ne le devez pas. Faites encore une fois ou deux un pareil calcul, et je pourrai vous adorer toujours, mais je ne vous écrirai de ma vie.

Et l'autre qui vient m'écrire bêtement qu'elle n'a point d'esprit! Je suis donc un sot, moi, qui lui en trouve presque autant qu'à vous? Cela n'est-il pas bien obligeant? Aimable Claire, pardonnez-moi ma franchise; je ne puis m'empêcher de vous dire que les gens d'esprit se mettent toujours à leur place, et que chez eux la modestie est toujours fausseté.

Mais si elle m'a donné quelque prise en parlant d'elle, que d'hommages ne m'arrache-t-elle point pour son compte en parlant de vous! avec quel plaisir son cœur s'épanche sur ce charmant texte! avec quel zèle, avec quelle énergie elle décrit les malheurs et les vertus de son amie! Vingt fois, en lisant sa dernière lettre, j'ai baisé sa main tout au moins, et nous étions au clavecin. Encore si c'étoit là mon plus grand malheur! mais non : le pis est qu'il faut vous dire cela comme un crime que je suis obligé de vous confesser.

Adieu, belle Julie; je ne vous écrirai de six

semaines, cela est résolu : voyez ce que vous voulez faire durant ce temps-là. Je vous parlerois de moi si j'avois quelque chose de consolant à vous dire : mais quoi ! plus souffrant qu'à l'ordinaire, accablé de tracas et de chagrins de toute espèce, mon mal est le moindre de mes maux. Ce n'est pas ici le moment de M. Sarbourg. Je n'ai pas oublié son article, auquel votre amie revient avec tant d'obstination, il sera traité dans ma première lettre.

A M. LE MARÉCHAL DE LUXEMBOURG.

Montmorency, le 26 novembre 1761.

Savez-vous bien, monsieur le maréchal, que celle de toutes vos lettres dont j'avois le plus grand besoin, savoir la dernière sans date, mais timbrée de Fontainebleau, ne m'est arrivée que depuis trois ou quatre jours, quoique je la croie écrite depuis assez longtemps ? Je soupçonne, par les chiffres et les renseignemens dont elle est couverte, qu'elle est allée à Enghien en Flandre avant de me parvenir. Ce sont des fatalités faites pour moi. Heureusement, il m'est venu dans l'intervalle une lettre de madame la maréchale, qui m'a rassuré ; la vôtre achève de me rendre le repos, et enfin me voilà tranquille sur la chose qui m'intéresse le plus au monde. Assurément je n'avois pas besoin qu'une pareille alarme vînt me faire sentir tout le prix de vos bontés. Monsieur le maréchal, il me reste un seul plaisir dans la vie, c'est celui de vous aimer et d'être aimé de vous. Je sens que si jamais je perdois celui-là, je n'aurois plus rien à perdre.

A JULIE.

A Montmorency, le 29 novembre 1761.

Encore une lettre perdue, madame ! Cela devient fréquent, et il est bizarre que ce malheur ne m'arrive qu'avec vous. Dans le premier transport que me donna la relation de votre amie, je vous écrivis, le cœur plein d'attendrissement, d'admiration et les yeux en larmes. Ma lettre fut mise à la poste, sous son adresse, rue..... comme elle me l'avoit marqué. Le lendemain je reçus la vôtre, où vous me tancez de mon impolitesse, et je craignis de là que la dernière ne vous eût encore déplu ; car je n'ai qu'un ton, madame ; et je n'en saurois changer, même avec vous. Si mon style vous déplaît, il faut me taire ; mais il me semble que mes sentimens devroient me faire pardonner. Adieu, madame ; je ne puis maintenant vous parler de mon état, ni vous écrire de quelque temps ; mais soyez sûre que, quoi qu'il arrive, votre souvenir me sera cher.

Mille choses de ma part à l'aimable Claire ; j'ai du regret de ne pouvoir écrire à toutes deux.

A M. MOULTOU.

Montmorency, le 12 décembre 1761.

Vous voulez, cher Moultou, que je vous parle de mon état. Il est triste et cruel à tous égards ; mon corps souffre, mon cœur gémit, et je vis encore. Je ne sais si je dois m'attrister ou me réjouir d'un accident qui m'est arrivé il y a trois semaines, et qui doit naturellement augmenter mais abréger mes souffrances. Un bout de sonde molle, sans laquelle je ne saurois plus pisser, est resté dans le canal de l'urètre, et augmente considérablement la difficulté du passage ; et vous savez que dans cette partie-là les corps étrangers ne restent pas dans le même état, mais croissent incessamment, en devenant les noyaux d'autant de pierres. Dans peu de temps nous saurons à quoi nous en tenir sur ce nouvel accident.

Depuis long-temps j'ai quitté la plume et tout travail appliquant ; mon état me forceroit à ce sacrifice, quand je n'en aurois pas pris la résolution. Que ne l'ai-je prise trois ans plus tôt ! Je me serois épargné les cruelles peines qu'on me donne et qu'on me prépare au sujet de mon dernier ouvrage. Vous savez que j'ai jeté sur le papier quelques idées sur l'éducation. Cette importante matière s'est étendue sous ma plume au point de faire un assez et trop gros livre, mais qui m'étoit cher, comme le plus utile, le meilleur, et le dernier de mes écrits. Je me suis laissé guider dans la disposition de cet ouvrage; et, contre mon avis, mais non pas sans l'aveu du magistrat, le manuscrit a été remis à un libraire de Paris, pour l'imprimer; et il en a donné six mille fr., moitié comptant, et moitié en billets payables à divers termes. Ce libraire a ensuite traité avec un autre libraire de Hollande, pour faire en même temps, et sur ses feuilles, une autre édition parallèle à la sienne, pour la Hollande, l'Allemagne et l'Angleterre. Vous croiriez là-dessus que l'intérêt du libraire françois étant de retirer et faire valoir son argent, il n'auroit eu plus grande hâte que d'imprimer et publier le livre; point du tout, monsieur. Mon livre se trouve perdu, puisque je n'en ai aucun double, et mon manuscrit supprimé, sans qu'il me soit possible de savoir ce qu'il est devenu. Pendant deux ou trois mois, le libraire, feignant de vouloir imprimer, m'a envoyé quelques épreuves, et même quelques dessins de planches; mais ces épreuves allant et revenant incessamment les mêmes, sans qu'il m'ait jamais été possible de voir une seule bonne feuille, et ces dessins ne se gravant point, j'ai enfin découvert que tout cela ne tendoit qu'à m'abuser par une feinte; qu'après les épreuves tirées on défaisoit les formes, au lieu d'imprimer, et qu'on ne songeoit à rien moins qu'à l'impression de mon livre.

Vous me demanderez quel peut être de la part du libraire le but d'une conduite si contraire à son intérêt apparent. Je l'ignore; il ne peut certainement être arrêté que par un intérêt plus grand, ou par une force supérieure. Ce que je sais, c'est que ce libraire dépend d'un autre libraire nommé Guérin, beaucoup plus riche, plus accrédité, qui imprime pour la police, qui voit les ministres, qui a l'inspection de la bibliothèque de la Bastille, qui est au fait des affaires secrètes, qui a la confiance du gouvernement, et qui est absolument dévoué aux jésuites. Or, vous saurez que depuis long-temps les jésuites ont paru fort inquiets de mon traité de l'éducation: les alarmes qu'ils en ont prises m'ont fait plus d'honneur que je n'en mérite, puisque dans ce livre il n'est pas question d'eux ni de leurs colléges, et que je me suis fait une loi de ne jamais parler d'eux dans mes écrits ni en bien ni en mal. Mais il est vrai que celui-ci contient une profession de foi qui n'est pas plus favorable aux intolérans qu'aux incrédules, et qu'il faut bien à ces gens-là des fanatiques, mais non pas des gens qui croient en Dieu. Vous saurez de plus que ledit Guérin, par mille avances d'amitié, m'a circonvenu depuis plusieurs années en se récriant contre les marchés que je faisois avec Rey, en le décriant dans mon esprit, et prenant mes intérêts avec une générosité sans exemple. Enfin, sans vouloir être mon imprimeur lui-même, il m'a donné celui-ci, auquel sans doute il a fait les avances nécessaires pour avoir le manuscrit; car, malheureusement pour eux, il n'étoit plus dans mes mains, mais dans celles de madame de Luxembourg, qui n'a pas voulu le lâcher sans argent.

Voilà les faits; voici maintenant mes conjectures. On ne jette pas six mille francs dans la rivière simplement pour supprimer un manuscrit. Je présume que l'état de dépérissement où je suis aura fait prendre à ceux qui s'en sont emparés le parti de gagner du temps, et différer l'impression du mien jusqu'après ma mort. Alors, maîtres de l'ouvrage, sur lequel personne n'aura plus d'inspection, ils le changeront et falsifieront à leur fantaisie; et le public sera tout surpris de voir paroître une doctrine jésuitique sous le nom de J. J. Rousseau.

Jugez de l'effet que doit faire une pareille prévoyance sur un pauvre solitaire qui n'est au fait de rien, sur un pauvre malade qui se sent finir, sur un auteur enfin qui peut-être a trop cherché sa gloire, mais qui ne l'a cherchée au *moins que dans des écrits utiles à ses semblables.* Cher Moultou, il faut tout mon espoir dans celui qui protége l'innocence pour me faire endurer l'idée qu'on n'attend que de me voir les yeux fermés pour déshonorer ma mémoire par un livre pernicieux. Cette crainte m'agite au point que, malgré mon état, j'ose entreprendre de me remettre sur mon brouillon pour refaire une seconde fois mon livre: mais, en pareil cas même, comment en tirer parti, je ne dis pas quant à l'argent; car, vu la matière et les circonstances, un tel livre doit donner au moins vingt mille francs de profit au libraire, et je ne demande qu'à pouvoir rendre les mille écus que j'ai reçus; mais je dis quant au crédit des opposans, qui trouveront partout, avec leurs intrigues, le moyen d'arrêter une édition dont ils seront instruits? Il faudroit un libraire en état de faire une pareille entreprise; et Rey pour cela peut être bon; mais il faudroit aussi de la diligence et du secret, et l'on ne peut attendre de lui ni l'un ni l'autre. D'ailleurs il faut du temps, et je ne sais si la nature m'en donnera; sans compter que ceux qui ont intercepté le livre ne seront pas, quels qu'ils soient, gens à laisser l'auteur en repos, s'il vit trop long-temps à leur gré. Souvent l'offensé pardonne, mais l'offenseur ne pardonne jamais. Voilà mes embarras: je crois qu'un plus sage en auroit à moins. Prendre le parti de me plaindre seroit agir en enfant: *Nescit Orcus reddere prædam.* Je n'ai pour moi que le droit et la justice contre des adversaires qui ont la ruse, le crédit, la puissance: c'est le moyen de se faire haïr.

Cher Moultou, cher Roustan, soyez tous deux, dans cet état, ma consolation, mon espérance. Instruits de mon malheur et de sa cause, promettez-moi, si mes craintes se vérifient, que vous ne laisserez pas sans désaveu passer sous mon nom un livre falsifié. Vous reconnoîtrez aisément mon style, et vous n'ignorez pas quels sont mes sentimens: ils n'ont point changé. J'ai peine à croire que jamais des jésuites y substituent assez adroitement les leurs pour vous en imposer; mais au moins ils tronqueront et mutileront mon livre, et par cela seul ils le défigureront: en ôtant mes éclaircissemens et mes preuves, ils rendront extravagant ce qui est démontré. Protestez hautement contre une édition infidèle, désavouez-la publiquement en mon nom: cette lettre vous y autorise; une telle démarche est sans danger, dans le pays où vous êtes; et prendre la juste défense d'un ami qui n'est plus, c'est travailler à sa propre gloire. Que Roustan ne laisse pas avilir la mémoire d'un homme qu'il honora du nom de son maître. Quelque peu mérité que soit de ma part un pareil titre, cela ne le dispense pas des devoirs qu'il s'est imposés en me le donnant. Rien ne l'obligeoit à contracter la dette, mais maintenant il doit la payer. Vous avez en commun celle de l'amitié, d'autant plus sacrée qu'elle eut pour premier fondement l'estime et l'amour de la vertu. Marquez-moi si vous acceptez l'engagement. J'ai grand besoin de tranquillité, et je n'en aurai point jusqu'à votre réponse.

Parlons maintenant de votre voyage. L'espérance est la dernière chose qui nous quitte, et je ne puis renoncer à celle que vous m'avez donnée. Oh! venez, cher Moultou. Qui sait si le plaisir de vous voir, de vous presser contre mon cœur, ne me rendra pas assez de force pour vous suivre dans votre retour, et pour aller au moins mourir dans cette terre chérie où je n'ai pu vivre. C'est un projet d'enfant, je le sens; mais quand toutes les autres consolations nous manquent, il faut bien s'en faire de chimériques. Venez, cher Moultou, voilà l'essentiel; si nous y sommes à temps, alors nous délibérerons du reste. Quant au passe-port, ayez-le par vos amis, si cela se peut; sinon, je crois, de manière ou d'autre, pouvoir vous le procurer: mais je vous avoue que je sens une répugnance mortelle à demander des grâces dans un pays où l'on me fait des injustices.

Je vous remercie de ce que vous avez fait pour moi sur la lettre à M. de Voltaire, et je vous prie d'en faire aussi mes très-humbles remercîmens à M. le syndic Mussard. Je n'ai pour raison de m'opposer à sa publication que les égards dus à M. de Voltaire, et que je ne perdrai jamais, de quelque manière qu'il se conduise avec moi; car je ne me sens porté à l'imiter en rien. Cependant puisque cette lettre est déjà publique, il y auroit peu de mal qu'elle le devînt davantage en devenant plus correcte; et je ne crains sur ce point la critique de personne, honoré du suffrage de M. Abauzit. Faites là-dessus tout ce qui vous paroîtra convenable; je m'en rapporte entièrement à vous.

J'ai trouvé, parmi mes chiffons, un petit morceau que je vous destine, puisque vous l'avez souhaité. Le morceau est très-foible; mais il a été fait pour une occasion où il n'étoit pas permis de mieux faire, ni de dire ce que j'aurois voulu. D'ailleurs il est lisible et complet; c'est déjà quelque chose: de plus, il ne peut jamais être imprimé, parce qu'il a été fait de commande et qu'il m'a été payé (*). Ainsi c'est un dépôt d'estime et d'amitié qui ne doit jamais passer en d'autres mains que les vôtres; et c'est uniquement par là qu'il peut valoir quelque chose auprès de vous. Je voudrois bien espérer de vous le remettre; mais si vous m'in-

---

(*) L'oraison funèbre du duc d'Orléans.

diquez quelque occasion pour vous l'envoyer, je vous l'enverrai.

Que Dieu bénisse votre famille croissante, et donne à ma patrie, dans vos enfans, des citoyens qui vous ressemblent! Adieu, cher Moultou.

P. S. 18 déc. J'ai suspendu l'envoi de ma lettre jusqu'à plus ample éclaircissement sur la matière principale qui la remplit; et tout concourt à guérir des soupçons conçus mal à propos, bien plus sur la paresse du libraire que sur son infidélité. Or ces soupçons, ébruités, deviendroient d'horribles calomnies; ainsi, jusqu'à nouvel avis, le secret en doit demeurer entre vous et moi sans que personne en ait le moindre vent, non pas même le cher Roustan. Je récrirois même ma lettre, ou j'en ferois une autre, si j'avois la force; mais je suis accablé de mal et de travail; et ce qui seroit indiscrétion avec un autre n'est que confiance avec un homme vertueux. Dans cet intervalle j'ai travaillé à remettre au net le morceau le plus important de mon livre, et je voudrois trouver quelque moyen de vous l'envoyer secrètement. Quoique écrit fort serré, il coûteroit beaucoup par la poste. Je ne suis pas à portée d'affranchir sûrement; et si je fais contre-signer le paquet, mon secret tout au moins est aventuré. Marquez-moi votre avis là-dessus, et du secret. Adieu.

A MADAME LA MARÉCHALE DE LUXEMBOURG.

Montmorency, le 13 décembre 1761.

Je ne voulois point, madame la maréchale, vous inquiéter de l'histoire de mon malheur; mais puisque le chevalier vous en a parlé et que vous voulez y chercher remède, je ne puis vous dissimuler que mon livre est perdu. Je ne doute nullement que les jésuites ne s'en soient emparés avec le projet de ne point le laisser paroître de mon vivant; et, sûrs de ne pas long-temps attendre, d'en substituer, après ma mort, un autre toujours sous mon nom, mais de leur fabrique, lequel réponde mieux à leurs vues. Il faudroit un mémoire pour vous exposer les raisons que j'ai de penser ainsi. Ce qu'il y a de très-sûr, au moins, c'est que le libraire n'imprime ni ne veut imprimer, qu'il a trompé M. de Malesherbes, qu'il vous trompera, et qu'il se moque de moi avec l'impudence d'un coquin qui n'a pas peur et qui se sent bien soutenu. Cette perte, la plus sensible que j'aie jamais faite, a mis le comble à mes maux, et me coûtera la vie : mais je la crois irréparable; ce qui tombe dans ce gouffre-là n'en sort plus : ainsi je vous conjure de tout laisser là et de ne pas vous compromettre inutilement. Toutefois, si vous voulez absolument parler au libraire, M. de Malesherbes est au fait et lui a parlé; il seroit peut-être à propos qu'il vous vît auparavant. Si, contre toute attente de ma part, il est possible d'avoir mon manuscrit en rendant tout, faites, madame la maréchale, et je vous devrai plus que la vie. Les quinze cents francs que j'ai reçus ne doivent point faire d'obstacle; je puis les retrouver et vous les envoyer au premier signe.

A JULIE.

A Montmorency, le 19 décembre 1761.

Je voudrois continuer à vous écrire, madame, à vous et à votre digne amie; mais je ne puis, et je ne supporterois pas l'idée que vous attribuassiez à négligence ou à indifférence un silence que je compte parmi les malheurs de mon état. Vous exigez de l'exactitude dans le commerce, et c'est bien le moins que je doive à celui que vous daignez lier avec moi; mais cette exactitude m'est impossible : ma situation empirée partage mon temps entre l'occupation et la souffrance; il ne m'en reste plus à donner à mon plaisir. Il n'est pas naturel que vous vous mettiez à ma place, vous qui avez du loisir et de la santé; mais faites donc comme les dieux,

Donnez en commandant le pouvoir d'obéir.

Il faut, malgré moi, finir une correspondance dans laquelle il m'est impossible de mettre assez du mien, et qu'avec raison vous n'êtes point d'humeur d'entretenir seules. Si peut-être dans la suite...., mais.... c'est une folie de vouloir s'aveugler, et une bêtise de regimber contre la nécessité. Adieu donc, mesdames; forcé par mon état, je cesse de vous écrire, mais je ne cesse point de penser à vous.

Je découvre à l'instant que toutes vos lettres ont été à Beaumont avant que de me parvenir.

Il ne falloit que *Montmorency* sur l'adresse, sans parler de la route de Beaumont.

A M. MOULTOU (*).

Montmorency, le 23 décembre 1761.

C'en est fait, cher Moultou, nous ne nous reverrons plus que dans le séjour des justes. Mon sort est décidé par les suites de l'accident dont je vous ai parlé ci-devant; et quand il en sera temps, je pourrai, sans scrupule, prendre chez mylord Édouard les conseils de la vertu même (**).

Ce qui m'humilie et m'afflige est une fin si peu digne, j'ose dire, de ma vie, et du moins de mes sentimens. Il y a six semaines que je ne fais que des iniquités, et n'imagine que des calomnies contre deux honnêtes libraires, dont l'un n'a de tort que quelques retards involontaires, et l'autre un zèle plein de générosité et de désintéressement, que j'ai payé, pour toute reconnoissance, d'une accusation de fourberie. Je ne sais quel aveuglement, quelle sombre humeur, inspirée dans la solitude par un mal affreux, m'a fait inventer, pour en noircir ma vie et l'honneur d'autrui, ce tissu d'horreurs, dont le soupçon, changé dans mon esprit prévenu presque en certitude, n'a pas mieux été déguisé à d'autres qu'à vous. Je sens pourtant que la source de cette folie ne fut jamais dans mon cœur. Le délire de la douleur m'a fait perdre la raison avant la vie; en faisant des actions de méchant, je n'étois qu'un insensé.

Toutefois, dans l'état de dérangement où est ma tête, ne me fiant plus à rien de ce que je vois et de ce que je crois, j'ai pris le parti d'achever la copie du morceau dont je vous ai parlé ci-devant (***), et même de vous l'envoyer, très-persuadé qu'il ne sera jamais nécessaire d'en faire usage, mais plus sûr encore que je ne risque rien de le confier à votre probité. C'est avec la plus grande répugnance que je vous extorque les frais immenses que ce paquet vous coûtera par la poste. Mais le temps presse; et, tout bien pesé, j'ai pensé que de tous les risques, celui que je pouvois regarder comme le moindre étoit celui d'un peu d'argent. Certainement j'aurois fait mieux si je l'avois pu sans danger. Mais au reste en supposant, comme je l'espère, qu'il ne sera jamais nécessaire d'ébruiter cette affaire, je vous en demande le secret, et je mets mes dernières fautes à couvert sous l'aile de votre charité. Le paquet sera mis, demain 24 décembre, à la poste, sans lettre; et même il y a quelque apparence que c'est ici la dernière que je vous écrirai.

Adieu, cher Moultou. Vous concevrez aisément que la Profession de foi du vicaire savoyard est la mienne. Je désire trop qu'il y ait un Dieu pour ne pas le croire; et je meurs avec la ferme confiance que je trouverai dans son sein le bonheur et la paix dont je n'ai pu jouir ici-bas.

J'ai toujours aimé tendrement ma patrie et mes concitoyens; j'ose attendre de leur part quelque témoignage de bienveillance pour ma mémoire. Je laisse une gouvernante presque sans récompense, après dix-sept ans de services et de soins très-pénibles, auprès d'un homme presque toujours souffrant. Il me seroit affreux de penser qu'après m'avoir consacré ses plus belles années, elle passeroit ses vieux jours dans la misère et l'abandon. J'espère que cela n'arrivera pas: je lui laisse pour protecteurs et pour appuis tous ceux qui m'ont aimé de mon vivant. Toutefois, si cette assistance venoit à lui manquer, je crois pouvoir espérer que mes compatriotes ne lui laisseroient pas mendier son pain. Engagez, je vous supplie, ceux d'entre eux en qui vous connoissez l'âme genevoise à ne jamais la perdre de vue, et à se réunir, s'il le falloit, pour lui aider à couler ses jours en paix à l'abri de la pauvreté.

Voici une lettre pour mon très-honoré disciple. Je crois que j'aurois été son maître en amitié; en tout le reste je me serois glorifié de *prendre leçon de lui*. Je souhaite fort qu'il accepte la proposition de faire la préface du recueil de mes œuvres; et en ce cas vous voudrez bien faire avec M. le maréchal de Luxembourg des arrangemens pour lui faire agréer un présent sur l'édition. Au reste, si les choses ne tournoient pas comme je l'espère pour une édition en France, je n'ai point à me plaindre de la probité de Rey, et je crois qu'il n'a pas non plus

---

(*) Cette lettre, ainsi que la suivante, trouvée dans les papiers de l'auteur, n'ont pas été envoyées à leur adresse; mais puisque Rousseau les a conservées, on n'a pas cru devoir les supprimer. (*Note de Du Peyrou.*)

(**) Voyez *Nouvelle Héloïse*, troisième partie, lettre XXII. Rousseau revient sur cette idée, et en termes encore plus clairs, dans une lettre à Duclos du 1er août 1763. G. P.

(***) L'oraison funèbre du duc d'Orléans.

à se plaindre de mes écrits. On pourroit s'adresser à lui.

Adieu derechef. Aimez vos devoirs, cher Moultou ; ne cherchez point les vertus éclatantes. Élevez avec grand soin vos enfans ; édifiez vos nouveaux compatriotes sans ostentation et sans dureté, et pensez quelquefois que la mort perd beaucoup de ses horreurs quand on en approche avec un cœur content de sa vie.

Gardez-moi tous deux le secret sur ces lettres, du moins jusqu'après l'événement, dont j'ignore encore le temps quoique sûrement peu éloigné. Je commence par les amis et les affaires, pour voir ensuite en repos avec Jean-Jacques si par hasard il n'a rien oublié.

Si vous venez, vous trouverez le morceau que je vous destinois parmi ce qui me reste encore de petits manuscrits. Si vous ne venez pas, et qu'on négligeât de vous l'envoyer, vous pouvez le demander, car votre nom y est en écrit. C'est, comme je crois vous l'avoir déjà marqué, une oraison funèbre de feu M. le duc d'Orléans.

A M. ROUSTAN.

Montmorency, le 23 décembre 1761.

Mon disciple bien aimé, quand je reçus votre dernière lettre, j'espérois encore vous voir et vous embrasser un jour ; mais le ciel en ordonné autrement : il faut nous quitter avant que de nous connoître. Je crois que nous y perdons tous deux. Vous avez du talent, cher Roustan ; quand je finissois ma courte carrière, vous commenciez la vôtre, et j'augurois que vous iriez loin. La gêne de votre situation vous a forcé d'accepter un emploi qui vous éloigne de la culture des lettres. Je ne regarde point cet éloignement comme un malheur pour vous. Mon cher Roustan, pesez bien ce que je vais vous dire. J'ai fait quelque essai de la gloire : tous mes écrits ont réussi ; pas un homme de lettres vivant, sans en excepter Voltaire, n'a eu des momens plus brillans que les miens ; et cependant je vous proteste que, depuis le moment que j'ai commencé de faire imprimer, ma vie n'a été que peine, angoisse et douleur de toute espèce. Je n'ai vécu tranquille, heureux, et n'ai eu de vrais amis que durant mon obscurité. Depuis lors il a fallu vivre de fumée, et tout ce qui pouvoit plaire à mon cœur a fui sans retour. Mon enfant, fais-toi petit, disoit à son fils cet ancien politique ; et moi, je dis à mon disciple Roustan : Mon enfant, reste obscur ; profite du triste exemple de ton maître. Gardez cette lettre, Roustan : je vous en conjure. Si vous en dédaignez les conseils, vous pourrez réussir sans doute ; car, encore une fois, vous avez du talent, quoique encore mal réglé par la fougue de la jeunesse : mais si jamais vous avez un nom, relisez ma lettre, et je vous promets que vous ne l'achèverez pas sans pleurer. Votre famille, votre fortune étroite, un émule, tout vous tentera ; résistez, et sachez que, quoi qu'il arrive, l'indulgence est moins dure, moins cruelle à supporter que la réputation littéraire.

Toutefois voulez-vous faire un essai ? l'occasion est belle ; le titre dont vous m'honorez vous la fournit, et tout le monde approuvera qu'un tel disciple fasse une préface à la tête du recueil des écrits de son maître. Faites donc cette préface ; faites-la même avec soin, concertez-vous là-dessus avec Moultou : mais gardez-vous d'aller faire le fade louangeur ; vous feriez plus de tort à votre réputation que de bien à la mienne. Louez-moi d'une seule chose, mais louez-m'en de votre mieux, parce qu'elle est louable et belle, c'est d'avoir eu quelque talent et de ne m'être point pressé de le montrer, d'avoir passé sans écrire tout le feu de la jeunesse ; d'avoir pris la plume à quarante ans, et de l'avoir quittée avant cinquante ; car vous savez que telle étoit ma résolution, et le *Traité de l'Éducation* devoit être mon dernier ouvrage, quand j'aurois encore vécu cinquante ans. Ce n'est pas qu'il n'y ait chez Rey un *Traité du Contrat social*, duquel je n'ai encore parlé à personne, et qui ne paroîtra peut-être qu'après l'*Éducation ;* mais il lui est antérieur d'un grand nombre d'années. Faites donc cette préface, et puis des sermons, et jamais rien de plus. Au surplus, soyez bon père, bon mari, bon régent, bon ministre, bon citoyen, homme simple en toute chose, et rien de plus, et je vous promets une vie heureuse. Adieu, Roustan ; tel est le conseil de votre maître et ami prêt à quitter la vie, en ce moment

A M. COINDET.

Montmorency, ce vendredi.

Quelque aimable que puisse être M. l'abbé de Grave, comme je ne le connois point, et qu'en France tout le monde est aimable, il me semble que rien n'est moins pressé que d'abuser de sa complaisance pour l'amener à Montmorency, sans savoir si vous ne lui ferez point passer une mauvaise journée et à moi aussi. Vous êtes toujours là-dessus si peu difficile, qu'il faut bien que je le sois pour tous deux.

A l'égard de l'édition projetée, si tant est qu'elle doive se faire, il ne convient pas qu'elle se fasse si vite, au moins si j'y dois consentir. M. de Malesherbes a exigé des réponses à ses observations, il faut me laisser le temps de les faire et de les lui envoyer. Il faut laisser à Robin le temps de débiter les éditions précédentes, afin qu'il ne tire pas de là un prétexte pour ne pas payer Rey. Enfin il faut me laisser, à moi, le temps de voir pourquoi je dois mutiler mon livre, pour une édition dont je ne me soucie point de devenir peut-être un jour responsable au gouvernement de France de ce qui peut y déplaire à quelque ministre de mauvaise humeur. Puisque la permission du magistrat ne met à couvert de rien, qu'aurai-je à répondre à ceux qui viendront me dire : Pourquoi imprimez-vous chez nous des maximes hérétiques et républicaines ? Je dirai que ce sont les miennes et celles de mon pays. Hé ! bien, me dira-t-on, que ne les imprimez-vous hors de chez nous ? Qu'aurai-je à dire ? Vous me direz que je n'ai qu'à les ôter. Autant vaudroit me dire de n'être plus moi. Je ne puis ni ne veux les ôter qu'en ôtant tout le livre. Je voudrois bien savoir ce qu'on peut répondre à cela. Tant y a que, si je veux bien m'exposer, je veux m'exposer avec toute ma vigueur première, et non pas déjà tout châtré, déjà tout tremblant, et comme un homme qui a déjà peur. Adieu, mon cher Coindet, je vous embrasse (*).

(*) Cette lettre ne porte d'autre date que l'indication du jour de la semaine; l'abbé de Grave ayant été chargé par M. de Malesherbes de surveiller et de diriger l'impression de l'*Émile*, elle doit avoir été écrite vers la fin de 1761 ou dans le commencement de 1762.

A M. DE MALESHERBES.

Montmorency, le 25 décembre 1761.

Il fut un temps, monsieur, où vous m'honorâtes de votre estime, et où je ne m'en sentois pas indigne : ce temps est passé, je le reconnois enfin ; et quoique votre patience et vos bontés envers moi soient inépuisables, je ne puis plus les attribuer à la même cause sans le plus ridicule aveuglement. Depuis plus de six semaines ma conduite et mes lettres ne sont qu'un tissu d'iniquités, de folies, d'impertinences. Je vous ai compromis, monsieur, j'ai compromis madame la maréchale de la manière la plus punissable. Vous avez tout enduré, tout fait pour calmer mon délire ; et cet excès d'indulgence, qui pouvoit le prolonger, est en effet ce qui l'a détruit. J'ouvre en frémissant les yeux sur moi, et je me vois tout aussi méprisable que je le suis devenu. Devenu ! non ; l'homme qui porta cinquante ans le cœur que je sens renaître en moi n'est point celui qui peut s'oublier au point que je viens de faire : on ne demande point pardon à mon âge, parce qu'on n'en mérite plus : mais, monsieur, je ne prends aucun intérêt à celui qui vient d'usurper et déshonorer mon nom. Je l'abandonne à votre juste indignation, mais il est mort pour ne plus renaître : daignez rendre votre estime à celui qui vous écrit maintenant ; il ne sauroit s'en passer, et ne méritera jamais de la perdre. Il en a pour garant non sa raison, mais son état qui le met désormais à l'abri des grandes passions.

Quoique je ne doive ni ne veuille plus, monsieur, vous importuner de l'affaire de Duchesne, et que je prétende encore moins m'excuser envers lui, je ne puis cependant me dispenser de vous dire que s'il étoit vrai qu'il m'eût proposé de ne m'envoyer les bonnes feuilles que volume à volume, alors mes alarmes et le bruit que j'en ai fait ne seroient plus seulement les actes d'un fou, mais d'un vrai coquin.

Il faut vous avouer aussi, monsieur, que je n'ose écrire à madame la maréchale, et que je ne sais comment m'y prendre auprès d'elle, ignorant à quel point elle peut être irritée.

A M. HUBER.

Montmorency, le 24 décembre 1761.

J'étois, monsieur, dans un accès du plus

cruel des maux du corps quand je reçus votre lettre et vos idylles. Après avoir lu la lettre, j'ouvris machinalement le livre, comptant le refermer aussitôt; mais je ne le refermai qu'après avoir tout lu, et je le mis à côté de moi pour le relire encore. Voilà l'exacte vérité. Je sens que votre ami Gessner est un homme selon mon cœur, d'où vous pouvez juger de son traducteur et de son ami, par lequel seul il m'est connu. Je vous sais, en particulier, un gré infini d'avoir osé dépouiller notre langue de ce sot et précieux jargon qui ôte toute vérité aux images et toute vie aux sentimens. Ceux qui veulent embellir et parer la nature sont des gens sans âme et sans goût qui n'ont jamais connu ses beautés. Il y a six ans que je coule dans ma retraite une vie assez semblable à celle de Ménalque et d'Amyntas, au bien près, que j'aime comme eux, mais que je ne sais pas faire, et je puis vous protester, monsieur, que j'ai plus vécu depuis ces six ans que je n'avois fait dans tout le cours de ma vie. Maintenant vous me faites désirer de revoir encore un printemps, pour faire avec vos charmans pasteurs de nouvelles promenades, pour partager avec eux ma solitude, et pour revoir avec eux des asiles champêtres, qui ne sont pas inférieurs à ceux que M. Gessner et vous avez si bien décrits. Saluez-le de ma part, je vous supplie, et recevez aussi mes remercimens et mes salutations.

Voulez-vous bien, monsieur, quand vous écrirez à Zurich, faire dire mille choses pour moi à M. Usteri? J'ai reçu de sa part une lettre que je ne me lasse pas de relire, et qui contient des relations d'un paysan plus sage, plus vertueux, plus sensé que tous les philosophes de l'univers. Je suis fâché qu'il ne me marque pas le nom de cet homme respectable (*). Je lui voulois repondre un peu au long, mais mon déplorable état m'en a empêché jusqu'ici.

A MADAME LA MARÉCHALE DE LUXEMBOURG.

Montmorency, le 24 décembre 1761.

Je sens vivement tous mes torts et je les

(*) Il désigne ici Jacques Gujer, surnommé *Klyiogg*, cultivateur dans la paroisse d'Uster, canton de Zurich, et qui a donné au médecin Hirzel l'idée de son *Socrate rustique*. Voyez la lettre du 11 novembre 1764. G. P.

expie : oubliez-les, madame la maréchale, je vous en conjure. Il est certain que je ne saurois vivre dans votre disgrâce; mais si je ne mérite pas que cette considération vous touche, ayez, pour m'en délivrer, moins d'égard à moi qu'à vous. Songez que tout ce qui est grand et beau doit plaire à votre bon cœur, et qu'il n'y a rien de si grand ni de si beau que de faire grâce. Je voulois d'abord supplier M. le maréchal d'employer son crédit pour obtenir la mienne; mais j'ai pensé que la voie la plus courte et la plus simple étoit de recourir directement à vous, et qu'il ne falloit point arracher de votre complaisance ce que j'aime mieux devoir à votre seule générosité. Si l'histoire de mes fautes en faisoit l'excuse, je reprendrois ici le détail des indices qui m'ont alarmé, et que mon imagination troublée a changés en preuves certaines : mais, madame la maréchale, quand je vous aurai montré comme quoi je fus un extravagant, je n'en serois pas plus pardonnable de l'être; et je ne vous demande pas ma grâce parce qu'elle m'est due, mais parce qu'il est digne de vous de me l'accorder.

A MADAME LATOUR.

A Montmorency, le 11 janvier 1762.

Saint-Preux avoit trente ans, se portoit bien, et n'étoit occupé que de ses plaisirs; rien ne ressemble moins à Saint-Preux que J.-J. Rousseau. Sur une lettre pareille à la dernière, Julie se fût moins offensée de mon silence qu'alarmée de mon état; elle ne se fût point, en pareil cas, amusée à compter des lettres et à souligner des mots : rien ne ressemble moins à Julie que madame de..... Vous avez beaucoup d'esprit, madame, vous êtes bien aise de le montrer, et tout ce que vous voulez de moi ce sont des lettres : vous êtes plus de votre quartier que je ne pensois.

A LA MÊME.

Montmorency, le 21 janvier 1762.

Je vous ai écrit, madame, espérant à peine de revoir le soleil; je vous ai écrit dans un état où, si vous aviez souffert la centième partie de mes maux, vous n'auriez sûrement guère songé à m'écrire; je vous ai écrit dans des momens où une seule ligne est sans prix. Là-dessus, tout ce que vous avez fait de votre côté a été de compter les lettres, et voyant que j'étois en reste avec vous de ce côté, de m'envoyer pour toute consolation, des plaintes, des reproches, et même des invectives. Après cela, vous apprenez dans le public que j'ai été très-mal, et que je le suis encore; cela fait nouvelle pour vous. Vous n'en avez rien vu dans mes lettres; c'est, madame, que votre cœur n'a pas autant d'esprit que votre esprit. Vous voulez alors être instruite de mon état, vous demandez que ma gouvernante vous écrive; mais ma gouvernante n'a pas d'autre secrétaire que moi, et quand dans ma situation l'on est obligé de faire ses bulletins soi-même, en vérité l'on est bien dispensé d'être exact. D'ailleurs je vous avoue qu'un commerce de querelles n'a pas pour moi d'assez grands charmes pour me fatiguer à l'entretenir. Vous pouvez vous dispenser de mettre à prix la restitution de votre estime; car je vous jure, madame, que c'est une restitution dont je ne me soucie point.

A M. DE MALESHERBES.

Montmorency, le 8 février 1762.

Sitôt que j'appris, monsieur, que mon ouvrage seroit imprimé en France, je prévis ce qui m'arrive; et j'en suis moins fâché que si j'en étois surpris. Mais n'y auroit-il pas moyen de remédier pour l'avenir aux inconvéniens que je prévois encore, si, publiant d'abord les deux premiers volumes, Duchesne et Néaulme son correspondant restent propriétaires des deux autres? Il résultera certainement de toutes ces cascades *des difficultés et des* embarras qui pourroient tellement prolonger *la publication de mon livre*, qu'il seroit à la fin supprimé ou mutilé, ou que je serois forcé de recourir tôt ou tard à quelque expédient dont ces libraires croiroient avoir à se plaindre. Le remède à tout cela me paroît simple; la moitié du livre est faite ou à peu près, la moitié de la somme est payée; que le marché soit résilié pour le reste, et que Duchesne me rende mon manuscrit : ce sera mon affaire ensuite d'en disposer comme je l'entendrai. Bien entendu que cet arrangement n'aura lieu qu'avec l'agrément de madame la maréchale, qui sûrement ne le refusera pas lorsqu'elle saura mes raisons. Si vous vouliez bien, monsieur, négocier cette affaire, vous soulageriez mon cœur d'un grand poids qui m'oppressera sans relâche jusqu'à ce qu'elle soit entièrement terminée.

Quant aux changemens à faire dans les deux premiers volumes avant leur publication, je voudrois bien qu'ils fussent une fois tellement spécifiés, que je fusse assuré qu'on n'en exigera pas d'ultérieurs, ou, pour parler plus juste, qu'ils ne seront pas nécessaires; car, monsieur, je serois bien fâché que, par égard pour moi, vous laissassiez rien qui pût tirer à conséquence: il vaudroit alors cent fois mieux suivre l'idée d'envoyer toute l'édition hors du pays. C'est de quoi l'on ne peut juger qu'après avoir vu bien précisément à quoi se réduit tout ce qu'il s'agit d'ôter ou de changer; car je crains sur toute chose qu'on n'y revienne à deux fois. Pour prévenir cela, je vous supplie, monsieur, de lire ou faire lire les deux volumes en entier, afin qu'il ne s'y trouve plus rien qui n'ait été vu.

Je ne vous parlerai point de votre visite, jugeant que ce silence doit être entendu de vous. Agréez, monsieur, mon profond respect.

Je ne vois point qu'il soit nécessaire que vous vous donniez la peine d'envoyer ici personne pour cette affaire; il suffira peut-être de m'envoyer une note de ce qui doit être ôté, et j'écrirai là-dessus à Duchesne de faire les cartons nécessaires; car, encore une fois, monsieur, je ne veux en cette occasion disputer sur rien, et je serois bien fâché de laisser un seul mot qui pût faire trouver étrange qu'on eût laissé faire cette édition à Paris. Indiquez seulement ce qu'il convient qu'on ôte, et tout cela sera ôté. Une seule chose me fait de la peine, c'est qu'on ne *sauroit exiger de Néaulme* de faire en Hollande les mêmes cartons, et que, ne les faisant pas, son édition pourroit nuire à celle de Duchesne.

A M. MOULTOU.

Montmorency, le 16 février 1762.

Plus de monsieur, cher Moultou, je vous

en supplie; je ne puis souffrir ce mot-là entre gens qui s'estiment et qui s'aiment : je tâcherai de mériter que vous ne vous en serviez plus avec moi.

Je suis touché de vos inquiétudes sur ma sûreté; mais vous devez comprendre que, dans l'état où je suis, il y a plus de franchise que de courage à dire des vérités utiles, et je puis désormais mettre les hommes au pis, sans avoir grand'chose à perdre. D'ailleurs, en tout pays, je respecte la police et les lois; et, si je parois ici les éluder, ce n'est qu'une apparence qui n'est point fondée; on ne peut être plus en règle que je le suis. Il est vrai que si l'on m'attaquoit, je ne pourrois sans bassesse employer tous mes avantages pour me défendre; mais il n'en est pas moins vrai qu'on ne pourroit m'attaquer justement, et cela suffit pour ma tranquillité : toute ma prudence dans ma conduite est qu'on ne puisse jamais me faire mal sans me faire tort; mais aussi je ne me dépars pas de là. Vouloir se mettre à l'abri de l'injustice, c'est tenter l'impossible, et prendre des précautions qui n'ont point de fin. J'ajouterai qu'honoré dans ce pays de l'estime publique, j'ai une grande défense dans la droiture de mes intentions, qui se fait sentir dans mes écrits. Le François est naturellement humain et hospitalier : que gagneroit-on de persécuter un pauvre malade qui n'est sur le chemin de personne, et ne prêche que la paix et la vertu? Tandis que l'auteur du livre *de l'Esprit* vit en paix dans sa patrie, J. J. Rousseau peut espérer de n'y être pas tourmenté.

Tranquillisez-vous donc sur mon compte, et soyez persuadé que je ne risque rien. Mais pour mon livre, je vous avoue qu'il est maintenant dans un état de crise qui me fait craindre pour son sort. Il faudra peut-être n'en laisser paroître qu'une partie, ou le mutiler misérablement; et, là-dessus, je vous dirai que mon parti est pris. Je laisserai ôter ce qu'on voudra des deux premiers volumes; mais je ne souffrirai pas qu'on touche à la Profession de foi : il faut qu'elle reste telle qu'elle est, ou qu'elle soit supprimée : la copie qui est entre vos mains me donne le courage de prendre ma résolution là-dessus. Nous en reparlerons quand j'aurai quelque chose de plus à vous dire; quant à présent tout est suspendu. Le grand éloignement de Paris et d'Amsterdam fait que toute cette affaire se traite fort lentement, et tire extrêmement en longueur.

L'objection que vous me faites sur l'état de la religion en Suisse et à Genève, et sur le tort qu'y peut faire l'écrit en question, seroit plus grave si elle étoit fondée; mais je suis bien éloigné de penser comme vous sur ce point. Vous dites que vous avez lu vingt fois cet écrit; eh bien! cher Moultou, lisez-le encore une vingt-unième; et si vous persistez alors dans votre opinion, nous la discuterons.

J'ai du chagrin de l'inquiétude de monsieur votre père, et surtout par l'influence qu'elle peut avoir sur votre voyage; car, d'ailleurs, je pense trop bien de vous pour croire que, quand votre fortune seroit moindre, vous en fussiez plus malheureux. Quand votre résolution sera tout-à-fait prise là-dessus, marquez-le-moi, afin que je vous garde ou vous envoie le misérable chiffon auquel votre amitié veut bien mettre un prix. J'aurois d'autant plus de plaisir à vous voir que je me sens un peu soulagé et plus en état de profiter de votre commerce; j'ai quelques instans de relâche que je n'avois pas auparavant, et ces instans me seroient plus chers si je vous avois ici. Toutefois vous ne me devez rien, et vous devez tout à votre père, à votre famille, à votre état; et l'amitié qui se cultive aux dépens du devoir n'a plus de charmes. Adieu, cher Moultou; je vous embrasse de tout mon cœur. J'ai brûlé votre précédente lettre : mais pourquoi signer, avez-vous peur que je ne vous reconnoisse pas?

A MADAME LA MARÉCHALE DE LUXEMBOURG.

Montmorency, le 18 février 1762.

Vous êtes, madame la maréchale, comme la Divinité, qui ne parle aux mortels que par les soins de sa providence et les dons de sa libéralité. Quoique ces marques de votre souvenir me soient très-précieuses, d'autres me le seroient encore plus : mais quand on est si riche, on ne doit pas être insatiable; et il faut bien, quant à présent, me contenter du bien que vous me faites en signe de celui que vous me voulez. Avec quel empressement je vois approcher le temps de recevoir des témoignages d'amitié de votre bouche, et combien cet empressement n'augmenteroit-il pas encore, si mes maux, me donnant un peu de relâche, me laissoient plus en état d'en profiter! Oh! venez, madame la maréchale : quand, aux approches de Pâques, j'aurai vu M. le maréchal et vous, en quelque situation que je reste, je chanterai d'un cœur content le cantique de Siméon.

M. de Malesherbes vous aura dit, madame la maréchale, qu'il se présente, sur la publication de mon ouvrage, quelques difficultés que j'ai prévues depuis long-temps, et qu'il faudra lever par des changemens pour la partie qui est imprimée; mais quant à la partie qui ne l'est pas, je souhaite fort, tant pour la sûreté du libraire que pour ma propre tranquillité, qu'elle ne soit pas imprimée en France. Ce même libraire ne devant plus l'imprimer lui-même, il est inutile qu'il en reste chargé pour la faire imprimer en pays étranger par un autre; et toutes ces cascades diminuant mon inspection sur mon propre ouvrage, le laissent trop à la discrétion de ces messieurs-là. Voilà ce qui me fait désirer, si vous l'agréez, que le traité soit annulé pour cette partie; que les billets soient rendus à Duchesne, et que le reste de mon manuscrit me soit aussi rendu. J'aime beaucoup mieux supprimer mon ouvrage que le mutiler; et, s'il lui demeure, il faudra nécessairement qu'il soit mutilé, gâté, estropié pour le faire paroître; ou, ce qui est encore pis, qu'il reste après moi à la discrétion d'autrui, pour être ensuite publié sous mon nom dans l'état où l'on voudra le mettre. Je vous supplie, madame la maréchale, de peser ces considérations, et de décider là-dessus ce que vous jugez à propos qui se fasse; car mon plus grand désir dans cette affaire est qu'il vous plaise d'en être l'arbitre, et que rien ne soit fait que sur votre décision.

A LA MÊME.

Montmorency, le 19 février 1762.

Je vois, madame la maréchale, que vous ne vous lassez point de prendre soin de mon malheureux livre : et véritablement il a grand besoin de votre protection et de celle de M. de Malesherbes, qui a poussé la bonté jusqu'à venir même à Montmorency pour cela. Je crains que le parti de faire imprimer les deux derniers volumes en Hollande ne devienne chaque jour sujet à plus d'inconvéniens, parce que Duchesne, paresseux ou diligent toujours mal à propos, a commencé ces deux volumes, quoique je lui eusse écrit de suspendre : mais comme, de peur d'en trop dire, je ne lui ai écrit que par forme de conseil, il n'en a tenu compte; et ce sera du travail perdu dont il faudra le dédommager, à moins qu'il n'envoie les feuilles en Hollande; auquel cas autant vaudroit peut-être qu'il achevât et prît le même parti pour le tout. Je souffre véritablement, madame la maréchale, du tracas que tout ceci vous donne depuis si long-temps; et moi, de mon côté, j'en suis aussi depuis cinq mois dans des angoisses continuelles, sans qu'il me soit possible encore de prévoir quand et comment tout ceci finira. Voici une petite note en réponse à celle que M. de Malesherbes m'a envoyée, et que je suppose que vous aurez vue. Je vous supplie de la lui communiquer quand il sera de retour.

Vous me marquez et M. le maréchal me marque aussi que vous me cherchez un chien. En combien de manières ne vous occupez-vous point de moi! Mais, madame, ce n'est pas un autre chien qu'il me faut, c'est un autre *Turc*, et le mien étoit unique : les pertes de cette espèce ne se remplacent point. J'ai juré que mes attachemens de toutes les sortes seroient désormais les derniers. Celui-là, dans son espèce, étoit du nombre; et pour avoir un chien auquel je ne m'attache point, je l'aime mieux de toute autre main que de la vôtre. Ainsi ne songez plus, de grâce, à m'en chercher un. Bonjour, madame la maréchale; bonjour, monsieur le maréchal : je ne vous écris jamais à l'un ou à l'autre sans m'attendrir sur cette réflexion, qu'il y a long-temps que je n'ai plus de momens heureux de la part des hommes que ceux qui me viennent de vous.

A LA MÊME.

Montmorency, le 25 mars 1762.

Il faut, madame la maréchale, que je vous confie mes inquiétudes, car elles troublent mon cœur à proportion qu'il tient à ses attachemens.

M. le maréchal ayant été incommodé, et M. Dubettier ayant bien voulu m'informer de son état, je l'avois prié de continuer jusqu'à son entier rétablissement; et précisément depuis ce moment il ne m'a pas écrit un mot : le même M. Dubettier est venu hier à Montmorency, et ne m'a rien fait dire. J'ai écrit en dernier lieu à M. le maréchal, et il ne m'a pas répondu. Le temps du voyage approche; il avoit accoutumé de me réjouir le cœur en me l'annonçant, et cette fois il a gardé le silence : enfin tout le monde se tait, et moi je m'alarme. C'est un défaut très-importun, je le sens bien, aux personnes qui me sont chères, mais qui, tenant à mon caractère, est impossible à guérir, et que la solitude et les maux ne font qu'augmenter. Ayez-en pitié, madame la maréchale, vous qui m'en pardonnez tant d'autres, et sur qui tant de marques d'intérêt et de bontés que j'ai reçues de vous en dernier lieu m'empêchent d'étendre mes craintes; engagez, de grâce, M. le maréchal à les dissiper par une simple feuille de papier blanc. Ce témoignage si chéri, si désiré, me dira tout; et, en vérité, j'en ai besoin pour goûter sans alarme l'attente du moment qui s'approche, et pour me livrer sans crainte à l'épanouissement de cœur que j'éprouve toujours en vous abordant.

A MADAME LATOUR.

Ce 4 avril 1762.

Ma situation, madame, est toujours la même, et j'avoue que sa durée me la rend quelquefois pénible à supporter; elle me met hors d'état d'entretenir aucune correspondance suivie, et le ton de vos précédentes lettres achevoit de me déterminer à n'y plus répondre; mais vous en avez pris un dans les dernières auquel j'aurai toujours peine à résister. N'abusez pas de ma foiblesse, madame; de grâce, devenez moins exigeante, et ne faites pas le tourment de ma vie d'un commerce qui, dans tout autre état, en feroit l'agrément.

A LA MÊME.

24 avril 1762.

J'étois si occupé, madame, à l'arrivée de votre exprès, que je fus contraint d'user de la permission de ne lui donner qu'une réponse verbale. Je n'ai pas un cœur insensible à l'intérêt qu'on paroît prendre à moi, et je ne puis qu'être touché de la persévérance d'une personne faite pour éprouver celle d'autrui; mais, quand je songe que mon âge et mon état ne me laissent plus sentir que la gêne du commerce avec les dames, quand je vois ma vie pleine d'assujettissemens, auxquels vous en ajoutez un nouveau, je voudrois bien pouvoir accorder le retour que je vous dois avec la liberté de ne vous écrire que lorsqu'il m'en prend envie. Quant au silence de votre amie, j'en avois deviné la cause, et ne lui en savois point mauvais gré, quoiqu'elle rendît en cela plus de justice à ma négligence qu'à mes sentimens. Du reste, cette fierté ne me déplaît pas, et je la trouve de fort bon exemple. Bonjour, madame; on n'a pas besoin d'être bienfaisant pour vous rendre ce qui vous est dû; il suffit d'être juste, et c'est ce que je serai toujours avec vous, tout au moins.

A M. MOULTOU.

Montmorency, le 25 avril 1762.

Je voulois, mon cher concitoyen, attendre pour vous écrire, et pour vous envoyer le chiffon ci-joint, puisque vous le désirez, de pouvoir vous annoncer définitivement le sort de mon livre; mais cette affaire se prolonge trop pour m'en laisser attendre la fin. Je crois que le libraire a pris le parti de revenir au premier arrangement, et de faire imprimer en Hollande, comme il s'y étoit d'abord engagé. J'en suis charmé; car c'étoit toujours malgré moi que, pour augmenter son gain, il prenoit le parti de faire imprimer en France, quoique de ma part je fusse autant en règle qu'il me convient, et que je n'eusse rien fait sans l'aveu du magistrat. Mais maintenant que le libraire a reçu et payé le manuscrit, il en est le maître. Il ne me le rendroit pas quand je lui rendrois son argent, ce que j'ai voulu faire inutilement plusieurs fois, et ce que je ne suis plus en état de faire. Ainsi j'ai résolu de ne plus m'inquiéter de cette affaire, et de laisser courir sa fortune au livre, puisqu'il est trop tard pour l'empêcher.

Quoique par là toute discussion sur le danger de la profession de foi devienne inutile, puisque assurément, quand je la voudrois retirer, le libraire ne me la rendroit pas, j'espère pourtant que vous avez mis ses effets au pis, en supposant qu'elle jetteroit le peuple parmi nous dans une incrédulité absolue : car, premièrement, je n'ôte pas à pure perte, et même je n'ôte rien, et j'établis plus que je ne détruis. D'ailleurs le peuple aura toujours une religion positive, fondée sur l'autorité des hommes, et il est impossible que, sur mon ouvrage, le peuple de Genève en préfère une autre à celle qu'il a. Quant aux miracles, ils ne sont pas tellement liés à cette autorité qu'on ne puisse les en détacher à certain point; et cette séparation est très-importante à faire, afin qu'un peuple religieux ne soit pas à la discrétion des fourbes et des novateurs; car, quand vous ne tenez le peuple que par les miracles, vous ne tenez rien. Ou je me trompe fort, ou ceux sur qui mon livre feroit quelque impression parmi le peuple, en seroient beaucoup plus gens de bien, et n'en seroient guère moins chrétiens, ou plutôt ils le seroient plus essentiellement. Je suis donc persuadé que le seul mauvais effet que pourra faire mon livre parmi les nôtres sera contre moi, et même je ne doute point que les plus incrédules ne soufflent encore plus le feu que les dévots : mais cette considération ne m'a jamais retenu de faire ce que j'ai cru bon et utile. Il y a longtemps que j'ai mis les hommes au pis; et puis je vois très-bien que cela ne fera que démasquer les haines qui couvent; autant vaut les mettre à leur aise. Pouvez-vous croire que je ne m'aperçoive pas que ma réputation blesse les yeux de mes concitoyens, et que, si Jean-Jacques n'étoit pas de Genève, Voltaire y eût été moins fêté? Il n'y a pas une ville de l'Europe dont il ne me vienne des visites à Montmorency, mais on n'y aperçoit jamais la trace d'un Genevois; et, quand il y en est venu quelqu'un, ce n'a jamais été que des *disciples de* Voltaire, qui ne sont venus que comme espions. Voilà, très-cher concitoyen, la véritable raison qui m'empêchera de jamais me retirer à Genève ; un seul haineux empoisonneroit tout le plaisir d'y trouver quelques amis. J'aime trop ma patrie pour supporter de m'y voir haï :

il vaut mieux vivre et mourir en exil. Dites-moi donc ce que je risque. Les bons sont à l'épreuve, et les autres me haïssent déjà. Ils prendront ce prétexte pour se montrer, et je saurai du moins à qui j'ai affaire. Du reste, nous n'en serons pas sitôt à la peine. Je vois moins clair que jamais dans le sort de mon livre; c'est un abîme de mystère où je ne saurois pénétrer. Cependant il est payé, du moins en partie, et il me semble que dans les actions des hommes, il faut toujours, en dernier ressort, remonter à la loi de l'intérêt. Attendons.

Le *Contrat social* est imprimé, et vous en recevrez, par l'envoi de Rey, douze exemplaires, franc de port, comme j'espère; sinon vous aurez la bonté de m'envoyer la note de vos déboursés. Voici la distribution que je vous prie de vouloir bien faire des onze qui vous resteront, le vôtre prélevé.

Un à la Bibliothèque, etc.

A propos de la Bibliothèque, ne sachant point les noms des messieurs qui en sont chargés à présent, et par conséquent ne pouvant leur écrire, je vous prie de vouloir bien leur dire de ma part que je suis chargé, par M. le maréchal de Luxembourg, d'un présent pour la Bibliothèque. C'est un exemplaire de la magnifique édition des Fables de La Fontaine, avec des figures d'Oudry, en quatre volumes in-folio. Ce beau livre est actuellement entre mes mains, et ces messieurs le feront retirer quand il leur plaira. S'ils jugent à propos d'en écrire une lettre de remercîment à M. le maréchal, je crois qu'ils feroient une chose convenable. Adieu, cher concitoyen ; ma feuille est finie, et je ne sais finir avec vous que comme cela. Je vous embrasse.

P. S. Vous verrez que cette lettre est écrite à deux reprises, parce que je me suis fait une blessure à la main droite, qui m'a long-temps empêché de tenir la plume. C'est avec regret que je vous fais coûter un si gros port, mais vous l'avez voulu.

A MM. DE LA SOCIÉTÉ ÉCONOMIQUE DE BERNE.

Montmorency, le avril 1762.

Vous êtes moins inconnus, messieurs, que vous

ne pensez, il faut que votre société ne manque pas de célébrité dans le monde, puisque le bruit en est parvenu dans cet asile à un homme qui n'a plus aucun commerce avec les gens de lettres. Vous vous montrez par un côté si intéressant que votre projet ne peut manquer d'exciter le public, et surtout les honnêtes gens, à vouloir vous connoître; et pourquoi voulez-vous dérober aux hommes le spectacle si touchant et si rare dans notre siècle de vrais citoyens aimant leurs frères et leurs semblables, et s'occupant sincèrement du bonheur de la patrie et du genre humain?

Quelque beau cependant que soit votre plan, et quelques talens que vous ayez pour l'exécuter, ne vous flattez pas d'un succès qui réponde entièrement à vos vues. Les préjugés qui ne tiennent qu'à l'erreur se peuvent détruire, mais ceux qui sont fondés sur nos vices ne tomberont qu'avec eux. Vous voulez commencer par apprendre aux hommes la vérité pour les rendre sages, et, tout au contraire, il faudroit d'abord les rendre sages pour leur faire aimer la vérité. La vérité n'a presque jamais rien fait dans le monde, parce que les hommes se conduisent toujours plus par leurs passions que par leurs lumières, et qu'ils font le mal, approuvant le bien. Le siècle où nous vivons est des plus éclairés, même en morale : est-il des meilleurs ? Les livres ne sont bons à rien; j'en dis autant des académies et des sociétés littéraires; on ne donne jamais à ce qui en sort d'utile qu'une approbation stérile : sans cela, la nation qui a produit les Fénélon, les Montesquieu, les Mirabeau, ne seroit-elle pas la mieux conduite et la plus heureuse de la terre? En vaut-elle mieux depuis les écrits de ces grands hommes? et un seul abus a-t-il été redressé sur leurs maximes? Ne vous flattez pas de faire plus qu'ils n'ont fait. Non, messieurs, vous pourrez instruire les peuples, mais vous ne les rendrez ni meilleurs ni plus heureux. C'est une des choses qui m'ont le plus découragé durant ma courte carrière littéraire, de sentir que, même en me supposant tous les talens dont j'avois besoin, j'attaquerois sans fruit des erreurs funestes, et que, quand je les pourrois vaincre, les choses n'en iroient pas mieux. J'ai quelquefois charmé mes maux en satisfaisant mon cœur, mais sans m'en imposer sur l'effet de mes soins. Plusieurs m'ont lu, quelques-uns m'ont approuvé même; et, comme je l'avois prévu, tous sont restés ce qu'ils étoient auparavant. Messieurs, vous direz mieux et davantage, mais vous n'aurez pas un meilleur succès; et, au lieu du bien public que vous cherchez, vous ne trouverez que la gloire que vous semblez craindre.

Quoi qu'il en soit, je ne puis qu'être sensible à l'honneur que vous me faites de m'associer en quelque sorte, par votre correspondance, à de si nobles travaux. Mais, en me la proposant, vous ignoriez sans doute que vous vous adressiez à un pauvre malade qui, après avoir essayé dix ans du triste métier d'auteur pour lequel il n'étoit point fait, y renonce dans la joie de son cœur, et après avoir eu l'honneur d'entrer en lice avec respect, mais en homme libre, contre une tête couronnée, ose dire, en quittant la plume pour ne la jamais reprendre :

Victor cœstus artemque repono.

Mais sans aspirer aux prix donnés par votre munificence, j'en trouverai toujours un très-grand dans l'honneur de votre estime; et si vous me jugez digne de votre correspondance, je ne refuse point de l'entretenir autant que mon état, ma retraite et mes lumières pourront le permettre; et, pour commencer par ce que vous exigez de moi, je vous dirai que votre plan, quoique très-bien fait, me paroît généraliser un peu trop les idées, et tourner trop vers la métaphysique des recherches qui deviendroient plus utiles, selon vos vues, si elles avoient des applications pratiques, locales et particulières. Quant à vos questions, elles sont très-belles ; la troisième [1] surtout me plaît beaucoup ; c'est celle qui me tenteroit si j'avois à écrire. Vos vues, en la proposant, sont assez claires, et il faudra que celui qui la traitera soit bien maladroit s'il ne les remplit pas. Dans la première, où vous demandez *quels sont les moyens de tirer un peuple de la corruption*, outre que ce mot de *corruption* me paroît un peu vague, et rendre la question presque indéterminée, il faudroit commencer peut-être par demander s'il est de tels moyens, car c'est de quoi l'on peut tout au

---

[1] « Quel peuple a jamais été le plus heureux ? »

moins douter. En compensation vous pourriez ôter ce que vous ajoutez à la fin, et qui n'est qu'une répétition de la question même, ou en fait une autre tout-à-fait à part (1).

Si j'avois à traiter votre seconde question (2), je ne puis vous dissimuler que je me déclarerois avec Platon pour l'affirmative, ce qui sûrement n'étoit pas votre intention en la proposant. Faites comme l'Académie Françoise, qui prescrit le parti que l'on doit prendre et qui se garde bien de mettre en problème les questions sur lesquelles elle a peur qu'on ne dise la vérité.

La quatrième (3) est la plus utile, à cause de cette application locale dont j'ai parlé ci-devant; elle offre de grandes vues à remplir. Mais il n'y a qu'un Suisse, ou quelqu'un qui connoisse à fond la constitution physique, politique et morale du corps helvétique, qui puisse la traiter avec succès. Il faudroit voir soi-même pour oser dire : *O utinam!* Hélas! c'est augmenter ses regrets de renouveler des vœux formés tant de fois et devenus inutiles. Bonjour, monsieur : je vous salue, vous et vos collègues, de tout mon cœur et avec le plus vrai respect.

M. DE MALESHERBES.

Montmorency, le 7 mai 1762.

C'est à moi, monsieur, de vous remercier de ne pas dédaigner de si foibles hommages, que je voudrois bien rendre plus dignes de vous être offerts. Je crois, à propos de ce dernier écrit, devoir vous informer d'une action du sieur Rey, laquelle a peu d'exemples chez les libraires, et ne sauroit manquer de lui valoir quelque partie des bontés dont vous m'honorez. C'est, monsieur, qu'en reconnoissance des profits qu'il prétend avoir faits sur mes ouvrages, *il vient de passer, en faveur de ma gouvernante, l'acte d'une pension viagère de trois cents livres,* et cela de son propre mouvement et de la manière du monde la plus obligeante. Je vous avoue qu'il s'est attaché pour le reste de ma vie un ami par ce procédé; et j'en suis d'autant plus touché que ma plus grande peine, dans l'état où je suis, étoit l'incertitude de celui où je laisserois cette pauvre fille après dix-sept ans de services, de soins et d'attachement. Je sais que le sieur Rey n'a pas une bonne réputation dans ce pays-ci, et j'ai eu moi-même plus d'une occasion de m'en plaindre, quoique jamais sur des discussions d'intérêts, ni sur sa fidélité à faire honneur à ses engagemens. Mais il est constant aussi qu'il est généralement estimé en Hollande; et voilà, ce me semble, un fait authentique qui doit effacer bien des imputations vagues. En voilà beaucoup, monsieur, sur une affaire dont j'ai le cœur plein; mais le vôtre est fait pour sentir et pardonner ces choses-là.

A MADAME LA MARÉCHALE DE LUXEMBOURG.

Montmorency, le 19 mai 1762.

Je ne croyois pas, madame la maréchale, que votre livre pût paroître avant les fêtes; mais Duchesne me marque qu'il compte pouvoir le mettre en débit la semaine prochaine; et vous pensez bien que je vois ce qui l'a rendu diligent. J'avois destiné, pour vos distributions et celles de M. le maréchal, les quarante exemplaires qui ont été stipulés de plus que les soixante que je me réserve ordinairement; mais mes distributions indispensables ont tellement augmenté, que je me vois forcé de vous en voler dix pour y suffire; sauf restitution cependant, si vous n'en avez pas assez : encore ai-je espéré que vous voudriez bien en faire agréer un à M. le prince de Conti, et un autre à M. le duc de Villeroi, désirant qu'ils reçoivent quelque prix auprès d'eux de la main qui les offrira. Je voudrois bien en présenter un exemplaire à M. le marquis d'Armentières, qui m'a paru prendre intérêt à cet ouvrage; mais ne sachant comment le lui envoyer, je vous supplie, madame la maréchale, de vouloir bien, si vous le jugez à propos, vous charger de cet envoi, et j'en remplirai le vide.

J'ai écrit à Duchesne d'envoyer les trente exemplaires à l'hôtel de Luxembourg, dans le courant de la semaine, et de commencer, di-

---

(1) Voici la suite de cette question, « et quel est le plan le plus parfait qu'un législateur puisse suivre à cet égard? »

(2) « Est-il des préjugés respectables qu'un bon citoyen doive se faire un scrupule de combattre publiquement? »

(3) « Par quel moyen pourroit-on resserrer les liaisons et l'amitié entre les citoyens des diverses républiques qui composent la confédération helvétique? »

manche prochain 25, mes distributions, dont je lui ai envoyé la note. Si vous voulez bien, madame la maréchale, n'ordonner les vôtres que le même jour, cela fera que moins de gens auront à se plaindre que d'autres aient eu le livre avant eux. Au reste, quel que soit son succès dans le monde, mon dernier ouvrage ayant été publiquement honoré de vos soins et de votre protection, je crois ma carrière très-heureusement couronnée : il étoit impossible de mieux finir.

Pour éviter tout double emploi, je crois devoir vous prévenir, madame la maréchale, que j'enverrai un exemplaire à madame la comtesse de Boufflers, ainsi qu'au chevalier de Lorenzi.

A MADAME LATOUR.

A Montmorency, le 23 mai 1762.

Vous avez fait, madame, un petit *quiproquo* : voilà la lettre de votre heureux papa ; redemandez-lui la mienne, je vous prie : étant pour moi, elle est à moi, je ne veux pas la perdre ; car depuis que vous avez changé de ton, votre douceur me gagne, et je m'affectionne de plus en plus à tout ce qui me vient de vous. Ce petit accident même ne vous rend pas, dans mon esprit, un mauvais office ; et dût-il entrer du bonheur dans cette affaire, on ne peut que bien penser des mœurs d'une jeune femme dont les méprises ne sont pas plus dangereuses.

Mais, à juger de vos sociétés par les gens dont vous m'avez parlé, j'avoue que ce préjugé vous seroit bien moins favorable. Je n'avois de ma vie ouï parler de Sire-Jean, non plus que de M. Maillard, dont vous m'avez fait mention ci-devant. Mon prétendu jugement contre vous a été controuvé par le premier, ainsi que mon prétendu voyage à Paris par l'autre. Je n'aime point à prononcer ; je ne blâme qu'avec connoissance, et ne vais jamais à Paris. Que faut-il donc penser de ces messieurs-là, madame, et quelle liaison doit exister entre vous et de tels gens ?

A MADAME LA MARÉCHALE DE LUXEMBOURG.

Vendredi 28 mai.

Vous savez, madame la maréchale, qu'il y a une édition contrefaite de mon livre, laquelle doit paroître ces fêtes. Il est certain que si cette édition se débite, Duchesne est ruiné, et que si les auteurs ne sont pas découverts, je suis déshonoré. Quelque nouvel embarras que ceci vous donne, il ne faut pas qu'il puisse être dit qu'une affaire entreprise par madame la maréchale de Luxembourg ait eu une si triste fin. J'ai écrit hier à M. de Malesherbes : mais j'ai quelque frayeur, je l'avoue, qu'on n'ait abusé de sa confiance, et que l'auteur de la fraude ne soit plus près de lui qu'il ne pense. Car enfin cet auteur est l'imprimeur, ou le correcteur, ou l'homme chargé de cette affaire, ou moi. Or, il est bien difficile que ce soit l'imprimeur, puisqu'ils étoient deux, lesquels n'avoient aucune communication ensemble : le correcteur est l'ami du libraire, et même toutes les feuilles n'ont pas passé par ses mains. Resteroit donc à chercher le fripon entre deux hommes dont je suis l'un. J'écris aujourd'hui à M. le lieutenant de police, et je vous envoie copie de ma lettre. J'aurois voulu me trouver à votre passage au retour de l'Ile-Adam ; mais je n'ai pu venir à bout de savoir si c'étoit aujourd'hui ou demain que vous deviez venir, et je suis si foible, si troublé, si occupé, que, ne sachant pas non plus l'heure, je ne tenterai pas même de m'y trouver, espérant me dédommager mardi prochain ; je vous excède, madame la maréchale, j'en suis navré ; mais si cette affaire n'est éclaircie, il faut que j'en meure de désespoir.

Vous comprenez qu'il ne faudroit pas montrer ma lettre à M. de Malesherbes, mais seulement le prier de vouloir bien regarder lui-même à cette affaire. Le premier colporteur saisi d'un exemplaire de la fausse édition donne le bout de la pelote ; il n'y a plus qu'à dévider.

A M. DE SARTINE.

Du 28 mai 1762.

Monsieur,

Permettez que l'auteur d'un livre sur l'éducation, au sujet duquel requête vous a été présentée, prenne la liberté d'y joindre la sienne. Si l'édition contrefaite est mise en vente, mon libraire en souffrira des pertes que je dois partager ; si les auteurs de la fraude ne sont pas connus, je serai suspect d'en être complice.

N'en voilà que trop, monsieur, pour autoriser l'extrême inquiétude où je suis, et l'importunité que je vous cause. A la manière dont s'y prennent ces éditeurs frauduleux, j'ai lieu de croire qu'ils se sentent appuyés, et même, malgré vos ordres, le colporteur Désauges (*) en promet à ses camarades pour la veille des fêtes. Mais je suis fortement persuadé, sur quelque protection qu'ils comptent, qu'un magistrat de votre intégrité et de votre fermeté ne permettra jamais que cette protection soit portée jusqu'à favoriser les fripons aux dépens de la fortune du libraire et de la réputation de l'auteur.

Daignez, monsieur, agréer mon profond respect, et vous rappeler que je m'honorois de ce sentiment pour vous avant que je pusse prévoir que j'implorerois un jour votre justice.

A MADAME LATOUR.

Ce samedi 29.

La preuve, madame, que je n'ai point voulu mettre en égalité votre amie et vous, est que son exemplaire vous a été remis, quoique j'eusse son adresse ainsi que la vôtre. J'ai pensé qu'ayant une fille à élever, elle seroit peut-être bien aise de voir ce livre, et comme le libraire le vend fort cher, et qu'elle n'est pas riche, j'ai pensé encore que vous seriez bien aise de le lui offrir. Offrez-le-lui donc, madame, non de ma part, mais de la vôtre, et ne lui faites aucune mention de moi. Du reste, quoi que vous puissiez dire, je n'appellerai ni Julie ni Claire deux femmes dont l'une aura des secrets pour l'autre : car, si j'imagine bien les cœurs de Julie et de Claire, ils étoient transparens l'un pour l'autre; il leur étoit impossible de se cacher. Contentez-vous, croyez-moi, d'être Marianne; et si cette Marianne est telle que je me la figure, elle n'a pas trop à se plaindre de son lot.

A M. MOULTOU.

Montmorency, le 30 mai 1762.

L'état critique où étoient vos enfans quand vous m'avez écrit me fait sentir pour vous la sollicitude et les alarmes paternelles. Tirez-moi d'inquiétude aussitôt que vous le pourrez; car, cher Moultou, je vous aime tendrement.

Je suis très-sensible au témoignage d'estime que je reçois de la part de M. de Reventlow, dans la lettre dont vous m'avez envoyé l'extrait : mais outre que je n'ai jamais aimé la poésie françoise, et que n'ayant pas fait de vers depuis très-long-temps, j'ai absolument oublié cette petite mécanique, je vous dirai, de plus, que je doute qu'une pareille entreprise eût aucun succès; et, quant à moi du moins, je ne sais mettre en chanson rien de ce qu'il faut dire aux princes : ainsi je ne puis me charger du soin dont veut bien m'honorer M. de Reventlow. Cependant, pour lui prouver que ce refus ne vient point de mauvaise volonté, je ne refuserai pas d'écrire un mémoire pour l'instruction du jeune prince, si M. de Reventlow veut m'en prier. Quant à la récompense, je sais d'où la tirer sans qu'il s'en donne le soin. Aussi-bien, quelque médiocre que puisse être mon travail en lui-même, si je faisois tant que d'y mettre un prix, il seroit tel que ni M. de Reventlow, ni le roi de Danemarck, ne pourroient le payer.

Enfin mon livre paroît depuis quelques jours, et il est parfaitement prouvé par l'événement que j'ai payé les soins officieux d'un honnête homme des soupçons les plus odieux. Je ne me consolerai jamais d'une ingratitude aussi noire, et je porte au fond de mon cœur le poids d'un remords qui ne me quittera plus.

Je cherche quelque occasion de vous envoyer des exemplaires, et, si je ne puis faire mieux, du moins le vôtre avant tout. Il y a une édition de Lyon qui m'est très-suspecte, puisqu'il ne m'a pas été possible d'en voir les feuilles; d'ailleurs le libraire Bruyset qui l'a faite s'est signalé dans cette affaire par tant de manœuvres artificieuses, nuisibles à Néaulme et à Duchesne, que la justice, aussi-bien que l'honneur de l'auteur, demandent que cette édition soit décriée autant qu'*elle mérite de l'être*. J'ai grand'peur que ce ne soit la seule qui sera connue où vous êtes, et que Genève n'en soit infecté. Quand vous aurez votre exemplaire, vous serez en état de faire la comparaison et d'en dire votre avis.

Vous avez bien prévu que je serois emb

(*) On lit dans toutes les éditions antérieures à celle-ci : de Saugen ; c'est évidemment une faute d'impression : à cette époque le colporteur Désauges étoit bien connu pour répandre toutes les éditions contrefaites.

rassé du transport des *Fables de La Fontaine*. Moi, que le moindre tracas effarouche, et qui laisse dépérir mes propres livres dans les transports, faute d'en pouvoir prendre le moindre soin, jugez du souci où me met la crainte que celui-là ne soit pas assez bien emballé pour ne point souffrir en route, et la difficulté de le faire entrer à Paris sans qu'il aille traînant des mois entiers à la chambre syndicale. Je vous jure que j'aurois mieux aimé en procurer dix autres à la bibliothèque que de faire faire une lieue à celui-là. C'est une leçon pour une autre fois.

Vous qui dites que je suis si bien voulu dans Genève, répondez au fait que je vais vous exposer. Il n'y a pas une ville en Europe dont les libraires ne recherchent mes écrits avec le plus grand empressement. Genève est la seule où Rey n'a pu négocier des exemplaires du *Contrat social*. Pas un seul libraire n'a voulu s'en charger. Il est vrai que l'entrée de ce livre vient d'être défendue en France; mais c'est précisément pour cela qu'il devroit être bien reçu dans Genève; car même j'y préfère hautement l'aristocratie à tout autre gouvernement. Répondez. Adieu, cher Moultou. Des nouvelles de vos enfans.

A MADAME LA MARQUISE DE CRÉQUI.

Montmorency, fin de mai 1762.

C'est vous, madame, qui m'oubliez; je le sens fort bien; mais je ne vous laisserai pas faire; car si j'ai peine à former des liaisons, j'en ai plus encore à les rompre, et surtout (*).....

J'aurai donc soin, malgré vous, de vous faire quelquefois souvenir de moi, mais non pas de la même manière. Ayant posé la plume pour ne la jamais reprendre, je n'aurai plus, grâces au ciel, de pareils hommages à vous offrir (**); mais pour ceux d'un cœur plein de respect, de reconnoissance et d'attachement, ils ne finiront pour vous, madame, de ma part, qu'avec ma vie.

(*) Cette lettre ne fait pas partie des lettres à la même dame que M. Pougens a publiées en 1798, mais elle se trouve dans le recueil donné par Du Peyrou en 1790, et elle s'y trouve avec l'interruption qui se voit ici. G. P.

(**) L'envoi de son *Emile*. (*Note de Du Peyrou.*)

Quoi! vous voulez faire un pèlerinage à Montmorency? Vous y viendrez visiter ces pauvres reliques genevoises, qui bientôt ne seront bonnes qu'à enchâsser? Que j'attends avec empressement ce pèlerinage d'une espèce nouvelle, où l'on ne vient pas chercher le miracle, mais le faire; car vous me trouverez mourant, et je ne doute pas que votre présence ne me ressuscite, au moins pour quinze jours. Au reste, madame, préparez-vous à voir un joli garçon, qui s'est bien formé depuis cinq ou six ans; j'étois un peu sauvage à la ville, mais je suis venu me civiliser dans les bois.

M. et madame de Luxembourg viennent ici mardi pour un mois. J'ai cru vous devoir cet avertissement, madame, sur la répugnance que vous avez à vous y trouver avec eux. Mais j'avoue que les raisons que vous en alléguez me semblent très-mal fondées; et de plus, j'ai pour eux tant d'attachement et d'estime, que quand on ne m'en parle pas avec éloge, j'aimerois mieux qu'on ne m'en parlât point du tout.

Puisque vous aimez les solitaires, vous aimez aussi les promenades qui le sont: et, quoique vous connoissiez le pays, je vous en promets de charmantes que vous ne connoissez sûrement pas. J'ai aussi mon intérêt à cela; car, outre l'avantage du moment présent, j'aurai encore pour l'avenir celui de parcourir avec plus de plaisir les lieux où j'aurai eu le bonheur de vous suivre.

A MADAME LATOUR.

Le 1er juin 1762.

Je suis mortifié, madame, que mon exemplaire n'ait pu être employé, et peut-être ne vous sera-t-il pas si aisé de le remplacer que vous avez pu le croire; car on dit que mon livre est arrêté, et ne se vend plus: à tout événement, il reste ici à vos ordres. Je ne renonce qu'à regret à l'espoir de vous en voir disposer, et je vous avoue que la délicatesse qui vous en empêche n'est pas de mon goût. Mais il faut se soumettre, nous parlerons du reste plus à loisir. Votre voyage est une affaire à méditer; car je vous avoue que, malgré mon état, j'ai grand'peur de vous.

ANNÉE 1762.

LA MÊME.

A M. M. 4 juin 1762.

J'ai, madame, une requête à vous présenter; le cœur plein de vous, j'en ai parlé à madame la maréchale de Luxembourg; et, sans prévoir l'effet de mon zèle, je lui ai inspiré le désir de savoir qui vous êtes, et peut-être d'aller plus loin. Elle m'a donc chargé de vous demander la permission de vous nommer à elle, et je dois ajouter que vous m'obligerez de me l'accorder. Mais, du reste, vous pouvez me signifier vos volontés en toute confiance, vous serez fidèlement obéie. La seule chose que je vous demande pour l'acquit de ma commission, est, en cas de refus, de vouloir bien tourner votre lettre de manière que je puisse la lui montrer.

Dois-je désirer ou craindre la visite que vous semblez me promettre? Je crois, en vérité, qu'elle m'ôte le repos d'avance; que sera-ce après l'événement, mon Dieu! Que voulez-vous venir faire ici de ces beaux yeux vainqueurs des Suisses? Ne sauroient-ils du moins laisser en paix les Genevois? Ah! respectez mes maux et ma barbe grise, ne venez pas grêler sur le persil. Il faut pourtant achever de m'humilier, en vous disant combien les préjugés que vous craignez sont chimériques. Hélas! ce n'est pas d'aujourd'hui que de jolies femmes viennent impudemment insulter à ma misère, et me faire à la fois de leurs visites un honneur et un affront! Je ne sais pourquoi le cœur me dit que je me tirerai mal de la vôtre. Non, je n'ai jamais redouté femme autant que vous. Cependant je dois vous prévenir que si vous voulez tout de bon faire ce pèlerinage, il faut nous concerter d'avance, et convenir du jour entre nous, surtout dans une saison où, sans cesse accablé d'importuns de toutes les sortes, je suis réduit à me ménager d'avance, et même avec peine, un jour de pleine liberté. Vous pouvez renvoyer la réponse à cet article à quelque autre lettre, et n'en point parler *dans la réponse à celle-ci*.

Je n'ai encore montré aucune de vos lettres à madame de Luxembourg; et si je lui en montre, et que vous ne vouliez pas être connue, soyez sûre que j'y mettrai le choix nécessaire, et qu'elle ne saura jamais qui vous êtes, à moins que vous n'y consentiez. Excusez mon barbouillage; j'écris à la hâte, fort distrait, et du monde dans ma chambre.

A M. NÉAULME.

Montmorency, le 5 juin 1762.

Je reçois, monsieur, à l'instant et dans le même paquet, avec six feuilles imprimées, et cinq cartons, vos quatre lettres des 20, 22, 24 et 26 mai. J'y vois avec déplaisir la continuation de vos plaintes vis-à-vis de vos deux confrères; mais n'étant entré ni dans les traités ni dans les négociations réciproques, je me borne à désirer que la justice soit observée, et que vous soyez tous contens, sans avoir droit de m'ingérer dans une affaire qui ne me regarde pas. J'ajouterai seulement que j'aurois souhaité, et de grand cœur, que le tout eût passé par vos mains seules, et qu'on n'eût traité qu'avec vous; mais, n'ayant pas été consulté dans cette affaire, je ne puis répondre de ce qui s'est fait à mon insu.

Je vous ai dit, monsieur, et je le répète, qu'*Émile* est le dernier écrit qui soit sorti et sortira jamais de ma plume pour l'impression. Je ne comprends pas sur quoi vous pouvez inférer le contraire; il me suffit de vous avoir dit la vérité: vous en croirez ce qu'il vous plaira.

Je suis très-fâché des embarras où vous dites être au sujet de la Profession de foi; mais comme vous ne m'avez point consulté sur le contenu de mon manuscrit, en traitant pour l'impression, vous n'avez point à vous prendre à moi des obstacles qui vous arrêtent, et d'autant moins que les vérités hardies semées dans tous mes livres devoient vous faire présumer que celui-là n'en seroit pas exempt. Je ne vous ai ni surpris ni abusé, monsieur; j'en suis incapable; je voudrois même vous complaire, mais ce ne sauroit être en ce que vous exigez de moi sur ce point; et je m'étonne que vous puissiez croire qu'un homme qui prend tant de mesures pour que son ouvrage ne soit point altéré après sa mort le laisse mutiler durant sa vie (*).

(*) Pour l'explication de ceci, voyez au commencement de l'*Émile* la première des notes où il est question de Formey. G. P.

A l'égard des raisons que vous m'exposez, vous pouviez vous dispenser de cet étalage, et supposer que j'avois pensé à ce qu'il me convenoit de faire. Vous dites que les gens mêmes qui pensent comme moi me blâment. Je vous réponds que cela ne peut pas être; car moi, qui sûrement pense comme moi, je m'approuve, et ne fis rien de ma vie dont mon cœur fût aussi content. En rendant gloire à Dieu, et parlant pour le vrai bien des hommes, j'ai fait mon devoir : qu'ils en profitent ou non, qu'ils me blâment ou m'approuvent, c'est leur affaire; je ne donnerois pas un fétu pour changer leur blâme en louange. Du reste, je les mets au pis; que me feront-ils que la nature et mes maux ne fassent bientôt sans eux? Ils ne me donneront ni ne m'ôteront ma récompense; elle ne dépend d'aucun pouvoir humain. Vous voyez bien, monsieur, que mon parti est pris. Ainsi je vous conseille de ne plus en parler, car cela seroit parfaitement inutile.

A M. MOULTOU.

Montmorency, le 7 juin 1762.

Je me garderois de vous inquiéter, cher Moultou, si je croyois que vous fussiez tranquille sur mon compte; mais la fermentation est trop forte pour que le bruit n'en soit pas arrivé jusqu'à vous : et je juge par les lettres que je reçois des provinces que les gens qui m'aiment y sont encore plus alarmés pour moi qu'à Paris. Mon livre a paru dans des circonstance malheureuses. Le parlement de Paris, pour justifier son zèle contre les jésuites, veut, dit-on, persécuter aussi ceux qui ne pensent pas comme eux; et le seul homme en France qui croie en Dieu doit être la victime des défenseurs du christianisme. Depuis plusieurs jours tous mes amis s'efforcent à l'envi de m'effrayer : on m'offre partout des retraites; mais comme on ne me donne pas, pour les accepter, des raisons bonnes pour moi, je demeure; car votre ami Jean-Jacques n'a point appris à se cacher. Je pense aussi qu'on grossit le mal à mes yeux pour tâcher de m'ébranler; car je ne saurois concevoir à quel titre, moi citoyen de Genève, je puis devoir compte au parlement de Paris d'un livre que j'ai fait imprimer en Hollande avec privilége des États-généraux. Le seul moyen de défense que j'entends employer, si l'on m'interroge, est la récusation de mes juges : mais ce moyen ne les contentera pas; car je vois que, tout plein de son pouvoir suprême, le parlement a peu d'idée du droit des gens, et ne le respectera guère dans un petit particulier comme moi. Il y a dans tous les corps des intérêts auxquels la justice est toujours subordonnée; et il n'y a pas plus d'inconvénient à brûler un innocent au parlement de Paris, qu'à en rouer un autre au parlement de Toulouse. Il est vrai qu'en général les magistrats du premier de ces corps aiment la justice, et sont toujours équitables et modérés quand un ascendant trop fort ne s'y oppose pas; mais si cet ascendant agit dans cette affaire, comme il est probable, ils n'y résisteront point. Tels sont les hommes, cher Moultou; telle est cette société si vantée : la justice parle, et les passions agissent. D'ailleurs, quoique je n'eusse qu'à déclarer ouvertement la vérité des faits, ou, au contraire, à user de quelque mensonge pour me tirer d'affaire, même malgré eux, bien résolu de ne rien dire que de vrai, et de ne compromettre personne, toujours gêné dans mes réponses, je leur donnerai le plus beau jeu du monde pour me perdre à leur plaisir.

Mais, cher Moultou, si la devise que j'ai prise n'est pas un pur bavardage, c'est ici l'occasion de m'en montrer digne; et à quoi puis-je employer mieux le peu de vie qui me reste? De quelque manière que me traitent les hommes, que me feront-ils que la nature et mes maux ne m'eussent bientôt fait sans eux? Ils pourront m'ôter une vie que mon état me rend à charge, mais ils ne m'ôteront pas ma liberté; je la conserverai, quoi qu'ils fassent, dans leurs liens et dans leurs murs. Ma carrière est finie, il ne me reste plus qu'à la couronner. J'ai rendu gloire à Dieu, j'ai parlé pour le bien des hommes. O ami! pour une si grande cause, ni toi ni moi ne refuserons jamais de souffrir. C'est aujourd'hui que le parlement rentre; j'attends en paix ce qu'il lui plaira d'ordonner de moi.

Adieu, cher Moultou; je vous embrasse tendrement : sitôt que mon sort sera décidé, je vous en instruirai, si je reste libre; sinon vous l'apprendrez par la voix publique.

A MADAME DE CRÉQUI.

Montmorency, le 7 juin 1762.

Je vous remercie, madame, de l'avis que vous voulez bien me donner; on me le donne de toutes parts, mais il n'est pas de mon usage; J. J. Rousseau ne sait point se cacher. D'ailleurs, je vous avoue qu'il m'est impossible de concevoir à quel titre un citoyen de Genève, imprimant un livre en Hollande, avec privilége des États-généraux, en peut devoir compte au parlement de Paris. Au reste, j'ai rendu gloire à Dieu, et parlé pour le bien des hommes. Pour une si digne cause, je ne refuserai jamais de souffrir. Je vous réitère mes remercîments, madame, et n'oublierai point ce soin de votre amitié.

A MADAME LATOUR.

A Montmorency, le 7 juin 1762.

Rassurez-vous, madame, je vous supplie; vous ne serez ni nommée ni connue : je n'ai fait que ce que je pouvois faire sans indiscrétion. Je visiterai dès aujourd'hui toutes vos lettres; et n'ayant pas le courage de les brûler, à moins que vous ne l'ordonniez, j'en ôterai du moins avec le plus grand soin tout ce qui pourroit servir de renseignement ou d'indice pour vous reconnoître. Au reste, attendez quelques jours à m'écrire. On dit que le parlement de Paris veut disposer de moi; il faut le laisser faire, et ne pas compromettre vos lettres dans cette occasion.

Je rouvre ma lettre pour vous dire que j'aurai grand soin d'ôter aussi votre cachet, et de mettre toutes vos lettres en sûreté; ainsi, soyez tranquille.

A M. DE LA POPLINIÈRE.

Montmorency, le 8 juin 1762.

Non, monsieur, les livres ne corrigent pas les hommes, je le sais bien; dans l'état où ils sont, les mauvais les rendroient pires, s'ils pouvoient l'être, sans que les bons les rendissent meilleurs. Aussi ne m'en imposai-je point, en prenant la plume, sur l'inutilité de mes écrits; mais j'ai satisfait mon cœur en rendant hommage à la vérité. En parlant aux hommes pour leur vrai bien, en rendant gloire à Dieu, en arrachant aux préjugés du vice l'autorité de la raison, je me suis mis en état, en quittant la vie, de rendre à l'auteur de mon être compte des talents qu'il m'avoit confiés. Voilà, monsieur, tout ce que je pouvois faire; rien de plus n'a dépendu de moi. Du reste, j'ai fini ma courte tâche; je n'ai plus rien à dire, et je me tais. Heureux, monsieur, si, bientôt oublié des hommes, et rentré dans l'obscurité qui me convient, je conserve encore quelque place dans votre estime et dans votre souvenir.

A M. MOULTOU.

Yverdun, le 15 juin 1762.

Vous aviez mieux jugé que moi, cher Moultou; l'événement a justifié votre prévoyance, et votre amitié voyoit plus clair que moi sur mes dangers. Après la résolution où vous m'avez vu dans ma précédente lettre, vous serez surpris de me savoir maintenant à Yverdun; mais je puis vous dire que ce n'est pas sans peine, et sans des considérations très-graves, que j'ai pu me déterminer à un parti si peu de mon goût. J'ai attendu jusqu'au dernier moment sans me laisser effrayer; et ce ne fut qu'un courrier, venu dans la nuit du 8 au 9, de M. le prince de Conti à madame de Luxembourg, qui apporta les détails sur lesquels je pris sur-le-champ mon parti. Il ne s'agissoit plus de moi seul, qui sûrement n'ai jamais approuvé le tour qu'on a pris dans cette affaire, mais des personnes qui, pour l'amour de moi, s'y trouvoient intéressées, et qu'une fois arrêté, mon silence même, ne voulant pas mentir, eût compromises. Il a donc fallu fuir, cher Moultou, et m'exposer, dans une retraite assez difficile, à toutes les transes des scélérats, laissant le parlement dans la joie de mon évasion, et très-résolu de suivre la contumace aussi loin qu'elle peut aller. Ce n'est pas, croyez-moi, que ce corps me haïsse et ne sente fort bien son iniquité; mais voulant fermer la bouche aux dévots en poursuivant les jésuites, il m'eût, sans égard pour mon triste état, fait souffrir les plus cruelles tortures : il m'eût fait brûler vif avec aussi peu de plaisir que de justice, et simplement parce que cela l'arrangeoit. Quoi qu'il en soit, je vous jure, cher Moultou, devant ce Dieu qui lit dans mon cœur, que je n'ai rien fait en tout ceci contre les lois ; que non-seulement j'étois parfaitement en règle, mais que j'en avois les preuves les plus authentiques, et qu'avant de partir je me suis défait volontairement de ces preuves pour la tranquillité d'autrui.

Je suis arrivé ici hier matin, et je vais errer dans ces montagnes jusqu'à ce que j'y trouve un asile assez sauvage pour y passer en paix le reste de mes misérables jours. Un autre me demanderoit peut-être pourquoi je ne me retire pas à Genève ; mais, ou je connois mal mon ami Moultou, ou il ne me fera sûrement pas cette question ; il sentira que ce n'est point dans la patrie qu'un malheureux proscrit doit se réfugier; qu'il n'y doit point porter son ignominie, ni lui faire partager ses affronts. Que ne puis-je, dès cet instant, y faire oublier ma mémoire ! N'y donnez mon adresse à personne ; n'y parlez plus de moi; ne m'y nommez plus. Que mon nom soit effacé de dessus la terre ! Ah ! Moultou, la Providence s'est trompée ; pourquoi m'a-t-elle fait naître parmi les hommes, en me faisant d'une autre espèce qu'eux ?

A M. LE MARÉCHAL DE LUXEMBOURG.

Yverdun, le 16 juin 1762.

Enfin j'ai mis le pied sur cette terre de justice et de liberté qu'il ne falloit jamais quitter. Je ne puis écrire aujourd'hui... Il étoit temps d'arriver.

Mon adresse, sous le couvert de M. Daniel Roguin, à Yverdun en Suisse. Les lettres ne parviennent ici qu'affranchies jusqu'à la frontière. De grâce, monsieur le maréchal, un mot de mademoiselle Le Vasseur. J'attends sa résolution pour prendre la mienne.

A M. LE PRINCE DE CONTI.

Yverdun, le 17 juin 1762.

Monseigneur,

Je dois à V. A. S. ma vie, ma liberté, mon honneur même, plus augmenté par l'intérêt que vous daignez prendre à moi qu'altéré par l'iniquité du parlement de Paris. Ces biens, les plus estimés des hommes, ont un nouveau prix pour celui qui les tient de vous. Que ne puis-je, monseigneur, les employer au gré de ma reconnoissance ! C'est alors que je me glorifierois tous les jours de ma vie d'être avec le plus profond respect, etc.

A MADAME LA MARÉCHALE DE LUXEMBOURG.

Yverdun, le 17 juin 1762.

Vous l'avez voulu, madame la maréchale. Me voilà donc exilé loin de tout ce qui m'attachoit à la vie ! Est-ce un bien de la conserver à ce prix ? Du moins en perdant le bonheur auquel vous m'aviez accoutumé, ce sera quelque consolation dans ma misère de songer aux motifs qui m'ont déterminé.

Etant allé à Villeroy, comme nous en étions convenus, je remis à M. le duc la lettre que vous m'aviez donnée pour lui. Il me reçut en homme bien voulu de vous, et me donna une lettre pour le secrétaire de M. le commandant de Lyon ; mais réfléchissant en chemin que celui à qui elle étoit adressée pouvoit être absent ou malade, et qu'alors je serois plus embarrassé peut-être que si M. le duc n'avoit point écrit, je pris le parti d'éviter également Lyon et Besançon, afin de n'avoir à comparoître par-devant aucun commandant ; et, prenant entre les deux une route moins suivie, je suis venu ici, sans accident, par Salins et Pontarlier. Je dois pourtant vous dire qu'en passant à Dijon il fallut donner mon nom, et qu'ayant pris la plume dans l'intention de substituer celui de ma mère à celui de mon père, il me fut impossible d'en venir à bout : la main me trembloit tellement que je fus contraint deux fois de poser la plume ; enfin le nom de Rousseau fut le seul que je pus écrire, et toute ma falsification consista à supprimer le J d'un de mes deux prénoms. Sitôt que je fus parti, je croyois toujours entendre la maréchaussée à mes trousses ; et un courrier ayant passé la même nuit sous mes fenêtres, je crus aussitôt qu'il venoit m'arrêter. Quels sont donc les tourments du crime, si l'innocence opprimée en a de tels ?

Je suis arrivé ici dans un accablement inconcevable; mais, depuis deux jours que j'y suis, je me sens déjà beaucoup mieux: l'air natal, l'accueil de l'amitié, la beauté des lieux, la saison, tout concourt à réparer les fatigues du plus triste voyage. Quand j'aurai reçu de vos nouvelles, que vous m'aurez dit que vous m'aimez toujours, que M. le maréchal m'aura dit la même chose, je serai tranquille sur tout le reste. Quelque malheur qui m'attende, une consolation qui m'est sûre est de ne l'avoir pas mérité.

Voilà, madame la maréchale, une lettre pour M. le prince de Conti; je vous supplie de la lui faire agréer, et d'y joindre tout ce qui vous paroîtra propre à lui montrer la reconnoissance dont je suis pénétré pour ses bontés. Quand l'innocence a besoin de faveurs et de grâces, elle est heureuse au moins de les recevoir d'une main dont elle peut s'honorer. Je voudrois écrire à madame la comtesse de Boufflers; mais l'heure presse, et le courrier ne repartira de huit jours.

N'ayant point encore commencé mes recherches, j'ignore en quel lieu je fixerai ma retraite: de nouvelles courses m'effraient trop pour la chercher bien loin d'ici. Tout séjour m'est bon pourvu qu'il soit ignoré, et que l'injustice et la violence ne viennent pas m'y poursuivre, et c'est un malheur qu'on n'a pas à craindre en ce pays. Je n'ose vous demander des nouvelles, je les attends horribles; mais les jugemens du parlement de Paris ne sont pas si respectables qu'on n'en puisse appeler à l'Europe et à la postérité. Je prends la liberté de vous recommander ma pauvre gouvernante. Dans quel embarras je l'ai laissée, et quel bonheur pour elle et pour moi que vous ayez été à Montmorency dans ces temps de nos calamités!

A M. LE MARÉCHAL DE LUXEMBOURG.

Yverdun, le 17 juin 1762.

Je vous écrivis de Dôle, monsieur le maréchal, samedi dernier. Hier je vous écrivis d'ici par la route de Genève; et je vous écris aujourd'hui par la route de Pontarlier. En voilà maintenant pour huit jours avant qu'aucun courrier ne reparte. A l'égard de ceux de Paris pour ce pays, on peut écrire presque tous les jours; il y en a cependant trois de préférence, mais le mercredi est le meilleur.

Si quelque chose au monde pouvoit me consoler de m'être éloigné de vous, ce seroit de retrouver ici, dans un digne Suisse, tout l'accueil de l'amitié, et dans tous les habitans du pays l'hospitalité la plus douce et la moins gênante. Je n'ai pourtant dit mon nom qu'à M. Roguin, et je ne suis connu de personne que comme un de ses amis; mais je ne pourrai éviter d'être présenté, aujourd'hui ou demain, à M. le bailli, qui est ici le gouverneur de la province. J'espère qu'en m'ouvrant à lui il me gardera le secret.

Tous mes arrangemens ultérieurs dépendent tellement de la décision de mademoiselle Le Vasseur, qu'il faut que j'en sois instruit avant que de rien faire. Je verrai en attendant tous les lieux des environs où je puis chercher un asile; mais je ne le choisirai qu'après que j'aurai su si elle veut le partager; et, là-dessus, je vous supplie qu'il ne lui soit rien insinué pour l'engager à venir si elle y a la moindre répugnance; car l'empressement de l'avoir avec moi n'est que le second de mes désirs; le premier sera toujours qu'elle soit heureuse et contente, et je crains qu'elle ne trouve ma retraite trop solitaire, qu'elle ne s'y ennuie. Si elle ne vient pas, je la regretterai toute ma vie; mais si elle vient, son séjour ici ne sera pas pour moi sans embarras; cependant qu'à cela ne tienne, et fût-elle ici dès demain!

Une autre chose qui me tient en suspens, c'est le sort des petits effets que j'ai laissés: s'ils me restent, ce que mademoiselle Le Vasseur ne voudra pas, et qui sera d'un plus facile transport, pourroit être emballé ou encaissé, et envoyé ici par les soins de M. de Rougemont, banquier, rue Beaubourg, lequel est prévenu. Mais si le parlement juge à propos de tout confisquer et de s'enrichir de mes guenilles, il faut que je pourvoie ici peu à peu aux choses dont j'ai un absolu besoin. Voulez-vous bien, monsieur le maréchal, me faire donner un mot d'avis sur tout cela, et vous charger des lettres que mademoiselle Le Vasseur peut avoir à m'écrire? car elle n'a pas mon adresse, et je souhaite qu'elle ne soit communiquée à personne, ne voulant plus être connu que de vous. Voici une lettre pour elle. Je me crois autorisé, par vos bontés, à prendre ces sortes de libertés.

Je ne vous ai point fait l'histoire de mon voyage ; il n'a rien de fort intéressant. Je ne vous renouvelle plus l'exposition de mes sentimens, ils seront toujours les mêmes. Mon tendre attachement pour vous est à l'épreuve du temps, de l'éloignement, des malheurs, de ces malheurs mêmes auxquels le cœur d'un honnête homme ne sait point se préparer, parce qu'il n'est pas fait pour l'ignominie, et qui l'absorbent tout entier quand ils lui sont arrivés. En cachant ma honte à toute la terre, je penserai toujours à vous avec attendrissement, et ce précieux souvenir fera ma consolation dans mes misères. Mais vous, monsieur le maréchal, daignerez-vous quelquefois vous souvenir d'un malheureux proscrit?

A MADEMOISELLE LE VASSEUR.

Yverdun, le 17 juin 1762.

Ma chère enfant, vous apprendrez avec grand plaisir que je suis en sûreté. Puissé-je apprendre bientôt que vous vous portez bien et que vous m'aimez toujours! Je me suis occupé de vous en partant et durant tout mon voyage ; je m'occupe à présent du soin de nous réunir. Voyez ce que vous voulez faire, et ne suivez en cela que votre *inclination*; car quelque répugnance que j'aie à me séparer de vous après avoir si long-temps vécu ensemble, je le puis cependant sans inconvénient, quoique avec regret ; et même votre séjour en ce pays trouve des difficultés qui ne m'arrêteront pourtant pas s'il vous convient d'y venir. Consultez-vous donc, ma chère enfant, et voyez si vous pourrez supporter ma retraite. Si vous venez, je tâcherai de vous la rendre douce, et je pourvoirai même, autant qu'il sera possible, à ce que vous puissiez remplir les devoirs de votre religion aussi souvent qu'il vous plaira. Mais si vous aimez mieux rester, faites-le sans scrupule, et je concourrai toujours de tout mon pouvoir à vous rendre la vie commode et agréable.

Je ne sais rien de ce qui se passe ; mais les iniquités du parlement ne peuvent plus me surprendre, et il n'y a point d'horreurs auxquelles je ne sois déjà préparé. Mon enfant, ne me méprisez pas à cause de ma misère. Les hommes peuvent me rendre malheureux, mais ils ne sauroient me rendre méchant ni injuste; et vous savez mieux que personne que je n'ai rien fait contre les lois.

J'ignore comment on aura disposé des effets qui sont restés dans ma maison ; j'ai toute confiance en la complaisance qu'a eue M. Dumoulin de vouloir bien en être le gardien. Je crois que cela pourra lever bien des difficultés que d'autres auroient pu faire. Je ne présume pas que le parlement, tout injuste qu'il est, ait la bassesse de confisquer mes guenilles. Cependant, si cela arrivoit, venez avec rien, mon enfant, et je serai consolé de tout quand je vous aurai près de moi. Si, comme je le crois, on ferme les yeux et qu'on vous laisse disposer du tout, consultez MM. Mathas, Dumoulin, de La Roche, sur la manière de vous défaire de tout cela ou de la plus grande partie, surtout des livres et des gros meubles, dont le transport coûteroit plus qu'ils ne valent ; et vous ferez emballer le reste avec soin, afin qu'il me soit envoyé par une voie qui est connue de M. le maréchal : mais, avant tout, vous tâcherez de me faire parvenir une malle pleine de linge et de hardes, dont j'ai un très-grand besoin, donnant avec la malle un mémoire exact de tout ce qu'elle contient. Si vous venez, vous garderez ce qu'il y a de meilleur et qui occupe le moins de volume, pour l'apporter avec vous, ainsi que l'argent que le reste aura produit, dont vous vous servirez pour votre voyage. Si cela, joint à l'appoint du compte de M. de La Roche, excède ce qui vous est nécessaire, vous le convertirez en lettre de change par le banquier qui dirigera votre voyage ; car, contre mon attente, j'ai trouvé qu'il faisoit ici très-cher vivre, que tout y coûtoit beaucoup, et que s'il faut nous remonter absolument en meubles et hardes, ce ne sera pas une petite affaire. Vous savez qu'il y a l'épinette et quelques livres à restituer, et M. Mathas, et le boucher, et mon barbier à payer : je vous enverrai un mémoire sur tout cela. Vous avez dû trouver, dans le couvercle de la boîte aux bonbons, trois ou quatre écus qui doivent suffire pour le payement du boucher.

Je ne suis point encore déterminé sur l'asile que je choisirai dans ce pays. J'attends votre réponse pour me fixer; car si vous ne veniez pas je m'arrangerois différemment. Je vous prie de témoigner à MM. Mathas et Dumoulin, à madame de Verdelin, à MM. Alamanni et Mandar, à M. et madame de La Roche, et généralement à toutes les personnes qui vous paroîtront s'intéresser à mon sort, combien il m'en a coûté pour quitter si brusquement tous mes amis, et un pays où j'étois bien voulu. Vous savez le vrai motif de mon départ ; si personne n'eût été compromis dans cette malheureuse affaire, je ne serois sûrement jamais parti, n'ayant rien à me reprocher. Ne manquez pas aussi de voir de ma part M. le curé, et de lui marquer avec quelle édification j'ai toujours admiré son zèle et toute sa conduite, et combien j'ai regretté de m'éloigner d'un pasteur si respectable dont l'exemple me rendoit meilleur. M. Alamanni avoit promis de me faire faire un bandage semblable à un modèle qu'il m'a montré, excepté que ce qui étoit à droite devoit être à gauche : je pense que ce bandage peut très-bien se faire sans mesure exacte, en n'ouvrant pas les boutonnières, en sorte que je les pourrois faire ouvrir ici à ma mesure. S'il vouloit bien prendre la peine de m'en faire faire deux semblables, je lui en serois sensiblement obligé ; vous auriez le soin de lui en rembourser le prix et de me les envoyer dans la première malle que vous me ferez parvenir. N'oubliez pas aussi les étuis à bougies, et soyez attentive à envelopper le tout avec le plus grand soin.

Adieu, ma chère enfant. Je me console un peu des embarras où je vous laisse, par les bontés et la protection de M. le maréchal et de madame la maréchale, qui ne vous abandonneront pas au besoin. M. et madame Dubettier m'ont paru bien disposés pour vous ; je souhaiterois que vous fissiez les avances d'un raccommodement, auquel ils se prêteront sûrement : que ne puis-je les raccommoder de même avec monsieur et madame de La Roche ! Si j'étois resté j'aurois tenté cette bonne œuvre, et j'ai dans l'esprit que j'aurois réussi. Adieu derechef. Je vous recommande toutes choses, mais surtout de vous conserver et de prendre soin de vous.

A M. MOULTOU.

Yverdun, le 22 juin 1762.

Ce que vous me marquez, cher Moultou, est à peine croyable. Quoi ! décrété sans être ouï ! Et où est le délit ? où sont les preuves ? Genevois, si telle est votre liberté, je la trouve peu regrettable. Cité à comparoître, j'étois obligé d'obéir, au lieu qu'un décret de prise-de-corps ne m'ordonnant rien, je puis demeurer tranquille. Ce n'est pas que je ne veuille purger le décret, et me rendre dans les prisons en temps et lieu, curieux d'entendre ce qu'on peut avoir à me dire ; car j'avoue que je ne l'imagine pas. Quant à présent, je pense qu'il est à propos de laisser au Conseil le temps de revenir sur lui-même, et de mieux voir ce qu'il a fait. D'ailleurs, il seroit à craindre que dans ce moment de chaleur quelques citoyens ne vissent pas sans murmure le traitement qui m'est destiné, et cela pourroit ranimer des aigreurs qui doivent rester à jamais éteintes. Mon intention n'est pas de jouer un rôle, mais de remplir mon devoir.

Je ne puis vous dissimuler, cher Moultou, que, quelque pénétré que je sois de votre conduite dans cette affaire, je ne saurois l'approuver. Le zèle que vous marquez ouvertement pour mes intérêts ne me fait aucun bien présent, et me nuit beaucoup pour l'avenir en vous nuisant à vous-même. Vous vous ôtez un crédit que vous auriez employé très-utilement pour moi dans un temps plus heureux. Apprenez à louvoyer, mon jeune ami, et ne heurtez jamais de front les passions des hommes, quand vous voulez les ramener à la raison. L'envie et la haine sont maintenant contre moi à leur comble. Elles diminueront quand, ayant depuis long-temps cessé d'écrire, je commencerai d'être oublié du public, et qu'on ne craindra plus de moi la vérité. Alors, si je suis encore, vous me servirez, et l'on vous écoutera. Maintenant taisez-vous ; respectez la décision des magistrats et l'opinion publique ; ne m'abandonnez pas ouvertement, ce seroit une lâcheté ; mais parlez peu de moi, n'affectez point de me défendre, écrivez-moi rarement, et surtout gardez-vous de me venir voir, je vous le défends avec toute l'autorité de l'amitié ; enfin, si vous voulez me servir, servez-moi à ma mode, je sais mieux que vous ce qui me convient.

J'ai fait assez bien mon voyage, mieux que je n'eusse osé l'espérer : mais ce dernier coup m'est trop sensible pour ne pas prendre un peu sur ma santé. Depuis quelques jours je sens des douleurs qui m'annoncent peut-être une rechute. C'est grand dommage de ne pas jouir en paix d'une retraite si agréable. Je suis ici chez un ancien et digne patron et bienfaiteur, dont l'honorable et nombreuse famille m'accable, à son exemple, d'amitiés et de caresses. Mon bon ami, que j'aime à être bien voulu et caressé ! Il me semble que je ne suis plus malheureux quand on m'aime : la bienveillance est douce à mon cœur, elle me dédommage de tout. Cher Moultou, un temps viendra peut-être que je pourrai vous presser contre mon sein, et cet espoir me fait encore aimer la vie.

A M. DE GINGINS DE MOIRY,

Membre du conseil souverain de la république de Berne, et Seigneur bailli à Yverdun.

Yverdun, le 22 juin 1762.

Monsieur,

Vous verrez, par la lettre ci-jointe, que je viens d'être décrété à Genève de prise-de-corps. Celle que j'ai l'honneur de vous écrire n'a point pour objet ma sûreté personnelle; au contraire, je sais que mon devoir est de me rendre dans les prisons de Genève, puisqu'on m'y a jugé coupable, et c'est certainement ce que je ferai sitôt que je serai assuré que ma présence ne causera aucun trouble dans ma patrie. Je sais, d'ailleurs, que j'ai le bonheur de vivre sous les lois d'un souverain équitable et éclairé, qui ne se gouverne point par les idées d'autrui, qui peut et qui veut protéger l'innocence opprimée. Mais, monsieur, il ne me suffit pas dans mes malheurs de la protection même du souverain, si je ne suis encore honoré de son estime, et s'il ne me voit de bon œil chercher un asile dans ses états. C'est sur ce point, monsieur, que j'ose implorer vos bontés, et vous supplier de vouloir bien faire au souverain Sénat un rapport de mes respectueux sentimens. Si ma démarche a le malheur de ne pas agréer à LL. EE., je ne veux point abuser d'une protection qu'elles n'accorderoient qu'au malheureux, et dont l'homme ne leur paroîtroit pas digne, et je suis prêt à sortir de leurs états, même sans ordre; mais si le défenseur de la cause de Dieu, des lois, de la vertu, trouve grâce devant elles, alors, supposé que mon devoir ne m'appelle point à Genève, je passerai le reste de mes jours dans la confiance d'un cœur droit et sans reproche, soumis aux justes lois du plus sage des souverains.

A M. MOULTOU.

Yverdun, le 24 juin 1762.

Encore un mot, cher Moultou, et nous ne nous écrirons plus qu'au besoin.

Ne cherchez point à parler de moi; mais, dans l'occasion, dites à nos magistrats que je les respecterai toujours, même injustes; et à tous nos concitoyens, que je les aimerai toujours, même ingrats. Je sens dans mes malheurs que je n'ai point l'âme haineuse, et c'est une consolation pour moi de me sentir bon aussi dans l'adversité. Adieu, vertueux Moultou; si mon cœur est ainsi pour les autres, vous devez comprendre ce qu'il est pour vous.

A M. LE MARÉCHAL DE LUXEMBOURG.

Yverdun, le 29 juin 1762.

N'ayant plus à Paris d'autre correspondance que la vôtre, monsieur le maréchal, je me trouve forcé de vous importuner de mes commissions, puisque je ne puis m'adresser pour cela qu'à vous seul. Je crois qu'on a sauvé quelques exemplaires de mon dernier livre. M. le bailli d'Yverdun, qui m'a fait l'accueil le plus obligeant, a le plus grand empressement de voir cet ouvrage; et moi j'ai le plus grand désir et le plus grand intérêt de lui complaire. J'en ai promis aussi un à mon hôte et ami M. Roguin. Il s'agiroit donc d'en faire empaqueter deux exemplaires, de les faire porter chez M. Rougemont, rue Beaubourg, en lui faisant remarquer sur une carte qu'il est prié par M. D. Roguin de les lui faire parvenir par la voie la plus courte et la plus sûre, qui est, je pense, le carrosse de Besançon. Pardon, monsieur le maréchal; je suis dans un de ces momens qui doivent tout excuser. Mes deux livres viennent d'exciter la plus grande fermentation dans Genève. On dit que la voix publique est pour moi ; cependant ils y sont défendus tous les deux. Ainsi mes malheurs sont au comble ; il ne peut plus guère m'arriver pis.

J'attends avec grande impatience un mot sur la décision de mademoiselle Le Vasseur, dont le séjour ici ne sera pas sans inconvénient ; mais qu'à cela ne tienne, et qu'elle fasse ce qu'elle aimera le mieux.

A MADAME CRAMER DE LON.

2 juillet 1762.

Il y a longtemps, madame, que rien ne m'étonne plus de la part des hommes, pas même le bien quand ils en font. Heureusement je mets toutes les vingt-quatre heures un jour de plus à couvert de leurs caprices ; il faudra bientôt qu'ils se dépêchent s'ils veulent me rendre la victime de leurs jeux d'enfans.

A MADAME LA COMTESSE DE BOUFFLERS.

Yverdun, 4 juillet 1762.

Touché de l'intérêt que vous prenez à mon sort, je voulois vous écrire, madame, et je le voudrois plus que jamais : mais ma situation, toujours empirée, me laisse à peine un moment à dérober aux soins les plus indispensables. Peut-être dans deux jours serai-je forcé de partir d'ici ; et tandis que j'y reste, je vous réponds qu'on ne m'y laisse pas sans occupation. Il faut attendre que je puisse respirer pour vous rendre compte de moi. Mademoiselle Le Vasseur m'avoit déjà parlé de vos bontés pour elle, et de celles de M. le prince de Conti. J'emporte en mon cœur tous les sentimens qu'elles m'ont inspirés : puissent des jours moins orageux m'en laisser jouir plus à mon aise !

Vous m'étonnez, madame, en me reprochant mon indignation contre le parlement de Paris. Je le regarde comme une troupe d'étourdis qui, dans leurs jeux, font, sans le savoir, beaucoup de mal aux hommes ; mais cela n'empêche pas qu'en ne l'accusant envers moi que d'iniquité, je ne me sois servi du mot le plus doux qu'il étoit possible. Puisque vous avez lu le livre, vous savez bien, madame, que le réquisitoire de l'avocat-général n'est qu'un tissu de calomnies qui ne pourroient sauver que par leur bêtise le châtiment dû à l'auteur, quand il ne seroit qu'un particulier. Que doit-ce être d'un homme qui ose employer le sacré caractère de la magistrature à faire le métier qu'il devroit punir ?

C'est cependant sur ce libelle qu'on se hâte de me juger dans toute l'Europe, avant que le livre y soit connu ; c'est sur ce libelle que, sans m'assigner ni m'entendre, on a commencé par me décréter, à Genève, de prise de corps ; et quand enfin mon livre y est arrivé, sa lecture y a causé l'émotion, la fermentation qui y règne encore à tel point, que le magistrat désavoue son décret, nie même qu'il l'ait porté, et refuse, à la requête même de ma famille, la communication du jugement rendu en conseil à cette occasion : procédé qui n'eut peut-être jamais d'exemple depuis qu'il existe des tribunaux.

Il est vrai que le crédit de M. de Voltaire à Genève a beaucoup contribué à cette violence et à cette précipitation. C'est à l'instigation de M. de Voltaire qu'on y a vengé, contre moi, la cause de Dieu. Mais à Berne, où le même réquisitoire a été imprimé dans la gazette, il y a produit un tel effet, que je sais, de M. le bailli même, qu'il attend, peut-être demain, l'ordre de me faire sortir des terres de la république ; et je puis dire qu'il le craint. Je sais bien que, quand mon livre sera parvenu à Berne, il y excitera la même indignation qu'à Genève contre l'auteur du réquisitoire ; mais en attendant, je serai chassé ; l'on ne voudra pas s'en dédire, et, quand on le voudroit, il ne me conviendroit pas de revenir. Ainsi successivement on me refusera partout l'air et l'eau. Voilà l'effet de ces procédures si régulières, dont vous voulez que j'admire l'équité.

Vous pouvez bien juger, madame, que toutes ces circonstances ne peuvent que me rendre encore plus précieuses les offres de madame***, et, si j'ai l'honneur d'être connu de vous, vous pourrez aisément lui faire comprendre à quel point j'en suis touché. Mais, madame, où est ce château ? Faut-il encore faire des voyages, moi qui ne puis plus me tenir ? Non ; dans l'état où je suis, il ne me reste qu'à me laisser chasser de frontière en frontière, jusqu'à ce que je ne puisse plus aller. Alors le dernier fera de moi ce qu'il lui plaira. A l'égard de l'Angleterre, vous jugez bien qu'elle est désormais pour moi comme l'autre monde : je ne la reverrai de mes jours.

Je devrois maintenant vous parler de vos propres offres, madame, de ma reconnoissance, du chevalier de Lorenzi, de miss Becquet, et de mille autres choses qui, dans vos bontés pour moi, m'importent à vous dire. Mais voilà du monde ; le papier me manque, et la poste partira bientôt. Il faut finir pour aujourd'hui.

A M. MOULTOU.

Yverdun, 6 juillet 1762.

Je vois bien, cher concitoyen, que tant que je serai malheureux vous ne pourrez vous taire, et cela vraisemblablement m'assure vos soins et votre correspondance pour le reste de mes jours. Plaise à Dieu que toute votre conduite dans cette affaire ne vous fasse pas autant de tort qu'elle vous fera d'honneur ! Il ne falloit pas moins, avec votre estime, que celle de quelques vrais pères de la patrie pour tempérer le sentiment de ma misère dans un concours de calamités que je n'ai jamais dû prévoir : la noble fermeté de M. Jalabert ne me surprend point. J'ose croire que son sentiment étoit le plus honorable au Conseil, ainsi que le plus équitable ; et pour cela même je lui suis encore plus obligé du courage avec lequel il l'a soutenu. C'est bien des philosophes qui lui ressemblent qu'on peut dire que s'ils gouvernoient les états, les peuples seroient heureux.

Je suis aussi fâché que touché de la démarche des citoyens dont vous me parlez. Ils ont cru, dans cette affaire, avoir leurs propres droits à défendre sans voir qu'ils me faisoient beaucoup de mal. Toutefois, si cette démarche s'est faite avec la décence et le respect convenables, je la trouve plus nuisible que répréhensible. Ce qu'il y a de très-sûr, c'est que je ne l'ai ni sue ni approuvée, non plus que la requête de ma famille, quoiqu'à dire le vrai, le refus qu'elle a produit soit surprenant et peut-être inouï.

Plus je pèse toutes les considérations, plus je me confirme dans la résolution de garder le plus parfait silence. Car enfin que pourrois-je dire sans renouveler le crime de Cham ? Je me tairai, cher Moultou, mais mon livre parlera pour moi ; chacun y doit voir avec évidence que l'on m'a jugé sans m'avoir lu.

Donzel est venu chargé du livre de Deluc ; mais il ne m'a point dit être envoyé par lui. Ils prennent bien leur temps pour me faire des visites ! Les sermons par écrit n'importunent qu'autant qu'on veut ; mais que M. Deluc ne m'en vienne pas faire en personne. Il s'en retourneroit peu content.

Non-seulement j'attendrai le mois de septembre avant d'aller à Genève, mais je ne trouve pas même ce voyage fort nécessaire depuis que le Conseil lui-même désavoue le décret, et je ne suis guère en état d'aller faire pareille corvée. Il faut être fou, dans ma situation, pour courir à de nouveaux désagrémens quand le devoir ne l'exige pas. J'aimerai toujours ma patrie, mais je n'en peux plus revoir le séjour avec plaisir.

On a écrit ici à M. le bailli que le sénat de Berne, prévenu par le réquisitoire imprimé dans la gazette, doit dans peu m'envoyer un ordre de sortir des terres de la république. J'ai peine à croire qu'une pareille délibération soit mise à exécution dans un si sage Conseil. Sitôt que je saurai mon sort, j'aurai soin de vous en instruire ; jusque-là, gardez-moi le secret sur ce point.

Ce réquisitoire, ou plutôt ce libelle, me poursuit d'état en état pour me faire interdire partout le feu et l'eau. On vient encore de l'imprimer dans le *Mercure* de Neuchâtel. Est-il possible qu'il ne se trouve pas dans tout le public un seul ami de la justice et de la vérité qui daigne prendre la plume et montrer les calomnies de ce sot libelle, lesquelles ne pourroient que par leur bêtise sauver l'auteur du châtiment qu'il recevroit d'un tribunal équitable, quand il ne seroit qu'un particulier ? Que doit-ce être d'un homme qui ose employer le sacré caractère de la magistrature à faire le métier qu'il devroit punir ? Je vous embrasse de tout mon cœur.

Je dois vous dire que Donzel m'a questionné si curieusement sur mes correspondances, que je l'ai jugé plus espion qu'ami.

AU MÊME.

Motiers-Travers, le 11 juillet 1762.

Avant-hier, cher Moultou, je fus averti que le lendemain devoit m'arriver de Berne l'ordre de sortir des terres de la république dans l'espace de quinze jours; et l'on m'apprit aussi que cet ordre avoit été donné à regret, aux pressantes sollicitations du Conseil de Genève. Je jugeai qu'il me convenoit de le prévenir; et avant que cet ordre arrivât à Yverdun j'étois hors du territoire de Berne. Je suis ici depuis hier, et j'y prends haleine jusqu'à ce qu'il plaise à MM. de Voltaire et Tronchin de m'y poursuivre et de m'en faire chasser; ce que je ne doute pas qui n'arrive bientôt. J'ai reçu votre lettre du 7 : n'avez-vous pas reçu la mienne du 6 ? Ma situation me force à consentir que vous écriviez, si vous le jugez à propos, pourvu que ce soit d'une manière convenable à vous et à moi, sans emportemens, sans satires, surtout sans éloges, avec douceur et dignité, avec force et sagesse; enfin, comme il convient à un ami de la justice encore plus que de l'opprimé. Du reste, je ne veux point voir cet ouvrage; mais je dois vous avertir que, si vous l'exécutez comme j'imagine, il immortalisera votre nom (car il faut vous nommer ou ne pas écrire). Mais vous serez un homme perdu. Pensez-y. Adieu, cher Moultou.

Vous pouvez continuer de m'écrire sous le pli de M. Roguin, ou ici directement; mais écrivez rarement.

A MYLORD MARÉCHAL.

Vitam impendere vero.

Juillet 1762.

Mylord,

Un pauvre auteur proscrit de France, de sa patrie, du canton de Berne, pour avoir *dit ce qu'il pensoit être utile et bon*, vient chercher un asile dans les états du roi. Mylord, ne me l'accordez pas si je suis coupable, car je ne demande point de grâce et ne crois point en avoir besoin; mais si je ne suis qu'opprimé, il est digne de vous et de sa majesté de ne pas me refuser le feu et l'eau qu'on veut m'ôter par toute la terre. J'ai cru devoir déclarer ma retraite et mon nom trop connu par mes malheurs; ordonnez de mon sort, je suis soumis à vos ordres; mais si vous m'ordonnez aussi de partir dans l'état où je suis, obéir m'est impossible, et je ne saurois plus où fuir.

Daignez, mylord, agréer les assurances de mon profond respect.

AU ROI DE PRUSSE.

A Motiers-Travers, juillet 1762.

J'ai dit beaucoup de mal de vous; j'en dirai peut-être encore : cependant, chassé de France, de Genève, du canton de Berne, je viens chercher un asile dans vos états. Ma faute est peut-être de n'avoir pas commencé par là : cet éloge est de ceux dont vous êtes digne. Sire, je n'ai mérité de vous aucune grâce, et je n'en demande pas; mais j'ai cru devoir déclarer à votre majesté que j'étois en son pouvoir, et que j'y voulois être; elle peut disposer de moi comme il lui plaira.

A M. MOULTOU.

Motiers-Travers, le 15 juillet 1762.

Votre dernière lettre m'afflige fort, cher Moultou. J'ai tort dans les termes, je le sens bien; mais ceux d'un ami doivent-ils être si durement interprétés, et ne deviez-vous pas vous dire à vous-même : S'il dit mal, il ne pense pas ainsi ?

Quand j'ai demandé s'il ne se trouveroit pas un ami de la justice et de la vérité pour prendre ma défense contre le réquisitoire, j'imaginois si peu que ce discours eût quelque trait à vous, que quand vous m'avez proposé de vous charger de ce soin, j'en ai été effrayé pour vous, comme vous l'aurez pu voir dans ma précédente. Il ne m'est pas même venu dans l'esprit qu'une pareille entreprise vous fût praticable en cette occasion, et d'autant moins que mes défenseurs, si jamais j'en ai, ne doivent point être anonymes. Mais sachant que vous voyez et connoissez des gens de lettres, j'ai pensé que vous pourriez exciter ou encourager en quelqu'un d'eux l'idée de faire ce que, sans imprudence, vous ne pouvez faire vous-même;

et que, si le projet étoit bien exécuté, il vous remercieroit quelque jour peut-être de le lui avoir suggéré.

Cependant, comme personne ne connoît mieux que vous votre situation et vos risques, que d'ailleurs cette entreprise est belle et honnête, et que je ne connois personne au monde qui puisse mieux que vous s'en tirer et s'en faire honneur, si vous avez le courage de la tenter après l'avoir bien examinée, je ne m'y oppose pas, persuadé que, selon l'état des choses que je ne connois point et que vous pouvez connoître, elle peut vous être plus glorieuse que périlleuse. C'est à vous de bien peser tout avant que de vous résoudre. Mais comme c'est votre avis que vous devez dire, et non pas le mien, je persiste dans la résolution de ne pas me mêler de votre ouvrage, et de ne le voir qu'avec le public.

Ce que M. de Voltaire a dit à madame d'Anville sur la délibération du sénat de Berne à mon sujet n'est rien moins que vrai, et il le savoit mieux que personne. Le 9 de ce mois, M. le bailli d'Yverdun, homme d'un mérite rare, et que j'ai vu s'attendrir sur mon sort jusqu'aux larmes, m'avoua qu'il devoit recevoir le lendemain et me signifier le même jour l'ordre de sortir dans quinze jours des terres de la république. Mais il est vrai que cet avis n'a pas passé sans contradiction ni sans murmure, et qu'il y a eu peu d'approbateurs dans le Deux-Cents, et aucun dans le pays. Je partis le même jour 9, et le lendemain j'arrivai ici, où, malgré l'accueil qu'on m'y fait, j'aurois tort de me croire plus en sûreté qu'ailleurs. Mylord maréchal attend à mon sujet des ordres du roi, et, en attendant, m'a écrit la réponse la plus obligeante.

Comment pouvez-vous penser que ce soit par rapport à moi que je veux suspendre notre correspondance? Jugez-vous que j'aie trop de consolations pour vouloir encore m'ôter les vôtres? Si vous ne craignez rien pour vous, écrivez, je ne demande pas mieux; et surtout n'allez pas sans cesse interprétant si mal les sentimens de votre ami. Donnez mon adresse à M. Usteri. Je ne me cache point; on m'écrit même et l'on peut m'écrire ici directement sans enveloppe; je souhaite seulement que tous les désœuvrés ne se mettent pas à écrire comme ci-devant;

aussi bien ne répondrai-je qu'à mes amis, et je ne puis être exact même avec eux. Adieu; aimez-moi comme je vous aime, et de grâce ne m'affligez plus.

Remerciez pour moi M. Usteri, je vous prie. Je ne rejette point ses offres; nous en pourrons reparler.

A M. DE GINGINS DE MOIRY.

Motiers, 21 juillet 1762.

J'use, monsieur, de la permission que vous m'avez donnée de rappeler à votre souvenir un homme dont le cœur plein de vous et de vos bontés conserva toujours chèrement les sentimens que vous lui avez inspirés. Tous mes malheurs me viennent d'avoir trop bien pensé des hommes. Ils me font sentir combien je m'étois trompé. J'avois besoin, monsieur, de vous connoître, vous et le petit nombre de ceux qui vous ressemblent, pour ne pas me reprocher une erreur qui m'a coûté si cher. Je savois qu'on ne pouvoit dire impunément la vérité dans ce siècle, ni peut-être dans aucun autre : je m'attendois à souffrir pour la cause de Dieu; mais je ne m'attendois pas, je l'avoue, aux traitemens inouïs que je viens d'éprouver. De tous les maux de la vie humaine, l'opprobre et les affronts sont les seuls auxquels l'honnête homme n'est point préparé. Tant de barbarie et d'acharnement m'ont surpris au dépourvu. Calomnié publiquement par des hommes établis pour venger l'innocence, traité comme un malfaiteur dans mon propre pays que j'ai tâché d'honorer, poursuivi, chassé d'asile en asile, sentant à la fois mes propres maux et la honte de ma patrie, j'avois l'âme émue et troublée, j'étois découragé sans vous. Homme illustre et respectable, vos consolations m'ont fait oublier ma misère, vos discours ont élevé mon cœur, votre estime m'a mis en état d'en demeurer toujours digne : j'ai plus gagné par votre bienveillance que je n'ai perdu par mes malheurs. Vous me la conserverez, monsieur, je l'espère, malgré les hurlemens du fanatisme et les adroites noirceurs de l'impiété. Vous êtes trop vertueux pour me haïr d'oser croire en Dieu, et trop sage pour me punir d'user de la raison qu'il m'a donnée.

M..... (*)

Motiers, juillet 1762.

J'ai rempli ma mission, monsieur, j'ai dit tout ce que j'avois à dire; je regarde ma carrière comme finie; il ne me reste plus qu'à souffrir et mourir; le lieu où cela doit se faire est assez indifférent. Il importoit peut-être que, parmi tant d'auteurs menteurs et lâches, il en existât un d'une autre espèce qui osât dire aux hommes des vérités utiles qui feroient leur bonheur s'ils savoient les écouter. Mais il n'importoit pas que cet homme ne fût point persécuté; au contraire, on m'accuseroit peut-être d'avoir calomnié mon siècle si mon histoire même n'en disoit plus que mes écrits; et je suis presque obligé à mes contemporains de la peine qu'ils prennent à justifier mon mépris pour eux. On en lira mes écrits avec plus de confiance. On verra même, et j'en suis fâché, que j'ai souvent trop bien pensé des hommes. Quand je sortis de France je voulus honorer de ma retraite l'état de l'Europe pour lequel j'avois le plus d'estime, et j'eus la simplicité de croire être remercié de ce choix. Je me suis trompé; n'en parlons plus. Vous vous imaginez bien que je ne suis pas, après cette épreuve, tenté de me croire ici plus solidement établi. Je veux rendre encore cet honneur à votre pays de penser que la sûreté que je n'y ai pas trouvée ne se trouvera pour moi nulle part. Ainsi, si vous voulez que nous nous voyions ici, venez tandis qu'on m'y laisse; je serai charmé de vous embrasser.

Quant à vous, monsieur, et à votre estimable société, je suis toujours à votre égard dans les mêmes dispositions où je vous écrivis de Montmorency (**). Je prendrai toujours un véritable intérêt au succès de votre entreprise, et si je n'avois formé l'inébranlable résolution de ne plus écrire, à moins que la furie de mes persécuteurs ne me force à reprendre enfin la plume pour ma défense, je me feroi un honneur et un plaisir d'y contribuer; mais, monsieur, les maux et l'adversité ont achevé de m'ôter le peu de vigueur d'esprit qui m'étoit resté; je ne suis plus qu'un être végétatif, une machine ambulante; il ne me reste qu'un peu de chaleur dans le cœur pour aimer mes amis et ceux qui méritent de l'être : j'eusse été bien réjoui d'avoir à ce titre le plaisir de vous embrasser.

A MADAME LA MARÉCHALE DE LUXEMBOURG.

Motiers-Travers, 21 juillet 1762.

Je me hâte de vous apprendre, madame la maréchale, que mademoiselle Le Vasseur est arrivée ici hier en assez bonne santé, et le cœur plein de nouveaux sentimens qu'elle m'auroit communiqués si les miens pour vous étoient susceptibles d'augmentation, et si vos bontés et celles de M. le maréchal n'avoient pas dès long-temps atteint la mesure où les augmentations n'ajoutent plus rien. Elle m'a apporté un reçu de M. Rougemont d'une somme trop considérable pour être fort bien en règle, puisqu'entre autres articles M. de La Roche rembourse en entier les six cents francs que je lui remis au voyage de Pâques, sans faire aucune déduction des déboursés qu'il a faits pour mes habits d'Arménien; erreur sur laquelle j'attends éclaircissement et redressement.

Vous avez su, madame la maréchale, que pour prévenir l'ordre qui venoit de m'être signifié de sortir du canton de Berne sous quinzaine, je suis venu, avant l'intimation de cet ordre, me réfugier dans les états du roi de Prusse, où mylord maréchal d'Écosse, gouverneur du pays, m'a accordé, avec toutes sortes d'honnêtetés, la permission de demeurer jusqu'à la réception des ordres du roi, auquel il a donné avis de mon arrivée. En attendant, voici le second ménage dont je commence l'établissement : si l'on me chasse de celui-ci, je ne sais plus où aller, et je dois m'attendre qu'on me refusera le feu et l'eau par toute la terre. L'équitable et judicieux réquisitoire de M. Joly de Fleuri a produit tous ces effets : il a donné une telle horreur pour mon livre, qu'on ne peut se résoudre à le lire, et qu'on n'a rien de plus pressé à faire que de proscrire l'auteur comme le dernier des scélérats. Quand enfin quelque téméraire ose faire cette abominable lecture et en parler, tout surpris de ce qu'on trouve et de ce qu'on a fait, on s'en repent, comme il est arrivé à Genève, et comme il arrive

---

(*) L'alinéa qui termine cette lettre fait juger que celui à qui elle est adressée étoit un des membres de la Société économique de Berne. G. P.

(**) Voyez ci-devant, page 561, la lettre du 29 avril 1762.

actuellement à Berne; on maudit le réquisitoire et son fat auteur : mais l'infortuné n'en demeure pas moins proscrit : et vous savez que la maxime la plus fondamentale de tout gouvernement est de ne jamais revenir des sottises qu'il a faites. Du reste, c'est le polichinelle Voltaire et le compère Tronchin, qui, tout doucement et derrière la toile, ont mis en jeu toutes les autres marionnettes de Genève et de Berne : celles de Paris sont menées aussi, mais plus adroitement encore, par un autre arlequin que vous connoissez bien. Reste à savoir s'il y a aussi des marionnettes à Berlin. Je vous demande pardon de mes folies; mais, dans l'état où je suis, il faut s'égayer ou s'égorger.

J'ai envoyé ci-devant à M. le maréchal copie d'une lettre d'un membre de notre conseil des Deux-Cents au sujet de mon *Contrat social*. Cette lettre ayant fait beaucoup de bruit, l'auteur a pris noblement le parti de la reconnoître par-devant nos quatre syndics : aussitôt l'affaire est devenue criminelle, et l'on est maintenant occupé et embarrassé peut-être à former un tribunal pour la juger. Trop intéressé dans tout cela, je suis suspect en jugeant mes juges; mais j'avoue que les Genevois me paroissent devenus fous. Quoi qu'il en soit, qu'on fasse tout ce qu'on voudra, je ne dirai rien, je n'écrirai point, je resterai tranquille : tout ceci me paroît trop violent pour pouvoir durer.

Excusez, madame la maréchale, mes longues jérémiades. Avec qui épancherois-je mon cœur, si ce n'étoit avec vous? Je n'ai pas peur qu'elles vous ennuient, mais qu'elles ne vous chagrinent : encore un coup, ceci ne sauroit durer. Après les peines vient le repos; cette alternative n'a jamais manqué dans ma vie : et il me reste un espoir très-solide, c'est que mon sort ne peut plus changer qu'en mieux, à moins que vous ne vinssiez à m'oublier; malheur que j'ai d'autant moins à craindre que je ne l'endurerois pas long-temps. Après vos bontés et celles de M. le maréchal, rien n'a tant pénétré mon âme que celles que M. le prince de Conti a daigné étendre jusqu'à mademoiselle Le Vasseur. Pour madame la comtesse de Boufflers, il faut l'adorer. Eh! pourquoi me plaindre de mes malheurs? ils m'étoient nécessaires pour sentir tout le prix des biens qui m'étoient laissés.

On peut m'écrire en droiture à Motiers-Travers, sous mon nom, ou, si l'on aime mieux, sous le couvert de M. le major Girardier; mais il faut que les lettres soient affranchies jusqu'à Pontarlier. Il ne m'est encore arrivé aucune malle.

(*) Quand M. de La Tour a voulu faire graver mon portrait je m'y suis opposé; j'y consens maintenant si vous le jugez à propos, pourvu qu'au lieu d'y mettre mon nom l'on n'y mette que ma devise : ce sera désormais assez me nommer.

Le nom de ma demeure doit être écrit ainsi :
A Motiers-Travers, par Pontarlier.

A M. MOULTOU.

Motiers, le 24 juillet 1762.

La lettre ci-jointe, mon bon ami, a été occasionnée par une de M. Marcet, dans laquelle il me rapporte celle qu'il a écrite à Genève au sujet du tribunal légal qu'on dit devoir être formé contre M. Pictet. Comme depuis fort long-temps je n'ai eu nulle correspondance avec M. Marcet, et que j'ignore quelle est aujourd'hui sa manière de penser, j'ai cru devoir vous adresser la lettre que je lui écris, pour être envoyée ou supprimée, comme vous le jugerez à propos. Au reste, ne soyez pas surpris de me voir changer de ton; mon expulsion du canton de Berne, laquelle vient certainement de Genève, a comblé la mesure. Un état dans lequel le poète et le jongleur règnent ne m'est plus rien; il vaut mieux que j'y sois étranger qu'ennemi. Que la crainte de nuire à mes intérêts dans ce pays-là ne vous empêche donc pas d'envoyer la lettre, si vous n'avez nulle autre raison pour la supprimer. Je jugerai désormais de sang-froid toutes les folies qu'ils vont faire, et je les jugerai comme s'il n'étoit pas question de moi.

Si vous persistez dans le projet que vous aviez formé, je vous recommande sur toute chose le réquisitoire de Paris, fabriqué à Montmorency par deux prêtres déguisés, qui font la Gazette ecclésiastique, et qui m'ont pris en haine parce que je n'ai pas voulu me faire jan-

(*) Sur le dos de la lettre.　　　G P.

séniste. Il ne faut pourtant pas dire tout cela, du moins ouvertement; mais en montrant combien ce libelle est calomnieux et méchant, il n'est pas défendu de montrer combien il est bête. Du reste, parlez peu de Genève et de ce qui s'y est fait, de même qu'à Berne et même à Neuchâtel, où l'on vient aussi de défendre mon livre. Il faut avouer que les prêtres papistes ont chez les réformés des recors bien zélés.

Je n'aimerois pas trop que votre ouvrage fût imprimé à Zurich, ou du moins qu'il ne le fût que là ; car ce seroit le moyen qu'il ne fût connu qu'en Suisse et à Genève. J'aimerois bien mieux qu'il se répandît en France et en Angleterre, où je suis un peu plus en honneur. Ne pourriez-vous pas vous adresser à Rey, surtout si vous vous nommez? Car, si vous gardez l'anonyme, il ne faudroit peut-être pas vous servir de lui de peur qu'on ne crût que l'ouvrage vient de moi. Du reste, travaillez avec confiance, et n'allez pas vous figurer que vous manquez de talent ; vous en avez plus que vous ne pensez. D'ailleurs l'amour du bien, la vertu, la générosité, vous élèveront l'âme. Vous songerez que vous défendez l'opprimé, que vous écrivez pour la vérité et pour votre ami ; vous traiterez un sujet dont vous êtes digne ; et je suis bien trompé dans mon espérance si vous n'effacez votre client. Surtout ne vous battez pas les flancs pour faire. Soyez simple, et aimez-moi. Adieu.

Convenons que nous ne parlerons plus de cet écrit dans nos lettres, de peur qu'elles ne soient vues ; car je crois qu'il faut du secret.

Après un long silence, je viens de recevoir de M. Vernes une lettre de bavardage et de cafardise, qui m'achève de dévoiler le pauvre homme. Je m'étois bien trompé sur son compte. Ses directeurs l'ont chargé de me tirer, comme on dit, les vers du nez. Vous vous doutez bien qu'il n'aura pas de réponse.

A M. MARCET.

Vitam impendere vero.

Votre lettre, monsieur, sur l'affaire de M. Pictet est judicieuse ; elle va très-bien au fait. Permettez-moi d'y ajouter quelques idées pour achever de déterminer l'état de la question.

1. La doctrine de la Profession de foi du vicaire savoyard est-elle si évidemment contraire à la religion établie à Genève, que cela n'ait pas même pu faire une question, et que le Conseil, quand il s'agissoit de l'honneur et du sort d'un citoyen, ait dû sur cet article ne pas même consulter les théologiens?

2. Supposé que cette doctrine y soit contraire, est-il bien sûr que J. J. Rousseau en soit l'auteur? L'est-il même qu'il soit l'auteur du livre qui porte son nom? Ne peut-on pas faussement imprimer le nom d'un homme à la tête d'un livre qui n'est pas de lui? Ne convenoit-il pas de commencer par avoir ou des preuves ou la déclaration de l'accusé, avant de procéder contre sa personne? On diroit qu'on s'est hâté de le décréter sans l'entendre, de peur de le trouver innocent.

3. Le cas du parlement de Paris est tout-à-fait différent, et n'autorise point la procédure du Conseil de Genève. Le parlement ayant prétendu, je ne sais sur quel fondement, que le livre étoit imprimé dans le royaume sans approbation ni permission, avoit ou croyoit avoir à ce titre inspection sur le livre et sur l'auteur. Cependant tout le monde convient qu'il a commis une irrégularité choquante en décrétant d'abord de prise-de-corps celui qu'il devoit premièrement assigner pour être ouï. Si cette procédure étoit légitime, la liberté de tout honnête homme seroit toujours à la merci du premier imprimeur. On dira que la voix publique est unanime, et que celui à qui l'on attribue le livre ne le désavoue pas. Mais, encore une fois, avant que de flétrir l'honneur d'un homme irréprochable, avant que d'attenter à la liberté d'un citoyen, il faudroit quelque preuve positive : or, la voix publique n'en est pas une ; et nul n'est tenu de répondre lorsqu'il n'est pas interrogé. Si donc la procédure du parlement de Paris est irrégulière en ce point, comme il *est incontestable*, que dirons-nous de celle du Conseil de Genève, qui n'a pas le moindre prétexte pour la fonder? Quelquefois on se hâte de décréter légèrement un accusé qu'on peut saisir, de peur qu'il ne s'échappe ; mais pourquoi le décréter absent, à moins que le délit ne soit de la dernière évidence? Ce procédé violent est sans prétexte ainsi que sans raison. Quand le public juge avec étourderie, il est d'autant

moins permis aux tribunaux de l'imiter que le public se rétracte comme il juge; au lieu que la première maxime de tous les gouvernemens du monde est d'entasser plutôt sottise sur sottise que de convenir jamais qu'ils en ont fait une, encore moins de la réparer.

4. Maintenant supposons le livre bien reconnu pour être de l'auteur dont il porte le nom: il s'agit ensuite de savoir si la Profession de foi en est aussi. Autre preuve positive et juridique indispensable en cette occasion: car enfin, l'auteur du livre ne s'y donne point pour celui de la Profession de foi; il déclare que c'est un écrit qu'il transcrit dans son livre; et cet écrit, dans le préambule, paroît lui être adressé par un de ses concitoyens. Voilà tout ce qu'on peut inférer de l'ouvrage même; aller plus loin c'est deviner: et si l'on se mêle une fois de deviner dans les tribunaux, que deviendront les particuliers qui n'auront pas le bonheur de plaire aux magistrats? Si donc celui qui est nommé à la tête du livre où se trouve la Profession de foi doit être puni pour l'avoir publiée, c'est comme éditeur et non comme auteur; on n'a nul droit de regarder la doctrine qu'elle contient comme étant la sienne, surtout après la déclaration qu'il fait lui-même qu'il ne donne point cette profession de foi pour règle des sentimens qu'on doit suivre en matière de religion, et il dit pourquoi il la donne. Mais on imprime tous les jours dans Genève des livres catholiques, même de controverse, sans que le Conseil cherche querelle aux éditeurs. Par quelle injuste partialité punit-on l'éditeur genevois d'un ouvrage prétendu hétérodoxe, imprimé en pays étranger, sans rien dire aux éditeurs genevois d'ouvrages incontestablement hétérodoxes, imprimés dans Genève même?

5. A l'égard du *Contrat social*, l'auteur de cet écrit prétend qu'une religion est toujours nécessaire à la bonne constitution d'un état. Ce sentiment peut bien déplaire au poète Voltaire, au jongleur Tronchin, et à leurs satellites; mais ce n'est pas par là qu'ils oseront attaquer le livre en public. L'auteur examine ensuite quelle est la religion civile sans laquelle nul état ne peut être bien constitué. Il semble, il est vrai, ne pas croire que le christianisme, du moins celui d'aujourd'hui, soit cette religion civile indispensable à toute bonne législation: et en effet beaucoup de gens ont regardé jusqu'ici les républiques de Sparte et de Rome comme bien constituées, quoiqu'elles ne crussent pas en Jésus-Christ. Supposons toutefois qu'en cela l'auteur se soit trompé: il aura fait une erreur en politique; car il n'est pas ici question d'autre chose. Je ne vois point où sera l'hérésie, encore moins le crime à punir.

6. Quant aux principes de gouvernement établis dans cet ouvrage, ils se réduisent à ces deux principaux: le premier, que légitimement la souveraineté appartient toujours au peuple; le second, que le gouvernement aristocratique est le meilleur de tous. Peut-être importeroit-il beaucoup au peuple de Genève, et même à ses magistrats, de savoir précisément en quoi quelqu'un d'eux trouve ce livre blâmable et son auteur criminel. Si j'étois procureur-général de la république de Genève, et qu'un bourgeois, quel qu'il fût, osât condamner les principes établis dans cet ouvrage, je l'obligerois à s'expliquer avec clarté, ou je le poursuivrois criminellement comme traître à la patrie et criminel de lèse-majesté.

On s'obstine cependant à dire qu'il y a un décret secret du Conseil contre J. J. Rousseau, et même que sa famille ayant par requête demandé communication de ce décret, elle lui a été refusée. Cette manière ténébreuse de procéder est effrayante; elle est inouïe dans tous les tribunaux du monde, excepté celui des inquisiteurs d'état à *Venise*. Si jamais elle s'établissoit à Genève, il vaudroit mieux être né Turc que *Genevois*.

Au reste, je ne puis croire qu'on érige contre M. Pictet le tribunal dont vous parlez. En tout cas, ce sera fournir à un homme ferme, qui a du sens, de la santé, des lumières, l'occasion de jouer un très-beau rôle, et de donner à ses concitoyens de grandes leçons.

Celui qui vous écrit ces remarques vous aime et vous salue de tout son cœur.

A MADAME LA COMTESSE DE BOUFFLERS.

A Motiers-Travers, le 27 juillet 1762.

J'ai enfin le plaisir, madame, d'avoir ici mademoiselle Le Vasseur, et j'apprends d'elle à combien de nouveaux titres je dois être pénétré de reconnoissance pour les bienfaits que M. le prince de Conti a versés sur cette pauvre fille, pour les soins bien plus précieux dont il a daigné l'honorer, et surtout, madame, pour tout ce que vous avez fait pour elle et pour moi dans ces momens si tristes et si peu prévus. Pourquoi faut-il que la détresse et l'oppression qui resserrent mon cœur le ferment encore à l'effusion des sentimens dont il est pénétré? Tout est encore en dedans, madame, mais tout y est, et vous m'avez fait encore plus de bien que vous ne pensez.

La réponse du roi n'est point encore venue sur l'asile que j'ai cherché dans ses états, et j'ignore quels seront ses ordres à mon égard. Après ce qui vient de m'arriver à Berne, je ne dois me croire en sûreté nulle part; et j'avoue que, sans la nécessité qui m'y force, ce n'est pas ici que je le serois venu chercher, quelque plaisir que me fasse mademoiselle Le Vasseur. Surcroît d'embarras s'il faut fuir encore; et moi qui ne sait plus ni où ni comment, il ne me reste qu'à m'abandonner à la Providence et à me jeter tête baissée dans mon destin. L'argent ne me manque pas par les soins que l'on a pris de ma bourse et parce qu'on a mis dans la sienne. Mais l'indigence pourroit augmenter mes infortunes, sans que l'argent les puisse adoucir, et je n'ai jamais été si misérable que quand j'ai été le plus riche. J'ai toujours ouï dire que l'or étoit bon à tout sans l'avoir jamais trouvé bon à rien.

Vous ne sauriez concevoir à quel point le réquisitoire de ce Fleuri a effarouché tous nos ministres; et ceux-ci sont les plus remuans de tous. Ils ne me voient qu'avec horreur : ils prennent beaucoup sur eux pour me souffrir dans les temples. Spinosa, Diderot, Voltaire, Helvétius, sont des saints auprès de moi. Il y a presque un raccommodement avec le parti philosophique pour me poursuivre de concert : les dévots ouvertement; les philosophes en secret, par leurs intrigues, toujours en gémissant tout haut sur mon sort. Le poète Voltaire et le jongleur Tronchin ont admirablement joué leur rôle à Genève et à Berne. Nous verrons si je prévois juste, mais j'ai peine à croire qu'on me laisse tranquille où je suis. Cependant jusqu'ici mylord maréchal paroît m'y voir de bon œil. J'ai reçu hier, sous la date et le timbre de Metz, d'un prétendu baron de Corval, une lettre à mourir de rire, laquelle sent son Voltaire à pleine gorge. Je ne puis résister, madame, à l'envie de vous transcrire quelques articles de la lettre de M. le baron, j'espère qu'elle vous amusera.

« Je voudrois pouvoir vous adresser, sans
» frais, deux de mes ouvrages. Le premier est
» un plan d'éducation tel que je l'ai conçu. Il
» n'approche pas de l'excellence du vôtre, mais
» jusqu'à vous j'étois le seul qui pût se flatter
» d'approcher le but de plus près. Le second
» est votre *Héloïse*, dont j'ai fait une comédie
» en trois actes, en prose, le mois de décembre
» dernier. Je l'ai communiquée à gens d'esprit,
» surtout aux premiers acteurs de notre théâtre
» messin. Tout l'ont trouvée digne de celui de
» Paris : elle est de sentiment, dans le goût de
» celles de feu M. de La Chaussée. Je l'ai
» adressée à M. Dubois, premier commis en
» chef des bureaux de l'artillerie et du génie, il y
» a trois mois, sans que j'en reçoive de réponse,
» je ne sais pourquoi. Si j'eusse connu l'excel-
» lence de votre cœur comme à présent et que
» j'eusse su votre adresse à Paris, je vous au-
» rois adressée pour la corriger et la faire re-
» cevoir aux François, à mon profit.

» J'ai une proposition à vous faire, je vous
» demande le même service que vous avez reçu
» du vicaire savoyard; c'est-à-dire de me rece-
» voir chez vous, sans pension, pour deux ans;
» me loger, nourrir, éclairer et chauffer. Vous
» êtes le seul qui puissiez me conduire de toute
» façon à la félicité et m'apprendre à mourir.
» Mon excès d'humanité, inséparable de la pi-
» tié, m'a engagé à cautionner un militaire
» pour 5,200 livres. En établissant mes enfans,
» je ne me suis réservé qu'une pension de
» 1,500 livres : la voilà plus qu'absorbée pour
» deux ans; c'est ce qui me force à partager
» votre pain pendant cet intervalle. Vous n'au-
» rez pas sujet de vous plaindre de moi : je suis
» très-sobre; je n'aime que les légumes, et
» fort peu la viande; je renchéris sur la soupe,
» à laquelle je suis habitué deux fois par jour,
» je mange de tout, mais jamais de ces ragoûts
» faits dans le cuivre, ni de ces ragoûts raffi-
» nés qui empoisonnent.

» Je vous préviens que la suite d'une chute
» m'a rendu sourd; cependant j'entends très-

» bien de l'oreille gauche, sans qu'on hausse la
» voix, pourvu qu'on me parle doucement et
» de près à cette oreille. De loin j'entends avec
» la plus grande facilité par des signes très-fa-
» ciles que je vous apprendrai, ainsi qu'à vos
» amis. Je ne suis point curieux; je ne ques-
» tionne jamais; j'attends qu'on ait la bonté de
» me faire part de la conversation. »

Toute la lettre est sur le même ton. Vous me direz qu'il n'y a là qu'une folle plaisanterie. J'en conviens; mais je vois qu'en plaisantant cet honnête homme s'occupe de moi continuellement, et, madame, cela ne vaut rien. Je suis convaincu qu'on ne me laissera vivre en paix sur la terre que quand il m'aura oublié.

Depuis quinze jours je me mets souvent en devoir d'écrire au chevalier (de Lorenzi), et toujours quelque soin pressant m'en empêche; et même à présent que je voulois vous parler de vous, madame, de madame la maréchale, voilà qu'on vient m'arracher à moi-même et aux bienfaisantes divinités que mon cœur adore, pour aller, en vrai manichéen, servir celles qui peuvent me nuire, sans pouvoir me faire aucun bien.

A M. MOULTOU.

Motiers, 3 août 1762.

Je soupçonne, ami, que nos lettres sont interceptées, ou du moins ouvertes; car la dernière que vous m'avez envoyée de notre ami, avec un mot de vous au dos d'une autre lettre timbrée de Metz, ne m'est parvenue que six jours après sa date. Marquez-moi, je vous prie, si vous avez reçu celle que je vous écrivis il y a huit ou dix jours, avec une réponse à un citoyen de Genève qui m'avoit écrit au sujet de l'affaire de M. Pictet. Je vous laissois le maître d'envoyer cette réponse à son adresse, ou de la supprimer si vous le jugiez à propos.

Vous aviez raison de croire que quelqu'un qui m'écriroit à Genève ne seroit pas fort au fait de ma situation. Mais la lettre que vous m'avez envoyée, quoique datée et timbrée de Metz, sent son Voltaire à pleine gorge, et je ne doute point qu'elle ne soit de ce glorieux souverain de Genève, qui, tout occupé de ses noirceurs, ne néglige pas pour cela les plaisanteries; son génie universel suffit à tout. Laissez donc au rebut les lettres qu'on m'écrit à Genève; mes amis savent bien que ce n'est pas là qu'il faut me chercher désormais.

Je viens de recevoir l'arrêt du parlement qui me concerne, apostillé par un anonyme que j'ai lieu de soupçonner être un évêque. Quoi qu'il en soit, les notes sont bien faites et de bonne main; et je n'attends, pour vous faire passer ce papier, que de savoir si mes paquets et lettres vous parviennent sûrement et dans leur temps. C'est par la même défiance que je n'écris point à notre ami, que je ne veux pas compromettre; car, pour vous, il est désormais trop tard; vous êtes noté d'amitié pour moi, et c'est à Genève un crime irrémissible. Adieu.

Réponse aussitôt, je vous prie, si cette lettre vous parvient. Cachetez les vôtres avec un peu plus de soin, afin que je puisse juger si elles ont été ouvertes.

AU MÊME.

Motiers, ce 10 août 1762.

J'ai reçu hier au soir votre lettre du 7 : ainsi, à quelques petits retards près, notre correspondance est en règle; et si l'on n'ouvre pas nos lettres à Genève on ne les ouvre sûrement pas en Suisse. De sorte qu'à moins d'affaires plus importantes à traiter, et malgré les voies intermédiaires qu'on pourra vous proposer, je suis d'avis que nous continuions à nous écrire directement l'un à l'autre.

Si notre ami lisoit dans mon cœur, il ne seroit pas en peine de mon silence. Dites-lui que, s'il peut me tenir parole sans se compromettre et sans qu'on sache où il va, j'aimerois bien mieux l'embrasser que lui écrire. Son projet de me réfuter est excellent, et peut même m'être très-utile et très-honorable. Il est bon qu'on voie qu'il me combat et qu'il m'aime; il est bon qu'on sache que mes amis ne me sont point attachés par esprit de parti, mais par un sincère amour pour la vérité, lequel nous unit tous.

L'arrêt est si volumineux que j'ai mieux aimé vous transcrire les notes. Attachez-vous surtout à la huitième. Quelle doctrine abominable que celle de ce réquisitoire, qui détruit tout principe commun de société entre les fidèles et les autres hommes! Conséquemment à cette doctrine il faut nécessairement poursuivre et massacrer comme des loups tous ceux qui ne sont pas jansénistes : car si la loi naturelle est criminelle, il faut brûler ceux qui la suivent et rouer ceux qui ne la suivent pas. Ce que vous a mandé M. C..... ne doit point vous retenir; car, outre que je n'ai pas grand'foi à ses almanachs, vous devez toujours parler du parlement avec le plus grand respect, et même avec considération de l'avocat-général. Le tort de ce magistrat est très-grand, sans doute, d'avoir adopté ce réquisitoire sans avoir lu le livre; mais il seroit bien plus grand encore s'il en étoit lui-même l'auteur. Ainsi séparez toujours le tribunal et l'homme du libelle, et tombez sur cet horrible écrit comme il le mérite. C'est un vrai service à rendre au genre humain d'attirer sur cet écrit toute l'exécration qui lui est due; nul ménagement pour votre ami ne doit l'emporter sur cette considération.

Je souhaiterois que l'écrit de notre ami fût imprimé en France, et même le vôtre; car il est bon qu'ils y paroissent, et s'ils sont imprimés dehors on ne les y laissera pas entrer. Je pense encore qu'il ne trouvera nulle part ailleurs un certain profit de son ouvrage, et il faut un peu faire ce qu'il ne fera pas, c'est-à-dire songer à ses intérêts. Si vous jugez à propos de me confier ce soin, je tâcherai de le remplir. Cependant je crois que l'homme dont je vous ai parlé ci-devant pourroit également se charger de cette affaire. Mais, comme je n'ai point de ses nouvelles, je ne me soucie pas de lui écrire le premier. A l'égard de la Suisse et de Genève, j'ai cessé de prendre intérêt à ce qu'on y pensoit de moi. Ces gens-là sont si cafards, ou si faux, ou si bêtes, qu'il faut renoncer à les éclairer.

Plus je médite sur votre entreprise, plus je la trouve *grande et belle*. Jamais plus noble sujet ne put être plus *dignement traité*. *Votre état même vous permet* et vous prescrit de mettre dans vos discours une certaine élévation qui ne siéroit pas à tout autre. Quelle touchante voix que celle du chrétien relevant les fautes de son ami! et quel spectacle aussi de le voir couvrir l'opprimé de l'égide de l'Évangile! Ministre du Très-Haut, faites tomber à vos pieds tous ces misérables, sinon jetez la plume et courez vous cacher ; vous ne ferez jamais rien.

Il est certain qu'il y a des gens de mauvaise humeur à Neuchâtel, qui meurent d'envie d'imiter les autres et de me chercher chicane à leur tour; mais outre qu'ils seront retenus par d'autres gens plus sensés, que peuvent-ils me faire? Ce n'est pas sous leur protection que je me suis mis, c'est sous celle du roi de Prusse; il faut attendre ses ordres pour disposer de moi : en attendant, il ne paroît pas que mylord maréchal soit d'avis de retirer la protection qu'il m'a accordée, et que probablement ils n'oseront pas violer. Au reste, comme l'expérience m'apprend à tout mettre au pis, il ne peut plus rien m'arriver de désagréable à quoi je ne sois préparé. Il est vrai cependant que dans cette affaire-ci j'ai trouvé la stupidité publique plus grande que je ne l'aurois attendu; car quoi de plus plaisant que de voir les dévots se faire les satellites de Voltaire et du parti philosophique, bien plus vivement ulcéré qu'eux, et les ministres protestans se faire, à ma poursuite, les archers des prêtres? La méchanceté ne me surprend plus; mais je vous avoue que la bêtise, poussée à ce point, m'étonne encore. Adieu, ami; je vous embrasse.

A MADAME LA MARÉCHALE DE LUXEMBOURG.

Motiers-Travers, le 14 août 1762.

Voici, madame la maréchale, une troisième lettre depuis mon arrivée à Motiers. Je vous supplie de ne pas vous rebuter de mon importunité; il est difficile de n'être pas un peu plus inquiet d'un long silence à un si grand éloignement que si l'on étoit plus à portée. Quand je vous écris, madame, vous m'êtes présente; c'est en quelque sorte comme si vous m'écriviez. Il faut se dédommager comme on peut de ce qu'on désire et qu'on ne sauroit avoir. D'ailleurs M. le maréchal m'a marqué qu'il croyoit que vous m'aviez écrit; et, pour savoir si les lettres se perdent, il faut accuser ce qu'on reçoit, et aviser de ce qu'on ne reçoit pas.

A MADAME LA COMTESSE DE BOUFFLERS.

Motiers-Travers, août 1762.

J'ai reçu dans leur temps, madame, vos deux lettres des 21 et 51 juillet, avec l'extrait par duplicata d'un *P. S.* de M. Hume, que vous y avez joint. L'estime de cet homme unique efface tous les outrages dont on m'accable. M. Hume étoit l'homme selon mon cœur, même avant que j'eusse le bonheur de vous connoître, et vos sentimens sur son compte ont encore augmenté les miens ; il est le plus vrai philosophe que je connoisse, et le seul historien qui jamais ait écrit avec impartialité. Il n'a pas plus aimé la vérité que moi, j'ose le croire ; mais j'ai mis de la passion dans sa recherche, et lui n'y a mis que ses lumières et son beau génie. L'amour-propre m'a souvent égaré par mon aversion même pour le mensonge ; j'ai haï le despotisme en républicain, et l'intolérance en théiste. M. Hume a dit, Voilà ce que fait l'intolérance, et ce que fait le despotisme. Il a vu par toutes ses faces l'objet que la passion ne m'a laissé voir que par un côté. Il a mesuré, calculé les erreurs des hommes en être au-dessus de l'humanité. J'ai cent fois désiré et je désire encore voir l'Angleterre, soit pour elle-même, soit pour y converser avec lui, et cultiver son amitié, dont je ne me crois pas indigne. Mais ce projet devient de jour en jour moins praticable ; et le grand éloignement des lieux suffiroit seul pour le rendre tel, surtout à cause du tour qu'il faudroit faire, ne pouvant plus passer par la France.

Quoi ! madame, moi qui ne puis plus, sans horreur, souffrir l'aspect d'une rue, moi qui mourrai de tristesse lorsque je cesserai de voir des prés, des buissons, des arbres devant ma fenêtre, irai-je maintenant habiter la ville de Londres ? irai-je, à mon âge, et dans mon état, chercher fortune à la cour, et me fourrer parmi la valetaille qui entoure les ministres ? Non, madame ; je puis être embarrassé des restes d'une vie plus longue que je n'ai compté ; mais ces restes, quoi qu'il arrive, ne seront point si mal employés. Je me suis que trop montré pour mon repos ; je ne commencerai vraiment à jouir de moi que quand on ne saura plus que j'existe : or je ne vois pas, dans cette manière de penser, comment le séjour de l'Angleterre me seroit possible ; car si je n'en tire pas mes ressources, il m'en faudra bien plus là qu'ailleurs. Il est de plus très-douteux que j'y vécusse dans mon indépendance aussi agréablement que vous le supposez. J'ai pris sur la nation angloise une liberté qu'elle ne pardonne à personne, et surtout aux étrangers, c'est d'en dire le mal ainsi que le bien ; et vous savez qu'il faut être buse pour aller vivre en Angleterre mal voulu du peuple anglois. Je ne doute pas que mon dernier livre ne m'y fasse détester, ne fût-ce qu'à cause de ma note sur le *Good natured people*. Vous m'obligerez, madame, si vous pouvez vous informer de ce qu'il en est, et m'en instruire.

Quant à l'édition générale de mes écrits à faire à Londres, c'est une très-bonne idée, surtout si ce projet peut s'exécuter en mon absence. Cependant, comme l'impression coûte beaucoup en Angleterre, à moins que l'édition ne fût magnifique et ne se fit par souscription, elle seroit difficile à faire, et j'en tirerois peu de profit.

Le château de Schleyden, étant moins éloigné, seroit plus à ma portée, et l'avantage de vivre à bon marché, que je n'ai pas ici, seroit dans mon état une grande raison de préférence ; mais je ne connois pas assez M. et madame de La Mare pour savoir s'il me convient de leur avoir cette obligation ; c'est à vous, madame, et à madame la maréchale à me décider là-dessus. A l'égard de la situation, je ne connois aucun séjour triste et vilain avec de la verdure ; mais s'il n'y a que des sables ou des rochers tout nus, n'en parlons pas. J'entends peu ce que c'est qu'aller par corvées ; mais, sur le seul mot, s'il n'y a pas d'autre moyen d'arriver au château, je n'irai jamais. Quant au troisième asile dont vous me parlez, madame, je suis très-reconnoissant de cette offre, mais très-déterminé à n'en pas profiter. Au reste, il y a du temps pour délibérer sur les autres ; car je ne suis point maintenant en état de voyager ; et, quoique les hivers soient ici longs et rudes, je suis forcé d'y passer celui-ci à tout risque, ne présumant pas que le roi de Prusse, dont la réponse n'est point venue, me refuse, en l'état où je suis, l'asile qu'il a souvent accordé à des gens qui ne le méritoient guère.

Voilà, madame, quant à présent, ce que je puis vous dire, sur les soins relatifs à moi, dont vous voulez bien vous occuper. Soyez persuadée que mon sort tient bien moins à l'effet de ces mêmes soins qu'à l'intérêt qui vous les inspire. La bonté que vous avez de vous souvenir de mademoiselle Le Vasseur l'autorise à vous assurer de son profond respect. Il n'y a pas de jour qu'elle ne m'attendrisse en me parlant de vous et de vos bontés, madame. Je bénirois un malheur qui m'a si bien appris à vous connoître, s'il ne m'eût en même temps éloigné de vous.

A MYLORD MARÉCHAL.

Motiers-Travers, août 1762.

Mylord,

Il est bien juste que je vous doive la permission que le roi me donne d'habiter dans ses états, car c'est vous qui me la rendez précieuse ; et si elle m'eût été refusée, vous auriez pu vous reprocher d'avoir changé mon départ en exil. Quant à l'engagement que j'ai pris avec moi de ne plus écrire, ce n'est pas, j'espère, une condition que sa majesté entend mettre à l'asile qu'elle veut bien m'accorder. Je m'engage seulement, et de très-bon cœur, envers elle et votre excellence, à respecter, comme j'ai toujours fait, dans mes écrits et dans ma conduite, les lois, le prince, les honnêtes gens, et tous les devoirs de l'hospitalité. En général, j'estime peu de rois, et je n'aime pas le gouvernement monarchique ; mais j'ai suivi la règle des Bohémiens, qui, dans leurs excursions, épargnent toujours la maison qu'ils habitent. Tandis que j'ai vécu en France, Louis XV n'a pas eu de *meilleur sujet que moi*, et sûrement on ne me verra pas moins de fidélité pour un prince d'une autre étoffe. Mais, quant à ma manière de penser en général sur quelque matière que ce puisse être, elle est à moi, né républicain et libre ; et, tant que je ne la divulgue pas dans l'état où j'habite, je n'en dois aucun compte au souverain ; car il n'est pas juge compétent de ce qui se fait hors de chez lui par un homme qui n'est pas né son sujet. Voilà mes sentimens, mylord, et mes règles. Je ne m'en suis jamais départi, et je ne m'en départirai jamais. J'ai dit tout ce que j'avois à dire, et je n'aime pas à rabâcher. Ainsi je me suis promis et je me promets de ne plus écrire ; mais encore une fois je ne l'ai promis qu'à moi.

Non, mylord, je n'ai pas besoin que les agréables de Motiers m'en chassent pour désirer d'habiter la tour carrée ; et si je l'habitois, ce ne seroit sûrement pas pour m'y rendre invisible ; car il vaut mieux être homme et votre semblable, que le *Tien* du vulgaire et *Dalay-Lama*. Mais j'ai commencé à m'arranger dans mon habitation, et je ne saurois en changer avant l'hiver, sans une incommodité qui effarouche, même pour vous. Si mes pèlerinages ne vous sont pas importuns, je ferai de mon temps un partage très-agréable, à peu près comme vous le marquez au roi. Ici, je ferai des lacets avec les femmes ; à Colombier, j'irai penser avec vous.

A MADAME LATOUR.

Motiers-Travers, le 20 août 1762.

J'ai reçu, madame, vos trois lettres en leur temps ; j'ai tort de ne vous avoir pas à l'instant accusé la réception de celle que vous avez envoyée à madame de Luxembourg, et sur laquelle vous jugez si mal d'une personne dont le cœur m'a fait oublier le rang. J'avois cru que ma situation vous feroit excuser des retards auxquels vous deviez être accoutumée, et que vous m'accuseriez plutôt de négligence que madame de Luxembourg d'infidélité. Je m'efforcerai d'oublier que je me suis trompé. Du reste, puisque, même dans la circonstance présente, vous ne savez que gronder avec moi, ni m'écrire que des reproches, contentez-vous, madame, si cela vous amuse : je m'en complairai peut-être un peu moins à vous répondre ; mais cela n'empêchera pas que je ne reçoive vos lettres avec plaisir, et que votre amitié ne me soit toujours chère. Vous pouvez m'écrire en droiture ici, en ajoutant, *par Pontarlier ;* mais il faut faire affranchir jusqu'à Pontarlier, sans quoi les lettres ne passent pas la frontière.

A M. DE MONTMOLLIN.

Motiers, le 24 août 1762.

Monsieur,

Le respect que je vous porte, et mon devoir, comme votre paroissien, m'obligent, avant d'approcher de la sainte table, de vous faire de mes sentimens en matière de foi une déclaration, devenue nécessaire par l'étrange préjugé pris contre un de mes écrits, sur un réquisitoire calomnieux dont on n'aperçoit pas les principes détestables.

Il est fâcheux que les ministres de l'Évangile se fassent en cette occasion les vengeurs de l'Église romaine, dont les dogmes intolérans et sanguinaires sont seuls attaqués et détruits dans mon livre; suivant ainsi sans examen une autorité suspecte, faute d'avoir voulu m'entendre, ou faute même de m'avoir lu. Comme vous n'êtes pas, monsieur, dans ce cas-là, j'attends de vous un jugement plus équitable. Quoi qu'il en soit, l'ouvrage porte en soi tous ses éclaircissemens; et comme je ne pourrois l'expliquer que par lui-même, je l'abandonne tel qu'il est au blâme ou à l'approbation des sages, sans vouloir le défendre ni le désavouer.

Me bornant donc à ce qui regarde ma personne, je vous déclare, monsieur, avec respect, que depuis ma réunion à l'Église dans laquelle je suis né, j'ai toujours fait de la religion chrétienne réformée une profession d'autant moins suspecte, qu'on n'exigeoit de moi dans le pays où j'ai vécu que de garder le silence, et laisser quelques doutes à cet égard, pour jouir des avantages civils dont j'étois exclu par ma religion. Je suis attaché de bonne foi à cette religion véritable et sainte, et je le serai jusqu'à mon dernier soupir. Je désire être toujours uni extérieurement à l'Église comme je le suis dans le fond de mon cœur; et, quelque consolant qu'il soit pour moi de participer à la communion des fidèles, je le désire, je vous proteste, autant pour leur édification et pour l'honneur du culte que pour mon propre avantage; car il n'est pas bon qu'on pense qu'un homme de bonne foi qui raisonne ne peut être un membre de Jésus-Christ.

J'irai, monsieur, recevoir de vous une réponse verbale, et vous consulter sur la manière dont je dois me conduire en cette occasion pour ne donner ni surprise au pasteur que j'honore, ni scandale au troupeau que je voudrois édifier.

Agréez, monsieur, je vous supplie, les assurances de tout mon respect.

A M. JACOB VERNET.

Motiers-Travers, le 31 août 1762.

Je crois, monsieur, devoir vous envoyer la lettre ci-jointe que je viens de recevoir dans l'enveloppe que je vous envoie aussi. Épuisé en ports de lettres anonymes, j'ai d'abord déchiré celle-ci par dépit sur le bavardage par lequel elle commence; mais ayant repris les pièces par un mouvement machinal, j'ai pensé qu'il pouvoit vous importer de connoître quels sont les misérables qui passent leur temps à écrire ou dicter de pareilles bêtises. Nous avons, monsieur, des ennemis communs qui cherchent à brouiller deux hommes d'honneur qui s'estiment : je vous réponds, de mon côté, qu'ils auront beau faire, ils ne parviendront pas à m'ôter la confiance que je vous ai vouée et qui ne se démentira jamais, et j'espère bien aussi conserver les mêmes bontés dont vous m'avez honoré et que je ne mériterai point de perdre. J'apprends avec grand plaisir que non-seulement vous ne dédaignez pas de prendre la plume pour me combattre, mais que même vous me faites l'honneur de m'adresser la parole. Je suis très-persuadé que, sans me ménager lorsque vous jugez que je me trompe, vous pouvez faire beaucoup plus de bien à vous, à moi, et à la cause commune, que si vous écriviez pour ma défense, tant je crois avoir bien saisi d'avance l'esprit de votre réfutation. Sur cette idée, je ne feindrai point, monsieur, de vous demander quelques exemplaires de votre ouvrage pour en distribuer dans ce pays-ci. Je me propose aussi d'en prévenir mes amis en France aussitôt que le titre m'en sera connu, persuadé qu'il suffira de l'y faire connoître pour l'y faire bientôt rechercher.

Je crois devoir vous prévenir que sur une lettre que j'ai écrite à M. de Montmollin, pasteur de Motiers, et dont je vous enverrai copie si vous le souhaitez, au cas qu'elle ne vous parvienne pas d'ailleurs, il a non-seulement consenti, mais désiré que je m'approchasse de la sainte table, comme j'ai fait avec la plus grande consolation dimanche dernier. Je me flatte, monsieur, que vous voudrez bien ne pas désapprouver ce qu'a fait en cette occasion l'un de messieurs vos collègues, ni me traiter dans votre écrit comme séparé de l'Église réformée, à laquelle m'étant réuni sincèrement et de tout mon cœur, j'ai, depuis ce temps, demeuré constamment attaché, et le serai jusqu'à la fin de ma vie. Recevez, monsieur, les assurances inviolables de tout mon attachement et de tout mon respect.

A M. MOULTOU.

Motiers-Travers, 1er septembre 1762.

J'ai reçu dans son temps, mon ami, votre lettre du 24 août. J'étois alarmé de n'avoir rien reçu l'ordinaire précédent, parce que l'ami avec qui vous aviez conféré me marquoit que vous m'écriviez par ce même ordinaire; ce qui me faisoit craindre que votre lettre n'eût été interceptée. Il me paroît maintenant qu'il n'en étoit rien. Cependant je persiste à croire que si nous avions à nous marquer des choses importantes, il faudroit prendre quelques précautions.

J'ai eu le plaisir de passer, vendredi dernier, la journée avec M. le professeur Hess, lequel m'a appris bien des choses plus nouvelles pour moi que surprenantes, entre autres l'histoire de deux lettres que vous a écrites le jongleur à mon sujet, et votre réponse. Je suis pénétré de reconnoissance de vous voir rendre de jour en jour plus estimable et plus respectable un ami qui m'est si cher. Pour moi, je suis persuadé que le poëte et le jongleur méditent quelque profonde noirceur, pour l'exécution de laquelle votre vertu leur est incommode. Je comprends qu'ils travailleroient plus à leur aise si je n'avois plus d'amis là-bas. Il me vient journellement de Genève des affluences d'espions qui font ici de moi les perquisitions les plus exactes. Ils viennent ensuite se renommer à moi de vous et de l'autre ami avec une affectation qui m'avertit assez de me tenir sur la réserve. J'ai résolu de ne m'ouvrir qu'à ceux qui m'apporteront des lettres. Ainsi n'écoutez point ce que tous les autres vous diront de moi.

Il me pleut aussi journellement des lettres anonymes, dans lesquelles je reconnois presque partout les fades plaisanteries et le goût corrompu du poëte. On a soin de les faire beaucoup voyager, afin de me mieux dépayser et de m'en rendre les ports plus onéreux. Il m'en est venu cette semaine une dans laquelle on cherche, fort grossièrement à la vérité, à me rendre suspect l'homme de poids que vous me marquez avoir entrepris de me réfuter, et dont vous m'avez envoyé un passage qui commence par ce mot *testimonium*. J'ai déchiré cette lettre, dans un premier mouvement de mépris pour l'auteur; mais ensuite j'ai pris le parti d'envoyer les pièces à M. Vernet. Il est clair qu'on cherche à me brouiller avec notre clergé ; très-certainement on ne réussira pas de mon côté; mais il est bon qu'on soit averti de l'autre.

Je dois vous dire qu'ensuite d'une lettre que j'avois écrite à M. de Montmollin, pasteur de Motiers, j'ai été admis sans difficulté et même avec empressement, à la sainte table dimanche dernier, sans qu'il ait même été question d'explication ni de rétractation. Si ma lettre ne vous parvient pas, et que vous en désiriez copie, vous n'avez qu'à parler.

Je crois qu'il n'est pas prudent que ni vous ni Roustan veniez me voir cette année ; car très-certainement il est impossible que ce voyage demeure caché. Mais si je puis supporter ici la rigueur de l'hiver, et marcher encore l'année prochaine, mon projet est d'aller faire une tournée dans la Suisse et surtout à Zurich. Cher ami, si vous pouviez vous arranger pour faire cette promenade avec moi, cela seroit charmant. Je verserois à loisir mon âme tout entière dans la vôtre, et puis je mourrois sans regret.

Vous m'écriviez ces mots dans votre dernière lettre : *Avec les notes que vous avez transcrit*. Il faut *transcrites*. C'est une faute que tout le monde fait à Genève. Cherchez ou rappelez-vous les règles de la langue sur les participes déclinables et indéclinables. Il est bon d'y penser quand on imprime, surtout pour la première fois, car on y regarde en France : c'est, pour ainsi dire, la pierre de touche du grammairien. Pardon, cher ami ; l'intérêt que vous prenez à ma gloire doit me rendre excusable, si ma tendre sollicitude pour la vôtre va quelquefois jusqu'à la puérilité.

Je ne vous parle point de la réponse du roi de Prusse; je suppose que vous avez appris que sa majesté consent qu'on ne me refuse pas le feu et l'eau.

A M. THÉODORE ROUSSEAU.

A Motiers, le 11 septembre 1762.

Quelque plaisir, mon très-cher cousin, que me fassent vos lettres, il m'est impossible de m'engager à vous répondre exactement, car il me faudroit plus de vingt-quatre heures dans la journée pour répondre à toutes les lettres qui me pleuvent, et mon état ne me permet pas d'écrire sans cesse. Ne me reprochez donc pas, je vous prie, que je vous dédaigne, et que je vous refuse des réponses; ce langage est hors de propos entre des parens qui s'estiment et qui s'aiment, et vous devez bien plutôt me plaindre d'être condamné à passer ma vie entière à faire toute autre chose que ma volonté. J'ai reçu votre première lettre, recommandée à M. le colonel Roguin, et la seconde auroit fait le même tour, par Yverdun, si les commis de la poste n'eussent eux-mêmes rectifié votre adresse. Il faut m'écrire directement à Motiers-Travers; de cette manière, vos lettres me parviendront aussi sûrement, beaucoup plus tôt, et coûteront moins.

Je ne suis point étonné qu'on commence à changer de manière de penser sur mon compte à Genève; le travers qu'on y avoit pris étoit trop violent pour pouvoir durer. Il ne faut, pour en revenir, *qu'ouvrir les yeux*, lire soi-même, et ne pas me juger sur l'intérêt de certaines gens. Pour moi, j'ai déjà vu changer cinq ou six fois le public à mon égard; mais je suis toujours resté le même, et le serai, j'espère, jusqu'à la fin de mes jours. De quelque manière que tout ceci se termine, il me restera toujours un souvenir plein de reconnoissance de la démarche que vous et mon cousin, votre père, avez faite en cette occasion; démarche sage, vertueuse, faite très-à-propos, et qui, quoique en apparence infructueuse, ne peut, dans la suite des temps, qu'être honorable à moi et à ma famille : soyez persuadé que je ne l'oublierai jamais.

J'ai ici mademoiselle Le Vasseur, à laquelle vous avez la bonté de vous intéresser. Elle parle souvent de vous, et de tous les bons traitemens qu'elle et moi avons reçus de vos obligeans père et mère, durant mon séjour à Genève. Présentez-leur, je vous prie, mes plus tendres amitiés, et soyez persuadé, mon très-cher cousin, que je vous suis attaché pour la vie.

A M. PICTET.

Motiers, le 23 septembre 1762.

Je suis touché, monsieur, de votre lettre; les sentimens que vous m'y montrez sont de ceux qui vont à mon cœur. Je sais d'ailleurs que l'intérêt que vous avez pris à mon sort vous en a fait sentir l'influence; et, persuadé de la sincérité de cet intérêt, je ne balancerois pas à vous confier mes résolutions si j'en avois pris quelqu'une. Mais, monsieur, il s'en faut bien que je ne mérite la bonne opinion que vous avez prise de ma philosophie. J'ai été très-ému du traitement si peu mérité qu'on m'a fait dans ma patrie; je le suis encore; et quoique jusqu'à présent cette émotion ne m'ait pas empêché de faire ce que j'ai cru être de mon devoir, elle ne me permettroit pas, tant qu'elle dure, de prendre pour l'avenir un parti que je fusse assuré m'être uniquement dicté par la raison. D'ailleurs, monsieur, cette persécution, bien que plus couverte, n'a pas cessé. On s'est aperçu que les voies publiques étoient trop odieuses; on en emploie maintenant d'autres qui pourront avoir un effet plus sûr sans attirer aux persécuteurs le blâme public; et il faut attendre cet effet avant de prendre une résolution que la rigueur de mon sort peut rendre superflue. Tout ce que je puis faire de plus sage dans ma situation présente est de ne point écouter la passion, et de plier les voiles jusqu'à ce qu'exempt du trouble qui m'agite, je puisse mieux discerner et comparer les objets. Durant la tempête, je cède, sans mot dire, aux coups de la nécessité. Si quelque jour elle se calme, je tâcherai de reprendre le gouvernail. Au reste, je ne vous dissimulerai pas que le parti d'aller vivre dans la patrie me paroît très-périlleux pour moi sans être utile à personne. On a beau se dédire en public, on ne sauroit se dissimuler les outrages qu'on m'a faits; et je connois trop les hommes pour ignorer que souvent l'offensé pardonne, mais que l'offenseur ne pardonne jamais. Ainsi, aller vivre à Genève n'est autre chose que m'aller livrer à des malveillans puissans et habiles, qui ne manqueront ni de moyens ni de volonté de me nuire. Le mal qu'on m'a fait est un trop grand motif pour m'en vouloir toujours faire : le seul bien après lequel je soupire est le repos. Peut-être ne le trouverai-je plus nulle part ; mais sûrement je ne le trouverai jamais à Genève, surtout tant que le poète y règnera, et que le jongleur y sera son premier ministre.

Quant à ce que vous me dites du bien que pourroit opérer mon séjour dans la patrie, c'est un motif désormais trop élevé pour moi, et que même je ne crois pas fort solide ; car, où le ressort public est usé, les abus sont sans remède. L'état et les mœurs ont péri chez nous ; rien ne les peut faire renaître. Je crois qu'il nous reste quelques bons citoyens, mais leur génération s'éteint, et celle qui suit n'en fournira plus. Et puis, monsieur, vous me faites encore trop d'honneur en ceci. J'ai dit tout ce que j'avois à dire, je me tais pour jamais ; ou, si je suis enfin forcé de reprendre la plume, ce ne sera que pour ma propre défense, et à la dernière extrémité. Au surplus, ma carrière est finie ; j'ai vécu : il ne me reste qu'à mourir en paix. Si je me retirois à Genève, j'y voudrois être nul, n'embrasser aucun parti, ne me mêler de rien, rester ignoré du public s'il étoit possible, et passer le peu de jours que peut durer encore ma pauvre machine délabrée entre quelques amis, dont il ne tiendroit qu'à vous d'augmenter le nombre. Voilà, monsieur, mes sentimens les plus secrets et mon cœur à découvert devant vous. Je souhaite qu'en cet état il ne vous paroisse pas indigne de quelque affection. Vous avez tant de droits à mon estime que je me tiendrois heureux d'en avoir à votre amitié.

A MADAME LATOUR.

Motiers, le 26 septembre 1762.

Je suis encore prêt à me fâcher, madame, de la crainte que vous marquez de me tourmenter par vos lettres. Croyez, je vous supplie, que quand vous ne m'y gronderez pas, elles ne me tourmenteront que par le désir d'en voir l'auteur, de lui rendre mes hommages ; et je vous avoue que, de cette manière, vous me tourmentez plus de jour en jour. Vous m'avez plus d'obligation que vous ne pensez de la douceur que je vous force d'avoir avec moi, car elle vous donne à mon imagination toutes les grâces que vous pourriez avoir à mes yeux : et moins vous me reprochez ma négligence, plus vous me forcez à me la reprocher.

La femme qui me dit le *tais-toi, Jean-Jacques* (*), n'étoit point madame de Luxembourg, que je ne connoissois pas même dans ce temps-là ; c'est une personne que je n'ai jamais revue, mais qui dit avoir pour moi une estime dont je me tiens très-honoré. Vous dites que je ne suis indifférent à personne ; tant mieux : je ne puis souffrir les tièdes, et j'aime mieux être haï de mille à outrance, et aimé de même d'un seul. Quiconque ne se passionne pas pour moi n'est pas digne de moi. Comme je ne sais point haïr, je paie en mépris la haine des autres, et cela ne me tourmente point : ils sont pour moi comme n'existant pas. A l'égard de mon livre, vous le jugerez comme il vous plaira ; vous savez que j'ai toujours séparé l'auteur de l'homme : on peut ne pas aimer mes livres, et je ne trouve point cela mauvais ; mais quiconque ne m'aime pas à cause de mes livres est un fripon, jamais on ne m'ôtera cela de l'esprit.

C'est en effet M. de Gisors dont j'ai voulu parler (**), je n'ai pas cru qu'on pût s'y tromper. Nous n'avons pas le bonheur de vivre dans un siècle où le même éloge se puisse appliquer à plusieurs jeunes gens.

Je crois que vous connoissez M. du Terreaux ; il faut que je vous dise une chose que je souhaite qu'il sache. J'avois demandé, par une lettre qui a passé dans ses mains, un exemplaire du mandement que M. l'archevêque de Paris a donné contre moi. M. du Terreaux, voulant m'obliger, a prévenu celui à qui je m'adressois, et m'a envoyé un exemplaire de ce mandement par M. son frère, qui, avant de me le donner, a pris le soin de le faire promener par tout Motiers ; ce qui ne peut faire qu'un fort mauvais effet dans un pays où les jugemens de Paris servent de règle, et où il m'importe d'être

(*) *Émile*, liv. II.   (**) *Émile*, liv. V (des Voyages).

bien voulu. Entre nous, il y a bien de la différence entre les deux frères pour le mérite. Engagez M. du Terreaux, si jamais il m'honore de quelque envoi, de ne le point faire passer par les mains de son frère, et prenez, s'il vous plaît, la même requête pour vous.

Bonjour, madame : si vous ressemblez à vos lettres, vous êtes mon ange ; si j'étois des vôtres, je vous ferois ma prière tous les matins.

A LA MÊME.

Motiers, le 5 octobre 1762.

J'ai reçu dans leur temps, madame, la lettre que vous m'avez envoyée par M. du Terreaux, et l'épître qui y étoit jointe. J'ai oublié de vous en remercier ; j'ai eu grand tort ; mais enfin je ne saurois faire que je ne l'aie pas oublié. Au reste, je ne sais point louer les louanges qu'on me donne, ni critiquer les vers que l'on fait pour moi ; et, comme je n'aime pas qu'on me fasse plus de bien que je n'en demande, je n'aime pas non plus à remercier. Je suis excédé de lettres, de mémoires, de vers, de louanges, de critiques, de dissertations ; tout veut des réponses ; il me faudroit dix mains et dix secrétaires : je n'y puis plus tenir. Ainsi, madame, puisque, comme que je m'y prenne, vous avez l'obstination d'exiger toujours une prompte réponse, et l'art de la rendre toujours nécessaire, je vous demande en grâce de finir notre commerce, comme je vous demanderois de le cultiver dans un autre temps.

A MADAME LA COMTESSE DE BOUFFLERS.

Motiers-Travers, le 7 octobre 1762.

J'espère, madame, avoir gardé, sur les obligeantes offres de madame de La M. (La Mare), le secret que vous me recommandez dans votre lettre du 10 septembre. Cependant, comme je n'ai pas un souvenir exact de ce que j'ai pu écrire, je pourrois y avoir manqué par inadvertance, ayant d'abord cru que ce secret exigé n'étoit que la délicatesse d'un cœur noble qui ne veut point publier ses bienfaits. Il faut de plus vous dire qu'avant l'arrivée de votre pénultième lettre, j'en avois reçu une de madame la M. de L. (la maréchale de Luxembourg), dans laquelle, après m'avoir parlé de vos propositions pour l'Angleterre, elle ajoute que vous m'en avez fait d'autres, qu'elle aimeroit bien mieux que j'acceptasse. Or, n'ayant point encore reçu la lettre où vous me parlez de l'offre de M. le P. de C. (le prince de Conti), pouvois-je croire autre chose, sinon que l'offre de madame de La M. (La Mare) étoit connue et approuvée de madame de Luxembourg ? J'étois dans cette idée quand je lui répondis. Cependant je suis persuadé que je ne lui en parlai point ; mais je ne me souviens pas assez de ma lettre pour en être sûr.

Voici la lettre que vous m'ordonnez de vous renvoyer. Mylord maréchal, qui m'honore de ses bontés, pense comme vous sur le voyage d'Angleterre, que vous me proposez. Je ne sais même s'il n'a pas aussi écrit à M. Hume sur mon compte. Je me rends donc ; et si, après le voyage que vous vous proposez de faire dans cette île le printemps prochain, vous persistez à croire qu'il me convienne d'y aller, j'irai, sous vos auspices, y chercher la paix, que je ne puis trouver nulle part. Il n'y a que mon état qui puisse nuire à ce projet. Les hivers ici sont si rudes, et les approches de celui-ci me sont déjà si contraires, que c'est une espèce de folie d'étendre mes vues au-delà. Nous parlerons de tout cela dans le temps ; mais en attendant, je ne puis vous cacher que je suis très-déterminé à ne point passer par la France. Il faut qu'un étranger soit fou pour mettre le pied dans un pays où l'on ne connoît d'autre justice que la force, et où l'on ne sait pas même ce que c'est que le droit des gens.

Vous aurez su, madame, que le roi de Prusse a fait sur mon compte une réponse très-obligeante à mylord maréchal. On a fait courir dans le public un extrait de cette lettre qui m'est honorable aussi, mais qui n'est pas vrai ; car mylord ne l'a montrée à personne, pas même à moi. Il m'a dit seulement que le roi se feroit un plaisir de me faire bâtir un hermitage à ma fantaisie, et que j'en pourrois choisir moi-même l'emplacement. Je vous avoue qu'une offre si bien assortie à mon goût m'a changé le cœur. Je ne sais point résister aux caresses, et je suis bien heureux que jamais ministre ne m'ait voulu tenter par là. J'ai répondu à mylord que j'étois touché des bontés du roi, mais qu'il me seroit impossible de dormir dans une maison bâtie, pour moi, d'une main royale; et il n'en a plus été question. Madame, j'ai trop mal pensé et parlé du roi de Prusse pour recevoir jamais ses bienfaits; mais je l'aimerai toute ma vie.

Il faut que je vous supplie, madame, de vouloir bien vous faire informer de M. Duclos. Je crains qu'il ne soit malade. Il m'a écrit avec intérêt. Je lui ai répondu. Il m'a récrit, en me demandant qui étoient mes ennemis et quels, et d'autres détails sur ma situation. Je l'ai satisfait pleinement dans une seconde réponse, dans laquelle je lui ai développé toutes les menées du poète, du jongleur, et de leurs amis. Dans la même lettre, je lui demande, à mon tour, des nouvelles de ce qui se passe à Paris par rapport à moi, selon l'offre qu'il m'en avoit faite lui-même. Il y a de cela plus de six semaines, et je n'entends plus parler de lui. M. Duclos n'est certainement ni un faux ami ni un négligent : il faut absolument qu'il soit malade. Je vous supplie de vouloir bien me tirer de peine sur son compte. Je n'ai point encore écrit au chevalier de Lorenzi, et j'ai grand tort, car je n'ai pas cessé un moment de compter sur toute son amitié, quoique je le sache très-lié avec des gens qui ne m'aiment pas, mais qui feignent de m'aimer avec ceux qui m'aiment, et qui ne manqueront pas d'avoir cette feinte avec lui.

Puisque vous daignez vous ressouvenir de mademoiselle Le Vasseur, permettez, madame, qu'elle vous témoigne sa reconnoissance, et qu'elle vous assure de son profond respect. Le froid augmente ici de jour en jour, et le pays est tout couvert de neige.

Si vous aviez la bonté, madame, de m'écrire directement, vos lettres me parviendroient beaucoup plus tôt; car *il faut qu'elles passent ici pour aller à Neuchâtel.*

A M. MOULTOU.

Motiers-Travers, le 8 octobre 1762.

J'ai eu le plaisir, cher Moultou, d'avoir ici, durant huit jours, l'ami Roustan et ses deux amis; et tout ce qu'ils m'ont dit de votre amitié pour moi m'a plus touché que surpris. Ils ne m'ont pas beaucoup parlé des jongleurs, et tant mieux : c'est grand dommage de perdre, à parler de malveillans, un temps consacré à l'amitié. Roustan m'a dit que vous n'aviez pas encore pu travailler à votre ouvrage, mais que vous profiteriez du loisir de la campagne pour vous y mettre tout de bon. Ne vous pressez point, cher ami, travaillez à loisir, mais réfléchissez beaucoup; car vous avez fait une entreprise aussi difficile que grande et honorable. Je persiste à croire qu'en l'exécutant comme je pense, et comme vous le pouvez faire, vous êtes un homme immortalisé et perdu. Pensez-y bien, vous y êtes à temps encore. Mais si vous persévérez dans votre projet, gardez mieux votre secret que vous n'avez fait. Il n'est plus temps de cacher absolument ce qui a transpiré, mais parlez-en avec négligence comme d'une entreprise de longue haleine et qui n'est pas prête à mettre à fin, ni près de là, et cependant allez votre train. Tout cela se peut faire sans altérer la vérité; et il n'est pas toujours défendu de la taire quand c'est pour la mieux honorer.

M. Vernet m'a enfin répondu, et je suis tombé des nues à la lecture de sa lettre. Il ne me demande qu'une rétractation authentique, aussi publique, prétend-il, que l'a été la doctrine qu'il veut que je rétracte. Nous sommes loin de compte assurément. Mon Dieu, que les ministres se conduisent étourdiment dans cette affaire ! Le décret du parlement de Paris leur a fait à tous tourner la tête. Ils avoient si beau jeu pour pousser toujours les prêtres en avant et se tirer de côté ! mais ils veulent absolument faire cause commune avec eux. Qu'ils fassent donc; ils me mettront fort à mon aise : *Tros Rutulusve fuat*, j'aurai moins à discerner où portent mes coups; et je vous réponds que tout rogues qu'ils sont, je suis fort trompé s'ils ne les sentent. Quand on veut s'ériger en juge du christianisme, il faut le connoître mieux que ne font ces messieurs; et je suis étonné qu'on ne se soit pas encore avisé de leur apprendre que leur tribunal n'est pas si suprême qu'un chrétien n'en puisse appeler. Il me semble que je vois J. J. Rousseau élevant une statue à son pasteur Montmollin sur la tête des autres ministres, et le vertueux Moultou couronnant cette statue de ses propres lauriers. Toutefois je n'ai point encore pris la plume ; je veux même voir un peu mieux la suite de tout ceci avant de la prendre. Peut-être l'effet de cet écrit m'en dispensera-t-il. Si la chaleur que l'indignation commence à me rendre s'exhale sur le papier, je ne laisserai du moins rien paroître avant que d'en conférer avec vous.

J'avois encore je ne sais combien de choses à vous dire ; mais voilà mes chers hôtes prêts à partir : ils ont une longue traite à faire, ils vont à pied, et il ne faut pas les retenir. Adieu, je vous embrasse tendrement.

AU MÊME.

Motiers-Travers, le 21 octobre 1762.

J'ai eu l'ami Deluc, comme vous me l'aviez annoncé. Il m'est arrivé malade ; je l'ai soigné de mon mieux, et il est reparti bien rétabli. C'est un excellent ami, un homme plein de sens, de droiture et de vertu ; c'est le plus honnête et le plus ennuyeux des hommes. J'ai de l'amitié, de l'estime, et même du respect pour lui, mais je redouterai toujours de le voir. Cependant je ne l'ai pas trouvé tout-à-fait si assommant qu'à Genève : en revanche, il m'a laissé ses deux livres (*) ; j'ai même eu la foiblesse de promettre de les lire, et de plus, j'ai commencé. Bon Dieu, quelle tâche ! moi qui ne dors point ! J'ai de l'opium au moins pour deux ans. Il voudroit bien me rapprocher de vos messieurs, et moi aussi je le voudrois de tout mon cœur ; mais je vois clairement que ces gens-là, mal intentionnés comme ils sont, voudront me remettre sous la férule ; et s'ils n'ont pas tout-à-fait le front de demander des rétractations de peur que je ne les envoie promener, ils voudront des éclaircissemens qui cassent les vitres, et qu'assurément je ne donnerai qu'autant que je le pourrai dans mes principes ; car très-certainement ils ne me feront point dire ce que je ne pense pas. D'ailleurs n'est-il pas plaisant que ce soit à moi de faire les frais de la réparation des affronts que j'ai reçus ? On commence par brûler le livre, et l'on demande des éclaircissemens après. En un mot, ces messieurs, que je croyois raisonnables, sont cafards comme les autres, et, comme eux, soutiennent par la force une doctrine qu'ils ne croient pas. Je prévois que tôt ou tard il faudra rompre : ce n'est pas la peine de renouer. Quand je vous verrai, nous causerons à fond de tout cela.

Vous avez très-bien vu l'état de la question sur le dernier chapitre du *Contrat social*, et la critique de Roustan porte à faux à cet égard : mais comme cela n'empêche pas, d'ailleurs, que son ouvrage ne soit bon, je n'ai pas dû l'engager à jeter au feu un écrit dans lequel il me réfute ; et c'est pourtant ce qu'il auroit dû faire si je lui avois fait voir combien il s'est trompé. Je trouve dans cet écrit un zèle pour la liberté qui me le fait aimer. Si les coups portés aux tyrans doivent passer par ma poitrine, qu'on la perce sans scrupule, je la livrerai volontiers.

Mettez-moi, je vous prie, aux pieds de l'aimable dame qui daigne s'intéresser pour moi. Pour les lacets, l'usage en est consacré, et je n'en suis plus le maître. Il faut, pour en obtenir un, qu'elle ait la bonté de redevenir fille, de se remarier de nouveau, et de s'engager à nourrir de son lait son premier enfant. Pour vous, vous avez des filles : je déposerai dans vos mains ceux qui leur sont destinés. Adieu, cher ami.

A M. DE MALESHERBES.

Motiers-Travers, le 26 octobre 1762.

Permettez, monsieur, qu'un homme tant de fois honoré de vos grâces, mais qui ne vous en demanda jamais que de justes et d'honnêtes, vous en demande encore une aujourd'hui. L'hiver dernier, je vous écrivis quatre lettres consécutives sur mon caractère et l'histoire de mon âme dont j'espérois que le calme ne finiroit plus (*), je souhaiterois extrêmement d'avoir une copie de ces quatre lettres, et je crois que le sentiment qui les a dictées mérite cette complaisance de votre part. Je prends donc la liberté de vous demander cette copie ; ou si vous

------

(*) François Deluc, mort en 1780, est père des deux célèbres géologues de ce nom. Les deux seuls ouvrages qu'on connoisse de lui sont : *Lettre contre la Fable des Abeilles*, in-12, et *Observations sur les écrits de quelques Savans incrédules*. Genève, 1762, in-8°.   G. P.

(*) Voyez tome Ier, page 391 et suivantes.

aimez mieux m'envoyer les originaux, je ne prendrai que le temps de les transcrire, et vous les enverrai, si vous le désirez, dans peu de jours. Je serai, monsieur, d'autant plus sensible à cette grâce, qu'elle m'apprendra que mes malheurs n'ont point altéré votre estime et vos bontés pour moi, et que vous ne jugez point les hommes sur leur destinée.

Recevez, monsieur, les assurances de mon profond respect.

Mon adresse est à Motiers-Travers, comté de Neufchâtel, par Pontarlier; et les lettres qui ne sont point contre-signées doivent être affranchies jusqu'à Pontarlier.

A M. MOUCHON,

Ministre du Saint Évangile, à Genève.

Motiers, le 29 octobre 1762.

Bien obligé, très-cher cousin, de votre bonne visite, de votre bon envoi, de votre bonne lettre, et surtout de votre bonne amitié, qui donne du prix à tout le reste. Je vous assure que si vous avez emporté ici quelque souvenir agréable, vous y avez laissé bien des consolations. Vous me faites bénir les malheurs qui m'ont attiré de tels amis. Et quel cas ne dois-je pas faire d'un attachement formé par l'épreuve qui en brise tant d'autres? Vous me devez maintenant tous les sentimens que vous m'avez inspirés, et vous ne pourrez, sans ingratitude, oublier de votre vie que les deux larmes que vous avez versées à notre premier abord, sont tombées dans mon cœur.

C'est un petit mal que la qualité de citoyen ne soit pas énoncée dans le baptistaire, j'ai toujours été plus jaloux des devoirs que des droits de ce titre honorable. Je me suis toujours fait un devoir de peu exiger des *hommes*; en échange du bien que j'ai tâché de leur faire, je ne leur ai demandé que de ne me point faire de mal. Vous voyez comment je l'ai obtenu. Mais n'importe, ils auront beau faire, je serai libre partout, malgré eux.

Si je vous ai tenu quelques mauvais propos, au sujet de l'atlas, ce dont je ne me souviens point, j'ai eu tort, et je vous prie de l'oublier.

Il est bon qu'une amitié aussi généreuse que la vôtre commence par avoir quelque chose à pardonner. Je n'approuve pas, de mon côté, que vous en ayez payé le port. Je vous prie d'en ajouter le déboursé à celui du baptistaire et au prix de l'atlas, qu'un ami sera chargé de vous rembourser.

Mille choses, je vous supplie, à l'honnête anonyme (*) dont je vous ai montré la lettre; vous savez combien elle m'a touché; vous n'avez là-dessus à lui dire que ce que vous avez vu vous-même. Adieu, cher cousin, je vous embrasse et vous aime de tout mon cœur.

Je dois une lettre au bon et aimable Beauchâteau, mais je ne sais comment lui écrire, n'ayant pas son adresse (**).

A MADAME LA COMTESSE DE BOUFFLERS.

Le 30 octobre 1762.

En m'annonçant, madame, dans votre lettre du 22 septembre (c'est, je crois, le 22 octobre), un changement avantageux dans mon sort (***), vous m'avez d'abord fait croire que les hommes qui me persécutent s'étoient lassés de leurs méchancetés, que le parlement de Paris avoit levé son inique décret, que le magistrat de Genève avoit reconnu son tort, et que le public me rendoit enfin justice. Mais loin de là, je vois, par votre lettre même, qu'on m'intente encore de nouvelles accusations : le changement de sort que vous m'annoncez se réduit à des offres de subsistances dont je n'ai pas besoin quant à présent; et comme j'ai toujours compté pour rien, même en santé, un avenir aussi incertain que la vie humaine, c'est pour moi, je vous jure, la chose la plus indifférente que d'avoir à dîner dans trois ans d'ici.

Il s'en faut beaucoup cependant, que je sois

(*) Cet anonyme étoit M. Philippe Robin, citoyen distingué par son mérite et ses talens. (*Note de M. Mouchon.*)

(**) Cette lettre de J. J. Rousseau fut écrite à la suite d'un voyage que firent en octobre 1762, à Motiers-Travers, trois jeunes Genevois, pour y visiter leur célèbre compatriote, après s'être assurés de sa disposition à les recevoir. Ces Genevois étoient MM. les ministres Mouchon et Roustan, et M. Beauchâteau, horloger. M. P.

(***) Dans sa lettre, madame de Boufflers, prévenue par mylord maréchal, engageoit Rousseau à accepter les offres du roi de Prusse. G. P.

insensible aux bontés du roi de Prusse; au contraire, elles augmentent un sentiment très-doux, savoir, l'attachement que j'ai conçu pour ce grand prince. Quant à l'usage que j'en dois faire, rien ne presse pour me résoudre, et j'ai du temps pour y penser.

A l'égard des offres de M. Stanlay, comme elles sont toutes pour votre compte, madame, c'est à vous de lui en avoir l'obligation. Je n'ai point ouï parler de la lettre qu'il vous a dit m'avoir écrite.

Je viens maintenant au dernier article de votre lettre, auquel j'ai peine à comprendre quelque chose, et qui me surprend à tel point, surtout après les entretiens que nous avons eus sur cette matière, que j'ai regardé plus d'une fois à l'écriture pour voir si elle étoit bien de votre main. Je ne sais ce que vous pouvez désapprouver dans la lettre que j'ai écrite à mon pasteur dans une occasion nécessaire. A vous entendre avec votre ange, on diroit qu'il s'agissoit d'embrasser une religion nouvelle, tandis qu'il ne s'agissoit que de rester comme auparavant dans la communion de mes pères et de mon pays, dont on cherchoit à m'exclure : il ne falloit point pour cela d'autre ange que le vicaire savoyard. S'il consacroit en simplicité de conscience dans un culte plein de mystères inconcevables, je ne vois pas pourquoi J. J. Rousseau ne communieroit pas de même dans un culte où rien ne choque la raison ; et je vois encore moins pourquoi, après avoir jusqu'ici professé ma religion chez les catholiques sans que personne m'en fît un crime, on s'avise tout d'un coup de m'en faire un fort étrange de ce que je ne la quitte pas en pays protestant.

Mais pourquoi cet appareil d'écrire une lettre ? Ah ! pourquoi ? Le voici. M. de Voltaire me voyant opprimé par le parlement de Paris, avec la générosité naturelle à lui et à son parti saisit ce moment de me faire opprimer de même à Genève, et d'opposer une barrière insurmontable à mon retour dans ma patrie. Un des plus sûrs moyens qu'il employa pour cela fut de me faire regarder comme un déserteur de ma religion : car là-dessus nos lois sont formelles, et tout citoyen ou bourgeois qui ne professe pas la religion qu'elles autorisent perd par là même son droit de cité. Il travailla donc de toutes ses forces à soulever les ministres : il ne réussit pas avec ceux de Genève, qui le connoissent ; mais il ameuta tellement ceux du pays de Vaud, que, malgré la protection et l'amitié de M. le bailli d'Yverdun et de plusieurs magistrats, il fallut sortir du canton de Berne. On tenta de faire la même chose en ce pays ; le magistrat municipal de Neuchâtel défendit mon livre ; la classe des ministres le défera ; le conseil d'état alloit le défendre dans tout l'état, et peut-être procéder contre ma personne ; mais les ordres de mylord maréchal et la protection déclarée du roi l'arrêtèrent tout court ; il fallut me laisser tranquille. Cependant le temps de la communion approchoit, et cette époque alloit décider si j'étois séparé de l'Église protestante ou si je ne l'étois pas. Dans cette circonstance, ne voulant pas m'exposer à un affront public, ni non plus constater tacitement, en ne me présentant pas, la désertion qu'on me reprochoit, je pris le parti d'écrire à M. de Montmollin, pasteur de la paroisse, une lettre qu'il a fait courir, mais dont les voltairiens ont pris soin de falsifier beaucoup de copies. J'étois bien éloigné d'attendre de cette lettre l'effet qu'elle produisit : je la regardois comme une protestation nécessaire, et qui auroit son usage en temps et lieu. Quelle fut ma surprise et ma joie de voir dès le lendemain chez moi M. de Montmollin me déclarer que non-seulement il approuvoit que j'approchasse de la sainte table, mais qu'il m'en prioit et qu'il m'en prioit de l'aveu unanime de tout le consistoire, pour l'édification de sa paroisse, dont j'avois l'approbation et l'estime ! Nous eûmes ensuite quelques conférences, dans lesquelles je lui développai franchement mes sentimens tels à peu près qu'ils sont exposés dans la Profession de foi du vicaire, appuyant avec vérité sur mon attachement constant à l'Évangile et au christianisme, et ne lui déguisant pas non plus mes difficultés et mes doutes. Lui, de son côté, connoissant assez mes sentimens par mes livres, évita prudemment les points de doctrine qui auroient pu m'arrêter ou le compromettre ; il ne prononça pas même le mot de rétractation, n'insista sur aucune explication ; et nous nous séparâmes contens l'un de l'autre. Depuis lors j'ai la consolation d'être reconnu membre de son Église. Il faut être opprimé, malade, et croire en Dieu, pour sentir combien il est doux de vivre parmi ses frères.

M. de Montmollin, ayant à justifier sa conduite devant ses confrères, fit courir ma lettre. Elle a fait à Genève un effet qui a mis les voltairiens au désespoir, et qui a redoublé leur rage. Des foules de Genevois sont accourus à Motiers, m'embrassant avec des larmes de joie, et appelant hautement M. de Montmollin leur bienfaiteur et leur père. Il est même sûr que cette affaire auroit des suites pour peu que je fusse d'humeur à m'y prêter. Cependant il est vrai que bien des ministres sont mécontens. Voilà, pour ainsi dire, la Profession de foi du vicaire approuvée en tous ses points par un de leurs confrères : ils ne peuvent digérer cela. Les uns murmurent, les autres menacent d'écrire; d'autres écrivent en effet; tous veulent absolument des rétractations et des explications qu'ils n'auront jamais. Que dois-je faire à présent, madame, à votre avis? Irai-je laisser mon digne pasteur dans les lacs où il s'est mis pour l'amour de moi? l'abandonnerai-je à la censure de ses confrères? autoriserai-je cette censure par ma conduite et par mes écrits? et démentant la démarche que j'ai faite, lui laisserai-je toute la honte et tout le repentir de s'y être prêté? Non, non, madame; on me traitera d'hypocrite tant qu'on voudra, mais je ne serai ni un perfide ni un lâche. Je ne renoncerai point à la religion de mes pères, à cette religion si raisonnable, si pure, si conforme à la simplicité de l'Evangile, où je suis rentré de bonne fois depuis nombre d'années, et que j'ai depuis toujours hautement professée. Je n'y renoncerai point au moment où elle fait toute la consolation de ma vie, et où il importe à l'honnête homme qui m'y a maintenu que j'y demeure sincèrement attaché. Je n'en conserverai pas non plus les liens extérieurs, tout chers qu'ils me sont, aux dépens de la vérité ou de ce que je prends pour elle; et l'on pourroit m'excommunier et me décréter bien des fois avant de me faire dire ce que je ne pense pas. Du reste, je me consolerai d'une imputation d'hypocrisie sans vraisemblance et sans preuves. Un auteur qu'on bannit, qu'on décrète, qu'on brûle, pour avoir dit hardiment ses sentimens, pour s'être nommé, pour ne vouloir pas se dédire; un citoyen chérissant sa patrie, qui aime mieux renoncer à son pays qu'à sa franchise, et s'expatrier que se démentir, est un hypocrite d'une espèce assez nouvelle. Je ne connois dans cet état, qu'un moyen de prouver qu'on n'est pas un hypocrite; mais cet expédient auquel mes ennemis veulent me réduire ne me conviendra jamais, quoi qu'il arrive; c'est d'être un impie ouvertement. De grâce, expliquez-moi donc, madame, ce que vous voulez dire avec votre ange, et ce que vous trouvez à reprendre à tout cela.

Vous ajoutez, madame, qu'il falloit que j'attendisse d'autres circonstances pour professer ma religion; vous avez voulu dire pour continuer de la professer. Je n'ai peut-être que trop attendu par une fierté dont je ne saurois me défaire. Je n'ai fait aucune démarche tant que les ministres m'ont persécuté; mais quand une fois j'ai été sous la protection du roi, et qu'ils n'ont plus pu me rien faire, alors j'ai fait mon devoir, ou ce que j'ai cru l'être. J'attends que vous m'appreniez en quoi je me suis trompé.

Je vous envoie l'extrait d'un dialogue de M. de Voltaire avec un ouvrier de ce pays-ci qui est à son service. J'ai écrit ce dialogue de mémoire, d'après le récit de M. de Montmollin, qui ne me l'a rapporté lui-même que sur le récit de l'ouvrier, il y a plus de deux mois. Ainsi, le tout peut n'être pas absolument exact, mais les traits principaux sont fidèles, car ils ont frappé M. de Montmollin; il les a retenus, et vous croyez bien que je ne les ai pas oubliés. Vous y verrez que M. de Voltaire n'avoit pas attendu la démarche dont vous vous plaignez pour me taxer d'hypocrisie.

Conversation de M. de Voltaire avec un de ses ouvriers du comté de Neuchâtel.

M. DE VOLTAIRE.

Est-il vrai que vous êtes du comté de Neuchâtel?

L'OUVRIER.

Oui, monsieur.

M. DE VOLTAIRE.

Etes-vous de Neuchâtel même?

L'OUVRIER.

Non, monsieur; je suis du village de Butte, dans la vallée de Travers.

M. DE VOLTAIRE.

Butte! cela est-il loin de Motiers?

L'OUVRIER.

A une petite lieue.

M. DE VOLTAIRE.

Vous avez dans votre pays un certain personnage de celui-ci qui a bien fait des siennes.

L'OUVRIER.

Qui donc, monsieur?

M. DE VOLTAIRE.

Un certain Jean-Jacques Rousseau. Le connoissez-vous?

L'OUVRIER.

Oui, monsieur; je l'ai vu un jour à Butte, dans le carrosse de M. de Montmollin, qui se promenoit avec lui.

M. DE VOLTAIRE.

Comment! ce pied-plat va en carrosse! le voilà donc bien fier!

L'OUVRIER.

Oh! monsieur, il se promène aussi à pied. Il court comme un chat maigre, et grimpe sur toutes nos montagnes.

M. DE VOLTAIRE.

Il pourroit bien grimper quelque jour sur une échelle. Il eût été pendu à Paris s'il ne se fût sauvé; et il le sera ici s'il y vient.

L'OUVRIER.

Pendu, monsieur! Il a l'air d'un si bon homme! eh mon Dieu! qu'a-t-il donc fait?

M. DE VOLTAIRE.

Il a fait des livres abominables. C'est un impie, un athée.

L'OUVRIER.

Vous me surprenez. Il va tous les dimanches à l'église.

M. DE VOLTAIRE.

Ah! l'hypocrite! Et que dit-on de lui dans le pays? Y a-t-il quelqu'un qui veuille le voir?

L'OUVRIER.

Tout le monde, monsieur; tout le monde l'aime. Il est recherché partout; et on dit que mylord lui fait aussi bien des caresses.

M. DE VOLTAIRE.

C'est que mylord ne le connoît pas, ni vous non plus. Attendez seulement deux ou trois mois, et vous connoîtrez l'homme. Les gens de Montmorency, où il demeuroit, ont fait des feux de joie quand il s'est sauvé pour n'être pas pendu. C'est un homme sans foi, sans honneur, sans religion.

L'OUVRIER.

Sans religion, monsieur! mais on dit que vous n'en avez pas beaucoup vous-même.

M. DE VOLTAIRE.

Qui? moi, grand Dieu! et qui est-ce qui dit cela?

L'OUVRIER.

Tout le monde, monsieur.

M. DE VOLTAIRE.

Ah! quelle horrible calomnie! Moi qui ai étudié chez les jésuites, moi qui ai parlé de Dieu mieux que tous les théologiens!

L'OUVRIER.

Mais, monsieur, on dit que vous avez fait bien des mauvais livres.

M. DE VOLTAIRE.

On ment. Qu'on m'en montre un seul qui porte mon nom, comme ceux de ce croquant portent le sien, etc.

AU ROI DE PRUSSE.

Du 30 octobre 1762.

Sire,

Vous êtes mon protecteur et mon bienfaiteur, et je porte un cœur fait pour la reconnoissance : je viens m'acquitter avec vous, si je puis.

Vous voulez me donner du pain; n'y a-t-il aucun de vos sujets qui en manque? Otez de devant mes yeux cette épée qui m'éblouit et me blesse; elle n'a que trop fait son devoir, et le sceptre est abandonné. La carrière est grande pour les rois de votre étoffe, et vous êtes encore loin du terme : cependant le temps presse, et il ne vous reste pas un moment à perdre pour aller au bout.

Puissé-je voir Frédéric le juste et le redouté couvrir ses états d'un peuple nombreux dont il soit le père! et J. J. Rousseau, l'ennemi des rois, ira mourir au pied de son trône (*).

(*) Voilà le texte de cette lettre, tel qu'il existe dans l'édition de Genève (1782, troisième volume du supplément). Après ces mots : *pas un moment à perdre pour aller au bout*, on trouve cette note des éditeurs :

« Dans le brouillard de cette lettre, il y avoit, au lieu de
» cette phrase : *Sondez bien votre cœur, ô Frédéric! vous*
» *convient-il de mourir sans avoir été le plus grand des*
» *hommes?* Et à la fin de la lettre, cette autre phrase : *Voilà*
» *sire, ce que j'avois à vous dire; il est donné à peu de rois*

A MYLORD MARÉCHAL.

En lui envoyant la lettre précédente.

A Motiers, le 1er novembre 1762.

Je sens bien, mylord, le prix de votre lettre à madame de Boufflers ; mais elle ne m'apprend rien de nouveau, et vos soins généreux ne peuvent désormais pas plus me surprendre qu'ajouter à mes sentimens. Je crois n'avoir pas besoin de vous dire combien je suis touché des bontés du roi : mais, pour vous faire mieux sentir l'effet de vos bontés et des siennes, je dois vous avouer que je ne l'aimois point auparavant, ou plutôt on m'avoit trompé ; j'en haïssois un autre sous son nom. Vous m'avez fait un cœur tout nouveau, mais un cœur à l'épreuve, qui ne changera pas plus pour lui que pour vous.

J'ai de quoi vivre deux ou trois ans, et jamais je n'ai poussé si loin la prévoyance : mais fussé-je prêt à mourir de faim, j'aimerois mieux, dans l'état actuel de ce bon prince, en ne lui étant bon à rien, aller brouter l'herbe et ronger des racines que d'accepter de lui un morceau de pain. Que ne puis-je bien plutôt, à l'insu de lui-même et de tout le monde, aller jeter la pite dans un trésor qui lui est nécessaire, et dont il sait si bien user ! je n'aurois rien fait de ma vie avec plus de plaisir. Laissons-lui faire une paix glorieuse, rétablir ses finances, et revivifier ses états épuisés ; alors, si je vis encore et qu'il conserve pour moi les mêmes bontés, vous verrez si je crains ses bienfaits.

Voici, mylord, une lettre que je vous prie de lui envoyer. Je sais quelle est sa confiance en vous, et j'espère que vous ne doutez pas de la mienne ; mais ce qui est convenable marche avant tout. La lettre ne doit être vue que du roi seul, à moins qu'il ne le permette.

J'envoie à votre excellence un paquet dont je la supplie d'agréer le contenu ; ce sont des fruits de mon jardin. Ils ne sont pas si doux que les vôtres : aussi n'ont-ils été arrosés que de larmes.

Mylord, il n'y a pas de jour que mon cœur ne s'épanouisse en songeant à notre château en Espagne. Ah ! que ne peut-il faire le quatrième avec nous, ce digne homme que le ciel a condamné à payer si cher la gloire, et à ne connoître jamais le bonheur de la vie ! Recevez tout mon respect.

» de l'entendre, et il n'est donné à aucun de l'entendre deux
» fois. »

Du Peyrou, dans son recueil publié en 1790, présente un texte qui diffère en plusieurs points de celui de l'édition de Genève. En voici les variantes :

Texte de l'édition de 1790.	Texte de l'édition de Genève.
….. Je veux m'acquitter…	… Je viens m'acquitter…
…. cette épée… elle n'a que trop bien fait son service, et…	… cette épée… elle n'a que trop fait son devoir, et…
La carrière des rois de votre étoffe est grande, et…	La carrière est grande pour les rois de votre étoffe, et…
… pas un moment à perdre pour y arriver. Sondez bien votre cœur, ô Frédéric! Pourrez-vous vous résoudre à mourir sans avoir été le plus grand des hommes ?	… pas un moment à perdre pour aller au bout.
Puissé-je voir… couvrir enfin ses états, etc.	Puissé-je voir… couvrir ses états, etc.
Que votre majesté, sire, daigne agréer mon profond respect.	

Note de du Peyrou. « Je donne ici cette lettre telle qu'elle
» se trouve dans un brouillon de l'auteur, par lui corrigé et
» resté entre mes mains. Mais il faut aussi la donner telle
» qu'elle a paru dans l'édition de Genève, d'après un autre
» brouillon, lequel, passé de mes mains en celles de M. Moul-
» tou, n'y est plus rentré. La voici donc. » Puis il présente le
texte tel que nous l'avons imprimé ci-dessus.   G. P.

A M. MOULTOU.

15 novembre 1762.

Vous ne saurez jamais ce que votre silence m'a fait souffrir ; mais votre lettre m'a rendu la vie, et l'assurance que vous me donnez me tranquillise pour le reste de mes jours. Ainsi écrivez désormais à votre aise ; votre silence ne m'alarmera plus. Mais, cher ami, pardonnez les inquiétudes d'un pauvre solitaire qui ne sait rien de ce qui se passe, dont tant de cruels souvenirs attristent l'imagination, qui ne connoît dans la vie d'autre bonheur que l'amitié, et qui n'aima jamais personne autant que vous. *Felix se nescit amari*, dit le poète ; mais moi je dis : *Felix nescit amare*. Des deux côtés, les circonstances qui ont serré notre attachement l'ont mis à l'épreuve, et lui ont donné la solidité d'une amitié de vingt ans.

Je ne dirai pas un mot à M. de Montmollin pour la communication de la lettre dont vous me parlez ; il fera ce qu'il jugera convenable pour son avantage ; pour moi, je ne veux pas faire un pas ni dire un mot de plus dans toute cette affaire, et je laisserai vos gens se démener comme ils voudront, sans m'en mêler, ni répondre à leurs chicanes. Ils prétendent me traiter comme un enfant, à qui l'on commence par donner le fouet, et puis on lui fait demander pardon. Ce n'est pas tout-à-fait mon avis. Ce n'est pas moi qui veux donner des éclaircissemens; c'est le bonhomme Deluc qui veut que j'en donne, et je suis très-fâché de ne pouvoir en cela lui complaire; car il m'a tout-à-fait gagné le cœur ce voyage, et j'ai été bien plus content de lui que je n'espérois. Puisqu'on n'a pas été content de ma lettre, on ne le seroit pas non plus de mes éclaircissemens. Quoi qu'on fasse, je n'en veux pas dire plus qu'il n'y en a; et quand on me presseroit sur le reste, je craindois que M. de Montmollin ne fût compromis; ainsi je ne dirai plus rien; c'est un parti pris.

Je trouve, en revenant sur tout ceci, que nous avons donné trop d'importance à cette affaire : c'est un jeu de sots enfans dont on se fâche pour un moment, mais dont on ne fait que rire sitôt qu'on est de sang-froid. Je veux, pour m'égayer, battre ces gens-là par leurs propres armes; puisqu'ils aiment tant à chicaner, nous chicanerons, et je ferai en sorte que, voulant toujours attaquer, ils seront forcés de se tenir sur la défensive. Il est impossible, de cette manière, que je me compromette, parce que je ne défendrai point mon ouvrage, je ne ferai qu'éplucher les leurs; et il est impossible qu'ils ne me donnent point toutes les prises imaginables pour me moquer d'eux : car mes objections étant insolubles ils ne le résoudront jamais sans dire force bêtises, dont je me réjouis d'avance de tirer parti. Gardez-vous bien d'empêcher l'ouvrage de M. Vernes de paroître. Si je le prends en gaîté, comme je l'espère, il me fera faire un peu de bon sang dont j'ai grand besoin.

Vous voyez que ce projet ne rend point votre travail inutile; tant s'en faut. La besogne entre nous sera très-bien partagée; vous aurez défendu l'honneur de votre ami, et moi j'aurai désarmé mes censeurs. Vous ferez mon apologie, et moi la critique de ceux qui m'auront attaqué. Vous aurez paré les coups qu'on me porte, et moi j'en aurai porté quelques-uns. Il faut que je sois devenu tout d'un coup fort malin, car je vous jure que les mains me démangent; le genre polémique n'est que trop de mon goût; j'y avois renoncé pourtant. Que n'ai-je seulement un peu de santé ! Ceux qui me forcent à le reprendre ne s'en trouveroient pas long-temps aussi bien qu'ils l'ont espéré.

Je ne me remets point l'écriture des deux lignes qui terminent votre lettre; mais si l'on croit que la lettre de M. de Montmollin à M. Sarazin nous soit bonne à quelque chose, il faut la lui demander à lui-même; car je ne veux pas faire cette démarche-là. Adieu, cher Moultou.

Je vous prie de rembourser à M. Mouchon le prix d'un atlas qu'il m'a envoyé, le port dudit atlas qu'il a affranchi, et les frais de mon extrait baptistaire, qu'il a pris la peine de m'envoyer aussi. Je vous dois déjà quelques ports de lettres; ayez la bonté de tenir une note de tout cela jusqu'au printemps.

J'oubliois de vous marquer que le roi de Prusse m'a fait faire, par mylord maréchal, des offres très-obligeantes, et d'une manière dont je suis pénétré.

AU MÊME.

Motiers-Travers, le 15 novembre 1762.

Je reçois à l'instant, cher ami, une lettre de M. Deluc, que je viens d'envoyer à M. de Montmollin, sans le solliciter de rien, mais le priant seulement de me faire dire ce qu'il a résolu de faire quant à la copie qu'on lui demande, afin que je m'arrange aussi de mon côté en conséquence de ce qu'il aura fait. S'il prend le parti d'envoyer cette copie, moi, de mon côté, je lui écrirai en peu de lignes la lettre d'éclaircissement que M. Deluc souhaite, laquelle pourtant ne dira rien de plus que la précédente, parce qu'il n'est pas possible de dire plus. S'il ne veut pas envoyer cette copie, moi, de mon côté, je ne dirai plus rien; j'en resterai là, et continuerai de vivre en bon chrétien réformé, comme j'ai fait jusqu'ici de tout mon pouvoir.

Le moment critique approche où je saurai si Genève m'est encore quelque chose. Si les Génevois se conduisent comme ils le doivent, je me reconnoîtrai toujours leur concitoyen, et les aimerai comme ci-devant. S'ils me manquent dans cette occasion, s'ils oublient quels affronts et quelles insultes ils ont à réparer envers moi, je ne cesserai point de les aimer; mais, du reste, mon parti est pris.

Je ne puis répondre à M. Deluc cet ordinaire, parce que ma réponse dépend de celle de M. de Montmollin, qui m'a fait dire simplement qu'il viendroit me voir; car, depuis plusieurs semaines, l'état où je suis ne me permet pas de sortir. Or, comme la poste part dans peu d'heures, il n'est pas vraisemblable que j'aie le temps d'écrire : ainsi je n'écrirai à M. Deluc que jeudi au soir. Je vous prie de le lui dire, afin qu'il ne soit pas inquiet de mon silence.

Il est certain que, quoi qu'il arrive, je ne demeurerai jamais à Genève, cela est bien décidé. Cependant je vous avoue que les approches du moment qui décidera si je suis encore Genevois, ou si je ne le suis plus, me donnent une vive agitation de cœur. Je donnerois tout au monde pour être à la fin du mois prochain.

Adieu, cher ami.

A MADAME LATOUR.

Motiers, 21 novembre 1762.

Tu m'aduli, ma tu mi piaci. Il faut se rendre, madame; je sens tous les jours mieux qu'il est impossible à mon cœur de vous résister. Plus je gronde, plus je m'enlace; et, à la manière dont vous me permettez de ne vous plus écrire, vous êtes bien sûre de n'être pas prise au mot. Oui, vous êtes femme; je le sens à votre ascendant sur moi; je le sens à votre adresse, et il y a longtemps que je ne m'avise plus d'en douter. Je ne tenterai donc plus de briser ces chaînes si pesantes que vous me donnez si légèrement; mais, de grâce, allégez-en le poids vous-même; soyez aussi bonne que charmante; acceptez mes hommages en compensation de ma négligence, et ne comptez pas si rigoureusement avec votre serviteur.

Il est certain, madame, que j'ai eu tort de parler encore à M. de Rougemont de ce que je vous avois dit au sujet de M. du Terreaux; mais la manière dont vous m'aviez répondu me faisoit douter que vous en parlassiez à M. son frère, et il convenoit cependant qu'il le sût. Voilà, non l'excuse, mais la raison de mon tort.

Je vous prie, madame, d'être bien persuadée de deux choses; l'une, que si vous eussiez gardé avec moi le silence que j'avois mérité, je n'aurois eu garde de vous laisser faire, du moins jusqu'à m'oublier : pour peu que vous eussiez encore différé à m'écrire, je vous aurois sûrement prévenue; et, quelque touché que je sois de votre lettre, je suis presque fâché que vous ne m'ayez pas donné cette occasion de vous marquer mon empressement et mon repentir. L'autre vérité que je vous supplie de croire est que, bien que l'on ne se corrige point à mon âge, et que je ne puisse, sans vous tromper, vous promettre plus d'exactitude que par le passé, j'ai pourtant le cœur pénétré de vos bontés, et très-zélé pour m'en rendre digne. Voilà, madame, que j'écrive ou non, sur quoi vous devez toujours compter.

A M. MOULTOU.

Motiers, 25 novembre 1762.

Je m'étois attendu, cher ami, à ce qui vient de se passer; ainsi j'en suis peu ému. Peut-être n'a-t-il tenu qu'à moi que cela ne se passât autrement. Mais une maxime dont je ne me départirai jamais, est de ne faire de mal à personne. Je suis charmé de ne m'en être pas départi en cette occasion; car je vous avoue que la tentation étoit vive. Savez-vous à quel jeu j'ai perdu M. Marcet? Il me paroît certain que je l'ai perdu. J'aurois cru pouvoir compter sur un ancien ami de mon père. Je soupçonne que l'amitié de M. Deluc m'a ôté la sienne.

Je suis charmé que vous voyez enfin que je n'en ai déjà que trop fait. Ces messieurs les Genevois le prennent, en vérité, sur un singulier ton. On diroit qu'il faut que j'aille encore *demander pardon des affronts qu'on m'a faits*. Et puis, quelle extravagante inquisition! *L'on n'en feroit pas tant chez les catholiques.* En vérité ces gens-là sont bien bêtement rogues. Comment ne voient-ils pas qu'il s'agit bien plus de leur intérêt que du mien.

Le bonhomme dispose de moi comme de ses vieux souliers; il veut que j'aille courir à Genève dans une saison et dans un état où je ne puis sortir, je ne dis pas de Moitiers, mais de ma chambre. Il n'y a pas de sens à cela. Je souhaite de tout mon cœur de revoir Genève, et je me sens un cœur fait pour oublier leurs outrages; mais on ne m'y verra sûrement jamais en homme qui demande grâce ou qui la reçoit.

Vous voulez m'envoyer votre ouvrage, supposant que je suis en état de le rendre meilleur. Il n'en est rien, cher ami; je n'ai jamais pu corriger une seule phrase ni pour moi ni pour les autres. J'ai l'esprit prime-sautier, comme disoit Montaigne; passé cela je ne suis rien. Dans un ouvrage fait, je ne vois que ce qu'il y a; je ne vois rien de ce qu'on y peut mettre. Si je veux toucher à votre ouvrage, je me tourmenterai beaucoup, et je le gâterai infailliblement, ne fût-ce que parce qu'il s'agit de moi: on ne sait jamais parler de soi comme il faut. Je vois que vous vous défiez de vous; mais vous devriez vous fier un peu à moi, qui peux mieux que vous vous mettre à votre taux. En ceci seulement je jugerai mieux que vous. Faites de vous-même; vous serez moins correct, mais plus un. Au reste, revenez plusieurs fois sur votre ouvrage avant que de le donner. Je crains seulement les fautes de langue; mais, si vous êtes bien attentif, elles ne vous échapperont pas. Je crains aussi un peu les boutades du feu de la jeunesse. Attachez-vous à ôter tout ce qui peut être exclamation ou déclamation. Simplifiez votre style, surtout dans les endroits où les choses ont de la chaleur. J'ai une lecture à vous conseiller avant que de revoir pour la dernière fois votre écrit, c'est celle des *Lettres persanes*. Cette lecture est excellente à tout jeune homme qui écrit pour la première fois. Vous y trouverez pourtant quelques fautes de langue. En voici une dans la quarante-deuxième lettre: *Tel que l'on devroit mépriser parce qu'il est un sot, ne l'est souvent que parce qu'il est un homme de robe*. La faute est de prendre pour le participe passif *méprisé*, qui n'est pas dans la phrase, l'infinitif *mépriser* qui y est. Les Genevois sont encore fort sujets à faire cette faute-là. Toutefois, si vous voulez absolument m'envoyer votre écrit, faites. Je ne sais lequel de vous ou de moi me donnera le plus d'intérêt à sa lecture, mais je vous répète que je ne vous y *puis être* d'aucune utilité.

Je vous ai parlé des offres du roi de Prusse et de ma reconnoissance. Mais voudriez-vous que je les eusse acceptées? est-il nécessaire de vous dire ce que j'ai fait? ces choses-là devroient se deviner entre nous.

Je dois vous prévenir d'une chose. Vous avez dû voir beaucoup d'inégalités dans mes lettres; c'est qu'il y en a beaucoup dans mon humeur; et je ne le cache point à mes amis. Mais ma conduite ne se règle point sur mon humeur; elle a une règle plus constante; à mon âge, on ne change plus. Je serai ce que j'ai été. Je ne suis différent qu'en une chose, c'est que jusqu'ici j'ai eu des amis, mais à présent je sens que j'ai un ami.

Vous apprendrez avec plaisir qu'*Émile* a le plus grand succès en Angleterre. On en est à la seconde édition angloise. Il n'y a pas d'exemple à Londres d'un succès si rapide pour aucun livre étranger, et, *nota*, malgré le mal que j'y dis des Anglois.

A M. DE MONTMOLLIN.

Novembre 1762.

Quand je me suis réuni, monsieur, il y a neuf ans, à l'Église, je n'ai pas manqué de censeurs qui ont blâmé ma démarche, et je n'en manque pas aujourd'hui que j'y reste uni sous vos auspices, contre l'espoir de tant de gens qui voudroient m'en voir séparé. Il n'y a rien là de bien étonnant; tout ce qui m'honore et me console déplaît à mes ennemis; et ceux qui voudroient rendre la religion méprisable sont fâchés qu'un ami de la vérité la professe ouvertement. Nous connoissons trop, vous et moi, les hommes, pour ignorer à combien de passions humaines le feint zèle de la foi sert de manteau; et l'on ne doit pas s'attendre à voir l'athéisme et l'impiété plus charitables que n'est l'hypocrisie ou la superstition. J'espère, monsieur, ayant maintenant le bonheur d'être plus connu de vous, que vous ne voyez rien en moi qui démentant la déclaration que je vous ai faite, puisse vous rendre suspecte ma démarche, ni vous donner du regret à la vôtre. S'il y a des gens qui m'accusent d'être un hypocrite, c'est parce que je ne suis pas un impie: ils se sont arrangés pour m'accuser de l'un ou de l'autre, sans doute parce qu'ils n'imaginent pas qu'on puisse sincèrement croire en Dieu. Vous voyez que, de quelque manière que je me conduise, il m'est impossible d'échapper à l'une des deux imputations. Mais vous voyez aussi que, si toutes deux sont également destituées de preuves, celle d'hypocrisie est pourtant la plus inepte; car un peu d'hypocrisie m'eût sauvé bien des disgrâces; et ma bonne foi me coûte assez cher, ce me semble, pour devoir être au-dessus de tout soupçon.

Quand nous avons eu, monsieur, des entretiens sur mon ouvrage, je vous ai dit dans quelles vues il avoit été publié, et je vous réitère la même chose en sincérité de cœur. Ces vues n'ont rien que de louable, vous en êtes convenu vous-même; et quand vous m'apprenez qu'on me prête celle d'avoir voulu jeter du ridicule sur le christianisme, vous sentez en même temps combien cette imputation est ridicule elle-même, puisqu'elle porte uniquement sur un dialogue dans un langage improuvé des deux côtés dans l'ouvrage même, et où l'on ne trouve assurément rien d'applicable au vrai chrétien. Pourquoi les réformés prennent-ils ainsi fait et cause pour l'Église romaine? pourquoi s'échauffent-ils si fort quand on relève les vices de son argumentation, qui n'a point été la leur jusqu'ici? Veulent-ils donc se rapprocher peu à peu de ses manières de penser comme ils se rapprochent déjà de son intolérance, contre les principes fondamentaux de leur propre communion?

Je suis bien persuadé, monsieur, que si j'eusse toujours vécu en pays protestant, alors ou la Profession du vicaire savoyard n'eût point été faite, ce qui certainement eût été un mal à bien des égards, ou, selon toute apparence, elle eût eu dans sa seconde partie un tour fort différent de celui qu'elle a.

Je ne pense pas cependant qu'il faille supprimer les objections qu'on ne peut *résoudre*; car cette adresse subreptice a un air de mauvaise foi qui me révolte, et me fait craindre qu'il n'y ait au fond peu de vrais croyans. Toutes les connoissances humaines ont leurs obscurités, leurs difficultés, leurs objections que l'esprit humain trop borné ne peut résoudre. La géométrie elle-même en a de telles que les géomètres ne s'avisent point de supprimer, et qui ne rendent pas pour cela leur science incertaine. Les objections n'empêchent pas qu'une vérité démontrée ne soit démontrée; et il faut savoir se tenir à ce qu'on sait, et ne pas vouloir tout savoir même en matière de religion. Nous n'en servirons pas Dieu de moins bon cœur; nous n'en serons pas moins vrais croyans, et nous en serons plus humains, plus doux, plus tolérans pour ceux qui ne pensent pas comme nous en toute chose. A considérer en ce sens la Profession de foi du vicaire, elle peut avoir son utilité même dans ce qu'on y a le plus improuvé. En tout cas il n'y avoit qu'à résoudre des objections aussi convenablement, aussi honnêtement qu'elles étoient proposées, sans se fâcher comme si l'on avoit tort, et sans croire qu'une objection est suffisamment résolue lorsqu'on a brûlé le papier qui la contient.

Je n'épiloguerai point sur les chicanes sans nombre et sans fondement qu'on m'a faites et qu'on me fait tous les jours. Je sais supporter dans les autres des manières de penser qui ne sont pas les miennes; pourvu que nous soyons tous unis en Jésus-Christ, c'est là l'essentiel. Je veux seulement vous renouveler, monsieur, la déclaration de la résolution ferme et sincère où je suis de vivre et mourir dans la communion de l'Église chrétienne réformée. Rien ne m'a plus consolé dans mes disgrâces que d'en faire la sincère profession auprès de vous, de trouver en vous mon pasteur, et mes frères dans vos paroissiens. Je vous demande à vous et à eux la continuation des mêmes bontés; et comme je ne crains pas que ma conduite vous fasse changer de sentiment sur mon compte, j'espère que les méchancetés de mes ennemis ne le feront pas non plus.

A M. ***

1762.

En parlant, monsieur, dans votre gazette du 25 juin, d'un papier appelé *réquisitoire*, publié en France contre le meilleur et le plus utile de mes écrits, vous avez rempli votre office, et je ne vous en sais pas mauvais gré; je ne me plains pas même que vous ayez transcrit les imputations dont ce papier est rempli, et auxquelles je m'abstiens de donner celle qui leur est due.

Mais lorsque vous ajoutez de votre chef que je suis condamnable au-delà de ce qu'on peut dire pour avoir composé le livre dont il s'agit, et surtout pour y avoir mis mon nom, comme s'il étoit permis et honnête de se cacher en parlant au public; alors, monsieur, j'ai droit de me plaindre de ce que vous jugez sans connoître; car il n'est pas possible qu'un homme éclairé et un homme de bien porte avec connoissance un jugement si peu équitable sur un livre où l'auteur soutient la cause de Dieu, des mœurs, de la vertu, contre la nouvelle philosophie, avec toute la force dont il est capable. Vous avez donné trop d'autorité à des procédures irrégulières, et dictées par des motifs particuliers que tout le monde connoît.

Mon livre, monsieur, est entre les mains du public, il sera lu tôt ou tard par des hommes raisonnables, peut-être enfin par des chrétiens, qui verront avec surprise, et sans doute avec indignation, qu'un disciple de leur divin maître soit traité parmi eux comme un scélérat.

Je vous prie donc, monsieur, et c'est une réparation que vous me devez, de lire vous-même le livre dont vous avez si légèrement et si mal parlé; et quand vous l'aurez lu, de vouloir alors rendre compte au public, sans faveur et sans grâce, du jugement que vous en aurez porté. Je vous salue, monsieur, de tout mon cœur.

A M. LOYSEAU DE MAULÉON

Pour lui recommander l'affaire de M. Le Bœuf de Valdahon.

Voici, mon cher Mauléon, du travail pour vous, qui savez braver le puissant injuste, et défendre l'innocent opprimé. Il s'agit de protéger par vos talens un jeune homme de mérite qu'on ose poursuivre criminellement pour une faute que tout homme voudroit commettre, et qui ne blesse d'autres lois que celles de l'avarice et de l'opinion. Armez votre éloquence de traits plus doux et non moins pénétrans, en faveur de deux amans persécutés par un père vindicatif et dénaturé. Ils ont la voix publique; et ils l'auront partout où vous parlerez pour eux. Il me semble que ce nouveau sujet vous offre d'aussi grands principes à développer, d'aussi grandes vues à approfondir que les précédens; et vous aurez de plus à faire valoir des sentimens naturels à tous les cœurs sensibles, et qui ne sont pas étrangers au vôtre. J'espère encore que vous compterez pour quelque chose la recommandation d'un homme que vous avez honoré de votre amitié. *Macte virtute*, cher Mauléon. C'est dans une route que vous vous êtes frayée (*) qu'on trouve le noble prix que je vous ai depuis si longtemps annoncé, et qui est seul digne de vous.

A MADEMOISELLE D'IVERNOIS,

Fille de M. le procureur-général de Neufchâtel, en lui envoyant le premier lacet de ma façon qu'elle m'avoit demandé pour présent de noces.

Le voilà, mademoiselle, ce beau présent de noces que vous avez désiré : s'il s'y trouve du superflu, faites, en bonne ménagère, qu'il ait bientôt son emploi. Portez sous d'heureux auspices cet emblème des liens de douceur et d'amour dont vous tiendrez enlacé votre heureux époux, et songez qu'en portant un lacet tissu par la main qui traça les devoirs des mères, c'est s'engager à les remplir.

A MADAME LA COMTESSE DE BOUFFLERS.

Motiers, le 26 novembre 1762.

Je reçois à l'instant, madame, la lettre dont vous m'avez honoré le 10 de ce mois sous le couvert de mylord maréchal, et je vous avoue qu'elle me surprend plus encore que la pré-

(*) Ce membre de phrase n'est pas complet; il y avoit sans doute dans le manuscrit : *C'est dans une route comme celle que vous vous êtes frayée*, ou plutôt dans la *route*. Mais nous ne devions rien changer au texte de l'édition originale (celle de Genève, 1782, tome XXIV, et in-8°, et tome XII, in-4°) où cette lettre, ne portant aucune énonciation de date, a été imprimée pour la première fois. Elle ne se trouve point dans le recueil publié par Du Peyrou. — Indépendamment de la collection des Mémoires et Plaidoyers de Loyseau de Mauléon, mentionnée précédemment (*Confessions*, liv. x.), il en existe une édition en trois volumes in-8°, Londres, 1780. La défense du comte de Portes, dont Rousseau parle au même endroit, a eu particulièrement trois éditions; la troisième est de 1769, in-8°. G. F.

cédente. J'ai tant d'estime et de respect pour vous, que, dussiez-vous continuer à m'en écrire de semblables, elles me surprendroient toujours.

Je suis pénétré de reconnoissance et de respect pour le roi de Prusse; mais ses bienfaits, souvent répandus avec plus de générosité que de choix, ne sont pas une preuve bien sûre qu'on les mérite. Si je les acceptois, je croirois lui rendre autant d'honneur que j'en recevrois de lui; et je ne suis point persuadé que, par cette démarche, je fisse un si grand déplaisir à mes ennemis.

Je crois, madame, que si j'étois dans le besoin, et que j'eusse recours à vous, vous consulteriez plus votre cœur que votre fortune; mais ce que vous ne feriez pas à cet égard, peut-être devrois-je le faire. Comme je ne suis pas dans ce cas-là, et que jusqu'ici mes amis ne se sont point aperçus que j'y aie été, cette délibération me paroît, quant à présent, fort inutile. Il me semble que je n'ai jamais donné à personne occasion de prendre un si grand souci de mes besoins.

Vous persistez, dites-vous, à croire que ma lettre à M. de Montmollin étoit peu nécessaire. Je ne vois pas bien comment vous pouvez juger de cela. Je vous ai dit les raisons qui m'ont fait croire qu'elle l'étoit; vous auriez dû me dire celles qui vous font penser autrement.

Vous dites qu'elle a fait un mauvais effet; mais sur qui? Si c'est sur MM. d'Alembert et Voltaire, je m'en félicite. J'espère n'être jamais assez malheureux pour obtenir leur approbation.

Il étoit inutile que cette lettre courût; et je ne l'ai jamais montrée à personne. Vous dites l'avoir vue à Paris. Je sais qu'elle a été falsifiée, et je vous l'ai dit; cela n'emportoit pas la nécessité de vous la transcrire, puisque cette pièce ayant fait ici son effet, n'importe, au surplus, ni à vous, ni à moi, ni à personne. Cependant, puisqu'elle vous fait plaisir, la voilà telle que je l'ai écrite et que je l'écrirois tout-à-l'heure si c'étoit à recommencer.

J'ai toujours approuvé que mes amis me donnassent des avis, mais non pas des lois. Je veux bien qu'ils me conseillent, mais non pas qu'ils me gouvernent. Vous avez daigné, madame, remplir avec moi le soin de l'amitié; je vous en remercie. Vous vous en tenez là; je vous en remercie encore: car je n'aimerois pas être obligé de marquer moi-même la borne de votre pouvoir sur moi.

Ne parlerons-nous jamais de vous, madame? Il me semble pourtant que les droits et les devoirs de l'amitié devroient être réciproques. Verrez-vous toujours mes malheurs, et ne verrai-je jamais vos plaisirs ou ceux des personnes qui vous approchent? Vous n'avez pas besoin de mes conseils, je le sais; mais j'aurois le plaisir de me réjouir de tout ce que vous faites de bien; j'approuverois, je m'attendrirois, je m'égaierois de votre joie, et tous mes maux seroient oubliés.

Je n'ai jamais songé à vous demander, madame, si l'on avoit rendu à M. le prince de Conti la musique que j'avois copiée pour lui. Daignez agréer les humbles remercîmens et respects de mademoiselle Le Vasseur.

A MYLORD MARÉCHAL.

26 novembre 1762.

Non, mylord, je ne suis ni en santé, ni content; mais quand je reçois de vous quelque marque de bonté et de souvenir, je m'attendris, j'oublie mes peines: au surplus, j'ai le cœur abattu, et je tire bien moins de courage de ma philosophie que de votre vin d'Espagne.

Madame la comtesse de Boufflers demeure rue Notre-Dame-de-Nazareth, proche le Temple; mais je ne comprends pas comment vous n'avez pas son adresse, puisqu'elle me marque que vous lui avez encore écrit pour l'engager à me faire accepter les offres du roi. De grâce, mylord, ne vous servez plus de médiateur avec moi, et daignez être bien persuadé, je vous supplie, que ce que vous n'obtiendrez pas directement ne sera obtenu par nul autre. Madame de Boufflers semble oublier, dans cette occasion, le respect qu'on doit aux malheureux. Je lui réponds plus durement que je ne devrois, peut-être, et je crains que cette affaire ne me brouille avec elle, si même cela n'est déjà fait.

Je ne sais, mylord, si vous songez encore à notre château en Espagne; mais je sens que cette idée, si elle ne s'exécute pas, fera le malheur de ma vie. Tout me déplaît, tout me gêne, tout m'importune : je n'ai plus de confiance et de liberté qu'avec vous, et, séparé par d'insurmontables obstacles, du peu d'amis qui me restent, je ne puis vivre en paix que loin de toute autre société. C'est, j'espère, un avantage que j'aurai dans votre terre, n'étant connu là-bas de personne, et ne sachant pas la langue du pays. Mais je crains que le désir d'y venir vous-même n'ait été plutôt une fantaisie qu'un vrai projet ; et je suis mortifié aussi que vous n'ayez aucune réponse de M. Hume. Quoi qu'il en soit, si je ne puis vivre avec vous, je veux vivre seul. Mais il y a bien loin d'ici en Écosse, et je suis bien peu en état d'entreprendre un si long trajet. Pour Colombier, il n'y faut pas penser ; j'aimerois autant habiter une ville : c'est assez d'y faire de temps en temps des voyages lorsque je saurai ne vous pas importuner.

J'attends pourtant avec impatience le retour de la belle saison pour vous y aller voir, et décider avec vous quel parti je dois prendre, si j'ai encore long-temps à traîner mes chagrins et mes maux : car cela commence à devenir long, et n'ayant rien prévu de ce qui m'arrive, j'ai peine à savoir comment je dois m'en tirer. J'ai demandé à M. de Malesherbes la copie de quatre lettres que je lui écrivis l'hiver dernier, croyant avoir peu de temps à vivre, et n'imaginant pas que j'aurois tant à souffrir. Ces lettres contiennent la peinture exacte de mon caractère, et la clef de toute ma conduite, autant que j'ai pu lire dans mon propre cœur. L'intérêt que vous daignez prendre à moi me fait croire que vous ne serez pas fâché de les lire, et je les prendrai en allant à Colombier.

On m'écrit de Pétersbourg que l'impératrice fait proposer à M. d'Alembert d'aller élever son fils. J'ai répondu là-dessus que M. d'Alembert avoit de la philosophie, du savoir et beaucoup d'esprit, mais que s'il élevoit ce petit garçon, il n'en feroit ni un conquérant, ni un sage, qu'il en feroit un arlequin.

Je vous demande pardon, mylord, de mon ton familier, je n'en saurois prendre un autre quand mon cœur s'épanche ; et quand un homme a de l'étoffe en lui-même, je ne regarde plus à ses habits. Je n'adopte nulle formule, n'y voyant aucun terme fixe pour s'arrêter sans être faux : j'en pourrois cependant adopter une auprès de vous, mylord, sans courir ce risque, ce seroit celle du bon Ibrahim (*).

A M...., CURÉ D'AMBÉRIER, EN BUGEY (**).

Motiers-Travers, le 30 novembre 1762.

Je n'aurois pas tardé si long-temps, monsieur, à vous témoigner ma reconnoissance des soins et des bontés que vous n'avez cessé d'avoir pour ma gouvernante, durant son voyage de Paris à Besançon, si je n'avois égaré votre adresse qu'elle me remit en arrivant, et en me rendant compte de toutes les obligations que nous avions, elle et moi, à votre humanité et à votre charité. J'ai retrouvé cette adresse hier au soir, et je me hâte de remplir un devoir qui m'est cher, en me faisant d'un cœur vraiment touché les remercîmens de cette pauvre fille et les miens. Je voudrois être en état de rendre ces remercîmens moins stériles, en vous marquant, par quelque retour, que vous n'avez pas obligé un ingrat. Si jamais l'occasion s'en présente, je vous demande en grâce de ne pas oublier le citoyen de Genève, et d'être persuadé qu'il vous est acquis. Recevez, monsieur, les respects de mademoiselle Le Vasseur et ceux d'un homme qui vous honore.

A MADAME LATOUR.

Motiers, le 18 décembre 1762.

Pour le coup, madame, vous auriez été contente de mon exactitude, si j'avois pu suivre, en recevant votre dernière lettre, la résolution que je pris d'y répondre dès le lendemain ; mais il est dit que je voudrai toujours vous plaire, et

---

(*) Ibrahim, esclave turc de mylord maréchal, finissoit les lettres qu'il lui adressoit par cette formule : « Je suis plus votre ami que jamais. IBRAHIM. »

(**) Thérèse Le Vasseur, partie en juillet 1762, par le carrosse de Paris à Dijon, pour se rendre auprès de Rousseau, fut insultée par deux jeunes étourdis, que le curé d'Ambérier ne parvint à contenir qu'en portant ses plaintes à l'un des commis du bureau. Sensible à ce service, l'obligée se fit connoître à son protecteur, et lui demanda avec instance et son nom et son adresse. C'est à cette occasion qu'ont été écrites les trois lettres adressées à M...... curé d'Ambérier. — Voyez les deux autres lettres ci-après des 25 août et 15 décembre 1763. Ces lettres eurent pour Rousseau des suites désagréables ; il le fait connoître dans sa lettre à madame de Verdelin du 28 janvier suivant.

G P.

que je n'y parviendrai jamais. Une maudite fièvre est venue traverser mes bonnes résolutions; elle m'a abattu au point d'en garder le lit, ce qui ne m'étoit jamais arrivé dans mes plus grands maux : sans doute, le bon usage que je voulois faire de mes forces m'a aidé à les recouvrer, et je me suis dépêché de guérir pour vous offrir les prémices de ma convalescence, si tant est pourtant qu'on puisse appeler convalescence l'état où je suis resté.

Je voudrois, madame, pouvoir vous donner l'éclaircissement que vous désirez sur l'homme au gros poireau, et je voudrois, pour moi-même, connoître un homme qui m'ose louer publiquement à Paris ; car, quoique je doive peut-être bien plus à vous qu'à lui la chaleur de son zèle, ce qu'il a dit pour vous complaire me fait autant aimer que s'il l'avoit dit pour moi. Mais ma mémoire ne me fournit rien d'applicable en tout au signalement que vous m'avez donné. J'ai fréquenté dix ans Epinay et la Chevrette; pendant ce temps-là, on a représenté beaucoup de pièces, et exécuté beaucoup de divertissemens où j'ai quelquefois fait de la musique, et où divers auteurs ont fait des paroles; mais depuis lors tant de choses me sont arrivées, que je ne me rappelle tout cela que fort confusément. Le poireau surtout me désoriente ; je ne me rappelle pas d'avoir vécu dans une certaine intimité avec quelqu'un qui en eût un, si ce n'est, ce me semble, M. le marquis de Croix-Mare, qui, à la vérité, a beaucoup d'esprit, mais qui n'est plus ni jeune, ni d'une assez jolie figure, et auquel je ne me suis sûrement jamais mêlé de donner des conseils.

Il est vrai, madame, que je ne doute plus que vous ne soyez femme; vous me l'avez trop bien fait sentir par l'empire que vous avez pris sur moi, et par le plaisir que je prends à m'y soumettre ; mais vous n'avez pas à vous plaindre d'un échange qui vous donne tant de nouveaux droits, en vous laissant tous ceux que je voulois revendiquer pour mon sexe. Toutefois, puisque vous deviez être femme, vous deviez bien aussi vous montrer. Je crois que votre figure me tourmente encore plus que si je l'avois vue. Si vous ne voulez pas me dire comment vous êtes faite, dites-moi donc au moins comment vous vous habillez, afin que mon imagination se fixe sur quelque chose que je sois sûr vous appartenir, et que je puisse rendre hommage à la personne qui porte votre robe, sans crainte de vous faire une infidélité.

A M. MOULTOU.

Motiers-Travers, 19 décembre 1762.

Mon cher ami, j'ai été assez mal, et je ne suis pas bien. Les effets d'une fièvre causée par un grand rhume se sont fait sentir sur la partie foible, et il me semble que ma vessie veuille se boucher tout-à-fait. Je me lève pourtant, et je sors quand le temps le permet; mais je n'ai ni la tête libre ni la machine en bon état. La rigueur de l'hiver peut causer tout cela : je suis persuadé qu'aux approches du temps doux je serai mieux.

Je me détache tous les jours plus de Genève ; il faut être fou pour s'affecter des torts de gens qui se conduisent si mal. Je pourrai y aller parce que vous y êtes ; mais j'irai voir mon ami chez des étrangers. Du reste, ces messieurs me recevront comme il leur plaira. L'Europe a déjà prononcé entre eux et moi : que m'importe le reste? Nous verrons au surplus ce qu'ils ont à me dire : pour moi, je n'ai rien à leur dire du tout.

Je vous envoie ce billet par le messager plutôt que par la poste, afin que, si vous avez quelque chose à m'envoyer, vous en ayez la commodité. Du reste, il importe de vous communiquer une réflexion que j'ai faite. Vous m'avez marqué ci-devant que vous n'aimiez pas votre corps, et que votre intention étoit de le quitter un jour : nous causerons de cela quand nous nous verrons. Mais si cette résolution pouvoit transpirer chez quelqu'un de ces messieurs, peut-être ne chercheroient-ils qu'une occasion de vous prévenir ; et il est bien difficile qu'ils ne trouvassent pas cette occasion dans l'écrit en question, s'ils l'y vouloient chercher. Tout est raison pour qui ne cherche que des prétextes. Pensez à cela. Il faut quitter, et non pas se faire renvoyer.

Je crois que mylord maréchal pourroit aller dans quelque temps à Genève voir mylord Stanhope. S'il y va, allez le voir et nommez-vous. C'est un homme froid, qui ne peut souffrir les complimens, et qui n'en fait à personne : mais c'est un homme, et je crois que vous serez content de l'avoir vu. Du reste, ne parlez à personne de ce voyage. Il ne m'en a pas demandé le secret, mais il n'en a parlé qu'à moi; ce qui me fait croire ou qu'il a changé de sentiment, ou qu'il veut aller incognito.

Adieu, cher Moultou : je compte les heures comme des siècles jusqu'à la belle saison.

A M. D. L. C.

Décembre 1762.

Il faut, monsieur, que vous ayez une grande opinion de votre éloquence, et une bien petite du discernement de l'homme dont vous vous dites enthousiaste, pour croire l'intéresser en votre faveur par le petit roman scandaleux qui remplit la moitié de la lettre que vous m'avez écrite, et par l'historiette qui le suit. Ce que j'apprends de plus sûr dans cette lettre, c'est que vous êtes bien jeune, et que vous me croyez bien jeune aussi.

Vous voilà, monsieur, avec votre Zélie comme ces saints de votre église, qui, dit-on, couchoient dévotement avec des filles et attisoient tous les feux des tentations pour se mortifier en combattant le désir de les éteindre. J'ignore ce que vous prétendez par les détails indécens que vous m'osez faire; mais il est difficile de les lire sans vous croire un menteur ou un impuissant.

L'amour peut épurer les sens, je le sais; il est cent fois plus facile à un véritable amant d'être sage qu'à un autre homme : l'amour qui respecte son objet en chérit la pureté : c'est une perfection de plus qu'il y trouve, et qu'il craint de lui ôter. L'amour-propre dédommage un amant des privations qu'il s'impose en lui montrant l'objet qu'il convoite plus digne des sentimens qu'il a pour lui; mais si sa maîtresse, une fois livrée à ses caresses, a déjà perdu toute modestie; si son corps est en proie à ses attouchemens lascifs; si son cœur brûle de tous les feux qu'ils y portent; si sa volonté même, déjà corrompue, la livre à sa discrétion, je voudrois bien savoir ce qui lui reste à respecter en elle.

Supposons qu'après avoir ainsi souillé la personne de votre maîtresse, vous ayez obtenu sur vous-même l'étrange victoire dont vous vous vantez, et que vous en ayez le mérite, l'avez-vous obtenue sur elle, sur ses désirs, sur ses sens même? Vous vous vantez de l'avoir fait pâmer entre vos bras; vous vous êtes donc ménagé le sot plaisir de la voir pâmer seule? Et c'étoit là l'épargner selon vous? Non, c'étoit l'avilir. Elle est plus méprisable que si vous en eussiez joui. Voudriez-vous d'une femme qui seroit sortie ainsi des mains d'un autre? Vous appelez pourtant tout cela des sacrifices à la vertu. Il faut que vous ayez d'étranges idées de cette vertu dont vous parlez, et qui ne vous laisse pas même le moindre scrupule d'avoir déshonoré la fille d'un homme dont vous mangiez le pain. Vous n'adoptez pas les maximes de l'*Héloïse*, vous vous piquez de les braver; il est faux, selon vous, qu'on ne doit rien accorder aux sens quand on veut leur refuser quelque chose. En accordant aux vôtres tout ce qui peut vous rendre coupable, vous ne leur refusiez que ce qui pouvoit vous excuser. Votre exemple, supposé vrai, ne fait point contre la maxime, il la confirme.

Ce joli conte est suivi d'un autre plus vraisemblable, mais que le premier me rend bien suspect. Vous voulez, avec l'art de votre âge, émouvoir mon amour-propre, et me forcer, au moins par bienséance, à l'intéresser pour vous. Voilà, monsieur, de tous les pièges qu'on peut me tendre celui dans lequel on me prend le moins, surtout quand on le tend aussi peu finement. Il y auroit de l'humeur à vous blâmer de la manière dont vous dites avoir soutenu ma cause, *et même une sorte d'ingratitude* à ne vous en pas savoir gré. Cependant, monsieur, mon livre ayant été condamné par votre parlement, vous ne pouviez mettre trop de modestie et de circonspection à le défendre, et vous ne devez pas me faire une obligation personnelle envers vous d'une justice que vous avez dû rendre à la vérité, ou à ce qui vous a paru l'être. Si j'étois sûr que les choses se fussent passées comme vous le marquez, je croirois devoir vous dédommager, si je pouvois, d'un préjudice dont je serois en quelque manière la cause; mais cela ne m'engageroit pas à vous recommander sans vous connoître, préférablement à beaucoup de gens de mérite que je connois sans pouvoir les servir, et je me garderois de vous procurer des élèves, surtout s'ils avoient des sœurs, sans autre garant de leur bonne éducation que ce que vous m'avez appris de vous et la pièce de vers que vous m'avez envoyée. Le libraire à qui vous l'avez présentée a eu tort de vous répondre aussi brutalement qu'il l'a fait, et l'ouvrage, du côté de la composition, n'est pas aussi mauvais qu'il l'a paru croire: les vers sont faits avec facilité; il y en a de très-bons parmi beaucoup d'autres foibles et peu corrects: du reste, il y règne plutôt un ton de déclamation qu'une certaine chaleur d'âme. Zamon se tue en acteur de tragédie: cette mort ne persuade ni ne touche: tous les sentimens sont tirés de *la Nouvelle Héloïse*; on en trouve à peine un qui vous appartienne; ce qui n'est pas un grand signe de chaleur de votre cœur ni de la vérité de l'histoire. D'ailleurs, si le libraire avoit tort dans un sens, il avoit bien raison dans un autre, auquel vraisemblablement il ne songeoit pas. Comment un homme qui se pique de vertu peut-il vouloir publier une pièce d'où résulte la plus pernicieuse morale, une pièce pleine d'images licencieuses que rien n'épure, une pièce qui tend à persuader aux jeunes personnes que les privautés des amans sont sans conséquence, et qu'on peut toujours s'arrêter où l'on veut; maxime aussi fausse que dangereuse, et propre à détruire toute pudeur, toute honnêteté, toute retenue entre les deux sexes? Monsieur, si vous n'êtes pas un homme sans mœurs, sans principes, vous ne ferez jamais imprimer vos vers, quoique passables, sans un correctif suffisant pour empêcher le mauvais effet.

Vous avez des talens, sans doute, mais vous n'en faites pas un usage qui porte à les encourager. Puissiez-vous, monsieur, en faire un meilleur dans la suite, et qui ne vous attire ni regrets à vous-même, ni le blâme des honnêtes gens! Je vous salue de tout mon cœur.

P. S. Si vous aviez un besoin pressant des deux louis que vous demandiez au libraire, je pourrois en disposer sans m'incommoder beaucoup. Parlez-moi naturellement: ce ne seroit pas vous en faire un don, ce seroit seulement payer vos vers au prix que vous y avez mis vous-même.

A MADAME LATOUR.

A Motiers, le 4 janvier 1763.

Je reçus, madame, le 28 du mois dernier, votre lettre du 23, par laquelle vous me menaciez de ne me pardonner jamais, si vous n'aviez pas de mes nouvelles le jeudi 30. J'ai bien senti tout ce qu'il y avoit d'obligeant dans cette menace, mais cela ne m'en rend pas moins sensible à la peine que vous m'avez fait encourir; car, vous pouvez bien donner le désir de faire l'impossible, mais non pas le moyen d'y réussir; et il étoit de toute impossibilité que vous reçussiez le 30 la réponse à une lettre que j'avois reçue le 28.

Je suis à peu près comme j'étois quand je vous écrivis. L'hiver est si rude ici, qu'il m'est très-difficile de le soutenir dans mon état; ce n'est pas du moins sans souffrir beaucoup, et sans sentir que, ne me permettre le silence que quand je me porterai bien, c'est ne me le permettre que quand je serai mort. J'espère, madame, que cette lettre vous trouvera bien rétablie de votre mal de gorge; c'est un mal auquel il me paroît que vous êtes sujette; c'est pourquoi je prendrai la liberté de vous donner un des récipés de ma médecine, car j'ai été fort sujet aux esquinancies étant jeune; mais j'ai appris à m'en délivrer lorsqu'elles commencent, en mettant mes pieds dans l'eau chaude, et les y tenant plusieurs heures; ordinairement cela dégage la gorge, soit en attirant l'humeur en bas, soit de quelque autre manière que j'ignore; je sais seulement que la recette a souvent du succès.

J'aimerois, madame, à converser avec vous à mon aise; votre esprit est net et lumineux, et tout ce qui vient de vous m'attache et m'attire, à quelque petite chose près. Pourquoi faut-il que la nécessité de vous écrire si souvent m'ôte le plaisir de vous écrire à mon aise? Je voudrois vous écrire moins fréquemment, et j'écrirois de plus grandes lettres; mais vous exigez toujours de promptes réponses; cela fait que je ne puis vous écrire que des billets fort mal *digérés* et fort raturés.

A M. DUMOULIN,

Procureur-fiscal de S. A. S. monseigneur le prince de Condé, à Montmorency près Paris.

A Motiers-Travers, le 16 janvier 1763.

J'apprends, monsieur, avec d'autant plus

de douleur la perte que vous venez de faire de votre digne oncle, qu'ayant négligé trop long-temps de l'assurer de mon souvenir et de ma reconnoissance, je l'ai mis en droit de se croire oublié d'un homme qui lui étoit obligé et qui lui étoit encore plus attaché, et à vous aussi. M. Mathas sera regretté et pleuré de tous ses amis et de tout le peuple dont il étoit le père. Il ne suffit pas de lui succéder, monsieur, il faut le remplacer. Songez que vous le suivrez un jour, et qu'alors il ne vous sera pas indifférent d'avoir fait des heureux ou des misérables. Puissiez-vous mériter long-temps et obtenir bien tard l'honneur d'être aussi regretté que lui!

Si le souvenir des momens que nous avons passés ensemble vous est aussi cher qu'à moi, je ne vous recommanderai point un soin qui vous soit à charge, en vous priant d'en conserver les monumens dans votre petite maison de Saint-Louis: entretenez au moins mon petit bosquet, je vous en supplie, surtout les deux arbres plantés de ma main; ne souffrez pas qu'Augustin ni d'autres se mêlent de les tailler ou de les façonner; laissez-les venir librement sous la direction de la nature, et buvez quelque jour sous leur ombre à la santé de celui qui jadis eut le plaisir d'y boire avec vous. Pardonnez ces petites sollicitudes puériles à l'attendrissement d'un souvenir qui ne s'effacera jamais de mon cœur. Mes jours de paix se sont passés à Montmorency, et vous avez contribué à me les rendre agréables. Rappelez-vous-en quelquefois la mémoire; pour moi je la conserverai toujours.

P. S. Mademoiselle Le Vasseur vous prie d'agréer ses respects et de les faire agréer à madame Dumoulin. Je me suis placé ici à portée d'un village catholique pour pouvoir l'y envoyer, le plus souvent qu'il se peut, remplir son devoir, et notre pasteur lui prête pour cela sa voiture avec grand plaisir. Je vous prie de le dire à M. le curé, qui paroissoit alarmé de ce que deviendroit sa religion parmi nous autres. Nous aimons la nôtre, et nous respectons celle d'autrui.

Permettez que je vous prie de remettre l'incluse à son adresse.

À MADEMOISELLE DUCHESNE,

Sœur de l'Hôtel-Dieu de Montmorency, à Montmorency.

Motiers, le 16 janvier 1763.

Non, mademoiselle, on n'oublie ici ni votre amitié ni vos services; et si mademoiselle Le Vasseur ne vous a pas remboursé plus tôt les deux louis que vous avez eu la bonté de lui prêter, c'est que sa mère, qui les a reçus, lui avoit promis et lui a encore fait écrire qu'elle vous les rendroit. Elle n'en a rien fait, cela n'est pas étonnant; ils sont passés avec le reste. Assurément si cette femme a mangé tout l'argent qu'elle a tiré de sa fille et de moi, depuis vingt ans, il faut qu'elle ait une terrible avaloire. Si vous pouvez, mademoiselle, attendre sans vous gêner, jusqu'à Pâques, cet argent vous sera remboursé à Montmorency; sinon, prenez la peine, quand vous irez à Paris, de passer à l'hôtel de Luxembourg, et en montrant cette lettre à M. de la Roche, que d'ailleurs j'aurai soin de prévenir, il vous remettra ces deux louis pour lesquels mademoiselle Le Vasseur vous fait ses tendres remercîmens, ainsi que pour toutes les bontés dont vous l'avez honorée.

A l'égard de la dame Maingot, il est très-sûr qu'il ne lui est rien dû. J'en ai pour preuves, premièrement la probité de mademoiselle Le Vasseur, bien incapable assurément de nier une dette; la somme qu'elle demande, qui passe ce que j'ai pu acheter de volaille durant tout mon séjour à Montmorency; mon usage constant de tout payer comptant à mesure que j'achetois; le fait particulier de quatre poulettes qu'acheta mademoiselle Le Vasseur, pour avoir des œufs durant le carême, et qu'elle paya comptant au garçon de ladite Maingot, en présence de la mère Nanon, passé laquelle emplette il n'est pas entré une pièce de volaille dans ma maison; enfin l'exactitude même de la dame Maingot à se faire payer, puisque ma retraite fit trop de bruit pour être ignorée d'elle, et qu'il n'est pas apparent que, venant tous les mercredis au marché, elle ne se fût pas avisée de venir chez moi demander son dû. C'est pour payer les bagatelles que je pouvois devoir que mademoiselle Le Vasseur est restée après moi. Pourquoi ne s'est-elle pas adressée à elle? Donner à la dame Maingot ce qu'elle demande seroit récompenser la friponnerie : ce n'est assurément pas mon avis.

Je regrette beaucoup le bon M. Mathas, et crois qu'il sera regretté dans tout le pays. Il faut espérer que M. Dumoulin le remplacera à tous égards, et n'héritera pas moins de sa bonté que de son bien. Je savois que madame de Verdelin avoit fait inoculer ses demoiselles; mais je suis en peine d'elle-même, n'ayant pas de ses nouvelles depuis long-temps, quoique je lui aie écrit le dernier. Comme il faut nécessairement affranchir les lettres, les domestiques ne sont pas toujours exacts là-dessus, et il s'en perd beaucoup de cette manière. Si elle vient ce printemps à Soisi, je vous prie de lui parler de moi; c'est une bonne et aimable dame, dont l'amitié m'étoit bien chère, et dont je regretterai toute ma vie le voisinage. Je suis très-sensible, mademoiselle, au souvenir de toute votre famille; je vous prie de lui en marquer ma reconnoissance et d'y faire à tout le monde mes salutations, de même qu'à tous les honnêtes gens de Montmorency, qui vous paroîtront avoir conservé quelque amitié pour moi. Mes respects en particulier à M. le curé, si vous en trouvez l'occasion. Recevez ceux de mademoiselle Le Vasseur et les assurances de son éternel attachement. Croyez aussi, je vous supplie, que je conserverai toute ma vie les sentimens de respect, d'estime et d'amitié que je vous ai voués.

A M. LE MARÉCHAL DE LUXEMBOURG.

Motiers, le 20 février 1763.

Vous voulez, monsieur le maréchal, que je vous décrive le pays que j'habite. Mais comment faire? je ne sais voir qu'autant que je suis ému; les objets indifférens sont nuls à mes yeux; je n'ai de l'attention qu'à proportion de l'intérêt qui l'excite : et quel intérêt puis-je prendre à ce que je retrouve si loin de vous? Des arbres, des rochers, des maisons, des hommes même, sont autant d'objets isolés dont chacun en particulier donne peu d'émotion à celui qui le regarde : mais l'impression commune de tout cela, qui le réunit en un seul tableau, dépend de l'état où nous sommes en le contemplant. Ce tableau, quoique toujours le même, se peint d'autant de manières qu'il y a de dispositions différentes dans les cœurs des spectateurs; et ces différences, qui font celles de nos jugemens, n'ont pas lieu seulement d'un spectateur à l'autre, mais dans le même en différens temps. C'est ce que j'éprouve bien sensiblement en revoyant ce pays que j'ai tant aimé. J'y croyois retrouver ce qui m'avoit charmé dans ma jeunesse : tout est changé; c'est un autre paysage, un autre air, un autre ciel, d'autres hommes; et, ne voyant plus mes montagnons avec des yeux de vingt ans, je les trouve beaucoup vieillis. On regrette le bon temps d'autrefois; je le crois bien : nous attribuons aux choses tout le changement qui s'est fait en nous; et lorsque le plaisir nous quitte, nous croyons qu'il n'est plus nulle part. D'autres voient les choses comme nous les avons vues, et les verront comme nous les voyons aujourd'hui. Mais ce sont des descriptions que vous me demandez, non des réflexions; et les miennes m'entraînent comme un vieux enfant qui regrette encore ses anciens jeux. Les diverses impressions que ce pays a faites sur moi à différens âges me font conclure que nos relations se rapportent toujours plus à nous qu'aux choses, et que, comme nous décrivons bien plus que nous ne sentons que ce qui est, il faudroit savoir comment étoit affecté l'auteur d'un voyage en l'écrivant, pour juger de combien ses peintures sont au-deçà ou au-delà du vrai. Sur ce principe ne vous étonnez pas de voir devenir aride et froid, sous ma plume, un pays jadis si verdoyant, si vivant, si riant, à mon gré : vous sentirez trop aisément dans ma lettre en quel temps de ma vie et en quelle saison de l'année elle a été écrite.

Je sais, monsieur le maréchal, que, pour vous parler d'un village, il ne faut pas commencer par vous décrire toute la Suisse, comme si le petit coin que j'habite avoit besoin d'être circonscrit d'un si grand espace. Il y a pourtant des choses générales qui ne se devinent point, et qu'il faut savoir pour juger des objets particuliers. Pour connoître Motiers, il faut avoir quelque idée du comté de Neuchâtel; et pour connoître le comté de Neuchâtel, il faut en avoir de la Suisse entière.

Elle offre à peu près partout les mêmes aspects, des lacs, des prés, des bois, des montagnes; et les Suisses ont aussi tous à peu près les mêmes mœurs, mêlées de l'imitation des autres peuples et de leur antique simplicité. Ils ont des manières de vivre qui ne changent point, parce qu'elles tiennent pour ainsi dire au sol, au climat, aux besoins divers, et qu'en cela les habitans sont toujours forcés de se conformer à ce que la nature des lieux leur prescrit. Telle est, par exemple, la distribution de leurs habitations, beaucoup moins réunies en villes et en bourgs qu'en France, mais éparses et dispersées çà et là sur le terrain avec beaucoup plus d'égalité. Ainsi, quoique la Suisse soit en général plus peuplée à proportion que la France, elle a de moins grandes villes et de moins gros villages : en revanche, on y trouve partout des maisons; le village couvre toute la paroisse, et la ville s'étend sur tout le pays. La Suisse entière est comme une grande ville divisée en treize quartiers, dont les uns sont sur les vallées, d'autres sur les coteaux, d'autres sur les montagnes. Genève, Saint-Gall, Neuchâtel, sont comme les faubourgs : il y a des quartiers plus ou moins peuplés, mais tous le sont assez pour marquer qu'on est toujours dans la ville : seulement les maisons, au lieu d'être alignées, sont dispersées sans symétrie et sans ordre, comme on dit qu'étoient celles de l'ancienne Rome. On ne croit plus parcourir des déserts quand on trouve des clochers parmi les sapins, des troupeaux sur des rochers, des manufactures dans des précipices, des ateliers sur des torrens. Ce mélange bizarre a je ne sais quoi d'animé, de vivant, qui respire la liberté, le bien-être, et qui fera toujours du pays où il se trouve un spectacle unique en son genre, mais fait seulement pour des yeux qui sachent voir.

Cette égale distribution vient du grand nombre de petits états qui divise les capitales, de la rudesse du pays, qui rend les transports difficiles, et de la nature des productions, qui, consistant pour la plupart en pâturages, exige que la consommation s'en fasse sur les lieux mêmes, et tient les hommes aussi dispersés que les bestiaux. Voilà le plus grand avantage de la Suisse, avantage que ses habitans regardent peut-être comme un malheur, mais qu'elle tient d'elle seule, que rien ne peut lui ôter, qui, malgré eux, contient ou retarde le progrès du luxe et des mauvaises mœurs, et qui réparera toujours à la longue l'étonnante déperdition d'hommes qu'elle fait dans les pays étrangers.

Voilà le bien : voici le mal amené par ce bien même. Quand les Suisses, qui jadis vivant renfermés dans leurs montagnes se suffisoient à eux-mêmes, ont commencé à communiquer avec d'autres nations, ils ont pris goût à leur manière de vivre, et ont voulu l'imiter; ils se sont aperçus que l'argent étoit une bonne chose, et ils ont voulu en avoir : sans productions et sans industrie pour l'attirer, ils se sont mis en commerce eux-mêmes, ils se sont vendus en détail aux puissances; ils ont acquis par-là précisément assez d'argent pour sentir qu'ils étoient pauvres; les moyens de le faire circuler étant presque impossibles dans un pays qui ne produit rien et qui n'est pas maritime, cet argent leur a porté de nouveaux besoins sans augmenter leurs ressources. Ainsi leurs premières aliénations de troupes les ont forcés d'en faire de plus grandes et de continuer toujours. La vie étant devenue plus dévorante, le même pays n'a plus pu nourrir la même quantité d'habitans. C'est là raison de la dépopulation qui commence à sentir dans toute la Suisse. Elle nourrissoit ses nombreux habitans quand ils ne sortoient pas de chez eux; à présent qu'il en sort la moitié, à peine peut-elle nourrir l'autre.

Le pis est que de cette moitié qui sort il en rentre assez pour corrompre tout ce qui reste par l'imitation des usages des autres pays, et surtout de la France, qui a plus de troupes suisses qu'aucune autre nation. Je dis *corrompre*, sans entrer dans la question si les mœurs françoises sont bonnes ou mauvaises en France, parce que cette question est hors de doute quant à la Suisse, et qu'il n'est pas possible que les mêmes usages conviennent à des peuples qui, n'ayant pas les mêmes ressources et n'habitant ni le même climat ni le même sol, seront toujours forcés de vivre différemment.

Le concours de ces deux causes, l'une bonne et l'autre mauvaise, se fait sentir en toutes choses : il rend raison de tout ce qu'on remarque de particulier dans les mœurs des Suisses, et surtout de ce contraste bizarre de recherche et de simplicité qu'on sent dans toutes leurs manières. Ils tournent à contre-sens tous les usages qu'ils prennent, non pas faute d'esprit, mais par la force des choses. En transportant dans leurs bois les usages des grandes villes, ils les appliquent de la façon la plus comique; ils ne savent ce que c'est qu'habits de campagne; ils sont parés dans leurs rochers comme ils l'étoient à Paris; ils portent sous leurs sapins toutes les pompes du Palais-Royal, et j'en ai vu revenir de faire leurs foins en petite veste et falbala de mousseline. Leur délicatesse a toujours quelque chose de grossier, leur luxe a toujours quelque chose de rude. Ils ont des entremets, mais ils mangent du pain noir; ils servent des vins étrangers, et boivent de la piquette; des ragoûts fins accompagnent leur lard rance et leurs choux; ils vous offriront à déjeuner du café, du fromage; à goûter, du thé avec du jambon; les femmes ont de la dentelle et de fort gros linge, des robes de goût avec des bas de couleur : leurs valets, alternativement laquais et bouviers, ont l'habit de livrée en servant à table, et mêlent l'odeur du fumier à celle des mets.

Comme on ne jouit du luxe qu'en le montrant, il a rendu leur société plus familière sans leur ôter pourtant le goût de leurs demeures isolées. Personne ici n'est surpris de me voir passer l'hiver en campagne; mille gens du monde en font autant. On demeure donc toujours séparés; mais on se rapproche par de longues et fréquentes visites. Pour étaler sa parure et ses meubles il faut attirer ses voisins et les aller voir; et comme ces voisins sont souvent assez éloignés, ce sont des voyages continuels. Aussi jamais n'ai-je vu de peuple si allant que les Suisses; les François n'en approchent pas. Vous ne rencontrez de toute part que voitures; il n'y a pas une maison qui n'ait la sienne, et les chevaux, dont la Suisse abonde, ne sont rien moins qu'inutiles dans le pays. Mais comme ces courses ont souvent pour objets des visites de femmes, quand on monte à cheval, ce qui commence à devenir rare, on y monte en jolis bas blancs bien tirés, et l'on fait à peu près, pour courir la poste, la même toilette que pour aller au bal. Aussi rien n'est si brillant que les chemins de la Suisse; on y rencontre à tout moment des petits messieurs et des belles dames; on n'y voit que bleu, vert, couleur de rose, on se croiroit au jardin du Luxembourg.

Un effet de ce commerce est d'avoir presque ôté aux hommes le goût du vin; et un effet contraire de cette vie ambulante est d'avoir cependant rendu les cabarets fréquens et bons dans toute la Suisse. Je ne sais pas pourquoi l'on vante tant ceux de France; ils n'approchent sûrement pas de ceux-ci. Il est vrai qu'il y fait très-cher vivre; mais cela est vrai aussi de la vie domestique, et cela ne sauroit être autrement dans un pays qui produit peu de denrées, et où l'argent ne laisse pas de circuler.

Les trois seules marchandises qui leur en aient fourni jusqu'ici sont les fromages, les chevaux et les hommes; mais depuis l'introduction du luxe, ce commerce ne leur suffit plus, et ils y ont ajouté celui des manufactures dont ils sont redevables aux réfugiés françois : ressource qui cependant a plus d'apparence que de réalité; car, comme la cherté des denrées augmente avec les espèces, et que la culture de la terre se néglige quand on gagne davantage à d'autres travaux, avec plus d'argent ils n'en sont pas plus riches; ce qui se voit par la comparaison avec les Suisses catholiques, qui, n'ayant pas la même ressource, sont plus pauvres d'argent et ne vivent pas moins bien.

Il est fort singulier qu'un pays si rude, et dont les habitans sont si enclins à sortir, leur inspire pourtant un amour si tendre, que le regret de l'avoir quitté les y ramène presque tous à la fin, et que ce regret donne à ceux qui n'y peuvent revenir une maladie quelquefois mortelle, qu'ils appellent, je crois, le *hemvé*. Il y a dans la Suisse un air célèbre appelé le ranz des vaches, que les bergers sonnent sur leurs cornets, et dont ils font retentir tous les coteaux du pays. Cet air, qui est peu de chose en lui-même, mais qui rappelle aux Suisses mille idées relatives au pays natal, leur fait verser des torrens de larmes quand ils l'entendent en terre étrangère. Il en a même fait mourir de douleur un si grand nombre, qu'il a été défendu, par ordonnance du roi, de jouer le ranz des vaches dans les troupes suisses. Mais, monsieur le maréchal, vous savez peut-être tout cela mieux que moi, et les réflexions que ce fait présente ne vous auront pas échappé. Je ne puis m'empêcher de remarquer seulement que la France est assurément le meilleur pays du monde, où toutes les commodités et tous les agrémens de la vie concourent au bien-être des habitans. Cependant il n'y a jamais eu, que je sache, de hemvé ni de ranz des vaches qui fît pleurer ou mourir de regret un François en pays étranger; et cette maladie diminue beaucoup chez les Suisses depuis qu'on vit plus agréablement dans leur pays.

Les Suisses en général sont justes, officieux, charitables, amis solides, braves soldats, et bons citoyens, mais intrigans, défians, jaloux, curieux, avares, et leur avarice contient plus leur luxe que ne fait leur simplicité. Ils sont ordinairement graves et flegmatiques, mais ils sont furieux dans la colère, et leur joie est une ivresse. Je n'ai rien vu de si gai que leurs jeux. Il est étonnant que le peuple françois danse tristement, languissamment, de mauvaise grâce, et que les danses suisses soient sautillantes et vives. Les hommes y montrent leur vigueur naturelle, et les filles ont une légèreté charmante; on diroit que la terre leur brûle les pieds.

Les Suisses sont adroits et rusés dans les affaires : les François qui les jugent grossiers sont bien moins déliés qu'eux; ils jugent de leur esprit par leur accent. La cour de France a toujours voulu leur envoyer des gens fins, et s'est toujours trompée. A ce genre d'escrime, ils battent communément les François : mais envoyez-leur des gens droits et fermes, vous ferez d'eux ce que vous voudrez, car naturellement ils vous aiment. Le marquis de Bonac, qui avoit tant d'esprit, mais qui passoit pour adroit, n'a rien fait en Suisse; et jadis le maréchal de Bassompierre y faisoit tout ce qu'il vouloit, parce qu'il étoit franc, ou qu'il passoit chez eux pour l'être. Les Suisses négocieront toujours avec avantage, à moins qu'ils ne soient vendus par leurs magistrats, attendu qu'ils peuvent mieux se passer d'argent que les puissances ne peuvent se passer d'hommes : car, pour votre blé, quand ils voudront ils n'en auront pas besoin. Il faut avouer aussi que s'ils font bien leurs traités, ils les exécutent encore mieux : fidélité qu'on ne se pique pas de leur rendre.

Je ne vous dirai rien, monsieur le maréchal, de leur gouvernement et de leur politique, parce que cela me mèneroit trop loin, et que je ne veux vous parler que de ce que j'ai vu. Quant au comté de Neuchâtel où j'habite, vous savez qu'il appartient au roi de Prusse. Cette petite principauté, après avoir été démembrée du royaume de Bourgogne et passé successivement dans les maisons de Châlons, d'Ochberg et de Longueville, tomba enfin, en 1707, dans celle de Brandebourg par la décision des Etats du pays, juges naturels des droits des prétendans. Je n'entrerai point dans l'examen des raisons sur lesquelles le roi de Prusse fut préféré au prince de Conti, ni des influences que purent avoir d'autres puissances dans cette affaire; je me contenterai de remarquer que, dans la concurrence entre ces deux princes, c'étoit un honneur qui ne pouvoit manquer aux Neuchâtelois d'appartenir un jour à un grand capitaine. Au reste, ils ont conservé sous leurs souverains à peu près la même liberté qu'ont les autres Suisses : mais peut-être en sont-ils plus redevables à leur position qu'à leur habileté; car je les retrouve bien remuans pour des gens sages.

Tout ce que je viens de remarquer des Suisses, en général, caractérise encore plus fortement ce peuple-ci; et le contraste du naturel et de l'imitation s'y fait encore mieux sentir, avec cette différence pourtant que le naturel a moins d'étoffe, et qu'à quelque petit coin près la dorure couvre tout le fond. Le pays, si l'on excepte la ville et les bords du lac, est aussi rude que le reste de la Suisse; la vie y est aussi rustique; et les habitans, accoutumés à vivre sous des princes, s'y sont encore plus affectionnés aux grandes manières; de sorte qu'on trouve ici du jargon, des airs, dans tous les états; de beaux parleurs labourant les champs, et des courtisans en souquenille. Aussi appelle-t-on les Neuchâtelois, les Gascons de la Suisse. Ils ont de l'esprit, et ils se piquent de vivacité : ils lisent; et la lecture leur profite : les paysans mêmes sont instruits; ils ont presque tous un petit recueil de livres choisis qu'ils appellent leur bibliothèque; ils sont même assez au courant pour les nouveautés; ils font valoir tout cela dans la conversation d'une manière qui n'est point gauche, et ils ont presque le ton du jour comme s'ils vivoient à Paris. Il y a quelque temps qu'en me promenant je m'arrêtai devant une maison où des filles faisoient de la dentelle; la mère berçoit un petit enfant, et je la regardois faire, quand je vis sortir de la cabane un gros paysan, qui, m'abordant d'un air aisé, me dit : « Vous « voyez qu'on ne suit pas trop bien vos précep- « tes ; mais nos femmes tiennent autant aux « vieux préjugés qu'elles aiment les nouvelles « modes. » Je tombois des nues. J'ai entendu parmi ces gens-là cent propos du même ton.

Beaucoup d'esprit et encore plus de prétention, mais sans aucun goût, voilà ce qui m'a d'abord frappé chez les Neuchâtelois. Ils parlent très-bien, très-aisément ; mais ils écrivent platement et mal, surtout quand ils veulent écrire légèrement, et ils le veulent toujours. Comme ils ne savent pas même en quoi consiste la grâce et le sel du style léger, lorsqu'ils ont enfilé des phrases lourdement sémillantes ils se croient autant de Voltaire et de Crébillon. Ils ont une manière de journal dans lequel ils s'efforcent d'être gentils et badins. Ils y fourrent même de petits vers de leur façon. Madame la maréchale trouveroit sinon de l'amusement, au moins de l'occupation dans ce Mercure, car c'est d'un bout à l'autre un logogriphe qui demande un meilleur Œdipe que moi.

C'est à peu près le même habillement que dans le canton de Berne, mais un peu plus contourné. Les hommes se mettent assez à la françoise ; et c'est ce que les femmes voudroient bien faire aussi : mais comme elles ne voyagent guère, ne prenant pas comme eux les modes de la première main, elles les outrent, les défigurent ; et chargées de pretintailles et de falbalas, elles semblent parées de guenilles.

Quant à leur caractère, il est difficile d'en juger, tant il est offusqué de manières : ils se croient polis parce qu'ils sont façonniers, et gais parce qu'ils sont turbulens. Je crois qu'il n'y a que les Chinois au monde qui puissent l'emporter sur eux à faire des complimens. Arrivez-vous fatigué, pressé, n'importe, il faut d'abord prêter le flanc à la longue bordée ; tant que la machine est montée elle joue, et elle se remonte toujours à chaque arrivant. La politesse françoise est de mettre les gens à leur aise, et même de s'y mettre aussi : la politesse neuchâteloise est de gêner et soi-même et les autres. Ils ne consultent jamais ce qui vous convient, mais ce qui peut étaler leur prétendu savoir-vivre. Leurs offres exagérées ne tentent point ; elles ont toujours je ne sais quel air de formule, je ne sais quoi de sec et d'apprêté, qui vous invite au refus. Ils sont pourtant obligeans, officieux, hospitaliers très-réellement, surtout pour les gens de qualité : on est toujours sûr d'être accueilli d'eux en se donnant pour marquis ou comte : et comme une ressource aussi facile ne manque pas aux aventuriers, ils en ont souvent dans leur ville, qui pour l'ordinaire y sont très-fêtés : un simple honnête homme avec des malheurs et des vertus ne le seroit pas de même ; on peut y porter un grand nom sans mérite, mais non pas un grand mérite sans nom. Du reste, ceux qu'ils servent une fois ils les servent bien. Ils sont fidèles à leurs promesses, et n'abandonnent pas aisément leurs protégés. Il se peut même qu'ils soient aimans et sensibles ; mais rien n'est plus éloigné du ton du sentiment que celui qu'ils prennent ; tout ce qu'ils font par humanité semble être fait par ostentation, et leur vanité cache leur bon cœur.

Cette vanité est leur vice dominant ; elle perce partout, et d'autant plus aisément qu'elle est maladroite. Ils se croient tous gentilshommes, quoique leurs souverains ne fussent que des gentilshommes eux-mêmes. Ils aiment la chasse, moins par goût que parce que c'est un amusement noble. Enfin jamais on ne vit des bourgeois si pleins de leur naissance : ils ne la vantent pourtant pas, mais on voit qu'ils s'en occupent ; ils n'en sont pas fiers, ils n'en sont qu'entêtés.

Au défaut de dignités et de titres de noblesse ils ont des titres militaires ou municipaux en telle abondance, qu'il y a plus de gens titrés que de gens qui ne le sont pas. C'est M. le colonel, M. le major, M. le capitaine, M. le lieutenant, M. le conseiller, M. le châtelain, M. le maire, M. le justicier, M. le professeur, M. le docteur, M. l'ancien : si j'avois pu reprendre ici mon ancien métier, je ne doute pas que je n'y fusse M. le copiste. Les femmes portent aussi les titres de leurs maris ; madame la conseillère, madame la ministre : j'ai pour voisine madame la major ; et comme on n'y nomme les gens que par leurs titres, on est embarrassé comment dire aux gens qui n'ont que leur nom ; c'est comme s'ils n'en avoient point.

Le sexe n'y est pas beau ; on dit qu'il a dégénéré. Les filles ont beaucoup de liberté, et en font usage. Elles se rassemblent souvent en société, où l'on joue, où l'on goûte, où l'on babille, et où l'on attire tant qu'on peut les jeunes gens ; mais par malheur ils sont rares, et il faut se les arracher. Les femmes vivent assez sagement : il y a dans le pays d'assez bons ménages, et il y en auroit bien davantage si c'étoit un air de bien vivre avec son mari. Du reste, vivant beaucoup en campagne, lisant moins et avec moins de fruit que les hommes, elles n'ont pas l'esprit fort orné ; et, dans le désœuvrement de leur vie, elles n'ont d'autre ressource que de faire de la dentelle, d'épier curieusement les affaires des autres, de médire et de jouer. Il y en a pourtant de fort aimables ; mais en général on ne trouve pas dans leur entretien ce ton que la décence et l'honnêteté même rendent séducteur, ce ton que les Françoises savent si bien prendre quand elles veulent, qui montre du sentiment, de l'âme, et qui promet des héroïnes de roman. La conversation des Neuchâteloises est aride ou badine ; elle tarit sitôt qu'on ne plaisante pas. Les deux sexes ne manquent pas de bon naturel ; et je crois que ce n'est pas un peuple sans mœurs ; mais c'est un peuple sans principes, et le mot de vertu y est aussi étranger ou aussi ridicule qu'en Italie. La religion dont ils se piquent sert plutôt à les rendre hargneux que bons. Guidés par leur clergé, ils épilogueront sur le dogme ; mais pour la morale, ils ne savent ce que c'est ; car quoiqu'ils parlent beaucoup de charité, celle qu'ils ont n'est assurément pas l'amour du prochain, c'est seulement l'affectation de donner l'aumône. Un chrétien pour eux est un homme qui va au prêche tous les dimanches ; quoi qu'il fasse dans l'intervalle, il n'importe pas. Leurs ministres, qui se sont acquis un grand crédit sur le peuple tandis que leurs princes étoient catholiques, voudroient conserver ce crédit en se mêlant de tout, en chicanant sur tout, en étendant à tout la juridiction de l'Église : ils ne voient pas que leur temps est passé. Cependant ils viennent encore d'exciter dans l'état une fermentation qui achèvera de les perdre. L'importante affaire dont il s'agissoit étoit de savoir si les peines des damnés étoient éternelles. Vous auriez peine à croire avec quelle chaleur cette dispute a été agitée ; celle du jansénisme en France n'en a pas approché. Tous les corps assemblés, les peuples prêts à prendre les armes, ministres destitués, magistrats interdits, tout marquoit les approches d'une guerre civile ; et cette affaire n'est pas tellement finie qu'elle ne puisse laisser de longs souvenirs. Quand ils se seroient tous arrangés pour aller en enfer, ils n'auroient pas plus de souci de ce qui s'y passe.

Voilà les principales remarques que j'ai faites jusqu'ici sur les gens du pays où je suis. Elles vous paroîtroient peut-être un peu dures pour un homme qui parle de ses hôtes, si je vous laissois ignorer que je ne leur suis redevable d'aucune hospitalité. Ce n'est point à messieurs de Neuchâtel que je suis venu demander un asile qu'ils ne m'auroient sûrement pas accordé, c'est à mylord maréchal, et je ne suis ici que chez le roi de Prusse. Au contraire, à mon arrivée sur les terres de la principauté, le magistrat de la ville de Neuchâtel s'est, pour tout accueil, dépêché de défendre mon livre sans le connoître ; la classe des ministres l'a déféré de même au conseil d'état : on n'a jamais vu des gens plus pressés d'imiter les sottises de leurs voisins. Sans la protection déclarée de mylord maréchal, on ne m'eût sûrement point laissé en paix dans ce village. Tant de bandits se réfugient dans le pays, que ceux qui le gouvernent ne savent pas distinguer des malfaiteurs poursuivis les innocens opprimés, ou se mettent peu en peine d'en faire la différence. La maison que j'habite appartient à une nièce de mon vieux ami M. Roguin. Ainsi, loin d'avoir nulle obligation à messieurs de Neuchâtel, je n'ai qu'à m'en plaindre. D'ailleurs je n'ai pas mis le pied dans leur ville, ils me sont étrangers à tous égards ; je ne leur dois que justice en parlant d'eux, et je la leur rends.

Je la rends de meilleur cœur encore à ceux d'entre eux qui m'ont comblé de caresses, d'offres, de politesses de toute espèce. Flatté de leur estime et touché de leurs bontés, je me ferai toujours un devoir et un plaisir de leur marquer mon attachement et ma reconnoissance ; mais l'accueil qu'ils m'ont fait n'a rien de commun avec le gouvernement neuchâtelois, qui m'en eût fait un bien différent s'il en eût été le maître. Je dois dire encore que, si la mauvaise volonté du corps des ministres n'est pas douteuse, j'ai beaucoup à me louer en particulier de celui dont j'habite la paroisse. Il me vint voir à mon arrivée, il me fit mille offres de services qui n'étoient point vaines, comme il me l'a prouvé dans une occasion essentielle où il s'est exposé à la mauvaise humeur de plus d'un de ses confrères, pour s'être montré vrai pasteur envers moi. Je m'attendois d'autant moins de sa part à cette justice qu'il avoit joué dans les précédentes brouilleries un rôle qui n'annonçoit pas un ministre tolérant. C'est au surplus un homme assez gai dans la société, qui ne manque pas d'esprit, qui fait quelquefois d'assez bons sermons, et souvent de fort bons contes.

Je m'aperçois que cette lettre est un livre, et je n'en suis encore qu'à la moitié de ma relation. Je vais, monsieur le maréchal, vous laisser reprendre haleine, et remettre le second tome à une autre fois (*).

A MADAME LATOUR.

A Motiers, le 27 janvier 1763.

Je reçois presqu'en même temps, madame, vos étrennes et votre portrait, deux présens qui sont précieux; l'un parce qu'il vous représente, et l'autre parce qu'il vient de vous. Il me semble que vous avez prévu le besoin que j'aurois de l'almanach, pour contenir l'effet que feroit sur moi la description de votre personne, et pour m'avertir honnêtement qu'un homme né le 4 juillet 1712 ne doit pas, le 27 janvier 1763, prendre un intérêt si curieux à certains articles, sous peine d'être un vieux fou. Malheureusement le poison me paroît plus fort que le remède, et votre lettre est plus propre à me faire oublier mon âge, que votre almanach à m'en faire souvenir. Il n'eût pas fallu d'autre magie à Médée pour rajeunir le vieux Éson : et si l'Aurore étoit faite comme vous, Titon décrépit pouvoit être encore malade, que ses ans et ses maux devoient disparoître en la voyant. Pour moi, si loin de vous je ne gagne à tout cela que des regrets et du ridicule; un cœur rajeuni n'est qu'un nouveau mal avec tant d'autres, et rien n'est plus sot qu'un barbon de vingt ans. Aussi je ne voudrois pas, pour tout au monde, être exposé désormais à voir ce joli visage d'un ovale parfait, et qui n'est pas la partie la moins blanche de votre personne; j'aurois toujours peur que ces petites mouches couleur de rose ne devinssent pour moi transparentes, et que, pour mieux apprécier le teint du visage, quelque frileuse que vous puissiez être, mon esprit indiscret n'allât, à travers mille voiles, chercher des pièces de comparaison.

> Come per acqua o per cristallo intero
> Trapassa il raggio, e no'l divide o parte;
> Per entro il chiuso manto osa il pensiero
> Si penetrar nella vietata parte.
> TASSO, GER. C. IV, 32.

Mais, madame, laissons un peu votre teint et votre figure, qu'il n'appartient pas à une imagination de cinquante ans de profaner, et parlons plutôt de cette aimable physionomie faite pour vous donner des amis de tout âge, et qui promet un cœur propre à les conserver. Il ne tiendra pas à moi qu'elle n'achève ce que vos lettres ont si bien commencé, et que je n'aie pas pour vous, le reste de ma vie, un attachement digne d'un caractère aussi charmant. Combien il va m'être agréable de me faire dire par une aussi jolie bouche tout ce que vous m'écrirez d'obligeant, et de lire dans des yeux d'un bleu foncé, armés d'une paupière noire, l'amitié que vous me témoignez ! Mais cette même amitié m'impose des devoirs que je veux remplir; et si mon âge rend les fadeurs ridicules, il fait excuser la sincérité. Je vous pardonne bien d'idolâtrer un peu votre chevelure, et je partage même d'ici cette idolâtrie; mais l'approbation que je puis donner à votre manière de vous coiffer dépend d'une question qu'il ne faut jamais faire aux femmes, et que je vous ferai pourtant. Madame, quel âge avez-vous ?

Puisque vous avez lu le chiffon qui accompagnoit le lacet dont vous me parlez, vous savez, madame, à quelle occasion il a été envoyé, et sous quelles conditions on en peut obtenir un semblable. Ayez la bonté de redevenir fille, de vous marier tout de nouveau, de vous

---

(*) Pour apprécier les divers jugemens portés dans cette lettre, le lecteur voudra bien faire attention à l'époque de sa date et au lieu qu'habitoit notre auteur. (*Note des éditeurs de Genève.*)

engager à nourrir vous-même votre premier enfant, et vous aurez le plus beau lacet que je puisse faire. Je me suis engagé à n'en jamais donner qu'à ce prix : je ne puis violer ma promesse.

Je suis fort sensible à l'intérêt que M. du Terreaux veut bien prendre à ma santé, et plus encore au soin de la main qui m'a fait passer sa recette; mais ayant depuis longtemps abandonné ma vie et mon corps à la seule nature, je ne veux point empiéter sur elle, ni me mêler de ce que je ne sais pas. J'ai appris à souffrir, madame; cet art dispense d'apprendre à guérir, et n'en a pas les inconvéniens. Toutefois, s'il ne tient qu'à quelques verres d'eau pour vous complaire, je veux bien les boire dans la saison, non pour ma santé, mais à la vôtre; je voudrois faire pour vous des choses plus difficiles, pourvu qu'elles eussent un autre objet.

À M. LE MARÉCHAL DE LUXEMBOURG.

Motiers, le 28 janvier 1763.

Il faut, monsieur le maréchal, avoir du courage pour décrire en cette saison le lieu que j'habite. Des cascades, des glaces, des rochers nus, des sapins noirs couverts de neige, sont les objets dont je suis entouré; et à l'image de l'hiver le pays ajoutant l'aspect de l'aridité ne promet, à le voir, qu'une description fort triste. Aussi a-t-il l'air assez nu en toute saison; mais il est presque effrayant dans celle-ci. Il faut donc vous le représenter comme je l'ai trouvé en y arrivant, et non comme je le vois aujourd'hui, sans quoi l'intérêt que vous prenez à moi m'empêcheroit de vous en rien dire.

Figurez-vous donc un vallon d'une bonne demi-lieue de large, et d'environ deux lieues de long, au milieu duquel passe une petite rivière appelée *la Reuss*, dans la direction du nord-ouest au sud-est. Ce vallon, formé par deux chaînes de montagnes qui sont des branches du Mont-Jura et qui se resserrent par les deux bouts, reste pourtant assez ouvert pour laisser voir au loin ses prolongemens, lesquels, divisés en rameaux par les bras des montagnes, offrent plusieurs belles perspectives. Ce vallon, appelé le Val-de-Travers, du nom d'un village qui est à son extrémité orientale, est garni de quatre ou cinq autres villages à peu de distance les uns des autres : celui de Motiers, qui forme le milieu, est dominé par un vieux château désert, dont le voisinage et la situation solitaire et sauvage m'attirent souvent dans mes promenades du matin, d'autant plus que je puis sortir de ce côté par une porte de derrière sans passer par la rue ni devant aucune maison. On dit que les bois et les rochers qui environnent ce château sont fort remplis de vipères; cependant, ayant beaucoup parcouru tous les environs, et m'étant assis à toutes sortes de places, je n'en ai point vu jusqu'ici.

Outre ces villages on voit vers le bas des montagnes plusieurs maisons éparses, qu'on appelle des *prises*, dans lesquelles on tient des bestiaux et dont plusieurs sont habitées par les propriétaires, la plupart paysans. Il y en a une entre autres à mi-côte nord, par conséquent exposée au midi, sur une terrasse naturelle, dans la plus admirable position que j'aie jamais vue, et dont le difficile accès m'eût rendu l'habitation très-commode. J'en fus si tenté, que dès la première fois je m'étois presque arrangé avec le propriétaire pour y loger; mais on m'a depuis tant dit de mal de cet homme, qu'aimant encore mieux la paix et la sûreté qu'une demeure agréable, j'ai pris le parti de rester où je suis. La maison que j'occupe est dans une moins belle position, mais elle est grande, assez commode; elle a une galerie extérieure où je me promène dans les mauvais temps; et, ce qui vaut mieux que tout le reste, c'est un asile offert par l'amitié.

La Reuss a sa source au-dessus d'un village appelé Saint-Sulpice, à l'extrémité occidentale du vallon; elle en sort au village de Travers, à l'autre extrémité, où elle commence à se creuser un lit, qui devient bientôt précipice, et la conduit enfin dans le lac de Neuchâtel. Cette Reuss est une très-jolie rivière, claire et brillante comme de l'argent, où les truites ont bien de la peine à se cacher dans des touffes d'herbes. On la voit sortir tout d'un coup de terre à sa source, non point en petite fontaine ou ruisseau, mais toute grande et déjà rivière, comme la fontaine de Vaucluse, en bouillonnant à travers les rochers. Comme cette source est fort enfoncée dans les roches escarpées d'une montagne, on y est toujours à l'ombre; et la fraîcheur continuelle, le bruit, les chutes, le cours de l'eau, m'attirant l'été à travers ces roches brûlantes, me font souvent mettre en nage pour aller chercher le frais près de ce murmure, ou plutôt près de ce fracas, plus flatteur à mon oreille que celui de la rue Saint-Martin.

L'élévation des montagnes qui forment le vallon n'est pas excessive, mais le vallon même est montagne, étant fort élevé au-dessus du lac; et le lac, ainsi que le sol de toute la Suisse, est encore extrêmement élevé sur les pays de plaines, élevés à leur tour au-dessus du niveau de la mer. On peut juger sensiblement de la pente totale par le long et rapide cours des rivières, qui, des montagnes de Suisse, vont se rendre les unes dans la Méditerranée et les autres dans l'Océan. Ainsi, quoique la Reuss traversant le vallon soit sujette à de fréquens débordemens, qui font des bords de son lit une espèce de marais, on n'y sent point le marécage, l'air n'y est point humide et malsain, la vivacité qu'il tire de son élévation l'empêchant de rester longtemps chargé de vapeurs grossières; les brouillards, assez fréquens le matin, cèdent pour l'ordinaire à l'action du soleil à mesure qu'il s'élève.

Comme entre les montagnes et les vallées la vue est toujours réciproque, celle dont je jouis ici dans un fond n'est pas moins vaste que celle que j'avois sur les hauteurs de Montmorency, mais elle est d'un autre genre; elle ne flatte pas, elle frappe; elle est plus sauvage que riante; l'art n'y étale pas ses beautés, mais la majesté de la nature en impose; et, quoique le parc de Versailles soit plus grand que ce vallon, il ne paroîtroit qu'un colifichet en sortant d'ici. Au premier coup d'œil, le spectacle, tout grand qu'il est, semble un peu nu; on voit très-peu d'arbres dans la vallée; ils y viennent mal, et ne donnent presque aucun fruit; l'escarpement des montagnes, étant très-rapide, montre en divers endroits le gris des rochers; le noir des sapins coupe ce gris d'une nuance qui n'est pas riante, et ces sapins si grands, si beaux quand on est dessous, ne paroissent au loin que des arbrisseaux, ne promettent ni l'asile ni l'ombre qu'ils donnent: le fond du vallon, presque au niveau de la rivière, semble n'offrir à ses deux bords qu'un large marais où l'on ne sauroit marcher; la réverbération des rochers n'annonce pas, dans un lieu sans arbres, une promenade bien fraîche quand le soleil luit; sitôt qu'il se couche, il laisse à peine un crépuscule, et la hauteur des monts, interceptant toute la lumière, fait passer presque à l'instant du jour à la nuit.

Mais, si la première impression de tout cela n'est pas agréable, elle change insensiblement par un examen plus détaillé; et, dans un pays où l'on croyoit avoir tout vu du premier coup d'œil, on se trouve avec surprise environné d'objets chaque jour plus intéressans. Si la promenade de la vallée est un peu uniforme, elle est en revanche extrêmement commode; tout y est du niveau le plus parfait, les chemins y sont unis comme des allées de jardin, les bords de la rivière offrent par places de larges pelouses d'un plus beau vert que les gazons du Palais-Royal, et l'on s'y promène avec délices le long de cette belle eau, qui dans le vallon prend un cours paisible en quittant ses cailloux et ses rochers qu'elle retrouve au sortir du Val-de-Travers. On a proposé de planter ses bords de saules et de peupliers, pour donner, durant la chaleur du jour, de l'ombre au bétail désolé par les mouches. Si jamais ce projet s'exécute, les bords de la Reuss deviendront aussi charmans que ceux de Lignon, et il ne leur manquera plus que des Astrées, des Silvandres, et un d'Urfé.

Comme la direction du vallon coupe obliquement le cours du soleil, la hauteur des monts jette toujours de l'ombre par quelque côté sur la plaine; de sorte qu'en dirigeant ses promenades, et choisissant ses heures, on peut aisément faire à l'abri du soleil tout le tour du vallon. D'ailleurs, ces mêmes montagnes, interceptant ses rayons, font qu'il se lève tard et se couche de bonne heure, en sorte qu'on n'en est pas long-temps brûlé. Nous avons presque ici la clef de l'énigme du ciel de trois aunes (*), et il est certain que les maisons qui sont près de la source de la Reuss n'ont pas trois heures de soleil, même en été.

Lorsqu'on quitte le bas du vallon pour se promener à mi-côte, comme nous fîmes une

---

(*) Allusion à ces vers des Bucoliques:

« Dic quibus in terris, et eris mihi magnus Apollo,
» Tres pateat cœli spatium non ampliùs ulnas. »

EGL. III. V. 105.   G. P.

fois, monsieur le maréchal, le long des Champeaux, du côté d'Andilly, on n'a pas une promenade aussi commode; mais cet agrément est bien compensé par la variété des sites et des points de vue, par les découvertes que l'on fait sans cesse autour de soi, par les jolis réduits qu'on trouve dans les gorges des montagnes, où le cours des torrens qui descendent dans la vallée, les hêtres qui les ombragent, les coteaux qui les entourent offrent des asiles verdoyans et frais quand on suffoque à découvert. Ces réduits, ces petits vallons, ne s'aperçoivent pas tant qu'on regarde au loin les montagnes, et cela joint à l'agrément du lieu celui de la surprise, lorsqu'on vient tout d'un coup à les découvrir. Combien de fois je me suis figuré, vous suivant à la promenade et tournant autour d'un rocher aride, vous voir surpris et charmé de retrouver des bosquets pour les dryades, où vous n'auriez cru trouver que des antres et des ours!

Tout le pays est plein de curiosités naturelles qu'on ne découvre que peu à peu, et qui, par ces découvertes successives, lui donnent chaque jour l'attrait de la nouveauté. La botanique offre ici ses trésors à qui sauroit les connoître; et souvent, en voyant autour de moi cette profusion de plantes rares, je les foule à regret sous le pied d'un ignorant. Il est pourtant nécessaire d'en connoître une pour se garantir de ses terribles effets; c'est le napel. Vous voyez une très-belle plante haute de trois pieds, garnie de jolies fleurs bleues, qui vous donnent envie de la cueillir; mais, à peine l'a-t-on gardée quelques minutes, qu'on se sent saisi de maux de tête, de vertiges, d'évanouissemens, et l'on périroit si l'on ne jetoit promptement ce funeste bouquet. Cette plante a souvent causé des accidens à des enfans et à d'autres gens qui ignoroient sa pernicieuse vertu. Pour les bestiaux, ils n'en approchent jamais, et ne broutent pas même l'herbe qui l'entoure. Les faucheurs l'extirpent autant qu'ils peuvent; quoi qu'on fasse, l'espèce en reste, et je ne laisse pas d'en voir beaucoup en me promenant sur les montagnes; mais on l'a détruite à peu près dans le vallon.

A une petite lieue de Motiers, dans la seigneurie de Travers, est une mine d'asphalte, qu'on dit qui s'étend sous tout le pays: les habitans lui attribuent modestement la gaîté dont ils se vantent, et qu'ils prétendent se transmettre même à leurs bestiaux. Voilà sans doute une belle vertu de ce minéral; mais, pour en pouvoir sentir l'efficace, il ne faut pas avoir quitté le château de Montmorency. Quoi qu'il en soit des merveilles qu'ils disent de leur asphalte, j'ai donné au seigneur de Travers un moyen sûr d'en tirer la médecine universelle; c'est de faire une bonne pension à Lorry ou à Bordeu.

Au-dessus de ce même village de Travers, il se fit il y a deux ans une avalanche considérable, et de la façon du monde la plus singulière. Un homme qui habite au pied de la montagne avoit son champ devant sa fenêtre, entre la montagne et sa maison. Un matin, qui suivit une nuit d'orage, il fut bien surpris, en ouvrant sa fenêtre, de trouver un bois à la place de son champ; le terrain, s'éboulant tout d'une pièce, avoit recouvert son champ des arbres d'un bois qui étoit au-dessus; et cela, dit-on, fait entre les deux propriétaires le sujet d'un procès qui pourroit trouver place dans le recueil de Pitaval (*). L'espace que l'avalanche a mis à nu est fort grand et paroît de loin; mais il faut en approcher pour juger de la force de l'éboulement, de l'étendue du creux, et de la grandeur des rochers qui ont été transportés. Ce fait récent et certain rend croyable ce que dit Pline d'une vigne qui avoit été ainsi transportée d'un côté du chemin à l'autre. Mais rapprochons-nous de mon habitation.

J'ai vis-à-vis de mes fenêtres une superbe cascade, qui, du haut de la montagne, tombe par l'escarpement d'un rocher dans le vallon, avec un bruit qui se fait entendre au loin surtout quand les eaux sont grandes. Cette cascade est très en vue; mais ce qui ne l'est pas de même est une grotte à côté de son bassin, de laquelle l'entrée est difficile, mais qu'on trouve au dedans assez espacée, éclairée par une fenêtre naturelle, cintrée en tiers-point, et décorée d'un ordre d'architecture qui n'est ni toscan ni dorique, mais l'ordre de la nature qui sait mettre des proportions et de l'harmonie dans ses ouvrages les moins réguliers. Instruit

---

(*) Gayot de Pitaval, mort en 1743, auteur de plusieurs collections et recueils, notamment de celui des *Causes célèbres*, en 20 volumes in-12.   G. P.

de la situation de cette grotte, je m'y rendis seul l'été dernier pour la contempler à mon aise. L'extrême sécheresse me donna la facilité d'y entrer par une ouverture enfoncée et très-surbaissée, en me traînant sur le ventre, car la fenêtre est trop haute pour qu'on puisse y passer sans échelle. Quand je fus au-dedans, je m'assis sur une pierre, et je me mis à contempler avec ravissement cette superbe salle dont les ornemens sont des quartiers de roches diversement situés, et formant la décoration la plus riche que j'aie jamais vue, si du moins on peut appeler ainsi celle qui montre la plus grande puissance, celle qui attache et intéresse, celle qui fait penser, qui élève l'âme, celle qui force l'homme à oublier sa petitesse pour ne penser qu'aux œuvres de la nature. Des divers rochers qui meublent cette caverne, les uns détachés et tombés de la voûte, les autres encore pendans et diversement situés, marquent tous dans cette mine naturelle l'effet de quelque explosion terrible dont la cause paroît difficile à imaginer, car même un tremblement de terre ou un volcan n'expliqueroit pas cela d'une manière satisfaisante. Dans le fond de la grotte, qui va en s'élevant de même que sa voûte, on monte sur une espèce d'estrade, et de là, par une pente assez roide, sur un rocher qui mène de biais à un enfoncement très-obscur par où l'on pénètre sous la montagne. Je n'ai point été jusque-là, ayant trouvé devant moi un trou large et profond qu'on ne sauroit franchir qu'avec une planche. D'ailleurs, vers le haut de cet enfoncement, et presque à l'entrée de la galerie souterraine, est un quartier de rocher très-imposant; car, surpendu presque en l'air, il porte à faux par un de ses angles, et penche tellement en avant qu'il semble se détacher et partir pour écraser le spectateur. Je ne doute pas cependant qu'il ne soit dans cette situation depuis bien des siècles, et qu'il n'y reste encore plus long-temps : mais ces sortes d'équilibres, auxquels les yeux ne sont pas faits, ne laissent pas de causer quelque inquiétude, et quoiqu'il fallût peut-être des forces immenses pour ébranler ce rocher qui paroît si prêt à tomber, je craindrois d'y toucher du bout du doigt, et ne voudrois pas plus rester dans la direction de sa chute que sous l'épée de Damoclès.

La galerie souterraine à laquelle cette grotte sert de vestibule ne continue pas d'aller en montant; mais elle prend sa pente un peu vers le bas, et suit la même inclinaison dans tout l'espace qu'on a jusqu'ici parcouru. Des curieux s'y sont engagés à diverses fois avec des domestiques, des flambeaux et tous les secours nécessaires; mais il faut du courage pour pénétrer loin dans cet effroyable lieu, et de la vigueur pour ne pas s'y trouver mal. On est allé jusqu'à près de demi-lieue, en ouvrant le passage où il est trop étroit, et soudant avec précaution les gouffres et fondrières qui sont à droite et à gauche : mais on prétend, dans le pays, qu'on peut aller par le même souterrain à plus de deux lieues jusqu'à l'autre côté de la montagne, où l'on dit qu'il aboutit du côté du lac, non loin de l'embouchure de la Reuss.

Au-dessous du bassin de la même cascade est une autre grotte plus petite, dont l'abord est embarrassé de plusieurs grands cailloux et quartiers de roche qui paroissent avoir été entraînés là par les eaux. Cette grotte-ci, n'étant pas si praticable que l'autre, n'a pas de même tenté les curieux. Le jour que j'en examinai l'ouverture il faisoit une chaleur insupportable; cependant il en sortoit un vent si vif et si froid, que je n'osai rester long-temps à l'entrée, et toutes les fois que j'y suis retourné j'ai toujours senti le même vent; ce qui me fait juger qu'elle a une communication plus immédiate et moins embarrassée que l'autre.

A l'ouest de la vallée, une montagne la sépare en deux branches, l'une fort étroite, où sont le village de Saint-Sulpice, la source de la Reuss, et le chemin de Pontarlier. Sur ce chemin, l'on voit encore une grosse chaîne, scellée dans le rocher, et mise là jadis par les Suisses pour fermer de ce côté-là le passage aux Bourguignons.

L'autre branche, plus large, et à gauche de la première, mène par le village de Bute à un pays perdu appelé la *Côte aux Fées*, qu'on aperçoit de loin parce qu'il va en montant. Ce pays, n'étant sur aucun chemin, passe pour très-sauvage, et en quelque sorte pour le bout du monde. Aussi prétend-on que c'étoit autrefois le séjour des fées, et le nom lui en est resté : on y voit encore leur salle d'assemblée dans une troisième caverne qui porte aussi leur nom, et qui n'est pas moins curieuse que les précédentes.

Je n'ai pas vu cette grotte aux Fées, parce qu'elle est assez loin d'ici; mais on dit qu'elle étoit superbement ornée, et l'on y voyoit encore, il n'y a pas long-temps, un trône et des siéges très-bien taillés dans le roc. Tout cela a été gâté et ne paroît presque plus aujourd'hui. D'ailleurs, l'entrée de la grotte est presque entièrement bouchée par les décombres, par les broussailles; et la crainte des serpens et des bêtes venimeuses rebute les curieux d'y vouloir pénétrer. Mais si elle eût été praticable encore et dans sa première beauté, et que madame la maréchale eût passé dans ce pays, je suis sûr qu'elle eût voulu voir cette grotte singulière, n'eût-ce été qu'en faveur de Fleur d'Épine et des Facardins (*).

Plus j'examine en détail l'état et la position de ce vallon, plus je me persuade qu'il a jadis été sous l'eau; que ce qu'on appelle aujourd'hui le Val-de-Travers fut autrefois un lac formé par la Reuss, la cascade, et d'autres ruisseaux, et contenu par les montagnes qui l'environnent, de sorte que je ne doute point que je n'habite l'ancienne demeure des poissons; en effet, le sol du vallon est si parfaitement uni, qu'il n'y a qu'un dépôt formé par les eaux qui puisse l'avoir ainsi nivelé. Le prolongement du vallon, loin de descendre, monte le long du cours de la Reuss; de sorte qu'il a fallu des temps infinis à cette rivière pour se caver, dans les abîmes qu'elle forme, un cours en sens contraire à l'inclinaison du terrain. Avant ces temps, contenue de ce côté, de même que de tous les autres, et forcée de refluer sur elle-même, elle dut enfin remplir le vallon jusqu'à la hauteur de la première grotte que j'ai décrite, par laquelle elle trouva ou s'ouvrit un écoulement dans la galerie souterraine qui lui servoit d'aqueduc.

Le petit lac demeura donc constamment à cette hauteur jusqu'à ce que, par quelques ravages, fréquens au pied des montagnes dans les grandes eaux, des pierres ou graviers embarrassèrent tellement le canal, que les eaux n'eurent plus un cours suffisant pour leur écoulement. Alors s'étant extrêmement élevées, et agissant avec une grande force contre les obstacles qui les retenoient, elles s'ouvrirent enfin quelque issue par le côté le plus faible et le plus bas. Les premiers filets échappés ne cessant de creuser et de s'agrandir, et le niveau du lac baissant à proportion, à force de temps le vallon dut enfin se trouver à sec. Cette conjecture, qui m'est venue en examinant la grotte où l'on voit des traces sensibles du cours de l'eau, s'est confirmée premièrement par le rapport de ceux qui ont été dans la galerie souterraine, et qui m'ont dit avoir trouvé des eaux croupissantes dans les creux des fondrières dont j'ai parlé; elle s'est confirmée encore dans les pèlerinages que j'ai faits à quatre lieues d'ici pour aller voir mylord maréchal à sa campagne au bord du lac, et où je suivois, en montant la montagne, la rivière qui descendoit à côté de moi par des profondeurs effrayantes, que, selon toute apparence, elle n'a pas trouvées toutes faites, et qu'elle n'a pas non plus creusées en un jour. Enfin, j'ai pensé que l'asphalte, qui n'est qu'un bitume durci, étoit encore un indice d'un pays long-temps imbibé par les eaux. Si j'osois croire que ces folies pussent vous amuser, je tracerois sur le papier une espèce de plan qui pût vous éclaircir tout cela : mais il faut attendre qu'une saison plus favorable et un peu de relâche à mes maux me laissent en état de parcourir le pays.

On peut vivre ici puisqu'il y a des habitans. On y trouve même les principales commodités de la vie, quoique un peu moins facilement qu'en France. Les denrées y sont chères, parce que le pays en produit peu et qu'il est fort peuplé, surtout depuis qu'on y a établi des manufactures de toile peinte, et que les travaux d'horlogerie et de dentelle s'y multiplient. Pour y avoir du pain mangeable, il faut le faire chez soi; et c'est le parti que j'ai pris à l'aide de mademoiselle Le Vasseur; la viande y est mauvaise, non que le pays n'en produise de bonne, mais tout le bœuf va à Genève ou à Neuchâtel, et l'on ne tue ici que de la vache. La rivière fournit d'excellente truite, mais si délicate, qu'il faut la manger sortant de l'eau. Le vin vient de Neuchâtel, et il est très-bon, surtout le rouge : pour moi, je m'en tiens au blanc, bien moins violent, à meilleur marché, et selon moi beaucoup plus sain. Point de volaille, peu de gibier, point de fruit, pas même des pommes; seulement des fraises bien parfumées, en abondance, et qui durent long-temps. Le laitage y est excellent,

---

(*) Personnages des contes d'Hamilton.

moins pourtant que le fromage de Viry, préparé par mademoiselle Rose; les eaux y sont claires et légères : ce n'est pas pour moi une chose indifférente que de bonne eau, et je me sentirai longtemps du mal que m'a fait celle de Montmorency. J'ai sous ma fenêtre une très-belle fontaine dont le bruit fait une de mes délices. Ces fontaines, qui sont élevées et taillées en colonnes ou en obélisques, et coulent par des tuyaux de fer dans de grands bassins, sont un des ornemens de la Suisse. Il n'y a si chétif village qui n'en ait au moins deux ou trois, les maisons écartées ont presque chacune la sienne, et l'on en trouve même sur les chemins pour la commodité des passans, hommes et bestiaux. Je ne saurois exprimer combien l'aspect de toutes ces belles eaux coulantes est agréable au milieu des rochers et des bois durant les chaleurs; l'on est déjà rafraîchi par la vue, et l'on est tenté d'en boire sans avoir soif.

Voilà, monsieur le maréchal, de quoi vous former quelque idée du séjour que j'habite, et auquel vous voulez bien prendre intérêt. Je dois l'aimer comme le seul lieu de la terre où la vérité ne soit pas un crime, ni l'amour du genre humain une impiété. J'y trouve la sûreté sous la protection de mylord maréchal, et l'agrément dans son commerce. Des habitans du lieu m'y montrent de la bienveillance et ne me traitent point en proscrit. Comment pourrois-je n'être pas touché des bontés qu'on m'y témoigne, moi qui dois tenir à bienfait de la part des hommes tout le mal qu'ils ne me font pas? Accoutumé à porter depuis si long-temps les pesantes chaînes de la nécessité, je passerois ici sans regret le reste de ma vie, si j'y pouvois voir quelquefois ceux qui me la font encore aimer.

A M. MOULTOU.

Motiers, le 30 janvier 1763.

Je suis en souci, cher ami, de ce que vous m'avez marqué que ma lettre par le messager vous est arrivée mal cachetée. Je cachette cependant avec soin toutes les lettres que je vous écris. Cela m'apprendra à ne plus me servir du messager. Mais ce n'est pas assez, il faut vérifier le fait; coupez le cachet de ma lettre, et me l'envoyez; je verrai bien si l'on y a touché. Si on l'a fait, je crois que c'est ici, le messager ayant différé son départ de plusieurs jours, durant lesquels il avoit ma lettre, dont il aura pu parler, et que les curieux auront été tentés de lire. Quoi qu'il en soit, j'estime que, dans le doute, si la lettre a été ouverte, vous ne devez point donner votre écrit, du moins quant à présent.

Comment avez-vous pu imaginer que si j'avois écrit des mémoires de ma vie j'aurois choisi M. de Montmollin pour l'en faire dépositaire? Soyez sûr que la reconnoissance que j'ai pour sa conduite envers moi ne m'aveugle pas à ce point; et quand je me choisirai un confesseur, ce ne sera sûrement pas un homme d'église; car je ne regarde pas mon cher Moultou comme tel. Il est certain que la vie de votre malheureux ami, que je regarde comme finie, est tout ce qui me reste à faire, et que l'histoire d'un homme qui aura le courage de se montrer *intus et in cute* peut être de quelque instruction à ses semblables; mais cette entreprise a des difficultés presque insurmontables; car, malheureusement, n'ayant pas toujours vécu seul, je ne saurois me peindre sans peindre beaucoup d'autres gens; et je n'ai pas le droit d'être aussi sincère pour eux que pour moi, du moins avec le public et de leur vivant. Il y auroit peut-être des arrangemens à prendre pour cela qui demanderoient le concours d'un homme sûr et d'un véritable ami : ce n'est pas d'aujourd'hui que je médite sur cette entreprise, qui n'est pas si légère qu'elle peut vous paroître; et je ne vois qu'un moyen de l'exécuter, duquel je voudrois raisonner avec vous. J'ai une chose à vous proposer. Dites-moi, cher Moultou, si je reprenois assez de force pour être sur pied cet été, pourriez-vous vous ménager deux ou trois mois à me donner pour les passer à peu près tête à tête? Je ne voudrois pour cela choisir ni Motiers, ni Zurich, ni Genève, mais un lieu auquel je pense, et où les importuns ne viendroient pas nous chercher, du moins de sitôt. Nous y trouverions un hôte et un ami, et même des sociétés très-agréables, quand nous voudrions un peu quitter notre solitude. Pensez à cela, et dites-m'en votre avis. Il ne s'agit pas d'un long voyage. Plus je pense à ce projet, et plus je le trouve charmant. C'est mon dernier château en Espagne, dont l'exécution ne tient qu'à ma santé et à vos affaires. Pensez-y, et me répondez. Cher ami, que je vive encore deux mois, et je meurs content.

Vous me proposez d'aller près de Genève chercher des secours à mes maux? Et quels secours donc? Je n'en connois point d'autres, quand je souffre, que la patience et la tranquillité : mes amis même alors me sont insupportables, parce qu'il faut que je me gêne pour ne pas les affliger. Me croyez-vous donc de ceux qui méprisent la médecine quand ils se portent bien, et l'adorent quand ils sont malades? Pour moi, quand je le suis, je me tiens coi, en attendant la mort ou la guérison. Si j'étois malade à Genève, c'est ici que je viendrois chercher les secours qu'il me faut.

J'écris à Roustan pour lui conseiller d'ajouter quelque autre écrit au sien, pour en faire une espèce de volume dont il sera plus aisé de tirer quelque parti que d'une petite brochure. Donnez-lui le même conseil. Si son ouvrage étoit de nature à pouvoir être imprimé à Paris (on paye mieux les manuscrits là qu'en Hollande, où rien ne met à l'abri des contrefaçons), je pourrois le lui négocier bien plus aisément ; mais cela n'est pas possible. Tandis qu'il travaillera, le temps du voyage de Rey viendra, et je lui parlerai. Je lui ai pourtant écrit ; mais il ne m'a point encore répondu. Si Roustan veut s'en tenir à ce qu'il a fait, il y a un Grasset à Lausanne qui peut-être pourroit s'en charger : cela seroit bien plus commode, et épargneroit des embarras et des frais. Il n'y a pas longtemps que Rey m'a refusé un excellent manuscrit au profit d'une pauvre veuve, et duquel mylord maréchal est dépositaire. Cela me fait craindre qu'il n'en fasse autant de celui-ci.

Adieu ; je vous embrasse. Mon état est toujours le même : mais cependant l'hiver tend à sa fin : nous verrons ce que pourra faire une saison moins rude.

Savez-vous qu'on entreprend à Paris une édition générale de mes écrits avec la permission du gouvernement? Que dites-vous de cela? Savez-vous que l'imbécille Néaulme et l'infatigable Formey travaillent à mutiler mon *Émile*, auquel ils auront l'audace de laisser mon nom, après l'avoir rendu aussi plat qu'eux?

A M. PETIT-PIERRE,
PROCUREUR A NEUCHATEL.
Motiers.....1765.

Je n'ai point, monsieur, de satisfaction à faire au christianisme, parce que je ne l'ai point offensé ; ainsi je n'ai que faire pour cela du livre de M. Denise (*).

Toutes les preuves de la vérité de la religion chrétienne sont contenues dans la Bible. Ceux qui se mêlent d'écrire ces preuves ne font que les tirer de là et les retourner à leur mode. Il vaut mieux méditer l'original et les en tirer soi-même que de les chercher dans le fatras de ces auteurs. Ainsi, monsieur, je n'ai que faire encore pour cela du livre de M. Denise.

Cependant, puisque vous m'assurez qu'il est bon, je veux bien le garder sur votre parole pour le lire quand j'en aurai le loisir, à condition que vous aurez la bonté de me faire dire ce que vous a coûté l'exemplaire que vous m'avez envoyé, et de trouver bon que j'en remette le prix à votre commissionnaire ; faute de quoi le livre lui sera rendu sous quinze jours pour vous être renvoyé.

Je passe, monsieur, à la réponse à vos deux questions.

Le vrai christianisme n'est que la religion naturelle mieux expliquée, comme vous le dites vous-même dans la lettre dont vous m'avez honoré. Par conséquent, professer la religion naturelle n'est point se déclarer contre le christianisme.

Toutes les connoissances humaines ont leurs objections et leurs difficultés souvent insolubles. Le christianisme a les siennes, que l'ami de la vérité, l'homme de bonne foi, le vrai chrétien, ne doivent point dissimuler. Rien ne me scandalise davantage que de voir qu'au lieu de résoudre ces difficultés, on me reproche de les avoir dites.

Où prenez-vous, monsieur, que j'aie dit que mon motif à professer la religion chrétienne est le pouvoir qu'ont les esprits de ma sorte d'édifier et de scandaliser? Cela n'est assurément pas dans ma lettre à M. de Montmollin, ni rien d'approchant, et je n'ai jamais dit ni écrit pareille sottise.

(*) Denise, professeur de philosophie au collége de Montaign à Paris, a publié *la Vérité de la religion chrétienne, démontrée par ordre géométrique*. Paris, 1717, in-12. G. P.

Je n'aime ni n'estime les lettres anonymes, et je n'y réponds jamais; mais j'ai cru, monsieur, vous devoir une exception par respect pour votre âge et pour votre zèle. Quant à la formule que vous avez voulu m'éviter en ne vous signant pas, c'étoit un soin superflu; car je n'écris rien que je ne veuille avouer hautement, et je n'emploie jamais de formule.

A M. MOULTOU.

A Motiers, le 17 février 1763.

Je me suis hâté de brûler votre lettre du 4, comme vous le désiriez; je ferai plus, je tâcherai de l'oublier. Je ne sais ce qui vous est arrivé; mais vous avez bien changé de langage. Il y a six mois que vous étiez indigné contre M. de Voltaire, de ce qu'il me supposoit capable du quart des bassesses que vous me conseillez maintenant. Vos conseils peuvent être bons, mais ils ne me conviennent pas. Je sais bien qu'après avoir donné le fouet aux enfans, très-souvent à tort, on leur fait encore demander pardon; mais outre que cet usage m'a toujours paru extravagant, il ne va pas à ma barbe grise. Ce n'est point à l'offensé à demander pardon des outrages qu'il a reçus; je m'en tiens là. Ce que j'ai à faire est de pardonner, et c'est ce que je fais de bon cœur, même sans qu'on me le demande; mais que j'aille, à mon âge, solliciter, comme un écolier, des certificats de consistoire, il me paroît singulier que vous l'ayez imaginé possible. Vos ministres et moi sommes loin de compte: ils ont cru, sur ma lettre à M. de Montmollin, avoir trouvé une occasion favorable de me faire ramper sous eux. Ils auront tout le temps de se désabuser. Puisqu'ils se sont ôté mon estime, ils s'accommoderont, s'il leur plaît, de mon mépris. Je leur ai donné des témoignages publics de cette estime, j'ai eu tort, et voilà le seul tort qu'il me reste à réparer.

Mon cher, je suis dans ma religion tolérant par principes, car je suis chrétien: je tolère tout, hors l'intolérance; mais toute inquisition m'est odieuse. Je regarde tous les inquisiteurs comme autant de satellites du diable. Par cette raison, je ne voudrois pas plus vivre à Genève qu'à Goa. Il n'y a que les athées qui puissent vivre en paix dans ces pays-là, parce que toutes les professions de foi ne coûtent rien à qui n'en a dans le cœur aucune; et, quelque peu que je sois attaché à la vie, je ne suis point curieux d'aller chercher le sort des Servet. Adieu donc, messieurs les brûleurs. Rousseau n'est point votre homme; puisque vous ne voulez point de lui, parce qu'il est tolérant, il ne veut point de vous par la raison contraire.

Je crois, mon cher Moultou, que si nous nous étions vus et expliqués, nous nous serions épargné bien des malentendus dans nos lettres. Vous ne pouvez pas vous mettre à ma place, ni voir les choses dans mon point de vue. Genève reste toujours sous vos yeux, et s'éloigne des miens tous les jours davantage; j'ai pris mon parti.

J'ai peur que mon état, qui empire sans cesse, ne m'empêche d'exécuter notre projet: en ce cas il faudra que vous me veniez voir; et à tout événement, ce seroit toujours un préliminaire qui me feroit grand plaisir. Adieu.

J'approuve très-fort que vous ne songiez point à publier ce que vous avez fait. Tout cela ne serviroit plus à rien, et vous ne feriez que vous compromettre.

A M. DAVID HUME.

Motiers-Travers, le 19 février 1763.

Je n'ai reçu qu'ici, monsieur, et depuis peu, la lettre dont vous m'honoriez à Londres le 2 juillet dernier, supposant que j'étois dans cette capitale. C'étoit sans doute dans votre nation et le plus près de vous qu'il m'eût été possible que j'aurois cherché ma retraite, si j'avois prévu l'accueil qui m'attendoit dans ma patrie. Il n'y avoit qu'elle que je pusse préférer à l'Angleterre; et cette prévention, dont j'ai été trop puni, m'étoit alors bien pardonnable; mais, à mon grand étonnement, et même à celui du public, je n'ai trouvé que des affronts et des outrages où j'espérois sinon de la reconnoissance, au moins des consolations. Que de choses m'ont fait regretter l'asile et l'hospitalité philosophique qui m'attendoient près de vous! Toutefois mes malheurs m'en ont toujours rapproché en quelque manière. La protection et les bontés de mylord maréchal, votre illustre et digne compatriote, m'ont fait trouver, pour ainsi dire, l'Écosse au milieu de la Suisse : il vous a rendu présent à nos entretiens, il m'a fait faire avec vos vertus la connoissance que je n'avois faite encore qu'avec vos talens ; il m'a inspiré la plus tendre amitié pour vous, et le plus ardent désir d'obtenir la vôtre avant que je susse que vous étiez disposé à me l'accorder. Jugez, quand je trouve ce penchant réciproque, combien j'aurois de plaisir à m'y livrer ! Non, monsieur, je ne vous rendois que la moitié de ce qui vous étoit dû quand je n'avois pour vous que de l'admiration. Vos grandes vues, votre étonnante impartialité, votre génie, vous élèveroient trop au-dessus des hommes si votre bon cœur ne vous en rapprochoit. Mylord maréchal, en m'apprenant à vous voir encore plus aimable que sublime, me rend tous les jours votre commerce plus désirable, et nourrit en moi l'empressement qu'il m'a fait naître de finir mes jours près de vous. Monsieur, qu'une meilleure santé, qu'une situation plus commode, ne me mettent-elles à portée de faire ce voyage comme je le désirerois ! Que ne puis-je espérer de nous voir un jour rassemblés avec mylord dans votre commune patrie qui deviendroit la mienne ! Je bénirois dans une société si douce les malheurs par lesquels j'y fus conduit, et je croirois n'avoir commencé de vivre que du jour qu'elle auroit commencé. Puissé-je voir cet heureux jour plus désiré qu'espéré ! Avec quel transport je m'écrierois en touchant l'heureuse terre où sont nés David Hume et le maréchal d'Écosse :

« ..... Salve, fatis mihi debita tellus !
» Hic domus, hæc patria est. »

A MADAME LATOUR.

Motiers, le 20 février 1763.

Vous trouverez ci-joint, madame, une preuve que je suis plus négligent à répondre à vos lettres qu'à m'acquitter de vos commissions, surtout de celles qui sont d'espèce à pouvoir me rapprocher de vous. Il s'agit, dans le mémoire ci-joint, d'une terre qui est à quelques lieues de moi, et où je pourrois quelquefois vous aller voir. Ne soyez pas surprise de ma diligence. Le seigneur de ladite terre, qui sans doute ne se soucie pas qu'on sache ici sitôt qu'elle est à vendre, souhaite, en cas qu'elle ne vous convienne pas, que le secret lui en soit gardé. Si elle peut vous convenir, c'est autre chose ; il faut bien alors que vous puissiez consulter et faire examiner. Je vous prie, quand vous me ferez réponse sur le mémoire, de la faire de manière que je la puisse montrer pour preuve que je n'ai pas pris la recherche d'une terre sous mon bonnet.

Quoique j'aie été six mois voisin de M. Baillod, je ne le connois que de vue, et je ne connois point du tout la personne qui est avec lui. Voilà, madame, tout ce que je puis dire de l'un et de l'autre.

Je n'ai jamais entendu, sur la description de votre personne, que le visage en fût la partie la plus blanche : si j'ai dit cela dans ma lettre, il faut que j'aie pris un mot pour l'autre, erreur que le sens de la phrase eut dû vous faire sentir. Je me suis représenté un joli visage, délicat et blanc, à la vérité, mais non pas aux dépens du reste ; et, quelque blancheur que puisse avoir votre teint en général, soyez persuadée que mon imagination ne le noircit pas. Je sais qu'un peu d'incrédulité peut avoir ses avantages, mais je ne saurois mentir, même à ce prix.

A l'effort que vous a coûté l'aveu de votre âge, je croyois que vous m'alliez dire au moins quarante ans. Je me souviens que ma dernière passion, et ç'a été certainement la plus violente, fut pour une femme qui passoit trente ans (*). Elle avoit pour sa coiffure le même goût que vous, et il est impossible que le vôtre soit mieux fondé : elle étoit charmante toujours ; coiffée en cheveux elle étoit adorable. Mais mes yeux se fermèrent devant ma raison ; j'osai lui dire qu'il y avoit plus de grâce que de décence dans sa coiffure, et qu'il la falloit laisser aux jeunes personnes à marier. Elle en aimoit un autre et n'eut jamais pour moi que de la bienveillance ; mais cette franchise ne me l'ôta pas, et dès-lors elle m'en devint plus précieuse encore : je vous dis vrai.

Je suis très-pressé, le courrier va partir ; nous traiterons du *monsieur* dans une autre lettre :

(*) Madame d'Houdetot. M. P

A M. MOULTOU.

Motiers, 26 février 1763.

Je n'ai point trouvé, cher Moultou, dans la lettre de M. Deluc celle que vous me marquez lui avoir remise; je comprends que vous vous êtes ravisé. Je puis avoir mis de l'humeur dans la mienne, et j'ai eu tort : je trouve, au contraire, beaucoup de raison dans la vôtre ; mais j'y vois en même temps un certain ton redressé, cent fois pire que l'humeur et les injures. J'aimerois mieux que vous eussiez déraisonné. Quand j'aurai tort, dites-moi mes vérités franchement et durement, mais ne vous redressez pas, je vous en conjure : car cela finiroit mal. Je vous aime tendrement, cher ami, et vous m'êtes d'autant plus précieux que vous serez le dernier et qu'après vous je n'en aurai plus d'autres; mais, à mon âge, on a pris son pli ; c'est au vôtre qu'on en prend un. Il faut vous accommoder de moi tel que je suis, ou me laisser là.

J'admire avec reconnoissance et respect les infatigables soins du bon M. Deluc; mais, en vérité, je suis si excédé de toutes leurs tracasseries genevoises que je ne puis plus les souffrir. Je ne leur dis rien, je ne leur demande rien, je ne veux rien avoir à faire avec eux. Je les ai laissés brûler, décréter, censurer tout à leur aise : que me veulent-ils de plus? Et ces imbécilles bourgeois, qui regardent tout cela du haut de leur gloire, comme si cela ne les intéressoit point, et, au lieu de réclamer hautement contre la violation des lois, s'amusent à vouloir me faire dire mon catéchisme, et à se demander ce que je ferai tandis qu'ils demeurent les bras croisés, que me veulent-ils? Je ne saurois le comprendre. Je croyois que les Genevois étoient des hommes, et ce ne sont que des caillettes. Je sens que mon cœur s'intéresse encore un peu à eux, par le souvenir de mon bon père, qui certainement valoit mieux qu'eux tous. Mais l'intérêt devient bien foible quand l'estime ne le soutient plus. Dans l'état où je suis, ennuyé de tout, et surtout de la vie, le repos et la paix sont les seuls biens que je puisse goûter encore. Voulez-vous que j'y renonce pour aller chercher des corrections, des leçons, des réprimandes et de nouveaux affronts parmi des gens que je méprise? Oh! par ma foi, non.

J'avois barbouillé une espèce de réponse à l'archevêque de Paris, et malheureusement, dans un moment d'impatience, je l'envoyai à Rey. En y mieux pensant, je l'ai voulu retirer : il n'étoit plus temps; il m'a marqué, en réponse, qu'il avoit déjà commencé. J'en suis très-fâché. Il n'est pas permis de s'échauffer en parlant de soi; et, sur des chicanes de doctrine on ne peut que vétiller. L'écrit est froid et plat. J'en prévois l'effet d'avance; mais la sottise est faite : il est inutile de se tourmenter d'un mal sans remède. Bonjour.

A M. DELUC.

Motiers, le 26 février 1763.

Je n'ai point, mon cher ami, de déclaration à faire à M. le premier syndic, parce qu'on a commencé par me juger sans me lire ni m'entendre, et qu'une déclaration après coup ne sauroit faire que ce qui a été fait n'ait pas été fait. C'est pourtant par là qu'il faudroit commencer pour remettre les choses dans le cas de la déclaration que vous demandez.

Je ne puis dire que je suis fâché d'avoir écrit ce qu'il n'est pas vrai que je sois fâché d'avoir écrit, puisque, au contraire, si ce que j'ai écrit et publié étoit à écrire ou à publier je l'écrirois aujourd'hui et le publierois demain.

Je pourrois dire, tout au plus, que je suis fâché qu'on ait pu tirer de mes écrits des prétextes pour me persécuter; mais jamais ce mot d'*animadversion du Conseil* ne me conviendra. Il faut *iniquité, et violation des lois*. Je ne sais nommer les choses que par leur nom.

Je ne puis ni ne veux rien dire, ni rien faire, en quelque manière que ce soit, qui ait l'air de réparation ni d'excuses, parce qu'il est infâme et ridicule que ce soit à l'offensé de faire satisfaction à l'offenseur.

Les éclaircissemens que vous me proposez sont bons et bien tournés. Je les aurois pu donner si l'on n'eût pas voulu m'y contraindre;

mais je suis las de faire l'enfant, et indigné de voir des Genevois faire si sottement les inquisiteurs. Les éclaircissemens nécessaires sont tous dans mes écrits et dans ma conduite : je n'en ai plus d'autres à donner.

Vos Genevois, dites-vous, se demandent, *Que fera Rousseau?* Je trouve que ceux qui disent, *Il ne fera rien*, parlent très-sensément, puisqu'en effet il n'a rien à faire. Quant à ceux qui disent, *Il se fera connoître*, j'ignore ce qu'ils attendent ; mais je sais bien que si cela n'est pas fait, cela ne se fera jamais. Moi aussi je me demandois, *Que feront les Genevois?* Je répondois, *Ils se feront connoître.* C'est aussi ce qu'ils ont fait.

Je suis surpris que mon ami Deluc puisse me conseiller de faire à Berne des bassesses que je ne veux pas faire à Genève. Je vous jure que les procédés des Bernois ne me touchent guère : ce sont ceux des Genevois qui m'ont navré. S'ils veulent être les derniers à réparer leurs torts, je les en dispense.

Je ne suis nullement en état d'aller à Genève ; je n'en ai point la moindre envie ; et si jamais j'y vais (ce qui, vu le sort qui m'attend, n'est à désirer ni pour mon repos, ni pour ma sûreté, ni pour l'honneur des Genevois), ce ne sera sûrement pas en suppliant.

J'ai été citoyen tant que j'ai cru avoir une patrie. Je me trompois ; je suis désabusé. L'insulte qui m'a été faite m'est commune, comme vous le dites fort bien, avec les lois et la religion : les affronts qu'on partage avec elles sont des triomphes. Cependant les membres de l'état restent tranquilles spectateurs dans cette affaire comme si elle ne les regardoit pas. A la bonne heure. Pour moi, je déclare que désormais elle me regarde encore moins. Si je m'obstinois à faire seul le don Quichotte, ce qui fut jusqu'ici le zèle d'un patriote deviendroit l'entêtement d'un fou. Personne ne sait mieux que les Genevois si je leur suis bon à quelque chose : pour moi, je sais par expérience qu'ils ne me sont bons à rien.

Voilà vos livres, cher ami : je me suis efforcé de les lire ; mais je vous avoue que votre Ditton accable ma pauvre tête. Il me noie dans une mer de paroles dont je ne puis me tirer. Tout ce qu'il me semble d'apercevoir, c'est qu'il tient en l'air une grosse massue qu'il remue sans cesse, d'un air fort terrible et menaçant ; et quand il vient à frapper, ce qu'il fait rarement et pour cause, on sent que la massue n'est que du coton.

Bonjour, homme de bien ; je vous embrasse ; et, Genevois ou non, je serai toujours votre ami.

A M. BEAU-CHATEAU.

A Motiers, 26 février 1763.

Je ne sais, mon cher Beau-Château, comment vous faites ; vous me louez, et vous me plaisez. C'est sans doute que vos louanges parlent au cœur ; et j'en porte un qui ne sait point résister à cela. Je me souviens qu'avant de prendre la plume je disois à mes amis : Je ne voudrois savoir écrire que pour me faire aimer des bons et haïr des méchans. Maintenant je la pose, avec la gloire d'avoir bien rempli mon objet. Combien de fois, entrant dans une assemblée, je me suis applaudi de voir étinceler la fureur dans les yeux des fripons, et l'œil de la bienveillance m'accueillir dans les gens de bien ! Non qu'il n'y ait beaucoup de ces derniers qui trouvent mes livres mal faits et qui ne sont pas de mon avis, mais il n'y en a pas un qui ne m'aime à cause de mes livres. Voilà ma couronne, cher Beau-Château ; qu'elle me paroît belle ! elle est parée sur ma tête par les mains de la vertu. Puissé-je être digne de la porter !

Je n'ai fait ni ne ferai l'apologie de la Profession de foi du vicaire : j'espère, comme vous le dites, qu'elle n'en a pas besoin. Je laisse bourdonner à leur aise les Comparet et autres insectes venimeux (*) qui me vont picotant aux jambes. Leurs blessures sont si peu dangereuses, que je ne daigne pas même les écraser dessus. Mais quant aux gens en place qui ont la bassesse de m'insulter, je puis avoir quelque chose à leur dire : ils ont si grand besoin de leçons, et si peu d'hommes leur en osent donner, que je me crois spécialement appelé à cet honorable et périlleux emploi. Malheureusement je n'ai plus de talens, mais je me sens du courage encore.

(*) Allusion à une brochure contre la Profession de foi du vicaire savoyard, intitulée : *Lettre à M. J. J. Rousseau*, par J. A. Comparet. Genève, 1762. G. P.

Vous faites bien, cher Beau-Château, de m'aimer, vous et vos compagnons de voyage; ce n'est qu'une dette que vous payez. Quand vous pourrez me revenir voir, soit ensemble, soit séparément, vous me ferez du bien; et j'espère que plus nous nous verrons, plus nous nous aimerons. Je vous embrasse de tout mon cœur.

A M***.

Motiers, 1763.

Il est, dites-vous, très-cher ami, quatre cents citoyens et bourgeois qui ont paru mécontens de ce qui s'est passé. Il s'en est donc trouvé cinq ou six cents qui en ont été contens. Que voulez-vous que j'aille faire parmi ces gens-là?

Vous me proposez un voyage dans une saison où je ne puis pas même sortir de ma chambre : c'est un arrangement que mon état rend impossible. Il y a vingt ans que je n'ai fait une lieue en hiver. Si jamais j'entreprends un voyage en pareille saison, ce ne sera sûrement pas pour aller à Genève.

Vous me demandez le compliment que je ferois à M. le premier syndic. Je serois fort embarrassé de vous le dire. Je n'aurois assurément qu'un fort mauvais compliment à lui faire. Ce n'est la peine d'aller si loin pour cela.

Depuis quand est-ce à l'offensé de demander excuse? Que l'on commence par me faire la satisfaction qui m'est due; je tâcherai d'y répondre convenablement.

Tous vos messieurs se tourmentent beaucoup de savoir pourquoi M. de Montmollin ne m'a pas excommunié. Je les trouve plaisans. Et de quoi se mêlent-ils? Je pense avoir autant de droits sur eux qu'ils en ont sur moi, cependant je ne vais point m'informer curieusement s'ils disent bien leur catéchisme et s'ils ont bien fait leurs pâques.

Que je sois, du moins quant à présent, orthodoxe, juif, païen, athée, que leur importe? ce n'est pas de cela qu'il s'agit; la question est de savoir si les lois ont été violées, et si, quel que je sois, on m'a traité injustement : voilà ce qui leur importe, et sûrement beaucoup plus qu'à moi; car, par rapport à moi, la chose est faite, on ne me fera pas pis; mais les conséquences les regardent. Tandis qu'ils traitent cette affaire du haut de leur grandeur, faut-il donc que j'en fasse pour eux tous les frais, et que je vienne en suppliant demander qu'on me pardonne les affronts que j'ai reçus? Ce n'est pas mon avis. Que les choses en restent là, puisque cela leur convient. On verra qui dans la suite s'en trouvera le plus mal, d'eux ou de moi.

Cher ami, je vous l'ai dit, et je vous le répète de bon cœur : j'aime encore mes compatriotes; je sens vivement, dans mes malheurs, l'atteinte qui a été portée à leurs droits et à leur liberté. Quoi qu'il arrive, je ne veux jamais demeurer à Genève, cela est bien décidé. Mais, s'ils avoient vu le tort que leur fait celui que j'ai reçu, et combien ils ont d'intérêt qu'il soit réparé, j'aurois agi de concert avec eux dans cette affaire, autant que mon honneur outragé l'eût permis. Alors, après avoir commencé par remettre les choses dans l'état où elles doivent être, s'ils ont tant d'envie de me régenter, ils m'auroient régenté tout leur soûl. Mais comment ne voient-ils pas qu'avant cela l'inquisition qu'ils veulent établir sur moi est impertinente et ridicule? S'ils sont assez fous pour exiger que je m'y prête, je ne suis pas assez sot pour m'y prêter. Ainsi je n'ai rien à dire à M. de Montmollin, attendu que ni M. de Montmollin ni moi n'avons pas plus de compte à leur rendre que nous n'en avons à leur demander.

Les affronts qui m'ont été faits ne peuvent être suffisamment réparés que par une invitation honnête et formelle de retourner à Genève. Si l'on peut se résoudre à une démarche si décente et si convenable, si due, il faudra qu'on soit bien difficile si l'on n'est pas content de la manière dont j'y répondrai. Alors on pourra s'enquêter de ma foi, et je serai toujours prêt à en rendre compte. Sans cela, ne parlons plus de cette affaire, car nul autre expédient ne peut me convenir.

A M. MARCEL,

Sous-directeur des plaisirs et maître de danse de la cour du duc de Saxe-Gotha.

Motiers, le 1ᵉʳ mars 1763.

J'ai lu, monsieur, avec un vrai plaisir, la

lettre que vous m'avez fait l'honneur de m'écrire (*), et j'y ai trouvé, je vous jure, une des meilleures critiques qu'on ait faites de mes écrits. Vous êtes élève et parent de M. Marcel ; vous défendez votre maître, il n'y a rien là que de louable ; vous professez un art sur lequel vous me trouvez injuste et mal instruit, et vous le justifiez : cela est assurément très-permis : je vous parois un personnage fort singulier tout au moins, et vous avez la bonté de me le dire plutôt qu'au public. On ne peut rien de plus honnête, et vous me mettez, par vos censures, dans le cas de vous devoir des remercîmens.

Je ne sais si je m'excuserai fort bien près de vous, en vous avouant que les singeries dont j'ai taxé M. Marcel tomboient bien moins sur son art que sur sa manière de le faire valoir. Si j'ai tort, même en cela, je l'ai d'autant plus, que ce n'est point d'après autrui que je l'ai jugé, mais d'après moi-même. Car, quoi que vous en puissiez dire, j'étois quelquefois admis à l'honneur de lui voir donner ses leçons ; et je me souviens que, tout autant de profanes que nous étions là, sans excepter son écolière, nous ne pouvions nous tenir de rire à la gravité magistrale avec laquelle il prononçoit ses savants apophthegmes. Encore une fois, monsieur, je ne prétends point m'excuser en ceci ; tout au contraire, j'aurois mauvaise grâce à vous soutenir que M. Marcel faisoit des singeries, à vous qui peut-être vous trouvez bien de l'imiter ; car mon dessein n'est assurément ni de vous offenser ni de vous déplaire. Quant à l'ineptie avec laquelle j'ai parlé de votre art, ce tort est plus naturel qu'excusable ; il est celui de quiconque se mêle de parler de ce qu'il ne sait pas. Mais un honnête homme qu'on avertit de sa faute doit la réparer ; et c'est ce que je crois ne pouvoir mieux faire en cette occasion qu'en publiant franchement votre lettre et vos corrections, devoir que je m'engage à remplir en temps et lieu. Je ferai, monsieur, avec grand plaisir cette réparation publique à la danse et à M. Marcel, pour le malheur que j'ai eu de leur manquer de respect. J'ai pourtant quelque lieu de penser que votre indignation se fût un peu calmée, si mes vieilles rêveries eussent obtenu grâce devant vous. Vous auriez vu que je ne suis pas si ennemi de votre art que vous m'accusez de l'être, et que ce n'est pas une grande objection à me faire que son établissement dans mon pays, puisque j'y ai proposé moi-même des bals publics, desquels j'ai donné le plan. Monsieur, faites grâce à mes torts en faveur de mes services ; et quand j'ai scandalisé pour vous les gens austères, pardonnez-moi quelques déraisonnemens sur un art duquel j'ai si bien mérité.

Quelque autorité cependant qu'aient sur moi vos décisions, je tiens encore un peu, je l'avoue, à la diversité des caractères dont je proposois l'introduction dans la danse. Je ne vois pas bien encore ce que vous y trouvez d'impraticable, et il me paroît moins évident qu'à vous qu'on s'ennuieroit davantage, quand les danses seroient plus variées. Je n'ai jamais trouvé que ce fût un amusement bien piquant pour une assemblée, que cette enfilade d'éternels menuets par lesquels on commence et poursuit un bal, et qui ne disent tous que la même chose, parce qu'ils n'ont tous qu'un seul caractère ; au lieu qu'en leur en donnant seulement deux, tels, par exemple, que ceux de la blonde et de la brune, on les eût pu varier de quatre manières qui les eussent rendus toujours pittoresques et plus souvent intéressans, la blonde avec le brun, la brune avec le blond, la brune avec le brun, et la blonde avec le blond. Voilà l'idée ébauchée : il est aisé de la perfectionner et de l'étendre ; car vous comprenez bien, monsieur, qu'il ne faut pas presser ces différences de blonde et de brune ; le teint ne décide pas toujours du tempérament ; telle brune est blonde par l'indolence, telle blonde est brune par la vivacité, et l'habile artiste ne juge pas du caractère par les cheveux.

Ce que je dis du menuet, pourquoi ne le dirois-je pas des contredanses et de la plate symétrie sur laquelle elles sont toutes dessinées ? Pourquoi n'y introduiroit-on pas de savantes irrégularités, comme dans une bonne décoration, des oppositions et des contrastes, comme dans les parties de la musique ? On fait chanter ensemble Héraclite et Démocrite ; pourquoi ne les feroit-on pas danser ?

(*) L'auteur de cette lettre l'a fait imprimer sous le titre de *Lettre à M. J. J. Rousseau, par M. M***, sous-directeur*, etc., 1763, in-8°.

Quels tableaux charmans, quelles scènes variées ne pourroit point introduire dans la danse un génie inventeur, qui sauroit la tirer de sa froide uniformité, et lui donner un langage et des sentimens comme en a la musique! Mais votre M. Marcel n'a rien inventé que des phrases qui sont mortes avec lui; il a laissé son art dans le même état où il l'a trouvé : il l'eût servi plus utilement, en pérorant un peu moins, et dessinant davantage; et, au lieu d'admirer tant de choses dans un menuet, il eût mieux fait de les y mettre. Si vous vouliez faire un pas de plus, vous, monsieur, que je suppose homme de génie, peut-être, au lieu de vous amuser à censurer mes idées, chercheriez-vous à étendre et rectifier les vues qu'elles vous offrent; vous deviendriez créateur de votre art; vous rendriez service aux hommes qui ont tant de besoin qu'on leur apprenne à avoir du plaisir; vous immortaliseriez votre nom, et vous auriez cette obligation à un pauvre solitaire qui ne vous a point offensé, et que vous voulez haïr sans sujet.

Croyez-moi, monsieur, laissez là des critiques qui ne conviennent qu'aux gens sans talens, incapables de rien produire d'eux-mêmes, et qui ne savent chercher de la réputation qu'aux dépens de celle d'autrui. Échauffez votre tête, et travaillez; vous aurez bientôt oublié ou pardonné mes bavardises, et vous trouverez que les prétendus inconvéniens que vous objectez aux recherches que je propose à faire seront des avantages quand elles auront réussi. Alors, grâce à la variété des genres, l'art aura de quoi contenter tout le monde, et prévenir la jalousie en augmentant l'émulation. Toutes vos écolières pourront briller sans se nuire, et chacune se consolera d'en voir d'autres exceller dans leurs genres, en se disant : J'excelle aussi dans le mien; au lieu qu'en leur faisant faire à toutes la même chose, vous laissez sans aucun subterfuge l'amour-propre humilié; et comme il n'y a qu'un modèle de perfection, si l'une excelle dans le genre unique, il faut que toutes les autres lui cèdent ouvertement la primauté.

Vous avez bien raison, mon cher monsieur, de dire que je ne suis pas philosophe. Mais vous qui parlez, vous ne feriez pas mal de tâcher de l'être un peu. Cela seroit plus avantageux à votre art que vous ne semblez le croire. Quoi qu'il en soit, ne fâchez pas les philosophes, je vous le conseille; car tel d'entre eux pourroit vous donner plus d'instruction sur la danse que vous ne pourriez lui en rendre sur la philosophie; et cela ne laisseroit pas d'être humiliant pour un élève du grand Marcel.

Vous me taxez d'être singulier, et j'espère que vous avez raison. Toutefois vous auriez pu, sur ce point, me faire grâce en faveur de votre maître, car vous m'avouerez que M. Marcel lui-même étoit un homme fort singulier. Sa singularité, je l'avoue, étoit plus lucrative que la mienne; et, si c'est là ce que vous me reprochez, il faut bien passer condamnation; mais quand vous m'accusez aussi de n'être pas philosophe, c'est comme si vous m'accusiez de n'être pas maître à danser. Si c'est un tort à tout homme de ne pas savoir son métier, ce n'en est point un de ne pas savoir le métier d'un autre. Je n'ai jamais aspiré à devenir philosophe, je ne me suis jamais donné pour tel; je ne le fus, ni ne le suis, ni ne veux l'être. Peut-on forcer un homme à mériter malgré lui un titre qu'il ne veut pas porter? Je sais qu'il n'est permis qu'aux philosophes de parler philosophie; mais il est permis à tout homme de parler de la philosophie; et je n'ai rien fait de plus. J'ai bien aussi parlé quelquefois de la danse, quoique je ne sois pas danseur; et, si j'en ai parlé même avec trop de zèle, à votre avis, mon excuse est que j'aime la danse, au lieu que je n'aime point du tout la philosophie. J'ai pourtant eu rarement la précaution que vous me prescrivez, de danser avec les filles, pour éviter la tentation; mais j'ai eu souvent l'audace de courir le risque tout entier, en osant les voir danser sans danser moi-même. Ma seule précaution a été de me livrer moins aux impressions des objets qu'aux réflexions qu'ils me faisoient naître, et de rêver quelquefois, pour n'être pas séduit. Je suis fâché, mon cher monsieur, que mes rêveries aient eu le malheur de vous déplaire. Je vous assure que ce ne fut jamais mon intention; et je vous salue de tout mon cœur.

A M. DE ***.

Motiers, le 6 mars 1765.

J'ai eu, monsieur, l'imprudence de lire le mandement que M. l'archevêque de Paris a donné contre mon livre, la foiblesse d'y répondre, et l'étourderie d'envoyer aussitôt cette réponse à Rey. Revenu à moi, j'ai voulu la retirer; il n'étoit plus temps, l'impression en étoit commencée, et il n'y a plus de remède à une sottise faite. J'espère au moins que ce sera la dernière en ce genre. Je prends la liberté de vous faire adresser par la poste deux exemplaires de ce misérable écrit; l'un que je vous supplie d'agréer, et l'autre pour M..., à qui je vous prie de vouloir bien le faire passer, non comme une lecture à faire ni pour vous ni pour lui, mais comme un devoir dont je m'acquitte envers l'un et l'autre. Au reste, je suis persuadé, vu ma position particulière, vu la gêne à laquelle j'étois asservi à tant d'égards, vu le bavardage ecclésiastique auquel j'étois forcé de me conformer, vu l'indécence qu'il y auroit à s'échauffer en parlant de soi, qu'il eût été facile à d'autres de mieux faire, mais impossible de faire bien. Ainsi tout le mal vient d'avoir pris la plume quand il ne falloit pas.

A M. KIRCHBERGER.

Motiers, le 17 mars 1762.

Si jeune, et déjà marié! Monsieur, vous avez entrepris de bonne heure une grande tâche. Je sais que la maturité de l'esprit peut suppléer à l'âge, et vous m'avez paru promettre ce supplément. Vous vous connoissez d'ailleurs en mérite, et je compte sur celui de l'épouse que vous vous êtes choisie. Il n'en faut pas moins, cher Kirchberger, pour rendre heureux un établissement si précoce. Votre âge seul m'alarme pour vous; tout le reste me rassure. Je suis toujours persuadé que le vrai bonheur de la vie est dans un mariage bien assorti; et je ne le suis pas moins que tout le succès de cette carrière dépend de la façon de la commencer. Le tour que vont prendre vos occupations, vos soins, vos manières, vos affections domestiques, durant la première année, décidera de toutes les autres. C'est maintenant que *le sort de vos jours est entre vos mains*; plus tard, il dépendra de vos habitudes. Jeunes époux, vous êtes perdus si vous n'êtes qu'amans; mais soyez amis de bonne heure pour l'être toujours. La confiance, qui vaut mieux que l'amour, lui survit et le remplace. Si vous savez l'établir entre vous, votre maison vous plaira plus qu'aucune autre; et dès qu'une fois vous serez mieux chez vous que partout ailleurs, je vous promets du bonheur pour le reste de votre vie. Mais ne vous mettez pas dans l'esprit d'en chercher au loin, ni dans la célébrité, ni dans les plaisirs, ni dans la fortune. La véritable félicité ne se trouve point au dehors; il faut que votre maison vous suffise, ou jamais rien ne vous suffira.

Conséquemment à ce principe, je crois qu'il n'est pas temps, quant à présent, de songer à l'exécution du projet dont vous m'avez parlé. La société conjugale doit vous occuper plus que la société helvétique : avant que de publier les annales de celle-ci, mettez-vous en état d'en fournir le plus bel article. Il faut qu'en rapportant les actions d'autrui vous puissiez dire comme le Corrége : *Et moi aussi je suis homme.*

Mon cher Kirchberger, je crois voir germer beaucoup de mérite parmi la jeunesse suisse; mais la maladie universelle vous gagne tous. Ce mérite cherche à se faire imprimer; et je crains bien que de cette manie dans les gens de votre état, il ne résulte un jour à la tête de vos républiques plus de petits auteurs que de grands hommes. Il n'appartient pas à tous d'être des Haller.

Vous m'avez envoyé un livre très-précieux et de fort belles cartes; comme d'ailleurs vous avez acheté l'un et l'autre, il n'y a aucune parité à faire en aucun sens entre ces envois et le barbouillage dont vous faites mention. De plus, vous vous rappellerez, s'il vous plaît, que ce sont des commissions dont vous avez bien voulu vous charger, et qu'il n'est pas honnête de transformer des commissions en présens. Ayez donc la bonté de me marquer ce que vous coûtent ces emplettes, afin qu'en acceptant la peine qu'elles vous ont donnée d'aussi bon cœur que vous l'avez prise, je puisse au moins vous rendre vos déboursés, sans quoi je prendrai le parti de vous renvoyer le livre et les cartes.

Adieu, très-bon et aimable Kirchberger;

faites, je vous prie, agréer mes hommages à madame votre épouse; dites-lui combien elle a droit à ma reconnoissance en faisant le bonheur d'un homme que j'en crois si digne et auquel je prends un si tendre intérêt.

M. DANIEL ROGUIN.

Motiers, mars 1763.

Je ne trouve pas, très-bon papa, que vous ayez interprété ni bénignement ni raisonnablement la raison de décence et de modestie qui m'empêcha de vous offrir mon portrait, et qui m'empêchera toujours de l'offrir à personne. Cette raison n'est point, comme vous le prétendez, un cérémonial, mais une convenance tirée de la nature des choses, et qui ne permet à nul homme discret de porter ni sa figure ni sa personne où elles ne sont pas invitées, comme s'il étoit sûr de faire en cela un cadeau; au lieu que c'en doit être un pour lui, quand on lui témoigne là-dessus quelque empressement. Voilà le sentiment que je vous ai manifesté, et au lieu duquel vous me prêtez l'intention de ne vouloir accorder un tel présent qu'aux prières. C'est me supposer un motif de fatuité où j'en mettois un de modestie. Cela ne me paroît pas dans l'ordre ordinaire de votre bon esprit.

Vous m'alléguez que les rois et les princes donnent leurs portraits. Sans doute ils les donnent à leurs inférieurs comme un honneur ou une récompense; et c'est précisément pour cela qu'il est impertinent à de petits particuliers de croire honorer leurs égaux, comme les rois honorent leurs inférieurs. Plusieurs rois donnent aussi leur main à baiser en signe de faveur et de distinction. Dois-je vouloir faire à mes amis la même grâce? Cher papa, quand je serai roi, je ne manquerai pas, en superbe monarque, de vous offrir mon portrait enrichi de diamans. En attendant, je n'irai pas sottement m'imaginer que ni vous ni personne soit empressé de ma mince figure; et il n'y a qu'un témoignage bien positif de la part de ceux qui s'en soucient, qui puisse me permettre de le supposer, surtout n'ayant pas le passe-port des diamans pour accompagner le portrait.

Vous me citez Samuel Bernard. C'est, je vous l'avoue, un singulier modèle que vous me proposez à imiter. J'aurois cru que vous me désiriez ses millions, mais non pas ses ridicules. Pour moi, je serois bien fâché de les avoir avec sa fortune; elle seroit beaucoup trop chère à ce prix. Je sais qu'il avoit l'impertinence d'offrir son portrait, même à gens fort au-dessus de lui. Aussi, entrant un jour en maison étrangère dans la garde-robe, y trouva-t-il ledit portrait qu'il avait ainsi donné, fièrement étalé au-dessus de la chaise percée. Je sais cette anecdote, et bien d'autres plus plaisantes, de quelqu'un qu'on en pouvoit croire; car c'étoit le président de Boulainvilliers.

Monsieur *** donnoit son portrait? Je lui en fais mon compliment. Tout ce que je sais, c'est que si ce portrait est l'estampe que j'ai vue avec des vers pompeux au-dessous, il falloit que, pour oser faire un tel présent lui-même, ledit monsieur fût le plus grand fat que la terre ait porté. Quoi qu'il en soit, j'ai vécu aussi quelque peu avec des gens à portraits, et à portraits recherchables; je les ai vus tous avoir d'autres maximes: et, quand je ferai tant que de vouloir imiter des modèles, je vous avoue que ce ne sera ni le juif Bernard ni monsieur *** que je choisirai pour cela. On n'imite que les gens à qui l'on voudroit ressembler.

Je vous dis, il est vrai, que le portrait que je vous montrai étoit le seul que j'avois; mais j'ajoutai que j'en attendois d'autres, et qu'on le gravoit encore en Arménien. Quand je me rappelle qu'à peine y daignâtes-vous jeter les yeux, que vous ne m'en dites pas un seul mot, que vous marquâtes là-dessus la plus profonde indifférence, je ne puis m'empêcher de vous dire qu'il auroit fallu que je fusse le plus extravagant des hommes pour croire vous faire le moindre plaisir en vous le présentant; et je dis, dès le même soir, à mademoiselle Le Vasseur la mortification que vous m'aviez faite; car j'avoue que j'avois attendu, et même mendié quelque mot obligeant qui me mît en droit de faire le reste. Je suis bien persuadé maintenant que ce fut discrétion et non dédain de votre part; mais vous me permettrez de vous dire que cette discrétion étoit pour moi un peu humiliante, et que c'étoit donner un grand prix aux deux sous qu'un tel portrait peut valoir.

A MYLORD MARÉCHAL.

Le 21 mars 1763.

Il y a dans votre lettre du 19 un article qui m'a donné des palpitations; c'est celui de l'Ecosse. Je ne vous dirai là-dessus qu'un mot, c'est que je donnerois la moitié des jours qui me restent pour y passer l'autre avec vous. Mais, pour Colombier, ne comptez pas sur moi. Je vous aime, mylord; mais il faut que mon séjour me plaise, et je ne puis souffrir ce pays-là.

Il n'y a rien d'égal à la position de Frédéric. Il paroît qu'il en sent tous les avantages, et qu'il saura bien les faire valoir. Tout le pénible et le difficile est fait: tout ce qui demandoit le concours de la fortune est fait. Il ne lui reste à présent à remplir que des soins agréables, et dont l'effet dépend de lui. C'est de ce moment qu'il va s'élever, s'il veut, dans la postérité un monument unique; il n'a travaillé jusqu'ici que pour son siècle. Le seul piége dangereux qui désormais lui reste à éviter est celui de la flatterie; s'il se laisse louer, il est perdu. Qu'il sache qu'il n'y a plus d'éloges dignes de lui que ceux qui sortiront des cabanes de ses paysans.

Savez-vous, mylord, que Voltaire cherche à se raccommoder avec moi? Il a eu sur mon compte un long entretien avec Moultou, dans lequel il a supérieurement joué son rôle: il n'y en a point d'étranger au talent de ce grand comédien, *dolis instructus et arte pelasgâ*. Pour moi, je ne puis lui promettre une estime qui ne dépend pas de moi; mais, à cela près, je serai, quand il le voudra, toujours prêt à tout oublier; car je vous jure, mylord, que de toutes les vertus chrétiennes il n'y en a point qui me coûte moins que le pardon des injures. Il est certain que, si la protection des Calas lui a fait grand honneur, les persécutions qu'il m'a fait essuyer à Genève lui en ont peu fait à Paris; elles y ont excité un cri universel d'indignation. J'y jouis, malgré mes malheurs, d'un honneur qu'il n'aura jamais nulle part; c'est d'avoir laissé ma mémoire en estime dans le pays où j'ai vécu. Bonjour, mylord.

A M. MOULTOU.

Motiers, le 21 mars 1763.

Voilà, cher Moultou, puisque vous le voulez, un exemplaire de ma lettre à M. de Beaumont. J'en ai remis deux autres au messager depuis plusieurs jours; mais il diffère son départ d'un jour à l'autre, et ne partira, je crois, que mercredi. J'aurai soin de vous en faire parvenir davantage. En attendant, ne mettez ces deux-là qu'en des mains sûres, jusqu'à ce que l'ouvrage paroisse, de peur de contrefaction.

J'ai attendu pour juger les Genevois, que je fusse de sang-froid. Ils sont jugés. J'aurois déjà fait la démarche dont vous me parlez si mylord maréchal ne m'avoit engagé à différer, et je vois que vous pensez comme lui. J'attendrai donc, pour la faire, de voir l'effet de la lettre que je vous envoie: mais quand cet effet les ramèneroit à leur devoir, j'en serois, je vous jure, très-médiocrement flatté. Ils sont si sots et si rogues que le bien même ne m'intéresseroit désormais de leur part guère plus que le mal. On ne tient plus guère aux gens qu'on méprise.

M. de Voltaire vous a paru m'aimer parce qu'il sait que vous m'aimez; soyez persuadé qu'avec les gens de son parti il tient un autre langage. Cet habile comédien, *dolis instructus et arte pelasgâ*, sait changer de ton selon les gens à qui il a affaire. Quoi qu'il en soit, si jamais il arrive qu'il revienne sincèrement, j'ai déjà les bras ouverts; car, de toutes les vertus chrétiennes, l'oubli des injures est, je vous jure, celle qui me coûte le moins. Point d'avances, ce seroit une lâcheté; mais comptez que je serai toujours prêt à répondre aux siennes d'une manière dont il sera content. Partez de là, si jamais il vous en reparle. Je sais que vous ne voulez pas me compromettre, et vous savez, je crois, que vous pouvez répondre de votre ami en toute chose honnête. Les manœuvres de M. de Voltaire, qui ont tant d'approbateurs à Genève, ne sont pas vues du même œil à Paris: elles y ont soulevé tout le monde, et balancé le bon effet de la protection des Calas. Il est certain que ce qu'il peut faire de mieux pour sa gloire est de se raccommoder avec moi.

Quand vous voudrez venir, il faudra nous

concerter. Je dois aller voir mylord maréchal avant son départ pour Berlin : vous pourriez ne pas me trouver; d'ailleurs la saison n'est pas assez avancée pour le voyage de Zurich, ni même pour la promenade. Quand je vous aurai, je voudrois vous tenir un peu long-temps. J'aime mieux différer mon plaisir et en jouir à mon aise. Doutez-vous que tout ce qui vous accompagnera ne soit bien reçu?

A M. J. BURNAND (*).

Motiers, le 21 mars 1763.

La réponse à votre objection, monsieur, est dans le livre même d'où vous la tirez. Lisez plus attentivement le texte et les notes, vous trouverez cette objection résolue.

Vous voulez que j'ôte de mon livre ce qui est contre la religion : mais il n'y a dans mon livre rien qui soit contre la religion.

Je voudrois pouvoir vous complaire en faisant le travail que vous me prescrivez. Monsieur, je suis infirme, épuisé; je vieillis : j'ai fait ma tâche, mal sans doute, mais de mon mieux. J'ai proposé mes idées à ceux qui conduisent les jeunes gens; mais je ne sais pas écrire pour les jeunes gens.

Vous m'apprenez qu'il faut vous dire tout, ou que vous n'entendez rien. Cela me fait désespérer, monsieur, que vous m'entendiez jamais; car je n'ai point, moi, le talent de parler aux gens à qui il faut tout dire.

Je vous salue, monsieur, de tout mon cœur.

A MADAME DE ***.

Le 27 mars 1763.

Que votre lettre, madame, m'a donné d'émotions diverses! Ah! cette pauvre madame de ***...! pardonnez si je commence par elle.

(*) M. Burnand, à qui cette lettre est adressée, avoit reproché à Rousseau la publication de la *Profession de foi du vicaire savoyard* contre cette maxime expresse du vicaire lui-même :

« Tant qu'il reste quelque bonne croyance parmi les hommes,
» il ne faut point troubler les âmes paisibles, ni alarmer la foi
» des simples par des difficultés qu'ils ne peuvent résoudre, et
» qui les inquiètent sans les éclairer. »
 (*Note de Du Peyrou.*)

Tant de malheurs..., une amitié de treize ans... Femme aimable et infortunée...! Vous la plaignez, madame, vous avez bien raison : son mérite doit vous intéresser pour elle; mais vous la plaindriez bien davantage si vous aviez vu comme moi toute sa résistance à ce fatal mariage. Il semble qu'elle prévoyoit son sort. Pour celle-là, les écus ne l'ont pas éblouie; on l'a bien rendue malheureuse malgré elle. Hélas! elle n'est pas la seule. De combien de maux j'ai à gémir! je ne suis point étonné des bons procédés de madame ***; rien de bien ne me surprendra de sa part : je l'ai toujours estimée et honorée; mais avec tout cela elle n'a pas l'âme de madame de ***. Dites-moi ce qu'est devenu ce misérable; je n'ai plus entendu parler de lui.

Je pense comme vous, madame; je n'aime point que vous soyez à Paris. Paris, le siège du goût et de la politesse, convient à votre esprit, à votre ton, à vos manières; mais le séjour du vice ne convient point à vos mœurs, et une ville où l'amitié ne résiste ni à l'adversité ni à l'absence ne sauroit plaire à votre cœur. Cette contagion ne le gagnera pas, n'est-ce pas, madame? Que ne lisez-vous dans le mien l'attendrissement avec lequel il m'a dicté ce mot-là! L'heureux ne sait s'il est aimé, dit un poète latin; et moi j'ajoute, L'heureux ne sait pas aimer. Pour moi, grâces au ciel, j'ai bien fait toutes mes épreuves; je sais à quoi m'en tenir sur le cœur des autres et sur le mien. Il est bien constaté qu'il ne me reste que vous seule en France, et quelqu'un qui n'est pas encore jugé, mais qui ne tardera pas à l'être.

S'il faut moins regretter les amis que l'adversité nous ôte que priser ceux qu'elle nous donne, j'ai plus gagné que perdu; car elle m'en a donné un qu'assurément elle ne m'ôtera pas. Vous comprenez que je veux parler de mylord maréchal. Il m'a accueilli, il m'a honoré dans mes disgrâces, plus peut-être qu'il n'eût fait durant ma prospérité. Les grandes âmes ne portent pas seulement du respect au mérite, elles en portent encore au malheur. Sans lui j'étois tout aussi mal reçu dans ce pays que dans les autres, et je ne voyois plus d'asile autour de moi. Mais un bienfait plus précieux que sa protection est l'amitié dont il m'honore, et qu'assurément je ne perdrai point. Il me restera celui-là, j'en réponds. Je suis bien aise que vous m'ayez marqué ce qu'en pensoit M. d'A*** : cela me prouve qu'il se connoît en hommes; et qui s'y connoît est de leur classe. Je compte aller voir ce digne protecteur avant son départ pour Berlin : je lui parlerai de M. d'A*** et de vous, madame; il n'y a rien de si doux pour moi que de voir ceux qui m'aiment s'aimer entre eux.

Quand des quidams sous le nom de S*** ont voulu se porter pour juges de mon livre, et se sont aussi bêtement qu'insolemment arrogé le droit de me censurer, après avoir rapidement parcouru leur sot écrit, je l'ai jeté par terre et j'ai craché dessus pour toute réponse. Mais je n'ai pu lire avec le même dédain le mandement qu'a donné contre moi M. l'archevêque de Paris; premièrement parce que l'ouvrage en lui-même est beaucoup moins inepte, et parce que, malgré les travers de l'auteur, je l'ai toujours estimé et respecté. Ne jugeant donc pas cet écrit indigne d'une réponse, j'en ai fait une qui a été imprimée en Hollande, et qui, si elle n'est pas encore publique, le sera dans peu. Si elle pénètre jusqu'à Paris et que vous en entendiez parler, madame, je vous prie de me marquer naturellement ce qu'on en dit ; il m'importe de le savoir. Il n'y a que vous de qui je puisse apprendre ce qui se passe à mon égard dans un pays où j'ai passé une partie de ma vie, où j'ai eu des amis, et qui ne peut me devenir indifférent. Si vous n'étiez pas à portée de voir cette lettre imprimée, et que vous pussiez m'indiquer quelqu'un de vos amis qui eût ses ports francs, je vous l'enverrois d'ici; car quoique la brochure soit petite, en vous l'envoyant directement elle vous coûteroit vingt fois plus de port que ne valent l'ouvrage et l'auteur.

Je suis bien touché des bontés de mademoiselle L*** et des soins qu'elle veut bien prendre pour moi ; mais je serois bien fâché qu'un aussi joli travail que le sien, et si digne d'être mis en vue, restât caché sous mes grandes vilaines manches d'Arménien ; en vérité je ne saurois me résoudre à le profaner ainsi, ni par conséquent à l'accepter, à moins qu'elle ne m'ordonne de le porter en écharpe ou en collier, comme un ordre de chevalerie institué en son honneur.

Bonjour, madame; recevez les hommages de votre pauvre voisin. Vous venez de me faire passer une demi-heure délicieuse, et en vérité j'en avois besoin; car depuis quelques mois je souffre presque sans relâche de mon mal et de mes chagrins. Mille choses, je vous supplie, à M. le marquis.

A M. J. BURNAND.

Motiers, le 28 mars 1763.

Solution de l'objection de M. Burnand :
Mais, quand une fois tout est ébranlé, on doit conserver le tronc aux dépens des branches, etc.

Voilà, je crois, ce que le bon vicaire pourroit dire à présent au public (*).

M. Burnand m'assure que tout le monde trouve qu'il y a dans mon livre beaucoup de choses contre la religion chrétienne. Je ne suis pas, sur ce point comme sur bien d'autres, de l'avis de tout le monde, et d'autant moins que, parmi tout ce monde-là, je ne vois pas un chrétien.

Un homme qui cherche des explications pour compromettre celui qui les donne est peu généreux ; mais l'opprimé qui n'ose les donner est un lâche, je n'ai pas peur de passer pour tel. Je ne crains point les explications ; je crains les discours inutiles ; je crains surtout les désœuvrés, qui, ne sachant à quoi passer leur temps, veulent disposer du mien.

Je prie M. Burnand d'agréer mes salutations.

A M. DE MONTMOLLIN,
En lui envoyant ma LETTRE A M. DE BEAUMONT.

Motiers, le 28 mars 1765.

Voici, monsieur, un écrit devenu nécessaire. Quoique mes agresseurs y soient un peu malmenés, ils le seroient davantage si je ne vous trouvois pas en quelque sorte entre eux et moi. Comptez, monsieur, que, si vous cessiez de leur servir de sauvegarde, ils ne s'en tireroient pas à si bon marché. Quoi qu'il en soit, j'espère que vous serez content de la classe à part où j'ai tâché de vous mettre; et il ne tiendra qu'à vous de connoître, et dans cet écrit et dans toute ma vie, qu'en usant avec moi des procédés honnêtes, vous n'avez pas obligé un ingrat.

A M. MOULTOU.

Motiers-Travers, ce 28 avril 1763.

Ce n'étoit pas, cher ami, que je désapprou-

(*) Ce qui est ici en italique est tiré de la *Profession de foi*.

vasse l'envoi d'un exemplaire en France, que je ne vous ai pas répondu sur-le-champ; mais l'ennui, les tracas, les souffrances, les importuns, me rendent paresseux : l'exactitude est un travail qui passe ma force actuelle. Faites ce que vous voudrez; votre envoi ne sera qu'inutile; voilà tout. Vous n'avez que trois exemplaires, j'attends d'en avoir davantage pour vous en envoyer; encore ne sais-je pas trop comment.

Vernet est un fourbe. Je n'approuve point qu'on lui fasse lire l'ouvrage, encore moins qu'on le lui prête. Il ne veut le voir que pour le faire décrier par les petits vipereaux qu'il élève à la brochette, et par lesquels il répand contre moi son fade poison dans les Mercures de Neuchâtel.

Vous devez comprendre qu'un carton est impossible dès qu'une fois un ouvrage est sorti de la boutique du libraire. Si vous voulez en faire un pour Genève en particulier, soit, j'y consens : mais je ne veux pas m'en mêler, et soyez persuadé que cela ne servira de rien. Quand on cherche des prétextes, on en trouve. Les Genevois m'ont trop fait de mal pour ne pas me haïr; et moi, je les connois trop pour ne les pas mépriser. Je prévois mieux que vous l'effet de la Lettre. J'ai honte de porter encore ce même titre dont je m'honorois ci-devant : dans six mois d'ici je compte en être délivré.

Votre aventure avec la compagnie ne m'étonne point; elle me confirme dans le jugement que j'ai porté de toute cette prêtraille. Je ne doute point qu'en effet votre amitié pour moi n'ait produit votre exclusion : mais loin d'en être fâché je vous en félicite. L'état d'homme d'église ne peut plus convenir à un homme de bien ni à un croyant. Quittez-moi ce collet qui vous avilit; cultivez en paix les lettres, vos amis, la vertu ; soyez libre, puisque vous pouvez l'être. Les marchands de religion n'en sauroient avoir. Mes malheurs m'ont instruit trop tard; qu'ils vous instruisent à temps.

Je souffre beaucoup, cher ami : je me suis remis à l'usage des sondes pour tâcher de me procurer un peu de relâche quand vous serez avec moi. Je me ménage ce temps comme le plus précieux de ma vie, ou du moins le plus doux qui me reste à passer. Ménagez-vous la liberté de venir quand je vous écrirai; car malheureusement je suis encore moins maître de mon temps que vous du vôtre.

J'ai toujours oublié de vous dire que j'ai à Yverdun un cabriolet que je ne serois pas fâché de trouver à vendre. Pourroit-il vous servir, en attendant, dans nos petits pèlerinages ? Pour moi, vous savez que je n'aime aller qu'à pied. Si vous avez des jambes, nous nous en servirons, mais à petits pas, car je ne saurois aller vite ni faire de longues traites; mais je vais toujours. Nous causerons à notre aise; cela sera délicieux. Je vous embrasse.

Si vous amenez quelqu'un, tâchez au moins que nous puissions un peu nous voir seuls.

A M. L'ABBÉ DE LA PORTE.

Motiers, le 4 avril 1763.

Vous pouvez savoir, monsieur, que je n'ai jamais concouru ni consenti à aucun des recueils de mes écrits qu'on a publiés jusqu'ici; et, par la manière dont ils sont faits, on voit aisément que l'auteur ne s'en est pas mêlé. Ayant résolu d'en faire moi-même une édition générale, en prenant congé du public, je le vois avec peine inondé d'éditions détestables et réitérées, qui peut-être le rebuteront aussi de la mienne avant qu'il soit en état d'en juger. En apprenant qu'on en préparoit encore une nouvelle où vous êtes, je ne pus m'empêcher d'en faire des plaintes; ces plaintes, trop durement interprétées, donnèrent lieu à un avis de la gazette de Hollande, que je n'ai dicté ni approuvé, et dans lequel on suppose que le sieur Rey a seul le droit de faire cette édition générale : ce qui n'est pas. Quand il en a fait lui-même un recueil avec privilège, il l'a fait sans mon aveu; et au contraire, en lui cédant mes manuscrits, je me suis expressément réservé le droit de recueillir le tout, et de le publier où et quand il me plairoit. Voilà, monsieur, la vérité.

Mais, puisque ces éditions furtives sont inévitables, et que vous voulez bien présider à celle-ci, je ne doute point, monsieur, que vos soins ne la mettent fort au-dessus des autres : dans cette opinion, je prends le parti de différer la mienne, et je me félicite que vous ayez fait assez de cas de mes rêveries pour daigner vous en occuper. Malheureusement le public, toujours de mauvaise humeur contre moi, se plaindra que vous m'honorez à ses dépens. Il dira qu'un éditeur tel que vous lui rend moins qu'il ne lui dérobe; et quand vous pourrez lui plaire et l'éclairer par vos écrits, il regrettera le temps que vous prodiguez aux miens (*).

Je vous remercie, monsieur, d'avoir bien voulu m'envoyer la note des pièces qui devoient entrer dans votre recueil: vous êtes le premier éditeur de mes écrits qui ait eu cette attention pour moi. Entre celles de ces pièces dont je ne suis pas l'auteur, j'y en trouve une qui ne doit être là d'aucune manière; c'est le *Petit Prophète* (**). Je vous prie de le retrancher, si vous êtes à temps; sinon, de vouloir bien déclarer que cet ouvrage n'est point de moi, et que je n'y ai pas la moindre part.

Recevez, monsieur, je vous supplie, mon respect et mes salutations.

A M. J. BURNAND.

Motiers, le 4 avril 1765.

Je suis très-content, monsieur, de votre dernière lettre, et je me fais un très-grand plaisir de vous le dire. Je vois avec regret que je vous avois mal jugé. Mais, de grâce, mettez-vous à ma place. Je reçois des milliers de lettres où, sous prétexte de me demander des explications, on ne cherche qu'à me tendre des pièges. Il me faudroit de la santé, du loisir et des siècles pour entrer dans tous les détails qu'on me demande; et, pénétrant le motif secret de tout cela, je réponds avec franchise, avec dureté même, à l'intention plutôt qu'à l'écrit. Pour vous, monsieur, que mon âpreté n'a point révolté, vous pouvez compter de ma part sur toute l'estime que mérite votre procédé honnête, et sur une disposition à vous aimer, qui probablement aura son effet si jamais nous nous connoissons davantage. En attendant, recevez, monsieur, je vous supplie, mes excuses et mes sincères salutations.

(*) L'édition des œuvres de Rousseau donnée par l'abbé de La Porte s'est faite à Paris chez Duchesne, sous la rubrique de Neuchâtel; elle forme dix-huit volumes in-8º et in-12.
(**) Brochure de Grimm sur la musique françoise. Voyez *Confessions*, livre VIII. G. P.

A MADAME LATOUR.

Le 7 avril 1765.

Je suis d'autant plus en peine de vous, madame, que n'ayant pas de vos nouvelles depuis long-temps, je sais que M. Breguet n'en a pas non plus. Je me souviens bien cependant que vous m'avez écrit la dernière; mais si vous comptiez à la rigueur avec moi, à combien d'égards ne resterois-je pas insolvable! Vous m'avez accoutumé à plus d'indulgence, et cela me fait craindre que votre silence actuel n'ait quelque cause dont la crainte m'alarme beaucoup. De grâce, madame, tranquillisez-moi par un mot de lettre. Dans l'incertitude de ce qui peut être arrivé, je n'ose faire celle-ci plus longue, jusqu'à ce que je sois assuré que ce que j'écris continue à vous parvenir.

A M. WATELET.

Motiers, 1765.

Vous me traitez en auteur, monsieur; vous me faites des complimens sur mon livre. Je n'ai rien à dire à cela, c'est l'usage. Ce même usage veut aussi qu'en avalant modestement votre encens, je vous en renvoie une bonne partie. Voilà pourtant ce que je ne ferai pas; car, quoique vous ayez des talens très-vrais, très-aimables, les qualités que j'honore en vous les effacent à mes yeux; c'est par elles que je vous suis attaché; c'est par elles que j'ai toujours désiré votre bienveillance; et l'on ne m'a jamais vu rechercher les gens à talens qui n'avoient que des talens. Je m'applaudis pourtant de ceux auxquels vous m'assurez que je dois votre estime, puisqu'ils me procurent un bien dont je fais tant de cas. Les miens tels quels ont cependant si peu dépendu de ma volonté, ils m'ont attiré tant de maux, ils m'ont abandonné si vite, que j'aurois bien voulu tenir cette amitié, dont vous permettez que je me flatte, de quelque chose qui m'eût été moins funeste, que je pusse dire être plus à moi.

Ce sera, monsieur, pour votre gloire, au moins je le désire et je l'espère, que j'aurai blâmé le merveilleux de l'Opéra. Si j'ai eu tort, comme cela peut très-bien être, vous m'aurez réfuté par le fait, et si j'ai raison, le succès dans un mauvais genre n'en rendra votre triomphe que plus éclatant. Vous voyez, monsieur, par l'expérience constante du théâtre, que ce n'est jamais le choix du genre bon ou mauvais qui décide du sort d'une pièce. Si la vôtre est intéressante malgré les machines, soutenue d'une bonne musique elle doit réussir; et vous aurez eu, comme Quinault, le mérite de la difficulté vaincue. Si, par supposition, elle ne l'est pas, votre goût, votre aimable poésie, l'auront ornée au moins de détails charmans qui la rendront agréable; et c'en est assez pour plaire à l'Opéra françois. Monsieur, je tiens beaucoup plus, je vous jure, à votre succès qu'à mon opinion, et non-seulement pour vous, mais aussi pour votre jeune musicien; car le grand voyage que l'amour de l'art lui a fait entreprendre, et que vous avez encouragé, m'est garant que son talent n'est pas médiocre. Il faut en ce genre, ainsi qu'en bien d'autres, avoir déjà beaucoup en soi-même pour sentir combien on a besoin d'acquérir. Messieurs, donnez bientôt votre pièce, et, dussé-je être pendu, je l'irai voir si je puis.

A M. MOULTOU.

Motiers, ce samedi 16 avril 1763.

Voici, cher Moultou, puisque vous le voulez, encore deux exemplaires de la lettre; c'est tout ce qui me reste avec le mien. Je n'entends pas dire qu'il s'en soit répandu dans le public aucun autre que ceux que j'ai donnés; et je n'ai plus aucune nouvelle de Rey : ainsi il se pourroit très-bien que quelqu'un fût venu à bout de supprimer l'édition. En ce cas, il importeroit de placer très-bien ces exemplaires, puisqu'ils seroient difficiles et peut-être impossibles à remplacer. Si vous trouviez à propos d'en donner un à M. le colonel Pictet, lequel m'a écrit des lettres très-honnêtes, vous me feriez grand plaisir.

Je comprends quel est l'endroit où M. Deluc croit se reconnoître. Il se trompe fort. Mon caractère n'est assurément pas de tympaniser mes amis; mais le bon homme, avec toute sa sagesse, n'a pu éviter un piége dans lequel nous tombons tous : c'est de croire tout le monde sans cesse occupé de nous en bien ou en mal, tandis que souvent on n'y pense guère.

Quand vous viendrez, je vous montrerai dans des centaines de lettres une rame de lourds sermons dont je me suis plaint; et quels sermons, grand Dieu! Il m'en coûte, depuis que je suis ici, dix louis en ports de lettres pour des réprimandes, des injures et des bêtises ; et ce qu'il y a de plaisant, c'est qu'il n'y a pas un de ces sots-là qui ne pense être le seul et ne prétende m'occuper tout entier.

Il est certain que j'ai mieux prévu que vous l'effet de la Lettre à M. de Beaumont. Tout ce que je puis faire de bien ne fera jamais qu'aigrir la rage des Genevois. Elle est à un point inconcevable. Je suis persuadé qu'ils viendront à bout de m'en rendre enfin la victime. Mon seul crime est de les avoir trop aimés : mais ils ne me le pardonneront jamais. Soyez persuadé que je les vois mieux d'ici que vous d'où vous êtes. Je ne vois qu'un seul moyen d'attiédir leur fureur; cela presse. Envoyez-moi, je vous prie, le nom et l'adresse de M. le premier syndic.

Venez quand vous voudrez, je vous attends. Mes malheurs, à tous égards, sont à leur dernier terme; mais seulement que je vous embrasse, et tout est oublié.

A M. LE MARÉCHAL DE LUXEMBOURG.

Motiers-Travers, le 25 avril 1763.

Pardonnez-moi, monsieur le maréchal, une nouvelle importunité : il s'agit d'un doute qui me rend malheureux, et dont personne ne peut me tirer plus aisément ni plus sûrement que vous. Tout le monde ici me trouble de mille vaines alarmes sur de prétendus projets contre ma liberté. J'ai pour voisin depuis quelque temps un gentilhomme hongrois, homme de mérite, dans l'entretien duquel je trouve des consolations. On vient de recevoir et de me montrer un avis que cet étranger est au service de France, et envoyé tout exprès pour m'attirer dans quelque piége. Cet avis a tout l'air d'une basse jalousie. Outre que je ne suis assurément pas un personnage assez important pour mériter tant de soins, je ne puis reconnoître l'esprit françois à tant de barbarie, ni soupçonner un honnête homme sur des imputations en l'air. Cependant on se fait ici un plaisir malin de m'effrayer. A les en croire, je ne suis pas même en sûreté à la promenade, et je n'entends parler que de projets de m'enlever. Ces projets sont-ils réels? Est-il vrai qu'on en veuille à ma personne? Si cela est, l'exécution n'en sera pas difficile, et je suis près d'aller me rendre moi-même où l'on voudra, aimant mille fois mieux passer le reste de mes jours dans les fers que dans les agitations continuelles où je vis, et en défiance de tout le monde. Je ne demande ni faveur ni grâce, je ne demande pas même justice; je ne veux qu'être éclairci sur les intentions du gouvernement. Ce n'est nullement pour me mettre à couvert que je désire en être instruit, comme on le connoîtra par ma conduite; et si l'on ne pense pas à moi, ce me sera un grand soulagement d'en être instruit. Un mot d'éclaircissement de vous me rendra la vie. Je ne puis croire que ma prière soit indiscrète. Je n'entends pas pour cela que vous me répondiez de rien : marquez-moi simplement ce que vous pensez, et je suis content; le doute m'est cent fois pire que le mal. Si vous connoissiez de quelle angoisse votre réponse telle qu'elle soit peut me tirer, je connois votre cœur, monsieur le maréchal, et je suis bien sûr que vous ne tarderiez pas à la faire.

A M. MOULTOU.

Motiers, le 7 mai 1763.

Pour Dieu, cher ami, ne laissez point courir cet impertinent bruit d'une résidence auprès des Cantons. Je parierois que c'est une invention de mes ennemis, pour me faire regarder comme un homme abandonné, quand on saura combien ce bruit est faux. Vous savez que je viens de perdre mylord maréchal, mon protecteur, mon ami, et le plus digne des hommes; mais vous ne pouvez savoir quelle perte je fais en lui. Pour me mettre en sûreté, autant qu'il est possible, contre la mauvaise volonté des gens de ce pays, il m'envoya, avant son départ, des lettres de naturalité : c'est peut-être ce fait augmenté et défiguré qui a donné lieu au sot bruit dont vous me parlez. Quoi qu'il en soit, jugez si dans mon accablement j'ai besoin de vous. Venez, ne laissez pas plus longtemps en presse un cœur accoutumé à s'épancher, et qui n'a plus que vous. Marquez-moi à peu près le jour de votre arrivée, et venez tomber chez moi : vous y trouverez votre chambre prête.

Comme M. Pictet m'a toujours écrit sous le couvert d'autrui, je vous adresse pour lui cette lettre, dans le doute s'il n'y a point dans une correspondance directe quelque inconvénient que je ne sais pas.

Ne vous tourmentez pas beaucoup de ce qui se fait à Genève à mon égard; cela ne m'intéresse plus guère. Je consens à vous y accompagner, si vous voulez, mais comme je ferois dans une autre ville. Mon parti est pris; mes arrangemens sont faits. Nous en parlerons.

A M. FAVRE;

Premier syndic de la république de Genève.

Motiers-Travers, le 12 mai 1763.

Monsieur,

Revenu du long étonnement où m'a jeté de la part du magnifique Conseil le procédé que j'en devois le moins attendre, je prends enfin le parti que l'honneur et la raison me prescrivent, quelque cher qu'il en coûte à mon cœur.

Je vous déclare donc, monsieur, et je vous prie de déclarer au magnifique Conseil que j'abdique à perpétuité mon droit de bourgeoisie et de cité dans la ville et république de Genève. Ayant rempli de mon mieux les devoirs attachés à ce titre sans jouir d'aucun de ses avantages, je ne crois point être en reste avec l'état en le quittant. J'ai tâché d'honorer le nom de genevois; j'ai tendrement aimé mes compatriotes; je n'ai rien oublié pour me faire aimer d'eux; on ne sauroit plus mal réussir; je veux leur complaire jusque dans leur haine. Le dernier sacrifice qui me reste à faire est celui d'un nom qui me fut si cher. Mais, monsieur, ma patrie, en me devenant étrangère, ne peut me devenir indifférente; je lui reste attaché par un tendre souvenir; et je n'oublie d'elle que ses outrages. Puisse-t-elle prospérer toujours, et voir augmenter sa gloire!

Puisse-t-elle abonder en citoyens meilleurs, et surtout plus heureux que moi!

Recevez, je vous prie, monsieur, les assurances de mon profond respect.

A M. MARC CHAPPUIS.

Motiers, le 12 mai 1763.

Vous verrez, monsieur, je le présume, la lettre que j'écris à M. le premier syndic. Plaignez-moi, vous qui connoissez mon cœur, d'être forcé de faire une démarche qui le déchire. Mais après les affronts que j'ai reçus dans ma patrie, qui ne sont ni ne peuvent être réparés, m'en reconnoître encore membre seroit consentir à mon déshonneur. Je ne vous ai point écrit, monsieur, durant mes disgrâces: les malheureux doivent être discrets. Maintenant que tout ce qui peut m'arriver de bien et de mal est à peu près arrivé, je me livre tout entier aux sentiments qui me plaisent et me consolent, et soyez persuadé, monsieur, je vous supplie, que ceux qui m'attachent à vous ne s'affoibliront jamais.

A MADAME LATOUR.

A Motiers, le 14 mai 1763.

Vous avez des peines, madame, qui ajoutent aux miennes, et moi l'on me fait vivre dans un tumulte continuel, qui ne rend peut-être que trop excusable l'inexactitude que vous avez la bonté de me reprocher. Je vous remercierois des choses vives que vous me dites là-dessus, si je n'y voyois qu'en rendant justice à ma négligence vous ne la rendez pas à mes sentimens. Mon cœur vous venge assez de mes torts avec vous pour vous épargner le soin de m'en punir, et ces torts ont pour principe un défaut, mais non pas un vice. Comment pouvez-vous me soupçonner de tiédeur au milieu des adversités que j'éprouve? L'heureux ne sait s'il est aimé, disoit un ancien poète; et moi j'ajoute, L'heureux ne sait pas aimer. Jamais je n'eus le cœur si tendre pour mes amis que depuis que mes malheurs m'en ont si peu laissé. Croyez-m'en, madame, je vous supplie; je vous compte avec attendrissement dans ce petit nombre, et dans les convenances qui nous lient, j'en vois avec douleur une de trop.

Je vous avoue que je ne relis pas vos lettres depuis assez long-temps: vous concluez de là qu'elles me sont indifférentes, et c'est tout le contraire. Il faudroit, pour me juger équitablement, vous faire une idée de ma situation, et cela vous est impossible; il faut la connoître pour la comprendre; je ne dois pas même tenter de vous l'expliquer. Je vous dirai seulement que, parmi des ballots de lettres que je reçois continuellement, j'en mets à part des liasses qui me sont chères, et dans lesquelles les vôtres n'occupent sûrement pas le dernier rang; mais le tout reste mêlé et confondu jusqu'à ce que j'aie le loisir d'en faire le triage. Parmi les qualités que vous avez, et qui me manquent, l'esprit d'arrangement est une de celles dont la privation me cause, sinon le plus grand préjudice, au moins le plus continuel. Tous mes papiers sont pêle-mêle; pour en trouver un, il faut les feuilleter tous, et je passe ma vie et à chercher et à brouiller davantage, sans qu'après mille résolutions il m'ait jamais été possible de me corriger là-dessus. Il s'agit donc de trier vos lettres, et pour cela il faut tout renverser, tout fureter; pour mettre tout en ordre il faut commencer par tout mettre sens dessus dessous: cela demande un temps qu'on ne me laisse pas à présent, et un domicile assuré que je suis bien loin d'avoir en ce pays. Je ne prévois pas de pouvoir faire cette revue avant l'hiver, temps où la mauvaise saison forcera les importuns à me laisser quelque trêve, et où ma situation sera probablement plus stable qu'elle ne l'est à présent. C'est un temps de plaisir que je me ménage, que celui que je passerai à vous relire, et à m'arranger pour pouvoir vous relire souvent. Jusqu'à ce moment, qu'il ne dépend pas de moi d'accélérer, usez, de grâce, avec moi d'indulgence, et croyez que mon cœur n'est indifférent sur rien de ce que vous m'écrivez, quoique je ne réponde pas à tout, et même que j'en oublie quelque chose.

Quoique je fusse bien fâché de recevoir le monsieur dans vos lettres, je voudrois bien, madame, y trouver un titre, et il me semble que vous me l'aviez promis: je vous avertis que ce n'est pas de ces choses qu'il soit permis d'oublier. Il faut pourtant avouer que j'en ai oublié une, et que, si vous me jugez à la rigueur, cet oubli me rend indigne de la savoir; c'est votre nom de baptême, que vous m'avez dit dans une de vos lettres, et que je rougis devant vous de ne pouvoir me rappeler. Je n'ai que cet aveu pour ma justification; mais vous qui lisez si bien dans les cœurs, vous excuserez le mien : quand un crime de cette espèce nous rend vraiment coupable, on ne l'avoue jamais. De grâce, le joli nom de baptême; car notez que je me souviens très-bien qu'il l'est. En vérité, vous êtes trop ma dame pour que je vous appelle madame plus long-temps.

Si je veux voir votre portrait! Ah! non-seulement le voir, mais l'avoir s'il étoit possible. A la vérité, je suis bien éloigné d'avoir du superflu; mais si une copie de ce précieux portrait, faite pourtant de bonne main, pouvoit ne coûter que huit à dix pistoles, ce ne seroit pas les prendre sur mon nécessaire, ce seroit y pourvoir. Voyez ce qui se peut faire, et ce que vous pouvez permettre que je fasse. Un présent d'un prix inestimable sera votre consentement; vous sentez que ma proposition en exclut toute autre.

Je ne vous ai point envoyé, madame, d'explication ultérieure sur la terre en question; d'abord parce que je remis votre lettre à M. notre châtelain, qui l'envoya à M. de Bioley, son beau-frère, et celui-ci l'a gardée un temps infini. Ensuite, je trouvai que les éclaircissemens qui me furent donnés verbalement n'ajoutoient rien à ce que je vous avois déjà écrit. On consent, et l'on avoit déjà consenti à toutes les consultations qui peuvent vous être utiles; on vous prie seulement de n'en parler qu'autant qu'il convient à vos intérêts. Quant aux petites parties dont la recette est composée, elles ne causent aucun embarras, puisqu'elles s'apportent toutes au château le jour marqué, et qu'on peut affermer le tout, ou charger un receveur de ce détail. Une autre raison encore a un peu ralenti le zèle que j'avois de vous voir acquérir des possessions en ce pays; mais cette raison ne regardant absolument que moi, ne doit rien changer à vos projets: ainsi nous en parlerons plus à loisir.

Me voilà bien en train de babiller, et tant pis pour vous, madame, car, quand je bavarde tant, je ne sais plus ce que je dis : tant pis aussi pour moi, peut-être; j'ai peur, quand ma ferveur se réchauffe, que la vôtre ne vienne à s'attiédir. N'auroit-elle point déjà commencé?

M. MARC CHAPPUIS.

Motiers, le 26 mai 1765.

Je vois, monsieur, par la lettre dont vous m'avez honoré le 18 de ce mois, que vous me jugez bien légèrement dans mes disgrâces. Il en coûte si peu d'accabler les malheureux, qu'on est presque toujours disposé à leur faire un crime de leur malheur.

Vous dites que vous ne comprenez rien à ma démarche : elle est pourtant aussi claire que la triste nécessité qui m'y a réduit. Flétri publiquement dans ma patrie sans que personne ait réclamé contre cette flétrissure, après dix mois d'attente, j'ai dû prendre le seul parti propre à conserver mon honneur si cruellement offensé. C'est avec la plus vive douleur que je m'y suis déterminé : mais que pouvois-je faire? Demeurer volontairement membre de l'état après ce qui s'étoit passé, n'étoit-ce pas consentir à mon déshonneur?

Je ne comprends point comment vous m'osez demander ce que m'a fait la patrie. Un homme aussi éclairé que vous ignore-t-il que toute démarche publique faite par le magistrat est censée faite par tout l'état lorsque aucun de ceux qui ont droit de la désavouer ne la désavoue? Quand le gouvernement parle et que tous les citoyens se taisent, apprenez que la patrie a parlé.

Je ne dois pas seulement compte de moi aux Genevois, je le dois encore à moi-même, au public, dont j'ai le malheur d'être connu, et à la postérité, de qui je le serai peut-être. Si j'étois assez sot pour vouloir persuader au reste de l'Europe que les Genevois ont désapprouvé la procédure de leurs magistrats, ne s'y moqueroit-on pas de moi? Ne savons-nous pas, me diroit-on, que la bourgeoisie a droit de faire des représentations dans toutes les occasions où elle croit les lois lésées et où elle improuve la conduite des magistrats? Qu'a-t-elle fait ici depuis près d'un an que vous avez attendu? Si cinq ou six bourgeois seulement eussent protesté, l'on pourroit vous croire sur les sentimens que vous leur prêtez. Cette démarche étoit facile, légitime; elle ne troubloit point l'ordre public : pourquoi donc ne l'a-t-on pas faite? Le silence de tous ne dément-il pas vos assertions? Montrez-nous les signes du désaveu que vous leur prêtez. Voilà, monsieur, ce qu'on me diroit et qu'on auroit raison de me dire. On ne juge point les hommes par leurs pensées, on les juge sur leurs actions.

Il y avoit peut-être divers moyens de me venger de l'outrage, mais il n'y en avoit qu'un de le repousser sans vengeance; et c'est celui que j'ai pris. Ce moyen, qui ne fait de mal qu'à moi, doit-il m'attirer des reproches au lieu des consolations que je devois espérer?

Vous dites que je n'avois pas droit de demander l'abdication de ma bourgeoisie : mais le dire n'est pas le prouver. Nous sommes bien loin de compte; car je n'ai point prétendu demander cette abdication, mais la donner. J'ai assez étudié mes droits pour les connoître, quoique je ne les aie exercés qu'une fois, et seulement pour les abdiquer. Ayant pour moi l'usage de tous les peuples, l'autorité de la raison, du droit naturel, de Grotius, de tous les jurisconsultes, et même l'aveu du Conseil, je ne suis pas obligé de me régler sur votre erreur. Chacun sait que tout pacte dont une des parties enfreint les conditions devient nul pour l'autre. Quand je devois tout à la patrie, ne me devoit-elle rien? J'ai payé ma dette, a-t-elle payé la sienne? On n'a jamais droit de la déserter, je l'avoue; mais quand elle nous rejette, on a toujours droit de la quitter; on le peut dans les cas que j'ai spécifiés, et même on le doit dans le mien. Le serment que j'ai fait envers elle, elle l'a fait envers moi. En violant ses engagemens, elle m'affranchit des miens; et, en me les rendant ignominieux, elle me fait un devoir d'y renoncer.

Vous dites que si des citoyens se présentoient au Conseil pour demander pareille chose, vous ne seriez pas surpris qu'on les incarcérât. Ni moi non plus, je n'en serois pas surpris, parce que rien d'injuste ne doit surprendre de la part de quiconque a la force en main. Mais bien qu'une loi, qu'on n'observa jamais, défende au citoyen qui veut demeurer tel de sortir sans congé du territoire; comme on n'a pas besoin de demander l'usage d'un droit qu'on a, quand un Genevois veut quitter sa patrie tout-à-fait pour aller s'établir en pays étranger, personne ne songe à lui en faire un crime, et on ne l'incarcère point pour cela. Il est vrai qu'ordinairement cette renonciation n'est pas solennelle, mais c'est qu'ordinairement ceux qui la font, n'ayant pas reçu des affronts publics, n'ont pas besoin de renoncer publiquement à la société qui les leur a faits.

Monsieur, j'ai attendu, j'ai médité, j'ai cherché long-temps s'il y avoit quelque moyen d'éviter une démarche qui m'a déchiré. Je vous avois confié mon honneur, ô Genevois, et j'étois tranquille; mais vous avez si mal gardé ce dépôt que vous me forcez de vous l'ôter.

Mes bons anciens compatriotes, que j'aimerai toujours malgré votre ingratitude, de grâce, ne me forcez pas par vos propos durs et malhonnêtes, de faire publiquement mon apologie. Épargnez-moi, dans ma misère, la douleur de me défendre à vos dépens.

Souvenez-vous, monsieur, que c'est malgré moi que je suis réduit à vous répondre sur ce ton. La vérité, dans cette occasion, n'en a pas deux. Si vous m'attaquiez moins durement, je ne chercherois qu'à verser mes peines dans votre sein. Votre amitié me sera toujours chère, je me ferai toujours un devoir de la cultiver; mais je vous conjure, en m'écrivant, de ne pas me la rendre si cruelle, et de mieux consulter votre bon cœur. Je vous embrasse de tout le mien.

A M. MOULTOU.

Motiers, le 4 juin 1763.

J'ai si peu de bons momens en ma vie, qu'à peine espérois-je d'en retrouver d'aussi doux que ceux que vous m'avez donnés. Grand merci, cher ami : si vous avez été content de moi, je l'ai été encore plus de vous; cette simple vérité vaut bien vos éloges. Aimons-nous assez l'un l'autre pour n'avoir plus à nous louer.

Vous me donnez pour mademoiselle C... une commission dont je m'acquitterai mal précisément à cause de mon estime pour elle. Le refroidissement de M. G... (*) me fait mal penser

(*) C'est du célèbre Gibbon qu'il est question, et de madame Necker, dont le nom de demoiselle étoit Curchold.

de lui; j'ai revu son livre; il y court après l'esprit; il s'y guinde : M. G.... n'est point mon homme; je ne puis croire qu'il soit celui de mademoiselle C.... : qui ne sent pas son prix n'est pas digne d'elle; mais qui l'a pu sentir, et s'en détache, est un homme à mépriser. Elle ne sait ce qu'elle veut; cet homme la sert mieux que son propre cœur. J'aime cent fois mieux qu'il la laisse pauvre et libre au milieu de vous, que de l'emmener être malheureuse et riche en Angleterre. En vérité, je souhaite que M. G.... ne vienne pas. Je voudrois me déguiser, mais je ne saurois; je voudrois bien faire, et je sens que je gâterai tout.

Je tombe des nues au jugement de M. de Monclar. Tous les hommes vulgaires, tous les petits littérateurs sont faits pour crier toujours au paradoxe, pour me reprocher d'être outré; mais lui que je croyois philosophe, et du moins logicien, quoi! c'est ainsi qu'il m'a lu! c'est ainsi qu'il me juge! Il ne m'a donc pas entendu. Si mes principes sont vrais, tout est vrai; s'ils sont faux, tout est faux; car je n'ai tiré que des conséquences rigoureuses et nécessaires. Que veut-il donc dire? Je n'y comprends rien. Je suis assurément comblé et honoré de ses éloges, mais autant seulement que je peux l'être de ceux d'un homme de mérite qui ne m'entend pas. Du reste, usez de sa lettre comme il vous plaira; elle ne peut que m'être honorable dans le public. Mais, quoi qu'il dise, il sera toujours clair entre vous et moi qu'il ne m'entend point.

Je suis accablé de lettres de Genève. Vous ne sauriez imaginer à la fois la bêtise et la hauteur de ces lettres. Il n'y en a pas une où l'auteur ne se porte pour mon juge, et ne me cite à son tribunal pour lui rendre compte de ma conduite. Un M. B....t, qui m'a envoyé toute sa procédure, prétend que je n'ai point reçu d'affront, et que le Conseil avoit droit de flétrir mon livre, sans commencer par citer l'auteur. Il me dit, au sujet de mon livre brûlé par le bourreau, que l'honneur ne souffre point du fait d'*un tiers*. Ce qui signifie (au moins si ce mot de *tiers* veut dire ici quelque chose) qu'un homme qui reçoit un soufflet d'un autre ne doit point se tenir pour insulté. J'ai pourtant, parmi tout ce fatras, reçu une lettre qui m'a attendri jusqu'aux larmes : elle est anonyme, et, par une simplicité qui m'a touché encore en me faisant rire, l'auteur a eu soin d'y renfermer le port.

Je souhaite de tout mon cœur que les choses soient laissées comme elles sont, et que je puisse jouir tranquillement du plaisir de voir mes amis à Genève, sans affaires et sans tracas; je partirai sitôt que j'aurai reçu de vos nouvelles. Je vous manderai le jour de notre arrivée, et je vous prierai de nous louer une chaise pour partir le lendemain matin. Adieu, cher ami; mille respects à M. votre père et à madame votre épouse; elle n'a point à se plaindre, j'espère, de votre séjour à Motiers; si vous y avez acquis le corps d'Émile, vous n'y avez point perdu le cœur de Saint-Preux, et je suis bien sûr que vous aurez toujours l'un et l'autre pour elle.

Voici des lettres que j'ai reçues pour vous. Mille amitiés à M. Le Sage. Je vous embrasse de tout mon cœur.

A M. A. A.

Motiers, le 5 juin 1763.

Voici, monsieur, la petite réponse que vous demandez aux petites difficultés qui vous tourmentent dans ma lettre à M. de Beaumont (*).

1° Le christianisme n'est que le judaïsme expliqué et accompli. Donc les apôtres ne transgressoient point les lois des Juifs quand ils leur enseignoient l'Évangile : mais les Juifs les persécutèrent, parce qu'ils ne les entendoient pas, ou qu'ils feignoient de ne les pas entendre : ce n'est pas la seule fois que le cas est arrivé.

2° J'ai distingué les cultes où la religion essentielle se trouve, et ceux où elle ne se trouve pas. Les premiers sont bons, les autres mauvais; j'ai dit cela. On n'est obligé de se conformer à la religion particulière de l'état, et il n'est même permis de la suivre, que lorsque la religion essentielle s'y trouve, comme elle se trouve, par exemple, dans diverses communions chrétien-

(*) Voici le passage objecté :
« Je crois qu'un homme de bien, dans quelque religion qu'il vive de bonne foi, peut être sauvé. Mais je ne crois pas pour cela qu'on puisse légitimement introduire dans un pays des religions étrangères sans la permission du souverain; car si ce n'est pas directement désobéir à Dieu, c'est désobéir aux lois, et qui désobéit aux lois désobéit à Dieu. » (*Lettre à M. de Beaumont.*) G. P.

nes, dans le mahométisme, dans le judaïsme : mais dans le paganisme, c'étoit autre chose ; comme très-évidemment la religion essentielle ne s'y trouvoit pas, il étoit permis aux apôtres de prêcher contre le paganisme, même parmi les païens, et même malgré eux.

5° Quand tout cela ne seroit pas vrai, que s'ensuivroit-il ? Bien qu'il ne soit pas permis aux membres de l'état d'attaquer de leur chef la foi du pays, il ne s'ensuit point que cela ne soit pas permis à ceux à qui Dieu l'ordonne expressément. Le catéchisme vous apprend que c'est le cas de la prédication de l'Evangile. Parlant humainement, j'ai dit le devoir commun des hommes ; mais je n'ai point dit qu'ils ne dussent point obéir quand Dieu a parlé. Sa loi peut dispenser d'obéir aux lois humaines ; c'est un principe de votre foi que je n'ai point combattu. Donc en introduisant une religion étrangère, sans la permission du souverain, les apôtres n'étoient point coupables. Cette petite réponse est, je pense, à votre portée, et je pense qu'elle suffit.

Tranquillisez-vous donc, monsieur, je vous prie, et souvenez-vous qu'un bon chrétien, simple et ignorant, tel que vous m'assurez être, devroit se borner à servir Dieu dans la simplicité de son cœur, sans s'inquiéter si fort des sentimens d'autrui.

A M. THÉODORE ROUSSEAU.

Motiers, le 5 juin 1763.

Je vous aurois envoyé sur-le-champ, mon très-cher cousin, la copie que vous me demandez de ma lettre à M. le premier syndic, si je n'eusse pas été informé que cette lettre étoit publique à Genève peu de jours après sa réception, de sorte que je ne puis douter que vous n'en ayez eu communication peu de temps après l'envoi de la vôtre. Si cependant cela n'étoit pas, demandez-en communication à M. Chappuis ou à M. Deluc ; ils ne vous la refuseront sûrement pas. Tout le monde me demande des copies de mes lettres, sans songer que je n'ai point de secrétaire, et que quand je passerois ma vie à faire des copies, je ne suffirois pas à la curiosité du public. Votre cas, mon cher cousin, est très-différent, et j'en fais bien la distinction : aussi, si je pouvois présumer que vous n'eussiez pas déjà celle que vous me demandez, vous la ferois-je à l'instant. Mais je suis assuré que ce seroit un soin superflu.

Il me semble que vous vous exprimez avec moi en termes peu convenables sur la triste démarche que j'ai été obligé de faire pour la défense de mon honneur, chargé par le Conseil d'une flétrissure publique, contre laquelle personne n'a réclamé et à laquelle ce seroit consentir que de rester volontairement membre de l'état où je l'ai reçue. Vous devez sentir et plaindre mon affliction dans une démarche nécessaire qui me déchire : mais quel droit avez-vous de me supposer irrité lorsque je ne fais du mal qu'à moi ? Vous dites que c'est un coup sanglant pour mes parens ; et tout au contraire, c'est un soin cruel, mais indispensable, que je devois à ma personne, à mon nom, à ceux qui le portent ainsi que moi. Si j'étois capable de boire des affronts sans m'en défendre, c'est alors que ma famille auroit droit de se plaindre de l'avilissement qu'elle partageroit avec moi. J'attendois de vous des remercîmens pour n'avoir pas laissé déshonorer votre nom. J'espérois du moins que vous me plaindriez dans mes malheurs. Dispensez-vous, je vous prie, à l'avenir de me faire des reproches injustes et déraisonnables que je n'ai sûrement pas mérités. Du reste, soyez persuadé, mon cher cousin, qu'en renonçant à ma patrie je n'ai point renoncé à ma famille : elle me sera toujours chère. Et mon cher cousin Théodore doit être assuré de trouver toujours en moi un bon parent et ami qui ne l'oubliera jamais. Je vous embrasse de tout mon cœur.

A MADAME LATOUR.

A Motiers, le 17 juin 1763.

Quel silence ! quel temps j'ai choisi pour le garder ! O cette charmante Marianne ! que pensera-t-elle, que dira-t-elle maintenant de celui qu'elle a honoré du précieux nom d'ami, et qui, pour prix de ce bienfait, se tait avec elle depuis six semaines ? Quand je pense combien je suis coupable, la plume me tombe des mains, et je n'ai plus le front de continuer d'écrire. Il le faut cependant, pour ne pas aggraver le crime par le repentir. Soyez donc aussi clémente qu'aimable; acceptez ma contrition. Je ne mérite grâce qu'en un seul point, mais tel qu'il suffira pour l'obtenir de vous, je l'espère : c'est que je sens tout mon crime, et ne cherche point à l'excuser.

En vérité, je suis bien heureux que vous soyez si bonne : car, si vous vouliez ne pas l'être, vous auriez de terribles manières de tirer sur les gens. *Il n'y a pas jusqu'à l'exactitude de l'adresse qui ne m'ait été jusqu'à l'âme.* C'est une bombe que cela, douce Marianne, et je m'en sens d'autant plus écrasé, que je ne l'ai que trop attirée. Ce qu'il y a de plus humiliant pour moi est qu'à présent elle m'échappe encore, cette adresse, qui m'est pourtant si chère, et qu'il faudra qu'avant d'envoyer cette lettre j'aille passer trois heures à la rechercher dans un plein coffre de papiers qui me sont tous aussi importans, mais non pas aussi chers que vos lettres. Malgré cela, si vous lisiez dans mon cœur, vous le verriez plein de sentimens pour vous, dont l'effet peut aller plus loin que de mettre exactement une adresse.

Vous ne voulez pas me laisser échapper sur la petite chose que je disois me déplaire en vous. Il faut pourtant que vous me fassiez grâce encore sur ce point ; car il m'est impossible de vous satisfaire, et vous seriez bien étonnée si je vous en disois la raison. Qu'il vous suffise, je vous supplie, d'être sûre comme vous devez l'être, puisque c'est la vérité, que cette petite chose, si jamais elle a existé, n'existe plus ; que de toutes les choses que je connois de vous, il y en a mille qui m'enchantent, et pas une qui me déplaise, surtout depuis que vous n'exigez plus, dans notre commerce, l'exactitude qu'il m'est impossible d'y mettre ; mais j'avoue que si la vôtre se relâche, je me voudrai bien du mal de n'oser vous rien reprocher.

Je ne l'aurai donc point, le portrait de cette charmante Marianne! Elle l'a ainsi décidé. Je vous avoue pourtant que la raison sur laquelle vous me refusez la permission de le faire copier m'auroit fait rire, si le refus m'eût moins fâché. Un pauvre barbon malade et sec comme moi doit être bien fier de n'être pas pour vous un homme sans conséquence : mais puisque j'en porte les charges, j'en devrois bien avoir aussi les droits.

Il est vrai, madame, que selon la loi, les catholiques ne doivent pas acquérir des terres dans le canton de Berne ; mais on m'assure que les permissions ne sont pas difficiles à obtenir ; et, en effet, il y en a divers exemples, du moins à ce qu'on me dit ; car, pour moi, je n'en connois pas. J'ai écrit dans le canton même pour avoir des éclaircissemens plus sûrs ; mais je n'ai pas encore de réponse. Pour moi, si cette acquisition ne peut se faire, j'en serai bien consolé, puisque, si ma santé me le permet, je suis déterminé à quitter ce pays, et que si elle ne me le permet pas, je ne serois pas en état d'y profiter de votre voisinage. Mylord maréchal a pris tout de bon son parti, et va en Écosse, où je l'irai joindre sitôt que je serai en état de supporter le voyage ; ce que malheureusement je ne saurois à présent, sans quoi je serois déjà parti pour la Hollande, où il m'a marqué qu'il m'attendoit quelques jours. Malgré mon dépérissement je ne puis renoncer à la douce espérance d'aller enfin passer le reste de ma vie en paix entre George Keith et David Hume.

Bonjour, belle Marianne, je voudrois bien qu'au lieu d'habiter le quartier du Palais-Royal, vous habitassiez la ville d'Aberdeen (*) ; j'aurois du moins quelque espoir de vous y voir un jour.

A M. MOULTOU.

Motiers-Travers, ce lundi 27 juin 1765.

Je suis en peine de vous, mon cher Moultou ; seriez-vous malade? Je le demande à tout le monde, et ne puis avoir de réponse. Vous qui étiez si exact à m'écrire dans les autres temps, comment vous taisez-vous dans la circonstance présente ? Ce silence a quelque chose d'alarmant.

Je viens de recevoir une lettre de M. Marc Chappuis, dans laquelle il me parle ainsi : « Vous avez envoyé dans cette ville copie de la » lettre que vous m'avez fait l'honneur de m'é- » crire le 26 mai dernier... Cette copie, que » je n'ai point vue, est tronquée, ce que m'a » assuré M. Moultou, qui m'est venu deman- » der lecture de l'original. »

(*) Mylord maréchal pressoit Rousseau de venir en Écosse avec lui. Ses terres étoient près d'Aberdeen, ville maritime de ce pays. M. P.

Cet étrange passage demande explication. Je l'attends de vous, mon cher Moultou; et ce n'est qu'après avoir reçu votre réponse que je ferai la mienne à M. Chappuis. M. de Sautern vous fait mille amitiés; recevez les respects de mademoiselle Le Vasseur et les embrassemens de votre ami.

AU MÊME.

Motiers-Travers, ce 7 juillet 1763.

Votre avis est honnête et sage. Je reconnois la voix d'un ami : je vous remercie, et j'en profite. Mais avec aussi peu de crédit à Genève, que puis-je faire pour m'y faire écouter, surtout dans une affaire qui n'est pas tellement la mienne qu'elle ne soit aussi celle de tous? Renoncer, au moins pour ma part, à l'intérêt que j'y puis avoir, en déclarant nettement, comme je le fais aujourd'hui, qu'à quelque prix que ce soit je n'accepterai jamais la restitution de ma bourgeoisie, et que je ne rentrerai jamais dans Genève. J'ai fait serment de l'un et de l'autre : ainsi me voilà lié sans retour; et tout ce qu'on peut faire pour me rappeler est par conséquent inutile et vain. J'écris de plus à Deluc une lettre très-forte, pour l'engager à se retirer; j'en écris autant à mon cousin Rousseau. Voilà tout ce que je puis faire; et je le fais de très-bon cœur : rien de plus ne dépend de moi. L'interprétation qu'on donne à ma lettre à Chappuis est aussi raisonnable que si, lorsque j'ai dit *non*, l'on en concluoit que j'ai voulu dire *oui*. Voulez-vous que je me défende devant des fourbes ou des stupides? Je n'ai jamais rien su dire à ces gens-là, et je ne veux pas commencer. Ma conduite est, ce me semble, uniforme et claire; pour l'interpréter il ne faut que du bon sens et un cœur droit. Adieu, cher Moultou. J'aurois bien quelque chose à vous représenter sur ce que vous avez dit à Chappuis, que j'avois tronqué la copie de sa lettre; car, quoique cela ait été dit à bonne intention, il ne faut pas déshonorer ses amis pour les servir (*). Vous m'avouez, à la vérité, que cette copie n'est point tronquée; mais il croit lui qu'elle l'est : il le doit croire, puisque vous le lui avez dit, et il part de là pour me croire et me dire un homme capable de falsification. Il ne me paroit pas avoir si grand tort, quoiqu'il se trompe.

Au reste, quoi que vous en puissiez dire, je ne lui écrirai point comme à mon ami, puisque je sais qu'il ne l'est pas. J'écris à M. de Gauffecourt. O ce respectable Abauzit! je suis donc condamné à ne le revoir jamais! Ah! je me trompe, j'espère le voir dans le séjour des justes! En attendant que cette commune patrie nous rassemble, adieu, mon ami.

Le pauvre baron est parti en me chargeant de mille choses pour vous. Je suis resté seul, et dans quel moment!

A M. DELUC.

Motiers, le 7 juillet 1763.

Je crains, mon cher ami, que votre zèle patriotique n'aille un peu trop loin dans cette occasion, et que votre amour pour les lois n'expose à quelque atteinte la plus importante de toutes, qui est le salut de l'état. J'apprends que vous et vos dignes concitoyens méditez de nouvelles représentations; et la certitude de leur inutilité me fait craindre qu'elles ne compromettent enfin vis-à-vis les uns des autres ou la bourgeoisie, ou les magistrats. Je ne prétends pas me donner dans cette affaire une importance qu'au surplus je ne tiendrois que de mes malheurs : je sais que vous avez à redresser des griefs qui, bien que relatifs à de simples particuliers, blessent la liberté publique. Mais, soit que je considère cette démarche relativement à moi, ou relativement au corps de la bourgeoisie, je la trouve également inutile et dangereuse; et j'ajoute même que la solidité de vos raisons tournera toute à votre commun préjudice, en ce qu'ayant mis en poudre les sophismes de sa réponse, vous forcerez le Conseil à ne pouvoir plus répliquer que par un sec *Il n'y a lieu*, et par conséquent de rentrer, par le fait, en possession de son prétendu droit négatif (*), qui réduiroit à rien celui que vous avez de faire des représentations. Que si, après cela, vous

---

(*) Il ne m'avoit pas compris, et vit bien que je savois aussi bien que lui cette maxime. (*Note de M. Moultou.*)

(*) Voyez ce qui est dit sur le *droit* qu'avoit ou que s'arrogeoit le Sénat ou petit Conseil, dans le tableau qui se trouve en tête des *Lettres de la Montagne*, de la constitution de Genève à l'époque où Rousseau écrivoit. M. P.

vous obstinez à poursuivre le redressement de griefs (que très-certainement vous n'obtiendrez point), il ne vous reste plus qu'une voie légitime, dont l'effet n'est rien moins qu'assuré, et qui, donnant atteinte à votre souveraineté, établiroit une planche très-dangereuse, et seroit un mal beaucoup pire que celui que vous voulez réparer.

Je sais qu'une famille intrigante et rusée (*), s'étayant d'un grand crédit au-dehors, sape à grands coups les fondemens de la république, et que ses membres, jongleurs adroits et gens à deux envers, mènent le peuple par l'hypocrisie et les grands par l'irréligion. Mais vous et vos concitoyens devez considérer que c'est vous-mêmes qui l'avez établie; qu'il est trop tard pour tenter de l'abattre, et qu'en supposant même un succès qui n'est pas à présumer, vous pourriez vous nuire encore plus qu'à elle, et vous détruire en l'abaissant. Croyez-moi, mes amis, laissez-la faire; elle touche à son terme, et je prédis que sa propre ambition la perdra sans que la bourgeoisie s'en mêle. Ainsi, par rapport à la république, ce que vous voulez faire n'est pas utile en ce moment; le succès est impossible, ou seroit funeste, et tout reprendra son cours naturel avec le temps.

Par rapport à moi, vous connoissez ma manière de penser, et M. d'Ivernois, à qui j'ai ouvert mon cœur à son passage ici, vous dira, comme je vous l'ai écrit, et à tous mes amis, que, loin de désirer en cette circonstance des représentations, j'aurois voulu qu'elles n'eussent point été faites, et que je désire encore plus qu'elles n'aient aucune suite. Il est certain, comme je l'ai écrit à M. Chappuis, qu'avant ma lettre à M. Favre, des représentations de quelques membres de la bourgoisie, suffisant pour marquer qu'elle improuvoit la procédure, et mettant par conséquent mon honneur à couvert, eussent empêché une démarche que je n'ai faite que par force, avec douleur, et quand je ne pouvois plus m'en dispenser sans consentir à mon déshonneur. Mais une fois faite, et mon parti pris, cette démarche ne me laissant plus qu'un tendre souvenir de mes anciens compatriotes, et un désir sincère de les voir vivre en paix, toute démarche subséquente, et relative à celle-là, m'a paru déplacée, inutile; et je ne l'ai ni désirée ni approuvée. J'avoue toutefois que vos représentations m'ont été honorables, en montrant que la procédure faite contre moi étoit contraire aux lois, et improuvée par la plus saine partie de l'état. Sous ce point de vue, quoique je n'aie point acquiescé à ces représentations, je ne puis en être fâché. Mais tout ce que vous ferez de plus maintenant n'est propre qu'à en détruire le bon effet, et à faire triompher mes ennemis et les vôtres, en criant que vous donnez à la vengeance ce que vous ne devez qu'au maintien des lois.

Je vous conjure donc, mon vertueux ami, par votre amour pour la patrie et pour la paix, de laisser tomber cette affaire, ou même d'en abandonner ouvertement la poursuite, au moins pour ce qui me regarde, afin que votre exemple entraîne ceux qui vous honorent de leur confiance, et que les griefs d'un particulier qui n'est plus rien à l'état n'en troublent point le repos. Ne soyez en peine ni du jugement qu'on portera de cette retraite, ni du préjudice qu'en pourroit souffrir la liberté. La réponse du Conseil, quoique tournée avec toute l'adresse imaginable, prête le flanc de tant de côtés, et vous donne de si grandes prises, qu'il n'y a point d'homme un peu au fait qui ne sente le motif de votre silence, et qui ne juge que vous vous taisez pour avoir trop à dire. Et quant à la lésion des lois, comme elle en deviendra d'autant plus grande qu'on en aura plus vivement poursuivi la réparation sans l'obtenir, il vaut mieux fermer les yeux dans une occasion où le manteau de l'hypocrisie couvre les attentats contre la liberté, que de fournir aux usurpateurs le moyen de consommer, au nom de Dieu, l'ouvrage de leur tyrannie.

Pour moi, mon cher ami, quelque disposé que je fusse à me prêter à tout ce qui pouvoit complaire à mes anciens concitoyens, et à reprendre avec joie un titre qui me fut si cher, s'il m'eût été restitué de leur gré, d'un commun accord, et d'une manière qui me l'eût pu rendre acceptable, vos démarches en cette occasion, et les maux qui peuvent en résulter, me forcent à changer de résolution sur ce point, et à en prendre une dont, quoi qu'il arrive, rien ne me fera départir. Je vous déclare donc,

---

(*) La famille Tronchin.   M. P.

et j'en ai fait le serment, que de mes jours je ne remettrai le pied dans vos murs, et que, content de nourrir dans mon cœur les sentiments d'un vrai citoyen de Genève, je n'en reprendrai jamais le titre ; ainsi toute démarche qui pourroit tendre à me le rendre est inutile et vaine. Après avoir sacrifié mes droits les plus chers à l'honneur, je sacrifie aujourd'hui mes espérances à la paix. Il ne me reste plus rien à faire. Adieu.

A M. DE GAUFECOURT.

Motiers, le 7 juillet 1763.

J'apprends, cher papa, que vous êtes à Genève; et cela redouble mon regret de ne pouvoir passer dans cette ville, comme je comptois faire, après toutes ces tracasseries, pour aller à Chambéri voir mes anciens amis. Forcé de renoncer à ma bourgeoisie, pour ne pas consentir à mon déshonneur, j'aurois passé comme un étranger; et avec quel plaisir j'eusse oublié, dans les bras du cher Gauffecourt, tous les maux qu'on rassemble sur ma tête ! mais les démarches tardives et déplacées de la bourgeoisie, et l'étrange réponse du *Conseil*, me forcent, de peur d'attiser le feu par ma présence, à m'abstenir d'un voyage que je voulois faire en paix. Après s'être tû quand il falloit parler, on parle quand il faut se taire et que tout ce qu'on peut dire n'est plus bon à rien.

L'affection que j'aurai toujours pour ma patrie me fait désirer sincèrement que tout ceci, qui s'est fait contre mon gré, n'ait aucune suite, et je l'ai écrit à mes amis. Mais ne m'ayant ni défendu dans mon malheur, ni consulté dans leur démarche, auront-ils plus d'égard à mes représentations, qu'ils n'en eurent à mes intérêts lorsqu'ils n'étoient que ceux des lois et les leurs? Dans le doute de mon crédit sur leur esprit, j'ai pris le dernier parti que je devois prendre, en leur déclarant que, quoi qu'il arrivât, et quoi qu'ils fissent, je ne reprendrois jamais le titre de leur citoyen (*), et ne rentrerois jamais dans leurs murs. C'est à quoi je suis

(*) ... *de leur citoyen.* Conforme au texte de l'édition donnée par Du Peyrou en 1790, où cette lettre a été imprimée pour la première fois, et où par erreur sans doute on a mis *citoyen* our *concitoyen.* M. P.

aussi très-déterminé, et c'est le seul moyen qui me restoit d'assoupir toute cette affaire, autant du moins que mon intérêt y peut influer. Ce seroit, j'en conviens, me donner une importance bien ridicule, si on ne l'eût rendue nécessaire, et dont je ne saurois d'ailleurs être fort vain, puisque je ne la dois qu'à mes malheurs. Ainsi, rien ne manque à mes sacrifices. Puissent-ils être aussi utiles que je les fais de bon cœur, quoique déchiré !

Ce qui m'afflige le plus dans cette résolution est l'impossibilité où elle me met d'embrasser jamais mes amis à Genève, ni vous par conséquent qui êtes le plus ancien de tous. Faut-il donc renoncer pour toujours à cet espoir? Cher papa, j'espère que votre santé raffermie ne vous rend plus les bains d'Aix nécessaires; mais jadis c'étoit pour vous un voyage de plaisir plus que de besoin. S'il pouvoit l'être encore, quelle consolation ce seroit pour moi d'aller vous y voir ! Je crois que je mourrois de joie en vous serrant dans mes bras. Je traverserois le lac, le Chablais, le Faucigny, pour vous aller joindre. L'amitié me donneroit des forces ; la peine ne me coûteroit rien.

On dit que les jongleurs ont acheté Marc Chappuis avec votre emploi. Je les trouve bien prodigues dans leurs emplettes. Il est vrai que celle-là se fait à vos dépens, et c'est tout ce qui m'en fâche. Assurément , si je n'ai pas une belle statue, ce ne sera pas la faute des jongleurs ; ils se tourmentent furieusement pour en élever le piédestal. Donnez-moi de vos nouvelles. Je vous embrasse de tout mon cœur.

A M. USTERI, PROFESSEUR A ZURICH.

Sur le chapitre VIII du dernier livre du CONTRAT SOCIAL.

Motiers, le 18 juillet 1763.

Quelque excédé que je sois de disputes et d'objections, et quelque répugnance que j'aie d'employer à ces petites guerres le précieux commerce de l'amitié, je continue à répondre à vos difficultés, puisque vous l'exigez ainsi. Je vous dirai donc, avec ma franchise ordinaire, que vous ne me paroissez pas avoir bien saisi l'état de la question. La grande société, la société humaine en général, est fondée sur l'humanité, sur la bienfaisance universelle. Je dis, et j'ai toujours dit que le christianisme est favorable à celle-là.

Mais les sociétés particulières, les sociétés politiques et civiles ont un tout autre principe ; ce sont des établissemens purement humains, dont par conséquent le vrai christianisme nous détache comme de tout ce qui n'est que terrestre. Il n'y a que les vices des hommes qui rendent ces établissemens nécessaires, et il n'y a que les passions humaines, qui les conservent. Otez tous les vices à vos chrétiens, ils n'auront plus besoin de magistrats ni de lois ; ôtez-leur toutes les passions humaines, le lien civil perd à l'instant tout son ressort, plus d'émulation, plus de gloire, plus d'ardeur pour les préférences. L'intérêt particulier est détruit ; et faute d'un soutien convenable, l'état politique tombe en langueur.

Votre supposition d'une société politique et rigoureuse de chrétiens, tous parfaits à la rigueur, est donc contradictoire ; elle est encore outrée quand vous n'y voulez pas admettre un seul homme injuste, pas un seul usurpateur. Sera-t-elle plus parfaite que celle des apôtres ? et cependant il s'y trouva un Judas... Sera-t-elle plus parfaite que celle des anges ? et le diable, dit-on, en est sorti. Mon cher ami, vous oubliez que vos chrétiens seront des hommes, et que la perfection que je leur suppose est celle que peut comporter l'humanité. Mon livre n'est pas fait pour les dieux.

Ce n'est pas tout. Vous donnez à vos citoyens un tact moral, une finesse exquise : et pourquoi ? parce qu'ils sont bons chrétiens. Comment ! nul ne peut être bon chrétien à votre compte sans être un La Rochefoucauld, un La Bruyère ? A quoi pensoit donc notre maître, quand il bénissoit les pauvres en esprit ? Cette assertion-là, premièrement, n'est pas raisonnable, puisque la finesse du tact moral ne s'acquiert qu'à force de comparaisons, et s'exerce même infiniment mieux sur les vices que l'on cache que sur les vertus qu'on ne cache point. Secondement, cette même assertion est contraire à toute expérience, et l'on voit constamment que c'est dans les plus grandes villes, chez les peuples les plus corrompus, qu'on apprend à mieux pénétrer dans les cœurs, à mieux observer les hommes, à mieux interpréter leurs discours par leurs sentimens, à mieux distinguer la réalité de l'apparence. Nierez-vous qu'il n'y ait d'infiniment meilleurs observateurs moraux à Paris qu'en Suisse ? ou conclurez-vous de là qu'on vit plus vertueusement à Paris que chez vous ?

Vous dites que vos citoyens seroient infiniment choqués de la première injustice. Je le crois ; mais quand ils la verroient, il ne seroit plus temps d'y pourvoir, et d'autant mieux qu'ils ne se permettroient pas aisément de mal penser de leur prochain, ni de donner une mauvaise interprétation à ce qui pourroit en avoir une bonne. Cela seroit trop contraire à la charité. Vous n'ignorez pas que les ambitieux adroits se gardent bien de commencer par des injustices ; au contraire, ils n'épargnent rien pour gagner d'abord la confiance et l'estime publique par la pratique extérieure de la vertu ; ils ne jettent le masque et ne frappent les grands coups que quand leur partie est bien liée, et qu'on n'en peut plus revenir. Cromwell ne fut connu pour un tyran qu'après avoir passé quinze ans pour le vengeur des lois et le défenseur de la religion.

Pour conserver votre république chrétienne, vous rendrez ses voisins aussi justes qu'elle : à la bonne heure. Je conviens qu'elle se défendra toujours assez bien pourvu qu'elle ne soit point attaquée. A l'égard du courage que vous donnez à ses soldats, par le simple amour de la conservation, c'est celui qui ne manque à personne. Je lui ai donné un motif encore plus puissant sur des chrétiens ; savoir, l'amour du devoir. Là-dessus, je crois pouvoir, pour toute réponse, vous renvoyer à mon livre, où ce point est bien discuté. Comment ne voyez-vous pas qu'il n'y a que de grandes passions qui fassent de grandes choses ? Qui n'a d'autre passion que celle de son salut ne fera jamais rien de grand dans le temporel. Si Mutius Scœvola n'eût été qu'un saint, croyez-vous qu'il eût fait lever le siége de Rome ? Vous me citerez peut-être la magnanime Judith. Mais nos chrétiennes hypothétiques, moins barbarement coquettes, n'iront pas, je crois, séduire leurs ennemis, et puis coucher avec eux pour les massacrer durant leur sommeil.

Mon cher ami, je n'aspire pas à vous convaincre. Je sais qu'il n'y a pas deux têtes organisées de même, et qu'après bien des disputes, bien des objections, bien des éclaircissemens, chacun finit toujours par rester dans son sentiment comme auparavant. D'ailleurs, quelque philosophe que vous puissiez être, je sens qu'il faut toujours un peu tenir à l'état. Encore une fois, je vous réponds parce que vous le voulez; mais je ne vous en estimerai pas moins pour ne pas penser comme moi. J'ai dit mon avis au public, et j'ai cru le devoir dire, en choses importantes et qui intéressent l'humanité. Au reste, je puis m'être trompé toujours, et je me suis trompé souvent sans doute. J'ai dit mes raisons; c'est au public, c'est à vous à les peser, à les juger, à choisir. Pour moi, je n'en sais pas davantage, et je trouve très-bon que ceux qui ont d'autres sentimens les gardent, pourvu qu'ils me laissent en paix dans le mien.

A M. F. H. ROUSSEAU.

Juillet 1763.

Une absence de quelques jours m'a empêché, mon très-cher cousin, de répondre plus tôt à votre lettre, et de vous marquer mon regret sur la perte de mon cousin votre père. Il a vécu en homme d'honneur, il a supporté la vieillesse avec courage, et il est mort en chrétien. Une carrière ainsi passée est digne d'envie : puissions-nous, mon cher cousin, vivre et mourir comme lui !

Quant à ce que vous me marquez des représentations qui ont été faites à mon sujet, et auxquelles vous avez concouru, je reconnois, mon cher cousin, dans cette démarche le zèle d'un bon parent et d'un digne citoyen; mais j'ajouterai qu'ayant été faites à mon insu, et dans un temps où elles ne pouvoient plus produire aucun effet utile, il eût peut-être été mieux qu'elles n'eussent point été faites, ou que mes amis et parents n'y eussent point acquiescé. J'avoue que l'affront reçu par le Conseil est pleinement réparé par le désaveu authentique de la plus saine partie de l'état : mais comme il peut naître de cette démarche des semences de mésintelligence, auxquelles, même après ma retraite, je serois au désespoir d'avoir donné lieu, je vous prie, mon cher cousin, vous et tous ceux qui daignent s'intéresser à moi, de vouloir bien, du moins pour ce qui me regarde, renoncer à la poursuite de cette affaire, et vous retirer du nombre des représentans. Pour moi, content d'avoir fait en toute occasion mon devoir envers ma patrie, autant qu'il a dépendu de moi, j'y renonce pour toujours, avec douleur, mais sans balancer; et afin que le désir de mon rétablissement n'y trouble jamais la paix publique, je déclare que, quoi qu'il arrive, je ne reprendrai de mes jours le titre de citoyen de Genève, ni ne rentrerai dans ses murs. Croyez que mon attachement pour mon pays ne tient ni aux droits, ni au séjour, ni au titre, mais à des nœuds que rien ne sauroit briser; croyez aussi, mon très-cher cousin, qu'en cessant d'être votre concitoyen, je n'en reste pas moins pour la vie votre bon parent et véritable ami.

A M. DUCLOS.

Motiers, le 30 juillet 1763.

Bien arrivé, mon cher philosophe. Je prévoyois votre jugement sur l'Angleterre. Pour des yeux comme les vôtres, les hommes sont les mêmes par tous pays; les nuances qui les distinguent sont trop superficielles, le fond de l'étoffe domine toujours. Tout comparé, vous vous décidez pour votre pays : ce choix est naturel. Après y avoir passé les plus belles années de ma vie j'en ferois de bon cœur autant. Je crois pourtant qu'en général j'aimerois mieux que mon ami fût Anglois que François. J'avois beaucoup d'amis en France; mes disgrâces sont venues, et j'en ai conservé deux. En Angleterre, j'en aurois eu moins peut-être, mais je n'en aurois perdu aucun.

J'ai fait pour mon pays ce que j'ai fait pour mes amis. J'ai tendrement aimé ma patrie, tant que j'ai cru en avoir une. A l'épreuve, j'ai trouvé que je me trompois. En me détachant d'une chimère, j'ai cessé d'être un homme à visions; voilà tout. Vous voudriez que je fisse un manifeste; c'est supposer que j'en ai besoin. Cela me paroît bizarre qu'il faille toujours me justifier de l'iniquité d'autrui, et que je sois toujours coupable, uniquement parce que je suis persécuté. Je ne vis point dans le monde, je n'y ai nulle correspondance, je ne sais rien de ce qui s'y dit. Mes ennemis y sont à leur aise; ils savent bien que leurs discours ne me parviennent pas. Me voilà donc, comme à l'inquisition, forcé de me défendre sans savoir de quoi je suis accusé.

En parlant de la renonciation à ma bourgeoisie, vous dites que beaucoup de citoyens ont réclamé en ma faveur : que j'avois donc des exceptions à faire. Entendons-nous, mon cher philosophe : les réclamations dont vous parlez, n'ayant été faites qu'après ma démarche, ne pouvoient pas me fournir un motif pour m'en abstenir. Cette démarche n'a point été précipitée, elle n'a été faite qu'après dix mois d'attente, durant lesquels personne n'a dit un mot en public, si ce n'est contre moi. Alors le consentement de tous étant présumé de leur silence, rester volontairement membre d'un état où j'avois été flétri n'étoit-ce pas consentir moi-même à mon déshonneur ? et me restoit-il une voie plus honnête, plus juste, plus modérée de protester contre cette injure, que de me retirer paisiblement de la société où elle m'avoit été faite ? Nos lois les plus précises ayant été, de toutes manières, foulées aux pieds à mon égard, à quoi pouvois-je rester engagé de mon côté, lorsque les liens de la patrie n'étoient plus rien envers moi que ceux de l'ignominie, de l'injustice et de la violence ?

Cette retraite fit ouvrir les yeux à la bourgeoisie : elle sentit son tort, elle en eut honte; et, selon le retour ordinaire de l'amour-propre, pour s'en disculper, elle tâcha de me l'imputer. On m'écrivit des lettres de reproches. En réponse, j'exposai mes raisons : elles étoient sans réplique. On voulut trop tard réparer la faute et revenir sur une chose faite. On n'avoit rien dit quand il falloit parler, on parla quand il ne restoit qu'à se taire, et tout ce qu'on pouvoit dire n'aboutissoit plus à rien. La bourgeoisie fit des représentations, le Conseil les éluda par des réponses dont l'adresse ne put sauver le ridicule : mais il y a long-temps qu'on s'est mis au-dessus des sifflets. La bourgeoisie voulut insister ; les esprits s'échauffoient, la mésintelligence alloit devenir brouillerie, et peut-être pis. Je vis alors qu'il me restoit quelque chose à faire. Mes amis savoient que, toujours attaché par le cœur à mon pays, je reprendrois avec joie le titre auquel j'avois été forcé de renoncer, lorsque d'un commun accord il me seroit convenablement rendu. Le désir de mon rétablissement paroissoit être le seul motif de leur démarche : il falloit leur ôter cette source de discorde. Pour leur faire abandonner la poursuite d'une affaire qui pouvoit les mener trop loin, je leur ai donc déclaré que jamais, quoi qu'il arrivât, je ne rentrerois dans leurs murs; que jamais je ne reprendrois la qualité de leur concitoyen, et qu'ayant confirmé par serment cette résolution, je n'étois plus le maître d'en changer. Comme je n'ai voulu conserver aucune correspondance suivie à Genève, j'ignore absolument ce qui s'y est passé depuis ce temps-là : mais voilà ce que j'ai fait. Après avoir sacrifié mes droits les plus chers à mon honneur outragé, j'ai sacrifié à la paix mes dernières espérances. Tels sont mes torts dans cette affaire; je ne m'en connois point d'autres.

Vous voudriez, dites-vous, que je fisse voir à tout le monde comment, étant mal avec beaucoup de gens, je devrois être bien avec tous : mais je serois fort embarrassé moi-même de dire pourquoi je suis mal avec quelqu'un; car je défie qui que ce soit au monde d'oser dire que je lui aie jamais fait ou voulu le moindre mal. Ceux qui me persécutent ne me persécutent que pour le seul plaisir de nuire : ceux qui me haïssent ne peuvent me haïr qu'à cause du mal qu'ils m'ont fait. Ils se complaisent dans leur ouvrage; ils ne me pardonneront jamais leur propre méchanceté. Or, qu'ils fassent donc tout à leur aise; bientôt je pourrai les mettre au pis. Cependant ils auront beau m'accabler de maux, il leur en reste un pour ma vengeance que je leur défie de me faire éprouver ; c'est le tourment de la haine, avec lequel je les tiens plus malheureux que moi. Voilà tout ce que je puis dire sur ce chapitre. Au reste, j'ai passé cinquante ans de ma vie sans apprendre à faire mon apologie ; il est trop tard pour commencer.

M. Cramer n'est point du Conseil; il est le libraire, même l'ami de M. de Voltaire ; et l'on sait ce que sont les amis de Voltaire par rapport à moi ; du reste, je ne le connois point du tout. Je sais seulement qu'en général tous les Genevois du grand air me haïssent, mais qu'ils savent se plier aux goûts de ceux qui leur parlent. Ils ont soin de ne pas perdre leurs coups en l'air, ils ne les lâchent que quand ils portent.

Me voici au bout de mon papier et de mon bavardage sans avoir pu vous parler de vous.

Une réflexion bien simple, mon cher philosophe, et je finis. Je vous ai tendrement aimé dans les jours brillans de ma vie, et vous savez que l'adversité n'endurcit pas le cœur. Je vous embrasse.

AU MÊME.

Motiers, le 1ᵉʳ août.

Depuis ma lettre écrite, ma situation physique a tellement empiré et s'est tellement déterminée que mes douleurs, sans relâche et sans ressource, me mettent absolument dans le cas de l'exception marquée par mylord Édouard en répondant à Saint-Preux (*) : *Usque adeòne mori miserum est?* J'ignore encore quel parti je prendrai : si j'en prends un, ce sera le plus tard qu'il me sera possible, et ce sera sans impatience et sans désespoir, comme sans scrupule et sans crainte. Si mes fautes m'effraient, mon cœur me rassure. Je partirois avec défiance, si je connoissois un homme meilleur que moi ; mais je les ai bien vus, je les ai bien éprouvés, et souvent à mes dépens. Si le bonheur inaltérable est fait pour quelqu'un de mon espèce, je ne suis pas en peine de moi : je ne vois qu'une alternative, et elle me tranquillise ; n'être rien, ou être bien.

Adieu, mon cher philosophe : quoi qu'il arrive, voici probablement la dernière fois que je vous écrirai ; car mes souffrances, ne pouvant qu'augmenter, incessamment me délivreront d'elles ou m'absorberont tout entier. Souvenez-vous quelquefois d'un homme qui vous aima tendrement et sincèrement, et n'oubliez pas que dans les derniers momens où sa tête et son cœur furent libres, il les occupa de vous.

P. S. Lorsque vous apprendrez que mon sort sera décidé, ce que je ne puis prévoir moi-même, priez de ma part M. Duchesne de vouloir bien tenir à mademoiselle Le Vasseur ce qu'il m'a promis pour moi. Elle, de son côté, lui enverra le papier qu'il m'a demandé.

Quelle âme que celle de cette bonne fille ! Quelle fidélité, quelle affection, quelle patience ! Elle a fait toute ma consolation dans mes malheurs ; elle me les a fait bénir. Et maintenant, pour le prix de vingt ans d'attachement et de soins, je la laisse seule et sans protection, dans un pays où elle en auroit si grand besoin ! J'espère que tous ceux qui m'ont aimé lui transporteront les sentimens qu'ils ont eus pour moi : elle en est digne, c'est un cœur tout semblable au mien (*).

A M. MARTINET,

chez lui.

Vous ne m'aimez point, monsieur, je le sais ; mais moi je vous estime ; je sais que vous êtes un homme juste et raisonnable : cela me suffit pour laisser en toute confiance mademoiselle Le Vasseur sous votre protection. Elle en est digne ; elle est connue et bien voulue de ce qu'il y a de plus grand en France : tout le monde approuvera tout ce que vous aurez fait pour elle, et mylord maréchal, en particulier, vous en saura gré. Voilà bien des raisons, monsieur, qui me rassurent contre l'effet d'un peu de froideur entre nous. Je vous fais remettre un testament qui peut n'avoir pas toutes les formalités requises ; mais s'il ne contient rien que de raisonnable et de juste, pourquoi le casseroit-on ? Je me fie bien encore à votre intégrité dans ce point. Adieu, monsieur ; je pars pour la patrie des âmes justes. J'espère y trouver peu d'évêques et de gens d'église, mais beaucoup d'hommes comme vous et moi. Quand vous y viendrez à votre tour, vous arriverez en pays de connoissance. Adieu donc derechef, monsieur ; au revoir.

A M. MOULTOU.

Motiers, lundi 1ᵉʳ août 1763.

Je vous remercie, mon cher Moultou, du livre de M. Vernes que vous m'avez envoyé : l'état où je suis ne me permet pas de le lire, encore moins d'y répondre ; et, quand je le pourrois, je ne le ferois assurément pas. Je ne réponds jamais qu'à des gens que j'estime.

(*) *Nouvelle Héloïse*, troisième partie, lettre XXII. G. P.

(*) Cette lettre, sans indication de l'année, paroît avoir été écrite le lendemain de celle du 30 juillet, qu'on vient de lire, mais n'avoir pas été envoyée à son adresse. Celle qui suit doit avoir été écrite dans le même temps. (*Note de Du Peyrou.*)

Je suis persuadé que ce que M. Vernes me pardonne le moins, est d'avoir attaqué le livre d'Helvétius, quoique je l'aie fait avec toute la décence imaginable, en passant, sans le nommer, ni même le désigner, si ce n'est en rendant honneur à son bon caractère. Dans les pages 71 et 72 de M. Vernes, qui me sont tombées sous les yeux, il me fait un grand crime d'avoir employé ce qu'il appelle le jargon de la métaphysique; et il suppose que j'ai eu besoin de ce jargon pour établir la religion naturelle, au lieu que je n'en ai eu besoin que pour attaquer le matérialisme. Le principe fondamental du livre de *l'Esprit* est que *juger est sentir;* d'où il suit clairement que tout n'est que corps. Ce principe étant établi par des raisonnemens métaphysiques, ne pouvoit être attaqué que par de semblables raisonnemens. C'est ce que M. Vernes ne me pardonne pas. La métaphysique ne l'édifie que dans le livre d'Helvétius; elle le scandalise dans le mien.

Je n'approuve pourtant pas que le public voie l'article de ma lettre qui le regarde; j'exige même que vous ne le montriez à personne, qu'à lui seul si vous voulez. Je n'eus jamais de penchant à la haine; et je crois qu'à ma place l'homme du monde le plus haineux s'attiédiroit fort sur la vengeance. Mon ami, laissons tous ces gens-là triompher à leur aise; ils ne me fermeront pas la patrie des âmes justes, dans laquelle j'espère parvenir dans peu.

J'avoue que dans de certains momens j'aurois grand besoin de quelque consolation. En proie à des douleurs, sans relâche et sans ressource, je suis dans le cas de l'exception faite par mylord Édouard en répondant à Saint-Preux, ou jamais homme au monde n'y fut. Toutefois je prends patience; mais il est bien cruel de n'avoir pas la main d'un ami pour me fermer les yeux, moi à qui ce devoir a tant coûté, et qui l'ai rendu de si bon cœur. Il est bien cruel de laisser ici, loin de son pays, cette pauvre fille sans amis, sans protection, et de ne pouvoir pas même lui assurer la possession de mes guenilles pour prix de vingt ans de soins et d'attachement. Elle a des défauts, cher Moultou; mais c'est une belle âme. J'ai tort de me plaindre de manquer de consolations; je les trouve en elle; quand nous avons déploré mes malheurs ensemble, ils sont presque tous oubliés: cependant leur sentiment revient et s'aggrave par la continuité des maux du corps.

Je voulois écrire au cher Gauffecourt; je n'en ai pour aujourd'hui ni le temps ni la force; dites-lui, je vous prie, que j'ai un extrême regret de ne pouvoir l'accompagner; je le désirois trop pour devoir l'espérer. Qu'il ne manque pas d'embrasser pour moi M. de Conzié, comte des Charmettes, et de lui témoigner combien j'étois disposé à me rendre à son invitation; mais

« Me anteit sæva necessitas,
» Clavos trabales et cuneos manu
» Gestans ahena. »

Mademoiselle Le Vasseur persiste à vous prier de lui renvoyer sa robe, si vous ne l'avez pas vendue. Bonjour.

A MADAME LATOUR.

21 août 1765.

J'ai reconnu, très-bonne Marianne, la sollicitude de votre amitié dans la lettre que madame Prieur a écrite ici à madame Boy-de-la-Tour; vous et madame Prieur ignorez sans doute que madame Boy-de-la-Tour ne demeure pas ici, mais à Lyon. Comme la lettre a été reçue par gens peu propres à garder les secrets d'autrui, en me chargeant d'y répondre, je me suis pressé de la retirer. Si j'étois en meilleur état, que j'aurois de choses à vous dire sur la dernière que vous m'avez écrite, et sur les précieuses taches dont elle est enrichie! Mais je souffre, chère Marianne, et mon corps fait taire mon cœur. Si je croyois que cette paralysie dût durer toujours, je me regarderois comme déjà mort; mais si mon état me laisse quelque relâche, je le consacrerai à penser à vous, et je vous redevrai la vie. Envoyez-moi votre portrait cependant; peut-être sa vue ranimera-t-elle un sentiment qui s'attiédit par mes souffrances, mais qui ne s'éteindra jamais pour vous.

Au reste, ne vous effrayez pas trop de ma situation actuelle; elle étoit pire ces temps derniers; mais j'avois des momens de relâche, et maintenant je n'en ai plus. J'aimerois mieux de plus vives douleurs et des intervalles; mais, souffrant continuellement, je ne suis tout entier à rien, pas même à vous. Ainsi, ne faites plus honneur à ma sagesse d'un détachement qui n'est que l'effet de mes maux. Qu'ils me laissent un moment à moi-même, et vous retrouverez bientôt votre ami.

A M. D'IVERNOIS.
Motiers, le 22 août 1763.

Recevez, monsieur, mes remercîmens des attentions dont vous continuez de m'honorer, et des peines que vous voulez bien prendre en ma faveur. Sans M. Deluc et sans vous, j'ignorerois absolument l'état des choses, ne conservant plus aucune relation dans Genève par laquelle j'en puisse être informé. Je vois, par ce que vous avez la bonté de me marquer, qu'après toutes ces démarches les choses resteront, comme je l'avois prévu, dans le même état où elles étoient auparavant. Il peut arriver cependant que tout cela rendra, du moins pour quelque temps, le Conseil un peu moins violent dans ses entreprises ; mais je suis trompé si jamais il renonce à son système, et s'il ne vient à bout de l'exécuter à la fin. Voilà, monsieur, puisque vous le voulez, ce que je pense de l'issue de cette affaire, à laquelle je ne prends plus, quant à moi, d'autre intérêt que celui que mon tendre attachement pour la bourgeoisie de Genève m'inspire, et qui ne s'éteindra jamais dans mon cœur. Permettez, monsieur, que je vous adresse la lettre ci-jointe pour M. Deluc. Mademoiselle Le Vasseur vous remercie de l'honneur que vous lui faites, et vous assure de son respect. Toute votre famille se porte bien, au respectable docteur près, qui décline de jour en jour. Il faut toute la force de son âme pour lui faire supporter avec courage le poids de la vie. Quelle leçon pour moi, qui souffre moins et qui suis moins patient ! Je vous embrasse, monsieur, et vous salue de tout mon cœur.

A M....., CURÉ D'AMBÉRIER EN BUGEY (*).
Motiers-Travers, le 25 août 1763.

Vos bontés, monsieur, pour ma gouvernante et pour moi sont sans cesse présentes à mon cœur et au sien. A force d'y penser, nous voilà tentés d'en user encore, et peut-être d'en abuser. Il faut vous communiquer notre idée, afin que vous voyiez si elle ne vous sera point importune, et si vous voudrez bien porter l'humanité jusqu'à y acquiescer.

L'état de dépérissement où je suis ne peut durer ; et à moins d'un changement bien imprévu, je dois naturellement, avant la fin de l'hiver, trouver un repos que les hommes ne pourront plus troubler. Mon unique regret sera de laisser cette bonne et honnête fille sans appui et sans amis, et de ne pouvoir pas même lui assurer la possession des guenilles que je puis laisser. Elle s'en tirera comme elle pourra : il ne faut pas lutter inutilement contre la nécessité. Mais, comme elle est bonne catholique, elle ne veut pas rester dans un pays d'une autre religion que la sienne, quand son attachement pour moi ne l'y retiendra plus. Elle ne voudroit pas non plus retourner à Paris ; il y fait trop cher vivre, et la vie bruyante de ce pays-là n'est pas de son goût. Elle voudroit trouver, dans quelque province reculée, où l'on vécût à bon compte, un petit asile, soit dans une communauté de filles, soit en prenant son petit ménage dans un village ou ailleurs, pourvu qu'elle y soit tranquille.

J'ai pensé, monsieur, au pays que vous habitez, lequel a, ce me semble, les avantages qu'elle cherche, et n'est pas bien éloigné d'ici. Voudriez-vous bien avoir la charité de lui accorder votre protection et vos conseils, devenir son patron, et lui tenir lieu de père ? Il me semble que je ne serois plus en peine d'elle en la laissant sous votre garde ; et il me semble aussi qu'un pareil soin n'est pas moins digne de votre bon cœur que de votre ministère. C'est, je vous assure, une bonne et honnête fille, qui me sert depuis vingt ans avec l'attachement d'une fille à son père, plutôt que d'un domestique à son maître. Elle a des défauts, sans doute ; c'est le sort de l'humanité : mais elle a des vertus rares, un cœur excellent, une honnêteté de mœurs, une fidélité et un désintéressement à toute épreuve. Voilà de quoi je réponds après vingt ans d'expérience. D'ailleurs elle n'est plus jeune et ne veut d'établissement d'aucune espèce. Je sou-

(*) Voyez la lettre du 30 novembre 1762, page 406.

haite qu'elle passe ses jours dans une honnête indépendance, et qu'elle ne serve personne après moi. Elle n'a pas pour cela de grandes ressources, mais elle saura se contenter de peu. Tout son revenu se borne à une pension viagère de trois cents francs, que lui a faite mon libraire. Le peu d'argent que je pourrai lui laisser servira pour son voyage et pour son petit emménagement. Voilà tout, monsieur, voyez si cela pourra suffire à cette pauvre fille pour subsister dans le pays où vous êtes, et si, par la connoissance que vous avez du local, vous voudrez bien lui en faciliter les moyens. Si vous consentez, je ferai ce qu'il faut; et je n'aurai plus de souci pour elle, si je puis me flatter qu'elle vivra sous vos yeux. Un mot de réponse, monsieur, je vous en supplie, afin que je prenne mes arrangemens. Je vous demande pardon du désordre de ma lettre; mais je souffre beaucoup; et, dans cet état, ma main ni ma tête ne sont pas aussi libres que je voudrois bien.

Je me flatte, monsieur, que cette lettre vous atteste mes sentimens pour vous; ainsi je n'y ajouterai rien davantage que les assurances de mon respect.

P. S. Je suis obligé de vous prévenir, monsieur, que par la Suisse il faut affranchir jusqu'à Pontarlier. Quoique votre précédente lettre me soit parvenue, il seroit fort douteux si j'aurois ce bonheur une seconde fois. Je sens toute mon indiscrétion; mais, ou je me trompe fort, ou vous ne regretterez pas de payer le plaisir de faire du bien.

A M. ***.

Motiers-Travers, le 11 septembre 1763.

Je ne sais, monsieur, si vous vous rappellerez un homme autrefois connu de vous; pour moi, qui n'oublie point vos honnêtetés, je me suis rappelé avec plaisir vos traits dans ceux de M. votre fils, qui m'est venu voir il y a quelques jours. Le récit de ses malheurs m'a vivement touché; la tendresse et le respect avec lesquels il m'a parlé de vous ont achevé de m'intéresser pour lui. Ce qui lui rend ses maux plus aggravans est qu'ils lui viennent d'une main si chère. J'ignore, monsieur, quelles sont ses fautes, mais je vois son affliction; je sais que vous êtes père, et qu'un père n'est pas fait pour être inexorable. Je crois vous donner un vrai témoignage d'attachement en vous conjurant de n'user plus envers lui d'une rigueur désespérante, et qui, le faisant errer de lieu en lieu sans ressource et sans asile, n'honore ni le nom qu'il porte, ni le père dont il le tient. Réfléchissez, monsieur, quel seroit son sort si, dans cet état, il avoit le malheur de vous perdre. Attendra-t-il des parens, des collatéraux, une commisération que son père lui aura refusée? et si vous y comptez, comment pouvez-vous laisser à d'autres le soin d'être plus humains que vous envers votre fils? Je ne sais point comment cette seule idée ne désarme pas votre bon cœur. D'ailleurs de quoi s'agit-il ici? de faire révoquer une malheureuse lettre de cachet qui n'auroit jamais dû être sollicitée. Votre fils ne vous demande que sa liberté, et il n'en veut user que pour réparer ses torts s'il en a. Cette demande même est un devoir qu'il vous rend: pouvez-vous ne pas sentir le vôtre? Encore une fois, pensez-y, monsieur; je ne veux que cela; la raison vous dira le reste.

Quoique M. de M. ne soit plus ici, je sais, si vous m'honorez d'une réponse, où lui faire passer vos ordres; ainsi vous pouvez les lui donner par mon canal. Recevez, monsieur, mes salutations et les assurances de mon respect.

A M. G., LIEUTENANT-COLONEL

Septembre 1763.

Je crois, monsieur, que je serois fort aise de vous connoître; mais on me fait faire tant de connoissances par force, que j'ai résolu de n'en plus faire volontairement: votre franchise avec moi mérite bien que je vous la rende, et vous consentez de si bonne grâce que je ne vous réponde pas, que je ne puis trop tôt vous répondre; car si jamais j'étois tenté d'abuser de la liberté, ce seroit moins de celle qu'on me laisse que de celle qu'on voudroit m'ôter. Vous êtes lieutenant-colonel, monsieur, j'en suis fort aise; mais fussiez-vous prince, et, qui plus est, laboureur, comme je n'ai qu'un ton avec tout le monde, je n'en prendrai pas un autre avec vous. Je vous salue, monsieur, de tout mon cœur.

A M. LE PRINCE LOUIS-EUGÈNE DE WIRTEMBERG.

Motiers, le 29 octobre 1765.

Vous me faites, monsieur le duc, bien plus d'honneur que je n'en mérite Votre altesse sérénissime aura pu voir dans le livre qu'elle daigne citer que je n'ai jamais su comment il faut élever les princes, et la clameur publique me persuade que je ne sais comment il faut élever personne. D'ailleurs les disgrâces et les maux m'ont affecté le cœur et affoibli la tête. Il ne me reste de vie que pour souffrir, je n'en ai plus pour penser. A Dieu ne plaise toutefois que je me refuse aux vues que vous m'exposez dans votre lettre. Elle me pénètre de respect et d'admiration pour vous. Vous paroissez plus qu'un homme, puisque vous savez l'être encore dans votre rang. Disposez de moi, monsieur le duc; marquez-moi vos doutes, je vous dirai mes idées; vous pourrez me convaincre aisément d'insuffisance, mais jamais de mauvaise volonté.

Je supplie votre altesse sérénissime d'agréer les assurances de mon profond respect.

A MADAME LATOUR.

A Motiers, le 2 octobre 1765.

Vous n'avez pu, chère Marianne, recevoir le 22 réponse à votre lettre du 15 que je n'ai reçue que le 26, et cela par plusieurs raisons. Premièrement, vous mettez dans vos calculs plus de précision que les postes dans leur service. Mes lettres me parviennent fidèlement, mais jamais régulièrement, et je trouve presque toujours quelque retard sur les dates. En second lieu, je fais des absences le plus souvent que je puis, attendu que la marche est très-nécessaire à mon état, et que les espions et les importuns me rendent mon habitation insupportable. J'étois donc absent quand votre lettre est venue, et elle m'a attendu quelques jours chez moi. Enfin, par des précautions, que les curieux d'ici rendent nécessaires, ma correspondance en France est assujettie à quelque retard. J'ai pris avec le directeur des postes de Pontarlier un arrangement, par lequel il me fait tous les samedis un paquet des lettres venues pendant la semaine, et moi je lui en fais un tous les dimanches des réponses que j'ai écrites dans la semaine. Or, comme je les date ordinairement du jour qu'elles doivent partir d'ici, le retard des miennes n'est pas constaté par les dates, au lieu que celles que je reçois, selon les jours où elles sont écrites, en restent quelquefois six ou sept à Pontarlier avant que de me parvenir. Cet arrangement est sujet à inconvénient, j'en conviens, mais il est nécessaire. L'exactitude que vous mettez, et que vous exigez dans le commerce, me force à tous ces détails.

Me dire que vous comptez sur la promesse que je vous ai faite de vous renvoyer votre portrait, c'est m'en faire souvenir; je crois que cela n'étoit pas nécessaire. Il est vrai que si je pouvois manquer à ma parole, et vous tromper, c'en seroit l'occasion la plus tentante et la plus excusable; mais ma faute seroit plus pardonnable que votre crainte; vous eussiez mieux fait d'en courir le risque de bonne grâce.

Je ne doute pas que votre envoi ne me parvienne aussi sûrement que toutes mes lettres; cependant, pour surcroît de précaution, vous pouvez me l'adresser sous enveloppe à l'adresse de *M. Junet, directeur des postes à Pontarlier*. S'il arrive ici durant mon absence, n'en soyez point en peine; j'ai une gouvernante aussi sûre et plus soigneuse que moi. Quant à l'effet, je n'en puis parler d'avance. Ce sera beaucoup s'il vous est avantageux. Je crois que la peintresse ne vous a pas flattée; mais je vous vois déjà de la main d'un autre peintre, duquel je n'en oserois dire autant.

Vous me donnez des leçons très-tendres et très-sensées, dont je tâcherai de profiter. Si mes ennemis ne faisoient que me persécuter, cela seroit supportable; mais ils m'obsèdent et m'ennuient; voilà comme ils me feront mourir. Aimez-moi, chère Marianne, écrivez-moi, consolez-moi : voilà mon meilleur remède.

Je reçois votre lettre du 27 septembre : elle me ravit et me navre. Il est bien cruel que de toutes les suppositions que mon silence vous fait faire, il n'y en ait pas une qui l'excuse.

A LA MÊME.

Le 16 octobre 1765.

Le voilà donc enfin, ce précieux portrait, si justement désiré! Il m'arrive au moment où je suis entouré d'importuns et d'étrangers, et ce n'est pas la seule conformité qu'il me donne en cet instant avec Saint-Preux (*). Vous permettrez bien, belle Marianne, que je prenne un peu de temps pour le considérer et lui rendre mes hommages. Pour moins abuser, cependant, de votre complaisance, et ne pas prolonger vos inquiétudes, je compte vous le renvoyer l'ordinaire prochain, c'est-à-dire dans huit jours. En attendant, j'ai cru devoir vous donner avis de sa réception, afin de vous tranquilliser là-dessus.

A M. LE PRINCE L.-E. DE WIRTEMBERG,

Motiers, le 17 octobre 1765.

J'attendois, monsieur le duc, pour répondre à la lettre dont m'a honoré votre altesse sérénissime le 4 octobre, d'avoir reçu celle où elle m'annonçoit des questions que j'aurois tâché de résoudre. L'objet du commerce que vous daignez me proposer m'a paru trop intéressant pour devoir y mêler rien de superflu; et je suis bien éloigné de croire que, hors cet objet si digne de tous vos soins, mes lettres par elles-mêmes puissent mériter votre attention.

Sur ce principe, j'ai cru, monsieur le duc, que le respect le mieux entendu que je pouvois vous témoigner étoit de m'en tenir exactement à l'exécution de vos ordres, de répondre à vos questions le plus précisément et le plus clairement qu'il me seroit possible, et d'en rester là, sans m'ingérer à mêler du verbiage ou des louanges aux devoirs que vous m'imposez. Je n'ai donc point répondu d'abord à votre précédente lettre, parce que vous ne me demandiez rien. Lorsque vous m'honorerez de vos ordres, vous serez content, sinon de mes efforts,

(*) *Nouvelle Héloïse*, partie II, lettre XXII. M. P.

au moins de mon zèle. J'ai toujours cru qu'obéir et se taire étoit la manière la plus convenable de faire sa cour aux grands.

Je dois vous prévenir encore qu'une certaine exactitude est désormais au-dessus de mes forces. Les maux qui m'accablent, les importuns qui m'excèdent, m'ôtent la plus grande partie de mon temps; la nécessité de ma situation en absorbe une autre; enfin, le découragement me rejette insensiblement dans toute l'indolence pour laquelle j'étois né. Je ne vous promets donc point des réponses ponctuelles, c'est un engagement qui passe mes forces et que je serois hors d'état de tenir. Mais je vous promets bien, et mon cœur m'atteste que cette promesse ne sera point vaine, de m'occuper beaucoup du respectable objet de vos lettres, d'y réfléchir, d'y méditer, et de ne vous répondre qu'après avoir fait tous mes efforts pour ne pas me tromper dans mes vues. Ainsi, lorsque je passerai trois mois sans vous écrire, ne présumez pas, je vous supplie, que ces trois mois soient perdus pour les soins que vous m'imposez. Ce que je ne dirai pas ne sauroit nuire, mais je ne puis trop penser à ce que je dirai.

Si cet arrangement vous convient, j'attends vos ordres, et je m'en acquitterai de mon mieux; s'il ne vous convient pas, je déplorerai mon impuissance, et resterai pénétré toute ma vie de n'avoir pu mieux répondre à la confiance dont vous aviez daigné m'honorer.

Au reste, la lecture du papier que vous m'avez envoyé m'a mis dans une sécurité bien parfaite sur le sort de cet heureux enfant. Sous les yeux de M. Tissot, sous les vôtres, le plus difficile est déjà fait; et pour achever votre ouvrage il suffit de n'y rien gâter.

Agréez, monsieur le duc, je vous supplie, les assurances de mon profond respect.

A M. REGNAULT, A LYON.

Au sujet d'une offre d'argent dont il étoit chargé de la part d'un inconnu qui, ayant appris que Rousseau relevoit d'une maladie dangereuse, avoit supposé que ce secours pouvoit lui être utile.

Motiers, le 21 octobre 1765.

J'ignore, monsieur, sur quoi fondé l'inconnu dont vous me parlez se croit en droit de me faire des présens; ce que je sais, c'est que, si jamais j'en accepte, il faudra que je commence par bien connoître celui qui croira mériter la préférence, et que je pense comme lui sur ce point.

Je suis fort sensible aux offres obligeantes que vous me faites. N'étant pas, quant à présent, dans le cas de m'en prévaloir, je vous en fais mes remercîmens, et vous salue, monsieur, de tout mon cœur.

A MADAME LATOUR.

Motiers, le 25 octobre 1763.

Voilà votre portrait, chère Marianne; je paie tout le plaisir qu'il m'a fait par la peine que j'éprouve à m'en détacher. Mais j'ai promis, et, comme Saint-Preux, *dussé-je en mourir, il faut mériter votre estime* (*). J'avoue que celui de vos deux portraits qui ne peut me quitter ne ressembloit pas exactement à l'autre, et tant mieux; désormais pour moi vous êtes double; j'ai le plaisir de vous aimer sous deux figures; c'est comme avoir deux maîtresses à la fois, c'est passer délicieusement de l'une à l'autre, c'est goûter les plaisirs de l'inconstance, sans manquer de fidélité.

Il est affreux d'être obligé de finir au moment qu'on a tant à dire; mais tel est mon sort. Je sens avec douleur qu'il est impossible que vous soyez jamais contente de moi. Vous jouissez de tout votre loisir, et je vous devrois tout le mien; mais on ne m'en laisse aucun. Cependant vous me jugez sur ce que je dois, et non sur ce que je puis; en cela vous n'êtes pas injuste, mais vous êtes désolante. Adieu, chère Marianne, on ne me laisse pas écrire un mot de plus.

A MADAME DE LUZE WARNAY.

Motiers, le 2 novembre 1763.

Pour me venger, madame, de vos présens, j'ai résolu de ne vous en remercier que quand ils seroient mangés, et, grâces aux hôtes qui me sont venus, la vengeance a été plus courte

(*) *Nouvelle Héloïse*, partie I, lettre XLII. M. P.

qu'elle n'eût dû l'être. Vous avez cru qu'ayant tant de droits sur moi vous deviez avoir aussi celui de me faire des présens, même sans m'en prévenir; à la bonne heure: mais ces présens, que le messager qui les apporta disoit tenir d'une autre main, m'ont coûté bien des tourmens avant de remonter à leur source, et je les ai un peu achetés à force de recherches et de lettres. Je vous en remercie enfin, madame, et j'ai trouvé les raisins et les biscuits excellens; mais, comme je crains encore plus la peine que je n'aime les bonnes choses, je vous supplie cependant de ne pas m'envoyer souvent des cadeaux au même prix.

Agréez, madame, que je fasse mes salutations à M. de Luze, et que je vous assure de tout mon respect.

AU PRINCE L.-E. DE WIRTEMBERG.

Motiers, le 10 novembre 1763.

Si j'avois le malheur d'être né prince, d'être enchaîné par les convenances de mon état, que je fusse contraint d'avoir un train, une suite, des domestiques, c'est-à-dire des maîtres, et que pourtant j'eusse une âme assez élevée pour vouloir être homme malgré mon rang, pour vouloir remplir les grands devoirs de père, de mari, de citoyen de la république humaine, je sentirois bientôt les difficultés de concilier tout cela, celle surtout d'élever mes enfans pour l'état où les plaça la nature, en dépit de celui qu'ils ont parmi leurs égaux.

Je commencerois donc par me dire, Il ne faut pas vouloir des choses contradictoires; il ne faut pas vouloir être et n'être pas. La difficulté que je veux vaincre est inhérente à la chose; si l'état de la chose ne peut changer, il faut que la difficulté reste. Je dois sentir que je n'obtiendrai pas tout ce que je veux: mais n'importe, ne nous décourageons point. De tout ce qui est bien, je ferai tout ce qui est possible; mon zèle et ma vertu m'en répondent: une partie de la sagesse est de porter le joug de la nécessité: quand le sage fait le reste, il a tout fait. Voilà ce que je me dirois si j'étois prince. Après cela j'irois en avant sans me rebuter, sans rien craindre; et, quel que fût mon succès, ayant fait ainsi, je serois content de moi. Je ne crois pas que j'eusse tort de l'être.

Il faut, monsieur le duc, commencer par vous bien mettre dans l'esprit qu'il n'y a point d'œil paternel que celui d'un père, ni d'œil maternel que celui d'une mère. Je voudrois employer vingt rames de papier à vous répéter ces deux lignes, tant je suis convaincu que tout en dépend.

Vous êtes prince, rarement pourrez-vous être père : vous aurez trop d'autres soins à remplir ; il faudra donc que d'autres remplissent les vôtres. Madame la duchesse sera dans le même cas à peu près.

De là suit cette première règle. Faites en sorte que votre enfant soit cher à quelqu'un.

Il convient que ce quelqu'un soit de son sexe. L'âge est très-difficile à déterminer. Par d'importantes raisons il la faudroit jeune. Mais une jeune personne a bien d'autres soins en tête que de veiller jour et nuit sur un enfant. Ceci est un inconvénient inévitable et déterminant.

Ne la prenez donc pas jeune, ni belle par conséquent, car ce seroit encore pis. Jeune, c'est elle que vous aurez à craindre; belle, c'est tout ce qui l'approchera.

Il vaut mieux qu'elle soit veuve que fille. Mais si elle a des enfans, qu'aucun d'eux ne soit autour d'elle, et que tous dépendent de vous.

Point de femme à grands sentimens, encore moins de bel esprit. Qu'elle ait assez d'esprit pour vous bien entendre, non pour raffiner sur vos instructions.

Il importe qu'elle ne soit pas trop facile à vivre, et il n'importe pas qu'elle soit libérale. Au contraire, il la faut rangée, attentive à ses intérêts. Il est impossible de soumettre un prodigue à la règle ; on tient les avares par leur propre défaut.

Point d'étourdie ni d'évaporée ; outre le mal de la chose, il y a encore celui de l'humeur, car toutes les folles en ont, et rien n'est plus à craindre que l'humeur : par la même raison les gens vifs, quoique plus aimables, me sont suspects à cause de l'emportement. Comme nous ne trouverons pas une femme parfaite, il ne faut pas tout exiger : ici la douceur est de précepte ; mais, pourvu que la raison la donne, elle peut n'être pas dans le tempérament. Je l'aime aussi mieux égale et froide qu'accueillante et capricieuse. En toutes choses préférez un caractère sûr à un caractère brillant. Cette dernière qualité est même un inconvénient pour notre objet ; une personne faite pour être au-dessus des autres peut être gâtée par le mérite de ceux qui l'élèvent. Elle en exige ensuite autant de tout le monde, et cela la rend injuste avec ses inférieurs.

Du reste, ne cherchez dans son esprit aucune culture ; il se farde en étudiant, et c'est tout. Elle se déguisera si elle sait ; vous la connoîtrez bien mieux si elle est ignorante : dût-elle ne pas savoir lire, tant mieux ; elle apprendra avec son élève. La seule qualité d'esprit qu'il faut exiger, c'est un sens droit.

Je ne parle point ici des qualités du cœur ni des mœurs, qui se supposent, parce qu'on se contrefait là-dessus. On n'est pas si en garde sur le reste du caractère, et c'est par là que de bons yeux jugent du tout. Tout ceci demanderoit peut-être de plus grands détails ; mais ce n'est pas maintenant de quoi il s'agit.

Je dis, et c'est ma première règle, qu'il faut que l'enfant soit cher à cette personne-là. Mais comment faire ?

Vous ne lui ferez point aimer l'enfant en lui disant de l'aimer, et avant que l'habitude ait fait naître l'attachement : on s'amuse quelquefois avec les autres enfans, mais on n'aime que les siens.

Elle pourroit l'aimer si elle aimoit le père ou la mère ; mais dans votre rang on n'a point d'amis, et jamais, dans quelque rang que ce puisse être, on n'a pour amis les gens qui dépendent de nous.

Or l'affection qui ne naît pas du sentiment, d'où peut-elle naître si ce n'est de l'intérêt ?

Ici vient une réflexion que le concours de mille autres confirme ; c'est que les difficultés que vous ne pouvez ôter de votre condition, vous ne les éluderez qu'à force de dépense.

Mais n'allez pas croire, comme les autres, que l'argent fait tout par lui-même, et que pourvu qu'on paie on est servi. Ce n'est pas cela.

Je ne connois rien de si difficile quand on est riche que de faire usage de sa richesse pour aller à ses fins. L'argent est un ressort dans la mécanique morale, mais il repousse toujours la main qui le fait agir. Faisons quelques observations nécessaires pour notre objet.

Nous voulons que l'enfant soit cher à sa gouvernante, il faut pour cela que le sort de la gouvernante soit lié à celui de l'enfant. Il ne faut pas qu'elle dépende seulement des soins qu'elle lui rendra, tant parce qu'on n'aime guère les gens qu'on sert, que parce que les soins payés ne sont qu'apparens : les soins réels se négligent, et nous cherchons ici des soins réels.

Il faut qu'elle dépende non de ses soins, mais de leur succès, et que sa fortune soit attachée à l'effet de l'éducation qu'elle aura donnée. Alors seulement elle se verra dans son élève et s'affectionnera nécessairement à elle ; elle ne lui rendra pas un service de parade et de montre, mais un service réel ; ou plutôt, en la servant, elle ne servira qu'elle-même, elle ne travaillera que pour soi.

Mais qui sera juge de ce succès? La foi d'un père équitable, et dont la probité est bien établie, doit suffire : la probité est un instrument sûr dans les affaires, pourvu qu'il soit joint au discernement.

Le père peut mourir. Le jugement des femmes n'est pas reconnu assez sûr, et l'amour maternel est aveugle. Si la mère étoit établie juge au défaut du père, ou la gouvernante ne s'y fieroit pas, ou elle s'occuperoit plus à plaire à la mère qu'à bien élever l'enfant.

Je ne m'étendrai pas sur le choix des juges de l'éducation ; il faudroit pour cela des connoissances particulières relatives aux personnes. Ce qui importe essentiellement, c'est que la gouvernante ait la plus entière confiance dans l'intégrité du jugement, qu'elle soit persuadée qu'on ne la privera point du prix de ses soins si elle a réussi, et que, quoi qu'elle puisse dire, elle ne l'obtiendra pas dans le cas contraire. Il ne faut jamais qu'elle oublie que ce n'est pas à sa peine que ce prix sera dû, mais au succès.

Je sais bien que, soit qu'elle ait fait son devoir ou non, ce prix ne sauroit lui manquer. Je ne suis pas assez fou, moi qui connois les hommes, pour m'imaginer que ces juges, quels qu'ils soient, iront déclarer solennellement qu'une jeune princesse de quinze à vingt ans a été mal élevée. Mais cette réflexion que je fais là, la bonne ne la fera pas ; quand elle la feroit, elle ne s'y fieroit pas tellement qu'elle en négligeât des devoirs dont dépend son sort, sa fortune son existence. Et ce qu'il importe ici n'est pa que la récompense soit bien administrée, mais l'éducation qui doit l'obtenir.

Comme la raison nue a peu de force, l'intérêt seul n'en a pas tant qu'on croit. L'imagination seule est active. C'est une passion que nous voulons donner à la gouvernante ; et l'on n'excite les passions que par l'imagination. Une récompense promise en argent est très-puissante, mais la moitié de sa force se perd dans le lointain de l'avenir. On compare de sang-froid l'intervalle et l'argent, on compense le risque avec la fortune, et le cœur reste tiède. Étendez pour ainsi dire l'avenir sous les sens, afin de lui donner plus de prise ; présentez-le sous des faces qui le rapprochent, qui flattent l'espoir et séduisent l'esprit. On se perdroit dans la multitude de suppositions qu'il faudroit parcourir, selon les temps, les lieux, les caractères. Un exemple est un cas dont on peut tirer l'induction pour cent mille autres.

Ai-je affaire à un caractère paisible, aimant l'indépendance et le repos ; je mène promener cette personne dans une campagne : elle voit dans une jolie situation une petite maison bien ornée, une basse-cour, un jardin, des terres pour l'entretien du maître, les agrémens qui peuvent lui en faire aimer le séjour. Je vois ma gouvernante enchantée : on s'approprie toujours par la convoitise ce qui convient à notre bonheur. Au fort de son enthousiasme, je la prends à part ; je lui dis, élevez ma fille à ma fantaisie ; tout ce que vous voyez est à vous. Et afin qu'elle ne prenne pas ceci pour un mot en l'air, j'en passe l'acte conditionnel : elle n'aura pas un dégoût dans ses fonctions sur lequel son imagination n'applique cette maison pour emplâtre.

Encore un coup, ceci n'est qu'un exemple. Si la longueur du temps épuise et fatigue l'imagination, l'on peut partager l'espace et la récompense en plusieurs termes, et même à plusieurs personnes : je ne vois ni difficultés ni inconvénient à cela. Si dans six ans mon enfant est ainsi, vous aurez telle chose. Le terme venu si la condition est remplie, on tient parole, et l'on est libre des deux côtés.

Bien d'autres avantages découleront de l'expédient que je propose ; mais je ne peux ni ne dois tout dire. L'enfant aimera sa gouvernante, surtout si elle est d'abord sévère et que l'enfant ne soit pas encore gâté. L'effet de l'habitude est naturel et sûr; jamais il n'a manqué que par la faute des guides. D'ailleurs la justice a sa mesure et sa règle exacte; au lieu que la complaisance qui n'en a point rend les enfans toujours exigeans et toujours mécontens. L'enfant donc qui aime sa bonne sait que le sort de cette bonne est dans le succès de ses soins; jugez de ce que fera l'enfant à mesure que son intelligence et son cœur se formeront.

Parvenue à certain âge, la petite fille est capricieuse ou mutine. Supposons un moment critique important, où elle ne veut rien entendre; ce moment viendra bien rarement, on sent pourquoi. Dans ce moment fâcheux la bonne manque de ressource; alors elle s'attendrit en regardant son élève, et lui dit : *C'en est donc fait, tu m'ôtes le pain de ma vieillesse!*

Je suppose que la fille d'un tel père ne sera pas un monstre : cela étant, l'effet de ce mot est sûr; mais il ne faut pas qu'il soit dit deux fois.

On peut faire en sorte que la petite se le dise à toute heure; et voilà d'où naissent mille biens à la fois. Quoi qu'il en soit, croyez-vous qu'une femme qui pourra parler ainsi à son élève ne s'affectionnera pas à elle? On s'affectionne aux gens sur la tête desquels on a mis des fonds; c'est le mouvement de la nature, et un mouvement non moins naturel est de s'affectionner à son propre ouvrage, surtout quand on en attend son bonheur. Voilà donc notre première recette accomplie.

Seconde règle.

Il faut que la bonne ait sa conduite toute tracée et une pleine confiance dans le succès.

Le mémoire instructif qu'il faut lui donner est une pièce très-importante. Il faut qu'elle l'étudie sans cesse; il faut qu'elle le sache par cœur, mieux qu'un ambassadeur ne doit savoir ses instructions. Mais ce qui est plus important encore, c'est qu'elle soit parfaitement convaincue qu'il n'y a point d'autre route pour aller au but qu'on lui marque, et par conséquent au sien.

Il ne faut pas pour cela lui donner d'abord le mémoire. Il faut lui dire premièrement ce que vous voulez faire, lui montrer l'état de corps et d'âme où vous exigez qu'elle mette votre enfant. Là-dessus toute dispute ou objection de sa part est inutile : vous n'avez point de raisons à lui rendre de votre volonté. Mais il faut lui prouver que la chose est faisable, et qu'elle ne l'est que par les moyens que vous proposez : c'est sur cela qu'il faut beaucoup raisonner avec elle : il faut lui dire vos raisons clairement, simplement, au long, en termes à sa portée. Il faut écouter ses réponses, ses sentimens, ses objections, les discuter à loisir ensemble, non pas tant pour ses objections mêmes, qui probablement seront superficielles, que pour saisir l'occasion de bien lire dans son esprit, de la bien convaincre que les moyens que vous indiquez sont les seuls propres à réussir. Il faut s'assurer que de tout point elle est convaincue, non en paroles, mais intérieurement. Alors seulement il faut lui donner le mémoire, le lire avec elle, l'examiner, l'éclaircir, le corriger peut-être, et s'assurer qu'elle l'entend parfaitement.

Il surviendra souvent, durant l'éducation, des circonstances imprévues; souvent les choses prescrites ne tourneront pas comme on avoit cru : les élémens nécessaires pour résoudre les problèmes moraux sont en très-grand nombre, et un seul omis rend la solution fausse. Cela demandera des conférences fréquentes, des discussions, des éclaircissemens auxquels il ne faut jamais se refuser, et qu'il faut même rendre agréables à la gouvernante par le plaisir avec lequel on s'y prêtera. C'est encore un fort bon moyen de l'étudier elle-même.

Ces détails me semblent plus particulièrement la tâche de la mère. Il faut qu'elle sache le mémoire aussi bien que la gouvernante; mais il faut qu'elle le sache autrement. La gouvernante le saura par les règles, la mère le saura par les principes; car premièrement ayant reçu une éducation plus soignée, et ayant eu l'esprit plus exercé, elle doit être plus en état de généraliser ses idées, et d'en voir tous les rapports; et de plus, prenant au succès un intérêt plus vif encore, elle doit plus s'occuper des moyens d'y parvenir.

Troisième règle. La bonne doit avoir un pouvoir absolu sur l'enfant.

Cette règle bien entendue se réduit à celle-ci, que le mémoire seul doit tout gouverner; car, quand chacun se réglera scrupuleusement sur le mémoire, il s'ensuit que tout le monde agira toujours de concert, sauf ce qui pourroit être ignoré des uns ou des autres; mais il est aisé de pourvoir à cela.

Je n'ai pas perdu mon objet de vue, mais j'ai été forcé de faire un bien grand détour. Voilà déjà la difficulté levée en grande partie; car notre élève aura peu à craindre des domestiques quand la seconde mère aura tant d'intérêt à la surveiller. Parlons à présent de ceux-ci.

Il y a dans une maison nombreuse des moyens généraux pour tout faire, et sans lesquels on ne parvient jamais à rien.

D'abord les mœurs, l'imposante image de la vertu, devant laquelle tout fléchit, jusqu'au vice même; ensuite l'ordre, la vigilance, enfin l'intérêt, le dernier de tous : j'ajouterois la vanité; mais l'état servile est trop près de la misère; la vanité n'a sa grande force que sur les gens qui ont du pain.

Pour ne pas me répéter ici, permettez, monsieur le duc, que je vous renvoie à la quatrième partie de l'*Héloïse*, lettre dixième. Vous y trouverez un *recueil de maximes* qui me paroissent fondamentales pour donner dans une maison, grande ou petite, du ressort à l'autorité; du reste, je conviens de la difficulté de l'exécution, parce que, de tous les ordres d'hommes imaginables, celui des valets laisse le moins de prise pour le mener où l'on veut. Mais tous les raisonnemens du monde ne feront pas qu'une chose ne soit pas ce qu'elle est, que ce qui n'y est pas s'y trouve, que des valets ne soient pas des valets.

Le train d'un grand seigneur est susceptible de plus et de moins, sans cesser d'être convenable. Je pars de là pour établir ma première maxime.

1° Réduisez votre suite au moindre nombre de gens qu'il soit possible; vous aurez moins d'ennemis, et vous en serez mieux servi. S'il y a dans votre maison un seul homme qui n'y soit pas nécessaire, il y est nuisible, soyez-en sûr.

2° Mettez du choix dans ceux que vous garderez, et préférez de beaucoup un service exact à un service agréable. Ces gens qui aplanissent tout devant leur maître sont tous des fripons. Surtout point de dissipateur.

3° Soumettez-les à la règle en toute chose, même au travail, ce qu'ils feront dût-il n'être bon à rien.

4° Faites qu'ils aient un grand intérêt à rester long-temps à votre service, qu'ils s'y attachent à mesure qu'ils y restent, qu'ils craignent par conséquent d'autant plus d'en sortir qu'ils y sont restés plus long-temps. La raison et les moyens de cela se trouvent dans le livre indiqué.

Ceci sont les données que je peux supposer, parce que, bien qu'elles demandent beaucoup de peine, enfin elles dépendent de vous. Cela posé :

Quelque temps avant que de leur parler, vous avez quelquefois des entretiens à table sur l'éducation de votre enfant, et sur ce que vous vous proposez de faire, sur les difficultés que vous aurez à vaincre, et sur la ferme résolution où vous êtes de n'épargner aucun soin pour réussir. Probablement vos gens n'auront pas manqué de critiquer entre eux la manière extraordinaire d'élever l'enfant; ils y auront trouvé de la bizarrerie : il la faut justifier, mais simplement et en peu de mots. Du reste, il faut montrer votre objet beaucoup plus du côté moral et pieux que du côté philosophique. Madame la princesse, en ne consultant que son cœur, peut y mêler des mots charmans; M. Tissot peut ajouter quelques réflexions dignes de lui.

On est si peu accoutumé de voir les grands avoir des entrailles, aimer la vertu, s'occuper de leurs enfans, que ces conversations courtes et bien ménagées ne peuvent manquer de produire un grand effet. Mais surtout nulle ombre d'affectation; point de longueur. Les domestiques ont l'œil très-perçant : tout seroit perdu s'ils soupçonnoient seulement qu'il y eût en cela rien de concerté; et en effet rien ne doit l'être. Bon père, bonne mère, laissez parler vos cœurs avec simplicité : ils trouveront des choses touchantes d'eux-mêmes; je vois d'ici vos domestiques derrière vos chaises se prosterner devant leur maître au fond de leurs cœurs. Voilà les dispositions qu'il faut faire naître, et dont il faut profiter pour les règles que nous avons à leur prescrire.

Ces règles sont de deux espèces, selon le jugement que vous porterez vous-même de l'état de votre maison et des mœurs de vos gens.

Si vous croyez pouvoir prendre en eux une confiance raisonnable et fondée sur leur intérêt, il ne s'agira que d'un énoncé clair et bref de la manière dont on doit se conduire toutes les fois qu'on approchera de votre enfant, pour ne point contrarier son éducation.

Que si, malgré toutes vos précautions, vous croyez devoir vous défier de ce qu'ils pourront dire ou faire en sa présence, la règle alors sera plus simple, et se réduira à n'en approcher jamais sous quelque prétexte que ce soit.

Quel de ces deux partis que vous choisissiez, il faut qu'il soit sans exception, et le même pour vos gens de tout étage, excepté ce que vous destinez spécialement au service de l'enfant, et qui ne peut être en trop petit nombre ni trop scrupuleusement choisi.

Un jour donc vous assemblez vos gens, et, dans un discours grave et simple, vous leur direz que vous croyez devoir en bon père apporter tous vos soins à bien élever l'enfant que Dieu vous a donné : « Sa mère et moi sentons tout ce
» qui nuisit à la nôtre. Nous l'en voulons pré-
» server ; et, si Dieu bénit nos efforts, nous
» n'aurons point de compte à lui rendre des
» défauts ou des vices que notre enfant pour-
» roit contracter. Nous avons pour cela de
» grandes précautions à prendre : voici celles
» qui vous regardent, et auxquelles j'espère
» que vous vous prêterez en honnêtes gens,
» dont les premiers devoirs sont d'aider à rem-
» plir ceux de leurs maîtres. »

Après l'énoncé de la règle dont vous prescrivez l'observation, vous ajoutez que ceux qui seront exacts à la suivre peuvent compter sur votre bienveillance et même sur vos bienfaits. « Mais je vous déclare en même temps, pour-
» suivez-vous d'une voix plus haute, que qui-
» conque y aura manqué une seule fois, et en
» quoi que ce puisse être, sera chassé sur-le-
» champ et perdra ses gages. Comme c'est là
» la condition sous laquelle je vous garde, et
» que je vous en préviens tous, ceux qui n'y
» veulent pas acquiescer peuvent sortir. »

Des règles si peu gênantes ne feront sortir que ceux qui seroient sortis sans cela : ainsi vous ne perdez rien à leur mettre le marché à la main, et vous leur en imposez beaucoup. Peut-être au commencement quelque étourdi en sera-t-il la victime, et il faut qu'il le soit. Fût-ce le maître d'hôtel, s'il n'est chassé comme un coquin, tout est manqué. Mais s'ils voient une fois que c'est tout de bon, et qu'on les surveille, on aura désormais peu besoin de les surveiller.

Mille petits moyens relatifs naissent de ceux-là : mais il ne faut pas tout dire, et ce mémoire est déjà trop long. J'ajouterai seulement un avis très-important et propre à couper court au mal qu'on n'aura pu prévenir ; c'est d'examiner toujours l'enfant avec le plus grand soin, et de suivre attentivement les progrès de son corps et de son cœur. S'il se fait quelque chose autour de lui contre la règle, l'impression s'en marquera dans l'enfant même. Dès que vous y verrez un signe nouveau, cherchez-en la cause avec soin ; vous la trouverez infailliblement. A certain âge il y a toujours remède au mal qu'on n'a pu prévenir, pourvu qu'on sache le connoître et qu'on s'y prenne à temps pour le guérir.

Tous ces expédiens ne sont pas faciles, et je ne réponds pas absolument de leur succès ; cependant je crois qu'on y peut prendre une confiance raisonnable, et je ne vois rien d'équivalent dont j'en puisse dire autant.

Dans une route toute nouvelle, il ne faut pas chercher des chemins battus, et jamais entreprise extraordinaire et difficile ne s'exécute par des moyens aisés et communs.

Du reste, ce ne sont peut-être ici que les délires d'un fiévreux. La comparaison de ce qui est à ce qui doit être m'a donné l'esprit romanesque et m'a toujours jeté loin de tout ce qui se fait. Mais vous ordonnez, monsieur le duc, j'obéis. Ce sont mes idées que vous demandez, les voilà. Je vous tromperois si je vous donnois la raison des autres pour les folies qui sont à moi. En les faisant passer sous les yeux d'un si bon juge, je ne crains pas le mal qu'elles peuvent causer.

A M. L'ABBÉ DE ***.

Motiers-Travers, le 27 novembre 1763.

J'ai reçu, monsieur, la lettre obligeante dans laquelle votre honnête cœur s'épanche avec moi. Je suis touché de vos sentimens et reconnoissant de votre zèle ; mais je ne vois pas bien sur quoi vous me consultez. Vous me dites, J'ai de la naissance dont je dois suivre la vocation, parce que mes parens le veulent; apprenez-moi ce que je dois faire : je suis gentilhomme, et veux vivre comme tel; apprenez-moi toutefois à vivre en homme : j'ai des préjugés que je veux respecter; apprenez-moi toutefois à les vaincre. Je vous avoue, monsieur, que je ne sais pas répondre à cela.

Vous me parlez avec dédain des deux seuls métiers que la noblesse connoisse et qu'elle veuille suivre; cependant vous avez pris un de ces métiers. Mon conseil est, puisque vous y êtes, que vous tâchiez de le faire bien. Avant de prendre un état, on ne peut trop raisonner sur son objet; quand il est pris, il en faut remplir les devoirs, c'est alors tout ce qui reste à faire.

Vous vous dites sans fortune, sans biens; vous ne savez comment, avec de la naissance (car la naissance revient toujours), vivre libre et mourir vertueux. Cependant vous offrez un asile à une personne qui m'est attachée; vous m'assurez que madame votre mère la mettra à son aise; le fils d'une dame qui peut mettre une étrangère à son aise doit naturellement y être aussi; il peut donc vivre libre et mourir vertueux. Les vieux gentilshommes, qui valoient bien ceux d'aujourd'hui, cultivoient leurs terres et faisoient du bien à leurs paysans. Quoi que vous en puissiez dire, je ne crois pas que ce fût déroger que d'en faire autant.

Vous voyez, monsieur, que je trouve dans votre lettre même la solution des difficultés qui vous embarrassent. Du reste, excusez ma franchise; je dois répondre à votre estime par la mienne, et je ne puis vous en donner une preuve plus sûre qu'en osant, tout gentilhomme que vous êtes, vous dire la vérité.

Je vous salue, monsieur, de tout mon cœur.

A MADAME DE B. (*)

Décembre 1763.

Je n'ai rien, madame, à vous dire sur le jugement que vous avez porté de la probité de M. de Voltaire; je vous dirai seulement que je n'ai point reçu la lettre que vous lui avez adressée pour moi, et que je n'ai envoyé ni à vous ni à personne l'imprimé intitulé : *Sermon des cinquante*, que je n'ai même jamais vu. Du reste, il me paroît bizarre que, pour me faire parvenir une lettre, vous vous soyez adressée au chef de mes persécuteurs.

A l'égard des doutes que vous pouvez avoir, madame, sur certains points de la religion, pourquoi vous adressez-vous, pour les lever, à un homme qui n'en est pas exempt lui-même? Si malheureusement les vôtres tombent sur les principes de vos devoirs, je vous plains; mais s'ils n'y tombent pas, de quoi vous mettez-vous en peine? Vous avez une religion qui dispense de tout examen; suivez-la en simplicité de cœur. C'est le meilleur conseil que je puis vous donner, et je le prends autant que je peux pour moi-même.

Recevez, madame, mes salutations et mon respect.

A M.....

Motiers, 7 décembre 1763.

La vérité que j'aime, monsieur, n'est pas tant métaphysique que morale : j'aime la vérité, parce que je hais le mensonge; je ne puis être inconséquent là-dessus que quand je serai de mauvaise foi. J'aimerois bien aussi la vérité métaphysique si je croyois qu'elle fût à notre portée, mais je n'ai jamais vu qu'elle fût dans les livres; et, désespérant de l'y trouver, je dédaigne leur instruction, persuadé que la vérité qui nous est utile est plus près de nous, et qu'il ne faut pas, pour l'acquérir, un si grand appareil de science. Votre ouvrage, monsieur, peut donner cette démonstration promise et manquée par tous les philosophes; mais je ne puis changer de principe sur des raisons que je ne

---

(*) Voici quel étoit le début de la lettre de madame de B***, laquelle celle-ci sert de réponse.

Paris, 10 novembre 1763.

Monsieur,

« Il y a environ un mois que j'eus l'honneur de vous écrire; ignorant votre adresse, j'envoyai ma lettre bien cachetée à » M. de Voltaire; avec l'assurance de cette probité commune à » tous les honnêtes gens, je le priai de vous l'envoyer. Mais » quelle a été ma surprise lorsque, le 4 de ce mois, j'ai reçu en » réponse un imprimé qui a pour titre: *Sermon des cinquante*. » Seroit-ce vous, monsieur, ou M. de Voltaire, qui me l'avez » envoyé? je n'ose penser que c'est vous, etc. » (*Note extraite de l'édition de Genève*, tome XXIV, in-8, page 124.)

Voyez ci-après la lettre au prince de Wirtemberg, du 11 mars 1764. G. P.

connois pas. Cependant votre confiance m'en impose; vous promettez tant et si hautement, je trouve d'ailleurs tant de justesse et de raison dans votre manière d'écrire, que je serois surpris qu'il n'y en eût pas dans votre philosophie; et je devrois peu l'être, avec ma vue courte, que vous vissiez où je n'avois pas cru qu'on pût voir. Or ce doute me donne de l'inquiétude, parce que la vérité que je connois, ou ce que je prends pour elle, est très-aimable, qu'il en résulte pour moi un état très-doux, et que je ne conçois pas comment j'en pourrois changer sans y perdre. Si mes sentimens étoient démontrés, je m'inquiéterois peu des vôtres; mais, à parler sincèrement, je suis allé jusqu'à la persuasion sans aller jusqu'à la conviction. Je crois, mais je ne sais pas; je ne sais pas même si la science qui me manque me sera bonne quand je l'aurai, et si peut-être alors il ne faudra point que je dise : *Alto quæsivit cœlo lucem, ingemuitque repertâ.*

Voilà, monsieur, la solution ou du moins l'éclaircissement des inconséquences que vous m'avez reprochées. Cependant il me paroît bizarre que, pour vous avoir dit mon sentiment quand vous me l'avez demandé, je sois réduit à faire mon apologie. Je n'ai pris la liberté de vous juger que pour vous complaire; je puis m'être trompé, sans doute, mais se tromper n'est pas avoir tort.

Vous me demandez pourtant encore un conseil sur un sujet très-grave, et je vais peut-être vous répondre encore tout de travers; mais heureusement ce conseil est de ceux que jamais auteur ne demande que quand il a déjà pris son parti.

Je remarquerai d'abord que la supposition que votre ouvrage renferme la découverte de la vérité, ne vous est pas particulière; et si cette raison vous engage à publier votre livre, elle doit de même engager tout philosophe à publier le sien. J'ajouterai qu'il ne suffit pas de considérer le bien qu'un livre contient en lui-même, mais le mal auquel il peut donner lieu; il faut songer qu'il trouvera peu de lecteurs judicieux bien disposés, et beaucoup de mauvais cœurs, encore plus de mauvaises têtes. Il faut, avant de le publier, comparer le bien et le mal qu'il peut faire, et les usages avec les abus. Pesez bien votre livre sur cette règle, et tenez-vous en garde contre la partialité : c'est par celui de ces deux effets qui doit l'emporter sur l'autre, qu'il est bon ou mauvais à publier.

Je ne vous connois point, monsieur; j'ignore quel est votre sort, votre état, votre âge; et cela pourtant doit régler mon conseil par rapport à vous. Tout ce que fait un jeune homme a moins de conséquence, et tout se répare ou s'efface avec le temps. Mais si vous avez passé la maturité, ah ! pensez-y cent fois avant de troubler la paix de votre vie : vous ne savez pas quelles angoisses vous vous préparez. Pendant quinze ans, j'ai ouï dire à M. de Fontenelle que jamais livre n'avoit donné tant de plaisir que de chagrin à son auteur (*): c'étoit l'heureux Fontenelle qui disoit cela. Monsieur, dans la question sur laquelle vous me consultez, je ne puis vous parler que par mon exemple : jusqu'à quarante ans je fus sage; à quarante ans je pris la plume, et je la pose avant cinquante, malgré quelques vains succès, maudissant tous les jours de la vie celui où mon sot orgueil me la fit prendre, où je vis mon bonheur, mon repos, ma santé s'en aller en fumée, sans espoir de les recouvrer jamais. Voilà l'homme à qui vous demandez conseil.

Je vous salue de tout mon cœur.

A M. DE CONZIÉ, COMTE DES CHARMETTES.

A Motiers-Travers, 7 décembre 1765.

Je voudrois, mon cher comte, voir multiplier encore le nombre de mes agresseurs, si chacun de leurs ouvrages me valoit un témoignage de votre souvenir. Je reçois avec plaisir et reconnoissance celui que vous me donnez en m'envoyant l'écrit du père Gerdil : quoique en effet cet écrit me paroisse un peu froid, je le trouve assez gentil pour un moine.....

J'avois chargé M. de Gauffecourt de vous témoigner mon regret de ne pouvoir vous aller voir cet été comme je l'avois résolu. Le commencement de l'hiver m'a jeté dans un état si triste qu'il ne me permet guère de faire des projets pour l'avenir. Toutefois, si la belle saison me rend les forces que le froid m'ôte, je me propose toujours de vous aller voir. S'il arri-

---

(*) .... *Tant de plaisir.* Conforme au texte de l'édition de Genève, deuxième *supplément*, 1789, et de l'édition de Du Peyrou donnée en 1790.   G. P.

voit que vous vous rapprochassiez du Chablais, cela me seroit bien commode ; et, en ce cas, je vous prierois de m'en prévenir aussi ; car, ne pouvant déterminer d'avance le temps de mon voyage, il me siéroit mal de l'avoir fait en pure perte, et d'aller jusque-là sans vous y trouver. Soyez persuadé que rien ne peut ralentir l'ardent désir que j'ai de vous voir et de vous embrasser. Il me semble qu'un moment si doux me rendra tout le temps heureux que je regrette, et me fera oublier tous ceux qui m'en ont si tristement séparé. Moi qui suis si désabusé de la vie, et qui ne forme plus de projets, je ne puis renoncer à celui-là. Après avoir tout comparé, je ne trouve point de meilleur peuple que le vôtre ; je voudrois de tout mon cœur passer dans son sein le reste de mes jours, et me mettre de cette manière à portée de contenter, au moins de temps à autre, le besoin que mon cœur a de vous.

A M. ....

Il faut vous faire réponse, monsieur, puisque vous la voulez absolument, et que vous la demandez en termes si honnêtes. Il me semble pourtant qu'à votre place je me serois moins obstiné à l'exiger. Je me serois dit, J'écris parce que j'ai du loisir, et que cela m'amuse : l'homme à qui je m'adresse peut n'être pas dans le même cas, et nul n'est tenu à une correspondance qu'il n'a point acceptée : j'offre mon amitié à un homme que je ne connois point, et qui me connoît encore moins ; je la lui offre sans autre titre auprès de lui que les louanges que je lui donne et que je me donne, sans savoir s'il n'a pas déjà plus d'amis qu'il n'en peut cultiver, sans savoir si mille autres ne lui font pas la même offre avec le même droit ; comme si l'on pouvoit se lier ainsi de loin sans se connoître, et devenir insensiblement l'ami de toute la terre. L'idée d'écrire à un homme dont on lit les ouvrages, et dont on veut avoir une lettre à montrer, est-elle donc si singulière qu'elle ne puisse être venue qu'à moi seul ? Et si elle étoit venue à beaucoup de gens, faudroit-il que cet homme passât sa vie à faire réponse à des foules d'amis inconnus, et qu'il négligeât pour eux ceux qu'il s'est choisis ? On dit qu'il s'est retiré dans une solitude ; cela n'annonce pas un grand penchant à faire de nouvelles connoissances. On assure aussi qu'il n'a pour tout bien que le fruit de son travail ; cela ne laisse pas un grand loisir pour entretenir un commerce oiseux. Si, par-dessus tout cela peut-être, il eût perdu la santé, s'il étoit tourmenté d'une maladie cruelle et douloureuse qui le laissât à peine en état de vaquer aux soins indispensables, ce seroit une tyrannie bien injuste et bien cruelle de vouloir qu'il passât sa vie à répondre à des foules de désœuvrés qui, ne sachant que faire de leur temps, useroient très-prodiguement du sien. Laissons donc ce pauvre homme en repos dans sa retraite ; n'augmentons pas le nombre des importuns qui la troublent chaque jour sans discrétion, sans retenue, et même sans humanité. Si ses écrits m'inspirent pour lui de la bienveillance, et que je veuille céder au penchant de la lui témoigner, je ne lui vendrai point cet honneur en exigeant de lui des réponses, et je lui donnerai sans trouble et sans peine le plaisir d'apprendre qu'il y a dans le monde d'honnêtes gens qui pensent bien de lui, et qui n'en exigent rien.

Voilà, monsieur, ce que je me serois dit si j'avois été à votre place ; chacun a sa manière de penser : je ne blâme point la vôtre, mais je crois la mienne plus équitable. Peut-être si je vous connoissois me féliciterois-je beaucoup de votre amitié ; mais, content des amis que j'ai, je vous déclare que je n'en veux point faire de nouveaux ; et quand je le voudrois, il ne seroit pas raisonnable que j'allasse choisir pour cela des inconnus si loin de moi. Au reste, je ne doute ni de votre esprit ni de votre mérite. Cependant le ton militaire et galant dont vous parlez de conquérir mon cœur, seroit, je crois, plus de mise auprès des femmes qu'il ne le seroit avec moi.

A M. LE PRINCE L. E. DE WIRTEMBERG

Motiers, le 15 décembre 1765.

Vous m'avez tiré, monsieur le duc, d'une grande inquiétude, en m'apprenant la résolution où vous êtes d'élever vous-même votre enfant. Je vous suggérois des moyens dont je sentois moi-même l'insuffisance; grâces au ciel, votre vertu les rend superflus. Si vous persévérez, je ne suis plus en peine du succès. Tout ira bien, par cela seul que vous y veillerez vous-même. Mais j'avoue que vous confondez fort toutes mes idées : j'étois bien éloigné de croire qu'il existât dans ce siècle un homme semblable à vous; et, quand j'aurois soupçonné son existence, j'aurois été bien éloigné de le chercher dans votre rang. Je n'ai pu lire sans émotion votre dernière lettre. Est-il donc vrai que j'ai pu contribuer aux vertueuses résolutions que vous avez prises? J'ai besoin de le croire pour mettre un contre-poids à mes afflictions. Avoir fait quelque bien sur la terre est une consolation qui manquoit à mon cœur; je vous félicite de me l'avoir donnée, et je me glorifie de la recevoir de vous.

Vous voyez votre enfant précoce : je n'en suis pas étonné, vous êtes père. Il est vrai qu'un père que la philosophie a conservé tel, a bien d'autres yeux que le vulgaire. D'ailleurs le témoignage de M. Tissot légalise le vôtre; et puis vous citez des faits. De ces faits, il y en a que je conçois, d'autres non. Les enfans distinguent de bonne heure les odeurs comme différentes, comme foibles ou fortes, mais non pas comme bonnes ou mauvaises : la sensation vient de la nature; la préférence ou l'aversion n'en vient pas. Cette observation, que j'ai faite en particulier sur l'odorat n'est pas applicable aux autres sens : ainsi le jugement que la petite porte sur cet article est déjà une chose acquise.

Elle a changé de voix pour témoigner ses désirs : cela doit être. D'abord ses plaintes, ne marquant que l'inquiétude du malaise, ressembloient à des pleurs. Maintenant l'expérience lui apprend qu'on l'écoute et qu'on la soulage. Sa plainte est donc devenue un langage; au lieu de pleurer, elle parle à sa manière.

De ce qu'elle voit avec le même plaisir les nouveaux venus et les vieilles connoissances, vous en concluez qu'elle aura le caractère aimant. Ne vous fiez pas trop à cette observation; d'autres en tireroient peut-être un signe de coquetterie plutôt que de sensibilité. Pour moi, j'en tire un indice différent de tous les deux, et qui n'est pas de mauvais augure; c'est qu'elle aura du caractère : car le signe le plus assuré d'un cœur foible est l'empire que l'habitude a sur lui.

Si réellement votre enfant est précoce, il vous donnera beaucoup plus de peine; mais il vous en dédommagera bien plus tôt : ainsi gardez cependant de vous prévenir au point de lui appliquer avant le temps une méthode qui ne lui seroit pas convenable. Observez, examinez, vérifiez, et ne gâtez rien; dans le doute, il vaut toujours mieux attendre.

Au reste, quoi que vous fassiez, j'ai la plus grande confiance dans votre ouvrage, et je suis persuadé que tout ira bien. Quand vous vous tromperiez, ce que je ne présume pas, ce ne seroit jamais en chose grave; et les erreurs des pères nuisent toujours moins que la négligence des instituteurs. Il ne me reste qu'une seule inquiétude, c'est que vous n'ayez entrepris cette grande tâche sans en prévoir toutes les difficultés, et qu'en s'offrant de jour en jour, elles ne vous rebutent. Dans une première ferveur, rien ne coûte, mais un soin continuel accable à la fin; et les meilleures résolutions, qui dépendent de la persévérance, sont rarement à l'épreuve du temps. Je vous supplie, monsieur le duc, de me pardonner ma franchise; elle vient de l'admiration que vous m'inspirez: Votre entreprise est trop belle pour ne pas éprouver des obstacles, et il vaut mieux vous y préparer d'avance que d'en rencontrer d'imprévus.

Ce que vous me dites de la manière dont vous voulez acquérir des amis m'apprend combien vous méritez d'en faire; mais où seront les hommes dignes que vous soyez le leur? Je supplie V. A. S. d'agréer mon profond respect.

A M. M***, CURÉ D'AMBÉRIER EN BUGEY (*).

Motiers-Travers, le 15 décembre 1763.

Si je ne me faisois une peine de vous importuner trop souvent, monsieur, d'une correspondance dont vous seul faites tous les frais, je n'aurois pas tardé si long-temps à vous remercier de la réponse favorable que votre charité vous a fait faire à ma proposition au sujet de

(*) Voyez la lettre du 30 novembre 1762, page 406.

mademoiselle Le Vasseur. Je ne prévois pas encore quand elle se trouvera dans le cas de profiter de vos bontés. J'ai été fort mal l'été dernier; mais l'automne m'a donné du relâche au point de pouvoir faire, dans le pays, quelques voyages pédestres, très-utiles à ma santé. Mais le retour de l'hiver a produit son effet ordinaire en me remettant aussi bas que j'étois au printemps. Si je puis atteindre la belle saison, j'en espère le même soulagement qu'elle m'a souvent procuré. Mais si dans la vie ordinaire on doit compter sur si peu de chose, la mienne est telle qu'on n'y peut compter sur rien. Dans cette position, j'ai instruit mademoiselle Le Vasseur de toutes vos bontés, dont elle est pénétrée : je lui ai donné votre adresse afin qu'elle vous écrive en cas d'accident. Tandis qu'elle seroit occupée à recueillir ici mes guenilles, vous pourriez concerter avec elle le moyen de faire son voyage avec le plus d'économie et le plus commodément. Je pense qu'elle pourroit prendre une voiture à Neuchâtel pour Genève, et que là vous pourriez lui en envoyer une qui la conduiroit mieux que celle qu'elle pourroit prendre à Genève même. Quoi qu'il en soit, je suis tranquillisé par vous sur le sort de cette pauvre fille. Je n'ai plus rien qui m'inquiète sur le mien, et je vous dois en grande partie la paix dont je jouis dans mon triste état.

Bonjour, monsieur; je suis plein de vous et de vos bontés, et je voudrois être un jour à portée de voir et d'embrasser un aussi digne officier de morale. Vous savez que c'est ainsi que l'abbé de Saint-Pierre appeloit ses collègues les gens d'église.

Agréez, monsieur, mes salutations et mon respect.

A M. D'IVERNOIS.

Motiers, le 17 décembre 1763.

Je reçois à l'instant, monsieur, une lettre de votre compagnon de voyage, par laquelle j'apprends qu'il l'a aussi bien fini que commencé, et qu'il s'est mieux trouvé de vos auspices que des miens. Je m'en réjouis de tout mon cœur, et je voudrois bien être à portée de me sentir de la même influence; car j'en ai encore plus besoin que lui, et le remède ne me plairoit pas moins. Quant à votre querelle avec madame votre femme, vous m'avez bien l'air de me prendre pour arbitre honoraire, et de m'avoir déjà soufflé le raccommodement. Quoi qu'il en soit, je vais remplir mon office en vous condamnant tous les deux; elle pour réclamer, après quatorze enfans, les droits de Sophie : car en ce point il vaut mieux jamais que tard; et vous pour lui reprocher sa paresse en vrai paresseux vous-même, qui voudroit faire à la fois beaucoup d'ouvrage, pour n'y pas revenir si souvent.

Je vous salue, monsieur, et vous honore de tout mon cœur.

Mille amitiés et complimens de votre aimable cousine. M. son frère a enfin reçu son brevet, et je m'en réjouis de tout mon cœur.

A MADAME LATOUR.

A Motiers, le 25 décembre 1763.

Je ne répondrai, madame, aux imputations dont vous me chargez par votre dernière lettre que par des faits. Lorsque je reçus votre portrait, j'avois chez moi un Genevois venu exprès pour me voir, et je n'avois pas cessé d'avoir des étrangers depuis plus de six semaines; deux jours après j'eus un gentilhomme westphalien et un Génois; six jours après, j'eus deux Zuriquois qui me restèrent huit jours; quelques jours après j'eus un Genevois convalescent, qui, étant venu chez moi changer d'air, y retomba malade, et, n'est enfin reparti que depuis huit jours. Il n'est pas toujours aisé de fermer sa porte aux visites qui vous viennent de cinquante, soixante, et cent lieues; et, dans mon étroite situation, je me passerois fort de l'honneur que me font tant de gens de venir s'établir chez moi. Outre cela, j'ai continuellement un grand nombre de lettres à répondre; je ne réponds point à celles de complimens ou d'injures, et je prends mon temps pour répondre aux lettres d'amitié : mais il y en a un très-grand nombre d'autres où l'on daigne me consulter sur des objets importans et pressés pour ceux qui m'écrivent, et dont je ne puis différer les réponses sans manquer à mon devoir; ces temps derniers, en particulier, j'étois occupé à un mémoire pour M. le prince de Wirtemberg, qui m'avoit consulté sur l'éducation de sa fille; et je suis maintenant occupé à un travail encore plus grave pour quelqu'un qui en a besoin, et qui par conséquent est en droit de l'exiger. Mon triste état, qui empire toujours en cette saison, me réduit journellement à porter une sonde plusieurs heures, durant lesquelles toute occupation m'est impossible; il faut ensuite que je fasse un exercice d'une heure ou deux pour me faire suer; et, quand je passe un seul jour sans employer ce remède, je paye cruellement cette négligence durant la nuit; au milieu de tout cela, un homme qui n'a pas un sou de rente ne vit pas de l'air, et il faut quelques soins aussi pour pourvoir au pain. Mais je ris de ma simplicité de prétendre faire entendre raison sur une situation si différente à une femme de Paris, oisive par état, et qui n'ayant pour toute occupation que d'écrire et recevoir des lettres, entend que tous ses amis ne soient occupés non plus que du même objet.

Pour échapper à l'influence des importuns, et pour me livrer à l'exercice qui m'est nécessaire, je fais l'été, dans mes bons intervalles, des courses dans le pays; dans une de ces absences M. Breguet vint me voir à Motiers, tandis que j'étois à Yverdun : me voilà coupable encore pour n'avoir pas deviné son voyage et n'avoir pas en conséquence rompu le mien.

Vous êtes, madame, une femme très-aimable; je ne connois personne qui écrive des lettres mieux que vous. Je vous crois le cœur aussi bon que vous avez l'esprit agréable, et votre amitié m'est très-précieuse; mais, dans l'état où je suis, ma tranquillité m'est encore plus; et, puisque je ne puis entretenir avec vous qu'une correspondance orageuse, j'aime encore mieux n'en avoir plus du tout. Au reste, je vous déclare que c'est ici ma dernière apologie, et je vous préviens qu'il suffira désormais que vous exigiez une prompte réponse pour être sûre de n'en point recevoir du tout.

À MADAME LA COMTESSE DE BOUFFLERS.

Motiers, le 28 décembre 1763.

Votre lettre, madame, m'a fait un plaisir d'autant plus sensible que je m'y attendois moins. Je craignois, il est vrai, d'avoir perdu votre amitié; et, sans avoir à me reprocher cette perte, je la mettois au nombre des malheurs qui m'accablent et que je ne me suis pas attirés. Je suis charmé pour moi, madame, et je suis bien aise aussi pour vous qu'il n'en soit rien; il ne tiendra sûrement pas à moi que je ne me conserve toute ma vie un bien qui m'est si précieux. L'intérêt que je vous ai vu prendre à mes disgrâces ne peut pas plus sortir de mon cœur que n'en sortiront les sentimens qu'il avoit conçus pour vous-même auparavant. Je me réjouis de n'apprendre votre rougeole et votre mélancolie qu'après votre guérison. Tâchez d'être aussi bien quitte de l'une que de l'autre. Eh! comment la mélancolie osoit-elle se loger dans une âme si belle, parée d'un habit qui lui va si bien, faite à tant d'égards pour faire adorer la vertu et pour la rendre heureuse par elle? Ne dussiez-vous jouir que du bien que vous faites, je n'imagine pas ce qui devroit manquer à votre bonheur.

Après vous avoir parlé de vous, comment oser parler de moi? Mon âme, surchargée, travaille à soutenir ses disgrâces sans s'en laisser accabler; et depuis l'entrée de l'hiver, il ne manque aux maux que mon corps souffre que le degré nécessaire pour s'en délivrer tout-à-fait. Dans cet état, vous me demandez quels sont mes projets : grâce au ciel je n'en fais plus, madame; ce n'est plus la peine d'en faire; c'est une inquiétude dont mes maux m'ont enfin délivré. Le dernier, le plus chéri, celui qui ne peut, même à présent, sortir de mon cœur, étoit de rejoindre mylord maréchal; de donner mes derniers jours à mon ami, mon protecteur, mon père, au seul homme qui m'ait tendu la main dans ma misère, et qui m'en ait consolé. Mais cet espoir m'étoit trop doux; il m'échappe encore : mon triste état me l'ôte; il ne m'en reste presque plus que le désir, à moins que le reste de l'hiver ne m'épargne, et que le retour de la belle saison ne fasse un miracle; je n'attends plus d'autre changement à mon sort ici-bas que son terme; il ne me reste plus qu'à souffrir et mourir. Cela se peut faire ici tout comme ailleurs; et si je ne puis rejoindre mylord maréchal, je ne songe plus à changer de place : ce dont j'ai besoin désormais se trouve partout.

Il y a long-temps que je n'ai eu de nouvelles de mylord maréchal ; je soupçonne que dans le long trajet nos lettres s'égarent, car je suis parfaitement sûr qu'il ne m'oublie pas, et j'en ai la preuve par ce qu'il vient de faire en ma faveur auprès de vous. Ah! ce digne homme! au bout de la terre il seroit mon bienfaiteur encore, et mon cœur iroit l'y chercher. Ayez la bonté, madame, de lui faire parvenir l'incluse : je le connois ; je sais qu'il m'aime, et vous lui ferez plaisir presque autant qu'à moi.

Vous voulez que je vous donne des nouvelles de mademoiselle Le Vasseur : c'est une bonne et honnête personne, digne de l'honneur que vous lui faites. Chaque jour ajoute à mon estime pour elle, et la seule chose qui me rend désormais l'habitation de ce pays déplaisante, est de l'y laisser sans amis après moi qui la protégent contre l'avarice des gens de loi qui dissiperont mes guenilles et visiteront mes chiffons. Du reste, l'air de ce pays lui est plus favorable qu'à moi, et elle s'y porte mieux qu'à Montmorency, quoiqu'elle s'y plaise moins. Permettez-lui, madame, de vous faire ici ses remercîmens très-humbles, et de joindre ses respects aux miens.

A M. L'ABBÉ DE ***.

Motiers, le 6 janvier 1764.

Quoi! monsieur, vous avez renvoyé vos portraits de famille et vos titres! vous vous êtes défait de votre cachet! Voilà bien plus de prouesses que je n'en aurois fait à votre place. J'aurois laissé les portraits où ils étoient ; j'aurois gardé mon cachet parce que je l'avois ; j'aurois laissé moisir mes titres dans leur coin, sans m'imaginer même que tout cela valût la peine d'en faire un sacrifice : mais vous êtes pour les grandes actions : je vous en félicite de tout mon cœur.

A force de me parler de vos doutes, vous m'en donnez d'inquiétans sur votre compte ; vous me faites douter s'il y a des choses dont vous ne doutiez pas : ces doutes mêmes, à mesure qu'ils croissent, vous rendent tranquille ; vous vous y reposez comme sur un oreiller de paresse. Tout cela m'effraieroit beaucoup pour vous, si vos grands scrupules ne me rassuroient. Ces scrupules sont assurément respectables comme fondés sur la vertu ; mais l'obligation d'avoir de la vertu, sur quoi la fondez-vous? Il seroit bon de savoir si vous êtes bien décidé sur ce point : si vous l'êtes, je me rassure. Je ne vous trouve plus si sceptique que vous affectez de l'être, et quand on est bien décidé sur les principes de ses devoirs, le reste n'est pas une si grande affaire. Mais, si vous ne l'êtes pas, vos inquiétudes me semblent peu raisonnées. Quand on est si tranquille dans le doute de ses devoirs, pourquoi tant s'affecter du parti qu'ils nous imposent?

Votre délicatesse sur l'état ecclésiastique est sublime ou puérile, selon le degré de vertu que vous avez atteint. Cette délicatesse est sans doute un devoir pour quiconque remplit tous les autres ; et qui n'est faux ni menteur en rien dans ce monde ne doit pas l'être même en cela. Mais je ne connois que Socrate et vous à qui la raison pût passer un tel scrupule ; car à nous autres hommes vulgaires il seroit impertinent et vain d'en oser avoir un pareil. Il n'y a pas un de nous qui ne s'écarte de la vérité cent fois le jour dans le commerce des hommes en choses claires, importantes, et souvent préjudiciables ; et dans un point de pure spéculation dans lequel nul ne voit ce qui est vrai ou faux, et qui n'importe ni à Dieu ni aux hommes, nous nous ferions un crime de condescendre aux préjugés de nos frères, et de dire oui où nul n'est en droit de dire non! Je vous avoue qu'un homme qui, d'ailleurs n'étant pas un saint s'aviseroit tout de bon d'un scrupule que l'abbé de Saint-Pierre et Fénelon n'ont pas eu, me deviendroit par cela seul très-suspect. Quoi! dirois-je en moi-même, cet homme refuse d'embrasser le noble état d'officier de morale, un état dans lequel il peut être le guide et le bienfaiteur des hommes, dans lequel il peut les instruire, les soulager, les consoler, les protéger, leur servir d'exemple, et cela pour quelques énigmes auxquelles ni lui ni nous n'entendons rien, et qu'il n'avoit qu'à prendre et donner pour ce qu'elles valent, en ramenant sans bruit le christianisme à son véritable objet! Non, conclurois-je, cet homme ment, il nous trompe ; sa fausse vertu n'est point active, elle n'est que de pure ostentation ; il faut être un hypocrite soi-même pour oser taxer d'hypocrisie détestable ce qui n'est au fond qu'un formulaire indifférent en lui-même, mais consacré par les lois. Sondez bien votre cœur, monsieur, je vous en conjure : si vous y trouvez cette raison telle que vous me la donnez, elle doit vous déterminer, et je vous admire. Mais souvenez-vous bien qu'alors si vous n'êtes le plus digne des hommes, vous aurez été le plus fou.

A la manière dont vous me demandez des préceptes de vertu, l'on diroit que vous la regardez comme un métier. Non, monsieur, la vertu n'est que la force de faire son devoir dans les occasions difficiles; et la sagesse, au contraire, est d'écarter la difficulté de nos devoirs. Heureux celui qui, se contentant d'être homme de bien, s'est mis dans une position à n'avoir jamais besoin d'être vertueux! Si vous n'allez à la campagne que pour y porter le faste de la vertu, restez à la ville. Si vous voulez à toute force exercer les grandes vertus, l'état de prêtre vous les rendra souvent nécessaires; mais si vous vous sentez les passions assez modérées, l'esprit assez doux, le cœur assez sain pour vous accommoder d'une vie égale, simple et laborieuse, allez dans vos terres, faites-les valoir, travaillez vous-même, soyez le père de vos domestiques, l'ami de vos voisins, juste et bon envers tout le monde : laissez là vos rêveries métaphysiques, et servez Dieu dans la simplicité de votre cœur; vous serez assez vertueux.

Je vous salue, monsieur, de tout mon cœur.

Au reste, je vous dispense, monsieur, du secret qu'il vous plaît de m'offrir, je ne sais pourquoi. Je n'ai pas, ce me semble, dans ma conduite, l'air d'un homme fort mystérieux.

A M. LE PRINCE L. E. DE WIRTEMBERG.

Motiers, le 21 janvier 1764.

Je m'attendois bien, monsieur le duc, que la manière dont vous élevez votre enfant ne passeroit pas sans critique et sans opposition, et je vous avoue que je sais quelque gré au révérend docteur de celle qu'il vous a faite; car ses objections étoient plus propres à vous réjouir qu'à vous ébranler; et moi j'ai profité de la gaîté qu'elles vous ont donnée. On ne peut rien de plus plaisant que l'exposé de ses raisons, et je crois qu'il seroit difficile qu'il en fût plus content que moi : je crains pourtant qu'il ne les trouve pas tout-à-fait péremptoires; car s'il a pour lui les chardonnerets, les chenilles, les escargots, en revanche il a contre lui les vers, les limaçons, les grenouilles, et cela doit l'intriguer furieusement.

Je ne suis pas fort surpris non plus des petits désagrémens qui peuvent rejaillir, à cette occasion, sur M. Tissot; je crains même que l'accord de nos principes sur ce point n'ajoute au chagrin qu'on lui témoigne; l'influence d'un certain voisinage nourrit dans le canton de Berne une furieuse animosité contre moi, que les traitemens qu'on m'y a faits aigrissent encore. On oublie quelquefois les offenses qu'on a reçues, mais jamais celles qu'on a faites; et ces messieurs ne me pardonnent point le tort qu'ils ont avec moi : tels sont les hommes. Ce qui me rassure pour M. Tissot, c'est qu'il leur est trop nécessaire pour qu'ils ne lui passent pas de mieux penser qu'eux : c'est aux rêveurs purement spéculatifs qu'il n'est pas permis de dire des vérités que rien ne rachète. Le bienfaiteur des hommes peut être vrai impunément, mais il n'en faut pas moins, je l'avoue; et s'il étoit moins directement utile, il seroit bientôt persécuté.

Permettez que je supplie votre altesse sérénissime de vouloir bien lui remettre le barbouillage ci-joint, roulant sur une métaphysique assez ennuyeuse, et dont, par cette raison, je ne vous propose pas la lecture, ni même à M. Tissot; mais la bonté qu'il a eue de m'envoyer ses ouvrages m'impose l'obligation de lui faire hommage des miens. J'ai même été deux fois l'été dernier sur le point d'employer à lui aller rendre sa visite un des pèlerinages que mes bons intervalles m'ont permis; mais quelque plaisir que ce devoir m'eût fait à remplir, je m'en suis abstenu pour ne pas le compromettre, et j'ai sacrifié mon désir à son repos.

Vous m'inspirez pour M. et madame de Gollowkin toute l'estime dont vous êtes pénétré pour eux; mais, flatté de l'approbation qu'ils donnent à mes maximes, je ne suis pas sans crainte que leur enfant ne soit peut-être un jour la victime de mes erreurs. Par bonheur je dois, sur le portrait que vous m'avez tracé, les supposer assez éclairés pour discerner le vrai et ne pratiquer que ce qui est bien. Cependant il me reste toujours une frayeur fondée sur l'extrême difficulté d'une telle éducation ; c'est qu'elle n'est bonne que dans son tout, qu'autant qu'on y persévère, et que s'ils viennent à se relâcher ou à changer de système, tout ce qu'ils auront fait jusqu'alors gâtera tout ce qu'ils voudront faire à l'avenir. Si l'on ne va jusqu'au bout, c'est un grand mal d'avoir commencé.

J'ai relu plusieurs fois votre lettre, et je ne l'ai point lue sans émotion. Les chagrins, les maux, les ans, ont beau vieillir ma pauvre machine, mon cœur sera jeune jusqu'à la fin, et je sens que vous lui rendez sa première chaleur. Oserois-je vous demander si nous ne nous sommes jamais vus ? N'est-ce point avec vous que j'ai eu l'honneur de causer un quart d'heure, il y a huit ou dix ans, à Passy, chez M. de La Poplinière ? Je n'ai pas, comme vous voyez, oublié cet entretien ; mais j'avoue qu'il m'eût fait une autre impression si j'avois prévu la correspondance que nous avons maintenant, et le sujet qui l'a fait naître.

Qu'ai-je fait pour mériter les bontés de madame la princesse ? Rien n'est si commun que des barbouilleurs de papier : ce qui est si rare, c'est une femme de son rang qui aime et remplit ses devoirs de mère, et voilà ce qu'il faut admirer.

A MADAME LA MARQUISE DE VERDELIN.

Motiers, le 28 janvier 1764.

Vos regrets sont bien légitimes, madame, ce que vous me marquez des derniers momens de M. de Verdelin prouve qu'il vous étoit sincèrement attaché. Et combien ne devoit-il pas l'être ! Cependant, comme dans l'état où il étoit il a plus gagné que vous n'avez perdu, les sentimens qu'il vous laisse doivent être plus relatifs à lui qu'à vous. D'ailleurs moi qui sais combien vous êtes bonne mère, et qu'en le perdant vous avez pour ainsi dire acquis vos enfans, tout ce que je puis faire en cette circonstance, par respect pour votre bon cœur et pour sa mémoire, est de ne vous pas féliciter.

Il est vrai, madame, que, m'étant trouvé plus mal cet été, j'ai écrit à un curé qui avoit fait la route avec mademoiselle Le Vasseur, pour la lui recommander, sachant qu'elle ne se soucioit pas de retourner à Paris, où elle ne manqueroit pas d'être tyrannisée et dévalisée de nouveau par toute son avide famille. Sur les attentions qu'il avoit eues pour elle, sur les discours qu'il lui avoit tenus, j'avois pris la plus grande opinion de cet honnête homme, et je la lui recommandois, non pas pour lui être à charge, comme il paroît par ma lettre même, puisqu'elle a, par la pension de mon libraire, de quoi vivre en province avec économie, mais seulement pour diriger sa conduite et ses petites affaires dans un pays qui lui est inconnu. Mais le bon homme est parti de là pour supposer que j'implorois ses charités pour elle, et pour faire courir ma lettre par tout Paris, au point de proposer à un libraire de l'imprimer. J'ai gagné par-là d'être instruit à temps et de pouvoir prendre d'autres mesures. J'ai la plus grande confiance en vous, madame, et l'intérêt que vous daignez prendre à elle et à moi fait la consolation de ma vie. Mais connoissant ses façons de penser, son état, ses inclinations, ce qui convient à son bonheur, je ne lui conseillerai jamais d'aller vivre à Paris ni dans la maison d'autrui, bien convaincu, par ma propre expérience, qu'on n'est jamais libre que chez soi. Du reste, je compte si parfaitement sur votre souvenir, qu'en quelque lieu qu'elle vive, je ne doute point que vous n'ayez la bonté de la recommander, de la protéger, de vous intéresser à elle ; et j'avois si peu de doute là-dessus, que, sans ce que vous m'en dites dans votre dernière lettre, je ne me serois pas même avisé de vous en parler.

Garderez-vous Soisi, madame, ou vivrez-vous toujours à Paris ? Lesquelles de vos filles prendrez-vous auprès de vous ? Resterez-vous à l'hôtel d'Aubeterre, ou prendrez-vous une maison à vous ? Le voyage de Saintonge, que vous méditez, sera, selon moi, bien inutile ; quelque tendresse qu'ait pour vous M. votre père, à son âge on n'aime guère à se déplacer. J'éprouve bien cette répugnance, moi que les infirmités ont déjà rendu si vieux. Je suis ici l'hiver au milieu des glaces, l'été en proie à mille importuns, très-chèrement pour la vie ;

en toute saison ma demeure a ses incommodités. Cependant je ne puis me résoudre à me déplacer; le moindre embarras m'effraie, et je crois que j'aurai moins de peine à déménager de mon corps que de ma maison. Bonjour, madame.

A MADEMOISELLE JULIE BONDELI.

Motiers, le 28 janvier 1764.

Vous savez bien, mademoiselle, que les correspondans de votre ordre font toujours plaisir et n'incommodent jamais; mais je ne suis pas assez injuste pour exiger de vous une exactitude dont je ne me sens pas capable, et la mise est si peu égale entre nous, que, quand vous répondriez à dix de mes lettres par une des vôtres, vous seriez quitte avec moi tout au moins.

Je trouve M. Schulthess bien payé de son goût pour la vertu par l'intérêt qu'il vous inspire; et, si ce goût dégénère en passion près de vous, ce pourroit bien être un peu la faute du maître. Quoi qu'il en soit, je lui veux trop de bien pour le tirer de votre direction en le prenant sous la mienne; et jamais, ni pour le bonheur, ni pour la vertu, il n'aura regret à sa jeunesse, s'il la consacre à recevoir vos instructions. Au reste, si, comme vous le pensez, les passions sont la petite-vérole de l'âme, heureux qui, pouvant la prendre encore, iroit s'inoculer à Kœnitz! Le mal d'une opération si douce seroit le danger de n'en pas guérir. N'allez pas vous fâcher de mes douceurs, je vous prie, je ne les prodigue pas à toutes les femmes, et puis on peut être un peu vaine.

Je ne puis, mademoiselle, répondre à votre question sur les *Lettres d'un citoyen de Genève* (*), car cet ouvrage m'est parfaitement inconnu, et je ne sais que par vous qu'il existe. Il est vrai qu'en général je suis peu curieux de ces sortes d'écrits; et, quand ils seroient aussi obligeans qu'ils sont insultans pour l'ordinaire, je n'irois pas plus à la chasse des éloges que des injures. Du reste, sitôt qu'il est question de moi, tous les préjugés sont qu'en effet l'ouvrage est une satire; mais les préjugés sont-ils faits pour l'emporter sur vos jugemens? D'ailleurs, je ne vois pas que ce livre soit annoncé dans la gazette de Berne; grande preuve qu'il ne m'est pas injurieux.

Je n'ose vous parler de mon état, il contristeroit votre bon cœur. Je vous dirai seulement que je ne puis me procurer des nuits supportables qu'en fendant du bois tout le jour, malgré ma foiblesse, pour me maintenir dans une transpiration continuelle, dont la moindre suspension me fait cruellement souffrir. Vous avez raison toutefois de prendre quelque intérêt à mon existence : malgré tous mes maux, elle m'est chère encore par les sentimens d'estime et d'affection qui m'attachent au vrai mérite; et voilà, mademoiselle, ce qui ne doit pas vous être indifférent.

Acceptez un barbouillage qui ne vaut pas la peine d'en parler, et dont je n'ose vous proposer la lecture que sous les auspices de l'ami Platon.

A M. D'ESCHERNY.

Motiers, le 2 février 1764.

Je ne suis pas si pressé, monsieur, de juger, et surtout en mal, des personnes que je ne connois point; et j'aurois tort, plus que tout homme au monde, de donner un si grand poids aux imputations du tiers et du quart. L'estime des gens de mérite est toujours honorable, et, comme on vous a peint à moi comme tel, je ne puis que m'applaudir de la vôtre. Au reste, si notre goût commun pour la retraite ne nous rapproche pas l'un de l'autre, ayez-y peu de regret ; j'y perds plus que vous, peut-être : on dit votre commerce fort agréable, et moi je suis un pauvre malade fort ennuyeux; ainsi, pour l'amour de vous, demeurons comme nous sommes, et soyez persuadé, je vous supplie, que je n'ai pas le moindre soupçon que vous pensiez du mal de moi, ni par conséquent que vous en vouliez dire.

Recevez, monsieur, je vous supplie, mes remercîmens de votre lettre obligeante, et mes salutations.

(*) C'est une misérable parodie de la *Nouvelle Héloïse*, qui parut sans nom d'auteur en 1763. G. P.

A MADAME LATOUR.

5 février 1764.

Je suis fort en peine de vous, madame. Quoique je n'aime pas à me savoir dans votre disgrâce, j'aime encore mieux regarder votre silence comme une punition que vous m'imposez, que comme un signe que vous êtes malade. Un mot, je vous supplie, sur la cause de ce silence, afin que, si c'est le malheur de vous déplaire, je m'en afflige; mais que je ne porte pas à la fois deux maux pour un.

Je reçois à l'instant votre lettre du 50 janvier, j'y vois que mes pressentimens n'étoient que trop justes. J'espère que vous êtes bien rétabli; toutefois votre lettre ne me rassure pas assez. Un mot sur votre état présent, je vous supplie. Je n'en puis dire aujourd'hui davantage; le paquet de France ne m'arrive qu'au moment où je dois fermer le mien.

A M. PANCKOUCKE.

Motiers, le 12 février 1764.

Je vois avec plaisir, monsieur, par votre lettre du 25 janvier, que vous ne m'avez point oublié, et je vous prie de croire que, quant à moi, je me souviendrai de vous toute ma vie avec amitié.

Je regarde votre établissement à Paris comme un moyen presque assuré de parvenir promptement à votre bien-être du côté de la fortune, vu le goût effréné de littérature qui règne en cette grande ville, et qu'étant vous-même homme de lettres, vous saurez bien choisir vos entreprises.

Je ne refuse point, monsieur, le cadeau que vous voulez me faire de ce que vous avez imprimé; il me sera précieux comme un témoignage de votre amitié : mais si vous exigez de moi de tout lire, ne m'envoyez rien; car, dans l'état où je suis, je ne puis plus supporter aucune lecture sérieuse, et tout ouvrage de raisonnement m'ennuie à la mort. Des romans et des voyages, voilà désormais tout ce que je puis souffrir, et je m'imagine qu'un homme grave comme vous n'imprime rien de tout cela.

A M. PICTET.

Motiers, le 1er mars 1764.

Je suis flatté, monsieur, que, sans un fréquent commerce de lettres, vous rendiez justice à mes sentimens pour vous : ils seront aussi durables que l'estime sur laquelle ils sont fondés; et j'espère que le retour dont vous m'honorez ne sera pas moins à l'épreuve du temps et du silence. La seule chose changée entre nous est l'espoir d'une connoissance personnelle. Cette attente, monsieur, m'étoit douce; mais il y faut renoncer, si je ne puis la remplir que sur les terres de Genève ou dans les environs. Là-dessus mon parti est pris pour la vie; et je puis vous assurer que vous êtes entré pour beaucoup dans ce qu'il m'en a coûté de le prendre. Du reste je sens avec surprise qu'il m'en coûtera moins de le tenir que je ne m'étois figuré. Je ne pense plus à mon ancienne patrie qu'avec indifférence; c'est même un aveu que je vous fais sans honte, sachant bien que nos sentimens ne dépendent pas de nous; et cette indifférence étoit peut-être le seul qui pouvoit rester pour elle dans un cœur qui ne sut jamais haïr. Ce n'est pas que je me croie quitte envers elle; on ne l'est jamais qu'à la mort. J'ai le zèle du devoir encore, mais j'ai perdu celui de l'attachement.

Mais où est-elle, cette patrie? Existe-t-elle encore? Votre lettre décide cette question. Ce ne sont ni les murs ni les hommes qui font la patrie; ce sont les lois, les mœurs, les coutumes, le gouvernement, la constitution, la manière d'être qui résulte de tout cela. La patrie est dans les relations d'état à ses membres : quand ces relations changent ou s'anéantissent, la patrie s'évanouit. Ainsi, monsieur, pleurons la nôtre; elle a péri, et son simulacre qui reste encore ne sert plus qu'à la déshonorer.

Je me mets, monsieur, à votre place, et je comprends combien le spectacle que vous avez sous les yeux doit vous déchirer le cœur. Sans contredit on souffre moins loin de son pays que de le voir dans un état si déplorable; mais les affections, quand la patrie n'est plus, se resserrent autour de la famille, et un bon père se console avec ses enfans de ne plus vivre avec ses frères. Cela me fait comprendre que des intérêts si chers, malgré les objets qui nous affligent, ne vous permettront pas de vous dépayser. Cependant, s'il arrivoit que par voyage ou par déplacement vous vous éloignassiez de Genève, il me seroit très-doux de vous embrasser; car, bien que nous n'ayons plus de commune patrie, j'augure des sentimens qui nous animent que nous ne cesserons point d'être concitoyens; et les liens de l'estime et de l'amitié demeurent toujours quand même on a rompu tous les autres. Je vous salue, monsieur, de tout mon cœur.

A M. L'ABBÉ DE ***.

Motiers, le 4 mars 1764.

J'ai parcouru, monsieur, la longue lettre où vous m'exposez vos sentimens sur la nature de l'âme et sur l'existence de Dieu. Quoique j'eusse résolu de ne plus rien dire sur ces matières, j'ai cru vous devoir une exception pour la peine que vous avez prise, et dont il ne m'est pas aisé de démêler le but. Si c'est d'établir entre nous un commerce de dispute, je ne saurois en cela vous complaire; car je ne dispute jamais, persuadé que chaque homme a sa manière de raisonner qui lui est propre en quelque chose, et qui n'est bonne en tout à nul autre que lui. Si c'est de me guérir des erreurs où vous me jugez être, je vous remercie de vos bonnes intentions, mais je n'en puis faire aucun usage, ayant pris depuis longtemps mon parti sur ces choses-là. Ainsi, monsieur, votre zèle philosophique est à pure perte avec moi, et je ne serai pas plus votre prosélyte que votre missionnaire. Je ne condamne point vos façons de penser, mais daignez me laisser les miennes, car je vous déclare que je n'en veux pas changer.

Je vous dois encore des remercîmens du soin que vous prenez dans la même lettre de m'ôter l'inquiétude que m'avoient donnée les premières sur les principes de la haute vertu dont vous faites profession. Sitôt que ces principes vous paraissent solides, le devoir qui en dérive doit avoir pour vous la même force que s'ils l'étoient en effet : ainsi mes doutes sur leur solidité n'ont rien d'offensant pour vous; mais je vous avoue que, quant à moi, de tels principes me paroîtroient frivoles; et sitôt que je n'en admettrois pas d'autres, je sens que dans le secret de mon cœur ceux-là me mettroient fort à l'aise sur les vertus pénibles qu'ils paroîtroient m'imposer : tant il est vrai que les mêmes raisons ont rarement la même prise en diverses têtes, et qu'il ne faut jamais disputer de rien !

D'abord l'amour de l'ordre, en tant que cet ordre est étranger à moi, n'est point un sentiment qui puisse balancer en moi celui de mon intérêt propre; une vue purement spéculative ne sauroit dans le cœur humain l'emporter sur les passions; ce seroit à ce qui est moi préférer ce qui m'est étranger : ce sentiment n'est pas dans la nature. Quant à l'amour de l'ordre dont je fais partie, il ordonne tout par rapport à moi, et comme alors je suis seul le centre de cet ordre, il seroit absurde et contradictoire qu'il ne me fît pas rapporter toutes choses à mon bien particulier. Or la vertu suppose un combat contre nous-mêmes, et c'est la difficulté de la victoire qui en fait le mérite; mais, dans la supposition, pourquoi ce combat? Toute raison, tout motif y manque. Ainsi point de vertu possible par le seul amour de l'ordre.

Le sentiment intérieur est un motif très-puissant sans doute; mais les passions et l'orgueil l'altèrent et l'étouffent de bonne heure dans presque tous les cœurs. De tous les sentimens que nous donne une conscience droite, les deux plus forts et les seuls fondemens de tous les autres sont celui de la dispensation d'une providence et celui de l'immortalité de l'âme : quand ces deux-là sont détruits, je ne vois plus ce qui peut rester. Tant que le sentiment intérieur me diroit quelque chose, il me défendroit, si j'avois le malheur d'être sceptique, d'alarmer ma propre mère des doutes que je pourrois avoir.

L'amour de soi-même est le plus puissant, et, selon moi, le seul motif qui fait agir les hommes. Mais comment la vertu, prise absolument et comme un être métaphysique, se fonde-t-elle sur cet amour-là? c'est ce qui me passe. Le crime, dites-vous, est contraire à celui qui le commet; cela est toujours vrai dans mes principes, et souvent très-faux dans les vôtres. Il faut distinguer alors les tentations, les positions, l'espérance plus ou moins grande qu'on a qu'il reste inconnu ou impuni. Communément le crime a pour motif d'éviter un grand mal ou d'acquérir un grand bien ; souvent il parvient à son but. Si ce sentiment n'est pas naturel, quel sentiment pourra l'être ? Le crime adroit jouit dans cette vie de tous les avantages de la fortune et même de la gloire. La justice et les scrupules ne font ici-bas que des dupes. Otez la justice éternelle et la prolongation de mon être après cette vie, je ne vois plus dans la vertu qu'une folie à qui l'on donne un beau nom. Pour un matérialiste l'amour de soi-même n'est que l'amour de son corps. Or, quand Régulus alloit, pour tenir sa foi, mourir dans les tourmens à Carthage, je ne vois point ce que l'amour de son corps faisoit à cela.

Une considération plus forte encore confirme les précédentes ; c'est que dans votre système, le mot même de vertu ne peut avoir aucun sens ; c'est un son qui bat l'oreille, et rien de plus. Car enfin, selon vous, tout est nécessaire : où tout est nécessaire, il n'y a point de liberté ; sans liberté, point de moralité dans les actions ; sans la moralité des actions, où est la vertu ? Pour moi, je ne le vois pas. En parlant du sentiment intérieur je devois mettre au premier rang celui du libre arbitre ; mais il suffit de l'y renvoyer d'ici.

Ces raisons vous paroîtront très-foibles, je n'en doute pas ; mais elles me paroissent fortes à moi ; et cela suffit pour vous prouver que, si par hasard je devenois votre disciple, vos leçons n'auroient fait de moi qu'un fripon. Or un homme vertueux comme vous ne voudroit pas consacrer ses peines à mettre un fripon de plus dans le monde, car je crois qu'il y a bien autant de ces gens-là que d'hypocrites, et qu'il n'est pas plus à propos de les y multiplier.

Au reste je dois avouer que ma morale est bien moins sublime que la vôtre, et je sens que ce sera beaucoup même si elle me sauve de votre mépris. Je ne puis disconvenir que vos imputations d'hypocrisie ne portent un peu sur moi. Il est très-vrai que sans être en tout du sentiment de mes frères, et sans déguiser le mien dans l'occasion, je m'accommode très-bien du leur : d'accord avec eux sur les principes de nos devoirs, je ne dispute point sur le reste, qui me paroît très-peu important. En attendant que nous sachions certainement qui de nous a raison, tant qu'ils me souffriront dans leur communion, je continuerai d'y vivre avec un véritable attachement. La vérité pour nous est couverte d'un voile, mais la paix et l'union sont des biens certains.

Il résulte de toutes ces réflexions que nos façons de penser sont trop différentes pour que nous puissions nous entendre, et que par conséquent un plus long commerce entre nous ne peut qu'être sans fruit. Le temps est si court, et nous en avons besoin pour tant de choses, qu'il ne faut pas l'employer inutilement. Je vous souhaite, monsieur, un bonheur solide, la paix de l'âme, qu'il me semble que vous n'avez pas, et je vous salue de tout mon cœur.

A MADAME LATOUR.

A Motiers, le 10 mars 1764.

Quelque mécontente que vous soyez de moi, chère Marianne, vous ne sauriez l'être plus que je le suis moi-même. Mais des regrets stériles ne me rendront pas meilleur ; mes plis sont pris, et je sens avec douleur qu'à mon âge et dans mon état on ne se corrige plus de rien. J'aurois désiré, tel que je suis, que vous ne m'eussiez pas tout-à-fait abandonné. Cependant, si vous ne me jugez plus digne de vos lettres ni de votre souvenir, j'en aurai de la douleur, mais je n'en murmurerai pas. Quant à moi, je ne vous oublierai de ma vie ; et, dussiez-vous ne plus me répondre, je vous écrirai toujours quelquefois, mais sans gêne et sans règle, car je n'en puis mettre à rien.

A M. LE PRINCE L. E. DE WIRTEMBERG.

11 mars 1764.

Qui, moi, des contes ? à mon âge et dans mon état ? Non, prince, je ne suis plus dans l'enfance, ou plutôt je n'y suis pas encore ; et, malheureusement je ne suis pas si gai dans mes maux que Scarron l'étoit dans les siens. Je dépéris tous les jours ; j'ai des comptes à rendre, et point de contes à faire. Ceci m'a bien l'air d'un bruit préliminaire répandu par quelqu'un qui veut m'honorer d'une gentillesse de sa façon. Divers auteurs, non contens d'attaquer mes sottises, se sont mis à m'imputer les leurs. Paris est inondé d'ouvrages qui portent mon nom, et dont on a soin de faire des chefs-d'œuvre de bêtise, sans doute afin de mieux tromper les lecteurs. Vous n'imagineriez jamais quels coups détournés on porte à ma réputation, à mes mœurs, à mes principes. En voici un qui vous fera juger des autres.

Tous les amis de M. de Voltaire répandent à Paris qu'il s'intéresse tendrement à mon sort (et il est vrai qu'il s'y intéresse). Ils font entendre qu'il est avec moi dans la plus intime liaison. Sur ce bruit, une femme qui ne me connoît point me demande par écrit quelques éclaircissemens sur la religion, et envoie sa lettre à M. de Voltaire, le priant de me la faire passer. M. de Voltaire garde la lettre qui m'est adressée, et renvoie à cette dame, comme en réponse, le *Sermon des cinquante*. Surprise d'un pareil envoi de ma part, cette femme m'écrit par une autre voie; et voilà comment j'apprends ce qui s'est passé (*).

Vous êtes surpris que ma Lettre sur la Providence n'ait pas empêché Candide de naître? C'est elle, au contraire, qui lui a donné naissance; Candide en est la réponse. L'auteur m'en fit une de deux pages dans laquelle il battoit la campagne, et Candide parut dix mois après. Je voulois philosopher avec lui; en réponse il m'a persifflé. Je lui ai écrit une fois que je le haïssois, et je lui en ai dit les raisons. Il ne m'a pas écrit la même chose, mais il me l'a vivement fait sentir. Je me venge en profitant des excellentes leçons qui sont dans ses ouvrages, et je le force à continuer de me faire du bien malgré lui.

Pardon, prince : voilà trop de jérémiades; mais c'est un peu votre faute si je prends tant de plaisir à m'épancher avec vous. Que fait madame la princesse? Daignez me parler quelquefois de son état. Quand aurons-nous ce précieux enfant de l'amour qui sera l'élève de la vertu? Que ne deviendra-t-il point sous de tels auspices? de quelles fleurs charmantes, de quels fruits délicieux ne couronnera-t-il point

(*) Voyez ci-devant la lettre à madame de B***, page 463. — G. P.

les liens de ses dignes parens? Mais cependant quels nouveaux soins vous sont imposés! Vos travaux vont redoubler; y pourrez-vous suffire? aurez-vous la force de persévérer jusqu'à la fin? Pardon, monsieur le duc; vos sentimens connus me sont garans de vos succès. Aussi mon inquiétude ne vient-elle pas de défiance, mais du vif intérêt que j'y prends.

A MADAME DE LUZE.

Motiers, le 17 mars 1764.

Il est dit, madame, que j'aurai toujours besoin de votre indulgence, moi qui voudrois mériter toutes vos bontés. Si je pouvois changer une réponse en visite, vous n'auriez pas à vous plaindre de mon exactitude, et vous me trouveriez peut-être aussi importun qu'à présent vous me trouvez négligent. Quand viendra ce temps précieux où je pourrai aller au Biez réparer mes fautes, ou du moins en implorer le pardon? Ce ne sera point, madame, pour voir ma mince figure que je ferai ce voyage; j'aurai un motif d'empressement plus satisfaisant et plus raisonnable. Mais permettez-moi de me plaindre de ce qu'ayant bien voulu loger ma ressemblance, vous n'avez pas voulu me faire la faveur tout entière en permettant qu'elle vous vînt de moi. Vous savez que c'est une vanité qui n'est pas permise d'oser offrir son portrait; mais vous avez craint peut-être que ce ne fût une trop grande faveur de le demander; votre but étoit d'avoir une image, et non d'enorgueillir l'original. Aussi pour me croire chez vous il faut que j'y sois en personne, et il faut tout l'accueil obligeant que vous daignez m'y faire pour ne pas me rendre jaloux de moi.

Permettez, madame, que je remercie ici madame de Faugnes de l'honneur de son souvenir, et que je l'assure de mon respect. Daignez agréer pour vous la même assurance, et présenter mes salutations à M. de Luze.

A MYLORD MARÉCHAL.

25 mars 1764.

Enfin, mylord, j'ai reçu dans son temps,

par M. Rougemont, votre lettre du 2 février, et c'est de toutes les réponses dont vous me parlez la seule qui me soit parvenue. J'y vois, par votre dégoût de l'Écosse, par l'incertitude du choix de votre demeure, qu'une partie de nos châteaux en Espagne est déjà détruite, et je crains bien que le progrès de mon dépérissement, qui rend chaque jour mon déplacement plus difficile, n'achève de renverser l'autre. Que le cœur de l'homme est inquiet! Quand j'étois près de vous, je soupirois, pour y être plus à mon aise, après le séjour de l'Écosse; et maintenant je donnerois tout au monde pour vous voir encore ici gouverneur de Neuchâtel. Mes vœux sont divers, mais leur objet est toujours le même. Revenez à Colombier, mylord, cultiver votre jardin, et faire du bien à des ingrats, même malgré eux; peut-on terminer plus dignement sa carrière? Cette exhortation de ma part est intéressée, j'en conviens; mais si elle offensoit votre gloire, le cœur de votre enfant ne se la permettroit jamais.

J'ai beau vouloir me flatter, je vois, mylord, qu'il faut renoncer à vivre auprès de vous; et malheureusement je n'en perdrai pas si facilement le besoin que l'espoir. La circonstance où vous m'avez accueilli m'a fait une impression que les jours passés avec vous ont rendue ineffaçable: il me semble que je ne puis plus être libre que sous vos yeux, ni valoir mon prix que dans votre estime. L'imagination du moins me rapprocheroit, si je pouvois vous donner les bons momens qui me restent: mais vous m'avez refusé des mémoires sur votre illustre frère. Vous avez eu peur que je ne fisse le bel esprit, et que je ne gâtasse la sublime simplicité du *probus vixit, fortis obiit*. Ah! mylord, fiez-vous à mon cœur; il saura trouver un ton qui doit plaire au vôtre pour parler de ce qui vous appartient. Oui, je donnerois tout au monde pour que vous voulussiez me fournir des matériaux pour m'occuper de vous, de votre famille, pour pouvoir transmettre à la postérité quelque témoignage de mon attachement pour vous et de vos bontés pour moi. Si vous avez la complaisance de m'envoyer quelques mémoires, soyez persuadé que votre confiance ne sera point trompée: d'ailleurs vous serez le juge de mon travail; et comme je n'ai d'autre objet que de satisfaire un besoin qui me tourmente, si j'y parviens, j'aurai fait ce que j'ai voulu. Vous déciderez du reste, et rien ne sera publié que de votre aveu. Pensez à cela, mylord, je vous conjure, et croyez que vous n'aurez pas peu fait pour le bonheur de ma vie, si vous me mettez à portée d'en consacrer le reste à m'occuper de vous (*).

Je suis touché de ce que vous avez écrit à M. le conseiller Rougemont au sujet de mon testament. Je compte, si je me remets un peu, l'aller voir cet été à Saint-Aubin pour en conférer avec lui. Je me détournerai pour passer à Colombier: j'y reverrai du moins ce jardin, ces allées, ces bords du lac où se sont faites de si douces promenades et où vous devriez venir les recommencer, pour réparer du moins, dans un climat qui vous étoit salutaire, l'altération que celui d'Édimbourg a faite à votre santé.

Vous me promettez, mylord, de me donner de vos nouvelles et de m'instruire de vos directions itinéraires: ne l'oubliez pas, je vous en supplie. J'ai été cruellement tourmenté de ce long silence. Je ne craignois pas que vous m'eussiez oublié, mais je craignois pour vous la rigueur de l'hiver. L'été je craindrai la mer, les fatigues, les déplacemens, et de ne savoir plus où vous écrire.

A MADAME ROGUIN, NÉE BOUGUET.

A Motiers, le 31 mars 1764.

Assurément, madame, vous serez une bonne mère, et avec le zèle que vous me marquez pour les devoirs attachés à ce lien, c'eût été grand dommage que M. Roguin ne vous eût pas mise dans l'état de les remplir. Vous vous inquiétez déjà de votre enfant, du temps où vous pourrez commencer à le baigner dans l'eau

(*) Celui dont Rousseau désiroit écrire la vie étoit le frère cadet de mylord maréchal, Jacques Keith, général célèbre qui, après avoir glorieusement combattu pour la Russie dans ses guerres contre les Turcs et les Suédois, et y avoir obtenu le bâton de maréchal, passa au service du grand Frédéric, qui faisoit le plus grand cas de ses talents militaires et de ses hautes qualités sous tous les rapports. Il se distingua surtout dans la guerre de sept ans, et périt au champ d'honneur en 1758. Le *probus vixit, fortis obiit* est la réponse que fit mylord maréchal lui-même à Formey, qui lui témoignoit le désir de faire l'éloge de son frère. — Il est à regretter qu'il n'ait pas donné suite à l'offre que lui fait Rousseau dans cette lettre, et sur laquelle nous verrons celui-ci revenir encore plusieurs fois. G. P.

froide, de la manière de parvenir graduellement à lui couvrir la tête, et il n'est pas encore né. C'est là, madame, une sollicitude maternelle très-bien placée à certains égards; à d'autres, un peu précoce; mais très-louable en tous sens et qui mérite que j'y réponde de mon mieux.

En premier lieu, il importe fort peu que l'enfant soit dans un panier d'osier ou dans autre chose. Qu'il soit couché un peu mollement, un peu de biais, et souvent au grand air. S'il est en liberté, il ne tardera pas d'acquérir la force nécessaire pour se donner l'attitude qui lui convient. Et d'ailleurs, il ne sera pas toujours couché, puisqu'une aussi bonne nourrice que vous voulez l'être, daignera bien le tenir quelquefois sur ses bras.

Vous désirez le baigner de très-bonne heure dans l'eau froide. C'est très-bien fait, madame. Mon avis est que, pour ne rien risquer, on commence dès le jour de sa naissance. Le quart du monde chrétien, c'est-à-dire tous les Russes et la plupart des Grecs, baptisent les enfans nouveau-nés, en les plongeant trois fois de suite dans l'eau toute froide et même glacée. Faites la même chose, madame, baptisez votre enfant par immersion deux fois le jour, et n'ayez pas peur des rhumes.

Vous songez de trop loin au temps de lui couvrir la tête; mais je n'en vois pas bien la nécessité. Cette nécessité ne viendra sûrement jamais, si c'est un garçon. Si c'est une fille, vous pourrez y songer lors de sa première communion, et cela moins pour obéir à la raison qu'à saint Paul, qui veut que les femmes aient la tête couverte dans l'église. A la bonne heure donc, puisque saint Paul le veut comme cela. Mais le reste du temps, qu'elle soit toujours coiffée en cheveux jusqu'à l'âge de trente ans, qu'une pareille coiffure devient indécente et ridicule dans une femme. Comme un exemple dit plus sur tout ceci que cent pages d'explication, je joins ici, madame, l'extrait d'un mémoire où vous pourrez voir en faits les solutions de vos difficultés. Quoique les *Sophies* et les *Émiles* soient rares, comme vous dites fort bien, il s'en élève pourtant quelques-uns en Europe, même en Suisse, et même à votre voisinage, et le succès promet déjà à leurs dignes pères et mères le prix de la tendresse qui leur fait supporter les soins d'une éducation si pénible, et du courage qui leur fait braver les clabauderies des sots, des gens d'église, et les ricaneries encore plus sottes des beaux-esprits.

Si vous voulez, madame, faire par vous-même les observations nécessaires, prenez la peine d'aller près de Lauzanne voir M. le prince de Wirtemberg. C'est sa fille unique qu'il élève de la manière marquée dans le mémoire; et s'il vous faut là-dessus des explications plus détaillées, vous pourrez consulter l'illustre M. Tissot. Prenez ses avis, madame : c'est le meilleur que je puisse vous donner. Agréez, je vous supplie, mes salutations et mon respect.

A MYLORD MARÉCHAL.

31 mars 1764.

Sur l'acquisition, mylord, que vous avez faite, et sur l'avis que vous m'en avez donné, la meilleure réponse que j'aie à vous faire est de vous transcrire ici ce que j'écris sur ce sujet à la personne que je prie de donner cours à cette lettre, en lui parlant des acclamations de vos bons compatriotes.

« Tous les plaisirs ont beau être pour les mé-
» chans, en voilà pourtant un que je leur défie
» de goûter. Il n'a rien eu de plus pressé que
» de me donner avis du changement de sa for-
» tune : vous devinez aisément pourquoi. Féli-
» citez-moi de tous mes malheurs, madame;
» ils m'ont donné pour ami mylord maréchal. »

Sur vos offres, qui regardent mademoiselle Le Vasseur et moi, je commencerai, mylord, par vous dire que, loin de mettre de l'amour-propre à me refuser à vos dons, j'en mettrai un très-noble à les recevoir. Ainsi là-dessus point de dispute; les preuves que vous vous intéressez à moi, de quelque genre qu'elles puissent être, sont plus propres à m'enorgueillir qu'à m'humilier, et je ne m'y refuserai jamais; soit dit une fois pour toutes.

Mais j'ai du pain quant à présent; et, au moyen des arrangemens que je médite, j'en aurai pour le reste de mes jours. Que me serviroit le surplus? Rien ne me manque de ce que je désire et qu'on peut avoir avec de l'argent. Mylord, il faut préférer ceux qui ont besoin à ceux qui n'ont pas besoin, et je suis dans ce dernier cas. D'ailleurs, je n'aime point qu'on me parle de testamens. Je ne voudrois pas être, moi le sachant, dans celui d'un indifférent : jugez si je voudrois me savoir dans le vôtre.

Vous savez, mylord, que mademoiselle Le Vasseur a une petite pension de mon libraire avec laquelle elle peut vivre quand elle ne m'aura plus. Cependant j'avoue que le bien que vous voulez lui faire m'est plus précieux que s'il me regardoit directement, et je suis extrêmement touché de ce moyen trouvé par votre cœur de contenter la bienveillance dont vous m'honorez. Mais s'il se pouvoit que vous lui assignassiez plutôt la rente de la somme que la somme même, cela m'éviteroit l'embarras de chercher à la placer, sorte d'affaire où je n'entends rien.

J'espère, mylord, que vous aurez reçu ma précédente lettre. M'accorderez-vous des mémoires ? Pourrai-je écrire l'histoire de votre maison ? Pourrois-je donner quelques éloges à ces bons Écossois à qui vous êtes si cher, et qui par là me sont chers aussi ?

AU MÊME.

Avril 1764.

J'ai répondu très-exactement, mylord, à chacune de vos deux lettres du 2 février et du 6 mars, et j'espère que vous serez content de ma façon de penser sur les bontés dont vous m'honorez dans la dernière. Je reçois à l'instant celle du 26 mars, et j'y vois que vous prenez le parti que j'ai toujours prévu que vous prendriez à la fin. En vous menaçant d'une descente, le roi l'a effectuée ; et, quelque redoutable qu'il soit, il vous a encore plus sûrement conquis par sa lettre (*) qu'il n'auroit fait par ses armes. L'asile qu'il vous presse d'accepter est le seul digne de vous. Allez, mylord, à votre destination ; il vous convient de vivre auprès de Frédéric comme il m'eût convenu de vivre auprès de George Keith. Il n'est ni dans l'ordre de la justice ni dans celui de la fortune que mon bonheur soit préféré au vôtre. D'ailleurs mes maux empirent et deviennent presque insupportables : il ne me reste qu'à souffrir et mourir sur la terre ; et en vérité c'eût été dommage de n'aller vous joindre que pour cela.

Voilà donc ma dernière espérance évanouie...... Mylord, puisque vous voilà devenu si riche et si ardent à verser sur moi vos dons, il en est un que j'ai souvent désiré, et qui malheureusement me devient plus désirable encore lorsque je perds l'espoir de vous revoir. Je vous laisse expliquer cette énigme ; le cœur d'un père est fait pour la deviner.

Il est vrai que le trajet que vous préférez vous épargnera de la fatigue ; mais si vous n'étiez pas bien fait à la mer elle pourroit vous éprouver beaucoup à votre âge, surtout s'il revenoit du gros temps. En ce cas, le plus long trajet par terre me paroîtroit préférable, même au risque d'un peu de fatigue de plus. Comme j'espère aussi que vous attendrez pour vous embarquer que la saison soit moins rude, vous voulez bien, mylord, que je compte encore sur une de vos lettres avant votre départ.

A M. A.

Motiers-Travers, le 7 avril 1734.

L'état où j'étois, monsieur, au moment où votre lettre me parvint, m'a empêché de vous en accuser plus tôt la réception, et de vous remercier comme je fais aujourd'hui du plaisir que m'a fait ce témoignage de votre souvenir. J'en suis plus touché que surpris ; et j'ai toujours bien cru que l'amitié dont vous m'honoriez dans mes jours prospères ne se refroidiroit ni par mes disgrâces ni par mon exil. De mon côté, sans avoir avec vous des relations suivies, je n'ai point cessé, monsieur, de prendre intérêt aux changemens agréables que vous avez éprouvés depuis nos anciennes liaisons. Je ne doute point que vous ne soyez aussi bon mari

---

(*) Voici cette lettre, d'après la version qu'en a publiée d'Alembert, dans son éloge de mylord maréchal.

« Je disputerois bien avec les habitans d'Édimbourg l'avantage de vous posséder : si j'avois des vaisseaux, je méditerois une descente en Écosse pour enlever mon cher mylord et pour l'emmener ici ; mais nos barques de l'Elbe sont peu propres à une pareille expédition. Il n'y a que sur qui je puisse compter. J'étois ami de votre frère, je lui avois des obligations ; je suis le vôtre de cœur et d'âme : voilà mes titres ; voilà les droits que j'ai sur vous. Vous vivrez ici dans le sein de l'amitié, de la liberté et de la philosophie : il n'y a que cela dans le monde, mon cher mylord ; quand on a passé par toutes les métamorphoses des états, quand on a goûté de tout, on en revient là. »   G. P.

et aussi digne père de famille que vous étiez homme aimable étant garçon, que vous ne vous appliquiez à donner à vos enfans une éducation raisonnable et vertueuse, et que vous ne fassiez le bonheur d'une femme de mérite qui doit faire le vôtre. Toutes ces idées, fruits de l'estime qui vous est due, me rendent la vôtre plus précieuse.

Je voudrois vous rendre compte de moi pour répondre à l'intérêt que vous daignez y prendre : mais que vous dirois-je ? Je ne fus jamais bien grand'chose ; maintenant je ne suis plus rien ; je me regarde comme ne vivant déjà plus. Ma pauvre machine délabrée me laissera jusqu'au bout, j'espère, une âme saine quant aux sentimens et à la volonté ; mais, du côté de l'entendement et des idées, je suis aussi malade de l'esprit que du corps. Peut-être est-ce un avantage pour ma situation. Mes maux me rendent mes malheurs peu sensibles. Le cœur se tourmente moins quand le corps souffre, et la nature me donne tant d'affaires que l'injustice des hommes ne me touche plus. Le remède est cruel, je l'avoue ; mais enfin c'en est un pour moi ; car les plus vives douleurs me laissent toujours quelque relâche, au lieu que les grandes afflictions ne m'en laissent point. Il est donc bon que je souffre et que je dépérisse pour être moins attristé ; et j'aimerois mieux être Scarron malade que Timon en santé. Mais si je suis désormais peu sensible aux peines, je le suis encore aux consolations ; et c'en sera toujours une pour moi d'apprendre que vous vous portez bien, que vous êtes heureux, et que vous continuez de m'aimer. Je vous salue, monsieur, et vous embrasse de tout mon cœur.

A M. LE PRINCE L. E. DE WIRTEMBERG.

Motiers, le 15 avril 1764.

Ne vous plaignez pas de vos disgrâces, prince. Comme elles sont l'ouvrage de votre courage et de vos vertus, elles sont aussi l'instrument de votre gloire et de votre bonheur. Vaincre Frédéric eût été beaucoup, sans doute ; mais vaincre dans son propre cœur les préjugés et les passions qui subjuguent les conquérans comme les autres hommes, est plus encore. Et, dites la vérité, combien de batailles gagnées vous eussent donné dans l'opinion des hommes ce que vous donne au fond de votre cœur une heure de jouissance des plaisirs de l'amour conjugal et paternel ? Quand vos succès eussent fait aux hommes quelque vrai bien, ce qui me paroît fort douteux ; car qu'importe au peuple qui perde ou qui gagne ? vous auriez méconnu les vrais biens pour vous-même ; et, séduit par les acclamations publiques, vous n'eussiez plus mis votre bonheur que dans les jugemens d'autrui. Vous avez appris à le trouver en vous, à en être le maître, et à en jouir malgré la reine et malgré les jaloux. Vous l'avez conquis, pour ainsi dire ; c'étoit la meilleure conquête à faire.

La fumée de la gloire est enivrante dans mon métier comme dans le vôtre. J'ignore si cette fumée m'a porté à la tête, mais elle m'a souvent fait mal au cœur ; et il est bien difficile qu'au milieu des triomphes un guerrier ne sente pas quelquefois la même atteinte ; car si les lauriers des héros sont plus brillans, la culture en est aussi plus pénible, plus dépendante, et souvent on la leur fait payer bien cher.

La manière de vivre isolé et sans prétention que j'ai choisie, et qui me rend à peu près nul sur la terre, m'a mis à portée d'observer et comparer toutes les conditions depuis les paysans jusqu'aux grands. J'ai pu facilement écarter l'apparence ; car j'ai été partout admis dans le commerce et même dans la familiarité. Je me suis, pour ainsi dire, incorporé dans tous les états pour les bien étudier. J'ai vu leurs sentimens, leurs plaisirs, leurs désirs, leur manière interne d'être ; j'ai toujours vu que ceux qui savoient rendre leur situation non la plus éclatante, mais la plus indépendante, étoient les plus près de toute la félicité permise à l'homme ; que les sentimens libres qu'ils cultivoient, tels que l'amour, l'amitié, étoient tout autrement délicieux que ceux qui naissent des relations forcées que donnent l'état et le rang ; que les affections enfin qui tenoient aux personnes et qui étoient du choix du cœur étoient infiniment plus douces que celles qui tenoient aux choses et que déterminoit la fortune.

Sur ce principe il m'a semblé, dès les premières lettres dont vous m'avez honoré, et toutes les suivantes confirment ce jugement, que vous aviez fait le plus grand pas pour arriver au bonheur; que, de prince et de général se faire père, mari, véritable homme, n'étoit point aller aux privations, mais aux jouissances; que vos présentes occupations marquoient l'état de votre âme de la façon la moins équivoque; que votre respect pour le sublime Klyiogg (*) montroit combien vous en méritiez vous-même; qu'enfin vous pouviez avoir des chagrins, parce que tout homme en a; mais que, si quelqu'un dans le monde approchoit par sa situation et par ses sentimens du vrai bonheur, ce devoit être vous; et que, sur la disgrâce qui vous avoit conduit à cet état simple et désirable, vous pouviez dire, comme Thémistocle, Nous périssions, si nous n'eussions péri. Voilà, prince, ma façon de penser sur votre situation présente et passée. Si je me trompe, ne me détrompez pas.

Une femme du pays de Vaud, qui se prétend grosse, m'a écrit pour me demander des conseils sur l'éducation de son enfant. Sa lettre me paroît un persifflage perpétuel sur mes chimériques idées. J'ai pris la liberté de lui citer pour réponse votre petite Sophie et la manière dont vous avez le courage de l'élever. J'espère n'avoir point commis en cela d'indiscrétion (**); si je l'avois fait, je vous prierois de me le dire afin que je fusse plus retenu une autre fois.

Si vous approuviez que nos lettres finissent désormais sans formule et sans signature, il me semble que cela seroit plus commode. Quand les sentimens sont connus, quand l'écriture est connue, il ne reste à prendre sur cet article que des soins qui me semblent superflus : en attendant que votre exemple m'autorise avec vous à cet usage, agréez, monsieur le duc, je vous supplie, les assurances de mon profond respect.

A M. LE MARÉCHAL DE LUXEMBOURG.

Motiers, le 21 avril 1764.

Je suis alarmé, monsieur le maréchal, d'apprendre à l'instant que vous n'êtes pas allé ce printemps à Montmorency. Je crains que la suite d'une indisposition qu'on m'avoit décrite comme légère, et dont je vous croyois rétabli, n'ait mis obstacle à ce voyage. Permettez que je vous supplie de me faire écrire un mot sur votre état présent. Je sais qu'il faudroit toujours savoir se retirer avant que d'être importun, et qu'on y est obligé, du moins quand on sent qu'on l'est devenu. Mais, monsieur le maréchal, comme les sentimens que vous daignâtes cultiver ne peuvent sortir de mon cœur, je ne puis perdre non plus les inquiétudes qui en sont inséparables. Je serai discret désormais sur tout autre article; mais, je ne puis me résoudre à l'être, quand je suis en peine de votre santé.

M. D'IVERNOIS

Motiers, le 21 avril 1764.

Je me réjouis, monsieur, de vous savoir heureusement de retour de votre voyage; et je me réjouirois bien aussi de celui que vous avez la bonté de me proposer, si j'étois en état de l'accepter; mais c'est à quoi ma situation présente ne me permet pas de penser. D'ailleurs je vous avouerai franchement qu'il entre dans mes arrangemens de ne dépendre que de ma volonté dans mes courses, de n'en faire par conséquent qu'avec gens qui n'ont point d'affaire, et qui n'ont une voiture ni devant ni derrière eux. Mais si je ne puis, monsieur, avoir le plaisir de vous suivre, j'attends du moins avec empressement celui de vous embrasser; ce seroit un bien de plus dans ma vie d'en pouvoir jouir plus souvent.

Oserois-je vous charger d'une petite commission? M. Deluc l'aîné a eu la bonté de m'envoyer un baril de miel de Chamouni, comme je l'en avois prié. Je lui ai écrit là-dessus sans recevoir de réponse. Vous m'obligeriez beaucoup, monsieur, si vous vouliez bien solder avec lui cette petite affaire, en y ajoutant quelques affranchissemens de lettres que je lui dois aussi, et je vous rembourserois ici le tout à votre passage. Je vous connois trop obligeant pour croire avoir là-dessus d'excuse à vous faire. Recevez les remercîmens et respects de mademoiselle Le Vasseur, et faites, je vous

---

(*) Voyez ci-après la lettre de M. Hirzel, du 11 novembre 1764.

(**) Il parle sans doute de la lettre de madame Roguin, du 31 mars. Voyez ci-devant page 480.   G. P.

supplie, agréer les miens à madame d'Ivernois. Je vous salue, monsieur, de tout mon cœur.

A MADAME LATOUR.

A Motiers, le 28 avril 1764.

Tant que ma situation ne changera pas, j'aurai, chère Marianne, avec le chagrin de ne pouvoir vous écrire que des lettres rares et courtes, celui de sentir que vous imputez toujours en vous-même mon malheur à ma mauvaise volonté; car je sais qu'il n'est pas dans le cœur humain de se mettre à la place des autres dans les choses qu'on exige d'eux. Au reste, un article de vos lettres, auquel je ne répondrois pas quand j'aurois le temps et la santé qui me manquent, est celui des louanges. Le silence est la seule bonne réponse que je sache faire à cet article-là.

Les pièces de mes écrits que vous avez in-12, et que vous me demandez in-8°, ont, pour la plupart été imprimées, dans ce dernier format, chez Pissot, quai de Conti, à la descente du Pont-Neuf; le *Discours sur l'économie politique* a aussi été imprimé in-8° à Genève, chez Duvillard. Je n'ai aucune de ces pièces détachées de l'unique exemplaire que je me suis réservé de mes écrits, et je n'ai plus aucune relation avec les libraires qui les ont imprimées. Cependant, ne vous mettez pas en quête de ces pièces de six semaines d'ici; car j'espère, avant ce terme, pouvoir vous les procurer toutes d'une bonne édition, et cela sans embarras. Voilà, chère Marianne, ce que j'ai quant à présent à vous répondre sur les éclaircissemens que vous m'avez demandés. J'attends maintenant la question que vous avez à me faire; j'espère qu'elle n'a nul trait à mon sincère attachement pour vous; car, quelque mécontente que vous soyez de ma correspondance, je ne vous pardonnerois pas de rien mettre en doute qui pût se rapporter à cet objet-là.

A M. GUY.

A Motiers, le 6 mai 1764.

Puisque vous voulez bien que je dispose de quelques exemplaires du Recueil que vous venez de faire imprimer, je vous prie de vouloir bien en faire porter un in-8° broché, chez *madame de L. T., rue de Richelieu, entre la rue Neuve-Saint-Augustin, et les écuries de madame la duchesse d'Orléans*; et, si elle veut le payer, de défendre à celui qui le portera de recevoir l'argent.

A MADEMOISELLE D. M.

Le 7 mai 1764.

Je ne prends pas le change, Henriette, sur l'objet de votre lettre, non plus que sur votre date de Paris (*). Vous recherchez moins mon avis sur le parti que vous avez à prendre que mon approbation pour celui que vous avez pris. Sur chacune de vos lignes je lis ces mots écrits en gros caractères : *Voyons si vous aurez le front de condamner à ne plus penser ni lire quelqu'un qui pense et écrit ainsi*. Cette interprétation n'est assurément pas un reproche, et je ne puis que vous savoir gré de me mettre au nombre de ceux dont les jugemens vous importent. Mais en me flattant, vous n'exigez pas, je crois, que je vous flatte; et vous déguiser mon sentiment, quand il y va du bonheur de votre vie, seroit mal répondre à l'honneur que vous m'avez fait.

Commençons par écarter les délibérations inutiles. Il ne s'agit plus de vous réduire à coudre et broder. Henriette, on ne quitte pas sa tête comme son bonnet, et l'on ne revient pas plus à la simplicité qu'à l'enfance; l'esprit une fois en effervescence y reste toujours, et quiconque a pensé pensera toute sa vie. C'est là le plus grand malheur de l'état de réflexion : plus on en sent les maux, plus on les augmente; et tous nos efforts pour en sortir ne font que nous y embourber plus profondément.

Ne parlons donc pas de changer d'état, mais du parti que vous pouvez tirer du vôtre. Cet

---

(*) Il pensoit que la lettre à laquelle il répondoit, quoique datée de Paris, étoit réellement écrite de Neufchâtel, et il l'attribuoit à une dame qui alors habitoit cette ville, et qu'il savoit être *une savante et un bel esprit en titre*, et c'est dans cette idée que sa réponse est conçue. Il reconnoît sa méprise dans la lettre qu'on verra ci-après à la date du 4 novembre même année, adressée à la même demoiselle D. M., véritable auteur de celle à laquelle celle-ci sert de réponse.   G. P.

état est malheureux, il doit toujours l'être. Vos maux sont grands et sans remède; vous les sentez, vous en gémissez; et, pour les rendre supportables, vous cherchez du moins un palliatif. N'est-ce pas là l'objet que vous vous proposez dans vos plans d'études et d'occupations?

Vos moyens peuvent être bons dans une autre vue, mais c'est votre fin qui vous trompe, parce que ne voyant pas la véritable source de vos maux, vous en cherchez l'adoucissement dans la cause qui les fit naître. Vous les cherchez dans votre situation, tandis qu'ils sont votre ouvrage. Combien de personnes de mérite nées dans le bien-être, et tombées dans l'indigence, l'ont supportée avec moins de succès et de bonheur que vous, et toutefois n'ont pas ces réveils tristes et cruels dont vous décrivez l'horreur avec tant d'énergie? Pourquoi cela? Sans doute elles n'auront pas, direz-vous, une âme aussi sensible. Je n'ai vu personne en ma vie qui n'en dît autant. Mais qu'est-ce enfin que cette sensibilité si vantée? Voulez-vous le savoir, Henriette? c'est en dernière analyse un amour-propre qui se compare. J'ai mis le doigt sur le siège du mal.

Toutes vos misères viennent et viendront de vous être affichée. Par cette manière de chercher le bonheur il est impossible qu'on le trouve. On n'obtient jamais dans l'opinion des autres la place qu'on y prétend. S'ils nous l'accordent à quelques égards, ils nous la refusent à mille autres, et une seule exclusion tourmente plus que ne flattent cent préférences. C'est bien pis encore dans une femme qui, voulant se faire homme, met d'abord tout son sexe contre elle, et n'est jamais prise au mot par le nôtre; en sorte que son orgueil est souvent aussi mortifié par les honneurs qu'on lui rend que par ceux qu'on lui refuse. Elle n'a jamais précisément ce qu'elle veut, parce qu'elle veut des choses contradictoires, et qu'usurpant les droits d'un sexe sans vouloir renoncer à ceux de l'autre, elle n'en possède aucun pleinement.

Mais le grand malheur d'une femme qui s'affiche est de n'attirer, ne voir que des gens qui font comme elle, et d'écarter le mérite solide et modeste qui ne s'affiche point, et qui ne court point où s'assemble la foule. Personne ne juge si mal et si faussement des hommes que les gens à prétentions; car ils ne les jugent que d'après eux-mêmes et ce qui leur ressemble; et ce n'est certainement pas voir le genre humain par son beau côté. Vous êtes mécontente de toutes vos sociétés: je le crois bien; celles où vous avez vécu étoient les moins propres à vous rendre heureuse; vous n'y trouviez personne en qui vous pussiez prendre cette confiance qui soulage. Comment l'auriez-vous trouvée parmi des gens tout occupés d'eux seuls, à qui vous demandiez dans leur cœur la première place, et qui n'en ont pas même une seconde à donner? Vous vouliez briller, vous vouliez primer, et vous vouliez être aimée: ce sont des choses incompatibles. Il faut opter. Il n'y a point d'amitié sans égalité, et il n'y a jamais d'égalité reconnue entre gens à prétentions. Il ne suffit pas d'avoir besoin d'un ami pour en trouver, il faut encore avoir de quoi fournir aux besoins d'un autre. Parmi les provisions que vous avez faites, vous avez oublié celle-là.

La marche par laquelle vous avez acquis des connoissances n'en justifie ni l'objet ni l'usage. Vous avez voulu paroître philosophe; c'étoit renoncer à l'être; et il valoit beaucoup mieux avoir l'air d'une fille qui attend un mari, que d'un sage qui attend de l'encens. Loin de trouver le bonheur dans l'effet des soins que vous n'avez donnés qu'à la seule apparence, vous n'y avez trouvé que des biens apparens et des maux véritables. L'état de réflexion où vous vous êtes jetée vous a fait faire incessamment des retours douloureux sur vous-même; et vous voulez pourtant bannir ces idées par le même genre d'occupation qui vous les donna.

Vous voyez l'erreur de la route que vous avez prise, et, croyant en changer par votre projet, vous allez encore au même but par un détour. Ce n'est point pour vous que vous voulez revenir à l'étude, c'est encore pour les autres. Vous voulez faire des provisions de connoissances pour suppléer dans un autre âge à la figure: vous voulez substituer l'empire du savoir à celui des charmes.

Vous ne voulez pas devenir la complaisante d'une autre femme, mais vous voulez avoir des complaisans. Vous voulez avoir des amis, c'est-à-dire une cour. Car les amis d'une femme jeune ou vieille sont toujours ses courtisans; ils la servent ou la quittent, et vous prenez de loin des mesures pour les retenir, afin d'être toujours le centre d'une sphère, petite ou grande. Je crois sans cela que les provisions que vous voulez faire seroient la chose la plus inutile pour l'objet que vous croyez bonnement vous proposer. Vous voudriez, dites-vous, vous mettre en état d'entendre les autres. Avez-vous besoin d'un nouvel acquis pour cela? Je ne sais pas au vrai quelle opinion vous avez de votre intelligence actuelle; mais dussiez-vous avoir pour amis des Œdipes, j'ai peine à croire que vous soyez fort curieuse de jamais entendre les gens que vous ne pouvez entendre aujourd'hui. Pourquoi donc tant de soins pour obtenir ce que vous avez déjà? Non, Henriette, ce n'est pas cela; mais, quand vous seriez une sibylle, vous voulez prononcer des oracles: votre vrai projet n'est pas tant d'écouter les autres que d'avoir vous-même des auditeurs. Sous prétexte de travailler pour l'indépendance, vous travaillez encore pour la domination. C'est ainsi que, loin d'alléger le poids de l'opinion qui vous rend malheureuse, vous voulez en aggraver le joug. Ce n'est pas le moyen de vous procurer des réveils plus sereins.

Vous croyez que le seul soulagement du sentiment pénible qui vous tourmente est de vous éloigner de vous. Moi, tout au contraire, je crois que c'est de vous en rapprocher.

Toute votre lettre est pleine de preuves que jusqu'ici l'unique but de toute votre conduite a été de vous mettre avantageusement sous les yeux d'autrui. Comment, ayant réussi dans le public autant que personne, et en rapportant si peu de satisfaction intérieure, n'avez-vous pas senti que ce n'étoit pas là le bonheur qu'il vous falloit, et qu'il étoit temps de changer de plan? Le vôtre peut être bon pour la gloire, mais il est mauvais pour la félicité. Il ne faut point chercher à s'éloigner de soi, parce que cela n'est pas possible, et que tout nous y ramène malgré que nous en ayons. Vous convenez d'avoir passé des heures très-douces en m'écrivant et me parlant de vous. Il est étonnant que cette expérience ne vous mette pas sur la voie, et ne vous apprenne pas où vous devez chercher sinon le bonheur, au moins la paix.

Cependant, quoique mes idées en ceci diffèrent beaucoup des vôtres, nous sommes à peu près d'accord sur ce que vous devez faire. L'étude est désormais pour vous la lance d'Achille, qui doit guérir la blessure qu'elle a faite. Mais vous ne voulez qu'anéantir la douleur, et je voudrois ôter la cause du mal. Vous voulez vous distraire de vous par la philosophie: moi, je voudrois qu'elle vous détachât de tout et vous rendît à vous-même. Soyez sûre que vous ne serez contente des autres que quand vous n'aurez plus besoin d'eux, et que la société ne peut vous devenir agréable qu'en cessant de vous être nécessaire. N'ayant jamais à vous plaindre de ceux dont vous n'exigerez rien, c'est vous alors qui leur serez nécessaire; et sentant que vous vous suffisez à vous-même, ils vous sauront gré du mérite que vous voulez bien mettre en commun. Ils ne croiront plus vous faire grâce; ils la recevront toujours. Les agrémens de la vie vous rechercheront par cela seul que vous ne les rechercherez pas; et c'est alors que, contente de vous sans pouvoir être mécontente des autres, vous aurez un sommeil paisible et un réveil délicieux.

Il est vrai que des études faites dans des vues si contraires ne doivent pas beaucoup se ressembler, et il y a bien de la différence entre la culture qui orne l'esprit et celle qui nourrit l'âme. Si vous aviez le courage de goûter un projet dont l'exécution vous sera d'abord très-pénible, il faudroit beaucoup changer vos directions. Cela demanderoit d'y bien penser avant de se mettre à l'ouvrage. Je suis malade, occupé, abattu, j'ai l'esprit lent; il me faut des efforts pénibles pour sortir du petit cercle d'idées qui me sont familières, et rien n'en est plus éloigné que votre situation. Il n'est pas juste que je me fatigue à pure perte; car j'ai peine à croire que vous vouliez entreprendre de refondre, pour ainsi dire, toute votre constitution morale. Vous avez trop de philosophie pour ne pas voir avec effroi cette entreprise. Je désespérerois de vous si vous vous y mettiez aisément. N'allons donc pas plus loin quant à présent; il suffit que votre principale question est résolue: suivez la carrière des lettres; il ne vous en reste plus d'autre à choisir.

Ces lignes que je vous écris à la hâte, distrait et souffrant, ne disent peut-être rien de ce qu'il faut dire: mais les erreurs que ma précipitation peut m'avoir fait faire ne sont pas irréparables. Ce qu'il falloit, avant toute chose, étoit de vous faire sentir combien vous m'intéressez;

et je crois que vous n'en douterez pas en lisant cette lettre. Je ne vous regardois jusqu'ici que comme une belle penseuse qui, si elle avoit reçu un caractère de la nature, avoit pris soin de l'étouffer, de l'anéantir sous l'extérieur, comme un de ces chefs-d'œuvre jetés en bronze, qu'on admire par les dehors et dont le dedans est vide. Mais si vous savez pleurer encore sur votre état, il n'est pas sans ressource; tant qu'il reste au cœur un peu d'étoffe, il ne faut désespérer de rien.

A MADAME DE V...-N.

Motiers, le 13 mai 1764.

Quoique tout ce que vous m'écrivez, madame, me soit intéressant, l'article le plus important de votre dernière lettre en mérite une tout entière, et fera l'unique sujet de celle-ci. Je parle des propositions qui vous ont fait hâter votre retraite à la campagne. La réponse négative que vous y avez faite et le motif qui vous l'a inspirée sont, comme tout ce que vous faites, marqués au coin de la sagesse et de la vertu; mais je vous avoue, mon aimable voisine, que les jugemens que vous portez sur la conduite de la personne me paroissent bien sévères; et je ne puis vous dissimuler que, sachant combien sincèrement il vous étoit attaché, loin de voir dans son éloignement un signe de tiédeur, j'y ai bien plutôt vu les scrupules d'un cœur qui croit avoir à se défier de lui-même; et le genre de vie qu'il choisit à sa retraite montre assez ce qui l'y a déterminé. Si un amant quitté pour la dévotion ne doit pas se croire oublié, l'indice est bien plus fort dans les hommes; et, comme cette ressource leur est moins naturelle, il faut qu'un besoin plus puissant les force d'y recourir. Ce qui m'a confirmé dans mon sentiment, c'est son empressement à revenir du moment qu'il a cru pouvoir écouter son penchant sans crime; et, cette démarche, dont votre délicatesse me paroît offensée, est à mes yeux une preuve de la sienne, qui doit lui mériter toute votre estime, de quelque manière que vous envisagiez d'ailleurs son retour.

Ceci, madame, ne diminue absolument rien de la solidité de vos raisons quant à vos devoirs envers vos enfans. Le parti que vous prenez est sans contredit le seul dont ils n'aient pas à se plaindre et le plus digne de vous; mais ne gâtez pas un acte de vertu si grand et si pénible par un dépit déguisé, et par un sentiment injuste envers un homme aussi digne de votre estime par sa conduite que vous-même est par la vôtre digne de l'estime de tous les honnêtes gens. J'oserai dire plus : votre motif, fondé sur vos devoirs de mère, est grand et pressant, mais il peut n'être que secondaire. Vous êtes trop jeune encore, vous avez un cœur trop tendre et plein d'une inclination trop ancienne pour n'être pas obligée à compter avec vous-même dans ce que vous devez sur ce point à vos enfans. Pour bien remplir ses devoirs, il ne faut point s'en imposer d'insupportables : rien de ce qui est juste et honnête n'est illégitime; quelque chers que vous soient vos enfans, ce que vous leur devez sur cet article n'est point ce que vous deviez à votre mari. Pesez donc les choses en bonne mère, mais en personne libre. Consultez si bien votre cœur que vous fassiez leur avantage, mais sans vous rendre malheureuse, car vous ne leur devez pas jusque-là. Après cela, si vous persistez dans vos refus, je vous en respecterai davantage; mais si vous cédez, je ne vous en estimerai pas moins.

Je n'ai pu me refuser à mon zèle de vous exposer mes sentimens sur une matière si importante et dans le moment où vous êtes à temps de délibérer. M. de*** ne m'a écrit ni fait écrire; je n'ai de ses nouvelles ni directement ni indirectement; et quoique nos anciennes liaisons m'aient laissé de l'attachement pour lui, je n'ai eu nul égard à son intérêt dans ce que je viens de vous dire (*). Mais moi que vous laissâtes lire dans votre cœur, et qui en vis si bien la tendresse et l'honnêteté; moi qui quelquefois vis couler vos larmes, je n'ai point ou-

---

(*) Dans le recueil publié par Du Peyrou, l'adresse de cette lettre est ainsi indiquée : *à mad. DE V......N.*, ce qui nous dispose à croire qu'elle est adressée à madame de Verdelin, qui étoit en effet la *voisine* de Rousseau à Montmorency. Or les Mémoires de madame de Verdelin nous ap,rennent qu'avant son veuvage madame de Verdelin avoit pour amant M. de Margency, et que ce dernier, très-frivole d'ailleurs et sans caractère décidé, avoit, quoique vivant dans une société de philosophes et d'incrédules, des retours fréquens vers une opinion et des sentimens tout contraires. Si notre conjecture est fondée, ce seroit donc de M. de Margency qu'il seroit question dans cette lettre. Voyez ci-après la lettre écrite de Wootton, août 1763, qui donne un nouvel appui à cette conjecture. G. P.

blié l'impression qu'elles m'ont faite, et je ne suis pas sans crainte sur celle qu'elles ont pu vous laisser. Mériterois-je l'amitié dont vous m'honorez si je négligeois en ce moment les devoirs qu'elle m'impose?

A MADEMOISELLE GALLEY,

En lui envoyant un lacet.

14 mai 1764.

Ce présent, ma bonne amie, vous fut destiné du moment que j'eus le bien de vous connoître, et, quoi qu'en pût dire votre modestie, j'étois sûr qu'il auroit dans peu son emploi. La récompense suit de près la bonne œuvre. Vous étiez cet hiver garde-malade, et ce printemps Dieu vous donne un mari : vous lui serez charitable, et Dieu vous donnera des enfans; vous les élèverez en sage mère, et ils vous rendront heureuse un jour. D'avance vous devez l'être par les soins d'un époux aimable et aimé, qui saura vous rendre le bonheur qu'il attend de vous. Tout ce qui promet un bon choix m'est garant du vôtre; des liens d'amitié formés dès l'enfance, éprouvés par le temps, fondés sur la connoissance des caractères ; l'union des cœurs que le mariage affermit, mais ne produit pas; l'accord des esprits où des deux parts la bonté domine, et où la gaîté de l'un, la solidité de l'autre, se tempérant mutuellement, rendront douce et chère à tous deux l'austère loi qui fait succéder aux jeux de l'adolescence des soins plus graves, mais plus touchans. Sans parler d'autres convenances, voilà de bonnes raisons de compter pour toute la vie sur un bonheur commun dans l'état où vous entrez, et que vous honorerez par votre conduite. Voir vérifier un augure si bien fondé sera, chère Isabelle, une consolation très-douce pour votre ami. Du reste, la connoissance que j'ai de vos principes et l'exemple de madame votre sœur me dispensent de faire avec vous des conditions. Si vous n'aimez pas les enfans, vous aimerez vos devoirs. Cet amour me répond de l'autre; et votre mari, dont vous fixerez les goûts sur divers articles, saura bien changer le vôtre sur celui-là.

En prenant la plume j'étois plein de ces idées. Les voilà pour tout compliment. Vous attendiez peut-être une lettre faite pour être montrée; mais auriez-vous dû me la pardonner, et reconnoîtriez-vous l'amitié que vous m'avez inspirée, dans une épître où je songerois au public en parlant à vous?

A M. DE SAUTTERSHEIM.

Motiers, le 20 mai 1764.

Mettez-vous à ma place, monsieur, et jugez-vous. Quand, trop facile à céder à vos avances, j'épanchois mon cœur avec vous, vous me trompiez. Qui me répondra qu'aujourd'hui vous ne me trompez pas encore? Inquiet de votre long silence, je me suis fait informer de vous à la cour de Vienne : votre nom n'y est connu de personne. Ici votre honneur est compromis, et, depuis votre départ, une salope, appuyée de certaines gens, vous a chargé d'un enfant. Qu'êtes-vous allé faire à Paris? Qu'y faites-vous maintenant, logé précisément dans la rue qui a le plus mauvais renom? Que voulez-vous que je pense? J'eus toujours du penchant à vous aimer : mais je dois subordonner mes goûts à la raison, et je ne veux pas être dupe. Je vous plains; mais je ne puis vous rendre ma confiance que je n'aie des preuves que vous ne me trompez plus.

Vous avez ici des effets dans deux malles dont une est à moi. Disposez de ces effets, je vous prie, puisqu'ils vous doivent être utiles, et qu'ils m'embarrasseroient dans le transport des miens si je quittois Motiers. Vous me paroissez être dans le besoin; je ne suis pas non plus trop à mon aise. Cependant, si vos besoins sont pressans, et que les dix louis que vous n'acceptâtes pas l'année dernière puissent y porter quelque remède, parlez-moi clairement. Si je connoissois mieux votre état, je vous préviendrois; mais je voudrois vous soulager, non vous offenser.

Vous êtes dans un âge où l'âme a déjà pris son pli, et où les retours à la vertu sont difficiles. Cependant les malheurs sont de grandes leçons : puissiez-vous en profiter pour rentrer en vous-même! Il est certain que vous étiez fait pour être un homme de mérite. Ce seroit grand dommage que vous trompassiez votre vocation. Quant à moi, je n'oublierai jamais l'attache-

A M. DE P.

23 mai 1764.

Je sais, monsieur, que, depuis deux ans, Paris fourmille d'écrits qui portent mon nom, mais dont heureusement peu de gens sont les dupes. Je n'ai ni écrit ni vu ma prétendue lettre à M. l'archevêque d'Auch, et la date de Neufchâtel prouve que l'auteur n'est pas même instruit de ma demeure.

Je n'avois pas attendu les exhortations des protestans de France pour réclamer contre les mauvais traitemens qu'ils essuient. Ma lettre à M. l'archevêque de Paris porte un témoignage assez éclatant du vif intérêt que je prends à leurs peines : il seroit difficile d'ajouter à la force des raisons que j'apporte pour engager le gouvernement à les tolérer, et j'ai même lieu de présumer qu'il y a fait quelque attention. Quel gré m'en ont-ils su? On diroit que cette lettre, qui a ramené tant de catholiques, n'a fait qu'achever d'aliéner les protestans ; et combien d'entre eux ont osé m'en faire un nouveau crime ! comment voudriez-vous, monsieur, que je prisse avec succès leur défense, lorsque j'ai moi-même à me défendre de leurs outrages? Opprimé, persécuté, poursuivi chez eux de toutes parts comme un scélérat, je les ai vus tous réunis pour achever de m'accabler; et lorsque enfin la protection du roi a mis ma personne à couvert, ne pouvant plus autrement me nuire, ils n'ont cessé de m'injurier. Ouvrez jusqu'à vos Mercures, et vous verrez de quelle façon ces charitables chrétiens m'y traitent : si je continuois à prendre leur cause, ne me demanderoit-on pas de quoi je me mêle? Ne jugeroit-on pas qu'apparemment je suis de ces braves qu'on mène au combat à coups de bâton? « Vous avez bonne grâce de venir nous
» prêcher la tolérance, me diroit-on, tandis
» que vos gens se montrent plus intolérans que
» nous. Votre propre histoire dément vos prin-
» cipes, et prouve que les réformés, doux peut-
» être quand ils sont foibles, sont très-violens
» sitôt qu'ils sont les plus forts. Les uns vous
» décrètent, les autres vous bannissent, les
» autres vous reçoivent en rechignant. Cepen-
» dant vous voulez que nous les traitions sur
» des maximes de douceur qu'ils n'ont pas
» eux-mêmes! Non, puisqu'ils persécutent, ils
» doivent être persécutés; c'est la loi de l'é-
» quité qui veut qu'on fasse à chacun comme il
» fait aux autres. Croyez-nous, ne vous mêlez
» plus de leurs affaires, car ce ne sont point
» les vôtres. Ils ont grand soin de le déclarer
» tous les jours en vous reniant pour leur frère,
» en protestant que votre religion n'est pas la
» leur. »

Si vous voyez, monsieur, ce que j'aurois de solide à répondre à ce discours, ayez la bonté de me le dire; quant à moi je ne le vois pas. Et puis que sais-je encore ? peut-être, en voulant les défendre, avancerois-je par mégarde quelque hérésie, pour laquelle on me feroit saintement brûler. Enfin, je suis abattu, découragé, souffrant, et l'on me donne tant d'affaires à moi-même, que je n'ai plus le temps de me mêler de celles d'autrui.

Recevez mes salutations, monsieur, je vous supplie, et les assurances de mon respect.

A M. PANCKOUCKE.

Motiers-Travers, le 25 mai 1764.

Je lirai avec grand plaisir les écrits de M. Beaurieu, et sur votre exhortation, j'ai déjà commencé par l'*Elève de la nature*. On ne peut pas en effet penser avec plus d'esprit, ni dire plus agréablement. Je lui conseille toutefois de s'attacher toujours plus aux sujets qu'on peut traiter en descriptions et en images qu'à ceux de discussion et d'analyse, et qu'en général aux matières de raisonnement. Un traité d'Agriculture sera tout-à-fait de son genre ; et s'il choisit bien ses matériaux, il peut à un livre très-utile donner tout l'agrément des Géorgiques (*).

(*) Malgré cette opinion de Rousseau sur le genre propre à Beaurieu, cet auteur, à qui des manières originales et un extérieur singulier, plus que son talent réel, ont donné quelque réputation pendant sa vie, a écrit sur beaucoup de sujets, mais ne s'est point occupé d'agriculture. De tous ses ouvrages, l'*Elève de la nature*, qui pendant quelque temps fut attribué à Rousseau, et qui dut peut-être à cette opinion tout son succès, est le seul dont on a conservé le souvenir. Beaurieu est mort à l'hôpital en 1795, âgé de 67 ans. G. P.

Je me fais bien du scrupule de toucher aux ouvrages de Richardson, surtout pour les abréger; car je n'aimerois guère être abrégé moi-même, bien que je sente le besoin qu'en auroient plusieurs de mes écrits; ceux de Richardson en ont besoin incontestablement. Ses entretiens de cercle sont surtout insupportables; car, comme il n'avoit pas vu le grand monde, il en ignoroit entièrement le ton; j'oserois tenter de faire ce que vous me proposez; mais n'exigez pas que je fasse vite; car, malade et paresseux, occupé d'ailleurs à préparer l'édition générale par laquelle je me propose d'achever ma carrière littéraire, je n'aurai de long-temps, si je vis, que très-peu de temps à donner à une compilation : d'ailleurs, n'entendant pas l'anglois, il me faudroit toutes les traductions qui ont été faites, pour les comparer et choisir ; et tout cela est embarrassant pour vous, pour moi, ou plutôt pour tous les deux. Si j'achève jamais ma grande édition, et que je lui survive, alors seulement je pourrai m'occuper uniquement de ces choses-là, et je me ferai un plaisir d'entrer dans vos vues autant que ma situation, ma santé et mon esprit indolent me le permettront.

J'oubliois de vous dire que le recueil que vous avez vu ne s'est point fait sous mes yeux. C'est M. l'abbé de La Porte qui l'a fait (*); je n'ai su les pièces qu'il contenoit qu'à la réception des exemplaires qui m'ont été envoyés. J'en ai pourtant fourni quelques-unes, mais non pas votre *Prédiction* (**), que je n'ai même jamais communiquée à personne, non que je ne m'en fasse honneur, mais parce que je n'en aurois pas disposé sans votre permission.

Je vous suis obligé de faire assez de cas de mes écrits pour leur donner dans votre cabinet une place de prédilection. Je serai fort aise qu'ils vous fassent quelquefois souvenir de leur auteur, qui vous aime depuis long-temps, et qui désire être toujours aimé de vous.

(*) Voyez ci-devant la lettre à l'abbé de La Porte du 4 avril 1785. G. P.
(**) C'est le titre d'un petit écrit apologétique publié par Panckoucke, et que l'abbé de La Porte a fait réimprimer à la suite de l'édition qu'il a donnée de la *Nouvelle Héloïse*, en 1764. G. P.

A M. LE PRINCE L. E. DE WIRTEMBERG.

Motiers, le 28 mai 1764.

Je reçois avec reconnoissance le livre que vous avez eu la bonté de m'envoyer; et lorsque je relirai cet ouvrage, ce qui, j'espère, m'arrivera quelquefois encore, ce sera toujours dans l'exemplaire que je tiens de vous. Ces entretiens ne sont point de Phocion, ils sont de l'abbé de Mably, frère de l'abbé de Condillac, célèbre par d'excellens livres de métaphysique, et connu lui-même par divers ouvrages de politique, très-bons aussi dans leur genre. Cependant on retrouve quelquefois dans ceux-ci de ces principes de la politique moderne, qu'il seroit à désirer que tous les hommes de votre rang blâmassent ainsi que vous. Aussi, quoique l'abbé de Mably soit un honnête homme rempli de vues très-saines, j'ai pourtant été surpris de le voir s'élever, dans ce dernier ouvrage, à une morale si pure et si sublime. C'est pour cela sans doute que ces entretiens, d'ailleurs très-bien faits, n'ont eu qu'un succès médiocre en France; mais ils en ont eu un très-grand en Suisse, où je vois avec plaisir qu'ils ont été réimprimés.

J'ai le cœur plein de vos deux dernières lettres ; je n'en reçois pas une qui n'augmente mon respect et, si j'ose le dire, mon attachement pour vous. L'homme vertueux, le grand homme élevé par les disgrâces, me fait tout-à-fait oublier le prince et le frère d'un souverain ; et, vu l'antipathie pour cet état qui m'est naturelle, ce n'est pas peu de m'avoir amené là. Nous pourrions bien cependant n'être pas toujours de même avis en toute chose ; et, par exemple, je ne suis pas trop convaincu qu'il suffise pour être heureux de bien remplir les devoirs de son emploi. Sûrement Turenne, en brûlant le Palatinat par l'ordre de son prince, ne jouissoit pas du vrai bonheur ; et je ne crois pas que les fermiers-généraux les plus appliqués autour de leurs tapis verts en jouissent davantage : mais si ce sentiment est une erreur, elle est plus belle en vous que la vérité même ; elle est digne de qui sut se choisir un état dont tous les devoirs sont des vertus.

Le cœur me bat à chaque ordinaire dans l'attente du moment désiré qui doit tripler votre être. Tendres époux, que vous êtes heureux !

Que vous allez le devenir encore, en voyant multiplier des devoirs si charmans à remplir! Dans la disposition d'âme où je vous vois tous les deux, non, je n'imagine aucun bonheur pareil au vôtre. Hélas! quoi qu'on en puisse dire, la vertu seule ne le donne pas, mais elle seule nous le fait connoître, et nous apprend à le goûter.

A M. *** (¹).

Motiers, le 28 mai 1764.

C'est rendre un vrai service à un solitaire éloigné de tout, que de l'avertir de ce qui se passe par rapport à lui. Voilà, monsieur, ce que vous avez très-obligeamment fait en m'envoyant un exemplaire de ma prétendue lettre à M. l'archevêque d'Auch.

Cette lettre, comme vous l'avez deviné, n'est pas plus de moi que tous ces écrits pseudonymes qui courent Paris sous mon nom. Je n'ai point vu le mandement auquel elle répond, je n'en ai même jamais ouï parler, et il y a huit jours que j'ignorois qu'il y eût un M. du Tillet au monde. J'ai peine à croire que l'auteur de cette lettre ait voulu persuader sérieusement qu'elle étoit de moi. N'ai-je pas assez des affaires qu'on me suscite sans m'aller mêler de celles d'autrui? Depuis quand m'a-t-on vu devenir homme de parti? Quel nouvel intérêt m'auroit fait changer si brusquement de maximes? Les jésuites sont-ils en meilleur état que quand je refusois d'écrire contre eux dans leurs disgrâces? Quelqu'un me connoît-il assez lâche, assez vil pour insulter aux malheureux? Eh! si j'oubliois les égards qui leur sont dus, de qui pourroient-ils en attendre? Que m'importe enfin le sort des jésuites, quel qu'il puisse être? Leurs ennemis se sont-ils montrés pour moi plus tolérans qu'eux? La triste vérité délaissée est-elle plus chère aux uns qu'aux autres? et, soit qu'ils triomphent ou qu'ils succombent, en serai-je moins persécuté? D'ailleurs, pour peu qu'on lise attentivement cette lettre, qui ne sentira pas comme vous que je n'en suis point l'auteur? Les maladresses y sont entassées : elle est datée de Neuchâtel, où je n'ai pas mis le pied; on y emploie la formule du *très-humble serviteur*, dont je n'use avec personne; on m'y fait prendre le titre de citoyen de Genève auquel j'ai renoncé : tout en commençant on s'échauffe pour M. de Voltaire, le plus ardent, le plus adroit de mes persécuteurs, et qui se passe bien, je crois, d'un défenseur tel que moi : on affecte quelques imitations de mes phrases, et ces imitations se démentent l'instant après : le style de la lettre peut être meilleur que le mien, mais enfin ce n'est pas le mien; on m'y prête des expressions basses; on m'y fait dire des grossièretés qu'on ne trouvera certainement dans aucun de mes écrits; on m'y fait dire *vous* à Dieu; usage que je ne blâme pas, mais qui n'est pas le nôtre. Pour me supposer l'auteur de cette lettre, il faut supposer aussi que j'ai voulu me déguiser. Il n'y falloit donc pas mettre mon nom; et alors on auroit pu persuader aux sots qu'elle étoit de moi.

Telles sont, monsieur, les armes dignes de mes adversaires dont ils achèvent de m'accabler. Non contens de m'outrager dans mes ouvrages, ils prennent le parti plus cruel encore de m'attribuer les leurs. A la vérité le public jusqu'ici n'a pas pris le change, et il faudroit qu'il fût bien aveuglé pour le prendre aujourd'hui. La justice que j'en attends sur ce point est une consolation bien foible pourtant de maux. Vous savez la nouvelle affliction qui m'accable : la perte de M. de Luxembourg met le comble à toutes les autres; je la sentirai jusqu'au tombeau. Il fut mon consolateur durant sa vie, il sera mon protecteur après sa mort : sa chère et honorable mémoire défendra la mienne des insultes de mes ennemis; et quand ils voudront la souiller par leurs calomnies, on leur dira : Comment cela pourroit-il être? le plus honnête homme de France fut son ami.

Je vous remercie et vous salue, monsieur, de tout mon cœur.

A M. DELEYRE.

Motiers, 3 juin 1764.

J'avois reçu toutes vos lettres, cher Deleyre, et j'ai aussi reçu celle que m'a fait passer en dernier lieu M. Sabattier. Je ne crois pas vous avoir proposé d'établir entre nous une cor-

---

(¹) Voltaire écrivant à Damilaville au sujet de cette lettre lui demande s'il est vrai que c'est à Duclos qu'elle étoit adressée.

respondance suivie ; non qu'elle ne me soit agréable, mais parce que ma paresse naturelle, mon état languissant, les lettres dont je suis accablé, les survenans dont ma maison ne désemplit point, m'empêcheroient de la suivre régulièrement. Mais, comme je vous aime et que je désire que vous m'aimiez, je recevrai toujours avec plaisir les détails que vous voudrez me faire de la situation de votre âme et de vos affaires, des marques de votre confiance et de votre amitié. Je me ménagerai aussi par intervalles le plaisir de vous écrire, et quand j'aurai le temps d'épancher mon cœur avec vous, ce sera un soulagement pour moi. Voilà ce que je puis vous promettre ; mais je ne vous promets point dans mes réponses une exactitude que je n'y sus jamais mettre. On n'a que trop de devoirs à remplir dans la vie sans s'en imposer encore de nouveaux.

Vos deux dernières lettres me fourniroient ample matière à disserter, tant sur vos dispositions actuelles que sur votre manière d'envisager l'histoire grecque et romaine : comme si, commençant cette étude, vous y eussiez cherché d'autres êtres que des hommes, et que ce ne fût pas bien assez d'y en trouver de meilleurs dans leurs étoffes que ne sont nos contemporains. Mais, mon cher, l'accablement où me jettent les maux du corps et de l'âme, et tout récemment la perte de M. de Luxembourg, qui m'a porté le dernier coup, m'ôtent la force de penser et d'écrire. Vous le savez, j'avois pour amis tout ce qu'il y avoit d'illustre parmi les gens de lettres ; je les ai tous perdus pleins de vie ; aucun, pas même Duclos, ne m'est resté dans mes disgrâces (*). J'en fais un parmi les grands : c'est celui qui se trouve à l'épreuve ; et la mort vient me l'ôter. Quel renversement d'idées ! sur quels nouveaux principes faut-il donc remonter ma raison ? Je suis trop vieux pour supporter un tel bouleversement ; je suis trop sensible pour philosopher uniquement sur mes pertes. Ma tête n'y est plus ; je ne sens plus que mes douleurs, je ne vois plus qu'un chaos. Cher Deleyre, j'ai trop vécu.

Avant de finir, reparlons de la manière de lier notre correspondance, au moins telle que je puis l'entretenir. Puisque vous avez reçu la lettre que je vous ai écrite directement, et que j'ai reçu la vôtre, nous ne sommes point fondés par notre expérience à nous défier des postes d'Italie (*). La médiation de M. Sabattier, plus embarrassante, ne fait qu'augmenter la peine et la dépense, puisqu'il faut multiplier les enveloppes, lui écrire à lui-même, affranchir pour Turin comme pour Parme, payer des ports plus forts encore. En tout ma peine me coûte plus que mon argent. Ainsi je suis d'avis que nous revenions au plus simple, en nous écrivant directement. Si l'on ouvre nos lettres, que nous importe ? Nous ne tramons pas de conspirations. Si nous trouvons qu'elles se perdent, il sera temps alors de prendre d'autres mesures. Quant à présent, contentons-nous de les numéroter, comme je fais celle-ci ; ce sera le moyen de reconnoître si on en a intercepté quelqu'une. Je ne croyois vous écrire qu'un mot, et me voilà à la troisième page. La conséquence est facile à tirer. Mon respect, je vous prie, à madame Deleyre, et mes salutations à M. l'abbé de Condillac. Je vous embrasse de tout mon cœur.

A MADAME LA MARÉCHALE DE LUXEMBOURG.

Motiers, le 5 juin 1764.

C'est en vain que je lutte contre moi-même pour vous épargner les importunités d'un malheureux ; la douleur qui me déchire ne connoît plus de discrétion. Ce n'est pas à vous que je m'adresserois, madame la maréchale, si je connoissois quelqu'un qui eût été plus cher au digne ami que j'ai perdu. Mais avec qui puis-je mieux déplorer cette perte qu'avec la personne du monde qui la sent le plus ? et comment ceux qu'il aima peuvent-ils rester divisés ? Leurs cœurs ne devroient-ils pas se réunir pour le pleurer ? Si le vôtre ne vous dit plus rien pour

---

(*) Ces mots *pas même Duclos*, ont d'autant plus lieu d'étonner en cette occasion, qu'on voit ci-après, sous la date du 2 décembre 1764, et du 13 janvier 1765, deux lettres à ce même Duclos, où les sentiments de confiance et d'amitié que Rousseau lui a si constamment et si vivement témoignés, ne paroissent pas avoir subi la moindre altération. Ces deux lettres, les dernières que Duclos paroisse avoir reçues, semblent même, comparées aux précédentes, respirer une affection encore plus tendre. G. P.

(*) Deleyre étoit à cette époque bibliothécaire de l'infant duc de Parme, dont l'abbé de Condillac étoit précepteur. G. P.

moi, prenez du moins quelque intérêt à mes misères par celui que vous savez qu'il y prenoit.

Mais c'est trop me flatter, sans doute : il avoit cessé d'y en prendre, à votre exemple il m'avoit oublié. Hélas! qu'ai-je fait? Quel est mon crime, si ce n'est de vous avoir trop aimés l'un et l'autre, et de m'être apprêté ainsi les regrets dont je suis consumé? Jusqu'au dernier instant vous avez joui de sa plus tendre affection; la mort seule a pu vous l'ôter : mais moi, je vous ai perdus tous deux pleins de vie; je suis plus à plaindre que vous.

A LA MÊME.

Motiers, le 17 juin 1764.

Que mon état est affreux! et que votre lettre m'a soulagé! Oui, madame la maréchale, la certitude d'avoir été aimé de M. le maréchal, sans me consoler de sa perte, en adoucit l'amertume, et fait succéder à mon désespoir des larmes précieuses et douces dont je ne cesserai d'honorer sa mémoire tous les jours de ma vie. J'ose dire qu'il me la devoit cette amitié sincère que vous m'assurez qu'il eut toujours pour moi; car mon cœur n'eut jamais d'attachement plus vrai, plus vif, plus tendre, que celui qu'il m'avoit inspiré. C'est encore un de mes regrets que les tristes bienséances m'aient souvent empêché de lui faire connoître jusqu'à quel point il m'étoit cher. J'en puis dire autant à votre égard, madame la maréchale, et j'en ai pour preuve bien cruelle les déchiremens que j'ai sentis dans la persuasion d'être oublié de vous. Mon dessein n'est point d'entrer en explication sur le passé. Vous dites m'avoir écrit la dernière : nous sommes là-dessus bien loin de compte; mais vos bontés me sont si précieuses, que, pourvu qu'elles me soient rendues, je me chargerai volontiers d'un tort que mon cœur n'eut jamais, et qu'il saura bien vous faire oublier. Je consens que vous ne m'accordiez rien qu'à titre de grâce. Mais, si je n'ai point mérité votre amitié, songez, je vous supplie, que, de votre propre aveu, M. le maréchal m'accordoit la sienne. C'est en son nom, c'est au nom de sa mémoire qui nous est si chère à tous deux, que je réclame de votre part les sentimens qu'il eut pour moi, et que, de mon côté, je voue à la personne qu'il aima le plus tous ceux que j'avois pour lui. Il est impossible de dire davantage. Je ne demande ni de fréquentes lettres, ni des réponses exactes; mais quand vous sentirez que je dois être inquiet (et, quand on aime les gens, cela se devine), faites-moi dire un mot par M. de la Roche, et je suis content.

A M. DE SAUTTERSHEIM.

Motiers, le 21 juin 1764.

Je suis honteux d'avoir tardé si long-temps, monsieur, à vous répondre. Je sais mieux que personne quels privilèges d'attention méritent les infortunés; mais, à ce même titre, je mérite aussi quelque indulgence, et je ne différois que pour pouvoir vous dire quelque chose de positif sur les dix louis dont vous craignez de vous prévaloir, de peur de n'être pas en état de me les rendre. Mais soyez bien tranquille sur cet article, puisque ma plus constante maxime, quand je prête (ce qui, vu ma situation, m'arrive rarement), est de ne compter jamais sur la restitution, et même de ne la pas exiger. Ce qui retarde à cet égard l'exécution de ma promesse est un événement malheureux qui ne me laisse pas disposer dans le moment d'un argent qui m'appartient. Sitôt que je le pourrai, je n'oublierai pas qu'une chose offerte est une chose due, quand il n'y a que l'impuissance de rendre qui empêche d'accepter.

J'ai du penchant à croire que pour le présent vous me parlez sincèrement; mais à moins d'en être sûr, je ne puis continuer avec vous une correspondance qui, aux termes où nous avons été, ne pourroit qu'être désagréable à tout deux sans une confiance réciproque. Malheureusement ma santé est si mauvaise, mon état est si triste, et j'ai tant d'embarras plus pressans, que je ne puis vaquer maintenant aux recherches nécessaires pour vérifier votre histoire et votre conduite, ni demeurer avec vous en liaisons que cette vérification ne soit faite; ce qui emporte de votre côté la nécessité de disposer de ce que vous avez laissé chez moi, et que je souhaite de ne pas garder plus long-temps. Je voudrois donc, monsieur, vous faire acheter une autre malle à la place de la mienne, dont j'ai besoin, et que vous trouvassiez un autre dépositaire qui se chargeât de vos effets, ou que vous me marquassiez par quelle voie je dois vous les envoyer.

Mon dessein n'est pas d'entrer en discussion sur les explications de votre dernière lettre. Vous demandez, par exemple, si la servante de la maison de ville a des preuves que l'enfant qu'elle vous donne est de vous : ordinairement on ne prend pas des témoins dans ces sortes d'affaires. Mais elle a fait ses déclarations juridiques, et prêté serment au moment de l'accouchement, selon la forme prescrite en ce pays par la loi; et cela fait foi, en justice et dans le public, par défaut d'opposition de votre part.

Quelles qu'aient été vos mœurs jusqu'ici, vous êtes à portée encore de rentrer en vous-même; et l'adversité, qui achève de perdre ceux qui ont un penchant décidé au mal, peut, si vous en faites un bon usage, vous ramener au bien, pour lequel il m'a toujours paru que vous étiez né. L'épreuve est rude et pénible ; mais quand le mal est grand le remède y doit être proportionné. Adieu, monsieur. Je comprends que votre situation demanderoit de ma part autre chose que des discours, mais la mienne me tient enchaîné pour le présent. Prenez, s'il est possible, un peu de patience, et soyez persuadé qu'au moment que je pourrai disposer de la bagatelle en question, vous aurez de mes nouvelles. Je vous salue, monsieur, de tout mon cœur.

A M. DE CHAMFORT.

Le 28 juin 1764.

J'ai toujours désiré, monsieur, d'être oublié de la tourbe insolente et vile qui ne songe aux infortunés que pour insulter à leur misère; mais l'estime des hommes de mérite est un précieux dédommagement de ses outrages, et je ne puis qu'être flatté de l'honneur que vous m'avez fait en m'envoyant votre pièce (*). Quoique accueillie du public, elle doit l'être des connoisseurs et des gens sensibles aux vrais charmes de la nature. L'effet le plus sûr de mes maximes, qui est de m'attirer la haine des méchans et l'affection des gens de bien, et qui se marque autant par mes malheurs que par mes succès, m'apprend, par l'approbation dont vous honorez mes écrits, ce qu'on doit attendre des vôtres, et me fait désirer, pour l'utilité publique, qu'ils tiennent tout ce que promet votre début. Je vous salue, monsieur, de tout mon cœur.

A M. D'IVERNOIS.

Motiers, le 6 juillet 1764.

J'apprends, monsieur, avec grand plaisir votre heureuse arrivée à Genève, et je vous remercie de l'inquiétude que vous donne ma sciatique naissante. Des personnes à qui je suis attaché, et qui me marquent qu'elles me viennent voir, m'ôtent la liberté de partir pour Aix. Je vous prie de ne pas envoyer la flanelle, dont je vous remercie, et dont il me seroit impossible de faire un usage assez suivi pour m'en ressentir. Les soins qui gênent et qui durent m'importunent plus que les maux, et en toute chose j'aime mieux souffrir qu'agir.

La réponse du Conseil aux dernières représentations ne m'étonne point; mais ce qui m'étonne, c'est la persévérance des citoyens et bourgeois à faire des représentations.

La brochure que vous m'avez envoyée me paroît d'un homme qui a trop d'étoffe dans la tête pour n'en avoir pas un peu dans le cœur. Si jamais il prend part à quelque affaire, il fera poids dans le parti qu'il embrassera.

Celui à qui je me suis adressé pour les airs de mandoline m'a marqué qu'il les feroit graver. Ainsi, il ne me reste qu'à vous remercier pour cela de la peine que vous avez bien voulu prendre.

Mademoiselle Le Vasseur vous remercie de l'honneur de votre souvenir, et vous assure de son respect. Je vous prie d'assurer du mien madame d'Ivernois. J'embrasse M. Deluc, et vous salue, monsieur de tout mon cœur.

Je reçois à l'instant la flanelle, et vous en remercie, en attendant le plaisir de vous voir.

(*) *La jeune Indienne*, comédie en un acte, en vers, représentée en 1764. — G. P.

A M. H. D. P. (*)

Motiers, le 15 juillet 1764.

Si mes raisons, monsieur, contre la proposition qui m'a été faite par le canal de M. P***, vous paroissent mauvaises, celles que vous m'objectez ne me semblent pas meilleures ; et dans ce qui regarde ma conduite, je crois pouvoir rester juge des motifs qui doivent me déterminer.

Il ne s'agit pas, je le sais, de ce que tel ou tel peut mériter par la loi du talion, mais il s'agit de l'objection par laquelle les catholiques me fermeroient la bouche en m'accusant de combattre ma propre religion. Vous écrivez contre les persécuteurs, me diroient-ils, et vous vous dites protestant! Vous avez donc tort ; car les protestans sont tout aussi persécuteurs que nous, et c'est pour cela que nous ne devons point les tolérer, bien sûrs que, s'ils devenoient les plus forts, ils ne nous toléreroient pas nous-mêmes. Vous nous trompez, ajouteroient-ils, ou vous vous trompez en vous mettant en contradiction avec les vôtres, et nous prêchant *d'autres maximes que les leurs.* Ainsi, l'ordre veut qu'avant d'attaquer les catholiques je commence par attaquer les protestans, et par leur montrer qu'ils ne savent pas leur propre religion. Est-ce là, monsieur, ce que vous m'ordonnez de faire? Cette entreprise préliminaire rejetteroit l'autre encore loin ; et il me paroît que la grandeur de la tâche ne vous effraie guère, quand il n'est question que de l'imposer.

Que si les argumens *ad hominem* qu'on m'objecteroit vous paroissent peu embarrassans, ils me le paroissent beaucoup à moi ; et, dans ce cas, c'est à celui qui sait les résoudre d'en prendre le soin.

Il y a encore, ce me semble, quelque chose de dur et d'injuste de compter pour rien tout ce que j'ai fait, et de regarder ce qu'on me prescrit comme un nouveau travail à faire. Quand on a bien établi une vérité par cent preuves invincibles, ce n'est pas un si grand crime, à mon avis, de ne pas courir après la cent et unième, surtout si elle n'existe pas. J'aime à dire des choses utiles, mais je n'aime pas à les répéter ; et ceux qui veulent absolument des redites

(*) Cette lettre paroît faire suite à celle du 23 mai précédent. Voyez page 489.

n'ont qu'à prendre plusieurs exemplaires du même écrit. Les protestans de France jouissent maintenant d'un repos auquel je puis avoir contribué, non par de vaines déclamations comme tant d'autres, mais par de fortes raisons politiques bien exposées. Cependant voilà qu'ils me pressent d'écrire en leur faveur : c'est faire trop de cas de ce que je puis faire, ou trop peu de ce que j'ai fait. Ils avouent qu'ils sont tranquilles ; mais ils veulent être mieux que bien, et c'est après que je les ai servis de toutes mes forces qu'ils me reprochent de ne les pas servir au-delà de mes forces.

Ce reproche, monsieur, me paroît peu reconnoissant de leur part, et peu raisonné de la vôtre. Quand un homme revient d'un long combat, hors d'haleine et couvert de blessures, est-il temps de l'exhorter gravement à prendre les armes, tandis qu'on se tient soi-même en repos? Eh! messieurs, chacun son tour, je vous prie. Si vous êtes si curieux des coups, allez en chercher votre part : quant à moi, j'en ai bien la mienne ; il est temps de songer à la retraite : mes cheveux gris m'avertissent que je ne suis plus qu'un vétéran, mes maux et mes malheurs me prescrivent le repos, et je ne sors point de la lice sans y avoir payé de ma personne. *Sat patriæ Priamoque datum.* Prenez mon rang, jeunes gens, je vous le cède ; gardez-le seulement comme j'ai fait, et après cela ne vous tourmentez pas plus des exhortations indiscrètes et des reproches déplacés, que je ne m'en tourmenterai désormais.

Ainsi, monsieur, je confirme à loisir ce que vous m'accusez d'avoir écrit à la hâte, et que vous jugez n'être pas digne de moi ; jugement auquel j'éviterai de répondre, faute de l'entendre suffisamment.

Recevez, monsieur, je vous supplie, les assurances de tout mon respect.

A MADAME DE CRÉQUI.

Motiers-Travers, le 21 juillet 1764.

Vous ne m'auriez pas prévenu, madame, si ma situation m'eût permis de vous faire souvenir de moi ; mais si dans la prospérité l'on doit aller au-devant de ses amis, dans l'adversité il n'est permis que d'attendre. Mes malheurs, l'absence et la mort, qui ne cessent de m'en ôter, me rendent plus précieux ceux qui me restent. Je n'avois pas besoin d'un si triste motif pour faire valoir votre lettre; mais j'avoue, madame, que la circonstance où elle m'est venue ajoute encore au plaisir qu'en tout autre temps j'aurois eu de la recevoir. Je reconnois avec joie toutes vos anciennes bontés pour moi dans les vœux que vous daignez faire pour ma conversion. Mais, quoique je sois trop bon chrétien pour être jamais catholique, je ne m'en crois pas moins de la même religion que vous : car la bonne religion consiste beaucoup moins dans ce qu'on croit que dans ce qu'on fait. Ainsi, madame, restons comme nous sommes; et, quoi que vous en puissiez dire, nous nous reverrons bien plus purement dans l'autre monde que dans celui-ci. C'eût été un très-grand honneur pour votre gouvernement que J. J. Rousseau y vécût et mourût tranquille; mais l'esprit étroit de vos petits parlementaires ne leur a pas permis de voir jusque-là, et, quand ils l'auroient vu, l'intérêt particulier ne leur eût pas permis de chercher la gloire nationale au préjudice de leur vengeance jésuitique et des petits moyens qui tenoient à ce projet. Je connois trop leur portée pour les exposer à faire une seconde sottise; la première a suffi pour me rendre sage. L'air de ce lieu-ci me tuera, je le sais : mais n'importe, j'aime mieux mourir sous l'autorité des lois que de vivre éternel jouet des petites passions des hommes. Madame, Paris ne me reverra jamais; voilà sur quoi vous pouvez compter. Je suis bien fâché que cette certitude m'ôte l'espoir de vous revoir jamais qu'en esprit; car je crois qu'avec toute votre dévotion vous ne pensez pas qu'on se revoie autrement dans l'autre vie. Recevez, madame, mes salutations et mon respect, et soyez bien persuadée, je vous supplie, que, mort ou vif, je ne vous oublierai jamais.

A M. SÉGUIER DE SAINT-BRISSON (*).

Motiers, le 22 juillet 1764.

Je crains, monsieur, que vous n'alliez un peu vite en besogne dans vos projets; il fau-

(*) Voyez les *Confessions*, livre XII, tome Ier, pages 524-525.

droit, quand rien ne vous presse, proportionner la maturité des délibérations à l'importance des résolutions. Pourquoi quitter si brusquement l'état que vous aviez embrassé, tandis que vous pouviez à loisir vous arranger pour en prendre un autre, si tant est qu'on puisse appeler un état le genre de vie que vous vous êtes choisi, et dont vous serez peut-être aussitôt rebuté que du premier? Que risquiez-vous à mettre un peu moins d'impétuosité dans vos démarches, et à tirer parti de ce retard, pour vous confirmer dans vos principes, et pour assurer vos résolutions par une plus mûre étude de vous-même? Vous voilà seul sur la terre dans l'âge où l'homme doit tenir à tout; je vous plains, et c'est pour cela que je ne puis vous approuver, puisque vous avez voulu vous isoler vous-même au moment où cela vous convenoit le moins. Si vous croyez avoir suivi mes principes, vous vous trompez; vous avez suivi l'impétuosité de votre âge; une démarche d'un tel éclat valoit assurément la peine d'être bien pesée avant d'en venir à l'exécution. C'est une chose faite, je le sais : je veux seulement vous faire entendre que la manière de la soutenir et d'en revenir demande un peu plus d'examen que vous n'en avez mis à la faire.

Voici pis. L'effet naturel de cette conduite a été de vous brouiller avec madame votre mère. Je vois, sans que vous me le montriez, le fil de tout cela; et, quand il n'y auroit que ce que vous me dites, à quoi bon aller effaroucher la conscience tranquille d'une mère, en lui montrant sans nécessité des sentimens différens des siens? Il falloit, monsieur, garder ces sentimens au-dedans de vous pour la règle de votre conduite, et leur premier effet devoit être de vous faire endurer avec patience les tracasseries de vos prêtres, et de ne pas changer ces tracasseries en persécutions, en voulant secouer hautement le joug de la religion où vous étiez né. Je pense si peu comme vous sur cet article, que quoique le clergé protestant me fasse une guerre ouverte, et que je sois fort éloigné de penser comme lui sur tous les points, je n'en demeure pas moins sincèrement uni à la communion de notre Église, bien résolu d'y vivre et d'y mourir s'il dépend de moi : car il est très-consolant pour un croyant affligé de rester en communauté de culte avec ses frères, et de servir Dieu conjointement avec eux. Je vous dirai plus, et je vous déclare que, si j'étois né catholique, je demeurerois catholique, sachant bien que votre Église met un frein très-salutaire aux écarts de la raison humaine, qui ne trouve ni fond ni rive quand elle veut sonder l'abîme des choses ; et je suis si convaincu de l'utilité de ce frein, que je m'en suis moi-même imposé un semblable, en me prescrivant, pour le reste de ma vie, des règles de foi dont je ne me permets plus de sortir. Aussi je vous jure que je ne suis tranquille que depuis ce temps-là, bien convaincu que, sans cette précaution, je ne l'aurois été de ma vie. Je vous parle, monsieur, avec effusion de cœur, et comme un père parleroit à son enfant. Votre brouillerie avec madame votre mère me navre. J'avois dans mes malheurs la consolation de croire que mes écrits ne pouvoient faire que du bien ; voulez-vous m'ôter encore cette consolation ? Je sais que s'ils font du mal, ce n'est que faute d'être entendus ; mais j'aurai toujours le regret de n'avoir pu me faire entendre. Cher Saint-Brisson, un fils brouillé avec sa mère a toujours tort : de tous les sentimens naturels, le seul demeuré parmi nous est l'affection maternelle. Le droit des mères est le plus sacré que je connoisse ; en aucun cas on ne peut le violer sans crime : raccommodez-vous donc avec la vôtre. Allez vous jeter à ses pieds ; à quelque prix que ce soit, apaisez-la : soyez sûr que son cœur vous sera rouvert si le vôtre vous ramène à elle. Ne pouvez-vous sans fausseté lui faire le sacrifice de quelques opinions inutiles, ou du moins les dissimuler ? Vous ne serez jamais appelé à persécuter personne ; que vous importe le reste ? Il n'y a pas deux morales. Celle du christianisme et celle de la philosophie sont la même, l'une et l'autre vous impose ici le même devoir ; vous pouvez le remplir, vous le devez ; la raison, l'honneur, votre intérêt, tout le veut ; moi je l'exige pour répondre aux sentimens dont vous m'honorez. Si vous le faites, comptez sur mon amitié, sur toute mon estime, sur mes soins, si jamais ils vous sont bons à quelque chose. Si vous ne le faites pas, vous n'avez qu'une mauvaise tête ; ou, qui pis est, votre cœur vous conduit mal, et je ne veux conserver des liaisons qu'avec des gens dont la tête et le cœur soient sains.

A M. D'IVERNOIS.

Yverdun, le mercredi 1er août 1764.

Le voyage, monsieur, qui doit me rapprocher de vous, est commencé ; mais je ne sais quand il s'achèvera, vu les pluies qui tombent actuellement, et qui rendent les chemins désagréables pour un piéton. Toutefois supposant que la pluie cesse et que le chemin se ressuie passablement d'ici à demain après dîner, je me propose d'aller coucher à Goumoins, après-demain à Morges, où j'attendrai peut-être un jour ou deux. Comme j'en crois les cabarets mauvais et le séjour ennuyeux, je tâcherai de trouver un bateau pour traverser à Thonon, où je séjournerai quelques jours attendant de vos nouvelles. Je vous marque ma marche un peu en détail, afin que, si vous vouliez me joindre à Morges, vous puissiez savoir quand m'y trouver : mais encore une fois, ma manière de voyager fait que tous mes arrangemens dépendent du temps. Je serai charmé de vous voir et nos amis, à condition que je ne serai point gêné dans ma manière de vivre, et qu'on n'amènera point de femme, quelque plaisir que j'eusse en tout autre temps de faire connaissance avec madame d'Ivernois. Je lui présente mon respect, et vous salue, monsieur, de tout mon cœur.

AU MÊME.

Motiers, le 20 août 1764.

En arrivant ici avant-hier, monsieur, en médiocre état, je reçus avec des centaines de lettres la vôtre pour m'en consoler, mais à laquelle l'importunité des autres m'empêche de répondre en détail aujourd'hui.

Je suis très-sensible à la grâce que veut me faire M. Guyot : ce seroit en abuser que de prendre toutes ses bougies au prix auquel il veut bien me les passer. D'ailleurs, il ne me paroît pas que celle que vous m'avez envoyée soit exactement semblable aux miennes ; il faudroit, pour en faire l'essai convenablement, et plus de loisir et un plus grand nombre. A tout événement, si de ces cinq douzaines M. Guyot vouloit bien en céder deux, je pourrois, sur ces vingt-quatre bougies, faire cet hiver des essais qui me décideroient sur ce qui pourroit lui en rester au printemps ; et, si pour ce nombre il permet le choix, je les aimerois mieux grises ou noires que rouges, et surtout des plus longues qu'il ait, puisque je suis obligé de mettre à toutes des allonges qui m'incommodent beaucoup, mais qui sont nécessaires pour que la bougie pénètre jusqu'à l'obstacle.

Vous aurez la *Nouvelle Héloïse* ; mais, comme je suppose que vous n'êtes pas pressé, j'attendrai que les tracas me laissent respirer. Du reste, ne vous faites pas tant valoir pour m'avoir demandé cette bagatelle ; votre intention se pénètre aisément. Les autres donnent pour recevoir ; vous faites tout le contraire, et même vous abusez de ma facilité. Ne m'envoyez point de l'eau d'Auguste, parce qu'en vérité je n'en saurois que faire, ne la trouvant pas fort agréable, et n'ayant pas grand'foi à ses vertus. Quant à la truite, l'assaisonnement et la main qui l'a préparée doivent rendre excellente une chose naturellement aussi bonne ; mais mon état présent m'interdit l'usage de ces sortes de mets. Toutefois ce présent vient d'une part qui m'empêche de le refuser, et j'ai grand'peur que ma gourmandise ne m'empêche de m'en abstenir.

Je dois vous avertir, par rapport à l'eau d'Auguste, de ne plus vous servir d'une aiguille de cuivre, ou de vous abstenir d'en boire ; car la liqueur doit dissoudre assez de cuivre pour rendre cette boisson pernicieuse et pour en faire même un poison. Ne négligez pas cet avis.

J'aurois cent choses à vous dire ; mais le temps me presse, il faut finir ; ce ne seroit pas sans vous faire tous les remercîmens que je vous dois, si des paroles y pouvoient suffire. Bien des respects à madame, je vous supplie ; mille choses à nos amis ; recevez les remercîmens et les salutations de mademoiselle Le Vasseur, et d'un homme dont le cœur est plein de vous.

Je ne puis m'empêcher de vous réitérer que l'idée d'adresser *D* à *B* est une chose excellente ; c'est une mine d'or que cette idée entre des mains qui sauront l'exploiter.

———

A MYLORD MARÉCHAL.

Motiers, le 21 août 1764.

Le plaisir que m'a causé, mylord, la nouvelle de votre heureuse arrivée à Berlin, par votre lettre du mois dernier, a été retardé par un voyage que j'avois entrepris, et que la lassitude et le mauvais temps m'ont fait abandonner à moitié chemin. Un premier ressentiment de sciatique, mal héréditaire dans ma famille, m'effrayoit avec raison. Car jugez de ce que deviendroit, cloué dans sa chambre, un pauvre malheureux qui n'a d'autre soulagement ni d'autre plaisir dans la vie que la promenade, et qui n'est plus qu'une machine ambulante ? Je m'étois donc mis en chemin pour Aix dans l'intention d'y prendre la douche et aussi d'y voir mes bons amis les Savoyards, le meilleur peuple, à mon avis, qui soit sur la terre. J'ai fait la route jusqu'à Morges pédestrement, à mon ordinaire, assez caressé partout. En traversant le lac, et voyant de loin les clochers de Genève, je me surpris à soupirer aussi lâchement que j'aurois fait jadis pour une perfide maîtresse. Arrivé à Thonon, il a fallu rétrograder, malade et sous une pluie continuelle. Enfin me voici de retour, non cocu à la vérité, mais battu, mais content, puisque j'apprends votre heureux retour auprès du roi, et que mon protecteur et mon père aime toujours son enfant.

Ce que vous m'apprenez de l'affranchissement des paysans de Poméranie, *joint à tous* les autres traits pareils que vous m'avez ci-devant rapportés, me montre partout deux choses également belles, savoir, dans l'objet le génie de Frédéric, et dans le choix le cœur de George. On feroit une histoire digne d'immortaliser le roi sans autres mémoires que vos lettres.

A propos de mémoires, j'attends avec impatience ceux que vous m'avez promis. J'abandonnerois volontiers la vie particulière de votre frère si vous les rendiez assez amples pour en pouvoir tirer l'histoire de votre maison. J'y pourrois parler au long de l'Écosse que vous aimez tant, et de votre illustre frère et de son illustre frère, par lequel tout cela m'est devenu cher. Il est vrai que cette entreprise seroit immense et fort au-dessus de mes forces, surtout dans l'état où je suis; mais il s'agit moins de faire un ouvrage que de m'occuper de vous, et de fixer mes indociles idées qui voudroient aller leur train malgré moi. Si vous voulez que j'écrive la vie de l'ami dont vous me parlez, que votre volonté soit faite; la mienne y trouvera toujours son compte, puisque en vous obéissant je m'occuperai de vous. Bonjour, mylord.

A MADAME LA COMTESSE DE BOUFFLERS.

Motiers, le 26 août 1764.

Après les preuves touchantes, madame, que j'ai eues de votre amitié dans les plus cruels momens de ma vie, il y auroit à moi de l'ingratitude de n'y pas compter toujours; mais il faut pardonner beaucoup à mon état: la confiance abandonne les malheureux, et je sens au plaisir que m'a fait votre lettre, que j'ai besoin d'être ainsi rassuré quelquefois. Cette consolation ne pouvoit me venir plus à propos: après tant de pertes irréparables, et en dernier lieu celle de M. de Luxembourg, il m'importe de sentir qu'il me reste des biens assez précieux pour valoir la peine de vivre. Le moment où j'eus le bonheur de le connoître ressembloit beaucoup à celui où je l'ai perdu; dans l'un et dans l'autre, j'étois affligé, délaissé, malade: il me consola de tout; qui me consolera de lui? Les amis que j'avois avant de le perdre; car mon cœur, usé par les maux, et déjà durci par les ans, est fermé désormais à tout nouvel attachement.

Je ne puis penser, madame, que dans les critiques qui regardent l'éducation de M. votre fils, vous compreniez ce que, sur le parti que vous avez pris de l'envoyer à Leyde, j'ai écrit au chevalier L*** (*). Critiquer quelqu'un, c'est blâmer dans le public sa conduite; mais dire son sentiment à un ami commun sur un pareil sujet ne s'appellera jamais critiquer, à moins que l'amitié n'impose la loi de ne dire jamais ce qu'on pense, même en choses où les gens du meilleur sens peuvent n'être pas du même avis. Après la manière dont j'ai constamment pensé et parlé de vous, madame, je me décrierois moi-même si je m'avisois de vous critiquer. Je trouve à la vérité beaucoup d'inconvénient à envoyer les jeunes gens dans les universités; mais je trouve aussi que, selon les circonstances, il peut y en avoir davantage à ne pas le faire, et l'on n'a pas toujours en ceci le choix du plus grand bien, mais du moindre mal. D'ailleurs une fois la nécessité de ce parti supposée, je crois comme vous qu'il y a moins de danger en Hollande que partout ailleurs.

Je suis ému de ce que vous m'avez marqué de MM. les comtes de B*** : jugez, madame, si la bienveillance des hommes de ce mérite m'est précieuse, à moi que celle même des gens que je n'estime pas subjugue toujours. Je ne sais ce qu'on eût fait de moi par les caresses : heureusement on ne s'est pas avisé de me gâter là-dessus. On a travaillé sans relâche à donner à mon cœur, et peut-être à mon génie, le ressort que naturellement ils n'avoient pas. J'étois né foible; les mauvais traitemens m'ont fortifié : à force de vouloir m'avilir, on m'a rendu fier.

Vous avez la bonté, madame, de vouloir des détails sur ce qui me regarde. Que vous dirai-je? rien n'est plus uni que ma vie, rien n'est plus borné que mes projets; je vis au jour la journée sans souci du lendemain, ou plutôt j'achève de vivre avec plus de lenteur que je n'avois compté. Je ne m'en irai pas plus tôt qu'il ne plaît à la nature : mais ses longueurs ne laissent pas de m'embarrasser, car je n'ai plus rien à faire ici. Le dégoût de toutes choses me livre toujours plus à l'indolence et à l'oisiveté. Les maux physiques me donnent seuls un peu d'activité. Le séjour que j'habite, quoique assez sain pour les autres hommes, est pernicieux pour mon état; ce qui fait que, pour me dérober aux injures de l'air et à l'importunité des désœuvrés, je vais errant par le pays durant la belle saison; mais aux approches de l'hiver, qui est ici très-rude et très-long, il faut revenir et souffrir. Il y a long-temps que je cherche à déloger : mais où aller? comment m'arranger? J'ai tout à la fois l'embarras de l'indigence et celui des richesses : toute espèce de soin m'effraie ; le transport de mes guenilles et de mes livres par ces montagnes est pénible et coûteux : c'est bien la peine de déloger de ma maison, dans l'attente de déloger bientôt de mon corps! Au lieu que, restant où je suis, j'ai des journées déli-

(*) Sans doute le chevalier de Lorenzi.

cieuses, errant, sans souci, sans projet, sans affaires, de bois en bois et de rochers en rochers, rêvant toujours et ne pensant point. Je donnerois tout au monde pour savoir la botanique; c'est la véritable occupation d'un corps ambulant et d'un esprit paresseux : je ne répondrois pas que je n'eusse la folie d'essayer de l'apprendre, si je savois par où commencer. Quant à ma situation du côté des ressources, n'en soyez point en peine; le nécessaire, même abondant, ne m'a point manqué jusqu'ici, et probablement ne me manquera pas sitôt. Loin de vous gronder de vos offres, madame, je vous en remercie; mais vous conviendrez qu'elles seroient mal placées si je m'en prévalois avant le besoin.

Vous vouliez des détails; vous devez être contente. Je suis très-content des vôtres, à cela près que je n'ai jamais pu lire le nom du lieu que vous habitez. Peut-être le connois-je; et il me seroit bien doux de vous y suivre, du moins par l'imagination. Au reste, je vous plains de n'en être encore qu'à la philosophie. Je suis bien plus avancé que vous, madame; sauf mon devoir et mes amis, me voilà revenu à rien.

Je ne trouve pas le chevalier si déraisonnable puisqu'il vous divertit; s'il n'étoit que déraisonnable, il n'y parviendroit sûrement pas. Il est bien à plaindre dans les accès de sa goutte, car on souffre cruellement; mais il a du moins l'avantage de souffrir sans risque. Des scélérats ne l'assassineront pas, et personne n'a intérêt à le tuer. Êtes-vous à portée, madame, de voir souvent madame la maréchale? Dans les tristes circonstances où elle se trouve, elle a bien besoin de tous ses amis, et surtout de vous.

A M. LE PRINCE L. E. DE WIRTEMBERG.

Motiers, le 5 septembre 1764.

J'apprends avec plus de chagrin que de surprise l'accident qui vous a forcé d'ôter à votre second enfant sa nourrice naturelle. Ces refus de lait sont assez communs; mais ils ne sont pas tous sur le compte de la nature, les mères pour l'ordinaire y ont bonne part. Cependant, en cette occasion, mes soupçons tombent plus sur le père que sur la mère. Vous me parlez de ce joli sein en époux jaloux de lui conserver toute sa fraîcheur, et qui, au pis aller, aime mieux que le dégât qui peut s'y faire soit de sa façon que de celle de l'enfant : mais les voluptés conjugales sont passagères, et les plaisirs de l'amant ne font le bonheur ni du père ni de l'époux.

Rien de plus intéressant que les détails des progrès de Sophie. Ces premiers actes d'autorité ont été très-bien vus et très-bien réprimés. Ce qu'il y a de plus difficile dans l'éducation est de ne donner aux pleurs des enfans ni plus ni moins d'attention qu'il est nécessaire. Il faut que l'enfant demande, et non qu'il commande; il faut que la mère accorde souvent, mais qu'elle ne cède jamais. Je vois que Sophie sera très-rusée; et tant mieux, pourvu qu'elle ne soit ni capricieuse ni impérieuse; mais je vois qu'elle aura grand besoin de la vigilance paternelle et maternelle, et de l'esprit de discernement que vous y joignez. Je sens, au plaisir et à l'inquiétude que me donnent toutes vos lettres, que le succès de l'éducation de cette chère enfant m'intéresse presque autant que vous.

A MADAME LATOUR.

Au Champ-du-Moulin, le 9 septembre 1764.

J'ai reçu toutes vos lettres, chère Marianne, je sens tous mes torts; pourtant j'ai raison. Dans les tracas où je suis, l'aversion d'écrire des lettres s'étend jusqu'aux personnes à qui je suis forcé de les adresser, et vous êtes, en pareil cas, une de celles à qui je me sens le moins disposé d'écrire. Si ce sont absolument des lettres que vous voulez, rien ne m'excuse; mais si l'amitié vous suffit, restez en repos sur ce point. Au surplus, daignez attendre, je vous écrirai quand je pourrai.

Mille choses, je vous supplie, au papa, s'il est encore auprès de vous.

A M. DU PEYROU.

12 septembre 1764.

Je prends le parti, monsieur, suivant votre idée, d'attendre ici votre passage : s'il arrive que vous alliez à Cressier, je pourrai prendre celui de vous y suivre, et c'est de tous les arrangemens celui qui me plaira le plus. En ce cas-là j'irai seul, c'est-à-dire sans mademoiselle Le Vasseur, et je resterai seulement deux ou trois jours pour essai, ne pouvant guère m'éloigner en ce moment plus long-temps d'ici. Je comprends, au temps que demande la dame Guinchard pour ses préparatifs, qu'elle me prend pour un Sybarite. Peut-être aussi veut-elle soutenir la réputation du cabaret de Cressier; mais cela lui sera difficile, puisque les plats, quoique bons, n'en font pas la bonne chère, et qu'on n'y remplace pas l'hôte par un cuisinier. Vous avez à Monlezi un autre hôte qui n'est pas plus facile à remplacer, et des hôtesses qui le sont encore moins. Monlezi doit être une espèce de mont Olympe pour tout ce qui l'habite en pareille compagnie. Bonjour, monsieur; quand vous reviendrez parmi les mortels, n'oubliez pas, je vous prie, celui de tous qui vous honore le plus, et qui veut vous offrir, au lieu d'encens, des sentimens qui le valent bien.

AU MÊME.

Ce dimanche matin, septembre 1764.

Mon état met encore plus d'obstacles que le temps à mon départ. Ainsi j'abandonne, pour le présent, mon premier projet de voyage, qui ne me permettroit pas d'être ici de retour à la fin du mois, ce qu'il faut absolument; mais au lieu de cela, je prendrai le parti de descendre à Neuchâtel, et d'y passer quelques jours avec vous; ainsi vous pouvez, si vous y descendez, me prendre avec vous, ou nous descendrons séparément, toujours en supposant que mon état le permette.

Je fais mille salutations et respects à tous les habitans et habitantes de Monlezi. Je ne dois entrer pour rien dans l'arrangement de voyage de M. Chaillet, parce que je ne prévois pas pouvoir descendre aussitôt que lui. Madame Boy de La Tour me charge de lui marquer, de même qu'à madame, l'empressement qu'elle a de les voir ici. Elle leur fait dire aussi pour nouvelle que madame de Froment est arrivée hier à Colombier. Nous verrons votre besogne quand nous nous verrons, et c'est surtout pour en conférer ensemble que je veux passer deux ou trois jours avec vous. J'écris si à la hâte, que je ne sais ce que je dis, sinon quand je vous assure que je vous aime de tout mon cœur.

Le portrait est fait, et on le trouve assez ressemblant; mais le peintre n'en est pas content.

M. D'IVERNOIS.

Motiers, le 15 septembre 1764.

La difficulté, monsieur, de trouver un logement qui me convienne me force à demeurer ici cet hiver; ainsi vous m'y trouverez à votre passage. Je viens de recevoir, avec votre lettre du 11, le mémoire que vous m'y annoncez; je n'ai point celui de *E* à *G*, et je n'ai aucune nouvelle de *C*; ce qui me confirme dans l'opinion où j'étois sur son sort.

Je suis charmé, mais non surpris, de ce que vous me marquez de la part de M. Abauzit. Cet homme vénérable est trop éclairé pour ne pas voir mes intentions, et trop vertueux pour ne pas les approuver.

Je savois le voyage de M. le duc de Randan: deux carrossées d'officiers du régiment du roi, qui l'ont accompagné, et qui me sont venus voir, m'en ont dit des détails. On leur avoit assuré à Genève que j'étois un loup-garou inabordable. Ils ne sont pas édifiés de ce qu'on leur a dit de moi dans ce pays-là.

J'aurai soin de mettre une marque distinctive aux papiers qui me viennent de vous; mais je vous avertis que, si j'en dois faire usage, il faudra qu'ils me restent très-long-temps, aussi bien que tout ce qui est entre mes mains et tout ce dont j'ai besoin encore. Nous en causerons quand j'aurai le plaisir de vous voir, moment que j'attends avec un véritable empressement. Mes respects à madame d'Ivernois, et mes salutations à nos amis. Je vous embrasse.

Je crois vous avoir marqué que j'avois ici la harangue de M. Chouet.

A M. DU PEYROU.

Le 17 septembre 1764.

Le temps qu'il fait ni mon état présent ne me permettent pas, monsieur, de fixer le jour auquel il me sera possible d'aller à Cressier. Mais s'il faisoit beau et que je fusse mieux, je tâcherois, d'aujourd'hui ou de demain en huit, d'aller coucher à Neuchâtel; et de là, si votre carrosse étoit chez vous, je pourrois, puisque vous le permettez, le prendre pour aller à Cressier. Mon désir d'aller passer quelques jours près de vous est certain; mais je suis si accoutumé à voir contrarier mes projets, que je n'ose presque plus en faire; toutefois voilà le mien, quant à présent; et, s'il arrive que j'y renonce, j'aurai sûrement regret de n'avoir pu l'exécuter. Mille remercîmens, monsieur, et salutations de tout mon cœur.

Je ne comprends pas bien, monsieur, pourquoi vous avez affranchi votre lettre. Comme je n'aime pas pointiller, je n'affranchis pas la mienne. Quand on s'écarte de l'usage, il faut avoir des raisons; j'en aurois une, et vous n'en aviez point que je sache.

M. DANIEL ROGUIN.

Motiers, le 22 septembre 1764.

Je suis vivement touché, très-cher papa, de la perte que nous venons de faire; car, outre que nul événement dans votre famille ne m'est étranger, j'ai pour ma part à regretter toutes les bontés dont m'honoroit M. le banneret. La tranquillité de ses derniers momens nous montre bien que l'horreur qu'on y trouve est moins dans la chose que dans la manière de l'envisager. Une vie intègre est à tout événement un grand moyen de paix dans ces momens-là, et la sérénité avec laquelle vous philosophez sur cette matière vient autant de votre cœur que de votre raison. Cher papa, nous n'abrégerons pas, comme le défunt, notre carrière à force de vouloir la prolonger; nous laisserons disposer de nous à la nature et à son auteur, sans troubler notre vie par l'effroi de la perdre. Quand les maux ou les ans auront mûri ce fruit éphémère, nous le laisserons tomber sans murmure; et tout ce qu'il peut arriver de pis en toute supposition est que nous cesserons alors, moi d'aimer le bien, vous d'en faire.

A M. DE CHAMFORT.

Motiers, le 6 octobre 1764.

Je vous remercie, monsieur, de votre dernière pièce (*) et du plaisir que m'a fait sa lecture. Elle décide le talent qu'annonçoit la première, et déjà l'auteur m'inspire assez d'estime pour oser lui dire du mal de son ouvrage. Je n'aime pas trop qu'à votre âge vous fassiez le grand-père, que vous me donniez un intérêt si tendre pour le petit-fils que vous n'avez point, et que, dans une épître où vous dites de si belles choses, je sente que ce n'est pas vous qui parlez. Evitez cette métaphysique à la mode, qui depuis quelque temps obscurcit tellement les vers françois qu'on ne peut les lire qu'avec contention d'esprit. Les vôtres ne sont pas dans ce cas encore; mais ils y tomberoient si la différence qu'on sent entre votre première pièce et la seconde alloit en augmentant. Votre épître abonde, non-seulement en grands sentimens, mais en pensées philosophiques, auxquelles je reprocherois quelquefois de l'être trop. Par exemple, en louant dans les jeunes gens la foi qu'ils ont et qu'on doit à la vertu, croyez-vous que leur faire entendre que cette foi n'est qu'une erreur de leur âge, soit un bon moyen de la leur conserver? Il ne faut pas, monsieur, pour paroître au-dessus des préjugés, saper les fondemens de la morale. Quoiqu'il n'y ait aucune parfaite vertu sur la terre, il n'y a peut-être aucun homme qui ne surmonte ses penchans en quelque chose, et qui par conséquent n'ait quelque vertu; les uns en ont plus, les autres moins : mais si la mesure est indéterminée, est-ce à dire que la chose n'existe point? C'est ce qu'assurément vous ne croyez point, et que pourtant vous faites entendre. Je vous condamne, pour réparer cette faute, à faire une pièce où vous prouverez que, malgré les vices des hommes, il y a parmi eux des vertus, et même de la vertu, et qu'il y en aura toujours. Voilà, monsieur, de quoi s'élever à la plus

(*) *Épître d'un Père à son fils sur la naissance d'un petit-fils.*

haute philosophie. Il y en a davantage à combattre les préjugés philosophiques qui sont nuisibles qu'à combattre les préjugés populaires qui sont utiles. Entreprenez hardiment cet ouvrage : et si vous le traitez comme vous le pouvez faire, un prix ne sauroit vous manquer (*).

En vous parlant des gens qui m'accablent dans mes malheurs et qui me portent leurs coups en secret, j'étois bien éloigné, monsieur, de songer à rien qui eût le moindre rapport au parlement de Paris. J'ai pour cet illustre corps les mêmes sentimens qu'avant ma disgrâce, et je rends toujours la même justice à ses membres, quoiqu'ils me l'aient si mal rendue. Je veux même penser qu'ils ont cru faire envers moi leur devoir d'hommes publics; mais c'en étoit un pour eux de mieux l'apprendre. On trouveroit difficilement un fait où le droit des gens fût violé de tant de manières : mais quoique les suites de cette affaire m'aient plongé dans un gouffre de malheurs d'où je ne sortirai de ma vie, je n'en sais nul mauvais gré à ces messieurs. Je sais que leur but n'étoit point de me nuire, mais seulement d'aller à leurs fins. Je sais qu'ils n'ont pour moi ni amitié ni haine, que mon être et mon sort est la chose du monde qui les intéresse le moins. Je me suis trouvé sur leur passage comme un caillou qu'on pousse avec le pied sans y regarder. Je connois à peu près leur portée et leurs principes. Ils ne doivent pas dire qu'ils ont fait leur devoir, mais qu'ils ont fait leur métier.

Lorsque vous voudrez m'honorer de quelque témoignage de souvenir et me faire quelque part de vos travaux littéraires, je les recevrai toujours avec intérêt et reconnoissance. Je vous salue, monsieur, de tout mon cœur.

———

A M. MARTEAU.

Motiers, le 14 octobre 1764.

J'ai reçu, monsieur, au retour d'une tournée que j'ai faite dans nos montagnes, votre lettre du 4 août et l'ouvrage que vous y avez joint. J'y ai trouvé des sentimens, de l'honnêteté, du goût; et il m'a rappelé avec plaisir notre ancienne connoissance. Je ne voudrois pourtant plus qu'avec le talent que vous paroissez avoir, vous en bornassiez l'emploi à de pareilles bagatelles.

Ne songez pas, monsieur, à venir ici avec une femme et douze cents livres de rente viagère pour toute fortune. La liberté met ici tout le monde à son aise. Le commerce qu'on ne gêne point y fleurit; on y a beaucoup d'argent et peu de denrées; ce n'est pas le moyen d'y vivre à bon marché. Je vous conseille aussi de bien songer, avant de vous marier, à ce que vous allez faire. Une rente viagère n'est pas une grande ressource pour une famille. Je remarque d'ailleurs que tous les jeunes gens à marier trouvent des Sophies : mais je n'entends plus parler de Sophies aussitôt qu'ils sont mariés.

Je vous salue, monsieur, de tout mon cœur.

———

A M. LALIAUD.

Motiers, le 14 octobre 1764.

Voici, monsieur, celle des trois estampes que vous m'avez envoyées qui, dans le nombre des gens que j'ai consultés, a eu la pluralité des voix. Plusieurs cependant préfèrent celle qui est en habit françois, et l'on peut balancer avec raison, puisque l'une et l'autre ont été gravées sur le même portrait, peint par M. de La Tour. Quant à l'estampe où le visage est de profil, elle n'a pas la moindre ressemblance : il paroît que celui qui l'a faite ne m'avoit jamais vu; et il s'est même trompé sur mon âge.

Je voudrois, monsieur, être digne de l'honneur que vous me faites. Mon portrait figure mal parmi ceux des grands philosophes dont vous me parlez : mais j'ose croire qu'il n'est pas déplacé parmi ceux des amis de la justice et de la vérité. Je vous salue, monsieur, de tout mon cœur.

———

A M. LE PRINCE L. E. DE WIRTEMBERG.

Motiers, le 14 octobre 1764.

C'est à regret, prince, que je me prévaux quelquefois des conditions que mon état et la

(*) Chamfort avoit envoyé son épître au concours pour le prix de poésie proposé par l'Académie françoise. G P.

nécessité plus que ma paresse, m'ont forcé de faire avec vous. Je vous écris rarement; mais j'ai toujours le cœur plein de vous et de tout ce qui vous est cher. Votre constance à suivre le genre de vie si sage et si simple que vous avez choisi me fait voir que vous avez tout ce qu'il faut pour l'aimer toujours ; et cela m'attache et m'intéresse à vous comme si j'étois votre égal, ou plutôt comme si vous étiez le mien; car ce n'est que dans les conditions privées que l'on connoît l'amitié.

Le sujet des deux épitaphes que vous m'avez envoyées est bien moral : la pensée en est fort belle ; mais avouez que les vers de l'une et de l'autre sont bien mauvais. Des vers plats sur une plate pensée font du moins un tout assorti ; au lieu qu'à mal dire une belle chose on a le double tort de mal dire et de la gâter.

Il me vient une idée en écrivant ceci ; ne seriez-vous point l'auteur d'une de ces deux pièces ? Cela seroit plaisant, et je le voudrois un peu. Que n'avez-vous fait quatre mauvais vers, afin que je pusse vous le dire, et que vous m'en aimassiez encore plus !

A M. DE LA TOUR

A Motiers, le 14 octobre 1764.

Oui, monsieur, j'accepte encore mon second portrait (*). Vous savez que j'ai fait du premier un usage aussi honorable à vous qu'à moi, et bien précieux à mon cœur. M. le maréchal de Luxembourg daigna l'accepter : madame la maréchale a daigné le recueillir. Ce monument de votre amitié, de votre générosité, de vos rares talens, occupe une place digne de la main dont il est sorti. J'en destine au second une plus humble, mais dont le même sentiment a fait choix. Il ne me quittera point, monsieur, cet admirable portrait qui me rend en quelque façon l'original respectable : il sera sous mes yeux chaque jour de ma vie : il parlera sans cesse à mon cœur : il sera transmis après moi dans ma famille : et ce qui me flatte le plus dans cette idée est qu'on s'y souviendra toujours de notre amitié.

(*) C'est d'après ces portraits que nous avons fait graver celui qui se trouve au 1er volume de notre édition. Voyez aussi le *fac simile* de cette lettre.

Je vous prie instamment de vouloir bien donner à M. Le Nieps vos directions pour l'emballage. Je tremble que cet ouvrage, que je me réjouis de faire admirer en Suisse, ne souffre quelque atteinte dans le transport.

A M. LE NIEPS.

Motiers, le 14 octobre 1764.

Puisque, malgré ce que je vous avois marqué ci-devant, mon bon ami, vous avez jugé à propos de recevoir pour moi mon second portrait de M. de La Tour, je ne vous en dédirai pas. L'honneur qu'il m'a fait, l'estime et l'amitié réciproque, les consolations que je reçois de son souvenir dans mes malheurs, ne me laissent pas écouter dans cette occasion une délicatesse qui, vis-à-vis de lui, seroit une espèce d'ingratitude. J'accepte ce second présent, et il ne m'est point pénible de joindre pour lui la reconnoissance et l'attachement. Faites-moi le plaisir, cher ami, de lui remettre l'incluse, et priez-le, comme je fais, de vous donner ses avis sur la manière d'emballer et voiturer ce bel ouvrage, afin qu'il ne s'endommage pas dans le transport. Employez quelqu'un d'entendu pour cet emballage, et prenez la peine aussi de prier MM. Rougemont de vous indiquer des voituriers de confiance à qui l'on puisse remettre la caisse pour qu'elle me parvienne sûrement et que ce qu'elle contiendra ne soit point tourmenté. Comme il ne vient pas de voituriers de Paris jusqu'ici, il faut l'adresser, par lettre de voiture, à M. Junet, directeur des postes à Pontarlier, avec prière de me la faire parvenir. Vous ferez, s'il vous plaît, une note exacte de vos déboursés, et je vous les ferai rembourser aussitôt. Je suis impatient de m'honorer en ce pays du travail d'un aussi illustre artiste, et des dons d'un homme aussi vertueux.

Le mauvais temps ne me permit pas de suivre cet été ma route jusqu'à Aix, pour une misérable sciatique dont les premières atteintes, jointes à mes autres maux, m'ont effrayé. Je vis à Thonon quelques Genevois, et entre autres celui dont vous parlez, et en ce point vous avez été très-bien informé, mais non sur le reste, puisque nous nous séparâmes tous fort contens les uns des autres. M. D. a des défauts qui sont assez désagréables; mais c'est un honnête homme, bon citoyen, qui, sans cagoterie, a de la religion, et des mœurs sans âpreté. Je vous dirai qu'à mon voyage de Genève, en 1754, il me parut désirer de se raccommoder avec vous; mais je n'osai vous en parler, voyant l'éloignement que vous aviez pour lui : cependant il me seroit fort doux de voir tous ceux que j'aime s'aimer entre eux.

Après avoir cherché dans tout le pays une habitation qui me convînt mieux que celle-ci, j'ai partout trouvé des inconvéniens qui m'ont retenu, et sur lesquels je me suis enfin déterminé à revenir passer l'hiver ici. Bien sûr que je ne trouverai la santé nulle part, j'aime autant trouver ici qu'ailleurs la fin de mes misères. Les maux, les ennuis, les années qui s'accumulent me rendent moins ardent dans mes désirs, et moins actif à les satisfaire; puisque le bonheur n'est pas dans cette vie, n'y multiplions pas du moins les tracas.

Nous avons perdu le banneret Roguin, homme de grand mérite, proche parent de notre ami, et très-regretté de sa famille, de sa ville et de tous les gens de bien. C'est encore, en mon particulier, un ami de moins; hélas! ils s'en vont tous, et moi je reste pour survivre à tant de pertes et pour les sentir. Il ne m'en demeure plus guère à faire, mais elles me seroient bien cruelles. Cher ami, conservez-vous.

A M. MOULTOU.

Motiers, le 15 octobre 1764.

Voici la lettre que vous m'avez envoyée. Je suis peu surpris de ce qu'elle contient, mais vous paroissez avoir une si grande opinion de celui à qui vous vous adressiez, qu'il peut vous être bon d'avoir vu ce qu'il en étoit.

Vous songez à changer de pays; c'est fort bien fait, à mon avis; mais il eût été mieux encore de commencer par changer de robe, puisque celle que vous portez ne peut plus que vous déshonorer. Je vous aimerai toujours, et je n'ai point cessé de vous estimer; mais je veux que mes amis sentent ce qu'ils se doivent, et qu'ils fassent leur devoir pour eux-mêmes aussi bien qu'ils le font pour moi. Adieu, cher Moultou; je vous embrasse de tout mon cœur.

A M. DELEYRE.

Motiers, le 17 octobre 1764.

J'ai le cœur surchargé de mes torts, cher Deleyre; je comprends par votre lettre qu'il m'est échappé dans un moment d'humeur des expressions désobligeantes, dont vous auriez raison d'être offensé, s'il ne falloit pardonner beaucoup à mon tempérament et à ma situation. Je sens que je me suis mis en colère sans sujet et dans une occasion où vous méritiez d'être désabusé et non querellé. Si j'ai plus fait et que je vous aie outragé, comme il semble par vos reproches, j'ai fait dans un emportement ridicule ce que dans nul autre temps je n'aurois fait avec personne, et bien moins encore avec vous. Je suis inexcusable, je l'avoue, mais je vous ai offensé sans le vouloir. Voyez moins l'action que l'intention, je vous en supplie. Il est permis aux autres hommes de n'être que justes, mais les amis doivent être clémens.

Je reviens de longues courses que j'ai faites dans nos montagnes, et même jusqu'en Savoie, où je comptois aller prendre à Aix les bains pour une sciatique naissante qui, par son progrès, m'ôtoit le seul plaisir qui me reste dans la vie, savoir la promenade. Il a fallu revenir sans avoir été jusque-là. Je trouve en rentrant chez moi des tas de paquets et de lettres à faire tourner la tête. Il faut absolument répondre au tiers de tout cela pour le moins. Quelle tâche! Pour surcroît, je commence à sentir cruellement les approches de l'hiver, souffrant, occupé, surtout ennuyé : jugez de ma situation! N'attendez donc de moi, jusqu'à ce qu'elle change, ni de fréquentes ni de longues lettres; mais soyez bien convaincu que je vous aime, que je suis fâché de vous avoir offensé, et que je ne puis être bien avec moi-même jusqu'à ce que j'aie fait ma paix avec vous.

A M. FOULQUIER,

Au sujet du MÉMOIRE DE M. DE J..., SUR LES MARIAGES DES PROTESTANS.

Motiers, le 18 octobre 1764.

Voici, monsieur, le mémoire que vous avez

eu la bonté de m'envoyer. Il m'a paru fort bien fait ; il dit assez et ne dit rien de trop. Il y auroit seulement quelques petites fautes de langue à corriger, si l'on vouloit le donner au public : mais ce n'est rien ; l'ouvrage est bon, et ne sent point trop son théologien.

Il me paroît que depuis quelque temps le gouvernement de France, éclairé par quelques bons écrits, se rapproche assez d'une tolérance tacite en faveur des protestans. Mais je pense aussi que le moment de l'expulsion des jésuites le force à plus de circonspection que dans un autre temps, de peur que ces pères et leurs amis ne se prévalent de cette indulgence pour confondre leur cause avec celle de la religion. Cela étant, ce moment ne seroit pas le plus favorable pour agir à la cour ; mais, en attendant qu'il vînt, on pourroit continuer d'instruire et d'intéresser le public par des écrits sages et modérés, forts de raisons d'état claires et précises, et dépouillées de toutes ces aigres et puériles déclamations trop ordinaires aux gens d'église. Je crois même qu'on doit éviter d'irriter trop le clergé catholique : il faut dire les faits sans les charger de réflexions offensantes. Concevez, au contraire, un mémoire adressé aux évêques de France en termes décens et respectueux, et où, sur des principes qu'ils n'oseroient désavouer, on interpelleroit leur équité, leur charité, leur commisération, leur patriotisme, et même leur christianisme. Ce mémoire, je le sais bien, ne changeroit pas leur volonté, mais il leur feroit honte de la montrer, et les empêcheroit peut-être de persécuter si ouvertement et si durement nos malheureux frères. Je puis me tromper ; voilà ce que je pense. Pour moi je n'écrirai point, cela ne m'est pas possible ; mais partout où mes soins et mes conseils pourront être utiles aux opprimés, ils trouveront toujours en moi, dans leur malheur, l'intérêt et le zèle que dans les miens je n'ai trouvés chez personne.

A M. LE COMTE CHARLES DE ZINZENDORFF.

Motiers, le 20 octobre 1764.

J'avois résolu, monsieur, de vous écrire. Je suis fâché que vous m'ayez prévenu ; mais je n'ai pu trouver jusqu'ici le temps de chercher dans des tas de lettres la matière du mémoire dont vous vouliez bien vous charger. Tout ce que je me rappelle à ce sujet est que l'homme en question s'appelle M. de Sauttersheim, fils d'un bourgmestre de Bude, et qu'il a été employé durant deux ans dans une des chambres dont sont composés à Vienne les différens conseils de la reine. C'est un homme d'environ trente ans, d'une bonne taille, ayant assez d'embonpoint pour son âge, brun, portant ses cheveux, d'un visage assez agréable, ne manquant pas d'esprit. Je ne sais de lui que des choses honnêtes, et qui ne sont point d'un aventurier.

J'étois bien sûr, monsieur, que lorsque vous auriez vu M. le prince de Wirtemberg, vous changeriez de sentiment sur son compte, et je suis bien sûr maintenant que vous n'en changerez plus. Il y a long-temps qu'à force de m'inspirer du respect il m'a fait oublier sa naissance ; ou, si je m'en souviens quelquefois encore, c'est pour honorer tant plus sa vertu.

Les Corses, par leur valeur, ayant acquis l'indépendance, osent aspirer encore à la liberté. Pour l'établir, ils s'adressent au seul ami qu'ils lui connoissent. Puisse-t-il justifier l'honneur de leur choix !

Je recevrai toujours, monsieur, avec empressement, des témoignages de votre souvenir, et j'y répondrai de même. Ils ne peuvent que me rappeler la journée agréable que j'ai passée avec vous, et nourrir le désir d'en avoir encore de pareilles. Agréez, monsieur, mes salutations et mon respect.

Je suis bien aise que vous connoissiez M. Deluc ; c'est un digne citoyen. Il a été l'utile défenseur de la liberté de sa patrie ; maintenant il voudroit courir encore après cette liberté qui n'est plus : il perd son temps.

A MADAME LATOUR.

A Motiers, le 21 octobre 1764.

La fin de votre dernière lettre, chère Marianne, m'a fait penser que je pourrois peut-être vous obliger, en vous mettant à portée de me rendre un bon office. Voici de quoi il s'agit : Mon portrait, peint en pastel par M. de La Tour, qui m'en a fait présent, a été remis par lui à M. Le Nieps, rue de Savoie, pour me le faire parvenir. Comme je ne voudrois pas exposer ce bel ouvrage à être gâté dans la route par des rouliers, j'ai pensé que si votre bon papa étoit encore à Paris, et qu'il pût, sans incommodité, mettre la caisse sur sa voiture, il voudroit bien peut-être, en votre faveur, se charger de cet embarras. Cependant, comme il se présentera dans peu quelque autre occasion non moins favorable, je vous prie de ne faire usage de celle-ci qu'en toute discrétion.

Je rends justice à vos sentimens, chère Marianne ; je vous prie de la rendre aux miens, malgré mes torts : le premier effet des approches de l'hiver sur ma pauvre machine délabrée, un surcroît d'occupations inopinément survenues, de nouveaux inconnus qui m'écrivent, de nouveaux survenans qui m'arrivent, tout cela ne me permet pas d'espérer de mieux faire à l'avenir, et cela même est mon excuse. Si le tout venoit de mon cœur, il finiroit ; mais venant de ma situation, il faut qu'il dure autant qu'elle. Au reste, à quelque chose malheur est bon : vous écrire plus souvent me seroit sans doute une occupation bien douce, mais j'y perdrois aussi le plaisir de voir avec quelle prodigieuse variété de tours élégans vous savez me reprocher la rareté de mes lettres, sans que jamais les vôtres se ressemblent. Je n'en lis pas une sans me voir coupable sous un nouveau point de vue. En achevant de lire, je pense à vous, et je me trouve innocent.

A MADAME P***.

Motiers, le 24 octobre 1764.

J'ai reçu vos deux lettres, madame ; c'est avouer tous mes torts : ils sont grands, mais involontaires ; ils tiennent aux désagrémens de mon état. Tous les jours je voulois vous répondre, et tous les jours des réponses plus indispensables venoient renvoyer celle-là ; car enfin, avec la meilleure volonté du monde, on ne sauroit passer la vie à faire des réponses du matin jusqu'au soir. D'ailleurs je n'en connois point de meilleure aux sentimens obligeans dont vous m'honorez que de tâcher d'en être digne, et de vous rendre ceux qui vous sont dus. Quant aux opinions sur lesquelles vous me marquez que nous ne sommes pas d'accord, qu'aurois-je à dire, moi, qui ne dispute jamais avec personne, qui trouve très-bon que chacun ait ses idées, et qui ne veux pas plus qu'on se soumette aux miennes que me soumettre à celles d'autrui ? Ce qui me sembloit utile et vrai, j'ai cru de mon devoir de le dire ; mais je n'eus jamais la manie de vouloir le faire adopter, et je réclame pour moi la liberté que je laisse à tout le monde. Nous sommes d'accord, madame, sur les devoirs des gens de bien, je n'en doute point. Gardons au reste, vous vos sentimens, moi les miens, et vivons en paix. Voilà mon avis. Je vous salue, madame, avec respect et de tout mon cœur.

A MADAME DE LUZE.

Motiers, le 27 octobre 1764.

Vous me faites, madame, vous et mademoiselle Bondely, bien plus d'honneur que je n'en mérite. Il y a long-temps que mes maux et ma barbe grise m'avertissent que je n'ai plus le droit de braver la neige et les frimas pour aller voir les dames. J'honore beaucoup mademoiselle Bondely, et je fais grand cas de son éloquence ; mais elle me persuadera difficilement que, parce qu'elle a toujours le printemps avec elle, l'hiver et ses glaces ne sont pas autour de moi. Loin de pouvoir en ce moment faire des visites, je ne suis pas même en état d'en recevoir. Me voilà comme une marmotte, terré pour sept mois au moins. Si j'arrive au bout de ce temps, j'irai volontiers, madame, au milieu des fleurs et de la verdure, me réveiller auprès de vous ; mais maintenant je m'engourdis avec la nature : jusqu'à ce qu'elle renaisse je ne vis plus.

A MYLORD MARÉCHAL.

Motiers-Travers, le 29 octobre 1764.

Je voudrois, mylord, pouvoir supposer que vous n'avez point reçu mes lettres, je serois beaucoup moins attristé; mais outre qu'il n'est pas possible qu'il ne vous en soit parvenu quelqu'une, si le cas pouvoit être, les bontés dont vous m'honoriez vous auroient à vous-même inspiré quelque inquiétude; vous vous seriez informé de moi; vous m'auriez fait dire au moins quelques mots par quelqu'un : mais point; mille gens en ce pays ont de vos nouvelles, et je suis le seul oublié. Cela m'apprend mon malheur; mais, qui m'en apprendra la cause? je cesse de la chercher, n'en trouvant aucune qui soit digne de vous.

Mylord, les sentimens que je vous dois et que je vous ai voués dureront toute ma vie; je ne penserai jamais à vous sans attendrissement; je vous regarderai toujours comme mon protecteur et mon père. Mais comme je ne crains rien tant que d'être importun, et que je ne sais pas nourrir seul une correspondance, je cesserai de vous écrire jusqu'à ce que vous m'ayez permis de continuer.

Daignez, mylord, je vous supplie, agréer mon profond respect.

A M. THÉODORE ROUSSEAU.

Motiers, le 31 octobre 1764.

Si j'avois, mon cher cousin, dix mains, dix secrétaires, une santé robuste et beaucoup de loisirs, je serois inexcusable envers vous, envers M. Chirol et beaucoup d'autres; mais ne pouvant suffire à tout, je me borne aux choses indispensables, et quant aux simples lettres de souvenir, je m'en dispense, bien sûr que mes parens et mes amis n'ont pas besoin de ce témoignage du mien. Si j'avois pu faire ce que souhaitoit M. Chirol, je l'aurois fait tout de suite; mais il m'a paru peu nécessaire de lui marquer que je ne le pouvois pas; je voudrois de tout mon cœur pouvoir contribuer à ses avantages, mais je n'ai rien à lui fournir pour imprimer. Quant à vous, mon cher cousin, j'espère que vous voudrez bien pardonner quelque inexactitude dans mes réponses, qui marquent bien plus la confiance que j'ai dans votre amitié que l'attiédissement de la mienne. Je salue avec respect ma cousine votre mère, et vous embrasse, mon cher cousin, de tout mon cœur.

A MADEMOISELLE D. M.

Motiers, le 4 novembre 1764.

Si votre situation, mademoiselle, vous laisse à peine le temps de m'écrire, vous devez concevoir que la mienne m'en laisse encore moins pour vous répondre. Vous n'êtes que dans la dépendance des affaires et des gens à qui vous tenez; et moi je suis dans celle de toutes les affaires et de tout le monde, parce que chacun, me jugeant libre, veut par droit de premier occupant disposer de moi. D'ailleurs, toujours harcelé, toujours souffrant, accablé d'ennuis, et dans un état pire que le vôtre, j'emploie à respirer le peu de momens qu'on me laisse; je suis trop occupé pour n'être pas paresseux. Depuis un mois je cherche un moment pour vous écrire à mon aise : ce moment ne vient point; il faut donc vous écrire à la dérobée, car vous m'intéressez trop pour vous laisser sans réponse. Je connois peu de gens qui m'attachent davantage, et personne qui m'étonne autant que vous.

Si vous avez trouvé dans ma lettre beaucoup de choses qui ne cadroient pas à la vôtre, c'est qu'elle étoit écrite pour une autre que vous. Il y a dans votre situation des rapports si frappans avec celle d'une autre personne, qui précisément étoit à Neuchâtel quand je reçus votre lettre, que je ne doutai point que cette lettre ne vînt d'elle; et je pris le change dans l'idée qu'on cherchoit à me le donner (*). Je vous parlai donc moins sur ce que vous me *disiez* de votre caractère, que sur ce qui m'étoit connu du sien. Je crus trouver dans sa manie de s'afficher, car c'est une savante et un bel-esprit en titre, la raison du malaise intérieur dont vous me faisiez le détail : je commençai par attaquer cette manie, comme si c'eût été la vôtre, et je ne doutai point qu'en vous ramenant à vous-même je ne vous rapprochasse du repos, dont rien n'est plus éloigné, selon moi, que l'état d'une femme qui s'affiche.

Une lettre faite sur un pareil quiproquo doit

(*) Voyez la lettre précédente à mademoiselle D. M., du 7 mai même année. Pour expliquer cette méprise de Rousseau, il faut croire que la personne à laquelle il avoit adressé sa lettre du 7 mai, et celle à laquelle il répond ici, portoient toutes deux le même nom. Rien d'ailleurs n'a pu nous faire connoître l'une ou l'autre. G. P.

contenir bien des balourdises. Cependant il y avoit cela de bon dans mon erreur, qu'elle me donnoit la clef de l'état moral de celle à qui je pensois écrire; et, sur cet état supposé, je croyois entrevoir un projet à suivre pour vous tirer des angoisses que vous me décriviez, sans recourir aux distractions qui, selon vous, en sont le seul remède, et qui, selon moi, ne sont pas même un palliatif. Vous m'apprenez que je me suis trompé, et que je n'ai rien vu de ce que je croyois voir. Comment trouverois-je un remède à votre état, puisque cet état m'est inconcevable? Vous m'êtes une énigme affligeante et humiliante. Je croyois connoître le cœur humain, et je ne connois rien au vôtre. Vous souffrez, et je ne puis vous soulager.

Quoi! parce que rien d'étranger à vous ne vous contente, vous voulez vous fuir; et, parce que vous avez à vous plaindre des autres, parce que vous les méprisez, qu'ils vous en ont donné le droit, que vous sentez en vous une âme digne d'estime, vous ne voulez pas vous consoler avec elle du mépris que vous inspirent celles qui ne lui ressemblent pas? Non, je n'entends rien à cette bizarrerie, elle me passe.

Cette sensibilité qui vous rend mécontente de tout ne devoit-elle pas se replier sur elle-même? ne devoit-elle pas nourrir votre cœur d'un sentiment sublime et délicieux d'amour-propre? n'a-t-on pas toujours en lui la ressource contre l'injustice et le dédommagement de l'insensibilité? Il est si rare, dites-vous, de rencontrer une âme. Il est vrai; mais comment peut-on en avoir une et ne pas se complaire avec elle? Si l'on sent, à la sonde, les autres étroites et resserrées, on s'en rebute, on s'en détache; mais après s'être si mal trouvé chez les autres, quel plaisir n'a-t-on pas de rentrer dans sa maison? Je sais combien le besoin d'attachement rend affligeante aux cœurs sensibles l'impossibilité d'en former; je sais combien cet état est triste; mais je sais qu'il a pourtant des douceurs; il fait verser des ruisseaux de larmes; il donne une mélancolie qui nous rend témoignage de nous-mêmes et qu'on ne voudroit pas ne pas avoir; il fait rechercher la solitude comme le seul asile où l'on se retrouve avec tout ce qu'on a raison d'aimer. Je ne puis trop vous le redire, je ne connois ni bonheur ni repos dans l'éloignement de soi-même: et, au contraire, je sens mieux, de jour en jour, qu'on ne peut être heureux sur la terre qu'à proportion qu'on s'éloigne des choses et qu'on se rapproche de soi. S'il y a quelque sentiment plus doux que l'estime de soi-même, s'il y a quelque occupation plus aimable que celle d'augmenter ce sentiment, je puis avoir tort; mais voilà comme je pense: jugez sur cela s'il m'est possible d'entrer dans vos vues, et même de concevoir votre état.

Je ne puis m'empêcher d'espérer encore que vous vous trompez sur le principe de votre malaise, et qu'au lieu de venir du sentiment qui réfléchit sur vous-même, il vient au contraire de celui qui vous lie encore à votre insu aux choses dont vous vous croyez détachée, et dont peut-être vous désespérez seulement de jouir. Je voudrois que cela fût, je verrois une prise pour agir; mais si vous accusez juste, je n'en vois point. Si j'avois actuellement sous les yeux votre première lettre, et plus de loisir pour y réfléchir, peut-être parviendrois-je à vous comprendre, et je n'y épargnerois pas ma peine, car vous m'inquiétez véritablement; mais cette lettre est noyée dans des tas de papier: il me faudroit pour la retrouver plus de temps qu'on ne m'en laisse; je suis forcé de renvoyer cette recherche à d'autres momens. Si l'inutilité de notre correspondance ne vous rebutoit pas de m'écrire, ce seroit vraisemblablement un moyen de vous entendre à la fin. Mais je ne puis vous promettre plus d'exactitude dans mes réponses que je ne suis en état d'y en mettre; ce que je vous promets et que je tiendrai bien, c'est de m'occuper beaucoup de vous et de ne vous oublier de ma vie. Votre dernière lettre, pleine de traits de lumière et de sentimens profonds, m'affecte encore plus que la précédente. Quoi que vous en puissiez dire, je croirai toujours qu'il ne tient qu'à celle qui l'a écrite de se plaire avec elle-même, et de se dédommager par là des rigueurs de son sort.

À M. D***.

Motiers, le 4 novembre 1764.

Bien des remercîmens, monsieur, du *Dictionnaire philosophique*. Il est agréable à lire; il y règne une bonne morale; il seroit à souhaiter qu'elle fût dans le cœur de l'auteur et de tous les hommes. Mais ce même auteur est presque toujours de mauvaise foi dans les extraits de l'Écriture; il raisonne souvent fort mal: et l'air de ridicule et de mépris qu'il jette sur des sentimens respectés des hommes, rejaillissant sur les hommes mêmes, me paroît un outrage fait à la société. Voilà mon sentiment, et peut-être mon erreur, que je me crois permis de dire, mais que je n'entends faire adopter à qui que ce soit.

Je suis fort touché de ce que vous me marquez de la part de M. et de madame de Buffon. Je suis bien aise de vous avoir dit ce que je pensois de cet homme illustre avant que son souvenir réchauffât mes sentimens pour lui, afin d'avoir tout l'honneur de la justice que j'aime à lui rendre, sans que mon amour-propre s'en soit mêlé. Ses écrits m'instruiront et me plairont toute ma vie. Je lui crois des égaux parmi ses contemporains en qualité de penseur et de philosophe; mais en qualité d'écrivain je ne lui en connois point: c'est la plus belle plume de son siècle; je ne doute point que ce ne soit là le jugement de la postérité. Un de mes regrets est de n'avoir pas été à portée de le voir davantage et de profiter de ses obligeantes invitations; je sens combien ma tête et mes écrits auroient gagné dans son commerce. Je quittai Paris au moment de son mariage: ainsi je n'ai point eu le bonheur de connoître madame de Buffon; mais je sais qu'il a trouvé dans sa personne et dans son mérite l'aimable et digne récompense du sien. Que Dieu les bénisse l'un et l'autre de vouloir bien s'intéresser à ce pauvre proscrit! Leurs bontés sont une des consolations de ma vie: qu'ils sachent, je vous en supplie, que je les honore et les aime de tout mon cœur.

Je suis bien éloigné, monsieur, de renoncer aux pèlerinages projetés. Si la ferveur de la botanique vous dure encore, et que vous ne rebutiez pas un élève à barbe grise, je compte plus que jamais aller herboriser cet été sur vos pas. Mes pauvres Corses ont bien maintenant d'autres affaires que d'aller établir l'Utopie au milieu d'eux. Vous savez la marche des troupes françoises: il faut savoir ce qu'il en résultera. En attendant, il faut gémir tout bas et aller herboriser.

Vous me rendez fier en me marquant que mademoiselle B*** n'ose me venir voir à cause des bienséances de son sexe, et qu'elle a peur de moi comme d'un circoncis. Il y a quinze ans que les jolies femmes me faisoient en France l'affront de me traiter comme un bon homme sans conséquence, jusqu'à venir dîner avec moi tête à tête dans la plus insultante familiarité, jusqu'à m'embrasser dédaigneusement devant tout le monde, comme le grand-père de leur nourrice. Grâces au Ciel, me voilà bien rétabli dans ma dignité, puisque les demoiselles me font l'honneur de ne m'oser venir voir (*).

A M. L'ABBÉ DE ***.

Motiers-Travers, le 11 novembre 1764.

Vous voilà donc, monsieur, tout d'un coup devenu croyant. Je vous félicite de ce miracle, car c'en est sans doute un de la grâce, et la raison pour l'ordinaire n'opère pas si subitement. Mais, ne me faites pas honneur de votre conversion, je vous prie; je sens que cet honneur ne m'appartient point. Un homme qui ne croit guère aux miracles n'est pas fort propre à en faire; un homme qui ne dogmatise ni ne dispute n'est pas un fort bon convertisseur. Je dis quelquefois mon avis quand on me le demande, et que je crois que c'est à bonne intention; mais je n'ai point la folie d'en vouloir faire une loi pour d'autres, et quand ils m'en veulent faire une du leur, je m'en défends du mieux que je puis sans chercher à les convaincre. Je n'ai rien fait de plus avec vous: ainsi, monsieur, vous avez seul tout le mérite de votre résipiscence, et je ne songeois sûrement point à vous catéchiser.

Mais voici maintenant les scrupules qui s'élèvent. Les vôtres m'inspirent du respect pour vos sentimens sublimes, et je vous avoue ingénument que, quant à moi, qui marche un peu plus terre à terre, j'en serois beaucoup moins tourmenté. Je me dirois d'abord que de confesser mes fautes est une chose utile pour m'en corriger, parce que, me faisant une loi de dire

---

(*) Tout dispose à croire que cette lettre est adressée à Du Peyrou, qui sans doute étoit en correspondance avec Buffon. D'autres lettres au même Du Peyrou semblent bien confirmer cette conjecture. Cependant la présente n'étant pas comprise dans la correspondance avec Du Peyrou publiée en 1803, et cette même lettre ne portant en tête que l'initiale D dans l'édition originale (Genève, tome XXIV), nous n'avons pas cru devoir rien changer à cette indication. G. P.

tout et de dire vrai, je serois souvent retenu d'en commettre par la honte de les révéler.

Il est vrai qu'il pourroit y avoir quelque embarras sur la foi robuste qu'on exige dans votre Église, et que chacun n'est pas maître d'avoir comme il lui plaît. Mais de quoi s'agit-il au fond dans cette affaire? du sincère désir de croire, d'une soumission du cœur plus que de la raison: car enfin la raison ne dépend pas de nous, mais la volonté en dépend; et c'est par la seule volonté qu'on peut être soumis ou rebelle à l'Église. Je commencerois donc par me choisir pour confesseur un bon prêtre, un homme sage et sensé, tel qu'on en trouve partout quand on les cherche. Je lui dirois: Je vois l'océan de difficultés où nage l'esprit humain dans ces matières; le mien ne cherche point à s'y noyer; je cherche ce qui est vrai et bon; je le cherche sincèrement; je sens que la docilité qu'exige l'Église est un état désirable pour être en paix avec soi: j'aime cet état, j'y veux vivre; mon esprit murmure, il est vrai, mais mon cœur lui impose silence, et mes sentimens sont tous contre mes raisons. Je ne crois pas, mais je veux croire, et je le veux de tout mon cœur. Soumis à la foi malgré mes lumières, quel argument puis-je avoir à craindre? Je suis plus fidèle que si j'étois convaincu.

Si mon confesseur n'est pas un sot, que voulez-vous qu'il me dise? Voulez-vous qu'il exige bêtement de moi l'impossible? qu'il m'ordonne de voir du rouge où je vois du bleu? Il me dira: Soumettez-vous. Je répondrai: C'est ce que je fais. Il priera pour moi, et me donnera l'absolution sans balancer; car il la doit à celui qui croit de toute sa force, et qui suit la loi de tout son cœur.

Mais supposons qu'un scrupule mal entendu le retienne, il se contentera de m'exhorter en secret et de me plaindre; il m'aimera même: je suis sûr que ma bonne foi lui gagnera le cœur. Vous supposez qu'il m'ira dénoncer à l'official; et pourquoi? qu'a-t-il à me reprocher? de quoi voulez-vous qu'il m'accuse? d'avoir trop fidèlement rempli mon devoir? Vous supposez un extravagant, un frénétique: ce n'est pas l'homme que j'ai choisi. Vous supposez de plus un scélérat abominable que je peux poursuivre, démentir, faire pendre peut-être, pour avoir sapé le sacrement par sa base, pour avoir causé le plus dangereux scandale, pour avoir violé sans nécessité, sans utilité, le plus saint de tous les devoirs, quand j'étois si bien dans le mien, que je n'ai mérité que des éloges. Cette supposition, je l'avoue, une fois admise, paroît avoir ses difficultés.

Je trouve en général que vous les pressez en homme qui n'est pas fâché d'en faire naître. Si tout se réunit contre vous, si les prêtres vous poursuivent, si le peuple vous maudit, si la douleur fait descendre vos parens au tombeau, voilà, je l'avoue, des inconvéniens bien terribles pour n'avoir pas voulu prendre en cérémonie un morceau de pain. Mais que faire enfin? me demandez-vous. Là-dessus voici, monsieur, ce que j'ai à vous dire.

Tant qu'on peut être juste et vrai dans la société des hommes, il est des devoirs difficiles sur lesquels un ami désintéressé peut être utilement consulté.

Mais quand une fois les institutions humaines sont à tel point de dépravation qu'il n'est plus possible d'y vivre et d'y prendre un parti sans mal faire, alors on ne doit plus consulter personne; il faut n'écouter que son propre cœur, parce qu'il est injuste et malhonnête de forcer un honnête homme à nous conseiller le mal. Tel est mon avis.

Je vous salue, monsieur, de tout mon cœur.

A M. HIRZEL ( ).

11 novembre 1764.

Je reçois, monsieur, avec reconnoissance, la seconde édition du *Socrate rustique*, et les bontés dont m'honore son digne historien. Quelque étonnant que soit le héros de votre livre, l'auteur ne l'est pas moins à mes yeux. Il y a plus de paysans respectables que de savans qui les respectent et qui l'osent dire. Heureux le pays où les Clyioggs cultivent la terre, et où des Hirzels cultivent les lettres! l'abondance y règne et les vertus y sont en honneur.

Recevez, monsieur, je vous supplie, mes remercîmens et mes salutations.

(*) Jean-Gaspard Hirzel, médecin de Zurich, mort en 1803, auteur de l'ouvrage qui a pour titre : *Socrate rustique, ou Description de la conduite économique et morale d'un paysan philosophe*; livre qui a été traduit dans presque toutes les langues de l'Europe.   M. P.

A M. DE MALESHERBES.

Motiers-Travers, par Pontarlier, le 14 novembre 1764.

J'use rarement, monsieur, de la permission que vous m'avez donnée de vous écrire; mais les malheureux doivent être discrets. Mon cœur n'est pas plus changé que mon sort, et, plongé dans un abîme de maux dont je ne sortirai de ma vie, j'ai beau sentir mes misères, je sens toujours vos bontés.

En apprenant votre retraite, monsieur, j'ai plaint les gens de lettres; mais je vous ai félicité (*). En cessant d'être à leur tête par votre place, vous y serez toujours par vos talens; par eux, vous embellissez votre âme et votre asile. Occupé des charmes de la littérature, vous n'êtes plus forcé d'en voir les calamités; vous philosophez plus à votre aise, et votre cœur a moins à souffrir. C'est un moyen d'émulation, selon moi, bien plus sûr, bien plus digne d'accueillir et distinguer le mérite à Malesherbes que de le protéger à Paris.

Où est-il, où est-il ce château de Malesherbes, que j'ai tant désiré de voir? Les bois, les jardins, auroient maintenant un attrait de plus pour moi dans le nouveau goût qui me gagne. Je suis tenté d'essayer la botanique, non comme vous, monsieur, en grand et comme une branche de l'histoire naturelle, mais tout au plus en garçon apothicaire, pour savoir faire ma tisane et mes bouillons. C'est le véritable amusement d'un solitaire qui se promène et qui ne veut penser à rien. Il ne me vient jamais une idée vertueuse et utile que je ne voie à côté de moi la potence ou l'échafaud; avec un Linnæus dans la poche et du foin dans la tête, j'espère qu'on ne me pendra pas. Je m'attends à faire les progrès d'un écolier à barbe grise: mais qu'importe? Je ne veux pas savoir, mais étudier: et cette étude, si conforme à ma vie ambulante, m'amusera beaucoup et me sera salutaire: on n'étudie pas toujours si utilement que cela.

Je viens, à la prière de mes anciens concitoyens, de faire imprimer en Hollande une espèce de réfutation des *Lettres de la campagne*, écrit que peut-être vous aurez vu. Le mien n'a trait absolument qu'à la procédure faite à Genève contre moi et à ses suites: je n'y parle des François qu'avec éloge, de la médiation de la France qu'avec respect; il n'y a pas un mot contre les catholiques ni leur clergé; les rieurs y sont toujours pour lui contre nos ministres. Enfin cet ouvrage auroit pu s'imprimer à Paris avec privilège du roi, et le gouvernement auroit dû en être bien aise. M. de Sartine en a défendu l'entrée. J'en suis fâché, parce que cette défense me met hors d'état de faire passer sous vos yeux cet écrit dans sa nouveauté, n'osant, sans votre permission, vous le faire envoyer par la poste.

Agréez, monsieur, je vous supplie, mon profond respect.

On dit que la raison pour laquelle M. de Sartine a défendu l'entrée de mon ouvrage est que j'ose m'y justifier contre l'accusation d'avoir rejeté les miracles. Ce M. de Sartine m'a bien l'air d'un homme qui ne seroit pas fâché de me faire pendre, uniquement pour avoir prouvé que je ne méritois pas d'être pendu. France, France, vous dédaignez trop dans votre gloire les hommes qui vous aiment et qui savent écrire! Quelque méprisables qu'ils vous paroissent, ce seroit toujours plus sagement fait de ne pas les pousser à bout.

A M. LE PRINCE L. E. DE WIRTEMBERG.

Motiers, le 15 novembre 1764.

Il est certain que vos vers ne sont pas bons, et il est certain de plus, que, si vous vous piquiez d'en faire de tels ou même de vous y trop bien connoître, il faudroit vous dire comme un musicien disoit à Philippe de Macédoine qui critiquoit ses airs de flûte: A Dieu ne plaise, sire, que tu saches ces choses-là mieux que moi! Du reste, quand on ne croit pas faire de

---

(*) Malesherbes, premier président de la Cour des Aides, et qui conserva cette présidence jusqu'en 1775, avoit de plus la direction de la librairie, et c'est de cette direction qu'il est question ici. Mais dans l'intéressante Notice qu'a donnée M. Dubois sur Malesherbes, on lit (page 55 de la troisième édition) que ce fut *au mois de décembre* 1768 qu'il cessa d'avoir cette direction. Or cette date, qui d'ailleurs est certaine, ne s'accorde pas avec la date de la lettre de Rousseau, date qui n'est pas plus susceptible d'être contestée, puisqu'il y parle des *Lettres de la Montagne* qu'*il vient de faire imprimer en Hollande*, impression qui réellement eut lieu en 1764. Il en résulte que Rousseau *félicitant* Malesherbes sur sa retraite comme directeur de la librairie, n'en parle en cet instant que sur un ouï-dire, qui ne fut confirmé par l'événement que quatre ans après.

G. P.

bons vers, il est toujours permis d'en faire, pourvu qu'on ne les estime que ce qu'ils valent, et qu'on ne les montre qu'à ses amis.

Il y a bien du temps que je n'ai des nouvelles de nos petites élèves, de leur digne précepteur, et de leur aimable gouvernante. De grâce, une petite relation de l'état présent des choses. J'aime à suivre les progrès de ces chers enfans dans tout leur détail.

Il est vrai que les Corses m'ont fait proposer de travailler à leur dresser un plan de gouvernement. Si ce travail est au-dessus de mes forces, il n'est pas au-dessus de mon zèle. Du reste, c'est une entreprise à méditer long-temps, qui demande bien des préliminaires; et avant d'y songer il faut voir d'abord ce que la France veut faire de ces pauvres gens. En attendant, je crois que le général Paoli mérite l'estime et le respect de toute la terre, puisque étant le maître, il n'a pas craint de s'adresser à quelqu'un qu'il sait bien, la guerre exceptée, ne vouloir laisser personne au-dessus des lois. Je suis prêt à consacrer ma vie à leur service; mais, pour ne pas m'exposer à perdre mon temps, j'ai débuté par toucher l'endroit sensible. Nous verrons ce que cela produira.

A M. D'IVERNOIS.

Motiers, le 29 novembre 1764.

Je m'aperçois à l'instant, monsieur, d'un quiproquo que je viens de faire, en prenant dans votre lettre le 6 décembre pour le 6 janvier. Cela me donne l'espoir de vous voir un mois plus tôt que je n'avois cru, et je prends le parti de vous l'écrire, de peur que vous n'imaginiez peut-être sur ma lettre d'aujourd'hui que je voudrois renvoyer aux Rois votre visite, de quoi je serois bien fâché. M. de Payraube sort d'ici, et m'a apporté votre lettre et vos nouveaux cadeaux. Nous avons pour le présent beaucoup de comptes à faire, et d'autres arrangemens à prendre pour l'avenir. D'aujourd'hui en huit donc, j'attends, monsieur, le plaisir de vous embrasser; et en attendant je vous souhaite un bon voyage et vous salue de tout mon cœur.

A M. DU PEYROU.

Motiers, le 29 novembre 1764.

Le temps et mes tracas ne me permettent pas, monsieur, de répondre à présent à votre dernière lettre, dont plusieurs articles m'ont ému et pénétré: je destine uniquement celle-ci à vous consulter sur un article qui m'intéresse, et sur lequel je vous épargnerois cette importunité, si je connoissois quelqu'un qui me parût plus digne que vous de toute ma confiance.

Vous savez que je médite depuis long-temps de prendre le dernier congé du public par une édition générale de mes écrits, pour passer dans la retraite et le repos le reste des jours qu'il plaira à la Providence de me départir. Cette entreprise doit m'assurer du pain, sans lequel il n'y a ni repos, ni liberté parmi les hommes: le recueil sera d'ailleurs le monument sur lequel je compte obtenir de la postérité le redressement des jugemens iniques de mes contemporains. Jugez par là si je dois regarder comme importante pour moi une entreprise sur laquelle mon indépendance et ma réputation sont fondées.

Le libraire Fauche, aidé d'un associé, jugeant que cette affaire lui peut être avantageuse, désire de s'en charger; et, pressentant l'obstacle que la pédanterie de vos ministraux peut mettre à son exécution dans Neuchâtel, il projette, en supposant l'agrément du Conseil d'état, dont pourtant je doute, d'établir son imprimerie à Motiers, ce qui me seroit très commode; et il est certain qu'à considérer la chose en homme d'état, tous les membres du gouvernement doivent favoriser cette entreprise qui versera peut-être cent mille écus dans le pays.

Cet agrément donc supposé (c'est son affaire), il reste à savoir si ce sera la mienne de consentir à cette proposition, et de me lier par un traité en forme. Voilà, monsieur, sur quoi je vous consulte. Premièrement, croyez-vous que ces gens-là puissent être en état de consommer cette affaire avec honneur, soit du côté de la dépense, soit du côté de l'exécution? car l'édition que je propose de faire, étant destinée aux grandes bibliothèques, doit être un chef-d'œuvre de typographie, et je n'épargnerai point ma peine pour ce que c'en soit un de correction. En second lieu, croyez-vous que les engagemens qu'ils prendront avec moi soient assez sûrs pour que je puisse y compter, et n'avoir plus de souci là-dessus le reste de ma vie? En supposant que oui, voudrez-vous bien m'aider de vos soins et de vos conseils pour établir mes sûretés sur un fondement solide? Vous sentez que mes infirmités croissant, et la vieillesse avançant par-dessus le marché, il ne faut pas que, hors d'état de gagner mon pain, je m'expose au danger d'en manquer. Voilà l'examen que je soumets à vos lumières, et je vous prie de vous en occuper par amitié pour moi. Votre réponse, monsieur, réglera la mienne. J'ai promis de la donner dans quinze jours. Marquez-moi, je vous prie, avant ce temps-là, votre sentiment sur cette affaire, afin que je puisse me déterminer.

A M. DUCLOS.

Motiers, le 2 décembre 1764.

Je crois, mon cher ami, qu'au point où nous en sommes, la rareté des lettres est plus une marque de confiance que de négligence : votre silence peut m'inquiéter sur votre santé, mais non sur votre amitié, et j'ai lieu d'attendre de vous la même sécurité sur la mienne. Je suis errant tout l'été, malade tout l'hiver, et en tout temps si surchargé de désœuvrés, qu'à peine ai-je un moment de relâche pour écrire à mes amis.

Le recueil fait par Duchesne est en effet incomplet, et, qui pis est, très-fautif; mais il n'y manque rien que vous ne connoissiez, excepté ma réponse aux Lettres écrites de la campagne, qui n'est pas encore publique. J'espérois vous la faire remettre aussitôt qu'elle seroit à Paris; mais on m'apprend que M. de Sartine en a défendu l'entrée, quoique assurément il n'y ait pas un mot dans cet ouvrage qui puisse déplaire à la France ni aux François, et que le clergé catholique y ait à son tour les rieurs aux dépens du nôtre. Malheur aux opprimés! surtout quand ils le sont injustement, car alors ils n'ont pas même le droit de se plaindre; et je ne serois pas étonné qu'on me fît pendre uniquement pour avoir dit et prouvé que je ne méritois pas d'être décrété. Je pressens le contrecoup de cette défense en ce pays. Je vois d'avance le parti qu'en vont tirer mes implacables ennemis, et surtout *ipse doli fabricator Epeus*.

J'ai toujours le projet de faire enfin moi-même un recueil de mes écrits, dans lequel je pourrai faire entrer quelques chiffons qui sont encore en manuscrits, et entre autres le petit conte (*) dont vous parlez, puisque vous jugez qu'il en vaut la peine. Mais outre que cette entreprise m'effraie, surtout dans l'état où je suis, je ne sais pas trop où la faire. En France il n'y faut pas songer. La Hollande est trop loin de moi. Les libraires de ce pays n'ont pas d'assez vastes débouchés pour cette entreprise, les profits en seroient peu de chose, et je vous avoue que je n'y songe que pour me procurer du pain durant le reste de mes malheureux jours, ne me sentant plus en état d'en gagner. Quant aux mémoires de ma vie, dont vous parlez, ils sont trop difficiles à faire sans compromettre personne; pour y songer, il faut plus de tranquillité qu'on ne m'en laisse, et que je n'en aurai probablement jamais : si je vis toutefois, je n'y renonce pas. Vous avez toute ma confiance, mais vous sentez qu'il y a des choses qui ne se disent pas de si loin.

Mes courses dans nos montagnes, si riches en plantes, m'ont donné du goût pour la botanique: cette occupation convient fort à une machine ambulante à laquelle il est interdit de penser. Ne pouvant laisser ma tête vide, je la veux empailler; c'est de foin qu'il faut l'avoir pleine pour être libre et vrai, sans crainte d'être décrété. J'ai l'avantage de ne connoître encore que dix plantes, en comptant l'hysope; j'aurai long-temps du plaisir à prendre avant d'en être aux arbres de nos forêts.

J'attends avec impatience votre nouvelle édition des *Considérations sur les mœurs*. Puisque vous avez des facilités pour tout le royaume, adressez le paquet à Pontarlier, à moi directement, ce qui suffit; ou à M. Junet, directeur des postes; il me le fera parvenir. Vous pouvez aussi le remettre à Duchesne, qui me le fera passer avec d'autres envois. Je vous demanderai même, sans façon, de faire relier l'exem-

(*) La Reine fantasque.

plaire, ce que je ne puis faire ici sans le gâter; je le prendrai secrètement dans ma poche en allant herboriser; et, quand je ne verrai point d'archers autour de moi, j'y jetterai les yeux à la dérobée. Mon cher ami, comment faites-vous pour penser, être honnête homme, et ne vous pas faire pendre? Cela me paroît difficile, en vérité. Je vous embrasse de tout mon cœur.

A MYLORD MARÉCHAL.

8 décembre 1764.

Sur la dernière lettre, mylord, que vous avez dû recevoir de moi, vous aurez pu juger du plaisir que m'a causé celle dont vous m'avez honoré le 24 octobre. Vous m'avez fait sentir un peu cruellement à quel point je vous suis attaché, et trois mois de silence de votre part m'ont plus affecté et navré que ne fit le décret du Conseil de Genève. Tant de malheurs ont rendu mon cœur inquiet, et je crains toujours de perdre ce que je désire si ardemment de conserver. Vous êtes mon seul protecteur, le seul homme à qui j'aie de véritables obligations, le seul ami sur lequel je compte, le dernier auquel je me sois attaché, et auquel il n'en succédera jamais d'autres. Jugez sur cela si vos bontés me sont chères, et si votre oubli m'est facile à supporter.

Je suis fâché que vous ne puissiez habiter votre maison que dans un an. Tant qu'on en est encore aux châteaux en Espagne, toute habitation nous est bonne en attendant; mais quand enfin l'expérience et la raison nous ont appris qu'il n'y a de véritable jouissance que celle de soi-même, un logement commode et un corps sain deviennent les seuls biens de la vie, et dont le prix se fait sentir de jour en jour, à mesure qu'on est détaché du reste. Comme il n'a pas fallu si long-temps pour faire votre jardin, j'espère que dès à présent il vous amuse, et que vous en tirez déjà de quoi fournir ces *oilles* si savoureuses, que, sans être fort gourmand, je regrette tous les jours.

Que ne puis-je m'instruire auprès de vous dans une culture plus utile, quoique plus ingrate! Que mes bons et infortunés Corses ne peuvent-ils, par mon entremise, profiter de vos longues et profondes observations sur les hommes et les gouvernemens! mais je suis loin de vous. N'importe; sans songer à l'impossibilité du succès, je m'occuperai de ces pauvres gens comme si mes rêveries leur pouvoient être utiles. Puisque je suis dévoué aux chimères, je veux du moins m'en forger d'agréables. En songeant à ce que les hommes pourroient être, je tâcherai d'oublier ce qu'ils sont. Les Corses sont, comme vous le dites fort bien, plus près de cet état désirable qu'aucun autre peuple. Par exemple, je ne crois pas que la dissolubilité des mariages, très-utile dans le Brandebourg, le fût de long-temps en Corse, où la simplicité des mœurs et la pauvreté générale rendent encore les grandes passions inactives et les mariages paisibles et heureux. Les femmes sont laborieuses et chastes; les hommes n'ont de plaisirs que dans leur maison; dans cet état, il n'est pas bon de leur faire envisager comme possible une séparation qu'ils n'ont nulle occasion de désirer.

Je n'ai point encore reçu la lettre avec la traduction de Fletcher que vous m'annoncez. Je l'attendois pour vous écrire; mais, voyant que le paquet ne vient point, je ne puis différer plus long-temps. Mylord, j'ai le cœur plein de vous sans cesse. Songez quelquefois à votre fils le cadet.

A M. DU PEYROU.

8 décembre 1764.

Quoique les affaires et les visites dont je suis accablé ne me laissent presque aucun moment à moi, et que d'ailleurs celle qui m'occupe en ce moment me rende nécessaire d'en délibérer avec vous, monsieur, puisque vous y consentez, ne pouvant me ménager du temps pour suffire à tout, je donne la préférence au soin de vous tranquilliser sur ce terrible B qui vous inquiète, et qui vous a paru suffisant pour effacer ou balancer le témoignage de tous mes écrits et de ma vie entière, sur les sentimens que j'ai constamment professés et que je professerai jusqu'à mon dernier soupir. Puisqu'une seule lettre de l'alphabet a tant de puissance, il faut croire désormais aux vertus des talismans. Ce B signifie *Bon*, cela est certain; mais comme vous m'en demandez l'explication, sans me transcrire les passages auxquels il se rapporte, et dont je n'ai pas le moindre souvenir, je ne puis vous satisfaire que préalablement vous n'ayez eu la bonté de m'envoyer ces passages, en y ajoutant le sens que vous donnez au B qui vous inquiète; car il est à présumer que ce sens n'est pas le mien. Peut-être alors, en vous développant ma pensée, viendrai-je à bout de vous édifier sur ce point. Tout ce que je puis vous dire d'avance est que non-seulement je ne suis pas matérialiste, mais que je ne me souviens pas même d'avoir été un seul moment de ma vie tenté de le devenir. Bien est-il vrai que sur un grand nombre de propositions je suis d'accord avec les matérialistes, et celles où vous avez vu des B sont apparemment de ce nombre; mais il ne s'ensuit nullement que ma méthode de déduction et la leur soient la même, et me conduise aux mêmes conclusions. Je ne puis, quant à présent, vous en dire davantage, et il faut savoir sur quoi roulent vos difficultés avant de songer à les résoudre. En attendant, j'ai des excuses à vous faire du souci que vous a causé mon indiscrétion, et je vous promets que si jamais je suis tenté de barbouiller des marges de livres, je me souviendrai de cette leçon.

A M. LALIAUD.

Motiers, le 9 décembre 1764.

Je voudrois, monsieur, pour contenter votre obligeante fantaisie, pouvoir vous envoyer le profil que vous me demandez; mais je ne suis pas en lieu à trouver aisément quelqu'un qui le sache tracer. J'espérois me prévaloir pour cela de la visite qu'un graveur hollandois, qui va s'établir à Morat, avoit dessein de me faire; mais il vient de me marquer que des affaires indispensables ne lui en laissoient pas le temps. Si M. Liotard fait un tour jusqu'ici, comme il paroît le désirer, c'est une autre occasion dont je profiterai pour vous complaire, pour peu que l'état cruel où je suis m'en laisse le pouvoir. Si cette seconde occasion me manque, je n'en vois pas de prochaine qui puisse y suppléer. Au reste, je prends peu d'intérêt à ma figure, j'en prends peu même à mes livres; mais j'en prends beaucoup à l'estime des honnêtes gens, dont les cœurs ont lu dans le mien. C'est dans le vif amour du juste et du vrai, c'est dans des penchans bons et honnêtes, qui sans doute m'attacheroient à vous, que je voudrois vous faire aimer ce qui est véritablement moi, et vous laisser de mon effigie intérieure un souvenir qui vous fût intéressant. Je vous salue, monsieur, de tout mon cœur.

A M. ABAUZIT,

En lui envoyant les LETTRES DE LA MONTAGNE.

Motiers, le 9 décembre 1764.

Daignez, vénérable Abauzit, écouter mes justes plaintes. Combien j'ai gémi que le Conseil et les ministres de Genève m'aient mis en droit de leur dire des vérités si dures! Mais puisque enfin je leur dois ces vérités, je veux payer ma dette. Ils ont rebuté mon respect, ils auront désormais toute ma franchise. Pesez mes raisons et prononcez. Ces dieux de chair ont pu me punir si j'étois coupable; mais si Caton m'absout, ils n'ont pu que m'opprimer.

A M. MONTPEROUX, RÉSIDENT DE FRANCE A GENÈVE.

Motiers, le 9 décembre 1764.

L'écrit, monsieur, qui vous est présenté de ma part, contient mon apologie et celle de nombre d'honnêtes gens offensés dans leurs droits par l'infraction des miens. La place que vous remplissez, monsieur, et vos anciennes bontés pour moi, m'engagent également à mettre sous vos yeux cet écrit. Il peut devenir une des pièces d'un procès au jugement duquel vous présiderez peut-être. D'ailleurs, aussi zélé sujet que bon patriote, vous aimerez me voir célébrer dans ces lettres (*) le plus beau monument du règne de Louis XV, et rendre aux François, malgré mes malheurs, toute la justice qui leur est due.

Je vous supplie, monsieur, d'agréer mon respect.

(*) La pacification des troubles de Genève par la médiation de la France et des gouvernemens de Zurich et de Berne, et l'édit de 1738 qui en résulta, sous la garantie des trois puissances. (Voyez les *Lettres de la montagne*, Lettre VII.) G. P.

A M. DU PEYROU.

Motiers, le 13 décembre 1764.

Je vous parlerai maintenant, monsieur, de mon affaire (*), puisque vous voulez bien vous charger de mes intérêts. J'ai revu mes gens : leur société est augmentée d'un libraire de France, homme entendu, qui aura l'inspection de la partie typographique. Ils sont en état de faire les fonds nécessaires sans avoir besoin de souscription, et c'est d'ailleurs une voie à laquelle je ne consentirai jamais par de très-bonnes raisons, trop longues à détailler dans une lettre.

En combinant toutes les parties de l'entreprise, et supposant un plein succès, j'estime qu'elle doit donner un profit net de cent mille francs. Pour aller d'abord au rabais, réduisons-le à cinquante. Je crois que, sans être déraisonnable, je puis porter mes prétentions au quart de cette somme ; d'autant plus que cette entreprise demande de ma part un travail assidu de trois ou quatre ans, qui sans doute achèvera de m'épuiser, et me coûtera plus de peine à préparer et revoir mes feuilles que je n'en eus à les composer.

Sur cette considération, et laissant à part celle du profit, pour ne songer qu'à mes besoins, je vois que ma dépense ordinaire depuis vingt ans a été, l'un dans l'autre, de soixante louis par an. Cette dépense deviendra moindre lorsque absolument séquestré du public je ne serai plus accablé de ports de lettres et de visites, qui, par la loi de l'hospitalité, me forcent d'avoir une table pour les survenans.

Je pars de ce petit calcul pour fixer ce qui m'est nécessaire pour vivre en paix le reste de mes jours, sans manger le pain de personne ; résolution formée depuis long-temps, et dont, quoi qu'il arrive, je ne me départirai jamais.

Je compte pour ma part sur un fonds de dix à douze mille livres ; et j'aime mieux ne pas faire l'entreprise s'il faut me réduire à moins, parce qu'il n'y a que le repos du reste de mes jours que je veuille acheter par quatre ans d'esclavage.

Si ces messieurs peuvent me faire cette somme, mon dessein est de la placer en rentes viagères ; et, puisque vous voulez bien vous charger de cet emploi, elle vous sera comptée, et tout est dit. Il convient seulement, pour la sûreté de la chose, que tout soit payé avant que l'on commence l'impression du dernier volume, parce que je n'ai pas le temps d'attendre le débit de l'édition pour assurer mon état.

Mais comme une telle somme en argent comptant pourroit gêner les entrepreneurs, vu les grandes avances qui leur sont nécessaires, ils aimeront mieux me faire une rente viagère ; ce qui, vu mon âge, et l'état de ma santé, leur doit probablement tourner plus à compte. Ainsi, moyennant des sûretés dont vous soyez content, j'accepterai la rente viagère, sauf une somme en argent comptant lorsqu'on commencera l'édition ; et, pourvu que cette somme ne soit pas moindre que cinquante louis, je m'en contente, en déduction du capital dont on me fera la rente.

Voilà, monsieur, les divers arrangemens dont je leur laisserois le choix si je traitois directement avec eux : mais, comme il se peut que je me trompe, ou que j'exige trop, ou qu'il y ait quelque meilleur parti à prendre pour eux ou pour moi, je n'entends point vous donner en cela des règles auxquelles vous deviez vous tenir dans cette négociation. Agissez pour moi comme un bon tuteur pour son pupille : mais ne chargez pas ces messieurs d'un traité qui leur soit onéreux. Cette entreprise n'a de leur part qu'un objet de profit, il faut qu'ils gagnent ; de ma part elle a un autre objet, il suffit que je vive, et, toute réflexion faite, je puis bien vivre à moins de ce que je vous ai marqué. Ainsi n'abusons pas de la résolution où ils paroissent être d'entreprendre cette affaire à quelque prix que ce soit : comme tout le risque demeure de leur côté, il doit être compensé par les avantages. Faites l'accord dans cet esprit, et soyez sûr que de ma part il sera ratifié.

Je vous vois avec plaisir prendre cette peine : voilà, monsieur, le seul compliment que je vous ferai jamais.

A MADAME LATOUR.

A Motiers, le 16 décembre 1764.

Je n'ai pas eu, chère Marianne, en recevant

(*) L'édition générale de ses ouvrages.

moa portrait, que M. Breguet a eu la bonté de m'envoyer, le plaisir que vous m'annonciez de le recevoir lui-même. La fatigue, le mauvais temps qu'il a eu durant son voyage, l'ont retenu malade dans sa maison; et moi, depuis deux mois enfermé dans la mienne, je suis hors d'état d'aller le remercier, et lui demander un peu en détail de vos nouvelles, comme je me l'étois proposé. Donnez-m'en donc vous-même, chère Marianne, en attendant que je puisse voir votre bon papa, si digne de l'éloge que vous en faites et de l'attachement que vous avez pour lui. Quant à moi, je ne suis qu'un ami peu démonstratif, quoique vrai, réputé négligent, parce que ma situation me force à le paroître, et trop heureux de recevoir de vous, à titre de grâce, des sentimens que vous me devrez quand les miens vous seront mieux connus. En attendant, il vaut mieux que vous m'aimiez et que vous me grondiez, que si vous paroissiez contente sans l'être. Tant que vous exercerez sur moi l'autorité de l'amitié, je croirai qu'au fond vous rendez justice à la mienne, et que c'est pour me laisser moins voir ma misère que vous vous en prenez à ma volonté. Voilà du moins le seul sens que devroient avoir vos reproches; si je pouvois vous écrire et vous complaire autant que je le désire, et que vous fussiez équitable, le papa lui-même ne vous seroit pas plus cher que moi.

J'apprends avec grand plaisir qu'il est beaucoup mieux.

A M. D'IVERNOIS.

Motiers, le 17 décembre 1764.

Il est bon, monsieur, que vous sachiez que, depuis votre départ d'ici, je n'ai reçu aucune de vos lettres, ni nouvelles d'aucune espèce par le canal de personne, quoique vous m'eussiez promis de m'annoncer votre heureuse arrivée à Genève, et de m'écrire même auparavant. Vous pouvez concevoir mon inquiétude. Je sais bien que c'est l'ordinaire qu'on m'accable de lettres inutiles, et que tout se taise dans les momens essentiels; je m'étois flatté cependant qu'il y auroit dans celui-ci quelque exception en ma faveur. Je me suis trompé. Il faut prendre patience, et se résoudre à attendre qu'il vous plaise de me donner des nouvelles de votre santé, que je souhaite être bonne de tout mon cœur.

Mes respects à madame, je vous supplie.

A M. PANCKOUCKE.

Motiers, le 21 décembre 1764.

Je suis sensible aux bontés de M. de Buffon, à proportion du respect et de l'estime que j'ai pour lui; sentimens que j'ai toujours hautement professés, et dont vous avez été témoin vous-même. Il y a des amis dont la bienveillance mutuelle n'a pas besoin d'une correspondance expresse pour se nourrir, et j'ai osé me placer avec lui dans cette classe-là. Si c'est une illusion de ma part, elle est bien pardonnable à la cause qui la produit. Je ne le mets point dans une distribution d'exemplaires, sachant bien qu'il me mettroit dans celle des siens; et que, comme il n'y a point de proportion dans ces choses-là, je n'aime point donner un œuf pour avoir un bœuf.

Le quidam qui s'irrite si fort que j'aie mis une devise à mon livre, doit s'irriter bien plus que je l'aie entourée d'une couronne civique; et bien plus encore, que j'aie, dans ce même livre, justifié la devise et mérité la couronne.

A M. DE MONTMOLLIN,

En lui envoyant les LETTRES ÉCRITES DE LA MONTAGNE.

Le 23 décembre 1764.

Plaignez-moi, monsieur, d'aimer tant la paix, et d'avoir toujours la guerre. Je n'ai pu refuser à mes anciens compatriotes de prendre leur défense comme ils avoient pris la mienne. C'est ce que je ne pouvois faire sans repousser les outrages dont, par la plus noire ingratitude, les ministres de Genève ont eu la bassesse de m'accabler dans mes malheurs, et qu'ils ont osé porter jusque dans la chaire sacrée. Puisqu'ils aiment si fort la guerre, ils l'auront; et, après mille agressions de leur part, voici mon premier acte d'hostilité, dans lequel toutefois je défends une de leurs plus grandes prérogatives qu'ils se laissent lâchement enlever; car, pour insulter à leur aise au malheureux, ils rampent volontiers sous la tyrannie. La querelle, au reste, est tout-à-fait personnelle entre eux et moi; ou, si j'y fais entrer la religion protestante pour quelque chose, c'est comme son défenseur contre ceux qui veulent la renverser. Voyez mes raisons, monsieur, et soyez persuadé que, plus on me mettra dans la nécessité d'expliquer mes sentimens, plus il en résultera d'honneur pour votre conduite envers moi, et pour la justice que vous m'avez rendue.

Recevez, monsieur, je vous prie, mes salutations et mon respect.

A M. D'IVERNOIS.

Motiers, le 29 décembre 1764.

J'ai reçu, monsieur, toutes les lettres que vous m'avez fait l'amitié de m'écrire; jusqu'à celle du 25 inclusivement. J'ai aussi reçu les estampes que vous avez eu la bonté de m'envoyer; mais le messager de Genève n'étant point encore de retour, je n'ai pas reçu, par conséquent, les deux paquets que vous lui avez remis, et je n'ai pas non plus entendu parler encore du paquet que vous m'avez envoyé par le voiturier. Je prierai M. le trésorier de s'en faire informer à Neufchâtel, puisqu'il y doit être de retour depuis plusieurs jours.

Les vacherins que vous m'envoyez seront distribués en votre nom dans votre famille. La caisse de vin de Lavaux, que vous m'annoncez, ne sera reçue qu'en payant le prix, sans quoi elle restera chez M. d'Ivernois. Je croyois que vous feriez quelque attention à ce dont nous étions convenus ici : puisque vous n'y voulez pas avoir égard, ce sera désormais mon affaire; et je vous avoue que je commence à craindre que le train que vous avez pris ne produise entre nous une rupture qui m'affligeroit beaucoup. Ce qu'il y a de parfaitement sûr, c'est que personne au monde ne sera bien reçu à vouloir me faire des présens par force; les vôtres, monsieur, sont si fréquens, et, j'ose dire, si obstinés, que de la part de tout autre homme, en qui je reconnoîtrois moins de franchise, je croirois qu'il cache quelque vue secrète qui ne se découvriroit qu'en temps et lieu.

Mon cher monsieur, vivons bons amis, je vous en supplie. Les soins que vous vous donnez pour mes petites commissions me sont très-précieux. Si vous voulez que je croie qu'ils ne vous sont pas importuns, faites-moi des comptes si exacts, qu'il n'y soit pas même oublié le papier pour les paquets, ou la ficelle des emballages; à cette condition j'accepte vos soins obligeans, et toute mon affection ne vous est pas moins acquise que ma reconnoissance vous est due. Mais, de grâce, ne rendez pas là-dessus une troisième explication nécessaire, car elle seroit la dernière bien sûrement.

Je suis et serai même plusieurs années hors d'état de m'occuper des objets relatifs à l'imprimé qu'une personne vous a remis pour me le prêter; ainsi, s'il faut s'en servir promptement, je serai contraint de le renvoyer sans en faire usage. Mon intention étoit de rassembler des matériaux pour le temps éloigné de mes loisirs, si jamais il vient, de quoi je doute : ainsi ne m'envoyez rien là-dessus qui ne puisse rester entre mes mains, sans autre condition que de l'y retrouver quand on voudra.

Vous trouverez ci-jointe la copie de la lettre de remercîment que M. C....r m'a écrite. Comment se peut-il qu'avec un cœur si aimant et si tendre je ne trouve partout que haine et que malveillans? je ne puis là-dessus me vaincre : l'idée d'un seul ennemi, quoique injuste, me fait sécher de douleur. Genevois, Genevois, il faut que mon amitié pour vous me coûte à la fin la vie.

Obligez-moi, mon cher monsieur, en m'envoyant la note de l'argent que vous avez déboursé pour toutes mes commissions, ou d'en tirer sur moi le montant par lettre de change, ou de me marquer par qui je dois vous le faire tenir. N'omettez pas ce qu'a fourni M. Deluc. Je vous embrasse de tout mon cœur.

A M. DU PEYROU.

...31 décembre 1764.

Votre lettre m'a touché jusqu'aux larmes. Je vois que je ne me suis pas trompé, et que vous avez une âme honnête. Vous serez un homme précieux à mon cœur. Lisez l'imprimé ci-joint (*). Voilà, monsieur, à quels ennemis j'ai

(*) Le libelle intitulé, *Sentiment des citoyens*. G. P.

affaire; voilà les armes dont ils m'attaquent. Renvoyez-moi cette pièce quand vous l'aurez lue; elle entrera dans les monumens de l'histoire de ma vie. Oh! quand un jour le voile sera déchiré, que la postérité m'aimera! qu'elle bénira ma mémoire! Vous, aimez-moi maintenant, et croyez que je n'en suis pas indigne. Je vous embrasse.

A M. D'IVERNOIS.

Motiers, le 31 décembre 1764.

Je reçois, mon cher monsieur, votre lettre du 28 et les feuilles de la réponse; vous recevrez aussi bientôt la musique que vous demandez. J'ai reçu par ce même courrier un imprimé intitulé, *Sentiment des citoyens*. J'ai d'abord reconnu le style pastoral de M. Vernes, défenseur de la foi, de la vérité, de la vertu et de la charité chrétienne. Les citoyens ne pouvoient choisir un plus digne organe pour déclarer au public leurs sentimens. Il est très à souhaiter que cette pièce se répande en Europe; elle achèvera ce que le décret a commencé.

Tout ce que me marque M. le Premier est d'un magistrat bien sage. Si les autres l'étoient autant, tout seroit bientôt pacifié, et les choses rentreroient dans l'état douteux où peut-être il seroit à désirer qu'elles fussent encore. Mais fiez-vous aux sottises que l'animosité leur fera faire: ils vont désormais travailler pour vous.

Les deux exemplaires que demande M*** sont sans doute pour travailler dessus: mais n'importe; je les lui enverrois avec grand plaisir si j'en avois l'occasion, surtout s'il vouloit prendre le ton de M. Vernes. Si par hasard c'étoit en effet par goût pour l'ouvrage, M*** seroit un théologien bien étonnant: mais, laissez-les faire. La colère les transporte: comme ils vont prêter le flanc! Oh! monsieur, si tous ces gens-là, moins brutaux, moins rogues, s'étoient avisés de me prendre par des caresses, j'étois perdu; je sens que jamais je n'aurois pu résister; mais, par le côté qu'ils m'ont pris, je suis à l'épreuve. Ils feront tant qu'ils me rendront illustre et grand, au lieu que j'étois fait pour n'être jamais qu'un petit garçon. Je vous embrasse de tout mon cœur.

A M. DUCHESNE, LIBRAIRE A PARIS.

Motiers, le 6 janvier 1765.

Je vous envoie, monsieur, une pièce imprimée et publiée à Genève (*), et que je vous prie d'imprimer et publier à Paris, pour mettre le public en état d'entendre les deux parties, en attendant les autres réponses plus foudroyantes qu'on prépare à Genève contre moi. Celle-ci est de M. Vernes, si toutefois je ne me trompe; il ne faut qu'attendre pour s'en éclaircir: car, s'il en est l'auteur, il ne manquera pas de la reconnoître hautement, selon le devoir d'un homme d'honneur et d'un bon chrétien; s'il ne l'est pas, il la désavouera de même, et le public saura bientôt à quoi s'en tenir.

Je vous connois trop, monsieur, pour croire que vous voulussiez imprimer une pièce pareille, si elle vous venoit d'une autre main; mais, puisque c'est moi qui vous en prie, vous ne devez vous en faire aucun scrupule.

N. B. En faisant lui-même réimprimer ce libelle à Paris, Rousseau y a joint quelques notes que nous allons reproduire, en les faisant précéder des passages du libelle auxquels chacune d'elles se rapporte.

« Lorsqu'il mêla l'irréligion à ses romans,
» nos magistrats furent indispensablement obli-
» gés d'imiter ceux de Paris et de Berne [1],
» dont les uns le décrétèrent et les autres le
» chassèrent. »

[1] Je ne fus chassé du canton de Berne qu'un mois après le décret de Genève.

« *Figurons-nous*, ajoute-t-il, *une âme infer-*
» *nale analysant ainsi l'Évangile*. Eh! qui l'a
» jamais ainsi analysé? où est cette âme infer-
» nale [1]? »

[1] Il paroît que l'auteur de cette pièce pourroit mieux répondre que personne à sa question. Je prie le lecteur de ne pas manquer de consulter dans l'endroit qu'il cite, ce qui précède et ce qui suit.

« Considérons qui les traite ainsi (nos pas-
» teurs): est-ce un savant.... est-ce un homme
» de bien....? Nous avouons avec douleur et en
» rougissant que c'est un homme qui porte en-
» core les marques funestes de ses débauches;
» et qui, déguisé en saltimbanque, traîne avec
» lui, de village en village, la malheureuse

(*) Le libelle intitulé *Sentiment des citoyens*. Voyez les *Confessions*, tome I, page 535. G. P.

» dont il fit mourir la mère, et dont il a exposé
» les enfans à la porte d'un hôpital, en rejetant
» les soins qu'une personne charitable vouloit
» avoir d'eux, et en abjurant tous les sentimens
» de la nature, comme il dépouille ceux de
» l'honneur et de la religion [1]. »

[1] Je veux faire avec simplicité la déclaration que semble exiger de moi cet article. Jamais aucune maladie, de celles dont parle ici l'auteur, ni petite ni grande, n'a souillé mon corps. Celle dont je suis affligé n'y a pas le moindre rapport; elle est née avec moi, comme le savent des personnes encore vivantes qui ont pris soin de mon enfance. Cette maladie est connue de MM. Malouin, Morand, Thierry, Daran, et du frère Côme. S'il s'y trouve la moindre marque de débauche, je les prie de me confondre et de me faire honte de ma devise. La personne sage et généralement estimée qui me soigne dans mes maux et me console dans mes afflictions n'est malheureuse que parce qu'elle partage le sort d'un homme fort malheureux ; sa mère est actuellement pleine de vie et en bonne santé malgré sa vieillesse. Je n'ai jamais exposé ni fait exposer aucun enfant à la porte d'aucun hôpital ni ailleurs. Une personne qui auroit eu la charité dont on parle auroit eu celle d'en garder le secret, et chacun sent que ce n'est pas de Genève, où je n'ai point vécu, et d'où tant d'animosité se répand contre moi, qu'on doit attendre des informations fidèles sur ma conduite. Je n'ajouterai rien à ce passage, sinon qu'au meurtre près, j'aimerois mieux avoir fait ce dont son auteur m'accuse, que d'en avoir écrit un pareil.

« C'est donc là celui qui parle des devoirs de
» la société ! Certes il ne remplit pas ses de-
» voirs quand, dans le même libelle, trahissant
» la confiance d'un ami [1], il fait imprimer une
» de ses lettres, pour brouiller ensemble trois
» pasteurs. C'est ici qu'on peut dire.... de ce
» même écrivain, auteur d'un roman d'éduca-
» tion, que, pour élever un jeune homme, il
» faut commencer par avoir été bien élevé [2]. »

[1] Je crois devoir avertir le public que le théologien qui a écrit la lettre dont j'ai donné un extrait n'est ni ne fut jamais mon ami ; que je ne l'ai vu qu'une fois en ma vie, et qu'il n'a pas la moindre chose à démêler, ni en bien ni en mal, avec les ministres de Genève. Cet avertissement m'a paru nécessaire pour prévenir les téméraires applications.

[2] Tout le monde accordera, je pense, à l'auteur de cette pièce, que lui et moi n'avons pas plus eu la même éducation, que nous n'avons la même religion.

» Pourquoi réveille-t-il nos anciennes que-
» relles ? Veut-il que nous nous égorgions [1]
» parce qu'on a brûlé un mauvais livre à Paris
» et à Genève ? »

[1] On peut voir dans ma conduite les douloureux sacrifices que j'ai faits pour ne pas troubler la paix de ma patrie, et, dans mon ouvrage, avec quelle force j'exhorte les citoyens à ne la troubler jamais, à quelque extrémité qu'on les réduise.

A M. ***
Au sujet d'un MÉMOIRE EN FAVEUR DES PROTESTANS, que l'on devoit adresser aux évêques de France.

... 1765.

La lettre, monsieur, et le mémoire de M.***, que vous m'avez envoyés, confirment bien l'estime et le respect que j'avois pour leur auteur. Il y a dans ce mémoire des choses qui sont tout-à-fait bien ; cependant il me paroît que le plan et l'exécution demanderoient une refonte conforme aux excellentes observations contenues dans votre lettre. L'idée d'adresser un mémoire aux évêques n'a pas tant pour but de les persuader eux-mêmes, que de persuader indirectement la cour et le clergé catholique, qui seront plus portés à donner au corps épiscopal le tort dont on ne les chargera pas eux-mêmes. D'où il doit arriver que les évêques auront honte d'élever des oppositions à la tolérance des protestans, ou que, s'ils font ces oppositions, ils attireront contre eux la clameur publique et peut-être les rebuffades de la cour.

Sur cette idée, il paroît qu'il ne s'agit pas tant, comme vous le dites très-bien, d'explications sur la doctrine, qui sont assez connues et ont été données mille fois, que d'une exposition politique et adroite de l'utilité dont les protestans sont à la France ; à quoi l'on peut ajouter la bonne remarque de M.***, sur l'impossibilité reconnue de les réunir à l'Église, et par conséquent sur l'inutilité de les opprimer ; oppression qui, ne pouvant les détruire, ne peut servir qu'à les aliéner.

En prenant les évêques qui, pour la plupart, sont des plus grandes maisons du royaume, du côté des avantages de leur naissance et de leurs places, on peut leur montrer avec force combien ils doivent être attachés au bien de l'état à proportion du bien dont il les comble, et des priviléges qu'il leur accorde ; combien il seroit horrible à eux de préférer leur intérêt et leur ambition particulière au bien général d'une société dont ils sont les principaux membres ; on peut leur prouver que leurs devoirs de citoyens, loin d'être opposés à ceux de leur ministère, en reçoivent de nouvelles forces ; que l'humanité, la religion, la patrie, leur prescrivent la même conduite et la même obligation de protéger leurs malheureux frères opprimés plutôt que de les poursuivre. Il y a mille choses vives et saillantes à dire là-dessus, en leur faisant honte, d'un côté, de leurs maximes barbares, sans pourtant les leur reprocher ; et de l'autre, en excitant contre eux l'indignation du ministère et des autres ordres du royaume, sans pourtant paroître y tâcher.

Je suis, monsieur, si pressé, si accablé, si surchargé de lettres, que je ne puis vous jeter ici quelques idées qu'avec la plus grande rapidité. Je voudrois pouvoir entreprendre ce mémoire, mais cela m'est absolument impossible, et j'en ai bien du regret ; car, outre le plaisir de bien faire, j'y trouverois un des plus beaux sujets qui puissent honorer la plume d'un auteur. Cet ouvrage peut être un chef-d'œuvre de politique et d'éloquence, pourvu qu'on y mette le temps ; mais je ne crois pas qu'il puisse être bien traité par un théologien. Je vous salue, monsieur, de tout mon cœur.

A M. SÉGUIER DE SAINT-BRISSON.
Motiers, janvier 1765.

J'ai reçu, monsieur, votre lettre du 27 décembre ; j'ai aussi lu *Ariste* et *Philopenès*. Malgré le plaisir que m'ont fait l'un et l'autre, je ne me repens point du mal que je vous ai dit du premier ; et ne doutez pas que je ne vous en eusse dit du second, si vous m'eussiez consulté. Mon cher Saint-Brisson, je ne vous dirai jamais assez avec quelle douleur je vous vois entrer dans une carrière couverte de fleurs et semée d'abîmes, où l'on ne peut éviter de se corrompre ou de se perdre, où l'on devient malheureux ou méchant à mesure qu'on avance, et très-souvent l'un et l'autre avant d'arriver. Le métier d'auteur n'est bon que pour qui veut servir les passions des gens qui mènent les autres ; mais pour qui veut sincèrement le bien de l'humanité, c'est un métier funeste. Aurez-vous plus de zèle que moi pour la justice, pour la vérité, pour tout ce qui est honnête et bon? aurez-vous des sentimens plus désintéressés, une religion plus douce, plus tolérante, plus pure, plus sensée? Aspirerez-vous à moins de choses? suivrez-vous une route plus solitaire? irez-vous sur le chemin de moins de gens? Choquerez-vous moins de rivaux et de concurrens? éviterez-vous avec plus de soin de croiser les intérêts de personne? et toutefois vous voyez; je ne sais comment il existe dans le monde un seul honnête homme à qui mon exemple ne fasse pas tomber la plume des mains. Faites du bien, mon cher Saint-Brisson, mais non pas des livres ; loin de corriger les méchans, ils ne font que les aigrir. Le meilleur livre fait très-peu de bien aux hommes et beaucoup de mal à son auteur. Je vous ai déjà vu aux champs pour une brochure qui n'étoit pas même fort malhonnête ; à quoi devez-vous vous attendre si ces choses vous blessent déjà !

Comment pouvez-vous croire que je veuille passer en Corse, sachant que les troupes françoises y sont? Jugez-vous que je n'aie pas assez de mes malheurs sans en aller chercher d'autres? Non, monsieur, dans l'accablement où je suis, j'ai besoin de reprendre haleine ; j'ai besoin d'aller plus loin de Genève chercher quelques momens de repos ; car on ne m'en laissera nulle part un long sur la terre, je ne puis plus l'espérer que dans son sein. J'ignore encore de quel côté j'irai ; il ne m'en reste plus guère à choisir. Je voudrois, chemin faisant, me chercher quelque retraite fixe, pour m'y transplanter tout-à-fait, où l'on eût l'humanité de me recevoir, et de me laisser mourir en paix. Mais où la trouver parmi les chrétiens? La Turquie est trop loin d'ici.

Ne doutez pas, cher Saint-Brisson, qu'il ne me fût fort doux de vous avoir pour compagnon de voyage, pour consolateur, et pour garde-malade ; mais j'ai contre ce même voyage de grandes objections par rapport à vous. Premièrement, ôtez-vous de l'esprit de me consulter sur rien, et de trouver dans mon entretien la moindre ressource contre l'ennui. L'étourdissement où me jettent des agitations sans relâche m'a rendu stupide ; ma tête est en léthargie, mon cœur même est mort ; je ne sens ni ne pense plus. Il me reste un seul plaisir dans la vie ; j'aime encore à marcher, mais en marchant je ne rêve pas même ; j'ai les sensations des objets qui me frappent, et rien de plus : je voulois essayer d'un peu de botanique pour m'amuser du moins à reconnoître en chemin quelques plantes ; mais ma mémoire est absolument éteinte ; elle ne peut pas même aller jusque-là. Imaginez le plaisir de voyager avec un pareil automate.

Ce n'est pas tout. Je sens le mauvais effet que votre voyage ici fera pour vous-même. Vous n'êtes déjà pas trop bien auprès des dévots; voulez-vous achever de vous perdre? Vos compatriotes mêmes, en général, ne nous pardonnent pas de me connoître; comment vous pardonneroient-ils de m'aimer? Je suis très-fâché que vous m'ayez nommé à la tête de votre *Ariste* : ne faites plus pareille sottise, ou je me brouille avec vous tout de bon. Dites-moi surtout de quel œil vous croyez que votre famille verra ce voyage : madame votre mère en frémira; je frémis moi-même à penser aux funestes effets qu'il peut produire auprès de vos proches. Et vous voulez que je vous laisse faire! C'est vouloir que je sois le dernier des hommes. Non, monsieur, obtenez l'agrément de madame votre mère, et venez. Je vous embrasse avec la plus grande joie, mais sans cela n'en parlons plus.

A M. MOULTOU.

Motiers, le 7 janvier 1765.

Il étoit bien cruel, monsieur, que chacun de nous désirant si fort conserver l'amitié de l'autre, crût également l'avoir perdue. Je me souviens très-bien, moi qui suis si peu exact à écrire, de vous avoir écrit le dernier. Votre silence obstiné me navra l'âme, et me fit croire que ceux qui vouloient vous détacher de moi avoient réussi; cependant, même dans cette supposition, je plaignois votre foiblesse sans accuser votre cœur; et mes plaintes, peut-être indiscrètes, prouvoient, mieux que n'eût fait mon silence, l'amertume de ma douleur. Que pouvoit faire de plus un homme qui ne s'est jamais départi de ces deux maximes, et ne s'en veut jamais départir; l'une de ne jamais rechercher personne, l'autre de ne point courir après ceux qui s'en vont? Votre retraite m'a déchiré : si vous revenez sincèrement, votre retour me rendra la vie. Malheureusement je trouve dans votre lettre plus d'éloges que de sentimens. Je n'ai que faire de vos louanges, et je donnerois mon sang pour votre amitié.

Quant à mon dernier écrit, loin de l'avoir fait par animosité, je ne l'ai fait qu'avec la plus grande répugnance, et vivement sollicité : c'est un devoir que j'ai rempli sans m'y complaire : mais je n'ai qu'un ton; tant pis pour ceux qui me forcent de le prendre, car je n'en changerai sûrement pas pour eux. Du reste, ne craignez rien de l'effet de mon livre; il ne fera du mal qu'à moi. Je connois mieux que vous la bourgeoisie de Genève : elle n'ira pas plus loin qu'il ne faut, je vous en réponds.

« Hi motus animorum atque hæc certamina tanta
» Pulveris exigui jactu compressa quiescent. »

Moultou, je n'aime à vous voir ni ministre ni citoyen de Genève. Dans l'état où sont les mœurs, les goûts, les esprits dans cette ville, vous n'êtes pas fait pour l'habiter. Si cette déclaration vous fâche encore, ne nous raccommodons pas, car je ne cesserai point de vous la faire. Le plus mauvais parti qu'un homme de votre portée puisse prendre est celui de se partager. Il faut être tout-à-fait comme les autres, ou tout-à-fait comme soi. Pensez-y. Je vous embrasse.

Saluez de ma part votre vénérable père.

A M. D'IVERNOIS.

Motiers, le 7 janvier 1765.

J'ai reçu, monsieur, avec vos dernières lettres, comprise celle du 5, la réponse aux *Lettres écrites de la campagne*. Cet ouvrage est excellent, et doit être en tout temps le manuel des citoyens. Voilà, monsieur, le ton respectueux, mais ferme et noble, qu'il faut toujours prendre, au lieu du ton craintif et rampant dont on n'osoit sortir autrefois, mais il ne faut jamais passer au-delà. Vos magistrats n'étant plus mes supérieurs, je puis, vis-à-vis d'eux, prendre un ton qu'il ne vous conviendroit pas d'imiter.

Je vous remercie derechef des soins sans nombre que vous avez bien voulu prendre pour mes petites commissions, mais qui sont grandes par la peine continuelle qu'elles vous donnent; car il semble, à votre activité, que vous ne pouvez être occupé que de moi. Vos soins obligeans, monsieur, peuvent m'être aussi utiles que votre amitié me sera précieuse; et lorsque vous voudrez bien observer nos conditions, une fois à mon aise de ce côté, bien sûr de vos bontés, je n'épargnerai point vos peines.

Je n'ai point encore donné le louis de votre part à ma pauvre voisine; premièrement, parce que sa santé étant passable à présent, elle n'est pas absolument sous la condition que vous y avez mise; et en second lieu, parce que vous exigez de n'être pas nommé, condition que je ne puis admettre, parce que ce seroit faire présumer à ces bonnes gens que cette libéralité vient de moi, et que je me cache par modestie, idée à laquelle il ne me convient pas de donner lieu.

Bien des remercîmens à M. Deluc fils, de sa bonne volonté. Je ne vous cacherai pas que l'optique me seroit fort agréable; mais, premièrement, je ne consentirai point que M. Deluc, déjà si chargé d'autres occupations, s'en donne la peine lui-même, et je crains que cette fantaisie ne coûte plus d'argent que je n'y en puis mettre pour le présent. Mais il m'a promis de me pourvoir d'un microscope; peut-être même en faudroit-il deux. Il en sait l'usage, il décidera. Je serois bien aise aussi d'avoir, en couleurs bien pures, un peu d'outremer et de carmin, du vert de vessie, et de la gomme arabique.

Il est très à désirer que la fermentation causée par les derniers écrits n'ait rien de tumultueux. Si les Genevois sont sages, ils se réuniront, mais paisiblement; ils ne se livreront à aucune impétuosité, et ne feront aucune démarche brusque. Il est vrai que la longueur du temps est contre eux; car on travaillera fortement à les désunir, et tôt ou tard on réussira. La combinaison des droits, des préjugés, des circonstances, exige dans les démarches autant de sagesse que de fermeté. Il est des momens qui ne reviennent plus quand on les néglige; mais il faut autant de pénétration pour les connoître que d'adresse à les saisir. N'y auroit-il pas moyen de réveiller un peu le Deux-Cents? S'il ne voit pas ici son intérêt, ses membres ne sont que des cruches. Mais tenez-vous sûrs qu'on vous tendra des piéges, et craignez les faux frères. Profitez du zèle apparent de M. Ch., mais ne vous y fiez pas, je vous le répète. Ne comptez point non plus sur l'homme dont vous m'avez envoyé une réponse. S'il faut agir, que ce soit plus loin. Du reste, je commence à penser que si l'on se conduit bien, cette ressource hasardeuse ne sera pas nécessaire.

Vous voulez une inscription sur votre exemplaire. Mes bons Saint-Gervaisiens en ont mis une qui se rapporte à l'ouvrage: en voici une autre qui se rapporte à l'auteur: *Alto quæsivit cœlo lucem, ingemuitque repertâ*.

Je suis fâché de vous donner du latin; mais le françois ne vaut rien pour ce genre; il est mou, il est mort, il n'a pas plus de nerf que de vie.

Mille remercîmens, je vous prie, à madame d'Ivernois, pour la bonté qu'elle a eue de présider à l'achat pour mademoiselle Le Vasseur. Son goût se montre dans ses emplettes comme son esprit dans ses lettres. Je vous embrasse de tout mon cœur.

Voici une lettre pour M. Moultou: la sienne m'a fait le plus grand plaisir, et mon cœur en avoit besoin.

Je m'aperçois que l'inscription ci-dessus est beaucoup trop longue pour l'usage que vous en voulez faire. En voici une de l'invention de M. Moultou, qui dit à peu près la même chose en moins de mots: *Luget et monet*.

J'oubliois de vous dire que le premier de ce mois MM. de Couvet me firent prier, par une députation, de vouloir bien agréer la bourgeoisie de leur communauté; ce que je fis avec reconnoissance; et, le lendemain, un des gouverneurs avec le secrétaire m'apportèrent des lettres conçues en termes très-obligeans et très-honorables, et dans le cartouche desquelles, dessiné en miniature, ils avoient eu l'attention de mettre ma devise. Je leur dis, car je ne veux rien vous taire, que je me tenois plus libre, sujet d'un roi juste, et plus honoré d'être membre d'une communauté où régnoit l'égalité et la concorde, que citoyen d'une république où les lois n'étoient qu'un mot, et la liberté qu'un leurre. Il est dit dans les lettres que la délibération a été unanime aux suffrages de cent vingt-cinq voix.

Hier l'abbaye de l'arquebuse de Couvet me fit offrir le même honneur, et je l'acceptai de même. Vous savez que je suis déjà de celle de Motiers. Je vous avoue que je suis plus flatté de ces marques de bienveillance, après un assez long séjour dans le pays pour que ma conduite et mes mœurs y fussent connues, que si elles m'eussent été prodiguées d'abord en y arrivant.

A M. DE GAUFFECOURT.

Motiers-Travers, le 12 janvier 1765.

Je suis bien aise, mon cher papa, que vous puissiez envisager, dans la sérénité de votre paisible apathie, les agitations et les traverses de ma vie, et que vous ne laissiez pas de prendre aux soupirs qu'elles m'arrachent un intérêt digne de notre ancienne amitié.

Je voudrois encore plus que vous que le *moi* parût moins dans les *Lettres écrites de la montagne* ; mais sans le *moi* ces lettres n'auroient point existé. Quand on fit expirer le malheureux Calas sur la roue, il lui étoit difficile d'oublier qu'il étoit là.

Vous doutez qu'on permette une réponse. Vous vous trompez, ils répondront par des libelles diffamatoires : c'est ce que j'attends pour achever de les écraser. Que je suis heureux qu'on ne se soit pas avisé de me prendre par des caresses ! j'étois perdu, je sens que je n'aurois jamais résisté. Grâce au ciel, on ne m'a pas gâté de ce côté-là, et je me sens inébranlable par celui qu'on a choisi. Ces gens-là feront tant qu'ils me rendront grand et illustre, au lieu que naturellement je ne devois être qu'un petit garçon. Tout ceci n'est pas fini : vous verrez la suite, et vous sentirez, je l'espère, que les outrages et les libelles n'auront pas avili votre ami. Mes salutations, je vous prie, à M. de Quinsonas : les deux lignes qu'il a jointes à votre lettre me sont précieuses ; son amitié me paroît désirable ; et il seroit bien doux de la former par un médiateur tel que vous.

Je vous prie de faire dire à M. Bourgeois que je n'oublie point sa lettre, mais que j'attends pour y répondre d'avoir quelque chose de positif à lui marquer. Je suis fâché de ne pas savoir son adresse.

Bonjour, bon papa : parlez-moi de temps en temps de votre santé et de votre amitié. Je vous embrasse de tout mon cœur.

P. S. Il paroît à Genève une espèce de désir de se rapprocher de part et d'autre. Plût à Dieu que ce désir fût sincère d'un côté, et que j'eusse la joie de voir finir des divisions dont je suis la cause innocente ! plût à Dieu que je pusse contribuer moi-même à cette bonne œuvre par toutes les déférences et satisfactions que l'honneur peut me permettre ! Je n'aurois rien fait de ma vie d'aussi bon cœur, et dès ce moment je me tairois pour jamais.

A M. DUCLOS.

Motiers, le 13 janvier 1765.

J'attendois, mon cher ami, pour vous remercier de votre présent que j'eusse eu le plaisir de lire cette nouvelle édition, et de la comparer avec la précédente ; mais la situation violente où me jette la fureur de mes ennemis ne me laisse pas un moment de relâche ; et il faut renvoyer les plaisirs à des momens plus heureux, s'il m'est encore permis d'en attendre. Votre portrait n'avoit pas besoin de la circonstance pour me causer de l'émotion ; mais il est vrai qu'elle en a été plus vive par la comparaison de mes misères présentes avec le temps où j'avois le bonheur de vous voir tous les jours. Je voudrois bien que vous me fissiez l'amitié de m'en donner une seconde épreuve pour mon porte-feuille. Les vrais amis sont trop rares pour qu'en effet la planche ne restât pas long-temps neuve, si vous n'en donniez qu'une épreuve à chacun des vôtres ; mais j'ose ici dire, au nom de tous, qu'ils sont bien dignes que vous l'usiez pour eux.

Quoique je sache que vous n'êtes point fait pour en perdre, je suis peu surpris que vous ayez à vous plaindre de ceux avec lesquels j'ai été forcé de rompre. Je sens que quiconque est un faux ami pour moi n'en peut être un vrai pour personne.

Ils travaillent beaucoup à me faciliter l'entreprise d'écrire ma vie, que vous m'exhortez de reprendre. Il vient de paroître à Genève un libelle effroyable, pour lequel la dame d'Épinay a fourni des mémoires à sa manière, lesquels me mettent déjà fort à mon aise vis-à-vis d'elle et de ce qui l'entoure. Dieu me préserve toutefois de l'imiter même en me défendant ! Mais sans révéler les secrets qu'elle m'a confiés, il m'en reste assez de ceux que je ne tiens pas d'elle pour la faire connoître autant qu'il est nécessaire en ce qui se rapporte à moi. Elle ne me croit pas si bien instruit; mais, puisqu'elle m'y force, elle apprendra quelque jour combien j'ai été discret. Je vous avoue cependant que j'ai peine encore à vaincre ma répugnance, et je prendrai du moins mes mesures pour que rien ne paroisse de mon vivant. Mais j'ai beaucoup à dire, et je dirai tout; je n'omettrai pas une de mes fautes, pas même une de mes mauvaises pensées. Je me peindrai tel que je suis : le mal offusquera presque toujours le bien ; et, malgré cela, j'ai peine à croire qu'aucun de mes lecteurs ose dire, Je suis meilleur que ne fut cet homme-là.

Cher ami, j'ai le cœur oppressé, j'ai les yeux gonflés de larmes ; jamais être humain n'éprouva tant de maux à la fois. Je me tais, je souffre, et j'étouffe. Que ne suis-je auprès de vous! du moins je respirerois. Je vous embrasse.

A M. D'IVERNOIS.

Motiers, le 17 janvier 1765.

Votre lettre, monsieur, du 9 de ce mois ne m'est parvenue qu'hier, et très-certainement elle avoit été ouverte.

Il me semble que je ne serois pas de votre avis sur la question de porter ou de ne pas porter au Conseil général les griefs de la bourgeoisie, puisqu'en supposant de la part du petit Conseil le refus de la satisfaire sur ces griefs, il n'y a nul autre moyen de prouver qu'il y est obligé : car enfin de ce que des particuliers se plaignent, il ne s'ensuit pas qu'ils aient raison de se plaindre; et de ce qu'ils disent que la loi a été violée, il ne s'ensuit pas que cela soit vrai, surtout quand le Conseil n'en convient pas. Je vois ici deux parties, savoir; les représentans et le petit Conseil. Qui sera juge entre les deux?

D'ailleurs la grande affaire en cette occasion est d'annuler le prétendu droit négatif dans sa partie qui n'est pas légitime (*); et rien n'est plus important pour constater cette nullité que l'appel au Conseil général. Le fait seul de cette assemblée donneroit aux représentans gain de cause, quand même leurs griefs n'y seroient pas adoptés.

Je conviens que par la diminution du nombre cette souveraine assemblée perdra peu à peu son autorité; mais cet inconvénient, peut-être inévitable, est encore éloigné, et il est bien plus grand en renonçant dès à présent aux Conseils généraux. Il est certain que votre gouvernement tend rapidement à l'aristocratie héréditaire; mais il ne s'ensuit pas qu'on doive abandonner dès à présent un bon remède, et surtout s'il est unique, seulement parce qu'on prévoit qu'il perdra sa force un jour. Mille incidens peuvent d'ailleurs retarder ce progrès encore; mais si le petit Conseil demeure seul juge de vos griefs, en tout état de cause vous êtes perdus.

La question me paroît bien établie dans ma huitième lettre. On se plaint que la loi est transgressée. Si le Conseil convient de cette transgression et la répare, tout est dit, et vous n'avez rien à demander de plus; mais s'il n'en convient pas, ou refuse de la réparer, que vous reste-t-il à demander pour l'y contraindre? un Conseil général.

L'idée de faire une déclaration sommaire des griefs est excellente; mais il faut éviter de la faire d'une manière trop dure, qui mette le Conseil trop au pied du mur. Demander que le jugement contre moi soit révoqué, c'est demander une chose insupportable pour eux, et aussi parfaitement inutile pour vous que pour moi. Il n'est pas même sûr que l'affirmative passât au Conseil général, et ce seroit m'exposer à un nouvel affront encore plus solennel. Mais demander si l'article 88 de l'ordonnance ecclésiastique ne s'applique pas aux auteurs des livres ainsi qu'à ceux qui dogmatisent de vive voix, c'est exiger une décision très-raisonnable, qui dans le droit aura la même force, en supposant l'affirmative, que si la procédure étoit annulée, mais qui sauve le Conseil de l'affront de l'annuler ouvertement. Sauvez à vos magistrats des rétractations humiliantes, et prévenez les interprétations arbitraires pour l'avenir. Il y a cependant des points sur lesquels on doit exiger les déclarations les plus expresses; tels sont les tribunaux sans syndics, tels sont les

---

(*) Pour bien comprendre cette lettre et une partie de celles qui suivent, il faut connoître la constitution politique de Genève à l'époque où elles furent écrites. On en trouve un tableau succinct en tête des *Lettres de la montagne*. G. P.

emprisonnemens faits d'office, etc. Laissez là, messieurs, le petit point d'honneur, et allez au solide. Voilà mon avis.

J'ai reçu les couleurs et le microscope; mille remercîmens, et à M. Deluc. N'oubliez pas, je vous supplie, de tenir une note exacte de tout. Dans celle que vous m'avez envoyée vous avez oublié la flanelle; je vous prie de réparer cette omission.

J'ai fait donner le louis à ma voisine. Digne homme, que les bénédictions du ciel sur vous et sur votre famille augmentent de jour en jour une fortune dont vous faites un si noble usage!

Le messager doit partir la semaine prochaine. Je voudrois que vous attendissiez les occasions de vous servir de lui plutôt que d'importuner incessamment M. le trésorier pour tant de petits articles qui ne pressent point du tout, et dont l'expédition lui donne encore plus d'incommodité qu'à moi d'avantage.

Ne faites rien mettre dans la gazette. Le gazetier, vendu à mes ennemis, altéreroit infailliblement votre article, ou l'empoisonneroit dans quelque autre. D'ailleurs à quoi bon? Que ne suis-je oublié du genre humain! que ne puis-je, aux dépens de cette petite gloriole, qui ne me flatta de ma vie, jouir du repos que j'idolâtre, de cette paix si chère à mon cœur, et qu'on ne goûte que dans l'obscurité! Oh! si je puis faire une fois mes derniers adieux au public!..... Mais peut-être avant cet heureux moment faut-il les faire à la vie. La volonté de Dieu soit faite. Je vous embrasse tendrement.

Je vous prie de vouloir bien donner cours à cette lettre pour Chambéri. Je ne puis faire la procuration que vous demandez que dans la belle saison, voulant qu'elle soit légalisée à Yverdun ou à Neuchâtel, par des raisons que je vous expliquerai et qui n'ont aucun rapport à la chose.

A M. PICTET.

Motiers, le 19 janvier 1765.

Vous auriez toujours, monsieur, des réponses bien promptes si ma diligence à les faire étoit proportionnée au plaisir que je reçois de vos lettres: mais il me semble que, par égard pour ma triste situation, vous m'avez promis sur cet article une indulgence dont assurément mon cœur n'a pas besoin, mais que les tracas des faux empressés, et l'indolence de mon état, me rendent chaque jour plus nécessaire. Rappelez-vous donc quelquefois, je vous supplie, les sentimens que je vous ai voués, et ne concluez rien de mon silence contre mes déclarations.

Vous aurez pu comprendre aisément, monsieur, à la lecture des *Lettres de la montagne*, combien elles ont été écrites à contre-cœur. Je n'ai jamais rempli devoir avec plus de répugnance que celui qui m'imposoit cette tâche; mais enfin c'en étoit un tant envers moi qu'envers ceux qui s'étoient compromis en prenant ma défense. J'aurois pu, j'en conviens, le remplir sur un autre ton; mais je n'en ai qu'un; ceux qui ne l'aiment pas ne devoient pas me forcer à le prendre. Puisqu'ils s'étudient à m'obliger de leur dire leur vérité, il faut bien user du droit qu'ils me donnent. Que je suis heureux qu'ils ne se soient pas avisés de me gâter par des caresses! Je sens bien mon cœur; j'étois perdu s'ils m'avoient pris de ce côté-là; mais je me crois à l'épreuve par celui qu'ils ont préféré.

Ce que j'ai dit est si simple, que vous ne pouvez m'en savoir aucun gré, mais vous pouvez m'en savoir un peu de ce que je n'ai pas osé dire, et vous n'ignorez pas la raison qui m'a rendu discret.

Puisque vous avez cependant, monsieur, le courage d'avouer dans ces circonstances l'amitié dont vous m'honorez, je m'en honore trop moi-même pour ne pas vous prendre au mot. Jusqu'ici je n'ai point indiscrètement parlé de notre correspondance, et je n'ai laissé voir aucune de vos lettres; mais par la permission que vous m'en donnez, j'ai montré la dernière. Par les talens qu'elle annonce, elle mérite à son auteur la célébrité; mais elle la lui mérite encore à meilleur titre par les vertus qui s'y font sentir.

A M. DU PEYROU.

Motiers, le 24 janvier 1765.

Je vous avoue que je ne vois qu'avec effroi

l'engagement (*) que je vais prendre avec la compagnie en question si l'affaire se consomme; ainsi quand elle manqueroit, j'en serois très-peu puni. Cependant, comme j'y trouverois des avantages solides, et une commodité très-grande pour l'exécution d'une entreprise que j'ai à cœur, que d'ailleurs je ne veux pas répondre malhonnêtement aux avances de ces messieurs, je désire, si l'entreprise se rompt, que ce ne soit pas par ma faute. Du reste, quoique je trouve les demandes que vous avez faites en mon nom un peu fortes, je suis fort d'avis, puisqu'elles sont faites, qu'il n'en soit rien rabattu.

Je vous reconnois bien, monsieur, dans l'arrangement que vous me proposez au défaut de celui-là; mais quoique j'en sois pénétré de reconnoissance, je me reconnoîtrois peu moi-même si je pouvois l'accepter sur ce pied-là : toutefois j'y vois une ouverture pour sortir, avec votre aide, d'un furieux embarras où je suis. Car, dans l'état précaire où sont ma santé et ma vie, je mourrois dans une perplexité bien cruelle en songeant que je laisse mes papiers, mes effets, et ma gouvernante, à la merci d'un inconnu. Il y aura bien du malheur si l'intérêt que vous voulez bien prendre à moi, et la confiance que j'ai en vous ne nous amènent pas à quelque arrangement qui contente votre cœur sans faire souffrir le mien. Quand vous serez une fois mon dépositaire universel, je serai tranquille; et il me semble que le repos de mes jours m'en sera plus doux quand je vous en serai redevable. Je voudrois seulement qu'au préalable nous puissions faire une connoissance encore plus intime. J'ai des projets de voyage pour cet été. Ne pourrions-nous en faire quelqu'un ensemble? Votre bâtiment vous occupera-t-il si fort que vous ne puissiez le quitter quelques semaines, même quelques mois, si le cas y échoit? Mon cher monsieur, il faut commencer par beaucoup se connoître pour savoir bien ce qu'on fait quand on se lie. Je m'attendris à penser qu'après une vie si malheureuse, peut-être trouverai-je encore des jours sereins près de vous, et que peut-être une chaîne de traverses m'a-t-elle conduit à l'homme que la Providence appelle à me fermer les yeux. Au reste, je vous parle de mes voyages parce qu'à force d'habitude les déplacemens sont devenus pour moi des besoins. Durant toute la belle saison il m'est impossible de rester plus de deux ou trois jours en place sans me contraindre et sans souffrir.

(*) Pour une édition générale de ses ouvrages. G. P.

A M. LE COMTE DE B.

Motiers, le 26 janvier 1763.

Je suis pénétré, monsieur, des témoignages d'estime et de confiance dont vous m'honorez : mais, comme vous dites fort bien, laissons les complimens, et, s'il est possible, allons à l'utile.

Je ne crois pas que ce que vous désirez de moi se puisse exécuter avec succès d'emblée dans une seule lettre, que madame la comtesse sentira d'abord être votre ouvrage. Il vaut mieux, ce me semble, puisque vous m'assurez qu'elle est portée à bien penser de moi, que je fasse avec elle les avances d'une correspondance qui fera naître aisément les sujets dont il s'agit, et sur lesquels je pourrai lui présenter mes réflexions de moi-même à mesure qu'elle m'en fournira l'occasion. Car il arrivera de deux choses l'une ; ou, m'accordant quelque confiance, elle épanchera quelquefois son honnête et vertueux cœur en m'écrivant, et alors la liberté que je prendrai de lui dire mon sentiment, autorisée par elle-même, ne pourra lui déplaire; ou elle restera dans une réserve qui doit me servir de règle, et alors, n'ayant point l'honneur d'être connu d'elle, de quel droit m'ingérer à lui donner des leçons? La lettre ci-jointe est écrite dans cette vue et prépare les matières dont nous aurons à traiter si ce texte lui agrée. Disposez de cette lettre, je vous supplie, pour la donner ou la supprimer selon qu'il vous paroîtra plus convenable.

En vérité, monsieur, je suis enchanté de vous et de votre digne épouse. Qu'aimable et tendre doit être un mari qui peint sa femme sous des traits si charmans! Elle peut vous aimer trop pour votre repos, mais jamais trop pour votre mérite, ni vous l'aimer jamais assez pour le sien. Je ne connois rien de plus intéressant que le tableau de votre union, et tracé par vous-même. Toutefois voyez que sans y songer vous n'ayez donné peut-être à sa délicatesse quelque raison particulière de craindre votre éloignement. Monsieur, les cœurs sensibles sont faciles à blesser; tout les alarme, et ils sont d'un si grand prix qu'ils valent bien les peines qu'on prend à les contenter. Les soins amoureux de nouveaux époux bientôt se relâchent; les témoignages d'un attachement durable fondé sur l'estime et sur la vertu sont moins frivoles et font plus d'effet. Laissez à votre femme le plaisir de sacrifier quelquefois ses goûts aux vôtres; mais qu'elle voie toujours que vous cherchez votre bonheur dans le sien, et que vous la distinguez des autres femmes par des sentimens à l'épreuve du temps. Quand une fois elle sera bien convaincue de la solidité de votre attachement, elle n'aura pas peur que vous lui soyez enlevé par des folles. Pardon, monsieur : vous demandez des avis pour madame la comtesse, et c'est à vous que j'ose en donner. Mais vous m'inspirez un intérêt si vif pour votre union, qu'en vous parlant de tout ce qui me semble propre à l'affermir je crois déjà me mêler de vos affaires.

A MADAME LA COMTESSE DE B.

Motiers, le 26 janvier 1765.

J'apprends, madame, que vous êtes une femme aussi vertueuse qu'aimable, que vous avez pour votre mari autant de tendresse qu'il en a pour vous, et que c'est à tous égards dire autant qu'il est possible. On ajoute que vous m'honorez de votre estime, et que vous m'en préparez même un témoignage qui me donneroit l'honneur d'appartenir à votre sang par des devoirs (*).

En voilà plus qu'il ne faut, madame, pour m'attacher par le plus vif intérêt au bonheur d'un si digne couple, et bien assez, j'espère, pour m'autoriser à vous marquer ma reconnoissance pour la part qui me vient de vous des bontés qu'a pour moi M. le comte de ***. J'ai pensé que l'heureux événement qui s'approche pouvoit, selon vos arrangemens, me mettre avec vous en correspondance; et pour un objet si respectable je sens du plaisir à le prévenir.

Une autre idée me fait livrer à mon zèle avec confiance. Les devoirs de M. le comte de *** l'appelleront quelquefois loin de vous. Je rends trop de justice à vos sentimens nobles pour douter que si le charme de votre présence lui faisoit oublier ces devoirs, vous ne les lui rappelassiez vous-même avec courage. Comme un amour fondé sur la vertu peut sans danger braver l'absence, il n'a rien de la mollesse du vice; il se renforce par les sacrifices qui lui coûtent, et dont il s'honore à ses propres yeux. Que vous êtes heureuse, madame, d'avoir un mérite qui vous met au-dessus des craintes, et un époux qui sait si bien en sentir le prix! Plus il aura de comparaisons à faire, plus il s'applaudira de son bonheur.

Dans ces intervalles vous passerez un temps très-doux à vous occuper de lui, des chers gages de sa tendresse, à lui en parler dans vos lettres, à en parler à ceux qui prennent part à votre union. Dans ce nombre, oserois-je, madame, me compter auprès de vous pour quelque chose? J'en ai le droit par mes sentimens : essayez si j'entends les vôtres, si je sens vos inquiétudes, si quelquefois je puis les calmer. Je ne me flatte pas d'adoucir vos peines; mais c'est quelque chose que de les partager, et voilà ce que je ferai de tout mon cœur. Recevez, madame, je vous supplie, les assurances de mon respect.

A MYLORD MARÉCHAL.

26 janvier 1765.

J'espérois, mylord, finir ici mes jours en paix; je sens que cela n'est pas possible. Quoique je vive en toute sûreté dans ce pays sous la protection du roi, je suis trop près de Genève et de Berne qui ne me laisseront point en repos. Vous savez à quel usage ils jugent à propos d'employer la religion : ils en font un gros torchon de paille enduit de boue, qu'ils me fourrent dans la bouche à toute force pour me mettre en pièces tout à leur aise, sans que je puisse crier. Il faut donc fuir malgré mes maux, malgré ma paresse; il faut chercher quelque endroit paisible où je puisse respirer. Mais où aller? Voilà, mylord, sur quoi je vous consulte.

Je ne vois que deux pays à choisir, l'Angleterre ou l'Italie. L'Angleterre seroit bien plus selon mon humeur, mais elle est moins convenable à ma santé, et je ne sais pas la langue : grand inconvénient quand on s'y transplante seul. D'ailleurs il y fait si cher vivre, qu'un

---

(*) La comtesse de B. avoit paru souhaiter que Rousseau voulût être le parrain de l'enfant dont elle étoit sur le point d'accoucher. G. P.

homme qui manque de grandes ressources n'y doit point aller, à moins qu'il ne veuille s'intriguer pour s'en procurer, chose que je ne ferai de ma vie ; cela est plus décidé que jamais.

Le climat de l'Italie me conviendroit fort, et mon état, à tous égards, me le rend de beaucoup préférable. Mais j'ai besoin de protection pour qu'on m'y laisse tranquille : il faudroit que quelqu'un des princes de ce pays-là m'accordât un asile dans quelqu'une de ses maisons, afin que le clergé ne pût me chercher querelle si par hasard la fantaisie lui en prenoit : et cela ne me paroît ni bienséant à demander ni facile à obtenir quand on ne connoît personne. J'aimerois assez le séjour de Venise, que je connois déjà ; mais quoique Jésus ait défendu la vengeance à ses apôtres, Saint-Marc ne se pique pas d'obéir sur ce point. J'ai pensé que si le roi ne dédaignoit pas de m'honorer de quelque apparente commission, ou de quelque titre sans fonctions comme sans appointemens, et qui ne signifiât rien que l'honneur que j'aurois d'être à lui, je pourrois sous cette sauvegarde, soit à Venise, soit ailleurs, jouir en sûreté du respect qu'on porte à tout ce qui lui appartient. Voyez, mylord, si dans cette occurrence votre sollicitude paternelle imagineroit quelque chose pour me préserver d'aller sous les plombs, ce qui seroit finir assez tristement une vie bien malheureuse (*). C'est une chose bien précieuse à mon cœur que le repos, mais qui me seroit bien plus précieuse encore si je la tenois de vous. Au reste, ceci n'est qu'une idée qui me vient, et qui peut-être est très-ridicule. Un mot de votre part me décidera sur ce qu'il en faut penser.

A M. DU PEYROU.

Motiers, le 31 janvier 1765.

Voici, monsieur, deux exemplaires de la pièce que vous avez déjà vue, et que j'ai fait imprimer à Paris (*). C'étoit la meilleure réponse qu'il me convenoit d'y faire.

Voici aussi la procuration sur votre dernier modèle : je doute qu'elle puisse avoir son usage. Pourvu que ce ne soit ni votre faute ni la mienne, il importe peu que l'affaire se rompe ; naturellement je dois m'y attendre, et je m'y attends.

Voici enfin la lettre de M. de Buffon, de laquelle je suis extrêmement touché. Je veux lui écrire (**) ; mais la crise horrible où je suis ne me le permettra pas si tôt. Je vous avoue cependant que je n'entends pas bien le conseil qu'il me donne de ne pas me mettre à dos M. de Voltaire ; c'est comme si l'on conseilloit à un passant, attaqué dans un grand chemin, de ne pas se mettre à dos le brigand qui l'assassine. Qu'ai-je fait pour m'attirer les persécutions de M. de Voltaire ; et qu'ai-je à craindre de pire de sa part ? M. de Buffon veut-il que je fléchisse ce tigre altéré de mon sang ? Il sait bien que rien n'apaise ni ne fléchit jamais la fureur des tigres. Si je rampois devant Voltaire, il en triompheroit sans doute, mais il ne m'en égorgeroit pas moins. Des bassesses me déshonoreroient, et ne me sauveroient pas. Monsieur, je sais souffrir, j'espère apprendre à mourir ; et qui sait cela n'a jamais besoin d'être lâche.

Il a fait jouer les pantins de Berne à l'aide de son âme damnée le jésuite Bertrand : il joue à présent le même jeu en Hollande. Toutes les puissances plient sous l'ami des ministres tant politiques que presbytériens. A cela que puis-je faire ? Je ne doute presque pas du sort qui m'attend sur le canton de Berne, si j'y mets les pieds ; cependant j'en aurai le cœur net, et je veux voir jusqu'où, dans ce siècle aussi doux qu'éclairé, la philosophie et l'humanité seront poussées. Quand l'inquisiteur Voltaire m'aura fait brûler, cela ne sera pas plaisant pour moi, je l'avoue ; mais avouez aussi que, pour la chose, cela ne sauroit l'être plus.

Je ne sais pas encore ce que je deviendrai cet été. Je me sens ici trop près de Genève et de Berne pour y goûter un moment de tranquillité. Mon corps y est en sûreté, mais mon âme y est incessamment bouleversée. Je voudrois trouver quelque asile où je pusse au moins ache-

---

(*) Cette expression *sous les plombs* a fort embarrassé les éditeurs de Genève. En voici l'explication : Le palais de Saint-Marc, à Venise, est couvert de grandes lames de plomb, et l'on croyoit alors communément que quand les inquisiteurs d'état vouloient se débarrasser sans forme de procès d'un homme suspect, ils le faisoient renfermer dans un des cabinets pratiqués immédiatement sous ces lames, qui, devenant brûlantes par l'ardeur du soleil, donnoient au malheureux prisonnier une fièvre chaude dont il mouroit en très-peu de temps. On aime à douter d'une cruauté plus atroce encore que celle de Busiris. Toujours est-il vrai qu'à Venise on ne parloit jamais de ces plombs qu'avec le frisson de la terreur. G. P.

(*) Le libelle intitulé *Sentiment des citoyens*. G. P.
(**) S'il a réellement écrit à Buffon, sa lettre n'a jamais été publiée. G. P.

ver de vivre en paix. J'ai quelque envie d'aller chercher en Italie une inquisition plus douce, et un climat moins rude. J'y suis désiré, et je suis sûr d'y être accueilli. Je ne me propose pourtant pas de me transplanter brusquement, mais d'aller seulement reconnoître les lieux, si mon état me le permet, et qu'on me laisse les passages libres, de quoi je doute. Le projet de ce voyage trop éloigné ne me permet pas de songer à le faire avec vous, et je crains que l'objet qui me le faisoit surtout désirer ne s'éloigne. Ce que j'avois besoin de connoître mieux n'étoit assurément pas la conformité de nos sentimens et de nos principes, mais celle de nos humeurs, dans la supposition d'avoir à vivre ensemble comme vous aviez eu l'honnêteté de me le proposer. Quelque parti que je prenne, vous connoîtrez, monsieur, je m'en flatte, que vous n'avez pas mon estime et ma confiance à demi; et, si vous pouvez me prouver que certains arrangemens ne vous porteront pas un notable préjudice, je vous remettrai, puisque vous le voulez bien, l'embarras de tout ce qui regarde tant la collection de mes écrits que l'honneur de ma mémoire; et, perdant toute autre idée que de me préparer au dernier passage, je vous devrai avec joie le repos du reste de mes jours.

J'ai l'esprit trop agité maintenant pour prendre un parti; mais, après y avoir mieux pensé, quelque parti que je prenne, ce ne sera point sans en causer avec vous, et sans vous faire entrer pour beaucoup dans mes résolutions dernières. Je vous embrasse de tout mon cœur.

A M. SAINT-BOURGEOIS.
Motiers, le 2 février 1765.

J'ai reçu, monsieur, avec la lettre que vous m'avez fait l'honneur de m'écrire le 29 janvier, l'écrit que vous avez pris la peine d'y joindre. Je vous remercie de l'une et de l'autre.

Vous m'assurez qu'un grand nombre de lecteurs me traitent d'homme plein d'orgueil, de présomption, d'arrogance; vous avez soin d'ajouter que ce sont là leurs propres expressions. Voilà, monsieur, de fort vilains vices dont je dois tâcher de me corriger. Mais sans doute ces messieurs, qui usent si libéralement de ces termes, sont eux-mêmes si remplis d'humilité, de douceur et de modestie, qu'il n'est pas aisé d'en avoir autant qu'eux.

Je vois, monsieur, que vous avez de la santé, du loisir et du goût pour la dispute : je vous en fais mon compliment; et pour moi, qui n'ai rien de tout cela, je vous salue, monsieur, de tout mon cœur.

A M. PAUL CHAPPUIS.
Motiers, le 2 février 1765.

J'ai lu, monsieur, avec grand plaisir la lettre dont vous m'avez honoré le 18 janvier. J'y trouve tant de justesse, de sens, et une si honnête franchise, que j'ai regret de ne pouvoir vous suivre dans les détails où vous y êtes entré. Mais, de grâce, mettez-vous à ma place; supposez-vous malade, accablé de chagrins, d'affaires, de lettres, de visites, excédé d'importuns de toute espèce qui, ne sachant que faire de leur temps, absorberoient impitoyablement le vôtre, et dont chacun voudroit vous occuper de lui seul et de ses idées. Dans cette position, monsieur, car c'est la mienne, il me faudroit dix têtes, vingt mains, quatre secrétaires, et des jours de quarante-huit heures pour répondre à tout; encore ne pourrois-je contenter personne, parce que souvent deux lignes d'objections demandent vingt pages de solutions.

Monsieur, j'ai dit ce que je savois, et peut-être ce que je ne savois pas; ce qu'il y a de sûr, c'est que je n'en sais pas davantage; ainsi je ne ferois plus que bavarder; il vaut mieux me taire. Je vois que la plupart de ceux qui m'écrivent pensent comme moi sur quelques points, et différemment sur d'autres : tous les hommes en sont à peu près là; il ne faut point se tourmenter de ces différences inévitables, surtout quand on est d'accord sur l'essentiel, comme il me paroît que nous le sommes vous et moi.

Je trouve les chefs auxquels vous réduisez les éclaircissemens à demander au Conseil assez raisonnables. Il n'y a que le premier qu'il faut retrancher comme inutile, puisque, ne voulant jamais rentrer dans Genève, il m'est parfaitement égal que le jugement rendu contre moi soit ou ne soit pas redressé. Ceux qui pensent que l'intérêt ou la passion m'a fait agir dans cette affaire, lisent bien mal le fond de mon cœur. Ma conduite est une, et n'a jamais varié sur ce point : si mes contemporains ne me rendent pas justice en ceci, je m'en console en me la rendant à moi-même, et je l'attends de la postérité.

Bonjour, monsieur. Vous croyez que j'ai fait avec vous en finissant ma lettre ; point du tout : ayant oublié votre adresse, il faut maintenant la retourner chercher dans votre première lettre, perdue dans cinq cents autres, où il me faudra peut-être une demi-journée pour la trouver. Ce qui achève de m'étourdir est que je manque d'ordre : mais le découragement et la paresse m'absorbent, m'anéantissent, et je suis trop vieux pour me corriger de rien. Je vous salue de tout mon cœur.

A MADAME LA MARQUISE DE VERDELIN.

Motiers, le 3 février 1765.

Au milieu des soins que vous donne, madame, le zèle pour votre famille, et au premier moment de votre convalescence, vous vous occupez de moi ; vous pressentez les nouveaux dangers où vont me replonger les fureurs de mes ennemis, indignés que j'aie osé montrer leur injustice. Vous ne vous trompez pas, madame ; on ne peut rien imaginer de pareil à la rage qu'ont excitée les *Lettres de la montagne*. Messieurs de Berne viennent de défendre cet ouvrage en termes très-insultans : je ne serois pas surpris qu'on me fît un mauvais parti sur leurs terres, lorsque j'y remettrai le pied. Il faut en ce pays même toute la protection du roi pour m'y laisser en sûreté. Le Conseil de Genève, qui souffle le feu tant ici qu'en Hollande, attend le moment d'agir ouvertement à son tour, et d'achever de m'écraser, s'il lui est possible. De quelque côté que je me tourne, je ne vois que griffes pour me déchirer et que gueules ouvertes pour m'engloutir. J'espérois du moins plus d'humanité du côté de la France : mais j'avois tort ; coupable du crime irrémissible d'être injustement opprimé, je n'en dois attendre que mon coup de grâce. Mon parti est pris, madame ; je laisserai tout faire, tout dire, et je me tairai : ce n'est pourtant pas faute d'avoir à parler.

Je sens qu'il est impossible qu'on me laisse respirer en paix ici. Je suis trop près de Genève et de Berne. La passion de cette heureuse tranquillité m'agite et me travaille chaque jour davantage. Si je n'espérois la trouver à la fin, je sens que ma constance achèveroit de m'abandonner. J'ai quelque envie d'essayer de l'Italie, dont le climat et l'inquisition me seront peut-être plus doux qu'en France et qu'ici. Je tâcherai cet été de me traîner de ce côté-là pour y chercher un gîte paisible ; et, si je le puis trouver, je vous promets bien qu'on n'entendra plus parler de moi. Repos, repos, chère idole de mon cœur, où te trouverai-je ? Est-il possible que personne n'en veuille laisser jouir un homme qui ne troubla jamais celui de personne ? Je ne serois pas surpris d'être à la fin forcé de me réfugier chez les Turcs, et je ne doute point que je n'y fusse accueilli avec plus d'humanité et d'équité que chez les chrétiens.

On vous dit donc, madame, que M. de Voltaire m'a écrit sous le nom du général Paoli, et que j'ai donné dans le piége. Ceux qui disent cela ne font guère plus d'honneur, ce me semble, à la probité de M. de Voltaire qu'à mon discernement. Depuis la réception de votre lettre, voici ce qui m'est arrivé. Un chevalier de Malte, qui a beaucoup bavardé dans Genève, et qui dit venir d'Italie, est venu me voir, il y a quinze jours, de la part du général Paoli, faisant beaucoup l'empressé des commissions dont il se disoit chargé près de moi, mais me disant au fond très-peu de chose, et m'étalant, d'un air important, d'assez chétives paperasses fort pochetées. A chaque pièce qu'il me montroit, il étoit tout étonné de me voir tirer d'un tiroir la même pièce, et la lui montrer à mon tour. J'ai vu que cela le mortifioit d'autant plus, qu'ayant fait tous ses efforts pour savoir quelles relations je pouvois avoir eues en Corse, il n'a pu là-dessus m'arracher un seul mot. Comme il ne m'a point apporté de lettres, et qu'il n'a voulu ni se nommer ni me donner la moindre notion de lui, je l'ai remercié des visites qu'il vouloit continuer de me faire. Il n'a pas laissé de passer encore ici dix ou douze jours sans me revenir voir. J'ignore ce qu'il y a fait. On m'apprend qu'il est reparti d'hier.

Vous vous imaginez bien, madame, qu'il

n'est plus question pour moi de la Corse, tant à cause de l'état où je me trouve, que par mille raisons qu'il vous est aisé d'imaginer. Ces messieurs dont vous me parlez (*) ont de la santé, du pain, du repos; ils ont la tête libre et le cœur épanoui par le bien-être; ils peuvent méditer et travailler à leur aise. Selon toute apparence les troupes françoises, s'ils vont dans le pays, ne maltraiteront point leurs personnes; et, s'ils n'y vont pas, n'empêcheront point leur travail. Je désire passionnément voir une législation de leur façon; mais j'avoue que j'ai peine à voir quel fondement ils pourroient lui donner en Corse, car malheureusement les femmes de ce pays-là sont très-laides, et très-chastes, qui pis est.

Que mon voyage projeté n'aille pas, madame, vous faire renoncer au vôtre. J'en ai plus besoin que jamais, et tout peut très-bien s'arranger, pourvu que vous veniez au commencement ou à la fin de la belle saison. Je compte ne partir qu'à la fin de mai, et revenir au mois de septembre.

A MADAME GUYENET.

Motiers, le 6 février 1765.

Que j'apprenne à ma bonne amie mes bonnes nouvelles. Le 22 janvier, on a brûlé mon livre à La Haye; on doit aujourd'hui le brûler à Genève; on le brûlera, j'espère, encore ailleurs. Voilà, par le froid qu'il fait, des gens bien brûlans. Que de feux de joie brillent à mon honneur dans l'Europe! Qu'ont donc fait mes autres écrits pour n'être pas aussi brûlés? et que n'en ai-je à faire brûler encore! Mais j'ai fini pour ma vie; il faut savoir mettre des bornes à son orgueil. Je n'en mets point à mon attachement pour vous, et vous voyez qu'au milieu de mes triomphes je n'oublie pas mes amis. Augmentez-en bientôt le nombre, chère Isabelle; j'en attends l'heureuse nouvelle avec la plus vive impatience. Il ne manque plus rien à ma gloire; mais il manque à mon bonheur d'être grand-papa (**).

(*) Helvétius et Diderot, auxquels les Corses, disoit-on, s'étoient adressés pour avoir un plan de législation. G. P.
(**) Madame Guyenet appeloit Rousseau son papa. G. P.

A MADAME DE CHENONCEAUX.

Motiers, le 6 février 1765.

Je suis entraîné, madame, dans un torrent de malheurs qui m'absorbe et m'ôte le temps de vous écrire. Je me soutiens cependant assez bien. Je n'ai plus de tête, mais mon cœur me reste encore.

Faites-moi l'amitié, madame, de faire tenir cette lettre à M. l'abbé de Mably, et de me faire passer sa réponse aussitôt qu'il se pourra. On fait circuler sous son nom, dans Genève, une lettre avec laquelle on achève de me traîner par les boues, et toujours vers le bûcher. Je serois sûr que cette lettre n'est pas de lui, par cela seul qu'elle est lourdement écrite; j'en suis encore plus sûr, parce qu'elle est basse et malhonnête. Mais à Genève, où l'on se connoît aussi mal en style qu'en procédés, le public s'y trompe. Je crois qu'il est bon qu'on le désabuse, autant pour l'honneur de M. l'abbé de Mably que pour le mien.

A M. L'ABBÉ DE MABLY.

Motiers, le 6 février 1765.

Voici, monsieur, une lettre qu'on vous attribue, et qui circule dans Genève à la faveur de votre nom. Daignez me marquer non ce que j'en dois croire, mais ce que j'en dois dire, car je n'en puis parler comme j'en pense que quand vous m'y aurez autorisé.

Si mes malheurs ne vous ont point fait oublier nos anciennes liaisons, et l'amitié dont vous m'honorâtes, conservez-la, monsieur, à un homme qui n'a point mérité de la perdre, et qui vous sera toujours attaché (*).

(*) A la suite de cette lettre, Rousseau a transcrit celle qui est attribuée à l'abbé de Mably. Elle est du 11 janvier 1765, et l'extrait lui en fut envoyé à Genève, le 4 février suivant, par un anonyme. Voici cet extrait :
« Une chose qui me fâche beaucoup, c'est la lecture que je
» viens de faire des *Lettres de la montagne*, et voilà toutes
» mes idées bouleversées sur le compte de Rousseau. Je le
» croyois honnête homme; je croyois que sa morale étoit sé-
» rieuse, qu'elle étoit dans son cœur, et non pas au bout de sa
» plume. Il me fait prendre malgré moi une autre façon de
» penser, et j'en suis bien affligé. S'il s'étoit borné à prétendre
» que son déisme est un bon christianisme, et qu'on a eu tort
» de brûler son livre et de décréter sa personne, on pourroit

A M. D.***

Motiers, le 7 février 1765.

Je ne doute point, monsieur, qu'hier, jour de Deux-Cents, on n'ait brûlé mon livre à Genève; du moins toutes les mesures étoient prises pour cela. Vous aurez su qu'il fut brûlé le 22 à La Haye. Rey me marque que l'inquisiteur (*) a écrit dans ce pays-là beaucoup de lettres, et que le ministre Chais, de Genève, s'est donné de grands mouvemens. Au surplus, on laisse Rey fort tranquille. Tout cela n'est-il pas plaisant? Cette affaire s'est tramée avec beaucoup de secret et de diligence; car le comte de B***, qui m'écrivit peu de jours auparavant, n'en savoit rien. Vous me direz, Pourquoi ne l'a-t-il pas empêché au moment de l'exécution? Monsieur, j'ai partout des amis puissans, illustres, et qui, j'en suis très-sûr, m'aiment de tout leur cœur; mais ce sont tous gens droits, bons, doux, pacifiques, qui dédaignent toute voie oblique. Au contraire, mes ennemis sont ardens, adroits, intrigans, rusés, infatigables pour nuire, et qui manœuvrent toujours sous terre, comme les taupes. Vous sentez que la partie n'est pas égale. L'inquisiteur est l'homme le plus actif que la terre ait produit; il gouverne en quelque façon toute l'Europe.

Tu dois régner : ce monde est fait pour les méchans.

Je suis très-sûr qu'à moins que je ne lui survive, je serai persécuté jusqu'à la mort.

Je ne digère point que M. de Buffon suppose que c'est moi qui m'attire sa haine. Eh! qu'ai-je donc fait pour cela? Si l'on parle trop de moi, ce n'est pas ma faute; je me passerois d'une célébrité acquise à ce prix. Marquez à M. de Buffon tout ce que votre amitié pour moi vous inspirera; et, en attendant que je sois en état de lui écrire, parlez-lui, je vous supplie, de tous les sentimens dont vous me savez pénétré pour lui.

M. Vernes désavoue hautement, et avec horreur, le libelle où j'ai mis son nom. Il m'a écrit là-dessus une lettre honnête, à laquelle j'ai répondu sur le même ton, offrant de contribuer, autant qu'il me seroit possible, à répandre son désaveu. Malgré la certitude où je croyois être que l'ouvrage étoit de lui, certains faits récens me font soupçonner qu'il pourroit bien être de quelqu'un qui se cache sous son manteau.

Au reste, l'imprimé de Paris s'est très-promptement et très-singulièrement répandu à Genève. Plusieurs particuliers en ont reçu par la poste des exemplaires sous enveloppe, avec ces seuls mots, écrits d'une main de femme: *Lisez, bonnes gens!* Je donnerois tout au monde pour savoir qui est cette aimable femme qui s'intéresse si vivement à un pauvre opprimé, et qui sait marquer son indignation en termes si brefs et si pleins d'énergie.

J'avois bien prévu, monsieur, que votre calcul ne seroit pas admissible, et qu'auprès d'un homme que vous aimez votre cœur feroit déraisonner votre tête en matière d'intérêt. Nous causerons de cela plus à notre aise, en herborisant cet été; car loin de renoncer à nos caravanes, même en supposant le voyage d'Italie, je veux bien tâcher qu'il n'y nuise pas. Au reste, je vous dirai que je sens en moi, depuis quelques jours, une révolution qui m'étonne. Ces derniers événemens, qui devoient achever de m'accabler, m'ont, je ne sais comment, rendu tranquille, et même assez gai. Il me semble que je donnois trop d'importance à des jeux

---

» rire de ses sophismes, de ses paralogismes et de ses paradoxes,
» et on auroit dit qu'il est fâcheux que l'homme le plus éloquent
» de son siècle n'ait pas le sens commun. Mais cet homme finit
» par être une espèce de conjuré. Est-ce Érostrate qui veut
» brûler le temple d'Éphèse? est-ce un Gracchus? Je sais bien
» que les trois dernières lettres, dans lesquelles Rousseau atta-
» que votre gouvernement, ne sont remplies que de déclama-
» tions et de mauvais raisonnemens, mais il est à craindre
» que tout cela ne paroisse très-juste, très-sage et très-raison-
» nable à des têtes échauffées, et qui ne savent pas juger et
» goûter leur bonheur. Je croirois que votre gouvernement est
» aussi bon qu'il peut l'être, eu égard à sa situation; et, dans ce
» cas, c'est un crime que d'en troubler l'harmonie. J'espère
» que cette affaire n'aura aucune suite fâcheuse; et l'excellente
» tête qui a fait les *Lettres de la campagne* a sans doute tout
» ce qu'il faut pour entretenir l'ordre au milieu de la fermen-
» tation, ouvrir les yeux du peuple, et de lui faire connoître
» ses erreurs, ou plutôt celles de Rousseau. Que voulez-vous!
» Il n'est point de bonheur parfait pour les hommes, ni de gou-
» vernement sans inconvénient. La liberté veut être achetée;
» elle est exposée à des momens d'agitation et d'inquiétude.
» Malgré cela, elle vaut mieux que le despotisme. Je vous de-
» manderois pardon, madame, de vous parler si gravement, si
» vous étiez Parisienne; mais vous êtes Genevoise, et des
» choses sérieuses vous plaisent plus que nos colifichets. »

L'anonyme avoit accompagné cet envoi du billet suivant :

« O toi, le plus vertueux et le plus modeste de tous les hom-
» mes, surtout pour les statues et les médailles, juge à présent
» lequel les mérite le mieux, de celui-ci ou de toi! » (*Note de Du Peyrou.*)

(*) Voltaire. G. P.

d'enfans. Il y a dans toutes ces brûleries quelque chose de si niais et de si bête, qu'il faut être plus enfant qu'eux pour s'en émouvoir. Ma vie morale est finie. Est-ce la peine de tant choisir la terre où je dois laisser mon corps? La partie la plus précieuse de moi-même est déjà morte : les hommes n'y peuvent plus rien, et je ne regarde plus tous ces tas de magistrats si barbares que comme autant de vers qui s'amusent à ronger mon cadavre.

La machine ambulante se montera donc cet été pour aller herboriser; et, si l'amitié peut la réchauffer encore, vous serez le Prométhée qui me rapportera le feu du ciel. Bonjour, monsieur.

A M. MOULTOU.

Motiers, le 7 février 1765.

Cher ami, comptons donc désormais l'un sur l'autre, et que notre confiance soit à l'épreuve de l'éloignement, du silence, et de la froideur d'une lettre; car quoiqu'on ait toujours le même cœur, on n'est pas toujours de la même humeur. Votre état me touche vivement : qui doit mieux sentir vos peines que moi qui vous aime? et qui doit mieux compatir aux maux de votre père, que moi qui en sens si souvent de pareils? J'ai dans ce moment une attaque qui n'est pas légère. Jugez au milieu de tout le reste.

Oui, je vous désire hors de Genève. Je doute que la plus pure vertu pût s'y conserver toujours telle, surtout parmi l'ordre de gens avec qui vous vivez. Jugez de leur parti par leurs manœuvres; ils ont toutes celles du crime; ils ne travaillent que sous terre comme les taupes; leurs procédés sont aussi noirs que leurs cœurs. J'ai reçu avant-hier une lettre anonyme, où l'on me faisoit, d'un air de triomphe, l'extrait d'une prétendue lettre de l'abbé de Mably, que l'abbé de Mably n'a très-sûrement jamais écrite. Cette lettre est lourde et maladroite; elle sent le terroir, elle est malhonnête et basse à la manière de ces messieurs. On y dit d'un ton de sixième : Est-ce Érostrate qui veut brûler le temple d'Éphèse? Est-ce un Gracchus? etc. Cependant, au nom de l'abbé de Mably, voilà, j'en suis sûr, tout votre Deux-Cents à genoux, tous vos bourgeois pris pour dupes. Ils ne résistent jamais à la fausse autorité des noms; on a beau les tromper tous les jours, ils ne voient jamais qu'on les trompe.

En faisant imprimer à Paris la lettre de M. Vernes, j'ai bien eu soin de relever par une note l'endroit qu'il prétendoit vous regarder. Je n'ai pas besoin qu'on me dise ces choses-là; je les sens d'avance. Il m'a écrit une lettre honnête, je lui ai répondu poliment. S'il désavoue la pièce en termes convenables, et qu'il s'en tienne là, je ne répliquerai rien, car je suis las de querelles : mais s'il s'avise de faire le mauvais, nous verrons. Il sera difficile de prouver juridiquement qu'il est auteur de la pièce; cependant je me crois en état de pousser les indices si près de la preuve, que le public n'en doutera pas plus que moi. Vous êtes très à portée de m'aider dans ces recherches, et cela bien secrètement. Cependant, si les perquisitions sur ce point sont difficiles, il n'en est pas de même sur les propos qu'il tenoit publiquement et sans mesure lorsque l'ouvrage parut : là-dessus il vous est très-aisé d'avoir des faits, des discours articulés, avec les circonstances des lieux, des temps, des personnes. Faites ces recherches avec soin, je vous en prie; ou, si vous partez, chargez de ce soin quelqu'un de vos amis ou des miens; quelqu'un sur qui vous puissiez compter, et qu'il n'est pas même nécessaire que je connoisse, puisqu'il peut m'envoyer, sans signer, les faits qu'il aura ramassés : mais il faudroit se servir d'une voie sûre, ou garder un double de ce qu'on m'envoie, pour me le renvoyer au besoin par duplicata. Ces recherches peuvent m'être très-importantes. J'espère cependant qu'elles seront superflues; car, encore un coup, je suis bien résolu de n'en faire usage qu'à la dernière extrémité, et s'il me pousse contre le mur. Autrement, je resterai en repos, cela est sûr.

Écrivez-moi avant votre départ. J'espère que vous m'écrirez aussi de Montpellier, et que vous m'y donnerez votre adresse et des nouvelles de votre digne père. Vous savez qu'on vient de brûler mon livre à La Haye; c'est le ministre Chais et l'inquisiteur Voltaire qui ont arrangé cela; Rey me le marque. Il ajoute que dans le pays tout le monde est d'un étonnement sans égal de cette belle expédition : pour moi, ces choses-là ne m'étonnent plus, mais elles me font toujours rire. Je parierois ma tête qu'hier votre Deux-Cents en a fait autant.

Si vous pouvez m'envoyer un exemplaire du libelle, de l'impression de Genève, vous me ferez plaisir. Je n'ai plus le mien, l'ayant envoyé à Paris.

En ce moment, ce qu'on m'écrit de Vernes me fait douter si peut-être l'ouvrage ne seroit point d'un autre, qui auroit pris toutes ses mesures pour le lui faire attribuer. Que ne donnerois-je point pour savoir la vérité!

Je sais des gens qui auroient grand besoin d'une plume, et je sais un homme bien digne de la leur fournir. Il le pourroit sans se compromettre; et puisqu'il aime la vertu, jamais il n'en auroit fait un plus bel acte.

A M. LE NIEPS.

Motiers, le 8 février 1765.

Je commençois à être inquiet de vous, cher ami; votre lettre vient bien à propos me tirer de peine. La violente crise où je suis me force à ne vous parler, dans celle-ci, que de moi. Vous aurez vu qu'on a brûlé le 22 mon livre à La Haye. Rey me marque que le ministre Chais s'est donné beaucoup de mouvemens, et que l'inquisiteur Voltaire a écrit beaucoup de lettres pour cette affaire. Je pense qu'avant-hier le Deux-Cents en a fait autant à Genève; du moins tout étoit préparé pour cela. Toutes ces brûleries sont si bêtes qu'elles ne font plus que me faire rire. Je vous envoie ci-joint copie d'une lettre (*) que j'écrivis avant-hier là-dessus à une jeune femme qui m'appelle son papa. Si la lettre vous paroît bonne, vous pouvez la faire courir, pourvu que les copies soient exactes.

Prévoyant les chagrins sans nombre que m'attireroit mon dernier ouvrage, je ne le fis qu'avec répugnance, malgré moi, et vivement sollicité. Le voilà fait, publié, brûlé. Je m'en tiens là. Non-seulement je ne veux plus me mêler des affaires de Genève, ni même en entendre parler; mais, pour le coup, je quitte tout-à-fait la plume, et soyez assuré que rien au monde ne me la fera reprendre. Si l'on m'eût laissé faire, il y a long-temps que j'aurois pris ce parti; mais il est pris si bien que, quoi qu'il arrive, rien ne m'y fera renoncer. Je ne demande au ciel que quelque intervalle de paix jusqu'à ma dernière heure, et tous mes malheurs seront oubliés; mais, dût-on me poursuivre jusqu'au tombeau, je cesse de me défendre. Je ferai comme les enfans et les ivrognes, qui se laissent tomber tout bonnement quand on les pousse, et ne se font aucun mal; au lieu qu'un homme qui veut se roidir, n'en tombe pas moins, et se casse une jambe ou un bras par-dessus le marché.

On répand donc que c'est l'inquisiteur qui m'a écrit au nom des Corses, et que j'ai donné dans un piège si subtil. Ce qui me paroît ici tout-à-fait bon, est que l'inquisiteur trouve plaisant de se faire passer pour faussaire, pourvu qu'il me fasse passer pour dupe. Supposons que ma stupidité fût telle que, sans autre information, j'eusse pris cette prétendue lettre pour argent comptant, est-il concevable qu'une pareille négociation se fût bornée à cette unique lettre, sans instructions, sans éclaircissemens, sans mémoires, sans précis d'aucune espèce? ou bien M. de Voltaire aura-t-il pris la peine de fabriquer aussi tout cela? Je veux que sa profonde érudition ait pu tromper sur ce point mon ignorance; tout cela n'a pu se faire au moins sans avoir de ma part quelque réponse, ne fût-ce que pour savoir si j'acceptois la proposition. Il ne pouvoit même avoir que cette réponse en vue pour attester ma crédulité; ainsi son premier soin a dû être de se la faire écrire : qu'il la montre, et tout sera dit.

Voyez comment ces pauvres gens accordent leurs flûtes. Au premier bruit d'une lettre que j'avois reçue, on y mit aussitôt pour emplâtre que MM. Helvétius et Diderot en avoient reçu de pareilles. Que sont maintenant devenues ces lettres; M. de Voltaire a-t-il aussi voulu se moquer d'eux? Je ris toujours de vos Parisiens, de ces esprits si subtils, de ces jolis faiseurs d'épigrammes, que leur Voltaire mène incessamment avec des contes de vieilles qu'on ne feroit pas croire aux enfans. J'ose dire que ce Voltaire lui-même, avec tout son esprit, n'est qu'une bête, un méchant très-maladroit. Il me poursuit, il m'écrase, il me persécute, et peut-

(*) C'est celle à madame Guyenet, du 6 février, ci-devant page 533.

être me fera-t-il périr à la fin : grande merveille, avec cent mille livres de rente, tant d'amis puissans à la cour, et tant de si basses cajoleries contre un pauvre homme dans mon état! J'ose dire que si Voltaire, dans une situation pareille à la mienne, osoit m'attaquer, et que je daignasse employer contre lui ses propres armes, il seroit bientôt terrassé. Vous allez juger de la finesse de ses piéges par un fait qui peut-être a donné lieu au bruit qu'il a répandu, comme s'il eût été sûr d'avance du succès d'une ruse si bien conduite.

Un chevalier de Malte, qui a beaucoup bavardé dans Genève, et dit venir d'Italie, est venu me voir, il y a quinze jours, de la part du général Paoli, faisant beaucoup l'empressé des commissions dont il se disoit chargé près de moi, mais me disant au fond très-peu de chose, et m'étalant d'un air important d'assez chétives paperasses fort pochetées. A chaque pièce qu'il me montroit, il étoit tout étonné de me voir tirer d'un tiroir la même pièce, et la lui montrer à mon tour. J'ai vu que cela le mortifioit d'autant plus, qu'ayant fait tous ses efforts pour savoir quelles relations je pouvois avoir eues en Corse, il n'a pu là-dessus m'arracher un seul mot. Comme il ne m'a point apporté de lettres, et qu'il n'a voulu ni se nommer, ni me donner la moindre notion de lui, je l'ai remercié des visites qu'il vouloit continuer de me faire. Il n'a pas laissé de passer encore ici dix ou douze jours sans me revenir voir.

Tout cela peut être une chose fort simple. Peut-être, ayant quelque envie de me voir, n'a-t-il cherché qu'un prétexte pour s'introduire, et peut-être est-ce un galant homme, très-bien intentionné, et qui n'a d'autre tort, dans ce fait, que d'avoir fait un peu trop l'empressé pour rien. Mais comme tant de malheurs doivent m'avoir appris à me tenir sur mes gardes, vous m'avouerez que si c'est un piége, il n'est pas fin.

M. Vernes m'a écrit une lettre honnête pour désavouer avec horreur le libelle. Je lui ai répondu très-honnêtement, et je me suis obligé de contribuer, autant qu'il m'est possible, à répandre son désaveu, dans le doute que quelqu'un plus méchant que lui ne se cache sous son manteau.

A MADAME LATOUR.

A Motiers, le 10 février 1765.

L'orage nouveau qui m'entraîne et me submerge ne me laisse pas un moment de paix pour écrire à l'aimable Marianne; mais rien ne m'ôtera ceux que je consacre à penser à elle, et à faire d'un si doux souvenir une des consolations de ma vie.

Prêt à faire partir ce mot, je reçois votre lettre; j'en avois besoin, j'étois en peine de vous. Puisque vous voilà rétablie, j'aime mieux qu'il y ait eu de l'altération dans votre corps que dans votre cœur; le mien, quoi que vous en disiez, est pour vous toujours le même; et si tant d'atteintes cruelles le forcent à se concentrer plus en dedans, il y nourrit toutes les affections qui lui sont chères. Vous avez un ami bien malheureux : mais vous l'avez toujours. . . . . .
. . . .
. . . .
. . Je ne cache point ma foiblesse en vous écrivant; vous sentez ce que cela veut dire.

A MYLORD MARÉCHAL.

Motiers, le 11 février 1765.

Vous savez, mylord, une partie de ce qui m'arrive, la brûlerie de La Haye, la défense de Berne, ce qui se prépare à Genève; mais vous ne pouvez savoir tout. Des malheurs si constans, une animosité si universelle, commençoient à m'accabler tout-à-fait. Quoique les mauvaises nouvelles se multiplient depuis la réception de votre lettre, je suis plus tranquille et même assez gai. Quand ils m'auront fait tout le mal qu'ils peuvent, je pourrai les mettre au pis. Grâces à la protection du roi et à la vôtre, ma personne est en sûreté contre leurs atteintes : mais elle ne l'est pas contre leurs tracasseries; et ils me le font bien sentir. Quoi qu'il en soit, si ma tête s'affoiblit et s'altère, mon cœur me reste en bon état. Je l'éprouve en lisant votre dernière lettre et le billet que vous avez écrit pour la communauté de Couvet. Je crois que M. Meuron s'acquittera avec plaisir de la commission que vous lui donnez : je n'en dirois pas autant de l'adjoint que vous lui associez pour cet effet, malgré l'empressement qu'il affecte. Un des tourmens de ma vie est d'avoir quelquefois à me plaindre des gens que vous aimez, et à me louer de ceux que vous n'aimez pas. Combien tout ce qui vous est attaché me seroit cher s'il vouloit seulement ne pas repousser mon zèle! mais vos bontés pour moi font ici bien des jaloux; et, dans l'occasion, ces jaloux ne me cachent pas trop leur haine. Puisse-t-elle augmenter sans cesse au même prix! Ma bonne sœur Émetulla, conservez-moi soigneusement notre père : si je le perdois je serois le plus malheureux des êtres.

Avez-vous pu croire que j'aie fait la moindre démarche pour obtenir la permission d'imprimer ici le recueil de mes écrits, ou pour empêcher que cette permission ne fût révoquée? Non, mylord, j'étois si parfaitement là-dessus dans vos sentimens, sans les connoître, que dès le commencement je parlai sur ce ton aux associés qui se présentèrent, et à Du Peyrou, qui a bien voulu se charger de traiter avec eux. La proposition est venue d'eux, et je ne me suis point pressé d'y consentir. Du reste, je n'ai rien demandé, je ne demande rien, je ne demanderai rien; et, quoi qu'il arrive, on ne pourra pas se vanter de m'avoir fait un refus, qui, après tout, me nuira moins qu'à eux-mêmes puisqu'il ne fera qu'ôter au pays cinq ou six cent mille francs que j'y aurois fait entrer de cette manière, et qu'on ne rebutera peut-être pas si dédaigneusement ailleurs. Mais s'il arrivoit, contre toute attente, que la permission fût accordée ou ratifiée, j'avoue que j'en serois touché comme si personne n'y gagnoit que moi seul, et que je m'attacherois au pays pour le reste de ma vie.

Comme probablement cela n'arrivera pas, et que le voisinage de Genève me devient de jour en jour plus insupportable, je cherche à m'en éloigner à tout prix : il ne me reste à choisir que deux asiles, l'Angleterre ou l'Italie. Mais l'Angleterre est trop éloignée; il y fait trop cher vivre, et mon corps ni ma bourse n'en supporteroient pas le trajet. Reste l'Italie, et surtout Venise, dont le climat et l'inquisition sont plus doux qu'en Suisse; mais saint Marc, quoique apôtre, ne pardonne guère, et j'ai bien dit du mal de ses enfans. Toutefois je crois qu'à la fin j'en courrai les risques, car j'aime encore mieux la prison et la paix, que la liberté et la guerre. Le tumulte où je suis ne me permet encore de rien résoudre; je vous en dirai davantage quand mes sens seront plus rassis. Un peu de vos conseils me seroit bien nécessaire; car je suis si malheureux quand j'agis de moi-même, qu'après avoir bien raisonné, *deteriora sequor*.

A M. DELEYRE.

Motiers, le 11 février 1765.

Je répondis, cher Deleyre, à votre lettre (n° 4) par un gentilhomme écossois nommé M. Boswell, qui, devant s'arrêter à Turin, n'arrivera peut-être pas à Parme aussitôt que cette lettre. Mais une bévue que j'ai faite est d'avoir mis ma lettre ouverte dans celle que je lui écrivis en la lui adressant à Genève. Il m'en a remercié comme d'une marque de confiance: il se trompe, ce n'est qu'une marque d'étourderie. J'espère, au reste, que le mal ne sera pas grand; car quoique je ne me souvienne pas de ce que contenoit ma lettre, je suis sûr de n'avoir aucun secret qui craigne les yeux d'un tiers.

Vous ne sauriez avoir l'idée de l'orage qu'excite contre moi la publication des *Lettres écrites de la montagne*. C'est une défense que je devois à mes anciens concitoyens, et que je me devois à moi-même : mais comme j'aime encore mieux mon repos que ma justification, ce sera mon dernier écrit, quoi qu'il arrive. Si je puis faire le recueil général que je projette, je finirai par là, et, grâces au ciel, le public n'entendra plus parler de moi. Si M. Boswell étoit parti d'ici huit jours plus tard, je lui aurois remis pour vous un exemplaire de ce dernier écrit, qui, au reste, n'intéresse que Genève et les Genevois; mais je ne le reçus qu'après son départ.

Une amie de M. l'abbé de Condillac et de moi me marqua de Paris sa maladie et sa guérison dans la même lettre : ce qui me sauva l'inquiétude d'apprendre la première nouvelle avant l'autre. Je vois cependant, en reprenant votre lettre, que vous m'aviez marqué cette première nouvelle, mais dans le post-scriptum, si séparé du reste, et en si petit caractère, qu'il m'avoit échappé dans une fort grande lettre que je ne pus lire que très à la hâte dans la circonstance où je la reçus. La même amie me marque qu'il doit retourner en France l'année prochaine, et que peut-être aurai-je le plaisir de le voir. Ainsi soit-il.

Je savois déjà par les bruits publics ce que je savois des triomphes du jongleur Tronchin dans votre cour. La pierre renchérira s'il faut un buste à chaque inoculateur de la petite-vérole; et je trouve que l'abbé Condillac méritoit mieux ce buste pour l'avoir gagnée, que lui pour l'avoir guérie.

Donnez-moi de vos nouvelles, cher Deleyre, et de celles de madame Deleyre. Vous m'apprenez à connoître cette digne femme, et à vous aimer autant de votre attachement pour elle, que je vous en blâmois avant votre mariage, quand je ne la connoissois pas. C'est une réparation dont elle doit être contente, que celle que la vertu arrache à la vérité. Je vous embrasse.

A M. DU PEYROU.

Motiers, le 14 février 1765.

Voici, monsieur, le projet que vous avez pris la peine de me dresser : sur quoi je ne vous dis rien, par la raison que vous savez. Je vous prie, si cette affaire doit se conclure, de vouloir bien décider de tout à votre volonté; je confirmerai tout, car pour moi j'ai maintenant l'esprit à mille lieues de là; et, sans vous, je n'irois pas plus loin, par le seul dégoût de parler d'affaires. Si ce que les associés disent dans leur réponse, article premier, de mon *Ouvrage sur la musique*, s'entend du *Dictionnaire*, je m'en rapporte là-dessus à la réponse verbale que je leur ai faite. J'ai sur cette compilation des engagemens antérieurs qui ne me permettent plus d'en disposer; et s'il arrivoit que, changeant de pensée, je le comprisse dans mon recueil, ce que je ne promets nullement, ce ne seroit qu'après qu'il auroit été imprimé à part par le libraire auquel je suis engagé.

Vous ne devez point, s'il vous plaît, passer outre, que les associés n'aient le consentement formel du Conseil d'état, que je doute fort qu'ils obtiennent. Quant à la permission qu'ils ont demandée à la cour, je doute encore plus qu'elle leur soit accordée. Mylord maréchal connoît là-dessus mes intentions; il sait que non-seulement je ne demande rien, mais que je suis très-déterminé à ne jamais me prévaloir de son crédit à la cour, pour y obtenir quoi que ce puisse être, relativement au pays où je vis, qui n'ait pas l'agrément du gouvernement particulier du pays même. Je n'entends me mêler en aucune façon de ces choses-là, ni traiter qu'elles ne soient décidées.

Depuis hier que ma lettre est écrite, j'ai la preuve de ce que je soupçonnois depuis quelques jours, que l'écrit de Vernes trouvoit ici parmi les femmes autant d'applaudissement qu'il a causé d'indignation à Genève et à Paris, et que trois ans d'une conduite irréprochable sous leurs yeux mêmes ne pouvoient garantir la pauvre mademoiselle Le Vasseur de l'effet d'un libelle venu d'un pays où ni moi ni elle n'avons vécu. Peu surpris que ces viles âmes ne se connoissent pas mieux en vertu qu'en mérite, et se plaisent à insulter aux malheureux, je prends enfin la ferme résolution de quitter ce pays, ou *du moins* ce village, et d'aller chercher une habitation où l'on juge les gens sur leur conduite, et non sur les libelles de leurs ennemis. Si quelque autre honnête étranger veut connoître Motiers, qu'il y passe, s'il peut, trois ans, comme j'ai fait, et puis qu'il en dise des nouvelles.

Si je trouvois à Neuchâtel ou aux environs un logement convenable, je serois homme à l'aller occuper en attendant (*).

A M. DASTIER.

Motiers, le 17 février 1765.

Les malheureux jours que je passe au milieu des tempêtes m'empêchent, monsieur, d'entretenir avec vous une correspondance aussi

---

(*) Les deux alinéa ci-dessus ne se trouvent point dans la correspondance avec Du Peyrou, publiée en 1803, mais seulement dans l'édition de Genève (1789, tome III du second *Supplément*). Il paroît que Du Peyrou avoit cru devoir les supprimer, ne les regardant que comme l'effet d'un bavardage de la gouvernante de Rousseau, qui dès lors cherchoit à noircir les habitans de Motiers dans l'esprit de son maître et à le dégoûter de ce séjour. Le témoignage du comte d'Escherny vient à l'appui de cette conjecture. Voyez au livre XII des *Confessions* le commencement de la note, tome I, page 336.   G. P.

fréquente qu'il seroit à désirer pour mon instruction et pour ma consolation. Les bruits publics auront peut-être porté jusqu'à vous l'idée des nouvelles persécutions que m'attire l'ouvrage auquel vous avez daigné vous intéresser. J'ai cherché tous les moyens de vous en faire parvenir un exemplaire; mais il m'en est venu si peu de Hollande, si lentement, avec tant d'embarras; j'en suis si peu le maître, et les occasions pour aller jusqu'à vous sont si rares, qu'apprenant qu'on a imprimé à Lyon cet ouvrage, je ne doute point qu'il ne vous parvienne beaucoup plus tôt par cette voie, qu'il ne m'est possible de vous le faire parvenir d'ici. Ainsi ma destinée est d'être en tout prévenu par vos bontés, sans pouvoir remplir envers vous aucun des devoirs qu'elles m'imposent. Acceptez le tribut des malheureux et des foibles, la reconnoissance et l'intention.

Les éclaircissemens que vous avez bien voulu me donner sur les affaires de Corse m'ont absolument fait abandonner le projet d'aller dans ce pays-là, d'autant plus que n'en recevant plus de nouvelles, je dois juger, par les empressemens suspects de quelques inconnus, que je suis circonvenu par des pièges dont je veux tâcher de me garantir. Cependant on m'a fait parvenir quelques pièces dont je puis tirer parti, du moins pour mon amusement, dans la ferme résolution où je suis de me tenir en repos pour le reste de ma vie, et de ne plus occuper le public de moi. Dans cette position, monsieur, je souhaiterois fort que vous voulussiez bien, dans vos plus grands loisirs, continuer à me communiquer vos observations et vos idées, et m'indiquer les sources où je pourrois puiser les instructions relatives à cet objet. Ne pensez-vous pas que M. de Curzai doit avoir là-dessus de fort bons mémoires, et que, s'il vouloit les communiquer à un homme zélé, mais discret, ils ne pourroient que lui faire honneur, sans le compromettre, puisque rien ne resteroit écrit de ma part là-dessus que de son aveu, et qu'il ne seroit nommé qu'autant qu'il consentiroit à l'être? Si vous approuvez cette idée, ne pourriez-vous point m'aider à découvrir où est M. de Curzai, me procurer exactement son adresse, et me mettre même en correspondance avec lui?

Me voici bientôt à la fin d'un hiver passé un peu moins cruellement que le précédent quant au corps, mais beaucoup plus quant à l'âme. J'ignore encore ce que je deviendrai cet été. Je suis ici trop voisin de Genève pour y pouvoir jamais jouir d'un vrai repos. Je suis bien tenté d'aller chercher du côté de l'Italie quelque asile où le climat et l'inquisition soient plus doux qu'ici. D'ailleurs, mille désœuvrés me menacent de toutes parts de leurs importunes visites, auxquelles je voudrois bien échapper. Que ne suis-je plus à portée, monsieur, de recevoir la vôtre, et que j'en aurois besoin! mais, en vérité, l'on ne fait point un si long trajet par partie de plaisir: et moi, dans ma vie orageuse, je ne suis pas assez maître de l'avenir pour pouvoir faire un plan fixe, sur l'exécution duquel je puisse compter. Un de ceux qui me rient le plus est d'aller passer quelques semaines avec un gentilhomme savoyard, de mes très-anciens amis, dans une de ses terres. Seroit-il impossible d'exécuter de là l'ancien projet d'un rendez-vous à la Grande-Chartreuse? Si cette idée vous plaisoit, je sens qu'elle auroit la préférence. Je n'ai point écrit à madame de la Tour du Pin; le nombre et la force de mes tracas absorbent tous mes bons desseins. Si vous lui écrivez, qu'elle apprenne au moins mes remords, je vous en supplie. Si ma faute m'attiroit sa disgrâce, je ne m'en consolerois pas.

Vous ne me parlez point, monsieur, du petit compte de l'huile et du café. Il n'est pas permis d'être aussi peu soigneux pour les comptes quand on l'est si fort pour les commissions. Je vous salue, monsieur, et vous embrasse avec le plus véritable attachement.

A M. MOULTOU.

Motiers, le 28 février 1763.

Ce qui arrive ne me surprend point; je l'ai toujours prévu, et j'ai toujours dit qu'en pareil cas il falloit s'en tenir là. Au lieu de faire tout ce qu'on peut, il suffit de faire tout ce qu'on doit, et cela est fait. On ne sauroit aller plus loin sans exposer la patrie et le repos public, ce que le sage ne doit jamais. Quand il n'y a plus de liberté commune, il reste une ressource, c'est de cultiver la liberté particulière, c'est-à-dire la vertu. L'homme vertueux est toujours libre, car en faisant toujours son devoir, il ne fait jamais que ce qu'il veut. Si la bourgeoisie de Genève savoit remonter ses principes, épurer ses goûts, prendre des mœurs plus sévères, en livrant ces messieurs à l'avilissement des leurs, elle leur deviendroit encore si respectable, qu'avec leur morgue apparente ils trembleroient devant elle ; et comme les jongleurs de toute espèce et leurs amis ne vivront pas toujours, tel changement de circonstances étrangères pourroit les mettre à portée de faire examiner enfin par la justice ce que la seule force décide aujourd'hui.

Je vous prie de vouloir bien saluer MM. Deluc de ma part, et leur dire que je ne puis leur écrire. Comme cela n'est plus nécessaire ni utile, il n'est pas raisonnable de l'exiger. On ne doit pas m'envier le repos que je demande, et je crois l'avoir assez payé.

Tâchez de m'envoyer, avant votre départ, ce dont vous m'avez parlé, non pour en faire à présent aucun usage, mais pour prendre d'avance tous les arrangemens nécessaires pour en faire usage un jour. J'aurois même autre chose, et d'un genre plus agréable, à vous proposer ; mais nous en parlerons à loisir. Je vous embrasse.

A M. LE PRINCE L. E. DE WIRTEMBERG.

Motiers, le 18 février 1765.

A l'arrivée de M. de Schlieben et de Maltzan, je les reçus pour vous, prince ; ensuite je les gardai pour eux-mêmes, et j'achetai une journée agréable à leurs dépens. J'en ai si rarement de telles, qu'il est bien naturel que j'en profite ; et, sur les sentimens d'humanité que je leur connois, ils doivent être bien aises de me l'avoir donnée.

Ils sont attachés au vertueux prince Henri par des sentimens qui les honorent : pleins de tout ce qu'ils venoient de voir auprès de vous, ils ont versé dans mon cœur attristé un baume de vie et de consolation. Leurs discours y portoient un peu de ce feu qui brille encore dans de grandes âmes ; et j'ai presque oublié mes misères en songeant de qui j'avois l'honneur d'être aimé.

En tout autre temps, je ne craindrois pas une brouillerie avec la princesse pour me ménager l'avantage d'un raccommodement ; mais, en vérité, je suis aujourd'hui si maussade, que n'ayant point mérité la querelle, à peine osé-je espérer le pardon. Dites-lui toutefois, je vous supplie, que l'amour paternel n'est pas exclusif comme l'amour conjugal ; qu'un cœur de père, sans se partager, se multiplie, et qu'ordinairement les cadets n'ont pas la plus mauvaise part. Mon Isabelle est l'aînée, et devoit être la seule : mais sa sœur est bien ingrate d'oser me traiter de volage, elle qui d'abord m'a forcé de l'être, et qui me force à présent de ne l'être plus.

Si j'ai fait quelques vers dans ma jeunesse, comme ils ne valoient pas mieux que les vôtres, j'ai pris pour moi le conseil que je vous ai donné. *Les Benjamites* ou *le Lévite d'Éphraïm*, est une espèce de petit poëme, en prose, de sept à huit pages, qui n'a de mérite que d'avoir été fait pour me distraire quand je partis de Paris, et qui n'est digne en aucune manière de paroître aux yeux du héros qui daigne en parler.

A M. D'IVERNOIS.

Motiers, le 22 février 1765.

Où êtes-vous, monsieur ? que faites-vous ? comment vous portez-vous ? Votre absence et votre long silence me tiennent en peine. C'est votre tour d'être paresseux : à la bonne heure, pourvu que je sache que vous vous portez bien, et que madame d'Ivernois, que je supplie d'agréer mon respect, veuille bien m'en faire informer par un bulletin de deux lignes.

Le tour qu'ont pris vos affaires, messieurs, et les miennes, la persuasion que la vérité ni la justice n'ont plus aucune autorité parmi les hommes, l'ardent désir de me ménager quelques momens de repos sur la fin de ma triste carrière, m'ont fait prendre l'irrévocable résolution de renoncer désormais à tout commerce avec le public, à toute correspondance hors de la plus absolue nécessité, surtout à Genève, et de me ménager quelques douleurs de moins, en ignorant tout ce qui se passe, et à quoi je ne peux plus rien. Les bontés dont vous m'avez comblé, et l'avantage que j'ai de vous voir deux fois l'année, me feront pourtant faire pour vous, si vous l'agréez, une exception, au moyen de laquelle j'aurai le plaisir d'avoir aussi, de temps en temps, des nouvelles de nos amis, auxquels je ne cesserai absolument point de m'intéresser.

Votre aimable parente, la jeune madame Guyenet, après une couche assez heureuse, est si mal depuis deux jours, qu'il est à craindre que je ne la perde. Je dis *moi*, car sûrement, de tout ce qui l'entoure, rien ne lui est plus véritablement attaché que moi ; et je le suis moins à cause de son esprit, qui me paroît pourtant d'autant plus agréable qu'elle est moins pressée de le montrer, qu'à cause de son bon cœur et de sa vertu ; qualités rares dans tous les pays du monde, et bien plus rares encore dans celui-ci.

Pour moi, mon cher monsieur, je ne vous dis rien de ma situation particulière ; vous pouvez l'imaginer. Cependant, depuis ma résolution, je me sens l'âme beaucoup plus calme. Comme je m'attends à tout de la part des hommes, et qu'ils m'ont déjà fait à peu près du pis qu'ils pouvoient, je tâcherai de ne plus m'affliger que des maux réels, c'est-à-dire de ceux que ma volonté peut faire, ou de ceux que mon corps peut souffrir. Ces derniers me retiennent actuellement dans des entraves que je tiens de votre charité, mais qui ne laissent pas d'être fort pénibles. J'attends avec empressement de vos nouvelles ; et vous embrasse, mon cher monsieur, de tout mon cœur.

A MM. DELUC.

24 février 1765.

J'apprends, messieurs, que vous êtes en peine des lettres que vous m'avez écrites. Je les ai toutes reçues jusqu'à celle du 15 février inclusivement. Je regarde votre situation comme décidée. Vous êtes trop gens de bien pour pousser les choses à l'extrême, et ne pas préférer la paix à la liberté. Un peuple cesse d'être libre quand les lois ont perdu leur force ; mais la vertu ne perd jamais la sienne, et l'homme vertueux demeure libre toujours. Voilà désormais, messieurs, votre ressource : elle est assez grande, assez belle pour vous consoler de tout ce que vous perdez comme citoyens.

Pour moi, je prends le seul parti qui me reste, et je le prends irrévocablement. Puisque avec des intentions aussi pures, puisque avec tant d'amour pour la justice et pour la vérité, je n'ai fait que du mal sur la terre, je n'en veux plus faire, et je me retire au-dedans de moi. Je ne veux plus entendre parler de Genève, ni de ce qui s'y passe. Ici finit notre correspondance. Je vous aimerai toute ma vie, mais je ne vous écrirai plus. Embrassez pour moi votre père. Je vous embrasse, messieurs, de tout mon cœur.

A M. MEURON.

Procureur-général.

25 février 1765.

J'apprends, monsieur, avec quelle bonté de cœur et avec quelle vigueur de courage vous avez pris la défense d'un pauvre opprimé. Poursuivi par la classe, et défendu par vous, je puis bien dire comme Pompée, *Victrix causa diis placuit, sed victa Catoni.*

Toutefois je suis malheureux, mais non pas vaincu ; mes persécuteurs, au contraire, ont tout fait pour ma gloire, puisque c'est par eux que j'ai pour protecteur le plus grand des rois, pour père le plus vertueux des hommes, et pour patron l'un des plus éclairés des magistrats.

A M. DE P. (*).

25 février 1765.

Votre lettre, monsieur, m'a pénétré jusqu'aux larmes. Que la bienveillance est une douce chose ! et que ne donnerois-je pas pour avoir celle de tous les honnêtes gens ! Puissent mes nouveaux patriotes (**) m'accorder la leur à votre exemple ! puisse le lieu de mon refuge être aussi celui de mes attachemens ! Mon cœur est bon ; il est ouvert à tout ce qui lui res-

---

(*) Ces lettres initiales indiquent le colonel Pury, ou de Pury, dont il est question dans les *Confessions*, et qui demeuroit à Couvet. Il étoit beau-père de Du Peyrou. G. P.

(**) *Mes nouveaux patriotes*... texte de l'édition de Genève ; c'est sans doute *compatriotes* qu'il faudroit lire. G. P.

semble; il n'a besoin, j'en suis très-sûr, que d'être connu pour être aimé. Il reste, après la santé, trois biens qui rendent sa perte plus supportable, la paix, la liberté, l'amitié. Tout cela, monsieur, si je le trouve, me deviendra plus doux encore lorsque j'en pourrai jouir près de vous.

A M. DE C. P. A. A.

Février 1765.

J'attendois des réparations, monsieur, et vous en exigez : nous sommes fort loin de compte. Je veux croire que vous n'avez point concouru, dans les lieux où vous êtes, aux iniquités qui sont l'ouvrage de vos confrères; mais il falloit, monsieur, vous élever contre une manœuvre si opposée à l'esprit du christianisme, et si déshonorante pour votre état. La lâcheté n'est pas moins répréhensible que la violence dans les ministres du Seigneur. Dans tous les pays du monde il est permis à l'innocent de défendre son innocence : dans le vôtre on l'en punit ; on fait plus, on ose employer la religion à cet usage. Si vous avez protesté contre cette profanation, vous êtes excepté dans mon livre, et je ne vous dois point de réparation : si vous n'avez pas protesté, vous êtes coupable de connivence, et je vous en dois encore moins.

Agréez, monsieur, je vous supplie, mes salutations et mon respect.

A MADAME LA GÉNÉRALE SANDOZ.

Motiers, 23 février 1765.

L'admiration me tue, et surtout de votre part. Ah! madame, un peu d'amitié, et, parmi tant d'affronts, je serai le plus glorieux des êtres. Votre patrie (*) est injuste, sans doute ; mais avec le mal elle a produit le remède. Peut-elle me faire quelque injustice que votre estime ne puisse réparer? La lettre que vous m'avez envoyée est d'un homme d'église; c'est tout dire, et peut-être trop, car il paroît assez modéré. Mais, vu le traitement que je viens d'essuyer à l'instigation de ses confrères, j'attendois des réparations, et il en exige : vous voyez que nous sommes loin de compte. Conservez-moi vos bontés, madame ; elles me seront toujours précieuses, et j'aspire au bonheur d'être à portée de les cultiver.

(*) La Hollande. G. P.

A M. CLAIRAUT.

Motiers-Travers, le 3 mars 1765.

Le souvenir, monsieur, de vos anciennes bontés pour moi vous cause une nouvelle importunité de ma part. Il s'agiroit de vouloir bien être, pour la seconde fois, censeur d'un de mes ouvrages. C'est une très-mauvaise rapsodie que j'ai compilée, il y a plusieurs années, sous le nom de *Dictionnaire de musique*, et que je suis forcé de donner aujourd'hui pour avoir du pain. Dans le torrent de malheurs qui m'entraîne je suis hors d'état de revoir ce recueil. Je sais qu'il est plein d'erreurs et de bévues. Si quelque intérêt pour le sort du plus malheureux des hommes vous portoit à voir son ouvrage avec un peu plus d'attention que celui d'un autre, je vous serois sensiblement obligé de toutes les fautes que vous voudriez bien corriger chemin faisant. Les indiquer sans les corriger ne seroit rien faire, car je suis absolument hors d'état d'y donner la moindre attention ; et si vous daignez en user comme de votre bien pour changer, ajouter, ou retrancher, vous exercerez une charité très-utile, et dont je serai très-reconnoissant. Recevez, monsieur, mes très-humbles excuses et mes salutations (*).

A M. DU PEYROU.

Le 4 mars 1765.

Je vous dois une réponse, monsieur, je le sais. L'horrible situation de corps et d'âme où je me trouve m'ôte la force et le courage d'écrire. J'attendois de vous quelques mots de consolation, mais je vois que vous comptez à la rigueur avec les malheureux. Ce procédé

(*) Clairaut est mort dans le mois de mai de la même année, et n'a pu répondre au désir que Rousseau lui témoigne dans cette lettre. G. P.

n'est pas injuste, mais il est un peu dur dans l'amitié.

AU MÊME.

Motiers, le 7 mars 1765.

Pour Dieu, ne vous fâchez pas, et sachez pardonner quelques torts à vos amis dans leur misère. Je n'ai qu'un ton, monsieur, il est quelquefois un peu dur : il ne faut pas me juger sur mes expressions, mais sur ma conduite. Elle vous honore quand mes termes vous offensent. Dans le besoin que j'ai des consolations de l'amitié, je sens que les vôtres me manquent, et je m'en plains : cela est-il donc si désobligeant?

Si j'ai écrit à d'autres, comment n'avez-vous pas senti l'absolue nécessité de répondre, et surtout dans la circonstance, à des personnes avec qui je n'ai point de correspondance habituelle, et qui viennent au fort de mes malheurs y prendre le plus généreux intérêt ? Je croyois que, sur ces lettres mêmes, vous vous diriez, *il n'a pas le temps de m'écrire*, et que vous vous souviendriez de nos conventions. Falloit-il donc, dans une occasion si critique, abandonner tous mes intérêts, toutes mes affaires, mes devoirs même de peur de manquer avec vous à l'exactitude d'une réponse dont vous m'aviez dispensé? Vous vous seriez offensé de ma crainte, et vous auriez eu raison. L'idée même, très-fausse assurément, que vous aviez de m'avoir chagriné par *votre lettre*, n'étoit-elle pas pour votre bon cœur un motif de réparer le mal que vous supposiez m'avoir fait? Dieu vous préserve d'affliction! mais, en pareil cas, soyez sûr que je ne compterai pas vos réponses. En tout autre cas, ne comptez jamais mes lettres, ou rompons tout de suite, car aussi bien ne tarderions-nous pas à rompre. Mon caractère vous est connu, je ne saurois le changer.

Toutes vos autres raisons ne sont que trop bonnes. Je vous plains dans vos tracas, et les approches de votre goutte me chagrinent surtout vivement, d'autant plus que, dans l'extrême besoin de me distraire, je me promettois des promenades délicieuses avec vous. Je sens encore que ce que je vais vous dire peut être bien déplacé parmi vos affaires ; mais il faut vous montrer si je vous crois le cœur dur, et si je manque de confiance en votre amitié. Je ne fais pas des complimens, mais je prouve.

Il faut quitter ce pays, je le sens; il est trop près de Genève, on ne m'y laisseroit jamais en repos. Il n'y a guère qu'un pays catholique qui me convienne ; et c'est de là, puisque vos ministres veulent tant la guerre, qu'on peut leur en donner le plaisir tout leur soûl. Vous sentez, monsieur, que ce déménagement a ses embarras. Voulez-vous être dépositaire de mes effets en attendant que je me fixe? voulez-vous acheter mes livres, ou m'aider à les vendre? voulez-vous prendre quelque arrangement, quant à mes ouvrages, qui me délivre de l'horreur d'y penser, et de m'en occuper le reste de ma vie? Toute cette rumeur est trop vive et trop folle pour pouvoir durer. Au bout de deux ou trois ans, toutes les difficultés pour l'impression seront levées, surtout quand je n'y serai plus. En tous cas, les autres lieux, même au voisinage, ne manqueront pas. Il y a sur tout cela des détails, qu'il seroit trop long d'écrire, et sur lesquels, sans que vous soyez marchand et sans que vous me fassiez l'aumône, cet arrangement peut m'être utile, et ne vous pas être onéreux. Cela demande d'en conférer. Il faut voir seulement si vos affaires présentes vous permettent de penser à celle-là.

Vous savez donc le triste état de la pauvre madame Guyenet, femme aimable, d'un vrai mérite, d'un esprit aussi fin que juste, et pour qui la vertu n'étoit pas un vain mot : sa famille est dans la plus grande désolation, son mari est au désespoir, et moi je suis déchiré. Voilà, monsieur, l'objet que j'ai sous les yeux pour me consoler d'un tissu de malheurs sans exemple.

J'ai des accès d'abattement, cela est assez naturel dans l'état de maladie, et ces accès sont très-sensibles, parce qu'ils sont les momens où je cherche le plus à m'épancher ; mais ils sont courts, et n'influent point sur ma conduite. Mon état habituel est le courage, et vous le verrez peut-être dans cette affaire, si l'on me pousse à bout ; car je me fais une loi d'être patient jusqu'au moment où l'on ne peut plus l'être sans lâcheté. Je ne sais quelle diable de mouche a piqué vos messieurs ; mais il y a bien tre l'extravagance à tout ce vacarme; ils en rougiront sitôt qu'ils seront calmés.

Mais, que dites-vous, monsieur, de l'étourderie de vos ministres, qui, vu leurs mœurs, leur crasse ignorance, devroient trembler qu'on n'aperçût qu'ils existent, et qui vont sottement payer pour les autres dans une affaire qui ne les regarde pas? Je suis persuadé qu'ils s'imaginent que je vais rester sur la défensive, et faire le pénitent et le suppliant : le Conseil de Genève le croyoit aussi, je l'ai désabusé; je me charge de les désabuser de même. Soyez-moi témoin, monsieur, de mon amour pour la paix, et du plaisir avec lequel j'avois posé les armes : s'ils me forcent à les reprendre, je les reprendrai, car je ne veux pas me laisser battre à terre; c'est un point tout résolu. Quelle prise ne me donnent-ils pas? A trois ou quatre près, que j'honore et que j'excepte, que sont les autres? quels mémoires n'aurai-je pas sur leur compte? Je suis tenté de faire ma paix avec tous les autres clergés, aux dépens du vôtre, d'en faire le *bouc d'expiation* pour les *péchés d'Israël*. L'invention est bonne, et son succès est certain. Ne seroit-ce pas bien servir l'état, d'abattre si bien leur morgue, de les avilir à tel point, qu'ils ne pussent jamais plus ameuter les peuples? J'espère ne pas me livrer à la vengeance; mais si je les touche, comptez qu'ils sont morts. Au reste, il faut premièrement attendre l'excommunication; car, jusqu'à ce moment, ils me tiennent; ils sont mes pasteurs, et je leur dois du respect. J'ai là-dessus des maximes dont je ne me départirai jamais, et c'est pour cela même que je les trouve bien peu sages de m'aimer mieux loup que brebis.

A M. MOULTOU.

9 mars 1765.

Vous ignorez, je le vois, ce qui se passe ici par rapport à moi. Par des manœuvres souterraines que j'ignore, les ministres, Montmollin à leur tête, se sont tout à coup déchaînés contre moi, mais avec une telle violence que, malgré mylord maréchal et le roi même, je suis chassé d'ici sans savoir plus où trouver d'asile sur la terre; il ne m'en reste que dans son sein.

Cher Moultou, voyez mon sort. Les plus grands scélérats trouvent un refuge; il n'y a que votre ami qui n'en trouve point. J'aurois encore l'Angleterre; mais quel trajet, quelle fatigue, quelle dépense! Encore si j'étois seul!... Que la nature est lente à me tirer d'affaire! Je ne sais ce que je deviendrai; mais en quelque lieu que j'aille terminer ma misère, souvenez-vous de votre ami.

Il n'est plus question de mon édition générale. Selon toute apparence, je ne trouverai plus à la faire; et, quand je le pourrois, je ne sais si je pourrois vaincre l'horrible aversion que j'ai conçue pour ce travail. Je ne regarde aucun de mes livres sans frémir, et tout ce que je désire au monde est un coin de terre où je puisse mourir en paix, sans toucher ni papier ni plume.

Je sens le prix de ce que vous avez fait pendant que nous ne nous écrivions plus. Je me plaignois de vous, et vous vous occupiez de ma défense. *On ne remercie pas de ces choses-là, on les sent. On ne fait point d'excuse, on se corrige.*

Voici la lettre de M. Garcin : il vient bien *noblement* à moi au moment de mes plus cruels malheurs. Du reste, ne m'instruisez plus de ce qu'on pense ou de ce qu'on dit : succès, revers, discours publics, tout m'est devenu de la plus grande indifférence. Je n'aspire qu'à mourir en repos. Ma répugnance à me cacher est enfin vaincue. Je suis à peu près déterminé à changer de nom, et à disparoître de dessus la terre. Je sais déjà quel nom je prendrai; je pourrai le prendre sans scrupule; je ne mentirai sûrement pas. Je vous embrasse.

En finissant cette lettre, qui est écrite depuis hier, j'étois dans le plus grand abattement où j'aie été de ma vie. M. de Montmollin entra, et, dans cette entrevue, je retrouvai toute la vigueur que je croyois m'avoir tout-à-fait abandonné. Vous jugerez comment je m'en suis tiré par la relation que j'en envoie à l'homme du roi, et dont je joins ici copie, que vous pouvez montrer. L'assemblée est indiquée pour la semaine prochaine. Peut-être ma contenance en imposera-t-elle. Ce qu'il y a de sûr, c'est que je ne fléchirai pas. En attendant qu'on sache quel parti ils auront pris, ne montrez cette lettre à personne. Bon voyage.

A M. MEURON,

Conseiller d'état et procureur-général à Neuchâtel.

Motiers, le 9 mars 1765.

Hier, monsieur, M. de Montmollin m'honora d'une visite, dans laquelle nous eûmes une conférence assez vive. Après m'avoir annoncé l'excommunication formelle comme inévitable, il me proposa, pour prévenir le scandale, un tempérament que je refusai net. Je lui dis que je ne voulois point d'un état intermédiaire; que je voulois être dedans ou dehors, en paix ou en guerre, brebis ou loup. Il me fit sur cette affaire plusieurs objections que je mis en poudre; car, comme il n'y a ni raison ni justice à tout ce qu'on fait contre moi, sitôt qu'on entre en discussion je suis fort. Pour lui montrer que ma fermeté n'étoit point obstination, encore moins insolence, j'offris, si la classe vouloit rester en repos, de m'engager avec lui de ne plus écrire de ma vie sur aucun point de religion. Il répondit qu'on se plaignoit que j'avois déjà pris cet engagement, et que j'y avois manqué. Je répliquai qu'on avoit tort; que je pouvois bien l'avoir résolu pour moi, mais que je ne l'avois promis à personne. Il protesta qu'il n'étoit pas le maître, qu'il craignoit que la classe n'eût déjà pris sa résolution. Je répondis que j'en étois fâché, mais que j'avois aussi pris la mienne. En sortant, il me dit qu'il feroit ce qu'il pourroit; je lui dis qu'il feroit ce qu'il voudroit, et nous nous quittâmes. Ainsi, monsieur, jeudi prochain, ou vendredi au plus tard, je jetterai l'épée ou le fourreau dans la rivière.

Comme vous êtes mon bon défenseur et patron, j'ai cru vous devoir rendre compte de cette entrevue. Recevez, je vous supplie, mes salutations et mon respect.

A M. LE PROFESSEUR DE MONTMOLLIN.

Par déférence pour M. le professeur de Montmollin, mon pasteur, et par respect pour la vénérable classe, j'offre, si on l'agrée, de m'engager, par un écrit signé de ma main, à ne jamais publier aucun nouvel ouvrage sur aucune matière de religion, même de n'en jamais traiter incidemment dans aucun nouvel ouvrage que je pourrois publier sur tout autre sujet; et de plus, je continuerai à témoigner, par mes sentimens et par ma conduite, tout le prix que je mets au bonheur d'être uni à l'Église.

Je prie M. le professeur de communiquer cette déclaration à la vénérable classe.

Fait à Motiers, le 10 mars 1765.

MADAME LATOUR.

Motiers, le 10 mars 1765.

J'ai lu votre lettre avec la plus grande attention, j'ai rapproché tous les rapports qui pouvoient m'en faire juger sainement: c'étoit pour mon cœur une affaire importante.

Vous étiez flatteuse durant ma prospérité, vous devenez franche dans mes misères: à quelque chose malheur est bon.

J'aime la vérité, sans doute; mais si jamais j'ai le malheur d'avoir un ami dans l'état où je suis, et que je ne trouve aucune vérité consolante à lui dire, je mentirai.

On peut donner en tout temps à son ami le blâme qu'on croit qu'il mérite; mais, quand on choisit le moment de ses malheurs, il faut s'assurer qu'on a raison.

Lorsque je disois, il faut se taire, et ne pas imiter le crime de Cham, j'étois citoyen de Genève; je ne dois que la vérité à ceux par qui je ne le suis plus.

Lorsque je disois, il faut se taire, je n'avois que ma cause à défendre, et je me taisois; mais quand c'est un devoir de parler, il ne faut pas se taire: voyez l'avertissement. Adieu, Marianne.

A M. LE P. DE FÉLICE.

Motiers, le 14 mars 1765.

Je n'ai point fait, monsieur, l'ouvrage intitulé *des Princes*; je ne l'ai point vu; je doute même qu'il existe. Je comprends aisément de quelle fabrique vient cette invention, comme beaucoup d'autres, et je trouve que mes ennemis se rendent bien justice en m'attaquant avec des armes si dignes d'eux. Comme je n'ai jamais désavoué aucun ouvrage qui fût de moi, j'ai le droit d'en être cru sur ceux que je déclare n'en pas être. Je vous prie, monsieur, de recevoir et de publier cette déclaration en faveur de la vérité, et d'un homme qui n'a qu'elle pour sa défense. Recevez mes très-humbles salutations.

A M. DU PEYROU.

Motiers, le 14 mars 1765.

Voici, monsieur, votre lettre. En la lisant j'étois dans votre cœur : elle est désolante. Je vous désolerai peut-être moi-même en vous avouant que celle qui l'écrit me paroît avoir de bons yeux, beaucoup d'esprit, et point d'âme. Vous devriez en faire non votre amie, mais votre folle, comme les princes avoient jadis des fous, c'est-à-dire d'heureux étourdis, qui osoient leur dire la vérité. Nous parlerons de cette lettre dans un tête-à-tête. Cher Du Peyrou, croyez-moi, continuez d'être bon et d'aimer les hommes ; mais ne comptez jamais avec eux.

Premier acte d'ami véritable, non dans vos offres, mais dans vos conseils ; je les attendois de vous : vous n'avez pas trompé mon attente. Le désir de me venger de votre prêtraille étoit né dans le premier mouvement ; c'étoit un effet de la colère ; mais je n'agis jamais dans le premier mouvement, et ma colère est courte. Nous sommes de même avis : ils sont en sûreté, et je ne leur ferai sûrement pas l'honneur d'écrire contre eux.

Non-seulement je n'ai pas dessein de quitter ce pays durant l'orage, je ne veux pas même quitter Motiers, à moins qu'on n'use de violence pour m'en chasser, ou qu'on ne me montre un ordre du roi sous l'immédiate protection duquel j'ai l'honneur d'être. Je tiendrai dans cette affaire la contenance que je dois à mon protecteur et à moi. Mais, de manière ou d'autre, il faudra que cette affaire finisse. Si l'on me fait traîner dehors par des archers, il faut bien que je m'en aille ; si l'on finit par me laisser en repos, je veux alors m'en aller, c'est un point résolu. Que voulez-vous que je fasse dans un pays où l'on me traite plus mal qu'un malfaiteur ? Pourrai-je jamais jeter sur ces gens-là un autre œil que celui du mépris et de l'indignation ? Je m'avilirois aux yeux de toute la terre si je restois au milieu d'eux.

Je suis bien aise que vous ayez d'abord senti et dit la vérité sur le prétendu livre *des Princes* : mais savez-vous qu'on a écrit de Berne à l'imprimeur d'Yverdun de me demander ce livre et de l'imprimer, que ce seroit une bonne affaire ? J'ai d'abord senti les soins officieux de l'ami Bertrand ; j'ai tout de suite envoyé à M. Félice la lettre dont copie ci-jointe, le faisant prier de l'imprimer et de la répandre. Comme il est livré à gens qui ne m'aiment pas, j'ai prié M. Roguin, en cas d'obstacle, de vous en donner avis par la poste ; et alors je vous serois bien obligé si vous vouliez la donner tout de suite à Fauche, et la lui faire imprimer bien correctement. Il faut qu'il la verse, le plus promptement qu'il sera possible, à Berne, à Genève, et dans le pays de Vaud ; mais avant qu'elle paroisse ayez la bonté de la relire sur l'imprimé, de peur qu'il ne s'y glisse quelque faute. Vous sentez qu'il ne s'agit pas ici d'un petit scrupule d'auteur, mais de ma sûreté et de ma liberté peut-être pour le reste de ma vie. En attendant l'impression vous pouvez donner et envoyer des copies.

Je ne serai peut-être en état de vous écrire de long-temps. De grâce, mettez-vous à ma place, et ne soyez pas trop exigeant. Vous devriez sentir qu'on ne me laisse pas du temps de reste ; mais vous en avez pour me donner de vos nouvelles, et même des miennes : car vous savez ce qui se passe par rapport à moi ; pour moi je l'ignore parfaitement.

Je vous embrasse.

A M. MEURON,

Procureur-général à Neuchâtel.

Motiers, le 25 mars 1765.

Je ne sais, monsieur, si je ne dois pas bénir mes misères, tant elles sont accompagnées de consolations. Votre lettre m'en a donné de bien douces, et j'en ai trouvé de plus douces encore dans le paquet qu'elle contenoit. J'avois exposé à mylord maréchal les raisons qui me faisoient désirer de quitter ce pays pour chercher la tranquillité et pour l'y laisser. Il approuve ces raisons, et il est, comme moi, d'avis que j'en sorte : ainsi, monsieur, c'est un parti pris, avec regret, je vous jure, mais irrévocablement. Assurément tous ceux qui ont des bontés pour moi ne peuvent désapprouver que, dans le triste état où je suis, j'aille chercher une terre de paix pour y déposer mes os. Avec plus de vigueur et de santé je consentirois à faire face à mes persécuteurs pour le bien public; mais accablé d'infirmités et de malheurs sans exemple, je suis peu propre à jouer un rôle, et il y auroit de la cruauté à me l'imposer. Las de combats et de querelles, je n'en peux plus supporter. Qu'on me laisse aller mourir en paix ailleurs, car ici cela n'est pas possible, moins par la mauvaise humeur des habitans, que par le trop grand voisinage de Genève, inconvénient qu'avec la meilleure volonté du monde il ne dépend pas d'eux de lever.

Ce parti, monsieur, étant celui auquel on vouloit me réduire, doit naturellement faire tomber toute démarche ultérieure pour m'y forcer. Je ne suis point encore en état de me transporter, et il me faut quelque temps pour mettre ordre à mes affaires, durant lequel je puis raisonnablement espérer qu'on ne me traitera pas plus mal qu'un Turc, un juif, un païen, un athée, et qu'on voudra bien me laisser jouir, pour quelques semaines, de l'hospitalité qu'on ne refuse à aucun étranger. Ce n'est pas, monsieur, que je veuille désormais me regarder comme tel; au contraire, l'honneur d'être inscrit parmi les citoyens du pays me sera toujours précieux par lui-même, encore plus par la main dont il me vient, et je mettrai toujours au rang de mes premiers *devoirs* le zèle et la fidélité que je dois au roi, comme notre prince et comme mon protecteur. J'avoue que j'y laisse un bien très-regrettable, mais dont je n'entends point du tout me dessaisir. Ce sont les amis que j'y ai trouvés dans mes disgrâces, et que j'espère y conserver malgré mon éloignement.

Quant à MM. les ministres, s'ils trouvent à propos d'aller toujours en avant avec leur consistoire, je me traînerai de mon mieux pour y comparoître, en quelque état que je sois, puisqu'ils le veulent ainsi; et je crois qu'ils trouveront, pour ce que j'ai à leur dire, qu'ils auroient pu se passer de tant d'appareil. Du reste ils sont fort les maîtres de m'excommunier, si cela les amuse : être excommunié de la façon de M. de Voltaire m'amusera fort aussi.

Permettez, monsieur, que cette lettre soit commune aux deux messieurs qui ont eu la bonté de m'écrire avec un intérêt si généreux. Vous sentez que, dans les embarras où je me trouve, je n'ai pas plus le temps que les termes pour exprimer combien je suis touché de vos soins et des leurs. Mille salutations et respects.

A MADAME D'IVERNOIS.

Motiers, le 25 mars 1765.

Je suis comblé de vos bontés, madame, et confus de mes torts : ils sont tous dans ma situation, je vous assure; aucun n'est dans mes sentimens. Vous avez trop bien deviné, madame, le sort de notre aimable et infortunée amie (*). M. Tissot m'a fait l'amitié de venir la voir; sous sa direction est-elle déjà beaucoup mieux. Je ne doute point qu'il n'achève de rétablir son corps et sa tête, mais je crains que son cœur ne soit plus long-temps malade, et que l'amitié même ne puisse pas grand'chose sur un mal auquel la médecine ne peut rien.

Pourquoi, madame, n'avez-vous pas ouvert ma lettre pour M. votre mari? J'y avois compté; une médiatrice telle que vous ne peut que rendre notre commerce encore plus agréable. Dites-lui, je vous supplie, mille choses pour moi que je n'ai pas le temps de lui dire; j'ai le *temps seulement de l'aimer de tout mon cœur*, et j'emploie bien ce temps-là : pour l'employer mieux encore, je voudrois que vous daignassiez en usurper une partie. Il faut finir, madame. Mille salutations et respects.

AU CONSISTOIRE DE MOTIERS.

Motiers, le 29 mars 1765.

Messieurs,

Sur votre citation j'avois hier résolu, malgré mon état, de comparoître aujourd'hui par-devant vous; mais sentant qu'il me seroit im-

(*) Madame Guyenet que les suites d'une couche laborieuse avoient réduite à l'extrémité.

possible, malgré toute ma bonne volonté, de soutenir une longue séance, et sur la matière de foi qui fait l'unique objet de cette citation, réfléchissant que je pouvois également m'expliquer par écrit, je n'ai point douté, messieurs, que la douceur de la charité ne s'alliât en vous au zèle de la foi, et que vous n'agréassiez dans cette lettre la même réponse que j'aurois pu faire de bouche aux questions de M. de Montmollin, quelles qu'elles soient.

Il me paroît donc qu'à moins que la rigueur dont la vénérable classe juge à propos d'user contre moi ne soit fondée sur une loi positive, qu'on m'assure ne pas exister dans cet état, rien n'est plus nouveau, plus irrégulier, plus attentatoire à la liberté civile, et surtout plus contraire à l'esprit de la religion, qu'une pareille procédure en pure matière de foi.

Car, messieurs, je vous supplie de considérer que, vivant depuis long-temps dans le sein de l'Église, et n'étant ni pasteur, ni professeur, ni chargé d'aucune partie de l'instruction publique, je ne dois être soumis, moi particulier, moi simple fidèle, à aucune interrogation ni inquisition sur la foi; de telles inquisitions, inouïes dans ce pays, sapant tous les fondemens de la réformation, et blessant à la fois la liberté évangélique, la charité chrétienne, l'autorité du prince, et les droits des sujets, soit comme membres de l'Église, soit comme citoyens de l'état. Je dois toujours compte de mes actions et de ma conduite aux lois et aux hommes; mais puisqu'on n'admet point parmi nous d'Église infaillible qui ait droit de prescrire à ses membres ce qu'ils doivent croire, donc, une fois reçu dans l'Église, je ne dois plus qu'à Dieu seul compte de ma foi.

J'ajoute à cela que lorsque après la publication de l'*Émile* je fus admis à la communion dans cette paroisse, il y a près de trois ans, par M. de Montmollin, je lui fis par écrit une déclaration dont il fut si pleinement satisfait, que non-seulement il n'exigea nulle autre explication sur le dogme, mais qu'il me promit même de n'en point exiger. Je me tiens exactement à sa promesse, et surtout à ma déclaration. Et quelle conséquence, quelle absurdité, quel scandale ne seroit-ce point de s'en être contenté, après la publication d'un livre où le christianisme sembloit si violemment attaqué, et de ne s'en pas contenter maintenant, après la publication d'un autre livre où l'auteur peut errer, sans doute, puisqu'il est homme, mais où du moins il erre en chrétien, puisqu'il ne cesse de s'appuyer pas à pas sur l'autorité de l'Évangile? C'étoit alors qu'on pouvoit m'ôter la communion; mais c'est à présent qu'on devroit me la rendre. Si vous faites le contraire, messieurs, pensez à vos consciences; pour moi, quoi qu'il arrive, la mienne est en paix.

Je vous dois, messieurs, et je veux vous rendre toutes sortes de déférences, et je souhaite de tout mon cœur qu'on n'oublie pas assez la protection dont le roi m'honore pour me forcer d'implorer celle du gouvernement.

Recevez, messieurs, je vous supplie, les assurances de tout mon respect.

Je joins ici la copie de la déclaration sur laquelle je fus admis à la communion en 1762, et que je confirme aujourd'hui.

A M. DU PEYROU.

Le 6 avril 1765.

Je souffre beaucoup depuis quelques jours, et les tracas que je croyois finis, et que je vois se multiplier, ne contribuent pas à me tranquiliser le corps ni l'âme. Voilà donc de nouvelles lettres d'éclat à écrire, de nouveaux engagemens à prendre, et qu'il faut jeter à la tête de tout le monde, jusqu'à ce que je trouve quelqu'un qui les daigne agréer. Voilà, toute chose cessante, un déménagement à faire. Il faut me réfugier à Couvet, parce que j'ai le malheur d'être dans la disgrâce du ministre de Motiers: il faut vite aller chercher un autre ministre et un autre consistoire; car sans ministre et sans consistoire, il ne m'est plus permis de respirer; et il faut errer de paroisse en paroisse, jusqu'à ce que je trouve un ministre assez bénin pour daigner me tolérer dans la sienne.

Cependant M. de Pury appelle cela le pays le plus libre de la terre, à la bonne heure; mais cette liberté-là n'est pas de mon goût. M. de Pury sait que je ne veux plus rien avoir à faire avec les ministres; il me l'a conseillé lui-même; il sait que naturellement je suis désormais dans ce cas avec celui-ci: il sait que le Conseil d'état m'a exempté de la juridiction de son consistoire : par quelle étrange maxime veut-il que je m'aille refourrer tout exprès sous la juridiction d'un autre consistoire dont le Conseil d'état ne m'a point exempté, et sous celle d'un autre ministre qui me tracassera plus poliment, sans doute, mais qui me tracassera toujours ; voudra poliment savoir comme je pense, et que poliment j'enverrai promener ? Si j'avois une habitation à choisir dans ce pays, ce seroit celle-ci, précisément par la raison qu'on veut que j'en sorte. J'en sortirai donc puisqu'il le faut ; mais ce ne sera sûrement pas pour aller à Couvet.

Quant à la lettre que vous jugez à propos que j'écrive pour promettre le silence pendant mon séjour en Suisse, j'y consens ; je désirerois seulement que vous me fissiez l'amitié de m'envoyer le modèle de cette lettre, que je transcrirai exactement, et de me marquer à qui je dois l'adresser. Garrottez-moi si bien que je ne puisse plus remuer ni pied ni patte ; voilà mon cœur et mes mains dans les liens de l'amitié. Je suis très-déterminé à vivre en repos, si je puis, et à ne plus rien écrire, quoi qu'il arrive, si ce n'est ce que vous savez, et pour la Corse, s'il le faut absolument, et que je vive assez pour cela. Ce qui me fâche, encore un coup, c'est d'aller offrant cette promesse de porte en porte, jusqu'à ce qu'il se trouve quelqu'un qui la daigne agréer : je ne sache rien au monde de plus humiliant ; c'est donner à mon silence une importance que personne n'y voit que moi seul.

Pardonnez, monsieur, l'humeur qui me ronge ; j'ai onze *lettres sur la table*, la plupart très-désagréables, et qui veulent toutes la plus prompte réponse. Mon sang est calciné, la fièvre me consume, je ne pisse plus du tout, et jamais rien ne m'a tant coûté de ma vie que cette promesse authentique qu'il faut que je fasse d'une chose que je suis bien déterminé à tenir, que je la promette ou non. Mais, tout en grognant fort maussadement, j'ai le cœur plein des sentimens les plus tendres pour ceux qui s'intéressent si généreusement à mon repos, et qui me donnent les meilleurs conseils pour l'assurer. Je sais qu'ils ne me conseillent que pour mon bien, qu'ils ne prennent à tout cela d'autre intérêt que le mien propre. Moi, de mon côté, tout en murmurant, je veux leur complaire, sans songer à ce qui m'est bon. S'ils me demandoient pour eux ce qu'ils me demandent pour moi-même, il ne me coûteroit plus rien ; mais comme il est permis de faire en rechignant son propre avantage, je veux leur obéir, les aimer, et les gronder. Je vous embrasse.

P. S. Tout bien pensé, je crois pourtant qu'avant le départ de M. Meuron je ferai ce qu'on désire. Ma paresse commence toujours par se dépiter, mais à la fin mon cœur cède.

Si je restois, j'en reviendrois, en attendant que votre maison fût faite, au projet de chercher quelque jolie habitation près de Neuchâtel, et de m'abandonner à quelque société où j'eusse à la fois la liberté et le commerce des hommes. Je n'ai pas besoin de société pour me garantir de l'ennui, au contraire ; mais j'en ai besoin pour me détourner de rêver et d'écrire. Tant que je vivrai seul, ma tête ira malgré moi.

A MYLORD MARÉCHAL.

Le 6 avril 1765.

Il me paroît, mylord, que, grâces aux soins des honnêtes gens qui vous sont attachés, les projets des prédicans contre moi s'en iront en fumée, ou aboutiront tout au plus à me garantir de l'ennui de leurs lourds sermons. Je n'entrerai point dans le détail de ce qui s'est passé, sachant qu'on vous en a rendu un fidèle compte ; mais il y auroit de l'ingratitude à moi de ne vous rien dire de la chaleur que M. Chaillet a mise à toute cette affaire, et de l'activité pleine à la fois de prudence et de vigueur avec laquelle M. Meuron l'a conduite. A portée, dans la place où vous l'avez mis, d'agir et parler au nom du roi et au vôtre, il s'est prévalu de cet avantage avec tant de dextérité, que, sans indisposer personne, il a ramené tout le Conseil d'état à son avis ; ce qui n'étoit pas peu de chose, vu l'extrême fermentation qu'on avoit trouvé le moyen d'exciter dans les esprits. La manière dont il s'est tiré de cette affaire prouve qu'il est très en état d'en manier de plus grandes.

Lorsque je reçus votre lettre du 10 mars avec les petits billets numérotés qui l'accompagnoient, je me sentis le cœur si pénétré de ces tendres soins de votre part, que je m'épanchai là-dessus avec M. le prince Louis de Wirtemberg, homme d'un mérite rare, épuré par les disgrâces, et qui m'honore de sa correspondance et de son amitié. Voici là-dessus sa réponse; je vous la transmets mot à mot : « Je n'ai pas douté un moment que le roi de Prusse ne vous soutînt; mais vous me faites chérir mylord maréchal : veuillez lui témoigner toute la vivacité des sentimens que cet homme respectable m'inspire. Jamais personne avant lui ne s'est avisé de faire un journal si honorable pour l'humanité. »

Quoiqu'il me paroisse à peu près décidé que je puis jouir en ce pays de toute la sûreté possible, sous la protection du roi, sous la vôtre, et grâces à vos précautions, comme sujet de l'état (*), cependant il me paroît toujours impossible qu'on m'y laisse tranquille. Genève n'en est pas plus loin qu'auparavant, et les brouillons de ministres me haïssent encore plus à cause du mal qu'ils n'ont pu me faire. On ne peut compter sur rien de solide dans un pays où les têtes s'échauffent tout d'un coup sans savoir pourquoi. Je persiste donc à vouloir suivre votre conseil et m'éloigner d'ici. Mais comme il n'y a plus de danger, rien ne presse; et je prendrai tout le temps de délibérer et de bien peser mon choix, pour ne pas faire une sottise, et m'aller mettre dans de nouveaux lacs. Toutes mes raisons contre l'Angleterre subsistent; et il suffit qu'il y ait des ministres dans ce pays-là pour me faire craindre d'en approcher. Mon état et mon goût m'attirent également vers l'Italie; et si la lettre dont vous m'avez envoyé copie obtient une réponse favorable, je penche extrêmement pour en profiter. Cette lettre, mylord, est un chef-d'œuvre; pas un mot de trop, si ce n'est des louanges : pas une idée omise pour aller au but. Je compte si bien sur son effet, que, sans autre sûreté qu'une pareille lettre, j'irois volontiers me livrer aux Vénitiens. Cependant, comme je puis attendre, et que la saison n'est pas bonne encore pour passer les monts, je ne prendrai nul parti définitif sans en bien consulter avec vous.

Il est certain, mylord, que je n'ai pour le moment nul besoin d'argent. Cependant je vous l'ai dit, je vous le répète, loin de me défendre de vos dons, je m'en tiens honoré. Je vous dois les biens les plus précieux de la vie; marchander sur les autres seroit de ma part une ingratitude. Si je quitte ce pays, je n'oublierai pas qu'il y a dans les mains de M. Meuron cinquante louis dont je puis disposer au besoin.

Je n'oublierai pas non plus de remercier le roi de ses grâces. Ç'a toujours été mon dessein si jamais je quittois ses états. Je vois, mylord, avec une grande joie, qu'en tout ce qui est convenable et honnête nous nous entendons sans nous être communiqués.

A M. D'ESCHERNY.

Motiers, le 6 avril 1765.

Je n'entends pas bien, monsieur, ce qu'après sept ans de silence M. Diderot vient tout à coup exiger de moi. Je ne lui demande rien. Je n'ai nul désaveu à faire. Je suis bien éloigné de lui vouloir du mal, encore plus de lui en faire ou d'en dire de lui; je sais respecter jusqu'à la fin les droits de l'amitié, même éteinte, mais je ne la rallume jamais; c'est ma plus inviolable maxime.

J'ignore encore où m'entraînera ma destinée. Ce que je sais, c'est que je ne quitterai qu'à regret un pays où, parmi beaucoup de personnes que j'estime, il y en a quelques-unes que j'aime et dont je suis aimé. Mais, monsieur, ce que j'aime le plus au monde, et dont j'ai le plus de besoin, c'est la paix : je la chercherai jusqu'à ce que je la trouve, ou que je meure à la peine. Voilà la seule chose sur laquelle je suis bien décidé.

J'espérois toujours vous rapporter votre musique; mais, malade et distrait, je n'ai pas le temps d'y jeter les yeux. M. de Montmollin a jugé à propos de m'occuper ici d'autres chansons bien moins amusantes. Il a voulu me faire chanter ma gamme, et s'est fait un peu chanter la sienne; que Dieu nous préserve de pareille musique! Ainsi soit-il. Je vous salue, monsieur, de tout mon cœur.

(*) Lord maréchal lui avoit obtenu des lettres de naturalisation. G. P.

A M. LALIAUD.

Motiers, le 7 avril 1765.

Puisque vous le voulez absolument, monsieur, voici deux mauvaises esquisses que j'ai fait faire, faute de mieux, par une manière de peintre qui a passé par Neuchâtel. La grande est un profil à silhouette, où j'ai fait ajouter quelques traits en crayon pour mieux déterminer la position des traits ; l'autre est un profil tiré à la vue. On ne trouve pas beaucoup de ressemblance à l'un ni à l'autre : j'en suis fâché, mais je n'ai pu faire mieux ; je crois même que vous me sauriez quelque gré de cette petite attention, si vous connoissiez la situation où j'étois quand je me suis ménagé le moment de vous complaire.

Il y a un portrait de moi très-ressemblant dans l'appartement de madame la maréchale de Luxembourg. Si M. Lemoine prenoit la peine de s'y transporter et de demander de ma part M. de La Roche, je ne doute pas qu'il n'eût la complaisance de le lui montrer.

Je ne vous connois, monsieur, que par vos lettres ; mais elles respirent la droiture et l'honnêteté ; elles me donnent la plus grande opinion de votre âme ; l'estime que vous m'y témoignez me flatte, et je suis bien aise que vous sachiez qu'elle fait une des consolations de ma vie.

A M. D'IVERNOIS.

Motiers, le 8 avril 1765.

Bien arrivé, mon cher monsieur ; ma joie est grande, mais elle n'est pas complète, puisque vous n'avez pas passé par ici. Il est vrai que vous y auriez trouvé une fermentation désagréable à votre amitié pour moi. J'espère, quand vous viendrez, que vous trouverez tout pacifié. La chance commence à tourner extrêmement. Le roi s'est si hautement déclaré, mylord maréchal a si vivement écrit, les gens en crédit ont pris mon parti si chaudement, que le Conseil d'état s'est unanimement déclaré pour moi, et m'a, par un arrêt, exempté de la juridiction du consistoire, et assuré la protection du gouvernement. Les ministres sont généralement hués : l'homme à qui vous avez écrit est consterné et furieux ; il ne lui reste plus d'autres ressources que d'ameuter la canaille, ce qu'il a fait jusqu'ici avec assez de succès. Un des plus plaisants bruits qu'il fait courir est que j'ai dit dans mon dernier livre que les femmes n'avoient point d'âme ; ce qui les met dans une telle fureur par tout le Val-de-Travers, que, pour être honoré du sort d'Orphée, je n'ai qu'à sortir de chez moi. C'est tout le contraire à Neuchâtel, où toutes les dames sont déclarées en ma faveur. Le sexe dévot y traîne les ministres dans les boues. Une des plus aimables disoit, il y a quelques jours, en pleine assemblée, qu'il n'y avoit qu'une seule chose qui la scandalisât dans tous mes écrits ; c'étoit l'éloge de M. de Montmollin. Les suites de cette affaire m'occupent extrêmement. M. Andrié m'est arrivé de Berlin de la part de mylord maréchal. Il me survient de toutes parts des multitudes de visites. Je songe à déménager de cette maudite paroisse pour aller m'établir près de Neuchâtel, où tout le monde a la bonté de me désirer. Par-dessus tous ces tracas, mon triste état ne me laisse point de relâche, et voici le septième mois que je ne suis sorti qu'une seule fois, dont je me suis trouvé fort mal. Jugez d'après tout cela si je suis en état de recevoir M. de Servan, quelque désir que j'en eusse ; dans tout le cours de ma vie il n'auroit pas pu choisir plus mal son temps pour me venir voir. Dissuadez-l'en, je vous supplie, ou qu'il ne s'en prenne pas à moi s'il perd ses pas.

Je ne crois pas avoir écrit à personne que peut-être je serois dans le cas d'aller à Berlin. Il m'a tant passé de choses par la tête que celle-là pourroit y avoir passé aussi ; mais je suis presque assuré de n'en avoir rien dit à qui que ce soit. La mémoire que je perds absolument m'empêche de rien affirmer. Des motifs très-doux, très-pressans, très-honorables, m'y attireroient sans doute, mais le climat me fait peur. Que je cherche au moins la bénignité du soleil, puisque je n'en dois point attendre des hommes. J'espère que celle de l'amitié me suivra partout. Je connois la vôtre, et je m'en prévaudrois au besoin ; mais ce n'est pas l'argent qui me manque, et, si j'en avois besoin, cinquante louis sont à Neuchâtel à mes ordres, grâce à la prévoyance de mylord maréchal.

A M. DU PEYROU.

8 avril 1765.

Je n'ai le temps, monsieur, que de vous écrire un mot. Votre inquiétude m'en donne une très-grande. S'il est cruel d'avoir des peines, il l'est bien plus encore de ne connoître pas un ami tendre, pas un honnête homme dans le sein duquel on les puisse épancher.

A MADEMOISELLE D'IVERNOIS.

Motiers, le 9 avril 1765.

Au moins, mademoiselle, n'allez pas m'accuser aussi de croire que les femmes n'ont point d'âme ; car, au contraire, je suis persuadé que toutes celles qui vous ressemblent en ont au moins deux à leur disposition. Quel dommage que la vôtre vous suffise ! J'en connois une qui se plairoit fort à loger en même lieu. Mille respects à la chère maman et à toute la famille. Je vous prie, mademoiselle, d'agréer les miens.

A M. MEURON,

Procureur-général à Neuchâtel.

Motiers, le 9 avril 1765.

Permettez, monsieur, qu'avant votre départ je vous supplie de joindre à tant de soins obligeans pour moi celui de faire agréer à messieurs du Conseil d'état mon profond respect et ma vive reconnoissance. Il m'est extrêmement consolant de jouir, sous l'agrément du gouvernement de cet état, de la protection dont le roi m'honore, et des bontés de mylord maréchal ; de si précieux actes de bienveillance m'imposent de nouveaux devoirs que mon cœur remplira toujours avec zèle, non-seulement en fidèle sujet de l'état, mais en homme particulièrement obligé à l'illustre corps qui le gouverne. Je me flatte qu'on a vu jusqu'ici dans ma conduite une simplicité sincère, et autant d'aversion pour la dispute que d'amour pour la paix. J'ose dire que jamais homme ne chercha moins à répandre ses opinions, et ne fut moins auteur dans la vie privée et sociale ; si, dans la chaîne de mes disgrâces, les sollicitations, le devoir, l'honneur même, m'ont forcé de prendre la plume pour ma défense et pour celle d'autrui, je n'ai rempli qu'à regret un devoir si triste, et j'ai regardé cette cruelle nécessité comme un nouveau malheur pour moi. Maintenant, monsieur, que, grâce au ciel, j'en suis quitte, je m'impose la loi de me taire, et, pour mon repos et pour celui de l'état où j'ai le bonheur de vivre, je m'engage librement, tant que j'aurai le même avantage, à ne plus traiter aucune matière qui puisse y déplaire, ni dans aucun des états voisins. Je ferai plus ; je rentre avec plaisir dans l'obscurité où j'aurois dû toujours vivre, et j'espère sur aucun sujet ne plus occuper le public de moi. Je voudrois de tout mon cœur offrir à ma nouvelle patrie un tribut plus digne d'elle : je lui sacrifie un bien très-peu regrettable, et je préfère infiniment au vain bruit du monde l'amitié de ses membres et la faveur de ses chefs.

Recevez, monsieur, je vous supplie, mes très-humbles salutations.

A M. DU PEYROU.

Vendredi, 12 avril 1765

Plus j'étois touché de vos peines, plus j'étois fâché contre vous ; et en cela j'avois tort ; le commencement de votre lettre me le prouve. Je ne suis pas toujours raisonnable, mais j'aime toujours qu'on me parle raison. Je voudrois connoître vos peines pour les soulager, pour les partager du moins. Les vrais épanchemens du cœur veulent non-seulement l'amitié, mais la familiarité, et la familiarité ne vient que par l'habitude de vivre ensemble. Puisse un jour cette habitude si douce donner, entre nous, à l'amitié tous ses charmes ! Je les sentirai trop bien pour ne pas vous les faire sentir aussi.

La sentence de Cicéron que vous demandez est, *amicus Plato, amicus Aristoteles, sed magis amica veritas* (*). Mais vous pourrez la resser-

---

(*) C'étoit l'épigraphe projetée pour une lettre apologétique des principes et de la conduite de Rousseau dans son affaire avec Montmollin et son consistoire, lettre que Du Peyrou avoit l'intention de publier, et qu'il publia en effet peu de temps après. Pour l'intelligence complète des lettres au même Du Peyrou qui vont suivre jusqu'à celle du 8 août 1765 inclusivement, voyez la note applicable à cette dernière. G. P.

rer, en n'employant que les deux premiers mots et les trois derniers, et souvenez-vous qu'elle emporte l'obligation de me dire mes vérités. Au lieu de vous dire précisément si vous devez employer le terme de *conclave inquisitorial*, j'aime mieux vous exposer le principe sur lequel je me détermine en pareil doute. Qu'une expression soit ou ne soit pas ce qu'on appelle françoise ou du bel usage, ce n'est pas de cela qu'il s'agit : on ne parle et l'on n'écrit que pour se faire entendre; pouvu qu'on soit intelligible, on va à son but; quand on est clair, on y va encore mieux : parlez donc clairement pour quiconque entend le françois. Voilà la règle, et soyez sûr que, fissiez-vous au surplus cinq cents barbarismes, vous n'en aurez pas moins bien écrit. Je vais plus loin, et je soutiens qu'il faut quelquefois faire des fautes de grammaire pour être plus lumineux. C'est en cela, et non dans toutes les pédanteries du purisme, que consiste le véritable art d'écrire. Ceci posé, j'examine, sur cette règle, le *conclave inquisitorial*, et je me demande si ces deux mots réunis présentent à l'esprit une idée bien une et bien nette, et il me paroît que non. Le mot *conclave* en latin ne signifie qu'une chambre retirée, mais en françois il signifie l'assemblée des cardinaux pour l'élection du pape. Cette idée n'a nul rapport à la vôtre, et elle exclut même celle de l'inquisition. Voyez si, peut-être en changeant le premier mot, et mettant, par exemple, celui de *synode inquisitorial*, vous n'iriez pas mieux à votre but. Il semble même que le mot *synode* pris pour une assemblée de ministres, contrastant avec celui d'*inquisitorial*, feroit mieux sentir l'inconséquence de ces messieurs. L'union seule de ces deux mots feroit à mon sens un argument sans réplique; et voilà en quoi consiste la finesse de l'emploi de mots. Pardon, monsieur, de mes longueries; mais comme vous pouvez avoir quelquefois, dans l'honnêteté de votre âme, l'occasion de parler au public pour le bien de la vérité, j'ai cru que vous seriez peut-être bien aise de connoître la règle générale qui me paroît toujours bonne à suivre dans le choix des mots.

Comme je suis très-persuadé que votre ouvrage n'aura nul besoin de ma révision, je vous prie de m'en dispenser à cause de la matière. Il convient que je puisse dire que je n'y ai aucune part et que je ne l'ai pas vu. Il est même inutile de m'envoyer aucune des pièces que vous vous proposez d'y mettre, puisqu'il me suffira de les trouver toutes dans l'imprimé.

Au train dont la neige tombe, nous en aurons ce soir plus d'un pied : cela, et mon état encore empiré, m'ôtera le plaisir de vous aller voir aussitôt que je l'espérois. Sitôt que je le pourrai, comptez que vous verrez celui qui vous aime.

AU MÊME.

15 avril 1765.

Je prends acte du reproche que vous me faites de trop de précipitation vis-à-vis de M. Vernes, et je vous prédis que dans trois mois d'ici vous me reprocherez trop de lenteur et de modération.

Je n'aime pas que les choses qui se sont passées dans le tête-à-tête se publient; c'est pourquoi la note sur laquelle vous me consultez est peu de mon goût. Je n'aime pas même trop, dans le texte, l'épithète *si doux*, donnée aux éloges du professeur. Il y a de l'erreur dans mes éloges, mais je ne crois pas qu'il y ait de la fadeur, et quand il y en auroit, je ne voudrois pas que ce fût vous qui la relevassiez. Au reste, je n'exige rien, je dis mon goût, suivez le vôtre.

Charité veut dire *amour*, ainsi l'on n'aime jamais que par charité; c'est par charité que je vous aime et que je veux être aimé de vous. Mais ce mot part d'une âme triste, et n'échappe pas à la mienne. J'ai besoin d'être auprès de vous; mais pas un moment de relâche, ni dans le mauvais temps, ni dans mon état : cela est bien cruel. Fi du *Monsieur*, je ne puis le souffrir. Je vous embrasse.

AU MÊME.

22 avril 1765.

L'amitié est une chose si sainte, que le nom n'en doit pas même être employé dans l'usage ordinaire; ainsi nous serons amis, et nous ne nous dirons pas *mon ami*. J'eus un surnom jadis que je crois mériter mieux que jamais ; à Paris, on ne m'appeloit que le *citoyen*. A votre égard, prenez un nom de société qui vous plaise et que je puisse vous donner. Je me plais à songer que vous devez être un jour mon cher hôte, et j'aimerois à vous en donner le titre d'avance ; mais celui-là ou un autre, prenez-en un qui soit de votre goût, et qui supprime entre nous le maussade mot de *monsieur*, que l'amitié et sa familiarité doivent proscrire.

Votre petite note est très-bien. Sur ce que j'apprends, il me paroît important que vous preniez vos mesures si justes et si sûres, que l'écrit paroisse avant la générale de mai. J'ai eu le plaisir de voir M. de Pury : c'est un digne homme dont je n'oublierai jamais les services. Je souffre toujours beaucoup.

Je vous embrasse.

Examinez toujours le cachet de mes lettres, pour voir si elles n'ont point été ouvertes, et pour cause ; je me servirai toujours de la lyre.

A M. D'IVERNOIS.

Motiers, le 22 avril 1765.

J'ai reçu, monsieur, tous vos envois, et ma sensibilité à votre amitié augmente de jour en jour : mais j'ai une grâce à vous demander ; c'est de ne me plus parler des affaires de Genève, et ne plus m'envoyer aucune pièce qui s'y rapporte. Pourquoi veut-on absolument, par de si tristes images, me faire finir dans l'affliction le reste des malheureux jours que la nature m'a comptés, et m'ôter un repos dont j'ai si grand besoin, et que j'ai si chèrement acheté ? Quelque plaisir que me fasse votre correspondance, si vous continuez d'y faire entrer des objets dont je ne puis ni ne veux plus m'occuper, vous me forcerez d'y renoncer.

Parmi ce que m'a apporté le neveu de M. Vieusseux, il y avoit une lettre de Venise, où celui qui l'écrit a eu l'étourderie de ne pas marquer son adresse. Si vous savez par quelle voie est venue cette lettre, informez-vous, de grâce, si je ne pourrois pas me servir de la même voie pour faire parvenir ma réponse.

Je vous remercie du vin de Lunel ; mais, mon cher monsieur, nous sommes convenus, ce me semble, que vous ne m'enverriez plus rien de ce qui ne vous coûte rien. Vous me paroissez n'avoir pas pour cette convention la même mémoire qui vous sert si bien dans mes commissions.

Je ne peux rien vous dire du chevalier de Malte ; il est encore à Neuchâtel. Il m'a apporté une lettre de M. de Paoli qui n'est certainement pas supposée : cependant la conduite de cet homme-là est en tout si extraordinaire que je ne puis prendre sur moi de m'y fier ; et je lui ai remis pour M. Paoli une réponse qui ne signifie rien, et qui le renvoie à notre correspondance ordinaire, laquelle n'est pas connue du chevalier. Tout ceci, je vous prie, entre nous.

Mon état empire au lieu de s'adoucir. Il me vient du monde des quatre coins de l'Europe. Je prends le parti de laisser à la poste les lettres que je ne connois pas, ne pouvant plus y suffire. Selon toute apparence je ne pourrai guère jouir à ce voyage du plaisir de vous voir tranquillement. Il faut espérer qu'une autre fois je serai plus heureux.

La lieutenante est à Neuchâtel. Je ne veux lui faire votre commission que de bouche. Je crains qu'elle ne pût vous aller voir seule, et que la compagnie qu'elle seroit forcée de se donner ne fût pas trop du goût de madame d'Ivernois, à qui je présente mon respect. J'embrasse tendrement son cher mari.

Bien des salutations aux amis et bonnes connoissances.

A M. COINDET.

Motiers, le 27 avril 1765.

Je devrois, mon cher Coindet, vous écrire souvent, ne fût-ce que pour vous remercier. Mais acceptez, je vous prie, la bonne volonté pour l'effet ; car, en ce moment, eussé-je dix mains et dix secrétaires, je ne suffirois pas à tout ce qu'on me force d'écrire. Je dois aussi des remercîmens à M. Watelet et à M. Loiseau. Quand je ne leur en devrois pas, je voudrois leur écrire. En attendant que je puisse là-dessus me satisfaire, faites-leur les plus tendres salutations de ma part.

Je comprends qu'on a pu vous marquer de

Genève que je quittois Motiers. On y a si bien travaillé pour cela, qu'on n'a pas douté du succès. Je ne sais pas encore si je prendrai le parti de complaire à ces messieurs, mais jusqu'ici cela dépend uniquement de ma volonté, et il est apparent que cela n'en dépendra pas moins dans la suite.

Vous aurez su que je portois autrefois l'honorable surnom de citoyen par excellence, lorsque je l'avois beaucoup moins mérité qu'aujourd'hui. Vous pouvez voir, par la couronne civique dont j'ai entouré ma devise, à la tête de mon dernier ouvrage, quelle justice je sens m'être due à cet égard. Je souhaite qu'au moins mes amis me l'accordent, en me rendant ce nom de citoyen, qui m'est si cher, et que j'ai payé si cher. Ce n'est point pour moi un titre vain, puisqu'outre que, par une élection unanime, j'ai ici une patrie qui m'a choisi, s'il est sur la terre un état où règne la justice et la liberté, je suis citoyen né de cet état-là. Conclusion : je fus et je suis le citoyen. Quiconque m'aime ne doit plus me donner d'autre nom.

A mesure que vous m'envoyez quelque chose, vous ne m'en marquez point le prix. Cela fait que je ne puis vous rendre vos déboursés. Vous prétendez que je ne vous devois qu'un écu pour le cadre de l'amitié : c'est une moquerie, mais soit; depuis lors le compte doit être augmenté. Donnez-m'en la note, et je chargerai Duchesne de vous rembourser. Car, pour vos soins, je ne puis les payer qu'en reconnoissance, puisque c'est le seul prix que vous en voulez agréer. Le Corneille est admirable, c'est dommage qu'il ait été un peu chiffonné dans le transport. J'ai reçu la charmante oiseleuse avec un nouveau plaisir, augmenté par les bontés de l'aimable graveur. Il mérite un nouveau remercîment pour celui dont il me dispense; sans m'acquitter, une lettre me coûte; c'est me faire un second présent que de m'en exempter.

Je vois, par le présent que vous m'avez envoyé de la part de M. Watelet, que madame Le Comte, ni lui, n'ont pas voulu profaner, dans mes mains, leurs propres ouvrages. Ils m'auroient pourtant été beaucoup plus précieux que toute autre estampe; mais, du reste, on ne sauroit refuser plus magnifiquement.

Voici le huitième mois que je ne suis sorti de la chambre. Plaignez-moi, mon cher Coindet, vous qui savez que je n'ai plus d'autre plaisir que la promenade, et que je ne suis qu'une machine ambulante. Encore ma prison me seroit-elle moins rude, si du moins j'y vivois tranquille, et qu'on m'y laissât le temps d'écrire à mon aise à mes amis. Je vous embrasse de tout mon cœur.

Pour trouver, s'il se peut, le repos après lequel je soupire, je prends le parti de vider ma tête de toute idée, et de l'empailler avec du foin. Je gagnerai à cela de mettre un nouvel intérêt à mes promenades, par le plaisir d'herboriser. Je voudrois trouver un recueil de plantes gravées, bien ressemblantes, quand même il faudroit y mettre un certain prix. Ne pourriez-vous point m'aider dans cette recherche ? Cela me procureroit encore le plaisir de m'occuper l'hiver à les enluminer.

A M. DU PEYROU.

Le 29 avril 1765.

Votre avis, mon cher hôte, de ne faire passer aucun exemplaire par mes mains est très-sage : c'est une réflexion que j'avois faite moi-même, et que je comptois vous communiquer.

J'ai reçu votre présent (*) ; je vous en remercie ; il me fait grand plaisir, et je brûle d'être à portée d'en faire usage. J'ai plus que jamais la passion pour la botanique, mais je vois avec confusion que je ne connois pas encore assez de plantes empiriquement pour les étudier par système. Cependant je ne me rebuterai pas, et je me propose d'aller, dans la belle saison, passer une quinzaine de jours près de M. Gagnebin pour me mettre en état du moins de suivre Linnæus.

J'ai dans la tête que, si vous pouvez vous soutenir jusqu'au temps de notre caravane, elle vous garantira d'être arrêté durant le reste de l'année, vu que la goutte n'a point de plus grand ennemi que l'exercice pédestre. Vous devriez prendre la botanique pour remède, quand vous ne la prendriez pas par goût. Au reste, je vous avertis que le charme de cette science consiste surtout dans l'étude anatomi-

(*) Les ouvrages de Linnæus. G. P.

que des plantes. Je ne puis faire cette étude à mon gré faute des instrumens nécessaires, comme microscopes de diverses mesures de foyer, petites pinces bien menues, semblables aux brusselles des joailliers; ciseaux très-fins à découper. Vous devriez tâcher de vous pourvoir de tout cela pour notre course; et vous verrez que l'usage en est très-agréable et très-instructif. Vous me parlez du temps remis: il ne l'est assurément pas ici: j'ai fait quelques essais de sortie qui m'ont réussi médiocrement, et jamais sans pluie. Il me tarde d'aller vous embrasser, mais il faut faire des visites, et cela m'épouvante un peu, surtout vu mon état.

Notre archiprêtre (*) continue ses ardentes philippiques; il en a fait hier une, dans laquelle il s'est tellement attendri sur les miracles, qu'il fondoit en larmes, et y faisoit fondre ses pieux auditeurs. Il paroît avoir pris le parti le plus sûr; c'est de ne point s'embarrasser du Conseil d'état ni de la classe, mais d'aller ici son train en ameutant la canaille. Cependant tout s'est borné jusqu'à présent à quelques insultes; et, comme je ne réponds rien du tout, ils auront difficilement occasion d'aller plus loin.

Quand verrez-vous la fin de ce vilain procès? Je voudrois aussi voir déjà votre bâtiment fini pour y occuper ma cellule, et vous appeler tout de bon mon cher hôte. Bonjour.

L'homme d'ici paroît absolument forcené, et déterminé à pousser lui seul les choses aussi loin qu'elles peuvent aller. Il me paroît toujours plaisant qu'un homme aussi généralement méprisé n'en soit pas moins redoutable. S'il espère m'effrayer au point de me faire fuir, il se trompe.

AU MÊME.

2 mai 1765.

Mon cher hôte, votre lettre à mylord maréchal est très-belle; il n'y a pas une syllabe à ajouter ni à retrancher, et je vous garantis qu'elle lui fera le plus grand plaisir.

Je vois par le tour que prennent les choses que l'archiprêtre sera bientôt forcé de me laisser en repos: c'est alors que je veux sortir de Motiers, lorsqu'il sera bien établi qu'étant

(*) Montmollin.

maître d'y rester tranquille ma retraite n'aura point l'air de fuite. Je crois qu'en pareil cas je me déterminerai tout-à-fait à être à Cressier l'hôte de mon hôte, au moins si cela lui convient. Mais, quoique la maison soit trop grande pour moi, il me la faudroit tout entière, accommodée, meublée, bien fermée, et avec le petit jardin. Voilà bien des choses, voyez si ce n'est pas trop. Il y a plus: quoique au point où nous en sommes ce soit peut-être à moi une sorte d'ingratitude de ne pas accepter ce logement gratuitement, il faut, pour m'y mettre tout-à-fait à mon aise, que vous me louiez comme vous pourriez faire à tout autre, et que vous y compreniez les frais pour le mettre en état. Cela posé, je pourrois bien m'y établir pour le reste de ma vie, sauf à occuper près de vous un autre appartement en ville, quand votre bâtiment sera fait. Voilà, mon cher hôte, mes châteaux en Espagne; voyez s'il vous convient de les réaliser.

On me mande de Berne que le sieur Bertrand a demandé le 29 au sénat sa démission, et l'a obtenue sans difficulté; on ajoute qu'il quittera Berne. Le voyage de M. Chaillet n'auroit-il point contribué à cela?

Si le temps s'obstine à être mauvais, je suis bien tenté d'accepter votre offre; en ce cas, vous pourriez expédier vos tracas les plus pressés le reste de cette semaine, et m'envoyer votre carrosse lundi ou mardi prochain. Je vous irois joindre à Neuchâtel, et de là nous irions ensemble à Bienne, à pied, s'il faisoit beau, en carrosse s'il faisoit mauvais. Ce qui m'embarrasse est que je voudrois aller auparavant à Gorgier voir M. Andrié, et je ne sais comment arranger ces diverses courses, d'autant moins qu'il faut absolument que je sois de retour ici les huit ou dix derniers jours du mois. Vous pourriez, dimanche au soir, m'écrire votre sentiment; lundi au soir je vous ferois ma réponse; et si le mauvais temps continuoit, vous m'enverriez votre carrosse pour me rendre mercredi près de vous: mais, s'il fait beau, j'irai premièrement et pédestrement à Gorgier. Voilà mes arrangemens, sauf les vôtres et sauf les obstacles tirés de mon état, qui ne s'améliore point. Peut-être la vie sédentaire et méditative, la désagréable occupation d'écrire des lettres, l'attitude d'être assis qui me nuit et que je déteste, contribuent-elles à m'entretenir dans ce mauvais état.

Je reviens aux tracasseries d'ici, qui ne me fâchent pas tant par rapport à moi, que par rapport à ces braves anciens qui méritent tant d'encouragement, et que la canaille accable d'opprobres. Tout ce qui s'est fait en leur faveur n'a pas été assez solennel; des arrêts secrets n'arrêtent point la populace qui les ignore. Un arrêt affiché, ou quelque témoignage public d'approbation, voilà ce qu'on leur devroit pour l'utilité publique, et ce qui mortifieroit plus cruellement l'archiprêtre que toutes les censures du Conseil d'état ou de la classe, faites à huis clos. Je prédis qu'il n'y a qu'un expédient de cette espèce qui puisse finir tout, et sur-le-champ. Je vous embrasse.

A vue de pays, je ne crois pas que la semaine prochaine je sois encore en état de voyager, à moins d'une révolution bien subite que le temps ni mon état ne me promettent pas.

AU MÊME.

Jeudi, 23 mai 1765.

J'espère, mon cher hôte, que cette vilaine goutte n'aura fait que vous menacer. Dansez et marchez beaucoup; tourmentez-la si bien qu'elle nous laisse en repos projeter et faire notre course. On dit que les pèlerins n'ont jamais la goutte; rien n'est donc tel pour l'éviter que de se faire pèlerin.

Sultan m'a tenu quelques jours en peine: sur son état présent je suis parfaitement rassuré; ce qui m'alarmoit le plus étoit la promptitude avec laquelle sa plaie s'étoit refermée; il avoit à la jambe un trou fort profond; elle étoit enflée, il souffroit beaucoup et ne pouvoit se soutenir. En cinq ou six heures, avec une simple application de thériaque, plus d'enflure, plus de douleur, plus de trou, à peine en ai-je pu retrouver la place: il est gaillardement revenu de son pied à Motiers, et se porte à merveille depuis ce temps-là. Comme vous avez des chiens, j'ai cru qu'il étoit bon de vous apprendre l'histoire de mon spécifique; elle est aussi étonnante que certaine. Il faut ajouter que je l'ai mis au lait durant quelques jours; c'est une précaution qu'il faut toujours prendre sitôt qu'un animal est blessé.

Il est singulier que depuis trois jours je ressens les mêmes attaques que j'ai eues cet hiver: il est constaté que ce séjour ne me vaut rien à aucun égard. Ainsi, mon parti est pris; tirez-moi d'ici au plus vite. Je vous embrasse.

AU MÊME.

23 mai 1765.

Dans la crainte que vous n'ayez besoin de votre Mémoire, je vous le renvoie après l'avoir lu. Je l'ai trouvé fort bien raisonné; il me paroît seulement que vous assujettissez les sociétés en général à des lois plus rigoureuses qu'elles ne sont établies par le droit public; car, par exemple, selon vos principes, A, étant allié de B, ne pourroit postérieurement s'engager à fournir à C des troupes en certains cas contre B, engagement qui toutefois se contracte et s'exécute fréquemment, sans qu'on prétende avoir enfreint l'alliance antérieure.

Vous aurez su les nouvelles tentatives et leur mauvais succès, ce qui n'empêche pas que ce séjour ne soit devenu pour moi absolument inhabitable: ainsi j'accepte tous vos bons soins, soit pour Suchié, soit pour Cressier, soit pour la Coudre; je m'en rapporte entièrement à votre choix; et, pour moi, je ne vois qu'une raison de préférence, après celle de loger chez vous, c'est pour le logement qui sera le plus tôt prêt.

Il me paroît que vous pouvez prendre votre parti sur la brochure; je pense même que cette affaire, une fois éventée, en deviendra partout plus difficile à exécuter, et je vous conseille d'abandonner cette entreprise: que si vous persistez, vous avez de nouvelles pièces à joindre à votre recueil; et, tandis que vous le compléterez, il faut travailler d'avance à prendre si bien vos mesures que le manuscrit n'aille à sa destination qu'au moment qu'on pourra l'exécuter, et après que toutes les difficultés seront prévues et levées. La Hollande me paroît désormais le seul endroit sûr; mais il faut compter sur six mois d'attente.

Je suis bien éloigné d'avoir maintenant le

loisir de travailler à notre écrit. Comme ce n'est pas un acte où le notaire doive mettre la main, et que notre convention générale est faite, rien ne presse sur le reste ; c'est ce que nous pourrons rédiger ensemble à loisir. Il s'agit seulement de savoir quand vous me permettrez d'en parler à mes amis ; car rien de ce qui s'intéresse à moi ne doit ignorer que je vous devrai le repos de ma vie.

A M. PANCKOUCKE.

Motiers-Travers, 29 mai 1765.

Votre dernière lettre, monsieur, m'a non-seulement désabusé, mais attendri. Oublions réciproquement nos torts, sûrs que le cœur n'y a point de part, et soyons amis comme auparavant, même plus, s'il est possible ; c'est l'effet que doit produire un vrai retour entre honnêtes gens.

Il est vrai que les fanatiques de ce pays, excités, vous comprenez bien par qui, ont suscité contre moi un violent orage, dont tout l'effet est retombé sur eux ; parce qu'ils m'avoient trouvé doux, ils ont cru me trouver foible : ils se sont trompés. Tous leurs efforts pour me nuire ou m'épouvanter ont tourné à leur confusion, et leur ont attiré les mortifications les plus cruelles. J'ai fait plus que des souverains n'osent faire, en triomphant d'eux. Battus dans toutes les formes légitimes, ils prennent le parti d'ameuter la canaille, et de se faire chefs de bandits. Cette voie est assez bonne avec les peuples de ce vallon. Quoi qu'il en soit, je les mets au pis. Dans le zèle qui les dévore, ils pourront me faire assassiner ; mais très-sûrement ils ne me feront pas fuir. Il y a cependant long-temps que j'ai résolu d'aller m'établir dans le bas parmi les hommes ; mais j'attendrai que les loups enragés d'ici aient achevé de hurler et de mordre. Après cela, s'ils me laissent vivre, je les quitterai. Qu'un autre étranger y tienne, s'il peut, trois ans, comme j'ai fait, et puis qu'il en dise des nouvelles.

A M. D'IVERNOIS.

Motiers, le 30 mai 1765.

Je suis très-inquiet de vous, monsieur. Suivant ce que vous m'aviez marqué, j'ai suspendu mes courses et mes affaires pour revenir vous attendre ici dès le 20 : cependant ni moi ni personne n'avons entendu parler de vous. Je crains que vous ne soyez malade ; faites-moi du moins écrire deux mots par charité.

Il m'est impossible de vous attendre plus long-temps que deux ou trois jours encore ; mais je ne serai jamais assez éloigné d'ici pour que, lorsque vous y viendrez, nous ne puissions pas nous joindre. On vous dira chez moi où je serai ; et, selon vos arrangemens de route, vous viendrez, ou l'on m'enverra chercher.

Voici, monsieur, deux lettres pour Gênes, auxquelles je vous prie de donner cours en faisant affranchir, s'il est nécessaire. J'attends de vos nouvelles avec la plus grande impatience, et vous embrasse de tout mon cœur.

A M. KLUPFFEL.

Motiers, mai 1765.

C'est pas, mon cher ami, faute d'empressement à vous répondre que j'ai différé si long-temps ; mais les tracas dans lesquels je me suis trouvé, et un voyage que j'ai fait à l'autre extrémité du pays, m'ont fait renvoyer ce plaisir à un moment plus tranquille. Si j'avois fait le voyage de Berlin, j'aurois pensé que je passois près d'un ancien ami, et je me serois détourné pour aller vous embrasser. Un autre motif encore m'eût attiré dans votre ville, c'eût été le désir d'être présenté par vous à madame la duchesse de Saxe-Gotha, et de voir de près cette grande princesse, qui, fût-elle personne privée, feroit admirer son esprit et son mérite. La reconnoissance m'auroit fait même un devoir d'accomplir ce projet après la manière obligeante dont il a plu à S. A. S. d'écrire sur mon compte à mylord maréchal ; et, au risque de lui faire dire : N'étoit-ce que cela ? j'aurois justifié par mon obéissance à ses ordres mon empressement à lui faire ma cour. Mais, mon cher ami, ma situation à tous égards ne me permet plus d'entreprendre de grands voyages, et un homme qui huit mois de l'année ne peut sortir de sa chambre n'est guère en état de faire des voyages de deux cents lieues. Toutes les bontés dont mylord maréchal m'honore, tous les sentimens qui m'attachent à cet homme respectable, me font désirer bien vivement de finir mes jours près de lui : mais il sait que c'est un désir qu'il m'est impossible de satisfaire ; et il ne me reste, pour nourrir cette espérance, que celle de le revoir quelque jour en ce pays. Je voudrois, mon cher ami, pouvoir nourrir par rapport à vous la même espérance : ce seroit une grande consolation pour moi de vous embrasser encore une fois en ma vie, et de retrouver en vous l'ami tendre et vrai près duquel j'ai passé de si douces heures, et que je n'ai jamais cessé de regretter. Je vous embrasse de tout mon cœur.

BILLET A M. DE VOLTAIRE.

Motiers, le 31 mai 1765.

Si M. de Voltaire a dit qu'au lieu d'avoir été secrétaire de l'ambassadeur de France à Venise j'ai été son valet, M. de Voltaire en a menti comme un impudent.

Si dans les années 1743 et 1744 je n'ai pas été premier secrétaire de l'ambassadeur de France, si je n'ai pas fait les fonctions de secrétaire d'ambassade, si je n'en ai pas eu les honneurs au sénat de Venise, j'en aurai menti moi-même.

A M. D'ESCHERNY.

Motiers, le 1er juin 1765.

Je suis bien sensible, monsieur, et à la bonté que vous avez de penser à mon logement, et à celle qu'ont les obligeans propriétaires de la maison de Cornaux, de vouloir bien m'accorder la préférence sur ceux qui se sont présentés pour l'habiter. Je vais à Yverdun voir mon ami M. Roguin, et mon amie madame Boy de La Tour, qui est malade, et qui croit que je lui peux être de quelque consolation. J'espère que dans quelques jours M. Du Peyrou sera rétabli, et que, vous trouvant tous en bonne santé, je pourrai consulter avec vous sur le lieu où je dois planter le piquet. Cette manière de chercher est si agréable, qu'il est naturel que je ne sois pas pressé de trouver. Bien des salutations, monsieur, de tout mon cœur.

A M. DU PEYROU.

Mardi, 11 juin 1765.

Si je reste un jour de plus je suis pris : je pars donc, mon cher hôte, pour la Ferrière, où je vous attendrai avec le plus grand empressement, mais sans m'impatienter. Ce qui achève de me déterminer est qu'on m'apprend que vous avez commencé à sortir. Je vous recommande de ne pas oublier parmi vos provisions, café, sucre, cafetière, briquet, et tout l'attirail pour faire, quand on veut, du café dans les bois. Prenez *Linnœus* et *Sauvages*, quelque livre amusant, et quelque jeu pour s'amuser plusieurs, si l'on est arrêté dans une maison par le mauvais temps. Il faut tout prévoir pour prévenir le désœuvrement et l'ennui.

Bonjour : je compte partir demain matin, s'il fait beau, pour aller coucher au Locle, et dîner ou coucher à la Ferrière le lendemain jeudi. Je vous embrasse.

AU MÊME.

A la Ferrière, le 16 juin 1765.

Me voici, mon cher hôte, à la Ferrière, où je ne suis arrivé que pour y garder la chambre, avec un rhume affreux, une assez grosse fièvre, et une esquinancie, mal auquel j'étois très-sujet dans ma jeunesse, mais dont j'espérois que l'âge m'auroit exempté. Je me trompois ; cette attaque a été violente, j'espère qu'elle sera courte. La fièvre est diminuée, ma gorge se dégage, j'avale plus aisément ; mais il m'est encore impossible de parler.

J'apprends, par deux lettres que je viens de recevoir de M. de Pury, qu'il a pris la peine, allant, comme je pense, à Monlezi, de passer chez moi ; j'étois déjà parti : j'y ai regret pour bien des raisons ; entre autres, parce que nous serions convenus du temps et de la manière de nous réunir. Il m'apprend que vous ne pourrez de long-temps vous mettre en campagne : cela me fait prendre le parti de me rendre auprès de vous ; car je ne puis me passer plus long-temps de vous voir. Ainsi vous pouvez attendre votre hôte au plus tard sur la fin de la semaine, à moins que d'ici à ce temps je n'aie de vos nouvelles. Si vous pouviez venir à cheval jusqu'ici, je ne doute pas que l'excellent air, la beauté du paysage, et la tranquillité du pays, ne vous fît toutes sortes de biens, et que vous ne vous y rétablissiez plus promptement qu'où vous êtes.

Je n'écris point à M. le colonel, parce que je ne sais s'il est à Neuchâtel ou à sa montagne; mais je vous prie de vouloir bien lui dire ou lui marquer que je ne connois pas assez M. Fischer pour le juger; que M. le comte de Dohna, qui a vécu avec lui plus que moi, doit en mieux juger; et qu'un homme ne se juge pas ainsi de la première vue. Tout ce que je sais, c'est qu'il a des connoissances et de l'esprit; il me paroît d'une humeur complaisante et douce; sa conversation est pleine de sens et d'honnêteté; j'ai même vu de lui des choses qui paroissent m'annoncer des mœurs et de la vertu. Quand il n'est question que de voyager avec un homme, ce seroit être difficile de demander mieux que cela.

Au peu que j'ai vu sur la botanique, je comprends que je repartirai d'ici plus ignorant que je n'y suis arrivé, plus convaincu du moins de mon ignorance, puisqu'en vérifiant mes connoissances sur les plantes, il se trouve que plusieurs de celles que je croyois connoître, je ne les connoissois point. Dieu soit loué! c'est toujours apprendre quelque chose que d'apprendre qu'on ne sait rien. Le messager attend et me presse; il faut finir. Bonjour, mon cher hôte; je vous embrasse de tout mon cœur.

AU MÊME.

Motiers, le 29 juin 1765.

Savez-vous, mon cher hôte, que vous me gâtez si fort, qu'il m'est désormais fort pénible de vivre éloigné de vous? Depuis deux jours que je suis de retour, il m'ennuie déjà de ne point vous voir. Je songe, en conséquence, à redescendre dès demain, et voici un arrangement qui fait à présent mon château en Espagne, et qui se réalisera ou se réformera selon que le temps, votre santé et votre volonté me le permettront.

Si le temps se remet aujourd'hui, nous descendrons demain, M. d'Ivernois, mademoiselle Le Vasseur, et moi; et, comme il n'est question que d'une nuit, pour ne pas nous séparer nous coucherons à l'auberge. Le lundi, j'irai avec M. d'Ivernois faire une promenade, d'où nous serons de retour le lendemain. M. d'Ivernois continuera son voyage, et moi j'irai avec mademoiselle Le Vasseur voir la maison de Cressier. Nous pourrons y séjourner un jour ou deux, si nous trouvons des lits, pour avoir le temps d'aller voir l'île; puis nous reviendrons. Mademoiselle Le Vasseur s'en retournera à Motiers, et moi j'attendrai près de vous que nous puissions faire la caravane du Creux du vent, après quoi chacun s'en retournera à ses affaires.

Comme la petite course que je dois faire avec M. d'Ivernois me rapproche du pont de Thielle, je pourrois de là me rendre directement à Cressier, et mademoiselle Le Vasseur s'y rendre aussi, de son côté, si elle trouvoit une voiture, ou que vous pussiez lui en prêter une.

Tous ces arrangemens un peu précipités sont inévitables, sans quoi, restant ici quelques jours encore, je suis intercepté pour le reste de la belle saison. Il faut même, en supposant leur exécution possible, que le secret en demeure entre nous, sans quoi nous serons poursuivis, où que nous soyons, par les gens qui me viendront voir, et qui, ne me trouvant pas ici, me chercheront où que je sois. Au reste, mon état est si sensiblement empiré depuis mon retour ici, que je crains beaucoup d'y passer l'hiver, et que, malgré tous les embarras, si Cressier peut être prêt au commencement d'octobre, je suis déterminé à m'y transplanter.

Je vous écris à la hâte, mon très-cher hôte, accablé de petits tracas qui m'excèdent. Comme mon voyage dépend du temps, qui paroît se brouiller, il n'est pas sûr que j'arrive demain à Neuchâtel. A tout événement, vous pourriez envoyer demain au soir à la Couronne, et, si j'y suis arrivé, m'y faire passer vos observations sur les arrangemens proposés; car, comme j'arriverai le soir pour repartir le matin, je ne veux pas même qu'on me voie dans les rues. Je vous embrasse de tout mon cœur.

AU MÊME.

A l'île de la Motte, le 4 juillet 1765.

Je suis, mon cher hôte et mon ami, dans

l'île, et je compte y rester quelques jours, jusqu'à ce que j'y reçoive de vos nouvelles. J'imagine qu'il ne vous sera pas difficile de m'en donner par le canal de M. le major Chambrier. Au premier signe, je vous rejoins : c'est à vous de voir en quel temps vous aurez plus de loisir à me donner. Ne soyez point inquiet de me savoir ici seul. J'y attendrai de vos nouvelles avec empressement, mais sans impatience. J'emploierai ce loisir à repasser un peu les événemens de ma vie et à préparer mes Confessions. Je souhaite de consommer un ouvrage où je pourrai parler de mon cher hôte d'une manière qui contente mon cœur. Bonjour.

AU MÊME.

A Brot, le lundi 15 juillet 1765.

Vos gens, mon cher hôte, ont été bien mouillés et le seront encore, de quoi je suis bien fâché : ainsi trouvant ici un char à banc, je ne les mènerai pas plus loin.

Je pars le cœur plein de vous, et aussi empressé de vous revoir que si nous ne nous étions vus depuis long-temps. Puissé-je apprendre à notre première entrevue que tous vos tracas sont finis et que vous avez l'esprit aussi tranquille que votre honnête cœur doit être content de lui-même et serein dans tous les temps ! La cérémonie de ce matin met dans le mien la satisfaction la plus douce. Voilà, mon cher hôte, les traits qui me peignent au vrai l'âme de mylord maréchal, et me montrent qu'il connoît la mienne. Je ne connois personne plus fait pour vous aimer et pour être aimé de vous. Comment ne verrois-je pas enfin réunis tous ceux qui m'aiment ? ils sont dignes de s'aimer tous. Je vous embrasse.

Mademoiselle Le Vasseur est pénétrée de vos bontés, et veut absolument que je vous le dise.

A M. D'IVERNOIS.

Motiers, le 20 juillet 1765.

J'arrive il y a trois jours; je reçois vos lettres, vos envois, M. Chappuis, etc. Mille remercîmens. Je vous renvoie les deux lettres. J'ai bien les bilboquets, mais je ne puis m'en servir, parce que, outre que les cordons sont trop courts, je n'en ai point pour changer et qu'ils s'usent très-promptement.

Je vous remercie aussi du livre de M. Claparède (*). Comme mes plantes et mon bilboquet me laissent peu de temps à perdre, je n'ai lu ni ne lirai ce livre, que je crois fort beau. Mais ne m'envoyez plus de tous ces beaux livres ; car je vous avoue qu'ils m'ennuient à la mort et que je n'aime pas à m'ennuyer.

Mille salutations à M. Deluc et à sa famille. Je le remercie du soin qu'il veut bien donner à l'optique. Je n'ai point d'estampes. Je le prie d'en faire aussi l'emplète, et de les choisir belles et bien enluminées ; car je n'aurai pas le temps de les enluminer. Une douzaine me suffira quant à présent : je souhaite que l'illusion soit parfaite, ou rien.

Mademoiselle Le Vasseur a reçu votre envoi, dont elle vous fait ses remercîmens, et moi mes reproches. Vous êtes un donneur insupportable ; il n'y a pas moyen de vivre avec vous.

J'ai passé huit ou dix jours charmans dans l'île de Saint-Pierre, mais toujours obsédé d'importuns : j'excepte de ce nombre M. de Graffenried, bailli de Nidau, qui est venu dîner avec moi ; c'est un homme plein d'esprit et de connoissances, titré, très-opulent, et qui, malgré cela, me paroît penser très-bien et dire tout haut ce qu'il pense.

Je reçois à l'instant vos lettres et envois des 16 et 17. Je suis surchargé, accablé, écrasé de visites, de lettres et d'affaires, malade par-dessus le marché ; et vous voulez que j'aille à Morges m'aboucher avec M. Vernes ! il n'y a ni possibilité ni raison à cela. Laissez-lui faire ses perquisitions ; qu'il prouve, et il sera content de moi : mais en attendant je ne veux nul commerce avec lui. Vous verrez à votre premier voyage ce que j'ai fait ; vous jugerez de mes preuves et de celles qui peuvent les détruire. En attendant je n'ai rien publié ; je ne publierai rien sans nouveau sujet de parler. Je pardonne de tout mon cœur à M. Vernes,

---

(*) C'étoit un professeur de théologie à Genève. Il est auteur de plusieurs ouvrages relatifs à cette science. Celui dont il s'agit ici avoit pour titre *Considérations sur les Miracles*, 1765, in-8º.   G. P.

même en le supposant coupable : je suis fâché de lui avoir nui ; je ne veux plus lui nuire, à moins que je n'y sois forcé. Je donnerois tout au monde pour le croire innocent, afin qu'il connût mon cœur et qu'il vît comment je répare mes torts. Mais avant de le déclarer innocent il faut que je le croie ; et je crois si décidément le contraire, que je n'imagine pas même comment il pourra me dépersuader. Qu'il prouve, et je suis à ses pieds. Mais, pour Dieu, s'il est coupable, conseillez-lui de se taire ; c'est pour lui le meilleur parti. Je vous embrasse.

Notre archiprêtre (*) fait imprimer à Yverdun une réponse que le magistrat de Neuchâtel a refusé la permission d'imprimer à cause des personnalités. Je suis bien aise que toute la terre connoisse la frénésie du personnage. Vous savez que le colonel Pury a été fait conseiller d'état. Si notre homme ne sent pas celui-là, il faut qu'il soit ladre comme un vieux porc.

Ma lettre a par oubli retardé d'un ordinaire. Tout bien pensé j'abandonne l'optique pour la botanique : et si votre ami étoit à portée de me faire faire les *petits outils* nécessaires pour la dissection des fleurs, je serois sûr que son intelligence suppléeroit avantageusement à celle des ouvriers. Ces outils consistent dans trois ou quatre microscopes de différens foyers, de petites pinces, délicates et minces pour tenir les fleurs, des ciseaux très-fins, canifs et lancettes, pour les découper. Je serois bien aise d'avoir le tout à double, excepté les microscopes, parce qu'il y a ici quelqu'un qui a le même goût que moi et qui a été mal servi.

AU MÊME.

Motiers, le 1ᵉʳ août 1765.

Si vous n'êtes point ennuyé, monsieur, de mériter des remercîmens, moi je suis ennuyé d'en faire ; ainsi n'en parlons plus. Je suis, en vérité, fort embarrassé de l'emploi du présent de mademoiselle votre fille. La bonté qu'elle a eue de s'occuper de moi mérite que je m'en fasse honneur, et je n'ose. Je suis à la fois vain et sot ; c'est trop ; il faudroit choisir. Je crois que je prendrai le parti de tourner la chose

(*) Montmollin.   G. P.

en plaisanterie, et de dire qu'une jeune demoiselle m'enchaîne par les poignets (*).

Je suis indigné de l'insultante lettre du ministre : il vous croit le cœur assez bas pour penser comme lui. Il est inutile que je vous envoie ce que je lui écrirois à votre place ; vous ne vous en serviriez pas. Suivez vos propres mouvemens ; vous trouverez assez ce qu'il faut lui dire, et vous le lui direz moins durement que moi.

M. Deluc est en vérité trop complaisant de se prêter ainsi à toutes mes fantaisies ; mais je vous avoue qu'il ne sauroit me faire plus de plaisir que de vouloir bien s'occuper de mes petits instrumens. Je raffole de la botanique ; cela ne fait qu'empirer tous les jours ; je n'ai plus que du foin dans la tête : je vais devenir plante moi-même un de ces matins, et je prends déjà racine à Motiers, en dépit de l'archiprêtre qui continue d'ameuter la canaille pour m'en chasser.

J'ai grande envie de voir M. de Conzié, mais je ne compte pas pouvoir aller à sa terre pour cette année : j'ai regret aux plaisirs dont cela me prive ; mais il faut céder à la nécessité.

Les lettres de l'archiprêtre sont, à ce qu'on dit, imprimées ; je sais pourquoi elles ne paroissent pas. Il est étonnant que vous ayez cru que je lui ferois l'honneur de lui répondre ; serez-vous toujours la dupe de ces bruits-là ?

Mes respects à madame d'Ivernois. Recevez ceux de mademoiselle Le Vasseur et les salutations de celui qui vous aime.

A MADEMOISELLE D'IVERNOIS.

Motiers, le 1ᵉʳ août 1765.

Vous me remerciez, mademoiselle, du présent que vous me faites ; et moi je devrois vous le reprocher : car si je vous fais aimer le travail, vous me faites aimer le luxe : c'est rendre le mal pour le bien. Je puis, il est vrai, vous remercier d'un autre miracle aussi grand et plus utile ; c'est de me rendre exact à répondre et de me donner du plaisir à l'être. J'en aurai toujours, mademoiselle, à vous témoigner ma reconnoissance et à mériter votre amitié.

(*) Elle avoit envoyé à Rousseau une paire de manchettes.   G. P.

Mes respects, je vous prie, à la très-bonne maman.

A M. DU PEYROU (*).

Motiers-Travers, le 8 août 1765.

Non, monsieur, jamais, quoi que l'on en dise, je ne me repentirai d'avoir loué M. de Montmollin. J'ai loué de lui ce que j'en connoissois, sa conduite vraiment pastorale envers moi; je n'ai point loué son caractère, que je ne connoissois pas; je n'ai point loué sa véracité, sa droiture. J'avouerai même que son extérieur, qui ne lui est pas favorable, son ton, son air, son regard sinistre, me repoussoient malgré moi: j'étois étonné de voir tant de douceur, d'humanité, de vertus, se cacher sous une aussi sombre physionomie; mais j'étouffois ce penchant injuste. Falloit-il juger d'un homme sur des signes trompeurs que sa conduite démentoit si bien? falloit-il épier malignement le principe secret d'une tolérance peu attendue? Je hais cet art cruel d'empoisonner les bonnes actions d'autrui, et mon cœur ne sait point trouver de mauvais motifs à ce qui est bien. Plus je sentois en moi d'éloignement pour M. de Montmollin, plus je cherchois à le combattre par la reconnoissance que je lui devois. Supposons derechef possible le même cas, et tout ce que j'ai fait je le referois encore.

Aujourd'hui M. de Montmollin lève le masque et se montre vraiment tel qu'il est. Sa conduite présente explique la précédente. Il est clair que sa prétendue tolérance, qui le quitte au moment qu'elle eût été le plus juste, vient de la même source que ce cruel zèle qui l'a pris subitement. Quel étoit son objet, quel est-il à présent? je l'ignore; je sais seulement qu'il ne sauroit être bon. Non-seulement il m'admet avec empressement, avec honneur à la communion, mais il me recherche, me prône, me fête, quand je parois avoir attaqué de gaîté de cœur le christianisme: et quand je prouve qu'il est faux que je l'aie attaqué, qu'il est faux du moins que j'aie eu ce dessein, le voilà lui-même attaquant brusquement ma sûreté, ma foi, ma personne; il veut m'excommunier, me proscrire; il ameute la paroisse après moi, il me poursuit avec un acharnement qui tient de la rage. Ces disparates sont-elles dans son devoir? Non; la charité n'est point inconstante, la vertu ne se contredit point elle-même, et la conscience n'a pas deux voix. Après s'être montré si peu tolérant, il s'étoit avisé trop tard de l'être; cette affectation ne lui alloit point: et, comme elle n'abusoit personne, il a bien fait de rentrer dans son état naturel. En détruisant son propre ouvrage, en me faisant plus de mal qu'il ne m'avoit fait de bien, il m'acquitte envers lui de toute reconnoissance; je ne lui dois plus que la vérité, je me la dois à moi-même; et, puisqu'il me force à la dire, je la dirai.

Vous voulez savoir au vrai ce qui s'est passé entre nous dans cette affaire. M. de Montmollin a fait au public sa relation en homme d'église, et trempant sa plume dans ce miel empoisonné qui tue, il s'est ménagé tous les avantages de son état. Pour moi, monsieur, je vous ferai la mienne du ton simple dont les gens d'honneur se parlent entre eux. Je ne m'étendrai point en protestations d'être sincère; je laisse à votre esprit sain, à votre cœur ami de la vérité, le soin de la démêler entre lui et moi.

Je ne suis point, grâces au ciel, de ces gens qu'on fête et que l'on méprise; j'ai l'honneur d'être de ceux que l'on estime et qu'on chasse.

Quand je me réfugiai dans ce pays, je n'y apportai de recommandation pour personne, pas même pour mylord maréchal. Je n'ai qu'une recommandation que je porte partout, et près de mylord maréchal il n'en faut point d'autre. Deux heures après mon arrivée, écrivant à S. E. pour l'en informer et me mettre sous sa

---

(*) Dans cette lettre Rousseau n'appelle point Du Peyrou *mon cher hôte*, parce qu'elle est écrite exprès pour être rendue publique. Déjà, sans se nommer, et sous le titre de *Lettres à M***, Du Peyrou avoit, de concert avec Rousseau et guidé par lui, comme on l'a vu par les lettres précédentes des 12, 15 et 22 avril, publié dans le même mois l'apologie de son ami, apologie à laquelle Montmollin avoit répliqué longuement et avec violence, sous le titre de *Réfutation du libelle intitulé* Lettre a M ***. C'est de cet écrit de Montmollin qu'il est question dans le cours de la présente lettre. Encouragé par celle ci, et décidé, d'après le conseil de Rousseau, à ne plus garder l'anonyme, Du Peyrou publia, dans le mois d'août suivant, et sous le titre de *Lettre à mylord comte de Wemiss*, une seconde lettre à l'appui de sa première, et dans les pièces justificatives qu'il y joignit il fit entrer la Lettre de Rousseau reproduite ici. Enfin en septembre suivant, peu de jours après la lapidation de Motiers, et sous le même titre que celui de sa seconde lettre, Du Peyrou en a publié une troisième, dans laquelle il fait le récit de cet événement. Ces trois lettres de Du Peyrou, et la réfutation de Montmollin, ont été réunies et réimprimées à Londres, avec toutes leurs annexes, in-12, 1766. G. P.

protection, je vis entrer un homme inconnu qui, s'étant nommé le pasteur du lieu, me fit des avances de toute espèce, et qui, voyant que j'écrivois à mylord maréchal, m'offrit d'ajouter de sa main quelques lignes pour me recommander. Je n'acceptai point cette offre : ma lettre partit, et j'eus l'accueil que peut espérer l'innocence opprimée, partout où régnera la vertu.

Comme je ne m'attendois pas dans la circonstance à trouver un pasteur si liant, je contai dès le même jour cette histoire à tout le monde, et entre autres à M. le colonel Roguin, qui, plein pour moi des bontés les plus tendres, avoit bien voulu m'accompagner jusqu'ici.

Les empressemens de M. de Montmollin continuèrent : je crus devoir en profiter ; et, voyant approcher la communion de septembre, je pris le parti de lui écrire pour savoir si, malgré la rumeur publique, je pouvois m'y présenter. Je préférai une lettre à une visite pour éviter les explications verbales qu'il auroit pu vouloir pousser trop loin. C'est même sur quoi je tâchai de le prévenir ; car déclarer que je ne voulois ni désavouer ni défendre mon livre, c'étoit dire assez que je ne voulois entrer sur ce point dans aucune discussion. Et en effet, forcé de défendre mon honneur et ma personne au sujet de ce livre, j'ai toujours passé condamnation sur les erreurs qui pouvoient y être, me bornant à montrer qu'elles ne prouvoient point que l'auteur voulût attaquer le christianisme, et qu'on avoit tort de le poursuivre criminellement pour cela.

M. de Montmollin écrit que j'allai le lendemain savoir sa réponse : c'est ce que j'aurois fait s'il ne fût venu me l'apporter. Ma mémoire peut me tromper sur ces bagatelles ; mais il me prévint, ce me semble ; et je me souviens au moins que par les démonstrations de la plus vive joie il me marqua combien ma démarche lui faisoit de plaisir. Il me dit en propres termes que lui et son troupeau s'en tenoient honorés, et que cette démarche inespérée alloit édifier tous les fidèles. Ce moment, je vous l'avoue, fut un des plus doux de ma vie. Il faut connoître tous mes malheurs, il faut avoir éprouvé les peines d'un cœur sensible qui perd tout ce qui lui étoit cher, pour juger combien il m'étoit consolant de tenir à une société de frères qui me dédommageroit des pertes que j'avois faites, et des amis que je ne pouvois plus cultiver. Il me sembloit qu'uni de cœur avec ce petit troupeau dans un culte affectueux et raisonnable, j'oublierois plus aisément tous mes ennemis. Dans les premiers temps je m'attendrissois au temple jusqu'aux larmes. N'ayant jamais vécu chez les protestans, je m'étois fait d'eux et de leur clergé des images angéliques ; ce culte si simple et si pur étoit précisément ce qu'il falloit à mon cœur ; il me sembloit fait exprès pour soutenir le courage et l'espoir des malheureux ; tous ceux qui le partageoient me sembloient autant de vrais chrétiens unis entre eux par la plus tendre charité. Qu'ils m'ont bien guéri d'une erreur si douce ! Mais enfin j'y étois alors, et c'étoit d'après mes idées que je jugeois du prix d'être admis au milieu d'eux.

Voyant que durant cette visite M. de Montmollin ne me disoit rien sur mes sentimens en matière de foi, je crus qu'il réservoit cet entretien pour un autre temps, et sachant combien ces messieurs sont enclins à s'arroger le droit qu'ils n'ont pas de juger de la foi des chrétiens, je lui déclarai que je n'entendois me soumettre à aucune interrogation ni à aucun éclaircissement quel qu'il pût être. Il me répondit qu'il n'en exigeroit jamais, et il m'a là-dessus si bien tenu parole, je l'ai toujours trouvé si soigneux d'éviter toute discussion sur la doctrine, que jusqu'à la dernière affaire, il ne m'en a jamais dit un seul mot, quoiqu'il me soit arrivé de lui en parler quelquefois moi-même.

Les choses se passèrent de cette sorte tant avant qu'après la communion ; toujours même empressement de la part de M. de Montmollin, et toujours même silence sur les matières théologiques. Il portoit même si loin l'esprit de tolérance, et le montroit si ouvertement dans ses sermons, qu'il m'inquiétoit quelquefois pour lui-même. Comme je lui étois sincèrement attaché, je ne lui déguisois point mes alarmes, et je me souviens qu'un jour qu'il prêchoit très-vivement contre l'intolérance des protestans, je fus très-effrayé de lui entendre soutenir avec chaleur que l'Église réformée avoit grand besoin d'une réformation nouvelle, tant dans la doctrine que dans les mœurs. Je n'imaginois guère alors qu'il fourniroit dans peu lui-même une si grande preuve de ce besoin.

Sa tolérance et l'honneur qu'elle lui faisoit dans le monde excitèrent la jalousie de plusieurs de ses confrères, surtout à Genève. Ils ne cessèrent de le harceler par des reproches, et de lui tendre des piéges où il est à la fin tombé. J'en suis fâché, mais ce n'est assurément pas ma faute. Si M. de Montmollin eût voulu soutenir une conduite si pastorale par des moyens qui en fussent dignes, s'il se fût contenté, pour sa défense, d'employer avec courage, avec franchise, les seules armes du christianisme et de la vérité, quel exemple ne donnoit-il point à l'Église, à l'Europe entière ! quel triomphe ne s'assuroit-il point ! Il a préféré les armes de son métier, et les sentant mollir contre la vérité, pour sa défense, il a voulu les rendre offensives en m'attaquant. Il s'est trompé, ces vieilles armes, fortes contre qui les craint, foibles contre qui les brave, se sont brisées. Il s'étoit mal adressé pour réussir.

Quelques mois après mon admission, je vis entrer un soir M. de Montmollin dans ma chambre; il avoit l'air embarrassé; il s'assit et garda long-temps le silence; il le rompit enfin par un de ces longs exordes dont le fréquent besoin lui a fait un talent. Venant ensuite à son sujet, il me dit que le parti qu'il avoit pris de m'admettre à la communion lui avoit attiré bien des chagrins et le blâme de ses confrères, qu'il étoit réduit à se justifier là-dessus d'une manière qui pût leur fermer la bouche, et que si la bonne opinion qu'il avoit de mes sentimens lui avoit fait supprimer les explications qu'à sa place un autre auroit exigées, il ne pouvoit, sans se compromettre, laisser croire qu'il n'en avoit eu aucune.

Là-dessus, tirant doucement un papier de sa poche, il se mit à lire, dans un projet de lettre à un ministre de Genève, des détails d'entretiens qui n'avoient jamais existé, mais où il plaçoit, à la vérité fort heureusement, quelques mots par-ci par-là, dits à la volée et sur un tout autre objet. Jugez, monsieur, de mon étonnement; il fut tel que j'eus besoin de toute la longueur de cette lecture pour me remettre en l'écoutant. Dans les endroits où la fiction étoit la plus forte, il s'interrompoit en me disant : *Vous sentez la nécessité... ma situation... ma place... il faut bien un peu se prêter.* Cette lettre, au reste, étoit faite avec assez d'adresse, et, à peu de chose près, il avoit grand soin de ne m'y faire dire que ce que j'aurois pu dire en effet. En finissant il me demanda si j'approuvois cette lettre, et s'il pouvoit l'envoyer telle qu'elle étoit.

Je répondis que je le plaignois d'être réduit à de pareilles ressources; que, quant à moi, je ne pouvois rien dire de semblable; mais que, puisque c'étoit lui qui se chargeoit de le dire, c'étoit son affaire et non pas la mienne; que je n'y voyois rien non plus que je fusse obligé de démentir. Comme tout ceci, reprit-il, ne peut nuire à personne, et peut vous être utile ainsi qu'à moi, je passe aisément sur un petit scrupule qui ne feroit qu'empêcher le bien; mais dites-moi, au surplus, si vous êtes content de cette lettre, et si vous n'y voyez rien à changer pour qu'elle soit mieux. Je lui dis que je la trouvois bien pour la fin qu'il s'y proposoit. Il me pressa tant, que, pour lui complaire, je lui indiquai quelques légères corrections qui ne signifioient pas grand'chose. Or il faut savoir que, de la manière dont nous étions assis, l'écritoire étoit devant M. de Montmollin; mais durant tout ce petit colloque, il la poussa comme par hasard devant moi; et comme je tenois alors sa lettre pour la relire, il me présenta la plume pour faire les changemens indiqués; ce que je fis avec la simplicité que je mets à toute chose. Cela fait, il mit son papier dans sa poche, et s'en alla.

Pardonnez-moi ce long détail; il étoit nécessaire. Je vous épargnerai celui de mon dernier entretien avec M. de Montmollin, qu'il est plus aisé d'imaginer. Vous comprenez ce qu'on peut répondre à quelqu'un qui vient froidement vous dire : Monsieur, j'ai ordre de vous casser la tête; mais si vous voulez bien vous casser la jambe, peut-être se contentera-t-on de cela. M. de Montmollin doit avoir eu quelquefois à traiter de mauvaises affaires; cependant je ne vis de ma vie un homme aussi embarrassé qu'il le fut vis-à-vis de moi dans celle-là : rien n'est plus gênant en pareil cas que d'être aux prises avec un homme ouvert et franc, qui, sans combattre avec vous de subtilités et de ruses, vous rompt en visière à tout moment. M. de Montmollin assure que je lui dis en le quittant que, s'il venoit avec de bonnes nouvelles, je l'embrasserois; sinon que nous nous tournerions le dos. J'ai pu dire des choses équivalentes, mais en termes plus honnêtes; et quant à ces dernières expressions, je suis très-sûr de ne m'en être point servi. M. de Montmollin peut reconnoître qu'il ne me fait pas si aisément tourner le dos qu'il l'avoit cru.

Quant au dévot pathos dont il use pour prouver la nécessité de sévir, on sent pour quelle sorte de gens il est fait, et ni vous ni moi n'avons rien à leur dire. Laissant à part ce jargon d'inquisiteur, je vais examiner ses raisons vis-à-vis de moi, sans entrer dans celles qu'il pouvoit avoir avec d'autres.

Ennuyé du triste métier d'auteur, pour lequel j'étois si peu fait, j'avois depuis long-temps résolu d'y renoncer. Quand l'*Émile* parut, j'avois déclaré à tous mes amis à Paris, à Genève et ailleurs, que c'étoit mon dernier ouvrage, et qu'en l'achevant je posois la plume pour ne la plus reprendre. Beaucoup de lettres me restent où l'on cherchoit à me dissuader de ce dessein. En arrivant ici, j'avois dit la même chose à tout le monde, à vous-même ainsi qu'à M. de Montmollin. Il est le seul qui se soit avisé de transformer ce propos en promesse, et de prétendre que je m'étois engagé avec lui de ne plus écrire, parce que je lui en avois montré l'intention. Si je lui disois aujourd'hui que je compte aller demain à Neuchâtel, prendroit-il acte de cette parole, et si j'y manquois, m'en feroit-il un procès? C'est la même chose absolument, et je n'ai pas plus songé à faire une promesse à M. de Montmollin qu'à vous, d'une résolution dont j'informois simplement l'un et l'autre.

M. de Montmollin oseroit-il dire qu'il ait entendu la chose autrement? oseroit-il affirmer, comme il l'ose faire entendre, que c'est sur cet engagement prétendu qu'il m'admit à la communion? La preuve du contraire est qu'à la publication de ma *Lettre à M. l'archevêque de Paris*, M. de Montmollin, loin de m'accuser de lui avoir manqué de parole, fut très-content de cet ouvrage, qu'il en fit l'éloge à moi-même et à tout le monde, sans dire alors un mot de cette fabuleuse promesse qu'il m'accuse aujourd'hui de lui avoir faite auparavant. Remarquez pourtant que cet écrit est bien plus fort sur les mystères et même sur les miracles que celui dont il fait maintenant tant de bruit; remarquez encore que j'y parle de même en mon nom, et non plus au nom du vicaire. Peut-on chercher des sujets d'excommunication dans ce dernier, qui n'ont pas même été des sujets de plainte dans l'autre?

Quand j'aurois fait à M. de Montmollin cette promesse, à laquelle je ne songeai de ma vie, prétendroit-il qu'elle fût si absolue qu'elle ne supportât pas la moindre exception, pas même d'imprimer un mémoire pour ma défense, lorsque j'aurois un procès? Et quelle exception m'étoit mieux permise que celle où, me justifiant, je le justifiois lui-même, où je montrois qu'il étoit faux qu'il eût admis dans son Église un agresseur de la religion? Quelle promesse pouvoit m'acquitter de ce que je devois à d'autres et à moi-même? Comment pouvois-je supprimer un écrit défensif pour mon honneur, pour celui de mes anciens compatriotes; un écrit que tant de grands motifs rendoient nécessaire et où j'avois à remplir de si saints devoirs? A qui M. de Montmollin fera-t-il croire que je lui ai promis d'endurer l'ignominie en silence? A présent même que j'ai pris avec un corps respectable un engagement formel, qui est-ce, dans ce corps, qui m'accuseroit d'y manquer, si, forcé par les outrages de M. de Montmollin, je prenois le parti de les repousser aussi publiquement qu'il ose les faire? Quelque promesse que fasse un honnête homme, on n'exigera jamais, on présumera bien moins encore, qu'elle aille jusqu'à se laisser déshonorer.

En publiant les *Lettres écrites de la montagne*, je fis mon devoir et je ne manquai point à M. de Montmollin. Il en jugea lui-même ainsi, puisque, après la publication de l'ouvrage, dont je lui avois envoyé un exemplaire, il ne changea point avec moi de manière d'agir. Il le lut avec plaisir, m'en parla avec éloge; pas un mot qui sentît l'objection. Depuis lors il me vit long-temps encore, toujours de la meilleure amitié; jamais la moindre plainte sur mon livre. On parloit dans ce temps-là d'une édition générale de mes écrits; non-seulement il approuvoit cette entreprise, il désiroit même s'y intéresser: il me marqua ce désir, que je n'encourageai pas, sachant que la compagnie qui s'étoit formée se trouvoit déjà trop nombreuse, et ne vouloit plus d'autre associé. Sur mon peu d'empressement, qu'il remarqua trop, il réfléchit quelque temps après que la bienséance de son état ne lui permettoit pas d'entrer dans cette entreprise. C'est alors que la classe prit le parti de s'y opposer, et fit des représentations à la cour.

Du reste, la bonne intelligence étoit si parfaite encore entre nous, et mon dernier ouvrage y mettoit si peu d'obstacle, que, long-temps après sa publication, M. de Montmollin, causant avec moi, me dit qu'il vouloit demander à la cour une augmentation de prébende, et me proposa de mettre quelques lignes dans la lettre qu'il écriroit pour cet effet à mylord maréchal. Cette forme de recommandation me paroissant trop familière, je lui demandai quinze jours pour en écrire à mylord maréchal auparavant. Il se tut, et ne m'a plus parlé de cette affaire. Dès lors il commença de voir d'un autre œil les *Lettres de la montagne*, sans cependant en improuver jamais un seul mot en ma présence. Une fois seulement il me dit : *Pour moi, je crois aux miracles*. J'aurois pu lui répondre : *J'y crois tout autant que vous*.

Puisque je suis sur mes torts avec M. de Montmollin, je dois vous avouer, monsieur, que je m'en reconnois d'autres encore. Pénétré pour lui de reconnoissance, j'ai cherché toutes les occasions de la lui marquer, tant en public qu'en particulier : mais je n'ai point fait d'un sentiment si noble un trafic d'intérêt ; l'exemple ne m'a point gagné, je ne lui ai point fait de présens, je ne sais pas acheter les choses saintes. M. de Montmollin vouloit savoir toutes mes affaires, connoître tous mes correspondans, diriger, recevoir mon testament, gouverner mon petit ménage : voilà ce que je n'ai point souffert. M. de Montmollin aime à tenir table long-temps ; pour moi c'est un vrai supplice. Rarement il a mangé chez moi, jamais je n'ai mangé chez lui. Enfin j'ai toujours repoussé avec tous les égards et tout le respect possible l'intimité qu'il vouloit établir entre nous. Elle n'est jamais un devoir dès qu'elle ne convient pas à tous deux.

Voilà mes torts, je les confesse sans pouvoir m'en repentir : ils sont grands, si l'on veut, mais ils sont les seuls, et j'atteste quiconque connoît un peu ces contrées, si je ne m'y suis pas souvent rendu désagréable aux honnêtes gens par mon zèle à louer dans M. de Montmollin ce que j'y trouvois de louable. Le rôle qu'il avoit joué précédemment le rendoit odieux, l'on n'aimoit pas à me voir effacer par ma propre histoire celle des maux dont il fut l'auteur.

Cependant, quelques mécontentemens secrets qu'il eût contre moi, jamais il n'eût pris pour les faire éclater un moment si mal choisi, si d'autres motifs ne l'eussent porté à ressaisir l'occasion fugitive qu'il avoit d'abord laissé échapper : il voyoit trop combien sa conduite alloit être choquante et contradictoire. Que de combats n'a-t-il pas dû sentir en lui-même avant d'oser afficher une si claire prévarication ! Car passons telle condamnation qu'on voudra sur les *Lettres de la montagne*, en diront-elles, enfin, plus que l'*Émile*, après lequel j'ai été non pas laissé, mais admis à la table sacrée ? plus que la *Lettre à M. de Beaumont*, sur laquelle on ne m'a pas dit un seul mot ? Qu'elles ne soient, si l'on veut, qu'un tissu d'erreurs, que s'ensuivra-t-il ? qu'elles ne m'ont point justifié, et que l'auteur d'*Émile* demeure inexcusable ; mais jamais que celui des *Lettres écrites de la montagne* doive en particulier être condamné. Après avoir fait grâce à un homme du crime dont on l'accuse, le punit-on pour s'être mal défendu ? Voilà pourtant ce que fait ici M. de Montmollin, et je le défie, lui et tous ses confrères, de citer dans ce dernier ouvrage aucun des sentimens qu'ils censurent, que je ne prouve être plus fortement établi dans les précédens.

Mais, excité sous main par d'autres gens, il saisit le prétexte qu'on lui présente, sûr qu'en criant à tort et à travers à l'impie, on met toujours le peuple en fureur ; il sonne après coup le tocsin de Motiers sur un pauvre homme, pour s'être osé défendre chez les Genevois ; et sentant bien que le succès seul pouvoit le sauver du blâme, il n'épargne rien pour se l'assurer. Je vis à Motiers : je ne veux point parler de ce qui s'y passe, vous le savez aussi bien que moi ; personne à Neuchâtel ne l'ignore ; les étrangers qui viennent le voient, gémissent, et moi je me tais.

M. de Montmollin s'excuse sur les ordres de la classe. Mais supposons-les exécutés par des voies légitimes ; si ces ordres étoient justes, comment avoit-il attendu si tard à le sentir ? comment ne les prévenoit-il point lui-même que cela regardoit spécialement? comment, après avoir lu et relu les *Lettres de la montagne*, n'y avoit-il jamais trouvé un mot à reprendre, ou pourquoi ne m'en avoit-il rien dit, à moi son paroissien, dans plusieurs visites qu'il m'avoit faites? Qu'étoit devenu son zèle pastoral? Voudroit-il qu'on le prît pour un imbécille qui ne sait voir dans un livre de son métier ce qui y est que quand on le lui montre? Si ces ordres étoient injustes, pourquoi s'y soumettoit-il? Un ministre de l'Évangile, un pasteur, doit-il persécuter par obéissance un homme qu'il sait être innocent? Ignoroit-il que paroître même en consistoire est une peine ignominieuse, un affront cruel pour un homme de mon âge, surtout dans un village où l'on ne connoît d'autres matières consistoriales que des admonitions sur les mœurs? Il y a dix ans que je fus dispensé à Genève de paroître en consistoire dans une occasion beaucoup plus légitime, et, ce que je me reproche presque, contre le texte formel de la loi. Mais il n'est pas étonnant que l'on connoisse à Genève des bienséances que l'on ignore à Motiers.

Je ne sais pour qui M. de Montmollin prend ses lecteurs quand il leur dit qu'il n'y avoit point d'inquisition dans cette affaire ; c'est comme s'il disoit qu'il n'y avoit point de consistoire; car c'est la même chose en cette occasion. Il fait entendre, il assure même qu'elle ne devoit point avoir de suite temporelle : le contraire est connu de tous les gens au fait du projet; et qui ne sait qu'en surprenant la religion du Conseil d'état, on l'avoit déjà engagé à faire des démarches qui tendoient à m'ôter la protection du roi? Le pas nécessaire pour achever étoit l'excommunication; après quoi de nouvelles remontrances au Conseil d'état auroient fait le reste : on s'y étoit engagé ; et voilà d'où vient la douleur de n'avoir pu réussir. Car d'ailleurs qu'importe à M. de Montmollin? Craint-il que je ne me présente pour communier de sa main? Qu'il se rassure : je ne suis pas aguerri aux communions, comme je vois tant de gens l'être : j'admire ces estomacs dévots toujours si prêts à digérer le pain sacré; le mien n'est pas si robuste.

Il dit qu'il n'avoit qu'une question très-simple à me faire de la part de la classe. Pourquoi donc, en me citant, ne me fit-il pas signifier cette question? Quelle est cette ruse d'user de surprise, et de forcer les gens de répondre à l'instant même, sans leur donner un moment pour réfléchir? C'est qu'avec cette question de la classe dont M. de Montmollin parle, il m'en réservoit de son chef d'autres dont il ne parle point, et sur lesquelles il ne vouloit pas que j'eusse le temps de me préparer. On sait que son projet étoit absolument de me prendre en faute, et de m'embarrasser par tant d'interrogations captieuses qu'il en vînt à bout; il savoit combien j'étois languissant et foible. Je ne veux pas l'accuser d'avoir eu le dessein d'épuiser mes forces ; mais quand je fus cité, j'étois malade, hors d'état de sortir, et gardant la chambre depuis six mois : c'étoit l'hiver ; il faisoit froid, et c'est, pour un pauvre infirme, un étrange spécifique qu'une séance de plusieurs heures, debout, interrogé sans relâche, sur des matières de théologie, devant des anciens dont les plus instruits déclarent n'y rien entendre. N'importe ; on ne s'informa pas même si je pouvois sortir de mon lit, si j'avois la force d'aller, s'il faudroit me faire porter; on ne s'embarrassoit pas de cela : la charité pastorale, occupée des choses de la foi, ne s'abaisse pas aux terrestres soins de cette vie.

Vous savez, monsieur, ce qui se passa dans le consistoire en mon absence, comment s'y fit la lecture de ma lettre, et les propos qu'on y tint pour en empêcher l'effet ; vos mémoires là-dessus vous viennent de la bonne source. Concevez-vous qu'après cela M. de Montmollin change tout à coup d'état et de titre, et que s'étant fait commissaire de la classe pour solliciter l'affaire, il redevienne aussitôt pasteur pour la juger? *J'agissois*, dit-il, *comme pasteur, comme chef du consistoire, et non comme représentant de la vénérable classe*. C'étoit bien tard changer de rôle, après en avoir fait jusqu'alors un si différent. Craignons, monsieur, les gens qui font si volontiers deux personnages dans la même affaire; il est rare que ces deux en fassent un bon.

Il appuie la nécessité de sévir sur le scandale causé par mon livre. Voilà des scrupules tout nouveaux, qu'il n'eut point du temps de l'*Émile*. Le scandale fut tout aussi grand pour le moins; les gens d'église et les gazetiers ne firent pas moins de bruit; on brûloit, on brayoit, on m'insultoit par toute l'Europe. M. de Montmollin trouve aujourd'hui des raisons de m'excommunier dans celles qui ne l'empêchèrent pas alors de m'admettre. Son zèle, suivant le précepte, prend toutes les formes pour agir selon les temps et les lieux. Mais qui est-ce, je vous prie, qui excita dans sa paroisse le scandale dont il se plaint au sujet de mon dernier livre? Qui est-ce qui affectoit d'en faire un bruit affreux, et par soi-même et par des gens apostés? Qui est-ce, parmi tout ce peuple si saintement forcené, qui auroit su que j'avois commis le crime énorme de prouver que le Conseil de Genève m'avoit condamné à tort, si l'on n'eût pris soin de le leur dire, en leur peignant ce singulier crime avec les couleurs que chacun sait? Qui d'entre eux est même en état de lire mon livre et d'entendre ce dont il s'agit? Exceptons, si l'on veut, l'ardent satellite de M. de Montmollin, ce grand maréchal qu'il cite si fièrement, ce grand clerc, le Boirude de son église, qui se connoît si bien en fers de chevaux et en livres de théologie. Je veux le croire en état de lire à jeun et sans épeler une ligne entière; quel autre des ameutés en peut faire autant? En entrevoyant sur mes pages les mots d'*évangile* et de *miracles*, ils auroient cru lire un livre de dévotion; et me sachant bon homme, ils auroient dit : *Que Dieu le bénisse, il nous édifie.* Mais on leur a tant assuré que j'étois un homme abominable, un impie, qui disoit qu'il n'y avoit point de Dieu, et que les femmes n'avoient point d'âme, que, sans songer au langage si contraire qu'on leur tenoit ci-devant, ils ont à leur tour répété : *C'est un impie, un scélérat, c'est l'Antechrist; il faut l'excommunier, le brûler!* On leur a charitablement répondu : *Sans doute; mais criez, et laissez-nous faire, tout ira bien.*

La marche ordinaire de messieurs les gens d'église me paroit admirable pour aller à leur but : après avoir établi en principe leur compétence sur tout scandale, ils excitent le scandale sur tel objet qu'il leur plaît, et puis, en vertu de ce scandale qui est leur ouvrage, ils s'emparent de l'affaire pour la juger. Voilà de quoi se rendre maîtres de tous les peuples, de toutes les lois, de tous les rois, et de toute la terre, sans qu'on ait le moindre mot à leur dire. Vous rappelez-vous le conte de ce chirurgien dont la boutique donnoit sur deux rues, et qui sortant par une porte estropioit les passans, puis rentroit subtilement, et pour les panser ressortoit par l'autre? Voilà l'histoire de tous les clergés du monde, excepté que le chirurgien guérissoit du moins ses blessés, et que ces messieurs, en traitant les leurs, les achèvent.

N'entrons point, monsieur, dans les intrigues secrètes qu'il ne faut pas mettre au grand jour. Mais si M. de Montmollin n'eût voulu qu'exécuter l'ordre de la classe, ou faire l'acquit de sa conscience, pourquoi l'acharnement qu'il a mis à cette affaire? pourquoi ce tumulte excité dans le pays? pourquoi ces prédications violentes? pourquoi ces conciliabules? pourquoi tant de sots bruits répandus pour tâcher de m'effrayer par les cris de la populace? Tout cela n'est-il pas notoire au public? M. de Montmollin le nie; et pourquoi non, puisqu'il a bien nié d'avoir prétendu deux voix dans le consistoire? Moi, j'en vois trois, si je ne me trompe : d'abord celle de son diacre, qui n'étoit là que comme son représentant; la sienne ensuite, qui formoit l'égalité; et celle enfin qu'il vouloit avoir pour départager les suffrages. Trois voix à lui seul, c'eût été beaucoup, même pour absoudre; il les vouloit pour condamner, et ne put les obtenir : où étoit le mal? M. de Montmollin étoit trop heureux que son consistoire, plus sage que lui, l'eût tiré d'affaire avec la classe, avec ses confrères, avec ses correspondans, avec lui-même. J'ai fait mon devoir, auroit-il dit, j'ai vivement poursuivi la chose : mon consistoire n'a pas jugé comme moi, il a absous Rousseau contre mon avis. Ce n'est pas ma faute; je me retire; je n'en puis faire davantage sans blesser les lois, sans désobéir au prince, sans troubler le repos public; je suis trop bon chrétien, trop bon citoyen, trop bon pasteur pour rien tenter de semblable. Après avoir échoué il pouvoit encore, avec un peu d'adresse, conserver sa dignité et recouvrer sa réputation; mais l'amour-propre irrité n'est pas si sage; on pardonne encore moins aux autres le mal qu'on leur a voulu faire que celui qu'on leur a fait en effet. Furieux de voir manquer à la face de l'Europe ce grand crédit dont il aime à se vanter, il ne peut quitter la partie; il dit en classe qu'il n'est pas sans espoir de la renouer; il le tente dans un autre consistoire : mais pour se montrer moins à découvert, il ne la propose pas lui-même, il la fait proposer par son maréchal, par cet instrument de ses menées, qu'il appelle à témoin qu'il n'en a pas fait. Cela n'était-il pas finement trouvé? Ce n'est pas que M. de Montmollin ne soit fin : mais un homme que la colère aveugle ne fait plus que des sottises, quand il se livre à sa passion.

Cette ressource lui manque encore. Vous croiriez qu'au moins alors ses efforts s'arrêtent là: point du tout; dans l'assemblée suivante de la classe, il propose un autre expédient, fondé sur l'impossibilité d'éluder l'activité de l'officier du prince dans sa paroisse; c'est d'attendre que j'aie passé dans une autre, et là de recommencer les poursuites sur nouveaux frais. En conséquence de ce bel expédient, les sermons emportés recommencent; on met derechef le peuple en rumeur, comptant, à force de désagrément, me forcer enfin de quitter la paroisse. En voilà trop, en vérité, pour un homme aussi tolérant que M. de Montmollin prétend l'être, et qui n'agit que par l'ordre de son corps.

Ma lettre s'allonge beaucoup, monsieur; mais il le faut, et pourquoi la couperois-je? seroit-ce l'abréger que d'en multiplier les formules? Laissons à M. de Montmollin le plaisir de dire dix fois de suite : *Dinazarde, ma sœur, dormez-vous?*

Je n'ai point entamé la question de droit; je me suis interdit cette matière. Je me suis borné dans la seconde partie de cette lettre à vous prouver que M. de Montmollin, malgré le ton béat qu'il affecte, n'a point été conduit dans cette affaire par le zèle de la foi, ni par son devoir; mais qu'il a, selon l'usage, fait servir Dieu d'instrument à ses passions. Or jugez si pour de telles fins on emploie des moyens qui soient honnêtes, et dispensez-moi d'entrer dans des détails qui feroient gémir la vertu.

Dans la première partie de ma lettre je rapporte des faits opposés à ceux qu'avance M. de Montmollin. Il avoit eu l'art de se ménager des indices auxquels je n'ai pu répondre que par le récit fidèle de ce qui s'est passé. De ces assertions contraires de sa part et de la mienne vous conclurez que l'un des deux est un menteur, et j'avoue que cette conclusion me paroît juste.

En voulant finir ma lettre et poser sa brochure, je la feuillette encore. Les observations se présentent sans nombre, et il ne faut pas toujours recommencer. Cependant, comment passer ce que j'ai dans cet instant sous les yeux? *Que feront nos ministres,* se disoit-on publiquement? *défendront-ils l'Évangile attaqué si ouvertement par ses ennemis?* C'est donc moi qui suis l'ennemi de l'Évangile, parce que je m'indigne qu'on le défigure et qu'on l'avilisse? Eh! que ses prétendus défenseurs n'imitent-ils l'usage que j'en voudrois faire! que n'en prennent-ils ce qui les rendroit bons et justes, que n'en laissent-ils ce qui ne sert de rien à personne, et qu'ils n'entendent pas plus que moi!

Si un citoyen de ce pays avoit osé dire ou écrire quelque chose d'approchant à ce qu'avance M. Rousseau, ne séviroit-on pas contre lui? Non assurément; j'ose le croire pour l'honneur de cet état. Peuples de Neuchâtel, quelles seroient donc vos franchises, si, pour quelque point qui fourniroit matière de chicane aux ministres, ils pouvoient poursuivre au milieu de vous l'auteur d'un factum imprimé à l'autre bout de l'Europe, pour sa défense en pays étranger? M. de Montmollin m'a choisi pour vous imposer en moi ce nouveau joug : mais serois-je digne d'avoir été reçu parmi vous, si j'y laissois, par mon exemple, une servitude que je n'y ai point trouvée?

M. Rousseau, nouveau citoyen, a-t-il donc plus de priviléges que tous les anciens citoyens? Je ne réclame pas même ici les leurs; je ne réclame que ceux que j'avois étant homme, et comme simple étranger. Le correspondant que M. de Montmollin fait parler, ce merveilleux correspondant qu'il ne nomme point, et qui lui donne tant de louange, est un singulier raisonneur, ce me semble. Je veux avoir, selon lui, plus de priviléges que tous les citoyens, parce que je résiste à des vexations que n'endura jamais aucun citoyen. Pour m'ôter le droit de défendre ma bourse contre un voleur qui voudroit me la prendre, il n'auroit donc qu'à me dire : *Vous êtes plaisant de ne vouloir pas que je vous vole! Je voleroi bien un homme du pays, s'il passoit au lieu de vous.*

Remarquez qu'ici M. le professeur de Montmollin est le seul souverain, le despote qui me condamne; et que la loi, le consistoire, le magistrat, le gouvernement, le gouverneur, le roi même qui me protégent, sont autant de rebelles à l'autorité suprême de M. le professeur de Montmollin.

L'anonyme demande *si je ne me suis pas soumis comme citoyen aux lois de l'état et aux usages*, et de l'affirmative, qu'assurément on ne lui contestera pas, il conclut que je me suis soumis à une loi qui n'existe point, et à un usage qui n'eut jamais lieu.

M. de Montmollin dit à cela que cette loi existe à Genève, et que je me suis plaint moi-même qu'on l'a violée à mon préjudice. Ainsi donc la loi qui existe à Genève, et qui n'existe pas à Motiers, on la viole à Genève pour me décréter, et on la suit à Motiers pour m'excommunier. Convenez que me voilà dans une agréable position! C'étoit sans doute dans un de ses momens de gaîté que M. de Montmollin fit ce raisonnement-là.

Il plaisante à peu près sur le même ton dans une note sur l'offre (¹) que je voulus bien faire à la classe, à condition qu'on me laissât en repos; il dit que c'est se moquer, et qu'on ne fait pas ainsi la loi à ses supérieurs.

Premièrement, il se moque lui-même quand il prétend qu'offrir une satisfaction très-obséquieuse et très-raisonnable à gens qui se plaignent, quoique à tort, c'est leur faire la loi.

Mais la plaisanterie est d'avoir appelé messieurs de la classe mes supérieurs, comme si j'étois homme d'église. Car qui ne sait que la classe, ayant juridiction sur le clergé seulement, et n'ayant au surplus rien à commander à qui que ce soit, ses membres ne sont comme tels les supérieurs de personne (²)? Or de me traiter en homme d'église est une plaisanterie fort déplacée à mon avis. M. de Montmollin sait très-bien que je ne suis point homme d'église, et que j'ai même, grâces au ciel, très-peu de vocation pour le devenir.

Encore quelques mots sur la lettre que j'écrivis au consistoire, et j'ai fini. M. de Montmollin promet peu de commentaires sur cette lettre. Je crois qu'il fait très-bien, et qu'il eût mieux fait encore de n'en point donner du tout. Permettez que je passe en revue ceux qui me regardent : l'examen ne sera pas long.

Comment répondre, dit-il, *à des questions qu'on ignore?* Comme j'ai fait, en prouvant d'avance qu'on n'a point le droit de questionner.

Une foi dont on ne doit compte qu'à Dieu ne se publie pas dans toute l'Europe.

Et pourquoi une foi dont on ne doit compte qu'à Dieu ne se publieroit-elle pas dans toute l'Europe?

Remarquez l'étrange prétention d'empêcher un homme de dire son sentiment, quand on lui en prête d'autres; de lui fermer la bouche et de le faire parler.

Celui qui erre en chrétien redresse volontiers ses erreurs. Plaisant sophisme!

Celui qui erre en chrétien ne sait pas qu'il erre. S'il redressoit ses erreurs sans les connoître, il n'erreroit pas moins, et de plus il mentiroit. Ce ne seroit plus errer en chrétien.

Est-ce s'appuyer sur l'autorité de l'Évangile que de rendre douteux les miracles? Oui, quand c'est par l'autorité même de l'Évangile qu'on rend douteux les miracles.

Et d'y jeter du ridicule? Pourquoi non, quand, s'appuyant sur l'Évangile, on prouve que ce ridicule n'est que dans les interprétations des théologiens?

Je suis sûr que M. de Montmollin se félicitoit ici beaucoup de son laconisme. Il est toujours aisé de répondre à de bons raisonnemens par des sentences ineptes.

Quant à la note de Théodore de Bèze, il n'a pas voulu dire autre chose, sinon que la foi du chrétien n'est pas appuyée uniquement sur les miracles.

Prenez garde, monsieur le professeur; ou vous n'entendez pas le latin, ou vous êtes un homme de mauvaise foi.

Ce passage, *non satis tuta fides eorum qui miraculis nituntur*, ne signifie point du tout, comme vous le prétendez, que *la foi du chrétien n'est pas appuyée uniquement sur les miracles.*

Au contraire, il signifie très-exactement que *la foi de quiconque s'appuie sur les miracles est peu solide.* Ce sens se rapporte fort bien au passage de saint Jean qu'il commente, et qui dit

---

(¹) Offre dont le secret fut si bien gardé, que personne n'en sut rien que quand je le publiai, et qui fut si malhonnêtement reçue, qu'on ne daigna pas y faire la moindre réponse : il fallut même que je fisse redemander à M. de Montmollin ma déclaration, qu'il s'étoit doucement appropriée.

(²) Il faudroit croire que la tête tourne à M. de Montmollin, si l'on lui supposoit assez d'arrogance pour vouloir sérieusement donner à messieurs de la classe quelque supériorité sur les autres sujets du roi. Il n'y a pas cent ans que ces supérieurs prétendus ne signoient qu'après tous les autres corps.

de Jésus que plusieurs crurent en lui, voyant ses miracles ; mais qu'il ne leur confioit point pour cela sa personne, *parce qu'il les connoissoit bien.* Pensez-vous qu'il auroit aujourd'hui plus de confiance en ceux qui font tant de bruit de la même foi ?

Ne croiroit-on pas entendre M. Rousseau dire, dans sa Lettre à l'archevêque de Paris, *qu'on devroit lui dresser des statues pour son* Émile ? Notez que cela se dit au moment où, pressé par la comparaison d'*Émile* et des *Lettres de la montagne*, M. de Montmollin ne sait comment s'échapper ; il se tire d'affaire par une gambade.

S'il falloit suivre pied à pied ses écarts, s'il falloit examiner le poids de ses affirmations, et analyser les singuliers raisonnemens dont il nous paie, on ne finiroit pas, et il faut finir. Au bout de tout cela, fier de s'être nommé, il s'en vante. Je ne vois pas trop là de quoi se vanter. Quand une fois on a pris son parti sur certaine chose, on a peu de mérite à se nommer.

Pour vous, monsieur, qui gardiez par ménagement pour *lui* l'anonyme qu'il vous reproche, nommez-vous, puisqu'il le veut ; acceptez des honnêtes gens l'éloge qui vous est dû ; montrez-leur le digne avocat de la cause juste, l'historien de la vérité, l'apologiste des droits de l'opprimé, de ceux du prince, de l'état et des peuples, tous attaqués par lui dans ma personne. Mes défenseurs, mes protecteurs, sont connus ; qu'il montre à son tour son anonyme et ses partisans dans cette affaire : il en a déjà nommé deux ; qu'il achève. Il m'a fait bien du mal : il vouloit m'en faire bien davantage ; que tout le monde connoisse ses amis et les miens ; je ne veux point d'autre vengeance.

Recevez, monsieur, mes tendres salutations.

A MADAME LATOUR.

A Motiers, le 11 août 1765.

Chère Marianne, vous êtes affligée, et je suis désarmé ; je m'attendris en me représentant vos beaux yeux en larmes. Vos larmes sècheront, mais mes malheurs ne finiront qu'avec ma vie. Que cela vous engage désormais à les respecter, et à ne plus compter avec mes défauts, car vous auriez trop à faire, et à mon âge on ne se corrige plus de rien : les violens reproches m'indignent et ne me subjuguent pas. J'avois rompu trop légèrement avec vous, j'avois tort ; mais en me peignant comme un monstre, vous ne m'auriez pas ramené ; je vous aurois laissé dire et je me serois tu, car je savois bien que je n'étois pas un monstre. Quand nos amis nous manquent, il faut les gronder, mais il ne faut jamais leur mettre le marché à la main sur l'estime qu'on leur doit, et qu'ils savent bien qu'on ne peut leur ôter, quoi qu'il arrive. Pardon, chère Marianne, j'avois le cœur encore un peu gros de vos reproches, il falloit le dégonfler. A présent tâchons d'oublier nos enfantillages ; laissez-moi me dire mon fait sur les miens, je m'en acquitterai mieux que vous. Après cela, pardonnez-moi, n'en parlons plus, et aimons-nous bien tous trois. Ce dernier mot servira de réponse à votre amie ; j'espère qu'elle ne la trouvera pas trop courte ; je ne voudrois pas avoir dit ce mot-là même, si je la soupçonnois de croire qu'on peut dire *plus.*

Je dois des ménagemens à votre tristesse, et ne veux point vous parler de mon état présent ; mais, si de long-temps je ne peux pas vous écrire, n'interprétez pas ce silence en mauvaise part.

A M. D'IVERNOIS.

Motiers, le 15 août 1765.

J'ai reçu tous vos envois, monsieur, et je vous remercie des commissions ; elles sont fort bien, et je vous prie aussi d'en faire mes remercimens à M. Deluc. A l'égard des abricots, par respect pour madame d'Ivernois, je veux bien ne pas les renvoyer ; mais j'ai là-dessus deux choses à vous dire, et je vous les dis pour la dernière fois : l'une, qu'à faire aux gens des cadeaux malgré eux, et à les servir à notre mode et non pas à la leur, je vois plus de vanité que d'amitié ; l'autre, que je suis très-déterminé à secouer toute espèce de joug qu'on peut vouloir m'imposer malgré moi, quel qu'il puisse être ; que quand cela ne peut se faire qu'en rompant, je romps, et que, quand une fois j'ai rompu, je ne renoue jamais; c'est pour la vie. Votre amitié, monsieur, m'est trop précieuse pour que je vous pardonnasse jamais de m'y avoir fait renoncer.

Les cadeaux sont un petit commerce d'amitié fort agréable quand ils sont réciproques : mais ce commerce demande de part et d'autre de la peine et des soins, et la peine et les soins sont le fléau de ma vie; j'aime mieux un quart d'heure d'oisiveté que toutes les confitures de la terre. Voulez-vous me faire des présens qui soient pour mon cœur d'un prix inestimable? procurez-moi des loisirs, sauvez-moi des visites, fournissez-moi des moyens de n'écrire à personne; alors je vous devrai le bonheur de ma vie, et je reconnoîtrai les soins du véritable ami; autrement non.

M. Marcuard est venu lui cinq ou sixième : j'étois malade, je n'ai pu le voir ni lui ni sa compagnie. Je suis bien aise de savoir que les visites que vous me forcez de faire m'en attirent. Maintenant que je suis averti, si j'y suis repris ce sera ma faute.

Votre M. de Fournière, qui part de Bordeaux pour me venir voir, ne s'embarrasse pas si cela me convient ou non. Comme il fait tous ses petits arrangemens sans moi, il ne trouvera pas mauvais, je pense, que je prenne les miens sans lui.

Quant à M. Liotard, son voyage ayant un but déterminé qui se rapporte plus à moi qu'à lui, il mérite une exception et il l'aura. Les grands talens exigent des égards. Je ne réponds pas qu'il me trouve en état de me laisser peindre, mais je réponds qu'il aura lieu d'être content de la réception que je lui ferai. Au reste, avertissez-le que, pour être sûr de me trouver, et de me trouver libre, il ne doit pas venir avant le 4 ou le 5 de septembre.

Je suis étonné du front qu'a eu le sieur Durey de se présenter chez vous, sachant que vous m'honorez de votre amitié. Je ne sais s'il a fait ce qu'il vous a dit : mais je suis bien sûr qu'il ne vous a pas dit tout ce qu'il a fait. C'est le dernier des misérables.

J'ai vu depuis quelque temps beaucoup d'Anglois, mais M. Wilkes n'a pas paru, que je sache. Je vous embrasse de tout mon cœur.

A M. MOULTOU.

Motiers, le 15 août 1765.

J'ai tort, cher Moultou, de ne vous avoir pas accusé sur-le-champ la réception de l'argent et de l'étoffe. Je n'ai que mon état pour excuse; mais cette excuse n'est que trop bonne malheureusement. Cet état est toujours le même, et ma seule consolation est qu'il ne peut plus guère changer en pis. Il n'y a plus aucune apparence au voyage d'Écosse. C'étoit là que j'aurois voulu vivre; mais tout pays est bon pour mourir, excepté toutefois celui-ci, quand on laisse quelque chose après soi.

Je crois que vous avez bien fait de vous détacher de Vernes. Les gens faux sont plus dangereux amis qu'ennemis : d'ailleurs c'est une petite perte; je lui ai toujours trouvé peu d'esprit avec beaucoup de prétention : mais je l'aimois, le croyant bon homme. Jugez comment j'en dois penser aujourd'hui que je sais qu'il n'est qu'un méchant sot. Cher ami, ne me parlez plus de lui, je vous prie; ne joignons pas aux sentimens douloureux des idées déplaisantes : la paix de l'âme est le seul bien qui reste à ma portée, et le plus précieux dont je puisse jouir; je m'y tiens. J'espère qu'à ma dernière heure le scrutateur des cœurs ne trouvera dans le mien que la justice et l'amitié.

Puisque vous n'avez pas voulu déduire ni me marquer le prix de la laine, comme je vous en avois prié, j'exige au moins que vous ne vous mêliez plus des autres commissions de mademoiselle Le Vasseur, qui me charge de vous présenter ses remercîmens et ses respects. Pour moi, dans l'état où je suis, à moins qu'il ne change, il ne me faut plus d'autres provisions que celles qu'on peut emporter avec soi. Bonjour, mon ami; je vous embrasse.

A M. D'IVERNOIS.

Motiers, le 25 août 1765.

Engagez, monsieur, je vous prie, M. Liotard non-seulement à venir seul, à moins qu'il ne lui soit extrêmement agréable de venir avec M. Wilkes, mais à différer son départ jusqu'au mois d'octobre : car en vérité, l'on ne me laisse plus respirer. Il m'est absolument nécessaire de reprendre haleine; et lorsqu'une compagnie que j'attends à la fin de ce mois sera repartie, je serai forcé de partir moi-même pour quelque temps, pour éviter quelques-unes des bandes qui me tombent, non plus par deux ou trois, comme autrefois, mais par sept ou huit à la fois.

Vous avez eu bien tort d'imaginer que je voulusse cesser de vous écrire, puisque l'exception est faite pour vous depuis long-temps. Il est vrai que je voudrois que cela ne devînt une tâche onéreuse ni pour vous ni pour moi. Écrivons à notre aise et quand nous en aurons la commodité. Mais si vous voulez m'asservir régulièrement à vous écrire tous les huit ou quinze jours, je vous déclare une fois pour toutes que cela ne m'est pas possible; et, quand vous vous plaindrez de m'avoir écrit tant de lettres sans réponse, vous voudrez bien vous tenir pour dit une fois pour toutes : *Pourquoi m'en écrivez-vous tant?*

Tout en vous querellant j'abuse de votre complaisance. Voici une réponse pour Venise: vous m'avez dit que vous pourriez la faire tenir; ainsi je vous l'envoie sans savoir l'adresse. Ceux qui ont remis la lettre à laquelle celle-ci répond y suppléeront. Je vous embrasse de tout mon cœur.

A M. DU PEYROU.
Motiers, le 29 août 1765.

J'espère que vous serez arrivé à Neuchâtel heureusement. Donnez-moi de vos nouvelles, mais ne vous servez plus de la poste. J'ai résolu de ne plus écrire ni de recevoir aucune lettre par cette voie; et je suis même forcé de prendre ce parti, puisque personne, de ma part, ne peut approcher du bureau sans y être insulté. Il faut, au lieu de cela, se servir de la messagerie, qui part d'ici tous les mardis au soir, et de Neuchâtel tous les jeudis au soir. Si vos gens sont embarrassés de trouver cette femme, ils pourront déposer leurs titres à la *Couronne*, et mesdemoiselles Petitpierre voudront bien se charger de l'en charger. Je vous embrasse de tout mon cœur.

A M. D'IVERNOIS.
Neuchâtel, ce lundi 10 septembre 1765.

Les bruits publics vous apprendront, monsieur, ce qui s'est passé, et comment le pasteur de Motiers s'est fait ouvertement capitaine de coupe-jarrets. Votre amitié pour moi m'engage à me presser de vous tranquilliser sur mon compte. Grâces au ciel je suis en sûreté, et hors de Motiers, où je compte ne retourner de ma vie : mais malheureusement ma gouvernante et mon bagage y sont encore; mais j'espère que le gouvernement donnera des ordres qui contiendront ces enragés et leur digne chef. En attendant que vous soyez mieux instruit de tout, je vous conseille de ne pas vous fier à ce que vous écriront vos parens, et je suis forcé de vous déclarer qu'ils ont pris, dans cette occasion, un parti qui les déshonore. Aimez-moi toujours; je vous aime de tout mon cœur, et je vous embrasse.

Adressez tout simplement vos lettres à M. Du Peyrou à Neuchâtel; et pour éviter les enveloppes, mettez simplement une croix au-dessus de l'adresse; il saura ce que cela veut dire.

A M. DU PEYROU.
Ce dimanche à midi 15 septembre.

M. le major Chambrier vient, mon cher hôte, de m'envoyer, par un bateau exprès, les deux lettres que M. Jeannin avoit eu la bonté de me faire passer, et qui auroient été assez tôt dans un mois d'ici. Si vous n'avez pas la bonté de faire entendre à M. le major qu'à moins de cas très-pressans il ne faut pas envoyer des bateaux exprès, je ferai des frais effroyables en lettres inutiles, et d'autant plus onéreux, que je ne pourrai pas refuser mes lettres, comme je le faisois par la poste. J'espérois avoir, dans cette île, l'avantage que les lettres me parviendroient difficilement, et au contraire j'en suis accablé de toutes parts, avec cette différence qu'il faut payer les bateliers qui les portent dix fois plus que par la poste. Faites-moi l'amitié, je vous supplie, ou de refuser net toutes celles qui vous viendront, ou de les garder toutes jusqu'à quelque occasion moins coûteuse. Si je ne prends pas quelque résolution désespérée, je serai entièrement écrasé ici par les lettres et par les visites.

Je ne sais ce que vous ferez de *la Vision*; elle ne sauroit paroître avec les trois fautes effroyables que j'y trouve. L'une page 5, ligne 5, en remontant, *dessous*, lisez, *des sons*; la seconde, page 9, ligne 4, en remontant, *amuseront*, lisez, *améuteront*; et la troisième, page 15, ligne 11, *cris*, lisez, *coup*.

J'aurois mille choses à vous dire; le bateau est arrivé au moment qu'on alloit se mettre à table, et je fais attendre tout le monde pour le dîner; qui me désole.

Lorsque mademoiselle Le Vasseur sera venue avec tout mon bagage, il faut qu'elle attende à Neuchâtel de mes nouvelles, et je ne puis m'arranger définitivement qu'après la réponse de Berne, que j'aurai mardi au soir tout au plus tôt. Mille choses à tous ceux qui m'aiment, mais point de lettres sur toutes choses, si ce n'est pour matières intéressantes. Je vous embrasse.

AU MÊME.

A l'île de Saint-Pierre, le 18 septembre 1765.

Enfin, mon cher hôte, me voici sûr à peu près de rester ici, mais avec de si grandes incommodités, qu'il faut en vérité toute ma répugnance à m'éloigner de vous pour me les faire endurer. Il s'agit maintenant d'avoir ici mademoiselle Le Vasseur avec mon bagage. Le receveur compte envoyer lundi, ou le premier beau jour de la semaine prochaine, un bateau chargé de fruits à Neuchâtel; et pour l'amour de moi, il s'est offert d'y aller lui-même: en conséquence, j'écris à mademoiselle Le Vasseur de se tenir prête pour profiter d'une si bonne occasion, du moins pour le bagage; car, quant à elle, j'aimerois autant qu'elle cherchât quelque autre voiture, pour peu qu'il ne fît pas très-beau, ou qu'elle eût quelque répugnance à venir sur un bateau chargé. Ayez la bonté qui vous est ordinaire, de donner à tout cela le coup d'œil de l'amitié.

Je suis si occupé de mon petit établissement, que je ne puis songer à autre chose, ni écrire à personne. Je dois cependant des multitudes de lettres, surtout à MM. Meuron, Chaillet, Sturler, Martinet. Comment donc faire? écrire du matin au soir? c'est ce que je ne puis faire nulle part, surtout dans cette île : ils pardonneront. Je vous enverrai la semaine prochaine la lettre pour MM. de Couvet.

Ne comptiez-vous pas paroître cette semaine? Donnez-moi des nouvelles de cela. M. de Vautravers m'a amené hier des ministres dont je me serois bien passé.

Je m'arrange sur ce que vous m'avez marqué de la messagerie. Je puis envoyer à La Neuville tous les samedis et même tous les mercredis, s'il étoit nécessaire. On ira retirer mes lettres à la poste, et l'on y portera les miennes; cela sera plus simple et évitera les cascades. Si vos tracas vous permettent de me donner un peu au long de vos nouvelles, tant mieux; sinon, un bonjour, je me porte bien, me suffit. Mille choses au commandant de la place sous les ordres duquel j'ai fait service une nuit. Je vous embrasse.

AU MÊME.

Le 29 septembre.

En vous envoyant, mon cher hôte, un petit bonjour avec les lettres ci-jointes, je n'ai que le temps de vous marquer que mademoiselle Le Vasseur, vos envois et mon bagage, me sont heureusement arrivés. Jusqu'ici, aux arrivans près qui ne cessent pas, tout va bien de ce côté. Puisse-t-il en être de même du vôtre! Je vous embrasse de tout mon cœur.

AU MÊME.

Ce dimanche 6 octobre, à midi.

J'envoie, mon cher hôte, à madame la commandante dix mesures de pommes reinettes, que je la supplie d'agréer, non comme un présent que je prends la liberté de lui faire, mais en échange du café que vous m'avez destiné.

Depuis ma lettre écrite et partie ce matin, j'ai reçu votre paquet du 3. Je vois avec douleur le procès qu'on vous prépare. Vous avez affaire au plus déterminé des scélérats, et vous êtes un homme de bien; jugez des avantages qu'il aura sur vous. Mensonges, cabales, fourberies, noirceurs, faux sermens, faux témoins, subornation de juges; quelles armes terribles dont vous êtes privé, et qu'il emploiera contre vous! J'avoue que si sa famille le soutient, il faut qu'elle soit composée de membres qui se donnent tout ouvertement pour gens de sac et de corde; mais il faut s'attendre à tout de la part des hommes, et je suis fâché de vous dire que vous vivez dans un pays plein de gens d'esprit, mais qui n'imaginent pas même qu'il existe quelque chose qui se puisse appeler justice et vertu. J'ai l'âme navrée, et tout ceci met le comble à mes malheurs.

Vous pouvez, si vous voulez, m'envoyer la petite caisse par le retour du bateau qui portera les pommes et qui la conduira à Cerlier, où je la ferai prendre. Mon généreux ami, je vous embrasse le cœur ému et les yeux en larmes.

AU MÊME.

Le 7 octobre.

Voici, mon cher hôte, un *troisième* paquet depuis l'arrivée de mademoiselle Le Vasseur. Comme je vous sais fort occupé, qu'il a *fait* fort mauvais, et que votre ouvrage n'a peut-être point encore paru, je ne suis point en peine de votre silence, et j'espère que vous vous portez bien. Pour moi, je n'en puis pas dire autant, et c'est dommage. Il ne me manque que de la santé pour être parfaitement content dans cette île, dont je ne compte plus sortir de l'année. Je vous embrasse de tout mon cœur.

Mille remercîmens et très-humbles respects de mademoiselle Le Vasseur.

AU MÊME.

Ce vendredi 11 octobre.

Je suppose, mon cher hôte, que vous aurez reçu un mot de lettre où je vous accusois la réception du dernier paquet, contenant, entre autres, un exemplaire de votre réponse au sicaire de Motiers. Deux heures après je reçus votre billet du samedi; je n'ai montré la réponse à personne, et ne la montrerai point. Je suis curieux d'apprendre ce que sa famille aura obtenu de vous. A l'éloge que vous faisiez de ces gens-là, je croyois qu'ils alloient étouffer ce monstre entre deux matelas. Tant qu'il ne s'est montré que demi-coquin, ils ont paru le désapprouver; mais, depuis qu'il s'est fait ouvertement chef de brigands, les voilà tous ses satellites. Que Dieu vous délivre d'eux et moi aussi! Tirez-vous de leurs mains comme vous pourrez, et tenons-nous désormais bien loin de pareilles gens.

AU MÊME.

Mardi soir, 15 octobre.

Voici, mon cher hôte, deux lettres auxquelles je vous prie de vouloir bien donner cours. J'ai reçu, avec la vôtre du 9, la petite caisse et le café sur lequel vous m'avez bien triché, puisque la quantité en est bien plus forte que celle en échange de laquelle j'envoyois les pommes.

J'apprends avec bien de la peine et tous vos tracas et les maladies successives de tous vos gens, surtout de M. Jeannin, qui vous est toujours fort utile et qui mérite qu'on s'intéresse pour lui. Je vous avoue, au reste, que je ne suis pas fâché que la négociation en question se soit rompue, surtout par la faute de ce Sacripant; car j'étois presque sûr d'avance de ce qu'il auroit écrit et dit à tout le monde au sujet du juste désaveu que vous exigiez, et qu'il n'auroit pas manqué de donner pour un acte de sa complaisance envers sa famille, que vous aviez intéressée pour vous tirer d'embarras. Je serois assez curieux de savoir ce qui s'est fait dans le conseil de samedi, fort inutilement au reste, puisque ces messieurs n'ont aucune force pour faire valoir leur autorité, et que tout aboutit à des arrêts presque clandestins, qu'on ignore ou dont on se moque.

J'ai vu ici M. l'intendant de l'hôpital à qui M. Sturler avoit eu la bonté d'écrire, et qui lui a manifesté de meilleures intentions que celles que je lui crois en effet. J'ai poussé jusqu'à la bassesse des avances pour captiver sa bienveillance qui me paroissent avoir fort mal réussi. Ce qui me console est que mon séjour ici ne dépend pas de lui, et qu'il n'osera peut-être pas témoigner la mauvaise volonté qu'il peut avoir, voyant qu'en général on ne voit pas à Berne de mauvais œil mon séjour ici, et que M. le bailli de Nidau paroît aussi m'y voir avec plaisir. Je ne sais s'il convient de faire cette confidence à M. Chaillet, dont le zèle est quelquefois trop impétueux. Mais, si vous aviez occasion d'en toucher quelque chose à M. Sturler, j'avoue que je n'en serois pas fâché, quand ce ne seroit que pour savoir au juste les vrais sentimens de leurs Excellences à ce sujet ; car enfin il seroit désagréable d'avoir fait beaucoup de dépense pour m'accommoder ici, et d'être obligé d'en partir au printemps.

Je voudrois de tout mon cœur complaire à M. d'Escherny : mais convenez qu'il n'auroit guère pu prendre plus mal son temps pour mettre en avant cette affaire. D'ailleurs ce n'est point ici le moment d'en parler, pour des raisons qui ne regardent ni mylord, ni M. d'Escherny, ni moi, et dont je vous ferai confidence, quand nous nous verrons, sous le sceau du secret. Ainsi je suis prêt à renvoyer à M. d'Escherny ses papiers, s'il est pressé : s'il ne l'est pas, le temps peut venir d'en faire usage, et alors il doit être sûr de ma bonne volonté ; mais je ne puis rien promettre au-delà.

En parcourant votre ouvrage, j'avois trouvé quelques corrections à faire ; mais le relisant à la hâte, je n'en ai su retrouver que trois marquées dans le papier ci-joint.

Voici quelques notes de commissions qui ne pressent point, et dont vous ferez celles que vous pourrez, lorsque vous viendrez ici, puisque vous me flattez de venir bientôt.

1° Les deux rasoirs que vous m'avez donnés sont déjà gâtés, soit par la maladresse de mes essais, soit à cause de l'extrême rudesse de ma barbe ; il m'en faudroit au moins encore quatre, afin que je n'eusse pas sans cesse recours à des expédiens très-incommodes dans ma position, pour les faire repasser. Mais peut-être les faudroit-il un peu moins fins pour une si forte barbe.

2° J'aurois besoin d'un cahier de papier doré pour mes herbiers ; je préférerois du papier doré en plein à celui qui a des ramages.

J'ai peine à me désaccoutumer tout d'un coup de lire la gazette, et à ne plus rien savoir des affaires de l'Europe. Comme vous prenez et gardez, je crois, quelque gazette, si M. Jeannin vouloit bien me les envoyer suite après suite dans les occasions, je serois très-attentif à n'en point égarer, et à les lui renvoyer de même. Je ne me soucie point de gazettes récentes, ni d'avoir souvent des paquets ; il me suffira seulement qu'il n'y ait point d'interruption dans la suite ; du reste, le temps n'y fait rien. J'ai cessé de les lire depuis le 1er septembre.

Dans l'accord pour ma pension, il entre entre autres choses une étrenne annuelle pour madame la receveuse. Ne pourriez-vous pas m'aider à trouver quelque cadeau honnête à lui faire, et qui cependant ne passât pas trente à trente-six francs de France ? Je sais qu'elle a envie d'avoir une tabatière de femme. Nous avons jusqu'à la fin de l'année, mais la rencontre peut venir plus tôt. Voilà tout ce qui me vient à présent ; mais je sens que j'oublie bien des choses. Mille pardons et embrassemens.

AU MÊME.

Ile de Saint-Pierre, le 17 octobre 1765.

On me chasse d'ici, mon cher hôte. Le climat de Berlin est trop rude pour moi ; je me détermine à passer en Angleterre, où j'aurois dû d'abord aller. J'aurois grand besoin de tenir conseil avec vous ; mais je ne puis aller à Neuchâtel : voyez si vous pourriez par charité vous dérober à vos affaires pour faire un tour jusqu'ici. Je vous embrasse.

A M. DE GRAFFENRIED,

Bailli à Nidau.

Ile de Saint-Pierre, le 17 octobre 1765.

Monsieur,

J'obéirai à l'ordre de leurs Excellences avec le regret de sortir de votre gouvernement et de votre voisinage, mais avec la consolation d'emporter votre estime et celle des honnêtes gens. Nous entrons dans une saison dure, surtout pour un pauvre infirme : je ne suis point préparé pour un long voyage, et mes affaires demanderoient quelques préparations. J'aurois souhaité, monsieur, qu'il vous eût plu de me marquer si l'on m'ordonnoit de partir sur-le-champ, ou si l'on vouloit bien m'accorder quelques semaines pour prendre les arrangemens nécessaires à ma situation. En attendant qu'il vous plaise de me prescrire un terme, que je m'efforcerai même d'abréger, je supposerai qu'il m'est permis de séjourner ici jusqu'à ce que j'aie mis l'ordre le plus pressant à mes affaires. Ce qui me rend ce retard presque indispensable, est que, sur les indices que je croyois sûrs, je me suis arrangé pour passer ici le reste de ma vie avec l'agrément tacite du souverain. Je voudrois être sûr que ma visite ne vous déplairoit pas; quelque précieux que me soient les momens en cette occasion, j'en déroberai de bien agréables pour aller vous renouveler, monsieur, les assurances de mon respect.

AU MÊME.

Ile de Saint-Pierre, le 20 octobre 1765.

Monsieur,

Le triste état où je me trouve et la confiance que j'ai dans vos bontés me déterminent à vous supplier de vouloir bien faire agréer à leurs Excellences une proposition qui tend à me délivrer une fois pour toutes des tourmens d'une vie orageuse, et qui va mieux, ce me semble, au but de ceux qui me poursuivent que ne fera mon éloignement. J'ai consulté ma situation, mon âge, mon humeur, mes forces; rien de tout cela ne me permet d'entreprendre en ce moment, et sans préparation, de longs et pénibles voyages, d'aller errant dans des pays froids, et de me fatiguer à chercher au loin un asile, dans une saison où mes infirmités ne me permettent pas même de sortir de la chambre. Après ce qui s'est passé, je ne puis me résoudre à rentrer dans le territoire de Neuchâtel, où la protection du prince et du gouvernement ne sauroit me garantir des fureurs d'une populace excitée qui ne connoît aucun frein; et vous comprenez, monsieur, qu'aucun des états voisins ne voudra ou n'osera donner retraite à un malheureux si durement chassé de celui-ci.

Dans cette extrémité, je ne vois pour moi qu'une seule ressource, et, quelque effrayante qu'elle paroisse, je la prendrai non-seulement sans répugnance, mais avec empressement, si leurs Excellences veulent bien y consentir; c'est qu'il leur plaise que je passe en prison le reste de mes jours dans quelqu'un de leurs châteaux ou tel autre lieu de leurs états qu'il leur semblera bon de choisir. J'y vivrai à mes dépens, et je donnerai sûreté de n'être jamais à leur charge; je me soumets à n'avoir ni papier, ni plume, ni aucune communication au-dehors, si ce n'est pour l'absolue nécessité et par le canal de ceux qui seront chargés de moi; seulement qu'on me laisse, avec l'usage de quelques livres, la liberté de me promener quelquefois dans un jardin, et je suis content.

Ne croyez point, monsieur, qu'un expédient si violent en apparence soit le fruit du désespoir; j'ai l'esprit très-calme en ce moment: je me suis donné le temps d'y bien penser, et c'est d'après la profonde considération de mon état que je m'y détermine. Considérez, je vous supplie, que si ce parti est extraordinaire, ma situation l'est encore plus: mes malheurs sont sans exemple; la vie orageuse que je mène sans relâche depuis plusieurs années seroit terrible pour un homme en santé; jugez ce qu'elle doit être pour un pauvre infirme épuisé de maux et d'ennuis, et qui n'aspire qu'à mourir en paix. Toutes les passions sont éteintes dans mon cœur, il n'y reste que l'ardent désir du repos et de la retraite; je les trouverois dans l'habitation que je demande. Délivré des importuns, à couvert de nouvelles catastrophes, j'attendrois tranquillement la dernière, et n'étant plus instruit de ce qui se passe dans le monde, je ne serois plus attristé de rien. J'aime la liberté, sans doute, mais la mienne n'est point au pouvoir des hommes, et ce ne seront ni des murs ni des clefs qui me l'ôteront. Cette captivité, monsieur, me paroît si peu terrible, je sens si bien que je jouirois de tout le bonheur que je puis encore espérer dans cette vie, que c'est par là même que, quoiqu'elle doive délivrer mes ennemis de toute inquiétude à mon égard, je n'ose espérer de l'obtenir: mais je ne veux rien avoir à me reprocher vis-à-vis de moi, non plus que vis-à-vis d'autrui: je veux pouvoir me rendre témoignage que j'ai tenté tous les moyens praticables et honnêtes qui pouvoient m'assurer le repos, et prévenir les nouveaux orages qu'on me force d'aller chercher.

Je connois, monsieur, les sentimens d'humanité dont votre âme généreuse est remplie : je sens tout ce qu'une grâce de cette espèce peut vous coûter à demander ; mais quand vous aurez compris que, vu ma situation, cette grâce en seroit en effet une très-grande pour moi, ces mêmes sentimens, qui font votre répugnance, me sont garans que vous saurez la surmonter. J'attends, pour prendre définitivement mon parti, qu'il vous plaise de m'honorer de quelque réponse.

Daignez, monsieur, je vous supplie, agréer mes excuses et mon respect.

AU MÊME.

Le 22 octobre 1765.

Je puis, monsieur, quitter samedi prochain l'île de Saint-Pierre, et je me conformerai en cela à l'ordre de leurs Excellences : mais, vu l'étendue de leurs états et ma triste situation, il m'est absolument impossible de sortir le même jour de l'enceinte de leur territoire. J'obéirai en tout ce qui me sera possible. Si leurs Excellences me veulent punir de ne l'avoir pas fait, elles peuvent disposer à leur gré de ma personne et de ma vie : j'ai appris à m'attendre à tout de la part des hommes ; ils ne prendront pas mon âme au dépourvu.

Recevez, homme juste et généreux, les assurances de ma respectueuse reconnoissance, et d'un souvenir qui ne sortira jamais de mon cœur.

A M. DU PEYROU.

Vendredi matin 25 octobre.

Je vous prie de tâcher d'obtenir de quelqu'un qui connoisse cette route un itinéraire exact, avec les noms des villes, bourgs, lieux, et bonnes auberges. Vous pourrez me l'envoyer à Basle ou à Francfort, par une adresse que je demanderai à M. de Luze. Je pars à l'instant. Je vous embrasse mille fois.

A M. DE GRAFFENRIED.

Bienne, le 25 octobre 1765.

Je reçois, monsieur, avec reconnoissance les nouvelles marques de vos attentions et de vos bontés pour moi : mais je n'en profiterai pas pour le présent ; les prévenances et sollicitations de MM. de Bienne me déterminent à passer quelque temps avec eux, et, ce qui me flatte, à votre voisinage. Agréez, monsieur, je vous supplie, mes remercîmens, mes salutations et mon respect.

A M. DU PEYROU.

Bienne, le 27 octobre 1765.

J'ai cédé, mon cher hôte, aux caresses et aux sollicitations ; je reste à Bienne, résolu d'y passer l'hiver, et j'ai lieu de croire que je l'y passerai tranquillement. Cela fera quelque changement dans nos arrangemens, et mes effets pouvant me venir joindre avec mademoiselle Le Vasseur, je pourrai, pendant l'hiver, faire moi-même le catalogue de mes livres. Ce qui me flatte dans tout ceci est que je reste votre voisin, avec l'espoir de vous voir quelquefois dans vos momens de loisir. Donnez-moi de vos nouvelles et de celles de nos amis. Je vous embrasse de tout mon cœur.

AU MÊME.

Bienne, lundi 28 octobre 1765.

On m'a trompé, mon cher hôte, je pars demain matin avant qu'on me chasse. Donnez-moi de vos nouvelles à Basle. Je vous recommande ma pauvre gouvernante. Je ne puis écrire à personne, quelque désir que j'en aie ; je n'ai pas même le temps de respirer, ni la force. Je vous embrasse.

AU MÊME.

A Basle, 30 octobre.

J'arrive malade, mais sans grand accident. M. de Luze a eu soin de me pourvoir d'une chambre, sans quoi je n'en aurois point trouvé, vu la foire. Je partirai pour Strasbourg le plus tôt qu'il me sera possible, peut-être dès demain ; mais je suis parfaitement sûr maintenant qu'il m'est totalement impossible de soutenir à présent le voyage de Berlin. J'ignore absolument ce que je ferai ; je renvoie à délibérer à Strasbourg. Je souhaite fort d'y recevoir de vos nouvelles. Je compte loger à l'*Esprit*, chez M. Weisse ; cependant, n'étant encore bien sûr de rien, ne m'écrivez à cette adresse que ce qui peut se perdre sans inconvénient. Mon cher hôte, aimez-moi toujours. Je vous aime et vous embrasse de tout mon cœur.

A M. DE LUZE.

Strasbourg, le 4 novembre 1765.

J'arrive, monsieur, du plus détestable voyage, à tous égards, que j'aie fait de ma vie. J'arrive excédé, rendu ; mais enfin j'arrive, et, grâces à vous, dans une maison où je puis me remettre et reprendre haleine à mon aise, car je ne puis songer à reprendre de long-temps ma route ; et si j'en ai encore une pareille à celle que je viens de faire, il me sera totalement impossible de la soutenir. Je ne me prévaux point sitôt de votre lettre pour M. Zollicoffer ; car j'aime fort le plaisir de *prince de garder l'incognito le plus long-temps qu'on peut.* Que ne puis-je le garder le reste de ma vie ! je serois encore un heureux mortel. Je ne sais au reste comment m'accueilleront les François ; mais s'ils font tant que de me chasser, ils ne choisiront pas le temps que je suis malade, et s'y prendront moins brutalement que les Bernois. Je suis d'une lassitude à ne pouvoir tenir la plume. Le cocher veut repartir dès aujourd'hui. Je n'écris donc point à M. Du Peyrou : veuillez suppléer à ce que je ne puis faire ; je lui écrirai dans la semaine infailliblement. Il faut que je lui parle de vos attentions et de vos bontés mieux que je ne peux faire à vous-même. Ma manière d'en remercier est d'en profiter ; et, sur ce pied, l'on ne peut être mieux remercié que vous l'êtes : mais il est juste que je lui parle de l'effet qu'a produit sa recommandation. Bonjour, monsieur ; bonne foire et bon voyage. J'espère avoir le plaisir de vous embrasser encore ici.

A M. DU PEYROU.

Strasbourg, le 5 novembre 1765.

Je suis arrivé, mon cher hôte, à Strasbourg samedi, tout-à-fait hors d'état de continuer ma route, tant par l'effet de mon mal et de la fatigue, que par la fièvre et une chaleur d'entrailles qui s'y sont jointes. Il m'est aussi impossible d'aller maintenant à Potzdam qu'à la Chine, et je ne sais plus trop ce que je vais devenir ; car probablement on ne me laissera pas long-temps ici. Quand on est une fois au point où je suis, on n'a plus de projets à faire ; il ne reste qu'à se résoudre à toutes choses, et plier la tête sous le pesant joug de la nécessité.

J'ai écrit à mylord maréchal ; je voudrois attendre ici sa réponse. Si l'on me chasse, j'irai chercher de l'autre côté du Rhin quelque humanité, quelque hospitalité ; si je n'en trouve plus nulle part, il faudra bien chercher quelque moyen de s'en passer. Bonjour, non plus mon hôte, mais toujours mon ami. George Keith et vous m'attachez encore à la vie ; de tels liens ne se rompent pas aisément.

Je vous embrasse.

AU MÊME.

Strasbourg, le 10 novembre 1765.

Rassurez-vous, mon cher hôte, et rassurez nos amis sur les dangers auxquels vous me croyez exposé. Je ne reçois ici que des marques de bienveillance, et tout ce qui commande dans la ville et dans la province paroît s'accorder à me favoriser. Sur ce que m'a dit M. le maréchal, que je vis hier, je dois me regarder comme aussi en sûreté à Strasbourg qu'à Berlin. M. Fischer m'a servi avec toute la chaleur et tout le zèle d'un ami, et il a eu le plaisir de trouver tout le monde aussi bien disposé qu'il pouvoit le désirer. On me fait apercevoir bien agréablement que je ne suis plus en Suisse.

Je n'ai que le temps de vous marquer ce mot pour vous rassurer sur mon compte.

Je vous embrasse de tout mon cœur.

AU MÊME.

Strasbourg, le 17 novembre 1765.

Je reçois, mon cher hôte, votre lettre n° 6. Vous aurez vu par les miennes que je renonce absolument au voyage de Berlin, du moins pour cet hiver, à moins que mylord maréchal, à qui j'ai écrit, ne fût d'un avis contraire. Mais je le connois; il veut mon repos sur toute chose, ou plutôt il ne veut que cela. Selon toute apparence, je passerai l'hiver ici. On ne peut rien ajouter aux marques de bienveillance, d'estime, et même de respect, qu'on m'y donne, depuis M. le maréchal et les chefs du pays, jusqu'aux derniers du peuple. Ce qui vous surprendra est que les gens d'église semblent vouloir renchérir encore sur les autres. Ils ont l'air de me dire dans leurs manières : *Distinguez-nous de vos ministres; vous voyez que nous ne pensons pas comme eux.*

Je ne sais pas encore de quels livres j'aurai besoin; cela dépendra du choix de ma demeure; mais, en quelque lieu que ce soit, je suis absolument déterminé à reprendre la botanique. En conséquence, je vous prie de vouloir bien faire trier d'avance tous les livres qui en traitent, figures et autres, et les bien encaisser. Je voudrois aussi que mes herbiers et plantes sèches y fussent joints; car, ne connoissant pas à beaucoup près toutes les plantes qui y sont, j'en peux tirer encore beaucoup d'instruction sur les plantes de la Suisse, que je ne trouverai pas ailleurs. Sitôt que je serai arrêté, je consacrerai le goût que j'ai pour les herbiers à vous en faire un aussi complet qu'il me sera possible, et dont je tâcherai que vous soyez content.

Mon cher hôte, je ne donne pas ma confiance à demi; visitez, arrangez tous mes papiers, lisez et feuilletez tout sans scrupule. Je vous plains de l'ennui que vous donnera tout ce fatras sans choix, et je vous remercie de l'ordre que vous y voudrez mettre. Tâchez de ne pas changer les numéros des paquets, afin qu'ils nous servent toujours d'indications pour les papiers dont je puis avoir besoin. Par exemple, je suis dans le cas de désirer beaucoup de faire usage ici de deux pièces qui sont dans le numéro 12, l'une est *Pygmalion* et l'autre l'*Engagement téméraire*. Le directeur du spectacle a pour moi mille attentions; il m'a donné pour mon usage une petite loge grillée; il m'a fait faire une clef d'une petite porte pour entrer incognito; il fait jouer les pièces qu'il juge pouvoir me plaire. Je voudrois tâcher de reconnoître ses honnêtetés, et je crois que quelque barbouillage de ma façon, bon ou mauvais, lui seroit utile par la bienveillance que le public a pour moi, et qui s'est bien marquée au *Devin du village*. Si j'osois espérer que vous vous laissassiez tenter à la proposition de M. de Luze, vous apporteriez ces pièces vous-même, et nous nous amuserions à les faire répéter. Mais comme il n'y a nulle copie de *Pygmalion* il en faudroit faire faire une par précaution, surtout si, ne venant pas vous-même, vous preniez le parti d'envoyer le paquet par la poste à l'adresse de M. Zollicoffer, ou par occasion. Si vous venez, mandez-le-moi à l'avance, et donnez-moi le temps de la réponse. Selon les réponses que j'attends, je pourrois, si la chose ne vous étoit pas trop importune, vous prier de permettre que mademoiselle Le Vasseur vînt avec vous. Je vous embrasse.

Je reçois en ce moment le numéro 7. Écrivez toujours par M. Zollicoffer.

A M. D'IVERNOIS.

A Strasbourg, le 11 novembre 1765.

Ne soyez point en peine de moi, monsieur; grâces au ciel, je ne suis plus en Suisse, je le sens tous les jours à l'accueil dont on m'honore ici; mais ma santé est dans un délabrement facile à imaginer. Mes papiers et mes livres sont restés dans un désordre épouvantable : la malle que vous savez a été remise à M. Martinet, châtelain du Val-de-Travers; vos papiers sont restés parmi les miens; n'en soyez point en peine; ils se retrouveront, mais il faut du temps. Vous pouvez m'écrire ici ou à l'adresse de M. Du Peyrou à Neuchâtel. Vous pouvez aussi, et même je vous en prie, tirer sur moi à vue pour l'argent que je vous dois et dont j'ignore la somme. Je ne vous dis rien de vos parens; mais malgré ce que vous m'avez fait dire par M. Desarts, je compte et compterai toujours sur votre amitié, comme vous pouvez toujours compter sur la mienne. Je vous embrasse de tout mon cœur.

A M. DU PEYROU.

Strasbourg, le 25 novembre 1765.

J'ai, mon cher hôte, votre numéro 8 et tous les précédens. Ne soyez point en peine du passe-port; ce n'est pas une chose si absolument nécessaire que vous le supposez, ni si difficile à renouveler au besoin; mais il me sera toujours précieux par la main dont il me vient et par les soins dont il est la preuve.

Quelque plaisir que j'eusse à vous voir, le changement que j'ai été forcé de mettre dans ma manière de vivre ralentit mon empressement à cet égard. Les fréquens dîners en ville, et la fréquentation des femmes et des gens du monde, à quoi je m'étois livré d'abord, en retour de leur bienveillance, m'imposoient une gêne qui a tellement pris sur ma santé, qu'il a fallu tout rompre et devenir ours par nécessité. Vivant seul ou avec Fischer, qui est un très-bon garçon, je ne serois à portée de partager aucun amusement avec vous, et vous iriez sans moi dans le monde, ou bien, ne vivant qu'avec moi, vous seriez dans cette ville sans la connoître. Je ne désespère pas des moyens de nous voir plus agréablement et plus à notre aise, mais cela est encore dans les futurs contingens : d'ailleurs, n'étant pas encore décidé sur moi-même, je ne le suis pas sur le voyage de mademoiselle Le Vasseur. Cependant, si vous venez, vous êtes sûr de me trouver encore ici; et, dans ce cas, je serois bien aise d'en être instruit d'avance, afin de vous faire préparer un logement dans cette maison; car je ne suppose pas que vous vouliez que nous soyons séparés.

L'heure presse, le monde vient; je vous quitte brusquement; mais mon cœur ne vous quitte pas.

A M. DE LUZE.

Strasbourg, le 27 novembre 1765.

Je me réjouis, monsieur, de votre heureuse arrivée à Paris, et je suis sensible aux bons soins dont vous vous êtes occupé pour moi dès l'instant même : c'est une suite de vos bontés pour moi, qui ne m'étonne plus, mais qui me touche toujours. J'ai différé d'un jour à vous répondre, pour vous envoyer la copie que vous demandez, et que vous trouverez ci-jointe : vous pouvez la lire à qui il vous plaira; mais je vous prie de ne la pas laisser transcrire. Il est superflu de prendre de nouvelles informations sur la sûreté de mon passage à Paris : j'ai là-dessus les meilleures assurances; mais j'ignore encore si je serai dans le cas de m'en prévaloir, vu la saison, vu mon état qui ne me permet pas à présent de me mettre en route. Sitôt que je serai déterminé de manière ou d'autre, je vous le manderai. Je vous prie de me maintenir dans les bons souvenirs de madame de Faugnes, et de lui dire que l'empressement de la revoir, ainsi que M. de Faugnes, et d'entretenir chez eux une connoissance qui s'est faite chez vous, entre pour beaucoup dans le désir que j'ai de passer par Paris. J'ajoute de grand cœur, et j'espère que vous n'en doutez pas, que ma tentation d'aller en Angleterre s'augmente extrêmement par l'agrément de vous y suivre, et de voyager avec vous. Voilà quant à présent tout ce que je puis dire sur cet article : je ne tarderai pas à vous parler plus positivement; mais jusqu'à présent cet arrangement est très-douteux. Recevez mes plus tendres salutations; je vous embrasse, monsieur, de tout mon cœur.

Prêt à fermer ma lettre, je reçois la vôtre sans date, qui contient les éclaircissemens que vous avez eu la bonté de prendre avec Guy : ce qui me détermine absolument à vous aller joindre aussitôt que je serai en état de soutenir le voyage. Faites-moi entrer dans vos arrangemens pour celui de Londres : je me réjouis beaucoup de le faire avec vous. Je ne joins pas ici ma lettre à M. de Graffenried, sur ce que vous me marquez qu'elle court Paris. Je marquerai à M. Guy le temps précis de mon départ; ainsi vous en pourrez être informé par lui. Qu'il ne m'envoie personne, je trouverai ici ce qu'il me faut. Rey m'a envoyé son commis, pour m'emmener en Hollande; il s'en retournera comme il est venu.

A M. DU PEYROU.

Strasbourg, le 30 novembre 1765.

Tout bien pesé, je me détermine à passer en Angleterre. Si j'étois en état, je partirois dès demain ; mais ma rétention me tourmente si cruellement, qu'il faut laisser calmer cette attaque, employant ma ressource ordinaire. Je compte être en état de partir dans huit ou dix jours ; ainsi ne m'écrivez plus ici, votre lettre ne m'y trouveroit pas ; avertissez, je vous prie, mademoiselle Le Vasseur de la même chose : je compte m'arrêter à Paris quinze jours ou trois semaines ; je vous enverrai mon adresse avant de partir. Au reste, vous pouvez toujours m'écrire par M. de Luze, que je compte joindre à Paris pour faire avec lui le voyage. Je suis très-fâché de n'avoir pas encore écrit à madame de Luze. Elle me rend bien peu de justice si elle est inquiète de mes sentimens ; ils sont tels qu'elle les mérite, et c'est tout dire. Je m'attache aussi très-véritablement à son mari. Il a l'air froid et le cœur chaud ; il ressemble en cela à mon cher hôte : voilà les gens qu'il me faut.

J'approuve très-fort d'user sobrement de la poste, qui en Suisse est devenue un brigandage public : elle est plus respectée en France ; mais les ports y sont exorbitans, et j'ai, depuis mon arrivée ici, plus de cent francs de ports de lettres. Retenez et lisez les lettres qui vous viennent pour moi ; ne m'envoyez que celles qui l'exigent absolument ; il suffit d'un petit extrait des autres.

Je reçois en ce moment votre paquet n° 10. Vous devez avoir reçu une de mes lettres où je vous priois d'ouvrir toutes celles qui vous venoient à mon adresse : ainsi vos scrupules sont fort mal placés. Je ne sais si je vous écrirai encore avant mon départ ; mais ne m'écrivez plus ici. Je vous embrasse de la plus tendre amitié.

A M. D'IVERNOIS.

Strasbourg, le 2 décembre 1765.

Vous ne doutez pas, monsieur, du plaisir avec lequel j'ai reçu vos deux lettres et celle de M. Deluc. On s'attache à ce qu'on aime à proportion des maux qu'il nous coûte. Jugez par là si mon cœur est toujours au milieu de vous. Je suis arrivé dans cette ville malade et rendu de fatigue. Je m'y repose avec le plaisir qu'on a de se retrouver parmi les humains, en sortant du milieu des bêtes féroces. J'ose dire que depuis le commandant de la province jusqu'au dernier bourgeois de Strasbourg, tout le monde désiroit de me voir passer ici mes jours : mais telle n'est pas ma vocation. Hors d'état de soutenir la route de Berlin, je prends le parti de passer en Angleterre. Je m'arrêterai quinze jours ou trois semaines à Paris, et vous pouvez m'y donner de vos nouvelles chez la veuve Duchesne, libraire, rue Saint-Jacques.

Je vous remercie de la bonté que vous avez eue de songer à mes commissions. J'ai d'autres prunes à digérer ; ainsi disposez des vôtres. Quant aux bilboquets et aux mouchoirs, je voudrois bien que vous pussiez me les envoyer à Paris, car ils me feroient grand plaisir ; mais à cause que les mouchoirs sont neufs, j'ai peur que cela ne soit difficile. Je suis maintenant très en état d'acquitter votre petit mémoire sans m'incommoder. Il n'en sera pas de même lorsque, après les frais d'un voyage long et coûteux, j'en serai à ceux de mon premier établissement en Angleterre : ainsi, je voudrois bien que vous voulussiez tirer sur moi à Paris à vue, le montant du mémoire en question. Si vous voulez absolument remettre cette affaire au temps où je serai plus tranquille, je vous prie au moins de me marquer à combien tous vos déboursés se montent, et permettre que je vous en fasse mon billet. Considérez, mon bon ami, que vous avez une nombreuse famille à qui vous devez compte de l'emploi de votre temps, et que le partage de votre fortune, quelque grande qu'elle puisse être, vous oblige à n'en rien laisser dissiper, pour laisser tous vos enfans dans une aisance honnête. Moi, de mon côté, je serai inquiet sur cette petite dette tant qu'elle ne sera pas ou payée ou réglée. Au reste, quoique cette violente expulsion me dérange, après un peu d'embarras je me trouverai du pain et le nécessaire pour le reste de mes jours, par des arrangemens dont je dois vous avoir parlé ; et quant à présent rien ne me manque. J'ai tout l'argent qu'il me faut pour mon voyage et au-delà, et avec un peu d'économie, je compte me retrouver bientôt au courant comme auparavant. J'ai cru vous devoir ces détails pour tranquilliser votre honnête cœur sur le compte d'un homme que vous aimez. Vous sentez que dans le désordre et la précipitation d'un départ brusque, je n'ai pu emmener mademoiselle Le Vasseur errer avec moi dans cette saison, jusqu'à ce que j'eusse un gîte; je l'ai laissée à l'île Saint-Pierre, où elle est très-bien et avec de très-honnêtes gens. Je pense à la faire venir ce printemps, en Angleterre, par le bateau qui part d'Yverdun tous les ans. Bonjour, monsieur; mille tendres salutations à votre chère famille et à tous nos amis; je vous embrasse de tout mon cœur.

A M. DAVID HUME.

Strasbourg, le 4 décembre 1765.

Vos bontés, monsieur, me pénètrent autant qu'elles m'honorent. La plus digne réponse que je puisse faire à vos offres est de les accepter, et je les accepte. Je partirai dans cinq ou six jours pour aller me jeter entre vos bras; c'est le conseil de mylord maréchal, mon protecteur, mon ami, mon père; c'est celui de madame de Boufflers, dont la bienveillance éclairée me guide autant qu'elle me console; enfin j'ose dire c'est celui de mon cœur, qui se plaît à devoir beaucoup au plus illustre de mes contemporains, dont la bonté surpasse la gloire. Je soupire après une retraite solitaire et libre où je puisse finir mes jours en paix. Si vos soins bienfaisants me la procurent, je jouirai tout ensemble et du seul bien que mon cœur désire, et du plaisir de le tenir de vous. Je vous salue, monsieur, de tout mon cœur.

A M. DE LUZE.

Paris, le 16 décembre 1765.

J'arrive chez madame Duchesne plein du désir de vous voir, de vous embrasser, et de concerter avec vous le prompt voyage de Londres, s'il y a moyen. Je suis ici dans la plus parfaite sûreté; j'en ai en poche l'assurance la plus précise (*). Cependant, pour éviter d'être accablé, je veux y rester le moins qu'il

(*) Il avoit un passe-port du ministère bon pour trois mois. G. P.

me sera possible, et garder le plus parfait incognito, s'il se peut : ainsi ne me décélez, je vous prie, à qui que ce soit. Je voudrois vous aller voir; mais, pour ne pas promener mon bonnet dans les rues, je désire que vous puissiez venir vous-même le plus tôt qu'il se pourra.

Je vous embrasse, monsieur, de tout mon cœur (*).

A M. DU PEYROU.

Paris, le 17 décembre 1765.

J'arrive d'hier au soir, mon aimable hôte et ami. Je suis venu en poste, mais avec une bonne chaise, et à petites journées. Cependant j'ai failli mourir en route; j'ai été forcé de m'arrêter à Épernay, et j'y ai passé une telle nuit, que je n'espérois plus revoir le jour : toutefois me voici à Paris dans un état assez passable. Je n'ai vu personne encore, pas même M. de Luze, mais je lui ai écrit en arrivant. J'ai le plus grand besoin de repos; je sortirai le moins que je pourrai. Je ne veux pas m'exposer derechef aux dîners et aux fatigues de Strasbourg. Je ne sais si M. de Luze est toujours d'humeur de passer à Londres; pour moi, je suis déterminé à partir le plus tôt qu'il me sera possible, et tandis qu'il me reste encore des forces, pour arriver enfin en lieu de repos.

Je viens en ce moment d'avoir la visite de M. de Luze, qui m'a remis votre billet du 7, daté de Berne. J'ai écrit en effet la lettre à M. le bailli de Nidau; mais je ne voulus point vous en parler pour ne point vous affliger : ce sont, je crois, les seules réticences que l'amitié permette.

(*) Cette intention si formelle de garder *le plus parfait incognito*, et l'empressement que nous lui verrons bientôt montrer à quitter *ce théâtre public* (lettre ci-après du 26 décembre), suffiroient pour démentir ce qui est raconté à ce sujet dans la correspondance de Grimm (édition de Furne, tome V, page 5).

« Rousseau est revenu à Paris le 17 décembre. Le lendemain il s'est promené au Luxembourg en habit arménien... Il s'est aussi promené tous les jours à une certaine heure sur le boulevard dans la partie la plus proche de son logement. Cette affectation de se montrer en public sans nécessité, en dépit de la prise de corps, a choqué le ministre, qui avoit cédé aux instances de ses protecteurs, en lui accordant la permission de traverser le royaume pour se rendre en Angleterre. On lui a fait dire par la police de partir sans aucun délai, s'il ne vouloit être arrêté. En conséquence il quittera Paris samedi 4 janvier, accompagné de D. Hume. » G. P.

Voici une lettre pour cette pauvre fille qui est à l'île : je vous prie de la lui faire passer le plus promptement qu'il se pourra ; elle sera utile à sa tranquillité. Dites, je vous supplie, à madame la commandante (*) combien je suis touché de son souvenir, et de l'intérêt qu'elle veut bien prendre à mon sort. J'aurois assurément passé des jours bien doux près de vous et d'elle ; mais je n'étois pas appelé à tant de bien. Faute du bonheur que je ne dois plus attendre, cherchons du moins la tranquillité. Je vous embrasse de tout mon cœur.

A M. D'IVERNOIS.

Paris, le 18 décembre 1765.

Avant-hier au soir, monsieur, j'arrivai ici très-fatigué, très-malade, ayant le plus grand besoin de repos. Je n'y suis point incognito, et je n'ai pas besoin d'y être : je ne me suis jamais caché, et je ne veux pas commencer. Comme j'ai pris mon parti sur les injustices des hommes, je les mets au pis sur toutes choses, et je m'attends à tout de leur part, même quelquefois à ce qui est bien. J'ai écrit en effet la lettre à M. le bailli de Nidau ; mais la copie que vous m'avez envoyée est pleine de contre-sens ridicules et de fautes épouvantables. On voit de quelle boutique elle vient. Ce n'est pas la première fabrication de cette espèce, et vous pouvez croire que des gens si fiers de leurs iniquités ne sont guère honteux de leurs falsifications. Il court ici des copies plus fidèles de cette lettre, qui viennent de Berne, et qui font assez d'effet. M. le Dauphin lui-même, à qui on l'a lue dans son lit de mort, en a paru touché, et a dit là-dessus des choses qui feroient bien rougir mes persécuteurs, s'ils les savoient, et qu'ils fussent gens à rougir de quelque chose.

Vous pouvez m'écrire ouvertement chez madame Duchesné, où je suis toujours. Cependant j'apprends à l'instant que M. le prince de Conti a eu la bonté de me faire préparer un logement au Temple, et qu'il désire que je l'aille occuper. Je ne pourrai guère me dispenser d'accepter cet honneur ; mais, malgré mon délogement, vos lettres sous la même adresse me parviendront également.

AU MÊME.

Paris, le 20 décembre 1765.

Votre lettre, mon bon ami, m'alarme plus qu'elle ne m'instruit. Vous me parlez de mylord maréchal pour avoir la protection du roi ; mais de quel roi entendez-vous parler ? Je puis me faire fort de celle du roi de Prusse, mais de quoi vous serviroit-elle auprès de la médiation ? Et s'il est question du roi de France, quel crédit mylord maréchal a-t-il à sa cour ? Employer cette voie seroit vouloir tout gâter.

Mon bon ami, laissez faire vos amis, et soyez tranquille. Je vous donne ma parole que si la médiation a lieu, les misérables qui vous menacent ne vous feront aucun mal par cette voie-là. Voilà sur quoi vous pouvez compter. Cependant ne négligez pas l'occasion de voir M. le résident, pour parer aux préventions qu'on peut lui donner contre vous : du reste, je vous le répète, soyez tranquille ; la médiation ne vous fera aucun mal.

Je déloge dans deux heures pour aller occuper au Temple l'appartement qui m'y est destiné. Vous pourrez m'écrire à *l'hôtel de Saint-Simon, au Temple, à Paris*. Je vous embrasse de la plus tendre amitié.

A M. DE LUZE.

22 décembre 1765.

L'affliction, monsieur, où la perte d'un père tendrement aimé plonge en ce moment madame de Verdelin, ne me permet pas de me livrer à des amusemens, tandis qu'elle est dans les larmes. Ainsi nous n'aurons point de musique aujourd'hui. Je serai cependant chez moi ce soir comme à l'ordinaire ; et, s'il entre dans vos arrangemens d'y passer, ce changement ne m'ôtera pas le plaisir de vous y voir. Mille salutations.

A MADAME LATOUR.

A Paris, le 24 décembre 1765.

J'ai reçu vos deux lettres, madame ; toujours

(*) C'étoit la mère de Du Peyrou, veuve d'un commandant de Surinam. — G. P.

des reproches ! Comme, dans quelque situation que je puisse être, je n'ai jamais autre chose de vous, je me le tiens pour dit, et m'arrange un peu là-dessus.

Mon arrivée et mon séjour ici ne sont point un secret. Je ne vous ai point été voir parce que je ne vais voir personne, et qu'il ne me seroit pas possible, avec la meilleure santé et le plus grand loisir, de suffire, dans un si court espace, à tous les devoirs que j'aurois à remplir. C'en seroit remplir un bien doux d'aller vous rendre mes hommages ; mais, outre que j'ignore si vous pardonneriez cette indiscrétion à un homme avec lequel vous ne voulez qu'une correspondance mystérieuse, ce seroit me brouiller avec tous mes anciens amis de donner sur eux aux nouveaux la préférence ; et, comme je n'en ai pas trop, que tous me sont chers, je n'en veux perdre aucun, si je puis, par ma faute.

A M. DU PEYROU.

A Paris, le 24 décembre 1765.

Je vous envoie, mon cher hôte, l'incluse ouverte, afin que vous voyiez de quoi il s'agit. Tout le monde me conseille de faire venir tout de suite mademoiselle Le Vasseur, et je compte sur votre amitié et sur vos soins pour lui procurer les moyens de venir le plus promptement et le plus commodément qu'il sera possible. Je voudrois qu'elle vînt tout de suite, ou qu'elle attendît le mois d'avril, parce que je crains pour elle les approches de l'équinoxe où la mer est très-orageuse. Disposez de tout selon votre prudence, en faisant, pour l'amour de moi, grande attention à sa commodité et à sa sûreté.

Notre voyage est arrangé pour le commencement de janvier ; M. de Luze aura pu vous en rendre compte. J'ai l'honneur d'être, en attendant, l'hôte de M. le prince de Conti. Il a voulu que je fusse logé et servi avec une magnificence qu'il sait bien n'être pas selon mon goût ; mais je comprends que, dans la circonstance, il a voulu donner en cela un témoignage public de l'estime dont il m'honore. Il désiroit beaucoup me retenir tout-à-fait, et m'établir dans un de ses châteaux à douze lieues d'ici ; mais il y avoit à cela une condition nécessaire que je n'ai pu me résoudre d'accepter, quoiqu'il ait employé durant deux jours consécutifs toute son éloquence, et il en a beaucoup, pour me persuader. L'inquiétude où il étoit sur mes ressources m'a déterminé à lui exposer nos arrangemens ; j'ai fait, par la même raison, la même confidence à tous mes amis devenus les vôtres, et qui, j'ose le dire, ont conçu pour vous la vénération qui vous est due. Cependant, une inquiétude déplacée sur tous les hasards leur a fait exiger de moi une promesse dont il faut que je m'acquitte, très-persuadé que c'est un soin bien superflu ; c'est de vous prier de prendre les mesures convenables pour que, si j'avois le malheur de vous perdre, je ne fusse pas exposé à mourir de faim. Au reste, c'est un arrangement entre vous et vos héritiers, sur lequel il me suffit de la parole que vous m'avez donnée.

On se fait une fête en Angleterre d'ouvrir une souscription pour l'impression de mes ouvrages. Si vous voulez en tirer parti, j'ose vous assurer que le produit en peut être immense, et plus grand de mon vivant qu'après ma mort. Si cette idée pouvoit vous déterminer à y faire un voyage, je désirerois autant de la voir exécutée, que je le craignois en toute autre occasion.

Je ne voudrois pas, mon cher hôte, séparer mes livres ; il faut vendre tout ou m'envoyer tout. Je pense que les livres, l'herbier, et les estampes, le tout bien emballé, peut m'être envoyé par la Hollande, sans que les frais soient immenses, et je ne doute pas que MM. Portalès, et surtout M. Paul, qui m'a fait des offres si obligeantes, ne veuille bien se charger de ce soin. Toutefois, si vous trouvez l'occasion de vous défaire du tout, sauf les livres de botanique dont j'ai absolument besoin, j'y consens. Je pense que vous ferez bien aussi de m'envoyer toutes les lettres et autres papiers relatifs à mes mémoires, parce que mon projet est de rassembler et transcrire d'abord toutes mes pièces justificatives ; après quoi je vous renverrai les originaux à mesure que je les transcrirai. Vous devez en avoir déjà la première liasse ; j'attends, pour faire la seconde, une trentaine de lettres de 1758, qui doivent être entre vos mains. *Pygmalion* ne m'est plus nécessaire, n'étant plus à Strasbourg ; mais je ne serois pas fâché de pouvoir lire à mes amis le *Lévite d'Ephraïm* dont beaucoup de gens me parlent avec curiosité.

Je vous écris avec beaucoup de distraction, parce qu'il me vient du monde sans cesse, et que je n'ai pas un moment à moi. Extérieurement, je suis forcé d'être à tous les survenans; intérieurement, mon cœur est à vous, soyez-en sûr. Je vous embrasse.

Si vous me répondez sur-le-champ, je pourrai recevoir encore votre lettre, soit sous le pli de M. de Luze, soit directement *à l'hôtel de Saint-Simon, au Temple.*

A M. DE LUZE.

26 décembre 1765.

Je ne saurois, monsieur, durer plus longtemps sur ce théâtre public. Pourriez-vous, par charité, accélérer un peu notre départ? M. Hume consent à partir le jeudi 2 à midi pour aller coucher à Senlis. Si vous pouvez vous prêter à cet arrangement, vous me ferez le plus grand plaisir. Nous n'aurons pas la berline à quatre; ainsi vous prendrez votre chaise de poste, M. Hume la sienne, et nous changerons de temps en temps. Voyez, de grâce, si tout cela vous convient, et si vous voulez m'envoyer quelque chose à mettre dans ma malle. Mille tendres salutations.

A M. D'IVERNOIS.

Paris, le 30 décembre 1765.

Je reçois, mon bon ami, votre lettre du 23. Je suis très-fâché que vous n'ayez pas été voir M. de Voltaire. Avez-vous pu penser que cette démarche me feroit de la peine? que vous connoissez mal mon cœur! Eh, plût à Dieu qu'une heureuse réconciliation entre vous, opérée par les soins de cet homme illustre, me faisant oublier tous ses torts, me livrât sans mélange à mon admiration pour lui! Dans les temps où il m'a le plus cruellement traité, j'ai toujours eu beaucoup moins d'aversion pour lui que d'amour pour mon pays. Quel que soit l'homme qui vous rendra la paix et la liberté, il me sera toujours cher et respectable. Si c'est Voltaire, il pourra du reste me faire tout le mal qu'il voudra; mes vœux constans, jusqu'à mon dernier soupir, seront pour son bonheur et pour sa gloire.

Laissez menacer les jongleurs; *tel fiert qui ne tue pas* (*). Votre sort est presque entre les mains de M. de Voltaire; s'il est pour vous, les jongleurs vous feront fort peu de mal. Je vous conseille et vous exhorte, après que vous l'aurez suffisamment sondé, de lui donner votre confiance. Il n'est pas croyable que, pouvant être l'admiration de l'univers, il veuille en devenir l'horreur : il sent trop bien l'avantage de sa position pour ne pas la mettre à profit pour sa gloire. Je ne puis penser qu'il veuille, en vous trahissant, se couvrir d'infamie. En un mot, il est votre unique ressource : ne vous l'ôtez pas. S'il vous trahit, vous êtes perdu, je l'avoue; mais vous l'êtes également s'il ne se mêle pas de vous. Livrez-vous donc à lui rondement et franchement; gagnez son cœur par cette confiance; prêtez-vous à tout accommodement raisonnable. Assurez les lois et la liberté; mais sacrifiez l'amour-propre à la paix. Surtout aucune mention de moi, pour ne pas aigrir ceux qui me haïssent; et si M. de Voltaire vous sert comme il le doit, s'il entend sa gloire, comblez-le d'honneurs, et consacrez à Apollon pacificateur, *Phœbo pacatori*, la médaille que vous m'aviez destinée.

A M. DU PEYROU.

A Paris, le 1er janvier 1766.

Je reçois, mon cher hôte, votre lettre du 24, n° 15; je pars demain pour le public, et samedi réellement. Toujours embarrassé de mes préparatifs et de mes continuelles audiences, je ne puis vous écrire que quelques mots rapidement.

N'ayant pas le temps suffisant pour relire vos lettres avec attention, je ne les ferai pas imprimer, d'autant que c'est la chose la moins nécessaire. On ne peut rien ajouter au mépris et à l'horreur qu'on a ici pour vos ministres;

(*) C'étoit la devise de la maison de Solar qu'il expliqua dans un repas. Voyez *Confessions*, tome I, page 48.   M. P.

et cette affaire commence à être si vieille, que, selon l'esprit léger du pays, on ne pourroit se résoudre à y revenir sans ennui. J'apprends que la cour vous donne un gouverneur; j'imagine que cette nouvelle ne fait pas un grand plaisir au sicaire et à ses satellites.

Je ne sais quel parti aura pris mademoiselle Le Vasseur. On l'attend ici; mais le froid est si terrible que je souffre à imaginer cette pauvre fille en route, seule, et par le temps qu'il fait. Dirigez tout pour le mieux, soit pour accélérer son départ, soit pour le retarder jusqu'après l'équinoxe. Il faut nécessairement l'un ou l'autre; le pis seroit de temporiser.

Tâchez, je vous en prie, de m'envoyer par mademoiselle Le Vasseur toutes les lettres, mémoires, brouillons, etc., depuis 1758 jusqu'à 1762, mois de juin inclusivement, c'est-à-dire jusqu'à mon départ de Paris, attendu que la première chose que je vais faire sera de mettre au net toute cette suite de pièces, de peur d'en perdre la trace. Mon voyage ici ne m'a pas été tout-à-fait inutile pour mon objet. J'y ai acquis sur la source de mes malheurs des lumières nouvelles, dont il sera bon que le public à venir soit instruit. Je vous recommande mes plantes sèches. Ce recueil fait en Suisse me sera bien précieux en Angleterre, où j'espère m'en occuper. Si vous pouvez remettre à mademoiselle Le Vasseur une copie du *Lévite*, ou un brouillon qui doit être parmi mes papiers, je vous en serai fort obligé. Vous savez qu'il y a parmi mes estampes une épreuve d'une petite fille qui baise un oiseau, et que cette épreuve vous étoit destinée. Je vous en parle, parce que cette estampe est charmante, et qu'elle ne se vend point. Il doit y en avoir deux en noir et une en rouge; choisissez. M. Watelet a ranimé ici mon goût pour les estampes, par celles dont il m'a fait cadeau. Je veux vous faire faire connoissance avec lui. Lorsque vous ferez imprimer mes écrits, il se chargera volontiers de la direction des planches, et c'est un grand point que cet article soit bien exécuté.

J'ai cherché le moment pour écrire à M. de Vautravers, à qui je dois des remercîmens; je n'ai pu le trouver dans ce tourbillon de Paris, où je suis entraîné; je suis ici dans mon hôtel de Saint-Simon, comme Sancho dans son île de Barataria, en représentation toute la journée. J'ai du monde de tous états, depuis l'instant où je me lève jusqu'à celui où je me couche, et je suis forcé de m'habiller en public. Je n'ai jamais tant souffert; mais heureusement cela va finir.

On écrit de Genève que vous êtes en relation avec M. de Voltaire; je suis persuadé qu'il n'en est rien; non que cela me fît aucune peine, mais parce que vous ne m'en avez rien dit. Je suis obligé de partir sans pouvoir vous donner aucune adresse pour Londres; mais, par le moyen de M. de Luze, j'espère que notre communication sera bientôt ouverte. J'ai le cœur attendri des bontés de madame la commandante, et de l'intérêt qu'elle prend à mon sort. Je connois son excellent cœur, elle est votre mère; je suis malheureux, comment ne s'intéresseroit-elle pas à moi? Quand je pense à vous, j'ai cent mille choses à vous dire; quand je vous écris, rien ne me vient, j'achève de perdre entièrement la mémoire. Grâces au ciel, ce n'est pas d'elle que dépendent les souvenirs qui m'attachent à vous. Je vous embrasse tendrement.

A MADAME DE CRÉQUI.

Au Temple, le 1ᵉʳ janvier 1766.

Le désir de vous revoir, madame, formoit un de ceux qui m'attiroient à Paris. La nécessité, la dure nécessité, qui gouverne toujours ma vie, m'empêche de le satisfaire. Je pars avec la cruelle certitude de ne vous revoir jamais: mais mon sort n'a point changé mon âme; l'attachement, le respect, la reconnoissance, tous les sentimens que j'eus pour vous dans les momens les plus heureux, m'accompagneront dans mes richesses jusqu'à mon dernier soupir (*).

A MADAME LATOUR.

Le 2 janvier 1766.

Je pars, chère Marianne, avec le regret de n'avoir pu vous revoir. Je n'ai pas plus oublié que vous ma promesse; mais ma situation la

(*) *M'accompagneront dans mes richesses...* C'est le texte de l'édition originale donnée par Pougens en 1798 (petit in-12, page 35). Mais le mot *richesses* n'offre ici aucun sens; c'est sans doute *détresse* ou *traverses* qu'il faudroit substituer. G. P.

rendoit conditionnelle : plaignez-moi sans me condamner. Depuis que je vous ai vue, j'ai un nouvel intérêt de n'être pas oublié de vous. Je vous écrirai, je vous donnerai mon adresse? Je désire extrêmement que vous m'aimiez, que vous ne me fassiez plus de reproches, et encore plus de n'en point mériter. Mais il est trop tard pour me corriger de rien ; je resterai tel que je suis, et il ne dépend pas plus de moi d'être plus aimable, que de cesser de vous aimer.

A MADAME LA COMTESSE DE BOUFFLERS.

Londres, 18 janvier 1766.

Nous sommes arrivés ici, madame, lundi dernier, après un voyage sans accident ; je n'ai pu, comme je l'espérois, me transporter d'abord à la campagne. M. Hume a eu la bonté d'y venir hier faire une tournée avec moi, pour chercher un logement. Nous avons passé à Fulham, chez le jardinier auquel on avoit songé ; nous avons trouvé une maison très-malpropre, où il n'a qu'une seule chambre à donner, laquelle a deux lits, dont l'un est maintenant occupé par un malade, et qu'il n'a pas même voulu nous montrer. Nous avons vu quelques endroits sur lesquels nous ne sommes pas encore décidés ; mon désir ardent étant de m'éloigner de Londres, et M. Hume pensant que cela ne se peut sans savoir l'anglais, je ne puis mieux faire que de m'en rapporter entièrement à la direction d'un conducteur si zélé. Cependant je vous avoue, madame, que je ne renoncerois pas facilement à la solitude dont je m'étois flatté et où je comptois nourrir à mon aise les précieux souvenirs des bontés de M. le prince de Conti et des vôtres.

M. Hume m'a dit qu'il couroit à Paris une prétendue lettre que le roi de Prusse m'a écrite (*). Le roi de Prusse m'a honoré de sa protection la plus décidée et des offres les plus obligeantes ; mais il ne m'a jamais écrit. Comme toutes ces fabrications ne tarissent point, et ne tariront vraisemblablement pas si tôt, je désirerois ardemment qu'on voulût bien me les laisser ignorer, et que mes ennemis en fussent pour les tourmens qu'il leur plaît de se donner sur mon compte, sans me les faire partager dans ma retraite. Puissé-je ne plus rien savoir de ce qui se passe en terre-ferme, hors ce qui intéresse les personnes qui me sont chères ! J'apprends, par une lettre de Neuchâtel, que mademoiselle Le Vasseur est actuellement en route pour Paris ; peut-être au moment où vous recevrez cette lettre, madame, sera-t-elle déjà chez madame la maréchale : je prends la liberté de la recommander de nouveau à votre protection, et aux bons conseils de miss Beckett. Je souhaite qu'elle vienne me joindre le plus tôt qu'il lui sera possible : elle s'adressera à Calais, à M. *Morel Disque*, négociant ; et à Douvres, à M. *Minet*, maître des Paquebots, qui l'adressera à M. Steward, à Londres.

Je ne puis rien vous dire de ce pays, madame, que vous ne sachiez mieux que moi ; il me paroît qu'on m'y voit avec plaisir, et cela m'y attache. Cependant j'aimerois mieux la Suisse que l'Angleterre, mais j'aime mieux les Anglois que les Suisses. Votre séjour chez cette nation, quoique court, lui a laissé des impressions qui m'en donnent de bien favorables sur son compte. Tout le monde m'y parle de vous, même en songeant moins à moi qu'à soi. On s'y souvient de vos voyages comme d'un bonheur pour l'Angleterre, et je suis sûr d'y trouver partout la bienveillance, en me vantant de la vôtre. Cependant, comme tout ce qu'on dit ne vaut pas, à mon gré, ce que je sens, je voudrois de l'hôtel de Saint-Simon avoir été transporté dans la plus profonde solitude : j'aurois été bien sûr de n'y jamais rester seul. Mon amour pour la retraite ne m'a pourtant pas fait encore accepter aucun des logemens qu'on m'a offerts en campagne. Me voilà devenu difficile en hôte.

Lorsque vous voudrez bien, madame, me faire dire un mot de vos nouvelles, soit directement, soit par M. Hume, permettez que je vous prie de m'en faire donner aussi sur la santé de madame la maréchale.

Après avoir écrit cette lettre, j'apprends que M. Hume a trouvé un seigneur du pays de Galles, qui, dans un vieux monastère où loge un de ses fermiers, lui fait offre pour moi d'un logement précisément tel que je le désire. Cette nouvelle, madame, me comble de joie. Si dans cette contrée, si éloignée et si sauvage, je puis passer en paix les derniers jours de ma vie, où

(*) *Appendice aux Confessions*, tome I", page 535.

blié des hommes, cet intervalle de repos me fera bientôt oublier toutes mes misères, et je serois redevable à M. Hume de tout le bonheur auquel je puisse encore aspirer.

A M. DU PEYROU.

A Londres, le 27 janvier 1766.

Je reçois, mon cher hôte, votre n° 16. Je vous écrivis, il y a quelques jours; mais comme il y eut quelque quiproquo sur l'affranchissement de ma lettre, et qu'elle pourroit être perdue, je vous en répéterai les articles les plus importans, avec les changemens que de nouvelles instructions m'engagent d'y faire.

Rey me marque qu'il désireroit bien d'avoir un exemplaire de vos lettres et des pièces pour et contre; faites en sorte de les lui envoyer. On ne connoissoit ici que votre première lettre; Beckett et de Hondt la faisoient traduire et imprimer, je leur ai fourni le reste. Mais M. Hume seroit d'avis qu'on fît encore une lettre sur ma retraite à l'île de Saint-Pierre, puis à Bienne, et enfin en France et ici. Vous devriez, mon cher hôte, faire cette lettre adressée à M. Hume qui en sera charmé, et auquel vous aurez des choses si honnêtes à dire sur les tendres soins qu'il a pris de moi, et sur l'accueil distingué qu'il m'a procuré en Angleterre. L'éloge de la nation vient là comme de cire; en vérité elle le mérite bien, et c'est une bonne leçon pour les autres. Il me semble que vous pouvez traiter l'affaire de Berne sans vous compromettre, et, même, en louant la majeure et plus saine partie du gouvernement, qui a désapprouvé assez hautement ce coup fourré; mais pour ces manans de Bienne, ils méritent en vérité d'être traînés par les boues. Vous pourrez joindre pour nouvelles pièces justificatives les nouveaux rescrits de la cour, les arrêts du Conseil d'état, et même les certificats donnés au sicaire, commentés en peu de mots, ou sans commentaire, et vous pourrez parler d'une prétendue lettre du roi de Prusse, à moi adressée, et sûrement de fabrication genevoise, qui a couru Paris, et qui est en opposition parfaite avec les sentimens, les discours, les rescrits, et la conduite du roi dans toute cette affaire. Si vous voulez entreprendre ce petit travail, il faut vous presser, car nous avons fait suspendre l'impression du reste pour attendre ce complément que vous pourriez envoyer aussi à Rey, au moyen de quoi Félice et les autres fripons seroient assez penauts, voyant vos lettres, qu'ils prennent tant de peine à supprimer, publiques en Hollande et traduites à Londres. Le sujet est assez beau, ce me semble, et le correspondant que je vous donne ne fournit pas moins. Je vous recommande aussi les deux baillis qui m'ont protégé, chacun dans son gouvernement, M. de Moiry et M. de Graffenried. M. Hume croit que ma lettre à ce dernier doit entrer dans les pièces justificatives. Vous pourrez faire adresser votre paquet bien au net à M. Hume, dans *York-Buildings, Buckingham-street, London.* S'il arrivoit que vous ne voulussiez pas vous charger de cette nouvelle besogne, il faudroit l'en avertir. Au reste, priez-le de revoir et de retoucher; il écrit et parle le françois comme l'anglois, c'est tout dire.

Je suis absolument déterminé pour l'habitation du pays de Galles, et je compte m'y rendre au commencement du printemps. En attendant l'arrivée de mademoiselle Le Vasseur, je vais habiter un village auprès de Londres, appelé Chiswick, où je l'attendrai et où nous prendrons quelques semaines de repos, car on n'en peut avoir ici par l'affluence du monde dont on est accablé. Cependant je ne rends aucune visite, et l'on ne s'en fâche pas. Les manières angloises sont fort de mon goût; ils savent marquer de l'estime sans flagorneries; ce sont les antipodes du babillage de Neuchâtel. Mon séjour ici fait plus de sensation que je n'aurois pu croire. M. le prince héréditaire, beau-frère du roi, m'est venu voir, mais incognito, ainsi n'en parlez pas. Louez, en général, le bon accueil, mais sans aucun détail. Je vous écris sans règle et sans ordre, sûr que vous ne montrez mes lettres à personne.

Je vous avoue que je n'aime pas trop votre correspondance avec M. Misoprist, et surtout l'impression dont vous vous chargez. Je ne reconnois pas là votre sagesse ordinaire. Ignorez-vous que jamais homme n'eut avec Voltaire des affaires de cette espèce qu'il ne s'en soit repenti! Dieu veuille qu'ainsi ne soit pas de vous!

Je vous remercie de vos bons soins au sujet

de MM. Guinaud et Hankey. Je ne serai pas à portée, vivant à soixante lieues de Londres, de leur demander de l'argent quand j'en aurai besoin. Il vaudra mieux que vous preniez la peine de m'envoyer périodiquement des billets, ou lettres sur eux, que je pourrai négocier dans la province. Puisque mademoiselle Le Vasseur n'a pas pris les trente louis que je vous avois laissés, vous m'obligerez de m'envoyer sur ces messieurs un papier de cette somme, déduction faite des divers déboursés que vous avez faits pour moi. M. Hume me fera parvenir votre lettre. Je ne vois plus M. de Luze, et malheureusement nous avons perdu son adresse. Je vous embrasse tendrement. Mille respects à la bonne maman, et amitiés à tous vos amis.

Comme M. Hume ne résidera pas toujours à Londres, vous pourrez faire adresser ou remettre vos lettres à M. *Steward, York-Buildings, Buckingham-street.*

Je rouvre ma lettre pour vous dire qu'après y avoir mieux pensé, je ne suis point d'avis que vous écriviez cette nouvelle lettre pour éviter toute nouvelle tracasserie, surtout avec vos voisins. Restons en paix, mon cher hôte, cultivez la philosophie, amusez-vous à la botanique, laissez nos ministres pour ce qu'ils sont, et surtout ne vous mêlez point de faire imprimer les écrits de Voltaire, car infailliblement vous en auriez du chagrin; mais ramassez toujours les pièces qui regardent mon affaire pour l'objet que vous savez.

A M. D'IVERNOIS.

Chiswick, le 29 janvier 1766.

Je suis arrivé heureusement dans ce pays : j'y ai été accueilli, et j'en suis très-content : mais ma santé, mon humeur, mon état, demandent que je m'éloigne de Londres ; et, pour ne plus entendre parler, s'il est possible, de mes malheurs, je vais dans peu me confiner dans le pays de Galles. Puissé-je y mourir en paix ! C'est le seul vœu qui me reste à faire. Je vous embrasse tendrement.

A MADAME LA COMTESSE DE BOUFFLERS.

A Chiswick, le 6 février 1766.

J'ai changé d'habitation madame, depuis que j'ai eu l'honneur de vous écrire. M. de Luze, qui aura celui de vous remettre cette lettre, et qui m'est venu voir dans ma nouvelle habitation, pourra vous en rendre compte : quelque agréable qu'elle soit, j'espère n'y demeurer que jusqu'après l'arrivée de mademoiselle Le Vasseur, dont je n'ai aucune nouvelle et dont je suis fort en peine, ayant calculé, sur le jour de son départ et sur l'empressement que je lui connois, qu'elle devroit naturellement être arrivée. Lorsqu'elle le sera, et qu'elle aura pris le repos dont sûrement elle aura grand besoin, nous partirons pour aller, dans le pays de Galles, occuper le logement dont je vous ai parlé, madame, dans ma précédente lettre. Je soupire incessamment après cet asile paisible, où l'on me promet le repos, et dont, si je le trouve, je ne sortirai jamais. Cependant M. Hume, plus difficile que moi sur mon bien, craint que je ne le trouve pas si loin de Londres. Depuis l'engagement du pays de Galles, on lui a proposé d'autres habitations qui lui paroissent préférables, entre autres une dans l'île de Wight, offerte par M. Stanley. L'île de Wight est plus à portée, dans un climat plus doux et moins pluvieux que le pays de Galles, et le logement y sera probablement plus commode. Mais le pays est découvert; de grands vents; des montagnes pelées; peu d'arbres; beaucoup de monde; les vivres aussi chers qu'à Londres. Tout cela ne m'accommode pas du tout. Le pays de Galles ressemble entièrement à la Suisse, excepté les habitans. Voilà précisément ce qu'il me faut. Si je me logeois pour mes amis et que M. Hume restât à Londres, je serois tenté d'y rester aussi. Mais comme lui-même, en suivant ce principe, a choisi Paris, et que je ne puis pas l'y suivre, je suis réduit à me loger pour moi. En ce cas, c'est en Galles qu'il faut que j'aille; car enfin, quoi qu'on puisse dire, personne ne connoît mieux que moi ce qui me convient. C'est beaucoup, sans doute, de trouver sur la terre un endroit où l'on me laisse : mais si j'en trouve en même temps un où je me plaise, n'est-ce pas encore plus ? Si je vais dans l'île de Wight, j'en voudrai sortir ; mais si je vais au pays de Galles j'y voudrai mourir. Pensez-y bien, madame, je vous en supplie. M. Hume m'a menacé de vous mettre dans son parti. Je vous avoue que je meurs d'envie de gagner de vitesse; et je sens que je ne serois jamais assez bien pour moi-même, si vous ne me trouvez bien aussi. J'en dirois presque autant à M. Hume pour tous les soins qu'il a pris et qu'il prend de moi. Je n'imagine pas comment, sans lui, j'aurois pu faire pour me tirer d'affaire.

A M. DU PEYROU.

A Chiswick, le 15 février 1766.

J'ai reçu presque à la fois deux bien grands plaisirs, mademoiselle Le Vasseur et votre n° 17; j'apprends par l'une et par l'autre combien vous êtes occupé de vos affaires, et encore plus des miennes. La nouvelle arrivée n'a rien eu de plus pressé que d'entrer avec moi dans les détails de vos bontés pour elle, qui m'ont touché, sans doute, mais qui ne m'ont pas surpris. Je n'ajoute rien là-dessus; vous savez pourquoi. Je n'attends plus, pour me mettre en route avec elle pour le pays de Galles, qu'un peu de repos pour elle, et un temps plus doux pour tous les deux. La Tamise a été prise, la gelée a été terrible; nous avons eu l'un des plus rudes hivers dont j'aie connoissance; il semble que la charité chrétienne de messieurs de Berne l'ait choisi tout exprès pour me faire voyager.

Mademoiselle Le Vasseur ne m'a point apporté la petite caisse, qui n'a dû arriver à Paris que le jour qu'elle en est partie. J'espère que madame de Faugnes aura la bonté d'en prendre soin; je l'ai recommandée aussi à M. de Luze, qui partit samedi dernier en bonne santé, mais fort peu content de Londres. Au moyen de toutes vos précautions, j'ai lieu d'espérer que ces papiers me parviendront sains et saufs. Cependant je ne puis me défendre d'en être un peu inquiet, vu l'importance dont ils sont pour les recueils dont je vais m'occuper.

Dans mes deux précédentes lettres, j'entrois dans de longs détails sur l'envoi de mes livres et papiers. J'ai quelque lieu de craindre que la première n'ait été perdue; mais la deuxième suffit pour vous guider dans l'envoi que vous voulez m'en faire, et qui réellement me fera grand plaisir dans ma retraite; ce qui m'en feroit bien plus encore, seroit l'espoir de vous y voir un jour. Si jamais M. de Cerjeat vous y attire, j'aurai bien des raisons de l'aimer. Je n'ai pas ouï parler de lui, et je ne cherche pas de nouvelles connoissances; mais, s'il cherche à me voir, je le recevrai comme votre ami, et j'oublierai qu'il croit aux miracles.

Je ne vois pas sans inquiétude votre commerce avec M. Misoprist; j'ai peur qu'il n'en résulte enfin quelque chagrin pour vous. Je ne vous conseille point de faire imprimer son manuscrit; quant à la *lettre véritable*, ce peut être une plaisanterie sans conséquence. Cependant, je trouve qu'il est au-dessous de vous de vous occuper de ce cuistre de Montmollin, et de sa vile séquelle. Oubliez que toute cette canaille existe; ces gens-là n'ont du sentiment qu'aux épaules, et l'on ne peut leur répondre qu'à coups de bâton. Je ne sais ce qu'a dit le moine Bergeron, et ne m'en soucie guère. Quand vous aurez prouvé que tous ces gens-là sont des fripons, vous n'aurez dit que ce que tout le monde sait. Cependant, n'oubliez pas de rassembler toutes les pièces qui me regardent, et de me les envoyer quand vous en aurez l'occasion. Je n'ai vu qu'une seule des lettres de Voltaire dont vous me parlez; c'est, je crois, la dix-septième ou dix-huitième lettre. Je n'ai point vu non plus la prétendue lettre du roi de Prusse, à moi adressée; et pourquoi vous l'attribuez à M. Horace Walpole, c'est ce que je ne sais point du tout.

On travaille ici à traduire vos lettres, et j'ai donné pour cela mon exemplaire corrigé comme j'ai pu; mais l'ouvrage va si lentement, et la traduction est si mauvaise, que j'aimerois, je crois, presque autant que tout cela ne parût point du tout. Rey auroit désiré les avoir pour les imprimer, et je vous avoue que je suis surpris que vous ne vous serviez pas de lui pour toutes ces petites pièces, dont vous pourriez vous faire envoyer des exemplaires par la poste, plutôt que des imprimeurs autour de vous, qui, environnés des piéges de nos ennemis, y sont infailliblement pris, soit comme fripons, soit comme dupes. Il me paroît certain que Félice a supprimé vos lettres avec autant de soin qu'il a répandu celles de ce misérable. On trouve partout les siennes; on n'entend parler des vôtres nulle part, et assurément ce n'est pas la préférence du mérite qui fait ici celle du cours. Ou n'imprimez rien, ou n'imprimez qu'au loin, comme j'ai fait.

J'attends aujourd'hui M. Guinaud, avec qui je prendrai des arrangemens pour notre correspondance. J'espère vous écrire encore avant mon départ; cependant je ne puis causer tranquillement avec vous que de ma retraite.

Je ne sais pas trop ce que signifie Misoprist; il me paroît qu'il signifie ennemi de je ne sais quoi, quoique je m'en doute et vous aussi.

A M. D'IVERNOIS.

Chiswick, le 25 février 1766.

Je reçois, monsieur, votre lettre du 1er de ce mois. Je sens la douleur qu'a dû vous causer la perte de madame votre mère, et l'amitié me la fait partager. C'est le cours de la nature, que les parens meurent avant leurs enfans, et que les enfans de ceux-ci restent pour les consoler. Vous avez dans votre famille et dans vos amis de quoi ne vous laisser sentir d'une telle perte que ce que votre bon naturel ne lui peut refuser.

Vous n'avez pas dû penser que je voulusse être redevable à M. de Voltaire de mon rétablissement. Qu'il vous serve utilement, et qu'il continue au surplus ses plaisanteries sur mon compte; elles ne me feront pas plus de chagrin que de mal. J'aurois pu m'honorer de son amitié s'il en eût été capable; je n'aurois jamais voulu de sa protection: jugez si j'en veux, après ce qui s'est passé. Son apologie est pitoyable; il ne me croit pas si bien instruit. Parlez-lui toujours de ma part en termes honnêtes; n'acceptez ni ne refusez rien. Le moins d'explication que vous aurez avec lui sur mon compte sera le mieux, à moins que vous n'aperceviez clairement qu'il revient de bonne foi: mais il a tous les torts, il faut qu'il fasse toutes les avances; et voilà ce qu'il ne fera jamais. Il veut pardonner et protéger: nous sommes fort loin de compte.

Je ne connois point M. de Guerchi, ambassadeur de France en cette cour; et, quand je le connoîtrois, je doute que sa recommandation ni celle d'un autre fût de quelque poids dans vos affaires. Votre sort est décidé à Versailles. M. de Beauteville ne fera qu'exécuter l'arrêt prononcé. Toutefois je tente de lui écrire, quoique je sois très-peu connu de lui. Je voudrois qu'il vous connût et qu'il vous aimât, ce qui est à peu près la même chose. Une lettre sert au moins à faire connoissance: vous pourrez donc lui rendre la mienne après l'avoir cachetée, si vous le jugez à propos. Je vous l'envoie à Bordeaux pour plus de sûreté; mais surtout n'en parlez ni ne la montrez à personne. Je vous en ferai peut-être passer à Genève un double par duplicata pour plus de sûreté.

Je vous suis obligé de votre lettre de crédit: je serai peut-être dans le cas d'en faire usage. Selon mes arrangemens avec M. Du Peyrou, il a écrit à son banquier de me donner l'argent que je lui demanderois. Je lui ai demandé vingt-cinq louis; il ne m'a fait aucune réponse. Je ne suis pas d'humeur de demander deux fois: ainsi, quand j'aurai découvert l'adresse de MM. Lucadou et Drake, que vous ne m'avez pas donnée, je les prierai peut-être de m'avancer cette somme, et j'en ferai le reçu de manière qu'il vous serve d'assignation pour être remboursé par M. Du Peyrou.

J'aurois à vous consulter sur autre chose. J'ai chez madame Boy de La Tour trois mille livres de France, et mademoiselle Le Vasseur quatre cents. L'augmentation de dépense que le séjour d'Angleterre va m'occasionner me fait désirer de placer ces sommes en rentes viagères sur la tête de mademoiselle Le Vasseur. Le petit revenu de cet argent doubleroit de cette manière, et ne seroit pas perdu pour cette pauvre fille à ma mort. Il se fait, à ce qu'on dit, un emprunt en France; croyez-vous que je pourrois placer là mon argent sans risque? y serois-je à temps? pourriez-vous vous charger de cette affaire? à qui faudroit-il que je remisse le billet pour retirer cet argent, et cela pourroit-il se faire convenablement sans en avoir prévenu madame Boy de La Tour? Voyez. Dans l'éloignement où je vais être de Londres, les correspondances seront longues et difficiles; c'est pour cela que je voudrois, en partant, emporter assez d'argent pour avoir le temps de m'arranger. D'ailleurs, j'écrirai peu; j'attendrai des occasions pour éviter d'immenses ports de lettres, et je ne recevrai point de lettre par la poste. J'aurai soin de donner une adresse à M. Casenove avant de partir; ce que je compte faire dans quinze jours au plus tard. Bon voyage, heureux retour. Je vous embrasse.

Je suppose que vous avez reçu la lettre que je vous ai écrite de Londres, il y a environ trois semaines ou un mois.

Il me vient une pensée. Une histoire de la médiation pourroit devenir un ouvrage intéressant. Recueillez, s'il se peut, des pièces, des anecdotes, des faits sans faire semblant de rien. Je regrette plusieurs pièces qui étoient dans la malle, et qui seroient nécessaires. Ceci n'est qu'un projet qui, j'espère, ne s'exécutera jamais, au moins de ma part. Toutefois, de ma part ou d'une autre, un bon recueil de matériaux auroit tôt ou tard son emploi. En faisant un peu causer Voltaire, on en pourroit tirer d'excellentes choses. Je vous conseille de le voir quelquefois; mais surtout ne me compromettez pas.

Je ne comprends pas ce que j'ai pu vous envoyer à la place de cette lettre que je vous écrivois, en vous envoyant celle pour M. de Beauteville. Je me hâte de réparer cette étourderie. Voici votre lettre. Vous pourrez juger si ce que j'ai pu vous envoyer à la place demande de m'être renvoyé. Pour moi, je n'en sais rien.

A M. LE CHEVALIER DE BEAUTEVILLE.

A Chiswick, le 23 février 1766.

Monsieur,

C'est au nom, cher à votre cœur, de feu M. le maréchal de Luxembourg, que j'ose rappeler à votre souvenir un homme à qui l'honneur de son amitié valut celui d'être connu de vous. Dans la noble fonction que va remplir votre excellence vous entendrez quelquefois parler de cet infortuné. Vous connoîtrez ses malheurs dans leur source, et vous jugerez s'ils étoient mérités. Toutefois, quelque confiance qu'il ait en vos sentimens intègres et généreux, il n'a rien à demander pour lui-même; il sait endurer des torts qui ne sont point réparés; mais il ose, monsieur, présenter à votre excellence un homme de bien, son ami, et digne de l'être de tous les honnêtes gens. Vous voudrez connoître la vérité, et prêter à ses défenseurs une oreille impartiale. M. d'Ivernois est en état de vous la dire et par lui-même et par ses amis, tous estimables par leurs mœurs, par leurs vertus, et par leur bon sens. Ce ne sont point des hommes brillans, intrigans, versés dans l'art de séduire; mais ce sont de dignes citoyens, distingués autant par une conduite sage et mesurée, que par leur attachement à la constitution et aux lois. Daignez, monsieur, leur accorder un accueil favorable, et les écouter avec bonté. Ils vous exposeront leurs raisons et leurs droits avec toute la candeur et la simplicité de leur caractère, et je m'assure que vous trouverez en eux mon excuse pour la liberté que je prends de vous les présenter.

Je supplie votre excellence d'agréer mon profond respect.

A M. LE COMTE ORLOFF

Sur l'offre à lui faite par ce seigneur d'une retraite dans une de ses terres en Russie.

Halton, le 23 février 1766.

Vous vous donnez, monsieur le comte, pour avoir des singularités: en effet, c'en est presque une d'être bienfaisant sans intérêt; et c'en est une bien plus grande de l'être de si loin pour quelqu'un qu'on ne connoît pas. Vos offres obligeantes, le ton dont vous me les avez faites, et la description de l'habitation que vous me destinez, seroient assurément très-capables de m'y attirer, si j'étois moins infirme, plus allant, plus jeune, et que vous fussiez plus près du soleil: je craindrois d'ailleurs qu'en voyant celui que vous honorez d'une invitation, vous n'y eussiez quelque regret: vous vous attendriez à une manière d'homme de lettres, un beau diseur, qui devroit payer en frais d'esprit et de paroles votre généreuse hospitalité; et vous n'auriez qu'un bonhomme bien simple, que son goût et ses malheurs ont rendu fort solitaire, et qui, pour tout amusement, herborisant toute la journée, trouve dans ce commerce avec les plantes cette paix si douce à son cœur, que lui ont refusée les humains.

Je n'irai donc pas, monsieur, habiter votre maison; mais je me souviendrai toujours avec reconnoissance que vous me l'avez offerte, et je regretterai quelquefois de n'y être pas pour cultiver les bontés et l'amitié du maître.

Agréez, monsieur le comte, je vous supplie,

mes remercîmens très-sincères et mes très-humbles salutations.

A M. DU PEYROU.

A Chiswick, le 2 mars 1766.

Depuis votre n° 17, mon cher hôte, je n'ai rien reçu de vous, et, comme vous m'avez accoutumé à des lettres plus fréquentes, ce retard m'alarme un peu sur votre santé. Je vous ai écrit deux fois par M. Guinard : si vous eussiez reçu mes lettres, vous ne les auriez pas laissées sans réponse. Comme la conduite de M. Guinard me le rend un peu suspect, je prends le parti de vous écrire par d'autres voies, jusqu'à nouvel avis de votre part. En général, je serai plus tranquille sur notre correspondance, quand personne de Neuchâtel, ni qui tienne aux Neuchâtelois, n'y aura part.

Mademoiselle Le Vasseur m'a remis le paquet que vous lui avez confié; j'y ai trouvé les papiers cotés, dans la lettre, et entre autres celui que vous me priez de ne pas décacheter ; vous serez obéi fidèlement, mon cher hôte; et, comme le cas que vous exceptez n'est pas dans l'ordre naturel, j'espère que ni elle, ni moi, ne serons pas assez malheureux pour que le paquet soit jamais décacheté.

Je n'entends plus parler ni de Hondt ni de vos lettres, dont je lui ai donné le seul exemplaire qui me restoit, pour le faire traduire et imprimer. Il seroit singulier que vos taupes, qui travaillent toujours sous terre, eussent poussé jusque-là leurs chemins obscurs. Rey est le seul libraire à qui je me fie; il y a du malheur que jamais vous ne vous soyez adressé à lui : il est sûr et ardent; l'ouvrage auroit couru partout, malgré le sicaire et les brigands de sa bande; c'est maintenant une vieille affaire qu'il est inutile de renouveler. Mais ne manquez pas, je vous prie, de m'envoyer avec mes livres un autre exemplaire de vos lettres, et deux ou trois de *la Vision*.

Certaines instructions m'ont un peu dégoûté, non du pays de Galles, mais de la maison que j'y devois habiter. Je ne sais pas encore où je me fixerai; chacun me tiraille de son côté, et quand je prends une résolution, tous conspirent à m'en faire changer. Je compte pourtant être absolument déterminé dans moins de quinze jours, et j'aurai soin de vous informer de la résolution que j'aurai prise. En attendant, vous pouvez m'écrire sous le couvert de *MM. Lucadou and Drak, marchants, in Union-Court, Broad street, London.* Donnez-moi de vos nouvelles. Je vous embrasse.

Recevez mille remercîmens et salutations de mademoiselle Le Vasseur, qui vous prie aussi de joindre ses respects aux miens près de madame la Commandante.

AU MÊME.

A Chiswick, le 14 mars 1766.

Enfin, mon cher hôte, après un silence de six semaines, votre n° 18 vient me tirer de peine. Je vois que mes lettres ne vous parviennent pas fidèlement. Tâchons donc d'établir une règle plus lente, puisqu'il le faut, mais plus sûre. Je vous écrirai sous l'adresse de Paris que vous me marquez, et vous pourrez, par la même voie, m'écrire sous celle-ci :

To MM. Lucadou and Drak, Union-Court, London.

En quelque lieu de l'Angleterre que je sois, ces messieurs auront soin de m'y faire passer vos lettres; mais ne vous chargez d'aucunes lettres, et ne donnez mon adresse à personne.

J'ai reçu les trente livres sterling dont vous m'avez envoyé l'assignation, et vous voyez que cette voie est la plus prompte pour cet effet. Je ne voulois pas m'éloigner de Londres que je ne fusse bien pourvu d'argent, à cause du temps qu'il me faudra pour m'ouvrir des correspondances sûres et commodes pour en recevoir. En attendant, j'ai été faire une promenade dans la province de Surrey, où j'ai été extrêmement tenté de me fixer; mais le trop grand voisinage de Londres, ma passion croissante pour la retraite, et je ne sais quelle fatalité qui me détermine indépendamment de la raison, m'entraînent dans les montagnes de Derbyshire, et je compte partir mercredi prochain pour aller finir mes jours dans ce pays-là. Je brûle d'y être pour respirer après tant de fatigues et de courses, et pour m'entretenir avec vous plus à mon aise que je n'ai pu faire jusqu'à présent. Je décrirai mon habitation, mon cher hôte, dans l'espoir de vous y voir quelque jour user de votre droit, puis user davantage du mien dans la vôtre. Si cette douce idée ne me consoloit dans ma tristesse, je craindrois que l'air épais de cette île ne prît à la fin trop sur mon humeur.

M. Hume m'a donné l'adresse ci-jointe pour son ami, M. Walpole, qui part de Paris dans un mois d'ici; mais par des raisons trop longues à déduire par lettres, je voudrois qu'on n'employât cette voie que faute de toute autre. On m'a parlé de la prétendue lettre du roi de Prusse, mais on ne m'avoit point dit qu'elle eût été répandue par M. Walpole; et quand j'en ai parlé à M. Hume, il ne m'a dit ni oui ni non.

Je n'entends point parler des traductions de vos lettres : M. Hume m'a pourtant dit qu'elles alloient leur train; mais on ne m'a rien montré. Ces relations ne peuvent faire aucune sensation dans ce pays, où l'on ne sait pas même que j'ai eu des affaires à Neuchâtel, dont les prêtres ne sont connus que par le sort du pauvre Petit-Pierre. Ces misérables sont partout si méprisés, que s'occuper d'eux, c'est grêler sur le persil. Croyez-moi, oubliez-les totalement; à quelque prix que ce soit, ils sont trop honorés de notre souvenir. On sait ici que j'ai été persécuté à Genève, et l'on en est indigné. Le clergé anglois me regarde à peu près comme un confesseur de la foi. Du reste, il se tient ici comme dans toute grande ville, beaucoup de propos ineptes, bons et mauvais. Le public en général ne vaut pas la peine qu'on s'occupe de lui.

Comment va votre bâtiment? Est-il confirmé que vous aurez de l'eau? Quoique absent, je m'intéresserai toujours à votre demeure, et mon cœur y habitera toujours.

A M. HUME.

Wootton, le 22 mars 1766.

Vous voyez déjà, mon cher patron, par la date de ma lettre, que je suis arrivé au lieu de ma destination; mais vous ne pouvez voir tous les charmes que j'y trouve; il faudroit connoître le lieu et lire dans mon cœur. Vous y devez lire au moins les sentimens qui vous regardent, et que vous avez si bien mérités. Si je vis dans cet agréable asile aussi heureux que je l'espère, une des douceurs de ma vie sera de penser que je vous les dois. Faire un homme heureux, c'est mériter de l'être. Puissiez-vous trouver en vous-même le prix de tout ce que vous avez fait pour moi! Seul, j'aurois pu trouver de l'hospitalité peut-être; mais je ne l'aurois jamais aussi bien goûtée qu'en la tenant de votre amitié. Conservez-la-moi toujours, mon cher patron; aimez-moi pour moi qui vous dois tant, pour vous-même; aimez-moi pour le bien que vous m'avez fait. Je sens tout le prix de votre sincère amitié; je la désire ardemment; j'y veux répondre par toute la mienne, et je sens dans mon cœur de quoi vous convaincre un jour qu'elle n'est pas non plus sans quelque prix. Comme, pour des raisons dont nous avons parlé, je ne veux rien recevoir par la poste, je vous prie, lorsque vous ferez la bonne œuvre de m'écrire, de remettre votre lettre à M. Davenport. L'affaire de ma voiture n'est pas arrangée parce que je sais qu'on m'en a imposé : c'est une petite faute qui peut n'être que l'ouvrage d'une vanité obligeante, quand elle ne revient pas deux fois. Si vous y avez trempé, je vous conseille de quitter, une fois pour toutes, ces petites ruses qui ne peuvent avoir un bon principe quand elles se tournent en pièges contre la simplicité. Je vous embrasse, mon cher patron, avec le même cœur que j'espère et désire trouver en vous.

AU MÊME.

Wootton, le 29 mars 1766.

Vous avez vu, mon cher patron, par la lettre que M. Davenport a dû vous remettre, combien je me trouve ici placé selon mon goût. J'y serois peut-être plus à mon aise si l'on y avoit pour moi moins d'attentions; mais les soins d'un si galant homme sont trop obligeans pour s'en fâcher : et, comme tout est mêlé d'inconvéniens dans la vie, celui d'être trop bien est un de ceux qui se tolèrent le plus aisément. J'en trouve un plus grand à ne pouvoir me faire bien entendre des domestiques, ni surtout à entendre un mot de ce qu'ils me disent. Heureusement, mademoiselle Le Vasseur me sert d'interprète.

et ses doigts parlent mieux que ma langue. Je trouve même à mon ignorance un avantage qui pourra faire compensation, c'est d'écarter les oisifs en les ennuyant. J'ai eu hier la visite de M. le ministre, qui, voyant que je ne lui parlois que françois, n'a pas voulu me parler anglois; de sorte que l'entrevue s'est passée à peu près sans mot dire. J'ai pris goût à l'expédient; je m'en servirai avec tous mes voisins, si j'en ai; et dussé-je apprendre l'anglois, je ne leur parlerai que françois, surtout si j'ai le bonheur qu'ils n'en sachent pas un mot. C'est à peu près la ruse des singes qui, disent les Nègres, ne veulent pas parler, quoiqu'ils le puissent, de peur qu'on ne les fasse travailler.

Il n'est point vrai du tout que je sois convenu avec M. Gosset de recevoir un modèle en présent. Au contraire, je lui en demandai le prix, qu'il me dit être d'une guinée et demie, ajoutant qu'il m'en vouloit faire la galanterie, ce que je n'ai point accepté. Je vous prie donc de vouloir bien lui payer le modèle en question, dont M. Davenport aura la bonté de vous rembourser. S'il n'y consent pas, il faut le lui rendre et le faire acheter par une autre main. Il est destiné pour M. Du Peyrou, qui depuis long-temps désire avoir mon portrait, et en a fait faire un en miniature qui n'est point du tout ressemblant. Vous êtes pourvu mieux que lui; mais je suis fâché que vous m'ayez ôté par une diligence aussi flatteuse le plaisir de remplir le même devoir envers vous. Ayez la bonté, mon cher patron, de faire remettre ce modèle à MM. Guinand et Hankey, *Little-Saint-Hellen's*, *Bishopsgate*, *street*, pour l'envoyer à M. Du Peyrou par la première occasion sûre. Il gèle ici depuis que j'y suis; il a neigé tous les jours; le vent coupe le visage; malgré cela, j'aimerois mieux habiter le trou d'un des lapins de cette garenne que le plus bel appartement de Londres. Bonjour, mon cher patron; je vous embrasse de tout mon cœur.

A M. DU PEYROU.

A Wootton en Derbyshire, le 29 mars 1766.

Après tant de fatigues et de courses, j'arrive enfin dans un asile agréable et solitaire, où j'espère pouvoir respirer en paix. Je vous dois la description de mon séjour et le détail de mes voyages; jusqu'ici je n'ai pu vous écrire qu'à la hâte, et toujours interrompu. Sitôt que j'aurai repris haleine, mes premiers soins seront de m'occuper de vous et avec vous. Quant à présent, un voyage de cinquante lieues avec tout mon équipage, les soins d'un nouvel établissement, les communications qu'il faut m'assurer, et surtout le besoin d'un peu de repos, me font continuer de ne vous écrire, mon cher hôte, que pour les choses pressantes et nécessaires, et tel étoit, par votre amitié pour moi, l'avis de mon arrivée au refuge que j'ai choisi.

Par le prix excessif des ports, et par l'indiscrétion des écrivains, je suis forcé de renoncer absolument à rien recevoir par la poste. Cela, et l'éloignement des grandes routes, retardera beaucoup nos lettres; mais elles n'en arriveront pas moins sûrement, si l'on suit bien mes directions. Dans un mois ou cinq semaines d'ici, le maître de cette maison vient de Londres y faire un voyage. Il m'apportera tout ce qu'on lui remettra jusqu'à ce temps-là. C'est un homme de distinction et de probité, auquel on peut prendre toute confiance.

Je vous destine un petit cadeau qui, j'espère, vous fera plaisir; c'est mon portrait en relief très-bien fait et très-ressemblant. J'écris aujourd'hui à vos banquiers, pour qu'ils aient la bonté de s'en charger et de vous le faire parvenir. Si j'étois à portée de prendre ce soin moi-même, je ne les en chargerois pas; mais l'impossibilité de mieux faire est mon excuse auprès de vous. Un bon peintre d'ici m'a aussi peint à l'huile pour M. Hume; le roi a voulu voir son ouvrage, et il a si bien réussi qu'on croit qu'il sera gravé. Si l'estampe est bonne, j'aurai soin qu'elle vous parvienne aussi. Ne croyez pas que ce soient des cadeaux. Si jamais il passe à Neuchâtel un bon peintre, je meurs d'envie de vous vendre bien cher mon portrait.

Le besoin de vous voir augmente de jour en jour; je ne me flatte pas de le satisfaire, cette année; mais marquez-moi si, pour l'année prochaine, je ne puis rien espérer. Si vous ne voulez pas venir jusqu'ici j'irai au-devant de vous à Londres, et il ne faut pas moins que cet objet pour m'y faire retourner; mais je pense que vous ne serez pas fâché de voir un peu l'Angleterre et la retraite que je me suis choisie : je crois que vous en serez content. Je sens tous les jours mieux que je n'ai que deux amis sûrs : mon cœur a besoin de se consoler avec l'un de l'absence de l'autre. En attendant, ne donnez, à mon sujet, votre confiance à personne au monde qu'au seul mylord maréchal. Quoi qu'on vous dise, quoi qu'on vous écrive pour mes intérêts, tenez-vous en garde, et, sans montrer de défiance, ne vous livrez point. Cet avis peut devenir important à votre ami. J'ai dit à tout le monde mes arrangemens ; ce secret m'eût trop pesé sur le cœur; mais que personne que vous seul ne s'en mêle, ni ne sache même où et quand vous avez l'intention d'exécuter l'entreprise qui regarde mes écrits.

J'attends avec ardeur mes livres de botanique ; pour les autres, quand vous en différeriez l'envoi jusqu'à l'autre année, il n'y auroit peut-être pas un grand mal. Je n'entends plus parler de l'impression de vos lettres ; cela, et d'autres choses, me rend de Hondt un peu suspect. Je crois cependant qu'on peut se servir de lui pour l'envoi de mes livres. Le comte de Bintinck s'attend qu'ils lui seront adressés, et ensuite à son fils qui est ici : mais je n'aime pas avoir obligation à ces grands seigneurs. Je me remets de tout à votre prudence.

Mylord maréchal me marque qu'il écrit à ses gens d'affaires de vous remettre les trois cents guinées, s'ils ne l'ont pas encore fait. A cause du grand éloignement, je prends le parti de numéroter mes lettres, à votre exemple, à commencer par celle-ci. La dernière de vous que j'ai reçue étoit le n. 19. Mes tendres respects à la bonne maman. Je vous embrasse de tout mon cœur.

Ne m'envoyez avec mes livres aucun de mes papiers, qu'à mesure que je vous les demanderai, et que je vous renverrai les autres. Je vous prie de ne pas oublier mon livre de musique vert, car j'ai ici une épinette. Du reste, tout est déjà rassemblé ici, moi, ma gouvernante, mon bagage, et jusqu'à Sultan, qui m'a donné des peines incroyables. Il a été perdu deux fois, et mis dans les papiers publics. Est-il confirmé que vous avez de l'eau? Votre maison s'avance-t-elle? Le temps d'herboriser approche, en profiterez-vous? Je vous le conseille extrêmement. Si les attaques de goutte ne vous font pas grâce, du moins elles viendront plus tard, et ce seroit toujours un grand avantage de gagner une année en dix. Mais il faut oublier que vous êtes encore jeune, jusqu'à ce que vous preniez le parti de vous marier.

A M. J. F. COINDET,

Chez MM. Thélusson et Necker, à Paris.

A Wootton en Derbyshire, le 29 mars 1766.

J'ai reçu vos lettres, cher Coindet, et celle de madame de Chenonceaux. J'ai différé de vous répondre jusqu'au moment où j'arriverois en lieu de repos où je puisse respirer. J'en avois grand besoin, je vous jure, et le voisinage de Londres m'étoit aussi importun que Londres même par l'extrême affluence des curieux. J'ai répondu sur-le-champ à la dernière lettre de madame de Chenonceaux ; le sujet le demandoit absolument. Il m'importe extrêmement de savoir si ma lettre lui est parvenue et si elle n'a pas essuyé de retard, pour juger de la fidélité des gens à qui je l'ai confiée. J'ai aussi reçu indirectement des nouvelles de M. Watelet et de nouvelles preuves de ses soins bienfaisans par ses recommandations en ma faveur. Un des plus doux emplois de mes loisirs sera de lui écrire quelquefois. Je voudrois qu'il fût tenté de venir voir ma solitude; elle ne seroit pas indigne, à quelques égards, d'occuper ses regards et ses talens. Je suis fâché de ne pouvoir faire aucun usage de l'adresse que vous m'avez donnée ; mais je suis à cinquante lieues de Londres, et bien résolu de n'y retourner que quand je ne pourrai faire autrement. Me voilà comme régénéré par un nouveau baptême, ayant été bien mouillé en passant la mer. J'ai dépouillé le vieil homme, et, hors quelques amis parmi lesquels je vous compte, j'oublie tout ce qui se rapporte à cette terre étrangère qui s'appelle le continent. Les auteurs, les décrets, les livres, cette âcre fumée de gloire qui fait pleurer, tout cela sont des folies de l'autre monde auxquelles je ne prends plus de part et que je me vais hâter d'oublier. Je ne puis jouir encore ici des charmes de la campagne, ce pays étant enseveli sous la neige; mais, en attendant, je me repose de mes longues courses, je prends haleine, je jouis de moi, et me rends le témoignage que, pendant quinze ans que j'ai eu le malheur d'exercer le triste métier d'homme de lettres, je n'ai contracté aucun des vices de cet état; l'envie, la jalousie, l'esprit d'intrigue et de charlatanerie, n'ont pas un instant approché de mon cœur. Je ne me sens pas même aigri par les persécutions, par les infortunes, et je quitte la carrière aussi sain de cœur que j'y suis entré. Voilà, cher Coindet, la source du bonheur que je vais goûter dans ma retraite, si l'on veut bien m'y laisser en paix. Les gens du monde ne conçoivent pas qu'on puisse vivre heureux et content vis à vis de soi ; et moi, je ne conçois pas qu'on puisse être heureux d'une autre manière. De quoi sera-t-on content dans la vie si l'on ne l'est pas du seul homme qu'on ne quitte point? Voilà bien de la morale pour un homme du monde, mais pas trop pour un ermite. Au lieu de vous parler de vous, je vous parle de moi ; cela n'est pas fort poli, sans doute, mais cela est tout naturel. Usez-en de même avec moi, parlez-moi de vous à votre tour, et soyez sûr de me faire grand plaisir. La difficulté est de me faire parvenir vos lettres, car, pour plusieurs bonnes raisons, je n'en reçois aucune par la poste, qui ne vient pas jusqu'au village voisin de cette maison. En attendant d'autres arrangemens plus commodes, faites remettre votre lettre à Londres, chez M. Davenport, *next door lord Egremont*(*), *Piccadilly*. Par ce moyen elle me parviendra. Je vous embrasse de tout mon cœur.

Rappelez-moi quelquefois, je vous prie, au souvenir de M. et madame d'Azincourt.

Je serois bien aise de savoir exactement votre adresse, afin de pouvoir vous écrire par occasions quand elles se présenteront.

AU ROI DE PRUSSE.

Wootton, le 30 mars 1766.

Sire,

Je dois au malheur qui me poursuit deux biens qui m'en consolent : la bienveillance de mylord maréchal, et la protection de votre majesté. Forcé de vivre loin de l'état où je suis

(*) Près de l'hôtel du lord Egremont. M. P.

inscrit parmi vos peuples, je garde l'amour des devoirs que j'y ai contractés. Permettez, sire, que vos bontés me suivent avec ma reconnoissance, et que j'aie toujours l'honneur d'être votre protégé, comme je serai toujours votre plus fidèle sujet.

A M. LE CHEVALIER D'ÉON.

Wootton, le 31 mars 1766.

J'étois, monsieur, à la veille de mon départ pour cette province, lorsque je reçus le paquet que vous m'avez adressé; et, ne l'ayant ouvert qu'ici, je n'ai pu lire plus tôt la lettre que vous m'avez fait l'honneur de m'écrire. Je n'ai même encore pu que parcourir rapidement vos Mémoires. C'en est assez pour confirmer l'opinion que j'avois des rares talens de l'auteur, mais non pas pour juger du fond de la querelle entre vous et M. de Guerchi. J'avoue pourtant, monsieur, que, dans le principe, je crois voir le tort de votre côté ; et il ne me paroît pas juste que, comme ministre, vous vouliez, en votre nom et à ses frais, faire la même dépense qu'il eût faite lui-même; mais, sur la lecture de vos Mémoires, je trouve dans la suite de cette affaire des torts beaucoup plus graves du côté de M. de Guerchi; et la violence de ses poursuites n'aura, je pense, aucun de ses propres amis pour approbateur. Tout ce que prouve l'avantage qu'il a sur vous à cet égard, c'est qu'il est le plus fort, et que vous êtes le plus foible. Cela met contre lui tout le préjugé de l'injustice ; car le pouvoir et l'impunité rendent les forts audacieux; le bon droit seul est l'arme des foibles ; et cette arme leur crève ordinairement dans les mains. J'ai éprouvé tout cela comme vous, monsieur ; et ma vie est un tissu de preuves en faits que la justice a toujours tort contre la puissance. Mon sort est tel que j'ai dû l'attendre de ce principe. J'en suis accablé sans en être surpris ; je sais que tel est l'ordre, plus moral, mais naturel des choses. Qu'un prêtre huguenot me fasse lapider par la canaille, qu'un Conseil ou qu'un parlement me décrète, qu'un Sénat m'outrage de gaîté de cœur, qu'il me chasse barbarement, au cœur de l'hiver, moi malade, sans ombre de plainte, de justice ni de raison, j'en souffre sans doute ; mais je ne m'en fâche pas plus que de voir détacher un rocher sur ma tête, au moment que je passe au-dessous de lui. Monsieur, les vices des hommes sont en grande partie l'ouvrage de leur situation; l'injustice marche avec le pouvoir. Nous, qui sommes victimes et persécutés, si nous étions à la place de ceux qui nous poursuivent, nous serions peut-être tyrans et persécuteurs comme eux. Cette réflexion, si humiliante pour l'humanité, n'ôte pas le poids des disgrâces, mais elle en ôte l'indignation qui les rend accablantes. On supporte son sort avec plus de patience, quand on le sent attaché à notre constitution.

Je ne puis qu'applaudir, monsieur, à l'article qui termine votre lettre. Il est convenable que vous soyez aussi content de votre religion que je le suis de la mienne, et que nous restions chacun dans la nôtre en sincérité de cœur. La vôtre est fondée sur la soumission, et vous vous soumettez. La mienne est fondée sur la discussion, et je raisonne. Tout cela est fort bien pour gens qui ne veulent être ni prosélytes ni missionnaires, comme je pense que nous ne voulons l'être, ni vous ni moi. Si mon principe me paroît le plus vrai, le vôtre me paroît le plus commode; et un grand avantage que vous avez, est que votre clergé s'y tient bien, au lieu que le nôtre, composé de petits barbouillons, à qui l'arrogance a tourné la tête, ne sait ni ce qu'il veut ni ce qu'il dit, et n'ôte l'infaillibilité à l'Église qu'afin de l'usurper chacun pour soi. Monsieur, j'ai éprouvé, comme vous, des tracasseries d'ambassadeurs : que Dieu vous préserve de celles des prêtres ! Je finis par ce vœu salutaire, en vous saluant très-humblement, monsieur, et de tout mon cœur.

A M. D'IVERNOIS.

Wootton, le 31 mars 1766.

Je vous écrivis avant-hier, mon ami, et je reçus le même soir votre lettre du 15. Elle avoit été ouverte et recachetée. Elle me vint par M. Hume, très-lié avec le fils de Tronchin le jongleur, et demeurant dans la même maison; très-lié encore à Paris avec mes plus dangereux ennemis, et auquel, s'il n'est pas un fourbe, j'aurai intérieurement bien des réparations à faire. Je lui dois de la reconnoissance pour tous les soins qu'il a pris de moi dans un pays dont j'ignore la langue. Il s'occupe beaucoup de mes petits intérêts, mais ma réputation n'y gagne pas ; et je ne sais comment il arrive que les papiers publics, qui parloient beaucoup de moi, et toujours avec honneur avant notre arrivée, depuis qu'il est à Londres n'en parlent plus, ou n'en parlent que désavantageusement. Toutes mes affaires, toutes mes lettres passent par ses mains ; celles que j'écris n'arrivent point ; celles que je reçois ont été ouvertes. Plusieurs autres faits me rendent tout suspect de sa part, jusqu'à son zèle. Je ne puis voir encore quelles sont ses intentions, mais je ne puis m'empêcher de les croire sinistres, et je suis fort trompé si toutes nos lettres ne sont éventées par les jongleurs qui tâcheront infailliblement d'en tirer parti contre nous. En attendant que je sache mieux sur quoi compter, voyez de cacheter plus soigneusement vos lettres, et je verrai de mon côté de m'ouvrir avec vos correspondans une communication directe, sans passer par ce dangereux entrepôt.

Puisqu'un associé vous étoit nécessaire, je crois que vous avez bien fait de choisir M. Deluc. Il joint la probité avec les lumières et l'activité dans le travail : trouvant tout cela dans votre association, et l'y portant vous-même, il y aura bien du malheur si vous n'avez pas lieu tous deux d'en être contens. J'y gagnerai beaucoup moi-même si elle vous procure du loisir pour me venir voir. J'imagine que si vous préveniez de ce dessein M. Du Peyrou, il ne seroit pas impossible que vous fissiez le voyage ensemble, en l'avançant ou retardant selon qu'il conviendroit à tous deux. J'ai grand besoin d'épancher mon cœur, et de consulter de vrais amis sur ma situation. Je croyois être à la fin de mes malheurs, et ils ne font que de commencer. Livré sans ressource à de faux amis, j'ai grand besoin d'en trouver de vrais qui me consolent et qui me conseillent. Lorsque vous voudrez partir, avertissez-m'en d'avance, et mandez-moi si vous passerez par Paris ; j'ai des commissions pour ce pays-là que des amis seuls peuvent faire. Je ne saurois, quant à présent, vous envoyer de procuration, n'ayant point ici aux environs de notaire, surtout qui parle françois, et étant bien éloigné de savoir assez d'anglois pour dire des choses aussi compliquées. Comme l'affaire ne presse pas, elle s'arrangera entre nous lors de votre voyage. En attendant, veillez à vos affaires particulières et publiques. Songez bien plus aux intérêts de l'état qu'aux miens. Que votre constitution se rétablisse, s'il est possible; oubliez tout autre objet pour ne songer qu'à celui-là; et du reste pourvoyez-vous de tout ce qui peut rendre votre voyage utile autant qu'il peut l'être à tous égards.

Vous m'obligerez de communiquer à M. Du Peyrou cette lettre, du moins le commencement. Je suis très en peine pour établir de lui à moi une correspondance prompte et sûre. Je ne connois que vous en qui je me fie, et qui soyez posté pour cela; mais un expédient aussi indiscret ne se propose guère, et ne peut avoir que la nécessité pour excuse. Au reste, nous sommes sûrs les uns des autres; renonçons à de fréquentes lettres que l'éloignement expose à trop de frais et de risques; n'écrivons que quand la nécessité le requiert; examinons bien le cachet avant de l'ouvrir, l'état des lettres, leurs dates, les mains par où elles passent. Si on les intercepte encore, il est impossible qu'avec ces précautions ces abus durent long-temps. Je ne serois pas étonné que celle-ci fût encore ouverte et même supprimée, parce que, la poste étant loin d'ici, il faut nécessairement un intermédiaire entre elle et moi; mais avec le temps je parviendrai à désorienter les curieux; et, quant à présent, ils n'en apprendront pas plus qu'ils n'en savent. Je vous embrasse de tout mon cœur.

A MYLORD STRAFFORD.

Wootton, 3 avril 1766.

Les témoignages de votre souvenir, mylord, et de vos bontés pour moi, me feront toujours autant de plaisir que d'honneur. J'ai regret de n'avoir pu profiter à Chiswick de la dernière promenade que vous y avez faite. J'espère réparer bientôt cette perte en ce pays. Je voudrois être plus jeune et mieux portant, j'irois vous rendre quelquefois mes devoirs en Yorkshire; mais quinze lieues sont beaucoup pour un piéton presque sexagénaire; car dès que je suis une fois en place, je ne voyage plus pour mon plaisir autrement qu'à pied. Toutefois je ne renonce pas à cette entreprise, et vous pouvez vous attendre à voir quelque jour un pauvre garçon herboriste aller vous demander l'hospitalité. Pour vous, mylord, qui avez des chevaux et des équipages, si vous faites quelque pèlerinage équestre dans ce canton, et quelque station dans la maison que j'habite, outre l'honneur qu'en recevra le maître du logis, vous ferez une œuvre pie en faveur d'un exilé de la terre ferme, prisonnier, mais bien volontaire, dans le pays de la liberté. Agréez, mylord, je vous supplie, mes salutations et mon respect.

A MADAME LA COMTESSE DE BOUFFLERS.

A Wootton, le 5 avril 1766.

Vous avez assurément, madame, et vous aurez toute ma vie, le droit de me demander compte de moi. J'attendois, pour remplir un devoir qui m'est si cher, qu'arrivé dans un lieu de repos j'eusse un moment à donner à mes plaisirs. Grâce aux soins de M. Hume, ce moment est enfin venu, et je me hâte d'en profiter. J'ai cependant peu de choses à vous dire sur les détails que vous me demandez. Vivant dans un pays dont j'ignore la langue, et toujours sous la conduite d'autrui, je n'ai guère qu'à suivre les directions qu'on me donne. D'ailleurs, loin du monde et de la capitale, ignorant tout ce qu'on y dit, et ne désirant pas l'apprendre, je sais ce qu'on veut me dire et rien de plus. Peu de gens sont moins instruits que moi de ce qui me regarde.

Les petits événemens de mon voyage ne méritent pas, madame, de vous en occuper. Durant la traversée de Calais à Douvres, qui se fit de nuit et dura douze heures, je fus moins malade que M. Hume; mais je fus mouillé et gelé, et j'ai plutôt senti la mer que je ne l'ai vue. J'ai été accueilli à Londres, j'ai eu beaucoup de visites, beaucoup d'offres de service, des habitations à choisir. J'en ai enfin choisi une dans cette province : je suis dans la maison d'un galant homme dont M. Hume m'a dit beaucoup de bien qui n'a été démenti par personne. Il a paru vouloir me mettre à mon aise : j'ignore encore ce qu'il en sera, mais ses attentions seules m'empêchent d'oublier que je suis dans la maison d'autrui.

Vous voulez, madame, que je vous parle de la nation angloise; il faudroit commencer par la connoître, et ce n'est pas l'affaire d'un jour. Trop bien instruit par l'expérience, je ne jugerai jamais légèrement, ni des nations, ni des hommes, même de ceux dont j'aurai à me plaindre ou à me louer. D'ailleurs je ne suis point à portée de connoître les Anglois par eux-mêmes : je les connois par l'hospitalité qu'ils ont exercée envers moi, et qui dément la réputation qu'on leur donne. Il ne m'appartient pas de juger mes hôtes. On m'a trop bien appris cela en France pour que je puisse l'oublier ici.

Je voudrois vous obéir en tout, madame; mais, de grâce, ne me parlez plus de faire des livres, ni même des gens qui en font. Nous avons des livres de morale cent fois plus qu'il n'en faut, et nous n'en valons pas mieux. Vous craignez pour moi le désœuvrement et l'ennui de la retraite : vous vous trompez, madame, je ne suis jamais moins ennuyé ni moins oisif que quand je suis seul. Il me reste, avec les amusemens de la botanique, une occupation bien chère et à laquelle j'aime chaque jour davantage à me livrer. J'ai ici un homme qui est de ma connoissance, et que j'ai grande envie de connoître mieux. La société que je vais lier avec lui m'empêchera d'en désirer aucune autre. Je l'estime assez pour ne pas craindre une intimité à laquelle il m'invite; et, comme il est aussi maltraité que moi par les hommes, nous nous consolerons mutuellement de leurs outrages, en lisant dans le cœur de notre ami qu'il ne les a pas mérités.

Vous dites qu'on me reproche des paradoxes. Eh! madame, tant mieux. Soyez sûre qu'on me reprocheroit moins de paradoxes, si l'on pouvoit me reprocher des erreurs. Quand on a prouvé que je pense autrement que le peuple, ne me voilà-t-il pas bien réfuté! Un saint homme de moine, appelé Cachot (*) vient en revanche de faire un gros livre pour prouver qu'il n'y a rien à moi dans les miens, et que je n'ai rien dit que d'après les autres. Je suis d'avis de laisser, pour toute réponse, aux prises avec sa révérence ceux qui me reprochent, à si grands cris, de vouloir penser seul autrement que tout le monde.

J'ai eu de vous, madame, une seule lettre : aucune nouvelle de madame la maréchale, depuis l'arrivée de mademoiselle Le Vasseur, pas même par M. de La Roche; j'en suis très en peine, à cause de l'état de sa santé. Les communications avec le continent deviennent plus difficiles de jour en jour. Les lettres que j'écris n'arrivent pas; celles que je reçois ont été ouvertes. Dans un pays où, par l'ignorance de la langue, on est à la discrétion d'autrui, il faut être heureux dans le choix de ceux à qui l'on donne sa confiance, et, à juger par l'expérience, j'aurois tort de compter sur le bonheur. Il en est un cependant dont je suis jaloux et que je ne mériterai jamais de perdre; c'est la continuation des bontés de M. le prince de Conti, qui a daigné m'en donner de si éclatantes marques, de la bienveillance de madame la maréchale, et de la vôtre, dont mon cœur sent si bien le prix. Madame, quelque sort qui m'attende encore, et dans quelque lieu que je vive et que je meure, mes consolations seront bien douces, tant que je ne serai point oublié de vous.

A MYLORD ***.

Le 7 avril 1766.

Ce n'est plus de mon chien qu'il s'agit, mylord, c'est de moi-même. Vous verrez par la lettre ci-jointe pourquoi je souhaite qu'elle paroisse dans les papiers publics, surtout dans le Saint-James Chronicle, s'il est possible. Cela ne sera pas aisé, selon mon opinion, ceux qui m'entourent de leurs embûches ayant ôté à mes vrais amis et à moi-même tout moyen de faire entendre la voix de la vérité. Cependant il convient que le public apprenne qu'il y a des traîtres secrets qui, sous le masque d'une amitié perfide, travaillent sans relâche à me déshonorer. Une fois averti, si le public veut encore être trompé, qu'il le soit; je n'aurai plus

---

(*) Ce saint homme s'appeloit Cajot. Son livre est intitulé les *Plagiats de M. J.-J. Rousseau de Genève sur l'éducation*, par D. J. C. B. (Dom Joseph Cajot, bénédictin), 1765, 1 vol. in-12. Les autres critiques prétendoient que l'*Émile* ne contenoit que des nouveautés hardies; celui-ci dit qu'il ne renferme rien de nouveau. Il appelle Jean-Jacques *un rapetasseur d'écrits, un homme enguenillé des ouvrages d'autrui, négoce auquel il doit sa frêle renommée*. M. P.

rien à lui dire. J'ai cru, mylord, qu'il ne seroit pas au-dessous de vous de m'accorder votre assistance en cette occasion. A notre première entrevue, vous jugerez si je la mérite, et si j'en ai besoin. En attendant, ne dédaignez pas ma confiance; on ne m'a pas appris à la prodiguer; les trahisons que j'éprouve doivent lui donner quelque prix.

A L'AUTEUR DU SAINT-JAMES CHRONICLE.

Wootton, le 7 avril 1766.

Vous avez manqué, monsieur, au respect que tout particulier doit aux têtes couronnées en attribuant publiquement au roi de Prusse une lettre pleine d'extravagance et de méchanceté, dont par cela seul vous deviez savoir qu'il ne pouvoit être l'auteur. Vous avez même osé transcrire sa signature comme si vous l'aviez vue écrite de sa main. Je vous apprends, monsieur, que cette lettre a été fabriquée à Paris, et, ce qui navre et déchire mon cœur, que l'imposteur a des complices en Angleterre.

Vous devez au roi de Prusse, à la vérité, à moi, d'imprimer la lettre que je vous écris et que je signe, en réparation d'une faute que vous vous reprocheriez sans doute si vous saviez de quelles noirceurs vous vous rendez l'instrument. Je vous fais, monsieur, mes sincères salutations.

A MADAME LA COMTESSE DE BOUFFLERS.

Wootton, le 9 avril 1766.

C'est à regret, madame, que je vais affliger votre bon cœur; mais il faut absolument que vous connoissiez ce David Hume, à qui vous m'avez livré, comptant me procurer un sort tranquille. Depuis notre arrivée en Angleterre, où je ne connois personne que lui, quelqu'un qui est très au fait, et fait toutes mes affaires, travaille en secret, mais sans relâche, à m'y déshonorer, et réussit avec un succès qui m'étonne. Tout ce qui vient de m'arriver en Suisse a été déguisé; mon dernier voyage de Paris et l'accueil que j'y ai reçu ont été falsifiés. On a fait entendre que j'étois généralement méprisé et décrié en France pour ma mauvaise conduite, et que c'est pour cela principalement que je n'osois m'y montrer. On a mis dans les papiers publics que, sans la protection de M. Hume, je n'aurois osé dernièrement traverser la France pour m'embarquer à Calais; mais qu'il m'avoit obtenu le passe-port dont je m'étois servi. On a traduit et imprimé comme authentique la fausse lettre du roi de Prusse, fabriquée par d'Alembert, et répandue à Paris par leur ami commun Walpole. On a pris à tâche de me présenter à Londres, avec mademoiselle Le Vasseur, dans tous les jours qui pouvoient jeter sur moi du ridicule. On a fait supprimer, chez un libraire, une édition et traduction qui s'alloit faire des lettres de M. Du Peyrou. Dans moins de six semaines, tous les papiers publics, qui d'abord ne parloient de moi qu'avec honneur, ont changé de langage, et n'en ont plus parlé qu'avec mépris.

La cour et le public ont de même rapidement changé sur mon compte; et les gens surtout avec qui M. Hume a le plus de liaisons sont ceux qui se distinguent par le mépris le plus marqué, affectant, pour l'amour de lui, de vouloir me faire la charité plutôt qu'honnêteté, sans le moindre témoignage d'affection ni d'estime, et comme persuadés qu'il n'y a que des services d'argent qui soient à l'usage d'un homme comme moi. Durant le voyage il m'avoit parlé du jongleur Tronchin comme d'un homme qui avoit fait près de lui des avances traîtresses, et dont il étoit fondé à se défier : il se trouve cependant qu'il loge à Londres avec le fils dudit jongleur, vit avec lui dans la plus grande intimité, et vient de le placer auprès de M. Michel, ministre à Berlin, où ce jeune homme va, sans doute, chargé d'instructions qui me regardent. J'ai eu le malheur de loger deux jours chez M. Hume, dans cette même maison, venant de la campagne à Londres. Je ne puis vous exprimer à quel point la haine et le dédain se sont manifestés contre moi dans les hôtesses et les servantes, et de quel accueil infâme on y a régalé mademoiselle Le Vasseur. Enfin je suis presque assuré de reconnoître, au ton haineux et méprisant, tous les gens avec qui M. Hume vient d'avoir des conférences; et je l'ai vu cent fois, même en ma présence, tenir indirectement les propos qui pouvoient le plus indisposer contre moi ceux à qui il parloit. Deviner quel est son but, c'est ce qui m'est difficile, d'autant plus qu'étant à sa discrétion et dans un pays dont j'ignore la langue, toutes mes lettres ont passé jusqu'ici par ses mains; qu'il a toujours été très-avide de les voir et de les avoir; que de celles que j'ai écrites, peu sont parvenues; que presque toutes celles que j'ai reçues avoient été ouvertes; et celles d'où j'aurois pu tirer quelque éclaircissement, probablement supprimées. Je ne dois pas oublier deux petites remarques; l'une, que le premier soir depuis notre départ de Paris, étant couchés tous trois dans la même chambre, j'entendis au milieu de la nuit David Hume s'écrier plusieurs fois à pleine voix : *Je tiens J.-J. Rousseau!* ce que je ne pus alors interpréter que favorablement; cependant il y avoit dans le ton je ne sais quoi d'effrayant et de sinistre que je n'oublierai jamais. La seconde remarque vient d'une espèce d'épanchement que j'eus avec lui après une autre occasion de lettre que je vais vous dire. J'avois écrit le soir sur sa table à madame de Chenonceaux. Il étoit très-inquiet de savoir ce que j'écrivois, et ne pouvoit presque s'abstenir d'y lire. Je ferme ma lettre sans la lui montrer : il la demande avidement, disant qu'il l'enverra le lendemain par la poste; il faut bien la donner; elle reste sur sa table. Lord Newnham arrive; David sort un moment, je ne sais pourquoi. Je reprends ma lettre en disant que j'aurai le temps de l'envoyer le lendemain : mylord Newnham s'offre de l'envoyer par le paquet de l'ambassadeur de France; j'accepte. David rentre; tandis que lord Newnham fait son enveloppe, il tire son cachet; David offre le sien avec tant d'empressement qu'il faut s'en servir par préférence. On sonne, lord Newnham donne la lettre au domestique pour l'envoyer sur-le-champ chez l'ambassadeur. Je me dis en moi-même : Je suis sûr que David va suivre le domestique. Il n'y manqua pas, et je parierois tout au monde que ma lettre n'a pas été rendue, ou qu'elle avoit été décachetée.

A souper, il fixoit alternativement sur mademoiselle Le Vasseur et sur moi des regards qui m'effrayèrent et qu'un honnête homme n'est guère assez malheureux pour avoir reçus de la nature. Quand elle fut montée pour s'aller coucher dans le chenil qu'on lui avoit destiné, nous restâmes quelque temps sans rien dire : il me fixa de nouveau du même air : je voulus essayer de le fixer à mon tour, il me fut impossible de soutenir son affreux regard. Je sentis mon âme se troubler, j'étois dans une émotion horrible; enfin le remords de mal juger d'un si grand homme sur des apparences, prévalut; je me précipitai dans ses bras tout en larmes, en m'écriant : Non, David Hume n'est pas un traître, cela n'est pas possible; et s'il n'étoit pas le meilleur des hommes, il faudroit qu'il en fût le plus noir. A cela mon homme, au lieu de s'attendrir avec moi, ou de se mettre en colère, au lieu de me demander des explications, reste tranquille, répond à mes transports par quelques caresses froides, en me frappant de petits coups sur le dos, et s'écriant plusieurs fois : Mon cher monsieur! Quoi donc, mon cher monsieur? J'avoue que cette manière de recevoir mon épanchement me frappa plus que tout le reste. Je partis le lendemain pour cette province, où j'ai rassemblé de nouveaux faits, réfléchi, combiné, et conclu, en attendant que je meure.

J'ai toutes mes facultés dans un bouleversement qui ne me permet pas de vous parler d'autre chose. Madame, ne vous rebutez pas par mes misères, et daignez m'aimer encore, quoique le plus malheureux des hommes.

J'ai vu le docteur Gatti en grande liaison avec notre homme : et deux seules entrevues m'ont appris certainement que, quoi que vous en puissiez dire, le docteur Gatti ne m'aime pas. Je dois vous avertir aussi que la boîte que vous m'avez envoyée par lui avoit été ouverte, et qu'on y avoit mis un autre cachet que le vôtre. Il y a presque de quoi rire à penser combien mes curieux ont été punis.

MM. BECKET ET DE HONDT,

libraires à Londres

Wootton, le 9 avril 1766.

J'étois surpris, messieurs, de ne point voir paroître la traduction et l'impression des lettres de M. Du Peyrou, que je vous ai remises et dont vous me paroissiez si empressés : mais en lisant dans les papiers publics une prétendue lettre du roi de Prusse à moi adressée, j'ai d'abord compris pourquoi celles de M. Du Peyrou ne paroissoient point. A la bonne heure, messieurs, puisque le public veut être trompé, qu'on le trompe ; j'y prends quant à moi fort peu d'intérêt, et j'espère que les noires vapeurs qu'on y excite à Londres ne troubleront pas la sérénité de l'air que je respire ici. Mais il me paroît que, ne faisant aucun usage de cet exemplaire, vous auriez dû songer à me le rendre avant que je vous en fisse souvenir. Ayez la bonté, messieurs, je vous prie, de faire remettre cet exemplaire à mon adresse, chez M. Davenport, demeurant près du lord Égremont, en Piccadilly. Je vous fais, messieurs, mes très-humbles salutations (*).

A M. F. H. ROUSSEAU.

Wootton, le 10 avril 1766.

Je me reprocherois, mon cher cousin, de tarder plus long-temps à vous remercier des visites et amitiés que vous m'avez faites pendant mon séjour à Londres et au voisinage. Je n'ai point oublié vos offres obligeantes, et je m'en prévaudrai dans l'occasion avec confiance, sûr de trouver toujours en vous un bon parent comme vous le trouverez toujours en moi. Je n'ai pas oublié non plus que j'avois compté parler de vos vues à un certain homme au sujet du voyage d'Italie. Sur la conduite extraordinaire et peu nette de cet homme, il m'est d'abord venu des soupçons et ensuite des lumières qui m'ont empêché de lui parler, et qui, je crois, vous en empêcheront de même, quand vous saurez que cet homme, à l'abri d'une amitié traîtresse, a formé avec deux ou trois complices l'honnête projet de déshonorer votre parent ; qu'il est en train d'exécuter ce projet, si on le laisse faire. Ce qui me frappe le plus en cette occasion, c'est la légèreté, et, j'ose dire, l'étourderie avec laquelle les Anglois, sur la foi de deux ou trois fourbes dont la conduite double et traîtresse devroit les saisir d'horreur, jugent du caractère et des mœurs d'un étranger qu'ils ne connoissent point, et qu'ils savent être estimé, honoré et respecté dans les lieux où il a passé sa vie. Voilà ce singulier abrégé de mon histoire, où l'on me donne entre autres pour fils d'un musicien, courant Londres comme une pièce authentique. Voilà qu'on imprime effrontément dans leurs feuilles que M. Hume a été mon protecteur en France, et que c'est lui qui m'a obtenu le passe-port avec lequel j'ai passé dernièrement à Paris. Voilà cette prétendue lettre du roi de Prusse, imprimée dans leurs feuilles, et les voilà, eux, ne doutant pas que cette lettre, chef-d'œuvre de galimatias et d'impertinence, n'ait réellement été écrite par ce prince, sans que pas un seul s'avise de penser qu'il seroit pourtant bon de m'entendre et de savoir ce que j'ai à dire à tout cela. En vérité, de si mauvais juges de la réputation ne méritent pas qu'un homme sensé se mette fort en peine de celle qu'il peut avoir parmi eux : ainsi je les laisse dire, en attendant que le moment vienne de les faire rougir. Quoi qu'il en soit, s'il y a des lâches et des traîtres dans ce pays, il y a aussi des gens d'honneur et d'une probité sûre auxquels un honnête homme peut sans honte avoir obligation. C'est à eux que je veux parler de vous si l'occasion s'en présente, et vous pouvez compter que je ne la laisserai pas échapper. Adieu, mon cher cousin ; portez-vous bien et soyez toujours gai. Pour moi, je n'ai pas trop de quoi l'être ; mais j'espère que les noires vapeurs de Londres ne troubleront pas la sérénité de l'air que je respire ici. Je vous embrasse de tout mon cœur.

A LORD ***.

Wootton, le 19 avril 1766.

Je ne saurois, mylord, attendre votre retour à Londres pour vous faire les remercîmens que je vous dois. Vos bontés m'ont convaincu que j'avois eu raison de compter sur votre générosité. Pour excuser l'indiscrétion qui m'y a fait recourir, il suffit de jeter un coup d'œil sur ma situation. Trompé par des traîtres qui, ne pouvant me déshonorer dans les lieux où j'avois vécu, m'ont entraîné dans un pays où je suis inconnu et dont j'ignore la langue, afin d'y

---

(*) Les lettres dont il s'agit ont été imprimées en françois, et publiées à Londres chez les mêmes libraires, in-12, 1766. — Des circonstances tout-à-fait indépendantes de la volonté de ces libraires en avoient retardé l'impression. G. P

exécuter plus aisément leur abominable projet, je me trouve jeté dans cette île après des malheurs sans exemple. Seul, sans appui, sans amis, sans défense, abandonné à la témérité des jugemens publics, et aux effets qui en sont la suite ordinaire, surtout chez un peuple qui naturellement n'aime pas les étrangers, j'avois le plus grand besoin d'un protecteur qui ne dédaignât pas ma confiance; et où pouvois-je mieux le chercher que parmi cette illustre noblesse à laquelle je me plaisois à rendre honneur, avant de penser qu'un jour j'aurois besoin d'elle pour m'aider à défendre le mien?

Vous me dites, mylord, qu'après s'être un peu amusé votre public rend ordinairement justice; mais c'est un amusement bien cruel, ce me semble, que celui qu'on prend aux dépens des infortunés, et ce n'est pas assez de finir par rendre justice quand on commence par en manquer. J'apportois au sein de votre nation deux grands droits qu'elle eût dû respecter davantage; le droit sacré de l'hospitalité, et celui des égards que l'on doit aux malheureux: j'y apportois l'estime universelle et le respect même de mes ennemis. Pourquoi m'a-t-on dépouillé chez vous de tout cela? Qu'ai-je fait pour mériter un traitement si cruel? En quoi me suis-je mal conduit à Londres, où l'on me traitoit si favorablement avant que j'y fusse arrivé? Quoi! mylord, des diffamations secrètes, qui ne devroient produire qu'une juste horreur pour les fourbes qui les répandent, suffiroient pour détruire l'effet de cinquante ans d'honneur et de mœurs honnêtes! Non, les pays où je suis connu ne me jugeront point d'après votre public mal instruit; l'Europe entière continuera de me rendre la justice qu'on me refuse en Angleterre; et l'éclatant accueil que, malgré le décret, je viens de recevoir à Paris à mon passage, prouve que, partout où ma conduite est connue, elle m'attire l'honneur qui m'est dû. Cependant si le public françois eût été aussi prompt à mal juger que le vôtre, il en eût eu le même sujet. L'année dernière on fit courir à Genève un *libelle affreux* sur ma conduite à Paris. Pour toute réponse, je fis imprimer ce libelle à Paris même. Il y fut reçu comme il méritoit de l'être, et il semble que tout ce que les deux sexes ont d'illustre et de vertueux dans cette capitale ait voulu me venger par les plus grandes marques d'estime des outrages de mes vils ennemis.

Vous direz, mylord, qu'on me connoît à Paris et qu'on ne me connoît point à Londres: voilà précisément de quoi je me plains. On n'ôte point à un homme d'honneur, sans le connoître et sans l'entendre, l'estime publique dont il jouit. Si jamais je vis en Angleterre aussi long-temps que j'ai vécu en France, il faudra bien qu'enfin votre public me rende son estime; mais quel gré lui en saurai-je lorsque je l'y aurai forcé?

Pardonnez, mylord, cette longue lettre: me pardonneriez-vous mieux d'être indifférent à ma réputation dans votre pays? Les Anglois valent bien qu'on soit fâché de les voir injustes, et qu'afin qu'ils cessent de l'être, on leur fasse sentir combien ils le sont. Mylord, les malheureux sont malheureux partout. En France, on les décrète; en Suisse, on les lapide; en Angleterre, on les déshonore : c'est leur vendre cher l'hospitalité.

A M.....

Avril 1766.

J'apprends, monsieur, avec quelque surprise, de quelle manière on me traite à Londres dans un public plus léger que je n'aurois cru. Il me semble qu'il vaudroit beaucoup mieux refuser aux infortunés tout asile que de les accueillir pour les insulter, et je vous avoue que l'hospitalité vendue au prix du déshonneur me paroît trop chère. Je trouve aussi que pour juger un homme qu'on ne connoît point, il faudroit s'en rapporter à ceux qui le connoissent; et il me paroît bizarre qu'emportant de tous les pays où j'ai vécu l'estime et la considération des honnêtes gens et du public, l'Angleterre, où j'arrive, soit le seul où on me la refuse. C'est en même temps ce qui me console : l'accueil que je viens de recevoir à Paris, où j'ai passé ma vie, me dédommage de tout ce qu'on dit à Londres. Comme les Anglois, un peu légers à juger, ne sont pourtant pas injustes, si jamais je vis en Angleterre aussi long-temps qu'en France, j'espère à la fin n'y être pas moins estimé. Je sais que tout ce qui se passe à mon égard n'est point naturel, qu'une nation tout entière ne change pas immédiatement du blanc au noir sans cause, et que cette cause secrète est d'autant plus dangereuse qu'on s'en défie moins : c'est cela même qui devroit ouvrir les yeux du public sur ceux qui le mènent; mais ils se cachent avec trop d'adresse pour qu'il s'avise de les chercher où ils sont. Un jour il en saura davantage, et il rougira de sa légèreté. Pour vous, monsieur, vous avez trop de sens et vous êtes trop équitable pour être compté parmi ces juges plus sévères que judicieux. Vous m'avez honoré de votre estime, je ne mériterai jamais de la perdre; et comme vous avez toute la mienne, j'y joins la confiance que vous méritez.

LETTRE DE HUME A M. *** (*).

Lisle street Leicester Fields, ce 10 de mai 1766.

J'ai besoin de bien d'apologies, monsieur, auprès de vous, d'avoir tardé si long-temps de reconnoître l'honneur que vous m'avez fait; mais j'ai différé de vous répondre jusqu'au temps que notre ami seroit établi, et auroit eu quelque expérience de sa situation. Il paroît être à présent dans la situation la plus heureuse, ayant égard à son caractère singulier, et il m'écrit qu'il en est parfaitement content. Il est à cinquante lieues éloigné de Londres, dans la province de Derby, un pays célèbre pour ses beautés naturelles et sauvages. M. Davenport, un très-honnête homme et très-riche, lui donne une maison qu'il habite fort rarement lui-même; et comme il y entretient une table pour ses domestiques, qui ont soin de la maison et des jardins, il ne lui est pas difficile d'accommoder notre ami et sa gouvernante de tout ce que des personnes si sobres et si modérées peuvent souhaiter. Il a la bonté de prendre trente livres sterling par an de pension; car

(*) Nous avons pensé que le lecteur verroit ici avec intérêt ce que, dans le temps même où Rousseau formoit des plaintes si amères, Hume écrivoit sur son compte, n'ayant pas encore la moindre idée de ce dont celui-ci l'accusoit, et du changement total qui s'étoit opéré dans ses sentiments. Cette lettre, qui fait partie du petit recueil de lettres posthumes publié par M. Pougens en 1798, est adressée par Hume à l'un de ses amis à Paris. Le même recueil contient une autre lettre de Hume, non moins intéressante, écrite à l'époque où Rousseau quitta l'Angleterre, et que nous reproduirons également, du moins par extrait, à la suite de la dernière lettre de notre auteur, se rapportant au même temps. G. P.

sans cela notre ami n'auroit mis le pied à la maison. S'il est possible qu'un homme peut vivre sans occupation, sans livres, sans société et sans sommeil, il ne quittera pas ce lieu sauvage et solitaire, où toutes les circonstances qu'il a jamais demandées semblent concourir pour le rendre heureux. Mais je crains la foiblesse et l'inquiétude naturelle à tout homme, surtout à un homme de son caractère. Je ne serois pas surpris qu'il quittât bientôt cette retraite; mais en ce cas-là, il sera obligé d'avouer qu'il n'a pas connu ses propres forces, et que l'homme n'est pas fait pour être seul. Au reste, il a été reçu parfaitement bien dans ce pays-ci. Tout le monde s'est empressé de lui montrer des politesses, et la curiosité publique lui étoit même à charge.

Madame de Boufflers vous a sans doute appris les bontés que le roi d'Angleterre a eues pour lui. Le secret qu'on veut garder sur cette affaire est une circonstance bien agréable à notre ami. Il a un peu la foiblesse de vouloir se rendre intéressant en se plaignant de sa pauvreté et de sa mauvaise santé; mais j'ai découvert par hasard qu'il a quelques ressources d'argent, petites à la vérité, mais qu'il nous a cachées quand il nous a rendu compte de ses biens. Pour ce qui regarde sa santé, elle me paroît plutôt robuste qu'infirme; à moins que vous ne vouliez compter les accès de mélancolie et de *spleen* auxquels il est sujet. C'est grand dommage : il est fort aimable par ses manières; il est d'un cœur honnête et sensible; mais ces accès l'éloignent de la société, le remplissent d'humeur, et donnent quelquefois à sa conduite un air de bizarrerie et de violence, qualités qui ne lui sont pas naturelles.

Je vous prie, mon cher monsieur, de me garder une place dans votre souvenir. Je me flatte de profiter, l'été prochain, de l'amitié que vous avez la bonté de me marquer. Des accidens imprévus ont retardé jusqu'ici mon retour en France. J'ai l'honneur d'être, etc.

DAVID HUME.

A MADAME DE LUZE.

Wootton, le 10 mai 1766.

Suis-je assez heureux madame, pour que

vous pensiez quelquefois à mes torts et pour que vous me sachiez mauvais gré d'un si long silence? J'en serois trop puni si vous n'y étiez pas sensible. Dans le tumulte d'une vie orageuse, combien j'ai regretté les douces heures que je passois près de vous! combien de fois les premiers momens du repos après lequel je soupirois ont été consacrés d'avance au plaisir de vous écrire! J'ai maintenant celui de remplir cet engagement, et les agrémens du lieu que j'habite m'invitent à m'y occuper de vous, madame, et de M. de Luze, qui m'en a fait trouver beaucoup à y venir. Quoique je n'aie point directement de ses nouvelles, j'ai su qu'il étoit arrivé à Paris en bonne santé; et j'espère qu'au moment où j'écris cette lettre, il est heureusement de retour près de vous. Quelque intérêt que je prenne à ses avantages, je ne puis m'empêcher de lui envier celui-là, et je vous jure, madame, que cette paisible retraite perd pour moi beaucoup de son prix, quand je songe qu'elle est à trois cents lieues de vous. Je voudrois vous la décrire avec tous ses charmes, afin de vous tenter, je n'ose dire de m'y venir voir, *mais de la venir voir; et moi j'en profiterois*.

Figurez-vous, madame, une maison seule, non fort grande, mais fort propre, bâtie à mi-côte sur le penchant d'un vallon, dont la pente est assez interrompue pour laisser des promenades de plain-pied sur la plus belle pelouse de l'univers. Au devant de la maison règne une grande terrasse, d'où l'œil suit dans une demi-circonférence quelques lieues d'un paysage formé de prairies, d'arbres, de fermes éparses, de maisons plus ornées, et bordé en forme de bassin par des coteaux élevés qui bornent agréablement la vue quand elle ne pourroit aller au-delà. Au fond du vallon, qui sert à la fois de garenne et de pâturage, on entend murmurer un ruisseau qui, d'une montagne voisine, vient couler parallèlement à la maison, et dont les petits détours, les cascades, sont dans une telle direction, que des fenêtres et de la terrasse l'œil peut assez long-temps suivre son cours. Le vallon est garni, par places, de rochers et d'arbres où l'on trouve des réduits délicieux, et qui ne laissent pas de s'éloigner assez de temps en temps du ruisseau pour offrir sur ses bords des promenades commodes à l'abri des vents et même de la pluie; en sorte que par le plus vilain temps du monde je vais tranquillement herboriser sous les roches avec les moutons et les lapins; mais hélas, madame, je n'y trouve point de *scordium*!

Au bout de la terrasse à gauche sont des bâtimens rustiques et le potager; à droite sont des bosquets et un jet-d'eau. Derrière la maison est un pré entouré d'une lisière de bois, laquelle, tournant au-delà du vallon, couronne le parc, si l'on peut donner ce nom à une enceinte à laquelle on a laissé toutes les beautés de la nature. Ce pré mène, à travers un petit village qui dépend de la maison, à une montagne qui en est à une demie-lieue, et dans laquelle sont diverses mines de plomb que l'on exploite. Ajoutez qu'aux environs on a le choix des promenades, soit dans des prairies charmantes, soit dans les bois, soit dans des jardins à l'angloise, moins peignés, mais de meilleur goût que ceux des François.

La maison, quoique petite, est très-logeable et bien distribuée. Il y a dans le milieu de la façade un avant-corps à l'angloise, par lequel la chambre du maître de la maison, et la mienne, qui est au-dessus, ont une vue de trois côtés. Son appartement est composé de plusieurs pièces sur le devant, et d'un grand salon sur le derrière : le mien est distribué de même, excepté que je n'occupe que deux chambres, entre lesquelles et le salon est une espèce de vestibule ou d'antichambre fort singulière, éclairée par une large lanterne de vitrage au milieu du toit.

Avec cela, madame, je dois vous dire qu'on fait ici bonne chère à la mode du pays, c'est-à-dire simple et saine, précisément comme il me la faut. Le pays est humide et froid; ainsi les légumes ont peu de goût, le gibier aucun; mais la viande y est excellente, le laitage abondant et bon. Le maître de cette maison la trouve trop sauvage et s'y tient peu. Il en a de plus riantes qu'il lui préfère, et auxquelles je la préfère, moi, par la même raison. J'y suis non-seulement le maître mais mon maître, ce qui est bien plus. Point de grand village aux environs: la ville la plus voisine en est à deux lieues; par conséquent peu de voisins désœuvrés. Sans le ministre, qui m'a pris dans une affection singulière, je serois ici dix mois de l'année absolument seul.

Que pensez-vous de mon habitation, madame? la trouvez-vous assez bien choisie, et ne croyez-vous pas que pour en préférer une autre il faille être ou bien sage ou bien fou? Hé bien, madame, il s'en prépare une peu loin de Bicz, plus près du Tertre, que je regretterai sans cesse et où, malgré l'envie, mon cœur habitera toujours. Je ne la regretterois pas moins quand celle-ci m'offriroit tous les autres biens possibles, excepté celui de vivre avec ses amis. Mais au reste, après vous avoir peint le beau côté, je ne veux pas vous dissimuler qu'il y en a d'autres, et que, comme dans toutes les choses de la vie, les avantages y sont mêlés d'inconvéniens. Ceux du climat sont grands ; il est tardif et froid ; le pays est beau, mais triste, la nature y est engourdie et paresseuse; à peine avons-nous déjà des violettes, les arbres n'ont encore aucunes feuilles; jamais on n'y entend de rossignols ; tous les signes du printemps disparoissent devant moi. Mais ne gâtons pas le tableau vrai que je viens de faire ; il est pris dans le point de vue où je veux vous montrer ma demeure, afin que vos idées s'y promènent avec plaisir. Ce n'est qu'auprès de vous, madame, que je pouvois trouver une société préférable à la solitude. Pour la former dans cette province, il y faudroit transporter votre famille entière, une partie de Neuchâtel, et presque tout Yverdun. Encore après cela, comme l'homme est insatiable, me faudroit-il vos bois, vos monts, vos vignes, enfin tout jusqu'au lac et ses poissons. Bonjour, madame, mille tendres salutations à M. de Luze. Parlez quelquefois avec madame de Froment et madame de Sandoz de ce pauvre exilé. Pourvu qu'il ne le soit jamais de vos cœurs, tout autre exil lui sera supportable.

A M. DE LUZE.

Wootton, le 10 mai 1766.

Quoique ma longue lettre à madame de Luze soit, monsieur, à votre intention comme à la sienne, je ne puis m'empêcher d'y joindre un mot pour vous remercier et des soins que vous avez bien voulu prendre pour réparer la banqueroute que j'avois faite à Strasbourg sans en rien savoir, et de votre obligeante lettre du 10 avril. J'ai senti, à l'extrême plaisir que m'a fait sa lecture, combien je vous suis attaché et combien tous vos bons procédés pour moi ont jeté de ressentimens dans mon âme. Comptez, monsieur, que je vous aimerai toute ma vie, et qu'un des regrets qui me suivent en Angleterre est d'y vivre éloigné de vous. J'ai formé dans votre pays des attachemens qui me le rendront toujours cher, et le désir de m'y revoir un jour, que vous voulez bien me témoigner, n'est pas moins dans mon cœur que dans le vôtre : mais comment espérer qu'il s'accomplisse? Si j'avois fait quelque faute qui m'eût attiré la haine de vos compatriotes, si je m'étois mal conduit en quelque chose, si j'avois quelque tort à me reprocher, j'espérerois, en le réparant, parvenir à le leur faire oublier et à obtenir leur bienveillance; mais qu'ai-je fait pour la perdre? en quoi me suis-je mal conduit? à qui ai-je manqué dans la moindre chose ? à qui ai-je pu rendre service que je ne l'aie pas fait? Et vous voyez comme ils m'ont traité. Mettez-vous à ma place, et dites-moi s'il est possible de vivre parmi des gens qui veulent assommer un homme sans grief, sans motif, sans plainte contre sa personne, et uniquement parce qu'il est malheureux. Je sens qu'il seroit à désirer, pour l'honneur de ces messieurs, que je retournasse finir mes jours au milieu d'eux : je sens que je le désirerois moi-même; mais je sens aussi que ce seroit une haute folie à laquelle la prudence ne me permet pas de songer. Ce qui me reste à espérer en tout ceci est de conserver les amis que j'ai eu le bonheur d'y faire ; et d'être toujours aimé d'eux quoique absent. Si quelque chose pouvoit me dédommager de leur commerce, ce seroit celui du galant homme dont j'habite la maison, et qui n'épargne rien pour m'en rendre le séjour agréable ; tous les gentilshommes des environs, tous les ministres des paroisses voisines ont la bonté de me marquer des empressemens qui me touchent, en ce qu'ils me montrent la disposition générale du pays : le peuple même, malgré mon équipage, oublie en ma faveur sa dureté ordinaire envers les étrangers. Madame de Luze vous dira comment est le pays ; enfin j'y trouverois de quoi n'en regretter aucun autre, si j'étois plus près du soleil et de mes amis. Bonjour, monsieur, je vous embrasse de tout mon cœur.

A M. DU PEYROU.

A Wootton, le 10 mai 1766.

Hier, mon cher hôte, j'ai reçu, par M. Davenport, vos n°s 20, 21, 22 et 23, par lesquels je vois avec inquiétude que vous n'aviez point encore reçu mon n° 1, que je vous ai écrit d'ici, et où je vous priois de ne m'envoyer que mes livres de botanique, avec mon calepin, et d'attendre pour le reste à l'année prochaine ; prière que je vous confirme avec instance, s'il en est encore temps. Je suis surtout très-fâché que vous m'envoyiez aussi des papiers que je ne vous ai point demandés, et sur lesquels j'étois tranquille, les sachant entre vos mains, au lieu qu'ils vont courir des hasards que vous ne pouvez prévoir, ne sachant pas comme moi tout ce qui se passe à Londres. Retirez-les, je vous en conjure, s'il est encore temps, et pour Dieu, ne m'en envoyez plus désormais que je ne vous les demande. Ce n'étoit pas pour rien que j'avois numéroté les liasses que je vous laissois.

Ceux que vous avez envoyés à madame de Faugnes sont en route, et je compte les recevoir au premier jour. C'est un grand bonheur qu'ils n'aient pas été confiés à M. Walpole, que je regarde comme l'agent secret de trois ou quatre honnêtes gens de par le monde qui ont formé entre eux un complot auquel je ne comprends rien, mais dont je vois et sens l'exécution successive de jour en jour. La prétendue lettre du roi de Prusse est certainement de d'Alembert (*) ; en y jetant les yeux, j'ai reconnu son style, comme si je la lui avois vu écrire : elle a été publiée, traduite dans les papiers, de même qu'une autre pièce du même auteur sur le même sujet. On a aussi imprimé et traduit une lettre de M. de Voltaire à moi adressée, auprès de laquelle le libelle de Vernes n'est que du miel. Mais cessons de parler de ces matières attristantes, et qui ne m'affligeroient pourtant guère, si mon cœur n'eût été navré par de plus sensibles coups. Mon cher hôte, je sens bien le prix d'un ami fidèle, et que ma confiance en vous redouble de charmes, par la difficulté de la placer aussi bien nulle part.

Je suis très en peine pour établir notre correspondance d'une manière stable et sûre ; car la résolution où je suis de rompre tout autre commerce de lettres ne me rend le vôtre que plus nécessaire. Ah ! cher ami, que ne vous ai-je cru, et que n'ai-je resté à portée de passer mes jours auprès de vous ! Je sens vivement la perte que j'ai faite, et je ne m'en consolerai jamais. Je suis en peine de plusieurs lettres que j'ai fait passer par MM. Lucadou et Drake, et dont je ne reçois aucune réponse. J'espère cependant qu'ils n'ont pas des commis négligens ; il faut prendre patience, et continuer. M. Lucadou est un honnête homme, et ami de mes amis ; je ne crains pas qu'il abuse de ma confiance, mais je crains de lui être importun.

Mon intention est bien de parler à mylord maréchal de M. d'Escherny, et de faire usage de sa petite note ; mais ce n'est pas en ce moment de commotion que cela peut se faire. S'il est pressé, il faut, malgré moi, que je laisse à d'autres le plaisir de le servir. J'ai pour mylord maréchal le même embarras que pour vous de m'ouvrir une correspondance sûre ; je me suis adressé à M. Rougemont, je n'en ai aucune réponse ; j'ignore s'il a fait passer ma lettre, et s'il veut bien continuer.

Quant à ce qui regarde ma subsistance, nous prendrons là-dessus les moyens que vous jugerez à propos ; et puisque vous pensez que je puis fournir de six mois en six mois des assignations sur vos banquiers de Paris, je le ferai ; mais, de grâce, envoyez-moi le modèle de ces assignations : car je ne vois pas bien, je vous l'avoue, en quels termes elles doivent être conçues sur des banquiers que je ne connois pas, et qui ne me doivent rien.

Je finis à la hâte, en vous saluant de tout mon cœur. Mille respects à la chère et bonne maman.

A MADAME DE CRÉQUI.

Mai 1766.

Bien loin de vous oublier, madame, je fais un de mes plaisirs dans cette retraite de me rappeler les heureux temps de ma vie. Ils ont été rares et courts ; mais leur souvenir les multiplie : c'est le passé qui me rend le présent supportable, et j'ai trop besoin de vous pour vous oublier. Je ne vous écrirai pas pourtant, ma-

---

(*) Elle étoit de M. Walpole, mais corrigée par plusieurs hommes de lettres. Voyez les *Confessions*, tome 1er, page 353.

dame, et je renonce à tout commerce de lettres, hors les cas d'absolue nécessité. Il est temps de chercher le repos, et je sens que je n'en puis avoir qu'en renonçant à toute correspondance hors du lieu que j'habite. Je prends donc mon parti trop tard, sans doute, mais assez tôt pour jouir des jours tranquilles qu'on voudra bien me laisser. Adieu, madame. L'amitié dont vous m'avez honoré me sera toujours présente et chère; daignez aussi vous en souvenir quelquefois.

A M. DE MALESHERBES.

Wootton, le 10 mai 1766.

Ce n'est pas d'aujourd'hui, monsieur, que j'aime à vous ouvrir mon cœur et que vous me le permettez. La confiance que vous m'avez inspirée m'a déjà fait sentir près de vous que l'affliction même a quelquefois ses douceurs; mais ce prix de l'épanchement me devient bien plus sensible depuis que mes maux, portés à leur comble, ne me laissent plus dans la vie d'autre espoir que des consolations, et depuis qu'à mon dernier voyage à Paris j'ai si bien achevé de vous connoître. Oui, monsieur, avouer un tort, le déclarer, est un effort de justice assez rare; mais s'accuser au malheureux qu'on a perdu, quoique innocemment, et ne l'en aimer que davantage, est un acte de force qui n'appartenoit qu'à vous. Votre âme honore l'humanité, et la rétablit dans mon estime. Je savois qu'il y avoit encore de l'amitié parmi les hommes; mais sans vous j'ignorerois qu'il y eût de la vertu.

Laissez-moi donc vous écrire mon état une seconde fois en ma vie. Que mon sort a changé depuis mon séjour de Montmorency! Vous m'avez cru malheureux alors, et vous vous trompiez; si vous me croyez heureux maintenant, vous vous trompez davantage. Vous allez connoître un genre de malheurs digne de couronner tous les autres, et qu'en vérité je n'aurois pas cru fait pour moi.

Je vivois en Suisse en homme doux et paisible, fuyant le monde, ne me mêlant de rien, ne disputant jamais, ne parlant pas même de mes opinions. On m'en chasse par des persécutions, sans sujet, sans motif, sans prétexte, les plus violentes, les moins méritées qu'il soit possible d'imaginer, et qu'on a la barbarie de me reprocher encore, comme si je me les étois attirées par vanité. Languissant, malade, affligé, je m'acheminois, à l'entrée de l'hiver, vers Berlin. A Strasbourg, je reçois de M. Hume les invitations les plus tendres de me livrer à sa conduite, et de le suivre en Angleterre, où il se charge de me procurer une retraite agréable et tranquille. J'avois eu déjà le projet de m'y retirer; mylord maréchal me l'avoit toujours conseillé; M. le duc d'Aumont avoit, à la prière de madame de Verdelin, demandé et obtenu pour moi un passe-port. J'en fais usage; je pars le cœur plein du bon David, je cours à Paris me jeter entre ses bras. M. le prince de Conti m'honore de l'accueil plus convenable à sa générosité qu'à ma situation, et auquel je me prête par devoir, mais avec répugnance, prévoyant combien mes ennemis m'en feroient payer cher l'éclat.

Ce fut un spectacle bien doux pour moi que l'augmentation sensible de bienveillance pour M. Hume, que cette bonne œuvre produisit dans tout Paris; il devoit en être touché comme moi; je doute qu'il le fût de la même manière. Quoi qu'il en soit, voilà de ces complimens à la françoise, que j'aime, et que les autres nations ne savent guère imiter.

Mais ce qui me fit une peine extrême fut de voir que M. le prince de Conti m'accabloit en sa présence de si grandes bontés, qu'elles auroient pu passer pour railleuses si j'eusse été moins à plaindre, ou que le prince eût été moins généreux : toutes les attentions étoient pour moi; M. Hume étoit oublié en quelque sorte, ou invité à y concourir. Il étoit clair que cette préférence d'humanité dont j'étois l'objet en montroit pour lui une beaucoup plus flatteuse : c'étoit lui dire : *Mon ami Hume, aidez-moi à marquer de la commisération à cet infortuné.* Mais son cœur jaloux fut trop bête pour sentir cette distinction-là.

Nous partons. Il étoit si occupé de moi qu'il en parloit même durant son sommeil, vous saurez ci-après ce qu'il dit à la première couchée. En débarquant à Douvres, transporté de toucher enfin cette terre de liberté, et d'y être amené par cet homme illustre, je lui sautai au cou, je l'embrassai étroitement sans rien dire, mais en couvrant son visage de baisers et de pleurs. Ce n'est pas la seule fois ni la plus remarquable où il ait pu voir en moi les saisissemens d'un cœur pénétré. Je ne sais pas trop ce qu'il fait de ces souvenirs, s'ils lui viennent, mais j'ai dans l'esprit qu'il en doit quelquefois être importuné.

Nous sommes fêtés arrivant à Londres; dans les deux chambres, à la cour même, on s'empresse à me marquer de la bienveillance et de l'estime. M. Hume me présente de très-bonne grâce à tout le monde; et il étoit naturel de lui attribuer, comme je faisois, la meilleure partie de ce bon accueil. L'affluence me fait trouver le séjour de la ville incommode : aussitôt les maisons de campagne se présentent en foule; on m'en offre à choisir dans toutes les provinces. M. Hume se charge des propositions; il me les fait, il me conduit même à deux ou trois campagnes voisines; j'hésite long-temps sur le choix; je me détermine enfin pour cette province. Aussitôt M. Hume arrange tout, les embarras s'aplanissent; je pars; j'arrive dans une habitation commode, agréable et solitaire : le maître prévoit tout, rien ne me manque; je suis tranquille, indépendant. Voilà le moment si désiré où tous mes maux doivent finir : non, c'est là qu'ils commencent plus cruels que je ne les avois encore éprouvés.

Peut-être n'ignorez-vous pas, monsieur, qu'avant mon arrivée en Angleterre elle étoit un des pays de l'Europe où j'avois le plus de réputation, j'oserois presque dire, de considération; les papiers publics étoient pleins de mes éloges, et il n'y avoit qu'un cri d'indignation contre mes persécuteurs. Ce ton se soutient à mon arrivée; les papiers l'annoncèrent en triomphe; l'Angleterre s'honoroit d'être mon refuge, et elle en glorifioit avec justice ses lois et son gouvernement. Tout à coup, et sans aucune cause assignable, ce ton change, mais si fort et si vite que dans tous les caprices du public on n'en vit jamais un plus étonnant. Le signal fut donné dans un certain magasin, aussi plein d'inepties que de mensonges, et où l'auteur, bien instruit, me donnoit pour fils de musicien. Dès ce moment, tout part avec un accord d'insultes et d'outrages qui tient du prodige; des foules de livres et d'écrits m'attaquent personnellement, sans ménagement, sans discrétion, et nulle feuille n'oseroit paroître si elle ne contenoit quelque malhonnêteté contre moi.

Trop accoutumé aux injures du public pour m'en affecter encore, je ne laissois pas d'être surpris de ce changement si brusque, de ce concert si parfaitement unanime, que pas un de ceux qui m'avoient tant loué ne dît un seul mot pour ma défense. Je trouvois bizarre que précisément après le retour de M. Hume, qui a tant d'influence ici sur les gens de lettres et de si grandes liaisons avec eux, sa présence eût produit un effet si contraire à celui que j'en pouvois attendre; que pas un de ses amis ne se fût montré le mien; et l'on voyoit bien que les gens qui me traitoient si mal n'étoient pas ses ennemis, puisqu'en faisant sonner haut sa qualité de ministre, ils disoient que je n'avois traversé la France que sous sa protection; qu'il m'avoit obtenu un passe-port de la cour de France; et peu s'en falloit qu'ils n'ajoutassent que j'avois fait le voyage à ses frais. Une autre chose m'étonnoit davantage. Tous m'avoient également caressé à mon arrivée; mais à mesure que notre séjour se prolongeoit, je voyois de la façon la plus sensible changer avec moi les manières de ses amis. Toujours, je l'avoue, ils ont pris les mêmes soins en ma faveur; mais, loin de me marquer la même estime, ils accompagnoient leurs services de l'air dédaigneux le plus choquant : on eût dit qu'ils ne cherchoient à m'obliger que pour avoir droit de me marquer du mépris. Malheureusement ils s'étoient emparés de moi. Que faire, livré à leur merci dans un pays dont je ne savois pas la langue? Baisser la tête et ne pas voir les affronts. Si quelques Anglois ont continué à me marquer de l'estime, ce sont uniquement ceux avec qui M. Hume n'a aucune liaison.

Les flagorneries m'ont toujours été suspectes. Il m'en a fait des plus basses et de toutes les façons; mais je n'ai jamais trouvé dans son langage rien qui sentît la vraie amitié. On eût dit même qu'en voulant me faire des patrons il cherchoit à m'ôter leur bienveillance : il vouloit plutôt que j'en fusse assisté qu'aimé; et cent fois j'ai été surpris du tour révoltant qu'il donnoit à ma conduite près des gens qui pouvoient s'en offenser. Un exemple éclaircira ceci. M. Penneck, du muséum, ami de mylord maréchal, et pasteur d'une paroisse où l'on vouloit m'établir, vient me voir; M. Hume, moi présent, lui fait mes excuses de ne l'avoir pas prévenu. *Le docteur Maty, lui dit-il, nous avoit invités pour jeudi au Muséum, où M. Rousseau devoit vous voir; mais il préféra d'aller avec madame Garrick à la comédie : on ne peut pas faire tant de choses en un jour.*

On répand à Paris une fausse lettre du roi de Prusse, qui depuis a été traduite et imprimée ici. J'apprends avec étonnement que c'est un M. Walpole, ami de M. Hume, qui fait courir cette lettre : je lui demande si cela est vrai; au lieu de me répondre, il me demande froidement de qui je le tiens; et quelques jours après, il veut que je confie à ce même M. Walpole des papiers qui m'intéressent et que je cherche à faire venir en sûreté. Je vois cette prétendue lettre du roi de Prusse, et j'y reconnois à l'instant le style de M. d'Alembert, autre ami de M. Hume, et mon ennemi d'autant plus dangereux qu'il a soin de cacher sa haine. J'apprends que le fils du jongleur Tronchin, mon plus mortel ennemi, est non-seulement un ami de M. Hume, mais qu'il loge avec lui; et quand M. Hume voit que je sais cela, il m'en fait la confidence, m'assurant que le fils ne ressemble pas au père. J'ai logé deux ou trois nuits avec ma gouvernante dans cette même maison, chez M. Hume; et à l'accueil que nous ont fait ses hôtesses, qui sont ses amies, j'ai jugé de la façon dont lui, ou cet homme qu'il dit ne pas ressembler à son père, leur avoit parlé d'elle et de moi.

Tous ces faits combinés, et d'autres semblables que j'observe, me donnent insensiblement une inquiétude que je repousse avec horreur. Cependant les lettres que j'écris n'arrivent pas; plusieurs de celles que je reçois ont été ouvertes, et toutes ont passé par les mains de M. Hume : si quelqu'une lui échappe, il ne peut cacher l'ardente avidité de la voir. Un soir je vois encore chez lui une manœuvre de lettre dont je suis frappé. Voici ce que c'est que cette manœuvre, car il peut importer de la détailler. Je vous l'ai dit, monsieur; dans un fait je veux tout dire. Après souper, gardant tous deux le silence au coin de son feu, je m'aperçois qu'il me regarde fixement, ce qui lui arrive souvent et d'une manière assez remarquable. Pour cette fois son regard ardent et prolongé devient presque inquiétant. J'essaie de le fixer à mon tour; mais en arrêtant mes yeux sur les siens je sens un frémissement inexplicable, et je suis bientôt forcé de les baisser. La physionomie et le ton du bon David sont d'un bon homme; mais il faut que, pour me fixer dans nos tête-à-tête, ce bon homme ait trouvé d'autres yeux que les siens.

L'impression de ce regard me reste : mon trouble augmente jusqu'au saisissement. Bientôt un violent remords me gagne; je m'indigne de moi-même. Enfin dans un transport que je me rappelle encore avec délices, je me jette à son cou, je le serre étroitement, je l'inonde de mes larmes; je m'écrie : *Non, non, David Hume n'est pas un traître; s'il n'étoit le meilleur des hommes, il faudroit qu'il en fût le plus noir.* David Hume me rend mes embrassemens, et tout en me frappant de petits coups sur le dos, me répète plusieurs fois d'un ton tranquille : *Quoi! mon cher monsieur! Eh! mon cher monsieur! quoi donc! mon cher monsieur!* Il ne me dit rien de plus; je sens que mon cœur se resserre; notre explication finit là; nous allons nous coucher, et le lendemain je pars pour la province.

Je reviens maintenant à ce que j'entendis à Roye la première nuit qui suivit notre départ. Nous étions couchés dans la même chambre, et plusieurs fois au milieu de la nuit je l'entendis s'écrier avec une véhémence extrême : *Je tiens J.-J. Rousseau!* Je pris ces mots dans un sens favorable qu'assurément le ton n'indiquoit pas; c'est un ton dont il m'est impossible de donner l'idée, et qui n'a nul rapport à celui qu'il a pendant le jour, et qui correspond très-bien aux regards dont j'ai parlé. Chaque fois qu'il dit ces mots, je sentis un tressaillement d'effroi dont je n'étois pas le maître : mais il ne me fallut qu'un moment pour me remettre et rire de ma terreur; dès le lendemain, tout fut si parfaitement oublié, que je n'y ai pas même pensé durant tout mon séjour à Londres et au voisinage. Je ne m'en suis souvenu que depuis mon arrivée ici, en repassant toutes les observations que j'ai faites, et dont le nombre augmente de jour en jour; mais à présent je suis trop sûr de ne plus l'oublier. Cet homme, que mon mauvais destin semble avoir forgé tout exprès pour moi, n'est pas dans la sphère ordinaire de l'humanité, et vous avez assurément plus que personne le droit de trouver son caractère incroyable. Mon dessein n'est pas aussi que vous le jugiez sur mon rapport, mais seulement que vous jugiez de ma situation.

Seul dans un pays qui m'est inconnu, parmi des peuples peu doux, dont je ne sais pas la langue, et qu'on excite à me haïr, sans appui, sans ami, sans moyen de parer les atteintes qu'on me porte, je pourrois pour cela seul sembler fort à plaindre. Je vous proteste cependant que ce n'est ni aux désagrémens que j'essuie, ni aux dangers que je peux courir que je suis sensible : j'ai même si bien pris mon parti sur ma réputation, que je ne songe plus à la défendre ; je l'abandonne sans peine, au moins durant ma vie, à mes infatigables ennemis. Mais de penser qu'un homme avec qui je n'eus jamais aucun démêlé, un homme de mérite, estimable par ses talens, estimé par son caractère, me tend les bras dans ma détresse, et m'étouffe quand je m'y suis jeté ; voilà, monsieur, une idée qui m'atterre. Voltaire, d'Alembert, Tronchin, n'ont jamais un instant affecté mon âme ; mais quand je vivrois mille ans, je sens que jusqu'à ma dernière heure jamais David Hume ne cessera de m'être présent.

Cependant j'endure mes maux avec assez de patience, et je me félicite surtout de ce que mon naturel n'en est point aigri : cela me les rend moins insupportables. J'ai repris mes promenades solitaires, mais au lieu d'y rêver, j'herborise, c'est une distraction dont je sens le besoin : malheureusement elle ne m'est pas ici d'une grande ressource ; nous avons peu de beaux jours ; j'ai de mauvais yeux, un mauvais microscope ; je suis trop ignorant pour herboriser sans livres, et je n'en ai point encore ici : d'ailleurs mes nuits sont cruelles, mon corps souffre encore plus que mon cœur ; la perte totale du sommeil me livre aux plus tristes idées ; l'air du pays joint à tout cela sa sombre influence, et je commence à sentir fréquemment que j'ai trop vécu. Le pis est que je crains la mort encore, non-seulement pour elle-même, non-seulement pour n'avoir pas un de mes amis qui puisse adoucir mes dernières heures ; mais surtout pour l'abandon total où je laisserois ici la compagne de mes misères, livrée à la barbarie, ou, qui pis est, à l'insultante pitié de ceux dont les soins ne sont qu'un raffinement de cruauté pour faire endurer l'opprobre en silence. Je ne sais pas, en vérité, quelles ressources la philosophie offre à un homme dans mon état. Pour moi, je n'en vois que deux qui soient à mon usage, l'espérance et la résignation.

Le plaisir, monsieur, que j'ai de vous écrire est si parfaitement indépendant de l'attente d'une réponse, que je ne vous envoie pour cela aucune adresse, bien sûr que vous ne vous servirez pas de celle de M. Hume, avec qui j'ai rompu toute communication. Vos sentimens me sont connus, il ne m'en faut pas davantage ; j'aurai l'équivalent de cent lettres dans l'assurance où je suis que vous pensez à moi quelquefois avec intérêt. Je prends le parti de supprimer désormais tout commerce de lettres, hors les cas d'absolue nécessité, de ne plus lire ni journaux ni nouvelles publiques, et de passer dans l'ignorance de ce qui se dit et se fait dans le monde les jours paisibles qu'on voudra me laisser.

Je fais, monsieur, les vœux les plus vrais et les plus tendres pour votre félicité.

A M. LE GÉNÉRAL CONWAY,

secrétaire d'état.

Le 22 mai 1766.

Monsieur,

Vivement touché des grâces dont il plaît à sa majesté de m'honorer, et de vos bontés qui me les ont attirées, j'y trouve dès à présent ce bien précieux à mon cœur d'intéresser à mon sort le meilleur des rois et l'homme le plus digne d'être aimé de lui. Voilà, monsieur, un avantage que je ne mériterai point de perdre. Mais il faut vous parler avec la franchise que vous aimez : après tant de malheurs je me croyois préparé à tous les événemens possibles ; il m'en arrive pourtant que je n'avois pas prévus, et qu'il n'est pas même permis à un honnête homme de prévoir. Ils m'en affectent d'autant plus cruellement, et le trouble où ils me jettent m'ôtant la liberté d'esprit nécessaire pour me bien conduire, tout ce que me dit la raison, dans un état aussi triste, est de suspendre ma résolution sur toute affaire importante, telle qu'est pour moi celle dont il s'agit. Loin de me refuser aux bienfaits du roi par l'orgueil qu'on m'impute, je le mettrois à m'en glorifier; et tout ce que j'y vois de pénible est de ne pouvoir m'en honorer aux yeux du public comme aux miens propres. Mais lorsque je les recevrai, je veux pouvoir me livrer tout entier aux sentimens qu'ils m'inspirent, et n'avoir le cœur plein que des bontés de sa majesté et des vôtres : je ne crains pas que cette façon de penser les puisse altérer. Daignez donc, monsieur, me les conserver pour des temps plus heureux : vous connoîtrez alors que je n'ai différé de m'en prévaloir que pour tâcher de m'en rendre plus digne.

Agréez, monsieur, je vous supplie, mes très-humbles salutations et mon respect.

A M. DU PEYROU.

A Wootton, le 31 mai 1766.

J'ai reçu, mon cher hôte, votre n° 24 par M. d'Ivernois, et je reçois en ce moment votre n° 25. Je vous remercie de l'inquiétude que vous y marquez sur mon état, excepté pourtant ce mot : *M'auriez-vous oublié?* qu'un plus long silence ni rien au monde n'autoriseroit jamais. J'aurois cru qu'entre vous et moi nous n'en étions plus, depuis long-temps, à de pareilles craintes. Je vous écris rarement, je vous en ai prévenu; mais je vous écris régulièrement; et, lorsque vous vous livriez à ce cruel doute, vous avez dû recevoir mon n° 2. De grâce, entendons-nous bien. Je ne puis souvent écrire, surtout à présent que mon hôte et sa famille sont ici. Il y a, ce dont je gémis, trois cents lieues de distance entre nous; il faut plusieurs entrepôts à nos lettres, qui les retardent, et qui peuvent les retarder davantage. Enfin, vous pouvez au pis vous dire : Il est mort ou malade; mais jamais : M'a-t-il oublié?

Autre grief. M. Hume vous apprend, dites-vous, que la province de Derby m'a nommé un des commissaires des barrières, et vous me reprochez de ne vous en avoir rien dit. Vous auriez raison, si cela étoit vrai; mais je n'ai jamais ouï parler de pareille folie; je vous ai prévenu d'être en garde contre tout ce qui pouvoit venir de M. Hume, et de n'ajouter aucune foi à tout ce qu'on vous diroit de moi. De grâce, une fois pour toutes, n'en croyez que ce que je vous dirai moi-même; vous vous épargnerez bien des jugemens injustes sur mon compte. Par une suite de cette même facilité à tout croire, vous voilà persuadé, sur le rapport de M. de Luze, que je désire voir mes écrits imprimés de mon vivant; j'ignore sur le rapport de qui M. de Luze lui-même a pu le croire; ce n'est sûrement pas sur le mien, et je vous déclare et vous répète, pour la dernière fois, dans la sincérité de mon âme, que mon plus ardent désir est que le public n'entende plus parler de moi de mon vivant. Une fois pour toutes, croyez-moi sincère; ne vous gênez jamais sur cette affaire; mais soyez persuadé que, toute chose égale, j'aime mieux qu'elle ne se fasse qu'après ma mort. Il est vrai que j'ai cru que les planches auroient pu se graver d'avance, et qu'elles auroient pu s'exécuter mieux de mon vivant.

Je me flatte que vous aurez reçu ma précédente assez à temps pour ne faire partir que mes livres de botanique et herbiers, et retenir le reste, quant à présent. Je suis très-content de mon habitation, de mon hôte, de mes voisins, à quelques inconvéniens près; mais, puisqu'il y en a pourtant, le sage ne les fuit pas, il les supporte, et il m'en coûte peu d'être sage en cela. Mais je vous avoue (et que ceci soit à jamais entre nous deux sans aucune exception) que je sens cruellement votre absence, et que j'ai peine à me détacher de l'espoir de retourner un jour mourir auprès de vous. Mon cœur ne peut renoncer aux douces idées qu'il s'étoit faites; plus j'aime le recueillement et la retraite, plus l'intimité de l'amitié m'est nécessaire, surtout vers la fin de ma carrière et de mes jours, où je n'ai plus d'autre projet à former que l'usage du présent. Je pense aussi, et votre dernière lettre me le confirme, que je ne vous serois pas tout-à-fait inutile pour la douceur de la vie, surtout si vous ne vous mariez pas encore, comme j'y vois peu d'acheminement. C'est pourtant une chose à laquelle il est temps de songer ou jamais. Il y auroit là-dessus trop de choses à dire pour une lettre; c'est un beau texte que j'aurai lorsque vous viendrez me voir. Quoi qu'il en soit, nous avons en tout état de cause assez de goûts communs pour les cultiver ensemble avec agrément, et je ne doute pas qu'un jour ou l'autre l'entreprise du *Dictionnaire de botanique* ne se réveille, et ne nous fournisse pour plusieurs années les plus agréables occupations. Je vous conseille de ne pas abandonner ce goût; il tient à des connoissances charmantes, et il peut les étendre à l'infini. Voilà, mon cher hôte, un château en Espagne, le seul qui me reste à faire, et auquel je n'ai pas la force de renoncer. Et pourquoi ne s'exécuteroit-il pas un jour? Laissons au public le temps de m'oublier, à vos gens de Neuchâtel de s'apaiser, peut-être de se repentir : préparons à loisir toutes choses dans le plus profond silence, et sans que personne au monde pénètre nos vues : rien ne nous presse, nous sommes les maîtres du temps. Dans quatre ou cinq ans, quand votre maison sera faite, et que vous l'habiterez, je ne vois point d'impossibilité que vous redeveniez dans le fait mon cher hôte. En attendant, je suis tranquille dans ma retraite; le pis sera d'y rester; j'espère au moins vous y voir quelquefois. Pensez à tout cela, et dites-m'en votre avis, mais surtout entre vous et moi sans aucun confident quelconque. Tout est manqué, si âme vivante vient à pénétrer ce projet.

Je ne sais ce qu'est devenu le portrait que je vous avois destiné; j'ai rompu toute correspondance avec M. Hume, et je suis déterminé, quoi qu'il arrive, à ne lui récrire jamais. Je regarde le triumvirat de Voltaire, de d'Alembert et de lui comme une chose certaine. Je ne pénètre point leur projet, mais ils en ont un. Je ne m'en tourmenterai plus; je n'y songerai pas même, vous pouvez y compter. Mais, en attendant que la vérité se découvre, je ne veux avoir aucun commerce avec aucun des trois; puissent-ils m'oublier comme je les oublie! Quant au portrait, vous l'aurez, vous pouvez y compter; mais je vous demande du temps pour me mettre au fait de toute chose. Je veux, s'il se peut, me faire oublier à Londres comme ailleurs. Cela est très-nécessaire au repos de ma vie, et surtout à l'exécution de mon projet. Je vous embrasse.

Je voudrois bien que *la Vision* ne fût pas perdue; n'en pourroit-on pas du moins avoir une copie de quelque façon? Il suffiroit de me l'envoyer cet automne par M. d'Ivernois.

Je dois vous avertir que je n'ai rien écrit à personne de semblable à ce que vous me marquez, et que depuis près de deux ans je n'ai plus de correspondance avec M. Moultou, ne sachant pas même où il est.

A M. D'IVERNOIS.

Wootton le 31 mai 1766.

M. Lucadou aura pu vous marquer, monsieur, combien j'étois en peine de vous; et votre lettre du 28 avril m'a tiré d'une grande inquiétude. Je suis dans la plus grande joie du projet que vous avez formé de me venir voir cette année; je suis fâché seulement que ce soit trop tard pour jouir des charmes du lieu que j'habite; il est délicieux dans cette saison, mais en novembre il sera triste; il aura grand besoin que vous veniez en égayer l'habitant. Il faudra prévenir M. Du Peyrou de votre voyage, au cas qu'il ait quelque chose à m'envoyer. J'aurois souhaité que vous pussiez venir ensemble pour que le voyage fût plus agréable à tous les deux; mais je trouverai mon compte à vous voir l'un après l'autre; je serai tout entier à chacun des deux, et j'aurai deux fois du plaisir.

Si mes vœux pouvoient contribuer à rétablir parmi vous les lois et la liberté, je crois que vous ne doutez pas que Genève ne redevînt une république; mais, messieurs, puisque les tourmens que votre sort futur donne à mon cœur sont à pure perte, permettez que je cherche à les adoucir en pensant à vos affaires le moins qu'il est possible. Vous avez publié que je voulois écrire l'histoire de la médiation : je serois bien aise seulement d'en savoir l'histoire; mais mon intention n'est assurément pas de l'écrire; et, quand je l'écrirois, je me garderois de la publier. Cependant, si vous voulez me rassembler les pièces et mémoires qui regardent cette affaire, vous sentez qu'il n'est pas possible qu'ils me soient jamais indifférens; mais gardez-les pour les apporter avec vous, et ne m'en envoyez plus par la poste, car les ports en ce pays sont si exorbitans, que votre paquet précédent m'a coûté de Londres ici quatre livres dix sous de France. Au reste, je vous préviens, pour la dernière fois, que je ne veux plus faire souvenir le public que j'existe, et que de ma part il n'entendra plus parler de moi durant ma vie.

Je suis en repos, je veux tâcher d'y rester. Par une suite du désir de me faire oublier, j'écris le moins de lettres qu'il m'est possible; hors trois amis, en vous comptant, j'ai rompu toute autre correspondance, et, pour quoi que ce puisse être, je n'en renouerai plus. Si vous voulez que je continue à vous écrire, ne montrez plus mes lettres et ne parlez plus de moi à personne, si ce n'est pour les commissions dont votre amitié me permet de vous charger.

Je voudrois bien que votre associé, que je salue, eût le temps d'en faire une avant votre départ. J'ai perdu presque tous mes microscopes; et ceux qui me restent sont ternis et incommodes, en ce qu'il me faudroit trois mains pour m'en servir : une pour tenir le microscope, une autre pour tenir la plante en état à son foyer, et la troisième pour ouvrir la fleur avec une pointe, et en tenir les parties soumises à l'inspection. N'y auroit-il point moyen d'avoir un microscope auquel on pût attacher l'objet dans la situation qu'on voudroit, sans avoir besoin de le tenir, afin d'avoir au moins une main libre et que l'objet ne vacillât pas tant? Les ouvriers de Londres sont si exorbitamment chers, et je suis si peu à portée de me faire entendre, que je crois qu'il y auroit à gagner de toutes manières à faire faire mes petits instrumens à Genève, surtout sous des yeux comme ceux de M. Deluc : il faudroit plusieurs verres au microscope, et tous extrêmement polis. Il me manque aussi quelques livres de botanique; mais nous serons à temps d'en parler quand vous serez sur votre départ, de même que de quelques commissions pour Paris, où je suppose que vous passerez, à moins que vous n'aimiez mieux vous embarquer à Bordeaux.

Voltaire a fait imprimer et traduire ici par ses amis une lettre à moi adressée, où l'arrogance et la brutalité sont portées à leur comble, et où il s'applique, avec une noirceur infernale, à m'attirer la haine de la nation. Heureusement la sienne est si maladroite, il a trouvé le secret d'ôter si bien tout crédit à ce qu'il peut dire, que cet écrit ne sert qu'à augmenter le mépris que l'on a ici pour lui. La sotte hauteur que ce pauvre homme affecte est un ridicule qui va toujours en augmentant. Il croit faire le prince, et ne fait en effet que le cro- cheteur. Il est si bête qu'il ne fait qu'apprendre à tout le monde combien il se tourmente de moi.

L'homme dont je vous ai parlé dans ma précédente lettre a placé O fils chez l'homme de B, qui va près de C. Vous comprenez de quelles commissions ce petit barbouillon peut être chargé; j'en ai prévenu D.

Vos offres au sujet de l'argent qui est chez madame Boy de la Tour sont assurément très-obligeantes; le mal que j'y vois est qu'elles ne sont pas acceptables : on ne place point au dix pour cent sur deux têtes. Sur celle de mademoiselle Le Vasseur passe, cela se peut accepter. A cette condition, je vous enverrai le billet pour retirer cet argent, ou bien nous arrangerons ici cette affaire à votre voyage. Je vous embrasse de tout mon cœur.

A M. DU PEYROU.

Le 14 juin 1766.

C'est bien mon tour d'être inquiet de votre silence, et je le suis beaucoup, tant à cause de votre exactitude ordinaire, que des approches de la goutte que vous avez paru craindre. Veuille le ciel que vous n'ayez pas une si bonne excuse à me donner! Mais, si vous êtes pris en effet, ce dont je tremble, je vous prie en grâce de me faire écrire un mot par M. Jeannin; car j'aime encore mieux être sûr d'un mal que d'en redouter mille autres. Votre n° 25 est du 12 mai; depuis lors je n'ai rien reçu; et je ne sais pas encore si vous avez fait partir quelque chose par Mandrot, dont vous m'annonciez le départ pour le 24. Mon hôte (non pas l'hôte de mon cœur par excellence), M. Davenport, est venu passer ici trois semaines avec sa famille. C'est un très-galant homme, plein d'attentions et de soins. Je suis convenu avec lui de l'adresse suivante, sous laquelle vous pouvez m'écrire sans enveloppe, et sans que mon nom paroisse. Pourvu que vous mettiez très-exactement l'adresse comme elle est marquée, ni plus ni moins, et que vous fassiez mettre vos lettres à la poste à Londres ou à Paris, en les affranchissant jusqu'à Londres, elles me parviendront sûrement, promptement, et personne ne les ouvrira que moi. M. Davenport, à Wootton Arsbornbag. *Derbyshire.*

Adieu, mon cher et très-cher hôte, je vous embrasse mille fois de tout mon cœur.

AU MÊME.

Wootton, le 24 juin 1766.

J'ai reçu, mon cher hôte, votre n° 26 qui m'a fait grand bien. Je me corrigerai d'autant plus difficilement de l'inquiétude que vous me reprochez, que vous ne vous en corrigez pas trop bien vous-même quand mes lettres tardent à vous arriver; ainsi, médecin, guéris-toi toi-même; mais non, mon cher ami, cette tendre inquiétude et la cause qui la produit est une trop douce maladie pour que ni vous ni moi nous en voulions guérir. Je prendrai toutefois les mesures que vous m'indiquez pour ne pas me tourmenter mal à propos; et, pour commencer, j'inscris aujourd'hui la date de cette lettre en recommençant par n° 1, afin de voir successivement une suite de numéros bien en ordre. Ma première ferveur d'arrangement est toujours une chose admirable; malheureusement elle ne dure pas.

Je vous suis bien obligé des ordres que vous avez donnés à vos banquiers à mon sujet. Ma situation me force à me prévaloir des seize cents livres par an, même avant que vous ayez reçu les trois cents louis de mylord maréchal, qui, j'espère, ne tarderont pas beaucoup encore. Je n'ai point de scrupule sur cet arrangement, par rapport à vous dont je connois le cœur, et dont je suppose la fortune en état d'y répondre : je n'en ai pas non plus par rapport à moi, dont le cœur répond au vôtre, et qui crois pouvoir vous fournir de quoi ne rien perdre avec moi, pourvu que vous puissiez attendre. S'il arrivoit que les tracas d'affaires d'intérêt dont vous m'avez parlé influassent sur votre situation présente, j'exige qu'en pareil cas vous me le disiez franchement, parce que je puis trouver d'autres ressources, auxquelles je préfère le plaisir de tenir de vous ma subsistance, mais qui peuvent au besoin me servir de supplément. J'ai bien des choses à vous dire que je ne puis confier à une lettre qui peut s'égarer. Quand vous viendrez, je vous dirai ce qui s'est passé, et je crois que vous conviendrez que j'ai fait ce que j'ai dû faire; mais ce que je dois sur toute chose est de ne vous pas laisser mettre à l'étroit pour l'amour de moi. Ainsi, promettez-moi de me parler sans détour dans l'occasion, et commencez dès à présent si vous êtes dans le cas.

J'aurois fort souhaité que vous n'eussiez pas fait partir mes livres; mais c'est une affaire faite : je sens que l'objet de toute la peine que vous avez prise pour cela, n'étoit que de me fournir des amusemens dans ma retraite; cependant vous vous êtes trompé. J'ai perdu tout goût pour la lecture, et hors des livres de botanique, il m'est impossible de lire plus rien. Ainsi je prendrai le parti de faire rester tous ces livres à Londres, et de m'en défaire comme je pourrai, attendu que leur transport jusqu'ici me coûteroit beaucoup au-delà de leur valeur, que cette dépense me seroit fort onéreuse, que quand ils seroient ici je ne saurois pas trop où les mettre ni qu'en faire. Je suis charmé qu'au moins vous n'ayez pas envoyé les papiers.

Soyez moins en peine de mon humeur, mon cher hôte, et ne le soyez point de ma situation. Le séjour que j'habite est fort de mon goût; le maître de la maison est un très-galant homme, pour qui trois semaines de séjour qu'il a fait ici avec sa famille ont cimenté l'attachement que ses bons procédés m'avoient donné pour lui. Tout ce qui dépend de lui est employé pour me rendre le séjour de sa maison agréable. Il y a des inconvéniens, mais où n'y en a-t-il pas? Si j'avois à choisir de nouveau dans toute l'Angleterre, je ne choisirois pas d'autre habitation que celle-ci : ainsi j'y passerai très-patiemment tout le temps que j'y dois vivre; et si j'y dois mourir, le plus grand mal que j'y trouve est de mourir loin de vous, et que l'hôte de mon cœur ne soit pas aussi celui de mes cendres; car je me souviendrai toujours avec attendrissement de notre premier objet, et les idées tristes, mais douces, qu'il me rappelle valent sûrement mieux que celle du bal de votre folle amie. Mais je ne veux pas m'engager dans ces sujets mélancoliques qui vous feroient mal augurer de mon état présent, quoique à tort : et je vous dirai qu'il m'est venu cette semaine de la compagnie de Londres, hommes et femmes, qui tous, à mon accueil, à mon air, à ma manière de vivre, ont jugé, contre ce qu'ils avoient pensé avant de me voir, que j'étois heureux dans ma retraite; et il est vrai que je n'ai jamais vécu plus à mon aise, ni mieux suivi mon humeur du matin au soir. Il est certain que la fausse lettre du roi de Prusse et les premières clabauderies de Londres m'ont alarmé dans la crainte que cela n'influât sur mon repos dans cette province, et qu'on n'y voulût renouveler les scènes de Motiers. Mais sitôt que j'ai été tranquillisé sur ce chapitre, et qu'étant une fois connu dans mon voisinage j'ai vu qu'il étoit impossible que les choses y prissent ce tour-là; je me suis moqué de tout le reste, et si bien que je suis le premier à rire de toutes leurs folies. Il n'y a que la noirceur de celui qui sous main fait aller tout cela, qui me trouble encore : cet homme a passé mes idées ; je n'en imaginois pas de faits comme lui. Mais parlons de nous. Il me manque de vous revoir pour chasser tout souvenir cruel de mon âme. Vous savez ce qu'il me faudroit de plus pour mourir heureux, et je suppose que vous avez reçu la lettre que je vous ai écrite par M. d'Ivernois : mais comme je regarde ce projet comme une belle chimère, je ne me flatte pas de le voir réaliser. Laissons la direction de l'avenir à la Providence. En attendant, j'herborise, je me promène, je médite le grand projet dont je suis occupé (*) ; je compte même, quand vous viendrez, pouvoir déjà vous remettre quelque chose ; mais la douce paresse me gagne chaque jour davantage, et j'ai bien de la peine à me mettre à l'ouvrage ; j'ai pourtant de l'étoffe assurément, et bien du désir de la mettre en œuvre. Mademoiselle Le Vasseur est très-sensible à votre souvenir : elle n'a pas appris un seul mot d'anglois ; j'en avois appris une trentaine à Londres, que j'ai tous oubliés ici, tant leur terrible baragouin est indéchiffrable à mon oreille. Ce qu'il y a de plaisant est que pas une âme dans la maison ne sait un mot de françois : cependant sans s'entendre on va et l'on vit. Bonjour.

J'écrirai à Berlin la semaine prochaine, et je parlerai de M. d'Escherny. Mille salutations de ma part à tous ceux qui m'aiment, et mille tendres respects à la bonne maman.

A M. HUME.

Le 23 juin 1766.

Je croyois que mon silence, interprété par votre conscience, en disoit assez ; mais puisqu'il entre dans vos vues de ne pas l'entendre, je parlerai.

Je vous connois, monsieur, et vous ne l'ignorez pas. Sans liaisons antérieures, sans querelles, sans démêlés, sans nous connoître autrement que par la réputation littéraire, vous vous empressez à m'offrir dans mes malheurs vos amis et vos soins ; touché de votre générosité, je me jette entre vos bras : vous m'amenez en Angleterre, en apparence pour m'y procurer un asile, et en effet pour m'y déshonorer : vous vous appliquez à cette noble œuvre avec un zèle digne de votre cœur, et avec un art digne de vos talens. Il n'en falloit pas tant pour réussir ; vous vivez dans le grand monde, et moi dans la retraite : le public aime à être trompé, et vous êtes fait pour le tromper. Je connois pourtant un homme que vous ne tromperez pas, c'est vous-même. Vous savez avec quelle horreur mon cœur repoussa le premier soupçon de vos desseins. Je vous dis, en vous embrassant les yeux en larmes, que si vous n'étiez pas le meilleur des hommes, il faudroit que vous en fussiez le plus noir. En pensant à votre conduite secrète, vous vous direz quelquefois que vous n'êtes pas le meilleur des hommes ; et je doute qu'avec cette idée vous en soyez jamais le plus heureux.

Je laisse un libre cours aux manœuvres de vos amis et aux vôtres, et je vous abandonne avec peu de regret ma réputation durant ma vie, bien sûr qu'un jour on nous rendra justice à tous deux. Quant aux bons offices en matière d'intérêt, avec lesquels vous vous masquez, je vous en remercie et vous en dispense. Je me dois de n'avoir plus de commerce avec vous, et de n'accepter, pas même à mon avantage, aucune affaire dont vous soyez le médiateur. Adieu, monsieur : je vous souhaite le plus vrai bonheur ; mais comme nous ne devons plus rien avoir à nous dire, voici la dernière lettre que vous recevrez de moi.

A M. D'IVERNOIS.

Wootton, le 28 juin 1766.

Je vois, monsieur, par votre lettre du 9, qu'à cette date vous n'aviez pas reçu ma précé-

---

(*) Celui d'écrire ses *Confessions*.   G. P.

dente, quoiqu'elle dût vous être arrivée, et que je vous l'eusse adressée par vos correspondans ordinaires, comme je fais celle-ci. L'état critique de vos affaires me navre l'âme; mais ma situation me force à me borner pour vous à des soupirs et des vœux inutiles. Je n'aurai pas même la témérité de risquer des conseils sur votre conduite, dont le mauvais succès me feroit gémir toute ma vie si les choses venoient à mal tourner, et je ne vois pas assez clair dans les secrètes intrigues qui décideront de votre sort, pour juger des moyens les plus propres à vous servir. Le vif intérêt même que je prends à vous vous nuiroit si je le laissois paroître; et je suis si infortuné que mon malheur s'étend à tout ce qui m'intéresse. J'ai fait ce que j'ai pu, monsieur; j'ai mal réussi; je réussirois plus mal encore: et, puisque je vous suis inutile, n'ayez pas la cruauté de m'affliger sans cesse dans cette retraite, et, par humanité, respectez le repos dont j'ai si grand besoin.

Je sens que je n'en puis avoir tant que je conserverai des relations avec le continent. Je n'en reçois pas une lettre qui ne contienne des choses affligeantes; et d'autres raisons, trop longues à déduire, me forcent à rompre toute correspondance, même avec mes amis, hors les cas de la plus grande nécessité. Je vous aime tendrement, et j'attends avec la plus vive impatience la visite que vous me promettez; mais comptez peu sur mes lettres. Quand je vous aurai dit toutes les raisons du parti que je prends, vous les approuverez vous-même; elles ne sont pas de nature à pouvoir être mises par écrit. S'il arrivoit que je ne vous écrivisse plus jusqu'à votre départ, je vous prie d'en prévenir dans le temps M. Du Peyrou, afin que, s'il a quelque chose à m'envoyer, il vous le remette; et en passant à Paris, vous m'obligerez aussi d'y voir M. Guy, chez la veuve Duchesne, afin qu'il vous remette ce qu'il a d'imprimé de mon *Dictionnaire de Musique*, et que j'en aie par vous des nouvelles, car je n'en ai plus depuis long-temps. Mon cher monsieur, je ne serai tranquille que quand je serai oublié : je voudrois être mort dans la mémoire des hommes. Parlez de moi le moins que vous pourrez, même à nos amis; n'en parlez plus du tout à ***, vous avez vu comment il me rend justice; je n'en attends plus que de la postérité parmi les hommes, et de Dieu qui voit mon cœur dans tous les temps. Je vous embrasse de tout mon cœur.

A M. GRANVILLE.

1766.

Quoique je sois fort incommodé, monsieur, depuis deux jours, je n'aurois assurément pas marchandé avec ma santé, pour la faveur que vous vouliez me faire, et je me préparois à en profiter ce soir : mais voilà M. Davenport qui m'arrive; il a l'honnêteté de venir exprès pour me voir : vous, monsieur, qui êtes si plein d'honnêteté vous-même, vous n'approuveriez pas qu'au moment de son arrivée je commençasse par m'éloigner de lui. Je regrette beaucoup l'avantage dont je suis privé; mais du reste je gagnerai peut-être à ne pas me montrer. Si vous daignez parler de moi à madame la duchesse de Portland avec la même bonté dont vous m'avez donné tant de marques, il vaudra mieux pour moi qu'elle me voie par vos yeux que par les siens, et je me consolerai par le bien qu'elle pensera de moi de celui que j'aurai perdu moi-même.

Je dois une réponse à un charmant billet; mais l'espoir de la porter me fait différer à la faire. Recevez, monsieur, je vous supplie, mes très-humbles salutations.

AU MÊME.

Puisque M. Granville m'interdit de lui rendre des visites au milieu des neiges, il permettra du moins que j'envoie savoir de ses nouvelles et comment il s'est tiré de ces terribles chemins. J'espère que la neige qui recommence pourra retarder assez son départ pour que je puisse trouver le moment d'aller lui souhaiter un bon voyage. Mais, que j'aie ou non le plaisir de le revoir avant qu'il parte, mes plus tendres vœux l'accompagneront toujours.

AU MÊME.

Voici, monsieur, un petit morceau de poisson de montagne qui ne vaut pas celui que vous m'avez envoyé ; aussi je vous l'offre en hommage et non pas en échange, sachant bien que toutes vos bontés pour moi ne peuvent s'acquitter qu'avec les sentimens que vous m'avez inspirés. Je me faisois une fête d'aller vous prier de me présenter à madame votre sœur, mais le temps me contrarie. Je suis malheureux en beaucoup de choses, car je ne puis pas dire en tout, ayant un voisin tel que vous.

AU MÊME.

Je suis fâché, monsieur, que le temps ni ma santé ne me permettent pas d'aller vous rendre mes devoirs et vous faire mes remercîmens aussitôt que je le désirerois ; mais en ce moment, extrêmement incommodé, je ne serai de quelques jours en état de faire ni même de recevoir des visites. Soyez persuadé, monsieur, je vous prie, que sitôt que mes pieds pourront me porter jusqu'à vous, ma volonté m'y conduira. Je vous fais, monsieur, mes très-humbles salutations.

AU MÊME.

Je suis très-sensible à vos honnêtetés, monsieur, et à vos cadeaux ; je le serois encore plus s'ils revenoient moins souvent. J'irai le plus tôt que le temps me le permettra vous réitérer mes remercîmens et mes reproches. Si je pouvois m'entretenir avec votre domestique, je lui demanderois des nouvelles de votre santé ; mais j'ai lieu de présumer qu'elle continue d'être meilleure. Ainsi soit-il.

AU MÊME.

J'ai été, monsieur, assez incommodé ces trois jours, et je ne suis pas fort bien aujourd'hui. J'apprends avec grand plaisir que vous vous portez bien ; et si le plaisir donnoit la santé, celui de votre bon souvenir me procureroit cet avantage. Mille très-humbles salutations.

A MADEMOISELLE DEWES,

aujourd'hui madame Port.

1766.

Ne soyez pas en peine de ma santé, ma belle voisine ; elle sera toujours assez et trop bonne tant que je vous aurai pour médecin. J'aurois pourtant grande envie d'être malade pour engager, par charité, madame la comtesse et vous à ne pas partir sitôt. Je compte aller lundi, s'il fait beau, voir s'il n'y a point de délai à espérer, et jouir au moins du plaisir de voir encore une fois rassemblée la bonne et aimable compagnie de Calwick, à laquelle j'offre en attendant mille très-humbles salutations et respects.

A M. DAVENPORT.

Wootton, le 2 juillet 1766.

Je vous dois, monsieur, toutes sortes de déférences ; et puisque M. Hume demande absolument une explication, peut-être la lui dois-je aussi : il l'aura donc, c'est sur quoi vous pouvez compter. Mais j'ai besoin de quelques jours pour me remettre, car en vérité les forces me manquent tout-à-fait. Mille très-humbles salutations.

A M. DAVID HUME (*).

Wootton, le 10 juillet 1766.

Je suis malade, monsieur, et peu en état d'écrire ; mais vous voulez une explication, il faut vous la donner. Il n'a tenu qu'à vous de l'avoir depuis long-temps ; vous n'en voulûtes point alors, je me tus ; vous la voulez aujourd'hui, je vous l'envoie. Elle sera longue, j'en suis fâché ; mais j'ai beaucoup à dire, et je n'y veux pas revenir à deux fois.

(*) Cette lettre et toutes les précédentes de Rousseau à Hume ont été insérées par ce dernier dans le Mémoire justificatif publié en son nom sous le titre d'*Exposé succinct*, et dont nous avons suffisamment parlé dans notre *Appendice* (t. 1, p. 553). Hume a joint à cette lettre des notes explicatives que pourront lire dans l'*Exposé* ceux de nos lecteurs qui, après ce que nous avons dit de cette affligeante querelle, y prendront encore quelque intérêt, et voudront juger par eux-mêmes des allégations et des torts respectifs.   G. P.

Je ne vis point dans le monde ; j'ignore ce qui s'y passe ; je n'ai point de parti, point d'associé, point d'intrigue ; on ne me dit rien, je ne sais que ce que je sens ; mais comme on me le fait bien sentir, je le sais bien. Le premier soin de ceux qui trament des noirceurs est de se mettre à couvert des preuves juridiques ; il ne feroit pas bon leur intenter procès. La conviction intérieure admet un autre genre de preuves qui règlent les sentimens d'un honnête homme. Vous saurez sur quoi sont fondés les miens.

Vous demandez, avec beaucoup de confiance, qu'on vous nomme votre accusateur. Cet accusateur, monsieur, est le seul homme au monde qui, déposant contre vous, pouvoit se faire écouter de moi ; c'est vous-même. Je vais me livrer sans réserve et sans crainte à mon caractère ouvert : ennemi de tout artifice, je vous parlerai avec la même franchise que si vous étiez un autre en qui j'eusse toute la confiance que je n'ai plus en vous. Je vous ferai l'histoire des mouvemens de mon âme, et de ce qui les a produits, et nommant M. Hume en tierce personne, je vous ferai juge vous-même de ce que je dois penser de lui : malgré la longueur de ma lettre, je n'y suivrai pas d'autre ordre que celui de mes idées, commençant par les indices et finissant par la démonstration.

Je quittois la Suisse, fatigué de traitemens barbares, mais qui du moins ne mettoient en péril que ma personne, et laissoient mon honneur en sûreté. Je suivois les mouvemens de mon cœur, pour aller joindre mylord maréchal, quand je reçus à Strasbourg, de M. Hume, l'invitation la plus tendre de passer avec lui en Angleterre, où il me promettoit l'accueil le plus agréable, et plus de tranquillité que je n'y en ai trouvé. Je balançai entre l'ancien ami et le nouveau, j'eus tort ; je préférai ce dernier, j'eus plus grand tort ; mais le désir de connoître par moi-même une nation célèbre dont on me disoit tant de mal et tant de bien, l'emporta. Sûr de ne pas perdre George Keith, j'étois flatté d'acquérir David Hume. Son mérite, ses rares talens, l'honnêteté bien établie de son caractère, me faisoient désirer de joindre son amitié à celle dont m'honoroit son illustre compatriote ; et je me faisois une sorte de gloire de montrer un bel exemple aux gens de lettres dans l'union sincère de deux hommes dont les principes étoient si différens.

Avant l'invitation du roi de Prusse et de mylord maréchal, incertain sur le lieu de ma retraite, j'avois demandé et obtenu, par mes amis, un passe-port de la cour de France, dont je me servis pour aller à Paris joindre M. Hume. Il vit, et vit trop peut-être, l'accueil que je reçus d'un grand prince, et, j'ose dire, du public. Je me prêtai par devoir, mais avec répugnance, à cet éclat, jugeant combien l'envie de mes ennemis en seroit irritée. Ce fut un spectacle bien doux pour moi que l'augmentation sensible de bienveillance pour M. Hume, que la bonne œuvre qu'il alloit faire produisit dans tout Paris. Il devoit en être touché comme moi ; je ne sais s'il le fut de la même manière.

Nous partons avec un de mes amis qui, presque uniquement pour moi, faisoit le voyage d'Angleterre. En débarquant à Douvres, transporté de toucher enfin cette terre de liberté, et d'y être amené par cet homme illustre, je lui saute au cou, je l'embrasse étroitement sans rien dire, mais en couvrant son visage de baisers et de larmes qui parloient assez. Ce n'est pas la seule fois ni la plus remarquable où il ait pu voir en moi les saisissemens d'un cœur pénétré. Je ne sais ce qu'il fait de ces souvenirs, s'ils lui viennent ; j'ai dans l'esprit qu'il en doit quelquefois être importuné.

Nous sommes fêtés arrivant à Londres, on s'empresse dans tous les états à me marquer de la bienveillance et de l'estime. M. Hume me présente de bonne grâce à tout le monde : il étoit naturel de lui attribuer, comme je faisois, la meilleure partie de ce bon accueil : mon cœur étoit plein de lui, j'en parlois à tout le monde, j'en écrivois à tous mes amis ; mon attachement pour lui prenoit chaque jour de nouvelles forces : le sien paroissoit pour moi des plus tendres, et il m'en a quelquefois donné des marques dont je me suis senti très-touché. Celle de faire faire mon portrait en grand ne fut pourtant pas de ce nombre ; cette fantaisie me parut trop affichée, et j'y trouvai je ne sais quel air d'ostentation qui ne me plut pas. C'est tout ce que j'aurois pu passer à M. Hume, s'il eût été homme à jeter son argent par les fenêtres, et qu'il eût eu dans une galerie tous les portraits de ses amis. Au reste, j'avouerai sans peine qu'en cela je puis avoir tort.

Mais ce qui me parut un acte d'amitié et de générosité des plus vrais et des plus estimables, des plus dignes en un mot de M. Hume, ce fut le soin qu'il prit de solliciter pour moi de lui-même une pension du roi, à laquelle je n'avois assurément aucun droit d'aspirer. Témoin du zèle qu'il mit à cette affaire, j'en fus vivement pénétré : rien ne pouvoit plus me flatter qu'un service de cette espèce, non pour l'intérêt assurément : car, trop attaché peut-être à ce que je possède, je ne sais point désirer ce que je n'ai pas ; et ayant par mes amis et par mon travail du pain suffisamment pour vivre, je n'ambitionne rien de plus : mais l'honneur de recevoir des témoignages de bonté, je ne dirai pas d'un si grand monarque, mais d'un si bon père, d'un si bon mari, d'un si bon maître, d'un si bon ami, et surtout d'un si honnête homme, m'affectoit sensiblement ; et quand je considérois encore dans cette grâce que le ministre qui l'avoit obtenue étoit la probité vivante, cette probité si utile aux peuples, et si rare dans son état, je ne pouvois que me glorifier d'avoir pour bienfaiteurs trois des hommes du monde que j'aurois le plus désirés pour amis. Aussi, loin de me refuser à la pension offerte, je ne mis, pour l'accepter, qu'une condition nécessaire ; savoir, un consentement dont, sans manquer à mon devoir, je ne pouvois me passer.

Honoré des empressemens de tout le monde, je tâchai d'y répondre convenablement. Cependant ma mauvaise santé et l'habitude de vivre à la campagne me firent trouver le séjour de la ville incommode : aussitôt les maisons de campagne se présentent en foule ; on m'en offre à choisir dans toutes les provinces. M. Hume se charge des propositions, il me les fait, il me conduit même à deux ou trois campagnes voisines : j'hésite long-temps sur le choix ; il augmentoit cette incertitude. Je me détermine enfin pour cette province ; et d'abord M. Hume arrange tout ; les embarras s'aplanissent ; je pars ; j'arrive dans cette habitation solitaire, commode, agréable : le maître de la maison prévoit tout, pourvoit à tout ; rien ne manque ; je suis tranquille, indépendant. Voilà le moment si désiré où tous mes maux doivent finir ; non, c'est là qu'ils commencent, plus cruels que je ne les avois encore éprouvés.

J'ai parlé jusqu'ici d'abondance de cœur, et rendant avec le plus grand plaisir justice aux bons offices de M. Hume. Que ce qui me reste à dire n'est-il de la même nature ! Rien ne me coûtera jamais de ce qui pourra l'honorer. Il n'est permis de marchander sur le prix des bienfaits que quand on nous accuse d'ingratitude ; et M. Hume m'en accuse aujourd'hui. J'oserai donc faire une observation qu'il rend nécessaire. En appréciant ses soins par la peine et le temps qu'ils lui coûtoient, ils étoient d'un prix inestimable, encore plus par sa bonne volonté : pour le bien réel qu'ils m'ont fait, ils ont plus d'apparence que de poids. Je ne venois point comme un mendiant quêter du pain en Angleterre, j'y apportois le mien ; j'y venois absolument chercher un asile, et il est ouvert à tout étranger. D'ailleurs je n'y étois point tellement inconnu, qu'arrivant seul j'eusse manqué d'assistances et de services. Si quelques personnes m'ont recherché pour M. Hume, d'autres aussi m'ont recherché pour moi ; et, par exemple, quand M. Davenport voulut bien m'offrir l'asile que j'habite, ce ne fut pas pour lui, qu'il ne connoissoit point, et qu'il vit seulement pour le prier de faire et d'appuyer son obligeante proposition. Ainsi, quand M. Hume tâche aujourd'hui d'aliéner de moi cet honnête homme, il cherche à m'ôter ce qu'il ne m'a pas donné. Tout ce qui s'est fait de bien se seroit fait sans lui à peu près de même, et peut-être *mieux* ; mais le mal ne se fût point fait. Car pourquoi ai-je des ennemis en Angleterre ? pourquoi ces ennemis sont-ils précisément les amis de M. Hume ? qui est-ce qui a pu m'attirer leur inimitié ? Ce n'est pas moi, qui ne les vis de ma vie, et qui ne les connois pas ; je n'en aurois aucun si j'étois venu seul.

J'ai parlé jusqu'ici de faits publics et notoires, qui, par leur nature et par ma reconnoissance, ont eu le plus grand éclat. Ceux qui me restent à dire sont non-seulement particuliers, mais secrets, du moins dans leur cause, et l'on a pris toutes les mesures possibles pour qu'ils restassent cachés au public ; mais, bien connus de la personne intéressée, ils n'en opèrent pas moins sa propre conviction.

Peu de temps après notre arrivée à Londres,

j'y remarquai dans les esprits, à mon égard, un changement sourd qui bientôt devint très-sensible. Avant que je vinsse en Angleterre, elle étoit un des pays de l'Europe où j'avois le plus de réputation, j'oserois presque dire de considération; les papiers publics étoient pleins de mes éloges, et il n'y avoit qu'un cri contre mes persécuteurs. Ce ton se soutint à mon arrivée; les papiers l'annoncèrent en triomphe; l'Angleterre s'honoroit d'être mon refuge; elle en glorifioit avec justice ses lois et son gouvernement. Tout à coup, et sans aucune cause assignable, ce ton change, mais si fort et si vite que dans tous les caprices du public on n'en voit guère de plus étonnant. Le signal fut donné dans un certain *magasin*, aussi plein d'inepties que de mensonges, où l'auteur, bien instruit, ou feignant de l'être, me donnoit pour fils de musicien. Dès ce moment les imprimés ne parlèrent plus de moi que d'une manière équivoque ou malhonnête : tout ce qui avoit trait à mes malheurs étoit déguisé, altéré, présenté sous un faux jour, et toujours le moins à mon avantage qu'il étoit possible : loin de parler de l'accueil que j'avois reçu à Paris, et qui n'avoit fait que trop de bruit, on ne supposoit pas même que j'eusse osé paroître dans cette ville, et un des amis de M. Hume fut très-surpris quand je lui dis que j'y avois passé.

Trop accoutumé à l'inconstance du public pour m'en affecter encore, je ne laissois pas d'être étonné de ce changement si brusque, de ce concert si singulièrement unanime, que pas un de ceux qui m'avoient tant loué absent, ne parût, moi présent, se souvenir de mon existence. Je trouvois bizarre que précisément après le retour de M. Hume, qui a tant de crédit à Londres, tant d'influence sur les gens de lettres et les libraires, et de si grandes liaisons avec eux, sa présence eût produit un effet si contraire à celui qu'on en pouvoit attendre; que, parmi tant d'écrivains de toute espèce, pas un de ses amis ne se montrât le mien; et l'on voyoit bien que ceux qui parloient de moi n'étoient pas ses ennemis, puisqu'en faisant sonner son caractère public, ils disoient que j'avois traversé la France sous sa protection, à la faveur d'un passe-port qu'il m'avoit obtenu de la cour; et peu s'en falloit qu'ils ne fissent entendre que j'avois fait le voyage à sa suite et à ses frais.

Ceci ne signifioit rien encore et n'étoit que singulier; mais ce qui l'étoit davantage, fut que le ton de ses amis ne changea pas moins avec moi que celui du public : toujours, je me fais un plaisir de le dire, leurs soins, leurs bons offices ont été les mêmes, et très-grands en ma faveur; mais loin de me marquer la même estime, celui surtout dont je veux parler, et chez qui nous étions descendus à notre arrivée (*), accompagnoit tout cela de propos si durs, et quelquefois si choquans, qu'on eût dit qu'il ne cherchoit à m'obliger que pour avoir droit de me marquer du mépris. Son frère, d'abord très-accueillant, très-honnête, changea bientôt avec si peu de mesure, qu'il ne daignoit pas même, dans leur propre maison, me dire un seul mot, ni me rendre le salut, ni aucun des devoirs qu'on rend chez soi aux étrangers. Rien cependant n'étoit survenu de nouveau que l'arrivée de J. J. Rousseau et de David Hume; et certainement la cause de ces changemens ne vint pas de moi, à moins que trop de simplicité, de discrétion, de modestie, ne soit un moyen de mécontenter les Anglois.

Pour M. Hume, loin de prendre avec moi un ton révoltant, il donnoit dans l'autre extrême. Les flagorneries m'ont toujours été suspectes, il m'en a fait de toutes les façons (¹), au point de me forcer, n'y pouvant tenir davantage, à lui en dire mon sentiment. Sa conduite le dispensoit fort de s'étendre en paroles; cependant, puisqu'il en vouloit dire, j'aurois voulu qu'à toutes ces louanges fades il eût substitué quelquefois la voix d'un ami : mais je n'ai jamais trouvé dans son langage rien qui sentit la vraie amitié; pas même dans la façon dont il parloit de moi à d'autres en ma présence. On eût dit qu'en voulant me faire des patrons il cherchoit à m'ôter leur bienveillance, qu'il vouloit plutôt que j'en fusse assisté qu'aimé; et j'ai été quelquefois surpris du tour révoltant qu'il donnoit à ma conduite près des gens qui pouvoient s'en offenser. Un exemple éclaircira ceci. M. Pennech, du Muséum, ami de mylord maréchal, et pasteur d'une paroisse où l'on vouloit m'établir, vint

---

(*) M. Jean Steward.

(¹) J'en dirai seulement une qui m'a fait rire; c'étoit de faire en sorte, quand je venois le voir, que je trouvasse toujours sur sa table un tome de l'*Héloïse* : comme si je ne connoissois pas assez le goût de M. Hume pour être assuré que de tous les livres qui existent, l'*Héloïse* doit être pour lui le plus ennuyeux.

nous voir. M. Hume, moi présent, lui fait mes excuses de ne l'avoir pas prévenu. Le docteur Maty, lui dit-il, nous avoit invités pour jeudi au Muséum, où M. Rousseau devoit vous voir; mais il préféra d'aller avec madame Garrick à la comédie : on ne peut pas faire tant de choses en un jour. Vous m'avouerez, monsieur, que c'étoit là une étrange façon de me capter la bienveillance de M. Pennech.

Je ne sais ce qu'avoit pu dire en secret M. Hume à ses connoissances : mais rien n'étoit plus bizarre que leur façon d'en user avec moi, de son aveu, souvent même par son assistance. Quoique ma bourse ne fût pas vide, que je n'eusse besoin de celle de personne, et qu'il le sût très-bien, l'on eût dit que je n'étois là que pour vivre aux dépens du public, et qu'il n'étoit question que de me faire l'aumône, de manière à m'en sauver un peu l'embarras. Je puis dire que cette affectation continuelle et choquante est une des choses qui m'ont fait prendre le plus en aversion le séjour de Londres. Ce n'est sûrement pas sur ce pied qu'il faut présenter en Angleterre un homme à qui l'on veut attirer un peu de considération : mais cette charité peut être bénignement interprétée, et je consens qu'elle le soit. Avançons.

On répand à Paris une fausse lettre du roi de Prusse à moi adressée, et pleine de la plus cruelle malignité. J'apprends avec surprise que c'est un M. Walpole, ami de M. Hume, qui répand cette lettre ; je lui demande si cela est vrai; mais, pour toute réponse, il me demande de qui je le tiens. Un moment auparavant, il m'avoit donné une carte pour ce même M. Walpole, afin qu'il se chargeât de papiers qui m'importent, et que je veux faire venir de Paris en sûreté.

J'apprends que le fils du jongleur Tronchin, mon plus mortel ennemi, est non-seulement l'ami, le protégé de M. Hume, mais qu'ils logent ensemble; et quand M. Hume voit que je sais cela, il m'en fait la confidence, m'assurant que le fils ne ressemble pas au père. J'ai logé quelques nuits dans cette maison chez M. Hume avec ma gouvernante ; et à l'air, à l'accueil dont nous ont honorés ses hôtesses, qui sont ses amies, j'ai jugé de la façon dont lui, ou cet homme qu'il dit ne pas ressembler à son père, ont pu leur parler d'elle et de moi.

Ces faits combinés entre eux et avec une certaine apparence générale me donnent insensiblement une inquiétude que je repousse avec horreur. Cependant les lettres que j'écris n'arrivent pas : j'en reçois qui ont été ouvertes, et toutes ont passés par les mains de M. Hume. Si quelqu'une lui échappe, il ne peut cacher l'ardente avidité de la voir. Un soir, je vois encore chez lui une manœuvre de lettre dont je suis frappé (¹). Après le souper, gardant tous deux le silence au coin de son feu, je m'aperçois qu'il me fixe, comme il lui arrivoit souvent, et d'une manière dont l'idée est difficile à rendre. Pour cette fois, son regard sec, ardent, moqueur et prolongé, devient plus qu'inquiétant. Pour m'en débarrasser, j'essayai de le fixer à mon tour; mais en arrêtant mes yeux sur les siens, je sens un frémissement inexprimable, et bientôt je suis forcé de les baisser. La physionomie et le ton du bon David sont d'un bon homme, mais où, grand Dieu ! ce bon homme emprunte-t-il les yeux dont il fixe ses amis ?

L'impression de ce regard me reste et m'agite ; mon trouble augmente jusqu'au saisissement ; si l'épanchement n'eût succédé, j'étouffois. Bientôt un violent remords me gagne ; je m'indigne de moi-même ; enfin, dans un transport que je me rappelle encore avec délices, je m'élance à son cou, je le serre étroitement ; suffoqué de sanglots, inondé de larmes, je m'écrie d'une voix entrecoupée : *Non, non, David Hume n'est pas un traître ; s'il n'étoit le meilleur*

(¹) Il faut dire ce que c'est que cette manœuvre. J'écrivois sur la table de M. Hume, en son absence, une réponse à une lettre que je venois de recevoir. Il arrive, très-curieux de savoir ce que j'écrivois, et ne pouvant presque s'abstenir d'y lire. Je ferme ma lettre sans la lui montrer ; et comme je la mettois dans ma poche, il la demande avidement, disant qu'il l'enverra le lendemain, jour de poste. La lettre reste sur la table. Lord Newnham arrive. M. Hume sort un moment ; je reprends ma lettre, disant que j'aurai le temps de l'envoyer le lendemain. Lord Newnham m'offre de l'envoyer par le paquet de M. l'ambassadeur de France ; j'accepte. M. Hume rentre tandis que lord Newnham fait son enveloppe ; il tire son cachet : M. Hume offre le sien avec tant d'empressement, qu'il faut s'en servir par préférence. On sonne ; lord Newnham donne la lettre au laquais de M. Hume pour la remettre au sien, qui attend en bas avec son carrosse, afin qu'il la porte chez M. l'ambassadeur. A peine le laquais de M. Hume étoit hors de la porte, que je me dis : je parie que le maître va le suivre : il n'y manqua pas. Ne sachant comment laisser seul mylord Newnham, j'hésitai quelque temps avant de le suivre à mon tour. M. Hume ; je n'aperçus rien ; mais il vit très-bien que j'étois inquiet. Ainsi, quoique je n'aie reçu aucune réponse à ma lettre, je ne doute pas qu'elle ne soit parvenue ; mais je doute un peu, je l'avoue, qu'elle n'ait été lue auparavant.

des hommes, il faudroit qu'il en fût le plus noir. David Hume me rend poliment mes embrassemens, et, tout en me frappant de petits coups sur le dos, me répète plusieurs fois d'un ton tranquille : *Quoi! mon cher monsieur! Eh! mon cher monsieur! Qui donc! mon cher monsieur!* Il ne me dit rien de plus ; je sens que mon cœur se resserre; nous allons nous coucher, et je pars le lendemain pour la province.

Arrivé dans cet agréable asile où j'étois venu chercher le repos de si loin, je devois le trouver dans une maison solitaire, commode et riante, dont le maître, homme d'esprit et de mérite, n'épargnoit rien de ce qui pouvoit m'en faire aimer le séjour. Mais quel repos peut-on goûter dans la vie quand le cœur est agité? Troublé de la plus cruelle incertitude, et ne sachant que penser d'un homme que je devois aimer, je cherchai à me délivrer de ce doute funeste en rendant ma confiance à mon bienfaiteur; car, pourquoi, par quel caprice inconcevable, eût-il eu tant de zèle à l'extérieur pour mon bien-être, avec des projets secrets contre mon honneur? Dans les observations qui m'avoient inquiété, chaque fait en lui-même étoit peu de chose, il n'y avoit que leur concours d'étonnant ; et peut-être, instruit d'autres faits que j'ignorois, M. Hume pouvoit-il, dans un éclaircissement, me donner une solution satisfaisante. La seule chose inexplicable étoit qu'il se fût refusé à un éclaircissement, que son honneur et son amitié pour moi rendoient également nécessaire. Je voyois qu'il y avoit là quelque chose que je ne comprenois pas, et que je mourois d'envie d'entendre. Avant donc de me décider absolument sur son compte, je voulus faire un dernier effort, et lui écrire pour le ramener, s'il se laissoit séduire à mes ennemis, ou pour le faire expliquer de manière ou d'autre. Je lui écrivis une lettre (¹), qu'il dut trouver fort naturelle s'il étoit coupable, mais fort extraordinaire s'il ne l'étoit pas ; car quoi de plus extraordinaire qu'une lettre pleine à la fois de gratitude sur ses services et d'inquiétudes sur ses sentimens, et où, mettant pour ainsi dire ses actions d'un côté et ses intentions de l'autre, au lieu de parler des preuves d'amitié qu'il m'avoit données, je le prie de m'aimer à cause du bien qu'il m'avoit fait? Je n'ai pas pris mes précautions d'assez loin pour garder une copie de cette lettre ; mais, puisqu'il les a prises lui, qu'il la montre ; et quiconque la lira, y voyant un homme tourmenté d'une peine secrète qu'il veut faire entendre et qu'il n'ose dire, sera curieux, je m'assure, de savoir quel éclaircissement cette lettre aura produit, surtout à la suite de la scène précédente. Aucun, rien du tout: M. Hume se contente, en réponse, de me parler des soins obligeans que M. Davenport se propose de prendre en ma faveur; du reste, pas un seul mot sur le principal sujet de ma lettre, ni sur l'état de mon cœur dont il devoit si bien voir le tourment. Je fus frappé de ce silence, encore plus que je ne l'avois été de son flegme à notre dernier entretien. J'avois tort, ce silence étoit fort naturel après l'autre, et j'aurois dû m'y attendre; car quand on a osé dire en face d'un homme : *Je suis tenté de vous croire un traître*, et qu'il n'a pas eu la curiosité de demander *sur quoi*, l'on peut compter qu'il n'aura pareille curiosité de sa vie; et pour peu que les indices le chargent, cet homme est jugé.

Après la réception de sa lettre, qui tarda beaucoup, je pris enfin mon parti, et résolus de ne lui plus écrire. Tout me confirma bientôt dans la résolution de rompre avec lui tout commerce. Curieux au dernier point du détail de mes moindres affaires, il ne s'étoit pas borné à s'en informer de moi dans nos entretiens; mais j'appris qu'après avoir commencé par faire avouer à ma gouvernante qu'elle en étoit instruite, il n'avoit pas laissé échapper avec elle un seul tête-à-tête sans l'interroger jusqu'à l'importunité, sur mes occupations, sur mes ressources, sur mes amis, sur mes connoissances, sur leur nom, leur état, leur demeure ; et, avec une adresse jésuitique, il avoit demandé séparément les mêmes choses à elle et à moi. On doit prendre intérêt aux affaires d'un ami; mais on doit se contenter de ce qu'il veut nous en dire, surtout quand il est aussi ouvert, aussi confiant que moi, et tout ce petit cailletage de commère convient, on ne peut pas plus mal, à un philosophe.

Dans le même temps, je reçois encore deux lettres qui ont été ouvertes : l'un de M. Bos-

---

(¹) Il paroît, par ce qu'il m'écrit en dernier lieu, qu'il est très-content de cette lettre et qu'il la trouve fort bien (*).

(*) La lettre de Rousseau est celle du 22 mars. Ci-devant, page 597.

wel, dont le cachet étoit en si mauvais état, que M. Davenport, en la recevant, le fit remarquer au laquais de M. Hume; et l'autre de M. d'Ivernois, dans un paquet de M. Hume, laquelle avoit été recachetée au moyen d'un fer chaud qui, maladroitement appliqué, avoit brûlé le papier autour de l'empreinte. J'écrivis à M. Davenport pour le prier de garder par devers lui toutes les lettres qui lui seroient remises pour moi, et de n'en remettre aucune à personne, sous quelque prétexte que ce fût. J'ignore si M. Davenport, bien éloigné de penser que cette précaution pût regarder M. Hume, lui montra ma lettre ; mais je sais que tout disoit à celui-ci qu'il avoit perdu ma confiance, et qu'il n'en alloit pas moins son train sans s'embarrasser de la recouvrer.

Mais que devins-je lorsque je vis dans les papiers publics la prétendue lettre du roi de Prusse, que je n'avois pas encore vue ; cette fausse lettre imprimée en françois et en anglois, donnée pour vraie, même avec la signature du roi, et que j'y reconnus la plume de M. d'Alembert, aussi sûrement que si je la lui avois vu écrire !

A l'instant un trait de lumière vint m'éclairer sur la cause secrète du changement étonnant et prompt du public anglois à mon égard, et je vis à Paris le foyer du complot qui s'exécutoit à Londres.

M. d'Alembert, autre ami très-intime de M. Hume, étoit depuis long-temps mon ennemi caché, et n'épioit que les occasions de me nuire sans se commettre ; il étoit le seul des gens de lettres d'un certain nom et de mes anciennes connoissances qui ne me fût point venu voir, ou qui ne m'eût rien fait dire à mon dernier passage à Paris. Je connoissois ses dispositions secrètes, mais je m'en inquiétois peu, me contentant d'en avertir mes amis dans l'occasion. Je me souviens qu'un jour, questionné sur son compte par M. Hume, qui questionna de même ensuite ma gouvernante, je lui dis que M. d'Alembert étoit un homme adroit et rusé. Il me contredit avec une chaleur dont je m'étonnai, ne sachant pas alors qu'ils étoient si bien ensemble, et que c'étoit sa propre cause qu'il défendoit.

La lecture de cette lettre m'alarma beaucoup ; et sentant que j'avois été attiré en Angleterre en vertu d'un projet qui commençoit à s'exécuter, mais dont j'ignorois le but, je sentois le péril sans savoir où il pouvoit être, ni de quoi j'avois à me garantir : je me rappelai alors quatre mots effrayans de M. Hume, que je rapporterai ci-après. Que penser d'un écrit où l'on me faisoit un crime de mes misères, qui tendoit à m'ôter la commisération de tout le monde dans mes malheurs, et qu'on donnoit sous le nom du prince même qui m'avoit protégé, pour en rendre l'effet plus cruel encore ! Que devois-je augurer de la suite d'un tel début ? Le peuple anglois lit les papiers publics, et n'est déjà pas trop favorable aux étrangers. Un vêtement qui n'est pas le sien suffit pour le mettre de mauvaise humeur ; qu'en doit attendre un pauvre étranger dans ses promenades champêtres, le seul plaisir de la vie auquel il s'est borné ? quand on aura persuadé à ces bonnes gens que cet homme aime qu'on le lapide, ils seront fort tentés de lui en donner l'amusement. Mais ma douleur, ma douleur profonde et cruelle, la plus amère que j'aie jamais ressentie, ne venoit pas du péril auquel j'étois exposé ; j'en avois trop bravé d'autres pour être fort ému de celui-là : la trahison d'un faux ami, dont j'étois la proie, étoit ce qui portoit dans mon cœur trop sensible l'accablement, la tristesse et la mort. Dans l'impétuosité d'un premier mouvement, dont jamais je ne fus le maître, et que mes adroits ennemis savent faire naître pour s'en prévaloir, j'écris des lettres pleines de désordre, où je ne déguise ni mon trouble ni mon indignation.

Monsieur, j'ai tant de choses à dire qu'en chemin faisant j'en oublie la moitié. Par exemple, une relation en forme de lettre sur mon séjour à Montmorency fut portée par des libraires à M. Hume, qui me la montra. Je consentis qu'elle fût imprimée ; il se charge d'y veiller : elle n'a jamais paru. J'avois apporté un exemplaire des *Lettres de M. Du Peyrou*, contenant la relation des affaires de Neuchâtel, qui me regardent ; je les remis aux mêmes libraires à leur prière, pour les faire traduire et réimprimer ; M. Hume se chargea d'y veiller : elles n'ont jamais paru ([1]). Dès que la fausse lettre du roi de Prusse et sa traduction parurent, je compris pourquoi les autres écrits restoient

---

([1]) Les libraires viennent de me marquer que cette édition est faite et prête à paroître. Cela peut être, mais il est trop tard, et, qui pis est, trop à propos.

ANNÉE 1766.

supprimés, et je l'écrivis aux libraires. J'écrivis d'autres lettres qui probablement ont couru dans Londres; enfin j'employai le crédit d'un homme de mérite et de qualité pour faire mettre dans les papiers une déclaration de l'imposture : dans cette déclaration, je laissois paroître toute ma douleur, et je n'en déguisois pas la cause.

Jusqu'ici M. Hume a semblé marcher dans les ténèbres, vous l'allez voir désormais dans la lumière et marcher à découvert. Il n'y a qu'à toujours aller droit avec les gens rusés; tôt ou tard ils se décèlent par leurs ruses mêmes.

Lorsque cette prétendue lettre du roi de Prusse fut publiée à Londres, M. Hume, qui certainement savoit qu'elle étoit supposée, puisque je le lui avois dit, n'en dit rien, ne m'écrit rien, se tait, et ne songe pas même à faire en faveur de son ami absent aucune déclaration de la vérité. Il ne falloit, pour aller au but, que laisser dire et se tenir coi; c'est ce qu'il fit.

M. Hume ayant été mon conducteur en Angleterre, y étoit en quelque façon mon protecteur, mon patron. S'il étoit naturel qu'il prît ma défense, il ne l'étoit pas moins qu'ayant une protestation publique à faire, je m'adressasse à lui pour cela. Ayant déjà cessé de lui écrire, je n'avois garde de recommencer. Je m'adresse à un autre. Premier soufflet sur la joue de mon patron : il n'en sent rien.

En disant que la lettre étoit fabriquée à Paris, il m'importoit fort peu lequel on entendît de M. d'Alembert ou de son prête-nom, M. Walpole; mais, en ajoutant que ce qui navroit et déchiroit mon cœur étoit que l'imposteur avoit des complices en Angleterre, je m'expliquois avec la plus grande clarté pour leur ami qui étoit à Londres, et qui vouloit passer pour le mien; il n'y avoit certainement que lui seul en Angleterre dont la haine pût déchirer et navrer mon cœur. Second soufflet sur la joue de mon patron : il n'en sent rien.

Au contraire, il feint malignement que mon affliction venoit seulement de la publication de cette lettre, afin de me faire passer pour un homme vain, qu'une satire affecte beaucoup. Vain ou non, j'étois mortellement affligé; il le savoit et ne m'écrivoit pas un mot. Ce tendre ami, qui a tant à cœur que ma bourse soit pleine, se soucie assez peu que mon cœur soit déchiré.

Un autre écrit paroît bientôt dans les mêmes feuilles de la même main que le premier, plus cruel encore, s'il étoit possible, et où l'auteur ne peut déguiser sa rage sur l'accueil que j'avois reçu à Paris. Cet écrit ne m'affecta plus; il ne m'apprenoit rien de nouveau; les libelles pouvoient aller leur train sans m'émouvoir, et le volage public lui-même se lassoit d'être long-temps occupé du même sujet. Ce n'est pas le compte des comploteurs qui, ayant ma réputation d'honnête homme à détruire, veulent de manière ou d'autre en venir à bout. Il fallut changer de batterie.

L'affaire de la pension n'étoit pas terminée : il ne fut pas difficile à M. Hume d'obtenir de l'humanité du ministre et de la générosité du prince qu'elle le fût : il fut chargé de me le marquer, il le fit. Ce moment fut, je l'avoue, un des plus critiques de ma vie. Combien il m'en coûta pour faire mon devoir ! Mes engagemens précédens, l'obligation de correspondre avec respect aux bontés du roi, l'honneur d'être l'objet de ses attentions, de celles de son ministre, le désir de marquer combien j'y étois sensible, même l'avantage d'être un peu plus au large en approchant de la vieillesse accablé d'ennuis et de maux, enfin l'embarras de trouver une excuse honnête pour éluder un bienfait déjà presque accepté; tout me rendoit difficile et cruelle la nécessité d'y renoncer, car il le falloit assurément, ou me rendre le plus vil de tous les hommes en devenant volontairement l'obligé de celui dont j'étois trahi.

Je fis mon devoir, non sans peine; j'écrivis directement à M. le général Conway, et avec autant de respect et d'honnêteté qu'il me fut possible, sans refus absolu : je me défendis pour le présent d'accepter. M. Hume avoit été le négociateur de l'affaire, le seul même qui en eût parlé; non-seulement je ne lui répondis point, quoique ce fût lui qui m'eût écrit, mais je ne dis pas un mot de lui dans ma lettre. Troisième soufflet sur la joue de mon patron; et pour celui-là, s'il ne le sent pas, c'est assurément sa faute : il n'en sent rien.

Ma lettre n'étoit pas claire, et ne pouvoit l'être pour M. le général Conway, qui ne savoit pas à quoi tenoit ce refus; mais elle l'étoit fort pour M. Hume qui le savoit très-bien :

cependant il feint de prendre le change, tant sur le sujet de ma douleur que sur celui de mon refus, et, dans un billet qu'il m'écrit, il me fait entendre qu'on me ménagera la continuation des bontés du roi, si je me ravise sur la pension. En un mot il prétend à toute force, et quoi qu'il arrive, demeurer mon patron malgré moi. Vous jugez bien, monsieur, qu'il n'attendoit pas de réponse, et il n'en eut point.

Dans ce même temps à peu près, car je ne sais pas les dates, et cette exactitude ici n'est pas nécessaire, parut une lettre de M. de Voltaire à moi adressée, avec une traduction angloise qui renchérit encore sur l'original (*). Le noble objet de ce spirituel ouvrage est de m'attirer le mépris et la haine de ceux chez qui je me suis réfugié. Je ne doutai point que mon cher patron n'eût été un des instrumens de cette publication, surtout quand je vis qu'en tâchant d'aliéner de moi ceux qui pouvoient en ce pays me rendre la vie agréable, on avoit omis de nommer celui qui m'y avoit conduit. On savoit sans doute que c'étoit un soin superflu, et qu'à cet égard rien ne restoit à faire. Ce nom, si maladroitement oublié dans cette lettre, me rappela ce que dit Tacite du portrait de Brutus omis dans une pompe funèbre, que chacun l'y distinguoit précisément parce qu'il n'y étoit pas.

On ne nommoit donc pas M. Hume, mais il vit avec les gens qu'on nommoit; il a pour amis tous mes ennemis, on le sait : ailleurs les Tronchin, les d'Alembert, les Voltaire; mais il y a bien pis à Londres, c'est que je n'y ai pour ennemis que ses amis. Eh pourquoi y en aurois-je d'autres? pourquoi même y ai-je ceux-là? Qu'ai-je fait à lord Littleton que je ne connois même pas? Qu'ai-je fait à M. Walpole que je ne connois pas davantage? Que savent-ils de moi, sinon que je suis malheureux et l'ami de leur ami Hume? Que leur a-t-il donc dit, puisque ce n'est que par lui qu'ils me connoissent? Je crois bien qu'avec le rôle qu'il fait, il ne se démasque pas devant tout le monde; ce ne seroit plus être masqué. Je crois bien qu'il ne parle pas de moi à M. le général Conway ni à M. le duc de Richmond comme il en parle dans ses entretiens secrets avec M. Walpole, et dans sa correspondance secrète avec M. d'Alembert; mais qu'on découvre la trame qui s'ourdit à Londres depuis mon arrivée, et l'on verra si M. Hume n'en tient pas les principaux fils.

Enfin le moment venu qu'on croit propre à frapper le grand coup, on en prépare l'effet par un nouvel écrit satirique qu'on fait mettre dans les papiers. S'il m'étoit resté jusqu'alors le moindre doute, comment auroit-il pu tenir devant cet écrit, puisqu'il contenoit des faits qui n'étoient connus que de M. Hume, chargés, il est vrai, pour les rendre odieux au public?

On dit dans cet écrit que j'ouvre ma porte aux grands, et que je la ferme aux petits. Qui est-ce qui sait à qui j'ai ouvert ou fermé ma porte; que M. Hume, avec qui j'ai demeuré et par qui sont venus tous ceux que j'ai vus? Il faut en excepter un grand que j'ai reçu de bon cœur sans le connoître, et que j'aurois reçu de bien meilleur cœur encore si je l'avois connu. Ce fut M. Hume qui me dit son nom quand il fut parti. En l'apprenant, j'eus un vrai chagrin que, daignant monter au second étage, il ne fût pas entré au premier.

Quant aux petits, je n'ai rien à dire. J'aurois désiré voir moins de monde; mais, ne voulant déplaire à personne, je me laissois diriger par M. Hume, et j'ai reçu de mon mieux tous ceux qu'il m'a présentés, sans distinction de petits ni de grands.

On dit dans ce même écrit que je reçois mes parens froidement, *pour ne rien dire de plus.*

Cette généralité consiste à avoir une fois reçu assez froidement le seul parent que j'aie hors de Genève, et cela en présence de M. Hume. C'est nécessairement ou M. Hume ou ce parent qui a fourni cet article. Or, mon cousin, que j'ai toujours connu pour bon parent et pour honnête homme, n'est point capable de fournir à des satires publiques contre moi; d'ailleurs, borné par son état à la société des gens de commerce, il ne vit pas avec les gens de lettres, ni avec ceux qui fournissent des articles dans les papiers, encore moins avec ceux qui s'occupent à des satires : ainsi l'article ne vient pas de lui. Tout au plus puis-je penser que M. Hume aura tâché de le faire jaser, ce qui n'est pas absolument difficile, et qu'il aura tourné ce

---

(*) C'est la lettre *au docteur Jean-Jacques Pansophe* qu'on a su depuis être de M. Bordes. G. P.

qu'il lui a dit de la manière la plus favorable à ses vues. Il est bon d'ajouter qu'après ma rupture avec M. Hume j'en avois écrit à ce cousin-là.

Enfin on dit dans ce même écrit que je suis sujet à changer d'amis. Il ne faut pas être bien fin pour comprendre à quoi cela prépare.

Distinguons. J'ai depuis vingt-cinq et trente ans des amis très-solides. J'en ai de plus nouveaux, mais non moins sûrs, que je garderai plus longtemps si je vis. Je n'ai pas en général trouvé la même sûreté chez ceux que j'ai faits parmi les gens de lettres : aussi j'en ai changé quelquefois, et j'en changerai tant qu'ils me seront suspects; car je suis bien déterminé à ne garder jamais d'amis par bienséance : je n'en veux avoir que pour les aimer.

Si jamais j'eus une conviction intime et certaine, je l'ai que M. Hume a fourni les matériaux de cet écrit. Bien plus, non-seulement j'ai cette certitude, mais il m'est clair qu'il a voulu que je l'eusse : car comment supposer un homme aussi fin, assez maladroit pour se découvrir à ce point, voulant se cacher?

Quel étoit son but? Rien n'est plus clair encore; c'étoit de porter mon indignation à son dernier terme, pour amener avec plus d'éclat le coup qu'il me préparoit. Il sait que, pour me faire faire bien des sottises, il suffit de me mettre en colère. Nous sommes au moment critique qui montrera s'il a bien ou mal raisonné.

Il faut se posséder autant que fait M. Hume, il faut avoir son flegme et toute sa force d'esprit pour prendre le parti qu'il prit, après tout ce qui s'étoit passé. Dans l'embarras où j'étois, écrivant à M. le général Conway, je ne pus remplir ma lettre que de phrases obscures dont M. Hume fit, comme mon ami, l'interprétation qui lui plut. Supposant donc, quoiqu'il sût très-bien le contraire, que c'étoit la clause du secret qui me faisoit de la peine, il obtient de M. le général qu'il voudroit bien s'employer pour la faire lever. Alors cet homme stoïque et vraiment insensible m'écrit la lettre la plus amicale, où il me marque qu'il s'est employé pour faire lever la clause; mais qu'avant toute chose il faut savoir si je veux accepter sans cette condition, pour ne pas exposer sa majesté à un second refus.

C'étoit ici le moment décisif, la fin, l'objet de tous ses travaux ; il lui falloit une réponse, il la vouloit. Pour que je ne pusse me dispenser de la faire, il envoie à M. Davenport un duplicata de sa lettre, et, non content de cette précaution, il m'écrit dans un autre billet qu'il ne sauroit rester plus long-temps à Londres pour mon service. La tête me tourna presque en lisant ce billet. De mes jours je n'ai rien trouvé de plus inconcevable.

Il l'a donc enfin cette réponse tant désirée, et se presse déjà d'en triompher. Déjà, écrivant à M. Davenport, il me traite d'homme féroce et de monstre d'ingratitude : mais il lui faut plus ; ses mesures sont bien prises, à ce qu'il pense : nulle preuve contre lui ne peut échapper. Il veut une explication ; il l'aura, et la voici.

Rien ne la conclut mieux que le dernier trait qui l'amène. Seul, il prouve tout, et sans réplique.

Je veux supposer, par impossible, qu'il n'est rien revenu à M. Hume de mes plaintes contre lui : il n'en sait rien, il les ignore aussi parfaitement que s'il n'eût été faufilé avec personne qui en fût instruit, aussi parfaitement que si durant ce temps il eût vécu à la Chine; mais ma conduite immédiate entre lui et moi, les derniers mots si frappans que je lui dis à Londres, la lettre qui suivit pleine d'inquiétude et de crainte, mon silence obstiné plus énergique que des paroles, ma plainte amère et publique au sujet de la lettre de M. d'Alembert, ma lettre au ministre, qui ne m'a point écrit, en réponse à celle qu'il m'écrit lui-même, et dans laquelle je ne dis pas un mot de lui ; enfin mon refus, sans daigner m'adresser à lui, d'acquiescer à une affaire qu'il a traitée en ma faveur, moi le sachant, et sans opposition de ma part ; tout cela parle seul du ton le plus fort, je ne dis pas à tout homme qui auroit quelque sentiment dans l'âme, mais à tout homme qui n'est pas hébété.

Quoi ! après que j'ai rompu tout commerce avec lui depuis près de trois mois, après que je n'ai répondu à pas une de ses lettres, quelque important qu'en fût le sujet, environné des marques publiques et particulières de l'affliction que son infidélité me cause, cet homme éclairé, ce beau génie, naturellement si clairvoyant, et volontairement si stupide, ne voit rien, n'entend rien, ne sent rien, n'est ému de rien, et sans un seul mot de plainte, de justification, d'explication, il continue à se donner, malgré moi, pour moi, les soins les plus grands, les plus empressés; il m'écrit affectueusement qu'il ne peut rester à Londres plus long-temps pour mon service; comme si nous étions d'accord qu'il y restera pour cela! Cet aveuglement, cette impassibilité, cette obstination, ne sont pas dans la nature; il faut expliquer cela par d'autres motifs. Mettons cette conduite dans un plus grand jour, car c'est un point décisif.

Dans cette affaire, il faut nécessairement que M. Hume soit le plus grand ou le dernier des hommes; il n'y a pas de milieu. Reste à savoir lequel c'est des deux.

Malgré tant de marques de dédain de ma part, M. Hume avoit-il l'étonnante générosité de vouloir me servir sincèrement? il savoit qu'il m'étoit impossible d'accepter ses bons offices, tant que j'aurois de lui les sentimens que j'avois conçus; il avoit éludé l'explication lui-même. Ainsi, me servant sans se justifier, il rendoit ses soins inutiles : il n'étoit donc pas généreux.

S'il supposoit qu'en cet état j'accepterois ses soins, il supposoit donc que j'étois un infâme. C'étoit donc pour un homme qu'il jugeoit être un infâme qu'il sollicitoit avec tant d'ardeur une pension du roi. Peut-on rien penser de plus extravagant?

Mais que M. Hume, suivant toujours son plan, se soit dit à lui-même : Voici le moment de l'exécution : car, pressant Rousseau d'accepter la pension, il faudra qu'il l'accepte ou qu'il la refuse. S'il l'accepte, avec les preuves que j'ai en main, je le déshonore complètement; s'il la refuse après l'avoir acceptée, on a levé tout prétexte, il faudra qu'il dise pourquoi; c'est là que je l'attends : s'il m'accuse, il est perdu.

Si, dis-je, M. Hume a raisonné ainsi, il a fait une chose fort conséquente à son plan, et par là même ici fort naturelle; et il n'y a que cette unique façon d'expliquer sa conduite dans cette affaire; car elle est inexplicable dans toute autre supposition : si ceci n'est pas démontré, jamais rien ne le sera.

L'état critique où il m'a réduit me rappelle bien fortement les quatre mots dont j'ai parlé ci-devant, et que je lui entendis dire et répéter dans un temps où je n'en pénétrois guère la force. C'étoit la première nuit qui suivit notre départ de Paris. Nous étions couchés dans la même chambre, et plusieurs fois dans la nuit je l'entendis s'écrier en françois, avec une véhémence extrême : *Je tiens J. J. Rousseau!* J'ignore s'il veilloit ou s'il dormoit; l'expression est remarquable dans la bouche d'un homme qui sait trop bien le françois pour se tromper sur la force et le choix des termes. Cependant je pris, et je ne pouvois manquer alors de prendre ces mots dans un sens favorable, quoique le ton l'indiquât encore moins que l'expression : c'est un ton dont il m'est impossible de donner l'idée, et qui correspond très-bien aux regards dont j'ai parlé. Chaque fois qu'il dit ces mots je sentis un tressaillement d'effroi, dont je n'étois pas le maître : mais il ne me fallut qu'un moment pour me remettre et rire de ma terreur : dès le lendemain tout fut si parfaitement oublié que je n'y ai pas même pensé durant tout mon séjour à Londres et au voisinage. Je ne m'en suis souvenu qu'ici, où tant de choses m'ont rappelé ces paroles, et me les rappellent, pour ainsi dire, à chaque instant.

Ces mots dont le ton retentit sur mon cœur comme s'ils venoient d'être prononcés; les longs et funestes regards tant de fois lancés sur moi; les petits coups sur le dos avec des mots de *mon cher monsieur*, en réponse au soupçon d'être un traître; tout cela m'affecte à un tel point après le reste, que ces souvenirs, fussent-ils les seuls, fermeroient tout retour à la confiance : et il n'y a pas une nuit où ces mots : *Je tiens J. J. Rousseau!* ne sonnent encore à mon oreille comme si je les entendois de nouveau.

Oui, monsieur Hume, vous me tenez, je le sais, mais seulement par des choses qui me sont extérieures; vous me tenez par l'opinion, par les jugemens des hommes; vous me tenez par ma réputation, par ma sûreté peut-être; tous les préjugés sont pour vous : il vous est aisé de me faire passer pour un monstre comme vous avez commencé, et je vois déjà l'exultation barbare de mes implacables ennemis. Le public, en général, ne me fera pas plus de grâce : sans autre examen il est toujours pour les services rendus, parce que chacun est bien aise d'inviter à lui en rendre en montrant qu'il sait les sentir. Je prévois aisément la suite de tout cela, surtout dans le pays où vous m'avez conduit, et où, sans amis, étranger à tout le monde, je suis presque à votre merci. Les gens sensés comprendront cependant que, loin que j'aie pu chercher cette affaire, elle étoit ce qui pouvoit m'arriver de plus terrible dans la position où je suis; ils sentiront qu'il n'y a que ma haine invincible pour toute fausseté, et l'impossibilité de marquer de l'estime à celui pour qui je l'ai perdue, qui aient pu m'empêcher de dissimuler quand tant d'intérêts m'en faisoient une loi: mais les gens sensés sont en petit nombre, et ce ne sont pas eux qui font le bruit.

Oui, monsieur Hume, vous me tenez par tous les liens de cette vie; mais vous ne me tenez ni par ma vertu ni par mon courage, indépendant de vous et des hommes, et qui me restera tout entier malgré vous. Ne pensez pas m'effrayer par la crainte du sort qui m'attend. Je connois les jugemens des hommes, je suis accoutumé à leur injustice, et j'ai appris à les peu redouter. Si votre parti est pris, comme j'ai tout lieu de le croire, soyez sûr que le mien ne l'est pas moins. Mon corps est affoibli, mais jamais mon âme ne fut plus ferme. Les hommes feront et diront ce qu'ils voudront, peu m'importe; ce qui m'importe est d'achever, comme j'ai commencé, d'être droit et vrai jusqu'à la fin, quoi qu'il arrive, et de n'avoir pas plus à me reprocher une lâcheté dans mes misères, qu'une insolence dans ma prospérité. Quelque opprobre qui m'attende et quelque malheur qui me menace, je suis prêt. Quoiqu'à plaindre, je le serai moins que vous, et je vous laisse pour toute vengeance le tourment de respecter, malgré vous, l'infortuné que vous accablez.

En achevant cette lettre, je suis surpris de la force que j'ai eue de l'écrire. Si l'on mouroit de douleur, j'en serois mort à chaque ligne. Tout est également incompréhensible dans ce qui se passe. Une conduite pareille à la vôtre n'est pas dans la nature; elle est contradictoire, et cependant elle m'est démontrée. Abîme des deux côtés! Je péris dans l'un ou dans l'autre. Je suis le plus malheureux des humains si vous êtes coupable; j'en suis le plus vil si vous êtes innocent. Vous me faites désirer d'être cet objet méprisable. Oui, l'état où je me verrois, prosterné, foulé sous vos pieds, criant miséricorde, et faisant tout pour l'obtenir, publiant à haute voix mon indignité, et rendant à vos vertus le plus éclatant hommage, seroit pour mon cœur un état d'épanouissement et de joie après l'état d'étouffement et de mort où vous l'avez mis. Il ne me reste qu'un mot à vous dire. Si vous êtes coupable, ne m'écrivez plus; cela seroit inutile, et sûrement vous ne me tromperez pas. Si vous êtes innocent, daignez vous justifier. Je connois mon devoir, je l'aime et l'aimerai toujours, quelque rude qu'il puisse être. Il n'y a pas d'abjection dont un cœur qui n'est pas né pour elle ne puisse revenir. Encore un coup, si vous êtes innocent, daignez vous justifier: si vous ne l'êtes pas, adieu pour jamais.

A M. DU PEYROU.

Le 19 juillet.

J'avois le pressentiment de votre goutte, et j'en sentois l'inquiétude tandis que vous en sentiez le mal. Vous en voilà, j'espère, délivré, du moins pour cette année. La prévoyance de ces retours annuels est terrible; cependant si de vives douleurs laissoient raisonner, ce seroit quelque consolation, tandis qu'elles durent, de sentir qu'on achète à ce prix onze mois de repos. Quant à moi, si je pouvois rassembler en un point ce que je souffre en détail, j'en ferois le marché de grand cœur; car les intervalles de repos donnent seuls un prix à la vie. Mais, comme je ne doute point que cette somme de douleurs ne fut beaucoup moindre que la vôtre, je sens que ce triste marché ne doit pas vous agréer. Cependant, à toute mesure, souffrir beaucoup me paroît encore préférable à souffrir toujours. O mon hôte! ne renouvelons pas nos douleurs, dans leur relâche, en nous en rappelant le cruel souvenir. Contentons-nous de tâcher, comme vous faites, d'adoucir la rigueur de leurs attaques par toutes les précautions que la raison peut suggérer. Celle du grand exercice me paroît excellente; la goutte doit son origine à la vie sédentaire; il faut du moins empêcher sa cause de la nourrir. Vous semblez mettre en parité l'exercice pédestre, l'équestre et le mouvement du carrosse; c'est en quoi je ne suis pas de votre avis. Le carrosse est à peine un mouvement, et posant, à cheval, sur son derrière et sur ses pieds, on a plus d'à moitié le corps en repos. Dans la marche à pied toutes les articulations agissent, et le mouvement du sang accéléré excite une transpiration salutaire. Il n'est pas possible que, tandis qu'on marche, une sécrétion d'humeur se fasse hors de son lieu. Marchez donc, voyagez, herborisez ; allez à Cressier à pied, revenez de même, dût quelque taureau vous faire en passant les honneurs du bois.

Quant à l'abstinence que vous voulez vous prescrire, je l'approuve aussi, pourvu qu'elle n'aille pas trop loin. Continuez de ne pas souper, vous en dormirez plus paisiblement et mieux. Ne joignez pas le souper au dîner en doublant la dose, c'est encore fort bien ; mais n'allez pas sortir de là pour vivre en anachorète, et peser vos alimens comme Sanctorius. Beaucoup d'exercice et beaucoup d'abstinence vont mal ensemble ; c'est un régime que n'approuve pas la nature, puisqu'à proportion de l'exercice qu'on fait, elle augmente l'appétit. Il faut être sobre jusque dans la sobriété. Choisissez vos mets sans les mesurer. Ayez une table frugale, mais suffisante ; que tout y soit simple, mais bon dans son espèce. Point de primeurs, rien de recherché, rien de rare, mais tout bien choisi dans son meilleur temps. C'est ainsi que j'ai vécu dans mon petit ménage, et que j'y vivrois toujours, quand j'aurois cent mille écus de rente. Je me souviens d'avoir mangé chez vous du pain de farine échauffée et du poisson qui n'étoit pas frais ; voilà qui est pernicieux. Je sais que madame la Commandante y fait tout son possible : malheureusement, on n'est pas riche impunément. Mais voilà surtout où doit porter sa vigilance et la vôtre ; que rien ne soit fin, que tout soit sain.

Il y a, mon cher hôte, une sorte d'abstinence que je crois beaucoup plus importante à votre état, et qui seule, je n'en doute point, pourroit opérer votre guérison. Le vieux Dumoulin répétoit souvent que jamais homme continent n'avoit eu la goutte ; et il disoit aux goutteux qui se mettoient au lait : Buvez du vin de Champagne, et quittez les filles. Mon cher hôte, je ne suis point content de ce que vous m'avez écrit à ce sujet : ce que vous regardez comme la consolation de votre existence est précisément ce qui vous la rend à charge. Un sang appauvri ne porte au cerveau que des esprits languissans et morts, et n'engendre que des idées tristes. Laissez reprendre à votre sang tout son baume, bientôt vous verrez aussi la nature et les êtres reprendre à vos yeux une face riante, et vous sentirez avec délices le plaisir d'exister. La santé du corps, la vigueur de l'âme, la vivacité de l'esprit, la gaîté de l'humeur, tout vient à ce grand point, et le seul régime utile aux vaporeux est précisément le seul dont ils ne s'avisent jamais. Je vous prêche un jeûne que l'habitude contraire a rendu fort difficile, je le sais bien ; mais là-dessus, la goutte doit être un meilleur prédicateur que moi. Cependant il s'agit moins ici de grands efforts que d'une certaine adresse, il faut moins songer à vaincre qu'à éviter le combat. Il faut savoir se distraire et s'occuper beaucoup, mais surtout agréablement ; car les occupations déplaisantes ont besoin de délassement, et voilà précisément où nous attend l'ennemi. Mon cher hôte, j'ai le plus grand besoin de vous ; je donnerois la moitié de ma vie pour vous voir heureux et sain, et je suis persuadé que cela dépend de vous encore. J'ai une grande entreprise à vous proposer. Essayez un an de mon pénible mais utile régime. Si dans un an la machine n'est pas remontée, si l'âme ne se ranime pas, si la goutte revient comme auparavant, je me tais ; reprenez votre train. Mais, de grâce, pensez à ce que votre ami vous propose ; si vous pouvez encore aspirer au bonheur et à la santé, de si grands objets ne méritent-ils pas des sacrifices ? Pour les rendre moins onéreux, donnez-vous quelque goût qui devienne enfin passion, s'il est possible, et qui remplisse tous vos loisirs. Je vous ai conseillé la botanique ; je vous la conseille encore, à cause du double profit de l'amusement et de l'exercice, et que quand on a bien herborisé dans les rochers pendant la journée, on n'est pas fâché le soir d'aller coucher seul. J'y vois des avantages que d'autres occupations réuniroient difficilement aussi bien. Toutefois suivez vos goûts quels qu'ils soient, mais occupez-vous tout de bon ; vous sentirez quels charmes prennent par degrés les connoissances, à mesure qu'on les cultive. Tel curieux analyse avec plus de plaisir une jolie fleur qu'une jolie fille. Dieu veuille, mon très-cher hôte, que bientôt ainsi soit de vous.

J'écrirai cette semaine à mylord maréchal pour l'affaire de M. d'Escherny, à qui je vous prie de faire mes salutations et mes excuses de ce que je ne lui réponds pas ; c'est une suite de la résolution que j'ai prise de n'écrire plus à personne qu'au seul mylord maréchal et à vous. Je sens combien il importe au repos du reste de ma vie que je sois totalement oublié du public. Je serois pourtant bien fâché que mes amis m'oubliassent ; mais c'est ce que je n'ai pas à craindre de ceux qui sont près de vous : et quelque jour, eux ou leurs enfans auront des preuves que je ne les oublie pas non plus. Mais quand on écrit, les lettres se montrent ; on parle d'un homme, et il m'importe qu'on cesse de parler de moi, au point d'être censé mort de mon vivant. Je ne me suis pas réservé une seule correspondance à Paris, à Genève, à Lyon, pas même à Yverdun ; mais mon cœur est toujours le même, et je me flatte, mon cher hôte, que dans tout ce qui est à votre portée, vous voudrez bien suppléer à mon silence dans l'occasion. Je suis très-fâché que M. de Pury, que j'aime de tout mon cœur, ait à se plaindre de quelques propos de mademoiselle Le Vasseur, qui probablement lui ont été mal rendus ; mais je suis surpris en même temps qu'un homme d'autant d'esprit daigne faire attention à ces petits bavardages femelles. Les femmes sont faites pour cailleter, et les hommes pour en rire. J'ai si bien pris mon parti sur tous ces dits et redits de commères, qu'ils sont pour moi comme n'existant pas ; et il n'y a que ce moyen de vivre en repos.

Je vous suis obligé de la copie de la lettre de M. Hume que vous m'avez envoyée. C'est à peu près ce que j'imaginois. L'article des trente livres sterling de pension m'a fait rire. Vous pourrez, du moins je m'en flatte, juger par vous-même de ce qu'il en est. Je renvoie à ce même temps les explications qui le regardent sur ce qui s'est passé entre lui et moi. Je vois, par vos lettres et par celles de M. d'Escherny, que vous me jugez l'un et l'autre fort affecté des satires publiques et du radotage de ce pauvre Voltaire. Je laisse croire aux autres ce qu'il leur plaît ; mais comment se peut-il que vous me connoissiez si mal encore, vous qui savez que je fais imprimer moi-même les libelles qui se font contre moi ? Soyez bien persuadé que depuis long-temps rien, de la part de mes ennemis ni du public, ne peut m'affecter un seul moment. Les coups qui me navrent me sont portés de plus près, et j'en serois digne si je n'y étois pas sensible. Si le prédicant de Montmollin publioit des satires contre vous, je crois qu'elles ne vous blesseroient guère, mais si vous appreniez que J. J. Rousseau s'entend avec lui pour cela, resteriez-vous de sang froid ? J'espère que non. Voilà le cas où je me trouve. De grâce, mon bon hôte, ne soyez pas si prompt à me juger sans m'entendre. Quelque jour vous conviendrez, je m'assure, que je suis en Angleterre le même que je fus auprès de vous.

J'étois bien sûr que les trois cents louis ne tarderoient pas d'arriver. Celui qui les envoie est un bon papa qui n'oublie pas ses enfans ; mais, au compte que vous faites à ce sujet, il me paroît que mon cher tuteur, si on le laissoit faire, auroit besoin soi-même d'un autre tuteur. Nous parlerons de cela une autre fois. J'ai tiré sur vos banquiers une lettre de sept cent trente livres de France, lesquelles, jointes aux soixante-dix livres marquées sur votre compte, font huit cents livres pour le premier semestre. Je n'ai point encore reçu de nouvelles de mes livres. Mille tendres salutations à tous nos amis, et respects à la très-bonne maman. Je vous embrasse.

A MYLORD MARÉCHAL.

Le 20 juillet 1766.

La dernière lettre, mylord, que j'ai reçue de vous étoit du 25 mai. Depuis ce temps j'ai été forcé de déclarer mes sentimens à M. Hume : il a voulu une explication, il l'a eue ; j'ignore l'usage qu'il en fera. Quoi qu'il en soit, tout est dit désormais entre lui et moi. Je voudrois vous envoyer copie des lettres, mais c'est un livre pour la grosseur. Mylord, le sentiment cruel que nous ne nous verrons plus charge mon cœur d'un poids insupportable ; je donnerois la moitié de mon sang pour vous voir un seul quart d'heure encore une fois dans ma vie : vous savez combien ce quart d'heure me seroit doux, mais vous ignorez combien il me seroit important.

Après avoir bien réfléchi sur ma situation présente, je n'ai trouvé qu'un seul moyen possible de m'assurer quelque repos sur mes derniers jours; c'est de me faire oublier des hommes aussi parfaitement que si je n'existois plus, si tant est qu'on puisse appeler existence un reste de végétation inutile à soi-même et aux autres, loin de tout ce qui nous est cher. En conséquence de cette résolution j'ai pris celle de rompre toute correspondance hors le cas d'absolue nécessité. Je cesse désormais d'écrire et de répondre à qui que ce soit. Je ne fais que deux seules exceptions, dont l'une est pour M. Du Peyrou; je crois superflu de vous dire quelle est l'autre : désormais tout à l'amitié, n'existant plus que par elle, vous sentez que j'ai plus besoin que jamais d'avoir quelquefois de vos lettres.

Je suis très-heureux d'avoir pris du goût pour la botanique : ce goût se change insensiblement en une passion d'enfant, ou plutôt en un radotage inutile et vain, car je n'apprends aujourd'hui qu'en oubliant ce que j'appris hier; mais n'importe : si je n'ai jamais le plaisir de savoir, j'aurai toujours celui d'apprendre, et c'est tout ce qu'il me faut. Vous ne sauriez croire combien l'étude des plantes jette d'agrément sur mes promenades solitaires. J'ai eu le bonheur de me conserver un cœur assez sain pour que les plus simples amusemens lui suffisent, et j'empêche, en m'empaillant la tête qu'il n'y reste place pour d'autres fatras.

L'occupation pour les jours de pluie, fréquens en ce pays, est d'écrire ma vie, non ma vie extérieure comme les autres, mais ma vie réelle, celle de mon âme, l'histoire de mes sentimens les plus secrets. Je ferai ce que nul homme n'a fait avant moi, ce que vraisemblablement nul autre ne fera dans la suite. Je dirai tout, le bien, le mal, tout enfin; je me sens une âme qui se peut montrer. Je suis loin de cette époque chérie de 1762, mais j'y viendrai, je l'espère. Je recommencerai, du moins en idée, ces pèlerinages de Colombier, qui furent les jours les plus purs de ma vie. Que ne peuvent-ils recommencer encore, et recommencer sans cesse ! je ne demanderois point d'autre éternité.

M. Du Peyrou me marque qu'il a reçu les trois cents louis. Ils viennent d'un bon père qui, non plus que celui dont il est l'image, n'attend pas que ses enfans lui demandent leur pain quotidien.

Je n'entends point ce que vous me dites d'une prétendue charge que les habitans de Derbyshire m'ont donnée. Il n'y a rien de pareil, je vous assure, et cela m'a tout l'air d'une plaisanterie que quelqu'un vous aura faite sur mon compte; du reste, je suis très-content du pays et des habitans, autant qu'on peut l'être à mon âge d'un climat et d'une manière de vivre auxquels on n'est pas accoutumé. J'espérois que vous me parleriez un peu de votre maison et de votre jardin, ne fût-ce qu'en faveur de la botanique. Ah ! que ne suis-je à portée de ce bienheureux jardin, dût mon pauvre Sultan le fourrager un peu comme il fit celui de Colombier !

A M. DAVENPORT.

1766.

Je suis bien sensible, monsieur, à l'attention que vous avez de m'envoyer tout ce que vous croyez devoir m'intéresser. Ayant pris mon parti sur l'affaire en question, je continuerai, quoi qu'il arrive, de laisser M. Hume faire du bruit tout seul, et je garderai, le reste de mes jours, le silence que je me suis imposé sur cet article. Au reste, sans affecter une tranquillité stoïque, j'ose vous assurer que, dans ce déchaînement universel, je suis ému aussi peu qu'il est possible, et beaucoup moins que je n'aurois cru l'être, si d'avance on me l'eût annoncé; mais ce que je vous proteste et ce que je vous jure, mon respectable hôte, en vérité et à la face du ciel, c'est que le bruyant et triomphant David Hume, dans tout l'éclat de sa gloire, me paroît beaucoup plus à plaindre que l'infortuné J. J. Rousseau, livré à la diffamation publique. Je ne voudrois pour rien au monde être à sa place, et j'y préfère de beaucoup la mienne; même avec l'opprobre qu'il lui a plu d'y attacher.

J'ai craint pour vous ces mauvais temps passés. J'espère que ceux qu'il fait à présent en répareront le mauvais effet. Je n'ai pas été mieux traité que vous, et je ne connois plus guère de bon temps ni pour mon cœur ni pour mon corps : j'excepte celui que je passe auprès de vous : c'est vous dire assez avec quel empres-

A M. GUY.

Wootton, le 2 août 1766.

Je me serois bien passé, monsieur, d'apprendre les bruits obligeans qu'on répand à Paris sur mon compte, et vous auriez bien pu vous passer de vous joindre à ces cruels amis qui se plaisent à m'enfoncer vingt poignards dans le cœur. Le parti que j'ai pris de m'ensevelir dans cette solitude, sans entretenir plus aucune correspondance dans le monde, est l'effet de ma situation bien examinée. La ligue qui s'est formée contre moi est trop puissante, trop adroite, trop ardente, trop accréditée, pour que, dans ma position, sans autre appui que la vérité, je sois en état de lui faire face dans le public. Couper les têtes de cette hydre ne serviroit qu'à les multiplier; et je n'aurois pas détruit une de leurs calomnies, que vingt autres plus cruelles lui succéderoient à l'instant. Ce que j'ai à faire est de bien prendre mon parti sur les jugemens du public, de me taire, et de tâcher au moins de vivre et mourir en repos.

Je n'en suis pas moins reconnoissant pour ceux que l'intérêt qu'ils prennent à moi engage à m'instruire de ce qui se passe : en m'affligeant, ils m'obligent; s'ils me font du mal, c'est en voulant me faire du bien. Ils croient que ma réputation dépend d'une lettre injurieuse, cela peut être; mais, s'ils croient que mon honneur en dépend, ils se trompent. Si l'honneur d'un homme dépendoit des injures qu'on lui dit, et des outrages qu'on lui fait, il y a long-temps qu'il ne me resteroit plus d'honneur à perdre; mais, au contraire, il est même au-dessous d'un honnête homme de repousser de certains outrages. On dit que M. Hume me traite de vile canaille et de scélérat. Si je savois répondre à de pareils noms, je m'en croirois digne.

Montrez cette lettre à mes amis, et priez-les de se tranquilliser. Ceux qui ne jugent que sur des preuves ne me condamneront certainement pas, et ceux qui jugent sans preuves ne valent pas la peine qu'on les désabuse. M. Hume écrit, dit-on, qu'il veut publier toutes les pièces relatives à cette affaire; c'est, j'en réponds, ce qu'il se gardera de faire, ou ce qu'il se gardera bien au moins de faire fidèlement. Que ceux qui seront au fait nous jugent, je le désire; que ceux qui ne sauront que ce que M. Hume voudra leur dire ne laissent pas de nous juger; cela m'est, je vous jure, très-indifférent. J'ai un défenseur dont les opérations sont lentes, mais sûres : je les attends.

Je me bornerai à vous présenter une seule réflexion. Il s'agit, monsieur, de deux hommes dont l'un a été amené par l'autre en Angleterre presque malgré lui : l'étranger, ignorant la langue du pays, ne pouvant parler ni entendre, seul, sans amis, sans appui, sans connoissance, sans savoir même à qui confier une lettre en sûreté, livré sans réserve à l'autre et aux siens, malade, retiré et ne voyant personne, écrivant peu, est allé s'enfermer dans le fond d'une retraite où il herborise pour toute occupation : le Breton, homme actif, liant, intrigant, au milieu de son pays, de ses amis, de ses parens, de ses patrons, de ses patriotes, en grand crédit à la cour, à la ville, répandu dans le plus grand monde, à la tête des gens de lettres, disposant des papiers publics, en grande relation chez l'étranger, surtout avec les plus mortels ennemis du premier. Dans cette position, il se trouve que l'un des deux a tendu des pièges à l'autre. Le Breton crie que c'est cette vile canaille, ce scélérat d'étranger qui lui en tend : l'étranger, seul, malade, abandonné, gémit, et ne répond rien. Là-dessus le voilà jugé, et il demeure clair qu'il s'est laissé mener dans le pays de l'autre, qu'il s'est mis à sa merci tout exprès pour lui faire pièce et pour conspirer contre lui. Que pensez-vous de ce jugement? Si j'avois été capable de former un projet aussi monstrueusement extravagant, où est l'homme ayant quelque sens, quelque humanité, qui ne devroit pas dire : Vous faites tort à ce pauvre misérable; il est trop fou pour pouvoir être un scélérat : plaignez-le, saignez-le; mais ne l'injuriez pas. J'ajouterai que le ton seul que prend M. Hume devroit décréditer ce qu'il dit : ce ton si brutal, si bas, si indigne d'un homme qui se respecte, marque assez que l'âme qui l'a dicté n'est pas saine; il n'annonce pas un langage digne de foi. Je suis étonné, je l'avoue, comment ce ton seul n'a pas excité l'indignation publique. C'est qu'à Paris c'est toujours celui qui crie le plus fort qui a raison. A ce combat-là je n'emporterai jamais la victoire, et je ne la disputerai pas.

Voici, monsieur, le fait en peu de mots. Il m'est prouvé que M. Hume, lié avec mes plus cruels ennemis, d'accord à Londres avec des gens qui se montrent, et à Paris avec tel qui ne se montre pas, m'a attiré dans son pays, en apparence pour m'y servir avec la plus grande ostentation, et en effet pour m'y diffamer avec la plus grande adresse; à quoi il a très-bien réussi. Je m'en suis plaint : il a voulu savoir mes raisons; je les lui ai écrites dans le plus grand détail; si on les demande, il peut les dire; quant à moi, je n'ai rien à dire du tout.

Plus je pense à la publication promise par M. Hume, moins je puis concevoir qu'il l'exécute. S'il l'ose faire, à moins d'énormes falsifications, je prédis hardiment que, malgré son extrême adresse et celle de ses amis, sans même que je m'en mêle, M. Hume est un homme démasqué.

A MYLORD MARÉCHAL.

Le 9 août 1766.

Les choses incroyables que M. Hume écrit à Paris sur mon compte me font présumer que, s'il l'ose, il ne manquera pas de vous en écrire autant; je ne suis pas en peine de ce que vous en penserez. Je me flatte, mylord, d'être assez connu de vous, et cela me tranquillise; mais il m'accuse avec tant d'audace d'avoir refusé malhonnêtement la pension, après l'avoir acceptée, que je crois devoir vous envoyer une copie fidèle de la lettre que j'écrivis à ce sujet à M. le général Conway. J'étois bien embarrassé dans cette lettre, ne voulant pas dire la véritable cause de mon refus, et ne pouvant en alléguer aucune autre. Vous conviendrez, je m'assure, que si l'on peut s'en tirer mieux que je ne fis, on ne peut du moins s'en tirer plus honnêtement. J'ajouterai qu'il est faux que j'aie jamais accepté la pension; j'y mis seulement votre agrément pour condition nécessaire, et, quand cet agrément fut venu, M. Hume alla en avant sans me consulter davantage. Comme vous ne pouvez savoir ce qui s'est passé en Angleterre à mon égard depuis mon arrivée, il est impossible que vous prononciez dans cette affaire, avec connoissance, entre M. Hume et moi : ses procédés secrets sont trop incroyables, et il n'y a personne au monde moins fait que vous pour y ajouter foi. Pour moi, qui les ai sentis si cruellement, et qui n'y peux penser qu'avec la douleur la plus amère, tout ce qu'il me reste à désirer est de n'en reparler jamais; mais comme M. Hume ne garde pas le même silence, et qu'il avance les choses les plus fausses du ton le plus affirmatif, je vous demande aussi, mylord, une justice que vous ne pouvez me refuser ; c'est lorsqu'on pourra vous dire ou vous écrire que j'ai fait volontairement une chose injuste ou malhonnête, d'être bien persuadé que cela n'est pas vrai.

A MADAME LA MARQUISE DE VERDELIN.

Wootton, août 1766.

J'ai attendu, madame, votre retour à Paris pour vous répondre, parce qu'il y a, pour écrire des provinces d'Angleterre dans les provinces de France, des embarras que j'aurois peine à lever d'ici.

Vous me demandez quels sont mes griefs contre M. Hume. Des griefs? non, madame, ce n'est pas le mot : ce mot propre n'existe pas dans la langue françoise, et j'espère, pour l'honneur de l'humanité, qu'il n'existe dans aucune langue.

M. Hume a promis de publier toutes les pièces relatives à cette affaire : s'il tient parole, vous verrez, dans la lettre que je lui ai écrite le 10 juillet, les détails que vous demandez, du moins assez pour que le reste soit superflu. D'ailleurs, vous voyez sa conduite publique depuis ma dernière lettre (*); elle parle assez clair, ce me semble, pour que je n'aie plus besoin de rien dire.

Je vous dois cependant, madame, d'examiner ce que vous m'alléguez à ce sujet.

Que la fausse lettre du roi de Prusse soit de M. d'Alembert, ami de M. Hume, ou de M. Walpole, ami de M. Hume, ce n'est pas, au fond,

(*) Voyez ci-devant la lettre du 15 mai 1764, page 487.

de cela qu'il s'agit; c'est de savoir, quel que soit l'auteur de la lettre, si M. Hume en est complice. Vous voulez que madame du Deffand ait travaillé à cette lettre; à la bonne heure : mais deux autres écrits, mis successivement dans les mêmes papiers, et de la même main, ne sont sûrement pas de celle d'une femme; et, quant à M. Walpole, tout ce que je puis dire est qu'il faut assurément que je me connoisse mal en style pour avoir pu prendre le françois d'un Anglois pour le françois de M. d'Alembert.

Votre objection, tirée du caractère connu de M. Hume, est très-forte, et m'étonnera toujours: il n'a pas fallu moins que ce que j'ai vu et senti d'opposé pour le croire. Tout ce que je peux conclure de cette contradiction, est qu'apparemment M. Hume n'a jamais haï que moi seul; mais aussi quelle haine, quel art profond à la cacher et à l'assouvir! le même cœur pourroit-il suffire à deux passions pareilles?

On vous marque que j'ai voué à M. Hume une haine implacable, parce qu'il veut me déshonorer en me forçant d'accepter des bienfaits. Savez-vous bien, madame, ce que mylord maréchal, à qui vous me renvoyez, eût fait si on lui eût dit pareille chose? Il eût répondu que cela n'étoit pas vrai, et n'eût pas même daigné m'en parler.

Tout ce que vous ajoutez sur l'honneur que m'eût fait une pension du roi d'Angleterre est très-juste; il est seulement étonnant que vous ayez cru avoir besoin de me dire ces choses-là. Pour vous prouver, madame, que je pense exactement comme vous sur cet article, je vous envoie ci-jointe la copie d'une lettre que j'écrivis, il y a trois mois, à M. le général Conway, et dans laquelle j'étois même fort embarrassé, sentant déjà les trahisons de M. Hume, et ne voulant cependant pas le nommer. Il ne s'agit pas de savoir si cette pension m'eût été honorable, mais si elle l'étoit assez pour que je dusse l'accepter à tout prix, même à celui de l'infamie.

Quand vous me demandez quel est le sujet qui ose solliciter son maître pour un homme qu'il veut avilir, vous ne voyez pas qu'il faisoit de cette sollicitation son grand moyen pour m'accuser bientôt de la plus noire ingratitude. Si M. Hume eût travaillé publiquement à m'avilir lui-même, vous auriez raison; mais il ne faut pas supposer qu'il exécutoit avec bêtise un projet si profondément médité : cette objection seroit bonne encore, si, connu depuis long-temps de M. Hume, j'avois été inconnu du roi d'Angleterre et de sa cour; mais votre lettre même dit le contraire : cette affaire ne pouvoit tourner, comme elle a fait, qu'à l'avantage de M. Hume. Toute la cour d'Angleterre dit maintenant : *Ce pauvre homme! il croit que tout le monde lui ressemble; nous y avons été trompés comme lui.*

Dans le plan qu'il s'étoit fait, et qu'il a si pleinement exécuté, de paroître me servir en public avec la plus grande ostentation, et de me diffamer ensuite avec la plus grande adresse, il devoit écrire et parler honorablement de moi. Vouliez-vous qu'il allât dire du mal d'un homme pour lequel il affectoit tant d'amitié? c'eût été se contredire, et jouer très-mal son jeu : il vouloit paroître avoir été pleinement ma dupe; il préparoit l'objection que vous me faites aujourd'hui.

Vous me renvoyez, sur ce que vous appelez mes griefs, à mylord maréchal, pour en juger : mylord maréchal est trop sage pour vouloir, d'où il est, voir mieux que moi ce qui se passe où je suis; et quand un homme, entre quatre yeux, m'enfonce à coups redoublés un poignard dans le sein, je n'ai pas besoin, pour savoir s'il m'a touché, de l'aller demander à d'autres.

Finissons pour jamais sur ce sujet, je vous supplie. Je vous avoue, madame, toute ma foiblesse. Si je savois que M. Hume ne fût pas démasqué avant sa mort, j'aurois peine à croire encore à la Providence.

Je me fais quelque scrupule de mêler dans une même lettre des sujets si disparates; mais cette atteinte de goutte que vous avez sentie, mais les incommodités de vos enfans, ne me permettent pas de vous rien dire ici d'eux et de vous. Quant à la goutte, il n'est pas naturel qu'elle vous maltraite beaucoup à votre âge, et j'espère que vous en serez quitte pour un ressentiment passager; mais je n'envisage pas de même cette humeur scrofuleuse, qui paroît avoir été transmise à vos enfans par leur père; l'âge pubère les guérira, comme je l'espère, ou rien ne les guérira; et, dans ce dernier cas, je vois une raison de plus de combler les vœux d'un honnête homme qui a toute votre estime, et qui mérite tout votre attachement. Vos filles, malgré leur mérite, leur naissance et leur bien, se marieront peut-être avec peine, et peut-être aurez-vous vous-même quelque scrupule de les marier. Ah! madame, les races de gens de bien sont si rares sur la terre! voulez-vous en laisser éteindre une? A la place des simples et vrais sentimens de la nature, qu'on étouffe, on a fourré dans la société je ne sais quels raffinemens de délicatesse que je ne saurois souffrir. Croyez-moi, croyez-en votre ami, et l'ami de toutes choses honnêtes; mariez-vous, puisque votre âge et votre cœur le demandent; l'intérêt même de vos filles ne s'y oppose pas. Vos enfans des deux parts auront les biens de leur père, et ils auront de plus les uns dans les autres un appui, que vous rendrez très-solide par l'attachement mutuel que vous leur saurez inspirer. Mon intérêt aussi se mêle à ce conseil, je vous l'avoue; je sens et j'ai grand besoin de sentir qu'on n'est pas tout-à-fait misérable quand on a des amis heureux (*). Soyez-le l'un et l'autre, et l'un par l'autre; qu'au milieu des afflictions qui m'accablent, j'aie la consolation de savoir que j'ai deux amis unis et fidèles qui parlent quelquefois avec attendrissement de mes misères; elles m'en seront moins rudes à supporter. J'aime à envisager comme faite une chose qui doit se faire. Permettez-moi de vous conseiller, lorsque vous serez dans votre nouveau ménage, de bien choisir ceux à qui vous accorderez l'entrée de votre maison : qu'elle ne soit pas ouverte à tout le monde, comme la plupart des maisons de Paris. Ayez un petit nombre d'amis sûrs, et tenez-vous-en à leur commerce : ayez-en, si vous voulez, qui aient de la littérature, cela jette de l'agrément dans la société; mais point de gens de lettres de profession, sur toute chose; jamais aucun auteur quel qu'il soit. Souvenez-vous de cet avis, madame; et soyez sûre que, si vous le négligez, vous vous en trouverez mal tôt ou tard.

Je n'ai pas la force d'étendre jusqu'à vous ma résolution de ne plus écrire; c'est une résolution que j'avois pourtant prise, mais qu'il est impossible à mon cœur d'exécuter : je vous écrirai quelquefois, madame, mais rarement peut-être; je voudrois qu'en cela vous ne m'imitassiez pas. Je ne dois pas vous affliger, et vous pouvez me consoler. Je vous prie de ne remettre vos lettres ni à M. Coindet ni à personne, mais de les envoyer vous-même sous l'adresse ci-jointe, exactement suivie, sans que mon nom y paroisse en aucune façon : en prenant soin de faire affranchir les lettres jusqu'à Londres, elles parviendront sûrement, et personne ne les ouvrira que moi; mais il faut tâcher, par économie, d'éviter les paquets, et d'écrire plutôt des lettres simples sur d'aussi grand papier qu'on veut; car, quelque grosse que soit une lettre simple, elle ne paie que pour simple; mais la moindre enveloppe renchérit le port exorbitamment. Le dernier paquet de M. Coindet m'a coûté six francs de port : je ne les ai pas regrettés assurément; ce paquet contenoit une lettre de vous; mais en tout ce qui peut se faire avec économie, sans que la chose aille moins bien, je suis dans une position qui m'en rend le soin très-utile. Au reste, je ne sais pas qui peut vous avoir dit que j'étois à vingt-cinq lieues de Londres; j'en suis à cinquante bonnes; et j'ai mis quatre jours à les faire, avec les mêmes chevaux à la vérité. Recevez, madame, les salutations de la plus tendre amitié.

A M. MARC-MICHEL REY.

Wootton, août 1766.

Je reçois, mon cher compère, avec grand plaisir de vos nouvelles : l'impossibilité de trouver nulle part ce repos après lequel mon cœur soupire inutilement m'eût fait un scrupule de vous donner des miennes, pour ne pas vous affliger. D'ailleurs, voulant me recueillir en moi-même, autant qu'il est possible, et ne plus rien savoir de ce qui se passe dans le monde par rapport à moi, j'ai rompu tout commerce de lettres, hors les cas d'absolue nécessité : cela fera que je vous écrirai plus rarement désormais; mais soyez sûr que mon attachement pour vous, et pour tout ce qui vous appartient, est toujours le même, et que ce seroit une grande consolation pour moi dans la vieillesse qui s'approche, au milieu d'un cortége de dou-

---

(*) Ces conseils prouvent que Jean-Jacques avoit de l'amitié pour l'amant de madame de Verdelin et dont elle vouloit faire son mari. Il ne le devint pas. C'étoit M. de Margency. M. P.

leurs de toute espèce, d'embrasser ma chère filleule avant ma mort.

J'ai su que vous aviez eu aussi quelques affaires désagréables : j'en étois en peine ; et je vous aurois écrit à ce sujet, si vous ne m'aviez prévenu. J'augure, sur ce que vous ne m'en dites rien, que tout cela n'a pas eu des suites, et je m'en réjouis de tout mon cœur ; mais mon amitié pour vous ne me permet pas de vous taire mon sentiment sur ces sortes d'affaires. Tandis que vous commenciez et que vous aviez besoin de mettre, pour ainsi dire, à la loterie, il vous convenoit de courir quelques risques pour vous avancer ; mais maintenant, que votre maison est bien établie, que vos affaires, comme je le suppose, sont en bon état, ne les dérangez pas par votre faute ; jouissez en paix de la fortune dont la Providence a béni votre travail ; et, au lieu d'exposer le bien de vos enfans et le vôtre, contentez-vous de l'entretenir en sûreté, sans plus vous permettre d'entreprises hasardeuses. Voilà, mon cher compère, un conseil de l'amitié, et, je crois, de la raison : si vous trouvez qu'il soit à votre usage, profitez-en.

Vos gazettes disent donc que M. Hume est mon bienfaiteur, et que je suis son protégé. Que Dieu me préserve d'être souvent protégé de la sorte, et de trouver en ma vie encore un pareil bienfaiteur ! Je présume que cet article n'est que préparatoire, et qu'il en suivra bientôt un second aussi véridique, aussi humain, aussi juste. Qu'importe, mon cher compère ? laissons dire, et M. Hume, et les plénipotentiaires, et les puissances, et les gazetiers, et le public, et tout le monde ; qu'ils crient, qu'ils m'outragent, qu'ils m'insultent, qu'ils disent et fassent tout ce qu'ils voudront : mon âme, en dépit d'eux, restera toujours la même ; il n'est pas au pouvoir des hommes de la changer. Le public désormais est mort pour moi ; je vous prie, quand vous m'écrirez, de ne me reparler jamais de ce qu'on y dit.

MM. Becket et de Hondt ne m'ont point parlé de la pension de mademoiselle Le Vasseur ; et comme l'année n'est pas écoulée, cela ne presse pas : mais je vous prie de ne vous servir jamais de ces messieurs, pour me rien envoyer, ni pour rien qui me regarde ; j'ai senti, dans plus d'une affaire, l'influence que M. Hume a sur eux. Il vient de m'en arriver une qui mérite d'être contée. M. Du Peyrou ayant jugé à propos de m'envoyer mes livres, je l'avois prié de les adresser à ces messieurs, qui s'étoient offerts. Ayant une collection considérable d'estampes, dont les droits, exigés à la rigueur, auroient passé mes ressources, je les priai de tâcher de faire mitiger le droit, d'autant plus que la moitié de mes estampes ne valant pas ce droit, j'aimerois mieux les abandonner que de le payer sans rabais : ces messieurs promettent de faire de leur mieux ; ils reçoivent mes livres, et, outre quinze louis de port, en prennent quinze autres chez mon banquier pour les frais de douane ; gardent et fouillent les livres, tant qu'il leur plaît, sans me rien marquer de leur arrivée, m'envoient enfin sans avis un ballot que je les avois priés de m'envoyer sitôt que les miens arriveroient. J'ouvre ce ballot où mes estampes étoient ; je trouve les porte-feuilles vides, et pas une seule estampe ni petite ni grande, sans qu'ils aient même daigné me marquer ce qu'ils en avoient fait. Ainsi j'ai quinze louis de port, autant de douane, sans savoir sur quoi, et pour cent louis d'estampes perdues, sans qu'il m'en reste une seule (*). Je ne sais si les livres que vous avez vus doivent payer à Londres mille écus de douane ; mais je sais bien que si je les revends, comme il le faut bien, je n'en retirerai pas la moitié de cette somme. Il y a un seul article d'une livre sterling (c'est près d'un louis) pour une vieille guitare sourde, brisée et pourrie, qui m'a coûté six francs de France, et dont je ne les retrouverai jamais ; cela ne se feroit pas à Alger, mais cela se fait à Londres, grâces aux bons soins de ces messieurs. Si je laisse long-temps mes livres dans leur magasin, et s'ils me font payer à proportion pour l'entrepôt, ne le pouvant pas, je serai forcé de leur laisser mes livres : ainsi j'aurai perdu, par leurs bons soins, tous mes livres, toutes mes estampes, et trente louis d'argent comptant. Que dites-vous de cela ? Je crois que ces messieurs sont par eux-mêmes de fort honnêtes gens ; mais je crois aussi qu'à mon égard ils cèdent trop à l'instigation d'autrui : c'est pourquoi je veux n'avoir avec eux, si je puis, au-

---

(*) Ces estampes, déplacées des porte-feuilles qui les contenoient, se sont retrouvées dans un autre ballot. G. P.

cune sorte d'affaires, de peur de m'en trouver toujours plus mal. Je chercherai, si vous y consentez, à me prévaloir sur vous des trois cents francs de mademoiselle Le Vasseur, soit par lettre de change, soit en vous envoyant d'Angleterre son reçu, en échange duquel vous en donnerez l'argent à celui qui vous le remettra.

Je dois avoir parmi mes livres un exemplaire de la musique du *Devin du village* : si vous persistez à vouloir le faire graver, je pourrois corriger cet exemplaire, et vous l'envoyer ; mais il faut du temps, non-seulement pour attendre l'occasion, mais pour le faire venir de Londres, parce qu'il faut que je donne commission à quelqu'un de confiance d'ouvrir la balle où il est, pour l'en tirer et me l'envoyer ; ce qui ne peut se faire avant cet hiver. Je suis très-fâché que vous publiiez *la Reine fantasque*, parce que cela peut faire encore des tracasseries désagréables pour vous et pour moi.

Guy m'a écrit au sujet du *Dictionnaire de Musique* : il se plaint de vous et de vos propositions, qu'il trouve déraisonnables : je lui ai répondu qu'il fît comme il l'entendroit ; que je vous aimois fort tous les deux, mais que des affaires de libraire à libraire, je ne m'en mêlerois de mes jours. Mille tendres salutations à madame Rey. J'embrasse la chère petite et son cher papa.

Voici une adresse dont il faut vous servir désormais, quand vous m'écrirez : ne faites point d'enveloppe ; et, quoique mon nom ne paroisse point sur la lettre, soyez sûr que personne ne l'ouvrira que moi, et qu'elle me parviendra sûrement, pourvu que vous suiviez exactement l'adresse, et que vous affranchissiez jusqu'à Londres, sans quoi les lettres pour les provinces d'Angleterre restent au rebut.

A M. D'IVERNOIS.

Wootton, le 16 août 1766.

Je suis extrêmement en peine de vous, monsieur, n'ayant point de vos nouvelles depuis le 21 juin : je vous ai marqué, il est vrai, que je ne vous écrirois pas ; mais, comme vous n'étiez pas dans le même embarras que moi, je me flattois que mon silence ne produiroit pas le vôtre ; et j'espère au moins, puisque vous ne m'avez rien écrit de contraire à la promesse que vous m'avez faite de me venir voir cet automne, que cette promesse sera exécutée : ainsi je vous attends au mois de novembre, fâché seulement que vous ne preniez pas une meilleure saison.

Je vous prie de voir, en passant à Lyon, madame Boy de la Tour, ma bonne amie, et sa chère fille, et de m'apporter amplement de leurs nouvelles : apprenez-moi le rétablissement de la première, et le bonheur de la seconde dans son mariage ; rien ne manquera à mon plaisir en vous embrassant : assurez-les de ma tendre et constante amitié pour elles, et dites-leur que vous leur expliquerez à votre retour pourquoi je ne leur ai point écrit, moi qui pense continuellement à elles, et pourquoi je n'écris plus à personne, hors le cas de nécessité.

Vous ne manquerez pas, je vous prie, en passant à Paris, de voir madame la veuve Duchesne, libraire, et M. Guy, à qui je compte envoyer une lettre pour vous, où je rassemblerai ce que je peux avoir à vous dire d'ici à ce temps-là, concernant votre voyage : en attendant, je vous préviens de ne donner votre confiance à personne à Londres sur ce qui me regarde ; mais de remettre, s'il se peut, les affaires que vous pourriez avoir dans cette capitale à votre retour, où vous pourrez aussi m'y rendre des services. Je vous prie aussi de ne m'amener personne de Londres, qui que ce puisse être, et quelque prétexte qu'ils puissent prendre pour vous accompagner : il suffira que vous preniez, pour la route, un domestique qui sache la langue ; je ne vois pas que vous puissiez vous en passer ; car dans la route, ni dans cette contrée, personne ne sait un seul mot de françois.

Je ne vous envoie point cette lettre par M. Lucadou ; vous en saurez la raison quand nous nous serons vus : ne me répondez pas non plus par son canal ; mais envoyez votre lettre à M. Du Peyrou, qui aura la bonté de me la faire parvenir ; je vous avoue même que je désirerois que M. Lucadou ne fût pas prévenu de votre voyage, de crainte qu'il ne survînt des obstacles qui vous empêcheroient de l'achever. Je ne puis vous en dire ici davantage; mais tout ce que je désire pour ce moment le plus au monde, est de vous voir arriver en bonne santé. Je vous embrasse.

A M. DU PEYROU.

Wootton, le 16 août 1766.

Je ne doute point, mon cher hôte, que les choses incroyables que M. Hume écrit partout ne vous soient parvenues, et je ne suis pas en peine de l'effet qu'elles feront sur vous. Il promet au public une relation de ce qui s'est passé entre lui et moi, avec le recueil des lettres. Si ce recueil est fait fidèlement, vous y verrez, dans celle que je lui ai écrite le 10 juillet, un ample détail de sa conduite et de la mienne, sur lequel vous pourrez juger entre nous; mais comme infailliblement il ne fera pas cette publication, du moins sans les falsifications les plus énormes, je me réserve à vous mettre au fait, par le retour de M. d'Ivernois; car vous copier maintenant cet immense recueil, c'est ce qui ne m'est pas possible, et ce seroit rouvrir toutes mes plaies: j'ai besoin d'un peu de trêve pour reprendre mes forces prêtes à me manquer; du reste je le laisse déclamer dans le public et s'emporter aux injures les plus brutales; je ne sais point quereller en charretier; j'ai un défenseur dont les opérations sont lentes, mais sûres; je les attends et je me tais.

Je vous dirai seulement un mot sur une pension du roi d'Angleterre dont il a été question, et dont vous m'aviez parlé vous-même: je ne vous répondis pas sur cet article, non-seulement à cause du secret que M. Hume exigeoit, au nom du roi, et que je lui ai fidèlement gardé jusqu'à ce qu'il l'ait publié lui-même, mais parce que, n'ayant jamais bien compté sur cette pension, je ne voulois vous flatter pour moi de cette espérance que quand je serois assuré de la voir remplir. Vous sentez que rompant avec M. Hume, après avoir découvert ses trahisons, je ne pouvois, sans infamie, accepter des bienfaits qui me venoient par lui: il est vrai que ces bienfaits et ces trahisons semblent s'accorder fort mal ensemble; tout cela s'accorde pourtant fort bien. Son plan étoit de me servir publiquement avec la plus grande ostentation, et de me diffamer en secret avec la plus grande adresse: ce dernier objet a été parfaitement rempli; vous aurez la clef de tout cela. En attendant, comme il publie partout qu'après avoir accepté la pension, je l'ai malhonnêtement refusée, je vous envoie une copie de la lettre que j'écrivis à ce sujet au ministre, par laquelle vous verrez ce qu'il en est. Je reviens maintenant à ce que vous m'en avez écrit.

Lorsqu'on vous marqua que la pension m'avoit été offerte, cela étoit vrai; mais lorsqu'on ajouta que je l'avois refusée, cela étoit parfaitement faux; car, au contraire, sans aucun doute alors sur la sincérité de M. Hume, je ne mis, pour accepter cette pension, qu'une condition unique, savoir l'agrément de mylord maréchal, que, vu ce qui s'étoit passé à Neuchâtel, je ne pouvois me dispenser d'obtenir. Or, nous avions eu cet agrément avant mon départ de Londres; il ne restoit de la part de la cour qu'à terminer l'affaire; ce que je n'espérois pourtant pas beaucoup; mais ni dans ce temps-là, ni avant, ni après, je n'en ai parlé à qui que ce fût au monde, hors le seul mylord maréchal, qui sûrement m'a gardé le secret: il faut donc que ce secret ait été ébruité de la part de M. Hume. Or, comment M. Hume a-t-il pu dire que j'avois refusé, puisque cela étoit faux, et qu'alors mon intention n'étoit pas même de refuser? Cette anticipation ne montre-t-elle pas qu'il savoit que je serois bientôt forcé à ce refus, et qu'il entroit même dans son projet de m'y forcer, pour amener les choses au point où il les a mises? La chaîne de tout cela me paroît importante à suivre pour le travail dont je suis occupé; et si vous pouviez parvenir à remonter, par votre ami, à la source de ce qu'il vous écrit, vous rendriez un grand service à la chose et à moi-même.

Les choses qui se passent en Angleterre à mon égard sont, je vous assure, hors de toute imagination: j'y suis dans la plus complète diffamation où il soit possible d'être, sans que j'aie donné à cela la moindre occasion, et sans que pas une âme puisse dire avoir eu personnellement le moindre mécontentement de moi. Il paroît maintenant que le projet de M. Hume, et de ses associés est de me couper toute ressource, toute communication avec le continent, et de me faire périr ici de douleur et de misère. J'espère qu'ils ne réussiront pas : mais deux choses me font trembler : l'une est qu'ils travaillent avec force à détacher de moi M. Davenport, et que, s'ils réussissent, je suis absolument sans asile, et sans savoir que devenir; l'autre, encore plus effrayante, est qu'il faut absolument que, pour ma correspondance avec vous, j'aie un commissionnaire à Londres, à cause de l'affranchissement jusqu'à cette capitale, qu'il ne m'est pas possible de faire ici; je me sers pour cela d'un libraire que je ne connois point, mais qu'on m'assure être fort honnête homme; si par quelque accident cet homme venoit à me manquer, il ne me reste personne à qui adresser mes lettres en sûreté, et je ne saurois plus comment vous écrire : il faut espérer que cela n'arrivera pas; mais, mon cher hôte, je suis si malheureux ! Il ne me faudroit que ce dernier coup.

Je tâche de fermer de tous côtés la porte aux nouvelles affligeantes; je ne lis plus aucun papier public; je ne réponds plus à aucune lettre, ce qui doit rebuter à la fin de m'en écrire; je ne parle que de choses indifférentes au seul voisin avec lequel je converse, parce qu'il est le seul qui parle françois. Il ne m'a pas été possible, vu la cause, de n'être pas affecté de cette épouvantable révolution, qui, je n'en doute pas, a gagné toute l'Europe; mais cette émotion a peu duré; la sérénité est revenue, et j'espère qu'elle tiendra : car il me paroit difficile qu'il m'arrive désormais aucun malheur imprévu. Pour vous, mon cher hôte, que tout cela ne vous ébranle pas : j'ose vous prédire qu'un jour l'Europe portera le plus grand respect à ceux qui en auront conservé pour moi dans mes disgrâces.

A MADAME LA COMTESSE DE BOUFFLERS.

Woolton, le 30 août 1766.

Une chose me fait grand plaisir, madame, dans la lettre que vous m'avez fait l'honneur de m'écrire le 27 du mois dernier, et qui ne m'est parvenue que depuis peu de jours; c'est de connoître à son ton que vous êtes en bonne santé.

Vous dites, madame, n'avoir jamais vu de lettre semblable à celle que j'ai écrite à M. Hume; cela peut être, car je n'ai, moi, jamais rien vu de semblable à ce qui y a donné lieu : cette lettre ne ressemble pas du moins à celles qu'écrit M. Hume, et j'espère n'en écrire jamais qui leur ressemblent.

Vous me demandez quelles sont les injures dont je me plains. M. Hume m'a forcé de lui dire que je voyois ses manœuvres secrètes, et je l'ai fait; il m'a forcé d'entrer là-dessus en explication; je l'ai fait encore, et dans le plus grand détail. Il peut vous rendre compte de tout cela, madame; pour moi, je ne me plains de rien.

Vous me reprochez de me livrer à d'odieux soupçons : à cela je réponds que je ne me livre point à des soupçons : peut-être auriez-vous pu, madame, prendre pour vous un peu des leçons que vous me donnez, n'être pas si facile à croire que je croyois si facilement aux trahisons, et vous dire pour moi une partie des choses que vous vouliez que je me disse pour M. Hume.

Tout ce que vous m'alléguez en sa faveur forme un préjugé très-fort, très-raisonnable, d'un très-grand poids, surtout pour moi, et que je ne cherche point à combattre; mais les préjugés ne font rien contre les faits. Je m'abstiens de juger du caractère de M. Hume; que je ne connois pas; je ne juge que sa conduite avec moi, que je connois. Peut-être suis-je le seul homme qu'il ait jamais haï, mais aussi quelle haine ! Un même cœur suffiroit-il à deux comme celle-là ?

Vous vouliez que je me refusasse à l'évidence, c'est ce que j'ai fait autant que j'ai pu; que je démentisse le témoignage de mes sens, c'est un conseil plus facile à donner qu'à suivre; que je ne crusse rien de ce que je sentois; que je consultasse les amis que j'ai en France : mais si je ne dois rien croire de ce que je vois et de ce que je sens, ils croiront bien moins encore, eux qui ne le voient pas, et qui le sentent encore moins. Quoi, madame! quand un homme vient entre quatre yeux m'enfoncer, à coups redoublés, un poignard dans le sein, il faut, avant d'oser lui dire qu'il me frappe, que j'aille demander à d'autres s'il m'a frappé?

L'extrême emportement que vous trouvez dans ma lettre me fait présumer, madame, que vous n'êtes pas de sang-froid vous-même, ou que la copie que vous avez vue est falsifiée. Dans la circonstance funeste où j'ai écrit cette lettre, et où M. Hume m'a forcé de l'écrire, sachant bien ce qu'il en vouloit faire, j'ose dire qu'il falloit avoir une âme forte pour se modérer à ce point. Il n'y a que les infortunés qui sentent combien, dans l'excès d'une affliction de cette espèce, il est difficile d'allier la douceur avec la douleur.

M. Hume s'y est pris autrement, je l'avoue; tandis qu'en réponse à cette même lettre il m'écrivoit en termes décens et même honnêtes, il écrivoit à M. d'Holbach et à tout le monde en termes un peu différens; il a rempli Paris, la France, les gazettes, l'Europe entière, de choses que ma plume ne sait pas écrire, et qu'elle ne répétera jamais : étoit-ce comme cela, madame, que j'aurois dû faire?

Vous dites que j'aurois dû modérer mon emportement contre un homme qui m'a réellement servi. Dans la longue lettre que j'ai écrite le 10 juillet, à M. Hume, j'ai pesé avec la plus grande équité les services qu'il m'a rendus : il étoit digne de moi d'y faire partout pencher la balance en sa faveur, et c'est ce que j'ai fait : mais quand tous ces grands services auroient eu autant de réalité que d'ostentation, s'ils n'ont été que des pièges qui couvroient les plus noirs desseins, je ne vois pas qu'ils exigent une grande reconnoissance.

Les liens de l'amitié sont respectables même après qu'ils sont rompus : cela est vrai; mais cela suppose que ces liens ont existé; malheureusement ils ont existé de ma part; aussi le parti que j'ai pris de gémir tout bas et de me taire est-il l'effet du respect que je me dois.

Et les seules apparences de ce sentiment le sont aussi. Voilà, madame, la plus étonnante maxime dont j'aie jamais entendu parler. Comment! sitôt qu'un homme prend en public le masque de l'amitié, pour me nuire plus à son aise, sans même daigner se cacher de moi, sitôt qu'il me baise en m'assassinant, je dois n'oser plus me défendre, ni parer ses coups, ni m'en plaindre, pas même à lui!... Je ne puis croire que c'est là ce que vous avez voulu dire;

cependant, en relisant ce passage dans votre lettre, je n'y puis trouver aucun autre sens.

Je vous suis obligé, madame, des soins que vous voulez prendre pour ma défense, mais je ne les accepte pas : M. Hume a si bien jeté le masque, qu'à présent sa conduite parle et dit tout à qui ne veut point s'aveugler; mais quand cela ne seroit pas, je ne veux point qu'on me justifie, parce que je n'ai pas besoin de justification, et je ne veux pas qu'on m'excuse, parce que cela est au-dessous de moi; je souhaiterois seulement que, dans l'abîme de malheurs où je suis plongé, les personnes que j'honore m'écrivissent des lettres moins accablantes, afin que j'eusse au moins la consolation de conserver pour elles tous les sentimens qu'elles m'ont inspirés.

A M. D'IVERNOIS.
Wootton, le 30 août 1766.

J'ai lu, monsieur, dans votre lettre du 31 juillet, l'article de la gazette que vous y avez transcrit, et sur lequel vous me demandez des instructions pour ma défense. Eh! de quoi, je vous prie, voulez-vous me défendre; de l'accusation d'être un infâme? Mon bon ami, vous n'y pensez pas : lorsqu'on vous parlera de cet article, et des étonnantes lettres qu'écrit M. Hume, répondez simplement : Je connois mon ami Rousseau; de pareilles accusations ne sauroient le regarder : du reste, faites comme moi, gardez le silence, et demeurez en repos : surtout ne me parlez plus de ce qu'on dit dans le public et dans les gazettes; il y a long-temps que tout cela est mort pour moi.

Il y a cependant un point sur lequel je désire que mes amis soient instruits, parce qu'ils pourroient croire, comme ils ont fait quelquefois, et toujours à tort, que des principes outrés me conduisent à des choses déraisonnables. M. Hume a répandu à Paris et ailleurs que j'avois refusé brutalement une pension de deux mille francs du roi d'Angleterre, après l'avoir acceptée : je n'ai jamais parlé à personne de cette pension que le roi vouloit qui fût secrète, et je n'en aurois parlé de ma vie, si M. Hume n'eût commencé. L'histoire en seroit longue à déduire dans une lettre; il suffit que vous sachiez comment je m'en défendis, quand ayant découvert les manœuvres secrètes de M. Hume, je dus ne rien accepter par la médiation d'un homme qui me trahissoit. Voici, monsieur, une copie de la lettre que j'écrivis à ce sujet à M. le général Conway, secrétaire d'état. J'étois d'autant plus embarrassé dans cette lettre que par un excès de ménagement, je ne voulois ni nommer M. Hume, ni dire mon vrai motif : je l'envoie pour que vous jugiez, quant à présent, d'une seule chose, si j'ai refusé malhonnêtement. Quand nous nous verrons, vous saurez le reste : plaise à Dieu que ce soit bientôt! Toutefois, ne prenez rien sur vos affaires d'aucune espèce : je puis attendre : et dans quelque temps que vous veniez, je vous verrai toujours avec le même plaisir. Je me rapporte en toute chose à la lettre que je vous ai écrite, il y a une quinzaine de jours, par voie d'ami; je vous embrasse de tout mon cœur.

P. S. Il faut que vous ayez une mince opinion de mon discernement en fait de style, pour vous imaginer que je me trompe sur celui de M. de Voltaire, et que je prends pour être de lui ce qui n'est pas; et il faut en revanche que vous ayez une haute opinion de sa bonne foi, pour croire que dès qu'il renie un ouvrage c'est une preuve qu'il n'est pas de lui.

A MADAME LA DUCHESSE DE PORTLAND.

Wootton, le 3 septembre 1766.

Madame,

Quand je n'aurois eu aucun goût pour la botanique, les plantes que M. Granville m'a remises de votre part m'en auroient donné; et, pour mériter les trésors que je tiens de vous, je voudrois apprendre à les connoître; mais, madame la duchesse, il me manque le plus essentiel pour cela, et ce n'est pas assez pour moi de vos herbes, il me faudroit de plus vos instructions; que ne suis-je à portée d'en profiter quelquefois! Si, commençant trop tard cette étude, je n'avois jamais l'honneur de savoir, j'aurois du moins le plaisir d'apprendre et celui d'apprendre auprès de vous : j'y trouverois cette précieuse sérénité d'âme que donne la contemplation des merveilles qui nous entourent; et, que j'en devinsse ou non meilleur botaniste, j'en deviendrois sûrement et plus sage et plus heureux. Voilà, madame la duchesse, un bien que j'aime à chercher à votre exemple, et qu'on ne recherche jamais en vain; plus l'esprit s'éclaire et s'instruit, plus le cœur demeure paisible; l'étude de la nature nous détache de nous-mêmes et nous élève à son auteur. C'est en ce sens qu'on devient vraiment philosophe; c'est ainsi que l'histoire naturelle et la botanique ont un usage pour la sagesse et pour la vertu. Donner le change à nos passions par le goût des belles connoissances, c'est enchaîner les amours avec des liens de fleurs.

Daignez, madame la duchesse, recevoir avec bonté mon profond respect.

A M. ROUSTAN.

Wootton, le 7 septembre 1766.

Vous méritez bien, monsieur, l'exception que je fais pour vous de très-bon cœur au parti que j'ai pris de rompre toute correspondance de lettres, et de n'écrire plus à personne, hors les cas de nécessité. Je ne veux pas vous laisser un moment la fausse opinion que je ne vois en vous qu'un homme d'église, et j'ajouterai que je suis bien éloigné de voir les ecclésiastiques en général de l'œil que vous supposez : ils sont bien moins mes ennemis que des instrumens aveugles et ostensibles dans les mains de mes ennemis adroits et cachés. Le clergé catholique, qui seul avoit à se plaindre de moi, ne m'a jamais fait ni voulu aucun mal; et le clergé protestant, qui n'avoit qu'à s'en louer, ne m'en a fait et voulu que parce qu'il est aussi stupide que courtisan, et qu'il n'a pas vu que ses ennemis et les miens le faisoient agir pour me nuire contre tous ces vrais intérêts. Je reviens à vous, monsieur, pour qui mes sentimens n'ont point changé, parce que je crois les vôtres toujours les mêmes, et que les hommes de votre étoffe prennent moins l'esprit de leur état qu'ils n'y portent le leur. Je n'ai pas craint que les clameurs de M. Hume fissent impression sur vous, ni sur M. Abauzit, ni sur aucun de ceux qui me connoissent; et, quant au public, il est mort pour moi; ses jugemens insensés l'ont tué dans mon cœur : je ne connois plus d'autre bien que celui de la paix de l'âme et des jours achevés en repos, loin du tumulte et des hommes ; et si les méchans ne veulent pas m'oublier, peu m'importe ; pour moi, je les ai parfaitement oubliés. M. Hume, en m'accablant publiquement des outrages que vous savez, a promis de publier les faits et les pièces qui les autorisent. Peut-être voudroit-il aujourd'hui n'avoir pas pris cet engagement, mais il est pris enfin : s'il le remplit, vous trouverez dans sa relation l'éclaircissement que vous demandez ; s'il ne le remplit pas, vous en pourrez juger par là même : un tel silence, après le bruit qu'il a fait, seroit décisif. Il faut, monsieur, que chacun ait son tour ; c'est à présent celui de M. Hume : le mien viendra tard ; il viendra toutefois, je m'en fie à la Providence. J'ai un défenseur dont les opérations sont lentes, mais sûres ; je les attends, et je me tais. Je suis touché du souvenir de M. Abauzit et de ses obligeantes inquiétudes : saluez-le tendrement et respectueusement de ma part ; marquez-lui qu'il ne se peut pas qu'un homme qui sait honorer dignement la vertu, en soit dépourvu lui-même : assurez-le que, quoi que puissent faire et dire, et M. Hume, et les gazetiers, et les plénipotentiaires, et toutes les puissances de la terre, mon âme restera toujours la même : elle a passé par toutes les épreuves, et les a soutenues ; il n'est pas au pouvoir des hommes de la changer. Je vous remercie de l'offre que vous me faites de m'instruire de ce qui se passe ; mais je ne l'accepte pas : je ne prévois que trop ce qui arrivera, comme j'ai prévu tout ce qui arrive. La bourgeoisie n'a démenti en rien la haute opinion que j'avois d'elle ; sa conduite, toujours sage, modérée, et ferme dans d'aussi cruelles circonstances, offre un exemple peut-être unique, et bien digne d'être célébré. Jamais ils n'ont mieux mérité de jouir de la liberté qu'au moment qu'ils la perdent ; et j'ose dire qu'ils effacent la gloire de ceux qui la leur ont acquise. Vous devriez bien, monsieur, former la noble entreprise de célébrer ces hommes magnanimes, en faisant l'oraison funèbre de leur liberté : votre cœur seul, même sans vos talens, suffiroit pour vous faire exécuter supérieurement cette entreprise ; et jamais Isocrate et Démosthène n'ont traité de plus grand sujet. Faites-le, monsieur, avec majesté et simplicité ; ne vous y permettez ni satire ni invective, pas un mot choquant contre les destructeurs de la république ; les faits, sans y ajouter de réflexion, quand ils seront à leur charge. Détournez vos regards de l'iniquité triomphante, et ne voyez que la vertu dans les fers. Imitez cette ancienne prêtresse d'Athènes, qui ne voulut jamais prononcer d'imprécations contre Alcibiade, disant qu'elle étoit ministre des dieux, non pour excommunier et maudire, mais pour louer et bénir.

A MYLORD MARÉCHAL.

7 septembre 1766.

Je ne puis vous exprimer, mylord, à quel point, dans les circonstances où je me trouve, je suis alarmé de votre silence. La dernière lettre que j'ai reçue de vous étoit du... Seroit-il possible que les terribles clameurs de M. Hume eussent fait impression sur vous, et m'eussent, au milieu de tant de malheurs, ôté la seule consolation qui me restoit sur la terre ? Non, mylord, cela ne peut pas être ; votre âme ferme ne peut être entraînée par l'exemple de la foule : votre esprit judicieux ne peut être abusé à ce point. Vous n'avez point connu cet homme, personne ne l'a connu, ou plutôt il n'est plus le même. Il n'a jamais haï que moi seul ; mais aussi quelle haine ! un même cœur pourroit-il suffire à deux comme celle-là ? Il a marché jusqu'ici dans les ténèbres, il s'est caché ; mais maintenant il se montre à découvert. Il a rempli l'Angleterre, la France, les gazettes, l'Europe entière, de cris auxquels je ne sais que répondre, et d'injures dont je me croirois digne si je daignois les repousser. Tout cela ne décèle-t-il pas avec évidence le but qu'il a caché jusqu'à présent avec tant de soin ? Mais laissons M. Hume, je veux l'oublier malgré les maux qu'il m'a faits : seulement qu'il ne m'ôte pas mon père ; cette perte est la seule que je ne pourrois supporter. Avez-vous reçu mes deux dernières lettres, l'une du 20 juillet et l'autre du 9 août ? Ont-elles eu le bonheur d'échapper aux filets qui sont tendus tout autour de moi, et au travers desquels peu de chose passe ? Il paroît que l'intention de mon persécuteur et de ses amis est de m'ôter toute communication avec le continent, et de me faire périr ici de douleur et de misère; leurs mesures sont trop bien prises pour que je puisse aisément leur échapper. Je suis préparé à tout et je puis tout supporter hors votre silence. Je m'adresse à M. Rougemont; je ne connois que lui seul à Londres à qui j'ose me confier : s'il me refuse ses services, je suis sans ressource et sans moyen pour écrire à mes amis. Ah, mylord! qu'il me vienne une lettre de vous, et je me console de tout le reste!

A M. RICHARD DAVENPORT.

Wootton, le 11 septembre 1766.

Après le départ, monsieur, de ma précédente lettre, j'en reçus enfin une de M. Becket : il me marque que les estampes sont dans une des autres caisses; ainsi je n'ai plus rien à dire : mais vous m'avouerez que, ne les trouvant pas dans la caisse où elles devoient être, et trouvant les porte-feuilles vides, il étoit assez naturel que je les crusse perdues. Il me reste à vous faire mes excuses de vous avoir donné pour cette affaire bien de l'embarras mal à propos.

Vous recevez si bien vos hôtes, et votre habitation me paroît si agréable, que j'ai grande envie de retourner vous y voir l'année prochaine. Si vous n'étiez pas pressé pour la plantation de votre jardin et que vous voulussiez attendre jusqu'à l'année prochaine, il me viendroit peut-être quelques idées, car, quant à présent, j'ai l'esprit encore trop rempli de choses tristes, pour qu'aucune idée agréable vienne s'y présenter ; mais l'asile où je suis, et la vie douce que j'y mène m'en rendront bientôt, quand rien du dehors ne viendra les troubler. Puissé-je être oublié du public, comme je l'oublie! Quoi que vous en disiez, je préférerois, et je croirois faire une chose cent fois plus utile de découvrir une seule nouvelle plante, que de prêcher pendant cinquante ans tout le genre humain.

Nous avons depuis quelques jours un bien mauvais temps, dont je serois moins affligé si j'espérois qu'il ne s'étendît pas jusqu'à Davenport. J'en salue de tout mon cœur les habitans, et surtout le bon et aimable maître.

A MYLORD MARÉCHAL.

Wootton, le 27 septembre 1766.

Je n'ai pas besoin, mylord, de vous dire combien vos deux dernières lettres m'ont fait de plaisir et m'étoient nécessaires. Ce plaisir a pourtant été tempéré par plus d'un article, par un, surtout, auquel je réserve une lettre exprès, et aussi par ceux qui regardent M. Hume, dont je ne saurois lire le nom, ni rien qui s'y rapporte, sans un serrement de cœur et un mouvement convulsif, qui fait pis que de me tuer, puisqu'il me laisse vivre. Je ne cherche point, mylord, à détruire l'opinion que vous avez de cet homme, ainsi que toute l'Europe; mais je vous conjure, par votre cœur paternel, de ne me reparler jamais de lui sans la plus grande nécessité.

Je ne puis me dispenser de répondre à ce que vous m'en dites dans votre lettre du 5 de ce mois. *Je vois avec douleur*, me marquez-vous, *que vos ennemis mettront sur le compte de M. Hume tout ce qu'il leur plaira d'ajouter au démêlé d'entre vous et lui*. Mais que pourroient-ils faire de plus que ce qu'il a fait lui-même? Diront-ils de moi pis qu'il n'en a dit dans les lettres qu'il a écrites à Paris, par toute l'Europe, et qu'il a fait mettre dans toutes les gazettes? Mes autres ennemis me font du pis qu'ils peuvent et ne s'en cachent guère ; lui fait pis qu'eux et se cache, et c'est lui qui ne manquera pas de mettre sur leur compte le mal que jusqu'à ma mort il ne cessera de me faire en secret.

Vous me dites encore, mylord, que je trouve mauvais que M. Hume ait sollicité la pension du roi d'Angleterre à mon insu. Comment avez-vous pu vous laisser surprendre au point d'affirmer ainsi ce qui n'est pas ? Si cela étoit vrai, je serois un extravagant tout au moins ; mais rien n'est plus faux. Ce qui m'a fâché, c'étoit qu'avec sa profonde adresse il se soit servi de cette pension, sur laquelle il revenoit à mon insu, quoique refusée, pour me forcer de lui motiver mon refus et de lui faire la déclaration qu'il vouloit absolument avoir et que je voulois éviter, sachant bien l'usage qu'il en vouloit faire. Voilà, mylord, l'exacte vérité, dont j'ai les preuves, et que vous pouvez affirmer.

Grâces au ciel, j'ai fini quant à présent sur ce qui regarde M. Hume. Le sujet dont j'ai maintenant à vous parler est tel que je ne puis me résoudre à le mêler avec celui-là dans la même lettre; je le réserve pour la première que je vous écrirai. Ménagez pour moi vos précieux ours, je vous en conjure. Ah! vous ne savez pas, dans l'abîme de malheurs où je suis plongé, quel seroit pour moi celui de vous survivre!

A MADAME ***.

Wootton, le 27 septembre 1766.

Le cas que vous m'exposez, madame, est dans le fond très-commun, mais mêlé de choses si extraordinaires, que votre lettre a l'air d'un roman. Votre jeune homme n'est pas de son siècle; c'est un prodige ou un monstre. Il y a des monstres dans ce siècle, je le sais trop, mais plus vils que courageux, et plus fourbes que féroces. Quant aux prodiges, on en voit si peu que ce n'est pas la peine d'y croire, et si Cassius en est un de force d'âme, il n'en est assurément pas un de bon sens et de raison.

Il se vante de sacrifices qui, quoiqu'ils fassent horreur, seroient grands s'ils étoient pénibles, et seroient héroïques s'ils étoient nécessaires; mais où, faute de l'une ou de l'autre de ces conditions, je ne vois qu'une extravagance qui me fait très-mal augurer de celui qui les a faits. Convenez, madame, qu'un amant qui oublie sa belle dans un voyage, qui en redevient amoureux quand il la revoit, qui l'épouse et puis qui s'éloigne, et l'oublie encore, qui promet sèchement de revenir à ses couches et n'en fait rien, qui revient enfin pour lui dire qu'il l'abandonne, qui part et ne lui écrit que pour confirmer cette belle résolution; convenez, dis-je, que si cet homme eut de l'amour, il n'en eut guère, et que la victoire dont il se vante avec tant de pompe, lui coûte probablement beaucoup moins qu'il ne vous dit.

Mais, supposant cet amour assez violent pour se faire honneur du sacrifice, où en est la nécessité? C'est ce qui me passe. Qu'il s'occupe du sublime emploi de délivrer sa patrie, cela est fort beau, et je veux croire que cela est utile; mais ne se permettre aucun sentiment étranger à ce devoir, pourquoi cela? Tous les sentimens vertueux ne s'étayent-ils pas les uns les autres, et peut-on en détruire un sans les affoiblir tous? *J'ai cru long-temps*, dit-il, *combiner mes affections avec mes devoirs. Il n'y a point là de combinaisons à faire, quand ces affections elles-mêmes sont des devoirs. L'illusion cesse, et je vois qu'un vrai citoyen doit les abolir.* Quelle est donc cette illusion, et où a-t-il pris cette affreuse maxime? S'il est de tristes situations dans la vie, s'il est de cruels devoirs qui nous forcent quelquefois à leur en sacrifier d'autres, à déchirer notre cœur pour obéir à la nécessité pressante ou à l'inflexible vertu, en est-il, en peut-il jamais être qui nous forcent d'étouffer des sentimens aussi légitimes que ceux de l'amour filial, conjugal, paternel? et tout homme qui se fait une expresse loi de n'être plus ni fils, ni mari, ni père, ose-t-il usurper le nom de citoyen, ose-t-il usurper le nom d'homme?

On diroit, madame, en lisant votre lettre, qu'il s'agit d'une conspiration. Les conspirations peuvent être des actes héroïques de patriotisme, et il y en a eu de telles; mais presque toujours elles ne sont que des crimes punissables, dont les auteurs songent bien moins à servir la patrie qu'à l'asservir, et à la délivrer de ses tyrans qu'à l'être. Pour moi, je vous déclare que je ne voudrois pour rien au monde avoir trempé dans la conspiration la plus légitime; parce que enfin ces sortes d'entreprises ne peuvent s'exécuter sans troubles, sans désordres, sans violences, quelquefois sans effusion de sang, et qu'à mon avis le sang d'un seul homme est d'un plus grand prix que la liberté de tout le genre humain. Ceux qui aiment sincèrement la liberté n'ont pas besoin, pour la trouver, de tant de machines, et, sans causer ni révolutions ni troubles, quiconque veut être libre l'est en effet.

Posons toutefois cette grande entreprise comme un devoir sacré qui doit régner sur tous les autres; doit-il pour cela les anéantir, et ces différens devoirs sont-ils donc à tel point incompatibles qu'on ne puisse servir la patrie sans renoncer à l'humanité? Votre Cassius est-il donc le premier qui ait formé le projet de délivrer la sienne, et ceux qui l'ont exécuté l'ont-ils fait au prix des sacrifices dont il se vante? Les Pélopidas, les Brutus, les vrais Cassius, et tant d'autres, ont-ils eu besoin d'abjurer tous les droits du sang et de la nature pour accomplir leurs nobles desseins? Y eut-il jamais de meilleurs fils, de meilleurs maris, de meilleurs pères que ces grands hommes? La plupart, au contraire, concertèrent leurs entreprises au sein de leurs familles; et Brutus osa révéler, sans nécessité, son secret à sa femme, uniquement parce qu'il la trouva digne d'en être dépositaire. Sans aller si loin chercher des exemples, je puis, madame, vous en citer un plus moderne d'un héros à qui rien ne manque pour être à côté de ceux de l'antiquité, que d'être aussi connu qu'eux; c'est le comte Louis de Fiesque, lorsqu'il voulut briser les fers de Gênes, sa patrie, et la délivrer du joug des Doria. Ce jeune homme si aimable, si vertueux, si parfait, forma ce grand dessein presque dès son enfance, et s'éleva, pour ainsi dire, lui-même pour l'exécuter. Quoique très-prudent, il le confia à son frère, à sa famille, à sa femme aussi jeune que lui; et, après des préparatifs très-grands, très-lents, très-difficiles, le secret fut si bien gardé, l'entreprise fut si bien concertée et eut un si plein succès, que le jeune Fiesque étoit maître de Gênes au moment qu'il périt par un accident.

Je ne dis pas qu'il soit sage de révéler ces sortes de secrets, même à ses proches, sans la plus grande nécessité : mais autre chose est, garder son secret, et autre chose, rompre avec ceux à qui on le cache : j'accorde même qu'en méditant un grand dessein l'on est obligé de s'y livrer quelquefois au point d'oublier, pour un temps, des devoirs moins pressans peut-être, mais non moins sacrés sitôt qu'on peut les remplir; mais que, de propos délibéré, de gaîté de cœur, le sachant, le voulant, on ait avec la barbarie de renoncer pour jamais à tout ce qui nous doit être cher, celle de l'accabler de cette déclaration cruelle, c'est, madame, ce qu'aucune situation imaginable ne peut ni autoriser ni suggérer même à un homme dans son bon sens qui n'est pas un monstre. Ainsi je conclus, quoique à regret, que votre Cassius est fou, tout au moins; et je vous avoue qu'il m'a tout-à-fait l'air d'un ambitieux embarrassé de sa femme, qui veut couvrir du masque de l'héroïsme son inconstance et ses projets d'agran-

dissement : or, ceux qui savent employer à son âge de pareilles ruses sont des gens qu'on ne ramène jamais, et qui rarement en valent la peine.

Il se peut, madame, que je me trompe; c'est à vous d'en juger. Je voudrois avoir des choses plus agréables à vous dire; mais vous me demandez mon sentiment, il faut vous le dire, ou me taire, ou vous tromper. Des trois partis j'ai choisi le plus honnête et celui qui pouvoit le mieux vous marquer, madame, ma déférence et mon respect.

A M. DU PEYROU.

A Wootton, le 4 octobre 1766.

Tu quoque...!

J'ai reçu, mon cher hôte, votre lettre n° 52; je n'ai pas besoin de vous dire quel effet elle a fait sur moi; j'ai besoin plutôt de vous dire qu'elle ne m'a pas achevé. Celle n° 50 ne me préparoit pas à celle-là; ce que vous aviez écrit à Panckoucke m'y préparoit encore moins; et j'aurois juré, surtout après la promesse que vous m'aviez faite, que vous étiez à l'épreuve du voyage de Genève. J'avois tort; je devrois savoir mieux que personne qu'il ne faut jurer de rien. Le soin que vous prenez de me ramasser les jugemens du public sur mon compte m'apprend assez quels sont les vôtres, et je vois que si vous exigez que je me justifie, c'est surtout auprès de vous; car, quant au public, vous savez que vos soins là-dessus sont inutiles, que mon parti est pris sur ce point, et que de mon vivant je n'ai plus rien à lui dire.

Mais, avant de parler de ma justification, parlons de la vôtre; car enfin je n'ai aucun tort avec vous, que je sache, et vous en avez avec moi de peu pardonnables; puisqu'avant de se résoudre d'accabler un ami dans mon état, il faut s'assurer d'avoir dix fois raison, après quoi l'on a tort encore. J'entre en matière.

Je vous disois dans ma précédente lettre que, lorsqu'on vous marqua que la pension m'avoit été offerte, cela étoit vrai; mais que lorsqu'on ajouta que je l'avois refusée, cela étoit faux; qu'il étoit faux même que j'eusse alors l'intention de la refuser; que, comme c'étoit alors un secret, je n'en avois parlé à qui que ce fût;

qu'il falloit donc que ce bruit anticipé fût venu de M. Hume, qui lui-même avoit exigé le secret, etc., etc.

Là-dessus, voici votre réponse : de peur de la mal extraire, je la transcrirai mot à mot.

« Votre lettre au général Conway est du 12
» mai, et l'affaire de votre démêlé n'a éclaté
» dans ce pays et à Genève que sur la fin de
» juillet ; à Paris, dans le courant du même
» mois, ou dans celui de juin. Il est donc pos-
» sible que M. Hume n'ait parlé, dans sa lettre
» à d'Alembert, de votre pension, que sur le
» refus de l'accepter fait à M. Conway. Je dis
» possible, parce que, n'ayant pas la date de la
» lettre à d'Alembert, je ne peux pas l'assurer ;
» mais l'époque en est du mois de juin au plus
» tôt. Ainsi, la conséquence que vous tirez con-
» tre Hume de cette circonstance n'est pas
» nécessaire, et le secret ébruité de la pension
» n'a eu lieu qu'après votre refus. Je vous fais
» cette réflexion pour vous engager à bien
» combiner les dates, à bien vous en assurer,
» avant d'établir sur elles aucunes inductions.
» Il me sera difficile d'avoir la date de cette
» lettre à d'Alembert, puisqu'elle ne se com-
» munique plus, mais je tâcherai d'en savoir
» ce que je pourrai. Ce que j'en savois venoit
» d'une lettre de M. Fischer au capitaine
» Steiner de Couvet ; la lettre était de fraîche
» date, et je vous écrivis sur-le-champ son
» contenu, et cela le 31 juillet. »

Il paroît, par tout ce récit, que je vous en ai imposé dans le mien, en antidatant le bruit répandu de mon refus, pour en accuser M. Hume. Je crois que vous n'avez pas tiré positivement cette conséquence ; mais comme elle suit nécessairement de votre exposé, surtout de la fin, il a bien fallu, malgré vous, qu'elle se présentât au moins dans l'éloignement, puisqu'il étoit totalement impossible, de la manière que vous présentez la chose, que je fusse dans l'erreur sur ce point ; et, quand j'y aurois été, cette erreur sur pareil sujet eût été une étourderie impardonnable à mon âge, et ne pouvoit que rendre mon caractère très-suspect. Or, sans vous parler des devoirs de l'amitié, ceux de l'équité, de l'humanité, du respect qu'on doit aux malheureux, vouloient que vous commençassiez par bien vous assurer des faits qui entraînoient cette conséquence, et que vous ne vous fiassiez pas légèrement à votre mémoire pour m'imputer une pareille méchanceté. Avant d'aller plus loin, je vous supplie de rentrer ici en vous-même, et de vous demander si j'ai tort ou raison.

Suivez maintenant ce que j'ai à vous dire.

Premièrement je viens de relire, en entier, votre lettre du 31 juillet, n° 30, et je n'y ai pas trouvé un seul mot de M. d'Alembert, ni de M. Fischer, ni de M. Steiner, ni de rien de ce que vous dites y avoir mis à ce sujet, et il n'en est question, que je sache, dans aucune autre de vos lettres.

Mais voici ce que vous m'écriviez le 16 mars, dans votre n° 21 :

« Si vous avez besoin d'un homme sûr,
» adressez-vous hardiment à mon ami Cerjeat ;
» je vous fournis son adresse à tout événement.
» Il me dit que l'on prétend que le roi vous a
» offert une pension que vous avez refusée,
» par la raison que vous n'aviez pas voulu ac-
» cepter celle que le roi de Prusse vouloit vous
» faire, que vous ne voulez pas recevoir des
» Suisses, et que vous vous plaignez de l'ac-
» cueil que vous avez trouvé en Angleterre. »

Voici là-dessus comment je raisonnois en vous écrivant le 16 août.

M. de Cerjeat n'a pu vous écrire de Londres plus tard que le commencement de mars, ce que vous me marquez de Neuchâtel du 16.

Or, au commencement de mars, j'étois encore à Londres, d'où je ne suis parti que le 19 pour ce pays.

Au commencement de mars, M. Hume avoit encore toute ma confiance, et j'avois eu la bêtise de ne pas le pénétrer, quoiqu'il entrât dans son profond projet que je le pénétrasse et que personne au monde ne le pénétrât que moi seul.

Au commencement de mars, j'étois très-déterminé, sauf l'aveu de mylord maréchal, d'accepter la pension si réellement elle m'étoit donnée ; chose dont, à la vérité, j'ai toujours douté.

Et au commencement de mars, je n'avois parlé de cette pension à qui que ce fût qu'au seul mylord maréchal, du consentement de M. Hume, et l'on ne pouvoit encore avoir la réponse.

Je concluois de là qu'il falloit que le bruit

parvenu à M. de Cerjeat eût été répandu par M. Hume, qui m'avoit recommandé le secret, et je pensois, comme je le pense encore, qu'il eût peut-être été très-important pour moi qu'on pût remonter à la source de ce premier bruit : mais j'avoue que dans l'état déplorable où j'achève ma malheureuse vie, il est plus aisé de m'accabler que de me servir.

Combinez et concluez vous-même : pour moi, je n'ajouterai rien. Voilà, monsieur, mon premier grief. Commençons, si vous voulez bien, par le mettre en règle, avant que d'aller plus loin. Aussi bien, je sens que mes forces achèvent de m'abandonner, et j'ai besoin d'un peu de relâche dans le travail cruel auquel, au lieu de consolations que j'attendois de vous, il vous plaît de me condamner. Je reprendrai votre lettre article par article ; et, avec l'âme que je vous connois, vous gémirez de l'avoir écrite ; mais, en attendant elle aura fait son effet. Je vous embrasse, mon cher hôte, de tout mon cœur.

J'ai reçu réponse de mylord maréchal sur l'affaire de M. d'Escherny. Dans ma première lettre, je vous ferai l'extrait de la sienne.

Je reçois en ce moment votre n° 55, et j'y vois que M. de Luze nie que nous ayons jamais couché nous trois dans la même chambre durant la route. M. de Luze nie cela ! Mon Dieu ! suis-je parmi des hommes ? Mon Dieu ! mais je crois que c'est un défaut de mémoire ! Mon Dieu ! demandez, de grâce, à M. de Luze, comment donc nous couchâmes à Roye, je crois que c'est à Roye, la première nuit de notre départ de Paris ? Rappelez-lui que nous occupâmes une chambre à trois lits, dont je donne ici le plan pour éviter une longue description...

La main me tremble, je ne saurois tracer la figure. Il y avoit deux lits des deux côtés de la porte, et un dans le fond à main droite, que j'occupai ; la cheminée étoit entre mon lit et celui de M. de Luze, qui étoit à main droite en entrant. M. Hume occupoit celui de la gauche, et faisoit diagonale avec moi. La table où nous avions soupé étoit devant la cheminée, entre le lit de M. de Luze et le mien. Je me couchai le premier, M. de Luze ensuite, M. Hume le dernier. Je le vois encore prendre sa chemise à manches étroites plissées... Mon Dieu !... Parlez, de grâce, à M. de Luze ; et son domestique nic-t-il aussi ? Non, ce domestique est un valet,

mais c'est un homme. Malheureusement je ne l'ai pas revu depuis notre arrivée à Londres ; il n'a point eu d'étrennes... mais c'est un homme enfin. Si nous n'avions pas couché dans la même chambre, imaginez-vous à quel degré iroit ma stupidité d'aller choisir un pareil mensonge, et concevez-vous que Hume l'eût laissé passer sans le relever ? J'ose dire plus : Hume, tout Hume qu'il est, ne le niera pas, s'il ne sait pas que M. de Luze le nie. Ah Dieu ! parmi quels êtres suis-je ! Toute chose cessante, parlez à M. de Luze, et me répondez un mot, un seul mot, et je ne vous demande plus rien. Il me paroît, messieurs, que vous avez l'un et l'autre peu de mémoire au service de la vérité et des malheureux.

Il n'y avoit sur votre n° 55 qu'un petit brin de cire, très-légèrement mis, et le peu d'empreinte qui paroît n'est pas de votre cachet. Si cette lettre a été ouverte, jugez de ce qu'il peut en arriver !

AU MÊME.

A Wooton, le 15 octobre 1766.

J'apprends, mon cher hôte, par votre n° 54, le sujet qui vous conduit à Belfort. Tous mes vœux vous y accompagnent ; puissiez-vous y recouvrer votre bonne ouïe ! Je vois maintenant, avec une peine extrême, qu'elle ne s'affecte plus qu'à force de bruit.

J'ai vu aussi l'extrait de la lettre de mylord maréchal, où il vous dit que je blâme M. Hume d'avoir demandé et obtenu la pension sans mon aveu. J'avoue rondement que si cela est, je suis un extravagant tout au moins. Je n'ai rien à dire de plus sur cet article ; et, dès que mylord maréchal m'accuse, je ne sais pas me justifier, ou du moins je ne le sais que par-devant lui.

Revenons à vous.

J'ai fait sur vos trois dernières lettres des réflexions qu'il faut que je vous communique. Supposons que je fusse mort avant de les avoir reçues, et par conséquent avant d'avoir pu m'expliquer avec vous, ni avec M. de Luze, ni avec mylord maréchal.

Parce qu'une lettre de M. d'Alembert parloit d'un bruit répandu à Paris du refus de la pension du roi d'Angleterre, vous auriez continué de conclure que ce bruit n'avoit pu courir à Londres auparavant, et, ayant parfaitement oublié ce que vous avoit écrit M. de Cerjeat, vous seriez persuadé que j'avois antidaté ce même bruit, tout exprès pour en accuser M. Hume.

Mylord maréchal, qui prend pour un grief, ce dont je me plains, un fait que je lui rapporte en preuve d'un autre fait, auroit toujours vu que je blâmois M. Hume quand j'aurois dû le remercier; et il eût conclu de là que non-seulement je m'abusois sur le compte du bon David, mais que j'avois cherché les chicanes les plus ridicules pour avoir le plaisir de rompre avec lui.

M. de Luze, fondé sur cet admirable argument, qu'il vous a donné pour bon, et que vous avez pris pour tel, que lorsqu'en route deux passagers couchent dans la même chambre il est impossible qu'il y en couche un troisième; M. de Luze, dis-je, eût tenu bon dans cette persuasion, que, puisqu'il avoit toujours couché dans la même chambre que M. Hume, je n'y avois jamais couché. Il eût donc cru d'abord, comme il a fait, que la lettre à M. Hume, où je disois y avoir couché, étoit falsifiée. Mais, quand enfin l'on eût vérifié que la lettre étoit authentique sur cet article, il eût necessairement conclu qu'avec une impudence incroyable j'avois inventé cette fausseté pour appuyer une calomnie.

Je pourrois ajouter ici l'article de M. Vernes, sur lequel vous êtes revenu deux fois de suite ; mais je le réserve pour un autre lieu. Les trois précédens me suffisent, quant à présent.

De ces trois jugemens communiqués entre vous et bien combinés, il eût résulté qu'avec tous mes beaux raisonnemens, et avec toute la feinte probité dont je m'étois paré durant ma vie, je n'étois au fond qu'un insensé, un menteur, un calomniateur, un scélérat ; et, comme l'autorité de mes plus vrais amis n'étoit pas suspecte, si ma mémoire eût passé à la postérité, elle n'y eût passé que comme celle d'un malfaiteur, dont on se souvient uniquement pour le détester.

Et tout cela, parce que M. de Luze n'a point de mémoire et raisonne mal ; parce que M. Du Peyrou n'a point de mémoire et raisonne mal; et parce que mylord maréchal, prévenu que je blâme à tort le bon David, voit partout ce blâme, et même où je n'en ai point mis.

Cela m'a bien appris, mon cher hôte, ce que vaut l'opinion des hommes quels qu'ils soient, et à quoi tient ce que l'on appelle dans le monde honneur et réputation, puisque l'événement le plus cruel, le plus terrible de ma vie entière, celui dont j'ai porté le coup accablant avec le plus de constance, où je n'ai pas fait une démarche qui ne soit un acte de vertu, est précisément celui qui, si je n'y avois pas survécu, m'attiroit une ignominie éternelle, non pas seulement de la part du stupide public, mais de la part des hommes du meilleur sens, et de mes plus solides amis.

En devenant insensible aux jugemens du public, je n'ai fait que la moitié de ma tâche ; j'ai gardé toute ma sensibilité à l'estime de ceux qui ont toute la mienne, et par là je me suis assujetti à tous les jugemens inconsidérés qu'ils peuvent faire, à toutes les erreurs où ils peuvent tomber, puisqu'enfin ils sont hommes. Prévoyant de loin tous les moyens détournés qu'on alloit mettre en usage pour vous détacher de moi, tous les préjugés dont on alloit tâcher de vous éblouir, quelles sages mesures n'ai-je pas prises pour vous en garantir ? Comptant, comme j'avois le droit de le faire, sur votre confiance en ma probité, j'avois commencé par vous conjurer de ne rien croire de moi que ce que je vous en écrirois moi-même : vous me l'aviez promis très-positivement ; et la première chose que vous avez faite a été de manquer à cette promesse. Vous ne vous êtes pas contenté de vous livrer à tous les bruits du coin des rues, sur ce que je ne vous avois point écrit, mais même sur ce que je vous avois écrit ; sitôt que quelqu'un s'est trouvé en contradiction avec moi, c'est lui que vous avez cru, et c'est moi que vous avez refusé de croire. Exemple : dans ce que je vous avois marqué des mauvais offices que le bon David me rendoit auprès de M. Davenport, un M. de Brühl écrit le contraire, et aussitôt vous me demandez si je suis bien sûr de ce que je vous ai écrit. Vous me permettrez de ne pas trouver, en cette occasion, la question fort obligeante. Je n'ai pas, il est vrai, l'honneur d'être envoyé d'un prince; mais, en revanche, je suis votre ami, et connu de vous ou devant l'être.

Le résultat de toutes ces réflexions, que je vous communique, est de me détacher pour jamais de l'opinion des hommes, quels qu'ils soient, et même de ceux qui me sont les plus chers. Vous avez et vous aurez toujours toute mon estime; mais je me passerai de la vôtre, puisque vous la retirez si légèrement, et je me consolerai de la perdre en méritant de la conserver toujours. Je suis las de passer ma vie en continuelles apologies, de me justifier sans cesse auprès de mes amis, et d'essuyer leurs réprimandes lorsque j'ai mérité tous leurs applaudissemens. Ne vous gênez pas plus désormais que vous n'avez fait jusqu'ici sur ce chapitre; continuez, si cela vous amuse, à me rapporter les folies et les mensonges que vous entendez débiter sur mon compte. Rien de tout cela ne me fâchera plus, je vous le jure; mais je n'y répondrai de ma vie un seul mot.

Ceci, du reste, regarde uniquement l'avenir; car je vous ai promis d'examiner avec vous votre n° 32, et je veux tenir ma parole, mais il faut finir pour aujourd'hui. Dans l'état où je suis, la tâche que vous m'imposez ne peut se remplir sans reprendre haleine. Je finis donc en vous réitérant mes plus tendres vœux pour votre rétablissement, et en vous embrassant, mon cher hôte, de tout mon cœur.

AU MÊME.

Wootton, le 15 novembre 1766.

Je vois avec douleur, cher ami, par votre n° 55, que je vous ai écrit des choses déraisonnables dont vous vous tenez offensé. Il faut que vous ayez raison d'en juger ainsi, puisque vous êtes de sang-froid en lisant mes lettres, et que je ne le suis guère en les écrivant; ainsi vous êtes plus en état que moi de voir les choses telles qu'elles sont. Mais cette considération doit être aussi de votre part une plus grande raison d'indulgence : ce qu'on écrit dans le trouble ne doit pas être envisagé comme ce qu'on écrit de sang-froid. Un dépit outré a pu me laisser échapper des expressions démenties par mon cœur, qui n'eut jamais pour vous que des sentimens honorables. Au contraire, quoique vos expressions le soient toujours, vos idées souvent ne le sont guère; et voilà ce qui, dans le fort de mes afflictions, a souvent achevé de m'abattre. En me supposant tous les torts dont vous m'avez chargé, il falloit peut-être attendre un autre moment pour me les dire, ou du moins vous résoudre à endurer ce qui en pouvoit résulter. Je ne prétends pas, à Dieu ne plaise, m'excuser ici, ni vous charger, mais seulement vous donner des raisons, qui me semblent justes, d'oublier les torts d'un ami dans mon état. Je vous en demande pardon de tout mon cœur; j'ai grand besoin que vous me l'accordiez, et je vous proteste, avec vérité, que je n'ai jamais cessé un seul moment d'avoir pour vous tous les sentimens que j'aurois désiré vous trouver pour moi.

La punition a suivi de près l'offense. Vous ne pouvez douter du tendre intérêt que je prends à tout ce qui tient à votre santé, et vous refusez de me parler des suites de votre voyage de Belfort. Heureusement vous n'avez pu être méchant qu'à demi, et vous me laissez entrevoir un succès dont je brûle d'apprendre la confirmation. Écrivez-moi là-dessus en détail, mon aimable hôte, donnez-moi tout à la fois le plaisir de savoir que vos remèdes opèrent, et celui d'apprendre que je suis pardonné. J'ai le cœur trop plein de ce besoin pour pouvoir aujourd'hui vous parler d'autre chose, et je finis en vous répétant du fond de mon âme que mon tendre attachement et mon vrai respect pour vous ne peuvent pas plus sortir de mon cœur que l'amour de la vertu.

A M. LALIAUD.

Wootton, le 15 novembre 1766.

A peine nous connoissons-nous, monsieur, et vous me rendez les plus vrais services de l'amitié : ce zèle est donc moins pour moi que pour la chose; et m'en est d'un plus grand prix. Je vois que ce même amour de la justice, qui brûla toujours dans mon cœur, brûle aussi dans le vôtre : rien ne lie tant les âmes que cette conformité. La nature nous fit amis; nous ne sommes, ni vous ni moi, disposés à l'en dédire. J'ai reçu le paquet que vous m'avez envoyé par la voie de M. Dutens; c'est à mon avis la plus sûre. Le duplicata m'a pourtant déjà été annoncé, et je ne doute pas qu'il ne me parvienne. J'admire l'intrépidité des auteurs de cet ouvrage, et surtout s'ils le laissent répandre à Londres, ce qui me paroît difficile à empêcher. Du reste, ils peuvent faire et dire tout à leur aise : pour moi, je n'ai rien à dire de M. Hume, sinon que je le trouve bien insultant pour un bon homme, et bien bruyant pour un philosophe. Bonjour, monsieur ; je vous aimerai toujours, mais je ne vous écrirai pas, à moins de nécessité ; cependant je serois bien aise, par précaution, d'avoir votre adresse. Je vous embrasse de tout mon cœur, et vous prie de dire à M. Sauttersheim que je suis sensible à son souvenir, et n'ai point oublié notre ancienne amitié. Je suis aussi surpris que fâché qu'avec de l'esprit, des talens, de la douceur, et une assez jolie figure, il ne trouve rien à faire à Paris. Cela viendra, mais les commencemens y sont difficiles.

TRADUCTION D'UNE LETTRE DE DAVID HUME A SUARD (*).

Édimbourg, 19 novembre 1766.

Je ne saurois, monsieur, trop vous remercier de la complaisance que vous avez mise à traduire un ouvrage qui ne méritoit guère votre attention ni celle du public (**). Je suis on ne peut plus satisfait de ce travail ; l'introduction m'a semblé particulièrement écrite avec une grande prudence et une rare discrétion, si j'en excepte la partialité que vous montrez en ma faveur. Je me plais du moins à la regarder comme un gage de votre amitié. Vous et M. d'Alembert avez agi sagement en adoucissant quelques expressions, surtout dans les notes, et je ferai usage de ces corrections dans l'édition angloise. Cet écrit ne fut pas d'abord destiné à être lu du public ; et sans un concours de circonstances imprévues, je ne l'eusse pas fait imprimer. Je ne suis pas surpris que les personnes qui ne connoissent pas les circonstances, et qui ne sont pas à même de les apprécier, blâment cet appel au public ; mais il est certain que si j'eusse persévéré dans mon silence, on auroit fini par me regarder comme le coupable ; et ceux qui me blâment à présent m'auroient, avec une apparence de raison, encore blâmé davantage. Je regarde toute cette affaire comme un malheur dans ma vie ; et cependant à cette heure que tout est terminé, et qu'il est facile de rectifier les erreurs, je ne crois pas pouvoir m'accuser moi-même de la plus légère imprudence, si ce n'est toutefois d'avoir accueilli cet homme quand il s'est jeté dans mes bras ; et, sans doute on m'eût trouvé cruel si je l'avois repoussé. Pouvois-je m'attendre à rencontrer un tel prodige d'orgueil et de férocité ? Rien de semblable n'avoit existé jusque alors. Mais, une fois qu'il m'eût déclaré la guerre d'une manière si violente, il n'eût pas été prudent de garder le silence avec mes amis, et de lui laisser le temps de trouver une occasion favorable pour frapper ma réputation. De mes amis, l'affaire a passé dans le public, qui s'y est intéressé plus qu'à une aventure privée. Cet intérêt extraordinaire m'a forcé à mettre sous ses yeux l'histoire tout entière. Si cependant quelqu'un s'obstine à penser qu'avec plus de prudence j'aurois pu éviter tous ces désagrémens, je suis très-disposé à convenir que ce n'est pas la première imprudence de ce genre dont je me sois rendu coupable.

Comme vous je pense que Rousseau répondra ; cependant il est difficile d'imaginer ce qu'il pourra dire encore, après les détails longs, minutieux et fatigans dans lesquels il est déjà entré. Il seroit ridicule qu'il vînt révéler quelque fait d'importance qu'il prétendroit avoir omis, après avoir cité comme des méfaits mes regards et ceux des femmes qui étoient logées sous le même toit que moi. Mais quoi qu'il puisse dire, je suis bien résolu à me taire là-dessus le reste de mes jours ; je laisserai chacun penser de ces événemens tout ce qu'il voudra. Je crois que, dans le monde, on disputera seulement pour savoir si Rousseau est plus fou que méchant, ou s'il n'est pas l'un et l'autre dans une égale proportion. Vous dites qu'il a

---

(*) Cette lettre, écrite en anglois, vient d'être publiée comme inédite dans un nouveau journal anglois, intitulé *New-Monthly-Magazine*, et fait partie du numéro de janvier 1820. Le journaliste annonce qu'elle lui a été communiquée par M. Campenon, membre de l'Institut, et possesseur des papiers de celui à qui elle est adressée. — Le lecteur jugera par lui-même si elle ne méritoit pas d'être traduite et de trouver place dans cette édition. G. P.

(**) C'est celui qui a pour titre : *Exposé succinct de la contestation qui s'est élevée entre M. Hume et M. Rousseau*. Voyez l'*Appendice aux Confessions*. G. P.

des admirateurs qui prétendent encore à l'excuser. Prétendent-ils que d'Alembert, Horace Walpole, et moi, nous avons formé une conspiration pour l'entraîner en Angleterre, et le ruiner en le plaçant dans une habitation plus commode, et en doublant son revenu? Si cette accusation n'est pas mise en avant, comment entreprendre d'excuser son odieuse conduite à mon égard?

Si je pouvois regarder Rousseau comme un des écrivains classiques de la France, peut-être imaginerois-je que cette histoire, tout absurde qu'elle est, passera à la postérité et l'intéressera autant que nos propres contemporains : mais en vérité, ses ouvrages sont remplis de tant d'extravagances, que je ne puis pas croire que la diction seule parvienne à les soutenir. Il a lui-même quelque crainte que cela n'arrive. Je vous confierai l'anecdote suivante, parce qu'elle ne sauroit lui porter préjudice; autrement je ne voudrois rien répéter de ce qui s'est passé dans le temps de notre ancienne intimité. Quand nous étions en route, il me dit qu'il étoit résolu à se perfectionner dans la langue angloise; et comme il avoit appris qu'il existoit deux traductions de son *Émile*, il vouloit se les procurer pour les lire et en faire la comparaison; étant d'avance familiarisé avec le sujet, il comprendroit plus facilement la version. Aussitôt arrivés, je lui procurai les livres en question. Après les avoir gardés deux ou trois jours, il me les renvoya, disant qu'ils ne lui avoient été d'aucune utilité; qu'il n'avoit pas eu la patience de les lire; qu'au reste, il en étoit de même de l'original, et de tous les autres écrits qu'il avoit publiés; il ne pouvoit plus les revoir sans dégoût. — Il est surprenant, lui répliquai-je, que des ouvrages si vantés pour leur éloquence ne causent aucune satisfaction à leur auteur. — Quant au style, je ne suis pas, me répondit-il, trop mécontent; mais je crains toujours *qu'ils ne pèchent par le fond* (*), et que leur éclat n'ait que la durée d'un jour.

(La Lettre est terminée par un alinéa de complimens à Suard.)

(*) Ces mots sont en françois dans l'original.

A MADEMOISELLE DEWES.

Wootton, le 9 décembre 1766.

Ma belle voisine, vous me rendez injuste et jaloux pour la première fois de ma vie; je n'ai pu voir sans envie les chaînes dont vous honoriez mon Sultan; et je lui ai ravi l'avantage de les porter le premier : j'en aurois dû parer votre brebis chérie, mais je n'ai osé empiéter sur les droits d'un jeune et aimable berger; c'est déjà trop passer les miens de faire le galant à mon âge; mais puisque vous me l'avez fait oublier, tâchez de l'oublier vous-même, et pensez moins au barbon qui vous rend hommage, qu'au soin que vous avez pris de lui rajeunir le cœur.

Je ne veux pas, ma belle voisine, vous ennuyer plus long-temps de mes vieilles sornettes : si je vous contois toutes les bontés et amitiés dont votre cher oncle m'honore, je serois encore ennuyeux par mes longueurs; ainsi je me tais. Mais revenez l'été prochain en être le témoin vous-même, et ramenez madame la comtesse (¹) à condition que nous serons cette fois-ci les plus forts, et qu'au lieu de vous laisser enlever comme cette année, vous nous aiderez à la retenir.

A MYLORD MARÉCHAL.

11 décembre 1766.

Abréger la correspondance (²)... Mylord,

(¹) Madame la comtesse Cowper, veuve du feu comte Cowper, fille du comte de Grandville.

(²) La lettre de mylord maréchal à laquelle celle-ci sert de réponse se terminoit ainsi : « Je suis vieux, infirme; j'ai trop
» peu de mémoire. Je ne sais plus ce que j'ai écrit à M. Du Pey-
» rou, mais je sais positivement que je désirois vous servir en
» assoupissant une querelle sur des soupçons qui me parois-
» sent mal fondés, et non pas vous ôter un ami. Peut-être ai-je
» fait quelque sottise : pour les éviter à l'avenir, ne trouvez pas
» mauvais que j'abrège la correspondance, comme j'ai déjà fait
» avec tout le monde, même avec mes plus proches parens
» et amis, pour finir mes jours dans la tranquillité. Bonsoir. »
» Je dis *abréger*, car je désirerai toujours savoir de temps en
» temps des nouvelles de votre santé, et qu'elle soit bonne. »

D'amples éclaircissemens à ce sujet, et la preuve de l'amitié que mylord maréchal conserva pour Rousseau jusqu'à ses derniers momens, se trouvent dans la *Réponse d'une anonyme* (madame La Tour de Franqueville) *à un anonyme*, insérée dans l'édition de Genève, tome 6 du supplément, et dans l'*Histoire de la vie et des ouvrages de J. J. Rousseau*, t. I et II, article *Keith*. G. P.

que m'annoncez-vous, et quel temps prenez-vous pour cela! Serois-je dans votre disgrâce? Ah! dans tous les malheurs qui m'accablent, voilà le seul que je ne saurois supporter. Si j'ai des torts, daignez les pardonner; en est-il, en peut-il être que mes sentimens pour vous ne doivent pas racheter? Vos bontés pour moi font toute la consolation de ma vie: voulez-vous m'ôter cette unique et douce consolation? Vous avez cessé d'écrire à vos parens! Eh! qu'importe, tous vos parens, tous vos amis ensemble! ont-ils pour vous un attachement comparable au mien? Eh! mylord, c'est votre âge, ce sont mes maux qui nous rendent plus utiles l'un à l'autre: à quoi peuvent mieux s'employer les restes de la vie qu'à s'entretenir avec ceux qui nous sont chers? Vous m'avez promis une éternelle amitié; je la veux toujours, j'en suis toujours digne. Les terres et les mers nous séparent, les hommes peuvent semer bien des erreurs entre nous; mais rien ne peut séparer mon cœur du vôtre, et celui que vous aimâtes une fois n'a point changé. Si réellement vous craignez la peine d'écrire, c'est mon devoir de vous l'épargner autant qu'il se peut: je ne demande, à chaque fois, que deux lignes, toujours les mêmes, et rien de plus: *J'ai reçu votre lettre de telle date, je me porte bien, et je vous aime toujours.* Voilà tout; répétez-moi ces dix mots douze fois l'année, et je suis content. De mon côté j'aurai le plus grand soin de ne vous écrire jamais rien qui puisse vous importuner ou vous déplaire; mais cesser de vous écrire avant que la mort nous sépare: non, mylord, cela ne peut pas être; cela ne se peut pas plus que cesser de vous aimer.

Si vous tenez votre cruelle résolution, j'en mourrai; ce n'est pas le pire; mais j'en mourrai dans la douleur, et je vous prédis que vous y aurez du regret. J'attends une réponse, je l'attends dans les plus mortelles inquiétudes; mais je connois votre âme, et cela me rassure: si vous pouvez sentir combien cette réponse m'est nécessaire, je suis très-sûr que je l'aurai promptement.

A M. D'IVERNOIS.

Wootton, le 11 décembre 1766.

J'étois extrêmement en peine de vous, monsieur, quand j'ai reçu votre lettre du 19 novembre, qui m'a tranquillisé sur votre santé et sur votre amitié, mais qui m'a donné des douleurs, dont la perte de votre enfant, quelque touché que je sois de tout ce qui vous afflige, n'est pourtant pas la plus vive. Cette vie, monsieur, n'est le temps ni de la vérité ni de la justice: il faut s'en consoler par l'attente d'une meilleure.

Tout bien pesé, je ne suis pas fâché que vous n'ayez pas fait cette année la bonne œuvre que vous vous étiez proposée, mais je le suis beaucoup que vous m'ayez laissé dans la plus parfaite incertitude sur l'avenir. Il m'importeroit de savoir à quoi m'en tenir sur ce point. Il ne s'agit que d'un *oui* ou d'un *non* de votre part, que j'entendrai sans qu'il soit besoin de plus grande explication.

C'est à regret que je vous écris si rarement et si peu: ce n'est pas faute d'avoir de quoi vous entretenir; mais il faut attendre de plus sûres occasions. Mes respects à madame d'Ivernois; j'embrasse tendrement tout ce qui vous est cher, tous ceux qui m'aiment, et surtout votre associé.

A M. DAVENPORT.

22 décembre 1766.

Quoique jusqu'ici, monsieur, malgré mes sollicitations et mes prières, je n'aie pu obtenir de vous un seul mot d'explication, ni de réponse sur les choses qu'il m'importe le plus de savoir, mon extrême confiance en vous m'a fait endurer patiemment ce silence, bien que très-extraordinaire. Mais, monsieur, il est temps qu'il cesse: et vous pouvez juger des inquiétudes dont je suis dévoré, vous voyant prêt à partir pour Londres, sans m'accorder, malgré vos promesses, aucun des éclaircissemens que je vous ai demandés avec tant d'instances. Chacun a son caractère; je suis ouvert et confiant plus qu'il ne faudroit peut-être: je ne demande pas que vous le soyez comme moi; mais c'est aussi pousser trop loin le mystère, que de refuser constamment de me dire sur quel pied je suis dans votre maison, et si j'y suis de trop ou non. Considérez, je vous supplie, ma situation, et jugez de mes embarras; quel parti puis-je prendre, si vous refusez de me parler? Dois-je rester dans votre maison malgré vous? en puis-je sortir sans votre assistance? Sans amis, sans connoissances, enfoncé dans un pays dont j'ignore la langue, je suis entièrement à la merci de vos gens : c'est à votre invitation que j'y suis venu, et vous m'avez aidé à y venir; il convient, ce me semble, que vous m'aidiez de même à en partir, si j'y suis de trop. Quand j'y resterois, il faudroit toujours, malgré toutes vos répugnances, que vous eussiez la bonté de prendre des arrangemens qui rendissent mon séjour chez vous moins onéreux pour l'un et pour l'autre. Les honnêtes gens gagnent toujours à s'expliquer et s'entendre entre eux : si vous entriez avec moi dans les détails dont vous vous fiez à vos gens, vous seriez moins trompé et je serois mieux traité, nous y trouverions tous deux notre avantage; vous avez trop d'esprit pour ne pas voir qu'il y a des gens à qui mon séjour dans votre maison déplaît beaucoup, et qui feront de leur mieux pour me le rendre désagréable.

Que si, malgré toutes ces raisons, vous continuez à garder avec moi le silence, cette réponse alors deviendra très-claire, et vous ne trouverez pas mauvais que, sans m'obstiner davantage inutilement, je pourvoie à ma retraite comme je pourrai, sans vous en parler davantage, emportant un souvenir très-reconnoissant de l'hospitalité que vous m'avez offerte, mais ne pouvant me dissimuler les cruels embarras où je me suis mis en l'acceptant.

A LORD VICOMTE DE NUNCHAM,

aujourd'hui comte de Harcourt.

Wootton, 24 décembre 1766.

Je croirois, mylord, exécuter peu honnêtement la résolution que j'ai prise de me défaire de mes estampes et de mes livres, si je ne vous priois de vouloir bien commencer par en retirer les estampes dont vous avez eu la bonté de me faire présent. J'en fais assurément tout le cas possible, et la nécessité de ne rien laisser sous mes yeux qui me rappelle un goût auquel je veux renoncer pouvoit seule en obtenir le sacrifice. S'il y a dans mon petit recueil, soit d'estampes, soit de livres, quelque chose qui puisse vous convenir, je vous prie de me faire l'honneur de l'agréer, et surtout par préférence ce qui me vient de votre digne ami M. Watelet, et qui ne doit passer qu'en main d'ami. Enfin, mylord, si vous êtes à portée d'aider au débit du reste, je reconnoîtrai, dans cette bonté, les soins officieux dont vous m'avez permis de me prévaloir. C'est chez M. Davenport que vous pourrez visiter le tout, si vous voulez bien en prendre la peine. Il demeure en Piccadilly, à côté de lord Égremont. Recevez, mylord, je vous prie, les assurances de ma reconnoissance et de mon respect.

A M.......

Janvier 1767.

Ce que vous me marquez, monsieur, que M. Deyverdun a un poste chez le général Conway, m'explique une énigme à laquelle je ne pouvois rien comprendre, et que vous verrez dans la lettre dont je joins ici une copie faite sur celle que M. Hume a envoyée à M. Davenport. Je ne vous la communique pas pour que vous vérifiiez si ledit M. Deyverdun a écrit cette lettre, chose dont je ne doute nullement, ni s'il est en effet l'auteur des écrits en question, mis dans le *Saint-James Chronicle*, ce que je sais parfaitement être faux; d'ailleurs ledit M. Deyverdun, bien instruit, et bien préparé à son rôle de prête-nom, et qui peut-être l'a commencé lorsque lesdits écrits furent portés au *Saint-James Chronicle*, est trop sur ses gardes pour que vous puissiez maintenant rien savoir de lui; mais il n'est pas impossible que dans la suite des temps, ne paroissant instruit de rien et gardant soigneusement le secret que je vous confie, vous parveniez à pénétrer le secret de toutes ses manœuvres, lorsque ceux qui s'y sont prêtés seront moins sur leurs gardes; et tout ce que je souhaite, dans cette affaire, est que vous découvriez la vérité par vous-même. Je pense aussi qu'il importe toujours de connoître ceux avec qui l'on peut avoir à vivre, et de savoir si ce sont d'honnêtes gens : or, que ledit Deyverdun ait fait ou non les écrits dont il se vante, vous savez maintenant, ce me semble, à quoi vous en tenir avec lui. Vous êtes jeune, vous me survivrez, j'espère, de beaucoup d'années, et ce m'est une consolation très-douce de penser qu'un jour, quand le fond de cette triste affaire sera dévoilé, vous serez à portée d'en vérifier par vous-même beaucoup de faits, que vous saurez de mon vivant sans qu'ils vous frappent, parce qu'il vous est impossible d'en voir les rapports avec mes malheurs. Je vous embrasse de tout mon cœur.

A M...
2 janvier 1767.

Quand je vous pris au mot, monsieur, sur la liberté que vous m'accordiez de ne vous pas répondre, j'étois bien éloigné de croire que ce silence pût vous inquiéter sur l'effet de votre précédente lettre : je n'y ai rien vu qui ne confirmât les sentimens d'estime et d'attachement que vous m'avez inspirés ; et ces sentimens sont si vrais, que si jamais j'étois dans le cas de quitter cette province, je souhaiterois que ce fût pour me rapprocher de vous. Je vous avoue pourtant que je suis si touché des soins de M. Davenport, et si content de sa société, que je ne me priverois pas sans regret d'une hospitalité si douce ; mais comme il souffre à peine que je lui rembourse une partie des dépenses que je lui coûte, il y auroit trop d'indiscrétion à rester toujours chez lui sur le même pied, et je ne croirois pouvoir me dédommager des agrémens que j'y trouve, que par ceux qui m'attendroient auprès de vous. Je pense souvent avec plaisir à la ferme solitaire que nous avons vue ensemble et à l'avantage d'y être votre voisin ; mais ceci sont plutôt des souhaits vagues que des projets d'une prochaine exécution. Ce qu'il y a de bien réel est le vrai plaisir que j'ai de correspondre en toute occasion à la bienveillance dont vous m'honorez, et de la cultiver autant qu'il dépendra de moi.

Il y a long-temps, monsieur, que je me suis donné le conseil de la dame dont vous parlez : j'aurois dû le prendre plus tôt ; mais il vaut mieux tard que jamais. M. Hume étoit pour moi une connoissance de trois mois, qu'il ne m'a pas convenu d'entretenir : après un premier mouvement d'indignation dont je n'étois pas le maître, je me suis retiré paisiblement : il a voulu une rupture formelle ; il a fallu lui complaire : il a voulu ensuite une explication : j'y ai consenti. Tout cela s'est passé entre lui et moi ; il a jugé à propos d'en faire le vacarme que vous savez ; il l'a fait tout seul, je me suis tu ; je continuerai de me taire, et je n'ai rien du tout à dire de M. Hume, sinon que je le trouve un peu insultant pour un bon homme, et un peu bruyant pour un philosophe.

Comment va la botanique ? vous en occupez-vous un peu ? voyez-vous des gens qui s'en occupent ? pour moi, j'en raffole, je m'y acharne, et je n'avance point : j'ai totalement perdu la mémoire, et de plus, je n'ai pas de quoi l'exercer ; car avant de retenir il faut apprendre, et ne pouvant trouver par moi-même les noms des plantes, je n'ai nul moyen de les savoir : il me semble que tous les livres qu'on écrit sur la botanique ne sont bons que pour ceux qui la savent déjà. J'ai acquis votre *Stillingflet*, et je n'en suis pas plus avancé. J'ai pris le parti de renoncer à toute lecture, et de vendre mes livres et mes estampes, pour acheter des plantes gravées : sans avoir le plaisir d'apprendre, j'aurai celui d'étudier ; et pour mon objet cela revient à peu près au même.

Au reste, je suis très-heureux de m'être procuré une occupation qui demande de l'exercice ; car rien ne me fait tant de mal que de rester assis, ou d'écrire ou lire : et c'est une des raisons qui me font renoncer à tout commerce de lettres, hors les cas de nécessité. Je vous écrirai dans peu ; mais de grâce, monsieur, une fois pour toutes, ne prenez jamais mon silence pour un signe de refroidissement ou d'oubli, et soyez persuadé que c'est pour mon cœur une consolation très-douce, d'être aimé de ceux qui sont aussi dignes que vous d'être aimés eux-mêmes : mes respects empressés à M. Malthus, je vous en supplie ; recevez ceux de mademoiselle Le Vasseur, et mes plus cordiales salutations.

RÉPONSES
aux questions faites par M. de Chauvet (*).

A Wootton, le 5 janvier 1767.

Jamais, ni en 1759, ni en aucun autre temps,

(*) Voyez dans la Correspondance de Voltaire sa lettre à Hume, datée de Ferney, 24 octobre 1766. Ces *Réponses* de-

M. Marc Chappuis ne m'a proposé, de la part de M. de Voltaire, d'habiter une petite maison appelée l'Hermitage. En 1755, M. de Voltaire, me pressant de revenir dans ma patrie, m'invitoit d'aller boire du lait de ses vaches. Je lui répondis. Sa lettre et la mienne furent publiques. Je ne me ressouviens pas d'avoir eu de sa part aucune autre invitation.

Ce que j'écrivis à M. de Voltaire, en 1760, n'étoit point une réponse. Ayant retrouvé par hasard le brouillon de cette lettre, je la transcris ici, permettant à M. de Chauvel d'en faire l'usage qu'il lui plaira (¹).

Je ne me souviens point exactement de ce que j'écrivis, il y a vingt-trois ans, à M. du Theil : mais il est vrai que j'ai été domestique de M. de Montaigu, ambassadeur de France à Venise, et que j'ai mangé son pain, comme ses gentilshommes étoient ses domestiques et mangeoient son pain : avec cette différence, que j'avois partout le pas sur les gentilshommes, que j'allois au sénat, que j'assistois aux conférences, et que j'allois en visite chez les ambassadeurs et ministres étrangers ; ce qu'assurément les gentilshommes de l'ambassadeur n'eussent osé faire. Mais bien qu'eux et moi fussions ses domestiques, il ne s'ensuit point que nous fussions ses valets.

Il est vrai qu'ayant répondu sans insolence, mais avec fermeté, aux brutalités de l'ambassadeur, dont le ton ressembloit assez à celui de M. de Voltaire, il me menaça d'appeler ses gens, et de me faire jeter par les fenêtres. Mais ce que M. de Voltaire ne dit pas, et dont tout Venise rit beaucoup dans ce temps-là, c'est que sur cette menace, je m'approchai de la porte de son cabinet, où nous étions ; puis l'ayant fermée, et mis la clef dans ma poche, je revins à M. de Montaigu, et lui dis : *Non pas, s'il vous plaît, monsieur l'ambassadeur. Les tiers sont incommodes dans les explications. Trouvez bon que celle-ci se passe entre nous.* A l'instant son excellence devint très-poli : nous nous séparâmes

fort honnêtement ; et je sortis de sa maison, non pas honteusement, comme il plaît à M. de Voltaire de me faire dire, mais en triomphe. J'allai loger chez l'abbé Patizel, chancelier du consulat. Le lendemain, M. Le Blond, consul de France, me donna un dîner, où M. de Saint-Cyr et une partie de la légation françoise se trouva ; toutes les bourses me furent ouvertes, et j'y pris l'argent dont j'avois besoin, n'ayant pu être payé de mes appointemens. Enfin, je partis accompagné et fêté de tout le monde : tandis que l'ambassadeur, seul et abandonné dans son palais, y rongeoit son frein. M. Le Blond doit être maintenant à Paris, et peut attester tout cela ; le chevalier de Carrion, alors mon confrère et mon ami, secrétaire de l'ambassadeur d'Espagne, et depuis secrétaire d'ambassade à Paris, y est peut-être encore, et peut attester la même chose. Des foules de lettres et de témoins la peuvent attester ; mais qu'importe à M. de Voltaire ?

Je n'ai jamais rien écrit ni signé de pareil à la déclaration que M. de Voltaire dit que M. de Montmollin a entre les mains, signée de moi. On peut consulter là-dessus ma lettre du 8 août 1765, adressée à M. Du Peyrou, imprimée avec les siennes à lord Wemyss.

Messieurs de Berne m'ayant chassé de leurs états en 1765, à l'entrée de l'hiver, le peu d'espoir de trouver nulle part la tranquillité dont j'avois si grand besoin, joint à ma foiblesse et au mauvais état de ma santé, qui m'ôtoit le courage d'entreprendre un long voyage dans une saison si rude, m'engagea d'écrire à M. le bailli de Nidau une lettre qui a couru Paris, qui a arraché des larmes à tous les honnêtes gens, et des plaisanteries au seul M. de Voltaire.

M. de Voltaire ayant dit publiquement à huit citoyens de Genève, qu'il étoit faux que j'eusse jamais été secrétaire d'un ambassadeur, et que je n'avois été que son valet, un d'entre eux m'instruisit de ce discours ; et dans le premier mouvement de mon indignation, j'envoyai à M. de Voltaire un démenti conditionnel, dont j'ai oublié les termes, mais qu'il avoit assurément bien mérité.

Je me souviens très-bien d'avoir une fois dit à quelqu'un que je me sentois le cœur ingrat, et que je n'aimois point les bienfaits. Mais ce n'étoit pas après les avoir reçus que je tenois

---

Rousseau ont pour objet de détruire une partie des assertions calomnieuses qu'elle contient. Rousseau sans doute dédaigne de répondre aux autres, relatives aux relations qui avoient eu lieu entre Voltaire et lui. Mais M. Ginguené (note 11 de son ouvrage sur les *Confessions*) s'est chargé de cette noble tâche, et n'a rien laissé à désirer sur ce point.   G. P.

(¹) On trouvera cette lettre dans le livre X des *Confessions*, tome I, page 285 de cette édition.)

ce discours; c'étoit au contraire pour m'en défendre; et cela, monsieur, est très-différent. Celui qui veut me servir à sa mode, et non pas à la mienne, cherche l'ostentation du titre de bienfaiteur; et je vous avoue que rien au monde ne me touche moins que pareils soins. A voir la multitude prodigieuse de mes bienfaiteurs, on doit me croire dans une situation bien brillante. J'ai pourtant beau regarder autour de moi, je n'y vois point les grands monumens de tant de bienfaits. Le seul vrai bien dont je jouis est la liberté; et ma liberté, grâces au ciel, est mon ouvrage. Quelqu'un s'ose-t-il vanter d'y avoir contribué? Vous seul, ô George Keith! pouvez le faire; et ce n'est pas vous qui m'accuserez d'ingratitude. J'ajoute à mylord maréchal, mon ami Du Peyrou. Voilà mes vrais bienfaiteurs. Je n'en connois point d'autres. Voulez-vous donc me lier par des bienfaits? Faites qu'ils soient de mon choix et non pas du vôtre; et soyez sûr que vous ne trouverez de la vie un cœur plus vraiment reconnoissant que le mien. Telle est ma façon de penser, que je n'ai point déguisée; vous êtes jeune; vous pouvez la dire à vos amis; et si vous trouvez quelqu'un qui la blâme, ne vous fiez jamais à cet homme-là.

A M. DU PEYROU.

A Wootton, le 8 janvier 1767.

Que Dieu comble de ses bénédictions mon cher hôte, qui, par une réconciliation parfaite, accorde à mon cœur la paix dont il avoit besoin! Je prends à bon augure, dans ces circonstances, celle que vous m'annoncez pour le reste de mes jours à la fin de votre n° 58. Si je puis obtenir que le public m'oublie, comptez que je ne réveillerai plus ses souvenirs. La postérité me rendra justice, j'en suis très-sûr, cela me console des outrages de mes contemporains.

C'est sans contredit une chose bien douce qu'une réconciliation, mais elle est précédée de momens si tristes, qu'il n'en faut plus acheter à ce prix. La première source de notre petite mésintelligence est venue du défaut de votre mémoire et de la confiance que vous n'avez pas laissé d'y avoir. Dans vos deux pénultièmes lettres, par exemple, parlant de ce que vous avoit dit M. de Luze, vous supposez m'avoir écrit qu'il disoit que je n'avois point couché à Calais dans la même chambre que M. Hume, fait qui est très-vrai. Si c'étoit là, en effet, ce que vous m'aviez écrit auparavant, j'aurois eu grand tort de m'en formaliser, et mes réponses seroient très-ridicules. Mais, mon cher hôte, votre n° 55 ne parloit point du tout de Calais, et décidoit nettement que je n'avois jamais couché dans la même chambre avec M. Hume; voici vos propres termes:

De Luze doute que vous ayez en effet écrit que vous couchiez dans la même chambre où étoit Hume, parce que, dit-il, c'est lui de Luze qui a toujours pendant la route occupé la même chambre avec M. Hume, et que vous étiez seul dans la vôtre. Ce mot *toujours* est décisif, ce me semble, non-seulement pour Calais, mais pour toute la route; et ma réponse, très-blâmable quant à l'emportement, est juste quant au raisonnement.

Dans votre n° 56, vous me marquez que j'ai rompu publiquement avec M. Hume. Mon cher hôte, où avez-vous pris cela? Mettez-vous donc sur mon compte le vacarme qu'a fait le bon David, pendant que je n'ai pas dit un seul mot, si ce n'est à lui seul, dans le plus grand secret, et seulement quand il m'y a forcé? Comme j'étois instruit de son projet, je craignois plus que la mort l'éclat de cette rupture; je m'en défendis de tout mon pouvoir, et je ne la fis enfin que par des lettres bien cachetées, tandis qu'il faisoit faire un grand détour aux siennes pour me les envoyer ouvertes par M. Davenport. Ces lettres, s'il ne les eût montrées, n'eussent été vues que de lui, et je n'en aurois parlé même à personne au monde, qu'à mylord maréchal et à vous. Appelez-vous cela rompre publiquement?

Dans votre n° 58, vous m'accusez d'avoir mis de la méchanceté dans ma lettre du 10 juillet. Ce que je viens de dire répond d'avance à cette accusation. La méchanceté consiste dans le dessein de nuire. Quand ma lettre eût contenu des choses effroyables, quel mal pouvoit-elle faire à M. Hume, n'étant vue que de lui seul? Il pouvoit y avoir de la brutalité dans cette lettre, jamais de la méchanceté, puisqu'il n'en pouvoit résulter aucun préjudice pour celui à qui elle étoit écrite, qu'autant qu'il le vouloit bien. Mais, de grâce, relisez avec moins de prévention cette lettre: dans la position où je l'ai écrite, elle est, j'ose le dire, un prodige de force d'âme et de modération. Forcé de m'expliquer avec un fourbe insigne, qui, sous l'appareil des services, travaille à ma diffamation, je pousse le ménagement jusqu'à ne lui parler qu'en tierce personne, pour éviter, dans ce que j'avois à lui dire, la dureté des apostrophes. Cette lettre est pleine de ses éloges (vous voyez comment il me les a rendus); partout la raison qui discute, pas un seul trait d'insulte ou d'humeur, pas un mouvement d'indignation, pas un mot dur, si ce n'est quand la force du raisonnement le rend si nécessaire, qu'on ne sauroit ôter le mot sans énerver l'argument; encore, alors même, ce mot n'est-il jamais direct et affirmatif, mais hypothétique et conditionnel. Si vous blâmez cette lettre, j'en suis d'autant plus fâché que je veux qu'on juge par elle l'âme qui l'a dictée.

Cette sévérité de jugemens, qui va jusqu'à l'injustice, est aussi loin de votre cœur que de votre raison, et ne vient que du défaut de votre mémoire. Vous recevez des éclaircissemens qui vous font changer d'idée, et vous oubliez que je ne suis pas instruit de ce changement; vous voyez que ma rupture avec M. Hume est publique, et vous oubliez que je n'ai aucune part à cette publicité; vous voyez que je lui dis des choses dures qui sont imprimées, et vous oubliez également que c'est lui qui m'a forcé de les lui dire, et que c'est lui qui les a fait imprimer. Ce que vous avez écrit vous échappe ou se modifie, et il résulte de tout cela que je vous parois déraisonner toujours, parce qu'au lieu de répondre à votre idée présente, que je ne saurois deviner, je réponds à celle que vous m'avez communiquée, et dont vous ne vous souvenez plus.

Il y auroit à cela deux remèdes en votre pouvoir: le premier seroit que vous voulussiez bien présumer un peu moins de votre mémoire et un peu plus de ma raison, en sorte que, quand ma réponse cadreroit mal avec ce que vous croyez m'avoir écrit, vous supposassiez qu'il faut que vous m'ayez écrit autre chose, plutôt que de conclure que je ne sais ce que je dis; l'autre seroit de garder des copies des lettres que vous m'écrivez, pour y avoir recours au besoin, sur mes réponses. Un troisième moyen seroit que, toutes les fois que je réponds à quelque article de vos lettres, je commençasse par transcrire dans la mienne l'article auquel je réponds; mais cette manière de s'armer jusqu'aux dents avec ses amis me paroît si cruelle, que j'aime cent fois mieux me présenter nu et être navré.

Outre les emportemens très-condamnables que je me reproche de mon côté, je tâcherai de me guérir aussi d'une mauvaise fierté qui me fait négliger des avis utiles, pour vous mettre en garde sur ce qu'on vous dit contre moi. Par exemple, quand vous commençâtes à me parler de M. Brulh avec de grands éloges, je ne voulus rien vous répondre là-dessus, et, en effet, je n'ai rien à dire contre ces éloges, parce que je ne connois point du tout le caractère de M. Brulh. Mais ce que j'aurois pourtant dû vous dire est qu'il vint me voir à Chiswick, et que son abord, son air, son ton, ses manières, me repoussèrent à tel point, qu'il ne fut pas en moi de le bien recevoir.

Je finis sur ce sujet désagréable, pour ne vous en reparler jamais. J'aurois, sur certaines questions que vous me faites dans votre lettre, beaucoup de choses à vous dire que je n'ose confier au papier. J'ignore encore si l'ami qui devoit venir cet automne pourra venir ce printemps. Je crains qu'il ne soit enveloppé dans les malheurs de sa patrie; s'il ne vient pas, je ne vois qu'une ressource pour vous parler en sûreté, c'est un chiffre auquel je travaille, et qu'il faudra bien risquer de vous envoyer par la poste, faute de plus sûre voie. Examinez avec grand soin l'état du cachet de la lettre qui le contiendra, pour savoir si elle n'a point été ouverte; je vous préviens qu'elle sera cachetée avec le talisman arabesque que vous connoissez, et dont on ne sauroit lever et rappliquer l'empreinte sans qu'il y paroisse. Je viens de recevoir de M. de Cerjeat une invitation trop obligeante pour que j'en méconnoisse la source. Quand vous aurez mon chiffre, nous en dirons davantage. Adieu, mon cher hôte; je sens toute votre amitié, et vous devez connoître assez mon cœur pour juger de la mienne. Mille tendres respects à la bonne maman. Mylord maréchal me disoit que les hivers étoient doux en Angleterre: nous avons ici un pied de glace et trois pieds de neige ; je ne sentis de ma vie un froid si piquant.

On vient de m'apprendre que les papiers publics disent la santé de mylord maréchal en mauvais état. Eh quoi! mon Dieu! toujours des malheurs, et toujours des plus terribles! Ce qui me rassure un peu est qu'en conférant la date de sa dernière lettre avec celle de ces nouvelles, je les crois fausses, mais je ne puis me défendre d'une extrême inquiétude ; il ne m'écrira peut-être de très-long-temps ; si vous avez de ses nouvelles récentes, je vous conjure de m'en donner. Je vous embrasse.

Recevez les remercîmens et respects de mademoiselle Le Vasseur.

Je compte tirer dans quelques jours sur vos banquiers une lettre de change de huit cents francs.

A M. LE MARQUIS DE MIRABEAU.

Wootton, le 31 janvier 1767.

Il est digne de l'ami des hommes de consoler les affligés. La lettre, monsieur, que vous m'avez fait l'honneur de m'écrire, la circonstance où elle a été écrite, le noble sentiment qui l'a dictée, la main respectable dont elle vient, l'infortuné à qui elle s'adresse, tout concourt à lui donner dans mon cœur le prix qu'elle reçoit du vôtre : en vous lisant, en vous aimant par conséquent, j'ai souvent désiré d'être connu et aimé de vous. Je ne m'attendois pas que ce seroit vous qui feriez les avances, et cela précisément au moment où j'étois universellement abandonné ; mais la générosité ne sait rien faire à demi, et votre lettre en a bien la plénitude. Qu'il seroit beau que l'ami des hommes donnât retraite à l'ami de l'égalité! Votre offre m'a si vivement pénétré, j'en trouve l'objet si honorable à l'un et à l'autre, que, par un autre effet, bien contraire, vous me rendrez malheureux peut-être, par le regret de n'en pas profiter ; car, quelque doux qu'il me fût d'être votre hôte, je vois peu d'espoir à le devenir ; mon âge plus avancé que le vôtre, le grand éloignement, mes maux qui me rendent les voyages très-pénibles, l'amour du repos, de la solitude, le désir d'être oublié pour mourir en paix, me font redouter de me rapprocher des grandes villes où mon voisinage pourroit réveiller une sorte d'attention qui fait mon tourment. D'ailleurs, pour ne parler que de ce qui me tiendroit plus près de vous, sans douter de ma sûreté du côté du Parlement de Paris, je lui dois ce respect de ne pas aller le braver dans son ressort, comme pour lui faire avouer tacitement son injustice, je le dois à votre ministère, à qui trop de marques affligeantes me font sentir que j'ai eu le malheur de déplaire, et cela sans que j'en puisse imaginer d'autre cause qu'un malentendu d'autant plus cruel que, sans lui, ce qui m'attira mes disgrâces m'eût dû mériter des faveurs. Dix mots d'explication prouveroient cela ; mais c'est un des malheurs attachés à la puissance humaine, et à ceux qui lui sont soumis, que quand les grands sont une fois dans l'erreur, il est impossible qu'ils en reviennent. Ainsi, monsieur, pour ne point m'exposer à de nouveaux orages, je me tiens au seul parti qui peut assurer le repos de mes derniers jours. J'aime la France, je la regretterai toute ma vie ; si mon sort dépendoit de moi, j'irois y finir mes jours, et vous seriez mon hôte, puisque vous n'aimez pas que j'aie un patron ; mais, selon toute apparence, mes vœux et mon cœur feront seuls le voyage, et mes os resteront ici.

Je n'ai pas eu, monsieur, sur vos écrits, l'indifférence de M. Hume, et je pourrois si bien vous en parler, qu'ils sont, avec deux traités de botanique, les seuls livres que j'aie apportés avec moi dans ma malle, mais outre que je crois votre sublime amour-propre trop au-dessus de la petite vanité d'auteur, pour ne pas dédaigner ces formulaires d'éloges, je suis déjà trop loin de ces sortes de matières pour pouvoir en parler avec justesse et même avec plaisir : tout ce qui tient par quelque côté à la littérature et à un métier pour lequel certainement je n'étois pas né, m'est devenu si parfaitement insupportable, et son souvenir me rappelle tant de tristes idées, que, pour n'y plus penser, j'ai pris le parti de me défaire de tous mes livres, qu'on m'a très-mal à propos envoyés de Suisse : les vôtres et les miens sont partis avec tout le reste. J'ai pris toute lecture dans un tel dégoût, qu'il a fallu renoncer à mon Plutarque : la fatigue même de penser me devient chaque jour plus pénible. J'aime à rêver, mais librement, en laissant errer ma tête et sans m'asservir à aucun sujet; et, maintenant que je vous écris, je quitte à tout moment la plume pour vous dire en me promenant mille choses charmantes, qui disparoissent sitôt que je reviens à mon papier. Cette vie oisive et contemplative que vous n'approuvez pas, et que je n'excuse pas, me devient chaque jour plus délicieuse; errer seul, sans fin et sans cesse, parmi les arbres et les rochers qui entourent ma demeure, rêver, ou plutôt extravaguer à mon aise, et, comme vous dites, bayer aux corneilles; quand ma cervelle s'échauffe trop, la calmer en analysant quelque mousse ou quelque fougère; enfin me livrer sans gêne à mes fantaisies, qui, grâces au ciel, sont toutes en mon pouvoir : voilà, monsieur, pour moi la suprême jouissance, à laquelle je n'imagine rien de supérieur dans ce monde pour un homme à mon âge et dans mon état. Si j'allois dans une de vos terres, vous pouvez compter que je ne prendrois pas le plus petit soin en faveur du propriétaire; je vous verrois voler, piller, dévaliser, sans jamais en dire un seul mot, ni à vous ni à personne : tous mes malheurs me viennent de cette ardente haine de l'injustice, que je n'ai jamais pu dompter. Je me le tiens pour dit : il est temps d'être sage, ou du moins tranquille; je suis las de guerres et de querelles; je suis bien sûr de n'en avoir jamais avec les honnêtes gens, et je n'en veux plus avec les fripons, car celles-là sont trop dangereuses. Voyez donc, monsieur, quel homme utile vous mettriez dans votre maison. A Dieu ne plaise que je veuille avilir votre offre par cette objection! mais c'en est une dans vos maximes, et il faut être conséquent.

En censurant cette nonchalance, vous me répéterez que c'est n'être bon à rien que n'être bon que pour soi (*) : mais peut-on être vraiment bon pour soi, sans être, par quelque côté, bon pour les autres? D'ailleurs, considérez qu'il n'appartient pas à tout ami des hommes d'être, comme vous, leur bienfaiteur en réalité. Considérez que je n'ai ni état ni fortune, que je vieillis, que je suis infirme, abandonné, persécuté, détesté, et qu'en voulant faire du bien je ferois du mal, surtout à moi-même.

J'ai reçu mon congé bien signifié, par la nature et par les hommes : je l'ai pris et j'en veux profiter. Je ne délibère plus si c'est bien ou mal fait, parce que c'est une résolution prise, et rien ne m'en fera départir. Puisse le public m'oublier comme je l'oublie! S'il ne veut pas m'oublier, peu m'importe qu'il m'admire ou qu'il me déchire; tout cela m'est indifférent; je tâche de n'en rien savoir, et quand je l'apprends je ne m'en soucie guère. Si l'exemple d'une vie innocente et simple est utile aux hommes, je puis leur faire encore ce bien-là; mais c'est le seul, et je suis bien déterminé à ne vivre plus que pour moi et pour mes amis, en très-petit nombre, mais éprouvés, et qui me suffisent : encore aurois-je pu m'en passer, quoique ayant un cœur aimant et tendre, pour qui des attachemens sont de vrais besoins; mais ces besoins m'ont souvent coûté si cher, que j'ai appris à me suffire à moi-même, et je me suis conservé l'âme assez saine pour le pouvoir. Jamais sentiment haineux, envieux, vindicatif, n'approcha de mon cœur. Le souvenir de mes amis donne à ma rêverie un charme que le souvenir de mes ennemis ne trouble point. Je suis tout entier où je suis, et point où sont ceux qui me persécutent. Leur haine, quand elle n'agit pas, ne trouble qu'eux, et je la leur laisse pour toute vengeance. Je ne suis pas parfaitement heureux, parce qu'il n'y a rien de parfait ici-bas, surtout le bonheur; mais j'en suis aussi près que je puisse l'être dans cet exil. Peu de chose de plus combleroit mes vœux, moins de maux corporels, un climat plus doux, un ciel plus pur, un air plus serein, surtout des cœurs plus ouverts, où, quand le mien s'épanche, il sentît que c'est dans un autre. J'ai ce bonheur en ce moment; et vous voyez que j'en profite; mais je ne l'ai pas tout-à-fait impunément; votre lettre me laissera des souvenirs qui ne s'effaceront pas, et qui me rendront parfois moins tranquille. Je n'aime pas les pays arides, et la Provence m'attire peu; mais cette terre en Angoumois, qui n'est pas encore en rapport, et où l'on peut retrouver quelquefois la nature, me donnera souvent des regrets qui ne seront pas tous pour elle. Bonjour, monsieur le marquis. Je hais les formules, et je vous prie de m'en dispenser. Je vous salue très-humblement et de tout mon cœur.

(*) C'est la même pensée que dans l'*Émile*, livre V, mais elle reçoit ici une modification et une exception. G. P.

ANNÉE 1767.

A M. D'IVERNOIS.

Wootton, le 31 janvier 1767.

Jamais, monsieur, je n'ai écrit, ni dit, ni pensé rien de pareil aux extravagances qu'on vous dit avoir été trouvées écrites de ma main dans les papiers de M. Le Nieps, non plus que rien de ce que M. de Voltaire publie, avec son impudence ordinaire, être écrit et signé de moi dans les mains du ministre Montmollin. Votre inépuisable crédulité ne me fâche plus, mais elle m'étonne toujours, et d'autant plus en cette occasion, que vous avez pu voir dans nos liaisons que je ne suis pas visionnaire, et dans le *Contrat social*, que je n'ai jamais approuvé le gouvernement démocratique. Avez-vous donc assez grande opinion de la probité de mes ennemis pour les croire incapables d'inventer des mensonges, et peuvent-ils obtenir votre estime aux dépens de celle que vous me devez?

Tandis que votre facilité à tout croire en montre si peu pour moi, la mienne pour vous et vos magnanimes compatriotes augmente de jour en jour. Le courage et la fermeté n'est pas en eux ce qui frappe, je m'y attendois: mais je ne m'attendois pas, je l'avoue, à voir tant de sagesse en même temps au milieu des plus grands dangers. Voici la première fois qu'un peuple a montré ce grand et beau spectacle; il mérite d'être inscrit dans les fastes de l'histoire. Vos magistrats, messieurs, se conduisent dans toute cette affaire comme un peuple forcené; et vous vous conduisez, dans les périls terribles qui vous menacent, avec toute la dignité des plus respectables magistrats. Je crois voir le sénat de Rome assis gravement dans la place publique, attendant la mort de la main des Gaulois. Voici la première et dernière fois que, depuis notre entrevue de Thonon, je me serois permis de vous parler de vos affaires; mais je n'ai pu refuser ce mot d'admiration à celle que vous m'inspirez. Vous savez quel fut constamment mon avis dans cette entrevue; et, comme je vous rends de bon cœur la justice qui vous est due, j'espère que vous ne me refuserez pas non plus, dans l'occasion celle que vous me devez. Je n'ai rien de plus à vous dire. De tels hommes n'ont assurément plus besoin de conseils, et ce n'est pas à moi de leur en donner. Mon service est fait pour le reste de ma vie; il ne me reste qu'à mourir en repos si je puis.

Vous ne doutez pas, mon ami, du tendre empressement que j'aurois de vous voir. Cependant il convient, pour mon repos et pour votre avantage, que nous ne nous livrions à ce plaisir que quand tout sera fini de manière ou d'autre dans votre ville. Le public, qui me connoît si peu, et qui me juge si mal, ne doute pas que je n'aille toujours semant parmi vous la discorde; et l'on prétend m'avoir vu moi-même le mois dernier, caché en Suisse pour cet effet. Tout ce que vous feriez de bien seroit mal, sitôt qu'on présumeroit que c'est moi qui l'ai conseillé. Ne venez donc que couronné d'un rameau d'olives, afin que nous goûtions le plaisir de nous voir dans toute sa pureté. Puisse arriver bientôt cet heureux moment! personne au monde n'y sera plus sensible que le cœur de votre ami.

A M. DUTENS.

Wootton, le 3 février 1767.

J'étois, monsieur, vraiment peiné de ne pouvoir, faute de savoir votre adresse, vous faire les remercîmens que je vous devois. Je vous en dois de nouveaux pour m'avoir tiré de cette peine, et surtout pour le livre de votre composition que vous m'avez fait l'honneur de m'envoyer (*). Je suis fâché de ne pouvoir vous en parler avec connoissance, mais ayant renoncé pour ma vie à tous les livres, je n'ose faire exception pour le vôtre: car, outre que je n'ai jamais été assez savant pour juger de pareille matière, je craindrois que le plaisir de vous lire ne me rendît le goût de la littérature, qu'il m'importe de ne jamais laisser ranimer. Seulement je n'ai pu m'empêcher de parcourir l'article de la botanique, à laquelle je me suis consacré pour tout amusement; et si votre sentiment est aussi bien établi sur le reste, vous aurez forcé les modernes à rendre l'hommage

---

(*) C'est l'ouvrage intitulé *Recherches sur l'origine des découvertes attribuées aux modernes*, publié en 1766, et dont la quatrième édition est de 1812, 2 vol. in-8°. Dutens, auteur et éditeur de beaucoup d'ouvrages, étoit un François établi à Londres, où il est mort en 1812, étant membre de la Société royale, et ayant le titre d'historiographe du roi de la Grande-Bretagne. G. P.

qu'ils doivent aux anciens. Vous avez très-sagement fait de ne pas appuyer sur les vers de Claudien; l'autorité eût été d'autant plus foible, que des trois arbres qu'il nomme après le palmier, il n'y en a qu'un qui porte les deux sexes sur différens individus (*). Au reste, je ne conviendrai pas tout-à-fait avec vous que Tournefort soit le plus grand botaniste du siècle; il a la gloire d'avoir fait le premier de la botanique une étude vraiment méthodique; mais cette étude encore après lui n'étoit qu'une étude d'apothicaire. Il étoit réservé à l'illustre Linnæus d'en faire une science philosophique. Je sais avec quel mépris on affecte en France de traiter ce grand naturaliste, mais le reste de l'Europe l'en dédommage, et la postérité l'en vengera. Ce que je dis est assurément sans partialité, et par le seul amour de la vérité et de la justice; car je ne connois ni M. Linnæus, ni aucun de ses disciples, ni aucun de ses amis.

Je n'écris point à M. Laliaud, parce que je me suis interdit toute correspondance, hors les cas de nécessité; mais je suis vivement touché et de son zèle, et de celui de l'estimable anonyme dont il m'a envoyé l'écrit (**), et qui prenant si généreusement ma défense, sans me connoître, me rend ce zèle pur avec lequel j'ai souvent combattu pour la justice et la vérité, ou pour ce qui m'a paru l'être, sans partialité, sans crainte et contre mon propre intérêt. Cependant je désire sincèrement qu'on laisse hurler tout leur soûl ce troupeau de loups enragés, sans leur répondre. Tout cela ne fait qu'entretenir les souvenirs du public, et mon repos dépend désormais d'en être entièrement oublié. Votre estime, monsieur, et celle des hommes de mérite qui vous ressemblent, est assez pour moi. Pour plaire aux méchans, il faudroit leur ressembler; je n'achèterai pas à ce prix leur bienveillance.

Agréez, monsieur, je vous supplie, mes salutations et mon respect.

Vous pouvez, monsieur, remettre à M. Davenport ou m'expédier par la poste à son adresse ce que vous pourrez prendre la peine de m'envoyer: l'une et l'autre voie est à votre choix et me paroît sûre. Quand M. Davenport n'est pas à Londres, il n'y a plus alors que la poste pour les lettres, et le *waggon d'Ashbourn* pour les gros paquets. On m'écrit qu'il se fait à Londres une collecte pour l'infortuné peuple de Genève; si vous savez qui est chargé des deniers de cette collecte, vous m'obligerez d'en informer M. Davenport.

A M. LE DUC DE GRAFFTON.

Wootton, le 7 février 1767.

Monsieur le duc,

Je vous dois des remercîmens que je vous prie d'agréer. Quoique les droits qu'on avoit exigés pour mes livres à la douane me parussent forts pour la chose et pour ma bourse, j'étois bien éloigné d'en demander, et d'en désirer le remboursement. Vos bontés, très-gratuites sur ce point, en sont d'autant plus obligeantes; et puisque vous voulez que j'y reconnoisse même celles du roi, je me tiens aussi flatté qu'honoré d'une grâce d'un prix inestimable, par la source dont elle vient, et je la reçois avec la reconnoissance et la vénération que je dois aux faveurs de sa majesté, passant par des mains aussi dignes de les répandre.

Daignez, M. le duc, recevoir avec bonté les assurances de mon profond respect.

A MADAME LATOUR.

Wootton, le 7 février 1767.

Je viens de recevoir, dans la même brochure, deux pièces dont on ne m'a point voulu nommer les auteurs. La lecture de la première m'a fait chérir le sien, sans me le faire connoître. Pour la seconde, en la lisant le cœur m'a battu, et j'ai reconnu ma chère Marianne. J'espère qu'elle me connoît aussi.

(*) Voici ces vers qui, en effet, rapprochés de ceux qui les précèdent et de ceux qui les suivent, n'offrent autre chose qu'un trait d'imagination, ne prouvant rien par lui-même :

« Vivunt in Venerem frondes, omnisque vicissim
« Felix arbor amat, nutant ad mutua palmæ
« Fœdera, populeo suspirat populus ictu,
« Et platani platanis, alnoque assimilat alnus. »

CLAUDIAN., *de Nuptiis Honorii et Mariæ*. G. P.

(**) *Précis pour M. Jean-Jacques Rousseau, en réponse à l'Exposé succinct de M. Hume*, réimprimé sous le titre d'*Observation sur l'Exposé succinct*, et inséré dans l'édition de Genève (tome IV du premier *Supplément*), et dans l'édition de Poinçot, tome XXVII. G. P.

A M. GUY.

Wootton, le 7 février 1767.

J'ai lu, monsieur, avec attendrissement l'ouvrage de mes défenseurs(*) dont vous ne m'aviez point parlé. Il me semble que ce n'étoit pas pour moi que leurs honorables noms devoient être un secret, comme si l'on vouloit les dérober à ma reconnoissance. Je ne vous pardonnerois jamais surtout de m'avoir tu celui de la dame, si je ne l'eusse à l'instant deviné. C'est de ma part un bien petit mérite : je n'ai pas assez d'amis capables de ce zèle et de ce talent pour avoir pu m'y tromper. Voici une lettre pour elle, à laquelle je n'ose mettre son nom, à cause des risques que peuvent courir mes lettres, mais où elle verra que je la reconnois bien. Je vous charge, M. Guy, ou plutôt j'ose vous permettre en la lui remettant, de vous mettre en mon nom à genoux devant elle, et de lui baiser la main droite, cette charmante main plus auguste que celle des impératrices et des reines, qui sait défendre et honorer si pleinement et si noblement l'innocence avilie. Je me flatte que j'aurois reconnu de même son digne collègue, si nous nous étions connus auparavant, mais je n'ai pas eu ce bonheur ; et je ne sais si je dois m'en féliciter ou m'en plaindre, tant je trouve noble et beau que la voix de l'équité s'élève en ma faveur, du sein même des inconnus. Les éditeurs du factum de M. Hume disent qu'il abandonne sa cause au jugement des esprits droits et des cœurs honnêtes : c'est là ce qu'eux et lui se garderont bien de faire, mais ce que je fais moi avec confiance, et qu'avec de pareils défenseurs j'aurois fait avec succès. Cependant on a omis dans ces deux pièces des choses très-essentielles ; et on y a fait des méprises qu'on eût évitées si, m'avertissant à temps de ce qu'on vouloit faire, on m'eût demandé des éclaircissemens. Il est étonnant que personne n'ait encore mis la question sous son vrai point de vue ; il ne falloit que cela seul, et tout étoit dit.

Au reste, il est certain que la lettre que je vous écrivis a été traduite par extraits faits, comme vous pouvez penser, dans les papiers de Londres, et il n'est pas difficile de comprendre d'où venoient ces extraits, ni pour quelle fin.

Mais voici un fait assez bizarre qu'il est fâcheux que mes dignes défenseurs n'aient pas su. Croiriez-vous que les deux feuilles que j'ai citées du Saint-James Chronicle ont disparu en Angleterre ? M. Davenport les a fait chercher inutilement chez l'imprimeur et dans les cafés de Londres, sur une indication suffisante, par son libraire, qu'il m'a assuré être un honnête homme, et il n'a rien trouvé ; les feuilles sont éclipsées. Je ne ferai point de commentaires sur ce fait, mais convenez qu'il donne à penser. Oh ! mon cher monsieur Guy, faut-il donc mourir dans ces contrées éloignées, sans revoir jamais la face d'un ami sûr, dans le sein duquel je puisse épancher mon cœur !

A MYLORD COMTE DE HARCOURT.

Wootton, le 7 février 1767.

Il est vrai, mylord, que je vous croyois ami de M. Hume ; mais la preuve que je vous croyois encore plus ami de la justice et de la vérité est que, sans vous écrire, sans vous prévenir en aucune façon, je vous ai cité et nommé, avec confiance, sur un fait qui étoit à sa charge, sans crainte d'être démenti par vous. Je ne suis pas assez injuste pour juger mal par M. Hume de tous ses amis : il en a qui le connoissent et sont très-dignes de lui ; mais il en a aussi qui ne le connoissent pas ; et ceux-là méritent qu'on les plaigne, sans les en estimer moins. Je suis très-touché, mylord, de vos lettres, et très-sensible au courage que vous avez de vous montrer de mes amis parmi vos compatriotes et vos pareils, mais je suis fâché pour eux qu'il faille à cela du courage : je connois des gens mieux instruits chez lesquels on y mettroit de la vanité.

Je vous prouverai, mylord, mon entière et pleine confiance en me prévalant de vos offres ; et dès à présent j'ai une grâce à vous demander, c'est de me donner des nouvelles de M. Watelet. Il est ancien ami de M. d'Alembert, mais il est aussi mon ancienne connoissance ;

(*) C'est le *Précis* ou *Observations sur l'Exposé succinct*, dont il a été parlé dans la note précédente ; ces *Observations* étoient suivies d'une lettre de madame *** (Latour de Franqueville) à l'auteur de la *Justification de M. Rousseau*. G. P.

et les seuls jugemens que je crains sont ceux des gens qui ne me connoissent pas. Je puis bien dire de M. Watelet, au sujet de M. d'Alembert, ce que j'ai dit de vous au sujet de M. Hume; mais je connois l'incroyable ruse de mes ennemis, capable d'enlacer dans ses pièges adroits la raison et la vertu mêmes. Si M. Watelet m'aime toujours, de grâce, pressez-vous de me le dire, car j'ai grand besoin de le savoir. Agréez, mylord, je vous supplie, mes très-humbles salutations et mon respect.

A M. DAVENPORT.

Le 7 février 1767.

J'ai reçu hier, monsieur, votre lettre du 5, par laquelle j'apprends avec grand plaisir votre entier rétablissement. Je ne puis pas vous annoncer le mien tout-à-fait de même; je suis mieux cependant que ces jours derniers.

Je suis fort sensible aux soins bienfaisans de M. Fitzherbert, surtout si, comme j'aime à le croire, il en prend autant pour mon honneur que pour mes intérêts. Il semble avoir hérité des empressemens de son ami M. Hume. Comme j'espère qu'il n'a pas hérité de ses sentimens, je vous prie de lui témoigner combien je suis touché de ses bontés.

Voici une lettre pour M. le duc de Graffton, que je vous prie de fermer avant de la lui faire passer. Je dois des remercîmens à tout le monde; et vous, monsieur, à qui j'en dois le plus, êtes celui à qui j'en fais le moins : mais, comme vous ne vous étendez pas en paroles, vous aimez sans doute à être imité. Mes salutations, je vous supplie, et celles de mademoiselle Le Vasseur à vos chers enfans et aux dames de votre maison. Agréez son respect et mes très-humbles salutations.

AU MÊME.

Février 1767.

Bien loin, monsieur, qu'il puisse jamais m'être entré dans l'esprit d'être assez vain, assez sot, et assez mal appris pour refuser les grâces du roi, je les ai toujours regardées et les regarderai toujours comme le plus grand honneur qui me puisse arriver. Quand je consultai mylord maréchal si je les accepterois, ce n'étoit certainement pas que je fusse là-dessus en doute, mais c'est qu'un devoir particulier et indispensable ne me permettoit pas de le faire que je n'eusse son agrément. J'étois bien sûr qu'il ne le refuseroit pas. Mais, monsieur, quand le roi d'Angleterre et tous les souverains de l'univers mettroient à mes pieds tous leurs trésors et toutes leurs couronnes, par les mains de David Hume, ou de quelque autre homme de son espèce, s'il en existe, je les rejetterois toujours avec autant d'indignation que, dans tout autre cas, je les recevrois avec respect et reconnoissance. Voilà mes sentimens, dont rien ne me fera départir. J'ignore à quel sort, à quels malheurs la Providence me réserve encore; mais ce que je sais, c'est que les sentimens de droiture et d'honneur qui sont gravés dans mon cœur n'en sortiront jamais qu'avec mon dernier soupir. J'espère, pour cette fois, que je me serai exprimé clairement.

Il ne faut pas, mon cher monsieur, je vous en prie, mettre tant de formalités à l'affaire de mes livres : ayez la bonté de montrer le catalogue à un libraire, qu'il note les prix de ceux des livres qui en valent la peine : sur cette estimation, voyez s'il y en a quelques-uns dont vous ou vos amis puissiez vous accommoder; brûlez le reste, et ne cédez rien à aucun libraire, afin qu'il n'aille pas sonner la trompette par la ville qu'il a des livres à moi. Il y en a quelques-uns, entre autres le livre *de l'Esprit*, in-4°, de la première édition, qui est rare, et où j'ai fait quelques notes aux marges; je voudrois bien que ce livre-là ne tombât qu'entre des mains amies. J'espère, mon bon et cher hôte, que vous ne me ferez pas le sensible affront de refuser le petit cadeau de mes ouvrages.

Les estampes avoient été mises par mon ami dans le ballot des livres de botanique qui m'a été envoyé; elles ne s'y sont pas trouvées, et les porte-feuilles me sont arrivés vides : j'ignore absolument où Becket a jugé à propos de fourrer ce qui étoit dedans.

Je voulois remettre à des momens plus tranquilles de vous parler en détail de vos envois : ce qui m'en plaît le plus est que si vous entendez que je reste dans votre maison jusqu'à ce que la muscade et la cannelle soient consommées, je n'en démarrerai pas d'un bon siècle. Le tabac est très-bon, et même trop bon, puisqu'il s'en consomme plus vite : je vous fais mon remercîment de l'emplette, et non pas de la chose, puisque c'est une commission, et vous savez les règles. L'eau de la reine de Hongrie m'a fait le plus grand plaisir, et j'ai reconnu là un souvenir et une attention de M. de Luzonne, à quoi j'ai été fort sensible. Mais qu'est-ce que c'est que des petits carrés de savon parfumé? à quoi diable sert ce savon? je veux mourir si j'en sais rien, à moins que ce ne soit à faire la barbe aux puces. Le café n'a pas encore été essayé, parce que vous en aviez laissé, et qu'ayant été malade il en a fallu suspendre l'usage. Je me perds au milieu de tout cet inventaire. J'espère que, pour le coup, vous ne ferez pas de même, et que vous recueillerez les mémoires des marchands, afin que quand vous serez ici, et qu'il s'agira de savoir ce que tout cela coûte, vous ne me disiez pas, comme à l'ordinaire, je n'en sais rien. Tant de richesses me mettroient de bonne humeur si les désastres de nos pauvres Genevois, et mes inquiétudes sur mylord maréchal, n'empoisonnoient toute ma joie. J'ai craint pour vous l'impression de ces temps humides, et je la sens aussi pour ma part. Voici le plus mauvais mois de l'année ; il faut espérer que celui qui le suivra nous traitera mieux. Ainsi soit-il. Mademoiselle Le Vasseur et moi faisons nos salutations à tout ce qui vous appartient, et vous prions d'agréer les nôtres.

A M. D'IVERNOIS.

Wootton, le 7 février 1767.

J'ai fait, cher ami, une étourderie épouvantable, qui sûrement me coûtera plus cher qu'à vous. Dans une distraction causée par la diversité des affaires pressées, je vous ai adressé en droiture une lettre dans laquelle je parlois ouvertement de votre futur voyage, et d'autres choses où le secret n'étoit pas moins requis. Comme je ne doute pas un instant que cette lettre ne soit interceptée, je vous en transcris ce que j'ai pu tirer d'un premier chiffon barbouillé, qu'il a fallu recommencer (*).

(*) C'est la lettre du 31 janvier 1767, ci-devant, page 665.

Voilà ce que je vous écrivois il y a huit jours et que je vous confirme : mais ayant appris depuis lors à quelle extrémité votre pauvre peuple est réduit, je sens déchirer mes entrailles patriotiques, et je crois devoir vous dire qu'il est, selon moi, temps de céder. Vous le pouvez sans honte, puisque la résistance est inutile ; et vous le devez pour conserver ce qui vous reste, après vos lois et votre liberté. Quand je dis ce qui vous reste, je n'entends pas bassement vos biens, mais votre pays, vos familles, et ces multitudes de pauvres compatriotes, à qui le pain est encore plus nécessaire que la liberté. J'apprends que vous vous cotisez généreusement pour ces pauvres gens ; je voudrois bien pouvoir suivre ce bon exemple. J'enverrai quelque bagatelle aux collecteurs de Londres, selon mes moyens ; mais je vous prie d'avoir recours pour moi à madame Boy de La Tour, afin qu'étant une des causes innocentes des misères de ce pauvre peuple, je contribue aussi en quelque chose à son soulagement.

Adieu, mon ami ; je vous embrasse tendrement. J'ai le plus grand besoin de vous voir ; mais, encore un coup, ne venez que quand vos affaires seront finies. Ce délai importe, et vous pourriez trouver quelque obstacle à passer. Malgré mon étourderie, venez à petit bruit autant qu'il sera possible. Mais j'ai changé d'avis sur votre séjour à Londres, et je serois bien aise que vous vous y arrêtassiez quelques jours pour connoître un peu par vous-même l'air du bureau ; car enfin, si de là vous voulez absolument venir, personne n'aura le pouvoir de vous en empêcher. J'embrasse nos amis : ne m'oubliez pas, je vous en supplie, auprès de madame d'Ivernois.

Bien des remercîments et respects de mademoiselle Le Vasseur. Si je ne vous ai pas toujours répété la même chose à chaque lettre, c'est qu'il me sembloit que cela n'avoit plus besoin d'être dit, car il n'y a pas de fois qu'elle ne m'en ait chargé.

A MYLORD MARÉCHAL.

Le 8 février 1767.

Quoi, mylord, pas un seul mot de vous ! Quel silence, et qu'il est cruel ! Ce n'est pas le pis encore : madame la duchesse de Portland m'a donné les plus grandes alarmes en me marquant que les papiers publics vous avoient dit fort mal, et me priant de lui dire de vos nouvelles. Vous connoissez mon cœur, vous pouvez juger de mon état ; craindre à la fois pour votre amitié et pour votre vie, ah ! c'en est trop. J'ai écrit aussitôt à M. Rougemont pour avoir de vos nouvelles : il m'a marqué qu'en effet vous aviez été fort malade, mais que vous étiez mieux. Il n'y a pas là de quoi me rassurer assez, tant que je ne recevrai rien de vous. Mon protecteur, mon bienfaiteur, mon ami, mon père, aucun de ces titres ne pourra-t-il vous émouvoir ? Je me prosterne à vos pieds pour vous demander un seul mot. Que voulez-vous que je marque à madame de Portland ? lui dirai-je : *Madame, mylord maréchal m'aimoit, mais il me trouve trop malheureux pour m'aimer encore ; il ne m'écrit plus* La plume me tombe des mains.

A M. GRANVILLE.

Wootton, février 1767.

Je crois, monsieur, la tisane du médecin espagnol meilleure et plus saine que le bouillon rouge du médecin françois ; la provision de miel n'est pas moins bonne, et si les apothicaires fournissoient d'aussi bonnes drogues que vous, ils auroient bientôt ma pratique ; mais, badinage à part, que j'aie avec vous un moment d'explication sérieuse.

Jadis j'aimois avec passion la liberté, l'égalité ; et, voulant vivre exempt des obligations dont je ne pouvois m'acquitter en pareille monnoie, je me refusois aux cadeaux même de mes amis, ce qui m'a souvent attiré bien des querelles. Maintenant j'ai changé de goût, et c'est moins la liberté que la paix que j'aime ; je soupire incessamment après elle ; je la préfère désormais à tout : je la veux à tout prix avec mes amis ; je la veux même avec mes ennemis, s'il est possible. J'ai donc résolu d'endurer désormais des uns tout le bien, et des autres tout le mal qu'ils voudront me faire, sans disputer, sans m'en défendre, et sans leur résister en quelque façon que ce soit. Je me livre à tous pour faire de moi, soit pour, soit contre, entièrement à leur volonté : ils peuvent tout, hors de m'engager dans une dispute, ce qui très-certainement n'arrivera plus de mes jours. Vous voyez, monsieur, d'après cela, combien vous avez beau jeu avec moi dans les cadeaux continuels qu'il vous plaît de me faire : mais il faut tout vous dire ; sans les refuser, je n'en serai pas plus reconnoissant que si vous ne m'en faisiez aucun. Je vous suis attaché, monsieur, et je bénis le ciel, dans mes misères, de la consolation qu'il m'a ménagée en me donnant un voisin tel que vous : mon cœur est plein de l'intérêt que vous voulez bien prendre à moi, de vos attentions, de vos soins, de vos bontés, mais non pas de vos dons : c'est peine perdue, je vous assure ; ils n'ajoutent rien à mes sentimens pour vous, je ne vous en aimerai pas moins, et je serai beaucoup plus à mon aise si vous voulez bien les supprimer désormais.

Vous voilà bien averti, monsieur ; vous savez comment je pense, et je vous ai parlé très-sérieusement. Du reste, votre volonté soit faite et non pas la mienne ; vous serez toujours le maître d'en user comme il vous plaira.

Le temps est bien froid pour se mettre en route. Cependant, si vous êtes absolument résolu de partir, recevez tous mes souhaits pour votre bon voyage et pour votre prompt et heureux retour. Quand vous verrez madame la duchesse de Portland, faites-lui ma cour, je vous supplie ; rassurez-la sur l'état de mylord maréchal. Cependant, comme je ne serai parfaitement rassuré moi-même que quand j'aurai de ses nouvelles, sitôt que j'en aurai reçu j'aurai l'honneur d'en faire part à madame la duchesse. Adieu, monsieur, derechef ; bon voyage, et souvenez-vous quelquefois du pauvre hermite votre voisin.

Vous verrez sans doute votre aimable nièce : je vous prie de lui parler quelquefois du captif qu'elle a mis dans ses chaînes et qui s'honore de les porter.

A MYLORD COMTE DE HARCOURT.

Wootton, le 14 février 1767.

Vous m'avez donné, mylord, le premier vrai plaisir que j'aie goûté depuis long-temps, en m'apprenant que j'étois toujours aimé de

M. Watelet. Je le mérite, en vérité, par mes sentimens pour lui; et moi qui m'inquiète très-médiocrement de l'estime du public, je sens que je n'aurois jamais pu me passer de la sienne. Il ne faut absolument point que ses estampes soient en vente avec les autres; et puisque, de peur de reprendre un goût auquel je veux renoncer, je n'ose les avoir avec moi, je vous prie de les prendre au moins en dépôt, jusqu'à ce que vous trouviez à les lui renvoyer, ou à en faire un usage convenable. Si vous trouviez par hasard à les changer entre les mains de quelque amateur contre un livre de botanique, à la bonne heure, j'aurois le plaisir de mettre à ce livre le nom de M. Watelet; mais pour les vendre, jamais. Pour le reste, puisque vous voulez bien chercher à m'en défaire, je laisse à votre entière disposition le soin de me rendre ce bon office, pourvu que cela se fasse, de la part des acheteurs, sans faveur et sans préférence, et qu'il ne soit pas question de moi. Puisque vous ne dédaignez pas de vous donner pour moi ce petit tracas, j'attends de la candeur de vos sentimens, que vous consulterez plus mon goût que mon avantage; ce sera m'obliger doublement. Ce n'est point un produit nécessaire à ma subsistance; je le destine en entier à des livres de botanique, seul et dernier amusement auquel je me suis consacré.

L'honneur que vous faites à mademoiselle Le Vasseur de vous souvenir d'elle, l'autorise à vous assurer de sa reconnoissance et de son respect. Agréez, mylord, je vous supplie, les mêmes sentimens de ma part.

P. S. Il doit y avoir parmi mes estampes un petit porte-feuille contenant de bonnes épreuves de celles de tous mes écrits. Oserai-je me flatter que vous ne dédaignerez pas ce foible cadeau, et de placer ce porte-feuille parmi les vôtres? Je prends la liberté de vous prier, mylord, de vouloir bien donner cours à la lettre ci-jointe.

A M. DU PEYROU.

Wootton, le 14 février 1767.

Je confesse, mon cher hôte, le tort que j'ai eu de ne pas répondre sur-le-champ à votre n° 39; car, malgré la honte d'avouer votre crédulité, je vois que l'autorité du voiturier Le Comte avoit fait une grande impression sur votre esprit. Je me fâchois d'abord de cette petite foiblesse qui me paroissoit peu d'accord avec le grand sens que je vous connois; mais chacun a les siennes, et il n'y a qu'un homme bien estimable à qui l'on n'en puisse pas reprocher de plus grandes que celles-là. J'ai été malade, et je ne suis pas bien ; j'ai eu des tracas qui ne sont pas finis, et qui m'ont empêché d'exécuter la résolution que j'avois prise de vous écrire au plus vite que je n'étois pas à Morges; mais j'ai pensé que mon n° 7 vous le diroit assez, et d'ailleurs qu'une nouvelle de cette espèce disparoîtroit bientôt pour faire place à quelque autre aussi raisonnable.

Vous savez que j'ai peu de foi aux grands guérisseurs. J'ai toujours eu une médiocre opinion du succès de votre voyage de Belfort et vos dernières lettres ne l'ont que trop confirmée. Consolez-vous, mon cher hôte; vos oreilles resteront à peu près ce qu'elles sont ; mais, quoi que j'aie pu vous en dire dans ma colère, les oreilles de votre esprit sont assez ouvertes pour vous consoler d'avoir le tympan matériel un peu obstrué : ce n'est pas le défaut de votre judiciaire qui vous rend crédule, c'est l'excès de votre bonté ; vous estimez trop mes ennemis pour les croire capables d'inventer des mensonges et de payer des pieds-plats pour les divulguer : il est vrai que, si vous n'êtes pas détrompé, ce n'est pas leur faute.

Je tremble que mylord maréchal ne soit dans le même cas, mais d'une manière bien plus cruelle, puisqu'il ne s'agit pas de moins que de perdre l'amitié de celui de tous les hommes à qui je dois le plus et à qui je suis le plus attaché. Je ne sais ce qu'ont pu manœuvrer auprès de lui le bon David et le fils du jongleur qui est à Berlin; mais mylord maréchal ne m'écrit plus, et m'a même annoncé qu'il cesseroit de m'écrire, sans m'en dire aucune autre raison, sinon qu'il étoit vieux, qu'il écrivoit avec peine, qu'il avoit cessé d'écrire à ses parens, etc. Vous jugez si mon cœur est la dupe de pareils prétextes. Madame la duchesse de Portland, avec qui j'ai fait connoissance l'été dernier chez un voisin, m'a porté en même temps le plus sensible coup, en me marquant que les nouvelles publiques l'avoient dit à l'extrémité, et me demandant de ses nouvelles. Dans ma frayeur, je me suis hâté d'écrire à M. Rougemont pour savoir ce qu'il en étoit. Il m'a rassuré sur sa vie, en me marquant qu'en effet il avoit été fort mal, mais qu'il étoit beaucoup mieux. Qui m'y rassurera maintenant sur son cœur? Depuis le 22 novembre, date de sa dernière lettre, je lui ai écrit plusieurs fois, et sur quel ton! Point de réponse. Pour comble, je ne sais quelle contenance tenir vis-à-vis de madame de Portland, à qui je ne puis différer plus long-temps de répondre, et à qui je ne veux pas dire ma peine. Rendez-moi, je vous en conjure, le service essentiel d'écrire à mylord maréchal, engagez-le à ne pas me juger sans m'entendre, à me dire au moins de quoi je suis accusé. Voilà le plus cruel des malheurs de ma vie et qui terminera tous les autres.

J'oubliois de vous dire que M. le duc de Graffton, premier commissaire de la trésorerie, ayant appris la vexation exercée à la douane, au sujet de mes livres, a fait ordonner au douanier de rembourser cet argent à Becket, qui l'avoit payé pour moi, et que, dans le billet par lequel il m'en a fait donner avis, il a ajouté un compliment très-honnête de la part du roi. Tout cela est fort honorable, mais ne console pas mon cœur de la peine secrète que vous savez. Je vous embrasse, mon cher hôte, de tout mon cœur.

A M. DUTENS.

Wootton, le 16 février 1767.

Je suis bien reconnoissant, monsieur, des soins obligeans que vous voulez bien prendre pour la vente de mes bouquins; mais, sur votre lettre et celles de M. Davenport, je vois à cela des embarras qui me dégoûteroient tout-à-fait de les vendre, si je savois où les mettre; car ils ne peuvent rester chez M. Davenport, qui ne garde pas son appartement toute l'année. Je n'aime point une vente publique, même en permettant qu'elle se fasse sous votre nom; car, outre que le mien est à la tête de la plupart de mes livres, on se doutera bien qu'un fatras si mal choisi et si mal conditionné ne vient pas de vous. Il n'y a dans ces quatre ou cinq caisses qu'une centaine au plus de volumes qui soient bons et bien conditionnés : tout le reste n'est que du fumier, qui n'est pas même bon à brûler, parce que le papier en est pourri : hors quelques livres que je prenois en paiement des libraires, je me pourvoyois magnifiquement sur les quais, et cela me fait rire de la duperie des acheteurs qui s'attendroient à trouver des livres choisis et de bonnes éditions. J'avois pensé que ce qui étoit de débit se réduisant à si peu de chose, M. Davenport et deux ou trois de ses amis auroient pu s'en accommoder entre eux sur l'estimation d'un libraire; le reste eût servi à plier du poivre, et tout cela se seroit fait sans bruit. Mais assurément tout ce fatras, qui m'a été envoyé bien malgré moi de Suisse, et qui n'en valoit ni le port ni la peine, vaut encore moins celle que vous voulez bien prendre pour son débit. Encore un coup, mon embarras est de savoir où *les fourrer*. S'il y avoit dans votre maison quelque garde-meuble ou grenier vide où l'on pût les mettre sans vous incommoder, je vous serois obligé de vouloir bien le permettre, et vous pourriez y voir à loisir s'il s'y trouveroit par hasard quelque chose qui pût vous convenir ou à vos amis. Autrement je ne sais en vérité que faire de toute cette friperie qui me peine cruellement, quand je songe à tous les embarras qu'elle donne à M. Davenport. Plus il s'y prête volontiers, plus il est indiscret à moi d'abuser de sa complaisance. S'il faut encore abuser de la vôtre, j'ai, comme avec lui, la nécessité pour excuse, et la persuasion consolante du plaisir que vous prenez l'un et l'autre à m'obliger. Je vous en fais, monsieur, mes remercîmens de tout mon cœur, et je vous prie d'agréer mes très-humbles salutations.

Si la vente publique pouvoit se faire sans qu'on vît mon nom sur les livres et qu'on se doutât d'où ils viennent, à la bonne heure. Il m'importe fort peu que les acheteurs voient ensuite qu'ils étoient à moi; mais je ne veux pas risquer qu'ils le sachent d'avance, et je m'en rapporte là-dessus à votre candeur.

ANNÉE 1767.

A MADEMOISELLE THÉODORE,
de l'Académie royale de musique (*).

Sans date.

On ne peut plus être surpris que je le suis, mademoiselle, de recevoir une lettre datée de l'Académie royale de musique, par laquelle on réclame des conseils de ma part pour y bien vivre. Vos expressions peignent l'honnêteté avec tant de franchise et de candeur, que je ne vous renverrai pas, pour en recevoir, à ceux qui ont coutume d'en donner à celles qui s'y présentent. Je ne puis cependant pas vous fournir les préceptes que vous me demandez : ne doutez nullement de ma bonne volonté à vous satisfaire ; mais je suis moi-même fort embarrassé pour mon propre compte, quoique je ne sois pas dans une carrière aussi glissante : je suis donc hors d'état de vous diriger dans celle où vous êtes entrée.

Je n'ai à vous conseiller que de vous arrêter à deux principes généraux, qui me parroissent être la base de toutes nos actions, dans tel état que le destin nous ait placés. Le premier, c'est de ne jamais vous écarter du respect que vous paroissez avoir pour les bonnes mœurs ; et, pour y réussir, évitez l'impulsion du cœur et des sens, et qu'une extrême prudence en soit le correctif.

Le second, dont vous devez sentir toute la nécessité, c'est de fuir, autant que vous le pourrez, la société de vos compagnes et de leurs adulateurs ; rien ne perd aussi facilement que le poison de la louange et l'air contagieux de cet endroit... Jetez les yeux autour de vous, et vous remarquerez que ceux ou celles qui le respirent, sans être en garde contre son effet, ont le teint flétri et l'extérieur de machines détraquées. Voilà, mademoiselle, les seules réflexions que je vous engage à faire. Quant au reste, vous me paroissez être douée de toute la pénétration nécessaire pour parer aux inconvéniens qui renaissent à chaque moment dans ce séjour. Acceptez, je vous prie, la considération qu'a pour vous votre, etc.

(*) On trouve dans le tome III, page 369, une pièce de vers adressée à une demoiselle *Théodore*, qu'on peut supposer la même que celle dont il s'agit ici. G. P.

A M. GRANVILLE.

Février 1767.

J'étois, monsieur, extrêmement inquiet de votre départ mercredi au soir ; mais je me rassurai le jeudi matin, le jugeant absolument impraticable ; j'étois bien éloigné de penser même que vous le voulussiez essayer. De grâce, ne faites plus de pareils essais jusqu'à ce que le temps soit bien remis et le chemin bien battu. Que la neige qui vous retient à Calwich ne laisse-t-elle une galerie jusqu'à Wootton, j'en ferois souvent la mienne ; mais dans l'état où est maintenant cette route, je vous conjure de ne la pas tenter, ou je vous proteste que, le lendemain du jour où vous viendrez ici, vous me verrez chez vous quelque temps qu'il fasse. Quelque plaisir que j'aie à vous voir, je ne veux pas le prendre au risque de votre santé.

Je suis très-sensible à votre bon souvenir. Je ne vous dis rien de vos envois ; seulement, comme les liqueurs ne sont point à mon usage et que je n'en bois jamais, vous permettrez que je vous renvoie les deux bouteilles, afin qu'elles ne soient pas perdues. J'enverrois chercher du mouton s'il n'y avoit tant de viande à mon garde-manger que je ne sais plus où la mettre. Bonjour, monsieur. Vous parlez toujours d'un pardon dont vous avez plus besoin que d'envie, puisque vous ne vous corrigez point. Comptez moins sur mon indulgence, mais comptez toujours sur mon plus sincère attachement.

AU MÊME.

28 février 1767.

Que fait mon bon et aimable voisin ? comment se porte-t-il ? J'ai appris avec grand plaisir son heureuse arrivée à Bath, malgré les temps affreux qui ont dû traverser son voyage : mais maintenant comment s'y trouve-t-il ? la santé, les eaux, les amusemens, comment va tout cela ? Vous savez, monsieur, que rien de ce qui vous touche ne peut m'être indifférent : l'attachement que je vous ai voué s'est formé de liens qui sont votre ouvrage ; vous vous êtes acquis trop de droits sur moi pour ne m'en avoir pas un peu donné sur vous : et il n'est pas juste que j'ignore ce qui m'intéresse si véritablement. Je devrois aussi vous parler de moi, parce qu'il faut vous rendre compte de votre bien ; mais je ne vous dirois toujours que les mêmes choses : paisible, oisif, souffrant, prenant patience, pestant quelquefois contre le mauvais temps qui m'empêche d'aller autour des rochers furetant des mousses, et contre l'hiver qui retient Calwich désert si long-temps. Amusez-vous, monsieur ; je le désire, mais pas assez pour reculer le temps de votre retour, car ce seroit vous amuser à mes dépens. Mademoiselle Le Vasseur vous demande la permission de vous rendre ici ses devoirs, et nous vous supplions l'un et l'autre d'agréer nos très-humbles salutations.

A M. DUTENS.

Wootton, le 2 mars 1767.

Tous mes livres, monsieur, et tout mon avoir ne valent assurément pas les soins que vous voulez bien prendre et les détails dans lesquels vous voulez bien entrer avec moi. J'apprends que M. Davenport a trouvé les caisses dans une confusion horrible ; et sachant ce que c'est que la peine d'arranger des livres dépareillés, je voudrois pour tout au monde ne l'avoir pas exposé à cette peine, quoique je sache qu'il la prend de très-bon cœur. S'il se trouve dans tout cela quelque chose qui vous convienne et dont vous vouliez vous accommoder de quelque manière que ce soit, vous me ferez plaisir sans doute, pourvu que ce ne soit pas uniquement l'intention de me faire plaisir qui vous détermine. Si vous voulez en transformer le prix en une petite rente viagère, de tout mon cœur ; quoiqu'il ne me semble pas que, l'Encyclopédie et quelques autres livres de choix ôtés, le reste en vaille la peine, et d'autant moins que le produit de ces livres n'étant point nécessaire à ma subsistance, vous serez absolument le maître de prendre votre temps pour les payer tout à loisir en une ou plusieurs fois, à moi ou à mes héritiers, tout comme il vous conviendra le mieux. En un mot, je vous laisse absolument décider de toute chose, et m'en rapporte à vous sur tous les points, hors un seul, qui est celui des sûretés dont vous me parlez ; j'en ai une qui me suffit, et je ne veux entendre parler d'aucune autre, c'est la probité de M. Dutens.

Je me suis fait envoyer ici le ballot qui contenoit mes livres de botanique dont je ne veux pas me défaire, et quelques autres dont j'ai renvoyé à M. Davenport ce qui s'est trouvé sous ma main ; c'est ce que contenoit le ballot qui est rayé sur le catalogue. Les livres dépareillés l'ont été dans les fréquens déménagemens que j'ai été forcé de faire ; ainsi je n'ai pas de quoi les compléter. Ces livres sont de nulle valeur, et je n'en vois aucun autre usage à faire que de les jeter dans la rivière, ne pouvant les anéantir d'un acte de ma volonté.

Vos lettres, monsieur, et tout ce que je vois de vous m'inspirent non-seulement la plus grande estime, mais une confiance qui m'attire et me donne un vrai regret de ne pas vous connoître personnellement. Je sens que cette connoissance m'eût été très-agréable dans tous les temps, et très-consolante dans mes malheurs. Je vous salue, monsieur, très-humblement, et de tout mon cœur.

A MYLORD COMTE DE HARCOURT.

Wootton, le 5 mars 1767.

Je ne suis pas surpris, mylord, de l'état où vous avez trouvé mes estampes : je m'attendois à pis ; mais il me paroît cependant singulier qu'il ne s'en soit pas trouvé une seule de M. Watelet ; quoique parmi beaucoup de gravures qu'il m'avoit données, il y en eût peu des siennes, il y en avoit pourtant : la préférence qu'on leur a donnée fait honneur à son burin. J'en avois un beaucoup plus grand nombre de M. l'abbé de Saint-Nom. Si elles s'y trouvent, je ne voudrois pas non plus qu'elles fussent vendues ; car quoique je n'aie pas l'honneur de le connoître personnellement, elles étoient un cadeau de sa part. Si vous ne les aviez pas, mylord, et qu'elles pussent vous plaire, vous m'obligeriez beaucoup de vouloir les agréer. Le papier que vous avez eu la bonté de m'envoyer est de la main de mylord maréchal, et me rappelle qu'il y a dans mon recueil un portrait de lui, sans nom, mais tête nue et très-ressemblant, que pour rien au monde je ne voudrois perdre, et dont j'avois oublié de vous parler; c'est la seule estampe que je veuille me réserver; et quand elle me laisseroit la fantaisie d'avoir les portraits des hommes qui lui ressemblent, ce goût ne seroit pas ruineux. Je sens avec combien d'indiscrétion j'abuse de votre temps et de vos bontés; mais quelque peine que vous donne la recherche de ce portrait, j'en aurois une infiniment plus grande à m'en voir privé. Si vous parvenez à le retrouver, je vous supplie, mylord, de vouloir bien l'envoyer à M. Davenport, afin qu'il le joigne au premier envoi qu'il aura la bonté de me faire.

Comme, après tout, mon recueil étoit assez peu de chose, que probablement il ne s'est pas accru dans les mains des douaniers et des libraires, et que les retranchemens que j'y fais font du reste un objet de très-peu de valeur, j'ai à me reprocher de vous avoir embarrassé de ces bagatelles; mais, pour vous dire la vérité, mylord, je ne cherchois qu'un prétexte pour me prévaloir de vos offres et *vous montrer ma confiance en vos bontés*.

J'oubliois de vous parler de la découpure de M. Huber; c'est effectivement M. de Voltaire en habit de théâtre (*). Comme je ne suis pas tout-à-fait aussi curieux d'avoir sa figure que celle de mylord maréchal, vous pouvez, mylord, à votre choix, garder, ou jeter, ou donner, ou brûler ce chiffon; pourvu qu'il ne me revienne pas, c'est tout ce que je désire. Agréez, mylord, je vous supplie, les assurances de mon respect.

A MYLORD MARÉCHAL.

Le 19 mars 1767.

C'en est donc fait, mylord, j'ai perdu pour

(*) Huber étoit un Genevois qui s'étoit attaché à Voltaire, et qui, pendant vingt ans, vécut avec lui dans une intime familiarité. Habile dans les arts du dessin, il s'étoit acquis une réputation par un talent vraiment extraordinaire, celui de découper le papier de manière à représenter les objets les plus délicats et les plus compliqués. Il excelloit surtout à figurer ainsi le profil de Voltaire, et y avoit acquis une telle facilité qu'il découpoit ce profil sans y voir, ou les mains derrière le dos. Il le faisoit exécuter par son chat, en lui présentant à mordre une tranche de fromage, et il avoit une manière plus originale encore de le représenter lui-même sur la neige.—La plupart des découpures de Huber, exécutées sur vélin, sont en Angleterre dans les cabinets des curieux. On les a lithographiées à Paris.   G. P.

jamais vos bonnes grâces et votre amitié, sans qu'il me soit même possible de savoir et d'imaginer d'où me vient cette perte, n'ayant pas un sentiment dans mon cœur, pas une action dans ma conduite qui n'ait dû, j'ose le dire, confirmer cette précieuse bienveillance que, selon vos promesses tant de fois réitérées, jamais rien ne pouvoit m'ôter. Je connois aisément tout ce qu'on a pu faire auprès de vous pour me nuire : je l'ai prévu, je vous en ai prévenu; vous m'avez assuré qu'on ne réussiroit jamais, j'ai dû le croire. A-t-on réussi malgré tout cela? voilà ce qui me passe; et comment a-t-on réussi au point que vous n'ayez pas même daigné me dire de quoi je suis coupable, ou du moins de quoi je suis accusé? Si je suis coupable, pourquoi me taire mon crime? si je ne le suis pas, pourquoi me traiter en criminel? En m'annonçant que vous cesserez de m'écrire, vous me faites entendre que vous n'écrirez plus à personne; cependant j'apprends que vous écrivez à tout le monde, et que je suis le seul excepté, quoique vous sachiez dans quel tourment m'a jeté votre silence. Mylord, dans quelque erreur que vous puissiez être, si vous connoissiez, je ne dis pas mes sentimens, vous devez les connoître, mais ma situation, dont vous n'avez pas l'idée, votre humanité du moins vous parleroit pour moi.

Vous êtes dans l'erreur, mylord, et c'est ce qui me console : je vous connois trop bien pour vous croire capable d'une aussi incompréhensible légèreté, surtout dans un temps où, venu par vos conseils dans le pays que j'habite, j'y vis accablé de tous les malheurs les plus sensibles à un homme d'honneur. Vous êtes dans l'erreur, je le répète; l'homme que vous n'aimez plus mérite sans doute votre disgrâce; mais cet homme, que vous prenez pour moi, n'est pas moi : je n'ai point perdu votre bienveillance, parce que je n'ai point mérité de la perdre, et que vous n'êtes ni injuste ni inconstant. On vous aura figuré sous mon nom un fantôme; je vous l'abandonne, et j'attends que votre illusion cesse, bien sûr qu'aussitôt que vous me verrez tel que je suis, vous m'aimerez comme auparavant.

Mais en attendant, ne pourrai-je du moins savoir si vous recevez mes lettres? Ne me reste-t-il nul moyen d'apprendre des nouvelles de votre santé qu'en m'informant au tiers et au quart, et n'en recevant que de vieilles, qui ne me tranquillisent pas? Ne voudriez-vous pas du moins permettre qu'un de vos laquais m'écrivît de temps en temps comment vous vous portez? Je me résigne à tout, mais je ne conçois rien de plus cruel que l'incertitude continuelle où je vis sur ce qui m'intéresse le plus.

A M. DU PEYROU.

Wootton, le 22 mars 1767.

Apostille d'une lettre de M. L. Dutens du 19 confirmée par une lettre de M. Davenport de même date, en conséquence d'un message reçu la veille de M. le général Conway.

» Je viens d'apprendre de M. Davenport la
» nouvelle agréable que le roi vous avoit ac-
» cordé une pension de cent livres sterling. La
» manière dont le roi vous donne cette marque
» de son estime m'a fait autant de plaisir que la
» chose même ; et je vous félicite de tout mon
» cœur de ce que ce bienfait vous est conféré
» du plein gré de sa majesté et du secrétaire
» d'état, sans que la moindre sollicitation y ait
» eu part. »

Le plus vrai plaisir que me fasse cette nouvelle est celui que je sais qu'elle fera à mes amis ; c'est pourquoi, mon cher hôte, je me presse de vous la communiquer ; faites-la, par la même raison, passer à mon ancien et respectable ami M. Roguin, et aussi, je vous en prie, à mon ami M. d'Ivernois : je vous embrasse de tout mon cœur.

Comme dans peu j'irai, si je puis, à Londres, ne m'écrivez plus que sous mon propre nom ; et si vous écrivez à M. d'Ivernois, donnez-lui le même avis.

A M. DUTENS.

Wootton, le 26 mars 1767.

J'espère, monsieur, que cette lettre, destinée à vous offrir mes souhaits de bon voyage, vous trouvera encore à Londres. Ils sont bien vifs et bien vrais pour votre heureuse route, agréable séjour, et retour en bonne santé. Témoignez, je vous prie, dans le pays où vous allez, à tous ceux qui m'aiment, que mon cœur n'est pas en reste avec eux, puisque avoir de vrais amis et les aimer est le seul plaisir auquel il soit encore sensible. Je n'ai aucune nouvelle de l'élargissement du pauvre Guy, je vous serai très-obligé si vous voulez bien m'en donner, avec celle de votre heureuse arrivée. Voici une correction omise à la fin de l'errata que je lui ai envoyé ; ayez la bonté de la lui remettre.

Je reçois, monsieur, comme je le dois, la grâce dont il plaît au roi de m'honorer, et à laquelle j'avois si peu lieu de m'attendre. J'aime à y voir, de la part de M. le général Conway, des marques d'une bienveillance que je désirois bien plus que je n'osois l'espérer. L'effet des faveurs du prince n'est guère, en Angleterre, de capter à ceux qui les reçoivent celles du public. Si celle-ci faisoit pourtant cet effet, j'en serois d'autant plus comblé, que c'est encore un bonheur auquel je dois peu m'attendre ; car on pardonne quelquefois les offenses qu'on a reçues, mais jamais celles qu'on a faites ; et il n'y a point de haine plus irréconciliable que celle des gens qui ont tort avec nous.

Si vous payez trop cher mes livres, monsieur, je mets le trop sur votre conscience, car pour moi je n'en peux mais. Il y en a encore ici quelques-uns qui reviennent à la masse, entre autres l'excellente *Historia florentina*, de Machiavel, ses *Discours* sur Tite-Live, et le traité *de Legibus romanis*, de Sigonius. Je prierai M. Davenport de vous les faire passer. La rente (*) que vous me proposez, trop forte pour le capital, ne me paroît pas acceptable, même à mon âge ; cependant la condition d'être éteinte à la mort du premier mourant des deux la rend moins disproportionnée ; et, si vous le préférez ainsi, j'y consens, car tout est absolument égal pour moi.

Je songe, monsieur, à me rapprocher de Londres, puisque la nécessité l'ordonne ; car j'y ai une répugnance extrême que la nouvelle de la pension augmente encore. Mais, quoique comblé des attentions généreuses de M. Davenport, je ne puis rester plus long-temps dans sa maison, où même mon séjour lui est très à charge, et je ne vois pas qu'ignorant la langue,

(*) Celle de dix livres sterling.

il me soit permis d'établir mon ménage à la campagne, et d'y vivre sur un autre pied que celui où je suis ici. Or, j'aimerois autant me mettre à la merci de tous les diables de l'enfer qu'à celle des domestiques anglois. Ainsi mon parti est pris; si, après quelques recherches que je veux faire encore dans ces provinces, je ne trouve pas ce qu'il me faut, j'irai à Londres ou aux environs me mettre en pension comme j'étois, ou bien prendre mon petit ménage à l'aide d'un petit domestique françois ou suisse, fille ou garçon, qui parle anglois et qui puisse faire mes emplettes. L'augmentation de mes moyens me permet de former ce projet, le seul qui puisse m'assurer le repos et l'indépendance, sans lesquels il n'est point de bonheur pour moi.

Vous me parlez, monsieur, de M. Frédéric Dutens, votre ami, et probablement votre parent. Avec mon étourderie ordinaire sans songer à la diversité des noms de baptême, je vous ai pris tous deux pour la même personne; et, puisque vous êtes amis, je ne me suis pas beaucoup trompé. Si j'ai son adresse, et qu'il ait pour moi la même bonté que vous, j'aurai pour lui la même confiance, et j'en userai dans l'occasion.

Derechef, monsieur, recevez mes vœux pour votre heureux voyage, et mes très-humbles salutations.

A M. LE GÉNÉRAL CONWAY.

Wootton, le 26 mars 1767.

Monsieur,

Aussi touché que surpris de la faveur dont il plaît au roi de m'honorer, je vous supplie d'être auprès de sa majesté l'organe de ma vive reconnaissance. Je n'avois droit à ses attentions que par mes malheurs; j'en ai maintenant aux égards du public par ses grâces, et je dois espérer que l'exemple de sa bienveillance m'obtiendra celle de tous ses sujets. Je reçois, monsieur, le bienfait du roi comme l'arrhe d'une époque heureuse autant qu'honorable, qui m'assure, sous la protection de sa majesté, des jours désormais paisibles. Puissé-je n'avoir à les remplir que des vœux les plus purs et les plus vifs pour la gloire de son règne et pour la prospérité de son auguste maison !

Les actions nobles et généreuses portent toujours leur récompense avec elles. Il vous est aussi naturel, monsieur, de vous féliciter d'en faire, qu'il est flatteur pour moi d'en être l'objet. Mais ne parlons point de mes talens, je vous supplie, je sais me mettre à ma place, et je sens, à l'impression que font sur mon cœur vos bontés, qu'il est en moi quelque chose plus digne de votre estime que de médiocres talens, qui seroient moins connus s'ils m'avoient attiré moins de maux, et dont je ne fais cas que par la cause qui les fit naître, et par l'usage auque ils étoient destinés.

Je vous supplie, monsieur, d'agréer les sentimens de ma gratitude et mon profond respect.

A MYLORD COMTE DE HARCOURT.

Wootton, le 2 avril 1767.

J'apprends, mylord, par M. Davenport, que vous avez eu la bonté de me défaire de toutes mes estampes, hors une. Serois-je assez heureux pour que cette estampe exceptée fût celle du roi? je le désire assez pour l'espérer ; en ce cas, vous auriez bien lu dans mon cœur, et je vous prierois de vouloir conserver soigneusement cette estampe jusqu'à ce que j'aie l'honneur de vous voir et de vous remercier de vive voix : je la joindrois à celle de mylord maréchal, pour avoir le plaisir de contempler quelquefois les traits de mes bienfaiteurs, et de me dire en les voyant qu'il est encore des hommes bienfaisans sur la terre.

Cette idée m'en rappelle une autre, que ma mémoire absolument éteinte avoit laissé échapper : ce portrait du roi avec une vingtaine d'autres me viennent de M. Ramsay, qui ne voulut jamais m'en dire le prix : ainsi ce prix lui appartient et non pas à moi : mais comme probablement il ne voudroit pas plus l'accepter aujourd'hui que ci-devant, et que je n'en veux pas non plus faire mon profit, je ne vois à cela d'autre expédient que de distribuer aux pauvres le produit de ces estampes ; et je crois, mylord, qu'une fonction de charité ne peut rien avoir que l'humanité de votre cœur dédaigne. La difficulté seroit de savoir quel est ce produit, ne pouvant moi-même me rappeler le nombre et la qualité de ces estampes; ce que je sais, c'est que ce sont toutes gravures angloises, dont je n'avois que quelques autres avant celles-là. Pour ne pas abuser de vos bontés, mylord, au point de vous engager dans de nouvelles recherches, je ferai une évaluation grossière de ces gravures, et j'estime que le prix n'en pourroit guère passer quatre ou cinq guinées : ainsi, pour aller au plus sûr, ce sont cinq guinées sur le produit du tout que je prends la liberté de vous prier de vouloir bien distribuer aux pauvres. Vous voyez, mylord, comment j'en use avec vous. Quoique je sois persuadé que mon importunité ne passe pas votre complaisance, si j'avois prévu jusqu'où je serois forcé de la porter, je me serois gardé de m'oublier à ce point. Agréez, mylord, je vous supplie, mes très-humbles excuses et mon respect.

A M. DU PEYROU.

A Wootton, le 2 avril 1767.

O mon cher et aimable hôte! qu'avez-vous fait? Vous êtes tombé dans le pot au noir bien cruellement pour moi. Votre n° 42, que vous avez envoyé pour plus de sûreté par une autre voie, est précisément tombé à Londres entre les mains de mon cousin Jean Rousseau, qui demeure chez M. Colombies, à qui on l'a malheureusement adressé. Or vous saurez que mon très-cher cousin est en secret l'âme damnée du bon David, alerte pour saisir et ouvrir toutes les lettres et paquets qui m'arrivent à Londres; et la vôtre a été ouverte très-certainement, ce qui est d'autant plus aisé, que vous cachetez toujours très-mal, avec de mauvaise cire, et que vous en mettez trop peu; la cire noire ne cachète jamais bien. Votre lettre a très-certainement été ouverte.

Mon cher hôte, je suis de tous côtés sous le piége; il est impossible que je m'en tire si votre ami ne m'en tire pas, mais j'espère qu'il le fera; il n'y a certainement que lui qui le puisse, et il semble que la Providence l'a envoyé dans mon voisinage pour cette bonne œuvre. Il s'agit premièrement de sauver mes papiers, car on les guette avec une grande vigilance, et l'on espère bien qu'ils n'échapperont pas. Toutefois, s'il m'envoie l'exprès que je lui ai demandé avant que M. Davenport arrive, ils sont tout prêts; je les lui remettrai, et ils passeront entre les mains de votre ami, qui ne sauroit y veiller avec trop de soin, ni trop attendre une occasion sûre pour vous les faire passer; car rien ne presse, et l'essentiel est qu'ils soient en sûreté.

Reste à savoir si ma lettre à M. de C. est allée sûrement et en droiture. Les gens qui portent et rapportent mes lettres, ceux de la poste, tout m'est également suspect; je suis dans les mains de tout le monde, sans qu'il me soit possible de faire un seul mouvement pour me dégager. Vous me faites rire par le sang-froid avec lequel vous me marquez, *Adressez-vous à celui-ci ou à celui-là*; c'est comme si vous me disiez, Adressez-vous à un habitant de la lune. S'adresser est un mot bientôt dit, mais il faut savoir comment; il n'y a que la face d'un ami qui puisse me tirer d'affaire, toutes les lettres ne font que me trahir et m'embourber. Celles que je reçois et que j'écris sont toutes vues par mes ennemis; ce n'est pas le moyen de me tirer de leurs mains.

Si le ciel veut que ma précédente lettre à M. de C. ait échappé à mes gardes, qu'il l'ait reçue, et qu'il envoie l'exprès, nous sommes forts; car j'ai mon second chiffre tout prêt; je le ferai partir avec cette lettre-ci, et j'espère qu'il ne tombera plus dans les mains de M. Colombies ni de mon cher cousin. S'il m'arrive de me servir du premier, ce sera pour donner le change; n'ajoutez aucune foi à ce que je vous marquerai de cette manière, à moins que vous ne lisiez en tête ce mot, écrit de ma main. Vrai.

Je vous enverrai une note exacte des paquets que j'envoie à votre ami, et que j'aurai bien droit d'appeler le mien, s'il accomplit en ma faveur la bonne œuvre qu'il veut bien faire; et cette note sera assez détaillée pour que, si j'ai le bonheur de passer en terre ferme, vous puissiez indiquer les paquets dont nous aurons besoin.

Je ne puis vous écrire plus long-temps. Je donnerois la moitié de ma vie pour être en terre ferme, et l'autre pour pouvoir vous embrasser encore une fois et puis mourir.

Il faut que je vous marque encore que ce n'est ni pour le *Contrat social*, ni pour les *Let-*

tres de la montagne, que le pauvre Guy a été mis à la Bastille ; c'est pour les *Mémoires de M. de la Chalotais*. Panckoucke est, je crois, de bonne foi ; mais n'écoutez aucune de ses nouvelles ; elles viennent toutes de mauvaise main.

Je tiens cette lettre et le chiffre tout prêts, mais viendra-t-on les chercher ? Viendra-t-on me chercher moi-même ? O destinée ! ô mon ami ! priez pour moi ; il me semble que je n'ai pas mérité les malheurs qui m'accablent.

Le courrier n'arrivant point, j'ai le temps d'ajouter encore quelques mots. Que vous envoyiez vos lettres par la France ou par la Hollande, cela est bien indifférent à la chose ; c'est entre Londres et Wootton que le filet est tendu, et il est impossible que rien en échappe.

Pour être prêt au moment que l'homme arrivera, s'il arrive, je vais cacheter cette lettre avec le second chiffre. Le 6 avril, je fais partir par la poste une espèce de *duplicata* de cette lettre. Il sera intercepté, cela est sûr ; mais peut-être la laissera-t-on passer après l'avoir lu.

AU MÊME.

A Wootton, le 4 avril 1767.

Votre n° 42, mon cher hôte, m'est parvenu, après avoir été ouvert, et ne pouvoit manquer de l'être par la voie que vous avez choisie, puisqu'il a été adressé par M. votre parent à M. Colombies de Londres, lequel a pour commis un mien cousin, l'âme damnée du bon David, et alerte pour intercepter et ouvrir tout ce qui m'est adressé du continent, presque sans exception.

Votre inutile précaution porte sur cette supposition bien fausse que nos lettres sont ouvertes entre Londres et Neuchâtel ; et point du tout, c'est entre Londres et Wootton ; et, comme de quelque adresse que vous vous serviez, il faut toujours qu'elles passent ici par d'autres mains avant d'arriver dans les miennes, il s'ensuit que, par quelque route qu'elles viennent, cela est très-indifférent pour la sûreté. Les précautions sont telles, qu'il est impossible qu'il en échappe aucune sans être ouverte, à moins qu'on ne le veuille bien. Ainsi, la poste me trahit et ne sauroit me servir. Il n'y a dans ma position que la vue d'un homme sûr qui puisse m'être utile. Présence, ou rien.

Je fais des tentatives pour aller à Londres ; je doute qu'elles me réussissent : d'ailleurs ce voyage est très-hasardeux, à cause du dépôt qui est ici dans mes mains, qui vous appartient, et dont l'ardent désir de vous le faire passer en sûreté fait tout le tourment de ma vie. Le désir de s'emparer de ce dépôt à ma mort, et peut-être de mon vivant, est une des principales raisons pourquoi je suis si soigneusement surveillé. Or, tant que je suis ici, il est en sûreté dans ma chambre ; je suis presque assuré qu'il lui arrivera malheur en route, sitôt que j'en serai éloigné. Voilà, mon cher hôte, ce qui fait que, quand même je serois libre de me déplacer, je ne m'y exposerois qu'avec crainte, presque assuré de perdre mon dépôt dans le transport. Que de tentatives j'ai faites pour le mettre en sûreté ! Mais que puis-je faire tant que personne ne vient à mon secours ? Quand vous m'écrivez tranquillement : *Adressez-vous à celui-ci ou à celui-là*, c'est comme si vous m'écriviez : adressez-vous à un habitant de la lune. Mon cher hôte, libre et maître dans sa maison à Neuchâtel, parlant la langue, et entouré de gens de bonne volonté, juge de ma situation par la sienne. Il se trompe un peu.

J'ai travaillé un peu à ma besogne au milieu du tumulte et des orages dont j'étois entouré ; c'est mon travail, ce sont mes matériaux pour la suite, qui me tiennent en souci ; je souffre à penser qu'il faudra que tout cela périsse. Mais, si je ne suis secouru, je n'ai qu'un parti à prendre, et je le prendrai quand je me sentirai pressé, soit par la mort, soit par le danger ; c'est de brûler le tout, plutôt que de le laisser tomber entre les mains de mes ennemis. Vous voilà averti, mon cher hôte ; si vous trouvez que j'ai mieux à faire, apprenez-le-moi, mais n'oubliez pas que vos lettres seront vues.

Je vous ai donné avis de la pension. Je vois d'ici, sur cet avis, toutes les fausses idées que vous vous faites sur ma situation : votre erreur est excusable ; mais elle est grande. Si vous saviez comment, par qui et pourquoi cette pension m'est venue, vous m'en féliciteriez moins. Vous me demanderez peut-être un jour pourquoi je ne l'ai pas refusée; je crois que j'aurai de quoi bien répondre à cela.

Il importoit de vous donner, une fois pour toutes, les explications contenues dans cette lettre, que je suis pressé de finir. Je l'adresse à M. Rougemont de Londres, en qui seul je puis prendre confiance; si on la lui laisse arriver, elle vous arrivera. Mille remercîmens empressés et respect à la plus digne des mamans. Recevez ceux de mademoiselle Le Vasseur. Je vous embrasse, mon cher hôte, de tout mon cœur.

Vous devez comprendre pourquoi je ne vous parle pas ici de votre ami; faites de même.

A M. D'IVERNOIS.

Wootton, le 6 avril 1767.

J'ai reçu, mon bon ami, votre dernière lettre et lu le mémoire que vous y avez joint. Ce mémoire est fait de main de maître et fondé sur d'excellens principes; il m'inspire une grande estime pour son auteur quel qu'il soit: mais n'étant plus capable d'attention sérieuse et de raisonnemens suivis, je n'ose prononcer sur la balance des avantages respectifs et sur la solidité de l'ouvrage qui en résultera; ce que je crois voir bien clairement, c'est qu'il vous offre, dans votre position, l'accommodement le meilleur et le plus honorable que vous puissiez espérer. Je voudrois, tant ma passion de vous savoir pacifiés est vive, donner la moitié de mon sang pour apprendre que cet accord a reçu sa sanction. Peut-être ne seroit-il pas à désirer que j'en fusse l'arbitre; je craindrois que l'amour de la paix ne fût plus fort dans mon cœur que celui de la liberté. Mes bons amis, sentez-vous bien quelle gloire ce seroit pour vous de part et d'autre que ce saint et sincère accord fût votre propre ouvrage, sans aucun concours étranger? Au reste, n'attendez rien ni de l'Angleterre ni de personne que de vous seuls; vos ressources sont toutes dans votre prudence et dans votre courage; elles sont grandes, grâces au ciel.

J'ai prié M. Du Peyrou de vous donner avis que le roi m'avoit gratifié d'une pension. Si jamais nous nous revoyons, je vous en dirai davantage: mais mon cœur, qui désire ardemment ce bonheur, ne me le promet plus. Je suis trop malheureux en toute chose pour espérer plus aucun vrai plaisir en cette vie. Adieu, mon ami; adieu, mes amis. Si votre liberté est exposée, vous avez du moins l'avantage et la gloire de pouvoir la défendre et la réclamer ouvertement. Je connois des gens plus à plaindre que vous. Je vous embrasse.

A M. LE MARQUIS DE MIRABEAU.

Wootton, le 8 avril 1767.

Je différois, monsieur, de vous répondre, dans l'espoir de m'entretenir avec vous plus à mon aise quand je serois délivré de certaines distractions assez graves; mais les découvertes que je fais journellement sur ma véritable situation les augmentent, et ne me laissent plus guère espérer de les voir finir : ainsi, quelque douce que me fût votre correspondance, il y faut renoncer au moins pour un temps, à moins d'une mise aussi inégale dans la quantité que dans la valeur. Pour éclaircir un problème singulier qui m'occupe dans ce prétendu pays de liberté, je vais tenter, et bien à contre-cœur, un voyage de Londres. Si, contre mon attente, je l'exécute sans obstacle et sans accident, je vous écrirai de là plus au long.

Vous admirez Richardson : monsieur le marquis, combien vous l'admireriez davantage, si, comme moi, vous étiez à portée de comparer les tableaux de ce grand peintre à la nature; de voir combien ses situations, qui paroissent romanesques, sont naturelles; combien ses portraits, qui paroissent chargés, sont vrais! Si je m'en rapportois uniquement à mes observations, je croirois même qu'il n'y a de vrais que ceux-là; car les capitaines Tomlinson me pleuvent, et je n'ai pas aperçu jusqu'ici vestige d'aucun Belfort. Mais j'ai vu si peu de monde, et l'île est si grande, que cela prouve seulement que je suis malheureux.

Adieu, monsieur. Je ne verrai jamais le château de Trye; et, ce qui m'afflige encore davantage, selon toute apparence, je ne serai jamais à portée d'en voir le seigneur; mais je l'honorerai et chérirai toute ma vie : je me souviendrai toujours que c'est au plus fort de mes misères que son noble cœur m'a fait des avances d'a-

A MYLORD COMTE DE HARCOURT.

Wootton, le 11 avril 1767.

Je ne puis, mylord, que vous réitérer mes très-humbles excuses et remercîmens de toutes les peines que vous avez bien voulu prendre en ma faveur. Je vous suis très-obligé de m'avoir conservé le portrait du roi. Je le reverrai souvent avec grand plaisir, et je me livre envers sa majesté à toute la plénitude de ma reconnoissance, très-assuré qu'en faisant le bien elle n'a point d'autre vue que de bien faire. Puisque vous savez au juste à quoi monte le produit des estampes dont M. Ramsay avoit eu l'honnêteté de me faire cadeau, vous pouvez y borner la distribution que vous voulez bien avoir la bonté de faire aux pauvres, et remettre le surplus à M. Davenport, qui veut bien se charger de me l'apporter. J'aspire, mylord, au moment d'aller vous rendre mes actions de grâces et mes devoirs en personne, et il ne tiendra pas à moi que ce ne soit avant votre départ de Londres. Recevez en attendant, je vous supplie, mylord, mes très-humbles salutations et mon respect.

P. S. Je ne vous parle point de ma santé, parce qu'elle n'est pas meilleure, et que ce n'est pas la peine d'en parler pour n'avoir que les mêmes choses à dire. Celle de mademoiselle Le Vasseur, à laquelle vous avez la bonté de vous intéresser, est très-mauvaise, et il n'est pas bien étonnant qu'elle empire de jour en jour.

A M. DAVENPORT.

Wootton, le 30 avril 1767.

Un maître de maison, monsieur, est obligé de savoir ce qui se passe dans la sienne, surtout à l'égard des étrangers qu'il y reçoit. Si vous ignorez ce qui se passe dans la vôtre à mon égard depuis Noël, vous avez tort; si vous le savez et que vous le souffriez, vous avez plus grand tort : mais le tort le moins excusable est d'avoir oublié votre promesse, et d'être allé tranquillement vous établir à Davenport, sans vous embarrasser si l'homme qui vous attendoit ici sur votre parole y étoit à son aise ou non. En voilà plus qu'il ne faut pour me faire prendre mon parti. Demain, monsieur, je quitte votre maison. J'y laisse mon petit équipage, et celui de mademoiselle Le Vasseur, et j'y laisse le produit de mes estampes et livres pour sûreté des frais faits pour ma dépense depuis Noël. Je n'ignore ni les embûches qui m'attendent, ni l'impuissance où je suis de m'en garantir; mais, monsieur, j'ai vécu; il ne me reste qu'à finir avec courage une carrière passée avec honneur. Il est aisé de m'opprimer, mais difficile de m'avilir. Voilà ce qui me rassure contre les dangers que je vais courir. Recevez derechef mes vifs et sincères remercîmens de la noble hospitalité que vous m'avez accordée. Si elle avoit fini comme elle a commencé, j'emporterois de vous un souvenir bien tendre, qui ne s'effaceroit jamais de mon cœur. Adieu, monsieur : je regretterai souvent la demeure que je quitte; mais je regretterai beaucoup davantage d'avoir eu un hôte si aimable, et de n'en avoir pu faire mon ami.

A M. LE GÉNÉRAL CONWAY (*).

Douvres, 1767.

Monsieur,

J'ose vous supplier de vouloir bien prendre sur vos affaires le temps de lire cette lettre, seul et avec attention. C'est à votre jugement éclairé, c'est à votre âme saine que j'ai à parler. Je suis sûr de trouver en vous tout ce qu'il faut pour peser avec sagesse et avec équité ce que j'ai à vous dire. J'en serai moins sûr si vous consultez tout autre que vous.

J'ignore avec quel projet j'ai été amené en Angleterre : il y en a eu un, cela est certain; j'en juge par son effet, aussi grand, aussi plein

(*) C'est dans le recueil publié par Du Peyrou (Neuchâtel, 1790) que cette lettre a été imprimée pour la première fois. Elle s'y trouve sans date et sans adresse, et l'éditeur y dit en note : « On peut supposer que l'auteur l'a écrite en avril ou en » mai 1767, peu de temps avant son départ d'Angleterre, et l'a » adressée à quelque personne en place, peut-être à M. le gé- » néral Conway. » Cette supposition n'en est plus une maintenant qu'une lettre de Hume, qu'on verra ci-après, a ôté tout doute sur ce point, et nous a appris que Rousseau l'avoit écrite étant à Douvres, troublé sans cesse par la crainte d'être retenu de force en Angleterre. G. P.

qu'il auroit pu l'être quand ce projet eût été une affaire d'état. Mais comment le sort, la réputation d'un pauvre infortuné, pourroient-ils jamais faire une affaire d'état? C'est ce qui est trop peu concevable pour que je puisse m'arrêter à pareille supposition. Cependant, que les hommes les plus élevés, les plus distingués, les plus estimables, qu'une nation tout entière, se prêtent aux passions d'un particulier qui veut en avilir un autre, c'est ce qui se conçoit encore moins. Je vois l'effet; la cause m'est cachée, et je me suis tourmenté vainement pour la pénétrer: mais quelle que soit cette cause, les suites en seront les mêmes; et c'est de ces suites qu'il s'agit ici. Je laisse le passé dans son obscurité; c'est maintenant l'avenir que j'examine.

J'ai été traité dans mon honneur aussi cruellement qu'il soit possible de l'être. Ma diffamation est telle en Angleterre que rien ne peut l'y relever de mon vivant. Je prévois cependant ce qui doit arriver après ma mort, par la seule force de la vérité, et sans qu'aucun écrit posthume de ma part s'en mêle; mais cela viendra lentement, et seulement quand les révolutions du gouvernement auront mis tous les faits passés en évidence. Alors ma mémoire sera réhabilitée; mais de mon vivant je ne gagnerai rien à cela.

Vous concevez, monsieur, que cette ignominie intolérable au cœur d'un homme d'honneur rend au mien le séjour de l'Angleterre insupportable. Mais on ne veut pas que j'en sorte; je le sens, j'en ai mille preuves, et cet arrangement est très-naturel; on ne doit pas me laisser aller publier au-dehors les outrages que j'ai reçus dans l'île, ni la captivité dans laquelle j'ai vécu; on ne veut pas non plus que mes mémoires passent dans le continent et ailleurs, instruire une autre génération des maux que m'a fait souffrir celle-ci. Quand je dis *on*, j'entends les premiers auteurs de mes disgrâces: à Dieu ne plaise que l'idée que j'ai, monsieur, de votre respectable caractère me permette jamais de penser que vous ayez trempé dans le fond du projet! Vous ne me connoissiez point; on vous a fait croire de moi beaucoup de choses; l'illusion de l'amitié vous a prévenu pour mes ennemis; ils ont abusé de votre bienveillance, et, par une suite de mon malheur ordinaire, les nobles sentimens de votre cœur, qui vous auroit parlé pour moi si j'eusse été mieux connu de vous, m'ont nui par l'opinion qu'on vous en a donnée. Maintenant le mal est sans remède; il est presque impossible que vous soyez désabusé; c'est ce que je ne suis pas à portée de tenter; et, dans l'erreur où vous êtes, la prudence veut que vous vous prêtiez aux mesures de mes ennemis.

J'oserai pourtant vous faire une proposition qui, je crois, doit parler également à votre cœur et à votre sagesse: la terrible extrémité où je suis réduit en fait, je l'avoue, ma seule ressource; mais cette ressource en est peut-être également une pour mes ennemis contre les suites désagréables que peut avoir pour eux mon dernier désespoir.

Je veux sortir, monsieur, de l'Angleterre ou de la vie; et je sens bien que je n'ai pas le choix. Les manœuvres sinistres que je vois m'annoncent le sort qui m'attend, si je feins seulement de vouloir m'embarquer. J'y suis déterminé pourtant, parce que toutes les horreurs de la mort n'ont rien de comparable à celles qui m'environnent. Objet de la risée et de l'exécration publique, je ne me vois environné que des signes affreux qui m'annoncent ma destinée. C'est trop souffrir, monsieur, et toute interdiction de correspondance m'annonce assez que, sitôt que l'argent qui me reste sera dépensé, je n'ai plus qu'à mourir. Dans ma situation, ce sera un soulagement pour moi, et c'est le seul désormais qui me reste; mais j'ai bien de la peine à penser que mon malheur ne laisse après lui nulle trace désagréable. Quelque habilement que la chose ait été concertée, quelque adroite qu'en soit l'exécution, il restera des indices peu favorables à l'hospitalité nationale. Je suis malheureusement trop connu pour que ma fin tragique ou ma disparition demeurent sans commentaires; et quand tant de complices garderoient le secret, tous mes malheurs précédens mettront trop de gens sur la trace de celui-ci, pour que les ennemis de mes ennemis (car tout le monde en a) n'en fassent pas quelque jour un usage qui pourra leur déplaire. On ne sait jusqu'où ces choses-là peuvent aller, et l'on n'est plus maître de les arrêter quand une fois elles marchent. Convenez, monsieur, qu'il y auroit quelque avantage à pou-

ANNÉE 1767.

voir se dispenser d'en venir à cette extrémité.

Or on le peut, *et prudemment* on le doit. Daignez m'écouter. Jusqu'à présent, j'ai toujours pensé à laisser après moi des mémoires qui missent au fait la postérité des vrais événemens de ma vie : je les ai commencés, déposés en d'autres mains, et désormais abandonnés. Ce dernier coup m'a fait sentir l'impossibilité d'exécuter ce dessein, et m'en a totalement ôté l'envie.

Je suis sans espoir, sans projet, sans désir même de rétablir ma réputation détruite, parce que je sais qu'après moi cela viendra de soi-même, et qu'il me faudroit des efforts immenses pour y parvenir de mon vivant. Le découragement m'a gagné ; la douce amitié, l'amour du repos, sont les seules passions qui me restent, et je n'aspire qu'à finir paisiblement mes jours dans le sein d'un ami. Je ne vois plus d'autre bonheur pour moi sur la terre ; et, quand j'aurois désormais à choisir, je sacrifierois tout à cet unique désir qui m'est resté.

Voilà, monsieur, l'homme qui vous propose de le laisser aller en paix, et qui vous engage sa foi, sa parole, tous les sentimens d'honneur dont il fait profession, et toutes ces espérances sacrées qui font ici-bas la consolation des malheureux, que non-seulement il abandonne pour toujours le projet d'écrire sa vie et ses mémoires, mais qu'il ne lui échappera jamais, ni de bouche, ni par écrit, un seul mot de plainte sur les malheurs qui lui sont arrivés en Angleterre ; qu'il ne parlera jamais de M. Hume, ou qu'il n'en parlera qu'avec honneur ; et que, lorsqu'il sera pressé de s'expliquer sur les plaintes indiscrètes qui, dans le fort de ses peines, lui sont quelquefois échappées, il les rejettera sans mystères sur son humeur aigrie et portée à la défiance et aux ombrages par des malheurs continuels. Je pourrai parler de la sorte avec vérité, n'ayant que trop d'injustes soupçons à me reprocher par ce malheureux penchant, ouvrage de mes désastres, et qui maintenant y met le comble. Je m'engage solennellement à ne jamais écrire quoi que ce puisse être, et sous quelque prétexte que ce soit, pour être imprimé ou publié, ni sous mon nom, ni en anonyme, ni de mon vivant, ni après ma mort.

Vous trouverez, monsieur, ces promesses bien fortes, elles ne le sont pas trop pour la détresse où je suis. Vous me demanderez des garans pour leur exécution ; cela est très-juste : les voici ; je vous prie de les peser.

Premièrement tous mes papiers relatifs à l'Angleterre y sont encore dans un dépôt. Je les ferai tous remettre entre vos mains, et j'y en ajouterai quelques autres assez importans qui sont restés dans les miennes. Je partirai à vide et sans autres papiers qu'un petit portefeuille absolument nécessaire à mes affaires, et que j'offre à visiter (*).

Secondement, vous aurez cette lettre signée pour garant de ma parole ; et de plus, une autre déclaration que je remettrai en partant, à qui vous me prescrirez, et telle que, si j'étois capable de jamais l'enfreindre de mon vivant, ou après ma mort, cette seule pièce anéantiroit tout ce que je pourrois dire, en montrant dans son auteur un infâme qui, se jouant de ses promesses les plus solennelles, ne mérite d'être écouté sur rien. Ainsi mon travail, détruisant son propre objet, en rendroit la peine aussi ridicule que vaine.

En troisième lieu, je suis prêt à recevoir toujours avec le même respect et la même reconnoissance la pension dont il plaît au roi de m'honorer. Or, je vous demande, monsieur, si, lorsque honoré d'une pension du prince, j'étois assez vil, assez infâme pour mal parler de son gouvernement, de sa nation et de ses sujets, il seroit possible en aucun temps qu'on m'écoutât sans indignation, sans mépris et sans horreur. Monsieur, je me lie par les liens les plus forts et les plus indissolubles. Vous ne pouvez pas supposer que je veuille rétablir mon honneur par des moyens qui me rendroient le plus vil des mortels.

Il y a, monsieur, un quatrième garant, plus sûr, plus sacré que tous les autres, et qui vous répond de moi, c'est mon caractère connu pendant cinquante et six ans. Esclave de ma foi, fidèle à ma parole, si j'étois capable de gloire encore, je m'en ferois une illustre et fière de tenir plus que je n'aurois promis ; mais, plus concentré dans moi-même, il me suffit d'avoir en cela la conscience de mon devoir. Eh ! monsieur, pouvez-vous penser que, de l'humeur dont je suis, je puisse aimer la vie

---

(*) *J'offre à visiter.* Conforme au texte de l'édition originale.

G. P.

en portant la bassesse et le remords dans ma solitude? Quand la droiture cessera de m'être chère, c'est alors que je serai vraiment mort au bonheur.

Non, monsieur, je renonce pour jamais à tous souvenirs pénibles. Mes malheurs n'ont rien d'assez amusant pour les rappeler avec plaisir; je suis assez heureux si je suis libre, et que je puisse rendre mon dernier soupir dans le sein d'un ami. Je ne vous promets en ceci que ce que je me promets à moi-même, si je puis goûter encore quelques jours de paix avant ma mort.

Je n'ai parlé jusqu'ici, monsieur, qu'à votre raison : je n'ai qu'un mot maintenant à dire à votre cœur. Vous voyez un malheureux réduit au désespoir, n'attendant plus que la manière de sa dernière heure. Vous pouvez rappeler cet infortuné à la vie, vous pouvez vous en rendre le sauveur, et du plus misérable des hommes, en faire encore le plus heureux. Je ne vous en dirai pas davantage, si ce n'est ce dernier mot qui vaut la peine d'être répété. Je vois mon heure extrême qui se prépare; je suis résolu, s'il le faut, de l'aller chercher, et de périr ou d'être libre; il n'y a plus de milieu.

EXTRAIT D'UNE LETTRE DE HUME (*).

Je ne sais si vous avez entendu parler des derniers événemens arrivés à ce pauvre malheureux Rousseau, qui est devenu tout-à-fait extravagant, et qui mérite la plus grande compassion. Il y a environ trois semaines qu'il partit, sans en donner le moindre avis, de chez M. Davenport, n'emmenant avec lui que sa gouvernante, laissant la plus grande partie de ses effets et environ trente guinées d'argent. On trouva aussi une lettre sur sa table, pleine de reproches contre son hôte, auquel il imputoit d'avoir été complice de mon projet pour le ruiner et le déshonorer. Il prit le chemin de Londres; et M. Davenport me pria de le faire chercher et de découvrir comment on pourroit lui envoyer son bagage et son argent. On fut quinze jours sans en entendre parler, jusqu'à ce qu'enfin le chancelier reçût de lui la lettre la plus extravagante, datée de Spalding, dans le comté de Lincoln. Il dit à ce magistrat qu'il est en chemin pour Douvres, dans le dessein de quitter le royaume (observez que Spalding s'éloigne tout-à-fait du chemin); mais qu'il n'ose pas faire un pas de plus ni sortir de la maison, dans la crainte de ses ennemis. Il conjure donc le chancelier de lui envoyer un guide autorisé pour le conduire, et il le lui demande comme le dernier acte d'hospitalité de cette nation envers lui. Quelques jours après, j'appris de M. Davenport qu'il avoit reçu une nouvelle lettre de Rousseau, datée encore de Spalding, dans laquelle il lui témoigne le plus vif repentir. Il parle de sa triste et malheureuse situation, et annonce le dessein de retourner dans sa première retraite de Wootton. J'espérai qu'il auroit recouvré ses sens; point du tout Au bout de quelques heures le général Conway reçut une lettre de lui, datée de Douvres, distant de deux cents milles de Spalding. Il n'avoit guère mis que deux jours à faire cette longue route. Il n'y a rien de plus fou que cette lettre: il suppose qu'il est prisonnier d'état entre les mains du général Conway, et cela, en conséquence de mes suggestions; il le conjure. . . .
. . . .

(Hume donne ici la substance de cette lettre qui vient d'être mise sous les yeux du lecteur.)

Je vous informe de tous ces détails, afin que vous voyiez que ce pauvre homme est absolument fou, et que par conséquent il ne peut être dans le cas d'être *poursuivi par les lois ni l'objet* d'une peine civile. Il a certainement passé à Calais; et se trouvant dans le ressort du parlement de Paris, il sera probablement arrêté, et peut-être traité sans aucun égard à sa malheureuse situation. Quand j'étois à Paris, j'ai vu des traits d'une animosité peu commune contre lui de la part de plusieurs membres de cet illustre corps, et je crains que sa présence ne fasse revivre contre lui ce même zèle ardent et amer. Il me paroît donc intéressant que quelques personnes de poids et de mérite sachent de la première main le véritable état des choses, afin que les ennemis de ce malheureux homme, voyant leur vengeance pleinement rassasiée par ses infortunes passées, n'appesantissent pas plus long-temps sur lui des peines trop fortes pour qu'un homme puisse les soutenir,

---

(*) Voyez la note jointe à une lettre précédente du même, ci-devant, page 655.

J'ai parlé à M. de Guerchy, afin qu'il représente la chose sous ce point de vue, s'il en écrit à sa cour, et je vous adresse cette lettre à cachet volant, sous l'enveloppe de M. de Montigny, pour le cas où vous auriez quitté Paris. Il faut que vous, ou lui, instruisiez M. de Malesherbes. M. Trudaine joindra aussi ses bons offices; et je ne doute pas que par vos efforts réunis, et s'agissant d'une chose aussi raisonnable, vous ne lui procuriez une entière sûreté. S'il pouvoit être établi dans une retraite sûre et tranquille, sous la protection de quelque personne prudente, il a de quoi subvenir à tous ses besoins : il a, si je ne me trompe, environ cent louis de rente de lui-même. Le roi d'Angleterre vient de lui en accorder encore autant; et l'on pourroit trouver quelque part en France quelque personne qui, par égard pour son génie, le traiteroit avec amitié, et l'empêcheroit de faire du mal à lui et aux autres. Il seroit à propos que sa gouvernante entrât dans le projet : je sais cependant que M. Davenport n'avoit pas une idée bien avantageuse de son caractère ni de sa conduite lorsqu'ils vivoient chez lui; mais Rousseau est accoutumé à cette femme, et elle sait mieux que qui que ce soit entrer dans ses humeurs. On soupçonne qu'elle a entretenu toutes ses chimères afin de le chasser d'un pays où, n'ayant personne avec qui elle pût parler, elle s'ennuyoit à la mort.

A M. E. J......, CHIRURGIEN.

Le 13 mai (*) 1767.

Vous me parlez, monsieur, dans une langue littéraire de sujets de littérature, comme à un homme de lettres; vous m'accablez d'éloges si pompeux, qu'ils sont ironiques; et vous croyez m'enivrer d'un pareil encens? vous vous trompez, monsieur, sur tous ces points : je ne suis point homme de lettres : je le fus pour mon malheur; depuis long-temps j'ai cessé de l'être; rien de ce qui se rapporte à ce métier ne me convient plus. Les grands éloges ne m'ont jamais flatté; aujourd'hui surtout que j'ai plus besoin de consolation que d'encens, je les trouve bien déplacés : c'est comme si, quand vous allez voir un pauvre malade, au lieu de le panser, vous lui faisiez des complimens.

J'ai livré mes écrits à la censure publique; elle les traite aussi sévèrement que ma personne : à la bonne heure ; je ne prétends pas avoir eu raison : je sais seulement que mes intentions étoient assez droites, assez pures, assez salutaires, pour devoir m'obtenir quelque indulgence. Mes erreurs peuvent être grandes : mes sentimens auroient dû les racheter. Je crois qu'il y a beaucoup de choses sur lesquelles on n'a pas voulu m'entendre : telle est, par exemple, l'origine du droit naturel, sur laquelle vous me prêtez des sentimens qui n'ont jamais été les miens. C'est ainsi qu'on aggrave mes fautes réelles de toutes celles qu'on juge à propos de m'attribuer. Je me tais devant les hommes, et je remets ma cause entre les mains de Dieu, qui voit mon cœur.

Je ne répondrai donc point, monsieur, ni aux reproches que vous me faites au nom d'autrui, ni aux louanges que vous me donnez de vous-même; les uns ne sont pas plus mérités que les autres. Je ne vous rendrai rien de pareil, tant parce que je ne vous connois pas que parce que j'aime à être simple et vrai en toutes choses. Vous vous dites chirurgien : si vous m'eussiez parlé botanique, et des plantes que produit votre contrée, vous m'auriez fait plaisir, et j'en aurois pu causer avec vous : mais pour de mes livres, et de toute autre espèce de livres, vous m'en parleriez inutilement, parce que je ne prends plus d'intérêt à tout cela. Je ne vous réponds point en latin, par la raison ci-devant énoncée; il ne me reste de cette langue qu'autant qu'il en faut pour entendre les phrases de Linnæus. Recevez, monsieur, mes très-humbles salutations.

A M. LE MARQUIS DE MIRABEAU.

Calais, le 22 mai 1767.

J'arrive ici, monsieur, après bien des aventures bizarres, qui feroient un détail plus long qu'amusant. Je voudrois de tout mon cœur aller finir mes jours au château de Trye; mais,

---

(*) Il y a certainement une erreur dans l'indication du mois; ce doit être avril au lieu de mai. Le 13 mai il étoit en route pour revenir en France. Conséquemment cette lettre devroit être placée après celle adressée à mylord comte de Harcourt.

M. P.

pour entreprendre un pareil établissement, il faudroit plus de certitude de sa durée que vous ne pouvez la donner. Je ne vois pour moi qu'un repos stable, c'est dans l'état de Venise, et, malgré l'immensité du trajet, je suis déterminé à le tenter. Ma situation, à tous égards, me forcera à des stations que je rendrai aussi courtes qu'il me sera possible. Je désire ardemment d'en faire une petite à Paris pour vous y voir, si j'y puis garder l'incognito convenable, et que je sois assuré que ce court séjour ne déplaise pas. Permettez que je vous consulte là-dessus, résolu de passer tout droit et le plus promptement qu'il me sera possible, si vous jugez que ce soit le meilleur parti. Je ne vous en dirai pas davantage ici, monsieur; mais j'attends avec empressement de vos nouvelles, et je compte m'arrêter à Amiens pour cela. Ayez la bonté de m'y répondre un mot sous le couvert de M. Barthélemi Midy, négociant. Cette réponse réglera ma marche. Puisse-t-elle, monsieur, me livrer à l'ardent désir que j'ai de voir et d'embrasser le respectable ami des hommes !

A M. DU PEYROU.

Calais, le 22 mai 1767.

J'arrive ici transporté de joie d'avoir la communication rouverte et sûre avec mon cher hôte, et de n'avoir plus l'espace des mers entre nous. Je pars demain pour Amiens, où j'attendrai de vos nouvelles, sous le couvert de M. Barthélemi Midy, négociant. Je ne vous en dirai pas davantage aujourd'hui; mais je n'ai pas voulu tarder à rompre, aussitôt qu'il m'étoit possible, le silence forcé que je garde avec vous depuis si longtemps.

A M. LE MARQUIS DE MIRABEAU.

Amiens, le 2 juin 1767.

J'ai différé, monsieur, de vous écrire jusqu'à ce que je pusse vous marquer le jour de mon départ et le lieu de mon arrivée. Je compte partir demain, et arriver après-demain au soir à Saint-Denis où je séjournerai le lendemain, vendredi pour y attendre de vos nouvelles. Je logerai aux *Trois Maillets*. Comme on trouve des fiacres à Saint-Denis, sans prendre la peine d'y venir vous-même, il suffit que vous ayez la bonté d'envoyer un domestique qui nous conduise dans l'asile hospitalier que vous voulez bien me destiner. Il m'a été impossible de rester inconnu comme je l'avois désiré, et je crains bien que mon nom ne me suive à la piste. A tout événement, quelque nom que me donnent les autres, je prendrai celui de M. Jacques; et c'est sous ce nom que vous pourrez me faire demander aux *Trois Maillets*. Rien n'égale le plaisir avec lequel je vais habiter votre maison, si ce n'est le tendre empressement que j'ai d'en embrasser le vertueux maître.

A M. DU PEYROU.

Le 5 juin 1767.

Je n'ai pu, mon cher hôte, attendre, comme je l'avois compté, de vos nouvelles à Amiens. Les honneurs publics qu'on a voulu m'y rendre (*), et mon séjour en cette ville, devenu trop bruyant par les empressemens des citoyens et des militaires, m'ont forcé de m'en éloigner au bout de huit jours. Je suis maintenant chez le digne ami des hommes, où, après une si longue interruption, j'attends enfin quelques mots de vous. Mon intention est de ne rien épargner pour avoir avec vous une entrevue dont mon cœur a le plus grand besoin; et si vous pouvez venir jusqu'à Dijon, je partirai pour m'y rendre à la réception de votre réponse, pleurant d'attendrissement et de joie au seul espoir de vous embrasser. Je ne vous en dirai pas ici davantage. Écrivez-moi sous le couvert de M. le marquis de Mirabeau, à Paris : votre lettre me parviendra. Je vous embrasse de tout mon cœur.

A M. LE MARQUIS DE MIRABEAU.

Fleury (**), ce vendredi à midi, 5 juin 1767.

Il faut, monsieur, jouir de vos bontés et de vos soins, et ne vous remercier plus de rien.

(*) Voyez notre *Appendice aux Confessions*, tome I", page 555. G. P.
(**) Maison de campagne du marquis de Mirabeau, dans le territoire de Meudon, à deux lieues de Paris. G. P.

L'air, la maison, le jardin, le parc, tout est admirable; et je me suis dépêché de m'emparer de tout par la possession, c'est-à-dire par la jouissance. J'ai parcouru tous les environs, et au retour j'ai trouvé M. Garçon qui m'a tiré de peine sur votre retour d'hier, et m'a donné l'espoir de vous voir demain. Je ne veux point me laisser donner d'inquiétudes. Mais, quelque agréable et douce que me soit l'habitation de votre maison, mon intention est toujours de les prévenir. Mille très-humbles salutations et respects de mademoiselle Le Vasseur.

AU MÊME.

Ce mardi 9 juin 1767.

Votre présence, monsieur, votre noble hospitalité, vos bontés de toute espèce, ont mis le comble aux sentimens que m'avoient inspirés vos écrits et vos lettres. Je vous suis attaché par tous les liens qui peuvent rendre un homme respectable et cher à un autre; mais je suis venu d'Angleterre avec une résolution qu'il ne m'est pas permis de changer, puisque je ne saurois devenir votre hôte à demeure, sans contracter des obligations qu'il n'est pas en mon pouvoir ni même en ma volonté de remplir; et, pour répondre une fois pour toutes à un mot que vous m'avez dit en passant, je vous répète et vous déclare que jamais je ne reprendrai la plume pour le public, sur quelque sujet que ce puisse être; que je ne ferai ni ne laisserai rien imprimer de moi avant ma mort, même de ce qui reste encore en manuscrit; que je ne puis ni ne veux rien lire désormais de ce qui pourroit réveiller mes idées éteintes, pas même vos propres écrits; que dès à présent je suis mort à toute littérature, sur quelque sujet que ce puisse être, et que jamais rien ne me fera changer de résolution sur ce point. Je suis assurément pénétré pour vous de reconnoissance, mais non pas jusqu'à vouloir ni pouvoir me tirer de mon anéantissement mental. N'attendez rien de moi, à moins que, pour mes péchés, je ne devienne empereur ou roi; encore ce que je ferai dans ce cas sera-t-il moins pour vous que pour mes peuples, puisqu'en pareil cas, quand je ne vous devrois rien, je ne le ferois pas moins.

En outre, quoi que vous puissiez faire, au Bignon, je serois chez vous, et je ne puis être à mon aise que chez moi; je serois dans le ressort du parlement de Paris, qui, par raison de convenance, peut, au moment qu'on y pensera le moins, faire une excursion nouvelle, *in animá vili* : je ne veux pas le laisser exposé à la tentation.

J'irois pourtant voir votre terre avec grand plaisir si cela ne faisoit pas un détour inutile, et si je ne craignois un peu, quand j'y serois, d'avoir la tentation d'y rester : là-dessus, toutefois, votre volonté soit faite; je ne résisterai jamais au bien que vous voudrez me faire quand je le sentirai conforme à mon bien réel ou de fantaisie; car pour moi c'est tout un. Ce que je crains n'est pas de vous être obligé; mais de vous être inutile.

Je suis très-surpris et très en peine de ne recevoir aucune nouvelle d'Angleterre, et surtout de Suisse, dont j'en attends avec inquiétude. Ce retard me met dans le cas de faire à vous et à moi le plaisir de rester ici jusqu'à ce que j'en aie reçu, et par conséquent celui de vous y embrasser quelquefois encore, sachant que les œuvres de miséricorde plaisent à votre cœur. Je remets donc à ces doux momens ce qu'il me reste à vous dire, et surtout à vous remercier du bien que vous m'avez procuré dimanche au soir, et que par la manière dont je l'ai senti je mérite d'avoir encore. *Vale, et me ama.*

A M. DU PEYROU.

Le 10 juin 1767

Je reçois, mon cher hôte, votre n° 46; je n'ai point reçu les trois précédens. Je veux supposer, pour ma consolation, que la goutte n'est point venue, et que, selon vos arrangemens, vous arriverez aujourd'hui ou demain à Paris. Cela étant, allez, je vous supplie, au Luxembourg, voir M. le marquis de Mirabeau; vous saurez par lui de mes nouvelles. Il n'est prévenu de rien, parce que je ne l'ai pas vu depuis la réception de votre lettre; mais il suffira de vous nommer. Ne sachant si cette lettre vous parviendra, je n'en dirai pas ici davantage. Je vous embrasse de tout mon cœur.

Si par hasard M. le marquis de Mirabeau n'étoit pas chez lui, demandez M. Garçon, son secrétaire.

A M. LE MARQUIS DE MIRABEAU.

Ce vendredi 19 juin 1767.

Je lirai votre livre, puisque vous le voulez ; ensuite j'aurai à vous remercier de l'avoir lu : mais il ne résultera rien de plus de cette lecture que la confirmation des sentimens que vous m'avez inspirés, et de mon admiration pour votre grand et profond génie, ce que je me permets de vous dire en passant et seulement une fois. Je ne vous réponds pas même de vous suivre toujours parce qu'il m'a toujours été pénible de penser, fatigant de suivre les pensées des autres, et qu'à présent je ne le puis plus du tout. Je ne vous remercie point, mais je sors de votre maison fier d'y avoir été admis, et plus désireux que jamais de conserver les bontés et l'amitié du maître. Du reste, quelque mal que vous pensiez de la sensibilité prise pour toute nourriture, c'est l'unique qui m'est restée ; je ne vis plus que par le cœur. Je veux vous aimer autant que je vous respecte. C'est beaucoup ; mais voilà tout ; n'attendez jamais de moi rien de plus. J'emporterai si je puis votre livre de plantes ; s'il m'embarrasse trop, je le laisserai, dans l'espoir de revenir quelque jour le lire plus à mon aise. Adieu, mon cher et respectable hôte ; je pars plein de vous, et content de moi, puisque j'emporte votre estime et votre amitié.

A M. DU PEYROU.

Au Château de Trye, le 21 juin 1767.

J'arrive heureusement, mon cher hôte, avec M. Coindet, qui vous rendra compte de l'état des choses. J'espère, les premiers embarras levés, pouvoir couler ici des jours assez tranquilles, sous la protection du grand prince qui me donne cet asile. Donnez-m'y souvent de vos nouvelles, cher ami ; vous savez combien elles sont nécessaires à mon bonheur. Vous pouvez remettre vos lettres à M. Coindet, ou les faire mettre à la poste sous cette adresse : *A M. Ma-noury, lieutenant des chasses de M. le prince de Conti, pour remettre à M. Renou, au château de Trye, par Gisors*. Quand vous aurez quelque paquet à me faire tenir, il y a un carrosse de Gisors qui va à Paris tous les mercredis, et revient tous les samedis, mais je ne sais pas où en est le bureau à Paris ; cela n'est pas difficile à trouver ; il faut se servir par le carrosse de la même adresse. M. Coindet va partir, je suis très-pressé ; je finis en vous embrassant de tout mon cœur.

A M. LE MARQUIS DE MIRABEAU.

Trye-le-Château, le 24 juin 1767.

J'espérois, monsieur, vous rendre compte un peu en détail de ce qui regarde mon arrivée et mon habitation ; mais une douleur fort vive qui me tient depuis hier à la jointure du poignet me donne à tenir la plume une difficulté qui me force d'abréger. Le château est vieux, le pays est agréable, et j'y suis dans un hospice qui ne me laisseroit rien à regretter, si je ne sortois pas de Fleury. J'ai apporté votre livre de plantes, dont j'aurai grand soin ; j'ai apporté votre *Philosophie rurale*, que j'ai essayé de lire et de suivre sans pouvoir en venir à bout : j'y reviendrai toutefois. Je réponds de la bonne volonté, mais non pas du succès. J'ai aussi apporté la clef du parc ; j'étois en train d'emporter toute la maison ; je vous renverrai cette clef par la première occasion. Je vous prie de me garder le secret sur mon asile ; M. le prince de Conti le désire ainsi, et je m'y suis engagé. Le nom de Jacques ne lui ayant pas plu, j'y ai substitué celui que je signe ici, et sous lequel j'espère, monsieur, recevoir de vos nouvelles à l'adresse suivante. Agréez, monsieur, mes salutations très-humbles. Je vous révère et vous embrasse de tout mon cœur.

RENOU.

A MYLORD HARCOURT.

Le 10 juillet 1767.

Je reçois seulement en ce moment, mylord, la lettre que vous m'avez fait l'honneur de m'écrire le 7 mai, et le billet que vous m'avez envoyé sous la même date. En vous remerciant de l'une et de l'autre, et en vous réitérant mes très-humbles excuses de la peine que vous avez bien voulu prendre en ma faveur, permettez qu'étant éloigné de vous je prenne la liberté de me recommander à l'honneur de votre souvenir, de vous assurer que vos bontés ne sortiront point de ma mémoire, et de vous renouveler les protestations de ma reconnoissance et de mon respect.

Je vous demande la permission, mylord, de ne point dater, quant à présent, du lieu de ma retraite, et de ne plus signer un nom sous lequel j'ai vécu si malheureux. Vous ne tarderez pas d'être instruit de celui que j'ai pris, et sous lequel je vous rendrai désormais mes hommages, si vous me permettez de vous les renouveler quelquefois. Si vous m'honorez d'une réponse, M. Watelet est à portée de me la faire passer.

A M. DU PEYROU.

Le 22 juillet 1767.

Je suis, mon cher hôte, dans les plus grandes alarmes de n'avoir aucune nouvelle de vous depuis votre départ. Si vous m'avez écrit, il faut que vos lettres se soient dévoyées, et je n'imagine que la goutte qui ait pu vous empêcher d'écrire. Cette idée me fait frémir, en pensant à ce que c'est que d'être pris de la goutte hors de chez soi, et peut-être même en route dans un cabaret. Ah! cher ami, si je le croyois bien, si je savois où, rien ne m'empêcheroit d'aller vous y joindre; votre silence me tient dans une angoisse d'autant plus cruelle que, dans le doute, je mets toujours les choses au pis. De grâce, si ma lettre vous parvient, en quelque état que vous soyez, faites-moi écrire un mot; faites-le écrire à double, l'un où je suis directement à mon adresse que vous savez, et l'autre à l'adresse de M. Coindet, que vous savez aussi. Il est étonnant que je ne sache ou que je ne me rappelle pas votre nom de baptême : cela me tient en quelque embarras pour vous distinguer, en écrivant à M. Du Peyrou d'Amsterdam, à qui j'adresse cette lettre. Je n'ai pas le courage de vous parler de moi jusqu'à ce que j'aie de vos nouvelles. Donnez-m'en, je vous conjure, le plus tôt que vous pourrez. Adieu, mon cher hôte : puisse la Providence vous conduire et vous ramener heureusement.

M. LE MARQUIS DE MIRABEAU.

Trye, le 26 juillet 1767.

J'aurois dû, monsieur, vous écrire en recevant votre dernier billet; mais j'ai mieux aimé tarder quelques jours encore à réparer ma négligence, et pouvoir vous parler en même temps du livre (*) que vous m'avez envoyé. Dans l'impossibilité de le lire tout entier, j'ai choisi les chapitres où l'auteur casse les vitres, et qui m'ont paru les plus importans. Cette lecture m'a moins satisfait que je ne m'y attendois; et je sens que les traces de mes vieilles idées, racornies dans mon cerveau, ne permettent plus à des idées si nouvelles d'y faire de fortes impressions. Je n'ai jamais pu bien entendre ce que c'étoit que cette évidence qui sert de base au despotisme légal, et rien ne m'a paru moins évident que le chapitre qui traite de toutes ces évidences. Ceci ressemble assez au système de l'abbé de Saint-Pierre, qui prétendoit que la raison humaine alloit toujours en se perfectionnant, attendu que chaque siècle ajoute ses lumières à celles des siècles précédens. Il ne voyoit pas que l'entendement humain n'a toujours qu'une même mesure et très-étroite, qu'il perd d'un côté tout autant qu'il gagne de l'autre, et que des préjugés toujours renaissans nous ôtent autant de lumières acquises que la raison cultivée en peut remplacer. Il me semble que l'évidence ne peut jamais être dans les lois naturelles et politiques qu'en les considérant par abstraction. Dans un gouvernement particulier, que tant d'élémens divers composent, cette évidence disparoît nécessairement. Car la science du gouvernement n'est qu'une science de combinaisons, d'applications et d'exceptions, selon les temps, les lieux, les circonstances. Jamais le public ne peut voir avec évidence les rapports et le jeu de tout cela. Et, de grâce,

---

(*) L'*Ordre naturel et essentiel des Sociétés politiques* (1767, in-4°, ou 2 vol. in-12) par *Mercier de La Rivière*, ancien intendant de la Martinique; c'étoit un des partisans les plus outrés du système des écrivains dits *économistes*.   G. P.

qu'arrivera-t-il, que deviendront vos droits sacrés de propriété dans de grands dangers, dans des calamités extraordinaires, quand vos valeurs disponibles ne suffiront plus, et que le *salus populi suprema lex esto* sera prononcé par le despote?

Mais supposons toute cette théorie des lois naturelles toujours parfaitement évidente, même dans ses applications, et d'une clarté qui se proportionne à tous les yeux; comment des philosophes qui connoissent le cœur humain peuvent-ils donner à cette évidence tant d'autorité sur les actions des hommes? comme s'ils ignoroient que chacun se conduit très-rarement par ses lumières et très-fréquemment par ses passions. On prouve que le plus véritable intérêt du despote est de gouverner légalement, cela est reconnu de tous les temps; mais qui est-ce qui se conduit sur ses plus vrais intérêts? le sage seul, s'il existe. Vous faites donc, messieurs, de vos despotes autant de sages. Presque tous les hommes connoissent leurs vrais intérêts, et ne les suivent pas mieux pour cela. Le prodigue qui mange ses capitaux sait parfaitement qu'il se ruine, et n'en va pas moins son train : de quoi sert que la raison nous éclaire quand la passion nous conduit?

« Video meliora proboque,
» Deteriora sequor...»

Voilà ce que fera votre despote, ambitieux, prodigue, avare, amoureux, vindicatif, jaloux, foible; car c'est ainsi qu'ils font tous, et que nous faisons tous. Messieurs, permettez-moi de vous le dire, vous donnez trop de force à vos calculs, et pas assez aux penchans du cœur humain et au jeu des passions. Votre système est très-bon pour les gens de l'utopie; il ne vaut rien pour les enfans d'Adam.

Voici, dans mes vieilles idées, le grand problème en politique, que je compare à celui de la quadrature du cercle en géométrie, et à celui des longitudes en astronomie : *Trouver une forme de gouvernement qui mette la loi au-dessus de l'homme.*

Si cette forme est trouvable, cherchons-la et tâchons de l'établir. Vous prétendez, messieurs, trouver cette loi dominante dans l'évidence des autres. Vous prouvez trop; car cette évidence a dû être dans tous les gouvernemens, ou ne sera jamais dans aucun.

Si malheureusement cette forme n'est pas trouvable, et j'avoue ingénument que je crois qu'elle ne l'est pas, mon avis est qu'il faut passer à l'autre extrémité, et mettre tout d'un coup l'homme autant au-dessus de la loi qu'il peut l'être, par conséquent établir le despotisme arbitraire, et le plus arbitraire qu'il est possible : je voudrois que le despote pût être dieu. En un mot, je ne vois point de milieu supportable entre la plus austère démocratie et le hobbisme le plus parfait : car le conflit des hommes et des lois, qui met dans l'état une guerre intestine continuelle, est le pire de tous les états politiques.

Mais les Caligula, les Néron, les Tibère!... Mon Dieu!... je me roule par terre, et je gémis d'être homme.

Je n'ai pas entendu tout ce que vous avez dit des lois dans votre livre, et ce qu'en dit l'auteur nouveau dans le sien. Je trouve qu'il traite un peu légèrement des diverses formes de gouvernement, bien légèrement surtout des suffrages. Ce qu'il a dit des vices du despotisme électif est très-vrai, ces vices sont terribles. Ceux du despotisme héréditaire, qu'il n'a pas dits, le sont encore plus.

Voici un second problème qui depuis long-temps m'a roulé dans l'esprit.

Trouver dans le despotisme arbitraire une forme de succession qui ne soit ni élective ni héréditaire, ou plutôt qui soit à la fois l'une et l'autre, et par laquelle on s'assure, autant qu'il est possible, de n'avoir ni des Tibère, ni des Néron.

Si jamais j'ai le malheur de m'occuper derechef de cette folle idée, je vous reprocherai toute ma vie de m'avoir ôté de mon râtelier. J'espère que cela n'arrivera pas; mais, monsieur, quoi qu'il arrive, ne me parlez plus de votre *despotisme légal*. Je ne saurois le goûter ni même l'entendre; et je ne vois là que deux mots contradictoires, qui réunis ne signifient rien pour moi.

Je connois d'autant moins votre principe de population, qu'il me paroît inexplicable en lui-même, contradictoire avec les faits, impossible à concilier avec l'origine des nations. Selon vous, monsieur, la population multiplicative n'auroit dû commencer que quand elle a cessé réellement. Dans mes vieilles idées, sitôt qu'il y a eu pour un sou de ce que vous appelez richesse ou valeur disponible, sitôt qu'on s'est fait le premier échange, la population multiplicative a dû cesser; c'est aussi ce qui est arrivé.

Votre système économique est admirable. Rien n'est plus profond, plus vrai, mieux vu, plus utile. Il est plein de grandes et sublimes vérités qui transportent. Il s'étend à tout : le champ est vaste; mais j'ai peur qu'il n'aboutisse à des pays bien différens de ceux où vous prétendez aller.

J'ai voulu vous marquer mon obéissance en vous montrant que je vous avois du moins parcouru. Maintenant, illustre ami des hommes et le mien, je me prosterne à vos pieds pour vous conjurer d'avoir pitié de mon état et de mes malheurs, de laisser en paix ma mourante tête, de n'y plus réveiller des idées presque éteintes, et qui ne peuvent renaître que pour m'abîmer dans de nouveaux gouffres de maux. Aimez-moi toujours, mais ne m'envoyez plus de livres, n'exigez plus que j'en lise; ne tentez pas même de m'éclairer si je m'égare : il n'est plus temps. On ne se convertit point sincèrement à mon âge. Je puis me tromper, et vous pouvez me convaincre, mais non pas me persuader. D'ailleurs, je ne dispute jamais; j'aime mieux céder et me taire : trouvez bon que je m'en tienne à cette résolution. Je vous embrasse de la plus tendre amitié et avec le plus vrai respect.

A M. DU PEYROU.

Le 1er août 1767.

Si, comme je l'espère, mon très-cher hôte, vous avez reçu ma lettre précédente, vous y aurez vu combien j'avois besoin de la vôtre du 20 pour me tranquilliser sur votre voyage. Grâces à Dieu, vous voilà arrivé exempt de goutte; et, quand même elle vous prendroit où vous êtes, ce qui, je me flatte, n'arrivera pas, j'en serois moins effrayé que de vous savoir arrêté en route dans une auberge, malheur que j'ai craint dans ces circonstances par-dessus tout. Si votre vie ambulante de cette année pouvoit, pour cette fois, vous exempter de goutte, je ne désespérerois pas qu'avec vos précautions et la botanique, vous n'en fussiez peut-être délivré tout-à-fait. Ainsi soit-il.

Je ne vous dirai pas ce qui s'est passé ici depuis votre départ; peut-être cela changera-t-il avant votre retour. Son altesse, qui malheureusement a fait un voyage, doit revenir dans peu de jours.

J'écris, comme vous le désirez, à Douvres; mais je tire un mauvais augure, pour le sort des lettres de change, de ce que votre lettre ne vous a pas été renvoyée. Si vous m'eussiez consulté quand vous la fîtes partir, je vous aurois conseillé d'attendre une autre occasion. J'espère que vous aurez été plus heureux à retirer l'opéra.

Je suis encore incertain sur la meilleure voie pour avoir recours à vos banquiers, c'est-à-dire sur le meilleur nom à prendre. Comme cela ne presse point du tout, nous aurons le temps d'en délibérer. S'il ne vous étoit pas incommode de vous charger vous-même du semestre échu quand vous viendrez me voir, cela feroit que, n'ayant rien à recevoir d'eux jusqu'à l'année prochaine, j'aurois tout le temps de penser aux meilleurs arrangemens pour cela. En attendant, il est à croire que l'affaire de la pension sera déterminée de manière ou d'autre; elle ne l'est pas jusqu'ici.

Je comprends que celle de vos affaires que vous avez terminée la première où vous êtes est celle d'autrui, et je vous reconnois bien là. Tâchez, cher ami, d'arranger si solidement les vôtres, que vous n'ayez pas souvent de pareils voyages à faire. Il vaut encore mieux s'aller promener au creux du vent par la pluie, qu'en Hollande par le beau temps.

Je n'ai ici ni carte, ni livres, ni instructions, pour votre route; mais je suis très-sûr que vous pouvez venir ici en droiture sans avoir besoin de passer par Paris. Je crois que Beauvais n'est pas fort éloigné de votre route; il y en a une de Beauvais à Gisors, et la distance de ces deux villes n'est que de six lieues; les mêmes chevaux de poste les font, à ce qu'on m'a dit. Ce château est sur la même route, ou du moins très-près et seulement à demi-lieue de Gisors. Vous pouvez aisément vous arranger pour y venir mettre pied à terre, et vous enverrez votre voiture et vos gens à Gisors.

Je vous prie de dire pour moi mille choses à

M. et à madame Rey. Voyez aussi, de grâce, ma petite filleule; embrassez-la de ma part. Je serois bien aise d'avoir à votre retour quelques détails sur la figure et le caractère de cette chère enfant; elle a cinq ans passés; on doit commencer d'y voir quelque chose.

J'attends de vos nouvelles avec la plus vive impatience; instruisez-moi, le plus tôt que vous pourrez, du temps de votre départ, et, s'il se peut, de celui de votre arrivée. Cette idée me fait d'avance tressaillir de joie. Ma sœur vous baise les mains et partage mon empressement. Adieu, mon cher hôte, je vous embrasse de tout mon cœur.

Ne pourriez-vous point trouver où vous êtes l'*Agrostographia*, ou *Traité des Gramen* de Scheuzer? Il est impossible de l'avoir à Paris. Si vous pouviez aussi trouver la *Méthode de Ludwig*, ou quelque autre bon livre de botanique, vous me feriez grand plaisir. Les miens sont en Angleterre avec mes guenilles, et l'on ne se presse pas de me les renvoyer.

A M. GRANVILLE.

De France, le 1er août 1767.

Si j'avois eu, monsieur, l'honneur de vous écrire autant de fois que je l'ai résolu, vous auriez été accablé de mes lettres; mais les tracas d'une vie ambulante, et ceux d'une multitude de survenans ont absorbé tout mon temps, jusqu'à ce que je sois parvenu à obtenir un asile un peu plus tranquille. Quelque agréable qu'il soit, j'y sens souvent, monsieur, la privation de votre voisinage et de votre société, et j'en remplis souvent la solitude du souvenir de vos bontés pour moi. Peu s'en est fallu que je ne sois retourné jouir de tout cela chez mon ancien et aimable hôte: mais la manière dont vos papiers publics ont parlé de ma retraite m'a déterminé à la faire entière, et à exécuter un projet dont vous avez été le premier confident. Je vous disois alors qu'en quelque lieu que je fusse je ne vous oublierois jamais; j'ajoute maintenant qu'à ce souvenir si bien dû se joindra toute ma vie le regret de l'entretenir de si loin.

Permettez du moins que ce regret soit tempéré par le plaisir de vous demander et d'apprendre quelquefois de vos nouvelles, et à réitérer de temps en temps les assurances de ma reconnoissance et de mon respect.

M. GUY.

Écrite de Normandie, le 6 août 1767.

Remerciez mon excellente amie, madame La Tour, de son petit billet, et dites-lui que les premiers épanouissemens de mon cœur seront pour elle; je ne peux rien de plus quant à présent. Elle m'avoit envoyé son adresse, mais sa lettre est restée avec mes papiers, et il m'est impossible de m'en souvenir.

A M. LE MARQUIS DE MIRABEAU.

Trye, le 12 août 1767.

Je suis affligé, monsieur, que vous me mettiez dans le cas d'avoir un refus à vous faire; mais ce que vous me demandez est contraire à ma plus inébranlable résolution, même à mes engagemens, et vous pouvez être assuré que de ma vie une ligne de moi ne sera imprimée de mon aveu. Pour ôter même une fois pour toutes les sujets de tentation, je vous déclare que dès ce moment je renonce pour jamais à toute autre lecture que des livres de plantes, et même à celle des articles de vos lettres qui pourroient réveiller en moi des idées que je veux et dois étouffer. Après cette déclaration, monsieur, si vous revenez à la charge, ne vous offensez pas que ce soit inutilement.

Vous voulez que je vous rende compte de la manière dont je suis ici. Non, mon respectable ami; je ne déchirerai pas votre noble cœur par un semblable récit. Les traitemens que j'éprouve en ce pays de la part de tous les habitans sans exception, et dès l'instant de mon arrivée, sont trop contraires à l'esprit de la nation et aux intentions du grand prince qui m'a donné cet hospice, pour que je les puisse imputer qu'à un esprit de vertige dont je ne veux pas même rechercher la cause. Puissent-ils rester ignorés de toute la terre! et puissé-je parvenir moi-même à les regarder comme non avenus!

Je fais des vœux pour l'heureux voyage de ma bonne et belle compatriote que je crois déjà partie. Je suis bien fier que madame la comtesse ait daigné se rappeler un homme qui n'a eu qu'un moment l'honneur de paroître à ses yeux, et dont les abords ne sont pas brillans; elle auroit trop à faire s'il falloit qu'elle gardât un peu des souvenirs qu'elle laisse à quiconque a eu le bonheur de la voir. Recevez mes plus tendres embrassemens.

A MADAME LA MARÉCHALE DE LUXEMBOURG.

Trye, le 16 août 1767.

Je compte si parfaitement, madame la maréchale, sur la continuation de toutes vos bontés pour moi, que je viens y recourir avec la plus parfaite confiance, en vous suppliant d'obtenir de M. le prince de Conti la permission de quitter ce séjour sans encourir sa disgrâce. J'ose désirer encore de savoir si le gouvernement approuve, ou non, que je m'établisse dans quelque coin du royaume, où je puisse vivre et mourir en paix, sous la protection de son altesse, ou si je dois continuer ma route pour chercher un asile ailleurs. Je vous conjure, madame la maréchale, par une mémoire respectable et si chère à votre cœur, de vouloir prendre les informations nécessaires pour me tirer de l'incertitude où je suis sur ce qu'il m'est permis de faire; car ma résolution est de n'accepter plus de logement gratuit chez personne. Le grand prince qui a bien voulu m'en accorder un sera mon dernier hôte, et je crois devoir à l'honneur qu'il m'a fait de n'en accepter plus de personne un semblable. Mais, pour oser me donner un asile indépendant, il faut, quelque obscur et reculé qu'il soit, et quelque incognito que je garde, que j'aie quelque sûreté d'y être laissé en paix. Ah! madame, que je vous doive le repos des derniers jours de ma vie; il m'en paroîtra cent fois plus doux.

A M. LE MARQUIS DE MIRABEAU.

Ce 22 août 1767.

Je vous dois bien des remercîmens, monsieur, pour votre dernière lettre, et je vous les fais de tout mon cœur. Elle m'a tiré d'une grande peine; car, vous étant aussi sincèrement attaché que je le suis, je ne pourrois rester un moment tranquille dans la crainte de vous avoir déplu. Grâces à vos bontés, me voilà tranquillisé sur ce point. Vous me trouvez grognon: passe pour cela : je réponds du moins que vous ne me trouverez jamais ingrat; mais n'exigez rien de ma déférence et de mon amitié contre la clause que j'ai le plus expressément stipulée; car je vous confirme, pour la dernière fois, que ce seroit inutilement.

J'ai tort de n'avoir rien mis pour M. l'abbé; mais ce tort n'est qu'extérieur et apparent, je vous jure. Il me semble que les hommes de son ordre doivent deviner l'impression qu'ils font sans qu'on la leur témoigne. La raison même qui m'empêchoit de répondre à sa politesse est obligeante pour lui, puisque c'étoit la crainte d'être entraîné dans des discussions que je me suis interdites, et où j'avois peur de n'être pas le plus fort. Je vous dirai tout franchement que j'ai parcouru chez vous quelques pages de son ouvrage, que vous aviez négligemment laissé sur le bureau de M. Garçon, et que sentant que je mordois un peu à l'hameçon, je me suis dépêché de fermer le livre avant que j'y fusse tout-à-fait pris. Or, prêchez et patrocinez tout à votre aise, je vous promets que je ne rouvrirai de mes jours ni celui-là, ni les vôtres, ni aucun autre de pareil acabit : hors l'Astrée, je ne veux plus que des livres qui m'ennuient, ou qui ne parlent que de mon foin.

Je crains bien que vous n'ayez deviné trop juste sur la source de ce qui se passe ici, et dont vous ne sauriez même avoir l'idée; mais tout cela n'étant point dans l'ordre naturel des choses ne fournit point de conséquence contre le séjour de la campagne, et ne m'en rebute assurément pas. Ce qu'il faut fuir n'est pas la campagne, mais les maisons des grands et des princes qui ne sont point les maîtres chez eux, et ne savent rien de ce qui s'y fait. Mon malheur est, premièrement, d'habiter dans un château, et non pas sous un toit de chaume; chez autrui, et non pas chez moi, et surtout d'avoir un hôte si élevé, qu'entre lui et moi il faut nécessairement des intermédiaires. Je sens bien qu'il faut me détacher de l'espoir d'un sort tranquille et d'une vie rustique; mais je ne puis m'empêcher de soupirer en y songeant. Aimez-moi et plaignez-moi. Ah! pourquoi faut-il que j'aie fait des livres? j'étois si peu fait pour ce triste métier! J'ai le cœur serré, je finis et vous embrasse.

A M. D'IVERNOIS.

Au château de Trye, ce 24 août 1767.

Je n'ai reçu que depuis peu de jours, mon bon ami, votre lettre du 20 mai, adressée à Wootton; elle étoit dans le plus triste état du monde, à demi brûlée, et paroissant avoir été ouverte plusieurs fois : les pièces que vous y avez jointes, ayant grossi le paquet ont augmenté la curiosité. Je ne sais pourquoi vous vous obstinez à m'envoyer de pareilles pièces; peine qui ne peut servir de rien, ni à vous, ni à moi, ni à personne, et qui empêchera toujours que vos lettres ne me parviennent fidèlement. Quand vos affaires seront accommodées, apprenez-le-moi pour consoler mon cœur : jusque-là ne me parlez que de vous.

Lorsque je doutois que vous vinssiez me voir à Wootton, ce n'étoit pas de votre volonté que j'étois en peine, mais bien des obstacles que vous trouveriez à l'exécuter : soyez persuadé que, si vous m'étiez venu voir en Angleterre, de quelque manière que vous vous y fussiez pris, vous n'auriez point passé Londres. Si jamais la concorde renaît parmi vous, j'ai lieu d'espérer que n'ayant plus à courir si loin, vous aurez moins de difficultés à me rejoindre : M. Du Peyrou vous en indiquera les moyens quand il sera temps, et soyez sûr que l'espoir de vous embrasser est un de ceux qui me font encore aimer la vie.

Je ne sais comment j'avois oublié de vous rendre compte de l'affaire dont vous m'aviez chargé à Berlin; j'aurois juré de vous en avoir rendu compte il y a long-temps; car, dans mon premier moment de relâche, j'écrivis à cet effet à mylord maréchal; c'étoit précisément quand M. Michel venoit d'être nommé. Mylord me répondit qu'il étoit allé exprès à Berlin pour parler aux ministres de votre affaire; qu'il falloit nécessairement que vous vous adressassiez directement à eux ou au vice-gouverneur; que, depuis la nomination du dernier, il ne lui convenoit plus de se mêler d'aucune affaire qui regardât Neuchâtel en aucune sorte; qu'il avoit refusé au colonel Chaillet de se mêler d'une affaire pareille à celle qu'il venoit de proposer à ma sollicitation, et qu'il me prioit de ne plus me charger à l'avenir de recommandations auprès de lui de quelque espèce qu'elles pussent être. Je ne doute pas qu'en vous adressant directement au ministère, votre affaire ne passât sans difficulté, d'autant plus qu'elle a déjà été proposée, et qu'on est toujours bien venu dans cette cour-là quand on se présente avec de l'argent. En partant de l'île de Saint-Pierre, je laissai vos papiers avec tous les miens à M. Du Peyrou, des mains de qui vous les retirerez sans difficulté, quand il vous plaira.

Je n'ai laissé nuls papiers à l'île de Saint-Pierre qu'il m'importe de ravoir, mais comme j'aime toujours mieux qu'ils soient en mains amies qu'en d'autres, si vous voulez les retirer en mon nom, vous n'avez qu'à m'envoyer la formule du billet qu'il faut que je fasse pour cela, et je vous l'enverrai sans délai.

Comme, lorsque vos affaires publiques seront terminées, vous pourriez avoir quelque voyage à faire dans le pays où je suis, sans passer par Neuchâtel, je vous préviens que, si de Paris vous pouvez vous rendre au château de Trye, près de Gisors, et demander M. Renou, il vous donnera de mes nouvelles sûres. Gisors est à quinze petites lieues de Paris, et il y a un carrosse public qui part de Gisors tous les mercredis, et de Paris tous les samedis, et fait la route en été dans un jour. Je vous embrasse, mon bon ami, de tout mon cœur, ainsi que tout ce qui vous est cher, et tous nos amis.

M. Du Peyrou étant tombé malade à Paris, cette lettre a été prodigieusement retardée.

Ce 8 novembre.

Autre retard bien plus long : M. Du Peyrou étant retombé malade ici, et y ayant été retenu plus de deux mois, vous pouvez juger si ces longs retards me tiennent en inquiétude, et me rendent vos promptes nouvelles nécessaires, sur les tristes choses que j'apprends.

A M. DU PEYROU.

Le 8 septembre 1767.

J'ai reçu avant-hier au soir votre lettre du 5; malgré l'oubli, elle avoit été décachetée, mais l'enveloppe à mylord maréchal, qu'il a eu l'imprudence de me laisser, ne l'avoit point été. Que cela vous serve de règle quand vous m'écrirez. Je prendrai le parti de porter moi-même cette lettre à la poste; mais, comme cela sera remarqué et qu'on y pourvoira par la suite, je n'y reviendrai pas, et je vous dirai tout dans celle-ci.

Que j'ai craint cette cruelle goutte, cruelle pour l'un et pour l'autre, pour moi surtout à divers égards! J'espère encore que cette atteinte n'aura pas de suite, et ne vous empêchera pas de me venir voir. Mon excellent et cher hôte, ce sera la dernière fois que nous nous verrons; j'en ai le pressentiment trop bien fondé. Puisse ce dernier des heureux momens de ma vie achever de vous dévoiler le cœur de votre ami! Coindet fera tous ses efforts pour venir avec vous; évitez ce cortége; après ce que je sais, il empoisonneroit mes plaisirs. J'étois sûr que, puisque vous jugiez à propos de le consulter sur votre route, il feroit en sorte de vous dégoûter de venir ici directement. Il vous aura embarrassé de traverses inutiles, et de fausses difficultés des maîtres de poste. Gardez sa lettre, et montrez cet article à gens instruits, vous verrez ce qu'ils vous diront.

Mon cher hôte, vous m'avez perdu sans le vouloir, sans le savoir, et bien innocemment, mais sans ressource. Le concours fortuit de mon voyage ici et du vôtre en Hollande a passé chez mes persécuteurs pour une affaire arrangée entre nous. On vous a cru chargé d'une négociation avec Rey. Le papier que vous avez adressé pour moi à Coindet par son canal les a encore effarouchés; leur conscience agitée alarme leurs têtes, et leur persuade toujours que j'écris. Connoissant si peu le charme d'une vie oisive, solitaire et simple, ils ne peuvent croire que c'est tout de bon que j'herborise, que ces papiers et ces petits livres étoient destinés à coller et dessiner des plantes sur le transparent; et j'ai vu clairement que Coindet, à qui j'ai parlé de cet emploi que j'en voulois faire, n'en a rien cru. Tous ses propos, toutes ses manœuvres m'ont dit tout ce qui se passoit dans son âme et qu'il croyoit bien caché; et ce Coindet, qui se croit si fin, n'est qu'un fat. Fiez-vous encore moins qu'à lui à la dame à qui il vous a présenté, et dont il est envers moi l'âme damnée. Elle m'a trompé six ans; il y en a deux qu'elle ne me trompe plus, et j'avois tout-à-fait rompu avec elle. M. le prince de Conti, qui ne sait rien de tout cela, et poussé par quelqu'un qui, pour mieux cacher son jeu, montre avoir peu de liaison avec elle, m'a remis, pour ainsi dire, entre ses mains, comme en celles d'une amie, et elle fait usage de ce moyen pour m'achever. De mon côté, profitant enfin de vos avis, je feins de ne rien voir; en m'étouffant le cœur, je leur rends caresses pour caresses. Ils dissimulent pour me perdre, et je dissimule pour me sauver; mais, comme je n'y gagne rien, je sens que je ne saurois dissimuler encore long-temps; il faut tôt ou tard que l'orage crève. Tout ceci vous surprend trop pour pouvoir le croire. Vous vous rappelez le voyage auprès de moi, l'argent offert, le passe-port; et ne devinant pas à quoi tout cela étoit destiné, votre honnête cœur demeure incrédule; soit: je ne demande pas à vous persuader quant à présent; mais je demande que vous suspendiez les actes de votre confiance en elle pour ce qui me regarde, en attendant que vous sachiez si j'ai tort ou raison.

Je crois que M. le prince de Conti et madame de Luxembourg, me voyant menacé de bien des dangers, ont voulu sincèrement m'en mettre à couvert, en s'assurant, à la vérité, de moi par des entours qui n'ont pas paru suffisans aux deux dames pour rassurer leur ami. On a donc suscité contre moi toute la maison du prince, les prêtres, les paysans, tout le pays. On n'a pas douté, connoissant la fierté de mon caractère, que je ne me dérobasse à l'opprobre avec promptitude et indignation. C'est ce que j'ai cent fois voulu faire, et que j'aurois fait à la fin peut-être, si ma pauvre sœur, la raison, et une rechute de ma maladie, n'étoient venues à mon secours. Madame de V., qui ne m'a vu venir qu'à regret, n'a pu déguiser assez, ni Coindet non plus, leur extrême désir de m'en voir sortir. Cet empressement, si peu naturel à des amis dans ma position, m'a fait ouvrir les yeux, et m'a rendu patient et sage. Ma sœur, le seul véritable ami qu'avec vous j'aie dans le monde, et qu'à cause de cela mes ennemis ont en haine, me disoit sans cesse, quoiqu'elle portât la plus grande et plus sensible part des outrages : *Attendez, souffrez, et prenez patience, le prince ne vous abandonnera pas. Voulez-vous donner à vos ennemis l'avantage qu'ils demandent, de crier que vous ne pouvez durer nulle part?* Les sages discours de cette pauvre fille étoient renforcés par la raison. Où aller? Où me réfugier? Où trouver un plus sûr abri contre mes ennemis? Où ne m'atteindront-ils pas, s'ils m'atteignent ici même? Où aller aux approches de l'hiver, et sentant déjà les atteintes de mon mal! Une dernière réflexion m'a décidé à tout souffrir et à rester, quoi qu'on fasse. Si l'on ne vouloit que s'assurer de moi, c'est ici qu'il me faudroit laisser; car je suis à leur merci, pieds et poings liés : mais on veut absolument m'attirer à Paris; pourquoi? je vous le laisse à deviner. La partie sans doute est liée : on veut ma perte, on veut ma vie, pour se délivrer de ma garde une fois pour toutes. Il est impossible de donner à ce qui se passe une autre explication. Ainsi, rien ne pourra me tirer d'ici que la force ouverte. Outrages, ignominie, mauvais traitemens, j'endurerai tout, et je me suis déterminé d'y périr. Mon Dieu! si le public étoit instruit de ce qui se passe, quelle indignation pour les François, qu'on les fît les satellites des Anglois pour assouvir la rage d'un Écossois, et qu'on les forçât de me punir eux-mêmes d'avoir cherché chez eux un asile contre la barbarie de leurs ennemis naturels!

Voilà des explications qu'il falloit absolument vous donner, pour régler votre conduite à mon égard au milieu de mes ennemis qui vous trompent, et pour vous éclairer sur les vrais services que votre amitié peut me rendre dans l'occasion. J'espère que vous pourrez venir. Vous devez sentir combien mon cœur a besoin de cette consolation; si je la perds, que j'aie au moins celle de voir votre ami M. de Luze. S'il vous porte mes derniers embrassemens, je me console et me résigne. Mais lequel des deux qui vienne, qu'il tâche surtout de venir seul. J'ai demandé permission à M. le prince de Conti de vous recevoir dans son château. Je n'ai point de réponse encore; si vous arrivez avant elle, il convient de loger à Gisors; il n'y a que demi-lieue d'ici, et nous pourrons également passer les journées ensemble. Si je puis vous recevoir au château, votre laquais sera logé près de vous, et nous ferons en sorte qu'il ne meure pas de faim. Je vous embrasse dans les plus tendres élans d'un cœur brisé d'affliction, mais tout plein de vous.

Marquez-moi la réception de cette lettre bien exactement et promptement; mais n'entrez dans aucun des articles qu'elle contient. Présence ou rien; souvenez-vous de cela. Ah! cette funeste goutte! Cher ami, quelque douloureuse qu'elle puisse être, elle vous fera moins de mal qu'à moi. Quand vous viendrez, vous ou M. de Luze, ne me prévenez point du jour dans vos lettres; venez sans avertir, c'est le plus sûr.

A M. DE SARTINE,

lieutenant-général de police.

A Trye-le-Château, le 9 septembre 1767.

Monsieur,

Permettez que j'aie l'honneur d'exécuter près de vous l'ordre exprès que m'a donné l'auteur d'un livre intitulé *Dictionnaire de musique par J. J. Rousseau*, qui s'imprime chez la veuve Duchesne. Cet ordre est, monsieur, de m'opposer de sa part, comme je fais, à la publication de cet ouvrage qui porte son nom, jusqu'à ce qu'il ait été de nouveau soumis à la censure, attendu que des passages raturés et rétablis dans le manuscrit peuvent faire naître des difficultés que le premier censeur, étant mort, ne pourroit lever, et que l'auteur veut prévenir. Vous êtes très-humblement supplié, monsieur, d'arrêter ladite publication jusqu'à ce temps-là.

J'ai l'honneur d'être avec un profond respect.

RENOU (*).

A M. DU PEYROU.

Le 9 septembre 1767.

Aujourd'hui, mon cher hôte, j'écris à M. de Sartine et à Guy, pour arrêter la publica-

---

(*) Rousseau ne pouvoit écrire en son nom au magistrat chargé de la police, à cause de l'arrêt du parlement. M. P.

tion du Dictionnaire jusqu'à ce qu'il ait été soumis derechef à la censure. Vous pouvez comprendre que j'ai des raisons graves pour prendre cette précaution. Si cette cruelle goutte vous laisse en état d'aller, voyez Guy sur-le-champ, je vous en supplie; sachez s'il a reçu ma lettre, et s'il se met en devoir d'en exécuter le contenu. Faites-moi passer sa réponse, et répondez-moi vous-même aussitôt que vous pourrez. Vous devez comprendre que je ne serai pas à mon aise jusqu'au moment où je recevrai des nouvelles de cette affaire. Si mon malheur veut que la goutte vous retienne, priez M. de Luze de vouloir bien se charger de ma commission, car elle ne souffre aucun retard. Donnez-moi de vos nouvelles; aimez et plaignez votre ami; c'est tout ce que j'ai la force de vous dire. Adieu.

A MADAME LA MARQUISE DE MESMES.

Du 12 septembre 1767.

Je reconnois, madame, vos bontés ordinaires dans les soins que vous prenez pour me procurer un asile où l'on veuille bien ne pas m'interdire le feu et l'eau; mais je connois trop bien ma situation pour attendre de ces soins bienfaisans un succès qui me procure le repos après lequel j'ai vainement soupiré, et que je ne cherche plus parce que je ne l'espère plus.

Vivement touché de l'intérêt que M. le comte de*** veut bien prendre à mes malheurs, je vous supplie, madame, de vouloir bien lui faire passer les témoignages de ma très-humble reconnoissance; c'est une de mes peines de ne pouvoir aller moi-même la lui témoigner : mais quant au voyage ici que son excellence daigne proposer, je ne suis pas assez vain pour en accepter l'offre, et ces honneurs bruyans ne conviennent plus à l'état d'humiliation dans lequel je suis appelé à finir mes jours : je ne crois pas non plus qu'il convienne de risquer auprès de M. le comte de***, ni auprès de personne, aucune demande en ma faveur, puisque ce ne seroit qu'aller chercher d'infaillibles refus qui ne serviroient qu'empirer ma situation, s'il étoit possible.

Le parti que j'ai pris d'attendre ici ma destinée est le seul qui me convienne, et je ne puis faire aucune espèce de démarche sans aggraver sur ma tête le poids de mes malheurs; je sais que ceux qui ont entrepris de me chasser d'ici n'épargneront aucune sorte d'efforts pour y parvenir; mais je les attends; je m'y prépare, et il ne reste plus qu'à savoir lesquels auront le plus de constance, eux pour persécuter, ou moi pour souffrir. Que si la patience m'échappe à la fin, et que mon courage succombe, mon parti en pareil cas est encore pris : c'est de m'éloigner, si je peux, de l'orage qui m'accable; mais sans empressement, sans précaution, sans crainte, sans me cacher, sans me montrer, et avec la simplicité qui convient à l'innocence. Je considère, madame, qu'ayant près de soixante ans, accablé de malheurs et d'infirmités, les restes de mes tristes jours ne valent pas la fatigue de les mettre à couvert : je ne vois plus rien dans cette vie qui puisse me flatter ni me tenter; loin d'espérer quelque chose, je ne sais pas même que désirer : l'amour seul du repos me restoit encore; l'espoir m'en est ôté : je n'en ai plus d'autre : je n'attends plus, je n'espère plus que la fin de mes misères : que je l'obtienne de la nature ou des hommes, cela m'est assez indifférent; et, de quelque manière qu'on veuille disposer de moi, l'on me fera toujours moins de mal que de bien. Je pars de cette idée, madame; je les mets tous au pis, et je me tranquillise dans ma résignation.

Il suit de là que tous ceux qui veulent bien s'intéresser encore à moi doivent cesser de se donner en ma faveur des mouvemens inutiles: remettre, à mon exemple, mon sort dans les mains de la Providence, et ne plus vouloir résister à la nécessité, voilà ma dernière résolution; que ce soit la vôtre aussi, madame, à mon égard, et même à l'égard de cette chère enfant que le ciel vous enlève sans qu'aucun secours humain puisse vous la rendre; que tous les soins que vous lui rendrez désormais soient pour contenter votre tendresse et la lui montrer, mais qu'ils ne réveillent plus en vous une espérance cruelle qui donne la mort à chaque fois qu'on la perd.

A M. DU PEYROU.

Le 12 septembre 1767.

Vous me consolez beaucoup, mon cher hôte, par votre lettre du 9 : car j'en avois reçu une auparavant de M. Coindet, qui m'avoit appris vos vives souffrances; et même j'en ai reçu de lui une autre du 10, qui ne me permet de me livrer qu'avec crainte à l'espoir que vous me donniez la veille, puisqu'il me marque que vous êtes toujours le même. Ne me trompez pas, mon très-aimable hôte, sur votre état, quel qu'il soit; car l'incertitude et le doute me tuent, et me font toujours les maux pires qu'ils ne sont. Quand vous serez en convalescence, donnez-vous tout le temps de vous bien rétablir où vous êtes; et quand vos forces seront suffisamment revenues pour aller à la campagne, venez ici passer une quinzaine de jours. Vous y trouverez un bon air, un beau pays, un logement au château, une terre bien garnie de gibier, et la permission de chasser autant que cela vous amusera. J'espère que ce voyage, après lequel je soupire avec passion, sera salutaire à l'un et à l'autre, et effacera jusqu'aux dernières traces des maux de votre corps et de mon cœur. Du reste, ne vous pressez point; rien ne périclite, et retardez plutôt de quelques jours pour pouvoir m'en donner davantage, que de vous exposer avant le parfait rétablissement. Vous pouvez m'avertir quelques jours d'avance, afin qu'on prépare votre chambre; ou si vous venez sans être attendu, que ce soit d'aussi bonne heure qu'il se pourra. Je vous embrasse de tout mon cœur.

Je ne vois point d'inconvénient de me prévenir du jour où vous arriverez.

AU MÊME.

Le 18 septembre 1767.

Je vous écrivis hier, mon cher hôte, en même temps qu'à M. de Luze; et j'ai tellement égaré ma lettre, qu'il m'est impossible de la retrouver. Je ne sais pas même quand celle-ci pourra partir, n'étant pas en état aujourd'hui de la porter moi-même à Gisors, et trouvant très-difficilement des exprès pour y envoyer. En vous marquant la joie que m'avoit causée la vue de votre écriture, je vous grondois de vous être fatigué à écrire trois pages. Trois lignes dans votre état suffisent pour me tranquilliser; et non-seulement vous devez garder le lit jusqu'à ce que vous soyez bien délivré, mais ménager votre attention et vos forces pour vous mettre en état de venir ici plus tôt achever de vous rétablir. Par le cours que prend votre goutte, il me semble qu'elle veuille se transformer en sciatique. Ordinairement les douleurs de celle-ci sont moindres; et je sais par l'exemple de mon défunt ami Gauffecourt, qui s'en étoit guéri, qu'on s'en débarrasse plus aisément.

Vous me donnez d'excellentes nouvelles qui me font grand plaisir. Je suis bien aise que vous ayez en main toutes les pièces sur lesquelles vous pourrez juger à loisir si je suis timbré ou non; mais il est très-vrai que je n'avois pas compté que le tout nous revînt si facilement.

Je ne me sens pas bien depuis quelque temps, et je crains de payer le long relâche dont j'ai joui. M. Hume a dit partout que M. de Luze lui avoit assuré que je n'avois point de maladie. Le frère Côme, ni Morand, ni Malouin, etc., ne sont sûrement pas là-dessus de l'avis de M. de Luze; et malheureusement, en ce moment surtout, j'en suis encore moins. Si les peines de l'âme remédioient aux maux du corps, je devrois me porter à merveille. Mais du courage et un ami sont un grand remède aux premières, au lieu qu'il n'y a de remède aux dernières que la patience et la mort. J'apprends que Robert, peu content de George, n'est pas non plus fort à son aise. Il faut espérer qu'enfin tout changera ou finira.

Bonjour, mon cher hôte; donnez-moi de vos nouvelles; mais si vous écrivez vous-même, quatre lignes suffisent. Entre nous, les mots d'amitié n'ont plus besoin de se dire. Deux mots sur les affaires et quatre sur la santé. Voilà tout.

J'envoie cette lettre aujourd'hui, ainsi elle doit arriver demain.

AU MÊME.

Le 21 septembre 1767.

Pas un mot de vous, mon très-cher hôte, depuis plus de huit jours! que ce silence m'inquiète! Seroit-ce une rechute? M. de Luze n'auroit-il pas eu du moins la charité de m'écrire un mot? Quelque lettre seroit-elle égarée? J'ai écrit à M. de Luze dans la semaine : je vous avois écrit le même jour. Je perdis ma lettre; je vous écrivis le lendemain. Mon Dieu! être si proche, vous savoir malade, et ne point apprendre de vos nouvelles! Que sera-ce donc quand nous serons éloignés? Si de quelques jours je n'apprends rien de vous, je prendrai le parti d'envoyer un exprès à Paris, si j'en trouve, car c'est encore une autre difficulté. Que je suis à plaindre!

M. le prince de Conti, qui devoit venir ici la semaine dernière, n'est point venu. Il a pris la peine de m'écrire pour me marquer la cause de son retard, et m'annoncer son voyage pour la semaine prochaine. J'aurois passionnément désiré que vos forces vous eussent permis de venir ici pour le même temps, afin d'avoir le plaisir de vous présenter à lui. Cependant, comme il est très-dangereux de se déplacer, après une pareille attaque, avant le plus parfait rétablissement, *gardez-vous d'anticiper sur votre convalescence*; mais, mon ami, donnez-moi de vos nouvelles, ou je ne sais ce que je ferai.

AU MÊME.

27 septembre 1767.

Vous pouvez, mon cher hôte, juger du plaisir que m'a fait votre dernière lettre, par l'inquiétude que vous avez trouvée dans ma précédente, et que vous blâmez avec raison : mais considérez qu'après tant de longues agitations si propres à troubler ma tête, au lieu du repos dont j'avois besoin pour la raffermir, je me trouve ici submergé dans des mers d'indignités et d'iniquités, au moment même où tout paroissoit concourir à rendre ma retraite honorable et paisible. Cher ami, si avec un cœur malheureusement trop sensible, et si cruellement et si continuellement navré, il reste dans ma tête encore quelques fibres saines, il faut que naturellement le tout ne fût pas trop mal conformé : le seul remède efficace encore, et dont j'ose espérer tout, est le cœur d'un ami pressé sur le mien : venez donc; je n'ai que vous seul, vous le savez; c'est bien assez; je n'en regrette aucun; je n'en veux plus d'autre ; vous serez désormais tout le genre humain pour moi. Venez verser sur mes blessures enflammées le baume de l'amitié et de la raison : l'attente de cet élixir salutaire en anticipe déjà l'effet.

Ce que vous me marquez de Neuchâtel n'est pas un spécifique bon pour mon état; je crois que vous le sentez suffisamment; et malheureusement mes devoirs sont toujours si cruels, ma position est toujours si dure, que j'ose à peine livrer mon cœur à ses vœux secrets, entre le prince qui m'a donné asile, et les peuples qui m'ont persécuté.

M. le prince de Conti n'est point encore venu, j'ignore quand il viendra; on l'attendoit hier : je ne sais ce qu'il fera; mais je lis dans la contenance des comploteurs qu'ils craignent peu son arrivée, que leur partie est bien liée et qu'ils sont sûrs, malgré leur maître, de parvenir à me chasser d'ici. Nous verrons ce qu'il en sera; je crois que c'est le cas de faire *pouf* : ils ne s'y attendent pas.

Le parti que vous prenez de ne sortir du lit que parfaitement rétabli est très-sage ; mais il ne faut pas sauter trop brusquement de vos rideaux dans la rue, cela seroit dangereux : faites mettre des nattes dans votre chambre, au défaut de tapis de pied ; donnez-vous le temps de vous bien rétablir, avant de songer à venir, et en attendant arrangez tellement vos affaires, que vous n'ayez à partir d'ici que quand vous vous y ennuierez : faites en sorte de vous laisser maître de tout votre temps ; je ne puis trop vous recommander cette précaution : j'aime mieux vous avoir plus tard, et vous garder plus longtemps. Enfin je vous conjure derechef, avec instance, de pourvoir si bien d'avance à toute chose, que rien ne puisse vous faire partir d'ici que votre volonté.

Nous avons ici des échecs, ainsi n'en apportez pas ; mais si vous voulez apporter quelques volans, vous ferez bien, car les miens sont gâtés ou ne valent rien : je suis bien aise que vous vous renforciez assez aux échecs pour me donner du plaisir à vous battre ; voilà tout ce que vous pouvez espérer ; car, à moins que vous ne receviez avantage, mon pauvre ami, vous serez battu et toujours battu. Je me souviens qu'ayant l'honneur de jouer, il y a six ou sept ans, avec M. le prince de Conti, je lui gagnai trois parties de suite, tandis que tout son cortège me faisoit des grimaces de possédés : en quittant le jeu, je lui dis gravement : Monseigneur, je respecte trop votre altesse pour ne pas toujours gagner. Mon ami, vous serez battu, et bien battu ; je ne serois pas même fâché que cela vous dégoûtât des échecs, car je n'aime pas que vous preniez du goût pour des amusemens si fatigans et si sédentaires.

A propos de cela, parlons de votre régime ; il est bon pour un convalescent, mais très-mauvais à prendre à votre âge, pour quelqu'un qui doit agir et marcher beaucoup : ce régime vous affoiblira et vous ôtera le goût de l'exercice. Ne vous jetez point comme cela, je vous en conjure, dans les extrêmes systématiques ; ce n'est pas ainsi que la nature se mène : croyez-moi, prenez-moi pour le médecin de votre corps, comme je vous prends pour le médecin de mon âme ; nous nous en trouverons bien tous deux. Je vous préviens même qu'il me seroit impossible de vous tenir ici aux légumes, attendu qu'il y a ici un grand potager d'où je ne saurois avoir un poil d'herbe, parce que son altesse a ordonné à son jardinier de me fournir de tout : voilà, mon ami, comment les princes, si puissans et si craints où ils ne sont pas, sont obéis et craints dans leur maison. Vous aurez ici d'excellent bœuf, d'excellent potage, d'excellent gibier. Vous mangerez peu ; je me charge de votre régime, et je vous promets qu'en partant d'ici vous serez gras comme un moine, et sain comme une bête ; car ce n'est pas votre estomac, mais votre cervelle que je veux mettre au régime frugivore. Je vous ferai brouter avec moi de mon foin. Ainsi soit-il. Bonjour.

Mille choses de ma part à M. de Luze. Hélas ! avec qui nous nous sommes vus ! dans quel moment nous nous sommes quittés ! Ne nous reverrons-nous point ?

AU MÊME.

Ce lundi, 5 octobre 1767.

Je vous écris, mon cher hôte, un mot très à la hâte, pour vous proposer si, avant de venir ici, vous ne pourriez point aller voir Robert, sans le prévenir de votre visite, afin que nous en ayons des nouvelles sûres. Du reste, rien ne me paroît pressé, ni pour lui, ni pour moi : donnez-vous tout le temps de reprendre vos forces et de vous accoutumer à l'air. Je ne puis vous dire à quel point la brièveté du temps que vous pouvez me donner m'afflige ; je vous conjure au moins de prendre toutes les mesures possibles pour pouvoir le prolonger autant qu'il dépendra de vous. Mon cher hôte, je suis peut-être appelé au malheur de vieillir, mais tout me dit que le jour où vous me quitterez sera le dernier où j'aurai souhaité de vivre.

Je vous envoie une liste que j'avois faite de livres de botanique que je voulois acquérir à loisir ; comme elle est considérable, et que les livres sont chers, je souhaiterois seulement d'acquérir, s'il étoit possible, un ou deux des quatre ou cinq premiers. Si, dans quelqu'une de vos courses, vous pouviez, à l'aide de Panckoucke, recouvrer surtout le premier, vous me feriez un très-grand plaisir. Il n'y a presque point de livres de botanique chez les libraires de Paris, et l'on y est très-barbare sur cet article ; cependant je crois que Didot le jeune ou Chevalier en ont quelques-uns. Sans vouloir compter avec vous à la rigueur, ce qui me seroit bien impossible, je vous prie pourtant de tenir toujours note exacte de vos déboursés pour moi, afin de me laisser la liberté de vous donner les commissions. Je vous embrasse.

AU MÊME.

9 octobre 1767.

Je vous écris un mot à la hâte pour vous dire que le patron de la case est venu ici mardi, seul, et n'a point chassé ; de sorte que j'ai profité de tous les momens que ce grand prince, et, pour plus dire, que ce digne homme a passés ici : il me les a donnés tous. Vous connoissez mon cœur ; jugez comment j'ai senti cette grâce : hélas ! que ne peut-il voir le mal et en couper la source ! mais il ne me reste qu'à me résigner ; et c'est ce que je fais aussi pleinement qu'il se peut.

Cher hôte, venez : nous aurons des légumes, non pas de son jardin, car il n'en est pas le maître ; mais un bon homme qu'on trompoit s'est détaché de la ligue, et je compte m'arranger avec lui pour mes fournitures, que je n'ai pu faire jusqu'ici, ni sans payer, ni en payant. Samedi, soupant avec son altesse, je mangeai du fruit pour la seule fois depuis deux mois : je le lui dis tout bonnement; le lendemain il m'envoya le bassin qu'on lui avoit servi la veille, et qui me fit grand plaisir ; car il faut vous dire que je suis ici environné de jardins et d'arbres, comme Tantale au milieu des eaux. Mon état à tous égards ne peut se représenter ; mais venez ; il changera du moins tandis que vous serez avec moi.

Votre précaution d'aller par degrés est excellente ; continuez de même, et ne vous pressez point : mais je vous conjure de si bien faire, que vous vous pressiez encore moins de partir d'ici quand vous y serez. Vous faites très-bien de porter à vos pieds vos nattes et vos tapis de pied : la façon dont vous me proposez cette terrible énigme m'a fait mourir de rire ; je suis l'Œdipe qui fera l'effort de la deviner, c'est que vous avez des pantoufles de laine garnies de paille. Si vos attaques d'échecs sont de la force de vos énigmes, je n'ai qu'à me bien tenir. Bonjour.

Les oreilles ont dû vous tinter pendant que son altesse étoit ici. Bonjour derechef; je ne croyois écrire qu'un mot, et je ne saurois finir.

A M. DUTENS.

16 octobre 1767.

Puisque M. Dutens juge plus commode que la petite rente qu'il a proposée pour prix des livres de J. J. Rousseau soit payée à Londres, même pour cette année, où cependant l'un et l'autre sont en ce pays, soit. Il y aura toutefois sur la formule de la lettre de change qu'il lui a envoyée, un petit retranchement à faire, sur lequel il seroit à propos que M. Frédéric Dutens fût prévenu ; c'est celui du lieu de la date : car quoique Rousseau sache très-bien que sa demeure est connue de tout le monde, il lui convient cependant de ne point autoriser de son fait cette connoissance. Si cette suppression pouvoit faire difficulté, M. Dutens seroit prié de chercher le moyen de la lever, ou de revenir au paiement du capital, faute de pouvoir établir commodément celui de la rente.

J. J. Rousseau a laissé entre les mains de M. Davenport un supplément de livres à la disposition de M. Dutens, pour être réunis à la masse.

A M. DU PEYROU.

Le 17 octobre 1767.

J'ai, mon cher hôte, votre lettre du 13, et j'y vois, avec la plus grande joie, que vos forces revenues graduellement, et par là plus solidement, vous mettent en état de faire à Paris le grand garçon ; mais je voudrois bien que vous n'y fissiez pas trop l'homme, et que vous vinssiez ici affermir votre virilité, de peur d'être tenté de l'exercer où vous êtes. Vous me paroissez en train d'abuser un peu de la permission que je vous ai donnée d'y prolonger votre séjour. Écoutez ; j'ai bien mesuré cette permission sur les besoins de votre santé, mais non pas sur ceux de vos plaisirs, et je ne me sens pas assez désintéressé sur ce point pour consentir que vous vous amusiez à mes dépens. Ne venez pas, après vous être solacié à Paris tout à votre aise, me dire ici que vous êtes pressé de partir, que vos affaires vous talonnent, etc. ; je vous avertis qu'un tel langage ne prendroit pas du tout, que sur ce point je n'entendrois pas raillerie, et que j'ai tout au moins le droit d'exiger que vous ne soyez pas plus pressé de partir d'ici, que vous ne l'avez été d'y venir : pensez à cela très-sérieusement, je vous prie ; et faites surtout les choses d'assez bonne grâce pour mériter que je vous pardonne les huit jours dont vous avez eu le front de me parler. Au premier moment où vous vous déplairez ici, partez-en, rien n'est plus juste, mais arrangez-vous de telle sorte qu'il n'y ait que l'ennui qui vous en puisse chasser : j'ai dit.

Je ne suis pas absolument fâché des petits tracas qu'a pu vous donner la recherche des livres de botanique ; promenades, diversions, distractions, sont choses bonnes pour la convalescence : mais il ne faut pas vous inquiéter du peu de succès de vos recherches ; j'en étois déjà presque sûr d'avance ; et c'étoit en prévoyant qu'on trouveroit peu de livres de botanique à Paris, que j'en notois un grand nombre pour mettre au hasard la rencontre de quelqu'un. Il est étonnant à quel point de crasse ignorance et de barbarie on reste en France sur cette belle et ravissante étude, que l'illustre Linnæus a mise à la mode dans tout le reste de l'Europe. Tandis qu'en Allemagne et en Angleterre les princes et les grands font leurs délices de l'étude des plantes, on la regarde encore ici comme une étude d'apothicaire; et vous ne sauriez croire quel profond mépris on a conçu pour moi, dans ce pays, en me voyant herboriser. Ce superbe tapis dont la terre est couverte ne montre à leurs yeux que lavemens et qu'emplâtres, et ils croient que je passe ma vie à faire des purgations. Quelle surprise pour eux, s'ils avoient vu madame la duchesse de Portland, dont j'ai l'honneur d'être l'herboriste, grimper sur des rochers où j'avois peine à la suivre, pour aller chercher la *chamædrys frutescens* et la *saxifraga alpina*! Or, pour revenir, il n'y a donc rien de surprenant que vous ne trouviez pas à Paris des livres de plantes, et je prendrai le parti de faire venir d'ailleurs ceux dont j'aurai besoin.

Si M. de Luze n'est pas encore parti, comme je l'espère, je vous prie de lui dire mille bonnes choses pour moi, et de l'en charger d'autant pour madame de Luze. J'ose à peine vous parler de la bonne maman, sentant bien qu'en cette occasion ses vœux sont très-opposés aux miens; mais, en vérité, c'est presque la seule où je ne lui fisse pas, et même avec plaisir, le sacrifice de ma propre satisfaction.

Voilà l'heure de la poste qui presse; le domestique attend et m'importune: il faut finir en vous embrassant.

A MADAME LATOUR.

Ce 29 octobre 1767.

Chère et respectable Marianne, ce n'est pas sans souffrir que je me suis abstenu si longtemps de vous écrire. Dans peu vous aurez de mes nouvelles par une voie sûre; daignez attendre et ne pas mal penser de votre ami.

A M. LE MARQUIS DE MIRABEAU.

Ce 12 décembre 1767.

Je consens de tout mon cœur, mon illustre ami, que vous fassiez imprimer, avec les précautions dont vous parlez, la lettre que vous m'avez fait l'honneur de m'écrire, et je vous remercie de l'honnêteté avec laquelle vous voulez bien me demander mon consentement pour cela.

Vous voilà donc embarqué tout de bon dans les guerres littéraires; que j'en suis affligé, et que je vous plains! Sans prendre la liberté de vous dire là-dessus rien de mon chef, j'oserai vous transcrire ici deux vers du Tasse que je me rappelle et auxquels je n'ajouterai rien:

« Giunta è tua gloria al sommo, e per innauzi
» Fuggir le dubbie heurre a te conviene. »

Je vous honore et vous embrasse, monsieur, de tout mon cœur.

A M. DU PEYROU.

Ce 6 janvier 1768.

J'étois, mon cher hôte, dans un tel souci sur votre voyage, que, tant pour retirer le paquet ci-joint, que je savois être au bureau, que dans l'attente de votre lettre, la poste étant arrivée plus tard qu'à l'ordinaire, j'envoyai trois fois de suite à Gisors; enfin je la reçois cette lettre si impatiemment attendue; et après l'avoir déchirée pour l'ouvrir plus vite, au lieu du détail que j'y cherchois j'y vois pour début celui du départ de mes lettres. Mon Dieu, qu'en le lisant vous me paroissiez haïssable! Ma foi, si c'est là de la politesse, je la donne au diable de bien bon cœur.

Enfin vous voilà heureusement arrivé, malgré ce premier accident dont l'histoire m'eût fait trembler, si votre lettre n'eût été datée de Paris. Convenez qu'en ce moment-là vous dûtes sentir qu'il n'est pas inutile à un convalescent d'avoir avec soi un ami en route, et qu'au fond du cœur vous m'avez su gré de ma tricherie. Voilà les seules que je sais faire, mais je ne m'en corrigerai pas.

Je suis très-charmé que vous soyez content de vos petits repas tête à tête, et je désire extrêmement que vous preniez l'habitude de dîner en ville le moins qu'il se pourra, d'autant plus que le froid terrible qu'il fait, et dont l'influence m'est bien cruelle, la neige abondante par laquelle il se terminera probablement, doivent vous empêcher de songer à votre départ jusqu'à ce que le temps s'adoucisse, et que les chemins deviennent praticables; quoique je vous avoue bien que votre long séjour à Paris ne me laisseroit pas sans inquiétude, si vous n'aviez avec vous un bon surveillant qui, j'espère, ne s'embarrassera pas plus que moi de vous déplaire pour vous conserver. Je me tranquillise donc, et je tranquillise de mon mieux ma pauvre sœur, non moins inquiète que moi, espérant que, dans ce temps rigoureux, vous veillerez attentivement l'un sur l'autre, en sorte que vous vous rendiez tous deux à vos pénates, sains et saufs. Ainsi soit-il. Cette bonne fille est transportée de joie de votre heureuse arrivée, et je vois avec grand plaisir qu'elle cède à cette pente si naturelle et si honorable au cœur humain, de s'attacher aux gens, avec plus de tendresse, par les soins qu'on leur a rendus. Quant à ce que vous ajoutez qu'elle s'est fait gronder plus d'une fois par son frère, à cause des soins, des attentions et des complaisances qu'elle avoit pour vous, cela me paroît si plaisant, que, n'étant pas aussi gaillard que vous, je n'y trouve rien à répondre.

Vous avez raison de croire que les détails de vos déjeuner et dîner me font grand plaisir : ajoutez même, et grand bien; car ils me rendent l'appétit que le froid excessif m'ôte.

Voici, mon cher hôte, une réponse de madame l'abbesse de Gomer-Fontaine. Cette réponse étoit accompagnée d'un petit billet très-obligeant pour moi, et pour ma sœur, de jolies breloques de religieuses. Cette dame est jeune, bonne, très-aimable; et je crois que vous auriez aimé à lui rendre des douceurs qui fussent autant de son goût que les siennes l'étoient du vôtre. Je ne manquerai pas de lui faire quelquefois votre cour, sitôt que la saison le permettra.

A MYLORD COMTE DE HARCOURT.

15 janvier 1768.

Je me reprocherois, mylord, d'avoir tardé si long-temps à vous écrire et à vous remercier, si je ne me rendois le témoignage que la volonté y étoit toute entière, et que ce que je veux faire est toujours ce que je fais le moins. J'ai, entre autres, été depuis trois mois garde-malade, et je n'ai pas quitté le chevet d'un ami, qui grâce au ciel, est enfin parfaitement rétabli. Je vous offre, mylord, les prémices de mes loisirs; et c'est avec autant d'empressement que de reconnoissance que, touché de toutes les bontés dont vous m'avez honoré, je vous en demande la continuation. Il ne tiendra pas à moi qu'en les cultivant avec le plus grand soin je ne vous témoigne en toute occasion combien elles me sont précieuses.

J'ai reçu depuis long-temps l'argent du billet que vous prîtes la peine de m'envoyer pour le produit des estampes; et c'est encore un de mes torts les moins excusables de ne vous en avoir pas tout de suite accusé la réception; mais je me reposois un peu en cela sur votre banquier, qui n'aura pas manqué de vous en donner avis. Vous me demandez, mylord, ce qu'il falloit faire des estampes de M. Watelet : nous étions convenus que, puisque vous ne les aviez pas et qu'elles vous étoient agréables, vous les ajouteriez à vos porte-feuilles, d'autant plus qu'elles ne pouvoient passer décemment et convenablement que dans les mains d'un ami de l'auteur : ainsi j'espère qu'à ce titre vous ne dédaignerez pas de les accepter. A l'égard de l'estampe du roi, je désire extrêmement qu'elle me parvienne; et, si vous permettez que j'abuse encore de vos bontés, j'ose vous supplier de la faire envelopper avec soin dans un rouleau. Je désire extrêmement recevoir bientôt cette belle estampe que j'aurai soin de faire encadrer convenablement pour avoir les traits de mon auguste bienfaiteur incessamment gravés sous mes yeux, comme ses bontés le sont dans mon cœur.

Daignez, mylord, continuer à m'honorer des vôtres, et quelquefois des marques de votre souvenir : je tâcherai, de mon côté, de ne me pas laisser oublier de vous, en vous renouvelant, autant que cela ne vous importunera pas, les assurances de mon plus entier dévouement et de mon plus vrai respect.

M. LE MARQUIS DE MIRABEAU.

15 janvier 1768.

J'ai, mon illustre ami, pour vous écrire, laissé passer le temps des sots complimens dictés non par le cœur, mais par le jour et par l'heure, et qui partent à leur moment comme la détente d'une horloge. Mes sentimens pour vous sont trop vrais pour avoir besoin d'être dits, et vous les méritez trop bien pour manquer de les connoître. Je vous plains du fond de mon cœur des tracas où vous êtes; quoi que vous en disiez, je vous vois embarqué, sinon dans des querelles littéraires, au moins dans des querelles économiques et politiques; ce qui seroit peut-être encore pis, s'il étoit possible. Je suis prêt à tomber en défaillance au seul souvenir de tout cela; permettez que je n'en parle plus, que je n'y pense plus que par le tendre intérêt que je prends à votre repos, à votre gloire. Je puis bien tenir les mains élevées pendant le combat, mais non pas me résoudre à le regarder.

Parlons de chansons, cela vaudra mieux : seroit-il possible que vous songeassiez tout de bon à faire un opéra? Oh! que vous seriez aimable, et que j'aimerois mieux vous voir chanter à l'Opéra que crier dans le désert! non qu'on ne vous écoute et qu'on ne vous lise, mais on ne vous suit ni ne veut vous entendre. Ma foi, monsieur, faisons comme les nourrices, qui, quand les enfans grondent, leur chantent et les font danser. Votre seule proposition m'a déjà mis, moi vieux radoteur, parmi ces enfans-là; et il s'en faut peu que ma muse chenue ne soit prête à se ranimer aux accens de la vôtre; ou même à la seule annonce de ces accens. Je ne vous en dirai pas aujourd'hui davantage, car votre proposition m'a tout l'air de n'être qu'une vaine amorce, pour voir si le vieux fou mordroit encore à l'hameçon. A présent que vous en avez à peu près le plaisir, dites-moi tout rondement ce qui en est, et je vous dirai franchement, moi, ce que j'en pense, et ce que je crois y pouvoir faire : après cela, si le cœur vous en dit, nous en pourrons causer avec mon aimable payse, qui nous donnera sur tout cela de très-bons conseils. Adieu, mon illustre ami; je vous embrasse avec respect, mais de tout mon cœur.

À MADAME LATOUR.

A Trye, le 20 janvier 1768.

Lorsque je vous écrivis un mot, il y a trois mois, chère Marianne, j'avois le cœur plein d'espérances flatteuses qui se sont bien cruellement évanouies. L'interception d'une correspondance directe étant plus que probable, je comptois, entre autres, épancher ce cœur dans le vôtre par une voie qui me paroissoit aussi sûre que douce. Il n'en est plus question : le ciel, qui veut qu'il ne manque rien à ma misère, m'ôte la plus précieuse consolation des infortunés.

Sentirsi, ho Dei! morir,
Et non poter mal dir,
Morir mi sento!
MÉTASTASE.

Il ne me reste plus qu'à prendre mon parti de bonne grâce, et je le prends du moins irrévocablement : je me condamne à un silence éternel sur mes malheurs, et je ferai tout pour en effacer le souvenir et le sentiment dans mon cœur même. Ma dernière consolation est d'approcher de leur terme; et comme ceux qui les veulent prolonger au-delà de ma vie sont mortels aussi, ce terme ne sera qu'un peu reculé peut-être; mais enfin le temps et la vérité reprendront leur empire; et, quoi que mes contemporains puissent faire, ma mémoire ne restera pas toujours sans honneur. La destinée du grand R..... (*), avec lequel j'ai tant de choses communes, sera la mienne jusqu'au bout. Il n'a point eu le bonheur de se voir justifié de son vivant; mais il l'a été par l'un de ses plus cruels ennemis, après la mort de l'un et de l'autre. Je compte trop, non sur mon bonheur, mais sur la Providence, pour ne pas espérer au moins celui-là; et il m'est doux de penser qu'un jour le nom de ma chère Marianne recevra les honneurs qui lui seront dus, à la tête du petit nombre de ceux qui ont eu le courage de me défendre de mon vivant.

Je finis sur cette matière pour n'y revenir de mes jours, et je vous supplie que ce soit aujourd'hui la dernière fois qu'il en sera question entre nous. Mais donnez-moi quelquefois de vos nouvelles; recevez des miennes avec bonté; que ma digne avocate soit toujours mon amie, et qu'elle soit sûre que, pour les services vrais, dont je fais cas, et rendus en silence, tels que celui que j'ai reçu d'elle, la reconnoissance de ce cœur qu'on traite d'ingrat est des plus rares

(*) Jean-Baptiste Rousseau.

parmi les hommes, puisqu'elle se tourne toute en attachement.

Je crois que le mieux seroit de nous écrire directement; et, comme que ce soit, ne rappelons, dans aucune de nos lettres, du sujet de celle-ci. Je suppose que vous savez sous quel nom je suis connu ici.

A M. GRANVILLE.

Trye, le 25 janvier 1768.

Je n'aurois pas tardé si long-temps, monsieur, à vous remercier du plaisir que m'a fait la lettre dont vous m'avez honoré le 6 novembre, sans beaucoup de tracas qui, venus à la traverse, m'ont empêché de disposer de mon temps comme j'aurois voulu. Les témoignages de votre souvenir et de votre amitié me seront toujours aussi chers que vos honnêtetés et vos bontés m'ont été sensibles pendant tout le temps que j'ai eu le bonheur d'être votre voisin. Ce qui ajoute à mon déplaisir de vous écrire si tard est la crainte que cette lettre, vous trouvant déjà parti de Calwich, ne fasse un bien long circuit pour vous aller chercher à Bath. Je désire fort, monsieur, que vous ayez cette fois entrepris ce voyage annuel plus par habitude que par nécessité, et que toutefois les eaux vous fassent tant de bien que vous puissiez jouir en paix de la belle saison qui s'approche, dans votre charmante demeure, sans aucun ressentiment de vos précédentes incommodités. Vous y trouverez, je pense, à votre retour, un barbouillage nouvellement imprimé, où je me suis mêlé de bavarder sur la musique, et dont j'ai fait adresser un exemplaire à M. Rougemont, avec prière de vous le faire passer. Aimant la musique, et vous y connoissant aussi bien que vous faites, vous ne dédaignerez peut-être pas de donner quelques momens de solitude et d'oisiveté à parcourir une espèce de livre qui en traite tant bien que mal : j'aurois voulu pouvoir mieux faire ; mais enfin le voilà tel qu'il est.

Le défaut d'occasion, monsieur, pour faire partir cette lettre, rend sa date bien surannée, et me l'a fait écrire à deux fois : l'occasion même d'un ami prêt à partir, et qui veut bien s'en charger, ne me laisse pas le temps de transcrire ma réponse à l'aimable bergère de Calwich, et me force à la laisser partir un peu barbouillée : veuillez lui faire excuser cette petite irrégularité, ainsi que celle du défaut de signature, dont vous pouvez savoir la raison. Recevez, monsieur, mes salutations empressées et mes vœux pour l'affermissement de votre santé.

L'HERBORISTE
DE LA DUCHESSE DE PORTLAND.

P. S. Comme l'exemplaire du *Dictionnaire de musique* qui vous étoit destiné avoit été adressé à M. Vaillant, qui n'a jamais paru fort soigneux des commissions qui me regardent, j'en ai fait envoyer depuis un second à M. Rougemont pour vous le faire passer au défaut du premier.

A MADEMOISELLE DEWES.

Le 25 janvier 1768.

Si je vous ai laissé, ma belle voisine, une empreinte que vous avez bien gardée, vous m'en avez laissé une autre que j'ai gardée encore mieux. Vous n'avez mon cachet que sur un papier qui peut se perdre, mais j'ai le vôtre empreint dans mon cœur, d'où rien ne peut l'effacer : puisqu'il étoit certain que j'emportois votre gage, et douteux que vous eussiez conservé le mien, c'étoit moi seul qui devois désirer de vérifier la chose ; c'est moi seul qui perds à ne l'avoir pas fait. Ai-je donc besoin, pour mieux sentir mon malheur, que vous m'en fassiez encore un crime? cela n'est pas trop humain. Mais votre souvenir me console de vos reproches ; j'aime mieux vous savoir injuste qu'indifférente, et je voudrois être grondé de vous tous les jours au même prix. Daignez donc, ma belle voisine, ne pas oublier tout-à-fait votre esclave, et continuer à lui dire quelquefois ses vérités. Pour moi, si j'osois à mon tour vous dire les vôtres, vous me trouveriez trop galant pour un barbon. Bonjour, ma belle voisine. Puissiez-vous bientôt, sous les auspices du cher et respectable oncle, donner un pasteur à vos brebis de Calwich !

M. LE MARQUIS DE MIRABEAU.

Trye, le 28 janvier 1768.

Je me souviens, mon illustre ami, que le jour où je renonçai aux petites vanités du monde, et en même temps à ses avantages, je me dis entre autres, en me défaisant de ma montre : Grâce au ciel, je n'aurai plus besoin de savoir l'heure qu'il est. J'aurois pu me dire la même chose sur le quantième, en me défaisant de mon almanach ; mais, quoique je n'y tienne plus par les affaires, j'y tiens encore par l'amitié ; cela rend mes correspondances plus douces et moins fréquentes : c'est pourquoi je suis sujet à me tromper dans mes dates de semaine, et même quelquefois de mois. Car, quoique avec l'almanach je sache bien trouver le quantième dans la semaine, sachant le jour, quand il s'agit de trouver aussi la semaine, je suis totalement en défaut. J'y devrois pourtant être moins avec vous qu'avec tout autre, puisque je n'écris à personne plus souvent et plus volontiers qu'à vous.

Conclusion : nous ne ferons d'opéra ni l'un ni l'autre ; c'est de quoi j'étois d'avance à peu près sûr. J'avoue pourtant que, dans ma situation présente, quelque distraction attachante et agréable me seroit nécessaire. J'aurois besoin sinon de faire de la musique, au moins d'en entendre, et cela me feroit même beaucoup plus de bien. Je suis attaché plus que jamais à la solitude ; mais il y a tant d'entours déplaisans à la mienne, et tant de tristes souvenirs m'y poursuivent malgré moi, qu'il m'en faudroit une autre encore plus entière, mais où des objets agréables pussent effacer l'impression de ceux qui m'occupent, et faire diversion au sentiment de mes malheurs. Des spectacles où je pusse être seul dans un coin et pleurer à mon aise, de la musique qui pût ranimer un peu mon cœur affaissé ; voilà ce qu'il me faudroit pour effacer toutes les idées antérieures, et me ramener uniquement à mes plantes, qui m'ont quitté pour trop long-temps cet hiver. Je n'aurai rien de tout cela, car en toutes choses les consolations les plus simples me sont refusées ; mais il me faut un peu de travail sur moi-même pour y suppléer de mon propre fonds.

On dit à Paris que je retourne en Angleterre. Je n'en suis pas surpris, car le public me connoît si bien, qu'il me fait toujours faire exactement le contraire des choses que je fais en effet. M. Davenport m'a écrit des lettres très-honnêtes et très-empressées pour me rappeler chez lui. Je n'ai pas cru devoir répondre brutalement à ses avances, mais je n'ai jamais marqué l'intention d'y retourner. Honoré des bienfaits du souverain, et des bontés de beaucoup de gens de mérite dans ce pays-là, j'y suis attaché par reconnoissance, et je ne doute pas qu'avec un peu de choix dans mes liaisons je n'y pusse vivre agréablement ; mais l'air du pays qui m'en a chassé n'a pas changé depuis ma retraite, et ne me permet pas de songer au retour. Celui de France est de tous les airs du monde celui qui convient le mieux à mon corps et à mon cœur ; et, tant qu'on me permettra d'y vivre en liberté, je ne choisirai point d'autre asile pour y finir mes jours.

On me presse pour la poste ; et je suis forcé de finir brusquement, en vous saluant avec respect et vous embrassant de tout mon cœur

A MADAME LATOUR.

Ce 28 janvier 1768.

Je crains bien, chère Marianne, qu'une lettre que je vous écrivis il y a dix ou douze jours ne se soit égarée par ma faute, en ce que, m'étant très-mal à propos fié à ma mémoire, qui est entièrement éteinte, au lieu de mettre sur l'adresse la rue du Croissant, je mis seulement la rue du Gros-Chenet. Ce qui augmenteroit mon chagrin de cette perte est que j'entrois, dans cette lettre, dans bien des détails que j'aurois désiré n'être vus que de vous. Peut-être aussi que votre silence ne vient que de ce que vous ignorez mon adresse. Elle est tout simplement, à M. Renou, à Trye, par Gisors. J'attends de vous un mot d'éclaircissement, et j'attends en même temps des nouvelles de votre santé, et l'assurance que vous m'aimez toujours.

A M. D'IVERNOIS.

Trye, le 29 janvier 1768.

J'ai reçu, mon digne ami, votre paquet du 22, et il me seroit également parvenu sous l'adresse que je vous ai donnée, quand vous n'auriez pas pris l'inutile précaution de la double enveloppe, sous laquelle il n'est pas même à propos que le nom de votre ami paroisse en aucune façon. C'est avec le plus sensible plaisir que j'ai enfin appris de vos nouvelles; mais j'ai été vivement ému de l'envoi de votre famille à Lausanne : cela m'apprend assez à quelle extrémité votre pauvre ville et tant de braves gens dont elle est pleine sont à la veille d'être réduits. Tout persuadé que je sois que rien ici-bas ne mérite d'être acheté au prix du sang humain, et qu'il n'y a plus de liberté sur la terre que dans le cœur de l'homme juste, je sens bien toutefois qu'il est naturel à des gens de courage, qui ont vécu libres, de préférer une mort honorable à la plus dure servitude; cependant, même dans le cas le plus clair de la juste défense de vous-mêmes, la certitude où je suis, qu'eussiez-vous pour un moment l'avantage, vos malheurs n'en seroient ensuite que plus grands et plus sûrs, me prouve qu'en tout état de cause les voies de fait ne peuvent jamais vous tirer de la situation *critique* où vous êtes, qu'en aggravant vos malheurs. Puis donc que, perdus de toutes façons, supposé qu'on ose pousser la chose à l'extrême, vous êtes prêts à vous ensevelir sous les ruines de la patrie, faites plus : osez vivre pour sa gloire au moment qu'elle n'existera plus. Oui, messieurs, il vous reste, dans le cas que je suppose, un dernier parti à prendre, et c'est, j'ose le dire, le seul qui soit digne de vous; c'est, au lieu de souiller vos mains dans le sang de vos compatriotes, de leur abandonner ces murs qui devoient être l'asile de la liberté, et qui vont n'être plus qu'un repaire de tyrans; c'est d'en sortir tous, tous ensemble, en plein jour, vos femmes et vos enfans au milieu de vous, et, puisqu'il faut porter des fers, d'aller porter du moins ceux de quelque grand prince, et non pas l'insupportable et odieux joug de vos égaux. Et ne vous imaginez pas qu'en pareil cas vous resteriez sans asile; vous ne savez pas quelle estime et quel respect votre courage, votre modération, votre sagesse, ont inspiré pour vous dans toute l'Europe. Je n'imagine pas qu'il s'y trouve aucun souverain, je n'en excepte aucun, qui ne reçût avec honneur, j'ose dire avec respect, cette colonie émigrante d'hommes trop vertueux, pour ne savoir pas être sujets aussi fidèles qu'ils furent zélés citoyens. Je comprends bien qu'en pareil cas plusieurs d'entre vous seroient ruinés : mais je pense que les gens qui savent sacrifier leur vie au devoir sauroient sacrifier leurs biens à l'honneur, et s'applaudir de ce sacrifice; et, après tout, ceci n'est qu'un dernier expédient pour conserver sa vertu et son innocence quand tout le reste est perdu. Le cœur plein de cette idée, je ne me pardonnerois pas de n'avoir osé vous la communiquer. Du reste, vous êtes éclairés et sages; je suis très-sûr que vous prendrez toujours en tout le meilleur parti, et je ne puis croire qu'on laisse jamais aller les choses au point qu'il est bon d'avoir prévu d'avance pour être prêts à tout événement.

Si vos affaires vous laissent quelques momens à donner à d'autres choses qui ne sont rien moins que pressées, en voici une qui me tient au cœur, et sur laquelle je voudrois vous prier de prendre quelque éclaircissement, dans quelqu'un des voyages que je suppose que vous ferez à Lausanne, tandis que votre famille y sera. Vous savez que j'ai à Nion une tante qui m'a élevé, et que j'ai toujours tendrement aimée, quoique j'aie une fois, comme vous pouvez vous en souvenir sacrifié le plaisir de la voir à l'empressement d'aller avec vous joindre nos amis. Elle est fort vieille, elle soigne un mari fort vieux; j'ai peur qu'elle n'ait plus de peine que son âge ne comporte, et je voudrois lui aider à payer une servante pour la soulager. Malheureusement, quoique je n'aie augmenté ni mon train, ni ma cuisine, que je n'aie aucun domestique à mes gages, et que je sois ici logé et chauffé gratuitement, ma position me rend la vie si dispendieuse, que ma pension me suffit à peine pour les dépenses inévitables dont je suis chargé. Voyez, cher ami, si cent francs de France par an pourroient jeter quelque douceur dans la vie de ma pauvre vieille tante, et si vous pourriez les lui faire accepter. En ce cas, la première année courroit depuis le commencement de celle-ci, et vous pourriez la tirer sur moi d'avance, aussitôt que vous aurez arrangé cette petite affaire-là. Mais je vous conjure de voir que cet argent soit employé selon sa destination, et non pas au profit de parens ou voisins âpres, qui souvent obsèdent les vieilles gens. Pardon, cher ami : je choisis bien mal mon temps ; mais il se peut qu'il n'y en ait pas à perdre.

AU MÊME.

Du château de Trye, ce 9 février 1768.

Dans l'incertitude, mon excellent ami, de la meilleure voie pour vous faire passer cette lettre sûrement et promptement, je prends le parti de risquer directement ce duplicata, et d'en adresser un autre à M. Coindet, pour vous le faire passer. C'est une lettre qu'il a reçue et qu'il m'a envoyée qui a occasionné la mienne. Le temps me presse ; je suis rendu de fatigue, navré de douleur, dans la crainte d'une catastrophe. Au nom de Dieu, faites-moi passer des nouvelles sitôt que le sort de votre pauvre état sera décidé. O la paix, la paix, mon bon ami ! Hélas ! il n'y a que cela de bon dans cette courte vie. J'embrasse nos amis ; je vous embrasse de toute la tendresse de mon cœur. J'implore la bénédiction du ciel sur vos soins patriotiques, et j'en attends le succès avec la plus vive impatience.

J'espère que vous avez reçu ma précédente, que je vous ai adressée en droiture. C'est toujours la voie qu'il faut préférer, surtout pour tout ce qui peut demander du secret.

AU MÊME.

Le 9 février 1768.

On m'a communiqué, mon bon ami, quelques articles des deux projets d'accommodement qui vous sont proposés, et j'apprends que le Conseil général, qui doit en décider, est fixé au 28. Quoique tant de précipitation ne me laisse pas le temps de peser suffisamment ces articles, quoique je ne sois pas sur les lieux, que j'ignore l'état des choses, que je n'aie ni papiers, ni livres, et que ma mémoire, absolument éteinte, ne me rappelle pas même votre constitution, je suis trop affecté de votre situation, pour ne pas vous dire, bien qu'à la hâte, mon opinion sur les moyens qu'on vous offre d'en sortir. Quelque mal digérée que soit cette opinion, je ne laisse pas, messieurs, de vous l'exposer avec confiance non pas en moi, mais en vous, très-sûr que, si je me trompe, vous démêlerez aisément mon erreur.

Dans l'extrait qui m'a été envoyé, il n'y a, du projet appelé le *second*, qu'un seul article, qui est aussi le second ; savoir, l'élection de la moitié du petit Conseil par le Conseil général : ce second article n'étant bon à pas grand'chose, je ne dirai rien du projet dont il est tiré.

Je parlerai de l'autre, après avoir posé deux principes que vous ne contesterez pas : l'un, qu'un accommodement ne suppose pas qu'on cède tout d'un côté et rien de l'autre, mais qu'on se rapproche des deux côtés ; l'autre, qu'il n'est pas question de victoire dans cette affaire, ni de donner gain de cause aux négatifs ou aux représentans, mais de faire le plus grand bien de la chose commune, sans songer si l'on est Rutule ou Troyen.

Cela posé, j'oserai vous dire que ce projet me paroît non-seulement acceptable, mais, avec quelques changemens, et l'addition d'un ou deux articles, le meilleur peut-être que vous puissiez adopter.

Le petit Conseil tend fortement à la plus dure aristocratie : les maximes des représentans vont par leurs conséquences, non-seulement à l'excès, mais à l'abus de la démocratie, cela est certain. Or, il ne faut ni l'un ni l'autre dans votre république ; vous le sentez tous : entre le petit Conseil, violent aristocrate, et le Conseil général, démocrate effréné, où trouver une force intermédiaire qui contienne l'un et l'autre, et soit la clef du gouvernement ? Elle existe cette force, c'est le conseil du Deux-Cents ; mais pourquoi cette force ne va-t-elle pas à son but ? pourquoi le Deux-Cents, au lieu de contenir le Vingt-Cinq, en est-il l'esclave ? N'y a-t-il pas moyen de corriger cela ? Voilà précisément de quoi il s'agit.

Avant d'entrer dans l'examen des moyens, permettez-moi, messieurs, d'insister sur une réflexion dont j'ai le cœur plein. Les meilleures institutions humaines ont leurs défauts : la vôtre, excellente à tant d'égards, a celui d'être une source éternelle de divisions intestines. Des familles dominantes s'enorgueillissent, abusent de leur pouvoir, excitent la jalousie ; le peuple, sentant son droit, s'indigne d'être ainsi traîné dans la fange par ses égaux ; des tribunaux concurrens se chicanent, se contre-pointent ; des brigues disposent des élections ; l'autorité et la liberté, dans un conflit perpétuel, portent leurs querelles jusqu'à la guerre civile : j'ai vu vos concitoyens armés s'entr'égorger dans vos murs ; en ce moment même, cette horrible catastrophe est prête à renaître ; et quand, dans vos plans de réforme, vous devriez, par des moyens de concorde et de paix, par des établissemens doux et sages, tâcher de couper la racine à ces maux, vous allez, comme à plaisir les attiser, en excitant parmi vous de nouvelles animosités, de nouvelles haines, par la plus dure de toutes les censures, par l'inquisition du grabeau. Cela, messieurs, permettez-moi de le dire, n'est assurément pas bien pensé. Premièrement, le Conseil ne souffrira jamais un établissement trop humiliant pour de fiers magistrats ; et quand ils le souffriroient, je dis, pour le bien de la paix et de la patrie, il ne seroit point à désirer qu'il eût lieu. Loin d'établir de nouveaux grabeaux, vous feriez mieux d'abolir ceux qui existent, mais qui, très-heureusement, ne signifiant rien du tout, peuvent rester sans danger.

Cela dit, je passe à mon sujet : il s'agit d'un gouvernement mixte, mais difficile à combiner, où le peuple soit libre sans être maître, et où le magistrat commande sans tyranniser. Le vice de votre constitution n'est pas de trop gêner la liberté du peuple ; au contraire, cette liberté légitime ne va que trop loin, et, quoi qu'on en puisse dire, il n'est pas bon que le Conseil général soit nécessaire à tout.

Mais le vice inhérent et fondamental est dans le défaut de balance et d'équilibre dans les trois autres Conseils qui composent le gouvernement ; ces trois Conseils, dont deux sont à peu près inutiles, sont si mal combinés, que leur force est en raison inverse de leur autorité légale, et que l'inférieur domine tout : il est impossible que ce vice reste, et que la machine puisse aller bien.

Ce qu'il y a d'heureux pourtant dans cette machine, qui ne laisse pas d'être admirable, est que cet important équilibre peut s'établir sans rien changer aux principales pièces ; tous les ressorts sont bons, il ne s'agit que de les faire jouer un peu différemment.

Mais ce qu'il y a de fâcheux est que cette réforme demande des sacrifices, et précisément de la part des deux corps qui jusqu'ici ont paru le moins disposés à en faire ; savoir, le Conseil général et celui des Vingt-Cinq.

Or, voilà que, par plusieurs articles que j'ai sous les yeux, les Vingt-Cinq offrent d'eux-mêmes presque tout ce qu'on pourroit avoir à leur demander ; même en un sens, davantage. Ajoutez un seul article, mais indispensable, et le petit Conseil a fait, de son côté, tous les pas nécessaires vers un accord raisonnable et solide : cet article regarde l'élection des syndics, dans la supposition, presque impossible, que le cas qui se présente ici pour la première fois depuis la fondation de la république, y pût renaître une seconde fois ; auquel cas, au lieu de présenter derechef le Conseil en corps, comme on va faire, il faudroit, selon moi, se résoudre à présenter de nouveaux candidats, tirés des Soixante : je dirai mes raisons ci-après.

Que le Conseil général veuille céder à son tour, ou plutôt échanger, contre l'élection des Soixante qu'il gagne, un droit, un seul droit qu'il prétend, mais qu'on lui conteste, et dont il n'est point en possession ; au moyen de cela, tout est fait : je parle du droit de prononcer souverainement et en dernier ressort sur l'objet des représentations ; en un mot, c'est le droit négatif qu'il s'agit d'accorder au Deux-Cents, déjà juge suprême de tous les autres appels. Peut-être est-il parlé, dans le projet, de cet article, et cela doit être, mais l'extrait que j'ai n'en dit rien.

Avec ces additions et quelques légères modifications au reste, le projet dont les articles sont sous mes yeux me paroît offrir un moyen de pacification convenable à tout le monde, raisonnable du moins, solide et durable autant qu'on peut l'espérer de l'état présent des choses et de la disposition des esprits ; et je crois qu'il en résulteroit un gouvernement qui, sans être plus composé que l'ancien, seroit mieux lié dans ses parties, et par conséquent plus fort dans son tout.

C'est surtout dans le second article que consiste essentiellement la bonté du projet : par cet article, le Conseil des Soixante est en entier élu par le Conseil général, et tous les membres du petit Conseil doivent être tirés du Soixante (car il faut ôter d'ici les auditeurs). L'idée de donner une existence à ce Conseil des Soixante, qui n'étoit rien auparavant, est très-bonne ; elle est due aux médiateurs : il faut en profiter, et leur en savoir gré. Ceci suppose qu'on revêtira ce corps de nouvelles attributions qui lui donneront du poids dans l'état ; mais bien qu'il soit rempli par le peuple, ce n'est pourtant pas en lui-même que s'opérera son plus grand effet, mais dans le Deux-Cents, dont les membres rentreront ainsi dans la dépendance du Conseil général, maître de leur ouvrir ou fermer à son gré la porte des grandes magistratures. Voilà précisément la solution très-simple et très-sûre du problème que je proposois au commencement de cette lettre.

Par le premier article, on accorde au Conseil général l'élection de la moitié des Deux-Cents ; je ne serois pas trop d'avis qu'on acceptât cette concession : ces moitiés d'élection sont moins efficaces qu'embarrassantes. Il ne faut pas considérer les élections faites par le peuple, par leur effet subséquent, qui n'est rien, mais par leur effet antérieur, qui est tout. Les syndics sont élus par le Conseil général : voyez toutefois comment ils le traitent! Le peuple ne doit pas espérer de ses créatures plus de reconnoissance qu'il n'en a pour ses bienfaiteurs. Ce n'est pas à ce qu'on fait après être élu, mais à ce qu'on a fait pour être élu, qu'il faut regarder en bonne politique. Quand le peuple tire ses magistrats de son propre sein, il n'augmente de rien sa force ; mais quand il les tire d'un autre corps, il se donne de la force sur ce corps-là. Voilà pourquoi l'élection du Soixante vous donnera de l'ascendant en Deux-Cents, et pourquoi l'élection du petit Conseil donnera de l'ascendant au Deux-Cents en Soixante. Vous en auriez par les syndics sur le Vingt-Cinq même, s'il étoit plus nombreux, ou que le choix ne fût pas forcé. C'est ainsi que les plus simples moyens, les meilleurs en toute chose, vont tout remettre dans l'ordre légitime et naturel.

Il suit de là que le privilége d'élire la moitié du Deux-Cents vous est beaucoup moins avantageux qu'il ne semble, et cela est trop remuant pour votre ville, trop bruyant pour votre Conseil général. Le jeu de la machine doit être aussi facile que simple, et toujours sans bruit, autant qu'il se peut. L'élection du Deux-Cents, laissée au petit Conseil, a pourtant de grands inconvéniens, je l'avoue ; mais n'y auroit-il pas, pour y pourvoir, quelque expédient plus court et mieux entendu ? Par exemple, où seroit le mal que cette élection fût une des nouvelles attributions dont on revêtiroit le Conseil des Soixante ? Le petit Conseil lui-même y devroit d'autant moins répugner que, par sa présidence et par son nombre, qui fait presque la moitié du nombre total, il n'auroit guère moins d'influence dans ses élections que s'il continuoit seul à les faire : je n'imagine pas que ceci fasse une grande difficulté.

Mais je crains que l'article de l'élection des syndics n'en fasse davantage, et ne coûte beaucoup au Conseil ; car il y a, chez les hommes les plus éclairés, des entêtemens dont ils ne se doutent pas eux-mêmes, et souvent ils agissent par obstination, pensant agir par raison. Ils s'effraieront de la possibilité d'un cas qui ne sauroit même arriver désormais, surtout si la loi qui doit y pourvoir passe. Le Conseil des Vingt-Cinq sent trop sa puissance absolue ; il sent trop que tout dépend de lui, que lui seul ne dépend de rien, de rien du tout ; cela doit le rendre dur, exigeant, impérieux, quelquefois injuste. Pour son propre intérêt, pour se faire supporter, il faut qu'il dépende de quelque chose ; car le ton qu'il a pris ne peut être souffert par des hommes. Eh ! quelle plus légère dépendance peut-il s'imposer que celle, non pas de souffrir, mais de prévoir, seulement dans un cas extrême, la perte passagère d'un syndicat en idée, et qui réellement ne sortira jamais de son corps ? Cependant ce sacrifice idéal et purement chimérique peut et doit produire un grand effet, pour leur rendre cet esprit humain et patriotique qui paroît s'être éteint parmi eux. Eh ! s'il en reste un seul à qui quelque goutte de sang genevois coule encore dans les veines, comment ne frémit-il pas en songeant au péril auquel ils viennent d'exposer l'état pour vous asservir, et dont ils n'ont été garantis eux-mêmes que par votre fermeté, par votre sagesse, par la modération des médiateurs, quoique si cruellement prévenus ? Comment les chefs de la république pouvoient-ils ne pas prévoir, en exposant ainsi sa liberté, que le peuple en auroit avant eux déploré la porte, mais qu'ils l'auroient sentie avant lui! En voyant un moyen si doux, mais si sûr, de garantir leurs successeurs de pareille incartade, ils devroient, s'ils aimoient leur pays, le proposer eux-mêmes, quand personne avant eux ne l'auroit proposé. Pour moi, je vous déclare que cet article me paroît d'une si grande importance, que rien, selon moi, ne devroit vous y faire renoncer, pas, quand on vous céderoit tout le reste, pas, quand les Conseils voudroient en échange renoncer au droit négatif.

Mais je ne vous dissimulerai pas non plus que ce droit négatif attribué, non pas au petit Conseil, ni même au Soixante, mais au Deux-Cents, me paroît si nécessaire au bon ordre, au maintien de toute police, à la tranquillité publique, à la force du gouvernement, que, quand on y voudroit renoncer, vous ne devriez jamais le permettre. S'il n'y a point d'arbitres des plaintes, comment finiront-elles? Si le Conseil général, auteur des lois, veut être aussi juge des faits, vous n'êtes plus citoyens, vous êtes magistrats; c'est l'anarchie d'Athènes, tout est perdu. Que chacun rentre dans sa sphère, et s'y tienne, tout est sauvé. Encore une fois, ne soyez ni négatifs, ni représentans; soyez patriotes, et ne reconnoissez pour vos droits que ceux qui sont utiles à cette petite mais illustre république, que de si dignes citoyens couvrent de gloire.

Ce n'est point, messieurs, à des gens comme vous qu'il faut tout dire. Je ne m'arrêterai point à vous détailler les avantages du projet proposé, dans l'état où vous pouvez raisonnablement demander qu'on le mette, et où les changemens à faire sont autant contre vous que pour vous. Je n'ai rien dit, par exemple, de l'abolition du plus grand fléau de votre patrie, de cette autorité devenue héréditaire et tyrannique, usurpée et réunie par des familles qui en abusoient si cruellement. C'est à cette première entrée qu'il faut attendre et repousser au passage tout ce qui est de même sang, ou de même nom; car une fois dans le Conseil, soyez sûrs qu'ils parviendront au syndicat malgré vous; mais ils n'entreront pas dans le Conseil malgré vous: c'est à vous d'y veiller, et cela devient très-facile. Encore une fois, cette observation ni d'autres pareilles ne sont pas de celles qu'on a besoin de vous rappeler; c'est assez d'avoir établi les principes, les conséquences ne vous échapperont pas.

Je me suis hâté, mon bon ami, de vous faire *ab hoc* et *ab hâc* mes petites observations, dans la crainte de les rendre trop tardives. Si je me suis trompé dans cet examen trop précipité, hommes sages et respectables, pardonnez mon erreur à mon zèle; je crois sincèrement que le projet dont il s'agit seroit, dans son exécution, favorable à la liberté, à la tranquillité, à la paix; je crois, de plus, que cette paix vous est très-nécessaire, que les circonstances sont propres à la faire avantageusement, et ne le redeviendront peut-être jamais. Puissé-je en apprendre bientôt l'heureuse nouvelle et mourir de joie au même instant! je mourrois plus heureusement que je n'ai vécu. Je vous embrasse de tout mon cœur.

A M. DU PEYROU.

10 février 1768.

Votre n° 5, mon cher hôte, me donne le plaisir impatiemment attendu d'apprendre votre heureuse arrivée, dont je félicite bien sincèrement l'excellente maman et tous vos amis. Vous aviez tort, ce me semble, d'être inquiet de mon silence. Pour un homme qui n'aime pas à écrire, j'étois assurément bien en règle avec vous qui l'aimez. Votre dernière lettre étoit une réponse; je la reçus le dimanche au soir: elle m'annonçoit votre départ pour le mardi matin, auquel cas il étoit de toute impossibilité qu'une lettre que je vous aurois écrite à Paris vous y pût trouver encore, et il étoit naturel que j'attendisse, pour vous écrire à Neuchâtel, de vous y savoir arrivé, la neige ou d'autres accidens, dans cette saison, pouvant vous arrêter en route. Ma santé, du reste, est à peu près comme quand vous m'avez quitté; je garde mes tisons; l'indolence et l'abattement me gagnent: je ne suis sorti que trois fois depuis votre départ, et je suis rentré presque aussitôt. Je n'ai plus de cœur à rien, pas même aux plantes. Manoury, plus noir de cœur que de barbe, abusant de l'éloignement et des distractions de son maître, ne cesse de me tourmenter, et veut absolument m'expulser d'ici; tout cela ne rend pas ma vie agréable; et quand elle cesseroit d'être orageuse, n'y voyant plus même un seul objet de désir pour mon cœur, j'en trouverois toujours le reste insipide.

Mademoiselle Renou, qui n'attendoit pas moins impatiemment que moi des nouvelles de votre arrivée, l'a apprise avec la plus grande joie, que votre bon souvenir augmente encore. Pas un de nos déjeuners ne se passe sans parler de vous; et j'en ai un renseignement mémorial toujours présent dans le pot-de-chambre qui vous servoit de tasse, et dont j'ai pris la liberté d'hériter.

J'ai reçu votre vin, dont je vous remercie, mais que vous avez eu tort d'envoyer: il est agréable à boire; mais pour naturel, je n'en crois rien. Quoi qu'il en soit, il arrivera de cette affaire comme de beaucoup d'autres, que l'un fait la faute et que l'autre la boit.

Rendez, je vous prie, mes salutations et amitiés à tous vos bons amis et les miens, surtout à votre aimable camarade de voyage à qui je serai toujours obligé. Mes respects, en particulier, à la reine des mères, qui est la vôtre, et aussi à la reine des femmes, qui est madame de Luze. Je suis bien fâché de n'avoir pas un lacet à envoyer à sa charmante fille, bien sûr qu'elle méritera de le porter.

Il faut finir, car la bonne maman Chevalier est pressée et attend ma lettre. Je prends l'unique expédient que j'ai de vous écrire d'ici en droiture, en vous adressant ma lettre chez M. Junet. Adieu, mon cher hôte; je vous embrasse et vous recommande, sur toute chose, l'amusement et la gaîté: vous me direz: Médecin, guéris-toi toi-même; mais les drogues pour cela me manquent, au lieu que vous les avez.

J'ai tant lanterné que la bonne dame est partie, et ma lettre n'ira que demain peut-être, ou du moins ne marchera pas aussi sûrement.

A M. D'IVERNOIS.

Du château de Trye, ce 23 février 1768.

Je reçois, mon bon ami, avec votre lettre du 17, le mémoire que vous y avez joint; et quand je serois en état d'y faire les observations que vous me demandez, il est clair que le temps me manqueroit pour cela, puisque cette lettre, écrite sur le moment même, aura peine, supposé même que rien n'en suspende la marche, à vous arriver avant le 28. Mais, mon excellent ami, je sens que ma mémoire est éteinte, que ma tête est en confusion, que de nouvelles idées n'y peuvent plus entrer, qu'il me faut même un temps et des efforts infinis pour reprendre la trace de celles qui m'ont été familières. Je ne suis plus en état de comparer, de combiner; je ne vois qu'un nuage en parcourant votre mémoire; je n'y vois qu'une chose claire, que je savois, mais qui m'est bien confirmée, c'est que les rédacteurs de ce mémoire sont assez instruits, assez éclairés, assez sages pour faire par eux-mêmes une besogne tout aussi bonne qu'elle peut l'être, et que, dans l'objet qui les occupe, ils n'ont besoin que de temps, et non pas de conseils, pour la rendre parfaite. J'y vois bien clairement encore que, comme je l'avois prévu, la précipitation de ma lettre précédente, et l'ignorance d'une foule de choses qu'il falloit savoir m'y ont fait tomber dans de grandes bévues, dont vous en relevez dans votre lettre une qui maintenant me saute aux yeux.

Cependant je suis dans la plus intime persuasion que votre état a le plus grand besoin d'une prompte pacification, et que de plus longs délais vous peuvent précipiter dans les plus grands malheurs. Dans cette position, il me vient une idée qui doit sûrement être venue à quelqu'un d'entre vous, et dont je ne vois pas pourquoi vous ne feriez pas usage, parce qu'elle peut avoir de grands avantages sans aucun inconvénient. Ce seroit, pour vous donner le temps de peser un ouvrage qui demande cependant la plus prompte exécution, de faire un règlement provisionnel qui n'eût force de loi que pour vingt ans, durant lesquels on auroit le temps d'en observer la force et la marche, et au bout desquels il seroit abrogé, modifié ou confirmé, selon que l'expérience en auroit fait sentir les inconvéniens ou les avantages. Pour moi, je n'aperçois que ce seul expédient pour concilier la diligence avec la prudence; et j'avoue que je n'en aperçois pas le danger. La paix, mes amis, la paix, et promptement, ou je meurs de peur que tout n'aille mal.

Vous ne recevrez point le duplicata de ma lettre par M. Coindet: il n'en a pas été content, et me l'a rendue. Je m'en étois douté d'avance

L'article IX, page 40, commence par ces mots, *S'il se publioit....* Il faut, ce me semble, ajouter ces deux-ci, *dans l'état;* car, enfin, il me paroît absurde et ridicule que le gouvernement de Genève prétende avoir juridiction sur les livres qui s'impriment hors de son territoire dans tout le reste du monde; et parce que le petit Conseil a fait une fois cette faute, il ne faut pas pour cela la consacrer dans vos lois, d'autant plus que je ne demande, ni ne désire, ni n'approuve que l'on revienne jamais sur cette affaire, puisque ayant fait un serment solennel de ne rentrer jamais dans Genève, si ce petit grief étoit redressé, il ne dépendroit pas de moi de tirer aucun parti de ce redressement; ce dont je suis bien aise de vous prévenir, de peur que votre zèle amical ne vous inspirât dans la suite quelque démarche inutile sur un point qui doit à jamais rester dans l'oubli. Au reste, je mets si peu de fierté à cette résolution, que, si par quelque démarche respectueuse je pouvois ôter une partie du levain d'aigreur qui fermente encore, je la ferois de tout mon cœur.

Je finis à la hâte ce griffonnage, que je n'ai pas même le temps de relire, tant je suis pressé de le faire partir.

Eh mon Dieu! cher ami, j'oublie de vous parler de ce que vous avez fait pour ma bonne tante, et de l'argent que vous avez avancé pour moi. Hélas! je suis si occupé de vous que je ne songe pas même à ce que vous faites pour moi. Mais, mon digne ami, vous connoissez mon cœur, je m'en flatte, et vous êtes bien sûr que cet oubli ne durera pas long-temps. Ah! plaise au ciel que votre première lettre m'annonce une bonne nouvelle! Si je tarde encore un instant, ma lettre n'est plus à temps. Je vous embrasse.

A MADAME LA COMTESSE DE BOUFFLERS.

Le 25 février 1768.

Je vieillis dans les ennuis, mon âme est affoiblie, ma tête est perdue; mais mon cœur est toujours le même : il n'est pas étonnant qu'il me ramène à vos pieds. Madame, vous n'êtes pas exempte de torts envers moi: je sens vivement les miens; mais tant de maux soufferts n'ont-ils rien expié? Je ne sais pas revenir à demi; vous me connoissez assez pour en être assurée. Ne dois-je donc plus rien espérer de vous? Ah! madame, rentrez en vous-même, et consultez votre âme noble. Voyez qui vous sacrifiez, et à qui? Je vous demande une heure entre le ciel et vous pour cette comparaison. Souvenez-vous du temps où vous avez tout fait pour moi. Combien vos soins bienfaisans seront honorés un jour! Eh! pourquoi détruire ainsi votre propre ouvrage? pourquoi vous en ôter tout le prix? Pensez que, dans l'ordre naturel, vous devez beaucoup me survivre, et qu'enfin la vérité reprendra ses droits. Les hommes fins et accrédités peuvent tout pendant leur vie : ils fascinent aisément les yeux de la multitude, toujours admiratrice de la prospérité : mais leur crédit ne leur survit pas, et sa chute met à découvert leurs intrigues. Ils peuvent produire une erreur publique, mais ils ne la peuvent éterniser; et j'ose prédire que vous verrez tôt ou tard ma mémoire en honneur. Faudra-t-il qu'alors mon souvenir, fait pour vous flatter, vous trouble? faudra-t-il que vous vous disiez en vous-même : J'ai vu sans pitié traîner, étouffer dans la fange, un homme digne d'estime, dont les sentimens avoient bien mérité de moi? Non, madame, jamais la générosité que je vous connois ne vous permettra d'avoir un pareil reproche à vous faire. Pour l'amour de vous, tirez-moi de l'abîme d'iniquités où je suis plongé. Faites-moi finir mes jours en paix : cela dépend de vous, et fera la gloire et la douceur des vôtres. Les motifs que je vous présente vous montrent de quelle espèce sont ceux que je crois faits pour vous émouvoir. De toutes les réparations que je pouvois vous faire, voilà, madame, celle qui m'a paru la plus digne de vous et de moi.

A M. DU PEYROU.

3 mars 1768.

Votre n°6, mon cher hôte, m'afflige en m'apprenant que vous avez un nouveau ressentiment de goutte assez fort pour vous empêcher de sortir. Je crois bien que ces petits accès plus fréquens vous garantiront des grandes attaques. Mais comme l'un de ces deux états est aussi incommode que l'autre est douloureux, je ne sais si vous vous accommoderiez d'avoir ainsi changé vos grandes douleurs en petite monnoie; mais il est à présumer que ce n'est qu'une queue de cette goutte effarouchée, et que tout reprendra dans peu son cours naturel. Apprenez donc, une fois pour toutes, à ne vouloir pas guérir malgré la nature; car c'est le moyen presque assuré d'augmenter vos maux.

A mon égard, les conseils que vous me donnez sont plus aisés à donner qu'à suivre. Les herborisations et les promenades seroient en effet de douces diversions à mes ennuis, si elles m'étoient laissées; mais les gens qui disposent de moi n'ont garde de me laisser cette ressource. Le projet dont MM. Manoury et Deschamps sont les exécuteurs demande qu'il ne m'en reste aucune. Comme on m'attend au passage, on n'épargne rien pour me chasser d'ici; et il paroît que l'on veut réussir dans peu, de manière ou d'autre. Un des meilleurs moyens que l'on prend pour cela est de lâcher sur moi la populace des villages voisins. On n'ose plus mettre personne au cachot, et dire que c'est moi qui le veux ainsi; mais on a fermé, barré, barricadé le château de tous les côtés : il n'y a plus ni passage ni communication par les cours ni par la terrasse; et, quoique cette clôture me soit très-incommode à moi-même, on a soin de répandre, par les gardes et par d'autres émissaires, que c'est le Monsieur du château qui exige tout cela pour faire pièce aux paysans. J'ai senti l'effet de ce bruit dans deux sorties que j'ai faites, et cela ne m'excitera pas à les multiplier. J'ai prié le fermier de me faire faire une clef de son jardin, qui est assez grand, et ma résolution est de borner mes promenades à ce jardin et au petit jardin du prince, qui, comme vous savez, est grand comme la main et enfoncé comme un puits. Voilà, mon cher hôte, comment au cœur du royaume de France les mains étrangères s'appesantissent encore sur moi. A l'égard du patron de la case, on l'empêche de rien savoir de ce qui se passe et de s'en mêler. Je suis livré seul et sans ressource à ma constance et à mes persécuteurs. J'espère encore leur faire voir que la besogne qu'ils ont entreprise n'est pas si facile à exécuter qu'ils l'ont cru. Voilà bien du verbiage pour deux mots de réponse qu'il vous falloit sur cet article. Mais j'eus toujours le cœur expansif; je ne serai jamais bien corrigé de cela, et votre devise ne sera jamais la mienne.

J'ai découvert avec une peine infinie les noms de botanique de plusieurs plantes de Garsault. J'ai aussi réduit, avec non moins de peine, les phrases de Sauvages à la nomenclature triviale de Linnæus, qui est très-commode. Si le plaisir d'avoir un jardin vous rend un peu de goût pour la botanique, je pourrai vous épargner beaucoup de travail pour la synonymie, en vous envoyant pour vos exemplaires ce que j'ai noté dans les miens, et il est absolument nécessaire de débrouiller cette partie critique de la botanique pour reconnoître la même plante, à qui souvent chaque auteur donne un nom différent.

Je ne vous parle point de vos affaires publiques; non que je cesse jamais d'y prendre intérêt, mais parce que cet intérêt, borné par ses effets à des vœux aussi vrais qu'impuissans de voir bientôt rétablir la paix dans toutes vos contrées, ne peut contribuer en rien à l'accélérer.

Adieu, mon cher hôte : mes hommages à la meilleure des mères; mille choses au bon M. Jeannin, et à tous ceux qui m'aiment, et à tous ceux que vous aimez.

M. MOULTOU.

A Trye, par Gisors, le 7 mars 1768.

Comme j'ignore, monsieur, ce que M. Coindet a pu vous écrire, je veux vous rendre compte moi-même de ce que j'ai fait. Sitôt qu'il m'eut envoyé votre première lettre, j'en écrivis une à M. d'Ivernois, le seul correspondant que je me sois laissé à Genève, et auquel même, depuis mon funeste départ pour l'Angleterre, je n'avois pas écrit plus de cinq ou six fois. Cette lettre, raisonnée de mon mieux, mais pressante et impartiale autant qu'il étoit possible, péchoit en plusieurs points faute de connoissance de la situation de vos affaires, dont je ne savois absolument rien que ce qui en étoit dit dans la vôtre; j'y blâmois fortement le grabeau proposé; j'y proposois le projet du Conseil, dont j'avois l'extrait dans votre lettre, comme excellent en lui-même, sauf quelques changemens et additions, les unes favorables, les autres contraires aux représentans, selon qu'il m'avoit paru nécessaire pour faire un tout plus solide et bien pondéré. J'avois écrit cette lettre à la hâte, elle étoit très-longue : je l'envoyai ouverte à M. Coindet, le priant de la faire passer à son adresse, et de vous en envoyer en même temps une copie. Quelques jours après il me marqua n'avoir rien fait de tout cela, parce qu'il ne trouvoit pas que cette lettre allât à son but. Il est venu me voir, et je me la suis fait rendre : j'offre de vous l'envoyer quand il vous plaira, afin que vous en puissiez juger vous-même. Comme le moment pressoit, et que je prévoyois un peu ce qu'a fait M. Coindet, j'avois envoyé en même temps le brouillon de la même lettre en duplicata, directement à M. d'Ivernois, dont les amis ne l'ont pas non plus approuvée, et il m'est arrivé ce qu'il arrive ordinairement à tout homme impartial entre deux partis échauffés, qui cherche sincèrement l'intérêt commun et ne va qu'au bien de la chose; j'ai déplu également des deux côtés. Voyant les esprits si peu disposés encore à se rapprocher, et sentant toutefois combien la plus prompte pacification vous est à tous importante et nécessaire, j'ai eu depuis une autre idée que j'ai communiquée encore à M. d'Ivernois ; mais je ne sais s'il aura reçu ma lettre : ce seroit de tâcher du moins de faire un règlement provisionnel pour vingt ans, au bout desquels on pourroit l'annuler ou le confirmer, selon qu'on l'auroit reconnu bon ou mauvais à l'usage : on doit tout faire pour apaiser ce moment de chaleur qui peut avoir les suites les plus funestes. Quand on ne se fera plus un devoir cruel de m'affliger, quand je ne serai plus, et que les circonstances seront changées, les esprits se rapprocheront naturellement, et chacun sentira tôt ou tard que son plus vrai bien n'est que dans le bien de la patrie.

Vous devez le savoir, monsieur; si j'en avois été cru, non-seulement on n'eût point soutenu les représentations, mais on n'en eût point fait; car naturellement je sentois qu'elles ne pouvoient avoir ni succès ni suite, que tout étoit contre les représentans, et qu'ils seroient infailliblement les victimes de leur zèle patriotique. J'étois bien éloigné de prévoir le grand et beau spectacle qu'ils viennent de donner à l'univers, et qui, quoi qu'en puissent dire nos contemporains, fera l'admiration de la postérité. Cela devroit bien guérir vos magistrats, d'ailleurs si éclairés, si sages sur tout autre point, de l'erreur de regarder le peuple de Genève comme une populace ordinaire. Tant qu'ils ont agi sur ce faux préjugé ils ont fait de grandes fautes qu'ils ont bien payées; et je prédis qu'il en sera de même tant qu'ils s'obstineront dans ce mépris très-mal entendu: quand on veut asservir un peuple libre, il faut savoir employer des moyens assortis à son génie, et rien n'est plus aisé; mais ils sont loin de ces moyens-là. Je reviens à moi : le malheur que j'ai eu d'être impliqué dans les commencemens de vos troubles m'a fait un devoir, dont je ne me suis jamais départi, de n'être ni la cause ni le prétexte de leur continuation. C'est ce qui m'a empêché d'aller purger le décret, c'est ce qui m'a fait renoncer à ma bourgeoisie, c'est ce qui m'a fait faire le serment solennel de ne rentrer jamais dans Genève, c'est ce qui m'a fait écrire et parler à tous mes amis comme j'ai toujours fait; et j'ai encore renouvelé en dernier lieu, à M. d'Ivernois, les mêmes déclarations que j'ai souvent faites sur cet article, ajoutant même que, s'il ne tenoit qu'à une démarche aussi respectueuse qu'il soit possible pour apaiser l'animosité du Conseil, j'étois prêt à la faire hautement et de tout mon cœur : pourvu que vous ayez la paix, rien ne me coûtera, monsieur, je vous proteste, et cela sans espoir d'aucun retour de justice et d'honnêteté de la part de personne. Les réparations qui me sont dues ne me seront faites qu'après ma mort, je le sais, mais elles seront grandes et sincères ; j'y compte, et cela me suffit. Malheureusement je ne peux rien ; je n'ai nulle espèce de crédit dans Genève, pas même parmi les représentans. Si j'en avois eu, je vous le répète, tout ce qui s'est fait ne se seroit point fait. D'ailleurs je ne puis qu'exhorter, mais je ne veux pas tromper : je dirai, comme je le crois, que la paix vaut mieux que la liberté, qu'il ne reste plus d'asile à la liberté sur la terre que dans le cœur de l'homme juste, et que ce n'est pas la peine de se batailler pour le reste ; mais quand il s'agira de peser un projet et d'en dire mon sentiment, je le dirai sans déguisement. Encore une fois, je veux exhorter, mais non pas tromper.

Je suis bien aise, monsieur, que vous pensiez savoir que je suis tranquille et que cela vous fasse plaisir. Cependant, si vous connoissiez ma véritable situation, vous ne me croiriez pas si hors des mains de M. Hume, et vous ne vous adresseriez pas à M. Coindet pour dire le mal que vous pouvez penser de cet homme-là. Adieu, monsieur : je ferai toujours cas de votre amitié, et je serai toujours flatté d'en recevoir des témoignages ; mais comme vous n'ignorez ni mon habitation ni le nom que j'y porte, vous me ferez plaisir de m'écrire directement par préférence, ou de faire passer vos lettres par d'autres mains ; et surtout ne soyez jamais la dupe de ceux qui font le plus de bruit de leur grande amitié pour moi. J'oubliois de vous dire que M. Coindet ne m'envoya que le 29, c'est-à-dire le lendemain du Conseil général, votre lettre du 10 ; que je ne la reçus que le 5 mars, et que par conséquent il n'étoit plus temps d'en faire usage. Du reste, ordonnez ; je suis prêt.

A M. D'IVERNOIS.

Au château de Trye, le 8 mars 1768.

Votre lettre, mon ami, du 29, me fait frémir ! Ah ! cruels amis, quelles angoisses vous me donnez ! n'ai-je donc pas assez des miennes? Je vous exhorte de toutes les puissances de mon âme de renoncer à ce malheureux grabeau qui sera la cause de votre perte, et qui va susciter contre vous la clameur universelle qui jusqu'à présent étoit en votre faveur. Cherchez d'autres équivalens, consultez vos lumières, pesez, imaginez, proposez ; mais, je vous en conjure, hâtez-vous de finir, et de finir en hommes de bien et de paix, et avec autant de modération, de sagesse et de gloire que vous avez commencé. N'attendez pas que votre étonnante union se relâche, et ne comptez pas qu'un pareil miracle dure encore long-temps. L'expédient d'un règlement provisionnel peut vous faire passer sur bien des choses qui pourront avoir leur correctif dans un meilleur temps : ce moment court et passager vous est favorable ; mais si vous ne le saisissez pas rapidement, il va vous échapper ; tout est contre vous, et vous êtes perdus. Je pense bien différemment de vous sur la chance générale de l'avenir ; car je suis très-persuadé que dans dix ans, et surtout dans vingt, elle sera beaucoup plus avantageuse à la cause des représentans, et cela me paroît infaillible : mais on ne peut pas tout dire par lettres, cela deviendroit trop long : enfin, je vous en conjure derechef par vos familles, par votre patrie, par tous vos devoirs, finissez et promptement, dussiez-vous beaucoup céder : ne changez pas la constance en opiniâtreté ; c'est le seul moyen de conserver l'estime publique que vous avez acquise, et dont vous sentirez le prix un jour. Mon cœur est si plein de cette nécessité d'un prompt accord, qu'il voudroit s'élancer au milieu de vous, se verser dans tous les vôtres pour vous la faire sentir.

Je diffère de vous rembourser les cent francs que vous avez avancés pour moi, dans l'espoir d'une occasion plus commode. Lorsque vous songerez à réaliser votre ancien projet, point de confidens, point de bruit, point de noms, et surtout défiez-vous par préférence de ceux qui font ostentation de leur grande amitié pour moi. Adieu, mon ami : Dieu veuille bénir vos travaux et les couronner ! Je vous embrasse.

A M. LE MARQUIS DE MIRABEAU.

9 mars 1768.

Je ne vous répéterai pas, mon illustre ami, les monotones excuses de mes longs silences, d'autant moins que ce seroit toujours à recommencer ; car à mesure que mon abattement et mon découragement augmentent, ma paresse augmente en même raison. Je n'ai plus d'activité pour rien ; plus même pour la promenade, à laquelle d'ailleurs je suis forcé de renoncer depuis quelque temps. Réduit au travail très-fatigant de me lever ou de me coucher, je trouve cela de trop encore ; du reste, je suis nul. Ce n'est pas seulement là le mieux pour ma paresse, c'est le mieux aussi pour ma raison ; et comme rien n'use plus vainement la vie que de regimber contre la nécessité, le meilleur parti qui me reste à prendre, et que je prends, est de laisser faire sans résistance ceux qui disposent ici de moi.

La proposition d'aller vous voir à Fleury est aussi charmante qu'honnête, et je sens que l'aimable société que j'y trouverois seroit en effet un spécifique excellent contre ma tristesse. Vos expédiens, mon illustre ami, vont mieux à mon cœur que votre morale; je la trouve trop haute pour moi, plus stoïque que consolante; et rien ne me paroît moins calmant pour les gens qui souffrent que de leur prouver qu'ils n'ont point de mal. Ce pélerinage me tente beaucoup, et c'est précisément pour cela que je crains de ne le pouvoir faire; il ne m'est pas donné d'avoir tant de plaisir. Au reste, je ne prévois d'obstacle vraiment dirimant que la durée de mon état présent qui ne me permettroit pas d'entreprendre un voyage quoique assez court. Quant à la volonté, je vous jure qu'elle y est tout entière, de même que la sécurité. J'ai la certitude que vous ne voudriez pas m'exposer, et l'expérience que votre hospitalité est aussi sûre que douce. De plus, le refuge que je suis venu chercher au sein de votre nation sans précaution d'aucune espèce, sans autre sûreté que mon estime pour elle, doit montrer ce que j'en pense, et que je ne prends pas pour argent comptant les terreurs que l'on cherche à me donner. Enfin, quand un homme de mon humeur, et qui n'a rien à se reprocher, veut bien, en se livrant sans réserve à ceux qu'il pourroit craindre, se soumettre aux précautions suffisantes pour ne les pas forcer à le voir, assurément une telle conduite marque non pas de l'arrogance, mais de la confiance; elle est un témoignage d'estime auquel on doit être sensible, et non pas une témérité dont on se puisse offenser. Je suis certain qu'aucun esprit bien fait ne peut penser autrement.

Comptez donc, mon illustre ami, qu'aucune crainte ne m'empêchera de vous aller voir. Je n'ai rien altéré du droit de ma liberté, et difficilement ferai-je jamais de ce droit un usage plus agréable que celui que vous m'avez proposé. Mais mon état présent ne me permet cet espoir qu'autant qu'il changera en mieux avec la saison; c'est de quoi je ne puis juger que quand elle sera venue. En attendant recevez mon respect, mes remercîmens, et mes embrassemens les plus tendres.

M. DU PEYROU.

Le 24 mars 1768.

J'ai répondu, mon cher hôte, à votre n° 6, et il me semble que cette réponse auroit dû vous être parvenue avant le départ de votre n° 7; mais, n'ayant ni mémoire pour me rappeler les dates, ni soin pour suppléer à ce défaut, je ne puis rien affirmer, et je laisse un peu notre correspondance au hasard, comme toutes les choses de la vie, qui, tout bien compté, ne valent pas la sollicitude qu'on prend pour elles. J'approuve cependant très-fort que vous n'ayez pas la même indifférence, et que vous vous pressiez de vouloir mettre en règle nos affaires pécuniaires; je vous avoue même que sur ce point je n'avois consenti à laisser les choses comme elles sont restées, que parce qu'il me sembloit qu'à tout prendre, ce qui demeuroit dans vos mains valoit bien ce qui a passé dans les miennes.

Je n'ai point prétendu, non plus que vous, annuler en partie l'arrangement que nous avions fait ensemble, mais en entier, et vous avez dû voir par ma précédente lettre que la chose ne peut être autrement. Il s'ensuit de cette résiliation, comme vous avez vu dans mon mémoire, que je vous reste débiteur des cent louis que j'ai reçus de vous, et qu'il faut que je vous restitue, puisque, outre le recueil de tous mes écrits et papiers, qui est entre vos mains, et dont il ne s'agit plus, vous ne croyez pas devoir vous permettre de prendre cette somme sur les trois cents louis que vous avez reçus de mylord maréchal; j'avois cru, moi, l'y pouvoir assigner, parce qu'enfin, si ces trois cents louis appartenoient à quelqu'un, c'étoit à moi, depuis que mylord maréchal m'en avoit fait présent, que même il me les avoit voulu remettre, et que c'étoit à mon instante prière qu'il avoit cherché à m'en constituer la rente par préférence. Vous avez la preuve de cela dans les lettres qu'il m'a écrites à ce sujet, et qui sont entre vos mains avec les autres. D'ailleurs, il me sembloit que sans rien changer à la destination de cette rente, quatre ou cinq ans, dont une partie est déjà écoulée, suffisoient pour acquitter ces cent louis. Ainsi, vous laissant nanti de toutes manières, je ne songeois guère à ce remboursement actuel, en quoi j'avois tort; car il est clair que tous ces raisonnemens, bons pour moi, ne pouvoient avoir pour vous la même force.

Bref, j'ai reçu de vous cent louis qu'il faut vous restituer; rien n'est plus clair ni plus juste. Il reste à voir, mon cher hôte, par quelle voie vous voulez que je vous rembourse cette somme. Je n'ai pas de banquiers à mes ordres, et je ne puis vous la faire tenir à Neuchâtel; mais je puis, en nous arrangeant, vous la faire payer à Paris, à Lyon, ou ici; choisissez, et marquez-moi votre décision. J'attends là-dessus vos ordres, et je pense que plus tôt cette affaire sera terminée, et mieux ce sera.

Pour vous punir de ne rien dire de précis sur votre santé, je ne vous dirai rien de la mienne. Dans votre précédente lettre vous étiez content de votre estomac et de votre état, à la goutte près, à laquelle vous devez être accoutumé. Dans celle-ci vous trouvez chez vous la nature en décadence. Pourquoi cela ? Parce que vous êtes sourd et goutteux; mais il y a vingt ans que vous l'êtes, et votre état n'est empiré que pour avoir à toute force voulu guérir. On ne meurt point de la surdité, et l'on ne meurt guère de la goutte que par sa faute. Mais vous aimez à vous affubler la tête d'un drap mortuaire; et d'ici à l'âge de quatre-vingts ans que vous êtes fait pour atteindre, vous passerez votre vie à faire des arrangemens pour la mort. Croyez-moi, mon cher hôte, tenez votre âme en état de ne la pas craindre; du reste, laissez-la venir quand elle voudra, sans lui faire l'honneur de tant songer à elle, et soyez sûr que vos héritiers sauront bien arranger vos papiers, sans vous tant tourmenter pour leur en épargner la peine.

Je suis bien obligé à M. Panckoucke de vouloir bien songer à moi dans la distribution de sa traduction de Lucrèce. Je la lirois avec plaisir si je lisois quelque chose; mais vous auriez pu lui dire que je ne lis plus rien. D'ailleurs, je ne vois pas pourquoi vous voulez lui indiquer M. Coindet. Son confrère Guy étoit plus à sa portée. Vous devez savoir que je n'aime pas extrêmement que M. Coindet se donne tant de peine pour mes affaires; et, si j'en étois le maître, il ne s'en donneroit plus du tout.

Mademoiselle Renou vous remercie de vos bonnes amitiés, et vous fait les siennes; mettez-nous l'un et l'autre aux pieds de la bonne maman. Je compte répondre à madame de Luze dans ma première lettre : je salue M. Jeannin, et vous embrasse, mon cher hôte, de tout mon cœur.

Je vais aujourd'hui dîner à Gisors, où je suis attendu; et je compte y porter moi-même cette lettre à la poste. Comme il faut tout prévoir, à votre exemple, et que je puis mourir d'apoplexie, au cas que vous n'ayez plus de mes nouvelles par moi-même, adressez-vous à ceux qui seront en possession de ce que je laisse ici; ils vous paieront vos cent louis. Adieu.

A M. D'IVERNOIS.

21 mars 1768.

Enfin, je respire; vous aurez la paix, et vous l'aurez avec un garant sûr qu'elle sera solide: savoir, l'estime publique et celle de vos magistrats, qui, vous traitant jusqu'ici comme un peuple ordinaire, n'ont jamais pris, sur ce faux préjugé, que de fausses mesures. Ils doivent être enfin guéris de cette erreur, et je ne doute pas que le discours tenu par le procureur-général en Deux-Cents ne soit sincère. Cela posé, vous devez espérer que l'on ne tentera de long-temps de vous surprendre, ni de tromper les puissances étrangères sur votre compte; et ces deux moyens manquant, je n'en vois plus d'autres pour vous asservir. Mes dignes amis, vous avez pris les seuls moyens contre lesquels la force *même* perd son effet, l'union, la sagesse, et le courage. Quoi que puissent faire les hommes, on est toujours libre quand on sait mourir.

Je voudrois à présent que de votre côté vous ne fissiez pas à demi les choses, et que la concorde une fois rétablie ramenât la confiance et la subordination aussi pleine et entière que s'il n'y eût jamais eu de dissension. Le respect pour les magistrats fait dans les républiques la gloire des citoyens, et rien n'est si beau que de savoir se soumettre après avoir prouvé qu'on savoit résister. Le peuple de Genève s'est toujours distingué par ce respect pour ses chefs qui le rend lui-même si respectable. C'est à présent qu'il doit ramener dans son sein toutes les vertus sociales que l'amour de l'ordre établit sur l'amour de la liberté. Il est impossible qu'une patrie qui a de tels enfans ne retrouve pas enfin ses pères; et c'est alors que la grande famille sera tout à la fois illustre, florissante, heureuse, et donnera vraiment au monde un exemple digne d'imitation. Pardon, cher ami; emporté par mes désirs, je fais ici sottement le prédicateur; mais après avoir vu ce que vous étiez, je suis plein de ce que vous pouvez être. Des hommes si sages n'ont assurément pas besoin d'exhortation pour continuer à l'être; mais moi, j'ai besoin de donner quelque essor aux plus ardens vœux de mon cœur.

Au reste, je vous félicite en particulier d'un bonheur qui n'est pas toujours attaché à la bonne cause, c'est d'avoir trouvé pour le soutien de la vôtre des talens capables de la faire valoir. Vos mémoires sont des chefs-d'œuvre de logique et de diction. Je sais quelles lumières règnent dans vos cercles, qu'on y raisonne bien, qu'on y connoît à fond vos édits; mais on n'y trouve pas communément des gens qui tiennent aussi la plume : celui qui a tenu la vôtre, quel qu'il soit, est un homme rare; n'oubliez jamais la reconnoissance que vous lui devez.

A l'égard de la réponse amicale que vous me demandez sur ce qui me regarde, je la ferai avec la plus pleine confiance. Rien dans le monde n'a plus affligé et navré mon cœur que le décret de Genève. Il n'en fut jamais de plus inique, de plus absurde et de plus ridicule. Cependant il n'a pu détacher mes affections de ma patrie, et rien au monde ne les en peut détacher. Il m'est indifférent, quant à mon sort, que ce décret soit annulé ou subsiste, puisqu'il ne m'est possible en aucun cas de profiter de mon rétablissement; mais il ne me seroit pourtant pas indifférent, je l'avoue, que ceux qui ont commis la faute sentissent leur tort, et eussent le courage de le réparer. Je crois qu'en pareil cas j'en mourrois de joie, parce que j'y verrois la fin d'un haine implacable, et que je pourrois de bonne grâce me livrer aux sentimens respectueux que mon cœur m'inspire, sans crainte de m'avilir. Tout ce que je puis vous dire à ce sujet est que si cela arrivoit, ce qu'assurément je n'espère pas, le Conseil seroit content de mes sentimens et de ma conduite, et il connoîtroit bientôt quel immortel honneur il s'est fait. Mais je vous avoue aussi que ce rétablissement ne sauroit me flatter s'il ne vient d'eux-mêmes, et jamais, de mon consentement, il ne sera sollicité. Je suis sûr de vos sentimens; les preuves m'en sont inutiles : mais celles des leurs me toucheroient d'autant plus que je m'y attends moins. Bref, s'ils font cette démarche d'eux-mêmes, je ferai mon devoir; s'ils ne la font pas, ce ne sera pas la seule injustice dont j'aurai à me consoler; et je ne veux pas, en tout état de cause, risquer de servir de pierre d'achoppement au plus parfait rétablissement de la concorde.

Voici un mandat sur la veuve Duchesne, pour les cent francs que vous avez bien voulu avancer à ma bonne vieille tante. Je vous redois autre chose, mais malheureusement je n'en sais pas le montant.

A MADAME LA COMTESSE DE BOUFFLERS.

Trye, 24 mars 1768.

Votre lettre me touche, madame, parce que j'y crois reconnoître le langage du cœur; ce langage qui, de votre part, m'eût rendu le plus heureux des hommes et à bien peu de frais. Mais, n'espérant plus rien, et ne sachant plus même que désirer, je ne vous importunerai plus de mes plaintes. Si mon sort, quel qu'il soit, vous en arrachoit quelqu'une, je m'en croirois moins malheureux.

La lettre de M. le prince de Conti me met en grande peine sur son état actuel. Oserois-je espérer, madame, que vous voudrez bien m'en faire écrire un mot par quelqu'un de vos gens, ou ceux de son altesse?

Je finis brusquement, étant attendu pour aller à Gisors.

A M. LE DUC DE CHOISEUL.

A Trye, le 27 mars 1768.

Monseigneur,

Vous daignez m'écouter. De quel poids je me sens soulagé! Si vous eussiez bien voulu me voir, il me semble que je n'aurois eu besoin de vous rien dire, et qu'à l'instant vous auriez lu dans mon cœur.

Un mot que me dit M. de Luxembourg (*) à mon départ pour la Suisse autorise le détail

(*) C'est lorsque ce maréchal lui demanda s'il avoit parlé mal du duc de Choiseul. (*Confessions*, tome 1er, page 308.)

dans lequel je vais entrer, et qui seroit superflu s'il vous eût rendu ma réponse : mais le meilleur et le plus aimable des hommes n'en fut pas toujours le plus courageux (*).

On vous a donné de quelques passages de mes écrits, des interprétations non-seulement si fausses et si peu naturelles que le public ne s'en est jamais douté, mais si contraires à mes vues, que le seul de ces passages (**) qu'on m'ait cité contient l'éloge le plus vrai, le plus grand, j'ose dire le plus digne que vous recevrez peut-être jamais, et dont trop de modestie a pu seul vous empêcher de sentir l'application. Monsieur le duc, je n'ai point de protestation à vous faire. Je dirai les faits, et vous jugerez.

Tous les ministres qui vous ont précédé depuis long-temps m'ont paru fort au-dessous de leurs places : toutes les personnes, n'importe le sexe, qui se sont mêlées de l'administration, n'ont eu, selon moi, que de petites vues, des demi-talens, des passions basses, et de l'avarice plutôt que de l'ambition. Enfin, j'eus pour eux tous un mépris peut-être injuste, mais qui alloit jusqu'à la haine, et que je n'ai jamais beaucoup déguisé. Tous mes penchans, au contraire, vous favorisèrent dès le premier instant. Je préjugeai que vous alliez rendre au ministère l'éclat obscurci par ces gens-là, et quand le bruit courut que de vous et d'une des personnes dont je viens de parler, l'un des deux déplaceroit l'autre, je fis en votre faveur des vœux qui ne furent pas aussi secrets qu'il l'auroit fallu. Peu après, M. de Luxembourg, par hasard, vous parla de moi, et, sur l'essai que j'avois fait à Venise, vous offrîtes de m'occuper (***). Je fus d'autant plus sensible à cette offre, que jamais les gens en place ne m'ont gâté par leurs bontés. Environ dans le même temps éclata ce célèbre pacte de famille (*). quel augure n'en tirai-je point pour une administration qui commençoit ainsi ! Je mettois alors la dernière main au *Contrat social* (**). Le cœur plein de vous, j'y portai mon jugement et mon pronostic avec une confiance que le temps a confirmée, et que l'avenir ne démentira pas.

Vous qu'honore la vérité, reconnoissez son langage. Le passage dont je viens de vous donner l'explication est le seul où j'aie voulu parler de vous. Si l'on a cherché de sinistres applications à quelque autre, j'en appelle au bon sens pour les réfuter, et je suis prêt à montrer partout ce que j'ai voulu dire. Me serois-je aussi sottement contredit moi-même en faisant l'éloge et la satire du même en même temps ? Cela est-il donc dans mon caractère, et m'a-t-on vu quelquefois souffler ainsi de la même bouche le froid et le chaud ? Qu'on se figure un étranger à ma place, au sein de la France, où il se plaît, aimant à publier des vérités hardies, mais générales, dont jamais ni satire ni nulle application personnelle (***) et maligne n'a souillé les écrits, qui jamais ne repoussa qu'avec décence et dignité les traits envenimés de ses adversaires, et qui fonda toujours sa fière sécurité sur des principes et des maximes irréprochables : concevra-t-on jamais qu'un tel homme, animé jusqu'alors de sentimens grands et nobles, passe tout-à-coup, sans sujet, sans motif, aux derniers termes de la plus brutale, de la plus extravagante férocité ; aille provoquer à plaisir l'indignation d'un ministre, l'espoir de la nation qui vient de marquer pour lui de la bienveillance, et chercher si tard à s'ôter dans ses malheurs l'estime et la commisération du public, qui, tout en aimant la satire, dit avec raison des satiriques punis, *il n'a que ce qu'il mérite?* Je connois les hommes et leurs inconséquences ; je sais trop que je n'en suis pas exempt ; mais

---

(*) Témoin le genre de protection que donna M. de Luxembourg à Rousseau lors de l'arrêt du parlement, et qui se borna à favoriser sa fuite avec des circonstances qui prouvent combien le maréchal craignoit d'être compromis ; le soin qu'il prit de se faire rendre les lettres dans lesquelles il approuvoit et l'impression d'*Émile*, et la doctrine de cet ouvrage. Si le maréchal, si le prince de Conti, si M. de Malesherbes eussent dit hautement : « M. Rousseau ne vouloit point imprimer *Émile* « en France ; c'est nous qui l'y avons engagé, autorisé même « en quelque sorte par l'influence que devoient avoir sur son « esprit et le rang que nous occupons et les fonctions (de directeur de la librairie) dont l'un de nous est revêtu ; » croirait-on que cette déclaration, qui n'eût contenu que *la plus exacte vérité*, n'eût produit aucun effet ? M. P.

(**) *Contrat social*, liv. III, chap. VI, tome Ier, page 668.

(***) *Confessions*, tome Ier, page 292.

(*) Signé le 15 août 1761.

(**) Publié dans les premiers mois de 1762, quelque temps avant l'*Émile*. M. P.

(***) C'est une justice rigoureuse qu'il se rend ; et il est en effet remarquable que lorsqu'il a répondu à ses critiques, il laisse de côté la personne pour ne s'occuper que de l'ouvrage, ou, s'il parle de l'auteur, c'est toujours en termes honorables. S'il s'évertue aux dépens de l'abbé Gautier, il ne s'attache qu'à la singularité de sa logique, à la marche que suit ce pauvre critique en copiant celle de Rousseau, et jusqu'à sa prosopopée de Fabricius. Dans sa réplique à l'archevêque, il rend un hommage éclatant aux vertus du prélat. M. P.

je prononce hautement que celle-là n'est pas dans la nature. D'ailleurs, si j'eusse été capable de penser et d'écrire de telles folies, me serois-je abstenu de les dire, moi, si confiant, si ouvert, si facile à montrer ma pensée en toute chose? La terre est couverte de mes implacables ennemis, qui tous ont été mes amis ou feint de l'être, et cette remarque ajoute au poids de ce que je vais affirmer. Monseigneur, je défie toute âme vivante de m'avoir jamais ouï parler de vous et de votre administration qu'avec le plus grand honneur. Enfin, daignez voir comment je suis revenu dans ce pays. Pour aller à Londres, je traversai la France avec un passe-port qu'on disoit m'être nécessaire. Sous ma propre direction, j'y suis revenu seul, me livrer pleinement à vous, me jeter dans vos bras, si j'ose ainsi parler, avec empressement, sans précaution, sans crainte, sans autre sûreté que votre humanité et mon innocence, et sachant très-bien que les prétextes ne vous auroient pas manqué pour m'opprimer, si vous l'aviez voulu. Quoique je me sentisse dans votre disgrâce, j'ai compté sur votre générosité, et j'ai bien fait. Mais cette conduite prouve la vérité de mon estime, et ce que j'ai pensé de vous dans tous les temps. Un homme qui dans le secret de son cœur se seroit senti coupable, eût pu trouver la même sûreté dans le même asile, mais jamais il n'eût osé l'y chercher.

Voilà, monsieur le duc, ce que j'avois à vous dire, et que j'aurois ardemment désiré vous dire de bouche, quoique je ne sache point du tout parler: mais mon cœur eût parlé pour moi, et vous auriez entendu son langage. Sans être exempt d'inquiétude sur la route de ma lettre, je ne crains assurément pas qu'une fois parvenue entre vos mains elle puisse jamais me nuire; mais un penchant naturel me faisoit espérer, je l'avoue, qu'en me présentant à vous, ce penchant n'agiroit pas sur moi seul. Sûr que je n'étois dans votre disgrâce que par l'effet d'une erreur, j'ai toujours espéré que cette erreur seroit détruite, et que j'aurois enfin quelque part à vos bontés. J'y compte maintenant, j'y ai des droits, j'ose le dire, et je les réclamerai sans rougir; puisque, de toutes les grâces que vous pouvez répandre, je n'aspire qu'à celle de jouir sous votre protection du repos et de la liberté que je n'ai point mérité de perdre, et dont je n'abuserai jamais.

Agréez, monseigneur, je vous supplie, mon sincère et profond respect.

J. J. ROUSSEAU.

Si vous m'honorez d'une réponse sous le nom de Renou, trois mots suffisent, *Je vous crois; et je suis content* (*).

A M. D'IVERNOIS.

26 mars 1768.

Je ne me pardonnerois pas, mon ami, de vous laisser l'inquiétude qu'a pu vous donner ma précédente lettre sur les idées dont j'étois frappé en l'écrivant. Je fis ma promenade agréablement; je revins heureusement; je reçus des nouvelles qui me firent plaisir; et, voyant que rien de tout ce que j'avois imaginé n'est arrivé, je commence à craindre, après tant de malheurs réels, d'en voir quelquefois d'imaginaires qui peuvent agir sur mon cerveau. Ce que je sais bien certainement, c'est que, quelque altération qui survienne à ma tête, mon cœur restera toujours le même, et qu'il vous aimera toujours. J'espère que vous commencez à goûter les doux fruits de la paix. Que vous êtes heureux! ne cessez jamais de l'être. Je vous embrasse de tout mon cœur.

AU MÊME.

26 avril 1768.

Quoique je fusse accoutumé, mon bon ami, à recevoir de vous des paquets fréquens et coûteux, j'ai été vivement alarmé à la vue du dernier, taxé et payé six livres quatre sous de port. J'ai cru d'abord qu'il s'agissoit de quelque nouveau trouble dans votre ville, dont vous m'envoyiez à la hâte l'important et cruel détail; mais à peine en ai-je parcouru cinq ou six lignes, que je me suis tranquillisé, voyant de quoi il s'agissoit; et, de peur d'être tenté d'en lire davantage, je me suis pressé de jeter mes

(*) Au haut de cette lettre autographe sont écrits au crayon par le duc de Choiseul, ces mots, *répondu le 29*. M. P.

six livres quatre sous au feu, surpris, je l'avoue, que mon ami, M. d'Ivernois, m'envoyât de pareils paquets de si loin par la poste, et bien plus surpris encore qu'il m'osât conseiller d'y répondre. Mes conseils, mon bon ami, me paroissent meilleurs que les vôtres, et ne méritoient assurément pas un pareil retour de votre part.

A mon départ pour Gisors, regardant cette course comme périlleuse, je vous envoyai un billet de cent francs sur madame Duchesne, afin que s'il mésarrivoit de moi vous n'en fussiez pas pour ces cent francs, dont vous m'aviez fait l'avance. Il vous a plu de supposer que cet envoi vouloit dire : Ne venez pas. Une interprétation si bizarre est peu naturelle; si je ne vous connoissois, je croirois, moi, qu'elle étoit de votre part un mauvais prétexte pour ne pas venir, après m'en avoir témoigné tant d'envie : mais je ne suis pas si prompt que vous à mésinterpréter les motifs de mes amis : et je me contenterai de vous assurer, avec vérité, que rien jamais ne fut plus éloigné de ma pensée, en écrivant ce billet, que le motif que vous m'avez supposé.

Si j'étois en état de faire d'une manière satisfaisante la lettre dont vous m'avez dit le sujet, je vous en enverrois ci-joint le modèle; mais mon cœur serré, ma tête en désordre, toutes mes facultés troublées, ne me permettent plus de rien écrire avec soin, même avec clarté; et il ne me reste précisément qu'assez de sagesse pour ne plus entreprendre ce que je ne suis plus en état d'exécuter. Il n'y a point à ce refus de mauvaise volonté, je vous le jure; et je suis désormais hors d'état d'écrire pour moi-même les choses même les plus simples, et dont j'aurois le plus grand besoin.

Je crois, mon bon ami, pour de bonnes raisons, devoir renoncer à la pension du roi d'Angleterre; et, pour des raisons non moins bonnes, j'ai rompu irrévocablement l'accord que j'avois fait avec M. Du Peyrou. Je ne vous consulte pas sur ces résolutions, je vous en rends compte; ainsi vous pouvez vous épargner d'inutiles efforts pour m'en dissuader. Il est vrai que foible, infirme, découragé, je reste à peu près sans pain sur mes vieux jours, et hors d'état d'en gagner : mais qu'à cela ne tienne, la Providence y pourvoira de manière ou d'autre. Tant que j'ai vécu pauvre, j'ai vécu heureux; et ce n'est que quand rien ne m'a manqué pour le nécessaire que je me suis senti le plus malheureux des mortels : peut-être le bonheur, ou du moins le repos que je cherche, reviendra-t-il avec mon ancienne pauvreté. Une attention que vous devriez peut-être à l'état où je rentre, seroit d'être un peu moins prodigue en envois coûteux par la poste, et de ne pas vous imaginer qu'en me proposant le remboursement des ports, vous serez pris au mot. Il est beaucoup plus honnête avec des amis, dans le cas où je me trouve, de leur économiser la dépense, que d'offrir de la leur rembourser.

Bonjour, mon cher d'Ivernois; je vous aime et vous embrasse de tout mon cœur.

J'espère que vous n'irez pas inquiéter ma bonne vieille tante sur la suite de sa petite pension. Tant qu'elle et moi vivrons, elle lui sera continuée, quoi qu'il arrive, à moins que je ne sois tout-à-fait sur le point de mourir de faim, et j'ai confiance que cela n'arrivera pas.

P. S. Quand M. Du Peyrou me marqua que la salle de comédie avoit été brûlée, je craignis le contre-coup de cet accident pour la cause des représentans; mais que ce soit à moi que Voltaire l'impute, je vois là de quoi rire : je n'y vois point du tout de quoi répondre, ni se fâcher. Les amis de ce pauvre homme feroient bien de le faire baigner et saigner de temps en temps.

A M. DU PEYROU.

A Trye, le 29 avril 1768.

Notre correspondance, mon cher hôte, prend un tour si peu consolant pour des cœurs attristés, qu'il faut du courage pour l'entretenir dans l'état où nous sommes; et le courage qui donne de l'activité n'a jamais été mon fort. Maintenant, prendre une plume est presque au-dessus de mes forces. J'aimerois autant avoir la massue d'Hercule à manier. Ajoutez que l'état où m'arrivent vos lettres me fait voir qu'elles ont bien des inspecteurs avant de me parvenir; il en doit être à peu près de même des miennes; et tout cela n'est pas bien encourageant pour écrire.

L'état dans lequel vous vous sentez est vraiment cruel, d'autant plus que la cause n'en est pas claire, et qu'il n'est pas clair non plus, selon moi, lequel des deux a le plus besoin de traitement de la tête ou du corps. Depuis ce qui s'est passé ici durant votre maladie et durant votre convalescence; depuis que je vous ai vu faire à la hâte votre testament, et vous presser de mettre ordre à vos affaires, tandis que vous vous rétablissiez à vue d'œil; depuis la singulière façon dont je vous ai vu traiter en toute chose avec celui qui n'avoit que vous d'ami sur la terre, qui n'avoit de confiance qu'en vous seul, qui n'aimoit encore la vie que pour la passer avec vous, avec celui enfin dont vous étiez la dernière et la seule espérance; je vous avoue qu'en résumant tout cela, je me trouve forcé de conclure de deux choses l'une, ou que dans tous les temps j'ai mal connu votre cœur, ou qu'il s'est fait de terribles changemens dans votre tête : comme la dernière opinion est plus honnête et plus vraisemblable, je m'y tiens, et cela posé, je ne puis m'empêcher de croire que cette tête un peu tracassée a une très-grande part dans le dérangement de votre machine; et, si cela est, je tiens votre mal incurable, parce qu'une âme aussi peu expansive que la vôtre ne peut trouver au-dehors aucun remède au mal qu'elle se fait à soi-même. Il se peut très-bien, par exemple, que l'affoiblissement de votre vue ne soit que trop réel, et qu'à force d'avoir voulu rétablir vos oreilles, vous ayez nui à vos yeux. Cependant, si j'étois près de vous, je voudrois, par une inspection scrupuleuse de vos yeux, et surtout du gauche, voir si quelque altération extérieure annonce celle que vous sentez; et je vous avoue que si je n'apercevois rien au-dehors, j'aurois un fier soupçon que le mal est plus à l'autre extrémité du nerf optique qu'à celle qui tapisse le fond de l'œil. Je vous dirois, Consultez sur vos yeux quelqu'un qui s'y connoisse, si ce n'étoit vous exposer à donner votre confiance à gens qui ont intérêt à vous tromper. Tâchez de voir, mon bon ami, c'est tout ce que je puis vous dire. Vous voilà, ou je me trompe fort, dans le cas où la foi guérit, dans le cas où il faut dire au boiteux : *Charge ton petit lit, et marche.*

Toutes les explications dans lesquelles vous entrez sur nos affaires sont admirables assurément; mais elles n'empêchent pas, ce me semble, qu'ayant nettement refusé de vous rembourser de vos cent louis sur l'argent qui vous a été remis par mylord maréchal, il ne s'ensuive avec la dernière évidence, qu'il faut, ou que je tire de ma poche ces cent louis pour vous les rendre, ou que je vous en reste débiteur. Or je ne veux point vous rester débiteur, et il ne seroit pas honnête à vous de vouloir m'y contraindre. Si donc vous persistez à ne pas vouloir vous rembourser des cent louis sur l'argent qui vous a été remis pour moi, il faut bien de nécessité que vous les receviez de moi.

Vous me dites à cela que vous ne pouvez rien changer à la destination de la somme qui vous a été remise, sans le gré du constituant. Fort bien; mais si, comme il pourroit très-bien arriver, le constituant ne vous répond rien, que ferez-vous? Refuserez-vous de vous rembourser de ces cent louis, parce que je ne veux pas recevoir les deux cents autres? Vous m'avouerez qu'un pareil refus seroit un peu bizarre, et qu'il est difficile de voir pourquoi vous serez plus embarrassé de deux cents louis que de trois cents. Vous me pressez de vous répondre catégoriquement si je veux recevoir la rente viagère, oui ou non. Je vous réponds à cela que si vous refusez de vous rembourser sur le capital, je la recevrai jusqu'à la concurrence du payement des cent louis que je vous dois; que si vous exigez pour cela que je m'engage à la recevoir encore dans la suite, c'est, ce me semble, usurper un droit que vous n'avez point. Je la recevrai, mon cher hôte, jusqu'à ce que vous soyez payé; après cela, je verrai ce que j'aurai à faire; enfin, si vous persistez à vouloir des conditions pour l'avenir, je persiste à n'en vouloir point faire, et vous n'avez qu'à tout garder. Bien entendu qu'aussitôt que la somme qui vous a été remise pour moi, par mylord maréchal, lui sera restituée, il faudra bien qu'à votre tour vous receviez la restitution des cent louis.

Tout ce que vous me dites sur la solennité nécessaire dans la rupture de notre accord, et sur les raisons que nous aurons à donner de cette rupture me paroît assez bizarre. Je ne vois pas à qui nous serons obligés de rendre compte d'un traité fait entre nous seuls, qui ne regardoit que nous seuls, et de sa rupture. Je ne crois pas vos héritiers assez méchans, si je vous survis, pour vouloir me forcer, le poignard sur la gorge, à recevoir une rente dont je ne veux point. Et, supposant que je fusse obligé de dire pourquoi j'ai dû rompre cet accord, je vous trouve là-dessus des scrupules d'une tournure à laquelle je n'entends rien. On diroit, en vérité, que vous voulez vous faire envers moi un mérite des ménagemens que j'avois la délicatesse d'avoir pour vous. Ah! par ma foi, c'en est trop aussi, et il n'est pas permis à une cervelle humaine d'extravaguer à ce point. Prenez votre parti là-dessus, mon cher hôte, et dites hautement tout ce que vous aurez à dire. Pour moi, je vous déclare que désormais je ne m'en ferai pas faute, et que j'ai déjà commencé. Ma conduite là-dessus sera simple, comme en toutes choses; je dirai fidèlement ce qui s'est passé, rien de plus : chacun conclura ensuite comme il jugera à propos.

On dit que les affaires de votre pays vont très-mal, j'en suis vraiment affligé, à cause de beaucoup d'honnêtes gens à qui je m'intéresse. On prétend aussi que M. de Voltaire m'accuse d'avoir brûlé la salle de la comédie à Genève. Voilà, sur mon Dieu, encore une autre accusation, dont très-assurément je ne me défendrai pas. Il faut avouer que depuis mon voyage d'Angleterre, me voilà travesti en assez joli garçon! Ma foi, c'est trop faire le rôle d'Héraclite; je crois qu'à bien peser la manière dont on mène les hommes, je finirai par rire de tout. Adieu, mon cher hôte, je vous embrasse.

AU MÊME.

A Trye, le 10 juin 1768.

Je vois, mon cher hôte, que nos discussions, au lieu de s'éclaircir, s'embrouillent. Comme je n'aime pas les chicanes, je reviens à cette affaire aujourd'hui pour la dernière fois. Je trouve le désir que vous avez de la mettre en règle fort raisonnable ; mais je ne vois pas que vous preniez les moyens d'en venir à bout.

En exécution d'un accord entre nous, qui n'existe plus, j'ai reçu de vous cent louis, qu'il faut, par conséquent, que je vous restitue. Vous avez, de votre côté, le dépôt de mes écrits, tant imprimés que manuscrits, de toutes mes lettres et papiers, tous les matériaux nécessaires pour écrire ma triste vie, dont le commencement vous est aussi parvenu. Vous avez de plus reçu trois cents louis de mylord maréchal pour le capital d'une rente viagère dont il m'a fait le présent.

Dans cet état, j'ai cru et j'ose croire encore pouvoir acquitter ces cent louis avec ce qui reste entre vos mains, quoique je renonçasse à la rente viagère ; et cette renonciation, loin d'être un obstacle à cet arrangement, devoit le favoriser, parce que, prenant cette somme sur le capital ou sur la rente, à votre choix, j'acceptois avec respect et reconnoissance cette partie du don de mylord maréchal, et que ce ne pouvoit pas être à vous de me dire : *Acceptez le tout ou rien.*

Je vous proposai donc premièrement de prendre ces cent louis sur le capital. A cela vous m'objectâtes que vous ne pouviez rien changer à la destination de ce fonds, sans le consentement de celui qui vous l'avoit remis. Le consentement de mylord maréchal vous ayant donc paru nécessaire n'a cependant point été obtenu, par la raison qu'il n'a point été demandé. Ainsi, voilà un obstacle.

Je vous proposai ensuite de laisser subsister la rente viagère, jusqu'à ce que ces cent louis fussent acquittés, sauf à voir après comment on feroit; et cet arrangement étoit d'*autant* plus naturel, qu'étant usé de chagrins, de maux, et déjà sur l'âge, ma mort, dans l'intervalle, pouvoit dénouer la difficulté. Vous n'avez fait aucune réponse à cet article, qui n'avoit besoin du consentement de personne, puisqu'il n'étoit que l'exécution fidèle des intentions du constituant.

Mais, au lieu de ce second article, sur lequel vous n'avez rien dit, voici une difficulté nouvelle que vous avez élevée sur le premier. Je la transcris ici mot pour mot de votre lettre.

« Observez que vous n'êtes pas le seul inté-
» ressé dans cette affaire, et que la rente est
» réversible à une autre personne après vous,
» et cela pour les deux tiers. Cette considéra-
» tion seule doit, ce me semble, décider la
» question entre nous. »

C'étoit là, mon cher hôte, une observation qu'il m'étoit difficile de faire, puisque cet article de votre lettre est la première nouvelle que j'aie jamais eue de cette prétendue réversion. Cette clause, il est vrai, faisoit partie du traité qui étoit entre vous et moi, mais elle n'avoit rien de commun, que je sache, avec la constitution de mylord maréchal; et, si elle eût existé, il n'est pas concevable que ni lui ni vous ne m'en eussiez jamais dit un seul mot. Elle n'est pas même compatible avec la quotité de la somme constituée, attendu qu'une telle clause, vous rendant la rente plus onéreuse, eût exigé un fonds plus considérable, et mylord maréchal est trop galant homme pour vouloir être généreux à vos dépens. Ainsi, à moins que je n'aie la preuve péremptoire de cette réversion, vous me permettrez de croire qu'elle n'existe pas, et que, par défaut de mémoire, vous aurez confondu une clause du traité annulé avec une constitution de rente où il n'en a jamais été question.

Je dirai plus : quand même cette clause existeroit réellement, loin d'empêcher l'exécution de l'arrangement proposé, elle en leveroit les difficultés, et le favoriseroit pleinement; car ôtez du capital les cent louis que j'assigne pour votre remboursement, reste précisément le capital des quatre cents livres de rente que vous pouvez payer dès à présent à celle à qui elles sont destinées, comme si j'étois déjà mort. Cette solution répond à tout.

Mais je crains que, puisque vous voilà en train de scrupules, vous n'en ayez tant, que notre arrangement définitif ne soit pas prêt à se faire. Pour moi, je vous déclare que non-seulement rien ne me presse, mais que je consens de tout mon cœur à laisser toujours les choses sur le pied où elles sont, croyant, dans cet état, pouvoir en sûreté de conscience ne pas me regarder comme votre débiteur.

Quant à mes écrits et papiers qui sont entre vos mains, ils y sont bien; permettez que je les y laisse, résolu de ne les plus revoir et de ne m'en remêler de ma vie. Ce recueil, s'il se conserve, deviendra précieux un jour; s'il se démembre, il s'y trouve suffisamment d'ouvrages manuscrits pour en tirer d'un libraire le remboursement des avances que vous m'avez faites. Si vous prenez ce parti, j'exige ou que rien ne paroisse de mon vivant, ou que rien ne porte mon nom, ni présent, ni passé. Au reste, il n'y a pas un de ces écrits qui soit suspect en aucune manière, et qui ne puisse être imprimé à Paris, même avec privilége et permission. Le parti qui me conviendroit le mieux, je vous l'avoue, seroit que tout fût livré aux flammes, et c'est même ce que je vous prie instamment et positivement de faire. Si vous voyez enfin quelque moyen de vous rembourser de vos avances sur le fonds qui est entre vos mains, que je n'entende plus parler de ces malheureux papiers, je vous en supplie; que je n'aie plus d'autre soin que de m'armer contre les maux que l'on me destine encore, et que de chercher à mourir en paix, si je puis. *Amen.*

Le tour qu'ont pris vos affaires publiques m'afflige, mais ne me surprend point. J'ai vu depuis long-temps, et je vous le dis ici dès votre arrivée, que le pays où vous êtes ne servoit que de prétexte à de plus grands projets, et c'est ce qui doit, en quelque façon, consoler ceux qui l'habitent; car, de quelque manière qu'ils se fussent conduits, l'événement eût été le même, et il n'en seroit arrivé ni plus ni moins. Vous avez eu le projet d'en sortir; je crois que ce projet seroit bon à exécuter, à tout risque, si vous aimez la tranquillité. Je sais que la bonne maman n'en sortiroit pas sans peine; mais il y a eu déjà des spectacles qui devroient aider à la déterminer. Je regretterois pour elle et pour vous votre maison, ce beau lac, votre jardin; mais la paix vaut mieux que tout; et je sais cela mieux que personne, moi qui fais tout pour elle, et qui ne me rebute pas même par l'impossibilité certaine de l'obtenir.

A propos de jardin, avez-vous fait semer dans le vôtre ma graine d'*apocyn?* J'en ai fait semer et soigner ici sur couche et sous cloche, et j'ai eu toutes les peines du monde d'en sauver quelques pieds qui languissent; je crains qu'il n'en vienne aucun à bien. Je n'aurois jamais cru cette plante si difficile à cultiver. En revanche, j'ai semé dans le petit jardin du *carthamus lanatus* qui vient à merveille, des *medicago scutellata* et *intertexta*, qui sont déjà en fleurs, et dont je compte chaque jour les brins, les poils, les feuilles, avec des ravissemens toujours nouveaux. Je suis occupé maintenant à mettre en ordre un très-bel herbier, dont un jeune homme est venu ici me faire présent, et qui contient un très-grand nombre de plantes étrangères et rares, parfaitement belles et bien conservées. Je travaille à y fondre mon petit herbier que vous avez vu, et dont la misère fait mieux ressortir la magnificence de l'autre. Le tout forme dix grands cartons ou volumes *in-folio*, qui contiennent environ quinze cents plantes, près de deux mille en comptant les variétés. J'y ai fait faire une belle caisse pour pouvoir l'emporter partout commodément avec moi. Ce sera désormais mon unique bibliothèque, et, pourvu qu'on ne m'en ôte pas la jouissance, je défie les hommes de me rendre malheureux désormais. Je suis obligé à M. d'Escherny de son souvenir, et je suis fort aise d'apprendre de ses nouvelles. Comme je ne me suis jamais tenu pour brouillé avec lui, nous n'avons pas besoin de raccommodement. Du reste, je serai toujours fort aise de recevoir de lui quelque signe de vie, surtout quand vous serez son médiateur pour cela.

A M. LE PRINCE DE CONTI.

Trye-le-Château, juin 1768.

Monseigneur,

Ceux qui composent votre maison (je n'en excepte personne) sont peu faits pour me connoître; soit qu'ils me prennent pour un espion, soit qu'ils me croient honnête homme, tous doivent également craindre mes regards. Aussi, monseigneur, ils n'ont rien épargné, et ils n'épargneront rien, chacun par les manœuvres qui leur conviennent, pour me rendre haïssable et méprisable à tous les yeux, et pour me forcer de sortir enfin de votre château. Monseigneur, en cela je dois et je veux leur complaire. Les grâces dont m'a comblé votre altesse sérénissime suffisent pour me consoler de tous les malheurs qui m'attendent en sortant de cet asile, où la gloire et l'opprobre ont partagé mon séjour. Ma vie et mon cœur sont à vous, mais mon honneur est à moi; permettez que j'obéisse à sa voix qui crie, et que je sorte dès demain de chez vous : j'ose dire que vous le devez. Ne laissez pas un coquin de mon espèce parmi ces honnêtes gens.

A M. DU PEYROU.

Lyon, le 20 juin 1768.

Je ne me pardonnerois pas, mon cher hôte, de vous laisser ignorer mes marches, ou les apprendre par d'autres avant moi. Je suis à Lyon depuis deux jours, rendu des fatigues de la diligence, ayant grand besoin d'un peu de repos, et très-empressé d'y recevoir de vos nouvelles, d'autant plus que le trouble qui règne dans le pays où vous vivez me tient en peine, et pour vous, et pour nombre d'honnêtes gens auxquels je prends intérêt. J'attends de vos nouvelles avec l'impatience de l'amitié. Donnez-m'en, je vous prie, le plus tôt que vous pourrez.

Le désir de faire diversion à tant d'attristans souvenirs, qui à force d'affecter mon cœur altéroient ma tête, m'a fait prendre le parti de chercher, dans un peu de voyages et d'herborisations, les amusemens et distractions dont j'avois besoin; et le patron de la case ayant approuvé cette idée, je l'ai suivie : j'apporte avec moi mon herbier et quelques livres avec lesquels je me propose de faire quelques pèlerinages de botanique. Je souhaiterois, mon cher hôte, que la relation de mes trouvailles pût contribuer à vous amuser; j'en aurois encore plus de plaisir à les faire. Je vous dirai, par exemple, qu'étant allé hier voir madame Boy de La Tour à sa campagne, j'ai trouvé dans sa vigne beaucoup d'aristoloche, que je n'avois jamais vue, et qu'au premier coup d'œil j'ai reconnue avec transport.

Adieu, mon cher hôte : je vous embrasse, et j'attends dans votre première lettre de bonnes nouvelles de vos yeux.

AU MÊME.

Lyon, le 6 juillet 1768.

Je comptois, mon cher hôte, vous accuser la réception de votre réponse, par ma bonne amie madame Boy de La Tour; mais je n'ai pu trouver un moment pour vous écrire avant son départ : et même à présent, prêt à partir pour aller herboriser à la grande Chartreuse, avec belle et bonne compagnie botaniste, que j'ai trouvée et recrutée en ce pays, je n'ai que le temps de vous envoyer un petit bonjour à la hâte.

Mademoiselle Renou a reçu à Trye beaucoup de lettres pour moi, parmi lesquelles je ne doute point que celle que vous m'écriviez ne se trouve; mais comme le paquet est un peu gros, et que j'attends l'occasion de le faire venir, s'il y a dans ce que vous me marquiez quelque chose qui presse, vous ferez bien de me le répéter ici. Si, comme je le désirois, et comme je le désire encore, vous avez pris le parti de brûler tous mes livres et papiers, j'en suis, je vous jure, dans la joie de mon cœur : mais, si vous les avez conservés, il y en a quelques-uns, je l'avoue, que je ne serois pas fâché de revoir, pour remplir, par un peu de distraction, les mauvais jours d'hiver, où mon état et la saison m'empêchent d'herboriser; celui surtout qui m'intéresseroit le plus seroit le commencement du roman intitulé : *Émile et Sophie, ou les Solitaires*. Je conserve pour cette entreprise un foible que je ne combats pas, parce que j'y trouverois au contraire un spécifique utile pour occuper mes momens perdus, sans rien mêler à cette occupation qui me rappelât les souvenirs de mes malheurs, ni de rien qui s'y rapporte. Si ce fragment vous tomboit sous la main, et que vous pussiez me l'envoyer, soit le brouillon, soit la copie, par le retour de madame Boy de La Tour, cet envoi, je l'avoue, me feroit un vrai plaisir.

Comment va la goutte, comment va l'œil gauche? S'il n'empire pas, il guérira; et je vois avec grand plaisir, par vos lettres, qu'il va sensiblement mieux. Mon cher hôte, que n'avez-vous en goût modéré le quart de ma passion pour les plantes! Votre plus grand mal est ce goût solitaire et casanier, qui vous fait croire être hors d'état de faire de l'exercice. Je vous promets que, si vous vous mettiez tout de bon à vouloir faire un herbier, la fantaisie de faire un testament ne vous occuperoit plus guère. Que n'êtes-vous des nôtres! vous trouveriez dans notre guide et chef, M. de la Tourette, un botaniste aussi savant qu'aimable, qui vous feroit aimer les sciences qu'il cultive. J'en dis autant de M. l'abbé Rosier; et vous trouveriez dans M. l'abbé de Grange-Blanche, et dans votre hôte, deux condisciples plus zélés qu'instruits, dont l'ignorance auprès de leurs maîtres mettroit souvent à l'aise votre amour-propre.

Adieu, mon cher hôte : nous partons demain dans le même carrosse tous les quatre, et nous n'avons pas plus de temps qu'il ne nous en faut le reste de la journée, pour rassembler assez de porte-feuilles et de papiers pour l'immense collection que nous allons faire. Nous ne laisserons rien à moissonner après nous. Je vous rendrai compte de nos travaux. Je vous embrasse. Vous pouvez continuer à m'écrire chez M. Boy de La Tour.

A MADEMOISELLE LE VASSEUR,

sous le nom de mademoiselle Renou.

Grenoble, ce 25 juillet, à trois heures du matin, 1768.

Dans une heure d'ici, chère amie, je partirai pour Chambéry, muni de bons passe-ports et de la protection des puissances, mais non pas du sauf-conduit des philosophes que vous savez. Si mon voyage se fait heureusement, je compte être ici de retour avant la fin de la semaine, et je vous écrirai sur-le-champ. Si vous ne recevez pas dans huit jours de mes nouvelles, n'en attendez plus, et disposez de vous à l'aide des protections en qui vous savez que j'ai toute confiance, et qui ne vous abandonneront pas. Vous savez où sont les effets en quoi consistoient nos dernières ressources; tout est à vous. Je suis certain que les gens d'honneur qui en sont dépositaires ne tromperont point mes intentions ni mes espérances. Pesez bien toute chose avant de prendre un parti. Consultez madame l'abbesse (*); elle est bienfaisante, éclairée; elle nous aime, elle vous conseillera bien; mais je doute qu'elle vous conseille de rester auprès d'elle. Ce n'est pas dans une communauté qu'on trouve la liberté ni la paix : vous êtes accoutumée à l'une, vous avez besoin de l'autre. Pour être libre et tranquille, soyez chez vous, et ne vous laissez subjuguer par personne. Si j'avois un conseil à vous donner, ce seroit de venir à Lyon. Voyez l'aimable Madelon; demeurez, non chez elle, mais auprès d'elle. Cette excellente fille a rempli de tout

---

(*) Madame de Nardaillac, abbesse de Gomer-Fontaine, abbaye située à peu de distance du château de Trye.   G. P.

point mon pronostic : elle n'avoit pas quinze ans que j'ai hautement annoncé quelle femme et quelle mère elle seroit un jour. Elle l'est maintenant, et, grâces au ciel, si solidement et avec si peu d'éclat, que sa mère, son mari, ses frères, ses sœurs, tous ses proches, ne se doutent pas eux-mêmes du profond respect qu'ils lui portent, et croient ne faire que l'aimer de tout leur cœur. Aimez-la comme ils font, chère amie; elle en est digne, et vous le rendra bien. Tout ce qu'il restoit de vertu sur la terre semble s'être réfugié dans vos deux cœurs. Souvenez-vous de votre ami l'une et l'autre; parlez-en quelquefois entre vous. Puisse ma mémoire vous être toujours chère, et mourir parmi les hommes avec la dernière des deux!

Depuis mon départ de Trye j'ai des preuves de jour en jour plus certaines que l'œil vigilant de la malveillance ne me quitte pas d'un pas, et m'attend principalement sur la frontière : selon le parti qu'ils pourront prendre, ils me feront peut-être du bien sans le vouloir. Mon principal objet est bien, dans ce petit voyage, d'aller sur la tombe de cette tendre mère que vous avez connue, pleurer le malheur que j'ai eu de lui survivre; mais il y entre aussi, je l'avoue, du désir de donner si beau jeu à mes ennemis, qu'ils jouent enfin de leur reste; car vivre sans cesse entouré de leurs satellites flagorneurs et fourbes est un état pour moi pire que la mort. Si toutefois mon attente et mes conjectures me trompent, et que je revienne comme je suis allé, vous savez, chère sœur, chère amie, qu'ennuyé, dégoûté de la vie, je n'y cherchois et n'y trouvois *plus d'autre plaisir* que de chercher à vous la rendre agréable et douce : dans ce qui peut m'en rester encore, je ne changerai ni d'occupation ni de goût. Adieu, chère sœur; je vous embrasse en frère et en ami.

A M. LE COMTE DE TONNERRE.

Bourgoin, le 16 août 1768.

Monsieur,

J'espère que la lettre que j'eus l'honneur de vous écrire à mon départ de Grenoble vous aura été remise, et je vous demande la permission de vous renouveler d'ici les assurances de ma reconnoissance et de mon respect. Un voyage presque aussitôt suspendu que commencé ne me laisse pas espérer de le pousser bien loin, et la certitude que les manœuvres que je voudrois fuir me préviendront partout m'en ôteroit le courage, quand mes forces me le donneroient. De toutes les habitations qu'on m'a fait voir, la maison de M. Faure, qui a l'honneur d'être connu de vous, m'a paru celle où l'on m'auroit voulu par préférence, et c'est aussi celle de toutes les retraites (pour me servir d'un mot doux) où je pouvois être confiné, celle où j'aurois préféré vivre. Quelques inconvéniens m'ont alarmé; s'ils pouvoient se lever ou s'adoucir, que le maître de la maison, qui me paroît galant homme, conservât la même bonne volonté, et que vous ne dédaignassiez pas, monsieur, d'être notre médiateur, je penserois que puisqu'il faut bien céder à la destinée, le meilleur parti qui me resteroit à prendre seroit de vivre dans sa maison.

J'ose vous supplier, monsieur, si vous relevez pour moi quelques lettres, de vouloir bien me les faire parvenir ici, où je suis logé *à la Fontaine d'or.*

J'ai l'honneur d'être avec respect, etc.

AU MÊME.

Bourgoin, le 21 août 1768.

Monsieur,

Je prends la liberté de vous adresser mes observations sur la note de M. Faure que vous avez eu la bonté de m'envoyer. J'attends sa réponse pour prendre ma résolution, ne pouvant m'aller confiner dans cette solitude sans savoir à quoi je m'engage en y entrant.

Permettez, monsieur le comte, que je vous réitère ici mes remercîmens très-humbles, en vous suppliant d'agréer mon respect.

AU MÊME.

Bourgoin, le 23 août 1768.

Monsieur,

Permettez que je prenne la liberté de vous

envoyer une lettre que je viens de recevoir de M. Bovier, et copie de ma réponse. Si vous daignez mander le malheureux dont il s'agit, et tirer au clair cette affaire, vous feriez, monsieur le comte, une œuvre digne de votre générosité. J'ai l'honneur, etc.

AU MÊME.

Bourgoin, le 26 août 1768.

Monsieur,

J'ai l'honneur de vous adresser une lettre en réponse à celle de M. Faure que vous avez bien voulu me faire passer. Ses propositions sont si honnêtes, qu'il ne l'est presque pas de les accepter. Cependant, forcé par ma situation d'être indiscret, je réduis ces propositions sous une forme qui, je pense, lèvera toute difficulté entre lui et moi.

Mais il en existe une, monsieur le comte, qu'il dépend de vous seul de lever, dans l'imposture qui a donné lieu aux deux lettres que j'ai pris la liberté de vous envoyer dernièrement. Car si, vivant sous votre protection, je ne puis obtenir aucune satisfaction d'une fourberie aussi impudente et aussi clairement démontrée, à quoi dois-je m'attendre au milieu de ceux qui l'ont fabriquée, si ce n'est à me voir harceler sans cesse par de nouveaux imposteurs soufflés par les mêmes gens, et enhardis par l'impunité du premier? Il faudroit assurément que je fusse le plus insensé des hommes pour aller me fourrer volontairement dans un tel enfer. Je comprends bien qu'on m'attend partout avec les mêmes armes, mais encore n'irai-je pas choisir par préférence les lieux où l'on a commencé d'en user.

J'attends vos ordres, monsieur le comte; je compte sur votre équité, et j'ai l'honneur d'être, avec autant de confiance que de respect, etc.

A M. LALIAUD.

Bourgoin, le 31 août 1768.

Nous vous devons et nous vous faisons, monsieur, mademoiselle Renou et moi, les plus vifs remercîmens de toutes vos bontés pour tous les deux; mais nous ne vous en ferons ni l'un ni l'autre pour la compagne de voyage que vous lui avez donnée. J'ai le plaisir d'avoir ici, depuis quelques jours, celle de mes infortunes; voyant qu'à tout prix elle vouloit suivre ma destinée, j'ai fait en sorte au moins qu'elle pût la suivre avec honneur. J'ai cru ne rien risquer de rendre indissoluble un attachement de vingt-cinq ans, que l'estime mutuelle, sans laquelle il n'est point d'amitié durable, n'a fait qu'augmenter incessamment. La tendre et pure fraternité dans laquelle nous vivons depuis treize ans n'a point changé de nature par le nœud conjugal; elle est, et sera jusqu'à la mort, ma femme par la force de nos liens, et ma sœur par leur pureté. Cet honnête et saint engagement a été contracté dans toute la simplicité, mais aussi dans toute la vérité de la nature, en présence de deux hommes de mérite et d'honneur, officiers d'artillerie, et l'un fils d'un de mes anciens amis du bon temps, c'est-à-dire, avant que j'eusse aucun nom dans le monde; et l'autre, maire de cette ville, et proche parent du premier (*). Durant cet acte si court et si simple, j'ai vu fondre en larmes ces deux dignes hommes, et je ne puis vous dire combien cette marque de la bonté de leurs cœurs m'a attaché à l'un et à l'autre.

Je ne suis pas plus avancé sur le choix de ma demeure que quand j'eus l'honneur de vous voir à Lyon, et tant de cabarets et de courses ne facilitent pas un bon établissement. Les nouveaux voyages à faire me font peur, surtout à l'entrée de la saison où nous touchons, et je prendrai le parti de m'arrêter volontairement ici, si je puis, avant que je me trouve, par ma situation, dans l'impossibilité d'y rester et dans celle d'aller plus loin. Ainsi, monsieur, je me vois forcé de renoncer, pour cette année, à l'espoir de me rapprocher de vous, sauf à voir dans la suite ce que je pourrai faire pour contenter mon désir à cet égard.

Recevez les salutations de ma femme, et celles,

(*) Ils sont nommés l'un et l'autre dans la lettre au comte de Tonnerre ci-après, en date du 18 septembre. Le premier s'appeloit *de Rozière*; le second, cousin du premier, et maire de Bourgoin, étoit M. *de Champagneux*. On ne voit pas, dans les *Confessions*, le père de ce M. de Rozière, figurer parmi ses anciens amis du bon temps. G. P.

A M. LE COMTE DE TONNERRE.

Bourgoin, le 1ᵉʳ septembre 1768.

Monsieur,

Je suis très-sensible à la bonté que vous avez eue de mander et interroger le sieur Thevenin sur le prêt qu'il dit avoir fait, il y a environ dix ans, à moi, ou à un homme de même nom que moi, et dont il m'a fait demander la restitution par M. Bovier. Mais je prendrai la liberté, monsieur le comte, de n'être pas de votre avis sur la bonne foi dudit Thevenin, puisqu'il est impossible de concilier cette bonne foi avec les circonstances qu'il rapporte de son prétendu prêt, et avec les lettres de recommandation qu'il dit que l'emprunteur lui donna pour MM. de Faugues et Aldiman. Cet homme vous paroît borné, cela peut être ; un imposteur peut très-bien n'être qu'un sot, et cela me confirme seulement dans la persuasion qu'il a été dirigé aussi bien qu'encouragé dans l'invention de sa petite histoire, dont les contradictions sont un inconvénient difficile à éviter dans les fictions les mieux concertées. Il y a même une autre contradiction bien positive entre lui, qui vous a dit, monsieur, n'avoir parlé de cette affaire à qui que ce soit qu'à M. Bovier, son voisin, et le même M. Bovier, qui m'écrit que ledit Thevenin lui en a fait parler par le vicaire de sa paroisse. Je persiste donc dans la résolution de ne point retourner dans les lieux où cette histoire a été fabriquée, jusqu'à ce qu'elle soit assez bien éclaircie pour ôter aux fabricateurs, quels qu'ils soient, la fantaisie d'en forger derechef de semblables. Je trouve ici un logement trop cher pour pouvoir le garder longtemps, mais où j'aurai le temps d'en chercher un plus à ma portée, où je puisse me croire à l'abri des imposteurs. Je n'y suis pas moins sous votre protection qu'à Grenoble ; et, si le mensonge et la calomnie m'y poursuivent, j'éviterai du moins le désavantage d'être précisément à leur foyer.

Daignez, monsieur, agréer derechef mes excuses des importunités que je vous cause, et mes actions de grâces de la bonté avec laquelle vous voulez bien les endurer. Si l'on ne me harceloit jamais, je demeurerois tranquille et ne serois point indiscret ; mais ce n'est pas l'intention de ceux qui disposent de moi.

Recevez avec bonté, je vous supplie, monsieur le comte, les assurances de mon respect.

RENOU.

Permettez, monsieur, que je joigne ici une lettre pour M. Faure.

A UNE DAME DE LYON (*).

Bourgoin, le 3 septembre 1768.

Vous trouverez ci-joint un papier dont voici l'occasion : ayant été malade ici et détenu dans une chambre pendant quelques jours, dans le fort de mes chagrins, je m'amusai à tracer, derrière une porte, quelques lignes au rapide trait du crayon, qu'ensuite j'oubliai d'effacer en quittant ma chambre, pour en occuper une plus grande à deux lits avec ma femme. Des passans malintentionnés, à ce qu'il m'a paru, ont trouvé ce barbouillage dans la chambre que j'avois quittée, y ont effacé des mots, en ont ajouté d'autres, et l'ont transcrit pour en faire je ne sais quel usage. Je vous envoie une copie exacte de ces lignes, afin que MM. vos frères puissent et veuillent bien constater les falsifications qu'on y peut faire, en cas qu'elles se répandent. J'ai transcrit même les fautes et les redites, afin de ne rien changer.

Sentiment du public sur mon compte, dans les divers états qui le composent.

Les rois et les grands ne disent pas ce qu'ils pensent ; mais ils me traiteront toujours honorablement.

La vraie noblesse, qui aime la gloire et qui sait que je m'y connois, m'honore et se tait.

(*) Cette lettre a été imprimée pour la première fois dans la *Correspondance littéraire* de Grimm (tome 10, page 232). Nous aurions à nous défier d'une source aussi suspecte, si l'écrit qui fait suite à cette lettre ne se trouvoit également dans l'édition de Poinçot, tome XXVIII, page 282. Les éditeurs annoncent le tenir de M. de Champagneux, maire de Bourgoin, qui, disent-ils, *l'a transcrit lui-même avec la plus exacte fidélité* ; et comme ce même écrit, dans l'édition de Poinçot, offre avec celui qui est rapporté par Grimm des différences assez notables, c'est d'après cette édition que nous le donnerons ici. G. P.

Les magistrats me haïssent à cause du mal qu'ils m'ont fait.

Les philosophes, que j'ai démasqués, veulent à tout prix me perdre; ils y réussiront.

Les évêques, fiers de leur naissance et de leur état, m'estiment sans me craindre, et s'honorent en me marquant des égards.

Les prêtres, vendus aux philosophes, aboient après moi pour faire leur cour.

Les beaux esprits se vengent, en m'insultant, de ma supériorité qu'ils sentent.

Le peuple, qui fut mon idole, ne voit en moi qu'une perruque mal peignée et un homme décrépit.

Les femmes, dupes de deux p.... froid qui les méprisent, trahissent l'homme qui mérita le mieux d'elles (*).

Les magistrats (**) ne me pardonneront jamais le mal qu'ils m'ont fait.

Le magistrat de Genève sent ses torts, sait que je les lui pardonne, et les répareroit s'il l'osoit.

Les chefs du peuple, élevés sur mes épaules, voudroient me cacher si bien que l'on ne vît qu'eux.

Les auteurs me pillent et me blâment; les fripons me maudissent, et la canaille me hue.

Les gens de bien, s'il en existe encore, gémissent tout bas sur mon sort; et moi je le bénis s'il peut instruire un jour les mortels.

Voltaire, que j'empêche de dormir, parodiera ces lignes. Ses grossières injures sont un hommage qu'il est forcé de me rendre malgré lui (***).

A M. LE COMTE DE TONNERRE.

Bourgoin, le 6 septembre 1768.

Il y a peu de résolutions et il n'y a point de répugnance par-dessus lesquelles le désir d'approfondir l'affaire du sieur Thevenin ne me fasse passer; et si ma confrontation, sous vos yeux, avec cet homme, peut vous engager, monsieur, à la suivre jusqu'au bout, je suis prêt à partir. Permettez seulement que j'ose vous demander auparavant l'assurance que ce voyage ne sera point inutile; que vous ne dédaignerez aucune des précautions convenables pour constater la vérité, tant à vos yeux qu'à ceux du public, et que le motif d'éviter l'éclat, que je ne crains point, n'arrêtera aucune des démarches nécessaires à cet effet. Il ne seroit assurément pas digne de votre générosité, ni de la protection dont vous m'honorez, que des imposteurs pussent à leur gré me promener de ville en ville, m'attirer au milieu d'eux, et m'y rendre impunément le jouet de leurs suppôts.

J'attends vos ordres, monsieur le comte, et quelque parti qu'il vous plaise de prendre sur cette affaire, dont je vous cause à regret la longue importunité, je vous supplie de vouloir bien me renvoyer la lettre de M. Bovier, et la copie de ma réponse, que j'eus l'honneur de vous envoyer.

Je vous supplie, monsieur le comte, d'agréer avec bonté ma reconnoissance et mon respect.

A M. DU PEYROU.

Bourgoin, le 9 septembre 1768.

Après diverses courses, mon cher hôte, qui ont achevé de me convaincre qu'on étoit bien déterminé à ne me laisser nulle part la tranquillité que j'étois venu chercher dans ces provinces, j'ai pris le parti, rendu de fatigue et voyant la saison s'avancer, de m'arrêter dans cette petite ville pour y passer l'hiver. A peine y ai-je été, qu'on s'est pressé de m'y harceler avec la petite histoire que vous allez lire dans l'extrait d'une lettre qu'un certain avocat Bovier m'écrivit de Grenoble le 22 du mois dernier.

« Le sieur Thevenin, chamoiseur de son mé-
» tier, se trouva logé il y a environ dix ans
» chez le sieur Janin, hôte du bourg des Ver-
» dières-de-Jouc, près de Neuchâtel, avec
» M. Rousseau, qui se trouva lui-même dans
» le cas d'avoir besoin de quelque argent, et

(*) Rousseau veut désigner ici d'Alembert et Grimm.
(**) Dans la Correspondance de Grimm, au lieu de, *les magistrats*; on lit, *les Suisses*. G. P.
(***) Il ne faut pas oublier que cet écrit fut tracé, comme le dit Rousseau, *derrière une porte, au rapide trait du crayon*, et que les copies qu'on en fit furent inexactes. En supposant la lettre authentique, on y voit que l'auteur n'avoit certainement pas le projet de conserver ces phrases détachées, et qu'elles n'ont été transmises que parce qu'on les avoit altérées en les transcrivant. M. P.

» qui s'adressa au sieur Janin, son hôte, pour
» obtenir cet argent du sieur Thevenin : ce der-
» nier, n'osant pas présenter à M. Rousseau la
» modique somme qu'il demandoit, attendit son
» départ, et l'accompagna effectivement des
» Verdières-de-Jouc jusqu'à Saint-Sulpice avec
» ledit Janin; et après avoir dîné ensemble
» dans une auberge qui a un soleil pour en-
» seigne, il lui fit remettre neuf livres de France
» par ledit Janin. M. Rousseau, pénétré de re-
» connoissance, donna audit Thevenin quel-
» ques lettres de recommandation, entre autres
» une pour M. de Faugnes, directeur des sels à
» Yverdun, et une pour M. Aldiman, de la
» même ville, dans laquelle M. Rousseau signa
» son nom, et signa *le Voyageur perpétuel* dans
» une autre pour quelqu'un à Paris, dont le sieur
» Thevenin ne se rappelle pas le nom. »

Voici maintenant, mon cher hôte, copie de ma réponse, en date du 25.

« Je n'ai pas pu, monsieur, loger il y a en-
» viron dix ans où que ce fût, près de Neuchâ-
» tel, parce qu'il y en a dix, et neuf, et huit,
» et sept, que j'en étois fort loin, sans en avoir
» approché durant tout ce temps plus près de
» cent lieues.

» Je n'ai jamais logé au bourg des Verdières,
» et n'en ai même jamais entendu parler : c'est
» peut-être le village des Verrières qu'on a
» voulu dire; j'ai passé dans ce village une
» seule fois, il n'y a pas cinq ans, allant à
» Pontarlier; j'y repassai en revenant; je n'y
» logeai point; j'étois avec un ami (qui n'étoit
» pas le sieur Thevenin); personne autre ne
» revint avec nous; et, *depuis lors, je ne suis
» pas retourné aux Verrières*.

» Je n'ai jamais vu, que je sache, le sieur
» Thevenin, chamoiseur; jamais je n'ai ouï
» parler de lui, non plus que du sieur Janin,
» mon prétendu hôte. Je ne connois qu'un seul
» M. Jeannin, mais il ne demeure point aux
» Verrières, il demeure à Neuchâtel, et il n'est
» point cabaretier; il est secrétaire d'un de
» mes amis.

» Je n'ai jamais écrit, autant qu'il m'en sou-
» vient, à M. de Faugnes, et je suis sûr au
» moins de ne lui avoir jamais écrit de lettre
» de recommandation, n'étant pas assez lié
» avec lui pour cela : encore moins ai-je pu
» écrire à M. Aldiman, d'Yverdun, que je n'ai
» vu de ma vie, et avec lequel je n'eus jamais
» nulle espèce de liaison.

» Je n'ai jamais signé avec mon nom *le Voya-
» geur perpétuel*, premièrement parce que cela
» n'est pas vrai, et surtout ne l'étoit pas alors,
» quoiqu'il le soit devenu depuis quelques an-
» nées; en second lieu, parce que je ne tourne
» pas mes malheurs en plaisanteries, et qu'en-
» fin, si cela m'arrivoit, je tâcherois qu'elles
» fussent moins plates.

» J'ai quelquefois prêté de l'argent à Neu-
» châtel, mais je n'y en empruntai jamais, par
» la raison très-simple qu'il ne m'a jamais man-
» qué dans ce pays-là; et vous m'avouerez
» monsieur, qu'ayant pour amis tous ceux qui
» y tenoient le premier rang, il eût été du
» moins fort bizarre que j'allasse emprunter
» neuf francs d'un chamoiseur que je ne con-
» noissois pas, et cela à un quart de lieue de
» chez moi; car c'est à peu près la distance
» de Saint-Sulpice, où l'on dit que cet ar-
» gent m'a été prêté, à Motiers, où je demeu-
» rois. »

Vous croiriez, mon cher hôte, sur cette lettre et sur ma réponse que j'ai envoyée au commandant de la province, *que tout a été fini*, et que, l'imposture étant si clairement prouvée, l'imposteur a été châtié ou bien censuré : point du tout; l'affaire est encore là, et ledit Thevenin, conseillé par ceux qui l'ont aposté, se retranche à dire qu'il a peut-être pris un autre M. Rousseau pour J. J. Rousseau, et persiste à soutenir avoir prêté la somme à un homme de ce nom, se tirant d'affaire, je ne sais comment, au sujet des lettres de recommandation : de sorte qu'il ne me reste d'autre moyen pour le confondre que d'aller moi-même à Grenoble me confronter avec lui; encore ma mémoire trompeuse et vacillante peut-elle souvent m'abuser sur les faits. Les seuls ici qui me sont certains est de n'avoir jamais connu ni Thevenin ni Janin; de n'avoir jamais voyagé ni mangé avec eux; de n'avoir jamais écrit à M. Aldiman; de n'avoir jamais emprunté de l'argent, ni peu ni beaucoup, de personne durant mon séjour à Neuchâtel; je ne crois pas non plus avoir jamais écrit à M. de Faugnes, surtout pour lui recommander quelqu'un; ni jamais avoir signé *le Voyageur perpétuel*; ni jamais avoir couché aux Verrières, quoiqu'il ne me soit pas possible de me rappeler où nous couchâmes en revenant de Pontarlier avec Sauttersheim, dit le Baron; car en allant je me souviens parfaitement que nous n'y couchâmes pas. Je vous fais tous ces détails, mon cher hôte, afin que si, par vos amis, vous pouvez avoir quelque éclaircissement sur tous ces faits, vous me rendiez le bon office de m'en faire part le plus tôt qu'il sera possible. J'écris par ce même courrier à M. du Terreau, maire des Verrières, à M. Breguet, à M. Guyenet, lieutenant du Val-de-Travers, mais sans leur faire aucun détail; vous aurez la bonté d'y suppléer, s'il est nécessaire, par ceux de cette lettre. Vous pouvez m'écrire ici en droiture; mais si vous avez des éclaircissemens intéressans à me donner, vous ferez bien de me les envoyer par duplicata, sous enveloppe, à l'adresse de *M. le comte de Tonnerre, lieutenant-général des armées du roi, commandant pour sa majesté en Dauphiné, à Grenoble.* Vous pourrez même m'écrire à l'ordinaire sous son couvert : mes lettres me parviendront plus lentement, mais plus sûrement qu'en droiture.

J'espère qu'on est tranquille à présent dans votre pays. Puisse le ciel accorder à tous les hommes la paix qu'ils ne veulent pas me laisser ! Adieu, mon cher hôte; je vous embrasse.

A M. LE COMTE DE TONNERRE.

Bourgoin, le 13 septembre 1768.

Monsieur,

Comme je ne puis douter que vous ne sachiez parfaitement à quoi vous en tenir sur le compte du sieur Thevenin, je crois voir par la dernière lettre que vous m'avez fait l'honneur de m'écrire, qu'on vous trompe comme on trompe M. le prince de Conti, et que mon futur voyage de Grenoble est une affaire concertée dont la fable de ce malheureux n'est que le prétexte. Vous aviez la bonté de désirer que ce motif m'attirât aux environs de cette capitale. J'ignore, monsieur le comte, d'où naît ce désir et si je dois vous en rendre grâces; tout ce que je sais est que les moyens employés à cet effet ne sont pas extrêmement attirans. Malgré les embarras où je suis je pars demain pour me rendre à vos ordres; jeudi j'aurai l'honneur de me présenter à votre audience, et j'espère qu'il vous plaira d'y mander ledit Thevenin. Je repartirai vendredi matin, quoi qu'il arrive, si l'on m'en laisse la liberté.

J'ai l'honneur d'être avec respect,
Monsieur,

Votre très-humble et très-obéissant serviteur,

RENOU.

AU MÊME.

Bourgoin, le 18 septembre 1768.

Monsieur,

Le contre-temps de votre absence à mon arrivée à Grenoble m'affligea d'autant plus que, sentant combien il m'importoit que, selon votre désir, mon entrevue avec le sieur Thevenin se passât sous vos yeux, et ne pouvant le trouver qu'à l'aide de M. Bovier, que j'aurois voulu ne pas voir, je me voyois forcé d'attendre à Grenoble votre retour, à quoi je ne pouvois me résoudre, ou de revenir l'attendre ici, ce qui m'exposoit à un second voyage. J'aurois pris, monsieur, ce dernier parti, sans la lettre que vous me fîtes l'honneur de m'écrire le 15, et qui me fut envoyée à la nuit par M. Bovier. Je compris par cette lettre, qu'afin que mon voyage ne fût pas inutile, vous pensiez que je pouvois voir ledit Thevenin, quoique en votre absence; et c'est ce que je fis par l'entremise de M. Bovier, auquel il fallut bien recourir pour cela.

Je le vis tard, à la hâte, en deux reprises: j'étois en proie à mille idées cruelles, indigné, navré de me voir, après soixante ans d'honneur, compromis, seul, loin de vous, sans appui, sans amis, vis-à-vis d'un pareil misérable, et surtout de lire dans les cœurs des assistans, et de ceux même à qui je m'étois confié, leur mauvaise volonté secrète.

Mais quelque courte qu'ait été cette conférence, elle a suffi pour l'objet que je m'y proposois. Avant d'y venir, permettez-moi, monsieur le comte, une petite observation qui s'y rapporte : M. Bovier m'avoit induit en erreur, en me marquant que c'étoit personnellement à moi que ledit Thevenin avoit prêté neuf francs;

au lieu que Thevenin lui-même dit seulement les avoir fait passer par la main d'autrui, en prêt ou en don (car il ne s'explique pas clairement là-dessus), à un homme appelé Rousseau, duquel au reste il ne donne pas le moindre renseignement, ni de son nom, ni de son âge, ni de son état, ni de sa demeure, ni de sa figure, ni de son habit, excepté la couleur, et qu'il s'étoit signé dans une lettre : *le Voyageur perpétuel.* M. Bovier, sur le plus simple rapport d'un quidam, qu'il dit ne pas connoître, part de ces seuls indices, et de celui du lieu où se sont vus ces deux hommes, pour m'écrire en ces termes : « Je crois vous faire plaisir de vous » rappeler un homme qui vous a rendu un ser» vice, il y a près de dix années, et qui se » trouve aujourd'hui dans le cas que vous vous » en souveniez. » Ce même M. Bovier, dans sa lettre précédente, me parloit ainsi : « Je vous » ai vu ; j'ai été émerveillé de trouver une âme » aussi belle que la vôtre, jointe à un génie » aussi sublime. » Voilà, ce me semble, cette belle âme transformée un peu légèrement en celle d'un vil emprunteur, et d'un plus vil banqueroutier : il faut que les belles âmes soient bien communes à Grenoble ; car assurément on ne les y met pas à haut prix.

Voici la substance de la déclaration dudit Thevenin, tant en présence de M. Bovier et de sa famille, que de M. de Champagneux, maire et châtelain de Bourgoin, de son cousin, M. de Rozière, officier d'artillerie, et d'un autre officier du même corps, leur ami, dont j'ignore le nom, laquelle déclaration a été faite en plusieurs fois, avec des variations, en hésitant, en se reprenant, quoique assurément il dût avoir la mémoire bien fraîche de ce qu'il avoit dit tant de fois, et à vous, monsieur le comte, et avant vous à M. Bovier.

Que de la Charité-sur-Loire, qui est son pays, venant en Suisse, et passant aux Verrières-de-Jouc, dans un cabaret dont l'hôte s'appelle Janin, un homme nommé Rousseau, le voyant mettre à genoux, lui demanda s'il étoit catholique ; que là-dessus s'étant pris de conversation, cet homme lui donna une lettre de recommandation pour Yverdun ; qu'ayant continué de demeurer ensemble dans ledit cabaret, ledit Rousseau le pria de lui prêter quelque argent, et lui donna, deux jours après, deux autres lettres de recommandation ; savoir : une seconde pour Yverdun, et l'autre pour Paris, où ledit Rousseau lui dit qu'il avoit mis pour signature, *le Voyageur perpétuel ;* qu'en reconnoissance de ce service, lui, Thevenin, lui fit remettre neuf francs par Janin, leur hôte, après un voyage qu'ils firent tous trois des Verrières à Saint-Sulpice, où ils dînèrent encore ensemble ; qu'ensuite ils se séparèrent ; que lui, Thevenin, se rendit de là à Yverdun, et porta les deux lettres de recommandation à leurs adresses, l'une pour M. de Faugnes, l'autre pour M. Aldiman ; que, ne les ayant trouvés ni l'un ni l'autre, il remit ses lettres à leurs gens, sans que, pendant deux ans qu'il resta sur les lieux, la fantaisie lui ait pris de retourner chez ces messieurs, voir, du moins par curiosité, l'effet de ces mêmes lettres qu'il avoit si bien payées. A l'égard de la lettre de recommandation pour Paris, signée *le Voyageur perpétuel,* il l'envoya à la Charité-sur-Loire, à sa femme, qui la fit passer par le curé à son altesse, dont il ne se souvient point.

Quant à la personne dudit Rousseau, j'ai déjà dit qu'il ne s'en rappeloit rien, ni rien de ce qui s'y rapporte : interrogé si ledit Rousseau portoit son chapeau sur la tête ou sous le bras, il a dit ne s'en pas souvenir ; s'il portoit perruque ou s'il avoit ses cheveux, a dit qu'il ne s'en souvenoit pas non plus, et que cela ne faisoit pas une différence bien sensible : interrogé sur l'habillement, il a dit que tout ce qu'il s'en rappeloit, étoit qu'il portoit un habit gris, doublé de bleu ou de vert : interrogé s'il savoit *la demeure* dudit Rousseau, a dit qu'il n'en savoit rien ; s'il n'avoit plus eu de ses nouvelles, a dit que, durant tout son séjour à Yverdun et à Estavayé, où il alla travailler en sortant de là, il n'a jamais plus ouï parler dudit Rousseau, et n'a su ce qu'il étoit devenu, jusqu'à ce qu'apprenant qu'il y avoit un M. Rousseau à Grenoble, il s'est adressé, par le vicaire de la paroisse, à son voisin, M. Bovier, pour savoir si ledit sieur Rousseau ne seroit point son homme des Verrières ; chose qu'il n'a pourtant jamais affirmée, ni dite, ni crue, mais dont il vouloit simplement s'informer.

Comme sa déclaration laissoit assez indéterminé le temps de l'époque, j'ai parcouru, pour le fixer, ceux de ses papiers qu'il a bien voulu me montrer, et j'y ai trouvé un certificat daté du 30 juillet 1765, par lequel le sieur Cuche, chamoiseur d'Yverdun, atteste que ledit Thevenin a demeuré chez lui pendant environ deux ans, etc.

Supposant donc que Thevenin soit entré chez le sieur Cuche, immédiatement à son arrivée à Yverdun, et qu'il se soit rendu immédiatement à Yverdun en quittant ledit Rousseau à Saint-Sulpice, cela détermine le temps de leur entrevue à la fin de l'été 1761 au plus tard. Il est possible que cette époque remonte plus haut; mais il ne l'est pas qu'elle soit plus récente, puisqu'il faudroit alors que cette rencontre se fût faite du temps que ledit Thevenin étoit déjà à Yverdun, au lieu qu'elle se fit avant qu'il y fût arrivé.

J'ai demandé à cet homme le nom du maître chez lequel il travailloit, à Grenoble : il me l'a dit; je l'ai oublié. Je lui ai demandé pour qui ce maître travailloit, quelles étoient ses pratiques; il m'a dit qu'il n'en savoit rien, et qu'il n'en connoissoit aucun. Je lui ai demandé s'il ne travailloit point pour son voisin, M. Bovier le père, qui est gantier, il m'a dit qu'il n'en savoit rien, et M. Bovier fils, prenant la parole, a dit que non; et il falloit bien en effet qu'ils ne se connussent point, puisque, pour parvenir à lui parler, ledit Thevenin a eu recours au vicaire de la paroisse.

Voilà, dans ce qu'a dit cet homme, tout ce qui me paroît avoir trait à la question.

Cette question en peut offrir deux distinctes, premièrement, si ledit Thevenin dit vrai ou s'il ment.

Supposant qu'il dit vrai, seconde question : quel est l'homme nommé Rousseau, auquel il a prêté son argent, sans connoître de lui que le nom? car enfin l'identité des noms ne fait pas celle des personnes; et il ne suffit pas, n'en déplaise à M. Bovier, de porter le nom de Rousseau, pour être, par cela seul, le débiteur ou l'obligé du sieur Thevenin.

Il n'y a, selon le récit du dernier, que trois personnes en état d'en attester la vérité; savoir, le Rousseau dont il ne connoît que le nom, Thevenin lui-même, et l'hôte Janin, qui est absent; d'ailleurs, le témoignage des deux premiers, comme parties, est nul, à moins qu'ils ne soient d'accord; et celui du dernier seroit suspect s'il favorisoit Thevenin; car il peut-être son complice; il peut même être le seul fripon, comme vous l'avez, monsieur, soupçonné vous-même; il peut encore être gagné par ceux qui ont apposté l'autre. Il n'est décisif qu'au cas qu'il condamne Thevenin. En tout état de cause, je ne vois pas à tout cela de quoi faire preuve sans d'autres informations. Il est vrai que les circonstances du récit de Thevenin ne seroient pas un préjugé qui lui fût bien favorable, quand même il auroit affaire au dernier des malheureux, qui auroit tous les autres préjugés contre lui; mais enfin tout cela ne sont pas des preuves. Qu'un garçon chamoiseur, qui court le pays pour chercher de l'ouvrage, s'aille mettre à genoux en parade dans un cabaret protestant; qu'un autre homme qui le voit conclue de là qu'il est catholique, lui en fasse compliment, lui offre des lettres de recommandation, et lui demande de l'argent sans le connoître et sans en être connu d'aucune façon, qu'au lieu de présumer de là que l'emprunteur est un escroc, et que ses recommandations sont des torche-culs, l'autre, transporté du bonheur de les obtenir, tire aussitôt neuf francs de sa bourse cossue; qu'il ait même la complaisante délicatesse de n'oser les donner lui-même à celui qui ose bien les lui demander; qu'il attende pour cela d'être en un autre lieu, et de les lui faire modestement présenter par un autre homme : tout cela, tout inepte et risible qu'il est, n'est pas absolument impossible.

Que le prêteur ou le donneur passe trois jours avec l'emprunteur; qu'il mange avec lui; qu'il voyage avec lui sans savoir comment il est fait, s'il porte perruque ou non, s'il est grand ou petit, noir ou blond, sans retenir la moindre chose de sa figure : cela paroît si singulier, que je lui en fis l'objection. A cela il me répondit qu'en marchant, lui, Thevenin, étoit derrière l'autre et ne le voyoit que par le dos, et qu'à table il ne le voyoit pas bien non plus, parce que ledit Rousseau ne se tenoit pas assis, mais se promenoit par la chambre en mangeant. Il faut convenir, en riant de plus fort, que cela n'est pas encore impossible.

Il ne l'est pas enfin que, desdites lettres de recommandation si précieuses, aucune ne soit parvenue, attendu que ledit Thevenin, modeste pour les lettres comme pour l'argent, ne voulut pas les rendre lui-même, ni s'informer au moins de leur effet, quoiqu'il demeurât dans le même lieu qu'habitoient ceux à qui elles étoient adressées, qu'il les vît peut-être dix fois par jour, et que ce fût au moins une curiosité fort naturelle, de savoir si un coureur de cabarets, à l'affut des écus des passans, pouvoit être réellement en liaison avec ces messieurs-là. Si, comme il est à craindre, aucune desdites lettres n'est parvenue, ce sont ces coquins de valets, à qui l'honnête Thevenin les a remises, qui lui auront joué le tour de les garder. Je ne dis rien de la lettre pour Paris ; il est si clair qu'une recommandation pour Paris est extrêmement utile à un garçon chamoiseur qui va travailler à Yverdun !

Pardon, monsieur ; je ris de ma simplicité, et j'admire votre patience ; mais enfin, si Thevenin n'est pas un imposteur, il faut, de nécessité absolue, que toutes ces folies soient autant de vérités.

Supposons-les telles, et passons outre ; voilà le généreux Thevenin, créancier et bienfaiteur d'un nommé Rousseau, lequel, comme le dit très-bien M. Bovier, doit être pénétré de reconnoissance. Quel est ce Rousseau ? lui, Thevenin, n'en sait rien, mais M. Bovier le sait pour lui, et présume, avec beaucoup de vraisemblance, que ce Rousseau est l'infortuné Jean-Jacques Rousseau, si connu par ses malheurs passés, et qui le sera bien plus encore par ceux qu'on lui prépare. Je ne sache pas cependant que, parmi ces multitudes d'atroces et ridicules charges que ses ennemis inventent journellement contre lui, ils l'aient jamais accusé d'être un coureur de cabaret, une crocheteur de bourse, qui va pochetant quelques écus çà et là, chez le premier va-nu-pieds qu'il rencontre. Si le Jean-Jacques Rousseau qu'on connoît pouvoit s'abaisser à pareille infamie, il faudroit qu'on l'eût vu, pour le pouvoir croire ; et encore, après l'avoir vu, n'en croiroit-on rien. M. Bovier est moins incrédule : le simple doute d'un misérable qu'il ne connoît point se transforme, à ses yeux, en certitude, et lui prouve qu'une belle âme qu'il connoît est celle du plus vil des mendians ou du plus lâche des fripons.

Si le Jean-Jacques Rousseau dont il s'agit n'est qu'un infâme, ce n'est pas tout ; il faut encore qu'il soit un sot, car s'il accepte les neuf francs que ledit Thevenin ne lui donne pas de la main à la main, mais qu'il lui fait donner par un autre homme, habitant du pays, il doit s'attendre qu'ils lui seront reprochés mille fois le jour : il doit compter qu'à chaque fois qu'on citera, dans le pays, quelque trait de sa facilité à répandre, et de sa répugnance à recevoir, le sieur Janin ne manquera pas de dire : « Eh ! par » Dieu, cet homme n'est pas toujours si fier ; » il a demandé et reçu neuf francs d'un faquin » d'ouvrier qui logeoit dans mon auberge ; et » j'en suis bien sûr, car c'est moi qui les ai » livrés. » Quand on commença d'ameuter le peuple contre ce pauvre Jean-Jacques, et qu'on le faisoit lapider jusque dans son lit, Janin auroit fait sa fortune avec cette histoire ; son cabaret n'auroit pas désempli. Thevenin fait bien de la conter à Grenoble ; mais s'il l'osoit conter à Saint-Sulpice ou aux Verrières, et dans tout le pays où ce même Jean-Jacques a pourtant reçu tant d'outrages, et qu'il dit qu'elle le regarde, je suis sûr que les habitans lui cracheroient au nez.

Préjugés vrais ou faux à part, passons aux preuves, et permettez, monsieur le comte, que nous examinions un peu le rapport de notre homme, et que nous voyions s'il se peut rapporter à moi.

Le sieur Thevenin fit connoissance avec ledit Rousseau aux Verrières, et ils y demeurèrent ensemble deux ou trois jours, logés chez Janin. J'ai demeuré long-temps à Motiers sans aller aux Verrières, et je n'y ai jamais été qu'une seule fois, allant à Pontarlier avec M. de Sauttersheim, dit, dans le pays, le baron de Sauttern. Je n'y couchai point en allant, j'en suis très-sûr ; je suis très-persuadé que je n'y couchai point en revenant, quoique je n'en sois pas sûr de même ; mais si j'y couchai, ce fut sans y séjourner, et sans quitter le baron. Thevenin dit cependant que son homme étoit seul. Ma mémoire affoiblie me sert mal sur les faits récens ; mais il en est sur lesquels elle ne peut me tromper ; et je suis aussi sûr de n'avoir jamais séjourné, ni peu, ni beaucoup, aux Verrières, que je suis sûr de n'avoir jamais été à Pékin.

Je ne suis donc pas l'homme qui resta deux ou trois jours aux Verrières, à contempler les génuflexions du dévot Thevenin.

Je ne peux guère être, non plus, celui qui lui

demanda de l'argent à emprunter aux mêmes Verrières, parce que, outre M. du Terreau, maire du lieu, j'y connoissois beaucoup un M. Breguet, très-galant homme, qui m'auroit fourni tout l'argent dont j'aurois eu besoin, et avec lequel j'ai eu bien des querelles pour n'avoir pu tenir la promesse que je lui avois faite de l'y aller voir. Si j'avois logé là seul, c'eût été chez lui, selon toute apparence, et non pas chez le sieur Janin, surtout quand j'aurois été sans argent.

Je ne suis point l'homme à l'habit gris doublé de bleu ou de vert, parce que je n'en ai jamais porté de pareil durant tout mon séjour en Suisse; je n'y ai jamais voyagé qu'en habit d'Arménien, qui sûrement n'étoit doublé ni de vert ni de bleu. Thevenin ne se souvient pas si son homme avoit ses cheveux ou la perruque, s'il portoit son chapeau sur la tête ou sous le bras; un Arménien ne porte point de chapeau du tout, et son équipage est trop remarquable pour qu'on en perde totalement le souvenir, après avoir demeuré trois jours avec lui, et après l'avoir vu dans la chambre et en voyage, par devant, par derrière, et de toutes les façons.

Je ne suis point l'homme qui a donné au sieur Thevenin une lettre de recommandation pour M. de Faugnes, que je ne connoissois pas même encore quand ledit Thevenin alla à Yverdun; et je ne suis point l'homme qui lui a donné une lettre de recommandation pour M. Aldiman, que je n'ai connu de ma vie, et que je ne crois pas même avoir été de retour d'Italie à Yverdun, sous la même date (¹).

Je ne suis point l'homme qui a donné au sieur Thevenin une lettre de recommandation pour Paris, signée *le Voyageur perpétuel*. Je ne crois pas avoir jamais employé cette plate signature; et je suis parfaitement sûr de n'avoir pu l'employer à l'époque de ma prétendue rencontre avec Thevenin; car cette lettre devant être antérieure à l'arrivée dudit Thevenin à Yverdun, dut l'être, à plus forte raison, à son départ de la même ville. Or, même en ce temps-là je ne pouvois signer *le Voyageur perpétuel*, avec une apparence de vérité d'aucune espèce; car durant l'espace de dix-huit ans, depuis mon retour d'Italie à Paris, jusqu'à mon départ pour la Suisse, je n'avois fait qu'un seul voyage; et il est absurde de donner le nom de *Voyageur perpétuel* à un homme qui ne fait qu'un voyage en dix-huit ans. Depuis la date de mon arrivée à Motiers jusqu'à celle du départ de Thevenin d'Yverdun, je n'avois fait encore aucune promenade dans le pays, qui pût porter le nom de voyage. Ainsi cette signature, au moment que Thevenin la suppose, eût été non-seulement plate et sotte, mais fausse en tous sens, et de toute fausseté.

Il n'est pas non plus fort aisé de croire que je sois le même Rousseau dont Thevenin n'a plus ouï parler, durant tout son séjour en Suisse, puisqu'on n'y parloit que de cet homme infernal, qui osoit croire en Dieu sans croire aux miracles, contre lequel les prédicans prêchoient avec le plus saint zèle, et qu'ils nommoient hautement l'*Antechrist*. Je suis sûr qu'il n'y avoit pas, dans toute la Suisse, un honnête chamoiseur qui n'édifiât son quartier en m'y maudissant saintement mille fois le jour; et je crois que le bénin Thevenin n'étoit pas des derniers à s'acquitter de cette bonne œuvre. Mais, sans rien conclure de tout cela, je finis par ma preuve péremptoire.

Je ne suis point l'homme qui a pu se trouver aux Verrières et à Saint-Sulpice avec le sieur Thevenin, quand, venant de la Charité-sur-Loire, il alloit à Yverdun; car il n'a pu passer aux Verrières plus tard que l'été de 1761, puisque le 30 juillet 1763, il y avoit environ deux ans qu'il demeuroit chez le sieur Cuche, et probablement davantage qu'il demeuroit à Yverdun. Or, au vu et au su de toute la France, j'ai passé l'année entière de 1761, et la moitié de la suivante, tranquille à Montmorency; je ne pouvois donc pas, dès l'année précédente, avoir couru les cabarets aux Verrières et à Saint-Sulpice. Ajoutez, je vous supplie, qu'arrivant en Suisse je n'allai pas tout de suite à Motiers; ajoutez encore qu'arrivé à Motiers, et tout occupé jusqu'à l'hiver de mon établissement, je ne fis aucun voyage du reste de l'année, ni bien avant dans la suivante. Selon Thevenin, notre rencontre a dû se faire avant qu'il allât à Yverdun; et, selon la vérité, il étoit déjà parti de cette ville quand je fis mon premier et unique voyage aux Verrières: je

---

(¹) J'ai appris seulement depuis quelques jours que le secrétaire baillival d'Yverdun s'appeloit aussi M. Aldiman.

n'étois donc pas l'homme portant le nom de Rousseau qu'il y rencontra; c'est ce que j'avois à prouver.

Quel étoit cet homme? je l'ignore : ce que je sais, c'est que, pour que ledit Thevenin ne soit pas un imposteur, il faut que cet autre homme se trouve, c'est-à-dire que son existence soit connue sur les lieux; il faut qu'il s'y soit trouvé dans l'année 1764, qu'il s'appelât Rousseau, qu'il eût un habit gris doublé de vert ou de bleu, qu'il ait écrit des lettres à MM. de Faugnes et Aldiman, qui par conséquent étoient de sa connoissance; qu'il ait écrit une autre lettre à Paris, signée *le Voyageur perpétuel*; qu'après avoir passé deux jours avec Thevenin aux Verrières, ils aient encore été de compagnie à Saint-Sulpice avec Janin leur hôte, et qu'après y avoir dîné tous trois ensemble, ledit Thevenin ait fait donner audit Rousseau neuf francs par ledit Janin. La vérification de tous ces faits gît en informations, que je ne suis point en état de faire, et qui ne m'intéressent en aucune sorte, si ce n'est pour prouver ce que je sais bien sans cela, savoir, que ledit Thevenin est un imposteur aposté. J'ai pourtant écrit dans le pays pour avoir là-dessus des éclaircissemens, dont j'aurai l'honneur, monsieur, de vous faire part, s'ils me parviennent : mais comment pourrois-je espérer que des lettres de cette espèce échapperont à l'interception, puisque celles même que j'adresse à M. le prince de Conti n'y échappent pas, et que la dernière que j'eus l'honneur de lui écrire, et que je mis moi-même à la poste, en partant de Grenoble, ne lui est pas parvenue? Mais ils auront beau faire, je me ris des machines qu'ils entassent sans cesse autour de moi; elles s'écrouleront par leur propre masse, et le cri de la vérité percera le ciel tôt ou tard.

Agréez, monsieur le comte, les assurances de mon respect.

Apostille de l'auteur.

N. B. Cette lettre est restée sans réponse, de même qu'une autre écrite encore l'ordinaire suivant à M. le comte de Tonnerre en lui en envoyant une dans laquelle M. Roguin me donnoit des informations sur le sieur Thevenin, et qui ne m'a point été renvoyée. Depuis lors, je n'ai reçu ni de M. de Tonnerre, ni d'aucune âme vivante, aucun avis de rien de ce qui s'est passé à Grenoble au sujet de cette affaire, ni de ce qu'est devenu ledit Thevenin.

AU MÊME.

Bourgoin, le 20 septembre 1768.

Monsieur,

A compte des éclaircissemens que j'ai demandés sur l'histoire du sieur Thevenin, voici toujours une lettre de M. Roguin d'Yverdun, respectable vieillard, mon ami de trente ans, et celui de feu M. de Rozière, père de M. de Rozière, officier d'artillerie, par qui cette lettre m'est parvenue. Vous y verrez, monsieur, que le bénin Thevenin n'en est pas à son coup d'essai d'impostures, et qu'il a été ci-devant condamné, par arrêt du parlement de Paris, à être fouetté, marqué, et envoyé aux galères pour fabrication de faux actes. Vous y verrez un mensonge bien manifeste dans sa dernière déclaration, puisqu'il m'a dit, à moi, n'avoir pu joindre M. de Faugnes pour lui remettre la lettre de recommandation de R., ni pour en apprendre l'effet; et vous voyez, par la lettre de M. Roguin, qu'il sait bien le joindre pour lui remettre la lettre du curé de Tovency-les-Filles, et pour le circonvenir de ses mensonges au sujet de M. Thevenin de Tanley, conseiller au parlement de Paris. Si mes lettres et leurs réponses parviennent fidèlement, j'aurai dans peu réponse directe de M. de Faugnes, et la déclaration de Janin, que je lui ai fait demander par le premier magistrat du lieu.

Veuillez, monsieur le comte, agréer avec bonté mon respect. RENOU.

Rien ne presse pour le renvoi de la lettre ci-jointe. Je vous supplie seulement, monsieur, d'ordonner qu'elle ne soit pas égarée, et qu'on me la renvoie quand elle ne servira plus à rien.

A M. LALIAUD.

A Bourgoin, le 21 septembre 1768.

Je ne puis résister, monsieur, au désir de vous donner, par la copie ci-jointe, une idée de la manière dont je suis traité dans ce pays. Sitôt que je fus parti de Grenoble pour venir ici, l'on y déterra un garçon chamoiseur nommé Thevenin, qui me redemandoit neuf francs, qu'il prétendoit m'avoir prêtés en Suisse, et qu'il prétend à présent m'avoir donnés, parce que ceux qui l'instruisent ont senti le ridicule de faire prêter de l'argent par un passant à quelqu'un qui demeure dans le pays. Cette extravagante histoire, qui partout ailleurs eût attiré audit Thevenin le traitement qu'il mérite, lui attire ici la faveur publique ; et il n'y a personne à Grenoble, et parmi les gens qui m'entourent, qui ne donnât tout au monde pour que Thevenin se trouvât l'honnête homme et moi le fripon : malheureusement pour eux, j'apprends à l'instant, par une lettre de Suisse, qui m'est arrivée sous couvert étranger, que ledit Thevenin a eu ci-devant l'honneur d'être condamné, par un arrêt du parlement de Paris, à être marqué et envoyé aux galères, pour fabrication de faux actes, dans un procès qu'il eut l'impudence d'intenter à M. Thevenin de Tanley, conseiller honoraire actuel au parlement, rue des Enfans-Rouges, au Marais (¹). J'ai écrit en Suisse pour avoir des informations sur le compte de ce misérable : je n'ai eu encore que cette seule réponse qui heureusement n'est pas venue directement à mon adresse.

J'ai écrit à M. de Faugnes, receveur général des finances à Paris, lequel a connu, à ce qu'on me marque, ledit Thevenin ; je n'en ai aucune réponse : je crains bien que mes lettres ne soient interceptées à la poste. M. de Faugnes demeure rue Feydeau. Si, sans vous incommoder, vous pouviez, monsieur, passer chez lui et chez M. Thevenin de Tanley, vous tireriez peut-être de ces messieurs, des informations qui me seroient utiles pour confondre mon coquin, malgré la faveur de ses honnêtes protecteurs.

Je vois que ma diffamation est jurée et qu'on veut l'opérer à tout prix : mon intention n'est pas de daigner me défendre, quoiqu'en cette occasion je n'aie pu résister au désir de démasquer l'imposteur, mais j'avoue qu'enfin dégoûté de la France je n'aspire plus qu'à m'en éloigner, et du foyer des complots dont je suis la victime. Je n'espère pas échapper à mes ennemis, en quelque lieu que je me réfugie ; mais, en les forçant de multiplier leurs complices, je rends leur secret plus difficile à garder et je le crois déjà au point de ne pouvoir me survivre : c'est tout ce qui me reste à désirer désormais. Bonjour, monsieur. Votre dernière lettre m'est bien parvenue ; cela me fait espérer le même bonheur pour celle-ci, et peut-être pour votre réponse : faites-la un peu promptement, je vous supplie, si vous voulez que je la reçoive ; car dans une quinzaine de jours je pourrois bien n'être plus ici. Ma femme vous prie d'agréer ses obéissances : recevez mes très-humbles salutations.

A M. DU PEYROU.

Bourgoin, le 26 septembre 1768.

Je reçois en ce moment, mon cher hôte, votre lettre du 20, et j'y apprends les progrès de votre rétablissement avec une satisfaction à laquelle il ne manque, pour être entière, que d'aussi bonnes nouvelles de la santé de la bonne maman. Il n'y a rien à faire à sa sciatique que d'attendre les trèves, et prendre patience : vous êtes dans le même cas pour votre goutte : et, après la leçon terrible pour vous et pour d'autres que vous avez reçue, j'espère que vous renoncerez une bonne fois à la fantaisie de guérir de la goutte, de tourmenter votre estomac et vos oreilles, et de vouloir changer votre constitution avec du petit lait, des purgatifs et des drogues ; et que vous prendrez une bonne fois le parti de suivre et d'aider, s'il se peut, la nature, mais non de la contrarier.

Je ne sais pourquoi vous vous imaginez qu'il a fallu, pour me marier, quitter le nom que je porte (*) ; ce ne sont pas les noms qui se marient, ce sont les personnes ; et quand, dans cette simple et sainte cérémonie, les noms entreroient comme partie constituante, celui que je porte auroit suffi, puisque je n'en reconnois plus d'autres. S'il s'agissoit de fortune et de biens qu'il fallût assurer, ce seroit autre chose, mais vous savez très-bien que nous ne sommes ni elle ni moi dans ce cas-là ; chacun des deux est à l'autre avec tout son être et son avoir, voilà tout.

(¹) L'arrêt est du 10 mars 1764. Il fut permis à Jean Thevenin de Tanley et consorts de le faire imprimer, publier et afficher. On y voit même que ledit Nicolas-Éloi Thevenin, de la Charité-sur-Loire, est condamné au carcan, en place de Grève, pour y demeurer depuis midi jusqu'à deux heures, ayant écriteau devant et derrière, portant ces mots : *Calomniateur et imposteur insigne.*

(*) Celui de Renou, qu'il avoit pris en allant habiter le château de Trye. G. P.

Pour vous mettre au fait de l'histoire de l'honnête Thevenin, je prends le parti de vous faire passer, par M. Boy de La Tour, partie d'une lettre que j'écrivis, il y a huit jours, au commandant de notre province, et qui contient la relation d'une entrevue que j'ai eue avec ce malheureux qui ne m'a point connu, mais qui s'étoit précautionné là-dessus d'avance, en disant qu'il ne reconnoîtroit point ledit Rousseau, s'il le voyoit. A l'égard du temps, Thevenin disoit d'abord dix ans, mais ensuite il a rapproché l'époque, et il l'a laissée assez vague pour qu'elle puisse cadrer à tout. Les anachronismes et les contradictions ne lui font rien du tout, attendu qu'à toutes les objections qu'on lui peut faire, il a cette réponse péremptoire qu'il est trop honnête homme et trop bon chrétien pour vouloir tromper; ce qui n'a pourtant pas empêché cet honnête homme et ce bon chrétien d'être ci-devant condamné aux galères, comme je l'ai appris de M. Roguin. Au reste, je n'ai aucune réponse ni de M. Guyenet, ni d'aucun de ceux à qui j'ai écrit au Val-de-Travers; ce qui peut venir de l'adresse que je leur ai donnée, savoir celle de M. le comte de Tonnerre, commandant du Dauphiné, qui permettoit que pour plus de sûreté je lui fisse adresser mes lettres, et jusqu'ici il me les avoit fait passer très-fidèlement; mais depuis une quinzaine de jours il est en campagne, et je n'ai plus de lui ni lettres ni réponses.

Pouviez-vous espérer, mon cher hôte, que la liberté se maintiendroit chez vous, vous qui devez savoir qu'il ne reste plus nulle part de liberté sur la terre, si ce n'est dans le cœur de l'homme juste, d'où rien ne la peut chasser? Il me semble aussi, je l'avoue, que vos peuples, n'usoient pas de la leur en hommes libres, mais en gens effrénés. Il ignoroient trop, ce me semble, que la liberté, de quelque manière qu'on en jouisse, ne se maintient qu'avec de grandes vertus. Ce qui me fâche d'eux est qu'ils avoient d'abord les vices de la licence, et qu'ils vont tomber maintenant dans ceux de la servitude. Partout excès : la vertu seule, dont on ne s'avise jamais, feroit le milieu.

Recevez mes remercîmens des papiers que vous avez remis à notre amie, et qui pourront me donner quelques distractions dont j'ai grand besoin. Je vous remercie aussi des plantes que vous aviez chargé Gagnebin de recueillir, quoiqu'il n'ait pas rempli votre intention. C'est de cette bonne intention que je vous remercie; elle me flatte plus que toutes les plantes du monde. Les tracas éternels qu'on me fait souffrir me dégoûtent un peu de la botanique, qui ne me paroît un amusement délicieux qu'autant qu'on peut s'y livrer tout entier. Je sens que pour peu que l'on me tourmente encore je m'en détacherai tout-à-fait. Je n'ai pas laissé pourtant de trouver en ce pays quelques plantes, sinon jolies, au moins nouvelles pour moi ; entre autres, près de Grenoble, l'*Osyris* et le *Térébinthe;* ici le *Cenchrus racemosus,* qui m'a beaucoup surpris, parce que c'est un gramen maritime ; l'*Hypopitis,* plante parasite qui tient de l'orobanche ; le *Crepis fœtida* qui sent l'amande amère à pleine gorge, et quelques autres que je ne me rappelle pas en ce moment. Voilà, mon cher hôte, plus de botanique qu'il n'en faut à votre stoïque indifférence. Vous pouvez m'écrire en droiture ici sous le nom de Renou. J'ai grand'peur, s'il ne survient quelque amélioration dans mon état et dans mes affaires, d'être réduit à passer avec ma femme tout l'hiver dans ce cabaret, puisque je ne trouve pas sur la terre une pierre pour y poser ma tête.

AU MÊME.

Bourgoin, le 2 octobre 1768.

Quelle affreuse nouvelle vous m'apprenez, mon cher hôte, et que mon cœur en est affecté! Je ressens le cruel accident de votre pauvre maman comme elle, ou plutôt comme vous, et c'est tout dire. Une jambe cassée est un malheur que mon père eut étant déjà vieux, et qui lui arriva de même en se promenant, tandis que dans ses terribles fatigues de chasse, qu'il aimoit à la passion, jamais il n'avoit eu le moindre accident. Sa jambe guérit très-facilement et très-bien, malgré son âge ; et j'espèrerois la même chose de madame la Commandante, si la fracture n'étoit dans une place où le traitement est incomparablement plus difficile et plus douloureux. Toutefois avec beaucoup de résignation, de patience, de temps, et les soins d'un homme habile, la cure est également possible, et il n'est pas déraisonnable de l'espérer. C'est tout ce qu'il m'est permis de dire dans cette fatale circonstance, pour notre commune consolation. Ce malheur fait aux miens, dans mon cœur, une diversion bien funeste, mais réelle pourtant, en ce qu'au sentiment des maux de ceux qui nous sont chers, se joint l'expression tendre de notre attachement pour eux, qui n'est jamais sans quelque douceur ; au lieu que le sentiment de nos propres maux, quand ils sont grands et sans remède, n'est que sec et sombre : il ne porte aucun adoucissement avec soi. Vous n'attendez pas de moi, mon cher hôte, les froides et vaines sentences des gens qui ne sentent rien ; on ne trouve guère pour ses amis les consolations qu'on ne peut trouver pour soi-même. Mais cependant je ne puis m'empêcher de remarquer que votre affliction ne raisonne pas juste, quand elle s'irrite par l'idée que ce triste événement n'est pas dans l'ordre des choses attachées à la condition humaine. Rien, mon cher hôte, n'est plus dans cet ordre que les accidens imprévus qui troublent, altèrent et abrègent la vie. C'est avec cette dépendance que nous sommes nés ; elle est attachée à notre nature et à notre constitution. S'il y a des coups qu'on doive endurer avec patience, ce sont ceux qui nous viennent de l'inflexible nécessité, et auxquels aucune volonté humaine n'a concouru. Ceux qui nous sont portés par les mains des méchans sont à mon gré beaucoup plus insupportables, parce que la nature ne nous fit pas pour les souffrir. Mais c'est déjà trop moraliser. Donnez-moi fréquemment, mon cher hôte, des nouvelles de la malade ; dites-lui souvent aussi combien mon cœur est navré de ses souffrances, et combien de vœux je joins aux vôtres pour sa guérison.

J'ai reçu par M. le comte de Tonnerre une lettre du lieutenant Guyenet, laquelle m'en promet une autre que j'attends pour lui faire des remercîmens. A présent ledit Thevenin est bien convaincu d'être un imposteur. M. de Tonnerre, qui m'avoit positivement promis toute protection dans cette affaire, me marque qu'il lui imposera silence. Que dites-vous de cette manière de rendre justice ? C'est comme si, après qu'un homme auroit pris ma bourse, au lieu de me la rendre, on lui ordonnoit de ne me plus voler. En toute chose voilà comme je suis traité.

Je vous ai déjà marqué que vous pouvez m'écrire ici en droiture sous le nom de Renou ; vous pouvez continuer aussi d'employer la même adresse dont vous vous servez ; cela me paroît absolument égal.

A M. LALIAUD.

Bourgoin, le 5 octobre 1768.

Votre lettre, monsieur, du 29 septembre m'est parvenue en son temps, mais sans le duplicata ; et je suis d'avis que vous ne vous donniez plus la peine d'en faire par cette voie, espérant que vos lettres continueront à me parvenir en droiture, ayant peut-être été ouvertes ; mais n'importe pas, pourvu qu'elles parviennent. Si j'aperçois une interruption, je chercherai une adresse intermédiaire ici, si je puis, ou à Lyon.

Je suis bien touché de vos soins et de la peine qu'ils vous donnent, à laquelle je suis très-sûr que vous n'avez pas regret ; mais il est superflu que vous continuiez d'en prendre au sujet de ce coquin de Thevenin, dont l'imposture est maintenant dans un degré d'évidence auquel M. de Tonnerre lui-même ne peut se refuser. Savez-vous là-dessus quelle justice il se propose de me rendre, après m'avoir promis la protection la plus authentique pour tirer cette affaire au clair ? C'est d'imposer silence à cet homme ; et moi toute la peine que je me suis donnée étoit dans l'espoir qu'il le forceroit de parler. Ne parlons plus de ce misérable ni de ceux qui l'ont mis en jeu. Je sais que l'impunité de celui-ci va les mettre à leur aise pour en susciter mille autres ; et c'étoit pour cela qu'il m'importoit de démasquer le premier. Je l'ai fait, cela me suffit : il en viendroit maintenant cent par jour que je ne daignerois pas leur répondre.

Quoique ma situation devienne plus cruelle de jour en jour, que je me voie réduit à passer dans un cabaret l'hiver dont je sens déjà les atteintes, et qu'il ne me reste pas une pierre pour y poser ma tête, il n'y a point d'extrémité que je n'endure plutôt que de retourner à Trye ; et vous ne me proposeriez sûrement pas ce retour, si vous saviez ce qu'on m'y a fait souffrir, et entre les mains de quelles gens j'étois tombé là. Je frémis seulement à y songer : n'en reparlons jamais, je vous prie.

Plus je réfléchis aux traitemens que j'éprouve, moins je puis comprendre ce qu'on me veut. Également tourmenté, quelque parti que je prenne, je n'ai la liberté ni de rester où je suis ni d'aller où je veux ; je ne puis pas même obtenir de savoir où l'on veut que je sois, ni ce qu'on veut faire de moi. J'ai vainement désiré qu'on disposât ouvertement de ma personne ; ce seroit me mettre en repos, et voilà ce qu'on ne veut pas. Tout ce que je sens est qu'on est importuné de mon existence, et qu'on veut faire en sorte que je le sois moi-même ; il est impossible de s'y prendre mieux pour cela. Il m'est cent fois venu dans l'esprit de proposer mon transport en Amérique, espérant qu'on voudroit bien m'y laisser tranquille, en quoi je crois bien que je me flattois trop ; mais enfin j'en aurois fait de bon cœur la tentative si nous étions plus en état, ma femme et moi, d'en supporter le voyage et l'air. Il me vient une autre idée dont je veux vous parler, et que ma passion pour la botanique m'a fait naître ; car, voyant qu'on ne vouloit pas me laisser herboriser en repos, j'ai voulu quitter les plantes ; mais j'ai vu que je ne pouvois plus m'en passer : c'est une distraction qui m'est nécessaire absolument ; c'est un engouement d'enfant, mais qui me durera toute ma vie.

Je voudrois, monsieur, trouver quelque moyen d'aller la finir dans les îles de l'Archipel, dans celle de Chypre ; ou dans quelque autre coin de la Grèce ; il ne m'importe où, pourvu que je trouve un beau climat fertile en végétaux, et que la charité chrétienne ne dispose plus de moi. J'ai dans l'esprit que la barbarie turque me sera moins cruelle. Malheureusement pour y aller, pour y vivre avec ma femme, j'ai besoin d'aide et de protection. Je ne saurois subsister là-bas sans ressource ; et sans quelque faveur de la Porte, ou quelque recommandation du moins pour quelqu'un des consuls qui résident dans le pays, mon établissement y seroit totalement impossible. Comme je ne serois pas sans espoir d'y rendre mon séjour de quelque utilité au progrès de l'histoire naturelle et de la botanique, je croirois pouvoir à ce titre obtenir quelque assistance des souverains qui se font honneur de le favoriser. Je ne suis pas un Tournefort, ni un Jussieu ; mais aussi je ne ferois pas ce travail en passant, plein d'autres vues et par tâche : je m'y livrerois tout entier, uniquement par plaisir et jusqu'à la mort. Le goût, l'assiduité, la constance, peuvent suppléer à beaucoup de connoissances, et même les donner à la fin. Si j'avois encore ma pension du roi d'Angleterre, elle me suffiroit et je ne demanderois rien, sinon qu'on favorisât mon passage, et qu'on m'accordât quelque recommandation. Mais, sans y avoir renoncé formellement, je me suis mis dans le cas de ne pouvoir demander, ni désirer même honnêtement qu'elle me soit continuée ; et d'ailleurs, avant d'aller m'exiler là pour le reste de mes jours, il me faudroit quelque assurance raisonnable de n'y pas être oublié et laissé mourir de faim. J'avoue qu'en faisant usage de mes propres ressources, j'en trouverois dans le fruit de mes travaux passés de suffisantes pour subsister où que ce fût ; mais cela demanderoit d'autres arrangemens que ceux qui subsistent, et des soins que je ne suis plus en état d'y donner. Pardon, monsieur : je vous expose bien confusément l'idée qui m'est venue, et les obstacles que je vois à son exécution. Cependant, comme ces obstacles ne sont pas insurmontables, et que cette idée m'offre le seul espoir de repos qui me reste, j'ai cru devoir vous en parler, afin que, sondant le terrain, si l'occasion s'en présente, soit auprès de quelqu'un qui ait du crédit à la cour, et des protecteurs que vous me connoissez, *soit pour tâcher de savoir en quelle disposition l'on seroit à celle de Londres pour protéger mes herborisations dans l'Archipel,* vous puissiez me marquer si l'exil dans ce pays-là que je désire peut être favorisé d'un des deux souverains. Au reste, il n'y a que ce moyen de le rendre praticable, et je ne me résoudrai jamais, avec quelque ardeur que je le désire, à recourir pour cela à aucun particulier quel qu'il soit. La voie la plus courte et la plus sûre de savoir là-dessus ce qui se peut faire seroit, à mon avis, de consulter madame la maréchale de Luxembourg. J'ai même une si pleine confiance, et dans sa bonté pour moi, et dans ses lumières, que je voudrois que vous ne parlassiez d'abord de ce projet qu'à elle seule, que vous ne fissiez là-dessus que ce qu'elle approuvera, et que vous n'y pensiez plus si elle le juge impraticable. Vous m'avez écrit, monsieur, de compter sur vous. Voilà ma réponse. Je mets mon sort dans vos mains, autant qu'il peut dépendre de moi. Adieu, monsieur; je vous embrasse de tout mon cœur.

A M. MOULTOU.
Bourgoin, le 10 octobre 1768.

Vos lettres, monsieur, me sont parvenues. Je ne répondis point à la première, parce que vous m'annonciez votre prochain départ de Genève; mais j'y crus voir de votre part la continuation d'une amitié à laquelle je serai toujours sensible, et j'y trouvai la clef de bien des mystères auxquels depuis long-temps je ne comprenois rien. Cela m'a fait rompre, un peu imprudemment peut-être, avec des ingrats dont j'ai plus à craindre qu'à espérer, après m'être perdu pour leur service; mais mon horreur pour toute espèce de déguisement augmente avec l'effet de ceux dont je suis la victime. Aussi bien, dans l'état où l'on m'a réduit, je puis désormais être franc impunément; je n'en deviendrai pas plus misérable.

J'ignore absolument ce que c'est que le château de Lavagnac, à qui il appartient, sur quel pied j'y pourrois loger, s'il est habitable pour moi, c'est-à-dire, à ma manière, et meublé; en un mot tout ce qui s'y rapporte, hors le peu que vous m'en dites dans votre dernière lettre, et qui me paroît très-attrayant. Coindet ne m'en a jamais parlé, et cela ne m'étonne guère. Votre courte description du local est charmante. Vous m'offrez de m'en dire davantage, et même d'aller prendre des éclaircissemens sur les lieux. Je suis bien tenté de vous prendre au mot: car aller habiter un si beau lieu, moi qui n'ai d'asile qu'au cabaret; vous voir en passant; être voisin de M. Venel, pour lequel j'ai la plus véritable estime: tout cela m'attire assez fortement pour me déterminer probablement tout-à-fait, pour peu que les convenances dont j'ai besoin s'y rencontrent. A l'égard du profond secret que vous me promettez, vous n'en êtes plus le maître; ne laissez pourtant pas de le garder autant qu'il vous sera possible; je vous en prie instamment, puisque votre lettre a été ouverte, quoique celle qui lui servoit d'enveloppe ne l'ait pas été. Avis au lecteur.

J'apprends avec le plus vrai plaisir que votre voyage a été salutaire à la santé de madame Moultou: mon empressement de vous voir est encore augmenté par le désir d'être connu d'elle, et de lui agréer. Si je n'obtiens pas qu'elle approuve votre amitié pour moi, et qu'elle en suive l'exemple, je réponds au moins que ce ne sera pas ma faute; mais comme je désire m'arrêter un peu à Montpellier pour voir M. Gouan et le Jardin des Plantes, je ne logerai pas chez vous. Je vous prierai seulement de me chercher deux chambres dans votre voisinage, et qui n'empêcheront pas, si je ne vous importune point, que vous ne me voyiez chez vous presque autant que si j'y logeois, à condition que vous ne fermerez pour cela votre porte à personne: les sociétés bonnes pour vous seront sûrement très-bonnes pour moi; et si je ne suis pas bon pour elles, ce ne sera pas la faute de ma volonté.

Vous savez sûrement que ma gouvernante, et mon amie et ma sœur, et mon tout, est enfin devenue ma femme. Puisqu'elle a voulu suivre mon sort et partager toutes les misères de ma vie, j'ai dû faire au moins que ce fût avec honneur. Vingt-cinq ans d'union des cœurs ont produit enfin celle des personnes. L'estime et la confiance ont formé ce lien. S'il s'en formoit plus souvent sous les mêmes auspices, il y en auroit moins de malheureux. Madame Renou ne sera point l'ornement d'un cercle, et les belles dames riront d'elle sans que cela la fâche; mais elle sera, jusqu'à la fin de mes jours, la plus douce consolation, peut-être l'unique d'un homme qui en a le plus grand besoin.

Je vous embrasse de tout mon cœur.

Vous pouvez m'écrire en droiture à M. Renou, à Bourgoin en Dauphiné.

A M. LALIAUD.
Bourgoin, le 25 octobre 1768.

J'ai, monsieur, votre lettre du 15 et les autres. Je ne vous ferai point d'autres remercîmens des peines que je vous donne que d'en profiter; il en est pourtant que je voudrois vous éviter, comme celle des duplicata de vos lettres que vous prenez inutilement, puisqu'il est de la dernière évidence que si l'on prenoit le parti de supprimer vos lettres, on supprimeroit encore plus certainement les duplicata.

Je sens l'impossibilité d'exécuter mon projet: vos raisons sont sans réplique; mais je ne conviens pas qu'en supposant cette exécution possible, ce seroit donner plus beau jeu à mes ennemis; je suis certain de ne pouvoir pas plus éviter en France qu'en Angleterre de tomber dans les mains de leurs satellites; au lieu que les pachas ne se piquant pas de philosophie, et n'étant que médiocrement galans, les Machiavels et leurs amies ne disposeroient pas tout-à-fait aussi aisément d'eux que de ceux d'ici. Le projet que vous substituez au mien, savoir, celui de ma retraite dans les Cévennes, a été le premier des miens en songeant à quitter Trye; je le proposai à M. le prince de Conti, qui s'y opposa et me força de l'abandonner. Ce projet eût été fort de mon goût, et le seroit encore; mais je vous avoue qu'une habitation tout à fait isolée m'effraie un peu depuis que je vois dans ceux qui disposent de moi tant d'ardeur à m'y confiner. Je ne sais ce qu'ils veulent faire de moi dans un désert; mais ils m'y veulent entraîner à toute force, et je ne doute pas que ce ne soit l'une des raisons qui les a portés à me chasser de Trye, dont l'habitation ne leur paroissoit pas encore assez solitaire pour leur objet, quoique le vœu commun de son altesse, de madame la maréchale, et le mien, fût que j'y finisse mes jours. S'ils n'avoient voulu que s'assurer de moi, me diffamer à leur aise, sans que jamais je pusse dévoiler leur trame aux yeux du public, ni même les pénétrer, c'étoit là qu'ils devoient me tenir, puisque, maîtres absolus dans la maison du prince où il n'a lui-même aucun pouvoir, ils y disposoient de moi tout à leur gré. Cependant, après avoir tâché de me dissuader d'y rentrer et de me persuader d'en sortir, trouvant ma volonté inébranlable, ils ont fini par m'en chasser de vive force par les mains du sacripant que le maître avoit chargé de me protéger, mais qui se sentoit trop bien protégé ici, même par d'autres, pour avoir peur de désobéir. Que me veulent-ils maintenant qu'ils me tiennent tout-à-fait? Je l'ignore: je sais seulement qu'ils ne me veulent ni à Trye, ni dans une ville, ni au voisinage d'aucun ami, ni même au voisinage de personne, et qu'ils ne veulent autre chose encore que simplement de s'assurer de moi. Convenez que voilà de quoi donner à penser. Comment le prince me protégera-t-il ailleurs s'il n'a pu me protéger dans sa maison même? Que deviendrai-je dans ces montagnes si je vais m'y fourrer sans préliminaire, sans connoissance, et sûr d'être, comme partout, la dupe et la victime du premier fourbe qui viendra me circonvenir? Si nous prenons des arrangemens d'avance, il arrivera ce qui est toujours arrivé, c'est que M. le prince de Conti et madame la maréchale ne pouvant les cacher aux machiavélistes qui les entourent, et qui se gardent bien de laisser voir leurs desseins secrets, leur donneront le plus beau jeu du monde pour dresser d'avance leurs batteries dans le lieu que je dois habiter. Je serai attendu là comme je l'étois à Grenoble, et comme je le suis partout où l'on sait que je veux aller. Si c'est une maison isolée, la chose leur sera cent fois plus commode: ils n'auront à corrompre que les gens dont je dépendrai pour tout et en tout. Si ce n'étoit que pour m'espionner, à la bonne heure, et très-peu m'importe. Mais c'est pour autre chose, comme je vous l'ai prouvé; et pourquoi? Je l'ignore, et je m'y perds; mais convenez que le doute n'est pas attirant.

Voilà, monsieur, des considérations que je vous prie de bien peser, à quoi j'ajoute les incommodités infinies d'une habitation isolée pour un étranger, à mon âge et dans mon état, la dépense au moins triple, les idées terribles auxquelles je dois être en proie, ainsi séquestré du genre humain, non volontairement et par goût, mais par force et pour assouvir la rage de mes oppresseurs: car d'ailleurs je vous jure que mon même goût pour la solitude est plutôt augmenté que diminué par mes infortunes; et que, si j'étois pleinement libre et maître de mon sort, je choisirois la plus profonde retraite pour y finir mes jours. Bien plus, une captivité déclarée n'auroit rien de pénible et de triste pour moi. Qu'on me traite comme on voudra, pourvu que ce soit ouvertement je puis tout souffrir sans murmure; mais mon cœur ne peut tenir aux flagorneries d'un sot fourbe qui se croit fin parce qu'il est faux. J'étois tranquille aux cailloux des assassins de Motiers, et ne puis l'être aux phrases des admirateurs de Grenoble.

Il faut vous dire encore que ma situation présente est trop désagréable et violente pour que je ne saisisse pas la première occasion d'en sortir ; ainsi des arrangemens d'une exécution éloignée ne peuvent jamais être pour moi des engagemens absolus qui m'obligent à renoncer aux ressources qui peuvent se présenter dans l'intervalle. J'ai dû, monsieur, entrer avec vous dans ces détails, auxquels je dois ajouter que l'espèce de liberté de disposer de moi, que mes ressources me laissent, n'est pas illimitée, que ma situation la restreint tous les jours, que je ne puis former des projets que pour deux ou trois années, passé lesquelles d'autres lois ordonneront de mon sort et de celui de ma compagne ; mais l'avenir éloigné ne m'a jamais effrayé. Je sens qu'en général, vivant ou mort, le temps est pour moi ; mes ennemis le sentent aussi, et c'est ce qui les désole : ils se pressent de jouir de leur reste ; dès maintenant ils en ont trop fait pour que leurs manœuvres puissent rester long-temps cachées ; et le moment qui doit les mettre en évidence sera précisément celui où ils voudront les étendre sur l'avenir. Vous êtes jeune, monsieur ; souvenez-vous de la prédiction que je vous fais, et soyez sûr que vous la verrez accomplir. Il me reste maintenant à vous dire que, prévenu de tout cela, vous pouvez agir comme votre cœur vous inspirera, et comme votre raison vous éclairera ; plein de confiance en vos sentimens et en vos lumières, certain que vous n'êtes pas homme à servir mes intérêts aux dépens de mon honneur, je vous donne toute ma confiance. Voyez madame la maréchale ; la mienne en elle est toujours la même. Je compte également et sur ses bontés et sur celles de M. le prince de Conti ; mais l'un est subjugué, l'autre ne l'est pas ; et je ratifie d'avance tout ce que vous résoudrez avec elle, comme fait pour mon plus grand bien. A l'égard du titre dont vous me parlez, je tiendrai toujours à très-grand honneur d'appartenir à S. A. S., et il ne tiendra pas à moi de le mériter ; mais ce sont de ces choses qui s'acceptent, et qui ne se demandent pas. Je ne suis pas encore à la fin de mon bavardage, mais je suis à la fin de mon papier ; j'ai pourtant encore à vous dire que l'aventure de Thevenin a produit sur moi l'effet que vous désiriez. Je me trouve moi-même fort ridicule d'avoir pris à cœur une pareille affaire, ce que je n'aurois pourtant pas fait, je vous jure, si je n'eusse été sûr que c'étoit un drôle aposté. Je désirois, non par vengeance assurément, mais pour ma sûreté, qu'on dévoilât ses instigateurs : on ne l'a pas voulu, soit ; il en viendroit mille autres que je ne daignerois pas même répondre à ceux qui m'en parleroient. Bonjour, monsieur ; je vous embrasse de tout mon cœur.

P. S. J'oubliois de vous dire que mon chamoiseur est bien le cordonnier de M. de Tanley ; il apprit le métier de chamoiseur à Yverdun après sa retraite. J'ai fait faire en Suisse des informations, avec la déposition juridique et légalisée du cabaretier Janin.

A M. DU PEYROU.

Bourgoin, le 30 octobre 1768.

Voici, j'espère, la dernière fois que j'aurai à vous parler du sieur Thevenin, dont je n'entends plus parler moi-même. Après les preuves péremptoires que j'ai données à M. de Tonnerre de la fourberie de cet imposteur, il en a bien fallu convenir à la fin, et il m'a offert de le punir par quelques jours de prison, comme si le but de tous les soins que j'ai pris et que j'ai donnés à ce sujet, étoit le châtiment de ce misérable. Vous croyez bien que je n'ai pas accepté. L'imposteur étant convaincu, rien n'étoit plus aisé que de le faire parler et de remonter peut-être à la source de ce complot profondément ténébreux dont je suis la victime depuis plusieurs années, et dont je dois l'être jusqu'à ma mort. Je me le tiens pour dit ; et prenant enfin mon parti sur les manœuvres des hommes, je les laisserai désormais ourdir et tramer leurs iniquités, certain, quoi qu'ils puissent faire, que le temps et la vérité seront plus forts qu'eux. Ce qu'il me reste de toute cette affaire est un tendre souvenir des soins que mes amis ont bien voulu se donner en cette occasion, pour confondre l'imposture, et je suis en particulier très-sensible à l'activité de M. Guyenet, dont je n'avois pas le même droit d'en attendre, et avec qui je n'étois plus en relation. J'apprends qu'il commence à se ranger, et je m'en réjouis de tout mon cœur, pour le bonheur de son excellente petite femme et le sien. Je finis, mon cher hôte, un peu à la hâte, en vous embrassant au nom de ma femme et au mien. J'embrasse M. Jeannin.

A M. LALIAUD.

Bourgoin, le 2 novembre 1768.

Depuis la dernière lettre, monsieur, que je vous ai écrite, et dont je n'ai pas encore la réponse, j'ai reçu de M. le duc de Choiseul un passe-port que je lui avois demandé pour sortir du royaume, il y a près de six semaines, et auquel je ne songeois plus. Me sentant de plus en plus dans l'absolue nécessité de me servir de ce passe-port, j'ai délibéré, dans la cruelle extrémité où je me trouve, et dans la saison où nous sommes, sur l'usage que j'en ferois, ne voulant ni ne pouvant le laisser écouler comme l'autre. Vous serez étonné du résultat de ma délibération, faite pourtant avec tout le poids, tout le sang-froid, toute la réflexion dont je suis capable; c'est de retourner en Angleterre, et d'y aller finir mes jours dans ma solitude de Wootton. Je crois cette résolution la plus sage que j'aie prise en ma vie, et j'ai, pour un des garans de sa solidité, l'horreur qu'il m'a fallu surmonter pour la prendre, et telle qu'en cet instant même je n'y puis penser sans frémir. Je ne puis, monsieur, vous en dire davantage dans une lettre, mais mon parti est pris, et je m'y sens inébranlable, à proportion de ce qu'il m'en a coûté pour le prendre. Voici une lettre qui s'y rapporte, et à laquelle je vous prie de vouloir bien donner cours. J'écris à M. l'ambassadeur d'Angleterre, mais je ne sais s'il est à Paris. Vous m'obligeriez de vouloir bien vous en informer; et, si vous pouviez même parvenir à savoir s'il a reçu ma lettre, vous feriez une bonne œuvre de m'en donner avis; car, tandis que j'attends ici sa réponse, mon passe-port s'écoule et le temps est précieux. Vous êtes trop clairvoyant pour ne pas sentir combien il m'importe que la résolution que je vous communique, demeure secrète sans exception : toutefois je n'exige rien de vous que ce que la prudence et votre amitié en exigeront. Si M. l'ambassadeur d'Angleterre ébruite ce dessein, c'est tout autre chose, et d'ailleurs je ne l'en puis empêcher. En prenant mon parti sur ce point, vous sentez que je l'ai pris sur tout le reste. Je quitterai ce continent, comme je quitterois le séjour de la lune. L'autre fois, ce n'étoit pas la même chose; j'y laissois des attachemens, j'y croyois laisser des amis. Pardon, monsieur; mais je parle des anciens. Vous sentez que les nouveaux, quelque vrais qu'ils soient, ne laissent pas ces déchiremens de cœur qui le font saigner durant toute la vie, par la rupture de la plus douce habitude qu'il puisse contracter. Toutes mes blessures saigneront, j'en conviens, le reste de mes jours; mais mes erreurs, du moins, sont bien guéries; la cicatrice est faite de ce côté-là. Je vous embrasse.

A M. MOULTOU.

Bourgoin, le 5 novembre 1768.

Vous avez fait, cher Moultou, une perte que tous vos amis et tous les honnêtes gens doivent pleurer avec vous, et j'en ai fait une particulière dans votre digne père par les sentimens dont il m'honoroit, et dont tant de faux amis, dont je suis la victime, m'ont bien fait connoître le prix. C'est ainsi, cher Moultou, que je meurs en détail dans tous ceux qui m'aiment, tandis que ceux qui me haïssent et me trahissent semblent trouver dans l'âge et dans les années une nouvelle vigueur pour me tourmenter. Je vous entretiens de ma perte au lieu de parler de la vôtre; mais la véritable douleur qui n'a point de consolation ne sait guère en trouver pour autrui; on console les indifférens, mais on s'afflige avec ses amis. Il me semble que si j'étois près de vous, que nous nous embrassassions, que nous pleurassions tous deux, sans nous rien dire, nos cœurs se seroient beaucoup dit.

Cruel ami, que de regrets vous me préparez dans votre description de Lavagnac! Hélas! ce beau séjour étoit l'asile qu'il me falloit; j'y aurois oublié, dans un doux repos, les ennuis de ma vie; je pouvois espérer d'y trouver enfin de paisibles jours, et d'y attendre sans impatience la mort qu'ailleurs je désirerai sans cesse. Il est trop tard. La fatale destinée qui m'entraîne ordonne autrement de mon sort. Si j'en avois été le maître, si le prince lui-même eût été le maître chez lui, je ne serois jamais sorti de

Trye dont il n'avoit rien épargné pour me rendre le séjour agréable. Jamais prince n'en a tant fait pour aucun particulier qu'il en a daigné faire pour moi! « Je le mets ici à ma place, » disoit-il à son officier; je veux qu'il ait la » même autorité que moi, et je n'entends pas » qu'on lui offre rien, parce que je le fais maî- » tre de tout. » Il a même daigné me venir voir plusieurs fois, souper avec moi tête à tête, me dire, en présence de toute sa suite, qu'il venoit exprès pour cela : et, ce qui m'a plus touché que tout le reste, s'abstenir même de chasser, de peur que le motif de son voyage ne fût équivoque. Eh bien! cher Moultou, malgré ses soins, ses ordres les plus absolus, malgré le désir, la passion, j'ose dire, qu'il avoit de me rendre heureux dans la retraite qu'il m'avoit donnée, on est parvenu à m'en chasser, et cela par des moyens tels que l'horrible récit n'en sortira jamais de ma bouche ni de ma plume. Son altesse a tout su, et n'a pu désapprouver ma retraite ; les bontés, la protection, l'amitié de ce grand *homme*, m'ont suivi dans cette province, et n'ont pu me garantir des indignités que j'y ai souffertes. Voyant qu'on ne me laisseroit jamais en repos dans le royaume, j'ai résolu d'en sortir ; j'ai demandé un passe-port à M. de Choiseul qui, après m'avoir laissé long-temps sans réponse, vient enfin de m'envoyer ce passe-port. Sa lettre est très-polie, mais n'est que cela ; il m'en avoit écrit auparavant d'obligeantes. Ne point m'inviter à ne pas faire usage de ce passe-port, c'est m'inviter en quelque sorte à en faire usage. Il ne convient pas d'importuner les ministres pour rien. Cependant depuis le moment où j'ai demandé ce passe-port jusqu'à celui où je l'ai obtenu, la saison s'est avancée, les Alpes se sont couvertes de glace et de neige ; il n'y a plus moyen de songer à les passer dans mon état. Mille considérations impossibles à détailler dans une lettre m'ont forcé à prendre le parti le plus violent, le plus terrible auquel mon cœur pût jamais se résoudre ; mais le seul qui m'ait paru me rester ; c'est de repasser en Angleterre, et d'aller finir mes malheureux jours dans ma triste solitude de Wootton, où, depuis mon départ, le propriétaire m'a souvent rappelé par force cajoleries. Je viens de lui écrire en conséquence de cette résolution ; j'ai même écrit aussi à l'ambassadeur d'Angleterre. Si ma proposition est acceptée, comme elle le sera infailliblement, je ne puis plus m'en dédire, et il faut partir. Rien ne peut égaler l'horreur que m'inspire ce voyage ; mais je ne vois plus de moyen de m'en tirer sans mériter des reproches ; et à tout âge, surtout au mien, il vaut mieux être malheureux que coupable.

J'aurois doublement tort d'acheter pour rien de répréhensible le repos du peu de jours qui me restent à passer ; mais je vous avoue que ce beau séjour de Lavagnac, le voisinage de M. Venel, l'avantage d'être auprès de son ami, par conséquent d'un honnête homme, au lieu qu'à Trye j'étois entre les mains du dernier des malheureux, tout cela me suivra en idée dans ma sombre retraite, et y augmentera ma misère pour n'avoir pu faire mon bonheur. Ce qui me tourmente encore plus en ce moment, est une lueur de vaine espérance dont je vois l'illusion, mais qui m'inquiète malgré que j'en aie. Quand mon sort sera parfaitement décidé, et qu'il ne me restera qu'à m'y soumettre, j'aurai *plus* de tranquillité. C'est, en attendant, un grand soulagement pour mon cœur d'avoir épanché dans le vôtre tout ce détail de ma situation. Au reste, je suis attendri d'imaginer vos dames, vous, et M. Venel, faisant ensemble ce pèlerinage bienfaisant, qui mérite mieux que ceux de Lorette d'être mis au nombre des œuvres de miséricorde. Recevez tous mes plus tendres remercîmens et ceux de ma femme ; faites agréer ses respects et les miens à vos dames. Nous vous saluons et vous embrassons l'un et l'autre de tout notre cœur.

P. S. J'ai proposé l'alternative de l'Angleterre, et de Minorque, que j'aimerois mieux à cause du climat. Si ce dernier parti est préféré, ne pourrions-nous pas vous voir avant mon départ, soit à Montpellier, soit à Marseille?

Autre P. S. Si j'avois reçu votre lettre avant le départ des miennes, je doute qu'elles fussent parties.

A M. LALIAUD.

Bourgoin, le 7 novembre 1768.

Depuis ma dernière lettre, monsieur, j'ai

reçu d'un ami l'incluse, qui a fort augmenté mon regret d'avoir pris mon parti si brusquement; la situation charmante de ce château de Lavagnac, le maître auquel il appartient, l'honnête homme qu'il a pour agent, la beauté, la douceur du climat, si convenable à mon pauvre corps délabré, le lieu assez solitaire pour être tranquille, et pas assez pour être un désert; tout cela, je vous l'avoue, si je passe en Angleterre ou même à Mahon, car j'ai proposé l'alternative, tout cela, dis-je, me fera souvent tourner les yeux et soupirer vers cet agréable asile, si bien fait pour me rendre heureux si l'on m'y laissoit en paix. Mais j'ai écrit: si l'ambassadeur me répond honnêtement, me voilà engagé; j'aurois l'air de me moquer de lui si je changeois de résolution; et d'ailleurs ce seroit, en quelque sorte, marquer peu d'égard pour le passe-port que M. de Choiseul a eu la bonté de m'envoyer à ma prière. Les ministres sont trop occupés, et d'affaires trop importantes, pour qu'il soit permis de les importuner inutilement: d'ailleurs, plus je regarde autour de moi, plus je vois avec certitude qu'il se brasse quelque chose, sans que je puisse deviner quoi. Thevenin n'a pas été aposté pour rien: il y avoit dans cette farce ridicule quelque vue qu'il m'est impossible de pénétrer; et, dans la profonde obscurité qui m'environne, j'ai peur au moindre mouvement de faire un faux pas. Tout ce qui m'est arrivé depuis mon retour en France, et depuis mon départ de Trye, me montre évidemment qu'il n'y a que M. le prince de Conti, parmi ceux qui m'aiment, qui sache au vrai le secret de ma situation, et qu'il a fait tout ce qu'il a pu pour la rendre tranquille sans pouvoir y réussir. Cette persuasion m'arrache des élans de reconnoissance et d'attendrissement vers ce grand prince, et je me reproche vivement mon impatience au sujet du silence qu'il a gardé sur mes deux dernières lettres; car il y a peu de temps que j'en ai écrit à son altesse une seconde, qu'elle n'a peut-être pas plus reçue que la première: c'est de quoi je désirerois extrêmement d'être instruit. Je n'ose en ajouter une pour elle dans ce paquet, de peur de le grossir au point de donner dans la vue; mais si, dans ce moment critique, vous aviez pour moi la charité de vous présenter à son audience, vous me rendriez un office bien signalé de l'informer de ce qui se passe, et de me faire parvenir son avis, c'est-à-dire ses ordres; car, dans tout ce que j'ai fait de mon chef, je n'ai fait que des sottises, qui me serviront au moins de leçons à l'avenir, s'il daigne encore se mêler de moi. Demandez-lui aussi de ma part, je vous supplie, la permission de lui écrire désormais sous votre couvert, puisque sous le sien mes lettres ne passent pas.

La tracasserie du sieur Thevenin est enfin terminée: après les preuves sans réplique que j'ai données à M. de Tonnerre de l'imposture de ce coquin, il m'a offert de le punir par quelques jours de prison. Vous sentez bien que c'est ce que je n'ai pas accepté, et que ce n'est pas de quoi il étoit question. Vous ne sauriez imaginer les angoisses que m'a données cette sotte affaire, non pour ce misérable à qui je n'aurois pas daigné répondre, mais pour ceux qui l'ont aposté, et que rien n'étoit plus aisé que de démasquer, si on l'eût voulu: rien ne m'a mieux fait sentir combien je suis inepte et bête en pareil cas, le seul, à la vérité, de cette espèce où je me sois jamais trouvé. J'étois navré, consterné, presque tremblant; je ne savois ce que je disois en questionnant l'imposteur; et lui, tranquille et calme dans ses absurdes mensonges, portoit dans l'audace du crime toute l'apparence de la sécurité des innocens. Au reste, j'ai fait passer à M. de Tonnerre l'arrêt imprimé concernant ce misérable, qu'un ami m'a envoyé, et par lequel M. de Tonnerre a pu voir que ceux qui avoient mis cet homme en jeu avoient su choisir un sujet expérimenté dans ces sortes d'affaires.

Je ne me trouvai jamais dans des embarras pareils à ceux où je suis, et jamais je ne me sentis plus tranquille. Je ne vois d'aucun côté nul espoir de repos; et, loin de me désespérer, mon cœur me dit que mes maux touchent à leur fin. Il en seroit bien temps, je vous assure. Vous voyez, monsieur, comment je vous écris, comment je vous charge de mille soins, comment je remets mon sort en vos mains et à vous seul. Si vous n'appelez pas cela de la confiance et de l'amitié, aussi bien que de l'importunité et de l'indiscrétion peut-être, vous avez tort. Je vous embrasse de tout mon cœur.

A M. DE SAINT-GERMAIN (*).

9 novembre 1768.

Je n'ai pas, monsieur, l'honneur d'être connu de vous, et je sais que vous n'aimez pas mes opinions; mais je sais que vous êtes un brave militaire, un gentilhomme plein d'honneur et de droiture, qui a dans son cœur la véritable religion, celle qui fait les gens de bien ; voilà tout ce que je cherche. On ne séduit pas M. de Saint-Germain, on l'intimide encore moins ; passez-moi, monsieur, la familiarité du terme : vous êtes précisément l'homme qu'il me faut.

J'aurois, monsieur, à mettre en dépôt dans le cœur d'un honnête homme des confidences qui n'en sont pas indignes, et qui soulageroient le mien. Si vous voulez bien être ce généreux dépositaire, ayez la bonté de m'assigner chez vous l'heure et le jour d'une audience paisible, et je m'y rendrai. Je vous préviens que ma confiance ne sera mêlée d'aucune indiscrétion ; que je n'ai à vous demander ni soins, ni conseils, ni rien qui puisse vous donner la moindre peine ou vous compromettre en aucune façon : vous n'aurez d'autre usage à faire de ma confidence que d'en honorer un jour ma mémoire, quand il n'y aura plus de risque à parler. Je ne vous dis rien de mes sentiments pour vous, mais je vous en donne la preuve.

(*) Dans l'*Appendice aux Confessions* (tome Ier, page 358), nous avons fait connoître les principales circonstances de la liaison qui s'établit à Bourgoin entre Rousseau et M. de Saint-Germain, et ce qui en est résulté. Nous avons dit qu'un manuscrit nous avoit été communiqué, contenant treize lettres de Rousseau à M. de Saint-Germain, outre une *Introduction* et une *Notice* faites par ce dernier à l'appui de cette correspondance. L'Appendice offre la substance de l'Introduction, et nous n'avons pas à y revenir. Quant à la notice, elle n'est pas longue, et les faits qu'elle contient, intéressants sous plus d'un rapport, nous décident à la rapporter ici presque tout entière.

« .... Les personnes clairvoyantes qui ont suivi et vu de près M. Rousseau, en le blâmant dans ses écarts envers ceux qu'il regardoit comme ses persécuteurs, découvroient en lui un amour pour ses semblables dont on trouveroit peu d'exemples... Son âme bienfaisante lui enlevoit le nécessaire pour soulager les malheureux, et le faisoit malade pour les maux d'autrui. En voici quelques traits dont M. de Saint-Germain (c'est lui qui parle ainsi en tierce personne) a été témoin.

» M. Rousseau, présent à la chute d'un échafaud sur lequel étoit un maçon qui fut blessé grièvement, courut à lui, le fit porter dans son auberge, et lui fit donner tous les secours possibles. S'apercevant quelque temps après que, malgré ses soins et une grosse dépense, cet homme n'étoit ni pansé ni soigné comme il auroit dû l'être, il écrivit à M. de Saint-Germain pour le prier de s'employer auprès du directeur de l'hôpital de Bourgoin, afin qu'il y fût reçu et recommandé, offrant de payer à cette maison, fondée seulement pour les pauvres malades du lieu, tout ce qu'il en pourroit coûter pour guérir cet étranger. Le directeur de l'hôpital l'y fit entrer, et après que ce maçon fut parfaitement guéri, il alla remercier son bienfaiteur. M. Rousseau sortit de suite pour payer le directeur, qui lui dit être satisfait. Persuadé que M. de Saint-Germain avoit payé, il vint le trouver et se plaindre de ce qu'il lui eût enlevé un bien à lui qu'il réclamoit. M. de Saint-Germain eut beau dire, M. Rousseau voulut absolument payer la moitié de ce qu'avoit reçu l'hôpital.

» Un incendie consuma la maison d'un paysan où l'on ne put rien sauver. M. Rousseau en fut malade ; il envoya chercher l'incendié, lui donna un louis et lui fit prendre chez son boulanger le pain dont il auroit besoin pour lui et sa famille jusqu'à la récolte prochaine. Le paysan lui répondit : Monsieur, il vous en coûtera moins de nous faire donner quelques mesures de seigle ; M. Rousseau fit fournir pendant six mois tout le seigle dont cette famille eut besoin.

» Sa bourse ne fut jamais fermée aux malheureux ; on ne peut comprendre qu'avec une aussi médiocre fortune, cet homme, désintéressé jusqu'au blâme, pût donner autant. Personne à la vérité ne fut plus sobre que lui et n'eut moins de besoin, ne fut plus propre et n'usa moins.

» M. de Saint-Germain, accompagné d'une autre personne, fut visiter M. Rousseau qui s'étoit retiré à la campagne. Peu après leur arrivée un homme vint frapper à la porte. M. Rousseau se lève, lui ouvre, et lui dit de revenir. L'homme insista en disant qu'il venoit de loin, et qu'il avait besoin de son argent. Alors il le fit entrer, et ces deux messieurs virent sept ou huit vêtements de différente taille que cet homme apportoit. M. Rousseau lui demanda ce qu'il lui falloit, il répondit dix-huit francs ; ils lui furent payés. Voyant que ces messieurs s'étoient aperçus de ce qu'il vouloit leur cacher, M. Rousseau leur dit : C'est une famille qui n'est pas vêtue ; il ne faut pas croire que de donner vingt-quatre sous ou un petit écu à l'importunité d'un pauvre ce soit remplir les obligations de la charité. Il faut chercher le besoin où il est...... etc.

» Pourroit-on croire que M. Rousseau, avec des sentiments pareils, soutenus par une pratique habituelle, ait pu être un empoisonneur, un fripon ? Il est cependant vrai qu'au sujet de son goût pour la recherche des plantes, il a été taxé d'y chercher du poison, et qu'on a cité un homme sur lequel on prétendoit qu'il en avoit fait l'essai, parce qu'il mourut dans les douleurs d'une colique néphrétique, malgré tous les secours que lui procura M. Rousseau. Obligé de subir une confrontation avec un ouvrier, il confondit cet imposteur qui disoit lui avoir prêté, à Neuchâtel, neuf francs, que M. Rousseau n'avoit jamais voulu lui rendre...

» Un fermier qui avoit fourni pendant quinze mois à M. Rousseau des œufs, du beurre, du fromage, qui toujours en avoit été payé beaucoup au-delà de ce que la chose valoit, et qui en outre avoit reçu de lui, ainsi que sa famille, mille bienfaits eut l'ingratitude et la mauvaise foi de lui envoyer un mémoire que ce fermier affirmoit lui être dû, et ne lui avoir pas été payé par M. Rousseau avant son départ. Cette demande, vérifiée par M. de Saint-Germain, fut prouvée fausse.

» Une femme de chambre, prétendant à l'esprit, fatiguoit M. Rousseau par des visites continuelles : furieuse de ce qu'il l'avoit chassée de chez lui, elle dit qu'il l'avoit voulu violer, et ce bruit se répandit partout.

» Tous ces événements, quoique fâcheux, n'auroient pas dû affecter M. Rousseau au point où il l'étoit, encore moins lui persuader que ces calomnies grossières étoient l'ouvrage de ses ennemis : autant à plaindre qu'à blâmer, il étoit, par sa sensibilité et par sa méfiance, son plus plus cruel ennemi à lui-même..... etc. »

G. P.

A M. LE COMTE DE TONNERRE,
en lui envoyant l'écrit suivant.

Bourgoin, le 9 novembre 1768.

Monsieur,

J'ai l'honneur de vous envoyer ci-jointe la déclaration juridique du sieur Jeannet (*), cabaretier des Verrières, relative à celle du sieur Thevenin. De peur d'abuser de votre patience, je m'abstiens de joindre à cette pièce celles que j'ai reçues en même temps, puisqu'elle sufit seule à la suite des preuves que vous avez déjà pour démontrer pleinement, non l'erreur, mais l'imposture de ce dernier. Je n'aurois assurément pas eu l'indiscrétion de vous importuner de cette ridicule affaire, si le ton décidé sur lequel M. Bovier se faisoit le porteur de parole de ce misérable, n'eût excité ma juste indignation. Vous m'avez fait l'honneur de me marquer, qu'après ce qui s'est passé, mon prétendu créancier se tiendra pour dit qu'il ne sauroit se flatter de trouver en moi son débiteur. Voilà, monsieur le comte, de quoi jamais il ne s'est flatté, je vous assure ; mais il s'est flatté, premièrement, de mentir et m'avilir à son aise ; puis, après avoir dit tout ce qu'il vouloit dire, et n'ayant plus qu'à se taire, de se taire ensuite tranquillement ; et s'il étoit enfin convaincu d'être un imposteur, de sortir néanmoins de cette affaire, confondu, très-peu lui importe, mais impuni, mais triomphant. Pour un homme qui paroît si bête, je trouve qu'il n'a pas trop mal calculé.

Je vous supplie, monsieur, de vouloir bien ordonner, à votre commodité, que les deux pièces ci-jointes me soient renvoyées avec la lettre de M. Roguin. Je sens que j'ai fort abusé, dans cette occasion, de la permission que vous m'avez donnée de faire venir mes lettres sous votre pli. Je serai plus discret à l'avenir ; et si l'impunité du premier fourbe en suscite d'autres, elle me servira de leçon pour ne m'en plus tourmenter.

J'ai l'honneur, monsieur le comte, de vous assurer de tout mon respect.

Déclaration juridique du sieur Jeannet.

L'an 1768, et le dix-neuvième jour du mois de septembre, par-devant noble et prudent Charles-Auguste du Terraux, bourgeois de Neuchâtel et de Romain-Motiers, maire pour sa majesté le roi de Prusse, notre souverain prince et seigneur, en la juridiction des Verrières, administrant justice par jour extraordinaire, mais aux lieu et heure accoutumés, et en la présence des sieurs jurés en icelle après nommés :

Personnellement est comparu M. Guyenet, receveur pour sa majesté, et lieutenant en l'honorable cour de justice du Val-de-Travers, qui a représenté qu'ayant reçu depuis peu une lettre de M. J. J. Rousseau, datée de Bourgoin, du 8 du courant, par laquelle il lui marque que le nommé Thevenin, chamoiseur de sa profession, lui ayant fait demander neuf livres argent de France, qu'il prétend lui avoir fait remettre en prêt, au logis du Soleil, à Saint-Sulpice, il y a à peu près dix ans ; et comme cet article est trop intéressant à l'honneur de mondit sieur Rousseau pour ne pas l'éclaircir, vu et d'autant qu'il n'a jamais été dans le cas d'emprunter cette somme dudit Thevenin, et que cet article est controuvé, c'est pourquoi mondit sieur le lieutenant Guyenet se présente aujourd'hui par-devant cette honorable justice, pour requérir que, par reconnoissance, il puisse justifier authentiquement ce qu'il vient d'avancer, ayant pour cet effet fait citer en témoignage le sieur Jean-Henri Jeannet, cabaretier de ce lieu, présent, lequel et par qui l'argent que répète ledit Thevenin à mondit sieur Rousseau doit, suivant lui, avoir été remis ; requérant qu'avant de faire déposer ledit sieur Jeannet, il y soit appointé, ce qui a été connu.

Et pour y satisfaire, ledit sieur Jeannet étant comparu, a, après serment intime sur les interrogats circonstanciés à lui adressés, tendans à dire tout ce qu'il peut savoir de cette affaire, déposé comme suit :

Qu'il n'a aucune connoissance que le nommé Thevenin, chamoiseur, ait jamais prêté chez lui, déposant, ni ailleurs, aucun argent à M. Jean-Jacques Rousseau pendant tout le laps de temps qu'il a demeuré dans ce pays, n'ayant jamais eu l'honneur de voir dans son logis mondit sieur Rousseau ; bien est-il vrai qu'il y a à peu près cinq ans qu'il le vit s'en revenant du côté de Pontarlier, sans lui avoir parlé ni l'avoir revu dès lors.

(*) Ce *Jeannet* est nommé *Janin* dans les lettres précédentes : c'est sans doute une erreur de Rousseau, qui avoit été mal informé. G. P.

Il se rappelle aussi très-bien qu'en 1762, pendant le courant du mois de mai, arriva chez lui un nommé Thevenin, qui se disoit être de la Charité-sur-Loire, réfugié dans ce pays pour éviter l'effet d'une lettre de cachet obtenue contre lui, lequel étoit accompagné du nommé Guillobel, marchand horloger du même lieu; ledit Thevenin n'ayant séjourné chez lui que huit à dix jours, pendant lequel temps arriva encore dans son logis un nommé Decustreau, qu'il connoissoit depuis près de vingt ans, pour avoir logé chez lui à différentes fois, et duquel il peut produire des lettres.

Ledit Decustreau partit au bout de quelques jours pour Neuchâtel; Thevenin avec lui Jeannet l'accompagnèrent jusqu'à Saint-Sulpice, au logis du Soleil, où ils dînèrent. Après le départ dudit Decustreau, ledit Thevenin demanda au déposant s'il connoissoit ledit Decustreau; il lui répondit qu'il le connoissoit pour avoir logé chez lui. Cette demande dudit Thevenin ayant excité au déposant la curiosité d'apprendre de lui pourquoi il lui formoit cette question, ledit Thevenin lui répondit que c'étoit à cause d'un écu de trois livres qu'il avoit prêté audit Decustreau sur la demande qu'il lui en avoit faite. Et enfin ledit sieur Jeannet ajoute que pendant tout le temps que ledit Thevenin a resté chez lui, il ne lui a point parlé de M. Rousseau, ni dit qu'il eût la moindre chose à faire avec lui; que ledit Thevenin, lorsqu'il arriva dans ce pays, n'avoit point de profession, ayant dès lors appris celle de chamoiseur à Estavayé-le-Lac.

C'est tout ce que ledit sieur Jeannet a déclaré savoir sur cette affaire.

Enfin mondit sieur le lieutenant a continué à dire qu'étant nécessaire à M. Rousseau d'avoir le tout par écrit, pour lui servir en cas de besoin, il demandoit que par connoissance il lui fût adjugé; ce qui lui a été.

Connu et jugé par les sieurs Jacques Lambelet, doyen, et Jacob Perroud, tous deux justiciers dudit lieu; et par mondit sieur le maire ordonné au notaire soussigné, greffier des Verrières, de lui en faire l'expédition en cette forme. Le jour prédit, 19 septembre 1768.

Par ordonnance. *Signé* JEANJAQUET.

A M. DE SAINT-GERMAIN.

A Bourgoin, le 15 novembre 1768.

Mardi, monsieur, vous n'êtes pas libre, ni moi mercredi; le jeudi même est douteux : reste donc demain, lundi, pour ne pas aller trop loin. Il me seroit moins incommode, il faut l'avouer, que vous me fissiez l'honneur de venir manger mon potage; mais comme une soupe de cabaret n'est pas trop présentable, et que j'y perdrois l'honneur de dîner avec madame de Saint-Germain, je préfère, monsieur, de profiter de votre invitation, en la priant de permettre que j'aille demain lui demander à dîner. S'il faisoit beau demain sur les dix heures, j'irois vous proposer une promenade jusqu'à midi, à moins que vous ne la préférassiez de nos côtés, où il y a d'assez belles prairies.

Ne craignez pas, monsieur, d'entendre de ma part rien qui vous puisse déplaire : je respecte trop pour cela et vous et vos sentimens; et les miens, que je vois bien qui ne vous sont pas connus, en sont moins éloignés que vous ne pensez. Mais ce n'est pas de cela qu'il s'agira.

Je suis bien sensible, monsieur, à votre complaisance; vous ne tarderez pas d'en connoître le prix. Si j'avois trouvé plus tôt un cœur auquel le mien osât s'ouvrir, j'aurois souffert de moins vives angoisses, et ma raison s'en trouveroit mieux. A demain donc, monsieur, puisque vous le voulez bien. Permettez que je présente mon respect très-humble à madame de Saint-Germain. RENOU.

A M. LE COMTE DE TONNERRE.

Bourgoin, le 16 novembre 1768.

Monsieur,

Pardon de mes importunités réitérées, mais je ne puis me dispenser de vous envoyer encore l'imprimé ci-joint qu'on n'a pu recouvrer plus tôt (*). Vous y verrez, monsieur le comte, que ceux qui ont aposté le sieur Thevenin ont su

---

(*) C'étoit un arrêt du parlement de Paris, du 10 mars 1764, qui condamnoit Thevenin au carcan, à être marqué, et aux galères pour trois ans, pour *impostures et calomnies*. G. P.

choisir un sujet déjà expérimenté dans le métier qu'ils lui faisoient faire.

Je ne puis penser, monsieur, que vous m'ayez pu croire dans l'âme assez de bassesse pour vouloir me venger d'un tel malheureux. Moi qui jamais n'ai fait, ni rendu, ni voulu le moindre mal à personne, commencerois-je si tard et sur un pareil personnage? Non, monsieur, je n'ai point désiré sa punition, mais sa confession, et c'est ce que sa conviction devoit naturellement produire, si l'on en eût profité pour remonter à la source de ces menées. Mais c'est ce qui commence à devenir superflu; et sans que l'autorité ni moi nous en mêlions en aucune manière, je prévois que le public ne tardera pas à savoir à quoi s'en tenir.

Permettez que je vous réitère ici mes actions de grâce des bontés dont vous m'avez honoré, et mes excuses de l'abus que j'en ai pu faire; et daignez, monsieur, agréer, je vous supplie, les assurances de mon respect.

P. S. Je prends la liberté d'exiger, monsieur, que vous ne fassiez aucun usage de cet imprimé. Il est pour vous seul, et pour être brûlé après l'avoir lu, à moins que vous n'aimiez mieux le garder, mais de façon qu'il ne puisse nuire à celui qu'il concerne.

A M. MOULTOU.

Bourgoin, le 21 novembre 1768.

J'ai, mon ami, votre lettre du 14. Je ne puis me détacher de l'idée d'aller vous embrasser et délibérer avec vous de ma destination ultérieure. Je n'ai point encore de réponse de l'ambassadeur d'Angleterre : il n'étoit pas à Paris quand je lui ai écrit; et j'ai appris dans l'intervalle qu'il avoit l'honnête Walpole pour secrétaire d'ambassade : cette nouvelle a achevé de me déterminer. Je n'irai point en Angleterre : on me traitera comme on voudra en France, mais je suis déterminé à y rester. Je ne puis renoncer à l'espérance qu'au moins pour l'honneur de l'hospitalité françoise il s'y trouvera quelque coin où l'on voudra bien me laisser mourir en repos. Si ce coin, cher Moultou, en pouvoit être un du château de Lavagnac, il me semble que sous les auspices de l'amitié l'habitation m'en seroit délicieuse. Malheureusement j'écris inutilement à M. le prince de Conti; mes lettres ne lui parviennent point. Il me répondoit fort exactement au commencement; il ne me répond plus : il m'a fait dire qu'il ne recevoit point de mes nouvelles. Les négociations intermédiaires ont leurs inconvéniens. La générosité de ce grand prince m'a accoutumé à accepter, et non pas à demander; je ne puis me résoudre à changer de méthode. Si l'ami de M. Venel, qui commande dans le château, veut écrire, à la bonne heure, je lui en serai obligé; pour moi je n'écrirai pas. Mais, dites-moi, n'y a-t-il dans le pays aucune habitation qui pût me convenir que ce château? Le bon M. Venel ne pourroit-il pas me trouver un terrier à Pézenas même, ou aux environs? Pourvu que je sois son voisin, que m'importe en quel lieu j'habite? Si nous étions dans une meilleure saison, si le voyage étoit moins pénible, si j'avois plus de facilité pour le faire, je volerois près de vous; mais mon transport et celui de tout mon attirail de botanique est embarrassant. Je ne suis point à portée ici d'avoir des voitures. Il me faudroit un bon carrossin qui pût charger avec nous cinq ou six malles ou caisses; il me faudroit un bon voiturier, qui nous conduisît bien et qui fût honnête homme : j'ai pensé que cela se pourroit trouver où vous êtes, et que vous pourriez être à portée de faire pour moi ce marché, et de m'envoyer la voiture au temps convenu. Voyez. Ah! si vous pouviez faire plus! Mais madame Moultou, votre santé, vos affaires! et quand tout vous le permettroit, je ne devrois pas le souffrir. Quoi qu'il en soit, j'ai le plus grand désir de me rendre auprès de vous, et cela d'autant plus que j'ai quelque lieu de croire qu'on m'y verroit avec plus de plaisir qu'ici.

J'ai reçu depuis peu, avec le reste de mes plantes et bouquins, une lettre que M. de Gouan m'écrivoit à Trye : elle est de si vieille date que je ne sais plus comment y répondre. Il m'accusera de malhonnêteté envers lui, moi qui voudrois tout faire pour obtenir ses instructions et sa correspondance, et que ce désir anime encore à me rendre à Montpellier. Si vous le connoissez, si vous le voyez, obtenez-moi, je vous prie, ses bonnes grâces en attendant que je sois à portée de les cultiver. Quel trésor vous m'annoncez dans l'herbier des plantes marines! Que je suis touché de la générosité de votre digne parent! Elle me fera, avec celle du brave Dombey, une collection complète, surtout si M. Gouan veut bien y ajouter quelques fragmens de ses dernières dépouilles des Pyrénées. Que je vais être riche! Je suis si avare et si enfant que le cœur m'en bat de joie. Gardez-moi bien précieusement ce beau présent, je vous prie, jusqu'à ce qu'il soit décidé qui de lui ou de moi ira joindre l'autre.

J'ai été très-malade, très-agité de peine et de fièvre ces temps derniers; maintenant je suis tranquille, mais très-foible. J'aime mieux cet état que l'autre; et j'aurai peu de regret aux forces qui me manquent s'il m'en reste assez pour vous aller voir. Adieu, cher Moultou; faites agréer à madame les hommages et respects de votre vieux ami et de sa femme. Nous vous embrassons l'un et l'autre de tout notre cœur.

A M. DU PEYROU.

Bourgoin, le 21 novembre 1768.

Je vous remercie, mon cher hôte, de l'arrêt de Thevenin; je l'ai envoyé à M. de Tonnerre, avec condition expresse, qui du reste n'étoit pas fort nécessaire à stipuler, de n'en faire aucun usage qui pût nuire à ce malheureux. Votre supposition qu'il a été la dupe d'un autre imposteur est absolument incompatible avec ses propres déclarations, avec celle du cabaretier Jeannet, et avec tout ce qui s'est passé; cependant si vous voulez absolument vous y tenir, soit. Vous dites que mes ennemis ont trop d'esprit pour choisir une calomnie aussi absurde; prenez garde qu'en leur accordant tant d'esprit vous ne leur en accordiez pas encore assez; car leur objet n'étant que de voir quelle contenance je tenois vis-à-vis d'un faux témoin, il est clair que plus l'accusation étoit absurde et ridicule, plus elle alloit à leur but : si ce but eût été de persuader le public, vous auriez raison, mais il étoit autre. On savoit très-bien que je me tirerois de cette affaire; mais on vouloit voir comment je m'en tirerois; voilà tout. On sait que Thevenin ne m'a pas prêté neuf francs, peu importe; mais on sait qu'un imposteur peut m'embarrasser; c'est quelque chose.

Vos maximes, mon très-cher hôte, sont très-stoïques et très-belles, quoique un peu outrées, comme sont celles de Senèque, et généralement celles de tous ceux qui philosophent tranquillement dans leur cabinet sur les malheurs dont ils sont loin, et sur l'opinion des hommes qui les honore. J'ai appris assurément à n'estimer l'opinion d'autrui que ce qu'elle vaut, et je crois savoir du moins aussi bien que vous de combien de choses la paix de l'âme dédommage; mais que seule elle tienne lieu de tout et rende seule heureux les infortunés, voilà ce que j'avoue ne pouvoir admettre, ne pouvant, tant que je suis homme, compter totalement pour rien la voix de la nature pâtissante et le cri de l'innocence avilie. Toutefois, comme il nous importe toujours, et surtout dans l'adversité, de tendre à cette impassibilité sublime à laquelle vous dites être parvenu, je tâcherai de profiter de vos sentences, et d'y faire la réponse que fit l'architecte athénien à la harangue de l'autre. *Ce qu'il a dit, je le ferai.*

Certaines découvertes, amplifiées peut-être par mon imagination, m'ont jeté durant plusieurs jours dans une agitation fiévreuse qui m'a fait beaucoup de mal, et qui, tant qu'elle a duré, m'a empêché de vous écrire. Tout est calmé; je suis content de moi, et j'espère ne plus cesser de l'être, puisqu'il ne peut plus rien m'arriver de la part des hommes à quoi je n'aie appris à m'attendre, et à quoi je ne sois préparé. Bonjour, mon cher hôte; je vous embrasse de tout mon cœur.

A M. LALIAUD.

Bourgoin, le 28 novembre 1768.

Je ne puis pas mieux vous détromper, monsieur, sur la réserve dont vous me soupçonnez envers vous, qu'en suivant en tout vos idées et vous en confiant l'exécution, et c'est ce que je fais, je vous jure, avec une confiance dont mon cœur est content, et dont le vôtre doit l'être. Voici une lettre pour M. le prince de Conti où je parle comme vous le désirez et comme je pense. Je n'ai jamais ni désiré ni cru que ma lettre à M. l'ambassadeur d'Angleterre dût ni pût être un secret pour son altesse, ni pour les gens en place, mais seulement pour le public; et je vous préviens une fois pour toutes que, quelque secret que je puisse vous demander sur quoi que ce puisse être, il ne regardera jamais M. le prince de Conti, en qui j'ai autant et plus de confiance qu'en moi-même. Vous m'avez promis que ma lettre lui seroit remise en main propre; je suppose que ce sera par vous; j'y compte, et je vous le demande.

Vous aurez pu voir que le projet de passer en Angleterre, qui me vint en recevant le passe-port, a été presque aussitôt révoqué que formé : de nouvelles lumières sur ma situation m'ont appris que je me devois de rester en France, et j'y resterai. M. Davenport m'a fait une réponse très-engageante et très-honnête. L'ambassadeur ne m'a point répondu : si j'avois su que le sieur Walpole étoit auprès de lui, vous jugez bien que je n'aurois pas écrit. Je m'imaginois bonnement que toute l'Angleterre avoit conçu pour ce misérable et pour son camarade tout le mépris dont ils sont dignes. J'ai toujours agi d'après la supposition des sentimens de droiture et d'honneur innés dans les cœurs des hommes. Ma foi pour le coup je me tiens coi, et je ne suppose plus rien; me voilà de jour en jour plus déplacé parmi eux et plus embarrassé de ma figure : si c'est leur tort ou le mien, c'est ce que je les laisse décider à leur mode : ils peuvent continuer à ballotter ma pauvre machine à leur gré, mais ils ne m'ôteront pas ma place; elle n'est pas au milieu d'eux.

J'ai été très-bien pendant une dizaine de jours; j'étois gai, j'avois bon appétit; j'ai fait à mon herbier de bonnes augmentations; depuis deux jours je suis moins bien, j'ai de la fièvre, un grand mal de tête, que les échecs où j'ai joué hier ont augmenté; je les aime, et il faut que je les quitte; mes plantes ne m'amusent plus : je ne fais que chanter des strophes du Tasse; il est étonnant quel charme je trouve dans ce chant avec ma pauvre voix cassée et déjà tremblotante. Je me mis hier tout en larmes, sans presque m'en apercevoir, en chantant l'histoire d'Olinde et de Sophronie : si j'avois une pauvre petite épinette pour soutenir un peu ma voix foiblissante, je chanterois du matin jusqu'au soir. Il est impossible à ma mauvaise tête de renoncer aux châteaux en Espagne. Le foin de la cour du château de Lavagnac, une épinette, et mon Tasse, voilà celui qui m'occupe aujourd'hui malgré moi. Bonjour, monsieur : ma femme vous salue de tout son cœur j'en fais de même; nous vous aimons tous deux bien sincèrement.

A MADAME LA PRÉSIDENTE DE VERNA.

Bourgoin, le 2 décembre 1768.

Laissons à part, madame, je vous supplie, les livres et leurs auteurs. Je suis si sensible à votre obligeante invitation, que si ma santé me permettoit de faire en cette saison des voyages de plaisir, j'en ferois un bien volontiers pour aller vous remercier. Ce que vous avez la bonté de me dire, madame, des étangs et des montagnes de votre contrée, ajouteroit à mon empressement; mais n'en seroit pas la première cause. On dit que la grotte de la Balme est de vos côtés; c'est encore un objet de promenade et même d'habitation, si je pouvois m'en pratiquer une dont les fourbes et les chauves-souris n'approchassent pas. A l'égard de l'étude des plantes, permettez, madame, que je la fasse en naturaliste, et non pas en apothicaire : car, outre que je n'ai qu'une foi très-médiocre à la médecine, je connois l'organisation des plantes sur la foi de la nature, qui ne ment point, et je ne connois leurs vertus médicinales que sur la foi des hommes, qui sont menteurs. Je ne suis pas d'humeur à les croire sur leur parole, ni à portée de la vérifier. Ainsi, quant à moi, j'aime cent fois mieux voir dans l'émail des prés des guirlandes pour les bergères que des herbes pour les lavemens. Puissé-je, madame, aussitôt que le printemps ramènera la verdure, aller faire dans vos cantons des herborisations qui ne pourront qu'être abondantes et brillantes, si je juge, par les fleurs que répand votre plume, de celles qui doivent naître autour de vous (*). Agréez, madame, et

---

(*) Certes, on prendroit une étrange idée du style épistolaire de notre auteur, si l'on n'en jugeoit que sur cette pensée, qu'on croiroit extraite de Voiture ou de quelque autre écrivain du même genre. Nous pouvons affirmer qu'on ne trouveroit pas dans toutes les lettres de Rousseau un second trait à comparer à celui-ci; tant il est vrai qu'il ne faut pas plus juger du style et de la manière d'un auteur sur un passage de ses écrits, que

faites agréer à M. le président, je vous supplie, les assurances de tout mon respect.

RENOU.

A M. LALIAUD.

Bourgoin, ce 7 décembre 1768.

Voici, monsieur, une lettre à laquelle je vous prie de vouloir bien donner cours : elle est pour M. Davenport, qui m'a écrit trop honnêtement pour que je puisse me dispenser de lui donner avis que j'ai changé de résolution. J'espère que ma précédente avec l'incluse vous sera bien parvenue, et j'en attends la réponse au premier jour. Je suis assez content de mon état présent; je passe entre mon Tasse et mon herbier des heures assez rapides pour me faire sentir combien il est ridicule de donner tant d'importance à une existence aussi fugitive : j'attends sans impatience que la mienne soit fixée; elle l'est par tout ce qui dépendoit de moi : le reste, qui devient tous les jours moindre, est à la merci de la nature et des hommes; ce n'est plus la peine de le leur disputer. J'aimerois assez à passer ce reste dans la grotte de la Balme, si les chauves-souris ne l'empuantissoient pas : il faudra que nous l'allions voir ensemble quand vous passerez par ici. Je vous embrasse de tout mon cœur.

A M. MOULTOU.

Bourgoin, le 12 décembre 1768.

Quoi ! monsieur, c'est à M. Q....t qu'on s'est adressé; c'est à lui qu'ont été envoyés les extraits des lettres que je vous avois écrites dans la confidence de l'amitié; et ce seroit sous les auspices de l'homme qui m'a chassé du château de Trye, malgré son maître, que j'irois habiter celui de Lavagnac ? Vraiment, mon ami, vous avez opéré là de belles choses ! Mais n'en parlons plus; ce n'est pas votre faute : vous ne saviez ni ce qu'étoit M. Q....t, ni ce que faisoit M. M....x; mais vous ne deviez pas, me semble, être si facile à donner les extraits des lettres de votre ami. Le plus grand mal de tout ceci est que j'ai trouvé de mon côté le moyen d'écrire au prince et de lui faire passer ma lettre. Si son altesse agrée que j'aille à Lavagnac, comment ferai-je pour m'en dédire, après le lui avoir demandé? ou à quelle destinée dois-je m'attendre si j'ose aller me livrer à des gens sur qui Q....t a de l'influence? Ce qu'il y a de sûr est qu'il n'y a rien à quoi je ne m'expose plutôt qu'à la disgrâce du prince, et surtout à la mériter : ainsi s'il approuve que j'aille à Lavagnac, je suis déterminé à m'y rendre à tout risque, quoique assurément le destin qu'on m'y prépare ne puisse être pire que celui auquel je m'attends. Mais que j'écrive à M. Q....t, moi ! mon ami, le riche Dauphinois et le *célèbre Genevois* ne sont point faits pour s'écrire l'un à l'autre, et ne s'écriront jamais, je vous en réponds.

Je suis vivement touché du zèle et des bontés de M. Venel : je ne lui écris pas, parce qu'il m'est très-pénible d'écrire, mais j'ai le cœur plein de lui : si j'allois à Lavagnac, l'avantage d'être auprès de lui me pourroit consoler et dédommager de beaucoup de choses; mais je vous avoue que l'idée d'être au pouvoir du sieur Q....t me fait frémir. Ce qu'il y a de bizarre est que je ne connois point du tout cet homme-là, que je n'ai jamais eu nulle affaire avec lui, nulle sorte de liaison, que je ne l'ai même jamais vu que je sache. Il me hait, comme tous mes autres ennemis, sans avoir à se plaindre de moi en aucune sorte, et uniquement parce qu'ils ont tous des cœurs faits pour goûter un plaisir sensible à haïr et tourmenter les infortunés. Au reste, vous vous doutez bien qu'un courtisan aussi délié que M. Q....t se garde bien d'avouer sa haine : il suit encore en cela les mêmes erremens des autres; et pour mieux servir sa haine, il a grand soin de la cacher.

Je vous renvoie ci-jointe la lettre de votre ami, j'en suis pénétré : si je dépendois de moi, je ne tarderois guère à aller lui demander ses directions et profiter de ses soins généreux; il ne dépendra pas même de moi que cela n'arrive; mais ceux qui disposent de moi règlent ma marche comme Dieu celle de la mer, *Procedes hùc, et non ibis ampliùs.* Adieu, cher Moultou : je ne sais ce qu'il arrivera de moi. Je vois que je soupire en vain après le repos qu'on ne veut pas

de son caractère et de son mérite personnel sur un propos qui lui seroit échappé. G. P.

m'accorder; mais ce qu'on ne m'ôtera pas du moins, quoi qu'il arrive, c'est le plaisir de vous aimer jusqu'à mon dernier soupir.

Je vois, par ce que M. votre ami vous dit de son herbier, et de ce qu'il se propose d'y joindre, que ce n'est pas tout-à-fait ce que j'avois imaginé sur votre expression. Vous m'aviez annoncé des plantes marines : les plantes marines sont des *fucus* qui viennent dans la mer; et je présume par sa lettre que ce sont seulement des plantes maritimes qui viennent sur les rivages; c'est autre chose : mais n'importe, l'un ou l'autre présent me sera toujours très-précieux.

Je vois que madame Moultou a été malade : vous ne m'en aviez rien dit; vous aviez tort : l'amitié est un sentiment si doux, qu'elle donne même une sorte de plaisir à partager les peines de nos amis, et vous m'avez ravi ce plaisir-là. Il est vrai que je lui préfère celui de partager maintenant votre joie. Mille respects de ma part et de celle de ma femme à votre chère convalescente, et prenez-en votre part.

A M. DU PEYROU.

Bourgoin, le 19 décembre 1768.

Ce que vous me marquez de la fin de vos brouilleries avec la cour me fait grand plaisir; et j'en augure que vous pourrez encore vivre agréablement où vous êtes, et où vous êtes retenu par des liens d'attachement qu'il n'est pas dans votre cœur de rompre aisément. Il me semble que le roi se conduit réellement en très-grand roi, lorsqu'il veut premièrement être le maître et puis être juste. Vous penserez qu'il seroit plus grand et plus beau de vouloir transposer cet ordre : cela peut être; mais cela est au-dessus de l'humanité, et c'est bien assez, pour honorer le génie et l'âme du plus grand prince, que le premier article ne lui fasse pas négliger l'autre. Si Frédéric ratifie le rétablissement de tous vos priviléges, comme je l'espère, il aura mérité de vous le plus bel éloge que puisse mériter un souverain, et qui l'approche de Dieu même, celui qu'Armide faisoit de Godefroi de Bouillon :

Tu, cui concesse in cielo, e die' eti il fa o
Voler il giusto, e poter c'ò che vuoi.

Je m'imagine que si les députés, qu'en pareil cas vous lui enverrez probablement pour le remercier, lui récitoient ces deux vers pour toute harangue, ils ne seroient pas mal reçus.

Je suis bien touché de la commission que vous avez donnée à Gagnebin : voilà vraiment un soin d'amitié, un soin de ceux auxquels je serai toujours sensible, parce qu'ils sont choisis selon mon cœur et selon mon goût. Je dois certainement ma vie aux plantes : ce n'est pas ce que je leur dois de bon, mais je leur dois d'en couler encore avec agrément quelques intervalles au milieu des amertumes dont elle est inondée : tant que j'herborise je ne suis pas malheureux; et je vous réponds que, si l'on me laissoit faire, je ne cesserois tout le reste de ma vie d'herboriser du matin au soir. Au reste, j'aime mieux que le recueil de M. Gagnebin soit très-petit, et qu'il ne soit pas composé de plantes communes qu'on trouve partout : je ne vous dissimulerai même pas que j'ai déjà beaucoup de plantes alpines et des plus rares; cependant, comme il y en a encore un très-grand nombre qui me manquent, je ne doute pas qu'il ne s'en trouve dans votre envoi qui me feront grand plaisir par elles-mêmes, outre celui de les recevoir de vous. Par exemple, quoique je sois assez riche en gentianes, il y en a une que je n'ai pu trouver encore, et que je convoite beaucoup, c'est la grande *gentiane pourprée*, la seconde en rang du *species* de Linnæus. J'ai le *tozzia alpina*, Linn.; mais il y manque la racine, qui est la partie la plus curieuse de cette plante, d'ailleurs difficile à sécher et conserver. J'ai l'*uva ursi* en fruits, mais je ne l'ai pas en fleurs. J'ai l'*azalea procumbens*; mais il me manque d'autres beaux *chamœrhododendros* des Alpes. Je n'ai qu'un misérable petit *androsace*. Je n'ai pas le *cortusa Matthioli*, etc. La liste de ce que j'ai seroit longue, celle de ce qui me manque plus longue encore; mais si vous vouliez m'envoyer celle de ce que vous enverra Gagnebin, j'y pourrois noter ce qui me manque, afin que le reste étant superflu dans mon herbier, pût demeurer dans le vôtre. Je me suis ruiné en livres de botanique, et j'avois bien résolu de ne plus en acheter; cependant je sens que m'affectionnant aux plantes des Alpes, je ne puis me passer de celui de Haller. Vous m'obligerez de vouloir bien me marquer exactement son titre, son prix, et le lieu où vous l'avez trouvé; car la

France est si barbare encore en botanique, qu'on n'y trouve presque aucun livre de cette science; et j'ai été obligé de faire venir à grands frais de Hollande et d'Angleterre le peu que j'en ai; encore ai-je cherché partout ceux de Clusius sans pouvoir les trouver.

Voilà bien du bavardage sur la botanique, dont je vois, avec grand regret, que vous avez tout-à-fait perdu le goût. Cependant, puisque vous avez un peu fêté mon *apocyn*, j'ai grande envie de vous envoyer quelques graines de l'arbre de soie et de la pomme de cannelle, qu'on m'a dernièrement apportées des îles. Quand vous commencerez à meubler votre jardin, je suis jaloux d'y contribuer. Bonjour, mon cher hôte; nous vous embrassons et vous saluons l'un et l'autre de tout notre cœur.

A M. LALIAUD.

Bourgoin, le 19 décembre 1768.

Pauvre garçon! pauvre Sauttersheim! Trop occupé de moi durant ma détresse, je l'avois un peu perdu de vue; mais il n'étoit point sorti de mon cœur, et j'y avois nourri le désir secret de me rapprocher de lui, si jamais je trouvois quelque intervalle de repos entre les malheurs et la mort. C'étoit l'homme qu'il me falloit pour me fermer les yeux; son caractère étoit doux, sa société étoit simple; rien de la pretintaille françoise; encore plus de sens que d'esprit; un goût sain, formé par la bonté de son cœur, des talens assez pour parer une solitude, et un naturel fait pour l'aimer avec un ami: c'étoit mon homme; la Providence me l'a ôté; les hommes m'ont ôté la jouissance de tout ce qui dépendoit d'eux; ils me vendent jusqu'à la petite mesure d'air qu'ils permettent que je respire: il ne me restoit qu'une espérance illusoire, il ne m'en reste plus du tout. Sans doute le ciel me trouve digne de tirer de moi seul toutes mes ressources, puisqu'il ne m'en reste plus aucune autre. Je sens que la perte de ce pauvre garçon m'affecte plus à proportion qu'aucun de mes autres malheurs. Il falloit qu'il y eût une sympathie bien forte entre lui et moi, puisque ayant déjà appris à me mettre en garde contre les empressés, je le reçus à bras ouverts sitôt qu'il se présenta, et dès les premiers jours de notre liaison, elle fut intime. Je me souviens que, dans ce même temps, on m'écrivit de Genève que c'était un espion aposté pour tâcher de m'attirer en France, où l'on vouloit, disoit la lettre, me faire un mauvais parti. Là-dessus je proposai à Sauttersheim un voyage à Pontarlier, sans lui parler de ma lettre: il y consent; nous partons. En arrivant à Pontarlier, je l'embrasse avec transport, et puis je lui montre la lettre: il la lit sans s'émouvoir; nous nous embrassons derechef, et nos larmes coulent. J'en verse derechef en me rappelant ce délicieux moment. J'ai fait avec lui plusieurs petits voyages pédestres; je commençois d'herboriser, il prenoit le même goût; nous allions voir mylord maréchal, qui, sachant que je l'aimois, le recevoit bien, et le prit bientôt en amitié lui-même. Il avoit raison. Sauttersheim étoit aimable; mais son mérite ne pouvoit être senti que par des gens bien nés; il glissoit sur tous les autres. La génération dans laquelle il a vécu n'étoit pas faite pour le connoître: aussi n'a-t-il rien pu faire à Paris ni ailleurs. Le ciel l'a retiré du milieu des hommes où il étoit étranger; mais pourquoi m'y a-t-il laissé?

Pardon, monsieur; mais vous aimiez ce pauvre garçon, et je sais que l'effusion de mon attachement et de mon regret ne peut vous déplaire. Je suis sensible à la peine que vous avez bien voulu prendre en ma faveur auprès de M. le prince de Conti; mais vous en avez été bien payé par le plaisir de converser avec le plus aimable et le plus généreux des hommes, qui sûrement eût aimé et favorisé notre pauvre Sauttersheim s'il l'avoit connu. Je vois, par ce que vous me marquez de ses nouvelles bontés pour moi, qu'elles sont inépuisables comme la générosité de son cœur. Ah! pourquoi faut-il que tant d'intermédiaires qui nous séparent détournent et anéantissent tout l'effet de ses soins? J'apprends que son trésorier qui m'a fait chasser du château de Trye à force d'intrigues, est en liaison avec l'agent du prince à celui de Lavagnac, et qu'il a déjà été question de moi entre eux deux. Il ne m'en faut pas davantage pour juger d'avance du sort qu'on m'y prépare; mais n'importe, me voilà prêt, et il n'y a rien que je n'endure plutôt que de mériter la disgrâce du prince en me rétractant sur ce que j'ai demandé moi-même, et en laissant inutiles, par ma faute, les démarches qu'il veut bien faire en ma faveur. De tous les malheurs dont on a résolu de m'accabler jusqu'à ma dernière heure, il y en a un du moins dont je saurai me garantir quoi qu'on fasse, c'est celui de perdre sa bienveillance et sa protection par ma faute.

Vous avez la bonté, monsieur, de me chercher une épinette. Voilà un soin dont je vous suis très-obligé, mais dont le succès m'embarrasseroit beaucoup; car avant d'avoir ladite épinette, il faudroit premièrement me pourvoir d'un lieu pour la placer, et... d'une pierre pour y poser ma tête. Mon herbier et mes livres de botanique me coûtent déjà beaucoup de peine et d'argent à transporter de gîte en gîte, et de cabaret en cabaret. Si nous ajoutons de surcroît une épinette, il faudroit donc y attacher des courroies, afin que je pusse la porter sur mon dos, comme les Savoyardes portent leurs vielles : tout cet attirail me feroit un équipage assez digne du *Roman comique*, mais aussi peu risible qu'utile pour moi. Dans les douces rêveries dont je suis encore assez fou pour me bercer quelquefois, j'ai pu faire entrer le désir d'une épinette; mais nous serons assez à temps de songer à cet article quand tous les autres seront réalisés; et il me semble que de tous les services que vous pourriez me rendre, celui de me pourvoir d'une épinette doit être laissé pour le dernier. Il est vrai que vous me voyez déjà tranquille au château de Lavagnac. Ah! mon cher monsieur Laliaud, cela me prouve que vous avez la vue plus longue que moi. Bonjour, monsieur; nous vous saluons tous deux de tout notre cœur. Je vous donne l'exemple de finir sans complimens; vous ferez bien de le suivre.

A M. MOULTOU.

Bourgoin, le 30 décembre 1768.

J'attendois, cher Moultou, pour répondre à votre dernière lettre, d'avoir reçu les ordres que M. le prince de Conti m'avoit fait annoncer ensuite de l'approbation qu'il a donnée au projet de ma retraite à Lavagnac; mais ces ordres ne sont point encore venus, et je crains qu'ils ne viennent pas si tôt, car son altesse m'a fait prévenir qu'il falloit, avant de m'écrire, qu'elle prît pour ce projet des arrangemens semblables à ceux qu'elle a cru à propos de prendre pour mon voyage en Dauphiné : ces arrangemens dépendent de l'accord de personnes qui ne se rencontrent pas souvent; et quelle que soit la générosité de cœur de ce grand prince, de quelque extrême bonté qu'il m'honore, vous sentez qu'il n'est pas ni ne sauroit être occupé de moi seul; et la chose du monde qui fait le mieux son éloge est qu'il ne soit pas encore ennuyé de tous les soins que je lui ai coûtés. J'attends donc sans impatience; mais, en attendant, ma situation devient, à tous égards, plus critique de jour en jour; et l'air marécageux et l'eau de Bourgoin m'ont fait contracter depuis quelque temps une maladie singulière dont, de manière ou d'autre, il faut tâcher de me délivrer : c'est un gonflement d'estomac très-considérable et sensible même au-dehors, qui m'oppresse, m'étouffe, et me gêne au point de ne pouvoir plus me baisser, et il faut que ma pauvre femme ait la peine de me mettre mes souliers, etc. Je croyois d'abord d'engraisser, mais la graisse n'étouffe pas; je n'engraisse que de l'estomac, et le reste est tout aussi maigre qu'à l'ordinaire. Cette incommodité, qui croît à vue d'œil, me détermine à tâcher de sortir de ce mauvais pays le plus tôt qu'il me sera possible, en attendant que le prince ait jugé à propos de disposer de moi. Il y a dans ce pays, à demi-lieue de la ville, une maison à mi-côte, agréable, bien située, où l'eau et l'air sont très-bons, et où le propriétaire veut bien me céder un petit logement que j'ai dessein d'occuper. La maison est seule, loin de tout village, et inhabitée dans cette saison. J'y serai seul avec ma femme et une servante qu'on y tient : voilà une belle occasion, pour ceux qui disposent de moi, de se délivrer du soin de ma garde, et de me délivrer, moi, des misères de cette vie. Cette idée ne me détourne ni ne me détermine : je compte aller là dans quelques jours, à la merci des hommes et à la garde de la Providence. En attendant que je sache s'il m'est permis d'aller vous joindre, ou si je dois rester dans ce pays (car je suis déterminé à ne prendre aucun parti sans l'aveu du prince, parce que ma confiance est égale à ma reconnoissance, et c'est tout dire), cher Moultou, adieu : je ne sais ni dans quel temps ni à quelle occasion je cesserai de vous écrire, mais, tant que je vivrai, je ne cesserai de vous aimer.

MADAME LATOUR.

A Bourgoin, le 3 janvier 1769.

Ceux qui ont besoin qu'un homme dans mon état leur rappelle son existence sont indignes qu'il les en fasse souvenir. Je savois, chère Marianne, que vous n'étiez pas de ce nombre; j'attendois de vos nouvelles, et j'étois sûr d'en recevoir, mais ma situation ne me permettoit pas de vous en demander. Mon cœur ne peut cesser d'être plein de vous; je vous chérissois par toutes les qualités aimables que vous m'avez montrées; mais un seul service de véritable amitié m'imprimera toujours un sentiment plus fort que tout autre attachement, un sentiment que l'absence ni le temps ne peuvent prescrire; et, soit qu'il me reste peu ou beaucoup de temps à vivre, vous me serez aussi respectable que chère jusqu'à mon dernier soupir.

Depuis quelques jours je ne puis plus écrire sans beaucoup souffrir, et bientôt, si mon état empire, je ne le pourrai plus du tout. Un mal d'estomac accompagné d'enflure et d'étouffement ne me permet plus de me baisser : toute autre attitude que celle de me tenir droit me suffoque, et il y a déjà long-temps que je ne puis mettre moi-même mes souliers. Je veux attribuer ce mal extraordinaire à l'air et à l'eau du pays marécageux que j'habite; si je m'en tire, je vous l'écrirai : si j'y succombe, Marianne, honorez la mémoire de votre ami, et soyez sûre qu'il a vécu et qu'il mourra digne des sentimens que vous lui avez témoignés.

A M. BEAUCHATEAU.

Bourgoin, le 9 janvier 1769.

Hier, monsieur, je reçus, par le canal du sieur Guy, libraire à Paris, avec des Étrennes mignonnes, votre lettre du 7 septembre 1768.

Mes ennemis ont toujours parlé; mes amis, si j'en ai, se sont toujours tus : les uns et les autres peuvent continuer de même. Je ne désire point qu'on me loue, encore moins qu'on me justifie. J'approche d'un séjour où les injustices des hommes ne pénètrent pas. La seule chose que je désire, en les quittant, est de les laisser tous heureux et en paix. Adieu, monsieur.

A M. DU PEYROU.

Bourgoin, le 12 janvier 1769.

Permettez, mon cher hôte, que, dans l'impossibilité où me met un grand mal d'estomac, accompagné d'enflure, d'étouffement et de fièvre, d'écrire moi-même, j'emprunte le secours d'une autre main pour vous marquer combien je suis touché de la continuation de vos alarmes sur le triste état de madame la commandante. Je vous avoue que depuis que j'eus l'honneur de la voir un peu de suite à Cressier, je jugeai sur plusieurs signes que son sang, très-sain d'ailleurs, tenoit d'une humeur scorbutique, et vous savez que c'est un des effets du scorbut de rendre les os très-fragiles; mais en même temps, cette humeur surabondante rend les calus très-faciles à former. Ainsi le remède, à quelque égard, suit le mal; il n'y a que des mouvemens bien lians, bien doux, tels qu'elle sera forcée de les faire, qui puissent prévenir pareils accidens à l'avenir. Son état forcé sera presque celui où elle seroit obligée de se tenir volontairement à l'avenir pour prévenir d'autres fractures, quand même elle n'en auroit point eu jusqu'ici. Le mien, mon cher hôte, me dispense de tant de prévoyance, et je crois que la nature ou les hommes me laissent voir de plus près le repos auquel j'avois inutilement aspiré jusqu'ici. Accoutumé à l'air subtil des montagnes, je puis juger que l'air marécageux du pays que j'habite, et les mauvaises eaux que l'on est forcé d'y boire, ont contribué à me mettre dans cet état. Si j'avois eu plus de force et de moyens, que ma santé fût moins désespérée, je tâcherois d'aller travailler à la rétablir dans quelque habitation plus convenable à mon tempérament. Mais le mal me paroît sans remède; je suis très-foible, c'est une grande fatigue pour moi de me transplanter; ainsi j'ignore encore si j'en aurai l'occasion, le courage, et si j'y serai à temps. S'il arrivoit que je fusse privé du plaisir de vous écrire davantage, vous pourrez toujours avoir des nouvelles de ma femme, et lui donner des vôtres, comme j'espère que vous voudrez bien faire par la voie de Lyon.

Quant à ce qui est entre vos mains, et qui peut être complété par ce qui est dans celles de la dame à la marmelade de fleur d'orange, je vous laisse absolument le maître d'en disposer après moi de la manière qui vous paroîtra la plus favorable aux intérêts de ma veuve, à ceux de ma filleule, et à l'honneur de ma mémoire.

Il n'y a pas d'apparence, mon cher hôte, qu'il soit désormais beaucoup question de botanique; ainsi vos plantes des Alpes et le livre que vous y vouliez joindre ne seront probablement plus de saison quand même je resterois comme je suis, ce qui me paroît impossible, puisque je ne saurois actuellement me baisser, ni mettre mes souliers moi-même; ce qui n'est pas une bonne disposition pour herboriser. D'ailleurs la fièvre, et même assez forte, me rend si foible, qu'il faut dans peu qu'elle s'en aille ou que je m'en aille. Je ne puis pas vous dire encore lequel sera des deux.

Depuis cette lettre écrite, mon cher hôte, je me sens mieux, et assez bien pour pouvoir, sans beaucoup d'incommodité, y joindre un mot de ma main; mais ma pauvre femme à son tour est tombée malade, et ma chambre est un hôpital. Comme je suis persuadé que réellement l'air de ce lieu nous est pernicieux à l'un et à l'autre, je suis déterminé, sitôt qu'elle sera en état de souffrir le transport, d'aller nous établir à une lieue d'ici, sur la hauteur, en très-bon air, dans une maison abandonnée, mais où le gentilhomme à qui elle appartient veut bien me faire accommoder un petit logement. Adieu, mon cher hôte, nous vous embrassons l'un et l'autre de tout notre cœur; offrez nos respects et nos vœux à la maman, et nos amitiés à M. Jeannin.

M. LALIAUD.
Bourgoin, le 12 janvier 1769.

Je commence, monsieur, d'entrevoir le repos que vous m'annoncez, et que j'ai pressenti même avant vous; un grand mal d'estomac, accompagné d'enflure, d'étouffement et de fièvre, m'en montre la route autre que celle que vous avez prévue, mais la seule par laquelle j'y puis parvenir. Cette bizarre maladie a des relâches, que je paie par des retours plus cruels; et hier même je me croyois guéri; j'ai changé cette nuit d'opinion; je comprends que j'en ai pour le reste de la route; mais j'ignore si le trajet qui me reste à faire sera court ou long. La seule chose que je sens, c'est qu'il sera rude, d'autant plus que l'impossibilité de me baisser, de me chausser, d'herboriser par conséquent, et l'extrême difficulté d'écrire, me condamnent à la plus insupportable inaction, ne pouvant supporter aucune lecture, ni feuilleter que des livres de plantes, qui vont ne me servir plus de rien. Je crois que l'attitude d'être continuellement occupé à coller des plantes, et courbé sur la caisse de mon herbier, a beaucoup contribué à détruire mon estomac; et lorsque je reprends dans des momens la même attitude, la douleur et l'oppression qui redoublent, me forcent bien vite à la quitter: mais je crois que l'air et l'eau de ce pays marécageux m'ont fait plus de mal encore; je ne m'en suis pas senti tout seul; et ma femme, qui vient d'être aussi malade, en a éprouvé sa part. Cela m'a déterminé, me voyant totalement oublié, ou du moins abandonné, à accepter un petit logement qui m'a été offert sur la hauteur à une lieue d'ici, dans une maison inhabitée, mais en très-bon air, et je compte m'y transplanter aussitôt qu'il sera prêt, et que nous en aurons la force; trop heureux si l'on m'y laisse au moins finir mes jours dans la langueur d'une oisiveté totale, ou mêlée uniquement de mes maux, plus supportables pour moi qu'elle.

Voici, monsieur, une lettre de change de dix livres sterling sur l'Angleterre, que je vous prie de tâcher de négocier, ou d'envoyer à Londres; elle sera payée sur-le-champ: c'est une petite rente viagère que j'ai reçue en paiement de mes livres, que je vendis à Londres pour n'avoir plus à les traîner après moi depuis qu'ils m'étoient devenus inutiles.

Mon cher monsieur Laliaud, plaignez-moi et pardonnez-moi. Je ne puis plus écrire sans souffrir beaucoup et sans aggraver mon mal; et, pour surcroît, je n'ai affaire qu'à des gens exigeans, qui s'embarrassent très-peu de mon état, et me comptent leurs lignes sur les pages qu'ils exigent de moi. Vous n'êtes pas de même; aussi toute mon attente est en vous. Je ne vous écrirai que pour choses nécessaires et très en bref. Ne comptez pas rigoureusement avec votre serviteur, je vous en conjure, et donnez-moi la consolation d'apprendre de temps en temps que vous ne m'oubliez pas. Je vous embrasse de tout mon cœur, et ma femme vous salue.

A M. DU PEYROU.

A Bourgoin, le 18 janvier 1769.

J'apprends, mon cher hôte, par le plus singulier hasard, qu'on a imprimé à Lausanne un des chiffons qui sont entre vos mains, sur cette question: *Quelle est la première vertu du héros?* Vous croyez bien que je comprends qu'il s'agit d'un vol; mais comment ce vol a-t-il été fait, et par qui?... Vous qui êtes si soigneux, et surtout des dépôts d'autrui! J'ai des engagemens qui rendent de pareils larcins de très-grande conséquence pour moi. Comment donc ne m'avez-vous point du moins averti de cette impression? De grâce, mon cher hôte, tâchez de remonter à la source, de savoir comment et par qui ce torche-cul a été imprimé. Je vis dans la sécurité la plus profonde sur les papiers qui sont entre vos mains; si vous souffrez que je perde cette sécurité, que deviendrai-je? Mettez-vous à ma place, et pardonnez l'importunité.

J'ai cru mourir cette nuit; le jour je suis moins mal. Ce qui me console, est que de semblables nuits ne sauroient se multiplier beaucoup. Ma femme, qui a été fort mal aussi, se trouve mieux. Je me prépare à déloger pour aller, dans le séjour élevé qui m'est destiné, chercher un air plus pur que celui qu'on respire dans ces vallées. Je vous embrasse.

Je suis très-inquiet de l'état de madame la Commandante, et par conséquent du vôtre.

Mon cher hôte, donnez-moi, je vous prie, des nouvelles de tous deux le plus tôt que vous pourrez. Je vous embrasse.

A M. LALIAUD.

Monquin, le 4 février 1769.

J'ai reçu, monsieur, vos deux dernières lettres, et, avec la première, la rescription que vous avez eu la bonté de m'envoyer, et dont je vous remercie.

Quoi! monsieur, le barbouillage académique imprimé à Lausanne l'avoit aussi été à Paris!... et c'est M. Fréron qui en est l'éditeur (*)!.... Le temps de l'impression, le choix de la pièce, la moindre et la plus plate de tout ce que j'ai laissé en manuscrit, tout m'apprend par quelles espèces de mains et à quelle intention cet écrit a été publié. L'édition de Lausanne, si elle existe, aura probablement été faite sur celle de Paris; mais le silence de M. Du Peyrou me fait douter de cette seconde édition, dont la nouvelle m'a été donnée d'assez loin pour qu'on ait pu confondre; et de pareils chiffons ne sont guère de ceux qu'on imprime deux fois. Vous avez pris le vrai moyen d'aller, s'il est possible, à la source du vol par l'examen du manuscrit; cela vaut mieux qu'une lettre imprimée, qui ne feroit que faire souvenir de moi le public et mes ennemis, dont je cherche à être oublié, et sur laquelle les coupables n'iront sûrement pas se déclarer. Vous m'apprenez aussi qu'on a imprimé un nouveau volume de mes écrits vrais ou faux. C'est ainsi qu'on me dissèque de mon vivant, ou plutôt qu'on dissèque un autre corps sous mon nom. Car quelle part ai-je au recueil dont vous me parlez, si ce n'est deux ou trois lettres de moi qui y sont insérées, et sur lesquelles, pour faire croire que le recueil entier en étoit, on a eu l'impudence de le faire imprimer à Londres sous mon nom, tandis que j'étois en Angleterre, en supprimant la première édition de Lausanne faite sous les yeux de l'auteur? J'entrevois que l'impression du chiffon académique tient encore à quelque autre ma-

(*) En effet, Fréron avoit publié le discours dont il s'agit dans son *Année littéraire*, tome VII, 1768. Il y est précédé d'une lettre d'envoi que lui adresse un anonyme, et le journaliste n'y a ajouté aucune réflexion. G. P.

nœuvre souterraine de même acabit. Vous m'avez écrit quelquefois que je faisois du noir; l'expression n'est pas juste; ce n'est pas moi, monsieur, qui fais du noir, mais c'est moi qu'on en barbouille. Patience; ils ont beau vouloir écarter le vivier d'eau claire, il se trouvera quand je ne serai plus en leur pouvoir, et au moment qu'ils y penseront le moins. Aussi qu'ils fassent désormais à leur aise, je les mets au pis. J'attends sans alarmes l'explosion qu'ils comptent faire après ma mort sur ma mémoire, semblables aux vils corbeaux qui s'acharnent sur les cadavres. C'est alors qu'ils croiront n'avoir plus à craindre le trait de lumière qui, de mon vivant, ne cesse de les faire trembler, et c'est alors que l'on connoîtra peut-être le prix de ma patience et de mon silence. Quoi qu'il en soit, en quittant Bourgoin j'ai quitté tous les soucis qui m'en ont rendu le séjour aussi déplaisant que nuisible. L'état où je suis a plus fait pour ma tranquillité que les leçons de la philosophie et de la raison. J'ai vécu, monsieur; je suis content de l'emploi de ma vie; et du même œil que j'en vois les restes, je vois aussi les événemens qui les peuvent remplir. Je renonce donc à savoir désormais rien de ce qui se dit, de ce qui se fait, de ce qui se passe par rapport à moi : vous avez eu la discrétion de ne m'en jamais rien dire. Je vous conjure de continuer. Je ne me refuse pas aux soins que votre amitié, votre équité, peuvent vous inspirer pour la vérité, pour moi dans l'occasion, parce que, après les sentimens que vous professez envers moi, ce seroit vous manquer à vous-même. Mais dans l'état où sont les choses, et dans le train que je leur vois prendre, je ne veux plus m'occuper de rien qui me rappelle hors de moi, de rien qui puisse ôter à mon esprit la même tranquillité dont jouit ma conscience.

Je vous écris, sans y penser, de longues lettres qui font grand bien à mon cœur, et grand mal à mon estomac. Je remets à une autre fois le détail de mon habitation. Madame Renou vous remercie et vous salue ; et moi, mon cher monsieur, je vous embrasse de tout mon cœur.

A M. MOULTOU.

Monquin, le 14 février 1769.

Je suis délogé, cher Moultou : j'ai quitté l'air marécageux de Bourgoin pour venir occuper sur la hauteur une maison vide et solitaire que la dame à qui elle appartient m'a offerte depuis long-temps, et où j'ai été reçu avec une hospitalité très-noble, mais trop bien pour me faire oublier que je ne suis pas chez moi. Ayant pris ce parti, l'état où je suis ne me laisse plus penser à une autre habitation; l'honnêteté même ne me permettroit pas de quitter si promptement celle-ci après avoir consenti qu'on l'arrangeât pour moi. Ma situation, la nécessité, mon goût, tout me porte à borner mes désirs et mes soins à finir dans cette solitude des jours dont, grâce au ciel, et quoi que vous en puissiez dire, je ne crois pas le terme bien éloigné. Accablé des maux de la vie et de l'injustice des hommes, j'approche avec joie d'un séjour où tout cela ne pénètre point ; et en attendant je ne veux plus m'occuper, si je puis, qu'à me rapprocher de moi-même, et à goûter ici entre la compagne de mes infortunes, et mon cœur et Dieu qui le voit, quelques heures de douceur et de paix en attendant la dernière. Ainsi, mon bon ami, parlez-moi de votre amitié pour moi, elle me sera toujours chère ; mais ne me parlez plus de projets. Il n'en est plus pour moi d'autre en ce monde que celui d'en sortir avec la même innocence que j'y ai vécu.

J'ai vu, mon ami, dans quelques-unes de vos lettres, notamment dans la dernière, que le torrent de la mode vous gagne, et que vous commencez à vaciller dans des sentimens où je vous croyois inébranlable. Ah! cher ami, comment avez-vous fait? Vous en qui j'ai toujours cru voir un cœur si sain, une âme si forte, cessez-vous donc d'être content de vous-même? et le témoin secret de vos sentimens commenceroit-il à vous devenir importun? Je sais que la foi n'est pas indispensable, que l'incrédulité sincère n'est point un crime, et qu'on sera jugé sur ce qu'on aura fait et non sur ce qu'on aura cru. Mais prenez garde, je vous conjure, d'être bien de bonne foi avec vous-même, car il est très-différent de n'avoir pas cru ou de n'avoir pas voulu croire; et je puis concevoir comment celui qui n'a jamais cru ne croira jamais, mais non comment celui qui a cru peut cesser de croire. Encore un coup, ce que je vous demande n'est pas tant la foi que la bonne foi. Voulez-vous rejeter l'intelligence universelle? les causes finales vous crèvent les yeux. Voulez-vous étouffer l'instinct moral? la voix interne s'élève dans votre cœur, y foudroie les petits argumens à la mode, et vous crie qu'il n'est pas vrai que l'honnête homme et le scélérat, le vice et la vertu ne soient rien; car vous êtes trop bon raisonneur pour ne pas voir à l'instant qu'en rejetant la cause première et le mouvement, on ôte toute moralité de la vie humaine. Eh quoi, mon Dieu! le juste infortuné en proie à tous les maux de cette vie, sans en excepter même l'opprobre et le déshonneur, n'auroit nul dédommagement à attendre après elle, et mourroit en bête après avoir vécu en Dieu? Non, non, Moultou; Jésus, que ce siècle a méconnu parce qu'il est indigne de le connoître; Jésus, qui mourut pour avoir voulu faire un peuple illustre et vertueux de ses vils compatriotes, le sublime Jésus ne mourut point tout entier sur la croix; et moi qui ne suis qu'un chétif homme plein de foiblesses, mais qui me sens un cœur dont un sentiment coupable n'approcha jamais, c'en est assez pour qu'en sentant approcher la dissolution de mon corps, je sente en même temps la certitude de vivre. La nature entière m'en est garante. Elle n'est pas contradictoire avec elle-même; j'y vois régner un ordre physique admirable et qui ne se dément jamais. L'ordre moral y doit correspondre. Il fut pourtant renversé pour moi durant ma vie; il va donc commencer à ma mort. Pardon, mon ami, je sens que je rabâche; mais mon cœur, plein pour moi d'espoir et de confiance, et pour vous d'intérêt et d'attachement, ne pouvoit se refuser à ce court épanchement.

P. S. Je ne songe plus à Lavagnac, et probablement mes voyages sont finis. J'ai pourtant reçu dernièrement une lettre du patron de la case, aussi pleine de bonté et d'amitié qu'il m'en ait jamais écrit, et qui donne son approbation à une autre proposition qui m'avoit été faite; mais toujours projeter ne me convient plus. Je veux jouir entre la nature et moi du peu de jours qui me restent, sans plus me laisser promener, si je puis, parmi les hommes qui m'ont si mal traité et plus mal connu. Quoique je ne puisse plus me baisser pour herboriser, je ne puis renoncer aux plantes; je les observe avec plus de plaisir que jamais. Je ne vous dis point de m'envoyer les vôtres, parce que j'espère que vous les apporterez : ce moment, cher Moultou, me sera bien doux. Adieu, je vous embrasse; partagez tous les sentimens de mon cœur avec votre digne moitié, et recevez l'un et l'autre les respects de la mienne. Elle va rester à plaindre. C'est bien malgré elle, c'est bien malgré nous qu'elle et moi n'avons pu remplir de grands devoirs; mais elle en a rempli de bien respectables. Que de choses qui devroient être sues vont être ensevelies avec moi! et combien mes cruels ennemis tireront d'avantages de l'impossibilité où ils m'ont mis de parler!

A M. LALIAUD.

A Monquin, le 18 février 1769.

Je ne connois point M. de La Sale; je sais seulement que c'est un fabricant de Lyon. Il accompagna cet automne le fils de madame Boy de La Tour, mon amie, qui vint me voir ici. Me voyant logé si tristement et dans un si mauvais air, il me proposa une habitation en Dombes; je ne dis ni oui ni non. Cet hiver, me voyant dépérir, il est revenu à la charge; j'ai refusé; il m'a pressé. Faute d'autres bonnes raisons à lui dire, je lui ai déclaré que je ne pouvois sortir de cette province sans l'agrément de M. le prince de Conti. Il m'a pressé de lui permettre de demander cet agrément; je ne m'y suis pas opposé : voilà tout.

J'apprends, par le plus grand hasard du monde, qu'on vient d'imprimer à Lausanne un ancien chiffon de ma façon. C'est un discours sur une question proposée, en 1751, par M. de Cursay, tandis qu'il étoit en Corse. Quand il fut fait, je le trouvai si mauvais que je ne voulus ni l'envoyer ni le faire imprimer. Je le remis avec tout ce que j'avois en manuscrit à M. Du Peyrou avant mon départ pour l'Angleterre. Je ne l'ai pas revu depuis, et je n'y ai pas même pensé. Je ne puis me rappeler avec certitude si ce barbouillage est ou n'est point un des manuscrits inlisibles que M. Du Peyrou m'envoya à Wootton pour les transcrire; et que je lui renvoyai, copie et brouillon, par son ami M. de Cerjat, chez lequel, ou durant le transport, le vol aura pu se faire ; ce qu'il y a de sûr, c'est que je n'ai aucune part à cette impression, et que si j'eusse été assez insensé pour vouloir mettre encore quelque chose sous la presse, ce n'est pas un pareil torche-cul que j'aurois choisi. J'ignore comment il est passé sous la presse ; mais je crois M. Du Peyrou parfaitement incapable d'une pareille infidélité. En ce qui me regarde, voilà la vérité, et il m'importe que cette vérité soit connue. Je vous embrasse et vous salue, mon cher monsieur, de tout mon cœur.

M. DU PEYROU.

Monquin, le 28 février 1769.

Je suis sur ma montagne, mon cher hôte, où mon nouvel établissement et mon estomac me rendent pénible d'écrire, sans quoi je n'aurois pas attendu si long-temps à vous demander de fréquentes nouvelles de madame la Commandante, jusqu'à l'entière guérison dont, sur votre pénultième lettre, l'espoir se joint au désir. Pour moi, mon état n'est pas empiré depuis que je suis ici ; mais je souffre toujours beaucoup. J'ai eu tort de ne vous pas marquer le rétablissement de madame Renou qui n'a tenu le lit que peu de jours ; mais imaginez ce que c'étoit que d'être tous deux en même temps presque à l'extrémité dans un mauvais cabaret.

Il n'y a pas eu moyen de tirer de Fréron le manuscrit sur lequel le discours en question a été imprimé ; mais je vois, par ce que vous me marquez, que la copie furtive en a été faite avant les corrections, qui cependant sont assez anciennes ; elles n'empêchent pas que l'ouvrage, ainsi corrigé, ne soit un misérable torche-cul ; jugez de ce qu'il doit être dans l'état où ils l'ont imprimé. Ce qu'il y a de pis est que Rey et les autres ne manqueront pas de l'insérer en cet état dans le recueil de mes écrits. Qu'y puis-je faire ? Il n'y a point de ma faute. Dans l'état où je suis, tout ce qu'il reste à faire, quand tous les maux sont sans remède, est de rester tranquille et de ne plus se tourmenter de rien.

M. Séguier, célèbre par le *Plantæ Veronenses*, que vous avez peut-être ou que vous devriez avoir, vient de m'envoyer des plantes qui m'ont remis sur mon herbier et sur mes bouquins. Je suis maintenant trop riche pour ne pas sentir la privation de ce qui me manque. Si parmi celles que vous promet le Parolier, pouvoient se trouver la *grande gentiane pourprée*, le *thora valdensium*, l'*epimedium* et quelques autres, le tout bien conservé et en fleurs, je vous avoue que ce cadeau me feroit le plus grand plaisir, car je sens que, malgré tout, la botanique me domine. J'herboriserai, mon cher hôte, jusqu'à la mort et au-delà ; car s'il y a des fleurs aux champs élysées, j'en formerai des couronnes pour les hommes vrais, francs, droits et tels qu'assurément j'avois mérité d'en trouver sur la terre. Bonjour, mon très-cher hôte ; mon estomac m'avertit de finir avant que la morale me gagne ; car cela me mèneroit loin. Mon cœur vous suit au pied du lit de la bonne maman. J'embrasse le bon Jeannin.

A M. LALIAUD

Monquin, le 17 mars 1769.

J'ai reçu, monsieur, avec votre dernière lettre, votre seconde rescription, dont je vous remercie, et dont je n'ai pas encore fait usage, faute d'occasion.

Je me trouve beaucoup mieux depuis que je suis ici ; je respire et j'agis beaucoup plus librement, quoique l'estomac ne soit pas désenflé : outre l'effet de l'air et de l'eau marécageuse, je crois devoir attribuer en grande partie mon incommodité au vin du cabaret, dont j'ai apporté avec moi une vingtaine de bouteilles, et dont j'ai senti le mauvais effet toutes les fois que j'en ai bu. Tous les cabaretiers falsifient et frelatent ici leurs vins avec de l'alun ; et rien n'est plus pernicieux, surtout pour moi.

J'ai appris par M. Du Peyrou que le discours en question avoit été absolument défiguré et mutilé à l'impression, et que non-seulement on n'avoit pas suivi les corrections que j'y ai faites, mais qu'on avoit même retranché des morceaux de la première composition. Cela me console en quelque sorte de ce larcin où personne de bon sens ne peut reconnoître mon ouvrage.

Permettez que je vous prie de donner cours à la lettre ci-jointe.

J'oubliois de vous répondre au sujet des livres dont vous offrez de me défaire. S'ils sont tolérés, j'y consens; s'ils sont défendus, je m'y oppose. Mais une chose qui me tient beaucoup plus au cœur, et dont vous ne me parlez point, est le portrait du roi d'Angleterre. Il est singulier que, de quelque façon que je m'y prenne, il me soit impossible d'avoir ce portrait. Il est pourtant bien à moi, ce me semble, et je ne suis d'humeur à le céder à qui que ce soit, pas même à vous, à moins qu'il ne vous fît autant de plaisir qu'à moi.

Donnez-nous, monsieur, de vos nouvelles à vos momens de loisir. Madame Renou vous souhaite, ainsi que moi, bonheur et santé, et nous vous faisons l'un et l'autre bien des salutations.

M. DE *** (*).

Monquin, le 25 mars 1769.

Le voilà, monsieur, ce misérable radotage que mon amour-propre humilié vous a fait si long-temps attendre, faute de sentir qu'un amour-propre beaucoup plus noble devoit m'apprendre à surmonter celui-là. Qu'importe que mon verbiage vous paroisse misérable, pourvu que je sois content du sentiment qui me l'a dicté? Sitôt que mon meilleur état m'a rendu quelques forces, j'en ai profité pour le relire et vous l'envoyer. Si vous avez le courage d'aller jusqu'au bout, je vous prie après cela de vouloir bien me le renvoyer, sans me rien dire de ce que vous en aurez pensé, et que je comprends de reste. Je vous salue, monsieur, et vous embrasse de tout mon cœur.

A M. DE ***

Bourgoin, le 15 janvier 1769.

Je sens, monsieur, l'inutilité du devoir que je remplis en répondant à votre dernière lettre; mais c'est un devoir enfin que vous m'imposez et que je remplis de bon cœur quoique mal, vu les distractions de l'état où je suis.

(*) Cette lettre sert d'envoi à celle qui suit, écrite plus de deux mois auparavant, comme on le voit par sa date. G. P.

Mon dessein, en vous disant ici mon opinion sur les principaux points de votre lettre, est de vous la dire avec simplicité et sans chercher à vous la faire adopter. Cela seroit contre mes principes et même contre mon goût. Car je suis juste; et comme je n'aime point qu'on cherche à me subjuguer, je ne cherche non plus à subjuguer personne. Je sais que la raison commune est très-bornée; qu'aussitôt qu'on sort de ses étroites limites, chacun a la sienne qui n'est propre qu'à lui; que les opinions se propagent par les opinions, non par la raison, et que quiconque cède au raisonnement d'un autre, chose déjà très-rare, cède par préjugé, par autorité, par affection, par paresse; rarement, jamais peut-être par son propre jugement.

Vous me marquez, monsieur, que le résultat de vos recherches sur l'auteur des choses est un état de doute. Je ne puis juger de cet état, parce qu'il n'a jamais été le mien. J'ai cru dans mon enfance par autorité, dans ma jeunesse par sentiment, dans mon âge mûr par raison, maintenant je crois parce que j'ai toujours cru. Tandis que ma mémoire éteinte ne me remet plus sur la trace de mes raisonnemens, tandis que ma judiciaire affoiblie ne me permet plus de les recommencer, les opinions qui en ont résulté me restent dans toute leur force; et sans que j'aie la volonté ni le courage de les mettre derechef en délibération, je m'y tiens en confiance et en conscience, certain d'avoir apporté dans la vigueur de mon jugement à leurs discussions toute l'attention et la bonne foi dont j'étois capable. Si je me suis trompé, ce n'est pas ma faute, c'est celle de la nature, qui n'a pas donné à ma tête une plus grande mesure d'intelligence et de raison. Je n'ai rien de plus aujourd'hui; j'ai beaucoup de moins. Sur quel fondement recommencerois-je donc à délibérer? Le moment presse, le départ approche. Je n'aurois jamais le temps ni la force d'achever le grand travail d'une refonte. Permettez qu'à tout événement j'emporte avec moi la consistance et la fermeté d'un homme, non les doutes décourageans et timides d'un vieux radoteur.

A ce que je puis me rappeler de mes anciennes idées, à ce que j'aperçois de la marche des vôtres, je vois que, n'ayant pas suivi dans nos recherches la même route, il est peu étonnant que nous ne soyons pas arrivés à la même conclusion. Balançant les preuves de l'existence de Dieu avec les difficultés, vous n'avez trouvé aucun des côtés assez prépondérant pour vous décider, et vous êtes resté dans le doute. Ce n'est pas comme cela que je fis : j'examinai tous les systèmes sur la formation de l'univers que j'avois pu connoître ; je méditai sur ceux que je pouvois imaginer ; je les comparai tous de mon mieux ; et je me décidai, non pour celui qui ne m'offroit point de difficultés, car ils m'en offroient tous, mais pour celui qui me paroissoit en avoir le moins : je me dis que ces difficultés étoient dans la nature de la chose, que la contemplation de l'infini passeroit toujours les bornes de mon entendement ; que, ne devant jamais espérer de concevoir pleinement le système de la nature, tout ce que je pouvois faire étoit de le considérer par les côtés que je pouvois saisir ; qu'il falloit savoir ignorer en paix tout le reste ; et j'avoue que, dans ces recherches, je pensai comme les gens dont vous parlez, qui ne rejettent pas une vérité claire ou suffisamment prouvée pour les difficultés qui l'accompagnent, et qu'on ne sauroit lever. J'avois alors, je l'avoue, une confiance si téméraire, ou du moins une si forte persuasion, que j'aurois défié tout philosophe de proposer aucun autre système intelligible sur la nature auquel je n'eusse opposé des objections plus fortes, plus invincibles que celles qu'il pouvoit m'opposer sur le mien ; et alors il falloit me résoudre à rester sans rien croire, comme vous faites, ce qui ne dépendoit pas de moi, ou mal raisonner, ou croire comme j'ai fait.

Une idée qui me vint il y a trente ans a peut-être plus contribué qu'aucune autre à me rendre inébranlable : supposons, me disois-je, le genre humain vieilli jusqu'à ce jour dans le plus complet matérialisme, sans que jamais idée de divinité ni d'âme soit entrée dans aucun esprit humain ; supposons que l'athéisme philosophique ait épuisé tous ses systèmes pour expliquer la formation et la marche de l'univers par le seul jeu de la matière et du mouvement nécessaire, mot auquel, du reste, je n'ai jamais rien conçu : dans cet état, monsieur, excusez ma franchise, je supposois encore ce que j'ai toujours vu, et ce que je sentois devoir être, qu'au lieu de se reposer tranquillement dans ces systèmes, comme dans le sein de la vérité, leurs inquiets partisans cherchoient sans cesse à parler de leur doctrine, à l'éclaircir, à l'étendre, à l'expliquer, la pallier, la corriger, et, comme celui qui sent trembler sous ses pieds la maison qu'il habite, à l'étayer de nouveaux argumens. Terminons enfin ces suppositions par celle d'un Platon, d'un Clarke, qui, se levant tout d'un coup au milieu d'eux, leur eût dit : Mes amis, si vous eussiez commencé l'analyse de cet univers par celle de vous-mêmes, vous eussiez trouvé dans la nature de votre être la clef de la constitution de ce même univers, que vous cherchez en vain sans cela ; qu'ensuite, leur expliquant la distinction des deux substances, il leur eût prouvé par les propriétés mêmes de la matière que, quoi qu'en dise Locke, la supposition de la matière pensante est une véritable absurdité ; qu'il leur eût fait voir quelle est la nature de l'être vraiment actif et pensant, et que, de l'établissement de cet être qui juge, il fût enfin remonté aux notions confuses mais sûres de l'être suprême : qui peut douter que, frappés de l'éclat, de la simplicité, de la vérité, de la beauté de cette ravissante idée, les mortels, jusqu'alors aveugles, éclairés des premiers rayons de la divinité, ne lui eussent offert par acclamation leurs premiers hommages, et que les penseurs surtout et les philosophes n'eussent rougi d'avoir contemplé si long-temps les dehors de cette machine immense, sans trouver, sans soupçonner même la clef de sa constitution ; et, toujours grossièrement bornés par leurs sens, de n'avoir jamais su voir que matière où tout leur montroit qu'une autre substance donnoit la vie à l'univers et l'intelligence à l'homme ? C'est alors, monsieur, que la mode eût été pour cette nouvelle philosophie ; que les jeunes gens et les sages se fussent trouvés d'accord ; qu'une doctrine si belle, si sublime, si douce et si consolante pour tout homme juste, eût réellement excité tous les hommes à la vertu, et que ce beau mot d'*humanité*, rebattu maintenant jusqu'à la fadeur, jusqu'au ridicule, par les gens du monde les moins humains, eût été plus empreint dans les cœurs que dans les livres. Il eût donc suffi d'une simple transposition de temps pour faire prendre tout le contre-pied à la mode philosophique, avec cette différence que celle d'aujourd'hui, malgré son clinquant de paroles, ne nous promet pas une génération bien estimable, ni des philosophes bien vertueux.

Vous objectez, monsieur, que si Dieu eût voulu obliger les hommes à le connoître, il eût mis son existence en évidence à tous les yeux. C'est à ceux qui font de la foi en Dieu un dogme nécessaire au salut de répondre à cette objection, et ils y répondent par la révélation. Quant à moi, qui crois en Dieu sans croire cette foi nécessaire, je ne vois pas pourquoi Dieu se seroit obligé de nous la donner. Je pense que chacun sera jugé non sur ce qu'il a cru, mais sur ce qu'il a fait, et je ne crois point qu'un système de doctrine soit nécessaire aux œuvres, parce que la conscience en tient lieu.

Je crois bien, il est vrai, qu'il faut être de bonne foi dans sa croyance, et ne pas s'en faire un système favorable à nos passions. Comme nous ne sommes pas tout intelligence, nous ne saurions philosopher avec tant de désintéressement que notre volonté n'influe un peu sur nos opinions : l'on peut souvent juger des secrètes inclinations d'un homme par ses sentimens purement spéculatifs ; et, cela posé, je pense qu'il se pourroit bien que celui qui n'a pas voulu croire fût puni pour n'avoir pas cru.

Cependant je crois que Dieu s'est suffisamment révélé aux hommes et par ses œuvres et dans leurs cœurs ; et s'il y en a qui ne le connoissent pas, c'est, selon moi, parce qu'ils ne veulent pas le connoître, ou parce qu'ils n'en ont pas besoin.

Dans ce dernier cas est l'homme sauvage et sans culture qui n'a fait encore aucun usage de sa raison ; qui, gouverné seulement par ses appétits, n'a pas besoin d'autre guide, et qui, ne suivant que l'instinct de la nature, marche par des mouvemens toujours droits. Cet homme ne connoît pas Dieu, mais il ne l'offense pas. Dans l'autre cas, au contraire, est le philosophe qui, à force de vouloir exalter son intelligence, de raffiner, de subtiliser sur ce qu'on pensa jusqu'à lui, ébranle enfin tous les axiomes de la raison simple et primitive, et, pour vouloir toujours savoir plus et mieux que les autres, parvient à ne rien savoir du tout. L'homme à la fois raisonnable et modeste, dont l'entendement exercé, mais borné, sent ses limites et s'y renferme, trouve dans ces limites la notion de son âme et celle de l'auteur de son être,

sans pouvoir passer au-delà pour rendre ces notions claires, et contempler d'aussi près l'une et l'autre que s'il étoit lui-même un pur esprit. Alors, saisi de respect, il s'arrête, et ne touche point au voile, content de savoir que l'être immense est dessous. Voilà jusqu'où la philosophie est utile à la pratique ; le reste n'est plus qu'une spéculation oiseuse pour laquelle l'homme n'a point été fait, dont le raisonneur modéré s'abstient, et dans laquelle n'entrent point l'homme vulgaire. Cet homme, qui n'est ni une brute ni un prodige, est l'homme proprement dit, moyen entre les deux extrêmes, et qui compose les dix-neuf vingtièmes du genre humain ; c'est à cette classe nombreuse de chanter le psaume *Cœli enarrant*, et c'est elle en effet qui le chante. Tous les peuples de la terre connoissent et adorent Dieu ; et, quoique chacun l'habille à sa mode, sous tous ces vêtemens divers on trouve pourtant toujours Dieu. Le petit nombre d'élite qui a de plus hautes prétentions de doctrine, et dont le génie ne se borne pas au sens commun, en veut un plus transcendant, ce n'est pas de quoi je le blâme ; mais qu'il parte de là pour se mettre à la place du genre humain, et dire que Dieu s'est caché aux hommes parce que lui, petit nombre, ne le voit plus, je trouve en cela qu'il a tort. Il peut arriver, j'en conviens, que le torrent de la mode et le jeu de l'intrigue étendent la secte philosophique, et persuadent un moment à la multitude qu'elle ne croit plus en Dieu ; mais cette mode passagère ne peut durer ; et, comme qu'on s'y prenne, il faudra toujours à la longue un Dieu à l'homme ; enfin quand, forçant la nature des choses, la Divinité augmenteroit pour nous d'évidence, je ne doute pas que dans le nouveau lycée on n'augmentât en même raison de subtilité pour la nier. La raison prend à la longue le pli que le cœur lui donne, et quand on veut penser en tout autrement que le peuple, on en vient à bout tôt ou tard.

Tout ceci, monsieur, ne vous paroît guère philosophique, ni à moi non plus, mais, toujours de bonne foi avec moi-même, je sens se joindre à mes raisonnemens, quoique simples, le poids de l'assentiment intérieur. Vous voulez qu'on s'en défie ; je ne saurois penser comme vous sur ce point, et je trouve au contraire dans ce jugement interne une sauvegarde naturelle contre les sophismes de ma raison. Je crains même qu'en cette occasion vous ne confondiez les penchans secrets de notre cœur qui nous égarent, avec ce dictamen plus secret, plus interne encore, qui réclame et murmure contre ces décisions intéressées, et nous ramène en dépit de nous sur la route de la vérité. Ce sentiment intérieur est celui de la nature elle-même, c'est un appel de sa part contre les sophismes de la raison; et ce qui le prouve est qu'il ne parle jamais plus fort que quand notre volonté cède avec le plus de complaisance aux jugemens qu'il s'obstine à rejeter. Loin de croire que qui juge d'après lui soit sujet à se tromper, je crois que jamais il ne nous trompe, et qu'il est la lumière de notre foible entendement lorsque nous voulons aller plus loin que ce que nous pouvons concevoir.

Et après tout, combien de fois la philosophie elle-même, avec toute sa fierté, n'est-elle pas forcée de recourir à ce jugement interne qu'elle affecte de mépriser? N'étoit-ce pas lui seul qui faisoit marcher Diogène pour toute réponse devant Zénon qui nioit le mouvement? N'étoit-ce pas pour lui que toute l'antiquité philosophique répondoit aux pyrrhoniens? N'allons pas si loin; tandis que toute la philosophie moderne rejette les esprits, tout d'un coup l'évêque Berkley s'élève et soutient qu'il n'y a point de corps. Comment est-on venu à bout de répondre à ce terrible logicien? Otez le sentiment intérieur, et je défie tous les philosophes modernes ensemble de prouver à Berkley qu'il y a des corps. Bon jeune homme, qui me paroissez si bien né, de la bonne foi, je vous en conjure, et permettez que je vous cite ici un auteur qui ne vous sera pas suspect, celui des *Pensées philosophiques* (*). Qu'un homme vienne vous dire que, projetant au hasard une multitude de caractères d'imprimerie, il a vu l'Énéide tout arrangée résulter de ce jet : convenez qu'au lieu d'aller vérifier cette merveille vous lui répondrez froidement : Monsieur, cela n'est pas impossible, mais vous mentez. En vertu de quoi je vous prie, lui répondrez-vous ainsi?

Eh! qui ne sait que, sans le sentiment interne il ne resteroit bientôt plus de traces de vérité sur la terre, que nous serions tous successivement le jouet des opinions les plus monstrueuses, à mesure que ceux qui les soutiendroient auroient plus de génie, d'adresse et d'esprit, et qu'enfin, réduits à rougir de notre raison même, nous ne saurions bientôt plus que croire ni que penser?

Mais les objections..... Sans doute il y en a d'insolubles pour nous, et beaucoup, je le sais; mais encore un coup, donnez-moi un système où il n'y en ait pas; ou dites-moi comment je dois me déterminer. Bien plus, par la nature de mon système, pourvu que mes preuves directes soient bien établies, les difficultés ne doivent pas m'arrêter, vu l'impossibilité où je suis, moi être mixte, de raisonner exactement sur les esprits purs et d'en observer suffisamment la nature. Mais vous, matérialiste, qui me parlez d'une substance unique, palpable, et soumise par sa nature à l'inspection des sens, vous êtes obligé non-seulement de ne me rien dire que de clair, de bien prouvé, mais de résoudre toutes mes difficultés d'une façon pleinement satisfaisante, parce que nous possédons vous et moi tous les instrumens nécessaires à cette solution. Et, par exemple, quand vous faites naître la pensée des combinaisons de la matière, vous devez me montrer sensiblement ses combinaisons et leur résultat par les seules lois de la physique et de la mécanique, puisque vous n'en admettez point d'autres. Vous, épicurien, vous composez l'âme d'atomes subtils. Mais qu'appelez-vous *subtils*, je vous prie? Vous savez que nous ne connoissons point de dimensions absolues, et que rien n'est petit ou grand que relativement à l'œil qui le regarde. Je prends par supposition un microscope suffisant, et je regarde un de vos atomes : je vois un grand quartier de rocher crochu; de la danse et de l'accrochement de pareils quartiers j'attends de voir résulter la pensée. Vous, moderniste, vous me montrez une molécule organique : je prends mon microscope, et je vois un dragon grand comme la moitié de ma chambre; j'attends de voir se mouler et s'entortiller de pareils dragons jusqu'à ce que je voie résulter du tout un être non-seulement organisé, mais intelligent, c'est-à-dire un être non agrégatif et qui soit rigoureusement un, etc. Vous me marquiez, monsieur, que le monde s'étoit fortuitement arrangé comme la république romaine : pour que la parité fût juste, il faudroit que la république

---

(*) Diderot.

romaine n'eût pas été composée avec des hommes, mais avec des morceaux de bois. Montrez-moi clairement et sensiblement la génération purement matérielle du premier être intelligent, je ne vous demande rien de plus.

Mais si tout est l'œuvre d'un être intelligent, puissant, bienfaisant, d'où vient le mal sur la terre? Je vous avoue que cette difficulté si terrible ne m'a jamais beaucoup frappé, soit que je ne l'aie pas bien conçue, soit qu'en effet elle n'ait pas toute la solidité qu'elle paroît avoir. Nos philosophes se sont élevés contre les entités métaphysiques, et je ne connois personne qui en fasse tant. Qu'entendent-ils par le *mal*? qu'est-ce que le *mal* en lui-même? où est le *mal* relativement à la nature et à son auteur? L'univers subsiste; l'ordre y règne et s'y conserve; tout y périt successivement, parce que telle est la loi des êtres matériels et mus; mais tout s'y renouvelle, et rien n'y dégénère, parce que tel est l'ordre de son auteur, et cet ordre ne se dément point. Je ne vois aucun mal à tout cela; mais quand je souffre, n'est-ce pas un mal? quand je meurs, n'est-ce pas un mal? Doucement; je suis sujet à la mort, parce que j'ai reçu la vie; il n'y avoit pour moi qu'un moyen de ne point mourir, c'étoit de ne jamais naître. La vie est un bien positif, mais fini, dont le terme s'appelle mort. Le terme du positif n'est pas le négatif, il est zéro. La mort nous est terrible, et nous appelons cette terreur un mal. La douleur est encore un mal pour celui qui souffre, j'en conviens; mais la douleur et le plaisir étoient les seuls moyens d'attacher un être sensible et périssable à sa propre conservation, et ces moyens sont ménagés avec une bonté digne de l'Être suprême. Au moment même que j'écris ceci, je viens encore d'éprouver combien la cessation subite d'une douleur aiguë est un plaisir vif et délicieux. M'oseroit-on dire que la cessation du plaisir le plus vif soit une douleur aiguë? La douce jouissance de la vie est permanente; il suffit, pour la goûter, de ne pas souffrir. La douleur n'est qu'un avertissement importun, mais nécessaire, que ce bien qui nous est si cher est en péril. Quand je regardois de près à tout cela, je trouvai, je prouvai peut-être que le sentiment de la mort et celui de la douleur est presque nul dans l'ordre de la nature. Ce sont les hommes qui l'ont aiguisé; sans leurs raffinemens insensés, sans leurs institutions barbares, les maux physiques ne nous atteindroient, ne nous affecteroient guère, et nous ne sentirions point la mort.

Mais le mal moral! autre ouvrage de l'homme, auquel Dieu n'a d'autre part que de l'avoir fait libre, et en cela semblable à lui. Faudra-t-il donc s'en prendre à Dieu des crimes des hommes et des maux qu'ils leur attirent? faudra-t-il, en voyant un champ de bataille, lui reprocher d'avoir créé tant de jambes et de bras cassés?

Pourquoi, direz-vous, avoir fait l'homme libre, puisqu'il devoit abuser de sa liberté? Ah! M. de ***, s'il exista jamais un mortel qui n'en ait pas abusé, ce mortel seul honore plus l'humanité que tous les scélérats qui couvrent la terre ne la dégradent. Mon Dieu! donne-moi des vertus, et me place un jour auprès des Fénelon, des Caton, des Socrate. Que m'importera le reste du genre humain? je ne rougirai point d'avoir été homme.

Je vous l'ai dit, monsieur, il s'agit ici de mon sentiment, non de mes preuves, et vous ne le voyez que trop. Je me souviens d'avoir jadis rencontré sur mon chemin cette question de l'origine du mal, et de l'avoir effleurée; mais vous n'avez point lu ces rabâcheries, et moi je les ai oubliées : nous avons très-bien fait tous deux. Tout ce que je sais est que la facilité que je trouvois à les résoudre venoit de l'opinion que j'ai toujours eue de la coexistence éternelle de deux principes; l'un actif, qui est Dieu; l'autre passif, qui est la matière, que l'être actif combine et modifie avec une pleine puissance, mais pourtant sans l'avoir créée et sans la pouvoir anéantir. Cette opinion m'a fait huer des philosophes à qui je l'ai dite; ils l'ont décidée absurde et contradictoire. Cela peut être, mais elle ne m'a pas paru telle, et j'y trouvé l'avantage d'expliquer sans peine et clairement à mon gré tant de questions dans lesquelles ils s'embrouillent, entre autres celle que vous m'avez proposée ici comme insoluble.

Au reste, j'ose croire que mon sentiment, peu pondérant sur toute autre matière, doit l'être un peu sur celle-ci; et, quand vous connoîtrez mieux ma destinée, quelque jour vous direz peut-être en pensant à moi: Quel autre a droit d'agrandir la mesure qu'il a trouvée aux maux que l'homme souffre ici-bas?

Vous attribuez à la difficulté de cette même question, dont le fanatisme et la superstition ont abusé, les maux que les religions ont causés sur la terre.

Cela peut être, et je vous avoue même que toutes les formules en matière de foi ne me paroissent qu'autant de chaînes d'iniquité, de fausseté, d'hypocrisie et de tyrannie. Mais ne soyons jamais injustes; et pour aggraver le mal, n'ôtons pas le bien. Arracher toute croyance en Dieu du cœur des hommes, c'est y détruire toute vertu. C'est mon opinion, monsieur: peut-être elle est fausse; mais tant que c'est la mienne, je ne serai point assez lâche pour vous la dissimuler.

Faire le bien est l'occupation la plus douce d'un homme bien né: sa probité, sa bienfaisance, ne sont point l'ouvrage de ses principes, mais celui de son bon naturel; il cède à ses penchans en pratiquant la justice, comme le méchant cède aux siens en pratiquant l'iniquité. Contenter le goût qui nous porte à bien faire est bonté, mais non pas vertu.

Ce mot de vertu signifie *force*. Il n'y a point de vertu sans combat; il n'y en a point sans victoire. La vertu ne consiste pas seulement à être juste, mais à l'être en triomphant de ses passions, en régnant sur son propre cœur. Titus, rendant heureux le peuple romain, versant partout les grâces et les bienfaits, pouvoit ne pas perdre un seul jour et n'être pas vertueux: il le fut certainement en renvoyant Bérénice. Brutus faisant mourir ses enfans pouvoit n'être que juste. Mais Brutus étoit un tendre père; pour faire son devoir il déchira ses entrailles, et Brutus fut vertueux.

Vous voyez ici d'avance la question remise à son point. Ce divin simulacre dont vous me parlez s'offre à moi sous une image qui n'est pas ignoble, et je crois sentir à l'impression que cette image fait dans mon cœur la chaleur qu'elle est capable de produire: Mais ce simulacre enfin n'est encore qu'une de ces entités métaphysiques dont vous ne voulez pas que les hommes se fassent des dieux; c'est un pur objet de contemplation. Jusqu'où portez-vous l'effet de cette contemplation sublime? Si vous ne voulez qu'en tirer un nouvel encouragement pour bien faire, je suis d'accord avec vous, mais ce n'est pas de cela qu'il s'agit. Supposons votre cœur honnête en proie aux passions les plus terribles, dont vous n'êtes pas à l'abri, puisque enfin vous êtes homme. Cette image, qui dans le calme s'y peint si ravissante, n'y perdra-t-elle rien de ses charmes, et ne s'y ternira-t-elle point au milieu des flots? Écartons la supposition décourageante et terrible des périls qui peuvent tenter la vertu mise au désespoir; supposons seulement qu'un cœur trop sensible brûle d'un amour involontaire pour la fille ou la femme de son ami; qu'il soit maître de jouir d'elle entre le ciel qui n'en voit rien et lui qui n'en veut rien dire à personne; que sa figure charmante l'attire ornée de tous les attraits de la beauté et de la volupté: au moment où ses sens enivrés sont prêts à se livrer à leurs délices, cette image abstraite de la vertu viendra-t-elle disputer son cœur à l'objet réel qui le frappe? lui paroîtra-t-elle en cet instant la plus belle? l'arrachera-t-elle des bras de celle qu'il aime pour se livrer à la vaine contemplation d'un fantôme qu'il sait être sans réalité? finira-t-il comme Joseph, et laissera-t-il son manteau? Non, monsieur; il fermera les yeux et succombera. Le croyant, direz-vous, succombera de même. Oui, l'homme foible; celui, par exemple, qui vous écrit; mais donnez-leur à tous deux le même degré de force, et voyez la différence du point d'appui.

Le moyen, monsieur, de résister à des tentations violentes quand on peut leur céder sans crainte en se disant: A quoi bon résister? Pour être vertueux, le philosophe a besoin de l'être aux yeux des hommes, mais sous les yeux de Dieu le juste est bien fort; il compte cette vie, et ses biens, et ses maux, et toute sa gloriole pour si peu de chose! il aperçoit tant au-delà! Force invincible de la vertu, nul ne te connoît que celui qui sent tout son être, et qui sait qu'il n'est pas au pouvoir des hommes d'en disposer! Lisez-vous quelquefois la *République de Platon*? voyez dans le second dialogue avec quelle énergie l'ami de Socrate, dont j'ai oublié le nom, lui peint le juste accablé des outrages de la fortune et des injustices des hommes, diffamé, persécuté, tourmenté, en proie à tout l'opprobre du crime, et méritant tous les prix de la vertu, voyant déjà la mort qui s'approche, et sûr que la haine des méchans n'épargnera pas sa mémoire, quand ils ne pourront plus rien sur sa personne. Quel tableau décourageant, si rien pouvoit décourager la vertu ! Socrate lui-même effrayé s'écrie, et croit devoir invoquer les dieux avant de répondre : mais sans l'espoir d'une autre vie il auroit mal répondu pour celle-ci. Toutefois dût-il finir pour nous à la mort, ce qui ne peut être si Dieu est juste, et par conséquent s'il existe, l'idée seule de cette existence seroit encore pour l'homme un encouragement à la vertu, et une consolation dans ses misères, dont manque celui qui, se croyant isolé dans cet univers, ne sent au fond de son cœur aucun confident de ses pensées. C'est toujours une douceur dans l'adversité d'avoir un témoin qu'on ne l'a pas méritée; c'est un orgueil vraiment digne de la vertu de pouvoir dire à Dieu : Toi qui lis dans mon cœur, tu vois que j'use en âme forte et en homme juste de la liberté que tu m'as donnée. Le vrai croyant, qui se sent partout sous l'œil éternel, aime à s'honorer à la face du ciel d'avoir rempli ses devoirs sur la terre.

Vous voyez que je ne vous ai point disputé ce simulacre que vous m'avez présenté pour unique objet des vertus du sage. Mais, mon cher monsieur, revenez maintenant à vous, et voyez combien cet objet est inalliable, incompatible avec vos principes. Comment ne sentez-vous pas que cette même loi de la nécessité qui seule règle, selon vous, la marche du monde et tous les événemens, règle aussi toutes les actions des hommes, toutes les pensées de leurs têtes, tous les sentimens de leurs cœurs; que rien n'est libre, que tout est forcé, nécessaire, inévitable; que tous les mouvemens de l'homme, dirigés par la matière aveugle, ne dépendent de sa volonté que parce que sa volonté même dépend de la nécessité; qu'il n'y a par conséquent ni vertus, ni vices, ni mérite, ni démérite, ni moralité dans les actions humaines ; et que ces mots d'honnête homme ou de scélérat doivent être pour vous totalement vides de sens? Ils ne le sont pas toutefois; j'en suis très-sûr; votre honnête cœur en dépit de vos argumens réclame contre votre triste philosophie; le sentiment de la liberté, le charme de la vertu se font sentir à vous malgré vous. Et voilà comment de toutes parts cette forte et salutaire voix du sentiment intérieur rappelle au sein de la vérité et de la vertu tout homme que sa raison mal conduite égare. Bénissez, monsieur, cette sainte et bienfaisante voix qui vous ramène aux devoirs de l'homme, que la philosophie à la mode finiroit par vous faire oublier. Ne vous livrez à vos argumens que quand vous les sentez d'accord avec le dictamen de votre conscience ; et, toutes les fois que vous y sentirez de la contradiction, soyez sûr que ce sont eux qui vous trompent.

Quoique je ne veuille pas ergoter avec vous ni suivre pied à pied vos deux lettres, je ne puis cependant me refuser un mot à dire sur le parallèle du sage hébreu et du sage grec. Comme admirateur de l'un et de l'autre, je ne puis guère être suspect de préjugés en parlant d'eux. Je ne vous crois pas dans le même cas : je suis peu surpris que vous donniez au second tout l'avantage ; vous n'avez pas assez fait connoissance avec l'autre, et vous n'avez pas pris assez de soin pour dégager ce qui est vraiment à lui de ce qui lui est étranger et qui le défigure à vos yeux, comme à ceux de bien d'autres gens qui, selon moi, n'y ont pas regardé de plus près que vous. Si Jésus fût né à Athènes, et Socrate à Jérusalem, que Platon et Xénophon eussent écrit la vie du premier, Luc et Matthieu celle de l'autre, vous changeriez beaucoup de langage ; et ce qui lui fait tort dans votre esprit est précisément ce qui rend son élévation d'âme plus étonnante et plus admirable, savoir, sa naissance en Judée, chez le plus vil peuple qui peut-être existât alors ; au lieu que Socrate, né chez le plus instruit et le plus aimable, trouva tous les secours dont il avoit besoin pour s'élever aisément au ton qu'il prit. Il s'éleva contre les Sophistes, comme Jésus contre les prêtres ; avec cette différence que Socrate imita souvent ses antagonistes, et que, si sa belle et douce mort n'eût honoré sa vie, il eût passé pour un sophiste comme eux. Pour Jésus, le vol sublime que prit sa grande âme l'éleva toujours au-dessus de tous les mortels, et depuis l'âge de douze ans jusqu'au moment qu'il expira dans la plus cruelle ainsi que dans la plus infâme de toutes les morts, il ne se démentit pas un moment. Son noble projet étoit de relever son peuple, d'en faire derechef un peuple libre et digne de l'être : car c'étoit par là qu'il falloit commencer. L'étude profonde qu'il fit de la loi de Moïse, ses efforts pour en réveiller l'enthousiasme et l'amour dans les cœurs, montrèrent son but, autant qu'il étoit possible, pour ne pas effaroucher les Romains. Mais ses vils et lâches compatriotes, au lieu de l'écouter, le prirent en haine précisément à cause de son génie et de sa vertu qui leur reprochoient leur indignité. Enfin ce ne fut qu'après avoir vu l'impossibilité d'exécuter son projet qu'il l'étendit dans sa tête, et que, ne pouvant faire par lui-même une révolution chez son peuple, il voulut en faire une par ses disciples dans l'univers. Ce qui l'empêcha de réussir dans son premier plan, outre la bassesse de son peuple, incapable de toute vertu, fut la trop grande douceur de son propre caractère ; douceur qui tient plus de l'ange et du dieu que de l'homme, qui ne l'abandonna pas un instant, même sur la croix, et qui fait verser des torrens de larmes à qui sait lire sa vie comme il faut à travers les fatras dont ces pauvres gens l'ont défigurée. Heureusement ils ont respecté et transcrit fidèlement ses discours qu'ils n'entendoient pas : ôtez quelques tours orientaux ou mal rendus, on n'y voit pas un mot qui ne soit digne de lui ; et c'est là qu'on reconnoît l'homme divin, qui, de si piètres disciples, a fait pourtant, dans leur grossier mais fier enthousiasme, des hommes éloquens et courageux.

Vous m'objectez qu'il a fait des miracles. Cette objection seroit terrible, si elle étoit juste ; mais vous savez, monsieur, ou du moins vous pourriez savoir que, selon moi, loin que Jésus ait fait des miracles, il a déclaré très-positivement qu'il n'en feroit point, et a marqué un très-grand mépris pour ceux qui en demandoient.

Que de choses me resteroient à dire ! Mais cette lettre est énorme ; il faut finir : voici la dernière fois que je reviendrai sur ces matières. J'ai voulu vous complaire, monsieur : je ne m'en repens point : au contraire, je vous remercie de m'avoir fait reprendre un fil d'idées presque effacées, mais dont les restes peuvent avoir pour moi leur usage dans l'état où je suis.

Adieu, monsieur : souvenez-vous quelquefois d'un homme que vous auriez aimé, je m'en flatte, quand vous l'auriez mieux connu, et qui s'est occupé de vous dans des momens où l'on ne s'occupe guère que de soi-même (*).

A MADAME LATOUR.

A Monquin, le 23 mars 1769.

Le changement d'air m'a fait du bien, chère Marianne, et je me trouve beaucoup mieux, quant à la santé, que quand j'ai quitté Bourgoin.

Cependant mon estomac n'est pas assez rétabli pour que je puisse écrire sans peine, ce qui m'oblige à ne faire que de courtes lettres autant que je puis, et seulement pour le besoin. C'en sera toujours un pour moi, mon aimable amie, d'entretenir avec vous les liens d'une amitié maintenant aussi chère à mon cœur qu'elle parut jadis l'être au vôtre.

A M. DU PEYROU.

A Monquin, le 31 mars 1769.

Votre dernière lettre sans date, mon cher hôte, a bien vivement irrité les inquiétudes où j'étois déjà tant sur l'état de madame la Commandante que sur le vôtre. Je vois que vous en êtes au point de ne pas même craindre le retour de la goutte, comme une diversion de la douleur du corps pour celle de l'âme. Cela m'apprend ou me confirme bien combien tous les systèmes philosophiques sont foibles contre la douleur tant de l'un que de l'autre, et combien la nature est toujours la plus forte aussi-

---

(*) On ignore le nom de celui qui avoit communiqué à Rousseau ses doutes sur l'existence de Dieu. Jean-Jacques lui répondit par cette longue lettre, que la force des raisonnemens, le style, la bonne foi d'un homme qui cherche sincèrement la vérité, rendent également remarquable. « Il a cru dans son » enfance par autorité, dans sa jeunesse par sentiment, dans » son âge mûr par raison, et maintenant il croit parce qu'il a » toujours cru. » Cette Lettre fut écrite à Bourgoin, dans un cabaret où Jean-Jacques étoit logé d'une manière incommode, et à l'une des époques de sa vie où il fut le plus tourmenté. C'étoit au sujet de l'affaire Thevenin, qui l'affecta beaucoup trop, comme on l'a vu. Toutes les fois que dans ses malheurs on interrogeoit Rousseau sur de grandes questions, il sortoit de son léthargique accablement et reprenoit toute son énergie. On l'a vu dans sa réponse au marquis de Mirabeau, qui le consultoit sur l'absurde système du *despotisme légal*. Voyez la lettre du 26 juillet 1767. — M. P.

tôt qu'elle fait sentir son aiguillon. Il n'y a pas six mois que, pour m'armer contre ma foiblesse, vous me souteniez que, hors les remords inconnus aux gens de votre espèce, les peines morales n'étoient rien, qu'il n'y avoit de réel que le mal physique; et vous voilà, foible mortel ainsi que moi, appelant, pour ainsi dire, ce même mal physique à votre aide contre celui que vous souteniez ne pas exister. Mon cher hôte, revenons-en donc pour toujours, vous et moi, à cette maxime naturelle et simple, de commencer par être toujours bien avec soi, puis, au surplus de crier tout bonnement et bien fort quand on souffre, et de se taire quand on ne souffre plus ; car tel est l'instinct de la nature et le lot de l'être sensible. Faisons comme les enfans et les ivrognes qui ne se cassent jamais ni jambes ni bras quand ils tombent, parce qu'ils ne se roidissent point pour ne pas tomber, et revenons à ma grande maxime de laisser aller le cours des choses tant qu'il n'y a point de notre faute, et de ne jamais regimber contre la nécessité.

A M. BEAUCHATEAU.

Bourgoin, le 4 avril 1769.

Vous vous moquez de moi, monsieur, avec votre médaille. Allez, je ne veux point d'autre médaille que celle qui restera dans les cœurs des honnêtes gens qui me survivront, et qui connoîtront mes sentimens et ma destinée. Je vous salue, monsieur, très-humblement.

A M. DU PEYROU.

Monquin, le 21 avril 1769.

Que votre situation, mon cher hôte, me navre ! Que je vous trouve à plaindre, et que je vous plains ainsi que votre digne et infortunée mère ! Mais vous êtes sans contredit le plus à plaindre des deux; tant qu'elle voit son fils tendre et bien portant auprès d'elle, elle a dans ses terribles maux des consolations bien douces ; mais vous, vous n'en avez point. Elle peut encore aimer sa vie, et vous, vous devez soigner la vôtre parce qu'elle lui est nécessaire.

Ce n'est pas une consolation pour vous, mais c'est un devoir qui doit vous rendre bien sacré le soin de vous-même.

Vous me demandez conseil sur ce que vous devez lui dire au sujet du choix que vous vous êtes fait. Personne ne peut vous donner ce conseil que vous-même, parce que personne ne peut prévoir comme vous l'effet que cette déclaration peut faire sur son esprit ; car, sans contredit, vous ne devez rien lui dire dans son triste état que vous ne sachiez devoir lui être agréable et consolant. Vous êtes convaincu, me dites-vous, que ce choix lui fera plaisir; cela étant, je ne vois pas pourquoi vous balanceriez. Mais vous n'avez pas le courage, ajoutez-vous, de lui en parler de but en blanc dans son état. Eh bien ! parlez-lui-en par forme de consultation plutôt que de déclaration. Cette déférence ne peut que lui plaire et la toucher ; et, dût-elle ne pas approuver votre choix, vous n'en restez pas moins le maître de passer outre sans la contrister, lorsque le ciel aura disposé d'elle. Voilà tout ce que la raison et le tendre intérêt que je prends à l'un et à l'autre me prescrit de vous dire à ce sujet.

J'ai le cœur si plein de vous et de votre cruelle situation, que je n'ai pas le courage de vous parler de moi ; et tout ce que j'ai de bon à vous en dire est que ma santé continue d'aller assez bien. Faites parler mon cœur avec le vôtre auprès de votre bonne maman. Mille amitiés au bon Jeannin. Nous vous embrassons, madame Renou et moi, de tout notre cœur.

AU MÊME

Ce 19 mai 1769.

J'apprends votre perte, mon cher hôte, et je la sens bien; mais ce n'est pas une perte récente à laquelle vous ne fussiez pas préparé. Je ne voudrois, pour vous en consoler, que le détail que vous me faites de l'état de la défunte. Il y avoit long-temps qu'elle avoit cessé de vivre, elle n'a fait que cesser de souffrir, et vous de partager ses souffrances. Il n'y a pas là de quoi s'affliger. Mais votre perte, pour être ancienne en quelque sorte, n'en est pas moins réelle et pas moins irréparable ; et voilà sur quoi doivent tomber vos regrets : vous avez un véritable ami de moins, et un ami qui ne se remplace pas. Puissiez-vous n'avoir jamais plus à le pleurer dans la suite que vous ne le pleurez aujourd'hui ! mais telle est la loi de la nature, il faut baisser la tête et se résigner.

La nature qui se ranime me ranime aussi. Je reprends des forces et j'herborise. Le pays où je suis seroit très-agréable s'il avoit d'autres habitans ; j'avois semé quelques plantes dans le jardin, on les a détruites. Cela m'a déterminé à n'avoir d'autre jardin que les prés et les bois. Tant que j'aurai la force de m'y promener, je trouverai du plaisir à vivre ; c'est un plaisir que les hommes ne m'ôteront pas, parce qu'il a sa source en-dedans de moi.

A M. LE PRINCE DE CONTI.

Bourgoin, le 31 mai 1769.

Monseigneur,

Puisque votre altesse sérénissime n'approuve pas que je dispose de moi sans ses ordres, et puisque je ne veux en rien lui déplaire, il faut qu'elle daigne endurer les importunités que ma situation rend indispensables.

Je ne puis rester volontairement ici, ni choisir mon habitation dans le lieu qu'il vous a plu, monseigneur, de me désigner. Mes raisons ne peuvent s'écrire. J'ai cent fois été tenté de partir à tout risque pour porter à vos pieds les éclaircissemens qu'il m'importe qui soient connus de vous et de vous seul. Avant de céder à cette tentation qui devient plus forte de jour en jour, je crois devoir vous en instruire. Daignez l'approuver, et n'avoir pas plus d'égard à mes périls que je n'en veux avoir moi-même, parce qu'il n'est pas de la magnanimité de votre âme de vouloir ma sûreté aux dépens de mon honneur.

Si je suis assez malheureux pour que votre altesse sérénissime se refuse à cette audience, je la supplie au moins d'approuver que je choisisse moi-même, dans le royaume, le lieu de mon habitation ; que je le choisisse en toute liberté, sans être obligé d'indiquer ce lieu d'avance, parce que je ne puis juger de celui qui me conviendra qu'après en avoir fait l'essai.

Si nul de ces deux partis n'obtient l'agrément de votre altesse sérénissime, je le lui demande au moins pour sortir du royaume à la faveur d'un passe-port pareil au précédent que m'accorda M. de Choiseul, et dont je n'ai pu ni dû faire usage.

Enfin, monseigneur, si vous n'approuvez aucune de ces propositions, ou que vous ne m'honoriez d'aucune réponse, je prends le ciel à témoin de mon profond respect pour vos ordres et de l'ardent désir que j'ai de mériter toujours vos bontés ; mais comme rien ne peut me dispenser de ce que je me dois à moi-même, dans l'extrémité où je suis, je disposerai de moi comme mon cœur me l'inspirera.

Veuillez, monseigneur, agréer avec bonté mon profond respect.

M. DU PEYROU.

Ce 12 juin 1769.

Recevez, mon cher hôte, mes félicitations et celles de madame Renou, sur votre mariage ; nous faisons l'un et l'autre les vœux les plus sincères pour que vous y trouviez et que vous y rendiez à votre épouse ce rare et précieux bonheur qui en fait un lien céleste et sans lequel il n'est qu'une chaîne de misère ; car il n'y a point de milieu, elle nous a paru fort aimable à l'un et à l'autre, et d'un fort bon caractère, autant que nous en avons pu juger sur une connoissance aussi superficielle. Nous apprendrons avec joie que le jugement avantageux que nous en avons porté est confirmé par votre expérience. Vous avez, mon cher hôte, une grande et belle tâche à remplir. La sienne est plus grande et plus belle encore. Si elle la remplit, comme le choix d'un homme sensé nous le fait espérer, elle méritera l'estime et le respect de toute la terre, et c'est un tribut que nos cœurs lui paieront avec plaisir.

Le ressentiment de goutte dont vous paroissez menacé nous tient en peine sur l'état présent de votre santé. Donnez-m'en des nouvelles, je vous prie. Ménagez-la, c'est un soin que votre état rend très-nécessaire. Nous vous embrassons l'un et l'autre et vous prions de faire agréer nos salutations à madame Du Peyro

A MADAME LATOUR.

A Monquin, le 19 juin 1769.

Connoître mon cœur et lui rendre justice, c'est en montrer un bien digne de son attachement. Il y a trois lignes dans votre dernière lettre, chère Marianne, qui m'ont encore plus touché que tout ce que vous m'avez écrit jusqu'ici. Vous comptez sur mes sentimens; vous avez d'autant plus raison que vous m'avez appris à compter sur les vôtres, et que toute personne dont je serai sûre d'être aimé, fût-elle bien moins aimable que vous, aura toujours de ma part plus que du retour. Je sens plus que vous, croyez-moi, notre éloignement; mais quand vous pourriez me venir voir ici, je n'y consentirois pas; plus vous m'aimez, plus vous seriez affligée. Nous étions amis sans nous être jamais vus, nous le serons, et, s'il le faut, sans nous revoir. J'étois négligent à écrire; à présent que vous m'imitez un peu, je ne serai pas plus exact; mais dussé-je ne vous plus voir et ne vous plus écrire, le besoin de vous aimer et la douceur de le satisfaire feront partie de mon être aussi long-temps qu'il sera ce qu'il est.

A LA MÊME.

A Monquin, le 4 juillet 1769.

Rassurez-vous, chère Marianne, j'ai regret aux inquiétudes que je vous ai données. J'ai voulu mettre à l'épreuve votre sensibilité; le succès a passé mon attente; je vous promets de ne plus faire avec vous de pareils essais. Adieu, belle Marianne; puissiez-vous ne voir jamais autour de vous que bonheur et prospérité! Quand on s'affecte ainsi des peines de ses amis, on n'en doit avoir que d'heureux.

A M. DU PEYROU.

A Nevers, le 21 juillet 1769.

Je n'aurois pas tardé si long-temps, mon cher hôte, à vous remercier du livre de M. Haller, et à vous en accuser la réception, sans mon départ un peu précipité, pour venir rendre mes devoirs à mon ancien hôte de Trye, tandis qu'il se trouvoit rapproché de moi. Après huit jours de séjour en cette ville, je compte en repartir demain pour Lyon, et de là pour Monquin, où j'ai laissé madame Renou, et où j'espère trouver de vos nouvelles, n'en ayant pas eu depuis votre mariage, au bonheur duquel vous ne doutez pas, je m'en flatte, de l'intérêt vif et vrai que prend votre concitoyen. Je ne doute pas que l'habitation de la campagne ne tire en ce moment un nouveau charme de celle avec qui vous la partagez, et que vous n'y repreniez même le goût de l'herborisation, ne fût-ce que pour lui offrir des guirlandes mieux assorties. J'aurois bien voulu pouvoir y joindre de très-jolies fleurs que j'ai trouvées sur ma route; ce beau pays, peu connu des botanistes, est abondant en belles plantes, dont j'aurois enrichi mon herbier si j'avois eu l'esprit de porter avec moi un porte-feuille. Je ne puis vous parler encore du catalogue de M. Gagnebin, à qui j'en fais, ainsi qu'à vous, bien des remercîmens, non plus que du Haller, n'ayant fait que parcourir bien rapidement l'un et l'autre. J'ai déjà dans mon herbier une grande partie des plantes que contient le premier; et quant à l'autre, je le trouve imprimé avec une extrême négligence et plein de fautes impardonnables, j'entends fautes d'impression. Il ne laissera pas pour cela de m'être toujours précieux par lui-même et par la main dont il me vient. Adieu, mon cher hôte; mes hommages, je vous supplie, à votre chère épouse, et mes amitiés à M. Jeannin. Je vous embrasse de tout mon cœur.

AU MÊME.

Monquin, le 12 août 1769.

De retour ici, mon cher hôte, de Nevers, d'où je vous ai écrit une lettre qui, j'espère, vous sera parvenue, j'y ai trouvé la vôtre du 9 juillet, où je vois et sens en la lisant les douloureuses incisions que vous avez souffertes, et qui ont abouti à vous tirer du tuf du bout des doigts. Voilà, je l'avoue, une manière d'escamoter dont je n'avois pas l'idée. Comment peut-on avoir du tuf dans le bout des doigts? Cela me passe, et j'aimerois autant, pour la vraisemblance, l'histoire de cet homme qui vomissoit des canifs et des écritoires. Mais enfin, là où le vrai parle, la vraisemblance doit se taire, et puisqu'il faut convenir qu'il peut y avoir du tuf là où il s'en trouve, je suis toujours fort aise que vous soyez délivré de celui-là, et que vos douleurs de goutte en soient soulagées.

Vous voulez que je vous parle à mon tour de ma santé : j'ai peu de chose à vous en dire. Mon voyage m'a extrêmement fatigué par la chaleur, la poussière, et la voiture ; mais, chemin faisant, j'ai vu des plantes nouvelles qui m'ont amusé, et après quelques jours de repos me voilà prêt à repartir demain pour aller herboriser sur le mont Pila avec M. le gouverneur de Bourgoin, et quelques autres messieurs à qui je tâche de persuader qu'ils aiment la botanique, et qui en effet y ont fait quelques progrès. Notre pèlerinage doit être de sept ou huit jours, et toujours pédestre, comme celui que nous fîmes ensemble à Bienne. La première journée d'ici à Vienne est trop forte pour moi, qui d'ailleurs ne me sens pas extrêmement bien, et il faut que je compte beaucoup sur le bien que me font ordinairement les voyages pédestres, pour ne pas renoncer à celui-là. Mais, après avoir mis la partie en train, la rompre seroit à moi de mauvaise grâce, et j'aime mieux courir quelques risques que paroître trop inconstant. Je compte à mon retour trouver ici de vos nouvelles, et apprendre que votre singulière opération vous a en effet délivré d'une attaque de goutte, comme vous l'avez espéré.

Votre Haller me fait toujours grand plaisir, mais je le trouve toujours plus rempli de fautes d'impression. La moitié des phrases de Linnæus qu'il cite sont estropiées, et un très-grand nombre de chiffres des tables et citations sont faux, de sorte qu'on ne sait presque où aller chercher tout ce qu'il indique ; j'ai vu peu de livres aussi considérables imprimés si négligemment. Le catalogue de M. Gagnebin est exact, net, mais sans ordre, de sorte qu'on ne sait comment y chercher la plante dont on a besoin. Au reste, l'un et l'autre de ces deux ouvrages peut donner des instructions utiles, dont je profite de mon mieux en pensant à vous. Quand je serai revenu de Pila (si j'en reviens heureusement), je vous marquerai ce que j'y aurai trouvé de plus ou de moins que dans le catalogue de M. Gagnebin.

A MADAME ROUSSEAU (*).

Monquin, ce samedi 12 août 1769.

Depuis vingt-six ans, ma chère amie, que notre union dure, je n'ai cherché mon bonheur que dans le vôtre ; je ne me suis occupé qu'à tâcher de vous rendre heureuse ; et vous avez vu par ce que j'ai fait en dernier lieu, sans m'y être engagé jamais, que votre honneur et votre bonheur ne m'étoient pas moins chers l'un que l'autre. Je m'aperçois avec douleur que le succès ne répond pas à mes soins, et qu'ils ne vous sont pas aussi doux à recevoir qu'il me l'est de vous les rendre. Je sais que les sentimens de droiture et d'honneur avec lesquels vous êtes née ne s'altéreront jamais en vous ; mais quant à ceux de tendresse et d'attachement, qui jadis étoient réciproques, je sens qu'ils n'existent plus que de mon côté. Ma chère amie, non-seulement vous avez cessé de vous plaire avec moi, mais il faut que vous preniez beaucoup sur vous pour y rester quelques momens par complaisance. Vous êtes à votre aise avec tout le monde hors avec moi ; tous ceux qui vous entourent sont dans vos secrets excepté moi, et votre seul véritable ami est le seul exclu de votre confidence. Je ne vous parle point de beaucoup d'autres choses. Il faut prendre nos amis avec leurs défauts, et je dois vous passer les vôtres comme vous me passez les miens. Si vous étiez heureuse avec moi, je serois content ; mais je vois clairement que vous ne l'êtes pas, et voilà ce qui me déchire. Si je pouvois faire mieux pour y contribuer je le ferois et je me tairois ; mais cela n'est pas possible. Je n'ai rien omis de ce que j'ai cru pouvoir contribuer à votre félicité ; je ne saurois faire davantage, quelque ardent désir que j'en aie. En nous unissant, j'ai fait mes conditions ; vous y avez consenti, je les ai remplies. Il n'y avoit qu'un tendre attachement de votre part qui pût m'engager à les passer et à n'écouter que notre

(*) Voyez sur cette lettre, publiée pour la première fois dans le recueil donné par Du Peyrou en 1790, et du vivant même de celle à qui elle est adressée, l'Appendice aux Confessions, tome Ier, page 537. G. P.

amour au péril de ma vie et de ma santé. Convenez, ma chère amie, que vous éloigner de moi n'est pas le moyen de me rapprocher de vous : c'étoit pourtant mon intention, je vous le jure; mais votre refroidissement m'a retenu, et des agaceries ne suffisent pas pour m'attirer lorsque le cœur me repousse. En ce moment même où je vous écris, navré de détresse et d'affliction, je n'ai pas de désir plus vif et plus vrai que celui de finir mes jours avec vous dans l'union la plus parfaite, et de n'avoir plus qu'un lit lorsque nous n'aurons plus qu'une âme.

Rien ne plaît, rien n'agrée de la part de quelqu'un qu'on n'aime pas. Voilà pourquoi, de quelque façon que je m'y prenne, tous mes soins, tous mes efforts auprès de vous sont insuffisans. Le cœur, ma chère amie, ne se commande pas, et ce mal est sans remède. Cependant, quelque passion que j'aie de vous voir heureuse à quelque prix que ce soit, je n'aurois jamais songé à m'éloigner de vous pour cela, si vous n'eussiez été la première à m'en faire la proposition. Je sais bien qu'il ne faut pas donner trop de poids à ce qui se dit dans la chaleur d'une querelle; mais vous êtes revenue trop souvent sur cette idée pour qu'elle n'ait pas fait sur vous quelque impression. Vous connoissez mon sort, il est tel qu'on n'oseroit pas même le décrire, parce qu'on n'y sauroit ajouter foi. Je n'avois, chère amie, qu'une seule consolation, mais bien douce, c'étoit d'épancher mon cœur dans le tien; quand j'avois parlé de mes peines avec toi elles étoient soulagées; et, quand tu m'avois plaint, je ne me trouvois plus à plaindre. Il est sûr que, ne trouvant plus que des cœurs fermés ou faux, toute ma ressource, toute ma confiance est en toi seule; le mien ne peut vivre sans s'épancher, et ne peut s'épancher qu'avec toi. Il est sûr que, si tu me manques et que je sois réduit à vivre absolument seul, cela m'est impossible, et je suis un homme mort. Mais je mourrois cent fois plus cruellement encore, si nous continuions de vivre ensemble en mésintelligence, et que la confiance et l'amitié s'éteignissent entre nous. Ah, mon enfant! à Dieu ne plaise que je sois réservé à ce comble de misère! Il vaut mieux cent fois cesser de se voir, s'aimer encore, et se regretter quelquefois. Quelque sacrifice qu'il faille de ma part pour te rendre heureuse, sois-le à quelque prix que ce soit, et je suis content.

Je te conjure donc, ma chère femme, de bien rentrer en toi-même, de bien sonder ton cœur, et de bien examiner s'il ne seroit pas mieux pour l'un et pour l'autre que tu suivisses ton projet de te mettre en pension dans une communauté pour t'épargner les désagrémens de mon humeur, et à moi ceux de ta froideur; car, dans l'état présent des choses, il est impossible que nous trouvions notre bonheur l'un avec l'autre : je ne puis rien changer en moi, et j'ai peur que tu ne puisses rien changer en toi non plus. Je te laisse parfaitement libre de choisir ton asile et d'en changer sitôt que cela te conviendra. Tu n'y manqueras de rien, j'aurai soin de toi plus que de moi-même; et sitôt que nos cœurs nous feront mieux sentir combien nous étions nés l'un pour l'autre, et le vrai besoin de nous réunir, nous le ferons pour vivre en paix et nous rendre heureux mutuellement jusqu'au tombeau. Je n'endurerois pas l'idée d'une séparation éternelle; je n'en veux qu'une qui nous serve à tous deux de leçon ; je ne l'exige point même, je ne l'impose point; je crains seulement qu'elle ne soit devenue nécessaire. Je t'en laisse le juge et je m'en rapporte à ta décision. La seule chose que j'exige, si nous en venons là, c'est que le parti que tu jugeras à propos de prendre se prenne de concert entre nous : je te promets de me prêter là-dessus en tout à ta volonté, autant qu'elle sera raisonnable et juste, sans humeur de ma part et sans chicane. Mais quant au parti que tu voulois prendre dans ta colère de me quitter et de t'éclipser sans que je m'en mélasse et sans que je susse même où tu voudrois aller, je n'y consentirai de ma vie, parce qu'il seroit honteux et déshonorant pour l'un et pour l'autre, et contraire à tous nos engagemens.

Je vous laisse le temps de bien peser toutes choses. Réfléchissez pendant mon absence au sujet de cette lettre. Pensez à ce que vous vous devez, à ce que vous me devez, à ce que nous sommes depuis long-temps l'un à l'autre, et à ce que nous devons être jusqu'à la fin de nos jours, dont la plus grande et la plus belle partie est passée, et dont il ne nous reste que ce qu'il faut pour couronner une vie infortunée, mais innocente, honnête et vertueuse, par une fin qui l'honore et nous assure un bonheur durable. Nous avons des fautes à pleurer et à expier ; mais, grâces au ciel, nous n'avons à nous reprocher ni noirceurs ni crimes : n'effaçons pas par l'imprudence de nos derniers jours la douceur et la pureté de ceux que nous avons passés ensemble.

Je ne vais pas faire un voyage bien long ni bien périlleux ; cependant la nature dispose de nous au moment que nous y pensons le moins. Vous connoissez trop mes vrais sentimens pour craindre qu'à quelque degré que mes malheurs puissent aller, je sois homme à disposer jamais de ma vie avant le temps que la nature ou les hommes auront marqué. Si quelque accident doit terminer ma carrière, soyez bien sûre, quoi qu'on puisse dire, que ma volonté n'y aura pas eu la moindre part. J'espère me retrouver en bonne santé dans vos bras, d'ici à quinze jours au plus tard ; mais s'il en étoit autrement, et que nous n'eussions pas le bonheur de nous revoir, souvenez-vous en pareil cas de l'homme dont vous êtes la veuve, et d'honorer sa mémoire en vous honorant. Tirez-vous d'ici le plus tôt que vous pourrez. Qu'aucun moine ne se mêle de vous ni de vos affaires en quelque façon que ce soit. Je ne vous dis point ceci par jalousie, et je suis bien convaincu qu'ils n'en veulent point à votre personne ; mais, n'importe, profitez de cet avis, ou soyez sûre de n'attirer que déshonneur et calamité sur le reste de votre vie. Adressez-vous à M. de Saint-Germain pour sortir d'ici ; tâchez d'endurer l'air méprisant de sa femme par la certitude que vous ne l'avez pas mérité. Cherchez à Paris, à Orléans ou à Blois, une communauté qui vous convienne, et tâchez d'y vivre, plutôt que seule dans une chambre. Ne comptez sur aucun ami ; vous n'en avez point ni moi non plus, soyez-en sûre ; mais comptez sur les honnêtes gens, et soyez sûre que la bonté de cœur et l'équité d'un honnête homme vaut cent fois mieux que l'amitié d'un coquin. C'est à ce titre d'honnête homme que vous pouvez donner votre confiance au seul homme de lettres que vous savez que je tiens pour tel ([*]). Ce n'est pas un ami chaud, mais c'est un homme droit qui ne vous trompera pas, et qui n'insultera pas ma mémoire, parce qu'il m'a bien connu et qu'il est juste ; mais il ne se compromettra pas, et je ne désire pas qu'il se compromette. Laissez tranquillement exécuter les complots faits contre votre mari ; ne vous tourmentez point à justifier sa mémoire outragée ; contentez-vous de rendre honneur à la vérité dans l'occasion, et laissez la Providence et le temps faire leur œuvre ; cette œuvre se fera tôt ou tard. Ne vous rapprochez plus des grands ; n'acceptez aucune de leurs offres, encore moins de celles des gens de lettres. J'exclus nommément toutes les femmes qui se sont dites mes amies. J'excepte madame Dupin et madame de Chenonceaux ; l'une et l'autre sont sûres à mon égard et incapables de trahison. Parlez-leur quelquefois de mes sentimens pour elles ; ils vous sont connus. Vous aurez assez de quoi vivre indépendante avec les secours que M. Du Peyrou a dessein de vous donner, et qu'il vous doit puisqu'il en a reçu l'argent. Si vous aimez mieux vivre seule chez vous que chez des religieuses, vous le pouvez ; mais ne vous laissez pas subjuguer, ne vous livrez pas à vos voisines, et ne vous fiez pas aux gens avant de les connoître. Je finis ma lettre si à la hâte que je ne sais plus ce que je dis. Adieu, chère amie de mon cœur ; à vous revoir ; et, si nous ne nous revoyons pas, souvenez-vous toujours du seul ami véritable que vous ayez eu et que vous aurez jamais. Je ne me signerai pas *Renou*, puisque ce nom fut fatal à votre tendresse ; mais, pour ce moment, j'en veux reprendre un que votre cœur ne sauroit oublier.

J. J. ROUSSEAU.

A M. LALIAUD.

Monquin, 27 août 1769.

Un voyage de botanique, monsieur, que j'ai fait au mont Pila presque en arrivant ici, m'a privé du plaisir de vous répondre aussitôt que je l'aurois dû. Ce voyage a été désastreux, toujours de la pluie ; j'ai trouvé peu de plantes, et j'ai perdu mon chien, blessé par un autre et fugitif : je le croyois mort dans les bois de sa blessure, quand à mon retour je l'ai trouvé ici bien portant, sans que je puisse imaginer comment il a pu faire douze lieues et repasser le

---

([*]) Duclos mort en 1772. A. P.

Rhône dans l'état où il étoit. Vous avez, monsieur, la douceur de revoir vos pénates et de vivre au milieu de vos amis. Je prendrois part à ce bonheur en vous en voyant jouir, mais je doute que le ciel me destine à ce partage. J'ai trouvé madame Renou en assez bonne santé : elle vous remercie de votre souvenir, et vous salue de tout son cœur. J'en fais de même, étant forcé d'être bref à cause du soin que demandent quelques plantes que j'ai rapportées, et quelques graines que je destinois à madame de Portland, le tout étant arrivé ici à demi pourri par la pluie. Je voudrois du moins en sauver quelque chose pour n'avoir pas perdu tout-à-fait mon voyage, et la peine que j'ai prise à les recueillir. Adieu, mon cher M. Laliaud ; conservez-vous, et vivez content.

A M. MOULTOU.

Monquin, le 8 septembre 1769.

Sans une foulure à la main, cher Moultou, qui me fait souffrir depuis plusieurs jours, je me livrerois à mon aise au plaisir de causer avec vous ; mais je ne désespère pas d'en trouver une occasion plus commode : en attendant, recevez mon remercîment de votre bon souvenir, et de celui de madame Moultou, dont je me consolerai difficilement d'avoir été si près sans la voir. Je veux croire qu'elle a quelque part au plaisir que vous m'avez fait de m'amener votre fils, et cela m'a rendu plus touchante la vue de cet aimable enfant. Je suis fort aise qu'il soit un peu jaloux, dans ce qu'il fait, de mon approbation : il lui est toujours aisé de s'en assurer par la vôtre ; car sur ce point, comme sur beaucoup d'autres, nous ne saurions penser différemment vous et moi.

Je ne suis point surpris de ce que vous me marquez des dispositions secrètes des gens qui vous entourent : il y a long-temps qu'ils ont changé le patriotisme en égoïsme, et l'amour prétendu du bien public n'est plus dans leurs cœurs que la haine des partis. Garantissez le vôtre, ô cher Moultou, de ce sentiment pénible qui donne toujours plus de tourment que de jouissance, et qui, lors même qu'il l'assouvit, venge dans le cœur de celui qui l'éprouve le mal qu'il fait à son ennemi. Paradis aux bienfaisans, disoit sans cesse le bon abbé de Saint-Pierre, voilà un paradis que les méchans ne peuvent ôter à personne, et qu'ils se donneroient, s'ils en connoissoient le prix.

Adieu, cher Moultou, je vous embrasse.

A M. DU PEYROU.

Monquin, le 16 septembre 1769.

Je n'aurois pas attendu, mon cher hôte, votre lettre du 5 septembre pour répondre à celle du 6 août, si à mon retour du mont Pila je ne me fusse foulé la main droite par une chute qui m'en a pendant quelque temps gêné l'usage. Je suis bien charmé de n'apprendre votre accès de goutte qu'à votre convalescence ; c'est une grande consolation, quand on souffre, d'attendre ensuite de longs intervalles, durant lesquels on ne souffrira plus ; et je ne suis pas surpris que les tendres soins de votre aimable Henriette fassent une assez grande diversion à vos souffrances pour vous les laisser beaucoup moins sentir. Vous devez vous trouver trop heureux de gagner à son service des accès de goutte dans lesquels vous êtes servi par ses mains. Vous êtes assurément bien faits, l'un pour donner, l'autre pour sentir tout le prix des soins du plus pur zèle et de la plus tendre amitié ; mais cependant, aux charmes près qu'elle seule y peut ajouter, des soins de cette espèce ne doivent pas être absolument nouveaux pour vous. Je suis plus que flatté, je suis touché qu'elle se souvienne avec plaisir de notre ancienne connoissance. J'aurois été trop heureux de pouvoir la cultiver : mais les attachemens fondés sur l'estime, tels que celui que j'ai conçu pour elle, n'ont pas besoin de l'habitude de se voir pour s'entretenir et se renforcer. Fût-elle beaucoup moins aimable, les respectables devoirs qu'elle remplit si bien près de vous la rendent trop estimable à tout le monde pour ne la pas rendre chère aux honnêtes gens, et surtout à vos amis. A l'égard des échecs, malgré tout ce que vous me dites de son habileté, vous me permettrez de douter que ce soit le jeu auquel elle joue le mieux ; et, si jamais j'ai le plaisir de faire une partie avec elle, je lui dirai, et de bien bon cœur, ce que je di-

sois jadis à un grand prince (*) : « Je vous ho-
» nore trop pour ne pas gagner toujours. »

Vous aviez grande raison, mon cher hôte, d'attendre la relation de mon herborisation de Pila, car parmi les plaisirs de la faire, je comptois pour beaucoup celui de vous la décrire; mais les premiers ayant manqué, me laissent peu de quoi fournir à l'autre. Je partis à pied avec trois messieurs, dont un médecin, qui faisoient semblant d'aimer la botanique, et qui, désirant me cajoler, je ne sais pourquoi, s'imaginèrent qu'il n'y avoit rien de mieux pour cela que de me faire bien des façons : jugez comment cela s'assortit, non-seulement avec mon humeur, mais avec l'aisance et la gaîté des voyages pédestres. Ils m'ont trouvé très-maussade; je le crois bien : ils ne disent pas que c'est eux qui m'ont rendu tel. Il me semble que, malgré la pluie, nous n'étions point maussades à Brot ni les uns ni les autres; premier article. Le second est que nous avons eu mauvais temps presque durant toute la route, ce qui n'amuse pas quand on ne veut qu'herboriser, et que, faute d'une certaine intimité, l'on n'a que cela pour point de ralliement et pour ressource. Le troisième est que nous avons trouvé sur la montagne un très-mauvais gîte; pour lit, du foin ressuant et tout mouillé, hors un seul matelas rembourré de puces, dont, comme étant le Sancho de la troupe, j'ai été pompeusement gratifié. Le quatrième, des accidens de toute espèce : un de nos messieurs a été mordu d'un chien sur la montagne; Sultan a été demi-massacré par un autre chien : il a disparu; je l'ai cru mort de ses blessures ou mangé du loup; et, ce qui me confond, est qu'à mon retour ici je l'ai trouvé tranquille et parfaitement guéri, sans que je puisse imaginer comment, dans l'état où il étoit, il a pu faire douze grandes lieues et surtout repasser le Rhône, qui n'est pas un petit ruisseau, comme disoit du Rhin M. de Chazeron. Le cinquième article, et le pire, est que nous n'avons presque rien trouvé, étant allés trop tard pour les fleurs, trop tôt pour les graines, et n'ayant eu nul guide pour trouver les bons endroits; ajoutez que la montagne est fort triste, inculte, déserte et n'a rien de l'admirable variété des montagnes de Suisse. Si vous n'étiez pas redevenu un profane, je vous ferois ici

(*) Le prince de Conti.

l'énumération de notre maigre collection; je vous parlerois du *meum*, de *l'oreille d'ours*, du *doronic*, de la *bistorte*, du *napel*, du *thymeloea*, etc. Mais j'espère que quand M. d'Escherny, qui a appris la botanique en trois jours, sera près de vous, il vous expliquera tout cela. Parmi toutes ces plantes alpines très-communes, j'en ai trouvé trois plus curieuses qui m'ont fait grand plaisir : l'une est l'*onagra* (*œnothera biennis*, Linn.), que j'ai trouvée au bord du Rhône, et que j'avois déjà trouvée à mon voyage de Nevers au bord de la Loire; la seconde est le *laiteron bleu* des Alpes (*sonchus alpinus*), qui m'a fait d'autant plus de plaisir que j'ai eu peine à le déterminer, m'obstinant à le prendre pour une laitue; la troisième est le *lichen islandicus*, que j'ai d'abord reconnu aux poils courts qui bordent ses feuilles. Je vous ennuie avec mon pédant étalage : mais si votre Henriette prenoit du goût pour les plantes, comme mon foin se transformeroit bien vite en fleurs! Il faudroit bien alors, malgré vous et vos dents, que vous devinssiez botaniste.

A M. L. C. D. L.

Monquin, le 10 octobre 1769.

Me voici, monsieur, en vous répondant, dans une situation bien bizarre, sachant bien à qui, mais non pas à quoi : non que tout ce que vous écrivez ne mérite bien qu'on s'en souvienne; mais parce que je ne me souviens plus de rien. J'avois mis à part votre lettre pour y répondre, et, après avoir vingt fois renversé ma chambre et tous les fatras qui la remplissent, je n'ai pu parvenir à retrouver cette lettre : toutefois je n'en veux pas avoir le démenti, ni que mon étourderie me prive du plaisir de vous écrire. Ce ne sera pas, si vous voulez, une réponse; ce sera un bavardage de rencontre, pour avoir, aux dépens de votre patience, l'avantage de causer un moment avec vous.

Vous me parliez, monsieur, du nouveau-né, dont je vous fais mes bien cordiales félicitations : voilà vos pertes réparées; que vous êtes heureux de voir les plaisirs paternels se multiplier autour de vous! Je vous le dis, et bien du fond de mon cœur, quiconque a le bonheur de pouvoir remplir des soins si chers trouve chez lui des plaisirs plus vrais que tous ceux du monde, et les plus douces consolations dans l'adversité. Heureux qui peut élever ses enfans sous ses yeux! Je plains un père de famille obligé d'aller chercher au loin la fortune; car pour le vrai bonheur de la vie, il en a la source auprès de lui.

Vous me parliez du logement auquel vous aviez eu la bonté de songer pour moi. Vous avez bien, monsieur, tout ce qu'il faut pour ne pas me laisser renoncer sans regret à l'espoir d'être votre voisin : et pourquoi y renoncer? qu'est-ce qui empêcheroit que, dans une saison plus douce, je n'allasse vous voir, et voir avec vous les habitations qui pourroient me convenir? S'il s'en trouvoit une assez voisine de la vôtre pour me procurer l'agrément de votre société, il y auroit là de quoi racheter bien des inconvéniens, et, pourvu que je trouvasse à peu près le plus nécessaire, de quoi me consoler de n'avoir pas ce qui le seroit moins.

Vous me parliez de littérature, et précisément cet article, le plus plein de choses et le plus digne d'être retenu, est celui que j'ai totalement oublié. Ce sujet qui ne me rappelle que des idées tristes, et que l'instinct éloigne de ma mémoire, a fait tort à l'esprit avec lequel vous l'avez traité : je me suis souvenu seulement que vous étiez très-aimable, même en traitant un sujet que je n'aimois plus.

Vous me parliez de botanique et d'herborisations. C'est un objet sur lequel il me reste un peu plus de mémoire; encore ai-je grand peur que bientôt elle ne s'en aille de même avec le goût de la chose, et qu'on ne parvienne à me rendre désagréable jusqu'à cet innocent amusement. Quelque ignorant que je sois en botanique, je ne le suis pas au point d'aller, comme on vous l'a dit, chercher en Europe une plante qui empoisonne par son odeur; et je pense, au contraire, qu'il y a beaucoup à rabattre des qualités prodigieuses, tant en bien qu'en mal, que l'ignorance, la charlatanerie, la crédulité, et quelquefois la méchanceté prêtent aux plantes, et qui, bien examinées, se réduisent pour l'ordinaire à très-peu de chose, souvent tout-à-fait à rien. J'allois à Pila faire avec trois messieurs, qui faisoient semblant d'aimer la botanique, une herborisation dont le principal objet étoit un commencement d'herbier pour l'un des trois, à qui j'avois tâché d'inspirer le goût de cette douce et aimable étude. Tout en marchant, M. le médecin M*** m'appela pour me montrer, disoit-il, une très-belle ancolie. Comment, monsieur, une ancolie! lui dis-je en voyant sa plante; c'est le napel. Là-dessus je leur racontai les fables que le peuple débite en Suisse sur le napel; et j'avoue qu'en avançant et nous trouvant comme ensevelis dans une forêt de napels, je crus un moment sentir un peu de mal de tête, dont je reconnus la chimère et ris avec ces messieurs presque au même instant.

Mais au lieu d'une plante à laquelle je n'avois pas songé, j'ai vraiment et vainement cherché à Pila une fontaine glaçante qui tuoit, à ce qu'on nous dit, quiconque en buvoit. Je déclarai que j'en voulois faire l'essai sur moi-même, non pas pour me tuer, je vous jure, mais pour désabuser ces pauvres gens sur la foi de ceux qui se plaisent à calomnier la nature, craignant jusqu'au lait de leur mère, et ne voyant partout que les périls et la mort. J'aurois bu de l'eau de cette fontaine comme M. Storck a mangé du napel. Mais au lieu de cette fontaine homicide qui ne s'est point trouvée, nous trouvâmes une fontaine très-bonne, très-fraîche, dont nous bûmes tous avec grand plaisir, et qui ne tua personne.

Au reste, mes voyages pédestres ayant été jusqu'ici tous très-gais, faits avec des camarades d'aussi bonne humeur que moi, j'avois espéré que ce seroit ici la même chose. Je voulus d'abord bannir toutes les petites façons de ville : pour mettre en train ces messieurs, je leur dis des canons : je voulus leur en apprendre; je m'imaginois que nous allions chanter, criailler, folâtrer toute la journée; je leur fis même une chanson (l'air s'entend) que je notai, tout en marchant par la pluie, avec des chiffres de mon invention. Mais quand ma chanson fut faite il n'en fut plus question, ni d'amusemens, ni de gaîté, ni de familiarité; voulant être badin tout seul, je ne me trouvai que grossier; toujours le grand cérémonial, et toujours monsieur don Japhet : à la fin je me le tins pour dit; et, m'amusant avec mes plantes, je laissai ces messieurs s'amuser à me faire des façons. Je ne sais pas trop si mes longues rabâcheries vous amusent : je sais seulement que si je les prolongeois encore, elles vous ennuieroient certainement à la fin. Voilà, monsieur, l'histoire exacte de ce tant célèbre pélerinage, qui court déjà les quatre coins de la France, et qui remplira bientôt l'Europe entière de son risible fracas. Je vous salue, monsieur, et vous embrasse de tout mon cœur.

A MADAME B.

Monquin, le 28 octobre 1769.

Si je n'avois été garde-malade, madame, et si je ne l'étois encore, j'aurois été moins lent, et je serois moins bref à vous remercier du plaisir que m'a fait votre lettre, et du désir que j'ai de mériter et cultiver la correspondance que vous daignez m'offrir. Votre caractère aimable et vos bons sentimens m'étoient déjà assez connus pour me donner du regret de n'avoir pu leur rendre mon hommage en personne lorsque je fus un instant votre voisin. Maintenant vous m'offrez, madame, dans la douceur de m'entretenir quelquefois avec vous, un dédommagement dont je sens déjà le prix, mais qui ne peut pourtant, qu'à l'aide d'une imagination qui vous cherche, suppléer au charme de voir animer vos yeux et vos traits par ces sentimens vivifians et honnêtes dont votre cœur me paroît pénétré. Ne craignez point que le mien repousse la confiance dont vous voulez bien m'honorer, et dont je ne suis pas indigne.

Adieu, madame; soyez sûre; je vous supplie, que mon cœur répond très-bien au vôtre, et que c'est pour cela que ma plume n'ajoute rien.

A M. DE SAINT-GERMAIN.

A Monquin, le mardi 31 octobre 1769.

Il me reste, monsieur, un seul plaisir dans la vie, et qui m'est aussi doux que rare, celui de voir la face d'un honnête homme. Jugez de l'empressement avec lequel vous serez reçu quand vous voudrez bien faire l'obligeante course que vous me promettez. Les cadeaux que veut me faire M..... ont l'air d'une plaisanterie. Je vous prie de vouloir lui faire bien des salutations de ma part, quand vous lui écrirez.

Permettez, monsieur, que j'assure ici madame de Saint-Germain de mon respect; que je vous salue et vous embrasse de tout mon cœur.

A M. DU PEYROU.

Monquin, le 15 novembre 1769.

Vous voilà, mon cher hôte, grâce à la rechute dont vous êtes délivré, dans un de ces intervalles heureux durant lesquels, n'entrevoyant que de loin le retour des atteintes de goutte, vous pouvez jouir de la santé, et même la prolonger; et je suis bien sûr que le plus doux emploi que vous en pourrez faire sera de rendre la vie heureuse à cette aimable Henriette qui verse tant de douceurs et de consolations dans la vôtre. Les détails que vous me faites de la manière dont vous cultivez le fonds de sentimens et de raison que vous avez trouvé en elle, me font juger de l'agrément que vous devez trouver dans une occupation si chérie, et me font désirer bien des fois dans la journée d'avoir la douceur d'en être le témoin : mais appelé par de grands et tristes devoirs à des soins plus nécessaires, je ne vois aucune apparence à me flatter de finir mes jours auprès de vous. J'en sens le désir, je l'exécuterois même s'il ne tenoit qu'à ma volonté : la chose n'est peut-être pas absolument impossible; mais je suis si accoutumé de voir tous mes vœux éconduits en toute chose, que j'ai tout-à-fait cessé d'en faire, et me borne à tâcher de supporter le reste de mon sort en homme, tel qu'il plaise au ciel de me l'envoyer.

Ne parlons plus de botanique, mon cher hôte; quoique la passion que j'avois pour elle n'ait fait qu'augmenter jusqu'ici, quoique cette innocente et aimable distraction me fût bien nécessaire dans mon état, je la quitte, il le faut; n'en parlons plus. Depuis que j'ai commencé de m'en occuper j'ai fait une assez considérable collection de livres de botanique, parmi lesquels il y en a de rares et de recherchés par les botanophiles, qui peuvent donner quelque prix à cette collection. Outre cela, j'ai fait sur la plupart de ces livres un grand travail par rapport à la synonymie, en ajoutant à la plupart des descriptions et des figures le nom de Linnæus. Il faut s'être essayé sur ces sortes de concordances pour comprendre la peine qu'elles coûtent, et combien celle que j'ai prise peut en éviter à ceux à qui passeront ces mêmes livres, s'ils en veulent faire usage. Je cherche à me défaire de cette collection qui me devient inutile et difficile à transporter. Je voudrois qu'elle pût vous convenir; et je ne désespère pas, quand vous aurez un jardin de plantes, que vous ne repreniez le goût de la botanique, qui, selon moi, vous seroit très-avantageux. En ce cas, vous auriez une collection toute faite, qui pourroit vous suffire, et que vous formeriez difficilement aussi complète en détail; ainsi j'ai cru devoir vous la proposer avant que d'en parler à personne; j'en fais faire le catalogue; voulez-vous que je vous le fasse passer?

Je ne suis point surpris des soins, des longueurs, des frais inattendus, des embarras de toute espèce que vous cause votre bâtiment: vous avez dû vous y attendre, et vous pouvez vous rappeler ce que je vous ai écrit et dit à ce sujet quand vous en avez formé l'entreprise. Cependant vous devez être à la fin de la grosse besogne, et ce qui vous reste à faire n'est qu'un amusement en comparaison de ce qui est fait : à moins pourtant que vous ne donniez dans la manie de défaire et refaire; car, en ce cas, vous en avez pour la vie, et vous ne jouirez jamais. Refusez-vous totalement à cette tentation dangereuse, ou je vous prédis que vous vous en trouverez très-mal.

A M. LALIAUD.

Monquin, le 30 novembre 1769.

J'apprends avec plaisir, monsieur, que vous jouissez, en bonne santé et avec agrément, du beau climat que vous habitez, et que vous êtes content à la fois de votre séjour et de votre récolte. Vous avez deviné bien juste que, tandis que l'ardeur du soleil vous forçoit encore quelquefois à chercher l'ombre, j'étois réduit à garder mes tisons; et nous avions eu déjà de fortes gelées et des neiges durables long-temps avant la réception de votre lettre. Cela, monsieur, me chagrine en une chose, c'est de ne pouvoir plus, pour cette année, exécuter votre petite commission des rosiers à feuilles odorantes, puisque ayant depuis long-temps perdu toutes leurs feuilles, ils seroient à présent impossibles à distinguer, et difficiles même à trouver. Je suis donc forcé de remettre cette recherche à l'année prochaine; et je vous assure que vous me fournissez l'occasion d'une petite herborisation très-agréable, en songeant que je la fais pour votre jardin.

Je vous dois et vous fais, monsieur, bien des remercîmens des lauriers que vous avez la bonne intention de m'envoyer pour mon herbier, quoique je ne me rappelle point du tout qu'il en ait été question entre nous: ils ne laisseront pas de trouver leur place, et de me rappeler votre obligeant souvenir aussi long-temps que je resterai possesseur de mon herbier; car il pourroit dans peu changer de maître, ainsi que mes livres de plantes, dont je cherche à me défaire, étant sur le point de quitter totalement la botanique.

J'ai fait votre commission auprès de madame Delessert, et je ne doute pas que dans sa première lettre, elle ne me charge de ses remercîmens et salutations pour vous : elle a eu la bonté de me pourvoir d'une bonne épinette pour cet hiver; cet instrument me fait plaisir encore, et me donne quelques momens d'amusement; mais il ne me fournit plus de nouvelles idées de musique et je me suis vainement efforcé d'en jeter quelques-unes sur le papier; rien n'est venu, et je sens qu'il faut renoncer désormais à la composition comme à tout le reste : cela n'est pas surprenant.

Bonjour, monsieur; le beau soleil qu'il fait ici dans ce moment me fait imaginer des promenades délicieuses en cette saison, dans le pays où vous êtes; et, si j'y étois aussi, j'aimerois bien à les faire avec vous.

Bonjour derechef; portez-vous bien, amusez-vous, et donnez-moi quelquefois de vos nouvelles.

A MADAME B.

Monquin, le 7 décembre 1769.

Je présume, madame, que vous voilà heureusement arrivée à Paris, et peut-être déjà dans le tourbillon de ces plaisirs bruyans dont vous pressentiez le vide, en vous proposant de les chercher. Je ne crains pas que vous les trouviez, à l'épreuve, plus substantiels pour un cœur tel que le vôtre me paroît être, que vous ne les avez estimés; mais il pourroit résulter de leur habitude une chose bien cruelle, c'est qu'ils devinssent pour vous des besoins, sans être des alimens; et vous voyez dans quel état cruel cela jette quand on est forcé de chercher son existence là où l'on sent bien qu'on ne trouvera jamais le bonheur. Pour prévenir un pareil malheur, quand on est dans le train d'en courir le risque, je ne vois guère qu'une chose à faire, c'est de veiller sévèrement sur soi-même, et de rompre cette habitude, ou du moins de l'interrompre avant de s'en laisser subjuguer. Le mal est que, dans ce cas comme dans un autre plus grave, on ne commence guère à craindre le joug que quand on le porte, et qu'il n'est plus temps de le secouer; mais j'avoue aussi que quiconque a pu faire cet acte de vigueur dans le cas le plus difficile, peut bien compter sur soi-même aussi dans l'autre; il suffit de prévoir qu'on en aura besoin. La conclusion de ma morale sera donc moins austère que le début. Je ne blâme assurément pas que vous vous livriez, avec la modération que vous y voulez mettre, aux amusemens du grand monde où vous vous trouvez : votre âge, madame, vos sentimens, vos résolutions, vous donnent tout le droit d'en goûter les innocens plaisirs sans alarmes; et tout ce que je vois de plus à craindre dans les sociétés où vous allez briller, est que vous ne rendiez beaucoup plus difficile à suivre pour d'autres l'avis que je prends la liberté de vous donner.

Je crains bien, madame, que l'intérêt peut-être un peu trop vif que vous m'inspirez ne m'ait fait vous prendre un peu trop légèrement au mot sur ce ton de pédagogue que vous m'invitez en quelque façon de prendre avec vous. Si vous trouvez mon radotage impertinent ou maussade, ce sera ma vengeance de la petite malice avec laquelle vous êtes venue agacer un pauvre barbon qui se dépêche d'être sermonneur, pour éviter la tentation d'être encore plus ridicule : je suis même un peu tenté, je vous l'avoue, de m'en tenir là : l'état où vous m'apprenez que vous êtes actuellement, et le vide du cœur, accompagné d'une tristesse habituelle que laisse dans le vôtre ce tumulte qu'on appelle société, me donnent, madame, un vif désir de rechercher avec vous s'il n'y auroit pas moyen de faire servir une de ces deux choses de remède à l'autre; mais cela me mèneroit à des discussions si déplacées dans le train d'amusemens où je vous suppose, et que le carnaval dont nous approchons va probablement rendre plus vifs, qu'il me faudroit de votre part plus qu'une permission pour oser entamer cette matière dans un moment aussi désavantageux : si vous m'entendez d'avance, comme je puis l'espérer ou le craindre, dites-moi de grâce, si je dois parler ou me taire, et soyez sûre, madame, que dans l'un ou l'autre cas je vous obéirai, non pas avec le même plaisir peut-être, mais avec la même fidélité.

A M. DU PEYROU.

A Monquin, 7 janvier 1770.

Excusez, mon cher hôte, le retard de ma réponse. Je ne vous ai jamais promis de l'exactitude, encore moins de la diligence; et j'ai maintenant une inertie plus grande qu'à l'ordinaire par la rigueur de la saison et par le froid excessif de ma chambre, où, le nez sur un feu presque aussi ardent que ceux que vous faisiez faire à Trye, je ne puis garantir mes doigts de l'onglée.

J'ai prévu et je vous ai prédit tout ce qui vous arrive au sujet de votre bâtiment, et dans le fond autant vaut qu'il vous occupe qu'autre chose; si c'est un tracas, c'est aussi un amusement. C'est d'ailleurs la charge de votre état : il faut opter dans la vie entre être pauvre ou être affairé; trop heureux d'éviter un troisième état que je connois bien, c'est d'être à la fois l'un et l'autre.

Grand merci, mon cher hôte, de la subite velléité qui vous prend de m'avoir auprès de vous. J'ai vu le temps que l'exécution de ce projet eût fait le bonheur de ma vie; et si ce temps n'est plus, ce n'est assurément pas ma faute. Vous m'exhortez à vous traiter tout-à-fait en étranger ou tout-à-fait en ami; l'alternative me paroît dure, car votre exemple ne m'a pas laissé le choix, et votre cachet m'avertit sans cesse que nos deux âmes ne sauroient jamais se monter au même ton. Vous voulez que nous fassions un saut en arrière de trois ou quatre ans; vous voilà bien leste avec votre goutte; pour moi, je ne me sens pas aussi dispos que cela ; et quand je pourrois me résoudre à faire ce saut une fois, je voudrois du moins être sûr de n'en avoir pas dans trois ou quatre ans un second à faire. Je vous avoue naturellement que si ce saut étoit en mon pouvoir, je ne le ferois pas seulement de trois, mais de huit.

Tout cela dit, je ne vous dissimulerai point que j'effacerai difficilement de mes souvenirs la douce idée que je m'étois faite d'achever paisiblement mes jours près de vous. J'avoue même que l'aimable hôtesse que vous m'avez donnée me rend cette idée infiniment plus riante. Si je pouvois lui faire ma cour, au point de vous rendre jaloux du pauvre barbon, cela me paroîtroit fort plaisant et surtout fort agréable ; et croyez-moi, mon cher hôte, vous aurez beau vous vanter d'en vouloir courir les risques, je vous *connois*, votre mine stoïque est admirable, mais seulement tant que vous êtes loin du danger.

Votre conseil de ne point renoncer subitement et absolument à la botanique me paroît de fort bon sens, et je prends le parti de le suivre. Il est contre la nature de la chose de se prescrire ou de s'interdire d'avance un choix dans ses amusemens. Quand le dégoût viendra, je cesserai d'herboriser ; quand le goût reviendra, je recommencerai jusqu'à ce qu'il me quitte derechef. Il est déjà revenu. Des plantes qu'on m'a envoyées et des correspondances de botanique me l'ont rendu, et je doute qu'il s'éteigne jamais tout-à-fait. Cela n'empêchera pourtant pas que je ne me défasse de mes livres et même de mon herbier ; et, si vous voulez tout de bon vous accommoder de l'un et de l'autre, je serai charmé qu'ils tombent entre vos mains, qui, quoi que vous en disiez, ne seront jamais pour moi des mains tout-à-fait étrangères. Le désir que j'avois de vous envoyer le catalogue est une des causes qui ont retardé cette lettre. Le grand froid ne me permet pas, quant à présent, ce bouquinage ; et, puisque vous ne voulez pas encore avoir ces livres, rien ne presse. Mais vous ne serez pas oublié, et vous aurez la préférence que vous avez l'honnêteté de me demander, et qui en devient réellement une, car depuis ma dernière lettre on m'a demandé cette collection.

A M. MOULTOU.

Monquin, le 9 janvier 1770.

Je comprends, mon cher Moultou, qu'une caisse de confitures que j'ai reçue de Montpellier est le cadeau que vous m'aviez annoncé cet été, et auquel je ne songeois plus quand il est venu me surprendre en guet-apens. Que voulez-vous que je fasse d'un si grand magasin? voulez-vous que je me mette marchand de sucre? il me semble que je n'étois pas trop appelé à ce métier : voulez-vous que je le mange ? il en faudroit beaucoup, je l'avoue, pour adoucir les fleuves d'amertume qu'on me fait avaler depuis tant d'années; mais c'est une amertume mielleuse et traîtresse, qui ne sauroit s'allier avec la franche douceur du sucre. Votre envoi, cher Moultou, n'est raisonnable qu'au cas que vous vouliez venir m'aider à le consommer ; j'en goûterois alors la douceur dans toute sa pureté. Il faudroit attendre, il est vrai, que la saison fût plus douce elle-même ; car, quant à présent, la campagne n'est pas tenable; il y fait presque aussi froid que dans ma chambre, où, près d'un grand feu, je gèle en me rôtissant, et l'onglée me fait tomber la plume des doigts.

Adieu, cher Moultou, mes deux moitiés embrassent les deux vôtres, et tout ce qui vous est cher.

A MADAME B.

Monquin, le 17 janvier 1770.

Votre lettre, madame, exigeroit une longue réponse ; mais je crains que le trouble passager où je suis ne me permette pas de la faire comme il faudroit. Il m'est difficile de m'accoutumer assez aux outrages et à l'imposture, même la plus comique, pour ne pas sentir, à chaque fois qu'on les renouvelle, les bouillonnemens d'un cœur fier qui s'indigne précéder le ris moqueur qui doit être ma seule réponse à tout cela. Je crois pourtant avoir gagné beaucoup : j'espère gagner davantage ; et je crois voir le moment assez proche où je me ferai un amusement de suivre dans leurs manœuvres souterraines ces troupes de noires taupes qui se fatiguent à me jeter de la terre sur les pieds. En attendant, nature pâtit encore un peu, je l'avoue ; mais le mal est court, bientôt il sera nul. Je viens à vous.

J'eus toujours le cœur un peu romanesque, et j'ai peur d'être encore mal guéri de ce penchant en vous écrivant. Excusez donc, madame, s'il se mêle un peu de visions à mes idées ; et, s'il s'y mêle aussi un peu de raison, ne la dédaignez pas sous quelque forme et avec quelque cortége qu'elle se présente. Votre correspondance a commencé d'une manière à me la rendre à jamais intéressante, un acte de vertu dont je connois bien tout le prix, un besoin de nourriture à votre âme qui me fait présumer de la vigueur pour la digérer, et la santé qui en est la source. Ce vide interne dont vous vous plaignez ne se fait sentir qu'aux cœurs faits pour être remplis : les cœurs étroits ne sentent jamais de vide, parce qu'ils sont toujours pleins de rien ; il en est, au contraire, dont la capacité vorace est si grande, que les chétifs êtres qui nous entourent ne la peuvent remplir. Si la nature vous a fait le rare et funeste présent d'un cœur trop sensible au besoin d'être heureux, ne cherchez rien au-dehors qui lui puisse suffire ; ce n'est que de sa propre substance qu'il doit se nourrir. Madame, tout le bonheur que nous voulons tirer de ce qui nous est étranger est un bonheur faux : les gens qui ne sont susceptibles d'aucun autre font bien de s'en contenter : mais si vous êtes celle que je suppose, vous ne serez jamais heureuse que par vous-même ; n'attendez rien pour cela que de vous. Ce sens moral, si rare parmi les hommes, ce sentiment exquis du beau, du vrai, du juste, qui réfléchit toujours sur nous-mêmes, tient l'âme de quiconque en est doué dans un ravissement continuel qui est la plus délicieuse des jouissances : la rigueur du sort, la méchanceté des hommes, les maux imprévus, les calamités de toute espèce peuvent l'engourdir pour quelques momens, mais jamais l'éteindre ; et, presque étouffé sous le faix des noirceurs humaines, quelquefois une explosion subite peut lui rendre son premier éclat. On croit que ce n'est pas à une femme de votre âge qu'il faut dire ces choses-là ; et moi je crois, au contraire, que ce n'est qu'à votre âge qu'elles sont utiles, et que le cœur s'y peut ouvrir ; plus tôt, il ne sauroit les entendre ; plus tard, son habitude est déjà prise, il ne sauroit les goûter.

Comment s'y prendre ? me direz-vous ; que faire pour cultiver et développer ce sens moral ? Voilà, madame, à quoi j'en voulois venir : le goût de la vertu ne se prend point par des préceptes, il est l'effet d'une vie simple et saine. on parvient bientôt à aimer ce qu'on fait, quand on ne fait que ce qui est bien. Mais pour prendre cette habitude, qu'on ne commence à goûter qu'après l'avoir prise, il faut un motif : je vous en offre un que votre état me suggère ; nourrissez votre enfant. J'entends les clameurs, les objections ; tout haut, les embarras, point de lait, un mari qu'on importune... tout bas, une femme qui se gêne, l'ennui de la vie domestique, les soins ignobles, l'abstinence des plaisirs... Des plaisirs ? Je vous en promets, et qui rempliront vraiment votre âme. Ce n'est point par des plaisirs entassés qu'on est heureux, mais par un état permanent qui n'est point composé d'actes distincts : si le bonheur n'entre, pour ainsi dire, en dissolution dans notre âme, s'il ne fait que la toucher, l'effleurer par quelques points, il n'est qu'apparent, il n'est rien pour elle.

L'habitude la plus douce qui puisse exister est celle de la vie domestique qui nous tient plus près de nous qu'aucune autre : rien ne s'identifie plus fortement, plus constamment avec nous que notre famille et nos enfans ; les sentimens que nous acquérons ou que nous renforçons dans ce commerce intime sont les plus vrais, les plus durables, les plus solides qui puissent nous attacher aux êtres périssables, puisque la mort seule peut les éteindre ; au lieu que l'amour et l'amitié vivent rarement autant que nous ; ils sont aussi les plus purs, puisqu'ils tiennent de plus près à la nature, à l'ordre, et, par leur seule force, nous éloignent du vice et des goûts dépravés. J'ai beau chercher où l'on peut trouver le vrai bonheur, s'il en est sur la terre, ma raison ne me le montre que là... Les comtesses ne vont pas d'ordinaire l'y chercher, je le sais : elles ne se font pas nourrices et gouvernantes ; mais il faut aussi qu'elles sachent se passer d'être heureuses ; il faut que, substituant leurs bruyans plaisirs au vrai bonheur, elles usent leur vie dans un travail de forçat pour échapper à l'ennui qui les étouffe aussitôt qu'elles respirent : et il faut que celles que la nature doua de ce divin sens moral qui charme quand on s'y livre, et qui pèse quand on l'élude, se résolvent à sentir incessamment gémir et soupirer leur cœur, tandis que leurs sens s'amusent.

Mais moi qui parle de familles, d'enfans.... Madame, plaignez ceux qu'un sort de fer prive d'un pareil bonheur ; plaignez-les s'ils ne sont que malheureux ; plaignez-les beaucoup plus s'ils sont coupables. Pour moi, jamais on ne me verra, prévaricateur de la vérité, plier dans mes égaremens mes maximes à ma conduite ; jamais on ne me verra falsifier les saintes lois de la nature et du devoir pour atténuer mes fautes. J'aime mieux les expier que les excuser : quand ma raison me dit que j'ai fait dans ma situation ce que j'ai dû faire, je l'en crois moins que mon cœur qui gémit et qui la dément. Condamnez-moi donc, madame, mais écoutez-moi : vous trouverez un homme ami de la vérité jusque dans ses fautes, et qui ne craint point d'en rappeler lui-même le souvenir lorsqu'il en peut résulter quelque bien. Néanmoins je rends grâces au ciel de n'avoir abreuvé que moi des amertumes de ma vie, et d'en avoir garanti mes enfans : j'aime mieux qu'ils vivent dans un état obscur sans me connoître, que de les voir, dans mes malheurs, bassement nourris par la traîtresse générosité de mes ennemis, ardens à les instruire à haïr, et peut-être à trahir leur père ; et j'aime mieux cent fois être ce père infortuné qui négligea son devoir par foiblesse, et qui pleure sa faute, que d'être l'ami perfide qui trahit la confiance de son ami, et divulgue, pour le diffamer, le secret qu'il a versé dans son sein.

Jeune femme, voulez-vous travailler à vous rendre heureuse, commencez d'abord par nourrir votre enfant : ne mettez pas votre fille dans un couvent, élevez-la vous-même ; votre mari est jeune, il est d'un bon naturel ; voilà ce qu'il nous faut. Vous ne me dites point comment il vit avec vous : n'importe, fût-il livré à tous les goûts de son âge et de son temps, vous l'en arracherez par les vôtres sans lui rien dire ; vos enfans vous aideront à le retenir par des liens aussi forts et plus constans que ceux de l'amour : vous passerez la vie la plus simple, il est vrai, mais aussi la plus douce et la plus heureuse dont j'aie l'idée. Mais encore une fois, si celle d'un ménage bourgeois vous dégoûte, et si l'opinion vous subjugue, guérissez-vous de la soif du bonheur qui vous tourmente ; car vous ne l'étancherez jamais.

Voilà mes idées : si elles sont fausses ou ridicules, pardonnez l'erreur à l'intention ; je me trompe peut-être, mais il est sûr que je ne veux pas vous tromper. Bonjour, madame ; l'intérêt que vous prenez à moi me touche, et je vous jure que je vous le rends bien.

Toutes mes lettres sont ouvertes ; la dernière l'a été, celle-ci le sera ; rien n'est plus certain. Je vous en dirais bien la raison, mais ma lettre ne vous parviendroit pas ; comme ce n'est pas à vous qu'on en veut, et que ce ne sont pas vos secrets qu'on y cherche, je ne crois pas que ce que vous pourriez avoir à me dire fût exposé à *beaucoup d'indiscrétion* ; mais encore faut-il que vous soyez avertie.

A LA MÊME.

Monquin, le 2 février 1770.

Si votre dessein, madame, lorsque vous commençâtes de m'écrire, étoit de me circonvenir et de m'abuser par des cajoleries, vous avez parfaitement réussi. Touché de vos avances, je prêtois à votre âme la candeur de votre âge ; dans l'attendrissement de mon cœur, je vous regardois déjà comme l'aimable consolatrice de mes malheurs et de ma vieillesse, et l'idée charmante que je me faisois de vous effaçoit l'idée horrible des auteurs des trames dont je suis enlacé. Me voilà désabusé ; c'est l'ouvrage de votre dernière lettre : son tortillage ne peut être ni la réponse que la mienne a dû naturellement vous suggérer, ni le langage ouvert et franc de la droiture. Pour moi, ce langage ne cessera jamais d'être le mien : je vois que vous avez respiré l'air de votre voisinage. Eh ! mon Dieu, madame, vous voilà, bien jeune, initiée à des mystères bien noirs ! J'en suis fâché pour moi, j'en suis affligé pour vous... à vingt-deux ans...! Adieu, madame.

ROUSSEAU.

P. S. En reprenant avec plus de sang-froid votre lettre je trouve la mienne dure et même injuste; car je vois que ce qui rend vos phrases embarrassées est qu'une involontaire sincérité s'y mêle à la dissimulation que vous voulez avoir. En blâmant mon premier mouvement je ne veux pourtant pas vous le cacher; non, madame, vous ne voulez pas me tromper, je le sens; c'est vous qu'on trompe et bien cruellement. Mais, cela posé, il me reste une question à vous faire: Dans le jugement que vous portez de moi, pourquoi m'écrire? pourquoi me rechercher? que me voulez-vous? recherche-t-on quelqu'un qu'on n'estime pas? Eh! je fuirois jusqu'au bout du monde un homme que je verrois comme vous paroissez me voir. Je suis environné, je le sais, d'espions empressés et d'ardens satellites qui me flattent pour me poignarder; mais ce sont des traîtres, ils font leur métier. Mais vous, madame, que je veux honorer autant que je méprise ces misérables, de grâce, que me voulez-vous? je vous demande sur ce point une réponse précise, et pour Dieu, suivez, en la faisant, le mouvement de votre cœur et non pas l'impulsion d'autrui. Je veux répondre en détail à votre lettre, et j'espère avoir long-temps la douceur de vous parler de vous : mais, pour ce moment, commençons par moi; commençons par nous mettre en règle sur ce que nous devons penser l'un de l'autre. Quand nous saurons bien à qui nous parlons, nous en saurons mieux ce que nous aurons à nous dire.

Je vous prie, madame, de ne plus m'écrire sous un autre nom que celui que je signe, et que je n'aurois jamais dû quitter.

A M. L'ABBÉ M.

Monquin, par Bourgoin, 17 9/2 70 (*).

Pauvres aveugles que nous sommes!
Ciel, démasque les imposteurs,
Et force leurs barbares cœurs
A s'ouvrir aux regards des hommes.

En vérité, monsieur, votre lettre n'est point

d'un jeune homme qui a besoin de conseil, elle est d'un sage très-capable d'en donner. Je ne puis vous dire à quel point cette lettre m'a frappé : si vous avez en effet l'étoffe qu'elle annonce, il est à désirer pour le bien de votre élève que ses parens sentent le prix de l'homme qu'ils ont mis auprès de lui.

Je suis, et depuis si long-temps, si loin des idées sur lesquelles vous me remettez, qu'elles me sont devenues absolument étrangères : toutefois je remplirai, selon ma portée, le devoir que vous m'imposez; mais je suis bien persuadé que vous ferez mieux de vous en rapporter à vous qu'à moi sur la meilleure manière de vous conduire dans le cas difficile où vous vous trouvez.

Sitôt qu'on s'est dévoyé de la droite route de la nature, rien n'est plus difficile que d'y rentrer. Votre enfant a pris un pli d'autant moins facile à corriger que nécessairement tout ce qui l'environne doit empêcher l'effet de vos soins pour y parvenir : c'est ordinairement le premier pli que les enfans de qualité contractent, et c'est le dernier qu'on peut leur faire perdre, parce qu'il faut pour cela le concours de la raison qui leur vient plus tard qu'à tous les autres enfans. Ne vous effrayez donc pas trop que l'effet de vos soins ne réponde pas d'abord à la chaleur de votre zèle; vous devez vous attendre à peu de succès jusqu'à ce que vous ayez la prise qui peut l'amener; mais ce n'est pas une raison pour vous relâcher en attendant. Vous voilà dans un bateau qu'un courant très-rapide entraîne en arrière, il faut beaucoup de travail pour ne pas reculer.

La voie que vous avez prise, et que vous craignez n'être pas la meilleure, ne le sera pas toujours sans doute; mais elle me paroît la meilleure en attendant. Il n'y a que trois ins-

---

(*) Rousseau n'a pas fait connoître le motif qui, pour cette lettre et pour une vingtaine d'autres qui vont suivre, lui a fait adopter cette manière de dater, manière que nous le verrons lui-même ci-après convenir être *bizarre* et sans objet relativement à ceux à qui les lettres étoient adressées. Il en est de même pour le mauvais quatrain qu'il a mis en tête de ces mêmes lettres, et dont le motif sans doute n'étoit autre que de rappeler sans cesse à ses correspondans les inquiétudes qui l'agitoient et le malheur de sa position. Quoi qu'il en soit, on voit facilement que, dans cette manière singulière de dater, le mois et le quantième sont exprimés par les petits chiffres intercalés dans ceux qui expriment l'année, tellement que le chiffre inférieur désigne le mois, et le supérieur le quantième. Il paroît que Rousseau n'a pas tardé à sentir le ridicule de cette bizarrerie; il en a fait justice lui-même, en y renonçant dans le cours de l'année suivante. G. P.

trumens pour agir sur les âmes humaines, la raison, le sentiment et la nécessité. Vous avez inutilement employé le premier; il n'est pas vraisemblable que le second eût plus d'effet; reste le troisième; et mon avis est que, pour quelque temps, vous devez vous y tenir, d'autant plus que la première et la plus importante philosophie de l'homme de tout état et de tout âge est d'apprendre à fléchir sous le dur joug de la nécessité : *Clavos trabales et cuneos manu gestans ahena.*

Il est clair que l'opinion, ce monstre qui dévore le genre humain, a déjà farci de ses préjugés la tête du petit bonhomme : il vous regarde comme un homme à ses gages, une espèce de domestique fait pour lui obéir, pour complaire à ses caprices; et, dans son petit jugement, il lui paroît fort étrange que ce soit vous qui prétendiez l'asservir aux vôtres; car c'est ainsi qu'il voit tout ce que vous lui prescrivez : toute sa conduite avec vous n'est qu'une conséquence de cette maxime, qui n'est pas injuste, mais qu'il applique mal, que *c'est à celui qui paie de commander.* D'après cela qu'importe qu'il ait tort ou raison? c'est lui qui paie.

Essayez, chemin faisant, d'effacer cette opinion par des opinions plus justes, de redresser ses erreurs par des jugemens plus sensés : tâchez de lui faire comprendre qu'il y a des choses plus estimables que la naissance et que les richesses; et pour le lui faire comprendre il ne faut pas le lui dire, il faut le lui faire sentir. Forcez sa petite âme vaine à respecter la justice et le courage, à se mettre à genoux devant la vertu, et n'allez pas pour cela lui chercher des livres; les hommes des livres ne seront jamais pour lui que des hommes d'un autre monde. Je ne sache qu'un seul modèle qui puisse avoir à ses yeux de la réalité; et ce modèle, c'est vous, monsieur; le poste que vous remplissez est à mes yeux le plus noble et le plus grand qui soit sur la terre. Que le vil peuple en pense ce qu'il voudra, pour moi je vous vois à la place de Dieu, vous faites un homme. Si vous vous voyez du même œil que moi, que cette idée doit vous élever en dedans de vous-même! qu'elle peut vous rendre grand en effet! et c'est ce qu'il faut; car, si vous ne l'étiez qu'en apparence et que vous ne fissiez que jouer la vertu, le petit bonhomme vous pénétreroit infailliblement, et tout seroit perdu. Mais si cette image sublime du grand et du beau le frappe une fois en vous; si votre désintéressement lui apprend que la richesse ne peut pas tout; s'il voit en vous combien il est plus grand de commander à soi-même qu'à des valets; si vous le forcez, en un mot, à vous respecter, dès cet instant vous l'aurez subjugué, et je vous réponds que, quelque semblant qu'il fasse, il ne trouvera plus égal que vous soyez d'accord avec lui ou non, surtout si, en le forçant de vous honorer dans le fond de son petit cœur, vous lui marquez en même temps faire peu de cas de ce qu'il pense lui-même, et ne vouloir plus vous fatiguer à le faire convenir de ses torts. Il me semble qu'avec une certaine façon grave et soutenue d'exercer sur lui votre autorité, vous parviendrez à la fin à demander froidement à votre tour : *Qu'est-ce que cela fait que nous soyons d'accord ou non?* et qu'il trouvera, lui, que cela fait quelque chose. Il faudra seulement éviter de joindre à ce sang-froid la dureté qui vous rendroit haïssable : sans entrer en explication avec lui vous pourrez dire à d'autres en sa présence : « J'aurois fait mes délices de rendre » son enfance heureuse, mais il ne l'a pas » voulu, et j'aime encore mieux qu'il soit mal» heureux étant enfant que méprisable étant » homme. » A l'égard des punitions, je pense comme vous qu'il n'en faut jamais venir aux coups que dans le seul cas où il auroit commencé lui-même; ses châtimens ne doivent jamais être que des abstinences, et tirées, autant qu'il se peut, de la nature du délit; je voudrois même que vous vous y soumissiez toujours avec lui quand cela seroit possible, et cela sans affectation, sans que cela parût vous coûter, et de façon qu'il pût en quelque sorte lire dans votre cœur, sans que vous le lui dissiez, que vous sentez si bien la privation que vous lui imposez que c'est sans y songer que vous vous y soumettez vous-même. En un mot, pour réussir il faudroit vous rendre presque impassible, et ne sentir que par votre élève ou pour lui. Voilà, je l'avoue, une terrible tâche; mais je ne vois nul autre moyen de succès : et ce succès me paraît assuré de part ou d'autre; car, quand avec tant de soins vous n'auriez pas le bonheur d'avoir fait un homme, n'est-ce rien que de l'être devenu ?

Tout ceci suppose que la dédaigneuse hauteur de l'enfant n'est que la petite vanité de la petite grandeur dont ses bonnes auront boursoufflé sa petite âme ; mais il pourroit arriver aussi que ce fût l'effet de l'âpreté d'un caractère indomptable et fier qui ne veut céder qu'à lui-même. Cette dureté, propre aux seuls naturels qui ont beaucoup d'étoffe, et qui ne se trouve guère au pays où vous vivez, n'est pas probablement celle de votre élève : si cependant cela se trouvoit (et c'est un discernement facile à faire), alors il faudroit bien vous garder de suivre avec lui la méthode dont je viens de parler, et de heurter la rudesse avec la rudesse. Les ouvriers en bois n'emploient jamais fer sur fer ; ainsi faut-il faire avec les esprits roides qui résistent toujours à la force ; il n'y a sur eux qu'une prise, mais aimable et sûre, c'est l'attachement et la bienveillance : il faut les apprivoiser comme les lions par les caresses. On risque peu de gâter de pareils enfans ; tout consiste à s'en faire aimer une fois, après cela vous les feriez marcher sur des fers rouges.

Pardonnez, monsieur, tout ce radotage à ma pauvre tête qui diverge, bat la campagne, et se perd à la suite de la moindre idée : je n'ai pas le courage de relire ma lettre, de peur d'être forcé de la recommencer. J'ai voulu vous montrer le vrai désir que j'aurois de vous complaire et d'applaudir à vos respectables soins ; mais je suis très-persuadé qu'avec les talens que vous me paroissez avoir et le zèle qui les anime, vous n'avez besoin que de vous-même pour conduire, aussi sagement qu'il est possible, le sujet que la Providence a mis entre vos mains. Je vous honore, monsieur, et vous salue de tout mon cœur.

A M. MOULTOU.

Monquin, le 17 $\frac{9}{2}$ 70.

Pauvres aveugles que nous sommes ! etc.

Cher Moultou, quoique vous paroissiez m'oublier, je vous aime toujours, et je n'ai pas voulu m'éloigner de ce pays sans vous en donner avis et vous dire encore un adieu. Je compte y rester quinze jours ou trois semaines avant de me rendre à Lyon : ces trois semaines me seroient bien précieuses pour l'herborisation des mousses et des lichens, si la neige n'y portoit obstacle ; car probablement l'occasion n'en reviendra plus pour moi. Le temps, qui paroît vouloir se remettre, peut permettre un essai ; et, après avoir été long-temps bien malingre, je compte tenter aujourd'hui l'analyse de quelques troncs d'arbres. Faites comme moi. Adieu, je vous embrasse tendrement, et je vous exhorte à m'aimer, car je le mérite.

J. J. ROUSSEAU.

Je reprends un nom que je n'aurois jamais dû quitter : n'en employez plus d'autre pour m'écrire.

A MADAME GONCERU,

née Rousseau.

Monquin, le 17 $\frac{9}{2}$ 70.

Pauvres aveugles que nous sommes ! etc.

Ma bonne, ma chère, ma respectable tante, né mourant, je vous pardonne de m'avoir fait vivre, et je m'afflige de ne pouvoir vous rendre à la fin de vos jours les tendres soins que vous m'avez prodigués au commencement des miens. A la première lueur d'une meilleure fortune je songeai à vous faire une petite part de ma subsistance qui pût rendre la vôtre un peu plus commode : je vous en fis aussitôt donner avis, et votre petite pension commença de courir en même temps, savoir à la fin de mars 1767 (*). Il n'y a pas encore de cela trois ans révolus, et ces trois ans vous ont été payés d'avance année par année : ainsi, quand vous ne recevriez rien d'un an d'ici, tout seroit encore en règle, et il n'y auroit encore rien d'arriéré. Mon intention est bien pourtant de continuer à vous payer d'avance et l'année qui commencera bientôt de courir et les suivantes, autant que mes moyens

(*) Voyez la lettre à d'Ivernois, du 29 janvier 1768.

me le permettront ; mais, ma chère tante, je ne puis pas vous dissimuler que la dureté présente et future de ma situation me met dans la nécessité de compter avec moi-même, sans quoi je ne me résoudrois jamais à compter avec vous. Veuillez donc prendre un peu de patience dans la certitude de n'être pas oubliée ; et s'il arrivoit dans la suite que votre pension tardât à venir, ce qui ne sera pas, autant qu'il me sera possible, dites-vous alors à vous-même : « Je connois le cœur de mon neveu ; et sûre qu'il ne m'oublie pas, je le plains de n'être pas en état de mieux faire. » Adieu, ma bonne et respectable tante : je vous recommande à la Providence ; faites la même chose pour moi, car j'en ai grand besoin, et recevez avec bonté mes plus tendres et respectueuses salutations.

AU MARQUIS DE CONDORCET.

Monquin, le 17 $\frac{16}{2}$ 70.

Pauvres aveugles que nous sommes ! etc.

Je suis pénétré, monsieur, de l'honneur que vous me faites de m'envoyer vos *Essais d'Analyse*, et je m'en sens digne par ma sensibilité, quoique je le sois si peu par mon intelligence, trop bornée pour me mettre en état de lire cet ouvrage, que ma tête affoiblie ne me permettroit même plus de suivre quand j'aurois les connoissances nécessaires pour cela. Que je vous envie de cultiver de profondes études qui mènent à des vérités qu'un homme isolé peut dire impunément à ses semblables, sans avoir besoin de tenir à des partis et de se donner des appuis ! Si j'avois à renaître, je tâcherois d'être votre disciple pour mériter l'honneur d'être un jour votre émule et votre ami ; mais ne pouvant, dans mon ignorance, être que votre stupide admirateur, je vous remercie au moins du moment de véritable douceur que votre obligeante attention jette sur ma triste existence. Je vous salue, monsieur, et vous honore de tout mon cœur.

A M. DE BELLOY.

Monquin, par Bourgoin, le 17 $\frac{18}{2}$ 70.

Pauvres aveugles que nous sommes ! etc.

J'honorois vos talens, monsieur, encore plus le digne usage que vous en faites, et j'admirois comment le même esprit patriotique nous avoit conduits par la même route à des destins si contraires, vous à l'acquisition d'une nouvelle patrie et à des honneurs distingués, moi à la perte de la mienne et à des opprobres inouïs.

Vous m'avez ressemblé, dites-vous, par le malheur ; vous me feriez pleurer sur vous, si je pouvois vous en croire. Êtes-vous seul en terre étrangère, isolé, séquestré, trompé, trahi, diffamé par tout ce qui vous environne, enlacé de trames horribles dont vous sentiez l'effet, sans pouvoir parvenir à les connoître, à les démêler ? Êtes-vous à la merci de la puissance, de la ruse, de l'iniquité, réunies pour vous traîner dans la fange, pour élever autour de vous une impénétrable œuvre de ténèbres, pour vous enfoncer tout vivant dans un cercueil ! Si tel est ou fut votre sort, venez, gémissons ensemble, mais en tout autre cas, ne vous vantez point de faire avec moi société de malheurs.

Je lisois votre Bayard, fier que vous eussiez trouvé mon Édouard digne de lui servir de modèle en quelque chose : et vous me faisiez vénérer ces antiques François auxquels ceux d'aujourd'hui ressemblent si peu, mais que vous faites trop bien agir et parler pour ne pas leur ressembler vous-mêmes. A ma seconde lecture je suis tombé sur un vers qui m'avoit échappé dans la première, et qui par réflexion m'a déchiré (*). J'y ai reconnu, non, grâces au ciel, le cœur de Jean-Jacques, mais les gens à qui j'ai affaire, et que, pour mon malheur, je connois trop bien. J'ai compris, j'ai pensé du moins qu'on vous avoit suggéré ce vers-là : Misère humaine ! me suis-je dit. Que les méchans diffament les bons, ils font leur œuvre ; mais comment les trompent-ils les uns à l'égard des autres ? leurs âmes n'ont-elles pas pour se reconnoître des marques plus sûres que tous les

(*) Il est probable que ce vers étoit le second de ces deux-ci
Que de vertu brilloit dans son faux repentir !
Peut-on si bien la peindre, et ne la pas sentir ?
G. P.

prestiges des imposteurs? J'ai pu douter quelques instans, je l'avoue, si vous n'étiez point séduit plutôt que trompé par mes ennemis.

Dans ce même temps j'ai reçu votre lettre et votre Gabrielle, que j'ai lue et relue aussi, mais avec un plaisir bien plus doux que celui que m'avoit donné le guerrier Bayard; car l'héroïsme de la valeur m'a toujours moins touché que le charme du sentiment dans les âmes bien nées. L'attachement que cette pièce m'inspire pour son auteur est un de ces mouvemens, peut-être aveugles, mais auxquels mon cœur n'a jamais résisté. Ceci me mène à l'aveu d'une autre folie à laquelle il ne résiste pas mieux, c'est de faire de mon Héloïse le *criterium* sur lequel je juge du rapport des autres cœurs avec le mien. Je conviens volontiers qu'on peut être plein d'honnêteté, de vertu, de sens, de raison, de goût, et trouver ce roman détestable; quiconque ne l'aimera pas peut bien avoir part à mon estime, mais jamais à mon amitié; quiconque n'idolâtre pas ma Julie ne sent pas ce qu'il faut aimer; quiconque n'est pas l'ami de Saint-Preux, ne sauroit être le mien; d'après cet entêtement, jugez du plaisir que j'ai pris, en lisant votre Gabrielle, d'y retrouver ma Julie un peu plus héroïquement requinquée, mais gardant son même naturel, animée peut-être d'un peu plus de chaleur, plus énergique dans les situations tragiques, mais moins enivrante aussi, selon moi, dans le calme. Frappé de voir dans des multitudes de vers à quel point il faut que vous ayez contemplé cette image si tendre dont je suis le Pygmalion, j'ai cru, sur ma règle ou sur ma manie, que la nature nous avoit faits amis, et, revenant avec plus d'incertitude aux vers de votre Bayard, j'ai résolu d'en parler avec ma franchise ordinaire, sauf à vous de me répondre ce qu'il vous plaira.

Monsieur de Belloy, je ne pense pas de l'honneur, comme vous de la vertu, qu'il soit possible d'en bien parler, d'y revenir souvent par goût, par choix, et d'en parler toujours d'un ton qui touche et remue ceux qui en ont, sans l'aimer et sans en avoir soi-même : ainsi, sans vous connoître autrement que par vos pièces, je vous crois dans le cœur l'honneur d'un ancien chevalier; et je vous demande de vouloir me dire sans détour s'il y a quelques vers dans votre Bayard dont en l'écrivant vous m'ayez voulu faire l'application; dites-moi simplement oui ou non, et je vous crois.

Quant au projet de réchauffer les cœurs de vos compatriotes par l'image des antiques vertus de leurs pères, il est beau, mais il est vain : l'on peut tenter de guérir des malades, mais non pas de ressusciter des morts. Vous venez soixante-dix ans trop tard. Contemporain du grand Catinat, du brillant Villars, du vertueux Fénelon, vous auriez pu dire : Voilà encore des François dont je vous parle, leur race n'est pas éteinte; mais aujourd'hui vous n'êtes plus que *vox clamans in deserto*. Vous ne mettez pas seulement sur la scène des gens d'un autre siècle, mais d'un autre monde; ils n'ont plus rien de commun avec celui-ci. Il ne reste à votre nation, pour se consoler de n'avoir plus de vertu, que de n'y plus croire et de la diffamer dans les autres. Oh, s'il étoit encore des Bayard en France, avec quelle noble colère, avec quelle vive indignation.... ! Croyez-moi, de Belloy, ne faites plus de ces beaux vers à la gloire des anciens François, de peur qu'on ne soit tenté, par la justesse de la parodie, de l'appliquer à ceux d'aujourd'hui.

Adieu, monsieur. Si cette lettre vous parvient, je vous prie de m'en donner avis, afin que je ne sois pas injuste : je vous salue de tout mon cœur.

A M. DE SAINT-GERMAIN.

(Cette lettre étoit incluse dans celle qui suit.)

A Monquin, le 17 $\frac{2\ 6}{3}$ 70.

Pauvres aveugles que nous sommes! etc.

Vous verrez, monsieur, que la lettre ci-jointe étoit commencée avant votre retour de Grenoble, et que, par conséquent, j'ai bien eu le temps de la mettre en meilleur état; mais je vous avoue que l'angoisse et les serremens de cœur que j'éprouvois en l'écrivant ne m'ont pas permis d'en faire une autre copie plus au net. L'indignation qui m'arrêtoit à chaque ligne m'a trop fait sentir que le rôle d'accusé n'étoit pas fait pour moi. Malgré le désordre qui règne dans cette lettre, elle contient des éclaircissemens dont j'ai cru que vous ne dédaigneriez pas d'être le dépositaire, et qui peuvent importer un jour au triomphe de la vérité. Je ne vous demande point, monsieur, de secret sur cette lettre; j'ose prévoir qu'un jour elle sera dans votre famille un monument non méprisable de vos bontés pour celui qui l'a écrite et de l'honneur qu'il sut rendre à vos vertus.

Mon état ne me permet point de tenter le voyage de Bourgoin par le temps qu'il fait, et je m'oppose absolument à tout désir que vous pourriez avoir de renouveler pour moi cette œuvre de miséricorde; au lieu du plaisir que me donne toujours votre présence, vous ne m'apporteriez que des alarmes pour votre santé et pour votre retour. Cependant, avant de nous séparer vraisemblablement pour toujours, que j'aie au moins, s'il m'est possible, la douceur d'embrasser encore une fois mon consolateur. Je compte, monsieur, sur ce que vous me dîtes dernièrement, que vous aviez encore au moins huit à dix jours à rester à Bourgoin, et je tâcherai d'en prendre un, s'il m'est possible, pour me rendre auprès de vous. Si malheureusement votre départ étoit accéléré, je vous prierois de vouloir bien me le faire dire, afin que je ne fisse pas un voyage inutile.

Monsieur, veuille le ciel vous payer en prospérités tant sur vous que sur madame de Saint-Germain et sur votre aimable et florissante famille, le prix des bontés dont vous m'avez comblé! Souvenez-vous quelquefois d'un infortuné qui ne mérite point ses malheurs, qui vous prouva sa vénération pour vous par sa confiance, et qui, par le droit qu'il se sent à votre estime, se glorifiera toujours d'y avoir part.

AU MÊME.

Monquin, le 17 $\frac{26}{2}$ 70.

Pauvres aveugles que nous sommes! etc.

Où êtes-vous, brave Saint-Germain? Quand pourrai-je vous embrasser, et réchauffer au feu de votre courage celui dont j'ai besoin pour supporter les rigueurs de ma destinée? Qu'il est cruel, qu'il est déchirant pour le plus aimant des hommes de se voir devenir l'horreur de ses semblables en retour de son tendre attachement pour eux, et sans pouvoir imaginer la cause de cette frénésie, ni par conséquent la guérir! Quoi! l'implacable animosité des méchans peut-elle donc ainsi renverser les têtes et changer les cœurs de toute une nation, de toute une génération? lui montrer noir ce qui est blanc; lui rendre odieux ce qu'elle doit aimer; lui faire estimer l'iniquité, justice; la trahison, générosité? Ah! c'est aussi trop accorder à la puissance que de lui soumettre ainsi le jugement, le sentiment, la raison, et de se dépouiller pour elle de tout ce qui nous fait hommes.

Quels sont mes torts envers M. de Choiseul? Un seul, mais grand, celui d'avoir pu l'estimer. Dans ma retraite je ne connoissois de lui que son ministère: son pacte de famille me prévint en faveur de ses talens. Il avoit paru bien disposé pour moi: cette bienveillance m'en avoit inspiré. Je ne savois rien de son naturel, de ses goûts, de ses inclinations, de son caractère; et, dans les ténèbres où je suis plongé depuis tant d'années, j'ai long-temps ignoré tout cela. Jugeant du reste par ce qui m'étoit connu, je lui donnai des louanges qu'il méritoit trop peu pour les prendre au pied de la lettre. Il se crut insulté; de là, sa haine et tous mes malheurs. En me punissant de mon tort, il m'en a corrigé. S'il me punit maintenant de lui rendre justice, il ne peut être trop sévère; car assurément je la lui rends bien.

Pour mieux assouvir sa vengeance, il n'a voulu ni ma mort, qui finissoit mes malheurs, ni ma captivité, qui m'eût du moins donné le repos. Il a conçu que le plus grand supplice d'une âme fière et brûlante d'amour pour la gloire étoit le mépris et l'opprobre, et qu'il n'y avoit point pour moi de pire tourment que celui d'être haï; c'est sur ce double objet qu'il a dirigé son plan. Il s'est appliqué à me travestir en monstre effroyable; il a concerté dans le secret l'œuvre de ma diffamation; il m'a fait enlacer de toutes parts par ses satellites; il m'a fait traîner par eux dans la fange; il m'a rendu la fable du peuple et le jouet de la canaille. Pour m'accabler encore mieux de la haine publique, il a pris soin de la faire sortir par les moqueuses caresses des fourbes dont il me faisoit entourer; et, pour dernier raffinement, il a fait en sorte que partout les égards et les attentions parussent me suivre, afin que, quand, trop sensible aux outrages, j'exhalerois quelques plaintes, j'eusse l'air d'un homme qui n'est pas à son aise avec lui-même, et qui se plaint des autres parce qu'il est mécontent de lui.

Pour m'isoler et m'ôter tout appui, les moyens étoient simples. Tout cède à la puissance, et presque tout à l'intrigue. On connoissoit mes amis; on a travaillé sur eux; aucun n'a résisté. On a éventé par la poste toutes les correspondances que je pouvois avoir. On m'a détaché de temps en temps de petits chercheurs de places, de petits imploreurs de recommandations, pour savoir par eux s'il ne restoit personne qui eût pour moi de la bienveillance, et travailler aussitôt à me l'ôter. Je connois si bien ce manége, et j'en ai si bien senti le succès, que je ne serois pas sans crainte pour M. de Saint-Germain lui-même, si je le savois moins clairvoyant, et que je connusse moins sa sagesse et sa fermeté. Parmi les objets de tant de vigilance, mes papiers n'ont pas été oubliés. J'ai confié tous ceux que j'avois en des mains amies, ou que je crus telles: tous sont à la merci de mes ennemis. Enfin, on m'a lié moi-même par des engagemens dont j'ai cru vainement acheter mon repos, et qui n'ont servi qu'à me livrer pieds et poings liés au sort qu'on vouloit me faire. On ne m'a laissé pour défense que le ciel, dont on ne s'embarrasse guère, et mon innocence, qu'on n'a pu m'ôter.

Parvenu une fois à ce point, tout le reste va de lui-même et sans la moindre difficulté. Les gens chargés de disposer de moi ne trouvent plus d'obstacles. Les essaims d'espions malveillans et vigilans dont je suis entouré savent comment ils ont à faire leur cour. S'il y a du bien, ils se garderont de le dire, ou prendront grand soin de le travestir; s'il y a du mal, ils l'aggraveront; s'il n'y en a pas, ils l'inventeront. Ils peuvent me charger tout à leur aise; ils n'ont pas peur de me trouver là pour les démentir. Chacun veut prendre part à la fête, et présenter le plus beau bouquet. Dès qu'il est convenu que je suis un homme noir, c'est à qui me controuvera le plus de crimes. Quiconque en a fait un, peut en faire cent, et vous verrez que bientôt j'irai violant, brûlant, empoisonnant, assassinant à droite et à gauche pour mes menus plaisirs, sans m'embarrasser des foules de surveillans qui me guettent, sans songer que les planchers, sous lesquels je suis, ont des yeux, que les murs qui m'entourent ont des oreilles, que je ne fais pas un pas qui ne soit compté, pas un mouvement de doigt qui ne soit noté, et sans que durant tout ce temps-là personne ait la charité de pourvoir à la sûreté publique en m'empêchant de continuer toutes ces horreurs, dont ils se contentent de tenir tranquillement le registre, tandis que je les fais tout aussi tranquillement sous leurs yeux, tant la haine est aveugle et bête dans sa méchanceté! Mais n'importe, dès qu'il s'agira de m'imputer des forfaits, je vous réponds que le bon M. de Choiseul sera coulant sur les preuves, et qu'après ma mort toutes ces inepties deviendront autant de faits incontestables, parce que monsieur l'un, et monsieur l'autre, et madame celle-ci, et mademoiselle celle-là, tous gens de la plus haute probité, les auront attestés, et que je ne ressusciterai pas pour y répondre.

Encore une fois, tout devient facile, et désormais on va faire de moi tout ce qu'on voudra de mauvais. Si je reste en repos, c'est que je médite des crimes, et peut-être le pire de tous, celui de dire la vérité. Si, pour me distraire de mes maux, je m'amuse à l'étude des plantes, c'est pour y chercher des poisons. Mon Dieu! quand quelque jour ceux qui sauront quel fut mon caractère, et qui liront mes écrits, apprendront qu'on a fait de Jean-Jacques Rousseau un empoisonneur, ils demanderont quelle sorte d'êtres existoit de son temps, et ne pourront croire que ce fussent des hommes.

Mais comment en est-on venu là? quel fut le premier forfait qui rendit les autres croyables? Voilà ce qui me passe, voilà l'étonnante énigme. C'est ce premier pas qu'il faut expliquer, et qui n'offre à mes yeux qu'un abîme impénétrable. Monsieur de Saint-Germain, dans ce que vous connoissez de moi par vous-même, trouvez-vous de l'étoffe pour faire un scélérat? Tel je parois à vos yeux depuis plus d'un an, tel je fus pendant près de soixante. Je n'eus jamais que des goûts honnêtes, que des passions douces; je m'élevai, pour ainsi dire, moi-même; je me livrai par choix aux meilleures études; je ne cultivai que des talens aimables. J'aimai toujours la retraite, la vie paisible et solitaire. J'ai passé la jeunesse et l'âge mûr, chéri de mes amis, bien voulu de mes connoissances, tranquille, heureux, content de mon sort, et sans avoir eu jamais qu'une seule querelle avec un extravagant (*), laquelle tourna tout à ma gloire. Malheureusement ayant déjà passé l'âge mûr, je me laissai tenter enfin de communiquer au public, dans des livres qui ne respirent que la vertu, des maximes que je crus utiles à mes semblables, ou de nouvelles idées pour le progrès des beaux-arts. Me voilà devenu depuis lors un homme noir; de quelle façon? je l'ignore. Eh! quels sont ces malheureux dont les âmes sombres et concentrées couvent le crime? Sont-ce des auteurs, des gens de lettres dévoués à la paisible occupation d'écrire des livres, des romans, de la musique, des opéra? Ont-ils des cœurs ouverts, confians, faciles à s'épancher? Et où de pareils secrets se cacheroient-ils un moment dans le mien, transparent comme le cristal, et qui porte à l'instant dans mes yeux et sur mon visage chaque mouvement dont il est affecté? Seul, étranger, sans parti, livré dans ma retraite à de pareils goûts, quel avantage, quel moyen, quelle tentation pouvois-je avoir de malfaire? Quoi! lorsque l'amour, la raison, la vertu, prenoient sous ma plume leurs plus doux, leurs plus énergiques accens; lorsque je m'enivrois à torrens des plus délicieux sentimens qui jamais soient entrés dans un cœur d'homme; lorsque je planois dans l'empyrée au milieu des objets charmans et presque angéliques dont je m'étois entouré, c'étoit précisément alors, et pour la première fois, que ma noire et farouche âme méditoit, digéroit, commettoit les forfaits atroces dont on ne me voila l'imputation que pour m'ôter les moyens de m'en défendre, et cela sans motif, sans raison, sans sujet, sans autre intérêt que celui de satisfaire la plus infernale férocité! Et l'on peut... Si jamais pareille contradiction, pareille extravagance, pareille absurdité, pouvoit réellement trouver foi dans l'esprit d'un homme, oui, j'ose le dire sans crainte, il faudroit étouffer cet homme-là.

Les passions qui portent au crime sont analogues à leurs noirs effets. Où furent les miennes? Je n'ai connu jamais les passions haineuses; jamais l'envie, la méchanceté, la vengeance, n'entrèrent dans mon cœur. Je suis bouillant, emporté, quelquefois colère, jamais fourbe ni rancunier; et quand je cesse d'aimer quelqu'un, cela s'aperçoit bien vite. Je hais l'ennemi qui veut me nuire; mais, sitôt que je ne le crains plus, je ne le hais plus. Que Diderot, que Grimm surtout, le premier, le plus caché, le plus ardent, le plus implacable, celui qui m'attira tous les autres, dise pourquoi il me hait. Est-ce pour le mal qu'il a reçu de moi? Non, c'est pour celui qu'il m'a fait, car souvent l'offensé pardonne, mais l'offenseur ne pardonne jamais. Dirai-je mes torts envers lui? j'en sais deux: le premier, je l'ai trop aimé; le second, *son cœur fut déchiré par la louange qui n'étoit pas pour lui* (*). Si lui, si Diderot, ont quelque autre grief, qu'ils le disent. Ils ont découvert, dira-t-on, que j'étois un monstre. Ah! c'est une autre affaire; mais toujours est-il sûr que ce monstre ne leur fit jamais de mal.

Madame la comtesse de Boufflers me hait, et en femme; c'est tout dire. Quels sont ses griefs? Les voici.

Le premier. J'ai dit dans l'*Héloïse* que la femme d'un charbonnier étoit plus respectable que la maîtresse d'un prince: mais, quand j'écrivis ce passage, je ne songeois ni à elle ni à aucune femme en particulier; je ne savois pas même alors qu'il existât une comtesse de Boufflers, encore moins qu'elle pût s'offenser de ce trait, et je n'ai fait que long-temps après connoissance avec elle.

Le second. Madame de Boufflers me consulta sur une tragédie en prose de sa façon, c'est-à-dire qu'elle me demanda des éloges. Je lui donnai ceux que je crus lui être dus; mais je l'avertis que sa pièce ressembloit beaucoup à une pièce angloise que je lui nommai: j'eus le sort de Gil Blas auprès de l'évêque prédicateur.

Le troisième. Madame de Boufflers étoit aimable alors, et jeune encore. Les amitiés dont elle m'honora me touchèrent plus qu'il n'eût fallu peut-être: elle s'en aperçut. Quelque temps après j'appris ses liaisons, que dans ma

(*) Le comte de Montaigu, ambassadeur à Venise. G. P.

(*) Passage remarquable du *Petit Prophète*; ouvrage de M. Grimm, et dans lequel il s'est peint sans y songer.

bêtise je ne savois pas encore. Je ne crus pas qu'il convînt à Jean-Jacques Rousseau d'aller sur les brisées d'un prince du sang, et je me retirai. Je ne sais, monsieur, ce que vous penserez de ce crime; mais il seroit singulier que tous les malheurs de ma vie fussent venus de trop de prudence, dans un homme qui en eut toujours si peu.

Madame la maréchale de Luxembourg me hait; elle a raison. J'ai commis envers elle des balourdises, bien innocentes assurément dans mon cœur, bien involontaires, mais que jamais femme ne pardonne, quoiqu'on n'ait pas eu l'intention de l'offenser. Cependant je ne puis la croire essentiellement méchante, ni perdre le souvenir des jours heureux que j'ai passés près d'elle et de M. de Luxembourg. De tous mes ennemis elle est la seule que je croie capable de retour, mais non pas de mon vivant. Je désire ardemment qu'elle me survive, sûr d'être regretté, peut-être pleuré d'elle après ma mort.

Ajoutez à cette courte liste M. de Choiseul, dont j'ai déjà parlé, et qui malheureusement à lui seul en vaut mille; le docteur Tronchin, avec qui je n'eus d'autre tort que d'être Genevois comme lui, et d'avoir autant de célébrité, quoique j'eusse gagné moins d'argent; enfin le baron d'Holbach, aux avances duquel j'ai résisté long-temps, par la seule raison qu'il étoit trop riche : raison que je lui dis pour réponse à ses instances, et qui malheureusement ne se trouva que trop juste dans la suite. Sur mes premiers écrits et sur le bruit qu'ils firent, il se prit pour moi d'une telle haine, et, comme je crois, par l'impulsion de Grimm, qu'il me traita, dans sa propre maison, et sans le moindre sujet, avec une brutalité sans exemple. Diderot, et M. de Margency, gentilhomme ordinaire du roi, furent témoins de la querelle; et le dernier m'a souvent dit depuis lors qu'il avoit admiré ma patience et ma modération.

Ces détails, monsieur, sont dans la plus exacte vérité. Trouvez-vous là quelque méchanceté dans le pauvre Jean-Jacques? Voilà pourtant les seuls ennemis personnels que j'aie eus jamais. Tous les autres ne le sont que par jalousie, comme d'Alembert, avec lequel j'ai eu très-peu de liaison; ou sur parole, comme la foule; ou parce qu'en général les lâches aient à faire leur cour aux puissans, en achevant d'accabler ceux qu'ils oppriment. Que puis-je faire à cela?

Les naturels haineux, jaloux, méchans, ne se déguisent guère; leurs propos, leurs écrits décèlent bientôt leurs penchans; ils vont toujours se mêlant des affaires des autres; les pointes de la satire lardent leurs discours et leurs ouvrages; les mots couverts, les allusions malignes leur échappent malgré eux. Mes écrits sont dans les mains de tout le monde, et vous connoissez mon ton. Veuillez, monsieur, juger par vous-même, et voyez s'il y a de la malignité dans mon cœur.

Le jeu : je ne puis le souffrir. Je n'ai vraiment joué qu'une fois en ma vie au Redoute à Venise : je gagnai beaucoup, m'ennuyai, et ne jouai plus. Les échecs, où l'on ne joue rien, sont le seul jeu qui m'amuse. Je n'ai pas peur d'être un Béverley.

L'ambition, l'avidité, l'avarice : je suis trop paresseux, je déteste trop la gêne, j'aime trop mon indépendance pour avoir des goûts qui demandent un homme laborieux, vigilant, courtisan, souple, intrigant, les choses du monde les plus contraires à mon humeur. M'a-t-on vu souvent aux toilettes des femmes, ou dans les antichambres des grands? ce sont pourtant là les portes de la fortune. J'ai refusé beaucoup de places, et n'en recherchai jamais. C'est par paresse que je suis attaché à l'argent que j'ai, crainte de la peine d'en chercher quand je n'en ai plus : mais je ne crois pas qu'il me soit arrivé de ma vie, ayant le nécessaire du moment, de rien convoiter au-delà; et, après avoir vécu dans une honnête aisance, je me vois prêt à manquer de pain sur mes vieux jours, sans en avoir grand souci. Combien j'ai laissé échapper de choses par ma nonchalance à les retenir ou à les saisir! Citons un seul fait. Un receveur général des finances auquel j'étois attaché depuis long-temps m'offre sa caisse, je l'accepte : au bout de quinze jours l'embarras, l'assujettissement, l'inquiétude surtout de cette maudite caisse, me font tomber malade. Je finis par quitter la caisse, et me faire copiste de musique à six sous la page. M. de Francueil, à qui je marque ma résolution, me croit encore dans le transport de la fièvre, vient me voir, me parle, m'exhorte, ne m'ébranle pas : il attend inutilement; et, voyant ma résolution bien prise et bien confirmée, il dispose enfin de sa caisse, et me donne un successeur. Ce fait seul prouve, ce me semble, que l'avidité de l'argent n'est pas mon défaut : et j'en pourrois donner des preuves récentes plus fortes que celle-là. Et de quoi me serviroit l'opulence? Je déteste le luxe, j'aime la retraite, je n'ai que les goûts de la simplicité, je ne saurois souffrir autour de moi des domestiques; et quand j'aurois cent mille livres de rente, je ne voudrois être ni mieux vêtu, ni mieux logé, ni mieux nourri que je ne le suis. Je ne voudrois être riche que pour faire du bien, et l'on ne cherche pas à satisfaire un pareil goût par des crimes.

Les femmes...! Oh! voici le grand article; car assurément le violateur de la chaste Vertier doit être un terrible homme auprès d'elles, et le plus difficile des travaux d'Hercule doit peu lui coûter après celui-là. Il y a quinze ans qu'on eût été étonné de m'entendre accuser de pareille infamie : mais laissez faire M. de Choiseul et madame de Boufflers; ils ont bien opéré d'autres métamorphoses, et je les vois en train de ne s'arrêter plus guère que par l'impossibilité d'en imaginer. Je doute qu'aucun homme ait eu une jeunesse plus chaste que la mienne. J'avois trente ans passés sans avoir eu qu'un seul attachement, ni fait à son objet qu'une seule infidélité (*); c'étoit là tout. Le reste de ma vie a doublé cette licence (**), je n'ai pas été plus loin. Je ne fais point honneur de cette réserve à ma sagesse, elle est bien plus due à ma timidité; et j'avoue avoir manqué par elle bien des bonnes fortunes que j'ai convoitées, et qui, si j'en avois tenté l'aventure, ne m'auroient peut-être pas réduit au même crime auquel, selon la Vertier, m'ont entraîné ses attraits.

Pour contenter les besoins de mon cœur encore plus que ceux de mes sens, je me donnai une compagne honnête et fidèle, dont, après vingt-cinq ans d'épreuve et d'estime, j'ai fait ma femme. Si c'est là ce qu'on appelle de la débauche, je m'en honore, et ce n'est pas du moins celle-là qui mène dans les lieux publics. L'exemple, la nécessité, l'honneur de celle qui m'étoit chère, d'autres puissantes raisons me firent

(*) Son aventure avec madame de Larnage. G. P.
(**) Le souper fait avec Grimm chez Klupffell, et ce qui en a été la suite. G. P.

confier mes enfans à l'établissement fait pour cela, et m'empêchèrent de remplir moi-même le premier, le plus saint des devoirs de la nature. En cela, loin de m'excuser, je m'accuse : et quand ma raison me dit que j'ai fait dans ma situation ce que j'ai dû faire, je l'en crois moins que mon cœur qui gémit et qui la dément. Je ne fis point un secret de ma conduite à mes amis; ne voulant pas passer à leurs yeux pour meilleur que je n'étois. Quel parti les barbares en ont tiré! Avec quel art ils l'ont mise dans le jour le plus odieux! Comme ils se sont plus à me peindre en père dénaturé, parce que j'étois à plaindre! comme ils ont cherché à tirer du fond de mon caractère une faute qui fut l'ouvrage de mon malheur! Comme si pécher n'étoit pas de l'homme, et même de l'homme juste. Elle fut grave, sans doute, elle fut impardonnable; mais aussi ce fut la seule, et je l'ai bien expiée. A cela près, et des vices qui n'ont jamais fait de mal qu'à moi, je puis exposer à tous les yeux une vie irréprochable dans tout le secret de mon cœur. Ah! que ces hommes si sévères aux fautes d'autrui rentrent dans le fond de leur conscience, et que chacun d'eux se félicite s'il sent qu'au jour où tout sans exception sera manifesté, lui-même en sera quitte à meilleur compte!

La Providence a veillé sur mes enfans par le péché même de leur père. Eh Dieu! quelle eût été leur destinée s'ils avoient eu la mienne à partager? que seroient-ils devenus dans mes désastres? Ils seront ouvriers ou paysans; ils passeront dans l'obscurité des jours paisibles; que n'ai-je eu le même bonheur! Je rends au moins grâce au ciel de n'avoir abreuvé que moi des amertumes de ma vie, et de les en avoir préservés. J'aime mieux qu'ils vivent du travail de leurs mains sans me connoître, que de les voir avilis et nourris par la traîtresse générosité de mes ennemis, qui les instruiroient à haïr, peut-être à trahir leur père; et j'aime mieux cent fois être ce père infortuné qui commit la faute et qui la pleure, que d'être le méchant qui la révèle, l'étend, l'amplifie, l'aggrave avec la plus maligne joie, que d'être l'ami perfide qui trahit la confiance de son ami, et divulgue, pour le diffamer, le secret qu'il a versé dans son sein.

Mais des fautes, quelque grandes qu'elles

soient, n'en supposent pas de contradictoires. Les débauchés sont peu dans le cas d'en commettre de pareilles, comme ceux qui s'occupent dans le port à charger des vaisseaux, que bientôt ils perdent de vue, ne songent guère à les assurer. Mes attachemens me préservèrent du désordre; et toujours, je le répète, je fus réglé dans mes mœurs. Je ne doute pas même que celles de ma jeunesse n'aient contribué dans la suite à répandre dans mes écrits cette vive chaleur que les gens qui ne sentent rien prennent pour de l'art, mais que l'art ne peut contrefaire, et que ne sauroit fournir un sang appauvri par la débauche. Pour répondre à ces hommes vils qui m'osent accuser d'avoir gagné, dans des lieux que je ne connois point, des maux que je connois encore moins, je ne voudrois que la *Nouvelle Héloïse*. Est-ce ainsi qu'on apprend à parler dans la crapule? Qu'on prenne autant de débauchés qu'on voudra, tous doués d'autant d'esprit qu'il est possible, et je les défie entre eux tous de faire une seule page à mettre à côté d'une des lettres brûlantes dont ce roman n'abonde que trop. Non, non; il est pour l'âme un prix aux bonnes mœurs, c'est de la vivifier. L'amour et la débauche ne sauroient aller ensemble; *il faut choisir*. Ceux qui les confondent ne connoissent que la dernière; c'est sur leur propre état qu'ils jugent du mien: mais ils se trompent; adorer les femmes et les posséder sont deux choses très-différentes: ils ont fait l'une, et j'ai fait l'autre. J'ai connu quelquefois leurs plaisirs, mais ils n'ont jamais connu les miens.

L'amour que je conçois, celui que j'ai pu sentir, s'enflamme à l'image illusoire de la perfection de l'objet aimé; et cette illusion même le porte à l'enthousiasme de la vertu; car cette idée entre toujours dans celle d'une femme parfaite. Si quelquefois l'amour peut porter au crime, c'est dans l'erreur d'un mauvais choix qui nous égare, ou dans les transports de la jalousie: mais ces deux états, dont aucun n'a jamais été le mien, sont momentanés et ne transforment point un cœur noble en une âme noire. Si l'amour m'eût fait faire un crime, il faudroit m'en punir et m'en plaindre; mais il ne me rendroit pas l'honneur des honnêtes gens.

Voilà tout, ce me semble, à moins qu'on ne veuille ajouter l'amour de la solitude; car cet amour fut la première marque à laquelle Diderot parut juger que j'étois un scélérat. Ses mystérieuses trames avec Grimm étoient commencées quand j'allai vivre à l'Hermitage; il publia quelque temps après *le Fils naturel*, dans lequel il inséra cette sentence: *Il n'y a que le méchant qui soit seul*. Je lui écrivis avec tendresse pour me plaindre qu'il n'eût mis à ce passage aucun adoucissement. Il me répondit durement et sans aucune explication. Pour moi, quoique cette sentence ait quelque chose qui papillotte à l'oreille, je n'y trouve qu'une absurdité; et il est si faux qu'il n'y ait que le méchant qui soit seul, qu'au contraire il est impossible qu'un homme qui sait vivre seul soit méchant, et qu'un méchant veuille vivre seul; car à qui feroit-il du mal, et avec qui formeroit-il ses intrigues? La sentence en elle-même exigeoit donc tout au moins une explication: elle l'exigeoit bien plus encore, ce me semble, de la part d'un auteur qui, lorsqu'il parloit de la sorte au public, avoit un ami retiré depuis six mois dans une solitude; et il étoit également choquant et malhonnête de refuser, du moins en maxime générale, l'honorable et juste exception qu'il devoit non-seulement à cet ami, mais à tant de sages respectés, qui dans tous les temps ont cherché le calme et la paix dans la retraite, et dont, pour la première fois depuis que le monde existe, un écrivain s'avise, avec un trait de plume, de faire autant de scélérats: mais Diderot avoit ses vues, et ne s'embarrassoit pas de déraisonner, pourvu qu'il préparât de loin les coups qu'il m'a portés dans la suite.

Je vais faire une remarque qui peut paroître légère, mais qui me paroît à moi des plus sûres pour juger de l'état interne et vrai d'un auteur. On sent, dans les ouvrages que j'écrivois à Paris, la bile d'un homme importuné du tracas de cette grande ville, et aigri par le spectacle continuel de ses vices [1]. Ceux que j'écrivis depuis ma retraite à l'Hermitage respirent une tendresse de cœur, une douceur d'âme, qu'on ne trouve que dans les bocages, et qui prou-

---

[1] Ajoutez les impulsions continuelles de Diderot, qui, soit qu'il ne pût oublier le donjon de Vincennes, soit avec le projet déjà formé de me rendre odieux, m'alloit sans cesse excitant et stimulant aux sarcasmes. Sitôt que je fus à la campagne, et que ces impulsions cessèrent, le caractère et le ton de mes écrits changèrent, et je rentrai dans mon naturel.

vent l'effet que faisoient sur moi la retraite et la campagne, et qu'elles feront toujours sur quiconque en saura sentir le charme et y vivre aussi volontiers que moi. *Les pensées mâles de la vertu*, dit le nerveux Young, *les nobles élans du génie, les brûlans transports d'un cœur sensible, sont perdus pour l'homme qui croit qu'être seul est une solitude : le malheureux s'est condamné à ne les jamais sentir. Dieu et la raison! quelle immense société! que leurs entretiens sont sublimes! que leur commerce est plein de douceur!* Voilà MM. Young et Diderot d'avis un peu différens, sans ajouter celui de Virgile. Pour moi, je me fais honneur d'avoir imité le scélérat Descartes, quand il s'en alla méchamment philosopher dans sa solitude de Nord-Hollande.

Je viens de faire, ce me semble, une revue exacte, et je n'y vois rien encore qui m'ait pu donner des penchans pervers. Que reste-t-il donc enfin? L'amour de la gloire. Quoi! ce noble sentiment qui élève l'âme aux sublimes contemplations, qui l'élance dans les régions éthérées, qui l'étend pour ainsi dire sur toute la postérité, pourroit lui dicter des forfaits! Il prendroit, pour s'honorer, la route de l'infamie! Eh! qui ne sait que rien n'avilit, ne resserre et ne concentre l'âme comme le crime; que rien de grand et de généreux ne peut partir d'un intérieur corrompu? Non, non; cherchez des passions viles pour cause à des actions viles. On peut être un malhonnête homme et faire un bon livre; mais jamais les divins élans du génie n'honorent l'âme d'un malfaiteur; et si les soupçons de quelqu'un que j'estimerois pouvoient à ce point ravaler la mienne, je lui présenterois mon *Discours sur l'Inégalité* (¹) pour toute réponse, et je lui dirois : Lis, et rougis (²).

Vous me citerez Érostrate. A cela voici ma réponse. L'histoire d'Érostrate est une fable : mais supposons-la vraie; Érostrate, sans génie et sans talent, eut un moment la fantaisie de la célébrité, à laquelle il n'avoit aucun droit; il prit la seule et courte voie que son mauvais cœur et son esprit étroit pût lui suggérer : mais comptez que, s'il se fût senti capable de faire l'*Émile*, il n'eût point brûlé le temple d'Éphèse. Non, monsieur, on n'aspire point par le crime au prix qu'on peut obtenir par la vertu; et voilà ce qui rend plus ridicule l'imposture dont je suis l'objet. Qu'avois-je besoin de gloire et de célébrité? je l'avois déjà tout acquise, non par des noirceurs et des actes abominables, mais par des moyens vertueux, honnêtes, par des talens distingués, par des livres utiles, par une conduite estimable, par tout le bien que j'avois pu faire selon mon pouvoir : elle étoit belle, elle étoit sans tache : qu'y pouvois-je ajouter désormais, si ce n'est la persévérance dans l'honorable carrière dont je voyois déjà d'assez près le terme? Que dis-je? je l'avois atteint : je n'avois plus qu'à me reposer, et jouir. Peut-on concevoir que de gaîté de cœur et par des forfaits, j'aie cherché moi-même à ternir ma gloire, à la détruire, à laisser échapper de mes mains, ou plutôt à jeter, dans un transport de furie, le prix inestimable que j'avois légitimement acquis? Quoi! le sage, le brave Saint-Germain retourneroit-il exprès à la guerre pour y flétrir par des lâchetés infâmes les lauriers sous lesquels il a blanchi? ne sait-on pas qu'une belle réputation est la plus noble et la plus douce récompense de la vertu sur la terre? Et l'on veut qu'un homme qui se l'est dignement procurée s'aille exprès plonger dans le crime pour la souiller! Non, cela n'est pas, parce que cela ne peut pas être; et il n'y a que des gens sans honneur qui puissent ne pas sentir cette impossibilité.

Mais quels sont enfin ces forfaits dont je me suis avisé si tard de souiller une réputation déjà tout acquise par mieux que des livres, par quarante ans d'honneur et d'intégrité? Oh! c'est ici le mystère profond qu'il ne faut jamais que je sache et qui ne doit être ouvertement publié qu'après ma mort, quoiqu'on fasse en sorte, pendant ma vie, que tout le monde en soit instruit, hors moi seul. Pour me forcer, en attendant, de boire la coupe amère de l'ignominie,

---

(¹) En retranchant quelques morceaux de la façon de Diderot, qu'il m'y fit insérer presque malgré moi. Il en avoit ajouté de plus durs encore; mais je ne pus me résoudre à les employer.

(²) Que seroit-ce si je lui présentois ma *Lettre à d'Alembert sur les Spectacles*, ouvrage où le plus tendre délire perce à travers la force du raisonnement, et rend cette lecture ravissante? Il n'y a point d'absurdité qu'on ne rende imaginable en supposant que des scélérats peuvent traiter ainsi de pareils sujets. Démocrite prouva aux Abdéritains qu'il n'étoit pas fou en leur lisant une de ses pièces; et moi, je défie tout homme sensé qui lira cette lettre de pouvoir croire que l'auteur soit un coquin.

on aura soin de la faire circuler sans cesse autour de moi dans l'obscurité, de la faire dégoutter, ruisseler sur ma tête, afin qu'elle m'abreuve, m'inonde, me suffoque, mais sans qu'aucun trait de lumière l'offre jamais à ma vue, et me laisse discerner ce qu'elle contient. On me séquestrera du commerce des hommes même en vivant avec eux; tout sera pour moi secret, mystère et mensonge; on me rendra étranger à la société, sans paroître m'en chasser; on élèvera autour de moi un impénétrable édifice de ténèbres, on m'ensevelira tout vivant dans un cercueil. C'est exactement ainsi que, sans prétexte et sans droit, on traite en France un homme libre, un étranger, qui n'est point sujet du roi, qui ne doit compte à personne de sa conduite, en continuant d'y respecter, comme il a toujours fait, le roi, les lois, les magistrats et la nation. Que s'il est coupable, qu'on l'accuse, qu'on le juge, et qu'on le punisse; s'il ne l'est pas, qu'on le laisse libre, non pas en apparence, mais réellement. Voilà, monsieur, ce qui est juste; tout ce qui est hors de là, de quelque prétexte qu'on l'habille, est trahison, fourberie, iniquité.

Non, je ne serai point accusé, point arrêté, point jugé, point puni en apparence; mais on s'attachera, sans qu'il y paroisse, à me rendre la vie odieuse, insupportable, pire cent fois que la mort: on me fera garder à vue; je ne ferai pas un pas sans être suivi; on m'ôtera tous moyens de rien savoir et de ce qui me regarde et de ce qui ne me regarde pas; les nouvelles publiques les plus indifférentes, les gazettes même me seront interdites; on ne laissera courir mes lettres et paquets que pour ceux qui me trahissent, on coupera ma correspondance avec tout autre; la réponse universelle à toutes mes questions sera toujours qu'on ne sait pas; tout se taira dans toute assemblée à mon arrivée; les femmes n'auront plus de langue, les barbiers seront discrets et silencieux, je vivrai dans le sein de la nation la plus loquace comme chez un peuple de muets. Si je voyage, on préparera tout d'avance pour disposer de moi partout où je veux aller; on me consignera aux passagers, aux cochers, aux cabaretiers; à peine trouverai-je à manger avec quelqu'un dans les auberges, à peine y trouverai-je un logement qui ne soit pas isolé; enfin l'on aura soin de répandre une telle horreur de moi sur ma route, qu'à chaque pas que je ferai, à chaque objet que je verrai, mon âme soit déchirée : ce qui n'empêchera pas que, traité comme Sancho, je ne reçoive partout cent courbettes moqueuses, avec autant de complimens de respect et d'admiration : ce sont de ces politesses de tigres qui semblent vous sourire au moment qu'ils vont vous déchirer.

Imaginez, monsieur, s'il est possible, un traitement plus insultant, plus cruel, plus barbare, et dont le concert incroyablement unanime laisse, au sein d'une nation tout entière, un infortuné rigoureusement seul et sans consolation. Tel est le talent supérieur de M. de Choiseul pour les détails; tels sont les soins avec lesquels il est servi quand il est question de nuire; mais s'il s'agissoit d'une œuvre de bonté, de générosité, de justice, trouveroit-il la même fidélité dans ses créatures? j'en doute; auroit-il lui-même la même activité? j'en doute encore plus.

J'ai beau chercher des cas où il soit permis d'accuser, de juger, de diffamer un homme à son insu, sans vouloir l'entendre, sans souffrir qu'il réponde, et même qu'il parle; je ne trouve rien. Je veux supposer toutes les preuves possibles : mais quand, en plein midi, toute la ville verroit un homme en assassiner un autre sur la place publique, encore en jugeant l'accusé ne l'empêcheroit-on pas de répondre; encore ne le jugeroit-on pas sans l'avoir interrogé. A l'inquisition l'on cache à l'accusé son délateur, je l'avoue; mais au moins lui dit-on qu'il est accusé; au moins ne le condamne-t-on pas sans l'entendre; au moins ne l'empêche-t-on pas de parler. Un délateur secret accuse, il ne prouve pas; il ne peut prouver dans aucun cas possible : car comment prouveroit-il? Par des témoins? mais l'accusé peut avoir contre ces témoins des moyens de récusation que les juges ignorent. Par des écritures? mais l'accusé peut y faire apercevoir des marques de fausseté que d'autres n'ont pu connoître. Un délateur qui se cache est toujours un lâche : s'il prend des mesures pour que l'accusé ne puisse répondre à l'accusation, ni même en être instruit, il est un fourbe : s'il prenoit en même temps avec l'accusé le masque de l'amitié, il seroit un traître. Or un traître qui prouve ne prouve jamais assez, ou ne prouve que contre lui-même : et quiconque est un traître peut bien être encore un imposteur. Eh! quel seroit, grand Dieu! le sort des particuliers s'il étoit permis de leur faire à leur insu leur procès, et puis de les aller prendre chez eux pour les mener tout de suite au supplice, sous prétexte que les preuves sont si claires qu'il leur est inutile d'être entendus?

Remarquez, monsieur, je vous supplie, combien cette première accusation dut paroître extraordinaire, vu la réputation sans reproche dont je jouissois, et que soutenoient ma conduite et mes écrits. Assurément ceux qui vinrent apprendre pour la première fois aux chefs de la nation que j'étois un scélérat durent les étonner beaucoup, et rien ne devoit manquer à la preuve d'une pareille accusation pour être admise. Il y manqua pourtant au moins une petite circonstance, savoir l'audition de l'accusé; on se cacha de lui très-soigneusement, et il fut jugé. Messieurs! messieurs! quand il seroit généralement permis de juger un accusé sans l'ouïr, il y a du moins des hommes qui mériteroient d'être exceptés, et Jean-Jacques pouvoit espérer, ce me semble, d'être mis au nombre de ces hommes-là.

On ne vous a pas jugé, diront-ils. Et qu'avez-vous donc fait, misérables? En feignant d'épargner ma personne, vous m'ôtez l'honneur, vous m'accablez d'opprobres, vous me laissez la vie, mais vous me la rendez odieuse en y joignant la diffamation. Vous me traitez plus cruellement mille fois que si vous m'aviez fait mourir; et vous appelez cela ne m'avoir pas jugé! Les fourbes! il ne manquoit plus à leur barbarie que le vernis de la générosité.

Non, jamais on ne vit des gens aussi fiers d'être des traîtres : prudemment enfoncés dans leurs tanières, ils s'applaudissent de leurs lâchetés, et insultent à ma franchise en la redoutant. Pour m'étouffer sans que je crie ils m'ont auparavant attaché un bâillon. A voir enfin leur bénigne contenance, on les prendroit pour les bourreaux de l'infortuné don Carlos, qui prétendoient qu'il leur fût encore redevable de la peine qu'ils prenoient de l'étrangler.

En vérité, monsieur, plus je médite sur cette étrange conduite, plus j'y trouve une complication de lâcheté, d'iniquité, de fourberie, qui la rend inimaginable. Ce qui me passe encore plus est que tout cela paroît se faire de l'aveu de la nation entière; que non-seulement mes prétendus amis, mais d'honnêtes gens réellement estimables y paroissent acquiescer; et que M. de Saint-Germain lui-même ne m'en paroît pas encore assez scandalisé. Cependant, fussé-je coupable, fussé-je en effet tout ce qu'on m'accuse d'être, tant qu'on ne m'aura pas convaincu, cette conduite envers moi seroit encore injuste, fausse, inexcusable. Que doit-elle me paroître à moi qui me sens innocent?

Soyons équitables toujours. Je ne crois pas que M. de Choiseul soit l'auteur de l'imposture; mais je ne doute point qu'il n'ait très-bien vu que c'en étoit une, et que ce ne soit pour cela qu'il prend tant de mesures pour m'empêcher d'en être instruit : car autrement, avec la haine envenimée que tout décèle en lui contre moi, jamais il ne se refuseroit le plaisir de me convaincre et de me confondre, dût-il s'ôter par là celui de me voir souffrir plus longtemps.

Quoique ma pénétration, naturellement très-mousse, mais aiguisée à force de s'exercer dans les ténèbres, me fasse deviner assez juste des multitudes de choses qu'on s'applique à me cacher, ce noir mystère est encore enveloppé pour moi d'un voile impénétrable; mais à force d'indices combinés, comparés; à force de demi-mots échappés, et saisis à la volée; à force de souvenirs effacés, qui par hasard me reviennent, je présume Grimm et Diderot les premiers auteurs de toute la trame. Je leur ai vu commencer, il y a plus de dix-huit ans, des menées auxquelles je ne comprenois rien, mais que je voyois certainement couvrir quelque mystère, dont je ne m'inquiétois pas beaucoup, parce que, les aimant de tout mon cœur, je comptois qu'ils m'aimoient de même. A quoi ont abouti ces menées? autre énigme non moins obscure. Tout ce que je puis supposer le plus raisonnablement est qu'ils auront fabriqué quelques écrits abominables qu'ils m'auront attribués. Cependant, comme il est peu naturel qu'on les en ait crus sur leur parole, il aura fallu qu'ils aient accumulé des vraisemblances, sans oublier d'imiter le style et la main. Quant au style, un homme qui possède supérieurement le talent d'écrire (*a*) imite aisément jusqu'à certain point le style d'un autre, quoique bien marqué : c'est ainsi que Boileau imita le style de Voiture et celui de Balzac à s'y tromper, et cette imitation du mien peut être surtout facile à Diderot, dont j'étudiois particulièrement la diction quand je commençai d'écrire, et qui même a mis dans mes premiers ouvrages plusieurs morceaux qui ne tranchent point avec le reste, et qu'on ne sauroit distinguer, du moins quant au style [1]. Il est certain que sa tournure et la mienne, surtout dans mes premiers ouvrages, dont la diction est, comme la sienne, un peu sautante et sentencieuse, sont, parmi celles de nos contemporains, les deux qui se ressemblent le plus. D'ailleurs, il y a si peu de juges en état de prononcer sur la différence ou l'identité des styles, et ceux même qui le sont peuvent si aisément s'y tromper, que chacun peut décider là-dessus comme il lui plaît, sans craindre d'être convaincu d'erreur.

La main est plus difficile à contrefaire; je crois même cela presque impossible dans un ouvrage de longue haleine : c'est pourquoi je présume qu'on aura préféré des lettres, qui n'ont pas la même difficulté, et qui remplissent le même objet. Quant à l'écrivain chargé de cette contrefaction, il aura été plus facile à trouver à Diderot qu'à tout autre, parce que, étant chargé de la partie des arts dans l'*Encyclopédie*, il avoit de grandes relations avec les artistes dans tous les genres. Au reste, quand la puissance s'en mêle, beaucoup de difficultés s'aplanissent; et quand il s'agiroit, par exemple, de décider si une écriture est ou n'est pas contrefaite, je ne crois pas qu'on eût beaucoup de peine à trouver des experts prêts à être de l'avis qu'il plairoit à M. de Choiseul.

Si ce n'est pas cela, ou de faux témoins, je n'imagine rien. Je pencherois même un peu pour cette dernière opinion, parce qu'assurément le bénin Thevenin, quoi qu'on en dise, ne fut pas aposté pour rien; et je ne puis imaginer d'autre objet à la fable de ce manant, et à l'adroite façon dont ceux qui l'avoient aposté l'ont accréditée [1], que de vouloir tâter d'avance comme je soutiendrois la confrontation d'un faux témoin.

Les holbachiens, qui croyoient m'avoir déjà coulé à fond, furieux de me voir bien au château de Montmorency et chez M. le prince de Conti, firent jouer leurs machines par d'Alembert; et, profitant des piques secrètes dont j'ai parlé, firent passer, par le Temple, leur complot à l'hôtel de Luxembourg. Il est aisé d'imaginer comment M. de Choiseul s'associa pour cette affaire particulière avec la ligue, et s'en fit le chef; ce qui rendit dès lors le succès immanquable, au moyen des manœuvres souterraines dont Grimm avoit probablement fourni le plan. Ce complot a pu se tramer de toute autre manière; mais voilà celle où les indices, dans ce que j'ai vu, se rapportent le mieux. Il falloit, avant de rien tenter du côté du public, m'éloigner au préalable, sans quoi le complot risquoit à chaque instant d'être découvert, et son auteur confondu. L'*Émile* en fournit les moyens, et l'on disposa tout pour m'effrayer par un décret comminatoire, auquel on n'en vouloit cependant venir que quand j'aurois pris le parti de fuir. Mais voyant que, malgré tout le fracas dont on accompagnoit la menace de ce décret, je restois tranquille et ne voulois pas démarrer, on s'avisa d'un expédient tout-puissant sur mon cœur. Madame de Boufflers, avec une grande éloquence, me fit voir l'alternative inévitable de compromettre madame de Luxembourg, si j'étois interrogé, ou de mentir, ce que j'étois bien résolu de ne pas faire. Sur ce motif, auquel je ne pus résister, je partis enfin, et l'on ne lâcha le décret que quand ma résolution fut bien prise et qu'on put le savoir. Il paroît que dès lors le projet étoit arrangé entre madame de Boufflers et M. Hume pour

---

(*a*) Variante : l'*art d'écrire*.

[1] Quant aux pensées, celles qu'il a eu la bonté de me prêter, et que j'ai eu la bêtise d'adopter, sont bien faciles à distinguer des miennes, comme on peut le voir dans celle du philosophe qui s'argumente en enfonçant son bonnet sur ses oreilles (*Discours sur l'inégalité*); car ce morceau est de lui tout entier. Il est certain que M. Diderot abusa toujours de ma confiance et de ma facilité pour donner à mes écrits un ton dur et un air noir, qu'ils n'eurent plus sitôt qu'il cessa de me diriger et que je fus livré tout-à-fait à moi-même.

[1] Enfin, tant ont opéré les gens qui disposent de moi, qu'il reste clair comme le jour, à Grenoble et ailleurs, que le galérien Thevenin m'a prêté neuf francs aux Verrières, tandis que j'étois à Montmorency; qu'il me les a prêtés par les mains du cabaretier Jeannet, notre commun hôte, chez qui je n'ai jamais logé, et à qui je ne parlerai de ma vie; et que je lui donnai, en reconnoissance, des lettres de recommandation pour MM. de Faugnes et Aldiman, que je ne connoissois pas.

disposer de moi. Elle n'épargna rien pour m'envoyer en Angleterre. Je tins bon, et voulus passer en Suisse. Ce n'étoit pas là le compte de la ligue, qui, par ses manœuvres, parvint avec peine à m'en chasser. Nouvelles sollicitations plus vives pour l'Angleterre ; nouvelle résistance de ma part. Je pars pour aller joindre mylord maréchal à Berlin. La ligue vit l'instant où j'allois lui échapper. Son complot s'en alloit peut-être en fumée, si l'on ne m'eût tendu tant de pièges à Strasbourg, qu'enfin j'y tombai, me laissai livrer à Hume, et partis avec lui pour l'Angleterre, où j'étois attendu depuis si longtemps. Dès ce moment ils m'ont tenu ; je ne leur échapperai plus.

Que je regrettai la France ! avec quelle ardeur, avec quelle constance je surmontai tous les obstacles, tous les dangers même qu'on eut soin d'opposer à mon retour ; et cela pour venir essuyer, dans ce pays si désiré, des traitemens qui m'ont fait regretter l'Angleterre ! Cependant les seize mois que j'y passai ne furent pas perdus pour la ligue. A mon retour, je trouvai la France et l'Europe totalement changées à mon égard ; et ma prévention, ma stupidité, furent telles, que, trop frappé des manœuvres de David Hume et de ses associés, je m'obstinois à chercher à Londres la cause des indignités que j'essuyois à Trye. Me voilà bien désabusé depuis que je n'y suis plus, et je rends aux Anglois la justice qu'ils me refusent. Néanmoins, s'ils étoient ce qu'on les suppose, ils auroient dit : N'imitons pas la légèreté françoise ; défions-nous des preuves d'accusation qu'on cache si soigneusement à l'accusé, et gardons-nous de juger, sans l'entendre, un homme qu'on cajole avec tant de fausseté, et qu'on charge avec tant d'animosité.

Enfin ce complot, conduit avec tant d'art et de mystère, est en pleine exécution. Que dis-je ? il est déjà consommé : me voilà devenu le mépris, la dérision, l'horreur de cette même nation dont j'avois, il y a dix ans, l'estime, la bienveillance, j'oserois dire la considération ; et ce changement prodigieux, quoique opéré sur un homme du peuple, sera pourtant la plus grande œuvre du ministère de M. de Choiseul, celle qu'il a eue le plus à cœur, celle à laquelle il a consacré le plus de temps et de soin. Elle prouvera, par un exemple flétrissant pour l'espèce humaine, combien est forte l'union des méchans pour mal faire, tandis que celle des bons, quand elle existe, est si lâche, si foible, et toujours si facile à rompre.

Rien n'a été omis pour l'exécution de cette noble entreprise ; toute la puissance d'un grand royaume, tous les talens d'un ministre intrigant, toutes les ruses de ses satellites, toute la vigilance de ses espions, la plume des auteurs, la langue des clabaudeurs, la séduction de mes amis, l'encouragement de mes ennemis, les malignes recherches sur ma vie pour la souiller, sur mes propos pour les empoisonner, sur mes écrits pour les falsifier ; l'art de dénaturer, si facile à la puissance, celui de me rendre odieux à tous les ordres, de me diffamer dans tous les pays. Les détails de tous ces faits seroient presque incroyables, s'il m'étoit possible d'exposer ici seulement ceux qui me sont connus. On m'a lâché des espions de toutes les espèces, aventuriers, gens de lettres, abbés, militaires, courtisans ; on a envoyé des émissaires en divers pays pour m'y peindre sous les traits qu'on leur a marqués. J'avois en Savoie un témoin de ma jeunesse, un ami que j'estimois, et sur lequel je comptois ; je vais le voir, je vois qu'il me trompe ; je le trouve en correspondance avec M. de Choiseul. J'avois à Paris un vieux compatriote, un ami, très-bon homme ; on le met à la Bastille, j'ignore pourquoi, c'est-à-dire sous quel prétexte. Le long temps qu'il y a resté lui fait honneur ; on l'aura trouvé moins docile qu'on n'avoit cru ; je veux espérer qu'on n'aura pas lassé sa patience, et qu'au bout de seize mois il sera sorti de la Bastille aussi honnête homme qu'il y est entré. Je désire la même chose du libraire Guy, qu'on y a mis de même, et détenu presque aussi longtemps. On disoit avoir trouvé dans les papiers du premier un projet de moi pour l'établissement d'une pure démocratie à Genève ; et j'ai toujours blâmé la pure démocratie à Genève et partout ailleurs : on disoit y avoir trouvé des lettres par lesquelles j'excitois les brouilleries de Genève ; et non-seulement j'ai toujours blâmé les brouilleries de Genève, mais je n'ai rien épargné pour porter les représentans à la paix. Mais qu'importe qu'on en impose et qu'on mente ? un mensonge dit en l'air fait toujours son effet, surtout quand il vient des bureaux d'un ministre, et quand il tire sur moi.

En songeant au libraire de Paris, avec lequel j'eus si peu d'affaires, M. de Choiseul, qui n'oublia rien, a-t-il oublié mon libraire de Hollande? Je ne sais; mais dans un livre que celui-ci s'est obstiné à vouloir me dédier, quoique j'y sois maltraité, et dont il n'a pas voulu me communiquer d'avance l'épître dédicatoire, j'ai trouvé la tournure de cette épître si singulière et si peu naturelle, qu'il est difficile de n'y pas supposer un but caché qui tient à quelque fil de la grande trame.

Enfin nulle attention n'a été omise pour m'y défigurer de tout point, jusqu'à celle qu'on n'imagineroit pas, de faire disparoître les portraits de moi qui me ressemblent, et d'en répandre un à très-grand bruit qui me donne un air farouche et une mine de Cyclope. A ce gracieux portrait on a mis pour pendant celui de David Hume ([1]), qui réellement a la tête d'un Cyclope, et à qui l'on donne un air charmant. Comme ils peignent nos figures, ainsi peignent-ils nos âmes avec la même fidélité. En un mot, les détails qu'embrasse l'exécution du plan qui me regarde sont immenses, inconcevables. Oh! si je savois tous ceux que j'ignore, si je voyois mieux ceux que je n'ai fait que conjecturer, si je pouvois embrasser d'un coup d'œil tous ceux dont je suis l'objet depuis dix années, ils pourroient me donner quelque orgueil, si mon cœur en étoit moins déchiré. Si M. de Choiseul eût employé à bien gouverner l'état la moitié du temps, des talens, de l'argent et des soins qu'il a mis à satisfaire sa haine, il eût été l'un des plus grands ministres qu'ait eus la France.

Ajoutez à tout cela l'expédition de la Corse, cette inique et ridicule expédition, qui choque toute justice, toute humanité, toute politique, toute raison; expédition que son succès rend encore plus ignominieuse, en ce que, n'ayant pu conquérir ce peuple infortuné par le fer, il l'a fallu conquérir par l'or. La France peut bien dire de cette inutile et coûteuse conquête ce que disoit Pyrrhus de ses victoires : Encore une, et nous sommes perdus. Mais, hélas! l'Europe n'offrira plus à M. de Choiseul d'autre peuple naissant à détruire, ni d'aussi grand homme à noircir que son illustre et vertueux chef.

C'est ainsi que l'homme le plus fin se décèle en écoutant trop son animosité. M. de Choiseul connoissoit bien la plaie la plus cruelle par laquelle il pût déchirer mon cœur, et il ne me l'a pas épargnée : mais il n'a pas vu combien cette barbare vengeance le démasquoit et devoit éventer son complot. Je le défie de pallier jamais cette expédition d'aucune raison ni d'aucun prétexte qui puisse contenter un homme sensé. On saura que je sus voir le premier un peuple disciplinable et libre, où toute l'Europe ne voyoit encore qu'un tas de rebelles et de bandits; que je vis germer les palmes de cette nation naissante; qu'elle me choisit pour les arroser, que ce choix fit son infortune et la mienne; que ses premiers combats furent des victoires; que n'ayant pu la vaincre, il fallut l'acheter. Quant à la conclusion qui me regarde, on présumera quelque jour, je l'espère, malgré tous les artifices de M. de Choiseul, qu'il n'y avoit qu'un homme estimable qu'il pût haïr avec tant de fureur.

Voilà, monsieur, ce qui me fait prendre mon parti avec plus de courage que n'en sembloit annoncer l'accablement où vous m'avez vu; mais je découvrois alors, pour la première fois, des horreurs dont je n'avois pas la moindre idée, et auxquelles il n'est pas même permis à un honnête homme d'être préparé. Épouvanté des infernales trames dont je me sentois enlacé, je donnois trop de pouvoir à l'imposture, j'en prolongeois trop loin l'effet sur l'avenir : je voyois mon nom, qui doit me survivre, couvert par elle d'un opprobre éternel, au lieu de la gloire et des honneurs que je sens dans mon cœur m'être dus; je frémissois de douleur et d'indignation à cette cruelle image. Aujourd'hui que j'ai eu le temps de m'appriviser avec des idées qui m'étoient si nouvelles, de les peser, de les comparer, de mettre par ma raison les iniques œuvres des hommes à la coupelle du temps et de la vérité, je ne crains plus que le vil alliage y résiste : le soufre et le plomb s'en iront en fumée, et l'or pur demeurera tôt ou tard, quand mes ennemis, morts ainsi que

---

([1]) Quand il s'avisa de me faire peindre à Londres, je ne pus imaginer quel étoit son but; car j'entrevoyois déjà de reste que ce n'étoit pas par amitié pour moi. Je vois maintenant très-ien ce but; mais je ne me pardonnerois pas de l'avoir deviné.

moi, ne l'altéreront plus. Il est impossible que, de tant de trames ténébreuses, quelqu'une au moins ne soit pas enfin dévoilée au grand jour; et c'en est assez pour juger des autres. Les bons ont horreur des méchans et les fuient, mais ils ne brassent pas des complots contre eux. Il est impossible que, revenus de la haine aveugle qu'on leur inspire, mes semblables ne reconnoissent pas un jour dans mes ouvrages un homme qui parla d'après son cœur. Il est impossible qu'en blâmant et plaignant les erreurs où j'ai pu tomber, ils ne louent pas mes intentions, qu'ils ne bénissent pas ma mémoire, qu'ils ne s'attendrissent pas sur mes malheurs. Une seule considération suffit pour me rendre la tranquillité que m'ôtoit l'effroi d'une ignominie éternelle; c'est celle de la route qu'ont prise ceux qui m'oppriment pour égarer à leur suite la génération présente, mais qui n'égarera sûrement pas la postérité, sur laquelle ils n'auront plus l'ascendant dont ils abusent. Ses ennemis, dira-t-on, se sont attachés, comme de vils corbeaux, sur son cadavre; mais jamais, de son vivant, aucun d'eux l'osa-t-il attaquer en face? Ils le prirent en traîtres; ils s'enfoncèrent dans des souterrains pour creuser des gouffres sous ses pas, tandis qu'il marchoit à la lumière du soleil, et qu'il défioit le reproche du crime de soutenir ses regards. Quoi! la justice et la vérité rampent-elles ainsi dans les ténèbres? les hommes droits et vertueux se font-ils ainsi fourbes et traîtres, tandis que le coupable appelle à grands cris ses accusateurs? Si cette considération leur fait reprendre le même examen avec plus d'impartialité, je n'en veux pas davantage. Tranquillisé pour l'avenir sur la terre, j'aspire au séjour du repos, où les œuvres de l'iniquité ne pénètrent pas: en attendant, je me dois d'approfondir cet abominable complot, s'il m'est possible; c'est tout ce qui me reste à faire ici-bas, et je n'épargnerai pour cela rien de ce qui est en ma foible puissance. Je sais que mon naturel craintif, honteux, timide, ne me promet ni sang-froid, ni présence d'esprit, ni mémoire, quand il faudra payer de ma personne et confondre les imposteurs; j'avoue même que l'indigne rôle auquel je me vois ravalé, et pour lequel la nature m'avoit si peu fait, me donne un frémissement et des serremens de cœur que je ne puis vaincre, et dont j'aurois été moins subjugué dans le plus heureux temps. Il y a dix ans que l'imputation d'un forfait m'eût fait rire, et rien de plus; mais depuis que les cruels m'ont ainsi défiguré, sans me laisser même aucun moyen de me défendre, tout injurieux soupçon que je lis dans les cœurs plonge le mien dans un trouble inexprimable. Les scélérats endurcis au crime ont des fronts d'airain, mais l'innocence rougit et pleure en se voyant couvrir de fange. Une âme noble et fière a beau se roidir et s'élever, un tempérament timide ne peut se refondre. Dans toutes les situations de ma vie le mien me subjugue toujours: soit forcé de parler au milieu d'un cercle, soit tête à tête agacé par une femme railleuse, soit avili dans la confrontation d'un impudent, mon trouble est toujours le même, et le courage que je sens au fond de mon cœur refuse de se montrer sur ma contenance. Je ne sais ni parler ni répondre; je n'ai jamais su trouver qu'après coup la chose que j'avois à dire ou le mot qu'il falloit employer. Urbain Grandier, dans le même cas que moi, avoit l'assurance et la facilité qui me manquent, et il périt: j'aurois tort d'espérer une meilleure destinée: mais ce n'est pas de cela qu'il s'agit. Que je sache à tout prix de quoi je suis coupable; que j'apprenne enfin quel est mon crime, qu'on m'en montre le témoignage et les preuves, ces invincibles preuves qui, bien qu'administrées si secrètement et par des mains si suspectes, n'ont laissé le moindre doute à personne, et sur lesquelles âme vivante n'a même imaginé qu'il fût pourtant bon de savoir si je n'avois rien à dire; enfin qu'on daigne, je ne dis pas me convaincre, mais m'accuser moi présent [1], et je meurs content.

Eh! que reste-t-il ici-bas pour me faire aimer à vivre? Déjà vieux, souffrant, sans ami, sans appui, sans consolation, sans ressource, voilà la pauvreté prête à me talonner; et quand on m'auroit laissé même la liberté d'employer mes

---

[1] Je suis persuadé qu'il y a sous tout cela quelque équivoque, quelque malentendu, quelque adroit mensonge, sur lequel un mot peut-être seroit un trait de lumière qui frapperoit tout le monde, et démasqueroit les imposteurs. Ils le sentent et le craignent sans doute; aussi paroît-il qu'ils ont mis toute l'adresse, toute la ruse, toute la sagacité de leur esprit à chercher des raisons plausibles et spécieuses pour prévenir toute explication. Cependant comment ont-ils pu couvrir l'iniquité de cette conduite jusqu'à tromper les gens de bon sens? Voilà ce qui me passe.

talens à gagner mon pain, de quoi jouirois-je en le mangeant? Quoi! voir toujours des hommes faux, haineux, malveillans! toujours des masques, toujours des traîtres! et loin de vous, pas un seul visage d'homme! plus d'épanchemens dans le sein d'un ami, plus de ces doux sentimens qu'une longue habitude rend délicieux! Ah! la vie à ce prix m'est insupportable; et quand sa fin ne seroit que celle de mes peines, je désirerois d'en sortir: mais elle sera le commencement de cette félicité pour laquelle je me sentois né, et que je cherchai vainement sur la terre. Que j'aspire à cette heureuse époque, et que j'aimerai quiconque m'y fera parvenir! J'étois homme, et j'ai péché; j'ai fait de grandes fautes que j'ai bien expiées, mais le crime jamais n'approcha de mon cœur. Je me sens juste, bon, vertueux, autant qu'homme qui soit sur la terre: voilà le motif de mon espérance et de ma sécurité. Quoique je paroisse absolument oublié de la Providence, je n'en désespérerai jamais. Que ses récompenses pour les bons doivent être belles, puisqu'elle les néglige à ce point ici-bas! J'avoue pourtant qu'en la voyant dormir si long-temps, il me prend des momens d'abattement: ils sont rares, ils ne durent guère, et ne changent rien à ma disposition. J'espère que la mort ne viendra pas dans un de ces tristes momens; mais quand elle y viendroit, elle me seroit moins consolante, sans m'être plus redoutable. Je me dirois: Je ne serai rien, ou je serai bien; cela vaut toujours mieux pour moi que cette vie.

La mort est douce aux malheureux; la souffrance est toujours cruelle. Par-là je reste ici-bas à la merci des méchans; mais enfin que me peuvent-ils faire? Ils ne me feront pas plus souffrir que ne fit la néphrétique; et j'ai fait là-dessus l'essai de mes forces: si mes maux sont longs, ils exerceront mon âme à la patience, à la constance, au courage; ils lui feront mériter le prix destiné à la vertu; et au jour de ma mort, qu'il faudra bien enfin qui vienne, mes persécuteurs m'auront rendu service en dépit d'eux. Pour quiconque en est là, les hommes ne sont plus guère à craindre. Aussi M. de Choiseul peut jouer de son reste avec toute sa puissance. Tant qu'il ne changera pas la nature des choses, tant qu'il n'ôtera pas de ma poitrine le cœur de Jean-Jacques Rousseau pour y mettre celui d'un malhonnête homme, je le mets au pis.

Monsieur, j'ai vécu: je ne vois plus rien, même dans l'ordre des possibles, qui pût me donner encore sur la terre un moment de vrai plaisir. On m'offriroit ici-bas le choix de ce que j'y veux être, que je répondrois, mort. Rien de ce qui flattoit mon cœur ne peut plus exister pour moi. S'il me reste un intervalle encore jusqu'à ce moment si lent à venir, je le dois à l'honneur de ma mémoire. Je veux tâcher que la fin de ma vie honore son cours et y réponde. Jusqu'ici j'ai supporté le malheur; il me reste à savoir supporter la captivité, la douleur, la mort: ce n'est pas le plus difficile; mais la dérision, le mépris, l'opprobre, apanage ordinaire de la vertu parmi les méchans, dans tous les points par où l'on pourra me les faire sentir. J'espère qu'un jour on jugera de ce que je fus par ce que j'ai su souffrir. Tout ce que vous m'avez dit pour me détourner, quoique plein de sens, de vérité, d'éloquence, n'a fait qu'enflammer mon courage: c'est un effet qu'il est naturel d'éprouver près de vous; et je n'ai pas peur que d'autres m'ébranlent quand vous ne m'avez pas ébranlé. Non, je ne trouve rien de si grand, de si beau, que de souffrir pour la vérité. J'envie la gloire des martyrs. Si je n'ai pas en tout la même foi qu'eux, j'ai la même innocence et le même zèle, et mon cœur se sent digne du même prix.

Adieu, monsieur. Ce n'est pas sans un vrai regret que je me vois à la veille de m'éloigner de vous. Avant de vous quitter j'ai voulu du moins goûter la douceur d'épancher mon cœur dans celui d'un homme vertueux. C'est, selon toute apparence, un avantage que je ne retrouverai de long-temps.

ROUSSEAU.

Note oubliée dans ma lettre à M. de Saint-Germain.

Je me souviens d'avoir, étant jeune, employé le vers suivant dans une comédie:

C'est en le trahissant qu'il faut punir un traître.

Mais, outre que c'étoit dans un cas très-excusable, et où il ne s'agissoit point d'une véritable trahison, ce vers, échappé dans la rapidité de la composition, dans une pièce non publique et non corrigée, ne prouve point que l'auteur pense ce qu'il fait dire à une femme jalouse, et ne fait autorité pour personne. S'il est permis de trahir les traîtres, ce n'est qu'aux gens qui leur ressemblent; mais jamais les armes des méchans ne souillèrent les mains d'un honnête homme. Comme il n'est pas permis de mentir à un menteur, il est encore moins permis de trahir un traître : sans cela, toute la morale seroit subvertie, et la vertu ne seroit plus qu'un vain nom; car le nombre des malhonnêtes gens étant malheureusement le plus grand sur la terre, si l'on se permettoit d'adopter vis-à-vis d'eux leurs propres maximes, on seroit le plus souvent malhonnête homme soi-même, et l'on en viendroit bientôt à supposer toujours que l'on a affaire à des coquins, afin de s'autoriser à l'être (*).

A M. L'ABBÉ M.

Monquin, 17 $\frac{28}{2}$ 70.

Pauvres aveugles que nous sommes! etc.

Votre précédente lettre, monsieur, m'en promettoit si bien une seconde, et j'étois si sûr qu'elle viendroit, que, quoique je me crusse obligé de vous tirer de l'erreur où je vous voyois, j'aimai mieux tarder de remplir ce devoir que de vous ôter ce plaisir si doux aux cœurs honnêtes de réparer leur tort de leur propre mouvement (**).

La bizarre manière de dater qui vous a scandalisé est une formule générale dont depuis quelque temps j'use indifféremment avec tout le monde, qui n'a ni ne peut avoir aucun trait aux personnes à qui j'écris, puisque ceux qu'elle regarde ne sont pas faits pour être honorés de mes lettres, et ne le seront sûrement jamais. Comment m'avez-vous pu croire assez brutal, assez féroce, pour vouloir insulter ainsi de gaîté de cœur quelqu'un que je ne connoissois que par une lettre pleine de témoignages d'estime pour moi, et si propre à m'en inspirer pour lui? Cette erreur est là-dessus tout ce dont je peux me plaindre; car, si ce n'en eût pas été une, votre ressentiment devenoit très-légitime, et votre quatrain très-mérité : si même j'avois quelque autre reproche à vous faire, ce seroit sur le ton de votre lettre qui cadroit si mal avec celui de votre quatrain. Quoique dans votre opinion je vous en eusse donné l'exemple, deviez-vous jamais l'imiter? ne deviez-vous pas au contraire être encore plus indigné de l'ironie et de la fausseté détestable que cette contradiction mettoit dans ma lettre? et la vertu doit-elle jamais souiller ses mains innocentes avec les armes des méchans, même pour repousser leurs atteintes? Je vous avoue franchement que je vous ai bien plus aisément pardonné le quatrain que le corps de la lettre; je passe les injures dans la colère, mais j'ai peine à passer les cajoleries. Pardon, monsieur, à mon tour : j'use peut-être un peu durement des droits de mon âge, mais je vous dois la vérité depuis que vous m'avez inspiré de l'estime; c'est un bien dont je fais trop de cas pour laisser passer en silence rien de ce qui peut l'altérer. A présent oublions pour jamais ce petit démêlé, je vous en prie, et ne nous souvenons que de ce qui peut nous rendre plus intéressans l'un à l'autre par la manière dont il a fini.

Revenons à votre emploi. S'il est vrai que vous ayez adopté le plan que j'ai tâché de tracer dans l'*Émile*, j'admire votre courage; car vous avez trop de lumières pour ne pas voir que, dans un pareil système, il faut tout ou rien, et qu'il vaudroit cent fois mieux reprendre le train des éducations ordinaires, et faire un petit talon rouge, que de suivre à demi celle-là pour ne faire qu'un homme manqué. Ce que j'appelle tout, n'est pas de suivre servilement mes idées; au contraire, c'est souvent de les corriger, mais de s'attacher aux principes, et d'en suivre exactement les conséquences avec les modifications qu'exige nécessairement toute application particulière. Vous ne pouvez ignorer quelle tâche immense vous vous donnez :

(*) Cette longue lettre, dans laquelle Rousseau donne des détails sur sa conduite antérieure, sur ses goûts et ses ouvrages, est un complément des *Confessions*. Il en parut quelques fragmens, en 1798, dans le *Conservateur* ou *Bibliothèque choisie de littérature*. On supprima les noms et l'on dénatura plusieurs passages. Comme les personnages dont parle Jean-Jacques étoient tous morts à cette époque, on ne devine pas le motif de cette discrétion ou de cette infidélité. M. P.

(**) Pour l'intelligence de cette phrase et de celles qui la suivent, il faut savoir que la personne à qui cette seconde lettre étoit adressée avoit mis en tête de sa réponse à la première un quatrain qui sembloit annoncer qu'elle avoit pris en mauvaise part celui de M. Rousseau, ce qui cependant n'étoit pas. (*Note des éditeurs de Genève.*)

vous voilà pendant dix ans au moins nul pour vous-même, et livré tout entier avec toutes vos facultés à votre élève; vigilance, patience, fermeté, voilà surtout trois qualités sur lesquelles vous ne sauriez vous relâcher un seul instant sans risquer de tout perdre; oui, de tout perdre, entièrement tout : un moment d'impatience, de négligence ou d'oubli, peut vous ôter le fruit de six ans de travaux, sans qu'il vous en reste rien du tout, pas même la possibilité de le recouvrer par le travail de dix autres. Certainement s'il y a quelque chose qui mérite le nom d'héroïque et de grand parmi les hommes, c'est le succès des entreprises pareilles à la vôtre; car le succès est toujours proportionné à la dépense de talens et de vertus dont on l'a acheté : mais aussi quel don vous aurez fait à vos semblables, et quel prix pour vous-même de vos grands et pénibles travaux! Vous vous serez fait un ami, car c'est là le terme nécessaire du respect, de l'estime et de la reconnoissance dont vous l'aurez pénétré. Voyez, monsieur.... dix ans de travaux immenses, et toutes les plus douces jouissances de la vie pour le reste de vos jours et au-delà : voilà les avances que vous avez faites, et voilà le prix qui doit les payer. Si vous avez besoin d'encouragement dans cette entreprise, vous me trouverez toujours prêt; si vous avez besoin de conseils, ils sont désormais au-dessus de mes forces. Je ne puis vous promettre que de la bonne volonté; mais vous la trouverez toujours pleine et sincère : soit dit une fois pour toutes, et, lorsque vous me croirez bon à quelque chose, ne craignez pas de m'importuner. Je vous salue de tout mon cœur.

A M. DE SAINT-GERMAIN.

Monquin, le 17 $\frac{28}{2}$ 70.

Pauvres aveugles que nous sommes! etc.

Votre lettre, monsieur, m'attendrit et me touche; je croyois n'être plus susceptible de plaisir, et vous venez de m'en donner un moment bien pur. Il n'est troublé que par le regret de ne pas pouvoir me rendre à vos généreuses et obligeantes sollicitations; mais mon parti est pris. Je connois trop les gens à qui j'ai affaire pour croire qu'ils me laisseront exécuter mon projet; je m'attends d'avance à ce qui doit m'arriver; je ne me dois pas le succès, il est dans les mains de la Providence; mais je me dois la tentative et l'emploi de mes forces : rien ne m'empêchera de remplir ce devoir.

Je ne suis point encore dans la situation que vos offres généreuses vous font prévenir, ni même près d'y tomber, je prévois seulement que si j'avançois dans la vieillesse, elle me deviendroit dure à plus d'un égard, et c'est moins là pour moi un sujet d'alarme qu'une consolation de n'y pas parvenir : je crois si bien connoître votre âme noble, que, dans la situation supposée, je vous aurois de moi-même prouvé la vérité de mes sentimens pour vous en vous mettant dans le cas d'exercer les vôtres.

Si la crainte de contrister votre bon cœur m'empêche, monsieur, de suivre les mouvemens du mien dans les adieux que je désirois vous aller faire, je sens ce que me coûtera cette déférence; mais je sens aussi, dans la résolution que j'ai prise, le danger de l'exposer à des attaques d'autant plus redoutables, que mon penchant ne seconderoit que trop bien vos efforts. Adieu donc, homme respectable; je partirai sans vous voir, puisqu'il le faut, mais vous laissant la meilleure partie de moi-même dans les sentimens d'un cœur toujours plein de vous.

A M. DU PEYROU.

Monquin, le 17 $\frac{28}{2}$ 70.

Pauvres aveugles que nous sommes! etc.

Vous me marquez, mon cher hôte, que votre rôle est passif vis-à-vis de moi, que l'habitude a dû vous le rendre familier, et que ma réponse vous prouve cette vérité affligeante pour l'humanité, que les battus payent encore l'amende; ce qui veut dire que c'est vous qui êtes le battu, et que c'est vous qui payez l'amende.

Qu'entre nous votre rôle soit passif et le mien actif, voilà, je vous avoue, ce qui me passe. Je ne vous propose jamais rien, je ne vous demande jamais rien, je ne fais jamais que vous répondre, je ne me mêle en aucune sorte de vos affaires, je n'ai avec personne aucune relation, ni secrète ni publique, qui vous regarde, je ne dispose de rien qui vous appartienne ; enfin, excepté un sentiment d'affection qui ne peut s'éteindre, je suis pour vous comme n'existant pas. En quel sens donc puis-je être actif vis-à-vis de vous ? Je le fus une fois, et bien vous en prit. Depuis lors je résolus de ne plus l'être. Je crois avoir tenu jusqu'ici cette résolution, et ne la tiendrai pas moins dans la suite. Expliquez-moi donc, je vous prie, comment vous êtes passif vis-à-vis de moi ; car cela me paroît curieux à savoir.

Dans votre précédente lettre, vous m'exhortez à un épanchement de cœur, en me disant de vous traiter tout-à-fait en ami ou tout-à-fait en étranger. Votre devise sur le cachet de cette même lettre m'avertissoit que vous vous faisiez gloire de n'avoir vous-même aucun de ces épanchemens de cœur auxquels vous m'exhortiez. Or il me paroissoit injuste d'exiger dans l'amitié des conditions qu'on n'y veut pas mettre soi-même ; et me dire que c'est traiter un homme en étranger que de ne pas s'ouvrir avec lui, c'étoit me dire assez clairement, ce me semble, en quel rang j'étois auprès de vous. Votre exemple a fait la règle de ma réponse. Si vous êtes le battu dans cette affaire, convenez au moins que je n'ai fait que vous rendre les coups que vous m'aviez donnés le premier.

Je n'avois pas besoin, mon cher hôte, de la note que vous m'avez envoyée pour être convaincu de votre exactitude dans les comptes. Cette note me fait plaisir, en ce que j'y vois approcher le temps où nous serons tout-à-fait quittes, et vous me faites désirer de vivre au moins jusque-là. Il n'est pas temps encore de parler des arrangemens ultérieurs, et tant de prévoyance n'entre pas dans mon tour d'esprit. Mais, en attendant, je suis sensible à vos offres, et il entre bien dans mon cœur, je vous assure, d'en être reconnoissant.

Comme je me propose de déloger d'ici dans peu, mon dessein n'est pas d'y laisser après moi mon herbier et mes livres de botanique ; je compte prendre une charrette pour faire conduire le tout à Lyon, chez madame Boy de La Tour, où tout cela sera plus à portée de vous parvenir sans embarras. En emballant lesdits livres, j'en ferai le catalogue, et vous l'enverrai. Que ne puis-je les suivre auprès de vous ! Je vous jure qu'il n'y a point de jour où l'idée d'aller être l'intendant de votre jardin de plantes et l'hôte de mon hôtesse, ne vienne encore chatouiller mon cœur. Mais je suis pourtant un peu scandalisé de ne point voir venir de petits hôtes qui lui aident un jour à me faire ses honneurs. Adieu, mon cher hôte, ma femme et moi vous saluons et embrassons l'un et l'autre. Elle est presque perclus de rhumatismes. Notre demeure est ouverte à tous les vents, nous sommes presque ensevelis dans la neige, et nous ne savons plus comment ni quand cela finira. Adieu, derechef.

Je signe, afin que vous sachiez désormais sous quel nom vous avez à m'écrire. Je n'ai pas besoin de vous avertir que le quatrain joint à la date est une formule générale qui n'a nul trait aux personnes à qui j'écris.

A M. DE BELLOY.

Monquin, le 17 $\frac{12}{3}$ 70.

Pauvres aveugles que nous sommes! etc.

Il faut, monsieur, vous résoudre à bien de l'ennui, car j'ai grand'peur de vous écrire une longue lettre.

Que vous m'avez rafraîchi le sang, et que j'aime votre colère ! J'y vois bien le sceau de la vérité dans une âme fière, que le patelinage des gens qui m'entourent marque encore plus fortement à mes yeux. Vous avez daigné me faire sentir mon tort ; c'est une indulgence dont je sens le prix, et que je n'aurois peut-être pas eue à votre place : il ne m'en reste que le désir de vous le faire oublier. Je fus quarante ans le plus confiant des hommes, sans que durant tout ce temps jamais une seule fois cette confiance ait été trompée. Sitôt que j'eus pris la plume, je me trouvai dans un autre univers, parmi de tout autres êtres, auxquels je continuai de donner la même confiance, et qui m'en ont si terriblement corrigé qu'ils m'ont jeté dans l'autre extrémité. Rien ne m'épouvanta jamais au grand jour, mais tout m'effarouche dans les ténèbres qui m'environnent, et je ne vois que du noir dans l'obscurité. Jamais l'objet le plus hideux ne me fit peur dans mon enfance, mais une figure cachée sous un drap blanc me donnoit des convulsions : sur ce point, comme sur beaucoup d'autres, je resterai enfant jusqu'à la mort. Ma défiance est d'autant plus déplorable, que, presque toujours fondée (et je n'ajoute *presque* qu'à cause de vous), elle est toujours sans bornes, parce que tout ce qui est hors de la nature n'en connoît plus. Voilà, monsieur, non l'excuse, mais la cause de ma faute, que d'autres circonstances ont amenée, et même aggravée, et qu'il faut bien que je vous déclare pour ne pas vous tromper. Persuadé qu'un homme puissant vous avoit fait entrer dans ses vues à mon égard, je répondis selon cette idée à quelqu'un qui m'avoit parlé de vous, et je répondis avec tant d'imprudence que je nommai même l'homme en question. Né avec un caractère bouillant dont rien n'a pu calmer l'effervescence, mes premiers mouvemens sont toujours marqués par une étourderie audacieuse, que je prends alors pour de l'intrépidité, et que j'ai tout le temps de pleurer dans la suite, surtout quand elle est injuste, comme dans cette occasion. Fiez-vous à mes ennemis du soin de m'en punir. Mon repentir anticipa même sur leurs soins à la réception de votre lettre; un jour plus tôt elle m'eût épargné beaucoup de sottises; mais puisqu'elles sont faites, il ne me reste qu'à les expier et à tâcher d'en obtenir le pardon, que je vous demande par la commisération due à mon état.

Ce que vous me dites des imputations dont vous m'avez entendu charger, et du peu d'effet qu'elles ont fait sur vous, ne m'étonne que par l'imbécillité de ceux qui pensoient vous surprendre par cette voie. Ce n'est pas sur des hommes tels que vous que des discours en l'air ont quelque prise, mais les frivoles clameurs de la calomnie, qui n'excitent guère d'attention, sont bien différentes dans leurs effets, des complots tramés et concertés durant longues années dans un profond silence, et dont les développemens successifs se font lentement, sourdement, et avec méthode. Vous parlez d'évidence : quand vous la verrez contre moi, jugez-moi, c'est votre droit; mais n'oubliez pas de juger aussi mes accusateurs; examinez quel motif leur inspire tant de zèle. J'ai toujours vu que les méchans inspiroient de l'horreur, mais point d'animosité. On les punit, ou on les fuit : mais on ne se tourmente pas d'eux sans cesse ; on ne s'occupe pas sans cesse à les circonvenir, à les tromper, à les trahir; ce n'est point à eux que l'on fait ces choses-là, ce sont eux qui les font aux autres. Dites donc à ces honnêtes gens si zélés, si vertueux, si fiers surtout d'être des traîtres, et qui se masquent avec tant de soin pour me démasquer : « Messieurs, j'ad» mire votre zèle, et vos preuves me paroissent » sans réplique; mais pourquoi donc craindre » si fort que l'accusé ne les sache et n'y ré» ponde? Permettez que je l'en instruise et que » je vous nomme. Il n'est pas généreux, il » n'est pas même juste de diffamer un homme » quel qu'il soit, en se cachant de lui. C'est, » dites-vous, par ménagement pour lui que » vous ne voulez pas le confondre; mais il se» ro t moins cruel, ce me semble, de le con» fondre que de le diffamer, et de lui ôter la » vie que de la lui rendre insupportable. Tout » hypocrite de vertu doit être publiquement » confondu; c'est là son vrai châtiment; et l'é» vidence elle-même est suspecte quand elle » élude la conviction de l'accusé. » En leur parlant de la sorte examinez leur contenance, pesez leur réponse; suivez, en la jugeant, les mouvemens de votre cœur et les lumières de votre raison : voilà, monsieur, tout ce que je vous demande, et je me tiens alors pour bien jugé.

Vous me tancez, avec grande raison, sur la manière dont je vous parois juger votre nation : ce n'est pas ainsi que je la juge de sang-froid, et je suis bien éloigné, je vous jure, de lui rendre l'injustice dont elle use envers moi. Ce jugement trop dur étoit l'ouvrage d'un moment de dépit et de colère, qui même ne se rapportoit pas à moi, mais au grand homme qu'on vient de chasser de sa naissante patrie, qu'il illustroit déjà dans son berceau, et dont on ose encore souiller les vertus avec tant d'artifice et d'injustice. S'il restoit, me disois-je, de ces François célébrés par du Belloy, pourquoi leur indignation ne réclameroit-elle point contre ces manœuvres si peu dignes d'eux ?

C'est à cette occasion que Bayard me revint en mémoire, bien sûr de ce qu'il diroit ou feroit s'il vivoit aujourd'hui. Je ne sentois pas assez que tous les hommes, même vertueux, ne sont pas des Bayards; qu'on peut être timide sans cesser d'être juste; et qu'en pensant à ceux qui machinent et crient, j'avois tort d'oublier ceux qui gémissent et se taisent. J'ai toujours aimé votre nation, elle est même celle de l'Europe que j'honore le plus ; non que j'y croie apercevoir plus de vertus que dans les autres, mais par un précieux reste de leur amour qui s'y est conservé, et que vous réveillez quand il étoit prêt à s'éteindre. Il ne faut jamais désespérer d'un peuple qui aime encore ce qui est juste et honnête, quoiqu'il ne le pratique plus. Les François auront beau applaudir aux traits héroïques que vous leur présentez, je doute qu'ils les imitent ; mais ils s'en transporteront dans vos pièces, et les aimeront dans les autres hommes, quand on ne les empêchera pas de les y voir. On est encore forcé de les tromper pour les rendre injustes ; précaution dont je n'ai pas vu qu'on eût grand besoin pour d'autres peuples. Voilà, monsieur, comment je pense constamment à l'égard des François, quoique je n'attende plus de leur part qu'injustice, outrages, et persécution : mais ce n'est pas à la nation que je les impute, et tout cela n'empêche pas que plusieurs de ses membres n'aient toute mon estime et ne la méritent, même dans l'erreur où on les tient. D'ailleurs, mon cœur s'enflamme bien plus aux injustices dont je suis témoin qu'à celles dont je suis la victime : il lui manque, pour ces dernières, l'énergie et la vigueur d'un généreux désintéressement. Il me semble que ce n'est pas la peine de m'échauffer pour une cause qui n'intéresse que moi. Je regarde mes malheurs comme liés à mon état d'homme et d'ami de la vérité. Je vois le méchant qui me persécute et me diffame comme je verrois un rocher se détacher d'une montagne et venir m'écraser ; je le repousserois, si j'en avois la force, mais sans colère, et puis je le laisserois là sans y plus songer. J'avoue pourtant que ces mêmes malheurs m'ont d'abord pris au dépourvu, parce qu'il en est auxquels il n'est pas même permis à un honnête homme d'être préparé : j'en ai été cependant plus abattu qu'irrité ; et, maintenant que me voilà prêt, j'espère me laisser un peu moins accabler, mais pas plus émouvoir de ceux qui m'attendent. A mon âge et dans mon état ce n'est plus la peine de s'en tourmenter, et j'en vois le terme de trop près pour m'inquiéter beaucoup de l'espace qui reste. Mais je n'entends rien à ce que vous me dites de ceux que vous avez essuyés : assurément je suis fait pour les plaindre ; mais que peuvent-ils avoir de commun avec les miens ? Ma situation est unique, elle est inouïe depuis que le monde existe, et je ne puis présumer qu'il s'en retrouve jamais de pareille. Je ne comprends donc point quel rapport il peut y avoir dans nos destinées, et j'aime à croire que vous vous abusez sur ce point. Adieu, monsieur : vivez heureux, jouissez en paix de votre gloire, et souvenez-vous quelquefois d'un homme qui vous honorera toujours.

A M. L'ABBÉ M.

Monquin, le 17 $\frac{14}{3}$ 70.

Pauvres aveugles que nous sommes ! etc.

Je voudrois, monsieur, pour l'amour de vous, que l'application qu'il vous plaît de faire de votre quatrain fût assez naturelle pour être croyable : mais puisque vous aimez mieux vous excuser que vous accuser d'une promptitude que j'aurois pu moi-même avoir à votre place, soit ; je n'épiloguerai pas là-dessus.

Depuis l'impression de l'*Émile* je ne l'ai relu qu'une fois, il y a six ans, pour corriger un exemplaire ; et le trouble continuel où l'on aime à me faire vivre a tellement gagné ma pauvre tête, que j'ai perdu le peu de mémoire qui me restoit, et que je garde à peine une idée générale du contenu de mes écrits. Je me rappelle pourtant fort bien qu'il doit y avoir dans l'*Émile* un passage relatif à celui que vous me citez ; mais je suis parfaitement sûr qu'il n'est pas le même, parce qu'il présente, ainsi défiguré, un sens trop différent de celui dont j'étois plein en l'écrivant (*). J'ai bien pu ne pas songer à éviter dans ce passage le sens qu'on eût pu lui donner s'il eût été écrit par Cartouche ou par Raffia ; mais je n'ai jamais pu m'exprimer aussi incorrectement dans le sens que je lui donnois moi-même. Vous serez peut-être bien aise d'apprendre l'anecdote qui me conduisit à cette idée.

Le feu roi de Prusse, déjà grand amateur de la discipline militaire, passant en revue un

(*) Voyez *Émile*, liv. IV.

de ses régimens, fut si mécontent de la manœuvre, qu'au lieu d'imiter le noble usage que Louis XIV en colère avoit fait de sa canne, il s'oublia jusqu'à frapper de la sienne le major qui commandoit. L'officier outragé recule deux pas, porte la main à l'un de ses pistolets, le tire aux pieds du cheval du roi, et de l'autre se casse la tête. Ce trait, auquel je ne pense jamais sans tressaillir d'admiration, me revint fortement en écrivant l'*Émile*, et j'en fis l'application de moi-même au cas d'un particulier qui en déshonore un autre, mais en modifiant l'acte par la différence des personnages. Vous sentez, monsieur, qu'autant le major bâtonné est grand et sublime quand, prêt à s'ôter la vie, maître par conséquent de celle de l'offenseur, et le lui prouvant, il la respecte pourtant en sujet vertueux, s'élève par là même au-dessus de son souverain, et meurt en lui faisant grâce, autant la même clémence vis-à-vis un brutal obscur seroit inepte : le major employant son premier coup de pistolet n'eût été qu'un forcené ; le particulier perdant le sien ne seroit qu'un sot.

Mais un homme vertueux, un croyant, peut avoir le scrupule de disposer de sa propre vie sans cependant pouvoir se résoudre à survivre à son déshonneur, dont la perte, même injuste, entraîne des malheurs civils pires cent fois que la mort. Sur ce chapitre de l'honneur l'insuffisance des lois nous laisse toujours dans l'état de nature : je crois cela prouvé dans ma *Lettre à M. d'Alembert sur les Spectacles*. L'honneur d'un homme ne peut avoir de vrai défenseur ni de vrai vengeur que lui-même. Loin qu'ici la clémence, qu'en tout autre cas prescrit la vertu, soit permise, elle est défendue ; et laisser impuni son déshonneur, c'est y consentir : on lui doit sa vengeance, on se la doit à soi-même ; on la doit même à la société et aux autres gens d'honneur qui la composent : et c'est ici l'une des fortes raisons qui rendent le duel extravagant, moins parce qu'il expose l'innocent à périr, que parce qu'il l'expose à périr sans vengeance et à laisser le coupable triomphant. Et vous remarquerez que ce qui rend le trait du major vraiment héroïque est moins la mort qu'il se donne que la fière et noble vengeance qu'il sait tirer de son roi. C'est son premier coup de pistolet qui fait valoir le second : quel sujet il lui ôte, et quels remords il lui laisse ! Encore une fois, le cas entre particuliers est tout différent. Cependant si l'honneur prescrit la vengeance, il la prescrit courageuse : celui qui se venge en lâche, au lieu d'effacer son infamie, y met le comble ; mais celui qui se venge et meurt est bien réhabilité. Si donc un homme indignement, injustement flétri par un autre, va le chercher un pistolet à la main dans l'amphithéâtre de l'Opéra, lui casse la tête devant tout le monde ; et puis se laissant tranquillement mener devant les juges, leur dit : « Je viens de » faire un acte de justice que je me devois, et » qui n'appartenoit qu'à moi ; faites-moi pen-» dre, si vous l'osez ; » il se pourra bien qu'ils le fassent pendre en effet, parce qu'enfin quiconque a donné la mort la mérite, qu'il a dû même y compter ; mais je réponds qu'il ira au supplice avec l'estime de tout homme équitable et sensé, comme avec la mienne ; et si cet exemple intimide un peu les tâteurs d'hommes, et fait marcher les gens d'honneur, qui ne ferraillent pas, la tête un peu plus levée, je dis que la mort de cet homme de courage ne sera pas inutile à la société. La conclusion tant de ce détail que de ce que j'ai dit à ce sujet dans l'*Émile*, et que je répétai souvent, quand ce livre parut, à ceux qui me parlèrent de cet article, est *qu'on ne déshonore point un homme qui sait mourir*. Je ne dirai pas ici si j'ai tort ; cela pourra se discuter à loisir dans la suite : mais, tort ou non, si cette doctrine me trompe, vous permettrez néanmoins, n'en déplaise à votre illustre prôneur d'oracles, que je ne me tienne pas pour déshonoré.

Je viens, monsieur, à la question que vous me proposez sur votre élève. Mon sentiment est qu'on ne doit forcer un enfant à manger de rien. Il y a des répugnances qui ont leur cause dans la constitution particulière de l'individu, et celles-là sont invincibles ; les autres, qui ne sont que des fantaisies, ne sont pas durables, à moins qu'on ne les rende telles à force d'y faire attention. Il pourroit y avoir quelque chose de vrai dans le cas de prévoyance qu'on vous allègue, si (chose presque inouïe) il s'agissoit d'alimens de première nécessité, comme le pain, le lait, les fruits. Il faudroit du moins tâcher de vaincre cette répugnance sans que l'enfant s'en aperçût et sans le contrarier, ce qui, par exemple, pourroit se faire en l'exposant à avoir grand'faim, et à ne trouver comme par hasard que l'aliment auquel il répugne. Mais si cet essai ne réussit pas, je ne serois pas d'avis de s'y obstiner. Que s'il s'agit de mets composés tels qu'on en sert sur les tables des grands, la précaution paroît d'abord assez superflue; car il est peu apparent que le petit bonhomme se trouve un jour réduit, dans les bois ou ailleurs, à des ragoûts de truffes ou à des profiteroles au chocolat pour toute nourriture. Mais peut-être a-t-on un autre objet qu'on ne vous dit pas, et qui n'est pas sans fondement. Votre élève est fait pour avoir un jour place aux petits soupers des rois et des princes; il doit aimer tout ce qu'ils aimeront, il doit préférer tout ce qu'ils préféreront; il doit en toute chose avoir les goûts qu'ils auront; et il n'est pas d'un bon courtisan d'en avoir d'exclusifs. Vous devez comprendre par là et par beaucoup d'autres choses que ce n'est pas un Émile que vous avez à élever : ainsi gardez-vous bien d'être un Jean-Jacques; car, comme vous voyez, cela ne réussit pas pour le bonheur de cette vie.

Prêt à quitter cette demeure, je n'ai plus d'adresse assez fixe à vous donner pour y recevoir de vos lettres. Adieu, monsieur.

A MADAME B.

Monquin, le 16 mars 1770.

Rose, je vous crois, et je vous croirois avec plus de plaisir encore si vous eussiez moins insisté. La vérité ne s'exprime pas toujours avec simplicité, mais quand cela lui arrive, elle brille alors de tout son éclat. Je vais quitter cette habitation : je sais ce que je veux et dois faire; j'ignore encore ce que je ferai : je suis entre les mains des hommes; ces hommes ont leurs raisons pour craindre la vérité, et ils n'ignorent pas que je me dois de la mettre en évidence, ou du moins de faire tous mes efforts pour cela. Seul et à leur merci, je ne puis rien; ils peuvent tout, hors de changer la nature des choses et de faire que la poitrine de J. J. Rousseau vivant cesse de renfermer le cœur d'un homme de bien. Ignorant dans cette situation en quel lieu je trouverai, soit une pierre pour y poser ma tête, soit une terre pour y poser mon corps, je ne puis vous donner aucune adresse assurée : mais si jamais je retrouve un moment tranquille, c'est un soin que je n'oublierai pas; Rose, ne m'oubliez pas non plus. Vous m'avez accordé de l'estime sur mes écrits; vous m'en accorderiez encore plus sur ma vie si elle vous étoit connue; et davantage encore sur mon cœur, s'il étoit ouvert à vos yeux : il n'en fut jamais un plus tendre, un meilleur, un plus juste; la méchanceté ni la haine n'en approchèrent jamais. J'ai de grands vices, sans doute, mais qui n'ont jamais fait de mal qu'à moi; et tous mes malheurs ne me viennent que de mes vertus. Je n'ai pu, malgré tous mes efforts, percer le mystère affreux des trames dont je suis enlacé; elles sont si ténébreuses, on me les cache avec tant de soin, que je n'en aperçois que la noirceur. Mais les maximes communes que vous m'alléguez sur la calomnie et l'imposture ne sauroient convenir à celle-là; et les frivoles clameurs de la calomnie sont bien différentes dans leurs effets, des complots tramés et concertés durant longues années dans un profond silence, et dont les développemens successifs, dirigés par la ruse, opérés par la puissance, se font lentement, sourdement, et avec méthode. Ma situation est unique; mon cas est inouï depuis que le monde existe. Selon toutes les règles de la prévoyance humaine je dois succomber; et toutes les mesures sont tellement prises, qu'il n'y a qu'un miracle de la Providence qui puisse confondre les imposteurs. Pourtant une certaine confiance soutient encore mon courage. Jeune femme, écoutez-moi; quoi qu'il arrive, et quelque sort qu'on me prépare, quand on vous aura fait l'énumération de mes crimes, quand on vous en aura montré les frappans témoignages, les preuves sans réplique, la démonstration, l'évidence, souvenez-vous des trois mots par lesquels ont fini mes adieux : JE SUIS INNOCENT.

ROUSSEAU.

Vous approchez d'un terme intéressant pour mon cœur : je désire d'en savoir l'heureux événement aussitôt qu'il sera possible. Pour cela, si vous n'avez pas avant ce temps-là de mes nouvelles, préparez d'avance un petit billet, que vous ferez mettre à la poste aussitôt que vous serez délivrée, sous une enveloppe à l'adresse suivante :

A madame Boy de La Tour, née Roguin, à Lyon.

A M. MOULTOU.

Monquin, le 28 mars 1770.

Je tardois, cher Moultou, pour répondre à votre dernière lettre, de pouvoir vous donner quelque avis certain de ma marche ; mais les neiges qui sont revenues m'assiéger rendent les chemins de cette montagne tellement impraticables, que je ne sais plus quand j'en pourrai partir. Ce sera, dans mon projet, pour me rendre à Lyon, d'où je sais bien ce que je veux faire, mais j'ignore ce que je ferai.

J'avois eu le projet que vous me suggérez d'aller m'établir en Savoie ; je demandai et obtins, durant mon séjour à Bourgoin, un passe-port pour cela, dont, sur des lumières qui me vinrent en même temps, je ne voulus point faire usage : j'ai résolu d'achever mes jours dans ce royaume, et d'y laisser à ceux qui disposent de moi le plaisir d'assouvir leur fantaisie jusqu'à mon dernier soupir.

Je ne suis point dans le cas d'avoir besoin de la bourse d'autrui, du moins pour le présent, et dans la position où je suis, je ne dépense guère moins en place qu'en voyage ; mais je suis fâché que l'offre de votre bourse m'ait ôté la ressource d'y recourir au besoin : ma maxime la plus chérie est de ne jamais rien demander à ceux qui m'offrent ; je les punis de m'avoir ôté un plaisir en les privant d'un autre ; et quand je me ferai des amis à mon goût, je ne les irai pas choisir au Monomotapa, quoi qu'en dise La Fontaine. Cela tient à mon tour d'esprit particulier, dont je n'excuse pas la bizarrerie, mais que je dois consulter quand il s'agit d'être obligé. Car autant je suis touché de tout ce qu'on m'accorde, autant je le suis peu de ce qu'on me fait accepter : aussi je n'accepte jamais rien qu'en rechignant et vaincu par la tyrannie des importunités ; mais l'ami qui veut bien m'obliger à ma mode, et non pas à la sienne, sera toujours content de mon cœur. J'avoue pourtant que l'à-propos de votre offre mérite une exception ; et je la fais en tâchant de l'oublier, afin de ne pas ôter à notre amitié l'un des droits que l'inégalité de fortune y doit mettre.

Il faut assurément que vous soyez peu difficile en ressemblance pour trouver la mienne dans cette figure de Cyclope qu'on débite à si grand bruit sous mon nom. Quand il plut à l'honnête M. Hume de me faire peindre en Angleterre, je ne pus jamais deviner son motif, quoique dès lors je visse assez que ce n'étoit pas l'amitié. Je ne l'ai compris qu'en voyant l'estampe, et surtout en apprenant qu'on lui en donnoit pour pendant une autre représentant ledit M. Hume, qui réellement a la figure d'un Cyclope, et à qui l'on donne un air charmant. Comme ils peignent nos visages, ainsi peignent-ils nos âmes avec la même fidélité. Je comprends que les bruyans éloges qu'on vous a faits de ce portrait vous ont subjugué ; mais regardez-y mieux, et ôtez-moi de votre chambre cette mine farouche qui n'est pas la mienne assurément. Les gravures faites sur le portrait peint par La Tour me font plus jeune, à la vérité, mais beaucoup plus ressemblant : remarquez qu'on les a fait disparoître ou contrefaire hideusement. Comment ne sentez-vous pas d'où tout cela vient, et ce que tout cela signifie ?

Voici deux actes d'honnêteté, de justice et d'amitié à faire : c'est à vous que j'en donne la commission.

1° Rey vient de faire une édition de mes écrits, à laquelle, et à d'autres marques, j'ai reconnu que mon homme étoit enrôlé. J'aurois dû prévoir, et que des gens si attentifs ne l'oublieroient pas, et qu'il ne seroit pas à l'épreuve. Entre autres remarques que j'ai faites sur cette édition, j'y ai trouvé, avec autant d'indignation que de surprise, trois ou quatre lettres de M. le comte de Tressan, avec les réponses qui furent écrites il y a une quinzaine d'années au sujet d'une tracasserie de Palissot. Je n'ai jamais communiqué ces lettres qu'au seul Vernes, auquel j'avois alors, et bien malheureusement, la même confiance que celle que j'ai maintenant en vous : depuis lors je ne les ai montrées à qui que ce soit, et ne me rappelle pas même en avoir parlé ; voilà pourtant Rey qui les imprime : d'où les a-t-il eues ? ce n'est certainement pas de moi ; et il ne m'a pas dit un mot de ces lettres en me parlant de cette édition. Je comprends aisément qu'il n'a pas mieux rempli le devoir d'obtenir l'agrément de M. de Tressan, qui probablement ne l'auroit pas donné non plus que moi. Du cercueil où l'on me tient enfermé tout vivant, je ne puis pas écrire à M. de Tressan, dont je ne sais pas l'adresse, et à qui ma lettre ne parviendroit certainement pas. Je vous prie de remplir ce devoir pour moi. Dites-lui que ce ne seroit pas envers lui, que j'honore, que j'aurois enfreint un devoir dont j'ai porté l'observation jusqu'à un scrupule peut-être inouï envers Voltaire, que j'ai laissé falsifier et défigurer mes lettres et taire les siennes, sans que j'aie voulu jusqu'ici montrer ni les unes ni les autres à personne. Ce n'est sûrement pas pour me faire honneur que ces lettres ont été imprimées; c'est uniquement pour m'attirer l'inimitié de M. de Tressan.

2° J'ai fait, il y a quelques mois, à madame la duchesse douairière de Portland un envoi de plantes que j'avois été herboriser pour elle au mont Pila, et que j'avois préparées avec beaucoup de soin, de même qu'un assortiment de graines que j'y avois joint. Je n'ai aucune nouvelle de madame de Portland ni de cet envoi, quoique j'aie écrit et à elle et à son commissionnaire : mes lettres sont restées sans réponse ; et je comprends qu'elles ont été supprimées, ainsi que l'envoi, par des motifs qui ne vous seront pas difficiles à pénétrer. Les manœuvres qu'on emploie sont très-assorties à l'objet qu'on se propose. Ayez, cher Moultou, la complaisance d'écrire à madame de Portland ce que j'ai fait, et combien j'ai de regret qu'on ne me laisse pas remplir les fonctions du titre qu'elle m'avoit permis de prendre auprès d'elle, et que je me faisois un honneur de mériter. Vous sentez que je ne peux pas entretenir des correspondances malgré ceux qui les interceptent. Ainsi là-dessus, comme sur toute chose où la nécessité commande, je me soumets. Je voudrois seulement que mes anciens correspondans sussent qu'il n'y a pas de ma faute, et que je ne les ai pas négligés. La même chose m'est arrivée avec M. Gouan, de Montpellier, à qui j'ai fait un envoi sous l'adresse de M. de Saint-Priest. La même chose m'arrivera peut-être avec vous. Accusez-moi du moins, je vous prie, la réception de cette lettre, si elle vous parvient encore ;

la vôtre, si vous l'écrivez à la réception de la mienne, pourra me parvenir encore ici. Le papier me manque. Mes respects et ceux de ma femme à madame Moultou. Nous vous embrassons conjointement de tout notre cœur. Adieu, cher Moultou.

A M. LALIAUD.

Monquin, le 4 avril 1770.

C'est par oubli, monsieur, que je n'avois pas répondu à votre précédente lettre ; car, quoique je ne promette de l'exactitude à personne, je me ferai un plaisir d'en avoir avec vous. La description de votre vie tranquille et champêtre me fait grand plaisir, ainsi que celle du climat que vous habitez, aux vents près qui ne sont point de mon goût. Cette douce vie, pour laquelle j'étois né, eût été celle dans laquelle j'aurois achevé mes jours, si on m'avoit laissé faire ; mais quand l'honneur, le devoir et la nécessité commandent, il faut obéir. Ne m'écrivez plus ici, monsieur, votre lettre ne m'y trouveroit vraisemblablement plus, et je ne puis vous donner d'adresse assurée, parce que, quoique je sache très-bien ce que je veux faire, j'ignore absolument ce que je ferai. Je suis fâché de quitter ce pays sans vous envoyer des rosiers ; mais la nature, tardive en ces cantons, n'est pas encore éveillée ; à peine avons-nous déjà quelques violettes, et je ne dois plus espérer de recueillir des roses. Adieu, mon cher monsieur Laliaud ; souvenez-vous de moi quelquefois. Je vous salue et vous embrasse de tout mon cœur.

A M. MOULTOU.

Monquin, le 17 $\frac{6}{4}$ 70.

Pauvres aveugles que nous sommes ! etc.

Votre lettre, cher Moultou, m'afflige sur votre santé. Vous m'aviez parlé dans la précédente de votre mal de gorge comme d'une chose passée, et je le regardois comme un de ceux auxquels j'ai moi-même été si sujet, qui sont vifs, courts et ne laissent aucune trace ; mais si c'est une humeur de goutte, il sera difficile que vous ne vous en ressentiez pas de temps en temps : mais surtout n'allez pas vous mettre dans la tête d'en vouloir guérir, car ce seroit vouloir guérir de la vie, mal que les bons doivent supporter tant qu'il leur reste quelque bien à faire. Du Peyrou, pour avoir voulu droguer la sienne, l'effaroucha, la fit remonter, et ce ne fut pas sans beaucoup de peines que nous parvînmes à la rappeler aux extrémités. Vous savez sans doute ce qu'il faut faire pour cela : j'ai vu l'effet grand et prompt de la moutarde à la plante des pieds; je vous la recommande en pareille occurrence, dont veuille le ciel vous préserver. Si jeune, déjà la goutte! que je vous plains! Si vous eussiez toujours suivi le régime que je vous faisois faire à Motiers, surtout quant à l'exercice, vous ne seriez point atteint de cette cruelle maladie. Point de soupers, peu de cabinet, et beaucoup de marche dans vos relâches; voilà ce qu'il me reste à vous recommander.

Ce que vous m'apprenez qui s'est passé dernièrement dans votre ville me fâche encore, mais ne me surprend plus. Comment! votre Conseil souverain se met à rendre des jugemens criminels! Les rois, plus sages que lui, n'en rendent point. Voilà ces pauvres gens prenant à grands pas le train des Athéniens, et courant chercher la même destinée, qu'ils trouveront, hélas! assez tôt sans tant courir. Mais,

« Quos vult perdere Jupiter dementat. »

Je ne doute point que les natifs ne missent à leurs prétentions l'insolence de gens qui se sentent soufflés et qui se croient soutenus; mais je doute encore moins que, si ces pauvres citoyens ne se laissent aveugler par la prospérité, et séduire par un vil intérêt, ils n'eussent été les premiers à leur offrir le partage, dans le fond très-juste, très-raisonnable, et très-avantageux à tous, que les autres leur demandoient. Les voilà aussi durs aristocrates avec les habitans que les magistrats furent jadis avec eux. De ces deux aristocraties j'aimerois encore mieux la première.

Je suis sensible à la bonté que vous avez de vouloir bien écrire à madame de Portland et à M. de Tressan : l'équité, l'amitié, dicteront vos lettres; je ne suis pas en peine de ce que vous direz. Ce que vous me dites de l'antérieure impression des lettres du dernier disculpe absolument Rey sur cet article, mais n'infirme point, au reste, les fortes raisons que j'ai de le tenir tout au moins pour suspect; et je connois trop bien les gens à qui j'ai affaire, pour pouvoir croire que, songeant à tant de monde et à tant de choses, ils aient oublié cet homme-là. Ce que vous a dit M. Garcin du bruit qu'il fait de son amitié pour moi n'est pas propre à m'y donner plus de confiance. Cette affectation est singulièrement dans le plan de ceux qui disposent de moi. Coindet y brilloit par excellence, et jamais il ne parloit de moi sans verser des larmes de tendresse. Ceux qui m'aiment véritablement se gardent bien, dans les circonstances présentes, de se mettre en avant avec tant d'emphase; ils gémissent tout bas, au contraire, observent et se taisent jusqu'à ce que le temps soit venu de parler.

Voilà, cher Moultou, ce que je vous prie et vous conseille de faire. Vous compromettre ne seroit pas me servir. Il y a quinze ans qu'on travaille sous terre; les mains qui se prêtent à cette œuvre de ténèbres la rendent trop redoutable pour qu'il soit permis à nul honnête homme d'en approcher pour l'examiner. Il faut, pour monter sur la mine, attendre qu'elle ait fait son explosion; et ce n'est plus ma personne qu'il faut songer à défendre, c'est ma mémoire. Voilà, cher Moultou, ce que j'ai toujours attendu de vous. Ne croyez pas que j'ignore vos liaisons; ma confiance n'est pas celle d'un sot, mais celle, au contraire, de quelqu'un qui se connoît en hommes, en diversité d'étoffes d'âmes, qui n'attend rien des Coindet, qui attend tout des Moultou. Je ne puis douter qu'on n'ait voulu vous séduire; je suis persuadé qu'on n'a fait tout au plus que vous tromper; mais, avec votre pénétration, vous avez vu trop de choses, et vous en verrez trop encore pour pouvoir être trompé long-temps. Quand vous verrez la vérité, il ne sera pas pour cela temps de la dire : il faut attendre les révolutions qui lui seront favorables, et qui viendront tôt ou tard. C'est alors que le nom de mon ami, dont il faut maintenant se cacher, honorera ceux qui l'auront porté, et qui rempliront les devoirs qu'il leur impose. Voilà ta tâche, ô Moultou! elle est grande, elle est belle, elle est digne de toi, et depuis bien des années mon cœur t'a choisi pour la remplir.

Voici peut-être la dernière fois que je vous

écrirai. Vous devez comprendre combien il me seroit intéressant de vous voir : mais ne parlons plus de Chambéri ; ce n'est pas là où je suis appelé. L'honneur et le devoir crient ; je n'entends plus que leur voix (*). Adieu : recevez l'embrassement que mon cœur vous envoie. Toutes mes lettres sont ouvertes ; ce n'est pas là ce qui me fâche, mais plusieurs ne parviennent pas. Faites en sorte que je sache si celle-ci aura été plus heureuse. Vous n'ignorerez pas où je serai, mais je dois vous prévenir qu'après avoir été ouvertes à la poste, mes lettres le seront encore dans la maison où je vais loger. Adieu derechef. Nous vous embrassons l'un et l'autre avec toute la tendresse de notre cœur. Nos hommages et respects les plus tendres à madame.

Il est vrai que j'ai cherché à me défaire de mes livres de botanique, et même de mon herbier. Cependant comme l'herbier est un présent, quoique non tout-à-fait gratuit, je ne m'en déferai qu'à la dernière extrémité, et mon intention est de *le laisser*, si je puis, à celui qui me l'a donné, augmenté de plus de *trois cents* plantes que j'y ai ajoutées.

A M. DE CÉSARGES.

Monquin, fin d'avril 1770.

Je vous avoue, monsieur, que, vous connoissant pour un gentilhomme plein d'honneur et de probité, je n'apprends pas sans surprise la tranquillité avec laquelle vous avez souffert en mon absence les outrages atroces que ma femme a reçus du bandit en cotillon auquel madame de Césarges a jugé à propos de nous livrer, après nous avoir ôté les gens qu'elle nous avoit tant vantés elle-même, et avec qui nous vivions en paix.

Je sais bien, monsieur, qu'on vous taxe d'avoir peu d'autorité chez vous, et que le capitaine Vertier vous a subjugué, dit-on, comme les autres ; mais je ne vous aurois jamais cru

---

(*) Comme il se rendit peu de temps après à Paris, il est présumable qu'il croyoit de son devoir d'aller dans cette capitale, et qu'il y croyoit son honneur intéressé : supposition qui en amène une autre ; c'est que, las d'errer et de se cacher, il vouloit paroître au grand jour et lire ses *Confessions*, afin que ceux qu'il accusoit pussent répondre ou se justifier. M. P.

dénué de crédit dans votre propre maison, au point de n'y pouvoir procurer la sûreté aux hôtes que vous y avez placés vous-même. Puisqu'en cela toutefois je me suis trompé, puisque vous ne pouvez vous délivrer des mains des susdits bandits en cotillon, et puisque madame de Césarges elle-même ne voit d'autre remède aux mauvais traitemens que je puis recevoir des gens qui dépendent d'elle que d'en être désolée, ne trouvez pas mauvais, jusqu'à ce que je puisse me procurer une autre demeure, que, réduit à moi seul pour toute ressource, je tâche de me faire la justice que je ne puis obtenir, en pourvoyant de mon mieux à ma propre défense et à la protection que je dois à ma femme. Que s'il en arrive du scandale dans votre maison, je vous prends vous-même à témoin qu'il n'y aura pas de ma faute, puisque, ne pouvant, sans manquer à moi-même et à ma femme, éviter d'en venir là, je ne l'ai fait (*) cependant qu'à la dernière extrémité, et après vous en avoir prévenu.

A M. DE SAINT-GERMAIN.

Quoique je me sois résigné, monsieur, à la privation que vous m'avez imposée pour épargner à votre bon cœur l'émotion d'un dernier adieu, je sens pourtant que si vous fussiez resté quelques jours de plus, je n'aurois pu résister au désir de vous revoir encore une fois, et de vous communiquer beaucoup de nouvelles idées qui m'étoient venues à force de rêver au triste sujet dont vous m'avez permis de vous parler, et qui toutes confirment mes conjectures sur les causes de mes malheurs. Puisque la consolation de vous revoir ne m'est pas donnée, je ne vous ennuierai pas de nouveau de mes longues écritures, et je me flatte que ce qui vous en est déjà connu suffira pour mettre un jour, avec votre généreuse assistance, les amis de la justice sur la voie de la vérité.

Mon libraire de Hollande vient de faire une édition générale de tous mes écrits imprimés, dont il m'a envoyé deux exemplaires, qui malheureusement sont encore en feuilles : j'ai

---

(*) *Je ne l'ai fait.* Texte conforme à celui de l'édition originale (recueil de Du Peyrou, 1790).

pris la liberté de faire porter le paquet chez vous. L'un de ces exemplaires vous est destiné, et je me flatte, monsieur, que vous ne dédaignerez pas cet hommage de mon attachement et de ma reconnoissance. L'autre est pour moi, et mon intention est de ne vous offrir le vôtre qu'après les avoir fait relier tous les deux. Comme les embarras où je me trouve ne me permettent pas, quant à présent, de m'occuper de ce soin, je vous prie, en attendant que je le remplisse, de vouloir bien permettre que le paquet reste chez vous en dépôt. Si les événemens m'empêchent, dans la suite, d'exécuter là-dessus mes intentions, je vous prie d'y suppléer en disposant des deux exemplaires de façon que le mien serve à payer la reliure du vôtre (*).

J'ai eu la curiosité de chercher dans les feuilles de ce paquet un barbouillage dont M. Fréron a été le premier éditeur, et qui m'a été volé parmi mes papiers, je ne sais comment, ni par qui, et d'où. Sur cette édition furtive, Rey a jugé à propos d'augmenter la sienne. C'est un discours sur un sujet proposé par M. de Cursay, dans le temps qu'il pacifioit la Corse, et qu'il y faisoit refleurir les lettres. Le dépositaire de mes papiers, qui ne m'avoit rien dit de ce larcin, voyant que j'en étois instruit, m'apprit que ce discours avoit été mutilé à l'impression, et qu'on en avoit retranché un article tout entier, supposant que c'étoit une omission d'inadvertance par la hâte où le voleur avoit transcrit le discours; mais il ne voulut point me dire quel étoit cet article oublié ou retranché. J'ai donc vérifié la chose dans l'édition de Rey, et j'ai trouvé que cet article omis étoit un très-bel éloge du peuple de Corse, et un éloge encore plus beau des troupes françoises et de leur général. Il ne m'en a pas fallu davantage pour comprendre tout le reste. Si jamais vous prenez la peine de parcourir ce recueil, vous connoîtrez à plus d'une enseigne en quelles mains l'auteur est tombé.

En ce moment, monsieur, il me revient sur les matières dont j'ai eu l'honneur de vous entretenir un petit fait bien minutieux en apparence, mais que je ne puis m'empêcher de vous dire à cause de ses conséquences et de la facilité que vous avez de le vérifier. Depuis notre dernière entrevue, je parlois par hasard une fois de l'*Émile* avec un officier de notre connoissance. Il me dit que, causant un jour avec M. Diderot, lorsqu'on parloit de ce livre longtemps avant sa publication, M. Diderot lui avoit dit qu'il le connoissoit, que je le lui avois montré, que c'étoit un projet pour élever chaque homme pour l'état dans lequel il devoit vivre. « Par » exemple, ajoutoit-il, s'il devoit vivre dans » une monarchie, on lui apprendra de bonne » heure à être un fripon, etc... » Pourquoi M. Diderot mentoit-il avec tant d'impudence ? Je ne lui avois certainement pas montré ce livre, puisqu'il n'étoit pas encore commencé quand je rompis avec lui, et que le plan qu'il me prêtoit est exactement contraire au mien, comme il est aisé de le voir dans l'ouvrage.

Je suis, monsieur, dans un cas embarrassant vis-à-vis de M. de Tonnerre. Je voudrois, et de tout mon cœur, lui témoigner combien je suis pénétré des bontés dont il m'a comblé durant mon séjour dans cette province, mais c'est ce que je ne saurois faire sans laisser parler en même temps mon indignation de l'astuce avec laquelle on l'a fait agir, sans qu'il s'en aperçût lui-même, dans la ridicule affaire du galérien Thevenin, digne instrument des gens qui l'ont employé. Je connois et j'honore la droiture de M. de Tonnerre ; j'ai autant de respect pour sa personne que pour son illustre naissance : je le plains d'être quelquefois surpris par des fourbes ; mais quand cette surprise tombe sur moi, je me manquerois à moi-même en la passant sous silence, et je trouve trop difficile, en lui écrivant, de me faire entendre sans l'offenser, ce qu'assurément je serois au désespoir de faire. S'il n'y avoit pas trop d'indiscrétion, monsieur, à vous supplier de vouloir être auprès de lui l'organe de mes sentimens, vous les feriez si bien valoir, et vous me tireriez d'un si grand embarras, que ce seroit une œuvre digne de votre bienfaisance. Je ne compte partir que dans quelques jours ; ainsi je puis recevoir encore ici de vos nouvelles, si vous voulez bien m'en donner. Je ne désire qu'un mot. Adieu, monsieur, je ne vous parlerai plus de mes sentimens pour vous ; vous les voyez dans ma confiance qui en est le fruit ; mais je finirai ce dernier adieu par

---

(*) Le lecteur doit bien croire que M. de Saint-Germain, dans sa réponse, en acceptant cet exemplaire, n'a pas adhéré à une telle proposition. G. P.

AU MÊME.

A Lyon, 17 $\frac{1}{6}$ 70,

Pauvres aveugles que nous sommes ! etc.

Après avoir prolongé mon séjour dans Lyon, plus que je ne m'y étois attendu, je n'en veux point partir sans vous réitérer mes adieux et me recommander à votre souvenir. Je prends aussi la liberté de vous envoyer une lettre et un vieux mémoire que m'a envoyé par la poste M. Granger, de Monquin, par lequel il prétend que je suis parti de là sans lui payer les dernières fournitures que sa femme m'a faites en œufs, beurre et fromages : comme je ne me sens pas le bras assez bon pour lui payer ce mémoire dans la monnoie qu'il mérite, je veux au moins que vous connoissiez la manière dont on a dressé et stylé cet homme par rapport à moi ; et pour cet effet, j'ai joint à ce mémoire une feuille contenant des observations sur chaque article, par lesquelles vous pourrez juger de sa bonne foi et de ceux qui le mettent en œuvre. Vous êtes à portée, monsieur, de vérifier tous ces faits. J'ai cru, sur votre amour pour l'équité, que vous ne dédaignerez pas d'en prendre la peine. Je comprends qu'on a voulu renouveler la scène de... Mais il n'est plus temps, et j'ai trop bien pris mon parti sur tout le reste pour m'affecter encore de ces choses-là. Ainsi je mets désormais au pis les fourbes, les fripons, les méchans, et tous les gens qui, pour me décrier, les emploient. J'espère, avant de partir d'ici, y recevoir encore des nouvelles de votre santé et de celle de madame de Saint-Germain, à qui je vous supplie de faire agréer mon respect. Ma femme vous prie, monsieur, d'agréer le sien, et nous emportons l'un et l'autre le plus tendre et le plus durable souvenir des bontés dont vous nous avez honorés.

(*) Cette lettre, écrite peu de jours avant son départ du Dauphiné, doit être de la fin de mai 1770. On voit dans la correspondance de Grimm que celui-ci tenoit sur *Émile* le même langage que Diderot. Tous deux, et particulièrement Grimm, ont tourné cet ouvrage en ridicule ; mais il a triomphé de leurs efforts. M. P.

AU MÊME.

A Lyon, 19 avril 1770.

J'ai reçu, monsieur, avec la lettre dont vous m'avez honoré le 16 du mois dernier, celle que vous avez eu la bonté de me faire parvenir d'envoi de M. de T...., à qui, selon vos intentions, j'en accuse la réception. C'est une réponse de madame de Portland, qui me donne avis de la réception des plantes que je lui ai envoyées il y a près de six mois. Après un voyage assez désagréable, je suis arrivé ici en assez bonne santé, de même que ma femme, qui, pénétrée de vos bontés, me charge de vous en marquer sa très-humble reconnoissance. Je vous prie aussi, monsieur, de vouloir témoigner la mienne à madame de Saint-Germain, en lui faisant agréer mon respect. Vous connoissez, monsieur, toute ma confiance en votre bienveillance, et je me flatte que vous connoissez aussi combien j'y suis sensible et disposé à m'en prévaloir en toute occasion, sans crainte de vous déplaire. Des inconvéniens que j'aurois dû prévoir retardent ma marche, sans rien changer à mes résolutions. Je prends la liberté de me recommander à votre souvenir, et de vous assurer que rien n'affoiblira jamais les sentimens immortels que vous m'avez inspirés (*).

A MADAME B...

Paris, le 7 juillet 1770.

Deux raisons, madame, outre le tracas d'un débarquement, m'ont empêché d'aller vous voir à mon arrivée : la première, que vous m'avez écrit vous-même que, quand même nous serions rapprochés, nous ne pourrions pas nous voir ; l'autre, que je suis déterminé à n'avoir aucune relation avec quiconque en a avec madame de ***. C'est à vous, madame, à m'instruire si ces deux obstacles existent ou non : s'ils n'exis-

(*) Il y a probablement erreur de date. Au lieu du 19 avril, cette lettre doit être du 19 juin. Au mois d'avril, Rousseau n'avoit point fait de voyage, il passa ce mois tout entier à Monquin. En la supposant du 17 juin, les circonstances dont il parle se trouvent expliquées.

En plaçant cette lettre à la date du 19 juin, M. Musset Pathay a oublié qu'il l'avoit déjà classée dans la *correspondance* à la date du 19 avril, de sorte qu'elle figure deux fois dans son édition, sous les n⁰ˢ 922 et 927. Nous n'aurions pas fait cette remarque, si cette lettre ne se trouvoit ainsi reproduite deux fois dans toutes les éditions publiées postérieurement.

tent pas, j'irai avec le plus vif empressement contenter le besoin de vous voir, que me donna la première lettre que vous me fîtes l'honneur de m'écrire, et qu'ont augmenté toutes les autres. Un rendez-vous au spectacle ne sauroit me convenir, parce que, bien éloigné de vouloir me cacher, je ne veux pas non plus me donner en spectacle moi-même; mais s'il arrivoit que le hasard nous y conduisît en même jour, et que je le susse, ne doutez pas que je ne profitasse avec transport du plaisir de vous y voir, et même que je ne me présentasse à votre loge, si j'étois sûr que cela ne vous déplût pas. Je suis affligé d'apprendre votre prochain départ. Est-ce pour augmenter mon regret que vous me proposez de vous suivre en Nivernois? Bonjour, madame : donnez-moi de vos nouvelles et vos ordres durant le séjour qui vous reste à faire à Paris; donnez-moi votre adresse en province, et souvenez-vous de moi quelquefois.

Pas un mot du prétendu opéra qu'on dit que je vais donner. J'espère que de sa vie J. J. Rousseau n'aura plus rien à démêler avec le public. Quand quelque bruit court de moi, croyez toujours exactement le contraire, vous vous tromperez rarement.

A LA MÊME.

Paris, le 15 juillet 1770.

Je ne puis, madame, vous aller voir que la semaine prochaine, puisque nous sommes à la fin de celle-ci : je tâcherai que ce soit mardi, mais je ne m'y engage pas, encore moins pour le dîner; il faut que tout cela se prenne impromptu: car tous les engagemens pris d'avance m'ôtent tout le plaisir de les remplir. Je déjeune toujours en me levant; mais cela ne m'empêchera pas, si vous prenez du café ou du chocolat, d'en prendre encore avec vous. Ne m'envoyez point de voiture, j'aime mieux aller à pied; et, si je ne suis pas chez vous à dix heures, ne m'attendez plus.

Je vous sais gré de me reprocher mon air gauche et embarrassé; mais si vous voulez que je m'en défasse, il faut que ce soit votre ouvrage. Avec une âme assez peu craintive, un naturel d'une insupportable timidité, surtout auprès des femmes, me rend toujours d'autant plus maussade que je voudrois me rendre plus agréable : de plus, je n'ai jamais su parler, surtout quand j'aurois voulu bien dire; et si vous avez la préférence de tous mes embarras, vous n'avez pas trop à vous en plaindre. Bonjour, madame : voilà votre laquais; à mardi, s'il fait beau, mais sans promesse. Je sens qu'ayant à vous perdre si vite, il ne faut pas me faire un besoin de vous voir.

A M. DE SAINT-GERMAIN.

17 $\frac{14}{8}$ 70.

Me voici à Paris, monsieur. Depuis trois semaines j'y ai repris mon ancienne habitation, j'y revois mes anciennes connoissances, j'y suis mon ancienne manière de vivre, j'y exerce mon ancien métier de copiste, et jusqu'à présent je m'y retrouve à peu près dans la même situation où j'étois avant de partir. Si on m'y laisse tranquille, j'y resterai; si l'on m'y tracasse, je l'endurerai : ma volonté n'est soumise qu'à la loi du devoir, mais ma personne l'est au joug de la nécessité, que j'ai appris à porter sans murmure. Les hommes peuvent sur ce point se satisfaire, je les mets bien à la portée de s'en donner le plaisir. Je n'ai pu, monsieur, vous écrire à mon arrivée, quelque désir que j'en eusse, à cause de l'affluence des oisifs et des embarras du débarquement. J'ai eu plusieurs fois ce plaisir à Lyon, d'où l'on me mande qu'il m'est venu plusieurs lettres depuis mon départ. J'espère trouver dans quelqu'une de ces lettres des marques de votre souvenir, et de bonnes nouvelles de votre santé et de celle de madame de Saint-Germain.

J'ai eu le plaisir de parler ici de vous avec des personnes de votre connoissance et qui partagent les sentimens que vous m'avez inspirés. Je mets à leur tête M. l'archevêque.... avec lequel j'ai eu l'honneur de dîner il y a deux jours. Nous parlâmes aussi, mais différemment, d'une personne dont vous savez les procédés à mon égard et qu'il connoît bien. Vous avez fait la conquête de trois voyageurs très-aimables qui vous demandèrent de mes nouvelles à Bourgoin et qui m'ont ici beaucoup demandé des vôtres. Je me propose, aussitôt qu'on me laissera respirer, d'aller rappeler à M. D..... une connoissance faite sous vos auspices et lui demander de vos nouvelles, en attendant le plaisir d'en recevoir directement. Donnez-m'en, monsieur, aussi promptement qu'il se pourra, je les recevrai avec la joie que me donnent toujours tous les témoignages de vos bontés pour moi. Je vous supplie de faire agréer mon respect à madame de Saint-Germain : ma femme vous prie d'agréer le sien.

A MADAME LATOUR.

Paris, 17 $\frac{4}{9}$ 70.

Je n'accepte point, madame, l'honneur que vous voulez me faire. Je ne suis pas logé de manière à pouvoir recevoir des visites de dames, et les vôtres ne pourroient manquer d'être aussi gênantes pour ma femme et pour moi, qu'ennuyeuses pour vous.

L'inconvénient que vous trouvez vous-même à recevoir les miennes suffiroit pour m'engager à m'en abstenir, et tout autre détail seroit superflu. Agréez, madame, je vous supplie, mes salutations et mon respect.

A M. DE SAINT-GERMAIN.

Paris, le 17 $\frac{17}{9}$ 70.

J'ai bien reçu, monsieur, et votre dernière lettre du 5 septembre, et la précédente réponse dont vous m'avez honoré, de même depuis quelque temps celles que vous aviez eu la bonté de m'écrire à Lyon au sujet du fermier de Monquin, et où j'ai vu avec bien de la reconnoissance les soins que vous avez bien voulu prendre pour confondre ce misérable : je suis pénétré, monsieur, je vous assure, de retrouver toujours en vous les mêmes bontés ; et l'assurance qu'elles sont à l'épreuve du temps et de l'éloignement et de l'astuce des hommes, me rendra toujours cher le séjour de Bourgoin qui m'a valu un bonheur dont je sens bien le prix, et que je cultiverai autant qu'il dépendra de moi. Il est vrai, monsieur, que je tâche insensiblement de reprendre la vie retirée et solitaire qui convient à mon humeur. Mais je n'ai pas été jusqu'ici assez heureux pour pouvoir souvent satisfaire au jardin du roi l'ardeur qui ne s'est jamais attiédie en moi d'en connoître les richesses ; je n'ai pu encore y aller que deux fois, tant à cause du grand éloignement, que de mes occupations qui me retiennent chez moi les matinées, à quoi se joint depuis quelque temps une fluxion assez douloureuse qui m'empêche absolument de sortir : ma femme en a eu dans le même temps une toute semblable, et nous nous sommes gardés mutuellement. Elle est mieux à présent, et nous réunissons nos actions de grâces pour l'obligeant souvenir de madame de Saint-Germain, à qui nous vous supplions l'un et l'autre de faire agréer nos respects.

Vous connoissez, monsieur, les sentimens que nous vous avons voués ; ils sont inaltérables comme vos vertus ; et je voudrois bien que vous me prouvassiez combien vous y comptez, en me donnant ici quelque commission par laquelle je pusse vous prouver à mon tour mon zèle à vous obéir et vous complaire.

A MADAME DE CRÉQUI.

Ce dimanche matin (septembre 1770) (*).

Vous m'affligez, madame, en désirant de moi une chose qui m'est devenue impossible. Elle peut un jour cesser de l'être. Tous les obscurs complots des hommes, leurs longs succès, leurs ténébreux triomphes, ne me feront jamais désespérer de la Providence ; et, si son œuvre se fait de mon vivant, je n'oublierai pas votre demande, ni le plaisir que j'aurai d'y acquiescer. Jusque-là, permettez, madame, que je vous conjure de ne m'en plus reparler.

Ma femme est comblée de l'honneur que vous lui faites de penser à elle, et de votre obligeante invitation. Si elle étoit un peu plus allante, elle en profiteroit bien vite, moins pour voir le jardin que pour faire sa révérence à la maîtresse ; mais elle est d'une paresse incroyable

---

(*) J. J. Rousseau parlant dans cette lettre de complots, appelant Thérèse sa femme, nom qu'il ne lui donne qu'en 1768 ; enfin n'étant de retour à Paris qu'en 1770, cette lettre doit être de ce temps, et non de 1766, date qu'on lui a donnée jusqu'à présent, oubliant qu'il passa cette année en Angleterre. M. P.

à sortir de sa chambre, et j'ai toutes les peines du monde à obtenir, cinq ou six fois l'année, qu'elle veuille bien venir promener avec moi : au reste, elle partage tous mes sentimens, madame, et surtout ceux de respect et d'attachement dont mon cœur est et sera pénétré pour vous jusqu'à mon dernier soupir.

Je me proposois de vous porter ma réponse moi-même, mais des contrariétés me font prendre le parti d'envoyer toujours ce mot devant.

A LA MÊME.

Paris, 1770 (*).

Je reçois votre lettre, madame, en arrivant d'une course, et j'y réponds à la hâte, en repartant pour une autre. L'air malsain pour moi de mon habitation, et l'importunité des désœuvrés de tous les coins du monde, me forcent à chercher le soulagement et la solitude dans des pèlerinages continuels.

A LA MÊME.

Ce vendredi matin (Paris 1770).

Vous ne m'imposez pas, madame, une tâche aisée en m'ordonnant de vous montrer Émile dans cette île où l'on est vertueux sans témoins et courageux sans ostentation. Tout ce que j'ai pu savoir de cette île étrangère, est qu'avant d'y aborder on n'y voit jamais personne; qu'en y arrivant on est encore fort sujet à s'y trouver seul ; mais qu'alors on se console aussi sans peine du petit malheur de n'y être vu de qui que ce soit. En vérité, madame, je crois que pour voir les habitantes de cette île il faut les chercher soi-même, et ne s'en rapporter jamais qu'à soi. Je vous ai montré mon Émile en chemin pour y arriver ; le reste de la route vous sera bien moins difficile à faire seule, qu'à moi de vous y guider.

Je vous remercie, madame, de la chanson que vous avez eu la bonté de m'envoyer, et je vous demande pardon de ne l'avoir pas trouvée, à ma propre lecture, aussi jolie que quand vous nous la lisiez : la versification m'en paroît contrainte ; je n'y trouve ni douceur ni chaleur : le pénultième couplet est le seul où je trouve du naturel et du sentiment : dans le premier couplet, le premier vers est gâté par le second : les deux premiers vers du quatrième couplet sont tout-à-fait louches ; il falloit dire : *Si l'on ne parle d'elle à tout moment, on parle une langue qui m'est étrangère.* S'il faut être clair quand on parle, il faut être lumineux quand on chante. La lenteur du chant efface les liaisons du sens, à moins qu'elles ne soient très-marquées. Je ne renonce pourtant pas à faire l'air que vous désirez ; mais, madame, je voudrois que vous eussiez la bonté de faire quelques corrections aux paroles, car pour moi cela m'est impossible ; et même, si vous ne trouvez pas mes observations justes, je les abandonne, et ferai l'air sur la chanson telle qu'elle est. Ordonnez, j'obéirai.

A M. DUSAULX. (*)

Paris (*post tenebras lux*), 17 $\frac{7}{11}$ 70.

Toutes vos bontés pour moi, monsieur, me

(*) Ces lettres étoient, dans la plupart des éditions, datées du Temple, le 3 janvier 1766. Or il partoit ce jour même pour l'Angleterre avec David Hume. Une autre circonstance démontre l'erreur de la date. Il parle de l'insalubrité de son habitation, tandis qu'il étoit logé par le prince de Conti à l'hôtel de Saint-Simon, dans l'enclos du Temple, et meublé somptueusement. — M. P.

(*) Du Peyrou, dans son recueil, n'avoit fait connoître que deux lettres de Rousseau à Dusaulx : vingt ans après la mort de Rousseau, Dusaulx lui-même en a publié trois autres de peu d'importance; mais ces cinq lettres, avec celles de Dusaulx qui leur servent de réponse, ont fourni à ce dernier la matière d'un volume dont nous avons précédemment parlé, et qui lui a attiré de vifs reproches de la part des amis de notre philosophe, justement indignés de l'esprit de dénigrement qui se fait remarquer dans toutes les pages de cet écrit. Dusaulx en effet, en y protestant sans cesse de son respect, de son admiration, même de son affec on pour celui qu'il outrage et ridiculise tour à tour, y déguise d'autant plus mal l'unique sentiment qui lui a fait mettre la main à la plume, le désir de venger à tout prix son orgueil et son amour-propre humiliés. On verra tout à l'heure qu'il a très-maladroitement lui-même provoqué Rousseau à rompre avec lui. Comment d'ailleurs, en publiant une telle correspondance, et la présentant sous des couleurs si défavorables à Rousseau, Dusaulx a-t-il pu oublier que cet infortuné étoit *malade*? Il le dit expressément à Rousseau lui-même dans une de ses lettres, et cette maladie mentale, d'une nature si affligeante, pouvoit-elle laisser place à d'autres sentimens qu'à ceux de l'indulgence et de la pitié?

En renvoyant les lecteurs à l'ouvrage de Dusaulx, dont l'effet a été directement contraire à celui que son auteur en attendoit, et que cependant son sujet suffit encore pour rendre intéressant, nous n'en extrairons que ce qui sera absolument nécessaire pour l'intelligence des lettres qu'on va lire. — G. P.

trouveront toujours sensible et reconnoissant, parce que je suis sûr de leur principe. Quelque tentant que fût pour moi à bien des égards l'appartement auquel vous avez bien voulu songer, je ne prévois pas qu'il puisse me convenir, parce qu'il me faut chambre garnie, et même d'un prix modique, et que personne ne prendra le bon marché dans sa poche dans toute affaire qui me regardera, et dont voudra bien se mêler M. Dusaulx : d'ailleurs je suis en quelque sorte arrangé ici pour cet hiver, et il n'est pas agréable de déloger dans cette saison. J'irois avec empressement manger votre soupe et ce que vous appelez votre *rogaton*, si je n'allois dîner chez madame de Chenonceaux, qui est malade et qui m'a *errhé* (*) depuis deux jours. Le mauvais temps m'empêcha hier de sortir et d'aller rendre mes devoirs à madame Dusaulx, comme je l'avois résolu. Mille très-humbles salutations.

A M. DUTENS.

Paris, le 8 novembre 1770.

Post tenebras lux.

Je suis aussi touché, monsieur, de vos soins obligeans que surpris du singulier procédé de M. le colonel Roguin. Comme il m'avoit mis plusieurs fois sur le chapitre de la pension dont m'honora le roi d'Angleterre, je lui racontai historiquement les raisons qui m'avoient fait renoncer à cette pension. Il me parut disposé à agir pour faire cesser ces raisons, je m'y opposai ; il insista, je le refusai plus fortement, et je lui déclarai que s'il faisoit là-dessus la moindre démarche, soit en mon nom, soit au sien, il pouvoit être sûr d'être désavoué, comme le sera toujours quiconque voudra se mêler d'une affaire sur laquelle j'ai depuis long-temps pris mon parti. Soyez persuadé, monsieur, qu'il a pris sous son bonnet la prière qu'il vous a faite d'engager le comte de Rochford à me faire réponse, de même que celle de prendre des mesures pour le payement de la pension. Je me soucie fort peu, je vous assure, que le comte de Rochford me réponde ou non ; et quant à la pension, j'y ai renoncé, je vous proteste, avec autant d'indifférence que je l'avois acceptée avec reconnoissance. Je trouve très-bizarre qu'on s'inquiète si fort de ma situation, dont je ne me plains point, et que je trouverois très-heureuse si l'on ne se mêloit pas plus de mes affaires que je ne me mêle de celles d'autrui. Je suis, monsieur, très-sensible aux soins que vous voulez bien prendre en ma faveur, et à la bienveillance dont ils sont le gage ; et je m'en prévaudrois avec confiance en toute autre occasion, mais dans celle-ci je ne puis les accepter ; je vous prie de ne vous en donner aucuns pour cette affaire, et de faire en sorte que ce que vous avez déjà fait soit comme non avenu. Agréez, je vous supplie, mes actions de grâces, et soyez persuadé, monsieur, de toute ma reconnoissance et de tout mon attachement.

A M. DU PEYROU.

Paris (*post tenebras lux*), 17 $\frac{18}{11}$ 70.

Vous avez raison, mon cher hôte ; j'ai été bien négligent ; mais je n'imaginois pas, je l'avoue, que vous ignorassiez si parfaitement mon séjour et mon adresse, qu'il vous fallût un voyage de Lyon pour vous en informer. Je ne savois pas non plus que vous fussiez malade ; je voyois ici des gens de ma connoissance et de vos amis, qui me donnoient assez souvent de vos nouvelles, et m'assuroient toujours que vous vous portiez bien. Il n'y a qu'un guignon pareil au mien qui, tenant toujours sur ma piste mes ennemis, les inconnus et tout le public, laisse mes amis seuls dans une si profonde ignorance sur cet article. Enfin, grâce à votre voyage et à vos perquisitions, vous êtes instruit et vous me donnez signe de vie ; je vous en remercie, et je m'en réjouis, ainsi que de votre rétablissement.

J'ai apporté mes livres et mon herbier par votre conseil même, et parce qu'en effet ils m'ont fait tant de bien dans mes malheurs, que j'ai résolu de ne m'en détacher qu'à la dernière extrémité ; votre intention, en les achetant, étoit de m'en laisser l'usage ; c'est un procédé très-noble, mais dont il n'étoit pas dans mon

---

(*) On dit *arrher*, et non *errher*. Dusaulx, qui le premier a publié cette lettre, a souligné, comme nous le faisons ici, le mot *errhé* que Rousseau n'a pu employer que par inadvertance. G. F

tour d'esprit de me prévaloir. Du reste, leur destination n'est point changée; et, puisque vous m'avez demandé la préférence, selon toute apparence, ils ne tarderont pas beaucoup à vous revenir.

Si vous vous plaignez de mon peu d'exactitude, j'ai à me plaindre de l'excès de la vôtre. Pourquoi voulez-vous prendre des arrangemens positifs sur des suppositions, et m'envoyer un mandat sur vos banquiers sans savoir si je suis équitablement dans le cas de m'en prévaloir? Attendez du moins que, de retour chez vous, vous puissiez vérifier par vous-même l'état des choses, et ne m'exposiez pas à recevoir des payemens avant l'échéance, à redevenir votre débiteur sans en rien savoir. Il me semble aussi qu'il y auroit une sorte de bienséance à énoncer dans l'ordre à vos banquiers d'où me vient la rente dont il m'assigne le payement, et qu'il ne suffit pas qu'on sache de moi quel est le donateur, si l'on ne le sait aussi de vous-même. J'espère, mon cher hôte, que vous ne verrez dans mes objections rien que de raisonnable, et que vous ne m'accuserez pas de chercher de mauvaises difficultés en vous renvoyant votre billet. Ainsi, je le joins ici sans scrupule.

Je suis plus fâché que vous de n'être pas à portée de profiter de la bienveillance et des bontés de ma chère hôtesse; mon éloignement de vos contrées n'est pas, comme vous le savez, une affaire de choix, mais de nécessité; et je ne la crois pas assez injuste pour me faire, ainsi que vous, un crime de mon malheur. Mais vous qui parlez, pourquoi, venant à Lyon, ne l'y avez-vous pas amenée? Vous me mettez loin de mon compte, moi qu'on flattoit de vous voir tous deux cet hiver à Paris. Avec quel plaisir j'aurois renouvelé ma connoissance avec elle, et peut-être mon amitié avec vous! car, quoi que vous en disiez, elle n'est point si bien éteinte qu'elle n'eût pu renaître encore; et votre Henriette, sage et bonne, comme je me la représente, eût été bien digne d'être le *medium junctionis*. Ma femme vous remercie, vous salue et vous embrasse. Comme votre souvenir la rend contente d'elle, et que je suis dans le même cas, nous ne cesserons jamais l'un et l'autre de penser à vous avec plaisir.

FRAGMENT D'UNE LETTRE A M. L. D. M.

Paris, le 23 novembre 1770.

..... Oui, le cruel moment où cette lettre fut écrite fut celui où, pour la première et l'unique fois, je crus percer le sombre voile du complot inouï dont je suis enveloppé; complot dont, malgré mes efforts pour en pénétrer le mystère, il ne m'étoit venu jusqu'alors la moindre idée, et dont la trace s'effaça bientôt dans mon esprit au milieu des absurdités sans nombre dont je le vis environné. La violence de mes idées, et le trouble où elles me plongèrent à cette découverte, m'ont plutôt laissé le souvenir de leur impression que celui de leur tissu. Pour en bien juger, il faudroit avoir présens à l'esprit tous les détails de la situation où j'étois pour lors, et toutes les circonstances qui la rendoient accablante : seul, sans appui, sans conseil, sans guide, à la merci des gens chargés de disposer de moi; livré par leurs soins à la haine publique que je voyois, que je sentois en frémissant, sans qu'il me fût possible d'en apercevoir, d'en conjecturer au moins la cause, pas même, ce qui paroît incroyable, de savoir les nouvelles publiques et de lire les gazettes; environné des plus noires ténèbres, à travers lesquelles je n'apercevois que de sinistres objets; confiné pour tout asile, aux approches de l'hiver, dans un méchant cabaret; et d'autant plus effrayé de ce qui venoit de m'arriver à Trye, que j'en voyois la suite et l'effet à Grenoble.

L'aventure de Thevenin, que j'attribuois aux intrigues des Anglois et des gens de lettres, m'apprit que ces intrigues venoient de plus près et de plus haut. J'avois cru ce Thevenin aposté seulement par le sieur Bovier; j'appris par hasard que Bovier n'agissoit dans cette affaire que par l'ordre de M. l'intendant; ce qui ne me donna pas peu à penser. M. de Tonnerre, après m'avoir hautement promis toute la protection dont j'avois besoin pour approfondir cette affaire, me pressa de la suivre, et me proposa le voyage de Grenoble pour m'aboucher avec ledit Thevenin. La proposition me parut bizarre après les preuves péremptoires que j'avois données. J'y consentis néanmoins. Quand j'eus fait ce voyage, et que, malgré mon ineptie, son imposture fut parvenue au plus haut degré d'évidence, M. de Tonnerre, oubliant l'assurance qu'il m'avoit donnée, m'offrit de punir ce malheureux par quelques jours de prison, ajoutant qu'il ne pouvoit rien de plus. Je n'acceptai point cette offre, et l'affaire en demeura là. Mais il resta clair, par l'expérience, qu'un imposteur adroit pourroit m'embarrasser, et que je manquois souvent du sang-froid et de la présence d'esprit nécessaires pour me démêler de ses ruses. Je crus aussi m'apercevoir que c'étoit là ce qu'on avoit voulu savoir, et que cette connoissance influoit sur les intrigues dont j'étois l'objet. Cette idée m'en rappela d'autres auxquelles jusqu'alors j'avois fait peu d'attention, et des multitudes d'observations que j'avois rejetées comme les vaines inquiétudes d'une imagination effarouchée par mes malheurs.

Pour remonter à un événement qui n'est pas sans mystère, l'époque du décret contre ma personne me parut avoir été celle d'une sourde trame contre ma réputation, qui, d'année en année, étendit doucement ses menées, jusqu'à ce que mon *départ pour l'Angleterre*, les manœuvres de M. Hume, et la lettre de M. Walpole, les mirent plus à découvert, jusqu'à ce qu'ayant écarté de moi tout le monde, hors les fauteurs du complot, on put me traîner dans la fange ouvertement et impunément.

C'est ainsi que peu à peu tout changeoit autour de moi. Le langage même de mes connoissances changeoit très-sensiblement : il régnoit jusque dans leurs éloges une affectation de réserve, d'équivoque et d'obscurité, qu'ils n'avoient jamais eue auparavant ; et M. de Mirabeau, m'ayant écrit à Wootton pour m'offrir un asile en France, prit un ton si bizarre, et se servoit de tournures si singulières, qu'il me falloit toute la sécurité de l'innocence et toute ma confiance en ses avances d'amitié pour n'être pas choqué d'un pareil langage. J'y fis pour lors si peu d'attention que je n'en vins pas moins en France à son invitation ; mais j'y trouvai un tel changement par rapport à moi, et une telle impossibilité d'en découvrir la cause, que ma tête, déjà altérée par l'air sombre de l'Angleterre, s'affectoit davantage de plus en plus. Je m'aperçus qu'on cherchoit à m'ôter la connoissance de tout ce qui se passoit autour de moi. Il n'y avoit pas là de quoi me tranquilliser ; encore moins dans les traitemens dont, à l'insu de M. le prince de Conti (du moins je le croyois ainsi), l'on m'accabloit au château de Trye. Le bruit en étant parvenu jusqu'à S. A. S., elle n'épargna rien pour y mettre ordre, quoique toujours sans succès, sans doute parce que l'impulsion secrète en venoit à la fois du dedans et du dehors. Enfin, poussé à bout, je pris le parti de m'adresser à madame de Luxembourg qui, pour toute assistance, me fit faire de bouche une réponse assez sèche, très-peu consolante, et qui ne répondoit guère aux bontés dont ce prince paroissoit m'accabler.

Depuis très-long-temps, et long-temps même avant le décret, j'avois remarqué dans cette dame un grand changement de ton et de manières envers moi. J'en attribuois la cause à un refroidissement assez naturel de la part d'une grande dame, qui, d'abord s'étant trop engouée de moi sur mes écrits, s'en étoit ensuite ennuyée par ma bêtise dans la conversation, et par ma gaucherie dans la société. Mais il y avoit plus, et j'avois trop d'indice de sa secrète haine pour pouvoir raisonnablement en douter. Je jugeois même que cette haine étoit fondée sur des balourdises de ma part, bien innocentes assurément dans mon cœur, bien involontaires, mais que jamais les femmes ne pardonnent, quoiqu'on n'ait eu nulle intention de les offenser. Je flottois pourtant toujours dans cette opinion, ne pouvant me persuader qu'une femme de ce rang, qui m'avoit si bien connu, qui m'avoit marqué tant de bienveillance et même d'empressement, la veuve d'un seigneur qui m'honoroit d'une amitié particulière, pût jamais se résoudre à me haïr assez cruellement pour vouloir travailler à ma perte. Une seule chose m'avoit paru toujours inexplicable. En partant de Montmorency, j'avois laissé à M. de Luxembourg tous mes papiers, les uns déjà triés, les autres qu'il se chargeoit de trier lui-même pour me les envoyer avec les premiers, et brûler ce qui m'étoit inutile. En recevant cet envoi, je trouvai qu'il manquoit dans le triage plusieurs manuscrits que j'y avois mis, et nombre de lettres, indifférentes en elles-mêmes, mais qui faisoient lacune dans la suite que j'avois voulu conserver, ayant déjà formé le projet d'écrire un jour mes mémoires. Cette infidélité me frappa. Je ne pouvois l'attribuer à M. le maréchal, dont je connoissois la droiture invariable et la vérité de son amitié pour moi : je n'osois non plus en soupçonner madame la maréchale, sachant surtout qu'on ne pouvoit tirer de ces papiers aucun usage qui pût me nuire, à moins de les falsifier. Je présumai que M. d'Alembert, qui depuis quelque temps s'étoit introduit auprès d'elle, avoit trouvé le moyen de fureter ces papiers et d'en enlever ce qu'il lui avoit plu, soit pour tirer de ces papiers ce qui lui pouvoit convenir, soit pour tâcher de me susciter quelque tracasserie. Comme j'étois déjà déterminé à quitter tout-à-fait la littérature, je m'inquiétai peu de ces larcins, qui n'étoient pas les premiers de la même main que j'avois endurés sans m'en plaindre (¹).

Par trait de temps, et malgré quelques démonstrations affectées et toujours plus rares, les sentimens secrets de madame de Luxembourg se manifestoient davantage de jour en jour : cependant, craignant toujours d'être injuste, je ne cessai point de me confier à elle dans mes malheurs, quoique toujours sans réponse et sans succès. Enfin, en dernier lieu, ayant écrit à M. de Choiseul pour lui demander, dans l'extrémité où j'étois, un passe-port pour sortir du royaume, et n'ayant point de réponse, j'écrivis encore à madame de Luxembourg, qui ne me fit aucune réponse non plus. Ce silence, dans la circonstance, me parut décisif, et j'en conclus que si cette dame n'entroit pas directement dans le complot, du moins elle en étoit instruite, et ne vouloit m'aider ni à le connoître ni à m'en tirer. Je reçus le passe-port lorsque j'avois cessé de l'attendre. M. de Choiseul l'accompagna d'une lettre d'un style obscur, ambigu, choquant même, et assez semblable à celui des lettres de M. de Mirabeau. Je jugeai qu'on ne m'avoit fait attendre ainsi le passe-port que pour se donner le temps de machiner à son aise dans les lieux où l'on savoit que j'avois dessein d'aller. Cette idée me fit changer sur-le-champ toutes mes résolutions, et prendre celle de retourner en Angleterre, où, pour le coup, j'avois tout lieu de croire que je n'étois pas attendu. J'écrivis à l'ambassadeur. J'écrivis à M. Davenport mais, tandis que j'attendois mes réponses, j'aperçus autour de moi une agitation si marquée, j'entendis rebattre à mes oreilles des propos si mystérieux ; Bovier m'écrivoit de Grenoble des lettres si inquiétantes, qu'il fut clair qu'on cherchoit à m'alarmer et me troubler tout-à-fait ; et l'on réussit. Ma tête s'affecta de tant d'effrayans mystères, dont on s'efforçoit d'augmenter l'horreur par l'obscurité. Précisément dans le même temps, on arrêta, dit-on, sur la frontière du Dauphiné, un homme qu'on disoit complice d'un attentat exécrable : on m'assura que cet homme passoit pour Bourgoin (¹). La rumeur fut grande, les propos mystérieux allèrent leur train, avec l'affectation la plus marquée. Enfin, quand on auroit formé le projet d'achever de me rendre tout-à-fait frénétique, on n'auroit pas pu mieux s'y prendre ; et si la plus noire fureur ne s'empara pas alors de mon âme, c'est que les mouvemens de cette espèce ne sont pas dans sa nature. Vous sentez du moins que, dans l'émotion successive qu'on m'avoit donnée, il n'y avoit pas là de quoi me tranquilliser, et que tant de noires idées, qu'on avoit soin de renouveler et d'entretenir sans cesse, n'étoient pas propres à rendre aux miennes leur sérénité. Continuant cependant à me disposer au prochain départ pour l'Angleterre, je visitois à loisir les papiers qui m'étoient restés, et que j'avois dessein de brûler, comme un embarras inutile que je traînois après moi. Je commençois cette opération sur un recueil transcrit de lettres, que j'avois discontinué depuis long-temps, et j'en feuilletois machinalement le premier volume, quand je tombai par hasard sur la lacune dont j'ai parlé, et qui m'avoit toujours paru difficile à comprendre. Que devins-je en remarquant que cette lacune tomboit précisément sur le temps de l'époque dont le prisonnier qui venoit de passer m'avoit rappelé l'idée, et à laquelle, sans cet événement, je n'aurois pas plus songé qu'auparavant ! Cette découverte me bouleversa ; j'y trouvai la clef de tous les mystères qui m'environnoient. Je compris que cet enlèvement de lettres avoit certainement rapport au temps où elles avoient été écrites, et que

---

(¹) Sans parler ici de ses *Eléments de Musique*, je venois de parcourir un *Dictionnaire des Beaux-Arts* portant le nom d'un M. Lacombe, dans lequel je trouvai beaucoup d'articles tout entiers de ceux que j'avois faits en 1749 pour l'*Encyclopédie*, et qui depuis nombre d'années étoient dans les mains de M. d'Alembert.

(¹) Comme on n'a plus entendu parler, que je sache, de ce prétendu prisonnier, je ne doute point que tout cela ne fût un jeu barbare et digne de mes persécuteurs.

quelque innocentes que fussent ces lettres, ce n'étoit pas pour rien qu'on s'en étoit emparé. Je conclus de là que depuis plus de six ans ma perte étoit jurée, et que ces lettres, inutiles à tout autre usage, servoient à fournir les points fixes des temps et des lieux pour bâtir le système d'impostures dont on vouloit me rendre la victime.

Dès l'instant même je renonçai au projet d'aller en Angleterre, et, sans balancer un moment, je résolus de m'exposer, armé de ma seule innocence, à tous les complots que la puissance, la ruse et l'injustice pouvoient tramer contre elle [1]. La nuit même où je fis cette affreuse découverte, je songeois, sachant bien que toutes mes lettres étoient ouvertes à la poste, à profiter du retour de M. Pepin de Belle-Isle [2], qui, m'étant venu voir la veille, m'accabloit des plus pressantes offres de service; et je lui remis le matin une lettre pour madame de Brionne, qui en contenoit une autre pour M. le prince de Conti, l'une et l'autre écrites si à la hâte, qu'ayant été contraint d'en transcrire une, j'envoyai le brouillon au lieu de la copie.

Tels sont, autant que je puis me le rappeler, le sujet et l'occasion desdites lettres : car, encore une fois, l'agitation où j'étois en les écrivant ne m'a pas permis de garder un souvenir bien distinct de tout ce qui s'y rapporte.

A M....

Paris, le 24 novembre 1770.

Soyez content, monsieur, vous et ceux qui vous dirigent. Il vous falloit absolument une lettre de moi : vous m'avez voulu forcer à l'écrire, et vous avez réussi : car on sait bien que quand quelqu'un nous dit qu'il veut se tuer, on est obligé, en conscience, à l'exhorter de n'en rien faire.

Je ne vous connois point, monsieur, et n'ai nul désir de vous connoître; mais je vous trouve très à plaindre, et bien plus encore que vous ne pensez : néanmoins, dans tout le détail de vos malheurs, je ne vois pas de quoi fonder la terrible résolution que vous m'assurez avoir prise. Je connois l'indigence et son poids aussi bien que vous, tout au moins; mais jamais elle n'a suffi seule pour déterminer un homme de bon sens à s'ôter la vie. Car enfin le pis qu'il puisse arriver est de mourir de faim, et l'on ne gagne pas grand'chose à se tuer pour éviter la mort. Il est pourtant des cas où la misère est terrible, insupportable; mais il en est où elle est moins dure à souffrir : c'est le vôtre. Comment, monsieur, à vingt ans, seul, sans famille, avec de la santé, de l'esprit, des bras et un bon ami, vous ne voyez d'autre asile contre la misère que le tombeau ? sûrement vous n'y avez pas bien regardé.

Mais l'opprobre..... La mort est à préférer, j'en conviens; mais encore faut-il commencer par s'assurer que cet opprobre est bien réel. Un homme injuste et dur vous persécute; il menace d'attenter à votre liberté : eh bien! monsieur, je suppose qu'il exécute sa barbare menace, serez-vous déshonoré pour cela? Des fers déshonorent-ils l'innocent qui les porte? Socrate mourut-il dans l'ignominie? Et où est donc, monsieur, cette superbe morale que vous étalez si pompeusement dans vos lettres? et comment, avec des maximes si sublimes, se rend-on ainsi l'esclave de l'opinion? Ce n'est pas tout : on diroit, à vous entendre, que vous n'avez d'autre alternative que de mourir ou de vivre en captivité. Et point du tout, vous avez l'expédient tout simple de sortir de Paris : cela vaut encore mieux que de sortir de la vie. Plus je relis votre lettre, plus j'y trouve de colère et d'animosité. Vous vous complaisez à l'image de votre sang jaillissant sur votre cruel parent, vous vous tuez plutôt par vengeance que par désespoir, et vous songez moins à vous tirer d'affaire qu'à punir votre ennemi. Quand je lis les réprimandes plus que sévères dont il vous plaît d'accabler fièrement le pauvre Saint-Preux, je ne puis m'empêcher de croire que, s'il étoit là pour vous répondre, il pourroit, avec un peu plus de justice, vous en rendre quelques unes à son tour.

Je conviens pourtant, monsieur, que votre lettre est très-bien faite, et je vous trouve fort disert pour un désespéré. Je voudrois vous pouvoir féliciter sur votre bonne foi comme sur votre éloquence; mais la manière dont vous

---

[1] Ce fut par une suite de cette même résolution que je conservai mon recueil de lettres, dont heureusement je n'avois encore déchiré et brûlé que quelques feuillets.
[2] Il venoit d'accompagner en Piémont madame la princesse de Carignan.

narrez notre entrevue ne me le permet pas trop. Il est certain que je me serois, il y a dix ans, jeté à votre tête, que j'aurois pris votre affaire avec chaleur ; et il est probable que, comme dans tant d'affaires semblables dont j'ai eu le malheur de me mêler, la pétulance de mon zèle m'eût plus nui qu'il ne vous auroit servi. Les plus terribles expériences m'ont rendu plus réservé ; j'ai appris à n'accueillir qu'avec circonspection les nouveaux visages, et dans l'impossibilité de remplir à la fois tous les nombreux devoirs qu'on m'impose, à ne me mêler que des gens que je connois. Je ne vous ai pourtant point refusé le conseil que vous m'avez demandé. Je n'ai point approuvé le ton de votre lettre à M. de M...; je vous ai dit ce que j'y trouvois à reprendre ; et la preuve que vous entendîtes bien ce que je vous disois, est que vous y répondîtes plusieurs fois. Cependant vous venez me dire aujourd'hui que le chagrin que je vous montrai ne vous permit pas d'entendre ce que je vous dis, et vous ajoutez qu'après de mûres délibérations il vous sembla d'apercevoir que je vous blâmois de vous être un peu trop abandonné à votre haine ; mais vraiment il ne falloit pas de bien mûres délibérations pour apercevoir cela, car je vous l'avois bien articulé, et je m'étois assuré que vous m'entendiez fort bien. Vous m'avez demandé conseil, je ne vous l'ai point refusé, j'ai fait plus : je vous ai offert, je vous offre encore d'alléger, en ce qui dépend de moi, la dureté de votre situation. Je ne vois pas, je vous l'avoue, en quoi vous pouvez vous plaindre de mon accueil ; et si je ne vous ai point accordé de confiance, c'est que vous ne m'en avez point inspiré.

Vous ne voulez point, monsieur, faire part de l'état de votre âme et de votre dernière résolution à votre bienfaiteur, à votre consolateur, dans la crainte que, voulant prendre votre défense, il ne se compromît inutilement avec un ennemi puissant qui ne lui pardonneroit jamais ; c'est à moi que vous vous adressez pour cela, sans doute à cause de mon grand crédit et des moyens que j'ai de vous servir, et qu'un ennemi de plus ne vous paroît pas une grande affaire pour quelqu'un dans ma situation. Je vous suis obligé de la préférence, j'en userois si j'étois sûr de pouvoir vous servir ; mais, certain que l'intérêt qu'on me verroit prendre à vous ne feroit que vous nuire, je me tiens dans les bornes que vous m'avez demandées.

A l'égard du jugement que je porterai de la résolution que vous me marquez avoir prise, quand j'en apprendrai l'exécution, ce ne sera sûrement pas de penser que *c'étoit-là le but la fin, l'objet moral de la vie;* mais au contraire que *c'étoit le comble de l'égarement, du délire et de la fureur.* S'il étoit quelque cas où l'homme eût le droit de se délivrer de sa propre vie, ce seroit pour des maux intolérables et sans remède, mais non pas pour une situation dure, mais passagère, ni pour des maux qu'une meilleure fortune peut finir dès demain. La misère n'est jamais un état sans ressources, surtout à votre âge ; elle laisse toujours l'espoir bien fondé de la voir finir quand on y travaille avec courage, et qu'on a des moyens pour cela. Si vous craignez que votre ennemi n'exécute sa menace, et que vous ne vous sentiez pas la constance de supporter ce malheur, cédez à l'orage et quittez Paris : qui vous en empêche ? Si vous aimez mieux le braver, vous le pouvez, non sans danger, mais sans opprobre. Croyez-vous être le seul qui ait des ennemis puissans, qui soit en péril dans Paris, et qui ne laisse pas d'y vivre tranquille en mettant les hommes au pis, content de se dire à lui-même : Je reste au pouvoir de mes ennemis dont je connois la ruse et la puissance, mais j'ai fait en sorte qu'ils ne puissent jamais me faire de mal justement ? Monsieur, celui qui se parle ainsi peut vivre tranquille au milieu d'eux, et n'est point tenté de se tuer.

A M. DUSAULX.

Paris, 17 $\frac{4}{1}$ 71.

Pauvres aveugles que nous sommes! etc.

Si M. Dusaulx faisoit quelquefois collation sur le bout du banc, pour être au lit à dix heures, je lui proposerois aujourd'hui un petit souper, non d'Apicius, mais d'Épicure, et tel qu'on n'en fait guère à Paris. Ce souper, j'y ai pourvu, seroit animé d'une bouteille de son vin d'Espagne (*), surtout de sa présence et de son

---

(*) Il avoit envoyé demander cette bouteille chez Dusaulx ; mais au lieu d'une on en apporta douze, générosité au moins fort maladroite, et qui dut paroître à Rousseau d'autant plus offensante, que son procédé étoit franc et aimable. Rousseau

entretien. S'il consent, je lui demande un petit *oui*, afin que le plaisir de le voir soit précédé de celui de l'attendre, à moins qu'il n'aime mieux croire que ce soit pour faire d'avance les préparatifs du festin.

Les respects de ma femme et les miens à madame Dusaulx.

AU MÊME (*).

17 $\frac{8}{2}$ 71.

Pauvres aveugles que nous sommes! etc.

Monsieur,

Je suis toujours frappé de l'idée que vous avez eue de me mettre, dans le livre que vous faites, en pendant avec un scélérat abominable qui fait du masque de la vertu l'instrument du crime, et qui, selon vous, la rend aussi touchante dans ses discours qu'elle l'est dans mes écrits. J'ai toujours cru, je crois encore qu'il faut sincèrement aimer la vertu pour savoir la rendre aimable aux autres, et que quiconque y croit de bonne foi distingue aisément dans son cœur le langage de l'hypocrisie d'avec celui que le cœur a dicté. Vous me dites pour excuse que vous portiez ce jugement à l'âge de dix-sept ans; mais, monsieur, vous n'aviez pas lu mes écrits : c'est à l'âge où vous êtes, c'est au moment que vous écrivez que vous identifiez l'impression que vous fait leur lecture avec celle des discours du fourbe dont il s'agit. Si c'est là la seule ou la plus honorable mention que vous faites dans votre ouvrage d'un homme à qui vous marquez, entre vous et lui, tant d'estime et d'empressement; le tour, si c'est un éloge, est neuf et bizarre; si c'est un art employé pour appuyer ouvertement l'imposture, il est infernal. Vous paroissez disposé à changer dans le passage ce qui peut m'y déplaire : je vous l'ai déjà dit, monsieur, n'y changez rien; s'il a pu vous plaire un moment, il ne me déplaira jamais. Je suis bien aise que tout le monde sache quelle place vous donnez dans vos écrits à un homme qu'en même temps vous recherchez avec tant de zèle, et à qui vous paroissez, du moins en parlant à lui, en donner une si belle dans votre estime et dans votre cœur. Cette remarque m'en rappelle d'autres trop petites pour être citées, mais sur l'effet desquelles je veux vous ouvrir le mien.

Après m'avoir dit si souvent en si beaux termes que vous me connoissiez, m'aimiez, m'estimiez, m'honoriez parfaitement, il est constant, et je le dis de tout mon cœur, que les prévenances et les honnêtetés dont vous m'avez comblé, adressées, dans votre intention comme dans la vérité, à un homme de bien et d'honneur, ont à ma reconnoissance et à mon attachement un droit que je serai toujours empressé d'acquitter.

Mais, s'il étoit possible, au contraire, que, m'ayant pris pour un hypocrite et un scélérat, vous eussiez cependant prodigué tant d'avances, de caresses et de cajoleries de toute espèce pour capter ma confiance et mon amitié, soit parce que mon caractère supposé conviendroit au vôtre, soit pour aller par astuce à des fins que vous me cacheriez avec soin; dans ce cas, il n'en est pas moins sûr qu'en tout état de choses possibles vous ne seriez vous-même

---

donc s'en fâcha, et certainement il avoit raison; cependant la querelle n'eut pas de suite. Voyez dans l'ouvrage de Dusaulx le récit de ce souper qui fut vraiment un *souper d'Épicure*. Ce récit et celui d'un *dîner fait chez Dusaulx*, quelques jours après, avec des gens de lettres, offrent vingt traits caractéristiques que nous regrettons de ne pouvoir rapporter ici. G. P.

(*) Si l'envoi de douze bouteilles, au lieu d'une seule qui étoit demandée, fut une maladresse qui pensa coûter cher à Dusaulx dans sa liaison toute nouvelle avec notre auteur, peu de jours après il en fit une autre bien plus forte, qui donna lieu aux lettres qui vont suivre, maladresse dont Dusaulx convient lui-même, en la qualifiant d'*innocente balourdise*; innocente, soit; mais en effet balourdise bien réelle, tout-à-fait sans excuse, et dont les suites n'étoient que trop faciles à prévoir. Voici le fait:

Dusaulx, pressé par son nouvel ami de mettre à profit ses talents en travaillant à quelque ouvrage, offre de lui lire un morceau de sa composition. Rousseau consent à l'entendre; et quel est le morceau dont Dusaulx fait choix dans cette circonstance? *le portrait d'un fourbe*, extrait de son ouvrage *sur la passion du jeu*, qu'il se proposoit alors de publier. Le portrait d'un fourbe! dans ce titre seul n'y avoit-il pas de quoi bouleverser une tête que Dusaulx savoit très-bien être *malade*; et pour comble de *balourdise*, dans ce morceau si malheureusement choisi, Jean-Jacques et ses écrits se trouvent, on ne sait trop pourquoi, rappelés, rappelés avec honneur sans doute, mais rappelés enfin; c'est tout dire. Nous renvoyons les lecteurs à l'ouvrage de Dusaulx, pour le détail des faits de cette triste aventure, qui n'a pu que rendre Rousseau plus malade encore et plus malheureux. Qu'ils nous permettent seulement une dernière réflexion.

Que dirions-nous d'un homme qui, visitant à Charenton son ami attaqué de folie, prendroit pour sujet de conversation l'objet même par lequel ce malheureux ami déraisonne? Tout nous autoriseroit effectivement à traiter le visiteur de *balourd;* mais le fou lui-même, en ceci très-raisonnable, ne seroit-il pas tout aussi bien fondé à voir dans ce même visiteur un véritable ennemi? Si cette comparaison est exacte, Rousseau est justifié.

G. P.

qu'un vil fourbe et un malhonnête homme, digne de tout le mépris que vous auriez eu pour moi.

J'aurois bien quelque chose encore à vous dire ; mais je m'en tiens là quant à présent. Voilà, monsieur, un doute que j'ai senti naître avec douleur, et qui s'augmente au point d'être intolérable. Je vous le déclare avec ma franchise ordinaire, dont, quelque mal qu'elle m'ait fait et qu'elle me fasse, je ne me départirai jamais. Je vous montre bien mes sentimens ; montrez-moi si bien les vôtres que je sache avec certitude ce que vous pensez de moi. Je me souviens de vous avoir dit que si jamais je me défiois de vous, ce seroit votre faute. Vous voilà dans le cas ; c'est à vous d'y pourvoir, au moins si vous donnez quelque prix à mon estime. En y pourvoyant, n'en faites pas à deux fois, car je vous avertis qu'à la seconde vous n'y seriez plus à temps.

Je me suis confié à vous, monsieur, et à d'autres que je ne connoissois pas plus que vous. Le témoignage intérieur de l'innocence et de la vérité m'a fait croire qu'il suffisoit d'épancher mon cœur dans des cœurs d'hommes pour y verser le sentiment dont il étoit plein. J'espère ne m'être pas trompé dans mon choix ; mais quand cet espoir m'abuseroit, je n'en serois point abattu. La vérité, le temps, triompheront enfin de l'imposture, et de mon vivant même elle n'osera soutenir mes regards. Son plus grand soin, son plus grand art est de s'y dérober ; mais cet art même la décèle. Jamais on n'a vu, jamais on ne verra le mensonge marcher fièrement à la face du soleil en interpellant à grands cris la vérité, et celle-ci devenir cauteleuse, craintive et traîtresse, se masquer devant lui, fuir sa présence, n'oser l'accuser qu'en secret, et se cacher dans les ténèbres.

Je vous fais, monsieur, mes très-humbles salutations.

AU MÊME.

17 $\frac{10}{2}$ 71.

Pauvres aveugles que nous sommes! etc.

En lisant, monsieur, et relisant votre lettre, je sens qu'il me faut du temps pour y penser. Permettez que j'attende le retour du sang-froid. Un homme comme vous mérite bien qu'on délibère quand il s'agit de s'en détacher. Je vous salue très-humblement.

ROUSSEAU.

AU MÊME.

17 $\frac{16}{2}$ 71.

Pauvres aveugles que nous sommes! etc.

J'ai voulu, monsieur, mettre un intervalle entre votre dernière lettre et celle-ci pour laisser calmer mes premiers mouvemens et agir ma raison seule. Votre lettre est bien plus employée à me dire ce que je dois penser de vous que ce que vous pensez de moi, quoique je vous eusse prévenu que de ce dernier jugement dépendoit absolument l'autre. Il faut pourtant que je me décide et que je vous juge en ce qui me regarde, quoique j'aie renoncé, comme vous me le conseillez, à juger des hommes, bien convaincu que l'obscur labyrinthe de leurs cœurs m'est impénétrable, à moi dont le cœur transparent comme le cristal ne peut cacher aucun de ses mouvemens, et qui, jugeant si long-temps des autres par moi, n'ai cessé depuis vingt ans d'être leur jouet et leur victime.

A force de m'environner de ténèbres, on m'a cependant rendu quelquefois plus clairvoyant, et l'expérience et la nécessité me font apercevoir bien des choses par le soin même qu'on prend pour me les cacher. J'ai vu dans votre conduite avec moi les honnêtetés les plus marquées, les attentions les plus obligeantes, et des fins secrètes à tout cela : j'y ai même démêlé des signes de peu d'estime en bien des points, et surtout dans les fréquens petits cadeaux auxquels vous m'avez apparemment cru très-sensible, au lieu qu'ils me sont indifférens ou suspects : *Timeo Danaos, et dona ferentes.* C'est précisément par le peu de cas que j'en fais que je ne les refuse plus, lassé des tracasseries et des ridicules que m'attirèrent long-temps ces refus, par la malignité des donneurs qui avoient leurs vues, et bien sûrs, en recevant tout et oubliant tout, d'écarter enfin plus sûrement toutes ces petites amorces. Je cherchois un logement ;

vous avez voulu m'avoir pour voisin et presque pour hôte : cela étoit bon et amical ; mais j'ai vu que vous vouliez trop, et que vous cherchiez à m'attirer : vous avez fait tout le contraire. Vous avez cru que j'aimois les dîners ; vous avez cru que j'aimois les louanges. Tout, à travers la pompe de vos paroles, m'a prouvé que j'étois mal connu de vous. Les je ne sais quoi, trop longs à dire, mais frappans à remarquer, m'ont averti qu'il y avoit quelque mystère caché sous vos caresses, et tout a confirmé mes premières observations.

L'article que vous m'avez lu a achevé de m'éclairer. Plus j'y ai réfléchi, moins je l'ai trouvé naturel, dans ma situation présente, de la part d'un bienveillant. Vous me faites trop valoir le soin que vous avez pris de me lire cet article. Vous avez prévu que je le verrois un jour, et vous sentiez ce que j'en aurois pu penser et dire si vous me l'eussiez tu jusqu'à la publication. Vous avez cru me leurrer par ce mot d'illustre. Ah ! vous êtes trop loin de voir combien la réputation d'homme bon, juste et vrai, que je gardai quarante ans, et que je n'ai jamais mérité de perdre, m'est plus chère que vos glorioles littéraires, dont j'ai si bien senti le néant. Ne changeons point, monsieur, l'état de la question. Il ne s'agit pas de savoir comment vous vous y êtes pris pour faire passer un article aussi captieux ; mais comment il vous est venu dans l'esprit de l'écrire, de me mettre gracieusement en parallèle avec un exécrable scélérat, et cela précisément au moment où l'imposture n'épargne aucune ruse pour me noircir. Mes écrits respirent l'amour de la vertu dont le cœur de l'auteur étoit embrasé. Quoi que mes ennemis puissent faire, cela se sent et les désole. Dites-moi si, pour énerver ce sentiment honorable et juste, aucun d'eux s'y prit plus adroitement que vous.

Et maintenant, au lieu de me dire nettement quel jugement vous portez de moi, de mes sentimens, de mes mœurs, de mon caractère, comme vous le deviez dans la circonstance, et comme je vous en avois conjuré, vous me parlez de larmes d'attendrissement et d'un intérêt de commisération ; comme si c'étoit assez pour moi d'exciter votre pitié, sans prétendre à des sentimens plus honorables ! Je vous estime encore, me dites-vous, mais je vous plains. Moi, je vous réponds : Quiconque ne m'estimera que par grâce trouvera difficilement en moi la même générosité.

Je voudrois, monsieur, entendre un peu plus clairement quel est ce grand intérêt que vous dites prendre en moi. Le premier, le plus grand intérêt d'un homme est son honneur. Vous auriez, dites-vous, donné un bras pour m'en sauver un ! C'est beaucoup, et c'est même trop : je n'aurois pas donné mon bras pour sauver le vôtre ; mais je l'aurois donné, je le jure, pour la défense de votre honneur. Entouré de tous ces preneurs d'intérêt qui ne cherchent qu'à me donner, comme faisoit aux passans ce Romain, un écu et un soufflet à chaque rencontre, je ne prends pas le change sur cet intérêt prétendu : je sais qu'ils n'ont d'autre but dans leur fausse bienveillance que d'ajouter à leurs noirceurs, quand je m'en plains, le reproche d'ingratitude.

« Le généreux, le vertueux Jean-Jacques » Rousseau, inquiet et méfiant comme un lâche » criminel ! » Monsieur Dusaulx, si, vous sentant poignarder par derrière par des assassins masqués, vous poussiez, en vous retournant, les cris de la douleur et de l'indignation, que diriez-vous de celui qui pour cela vous reprocheroit froidement d'être inquiet et méfiant comme un lâche criminel ?

Il n'y aura jamais que des cœurs capables du crime qui puissent en soupçonner le mien ; et quant à la lâcheté, malgré tout l'effroi qu'on a voulu me donner, me voici dans Paris, seul, étranger, sans appui, sans amis, sans parens, sans conseil, armé de ma seule innocence et de mon courage, à la merci des adroits et puissans persécuteurs qui me diffament en se cachant, les provoquant, et leur criant, Parlez haut, me voilà. Ma foi, monsieur, si quelqu'un fait lâchement le plongeon dans cette affaire, il me semble que ce n'est pas moi.

Je veux être juste toujours. S'il n'y a contre moi nulle œuvre de ténèbres, votre reproche est fondé, j'en conviens ; mais s'il existe une pareille œuvre, et que vous le sachiez très-bien, convenez aussi que ce même reproche est bien barbare. Je prends là-dessus votre conscience pour juge entre vous et moi.

Vous me trompez, monsieur : j'ignore à

quelle fin, mais vous me trompez. C'est assurément tromper un homme à qui l'on marque la plus tendre affection, que de lui cacher les choses qui le regardent et qu'il lui importe le plus de savoir. Encore une fois, j'ignore vos motifs ; mais je sais qu'on ne trompe personne pour son bien. Je n'attaque à tout autre égard ni votre droiture, ni vos vertus ; je n'explique point cette inconséquence. Je ne sais qu'une seule chose, mais je la sais très-bien, c'est que vous me trompez.

Je veux que tout le monde lise dans mon cœur, et que ceux avec qui je vis sachent comme moi-même ce que je pense d'eux, quoiqu'une malheureuse honte, que je ne puis vaincre, m'empêche de le leur dire en face. C'est afin que vous n'ignoriez pas mes sentimens que je vous écris. Du reste, mon intention n'est de rompre avec vous qu'autant que cela vous conviendra : je vous laisse le choix. Si je connoissois un seul homme à ma portée dont le cœur fût ouvert comme le mien, qui eût autant en horreur la dissimulation, le mensonge, qui dédaignât, qui refusât de hanter ceux auxquels il n'oseroit dire ce qu'il pense d'eux, j'irois à cet homme, et, très-sûr d'en faire mon ami, je renoncerois à tous les autres ; il seroit pour moi le genre humain : mais, après dix ans de recherches inutiles, je me lasse, et j'éteins ma lanterne. Environné de gens qui, sous un air d'intérêt grossièrement affecté, me flattent pour me surprendre, je les laisse faire, parce qu'il faut bien vivre avec quelqu'un, et qu'en quittant ceux-là pour d'autres, je ne trouverois pas mieux. Du reste, s'ils ne voient pas ce que je pense d'eux, c'est assurément leur faute. Je suis toujours surpris, je l'avoue, de les voir m'étaler pompeusement et leurs vertus et leur amitié pour moi ; je cherche inutilement comment on peut être vertueux et faux tout à la fois, comment on peut se faire un honneur de tromper les gens qu'on aime. Non, je n'aurois jamais cru qu'on pût être aussi fiers d'être des traîtres.

Livré depuis long-temps à ces gens-là, j'aurois tort assurément d'être difficile en liaisons, et bien plus de me refuser à la vôtre, puisque votre société me paroît très-agréable, et que, sans vous confondre avec tous les empressés qui m'entourent, je vous compte parmi ceux *que j'estime le plus*. Ainsi je vous laisse le maître de me voir ou de ne me pas voir, comme il vous conviendra. Pour de l'intimité, je n'en veux plus avec personne, à moins que, contre toute apparence, je ne trouve fortuitement l'homme juste et vrai que j'ai cessé de chercher. Quiconque aspire à ma confiance doit commencer par me donner la sienne ; et du reste, *malade* ou non, pauvre ou riche, je trouverai toujours très-mauvais que, sous prétexte d'un zèle que je n'accepte point, qui que ce soit veuille malgré moi se mêler de mes affaires.

Je viens de vous ouvrir mon cœur sans réserve, c'est à vous maintenant de consulter le vôtre, et de prendre le parti qui vous conviendra (*).

A M. DU PEYROU.

Paris, 17 $\frac{23}{8}$ 71.

Jamais, mon cher hôte, un homme sage et ami de la justice, quelque preuve qu'il croie avoir, ne condamne un autre homme sans l'entendre, ou sans le mettre à portée d'être entendu. Sans cette loi, la première et la plus sacrée de tout le droit naturel, la société, sapée par ses fondemens, ne seroit qu'un brigandage affreux, où l'innocence et la vérité sans défense seroient en proie à l'erreur et à l'imposture. Quoiqu'en cette occasion le sujet soit un peu moins grave, j'ai cependant à me plaindre que pour quelqu'un qui dit tant croire

---

(*) Dusaulx fit à cette lettre une réponse à laquelle Rousseau ne répliqua pas. « Je ne sache pas, dit Dusaulx à ce sujet, que » depuis notre éternelle séparation, il soit sorti de sa bouche » un seul mot capable de m'offenser : au contraire, j'ai appris » avec reconnoissance qu'il s'étoit expliqué sur mon compte » d'une manière trop honorable pour le répéter. Je ne l'ai de- » puis rencontré qu'une fois par hasard aux travaux de l'Étoile » voisine des Champs-Élysées. Son premier mouvement et le » mien furent réciproquement de tomber dans les bras l'un de » l'autre ; mais il s'arrêta au milieu de son élan. Qui l'a donc » retenu ? la méfiance dont un accès plus violent qu'à l'ordi- » naire le saisit tout-à-coup. Situé sur le bord d'une tranchée » profonde, et me voyant à ses côtés, il craignit apparemment » que je ne l'y précipitasse ; tout, du moins, m'autorisoit à le » croire. Il trembloit de tous ses membres. Tantôt il élevoit des » bras supplians vers le ciel, tantôt, comme s'il eût invoqué ma » pitié, il me montroit l'abîme ouvert sous ses pas. N'ayant ap- » pris que trop ce langage muet, m'éloignant de lui, je tâchai » de le rassurer par les plus tendres démonstrations ; quoiqu'il » en parût touché, il passa son chemin. » *De mes rapports avec J. J. Rousseau*, page 489. G. P.

à la vertu, vous me jugiez si légèrement a votre ordinaire.

1° Il n'y a que peu de jours que j'ai reçu votre lettre du 15 novembre, avec le billet sur vos banquiers qu'elle contenoit. Par une fraude des facteurs qui s'entendoient avec je ne sais qui, mes lettres ont resté plusieurs mois sans cours à la poste; et ce n'est qu'après un entretien avec un de ces messieurs qui me vint voir, que l'affaire fut éclaircie, que le grief fut redressé, et qu'on me promit que pareille chose n'arriveroit plus à l'avenir. En conséquence de ce redressement, on m'apporta toutes mes lettres, dont, vu l'énormité des ports, je ne retirai que la vôtre seule que je reconnus à l'écriture et au cachet. Il eût été malhonnête de faire usage de votre ordre sur vos banquiers avant de vous en accuser la réception, et mes occupations ne m'ayant pas laissé, depuis huit jours, le temps de vous écrire, avant d'avoir répondu à cette première lettre j'ai reçu la seconde du 19 mars avec le *duplicata* de votre billet, et cela m'a fait prendre le parti, toute chose cessante, de répondre sur-le-champ à l'une et à l'autre.

2° La lettre que vous marquez m'avoir écrit par madame Boy de La Tour, ni par conséquent l'autre *duplicata* de votre ordre à vos banquiers, ne me sont point parvenus, ni aucune nouvelle de cette dame depuis très-long-temps. J'ignore la raison de ce silence, car elle savoit qu'il ne falloit pas m'écrire par la poste, et les voies sûres ne lui manquoient assurément pas.

3° J'en pensois autant de vous, et je jugeai qu'ayant bien su me faire parvenir une lettre de M. Junet, sans un seul mot de votre part, ni verbal, ni par écrit, vous sauriez bien, quand vous le voudriez, employer, comme vous avez fait, la même voie pour vous-même. Voyant que vous n'en faisiez rien, je jugeois que vous n'aviez pas là-dessus beaucoup d'empressement, et un galant homme comme vous sentira bien qu'en cette occasion ce n'étoit pas à moi d'en avoir davantage.

4° Je parlai toutefois de votre silence à M. d'Escherny, et de l'obstacle de la poste qui pouvoit être cause que je ne recevois point de vos lettres. J'ajoutai que la seule voie sûre et simple que vous aviez pour m'écrire étoit d'a-

dresser votre lettre sous enveloppe à quelqu'un résidant à Paris, pour me la faire tenir; mais je ne parlai de lui en aucune manière; et, s'il s'est mis en avant, comme vous le marquez, il a pris le surplus sous son bonnet.

Voilà, mon cher hôte, l'exacte vérité; si vous trouvez en tout cela quelque tort à me reprocher, vous m'obligerez de vouloir bien me l'indiquer. Pour moi je ne vous en reproche ici d'autre que celui auquel je suis tout accoutumé, savoir, la précipitation de vos jugemens avant d'avoir pris les mesures nécessaires pour savoir la vérité. Voilà cependant comment il faut que toutes mes lettres s'emploient en apologies, attendu que toutes les vôtres s'emploient en injustes griefs. C'est l'histoire abrégée de nos liaisons depuis plusieurs années. Je suis le lésé, et vous êtes le plaignant.

Votre compte, que vous m'avez envoyé tant de fois, me paroît très et trop en règle; le mandat sur vos banquiers est aussi fort bien, et j'en ferai usage.

Je vous embrasse cordialement. Vous me proposez l'oubli de ce que vous appelez nos enfantillages. Je ne demande pas mieux, mais ce n'est pas de moi que la chose dépend : le souvenir fut votre ouvrage, il faut que l'oubli le soit aussi; mais jusqu'ici vous ne vous y êtes assurément pas bien pris pour opérer cet effet.

A M. DE SAINT-GERMAIN.

A Paris, 17 2/771.

C'est avec bien du regret, monsieur, que j'ai demeuré si long-temps privé de vos nouvelles; une tracasserie qu'on m'avoit faite à la poste m'avoit fait renoncer à recevoir ni écrire aucune lettre par cette voie. Ce n'est que depuis quelques jours qu'une visite d'un de ces messieurs m'a donné l'éclaircissement de ce malentendu : et après la promesse qui m'a été faite que rien de pareil n'arriveroit à l'avenir, je reprends la même voie pour donner de mes nouvelles, et en demander aux personnes qui m'intéressent, parmi lesquelles vous savez bien, monsieur, que vous tenez et tiendrez toujours le premier rang. Veuillez, monsieur, m'informer de l'état présent de votre santé et de celle de madame de Saint-Germain, et de toute votre brillante famille. Je vous connois trop invariable dans vos sentimens pour douter que je ne retrouve toujours en vous les bontés et la bienveillance dont vous m'avez honoré ci-devant; comme je ne cesserai jamais, non plus, d'avoir le cœur plein de l'attachement et de la reconnoissance que je vous ai voués.

Je n'ai rien à vous dire de nouveau sur ma situation, elle est la même que ci-devant : mes incommodités ordinaires m'ont retenu chez moi une partie de l'hiver, sans pourtant m'avoir trop maltraité. Ma femme a eu des rhumes et des rhumatismes, et le froid qui continue avec beaucoup de rigueur ne nous a pas encore rendu à l'un et à l'autre notre santé d'été. Nous avons passé d'agréables soirées au coin de nos tisons à parler des avantages que nous a procurés l'honneur de vous connoître, et des heures si douces que vous nous avez données : nous vous prions de vous rappeler quelquefois d'anciens voisins qui sentiront toute leur vie le regret d'avoir été forcés de s'éloigner de vous.

Veuillez, monsieur, faire agréer nos respects à madame de Saint-Germain, et recevoir avec votre bonté accoutumée nos plus humbles salutations.

A MADAME DE T***.

Le 6 avril 1771.

Un violent rhume, madame, qui me met hors d'état de parler sans fatiguer extrêmement, me fait prendre le parti de vous écrire mon sentiment sur votre enfant, pour ne pas le laisser plus long-temps dans l'état de suspension où je sens bien que vous le tenez avec peine, quoiqu'il n'y ait point, selon moi, d'inconvénient. Je vous avouerai d'abord que plus je pense à l'exposition lumineuse que vous m'avez faite, moins je puis me persuader que cette roideur de caractère qu'il manifeste dans un âge si tendre soit l'ouvrage de la nature. Cette mutinerie, ou, si vous voulez, madame, cette fermeté n'est pas si rare que vous croyez parmi les enfans élevés comme lui dans l'opulence; et j'en sais dans ce moment même à Paris un autre exemple tout semblable dont la conformité m'a beaucoup frappé, tandis que parmi les autres enfans élevés avec moins de sollicitude apparente, et à qui l'on a moins fait sentir par là leur importance, je n'ai vu de ma vie un exemple pareil. Mais laissons, quant à présent, cette observation qui nous mèneroit trop loin, et, quoi qu'il en soit de la cause du mal, parlons du remède.

Vous voilà, madame, à mon avis, dans une circonstance favorable d'où vous pouvez tirer grand parti : l'enfant commence à s'impatienter dans sa pension, il désire ardemment de revenir; mais sa fierté, qui ne lui permet jamais de s'abaisser aux prières, l'empêche de vous manifester pleinement son désir. Suivez cette indication pour prendre sur lui un ascendant dont il ne lui soit pas aisé dans la suite d'éluder l'effet. S'il n'y avoit pas un peu de cruauté d'augmenter ses alarmes, je voudrois qu'on commençât par lui faire la peur tout entière, et que, sans que personne lui dît précisément qu'il restera, ni qu'il reviendra, il vît quelque espèce de préparatifs comme pour lui faire quitter tout-à-fait la maison paternelle, et qu'on évitât de s'expliquer avec lui sur ces préparatifs. Quand vous l'en verriez le plus inquiet, vous prendriez alors votre moment pour lui parler, et cela d'un air si sérieux et si ferme qu'il fût bien persuadé que c'est tout de bon.

« Mon fils, il m'en coûte tant de vous tenir éloigné de moi, que, si je n'écoutois que mon penchant, je vous retiendrois ici dès ce moment; mais c'est ma trop grande tendresse pour vous qui m'empêche de m'y livrer : tandis que vous avez été ici j'ai vu avec la plus vive douleur qu'au lieu de répondre à l'attachement de votre mère et de lui rendre en toute chose la complaisance qu'elle aimoit avoir pour vous, vous ne vous appliquiez qu'à lui faire éprouver des contradictions, qui la déchirent trop de votre part pour qu'elle les puisse endurer davantage, etc.

» J'ai donc pris la résolution de vous placer loin de moi pour m'épargner l'affliction d'être à tout moment l'objet et le témoin de votre désobéissance. Puisque vous ne voulez pas répondre aux tendres soins que j'ai voulu prendre de votre éducation, j'aime mieux que vous alliez devenir un mauvais sujet loin de mes yeux, que de voir mon fils chéri manquer à chaque instant à ce qu'il doit à sa mère; et d'ailleurs je ne désespère pas que des gens fermes et sensés, qui n'auront pas pour vous le même foible que moi, ne viennent à bout de dompter vos mutineries par des traitemens nécessaires que votre mère n'auroit jamais le courage de vous faire endurer, etc.

» Voilà, mon fils, les raisons du parti que j'ai pris à votre égard, et le seul que vous me laissiez à prendre pour ne pas vous livrer à tous vos défauts et me rendre tout-à-fait malheureuse. Je ne vous laisse point à Paris, pour ne pas avoir à combattre sans cesse, en vous voyant trop souvent, le désir de vous rapprocher de moi; mais je ne vous tiendrai pas non plus si éloigné que, si l'on est content de vous, je ne puisse vous faire venir ici quelquefois, etc. »

Je suis fort trompé, madame, si toute sa hauteur tient à ce coup inattendu, dont il sentira toute la conséquence, vu surtout le tendre attachement que vous lui connoissez pour vous, et qui, dans ce moment, fera taire tout autre penchant. Il pleurera, il gémira, il poussera des cris auxquels vous ne serez ni ne paroîtrez insensible; mais, lui parlant toujours de son départ comme d'une chose arrangée, vous lui montrerez du regret qu'il ait laissé venir cet arrangement au point de ne pouvoir plus être révoqué. Voilà, selon moi, la route par laquelle vous l'amènerez sans peine à une capitulation, qu'il acceptera avec des transports de joie, et dont vous réglerez tous les articles sans qu'il regimbe contre aucun : encore avec tout cela ne paroîtrez-vous pas compter extrêmement sur la solidité de ce traité; vous le recevrez plutôt dans votre maison comme par essai que par une réunion constante, et son voyage paroîtra plutôt différé que rompu, l'assurant cependant que, s'il tient réellement ses engagemens, il fera le bonheur de votre vie en vous dispensant de l'éloigner de vous.

Il me semble que voilà le moyen de faire avec lui l'accord le plus solide qu'il soit possible de faire avec un enfant; et il aura des raisons de tenir cet accord si puissantes et tellement à sa portée, que, selon toute apparence, il reviendra souple et docile pour long-temps.

Voilà, madame, ce qui m'a paru le mieux à faire dans la circonstance. Il y a une continuité de régime à observer qu'on ne peut détailler dans une lettre, et qui ne peut se déterminer que par l'examen du sujet; et d'ailleurs ce n'est pas une mère aussi tendre que vous, ce n'est pas un esprit aussi clairvoyant que le vôtre qu'il faut guider dans tous ces détails. Je vous l'ai dit, madame, je m'en suis pénétré dans notre unique conversation; vous n'avez besoin des conseils de personne dans la grande et respectable tâche dont vous êtes chargée, et que vous remplissez si bien. J'ai dû cependant m'acquitter de celle que votre modestie m'a imposée, je l'ai fait par obéissance et par devoir, mais bien persuadé que pour savoir ce qu'il y a de mieux à faire il suffisoit d'observer ce que vous ferez.

A MADAME DE CRÉQUI.

Ce mardi 7 (1771).

Rousseau peut assurer madame la marquise de Créqui que, tant qu'il croira trouver chez elle les sentimens qu'il y porte, et dont le retour lui est dû, loin de compter et regretter ses pas pour avoir l'honneur de la voir, il se croira bien dédommagé de cent courses inutiles par le succès d'une seule. Mais, en tout autre cas, il déclare qu'il regarderoit un seul pas comme indignement perdu, et ses visites reçues comme une fraude et un vol, puisque l'estime réciproque est la condition sacrée et indispensable sans laquelle, hors la nécessité des affaires, il est bien déterminé à n'en jamais honorer volontairement qui que ce soit.

Je reçois chez moi, j'en conviens, des gens pour qui je n'ai nulle estime; mais je les reçois par force : je ne leur cache point mon dédain, et comme ils sont accommodans, ils le supportent pour aller à leurs fins. Pour moi, qui ne veux tromper ni trahir personne, quand je fais tant que d'aller chez quelqu'un, c'est pour l'honorer et en être honoré. Je lui témoigne mon estime en y allant; il me témoigne la sienne en me recevant : s'il a le malheur de me la refuser, et qu'il ait de la droiture, il sera bientôt désabusé ou bientôt délivré de moi. Voilà mes sentimens : s'ils s'accordent avec ceux de madame la marquise de Créqui, j'en serai comblé de joie; s'ils en diffèrent, j'espère qu'elle voudra bien me dire en quoi. Si elle aime mieux ne me rien dire, ce sera parler très-clairement.

Je la supplie d'agréer ici mes sentimens et mon respect.

ROUSSEAU.

N. B. Ce billet fut écrit à la réception de celui que madame la marquise de Créqui m'a fait écrire, mais, ne voulant pas le confier à la petite poste, j'ai attendu que je fusse en état de le porter moi-même.

A MADAME LATOUR.

A Paris, 17../71.

Je n'ai eu l'honneur de vous voir, madame, qu'une seule fois en ma vie, j'ai eu souvent celui de vous répondre; et, sans prévoir que mes lettres seroient un jour exposées à être imprimées, je me suis livré pleinement aux diverses impressions que me faisoient les vôtres. Vous avez pris ma défense contre les trames de mes persécuteurs durant mon séjour en Angleterre; cette générosité m'a transporté, vous avez dû voir combien j'y étois sensible. Depuis lors, ma situation se dévoilant davantage à mes yeux, j'ai trouvé qu'avec autant de franchise et même d'étourderie, il ne me convenoit de rester en commerce avec personne dont je ne connusse bien le caractère et les liaisons ; j'ai vu que l'ostentation des services qu'on s'empressoit de me rendre n'étoit souvent qu'un piége plus ou moins adroit pour me circonvenir, ou pour m'exposer au blâme, si je l'évitois. De toutes mes correspondances vous étiez en même temps la plus exigeante, celle que je connoissois le moins, et celle qui m'éclairoit le moins sur les choses qu'il m'importoit de savoir et que *vous n'ignoriez pas.* Cela m'a déterminé à cesser un commerce qui me devenoit onéreux, et dont le vrai motif de votre part pouvoit m'échapper. J'ai toujours cru que rien n'étoit plus libre que les liaisons d'amitié, surtout des liaisons purement épistolaires, et qu'il étoit toujours permis de les rompre, quand elles cessoient de nous convenir, pourvu que cela se fit franchement, sans tracasserie, sans malice, et sans éclat, tant que cet éclat n'étoit pas indispensable. J'ai voulu, madame, user avec vous de ce droit, avec tous ces ménagemens. Vous m'en avez fait un crime exécrable, et, dans votre dernière lettre, vous appelez cela *enfoncer d'une main sûre un fer empoisonné dans le sein de l'amitié.* Sans vous dire, madame, ce que je pense de cette phrase, je vous dirai seulement que je suis déterminé à n'avoir de mes jours de liaisons d'aucune espèce avec quiconque a pu l'employer en pareille occasion (*).

A M. DU PEYROU.

Paris, 2 juillet 1771.

J'ai été hier, mon cher hôte, chez vos banquiers recevoir l'année échue de ma pension de mylord maréchal : ce n'est pourtant pas uniquement pour vous donner cet avis que je vous écris aujourd'hui, mais pour vous dire qu'il y a long-temps que je n'ai reçu directement de vos nouvelles; heureusement le libraire Rey, qui vous a vu à Neufchâtel, m'en a donné de vous et de madame Du Peyrou, d'assez bonnes pour m'ôter toute autre inquiétude que celle de votre oubli. Êtes-vous enfin dans votre maison? est-elle entièrement achevée, et y êtes-vous bien arrangé? Si, comme je le désire, son habitation vous donne autant d'agrément que son bâtiment vous a causé d'embarras, vous y devez mener une vie bien douce. Je me suis logé aussi l'automne dernier, moins au large et à un cinquième, mais assez agréablement selon mon goût, et en grand et bon air; ce qui n'est pas trop facile dans le cœur de Paris. Si vous me donnez quelque signe de vie, je serois bien aise que vous me donnassiez des nouvelles de M. Roguin, mon bon et ancien ami, dont je sais que les incommodités sont fort augmentées depuis un an ou deux, et dont je n'ai aucunes nouvelles depuis long-temps. Nous vous prions, ma femme et moi, de nous rappeler au souvenir de madame Du Peyrou, qui ne perdra jamais la place qu'elle s'est acquise dans le nôtre, ni les sentimens qui en sont inséparables. Le

(*) Madame Latour faisoit dans sa lettre l'énumération de celles qu'ils s'étoient écrites; il y en avoit quatre-vingt-quatorze d'elle et cinquante-cinq de Rousseau. « De ces cinquante-cinq, » il y en a trente-quatre, lui dit-elle, où vous êtes à mes pieds; » six où vous me mettez sous les vôtres ; neuf où vous me trai- » tez en simple connoissance, et six où vous vous livrez aux » épanchemens de la plus intime amitié. » Ce calcul piquant n'étoit propre qu'à donner de l'humeur à Jean-Jacques.

M. P.

silence qu'en me parlant d'elle Rey a gardé sur sa santé me fait espérer qu'elle est bien raffermie, ainsi que la vôtre. Pour moi, j'ai eu de grands maux de reins qui m'ont fait prendre le parti de travailler debout. Ma femme a eu de très-grands rhumes successifs ; aux queues près de tout cela, nous nous portons maintenant assez bien l'un et l'autre, et nous vous saluons, mon cher hôte, de tout notre cœur.

A MADAME LATOUR.

Le 7 juillet 1771.

Voici le manuscrit dont madame de L*** a paru en peine, et que je ne tardois à lui renvoyer que parce qu'elle m'avoit écrit de le garder. Je l'ai trouvé digne de sa plume et d'un cœur ami de la justice. J'ai pourtant été plus touché, je l'avoue, de l'écrit qui a été lu de tout le monde, que de celui qui n'a été vu que de moi.

Madame, je ne reçois pas votre adieu pour jamais, je n'ai point songé à vous en faire un semblable ; les temps peuvent changer, et quoi que fassent les hommes, je ne désespérerai jamais de la Providence. Mais en attendant, je crois porter bien plus de respect à nos anciennes liaisons en les interrompant jusqu'à de plus grandes lumières, que de les entretenir avec une confiance altérée et des réserves indignes de vous et de moi.

A M. LE CHEVALIER DE COSSÉ.

Paris, le 25 juillet 1771.

Je suis, monsieur le chevalier, touché de vos bontés et des soins qu'elles vous suggèrent en ma faveur. Très-persuadé que ces soins de votre part sont des fruits de votre bon naturel et de votre bienveillance envers moi, après vous en avoir remercié de tout mon cœur, je prendrai la liberté d'y correspondre par un conseil qui part de la même source, et que la différence de nos âges autorise de ma part ; c'est, monsieur, de ne vous mêler d'aucune affaire que vous n'en soyez préalablement bien instruit.

La pension que vous dites m'avoir été retirée, et que vous offrez de me faire rendre, m'a été apportée avec les arrérages, ici, dans ma chambre, il n'y a pas quatre mois, en une lettre de change de six mille francs, qu'on offroit de me payer comptant sur-le-champ ; et je vous assure que les plus vives sollicitations ne furent pas épargnées pour me faire recevoir cet argent (*). En voilà, ce me semble, assez pour vous faire comprendre que ceux qui ont prétendu vous mettre au fait de cette affaire ne vous ont pas fait un rapport fidèle, et que la difficulté n'est pas où vous la croyez voir.

Je vous réitère, monsieur, mes actions de grâces de l'intérêt que vous voulez bien prendre à moi, et qui m'est plus précieux que toutes les pensions du monde ; mais comme j'ai pris mon parti sur celle-là, je vous prie de ne m'en reparler jamais. Agréez mes humbles salutations.

A M. LINNÉ (**).

Paris, le 21 septembre 1771.

Recevez avec bonté, monsieur, l'hommage d'un très-ignare, mais très-zélé disciple de vos disciples, qui doit en grande partie, à la méditation de vos écrits, la tranquillité dont il jouit, au milieu d'une persécution d'autant plus cruelle qu'elle est plus cachée, et qu'elle couvre du masque de la bienveillance et de l'amitié la plus terrible haine que l'enfer excita jamais. Seul, avec la nature et vous, je passe dans mes promenades champêtres des heures délicieuses, et je tire un profit plus réel de votre *Philosophie botanique* que de tous les livres de morale. J'apprends avec joie que je ne vous suis pas tout-à-fait inconnu, et que vous voulez bien me destiner quelques-unes de vos productions. Soyez persuadé, monsieur, qu'elles feront ma lecture chérie, et que ce plaisir deviendra plus vif encore par celui de le tenir de vous. J'amuse une

---

(*) M. Corancez raconte ce fait avec quelque détail dans son écrit intitulé : *de J.-J. Rousseau*, pag. 8 et suiv. C'étoit lui qui avoit été chargé d'offrir à Rousseau la lettre de change montant à six mille trois cent trente-six livres.   G. P.

(**) Cette lettre fut communiquée à M. Broussonet par M. Smith, de la Société royale de Londres, qui a acquis la collection et les manuscrits de Linné : il l'a fait imprimer dans le *Journal de Paris*, le 9 mai 1786.

vieille enfance à faire une petite collection de fruits et de graines : si parmi vos trésors en ce genre il se trouvoit quelques rebuts dont vous voulussiez faire un heureux, daignez songer à moi. Je les recevrois même avec reconnoissance, seul retour que je puisse vous offrir, mais que le cœur dont elle part ne rend pas indigne de vous.

Adieu, monsieur ; continuez d'ouvrir et d'interpréter aux hommes le livre de la nature. Pour moi, content d'en déchiffrer quelques mots à votre suite, dans le feuillet du règne végétal, je vous lis, je vous étudie, je vous médite, je vous honore, et je vous aime de tout mon cœur.

A M. DE SAINT-GERMAIN.

7 janvier 1772.

Moi, vous oublier, monsieur ! pourriez-vous penser ainsi de vous et de moi ! non, les sentimens que vous m'avez inspirés ne peuvent non plus s'altérer que vos vertus, et dureront autant que ma vie. Mes occupations, mon goût, ma paresse, m'ont forcé de renoncer à toute correspondance. Je m'étois pourtant proposé de vous faire passer un petit signe de vie par M. le marquis de ***, qui m'a promis de me revenir voir avant son départ, et de vouloir bien s'en charger. Je suis touché que votre bonté m'ait forcé, pour ainsi dire, à prévenir cet arrangement.

Je ne puis, monsieur, vous promettre en fait de lettres une exactitude qui passe mes forces ; mais je vous promets, avec toute la confiance d'un cœur qui vous est dévoué, un attachement inaltérable et digne de vous. Ainsi, quand je ne vous écrirai point, daignez interpréter mon silence par tous les sentimens que je vous ai fait connoître, et vous ne vous tromperez jamais.

Ma femme, pénétrée des attentions dont vous l'honorez, me charge de vous témoigner combien elle y est sensible, et c'est conjointement que nous réunissons les vœux de nos cœurs pour vous, monsieur, pour madame de Saint-Germain, à qui nous vous prions de faire agréer nos respects, et pour tous vos aimables enfans, dont la brillante espérance annonce de quel prix le ciel veut payer les vertus de ceux qui leur ont donné l'être.

A M. DE SARTINE (*).

Paris, le 15 janvier 1772.

Monsieur,

Je sais de quel prix sont vos momens, je sais qu'on les doit respecter ; mais je sais aussi que les plus précieux sont ceux que vous consacrez à protéger les opprimés, et si j'ose en réclamer quelques-uns, ce n'est pas sans titre pour cela.

Après tant de vains efforts pour faire percer quelque rayon de lumière à travers les ténèbres dont on m'environne depuis dix ans, j'y renonce. J'ai de grands vices, mais qui n'ont jamais fait de mal qu'à moi ; j'ai commis de grandes fautes, mais que je n'ai point tues à mes amis, et ce n'est que par moi qu'elles sont connues, quoiqu'elles aient été publiées par d'autres qui sont quelquefois plus discrets. A cela près, si quelqu'un m'impute quelque sentiment vicieux, quelque discours blâmable, ou quelque acte injuste, qu'il se montre et qu'il parle ; je l'attends et ne me cache pas ; mais tant qu'il se cachera, lui, de moi, pour me diffamer, il n'aura diffamé que lui-même aux yeux de tout homme équitable et sensé. L'évidence et les ténèbres sont incompatibles : les preuves administrées par de malhonnêtes gens sont toujours suspectes, et celui qui, commençant par fouler aux pieds la plus inviolable loi du droit naturel et de la justice, se déclare par là déjà lâche et méchant, peut bien être encore imposteur et fourbe. Et comment donneroit-il à son témoignage, et, si l'on veut, à ses preuves, la force que l'équité n'accorde même à nulle évidence, de disposer de l'honneur d'un homme, plus précieux que la vie, sans l'avoir mis préalablement en état de se défendre et d'être entendu ? Que celui donc qui s'obstine à me juger ainsi reste dans le stupide aveuglement qu'il aime ; son erreur est de son propre fait ; c'est lui seul qu'elle déshonore ; après m'être offert pour l'en tirer, je l'y laisse, puisqu'il le veut, et qu'il m'est impossible de

(*) M. Lenoir ne succéda à M. de Sartine qu'en 1774. C'est donc par erreur qu'on a, dans les éditions précédentes, mis le nom du premier. M. P.

l'en guérir malgré lui. Grâces au ciel, tout l'art humain ne changera pas la nature des choses ; il ne fera pas que le mensonge devienne la vérité, ni que de mon vivant la poitrine de Jean-Jacques Rousseau renferme le cœur d'un malhonnête homme : cela me suffit et je vis en paix, en attendant que mon moment et celui de la vérité vienne ; car il viendra, j'en suis très-sûr, et je l'attends avec un témoignage qui me dédommage de celui d'autrui.

Tranquille donc sur tout ce qu'on me cache avec tant de soin, et même sur ce qui me parvient par hasard, j'ai laissé débiter, parmi cent autres bruits non moins ineptes, que j'avois cessé de voir madame de Luxembourg après lui avoir emporté trois cents louis ; que je ne copiois de la musique que par grimace ; que j'avois de quoi vivre fort à mon aise ; que j'avois six bonnes mille livres de rentes ; que la veuve Duchesne faisoit une pension de six cents livres à ma femme, qu'elle m'en faisoit une autre à moi de mille écus pour une édition nouvelle de mes écrits que j'avois dirigée. J'ai laissé débiter tous ces mensonges ; je n'ai fait qu'en rire quand ils me sont revenus, et je n'ai pas même été tenté de vous importuner, monsieur, de mes plaintes à ce sujet, quoique je sentisse parfaitement le coup que cette opinion de mon opulence devoit porter aux ressources que mon travail me procure pour suppléer à l'insuffisance de mon revenu. Une petite circonstance de plus a passé la mesure, et m'a causé quelque émotion, parce que l'imposture, marchant toujours sous le masque de la trahison, a pris jusqu'ici grand soin de faire le plongeon devant moi, et ne m'avoit pas encore accoutumé à l'effronterie. Mais en voici une qui m'a, je l'avoue, affecté.

J'avois prié un de ceux qui m'ont averti des bruits dont je viens de parler, de tâcher d'apprendre si madame Duchesne et le sieur Guy y avoient quelque part. De chez eux, où il n'a trouvé que des garçons, il est allé chez Simon, qu'on lui disoit avoir imprimé la nouvelle édition qui m'avoit été si bien payée. Simon lui a dit qu'en effet il venoit d'imprimer quelques-uns de mes écrits sous mes yeux, que j'en avois revu les épreuves, et que j'étois même allé chez lui il n'y avoit pas long-temps. Quoique je sois par moi-même le moins important des hommes, je le suis assez devenu par ma singulière position pour être assuré que rien de ce que je fais et de ce que je ne fais pas ne vous échappe : c'est une de mes plus douces consolations, et je vous avoue, monsieur, que l'avantage de vivre sous les yeux d'un magistrat intègre et vigilant, auquel on n'en impose pas aisément, est un des motifs qui m'ont arraché des campagnes, où, livré sans ressource aux manœuvres des gens qui disposent de moi, je me voyois en proie à leurs satellites et à toutes les illusions par lesquelles les gens puissans et intrigans abusent si aisément le public sur le compte d'un étranger isolé à qui l'on est venu à bout de faire un inviolable secret de tout ce qui le regarde, et qui par conséquent n'a pas la moindre défense contre les mensonges les plus extravagans.

J'ai donc peu besoin, monsieur, de vous dire que cette opulence dont on me gratifie si libéralement dans les cercles, que toutes ces pensions si fièrement spécifiées (¹), cette édition qu'on me prête, sont autant de fictions ; mais je n'ai pu m'empêcher de mettre sous vos yeux l'impudence incroyable dudit Simon, que je ne vis de mes jours, que je sache, chez qui je n'ai jamais mis le pied, dont je ne sais pas la demeure, et que j'ignorois même, avant ces bruits, avoir imprimé aucun de mes écrits. Comme je n'attends plus aucune justice de la part des hommes, je m'épargne désormais la peine inutile de la demander, et je ne vous demande à vous-même que la patience de me lire, quoique je fasse l'exception qui est due à votre intégrité et à la générosité qui vous intéresse aux infortunés. Mais ne voyant plus rien qui puisse me flatter dans cette vie, les restes m'en sont devenus indifférens. La seule douceur qui peut m'y toucher encore est que l'œil clairvoyant d'un homme juste pénètre au vrai ma situation, qu'il la con-

---

(¹) Celles en particulier de madame Duchesne se réduisent toutes à une rente de trois cents francs, stipulée dans le marché de mon *Dictionnaire de musique*. J'en ai une de six cents francs, de mylord Maréchal, dont je jouis par l'attention de celui qu'il en a chargé à ma prière, mais sans autre sûreté que son bon plaisir, n'ayant aucun acte valable pour la réclamer de mon chef. J'ai une rente de dix livres sterling, pour mes livres que j'ai vendus en Angleterre, sur la tête de l'acheteur et sur la mienne, en sorte que cette rente doit s'éteindre au premier mourant. Tout cela fait ensemble onze cents francs de viager, dont il n'y a que trois cents de solides. Ajoutez à cela quelque argent comptant, dernier reste du petit capital que j'ai consumé dans mes voyages, et que je m'étois réservé pour avoir quelque avance en faisant ici mon établissement.

noisse, et me plaigne en lui-même, sans se commettre pour ma défense avec mes dangereux ennemis. Je vous aurois choisi pour cela, monsieur, quand vous ne rempliriez point la place où vous êtes ; mais j'y vois, je l'avoue, un avantage de plus, puisque, par cette place même, vous avez été à portée de vérifier assez d'impostures pour en présumer beaucoup d'autres que vous pouvez vérifier de même un jour. Peut-être vous écrirai-je quelquefois encore, mais je ne vous demanderai jamais rien, et si ma confiance devient importune à l'homme occupé, je réponds du moins qu'elle ne sera jamais à charge au magistrat. Veuillez ne la pas dédaigner ; veuillez, monsieur, vous rappeler qu'elle ne tient pas seulement au respect que vous m'avez inspiré, mais encore aux témoignages de bonté dont vous m'avez honoré quelquefois, et que je veux mériter toute ma vie.

A la suite de cette lettre l'auteur a ajouté, soit comme apostille, soit comme simple observation, l'article qu'on va lire.

Il n'est peut-être pas inutile d'observer que le sieur Guy vient très-fréquemment chez moi sans avoir rien à me dire, et sans que je puisse trouver aucun motif à ses visites, vu que toutes les affaires que nous avons ensemble n'exigent qu'une entrevue de deux minutes par an, et qu'il n'y a point de liaison d'amitié entre lui et moi. Il m'a prié de lui faire un triage de chansons dans les anciens recueils pour en faire un nouveau. Je l'ai prié, de mon côté, de me prêter quelques romans pour amuser ma femme durant les soirées d'hiver. Il est parti de là pour me faire apporter en pompe d'immenses paquets de brochures, qui, avec ses allées et venues, lui donnent l'air d'avoir avec moi beaucoup d'affaires. Tout cela, joint aux bruits dont j'ai parlé, commence à me faire soupçonner que ces fréquentes visites, que je ne prenois que pour un petit espionnage assez commun aux gens qui m'entourent, et très-indifférent pour moi, pourroient bien avoir un objet plus méthodique et dirigé de plus loin. Il y a dans tout cela de petites manœuvres adroites, dont le but me paroîtroit pourtant facile à découvrir dans toute autre position que la mienne, pour peu qu'on y mît de soin.

A MYLORD HARCOURT.

Paris, le 16 juin 1772.

J'ai reçu, mylord, avec plaisir et reconnoissance, des témoignages de la continuation de votre souvenir et de vos bontés par madame la duchesse de Portland, et je suis encore plus sensible à la peine que vous prenez de m'en donner par vous-même. J'avois espéré que l'ambassade de mylord Harcourt pourroit vous attirer dans ce pays, et c'eût été pour moi une véritable douceur de vous y voir. Je me dédommage autant qu'il se peut de cette attente frustrée, en nourrissant dans mon cœur et dans ma mémoire les sentimens que vous m'avez inspirés, et qui sont par leur nature à l'épreuve du temps, de l'éloignement et de l'interruption du commerce. Je n'entretiens plus de correspondance, je n'écris plus que pour l'absolue nécessité ; mais je n'oublie point tout ce qui m'a paru mériter mon estime et mon attachement ; et c'est dans cet asile de difficile accès, mais par là plus digne de vous, et où rien n'entre sans le passe-port de la vertu, que vous occuperez toujours une place distinguée.

Je suis sensible, mylord, à vos offres obligeantes ; et si j'étois dans le cas de m'en prévaloir je le ferois avec confiance, et même avec joie, pour vous montrer combien je compte sur vos bontés : mais, grâces au ciel, je n'ai nulle affaire, et tout sur la terre m'est devenu si indifférent, que je ne me donnerois pas même la peine de former un désir pour cette vie, quand cet acte seul suffiroit pour l'accomplir. Ma femme vous prie d'agréer ses remercîmens très-humbles de l'honneur de votre souvenir, et nous vous offrons, mylord, de tout notre cœur, l'un et l'autre, nos salutations et nos respects.

A MADAME LATOUR.

Ce mercredi 24 juin 1772.

Voici, madame, votre partition ; je vous demande pardon de mon étourderie et du *quiproquo*. N'ayant pas en ce moment le temps d'examiner la *Reine fantasque*, et ne voulant pas abuser de la complaisance que vous avez de me la laisser, je vous la renvoie avec mes remercîmens. Je vous en dois de plus grands pour l'offre que vous m'avez bien voulu faire de comparer avec les bonnes éditions les éditions que l'on fait ici de mes écrits, et que je dois croire frauduleuses, puisqu'on me les cache avec tant de soin. Je sens le prix de cette offre, et j'y suis sensible; mais la dépense et la peine que vous coûteroit son exécution ne me permettent pas d'y consentir.

J'ai eu l'honneur, madame, de vous voir hier pour la troisième fois de ma vie; j'ai réfléchi sur l'entretien où vous m'avez engagé et sur les choses que vous m'y avez dites; le résultat de ces réflexions est de me confirmer pleinement dans la résolution dont je vous ai fait part ci-devant, et à laquelle vous vous devez, selon moi, de ne plus porter d'obstacle, à moins que vous n'ayez pour cela des raisons particulières que je ne sais pas, et auxquelles, par cette raison, je suis dispensé de céder.

A MADAME LA MARQUISE DE MESME.

Paris, le 29 juillet 1772.

Je suis affligé, madame, que vous vous y preniez un peu trop tard, car en vérité, je vous aurois demandé de tout mon cœur l'entrevue que vous avez la bonté de m'offrir; mais je ne vais plus chez personne, ni à la ville ni à la campagne: la résolution en est prise, et il faut bien qu'elle soit sans exception, puisque je ne la fais pas pour vous. J'ai même tant de confiance aux sentimens que j'ai su vous connoître, que je ne refuserois pas, madame, de discuter avec vous mes raisons, si j'étois à portée, quoique je sache bien que ce seroit me préparer de nouveaux regrets.

Adieu donc, madame, daignez penser quelquefois à un homme dont vous ne serez jamais oubliée, et qui se consoleroit difficilement d'être si mal connu de ses contemporains, si leurs sentimens sur son compte l'intéressoient autant que feront toujours ceux de madame la marquise de Mesme.

A MADAME.....

Paris, le 14 août 1772.

Il est, madame, des situations auxquelles il n'est pas permis à un honnête homme d'être préparé, et celle où je me trouve depuis dix ans est la plus inconcevable et la plus étrange dont on puisse avoir l'idée. J'en ai senti l'horreur sans en pouvoir percer les ténèbres. J'ai provoqué les imposteurs et les traîtres par tous les moyens permis et justes qui pouvoient avoir prise sur des cœurs humains : tout a été inutile; ils ont fait le plongeon; et, continuant leurs manœuvres souterraines, ils se sont cachés de moi avec le plus grand soin. Cela étoit naturel, et j'aurois dû m'y attendre. Mais ce qui l'est moins est qu'ils ont rendu le public entier complice de leurs trames et de leur fausseté; qu'avec un succès qui tient du prodige on m'a ôté toute connoissance des complots dont je suis la victime, en m'en faisant seulement bien sentir l'effet, et que tous ont marqué le même empressement à me faire boire la coupe de l'ignominie, et à me cacher la bénigne main qui prit soin de la préparer. La colère et l'indignation m'ont jeté d'abord dans des transports qui m'ont fait faire beaucoup de sottises, sur lesquelles on avoit compté. Comme je trouvois injuste d'envelopper tout mon siècle dans le mépris qu'on doit à quiconque se cache d'un homme pour le diffamer, j'ai cherché quelqu'un qui eût assez de droiture et de justice pour m'éclairer sur ma situation, ou pour se refuser au moins aux intrigues des fourbes; j'ai porté partout ma lanterne inutilement, je n'ai point trouvé d'homme, ni d'âme humaine. J'ai vu avec dédain la grossière fausseté de ceux qui vouloient m'abuser par des caresses, si maladroites et si peu dictées par la bienveillance et l'estime, qu'elles cachoient même, et assez mal, une secrète animosité. Je pardonne l'erreur, mais non la trahison. A peine, dans ce délire universel, ai-je trouvé dans tout Paris quelqu'un qui ne s'avilît pas à cajoler fadement un homme qu'ils vouloient tromper, comme on cajole un oiseau niais qu'on veut prendre. S'ils m'eussent fui, s'ils m'eussent ouvertement maltraité, j'aurois pu, les plaignant et me plaignant, du moins les estimer encore; ils n'ont pas voulu me laisser cette consolation. Cependent il est parmi eux des personnes d'ailleurs si dignes d'estime, qu'il paroît injuste de les mépriser. Comment expliquer ces contradictions? J'ai fait mille efforts pour y parvenir; j'ai fait toutes les suppositions possibles, j'ai supposé l'imposture armée de tous les flambeaux de l'évidence; je me suis dit, Ils sont trompés, leur erreur est invincible. Mais, me suis-je répondu, non-seulement ils sont trompés, mais, loin de déplorer leur erreur, ils l'aiment, ils la chérissent. Tout leur plaisir est de me croire vil, hypocrite et coupable; ils craindroient comme un malheur affreux de me retrouver innocent et digne d'estime. Coupable ou non, tous leurs soins sont de m'ôter l'exercice de ce droit si naturel, si sacré de la défense de soi-même. Hélas! toute leur peur est d'être forcés de voir leur injustice, tout leur désir est de l'aggraver. Ils sont trompés? eh bien! supposons; mais, trompés, doivent-ils se conduire comme ils font! d'honnêtes gens peuvent-ils se conduire ainsi? me conduirois-je ainsi moi-même à leur place? Jamais, jamais: je fuirois le scélérat ou confondrois l'hypocrite; mais le flatter pour le circonvenir seroit me mettre au-dessous de lui. Non, si j'abordois jamais un coquin que je croirois tel, ce ne seroit que pour le confondre et lui cracher au visage.

Après mille vains efforts inutiles pour expliquer ce qui m'arrive dans toutes les suppositions, j'ai donc cessé mes recherches, et je me suis dit: Je vis dans une génération qui m'est inexplicable. La conduite de mes contemporains à mon égard ne permet à ma raison de leur accorder aucune estime. La haine n'entra jamais dans mon cœur. Le mépris est encore un sentiment trop tourmentant. Je ne les estime donc, ni ne les hais, ni ne les méprise; ils sont nuls à mes yeux; ce sont pour moi des habitants de la lune: je n'ai pas la moindre idée de leur être moral; la seule chose que je sais est qu'il n'a point de rapport au mien, et que nous ne sommes pas de la même espèce. J'ai donc renoncé avec eux à cette seule société qui pouvoit m'être douce, et que j'ai si vainement cherchée, savoir, à celle des cœurs. Je ne les cherche ni ne les fuis. A moins d'affaires, je n'irai plus chez personne: mes visites sont un honneur que je ne dois plus à qui que ce soit désormais; un pareil témoignage d'estime seroit trompeur de ma part, et je ne suis pas homme à imiter ceux dont je me détache. A l'égard des gens qui pleuvent chez moi, je ferme autant que je puis ma porte aux quidams et aux brutaux; mais ceux dont au moins le nom m'est connu, et qui peuvent s'abstenir de m'insulter chez moi, je les reçois avec indifférence, mais sans dédain. Comme je n'ai plus ni humeur ni dépit contre les pagodes au milieu desquelles je vis, je ne refuse pas même, quand l'occasion s'en présente, de m'amuser d'elles et avec elles autant que cela leur convient et à moi aussi. Je laisserai aller les choses comme elles s'arrangeront d'elles-mêmes, mais je n'irai pas au-delà; et, à moins que je ne retrouve enfin, contre toute attente, ce que j'ai cessé de chercher, je ne ferai de ma vie plus un seul pas sans nécessité pour rechercher qui que ce soit. J'ai du regret, madame, à ne pouvoir faire exception pour vous, car vous m'avez paru bien aimable: mais cela n'empêche pas que vous ne soyez de votre siècle, et qu'à ce titre je ne puisse vous excepter. Je sens bien ma perte en cette occasion, je sens même aussi la vôtre, du moins si, comme je dois le croire, vous recherchez dans la société des choses d'un plus grand prix que l'élégance des manières et l'agrément de la conversation.

Voilà mes résolutions, madame, et en voilà les motifs. Je vous supplie d'agréer mon respect.

A M. DE MALESHERBES.

Paris, le 11 novembre 177..

Je serois, monsieur, bien mortifié que vous me privassiez du plaisir dont vous m'aviez flatté de m'occuper d'un soin qui pût vous être agréable, et de préparer des plantes pour compléter vos herbiers. Ne pouvant subsister sans l'aide de mon travail, je n'ai jamais pensé, malgré le plaisir que celui-là pouvoit me faire, à vous offrir gratuitement l'emploi de mon temps. Je vous avoue même que j'aurois fort désiré d'entremêler le travail sédentaire et ennuyeux de ma copie d'une occupation plus de mon goût, et meilleure à ma santé, en travaillant à des herbiers pour tant de cabinets d'histoire naturelle qu'on fait à Paris, et où, selon moi, ce troisième règne, qu'on y compte pour rien, n'est pas moins nécessaire que les autres. Plusieurs herbiers à faire à la fois m'auroient été plus lucratifs, et m'auroient mieux dédommagé des menus frais qu'exigent quelquefois les courses éloignées et l'entrée des jardins curieux. Mais les François, en général, ont de si fausses idées de la botanique et si peu de goût pour l'étude de la nature, qu'il ne faut pas espérer que cette charmante partie leur donne jamais la tentation de faire des collections en ce genre : ainsi je renonce à cette ressource. Pour vous, monsieur, qui joignez aux connoissances de tous les genres la passion de les augmenter sans cesse, ne m'ôtez pas le plaisir de contribuer à vos amusemens. Envoyez-moi la note de ce que vous désirez; j'en rassemblerai tout ce qui me sera possible, et je recevrai, sans aucune difficulté, le paiement de ce que je vous aurai fourni. A l'égard du petit échantillon que je vous ai envoyé, c'est tout autre chose : c'étoient des plantes qui vous appartenoient. Ce que j'ai substitué à celles qui se sont gâtées n'a point été ramassé pour vous : je n'ai eu d'autre peine que de le tirer de ce que j'avois rassemblé pour moi-même : et comme je n'ai point offert d'entrer dans la dépense que vous a coûté l'herborisation que j'ai faite à votre suite, il me semble, monsieur, que vous ne devez pas non plus m'offrir le paiement de ce que nous avons ramassé ensemble, ni du petit arrangement que je me suis amusé à y mettre pour vous l'envoyer.

Malgré le bien que vous m'avez dit de votre santé actuelle, on m'assure qu'elle n'est pas encore parfaitement rétablie; et malheureusement la saison où nous entrons n'est pas favorable à l'exercice pédestre, que je crois aussi bon pour vous que pour moi. L'hiver a aussi, comme vous savez, monsieur, ses herborisations qui lui sont propres, savoir, les *mousses* et les *lichens*. Il doit y avoir dans vos parcs des choses curieuses en ce genre, et je vous exhorte fort, quand le temps vous le permettra, d'aller examiner cette partie sur les lieux et dans la saison.

Vos résolutions, monsieur, étant telles que vous me le marquez, je ne suis assurément pas homme à les désapprouver; c'est s'être procuré bien honorablement des loisirs bien agréables. Remplir de grands devoirs dans de grandes places, c'est la tâche des hommes de votre état et doués de vos talens; mais quand, après avoir offert à son pays le tribut de son zèle, on le voit inutile, il est bien permis alors de vivre pour soi-même et de se contenter d'être heureux.

A M. DE SARTINE.

Juin 1774.

Je crois remplir un devoir indispensable en vous envoyant la lettre ci-jointe, qui m'a été adressée vraisemblablement par quiproquo, puisqu'elle répond à une lettre que je n'ai point eu l'honneur de vous écrire; non que je n'acquiesce aux félicitations que vous recevez, mais parce que ce n'est pas mon usage d'écrire en pareil cas. Je vous supplie, monsieur, d'agréer mon respect (*).

A M. LE PRINCE DE BELOSELSKI (**).

Paris, 27 mai 1775.

Je suis vraiment bien aise, monsieur le prince, d'avoir votre estime et votre confiance. Les cœurs droits se sentent et se répondent; et j'ai dit, en relisant votre lettre de Genève : *Peu d'hommes m'en inspireront autant.*

Vous plaignez mes anciens compatriotes de n'avoir pas pris ma défense, quand leurs ministres assassinoient, pour ainsi dire, mon âme. Les lâches! je leur pardonne les injustices, c'est à la postérité peut-être à m'en venger.

A l'heure qu'il est, je suis plus à plaindre qu'eux : ils ont perdu, dites-vous, un citoyen

---

(*) La lettre que Jean-Jacques renvoyoit étoit une réponse de M. de Sartine à un Rousseau qui le félicitoit de son passage de la police au ministère de la marine. M. de Sartine s'exprime ainsi :

« Je suis sensible à la part que vous prenez à la grâce dont » le roi vient de m'honorer. Recevez, je vous prie, les assu- » rances de ma reconnoissance, et tous les remercîments que » je vous dois. »

La lettre de Jean-Jacques n'a pas de date ; mais, à l'aide de l'événement à l'occasion duquel elle fut écrite, et qui eut lieu en mai 1774, on peut lui en donner une. M. P.

(**) Cette lettre, que nous devons à la complaisance de M. Barbier, bibliothécaire du Conseil d'État, fait partie d'une brochure très-rare que le prince de Beloselski a fait imprimer chez M. Didot (Paris, 1789, 110 pages in-8°), contenant trois épîtres en vers, et portant pour titre: *Poésies françaises d'un prince étranger*. G. P.

qui faisoit leur gloire; mais qu'est-ce que la perte de ce brillant fantôme, en comparaison de celle qu'ils m'ont forcé de faire? Je pleure quand je pense que je n'ai plus ni parens, ni amis, ni patrie libre et florissante.

O lac sur les bords duquel j'ai passé les douces heures de mon enfance! Charmans paysages où j'ai vu pour la première fois le majestueux et touchant lever du soleil, où j'ai senti les premières émotions du cœur, les premiers élans d'un génie devenu depuis trop impérieux et trop célèbre; hélas! je ne vous verrai plus. Ces clochers qui s'élèvent au milieu des chênes et des sapins, ces troupeaux bêlans, ces ateliers, ces fabriques, bizarrement épars sur des torrens, dans des précipices, au haut des rochers; ces arbres vénérables, ces sources, ces prairies, ces montagnes qui m'ont vu naître, elles ne me reverront plus.

Brûlez cette lettre, je vous supplie : on pourroit encore mal interpréter mes sentimens. Vous me demandez si je copie encore de la musique. Et pourquoi non? Seroit-il honteux de gagner sa vie en travaillant? Vous voulez que j'écrive encore; non, je ne le ferai plus. J'ai dit des vérités aux hommes; ils les ont mal prises : je ne dirai plus rien.

Vous voulez rire en me demandant des nouvelles de Paris. Je ne sors que pour me promener, et toujours du même côté. Quelques beaux esprits me font trop d'honneur en m'envoyant leurs livres : je ne lis plus. On m'a apporté ces jours-ci un nouvel opéra comique (*) : la musique est de Grétry, que vous aimez tant, et les paroles sont assurément d'un homme d'esprit; mais c'est encore des grands seigneurs qu'on vient de mettre sur la scène lyrique. Je vous demande pardon, monsieur le prince; mais ces gens-là n'ont pas d'accent, et ce sont de bons paysans qu'il faut.

Ma femme est bien sensible à votre souvenir. Mes disgrâces ne lui affectent pas moins le cœur qu'à moi : mais ma tête s'affoiblit davantage. Il ne me reste de vie que pour souffrir, et je n'en ai pas même assez pour sentir vos bontés comme je le dois. Ne m'écrivez donc plus, monsieur le prince; il me seroit impossible de vous répondre une seconde fois. Quand vous serez de retour à Paris, venez me voir, et nous parlerons.

Agréez, monsieur le prince, je vous prie, les assurances de mon respect.

A MADAME LA COMTESSE DE SAINT***.

Je suis fâché de ne pouvoir complaire à madame la comtesse; mais je ne fais point les honneurs de l'homme qu'elle est curieuse de voir, et jamais il n'a logé chez moi : le seul moyen d'y être admis de mon aveu, pour quiconque m'est inconnu, c'est une réponse catégorique à ce billet (*).

A LA MÊME.

Jeudi, 23 mai 1776.

J'ai eu d'autant plus de tort, madame, d'employer un mot qui vous étoit inconnu (**), que je vois, par la réponse dont vous m'avez honoré, que, même à l'aide d'un dictionnaire, vous n'avez pas entendu ce mot. Il faut tâcher de m'expliquer.

La phrase du billet à laquelle il s'agit de répondre est celle-ci : « Mais ce que je veux, et » ce qui m'est dû tout au moins après une con-» damnation si cruelle et si infamante, c'est » qu'on m'apprenne enfin quels sont mes cri-» mes, et comment et par qui j'ai été jugé. »

Tout ce que je désire ici est une réponse à cet article. C'est mal à propos que je la demandois *catégorique*, car telle qu'elle soit, elle le sera

---

(*) Nous ignorons de quel opéra il veut parler. Ceux dont Grétry fit la musique en 1775 sont la *Fausse magie* et *Céphale et Procris*; encore cette dernière pièce avoit-elle été précédemment jouée à Versailles. Toutes deux sont de Marmontel.

M. P.

(*) Par la lettre à laquelle celle-ci sert de réponse, madame de Saint *** annonçoit à Rousseau qu'elle lui envoyoit de la musique à copier, en lui avouant en même temps que ce n'étoit qu'un prétexte pour le voir. Quant au billet dont Rousseau parle, c'étoit le billet circulaire portant pour adresse : *A tout François aimant encore la justice et la vérité.* G. P.

(**) C'étoit le mot *catégorique* dont madame de Saint ***, dans sa réplique, déclaroit n'avoir connu la signification qu'en consultant le dictionnaire. Elle répliqua encore à cette seconde lettre de Rousseau en insistant sur sa demande dans les termes les plus réservés, et ne voulant *qu'un oui ou un non* pour dernière réponse. On devine aisément celle qui lui fut donnée. — C'est dans le volume supplémentaire, imprimé à Paris en 1779, sous la rubrique de Neufchâtel, qu'ont été imprimées pour la première fois les deux lettres de Rousseau à madame de Saint ***, avec celles de cette dame auxquelles elles servent de réponse, et c'est ainsi que nous avons trouvé le moyen de les expliquer. G. P.

toujours pour moi ; ma demeure et mon cœur sont ouverts pour le reste de ma vie à quiconque me dévoilera ce mystère abominable. S'il m'impose le secret, je promets, je jure de le lui garder inviolablement jusqu'à la mort, et je me conduirai exactement, s'il l'exige, comme s'il ne m'eût rien appris. Voilà la réponse que j'attends, ou plutôt que je désire, car depuis longtemps j'ai cessé de l'espérer.

Celle que j'aurai vraisemblablement sera la feinte d'ignorer un secret qui, par le plus étonnant prodige, n'en est un que pour moi seul dans l'Europe entière. Cette réponse sera moins franche assurément, mais non moins claire que la première ; enfin le refus même de répondre n'aura pas pour moi plus d'obscurité. De grâce, madame, ne vous offensez pas de trouver ici quelques traces de défiance : c'est bien à tort que le public m'en accuse ; car la défiance suppose du doute, et il ne m'en reste plus à son égard. Vous voyez, par les explications dans lesquelles j'ose entrer ici, que je procède aux vôtres avec plus de réserve, et cette différence n'est pas désobligeante pour vous. Cependant vous avez commencé avec moi comme tout le monde, et les louanges *hyperboliques* (¹) et outrées dont vos deux lettres sont remplies, semblent être le cachet particulier de mes plus ardens persécuteurs : mais, loin de sentir en les lisant ces mouvemens de mépris et d'indignation que les leurs me causent, je n'ai pu me défendre d'un vif désir que vous ne leur ressemblassiez pas : et, malgré tant d'expériences cruelles, un désir aussi vif entraîne toujours un peu d'espérance. Au reste, ce que vous me dites, madame, du prix que je mets au bonheur de me voir, ne me fera pas prendre le change : je serois touché de l'honneur de votre visite, faite avec les sentimens dont je me sens digne ; mais quiconque ne veut voir que les rhinocéros doit aller, s'il veut, à la Foire, et non pas chez moi ; et tout le persiflage dont on assaisonne cette insultante curiosité n'est qu'un outrage de plus qui n'exige pas de ma part une grande déférence. Voulez-vous donc, madame, être distinguée de la foule ? c'est à vous de faire ce qu'il faut pour cela.

(¹) Voici encore un mot pour le dictionnaire. Hélas ! pour parler de ma destinée, il faudroit un vocabulaire tout nouveau qui n'eût été composé que pour moi.

Il est vrai que je copie de la musique : je ne refuse point de copier la vôtre, si c'est tout de bon que vous le dites ; mais cette vieille musique a tout l'air d'un prétexte, et je ne m'y prête pas volontiers là-dessus. Néanmoins votre volonté soit faite. Je vous supplie, madame la comtesse, d'agréer mon respect.

A M. LE COMTE DUPRAT (*).

Paris, le 31 décembre 1777.

J'accepte, monsieur, avec empressement et reconnoissance l'asile paisible et solitaire que vous avez la bonté de m'offrir, dans la supposition que vous voudrez bien vous prêter aux arrangemens que la raison demande, et que peut permettre ma situation qui vous est connue. L'aménité du sol et les agrémens du paysage ne sont plus pour moi des objets à mettre en balance avec un séjour tranquille et la bienveillante hospitalité. Je suis touché des soins de M. le commandeur de Menon, sans en être surpris ; j'ai le plus grand regret de n'en pouvoir profiter ; mais on a pris tant de peine à me rendre le séjour des villes insupportable, qu'on

(*) Le comte Duprat, lieutenant-colonel au régiment d'Orléans, est mort en 1793, condamné par le tribunal révolutionnaire. C'est dans ses papiers qu'ont été trouvées les trois lettres qu'on va lire, d'autant plus précieuses que, d'après leur date, on doit les considérer comme le chant du cygne. Nous pouvons affirmer en avoir vu les originaux. Ils ont été confiés au député Lakanal, qui avoit publié un prospectus d'œuvres posthumes de J.-J. Rousseau. Le prospectus n'eut pas de suite, et les originaux ne furent point rendus. Heureusement nous avions précédemment tiré copie de ces trois lettres, que nous fîmes insérer dans la *Décade philosophique* (an IV, deuxième trimestre, n° 68) ; et c'est sur notre indication qu'en 1817 M. Belin les a fait entrer dans son édition des Œuvres de Rousseau.

Au reste, il paroît que notre philosophe, dans ce temps-là même où les idées noires avoient sur lui tant d'empire, avoit conçu pour ce comte Duprat une affection des plus tendres. L'éditeur du recueil des romances en rapporte, dans son *Avertissement*, page 5, un trait remarquable et trop caractéristique pour ne pas mériter de trouver place ici. « M. le comte Duprat, » dit-il, un des hommes le mieux fait pour être aimé, ne man- » quoit guère, lorsqu'il étoit à Paris, d'aller tous les matins visi- » ter M. Rousseau. Une semaine entière s'étant passée sans qu'il » y allât, M. Rousseau prit l'alarme, et ayant demandé de ses » nouvelles avec beaucoup d'inquiétude, il apprit qu'il étoit » malade. Contraint par la loi qu'il s'étoit imposée de ne plus » aller chez personne, mais dirigeant depuis ses promenades » vers le nouveau boulevard, il passoit tous les jours le long des » murs de l'hôtel du comte Duprat. Un soir, après s'être arrêté » quelque temps vis-à-vis une première porte, le voilà tout à » coup qui s'élance et pénètre jusqu'à l'appartement du comte, » qui jouit alors de la douce satisfaction de voir le penchant » l'emporter sur les principes. »   G. P.

a pleinement réussi. J'étois trop fait pour aimer les hommes pour pouvoir supporter le spectacle de leur haine. Ce douloureux aspect me déchire ici le cœur tous les jours ; je ne dois pas aller chercher à Lyon de nouvelles plaies. Ils m'ont réduit à la triste alternative de les fuir ou de les haïr. Je m'en tiens au premier parti pour éviter l'autre. Quand je ne les verrai plus, j'oublierai bientôt leur haine, et cet oubli m'est nécessaire pour vivre et mourir en paix.

Je ne vois qu'un obstacle à l'exécution de votre obligeant projet ; c'est l'infirmité de ma femme et la longueur du voyage, qu'il est douteux qu'elle puisse supporter. Cette idée me fait trembler. Il n'y faut pas songer durant la saison où nous sommes. L'hiver jusqu'ici ne l'a pas affectée autant que je l'aurois craint. Peut-être aux approches d'un temps plus doux sera-t-elle en état de faire cette entreprise sans risque. Hélas ! pourquoi faut-il que j'aille si loin chercher la paix, moi qui ne troublai jamais celle de personne ! Si ma femme pouvoit obtenir ici, du moins à prix d'argent, le service et les soins qu'on ne refuse à personne parmi les humains, et que je suis hors d'état de lui rendre, nous ne songerions point à nous transplanter ; mais dans l'universel abandon où l'on se concerte pour la réduire, il faut bien qu'elle risque sa vie pour tâcher d'en conserver les restes à l'aide des soins secourables que vous avez la charité de lui procurer. Ah ! monsieur le comte, en ne vous rebutant pas de mes misères et n'abandonnant pas notre vieillesse, j'ose vous prédire que vous vous ménagez de loin pour la vôtre des souvenirs dont vous ne prévoyez pas encore toute la douceur.

Je souhaite ardemment que, sans nuire à vos affaires, vous puissiez en voir assez promptement la fin, pour arriver ici avant celle de l'hiver. Si vous aviez pour compagnon de voyage le digne ami qui partage vos bontés pour moi, rien ne manqueroit à ma joie en vous voyant arriver. Ma femme, qui partage ma reconnoissance, est très-sensible à l'honneur de votre souvenir, et nous vous supplions l'un et l'autre, monsieur le comte, d'agréer nos très-humbles salutations.

A MADAME DE C.

Paris, le 9 janvier 1778.

J'ai lu, madame, dans le numéro 5 des feuilles que vous avez la bonté de m'envoyer, que l'un de messieurs vos correspondans, qui se nomme le *Jardinier d'Auteuil*, avoit élevé des hirondelles. Je désirerois fort de savoir comment il s'y est pris, et quelle contenance ces hirondelles, qu'il a élevées, ont faite chez lui pendant l'hiver. Après des peines infinies, j'étois parvenu, à Monquin, à en faire nicher dans ma chambre. J'ai même eu souvent le plaisir de les voir s'y tenir, les fenêtres fermées, assez tranquilles pour gazouiller, jouer et folâtrer ensemble à leur aise, en attendant qu'il me plût de leur ouvrir, bien sûres (¹) que cela ne tarderoit pas d'arriver. En effet, je me levois même, pour cela, tous les jours avant quatre heures ; mais il ne m'est jamais venu dans l'esprit, je l'avoue, de tenter d'élever aucuns de leurs petits, persuadé que la chose étoit non-seulement inutile, mais impossible. Je suis charmé d'apprendre qu'elle ne l'est pas, et je serai très-obligé, pour ma part, au jardinier d'Auteuil s'il veut bien communiquer son secret au public. Agréez, madame, je vous supplie, mes remercîmens et mon respect.

A M. LE COMTE DUPRAT.

Paris, le 3 février 1778.

Vous rallumez, monsieur, un lumignon presque éteint ; mais il n'y a pas d'huile à la lampe, et le moindre air de vent peut l'éteindre sans retour. Autant que je puis désirer quelque chose encore dans ce monde, je désire d'aller finir mes jours dans l'asile aimable que vous voulez bien me destiner ; tous les vœux de mon cœur sont pour y être ; le mal est qu'il faut s'y transporter. En ce moment je suis demi perclus de rhumatismes ; ma femme n'est pas en meilleur état que moi ; vieux, infirme, je sens

---

(¹) L'hirondelle est naturellement familière et confiante ; mais c'est une sottise dont on la punit trop bien pour ne l'en pas corriger. Avec de la patience on l'accoutume encore à vivre dans des appartemens fermés, tant qu'elle n'aperçoit pas l'intention de l'y tenir captive : mais sitôt qu'on abuse de cette confiance (à quoi l'on ne manque jamais), elle la perd pour toujours. Dès lors elle ne mange plus, elle ne cesse de se débattre et finit par se tuer.

à chaque instant le découragement qui me gagne : tout soin, toute peine à prendre, toute fatigue à soutenir, effarouche mon indolence; il faudroit que toutes les choses dont j'ai besoin se rapprochassent; car je ne me sens plus assez de vigueur pour les aller chercher; et c'est précisément dans cet état d'anéantissement que, privé de tout service et de toute assistance dans tout ce qui m'entoure, je n'ai plus rien à espérer que de moi. Vous, monsieur le comte, le seul qui ne m'ayez pas délaissé dans ma misère, voyez, de grâce, ce que votre générosité pourra faire pour me rendre l'activité dont j'ai besoin. Vous m'offrez quelqu'un de votre choix (*) pour veiller à mes effets et prendre des soins dont je suis incapable; oh! je l'accepte, et il n'en faut pas moins pour m'évertuer un peu; car si, par moi-même, je puis rassembler deux bonnets de nuit et cinq ou six chemises, ce sera beaucoup.

Il n'y a plus que ma femme et mon herbier dans le monde qui puissent me rendre un peu d'activité. Si nous nous embarquons seuls sous notre propre conduite, au premier embarras, au moindre obstacle, je suis arrêté tout court, je n'arriverai jamais. J'aime à me bercer, dans mes châteaux en Espagne, de l'idée que vous seriez ici, monsieur, avec M. le commandeur; que vous daigneriez aiguillonner un peu ma paresse; que mes petits arrangemens s'en feroient plus vite et mieux sous vos yeux; que si vous poussiez l'œuvre de miséricorde jusqu'à permettre ensuite que nous fissions route à la suite de l'un ou de l'autre, et peut-être de tous les deux, alors, comme tout seroit aplani! comme tout iroit bien! Mais c'est un château en Espagne, et de tous ceux que j'ai faits en ma vie, je n'en vis jamais réaliser aucun. Dieu veuille qu'il n'en soit pas ainsi de l'espoir d'arriver au vôtre!

Au reste, je n'ai nul éloignement pour les précautions qui vous paroissent convenables pour éviter trop de sensation. Je n'ai nulle répugnance à aller à la messe : au contraire, dans quelque religion que ce soit, je me croirai toujours avec mes frères, parmi ceux qui s'assemblent pour servir Dieu. Mais ce n'est pas non plus un devoir que je veuille m'imposer, encore moins de laisser croire dans le pays que je suis catholique. Je désire assurément fort de ne pas scandaliser les hommes, mais je désire encore plus de ne jamais les tromper. Quant au changement de nom, après avoir repris hautement le mien, malgré tout le monde, pour revenir à Paris, et l'y avoir porté huit ans, je puis bien maintenant le quitter pour en sortir, et je ne m'y refuse pas; mais l'expérience du passé m'apprend que c'est une précaution très-inutile, et même nuisible, par l'air de mystère qui s'y joint, et que le peuple interprète toujours en mal. Vous déciderez de cela, connoissant le pays comme vous faites; là-dessus, comme sur tout le reste, je m'en remets à votre prudence et à votre amitié. Agréez, monsieur le comte, mes très-humbles salutations.

AU MÊME.

Paris, le 15 mars 1778.

Je vois, monsieur, que malgré toutes vos bontés, qui me sont chères et dont je voudrois profiter, le seul vrai remède à mes maux, qui reste à ma portée, est la patience. L'état de ma femme, empiré depuis quelque temps, et qui rend le mien de jour en jour plus embarrassant et plus triste, m'ôte presque l'espoir d'achever et le courage de tenter le long voyage qu'il faudroit faire pour atteindre l'asile que vous nous avez bien voulu destiner. Ce qu'il y a du moins déjà de bien sûr, est qu'il nous est impossible de le faire seuls; ma femme, abattue par son mal, se souvient, pour surcroît, des gîtes où l'on nous a fourrés, et des traitemens qu'on nous y a faits dans nos autres voyages, lorsque, plus jeunes et mieux portans, nous avions plus de courage et de force pour supporter la fatigue et les angoisses. Elle aime mieux mourir ici que de s'exposer de nouveau à toutes ces indignités; et nous croyons l'un et l'autre que la présence d'un tiers, ne fût-ce qu'un domestique, nous en sauveroit assez pour que nous puissions, armés de douceur et de résignation, supporter le reste. Cette délibération, monsieur, sur laquelle nous n'avons encore eu que

---

(*) Ce quelqu'un étoit M. de Neuville; et comme il affecte de ne m'en point parler, je crains qu'il n'y ait du froid, de sorte que je suis très-embarrassé qui lui donner à sa place. (*Note du comte Duprat.*)

des explications très-vagues, est la première et la plus importante, sans quoi toutes les autres sont inutiles. Je sais que votre généreuse bienveillance prodiguera ses soins pour nous faciliter ce transport; mais il s'agit encore de savoir ce qu'elle pourra faire pour nous le rendre praticable, et cela consiste essentiellement à trouver quelqu'un de connoissance, qui, ayant le même voyage à faire, veuille bien nous souffrir à sa suite, nous procurer des gîtes supportables, et nous garantir, autant que cela se pourra, des obstacles et des outrages qui, sous un faux air d'attentions et de soins, nous attendront dans la route. Si cette occasion ne se trouve pas, comme j'ai lieu de le craindre, le seul parti qui me reste à prendre est d'attendre ici votre arrivée ou celle de M. le commandeur, et de prendre patience, en attendant, comme j'espère faire jusqu'à la fin, à moins qu'il ne se présente quelque ressource imprévue, sur laquelle j'aurois grand tort de compter.

Quant aux soins qui regardent ici les guenilles que j'y puis laisser, c'est un article trop peu important pour que vous daigniez vous en occuper ainsi d'avance; nous ne manquerons pas de gens empressés à recevoir ce petit dépôt. Mon silence au sujet de M. de Neuville me paroissoit une réponse très-claire; mais vous en voulez une expresse, il faut obéir. De l'humeur dont je me connois, il lui faudroit toujours bien moins de peine pour me faire oublier ses dispositions à mon égard, qu'il n'en a pris à me les faire connoître; mais, en attendant, prêt à lui rendre avec le plus vrai zèle tous les services qui pourroient dépendre de moi, je me sens peu porté à lui en demander. Il sembloit, au tour de votre précédente lettre, que vous aviez quelqu'un en vue pour cet effet; et je puis vous assurer, à cet égard, d'une confiance entière en quiconque viendroit à moi de votre part.

A l'égard de la messe et de l'incognito, vous connoissez là-dessus mes principes et mes sentimens; ils seront toujours les mêmes. L'expérience m'a fait connoître l'inutilité et les inconvéniens de ces petits mystères, qui ne sont qu'un jeu mal joué. Vous dites, monsieur, qu'on ne m'interrogera pas; on saura donc qu'il ne faut pas m'interroger : car d'ailleurs c'est un droit qu'avec peu d'égard pour mon âge s'arrogent avec moi sans façon petits et grands. Je mettrai, je vous le proteste, une grande partie de mon bonheur à vous complaire en toute chose convenable et raisonnable; mais je ne veux point là-dessus contracter d'obligation. Adieu, monsieur; quel que soit le succès des soins que vous daignez prendre pour moi, j'en suis touché comme je dois l'être, et leur souvenir ne s'effacera jamais de mon cœur. Ma femme partage ma reconnoissance, et nous vous supplions l'un et l'autre d'agréer nos très-humbles salutations (*).

(*) Les choses n'ont pu s'arranger pour qu'il fît le voyage projeté. Bien peu de temps après il s'est décidé en faveur d'Ermenonville, où il est mort dans la même année. (*Note du comte Duprat.*)

FIN DE LA CORRESPONDANCE.

TABLE DES NOMS

DES PERSONNES AUXQUELLES SONT ADRESSÉES LES LETTRES DONT SE COMPOSE LA CORRESPONDANCE.

ANONYMES (*).

M. 169; M. 175; M. 184; M. 187; M. 200; à un anonyme, 229; à un jeune homme, 280; M. 314; M. de***, 330; M. 379; M***, 403; M....., curé d'Ambérier, 406, 455, 468; M***, 429; M. de, 432; madame de *** , 435; M***, 456; l'abbé de ***, 464; à M. 465, à M. 467; l'abbé de, 471; l'abbé de ***, 476; M***, 491; l'abbé de ***, 510; M***, 521; Mylord ***, 603; lord ***, 606; M..., 607; madame ***, 649; M..., 658, 659; une dame de Lyon, 750; M. de ***, 765; M., 827; madame..., 841.

A

A., 481.
A. A. 444.
Abauzit, 516.
Académie de Dijon, 202.
Alembert (d'), 214, 230, 286, 329.
Altuna, 198.
Argenson (le comte d'), 213.
Az *** (madame d'), 528.

B.

B** (madame), 782, 783, 785, 787, 813, 819, 820.
B** (madame de), 465.
B. (le comte de), 528.
B. (la comtesse de), 529.
Bastide, 308, 512.
Beauchateau, 428, 759, 773.
Beauteville, 595.
Becket et de Hondt, libraires, 605.
Belloy (de) 791, 809.
Beloselski (le prince de), 845.

Boissi (de), 228, 231.
Bondeli (mademoiselle Julie), 474.
Boufflers (la comtesse de), 315, 375, 382, 386, 392, 395, 404, 470, 499, 590, 592 602, 604, 644, 715, 719.
Bourette (madame), 331.
Burnand, 435, 436, 438.

C.

C. (madame de), 846.
C*** (madame), 329.
C. P. A. A. (de), 543.
Cartier, 304.
Césarges (M. de), 817.
Chamfort (de), 494, 502.
Chappuis (Marc), 441, 442.
Chappuis (Paul), 531.
Chauvel (réponses aux questions faites par M. de), 659.
Choiseul (le duc de), 791.
Chenonceaux (madame de), 533.
Clairaut, 543.
Coindet, 282, 335, 555, 599.
Condorcet, 794.
Consistoire de Motiers (le), 548.
Conti (le prince de), 370, 726, 774.
Conway (le général), 615, 677, 681.
Conzié (M. de), 177, 186, 466.
Cossé (le chevalier de), 837.
Cramer de Lon (madame), 375.
Créqui (madame de), 204, 205, 206, 207, 222, 289, 294, 327, 328, 334, 366, 369, 495, 589, 611, 821, 822, 835.

D.

D., 509.
D***, 534.
D. L. C., 408.
D. M. (mademoiselle), 484, 508.

Danet (Jacqueline), 335.
Dastier, 539.
Davenport, 622, 636, 648, 657, 668, 681.
Deleyre, 288, 305, 491, 505, 538.
Deluc, 427, 447, 542.
Dewes (mademoiselle), 622, 656, 705.
Diderot, 254, 255, 281.
Duchesne (libraire), 520.
Duchesne (mademoiselle), 410.
Duclos, 317, 322, 451, 453, 514, 525.
Dumoulin, 409.
Dupont, 185.
Duprat (le comte), 845, 846, 847.
Dusaulx, 823, 828, 829, 830.
Dutens, 665, 672, 674, 676, 701, 823.

E.

E. J., chirurgien, 685.
Éon (le chevalier d'), 600.
Épinay (madame d'), 219, 220, 221, 227, 228, 232, 233, 234, 235, 236, 238, 247, 248, 249, 250, 251, 252, 253, 256, 258, 260, 261, 262, 263, 267, 268, 269, 274, 280.
Lettre de madame d'Épinay, 228.
Escherny (d'), 474, 551, 560.
Eybens (d'), 179.

F.

Favre, 440.
Félice (le P. de), 546.
Foulquier, 505.
Francueil (de), fragment, 207.
Francueil (madame de), 203.
Frédéric, roi de Prusse, 377, 398, 600.
Fréron, 208.

(*) On n'a compris dans cette classe que les lettres ne portant absolument aucune indication des noms des personnes qui les ont reçues. Celles où ces noms sont au moins indiqués par une initiale seront mentionnées dans cette table à la lettre qui leur appartient.

T. IV.

G.

G** (M.), lieutenant-colonel, 456.
Galley (mademoiselle), 488.
Gauffecourt (de), 449, 525.
Gingins de Moiry (de), 374, 378.
Gonceru (madame), née Rousseau, 165, 214, 790.
Graffenried (de), 162, 578, 579, 580.
Graffon, 666.
Granville, 621, 670, 673, 692, 705.
Grimm, 271.
Guérin, libraire, 325.
Guy, 484, 637, 667, 692.
Guyenet (madame), 533.

H.

Harcourt (mylord), 840.
Harcourt (mylord comte de), 658, 667, 670, 674, 677, 681, 703.
Hibzel, 511.
Houdetot (madame d'), 263, 275, 277, 283, 287, 310.
Huber, 355.
Hume (David), 425, 585, 597, 620, 622.
Lettres de D. Hume, 608, 655, 684.

I.

Ivernois (M. d'), 455, 483, 494, 497, 501, 513, 518, 519, 520, 523, 526, 541, 552, 555, 559, 562, 565, 573, 574, 575, 582, 584, 586, 589, 592, 594, 601, 617, 620, 642, 645, 657, 665, 669, 680, 694, 706, 708, 712, 716, 718, 721.
Ivernois (madame d'), 548.
Ivernois (mademoiselle d'), 404, 469, 555, 565.

J.

Jodele (l'abbé de), 348.
Julie (madame Latour). Voyez Latour.

K.

Keith, (Voyez Maréchal, Mylord).
Kirchberger, 432.
Klupffel, 559.

L.

L. C. D. L., 780.
L. D. M., 824.
Lalive (de), 515.
Lalliaud, 503, 516, 552, 654, 729, 738, 741, 743, 746, 747, 753, 755, 757, 760, 761, 763, 764, 778, 782, 815.
La Poplinière (de), 369.

La Porte (l'abbé de), 437.
Lastic (le comte de), 218.
Latour, 504.
Latour (madame), 338, 341, 344, 345, 347, 348, 349, 352, 356, 360, 564, 365, 366, 367, 369, 387, 391, 392, 401, 406, 409, 417, 426, 438, 441, 445, 454, 457, 458, 459, 469, 475, 477, 484, 500, 507, 517, 537, 546, 573, 576, 589, 666, 702, 704, 706, 759, 772, 775, 821, 836, 837, 840.
Lenieps, 296, 304, 556.
Leroy, 291.
Le Vasseur (mademoiselle), 372, 727.
La même sous le nom de madame Rousseau, 776.
Linné, 837.
Lorenzi (le chevalier de), 304, 316, 318.
Loyseau de Mauléon, 404.
Luxembourg (le maréchal de), 300, 302, 304, 305, 308, 310, 315, 345, 349, 371, 374, 411, 418, 439, 483.
Luxembourg (le maréchal de), 301, 303, 304, 306, 307, 308, 311, 313, 314, 324, 330, 332, 333, 336, 337, 341, 342, 344, 352, 356, 358, 359, 363, 364, 370, 379, 385, 492, 493, 693.
Luze (de), 581, 583, 585, 586, 588, 610.
Luze Varney (madame de), 459, 478, 507, 608.

M.

M*** (M.), 317.
M*** (l'abbé), 788, 807, 811.
Mably (l'abbé de), 533.
Malesherbes (de), 311, 312, 319, 322, 322, 327, 329, 353, 357, 363, 394, 512, 612, 842.
Marcel, 429.
Marcet, 381.
Maréchal (mylord), 377, 387, 399, 405, 434, 478, 480, 481, 498, 507, 515, 529, 537, 550, 635, 638, 647, 648, 656, 669, 675.
Marteau, 503.
Martinet, 455.
Ménars (la marquise de), 218.
Mesme (la marquise de), 697, 841.
Meuron, procureur général, 542, 546, 547, 553.
Micould, 174.
Mirabeau (le marquis de), 663, 680, 685, 686, 687, 688, 689, 692, 693, 702, 703, 706, 716.
Mollet, 335.
Monier, 247.
Montaigu (madame de), 188.
Montmollin (de), 388, 402, 436, 518, 546.
Montmorency (la duchesse de), 330.

Montpéroux (de), 516.
Mouchon, 395.
Moultou, 293, 309, 326, 331, 332, 356, 359, 353, 357, 360, 365, 368, 369, 373, 374, 376, 377, 380, 384, 589, 593, 594, 399, 400, 401, 407, 423, 425, 427, 434, 436, 439, 440, 443, 446, 447, 453, 505, 523, 535, 540, 545, 574, 714, 743, 746, 752, 755, 758, 762, 764, 779, 785, 790, 814, 815.

N.

Néaulme, 367.
Nucham (lord). V. Harcourt (mylord comte d').

O.

Offreville (d'), 338.
Orloff (le comte), 595.

P.

P. (de), 489, 495, 542.
P. (madame), 507.
Panckoucke, 529, 475, 489, 518, 559.
Petit-Pierre, 424.
Perdriau, 215.
Petit, 203.
Peyrou (du), 500, 501, 502, 513, 515, 517, 519, 527, 530, 539, 543, 544, 547, 549, 553, 554, 556, 557, 558, 560, 561, 562, 564, 575, 576, 577, 578, 580, 581, 582, 583, 584, 585, 587, 588, 591, 593, 596, 598, 611, 616, 616, 619, 633, 643, 651, 652, 654, 661, 671, 676, 678, 679, 686, 687, 688, 689, 691, 695, 696, 697, 698, 699, 700, 701, 702, 711, 713, 717, 722, 724, 726, 731, 739, 740, 745, 753, 756, 759, 761, 764, 772, 773, 774, 775, 779, 782, 784, 808, 823, 832, 836.
Pictet, 390, 475, 527.
Pompadour (la marquise de), 208.
Portland (la duchesse de), 646.

R.

R***, 343.
Raynal (l'abbé), 202, 211.
Régnault, 438.
Rey (Marc-Michel), 640.
Roguin (Daniel), 194, 433, 502.
Roguin, née Bouquet (madame), 479.
Romilly, 285.
Rousseau, père de Jean-Jacques, 161, 164, 167.
Rousseau (F.-H.), cousin de Jean-Jacques, 451, 606.
Rousseau (Théodore), 390, 445, 508.
Roustan, 354, 646.

S.

SAINT-*** (la comtesse de), 844.
SAINT-BOURGEOIS, 551.
SAINT-FLORENTIN (le comte de), 295.
Saint-James Chronicle (l'auteur du), 604.
SAINT-GERMAIN (de), 749, 751, 782, 792, 793, 808, 817, 819, 820, 821, 833, 838.
SAINT-LAMBERT, 269, 275.
SANDOZ (Mme la générale), 543.
SARTINE (de), 334, 696, 838, 845.
SAUTTERSHEIM (de), 488, 493.
SCHEYB (de), 236.
SÉGUIER DE SAINT-BRISSON, 496, 522.
SERRE (Mlle), 181.
Société économique de Berne, 361.
SOURGEL (Mme de), 183.
STRAFFORD (mylord), 608.

T.

T*** (Mme de), 834.
THEIL (du), 189, 190, 191, 192.
THÉODORE (Mlle), 073.
TONNERRE (le comte de), 728, 729, 730, 731, 733, 738, 750, 751.
TRESSAN (le comte de), 230, 231.
TRONCHIN, 292.
TURPIN (le comte de), 213.

U.

USTERI, 449.

V.

VERDELIN (Mme la marquise de), 475, 487, 532, 638.
VERNA (la présidente de), 754.
VERNES, 215, 219, 222, 229, 232, 261, 278, 284, 286, 290, 292, 293, 303, 307, 310, 334.
VERNET (Jacob), 288, 323, 388.
VOLTAIRE, 195, 201, 225, 227, 238, 560.
Lettres de Voltaire, 224, 226, 246.

W.

WARENS (Mme de), 163, 166, 170, 171, 172, 176, 178, 179, 180, 187, 193, 195, 196, 197, 198, 199, 200, 208.
WATELET, 438.
WIRTEMBERG (le prince E. L. de), 457, 459, 467, 472, 477, 482, 490, 500, 503, 512, 541.

Z.

ZIBZENDORFF (le comte de), 506.

LISTE

PAR ORDRE CHRONOLOGIQUE

DES OUVRAGES COMPOSÉS PAR J. J. ROUSSEAU.

1731—1734.

Tome III. Mémoire au gouverneur de Savoie.
— Narcisse, ou l'Amant de lui-même, comédie en un acte et en prose. Cette pièce a été composée en 1733 ; la préface est de 1752.

1737.

Tome III. Traduction de l'Ode latine de Jean Puthod.
— Virelai à madame de Warens.
— Le verger des Charmettes.
— Fragmens d'une épître à M. Bordes.

1737—1740.

Tome III. Fragmens d'Iphis et d'Anaxarette, tragédie-opéra, composée à Chambéri vers 1738. (Voir les Confessions, tome I, page 151.)
— Réponse au mémoire anonyme sur cette question : Si le monde que nous habitons est une sphère ou un sphéroïde.
— Projet pour l'éducation de M. de Sainte-Marie.
— La Découverte du Nouveau-Monde, tragédie-opéra en trois actes, composée à Lyon en 1740.

1741—1742.

Tome III. Projet concernant de nouveaux signes pour la musique.
— Dissertation sur la musique moderne. (Paris, chez Quillau, 1743, in-8° de 101 pages.)
— Épitre à M. Bordes.

1742.

Tome III. Mémoire à M. Boudet sur feu M. de Bernex.
— Épitre à M. Parisot.

1743.

Tome III. Les Prisonniers de guerre, comédie en un acte et en prose.
— Les Muses galantes, opéra-ballet, avec prologue.

1747.

Tome III. L'Engagement téméraire, comédie en trois actes et en vers.
— L'Allée de Sylvie.

1749.

Tome III. Le Persifleur.
Tome I. Discours sur cette question : Si le rétablissement des sciences et des arts a contribué à épurer les mœurs? (Genève (Paris), 1750, in-8° de 63 pages.)

1750—1751.

Tome I. Réponse au roi de Pologne, ou Observations, etc (1751, in-8° de 62 pages.)
— Dernière réponse imprimée à la suite du Discours sur les avantages des Sciences et des Arts, par M. Bordes. (1752, in-8° de 130 pages.)
— Lettre à M. l'abbé Raynal, auteur du Mercure de France, sur la réfutation du Discours sur les Sciences.
— Lettre à M. Grimm, sur la réfutation de M. Gautier.
— Lettre sur une nouvelle réfutation du Discours sur les Sciences, par un académicien de Dijon. (Lecat, secrétaire de l'Académie de Rouen.)

1751.

Tome I. Discours sur cette question : Quelle est la vertu la plus nécessaire aux héros, et quels sont les héros auxquels cette vertu a manqué ?
Tome III. Lettre à M. l'abbé Raynal, au sujet du nouveau mode de musique inventé par M. de Blainville.

1752.

Tome III. Le Devin du village, opéra-pastorale. (Paris, 1753, in-4°.)
— Lettre à M. Grimm, au sujet des Remarques ajoutées à sa lettre sur Omphale.

Tome II. *Épitre à M. de l'Étang, vicaire de Marcoussis.*
Tome I. *Oraison funèbre du duc d'Orléans.*

1753.

Tome I. *De l'Économie politique.* Article de l'Encyclopédie *in-folio*, tome v, publié en 1755.
Tome III. Lettre sur la Musique françoise.

1753—1754.

Tome I. *Discours sur l'origine et les fondemens de l'Inégalité parmi les hommes.* (*Amsterdam, chez M. M. Rey, 1755, in-8° de 264 pages.*)

1754.

Tome III. *Fragmens de* Lucrèce, tragédie en prose, imprimée pour la première fois dans l'édition de Poinçot.
— *Traduction du premier livre des Annales de Tacite.*
— *Traduction de l'Apokolokintosis de Sénèque.*
Tome I. *Du Contrat Social, ou Principes du Droit Politique.* (*Amsterdam, chez M. M. Rey, 1762, in-8° de 324 pages.*)
Indépendamment de ce qu'il en dit dans ses *Confessions*, Rousseau, dans une lettre à M. Roustan, du 23 décembre 1761 (page 364), nous apprend que la composition de cet ouvrage est antérieure d'un grand nombre d'années à celle de l'*Émile*.

1755—1756.

Tome I. Lettre *à M. Philopolis.*
— *Projet de Paix perpétuelle,* extrait de l'abbé de Saint-Pierre.
— *Polysynodie,* extrait de l'abbé de Saint-Pierre.
Tome III. *Examen de deux principes avancés par M. Rameau.*
— Lettre *à M. Perdriau, sur la musique.*
— *La Reine Fantasque,* conte.

1756—1758.

Tome II. Julie, *ou la Nouvelle Héloïse.*

1756—1764.

Tome III. *Dictionnaire de Musique.* (*Paris, Duchesne, 1768, in-4° et in-8°.*)

1758.

Tome III. *J.-J. Rousseau à M. d'Alembert, sur son article* Genève, etc. (*Amsterdam, chez M. M. Rey, in-8° de 264 pages.*)

1759.

Tome III. *Notes en réfutation du livre intitulé :* De l'Esprit.
— *Essai sur l'origine des langues.*
— *De l'Imitation théâtrale.* (*Amsterdam, chez M. M. Rey, 1764, in-8° de 47 pages.*)

1759—1760.

Tome II. Émile, *ou de l'Éducation.* (*Amsterdam, chez J. Néaulme, 4 vol. in-8° et in-12.*)

1762.

Tome I. *Quatre lettres à M. de Malesherbes,* sur le motif de sa retraite à la campagne.
Tome III. *Le Lévite d'Éphraïm.*
Tome II. *J. J. Rousseau à Christophe de Beaumont.* (*Amsterdam, chez M. M. Rey, 1763, in-8° de* xl—*132 pages.*)
Tome III. Lettres *à Sara.*

1763—1765.

Tome II. Émile et Sophie, *ou les Solitaires.*
Tome III. Pygmalion, scène lyrique. (*Paris, 1775, in-8° de 29 pages.*)
— *Fragmens pour un Dictionnaire de Botanique.*
Une lettre de Rousseau à Du Peyrou, du 31 mai 1766, fait présumer qu'il avoit fait cette entreprise avec lui, lorsqu'ils se voyoient si fréquemment à Motiers.

1764.

Tome III. Lettres *écrites de la Montagne.* (*Amsterdam, chez M. M. Rey, 1764, 2 vol. in-8°.*)
— Lettre *à M. Du Peyrou, sur le traité historique des Plantes de la Lorraine, par Buc'hoz.*

1764—1765.

Tome I. Lettres *à M. Buttafuoco.*

1765.

Tome III. Lettre *à M. Baillière, sur la musique.*
— *Vision de Pierre de la Montagne, dit le Voyant.*
Tome I. *Déclaration relative à M. le pasteur Vernes.*

1766.

Tome III. Lettre *à M. le docteur Burney, sur la musique.*

1766—1767.

Tome I. Les Confessions, première partie, contenant les six premiers livres.

1768.

Tome III. Lettre *à M. de Lalande, sur la musique.*

1768—1769.

Tome I. Les Confessions, deuxième partie, contenant les six derniers livres.

1766—1776.

Tome III. Lettres *à la duchesse de Portland.*
— Lettres *à M. de la Tourette.*

Tome III. Lettres à M. Liotard, le neveu, herboriste.
— Lettres à M. de Malesherbes.
(Toutes relatives à la Botanique.)

1771—1773.

Tome III. Épitaphe de deux amans qui se sont tués.
— Lettres élémentaires sur la botanique.

1772.

Tome I. Considérations sur le gouvernement de Pologne.

1774.

Tome III. Olinde et Sophronie, épisode traduit du Tasse.
Tome I. Déclaration relative à différentes réimpressions de ses ouvrages.
Tome III. Extrait d'une réponse sur l'Orphée de M. Gluck.

1775—1776.

Tome IV. Rousseau juge de Jean-Jacques, dialogues.

1777—1778.

Tome I. Les Rêveries du promeneur solitaire.
Imprimées pour la première fois dans l'édition de Genève.

1732—1778.

Tome IV. Correspondance.

DATES INCONNUES.

Tome III. Vers pour madame de Fleurieu.
— Vers à mademoiselle Théodore.
— Énigme sur le portrait.
— Chanson traduite de Métastase.
— Strophes ajoutées à celles de Gresset.
— Bouquet d'un enfant à sa mère.
— Inscription mise au bas d'un portrait de Frédéric.
— Vers sur la femme.
— Sur la Musique militaire.
— Fragmens sur l'Alceste de M. Gluck.

TABLE GÉNÉRALE ET ANALYTIQUE
DES MATIÈRES CONTENUES DANS LES ŒUVRES DE J. J. ROUSSEAU;
PAR G. PETITAIN (*).

A.

Abélard. Jugement sur sa conduite, II, 74. Quelle étoit son opinion sur la prière, 347.

Abauzit. Son éloge, et notice sur ce savant Genevois, II, 265, IV, 245, 292, 293. Continue de prendre intérêt à R., même après sa querelle avec Hume, IV, 647. Lettre que lui adresse J. J., 5 6.

Absurdité. Bien qu'on ne puisse voir une chose absurde, rien n'est si clair que l'absurdité, III, 117.

Académies. Produisent un bon effet comme palliatif aux désordres que fait naître la culture des sciences et des arts, I, 474, 476, 494; III, 194, 196. Chacun de ceux qui les composent vaut mieux seul qu'avec le corps, II, 625. Leurs travaux sur la langue la rendent froide et monotone, III, 503, 504. Les Génois n'en ont établi une chez les Corses que pour les subjuguer plus aisément, 495.

Académie de Dijon. Couronne le discours de R. sur les sciences, I, 184. Lettre que R. lui adresse, IV, 202.

Académie des Sciences. Contient plus d'erreurs que tout un peuple de Hurons, II, 522.

Académie Françoise. Mad. de Luxembourg propose à R. d'en être membre, I, 274. Son éloge y est mis au concours, 570.

Accens. V. *Langues.*

Accent. Ame du discours; s'il faut se piquer de n'en point avoir, et ce que le François met à la place, II, 426. Le langage des enfants n'en a point, 481.

Achille. Allégorie de son immersion dans le Styx, II, 407. Comment le poète lui ôte le mérite de la valeur, 413.

Adam. Idée qu'il faut prendre de la défense que Dieu lui avoit faite, II, 761.

Adolescent non encore pubère. Cet état appelé encore *enfance*, faute de termes propres à l'exprimer, II, 492. Pourquoi cet âge est celui des instructions, des études, 493. Quelles études lui conviennent, et quel principe doit l'y diriger, *ib.* Temps où le mot *utile* peut avoir un sens pour lui, et parti qu'on peut en tirer, 502. V. *Émile.*

Adolescent devenu pubère. V. *Puberté.* Le premier sentiment dont il est susceptible n'est pas l'amour, mais l'amitié, II, 532. Époque où la pitié commence à naître chez lui, 534. Comment mettre à profit cette disposition pour le rendre sensible, *ib.*, 540. Trois maximes dont il faut se pénétrer à cette occasion, 534, 535, 536. Loin d'être un obstacle à l'éducation, le feu qui l'anime donne sur lui une nouvelle prise, 542. Après lui avoir montré les hommes par les accidens communs à leur espèce, il faut lui les montrer par leurs différences, 544. Choix des sociétés, *ib.* Étude de l'histoire, 545-550. Laisser l'adolescent un peu à lui-même, en l'exposant à faire des fautes, 551. Conduite de son gouverneur en pareil cas; 551, 552. Lecture des fables, et méthode à suivre en cette partie, 553. V. *Émile.*

Adraste, roi des Dauniens. Émile en trouve au moins un dans ses voyages, II, 712.

Adultère. Façon de penser des gens du monde sur ce crime, II, 133. Comment le justifier, 169. Réfutation de leurs sophismes, 180, 634.

Affaires. Comment un jeune homme peut les apprendre, II, 554. Ceux qui ne traitent que les leurs propres s'y passionnent trop, 556.

Affection. Celle des parens vient point par devoir, II, 640.

Age d'or. Est traité à tort de chimère, II, 718.

Agésilas. Mot de ce Spartiate sur l'éducation, I, 473, 474, note.

Agriculture. L'invention des autres arts fut nécessaire pour forcer l'homme à s'y appliquer, I, 536. V. *Arts.*

Agrigentins, II, 625.

Agrippa (Cornélius), I, 461, note.

Ajax. Eût craint Achille, et défie Jupiter, II, 560.

Alamanni (le P.), oratorien, I, 306, IV, 373.

Album des voyageurs allemands, II, 701.

Alcinoüs. Description de son jardin, II, 678.

Alembert (d'). Commencement de sa liaison avec R., I, 180. A quelle occasion celui-ci lui écrit sa *Lettre sur les spectacles*, 260. Caractère de la réponse à cette lettre, III, 476, 177, IV, 434. Écrit à R. sur la détention de l'abbé Morellet, I, 284. Son jugement sur l'*Émile*, 303. Éloge de sa *Préface de l'Encyclopédie*, IV, 214. Est soupçonné de R. d'avoir soustrait une partie de ses papiers, I, 521, et d'avoir beaucoup profité, pour ses *Élémens de musique*, des articles que R. avoit faits sur cet art pour l'Encyclopédie, et qu'il a eus entre les mains, *ib.*, IV, 9. Feroit un Arlequin du fils de l'impératrice de Russie, 406. Ses *Lettres au mad Geoffrin*, citées, I, 448. Sa *Préface sur l'Encyclopédie*, citée, 487. Son art. *Genève*, cité III, 72. Sa correspondance avec R., IV, 849.

Alexandre force les Ictyophages à renoncer à la pêche, I, 465. Trait de ce prince qui prouve qu'il croyoit à la vertu, II, 435.

Algèbre Ce que pense R. de l'application de cette science à la géométrie, I, 123.

(*) Cette table a été en partie refaite et complétée pour cette édition.

Alibart (d') auteur de la *Flora Parisiensis*, I, 189.

Alimens. On peut juger du caractère des gens par les alimens qu'ils préfèrent, II, 229. Dans l'ordre naturel, les plus agréables doivent être les plus sains, 483. Choix et mesure des alimens propres à l'enfance, *ib.* 487. Leur effet sur le caractère, 483.

Allée de Sylvie, III, 567. Composition de cette pièce, I, 177.

Alliances et Traités. Ne servent de rien avec les puissances chrétiennes I, 746.

Alphonse x, roi de Léon et de Castille. Mot impie qui lui est attribué, I, 486.

Altuna, Biscayen. R. fait sa connoissance à Venise, I, 157. Portrait et caractère de ce jeune homme, 163. Projet formé entre eux, et qui ne put s'exécuter, 170. Lettre que R. lui adresse, IV, 198.

Althusius, jurisconsulte. Son livre sur la *Politique*, cité, III, 67.

Amatus Lusitanus, II, 573.

Ame. Son immatérialité, son immortalité. V. *Religion naturelle* Pourquoi, soumise aux sens, en est-elle quelquefois subjuguée, II, 385. De l'état des âmes après la mort, 563. On peut croire que les âmes des méchans sont anéanties après leur mort, IV, 279. L'immortalité de l'âme suite nécessaire de la justice de Dieu, 279, 244.

Amiens. Honneurs que R. y reçoit à son retour d'Angleterre, I, 353, IV, 26.

Amitié. Ajoute à la force de l'âme humaine, II, 113. Est ennemie d'un vain, habil 283. Est le premier sentiment qu'un jeune homme soit susceptible, 532. Ne peut se passer de retour, 542. Si elle rend quelquefois diffus l'ami qui parle, elle rend patient l'ami qui écoute, 170.

Amour. Suppose des jugemens et des comparaisons, II, 528. L'homme sauvage n'en peut connoitre que le physique, I, 548. Deux espèces d'amour bien distinctes, 15. R. conçoit un sentiment plus tendre encore et plus voluptueux, 53. Caractère du véritable amour, II, 474, 636. Doit être uni à l'honnêteté, 483, 636, 637. IV, 43. Même heureux, ne peut être séparé de la pudeur, II, 67. C'est un de ses miracles de faire trouver du plaisir à souffrir, 424. Dédommage ce de qu'on lui sacrifie, 487. Effets et longue influence d'un premier amour, 674. N'est pas le premier sentiment dont un jeune homme soit susceptible, 532. Effet d'un véritable amour sur les mœurs et les inclinations des jeunes gens, 714, 715. Différence de son ton à celui de la galanterie, III, 161. Loin qu'il soit à vendre, l'argent le tue infailliblement, 4. 627. N'est pas nécessaire dans le mariage, 187. Voit les rapports que nous n'apercevons pas, et suppose toujours des qualités estimables, 528. N'est pas convenable également à tous les hommes ; est moins un bon sentiment en lui-même qu'un supplément aux bons sentimens qu'on n'a plus, III, 167. Passions et maux qu'il entraîne à sa suite, I, 528. Est un sentiment passager de sa nature, II, 258. Comment prolonger le bonheur de l'amour dans le mariage, 749. En amour l'homme moins constant que la femme, *ib.* Est le moyen principal d'intéresser au théâtre parmi nous, III, 124. Pourquoi ne l'étoit pas chez les Grecs, *ib.* Pourquoi cet intérêt a été renforcé, tant dans la tragédie que dans la comédie, depuis nos grands maîtres; et conséquence de ce renforcement, 133. Si la peinture des foiblesses de l'amour sur le théâtre est bien propre à nous en garantir, 136, 189, 190. Application à *Bérénice*, 136. A *Zaïre*, 137.

Amour de soi. Un des deux principes qui constituent l'homme moral, I, 533, 576. Pourquoi bon et conforme à l'ordre, est nécessaire pour nous conserver, II, 527. N'est pas une passion simple, a lui-même deux principes, 760. Comment il se déprave et devient amour-propre, 527, 528, 543, IV, 5, 67. Du premier naissent les passions douces et affectueuses; et du second les passions haineuses et irascibles, II, 527. L'un et l'autre sont deux espèces de sensibilité, IV, 5, 67. Seule passion naturelle à l'homme. II, 439.

Amour-propre. Sa définition; ne doit pas être confondu avec l'amour de soi, I, 576. Son origine dans les premières associations, et son développement dans les progrès de la société, I, 536, IV, 5, 67. Devient orgueil dans les grandes âmes, vanité dans les petites, I, 528. Excite et multiplie les passions, et, nous tenant toujours hors de nous-mêmes, devient le mobile unique et universel et la cause de tous nos maux, I, 564, 565, 566. C'est par les comparaisons et les préférences dont il donne l'idée qu'on est toujours malheureux, 442, II, 527. Comment se transforme en vertu, 536. Fait plus de libertins que l'amour, 644.

Amusemens du peuple. V. *Fêtes.*

Analyse et synthèse. Peuvent être employées l'une et l'autre en même temps dans l'étude des sciences, II, 497.

Anarchie. Sa définition I, 675. V. *Corps politique, Gouvernement.*

Anatomie. Effet que produit sur R. l'étude de cette science, I, 129.

Ancelet, officier des mousquetaires, I, 177, 204, 269.

Anciens. Comparés aux modernes dans l'esprit des lois et des institutions, I, 705. Les peuples modernes ont tous les mêmes mœurs et la même physionomie, 706. Caractères de leurs écrits comparativement aux nôtres; application aux épitaphes, II, 702. Avoient des héros, et mettoient des hommes sur le théâtre, III, 126. Leur respect pour les femmes, 134. Quel étoit le genre de vie des femmes, et pourquoi n'est-il plus le même chez les modernes, 133, 134. Les deux sexes y vivoient séparés, 139

Tiroient leurs titres d'honneur des droits de la nature, quand nous tirons les nôtres de ceux du rang, 154. Voyageoient moins, mais profitoient mieux que nous de leurs voyages, II, 702.

Anet (Claude), domestique de madame de Warens, I, 53. Son caractère. Intimité de son commerce avec sa maîtresse, 91. Nature de la liaison qui s'établit entre lui, R. et mad. de Warens, 104. Sa mort, et suites funestes de cet événement, 105.

Angle visuel. Comment nous trompe, II, 473.

Anglois. Caractère commun aux deux sexes. L'opposition entre eux n'est qu'apparente, III, 150. Ne craignent au monde que la faim et l'ennui, II, 209. Sont cruels, quoi qu'ils en disent, et pourquoi, 483. Description d'une matinée à l'angloise, 285. Éloge de la noblesse d'Angleterre, 83, 84. Le peuple anglois pense être libre et ne l'est pas, I, 678. Précautions inutiles qu'il a prises pour prévenir les jugemens arbitraires, 727. Est plus riche que les autres peuples, mais non plus heureux, 751. Comparaison du gouvernement anglois avec celui de Genève, III, 197. Aura perdu dans vingt ans le reste de sa liberté, IV, 312. Le roi d'Angleterre, quoique chef de l'Église, n'en est pas le maître, I, 695. Si les Anglois accueillent mal les étrangers, en revanche ils ne se mettent guère dans leur dépendance, II, 137. Pourquoi ont inhumé l'actrice Oldfield à côté de leurs rois, III, 117. Comparés aux François relativement à la manière de voyager, II, 701. Antipathie de R. contre ce pays et ses habitans, I, 507.

Animaux. Acquièrent beaucoup par l'effet de l'éducation, II, 419. Dorment plus l'hiver que l'été, 467. La pudeur ne leur est pas étrangère, III, 155.

ANONYMES. Lettres de R. à des personnes anonymes jusqu'ici, IV, 849.

Anthropomorphites. Les enfans le sont tous, II, 550, 763.

ANTOINE (Marc), II, 549, 608.

ANTRAIGUES (le comte d'). Sa note se rapportant à un passage du *Contrat social*, I, 679.

ANTREMONT (le marquis d'). IV, 471.

ANZOLETTA, jeune Vénitienne. Projets de R. et de son ami Carrio sur cette jeune fille. Sa conduite envers elle, I, 166.

APELLES. Son mot à un mauvais peintre, II, 643.

APICIUS, II, 624.

Apôtres (les) ne transgressoient pas les lois des Juifs quand ils leur enseignoient l'Évangile, IV, 444. Ont pu prêcher contre le paganisme, parmi les païens et malgré eux, 445. V. *Bible.*

Araignées. Quels enfans en ont peur, II, 419.

Archimandrite de Jérusalem. R. l'accompagne en qualité d'interprète, I, 79.

Arènes (les) *de Nîmes*, I, 155.

ARGENSON (M. d'), lieutenant de police. Son injustice envers R. I, 201, IV, 213.

ARGENSON (le marquis d'). *Ses Considérations sur le gouvernement de la France*, citées, I, 640, 650, 659. Son éloge et notice sur cet ouvrage, 698. Son *Traité des intérêts de la France avec ses voisins*, cité, 640.

Argent. N'est bon à rien par lui-même. Inconvéniens résultans de la nécessité de le transformer pour en jouir, I, 18. L'argent qu'on possède est l'instrument de la liberté; celui qu'on pourchasse est celui de la servitude, 19. N'est pas la richesse. Il n'en est que le signe, 750. V. *Économie politique.* Pourquoi ne doit jamais entrer en rémunération d'un engagement personnel, II, 691. La promesse d'une récompense en argent n'est pas celle qui peut produire le plus d'effet, I, 729, IV, 460. Loin de servir en amour, le tue infailliblement, I, 627. De l'argent considéré comme ressort politique. V. *Économie politique.*

ARISTIDE, II, 5, 7.

ARISTIPPE, II, 409, 627.

Aristocratie. Sa définition, I, 665, II, 711. Les premières sociétés se gouvernoient ainsi, I, 167. Est ou naturelle, ou élective, ou héréditaire, *ib.* Avantages de l'élective sur toutes les autres formes de gouvernement, *ib.* Convient aux états médiocres, II, 714. Dégénère en oligarchie, I, 675. L'élection par la voie des suffrages convient à l'aristocratie, 685. Ce qui rend cette forme de gouvernement la pire de toutes, 638.

ARISTOPHANE, III, 134.

ARISTOTE. Réfutation de son opinion sur l'esclavage prétendu naturel, I, 644. Cité et justifié, 668. Cité et contredit, 673. Cité, I, 529, 587, II, 307, 111, 124.

Arithmétique. Habileté de R. dans cette science, I, 92. Il en donne des leçons à madame de Chenonceaux, 187.

Arlequin sauvage. Cause du succès de cette pièce, III, 120.

AR...ENTIÈRES (le marquis d'). Ses liaisons avec R., I, 278.

...SAULT (l'abbé). IV, 172, 173.

Armes à feu. Comment accoutumer les enfans à leur explosion, II, 420.

Artisan. Indépendance de sa condition, II, 515, 516, 517.

Arts auxquels un seul homme peut suffire, comparés à ceux d'industrie qui demandent le concours de plusieurs. Véritables règles de leur appréciation, II, 508..510.

Arts d'agrément. Comment peuvent être enseignés, II, 644.

ARTY (mad. d'). Maîtresse du prince de Conti, tome I, 149.

ARTY (l'abbé d'). R. compose pour lui l'oraison funèbre du duc d'Orléans, I, 301.

Assassinat. Soi-disant établi en droit et justifié par R., II, 553, IV, 15.

Assemblées du peuple. Elles ont existé dans les temps anciens, donc elles sont possibles, I, 676. Il faut qu'il y en ait de fixes et de périodiques, convoquées par la loi même, 677. Ces assemblées ont été de tout temps l'horreur des chefs, 678. V. *Députés.* Elles offrent le moyen le plus propre de prévenir les usurpations du gouvernement, 681, 713, 715. Deux propositions à faire avant toute chose dans chacune de ces assemblées et qu'on ne puisse jamais supprimer, 682.

ASTIANAY, II, 420.

Astronomie. Étude que fait R. de cette science, et ce qui lui arriva à ce sujet, I, 135. Comment Émile l'étudie, II, 404, et suivant l'idée de son utilité, 504.

Athéisme. Plus dangereux encore que le fanatisme. Ses funestes effets sous tous les rapports, II, 600, 601. Portrait d'un athée qui fait le bien et qui est de bonne foi. Ce qui l'a amené à cette opinion, 298..301. Un tel homme, quand il n'est pas sensible, impossible à convaincre, 301. On peut croire qu'il ne sera pas puni dans l'autre vie, 533. Pourquoi ce système est en horreur au peuple, 500.

Athènes. Son gouvernement n'étoit point en effet une démocratie, I, 588. Quelle étoit la place des femmes au théâtre, III, 135. Le théâtre, cause de la perte de cette république, 169.

Atrée, tragédie. Jugée sous le rapport moral, III, 125, 126.

Attachement des enfans, n'est d'abord qu'habitude, II, 527. En quoi l'attachement diffère de l'amitié, 542.

Attention. Contre-sens à éviter quand on veut rendre les jeunes gens attentifs, I, 100.

AUBETERRE (mad. d'), I, 279.

AUBONNE (M. d'), parent de mad. de Warens. Examine R. et juge qu'il n'est bon qu'à être curé de village, I, 57. Devient amoureux de madame Corvezi, 61.

Auch (*Lettre à l'archevêque d'*). R. se plaint qu'on lui attribue cet écrit, IV, 489, 491.

AUGUSTIN (Saint). Cité, II, 755, 761, 776, 793, III, 583.

AUGUSTE, étoit le précepteur de ses petits-fils, II, 409. S'il est vrai qu'il ait été heureux, 549.

AULU-GELLE. Cité, II, 451. Et, par erreur, au lieu de Macrobe, 141.

AUMONT (le duc d'). Fait jouer à la cour le *Devin du village*, I, 196, 198.

Aumônes. Ne doivent pas être faites par les enfans, II, 447.

AURELIUS VICTOR. Cité, II, 609.

Auteurs. Leur conversation plus profitable que leurs livres, II, 622. Réponse d'un ministre à un auteur satirique, 514.

Avalanche singulière au Val-de-Travers en 1761, IV, 420.

Avarice. Comment elle se concilioit dans R. avec le plus grand mépris pour l'argent, I, 18. L'avare n'a pas proprement la passion qui le domine, 729. Celle des pères et mères première cause du désordre de leurs enfans, II, 268.

B.

BACLE, jeune Genevois. Va voir R. à Turin, et se lie d'amitié avec lui. Suites de cette liaison, I, 50.

BACON, cité, II, 545.

BAGUERET, Genevois. Inspire à R. la passion du jeu des échecs, I, 114, IV, 198.

Bains à la fronde. Y soumettre et habituer par degrés les enfans, II, 417, IV, 480.

BALLEXSERD, auteur d'une *Dissertation sur l'Éducation physique des Enfans*, I, 304, II, 407.

BALLIÈRE, auteur d'une *Théorie de la Musique*, III, 584.

BALLOT, chargé de communiquer à Voltaire les changemens faits par R. aux divertissemens de la *Reine de Navarre*, IV, 195.

Bals publics. V. *Danse, Fêtes.*

Baniens, comparés aux *Gaures*, II, 485.

Barbarismes et Solécismes V. *Grammaire.*

Bâton brisé (expérience du) dans l'eau, II, 522..524.

BANCHIERI (le P.). R. étudie les ouvrages de cet auteur sur la musique, I, 128.

BARBEYRAC. Sa traduction du *Traité de Grotius*, citée, I, 561, 649.

BARDIN, libraire, à Genève. Abus d'autorité dont il est victime, III, 98, 102.

BARDONANCHE (mad. de), IV, 471.

BAROLLOT, père et fils, de Genève. Leurs liaisons avec R., I, 111, 128, IV, 170, 172.

BARJAC. Fait nommer le comte de Montaigu ambassadeur à Venise, I, 151.

BARRUEL DE BEAUVERT (le comte). Son ouvrage intitulé, *Vie de Rousseau*, I, 531, 537.

BARTHÉLEMY (l'abbé), I, 270.

BARTHÈS, secrétaire d'ambassade en Suisse, prie R. de s'établir à Bienne, I, 347.

BASILE (mad.), jeune marchande à Turin. Accueille R. qui en devient amoureux, I, 29. Retour de M. Basile, et ce qui en résulte, 59, 40.

BASTIDE (de), compilateur et journaliste, I, 289. Lettres que R. lui adresse, IV, 308, 512.

Bastille (la). Ce que R. eût fait s'il y eût été mis, I, 88. Proposition qui lui est faite d'y passer quelques semaines, 506.

BATISTIN. Une cantate de ce compositeur procure à R. une aventure agréable, I, 87.

BAUDRON, musicien, refait la musique de *Pygmalion*, III, 220.

BAYLE. Son opinion sur le fanatisme comparé à l'athéisme, II, 600.

BEAUCHATEAU. Lettres que R. lui adresse, IV, 849.

Beau moral. Son simulacre nous doit être toujours présent, II, 110. Effets de cette disposition, *id.*

BEAUFORT (le duc de). Eût été mis à la discipline par les Genevois, I, 682.

BEAUMONT (de), archevêque de Paris. Son mandement contre Émile II, 746. Réponse de J. J., 755. Pourquoi R. croit devoir répondre à son mandement, I, 520. R. se repent d'avoir donné cette réponse à imprimer; veut la retirer lorsqu'il n'est plus temps, IV, 427, 432. Témoignage honorable que l'archevêque de tout temps rendu de l'auteur d'*Émile*, II, 797.

BEAURIEU, auteur de l'*Élève de la Nature*, IV, 489.

BEAUSOBRE. Son *Histoire du Manichéisme*, cité, II, 770.

Beauté. Son vrai triomphe est de briller par elle-même, II, 642. Ne règne jamais avec plus d'empire qu'au milieu des soins champêtres, 506. Grande beauté, plutôt à fuir qu'à rechercher dans le mariage, 670. L'habitude en détruit l'effet, 642. Beauté renommée des femmes grecques, par quelle cause, 658.

BEAUTEVILLE (le chevalier), ambassadeur de France à Soleure, I, 348. Lettres de R. IV, 849

GÉNÉRALE ET ANALYTIQUE.

Bauer et de Henry, libraires. Lettre de R., IV, 603.
Belzelbel (le prince de). Lettre que R. lui adresse, IV, 845.
Ballot (de) Lettres que R. lui adresse, IV, 849.
Berez, éditeur de la musique manuscrite de R. III, 447. En a sacrifié le produit à l'hôpital des Enfans-Trouvés, I, 365.
Bercer les enfans, usage pernicieux, II, 417.
Bérénice, tragédie. Jugée sous le rapport moral, III, 456.
Bernard (Suzanne), femme d'Isaac R., et mère de J. J. Ses qualités et ses vertus, I, 2.
Bernard (Samuel), père de mad. Dupin, I, 149. Donnoit son portrait à des personnes d'un rang plus élevé. Ce qui lui en arriva, IV, 453.
Bernard (Gabriel), ingénieur, et oncle maternel de R., I, 2. R. confie à un sujet du roi de Sardaigne un mémoire trouvé dans ses papiers contre les fortifications de Genève, 412.
Bernard, fils du précédent, et cousin de R. Mis en pension avec lui chez le ministre Lambercier. Leur amitié, I, 5. Leur séparation, 21.
Berne. Discours que R. prononce devant son Sénat, comme interprète de l'Archimandrite, I, 80. Transports de R. partant de France, à son arrivée sur son territoire, 510. Le Sénat soit signifier à R., réfugié à Yverdun, l'ordre de sortir du territoire, I, 515, IV, 576, 577, 378. Semble disposé à le laisser tranquille dans l'île de Saint-Pierre, I, 538. L'en expulse, 543.
Bernex (de), évêque titulaire de Genève. Son caractère, I, 25. Ce qu'il fait pour R., 27, 60. Comment R. contribue à le faire passer pour saint, 61, III, 286.
Bernis (l'abbé de). En quelle société R. l'a connu, I, 150.
Berthelier (Philibert), martyr de la liberté à Genève, III, 168.
Berthier (le P.), jésuite, I, 168, 299.
Berthier (le P.), oratorien, professeur de physique. Pourquoi R. cesse de le regarder comme un bon homme, I, 266.
Bettina, danseuse italienne, I, 162.
Beuzenval (mad. de). Visite que R. lui fait et caractère de cette dame, I, 148. Le reçoit mal à son retour de Venise et pourquoi, 168.
Bèze (Théodore de), cité, II, 29.
Bianchi, médecin italien, II, 418.
Bible. Mise en histoire galante par le P. Berruyer, II, 458.
Bible. Lecture ordinaire de R. tous les soirs, I, 506. Son langage à la fois modeste et naïf, II, 609. Il est plus croyable que la Bible soit altérée, que Dieu injuste et malfaisant, III, 117. Passages de la Bible cités, *Ancien Testament* : Genèse, II, 506, 762, III, 509. Exode, III, 54. Deutéronome, II, 590, 788. Juges, I, 694, III, 544. Ruth, II, 506. Rois, II, 44, 765. Psaumes, I, 525, II, 44, 579, IV, 767. Prov. I, 525, II, 9, 651, 658. Ecclésiastiq., I, 525, III, 115. *Nouveau Testament* : Év. de saint Mathieu, I, 596, II, 597, III, 16, 26, 27, 28, 54. Év. de saint Marc, I, 525, III, 16, 28, 54. Év. de saint Luc, I, 525, 525, III, 16, 26, 27. Év. de saint Jean, III, 16, 26, 27, 28, 51. Actes des Apôtres, III, 11.
Bienfaire. Seul mobile des actions humaines, I, 532.
Bienfaisance, Bienfaits. Discernement nécessaire dans l'exercice de la bienfaisance, II, 270. Moins d'obligés ingrats que de bienfaiteurs intéressés, 542. Principes et sentimens de R. relativement à lui-même en cette matière. *V. J. J. R*. Un don honnête à faire est toujours honnête à recevoir II, 51. N'est point à l'usage des enfans, 447. R. ne reconnoît pour ses vrais bienfaiteurs que mylord maréchal et du Peyrou, IV, 661.
Bienne. R. invité de se fixer dans cette ville, en prend la résolution, I, 546, 548. Est forcé d'en sortir, 549. Description du lac de Bienne et de ses rivages, 558.
Bienséance. Ne doit jamais l'emporter sur la vertu, II, 459. Le souvent que le masque du vice, 214.
Bienveillance. Naturelle aux enfans, II, 527.
Bilboquet. Goût de R. pour cet amusement, I, 103, IV, 562, 584.
Binis (l'abbé de). Attaché à M. de Montaigu, ambassadeur à Venise, I, 152, 154, 160.
Blainville, inventeur d'un nouveau mode en musique, III, 579, 751.
Blainville (mad.), belle-sœur de madame d'Houdetot, I, 254, 265.
Blaire (de) conseiller au parlement. Son jugement sur l'*Émile*, I, 505.
Blanchard (l'abbé), maître de musique de la cathédrale à Besançon, I, 107, IV, 166.
Bodin, auteur d'un traité *de la République*, en six livres. Justifié sur l'emploi du mot *citoyen*, I, 645. Son ouvrage cité, 598, 600, 605.
Boerhave. Son opinion sur les maladies des enfans, II, 421.
Boeck, cité, III, 585.
Boisgelou (Rouillé de), conseiller au parlement. A quelle occasion R. fait sa connoissance, I, 269. Son système de musique, III, 84. Exposé succinct de ce système, 818. Notice sur lui et son fils, II, 480, 481. *V*. Surremain-Missery.
Boissi (de). Lettres de R. IV, 849.
Bon (le). Est le beau mis en action, et ont tous deux une source commune II, 27. Ne dépend pas du jugement des hommes, 77.
Bonac (le marquis de), ambassadeur de France à Soleure. Retient R. qui voyageoit avec l'Archimandrite. Ce qu'il fait pour son avancement, I, 80, 81.
Bonaparte. Son opinion personnelle sur R. et ses ouvrages, I, 574. Va à Ermenonville, étant premier consul; anecdote à ce sujet, *ib*. Devenu empereur, consent à ce que le corps de R. soit reporté à Ermenonville; pourquoi le projet n'eut pas lieu, *ib*.
Bondeli (Julie). Lettre que R. lui adresse, IV, 474.
Bonheur. Fin de tout être sensible, II, 694. Sa source n'est ni dans l'objet désiré, ni dans le cœur de celui qui le possède, mais dans le rapport de l'un et de l'autre, II, 111. Bonheur de l'homme naturel, en quoi consiste, 502. S'il en est un exemple sur la terre, 114. La vertu le donne pas, mais on ne peut le goûter sans elle, IV, 640, 493. Bonheur et malheur absolus n'existent point, II, 430. Son bonheur en état négatif, II, 430. Résulte d'un parfait équilibre entre les facultés et les désirs. Comment l'obtenir, 430. 453. Celui que nous voulons tirer de ce qui nous est étranger est un bonheur faux. On

ne le trouve que dans l'estime de soi-même et en se détachant le plus possible de ce qui ne nous appartient point réellement, IV, 509, 746. On en juge trop sur les apparences; quelle est celle d'un homme vraiment heureux, II, 559. N'est pas composé d'instans fugitifs; c'est un état simple et permanent. Description de cet état, I, 427, IV, 786, 787. Circonstances nécessaires pour le constituer et le rendre durable, I, 4.8 Les privations passagères et modérées rendent les jouissances plus sen: le et nous laissent maîtres de nous-mêmes, II, 174. On jouit moins de ce qu'on obtient que de ce qu'on espère. Vivre sans désir, c'est être mort, 532. Il est faux qu'il y ait même dose de bonheur et de malheur dans tous les états, 556. Quels sont ceux que dans la société R. a reconnu le plus la condition la plus heureuse, IV, 48.. Comment l'étude peut procurer le bonheur, 486. Il nous quitte ou nous le quittons, II, 198.
Bonne. V. *Gouvernante*.
Bonnet, Genevois et naturaliste. Écrit pour réfuter R., I, 555, 878.
Bonneval, intendant des Menus. Fait exécuter aux frais du roi l'opéra des *Muses galantes*, I, 172. Sur sa critique du *Devin*, IV, 208. 214.
Bons mots. Le moyen d'en trouver quelques-uns est de dire beaucoup de sottises, II, 449.
Bonté. De tous les attributs de la Divinité, est celui sans lequel on ne peut le moins concevoir, II, 422. L'homme qui n'est que bon, n'est bon que pour lui, 696. Modification et exception à cette maxime, IV, 664.
Bonté et Justice. Véritables affections de l'âme, et non de purs êtres moraux formés par l'entendement, II, 545.
Bordes, académicien de Lyon. Donne à R. des recommandations pour Paris, I, 144. Épîtres que ce dernier lui adresse, III, 559, 565. Véritable cause de sa haine contre R., et méprise de celui-ci relativement aux deux discours de Bordes sur les sciences, 491, 495.
Bordeu, médecin, I, 299.
Borlin (l'abbé), IV, 170.
Borromées (Îles), I, 167, 225. Lieu comparé à la plus jolie de ces îles, 275.
Bossuet. Son *Exposition de la doctrine de l'Église catholique* cité, II, 595.
Botanique. Étude de pure curiosité, III, 588. Considérée comme partie de la médecine, est ce qui a nui à ses progrès, 420. Méthode vicieuse des premiers botanistes, 421. Éloge des frères Bauhin, *ib*. De Tournefort, 422. Progrès dus à Linnæus et à sa nomenclature, 422, 425. Nécessité d'une bonne nomenclature, 4. 5., 424. Motifs de préférence pour ce genre d'étude, tirés de la comparaison des trois règnes de la nature, 1,458. Occasion qu'avoit R. dans sa jeunesse de prendre du goût pour cette science, et ce qui empêche ce goût de naître, 15. La même idée, celle des vertus médicinales, éloigne de cette étude beaucoup de gens, 456. Pourquoi R. commence à se passionner pour elle, et ce qui le porte à s'y livrer, 540. Qui peut encore, étant presque sexagénaire, s'y attacher exclusivement, 453. Rareté des livres de botanique à Paris au temps auquel en faisoit chercher (1767), IV, 702. A inventé une écriture abrégée pour cette science, I, 463. A fait un grand travail sur ses propres livres relativement à la synonymie, IV, 785. Lettres adressées à mad. Delessert, III, 571..592. A M. de Malesherbes, 595..596. A la duch. de Portland, 597..408. A M. du Peyrou, 408. A M. Liotard, *ib*. A M. de la Tourette, 409..418. A M. l'abbé de Pramont, 418.
Botanique (Dictionnaire de) III, 420. Composition de cet ouvrage projeté entre R. et du Peyrou, IV, 616, 617.
Bouchers. Ne sont pas reçus en témoignage chez les Anglois ; méprise de R. à cet égard, II, 485.
Boudet, moine antonin. R. lui adresse un mémoire pour sa Vie de M. de Bernex, III, 275.
Boufflers (la comtesse de). Commencement de ses liaisons avec R., I, 275. Motifs de R. pour croire s'en être fait une ennemie, 270, 287, 295. Conseil qu'elle donne à R. de se retirer en Angleterre avec Hume, 505, 507, 555. Tancé vivement R., retiré à Motiers, d'avoir communiqué, 520. Lettres de R., IV, 849.
Boufflers (madem. de) V. *Lauzun*.
Boufflers (l'abbé de) Son caractère. Mauvais tour qu'il joue à R., I, 291.
Bouffons italiens. Leur arrivée et leur séjour à Paris, Liste des pièces par eux représentées, I, 200, III, 522.
Boulanger, auteur du *Despotisme oriental*. R. fait sa connoissance, I, 185.
Bouillie. Nourriture malsaine, II, 424.
Bouquet d'un enfant à sa mère, III, 370.
Bourette (mad.). Lettre de R., IV, 531.
Boussole. Comment Émile parvient à connaître cet instrument, II 498, 500.
Bovier, avocat à Grenoble. Singulière réponse qu'il fait à une demande de R. sur la qualité vénéneuse des fruits d'un arbuste, I, 441. Provoqué inconsidérément l'affaire du chamoiseur Thévenin, IV, 751, 754.
Boy-de-la-Tour, de Lyon. Service qu'il rend à R., I, 467.
Boy-de-la-Tour (mad.), fille du précédent, I, 511. Propose à R maison de Motiers, 515.
Boy-de-la-Tour (Pierre), parent de la précédente. R. publie contre sa *Vision de Pierre de la Montagne*, I, 534.
Boze (de), garde des médailles du cabinet du roi. R. fait sa connoissance, caractère de son épouse, I, 148.
Brantôme. Trait singulier qu'il rapporte d'une jeune fille qui avoit un amant bâillard, II, 658. Atroce plaisanterie de l'exécuteur de l'infant Don Carlos, III, 16.
Bravoure. Ne doit pas être comptée au nombre des vertus, I, 515. Ne constitue pas un caractère, 5.5.
Breil (la marquise de) traite R. avec dédain, I, 48. R. devient amoureux de sa fille, 47.
Brignole (mad.) amie de mad. Dupin, I, 150
Broglie (mad. de). R. fait sa connoissance chez madame de Beuzenval I, 148. Elle lui donne un roman de Duclos, 149. Le propose pour secrétaire à M. de Montaigu, nommé ambassadeur à Venise, 151.

TABLE

BROOKE-BOOTHBY, Anglois. Dépositaire du manuscrit du premier des *Dialogues*, IV, 23.155.
BROSSARD. Auteur d'un *Dictionnaire de Musique*, III, 530.
BROUFLIN (mad.), amie de mad. d'Houdetot, I, 243.
BRUZIER-D'ABLAINCOURT, médecin. Sa *Dissertation sur l'incertitude des signes de la mort*, citée, III, 51.
BRUNA (mad.), chanteuse italienne; I, 244.
BRUTUS, consul de Rome. Examen de sa conduite; I, 503.
BRUYSET, libraire de Lyon, contrefait l'*Émile*, IV, 565.
Bucentaure (cérémonie du) à Venise, II, 607.
BUFFON. En quelle société R. fait sa connoissance, I, 150, II, 507. Son éloge. R. auroit désiré le voir davantage et profiter de ses invitations, IV, 545. Passage de cet écrivain qui offre toute la substance du *Discours sur l'inégalité*, I, 567. Cité, 567, 568, 569, II, 404, 407, 417, 470, 507, 529, 761.
BULLIARD, auteur d'un *Dictionnaire élémentaire de Botanique*, III, 392.
BURETTE, de l'Académie des Sciences. Fait exécuter des morceaux de musique grecque, III, 513.
BERNARD. Lettres de R., IV, 849.
BURNET (Thomas). Cité, II, 761.
BUTTA-FUOCO. Demande à R. un plan de législation pour la Corse, I, 344. Correspondance à ce sujet, 749.

C.

*C*dres dorés. Leur usage pour Émile, II, 478.
CAHOUET, secrétaire de mad. d'Epinay, IV, 250.
CAJOT (dom). Bénédictin, écrit contre R., IV, 603.
CALIGULA. Son raisonnement favorable au despotisme, I, 610, 641.
CALMET (dom). Son *Histoire des Vampires*, citée, II, 785.
CALVIN. Son éloge comme législateur, I, 655.
CAMPRA, musicien, IV, 166.
Canard. Histoire du canard de la Foire, II, 498.
Candide. Roman de Voltaire, est la réponse à la lettre de R. sur le *Poëme de Lisbonne*, I, 224, IV, 478.
Capitale (ville). On n'en doit point souffrir dans un état bien gouverné, I, 6.7. Elles se ressemblent toutes. Ce n'est pas là qu'il faut étudier un peuple, mais dans les provinces reculées, II, 120, 743.
Caprices. Ne sont pas à craindre pour l'enfant laissé en liberté, II, 460. Comment l'en guérir, 461, 465.
Carillon milanois, noté en chiffres, III, 491.
CARNÉADE. Se faisoit un jeu d'établir et de renverser les mêmes propositions, I, 481.
CARRIO, secrétaire de l'ambassade d'Espagne à Venise. Ses liaisons avec R., I, 156. Accord fait avec lui au sujet de la jeune Azoletta, 166. R. le revoit à Montmorency, 268.
Cartes géographiques. Quelles seront celles d'Émile, II, 497.
CARTIER. Lettre de R., IV, 304.
CARTOUCHE. Comparé à Cromwel, I, 493.
CASSINI. Son opinion sur la figure de la terre, III, 279.
CASTEL (le P.), jésuite. R. fait sa connoissance, I, 145. Service qu'il en reçoit, 148. R. cesse de le voir et pourquoi, 168.
CASTELLANE (le comte de), ambassadeur à Constantinople. Relations de R. avec lui, I, 158, IV, 193.
CASTRIES (M. de). Ce qu'il dit de la rupture de R. et de Diderot, IV, 544.
Catéchisme. Est à refaire, II, 647. Exemple de la manière dont la première question peut en être traitée, 647.649.
CATILINA, I, 698; II, 582.
Catilina, tragédie de Crébillon, jugée sous le rapport moral, III, 124.
CATON LE CENSEUR. Se déclare contre les Grecs qui corrompoient ses concitoyens, I, 468. Élève lui-même son fils de le berceau, II, 409.
CATON D'UTIQUE. Serment que son père exige qu'il prête avant de continuer à servir sous Popilius, I, 615. Quelle opinion on avoit de lui dans son enfance, II, 430. Ce qu'il a fait pour sa patrie et le genre humain, I, 503. Fut déplacé dans son siècle, 566. Mis en opposition avec Socrate, 593. Comment il répond à César lors de la délibération sur Catilina, 698.
CATON (le P.), cordelier, I, 66 Portrait de ce religieux, 93, 96. Ses malheurs, 96.
CAUSANS (Mauléon de), II, 792.
CAVEYRAC (Novi de). Accusé à tort d'être le panégyriste de la Saint-Barthélemi, II, 783.
CAYLUS (le comte de). Connoissance agréable pour R., I, 145.
Célibat. L'homme n'est pas fait pour le célibat, II, 439. Inconvéniens de cet état imposé au clergé romain. Il en résulte toujours quelque désordre public ou caché, ib. Offense la nature et trompe sa destination, 777.
Censure. Sa définition, I, 695. Elle est utile pour conserver les mœurs, jamais pour les rétablir, ib. Ne pourroit subsister dans l'état actuel de nos mœurs, 578. Existe à Genève dans deux institutions différentes, III, 447.
Cercles, à Genève. V. *Genève*.
Cérès Thesmophore, I, 566.
Cerf-volant. Juste conséquence tirée de son ombre par un enfant, II, 492.
CÉSAR, II, 581. Comment Caton et Cicéron répondent à son plaidoyer pour Catilina, I, 698.
CÉSARGES (de). R. s'établit dans sa maison à Monquin, I, 357. Motifs de plainte de R. contre lui, IV, 817.
CHALLES (madem. de). Écolière de R. pour la musique, I, 98.
Chambéri. Éloge des habitans de cette ville, I, 97.
CHAMOS. Dieu des Ammonites. Son autorité reconnue par Jephté, I, 695.
CHAMPAGNEUX (de). Maire de Bourgoin, l'un des témoins du mariage de R., I, 357, IV, 729, 734.

Chanson. Règle à observer dans la composition de ce petit poëme, IV, 822. Pourquoi la musique françoise est plus propre à ce genre qu'à tout autre, II, 64.
Chanson imitée de Métastase attribuée à R., III, 364.
CHARBONNEL (M.), IV, 174.
CHAMPFORT. Lettres de R., IV, 849.
CHAPPUIS. Ses liaisons avec R., I, 205. Lettres de R., IV, 849.
Charbonnier. Femme d'un charbonnier plus respectable que la maîtresse d'un prince, II, 328. Application de cette sentence à Mad. de Pompadour, I, 270.
CHARDIN. Cité, I, 672, II, 292, 463, 485, 601, III, 497, 500.
Charité. Cette vertu n'est pas à l'usage des enfans II, 447, 448.
CHARLEMAGNE. Ce qu'il fit pour la réforme du chant françois, III, 523, 774.
CHARLY (mad. de). R. donne des leçons de musique à sa fille, I, 98.
Charmettes (les). Description de cette habitation, I, 116.
CHANOLOIS (le comte de). Vexations qu'il exerçoit sur ses terres pour la conservation de son droit de chasse, I, 303.
CHARRON. Cité, II, 588.
Chasse. Époque où cet exercice est convenable et utile à la jeunesse, II, 606. Moyen de goûter ce plaisir dans sa plénitude, 629, 630.
CHASSÉ (de), acteur de l'Opéra, II, 141, III, 603.
Chasteté. Sur quoi en est fondé le devoir, II, 538. Se soutient par elle-même, et les désirs réprimés s'accoutument à ne plus renaître, 451. Importance et heureux effet de cette vertu, 609. Source d'honneur et de délices pour une belle femme, 657. V. *Tempérament*.
CHATELET (madem. du). Amie de mad. de Warens. R. fait sa connoissance à Lyon et en reçoit des services, I, 85, 88.
Châtiment pour les enfans. V. *Punitions*.
CHAUVEL (Réponse aux questions faites par M. de), IV, 639.
CHENONCEAUX (de), fils de mad. Dupin. R. est pendant huit jours chargé de son éducation, I, 150. Fait placer le père Le Vasseur dans une maison de charité, 208.
CHENONCEAUX (mad. de). Attachement de R. pour cette dame, sans cependant en devenir amoureux, I, 187. Lettre de R., IV, 553.
CHENONCEAUX (château de), sur le Cher. Occupations de R. dans ce séjour, I, 177.
Chimie. Expérience qui faillit faire perdre la vue à R., I, 143. Il suit des cours de cette science avec M. de Francueil, 177. Choses extraordinaires qu'on fait à l'aide de cette science, et dont il a fait quelques-unes lui-même, III, 30, 31.
Chine. Ses lumières n'ont servi qu'à lui donner des vices et la soumettre au joug de l'étranger, I, 467. Tableau succinct des mœurs et du caractère des Chinois, II, 208. Le fanatisme dévot s'y réunit au fanatisme athée, I, 299. C'est le seul peuple qui fasse exception à l'une des règles établies pour juger de la bonté relative des gouvernemens, II, 743.
Chirurgiens anglois. Méprise de R. à leur égard I, 485.
CHOISEUL (le duc de). Entreprend d'apaiser les troubles de Genève, III, 3. Montrées ses intentions favorables à R., et ce que fait R. pour lui en témoigner sa reconnoissance, I, 292. Question de M. de Luxembourg à R. relative à lui, 305. R. pense qu'il n'a fait la conquête de la Corse que pour l'empêcher d'en être le législateur, 346. Est à ses yeux le premier et le plus redoutable de ses ennemis, IV, 793. Ce qu'on doit penser des sentimens de haine et de persécution que R. lui suppose, 801, 804. Lettre de R. 749.
CHOUET, Premier syndic de Genève, I, 206, III, 76, 90, 94.
CHRYSOSTÔME (Saint). Cité, III, 119.
Christianisme. Ce qu'il est, quel esprit il inspire; ce que seroit une société de vrais chrétiens, I, 696. Comme religion universelle, est le plus fort lien de la société générale, III, 14. Mais ne peut devenir religion nationale sans inconvéniens, 14, IV, 445. Ce que doit faire le législateur en pareil cas, III, 14, 15. Tableau du bien qu'il a fait et fait encore à l'humanité, II, 601. Fausse opinion des catholiques sur le christianisme et sur ses ministres, 364. Le vrai chrétien est l'homme juste, les vrais incrédules sont les méchans, 355.
CICÉRON. Son témoignage contre les sciences, I, 487. Bassesse qui lui est reprochée, II, 141. Blâme à tort le changement opéré dans la manière de donner les suffrages, I, 690. Sa conduite dans la conjuration de Catilina, 695. Sa réponse à César lors de la délibération sur ce conjurateur, 698. Comparé à Démosthènes, II, 625. Cité, I, 486, 643, 698, II, 115, 403, 533, 544, III, 148, 502, IV, 505.
Cincé, II, 691.
Citoyen. Sens de ce mot, dénaturé par les François, I, 643, II, 619, 707. Véritable caractère du citoyen et de la citoyenne, 402. Devoirs du citoyen, 707.
Citron (zeste de). Livre fait par un Allemand sur cet objet, I, 426.
CLAPARÈDE. Professeur de théologie à Genève, IV, 562.
CLAIRAUT. Ses liaisons avec R., I, 470, IV, 543. Est le seul qui exprime publiquement le bien qu'il pense de l'*Émile*, I, 305, Lettre de R., IV, 543.
CLAUDIEN. Cité, IV, 666.
CLARKE. Cité, II, 568.
Clavecin. Habileté d'une Angloise de dix ans et d'un garçon de sept ans sur cet instrument, II, 480. Est préférable à tous les autres sous le rapport de la délicatesse du toucher, 474. Avantage de ses touches noires. Maladresse des facteurs actuels, qui ont changé à cet égard l'ordre des deux couleurs, 659.
CLÉMENT D'ALEXANDRIE. Cité, II, 597, 643, 770.
CLÉOPATRE, II, 609.
Cléveland. Effet de ce roman sur R., I, 144.
Climat. Son influence pour déterminer la forme du gouvernement, I, 678. Principale cause des différences caractéristiques des langues, III, 505, 512. Désavantage des climats extrêmes pour la culture des hommes, II, 411.
CLOSURE (de la), résident de France à Genève. Devient amoureux de la mère de R., I, 2. En conserve un tendre souvenir, ib. Son amitié pour R., 167.

Clot (mad.). Espioglerie qu' on fait R. dans son enfance, I, 4.
Cocceii. Médecin italien, II, 446.
Coiffure. Quelle est celle qui convient aux enfans, II, 463. La coiffure en cheveux ne convient aux femmes que jusqu'à l'âge de trente ans, IV, 480.
Coignet, musicien, auteur de la musique de *Pygmalion*, III, 220.
Coin du roi, Coin de la reine. Origine de ces dénominations, I, 200.
Coindet, Genevois. Rend des services à R., I, 267. S'introduit à l'hôtel de Luxembourg, 277, et chez madame de Verdelin, 280. Fait graver les planches de la *Nouvelle Héloïse*, IV, 517, 523. Lettres de R., 849.
Colère. Comment cette passion doit être présentée aux enfans, II, 442.
Collections en livres ou objets d'art. Ne sont jamais complètes. L'abondance y fait la misère, II, 626.
Collèges. Vices de l'éducation qu'on y reçoit, I, 475, 480. Devroient renfermer tous un lieu d'exercices corporels pour les enfans, 710. Plût à Dieu qu'il n'y eût point de collèges, II, 636.
Colombier (mad. du), I, 129.
Comr (le frère). Visite R. et détermine le genre de sa maladie, I, 302; IV, 343.
Comédie. S'il est vrai qu'elle corrige les mœurs, III, 122, 123. Son principe même fondé sur un vice du cœur humain, 127. V. *Spectacles.*
Comédiens. S'ils peuvent être suffisamment contenus par des lois, III, 142. Ont généralement de mauvaises mœurs, 147. Leur profession est partout déshonorante, *ib.* Pourquoi, 149..153. L'étoient également chez les Romains, 148, 149. Pourquoi elle ne l'étoit pas chez les Grecs, 148. Ce qu'est cette profession en elle-même, et l'objet qu'on s'y propose, 149. Ce qui distingue le comédien de l'orateur et du prédicateur, 150. Le désordre inévitable des actrices y entraîne celui des acteurs, *ib.* Pourquoi le premier est-il inévitable, 150..153. S'il faut mépriser tous les comédiens, 153.
Comparet J. A.). Auteur d'une brochure contre la *Profession de foi*, IV, 428.
Condamine (de La). Singularité qu'il rapporte d'un peuple qui ne savoit compter que jusqu'à trois, II, 569.
Condillac (l'abbé de). Comment R. fit connoissance avec lui, I, 143, 269. Suites de cette liaison, 179. R. lui confie le manuscrit de ses *dialogues*, IV, 154. Opinion qu'on avoit de lui dans sa jeunesse, II, 450. Sa *Grammaire*, citée, I, 542, 544, 568.
Condorcet. Lettre de R., IV, 791.
Confédérations. Seul moyen de réunir la puissance d'un grand peuple et le bon ordre d'un petit état, I, 679, 680, 711, 712. Confédérations en Pologne, 701, 725.
Confesseur. Langage à tenir par un catholique à son confesseur, IV, 511.
Confessions (les) de J. J., I, 549. Rey et Duclos lui ont donné l'idée de faire cet ouvrage, I, 272, IV, 526. Commencées à Motiers, lacune qu'il aperçoit dans le recueil de ses lettres, I, 322. N'a jamais mieux senti son aversion pour le mensonge qu'en les écrivant, 422, Y a tu le bien plus soigneusement que le mal, 422. Objet propre de cet ouvrage, 142, 273. Époques de sa composition, 143. La première partie écrite toute de mémoire, 142. Dans quelles dispositions il écrit la seconde, *ib.*, 143. Projet abandonné d'un supplément à cet ouvrage, 167. Reconnoît qu'il n'a pas le droit d'être sincère pour les autres comme pour lui; cependant, vu sa situation et l'objet de son entreprise, doit être juste envers lui-même et tout sacrifier à la vérité, 209, IV, 423. Succès des lectures particulières qu'il en fait dans quelques sociétés à Paris, I, 360, 364. Existence de deux manuscrits autographes des *Confessions*, et ce qui en est résulté, I, 11.
Connoissances spéculatives. Ne conviennent pas aux enfans, II, 501.
Conscience ou Sens moral. Son existence démontrée, II, 583, 584. Est-elle l'ouvrage des préjugés? 575. Est un sentiment, non l'effet d'un jugement, 547. N'apprend pas à bien raisonner, mais à bien agir, 555. Quoique indépendante de la raison, ne se développe point sans elle, 422. Est seule la base de la loi naturelle et des vertus humaines, 543. La raison fait connoître le bien; la conscience, innée en nous, le fait aimer, 584. Guide plus sûr, dans les recherches métaphysiques et dans la conduite de la vie, que la raison et que tous les livres des philosophes, 568, 570, 584, IV, 279, 768. L'exercice de ce sens moral, la plus douce des jouissances; moyens de le cultiver et de le développer, 786. Pourquoi n'est pas toujours écoutée, et finit par ne nous parler plus, II, 584.
Consistoire de Motiers (lettre de R. au), IV, 848.
Cramer de La (Mad.). Lettre que R. lui adresse, IV, 575.
Considérations sur le gouvernement de Pologne, I, 700. Époque et circonstances de la composition de cet ouvrage, 1; 561, 714, 747. V. *Pologne.*
Conti (le prince de) Ses liaisons avec mad. d'Arty, I, 149. Avec mad. de Boufflers, 287. Va voir R. à Mont-Louis, 286, IV, 315. R. refuse ses présens en gibier, et se le reproche, I, 287, IV, 316. R. craint de l'avoir offensé par un passage de l'*Émile* sur la chasse, I, 303. Fait savoir à mad. de Luxembourg le décret porté contre R. 307. Lui offre un logement au temple à son retour à Paris en 1765, 1, 552, IV, 386. A son retour d'Angleterre, le loge au château de Trye et l'y va voir, I, 333. Sa générosité et son indulgente bonté envers lui, 556, IV, 747. Supprime dans sa maison tous les ustensiles en cuivre, 212. Lettres de R. 849.
Contrat social (du), ou *Principes du droit politique*, I, 659. Faisoit partie d'un plus grand ouvrage. Objet de R. en le composant. Cette composition antérieure d'un grand nombre d'années à celle de l'*Émile*, I, 244, IV, 327, 534. Il y met la dernière main, I, 272; et le vend à Rey pour mille francs, 295. Comment il est accueilli en France, 302. S'il est vrai que ce livre tend à renverser tous les gouvernemens, III, 63. Deux principes auxquels il se réduit, IV, 582. Ce qu'il est par rapport à l'*Esprit des Lois*, I, 659. Analyse de tout l'ouvrage, II, 706..742. Autre analyse, III, 44, 65. Sa publication, IV, 527, 561.
Contrat ou Pacte social. V. *Corps politique.*
Conversation. R. tout-à-fait inhabile en ce genre. I, 58. Exceptions à faire sur ce qu'il dit de lui-même à ce sujet, 59. Ce qui la lui rend insupportable, le moyen qu'il propose pour en prévenir le vide, 104, 316, 540. Propos

oiseux indignes d'un homme raisonnable, II, 292. Celle des auteurs plus profitable que leurs livres, 622.
Convulsions. Maladie des enfans, II, 420.
Conway. Général et ministre d'état en Angleterre. Relations et correspondance de R. avec ce ministre, I, 535, IV, 615, 629, 677, 681, 684.
Conzié (de). Commencement de sa liaison avec R. lui donne du goût pour la littérature, I, 110. Il apprend à R. la mort de mad. de Warens, 328. Lettres de R. IV, 849.
Coppier (le père), jésuite. Ses liaisons avec R., I, 126, IV, 174.
Coquetterie. Naturelle à la femme, II, 637. Art dont la femme a besoin pour cela, 651. Celles qui ne sont que coquettes sont sans autorité sur leurs amans dans les choses importantes, 658. La véritable coquetterie quelquefois recherchée, mais jamais fastueuse, 642, 645.
Coralline. Actrice célèbre du Théâtre Italien, I, 155.
Corancez. Négociation délicate dont il se charge relativement à la pension du roi d'Angleterre à R., I, 356. Son écrit sur R., 364. Reste son ami jusqu'au dernier moment, 565, 566. Son récit et son opinion sur le genre de mort de R., 366, 567.
Corelli, musicien. Lulli le fait chasser de France, III, 533.
Coriolan, II, 636.
Corneille. Avec tout son génie, n'est qu'un parleur, II, 126. Il a suivi et développé, mais jamais choqué le goût du public, III, 120. Pourquoi ses pièces ne seroient pas admises aujourd'hui, *ib.*
Corps (facultés du). Non moins nécessaires aux chefs du peuple que les qualités de l'esprit, I, 707.
Corps politique. Ses diverses dénominations et sens de chacune d'elles, I, 643, II, 707. Comparé au corps de l'homme, I, 587. L'idée de sa formation appartient aux riches, 557, 558. V. *Société.* Son établissement n'a pu être que l'effet d'un contrat, 562, 643, 644; qui ne sauroit être irrévocable, I, 562. V. *Liberté.* Objet de ce contrat; ses clauses se réduisent à une seule, 644. La loi qui l'établit est la seule qui exige un consentement unanime, 685. V. *Loi.* Quels sont ses effets, 644, II, 707, 708. Engagement tacite qu'il renferme, I, 646. Il donne aux actions humaines la moralité qui leur manquoit auparavant, *ib.* Chaque corps politique se subdivise en d'autres corps dont la volonté, générale par rapport aux membres de chacun d'eux, est particulière par rapport au tout, I, 587. V. *Volonté générale.* Nature et étendue du droit du corps politique sur la personne et les biens de chacun de ses membres, 646, 650, 651. V. *Souverain.* A deux mobiles, la puissance législative, et la puissance exécutive, 661. V. *Législation, Gouvernement.* A un *maximum* de force qu'il ne sauroit passer sans s'affoiblir, 637, 711. Deux manières de mesurer un corps politique, 638. Proportion dans laquelle le *maximum* se trouve, *ib.* Gouvernemens fédératifs, seul moyen de réunir les avantages respectifs des grands et petits états, 679, 711. Les corps politiques restant entre eux dans l'état de nature, en ressentent tous les inconvéniens, I, 559, 606, 608. S'il y a un remède à cet état de choses, 620, 624.
Corse (île de). Le peuple de cette île capable encore de recevoir une bonne législation, I, 659. Les Génois y ont établi une académie pour la mieux subjuguer, III, 193. Le général Paoli fait demander à R. un plan de constitution, I, 344. Documens et instructions demandés par R. pour remplir cet objet, 751. Comment il se propose de satisfaire à la demande qui lui est faite, 752. Hésitation de R. et pourquoi la demande n'eut en définitif aucun effet, 346.
Corruption publique. Commence toujours par les riches, puis les pauvres; la classe moyenne est la dernière atteinte, IV, 293.
Corsets. Leur usage pernicieux, II, 658.
Corvezi, intendant d'Annecy. Son portrait, I, 61.
Cossé. Lettre que R. lui adresse, IV, 837.
Couleurs. Fausse analogie entre les sons et les couleurs, II, 517.
Course. Moyen d'exercer à la course un enfant paresseux et de lui en inspirer le goût, II, 475. Instruction qu'il en peut tirer, 476. C'est la seule chose que les femmes fassent de mauvaise grâce, 690.
Courtilles (de) ou Vintzenried, amant de madame de Warens après Rousseau, I, 136, 138.
Couvent (communauté) au Val-de-Travers, donne à R. des lettres de communier, I, 528.
Covelle (Robert). Genevois, censuré par le petit Conseil, III, 5.
Crébillon. Son éloge, III, 174.
Cramer de Lon (Mad.). Lettre que R. lui adresse, IV, 575.
Créqui (mad. de). Époque de la liaison de R. avec cette dame, I, 494. Elle continue quoique cette dame se soit jetée dans la haute dévotion, 295. Comment et à quelle époque elle se termine, IV, 833. Lettres de R. IV, 849.
Crevecœur de Saint-John. Ses *Lettres d'un cultivateur américain*, citées, I, 577.
Crommelin, résident de Genève en France. Son caractère, I, 206.
Cromwell. Eût été mis aux Sonnettes par le peuple de Berne, I. 682. Un homme sage n'eût jamais entrepris de le convertir, 492.
Crouzaz. Jugement sur sa réfutation de l'*Épître de Pope*, II, 130. Cité et apprécié, 464, IV, 241.
Ctésias. Historien, II, 702.
Cureu (M. le), IV, 178.
Cuiller (gentilshommes de la), I, 22, III, 169.
Cuivre (ustensiles de). Leur usage funeste à la santé, IV, 211.
Culte. Quel est celui que Dieu demande? II, 588. Le culte extérieur et public, pure affaire de police, *ib.* Culte essentiel est celui du cœur, 598. V. *Religion.*
Curé. Portrait d'un bon curé, II, 598, 599.
Curiosité Est naturelle à l'homme, mais dans quel sens, II, 494. Moyen de rendre l'élève curieux, 495, 496. Elle s'étend avec nos besoins, 523.
Curius, avoit raison de mépriser les richesses, I, 505.
Cury (de), intendant des Menus, fait représenter le *Devin* à la cour, I, 196, 497.
Cyclopes. Pourquoi Homère en a fait des mangeurs de chair, des hommes affreux, II, 485.

D.

Damesin (gentilhomme savoyard), est utile à R. I, 143.
Damey (Jacqueline). Lettre que R. lui adresse, IV, 533.
Dancourt. Son théâtre jugé sous le rapport moral, III, 133.
Danse. Récréation innocente et salutaire; interdite à tort par le clergé, II, 230. Effet utile des bals publics pour favoriser d'heureux mariages, id., III, 172. Moyens d'y maintenir l'ordre et la décence, 172..174. Ne doit pas être proscrite dans l'éducation des filles, II, 643. Danses du peuple en France comparées à celles du peuple suisse, IV, 414. Diversité de caractères à introduire dans cet art, 430, 431. Application au menuet et à la contre-danse, ib. Pourquoi R. ne peut profiter des leçons qu'il en reçoit, I, 103.
Daphnis et Chloé, opéra. R. en compose la musique, I, 363. Des fragmens en ont été gravés, III, 447.
Daran, médecin. R. emploie ses sondes pour se guérir, I, 190.
Darius. Ce qu'il reçoit de la part des Scythes, II, 608.
Dastier, de Carpentras. Visite R. à Motiers, I, 323. Le détourne d'aller s'établir en Corse, 545, 546. Lettre de R. IV, 539.
Davenport, Anglois. Loue à R. sa maison à Wootton, 352. Lettres que R. lui adresse, IV, 849.
David, roi, I, 148, 151.
Davila, historien. Cité, II, 546.
Débauche. Son effet sur le caractère des jeunes gens qui s'y livrent, II, 332. Comment un vieux militaire prévint ce vice dans son fils, 541.
Décence. Affectée dans le langage sur certain point, est d'un effet dangereux sur les enfans, II, 330.
Découverte du Nouveau-Monde (la). Opéra, III, 254..261. Époque de sa composition, I, 431, III, 234.
Deffant (mad. du). Son portrait, I, 295.
Définitions. Toujours insuffisantes, pourquoi? II, 431.
Déjeuner. R. aimoit beaucoup ce repas, I, 123.
Delessert (mad.). Ses liaisons et sa correspondance avec R. I, 560, III, 371.
Deleyre. Ses liaisons avec R., I, 224, 227, 239. Lettres que ce dernier lui adresse, IV, 849.
Delisle de la Drevetière. Auteur d'Arlequin sauvage, III, 420.
Delisle de Sales. Sa Philosophie de la Nature, attribuée à R., IV, 110, 131.
Deluc, père et fils. Leurs liaisons avec R., I, 525, IV, 376, 394, 400, 439. Lettres de R., 849.
Démocratie. Sa définition, I, 665, II, 711. Conditions nécessaires pour cette forme de gouvernement, I, 666. Un peuple de dieux se gouverneroit démocratiquement, 667. Dégénère en ochlocratie, 675. Avantage propre du gouvernement démocratique, 681. L'élection par la voie du sort est dans la nature de la démocratie, 684, 685.
Démosthènes. Comparé à Cicéron, II, 625.
Denis (mad.), nièce de Voltaire, I, 495.
Denise, professeur de mathématiques à Montaigu, IV, 424.
Dentelles. Les femmes qui ont la peau blanche devroient s'en passer, II, 643.
Dentition. Comment la faciliter, II, 424.
Députés ou Représentans du peuple. Supplent imparfaitement aux assemblées réelles du peuple, I, 678, 745. Les députés du peuple ne sont pas ses représentans, mais ses commissaires, 678. Application à la Pologne, 745. Exemple tiré des Romains et des Grecs, 676, 679. Pourquoi les peuples anciens n'avoient pas de représentans, 679. Les modernes ne peuvent s'en passer, III, 100, 401.
Descartes, II, 567, 571.
Descreux (M.), IV, 198.
Desfontaines (l'abbé). Sur sa critique de la Dissertation sur la musique moderne, IV, 184.
Désessarts. Son traité de l'Éducation corporelle des enfans. Cité, II, 407.
Désir. Nécessaire non-seulement au bonheur, mais même à l'existence, II, 352. V. Bonheur.
Desmahis. Auteur de l'Impertinent, I, 269.
Desœuvrement. Fléau de la société autant que de la solitude, I, 104. V. Oisiveté.
Despotisme. Ne peut être supposé l'effet d'un consentement volontaire lors de la formation des premières sociétés, I, 560. On peut encore moins le faire dériver du pouvoir paternel, id. Si ce gouvernement est plus fort à certain égard, il est plus foible à tous les autres, 673. Définition du despote, 678. Tout prince qui aspire au despotisme aspire à l'honneur de mourir d'ennui, II, 332.
Despotisme légal. Idée absurde et contradictoire dans les termes, IV, 690.
Dessin. Goût naturel à l'enfant. Comment l'y exercer, II, 477. Usage des cadres dorés, 478. Laquais dessinateur devenu mauvais peintre, 518. Pourquoi les petites filles l'apprennent volontiers, 630. Goût vif de R. pour cet art, I, 93.
Deutéronome. Disposition d'une de ses lois relative au viol, II, 654. V. Bible.
Deville (M.), IV, 194, 196.
Devin du village, III, 249..253. Époque de sa composition, I, 495. Détails sur sa répétition aux Menus et sur sa représentation à la cour, 496, 497. Puis à Paris, 199. Quel fut son produit pécuniaire, 201. R. s'oppose en vain aux reprises de cette pièce, 265, I, 99, 295, 297. Injustice qu'il éprouve de la part des administrateurs de l'Opéra, I, 201. Principe suivi dans la composition de cet ouvrage, IV, 10. Jugement qu'on porte R., 98. Désignation de trois morceaux qui ne sont pas uniquement de lui, 100. Composition et répétition par essai d'une seconde musique pour cet opéra, I, 111, 447. Changemens faits à la musique de R. par le bibliothécaire de l'Opéra, 249.
Dévotion. Idée de la dévotion d'une âme tendre et pure, II, 299. Excès auquel elle peut conduire, 548, 554. Situation qui dispose à ce sentiment et avantages qu'il procure, 532. Justification de la sensualité dans les plaisirs que les dévots se permettent, I, 126.
Dewes (Madem.). Lettres que R. lui adresse, IV, 843.
Diane, II, 606.
Dictature. Cas où elle devient nécessaire. Deux manières de la conférer, I, 691. Il importe d'en fixer la durée à un terme très-court, 692.
Dictionnaire de Botanique. III, 420. Composition de cet ouvrage projeté entre R. et du Peyrou, IV, 616, 617.
Dictionnaire de Musique, III, 588..857. Historique de sa composition et de sa publication, I, 214, 272, 321, 329, III, 588, IV, 696. Articles de cet ouvrage signalés par R. comme les plus importans et n'appartenant qu'à lui seul, 589.
Dictionnaire des Musiciens. Cité, II, 481, III, 818.
Dictionnaire philosophique. Est brûlé à Paris avec les Lettres de la Montagne, I, 530. Jugement sur cet ouvrage, IV, 510.
Diderot. Commencement de ses liaisons avec R., I, 143, 147. Sa détention au donjon de Vincennes, 180. Obtient le parc pour prison. Son entrevue avec R., 181. Sujet de leur première dispute (une pension de Louis XV), 198. Différend entre R. et lui sur un passage de la préface du Fils naturel, et autres incidens, 258, 239, IV, 59, 281. Est accusé d'avoir pris cette pièce dans Goldoni, I, 241. Ils se raccommodent. Son jugement sur la Julie, ib. Fait à R. une loi d'accompagner madame d'Epinay à Genève, 250. Explications à ce sujet, 253. Cause et circonstances de leur rupture, et comment R. croit devoir en instruire le public, 261, 537, III, 115, IV, 249..259. Convaincu de mensonge relativement à un raccommodement projeté entre R. et lui, I, 537. Autre mensonge dont R. l'accuse, IV, 818. R. renvoie au libraire Duchesne la comédie des Philosophes, où Diderot étoit maltraité, I, 283. Inégalités dans son caractère, IV, 252, 253. Caractère de Nanette, d'abord sa maîtresse, puis sa femme, I, 479. Est auteur d'un morceau dans le Discours sur l'Inégalité, 347. Effet de son impulsion et de ses conseils sur les écrits de R., I, 203, 241, III, 115, IV, 798, 802. Ses Pensées philosophiques, citées, I, 473, IV, 768. Son article Machiavélisme, dans l'Encyclopédie, cité, I, 669. Sa Lettre sur les Sourds et Muets, citée, III, 522, 531. Sa Préface et ses Entretiens sur le Fils naturel, cités, II, 449, III, 154. Lettres de R., IV, 849. Éloge de son art. Encyclopédie, 229.
Dieu. Démonstration de son existence et recherche de ses attributs. V. Religion naturelle. Tenir son âme en état de désirer toujours qu'il y ait un Dieu; moyen de n'en douter jamais, II, 600. Toutes les questions de métaphysique et de morale se rapportent à celle de son existence, IV, 244, 770. Preuves morales de cette existence confirmée par le sentiment intérieur, 765, 767, 768. Cependant la foi à cet égard n'est pas toujours nécessaire au salut, II, 560, 561, 766, IV, 767. L'éternité des peines est incompatible avec sa justice, II, 579, III, 117. Preuves de son unité, quoiqu'on puisse supposer deux principes des choses, II, 769, 770. Tout enfant qui croit en Dieu est nécessairement idolâtre ou anthropomorphite, 559. Il vaut mieux ne leur en point parler que de leur en donner de fausses idées, 561, 295. Offenser Dieu, terme impropre et toujours mal appliqué, III, 59. V. Religion.
Dieux du paganisme. Comment furent imaginés, II, 559.
Digeste (le) Cité, III, 148.
Diogène, II, 608.
Diogène Laërce. Cité, I, 489, II, 409, 627, III, 123.
Dion Cassius. Cité, I, 595.
Dioscoride, I, 436.
Discours sur la vertu la plus nécessaire aux héros, I, 511. Époque et circonstances de sa publication, IV, 761, 763, 764.
Discours sur les Sciences, I, 463. Époque et circonstances de sa composition. Jugement de R. sur cet ouvrage, I, 181, 182, 185.
Discours sur l'Inégalité, I, 526. Circonstances de la composition de cet ouvrage, 203. Effet que produisit à Genève sa dédicace, 206.
Dissertation sur la Musique moderne, III, 435.
Distances. Moyen d'apprendre aux enfans à en juger, II, 420.
Divorce. Les Grecs et les Romains en faisoient peu d'usage, III, 154. Peut être utile dans le Brandebourg, mais ne le seroit point en Corse, IV, 513.
Docilité. Effets de celle qu'on exige des enfans, II, 502.
Dogmes. De la religion révélée. V. ce mot. De la religion révélée. Doivent de Dieu une idée indigne de lui, II, 591, 592, 593. V. Religions révélées. Quels sont les dogmes dont le souverain peut imposer la croyance aux citoyens, I, 698, IV, 243. V. Religion.
Domestiques. Moyens d'en former de bons et de les conserver, II, 224. V. Économie domestique. Leur insolence annonce plutôt un maître vicieux que foible, 232. En avoir peu, moyen d'être bien servi, 625. Conduite à tenir envers eux pour qu'ils ne nuisent point à l'éducation des enfans, IV, 463.
Don. V. Bienfait.
Dorat. Lecture des confessions faite chez lui par J. J., I, 564.
Dortan (l'abbé), comte de Lyon, I, 66, 67.
Douceur. La plus importante qualité pour les femmes, II, 644.
Douleur. Est éprouvée dès le moment de la naissance, II, 407. Nécessité d'y familiariser les enfans, 428, 435, 468.
Droit naturel (chaires de). N'existoient pas en France au temps de R., II, 782. Établies depuis, ib.
Droit politique. Est encore à traiter, II, 705. Difficultés qui s'y opposent, 706. Exposé succinct de ses principes (analyse du Contrat social), 706..712, III, 64.
Droit de vie et de mort, Droit de faire grâce. V. Souverain.
Droit du plus fort, Droit de guerre, Droit de premier occupant. V. Force, Guerre, Propriété.
Dryden, poète anglois. Cité, I, 497.
Dubos (l'abbé). Son opinion sur les spectacles réfutée, III, 125. Son ignorance en musique, 582.
Dumoulin (?) célèbre marchande de modes, II, 643.

GÉNÉRALE ET ANALYTIQUE. 861

DUCHESNE (André). Sa collection intitulée : *Annales et Historia Francorum*, etc. Citée, III, 523, 774.

DUCHESNE, libraire. R. lui renvoie la comédie des *Philosophes*, I, 283. Traité fait avec lui pour le manuscrit de *l'Émile*, 295. Sa conduite à cet égard, 297, 299. Lettres de R., IV, 849.

DUCLOS. Pourquoi R. désire faire sa connoissance, I, 149. Commencement de leur liaison, 193. Se charge de faire répéter *le Devin du village*, 196. Effets de ses conseils sur les ouvrages de R., 211. Son refus d'entrer dans les vues de Grimm et de Diderot, pour contrarier R. et lui ôter ses gouverneuses, 247. R. lui dédie son *Devin du village*, 199. Sa conduite lors de l'impression et de la publication de l'*Émile*, 297, 303. Parle de la *Julie* à l'Académie, 288. Exhorte R. à écrire ses *Confessions*, IV, 526. Lettres de noblesse illustrées en sa personne, II, 83. Comment se termine leur liaison, I, 363. Changement total de l'opinion de R. sur son compte, IV, 152. Ses ouvrages cités, II, 347, 619, III, 501, 503, 504, 522. Lettres de R., IV, 849.

DUCOMMUN, graveur, chez qui R. est mis en apprentissage, I, 13.

DUCRET (Micheli). Auteur d'un Mémoire contre les fortifications de Genève, I, 112, III, 81. Prisonnier au château d'Arberg, y pouvoit être heureux, I, 343.

DUDDING. Nom anglois, que R. se donne pendant son voyage à Montpellier, I, 130, 134.

DUDOYER. Caissier de M. de Francueil, I, 187.

Duel. Confond toutes les véritables notions d'honneur et de justice, et est injurieux à la Divinité, II, 74. Barbarie et extravagance de cette coutume, III, 146. Le tribunal institué par Louis XIV pour la détruire, bien imaginé dans sa composition, l'étoit mal dans ses formes et dans la mesure de son autorité, 143.. 146. Usage des seconds dans les duels, aboli par un seul mot d'un édit du roi, I, 693. Quelles sont les causes les plus communes du duel, III, 143. Moyen de se venger d'un outrage reçu sans se battre en duel, II, 555. Anecdote qui donne à R. l'idée qu'il présente à ce sujet, IV, 812.

DUMOULIN. Lettre que R. lui adresse, IV, 409.

Duo. Règles sur ce genre de composition en musique, III, 533.

DUPIN (mad.). Visite que lui fait R. Caractère de cette dame. Ses sociétés, I, 149. R. en devient amoureux. Réponse qu'il en reçoit, 150. Elle l'occupe en qualité de secrétaire, 176. Son opinion et ses vues sur R., *ib.* Aide R. à se mettre en ménage avec Thérèse Levasseur, 183. Continue à son insu de pourvoir à ses besoins, 186. Elle l'engage à faire l'extrait des ouvrages de l'abbé de Saint-Pierre, 212. R. se charge, pendant quelques jours, de suivre l'éducation de son fils, 150. Comment il parvient à le corriger de ses fantaisies, II, 461. Il conserve toujours de l'attachement pour cette dame, et va la voir quelquefois à Clichy, I, 267. Quatrain que lui adresse J. J., III, 170.

DUPONT, secrétaire de l'envoyé de France à Gênes. Sa liaison avec R., I, 132. Lettre que R. lui adresse, IV, 185.

DUPRAT (le comte). Ses liaisons avec R., IV, 843. Lettres de R., 849.

DURAS (le duc de) ambassadeur d'Espagne, supprime dans sa maison l'emploi des *ustensiles de cuivre*, IV, 212.

DUSAULX. Son ouvrage contre R., I, 364. Circonstances de leur liaison, et ses torts envers lui, 364, 365. Son aveu et sa conclusion sur le caractère de R., 372. Lettres de R., IV, 849.

DUTENS. Ses relations avec R., III, 287, IV, 663. Lettres de R., 849.

DUVERNEY, gouverneur de l'école militaire, y supprime l'emploi des *ustensiles de cuivre*, IV, 212.

DUVERNOIS (Madem.) I, 193.

DUVILLARD, libraire à Genève. Service qu'il rend à R., I, 167. Réimprime l'article de l'*Economie politique*, IV, 286, 291.

DUVIVIER, employé au cadastre à Chambéri, I, 108.

DUVOISIN. Ce qui lui arrive au sujet du manuscrit du *Contrat social*, dont il s'étoit chargé, I, 296.

E.

ÉCHECS. R. se passionne pour ce jeu, I, 114. Imagine d'en tirer une ressource pour subsister, 148. Il y joue avec le prince de Conti, 286.

Eclipse de soleil. Effroi des animaux, II, 470.

Economie domestique. Règles à suivre en cette partie, et tableau d'une grande maison dirigée sur ces règles, II, 222. Distribution intérieure et mobilier, 223. Culture des terres, 223, 278. Choix et traitement des ouvriers, *id.* Des domestiques, 224. Travaux et amusemens des deux sexes, 228. Maintien de la concorde entre les domestiques, sans qu'ils cessent de se surveiller réciproquement, 232, 235. En avoir peu est le moyen d'être bien servi, 625. Bonheur que procure une bonne économie domestique, 236, 267. Fixation, administration et emploi du revenu, 268, 279. Donner tout au bien-être réel et rien à l'opinion, 268, 278. Discernement dans l'exercice de la bienfaisance, 270. Relations de société avec les voisins, 280.

Economie politique. I, 585. Étymologie et définition, 585, 598. On n'y peut pas suivre les mêmes règles que pour l'économie domestique, les fondemens du pouvoir y étant tout différens, 585. V. *Père de famille*. La volonté générale est son principe fondamental, 587. V. *Volonté générale*. La loi étant l'expression de cette volonté, la première règle est que l'administration soit conforme aux lois, 590. *Deuxième règle*. Faire que les volontés particulières soient toujours conformes à la volonté générale, en d'autres termes, faire régner la vertu, 591. Pour rendre la vertu facile, faire aimer la patrie, 592. Pour faire aimer la patrie, veiller à la conservation de tous les droits, 593. Pour garantie de cette conservation, prévenir la trop grande inégalité des fortunes, 594. Enfin comme base de l'édifice social, former par l'éducation publique de bons citoyens, 595. V. *Education*. *Troisième règle*. Pourvoir aux besoins publics par une sage administration des revenus de l'état, 596. Un bon système économique ne doit pas être un système de finance et d'argent, 731. Revenu en domaines préférable au revenu en argent, 597. S'attacher plutôt à prévenir les besoins qu'à augmenter le revenu, 598. Payer les officiers publics en denrées plutôt qu'en argent, 729. Imposer les bras des hommes plus que leurs bourses, 731. Les impôts ou subsides, pour être légitimes, doivent être établis du consentement du peuple ou de ses représentans, 600. Sont de deux sortes, réels ou personnels. La taxe par tête, répartie proportionnellement, est plus convenable à la liberté, 601, 732. Cette répartition doit se faire en raison composée de la différence des conditions et du superflu des biens, celui qui n'a que le nécessaire ne devant rien payer du tout, 601. L'impôt le meilleur est une taxe proportionnelle sur les terres, mais à lever en nature plutôt qu'en argent, 732. Inconvéniens de la taxe sur les terres quand elle est excessive, 602. De fortes taxes sur les objets de luxe, en évitant de donner à la fraude un trop grand attrait, sont préférables, 604, 752.

Ecriture. Ses trois espèces répondent aux trois divers états de civilisation, III, 499. Tient à d'autres besoins que celui de parler. Loin de fixer la langue parlée, elle l'altère, 500, 501.

Ecriture-Sainte. V. *Religions révélées*, *Évangile*, *Livres sacrés*.

ÉDOUARD (le prince Charles), dit le *Prétendant*, II, 5 5.

Education. Doit commencer avec la naissance, II, 418. Ne se partage pas, 411, n'est qu'habitude, 401. Trois espèces d'éducation concourent à former l'homme et doivent tendre au même but, 400. Quel est ce but, 401, 403, 514, 538. Deux formes d'institution à cet égard, éducation publique, éducation domestique. La première ne peut exister parmi nous, 402, I, 709. Dangers d'une éducation molle et délicate pour le premier âge, II, 407. C'est être barbare d'y sacrifier le présent à l'avenir par des instructions et un asservissement prématurés, 429..433, 285.. 288. *Liberté bien réglée*, seul et véritable instrument de l'éducation première, 439. Elle doit être purement négative ; quel plus sûr moyen de la rendre telle ; avantages de cette méthode, I, 440, 441, 769, II, 764. Contre-sens des éducations communes où l'on parle d'abord aux enfans de leurs devoirs, jamais de leurs droits, II, 443. Doit être différente pour les deux sexes, 636. Moyen d'en étendre l'effet sur la vie entière, 686. But que doit se proposer le gouverneur, III, 272. V. *Enfans*, *Adolescent*, *Etudes*. *Enseignement*, ÉMILE.

Education publique. Base de l'édifice social, I, 595, 709. Principes de cette éducation, 595. Ne peut exister parmi nous, 709, II, 402. Trois peuples seuls l'ont pratiquée, I, 596. Plan d'éducation publique pour la Pologne, 709.

Education (Traités d'). Aucun ne parle de la crise qui sert de passage de l'état d'enfant à celui d'homme, II, 675. Projet pour l'éducation de M. de Sainte-Marie, III, 269.

Education des Couvens. II, 426, 612. En quoi préférable pour les filles à la maison paternelle, 638, 654.

Égalité. Véritable sens de ce mot, I, 600. Le pacte social ne la détruit pas ; il substitue une égalité morale et conventionnelle à l'inégalité naturelle et physique que la nature a mise entre les individus, 618, 631, II, 514. L'égalité conventionnelle rend nécessaires le droit positif et les lois, 514. Est un des deux principaux objets de la législation, I, 660. V. *Inégalité*, *Corps politique*.

Église romaine. Son autorité n'a d'autre titre que sa propre décision, II, 594. Ses prétentions à l'infaillibilité, 795.

EGMONT (la comtesse d'). Assiste à la lecture des *Confessions* de R. I, 349. Sentimens qu'on lui supposoit pour cette dame, *ib.*

Égypte ; Égyptiens. Jugement des rois après leur mort, I, 744. Étoient obligés de suivre l'état de leurs parens, II, 403.

Elections. Comment on y procède dans les républiques, I, 684.

ÉLIEN. Cité, I, 487, 693.

Éloquence. Manière inepte de l'enseigner aux jeunes gens, II, 533, 533. Ses effets sont vifs, mais momentanés. Un raisonnement froid et fort pénètre, et son effet ne s'efface point, 744, III, 496. Exemple de sa puissance, 103.

ÉMILE. Pourquoi est supposé n'ayant qu'un esprit commun, II, 411, 531. Avec de la richesse et de la naissance, 411. Mais doué d'une bonne constitution, 412, 414. Pourquoi d'abord paroît peu sur la scène, 419. Dialogue entre lui et le jardinier Robert, 444, 4 5. Son portrait en qualité d'*enfant fait*. 488... 492. V. *Enfans*. Son aventure à la Foire, 498, 499. Sa première leçon de cosmographie, 496. De statique, 501. De physique systématique, 502. Question déterminante entre son gouverneur et lui, pour toutes leurs actions, 503. Comment conçoit l'utilité de l'astronomie, 504. N'est émule que de lui-même, 507. Quel livre composera long-temps seul sa bibliothèque, 507. Que sera son choix entre un festin splendide et un dîner rustique, 511. Comment acquiert l'idée des relations sociales et de la nécessité d'être utile aux autres, 515. Pourquoi doit apprendre un métier, 514.. 517. Apprend celui de menuisier, 520. Comment il rectifie par la vue seule l'idée fausse d'un bâton brisé dans l'eau, 523. Portrait d'Émile parvenu à l'âge de quinze ans, 5 4, 525. Sait l'*a quoi bon* sur tout ce qu'il fait, et le *pourquoi* sur tout ce qu'il croit, 5 5. V. *Adolescent*. Apprendra tard ce que c'est que souffrir et mourir ; comment naîtra, se nourrira et s'excitera sa sensibilité, 534.. 537. Comparaison de l'état de son âme avec celle d'un jeune homme élevé dans un état brillant et sur des principes opposés, 538. Est un sauvage fait pour vivre en société, 525. Commence à se comparer avec ses semblables ; ce qui doit en résulter, 543. Étudie l'histoire, 550. Erreur dangereuse qui naît toujours de cette étude ; moyen de l'en corriger, 551. Nécessité de lui faire acquérir la connoissance du monde et des affaires ; moyens pour cela, 554..557. Que fera-t-il si on lui cherche querelle ? 555. Quel caractère aura son langage ; sans rhétorique il sera vraiment sensible et éloquent, 555. Pourquoi diffère-t-il en tant de points des jeunes gens de son âge, 557, 558, 602. Pourquoi n'a pas même encore entendu parler de Dieu, 558.. 562. Pourquoi son gouverneur ne le mène pas plus loin que la religion naturelle, 602. Reste innocent et pur jusqu'à vingt ans, 604. Est instruit sur ce point par son gouverneur lui-même, 6 8. Effet de cette instruction, 610. Est introduit dans le monde, dans la vue d'y chercher pour lui la compagne qu'il désire ; effets et avantages de ce motif d'introduction, 612. Portrait d'un *jeune homme fait*, ou d'Émile entré dans le monde, 617

619. Quelle sera sa manière de se présenter ; 617. Sa conduite envers les hommes. Son langage et ses manières ; sa contenance ; 618. Sa conduite envers les personnes du sexe ; sa politesse envers tous, et son désir de plaire, 619. Quelle opinion on aura de lui, 619. Pour se former le goût, il se livre à l'étude de la littérature, du théâtre, de la poésie, 620.. 624.

Amours d'Émile et de Sophie. Arrivée d'Émile chez les parens de Sophie ; est épris d'elle dès la première vue, 672..674. Toilette de l'un et de l'autre dans la matinée du lendemain, 675. Choix d'une habitation pour Émile, 676. Seconde visite et déclaration, 677. Difficulté qui s'oppose à ce que Sophie s'explique ; comment on parvient à la lever, 679. Émile devient l'instituteur de sa maîtresse, 681. Querelle entre les deux amans, terminée par un baiser donné en présence des parens. Leçon donnée par la mère au gouverneur à cette occasion, 682, 683. De quelle sorte de jalousie Émile est capable, 685. L'amour n'a rien changé à sa manière d'être, 687. Ses occupations quand il ne va point chez sa maîtresse, 689. Sophie défie Émile à la course, 690. Visite de Sophie et de ses parens dans l'atelier où Émile travaille, 690. Histoire du paysan blessé et secouru par Émile, 692. Il présente avec Sophie un enfant au baptême, 693. Discours de son gouverneur pour lui annoncer qu'il faut se séparer de Sophie, 694. Leurs adieux, 699. Quel est le but et l'objet propre des voyages d'Émile, 704, 705. Quel en est le résultat, 715. Mariage d'Émile, 718. Bouderie dès le lendemain, et pourquoi, 719. Raccommodement, 721. Naissance d'un fils à Émile, et fin de son éducation, 722 (*).

Émile ou de l'Éducation II, 393. Pour qui cet ouvrage a été composé, I, 213. Son cinquième livre composé au petit château de Montmorency, 275. R. exige que l'impression s'en fasse en Hollande, 282. Consent à supprimer ce qu'on voudra dans les deux premiers volumes, mais ne souffrira pas que l'on touche à la Profession de foi, IV, 338, 339. Retards qu'éprouve l'impression et inquiétudes qu'on veut inspirer à R. sur ce sujet, I, 297. Cette impression est suspendue, *ib.* R. attribue cette suspension aux Jésuites, 299. Publication de l'ouvrage, I, 303, IV, 363. Réserve avec laquelle les amis de R. s'expliquent sur ce livre, I, 303. État religieux de l'Europe au moment de sa publication, III, 61. Est brûlé à Paris, puis à Genève, I, 312. Son succès en Angleterre. Deux traductions faites à Londres, honneur que n'avoit jamais eu aucun livre, III, 60, IV 402. Est contrefait en France, 3:4, 365. Devoit être le dernier des écrits de R. IV, 324, 349, 354, 367, 567. Objet propre de l'ouvrage, II, 403. N'est autre chose qu'un traité de la bonté originelle de l'homme, IV, 131. Principe général, commun à lui et à tous les autres, *ib.*

Émile et Sophie ou les Solitaires, II, 723. Idée du dénoûment de cet ouvrage tel que l'auteur l'avoit conçu, 745. Intérêt que R. n'a cessé de prendre à sa continuation, et ses projets à cet égard, I, 367, IV, 727.

Empédocle. Son reproche aux Agrigentins, II, 626.

Emplois. Ne pas tant chercher dans leur partage celui auquel chaque homme est le plus propre, que celui qui est le plus propre à chaque homme pour le rendre bon et heureux, II, 271.

Emulation. Ne doit pas servir de mobile dans l'éducation, II, 507.

Encre. Comment elle se fait, II, 505. Ce qui arrive à R. pour avoir voulu faire de l'encre de sympathie, I, 113.

Encyclopédie. R. se charge de la partie relative à la musique, I, 180.

Enfance. Premier état ou époque, II, 421. Deuxième, 488. Troisième, 492. Ses premiers développemens se font presque tous à la fois, 427. Doit être aimée et favorisée dans ses plaisirs, 429. Ne peut guère abuser de sa liberté, 437. A des manières de penser qui lui sont propres, 438. Il y a des hommes qui n'en sortent jamais, d'autres, qui n'y passent point, 449. Est semblable dans les deux sexes, 526. Leurs amusemens communs et goûts propres qui les distinguent, 639. L'art d'observer les enfans très-difficile, 492 ; et ignoré des pères et des maîtres, 518. *V.* les trois articles suivans.

Enfans. Le nouveau né doit avoir tous ses membres en liberté, II, 404, 417. Apprend de bonne heure ce que c'est que peine et douleur, 407. Ne doit pas être sevré de trop bonne heure, 424. Et ne doit l'être qu'avec des nourritures végétales, 415. Doit être élevé à la campagne, 416. Lavé souvent, et, avec gradation, dans l'eau froide, même glacée, 417. Ce qui arriveroit s'il avoit à sa naissance la stature et la force d'un homme fait, 418. Ses premières sensations purement affectives, 419. V. *Nourrice.* Portrait de l'*Enfant fait*, c'est-à-dire *tout formé d'après les principes de R.*, 488.. 492. Il en meurt plus de ceux élevés délicatement que des autres, 407. Naturellement enclins à la bienveillance, 527. Comment se dépravent dès le premier âge, 408. On ne doit leur laisser contracter aucune habitude, 419. Moyens de prévenir la peur des araignées, des masques, du tonnerre, etc. 419, 420. Point de moralité dans leurs actions, 422, 439. Les pleurs sont en eux un langage naturel, 421. Elles sont d'abord des prières, ensuite des ordres. Règles à suivre en ce point, 421..424, 428, 433. Leur grammaire plus régulière que la nôtre, 423. Comment leur apprendre à parler et prévenir les vices de langage et de prononciation, 425..427, 482. C'est un devoir de les rendre heureux dès leur enfance, 4.9, 430. Ne doivent ni obéir ni commander, mais dans l'unique dépendance des choses, et dans le sentiment de leur foiblesse, apprendre de bonne heure à se soumettre à la nécessité, 288, 431..438. Raisonner avec eux, méthode inutile et absurde, 437, 438, 442. Comment leur donner l'idée de propriété, 444 Cause de leur penchant à détruire, 423. Moyens de prévenir ou empêcher les effets de ce penchant, 445. Quelle espèce de punitions on doit leur faire subir, 446. Ne sont pas naturellement portés à mentir, *ib.* Ne pas faire de mal, seule leçon de morale qui leur convienne, 449. De quel genre de raisonnement ils sont susceptibles, 451. Danger des instructions prématurées, 285, 286. Il ne faut pas leur présenter de bonne heure des idées fortes et compliquées ; c'est avec les actions qu'il faut les apprivoiser, IV, 221. Il faut que le corps se fortifie avant que l'esprit ne s'exerce. Utilité des exercices corporels, II, 288, 463. 469. N'ont pas de véritable mémoire, et ne peuvent apprendre que des mots, 451. Application de cette idée à l'étude de la géométrie, *id.* 478. A celle des langues, 452. A la géographie, *ib.* A l'histoire, 453. Comment cultiver l'espèce de mémoire qui leur appartient, 293, 454. Ne doivent rien apprendre par cœur, 293, 426, 454. Pas même les Fables de La Fontaine, 454, 455. Apprendront à lire et à écrire, si on leur en fait naître le désir. Moyens pour cela, 294, 457. Moyens d'exercer leur esprit en exerçant beaucoup leur corps, 458. Leurs caprices, effet d'une mauvaise discipline ; comment les en corriger, 461.. 463. Punitions qui doivent leur être infligées, III, 270. Moyens de correction pour la vanité d'un enfant riche et de qualité, qui voit dans son gouverneur un homme à ses gages, IV, 789. Autre moyen pour la mutinerie, 834. Quels vêtemens conviennent aux enfans, II, 465, 466. Quelle coiffure, 465. Quel lit, 467. Doivent apprendre à nager, 469. Nécessité d'exercer leurs sens et mode de cet exercice pour chacun d'eux, 469..497. V. *Sens* Les jeux virils préférables à tous les autres, 480. Peuvent acquérir une grande habileté dans les arts, *ib.* V. *Dessin*, *Musique.* Choix et mesure des alimens qui leur conviennent, 484, 487. Instructions religieuses. S'il est nécessaire de leur en donner de bonne heure, III, 272. V. *Religion.* Amour de R. pour les enfans et plaisir qu'il prenoit à les observer, I, 448. Exemples qu'il en cite, 450, II, 425. Pourquoi, devenu vieux, il n'a plus avec eux la même familiarité, I, 449. Par quels motifs il a abandonné les siens, *ib.* *V.* Rousseau (J. J.).

Enfans. (Comment se font les). Sage réponse d'une mère à son fils sur cette question, II, 531.

Enfans trouvés. (Hôpital des). Vaine recherche du premier enfant que R. y avoit mis, I, 294. Bénéfice que retire cet hôpital de la vente de ses ouvrages de musique posthumes, 363.

Enfer. Comment R. imagine de se rassurer sur la peur qu'il en avoit, I, 126. Il ne pense pas que Fénelon y ait cru réellement, 118. L'éternité des peines incompatible avec la justice de Dieu, II, 579, III, 117.

Engagement téméraire (l'), comédie, III, 224..238. Époque de sa composition, I, 177, III, 224. R. a l'intention de la faire jouer à Strasbourg, I, 352.

Enigme. III, 368.

Ennui. Sa cause principale, II, 539. Inconnu au peuple et fléau des riches, 628.

Enseignement. Choix à faire dans les connoissances à acquérir, relativement à leur utilité et aux bornes de l'esprit humain, I, 120, 123, II, 495. Des meilleures méthodes d'enseignement, 497. On n'y doit employer ni émulation ni vanité, 507. Les instructions de la nature sont tardives et celles des hommes presque toujours prématurées, 529. Heureux effets d'un enseignement bien dirigé, 510, 513. V. *Éducation*, *Adolescent*, *Sciences.*

Éon (le chevalier d'). Lettre que R. lui adresse, IV, 600.

Éphores. Leurs fonctions à Sparte, I, 691. Leur pouvoir accéléra la corruption commencée, *ib.* Leur tribunal souillé par des ivrognes, 693, 694. Ce qu'ils faisoient d'abord en entrant en charge, III, 143.

Épictète, II, 536.

Épicuriens. En quel sens avoient raison de dire que jamais les sens ne nous trompent, II, 522.

Épinay (M. d'). Sa conduite envers sa femme, I, 178. R. compose de la musique pour sa fête, 244. Il contribue à rapprocher R. de Saint-Lambert et de mad. d'Houdetot, 262.

Épinay (mad. d'). Commencement de ses liaisons avec R., I, 178. Proposition qu'elle lui fait relativement à M. de Francueil, *ib.* Offre à R. sa maison de l'Hermitage, 207. Gêne qu'éprouve R. dans son voisinage, 214. Nature du sentiment qu'elle lui inspire, 215. Ses attentions délicates pour R., 228. Sa conduite quand elle s'aperçoit de l'amour de R. pour mad. d'Houdetot, et ce qui en résulta, 234. Propose à R. de l'accompagner à Genève, 249. Motifs de son voyage, 250. Motifs de R. pour s'y refuser, IV, 271. Causes et circonstances de leur rupture, I, 255, 256. Ce qu'il faut penser des *Mémoires* de cette dame, 265. Ses *Mémoires*, cités, I, 228, 237, 247, 248, 254, 257, 258, II, 775. Lettres que R. lui adresse, IV, 849.

Epitaphe des deux amans de Lyon, III, 369.

Épitaphes anciennes Comparées aux modernes, II, 622.

Epîtres à M. Bordes, III, 359, 363, à M. de l'Étang, 364, à M. Parisot, 364.

Ermenonville. N'est soumis à aucune taxe lors de l'invasion en 1815, par respect pour la mémoire de R. I, 371.

Érostrate. S'il se fût senti capable d'écrire l'*Emile*, il n'eût point brûlé le temple d'Éphèse, IV, 79).

Escherny (le comte d'). Se lie avec R. à Motiers. A connoissance des *Lettres de la montagne* avant leur publication, I, 324. Anecdotes et traits caractéristiques qu'il rapporte, relatifs à R., 337. Lettres que R. lui adresse, IV, 849. Ses *Mélanges de littérature, d'histoire*, etc., cités, I, 324, 337, 369, 370.

Esclavage. Ne peut résulter d'une convention, I, 611. Ni du droit de la guerre, 642. Est nécessaire peut-être pour le maintien de la liberté, 679.

Escrime. Pourquoi R. ne fait aucun progrès dans cet art, I, 103.

Ésope. Acteur célèbre à Rome, III, 148.

Espagnols. Interdisent aux gens de loi l'entrée de l'Amérique, I, 467. Leur manière de voyager, II, 701.

Esprit. Difficulté de s'élever à l'étude des esprits, II, 558. Erreur de Locke à ce sujet, *ib.*, 559. Sens du mot *esprit* pour le peuple et pour les enfans, 559. Est essentiellement distinct de la matière, 570, 571, 769.

Esprit solide, superficiel, juste, faux, etc. Ce qui les caractérise, II. 521 Chaque esprit a sa forme selon laquelle il doit être gouverné, 441.

(*) Comme on n'a pas fait entrer dans cette Table l'analyse de la partie romanesque de *la Nouvelle Héloïse*, on a cru devoir également y omettre celle des aventures d'Émile après son mariage, aventures qui d'ailleurs, dans l'état où est resté l'ouvrage, se réduisent à très-peu de faits. On en a extrait seulement quelques pensées saillantes et les idées générales pour les faire entrer dans la Table, chacune sous le mot qui lui appartient. G. P.

GÉNÉRALE ET ANALYTIQUE.

Essai sur l'origine des langues, III, 493..522. Époque de la composition de cet ouvrage, I, 296.
État de nature, état civil. Ce qu'il faudroit pour en réunir les avantages, II, 454. En sortant de l'état de nature, nous forçons nos semblables à en sortir aussi, 450. Quelle occupation nous en rapproche le plus, 513. V. *Homme, Inégalité, Société, Sauvage.*
ETTE (madem. d'). Son caractère, I, 178.
Étude. Celle des langues hors de la portée du premier âge, II, 452. Moyen d'inspirer à un enfant le goût de l'étude, III, 273. Diverses méthodes suivies par R. pour étudier avec succès, I, 121, 123. Obligation qu'il reconnoît avoir à l'étude, 135. Dans quelle vue il faut s'y livrer pour en tirer un fruit véritable et réellement heureux, IV, 480. S'étudier dans ses rapports avec les choses, emploi de l'enfance; puis dans ses rapports avec les hommes, emploi de la vie entière, II, 528. S'il y a des études où il ne faille que des yeux, 452. Études spéculatives trop cultivées aux dépens de la morale, 554.
EUCLIDE. R. ne goûte pas sa méthode, I, 123.
EURIPIDE, III, 185. Ce qu'il dit de Jupiter, II, 564. Son *Iphigénie*, citée, III, 148
Évangile. Sa sainteté et sa sublimité reconnues, I, 490, 696, II, 597, III, 13, 25. Scepticisme à adopter relativement à ce livre, II, 790. Comment, en isolant des passages, on peut établir que c'est un livre pernicieux, II, 16. V. *Christianisme.*
Examen de deux principes avancés par M. Rameau d ns la brochure intitulée Erreurs sur la musique dans l'Encyclopédie, III, 546..575.
Exemples (bons). Dans les choses louables, il vaut mieux donner l'exemple que le recevoir, IV, 216.
Exemples (mauvais). Corrompent plus de cœurs que les mauvaises inclinations, II, 615.
Exercices corporels. Leur importance dans la première éducation, sous le rapport physique et moral. Comment les faire concourir avec la culture de l'intelligence, I, 710, II, 412, 459, 541. Les exercices que R. conseille ne sont pas ceux de l'ancienne gymnastique, IV, 293. Supériorité des anciens sur les modernes, III, 160.
EYBENS (M. et mad. d'), de Lyon, I, 111, 138, 139. Lettre de R. IV, 179.

F.

FABIUS. Jamais les chrétiens n'eussent fait un serment pareil à celui de ses soldats, I, 697.
FABLES. Si leur étude convient aux enfans, II, 454. Examen d'une de celles de La Fontaine, 453. De leur morale, 456. Quel est leur vrai temps, 553. La morale n'y doit pas être développée, *ib.*
FABRE d'ÉGLANTINE. Doit à R. l'idée de son *Philinte*, III, 431.
FABRICIUS. Sa prosopopée aux Romains, I, 468.
Facultés superflues de l'homme, causes de sa misère, II, 431. V. *Bonheur.*
FAGON, premier médecin de Louis XIV, I, 342.
Famille. V. *Père de Famille.*
Fanatisme. Bien dirigé peut produire des vertus sublimes. Comparé à l'athéisme, II, 600, 601. Le fanatisme dévot peut se réunir quelquefois avec le fanatisme athée, I, 299.
Fantaisies des enfans. V. *Caprices.*
Faste. Se joint communément à la lésine, II, 187.
FATIO, Genevois. Fusillé clandestinement par ordre du petit Conseil, III, 3, 102.
Fautes. Plus elles sont courtes, plus elles sont pardonnables, IV, 163.
FAVORIN, II, 431.
FAVRE, premier syndic de Genève , IV, 185. R. lui écrit pour faire abdication de son droit de bourgeoisie, I, 322, IV, 440.
FAVRIA (le comte de) Veut faire monter R. derrière son carrosse, I, 47. Finit par lui vouloir du bien; mais R. se rend indigne de ses bontés, 50, 51.
FAZY. Écrase les doigts de R. encore enfant, qui lui garde le secret, I, 422.
FEINS (de), capitaine de cavalerie. Visite R. à Motiers , I, 323.
FEL (madem.), actrice de l'Opéra, I, 193, 244. Motet composé pour elle par J. J., IV, 11.
FÉLICE (le P.). Lettre que R. lui adresse, IV, 540.
Femelles des animaux. N'ont plus de désir quand le besoin est satisfait, II, 633. Leur manège en amour, *ib.* Accouplement exclusif dans certaines espèces, 685.
Femme. Femme et homme parfaits ne doivent pas plus se ressembler d'esprit que de visage, II, 62, 632. En quel sens peut-on la considérer comme un homme imparfait? 528. Pourquoi sa raison est plus tôt formée, 25. Est faite spécialement pour plaire à l'homme. Conséquences de ce principe, 632. Son infidélité plus criminelle que celle de l'homme, 634. Ne doit pas seulement être fidèle à son mari, mais jugée telle par lui et par tout le monde; pas seulement être estimable, mais estimée, 428, 634, 637. D'où résulte qu'elle est en tout soumise à l'opinion, 676. De quelle nature doit être son empire, 635, 669. Il est d'autant plus grand quand il se lie à l'honnêteté, 658. Utilité de ce genre d'empire, exemples, Sparte, Rome, les Germains, 636. Elles sont les juges naturels du mérite des hommes, 635, 661. Est coquette par état, et doit l'être, 637. V. *Coquetterie.* Est accusée à tort d'être naturellement fausse, 652. Est plus constante que l'homme en amour, 719. Sa plus importante qualité est la douceur, 641. Mariée, ne doit pas négliger les arts d'agrément, 643. Parle davantage que l'homme, et cela doit être, 643. En matière de religion , sa croyance est asservie à l'autorité, 646. Règles pour son éducation, V. *Filles* (petites), *Filles* (jeunes). C'est aux femmes qu'appartient l'éducation du premier âge, 399. Leurs mœurs décident de celles des hommes, III , 150. Leur ascendant sur les hommes, I, 471. La privation des grâces est un défaut qu'elles ne pardonnent pas, II, 64. Ne doivent jamais cesser d'être de leur sexe ; 62. La ruse est un talent qui leur est naturel, 641. Courir est la seule chose qu'elles fissent de mauvaise grâce, 690.

Toute femme qui se montre se déshonore; point de bonnes mœurs pour elles hors d'une vie retirée et domestique, III, 131, 133. Causes de la différence qui, à cet égard, existe entre les anciens et les modernes, 134 Si les femmes ont gagné à ce changement, 161. Doivent vivre ordinairement séparées des hommes, 159, 162, II, 227, excepté la mère de famille, 237. Les avantages des sociétés de femmes entre elles l'emportent sur les inconvéniens, III, 162. Tour d'esprit propre à chaque sexe constaté par la différence entre un homme et sa femme dans l'art de tenir maison et de recevoir compagnie, II, 631. Quelle espèce de culture convient à l'esprit des femmes, 635. V. *Monde.* Consulter leur goût dans les choses physiques, et celui des hommes dans les choses morales, 624. Ouvrages de génie passent leur portée ; ne sont point faites pour la recherche des vérités abstraites, 635. Caractères de leurs ouvrages ; en général n'aiment aucun art, et n'ont aucun génie ; ne savent ni décrire ni sentir l'amour même, III, 160, 161. La politique n'est point de leur ressort, II, 133. Sont les juges naturels du mérite des hommes, 635, 661. Respect des anciens pour elles , III, 134.
Femme bella-esprit. Fléau de son mari et de tout le monde, II, 670. Malheur attaché à toute femme qui s'affiche et aspire à la réputation IV, 485. Pourquoi sont-elles toujours présentées sur notre théâtre comme modèles de perfection ? III, 133. Inconvénient et effet qui en résulte, 134.
Femme qui veut se faire homme. Perd les avantages de son sexe sans acquérir ceux de l'autre, II, 636, 653.
FÉNELON. Se plaint des éducations où l'on met tout l'ennui d'un côté et tout le plaisir de l'autre, II, 640. Ne croyoit pas à l'enfer, I, 418. Son *Éducation des Filles*, citée, II, 441.
FÉNESTE (le baron de). Sa devise, IV, 73.
FERRAUD (M.). V. MINARD.
Fêtes de Ramire. Comment R. fut chargé des changemens à faire à ce divertissement, et ce qui s'ensuivit, I, 173.
Fêtes et jeux publics. Leur importance sous le rapport politique, I, 707 Se forment naturellement là où le peuple se rassemble pour un objet de plaisir, III, 171. Lui sont nécessaires pour lui faire aimer son état, et assurer le maintien de l'ordre et de la paix publique, *ib.* Des Fêtes en usage à Sparte, et de leur effet sur les citoyens, 175, 176. Différence de l'apect qu'elles présentent en France et en Suisse, sous le rapport de la vivacité et de la gaîté, IV, 414. Idées de ces fêtes à Genève, III, 171 , 172. Description d'une fête nocturne improvisée dans cette ville, et dont R. fut témoin, 175, 176.
Fiert. Orthographe de ce vieux mot, justifiée par R., I, 48.
Fierté. Celle de l'âme ne s'allie pas avec celle de la contenance et du maintien, II, 618.
Fiesque (le comte Louis de), Génois. Son éloge, IV, 630.
Figures. Il n'y a qu'un géomètre et un sot qui puissent parler sans figures, II, 419.
Filles (petites). Aiment, presque en naissant, la parure , II, 637. Ce goût doit être suivi et réglé, 642. Répugnent à apprendre à lire et écrire, mais apprennent volontiers le dessin, 639. Doivent être gênées de bonne heure, et exercées à la contrainte, 640. Extrêmes en tout; conséquences de cette disposition, 641. Sont naturellement rusées. Parti qu'on en peut tirer, 642.
Filles (jeunes). Doivent cultiver les arts d'agrément, II, 643. Méthode à suivre dans cette étude, et quels maîtres leur conviennent, 644. Ont plus tôt que les garçons le sentiment de la décence et de l'honnêteté, 25, 643. Motifs des caresses qu'elles se font mutuellement devant les hommes, 645, 646. Le habit leur est naturel; il doit être entretenu et contenu par une autre règle que celui des garçons, 645, 646. Quelle religion leur convient, et comment les en instruire, 646, 650. Nécessité de cultiver leur raison, 650 (V. *Femme*). Portrait d'une *jeune fille faite.* V. SOPHIE.
FILMER (le chevalier). Son *Patriarcha*, cité, I, 587.
Finances (systèmes de). Inconnus dans les gouvernemens anciens, I, 729. Un bon système de finance doit avoir pour objet de rendre l'argent le moins nécessaire qu'il est possible, *ib.* V. *Économie politique.*
FIQUET, graveur d'un portrait de R., IV, 56.
FITZ-MORIS, médecin à Montpellier. R. se met en pension chez lui, I, 134, 135.
FIZES, médecin de Montpellier, I, 120, 133, 111, 279.
FOLLAU, prédécesseur de R. dans la place de secrétaire d'ambassade à Venise , I , 152.
FLAMANVILLE, chevalier de Malte. Visite R. à Ermenonville , I , 567.
FLAMINIUS. A quoi il compare les troupes asiatiques d'Antiochus, II, 279.
Fleurs. Ridicule de ce goût quand il devient passion, II, 243.
FLEURI (l'abbé). Son *Choix des Études*, cité, II , 411.
FLEURIEU (mad. de). Vers que lui adresse J. J., III, 568.
Foiblesse. En quoi consiste, II, 431. D'où vient celle de l'homme, 492. C'est elle qui le rend sociable, 533. Toute méchanceté vient de foiblesse , 422, I, 453.
Fontaine de héron ou de Hiéron. Ce que c'est ; folie qu'elle fit faire à R I , 51.
FONTENELLE. R. fait sa connoissance, et en reçoit de bons conseils, I, 143 150. Son mot à l'occasion de la dispute sur les anciens et les modernes, II 625. Ses *Dialogues des Morts*, cités, 124.
FONCALQUIER (comtesse de), amie de mad. Dupin, I, 130.
Force. En quoi consiste, II, 431. A quel âge l'homme a le plus de force relative, et comment il en doit employer l'excédant, 493. Comment la force du génie et de l'âme s'annonce dans l'enfance II, 430.
FORMEY. Notice sur cet écrivain, et motifs des notes de R. contre lui, II, 400, 498, 500. Publie la lettre de R. à Voltaire, à l'occasion du poème sur le *Désastre de Lisbonne.* Ce qui en résulta, I, 285.
Fort (droit du plus). Offre une contradiction dans les termes, et force ne peuvent jamais constituer un droit, I, 640, 641. N'a pas, dans l'état de nature, l'influence et l'effet qu'on lui attribue, 530. Étant le seul droit reconnu sous le despotisme, ramène l'homme au point d'où il étoit parti, 563.
Fortune. Pourquoi il vaut mieux devoir sa fortune à sa femme qu'à son ami, II, 310.

b

Foucet, de l'Académie des Sciences, I, 146.
Fouquier (M.) Lettre que R. lui adresse, IV, 503
Fourmont (de), I, 450.
Franchise. Il n'y a qu'elle qui élève l'âme et soutienne par l'estime de soi-même le droit à celle d'autrui, IV, 287.
François. Leur éloge, II, 429. Idée qu'il faut prendre de leurs protestations et offres de service, I, 82, II, 115. Ce qui rend leur abord repoussant et désagréable aux étrangers, 426. Voyagent de manière à n'en jamais profiter, 701. Comparés sous ce rapport aux autres nations, *ib.* Ils voudroient porter avec eux toute la France, 739. De tous les peuples de l'Europe, le moins d'aptitude pour la musique, 143. Est haï de toutes les nations, et n'en hait aucune, 285. Origine et motifs de la prédilection de R. pour les François, I, 94. Pourquoi préféroit faire ses ouvrages en France plutôt qu'en tout autre pays, I, 212, 398. Inconvéniens de leurs habillemens pour les enfans, II, 465. Sur leur nourriture, 484.
François (soldat). Est invincible quand il peut compter sur son général, II, 297. Belle réponse d'un grenadier à mylord Marlborough, *ib.*
Francœur. *V.* Rebel.
Francueil (M. de). Commencement de sa liaison avec R., I, 15, 450. Il l'occupe en qualité de secrétaire, et fait répéter les *Muses galantes* à l'Opéra, 176. Introduit R. chez madame d'Epinay, 178. Lui offre chez lui la place de caissier, 188. Ses bons procédés à ce sujet, 189. Fait avec Jelyotte un autre récitatif du *Devin du village*, 196. R. lui vole sept livres dix sous, 19. Fragment d'une lettre de R., IV, 207.
Francueil (mad. de). Ses liaisons avec R., I, 178. Il lui écrit sur l'abandon qu'il a fait de ses enfans, 186, IV, 205.
Frédéric-Guillaume, roi de Prusse. Trait du major bâtonné par ce prince, qui donne à R. l'idée d'une des notes les plus remarquables de l'*Émile*, I, 811, 812.
Frédéric-Le-Grand. Effet que produit sur R. la lecture de sa correspondance avec Voltaire, I, 111. Inscription mise au bas de son portrait, III, 370. Aversion qu'avoit R. pour ce prince. Ses motifs pour craindre d'habiter dans ses états, 313, II, 712. Comment il témoigne sa bienveillance pour R., I, 317. R. lui écrit pour lui donner une leçon utile ; effet de cette lettre, 577, IV, 598, 599. Il approuve l'invitation faite à R. de se rendre à Postdam, I, 338. IV, 592, 593, Lettre à R. publiée sous son nom, I, 533. Lettres que R. lui adresse, IV, 849.
Fréron. Publie un certificat donné par R. sur un prétendu miracle, I, 62. Anecdote sur sa mort, IV, 110. Lettre que R. lui adresse, 208.
Froulay (le bailli de). Ambassadeur de Malte, I, 194, IV, 203, 327, 328.

G.

Gaime, abbé savoyard. Donne des conseils utiles à R., I, 43. *V.* Gatier.
Galanterie. Quelle sorte de jalousie elle produit, II, 685. Différence de son ton à celui de l'amour, III, 461.
Galles (le prince de). Rend visite à R., I, 352.
Galley (Madem.). Partie de campagne que R. fait avec cette demoiselle et une de ses amies, I, 69. Lettre que R. lui adresse, IV, 488.
Gasc (de), président au parlement de Bordeaux. R. lui donne des leçons de composition, I, 143.
Gatier (l'abbé). Donne des leçons de latin à R. Portrait de cet ecclésiastique ; ses malheurs, I, 60. Est, avec l'abbé Gaime, l'original du Vicaire savoyard, 46, 61.
Gauffecourt (de). Commencement de sa liaison avec R. Son portrait, I, 110. Service qu'il rend à R. 175. Fait avec R. un voyage à Genève, et tente de corrompre sa Thérèse, 203. Est gardé par R. pendant une forte maladie, 241. Lettres de R., IV, 830.
Gaures. Comparés aux Banians, II, 485.
Gautier, Genevois. Son démêlé avec le père de R. par suite duquel celui-ci est forcé de s'exiler, I, 5.
Gautier, professeur et membre de l'Académie de Nanci. R. ne croit pas devoir répondre à sa réfutation du *Discours sur les sciences*, I, 478.
Gênes. Inscription au-dessus des prisons de cette ville, I, 684. Séjour de R. dans le lazaret, 152.
Genève. Patrie de Rousseau, I, 4. A quelle époque il la quitte, 21. Bon accueil qu'il y reçoit quand il y retourne, et ce qui en résulte, 204. Ce qui le fait renoncer au petit Conseil de cette ville après la publication de la *Nouvelle Héloïse*, 307; et de l'*Émile*, 312. Injustice du décret prononcé contre R. et ses livres, III, 5. Irrégularité de la procédure suivie à cette occasion, 58, 45. Situation de cette république après le décret lancé contre R., I, 322. Il renonce à son droit de bourgeoisie, *id.*, IV, 440. Conduite du Conseil après la publication des *Lettres de la Montagne*, 4, 329, 330.
Tableau de la constitution de Genève à l'époque où R. écrivoit, III, 76. Éloge de ce gouvernement en lui-même et dans son état légitime ; exposé détaillé des abus qui s'y sont glissés, 67, IV, 708. Ce qu'a été le Conseil général de cette république en d'autres temps, III, 76... 97. La censure y existe dans deux institutions différentes, 147. Utilité de l'institution des *seigneurs-commis*, 175. Les greniers publics y sont le principal revenu de l'état, I, 599. Idée de sa constitution au temps actuel, III, 4. Inutilité de ses fortifications, 157. Comment les Genevois défendirent leur ville, II, 474.
Caractère et mœurs des habitans des deux sexes, II, 533. Tableau flatté du gouvernement, de son esprit et des dispositions générales, I, 527. La doctrine des pasteurs de Genève défendue contre une assertion d'Alembert, III, 116, 147. Idée du commerce de cette ville et des occupations de ses habitans, 153. Leur goût pour la campagne, 157. Les artisans de Genève comparés à ceux des autres pays, IV, 292. Sous un air froid, le Genevois à une âme ardente et sensible, III, 167, 172. Son inclination pour les voyages, 474. Les mœurs inclinent déjà vers la décadence ; application à l'éducation de la jeunesse, 168.
Calculs comparatifs tendant à prouver qu'un théâtre ne pourroit s'y soutenir, 111, 156. Changement total dans les mœurs et les habitudes par l'effet de cet établissement, 168, 169. Abolition des sociétés dites *Cercles*, 158. Avantages que les cercles produisent, beaucoup plus grands que les inconvéniens, 161... 164. Comment l'établissement du théâtre portera atteinte à la constitution, 163, 170. R. avoue s'être trompé dans sa *Lettre à d'Alembert*, sur l'état des mœurs à Genève, IV, 509, 525. Ce qui est résulté de cette lettre relativement à Genève ; circonstances de l'établissement du théâtre dans cette ville, et état actuel des choses en ce point, III, 176, 177.
Génie. A moins besoin de la protection et de l'argent des princes que de la liberté, IV, 257. A souvent dans l'enfance l'apparence de la stupidité, II, 450. Celui des hommes assemblés ou des peuples, fort différent du caractère de l'homme en particulier, 347. Ce qu'est le génie pour le musicien, III, 701.
Géographie. Hors de la portée du premier âge, II, 452. Méthode pour l'étude de cette science, 493, 497.
Géométrie. A elle-même des vérités incompréhensibles, III, 117. Hors de la portée des enfans dans la méthode ordinaire, II, 431. Quelle méthode leur convient pour cette étude, 479. Les progrès dans cette étude peuvent servir d'épreuve et de mesure pour le développement de l'intelligence, 491. Études de R. dans cette science, I, 123. Ce qu'il pense de l'application de l'algèbre à la géométrie, 125. Il n'y a qu'un géomètre et un sot qui puissent parler sans figures, II, 119.
Germains. Loi de continence imposée chez eux aux jeunes gens, II, 604. Leur respect pour les femmes, 656.
Geoffrin (mad.). Son portrait par d'Alembert, I, 448.
Gessner. Son poème d'*Abel*, cité, II, 648. Son éloge, IV, 356.
Gibbon, IV, 443.
Gigès (anneau de). Ce qu'eût fait R. s'il l'eût possédé, I, 433.
Gil Blas. Lu par R. avant d'être mûr pour cette lecture, I, 88.
Giloz (l'abbé), IV, 198.
Ginguené. Son ouvrage sur les Confessions, cité, I, 348, 358.
Gingins de Moiry. Témoignage d'amitié qu'il donne à R., I, 512. Lettres que R. lui adresse, IV, 830.
Girardier (mad.), belle-sœur de mad. Boy-de-La-Tour. Reçoit R. à Motiers, I, 313. Entre dans la ligue de ses persécuteurs, 554.
Girardin (le marquis de). R. se retire chez lui à Ermenonville, I, 360. Comment il fait constater son genre de mort, 368. Ce qu'il fait pour la veuve de R., 371.
Giraud (madem.). Son inclination pour R. qui n'y répond point, I, 68. Prend raisonnablement son parti, et lui rend service, 75.
Gisors (le comte de). Trait de son enfance, II, 492. Son éloge. Comment il avoit voyagé, 703, IV, 591.
Glace. Fait éprouver à un enfant la sensation de la brûlure, II, 522.
Gluck. Observations sur son opéra d'*Alceste*, III, 556, 559... 568. Et sur un morceau d'*Orphée*, 568... 570.
Gnesne, ancienne capitale de la Pologne. Fonctions et autorité de son archevêque, I, 721.
Godard (le colonel). Vieux avare contre lequel R. fait une satire, I, 83.
Godefroi, maîtresse du chirurgien Parisot. Son caractère et son triste sort, I, 144.
Goncerus (mad.), tante de R. A soin de son enfance, I, 7. R. lui fait une pension de cent livres, 366, III, 558, IV, 707, 790. Lettres qu'il lui adresse, 830.
Gontaut (le duc de). Propos irréfléchi, échappé à R. en sa présence, I, 59.
Goud mel, musicien. Son éloge, III, 141, 584.
Goton (madem.). Ses amours avec R., I, 13.
Gouin (madem.), sage-femme. Dépose tous les enfans de R. aux Enfans-Trouvés, I, 177, 178, 186.
Gourmandise. Vice des cœurs sans étoffe. Peut sans danger servir de mobile dans l'éducation pour les jeunes garçons, II, 484 ; mais non pour les petites filles, 660.
Goût (le). Le seul des sens qui ne dise rien à l'imagination, II, 484. V. *Sens*, *Gourmandise*.
Goût. Est l'art de se connoître en petites choses ; ne peut se perfectionner que dans les grandes villes, III, 168. Notamment à Paris, II, 622. Rapports existans entre le goût et les mœurs, III, 120. Sur quoi il s'exerce et comment il s'acquiert, II, 620, 623. N'est pas toujours celui du plus grand nombre ; ses vrais modèles sont dans la nature, 621. Différence à cet égard entre les anciens et les modernes, 622. Le théâtre, véritable école de goût, 623. Se perfectionne par les mêmes moyens que la sagesse ; ce qu'il faut faire pour le cultiver, 27. Consulter le goût des femmes dans les choses physiques, et celui des hommes dans les choses morales, 621.
Goûts naturels. Sont les plus simples et les plus universels, II, 484.
Gouvernante, pour l'éducation d'une fille. Règles à observer dans son choix ; quel caractère et quelles qualités sont les plus désirables pour cet emploi ; quelles précautions à prendre, et quelle conduite à tenir envers elle pour s'assurer qu'elle remplira bien son emploi, IV, 460. Dialogue entre une bonne et sa petite, sur la première question du catéchisme, II, 647.
Gouvernement. Un peuple n'est que ce que son gouvernement le fait être, I, 211. D'où viennent les troubles intérieurs dans la plupart des états, III, 404, 105. Trouver une forme de gouvernement qui mette la loi au-dessus de l'homme, problème insoluble, IV, 690. V. *Liberté*. Définition du gouvernement, I, 661, II, 709, 710, III, 111, 64. Son institution n'est pas l'effet d'un contrat, I, 662, 680, 681. Origine de ses diverses formes, 563. Le pouvoir des chefs ne dérive pas de la même source que celui du *Père de famille*. V. *ce mot*. Loi de convenance à distinguer de la souveraineté, 587. V. *Souverain*. Dans quel cas le gouvernement est légitime, 654. Distinction à faire dans l'acte par lequel le souverain institue le gouver-

ment, 680. De l'élection du prince et des magistrats, soit par le choix, soit par le sort, 684, 685. Trois volontés à distinguer dans la personne de chacun d'eux, 664. Rapports existans entre le souverain, le gouvernement et le sujet, 662. Différentes espèces ou formes de gouvernement, 665. Des gouvernemens mixtes, 671. Toute forme de gouvernement n'est pas propre à tout pays, ib. Effet du climat pour déterminer cette forme, 672. Règles pour bien gouverner. (V. *Économie politique.*) Des signes d'un bon gouvernement, 673, II, 713. Deux voies générales par lesquelles le gouvernement dégénère, I, 674. Quand il doit connoître des matières religieuses, III, 9. Des gouvernemens fédératifs, I, 679, 711. Comment les gouvernemens influent sur les langues, III, 521.

Gouverneur. Pourquoi nommé ainsi plutôt que précepteur; on les distingue à tort l'un de l'autre, I, 411, 413. Noblesse et importance de cette fonction; qualités qu'elle fait supposer et devoir principal qu'elle impose, 409, IV, 789. Doit être jeune, II, 410. Ne peut faire qu'une seule éducation, 411. Avec une autorité absolue sur tout ce qui l'entoure, doit néanmoins s'en faire aimer et respecter, 441, III, 270. Doit gouverner sans préceptes, II, 489. Se fera apprenti avec son élève, 505. Quelquefois partagera ses fautes pour les mieux corriger, 532. Après l'avoir averti à temps, ne les lui reprochera point quand elles sont commises, 532. Loin d'affecter une dignité magistrale, peut, en certain point, montrer lui-même ses foiblesses, 616. Peut entrer dans un mauvais lieu pour le service de son élève, 617. Doit être le maître de marier son élève à son choix, 668. Pourquoi il importe de laisser un gouverneur aux jeunes hommes, 686.

Gouvon (le comte de). R. méconnoît ses bontés, I, 47.
Gouvon (l'abbé de), fils du précédent. Donne à R. des leçons de latin, I, 49. De quelle manière R. le quitte, 51.
Grâces. Leur privation est un défaut que les femmes ne pardonnent point, II, 61. Les femmes justifiées à cet égard, 62. Ne s'usent pas comme la beauté, et se renouvellent sans cesse, 670.
Graffenried (madem. de). Partie de campagne que R. fait avec cette demoiselle et mademoiselle Galley, I, 69.
Graffenried (de), bailli de Nidau. Chargé d'intimer à R. l'ordre de quitter le territoire de Berne. Ses bons procédés envers lui, I, 345, 349. Son éloge, IV, 562. Lettres de R. 830.
Graffion (mad. de). Mauvais procédés de cette dame envers R., I, 241. III, 134. Sa *Cénie*, citée, ib.
Grafton. Lettre que R. lui adresse, IV, 666.
Grammaire (fautes de). Il en faut quelquefois pour être plus lumineux. Sacrifier toutes les règles à la clarté, IV, 554.
Grammaire des enfans. Plus régulière que la nôtre, II, 425.
Grammaire générale. L'étude des langues y conduit, II, 622.
Grand-Seigneur (le). Obligé, par un ancien usage, à travailler de ses mains, II, 520.
Granville (M.). Lettres que R. lui adresse, IV, 850.
Grasseyer Cause de ce défaut dans les enfans des villes, II, 425.
Graville (le commandeur de). Son caractère. Comment R. fait sa connoissance, I, 177.
Grecs. Leur respect pour les femmes, II, 656. Pourquoi la profession de comédien n'y étoit pas déshonorante, III, 148. Leurs spectacles comparés aux nôtres, 148, 149. N'ont jamais été cités en exemple de bonnes mœurs, 149. Sur leur musique, III, 549. Leur système musical n'avoit aucun rapport avec le nôtre, 518. Les femmes grecques l'emportoient sur toutes les autres par les mœurs et par la beauté, II, 658.
Gressey Fausseté de l'anecdote publiée sur son entrevue avec R., I, 333. Anecdote relative à la première représentation du *Méchant*, ib. III, 194. R. ajoute plusieurs strophes à son idylle intitulée le *Siècle pastoral*, III, 369.
Griffet (le P.), jésuite, I, 299.
Grimm. Commencement de ses liaisons avec R., I, 181. Cette liaison devient intime, 183. Trait d'indiscrétion coupable envers R. et Th. Levasseur, 184. Sa passion pour madem. Fel, et ce qui en résulta, 195. Son manège avec Diderot pour aliéner de R. les gouverneuses, 199. La lettre que lui adresse R. au sujet de ses remarques sur *Omphale* commence la querelle entre les deux musiques, III, 572. Publie le *Petit Prophète*, I, 200. Sa conduite odieuse envers R., 244. Son caractère et ses règles de conduite, 245. R. veut s'en séparer, madame d'Épinay les raccommode, 247. Se brouillent ensemble irrévocablement, 253 Commencement du grand complot que R. lui attribue et dont il le suppose le chef, 258. Son opinion sur la querelle de R. et de Hume, 354. Lettre que R. lui adresse, IV, 271. Sa *Correspondance littéraire* citée, I, 264, 354, 495. III, 470. IV, 585, 730, 795.
Grisses, pain de Piémont, II, 423.
Gros, supérieur du séminaire d'Annecy, ami de madame de Warens. Reçoit R. au séminaire, I, 59, 60.
Grossi, proto-médecin à Chambéri Son caractère, I, 103.
Grotius. Réfutation de sa doctrine sur l'origine et l'objet du pouvoir, I, 640, 641, 644. Son embarras et celui de Barbeyrac dans la fixation des droits respectifs des rois et des peuples. Pourquoi, 649. Comparé à Hobbes; n'est qu'un enfant en droit politique, un enfant de mauvaise foi, II, 705, 706. N'a donné de faux principes sur le droit de la guerre, 710. Cité, I, 640, 684, 696.
Guérin, libraire à Paris. Ses liaisons avec R., I, 266, IV, 326. Sa conduite relativement à l'*Émile* et soupçons que R. en conçoit contre lui. I, 297, 299, IV, 326, 330, 335. Lettre que R. lui adresse, 325.
Guerre (droit de la). Est une relation d'état à état, et ne donne pas le droit de tuer le vaincu, I, 642. V. Grotius.
Guerres de religion. Pourquoi n'étoient pas connues des anciens, I, 694 La guerre des Phocéens fut peut-être une, ib.
Guicciardini, historien, cité, II, 546.
Guiones (de), I, 470.
Gui d'Arezzi, musicien. Vices de son système de notation, III, 457.
Guittin, jardinier de Montmorency, mis en scène dans l'*Héloïse*, II, 29.
Guy, associé du libraire Duchesne. Sa conduite pendant et après l'impression de l'*Émile*, I, 297, 306. Sujets de plainte de R. contre lui, 335 Lettres que R. lui adresse, IV, 850.
Guyon (mad.). Jugement sur cette dévote célèbre, II, 354.
Guynet (mad.). Lettre que R. lui adresse, IV, 553.
Gymnastique. On devroit établir un gymnase dans tous les collèges, 1,710 V. *Exercices corporels.*

II.

Habillement. Celui des François, gênant et malsain pour les hommes, est pernicieux surtout aux enfans, II, 463.
Habitude. S'il est vrai que la nature ne soit que l'habitude, II, 401. Cause de son attrait pour l'homme, 490. Quelle est la seule utile à faire contracter aux enfans, 419, 490. Celles qu'on croit faire contracter aux jeunes gens n'en sont point de véritables, 687. Habitude du corps convenable à l'exercice, différente de celle qui convient à l'inaction, 463.
Haleine de l'homme. Mortelle à ses semblables, au propre comme au figuré, II, 416.
Hambourg. Anecdote du baron de ..., émigré réfugié dans cette ville, II, 515.
Harcourt (mylord). Lettre que R. lui adresse, IV, 840.
Hardoin (le P.). Son caractère, III, 502.
Harmonie. La seule habitude nous en rend les connoissances agréables; sa principes en sont peut-être tout-à-fait arbitraires, III, 484. N'est qu'un accessoire dans la musique; il n'y a en elle aucun principe d'imitation, II, 64. Des beautés de convention, III, 514, 515. En quoi elle peut concourir à l'effet de la mélodie, 531. 534. N'étoit pas connue des anciens, 518, 538. Origine de l'harmonie, de la dégénération de la mélodie, 517. Ménagemens y introduire pour y faire produire son effet, 534, 544, 578. Il n'est pas vrai qu'elle soit l'unique fondement de la musique, et que la mélodie en dérive, 547. Il n'est pas vrai que l'harmonie représente le corps sonore, 532.
Hector, II, 420.
Hélène. Coupe modelée sur son sein, II, 39. Mot d'Apelles à son sujet, 643.
Hellot, de l'Académie des sciences, II, 146.
Héloïse, épouse d'Abélard. Son éloge, II, 141.
Héloïse (la Nouvelle), V. Julie.
Helvétius, médecin. Traite R. sans succès, I, 190.
Helvétius. Rapprochement du traitement qu'il éprouva pour son livre de l'*Esprit* avec celui qu'éprouve R. pour l'*Émile*, I, 512, IV, 538. R. entreprend de réfuter son ouvrage, et y renonce dès qu'il le voit persécuté, III, 8, 287. Jugement honorable sur sa personne, IV, 289 Cité, II, 618.
Hémet (le P.), jésuite I, 126, IV, 174.
Hénault (le P.). R. pense qu'il ne l'aimoit pas, I, 293.
Henri IV. Premier auteur d'un projet de paix perpétuelle. Moyens qu'il employa pour le réaliser, I, 622. Ne peut être soupçonné d'avoir tendu un piège aux notables assemblés à Rouen, 634. Le motif qui lui fit embrasser la religion romaine la devroit faire quitter à tout autre, 699. Son mot sur les prédictions des astrologues, II, 449
Hérault de Séchelles. Inscription qu'il fait placer sur la maison des Charmettes, I, 116.
Herborisation. Récit de deux herborisations faites par R., l'une à la montagne de Roballa, l'autre à celle de Chasseron (Chasseral), en Suisse, I, 440. Autre commencée au mont Pila et ce qui en résulta, IV, 778, 781.
Hercule. Contraint de filer près d'Omphale, II, 634. Vengé, 691.
Hermes, II, 507.
Hérodote. Peintre des mœurs, II, 702. A tort, peut-être, tourné en ridicule, ib. Cité, I, 567, II, 466, 487, 625, III, 159. Comment il lisoit son histoire, 521.
Héros. En quoi son caractère diffère de celui du sage, II, 511. Le but de ses actions est presque toujours sa gloire personnelle, 512. Ce qui le caractérise n'est ni la valeur, ni la justice, ni la prudence, ni la tempérance, mais la force de l'âme, 513, 514. Modification de la maxime : Point de héros pour son valet de chambre, II, 252.
Hervey (milady). Amie de madame Dupin, I, 150
Heyes (M.), IV, 589.
Hirzel, auteur du *Socrate rustique*, IV, 557, 514. Lettre que R. lui adresse, 514.
Hirondelles. R. parvient à en faire nicher dans sa chambre, IV, 401
Histoire. En quoi elle est généralement défectueuse, II, 545. 547. Pourquoi l'histoire ancienne est préférable à l'histoire moderne, II, 28. Ce qui distingue les historiens anciens des modernes, 546, 547. Est tout-à-fait hors de la portée des enfans, 452. Défaut dans la manière dont on fait lire l'histoire aux jeunes gens. Temps propre à cette étude et méthode qu'il convient d'y suivre, 545, 549. Quels sont pour un jeune homme les pires historiens, 546. Lecture des vies particulières à préférer, 547. Parti à tirer de l'histoire, même quand les faits en seroient faux, 487.
Hobbes. Prétend que l'homme est naturellement intrépide, I, 557. Comment il appeloit le *Méchant*, II, 422. Réfutation de son principe que l'homme est naturellement méchant, I, 546. En quoi pourtant on peut dire que ce principe est vrai, II, 436. Réfutation de sa doctrine politique, I, 640. Est le seul qui ait aperçu le moyen de donner de l'unité au système politique, 693. Comparé à Grotius, II, 705, 706. Pourquoi ses écrits sont en horreur, III, 179. Cité, I, 640.
Hochet. Mauvais choix en ce genre, II, 424.
Holbach (le baron d'). Époque de sa liaison avec R., I, 195. Désagrémens que R. éprouve dans sa société, 201. Il cesse de le voir, 202. R. se raccommode avec lui, 207. Comment il est reçu de sa seconde femme, 242.
Hollande. Comparée à la France relativement au commerce de la librairie. Ce qui résulte de leurs différences, IV, 519.
Homère. Seul poète qui nous transporte dans les pays qu'il décrit, II, 702. Il est douteux qu'il ait su écrire, III, 497. S'il est vrai qu'on puisse lui supposer la connoissance profonde de toutes les choses qu'il

traite ou qu'il dépeint, III, 185. Représente dans ses tableaux, non les objets tels qu'ils sont ou qu'ils doivent être, mais leurs images, 186. Et seulement sur le point de vue le plus agréable à la multitude, 187. Effet dangereux d'une telle représentation, 190. V. *Imitation*. Cité, II, 485. 678.

Homme. Connoissance de l'homme, la plus utile et la moins avancée de toutes, I, 531. Importance de cette étude et ses difficultés, 552, 567. Si sa conformation physique a dû être toujours la même que celle qu'on observe aujourd'hui, 536, 567. Est naturellement frugivore, 568, et paresseux, IV, 88. Est destiné par la nature à se contenter d'une seule femme, II, 685. Son rang dans la création, son être composé de deux substances, sa qualité d'agent libre, sa destination. V. *Religion naturelle*. Deux principes antérieurs à la raison, qui constituent l'homme moral, et étrangers à celui de la sociabilité, I, 533, 534. Ce qui le distingue spécifiquement des animaux, 540. Est indifférent au bien et au mal, mais est retenu par la pitié, 546. V. ce mot. La réflexion ne lui est pas naturelle, et ne sert qu'à le rendre malheureux. L'homme qui médite est un animal dépravé, 538, III, 146. N'est pas naturellement un être sociable, I, 541, 545. Différence entre l'homme naturel et l'homme civil. V. *Sauvage*. Est naturellement bon; sa seule passion est l'amour de soi, II, 439. V. *Amour de soi*, *Amour-propre*. Quelle a été sa première religion, 539. Ce qu'il faut pour le bien observer, 530. Comment étant des lions, les hommes deviennent méchans, 760. Ce qui le maintient bon est d'avoir peu de besoins et de ne pas se comparer aux autres, 527. Force et foiblesse de l'homme, idées relatives. Moyen d'augmenter la force, 492. S'il vouloit rester dans l'état de nature, ne pourroit vivre dans la société, 513, 514. V. *Société*. A besoin de dormir plus long-temps l'hiver que l'été, 467.

Honneur. Véritable distingué de l'honneur du monde, II, 40, 75. V. *Duel*.

Honte (mauvaise). Ses funestes effets, II, 76, 340. Corrompt plus de cœurs que les mauvaises inclinations, II, 1 0, 643. V. *Opinion*.

Horace. Ce que c'est que son *aurea mediocritas*, II, 651. R. ne pense pas comme lui sur le choix d'une maîtresse, I, 68 Sens des mots *modus*, *manumera*, employés par lui, III, 585. Cité, I, 146, 464, 509, II, 616, 661, 184. 562, III, 513, 578.

Houdetot (le comte d'). Son caractère, I, 230. En quelle occasion R. se trouve avec lui, 265.

Houdetot (mad. d'). Commencement de ses liaisons avec R. I, 179. Lui fait une visite à l'Hermitage, 223 Passion qu'il conçoit pour elle, 229. Son portrait et son caractère, 230. Comment elle reçoit sa déclaration, 231. R. fait pour elle une copie de la *Nouvelle Héloïse*, IV, 508. Caractère des lettres qu'il lui écrit, I, 245. Comment se termine cette liaison, 232. Lettres qu'il lui adresse, IV, 850.

Houdon, sculpteur. Dément le témoignage rapporté par Corancez dans son récit de la mort de R., I, 569. Son buste de R. préférable à tous les autres portraits existans, 374.

Huber, Genevois. Son talent pour la découpure, IV, 675. Lettre que R. lui adresse, 533.

Humanité. Premier devoir de l'homme, II, 429. Ce qui la fait naître, 553. Comment elle s'excite et se nourrit dans le cœur d'un jeune homme, 554. Trois maximes dont il faut se pénétrer dans cette vue, 534, 535, 556.

Hume (David). Ses premières relations avec R., I, 535. R. passe avec lui en Angleterre, 352. Suites malheureuses de cette liaison, 353. R. lui fait à lui-même l'exposé sommaire de ses griefs, IV, 622. Pourroit partager l'opinion de d'Alembert sur les spectacles, III, 118. Son éloge comme historien, IV, 586. Ses lettres citées, I, 535. Lettres que R. lui adresse, IV, 850.

Hyde (mylord), II, 492.

Hygiène. Seule partie utile de la médecine, est moins une science qu'une vertu, II, 444.

I.

Idéalistes et Matérialistes. Disputent sur des chimères, II, 569.

Idée. Différence entre les idées et les images, II, 431. Définition, 521. Manière de former les idées, et jugemens qui en résultent, 521, 522. Quelles est l'espèce qu'il faille donner aux enfans, 443. Celle de l'éternité ne sauroit s'appliquer aux générations humaines avec le consentement de l'esprit, 649. Idées abstraites, sources des plus grandes erreurs, 572. Idées de justice, et d'honnêteté partout les mêmes, 582. Idées acquises à distinguer des sentimens naturels ou innés, 583. A certain égard les idées sont des sentimens, et les sentimens des idées, ib.

Ignorance. Est de deux sortes. Quelle est celle qui est à désirer, I, 493. Le beau temps de chaque peuple a été celui de son ignorance, 467, 497. N'a jamais fait de mal; l'erreur seule est funeste, II, 494, 497, 52).

Imagination. Étend la mesure des possibles, II, 430. Son action, en nous transportant dans l'avenir, peut seule donner un charme aux objets réels, 488, 489. Transforme en vices les passions des êtres bornés, 552. Ses plaisirs, ressource des malheureux, et inconnus aux hommes livrés à l'amour-propre, IV, 71, 72.

Imitation. Goût naturel, dégénère en vice dans la société, II, 448. Ce qu'elle est en elle-même et par rapport à l'art du peintre; ne tient pas le second rang, mais le troisième dans l'ordre des êtres. Conséquences de cette proposition, III, 183, 184. Application à l'art du poète, et particulièrement à la poésie épique et dramatique, 124, 185. 187. Ce n'est pas la plus noble des facultés de l'âme, ni même, que se rapportent les imitations du poète, 187. Opposition de la conduite de l'homme raisonnable à celle de l'homme tel que le poète est forcé de la représenter, 187, 188. Quel doit être l'effet de cette représentation, 140. Ce que la raison prescrit pour s'en affranchir, ib.

Imitation théâtrale (de l'). III, 185..191. Époque de la composition de cet ouvrage, IV, 294.

Immortalité de l'âme. V. *Âme*, *Religion naturelle*.

Impôts. V. *Économie politique*. Ceux qui portent sur les objets de première nécessité sont toujours très-injustes, III, 466.

Imprimerie. A produit plus de mal que de bien, I, 475.

Inégalité. Parmi les hommes est de deux sortes, naturelle ou physique, morale ou politique, I, 531. La première, quoique sensible dans l'état de nature, ne peut tendre à le faire cesser, 530. L'inégalité morale est contraire au droit naturel quand elle ne concourt pas avec l'inégalité physique, 567. Premier pas vers l'inégalité morale, effet des premières associations, 554. Progrès de l'inégalité, résultat de la propriété territoriale et du développement des facultés, 556, 567. Distinction des pauvres et des riches, 557. Formation des *Corps politiques*. V. ce mot L'égalité rigoureuse ne peut subsister dans l'état civil; les distinctions civiles, suite nécessaire des distinctions politiques, 564; 577. Naissance de quatre sortes d'inégalité, richesse, noblesse, puissance et mérite personnel, qui, par un progrès inévitable, se réduisent à la première, 564. Nouveau progrès de l'inégalité jusqu'au dernier terme, d'où résulte un nouvel état de nature où, la force seule faisant loi, l'homme est ramené au point d'où il étoit parti, 565.

Infini. Idée que le commun des hommes et les enfans s'en peuvent faire, II, 560.

Ingratitude. N'est pas dans le cœur de l'homme, II, 542. V. *Bienfait*.

Inné. Ce qu'il y a d'inné dans l'homme, II, 583, III, 122.

Innocence. Comment la conserver aux enfans. Danger d'un langage trop réservé sur ce point, II, 530. Peut être prolongée jusqu'à vingt ans, 604. V. *Tempérament*.

Inoculation. Son opportunité, II, 468.

Inscription mise au bas du portrait de Frédéric II, III, 370.

Instinct. Vainement rejeté par les philosophes, II, 581.

Instruction. V. *Enseignement*.

Intérêt. Ne peut servir à expliquer les actions vertueuses, II, 585. Éviter les situations qui nous font trouver notre intérêt dans le mal d'autrui, I, 28, II, 188. Est dans un sens le mobile de toutes nos actions; mais il faut distinguer deux sortes d'intérêt, IV, 559. L'intérêt pécuniaire est le plus vil de tous, et réellement le plus foible par lequel on compte le cœur humain, I, 697, IV, 460.

Intolérance. Quel dogme en est le principe, II, 560. La distinction entre la tolérance civile et la tolérance théologique est puérile; les deux sont inséparables, I, 684, 693, II, 599 V. *Religion*.

Invalides. Attendrissement et vénération de R. pour les vieux militaires, I, 483. Anecdote à ce sujet, ib.

Institutions politiques. V. *Contrat social*.

Iphis, opéra, III, 262, 264. Époque de sa composition, I, 150, III, 262.

Irréligion. V. *Athéisme*.

Ivernois (d'), de Genève. Se lie avec R. à Motiers, et lui rend cette liaison importune, I, 523.

Ivernois (d'). Procureur général de Neufchâtel. Auteur du *Tableau des dernières révolutions de Genève*, cité, III, 5. Lettres que R. lui adresse, ainsi qu'à sa femme et à sa fille, IV, 850.

Ivernois (Isabelle d'), fille du précédent. R. conçoit pour elle une tendre amitié. I, 518

J.

Jacqueline. Gouvernante de R. dans son enfance; I, 3.

Jalabert, de Genève. Sa liaison avec R. I, 205, IV, 576.

Jalousie. Peut être naturelle ou ne l'être pas, I, 548, II, 684. L'exemple des animaux ne conclut pas pour l'homme, ib. Dans les liaisons ordinaires, a son origine dans les passions sociales plus que dans l'instinct primitif, 685. Dans l'amour véritable, est tempérée par la confiance, ib. Quels caractères en sont plus susceptibles, 55. Moyen assuré de la prévenir, ib.

Jansénistes et autres sectaires. Caractérisés, II, 548. Une secte de la *Julie* relative aux jansénistes semble à R. être la cause de tous ses malheurs, 738.

Jardins. Ornemens ridicules des jardins réguliers, II, 242. Règles à suivre dans leurs constructions, 244.

Jean (Saint). Exagération remarquable dans son Évangile, III, 51. Cité. V. *Bible*.

Jélyote, acteur de l'Opéra. Sa liaison avec R., III, 174. Service qu'il lui rend, I, 176 Quelle part il prend à la représentation du *Devin*, 196.

Jérôme (Saint). Cité, I, 569.

Jésuites. Éloignement de R. pour leur commerce, I, 168. Est convaincu qu'ils ne l'aimoient pas, et leur attribue la suspension de l'*Émile*, 299.

Jésus-Christ. Effet politique du royaume spirituel qu'il a établi, I, 695. Comparé à Socrate, II, 597. Son éloge, considéré comme homme, IV, 765. Considéré de même, nouveau parallèle avec Socrate, 771. Noble projet auquel il est forcé de renoncer, 772. Ce qu'il fit dans la dernière cène avec ses disciples, II, 792. Ce qu'il faut penser des miracles qu'on lui attribue; quel en fut l'objet réel, et quelle fut sa conduite à ce sujet, III, 27. Leur impossibilité physique, 51, 52. Fut à la fois le plus sage de mortels et le plus aimable, 38.

Jeu. L'amour du jeu, effet de l'avarice et de l'ennui, ne prend que dans un esprit et un cœur vides, II, 626. R. ne peut le souffrir, IV, 793 Des jeux virils conviennent seuls aux garçons, II, 480, V. *Nuit*.

Jodrel (l'abbé de). Lettre que R. lui adresse, IV, 548.

John (lord). Trait de sa jeune homme, qui a donné à R. l'idée de rendre Émile amoureux avant de le faire voyager, II, 714, 715.

Joly de Fleury, avocat du roi au parlement de Paris. Son réquisitoire contre l'*Émile*, IV, 579.

Jomelli, III, 544.

John, meunier au service de M. de Girardin, épouse la veuve de R., I, 374.

Joinville (M. de). Envoyé de France à Gènes. Service qu'il rend à R., I, 152. R. le revoit à Paris; ce qui fait cesser leur liaison, 269.

Jugement. Cette faculté n'appartient qu'à un être intelligent, II, 56

Le jugement et la sensation ne peuvent être confondus. Ce qui les distingue essentiellement, *ib.*, III, 288, 289. Nos jugemens sont actifs ou passifs. C'est dans le premier cas seulement que nous nous trompons, II, 521, 522. Manière d'apprendre à bien juger, 523.
Jugemens humains. Preuve de leur incertitude, IV, 35.
Jugement sur la paix perpétuelle, I, 617.
Juloré (le marquis de), assiste à la lecture des *Confessions* de R., I, 349.
Julie ou la Nouvelle Héloïse, II, 1. Époque et circonstances de la composition de cet ouvrage, I, 223. Sur sa publication, IV, 329, 330. Traduction angloise de ce livre, 337. Double objet de R. en le composant, 227, IV, 335. Pourquoi il n'en veut faire paroître la seconde préface qu'après la publication de l'ouvrage, 317, 521. Pourquoi il ne veut pas consentir à sa réimpression en France, et encore moins en recevoir un bénéfice, 520. Se plaint des retranchemens faits à l'édition de Paris, I, 270, IV, 327. Succès étonnant de ce livre, I, 288. Opinion des femmes à ce sujet, 289. Ne doit pas être lu par des filles, II, 3, IV, 322. Pourquoi les prêtres sont à l'épreuve de ce livre, II, 796. Est-ce une histoire véritable ou un roman, II, 4, 11. Pourquoi l'intérêt qu'il excite est-il si agréable, II, 578. Le jugement qu'on en porte est le *critérium* sur lequel R. juge du rapport des autres cœurs avec le sieu, IV, 792. Justification du style de l'ouvrage et des sentimens qui y sont développés, II, 6. R. met sa quatrième partie à côté de la *Princesse de Clèves*, I, 288. Et la juge la meilleure de tout le recueil, IV, 325. Cette quatrième partie, et la sixième, chefs-d'œuvre de diction, I, 241. Éloge particulier du style de mad. de Wolmar, II, 352.
Julien. Trait de cet empereur, I, 483. À quoi il comparoit le parler des Gaulois, III, 520.
Jully (M. de), beau-frère de mad. d'Épinay. Sur la mort de sa femme, IV, 207.
Justice. Son premier sentiment ne nous vient pas de celle que nous devons, mais de celle qui nous est due, II, 443. Trait de l'enfance de R., confirmatif de ce principe, I, 8, 9. Le grand précepte d'agir avec autrui comme nous voulons qu'on agisse avec nous, n'a de vrai fondement que la conscience et le sentiment, II, 543. *Justice et bonté*, sont de véritables affections de l'âme, *ib.*
Justin. Cité, I, 546.
Justin (Saint). Cité, II, 597.
Juvénal. Cité, I, 372, 547, II, 519, III, 127, IV, 319.

K.

Keit (Georges), dit Milord Maréchal. Commencement de sa liaison avec R., qui bientôt devient intime, I, 314, 315. Son caractère, 316. Envoie à R. des lettres de naturalité, 328. R. se montre disposé à recevoir ses bienfaits, et lui désigne sa gouvernante pour lui être l'objet, IV, 480. 531. Reçoit R. à Motiers, 379. R. ne voudroit pas être dans son testament, 481. Il fait à R. une pension de six cents francs, I, 359. Il part pour l'Angleterre, et R. ne le revoit plus, 328. R. lui propose d'écrire la Vie du général Keit, son frère, et lui demande des mémoires à ce sujet, IV, 479, 481, 498. Inquiétudes de R. sur la perte présumée de son amitié, 671, 675. Constance des sentimens de R. pour lui, I, 316, 328; et accusation calomnieuse de d'Alembert à ce sujet, I, 316. Lettres que R. lui adresse, IV, 850.
Keit (Jacques), frère du précédent. Ses services en Prusse, I, 315. Notice sur ce général, dont R. désiroit écrire la Vie, IV, 479.
Kirchberger, Bernois. Ses relations avec R., I, 342, 347, 348. Lettre que ce dernier lui adresse, IV, 432.
Klufffel. Comment R. fit sa connoissance, I, 480, 481. Débauche qu'il se permet chez lui à la suite d'un souper, 484. Lettre que R. lui adresse IV, 539.
Klivigos, ou Jacques Gurn. Cultivateur qui a donné l'idée du *Socrate rustique*, IV, 483, 514.
Koch. Son *Tableau des Révolutions de l'Europe*, cité, I, 714.
Kolben ou Kolbe. Son *Voyage au cap de Bonne-Espérance*, cité, I, 569.

L.

Labat. (M.), IV, 290.
Lacédovira. La nullité de son mariage avec une actrice prononcée pour vice de forme seulement, II, 95.
Labérius, chevalier romain, II, 441.
La Bruyère, cité, III, 274.
La Calprenède. Sa *Cléopâtre* et sa *Cassandre*, citées, II, 546.
Lac de Genève. Attrait particulier qu'avoit ce lac pour R., I, 78, 223.
Lacets. Pourquoi R. apprend à faire des lacets et quel usage il en fait, I, 318, IV, 394, 404, 417, 488.
Lacretelle jeune. Son *Histoire de France pendant le dix-huitième siècle*, citée, III, 3, 4.
Lafond. Acteur du Théâtre-François, III, 220.
La Fontaine. Ses fables ne conviennent point aux enfans, II, 294, 434, 435. Temps propre à cette lecture et précautions à y observer, 533, 534. Cité, I, 340, IV, 134.
Lahire. De l'Académie des sciences, III, 280.
Laïs. Mot d'Aristippe à son sujet, II, 627.
Lait. Si le choix du lait de la mère ou d'une autre est indifférent, II, 406, 414. D'abord séreux, puis prend de la consistance, 414. Celui des femelles herbivores plus doux que celui des carnivores, 415. Se caille toujours dans l'estomac, 416.
Lalande. Lettre que lui adresse J. J., III, 584.
Lalaud, de Nîmes. Se lie avec R. par lettres, I, 324, IV, 850.
Lalive (M. de). R. fait sa connoissance I, 269. Lettre qu'il lui adresse, IV, 515.
La Loubère. Son *Voyage de Siam* cité, II, 417.

Lamartinière, secrétaire d'ambassade à Soleure, I, 81.
Lambercier, ministre à Bossey. R. mis en pension chez lui, I, 5. Comment il entreprend de guérir R. de la peur, II, 471, 472. Histoire du noyer de la terrasse, I, 10, 11. Châtiment terrible autant qu'injuste qu'il inflige à R., 8.
Lambercier (madem.), sœur du précédent. Son caractère, I, 6. Effet d'une punition qu'elle inflige deux fois à R., 7.
Lamoignon (le chancelier de). Ami des jésuites, I, 299.
Lamoignon (le président de), I, 440.
Lamoignon de Malesherbes. V. Malesherbes.
La Motte. Son opinion sur les progrès de la raison humaine, II, 625. Lettre de R. sur son opéra d'*Omphale*, III, 572. Cité, IV, 214.
Lamy (le P.), oratorien. R. étudie ses ouvrages, I, 120, 123, III, 277.
Langage. La vue et l'ouïe en sont les seuls organes, III, 495. La première invention de la parole ne vient pas des besoins, mais des passions, 497. Le premier langage dut être figuré, 498. Avantage du langage du geste sur celui de la parole, 495. V. *Signes*. La parole plus propre à émouvoir le cœur, II, 744, III, 496. Ne sçait aurôit suffi si nous n'eussions eu que des besoins physiques, 496, 497. V. *Langues*. Langage des Enfans. II, 421.
Langey (le seigneur de), II, 617.
Langues. S'il y a une langue naturelle. Moyen de la rapprendre, I, 543, II, 421. Difficulté de donner à leur invention et à leur établissement une origine naturelle, I, 542. Quel a dû être le premier langage de l'homme, 543. Objection sur les avantages de leur institution, 576. Caractère distinctif de la première langue, III, 498. L'origine plus ou moins ancienne des langues tient aux trois différens états de la civilisation, et leurs différences caractéristiques ont pour principale cause le climat, 504. Celles du Midi comparées à celles du Nord, 511. Les langues modernes n'ont pas de véritable accent; on y supplée par des accens, 503. Langues dérivées se connoissent par la différence de l'orthographe à la prononciation, 503, 504. Rapport de la langue à la forme du gouvernement, 521. L'étude des langues hors de la portée du premier âge, I, 432. Cette étude mène à celle de la grammaire générale, 622. La langue françoise est peu propre à la poésie et point du tout à la musique, III, 522, 523. S'il est vrai qu'elle soit la plus chaste des langues, II, 609. Étude que fait R. de la langue latine, I, 49, 60, 124. Avantage de la langue grecque comparativement aux nôtres, III, 513. La langue italienne n'est pas par elle-même une langue musicale, III, 503. De toutes les langues européennes est cependant la plus propre à la musique, 527.
La Popliniere (de). Lettre que R. lui adresse, IV, 369.
La Porte (l'abbé de). Éditeur des Œuvres de R., IV, 288, 437, 458.
Larcher, traducteur d'Hérodote, II, 702.
Lard (mad.). R. donne à sa fille des leçons de musique. Caractère de l'une et de l'autre, I, 98, 99.
Larive. Sa Lettre sur la représentation de *Pygmalion* à Paris, I, 362.
Larnage (mad. de). Récit des amours de R. avec cette dame, I, 150. Résolution vertueuse qui le porte à ne la plus revoir, 153.
La Rochefoucauld. Auteur des *Maximes*. Cité I, 492, II, 187.
La Roque (le comte de), neveu de madame de Vercellis. S'intéresse à R., I, 42. S'y prend mal pour lui faire avouer la faute qu'il a commise, 43, 44. Le fait entrer chez le comte de Gouvon, 46.
La Selle (mad.), hôtesse de R. à Paris. Compagnie qui s'y rassembloit, I, 177.
Lastic (le comte de). Pourquoi R. l'appeloit l'homme au beurre, II, 369, IV, 218, 219.
Latour, peintre. Son portrait de R. exposé au salon, I, 280. R. le juge très-ressemblant, IV, 552, et consent à ce qu'il soit gravé, en y mettant, non pas son nom, mais sa devise, 380. R. accepte l'offre qu'il lui fait de faire un second portrait de lui et de le lui envoyer, 504.
Latour de Franqueville (mad.). Écrit à R. sous le nom de Julie, IV, 338. Lui envoie son portrait, 458. Son éloge, 470. Entreprend la justification de R. dans sa querelle avec Hume, 656, 667. Lettres que R. lui adresse, IV, 850.
Latourette. Lettres que lui adresse J. J. relativement à la botanique, III, 409.. 418.
Lantin (M.), IV, 203.
Lautrec (le comte de), maréchal de France. IV, 177. Effet de ses promesses à R., I, 109.
Lauzun (le duc de). Son insolence vis-à-vis de Louis XIV, punie, III, 146.
Lauzun (la duchesse de), née Boufflers. Petite-fille de mad. de Luxembourg. Ce qui arriva à R. à son occasion, I, 282.
Lazare. Impossibilité du miracle de sa résurrection, III, 31.
Lazaret de Gênes. Séjour qu'y fit R., I, 152.
Le Beau. Ses *Aventures*, citées, II, 603. Son voyage du Canada cité, 417.
Le Bègue de Presle, médecin. Sa relation sur la mort de R., et son récit à cet égard, opposé à celui de Corancez, I, 367.
Le Blond, consul de France à Venise, I, 183. Service qu'il rend à R. après sa sortie de chez l'ambassadeur, 160. R. perd l'occasion de le revoir à Montmorency, 268.
Le Cat. Réfute le *Discours sur les Sciences*, sous le nom d'un académicien de Dijon, I, 508.
Leduc (Goton), nièce de Th. Le Vasseur, I, 176.
Législateur. Ce qu'il doit être, et sa nécessité pour constituer ce qu'on appelle la république, I, 634, 653. Ne pouvant avoir aucune autorité par lui-même, est forcé de recourir à l'autorité divine, 656. Véritable preuve de sa mission *ib*. Choix du moment propre pour l'institution politique, 639. V. *Législation*. Esprit des anciens législateurs, 704.
Législation. Ses deux principaux objets, liberté, égalité, I, 650. Des divers systèmes de législation, *ib*.
Le Maitre, maître de musique de la cathédrale d'Annecy. Reçoit R. comme pensionnaire, I, 62. Quitte brusquement sa place, 65. R. qui l'avoit suivi l'abandonne à Lyon, 66. Malheur qu'il éprouve, 67.
L'Enclos (madem. de). Jugement défavorable qu'en portoit R. II, 653, 670

LENIEPS. Ses liaisons avec R., I, 193, 327. Lettres que R. lui adresse, IV, 859.

LÉONARD (M.) IV, 199.

LÉONIDAS. Comparaison tirée de sa mort, II, 597.

LÉOTARD (M.), herboriste. Lettre que R. lui adresse, III, 408.

LE SAGE, père; savant Genevois. Ses liaisons avec R., III, 581. Lettre que R. lui adresse, *ib.*

LESPINASSE (madem. de). Pourquoi ne devoit pas aimer R., I, 293.

LEROI (Jean-David), académicien. Lettre que R. lui adresse, IV, 91..194.

L'ÉTANG (M. de), vicaire de Marcoussis. Ses liaisons avec R. I, Épître que ce dernier lui adresse, III, 364.

Lettre à M. Lesage père, de Genève, relative à la musique, III, 581.

Lettre à d'Alembert sur les *Spectacles*, III, 143..177. Circonstances et occasion de sa composition, I, 260, III, 113. Jugement qu'en porte R., I, 260, 261. C'étoit son ouvrage de prédilection, III, 115, IV, 799. Son opinion sur la réponse que d'Alembert y a faite, III, 176, IV, 302.

Lettre à M. Baillère de Laisement, relative à la musique, III, 584.

Lettre à M. Burney sur la musique, etc., III, 556..568.

Lettre à M. Delalande sur la musique, III, 584.

Lettre à M. Grimm, au sujet des remarques ajoutées à la lettre sur *Omphale*, III, 572.

Lettre à M. l'abbé Raynal, au sujet d'un nouveau mode de musique par M. de Blainville, III, 579.

Lettre à M. Perdriau, sur la musique, III, 582.

Lettre d'un symphoniste de l'Académie royale de musique à ses camarades de l'orchestre, III, 542..546.

Lettre sur la musique françoise, III, 522.. 542. A quelle occasion elle fut composée, I, 200, III, 522.

Lettres. Celles des solitaires, longues et rares; celles des gens du monde fréquentes et courtes, II, 282. Inaptitude de R. pour ce genre d'écrire, et fatigue qu'il lui fait éprouver, I, 58. Son aversion pour les formules de fin de lettres, IV, 491, 534, 664. Demande au prince de Virtemberg la permission d'y renoncer, 483.

Lettres à Sara, III, 333..356.

Lettres de la Campagne. Réfutées par les *Lettres de la Montagne*, III, 5..101.

Lettres d'un citoyen de Genève. Parodie de l'*Héloïse*, IV, 474.

Lettres écrites de la Montagne, III, 5..108. Occasion de leur composition, I, 322. Effet qu'elles produisent en Suisse; sont brûlées à Paris, 330. R. les écrivit à contre-cœur, IV, 5..7.

Lettres élémentaires sur la Botanique, III, 370. Époque de leur composition. Sont continuées par un professeur de botanique anglois, I, 360.

Lettres persanes. Éloge du style de cet ouvrage, IV, 402.

Lettres portugaises. Sont-elles l'ouvrage d'une femme? III, 160, 161.

LEVASSEUR, père de Thérèse. Son caractère, I, 183. Sa mort, 208.

LEVASSEUR (mad.), mère de Thérèse. Caractère de cette femme, I, 171, 173, 183. Sert de prétexte aux amis de R. pour lui chercher querelle, 218, 19, 250. Son mauvais procédé envers R., qui le décide à s'en séparer, 219, 56. Reçoit de Grimm une pension de 300 livres, et vient demeurer à Deuil, 266.

LEVASSEUR (Thérèse). Ce qu'elle étoit; ce qui dispose et décide enfin R. à s'attacher à elle, I, 170. Scrupule de Thérèse à ce sujet, 171. Son esprit incapable de toute culture, *ib.* Ce qu'étoit sa famille, 173. Consent avec beaucoup de peine à l'abandon de ses enfans, 177. Trait de simplicité de cette fille relativement au chapelain Klupffel, 184. Son éloge, IV, 435, 471. Contrariétés que R. éprouve dans son ménage par le fait de la mère Levasseur, I, 192; et de sa famille, 219. R. n'a jamais ressenti d'amour pour elle, 2.6. Elle ne répond pas à cet attendoit d'elle sous le rapport de l'attachement, *ib.* Mécomptes que R. éprouve dans sa société intime, 220. Étoit peu entendue, peu soigneuse et fort dépensière, 297. R. s'aperçoit de la diminution de son attachement. Quelles en étoient les causes, 315. Elle va le rejoindre à Motiers, 514. Comment par ses propos, ses suggestions et les moyens qu'elle employe, elle influe sur la conduite et la manière de voir de R., tant à Motiers qu'en Angleterre, 536, 537, IV, 729, 734. Elle devient l'épouse de R. Circonstances de ce mariage, 337, IV, 729, 734. Chagrins qu'elle lui cause, I, 358, IV, 776. Opinion qu'avoient de cette femme tous les amis de R., I, 337, 358, 358, 564. Pourquoi R. l'appeloit son *Cerbère*, 364. Une pension lui est décrétée par l'assemblée nationale et est augmentée par la Convention. Reçoit les arrérages de la pension que le roi d'Angleterre avoit accordée à R., 35:. Sa conduite après la mort de R., 371. Lettres que R. lui adresse, IV, 850.

Lévite d'Éphraïm (le), III, 244..252. Composition de cet ouvrage, I, 306, 310, III, 244.

LEVRERY (Jean). Martyr de la liberté à Genève, III, 168.

L'HÔPITAL (le marquis de). A quelle occasion R. correspond avec lui, I, 157, 158.

Liberté ou Libre arbitre. Est ce qui distingue l'homme des animaux, I, 510. Preuves en sa faveur, II, 547. Son existence prouvée ne rend pas la prière inutile, *ib.* V. *Religion naturelle*.

Liberté bien réglée. Seul instrument d'une bonne éducation, II, 439. V. *Éducation*, *Enfans*.

Liberté civile ou politique. Premier des biens. Quel est l'homme vraiment libre, II, 433. Définition de la liberté politique, et en quoi elle consiste, III, 81. Est une conséquence de la nature de l'homme, I, 640. Ne peut être aliénée, 561, 641. Ce qui distingue la liberté naturelle de la liberté civile, 616. Est un des principaux objets de la législation, 660. Ne se soutiennent peut-être qu'à l'appui de ce funeste, 679. Comment concilier la liberté avec le principe de la pluralité des voix, 684; et un aliment le bon sec, mais de forte digestion, 715. Est incompatible avec le repos, 705. Peut exister sous toutes sortes de gouvernemens. Elle est dans le cœur de l'homme, II, 747, IV, 649. Application de cette maxime à Émile escavo dans Alger, II, 741, 742. V. *Corps politique*, *Gouvernement*.

Libertinage. L'amour-propre fait plus de libertins que l'amour, II, 614.

V. *Opinion*, *Tempérament*. Effet de ce vice sur l'esprit et le caractère, 617.

Librairie (commerce de la). V. *Hollande*.

LIGNE (le prince de). Offre à R. un asile dans ses terres, IV, 25.

LILIO GIRALDI, cité, I, 464.

LILLO, auteur du *Marchand de Londres*, III, 158.

LINANT (de), gouverneur du fils de M. d'Épinay, I, 244, 249.

LINNÉ. Jugement sur ce célèbre naturaliste, I, 341, 363, 436. Progrès qu'il a fait faire à la botanique, III, 422, 423. Observations sur son système, III, 419, IV, 666. Lettre que R. lui adresse, 857.

Lisière. Laisse une mauvaise démarche aux enfans, II, 429.

LIVIUS DRUSUS. Vouloit que sa maison fût construite de manière qu'on vît tout ce qui s'y faisoit, II, 244.

Livres. N'apprennent qu'à parler de ce qu'on ne sait pas, et font négliger le livre du monde, II, 507, 700. Ceux de morale ne sont point utiles aux gens du monde, II, 7. Ceux utiles à la patrie ne doivent pas être composés dans son sein, I, 212. Cette utilité bien bornée, les hommes se conduisant toujours plus par leurs passions que par leurs lumières, IV, 562, 569, 689. Quels sont ceux qui conviennent aux campagnards et aux gens de province, II, 7. C'est pour eux qu'il faut écrire, 8. Pourquoi les romans sont-ils dangereux, et moyens de les rendre utiles 7, 8. Effet des livres d'amour, 28. V. *Romans*. Règles pour lire avec fruit, 26. Règle pour juger si un livre est utile ou pernicieux, 130, III, 16. Ne corrigent pas les méchans; le meilleur fait très-peu de bien aux hommes et beaucoup de mal à son auteur, IV, 522. *Livres de géométrie*. Seuls exempts d'erreurs, III, 7. *Livres de voyages* Menteurs, incomplets et insuffisans, II, 700. *Livres sacrés*. L'homme n'en a pas besoin pour connoître ses devoirs, II, 593. Tous écrits dans des langues inconnues aux peuples qui suivent la religion que ces livres enseignent, *ib.* Nécessité de les lire tous et de les comparer, pour s'assurer de la vérité, 589.

LOCKE. Comment il veut qu'on apprenne à lire aux enfans, II, 457. Son sort comparé à celui de R., III, 67. Ses divers ouvrages cités ou réfutés, *Du gouvernement civil*, I, 560, 574, 675. *Pensées sur l'éducation des enfans*, II, 597, 437, 464, 466, 517, 559, 631. *Essai sur l'entendement humain*, 575.

Loi naturelle. Erreurs des jurisconsultes et contradictions entre eux dans la définition de ce mot, I, 533.

Loi. Son objet et sa définition, I, 653, 654. Cette définition étoit encore à faire, II, 708. Peut seule concilier la soumission à l'autorité publique, I, 589. Toujours impuissante si les mœurs ne disposent pas à lui obéir, 591. La mettre au-dessus de l'homme, problème insoluble, 703. Il lui manquera toujours ce qui appartient aux lois de la nature, l'inflexibilité, II, 454. Doit être formellement abrogée ou sévèrement maintenue, I, 727. Division des lois en trois classes, 660. Causes du respect qu'on porte aux anciennes lois, 676. Aucune loi politique ou fondamentale qui ne se puisse révoquer, 682. Esprit général des lois de tous les pays : favoriser le fort contre le foible, II, 544. De bonnes lois faciles à faire; la grande difficulté est de les approprier tellement aux hommes et aux choses, que leur exécution s'ensuive naturellement, III, 142, 143. Ne peuvent régler les choses de mœurs et de justice universelle, mais seulement celles de justice particulière et de droit rigoureux, 143. Comment elles influent sur les mœurs et réciproquement, *ib.*, I, 591, III, 145. V. *Opinion publique*.

LOLME (de), avocat. Service qu'il rend à R., I, 175.

LONGUEVILLE (mad. de). Ce qu'elle eût été à la place de madame de Warens, I, 25.

LORENZI, intendant de madame de Vercellis, I, 42.

LORENZI (le chevalier de). Complaisant de madame de Boufflers, I, 273, 294. Lettres que R. lui adresse, IV, 850.

LOTOPHAGES, II, 483.

Louche. Précaution pour qu'un enfant ne le devienne pas, II, 419.

LOUIS XIV. Cité, I, 561. Trait de ce prince justement irrité contre le duc de Lauzun, III, 146.

LOUIS XV. Réponse d'un vieux gentilhomme à ce prince, II, 619.

LOYSEAU DE MAULÉON. Comment R. fait sa connoissance; son éloge, I, 265. Parle à R. du *Contrat social* avant qu'il soit connu du public, 302. Lettre que R. lui adresse, IV, 404.

Luc (le comte du), I, 266.

LUCAIN. Cité, III, 565.

LUCRÈCE. Cité, III, 456.

Lucrèce, tragédie, III, 265..268. Composition de cette pièce, I, 296, III, 265.

LUDWIG. Jugement sur ce savant botaniste, I, 361.

LULLI. Fait chasser Corelli de France, III, 533. Son harmonie préférable à celle de ses successeurs, 536. Son talent comparé à celui de Rameau, 578. Fait jouer pour lui seul son opéra d'*Armide*, IV, 209. Son éloge, III, 454.

LULLIN, professeur à Genève. Lettres avec R., I, 203.

Luxe. Va rarement sans les arts et les sciences, et jamais ils ne vont sans lui, I, 474. La corruption des mœurs qui en est la suite, entraîne la corruption du goût, 472, 492. Tableau des maux qu'il produit, 499, 507, 571. Melon est le premier qui en ait fait l'apologie, 507. Exemple d'un luxe noble et sans danger 708. Ce n'est pas par des lois somptuaires qu'on peut l'extirper, 709. Il y a à dédaigner le luxe, moins de modération que de goût, 1, 279. L'opinion tournée en sa faveur, anéantit l'inégalité des rangs, IV, 309.

LUXEMBOURG (le maréchal de). Commencement des liaisons de R. avec lui I, 275. Simplicité du commerce qui s'établit entre ce seigneur et R., 276. Conditions que R. lui propose pour en assurer la durée, IV, 301, 302. R. lui donne son portrait et reçoit en échange le sien et celui de la maréchale, I, 280. En peu de temps il perd sa sœur, sa fille, son fils unique, 90. Assiste à la visite du F. Côme à R., 302. Ses derniers adieux à R., 508, 509. Sa mort, 327. Intentions de R. sur le legs qu'on lui dit que le maréchal avoit fait en sa faveur, 527. Lettres que R. lui adresse, IV, 850.

GÉNÉRALE ET ANALYTIQUE.

Luxembourg (mad. de). Commencement de ses liaisons avec R., I, 275. Son portrait, 274. R. lui lit sa *Nouvelle Héloïse*, 275. Il fait pour elle une copie de cet ouvrage, 276, IV, 308, 313; et y joint le manuscrit des *Amours de my lord Édouard*, I, 277. Motifs de R. pour croire qu'il a encouru son inimitié, I, 59, 76, 294. Se charge du soin de faire imprimer l'*Émile*, 282, 293. Fait faire la recherche des enfans de R. aux Enfans-Trouvés, 294, IV, 533, 536. Sa conduite lors du décret porté contre R., I, 507. Ses dernières relations avec R., 527. Il désire qu'on la consulte sur son projet, en 1768, de se retirer dans une île de l'Archipel, IV, 742. Nouveau témoignage de sa confiance en elle à cette époque, 743. De tous ses ennemis, R. la croit seule capable de retour, 796. Opinion que définitivement il conserve d'elle et de ses procédés, 825. Lettres que R. lui adresse, IV, 850.

Luxembourg (le comte de). Causes de sa mort, I, 294.

Luze (M. et mad. de). Lettres que R. leur adresse, IV, 850.

Lycurgue. Esprit de sa législation, I, 704. Ce qu'il fit pour déraciner la cupidité à Sparte, 730. Ses institutions ont dénaturé le cœur de l'homme, II, 402.

Lycurgue, orateur grec. Cité, I, 277.

Lydiens. Comment, dans une disette, ils donnèrent le change à leur faim, II, 487.

Lyon. Règle suivie dans l'administration municipale de cette ville, I, 731. Jugement porté sur l'état des mœurs de ses habitans, 86.

M.

Mably (l'abbé de). Bons offices qu'il rend à R., I, 145. Jugement sur ses ouvrages de politique, et notamment sur ses *Entretiens de Phocion*, IV, 490. Pourquoi R. le considère comme son ennemi, I, 328, 329, IV, 533. Son ouvrage sur la Pologne comparé à celui de R., I, 361. Cet ouvrage cité, 722. Lettre que R. lui adresse, IV, 533.

Mably (de), grand prévôt de Lyon. Confie l'éducation de ses enfans à R., I, 149, IV, 180. Conserva pour lui de l'amitié après qu'il eut quitté cet emploi, I, 143.

Mably (mad. de). Entreprend de former les manières de R., qui devient amoureux d'elle, I, 139.

Machiavel. Le *Prince* est le livre des républicains, I, 699. Cité, 630, 656, 669.

Machines pour l'étude de la physique. Il faut que l'enfant les fasse lui-même. Inconvénient de leur multiplicité, II, 504.

Macrobe. Cité, II, 141.

Magellan, gentilhomme portugais ; publie le récit de Lebègue de Presle sur la mort de R., I, 367.

Magnificence. L'ordre rendu sensible dans le grand, II, 276.

Mahomet. Éloge de son système politique, I, 698.

Mahomet, tragédie. Jugée sous le rapport moral, III, 125.

Maillot. Effets dangereux de cet usage, II, 404, 405.

Maîtres de chant et de danse. S'il convient d'en donner aux jeunes filles, II, 643.

Mairan (de), de l'Académie des Sciences. Nommé, avec MM. Hellot et de Fouchy, commissaire pour l'examen du système de notation musicale présenté par R., I, 146, III, 460. Ce qu'il dit à l'occasion de la dédicace du *Discours sur l'Inégalité*, I, 206. Ses liaisons avec R., 269, 270, III, 460.

Majorquins. Comment ils apprenoient à leurs enfans à lancer la fronde, II, 483.

Mal. Comment expliquer son existence et en justifier la Providence, II, 575, 578. IV, 769. V. *Religion naturelle*.

Maladies. Celles des enfans sont pour la plupart de la classe des convulsions, II, 420. Sur cette locution : *faire une maladie*, I, 424.

Malesherbes (Lamoignon de). Ses relations avec R., I, 269. Lui propose une place dans le *journal des Savans*, 271. Approuve la profession de foi, 282. R. écrit sous son couvert les épreuves de son livre, IV, 511. Rassure R. sur ses craintes relatives au retard qu'éprouvoit l'impression de l'*Émile*, I, 299. R. lui écrit quatre lettres sur sa retraite à la campagne, 300. Il fait retirer des mains de R. les lettres qu'il lui avoit écrites relativement à l'*Émile*, 303. Sa *Déclaration* relative à l'impression de cet ouvrage à Paris, 304. Lettres que lui adresse J. J. sur la botanique, III, 395 ; autres, IV, 850.

Mallet, médecin, traite sans succès R., I, 190, IV, 220.

Malthus, curé de Saint-Brice, I, 266.

Malthus. Achète les livres de botanique de J. J., IV, 81.

Mombrée (le vieux chêne de) II, 607.

Mandard (le P.), oratorien, I, 306.

Mandeville. Auteur de la fable des Abeilles, I, 516.

Manilius. Chassé du sénat pour un baiser donné à sa femme en présence de sa fille, III, 136.

Manuel des Inquisiteurs. Cité, III, 151.

Marcel, maître à danser; faisoit l'extravagant par ruse, II, 474. Ce qu'il dit à un Anglois, 618. Ne s'est fait remarquer que par des singeries ridicules, et n'a rien inventé dans son art, IV, 430, 431.

Marcellon ou Barcellon, huissier, IV, 174, 175.

Marcet de Mézières, Genevois. Ses liaisons avec R., I, 205, IV, 830.

Marchand de Londres (le). Éloge de cette pièce, III, 138.

Marcoussis. Agréables parties que fait R. chez le vicaire de ce village, et avec qui, I, 194.

Maréchal (mylord). V. Keit.

Maréchaux de France (tribunal des), ou *du Point d'honneur*, III, 145, 178, 179. V. *Duel*.

Marsenne (de), voisin de R. à Montmorency, I, 269, 279, IV, 487.

Mari (le marquis de), ambassadeur d'Espagne à Venise, I, 154, 153.

Mariage. S'il est un devoir pour tout homme indifféremment, II, 352, 353. Marier un jeune homme dès l'âge nubile, n'est pas le parti le meilleur à prendre, 604. Danger des mariages contractés avant la parfaite formation du corps, 698. Quelles convenances y sont nécessaires, et quelles sont celles dont les parens sont les juges, 653. Les convenances de la nature y doivent l'emporter sur celles de pure convention, 93, 668. L'égalité des conditions, sans être une des convenances nécessaires, est à rechercher, 668. Les alliances inégales n'ont pas la même conséquence pour les deux sexes, 540, 669. L'homme qui pense ne choisira pas son épouse dans la basse classe, 669. Mais n'épousera jamais une femme bel-esprit, 670. Grande beauté plutôt à fuir qu'à rechercher, *ib*. Est le plus saint de tous les contrats. C'est la cause commune de tous les hommes que sa pureté ne soit pas altérée, 180, 609. Raison très-forte contre les mariages clandestins, 181. N'exige pas le commerce continuel des deux sexes, 227, 336. Peut être heureux sans amour, 187. Est un état trop austère et trop grave pour supporter les petites ouvertures de cœur qu'admet l'amitié, 217. Effets du droit que s'est attribué le clergé de passer cet acte, I, 608. Pourquoi les premiers hommes furent dans la nécessité d'épouser leurs sœurs, III, 510. Premier jour du mariage, un si bel âge pour les jeunes époux, II, 718. Moyen de prolonger le bonheur de l'amour dans le mariage, 719. Trusque ce moyen ne doit plus être employé, 721. Le vrai bonheur de la vie est dans un mariage bien assorti, IV, 452. Un état de discorde et de trouble pour les gens corrompus, mais pour les gens de bien il est le paradis sur la terre, IV, 293.

Marianne (M. de) Conserve un des premiers écrits littéraires de R., I, 81.

Marion, cuisinière chez madame de Vercellis. Accusée faussement par R. du vol d'un ruban, I, 42. Ce qui le porte à faire cette mauvaise action, 417.

Marin (le cavalier) Cité, II, 118, 146, 285.

Marivaux. Accueille R. et retouche sa comédie de *Narcisse*, I, 147.

Marlborough (mylord). Réponse que lui fait un grenadier françois, pris à la bataille d'Hochstet, II, 297.

Marmontel. Fausseté de l'anecdote qu'il raconte à l'occasion du *Discours sur les Sciences*, I, 182, 263, 264. Motif de sa haine contre R., 265, IV, 328. Cité, I, 182, 263, 264, 265, 654.

Maroc. Ce que Montaigne a dit d'un de ses rois, II, 468.

Marteau. Lettre que R. lui adresse, IV, 303.

Martial. Cité, II, 670.

Martianus Capella. Cité, III, 501, 585, 588.

Martinet. Lettre que R. lui adresse, IV, 433.

Martinière (de la), secrétaire d'ambassade à Soleure. Comment il pique R. d'émulation, I, 81.

Martyn, Anglois, continuateur des *Lettres élémentaires sur la Botanique*, III, 571.

Masques. Pourquoi les enfans en ont peur , II, 419.

Masseron, greffier à Genève. Jugement qu'il porte sur R., I, 14.

Matérialistes. Opposés aux idéalistes, II, 569. Leur raisonnement comparé à celui d'un sourd, 575.

Mathas (de). Offre à R. sa maison de Mont-Louis, I, 256, 278. Sa mort, IV, 410.

Matière. Comment son existence et celle des corps nous est connue, II, 569. Indifférente au repos et au mouvement ; le repos est son état naturel, 570, 571. S'il est vrai qu'elle puisse sentir et penser, 575. Sa création, impossible à concevoir, 769.

Maux moraux. Sont tous de l'opinion, hors le crime, II, 431.

Maux physiques. Bien moins cruels que les autres, 1, 408. Violens et reconnus incurables, peuvent justifier le suicide, 196.

Maximes (mauvaises). Pires que les mauvaises actions, II, 47.

Méchanceté. Vient de foiblesse et d'esclavage, I, 433. Idée contraire à la définition de Hobbes, II, 422.

Méchans. Pourquoi aiment la vertu dans les autres, II, 543 ; III, 122, 123. Leurs peines dans l'autre vie seront-elles éternelles, II, 579 ; III, 117. Méchanceté vient de foiblesse. Idée contraire à la définition de Hobbes, II, 422. Vient de foiblesse et d'esclavage, I, 433. S'il est vrai qu'il n'y a que le méchant qui soit seul, 259, IV, 89, 281.

Médecins. Leur art plus pernicieux qu'utile ; causes de son empire parmi nous, II, 432. Moyens d'y suppléer, 414. Confiance que R. avoit d'abord en eux ; noms des médecins qui l'ont traité successivement, et raisons qui l'ont fait renoncer à leurs secours, I, 190, 413, 420, 203. Auroit voulu cependant adoucir ce qu'il a écrit contre eux, II, 413.

Médée. Effet réel de cette tragédie, III, 122.

Mellarède (madame. de). Écolière de R. pour la musique, I, 98.

Mélodie. Sa définition et explication de ses effets, III, 515. Unité de mélodie ; règle générale et fondamentale, 551, 559. V. *Harmonie*, *Musique*.

Melon. Est le premier écrivain qui ait fait l'apologie du luxe ; cité, I, 507.

Mémoire à S. E. monseigneur de Savoie. R. demande une pension, III, 283, 284.

Mémoire remis à M. Boudet, relatif à M. de Bernex, III, 284.

Mémoire. Sa définition contraire à celle d'Helvétius, III, 288. Ne peut se développer qu'avec le raisonnement, II, 431. Application à l'enfance et aux études qu'on lui impose, *ib*. R. en manquoit totalement ; ses efforts pour en acquérir, I, 125.

Ménars (la marquise de). Lettre que R. lui adresse, IV, 218.

Mendians. Sentimens qui doivent disposer à leur assistance, II, 272, 273.

Menochius, jurisconsulte italien. Cité, IV, 40.

Menou (le P.). Comment R. le traite en réfutant l'écrit du roi Stanislas, auquel ce jésuite avoit mis la main, I, 190.

Menthon (la comtesse de). R. donne des leçons de musique à sa fille, I, 98. Son caractère, sa jalousie contre mad. de Warens et ce qui en résulta, 99.

Mensonge. Dissertation sur ce vice, distinction du mensonge nuisible et du mensonge officieux, I, 417. R. se les est interdits tous les deux, 421. Il n'a jamais menti que par honte et timidité, *ib*. Mensonge de fait et mensonge de droit. Ne sont pas naturels aux enfans, 446. Ceux qu'ils font sont le plus souvent l'ouvrage des maîtres, II, 446.

Menuet de Dardanus, noté en chiffres, III, 491.

Mercerat (madem.), femme de chambre de mad. de Warens, I, 55. Son portrait, 68. Elle prend du goût pour R., et se fait reconduire par lui dans son pays, 73.

Mercier de la Rivière. Jugement sur son livre intitulé *Ordre naturel et essentiel des sociétés politiques*, IV, 689.

Mercier, auteur du *Tableau de Paris*. Fausse anecdote qu'il rapporte sur l'entrevue de Gresset et de R. à Amiens, I, 333. Son portrait de R. cité, 571. Son livre intitulé *l'An 2440*, attribué à R., IV, 14.

Merlin (François de), général. Son épitaphe, II, 622, 623.

Mères. Les lois ne leur donnent pas assez d'autorité, II, 400. Doivent allaiter leurs enfans. Heureux effets qui en résultent, 403. 407. De leur bonne constitution dépend celle des enfans, 637. V. *Enfans*. Leur autorité ne peut être égale à celle des pères, I, 586. On a plus de respect pour une mère de famille que pour une vieille fille, II, 777. Modification, pour la mère de famille, à la règle qui proscrit dans la vie commune la séparation des sexes, 233.

Méridiennes. Moyens d'apprendre à les tracer, II, 498.

Merveilleux (mad. de). Son portrait, I, 82. Services qu'elle rend à R., 83.

Messin (la marquise de), Assiste à la lecture des *Confessions* de R., I, 349. Lettres que R. lui adresse, IV, 850.

Messe. Attention et vénération avec laquelle le vicaire savoyard la célèbre, II, 598. Sans s'en imposer le devoir, R. n'éprouve point de répugnance à y aller, si la circonstance l'exige, IV, 847.

Mesure. Une des parties intégrantes de la musique, III, 524, 525. Ne peut être que très-peu sensible dans la musique françoise, 523. Une même mesure peut exprimer tous les sentimens dans la musique italienne, 537.

Mestrezat, Secrétaire d'état à Genève, III, 89.

Métastase. Cité, II, 15, 25, 42, 51, 265, 319, 335, IV, 704. Imitation libre d'une de ses chansons, III, 363.

Métier. Pourquoi Émile doit en apprendre un, II, 514.. 517. Quel esprit doit guider dans son choix, 517..519.

Meuron, procureur général à Neufchâtel, prend la défense de R., I, 352, IV, 522, 516, 53. Lettres que R. lui adresse, IV, 850.

Michell. V. Ducret.

Micoud (de Grenoble). Sa liaison avec R., IV, 171, 172.

Militaire (service). Sur cet état, considéré comme profession, II, 704. Est si noble qu'il ne peut être fait pour de l'argent, 09.

Minard et Ferraud. Appelés par Thérèse Levasseur *les commères*, I, 267, 501.

Mirabeau (le marquis de). Ses liaisons avec R., I, 353. Lettres que ce dernier lui adresse, IV, 850.

Miracles. C'est l'ordre inaltérable de la nature qui montre le mieux la sagesse de Dieu, II, 590. Faits pour prouver la doctrine, les miracles ont eux-mêmes besoin d'être prouvés, *ib*. Leur vérité, constatée ou non, nullement nécessaire pour déterminer la croyance aux vérités de la religion chrétienne, I, 787, 111, 26. On doit tenir pour révélée toute doctrine où l'on reconnoît l'esprit de Dieu, II, 788. Ce qu'il faut penser des miracles de Jésus, III, 27. V. *Jésus*. Ne peuvent jamais être regardés comme infaillibles, 29. Comment distinguer les vrais des faux miracles, 33. Ce qu'on peut faire en ce genre avec des connoissances en chimie, 30, 31. R. signe une attestation comme témoin d'un miracle, I, 62. Détails sur ce miracle prétendu, III, 286.

Mirepoix (mad. de). Ses liaisons avec R., I, 59, 150, 281. Témoignage particulier d'affection qu'il en reçoit, 308.

Misanthrope (le) de Molière. Pourquoi est-il tombé dans sa naissance, III, 120. Examen de cette pièce sous le rapport moral, 128. Idée d'un nouveau *Misanthrope* à faire, 131. Réalisée par Fabre d'Églantine dans le *Philinte*, ib.

Modestie. A ses dangers comme l'orgueil, II, 250, 253. Dans le commerce du monde, n'a jamais nui à l'homme d'esprit, 292. Combien il importe d'y accoutumer les enfans, *ib*.

Modus, Numerus. Sens de ces deux mots latins employés par Horace, III, 585.

Mœurs. Les choses de mœurs ne peuvent être réglées par les lois, III, 142. V. *Opinion publique, Loi*. Influence du gouvernement sur les mœurs, 146. Rapports entre le goût et les mœurs. V. *Goût*. Se réformeront d'elles-mêmes si les mères nourrissent leurs enfans, II, 406. En quoi les peuples qui en ont surpassent ceux qui n'en ont pas, 541.

Moïse. Esprit de sa législation, I, 704.

Molière. A suivi et développé, mais jamais choqué le goût du public, III, 120. Son théâtre, école de vices et de mauvaises mœurs, 127. Application au *Misanthrope*, 128. Sur quelles de ses pièces a pu consulter sa servante, 584. Est plein de sentences et de maximes générales, II, 126. Cité, III, 272.

Mollet, de Genève, imprime, sans le consentement de R., une lettre reçue de lui, IV, 335, 336.

Monarchie. Dans quel cas elle est république, I, 634. Sa définition, 663, II, 711. Convient aux grands états, 714. Avantages et inconvéniens de ce gouvernement, I, 668. Quel en est l'inconvénient le plus sensible, 669. Prévenu par l'hérédité de la couronne. Effets de cette hérédité, 670, 721. Ne peut confondre le gouvernement royal avec celui d'un bon roi, 670. Dégénère en tyrannie, 673.

Monde (usage du). Age propre pour l'acquérir, II, 611. C'est dans un cœur honnête qu'il faut en chercher les premières lois, 619. Le monde est le livre des femmes. Les jeunes filles y peuvent être introduites de bonne heure, 634. Moyen d'en prévenir les dangers, 634..636.

Monde idéal. Tableau de ce monde et caractère de ses habitans, IV, 4, 5.

Monier. Lettre que R. lui adresse, IV, 247.

Monnoie. Comment donner l'idée de son usage à un enfant, et à quel point il faut s'arrêter dans cette instruction, II, 511.

Monologue. Des monologues dans les opéra françois, III, 357. Examen du monologue d'*Armide*, 539.

Montagne. Cause du calme de l'âme qu'on éprouve sur leur sommet, II, 57.

Montagnons. Habitans d'une montagne aux environs de Neufchâtel; leurs mœurs et leurs occupations, III, 140, 141.

Montagne (mylady). Citée, II, 280.

Montaigne. Ce qu'il a dit d'un roi de Maroc, II, 458. Son scepticisme sur le juste et l'injuste, réfuté, 582. Continence de son père, 304. R. pense

comme lui sur le choix d'une maîtresse, I, 68. Ne se donne dans son livre que les défauts aimables, 272. Cité, I, 68, 466, 467, 468, 470, 472, 473, 474, 480, 483, 486. 487, 491, 496, 503. 537, 567, 570, 598, II, 123, 126, 153, 204, 279, 301, 412, 432, 433, 450, 453, 454, 464, 468, 501, 514, 525, 544, 547, 548, 582, 528, 604, 617, 626, 672, 693, 700, III, 123, 195.

Montaigu (de), ambassadeur à Venise. R. se rend auprès de lui en qualité de secrétaire, I, 152. Son caractère et sa manière ridicule de travailler, 153, 154, 157. Quel étoit le train de sa maison, 158. Ses mauvais procédés envers R., 159. R. lui demande son congé et ce qui s'ensuivit, 160, IV, 189..193. R. découvre une fripponerie de cet ambassadeur à son égard, I, 167. Quelle fut sa conduite après que R. l'eut quitté, et comment finit son ambassade, 168.

Montaigu (mad. de). Lettre que R. lui adresse, IV, 188.

Montaut (le F.). IV, 164.

Montauban (de), comte de Latour-du-Pin. Visite R. à Motiers, I, 321.

Montazet (M. de), archevêque de Lyon. Sa lettre à l'archevêque de Paris, II, 793.

Montéclair, musicien, III, 486.

Montesquieu. Pourquoi n'a pas traité des principes du droit politique, II, 706. Expression impropre dont il se sert en disant : *La puissance exécutive*, III, 77. Comparaison de son sort avec celui de R., 67. Ce qu'il le *Contrat social* par rapport à *l'Esprit des Lois*, I, 639. Cité, I, 634. 604, 606, 684, II, 515, 743, III, 15.

Montmollin (de), pasteur à Motiers. Admet R. à la communion protestante, I, 319, 320, IV, 396. Sa conduite lors de la publication des *Lettres de la montagne*, I, 330, 333. Son éloge, II, 772. Brochures publiées par lui, et détails sur toute sa conduite avec R. depuis le premier moment jusqu'à leur brouillerie, IV, 564, 573. Lettres que R. lui adresse, IV, 850.

Montmorency (le duc de), fils du maréchal de Luxembourg. Sa mort, I, 290.

Montmorency (la duch. de). Son caractère, I, 274. Lettre que R. lui adresse, IV, 330.

Montmorency. Description du grand et du petit château et du parc, I, 273, 274. Insalubrité des eaux de ce pays, 298.

Montpellier. Tableau de cette ville, de son climat et de la manière de vivre de ses habitans, IV, 173, 176. R. y va pour se faire guérir, I, 133.

Montperoux (de). Lettre que R. lui adresse, IV, 516.

Montre. Inutile au sage. Pourquoi a-t-on supposé qu'Émile en avoit une, II, 509. Mais en cela même le sage est à plaindre, IV, 510.

Morale. Principe fondamental développé dans tous les ouvrages de R. Bonté naturelle de l'homme. Amour de soi, son unique passion et indifférente au bien ou au mal, II, 759, 760. V. *Conscience*. Précepte de morale qui peut tenir lieu de tous les autres, II, 214. S'il y a une morale démontrée ou s'il n'y en a point, IV, 338. V. *Intérêt*. Livres de morale ne sont point utiles, II, 7, IV, 562.

Morale sensitive, ou Materialisme du sage. Ouvrage projeté, I, 213. Puis abandonné, 272.

Morellet (l'abbé). R. contribue à lui faire obtenir sa liberté, I, 285, IV, 514.

Morelli (Jean), de Genève. Auteur d'un livre contre la discipline ecclésiastique. De la procédure suivie contre lui, III, 7, 41, 43.

Mort. Crainte de la mort bonne en elle-même et conforme à l'ordre, II, 76. Ce qui la rend un grand mal pour l'homme, 431. 525. Est la fin de la vie des méchans et le commencement de celle du juste, 697. La meilleure préparation à la mort est une bonne vie, 363. L'immortalité sur la terre seroit un triste présent, 431. L'idée de la mort s'imprime tard dans l'esprit des enfans, 5, 5, 526.

Motiers-Travers. Description de cette ville, IV, 411.

Mouchon. Lettre que R. lui adresse, IV, 595.

Mots. L'enfant n'en doit pas plus savoir qu'il n'a d'idées, II, 427. Impossibilité de donner toujours les mêmes sens aux mêmes mots, 451. Emploi des mots. Principes à suivre en cette partie, IV, 334. V. *Grammaire*.

Moultou, de Genève. Ses liaisons avec R., I, 205. R. lui envoie la *Profession de foi* et l'*Oraison funèbre* du duc d'Orléans, 301. Il va voir R. à Motiers, 325. R. prévoyant sa mort prochaine lui propose de présider à l'édition générale de ses écrits, IV, 352, 356. S'est en effet acquitté de cette tâche sur tous les points I, I, vj. Lettres que R. lui adresse, IV, 850.

Mouvement. C'est par lui que nous apprenons qu'il y a des choses qui ne sont pas en nous, II, 420. Est ou communiqué, ou spontané. Cette spontanéité nous est prouvée par le sentiment, 570. La cause du mouvement, n'étant pas dans la matière, il faut pour l'expliquer remonter à une volonté comme cause première, 571, 572. V. *Dieu, Religion naturelle*.

Muralt, cité, II, 116, 348, III, 124, 150. Pourquoi les François s'en plaignoient, II, 131.

Muses galantes (les), opéra, III, 259..247. Époque de la composition du premier acte, I, 151, IV, 194. R. en fait exécuter quelques morceaux à l'Opéra de Venise, I, 162. Est exécuté en entier en présence du duc de Richelieu, 172. Est répété à l'Opéra par les soins de M. de Francueil, 176.

Musique. Naissance chez R. pour cet art, I, 4. Ses efforts pour l'apprendre, 60, 63. Il enseigne sans la savoir, 75. Lenteur et résultat de ses progrès, 93. Il commence à en étudier la théorie, 93. Quitte son emploi au cadastre pour se livrer tout entier à cet art et se remet à l'enseigner, 97. Va à Paris présenter à l'Académie des Sciences son nouveau système de notation, 141. V. la fin du présent article. Doutes élevés sur la mesure de ses connoissances en musique, et ce qu'il fait pour les dissiper, 214. Liste de ses *OEuvres musicales*, III, 427. Calcul des pages de musique copiées par lui dans le cours de six ans, depuis son retour à Paris en 1770, IV, 402.

Origine de la musique, III, 512. C'est l'imitation qui l'élève au rang des beaux-arts, 514, 515. Ses effets comparés à ceux de la peinture, 517. Ses beautés, pour être senties, demandent une oreille exercée, 581, 582. Application de la musique à l'écriture par sillons, 537. Comment expliquer ses effets chez les Grecs, 515, 516. Leur système musical n'avoit aucun rapport avec le nôtre, 518. Musique italienne, la seule qui puisse exister, 533. Sa comparaison avec la musique françoise, II, 64. Trois expériences faites pour juger de l'une et de l'autre, III, 528. Les François n'ont point de musique et ne peuvent adapter à leur langue la mélodie italienne, 542. V. *Langue françoise*. Trois choses concourent à la perfection de la musique italienne, 529. Quelle meilleure méthode pour l'étude de cet art dans l'éducation, II, 481. Ne doit jamais être dans ce cas qu'un amusement, 483.

Vices du système de notation universellement adopté, et projet de signes nouveaux pour le remplacer, III, 448, 453, 456. Objection forte, faite par Rameau contre ce projet, et dont R. reconnoît la *solidité*, I, 146. Condamnation passée par lui-même sur d'autres défauts du même système et sur le refus fait par le public de l'adopter, III, 627. Autre manière de noter, également inventée par R., et combinaison de cette seconde manière et de la première dans une troisième manière encore, 557, 558.

Choix de romances et airs détachés, musique de R., III, 585, 587. Examen critique de la musique militaire, 570, 571. Examen de la mélodie des Grecs, 549. Dictionnaire de musique, 588..847.

Mussard, surnommé Tord-Gueule, parent de R. Effet d'une visite qu'il fait à R., à Turin, I, 50.

Mussard, ami de R. Son caractère. Quelles personnes il recevoit dans sa maison de Passy. Sa mort malheureuse, I, 494, 495. R. compose chez lui, 495. R. se refuse à la proposition qu'on lui fait de lui demander place dans son testament, 527.

Mystère. Le premier pas vers le vice est d'en mettre aux actions innocentes, II, 214, 231.

Mystères. Ce qu'il faut penser de ceux que la religion catholique ordonne de croire, II, 792. Distinctions à faire entre les vérités reconnues, mais incompréhensibles à la raison humaine, et les mystères qui heurtent cette raison, 560, 792, III, 117.

N.

Nadaillac (mad. de). Dépositaire d'un recueil de lettres écrites à R. au sujet de la *Julie*, I, 288. Motet que R. a fait pour elle, III, 448. Son éloge, IV, 727.

Nager. Nécessité de cet exercice dans l'éducation, II, 469.

Nani. Auteur de l'histoire de Venise, I, 5.

Nanine. Unique cause du succès de cette pièce, III, 122.

Napel. Plante vénéneuse du Val-de-Travers, IV, 420, 781.

Narcisse, ou l'Amant de lui-même, III, 192..210. A quel âge R. écrivit cette comédie, I, 61, III, 192. Présentée et reçue aux Italiens, I, 176. Est représentée sans succès aux François, 202.

Nature. Définition de ce mot dans son rapport à l'éducation, II, 401. L'état de nature est opposé à l'état social. V. *Sauvage*, *Société*, *Corps politique*.

Néaulme, libraire d'Amsterdam. Ses relations avec R., I, 266, 282, 293, 297. Est inquiété à cause de l'impression de l'*Émile*. Parti qu'il prend à ce sujet, II, 400, IV, 537, 424. Lettre que R. lui adresse, 367.

Nécessité. Se soumettre à sa loi, seul et véritable moyen de conserver le calme de l'âme et la liberté, II, 432. Application de ce grand principe à l'éducation, 458, 439. V. *Éducation*, *Enfans*.

Necker, son *Cours de morale religieuse*, remplissant un vœu fait par R., IV, 150.

Necker (mad.). Citée, I, 349.

Neros (Cornélius). Cité, I, 675.

Neufchâtel. Motifs qu'avoit R. de se plaindre des Neuchâtelois, IV, 416, et particulièrement des magistrats et des ministres de cette ville, I, 319. Description du comté, nature du gouvernement et mœurs générales, IV, 412.

Newton. Comment se vêtissoit, II, 465. La loi d'attraction qu'il a trouvée est insuffisante, 571. Son opinion sur la figure de la terre, III, 279.

Nieuwentit. A perfectionné la fontaine de Héron ou Hiéron, I, 54. Cité, II, 573.

Noblesse. Son origine; pourquoi elle a toujours été nuisible aux états, II, 85. Noblesse d'Angleterre. Son éloge, *ib*. Acquise à prix d'argent, privilége de n'être pas pendu, *ib*.

Noblesse (lettres de). Illustrées au moins une fois dans le dix-huitième siècle, II, 85.

Noblet. Musicien, III, 534.

Nooüès. Traducteur de Nieuwentit, II, 573.

Noiret (M.). R. étudie l'astronomie dans son jardin, I, 125.

Nombres. Difficulté de rendre raison de leur invention, I, 543, 576.

Nonant (le commandeur de). Son caractère, I, 177.

Nonius Marcellus. Cité, II, 403.

Notation musicale (nouveau système de). V. *Musique*.

Notes en réfutation de l'ouvrage d'Helvétius intitulé *de l'Esprit*, III, 287..291.

Nourrice. Quelle est la véritable, II, 408. Choix à faire, à défaut de la mère, 414. Doit être la gouvernante de son nourrisson, 415. Ne doit pas changer de manière de vivre , 415, 416. Pourquoi, au théâtre des anciens, les confidentes étoient ordinairement des nourrices, 415. Entendent parfaitement la langue de leurs nourrisons, 424. Excellent dans l'art de distraire un enfant qui pleure, 424. Comment on les accueille après l'allaitement terminé, et pourquoi, 406. V. *Nourriture*.

Nourriture. Quelle est celle qui convient aux nourrices et aux enfans, 415, 485. N'échauffe que par l'assaisonnement, 416. V. *Viande*.

Nouvelle Héloïse (la) V. *Julie*.

Noyer. Histoire du noyer de la terrasse à Bossey. V. Lambercier.

Nucham (lord). Lettres que R. lui adresse, IV, 830.

Nuit. Effraie naturellement les hommes et les enfans. Pourquoi, II, 470. Bon effet des jeux de nuit pour se guérir de cette peur, 471. Comment se comporter en cas de surprise, 473.

Numa. Esprit et but de sa législation, I, 704. L'étymologie de son nom et de celui de Romulus fait douter de la vérité des faits qui les concernent, 685.

Nunes Balboa, I, 647, II, 444.

O.

Odorat (l'). Sens qui, dans les enfans, se développe le plus tard, II, 429. V. *Sens*.

Offreville (d'). Lettre que R. lui adresse, IV, 558.

Oisiveté. Dans quel sens R. l'aimoit, I, 104, 540, 592. Tout citoyen oisif est un fripon, II, 515.

Oldfield. Tragédienne, III, 147.

Olimps (le mont), près Montmorency, I, 253.

Olinde et Sophronie. III, 559.

Olympiques (jeux). Comparés au spectacle du monde, II, 544.

Olivet, capitaine de vaisseau. Service important que R. lui rend à Venise, I, 153. Sa reconnoissance, 167.

Omphale, opéra. Est l'occasion d'une *Lettre* de R. qui commence la querelle des deux musiques, III, 572.

Oneil (Patrice). Exemple extraordinaire de longévité, II, 414.

Opéra. Description de l'Opéra de Paris, II, 140, III, 615. Effet qu'il produit sur R., I, 82. Est le seul théâtre de l'Europe où l'on batte la mesure sans la suivre, III, 615. R. se passionne pour l'opéra de Venise, I, 461.

Opinion. Les rois sont ses premiers esclaves, III, 143. Son effet pour corrompre les mœurs des jeunes gens, plus fort que la seule impulsion du tempérament, II, 615. C'est par elle que le gouvernement peut avoir prise sur les mœurs, et non par des moyens coactifs, III, 143. Quels instrumens sont propres à la diriger. Application au tribunal des maréchaux de France, *ib*. V. ce mot. Si l'on veut régner par elle, commencer par régner sur elle, II, 516. Les femmes en tout soumises à son empire. V. *Femmes*.

Optimus maximus. Le renversement de ces deux mots, appliqués à Dieu, eût offert un sens plus exact, II, 578.

Optimisme. Apologie de ce système et réfutation du système contraire, IV, 239.

Oraison dominicale. La plus parfaite des prières, III, 57.

Oraison funèbre du duc d'Orléans, I, 518. Époque de sa composition, I, 504. Faite de commande et à prix d'argent, IV, 561.

Orangs-Outangs, *Pongos*, *Mandrills*, etc. Mis à tort peut-être dans la classe des animaux, I, 572, 573, 580.

Ordonnances ecclésiastiques, citées, III, 19, 49.

Ordre (amour de l'). Insuffisance de ce sentiment pour la pratique de la vertu, II, 583, IV, 476.

Organes des plaisirs secrets et des besoins dégoûtans. Pourquoi placés dans les mêmes lieux, II, 530.

Orgue. Genre de ce mot en grammaire, II, 534.

Orgueil. Ses illusions sont la source de nos plus grands maux, II, 697.

Orientaux. Comment logés et meublés, II, 626. Pourquoi leurs romans plus attendrissans que les nôtres, 535. Bien fous de faire des eunuques, 519.

Orloff (le comte) Fait offrir à R. une retraite dans une de ses terres en Russie, IV, 593.

Ormoy (le président d'). Sa visite à R. et ce qui s'ensuivit, I, 408, IV, 110.

Orphée. Le Vicaire savoyard lui est comparé, II, 587.

Otanès, satrape de Perse, I, 367.

Othon. N'omettoit rien de servile pour commander, III, 81.

Ouïe (l') V. *Sens*.

Oubli. Oter la liberté de parler des choses, n'est pas le moyen de les faire oublier, IV, 216.

Outils. Plus les nôtres sont ingénieux, plus nos organes deviennent grossiers et maladroits, II, 501.

Ovide. Cité, I, 465, 537, II, 428, 637, III, 153, IV, 1.

P.

Padoana (la), Aventure de R. avec cette fille, I, 463.

Paganisme. Ses dieux abominables, II, 582. Les apôtres ont pu prêcher contre le paganisme, parmi les païens et malgré eux, IV, 453.

Paix perpétuelle (projet de). Époque et circonstances de sa composition et de sa publication, I, 289, IV, 508, 512. Jamais projet plus grand, plus beau ni plus utile n'occupa l'esprit humain, I, 600. Pourquoi, si son exécution est possible, il n'a jamais été adopté, 620. Henri IV en est le premier auteur, 622. Son exécution pourroit faire plus de mal tout d'un coup qu'elle n'en préviendroit pour des siècles, 624.

Paladins. Connoissoient le véritable amour, II, 637.

Palais (l'abbé), organiste, I, 95.

Palissot. Comme R. se venge d'avoir été joué par lui dans une pièce devant le roi Stanislas, I, 208, IV, 251, 252. R. renvoie au libraire Duchesne sa comédie des *Philosophes*, 285.

Pallu (M.), intendant de Lyon. Fait faire à R. la connoissance du duc de Richelieu, I, 144. Son éloge, III, 148.

Panckoucke (Charles-Joseph). Sa lettre anonyme à R., IV, 529. Lettres que R. lui adresse, 850.

Pantalon. Personnage ennuyeux des pièces italiennes, II, 533.

Paoli (le général). Fait demander à R. un plan de législation pour la Corse, I, 294. Son éloge, IV, 515.

Paracelse, cité, II, 573.

Paresse. Comment on en guérit les enfans, II, 468.

Paris. Impression que fait son aspect sur R. à son premier voyage, I, 82. Ton et esprit général de la haute société dans cette ville, II, 113, 116, 120. Nombre des théâtres existans, et nombre moyen des spectateurs

III, 125, 136. La corruption des mœurs y est générale, II, 631. Cependant c' st à Paris même qu'on doit chercher l'amour ardent des mœurs et de la vertu, I, 288. Le goût général y est mauvais ; mais c'est là que le bon goût se cultive et qu'il faut aller pour l'acquérir, II, 622, IV, 262, 435. Loin de valoir une province au roi de France, lui en coûte plusieurs, II, 713. Description de l'Opéra de cette ville, II, 141. En quoi le Parisien est stupide avec beaucoup d'esprit, II, 700. Extérieur des Parisiennes, II, 132. Leurs parures, 133. Leur ton. Leurs regards, 134. Liberté de propos et de maintien, ib. Usage singulier relativement aux spectacles, 153. Préfèrent la galanterie à l'amour, 135, 136. Vertus et qualités naturelles qui font oublier leurs défauts et leurs vices, 137. Conservent dans Paris le peu d'humanité qu'on y voit, 138. Seroient plutôt des hommes de mérite que d'aimables femmes, 139.

PARISOT, chirurgien de Lyon. Sa liaison avec R., I, 141, 144. Son éloge et celui de sa maîtresse Godefroi, ib., II, 195.

Parisot (épître à), III, 361. R. la lit chez madame de Beuzenval, I, 149.

Parlement de Paris. Sa conduite à l'égard de R. relativement à l'Émile, I, 304, 306, 309. Injustice de ses procédés ; irrégularité de la procédure, II, 736.

Parsi de Surate. Discours d'un homme de cette classe condamné à mort pour cause de religion, II, 782, 783.

Parures. On brille par elles, on plait par la personne. Diriger sur ce principe le goût des jeunes filles, II, 642. D'où vient l'abus de la toilette; moyen de le faire cesser, 643.

PASCAL. Cité, I, 551.

Passions. Sont les principaux instrumens de notre conservation. On ne peut ni les empêcher de naître, ni les anéantir, II, 526. Leur source est l'amour de soi. V. ce mot. Les passions primitives nées de l'amour de soi sont aimantes et douces ; celles qui naissent de l'amour-propre sont irascibles et haineuses, 527, IV, 5. Nous lient à tout, et nous rendent esclaves de nous-mêmes, II, 695. Erreur de les distinguer en bonnes et défendues; il faut apprendre à les surmonter toutes, 696. Véritables passions plus rares qu'on ne pense, IV, 75. Les grandes passions se forment dans la solitude, II, 50. On ne peut les vaincre que par elles-mêmes, 52. Leur illusion plus à craindre que leur violence, 69. Sommaire de la sagesse humaine dans l'usage des passions, 552. Leur progrès force d'accélérer celui des lumières, 562.

Patience. Est l'apanage de l'amitié, II, 170.

PATIZEL (l'abbé), chancelier du consulat à Venise. Ses relations avec R., I, 456.

Patrie (amour de la). Seul moyen de le faire naître I, 704. Rend facile l'exercice de la vertu et est la source des plus belles actions, 592. S'affoiblit et s'évapore en s'étendant sur une plus grande surface, ib. La patrie ne subsiste point sans liberté, la liberté sans la vertu, la vertu sans les citoyens. On ne peut obtenir ceux-ci que d'un bon système d'éducation publique, 595. Si on n'a plus de patrie, on a au moins un pays et des devoirs à remplir envers lui. Exposé de ces devoirs, II, 747.

PAUL (saint). Ce qui lui arriva prêchant aux Athéniens, III, 29. Cité, II, 779.

PAUSANIAS. Cité, II, 485, III, 501.

Paysans. Différence entre eux et les sauvages, II, 459. Idée qu'un paysan suisse se faisoit de la puissance royale, 560.

PEATI (*) (le comte), premier gentilhomme d'ambassade à Venise. Son caractère ; sage conseil qu'il donne à R., I, 158, 163.

Péché originel. Cette doctrine n'est pas contenue dans l'Écriture, II, 761.

PÉDARÈTE, Lacédémonien, II, 402.

Peines (éternité des). V. Enfer.

Peintres. Proposition d'imitations nouvelles non encore tentées par eux jusqu'ici, III, 184. V. Imitation.

Peinture. Fausse analogie entre les sons et les couleurs, III, 517.

PELICO. Détenteur des biens de N. N. de la Tour, parent de madame de Warens, IV, 195.

Penser. Cet art s'apprend comme tous les autres. Distinction unique à faire entre les hommes : gens qui pensent et gens qui ne pensent point, II, 669. Quiconque a pensé pensera toute sa vie, 558, IV, 485, 486.

PERDRIAU, pasteur, puis professeur à Genève. Ses liaisons avec R., I, 203. Lettres que R. lui adresse, III, 582, IV, 213.

Père. Doit élever lui-même son enfant, II, 401. Vie triste et mesquine des pères et mères, première source du désordre de leurs enfans, 268. De quelles convenances le père doit-il être juge dans le mariage de ses enfans ? 93. V. Mariage.

Père de famille (autorité du). N'a pu servir de fondement à la formation des corps politiques et à l'établissement du pouvoir absolu, I, 560. Est fondé sur d'autres principes que le pouvoir des chefs de la société, 560, 586, 640. L'autorité ne peut pas être égale entre le père et la mère, 586. Devoirs du père de famille dans sa maison. V. Économie domestique.

PÉRÉFIXE. Cité, I, 699.

Perfectibilité. Essentielle à l'homme, et qui, avec la liberté, le distingue spécifiquement des animaux, I, 540. Fausse application qu'en faisoit l'abbé de Saint-Pierre à la raison humaine, IV, 689. Point de vrai progrès dans cette raison, et pourquoi II, 623.

PÉRICLÈS. Jugé comme homme d'état, I, 592. Comme orateur, III, 106.

PÉRON. Son Voyage, cité, I, 537.

PERRET, ministre, successeur de M. de Tavel auprès de madame de Warens, I, 102.

PERRICHON. Sa liaison avec R., I, 141. Service qu'il lui rend, 144.

PERROTET. R. se met en pension chez lui à Lausanne, I, 75. Services qu'il lui rend, 76.

PERSE. Cité, I, 534, II, 4, III, 572.

PERSÉE, roi de Macédoine, II, 513.

Persifleur (le), III, 292..295. Projet formé et abandonné de cet ouvrage périodique, I, 480.

Perspective. Sans ses illusions nous ne verrions aucun espace, II, 475.

Péruviens. Comment traitoient leurs enfans, II, 417.

Pervenche. Transport de R. à la vue de cette plante, I, 117.

PETAU (le P.). R. entreprend d'étudier sa chronologie et y renonce, I, 425.

PETIT. Lettre que R. lui adresse, IV, 203.

Petite-vérole, II, 468.

PETIT-PIERRE, ministre à Neufchâtel. Pourquoi il fut chassé par ses confrères, I, 515. Lettre que R. lui adresse, IV, 424.

PÉTRARQUE. Cité, II, 1, 37, 54, 56, 65, 117, 207.

PÉTRONE. Cité, I, 467, II, 508.

Peuple. Sens de ce mot en politique, I, 644, 645, II, 707.

Peuples. Le meilleur moyen d'étudier leurs caractères et les différences qui les distinguent, II, 120, 132. V. Voyages.

PETROU (du). Ce qu'il étoit. Commencement de sa liaison avec R., I, 318. Devient dépositaire de tous les papiers de R., et se charge de l'édition générale de ses écrits, 339. Son mépris bien prouvé pour Thérèse Levasseur, 358. Ce qu'il fait pour elle après la mort de R., 374. Genre d'abstinence que R. lui conseille, plus propre que tout autre à la guérison de sa goutte, IV, 634. Lettres que R. lui adresse, IV, 850, III, 408.

PEZZI (le marq. de) Lecture des Confessions faite chez lui par J. J., 365.

Phèdre. Effet réel de cette tragédie, III, 122.

PHILIDOR. Sa liaison avec R., I, 148. Fait quelques remplissages dans l'opéra des Muses galantes, 472.

PHILIPPE, médecin d'Alexandre, II, 453.

PHILOCLÈS. Émile n'en trouve point dans ses voyages, II, 712.

PHILON, écrivain juif. Cité, I, 640.

Philosophes. Insuffisance de leurs systèmes, n'ont de raisons que pour détruire, se combattent réciproquement, ne prennent aucun intérêt à la vérité, II, 567, 573. Dangers de ces systèmes, 600.

Philosophie. Doit être servie avec le même feu qu'on sent pour une maîtresse, II, 95. Différence de la philosophie de R. à celle des écrivains de son temps, IV, 31. Ton général que cette dernière a donné à son siècle, 109, 110. Doctrine et vue de ses chefs et sectateurs, 147. Leur succès ne peut être durable, 149.

Philosophie de la nature. Ouvrage attribué à R., IV, 151.

Phlogistique. II, 570.

Phocéens (guerre des). N'étoit point une guerre de religion, I, 694.

Physionomie. Résulte des passions habituelles, on en peut changer à différens âges, II, 539, 540.

Physique. Méthode pour l'étude de cette science, II, 500, 501.

PICART, de l'académie des Sciences, III, 280.

PICON (Louis), gouverneur de Savoie, II, 285.

PICOT. Historien de Genève. Cité, III, 5, 177.

PICTET, de Genève. Prend le parti de R. au sujet du Contrat social, IV, 580, 590. Lettres que R. lui adresse, 850.

Pie (messe de la) à Saint-Eustache, IV, 35.

PIERRE Ier. II, 520. Son génie étoit imitatif, I, 465.

Piétistes. Caractérisés, II, 348.

Pigeons. À quel point R. étoit parvenu à les apprivoiser, I, 121. Tableau de leurs amours, III, 153.

PIGNATELLI (le prince). Assiste à la lecture des Confessions de R., I, 349.

Pila (mont), près de Lyon. Récit d'une herborisation faite sur cette montagne, IV, 778, 781.

PILLEU et sa fille, voisins de R. à Mont-Louis, I, 278.

PINON. Visite que R. lui fait à Paris, I, 507.

PISSOT, libraire à Paris. Donnoit peu de chose à R. de ses ouvrages, I, 191. R. a lieu de se plaindre de lui, IV, 299, 325.

PITAVAL. Auteur du recueil des Causes célèbres, IV, 420.

Pitié. Un des deux principes qui constituent l'homme moral, I, 553, 546. Plus forte dans l'état de nature que dans l'état civil, 547. Maxime qu'elle dicte à chaque homme, 548. Comment elle naît dans le cœur humain, II, 553, et parti qu'on en peut tirer dans l'éducation. V. Adolescent. Pitié pour les méchans, cruelle au genre humain, 575. Prêtres et médecins, peu pitoyables, 540.

Plaisirs. Leur mort est dans l'exclusion, II, 630. L'art de les assaisonner est celui d'en être avare, 274, 275, 279. Le sentiment du plaisir se perd avec celui du devoir, 281. Tableau des plaisirs réels hors desquels tout n'est qu'illusion et sotte vanité, 624..630.

Plaisirs du peuple. V. Fêtes.

PLANTADE, musicien, refait la musique de Pygmalion, III, 220.

PLATON. À peint Jésus dans le portrait de son Juste imaginaire, II, 597. Sa philosophie est celle des amans, 110. Ses préceptes sont souvent très-sublimes, III, 25. Sa République, le plus beau traité d'éducation qu'on ait jamais fait, II, 402. Comment les enfans y sont élevés, 430. Pourquoi il y donne aux femmes les mêmes exercices qu'aux hommes, 655. Pourquoi n'y admet d'autre espèce de poésie que les hymnes en l'honneur des dieux, et les louanges des grands hommes, III, 190. V. Imitation. Fut jaloux d'Homère et d'Euripide, 519. Permet l'excès du vin aux vieillards, III, 164. Faisoit, quant au droit, le même raisonnement que Caligula quant au fait, I, 654, 670. De son dialogue intitulé Cratyle, IV, 499. Comment voyageoit, II, 672. Cité, I, 578, 590, II, 5..9, 794, 111, 168, 524.

Pleurs des enfans. II, 421, 424, 429, 435.

PLINCK, camarade de R. Faillit le tuer en se battant avec lui. R. lui garde le secret, I, 425.

PLINE, l'ancien. Raison des grandes différences qu'il assigne entre les divers peuples dont il donne l'idée, II, 702. Cité, I, 483, II, 39.

PLINE, le jeune. Cité, I, 560.

PLUTARQUE. Première lecture de l'enfance de R., I, 5. Goût de R. pour cet auteur, 416. En quoi il excelle comme historien, II, 547. Se contredit souvent, IV, 91. Cité, I, 496, 504, 598, 641, 670, 693, 1, 126, 190, 201, 279, 315, 400, 402, 453, 485, 515, 515, 561, 578, 592, 111, 125, 126, 134, 136, 145, 155, 169, 176, 519.

(*) Dans son premier manuscrit des Confessions, R. lui donne le nom de Piati.

G. P.

Poésie. Premier essai de R. en ce genre, et pourquoi il croit utile de s'y exercer, I, 81. Vues générales sur cet art. V. *Homère, Imitation, Spectacles.*

Poison. Ce mot n'a point de sens pour les enfans, II, 455, 506.

Polignac (mad. de). Ce qu'elle fait pour s'assurer de l'existence réelle de Julie d'Étange, I, 289.

Politesse. Danger d'accoutumer les enfans à ses formules, II, 455. Ne sert qu'à cacher nos vices, I, 465. Rapports entre elle et la culture des Lettres, 493. Quelle est celle qui convient à l'honnête homme, et moyen de l'acquérir, II, 619. Celle des femmes différente de celle des hommes et moins fausse, 645.

Politique. Il faut distinguer en politique ainsi qu'en morale l'intérêt réel de l'intérêt apparent, I, 620. N'est point du ressort des femmes, II, 455.

Polissons. Faire les polissons pour parvenir à faire des sages, II, 460.

Pologne. Notice sur sa constitution politique et sur les événemens dont elle étoit le théâtre à l'époque où R. écrivoit, I, 700. Comment cet état a-t-il pu subsister si long-temps, 702. Institutions nationales et exclusives, seul moyen de consistance à assurer à la Pologne, 705. Plan d'éducation publique pour la Pologne, 709. Cause principale de l'anarchie et moyen de la faire cesser, 714, 723. Causes particulières. Diétines de la Pologne, vrai palladium de la liberté, 715, 716. Organisation du sénat, de la diète et des diétines. Moyens proposés pour faciliter l'opération des élections, 715. De l'autorité royale, 721. Hérédité dans le trône et liberté dans la nation, choses incompatibles, 722. Sur quels points le *liberum veto* peut continuer de subsister, 724. Utilité des Confédérations, 726. Il faut, non les abolir, mais les régler, *ib.* Trois codes à faire, uniformes pour toutes les provinces ; des juges et des avocats, 727. Plan d'un système économique, moins favorable à la richesse pécuniaire qu'à l'abondance et la prospérité réelle, 728. Plan d'un système militaire où tout citoyen doit être soldat, 735. Places fortes, nids à tyrans ; ne conviennent point au génie polonois, 736. Projet d'une marche graduelle qu'auront à suivre dans leur avancement les membres de l'administration dans toutes ses parties, 737. Pour cela divisées en trois classes, *servans d'état, élus, et gardiens des lois, ib.* Nécessité d'affranchir graduellement les serfs, 715. Moyen d'y parvenir et de donner aux serfs et aux bourgeois une part active dans la législation, 759. Mode proposé pour l'élection du roi, 741, 742. Jugement du roi après sa mort, 744. Ne point compter sur les alliances et traités, si ce n'est celui à faire avec la Turquie, 746. Parti à prendre à l'égard de Poniatowski, 747.

Pologne (*Considérations sur le Gouvernement de*), I, 700. Époque et circonstances de la composition de cet ouvrage, I, 361, IV, 445.

Polygamie. Ses effets, II, 683.

Pompadour (mad. de). R. lui écrit sur la détention de Diderot, I, 180. Envoie cinquante louis à R. pour le *Devin*, 204, IV, 208. Allusion fâcheuse dans l'*Héloïse*, I, 270, II, 321. Antipathie de R. contre elle, il la croit en ennemie, I, 292, 298, 300, 302. Lettre que R. lui adresse, IV, 208.

Ponctuation. Notre ponctuation est imparfaite ; manque de point vocatif, III, 501, 502.

Pont-du-Gard. Effet de la vue de ce monument sur R., I, 155.

Polysynodie de l'abbé de Saint-Pierre, I, 623.

Pontverre (de), curé de Confignon en Savoie. Donne à dîner à R. Effet de sa bonne réception, I, 22, 23.

Pope. Son *Poëme sur l'Homme*, mis en opposition avec celui de Voltaire sur le *Désastre de Lisbonne*, IV, 259.

Poplinière (mad. de la). Ses mauvais procédés envers R., I, 173. Motifs de sa haine contre lui, 174, 175.

Population. Sa quantité et sa distribution. Règle certaine pour juger de la bonté du gouvernement, I, 674, II, 713. Pour que l'espèce se conserve, chaque femme doit faire à peu près quatre enfans, 659.

Portraits de R. faits de son vivant, et quatrain fait par lui à cette occasion, IV, 54, III, 470. V. *Latour, Houdon.*

Portland (duchesse de). Lettres sur la botanique adressées à cette dame, III, 397. Autre, IV, 646.

Port Royal. Pourquoi R. préféroit les livres élémentaires sortis de cette maison, et quel fut leur effet sur lui, I, 120, 124, 125, III, 277. La *Grammaire* citée, III, 501.

Poul-Serrho. Pont sur l'enfer. Son effet chez les Mahométans, II, 601, IV, 448.

Poupée. Amusement spécial des petites filles, est à favoriser, II, 659.

Pramont (abbé de). Lettre relative à la botanique que lui adresse J. J., III, 418.

Précautions. Les petites précautions font les grandes vertus, II, 254. Ne doivent pas être poussées jusqu'à des soins ignominieux qui avilissent l'âme, 253, 255.

Précepteur, V. *Gouverneur.*

Précipices. Plaisir que goûtoit R. à gagner des vertiges en y regardant, I, 89.

Prédictions. La cause de leur accomplissement est souvent dans la prédiction même, II, 574.

Préjugés. S'enorgueillir de les vaincre, c'est s'y soumettre, II, 520. Il en est qu'il faut respecter, IV, 585.

Premier occupant (droit de). V. *Propriété.*

Prévost (l'abbé). Caractère de cet écrivain. Ses liaisons avec R., I, 195. Son *Histoire des Voyages*, citée, 572, 677.

Prévost (P.) Professeur à Genève. Son témoignage cité. I, 365, III, 581. Sa lettre sur R. et particulièrement sur la suite de l'*Émile*, II, 745.

Prévoyance. Son excès, source de nos misères, II, 452. De son usage bien ou mal réglé naît toute la sagesse ou toute la misère humaine, 502.

Prière. Pourquoi le vicaire savoyard ne prioit pas, II, 586. Son utilité. Réponses aux objections tirées de notre liberté et des lois générales établies par Dieu, II, 541, 346, 347, 355. V. *Dévotion.* Prière d'une femme se réduisant à d, 541. Où R. aimoit à prier, 422, 541. *Oraison dominicale*, la plus parfaite des prières, III, 57. Ce qui la rend parfait encore, c'est l'entière résignation aux volontés de Dieu, *ib.*

Primeurs. Insipides, II, 625.

Princesse de Clèves (la). La *Julie* lui est comparée, I, 288.

Princes. Difficultés qu'ils éprouvent pour assurer une bonne éducation à leurs enfans, IV, 459, 468, 472.

Principes des choses. S'il y en a un seul ou plusieurs, II, 574, 769. Pourquoi tous les peuples qui en ont reconnu deux ont regardé le mauvais comme inférieur au bon, 422.

Prisonniers de guerre (les). Comédie, III, 211.. 219. Époque de la composition de cette pièce, 214.

Procope. Portrait de ce médecin, I, 195.

Profession de foi du Vicaire savoyard. Sa division en deux parties, et ce qui les distingue l'une de l'autre, II, 791, III, 9. Tableau de ce qui résulteroit de l'adoption de ses principes dans un coin du monde, 10. Ne renferme rien contre la religion, IV, 455, 456.

Projet concernant de nouveaux signes pour la musique, III, 448.. 453.

Projet de paix perpétuelle de l'abbé de Saint-Pierre (extrait), I, 606.

Projet pour l'éducation de M. de Sainte-Marie, III, 269.. 277.

Promenades publiques des villes. Pernicieuses aux enfans, II, 476.

Prophètes, Prophéties, V. *Prédictions.*

Propreté. Un des premiers devoirs de la femme, II, 659.

Propriété. Fondement de la société civile, I, 551, 597. A fait naître les premières règles de justice, 556. Le droit qui en résulte ne s'étend pas au-delà de la vie du propriétaire, 597. L'esprit des lois qui en règlent l'exercice doit être que des biens des familles en sortent et s'aliènent le moins possible, *ib.* Ce qu'est le droit de propriété dans l'état civil, 646. Conditions nécessaires pour autoriser le droit de premier occupant, *ib.* Comment en donner la première idée aux enfans, II, 443. Le démon de la propriété infecte tout ce qu'il touche, 650.

Protésilas. Émile en trouve beaucoup dans ses voyages, II, 712.

Protestans. Injustice du traitement qui leur a été fait en France, II, 731. Quels sont l'esprit de leur religion et les points fondamentaux de leur croyance, III, 17, 19. La religion protestante (calviniste), tolérante par principe ; inconséquence de la luthérienne à cet égard, 19. R. n'a point attaqué les dogmes distinctifs de la religion protestante, 21. Ce qu'il a fait pour les protestans en France, et cependant a beaucoup à s'en plaindre, IV, 469. Il se croit quitte envers eux, et refuse de prendre encore la plume pour leur défense, 489, 506, 522.

Providence. Comment justifiée relativement à l'existence du mal. V. *Liberté, Religion naturelle.* A toujours raison chez les dévots et toujours tort chez les philosophes, IV, 244.

Psaumes. Moyen d'en régulariser le chant dans les temples protestans, III, 585.

Puberté. Ses signes extérieurs, II, 526. Son époque peut être long-temps retardée, 529..531. Causes et dangers de son accélération, 529, 531, 541.

Pudeur. Si elle est un préjugé de l'éducation, III, 151. Comment suppléer, sans instruction prématurée, à leur ignorance sur ce point, II, 530. Prescrite aux femmes par la nature, et conséquence ; réfutation des sophismes avancés sur ce sujet, 632, III, 151, 152. En y renonçant à cette vertu, elles perdent aussi toutes les autres, II, 633. N'est pas étrangère aux animaux, II, 453.

Puffendorff. Cité, I, 56, 562, III, 82.

Punitions. De quelle espèce doivent être celles qu'on fait subir aux enfans, II, 446, IV, 789.

Pury (de), colonel. Se lie avec R., I, 518. R. le fait nommer conseiller d'état, 552.

Putuod (J.). Traduction de son ode latine sur le mariage du roi de Sardaigne, III, 557.

Pygmalion, scène lyrique. III, 220..223. R. veut la faire représenter à Strasbourg, I, 552. L'est à Paris en 1775, 562, IV, 146. Détails et anecdotes sur la musique qui accompagne cette scène, et dont R. a composé seulement deux morceaux, III, 220. Est donnée pour exemple d'un nouveau genre de déclamation préparée et soutenue par la musique, 564.

Pyrrhus. Comment sera jugé par Émile, II, 349.

Pythagore. A quoi comparoit le spectacle du monde, II, 544. Comment voyageoit, 672.

Q.

Quatrain mis au bas d'un portrait de J. J., III, 570. Autre à madame Dupin, *ib.*

Questeurs des armées romaines. Raison de leur intégrité, I, 731.

Questions multipliées rebutent les enfans, II, 492. Comment répondre à leurs questions, en matière d'études, 498. Comment réprimer celles qui ne sont que sottes et fastidieuses, 503. Comment répondre aux questions scabreuses ou indiscrètes de leur part, 291, 530. L'art d'interroger pas si facile qu'on pense ; proverbe indien à ce sujet, 292.

Quillau, libraire, traite avec R. pour l'impression de son premier ouvrage, I, 147.

Quinault. Son opéra d'*Atys* cité, III, 199.

Quinault (madame). Bon accueil qu'elle fait à R., I, 202. Circonstance honorable à R. d'un dîner fait chez elle, où se trouvoient Duclos et Saint-Lambert, 775.

Quinte-Curce. Cité, II, 455.

Quintilien. Cité, II, 458, III, 513.

R.

Racine et *Corneille*, avec tout leur génie, ne sont que des parleurs. Mérite spécial de Racine, II, 126.

Ragonde (les amours de), comédie de Destouches, I, 195.

Raimond Lulle. II, 701.

Raison. Raison sensitive se développe la première et sert de base à la raison intellectuelle ; conséquence, II, 464. V. *Sens.* Cette dernière apprendra à connoître le bien et le mal, mais est insuffisante pour nous faire aimer l'un

874 TABLE

et éviter l'autre ; ne peut donc servir de fondement aux préceptes de la loi naturelle, 422, 545, IV, 362, 369, 1690. Trop souvent elle trompe, la conscience ne trompe jamais, II, 581. V. *Conscience*. Point de vrai progrès de raison dans l'espèce humaine, et pourquoi, 623, IV, 689. Pourquoi est plus tôt formée chez les femmes, II, 25. Comment on la décrédite dans l'esprit des enfans, 440.

Raisonnement. Son effet comparé à celui de l'éloquence. V. *Éloquence*. De quelle espèce sont ceux des enfans, II, 430. Sitôt que l'esprit est parvenu jusqu'aux idées, tout jugement est un raisonnement, 524.

Rameau. Fait à R. la seule objection solide à opposer à son système de notation musicale, I, 146. Sa conduite à l'occasion de l'opéra des *Muses galantes*, 172 ; puis des *Fêtes de Ramire*, 174. Jugement sur ses ouvrages théoriques et sur son talent comme compositeur, 95, 108, 114, 577. Son éloge, III, 578. Cité, 465, 470, 546.

Ramsay, peintre. Fait le portrait de R., IV, 55.

Rans des vaches. Effet de cet air sur les troupes suisses, IV, 414.

Raynal (l'abbé). Se lie avec R. Son éloge, I, 193. Lettre que lui adresse J. J. au sujet d'un nouveau mode de musique inventé par M. de Blinville, III, 579. Autres, IV, 850.

Réaumur. Présente R. à l'Académie des Sciences, I, 146.

Rebel et Francoeur, dits les *petits violons*, I, 172, 196.

Récitatif. Sa définition, III, 537. Le récitatif françois comparé au récitatif italien, 538. Règles générales du récitatif simple, du récitatif obligé et des airs, 562. Application à la langue françoise, et modèle d'un genre nouveau de déclamation musicale dans la scène de *Pygmalion*, 563.

Regnard. Son théâtre jugé sous le rapport moral, III, 132, 135.

Régnault. Lettre que R. lui adresse, IV, 458.

Réguillat, de Lyon, se propose pour l'entreprise des œuvres de R., I, 529.

Régulus. Système qui force de le calomnier II, 583.

Reine Fantasque (la), conte, III, 296.. 305. Époque de sa composition, IV, 853.

Religion. Ses dogmes essentiels et principaux, base de toute vertu et moralité, II, 179, 190, 600, 601, IV, 476. Livre à faire sur son utilité, IV, 150. Considérée par rapport à la société, se divise en deux espèces, celle de l'homme et celle du citoyen, I, 696. Troisième espèce qu'on peut appeler la religion du prêtre, *ib*. Conséquences du principe qui lioit chez les anciens le système théologique au système politique, 694. Effet de la séparation des deux systèmes par l'établissement de la religion chrétienne, 695, 696. En quel sens et jusqu'à quel point l'État a droit d'inspection sur la croyance de chacun, 778. Profession de foi purement civile à imposer aux citoyens. Quels en doivent être les dogmes, I, 698, IV, 245. Deux manières d'examiner et comparer les religions diverses, II, 778. Quelles religions doivent être tolérées, I, 699. Peut-on introduire en un pays une religion étrangère, II, 781, IV, 445. Motifs puissans pour rester dans la religion où l'on est né, II, 600, IV, 496. La religion qu'on professe est pour le plus grand nombre une affaire de géographie. Le lieu de notre naissance la détermine, II, 560. Trois caractères que peut avoir une religion pour être reconnue vraie : 1° L'utilité de sa doctrine ; 2° Les vertus de ceux qui l'annoncent ; 3° Le pouvoir des miracles ; des trois, le premier seul certain, infaillible, et qui dispense de tous les autres, III, 25, 34. Quel sentiment on doit éprouver, et quelle conduite on doit tenir envers les incrédules, II, 301. Utilité pour le peuple d'un culte offrant à sa piété des objets sensibles, 299. Les enfans avant l'âge de raison, ne peuvent être instruits sur ce sujet, 295, 538.. 562, 646, 765, III, 272. Quelle doit être la religion des femmes et comment l'enseigner aux jeunes filles V. *Femme, Filles*.

Religion naturelle. Exposé et preuves de ses dogmes ou articles de foi, II.

1. Une volonté meut l'univers et anime la nature, 571, 572.

2. La matière mue selon certaines lois démontre une intelligence, 574. Je l'appelle Dieu. Volonté, intelligence, puissance et bonté sont ses attributs, 574, 578.. 580.

3. Placé par son espèce au premier rang dans l'échelle des êtres, 575.. 577 ; mais exposé par son individu à tant de maux et de misères, l'homme est tenté d'abord d'accuser la Providence, 577. Elle est justifiée si, comme composée de deux substances, l'une qui l'asservit aux sens, l'autre qui l'élève à l'amour du beau et de la justice, il reconnoît qu'il est libre, ce qui constitue l'excellence de sa nature et seul donne de la moralité à ses actions, 577, 578. Le mal moral est notre ouvrage ; le mal physique ne seroit rien sans nos vices, 577.

4. La prospérité du méchant et l'oppression du juste, s'expliquent par l'immatérialité de l'âme, par son immortalité et par des peines et des récompenses dans une vie future, 578, 579. S'il faut une autre religion que la religion naturelle, 587. V. *Raison, Conscience, Dieu, Âme, Matière*, etc.

Religions révélées. Ne sont fondées que sur des témoignages humains, et n'offrent qu'embarras, mystères, obscurités, II, 587, 785. Trois principales en Europe 593. Effet des révélations diverses, et conséquence de cette diversité, 588.. 590. S'il n'en est qu'une seule qui soit vraie, les signes, soit miracles, soit dogmes, en doivent être avérés, incontestables, 589, 591. Aucune d'elles n'offre ce caractère, 591.. 596. Cependant l'Évangile, rempli de contradictions et d'absurdités, a des caractères de vérité et de sublimité qu'on ne peut méconnoître, 597. Quel parti est à prendre dans cette obscurité, 596, 598.. 601. V. *Miracles, Dogmes, Mystères*, etc.

Religion catholique. Règles à suivre pour s'y soumettre autant que la raison le permet, IV, 511.

Religion protestante. Religion luthérienne. V. *Protestans*.

Remords. Vains efforts pour les étouffer, II, 582.

Repas. Description d'un repas simple, mais exquis. Ce qui en faisoit le plus solide agrément, II, 275. Repas rustique comparé à un festin d'appareil. Reflexions qu'il fait naître, 512.

Réponse à une lettre anonyme, III, 178, 179.

Réponse au mémoire anonyme, intitulé : Si le monde que nous habitons est une sphère, III, 278.. 282.

Réponse au petit faiseur à son prête-nom, sur un morceau de l'*Orphée* du chevalier Gluck, III, 568.. 570.

République. Sa définition, I, 654. V. *Corps politique, Gouvernement*.

Requérir. Définition de ce mot, III, 83.

Reuchlin, rabbin célèbre. Cité, II, 594

Révélation. V. *Religions révélées*.

Reventlow (M. de), IV, 365.

Rêveries du promeneur solitaire, I, 401. Composition de cet ouvrage, 361. Son objet. Doit être regardé comme une suite des *Confessions*, 404.

Rey (Marc-Michel), libraire d'Amsterdam. Ses premières relations avec R., I, 205, 265. Ses procédés généreux envers lui et sa gouvernante, 296, IV, 299. Lui donne l'idée d'écrire ses *Confessions*, I, 272. Lui achète le manuscrit du *Contrat social*, 295. Fait offrir à R. une retraite à Amsterdam, 351, IV, 583. R. l'accuse d'altérations et de falsifications dans la réimpression de ses ouvrages, I, 456, IV, 145. Lettre que R. lui adresse, 640.

Reydelet, curé de Seyssel, réception qu'il fait à R. I, 65.

Reyneau (le P.). R. étudie ses ouvrages, I, 123.

Rhétorique. V. *Éloquence*.

Richardson. Ses romans comparés à *la Nouvelle Héloïse*, I, 288, 289. Sa *Clarisse*, jugée le premier de tous, III, 130. Ils ont besoin d'être abrégés. R. est disposé à se charger de cette tâche, IV, 490. R. reconnoît en Angleterre la vérité des situations et des portraits qu'il a tracés, 680. A tort de se moquer des passions conçues à première vue, II, 170. Son erreur de vouloir instruire les jeunes filles par des romans, IV, 322, 323. *Paméla*, citée, III, 137.

Richelieu (le duc de). R. lui est présenté à Lyon et en est bien accueilli, I, 144. Applaudit à l'opéra des *Muses galantes*, et veut le faire jouer à la cour, 172. Charge R. des changemens à faire aux *Fêtes de Ramire*, 175, et des scènes qui lient les divertissemens de la *Princesse de Navarre*, IV, 193. Justice qu'il lui rend à cette occasion, I, 174. Comment R. fut dans l'impossibilité de le revoir, *ib*.

Riches. Leur caractère, leur manière de voir et leurs dispositions en général, II, 624, 680. Tableau hypothétique de la manière de vivre d'un riche donnant tout à ses plaisirs, mais rien à l'opinion, 624.. 630. Conclusion à en tirer : la richesse bonne à rien pour le plaisir, 631. Le grand fléau des riches, c'est l'ennui, 628. Ont beaucoup de peine avec leur argent, et sont trompés en tout, I, 18, II, 414. L'éducation qu'ils reçoivent de leur état ne leur convient sous aucun rapport, 411, 514. Ne sont pas dispensés de la nécessité de travailler, 515. La feinte charité du riche n'est en lui qu'un luxe de plus, IV, 309.

Richesse. N'est qu'un rapport de surabondance entre les désirs et les facultés, II, 268. On doit aux riches la première idée de l'ordre social, ou de la formation des corps politiques, I, 557. Des quatre sortes d'inégalité, la richesse est celle à laquelle elles se réduisent finalement, 564. Ce sont les riches qui retirent de l'état social les plus grands avantages, 601. Dans une monarchie l'opulence d'un particulier ne peut le mettre au-dessus du prince, mais dans une république elle peut aisément le mettre au-dessus des lois, III, 166.

Ridicule. Est l'arme favorite du vice, III, 124. Est toujours à côté de l'opinion ; comment s'y soustraire, II, 628.

Rival. Ami du père de R. Son caractère, I, 27.

Rivaz, mécanicien valaisan, III, 140.

Robeck (Jean), auteur d'une dissertation sur le suicide, II, 190, 194.

Robeck (la princesse de). Ce qui arrive à Diderot pour l'avoir offensée, I, 285. Sa maladie, IV, 315. Sa mort, I, 290.

Robert. Dialogue d'Émile et de ce jardinier, II, 444.

Robinson Crusoé. Le plus heureux traité d'éducation naturelle, II, 507, IV, 70.

Rochemont (M. de). IV, 215.

Roguin (Daniel). R. fait sa connoissance, I, 146. Leur liaison, et services qu'il rend à R., 147, 167, 179, 267. Il le reçoit à Yverdun, 310. Liaisons de R. avec les membres de sa famille, 311, 312. Lettres que R. lui adresse, IV, 850.

Roguin, colonel, neveu du précédent, I, 311.

Roguin, banneret, parent des précédens. Sa fausseté et son mauvais procédé envers R., I, 312, 334.

Rohan (la princesse de), I, 150.

Rois. Sont les premiers esclaves de l'opinion, III, 146. V. *Souverain*.

Rolichon. Moine antonin. Services qu'il rend à R., I, 87.

Rollin, Cité, II, 464.

Roman comique de Scarron, cité, I, 71.

Romances et airs détachés, musique de R., III, 585.. 587.

Romans. Livres dangereux, moyens de les rendre utiles, II, 7, 8. Ne peuvent être utiles à la jeunesse, 9, IV, 323. A qui ils conviennent et qui devroit les composer, II, 138. — *Romans anglois*. Jugés en général, III, 150. V. *Richardson*. — *Romans orientaux*. Pourquoi plus attendrissans que les autres, II, 553.

Rome, Romains. Si ses fondateurs étoient réellement des bandits, des hommes sans mœurs, III, 196. Décret de Claude qui incorpore tous les sujets de Rome au nombre de ses citoyens, I, 607. Idée précise des différentes formes de gouvernement qui s'y succédèrent, 675. Il est à croire que ce qu'on débite de ses premiers temps sont des fables, 685. Des comices romains, ou comment le peuple romain exerçoit son pouvoir suprême, 685, 686. La perte de sa liberté ne lui vint pas de ses tribuns, III, 100. Politique des Romains relativement aux dieux des peuples vaincus, I, 695. Leur attention à la langue des signes, II, 608. Leur respect pour les femmes, 656. A quoi les plus illustres Romains passoient leur jeunesse, 535.

Romilly, horloger de Genève, I, 368, IV, 235. Lettre que R. lui adresse, 285.

Romulus et Numa. L'étymologie de leurs noms fait douter de la vérité des faits qui les concernent, I, 685. Pourquoi Romulus devoit s'attacher à la louve qui l'avoit allaité, II, 527.

Roscius, acteur célèbre à Rome, III, 148.

Roucher. Son récit de la mort de R., I, 369.

Rouelle, de l'Académie des Sciences, démontre le danger de se servir d'ustensiles en cuivre, IV, 211.

GÉNÉRALE ET ANALYTIQUE. 875

ROULINS (madem. des). R. lui apprend en trois mois la musique d'après son système de notation, I, 147.

ROUSSEAU (J. B.). Témoignage favorable à cet illustre écrivain, I, 266. R. occupe la chambre qu'il avoit habitée à Soleure. Effet de cette circonstance, 81, IV, 704

ROUSSEAU (F. H.), cousin de J. J. Lettres que R. lui adresse, IV, 850.

ROUSSEAU (Isaac), horloger et père de Jean-Jacques. Sa tendresse pour son fils, I, 1. Est forcé de quitter Genève, 5. Se met à la recherche de son fils. Voit mad. de Warens, et pourquoi il s'arrête dans cette recherche, 27. R. passe une soirée avec lui à son retour de Venise, 167. Sa mort, 175. Son éloge, 530. Trait de son attachement à sa patrie et à ses concitoyens, III, 176. Lettres que R. lui adresse, IV, 850.

ROUSSEAU (Théodore). Lettres que R. lui adresse, IV, 850.

Rousseau juge de Jean-Jacques, IV, 1..158. Motifs de la composition de cet écrit. Causes du désordre, des longueurs et des répétitions qu'on y remarque, I, 82. Résolution singulière pour le transmettre intact à la postérité, et ce qui en résulta, 152. Circonstances qui ajoutent à cette singularité, I, 362, III, 176.

ROUSSEAU (Jean-Jacques).

N. B. Pour éviter la confusion et faciliter les recherches, cet article est divisé en deux parties : la première rappelant uniquement les *faits* et toutes les actions de la vie de R. ; la seconde offrant en résumé les traits de son caractère tracés par lui-même, et tout ce qu'il dit de lui au physique et au moral.

FAITS.

Sa naissance et ses parens, I, 1. Maladie qu'il apporte en naissant et soins dont il est l'objet, 2. Ses premières lectures et leur effet sur lui, 3. Est mis en pension chez le ministre Lambercier avec le jeune Bernard son cousin ; leur amitié, 5. Effet d'une correction que lui inflige madem. Lambercier, 7. Châtiment non mérité qu'il reçoit, et effet de ce châtiment sur lui, 8. Histoire du noyer de la terrasse à Bossey, 10. Retourne chez son oncle Bernard ; ses occupations, 12. Récit de deux traits de son enfance, omis dans ses *Confessions*, comme lui étant trop honorables, 422, 423. Ses amours avec mesdem. Vulson et Goton ; différence de ses sentimens pour l'une et pour l'autre, 13. Devient commis greffier, 14. Est mis en apprentissage chez un graveur dont les mauvais traitemens changent son caractère et ses inclinations, 15. Contracte l'habitude du vol, 16. Reprend le goût de la lecture ; effet de ce retour, 19. Quitte son métier et sort de Genève, 21.

Arrive à Annecy chez mad. de Warens, I, 23. Sentimens qu'il conçoit pour elle, 24, 25. Va à Turin ; particularités de ce voyage, 27..29. Entre à l'hospice des catéchumènes ; ce qui s'y passa, 30..33. Son abjuration, 34. Est reçu chez mad. Basile et en devient amoureux, 37. Entre comme laquais chez mad. de Vercellis, 40. Faute grave qu'il commet dans cette maison et qu'il se reproche toute sa vie, 42. Premières impulsions du tempérament ; extravagances qui en résultent, 44. Reçoit des conseils utiles de l'abbé Gaime, 45. Son entrée chez le comte de Gouvon ; faveurs qu'il en reçoit et abus qu'il en fait, 47. Lie amitié avec le jeune Bâcle ; suites de cette liaison, 50. Retourne chez mad. de Warens, qui le garde chez elle, 52. Genre de vie qu'il y mène, 53, 55. Ses lectures deviennent plus solides et plus profitables, 56. Entre au séminaire pour embrasser l'état ecclésiastique, 60. Signe une attestation comme témoin d'un miracle, 62. Est renvoyé du séminaire, comme n'étant pas bon même à être prêtre, 62. Est mis en pension chez Le Maître, maître de musique de la cathédrale, 62. S'engoue pour le jeune Venture, 65. Accompagne Le Maître dans sa fuite et l'abandonne, 66. Retourne à Annecy et n'y retrouve plus sa protectrice, 67. Son aventure avec mesdemoiselles Galley et de Graffenried, 69. Suites de cette nouvelle liaison, 73. Fait la connoissance du juge-mage Simon, 71. Reconduit à Fribourg la fille Merceret, femme de chambre de madame de Warens, 74. Voit son père à Nyon, 74. Se rend à Lausanne, prend un nom supposé et se fait maître de musique sans la savoir, 76. Compose et fait exécuter un morceau au concert de M. de Treytorens ; effet de cette tentative, 76. Va à Neufchâtel ; rencontre l'archimandrite de Jérusalem, et s'attache à lui comme interprète, 79. Est admis comme tel à l'audience du sénat de Berne, 80. Est retenu à Soleure par l'ambassadeur de France et reste dans sa maison, 80, 81. Est envoyé à Paris avec des lettres de recommandation, 81. Accueil qu'il y reçoit ; espérances trompées, 83. Quitte Paris pour aller à la recherche de madame de Warens, 83. Description de son voyage, et d'un repas fait chez un paysan qui craignoit de lui montrer son aisance, 84. Arrivé à Lyon, y souffre une grande détresse ; deux aventures scandaleuses avec un ouvrier en soie et un abbé, 85. Rencontre d'un antonin qui lui donne de la musique à copier et le nourrit bien, 87. Rejoint madame de Warens à Chambéri et reprend son logement chez elle, 89. Obtient un emploi dans le cadastre, I, 90. Effet que produit sur lui la connoissance de la liaison qui subsistoit entre Claude Anet et madame de Warens, 91, 92. Origine et motif de sa prédilection pour la nation françoise, 94. Commence à étudier la théorie de la musique, 95. Quitte son emploi pour se livrer tout entier à cet art et se met à l'enseigner, 96. Ce qu'imagine madame de Warens pour le préserver de la séduction, 100. Quel effet produit sur lui la jouissance, 102. Ne peut faire de progrès dans la danse et dans l'escrime, 103. Mort de Claude Anet ; suites de cet événement pour madame de Warens et pour R., 106, 111. Va à Besançon pour y apprendre la composition ; accident qui fait manquer l'objet de ce voyage et le fait revenir à Chambéri, 107, 108. Commence à prendre du goût pour la littérature, 110. Ses fréquens voyages à Lyon, à Grenoble, à Genève, 111. Il tombe malade ; tendres soins que lui prodigue madame de Warens ; son attachement pour elle s'en augmente, 114. Va s'établir avec elle aux Charmettes, 116. Genre de vie qu'il y mène et distribution de son temps, 117, 122. Attaque subite d'un mal qu'il éprouve et quelles en sont les suites, 118. Se livre avec ardeur à l'étude des sciences ; suit une mauvaise méthode qu'ensuite il rectifie ; étudie la géométrie, le latin, l'astronomie, 120..123. Va à Genève toucher sa portion héréditaire du bien de sa mère ; usage qu'il en fait, 128. Effet que produit sur lui l'étude de l'anatomie et de la médecine, *ib.* Se décide à aller à Montpellier pour se faire guérir, 129. Récit de ses amours avec madame de Larnage, 129. Sa résolution vertueuse à ce sujet, 134. Embarras pécuniaires à Montpellier ; compte sur le jeu pour en sortir, IV, 175. Revient aux Charmettes et trouve sa place prise auprès de madame de Warens, I, 136. Résolution qu'il prend à ce sujet, et effet de cette résolution sur madame de Warens, 137. Se sépare d'elle, va à Lyon et y devient précepteur ; son mauvais succès dans cette carrière, 138. Il y renonce ; retourne auprès de madame de Warens dont il est froidement reçu, 140. Part pour Paris dans l'intention de présenter à l'Académie un système nouveau de notation pour la musique, 141. S'arrête quelque temps à Lyon, y devient amoureux de mademoiselle Serre, et sacrifie sa passion à son devoir, 144. Connoissances qu'il fait à Paris, 145. Présente son projet à l'Académie des Sciences ; jugement qu'elle en porte ; compose sur ce sujet un ouvrage qu'il fait imprimer, 145..147. Ressources qu'il imagine pour exister et se faire connoître, 147. Se lie avec madame Dupin et M. de Francueil, 149, 150. Est attaqué d'une fluxion de poitrine, 150. Commence à composer l'opéra des *Muses galantes*, 151. Part pour Venise en qualité de secrétaire d'ambassade ; incidens de ce voyage, 152. Comment il remplit cette place ; désagrémens qu'il y éprouve, 153. Mauvais procédés de l'ambassadeur envers lui, 153, 154, 159. Il le quitte ; circonstances de cette séparation, 160, IV, 189..193, 660. Quels étoient ses amusemens à Venise, I, 161. Ses aventures avec deux filles publiques, 163, 165. Sa conduite généreuse envers une jeune personne qu'on lui avoit livrée, 166. Revoit son père en repassant par Nyon à son retour à Paris, 167. Mauvais succès de ses réclamations à Paris contre les injustices de l'ambassadeur ; il reprend le travail de son opéra, 167, 168. Commencement de sa liaison ave Thérèse Le Vasseur, 170. Achève son opéra et excite la jalousie de Rameau, 172. Est chargé des changemens à faire à un divertissement dont Voltaire avoit fait les paroles et Rameau la musique ; perd tout le fruit de son travail, 173, 174. Comment il reçoit la succession de son père, 175. Fait recevoir *Narcisse* aux Italiens et ne peut le faire représenter, 176. Renonce à tout projet de gloire et s'attache à madame Dupin et à M. de Francueil, 176. Compose *l'Engagement téméraire*, *ib.* et *l'Allée de Sylvie*, 177. Met ses deux premiers enfans aux Enfans-Trouvés ; ce qui l'y dispose, 178. Fait la connoissance de madame d'Epinai, *ib.* ; et de madame d'Houdetot, 179. Ses liaisons avec Diderot, d'Alembert, Condillac, *ib.* Projet du *Persifleur*. Se charge de la partie de la musique pour *l'Encyclopédie*, 180, IV, 199. Son attachement pour Diderot, et ses démarches pour faire cesser sa détention au donjon de Vincennes, I, 180. Commencement de sa liaison avec Grimm, 181. A quelle occasion il compose son *Discours sur les Sciences*, 181, 182. Se décide à faire ménage commun avec Thérèse Le Vasseur, 183. Révolution dans ses idées par suite du succès de son *Discours*, 184, 185. Sa réforme tant extérieure qu'intérieure, examen sévère de lui-même, et fixation de ses règles de conduite et de foi, 411. Abandonne successivement ses trois autres enfans comme les deux premiers ; motifs qui l'y décident, 185, 217, 449. Témoignages de son repentir à ce sujet, 186, 314, II, 409, IV, 333, 787, 797. Est nommé caissier de M. de Francueil, receveur-général des finances, I, 187. Tombe malade, renonce à sa place et se fait copiste de musique, 188, 189. Un vol de linge qui lui est fait complète sa réforme somptuaire, 190. Commencement de ses querelles littéraires, *ib.* Contrariétés qu'il éprouve dans sa nouvelle manière de vivre et qui le rejettent dans la littérature, 191. Se fait cynique et caustique par honte, 192, 217. Ses liaisons avec Raynal, Duclos, D'Holbach, 193. Son séjour à Marcoussis, puis à Passy chez son ami Mussard, où il compose *le Devin du village*, 195. Répétition de cet opéra aux Menus, puis à la cour, 196. Quitte précipitamment Fontainebleau pour n'être pas présenté au roi ; motif de cette résolution, 198. Publie sa *Lettre sur la Musique françoise* ; on lui ôte ses entrées à l'Opéra, 200. Le succès de son *Devin* inspire de la jalousie à ses amis ; il cesse de voir le baron d'Holbach, 201, 202. Fait représenter *Narcisse* aux François ; sa conduite en cette occasion, 202. Compose à Saint-Germain son *Discours sur l'Inégalité*, 203. Renonce aux médecins et aux remèdes, *ib.* Fait un voyage à Genève avec Gauffecourt et Thérèse Le Vasseur, *ib.* Revoit mad. de Warens dans un état voisin de la misère, 204. Abjure le catholicisme et se fait réintégrer dans ses droits de citoyen de Genève, 205. Fait dans cette ville de nouveaux amis, *ib.* Projette de nouveaux ouvrages, et dédie son *Discours* au conseil de Genève ; effet de cette dédicace, 206. Renonce au projet de fixer son séjour à Genève, et accepte l'offre que lui fait mad. d'Épinay d'habiter l'Hermitage, *ib.* Comment il se venge de Palissot, qui l'avoit joué dans sa comédie des *Philosophes*, 208. Projets d'ouvrages et plan de vie qu'il se trace dans ce nouveau séjour, 209..214. Contrariétés qu'il éprouve de la part de mad. d'Épinay, 215 ; et de la part de Thérèse Le Vasseur, 216, 221. Entreprend l'extrait des ouvrages de l'abbé de Saint-Pierre ; et après l'avoir fait pour deux de ses ouvrages, abandonne ce travail, 220, 221. Ce qu'il imagine pour remplir le vide de son cœur, 223. Écrit à Voltaire à l'occasion du *Poëme sur le désastre de Lisbonne*, 224. Trace le plan de la *Julie* ou *Nouvelle Héloïse*, 225, IV, 263. Devient éperdument amoureux de mad. d'Houdetot, I, 229, IV, 423. Suites de cette passion, I, 231. Mad. d'Épinay s'en aperçoit ; sa conduite en cette occasion, 234. Conduite de mad. d'Houdetot et de Saint-Lambert, 233, 242, 251. Son démêlé avec Diderot sur un passage du *Fils naturel*, et sur sa résolution de passer l'hiver à l'Hermitage, 239, IV, 249. Ils se rapprochent, et R. lui soumet les deux premières parties de son roman, I, 241. Compose des morceaux de musique pour la fête de M. d'Épinay, et pour la dédicace de la chapelle de la Chevrette, 244. Conduite offensante de Grimm à son égard, 244. Explication entre eux, et quel en fut le résultat, 247, 248. Proposition qui lui est faite d'accompagner mad. d'Épinay à Genève, appuyée par Diderot, 250, IV, 271..275. Sa rupture avec Grimm et mad. d'Épinay, et ses suites, I, 253, 257. Il quitte l'Hermitage et s'établit à Mont-Louis, 256. A quelle occasion et dans quelles circonstances il

870 TABLE

compose sa *Lettre à d'Alembert*, 260. Il rompt publiquement avec Diderot, 261. Comment se terminent ses liaisons avec mad. d'Houdetot et Saint-Lambert, 263. Publie sa *Lettre à d'Alembert*, 264. Ses sociétés à Montmorency et dans les environs, 265. Commencement de ses liaisons avec Malesherbes, 269. Refuse de travailler au *Journal des Savans*, 270. Met la dernière main au *Contrat social*, 272. Comment il entre en liaison avec M. et mad. de Luxembourg, 273. Accepte un logement au petit château de Montmorency, 274. Imprudences qui lui font craindre de s'être attiré la haine de mad. de Luxembourg, 276, 280, 291. Cette dame se charge de faire imprimer l'*Émile*, 282, 295. Il contribue à faire cesser la détention de l'abbé Morellet, 283. Reçoit la visite du prince de Conti, 286. Publie la *Julie*; jugemens divers portés sur cet ouvrage, 287. Comment il déplait sans le savoir au duc de Choiseul, 292. Mad. de Luxembourg veut retirer un de ses enfans: mauvais succès de cette tentative, 294. Retard et même interruption dans l'impression de l'*Emile*; inquiétudes et sinistres pressentimens que cet incident fait naître dans l'esprit de R., 297. Est visité par le frère Côme, qui détermine le genre de sa maladie, 302. Publication du *Contrat social*, 301. Puis de l'*Émile*, 303. Mouvemens précurseurs de l'orage prêt à s'élever contre lui, 303, 304. Est décrété de prise de corps, 307. Se détermine à quitter la France et prend la route de Suisse, 307. Compose le *Lévite d'Ephraïm* pendant ce voyage, 310. Se rend à Yverdun: l'*Emile* est brûlé à Genève et son auteur décrété de prise de corps, 311, IV, 369, 373. Chassé d'Yverdun, il se réfugie à Motiers, I, 313. IV, 377. Ses liaisons avec G. Keit, dit mylord Maréchal, I, 315. Faveurs qu'il reçoit du roi de Prusse, et comment il les reconnoît, 317. Il prend l'habit arménien et apprend à faire des lacets, 317. Ses liaisons avec du Peyrou, 318. Est admis à la communion, 320. Sa justification à ce sujet, IV, 396. Censure de la Sorbonne, et mandement de l'archevêque de Paris contre l'*Emile*. R. public sa *Lettre* à ce dernier, I, 320. Il achève son *Dictionnaire de musique* et le vend, 321, 329. Veut travailler à ses *Confessions*; s'aperçoit qu'il lui manque une partie de ses papiers; ses soupçons à ce sujet, 321. Renonce à son titre de citoyen de Genève, 322, IV, 440. Fait serment (et le motive) de ne jamais reprendre ce titre et de ne plus retourner à Genève, 447, 449, 452. Mylord Maréchal lui envoie des lettres de naturalité, et la communauté de Couvet le reçoit parmi ses membres, I, 328. Entreprend une édition générale de ses écrits, et fait un traité en conséquence, 329, IV, 513, 514, 517, 518, 539. Fermentation qu'excitent les *Lettres de la Montagne*, I, 329. Est cité au consistoire de Motiers; sa conduite en cette occasion, 330. On excite le peuple contre lui; est prêché en chaire et insulté en public, 332. A quelle occasion il publie *la Vision de Pierre de la Montagne*, 334. Attribue au ministre Vernes le libelle intitulé: *Sentiment des citoyens*, 335. Une attaque nocturne dirigée contre sa maison le contraint de quitter Motiers, 336. Il s'établit à l'île de Saint-Pierre, 338. Vie heureuse qu'il y mène, 340. Elle lui fait désirer qu'on lui donne ce séjour pour prison, 342. Reçoit l'ordre de quitter le territoire de Berne, 343. Offre au bailli de Nidau de passer en captivité le reste de ses jours, IV, 579. Les chefs de la Corse lui demandent un plan de constitution pour cette île, I, 344. Suites de cette demande, 346. Se rend à Bienne, et bientôt après reçoit l'ordre d'en sortir, 347. Se décide à se retirer en Angleterre, 349, IV, 392, 584. Arrive à Strasbourg; accueil qu'il reçoit dans cette ville, I, 351, IV, 581. Passe quelques jours à Paris, puis se rend à Londres avec Hume, I, 352, IV, 585, 589, 590. S'établit à Wootton, dans le comté de Derby, I, 352. Lettre apocryphe du roi de Prusse; rupture avec Hume, 353, IV, 597, 604. Effet fatal de cet événement sur son humeur et sur sa raison, I, 354, IV, 686. Quitte l'Angleterre, est reçu à Amiens comme il l'avoit été à Strasbourg, I, 355. Se rend à Fleury chez le marquis de Mirabeau, puis s'établit à Trye, dans le château du prince de Conti, où il prend le nom de Renou; désagrémens qu'il y éprouve, 355, IV, 687, 688. Renonce à la pension du roi d'Angleterre, qu'après bien des hésitations il s'étoit décidé à accepter; conduite généreuse du gouvernement anglois à cette occasion, I, 356, IV, 629, 643, 722, 742. Joie qu'il éprouve à la nouvelle de la cessation des troubles à Genève, en mars 1768; quels seroient ses sentimens et sa conduite si le décret porté contre lui étoit révoqué, 718. Laissant Thérèse Le Vasseur à Trye, il part seul pour Grenoble, I, 357, IV, 726. Son aventure à Grenoble avec l'avocat Bovier, I, 441. Avec le chamoiseur Thevenin, IV, 731, 751. Va s'établir à Bourgouin, où Thérèse Le Vasseur revient le rejoindre, I, 357. Il la reconnoît pour son épouse, *ib.* IV, 729. Quitte Bourgouin et s'établit à Monquin, I, 358. Souscrit pour la statue de Voltaire, *ib.* Se lie avec M. de Saint-Germain, 359. Part pour Paris, *ib.* Lit ses *Confessions* dans quelques sociétés, I, 360, 364. Jugement qu'il en porte, IV, 116. Ecrit successivement ses *Lettres sur la Botanique*, I, 360; ses *Considérations sur le Gouvernement de Pologne*, 361; ses *Rêveries* et ses *Dialogues*, 361. Consent à la représentation de *Pygmalion*, 362. Compose la musique de *Daphnis et Chloé*, une seconde musique pour *le Devin du village*, et beaucoup de romances, 363. Fait une chute à Ménil-Montant; détail et suites de cet accident, 406. Offre, par un écrit circulaire, d'abandonner tout ce qu'il possède, sous la condition de pourvoir à sa subsistance et à celle de sa femme, 360, 458. Il se retire à Ermenonville, 366. Ses projets et dispositions de son âme dans cette retraite, *ib.* Il meurt subitement: faits relatifs au genre de sa mort, faussement attribuée à un suicide, 367. Est enterré dans l'île des Peupliers. 370. Ses cendres sont transportées au Panthéon, 370. Honneurs rendus à sa mémoire, en France, *ib.*; à Genève, 371, 372. Nouvelle translation projetée des cendres de R. du Panthéon à Ermenonville, 374. Son testament, 373.

CARACTÈRE, PENCHANS ET HABITUDES.

Est de tous les hommes celui dont le caractère dérive le plus pleinement de son tempérament, IV, 64. Quel étoit ce tempérament, 6, I, 393. Se sent meilleur et plus juste qu'aucun homme qui lui soit connu, I, 1, IV, 149. Epoque jusqu'à laquelle il avoit été bon et où il commença à devenir vertueux. Cause de sa subite éloquence, I, 2, 7. Exposé de ses sentimens en matière de religion, II, 772. Principes de religion qui lui sont inculqués dès son enfance, I, 31. Pourquoi ses idées sur l'incapacité des enfans à cet égard ne s'appliquent pas à lui, *ib.* Motifs de son changement de religion, 32. Devient dévot à la manière de Fénelon, 411. N'a jamais aimé à prier dans la chambre; objet et espèce de ses prières, 122 341. Se défend de l'accusation d'hypocrisie, II, 774. Dans la plus étroite familiarité ou dans la gaîté des repas, n'a jamais été trouvé, quant aux principes de morale ou de religion, différent de lui-même, 773. Quelle étoit l'espèce de sa sensibilité, IV, 68, 69. Une société aussi intime qu'elle peut l'être est le premier de tous ses besoins, I, 217. Conçoit un sentiment plus tendre et plus voluptueux encore que l'amour, 53. N'a aimé qu'une fois en sa vie, 229. Sa passion la plus violente fut celle qu'il ressentit pour madame d'Houdetot, IV, 426. Seroit mort sur le fait s'il eût connu dans leur plénitude les plaisirs de l'amour, I, 113. Préfère les demoiselles aux filles du commun, 68. Habitude vicieuse dont il n'a jamais bien pu se guérir, 314. A des passions ardentes, mais dont l'effet est balancé par sa timidité, et qui sont de courte durée, I, 17. De quelle espèce sont ces passions, 113. Lenteur de penser jointe en lui à la vivacité de sentir, 57. Pourquoi est impropre à la conversation, 58, 104, 318, 340, IV, 64. Cause de son goût pour la solitude et la rêverie, I, 391, 396, IV, 70, 74. Son goût pour le séjour de la campagne, I, 209, 215. Son imagination, qui s'anime à la campagne, languit et meurt dans la chambre, 223. Cependant eût pu rêver agréablement à la Bastille ou dans un cachot, 428. S'effraie à l'excès du mal à venir, et oublie aisément le mal passé, 309. Dégoût pour la vie active; quelle est l'oisiveté qui lui convient, 340, 392. Sa paresse lui fait porter pleinement le joug de l'habitude, IV, 87. Comment l'avarice se concilie en lui avec le mépris de l'argent, I, 18. Sa bienfaisance, IV, 331. Son économie est moins l'effet de sa prudence que de la simplicité de ses goûts, I, 36. Ce seroit pour lui un crime d'avoir une terre, I, 509. Indication de ses revenus en 1772, 361, IV, 83, 839.

Indomptable esprit de liberté, venant moins d'orgueil que de paresse, I, 392, IV, 202. Violente aversion pour les états qui dominent les autres, I, 399. Estime peu de rois, et n'aime pas le gouvernement monarchique, IV, 387. Toute inquisition lui est odieuse, 425. Jure de ne jamais prendre part à une guerre civile, I, 112. Le sang d'un seul homme est d'un plus grand prix à ses yeux que la liberté de tout le genre humain, IV, 649. Idée qu'il a de ce que peut commander le salut public, III, 290; et des conspirations en général, IV, 649. Amour de la paix plus fort dans son cœur que celui de la liberté, 680. L'aversion pour la contrainte lui rend l'exercice de la bienfaisance pénible quand il en résulte le devoir de la continuer, I, 430. Par la même raison se sent le cœur ingrat, et redoute les bienfaits, 392, IV, 272. Cependant reconnoît avoir de vrais bienfaiteurs, et a pour eux les sentimens qui leur sont dus, 661. Son principe de conduite à l'égard des offres qui lui sont faites, 207, 814. Son aversion pour les cadeaux, 573, 670, 830. Ses principes sur les droits et les devoirs réciproques résultant de l'amitié, 405. Parloit toujours honorablement des amis avec lesquels il s'étoit brouillé, I, 337, 366, IV, 247. N'a jamais pu rien apprendre avec des maîtres, I, 61. Difficulté qu'il éprouve à écrire; sa manière de travailler, 57, 58. Se reconnoît totalement inhabile pour écrire des lettres et même pour tout ouvrage de littérature légère, 58. N'aime pas à répondre à des complimens, IV, 247. Ne peut écrire et penser que *sub dio*, I, 211; et en marchant, 225. A presque toujours écrit contre son intérêt, et a tout sacrifié à la vérité, III, 174. Ne peut écrire par métier et pour gagner de l'argent, I, 210, 270, 271. S'il est vrai qu'en écrivant contre les sciences et les lettres, et les cultivant lui-même, il a parlé contre ses principes: examen qu'il propose à ceux qui lui font ce reproche, III, 193, 197. Après son *Discours sur l'Inégalité*, a pris la résolution de ne répondre à aucune critique, IV, 288, 292. Comment veut être désigné en tête de ses ouvrages, 308. Ordre dans lequel il indique qu'ils doivent être lus, 130. N'a jamais fait qu'une seule édition de chacun de ses ouvrages, 143. S'est fait une loi de n'en jamais rien ôter, III, 150. Après l'*Emile*, avoit posé la plume pour ne la plus reprendre; ne l'a reprise depuis que par force, IV, 324, 344, 354, 367. Doit tous ses malheurs à sa célébrité, 354. Veut être loué d'une seule chose, c'est de n'avoir pris la plume qu'à quarante ans, et de l'avoir quittée avant cinquante, 354. Pense qu'on peut ne pas aimer ses livres, mais qu'on doit l'aimer à cause de ses livres, 428. Depuis son départ pour l'Angleterre, ne fait d'autre vœu que d'être totalement oublié du public, 635, 636, 687, 692. Dans cette vue, préfère que l'édition générale de ses ouvrages ne se fasse qu'après sa mort, 616. A pris toute lecture en dégoût, et ne veut plus que rêver et botaniser, 663, 664. Regrets sur la perte de son chien, IV, 313, 359. Portrait de sa personne d'après Mercier, I, 371; d'après lui-même, 23, IV, 8. Autre par M. de Beaumont, II, 747.

ROUSSELOT. Cuisinier du duc de Montaigu à Venise, I, 136.

ROUSSETAN, de Genève. R. lui propose, à défaut de Moultou, de présider à l'édition générale de ses écrits, IV, 332; et de faire la préface en tête de cette édition, 354. Lettres que R. lui adresse, 354, 646.

ROYER, musicien, I, 150, 151.

ROYOU (l'abbé). Effet d'un numéro de son journal qu'il avoit adressé à R., I, 416.

ROZIÈRES (M. de). L'un des témoins du mariage de R., I, 357, IV, 729, 734.

RULHIÈRE. Ses liaisons avec R., I, 364. Cité, 701.

Ruse, est un talent naturel au sexe, II, 641.

Russie. De sa civilisation par Pierre Ier, I, 657, 707. Quoique chef de l'Eglise, le czar n'en est pas pour cela le maître, 695.

S.

SABI (mad.), IV, 235.

SABRAN et sa femme. Font avec R. le voyage d'Annecy à Turin. Leur portrait, I, 27, 28.

Saburre. Ce que c'est, II, 424.

SAINT-BOURGEOIS. Lettre que R. lui adresse, IV, 531.

SAINT-EVREMOND, I, 56.

SAINT-FARGEAU (M. de). Cause innocente de l'accident arrivé à R. dans la rue de Ménil-Montant, I, 407.

SAINT-FLORENTIN (le comte de). Lettre que R. lui adresse, IV, 293.

SAINT-FOIX (de). Sa comédie de l'*Oracle*, citée, III, 170.

GÉNÉRALE ET ANALYTIQUE. 877

Saint-Germain (le chevalier de). Ses liaisons avec R., I, 358. Son témoignage sur sa bienfaisance, et autres particularités non moins honorables à sa mémoire, 366, IV, 749. Lettres que R. lui adresse, 851.

Saint-Lambert. Ses liaisons avec mad. d'Houdetot, I, 230. Sa conduite envers R. relativement à cette dame, I, 249, 251, IV, 220. Comment R. espéroit épurer le lien coupable qui unissoit ces deux personnes, IV, 270, 276. Rompt avec R. au sujet de Diderot, I, 262. Ils se raccommodent, mais cessent de se voir, 262, 263. Lettres que R. lui adresse, IV, 851.

Saint-Laurent (le comte de), ministre du roi de Sardaigne. Comment mad. de Warens conserve sa bienveillance, I, 116.

Saint-Marc (trésor de) à Venise. Ce qu'en dit un ambassadeur d'Espagne, II, 464.

Sainte-Marie (M.), III, 269.

Saint-Pierre (l'abbé de). R. fait sa connoissance, I, 150. Ce qui le fait chasser de l'Académie, 221. Jugement général sur sa personne et ses écrits, dont R. entreprend un extrait, 220. Pourquoi R. renonce à cette entreprise, 221. Jugeoit bien de l'effet des choses une fois établies, mais jugeoit mal des moyens propres à cet établissement, 622. Comment appeloit les hommes, II, 422. Comment établissoit ses enfans, 517. Comment appeloit les ecclésiastiques, III, 118. Son erreur sur le progrès prétendu de la raison humaine, IV, 689. Son sort comparé à celui de R., III, 67. Cité, II, 712.

Saint-Pierre (Bernardin de). Aveu que lui fait R. relativement à Hume, I, 352, 353. Autre aveu sur ce qu'il a écrit contre les médecins, II, 413. Sa liaison avec R. rompue bientôt, et comment, I, 364.

Saint-Pierre (île de). Sa description, I, 338, 424. Vie heureuse de R. dans ce séjour, 340, 425. Il y fonde une colonie de lapins, 426.

Saint-Saphorin. Famille Vaudoise. Son éloge, II, 129.

Saint-Simon (le duc de). Cité, III, 146.

Sainte-Marthe, Cité, II, 407.

Salamandre, II, 469.

Sallier (l'abbé). R. fait sa connoissance, I, 150.

Salomon. Médecin. Comment il traite R., I, 120.

Salut public. N'est rien si tous les particuliers ne sont en sûreté, III, 290.

Samson, n'étoit pas si fort que Dalila, II, 634.

Sandoz (mad. la générale). Lettre que R. lui adresse, IV, 543.

Sandoz, aubergiste. Service que R. lui rend auprès de mylord maréchal, I, 316.

Sapho. Fait exception relativement au caractère des écrits des femmes, III, 160.

Sarbourg, médecin, IV, 345.

Sardanapale. Son épitaphe, II, 622.

Sartine (de). Lettre que R. lui adresse, IV, 851.

Saurin, auteur de *Spartacus*, I, 194, 266.

Sauttersheim, ou Sauttern. Ce qu'il étoit; histoire abrégée de sa liaison avec R., et ses aventures, I, 326. Opinion de d'Escherny sur ce jeune homme, dont R. étoit dupe, 337. Sa mort et son éloge, IV, 757. Lettres que R. lui adresse, IV, 851.

Sauvage. Vigueur de l'homme dans cet état, et autres avantages qui lui sont propres, I, 539, 569. Ne doit point connoître les maladies, 538. Finesse de quelques-uns de ses sens et grossièreté des autres, 539. Ses désirs ne passent point ses besoins physiques, 541. Indifférent à la mort, II, 432. A l'odorat tout autrement affecté que le nôtre, 487. Eût pu rester tel éternellement, sans des événemens et des hasards qui pouvoient ne point arriver, I, 541, 549, 551. Est moins misérable que l'homme civilisé, 545. N'est pas naturellement méchant, mais est indifférent pour le mal comme pour le bien, 546. Est borné au seul physique de l'amour, 548. Ce qui distingue essentiellement l'homme sauvage de l'homme civilisé, 566, 570, III, 196. Des hommes sauvages ont pu être pris pour des animaux par des voyageurs ignorans, I, 572. Est naturellement doux et impassible, 554, 574. Inutilité des efforts faits jusqu'à présent pour civiliser les sauvages; trait remarquable d'un Hottentot à ce sujet, 577. Actifs dans leur enfance, les sauvages sont tranquilles et rêveurs dans leur adolescence, II, 605. Pourquoi plus subtils que les paysans, 459. S'ils sont cruels, cette cruauté vient de leurs alimens, 485. Sont de tous les hommes les moins curieux et les moins ennuyés, 539. V. *Homme*, *Amour de soi*, *Pitié*.

Sauveur (M.). Ce qu'il dit des différens systèmes de musique, III, 456. Propose un moyen de déterminer un son fixe qui serve de base à tous les sons de l'échelle générale, 461, 477.

Savans. Doivent être admis dans les conseils des rois, I, 476. V. *Sciences*, *Arts*, *Belles-Lettres*.

Savoie. Mot d'un duc de Savoie, en quittant Paris, I, 57.

Savoyards. Eloge de cette nation, I, 97, 127. Agrément du commerce de sa noblesse, 56.

Schaftesbury, III, 528.

Schuyt (de). Lettre que R. lui adresse, IV, 286.

Science humaine. La portion propre aux savans, très-petite en comparaison de celle qui est commune à tous, II, 419.

Sciences. Choix qu'il importe d'y faire; méthode à suivre pour les étudier, et précautions à observer dans cette étude, I, 120, 123, II, 493. Principe général et ordre à suivre dans leur enseignement, 493, 497, 498, 502. Danger des méthodes qui en abrègent l'étude, 501. V. *Enseignement*.

Sciences, Arts, Belles-Lettres. N'ont servi qu'à détruire les mœurs et la liberté, en faisant naître le luxe, dégradant les âmes et amollissant les courages, I, 465, 467, III, 194, IV, 237. La nature en rendant l'étude difficile avoit voulu nous en préserver; funeste effet des livres élémentaires, I, 469. Doivent leur naissance à nos vices, 470, III, 194. Nuisibles aux qualités guerrières, le sont encore plus aux qualités morales, I, 473, III, 193. Inutiles à la religion, elles ont corrompu l'étude, I, 488. S'il est vrai que, malgré les maux qu'elles ont produits, il faille renoncer à leur culture et détruire les établissemens littéraires et scientifiques, 474, 494, III, 194, 196. Par le fait, les mœurs ont dégénéré partout, à mesure qu'un peuple s'est instruit et policé; mais le progrès des sciences n'est pas la seule source de la corruption des mœurs, 194. Les savans, plus loin de la vérité que les ignorans, II, 522. Jugement qu'en portoit Socrate, I, 468. Ont moins de préjugés que les autres hommes, mais tiennent plus fortement à ceux qu'ils ont, 146. N'étudient que pour avoir des admirateurs, 410, II, 26.

Scipion l'Africain. N'étoit jamais moins seul que quand il étoit seul, II, 115.

Scotti (le marquis), IV, 196.

Scuole, maisons de charité à Venise, I, 162.

Secret. Mille secrets que trois amis doivent savoir et qu'ils ne peuvent se dire que deux à deux, II, 217.

Seguier de Saint-Brisson. Ses relations avec R. en différens temps. Folle démarche que lui inspire la lecture d'*Emile*, I, 324, 325. Lettres que R. lui adresse, IV, 851.

Ségur, auteur d'une vie de J.-B. Rousseau, I, 266.

Seigneurs-commis. Désignation d'une fonction propre aux magistrats de Genève; ses avantages, III, 173.

Senac, médecin. Comment il traite la singulière maladie de Grimm, I, 193.

Sénèque, le philosophe. Ne vouloit de la science que pour la montrer, II, 26. Traduction de l'*Apocolokintosis*, III, 330, 336. Cité, I, 468, 503; II, 393, 403, 404, 422, 433, 450, 539, 542, 671, 712, IV, 198.

Sennebier. Son *Histoire littéraire de Genève*, citée, I, 354, II, 266.

Sennecterre (marquis de). Fait l'épreuve du savoir de R. sur la musique, I, 109.

Sens. Premières facultés qui se perfectionnent en nous; nécessité de les exercer tous à la fois, en vérifiant l'impression de l'un par celle d'un autre, II, 469. Application au toucher, 473; à la vue, 475, 477; à l'ouïe, 481; au goût, 483: à l'odorat, 487. En quel sens les épicuriens avoient raison de dire que jamais les sens ne nous trompent, 522. Après avoir vérifié les rapports des sens l'un par l'autre, apprendre à vérifier les rapports de chaque sens par lui-même, 523. S'il est vrai que, dans leur usage, nous soyons purement passifs, 569, 570. Ne rien accorder aux sens quand on veut leur refuser quelque chose, 172. Confirmation de cette maxime, IV, 408. Exception, I, 232. Ce que c'est que le *sens commun*, II, 488. Le *sens moral* nous fait aimer le beau, le vrai, le juste par-dessus toutes choses. V. *Conscience*.

Sensation. Ce qui la distingue de l'*idée*, II, 521. V. ce mot. Moyen de faire que chaque sensation devienne une idée, et une idée juste, 523. Ce qui la distingue de la mémoire et du jugement, III, 288.

Sensations. Combien nous trompent, II, 522. Seules, nous peuvent donner le sentiment du *moi*, et la connoissance de ce qui est hors de nous, 569. Juger et sentir ne sont pas la même chose, *ib.* Doivent toute leur vivacité à des causes morales, II, 30, III, 516. L'expression des sensations est dans les grimaces, celle des sentimens dans les regards, II, 421.

Sensibilité. Principe de toute action, IV, 66. Est de deux espèces, physique et organique ou active et morale, 67. Application que R. se fait à lui-même de cette distinction, 68, 69. N'est souvent qu'un amour-propre qui se compare, IV, 485. Inconvéniens des caractères froids et tranquilles. Les âmes de feu savent seules combattre et vaincre, II, 249. Présent du ciel qu'il fait payer cher, 42. Porte dans l'âme un contentement de soi-même indépendant de la fortune, 368. Ridicules qu'en fait naître l'affectation, 124. Ce qui distingue l'homme sensible de celui qui n'a que de la vivacité dans l'esprit, IV, 95. Les sentimens de diverses espèces, loin de se nuire, se renforcent réciproquement, 270, 271. Comment on peut l'étouffer ou l'empêcher de germer, II, 533, 534. Ce qui la fait naître, 534. A quoi d'abord elle se borne dans l'adolescent, 542. Une fois développée, doit servir à le gouverner, *ib.* V. *Adolescent*.

Sentimens. A certains égards, sont des idées, et les idées sont des sentimens, II, 583. V. *Idée*, *Sensibilité*.

Sentiment des citoyens, libelle de Voltaire contre R. Sa conduite à cette occasion, I, 335. Ses réponses aux imputations qu'il contient, IV, 520.

Sentir. En quoi diffère de juger. V. *Sensations*.

Serment. C'est un second crime de tenir un serment criminel, II, 351.

Serre, de Genève. Idée de son système musical en opposition à celui de Rameau, III, 822.

Serre (madem.), R. fait sa connoissance, I, 88. Il en devient amoureux, 144. Lettres qu'il lui adresse, IV, 181.

Servan, avocat général à Grenoble. Témoignage qu'il rapporte sur la lapidation de Motiers, I, 336. Ses *Réflexions* sur les *Confessions*, citées, 357, 441.

Servius, roi de Rome. Divisions et classifications qu'il établit chez les Romains, I, 686.

Sidney (Algernon). Son éloge, III, 67. Cité, I, 560.

Signes (langue des). Son impression bien supérieure à celle de la parole. Etoit fréquemment en usage chez les anciens, II, 607. Notamment chez les Romains, 608.

Signes représentans. Ne sont rien sans l'idée des choses représentées, II, 452. Ne substituer le signe à la chose que quand celle-ci ne peut être montrée, 496, 504.

Silhouette (M. de). Lettre que R. lui écrit à l'époque de sa retraite du ministère, I, 280. Reproche qu'il se fait à cet égard, III, 102.

Sillons (écriture par). Usitée chez les Grecs. Son application à la musique, III, 557.

Similis. Préfet du prétoire déplacé par Adrien. Inscription qu'il fit mettre sur sa tombe, I, 395, 454.

Simon, juge mage à Annecy. Son portrait, I, 71. Aventure plaisante qui le concerne, 72. Sa mort, 73.

Sociabilité. Combien la nature a pris peu de soin d'y préparer les hommes, I, 545. V. *Sauvage*, *Société*.

Social (état). Opposé à l'état de nature. V. *Société*, *Corps politique*.

Société. Ne résulte pas nécessairement des facultés de l'homme, et n'a pu s'établir qu'à l'aide du hasard et de circonstances qui pouvoient ne pas arriver, I, 541, 549, 578. Son origine est dans l'établissement de la propriété, 551. Causes des premières associations et leur effet sur l'homme, 553. Principe apparent des institutions sociales, II, 513. En quoi la société a fait l'homme plus foible, 433. V. *Corps politique*. Etat de société le meilleur à l'homme, et auquel il eût été à souhaiter que son espèce se fût arrêtée, I, 555. C'est le fer et le blé qui ont civilisé les hommes, *ib.* Tableau de la société civile et de tous les maux qu'elle engendre, 570, III, 195. Ne peut exister sans échanges, II, 510. L'union des sexes n'a pu donner naissance à la société, 542. Locke réfuté à ce sujet, 574.

Socinianisme. N'est pas la doctrine professée par les pasteurs de Genève, III, 116. Eloignement de R. pour elle, *ib.*

Socrate. Jugement qu'il porte des savans et des artistes de son temps, I, 468. Mis en opposition avec Caton, 592. Comparé à Jésus, II, 592, IV, 771. Système qui forceroit de l'avilir, II, 583.

Socrate rustique (le). Notice sur ce livre et sur Hirzel, son auteur, IV, 357, 511. *V.* KLYDOOG.

Solécismes et Barbarismes. V. *Grammaire.*

SOLIS, poëte et historien. Cité, II, 546.

Solitude. Goût de R. pour la solitude, IV, 70. S'il est vrai qu'il n'y a que le méchant qui soit seul, I, 239, IV, 281. Lettres des solitaires comparées à celles des gens du monde, II, 282.

SOLON. Acte illégitime de ce legislateur, II, 705

Sommeil. Plus tranquille et plus doux la nuit que le jour, II, 467. Règles à suivre dans l'éducation sur ce point, *ib.*, 468.

Son. Fausse analogie entre les sons et les couleurs, III, 517.

Songes. Conséquence morale à tirer de leur espèce. Trait de Denys le Tyran à ce sujet, II, 315.

SOPHIE. Nom d'abord supposé de la future compagne d'Emile, II, 613. Où il convient de la chercher, 631. Portrait d'une *fille faite* ou de Sophie à quinze ans, 658, 663. Sans être belle plaît davantage à mesure qu'on la voit, 658. Aime la parure et non les riches habillemens, 658, 659. A des talens naturels, mais peu cultivés, et est habile surtout dans les travaux de son sexe, 659. Sa propreté, *ib.* Gourmande naturellement, est sobre par vertu, *ib.* Caractère de son esprit, 660. Effets de sa sensibilité et de son bon naturel, *ib.* Passionnée pour la vertu, mais d'un tempérament ardent, le besoin d'aimer la dévore, 661. Ses jugemens sur les personnes et ses manières dans le monde, suivant le sexe, l'âge, etc., 662, 663. Son père lui fait connoître ses vues et ses sentimens par rapport au mariage, lui laissant sur ce point entière liberté, 663, 664. *V.* EMILE.

Sorbonne (la). Sur sa censure de l'*Emile*, I, 320.

SODEYRAN, IV, 290.

SOUHAITTI (le P.), III, 480. Son système de notation musicale mis en opposition avec celui de R., I, 146.

Souliers. Les enfans au besoin doivent apprendre à s'en passer, II, 474.

Sourds. Moyen de leur parler en musique, II, 474.

SOUSSEL (mad. de), Lettre que R. lui adresse, IV, 183.

SOUSSOT (du), hôte de R., I, 448.

Souverain. Sa définition, I, 645, II, 708. S'il peut s'engager envers autrui, ne peut s'obliger envers lui-même, I, 646. Ne peut avoir d'intérêt contraire à celui des sujets, 646. La souveraineté est inaliénable, 648. Est indivisible, 648, 649. Quels sont les droits respectifs du souverain et des citoyens, 650. Le souverain a le droit de vie et de mort, mais ne peut l'exercer lui-même, 652. A aussi le droit de faire grâce, *ib.* Ne peut parler que par des lois, 653, 676. Rapports existans entre le souverain, le gouvernement et les sujets 662. L'autorité souveraine ne peut se maintenir que par les assemblées du peuple, 676. La souveraineté ne peut être représentée, 678. De l'acte par lequel le souverain institue le gouvernement et distinction à faire à ce sujet, 680, 681. Droit du souverain sur les sujets par rapport aux opinions religieuses, 698. V. *Religion.*

Sparte. Eloge de ses institutions, I, 467, 468; et de ses mœurs, 501. Première fonction des Ephores en entrant en charge, III, 143. De quelle nature y étoient les fêtes publiques et leur effet sur les citoyens, 175, 176. S'il est vrai qu'elle n'avoit point de théâtre, 149, IV, 291. Respect des Spartiates pour les femmes, II, 656, III, 134.

SPARTIEN. Cité, II, 395.

Spectacles. Véritable école, non de morale, mais de bon goût, II, 623. Leur objet principal est d'amuser, de plaire au peuple auquel ils sont offerts, III, 118, 119. Conséquences de cette proposition, 119, 120. V. *Tragédie, Comédie.* Résumé sur l'effet moral du théâtre, quant aux pièces représentées, 138. Introduisent le goût du luxe et de la dissipation, *ib.* Leurs avantages dans les grandes villes, 139. Leurs inconvéniens dans les petites, 141, 142. V. *Comédiens.* Considérés comme un impôt volontaire ; cet impôt n'est pas en proportion des fortunes, et tend à en augmenter l'inégalité, 165. Quels spectacles conviennent à une république, 171, 175.

Spectateur (le) d'Addisson, lecture favorite de R., I, 56.

Sphère. Réponse au mémoire anonyme intitulé : *Si le monde que nous habitons est une sphère,* III, 271, 282. La sphère armillaire est une machine mal composée, II, 496.

SEINOHA. Comparaison de son sort avec celui de R., II, 757.

Squitinio della libertà veneta. Ce qu'est cet ouvrage, I, 674.

STAEL (madame de). Son opinion sur le genre de mort de R., I, 367. Citée, 354.

STANISLAS, roi de Pologne. Comment R. répond à lui et au jésuite Menou, et ce qui en résulta, I, 190. Fait grâce à Palissot à la prière de R., 208. Est enchanté de l'*Héloïse*, 287.

STANLAY (M.), IV, 396.

Statue de Rousseau. Il se croit digne de cet honneur, II, 794. Est décrétée ou décidée trois fois en France par l'autorité publique, et trois fois sans effet, I, 370. Souscription dernièrement ouverte et maintenant remplie pour cet objet à Genève 273. R. souscrit pour la statue de Voltaire, 358.

Stoïciens. Confondoient à tort le bonheur avec la vertu, IV, 340.

STRAMON, cité, II, 623, III, 512, 513.

STRADA, historien, cité, II, 546.

STRAFFORD (mylord). Lettre que R. lui adresse, IV, 692.

Strophes ajoutées au *Siècle pastoral* de Gresset, III, 569.

SUARD. Traduit l'*Exposé succinct* de Hume, I, 353. Lettre que ce dernier lui adresse, IV, 751.

Substance. La plus grande des abstractions, II, 559. Que faut-il entendre par ce mot, 575. Faut-il n'admettre qu'une substance, *ib.*, 769. V. *Religion naturelle.*

Suède. Révolution qui s'y fit en 1772, I, 714, 722.

SUÉTONE. Cité, I, 504, 735, II, 361, 499, III, 121, 136.

Suicide. Sujet d'argumens en sa faveur, II, 193. Réfutation de ces argumens par l'objet moral de la vie humaine, 195. Par une juste appréciation des maux qu'on peut souffrir ici-bas, 196. Par l'idée des devoirs imposés à l'homme et au citoyen, 197. Réponse à l'argument tiré de l'exemple de Brutus et de Caton, 197, 198. Un suicide est un vol fait au genre humain, 198. Exception unique en faveur d'un homme attaque de maux violens et incurables, 196. Nouveaux motifs pour le détourner, IV, 827. R. montre la résolution de ne jamais user d'une telle ressource pour se délivrer de ses peines, 121. Examen et discussion des faits relatifs au prétendu suicide de R., I, 367, 368.

Suisse. Description de ce pays et particulièrement du comté de Neufchâtel, IV, 412. Mœurs et caractère de ses habitans, *ib.*, 413, 415. Les gros complimens des Suisses n'en imposent qu'à des sots, I, 82.

SULLY. Ses *Mémoires* cités, I, 634.

SURBECK (M. de). Comme il reçoit R. qui lui étoit adressé et recommandé lors de sa première arrivée à Paris, I, 82.

SURLEMAIR-MISSRAY. A rétabli le système musical de M. de Boisgelou dénaturé par R., III, 818. *V.* BOISGELOU.

Synthèse. V. *Analyse.*

Système de la Nature. Livre faussement attribué à R., IV, 110.

T.

Tabac. Son habitude comparée à celle du libertinage, II, 614.

TACITE. Est le livre des vieillards, II, 546. A mieux décrit les Germains de son temps qu'aucun écrivain les Allemands d'aujourd'hui, 702. Quelle eût été son opinion sur les spectacles, III, 118. Difficulté de sa traduction. R. s'en reconnoît incapable, III, 304, IV, 307. Traduction du premier livre de son *Histoire*, III, 304, 329. Cité, I, 560, 670, 674, 683, 735, II, 515, 653, III, 81, 121, 123.

Tailleurs. Inconnus chez les anciens, II, 519.

Talens. Leurs bons effets et quel est le premier dans l'art de plaire, II, 644. Ne peuvent assurer l'indépendance dans les revers de fortune; 516. Les talens agréables sont très trop réduits en arts, 644.

Talens naturels. Très-difficiles à bien connoître tant les autres qu'en soi-même, II, 271, 272, 518. Ou n'en a que pour s'élever; personne n'en a pour descendre, 272. Ne doivent pas être tous développés, *ib.*, 287.

TALMONT (la princesse de). Effet que produit sur elle la lecture de *la Nouvelle Héloïse*, I, 289.

TARQUIN, II, 608.

TARTINI. Exposé de son système musical, III, 590, 822.

Tasse (le). La traduction de son poëme par le prince Lebrun, attribuée à R., IV, 79, 144. Cité, I, 302, 423, II, 7, 89, 101, 652, 674, III, 527, IV, 702, 756.

TAVEL (de). Premier amant de mad. de Warens, I, 25. Caractère des instructions morales et religieuses qu'il lui avait données, 102, 119.

TEISSIER. Maître d'hôtel de mad. d'Epinay, I, 249.

Télémaque. Histoire d'une jeune éprise de Télémaque et victime de cet amour insensé, II, 666, 667.

Tempérament (impulsion du). Influence de ce premier moment. Le Gouverneur doit lui-même instruire son élève sur ce point, II, 604. Précautions à prendre pour préparer cette instruction, 605, 606, 608. Comment s'assurer de la confiance et de la docilité d'un jeune homme, 608, 611, 614, 616. Ce n'est pas par le tempérament que commencent les égaremens de la jeunesse, c'est par l'opinion, 613. Il n'est pas vrai que le besoin du sens soit un vrai besoin, 615. Le plus dangereux ennemi du jeune homme, c'est lui-même; moyen de l'en garantir, 615, 616.

Temple de Gnide (le) de Montesquieu. L'histoire du prétendu manuscrit grec, qui précède cet ouvrage, est-elle une fiction innocente ou un mensonge coupable, I, 419, 420.

TERRASSON (l'abbé). Son opinion réfutée sur les progrès de la raison humaine, II, 623. Cité, III, 513.

TERRAUX (du), maire de Verrières. Son inimitié contre R., I, 339.

Terre (la) est-elle ou non sphérique? III, 278, 282.

TERTULLIEN. Cité, II, 769.

Testament fait par R. en 1737 ; à quelle occasion, I, 375. Pourquoi il n'a voulu être mis dans le testament de personne, I, 29, 327. Il est accepté le legs qu'on lui dit avoir été fait pour lui par le maréchal de Luxembourg, 327. Disposition du testament de mylord maréchal en sa faveur, 316.

THALÈS. Comment voyageoit, II, 672.

Théâtre français. Ne peint pas les mœurs du peuple pour lequel il est fait, II, 125. Est plus en discours qu'en action, 126. Pourquoi cela, *ib.* Est cependant aussi parfait qu'il peut l'être, III, 124. Effets du théâtre en général. V. *Spectacles.*

THEIL (du). Lettres que R. lui adresse, IV, 851.

Théisme. V. *Religion naturelle.*

THÉMISTOCLE. Comment son fils gouvernoit la Grèce, II, 433.

THÉODORE (madem.). Lettre que R. lui adresse, IV, 673.

THÉOPHRASTE. Peut être regardé comme le seul botaniste de l'antiquité, I, 346.

THEVENIN, chamoiseur. Sa déclaration relativement à R., et pitoyables incidens qui en sont la suite, IV, 731, 751.

THIBAUT. Service qu'il rend à R., 176.

THIERRY, médecin. Traite sans succès R., I, 190. Démontre le danger de se servir d'ustensiles en cuivre, IV, 211.

Tulascala. Résolution sage de cette république, I, 659.

THOMAS (saint), cité, II, 779.

THURIBULE, II, 608.

THUCYDIDE. Jugé, II, 435.

THYESTE (rôle de) dans *Atrée.* De tous ceux qu'on a mis au théâtre, le plus sentant le goût antique, III, 126.

TIMON, dit le Misanthrope. Jugé, IV, 58.

TINGRY (le prince de). Ses liaisons avec R., I, 278.

TIRAN-LE-BLANC. Surnom donné à Grimm par Gauffecourt, I, 245.

Tissot, IV, 472.

TITE-LIVE, jugé, 547. Cité, I, 645, 697, II, 279, 547, III, 148, 160.

Titres d'honneur. Tirés chez les anciens des droits de la nature, et chez nous des droits du rang, III, 134.

Toilette. Son abus chez les femmes vient plus d'ennui que de vanité, II, 643. V. *Parure.*

TONNERRE (le comte de). Lettres que R. lui adresse, IV, 851.

TONNEAU (le marquis de), I, 130.

Toucher (le). V. *Sens.*

TOURNEFORT. Son éloge, IV, 666. Cité, III, 394, 422.

Traductions. Du poème latin de R., III, 304, 329. De l'*Apocolokintosis* de Sénèque, 330. De l'*Ode* de J. Puthod, 337. De l'*Episode d'Olinde et Sophronie* du Tasse, 338, 543.

Tragédie. S'il est vrai que la tragédie puisse nous apprendre à surmonter nos passions, III, 121. Application à *Phèdre* et à *Médée*, 122. Quelle est l'espèce de pitié qu'elle inspire, *ib.*, 123. S'il est vrai que le crime y soit toujours puni et la vertu recompensée, 124. Horreurs avec lesquelles elle familiarise, 126. Son effet tout à fait indépendant du dénoûment. Application à *Bérénice* et à *Zaïre*, 136, 137. V. *Imitation, Spectacles.*

Tressan (le comte de). Ses relations avec R., I, 208. Lettres que R. lui adresse, IV, 851.

Trévoux (Journal de). Conduite du rédacteur de ce journal envers R., après la publication de l'*Émile*, I, 312.

Treytorens (de). R. compose et fait exécuter un morceau chez lui dans un concert. Effet de cette tentative, I, 76.

Tribu (la), loueuse de livres à Genève, I, 19.

Tribunat. Quel est son objet et son utilité, I, 690. Dégénère en tyrannie quand il usurpe la puissance exécutive et législative, 691. Moyen de prévenir ses usurpations, *ib.* V. *Rome.*

Tronchin (Théodore), médecin. R. le met en liaison avec mad. d'Épinay, I, 207. Écrit à R. au sujet de sa lettre sur le poëme du *Désastre de Lisbonne*, 224. Effets de sa haine contre R., 248, 259. Anecdote de son opiat, 59, 281. R. le regarde comme l'instrument de Voltaire dans les persécutions qu'il éprouve à Motiers, IV, 380, 390. Lettre que R. lui adresse, 292.

Tronchin (Jean-Robert). Auteur des *Lettres écrites de la campagne*, I, 322.

Trublet (l'abbé), I, 268, 284, 285.

Turc. R. eût été mauvais Turc à certaine heure, I, 98. Pourquoi R. donne ce nom à son chien, 294.

Turenne (de). Trait de douceur de ce grand homme ; défaut qui déparoit ses grandes qualités, II, 548.

Turpin (le comte de). Lettre que R. lui adresse, IV, 213.

Turquie. Cette puissance respecte ordinairement les traités, I, 746. Ancien usage qui oblige le grand-seigneur à travailler de ses mains, II, 520.

Turrieta (le marquis de), IV, 196.

Tyran. Différence du tyran et du despote, I, 675.

U.

Ulysse, II, 526, 610, 691.

Unisson (chant à l'). Forme l'harmonie la plus agréable. Le goût des accords est un goût dépravé, II, 309, III, 515. Effets des accompagnemens à l'unisson dans la musique italienne, 531.

Usages. Les bouchers ne sont pas reçus en témoignage chez les Anglois, Méprise de R. à cet égard, II, 485.

Usage du monde. Comment l'apprendre aux enfans, III, 274.

Usteri (*Klyiogg*). Lettre que R. lui adresse, IV, 449.

Utilité. En quel temps sensible à l'enfant. Dès lors doit être le principe général et sans exception dans le choix de ses occupations et de ses études, II, 502. V. *Adolescent.* Application de ce principe à l'étude de l'astronomie, 504.

V.

Val-de-Travers. Description de ce vallon, IV, 418. Avalanche singulière qui s'y fit en 1761, 420.

Valais (le haut). Description de ce pays et des mœurs de ses habitans, II, 36, 39.

Valentinois (la comtesse de), I, 278.

Valère Maxime. Cité, II, 428.

Valet de Villeneuve, petit-fils de mad. Dupin, IV, 498.

Valmalette (M. de), Gendre de M. Mussard, I, 194.

Valory (le chevalier de). Son caractère, I, 178.

Vampires. Ce qu'il faut en croire, II, 786.

Vanité. Si jamais elle fit quelques heureux sur la terre, à coup sûr cet heureux-là n'étoit qu'un sot, II, 291. Suites mortifiantes de son premier mouvement dans *Émile*, 499.

Vanloo (mad.). La voit en Société. Son portrait, I, 193.

Vapeurs. Maladie des gens heureux, I, 128 ; et des femmes d'une certaine classe, II, 628.

Varron. Cité, II, 403.

Vaud (pays de) Caractère des femmes de ce pays, I, 56. Pourquoi il est si cher à R., quoique en contraste avec ses habitans, 78.

Vautravers (M. de). Bernois, offre un asile à R., I, 349.

Vauvenargues. Cité, III, 50.

Venant, mercier de la rue Plâtrière. Absurdité de son récit prétendu sur le mariage de R., I, 357.

Vendanges. Leur description, II, 306.

Venise. Son gouvernement n'est point aristocratique, I, 685. Causes de sa durée, 690. Ce qu'est à Venise le conseil des Dix, 691. La place de grand chancelier n'y peut être remplie que par un roturier, 740. Pourquoi ce gouvernement, et le doge en particulier, est si respecté du peuple, II, 607. Comment les nobles de ce pays paient leurs dettes, I, 157. Éloge de la musique qui s'exécute à l'Opéra, et détails des amusemens qu'offre cette ville, 261.

Venture de Villeneuve. Comment R. lia connoissance avec lui, I, 63. Son caractère. Engouement de R. à son égard, et ce qui s'ensuivit, 64, 68. Il va voir R. à Paris, 203.

Vercellis (mad. de). R. entre à son service. Portrait de cette dame, I, 40. Sa mort, 42.

Verdelin (la marquise de). Commencement de ses liaisons avec R., I, 279. Portrait de son mari, *ib.* Va voir R. à Motiers, 332. L'engage à se retirer en Angleterre, 337. Lettres que R. lui adresse, IV, 851.

Verger des Charmettes (le), III, 357. Composition de cette pièce, I, 116.

Vers. Pour mad. de Fleuriau, III, 368 ; autres à madem. Théodore, 369 ; autres sur la femme, *ib.*

Vérité. Est dans les choses et non dans notre esprit qu'elle juge, II, 570. Est-il vrai que toute vérité ne soit pas bonne à dire? 775. Quand on peut exiger d'un enfant qu'il la dise, 463. V. *Mensonge.* Portrait de l'homme réellement vrai, I, 472.

Verna (la présidente de). Lettre que R. lui adresse, IV, 754.

Vernes, pasteur. Commencement de sa liaison avec R., I, 205. Ce qui porte R. à lui attribuer le libelle : *Sentiment des citoyens.* Leur conduite réciproque à ce sujet, 335, 377. Lettres que R. lui adresse, IV, 851.

Vernet (Jacob), ministre à Genève. Sa liaison avec R., I, 205. Demande à R. une rétractation authentique, IV, 393. Ses ouvrages cités, III, 117, 119. Lettres que R. lui adresse, IV, 851.

Vérone (cirque de), comparé à celui de Nîmes, I, 133.

Véronèse, acteur du théâtre Italien. R. l'oblige à se rendre de Venise à Paris, avec ses deux filles, pour remplir l'engagement qu'il avoit contracté, I, 155.

Verrat, compagnon graveur. Excite R. à voler des asperges, I, 16.

Vertot, historien. Jugé, II, 546.

Vertu. Ce mot vient de *force* ; point de vertu sans combat, II, 695. Elle n'est pas l'amour de l'ordre, 585. V. *Ordre.* Dans le sens civique, c'est la conformité de la volonté particulière à la volonté générale, I, 591. Si elle peut être aimée uniquement pour elle-même, IV, 339. Ne donne pas le bonheur, mais peut seule apprendre à en jouir, 340. V. *Bonheur.* N'est pas moins favorable à l'amour qu'aux autres droits de la nature, II, 656. V. *Amour.* Les plus sublimes vertus sont négatives, 449. Son amour porté jusqu'à l'enthousiasme peut aliéner la raison. Une jeune fille citée en exemple de cette vérité. 665, 667. En la prêchant aux enfans on leur fait aimer le vice, 447. Ce qu'il faut penser des vertus par imitation, 448. V. *Vice.*

Vespasien. Jugé, II, 361.

Vêtemens. Quels vêtemens conviennent aux enfans, II, 465. Règle sur le point à suivre par l'homme riche, 626, 627. Différence entre ceux des hommes actifs et sédentaires, 465. Aisance de ceux des anciens comparativement aux nôtres, et avantages qu'ils en retiroient, *ib.*

Vevai. Affection de R. pour cette petite ville, I, 78. Pourquoi il y place les personnages de son *Héloïse*, 225.

Viande. Son goût n'est pas naturel à l'homme, I, 569, 570. Caractère des grands mangeurs de viande, II, 485. Traduction d'un morceau de Plutarque sur l'usage de cet aliment, *ib.*

Victor Amédée, roi de Sardaigne. Protége mad. de Warens, I, 24.

Vice. Pas un dans le cœur de l'homme dont on ne puisse dire comment il y est entré, II, 439. Est aussi l'amour de l'ordre, pris dans un sens particulier, 585. Ses inconséquences, 627. Il ne faut jamais vouloir combattre un vice par un autre, 233. Avantages du vice comparés à ceux de la vertu, 246, 247. V. ce mot.

Vidonne (l'abbé de). Ses démêlés avec le musicien Le Maître, I, 65, 66.

Vie. A quel point commence véritablement celle de l'individu, II, 429. Pourquoi l'on se plaint communément que la vie est courte, 671. L'est en effet à plus d'un égard, 525. Les vieillards la regrettent plus que les jeunes gens, 432. Vie dure multiplie les sensations agréables, 467. Vie active donne un nouveau goût pour le bien par le plaisir d'y contribuer, 249. Vie contemplative dégoûte de l'action, IV, 75. Vie domestique est spécialement le devoir des *femmes.* V. ce mot. Vie champêtre ; Bonheur qu'elle procure. Les gens de ville ne savent point la goûter, II, 305. Vie future et des grands, les riches, les heureux du siècle n'y croient point. Elle est la consolation du peuple et des misérables, IV, 289. Est garantie par l'ordre naturel. 763.

Vie (la) *est un songe*, comédie. Le héros de cette pièce est le vrai misanthrope, III, 129.

Vieillards. Sont avilis sur notre théâtre, III, 135. Platon leur permet l'excès du vin, 164. Regrettent la vie plus que les jeunes gens, II, 432. Déplaisent aux enfans, 410. Aiment à voir tout en repos autour d'eux, 422. Caractère de leur douleur, quand elle est violente, 373. Leur unique étude doit être d'apprendre à mourir, *ib.*

Villes. Membre de la chambre des communes, III, 98.

Villars. Trait de ce maréchal à l'occasion d'un fournisseur d'armée, I, 577.

Villeroy (le duc de). Ses liaisons avec R., I, 278, 293.

Villeroy (duch. de). Sa mort, IV, 308.

Villeroy (le marquis de), presse R. de s'expliquer sur le changement de nom d'un chien, I, 294.

Villes. Sont le gouffre de l'espèce humaine, II, 416. Pourquoi les races y dégénèrent, 416, 529. Erreurs des Parisiens sur le caractère et la manière de vivre des habitans des petites villes, III, 139. Avantages des spectacles dans les grandes villes, *ib.* Leurs inconvéniens dans les petites, 141, 142. V. *Vin.* Son éloge, II, 38. Ne donne pas de la méchanceté, il la décèle, *ib.* L'excès en ce genre moins dangereux que tout autre, III, 163. Platon en permet l'excès aux vieillards, 164. L'homme ne l'aime pas naturellement, II, 483. Comment constater sa pureté ou sa falsification, 505.

Vincent (M.), chargé des affaires de France à Vienne. Usage que fait R. d'un avis transmis par lui à M. de Montaigu, I, 157.

Vintimille (M.), I, 267.

Vinzinried, jeune Vaudois. Succède à R. dans l'affection et les faveurs de madame de Warens, I, 136, IV, 179. Change de nom et se marie, I, 138.

Viol. Crime contre nature, II, 638.

Virelai à madame la baronne de Warens, III, 368.

Virgile. Cité, I, 277, 639, II, 533, 652, III, 113, 134, 175, 193, IV, 419.

Virginité. Importance de la conserver longtemps, II, 529. Règles à suivre pour atteindre ce but, 531. Il faut cependant qu'elle cesse ; on a plus de respect pour une mère de famille que pour une vieille fille, 777, V. *Célibat.*

Vision de Pierre de la montagne, III, 109, 112. Occasion de cette plaisanterie, I, 334.

Vitart (Dominique), gentilhomme et favori de M. de Montaigu. Sa haine contre R., quelle en fut la cause, I, 158; et les effets, 160. Il conduit R. chez une fille publique, 163.

Voix. Combien de sortes l'homme en a, II, 481.

Vol. Penchant de R. pour ce vice, dont il contracte l'habitude chez un graveur, I, 16. Vole sept livres dix sous à M. de Francueil, 19. Vole un ruban chez mad. de Vercellis, assertion calomnieuse à cette occasion, 42. Vole du vin chez M. de Mably, 139.

Volant. Jeu de femme, II, 480.

Volney (le comte de). Cité, II, 781.

Volonté. Comment produit-elle une action physique et corporelle, II, 571. Quelle est la cause qui la détermine, 576. V. *Ame, Religion naturelle.*

Volonté générale. Ce qui la constitue, I, 648, 649. Est le principe fondamental de l'économie politique, et la règle du juste et de l'injuste pour chacun des citoyens; est volonté particulière à l'égard des étrangers, 587. Une volonté peut être générale sous certain rapport, mais particulière par rapport à l'état, 650. Doit être générale dans son objet comme dans son essence, 651. V. *Souverain.* Est toujours droite, en ce qu'elle veut toujours le bien, mais ne le voit pas toujours, 650, 654. Elle peut être non détruite, mais éludée ou réduite au silence par une somme de volontés particulières, 682. De la fixation du nombre proportionnel des suffrages, nécessaire pour déclarer cette volonté, 684.

Voltaire. Ses ouvrages inspirent à R. le goût de la littérature, I, 111, Dans quelle société il le voit à Paris, 150. Premières relations entre eux, relativement aux *Fêtes de Ramire,* 173. R. lui écrit son poëme du *Désastre de Lisbonne,* 224, IV, 238; il lui propose le sujet d'un nouveau poëme, 246. Dernière lettre que R. lui écrit, et à quelle occasion, I, 284, 285. Est auteur du libelle intitulé *Sentiment des citoyens,* 335. Son influence présumable sur la conquête de la Corse, 346. Idée de sa conduite et de ses procédés envers R., comparativement à ceux de R. envers lui, 347, 386. Réponse de R. à ses assertions calomnieuses, consignées dans une lettre à Hume, IV, 660. Usage qu'il fait d'une lettre qui lui est adressée pour R., et comment il y répond lui-même, 465, 478. R. lui attribue en partie l'article *Genève* de d'Alembert dans l'Encyclopédie, 290. Imitation de son style dans un discours que R. suppose qu'il eût pu tenir aux intolérans de Genève, III, 60. A perdu Genève pour prix de l'asile qu'il y a reçu, I, 286, IV, 309. A part à la critique de Ximenès contre la *Nouvelle Héloïse,* 332. R. ne boit pas dans sa coupe, 331. Est regardé par R. comme le premier auteur des persécutions qu'il éprouve, 380, 390. Sa conversation avec un ouvrier de Neufchâtel, 397. Véritables sentimens de R. à son égard, 583. Sa maladresse dans les démarches que sa haine contre R. lui inspire, 618. Il impute à R. l'incendie de la salle de spectacle à Genève, en 1768, 722. Cherche à se raccommoder avec R., 434. Son chagrin en apprenant que R. a souscrit pour sa statue, I, 358. Jugement porté sur *Nanine,* 122. Sur *Mahomet,* 125. Cité, 56, 547, 493, II, 623. Sa correspondance avec R., IV, 851.

Vossius (Isaac), Cité, I, 576.

Voyages. Quatre sortes d'hommes qui voyagent, et toujours sans utilité pour les sciences, I, 574. Quel parti on pourrait tirer des voyages pour la connoissance de l'homme naturel, *ib.* En quoi les voyages sont utiles. *Insuffisance des livres sur ce point,* II, 700, 701. Ils ne conviennent qu'à très-peu de gens, 701. Moyens de s'instruire en voyageant, 701. Les anciens les pratiquoient mieux que nous, 702. Pourquoi les peuples n'offrent-ils plus entre eux des différences aussi sensibles qu'autrefois, *ib.* Moyen d'étudier et de connoître celles qui subsistent encore, 120, 152. Voyages des savans sont sans utilité réelle, 703. Les voyages doivent avoir un but déterminé, 704. Pourquoi les voyages infructueux aux jeunes gens en particulier, 712. Ce n'est pas dans sa capitale qu'il faut étudier un peuple, mais dans les provinces reculées, 713, et hors de ses villes, 714. Les voyages pédestres sont les plus agréables et les plus utiles, II, 672. Goût de R. de ces voyages. Projet d'un tel voyage avec Diderot et Grimm, I, 29. Description de son voyage de Soleure à Paris, 81; de Paris en retournant en Suisse, 83. Dernier voyage pédestre de Lyon à Chambéry, 88, 89.

Voyageurs. Peu de foi qu'il faut avoir dans leurs récits, II, 700.

Voyer (M.). Empêche que R. ne soit mis à la Bastille pour sa *Lettre sur la musique françoise,* I, 200.

Vrai (homme). Portrait de l'homme réellement vrai, I, 420.

Vue (la) Choix des objets que l'on doit montrer à l'enfant, II, 419. Pourquoi tend également la main pour saisir l'objet proche ou éloigné; ce qu'il faut faire en ce cas, 420. Comment la course exerce un enfant à mieux voir, 477. V. *Sens.*

Vue contemplative. Dégoûte de l'action, IV, 75.

Vulson (madem.). Ses amours avec R., I, 13, 78. Il la revoit vingt ans après, 14.

W.

Walpole (Horace). Propose à R. un asile dans une de ses terres, I, 337. Est auteur de la lettre supposée du roi de Prusse à R., 353, IV, 611.

Warburton. Cité, I, 656.

Warens (mad. de). Ce qu'elle étoit et son origine, I, 24. Circonstances de sa conversion, III, 285. Refuse d'être placée à Turin auprès de la reine, *ib.* Son portrait et son caractère, I, 24. Sa manière de vivre, 53. Attachement que R. conçoit pour elle. *Nature de cet attachement,* 54, 77, 101. Ce qu'elle imagine pour préserver R. de la séduction des autres femmes, 100. Son caractère, 102. Tendres soins qu'elle prodigue à R. dans sa maladie, 115. Ses idées sur la religion, et ses principes de *morale,* 118. Elle donne à R. un successeur, 136. Son affection pour R. se refroidit, 129. Comment il en est reçu à son retour de chez M. de Mably, 140. R. lui envoie un secours en argent qui ne lui profite point, 170. R. la revoit en allant à Genève; elle se refuse à le suivre, 204. Sa mort, 328. Tendre souvenir inspiré par l'anniversaire du jour où R. l'a vue pour la première fois, 454. Pièces de vers que lui adresse R., III, 357, 358. Lettre que R. lui adresse, IV, 851.

Watelet. Ses liaisons avec R., I, 269. Lettre que ce dernier lui adresse, IV, 438.

Wielhorski (le comte). Demande à R. et à Mably un plan de constitution pour la Pologne, I, 361. Voit R. à Paris, IV, 145.

Wildremet. Biennois. Presse R. de rester à Bienne, I, 347.

Wilkes, membre de la chambre des communes en Angleterre. Notice sur ce personnage, III, 98.

Wirtemberg (prince Louis de). Sa correspondance avec R., I, 354, 335, IV, 851.

Wootton. Habitation de R., IV, 609. Il y écrit la première partie de ses *Confessions,* I, 143.

X.

Xénocrate. Sa continence admirée, II, 582.

Xénophon. Quoi qu'il en ait dit, l'éducation ne se partage pas, II, 411. Ce qu'il dit des guerriers grecs tués en trahison, 623. Cité, *ib.*

Ximenès (le marq. de). Son écrit contre la *Nouvelle Héloïse,* IV, 332.

Z.

Zaïre. Jugement porté sur cette pièce, III, 137.

Zanetto-Nani. Comment R. fut obligé de payer un billet que ce noble vénitien avoit fait à un perruquier de Paris, I, 156.

Zénon, II, 608.

Zinzendorff (le comte de). Lettre que R. lui adresse, IV, 506.

Zulietta, fille publique à Venise. Aventure de R. avec cette fille, I, 164, 165, 188.

Zurich. Comment passent maîtres les conseillers de cette ville, II, 524.

Zustiniani, patricien de Venise. Son démêlé avec R. relativement à Véronèse, I, 155.

TABLE DES MATIÈRES

CONTENUES DANS CE VOLUME.

	Pages.		Pages.
ROUSSEAU JUGE DE JEAN-JACQUES, Dialogues.		Histoire du précédent écrit.	152
Du sujet et de la forme de cet écrit.	1	CORRESPONDANCE.	159
Premier dialogue.	4	Table alphabétique des correspondans de Rousseau.	849
Du système de conduite envers Jean-Jacques, adopté par l'administration, avec l'approbation du public.			
Second dialogue.	52	Liste chronologique des ouvrages composés par Jean-Jacques Rousseau.	852
Du naturel de Jean-Jacques et de ses Habitudes.			
Troisième dialogue.	122	Table générale et analytique des matières.	855
De l'esprit de ses livres. — Conclusion.			

FIN.

www.ingramcontent.com/pod-product-compliance
Lightning Source LLC
Chambersburg PA
CBHW070856300426
44113CB00008B/854